OEUVRES COMPLÈTES

DE

DÉMOSTHÈNE

ET

D'ESCHINE.

PARIS. — TYPOGRAPHIE DE FIRMIN DIDOT FRÈRES, RUE JACOB, 56

OEUVRES COMPLÈTES

DE

DÉMOSTHÈNE

ET

D'ESCHINE.

TRADUCTION NOUVELLE,

FAITE SUR LE TEXTE DES MEILLEURES ÉDITIONS CRITIQUES,

PAR J. F. STIÉVENART,

PROFESSEUR DE LITTÉRATURE GRECQUE A LA FACULTÉ DES LETTRES DE DIJON,
DOYEN DE CETTE FACULTÉ, MEMBRE DE PLUSIEURS ACADÉMIES.

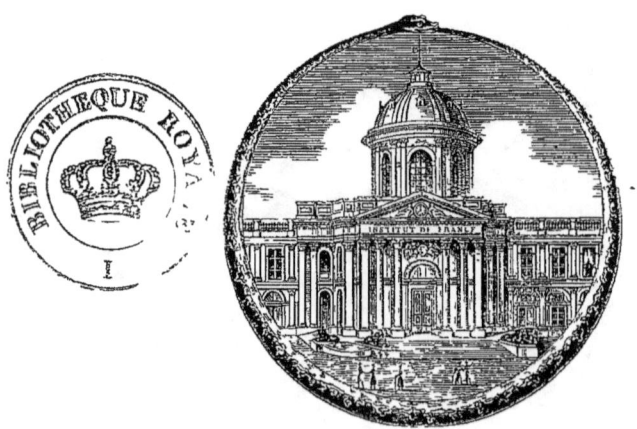

PARIS,

CHEZ FIRMIN DIDOT FRÈRES, LIBRAIRES,
IMPRIMEURS DE L'INSTITUT DE FRANCE,
RUE JACOB, 56.

M DCCC XLII.

1820 April

A MONSIEUR
VILLEMAIN,

PAIR DE FRANCE,

MINISTRE DE L'INSTRUCTION PUBLIQUE,

SECRÉTAIRE PERPÉTUEL DE L'ACADÉMIE FRANÇAISE,

MEMBRE DE L'ACADEMIE DES INSCRIPTIONS ET BELLES-LETTRES.

Oserai-je offrir au ministre l'hommage d'un long travail que je désirais, en commençant, dédier au critique savant et ingénieux?

7 octobre 1841.

PRÉAMBULE.

Démosthène traduit en français ! l'entreprise est-elle possible ? Hâtons-nous de le reconnaître : non ! Plus rapproché du grec que du latin, le mécanisme de notre langue diffère encore beaucoup trop du premier de ces idiomes. Notre littérature n'offre rien qui ressemble à l'éloquence attique; et cependant une traduction doit être une œuvre nationale. S'il est très-difficile de reproduire, dans une langue quelconque, un morceau improvisé, inspiré, il est impossible de faire passer dans la nôtre le résultat de tant de laborieuses combinaisons, dont l'analyse nous confond dans les traités des anciens rhéteurs. Quel effort, d'ailleurs, ou plutôt quelle force d'illusion, pour se laisser emporter longtemps au mouvement d'autrui ! Enfin, avant de traduire, il faut comprendre nettement : or, plus de cent passages des harangues de Démosthène ont conservé, pour les plus savants hellénistes, quelque chose d'énigmatique[1]. Et, quand vous surmonteriez tous ces obstacles, quand vous seriez sûr de posséder réellement ces harangues telles qu'elles ont été prononcées, quand vous rendriez toujours fidèlement le discours écrit, la lettre morte, traduiriez-vous l'orateur, son émotion, son geste, sa voix, son regard ?

L'auteur de ce travail, en y consacrant de longues veilles, ne s'est donc pas proposé un but chimérique. Seulement il a pensé que nos grandes commotions politiques facilitaient un peu l'intelligence de l'esprit du temps où Démosthène a vécu, et qu'elles avaient introduit dans la langue française des modifications qui, discernées de tant d'images forcées, de tant de mouvements convulsifs, rendraient peut-être, par une habile application, sa tâche moins impraticable[2]. Bossuet, pour l'élan et la noble simplicité; Mirabeau et Foy, pour le sens politique, ont été l'objet constant de ses études de style. Quant à l'interprétation, il a trouvé, dans de récents et nombreux travaux de la philologie allemande, des ressources, insuffisantes sans doute,

mais à peu près inexplorées parmi nous. Heureux s'il peut, à ces clartés nouvelles, nous faire entrevoir et admirer davantage un orateur que, sans doute, il ne faut pas transporter à la tribune française, mais dont l'étude aurait aujourd'hui des résultats plus applicables que celle de Cicéron[1] !

Pour mieux apprécier Démosthène, il faut voir sa vie et son talent mêlés à tous les événements contemporains. Pour faire connaître le vrai caractère de nos *études* sur ce grand orateur, il faut en exposer la partie historique, ainsi que le choix des textes, nos éléments d'interprétation, et le système de traduction que nous avons suivi. Cinq sections composeront cette introduction générale.

PREMIÈRE SECTION.

Choix de textes; interprétation; introductions historiques; classification.

J'ai traduit sur le texte de Bekker la plupart des discours délibératifs et des plaidoyers politiques. Malgré le mérite incontestable de son travail, Bekker déplace quelquefois les mots arbitrairement, et affectionne un peu trop l'ellipse. Un autre inconvénient, mais nul pour le traducteur, c'est une profusion de ν euphoniques, d'élisions hasardées, même de désinences poétiques : système suggéré peut-être au savant éditeur par un manuscrit de Bavière, qu'il préfère, dans plus d'un cas douteux, à la majorité des autres manuscrits. J'ai donc consulté aussi les hellénistes qui, dans ces dernières années, ont revu, totalement ou en partie, le travail de Bekker, marchant sur ses traces, ou s'écartant de sa manière, ou collationnant des manuscrits qui lui avaient échappé[2] : Dobson, dont la grande et belle édition manque d'unité; Töpffer, Reuter, Voemel, Bremi, Frotscher, F. A. Wolf, les deux Buttmann, Harless, Wunderlich, etc. En tête des notes de chaque discours, j'indique l'édition spéciale qui m'a servi de base; et celles qui m'ont simplement aidé. Presque tous les plaidoyers pour affaires civiles ont été traduits sur le texte de Reiske, revu par le bon et savant M. Planche, et par mon illustre maître, M. Boissonade.

Quant à l'interprétation, voici la règle que j'ai suivie. Dans tous les passages obscurs, j'ai recouru d'abord aux anciennes autorités. Ce sont :

---

[1] V. l'*Apparatus* de Schæfer; le traité de l'*Économie politique* des Athéniens, par Bockh; les Notes de la traduction de Jacobs, etc.

[2] Bien des expressions employées par Démosthène n'ont de justes équivalents chez nous que depuis la formation de notre langage parlementaire : ὁ πόρος τῶν χρημάτων, *voies et moyens* ; τὰ καθεστηκότα πράγματα, *la constitution*; προβούλευμα, *projet de loi*, quelquefois *préavis*; γραφή, souvent *motion*; ἐλευθερίως φρονεῖν, *avoir des opinions libérales*; τὰ ψηφίσματα ἐπεψήφιζετο, *on allait aux voix*; οὐκ ἐξῆν ἔτι δημηγορεῖν, *la discussion était fermée*; οἱ ἀντείποντες, *l'opposition*; ἐπανόρθωσις, *amendement*; etc.

[1] Opinion de La Harpe, Clément, Blair, et de MM. Villemain et Ch. Nodier.

[2] D'après une indication positive d'Alb. G. Becker, p. 76, j'ai cru qu'il existait à Besançon et à Schœlestadt deux manuscrits de Démosthène non encore consultés : les renseignements exacts que j'ai pris à ce sujet m'ont détrompé.

Démosthène lui-même : rapprochements qui éclaircissent le sens, surtout dans le recueil d'exordes, et, en général, toutes les fois que l'orateur se répète avec des variantes. Pour Eschine, même procédé.

L'exégèse d'Ulpien : assez pauvre ressource. Ce compilateur, qui, par ces citations de Généthlios, de Didyme[1], du grammairien Ménandre, et de quelques autres anciens interprètes des orateurs, semble avoir rédigé un commentaire *variorum*, n'est souvent qu'un bavard ignorant et brouillon.

Les scolies supplémentaires réunies par Dobson, t. x et xii de ses *Oratores Attici*; le lexique d'Harpocration.

Les arguments de Libanius, et les imitations nombreuses que présentent ses *Declamationes Demosthenicæ*; les arguments grecs anonymes, les *Declamationes Leptineæ* d'Élius Aristide.

Enfin, les citations des critiques et des rhéteurs anciens, toutes les fois qu'elles peuvent débrouiller le sens des morceaux cités; et même, Thucydide, Isocrate, Salluste et Cicéron, pour plusieurs phrases controversées, où Démosthène imite les deux premiers, et est imité par les deux autres.

Pour la partie historique et géographique de ces éclaircissements, j'ai consulté surtout Thucydide, Xénophon, Diodore, liv. xvi, etc.; Strabon et Pausanias.

Souvent ces secours m'ont suffi. Quand ils étaient impuissants, préférant les conjectures des autres aux miennes, j'ai recouru, avec choix, aux travaux des éditeurs et des traducteurs modernes. Toutes les dissertations du recueil de Dobson, plusieurs traités récents de Schœmann, de Westermann, de Winiewski, ont été lus avec soin; et Böckh, qui, dans son excellent livre sur l'*Économie politique des Athéniens*, cite et explique souvent Démosthène, a prêté pour la première fois à un traducteur français l'appui le plus utile.

Mais tous ces documents n'auraient pu produire encore un résultat certain, si je n'avais eu un guide pour me diriger, un conseiller judicieux pour les coordonner. J'ai trouvé l'un et l'autre dans le vénérable Schæfer, dont l'*Apparatus* a été constamment sous mes yeux[2].

J'ai dit plus haut comment je comprenais la possibilité et l'utilité d'une traduction française de Démosthène. Ajoutons ici que ce qui m'a soutenu dans mon travail sur les harangues et sur les plaidoyers politiques, c'est la grandeur du sujet, c'est cette force de l'orateur qui, indépendamment de sa grâce austère[3], demeure, même dans de médiocres versions, sa propriété inaliénable. Là, j'ai eu pour principe de faire revivre l'esprit par la lettre, et je me suis tenu aussi près du texte que le permet peut-être notre langue. Il n'en a pas été de même, je l'avoue, des plaidoyers civils. Ici, traducteur et lecteur ne sont plus soutenus par l'intérêt de la lutte; Démosthène, toujours précis, descend des hauteurs de son génie, et prête sa voix ou seulement sa plume à de petites passions, à des intérêts secondaires, que nous rabaisserions encore si nous allions aujourd'hui calquer son langage. « Il offre la perfection du talent de l'avocat, la justesse et la vivacité de la discussion, l'adresse du raisonnement, et quelquefois du sophisme, l'art de saisir et d'employer les circonstances; mais les procès, les lois, les mœurs des Athéniens sont si loin de nous, que cette lecture devient froide et pénible[1]. » Elle le deviendrait bien plus encore par une rigoureuse fidélité de détails. Dans cette partie, je me suis donc écarté de la lettre; mais j'ai tâché de le faire avec mesure[2].

Lorsque je commençai cette traduction, je fus vivement frappé d'une idée à laquelle aucun de mes devanciers ne semblait s'être arrêté : c'est que toutes ces harangues, sauf quelques altérations probables de rhéteur, sont *des faits historiques*. Lorsque nous lisons, dans Thucydide ou dans Tite-Live, un discours prononcé à la tribune, qu'est-ce qui nous en donne l'intelligence ? n'est-ce pas le récit qui le précède, et le récit qui le suit ? La harangue antique est là à sa vraie place, au milieu des événements qu'elle amène, détourne ou modifie. Où est le Tite-Live, où est le Thucydide qui rend ainsi agissante la parole de Démosthène ? Il n'existe pas pour nous[3]. Ces discours, tout palpitants de passions contemporaines, nous sont parvenus détachés, sans ordre chronologique, à peine précédés de quelques maigres arguments de rhéteur. On a fait, de nos jours, l'*Histoire Parlementaire* de la révolution française pour replacer les harangues de Démosthène dans leur vrai jour; j'ai essayé l'*Histoire oratoire* de la résistance d'Athènes contre Philippe. Tous les discours délibératifs ont été rangés dans l'ordre des temps, et chacun d'eux est annoncé par une introduction historique. L'un de ces courts préambules continue l'autre; et leur ensemble offre un tableau complet des annales grecques, surtout de la républi-

---

[1] Taylor croit que l'argument et les scolies du plaidoyer contre Eubulide sont de Didyme.
[2] *Apparatus criticus et exegeticus ad Demosthenem*, etc. Lond., 1824-1827, 5 vol. 8. Un sixième volume, contenant les tables, a été donné par Seiler. Leips., 1833.
[3] ταῖς φοβεραῖς χάρισιν, dit un célèbre critique, qui avait entendu Démosthène (Démétrius de Phalère, *de Eloc.*, c. 130). Voyez aussi Denys d'Halic., *de Admir. vi dicendi in Demosth.*, c. 13.

[1] M. Villemain, art. *Démosthène*, dans la *Biographie Universelle*.
[2] J'avais tenté d'abord de conserver à tous les noms propres leur forme grecque : il a fallu y renoncer ; l'usage est trop puissant. Je me suis borné à suivre l'exemple de Duvair : « Si, en la version des noms propres, ie n'ay pas tousiours suiuy une mesme regle, retenant en quelques uns la terminaison grecque, et en quelques autres la françoise, i'ay plus creu en cela mon oreille que toute autre raison. » *Argum. des Orais. pour et contre Ctésiphon*. Mais j'ai toujours évité l'étrange bigarrure qui consiste à présenter en *français* des noms *grecs* avec une désinence *latine*.
[3] Théopompe de Chios, contemporain de Démosthène, avait écrit une Histoire de Philippe, en cinquante-huit livres qui existaient presque tous encore du temps de Photius.

que athénienne, pendant plus de trente ans, depuis la fin de la guerre Sociale jusqu'à la mort d'Alexandre. C'est aux sources même que j'ai puisé; et, autant que mes faibles moyens l'ont permis, j'ai tâché de reproduire, sans jamais forcer la vérité, cette manière vive, dramatique, pittoresque, qui anime notre moderne école historique.

Ces introductions contiennent aussi une rapide analyse de chaque discours; et, quand la nature du sujet ou l'étendue du morceau l'a demandé, l'économie générale de la harangue a été présentée en un tableau synoptique, à la manière des tables analytiques du Cicéron de Desjardins.

Des notes étaient indispensables. J'y présente de brèves explications, les variantes les plus remarquables, la simple indication de quelques rapprochements nouveaux avec l'éloquence moderne, le droit romain et nos codes.

C'est aussi par la classification que notre travail est entièrement neuf. Pour la première fois, dans une traduction complète des deux plus grands orateurs attiques, on trouvera réalisée la division savante et méthodique de G. Becker, dont je vais rendre compte.

Il existe de Démosthène 61 discours, 65 exordes et 6 lettres; d'Eschine, 3 discours, et 12 lettres que l'on croit supposées.

Seize discours sont du genre délibératif, λόγοι συμβουλευτικοί : nous les appellerons *Harangues politiques*. Voilà notre Première Partie. L'ordre chronologique a présidé à la distribution de détail : le bon sens et l'intérêt historique l'exigeaient ainsi.

La Seconde Partie se compose de quinze *Plaidoyers politiques*, κατηγόριαι. Le même ordre y a été observé. Chaque fois qu'Eschine, accusateur de Timarque, de Ctésiphon, ou son propre apologiste, entre en lice avec Démosthène, je remets les deux athlètes face à face.

La confusion la plus grande a régné jusqu'ici dans les *Plaidoyers pour causes privées*, δίκαι, qui forment notre Troisième Partie. D'après les divers genres d'affaires, nous les avons rangés sous sept chefs : I. Procès de Démosthène contre ses tuteurs, 5 plaidoyers. — II. Fins de non-recevoir, 7. — III. Affaires de succession et de dot, 4. — IV. Affaires de commerce et de dettes, 3. — V. Actions en indemnités, 5. — VI. Plaintes pour faux témoignage, 3. — VII. Réclamations au sujet de l'échange de fortune, et des charges navales, 3. — En tout, 30 plaidoyers.

Nous avons rassemblé dans une Quatrième Partie deux *Discours d'apparat*, ἐπιδεικτικοὶ λόγοι, mis sous le nom de Démosthène, les *Exordes* et les *Lettres*.

SECONDE SECTION.

Des Traductions françaises de Démosthène.

Qu'il nous soit permis de jeter un coup d'œil rapide, mais complet, sur nos devanciers.

Le premier nom qui s'offre à nous dans l'ordre des temps, est celui de *Jacques Perrion* : Les deux Oraisons d'Æschines et Démosthenes pour et contre Ctesiphon. Paris, 1544, in-4°. Cette version, que je ne connais que sur l'indication d'un savant étranger [1], serait postérieure de dix années seulement à notre plus ancienne traduction de Cicéron (celle du Discours pour Marcellus, par Ant. l'Esleu Macault).

2. Les quatre Philippiques de Demosthenes, traduites par *Jean Lalemant*. Paris, 1549, in-8.

3. Deux années après, *Loys-le-Roy* publia les trois Oraisons dites *Olynthiaques*, avec notes, à la suite du Timée de Platon. Paris; Vascosan, in-4°. [2]. Avant d'être professeur de langue grecque au Collège de France, récemment fondé, Le Roy avait souvent emporté Démosthène dans ses voyages et à la suite des armées. Les épigrammes de Joachim du Bellay firent trop promptement oublier que le nombre et l'harmonie de notre prose commencèrent à éclore sous la plume de ce docte humaniste. En 1575, il ajouta à son travail les quatre Philippiques.

4. Rapport des deux princes de l'éloquence grecque et latine, Démosthene et Cicero, à la traduction d'aucunes leurs Philippiques, par *Jean Papon*. Lyon, 1554, in-8°. Ce maître des requêtes de Catherine de Médicis était un bon homme, médiocre savant, et écrivain baroque.

5. Les Oraisons et Harangues de Demosthene, prince des orateurs grecs, sur le faict et conseil des guerres contre Philippe, roy de Macédoine, etc., le tout traduict du grec en françois, par *Geruais de Tournay*, scholastic et chanoine de Soistons, 2 vol. in-12. Paris 1579 [3]. Tome I : Olynthiaques; 1re Philipp.; la Paix; 2e Phil.; l'Halonese; la Cherrhonese; les 3e et 4e Phil.; l'Epistre de Philippe aux Athéniens, avec l'Oraison responsive; de l'Ordre en la Seigneurie d'Athènes (περὶ Συμμοριῶν); pour obvier au Roy de Perse (περὶ Συντάξεως); Liberté rhodienne; Mégalopolitains; Traictez de paix avec Alexandre. Tome II : Oraison d'Æschines contre Ctesiphon; de Demosthene pour Ctes.; contre Æschines accusé de fausse legation; réponse d'Æschines. Traduction beaucoup plus considérable que les précédentes On y voit un premier essai d'ordre chronologique.

---

[1] V. Le supplément à la monographie d'Alb. G. Becker, p. 271, 1834. M. Becker n'aurait-il pas confondu Jacques Perrion avec Joachim Périon, fougueux bénédictin qui a traduit en latin les deux harangues sur la Couronne, Paris, 1554, 4 ; et qui s'inspira des Philippiques, et des Catilinaires, pour persécuter l'infortuné Ramus?

[2] Becker se trompe quand il indique ce travail comme appartenant à un autre traducteur que celui de l'édition augmentée de 1575.

[3] Oublié par Becker, ainsi que Le Cointe.

Souvent obscur et trivial, Tournay rend parfois le mouvement de son auteur avec une énergie littérale, et d'heureuses ellipses qui seraient téméraires aujourd'hui. Ses équivalents burlesques doivent lui être pardonnés, en faveur des ducs d'Athènes et des princes d'Ithaque, qui peut-être subsistaient encore. Malgré son mérite, on ne se douterait pas, en le lisant, que depuis vingt ans Amyot avait donné son Plutarque.

6. Oraisons d'Eschine et Démosthène sur la Couronne, par *Guillaume Duvair*. Paris, 1593; réimprimé plusieurs fois. Le vénérable évêque de Lisieux, le vertueux chancelier, l'ami de Henri IV, élève parfois notre prose, naïve encore, à la dignité de la tribune. Sa version est simple, et presque toujours d'une fidélité littérale. Sauf quelques erreurs, que les progrès d'une critique savante pouvaient seuls faire éviter, Duvair ouvrait la véritable route : mais on ne devait y rentrer que bien longtemps après lui.

7. Traduction des Philippiques de Démosthène, d'une des Verrines de Cicéron (la 4e), avec, etc., par *François de Maucroix;* Paris, 1685, in-12. Boileau, à qui Démosthène faisait tomber la plume des mains, revit, dit-on, cette traduction du tendre abbé, qui reparut, sous un autre titre, en 1712. Elle n'en devint pas plus fidèle. La manière académique commence à s'y faire sentir. Nous rétrogradons : il était peut-être moins difficile de traduire Démosthène au temps de la Réforme et de la Ligue, que sous Louis XIV.

8. *Jacques de Tourreil*, après avoir remporté deux prix à l'Académie Française, publia, en 1691, une version de la 1re Philippique, des trois Olynthiennes, et de la Harangue sur la Paix. L'emphase et le faux goût y dominaient. Pouvait-on mieux attendre du jeune jurisconsulte qui, dans de graves traités, appelait un exploit *un compliment timbré*; un salaire, *une reconnaissance monnoyée?* Tourreil, savant sans avoir le sentiment de l'éloquence antique, refit son travail et l'augmenta. Cette fois, 1701, il s'était prescrit des lois un peu plus sévères; ce qui n'empêcha pas Racine de s'écrier : « Le bourreau ! il fera tant qu'il donnera de l'esprit à Démosthène. » En effet, l'or du bon sens, suivant l'expression de Boileau, était encore converti en clinquant. Les quinze dernières années de la vie du patient académicien se consumèrent à recommencer encore, à polir, à limer son œuvre favorite. La dernière édition est de 1721. Tourreil était compatriote de La Calprenède : il ne comprit jamais la simplicité de son modèle;

Tout a l'humeur gasconne en un auteur gascon :
Démosthène et Tourreil parlent du même ton.

Mais son commentaire renferme des choses excellentes. Aujourd'hui encore, des philologues allemands lui font l'honneur de le citer. Cesarotti et un des derniers traducteurs français ont reproduit sa préface historique en tête de leur Démosthènes. C'était, en effet, le tableau le plus animé qu'on eût encore tracé des révolutions de la Grèce.

9. « Les manuscrits de l'abbé de Maucroix, dit M. Barbier (*Anonymes*, n° 13323) ayant été confiés à *l'abbé d'Olivet*, celui-ci les trouva si imparfaits qu'il ne conserva pas une seule de ses phrases. » Ainsi refondue, la version de Maucroix fut insérée parmi ses œuvres posthumes, 1710, et d'Olivet finit par s'en avouer l'auteur en la joignant à sa traduction des Catilinaires, Paris, 1727, in-12. Enthousiaste de Cicéron, dont il a bien mérité, grammairien français estimable, d'Olivet savait médiocrement le grec. Sa phrase ne manque ni de fermeté ni de précision; mais elle est saccadée, et souvent gâtée par la pire affectation, celle de la simplicité.

10. Un véritable helléniste, *Gédéon Le Cointe*, qui a laissé d'honorables souvenirs dans la chaire évangélique, publia, en 1756, la Harangue sur les Immunités. Protestant et républicain, le bibliothécaire de Genève demandait à l'antique éloquence quelques accents d'indignation pour lancer l'anathème sur les auteurs de la révocation de l'Édit de Nantes : c'était, en France comme à l'étranger, le thème favori des esprits indépendants. Le Cointe ne nous a donc laissé qu'une bonne étude sur Démosthène; son texte, imprimé à Göttingue, et ses notes valent même mieux que sa version.

11. Huit ans plus tard, *l'abbé Millot* reproduisait, en style pâle et décharné, les deux harangues sur la Couronne. Un louable effort se fait cependant sentir dans cette nouvelle tentative : c'est le soin constant d'éviter la prolixité. On a dit que Millot serrait de près son modèle : de fort près, certes, car il l'étouffe, il l'étrangle; il copie les anciens comme il écrit l'histoire moderne, par petites incises. Cela n'est ni oratoire, ni antique.

12. Ne demandons pas non plus ces qualités à *Auger*. L'infatigable traducteur d'Isocrate, de Lysias, d'Isée, d'Andocide, de Cicéron, de saint Jean Chrysostôme, fut encore, pour Eschine et Démosthène, éditeur, commentateur, traducteur. Son édition grecque-latine de 1790, in-4°, s'arrêta au 1er volume. Le grand-vicaire *in partibus Atheniensium* savait beaucoup de grec; mais la rapidité de son travail et le défaut de critique percent dans ses notes et dans le choix des variantes. Sa version, qui parut, pour la première fois, en 1777, est à peu près complète. « Bien différent de Tourreil, qui le plus souvent donnait de l'es-

PRÉAMBULE.

prit à Démosthène, Auger lui en ôta quelquefois; cependant son désir de terminer honorablement une pareille entreprise était si ardent que, nommé curé pendant qu'il s'en occupait, il refusa en disant : *Et qui traduira Démosthène?* On prétend qu'il fut secondé par M. de Noë, évêque de Lescar.... Aussi disait-on que, si cette traduction avait quelques traits de force, tous ces traits-là étaient de Monseigneur[1]. » Le bon Auger est aussi verbeux que Millot est concis : deux excès qui défigurent également leur modèle.

13. La révolution éclatait, et la France venait de conquérir une tribune politique. Un nouveau traducteur, non moins fécond qu'Auger, mais d'une ignorance étrange, *Gin*, crut le moment favorable : il se hâta de lancer deux volumes de Harangues choisies (1790 et 91). Contre-sens perpétuel! Après tout, tant de bévues durent peu choquer un public qui, par un contre-sens en action, s'habillait à la grecque.

14. « Les traductions fréquemment semées dans le Cours de Littérature de *La Harpe* sont remplies des fautes les plus graves, les plus inattendues ; l'esprit antique y est sans cesse altéré, et la pensée de l'original, souvent défigurée par les plus singulières inadvertances....... Dans son analyse, d'ailleurs éloquente, de Démosthène, La Harpe commet une erreur continue, c'est de faire ressembler Démosthène à un écrivain élégant du dix-huitième siècle. Est-ce Démosthène qui a dit, au milieu d'un mouvement fort animé : « Le succès est dans la main des dieux ; l'intention est dans le cœur du citoyen? » Non, certes; Démosthène, dans toute sa vie, n'a pas fait une semblable antithèse[2]. » Cette critique est juste. Me sera-t-il cependant permis d'ajouter qu'après Fénelon La Harpe a, le premier, fait sentir, parmi nous, le mouvement démosthénique ? Sa version de *la Chersonèse* a de l'élan; malgré les contre-sens et les paraphrases, l'argumentation oratoire est serrée ; et la raison passionnée commence à trouver un écho moins infidèle.

15. Essais sur Démosthène et sur son éloquence, contenant une traduction des Harangues pour Olynthe; avec le texte, des considérations sur les beautés des pensées et du style de l'orateur athénien. Paris, 1814; in-8°. Ce travail remonte à 1810, et fut fait aux îles Ioniennes, par M. *Charles Dupin*.

16. Œuvres compl. de Dém. et d'Eschine, en grec et en français ; trad. de *l'abbé Auger;* nouv. édit., revue et corrigée par *J. Planche*; 10 vol.

in-8°; 1819 — 1821. — Texte très-correct. Les quatre premières Philippiques, la neuvième et la dixième, sont traduites par le savant éditeur.

Quelques parties de la traduction d'Auger ont subi, dans ces dernières années, d'autres révisions. Citons seulement le Discours sur la Couronne, retouché par M. *Belèze*. Paris, 1829.

17. Dans la nouvelle édition d'Auger, t. II, M. A. *Bignan* a traduit la harangue pour la Liberté des Rhodiens.

18. Chefs-d'œuvre de Dém. et d'Esch., nouvelle trad., avec disc. préliminaire, notes et analyses; par M. *l'abbé Jager;* 3 vol. in-8° ; Paris, 1834. — 1840.

19. La dernière partie du tome 2 de M. Jager est consacrée au Plaidoyer contre Midias, dont la version est de M. *Delalle*.

20. Harangues sur la Couronne, traduites par *P. A. Plougoulm*. Paris, 1834.[1]

Chacune de ces dernières traductions se distingue par un mérite particulier, auquel je m'empresse de rendre hommage. Leurs auteurs sont vivants : je dois donc m'interdire l'éloge presque aussi sévèrement que la critique. Si le premier est absolu, il est faux ; il semblerait demander à mes devanciers *mutuam dissimulationem mali*. Si je le restreins, on croira voir tomber un blâme jaloux sur tout ce que je ne loue pas. J'ai profité de tous ces estimables travaux ; et je dois faire remarquer, ne fût-ce que par reconnaissance, la réforme de bon goût tentée par M. Plougoulm : le tour correct s'unit presque toujours, sous sa plume, au sentiment vrai de la simplicité antique. C'est la manière de Duvair, appliquée à l'état actuel de notre langue[2].

21. Les mêmes, avec introd. notes, etc. trad. par *J. F. Stiévenart*. Paris, 1840.

IIIe SECTION.

Principaux événements de la Grèce, depuis la paix d'Antalcidas jusqu'à la première tentative de Philippe contre les Thermopyles.

Artaxerxès-Mnémon, en imposant aux Grecs le traité honteux d'Antalcidas[3], avait brisé ces confé-

---

[1] *Gazette Universelle*, 10 octobre 1821. Article de M. Péricaud, de l'Académie de Lyon.

[2] M. Villemain, *Cours de litt. fr.*, XVIIIe siècle, IIe partie., p. 70.

---

[1] Il existe de plus, en manuscrit, plusieurs traductions partielles de Démosthène : celle des Olynthiennes, par de la Porte du Theil; de quelques harangues, par Ricard, traducteur de Plutarque; des Philippiques et de la Couronne, par un ancien élève de l'Ecole Polytechnique, etc.

[2] Traducteurs latins de Démosthène : il y en a trente-six, dont les noms sont connus. Un seul, J. Wolf, a tout traduit ; Bâle, 1545 ; Venise, 1550 ; etc. Dix-sept ont publié des versions partielles des *Philippiques*, de 1470 à 1794. Parmi ces travaux, Becker a oublié l'élégante traduction de la 1re *Philippique* par le P. Jouvency, imprimée dans le volume de d'Olivet.

[3] Olymp. XCVIII, 2; 387 av. J. C.

dérations devenues une partie essentielle de leur constitution générale et la sauvegarde de leur indépendance, et replacé sous son sceptre les belles colônies grecques d'Asie. Le sage Évagoras, après avoir seul protesté, dans son petit royaume de Cypre, les armes à la main, avait lui-même fait sa soumission. Sparte, qui fomentait de nouveaux troubles dans le Péloponèse, attaque bientôt et détruit Mantinée, décime les chefs de la démocratie à Phlionte, porte, à plusieurs reprises, ses armes dans le nord, soumet Olynthe, laisse les Barbares s'agrandir en Macédoine comme en Perse, et s'empare, en pleine paix, de la citadelle de Thèbes (382 av. J. C.) Après cinq années d'oppression, la liberté thébaine se relève à la voix d'un exilé : Pélopidas apprend à ses lourds et patients concitoyens le secret de leurs forces; le disciple du pythagoricien Lysis, Épaminondas, en dirige l'emploi. Dès lors, Thèbes, à son tour, aspire à la prééminence. La guerre, qui se faisait sous ses murs, elle la refoule au fond de la Laconie. Sur l'une et l'autre mer, Chabrias, Iphicrate, Timothée écrasent les flottes lacédémoniennes. Malgré l'intrépidité vigilante du vieil Agésilas, la médiation de Jason, *Tage* de Thessalie, les secours envoyés par Denys I aux Spartiates comme Doriens, malgré l'alliance même d'Athènes, devenue attentive à maintenir l'équilibre entre les États helléniques, Lacédémone, abandonnée de ses alliés, expie à Mantinée sa perfide ambition (363). Les tentatives réitérées du Grand Roi pour pacifier la Grèce, et la lancer sur l'Égypte révoltée contre lui; la destruction des principales cités béotiennes, par la féroce politique des Thébains; la démocratie ramenée dans le Péloponèse, à la suite de leur invincible bataillon Sacré; Messène, Mégalopolis, élevées, comme deux fortes barrières, contre les envahissements de Sparte; les paisibles montagnards d'Arcadie, belliqueux à leur tour, et arbitres de la Grèce méridionale; un rayon de civilisation commençant à luire sur la sauvage Thessalie; l'habile gouvernement, les conquêtes, les grandes vues de Jason, ce précurseur de Philippe, assassiné, comme lui, au milieu de ses projets; la Sicile en proie tour à tour aux Charthaginois, à ses tyrans, à une liberté frénétique : voilà les incidents les plus saillants qui, dans les trente premières années de la vie de Démosthène, s'étaient

---

Traducteurs allemands : Reiske; Boner; Gottsched; Roderer; Scheffel; Heinze; Becker; Wieland; Jenisch; Luden, Seiler; Raumer; Schwabe; Niebuhr; Kortum; Jacobs; etc.
Traducteurs italiens : Carlione; Figliucci; Ferro; le gentilhomme Florentin; Pigafetta; Felletti; Noghera; Selechi; Cesarotti; etc.
Traducteurs anglais : Wylson; Granvillé; Dawson; Portal; Francis; Leland; etc.
Traducteurs russes : trois traductions partielles et anonymes: 1re *Philippique*, Petersb. 1776; la Couronne, Moscou, 1784; ixe *Philippique*, dans *l'Europaischen Verhändiger*, XII.
Voyez Monographie de Becker, p. 123 et 254; Bibliographie de Schweiger, Ire Partie, p. 90.

précipités pour compliquer tant de grands événements sur ce sol mouvant de la Grèce, sur cette terre des commotions politiques. Les plus récents, n'en doutons pas, avaient fixé l'attention du jeune orateur, livré à la double étude de l'éloquence et des faits contemporains[1]. Parmi ces faits, il en est un cependant qui avait d'abord passé inaperçu : lorsque Pélopidas eut réconcilié Perdiccas III avec Ptolémée, et admis la Macédoine dans l'alliance de Thèbes, il reçut en otage et emmena dans la maison du père d'Épaminondas un enfant de quinze ans (365) : cet enfant, c'était Philippe.

La grandeur thébaine avait commencé et fini avec le *duumvirat* de Pélopidas et d'Épaminondas; Thèbes et Lacédémone, après leur lutte acharnée, étaient tombées en langueur. Alors le conseil des Amphictyons, auquel la marche des événements avait substitué, depuis plus d'un siècle, des congrès tenus dans ces deux villes, à Athènes, et même en Perse, recouvra son antique autorité. L'union fédérative parut se resserrer, et des circonstances favorables ranimèrent l'ambition des Athéniens. Les côtes lointaines de la Thrace et de l'Asie appelèrent leurs flottes; l'Eubée, qu'ils convoitaient, les reçut comme des libérateurs. De Rhodes au Bosphore, plusieurs places, le long des deux côtes, se soumirent à leurs amiraux; les Cyclades, Corcyre, Byzance rentrèrent dans leur confédération. Ainsi, les jeunes amis de l'éloquence et de la liberté voyaient avec joie leur patrie ressaisir son ancien empire sur la Grèce : mais les vices publics et privés des Athéniens, plus encore que la jalousie des autres peuples, menaçaient cet empire d'une courte durée; et le poëte comique aurait pu s'écrier encore :

Ὦ πόλις, πόλις, ὡς εὐτυχεῖς μᾶλλον ἢ καλῶς φρονεῖς [2]!

Charès, général heureux dans les coups de main, d'ailleurs paresseux et ignorant, était devenu l'idole de la multitude. Ses conseils de rapine sur les alliés et les colonies furent trop fidèlement suivis. Chios, Rhodes, Cos, Byzance se révoltèrent (358). Alors commença cette guerre Sociale qui dura deux ans, coûta la vie à Chabrias, éloigna de leur patrie Timothée et Iphicrate injustement accusés, et vainement défendus, le premier par son éloquence, le second par son audace, ne laissa aux Athéniens que le dernier de leurs grands généraux, Phocion, bien jeune encore, et se termina par l'indépendance des alliés, reconnue par la voix menaçante d'Artaxerxès-Ochus, le sanguinaire successeur de Mnémon.

Pendant son séjour à Thèbes, le jeune Philippe avait pu observer les mouvements de la Grèce, et en démêler les premiers ressorts dans le génie d'Épaminondas. Il avait visité les principales villes, étudié les Athéniens dans Athènes, appris à les estimer dans ce qu'ils avaient encore d'admirable, et peut-

---

[1] Διεξῄει τάς τε πράξεις ἐφεξῆς, καὶ τοὺς ὑπὲρ αὐτῶν ἀπολογισμούς. Plut. *in Demosth.*, 8.
[2] « O Athènes, Athènes! ville plus heureuse que sage! » *Fragm. d'Eupolis.*

être à ne pas les craindre. Ainsi, cette Grèce, qui façonna la Macédoine avant de subir son joug, comme, un siècle et demi plus tard, elle envahit par ses idées Rome qui l'avait envahie par ses armes, fut l'institutrice de son futur conquérant. Le beau, le séduisant prince étranger put rencontrer à l'école de Platon un jeune homme d'assez mauvaise mine, dont la voix faible prononçait le grec moins purement que lui : mais, sans doute, il ne devinait pas l'antagoniste à la parole puissante, qu'il devait tant redouter un jour.

Furtivement accouru dans sa patrie, après la mort de Perdiccas III, il l'avait trouvée déchirée au dedans et terriblement menacée au dehors. Le poignard d'Eurydice, sa mère ; les révoltes des Grands ; deux princes de son sang ressaisissant avec ardeur l'occasion de régner ; le vieux Bardyllis, cet intrépide brigand, qui venait d'écraser avec ses Illyriens les meilleures troupes macédoniennes ; les Péoniens envahissant déjà les provinces septentrionales ; la Thrace armée pour placer sur le trône Pausanias, furieux de son double exil ; enfin, une flotte athénienne appuyant les prétentions d'Argée à une couronne qu'il avait déjà usurpée : tels sont les périls dont s'étaient vus entourés un roi au berceau et un régent de vingt et un ans (360). Philippe jette un peu d'or au roi de Thrace, et Pausanias rentre dans le néant. Il bat les Athéniens près de Méthone, les renvoie sans rançon, et se débarrasse d'Argée en déclarant libre la ville d'Amphipolis (359) conquise par Perdiccas, et promise par le prétendant aux Athéniens. La paix conclue avec ces derniers, il fait parler les oracles, qui déjà philippisaient, et il prend le titre de roi. Vainqueur des Péoniens dans de petits combats, il augmente, discipline son armée, crée la phalange, cette bête monstrueuse qui se hérissait de toutes parts, ce corps redoutable où la force de six mille lances se trouvait portée à une merveilleuse unité[1] ; il institue enfin le corps des *Pézétères* ou Compagnons, qui donna tant d'habiles capitaines à la Macédoine. Puis il charge avec fureur les farouches Illyriens, en tue sept mille avec leur chef, et recule jusqu'au lac Lychnidos[2] la limite occidentale de son empire. Alors les Grands intimidés cessèrent de troubler la Macédoine par leurs séditions, et Eurydice par ses assassinats.

Bientôt s'offrit à Philippe l'occasion de se glisser à travers les débats de ses voisins. Kotys, chef des Odryses, en Thrace, avait soumis la Chersonèse[3], ancienne possession des Athéniens. Après le meurtre de ce prince, fol amant de Minerve, ses trois fils, Bérisadès, Amadocos, Kersobleptès, soumettent à l'arbitrage d'Athènes leurs prétentions respectives. Athènes fait le partage, et s'adjuge la Chersonèse, qu'elle ne recouvre qu'après de longs débats et la reconnaissance de Kersobleptès comme unique héritier de la tente royale (353). Amadocos porta son mécontentement à la cour de Philippe, qui déjà pensait à dépouiller Kersobleptès, et qui appuya les villes de la Chersonèse opposées à la domination athénienne.

Vers la même époque, Thèbes et Athènes se disputaient l'île d'Eubée, agitée par les sourdes intrigues de Philippe. Lancés par Timothée, l'heureux preneur de villes, les Athéniens en eurent bientôt chassé les Thébains. A leur retour, ils trouvèrent dans Athènes Hiérax et Stratoclès, députés accourus d'Amphipolis pour reconnaître leur domination, en échange des secours qu'ils leur demandaient contre Philippe. Arrêtons-nous ici : le nom d'Amphipolis reparaît souvent dans les harangues de Démosthène.

Cette ville, enfermée dans une île du Strymon, près de l'embouchure de ce fleuve, dans la contrée dite des Neuf-Chemins, reçut son nom (*Ville entourée*) d'Agnon[1], fils de Nicias. La culture des lettres, un magnifique temple de Diane, un sol fertile, des mines d'or et d'argent, quelques victoires, surtout l'entrepôt du commerce de laines et de mâture de la haute Thrace par le port et la citadelle d'Éion, firent d'Amphipolis une des plus importantes places du Nord. Habitée d'abord par des Édons, auxquels se joignirent quelques marchands grecs d'Europe et d'Asie, elle reçut Cimon lorsqu'il délivra ces contrées de la présence des Perses. Trois colonies athéniennes y furent successivement envoyées (469, 464, 446) : les deux premières furent massacrées ; la troisième, toujours repoussée, ne put s'établir. Agnon s'en empara et la fortifia (437). Treize ans après, le Spartiate Brasidas vint l'enlever aux Athéniens, et, chose bien rare, il y fit aimer le joug de Lacédémone. Le traité de Nicias (421) rendit, malgré elle, cette république oligarchique aux Athéniens, dont elle secoua le joug après s'être constituée en démocratie. Sa conquête, manquée par Iphicrate (370), fut effectuée cinq ans plus tard par Perdiccas III, jaloux de donner à ses provinces orientales une frontière imposante.

Nous avons vu que Philippe, faible encore, ne voulut ni garder cette ville, ni la livrer aux Athéniens ; il proclama son indépendance, comptant sur les retours de l'avenir. Il paraît qu'Amphipolis alors entra dans la confédération olynthienne. Iphicrate revint promptement l'assiéger ; mais, rappelé par ses concitoyens mécontents, il la vit s'échapper de ses mains. Timothée, qui le remplaça, ne fut pas plus heureux, grâce à la trahison de Charidème d'Oréos, chef de bandes mercenaires. Athènes alors recourt à des négociations. Ses députés, Antiphon et un autre Charidème, promettant secrètement à Philippe de lui livrer Pydna, s'il aide leur patrie à soumettre une colonie rebelle. Le rusé monarque affecte de se plaindre hautement des Amphipolitains, emporte leur ville d'assaut (358), après avoir paralysé les efforts de leur députation auprès des Athéniens, auxquels il répétait qu'il ne

---

[1] M. Michelet, *Hist. rom.*, t. II, p. 52.
[2] Aujourd'hui lac d'Okhrida, en Albanie.
[3] Presqu'île de Gallipoli.

[1] Les chrétiens y ont substitué celui de Chrysopolis, et les Turcs appellent Iamboli une chétive bourgade de la Romélie, bâtie sur ses ruines.

travaillait que pour eux; et, fort de ses premiers succès, trompant à la fois les Olynthiens et Athènes, il garde pour lui sa précieuse conquête. Depuis ce temps, le nom d'Amphipolis devint le cri de guerre des orateurs athéniens opposés à Philippe.

Bientôt ses intrigues lui livrent Pydna, ses armes Potidée (357); et, pour s'attacher les Olynthiens, il leur remet ces deux villes avec Anthémonte, place au N.-E. de Pella, qui avait toujours appartenu aux rois de Macédoine. Pydna et Potidée [1], colonies corinthiennes dans la délicieuse Piérie et sur l'isthme de Pallène, avaient été soumises par Timothée. Philippe prend ensuite Crénides, dépendance de Thasos, dans le mont Pangée; il y établit une colonie de Macédoniens, qui donnent à la ville le nom de *Philippi*, et il fait exploiter ses mines d'or abandonnées, qui bientôt lui rapportent par année plus de six millions de nos francs.

« Pour dissiper les alarmes des Athéniens, le prince ne pousse pas plus loin ses succès dans la Thrace. Il accorde sa protection aux Thessaliens qui l'implorent contre la tyrannie des meurtriers et des successeurs d'Alexandre de Phères. Il détruit leur pouvoir despotique : la reconnaissance des Thessaliens augmente ses richesses; ils lui abandonnent des revenus considérables, et lui ouvrent leurs ports sur le golfe Thermaïque [2]. » Philippe épouse ensuite Olympias, triomphe en Illyrie par l'épée de Parménion, réprime la Péonie et la Thrace; et la naissance d'Alexandre vient mettre le comble à sa prospérité (356). Dans le projet de dominer la Grèce, son génie fut merveilleusement secondé par deux guerres qui occupèrent treize ans les forces des Athéniens et des principaux États helléniques. La première était la guerre Sociale : nous en avons parlé; l'autre est connue sous le nom de seconde guerre Sacrée.

« Le conseil amphictyonique, qui fut presque toujours impuissant pour prévenir les guerres, sert l'inimitié des Thébains contre les Lacédémoniens et les Phocidiens, condamne ces deux peuples comme parjures et comme sacriléges, et donne lieu aux plus cruelles hostilités. Philomélos, un des principaux habitants de la Phocide, arme ses concitoyens contre l'autorité des Amphictyons, trouve des secours à Sparte, défait les Locriens, s'empare de Delphes, et arrache des colonnes sacrées le décret que les Thébains lui obtenu contre sa patrie. La guerre devient alors générale dans la Grèce.... Béotiens, Locriens, Thessaliens, Perrhèbes, Doriens, Dolopes, Athamanes, et quelques cités moins importantes, prennent les armes pour maintenir l'autorité des Amphictyons. Les Phocidiens comptent pour alliés les Lacédémoniens, les Athéniens et plusieurs peuples du Péloponèse. Avec les trésors qu'il enlève au temple de Delphes, Philomélos soudoie dix mille mercenaires, et soutient pendant deux ans la guerre contre les Thébains et les Locriens

avec des succès balancés; mais il est vaincu dans les montagnes de la Phocide, et se donne la mort (353). Onomarque, son frère, lui succède, rassemble de nouvelles troupes, met la division parmi ses ennemis, confisque les biens des Phocidiens qui s'opposent à la guerre, se rend maître de Thronium, réduit les habitants d'Amphissa, ravage les terres des Doriens, pénètre dans la Béotie, s'empare d'Orchomène et menace Chéronée : mais, vaincu par les Thébains, il est réduit à prendre la fuite.

Les Athéniens, alors occupés des affaires de la Thrace et des entreprises de Philippe, ne portaient qu'un intérêt secondaire à la guerre Sacrée. Ils infestaient les côtes de la Macédoine; Philippe, ayant créé une marine, subjuguait les îles d'Imbros et de Lemnos, abordait sur la côte de Marathon, et enlevait aux Athéniens la galère Paralienne.... Sestos voulut échapper à leur domination, mais fut réduit par Charès, tandis que Philippe se rendait maître de Méthone, détruisait ses fortifications, et distribuait son territoire à ses soldats.

Phayllos envahissait la Thessalie dans le même temps qu'Onomarque, son frère, désolait la Béotie; mais il y trouvait Philippe, auquel les villes opprimées par la tyrannie de Lycophron, avaient déféré le protectorat que Pélopidas avait exercé quelques années auparavant. Philippe défait Phayllos, et le rejette dans les montagnes de la Phocide. Onomarque accourt, oppose plus de résistance, fait éprouver quelques pertes aux Macédoniens dans deux actions consécutives. L'année suivante, 352, son armée est taillée en pièces; Onomarque et six mille Phocidiens restent sur le champ de bataille, trois mille sont jetés à la mer comme sacriléges. Phayllos prend alors la direction générale de la guerre, qu'il poursuit avec énergie. Lacédémone, Athènes, l'Achaïe, secondent ses efforts; les Thessaliens lui envoient deux mille hommes, malgré les derniers succès de Philippe. L'appât des richesses du temple de Delphes attire sous ses drapeaux des soldats de toutes les villes. Cependant les Béotiens repoussent victorieusement la nouvelle invasion des Phocidiens qui sont défaits trois fois près d'Orchomène, du Céphisse et de Coronée. Phayllos succombe à une maladie cruelle; Phalæcos, fils de Philomélos, et Mnaséas sont chargés de cette guerre funeste à tant de chefs : ils sont vaincus l'un et l'autre, et tués peu de temps après par les Béotiens. Tant de désastres portent le découragement chez les Phocidiens, et semblent un châtiment du ciel aux yeux d'un peuple dont la superstition s'accroît dans l'infortune (352). Dans le même temps, Philippe, sous prétexte de pénétrer dans la Phocide pour en châtier les habitants, essaye de s'emparer des Thermopyles : mais des troupes athéniennes, que Nausiclès conduisait au secours des Phocidiens, rendent cette tentative inutile [1]. »

---

[1] *Précis de l'Hist. anc.*, p. 349.

---

[1] Aujourd'hui Kitros et Les Portes.
[2] Poirson et Cayx, *Précis de l'Hist. anc.*, p. 347, 3ᵉ édit.

IVᵉ SECTION.

Des partis politiques à Athènes, pendant la résistance à Philippe et à Alexandre.

A tous les graves événements que nous venons de parcourir le talent de la parole avait eu autant de part que les notes diplomatiques et la corespondance des cabinets en prennent aux destinées actuelles de l'Europe. Le grand coup était porté : Philippe aux Thermopyles venait de montrer à la Grèce émue les fers qu'il lui préparait depuis longtemps. L'or et les intrigues qui précédaient toujours ses armes, avaient déjà semé la division parmi les Athéniens, avides à saisir l'occasion de se déchirer mutuellement. Alors, plus fortement que jamais, les factions se dessinèrent ; et que penser d'un peuple auquel le sentiment d'un danger commun n'avait pu rendre la paix intérieure? Chacune de ces factions eut ses chefs, ses représentants à la tribune et dans les cités travaillées des mêmes dissensions.

Lorsque, dans cette crise, on cherche à embrasser d'un coup d'œil toutes les nuances de l'opinion et de la puissance publiques, on est d'abord frappé de la nullité du pouvoir exécutif, qui, dans les autres États helléniques, conserve sur l'esprit du peuple une légitime influence. Les archontes ne sont désignés par les orateurs que pour date, à peu près comme les saints de notre calendrier. On a peine aussi à suivre toutes les fluctuations de ce peuple mobile. Plongé dans une longue inertie, il se réveille pour délivrer l'Eubée ; puis il se rendort, comme s'il croyait sa tâche finie. Il faudra de nouvelles secousses pour le pousser à Byzance, à Olynthe, à Chéronée. Il refusera un asile à quiconque attenterait aux jours de Philippe devenu tout-puissant, et il couronnera son meurtrier. Il fera mourir Lysiclès qui, à Chéronée, se hâte trop de crier victoire ; et, en faveur de Démosthène, fugitif et toujours honoré, il démentira sa longue réputation d'ingratitude. Un décret proscrira Démosthène à son tour ; un décret consacrera la mémoire de ses services. Ce flux et ce reflux démocratique s'accroît encore de la versatilité personnelle d'un grand nombre de citoyens, de l'apparition de quelques orateurs nouveaux vers la fin de ce grand drame, d'une extrême diversité dans les motifs de résistance ou de soumission au rusé Macédonien. Les uns voyaient en lui un ami de la liberté, parce qu'il délivrait la Thessalie de ses tyrans, et soutenait quelques démagogues dans le Péloponèse. Son apparente équité fascinait plus d'un bon esprit : ne s'était-il pas déclaré pour Messène contre Lacédémone? n'enlevait-il pas aux Spartiates leurs injustes conquêtes? Combien de partisans dut lui gagner son zèle pour la cause d'Apollon, dans la guerre de Phocide ! Les dangers de cette guerre ont fait mettre en dépôt dans ses mains de nombreux patrimoines. L'orage passé, il restitue les biens placés sous sa sauvegarde : et cet éminent service, ce désintéressement inespéré lui assurent d'ardents prosélytes ; il rend plus qu'on ne lui a confié, il donne à qui ne lui prêta rien : et la reconnaissance vient se confondre dans une vénalité adroitement déguisée. Ainsi, les aspects changeants du caractère et de la conduite de Philippe contribuaient, autant que la capricieuse mobilité d'Athènes, à multiplier les nuances de l'opinion au sein de cette petite république. Ajoutez à cela l'or prodigué par la Perse inquiète, pour combattre l'effet des largesses du roi-marchand [1]. Placés entre deux appâts, comment les orateurs auraient-ils toujours résisté? A l'aspect de tant de dégradation, une pensée console : ici, du moins, la discorde n'avait pas, comme à Rome, les pieds dans le sang. Malgré les incertitudes où nous laissent les rares témoignages de l'histoire, essayons d'esquisser ce tableau.

Nous trouvons d'abord trois grandes divisions dans les vingt mille citoyens dont se composait la population ayant droit de suffrage : parti monarchique, parti oligarchique, parti démocratique ; vieux éléments de guerres intestines dans presque toutes les cités grecques. En tête de la première faction, Isocrate ; de la seconde, Phocion, Eubule, Eschine ; de la troisième, Démosthène.

I. Élégant débris de la brillante école des sophistes, Isocrate, ami du luxe, enrichi par la culture de son art, trop timide pour les assauts de tribune, répétait sur ses vieux jours, dans ses écrits, dans ses leçons, la maxime de Gorgias : Il faut un chef à la Grèce, qui ne redeviendra forte et unie qu'en attaquant la Perse à son tour. Il ajoutait : Philippe, comme descendant d'Hercule, doit être ce chef. Tout l'art du langage le plus harmonieux et le plus poli était laborieusement appliqué à propager cette politique, qui devinait l'avenir, mais se trompait en partie sur le présent. Isocrate écrivait à Philippe avec une sorte de tendresse admirative ; la bataille de Chéronée vint, trop tard, le désabuser ; et le vieillard disert, qui avait toujours aimé sa patrie, mourut de chagrin. Sa nombreuse école alimenta le parti monarchique, composé d'hommes de théorie, préférant la plume à la parole, publicistes plutôt qu'orateurs, et favorables à la Macédoine *par système*.

II. Nous ne voyons pas la même unité dans la faction oligarchique. La haine pour les excès de la démocratie, la certitude des dangers dans la crise où s'engageait la Grèce, animaient surtout Phocion, Léodamas, Dinarque. D'autres, peu inquiets de Philippe, ne cherchaient que le pouvoir en flattant la plèbe, à laquelle leurs perfides caresses surprenaient les décrets les plus oppressifs : au premier rang viennent se placer Eubule d'Anaphlyste et Midias. Parmi ces adversaires des classes inférieures, plus d'un Athénien, jusque-là irréprochable, subit mal l'épreuve des bonnes grâces d'un ami couronné ; plus d'un, recevant ses dons

---

[1] « Philippus majore ex parte mercator Græciæ, quam victor. » Val. Max. VII, 2.

sans s'abaisser au métier de mercenaire[1], fut pris dans ses filets sans se croire un traître : après tout, un seul souverain lui demeurait aussi odieux que vingt mille. Enfin, des hommes de la naissance la plus obscure, tels qu'Eschine, méprisaient aussi la puissance populaire : ceux-là s'étaient faits aristocrates par bon ton, et philippistes par vénalité.

Doué des vertus d'un autre âge, Phocion, homme d'un grand sens, se hâta peut-être trop de désespérer de la liberté[2]. Malgré ma vive admiration pour ce caractère si calme et si pur, je m'indigne de l'entendre s'écrier, à la nouvelle de chaque succès, *Quand donc cesserons-nous de vaincre?* Du reste, chacune de ses rares paroles est un coup de massue; chacune de ses expéditions, une suite de victoires : et jamais Phocion ne rechercha l'influence! Immobile à la tribune, les mains dans son manteau, il attendait que les injures et les vociférations eussent passé; puis il reprenait tranquillement ses laconiques et judicieux conseils. Prévoir, retarder, amortir la chute de la liberté, telle fut la vie de ce Socrate de la tribune, qui devait aussi périr par la ciguë. Ses amis étaient nombreux ; nous ignorons s'il y eut parmi eux beaucoup d'orateurs influents. Tour à tour accusateur et accusé devant le peuple, Léodamas, dont Eschine et Démosthène louent l'éloquence, prit part aux affaires, sans beaucoup espérer de sa patrie. Le Corinthien Dinarque, instrument de la politique macédonienne, ne viendra que plus tard à Athènes soutenir Alexandre et Antigone absents, et expier par la mort son attachement à Phocion. Eubule fut, après Eschine, le plus constant adversaire de Démosthène, et Midias, son ennemi le plus outrageux. Par de folles dissipations des deniers publics, le premier s'était élevé à une haute faveur ; il n'en était pas moins soupçonné de dévouement à Philippe, et d'avoir tourné ses talents oratoires à la perte de l'État. Le second nous apparaît comme un fastueux insolent, qui jetait son or à la multitude pour l'asservir. Le fils d'une joueuse de tympanon et d'un pauvre maître d'école, Eschine, fut le plus ferme appui de l'oligarchie amie de Philippe : il représente la classe des *vendus*, chaque jour plus nombreuse, plus active ; il est le type du traître, beau parleur, employant tour à tour la ruse et l'audace. Doué d'une figure aussi gracieuse que celle de Démosthène était sévère, et d'un organe bien autrement souple et sonore que celui de son rival, Eschine avait préludé aux luttes de tribune par celles du champ de bataille, de la scène et de la palestre. A l'époque où nous sommes parvenus, sa trahison est encore douteuse : mais bientôt, parti d'Athènes ambassadeur près de Philippe, il reviendra pensionnaire de ce prince. Orateur élégant, sa manière n'est peut-être déjà plus de l'atticisme : le luxe faux de l'école asiatique semble s'y faire pressentir. Chose remarquable! le même jour, à la même tribune, on pouvait entendre trois orateurs qui représentent trois phases différentes de l'éloquence grecque : car l'époque de son perfectionnement dans Démosthène se trouve placée entre celle des premiers sophistes, qui aboutit, par Gorgias, à Isocrate, et l'école asiatique, dont Eschine, supérieur à cette école même, jettera plus tard les fondements à Rhodes et dans l'Ionie. Un ancien matelot, Démade, était devenu un improvisateur éblouissant. Quand il s'attendait à de l'agitation dans l'assemblée, il tressaillait de joie : doublement heureux si, dans l'intervalle de la courte méditation à la récitation du discours, le vent populaire n'avait pas changé! Quelle vie publique! quelle vie privée! Esclave de ses plaisirs, portant dans ses principes la légèreté de son esprit mobile, Démade devint un traître déclaré. En vain réclamerait-il quelque indulgence, parce qu'il ne dirigeait plus que les débris du naufrage général; il était lui-même un de ces débris, suivant l'heureuse expression de Plutarque[1]. Quelques années encore, et Antipater, ne pouvant le rassasier d'or, dira que, de ce vieux démagogue, comme de la dépouille d'une victime, il ne reste plus que le ventre et la langue[2]. Philocrate, Phrynon, Pythéas, Calliclès, dont il ne nous reste qu'un nom déshonoré, travaillaient, sous Eschine, à gagner des partisans à la Macédoine : il paraît que tous se firent bien payer leur besogne. Ce n'est pas que l'impunité leur fût toujours assurée : dans de soudains retours de colère, le peuple trahi en condamna plus d'un à l'exil, même au supplice; rigueurs passagères, qui effrayaient peu! Ainsi, dans ses diverses nuances, le parti oligarchique était tout macédonien, ici *par désespoir*, là *par ambition*, ailleurs *par séduction* ou *par avidité*. Et, bien différente de la première, quoiqu'elle concourût au même but, cette immense faction était sans cesse agissante.

III. On ne considère Démosthène que comme l'ennemi des Macédoniens : il fut aussi l'ennemi de l'oligarchie. Il avait compris qu'une démocratie forte pouvait seule arrêter un monarque conquérant; et c'est à lui prêter cette force qu'il usa l'éloquence à la fois la plus logique et la plus entraînante. Dans tous les âges, l'épée d'un despote étranger a toujours causé moins d'ombrage à l'aristocratie qu'à la classe plébéienne. Démosthène aurait mieux aimé voir les Athéniens défaits à la tête de leurs alliés, que vainqueurs sous l'étendard macédonien[3]. Avec un tel caractère, soutenu d'un tel talent, il devint naturellement le favori du peuple, qu'il savait louer avec art, et plus souvent gourmander avec empire.

La liste des orateurs opposés à Philippe et à Alexandre nous est parvenue plus nombreuse que

---

[1] Telle est la distinction un peu subtile qui existait entre le δωροδόκος et le μισθαρνῆς ou μισθωτός, en politique.
[2] Heeren et Gillies partagent cette opinion.

[1] Plutarch., *Phoc.* ναυάγιον τῆς πόλεως. Voyez Böckh, liv. II, c. 13.
[2] Plutarch., *Phoc.*, 20, 25, 30.
[3] Gillies, *Hist. de l'Anc. Gr.*, ch. 34.

PRÉAMBULE.

celle des chefs des autres partis : comme si une plus grande renommée attendait les premiers, pour les consoler de leur défaite!

Lycurgue, élève de Platon, aima jusqu'à l'enthousiasme la vertu et la patrie. Il administra pendant quinze ans les deniers publics avec une intégrité digne d'Aristide ; et le compte rendu de sa gestion nous est parvenu dans une inscription que le temps a respectée. Il parcourut avec Démosthène le Péloponèse, suscitant partout des ennemis à Philippe. Il parlait aux Athéniens avec une liberté que ses vertus seules pouvaient lui faire pardonner. Alexandre, après avoir détruit Thèbes, compta cet intrépide vieillard parmi les Athéniens dont il demandait la tête, et qui furent sauvés par l'adresse de Démade.

Plus jeune que Lycurgue, Hypéride, par une bizarrerie étrange, lutta contre Philippe avec l'épée, contre Alexandre avec la parole. Brave, incorruptible, mais de mœurs peu dignes de son patriotisme, il contribua, par sa célèbre défense de Phryné, à introduire l'éloquence véhémente au sein de l'impassible Aréopage. Sa haine pour la Macédoine lui survécut avec son talent dans la personne de Glaucippe et d'Alphinos, son fils et son petit-fils. Hégésippe, dont nous avons recueilli quelques saillies éloquentes, jeta un assez vif éclat pour que plusieurs de ses harangues fussent attribuées à Démosthène. L'histoire sème, en passant, les noms de vingt autres orateurs estimables qui s'opposèrent, avec une mesure inégale de courage et de talent, aux progrès des armes macédoniennes : ambassadeurs, présidents du conseil, guerriers, magistrats, même comédiens. Que nous reste-t-il de leur patriotisme ? quatre ou cinq traits honorables; de leur éloquence ? quelques mots ingénieux ou hardis.

Dans la démocratie athénienne, le barreau, du moins pour les causes criminelles, était une seconde tribune. Le plus célèbre *avocat* d'Athènes fut peut-être Isée de Chalcis, dont la vie est très-peu connue. Il ferma son école pour s'occuper exclusivement de former Démosthène : il entrevoyait donc le trésor caché sous cette nature si ingrate en apparence! L'orateur eubéen nous a transmis onze plaidoyers civils, tous empreints d'une rapidité nerveuse. Beaucoup d'autres citoyens, diserts ou éloquents, composaient des mémoires, ou parlaient devant ces juges si nombreux, si passionnés, si préoccupés de leurs dissensions, et qui se souciaient bien plus du bon goût que du bon droit. De ce tourbillonnement continuel, entretenu sur un petit coin de terre par tant de débats publics et privés, sortit un étrange orateur, le sycophante, qui est encore un des types de ce temps-là.

« Même sous la main de la justice, dit Démosthène aux Athéniens, le sycophante hurle, menace, calomnie. Les stratèges, à qui vous confiez des fonds considérables, lui refusent-ils de l'argent? il les proclame indignes des plus humbles emplois. Et pourquoi cet odieux langage? Est-ce pour outrager des hommes honorables, qui, avec un peu d'or, lui auraient fermé la bouche? Non, c'est pour décrier vos élections, pour afficher sa perversité. Vos magistrats tirés au sort, il les déchire, les rançonne, les poursuit à outrance.... Chaque citoyen fréquente la place publique, occupé d'affaires privées ou d'affaires d'Etat. Mais le sycophante, quelle est sa profession ? Il n'est ni artisan, ni agriculteur, ni négociant ; aucun lien d'intérêt, aucun d'amitié. Il rampe sur nos places comme un scorpion ou une vipère, faisant vibrer son dard, s'élançant d'un côté à l'autre, épiant la victime qu'il percera de ses calomnies, le riche qu'il intimidera pour le faire capituler [1]. Vagabond, sans asile, sans amis, sans connaissances, il reste étranger à toutes les douceurs de la société. Il rôde, traînant à sa suite ces monstres que les peintres donnent pour escorte aux scélérats dans le Tartare, l'Imprécation, la Calomnie, l'Envie, la Haine, la Discorde.... C'est le chien du peuple, disent quelques-uns. Je le crois ; mais c'est un de ces mâtins qui, au lieu de mordre ceux qu'ils appellent loups, mangent les brebis qu'ils disent protéger [2]. »

Pour compléter ce triste tableau, remarquons que la Macédoine avait dans tous les rangs de la société athénienne une foule de partisans cachés. La classe des trois cents plus riches citoyens murmurait hautement chaque fois qu'une expédition exigeait de nouveaux subsides. Placés sous le patronage des premiers orateurs de chaque parti, des généraux inhabiles subissaient leur influence, et ne penchaient pas tous vers la guerre. Parmi les philosophes, seul, le vertueux Xénocrate se dévouera plus tard, quoique étranger, à la cause de l'indépendance. Maintenant, les derniers jours de Platon s'usent dans la réforme sociale, ce rêve de sa vie, qu'il a vainement essayé de réaliser en Sicile ; et il ne sait plus enfin désirer pour l'espèce humaine *qu'un bon tyran aidé d'un bon législateur* [3]. Diogène a passé l'été à Corinthe; Antisthène s'est renfermé dans le Cynosarge, et Aristippe dans son école. Un des muets disciples de Platon, après avoir erré à la cour de l'eunuque Hermias à Atarné, à Mitylène, vit en ce moment à la cour de Macédoine, où il élève le jeune Alexandre, sans doute par reconnaissance pour le père, qui vient de brûler Stagire, sa patrie. Mais le type le plus expressif de l'insouciance athénienne est le cercle dit *des Soixante*. Recueillir tous les ridicules, s'amuser, par de gais propos, des amis, des ennemis, parodier la tribune, prononcer des décrets bouffons, tel est son unique objet. Il tient ses séances dans un temple, au milieu d'une folle multitude, qu'il achève de démoraliser, et parfois devant les

---

Je m'endormis mouton, et me réveillai loup.
Pour mordre a belles dents, tout fut de mon domaine ;
Je tombai sans pitié sur la sottise humaine,
J'écorchai, déchirai le troupeau des trembleurs:
Guerre ou tribut !

Ainsi parle Godwin, le sycophante moderne. Voyez *La Popularité*, par M. C. Delavigne, acte II, sc. 2.

[2] Premier Plaidoyer contre Aristogiton.

[3] M. Villemain, *Éloge de Montesquieu*.

ambassadeurs de Philippe, affilié à ces spirituels démolisseurs, qui reçoivent ses dons.

Au sein de tous ces partis, qui sont constamment en présence, que d'ennemis pour Démosthène! et combien peu d'auxiliaires!

Ve SECTION.

Coup d'œil sur l'influence de l'éloquence de Démosthène chez les Anciens et chez les Modernes.

Ne dirait-on pas que, de toutes parts, on demande aujourd'hui, même à la littérature savante, une utilité pratique, des résultats applicables? Considérée sous ce rapport, la publication d'une version nouvelle de Démosthène ne serait peut-être pas sans opportunité. La suite des temps qui nous séparent du grand orateur semble appuyer cette espérance. A peine tombées de la tribune, ses immortelles harangues, la plus simple et la plus éclatante protestation en faveur de la liberté, inspirent une génération de jeunes orateurs dont tout le tort, peut-être, est d'arriver trop tard. Bien que leur caractère propre ne puisse nulle part revivre tout entier, s'alliant au génie romain, elles aident Cicéron à flétrir Verrès, à confondre Catilina, à entraver Antoine; Salluste et Tacite à faire parler dignement le stoïcisme des Caton et des Thraséas[1]. Mais bientôt il se prépare quelque chose de plus sérieux qu'une imitation littéraire : au sein de cet immense empire que la corruption dissout lentement, la philosophie devient réformatrice; et l'orateur qui tenta de régénérer sa patrie inspire quelques nobles âmes. Voyez-vous Dion Chrysostôme banni, emportant jusque chez les Scythes une harangue de Démosthène, et la relisant seul, sous son habit de mendiant, pour s'instruire à parler aux légions romaines, et faire élire Nerva? Le jeune Marc-Aurèle, esprit plus grec que romain, étudie ce grand modèle; mais il désespère de l'imiter avec succès[2]. C'est encore comme réformateur que Démosthène est médité par les Pères, ces éloquents organes de la réforme chrétienne. Avec quel enthousiasme en parle saint Jérôme! Par les orateurs sacrés, la renommée du grand orateur politique se maintient dans l'Orient. Julien va presque jusqu'à le copier; Libanius l'imite, mais par des pastiches dénués d'application; Plutarque écrit sa vie, et le cite souvent; Longin l'admire avec éloquence. Tous les rhéteurs de l'Asie, d'Athènes et de Rome se font les échos de cette parole qui a remué la Grèce; et, comme si la vie de Démosthène n'avait pas été assez remplie, ils lui supposent des situations nouvelles, ils se demandent, ils demandent à leurs auditeurs quel langage elles lui auraient inspiré. Quand les ténèbres d'une longue barbarie furent dissipées, Démosthène devint parfois, sous un costume étranger, même à l'aide d'un travestissement bizarre, l'interprète des besoins nouveaux qui agitaient le monde. Les factions environnent le berceau de Pétrarque : mais le poëte, en se révélant à l'Italie, espère que les États chrétiens vont se réconcilier, que l'Europe retrouvera la paix intérieure dans une nouvelle croisade; et, dans sa plus belle canzone[1], il répète, à son insu sans doute, quelques-uns de ces cris de guerre et de patriotisme qui avaient retenti à la tribune athénienne. Un Grec, un ancien moine du Péloponèse, Bessarion, emprunte ouvertement la même voix pour essayer d'armer la chrétienté contre les Osmanlis qui menacent l'Europe[2]. Un schisme ardent se déclare : c'est encore Démosthène qui, dans ces leçons d'éloquence où Mélanchthon réunit plus de deux mille disciples, aide à parler, à écrire en faveur de la Réforme[3]. Au dix-septième siècle, ces essais d'application ne sont plus possibles : qu'a de commun Démosthène avec la faconde de nos parlements et de nos tribunaux, envahis et quelque peu gâtés par Cicéron? Mais des esprits amoureux de l'antiquité se pénètrent de ses harangues; sa vive et franche allure ravit Fénelon, qui le place au-dessus d'un rival qu'un tel panégyriste semblait devoir lui préférer. Sans doute, par son culte comme par son génie, Bossuet est plus grand que Démosthène : mais, par leurs mouvements soudains et entraînants, par cette chaleur d'argumentation, par cette puissance si haute et si rare qui rend le raisonnement pathétique et fait de la dialectique un irrésistible foudre, ces deux types immortels de la parole humaine semblent se rapprocher. Il ne paraît pas cependant que, dans ses études, l'évêque de Meaux ait donné place à l'orateur athénien entre Homère et Isaïe. Dans l'âge suivant, on se détourne des sources antiques; et toute l'admiration des vrais connaisseurs se concentre dans quelques lignes de Vauvenargues, dans un mot de l'éloquent Rousseau[4]. Tandis que Marmontel et La Harpe s'efforcent de faire connaître à nos pères cette éloquence dont ils n'ont eux-mêmes qu'un sentiment très-incomplet, le philosophe Hume proclame que, de toutes les productions de l'esprit humain, les harangues de Démosthène sont les plus voisines de la perfection[5]; et de jeunes Anglais, pleins de savoir, et se préparant à la vie politique, demandent à l'antagoniste d'Eschine des armes pour combattre Walpole, et s'assurer une majorité parmi des auditeurs bien différents des Athéniens. A Vienne, à Bucharest, jusque dans les vallons de la Thessalie, le grand patriote Rhigas lit

---

[1] L'exorde du discours de Caton dans Salluste (*Catil.* 52) est la traduction littérale du début de la IIIe *Olynthienne*.

[2] *Lettres de M. Aurelius et de M. C. Fronto*, trad. par Armand Cassan, liv. II, 6.

[1] La Ve.

[2] Voyez la Traduction latine de la Ire *Olynthienne* par Bessarion, et surtout les Remarques. Paris, 1470.

[3] Voyez les *Déclamations* de Mélanchthon, qui avait fait un cours public sur l'orateur Lycurgue, et traduit en latin plusieurs harangues de Démosthène.

[4] « Entraîné par la mâle éloquence de Démosthène, Émile dira, C'est un orateur; mais en lisant Cicéron, il dira, C'est un avocat. » Liv. IV. Voyez deux dialogues entre Démosthène et Isocrate, *Supplément aux œuvres de Vauvenargues*, 1820.

[5] *Essais de morale et de politique*.

avec transport les *philippiques* à quelques Hellènes ; et Démosthène gagne encore des partisans à la cause de l'indépendance. Dans la capitale de l'Autriche, Néophitos Doukas le réimprime, le commente, le distribue gratuitement à ses compatriotes. Depuis plus de trente ans, il est étudié à fond dans toutes les universités allemandes. Comment croire qu'une vogue aussi marquée se soit bornée à des résultats de pure théorie? Loin de là, Niebuhr et Jacobs se sont fait une arme des *philippiques* contre le conquérant qui résumait en lui Philippe, Alexandre, et quelque chose de plus [1] : arme impuissante et ridicule! Toutefois, pédantisme germanique à part, cet anachronisme s'explique très-bien. Ne nous y trompons pas : ce que Démosthène a remué dans Athènes et dans la Grèce, ce ne sont point des intérêts passagers, c'est un principe durable, cosmopolite. Sans doute, *une raison plus haute et plus forte, une politique plus savante domine tous les mouvements de la parole moderne* [2] : mais, dans tous les âges, chez tous les peuples, la cause de l'indépendance nationale se présente avec le même caractère [3].

Un illustre contemporain, dont la pensée est aussi élevée que la parole est éloquente, a renouvelé dans une de ses belles leçons sur la philosophie de l'histoire [4], les agressions de Mably et de Thomas contre Démosthène. Il montre que l'antagoniste de Philippe devait inévitablement échouer ; et je le reconnais avec lui. La faiblesse, ou plutôt la nullité de la confédération grecque [5], un patriotisme lan-

guissant, la vénalité s'étendant comme une lèpre hideuse, la disette de bons généraux, les excès d'une démocratie qui observe mal la paix conseillée par Phocion, et fait mollement la guerre qui paraît-à Démosthène l'unique moyen de salut ; tout prouve assez que la victoire était impossible. Mais Démosthène devait-il voir les choses sous le même jour que nous? pouvait-il comprendre que *son triomphe eût arrêté la marche du monde?* La politique de Phocion était l'utile ; celle de son adversaire, le beau moral, le devoir. Démosthène pensait que, pour un peuple comme pour un individu, il est des situations où il faut, sous peine d'être coupable, lutter en désespoir de cause, et s'exposer à périr. De ces deux principes, quel est le plus conforme à la vertu civique? J'ose le demander au condisciple de Démosthène, au moderne élève de Platon. Quand Napoléon portait la guerre au delà du Rhin, tous les patriotes allemands s'écriaient que les États Germaniques devaient marcher contre l'ennemi commun sous leurs drapeaux réunis. Qu'un philosophe, que Kant lui-même se fût alors levé, et eût dit : « Vous voulez l'unité de l'Allemagne ; et vous ne voyez pas que cette unité ne peut être amenée que par la conquête! Hommes inconséquents! laissez-vous pétrir par la main puissante qui, seule, fera de notre patrie un tout moins hétérogène » ; un tel langage n'eût-il pas semblé un blasphème? Prenons un exemple encore plus rapproché de nous. Dans les prévisions de quelques publicistes, Constantinople serait maintenant pour l'Europe ce qu'était Olynthe pour la Grèce : mêmes proportions dans un cadre prodigieusement agrandi. Démosthène disait aux Athéniens : « Si vous laissez Philippe prendre Olynthe, il viendra vous attaquer dans vos murs. » On dit, on écrit aujourd'hui [1] : « Si la France et l'Angleterre permettent aux Russes d'entrer dans Constantinople, c'en est fait de la liberté de l'Europe. » Eh bien! plus d'un penseur serait tenté de répondre : « Laissez faire. C'est le bras de Dieu qui pousse lentement la Russie, et prépare par elle un grand mouvement social, une réforme morale immense. » Écouterez-vous ces paroles de sang-froid, vous qui blâmez la politique de Démosthène? non, sans doute. C'est que les grandes idées providentielles, dans leur ineffable vérité, appartiennent à une sphère trop haute ; peu savent y atteindre ; et combien s'égarent en s'évertuant à les pénétrer! Mais la patrie, la liberté, les devoirs du citoyen nous touchent de près, nous serrent de toutes parts ; et voilà ce que nous comprenons à merveille.

On est allé plus loin, on a reproché à Démosthène d'avoir *échoué honteusement*. Oui, sa fuite à Chéronée est une faute : mais pourquoi Athènes malheureuse lui conserve-t-elle son estime et sa confiance? pourquoi ce magnifique décret, par lequel

---

[1] Au commencement de ce siècle, Niebuhr publia une version allemande de la Ire *Philippique*, avec cette devise : *Prospicio natas e cladibus iras*. Dans la préface d'une seconde édition, cet homme d'État philologue écrivit peu de temps avant sa mort : « Je m'occupais de ce travail après la défaite d'Ulm, en novembre 1805 ; je le dédiais à l'empereur Alexandre en ces mots :

Hic rem romanam, magno turbante tumultu,
Sistet eques, Pœnum sternet Gallumque rebellem.

Mais, avant l'impression, Austerlitz avait prononcé. » La même année et dans la même vue, Jacobs publia, pour la première fois, une traduction des harangues choisies. En 1815, la *Némésis* reproduisait la IIIe *Philippique* en avertissant la jeunesse studieuse de cette allusion un peu usée, *Mutato nomine de te Fabula narratur*. Il existe aussi un plaisant parallèle de Bonaparte avec Philippe, par Petri, 1822.

[2] M. Villemain, *Cours de Littérature Française. Tableau du 18e siècle*, 2e partie.

[3] Aussi, ne nous étonnons pas que plusieurs esprits éminents de notre époque regardent Démosthène comme le plus grand homme d'État de l'antiquité. J'ai déjà cité Heeren ; voyez encore M. de Châteaubriand, t. XXI, p. 292, *Œuvres complètes* ; Niebuhr, *Antiq. Gr.* ; M. Brougham, *Discours inaugural*, 1826 ; et *Revue Britannique* (d'après l'Edinburg Review), Févr. 1831.

[4] *Cours de Philosophie* de M. Cousin, 10e leçon, 26 juin 1828.

[5] Dans ses savantes leçons au Collége de France, 1820-1821, M. Daunou a fort bien prouvé que le système fédératif dont la Grèce sentait le besoin n'a commencé à s'introduire que lorsqu'il n'était plus temps de remédier à l'anarchie générale.

[1] V. surtout la motion de lord Dudley Stuart à la Chambre des Communes, 19 février 1836. La seule analogie des circonstances a rempli ce discours remarquable de traits démosthéniques.

ce même peuple qu'il a mené à la défaite, ce peuple si rigoureux même envers des généraux vainqueurs, honore à jamais sa mémoire[1]? La véritable chute de Démosthène, c'est sa mort : et quelle mort! quelle magnanimité dans cette expiation du patriotisme, dans cette épreuve décisive et solennelle!

---

[1] Voyez Plutarque, *Vie de Démosthène*, 30. Voici ce décret, dont le texte a subi quelques altérations. Il est de Démocharès, neveu de Démosthène. C'est la première pièce du recueil qui se trouve à la suite des *Vies des X Orateurs*, et que Böckh et Gér. Becker regardent comme authentique. J'ai traduit d'après les corrections de Westermann (Plut. *Vit. X Orat.*, p. 90; 1833).

DÉCRET DU PEUPLE ATHÉNIEN POUR HONORER LA MÉMOIRE DE DÉMOSTHÈNE.

Démocharès, fils de Lachès, de Leuconion, demande pour Démosthène, fils de Démosthène, de Pæania, une statue de bronze sur la place publique; et, pour l'aîné de sa famille, à perpétuité, le droit d'être nourri au Prytanée, et des places d'honneur.

Démosthène a souvent servi honorablement le Peuple Athénien de ses bienfaits, de ses conseils, et employé sa propre fortune au bien de l'État :

Il a donné gratuitement huit talents et une trirème lorsque le Peuple délivra l'Eubée; une autre trirème lorsque Céphisodore fit voile pour l'Hellespont; une troisième, lorsque Charès et Phocion furent envoyés comme généraux à Byzance par le Peuple;

Il a racheté plusieurs citoyens faits prisonniers par Philippe à Pydna, à Méthone, à Olynthe;

Il a été chorége volontaire quand la tribu Pandionide manqua de choréges; il a fourni des armes à de pauvres citoyens;

Préposé, par le choix du Peuple, à la réparation des remparts, il a ajouté aux dépenses trois talents de son bien, et payé les frais des deux tranchées dont il a fortifié le Pirée;

Il a donné un talent après la bataille de Chéronée; un talent pour acheter du blé pendant la disette;

Détournant ma pensée de nos grands martyrs de la liberté, de notre stoïque Malesherbes, de notre sublime Bailly, je compare Démosthène mourant à Cicéron, et je trouve, avec Plutarque, plus de fermeté dans les derniers moments de l'orateur athénien. Toutefois, il est ici une autre différence, que le sage biographe n'a pu apprécier. Surpris par les satellites d'Antipater, Démosthène s'empoisonne; arrêté par les égorgeurs des triumvirs, Cicéron leur présente sa tête. N'y aurait-il pas là un admirable progrès, une sorte d'anticipation sur l'Évangile qui approchait? Seule, la loi nouvelle pourra bientôt convertir en devoir une telle résignation, et dire à la victime : « Même sous la main des bourreaux, ta vie ne t'appartient pas; pour mourir avec toute ta vertu, attends ta délivrance du martyre, et non du suicide! »

Par ses conseils, son éloquence, son dévouement, il a fait entrer dans l'alliance de la république Thèbes, l'Eubée, Corinthe, Mégare, l'Achaïe, la Locride, Byzance et Messène; réuni, pour la défense d'Athènes et de la confédération, une armée de dix mille fantassins et de mille chevaux; déterminé, dans une ambassade, les villes liguées à fournir une contribution de guerre de plus de cinq cents talents;

Il a empêché le Péloponèse d'envoyer des renforts à Alexandre contre Thèbes, distribuant son argent, et s'acquittant lui-même de cette mission;

Il a conseillé au Peuple beaucoup d'autres résolutions honorables, et mieux soutenu, par son administration, l'indépendance nationale et la démocratie, qu'aucun de ses contemporains;

Banni par l'oligarchie, quand le Peuple eut perdu sa souveraineté, il mourut à Calauria, victime de son zèle pour cette cause. Poursuivi par les soldats d'Antipater, il demeura jusqu'à la fin fidèle à son ardent amour pour la démocratie, sut échapper aux mains de ses ennemis, et, à l'approche de la mort, ne fit rien qui fût indigne d'Athènes.

A la liste des traducteurs français de Démosthène nous devons ajouter le nom de M. Lombard, dont l'estimable travail a paru dans le cours de 1841, sous ce titre : « Traduction du Discours sur la Couronne, avec les réflexions historiques et politiques qui se rattachent à l'étude de ce chef-d'œuvre, et l'analyse littéraire enrichie des plus belles pages des orateurs modernes qui ont rappelé l'éloquence de Démosthène, soit à la tribune, soit au barreau. Dédiée à M. Villemain, par B. Lombard. »

Un des plus célèbres hommes d'État de l'Angleterre, lord Brougham, non moins versé dans l'étude de l'éloquence ancienne, que dans celle de la philosophie, a publié à Londres, en 1840, une simple et fidèle version anglaise du chef-d'œuvre de Démosthène, avec le texte et des notes.

VIE DE DÉMOSTHÈNE.

TRADUITE DE PLUTARQUE.

... IV. Démosthène le père était, au rapport de Théopompe, un personnage distingué. On le surnomma cependant l'Armurier, parce qu'il possédait un vaste atelier et des esclaves livrés à cette industrie. L'orateur Eschine a dit que sa mère était fille d'un certain Gylon, banni d'Athènes pour cause de trahison, et d'une femme de nation barbare : nous ne pouvons affirmer si cette assertion est vraie ou calomnieuse. A sept ans Démosthène perdit son père, qui le laissa dans l'aisance, car le total de la succession fut estimé près de quinze talents : mais ses tuteurs le ruinèrent, détournant une partie de sa fortune, laissant dépérir l'autre, au point de ne pas payer les honoraires de ses maîtres. Voilà pourquoi nous le voyons privé de cette éducation élégante qui sied à un enfant bien né; d'ailleurs, son tempérament faible et délicat empêchait sa mère de l'exposer à la fatigue, et ses précepteurs de l'y forcer. Maigre et valétudinaire dans ses premières années, il reçut, dit-on, l'injurieux sobriquet de *Battalos* des autres enfants, qui le raillaient sur sa frêle complexion. Selon quelques-uns, ce Battalos était un joueur de flûte, un roué, contre lequel Antiphane a composé une petite comédie. D'autres font mention d'un poëte lascif de ce nom, auteur de chansons bachiques. Il paraît encore que, dans l'Attique, on appelait alors battalos une partie du corps que la décence ne nomme pas. Le surnom d'Argas donné aussi, dit-on, à Démosthène, indiquait ou l'âpreté farouche de son caractère, d'après plusieurs poëtes qui désignent ainsi la couleuvre; ou l'obsession de sa parole, par allusion à Argas, auteur de poésies dont le rhythme était vicieux et fatiguant. Mais c'est assez sur point.

V. Voici ce qu'on rapporte de sa première impulsion vers l'éloquence. Callistrate devait plaider devant les tribunaux, au sujet de la ville d'Oropos, et l'attente était grande, à cause du talent de l'orateur, dont la réputation avait alors tout son éclat, et de l'affaire elle-même, objet de tous les entretiens. Instruit que les maîtres et les précepteurs étaient convenus entre eux d'assister à ce procès, Démosthène, par d'instantes prières, persuada au sien de le mener à l'audience. Cet homme, connu des huissiers, se procura une place d'où l'enfant pouvait tout entendre sans être vu. Le succès de Callistrate et l'admiration qu'il excita furent prodigieux. Démosthène envia une telle gloire, quand il le vit reconduit en pompe par la foule qui l'élevait au ciel; mais il admira plus encore l'empire de l'éloquence, faite pour tout soumettre et tout captiver. Aussi, renonçant aux autres études et aux occupations de l'adolescence, il s'exerça, par des efforts assidus, à composer des discours, dans la pensée que lui aussi compterait parmi les orateurs. Il prit pour guide Isée, bien qu'Isocrate tînt alors son école : orphelin, etait-il, comme on l'a dit, dans l'impossibilité de payer les dix mines, salaire fixé par Isocrate ? ou plutôt adopta-t-il la manière d'Isée comme plus nerveuse et plus généralement applicable ? Hermippe dit avoir lu dans des mémoires anonymes que Démosthène fréquenta les leçons de Platon, et qu'elles contribuèrent puissamment à l'élévation de son éloquence. Il ajoute, d'après Ctésibios, qu'il eut secrètement, par Callias de Syracuse et par d'autres, communication des traités d'Isocrate et d'Alcidamas, et qu'il les apprit par cœur.

VI. Dès qu'il fut en âge, il attaqua ses tuteurs en justice, et rédigea contre eux des plaidoyers. Ils trouvaient des déclinatoires, demandaient souvent de nouveaux juges; mais lui, s'exerçant, selon le langage de Thucydide, à la lutte oratoire, gagna son procès, non sans fatigues et sans dangers. Encore, ne put-il recouvrer qu'une faible parcelle de son patrimoine; mais, enhardi, et passablement habitué à parler, cet essai de l'honneur et du crédit attaché à l'éloquence judiciaire le lança dans les assemblées et dans le gouvernement. Laomédon d'Orchomène, pour se guérir d'une affection de la rate, entreprit, dit-on, de longues courses, par le conseil des médecins; et après avoir ainsi travaillé sa constitution, il disputa les couronnes dans les jeux, et devint l'un des premiers coureurs du double stade. Autant il en advint à Démosthène. D'abord il essaya de la parole pour rétablir ses propres affaires; puis, ayant acquis force et habileté, il remporta la palme dans la carrière des débats politiques, et s'éleva au-dessus de tous les orateurs de la tribune. Cependant, la première fois qu'il se présenta devant le peuple, assailli de clameurs confuses, il fit rire par l'étrangeté de son style enchevêtré de longues phrases, et tourmenté par un luxe fou d'enthymèmes. D'ailleurs, par un effet de son tempérament, il avait la voix faible, la langue embarrassée, la respiration courte : défauts qui, mettant ses périodes en lambeaux, le rendaient inintelligible. Il renonça donc aux assemblées publiques. Mais un jour qu'il errait sur le Pirée, agité, découragé, un homme très-vieux, Eunomos de Thria, l'ayant regardé, le réprimanda vivement. Quoi! avec une éloquence tout à fait semblable à celle de Périclès, faillir à soi-même par une molle timidité! se laisser consumer dans l'inaction, faute de courage pour braver la populace, et pour façonner son corps à cette guerre de tribune!

VII. On raconte qu'après une seconde chute, il se retirait dans sa maison la tête cachée, et douloureusement affecté. Un comédien de ses amis, nommé Satyros, le suit et entre avec lui. Démosthène se lamente : « De tous les orateurs, c'est moi qui travaille le plus ardemment; l'étude a presque épuisé mes forces : et je ne puis plaire au peuple! des matelots crapuleux et ignorants occupent la tribune; ils sont écoutés, et moi, l'on me dédaigne! — Tu dis vrai, Démosthène, répond Satyros; mais j'aurai bientôt remédié à la cause de ce dédain si tu veux me réciter de mémoire quelque tirade d'Euripide ou de Sophocle. » Démosthène le fit; puis Satyros, répétant les mêmes vers, leur donna tant de charme, par la justesse du sentiment et de l'action, que son ami les trouva tout différents. Convaincu de la beauté et de la grâce que la déclamation prête au discours, il jugea qu'une composition bien méditée et peu de chose, n'est rien même, si la prononciation et l'action sont négligées. Dès ce moment, il fit construire un cabinet souterrain qui était encore entier de mon temps : là il descendait tous les jours pour dessiner son geste et travailler sa voix. Souvent il s'y confinait deux ou trois mois de suite, la tête à demi rasée, afin de résister, par la honte, aux plus vives tentations de sortir.

VIII. Ce n'est pas tout : les rencontres qu'il faisait au dehors, les conversations, les affaires, approvisionnaient ses travaux. A peine libre, il s'enfonçait dans sa studieuse retraite, où il repassait de point en point et les faits et les raisonnements. Avait-il entendu quelque harangue? prenant le rôle de l'orateur, il la résumait en refaisait les périodes. Par des corrections et des transformations variées, il donnait une physionomie nouvelle à ce qu'on lui avait dit, à ce qu'il avait répondu. De là vint qu'il passa pour un génie ingrat, qui allait amassant les forces de l'éloquence par son labeur ; et on alléguait comme preuve convaincante, qu'on n'avait guère entendu Démosthène improviser. Souvent même, assis à l'assemblée, et appelé par son nom à la tribune, il refusait quand il n'avait rien préparé ni médité. La plupart des meneurs du peuple en faisaient d'amères railleries ; et Pythéas lui dit un jour d'un ton moqueur que ses arguments sentaient l'huile. « Pythéas, repartit Démosthène avec aigreur, ta lampe et la mienne n'éclairent pas les mêmes travaux. » Auprès des autres, il ne s'en cachait nullement. « Je ne parle, avouait-il, ni d'après une rédaction « littérale, ni sans avoir écrit. » C'est même à cette étude préalable qu'il reconnaissait l'orateur de la démocratie; elle était, à ses yeux, un hommage rendu au peuple ; au contraire, l'insouciance pour l'opinion de la multitude sur les paroles qu'on lui adresse, ne convenait qu'à un partisan de l'oligarchie, qui compte plus sur la force que sur la persuasion. Lorsqu'il était troublé par le tumulte, Démade se leva plus d'une fois pour appuyer ses raisons; service qu'il ne rendit jamais à Démade : nouvelle preuve, dit-on, de sa timidité à parler à l'improviste.

IX. Pourquoi donc, pourrait-on objecter, Eschine appelle-t-il Démosthène l'homme le plus merveilleusement audacieux en paroles? pourquoi, quand Python le Byzantin roulait contre Athènes les flots de sa bouillante éloquence, se leva-t-il seul pour le réfuter? lorsque Lamachos de Myrina eut lu aux jeux olympiques ce panégyrique des rois Philippe et Alexandre, où il disait beaucoup de mal des Thébains et des Olynthiens, pourquoi, debout à son tour, et développant, par les raisonnements et les faits, tous les services que Thèbes et la Chalcidique avaient rendus à la Grèce, tous les maux que lui avaient causés les flatteurs des Macédoniens, ramena-t-il les auditeurs avec un tel empire que le sophiste, effrayé du tumulte, s'esquiva de l'assemblée? Peut-être ce grand homme, ne cherchant pas à s'approprier les autres qualités de Périclès, mais jaloux d'imiter ses gestes, ses inflexions sonores, son attention à ne parler ni promptement, ni sans préparation, sur toutes choses, persuadé que là fut le principe de sa puissance, ne rejeta pas toujours l'honneur attaché à l'improvisation, sans vouloir commettre souvent à ses hasards le succès de son talent. Affirmons que, pour l'assurance et la hardiesse, ses discours parlés l'emportaient sur ses discours écrits, s'il en faut croire Ératosthène, Démétrius de Phalère et les comiques. Eratosthène dit que dans les premières, il semblait parfois possédé d'une sainte fureur. Suivant le Phalérien, un jour, dans l'enthousiasme, il prononça devant le peuple ce serment en vers :

Oui, j'en jure la terre, et les eaux des fontaines,
Les fleuves, les ruisseaux qui fécondent nos plaines.

Un poëte comique l'appelle Rhôpoperpérèthra. Un autre le raille sur son goût pour l'antithèse :

Mon maître a tout repris, comme on l'avait vu prendre :
Bon mot, que Démosthène aimait à faire entendre.

Peut-être aussi Antiphane parodiait ici le passage du discours sur l'Halonèse, où notre orateur conseillait aux Athéniens de ne pas recevoir cette île de Philippe, mais de la lui reprendre.

X. Toutefois, d'un commun aveu, Démade, armé de son talent naturel, était invincible, et ses soudaines inspirations surpassaient les harangues de Démosthène les plus travaillées. Ariston de Chios cite un jugement de Théophraste sur les orateurs. Interrogé sur ce qu'il pensait de Démosthène, « Il est digne d'Athènes, répondit le critique. — Et Démade? — Il est au-dessus d'Athènes. » Le même philosophe écrit que Polyeucte de Sphettos, un de ceux qui gouvernaient alors la république, déclarait

Démosthène un très-grand orateur, mais reconnaissait dans la parole de Phocion le plus haut degré de force, comme renfermant le plus de sens dans le moins de mots. On rapporte que Démosthène lui-même, toutes les fois que Phocion montait à la tribune pour le réfuter, disait à ses amis : « Voici la hache de mes discours. » Mais il est douteux que ce fût à l'éloquence de cet homme célèbre, plutôt qu'à sa réputation, à sa vie, que Démosthène faisait allusion, estimant qu'un mot, un signe de celui qui possède la confiance publique ont plus d'empire que toutes les plus longues périodes.

XI. Pour ses défauts corporels, voici le traitement qu'il y appliqua, comme Démétrius de Phalère dit l'avoir appris de Démosthène lui-même, déjà vieux. Sa langue embarrassée bégayait : il lui rendit violemment la flexibilité en mettant de petits cailloux dans sa bouche, et prononçant ainsi des tirades de vers. Pour exercer sa voix, il montait d'une course rapide sur des lieux escarpés, récitant, déclamant, tout d'une haleine, des morceaux de poésie ou de prose. Debout devant un grand miroir, il débitait chez lui les harangues qu'il avait composées. Quelqu'un étant venu le charger d'une cause, lui raconta qu'il avait été battu ; « Non, répondit Démosthène, on ne t'a rien fait de ce que tu dis là. » Le plaignant alors, renforçant sa voix « Quoi! Démosthène, s'écria-t-il, on ne m'a rien fait! — Oh! maintenant, répliqua l'orateur, je reconnais les accents d'un homme maltraité. » Tant il était convaincu que le ton et le geste contribuent puissamment à la persuasion! Aussi sa déclamation plaisait à merveille au peuple ; mais les gens du bel air trouvaient que son action manquait de noblesse, d'élévation et de force ; et de ce nombre était Démétrius de Phalère. Interrogé sur le mérite des anciens orateurs et de ceux de son temps, Æsion répondit, au rapport d'Hermippe, qu'on ne pouvait entendre les premiers sans admiration lorsqu'ils parlaient au peuple avec tant de décence et de dignité ; mais qu'à la lecture, les discours de Démosthène l'emportaient de beaucoup pour l'art et pour l'énergie. Aussi, qu'est-il besoin de dire qu'il y a, dans ses harangues écrites, un ton austère et mordant? Ce n'est pas que dans de soudaines rencontres, il ne maniât aussi la plaisanterie. « Démosthène me reprendre! disait un jour « Démade ; c'est le porc qui régente Minerve. — « Cette Minerve, l'autre jour dans Colyttos, a été « surprise en adultère. » Un filou, nommé Chalcous, s'avisa de le railler sur ses veilles et ses travaux nocturnes : « Je comprends : ma lampe allumée cause « ton chagrin. Mais vous, Athéniens, ne soyez point « surpris de tous les vols qui se commettent : nos « voleurs sont d'airain, et nos murs d'argile. » Nous pourrions citer beaucoup de traits semblables ; bornons-nous à ceux-là. C'est d'après les actions et la politique de Démosthène qu'il convient d'examiner les autres parties de son caractère et de ses mœurs.

XII. Il se lança dans les affaires publiques pendant la guerre de Phocide, comme il le dit lui-même, et comme on peut l'inférer de ses Philippiques, dont les dernières furent prononcées après la fin de cette campagne, tandis que les premières en touchent quelques faits encore récents. On voit aussi qu'il écrivit son plaidoyer contre Midias, à l'âge de trente-deux ans, lorsqu'il n'avait encore ni crédit ni réputation dans l'État ; et ce fut, je crois, surtout par cette considération qu'il déposa, pour de l'argent, son ressentiment contre ce personnage.

Car il n'était ni doux, ni facile à calmer ; au contraire, il était âpre et ardent à repousser l'injure. Mais, voyant que ce n'était pas entreprise légère ni proportionnée à ses forces, que d'abattre ce Midias qui avait dans ses richesses, dans son éloquence, dans ses amis, autant de solides remparts, il accepta la capitulation offerte en son nom. Car je ne pense pas que trois mille drachmes eussent désarmé la colère de Démosthène, s'il avait eu l'espoir et les moyens de triompher. Il prit, dans le gouvernement, la part honorable, la défense des droits de la Grèce contre Philippe ; et il lutta si dignement qu'il se fit bientôt un grand nom, et que son éloquence hardie attira sur lui tous les regards. Admiré dans la Grèce, courtisé par le Grand-Roi, estimé de Philippe plus que tous les autres conseillers du peuple, il entendait ses ennemis mêmes avouer qu'ils avaient en lui un puissant adversaire. Ainsi s'exprimaient Eschine et Hypéride, ses propres accusateurs.

XIII. A quoi donc pensait Théopompe, quand il écrivit que Démosthène était d'un caractère versatile, et incapable d'un long attachement aux mêmes personnes et aux mêmes intérêts? On le voit, au contraire, fidèle jusqu'à la fin au poste politique où il s'était d'abord placé ; et, loin de changer dans le cours de sa vie, la sacrifier pour ne point changer. Démade, voulant justifier ses propres variations, alléguait que ses paroles avaient souvent contrarié ses premiers sentiments ; mais le bien public, jamais. L'adversaire politique de Callistrate, dont l'or lui fit subir plus d'une métamorphose, Mélanopos, s'excusait ainsi devant le peuple : « Callistrate est toujours mon ennemi ; mais victoire à l'intérêt de la patrie! » Nicodème de Messène, tour à tour partisan de Cassandre et de Démétrius, disait : « Je ne me démens point : il est toujours utile d'obéir au vainqueur. » Nous ne saurions dire, de même, que Démosthène ait dévié ou biaisé dans ses paroles, dans ses actions : loin de là, il suivit constamment la même ligne politique ; et la règle qu'il s'était tracée fut une, fort immuable. Le philosophe Panætios affirme que la plupart de ses discours sont basés, sur ce principe : *Le beau moral mérite seul, par lui-même, notre préférence.* On le trouve dans ses harangues sur la Couronne, contre Aristocrate, pour les Immunités ; on le trouve dans ses Philippiques. Loin de mener ses concitoyens à ce qui est le plus aisé, le plus doux, le plus utile, partout il veut qu'ils relèguent au second rang leur sûreté même et leur salut, derrière la vertu et le devoir. Si à la noble ambition qui animait ses entreprises, à la magnanimité de son langage, il eût joint le courage militaire et un entier désintéressement, il faudrait le placer, parmi les orateurs, non avec Mœroclès, Polyeucte, Hypéride, mais plus haut, avec les Cimon, les Thucydide, les Périclès.

XIV. Phocion, son contemporain, chef du parti qui était en minorité, passait, pour *macédoniser;* et Phocion fut estimé, pour sa valeur et son intégrité, à l'égal d'Éphialte, d'Aristide et de Cimon. Mais Démosthène, qui, suivant Démétrius, payait mal de sa personne sous les armes; qui n'était pas invincible à l'appât des présents; qui, imprenable du côté de Philippe et de la Macédoine, se laissait aborder et couler à fond par l'or de la Haute-Asie, de Suse et d'Ecbatane; Démosthène, très-capable de louer dignement les vertus des aïeux, ne s'éleva point jusqu'à les imiter. Cependant il fut, par sa conduite comme par son génie, au-dessus de tous les orateurs de son temps; j'excepte toujours Phocion. Nous voyons même qu'il parlait au peuple avec une liberté plus rude que les autres, se roidissant contre les fantaisies de la multitude, se déchaînant contre ses fautes : ses discours en offrent la preuve. Les Athéniens, selon l'historien Théopompe, l'ayant désigné pour accusateur dans une certaine affaire, il refusa, et, se levant au milieu des murmures : « Hommes d'Athènes! vous trouverez toujours en moi un conseiller, quand même vous ne le voudriez pas; jamais un délateur, quand vous le voudriez. » Rien de moins populaire que la mesure politique qu'il prit à l'égard d'Antiphon. Cet accusé avait été absous par le peuple : Démosthène le fit saisir, le traîna devant l'Aréopage; et, s'embarrassant peu de déplaire à la foule, il le convainquit d'avoir promis à Philippe d'incendier l'arsenal maritime. Antiphon, livré aux Onze par la Haute-Cour, fut mis à mort. Il accusa aussi la prêtresse Théoris d'avoir, entre autres délits, appris aux esclaves à tromper leurs maîtres; et, sur ses conclusions, elle subit la peine capitale.

XV. Démosthène écrivit, dit-on, le plaidoyer qu'Apollodore prononça contre le général Timothée, qu'il fit condamner à lui payer une dette. On lui attribue aussi les mémoires concernant Phormion et Stéphanos, qui lui attirèrent de justes reproches. Car Phormion combattit Apollodore avec le discours de Démosthène : c'était prendre dans le même atelier deux épées, et les vendre à des ennemis pour s'entr'égorger. Parmi ses plaidoyers politiques, ceux contre Androtion, Timocrate et Aristocrate furent composés pour d'autres, parce qu'il n'avait pas encore abordé les affaires : ces productions, en effet, semblent dater de sa vingt-septième ou vingt-huitième année. C'est lui qui prononça le discours contre Aristogiton, et celui des Immunités, qu'il fit, comme il dit lui-même, en faveur de Ctésippe, fils de Chabrias, ou, selon d'autres, parce qu'il voulait épouser la mère de ce jeune homme. Ce mariage n'eut pas lieu; Démosthène s'unit à une Samienne, au rapport de Démétrius de Magnésie (Traité des Homonymes). Sa harangue contre Eschine, sur les prévarications de l'ambassade, a-t-elle été prononcée? Idoménée dit qu'Eschine ne fut absous qu'à la majorité de trente voix : assertion probablement fausse, s'il en faut juger par les discours écrits de deux orateurs sur la couronne : ni l'un ni l'autre ne mentionne clairement, expressément, la sentence qui aurait vidé ce procès. Mais d'autres résoudront mieux cette difficulté.

XVI. La paix durait encore, et Démosthène avait déjà fait connaître son système politique. Pas une action du Macédonien ne passait sans être flétrie de son blâme; à chacune, il alarmait les Athéniens, il les enflammait contre ce prince. Aussi n'était-il question que de Démosthène à la cour de Philippe; et, lorsqu'il vint, lui dixième, comme ambassadeur en Macédoine, le roi, après avoir écouté tous ses collègues, ne répondit avec soin qu'à son discours. Il ne lui fit cependant ni les mêmes honneurs ni les mêmes caresses qu'aux autres; et il eut pour les Eschine et les Philocrate des manières plus attrayantes. Lors donc que ceux-ci vantèrent Philippe comme un prince éloquent, beau, et buveur vraiment intrépide, la jalousie poussa Démosthène à répondre par un sarcasme : « Belles qualités, sans doute, pour un sophiste, pour une femme, pour une éponge; mais est-ce là l'éloge d'un roi? »

XVII. Dès que les affaires furent tournées à la guerre et par Philippe, à qui le repos était impossible, et par Démosthène, qui réveillait sa patrie, l'orateur lança d'abord les Athéniens sur l'Eubée que ses tyrans avaient mise sous le joug de ce prince. Descendus dans l'île, d'après le décret dressé par Démosthène, ils en chassèrent les Macédoniens. Il fit ensuite secourir Périnthe et Byzance, attaquées par Philippe. Amenée par la persuasion à déposer sa haine, à oublier les offenses commises par ces deux villes dans la guerre Sociale, Athènes leur envoya des troupes qui les sauvèrent. Plus tard, ambassadeur près des cités de la Grèce, il les aiguillonna si vivement par ses discours, qu'elles se liguèrent presque toutes contre Philippe, ramassèrent quinze mille hommes d'infanterie auxiliaire et deux mille chevaux, sans compter les milices citoyennes, et fournirent avec empressement des contributions pour l'entretien et la solde des étrangers. Ce fut alors, dit Théophraste, que Krôbylos le démagogue répondit à la demande d'une cotisation fixe, faite par les alliés : « La guerre ne se rationne pas. » La Grèce étant ainsi soulevée et dans l'attente après que les populations et les villes de l'Eubée, de l'Achaïe, Corinthe, Mégare, Leucade, Corcyre se furent confédérées, restait à Démosthène la tâche la plus pénible, d'attirer Thèbes dans cette alliance. Touchant à l'Attique, les Thébains avaient des troupes exercées, et leur réputation militaire effaçait alors celle des autres Hellènes. Que de difficultés, cependant, pour détacher de Philippe ce peuple qu'il venait de captiver par de grands services dans l'expédition de Phocide, et qui, surtout, guerroyait sans relâche contre Athènes pour vider les différends entretenus par le voisinage des deux républiques!

XVIII. Mais Philippe, enflé d'un succès obtenu près d'Amphissa, entre soudain dans Élatée et s'empare de la Phocide; parmi les Athéniens costernés, nul n'ose monter à la tribune, nul ne sait, quel avis ouvrir; le silence et l'anxiété règnent dans l'assemblée. Seul alors, Démosthène se présente : il conseille de solliciter opiniâtrement les Thébains; et, quand il a, selon sa coutume, relevé par l'espoir les courages abattus, il est envoyé à Thèbes avec quelques collègues. Philippe, dit Marsyas, y députa, pour leur résister, les Macédoniens Amyntas et Cléarque, avec Daochos, Thessalos et Thrasydée. Les Thébains ne se dissimulaient pas le parti qui leur était le plus utile; chacun d'eux avait devant les yeux les maux causés par la guerre de Phocide, et leurs plaies saignaient encore. Mais, suivant l'expression de Théopompe, l'orateur, de son souffle puissant, alluma leurs courages, les enflamma d'une noble ardeur, et répandit sur toutes les autres considérations de si épaisses ténèbres, que, bannissant crainte, prudence, reconnaissance même, ils s'abandonnèrent à l'enthousiasme du devoir sous l'influence de sa parole. Cette œuvre de l'éloquence parut si éclatante, si prodigieuse, que Philippe envoya sur-le-champ des hérauts demander la paix; que la Grèce entière se dressa, l'œil fixé sur l'avenir; que non-seulement les généraux athéniens, mais les chefs de la Béotie, suivaient les ordres de Démosthène, devenu à Thèbes, non moins que dans Athènes, l'âme de toutes les assemblées populaires; également chéri, également puissant dans ces deux républiques, et au titre le plus légitime, comme le déclare Théopompe.

XIX. Toutefois, la divine fortune qui, par une grande révolution politique, avait marqué cette époque pour le terme de la liberté grecque, semblait lutter contre tant d'efforts, et en révéler l'issue par des signes nombreux, parmi lesquels on comptait des oracles effrayants de la Pythie, et cette vieille prophétie de la Sibylle, qu'on chantait partout :

Dieux! que ne suis-je loin du sanglant Thermodon!
Que n'ai-je, au sein des airs, l'œil perçant de l'aiglon!
Là gémit un vaincu; mais son vainqueur succombe.

on dit que Thermodon est une petite rivière de notre territoire de Chéronée, qui se jette dans le Céphise. Mais aujourd'hui nous ne connaissons aucun ruisseau ainsi nommé; nous présumons seulement que celui qu'on appelle Hæmon se nommait alors Thermodon. Il baigne les murs du temple d'Hercule, là où les Hellènes avaient assis leur camp; et, selon nos conjectures, le sang (αἵματος) et les cadavres dont il regorgeait à la bataille auront donné lieu à sa nouvelle dénomination. Duris prétend que Thermodon n'est pas ici une rivière, mais que des soldats, dressant leur tente et creusant à l'entour, trouvèrent une petite statue de marbre dont l'inscription faisait connaître que c'était un officier nommé Thermodon, portant dans ses bras une Amazone blessée; et il cite, à ce sujet, un oracle qui courait alors :

Attendez, noirs oiseaux, ce combat meurtrier
Où Thermodon de sang doit vous rassasier.

Mais, sur ce point, il est difficile de prononcer.

XX. Démosthène cependant, plein de confiance dans les armes des Hellènes, et s'appuyant avec une noble fierté sur la force et l'ardeur de ces troupes nombreuses qui défiaient l'ennemi, ne souffrait point qu'on s'arrêtât à des oracles, qu'on prêtât l'oreille à des prophéties; il soupçonnait même la Pythie de philippiser; il rappelait Épaminondas aux Thébains, aux Athéniens Périclès : ces grands hommes, disait-il, regardant toutes ces prédictions comme l'excuse des lâches, n'avaient consulté que leur raison. Jusque-là il fut homme de cœur; mais à la bataille, il ne fit rien d'honorable, rien qui répondît à l'énergie de ses discours. Il abandonna son rang, prit honteusement la fuite, et jeta ses armes, sans rougir, disait Pythéas, de démentir la devise qu'il avait inscrite en lettres d'or sur son bouclier, *A la Bonne Fortune*. Philippe poussa jusqu'à l'outrage la joie de sa récente victoire : il revint, après une débauche, sur le terrain couvert de morts, et chanta, dans l'ivresse, le préambule du décret de Démosthène, le cadençant et battant la mesure :

Démosthène, fils de Démosthène, de Pæanie,
A dit.

Mais quand les fumées du vin furent dissipées, quand il eut réfléchi à l'énorme péril dont il s'était vu environné, il frissonna au souvenir de la force et de la puissance de l'orateur qui l'avait impérieusement amené à risquer, en quelques heures, dans un seul combat, et sa couronne et sa vie.

La réputation de Démosthène était parvenue jusqu'au Grand-Roi. Il écrivit à ses Satrapes de lui faire passer de l'argent, de le traiter avec plus de déférence que tous les autres Hellènes, comme seul capable de retenir loin de l'Asie et d'arrêter, à la faveur des troubles de la Grèce, le conquérant macédonien. Tout cela fut découvert plus tard par Alexandre, qui trouva dans Sardes les lettres de Démosthène, et les registres des lieutenants du monarque, où étaient énoncées les sommes reçues par l'orateur.

XXI. Après le désastre que la Grèce venait d'éprouver, les ennemis politiques de Démosthène l'insultèrent, dressèrent des accusations, préparèrent une enquête sur sa conduite. Mais le peuple, non content de le renvoyer absous, lui déféra de nouveaux honneurs; et, le rappelant à l'administration, à cause de son patriotisme, il le chargea de l'éloge des guerriers dont les ossements furent rapportés de Chéronée pour être publiquement inhumés : peuple que le malheur n'avait ni abattu ni dégradé, comme l'écrit Théopompe avec une emphase tragique; mais qui, par les distinctions et les honneurs accumulés sur son conseiller, témoignait hautement qu'il ne se repentait point d'avoir suivi son impulsion. Démosthène prononça donc ce panégyrique; mais, au lieu de mettre son nom à ses décrets, il les inscrivit successivement du nom de ses amis, afin de tromper son étoile et de déjouer le sort, jusqu'au moment où la mort de Philippe vint ranimer sa confiance. Ce prince survécut peu à sa victoire de Chéronée; et c'est là probablement ce que présageait le dernier vers de la prophétie,

Là gémit un vaincu, mais son vainqueur succombe.

XXII. Démosthène fut secrètement informé de

cet événement. Pour disposer d'avance les Athéniens à bien espérer de l'avenir, il parut au Conseil rayonnant de joie, comme si un songe lui avait promis quelque grand bonheur pour Athènes. Un instant après, on vint annoncer la mort de Philippe. Aussitôt des sacrifices sont offerts pour l'heureuse nouvelle, une couronne est décernée à Pausanias. L'orateur parut en public, couronné de fleurs et magnifiquement vêtu, bien qu'il n'y eût que sept jours qu'il avait perdu sa fille. Eschine l'invective à ce sujet, et l'accuse de haïr ses enfants; Eschine, cœur faible et mou, qui, regardant les gémissements et les lamentations comme la marque d'une âme douce et aimante, condamne le tranquille courage qui fait supporter de telles infortunes. Pour moi, quand les Athéniens portent des couronnes et immolent des victimes pour l'assassinat d'un prince qui avait usé de sa victoire sur eux avec tant de douceur et d'humanité, je ne saurais les approuver. Ignoble et révoltante conduite! vivant, ils honorent Philippe, ils lui conférent le titre de citoyen; puis, quand il est tombé sous le fer d'un étranger, ils bondissent, ivres de joie, sur son cadavre, ils chantent l'hymne triomphal, comme si sa chûte était due à leur bravoure! Mais, que Démosthène, laissant aux femmes à pleurer, à gémir sur des malheurs domestiques, ne s'occupe que de ce qu'il croit utile à sa patrie, j'applaudis. Oui, c'est le propre d'un mâle courage, d'une âme citoyenne de ne fléchir jamais, d'immoler à l'État ses chagrins, ses infortunes personnelles, et de conserver sa dignité avec bien plus de soin que les comédiens, ces rois, ces tyrans de théâtre, que nous ne voyons pas rire ou pleurer à leur gré, mais selon les exigences de la scène. D'ailleurs, si c'est un devoir de ne pas laisser sans consolation l'infortuné qu'abat la douleur, de le relever même par de douces paroles, et de porter sa pensée sur des objets plus agréables, comme on détourne des yeux malades des couleurs éclatantes qui les blessent vers des teintes vertes et tendres; où trouvera-t-on des consolations plus puissantes que dans le concours de la félicité publique avec les disgrâces privées, concours où la tristesse est effacée par la joie? Nous nous sommes laissé entraîner à ces réflexions, parce que nous voyons beaucoup de personnes amollies et saisies d'une pitié de femme par ce passage d'Eschine.

XXIII. A la voix de Démosthène, les cités grecques forment une ligue nouvelle. Les Thébains, auxquels il avait fourni des armes, attaquent leur garnison, égorgent une grande partie des soldats. Les Athéniens se préparent à pousser la guerre de concert avec eux; et Démosthène, toujours à la tribune, écrit en Asie aux gouverneurs militaires du roi de Perse, pour l'allumer de ce côté contre Alexandre, qu'il appele un enfant, un Margitès. Mais à peine ce prince, après avoir réglé les affaires de son royaume, fut-il entré dans la Béotie à la tête d'une armée, qu'Athènes avait déjà perdu sa fière attitude, et Démosthène sa véhémence. Alors Thèbes, abandonnée de ses alliés et réduite à se défendre seule, est entièrement détruite. Grand trouble parmi les Athéniens : ils députent vers Alexandre Démosthène avec quelques autres ; mais, redoutant la colère du conquérant, il quitte ses collègues au mont Cythéron, et revient sur ses pas. Alexandre envoie sur-le-champ demander qu'on remette entre ses mains dix conseillers du peuple, selon Idoménée et Duris; huit, selon les historiens les plus nombreux et les plus estimés : Démosthène, Polyeucte, Éphialte, Lycurgue, Mœroclès, Démon, Callisthène et Charidème. Ce fut alors que Démosthène conta aux Athéniens l'apologue des brebis qui livrent leurs chiens aux loups, se comparant, lui et ses compagnons, à des dogues qui combattent pour le peuple, et surnommant Alexandre le loup vorace de Macédoine. « Nous voyons, dit-il encore, les marchands colporter dans un vase un échantillon de leur blé, qui leur sert à en vendre une quantité considérable : de même, en nous livrant, vous vous livrez tous sans vous en douter. » Tel est le récit d'Aristobule de Cassandrie. Les Athéniens, fort indécis, délibéraient, lorsque Démade, s'étant fait donner cinq talents par les orateurs demandés, promit de partir et d'intercéder en leur faveur auprès du jeune monarque, soit qu'il comptât sur son amitié, soit qu'il espérât le trouver apaisé, comme un lion rassasié de carnage. Il persuada, obtint le pardon des orateurs, et réconcilia les Athéniens avec Alexandre.

XXIV. Le prince parti, le crédit de ses partisans s'éleva, tandis que celui de Démosthène avait baissé. Lorsqu'Agis, roi de Sparte, se mit en campagne, il se remua aussi un peu : mais l'immobilité des Athéniens lui rendit la sienne; d'ailleurs Agis fut tué, et les Lacédémoniens écrasés. Alors fut repris contre Ctésiphon le procès de la couronne. Entamée sous l'archontat de Charondas, peu avant la bataille de Chéronée, jugée dix ans plus tard, sous l'archonte Aristophon, jamais cause publique n'eut plus de célébrité, tant par la réputation des orateurs que par le courage des juges. Aux accusateurs de Démosthène, fauteurs tout-puissants de la Macédoine, ils refusèrent sa condamnation; ils l'acquittèrent même d'une manière si éclatante, qu'Eschine n'eut pas pour lui la cinquième partie des suffrages. Il quitta aussitôt la ville, et alla passer le reste de ses jours dans l'île de Rhodes et en Ionie, où il enseigna l'éloquence.

XXV. Peu de temps après, Harpalos, se sentant coupable de malversations causées par ses ruineux plaisirs, et craignant la colère d'Alexandre, devenu redoutable même à ses amis, l'abandonna et s'enfuit d'Asie à Athènes. Il venait se jeter dans les bras du peuple, avec ses richesses et ses vaisseaux. Ébloui soudain par son or, les autres orateurs l'appuyèrent, et, d'un commun accord, conseillèrent aux Athéniens d'accueillir et de protéger le suppliant. Démosthène ouvrit d'abord l'avis d'expulser Harpalos, et d'épargner à la république une guerre sans motif nécessaire ni légitime. Quelques jours s'écoulent; on dresse l'inventaire des biens d'Harpalos, qui voit Démosthène regarder avec complaisance une coupe d'or du roi, dont il considère curieusement la forme et la ciselure. Il le prie de la soupeser. L'orateur, émerveillé de sa pesanteur, lui demande de combien elle est : « De vingt talents, » répond Harpalos en souriant ; et, sitôt la nuit venue, il lui envoie la coupe avec les vingt talents : tant il était habile à reconnaître la passion de l'or à l'épanouissement du visage et au feu des regards! Démosthène ne résista point : vaincu par ce présent, comme s'il eût reçu garnison, il se rendit à Harpalos, et vint le lendemain à l'assemblée, le cou très-soigneusement enveloppé de laine et de bandeaux. Invité par le peuple à se lever et à parler, il fit signe qu'il avait une extinction de voix : des plaisants le raillèrent, et dirent que leur orateur avait été saisi la nuit, non d'une esquinancie, mais d'une argyrancie. Le peuple entier sut bientôt qu'il s'était laissé corrompre. Démosthène voulut se justifier et produire ses preuves : on l'en empêcha ; et déjà grondait une furieuse tempête, lorsqu'un railleur se leva : « Hommes d'Athènes, refuserez-vous d'écouter celui qui tient la coupe ? » Dans cette séance, Harpalos fut chassé de la ville, et, dans la crainte qu'Alexandre ne demandât compte des richesses pillées par les orateurs, on en fit une active perquisition, on fouilla toutes leurs demeures, excepté celle de Calliclès, fils d'Arrhénide, qu'on respecta parce qu'il venait de se marier, et que la nouvelle épouse y était, comme l'écrit Théopompe.

XXVI. Démosthène, payant d'audace, porta un décret qui chargeait l'Aréopage d'informer sur cette affaire, et de punir ceux qu'il jugerait coupables. Il fut un des premiers contre lesquels la Haute-Cour se prononça. Il s'était présenté devant elle, mais, condamné à une amende de cinquante talents, et jeté dans les fers, la honte d'une telle sentence, et la faiblesse de son tempérament, qui ne pouvait supporter la prison, le déterminèrent, dit-on, à s'enfuir. Il trompa une partie de ses gardiens ; les autres fermèrent les yeux. On ajoute qu'à peu de distance de la ville, le fugitif aurait aperçu plusieurs de ses adversaires politiques courant après lui, et qu'il aurait pensé d'abord à se cacher. Mais ils l'appelèrent par son nom, le joignirent, et le prièrent d'accepter l'argent qu'ils lui apportaient pour son exil, l'assurant qu'ils ne l'avaient suivi que pour . ce motif. Ils l'exhortèrent aussi à prendre courage, à résister au chagrin. Démosthène alors redoubla ses gémissements : « Et comment ne pas regretter « une ville où je laisse des ennemis si généreux « qu'on trouverait à peine ailleurs de pareils amis ? » Il supporta donc son exil avec beaucoup de faiblesse, habitant les plus souvent Égine ou Trézène, et tournant vers l'Attique ses yeux baignés de larmes. On cite même de lui quelques mots sans noblesse, qui démentaient l'énergie de son administration. En sortant d'Athènes, il avait, dit-on, élevé ses mains vers l'Acropolis, et s'était écrié : « Divine protectrice de cette ville, comment peux-« tu te complaire en trois bêtes si méchantes, la « chouette, le dragon, et la démocratie ? » Tous les jeunes hommes qui le venaient voir et le fréquentaient, il les détournait de la politique : « Si, dès « le principe, leur disait-il, on m'eût montré deux « routes, l'une menant à la tribune et aux as-« semblées nationales, l'autre à une mort cer-« taine, et que j'eusse pu prévoir toutes les douleurs « inévitables pour l'homme d'État, craintes, jalou-« sies, calomnies, combats, je me serais jeté tête « baissée dans le chemin de la mort. »

XXVII. Il était encore dans cet exil lorsque Alexandre mourut. Aussitôt la Grèce se souleva de nouveau ; Léosthène fit de grands exploits, et assiégea Antipater dans Lamia, où il l'enferma par de bonnes murailles. L'orateur Pythéas, et Callimédon, surnommé Carabos, tous deux bannis d'Athènes, s'attachèrent à Antipater ; et, parcourant les villes grecques avec ses amis et ses ambassadeurs, ils les empêchaient de quitter son alliance pour se joindre aux Athéniens. Mais Démosthène, réuni spontanément aux députés de sa patrie, les seconda de tout son pouvoir pour persuader aux républiques de fondre ensemble sur les Macédoniens, et de les chasser de la Grèce. Phylarque raconte que, dans une ville d'Arcadie, Pythéas et Démosthène eurent ensemble une vive querelle en parlant devant le peuple, l'un pour la Macédoine, l'autre pour les Hellènes : « Nous ne « doutons pas, disait le premier, qu'une maison où « l'on porte du lait d'ânesse ne soit affligée de « quelque maladie ; de même, une ville est, à coup « sûr, malade, quand elle reçoit des ambassadeurs « athéniens. — Comme on n'apporte ce lait que pour « guérir, répliqua Démosthène, en retournant la « comparaison, ainsi les députés d'Athènes amè-« nent eux pour la santé des peuples. » Les Athéniens charmés décrètent son rappel, sur la motion de Démon de Pæania, son neveu. Une trirème part pour le prendre à Égine. Il aborde au Pirée : tous les magistrats, tous les prêtres, suivis du peuple entier accouru à sa rencontre, le reçoivent avec allégresse. Dans un tel moment, dit Démétrius de Magnésie, Démosthène, levant les mains au ciel, se félicita d'une journée si glorieuse, qui le ramenait dans sa patrie plus honorablement qu'Alcibiade, puisqu'il devait cet accueil à la volonté libre de ses concitoyens, et non à la violence. Toutefois, il demeurait sous le poids d'une amende dont le peuple ne pouvait lui faire grâce. La loi fut éludée. Il était d'usage, pour le sacrifice qu'on offrait à Jupiter-Sauveur, d'allouer des fonds à ceux qui préparaient et ornaient l'autel : Démosthène fut chargé, cette année, de ce soin et de ces frais, pour le prix de cinquante talents, auquel s'élevait sa condamnation.

XXVIII. Mais il ne jouit pas longtemps du bonheur de revoir sa patrie. Bientôt les Hellènes furent entièrement écrasés : ils perdirent, au mois de Métagitnion, la bataille de Cranon ; en Boëdromion, une garnison macédonienne entra dans Munychia ; et Démosthène mourut en Pyanepsion, de la manière suivante.

A la nouvelle de l'approche d'Antipater et de

Crateros, qui marchaient sur Athènes, Démosthène et ses adhérents s'échappèrent en hâte de cette ville, et furent condamnés à mort par le peuple, sur la proposition de Démade. Ils se dispersèrent. Antipater lança sur leurs traces des soldats conduits par Archias, surnommé Phygadothéras. Originaire de Thurium, il avait, dit-on, joué jadis la tragédie; on rapporte même que Pôlos d'Égine, l'acteur le plus consommé, avait été son élève. Mais Hermippe compte Archias parmi les disciples du rhéteur Lacritos; et Démétrius assure qu'il avait fréquenté l'école d'Anaximène. Cet Archias, ayant trouvé à Égine l'orateur Hypéride, Aristonique de Marathon, et Himérée frère de Démétrius de Phalère, réfugiés dans le temple d'Éaque, les en arracha, et les envoya vers Antipater, à Cléones, où ils furent mis à mort; on ajoute qu'Hypéride eut la langue coupée.

XXIX. Informé que Démosthène s'était retiré, comme suppliant, dans le temple de Neptune, à Calaurie, Archias passa dans cette île sur des bateaux, et descendit avec des lanciers thraces. Il voulut persuader à Démosthène de se lever, et de venir avec lui trouver Antipater, l'assurant qu'il ne lui serait fait aucun mal. Or il arriva que, la nuit précédente, l'orateur avait eu un songe étrange : il lui semblait entrer en lice avec Archias pour la représentation d'une tragédie; le succès était pour lui, et sa voix captivait tous les spectateurs; mais son rival l'emportait pour le luxe des chœurs et la pompe des décorations. Aussi, après qu'Archias eut longtemps parlé d'un ton d'humanité, levant les yeux sur lui, et toujours assis : « O Archias ! répon-« dit-il, jamais tu ne m'as fait illusion comme ac-« teur; tu ne réussiras pas mieux aujourd'hui, « avec tes promesses. » Archias, alors, le menace avec colère. « Maintenant, reprend Démosthène, « ton langage est inspiré par le trépied macédonien; « tout à l'heure c'est le comédien qui parlait. Attends « donc un peu, que j'aie écrit quelques lignes chez « moi. » A ces mots, il s'enfonce dans l'intérieur du temple; et, prenant ses tablettes, comme pour écrire, il porte le poinçon à sa bouche, et le mord : c'était son habitude quand il méditait et composait. Après l'y avoir laissé quelque temps, il enveloppe sa tête dans sa robe, et l'incline. Les satellites, qui se tenaient aux portes, se moquent de sa peur apparente, et l'appellent lâche et poltron. Archias s'approche, l'engage à se lever, et, répétant les mêmes propos, lui promet encore une fois de le réconcilier avec Antipater. Démosthène, qui sent que le poison vainqueur a déjà pénétré ses entrailles, se découvre, et, le regard fixé sur Archias : « Hâte-toi « maintenant; sois le Créon de cette tragédie, et fais « jeter ce corps sans sépulture. Pour moi, ô Nep-« tune, divinité amie ! je sors vivant de ton sanc-« tuaire : mais je ne laisse pas d'avoir été souillé par « Antipater et les Macédoniens. » En finissant ces mots, il demande qu'on le soutienne, parce qu'il tremblait et chancelait; et, à l'instant même où il dépassait l'autel il tombe et rend l'âme en poussant un soupir.

XXX. Quant au poison, Ariston écrit qu'il le tira de son stylet, comme nous venons de le rapporter. Mais un certain Pappos, dont les mémoires ont servi de matériaux à Hermippe, dit que, quand il fut tombé au pied de l'autel, on trouva sur ses tablettes le commencement d'une lettre dont il n'avait écrit que la suscription, *Démosthène à Antipater;* et que, dans l'étonnement causé par une mort si soudaine, les Thraces qui avaient attendu à la porte racontaient qu'il aurait tiré d'un linge, approché de ses lèvres et avalé un poison qu'ils avaient pris pour de l'or. Une jeune esclave qui le servait, interrogée par Archias, aurait déposé que, depuis longtemps, Démosthène portait sur lui ce linge noué, comme un préservatif. Ératosthène lui-même assure qu'il avait toujours du poison dans un anneau creux qu'il portait en guise de bracelet. Il n'est pas nécessaire d'étaler ici les traditions si diverses des autres écrivains sur cette mort : elles sont trop nombreuses. Rappelons seulement l'opinion d'un parent de Démosthène : selon Démocharès, il ne mourut pas du poison; les dieux, par une faveur et une providence spéciales, lui envoyèrent une mort douce et prompte, pour le dérober à la férocité macédonienne. Il termina sa carrière le 16 de Pyanepsion : ce jour, le plus lugubre de la fête des Thesmophories, les femmes le passent dans le jeûne, auprès de l'effigie de Cérès. Peu de temps après, le peuple athénien, par un digne hommage, lui éleva une statue de bronze, et décréta que l'aîné de sa famille serait, à perpétuité, nourri dans le Prytanée. On grava sur le piédestal cette inscription, qui passa de bouche en bouche :

Ta force, ô Démosthène ! égalant ton génie,
Au joug du Mars du Nord eût soustrait ta patrie.

Ceux qui disent qu'il fit lui-même ces vers à Calauria, au moment de s'empoisonner, avancent une lourde sottise.

XXXI. Voici un fait qui arriva, dit-on, un peu avant mon voyage d'Athènes. Un soldat, appelé en justice par son capitaine, mit quelques pièces d'or, tout son avoir, dans les mains de cette statue, qui avait les doigts entrelacés. Tout auprès avait poussé un petit platane, dont les feuilles, jetées là par le caprice du vent, ou placées comme un voile par le dépositaire lui-même, étaient si favorablement disposées qu'elles cachèrent l'or pendant longtemps. Cet homme, à son retour, retrouva le dépôt. L'aventure fit du bruit ; et maint bel esprit s'escrima à l'envi sur le désintéressement de Démosthène, devenu le thème favori des poésies légères.

Démade ne jouit pas longtemps de sa gloire croissante : le ciel, vengeur de Démosthène, le poussa en Macédoine pour y recevoir une mort méritée de la main même de ceux qu'il avait bassement adulés. Déjà il leur était odieux; et, dans ce voyage, il encourut une accusation qui devait le perdre infailliblement. On surprit une lettre par laquelle il sollicitait Perdiccas de se jeter sur la Macédoine, et de délivrer la Grèce, qui ne tenait plus qu'à un vieux fil pourri, c'est-à-dire, à Antipater. Dinarque de Corinthe, son accusateur, aiguisa la rage de Cassandre, qui égorgea son fils entre ses bras, et ordonna qu'on le tuât lui-même. Par cette horrible infortune, Démade apprit que le traître se vend lui-même le premier. Démosthène le lui avait souvent prédit, mais en vain.

NOTES

DE LA VIE DE DÉMOSTHÈNE.

J'ai traduit sur le texte de Coray (Ἑλλην. Βιβλ. t. 7; Πλουτ. Βίοι παραλλ. M. 5, 203), collationné avec celui de Wyttenbach (Ἐκλογ. ιστορ. 247, ed. tert.). Je place dans ces notes, outre des éclaircissements proprement dits, tirés, en partie, de Dobson (Orat. Attici, t. V) et du Plutarque-Amyot de Clavier, quelques détails biographiques empruntés à divers écrivains de l'antiquité, réservant pour les introductions des harangues tout ce qui tient à l'histoire générale de la Grèce, et aux détails des démêlés d'Athènes avec Philippe. Ces notes paraîtront trop étendues : mais quelques-unes ont un double but, car elles expliquent d'avance plusieurs passages des discours de Démosthène; et il ne restera qu'à y renvoyer.

Pour mieux m'assurer que je ramassais tout ce que l'antiquité grecque et latine nous a laissé de plus curieux sur Démosthène, j'ai consulté l'excellente monographie d'Alb. G. Becker (1830, Ire ptie; et 1834, supplém.); Schaumann, *Prolegg. ad Demosth.*, 1829; Westermann, *de Fontib. hist. Demosth.*, 1837.

Pag. 15, lig. 1. Δήμου σθένος, *force du peuple*, ou *puissance de la démocratie* :

Qui populum flectit, demulcet, mitigat, urget,
Nominat hunc tellus attica *Vim Populi*.
(Est. Pasquier.)

Les auteurs du Dictionnaire de Trévoux (art. *Démosth.*) ont aussi remarqué le rapport fortuit de ce nom avec les talents et les services de l'orateur. Fabricius (t. 2, p. 816, etc. Harl.) fait mention de six personnages distingués chez les anciens, qui ont porté ce nom. Il faut y ajouter Démosthène, ambassadeur du roi Philippe auprès de Titus Flamininus; et Démosthène, Arien ardent et persécuteur, contre lequel St. Basile a beaucoup écrit (Voy. aussi St. Aug. t. x, p. 85 g. App. ed. Bened.). Quant au général Démosthène, fils d'Alcisthène et collègue de Nicias, il est très-douteux qu'il fût, comme on l'a dit sans autorité, l'aïeul de l'orateur, qui l'appelle simplement son homonyme (3e olynth. 8; Esch. *sur l'Ambass.*, 53; Table généalogique de Vœmel).

Démosthène naquit à Pæania (Pæania le Haut, selon une conjecture de Spon), dème de la tribu Pandionide, et d'après le calcul de Corsini, généralement adopté, au printemps (Westermann), ou vers la fin (Vœmel) de la 4e année de la 98e ol.; av. J. C. 385; de Rome, 369; sous l'archonte Dexithée. Son père avait rempli la charge de triérarque (Ps. Luc., *El. de Dém.*).

Lig. 5. — Disc. c. Ctesiph., 56; sur l'Ambass. 11, 24. Eschine appelle la mère de Démosthène *Cléobulé*.

Lig. 9. — Démosth. II c. Aphob. 3. M. Saigey, dont la *Métrologie* nous servira de guide, évalue le grand talent attique à 5,750 francs.

Lig. 14. — Selon Zosime d'Ascalon, Démosthène enfant se mit à étudier pour être en état d'attaquer ses tuteurs en justice, dès qu'il serait majeur. Mais ceux-ci, pénétrant l'intention de leur pupille, supprimèrent le traitement de ses maîtres.

Lig. 16. — Plutarque semble préférer ici l'assertion d'Eschine, ἄμουσός τις οὗτος καὶ ἀπαίδευτος (c. Tim. 33) au témoignage contraire de Démosthène (Cour. 78).

Lig. 21. — Selon Eschine (c. Tim. 27) Démosthène disait qu'il devait le surnom de Battalos aux caresses de sa nourrice. Eschine l'attribue à la mollesse, et au goût d'une toilette recherchée. Même reproche, A. Gelle, 1, 5. (Cf. Thes. H. Steph. vol. II, fasc. 1, 1833).

Lig. 28. — *Le surnom d'Argas*, donné aussi à Démosthène, plus tard, dans son âge viril. Suid. Δημ. Ἀθ.

Lig. 34. — Coray ajoute ici, κατὰ Πλάτωνα, *comme dit Platon*. On trouve, il est vrai, dans le Banquet, Καὶ ταῦτα μὲν δὴ ταῦτα. Mais cette locution est dans beaucoup d'autres écrivains : était-ce donc la peine de citer Platon? Wyttenbach pense que ces deux mots sont parasites, et doivent être effacés.

Lig 36. — Sur Callistrate, et sur d'autres orateurs, qui sont désignés ailleurs, voyez la situation des partis politiques à Athènes, dans notre Préambule.

Lig. 37. — Oropos était située aux confins de l'Attique et de la Béotie, du côté de l'Eubée. Cette ville fut un sujet éternel de contestations entre les peuples limitrophes. Pausanias dit qu'elle avait été possédée d'abord par les Béotiens. On voit par Thucydide qu'au temps de la guerre du Péloponèse, Oropos était soumise aux Athéniens. Diodore de Sicile nous apprend que les Thébains s'en rendirent maîtres dans la 94e. olymp. Thémison, tyran d'Érétrie, s'en empara dans la 103e. Mais, pressé vivement par les Athéniens qui lui faisaient la guerre avec avantage, il la remit comme en dépôt, dit le même historien, aux Thébains qui ne la lui rendirent point. Philippe la leur enleva pour la restituer aux Athéniens. Après la mort d'Alexandre, elle fut déclarée libre par Polyspei chon. Mais elle ne cessa d'occasionner de nouvelles disputes dans la Grèce, même après que les Romains l'eurent soumise, comme on le voit dans Pausanias. Brotier et Vauvill. Les Athéniens, après avoir tenté la voie des armes contre Thémison, avaient porté leurs réclamations au congrès des alliés. C'est dans cette grande cause publique que l'athénien Callistrate plaida pour sa patrie. Vœmel. Aujourd'hui *Oropo*, village de la Livadie.

Lig. 45. — Le mot ὁ παῖς serait peut-être mieux traduit par *l'adolescent*. Alors tomberait le reproche d'anachronisme fait ici à Plutarque par quelques commentateurs, et par le traducteur italien de Démosthène, Cesarotti.

Lig. 56. — Plutarque (X Orat. *Démosth.*) désigne, comme maîtres de Démosthène, Isocrate, Platon, Isée, qui aurait habité quatre ans la maison de son disciple; Eubulide de Milet, le dialecticien; et les acteurs Néoptolème et Andronique. Selon le même et Suidas, il s'étudiait à imiter Thucydide, et méditait les traités de Zoïle d'Amphipolis, et de l'athénien Polycrate. Démosthène, dit Denys d'Halicarnasse, a donné à l'éloquence politique certaines qualités empruntées à Thucydide, qu'on ne trouve ni dans Antiphon, ni dans Lysias, ni dans Isocrate, qui furent les orateurs les plus distingués de cette époque ; je veux dire la vivacité, le nerf, la véhémence, ce ton mordant et austère, ce sublime qui remue le cœur. περὶ Θουκυδ. 53, tr. de M. Gros. Il aurait copié huit fois le livre de cet historien, s'il en faut croire Lucien (c. un ignor. bibliom.), et Arsénius (Viol. ed. Walz, p. 189). Zosime va plus loin : d'après un bruit qui courait de son temps, l'histoire de la guerre de Péloponèse ayant péri dans un incendie, Démosthène en aurait fait faire de nouvelles copies en la dictant de mémoire !

Pag. 15, lig. 58. — Grande mine attique, 95 fr, 83c. Démosthène offrait seulement deux cents drachmes (192 fr) à Isocrate, pour suivre ses leçons jusqu'à concurrence de cette somme : « Nous ne dépeçons point par tronçons notre besogne » répondit le rhéteur. Phot. et Plut., X. Or. Isocr.

Lig. 63. — Cf. Dialogue sur les Orat., attribué à Tacite, 32.

Lig. 69. — *Dès qu'il fut en âge* : dix-huit ans (I c. Onet., 2).

Lig. 71. — Démosth. 2ᵉ. pl. c. Aphob. 4.

Lig. 73. — L'expression imitée de Thucydide est à la fin de son chap. 18, liv. I, où il dit des Athéniens et des Lacédémoniens : Εὖ παρεσκευάσαντο τὰ πολέμια, καὶ ἐμπειρότεροι ἐγένοντο, μετὰ κινδύνων τὰς μελέτας ποιούμενοι. Plutarque l'imite encore, en citant ce même passage, dans son traité sur les progrès dans la vertu, § 8. *Wytt. et Coray*. Ricard a été entraîné par Bryan dans un contre-sens : « Démosthène, qui s'exerçait dans cet intervalle à méditer « les ouvrages de Thucydide, etc. »

Lig. 76. — Avant le principal procès, les restitutions faites à Démosthène s'élevaient à peine à 70 mines (II. c. Aphob., 4). Après le jugement, il ne recouvra pas, à beaucoup près, la totalité de ses biens (c. Aphob. *fals. test.* 1); et Aphobos, condamné trois fois à lui payer, pour sa part, dix talents, lui causa encore de graves dommages (I. c., et I c. Onét. 9). Au reste, cette affaire donna lieu à plusieurs poursuites, pour lesquelles le jeune disciple d'Isée écrivit, aidé de son maître, cinq plaidoyers, après avoir proposé des arrangements à ceux qui le dépouillaient (II c. Onét. 7).

Lig. 82. — Telle est aussi l'histoire de Straton, fils de Korrhagos (Élien, IV, 15).

Pag. 16, lig. 5. — *De Thria*, ou de *Thra*, si on lit Θράσιος avec Coray. C'était un dême de la tribu Œnéides. Pourquoi Ricard écrit-il *Eunomis de Thriasie* ? C'est nous faire prendre un homme pour une femme, et *Paris* pour les *Parisiens*.

Lig. 19. — Allusion à l'orateur Démade.

Lig. 32. — On croit que l'élégant monument choragique de Lysicrate, qui existe encore, et que les Grecs appellent *to Phanari tou Demosthenis*, et les Italiens *il Palatio di Demostene*, a été bâti sur l'emplacement de ce cabinet. Wheler, I, 5 ; Braun, p. 109 ; *Itin.* de M. de Châteaubriand, I, p. 224 ; *Corresp. d'Orient.* par M. Michaud, I, p. 157. C'est aux soins de l'architecte français Legrand que l'on doit la restauration complète de ce monument. Il en donna les dessins ; et Trabucchi exécuta en plastique ce léger édifice qui aujourd'hui orne le parc de Saint-Cloud.

Lig. 39. — L'éducation oratoire des deux Pitt présente des détails semblables.

Lig. 49. — Plut. X Or. Ἐπιμελὴς μᾶλλον ἢ εὐφυής, *majore diligentia et studio quam ingenii felicitate præditus*, disait Hermippe avec plus de justesse. Suidas, Δημ. Ἀθ. « Les envieux raisonnaient mal ; l'ardente opiniâtreté de Démosthène montrait son génie. La nature ne commande sa impérieusement qu'à ceux qu'elle favorise ; et cette force de persévérance est peut-être le plus rare de ses dons. » M. Villemain, art. *Démosth.* Biogr. Univ.

Pag. 16, lig. 53. — Pendant la nuit entière qui précédait un jour d'assemblée publique, Démosthène veillait, méditant longuement, étudiant à fond le discours qu'il devait prononcer. Stob. *serm.* 29. A qui les veilles de Démosthène sont-elles inconnues ? Il était, disait-il, fort mécontent lorsqu'il arrivait qu'un artisan se fût mis à l'ouvrage plus matin que lui. Tuscul. IV, 19. Il couchait sur un lit très-étroit, pour être mieux disposé à se lever de bonne heure.

Lig. 61. — Leçon de tous les MS., γράψας. Coray adopte la correction de Wyttenbach, γράψαι, qui ne me semble pas nécessaire. Dobson, γράψας. Un traducteur latin lit γραπτά.

Lig. 63. — Épiclès lui reprochait ses études continuelles : « Je rougirais, dit-il, d'adresser à un si grand peuple des conseils improvisés. » Plut. X Or.

Lig. 74. — Disc. c. Ctés. 48.

Lig. 88. — Ce sont les expressions de Démosthène (Cour. 43).

Lig. 93. — *Ne rejeta pas*. Wyttenb. et Dobs. προτεσθαι Cor. προςίεσθαι.

Lig. 105. — Suivant Plutarque, (X Orat.) ces déclamations de jeune homme soulevèrent des murmures : νεωτερικῶς λέγων.... θόρυβον ἐκίνησεν.

Lig. 106. — *Rhôpoperpéélhra*, contre-vérité bouffonne *bavard qui débite sa pacotille*. Ce poète comique est Timagène. Un autre appelait Démosthène Rhôpostômylèthra, injure synonyme. « Vous êtes un bavard » criait à Mirabeau une voix du côté droit, le 5 mai 1790.

Lig. 113. — Athénée (VI, 3) cite trois autres passages de comédies, où cette antithèse était malignement reproduite ; et il termine par celui-ci, de Timoclès, qui est le plus plaisant : « D'abord Démosthène ne se fâchera plus contre toi. — Quel Démosthène ? — Ce fils de Briarée (M. Dindorf lit ὁ Βριαρός), cet avaleur de lances et de catapultes, cet ennemi du beau langage. Jamais une antithèse dans sa bouche ; mais, en revanche, la fureur de Mars est dans son regard. »

Lig. 116. — Plutarque rapporte encore ce jugement, *Vie de Phoc.*, 5 ; *Préc. d'Admin.* 7. On lit, dans le premier de ces passages, ἄριστος au lieu de μέγιστον ; et, dans tous deux, δεινότατος, au lieu de δυνατώτατον.

Pag. 17, lig. 7. — Ce mot, d'autant plus remarquable que Démosthène, selon Plutarque, méprisait ses autres rivaux de tribune, est répété dans les deux ouvrages cités note précédente. Il a retenti dans l'antiquité. C'est un vers iambique trimètre : *Orationis ensis exsurgit meæ.* J. Wolf. L'usage ne m'a pas permis de traduire exactement κοπίς (Περσικὸν ξίφος, Barn. ad Eurip. Hecub. 134). « Voici venir le *maillet* et le *cimeterre* de mes discours, σφυρὰ καὶ κοπίς. Tant l'éloquence est moins dans les paroles que dans le caractère ! » Stob. *serm.* 37.

Lig. 16. — Né bègue, au point de ne pouvoir prononcer la première lettre du nom de son art (Ῥητορική), Démosthène s'appliqua tellement à corriger ce défaut que personne ne parlait plus distinctement que lui, etc. *De Orat.* I, 61. Dans les premiers temps, il faisait quelquefois de fausses intonations. Plut. X Orat.

Lig. 23. — Aux détails reproduits par l'auteur des Vies des Dix Orateurs, art. *Démosth.*, que Cesarotti a tort de rejeter indistinctement, Photius ajoute (CCLXV) que, par l'introduction d'une olive dans le nez, Démosthène était parvenu à élargir l'organe de la respiration et de la voix. Quintilien s'amuse aussi à orner la tradition : *scandens in adversum, calculos lingua volvens*. On cite d'autres particularités, telles que la déclamation de Démosthène près du port de Phalère pour aguerrir son esprit et ses oreilles contre le tumulte populaire, dont le bruit des vagues soulevées par la tempête lui offrait l'image (Cic. *de Fin.*, V, 2) ; et la lance ou l'épée, sous la pointe de laquelle il parlait debout et renfermé dans une tribune fort étroite, afin de rectifier, par la crainte de la piqûre, le mouvement déréglé de son épaule (Quintil., XI, 3; Liban., *Vie de Dém.*), qui était assez fort pour jeter dans son costume un désordre bizarre (Zosime d'Ascalon). Selon ce dernier écrivain, Démosthène prolongea, jusque dans l'âge mûr, cette lutte opiniâtre contre ses défauts naturels.

Il y eut donc deux Démosthènes, dit Valère-Maxime; l'un enfant de la nature, l'autre, du travail. VIII, 7, 1.

Pag. 17, lig. 30. — « Si tout cela était autre chose qu'une chimère, s'écriait Cicéron plaidant pour Q. Gallius contre M. Calidius, est-ce de ce ton que vous en parleriez?.... Où est le ressentiment de l'injure? où est l'indignation, qui arrache des paroles touchantes et des plaintes amères de la bouche la moins éloquente? Ni votre âme, ni votre corps ne sont agités; etc. » *Brut.* 80; trad. de M. Burnouf.

Lig. 46. — Ἐμὲ Δημοσθένης. Plutarque se commente lui-même : Δημοσθένης ἐμὲ βούλεται διορθοῦν. *Préc. d'Admin.*, 7.

Lig. 47. C'était un proverbe (Lobeck sur Phrynich. p. 381). Le porc joue un assez grand rôle dans les adages des Grecs. Ce mot n'a paru que grossier : je le crois très-malin. Le porc était l'emblème de la stupidité thébaine (Pindare, 6ᵉ. Ol. str. 5); Minerve, celui du génie athénien. « C'est le Thébain qui donne une leçon d'éloquence à l'Athénien » dit Démade, qui reprochait à Démosthène de *béotiser*.

Lig. 54. — Allusion bien froide au nom de ce voleur, Χαλκοῦς, *œneus. Æneos ego quidem fures haud metuo*, dit bonnement Reiske.

Lig. 55. *Nous pourrions citer, etc.* Pour le don de la plaisanterie, Cicéron, Denys d'Halicarnasse et Quintilien placent Démosthène au-dessous de Lysias, d'Hypéride et de Démade. Il semble cependant à l'orateur latin le premier de tous pour l'urbanité; mais il apportait dans la raillerie moins de vivacité que d'enjouement (Orat. 26. περὶ Δημοσθ. ; Instit. orat. VI, 3). Les bons mots de Démosthène avaient été recueillis par quelques-uns de ses auditeurs; et cette liste, grossie sans doute par le temps, a été sous les yeux de Photius (CCLXV). Un assez grand nombre de ces sentences et de ces saillies plus ou moins heureuses se trouve dans Stobée, qui les a recueillies avec des passages de discours et de lettres de l'orateur (Florileg. II, 22. T. I. p. 67.; IV, 51. p. 114.; IX, 29. p. 209: etc. ed. Gaisf.) J'indiquerai les principales sources où j'ai puisé les autres.

Les Athéniens étaient portés avec empressement à protéger Harpalos et à prendre les armes contre Alexandre. Soudain paraît Philoxène, commandant des forces navales du conquérant, et le peuple effrayé reste muet : « Que feront-ils donc quand ils verront le soleil, s'écria Démosthène, puisqu'ils ne peuvent supporter la lueur d'une lampe? » Plut. *de Vitioso Pud.*

Il comparait le peuple d'Athènes à ceux qui ont des nausées, aussitôt qu'il sont sur mer. Arist. Rhetor., III, 4. Mais ce mot est-il de l'orateur ou du général Démosthène?

En apprenant qu'Antipater était bloqué dans Lamia, les Athéniens offrirent des sacrifices. Démosthène dit à son intime ami Agésistrate qu'il ne pensait pas comme eux sur l'état des affaires : « Car je sais très-bien, ajouta-t-il, que, pour une première carrière, les Hellènes savent et peuvent combattre, mais non doubler le stade. » Plut. X Or. *Démosth.*

Un démagogue inepte haranguait avec de grands cris. Démosthène, qui l'écoutait, dit : « Le grand ne suppose pas le bon; mais le bon a toujours de la grandeur : Ἀλλ' οὐ τὸ μέγα εὖ ἐστι· τὸ δ'εὖ, μέγα. Stob.

« Souvent je suis tenté de maudire les mauvais citoyens; mais je crains que mes imprécations ne fassent d'Athènes un désert. » *Id.*

Voici un des vers d'Homère sur lesquels Démosthène exerçait sa prononciation :

Ῥόχθει γὰρ μέγα κῦμα ποτὶ ξερὸν ἠπείροιο.

Le flot roule en grondant vers l'aride rivage.

Od., V, 402.

Il corrigea si complétement son organe, qu'à son retour sur la place publique, il dit ce mot qui a circulé partout :

Ἥκω φέρων ὑμῖν τὸ P. καταρεργητορευμένον.

D'une lettre rebelle enfin l'art est vainqueur.

Zosime d'Asc. *Vie de Démosth.*

Démosthène disait à ceux qui croyaient Démade corrigé de sa méchanceté : « Ne voyez-vous pas que c'est un lion rassasié? » Plut. *de Cupid. divit.*

— à un homme qui l'injuriait : « Je ne descends pas avec toi dans une arène où le vaincu vaut mieux que le vainqueur. » Stob.

— à un ennemi, qui lui rappelait que sa mère était née en Scythie : « Eh bien! n'admires-tu pas que le fils d'une Scythe soit devenu si humain et si généreux? » Rutil. Lup. *de Fig.* (Synaeciosis).

— à ceux qui briguaient les premières charges de l'État : « La chose la plus difficile pour les chefs de la multitude, c'est de plaire à la multitude. » Stob. ap. Lycosth. *de Potest.*

— à quelqu'un qui lui reprochait la mauvaise odeur de sa bouche : « De nombreux secrets s'y sont putréfiés. » St. Maxime, *Eclog.*

— à un jeune homme qui, dans un grand repas, ne cessait de habiller à tort et à travers : « Eh! mon ami, que n'as-tu appris à te taire de celui qui t'apprit à parler? » *Id.*

— à un autre bavard : « Si tu étais aussi savant que tu veux le paraître, tu ne jaserais pas tant. » *Id.*

— à ceux qui lui reprochaient d'avoir pris la fuite à Chéronée :

Ἀνὴρ ὁ φεύγων καὶ πάλιν μαχήσεται.

Tel qui fuit aujourd'hui peut combattre demain.

A. Gelle, XVII, 21.

Diogène disait que Démosthène était intrépide comme un Scythe dans ses discours (son aïeule maternelle était de Scythie), et bourgeois d'Athènes, ἀστικόν, dans les combats. Pseudo-Plut., X Or. *Demosth.* Reiske, t. IX, p. 370.

« Phocion, les Athéniens te feront mourir s'ils entrent en fureur. — Oui; mais, s'ils reviennent à leur bon sens, ce sera toi. » Plut. *Phoc.*

Un savant Lyonnais, M. Péricaud, qui a bien voulu me communiquer ses curieuses recherches sur les bons mots de Démosthène, et me permettre d'en profiter, rapproche de ce dernier ces paroles de Chaumette à ses juges : « Je meurs parce que le peuple a perdu la raison; et vous, vous mourrez quand il la recouvrera. »

Démosthène a dit : « Les lois sont l'âme d'un État. Dès que l'âme a quitté le corps, il tombe : ainsi s'écroule un État sans lois. » Stob.

« Parmi les plaisirs, choisissons ceux que la vertu accompagne. » *Id.*

« Tendre vers les belles choses sans heurter personne, est un amour légitime. » *Id.*

« Ceux-là méritent nos éloges, qui préfèrent toujours le juste à l'utile. S'enrichir est chose aisée; mais il n'est pas facile de racheter son honneur à prix d'or. » *Id.*

« Probité passe richesse : πολλῶν χρημάτων τὸ χρηστὸν εἶναι λυσιτελέστερον. » *Id.*

« La calomnie s'empare avec force pour un moment de ceux qui l'écoutent; mais, à l'épreuve du temps, il n'est rien de plus faible. » *Id.*

« Qui ne sait que l'envie se glisse plus ou moins sous tout homme vivant, et que la mort seule met fin aux outrages de la haine? » *Id.*

« Mieux vaut guerre honorable que paix honteuse. » *Id.*

« L'homme bien né s'appliquera surtout à conserver la beauté dans sa physionomie, la sagesse dans son âme, un mâle caractère dans l'une et dans l'autre, et le don de plaire dans son langage. » *Id.*

« Le sage doit s'efforcer de soumettre toujours les passions à la raison. » *Id.*

« La liberté dont la perte est la plus cruelle, c'est la liberté de la parole. » *Id.*

« Riche, le méchant doit nous irriter plus que s'il est pauvre. Ici, la nécessité, le besoin disposent à l'indulgence quiconque a un cœur d'homme. Mais le crime, au sein de l'abondance, est sans excuse. La misère pousse souvent des hommes bien nés à des actions coupables, pour lesquelles il faut les plaindre, plutôt que de consumer leur perte. » *Id.*

« Le malade se soulage par des gémissements ; l'homme persécuté, par le récit de ses infortunes. » *Id.*

« Il faut parfois laisser sommeiller les lois. » M. Aurèle, *Lett. à Fronton.*

M. Armand Cassan dit, sans rapporter ses autorités, que Marc-Aurèle veut citer ici Démosthène. T. I, p. 269.

« Ne dis point, On a souvent agi ainsi ; mais dis, Il est mal de le faire. Car, si tu imites l'auteur d'un acte contraire aux lois, son exemple ne saurait t'absoudre. » A. Gelle, x, 19, d'apr. le platonicien Taurus.

Une finesse de Démosthène vint merveilleusement au secours d'une servante qui avait reçu en dépôt une somme de deux étrangers, à condition de la rendre à tous les deux ensemble. L'un d'eux revint quelque temps après, vêtu de deuil, alléguant la mort de son compagnon, et trompant ainsi cette malheureuse, lui enleva tout l'argent. L'autre se présenta ensuite, et lui demanda le dépôt. La pauvre fille, également dépourvue d'argent et de moyens de défense, se trouvait fort embarrassée : réduite au désespoir, elle songeait déjà à mettre fin à ses jours. Heureusement le secours de Démosthène vint, comme un flambeau salutaire, briller à ses yeux. Arrivé à l'audience : « Cette femme, dit-il, est prête à rendre le dépôt qui lui a été confié ; mais, si vous n'amenez votre compagnon, elle ne saurait le faire : car, selon la convention que vous faites vous-même sonner si haut, elle ne doit payer à l'un qu'en présence de l'autre. » Val. Max. VII, 3 ; tr. de M. Frémion.

Démosthène alla voir secrètement la courtisane Laïs, qui lui demanda dix mille drachmes. Surpris du ton de la belle Corinthienne, épouvanté de l'énormité de la somme, il la quitta brusquement, avec ces mots : « Je n'achète pas si cher un repentir. » A. Gelle, I, 8, d'apr. Sotion le péripatéticien.

Un voleur : « J'ignorais que cet objet vous appartînt. *Démosthène :* Qu'importe? tu savais qu'il ne t'appartient pas. » Stob.

Un jour qu'il vouloit haranguer en pleine assemblée de ville, le peuple ne le vouloit point ouïr, n'eust été qu'il dit que ce n'estoit qu'vn conte qu'il leur vouloit faire : ce qu'entendant le peuple luy donna audience, et il commença en ceste sorte : « Il y eut, dit-il, naguères vn ieune homme qui loua un asne pour aller de ceste ville à Mégares. Quand ce vint sur le midy que le soleil estoit fort ardent, l'vn et l'autre, le propriétaire et le locataire, vouloient se mettre à l'vmbre de l'asne, et s'entr'empeschoient l'un et l'autre, disant, le propriétaire, qu'il avoit loué son asne, mais non pas son vmbre : le locataire à l'opposite soustenoit que tout l'asne estoit en sa puissance. » Aiant ainsi commencé ce conte, il s'en alla. Le peuple le rappella, et le pria d'achever. « Et comment, leur dit-il, vous me voulez bien ouïr conter une fable de l'ombre d'un asne, et vous ne me voulez pas entendre parler de voz affaires d'importance? » Plut. X Or. *Démosth.;* Amyot, éd. Vasc.

De là le proverbe, περὶ ὄνου σκιᾶς μάχεσθαι, dont on a fait honneur à Démosthène, bien que, avant lui, Sophocle, Aristophane et Platon eussent désigné par ces mots une contestation frivole. Les anciens et les modernes ont souvent remanié ce sujet. Voyez surtout La Fontaine, VIII, 4 ; et Wieland, *Hist. des Abdéritains,* liv. 4. M. Péricaud le trouve traité sous ce titre, *Les deux Maures et le cheval,* dans les fables sénégalaises, recueillies de l'*Ouolof,* par le baron Roger, 1818.

Une autre fois, sa voix faiblit pendant qu'il haranguait. Grands murmures dans l'auditoire. « Jugez, s'écria-t-il, un comédien d'après sa voix, et un orateur d'après ses raisons. » Plut. X Or. *Démosth.*

Démosthène soutenait devant Philippe la cause d'Athènes et de la liberté ; ce monarque lui dit : « Ne crains-tu pas que je ne te fasse couper la tête? — Non, répondit l'orateur : *nam, etsi ipsum loco moveris, patria immortalitate donabit.* » Lycosth. Apoph. *de Mort. contemn*

Lycosthène renvoie à Stobée, dont le recueil ne contient pas ce mot. Un tel langage est faux dans la bouche du prince, comme dans celle de l'orateur.

On demandait à Démosthène quelle était la première partie de l'orateur ; il répondit : *L'action.* Quelle était la seconde, puis la troisième? et toujours : *L'action.* De Orat. III, 56 ; Quintil. XI, 3. C'était sans doute, dit M. Villemain, à raison des efforts que ce grand art lui avait coûté. Biogr. Univ. *Démosth.*

— comment il était parvenu à exceller dans l'art oratoire. « En consommant plus d'huile que de vin. » Stob. e Chris Aristotel.

— lequel était meilleur orateur, de lui ou de Callistrate? « Moi, quand on me lit ; Callistrate, quand on l'entend. » Ulpien, scol. c. Timocr., 34.

— pourquoi nous avons deux oreilles et une seule langue? « Parce que nous devons deux fois plus écouter que parler. » St. Max. *Ecl.*

— quel était l'animal le plus malfaisant? « Des bêtes sauvages, c'est le sycophante ; des animaux domestiques, le flatteur. » *Id.*

— quelle différence il y avait entre le κόραξ et le κόλαξ, le corbeau et le flatteur? « Le premier dévore les morts ; le second, les vivants. » *Id.*

On voulait peut-être, par cette question, le plaisanter sur sa prononciation ; comme fait Aristophane, quand il met ce vers dans la bouche d'Alcibiade qui grasseyait :

Ὁλᾷς; Θέωλος τὴν κεφαλὴν κόλακος ἔχει,

pour

Ὁρᾷς; Θέωρος τὴν κεφαλὴν κόρακος ἔχει.

Voy. le Scol. Guêpes, 45, Bothe.

Il demandait à l'acteur Aristodème combien il avait reçu pour une représentation : « Un talent, répondit-il. — Eh bien ! moi, j'ai reçu davantage pour faire le muet. » A. Gelle, XI, 9 ; Plut., X Orat. *Démosth.*

Je doute que Démosthène ait jamais tenu cet impudent langage. L'anecdote à laquelle il se rattache dans ce chap. de *Nuits Attiques,* n'est qu'une absurde contre-façon de l'histoire très-suspecte de la conduite de l'orateur dans l'affaire d'Harpalos. D'ailleurs le chapitre suivant attribue ce même mot à Démade.

P. 17, l. 59 — Les plaidoyers qu'il a prononcés lui-même dans des causes privées sont presque tous l'ouvrage de sa jeunesse : « Lorsque j'allai trouver Démosthène (dit Démon, son oncle, dans le plaidoyer contre Zénothémis, 8, qua l'orateur avait écrit pour lui), et que je le priai de m'assister et de me défendre : Démon, me répondit-il, je le ferai si vous l'exigez, car il serait dur de vous refuser; mais, en vous obligeant, je ne dois pas m'oublier moi-même : depuis que j'ai commencé à parler sur les affaires publiques, il ne m'est pas arrivé de plaider une seule cause particulière, et même, j'ai isolé entièrement ces objets de l'administration. » Un biographe anonyme fait même entendre qu'il *n'écrivit plus* pour le barreau : καταγνοὺς δὲ καὶ τοῦ λογογραφεῖν. Visconti partage cette opinion, qui dans Cicéron (ad Attic. II, 1), Zosime et se trouve encore Suidas, et qu'un examen plus approfondi aurait peut-être fait adopter par l'auteur de l'excellent article consacré à Démosthène dans la Biographie Universelle.

Avant de se livrer entièrement aux affaires publiques, Démosthène tint aussi, pendant quelque temps, une école d'éloquence. Eschine l'atteste (c. Tim. 25, 34). Libanius, Suidas, Zosime et le biographe anonyme parlent de cette école. Dans la vie de Pyrrhus, 14, Plutarque dit que Cinéas avait été Δημοσθένους τοῦ ῥήτορος ἀκηκοὼς. On a même cru que Démosthène avait écrit sur son art; et le livre qui portait son nom, rédigé peut-être par l'un de ses disciples, existait encore au temps de S. Augustin. Voici, du moins, ce qu'on lit à la fin du ch. X des *Principia Rhetorices* attribués à ce Père (t. I, *Append.* p. 40, d. Bened.) : « Talia principia sunt pleraque apud Demosthenem, in iis libris qui inscribuntur Idiotici, etc. » Mais le silence de Cicéron et de Quintilien doit faire considérer ce traité comme pseudonyme.

P. 17, l. 60. — Cour. 7. Les Amphictyons ayant condamné à l'amende les Phocidiens, parce qu'ils s'étaient emparés d'une partie du territoire sacré, c'est-à-dire appartenant au temple de Delphes, Philomélos engagea ce peuple à piller le temple même. La guerre commença ol. CVI, 2; av. J. C. 355. Les ennemis des Phocidiens, entre lesquels Thèbes tenait le premier rang, ne se trouvant pas assez forts, appelèrent à leur secours et mirent à leur tête Philippe, roi de Macédoine, qui termina cette guerre par la ruine de toutes les villes de la Phocide, ol. CVIII, 3; av. J. C. 346. Diod. Sic. XVI, 23; Justin, VIII, 1, etc.

Démosthène avait alors 30 ans, et venait de passer environ huit années dans les travaux du barreau (Schaum. p. 6).

Lig. 70. — Caractère d'Achille. Il. XX, 467.

Lig. 79. « Peu de temps après, blessé de plusieurs coups à la tête, il réclamait une amende. Ces deux accidents, si voisins l'un de l'autre, et la manière dont l'orateur s'en consolait ou s'en dédommageait, firent dire que sa tête était d'un excellent produit, et lui rapportait autant qu'une bonne ferme. » Biog. Univ. *Voy*. Esch. sur l'Ambass.; c. Ctésiph.; Suid. v. *Démosth.*

Lig. 83. — Des étrangers témoignaient le désir de voir Démosthène; Diogène, le leur montrant avec un geste ironique : « Le voilà, celui qui mène les Athéniens ! » Diog. Laërt. VI, 2, 6.

Lig. 85. — « Les discours de Démosthène sont des soldats, disait Philippe, et ceux d'Isocrate, des escrimeurs. On citait devant ce prince quelques harangues du premier : « Si j'avais entendu Démosthène, dit-il, je l'aurais moi-même élu général pour me faire la guerre. » Plut. X Orat.

« Un roi doit être éloquent, disait un jour Alexandre à Philippe : Vous, mon père, par exemple, vous avez à réfuter de Démosthène si véhément, cet orateur au magique langage, μάλα δεινῷ ῥήτορι, καὶ γόητι. Ah! mon fils (F. ὦ παῖ, pro παίζων?) répondit Philippe, je céderais volontiers Amphipolis aux Athéniens, pour qu'ils n'aient point Démosthène dans leurs conseils. » Dion. Chrys. *de Regno*, II.

Pag. 18, l. 3. — *Thucydide*, rival que l'aristocratie avait suscité à Périclès, après la mort de Cimon. — *Ephialte*,

partisan zélé de Périclès, l'aida beaucoup à dépouiller l'Aréopage d'une partie de l'autorité que ce corps tenait de Solon. *Péricl.*

Pag. 18, l. 10. — Libanius distingue deux sortes de présents offerts aux députés Athéniens par Philippe : λήμματα, salaires, bénéfices coupables; et ξενία, cadeaux d'usage et sans conséquence; et il dit que Démosthène repoussa même ces derniers. *El. de Démosth.*

Lig. 12. — « Mais alors, dit M. Villemain, il sacrifiait une de ses haines à l'autre, persuadé que les anciens ennemis de la Grèce étaient moins dangereux pour elle que Philippe. » Heeren et Cesarotti révoquent en doute le *médisme de Démosthène*. Au reste, le décret de Démocharès montre l'emploi patriotique qu'il aurait fait des largesses de l'Asie. Il dota aussi quelques filles de pauvres citoyens. Plutarque reproche à Démosthène d'avoir placé son argent à usure sur des navires (Parall. de Dém. et de Cic.). Cette ligne a été certainement écrite sous l'influence des mœurs romaines. On détestait à Rome l'usure que nous appelons *prêt à la grosse aventure*; mais elle n'avait rien d'odieux dans la Grèce, et particulièrement dans une place de commerce maritime telle qu'Athènes, où il était permis de prêter au taux que l'on voulait. Voy. Böckh, *Econ. Pol. des Ath.* l. I, c. 23.

Lig. 30. — Démosthène raconte ce fait un peu autrement, *Cour.* 42. Il fit aussi appliquer à la question l'espion Anaxilas d'Oréos, qui avait été son hôte.

Lig. 34. — *Aux Onze* : officiers publics, chargés de faire exécuter les criminels condamnés à mort.

Lig. 46. — Si cette ingénieuse comparaison n'était de Plutarque, on pourrait y voir, dit Coray, une allusion au métier du père de Démosthène.

« Rien n'annonce que l'imputation faite ici à l'orateur ait été rigoureusement établie. Mais ce qui paraît hors de doute, c'est que Démosthène, après avoir défendu la cause de Phormion contre Apollodore, prêta à celui-ci l'appui de son talent dans l'action qu'il dirigea à son tour contre Phormion, et composa un mémoire écrit, qui nous a été conservé, à l'appui de la plainte d'Apollodore en subornation d'un témoin produit par son adversaire. » M. Boullée, *Vie de Démosth.* p. 38.

Lig. 48. — *Androtion*, auteur d'un décret qui décernait une couronne d'or au Conseil, quoique ce corps politique n'eût pas fait construire de vaisseaux. Il était disciple d'Isocrate, dont Démosthène voulut, cette fois, imiter la manière. Hermog. περὶ Ἐπιμελείας; Scol. d'Herm. p. 401; Ulp. ad I.; Lib. ὑποθ. — *Timocrate* avait porté irrégulièrement une loi qui favorisait les débiteurs du Trésor. Ce plaidoyer fut, comme le précédent, écrit pour Diodore. — Je donne la traduction de la harangue contre Aristocrate.

Lig. 51. — Denys d'Halic. *ad Amm.* : εἰκοστὸν καὶ ἕβδομον ἔχων ἔτος.

Lig. 59. — La leçon vicieuse συνωνύμων, repoussée par Casaubon et par Coray, a fait croire faussement à Ricard que ce Démétrius avait aussi écrit sur les synonymes.

Suidas et l'auteur d'une notice anonyme affirment que Démosthène épousa la nièce de Chabrias. Mais Plutarque (X Orat.) appelle son beau-père Héliodore. Sa femme lui fut infidèle par vengeance, si l'on en croit Athénée, XIII, 7. Les mœurs de Démosthène étaient celles de son temps; on ne ménage quand on se contente de rappeler qu'une nuit de courtisane lui coûta quelquefois le produit de plusieurs plaidoyers : mais je tiens pour très-suspectes deux anecdotes que rapporte le même auteur, et dont l'une joint l'atrocité à l'infamie. Plutarque (*Cons. ad Apoll.*) dit qu'il chérissait tendrement la fille (τὴν μόνην καὶ ἀγαπητὴν) que la mort lui avait enlevée; et Suidas ajoute qu'il la pleura. Il eut aussi deux fils légitimes, qui lui survécurent. Athénée, l. c., parle des enfants qu'il eut d'une courtisane : mais est-il vraisemblable qu'il les ait présentés à l'Aréopage dans le procès qu'il subit à l'occasion d'Harpalos? Cicéron et Élien lui reprochent sa vanité, que chatouillait ce mot d'une porteuse d'eau, prononce dans la rue : *Voilà Démosthène!* (*Tusc.* v, 36; *Var. hist.* ix, 17). J'ai peine à croire qu'il fût gourmand (καὶ περὶ ὄψα πολυτελής, *Deipn.* l. c.), si ce n'est peut être dans sa première jeunesse (Liban. *El. de Démosth.*), et qu'un buveur d'eau comme lui hantât le cabaret. Un jour, dit Plutarque, Diogène vit Démosthène dans une taverne, où, honteux d'être aperçu, il cherchait à se cacher : « Plus tu recules ici, dit le cynique, plus tu t'y enfonces. » Une autre fois, Diogène, déjeûnant au cabaret aperçut l'orateur qui passait dans la rue. Il l'appela; et, comme celui-ci ne se rendait point à l'invitation : « Eh quoi, lui dit-il, aurais-tu honte d'approcher d'un lieu où ton maître ne dédaigne pas d'entrer tous les jours? » Élien, ix, 19. Voyez aussi Diog. de Laërte, vi, 2, 6.

P. 18, l. 72. — « Celui qui plus les aiguillonnoit à prendre ceste protection de la commune liberté de la Grèce, étoit l'orateur Démosthènes, le mieux emparlé et le plus éloquent homme qui pour lors fust en toute la Grèce. » Diod. Sic. xvi, 54; trad. d'Amyot.

Lig. 76. — Eschine dit, au contraire, que c'est à son propre discours que Philippe répondit le plus longuement, et que Démosthène n'eut pas un mot du prince. *Sur l'Ambass.* 16. Il se serait même déconcerté, selon le même orateur, au point de ne pouvoir terminer son discours; et Tzetzès va jusqu'à dire qu'il demeura trois fois muet devant Philippe. Repoussons cette exagération, et ne nous étonnons pas de l'embarras de Démosthène. L'éloquence d'apparat n'était pas son fait. Il fallait les tumultueuses passions d'un auditoire populaire pour animer toutes ses facultés.

Lig. 102. — J. Wolf a bien vu que l'historien distingue ici πολιτικὰς δυναμεῖς, les troupes composées de citoyens tirés de chacune des républiques confédérées; et τὰς ξενικάς, les milices étrangères soldées, celles dont Plutarque indique le nombre. Amyot : « quinze mille hommes de pied étrangers, et deux mille chevaux, sans les bourgeois de chacune des villes. » Clavier s'appuie sur la leçon δυνάμεως, au lieu de δυνάμεων, pour corriger Amyot, dont Dacier et Ricard n'auraient pas dû s'écarter.

Lig. 105. — Ce Kròbylos est l'orateur Hégésippe. *Hégésippe-la-Houppe*; peut-être à cause d'une mode passée, qu'il continuait d'observer dans l'arrangement de ses cheveux.

Lig. 107. — Allusion à la nourriture des esclaves. Plutarque, *Vie de Cléomène; et Apophth. des Lacéd.*, met ce mot dans la bouche d'Archidamos. Ἥκιστα ὁ πόλεμος ἐπὶ ῥητοῖς προχωρεῖ (Thuc.) ; *Eventus bellorum minime consiliis respondent.*

Pag. 19, lig. 9. — J. Wolf et Reiske, Δάοχον δὲ καὶ Θρα. συδαῖον Θεσσαλούς. Bryan et Du Soul, Δάοχον δὲ Θεσσαλὸν, καὶ Θρασυδαῖον Ἠλεῖον.

Lig. 49. — C'est ainsi que les noms d'une petite rivière voisine du lac Trasymène, et d'un ruisseau qui arrose la plaine de Winfeld, rappellent aujourd'hui encore le double carnage dont ces lieux ont été le théâtre.

Lig. 66. — Cour. 53; Diod. Sic. xvi, 84. — *De philippiser.* Esch. c. Ctés. 42; Cic. *de Div.* ii, 57. Le chap. 10 de l'*Hist. des Oracles* commence par ce mot de Démosthène.

Lig. 72. — C'est la bataille de Chéronée, ol. cx, 3; av. J. C. 338, le 7 du mois Métagitnion, jour fatal aux Grecs par la perte de plusieurs combats (Plut., *Camill.*, 19). Charès et Lysiclès commandaient l'armée athénienne. Philippe avait essuyé deux échecs avant cette victoire.

Lig. 74. — Plutarque, (X Orat.) n'affirme pas ce fait : ὅθεν καὶ δοκεῖ τὴν τάξιν λιπεῖν. Cet auteur et Photius se sont égayés à conter qu'embarrassé dans sa fuite par un buisson, Démosthène se rendit à ce nouvel ennemi, en lui demandant la vie. « Démosthène, dit Visconti, avait pu être à la suite de l'armée plutôt comme homme d'État que comme guerrier; et il prit la fuite avec les autres dans la déroute générale. Au reste, il est bien certain qu'il n'avait aucun commandement militaire, et il n'est pas vraisemblable qu'il servît comme simple soldat. » D'ailleurs, selon la remarque judicieuse de Tourreil, l'équité veut que nous compensions la fuite de Démosthène entraîne une fois par la foule des fuyards, avec la contenance de Démosthène tant de fois intrépide au milieu d'une populace prête à le déchirer; V. son disc. sur la Paix.

Pag. 19, l. 78. — Justin, ix, 4; Elien, viii, 15, affirment le contraire. Diodore, xvi, 87, est d'accord avec Plutarque. « O roi! dit l'un des captifs, l'orateur Démade, en voyant Philippe insulter aux guerriers étendus morts à ses pieds, tous blessés par devant et tombés à leur poste, la fortune t'a donné le rôle d'Agamemnon ; et tu ne rougis pas de jouer celui de Thersite ! » Selon Stobée Philippe s'écria : « Où est maintenant l'orgueil, où est la superiorité d'Athènes? — Tu aurais connu la force de cette ville, lui répondit encore Démade, si Philippe avait commandé les Athéniens, et Charès les Macédoniens. »

Lig. 119. — *Survécut peu* : deux ans.

Pag. 20, lig. 7. *à Pausanias*, le meurtrier de Philippe Just. ix, 6 ; Diod. Sic. xvi, 94.

Lig. 39. — « Ceux qui ont les yeux faibles les détournent des objets trop éclatants pour les reposer sur les fleurs et sur la verdure : ainsi notre âme, au lieu d'abaisser constamment son regard vers ce qui l'afflige, et de l'arrêter sur les tribulations de cette vie, doit l'élever à la contemplation des vrais biens. » S. Basil. περὶ Εὐχαρ. t. ii, p. 32, c, Ben.

Lig. 49. — Diod. Sic. xvii, 3. — L. 5. — *fourni des armes*, ἐν δωρεᾷ, dit le même historien.

Lig. 55. — Diodore parle aussi d'une lettre écrite par Démosthène à Attale, en Asie, pour le faire entrer dans cette ligue. xvii, 5.

Lig. 56. — Margitès, *un imbécile, un Nicaise.* C'était le titre d'un poème satirique attribué à Homère, et dont il reste quelques fragments. (Phot. et Harpocr.). Alexandre dit, après avoir passé les Thermopyles : « Démosthène m'a appelé enfant lorsque j'étais chez les Illyriens et les Triballes ; jeune homme, lors de mon expédition de Thessalie : je lui montrerai, sous les murs d'Athènes, que je suis homme fait. » Plut., *Al.* 11.

Lig. 62. — Ol. cxi. 2; av. J. C. 335.

Lig. 72. — Arrien, qui, au lieu de Démon et de Callisthenes, indique Hypéride, Charès et Diotime, dit que Charidème seul fut exilé. I, 10.

Lig. 77. — Hume et Attwood appellent de même l'empereur Nicolas *l'Ours de Russie* (Communes, 4 mars 1836; 14 décembre 1837.) — Ce n'est pas la première fois qu'on employait l'apologue à la tribune. Cependant Fréret se trompe quand il attribue à Démosthène le petit conte qui fait le sujet d'une fable de la Fontaine (viii, 4). Voyez *Acad. des Inscr.*, t. xiv, p. 446, *Mém.* Ce conte est de Démade, comme l'ont remarqué MM. Walckenaer et Ch Nodier.

Lig. 95. — Ol. cxii, 1; av. J. C. 332, Agis II fit la guerre aux Crétois, qu'il soumit à Darius, et fut tué, deux ans après, dans une bataille contre Antipater. Arr. ii, 13; Diod. Sic. xvii, 63.

Lig. 99. Jacobs relève cette erreur de date dans son introd. au disc. sur la Couronne. Le procès eut lieu sous l'arch. Aristophon, ol. cxii, 3; huit ans après la bataille de Chéronée, 6 ans après le mot de Philippe, un peu après la victoire d'Arbèles. V. Den. Hal. *ad Amm*.

L. 109. — Eschine établit son école au S. O. de la ville de

Rhodes, dans un lieu appelé aujourd'hui *Zimboli* (colline des Jacinthes). C'est un plateau ombragé de beaux platanes, et arrosé par une fontaine. Le site est ravissant. Voyez *Correspondance d'Orient*, par M. Michaud, lettre 84. Eschine passa aussi quelque temps-dans l'île de Samos. Plut. et Phot. LXI.

Probablement vers la même époque, Démosthène fut accusé par le sycophante Théocrine, qui se désista. *Plaid. c. Théocr.* 11.

Pag. 21, lig. 3. — Les mots ἄγει et ἄξει ont ici un double sens, intraduisible aujourd'hui. Amyot : « Démosthène demanda combien de poids elle emportoit ; et Harpalus en se riant luy respondit : Elle t'emportera vingt talents. » Le pronom σοὶ ajoute à l'équivoque qui fait la délicatesse de la réponse d'Harpalos : car il peut être considéré comme explétif.

Plutarque dit que Démosthène reçut d'Harpalos mille dariques. Mais Coray pense qu'il faut lire τριςχιλίους au lieu de χιλίους, *trois mille* dariques, équivalant, à peu près, à vingt talents.

Lig. 11. — Je n'ai osé emprunter à la Fontaine la traduction de εὖ καὶ καλῶς κατελιξάμενος,

Notre défunt était en carrosse porté,
Bien et dûment empaqueté.

La grossièreté de cet artifice, la malice ingénieuse du reste de ce récit, et les variations que présente celui du biographe des X Orateurs, suffiraient pour provoquer le doute. Démosthène, d'ailleurs, a dû être l'homme le plus calomnié de son temps (ἀεὶ συκοφαντοῦμενος, Liban.) parce qu'il s'est le plus occupé des affaires de son pays, et que son invariable système, la guerre, contrariait tous les partis, et gênait l'apathie d'un peuple qui, en politique, n'était plus avide que d'injures de tribune. Heeren, dans un morceau éloquent et fortement pensé de son ouvrage sur la politique des anciens, montre comment l'immortel ennemi de Philippe devint, sous les coups de la calomnie, victime de sa propre grandeur. La préface de la belle traduction de Jacobs contient une opinion analogue; et Schaumann raconte ainsi la conduite de Démosthène à l'égard d'Harpalos, d'après les autorités anciennes recueillies dans la monographie de Gér. Becker, p. 118, qui croit aussi l'orateur innocent :

« Démosthène défendit aux Athéniens de recevoir Harpalos. Mais, lorsque les émissaires d'Antipater furent venus réclamer le fugitif, l'orateur invité à parler s'y refusa. De là, l'opinion qu'il avait aussi été séduit. » *Prolegg.* p. 23.

Pourquoi ce silence? dit M. Becker. C'est qu'en livrant leur suppliant aux Macédoniens, les Athéniens auraient commis une lâcheté, presque un sacrilège; c'est qu'en défendant un coupable, Démosthène se serait rendu coupable lui-même.

Schöll doute de la justice du jugement de l'Aréopage (Hist. de la Litt. Gr., II, 229). Rochefort trouve dans les circonstances de cette affaire les éléments de la plus parfaite justification (Mém. de l'Ac. des Inscr. t. XLIII, p. 29). Pour croire à ce crime, dit Leland, traducteur anglais de Démosthène, il faut supposer l'orateur hypocrite raffiné, ou même fou. Un bon mémoire de M. Gez, inséré dans le recueil de l'Académie de Toulouse, t. IV, p. 80, prouve jusqu'à l'évidence que Démosthène n'avait pas reçu une coupe d'or; et il infirme, par de fortes présomptions, le témoignage de Plutarque quant aux vingt talents. Mais en voici une qu'on n'a pas encore présentée.

Un biographe anonyme dit, dans un passage rétabli par Reiske, que le décret du rappel de Démosthène était l'aveu unanime *de la peur* du conquérant, qui avait arraché aux Athéniens sa condamnation : ὁμολογήσαντες, ὅτι αὐτοῦ κατέγνωσαν Ἀλεξάνδρου δέει (Dobs. *Orat. Att.* V, CCCLX. Plus tard sa condamnation à mort eut la même cause. Athènes repentante regretta, selon Suidas, Δημ. ὁ ῥ., d'avoir jugé l'orateur qui n'était plus, *sous l'influence de la terreur du nom macédonien*, et non d'après l'équité. « Démosthène est coupable, dit M. Villemain, si l'on en croit le discours de Dinarque, son accusateur. Pausanias le justifie; et lui-même, après s'être enfui de sa prison, protesta toujours de son innocence dans les lettres qu'il écrivit au peuple d'Athènes; il ne craignit pas d'y mêler des conseils qui semblaient rappeler son ancien ascendant. » *Biogr. Univ.*

Libanius affirme, en plusieurs endroits, l'innocence de Démosthène : mais son admiration de sophiste laisse peu d'autorité à son témoignage.

Voici le passage de Pausanias : « Démosthène s'est justifié très au long lui-même, il l'a été aussi par d'autres, en ce qui concerne les richesses qu'Harpalus avait apportées de l'Asie; mais je vais rapporter ce qu'on a dit depuis. Harpalus, lorsqu'il s'enfuit d'Athènes, s'embarqua, et passa dans l'île de Crète, où il fut tué peu de temps après par les esclaves qui le servaient; d'autres disent qu'il périt victime de la trahison d'un Macédonien nommé Pausanias. L'esclave qui avait le soin de ses trésors s'étant enfui à Rhodes, y fut pris par Philoxène, Macédonien qui avait déjà demandé que les Athéniens lui livrassent Harpalus. Philoxène questionna cet esclave pour savoir les noms de tous ceux qui avaient reçu de l'argent d'Harpalus. Il écrivit ensuite aux Athéniens des lettres où il faisait l'énumération de ceux qu'Harpalus avait soudoyés, et des sommes distribuées à chacun d'eux : *mais il ne nomme point Démosthène, qui était pourtant le plus grand ennemi d'Alexandre, et par qui Philoxène lui-même avait été personnellement offensé.* » *Corinth.* c. 33. t. I, p. 563, trad. de Clavier.

La Providence a donc permis, s'écrie Niebuhr, que cette infâme calomnie fût aussi évidente pour nous que si nous étions contemporains. (*Antiq. Gr.*, p. 481.)

Pag. 21, lig. 21.—« Dans les festins, d'une glose de manuscrit, chaque convive, ayant la coupe en main, chantait à son tour une chanson appelée Scolie. » Voyez Tanneguy Lefebvre, not. sur le *Timon* de Lucien, ch. III, p. 881, t. I, ed. Hemst; et Dacier, sur ce passage.

Lig. 34. — Dinarque fut son accusateur. La harangue furibonde de cet orateur nous est parvenue. Il y est dit que l'Aréopage employa six mois à faire son enquête, et qu'il présenta ensuite un rapport au peuple.

Lig. 52. — Photius, CCLXV, place ces paroles dans la bouche d'Eschine fuyant d'Athènes après le jugement de *la Couronne*, et éprouvant lui-même une pareille générosité de la part de son ennemi vainqueur. « Quelle que soit l'autorité qu'on adopte, dit M. Villemain, on doit admirer ou le bienfait ou le remercîment de Démosthène. »

Lig. 54. — Il passa aussi quelque temps alors dans l'île de Calaurie. Démosth., Lettre 2ᵉ; Pausan., 8. « En vain on s'empressait autour de Cicéron exilé, et les villes grecques lui rendaient à l'envi les plus grands honneurs; triste, abattu, il tournait sans cesse les yeux vers l'Italie, comme un amant malheureux; et ce revers de fortune le réduisait à un état de découragement et de faiblesse vraiment incroyable dans un génie formé par les plus hautes leçons. » Plut. *Cic.*, 32, tr. de M. Le Clerc.

Lig. 62. « S'il y a quelque chose que je craigne au monde, c'est le peuple, un troupeau de bêtes à cornes, et les fous. » Correspondance de Rachel d'Ense.

Lig. 71. — « Quæ putavi esse præclara, expertus sum, quam essent inania! » Cic. (*ad Attic.*, II, 5.)

Lig. 73. — Ol. CXIV, 1; av. J. C. 324.

Lig. 82. — Démosthène se trouvait en ce moment à Mégare, selon Justin, qui désigne Hypéride comme chargé de cette mission, VIII, 5.

Pag. 21, l. 108.—Après son rappel, Démosthène se rendit au camp de Lamia. Ce fait, attesté par la dernière de ses lettres, a été omis par tous ceux qui ont écrit sur sa vie. (Visconti). S. Jean Chrysostôme dit de notre orateur : ἀπὸ τοῦ βήματος ἐπὶ τὸν πόλεμον ἐξῄει πολλάκις. t. VI, p. 25, b. Bened.

L. 122. — Le grec dit plus bas, le 16 du mois Pyanepsion, qui répondait, pour cette année, à la troisième de la CXIV ol., 322. av. J. C., au 10 novembre (14 octobre, Vœmel). Dans les Vies des X Orat., art. *Démosth.*, on trouvera que l'auteur le fait mourir dans la cinquantième année de sa vie. Cette faute grave provient sans doute des copistes. Mais le P. Corsini, en la corrigeant dans ses *Fastes Attiques*, en fait une autre qui ne l'est pas moins. Le texte est altéré, dit-il; rétablissez 56 ans. Et pourquoi? c'est que nous avons démontré (dit-il, et je n'en doute point) que Démosthène est né ol. XCVIII, 4, quoique Denys d'Halicarnasse place sa naissance ol. XCIX, 4 ; et il est mort la même année qu'Aristote, ol. CXIV, 3, comme le dit Diogène de Laërte. Or, depuis ol. XCVIII, 4, jusqu'à ol. CXIV, 3, il y a assurément 62 ans, sans compter la première et la dernière année. Ainsi, en suivant ce calcul, Démosthène était au moins dans sa soixante-troisième année, et peut-être dans sa soixante-quatrième; et au moins dans sa cinquante-neuvième en suivant celui de Denys d'Halicarnasse (Note du Plut. d'Amyot, éd. Clavier. 1818, t. 8). Voici deux textes formels et dont la légère différence ne provient peut-être que de la manière de compter : ἐβίωσε δὲ ἔτη ξ καὶ τρία· *il vécut 63 ans.* Zosime. — ἐτελεύτησε.... ἔτη βιώσας δύο καὶ ἑξήκοντα· *62 ans.* Suid. Δημ. Ἀθ.

Pag. 22, lig. 6. — Phygadothèras : *exsulum venator*; *limier des proscrits.*

Lig. 15. — Le temple d'*Éaque*; et non d'*Ajax*, comme on ne cesse de le répéter. Reiske, Wyttenb., Coray, Dobs. Αἰάκειον. Démosthène aussi s'y était d'abord réfugié. Plut. (X. Orat.)

Lig. 21. — « Calauria inter ignobles, dit Pomponius Méla, c. 7 ; alias letho Demosthenis nobilis. » Sur l'état moderne de Calauria (Bel-Air), aujourd'hui Calavria-Poros, dont une partie a été dévastée par le tremblement de terre du 9 mars 1837, et sur les ruines du temple de Neptune, on peut consulter la notice de M. Vietty, membre de la commission scientifique de Morée. « Du lieu où expira Démosthène, ses derniers regards pouvaient encore apercevoir Athènes; car la presqu'île de Méthana qu'on aperçoit dans le fond, et qui aujourd'hui dérobe la vue de cette ville, n'était pas encore sortie du sein des flots. » (M. Pouqueville, Univ. pitt. Grèce, n° 19.)

Pausanias avait vu, dans l'enceinte du temple, la tombe de Démosthène (c. 33.). C'est peut-être le petit édifice en grandes tailles, dont parle M. Vietty, et qui lui paraît avoir été un tombeau. Selon l'auteur de *l'éloge de Démosth.*, attribué à Lucien, Antipater aurait renvoyé à Athènes les cendres de l'orateur ; et Pausanias ajoute que de son temps, des honneurs solennels étaient rendus à Démosthène dans différents lieux de la Grèce, entre autres à Calauria.

Lig. 33. — Un bas-relief antique représente Démosthène réfugié à Calauria, et assis sur l'autel de Neptune, avec cette inscription :

ΔΗΜΟΣΘΕΝΗΣ ΕΠΙΒΩΜΙΟΣ.

Lig. 29. — J'ai traduit κατέχων τὸ θέατρον d'après le sens adopté par Coray, qui cite ces mots de Xénophon (Memor. II, 6, 11) : Αἱ Σειρῆνες ἐπᾴδουσαι κατεῖχον.

Lig. 37. — Archias voulut employer la violence; mais les habitants l'empêchèrent. Plut. (X Or.)

Lig. 54. — Sophocle, *Antig.* 189-192.

Lig. 57. — « A ce moment suprême où l'homme ne sait rien déguiser, une seule pensée semble préoccuper l'esprit de Démosthène : celle du respect que commande l'enceinte sacrée dans laquelle il a cherché un asile. Il s'alarme à l'idée de souiller, par son trépas, ce sanctuaire qui n'a pu le protéger contre les satellites d'Antipater ; et sa parole expirante recouvre un reste d'énergie pour reprocher aux Macédoniens leur lâche et criminelle profanation. L'histoire n'offre point d'exemple d'une manifestation plus frappante et plus solennelle des sentiments qui épurent l'âme en l'élevant à la divinité. » M. Boullée, Vie de Dém. p. 201.

Pag. 22, l. 92. — Cette statue, ouvrage de Polyeucte, fut érigée sous l'archontat de Gorgias, ol. CXXV, 1 ; 280 av. J. C. Pausanias l'a vue près de celle de l'orateur Lycurgue (Attiq. c. 8). Visconti croit qu'elle est la même qu'on voyait encore dans le portique de Zeuxippe, à Constantinople, au cinquième siècle. Christodore dit que l'orateur paraissait plongé dans une profonde méditation (Anth. Pal II, init.). C'est probablement d'après cet original que les nombreux portraits de Démosthène qui nous restent, et ceux dont il est fait mention chez les anciens avaient été copiés. Du profil de la lèvre inférieure du buste le plus beau et le plus expressif que le temps ait conservé, la lèvre inférieure paraît collée contre la gencive, configuration propre à donner l'idée d'un homme qui bégaye. Les traits de cette figure et le front carré annoncent la force du génie. Visconti ajoute que la physionomie n'est pas prévenante, et ne promet pas un caractère aimable. Cherchons-nous le sourire des grâces sur la face de Mirabeau ? C'est bien là le θηρίον, le lion de la tribune ! C'est bien là ce visage dont parle Plutarque, et qui portait l'empreinte de l'activité soucieuse dont l'esprit était consumé ! (*Icon. gr.*, pl. 29. *Mon. du Mus.*, t. II, p. 76. Winckelm. de Féa, t. II, pl. 6. *Descr. des Antiq.*, par M. De Clarac, p. 46, 89.)

Lig. 94. — Nous donnons ce décret remarquable à la cinquième section du Préambule.

Lig. 101. — L'auteur des Vies des X Orat. affirme cependant cette niaiserie, art. *Démosth.* d'après Démétrius le Magnésien.

Lig. 116. — Ces morceaux ne se retrouvent pas dans les diverses anthologies. Ce qu'on y lit sur Démosthène (Anal de Brunck, t. II, p. 142, 280, 457 ; III, 125) ne vaut certainement pas quelques vers peu connus de l'auteur de la mâle harangue du paysan du Danube :

L'ennemi de Philippe est semblable au tonnerre;
Il frappe, il surprend, il atterre :
Cet homme et la raison, à mon sens, ne sont qu'un.

(LA FONTAINE. *Lettre au Procureur Général du Parlement*)

Terminons ces notes par quelques explications sur les sources historiques où Plutarque a puisé. Tantôt il en semble consulter la tradition orale : λέγουσι, ποιοῦνται σημεῖον, ἔνιοι μέμνηνται, λόγος ἔχει, κ. τ. λ. Tantôt ces mêmes mots indiquent des écrivains qu'il ne nous fait pas connaître autrement. Et il en avait lu un très-grand nombre, comme il le dit lui-même, c. XXIII et XXX. Il s'appuie aussi sur Démosthène, sur d'autres orateurs, sur des décrets émanés du peuple athénien, et qui subsistaient probablement encore de son temps. Voici la liste des auteurs qu'il a nommés, et qu'il n'a pas suivis en aveugle, car il les réfute quelquefois :

Aristobule de Cassandrie (c. XXIII). Il fut un des généraux d'Alexandre, dont il écrivit l'histoire dans sa vieillesse. Arrien le suit souvent.

Ariston de Chios (c X, XXX) : philosophe stoïcien, disciple de Zénon et maître d'Ératosthène.

Comiques (c. IX). Ce sont : Alexis, surnommé le gracieux, χαρίεις; comédies du *Soldat* et des *Frères.* — Anaxilas, *les Braves.* — Antiphane, *la Fillette.* — Timoclès, *les Héros.* Tous quatre contemporains de Démosthène.

Ctésibios (c. V), dont l'époque est incertaine avait écrit

sur la philosophie. Il y eut aussi un célèbre mécanicien de ce nom.

Démétrius de Magnésie (c. xv, xxvii), historien et polygraphe, vivait du temps de Cicéron.

Démétrius de Phalère (c. ix,xi,xiv,xxviii). On ignore dans quel ouvrage ce célèbre homme d'État avait parlé de Démosthène, souvent d'après Démosthène lui-même, qu'il avait connu. C'était peut être dans le livre intitulé des *Citoyens d'Athènes*.

Démocharès (c. xxx), neveu de Démosthène, et orateur distingué, écrivit l'histoire de son temps, *non tam historico quam oratorio genere*, dit Cicéron, dans le *Brutus*, 83.

Duris (c. xix, xxiii), de Samos, florissait sous le règne de Ptolémée Philadelphe. Auteur exact d'une Histoire de Macédoine, qui commençait à la mort d'Amyntas, père de Philippe.

Ératosthène (c.ix, xxx), poète, historien, astronome et géographe, fut bibliothécaire d'Alexandrie sous Ptolémée Évergète.

Hermippe (c.v, xi, xxviii), de Smyrne, biographe, contemporain de Ptolémée Évergète, avait écrit l'histoire des disciples d'Isocrate. Cité plusieurs fois par Suidas, Δημοσθ. Ἀθην.

Idoménée (c.xv,xxiii), de Lampsaque, disciple immédiat d'Épicure, paraît avoir suivi son maître à Athènes. Il a écrit περὶ Σωκρατικῶν, *des Socratiques*. Est-ce l'ouvrage dont Plutarque s'est servi ?

Marsyas (c.xviii), de Pella, frère d'Antigone, un des successeurs d'Alexandre, composa, en dix livres, l'histoire des Rois de Macédoine, depuis leur origine jusqu'à la fondation d'Alexandrie, et une autre sur l'Éducation d'Alexandre, avec loquel il avait été lui-même élevé.

Panætius (c.xiii), de Rhodes, philosophe stoïcien, ami de Scipion et de Lælius. Plutarque avait probablement en vue un passage de son traité des Devoirs, περὶ τῶν καθηκόντων, ouvrage que Cicéron a imité.

Pappos (e.xxx). Il y eut, plus tard, deux savants de ce nom. Mais, pour l'auteur des *Mémoires*, il n'est connu que par cette seule indication de Plutarque.

Phylarque (c.xlvii) écrivit, vers l'an 215 av. J. C., un grand ouvrage historique sur les événements qui s'étaient passés depuis la mort d'Alexandre jusqu'à celle de Cléomène III, roi de Sparte.

Théophraste (c.x,xvii), d'Érèse, philosophe, naturaliste et médecin, fut disciple et successeur d'Aristote. Nous ne savons pas même le nom de l'ouvrage que cite Plutarque, c. xvii.

Théopompe (c.iv,xiii,xiv,xviii,xxi,xxv), de Chios, disciple d'Isocrate, et contemporain de Démosthène, avait laissé de nombreux ouvrages historiques, très-estimés, malgré quelques préventions dont l'auteur n'avait pas su se défendre. Plutarque a consulté particulièrement son Histoire de Philippe, Φιλιππικὰ, en 58 livres, dont cinq seulement étaient perdus à l'époque de Photius.

(Notes de Bryan; Schœll, Hist. de la litt. gr. t. iv, p. 137 ; Heeren, de Fontib. et auctorit. Vitar. Plutarchi comment.)

NOTICE SUR ESCHINE.

Eschine, fils d'Atrométos, qui, après avoir émigré sous les Trente, contribua au rétablissement de la démocratie, eut pour mère Glauscothéa, et naquit dans le dème de Cothoce (1). Il n'appartenait, ni par la naissance, ni par la fortune, aux premières maisons d'Athènes. Jeune et robuste, il s'adonna aux pénibles exercices du gymnase (2). Ensuite, comme il avait une voix éclatante, il se fit tragédien, et fut longtemps, dit Démosthène, sous-greffier et chargé des troisièmes rôles sous Aristodème, aux fêtes de Bacchus, apprenant par cœur nos vieilles tragédies dans ses loisirs. Encore enfant, il montrait les lettres avec son père; et, arrivé à l'adolescence, il porta les armes comme garde-frontière. Il devint disciple d'Isocrate et de Platon, selon les uns, d'Alcidamas, selon Cœlios. Il s'opposa, non sans éclat, au parti politique dont Démosthène était le chef, et fut plusieurs fois ambassadeur, particulièrement auprès de Philippe pour traiter de la paix (3). Ce fut alors que Démosthène l'accusa : il lui reprochait la ruine de la Phocide, et la guerre allumée contre les Amphissiens pour un port qu'ils construisaient lorsqu'il fut député près des Amphictyons. Ceux-ci avaient recouru à Philippe qui, aidé d'Eschine, avait mis la main aux affaires de la Grèce, et conquis la Phocide. Mais, défendu par le démagogue Eubule d'Anaphlyste, fils de Spintharos, Eschine fut absous à la majorité de trente voix. D'autres disent que les deux orateurs composèrent les plaidoyers, mais que la défaite de Chéronée arrêta la cause, qui ne fut point appelée. Plus tard, après la mort de Philippe et la descente d'Alexandre en Asie, Eschine accusa Ctésiphon d'avoir porté un décret illégal en honneur de Démosthène. Il n'eut pas le cinquième des suffrages, et se bannit à Rhodes, ne voulant point payer les mille drachmes de sa condamnation. On dit aussi que, sur son refus de quitter Athènes, il fut dégradé civilement, se retira vers Alexandre à Éphèse (4), et que, pendant les troubles qui suivirent la mort de ce prince, il s'embarqua pour Rhodes, où il ouvrit une école. Il lut publiquement aux Rhodiens son discours contre Ctésiphon. Tous se demandaient comment, après avoir si bien parlé, il avait pu succomber : « Rhodiens, dit-il, vous ne « seriez pas étonnés si vous aviez entendu Démos- « thène me répondre. » Son école lui survécut, et prit le nom d'école de Rhodes (5). Il passa ensuite à Samos, et mourut après un court séjour dans cette île (6). Il était doué d'un très bel organe, dont parlent Démosthène et Démocharès (7). On cite de lui quatre discours : mais les plaidoyers contre Timarque, sur l'Ambassade, et contre Ctésiphon sont seuls authentiques; la harangue intitulée Déliaque n'est pas d'Eschine. Il avait bien été désigné pour plaider dans le procès relatif au temple de Délos; mais il ne porta point la parole, parce qu'Hypéride fut élu à sa place : c'est encore Démosthène qui nous l'apprend. Il eut, selon lui-même deux frères,

Aphobétos et Philocharès (8). Il apporta le premier à Athènes la nouvelle de la victoire de Tamynes, et reçut une couronne. On a dit qu'Eschine n'avait pas eu de maîtres, mais que la vie judiciaire l'avait élevé du greffe à la tribune (9); que le premier, il parla publiquement contre Philippe, fut élu par l'estime générale député vers les Arcadiens, et, dans cette ambassade, souleva les Dix-Mille (10) contre le roi de Macédoine. Il accusa Timarque de prostitution: Timarque se pendit, sans attendre l'issue des débats, comme dit quelque part Démosthène. Dans l'ambassade auprès de Philippe, pour la paix, il s'était élevé au-dessus de Démosthène. Il fit, lui dixième, jurer et ratifier le traité, dans une seconde mission; fut poursuivi, et, comme nous l'avons dit, acquitté.

NOTES

SUR LA VIE D'ESCHINE.

(1) Traduit sur le texte de Ant. Westermann (*Plutarchi vitæ decem oratorum*. Lips. 1833).

(2) Νέος δὲ ὢν κ. τ. λ. Ce passage n'a pas encore été bien éclairci. Eschine pendant une partie de sa jeunesse, *fut athlète*, περὶ τὰ γυμνάσια ἐπόνει; puis *tragédien* qui ne faisait que *tiercer* (Amyot) ou *entre-parleur*, τριταγωνιστῶν. Mais, comme un acteur n'était occupé que pendant quelques grandes fêtes ἐν τοῖς Διονυσίοις, Eschine fut *en même temps* ὑπογραμματεύς, sous-greffier d'un tribunal; et il cumula ces deux métiers, λαμπρόφωνος ὤν, parce qu'il avait une voix sonore, avantage précieux aussi pour lire publiquement le texte des lois et des décrets : ἐπὶ σχολῆς signifie donc *dans les loisirs* que lui laissaient les audiences (*per otium*, Wolf). La version latine de Reiske a tout confondu. Amyot ne traduit ni ἐπὶ σχολῆς, ni la fin de la phrase; et il rend ὑπογραμματεύων par, *il allait après les autres*.

(3) On trouvera, dans les introductions et les notes des discours sur l'Ambassade et sur la Couronne, le petit nombre d'éclaircissements historiques qui se rattachent à cette Notice.

(4) « Il espérait qu'Alexandre le ferait rentrer dans « Athènes. » *Auct. Vit. inc.* Clavier admet ce séjour d'Eschine à Éphèse, et croit qu'il y attendit que le conquérant fût de retour de ses expéditions. Biogr. Univ. art. *Eschine*.

(5) Eschine établit cette école au S. O. de la ville de Rhodes, dans un lieu appelé aujourd'hui *Zimboli* (Colline de Jacinthes). C'est un plateau ombragé de beaux platanes, et arrosé par une fontaine. Le site est ravissant. *Corresp. d'Orient*, par M. Michaud, Lettre 84.

(6) Vers la 3e année de la CXVI^e ol., 314 av. J.C., s'il est vrai, comme dit Apollonius, qu'il ait vécu 75 ans.

Visconti pense qu'Eschine n'était allé à Samos que pour se rapprocher d'Athènes, où il espérait peut-être rentrer à la faveur d'un parti qui était devenu tout-puissant. (Ic. Gr. I, 260.)

(7) Dans l'Hermès qui porte le nom d'Eschine, et qu'on voit au Vatican, « on reconnaît un homme d'une constitution robuste et d'une santé vigoureuse. L'aspect de sa figure paraît annoncer ces talents qui rendaient son éloquence aussi éblouissante que persuasive. » (Ic. Gr. 1, 261.)

(8) Un troisième frère d'Eschine, appelé Eunomos, est désigné dans le 2e argument du plaidoyer de Démosthène sur l'Ambassade.

(9) « Iceluy donc (Eschine) lisant souvent actes publics, acquit à la fin une pratique et expérience d'ordonnances et de loix dont il s'avança et vint par industrie aux marches de la haute chaire pour haranguer. » *Auct. Vit. inc.* trad. de Gervais de Tournay, Eschine, suivant Philostrate, avait dans l'improvisation quelque chose qui semblait surnaturel. (Vit. Soph. I, 18. § 3). — *Le premier :* ὁ πρῶτος Ἀθηναίων, dit Démosthène sur l'Amb. 5.

(10) Conseil Général de l'Arcadie

PREMIÈRE PARTIE.

HARANGUES POLITIQUES,

ou

DISCOURS DÉLIBÉRATIFS.

I.

DISCOURS

SUR LES CLASSES DES ARMATEURS.

INTRODUCTION.

La guerre Sociale terminée, deux années s'écoulèrent sans événements importants du côté de l'Asie. Athènes, Sparte, Thèbes s'observaient en silence. Soudain le bruit se répand dans la première de ces villes (Ol. CVI, 3; 354) que le Grand-Roi prépare un armement considérable contre la Grèce. On se rappelle alors les secours prêtés par Charès au satrape rebelle Artabaze, les lettres dans lesquelles Artaxerxès-Ochus avait exhalé son ressentiment; et l'on ne doute pas qu'Athènes ne soit le principal objet de la colère du Barbare. Le peuple s'assemble en tumulte. Quelques orateurs nourris dans la haine et le mépris de la Perse, ou pénétrés des principes d'Isocrate sur la nécessité d'une expédition générale en Asie, poussent le cri de guerre, parlent d'appeler aux armes tous les Hellènes, promettent la victoire au nom de Miltiade, de Thémistocle, peut-être d'Agésilas. Quand vient le tour des plus jeunes, Démosthène, connu seulement par quelques succès au barreau, et par sa lutte contre Leptine [1], monte à la tribune.

Le tableau ci-contre éclaircira mieux les *chiffres* de l'orateur, et rendra plus sensible l'unité de ses combinaisons administratives.

Des conseils aussi sages sur la répartition des charges maritimes ne furent pas suivis. Plus tard seulement, Démosthène, nommé intendant de la marine, réforma de graves abus. Il nous apprend, dans le Discours sur la liberté des Rhodiens, que les Athéniens adoptèrent du moins l'avis d'attendre, dans une attitude redoutable, les mouvements de la Perse. Mais la guerre avec cette puissance n'eut pas lieu : cette même année (354), Ochus eut à lutter contre les neuf petits princes de l'île de Cy-

pre, l'Égypte et la Phénicie; et l'on peut croire, avec Denys d'Halicarnasse, que déjà Démosthène pensait secrètement à la nécessité de s'armer contre Philippe, ennemi bien plus entreprenant que le roi de Perse [1].

Ce discours, malgré la sécheresse inévitable de la seconde partie, intéresse encore aujourd'hui, parce qu'il présente, dans un homme d'État de 31 ans, la réunion rare de la modération et du zèle, d'une prudence éclairée et d'une noble fierté. Les premières et les dernières pages reproduisent, sur la situation de la Grèce et sur ses rapports avec la Perse, quelques-uns des aperçus qu'Isocrate venait de semer dans ses écrits. « C'est peut-être dans cette harangue plus que dans toute autre, dit Rochefort, que l'on peut apprendre à connaître l'âme et les talents de Démosthène. Il était fort jeune lorsqu'il la prononça; il semblait donc qu'il ne dût pas encore avoir acquis une grande connaissance des hommes et des affaires : mais son génie lui tint lieu d'expérience; et cet amour de la justice qu'il annonce si bien dans ce premier discours, et qu'il semble regarder comme l'unique base de la véritable politique, fut en lui un sentiment et un principe dont il ne s'écarta jamais [2]. »

L'éloquent discours prononcé par Kersaint à la Convention le 1er janvier 1793 se rapproche de celui-ci par la pensée qui en est l'âme : éviter de provoquer la guerre, et se tenir prêts à repousser une injuste agression. Mais, supérieur par le mouvement, il l'est encore par ces considérations plus larges qui rattachaient l'Europe entière aux destinées de la patrie de l'orateur.

---

[1] *Ars Rhet.* c. VII, p. 292. La même conjecture est exprimée par M. Villemain, art. *Démosthène*, Biogr. Univ.
[2] Mémoire de l'Académie des Inscr. t. 43, p. 51.

---

[1] Voyez IIe Partie, 1er Plaid. politique.

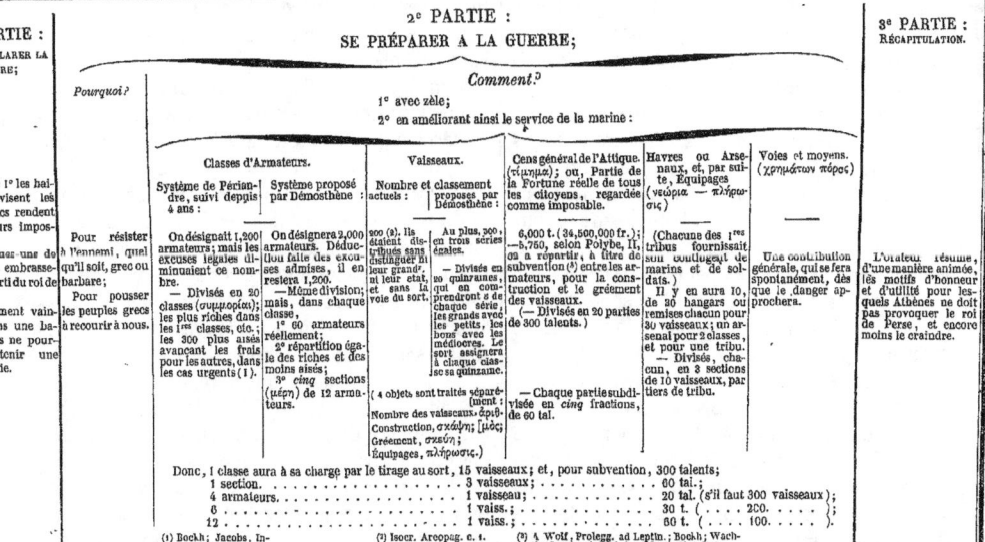

DISCOURS
SUR LES CLASSES DES ARMATEURS.

Les panégyristes de vos ancêtres, ô Athéniens! choisissent, il est vrai, un sujet flatteur (1) : mais leurs paroles sont bien malencontreuses pour les grands hommes qu'ils célèbrent. Essayant de louer des exploits à la hauteur desquels l'éloquence ne s'élèvera jamais (2), s'ils acquièrent la réputation d'habiles orateurs, ils affaiblissent chez leurs auditeurs l'idée qu'ils avaient conçue de ces héros. Le temps seul, croyez-moi, peut louer dignement nos pères, puisque, tout éloignés qu'ils sont de nous (3), leurs hauts faits n'ont pu encore être surpassés. Pour moi, je tâcherai de dire quelles sont, à mon sens, les meilleures dispositions que vous pourriez faire. Car enfin, il est trop vrai : quand nous tous, orateurs, nous brillerions à cette tribune, vos affaires n'en iraient pas mieux. Mais qu'un seul citoyen, quel qu'il soit, se lève, et persuade en nous montrant quels doivent être nos préparatifs, leur étendue, leur source, pour le service actuel de l'État, et l'alarme que je vois va se dissiper (4). C'est de ce côté que je dirigerai tout l'effort dont je suis capable, après un rapide exposé de mon opinion sur notre position vis-à-vis du Roi.

Je regarde ce prince comme l'ennemi commun de tous les Hellènes; toutefois, je ne vous conseillerai pas d'entreprendre seuls la guerre contre lui. Car je ne vois pas les Hellènes unis par une amitié commune; il en est même qui se fient plus à lui qu'à tels d'entre eux. Dans cet état de choses, il vous importe, je crois, de mettre soigneusement, dès les premières hostilités, le bon droit de votre côté, mais de faire aussi tous les préparatifs convenables et de baser là-dessus votre résolution. Qu'il devienne clair et manifeste que le Roi lève son bras sur toute la nation ; et la nation va se liguer, reconnaissante envers ceux qui, avant elle ou avec elle, repousseront l'agresseur. Mais si, avant que son projet soit connu, nous courons aux armes les premiers (5), je crains, ô Athéniens ! que nous ne soyons forcés de combattre à la fois ce prince, et les peuples, objet de notre prévoyance. Arrêtant son élan (si toutefois il a résolu de se jeter sur les Hellènes), il donnera de l'or, il offrira son amitié à quelques-uns. Ceux-ci, voulant réparer leurs pertes particulières, et animés de ce sentiment, sacrifieront le salut commun de la Grèce. Je conseille donc de ne pas précipiter notre république dans ce trouble, dans cette folie. Les autres Hellènes ne pensent pas aussi noblement que nous au sujet du Roi. Chez la plupart je vois qu'il est admis de ménager leurs avantages propres, en négligeant le reste de la Grèce : mais nous, même offensés, nous nous ferions un crime de nous venger des coupables en abandonnant quelques-uns d'eux au Barbare. Puisqu'il en est ainsi, prenons garde de nous engager dans une lutte inégale, et que celui qui, dans notre pensée, prépare des fers aux Hellènes, ne s'insinue dans leur confiance au point d'en paraître l'ami.

Comment donc atteindre ce but? en montrant à tous les forces de la république levées et prêtes à marcher; en montrant aussi, malgré cet appareil, des intentions équitables. A ces intrépides orateurs qui se hâtent de pousser le cri de guerre, je dirai : Il n'est pas difficile de faire montre de courage quand on délibère, ni de briller par un langage véhément à l'approche du péril ; la difficulté, l'à-propos consistent à signaler sa bravoure dans les dangers, à pouvoir donner l'avis le plus sage dans les délibérations.

Je crois, Athéniens, que la république dirigera difficilement une guerre contre le Roi, mais que, sur le champ de bataille, la victoire lui coûtera peu (6). Pourquoi? c'est que toutes les guerres exigent des vaisseaux, de l'argent, des places; ressources dont ce prince est bien mieux pourvu que nous. Mais une bataille demande surtout des hommes vaillants; or, j'en compte un plus grand nombre chez nous et chez les peuples qui partagent nos périls. Je conseille donc de n'entreprendre nullement la guerre les premiers, mais j'ajoute, Il faut nous tenir prêts pour une bataille. S'il fallait contre les Barbares d'autres préparatifs que contre les Hellènes, on reconnaîtrait probablement que nous nous armons contre le Roi ; mais, puisque tous les moyens d'agir ont le même caractère, puisque l'élément essentiel des forces militaires ne change pas, pour repousser des ennemis, secourir des alliés, ou défendre ses possessions, pourquoi chercher d'autres adversaires, lorsque nous en avons d'avoués (7), et ne pas nous armer contre ceux-ci, prêts à résister à une injuste agression de celui-là? Appelez aujourd'hui les Hellènes dans vos rangs : mais, si vous n'exécutez aussi leurs ordres, faut-il, quand plusieurs vous sont peu affectionnés, s'attendre à en voir un seul obéir? — Oui, par Jupiter! car nous leur apprendrons que le Roi va les attaquer. — Au nom du ciel, pensez-vous qu'ils ne s'en aperçoivent pas? moi, je n'en crois rien (8). Mais, chez quelques-uns, cette crainte n'est pas encore plus grande que celle de leurs différends avec vous, et de leurs mutuelles divisions. Les ambassadeurs d'Athènes ne seront donc que de vrais chanteurs ambulants. Au contraire, si vous suivez nos conseils, quand on vous verra mille hommes de cavalerie (9), autant de grosse infanterie que l'on voudra, et trois cents vaisseaux, nul peuple dans la Grèce entière, n'en doutez pas, ne présumera assez de lui-même pour ne point venir vous implorer, persuadé qu'avec un tel secours il peut échapper à tous les périls. Ainsi, les appeler aujourd'hui, serait une prière, une faute même en cas de refus; mais attendre, après avoir disposé vos forces, c'est sauver des suppliants, c'est vous assurer qu'ils vont tous accourir. D'après ces réflexions et d'autres semblables, hommes d'Athènes, je n'ai cherché ni paroles d'audace, ni longs et vains discours : vos préparatifs, leur meilleure forme, leur plus grande célérité, voilà ce que j'ai approfondi. Écoutez donc ma proposition, et décrétez-la, si vous l'approuvez.

Le premier point et le plus essentiel est que chacun de vous soit disposé à faire avec ardeur son devoir. En effet, vous le voyez, Athéniens : après toutes les résolutions que vous avez prises de concert, lorsque chacun a cru devoir remplir sa tâche, rien n'a jamais manqué. Mais toutes les fois que, vous bornant à vouloir, vous vous êtes regardés les uns les autres, et que chacun, toujours inactif, s'est reposé sur son voisin, rien ne s'est fait. Si donc le zèle public vous anime, je dis qu'il faut élever au complet les douze cents armateurs (10), et, par l'adjonction de huit cents, en inscrire deux mille. Oui, désignez ce grand nombre : car, déduction faite des héritières non mariées, des orphelins, des colons, des possesseurs de successions indivises, de tout citoyen atteint d'incapacité, j'estime qu'il vous en restera douze cents. On en formera vingt classes (nombre actuel) de soixante personnes chacune. Je propose de diviser chaque classe en cinq sections de douze citoyens, avec compensation constante des moins riches par les plus aisés. Voilà comme il faut répartir tous les imposables; vous en verrez la raison quand vous aurez embrassé mon système dans son ensemble.

Pour les trirèmes, quelle classification? Je demande que le maximum en soit fixé à trois cents, qu'on partagera en vingt quinzaines, chacune contenant cinq vaisseaux de la première centaine, cinq de la seconde, cinq de la troisième. Les classes se partageront au sort ces quinzaines; et chaque classe assignera trois trirèmes à chacune de ses sections.

Ceci disposé, mettez aussi de l'ordre dans la subvention. Je demande que les six mille talents, qui forment le cens de l'Attique, soient divisés en cent fractions de soixante talents. Le sort placera cinq fractions dans chacune des vingt classes, qui en reportera une sur chacune de ses sections. Ainsi, ne vous faut-il que cent trirèmes? pour une seule les frais de l'État s'élèveront collectivement à soixante talents, et le nombre des triérarques à douze. En faut-il deux cents? trente talents et six armateurs. Trois cents? vingt talents et quatre armateurs. Même ordre, Athéniens, dans l'évaluation des agrès que l'État doit fournir. La masse en sera divisée sur les rôles en vingt parties: puis, on les tirera une à une entre les classes d'armateurs, qui en deviendront responsables (11); chaque classe subdivisera son lot, par portions égales, entre ses sections; et les douze membres de chaque section, après s'être fait adjuger leur part, présenteront tout armés les vaisseaux qui leur seront échus par le sort.

Subvention, construction navale, armateurs, fourniture du gréement, pourront ainsi, selon moi, recevoir l'organisation la plus régulière. Voici maintenant un moyen clair et facile de régler les équipages. Les stratèges établiront dix arsenaux de marine, aussi rapprochés que possible, et divisés chacun en trente loges de navires. Cela fait, ils adjugeront chaque arsenal à deux classes et à trente trirèmes; puis les tribus tireront au sort; et les armateurs seront répartis également entre les arsenaux, de manière qu'il y ait dans chacun deux classes, trente trirèmes et une tribu. La tribu fera de son arsenal et de ses vaisseaux trois lots, qu'elle distribuera entre ses trois sections. Ainsi, un arsenal entier, avec trente trirèmes, sera la part d'une tribu, dont chaque tiers aura un tiers d'arsenal avec dix trirèmes. Vous connaîtrez par là, au besoin, d'abord la place de chaque tribu; puis, celle de ses trois sections; enfin, les armateurs, et le nombre des vaisseaux. Si nous entrons dans cette voie, quand il se glisserait quelque omission, née de l'impossibilité de penser à tout, la chose s'arrangera d'elle-même, et, dans l'ensemble de la flotte, comme dans chaque partie, il y aura unité de classification.

En m'expliquant sur les voies et moyens, je vais avancer un paradoxe, sans doute; n'importe : j'ai la confiance, et j'en appelle à un judicieux examen, que seul j'aurai présenté de justes prévisions. Je dis donc qu'il ne faut point parler aujourd'hui de contribution. Il est, pour parer aux besoins, une ressource grande, honorable, légitime. La discuter aujourd'hui, ce serait l'anéantir pour la suite, tant nous sommes loin de nous la procurer à l'instant. Mais n'en parlons pas, et elle viendra. Quelle est donc cette ressource, nulle aujourd'hui, spontanée pour l'avenir? C'est une espèce d'énigme, dont voici le mot. Jetez les yeux, hommes d'Athènes, sur cette ville tout entière : elle contient des richesses comparables, peu s'en faut, à tout l'or de la Grèce. Eh bien ! quand tous les orateurs, renforcés de la troupe non moins nombreuse des faiseurs d'oracles, diraient, pour semer l'effroi, que le roi viendra, qu'il approche, que le contraire est impossible; les possesseurs de ces biens sont disposés, non-seulement à ne pas contribuer, mais à ne pas déclarer, à nier même leur fortune. Mais, s'ils les sentent réalisées, ces terreurs oratoires, aucun d'eux ne sera assez insensé pour ne pas accourir, pour ne pas offrir le premier son tribut. Où est celui qui aimerait mieux périr avec toutes ses richesses, que d'en apporter une partie pour sauver l'autre avec sa personne (12)? J'affirme donc que les fonds seront prêts au moment d'un besoin véritable; mais auparavant, rien. De là, mon avis de ne point nous en occuper. Avec tout ce que vous lèveriez maintenant, si telle était votre pensée, vous joueriez un rôle plus ridicule qu'en ne faisant pas de contributions. Car enfin, demandera-t-on aujourd'hui le centième (13), on aura soixante talents; le cinquantième, on aura le double. Eh! qu'est cela, comparé aux douze cents chameaux qui portent, dit-on, l'or du Roi! Je suppose même que vous votiez l'impôt du douzième : il produira cinq cents talents. Mais, outre que vous repousseriez ce fardeau, une telle somme, même réalisée, serait insuffisante pour la guerre. Il faut donc disposer le reste, et laisser aujourd'hui l'argent aux mains qui le possèdent. Nulle part il ne peut être gardé plus sûrement pour la patrie; et, si la crise arrive, elle le recevra, comme un tribut spontané.

Ce projet, ô Athéniens! est exécutable; il est honorable, utile, propre à être annoncé au Roi et à vous en faire redouter. Il sait, sans doute, qu'avec trois cents trirèmes, dont Athènes avait fourni le tiers (14), les Hellènes ont défait les mille vaisseaux des rois ses ancêtres : or, il apprendra que, seuls, vous venez d'équiper une flotte de trois cents voiles : fût-il donc entièrement fou, il ne se fera pas un jeu de s'attirer notre inimitié. Si ses richesses lui inspirent de l'orgueil, il reconnaîtra son infériorité, même pour cette ressource. Il traîne, dit-on, son or avec lui : mais, cet or dépensé, il ne lui restera rien, car la fontaine tarit si l'on y puise souvent. Cependant on lui dira que nous disposons du cens de l'Attique, de six mille talents; et ses pères, qui étaient à Marathon, sauraient à merveille si nous défendrons ce revenu. Enfin, tant que la victoire sera pour nous, l'or ne pourra nous manquer.

Plusieurs craignent qu'avec son or il ne lève beaucoup de troupes étrangères (15) : appréhension mal fondée. Oui, contre l'Égypte, contre Orontas (16), contre d'autres Barbares, les Hellènes voudraient se mettre en foule à sa solde, moins pour lui procurer quelques conquêtes, que pour sortir de l'indigence et acquérir quelque aisance personnelle. Mais qu'un seul Grec marchât contre la Grèce, je ne le puis croire. Où se retirera-t-il, la campagne terminée? en Phrygie? il y sera esclave (17). C'est pour son pays, c'est pour sa vie, ses lois, son culte, sa liberté, c'est pour tous les biens d'un si haut prix, que l'on combat contre un Barbare. Quel Grec serait donc assez malheureux pour vouloir sacrifier à un gain modique soi-même, parents, patrie, tombeaux des aïeux? Moi, je n'en vois pas un.

D'ailleurs, il n'est pas de l'intérêt du Roi de triompher de la Grèce pour les Grecs. Ceux qui nous auraient vaincus valent mieux que lui depuis longtemps. Or il n'entend pas se courber sous un autre joug, après nous avoir imposé le sien. Loin de là, il aspire à la domination universelle, ou, du moins, à consolider son empire sur les peuples, ses esclaves.

On croit peut-être que les Thébains s'uniront à lui. J'aborde un sujet bien délicat. Dans votre haine pour Thèbes, la vérité, un mot d'éloge sur ce peuple peuvent choquer vos oreilles. N'importe : ceux qui pèsent d'aussi graves intérêts ne doivent supprimer, sous aucun prétexte, une seule réflexion utile. Voici donc ma pensée. Les Thébains sont si éloignés d'envahir jamais la Grèce sous les drapeaux du Roi, qu'ils achèteraient bien cher, s'ils le pouvaient, l'occasion d'effacer leurs anciens torts envers la nation (18). Mais supposez-leur une perversité innée, la plus misérable bassesse : ne savez-vous pas tous que l'inévitable effet de leur jonction à la Perse sera d'attacher leurs ennemis aux intérêts de la Grèce? Or, je vois d'avance le parti de l'équité et ceux qui l'embrasseront, vainqueurs, sur tous les points (19), et des traîtres, et d'un Barbare.

Je dis donc que vous ne devez ni vous effrayer à l'excès, ni vous laisser entraîner à faire la guerre les premiers. Et les autres Hellènes, pourquoi craindraient-ils les armes des Perses? je ne le vois point. Ne savent-ils pas tous qu'en confondant leurs volontés, tant qu'ils virent dans le Roi un ennemi commun, ils s'élevèrent au faîte de la prospérité, et qu'ensuite, dans leurs mutuelles dissensions, croyant trouver en lui un ami, ils souffrirent plus de maux que n'en inventeraient les imprécations de la haine? Et l'homme en qui Dieu et la fortune nous montrent si clairement un ami nuisible et un utile ennemi, nous fera trembler! non, Athéniens! mais aussi, au nom de notre propre intérêt, au nom des troubles et des méfiances semés dans la Grèce, ne l'attaquons pas. Si une coalition de tous les Hellènes contre la Perse seule était possible, je vous dirais : Attaquez, c'est justice! Mais, puisque ce concert n'existe point, gardons-nous de fournir au Roi un prétexte pour s'interposer dans les démêlés de la Grèce. Tranquilles, nous le rendrons suspect, s'il tente rien de semblable. Agresseurs, nous l'autoriserions à rechercher l'amitié des autres peuples pour repousser une république ennemie. Ne découvrez donc point la plaie de la Grèce par un stérile appel aux armes, ni par une attaque impuissante. Attendez sans bruit, l'épée à la main, la confiance dans le cœur. Faites dire au monarque par la renommée, non pas, grands dieux! que les Hellènes et les Athéniens sont au dépourvu, intimidés, alarmés : certes, il s'en faut; mais que, si le parjure n'était pas une honte pour des Grecs comme il est un titre d'honneur pour lui, depuis longtemps vous auriez pris l'offensive; et que, sans l'attaquer aujourd'hui, par égard pour vous-mêmes, vous priez tous les dieux de le frapper du même vertige qui saisit autrefois ses ancêtres. S'il lui arrive d'y réfléchir, il reconnaîtra que votre résolution ne manque pas de sagesse. Il sait que vos guerres contre ses prédécesseurs ont établi votre grandeur et votre prospérité; et qu'au sein du calme antérieur à cette époque, Athènes ne s'élevait au-dessus d'aucune ville grecque autant que de nos jours. Il voit d'ailleurs, parmi les Hellènes, le besoin d'un médiateur volontaire ou forcé; et ce rôle, il le comprend, serait le sien, s'il réveillait la guerre. Ainsi, ce qu'il entendra dire de vous lui paraîtra authentique et digne de foi.

Pour ne pas vous fatiguer de longs développements, Athéniens, je résume mon avis, et me retire. Armons-nous contre nos ennemis actuels; repoussons, avec nos forces, et le Roi, et tout autre agresseur; mais, dans nos actes, dans nos paroles, ne prenons point l'initiative de l'injustice. Par notre conduite, et non par nos harangues, cherchons à être dignes de nos pères. En exécutant ma proposition, vous servirez utilement et vous-mêmes, et mes adversaires, contre lesquels vous serez sans colère plus tard, s'ils ne vous égarent point aujourd'hui.

NOTES

DU DISCOURS SUR LES CLASSES DES ARMATEURS.

(1) Ouvrages consultés : Dobson, *Orat. Attici*, t. v, p. 280. Son texte, qui est, à peu de chose près, celui de Bekker, m'a servi de base. — Ulpien, et les Scolies supplémentaires (*Orat. Att.* t. x); — Commentaire *variorum*, au bas du texte de Dobs. — Notes et éclaircissements de Reiske; d'Amersfoordt, Schæfer, Stanley (*Orat. Att.* t. ix), Dobrée (t. xi) ; Variantes (t. x) ; — l'Apparatus de Schæfer, 1824, t. i, p. 718; — les traductions latines, françaises, allemande, et les notes de J. Wolf, Lucchesini, Tournay, Auger, Jacobs; — le deuxième Mémoire de Rochefort sur Démosthène ; — Bockh, *Économie Polit. des Athén.*, trad. de Laligant, liv. iv, ch. 11 à 16 : — Wyttenbach (*Select. Histor.* p. 439).

Démosthène (sur la Lib. des Rhodiens) donne pour titre à ce dicours, περὶ τῶν βασιλικῶν, *Des projets du Roi de Perse*. C'est encore ainsi qu'il est cité par Denys d'Halic. (*Ars. Rhet.* c. x).

(2) La gloire des héros des guerres médiques (τῶν Μαραθωνομαχῶν) était un des thèmes favoris des orateurs, des artistes, des poètes. Un professeur d'éloquence dit à son élève dans Lucien : « Ton discours a-t-il pour objet un rapt ou un adultère commis dans Athènes, parle des mœurs de l'Inde et d'Ecbatane. Rappelle surtout Marathon et Cynégire, sans lesquels on ne peut plus rien faire. Ne manque pas de lancer des flottes à travers l'Athos, de l'infanterie dans l'Hellespont, d'obscurcir le soleil par les flèches des Perses. Fais fuir Xerxès, admire Léonidas; lis les caractères sanglants tracés par Othryadès; cite encore, cite toujours et Salamine, et Artémisium, et Platée. » *Le Maître de Rhét.*, c. 18.

(3) Rochefort : « Et quelque grands que soient les éloges que le temps en publie, personne n'a pu montrer encore qu'ils fussent au-dessus des actions de nos ancêtres. » Paraphrase infidèle : οὗ se rapporte à χρόνον, et non à ἔπαινον; et le sens de παραδείξασθαι est forcé. Notre vieux Tournay a été plus heureux : « Quant à moy, j'estime le temps estre leur plus grande louange; lequel est ja passé par longue espace d'années, et toutefois nul autre de la postérité a peu faire actes plus excellents. »

Je traduis sur la leçon vulgaire παραδέξασθαι, qui est aussi celle de Stanley.

(4) Lucches., Stanl., Bremi, λέλυται. Deux man. λυθήσεται. Dobs., Bekk. λελύσεται, *paulo exquisitius* (Schæfer). Dobrée préfère λέλυτ' ἄν.

(5) Les manuscrits se partagent entre les leçons
προταχθησόμεθα
—πραχ—
—απαχ—·—
—ε—·—
—ϋ—·—
—απενεχ—·

(6) Pour la distinction à faire ici entre πόλεμον et ἀγῶνα, j'ai suivi Lucchesini et Stanley.

Le Grand-Roi, avec toute sa puissance, ne pouvait faire aucune guerre, ni apaiser une seule sédition dans son empire, sans le secours de Grecs soldés. V. Isocr. *ad Philipp*. 37.

(7) Les Thébains surtout, et leurs alliés. Peut-être aussi Philippe.

(8) D'après Bekker, Schæfer, etc., je lis, Ἐγὼ μὲν γὰρ οἶμαι. C'est seulement pour satisfaire aux exigences de notre langue que je rappelle ici la négation qui, dans la phrase précédente, régulièrement ponctuée par Bekker et Dobrée, doit se rattacher à οἴεσθαι, et non à προορᾶν.

(9) C'était beaucoup. V. Anacharsis, c. x; Lucchesini et Jacobs, sur ce passage.

(10) Dans cette seconde partie, Auger a commis de graves erreurs. On trouvera dans notre analyse synoptique tous les éclaircissements nécessaires.

D'après le scoliaste et Suidas, τῶν ἐπικλήρων signifie ici *riches héritières non mariées*, filles orphelines non mariées, Tournay; *Erbtöchter*, Jacobs. — ὀρφανῶν (et non ὀρφανικῶν) selon la leçon vulgaire, Lucchesini, Amersfoordt, Schæfer et Stanley: les fils orphelins, durant leur minorité et un an par-delà. — κληρουχικῶν (s. σωμάτων avec Reiske et l'*Apparat*. t. ɪ, p. 761; et non χρημάτων avec Bœckh: espèce de colons auxquels l'État avait donné, par la voie du sort, une part dans les terres conquises sur des ennemis, ou confisquées sur des alliés infidèles, et qui n'en restaient pas moins citoyens d'Athènes. V. Économie Polit. l. ɪɪɪ, c. 18; ɪv, 11 — κοινωνικῶν. Le sens de ce mot était déjà obscur pour les anciens. Harpocration : « Ce sont peut-être des frères qui possèdent un bien non partagé, dont le père subissait les charges publiques, et qui ne sont pas astreints à ces mêmes obligations. » Sans doute parce que, par une fiction de la loi, le bien était censé divisé, et qu'une propriété imposable en représentait ainsi plusieurs non imposables. Pollux, vɪɪɪ, 134, penche pour ce sens qu'ont adopté les derniers commentateurs : *Gemeinschaft*, Jacobs. Les désinences des mots κληρουχικῶν, κοινωνικῶν portent Stanley à conjecturer qu'ils pourraient bien être *aptitudinalia*, c'est-à-dire désigner une faculté, un état prochain des personnes, plutôt que leur situation présente. — ἀδύνατος : citoyen devenu *incapable*, à raison des changements survenus dans sa fortune depuis le cadastre précédent. C'est le sens de Tournay; et d'Auger, 1777. *Unvermögenden*, Jacobs.

(11) χρηστὸν, *commodam*, Wolf. — χρηστῶν Bavar. Reik. χρήστων, *debitorum*, Bekker.

(12) « Il est donc bien magnanime, l'effort de donner une portion de son revenu pour sauver tout ce qu'on possède ! Eh ! Messieurs, ce n'est la que de la simple arithmétique ; et celui qui hésitera ne peut désarmer l'indignation que par le mépris que doit inspirer sa stupidité. » Mirabeau, *sur la contrib. du quart des revenus*, 26 septembre 1789.

(13) *Le centième* — du cens général de l'Attique, ou de la masse imposable.

(14) D'après Eschyle (*Pers*. 336), Xerxès avait à Artémisium, douze cent sept galères; et les Grecs, trois cent dix. D'après Hérodote (vɪɪɪ, 48) la flotte grecque, forte de trois cent soixante-dix-huit voiles à Salamine, comptait deux cents vaisseaux athéniens. Démosthène a-t-il diminué ce dernier nombre, pour donner plus de force à son argument? Ou plutôt, l'orateur a-t-il été, cette fois, plus vrai que l'historien, selon la conjecture de Schweighæuser et de Schæfer ?

(15) *Beaucoup de troupes étrangères*. C'est-à-dire des Grecs soldés. « La guerre nourrissait la guerre, il se forma des armées sans patrie, sans loi, sans dieu, qui se vendaient au premier venu... C'était alors le mal commun du monde : des armées à vendre, des tyrannies éphémères... » Michelet, *Hist. Rom*. t. ɪ, p. 168. « J'ai ouï dire à un habitant de l'ancienne Carie, dit J. Wolf, que la condition du soldat mercenaire est celle du porc que l'on engraisse. »

(16) Orontas ou Orrhontès, satrape de Mysie, qui s'était mis à la tête des satrapes rebelles de l'Asie Mineure. — L'Égypte était une possession aussi peu sûre pour la Perse qu'elle l'a été longtemps pour la Porte. Nectanébos continua la révolte de Tachos. Artaxerxès-Ochus tâchait d'apaiser l'insurrection par des menaces sans force. Il paraissait certain qu'il ne ferait pas la guerre dans ce pays sans troupes auxiliaires grecques. Ainsi, Démosthène pouvait déjà entrevoir ce qui arriva en effet (Diod. xv, 92) quelques années plus tard. — L'an 363, plusieurs satrapes de l'Asie Mineure, auxquels se joignirent ceux de Phénicie et de Syrie, se soulevèrent contre leur souverain, et mirent à leur tête le satrape de Mysie, Orontas, qui les trahit. On peut supposer, d'après ce passage, ou que la trahison de cet obscur rebelle demeura sans récompense, ou que sa réconciliation avec le roi de Perse dura peu. (Jacobs.)

(17) Lucchesini s'est mépris sur le sens de cette phrase, où la Phrygie n'est désignée que parce que ses habitants furent de tout temps regardés comme un *servum pecus*. V. les citations de Jacobs, à l'appui de cette interprétation.

(18) L'odieux souvenir de l'union de Thèbes avec la Perse, pendant les guerres médiques, était loin d'être effacé.

(19) Vulg. πρὸς ἅπαντας. Je lis πρὸς ἅπαντα. V. App. t. 1, p. 799.

II.
DISCOURS
SUR LES RÉFORMES PUBLIQUES.

INTRODUCTION.

Toujours attentif aux dangers qui menaçaient Athènes du côté de la Macédoine et de la Grèce, Démosthène avait aussi proposé un plan de réforme pour l'armée de terre. Son discours, perdu pour nous, avait été promptement oublié de ses concitoyens. C'est encore pour attaquer plusieurs graves abus qu'il leur adresse les conseils qu'on va lire. Les Athéniens délibéraient sur l'emploi des fonds destinés au théâtre[1]. Ce fut, pour Démosthène, l'occasion d'une revue sévère des principaux vices du gouvernement : le plus dangereux, après les dilapidations du Trésor, était l'emploi presque exclusif de troupes étrangères soldées. C'est ainsi que, malgré l'énorme différence des temps, une grande question de finances est, pour la tribune moderne, le signal du contrôle d'une administration entière.

« Après la mort d'Épaminondas, dit Justin en conservant sans doute une pensée de Théopompe, les Athéniens n'employèrent plus, comme autrefois, les revenus de l'État à l'équipement des flottes et à l'entretien des armées : ils les dissipent en fêtes et en jeux publics; et, préférant un théâtre à un camp, un faiseur de vers à un général, ils se mêlèrent sur la scène aux poëtes et aux acteurs célèbres. Le trésor public, destiné naguère aux troupes de terre et de mer, fut partagé à la populace qui remplissait la ville[2]. » Cet usage, fruit pernicieux de la politique de Périclès, avait donc introduit dans une petite république une profusion qui, proportion gardée, ne le cédait pas au faste des cours les plus somptueuses. Les Athéniens étaient d'ailleurs très-paresseux. Ainsi, « comme diraient nos économistes, rupture complète de l'équilibre entre les besoins d'une part, l'industrie et les produits de l'autre. Comment fait ce bon peuple pour le rétablir ? Le moyen est merveilleux. Outre les trois oboles qu'il prend pour son droit de présence aux assemblées et aux tribunaux, il s'alloue un salaire pour assister au théâtre, et se fait payer pour s'amuser; de plus, il reçoit de ses flatteurs des pensions sur le trésor public, comme les courtisans en obtenaient de Louis XV et de ses ministres : en sorte que cette démocratie présente tous les abus d'une monarchie dans le temps de son plus grand désordre[3]. »

Une autre anomalie, que combat Démosthène, est, avons-nous dit, l'emploi de troupes mercenaires. Sans doute, il y avait là un grave danger. Philippe avait aussi des étrangers à sa solde, mais ils lui étaient soumis, tandis que les mutineries des auxiliaires d'Athènes, ces *condottieri* de l'antiquité, sont trop connues. On se tromperait cependant, si l'on attribuait cet usage à la seule indifférence pour le bien public. Les Athéniens, race de pur sang, se disaient Grecs par excellence; et ce sang, ils le ménageaient avec un égoïsme qui était la conséquence de leur autochthonie. D'ailleurs, une fois qu'Athènes, aux jours de sa splendeur, eut pris la Grèce sous son patronage, sa population cessa de suffire à tant d'expéditions lointaines[1].

Une loi punissait de mort quiconque oserait proposer en forme de rendre au service de la guerre les fonds usurpés par le théâtre. Quel tact délicat ne fallait-il donc pas pour subjuguer cette multitude indocile, et parvenir seulement à s'en faire écouter ? Aussi le début de notre orateur est-il aussi adroit qu'il paraît d'abord simple et naturel. Ce début suffirait pour prouver que cette harangue fut prononcée peu de temps après celle sur les armateurs[2]. Même esprit, mêmes conseils. La variété des sujets que Démosthène effleure ensuite ne lui fait pas perdre de vue la question principale. Comme son but était surtout de détacher le peuple d'une gratification accordée par une loi imprudente que protégeait une loi sanguinaire, l'orateur termine par un vif rapprochement entre l'Athènes de Thémistocle et l'Athènes de son siècle : de là, la preuve que ces deux oboles, si chères à l'Athénien, étaient la cause de son humiliation et de ses dangers. Démosthène n'a donc paru s'écarter de son sujet que pour porter un coup d'autant plus sûr qu'il est plus inattendu.

Ce discours contient deux morceaux qui se retrouvent, avec quelques variantes, dans deux Olynthiennes. On s'est hâté d'en conclure qu'il n'est pas de Démosthène, et de l'attribuer à quelque déclamateur, qui se serait paré de ses dépouilles[3]. Rien, dans le ton général qui y règne, n'appuie cette assertion; et Lucchesini, qui s'est trompé, comme Olivier, sur sa date, l'appelle avec raison *gravissi-*

---

[1] Liban. Argum.
[2] VI, 9; trad. de MM. Pierrot et Boitard. — On peut consulter sur l'origine et la distribution du *théorique*, et sur les gratifications faites au peuple, Boeckh, liv. II, c. 7 et 13.
[3] M. Poirson, Rev. Encyclop. Août 1830, p. 370.

[1] Gillies, Hist. de l'Anc. Gr. c. 13.
[2] C'est la conjecture d'Ulpien et de Rochefort. — *Un an après* (ol. CVI, 4; 353) selon Alb. Gér. Becker.
[3] F. A. Wolf, prolegg. ad Lept.; Jacobs, Becker, Böckh, etc.

mam orationem. Ces répétitions, remarquées à la marge des manuscrits (Dobs. t. x, p. 306), prouvent seulement que les réformes proposées ici ne furent pas adoptées, et qu'elles étaient depuis longtemps le vœu de Démosthène lorsque, plus tard, il prononça pour la première fois le nom de Philippe à la tribune. N'avait-il pas le droit de dire, comme un philosophe moderne : « Je me répéterai jusqu'à ce qu'on se corrige? » D'ailleurs, dans une discussion où il jouait sa tête, il s'entoure, cette fois, de plus de précautions qu'il ne fera par la suite. On sent que son crédit, encore mal établi, lui commande plus de réserve. Ne cite-t-il pas lui-même, dans la harangue sur la Couronne et ailleurs, de longs fragments de ses propres discours? Sophocle, Euripide se répétaient. Non-seulement les orateurs reproduisaient, devant un peuple distrait et léger, leurs propres idées, leurs propres expressions ; ils se copiaient quelquefois les uns les autres, selon la remarque de Clément d'Alexandrie [1]. Le caractère de l'éloquence grecque et le goût des auditeurs expliquent encore ces répétitions : véritables retouches d'artiste, elles attestaient le patient et minutieux travail de l'orateur ; et, pour des oreilles athéniennes, elles étaient comme des chants lyriques déjà entendus, comme la seconde représentation d'un drame qui les aurait charmées [2].

[1] Strom. VI, p. 747.
[2] V. M. Brougham, *De l'Éloq. polit. anc. et mod.*, Rev. Brit. Février 1831 ; et la *Synopsis repetitorum Demosthenis locorum* de Gersdorf, 1833.

DISCOURS.

En délibérant aujourd'hui sur vos finances et sur les autres objets qui vous rassemblent, ô Athéniens (1) ! je ne trouve difficile ni de condamner les distributions gratuites des deniers publics, et de se faire par là un mérite auprès des citoyens qui les jugent nuisibles à l'État ; ni de les appuyer de ses conseils, et de plaire ainsi aux indigents qui les reçoivent. Car ce n'est pas un examen attentif des intérêts d'Athènes qui décide ici de la louange ou du blâme, c'est la pauvreté ou l'aisance de l'orateur. Pour moi, je ne veux être ni le partisan ni l'adversaire de ces largesses ; réfléchissez seulement, vous dirai-je, que, si l'argent, sur lequel vous délibérez, est peu de chose, la manière de le distribuer est importante. Si vous placez près de ces dons un devoir à remplir, loin de vous faire tort, vous procurerez le plus grand bien à la république, à vous-mêmes ; mais si, pour les recevoir, il suffit d'une fête ou du moindre prétexte ; si, d'un autre côté, vous refusez les services dont ils doivent être le prix, prenez-y garde, dans la conduite que vous approuvez maintenant, vous verrez un jour une étrange aberration.

Il faut donc (que vos clameurs n'interrompent pas ce que je vais dire ; écoutez avant de juger) il faut indiquer une assemblée pour coordonner, pour régler les préparatifs militaires, comme nous en avons indiqué une pour les gratifications. Que chacun se montre non-seulement disposé à écouter, mais résolu à agir, afin que vous placiez en vous-mêmes, ô Athéniens ! l'espoir du succès, sans demander : « Que fait celui-ci, ou celui-là ? » Parlons d'abord de la masse des revenus publics, impôt des alliés, contributions civiques prodiguées aujourd'hui sans fruit : que chaque citoyen en reçoive une part égale ; les jeunes, comme soldats ; ceux qui ont passé l'âge (2), comme contrôleurs ou fonctionnaires civils en général. De plus, servez vous-mêmes, ne remettez vos armes à personne. Formez une armée citoyenne, qui ne compte que des Athéniens dans ses rangs. Par là, vous aurez à la fois aisance acquise, et devoir rempli. Donnez à cette armée un bon général, pour prévenir le retour des abus actuels. Vous faites le procès à vos généraux ; puis, que vous reste-t-il de toutes vos entreprises? cette seule formule : « Un tel, fils d'un tel, a dénoncé un tel comme criminel d'État. »

Que gagnerez-vous à suivre mes conseils? D'abord, vos alliés fraterniseront avec vous, non grâce à vos garnisons, mais par la conformité d'intérêts. Ensuite, vos généraux, à la tête de soldats étrangers, ne les pilleront plus sans daigner même regarder l'ennemi : tactique dont ils recueillent tous les profits, mais qui soulève contre la république tant de haines et d'accusations. Loin de là, suivis de nos citoyens, ils feront aux ennemis le mal qu'ils font maintenant aux alliés. D'ailleurs, la plupart des expéditions réclament votre présence ; et, s'il est utile d'employer, dans les guerres d'Athènes, des troupes athéniennes, cela est nécessaire pour vider les débats étrangers. Oh ! si vous pouviez vous résigner au rôle de tranquilles spectateurs des querelles de la Grèce, ce serait bien différent ; mais vous prétendez à la prééminence, vous voulez régler les droits des autres peuples : et l'armée conservatrice qui veillera sur ces droits vous ne l'avez pas levée, vous ne la levez point (3) !

Aussi, pendant votre long et paisible repos, la démocratie disparaît de Mitylène; vous dormez, et le peuple rhodien est asservi. Rhodes est notre ennemie, dira-t-on : mais, dans tous les cas possibles, citoyens d'Athènes, vous devez haïr par principe un état oligarchique plus qu'une démocratie. Je reviens à mon objet et je dis : Mettez de l'ordre parmi vous, à chaque gratification attachez un devoir à remplir.

Je vous ai déjà entretenus sur ces matières (4). J'ai détaillé un mode de classement pour vous tous, hoplites, cavaliers, dispensés du service; j'ai présenté les moyens de répandre sur vous une aisance générale. Ce qui m'a le plus découragé, le voici, je ne le dissimule pas. J'ai proposé alors plusieurs nobles et grandes résolutions; tout le monde les a oubliées, personne n'oublie les deux oboles (5). Toutefois, deux oboles seront toujours bien peu de chose, tandis que les trésors du Roi peuvent être balancés par les conseils que j'ajoutais sur la composition et l'équipement de l'armée d'une république qui a tant de ressources pour la grosse infanterie, la cavalerie, la marine, les revenus (6).

Pourquoi donc aujourd'hui ce langage? direz-vous. Le voici. Plusieurs citoyens s'irritent des distributions générales, mais tous reconnaissent l'utilité d'un règlement et d'une levée : eh bien! commencez par là, et donnez toute liberté de s'expliquer à ce sujet. Si l'on vous persuade, dès aujourd'hui, que le moment de ces préparatifs est venu, vous les aurez sous la main dès qu'il faudra les appliquer; mais, si vous les négligez comme prématurés, vous serez réduits à vous préparer alors qu'il faudrait agir.

Un Athénien disait un jour (celui-là n'était pas peuple, c'était un de ces hommes dont l'orgueil serait brisé si vous suiviez mes conseils (7) : « Quel bien nous revient-il des harangues de Démosthène? Il monte à la tribune au gré de son bon plaisir, nous remplit les oreilles de vaines paroles, calomnie le présent, exalte nos ancêtres ; et quand il a soufflé sur nous ce vent et cette fumée, il descend! » Je lui réponds, moi, que, si je pouvais seulement vous faire adopter une partie de mes propositions, je procurerais à la république des avantages si grands dans ma pensée qu'essayer de les présenter maintenant, ce serait faire bien des incrédules, et franchir en apparence les limites du possible. D'ailleurs, ce n'est pas vous servir faiblement que de vous accoutumer à de salutaires conseils. Le premier devoir du patriotisme, ô Athéniens! est de guérir vos oreilles, tant elles sont corrompues par l'habitude de ces mensonges, de ces flatteries qui ont pris la place de la vérité. Par exemple.... (Que nul ne me trouble avant que j'aie tout dit) quelques hommes ont dernièrement forcé le Trésor (8) : *C'en est fait de notre démocratie! il n'y a plus de lois!* dirent alors tous les orateurs. Toutefois, ô mes concitoyens! vous paraîtrai-je un imposteur quand je dirai : Cet attentat méritait la mort, mais il n'a pas tué la démocratie? On a volé nos avirons : *Les verges! la torture!* criait-on de toutes parts, *la république est perdue!* Et moi, quel est mon langage? La mort doit expier le second crime comme le premier : mais les libertés populaires subsistent encore. Que faudrait-il donc pour les étouffer? personne n'ose le dire; je le dirai, moi. Il faudrait que vous, peuple d'Athènes, mal gouverné, sans finances, sans armes, sans classement régulier, sans accord d'opinions, vous ne vissiez ni général, ni citoyen tenir compte de vos décrets; il faudrait que nul ne voulût exposer, corriger, faire cesser de pareils désordres : or, voilà précisément ce qui arrive!

Mais, par Jupiter! on vous inonde encore, Athéniens, de maximes fausses et pernicieuses; on dit : Votre salut est dans les tribunaux; c'est par la rigueur de vos sentences qu'il faut maintenir le gouvernement. Dans ma conviction, les tribunaux règlent seulement les droits réciproques des citoyens, mais c'est avec les armes qu'on triomphe des ennemis; sur les armes repose la sûreté de l'État. Des sentences ne pousseront pas vos soldats à la victoire (9), mais les succès obtenus par l'épée vous donneront le libre loisir de rendre des arrêts, d'accomplir toutes vos volontés. Soyez redoutables dans les combats; dans les tribunaux soyez humains (10). Si ce langage semble plus élevé qu'il ne me convient, j'oserai m'en applaudir. Oui, toute harangue faite pour une illustre république et pour de si hauts intérêts, doit toujours paraître au-dessus de l'orateur, et se mesurer, non au crédit d'un seul citoyen, mais sur la majesté d'Athènes.

Pourquoi donc aucun des hommes que vous honorez ne parle-t-il ainsi? je vais vous l'expliquer. Ceux qui ambitionnent les charges et un rang distingué, rampent autour de vous, esclaves de la faveur d'une élection. Chacun d'eux, avide du titre de stratège, ne l'est nullement de faire acte de vaillance. S'en trouve-t-il un qui soit capable de mettre la main à l'œuvre? Il se flatte que, muni du glorieux renom d'Athènes, il n'aura qu'à recueillir les fruits de la retraite de ses adversaires, et qu'en vous alléchant par des espérances bien creuses, il héritera seul, et le fait est réel, de vos avantages; tandis que, si vous exécutiez tout par vous-mêmes, il partagerait également avec les autres et les expéditions, et leurs résultats. Les politiques (11), laissant là les sages conseils qu'ils vous doivent, ont passé de leur côté. Autrefois, Athéniens, vous contribuiez par classes; aujourd'hui, c'est par classes que vous gouvernez : chaque parti a pour chef un orateur, aux ordres duquel est un général avec les Trois-Cents et leurs vociférations; vous autres, on vous distribue sous chacun de ces deux drapeaux. De là que vous revient-il? On dresse à celui-ci une statue; celui-là est opulent; un ou deux citoyens s'élèvent au-dessus de la république; tandis que les autres, impassibles témoins de leur prospérité, payent chaque jour cette insouciante mollesse de l'abandon de la fortune et des riches ressources de la patrie.

Toutefois, jetez les yeux sur la conduite de nos ancêtres : car, sans recourir à des modèles étrangers, les souvenirs d'Athènes nous tracent notre devoir. Thémistocle avait remporté la victoire navale de Salamine, Miltiade commandait à Marathon, beaucoup d'autres avaient rendu des services bien supérieurs à ceux des capitaines de nos jours : mais, par Jupiter! pour eux il n'y avait point de statues, point d'idolâtrie, point de ces hommages réservés à des êtres d'une nature supérieure. Non, Athéniens, nos ancêtres ne se dépouillaient pas d'un seul de leurs exploits. Salamine n'était pas le triomphe de Thémistocle, mais de la république; Athènes, et non Miltiade, avait vaincu à Marathon. On dit aujourd'hui : Timothée a pris Corcyre; Iphicrate a taillé en pièces une partie de l'armée lacédémonienne; Chabrias a battu la flotte ennemie près de Naxos : hauts faits que vous semblez leur céder, tant les honneurs dont vous avez rémunéré chacun d'eux passent toute mesure! Vos ancêtres récompensaient donc les citoyens avec bien plus de jugement et de dignité que vous. Passons aux étrangers. Ménon de Pharsale, à l'attaque d'Eïon, près d'Amphipolis, nous avait aidés d'une somme de douze talents, et d'un renfort de trois cents cavaliers, ses propres esclaves : nos ancêtres lui accordèrent, non le titre d'Athénien, mais de simples immunités. Même récompense avait déjà été décernée à Perdiccas (12), qui régnait en Macédoine lors de l'invasion des Perses, et qui, par l'extermination des Barbares échappés à la défaite de Platée, avait complété le désastre de leur souverain. C'est que, aux yeux de nos pères, le droit de cité était important, respectable, et d'un prix qui l'élevait au-dessus de tout service. Aujourd'hui, Athéniens, vous le vendez, comme vile denrée, à des misérables; vous faites citoyens des esclaves fils d'esclaves! Si cette façon d'agir s'est emparée de vous, ce n'est pas que vous valiez moins que vos ancêtres; c'est qu'il y avait dans leurs cœurs un haut sentiment d'eux-mêmes, qu'on a éteint dans les vôtres. Or, jamais une mâle fierté n'anima des hommes asservis à d'ignobles actions, comme jamais on ne pense avec bassesse quand on agit avec grandeur : car la vie est nécessairement l'image de l'âme.

Opposez, dans leurs traits principaux, votre conduite et celle de vos pères : ce parallèle vous élèvera peut-être au-dessus de vous-mêmes. Ils commandèrent quarante-cinq ans à la Grèce librement soumise; ils déposèrent au delà de dix mille talents dans l'Acropolis; vainqueurs sur terre et sur mer, ils érigèrent de nombreux trophées qui font encore notre orgueil : monuments élevés, croyez-moi, pour exciter en nous, non une admiration stérile, mais le désir d'imiter les vertus de leurs consécrateurs. Voilà quels étaient ces hommes. Et nous, qui ne sommes plus entourés de rivaux (13), voyons si nous leur ressemblons. N'avons-nous pas dissipé sans fruit plus de quinze cents talents à soudoyer les plus indignes des Hellènes? Fortunes privées, trésor public, villes des alliés, n'avons-nous pas tout épuisé? Ces compagnons d'armes, que la guerre nous avait donnés, la paix ne nous les a-t-elle pas ravis? — Mais, par Jupiter! ce sont là les seuls avantages du passé sur le présent; le reste allait plus mal qu'aujourd'hui (14). — Oh! qu'il s'en faut! Examinons tel objet qu'il vous plaira. Les édifices qui ornent la ville, les temples, les ports et leurs dépendances, nombreux et magnifiques ouvrages, n'ont rien laissé à surpasser à la postérité. Ces Propylées, ce Parthénon, ces arsenaux maritimes, ces portiques, et tant d'autres chefs-d'œuvre de nos pères, voilà les embellissements dont nous leur sommes redevables. Quant aux maisons des premiers citoyens, elles étaient si modestes, si conformes aux mœurs républicaines, que celui de vous qui connaîtrait les demeures de Thémistocle, de Cimon, d'Aristide, de Miltiade, ou de leurs illustres contemporains, les trouverait aussi simples que la maison voisine. Aujourd'hui, les travaux publics se bornent à des chemins réparés, à des fontaines, à des murs reblanchis, à des riens. Mon blâme tombe, non sur ceux qui ont conseillé ces ouvrages (ils sont loin de ma pensée), mais sur vous-mêmes, ô Athéniens! si vous croyez devoir vous renfermer dans cette mesquine administration. Et voyez les particuliers montés au pouvoir! Ceux-ci se sont bâti de somptueux palais, qui insultent aux édifices de l'État; ceux-là ont acquis et cultivent des terrains plus vastes que leur avidité n'en rêva jamais.

La raison de ces contrastes, c'est qu'autrefois le peuple était maître, souverain; c'est qu'il était cher à tout citoyen de recevoir du peuple honneurs, magistratures, bienfaits. Que les temps sont changés! Les grâces sont dans les mains des gouvernants; rien ne se fait que par eux : et toi, Peuple, te voilà surnuméraire et valet; trop heureux de recevoir la part qu'ils vont peut-être te jeter! De là, l'étrange situation de la république : qu'on lise vos décrets, qu'on parcoure vos actes, on ne croira point que les uns et les autres émanent de la même nation. Par exemple, vous avez décrété contre les exécrables Mégariens qui avaient empiété sur un terrain sacré, une expédition et la répression de leur crime (15); en faveur des Phliasiens bannis dernièrement, des secours qui les arracheraient aux massacres, et un appel à la bonne volonté du Péloponèse : résolutions nobles, justes, dignes d'Athènes; mais l'exécution, où est-elle? Vous lancez des manifestes de guerre; et, pour agir, vous êtes frappés d'impuissance. Vos décrets répondent à la majesté de la république, mais votre faiblesse dément vos décrets. Pour moi, sans vouloir irriter personne, je vous demanderais ou des sentiments moins élevés et le soin exclusif de vos propres affaires, ou des forces plus imposantes. Si je parlais à des Siphniens, à des Cythniens (16), ou à gens de cette espèce, je dirais, Rabattez de vos prétentions. Mais, à des Athéniens, je conseille d'augmenter leurs forces. Oui, hommes d'Athènes! honte à vous, honte ineffaçable, si vous descendiez de ce noble rang où vous ont élevés vos pères! D'ailleurs, vous ne pouvez plus, quand vous le voudriez, vous détacher de la Grèce, après avoir tant fait pour elle dans tous les temps. Délaisser vos amis serait un déshonneur; vous fier à vos ennemis et les laisser grandir, n'est pas admissible. Vos gouvernants ne peuvent renoncer, dès qu'ils le veulent, à l'administration (17) : eh bien! même nécessité vous enveloppe, vous qui gouvernez les Hellènes.

Terminons par l'observation la plus importante. Jamais vos orateurs ne vous rendront ni meilleurs, ni pires; c'est vous qui leur imposerez les sentiments que vous voudrez (18). Car leur volonté n'est pas votre but, tandis qu'ils n'en ont d'autre que vos désirs présumés. Commencez donc par vouloir le bien, et tout réussira. Vous n'aurez plus un seul conseiller pour le mal; ou, s'il en est encore un, son ambition échouera devant des auditeurs incrédules.

NOTES

DU DISCOURS SUR LES RÉFORMES PUBLIQUES.

(1) J'ai eu sous les yeux le texte de Dobson, et j'ai recueilli tous les secours que présentent ses *Orat. Attici* pour en faciliter l'intelligence. Mais l'*Apparatus* de Schæfer m'a surtout guidé dans cette partie. Du reste, quelques-uns des ouvrages consultés pour le précédent discours m'ont encore été utiles pour celui-ci.

J. Wolf explique le mot σύνταξις, qui est dans le titre de cette harangue, par une phrase de la 3ᵉ Olynthienne, où Démosthène revient sur les mêmes abus qu'il attaque ici : τὴν ἀταξίαν ἀνελὼν εἰς τάξιν ἤγαγον τὴν πόλιν, κ. τ. λ. C'est l'interprétation la plus vraisemblable. Elle est conforme à la manière dont Ulpien explique les intentions de l'orateur. Olivier l'admet (Hist. de Philippe, t. II, p. 302, note). « De l'ordre, seruice, et deuoir en la ville et seigneurie d'Athènes. » Tel est le titre plaisant, mais fidèle, de Tournay. Je n'ai fait que traduire celui de Wolf et de Lucchesini, *de Ordinanda Republica*.

(2) L'âge : soixante ans. Anach. c. x. — *contrôleurs militaires*, chargés de vérifier le nombre des hommes présents sous les drapeaux, la distribution de la solde, etc. Reiske; Bockh, t. II, ch. 24.

(3) Vulg. οὔτε παρασκευάζεσθε. Voyez Appar. t. I, p. 693. — Je lis ἠρεμίας, non ἐρημίας. V. id.

(4) C'était dans une ou plusieurs harangues qui ne sont point parvenues jusqu'à nous. Voici la liste des discours de Démosthène, dont la perte doit être attribuée soit à l'improvisation, soit à la négligence de l'orateur pour les publier, soit aux ravages du temps.

Διφίλῳ δημηγορικός. — Ce Diphile demandait une récompense publique. V. Den. d'Halic. *Din*. XI; Dinarq. c. Démosth. t. IV, p. 33, des *Orat. gr.* de Reiske.

Κατὰ Μέδοντος. — Poll. 8, 53. Harpocr. v. δεκατεύειν.
Πρὸς Πολύευκτον παραγραφή.—Bekker. Anecd. p. 90, 28.
Περὶ χρυσίου. — Défense devant l'Aréopage, dans l'affaire d'Harpalos. Quelle perte! Athen., XIII, 27.
Ἀπολογία τῶν δώρων. — Den. d'Halic. 1ʳᵉ lettre à Amm Démosth. LVII.
Περὶ τοῦ μὴ ἐκδοῦναι Ἅρπαλον. — Id. Des rhéteurs, contemporains de Denys, attribuaient à tort, selon lui, ces deux dernières harangues à Démosthène. On n'avait peut-être plus celles qu'il avait réellement composées. — Bekk. Anecd. p. 335, 30.
Πρὸς Κριτίαν περὶ τοῦ ἐνεπισκήμματος (?).
Ὑπὲρ ῥητόρων. — Suid. v. ἅμα. Diodore dit que Démosthène avait préparé avec soin ce discours (λόγον πεφροντισμένον), XVII, 5. Plut., Vie de Démosth., c. 23.
Ὑπὲρ Σατύρου τῆς ἐπιτροπῆς πρὸς Χαρίδημον (?). — Phot. Myriobibl. c. 265, p. 491, B.

A cette énumération, tirée de Westermann (Hist. de l'Éloq. gr. et rom. t. I, p. 305) il faut ajouter :

Discours sur la défense des insulaires (Den. Halic. ep.ᵃᵈ Amm. I, 10). Ce morceau n'est probablement pas la seconde partie de la 1ʳᵉ Philippique.

Harangue prononcée à Thèbes pour réfuter Python de Byzance. — Plut. et Diod., d'après Démosth. lui-même.

Plusieurs autres discours prononcés à Thèbes. — Plut.

Har. aux Athéniens, à la nouvelle de la prise d'Elatée — Démosthène l'avait probablement écrite, puisqu'il en cite un long morceau dans le plaidoyer pour la Couronne.

Réfutation improvisée contre Lamachos aux Jeux Olympiq. — Plut.

Accusation contre Antiphon l'incendiaire, soutenue de-

vant l'Aréopage. — Plut., d'après Démosth. *sur la Cour.*
Défense d'un décret de Philocrate. — Esch. *sur l'Ambass.*
Accusation contre la prêtresse Théoris. — Plut.
Sa défense victorieuse lorsqu'il fut accusé d'avoir malversé dans l'achat des blés. — Plut. X Or. Dém.
Discours prononcés dans plusieurs villes du Péloponèse, pour les soulever contre la Macédoine. — Plut. etc.
Apologie de son administration, après la défaite de Chéronée. — Id.
Du temps de Denys d'Halic., on attribuait à Démosthène un *Éloge de Pausanias*, le meurtrier de Philippe, et plusieurs panégyriques. Ce critique les croit pseudonymes. περὶ Δημ. 44.
Après la mort de Philippe, dit Plutarque, *Démosthène ne quittait point la tribune.*
Nul doute qu'il n'ait aussi prononcé de nombreux discours dans le conseil de Cinq-Cents.
Enfin, Plutarque (*de Glor. Athen.*) mentionne un plaidoyer πρὸς Ἀμαθούσιον περὶ ἀνδραπόδων; il dit encore : ὅ τι τοὺς ἐποίκους ἔγραψεν : *quœ de inquilinis scripsit.* Cette dernière harangue contenait peut-être une défense de la motion d'Hypéride tendant à accorder le droit de cité aux étrangers après la grande victoire de Philippe.

(5) Les deux oboles que chaque Athénien recevait pour le spectacle.

(6) On a vu, dans le discours précédent, qu'une levée de fonds était le seul moyen d'empêcher que les autres peuples de la Grèce ne se laissassent séduire par l'or des Perses. C'est dans ce sens que Rochefort entend ce passage.

(7) Selon. Ulpien, cet adversaire de Démosthène était Eubule d'Anaphlyste.

(8) Littéralement : *ont ouvert l'opisthodome.* Le premier mot est un euphémisme qui prête plus de force au raisonnement de l'orateur. L'opisthodome, situé *derrière le temple* de Minerve, comme ce nom l'indique, est le bâtiment qui contenait le Trésor. (Suidas, Harpocr., Schol. Bav.)

(9) « La Convention décrétait la victoire. A la rigueur, cela se peut, en exaltant l'esprit du soldat, en excitant son enthousiasme, en lui persuadant qu'il doit vaincre. » Disc. de M. Thiers, min. de l'Int., sur la conversion des rentes; Chamb. des Députés. 4 fév. 1836.

(10) Cette maxime, qui semble ici jetée si indifféremment, portait directement contre cette loi terrible que Démosthène voulait attaquer; mais, s'apercevant bientôt que, malgré ses ménagements, un pareil langage, dans un homme si jeune, était fait pour exciter l'envie et la censure, il revient adroitement sur lui-même. (Rochefort.)

(11) Démosthène emploie souvent les mots οἱ πολιτευόμενοι, οἱ προσιόντες (ἐπὶ τὸ βῆμα), οἱ εἰωθότες, comme synonymes, et pour désigner, non des magistrats ni des ministres, mais les citoyens qui exerçaient le plus d'influence sur le gouvernement, les *hommes politiques* de son époque. Plus bas, *les Trois-Cents :* les trois cents plus riches citoyens, imposés extraordinairement pour les dépenses de la guerre.

(12) Ce n'était pas Perdiccas II, mais son père Alexandre I, qui régnait en Macédoine à cette époque.

(13) L'expression grecque présente une image admirable : ὅσης ὁρᾶτε ἐρημίας ἐπειλημμένοι. *Videtis quantam solitudinem (œmulorum) nacti.* Elle est aussi très-simple : ἔρημον ὄντα συμμάχων, Ire Phil. etc. C'était à M. de Chateaubriand à la traduire : « Si, dans ces déserts de caractères et de talents, un monument vient à se montrer sur l'horizon solitaire, tous les regards se tournent vers lui. » Mém. sur la captivité, etc. p. 21. Rochefort : « Voyez quelle vaste distance nous avons laissée entre *nos ancêtres* et nous. » L'image est sentie, le sens est manqué.

(14) Objection présentée avec une brusquerie qui change pour un moment le discours suivi en dialogue. J'ai dû reproduire la soudaineté de ce mouvement, assez fréquent chez Démosthène. Ainsi, Mirabeau, parlant pour la demande du renvoi des ministres : « Mais voyez la Grande-Bretagne! que d'agitations populaires n'y occasionne pas ce droit que vous réclamez! c'est lui qui a perdu l'Angleterre. — L'Angleterre est perdue? Ah! grand Dieu! quelle sinistre nouvelle! Et par quelle latitude s'est-elle donc perdue? etc. »

(15) L'histoire se tait sur ce fait. Lucchesini le rapporte à l'ambassade d'Anthémocrite qui, chargé de porter aux Mégariens les plaintes et les menaces d'Athènes pour leurs sacriléges, fut mis à mort par ce peuple. — Des habitants de Phlionte, ville du Péloponèse (ruines, au N. d'Argos) déchirée par des séditions, avaient imploré le secours d'Athènes.

(16) Les îles Siphnos et Cythnos (Siphanto et Thermia), deux Cyclades, avaient une nullité politique devenue proverbiale. V. Harpocr., et Marcellin sur Hermog. p. 316.

(17) Parce que sans doute ils perdraient leur crédit et leur considération. (Auger.)

(18) Il est assez piquant de voir cette même observation appliquée au pouvoir absolu par ce pouvoir même : « Ce ne sont par les bons conseils ni les bons conseillers qui donnent la prudence au prince; c'est la prudence du prince qui, seule, forme les bons ministres, et produit tous les bons conseils qui lui sont donnés. » (Instructions de Louis XIV pour le Dauphin.)

III.

DISCOURS

POUR LES MÉGALOPOLITAINS.

INTRODUCTION.

Après la mort d'Epaminondas (Ol. CIV, 3; 363), et pendant que la guerre Sacrée occupait quelques-uns des États les plus considérables de la Grèce, Lacédémone crut avoir trouvé le moment favorable pour ressaisir sa prépondérance politique, au moins dans le Péloponèse. Archidame III, fils d'Agésilas, essaya de rendre à sa patrie, par une politique rusée, l'ascendant que l'épée du capitaine thébain lui avait enlevé. Pour atteindre ce but, il fallait gagner à sa cause les républiques influentes, en leur assurant quelques avantages. Il proposa de les rétablir sur le pied où elles étaient avant les dernières guerres. Athènes devait recouvrer Oropos, que les Thébains lui avaient prise; Thespies et Platée seraient rebâties et rendues à leurs anciens habitants; les Éléens et les Phliasiens rentreraient dans quelques-unes de leurs possessions. Ce plan, juste en apparence, était principalement dirigé contre la plus redoutable ennemie de Sparte, contre Thèbes, qui perdait dans Oropos, un boulevard contre Athènes, et qui allait être resserrée par le voisinage de deux cités béotiennes rétablies et déclarées indépendantes. Cette république, aux prises avec la Phocide, et généralement haïe, ne pouvait opposer qu'une faible résistance. Quelle serait la part de Lacédémone dans ces nouvelles combinaisons? trois villes importantes, dont elle n'osa peut-être pas réclamer hautement la possession : Argos, Messène et Mégalopolis. Archidame attaquait déjà la première avec succès; la seconde, arrachée aux Spartiates par Épaminondas, avait été de tout temps l'objet de leur convoitise acharnée; l'élévation de la Grande-Ville les humiliait par le souvenir du vainqueur de Leuctres, son fondateur. Toutes trois les isolaient du Péloponèse septentrional et occidental. Il fallait donc briser ces barrières, si Sparte voulait de nouveau se mouvoir en liberté.

En même temps qu'Archidame proposait ce projet, il en commençait l'exécution. Il fit marcher des troupes contre Mégalopolis, qui demanda, par une députation, des secours aux Athéniens. Une ambassade lacédémonienne vint aussi. Depuis les invasions des Thébains dans le Péloponèse, Sparte et Athènes étaient unies. Les députés spartiates alléguèrent, sans doute, cette alliance, et pressèrent les Athéniens de les aider à détruire un établissement de leur ennemi commun. Pour les Mégalopolitains, ils se seront appuyés sur la générosité ordinaire d'Athènes ; ils auront vanté sa justice, et montré la Grèce entière intéressée à étouffer les efforts renaissants de l'ambition lacédémonienne.

Lorsque l'affaire fut portée devant le peuple assemblé, les orateurs se partagèrent ; et, sous l'influence des souvenirs d'anciennes ou de nouvelles offenses, peut-être même des intrigues ourdies par les deux députations rivales, ils parlèrent avec amertume, les uns contre Lacédémone, les autres contre les Arcadiens. Démosthène, au contraire, s'applique à repousser la passion partout où elle pourrait s'insinuer. Il déjoue, avec sa sagacité ordinaire, la tortueuse ambition de Sparte, et pose, pour fondement de son discours, qu'il importe, avant tout, aux Athéniens de s'opposer également à l'élévation de cette république et à l'agrandissement de Thèbes. De là il conclut la nécessité de secourir Mégalopolis. « La tâche de l'orateur, dit le scoliaste, présentait de graves difficultés : il parlait pour des Grecs qui, dans une guerre encore récente, avaient combattu contre Athènes; il s'opposait aux Lacédémoniens, alliés de cette république. Au reproche d'inconséquence, au mauvais renom qu'il allait peut-être attirer sur sa patrie, joignez le double danger de protéger des alliés de Thèbes, qui hait les Athéniens, et de s'aliéner les Spartiates, dont ceux-ci auront bientôt besoin pour reprendre Oropos sur les Thébains. Malgré cela, Démosthène a si bien combiné son plan qu'il ménage Lacédémone, rapproche les Arcadiens de la république, et ne fortifie pas les Thébains, tout en soutenant leurs alliés. La question seule de la protection d'Athènes sur l'Arcadie était déjà très-épineuse. Que fait l'orateur? il arrête Lacédémone, en ne lui permettant pas de s'agrandir aux dépens de ses voisins ; il arrête Thèbes, en attirant ses alliés vers la république athénienne. S'il embrasse la cause de Mégalopolis, ce n'est point en haine de Sparte ; s'il résiste à cette dernière ville, ce n'est point en accumulant contre elle les reproches. Au-dessus de ces intérêts secondaires, Démosthène place l'intérêt de sa patrie : fidèle à son système, la cause d'Athènes est la seule qu'il plaide véritablement. »

On ignore quel fut le résultat de ce discours. L'année suivante, Archidame attaqua Mégalopolis, et fut repoussé. Ni Diodore, ni Pausanias ne font mention de troupes auxiliaires athéniennes ; et, comme, dans la harangue *sur la Paix*, qui fut prononcée sept ans après celle-ci, les Mégalopolitains sont désignés parmi les ennemis d'Athènes, il est vraisemblable que cette république ne secourut ni l'Arcadie ni Lacédémone. Telle est l'opinion de Jacobs, qui démontre savamment la méprise dans laquelle est tombé Auger en affirmant que les Athéniens envoyèrent une armée à Mégalopolis.

La même année où Démosthène prononça ce discours (Ol. 106, 4; 353), Philippe fit deux expéditions en Thessalie, et Athènes s'unit, par un traité, à la confédération olynthienne. Il est donc permis de croire que, quand Démosthène parla en faveur d'une colonie protégée par les Thébains, il avait aussi l'œil fixé sur les premières usurpations du roi de Macédoine; et l'on peut, avec M. Villemain [1], reconnaître ici la prévoyance de l'orateur, méditant déjà la fameuse ligue de Thèbes et d'Athènes. Enfin cette harangue offre à la tribune moderne un des plus nobles exemples d'une résistance aux partis extrêmes, inspirée par le seul amour de la patrie; et Mirabeau semble n'avoir été que l'écho de Démosthène lorsqu'il disait : « Fort de mes principes et du témoignage de ma conscience, je réfuterai deux opinions opposées, sans rechercher des applaudissements perfides, et sans craindre les rumeurs tumultueuses [1]. »

[1] Biogr. Univ. art. *Démosthène*.

[1] Séance du 3 mai 1790.

DISCOURS.

Ils me semblent s'égarer également, ô Athéniens! les orateurs qui ont parlé ou pour les Arcadiens, ou pour Lacédémone (1). A leurs accusations, à leurs injures mutuelles, on les prendrait pour des députés de ces deux peuples, et non pour les concitoyens de ceux qui reçoivent l'une et l'autre ambassade (2). Laissons ce rôle à l'orateur étranger : parler avec impartialité, examiner, sans altercations, le parti le plus avantageux pour vous, tel est le devoir des citoyens qui jugent à propos d'apporter ici leurs conseils. Mais tout à l'heure, s'ils n'étaient connus, s'ils ne parlaient la langue d'Athènes, on aurait, je crois, pris ceux-ci pour Arcadiens, ceux-là pour Lacédémoniens. Je vois tout ce qu'il en coûte pour vous conseiller utilement. A des auditeurs abusés en masse et divisés de volontés, si l'orateur entreprend de proposer un moyen terme, et qu'on lui refuse un patient examen, à quel parti plaira-t-il? quelles récriminations ne va-t-il pas soulever? Eh bien! dût-il m'en arriver ainsi, j'aime mieux passer pour un vain discoureur que de vous abandonner à la déception sur ce qui est, à mes yeux, votre plus précieux intérêt. Je discuterai le reste plus tard, si vous consentez à m'entendre; et je vais partir d'un principe avoué de tous, pour démontrer ce que je crois essentiel.

L'intérêt de la république est dans la faiblesse de Sparte et des Thébains nos voisins : personne ne le contestera. Or, dans l'état actuel de la Grèce, si l'on en doit juger par les discours souvent répétés à cette tribune, le rétablissement d'Orchomène, de Thespies et de Platée abaissera la puissance thébaine (3); l'asservissement de l'Arcadie et la ruine de Mégalopolis relèveront Lacédémone. Empêchons donc celle-ci de devenir forte et redoutable avant l'affaiblissement de celle-là; prenons garde que l'insensible élévation de Sparte ne soit plus, avec l'humiliation de Thèbes, dans une proportion salutaire. Dirons-nous que nous voudrions avoir les Lacédémoniens pour adversaires, au lieu des Thébains ? non, sans doute : car ôter aux uns et aux autres le pouvoir de nous nuire, voilà notre unique sollicitude, voilà notre sauvegarde.

Par Jupiter ! dira-t-on, il en doit être ainsi; mais l'étrange conduite, de choisir pour alliés ceux contre lesquels nous combattions à Mantinée, et, par suite, de les secourir contre le peuple dont nous partagions alors les périls ! D'accord : toutefois il est encore un point nécessaire : c'est que cet autre peuple n'entreprenne rien contre la justice. Si tous veulent la paix, nous ne secourrons point Mégalopolis, il n'en sera pas besoin; et ainsi, aucune hostilité de notre part contre nos anciens compagnons d'armes. — Nos alliés! ces Péloponésiens, dit-on, le sont déjà (4); ceux-ci vont encore le devenir. — Et que désirerions-nous de plus? Toutefois, alors que Sparte voudrait la guerre, et une guerre injuste, si nous n'avions à débattre que la question de lui abandonner Mégalopolis, je vous dirais, en dépit de l'équité, Abandonnez-la, ne luttez point contre un peuple dont les dangers furent les vôtres; mais, si vous savez tous que, maîtres de cette ville, les Lacédémoniens marcheront sur Messène, que l'un de ces ardents adversaires de Mégalopolis me dise ce qu'alors il opinera. Nul n'ouvrira la bouche. Cependant vous le prévoyez tous : qu'ils le conseillent ou non, il faudra secourir Messène qui a reçu nos serments, et qu'il nous importe de ne pas voir dépeuplée. Demandez-vous donc à vous-mêmes lequel est le plus beau, le plus humain, de commencer par Mégalopolis ou par Messène à réprimer l'injustice de Sparte. Aujourd'hui, du moins, on verrait que c'est l'Arcadie que vous protégez, la paix que vous travaillez à maintenir, la paix, prix de vos périls et de vos combats. Mais, plus tard, vous montreriez clairement à tous les peuples que le désir de voir Messène debout est, chez vous, moins amour de la justice que crainte de Lacédémone. Or, il faut toujours viser à la justice, la pratiquer ; il faut épier aussi les moyens de l'identifier avec notre intérêt.

Il est encore une raison qu'on nous oppose : c'est que nous devons tâcher de recouvrer Oropos (5). Or, si nous nous aliénons ceux qui nous aideraient à la reprendre, nous manquerons d'auxiliaires. Et moi aussi, je dis, Efforçons-nous de rentrer dans Oropos ; mais que Sparte devienne notre ennemie, si nous nous allions maintenant aux peuples d'Arcadie qui demandent notre amitié ! ce langage me semble interdit à ceux-là précisément qui vous ont persuadé de secourir les Lacédémoniens en danger. En effet, lorsque le Péloponèse tout entier vint nous prier de marcher à sa tête contre Sparte (6), ces mêmes orateurs vous engagèrent à répondre par ce refus qui le fit recourir aux Thébains, sa dernière ressource, et à apporter votre or, à exposer vos jours pour sauver Lacédémone. Certes, vous n'eussiez pas consenti à la soutenir, si elle vous avait avertis qu'une fois délivrée, elle mettrait pour condition à sa gratitude son retour à une licence illimitée, à la liberté d'être injuste ! Au reste, quand ses tentatives seraient traversées par notre alliance avec les Arcadiens, elle devrait éprouver plus de reconnaissance pour la main que nous lui avons tendue lorsqu'elle était au bord du précipice, que de colère contre l'obstacle qui arrête aujourd'hui ses coupables projets. Comment donc les Spartiates pourraient-ils ne pas nous aider à recouvrer Oropos, sans passer pour les plus ingrats des hommes? par les dieux ! je ne le vois pas.

J'admire ceux qui disent que, par cette conduite, par cette alliance avec l'Arcadie, Athènes se montrera inconstante et perfide. Mon opinion est toute contraire, ô Athéniens ! Pourquoi ? parce que personne ne niera, je pense, que Lacédémone, Thèbes avant elle, et dernièrement l'Eubée n'aient été sauvées, puis reçues comme alliées par notre république, toujours immuable dans son système. Et ce système, quel est-il? la délivrance des opprimés. Cela étant, ce n'est pas nous qui aurons varié, ce sont ceux qui foulent aux pieds les droits des peuples. On verra les autres États changer au gré d'une ambition toujours avide ; mais Athènes, jamais.

Les Lacédémoniens me semblent jouer un jeu plein de finesse. Ils disent à présent qu'il faut faire rendre aux Éléens une partie de la Triphylie (7), Tricarane aux Phliasiens; à quelques autres Arcadiens leurs anciens domaines, à nous Oropos : désirent-ils donc nous voir rentrer chacun dans nos possessions? oh! non, se serait un peu tard s'intéresser aux autres États. Ils veulent paraître aider chaque peuple à recouvrer ce qu'il revendique ; ils veulent que, quand ils marcheront eux-mêmes contre Messène, tous ces peuples, ardents auxiliaires, leur prêtent leurs soldats sous peine de passer pour ingrats, si, dans des réclamations semblables, ils ne leur rendaient appui pour appui. Mais je pense que, sans abandonner traîtreusement à Sparte une partie de l'Arcadie, la république peut recouvrer Oropos avec le secours de Sparte elle-même, si elle veut être juste, et de tout peuple qui ne croit pas devoir laisser aux Thébains les possessions d'autrui. Quand il serait évident que notre opposition aux conquêtes des Lacédémoniens dans le Péloponèse nous ôtera la possibilité de rentrer dans Oropos, mieux vaudrait, s'il est permis de le dire, renoncer à cette ville, que de laisser à leur merci le Péloponèse et Messène : car j'entrevois qu'entre eux et nous ce point ne serait pas le seul à débattre; — mais arrêtons les paroles qui venaient sur nos lèvres ; — enfin plus d'une possession athénienne serait en péril.

On objecte que Mégalopolis, pour plaire à Thèbes, a commis des hostilités contre nous (8): reproche absurde aujourd'hui. Pour réparer ses torts par des services, elle nous offre son amitié : et nous répondrons par des récriminations! et nous chercherons tous les moyens de la repousser ! et nous ne comprendrons pas que, plus on la montre amie zélée de Thèbes, plus on mérite votre ressentiment pour avoir privé Athènes d'une telle alliée, qui venait à nous avant d'aller aux Thébains ! Ils veulent donc, ces hommes, la forcer encore une fois de s'attacher à d'autres peuples !

Des conjectures raisonnées m'ont appris (et la majorité, j'espère, tiendra le même langage) que, si les Lacédémoniens prennent Mégalopolis, Messène est menacée. Or, s'ils prennent Messène, je prédis que vous vous allierez aux Thébains. Eh bien ! il est beaucoup plus honorable et plus avantageux de tendre la main aux alliés de Thèbes, et de les arracher à l'usurpation lacédémonienne, que de délaisser aujourd'hui Mégalopolis, dans la crainte de protéger une ville amie des Thébains, pour avoir ensuite à sauver les Thébains eux-mêmes, que dis-je ? à trembler pour notre propre patrie : car je ne vois plus de sécurité pour elle, si Sparte prend Mégalopolis et redevient une puissance. Or, est-ce pour se défendre que cette république vient de tirer l'épée? non, c'est pour reconquérir son ancien empire. Vous savez mieux que moi combien elle fut altérée de conquêtes, tant qu'elle domina (9) ; craignez-la donc, vous en avez le droit !

Aux orateurs qui font étalage de leur haine ou contre Thèbes ou contre Lacédémone, je demanderais volontiers si cette haine des deux côtés a pour principe l'intérêt de la patrie, ou s'ils ne détestent l'un de ces peuples que par affection pour l'autre. S'ils avouent le dernier motif, ce sont tous des fous, qu'on ne doit pas écouter. S'ils reconnaissent le premier, pourquoi élever l'un des deux peuples outre mesure? On peut, oui, on peut affaiblir les Thébains sans fortifier les Spartiates : cela est très-facile; essayons d'en montrer le moyen.

On sait que tous les hommes, même ceux qui ne se soucient guère de justice, éprouvent une certaine pudeur à ne la point pratiquer. Ils luttent hautement contre un acte injuste (10), plus hautement encore s'ils en sont frappés; et ce qui perd tout, ce qui cause tous les maux, c'est qu'on ne veut pas sincèrement observer l'équité. Or, pour que cette disposition (11) ne vienne pas entraver le projet d'affaiblir les Thébains, proclamons la nécessité de rétablir Thespies, Orchomène et Platée; apportons-y notre concours, sollicitons celui des autres Hellènes : car il est beau, il est juste de ne pas souffrir que d'antiques cités restent en ruine. Pour Mégalopolis et Messène, ne les abandonnons pas à leurs agresseurs ; et ne nous préoccupons point de la cause de Platée et de Thespies jusqu'à voir froidement détruire des villes subsistantes, des villes habitées (12). Si nous publions ces projets, qui ne désirera voir les Thébains rendre ce qu'ils ont envahi? Sinon, ce peuple d'abord luttera contre nos efforts pour relever des cités dont il regardera, non sans raison, le rétablissement comme sa propre perte (13) ; et puis nous aurons sur les bras une entreprise interminable : car, vraiment, quelle en sera la fin, si, laissant toujours détruire les villes qui sont debout, nous demandons toujours qu'on relève les villes détruites?

Les orateurs dont le langage semble le plus juste disent : Pour garantie de son alliance avec nous, que Mégalopolis abatte les colonnes qui attestent son union avec les Thébains (14). Mais les Arcadiens répondent que ces colonnes sont nulles pour eux, que le nœud de l'amitié, c'est l'intérêt, et qu'ils regardent comme leurs alliés ceux qui viennent les secourir. Pour moi, quand même ils seraient ainsi disposés, voici mon sentiment : il faut à la fois exiger d'eux qu'ils détruisent les colonnes, et des Lacédémoniens qu'ils restent en paix. Si les uns ou les autres repoussent nos demandes, rangeons-nous du parti qui les accueillera. Mégalopolis, obtenant la paix, demeure-t-elle attachée aux Thébains? tous les peuples la verront embrasser la cause de l'usurpation thébaine, et non celle de la justice. Sparte refuse-t-elle de mettre bas les armes, alors que les Mégalopolitains s'allient à nous sincèrement? elle fera voir qu'elle s'est remuée non pour faire relever Thespies, mais (15) pour asservir le Péloponèse, tandis qu'une guerre béotienne enveloppera les Thébains.

J'admire que quelques citoyens craignent de voir des ennemis de Lacédémone coalisés avec Thèbes, tandis que, si cette ville asservit ces mêmes peuples, ils ne voient là rien de redoutable. Le temps et l'expérience ne nous ont-ils pas appris que les Thébains se servent toujours de ces alliés contre les Lacédémoniens, mais que ceux-ci les employaient contre nous quand ils étaient leurs maîtres. Voici donc encore, selon moi, une réflexion qu'il faut faire. Si, rebutés par vous, les Mégalopolitains sont détruits et dispersés, Sparte peut aussitôt reprendre sa puissance. Si, contre notre attente, souvent trompeuse, le hasard les sauve, ils se dévoueront avec raison aux Thébains. Mais, si vous les accueillez, c'est à vous qu'ils vont devoir leur salut. Transportons maintenant sur Thèbes et sur Lacédémone nos prévisions et le calcul de toutes les chances. Les Thébains vaincus, comme je le désire, Sparte ne sera pas trop puissante, car elle a pour contre-poids l'Arcadie, qui l'avoisine. Et, supposé que Thèbes se relève, qu'elle échappe au péril, elle restera faible encore, vu notre alliance avec ce pays que nous aurons protégé. Ainsi, de toutes manières, il importe de ne pas abandonner les Arcadiens, et de ne pas laisser croire qu'ils doivent leur délivrance à eux-mêmes, ou à d'autres qu'à nous.

Pour moi, ô Athéniens ! j'en atteste les dieux : sans affection, sans haine personnelle pour aucun des deux peuples, j'ai dit, j'ai consulté votre intérêt. Ne sacrifiez pas les Mégalopolitains ; ne laissez jamais le faible à la merci du puissant.

NOTES

DU DISCOURS POUR LES MÉGALOPOLITAINS.

(1) Texte : Dobson (Or. Att. t. v, p. 309), revu principalement sur l'*Apparatus* de Schæfer.
Secours accessoires : les commentaires et variantes que contiennent plusieurs vol. des *Or. Att.*; particulièrement les *Adversaria* de Dobrée, t. xi, p. 14. — J. Wolf. — Lucchesini. — Nos traducteurs. — Jacobs. — Rochefort. (Mém. de l'Ac. des Inscrip., t. xliii, p. 56).

(2) « Je dois dire que j'ai cru un moment, en entendant le discours qui vient d'être prononcé à cette tribune, que ce n'était pas un ministre français, mais un ministre américain qui parlait. » M. Bignon, *Discussion sur l'Indemnité des États-Unis*; 31 mars 1834.

(3) Thespies, ayant résisté à l'oppression des Thébains, fut prise et détruite, on ne sait pas au juste à quelle époque. Déjà ruinée par les Lacédémoniens, pendant la guerre du Péloponèse, Platée, autre ville de Béotie, fut dépeuplée par les Thébains (Olymp. 101, 3). Sous prétexte d'une conspiration contre la démocratie, les Thébains rasèrent encore les murailles d'Orchomène (Olymp. 104, 1.)

(4) C'est-à-dire, les Lacédémoniens. L'ironie de la réponse à cette objection est sensible.

(5) Oropos, ville sur les confins de la Béotie et de l'Attique, tour à tour prise et reprise par les Thébains et par les Athéniens.

(6) Les Arcadiens surtout et les Argiens avaient proposé à la république Athénienne de s'unir à eux pour faire la guerre à Lacédémone (Ol. cii, 4; 369). Leur demande fut rejetée. (Lucchesini.)

(7) *Triphylie*, canton du Péloponèse, dans la partie méridionale de l'Élide (partie du Phanari, en Morée). *Tricarane* était une forteresse du territoire de Phlionte (ruines près de Saint-Georges, village de Morée). Les Argiens fortifièrent cette place, après l'avoir enlevée aux Phliasiens, qu'ils haïssaient à cause de leur attachement à Lacédémone.

(8) A la bataille de Mantinée, il y avait des Arcadiens dans les deux partis; mais tous les Mégalopolitains étaient sous les drapeaux d'Épaminondas. (Xenoph. *H. Gr.* vii, 5, 3; etc.)

(9) Schæfer remarque qu'en s'animant, le langage de Démosthène semble emprunter quelques expressions à la poésie : ἀδεὲς, πόλεμον ἀραμένους, ὠρέγοντο. Ce n'est pas la seule fois que notre orateur, par ce changement de ton, rend plus pénibles encore les efforts de son traducteur.

(10) Schæfer et Dobrée préfèrent ἀδίκοις, que donnent deux manuscrits, à la leçon vulgaire ἀδικοῦσιν. Le premier répond mieux à δίκαια.

(11) Wolf, Félicien et Schæfer expliquent τοῦτο par τὸ μὴ ἐθέλειν τὰ δίκαια πράττειν ἁπλῶς. C'est aussi l'interprétation de M. Jager.

(12) Auger : « Parce que Thespies et Platée sont détruites. » M. Jager : « Sous prétexte que Thespies et Platée sont détruites. » Le prétexte serait trop étrange. Voy. Schæfer et Jacobs.

(13) Πρὸς ἐκεῖνα τούτους. Pour que cette phrase fût comprise des Athéniens, il fallait peut-être que le geste de l'orateur expliquât ces deux pronoms démonstratifs. Ἐκεῖνα, les villes de Phocide, *Reiske*. Erreur relevée par Schæfer. Ce sont Thespies et Platée, comme Wolf l'avait entrevu : elles sont nommées quatre lignes plus haut. — τούτους, les Arcadiens, en général, *Reiske* ; les Mégalopolitains,

Schæfer. Mais on ne comprend pas comment le rétablissement de deux ou trois villes béotiennes causera la ruine des Grecs d'Arcadie. Le mot τούτους ne peut donc s'appliquer qu'aux Thébains, et son antécédent n'est pas éloigné. C'est le sens de Wolf, de Jacobs, et des deux traducteurs français. — Plus bas, ἀεὶ se rapporte aux deux verbes ἐῶμεν et ἀξιῶμεν : ce qui complète le sens de ἀνήνυτα et ἔτι πέρας.

(14) Ulpien explique τὰς πρὸς Θηβαίους ainsi : τὰς στήλας ἐν αἷς ἔχουσιν ἀναγράπτους τὰς πρὸς Θηβαίους συνθήκας. *Columnas quæ insculpta ferunt Arcadum et Thebanorum fœdera.* — Des orateurs demandent le renversement de ces colonnes : mais eux, οἱ δὲ (c'est-à-dire les Arcadiens, comme le prouvent le mot ἑαυτοῖς un peu plus bas, et le commencement de la phrase suivante, comme Jacobs, Weiske et Dobrée l'ont entendu) disent que ces colonnes n'existent pas. Comment donc Démosthène, sans s'arrêter devant une objection aussi grave, peut-il exiger à son tour la destruction de ces mêmes colonnes?

1° Auger traduit : « Les autres soutiennent que l'amitié des Arcadiens ne tient pas à des colonnes, mais à leurs vrais intérêts. » Même sens, édit. de 1777. Leland, de même. Cela sauverait tout : mais alors, ne faudrait-il pas faire un changement dans le texte, et lire : οἱ δὲ φασὶν αὐτοῖς οὐ τὰς στήλας, ἀλλὰ τὸ συμφέρον εἶναι τὸ ποιοῦν τὴν φιλίαν? Ulpien ne comprenait pas ainsi ces mots, car il dit expressément : φησὶ γὰρ μὴ ὑπάρχειν στήλας. Reiske a suivi Ulpien.

2° Jacobs et M. Jager laissent subsister la difficulté. « Waeren nicht vorhanden » « D'autres soutiennent que les Arcadiens n'ont pas de telles colonnes......... Il faut les prier de détruire tout signe d'alliance. »

3° Schæfer (*Appar.* i, p. 858) propose de lire : οὐ κενὰ, στήλας, ἀλλὰ —. On trouve ailleurs ψήφισμα κενόν. « Mais ils disent que l'intérêt, et non une vaine colonne, est le nœud de l'amitié. » Correction ingénieuse, que Dobrée blâme sans dire pourquoi. Ce dernier critique avait été d'abord plus téméraire en écrivant φασὶν οὐ στήλας, ἀλλὰ, ce qui revenait au même pour le sens. Mais voyons si l'on peut éviter de toucher au texte.

4° Dans son traité *de Hyperbole*, iii, p. 5, Weiske offre une autre interprétation : « Nulla sibi esse fœderis cum Thebanis initi tabulas Arcades dicebant, *cum essent quidem, sed nullo jam loco ab iis haberi simularentur*: οὐκ εἶναι oratorie dictum pro οὐδαμοῦ εἶναι, i. c. οὐδενὸς λόγου. » Ces colonnes semblaient non avenues; elles étaient pour eux *comme si elles n'étaient pas*. Ainsi, les Arcadiens, répondant par une défaite, voulaient pouvoir conserver ces colonnes pour parer aux chances de l'avenir; et l'on conçoit encore mieux pourquoi Démosthène insiste sur leur renversement. Un peu plus bas, le mot ἀληθῶς lui-même montre qu'il doute de leur sincérité.

(15) J'ai cru devoir traduire sur l'ancienne leçon vulgaire, dans laquelle μόνον ne se trouve pas. Reiske n'a ajouté ce mot que sur la foi de deux manuscrits et de l'édition aldine de Taylor. Il faudrait ἀλλὰ καὶ pour répondre à οὐ μόνον ; or aucune édition ne donne καὶ. Cela a échappé à Jacobs. Dobrée rejette μόνον, et explique τὴν σπουδὴν par *the real object*, *le véritable but*, *le motif réel*.

IV.
PREMIÈRE PHILIPPIQUE.

INTRODUCTION.

On a pu voir, dans notre Préambule, les premiers succès de Philippe. Sous prétexte de terminer la guerre de Phocide, il avait essayé de s'emparer des Thermopyles; mais Nausiclès, général athénien, l'avait repoussé. Les craintes inspirées par cette tentative ne furent que trop tôt dissipées. Le péril, une fois éloigné, sembla passé sans retour. Athènes ne savait pas que, « dans ce jeu sanglant où les peuples ont disputé de l'empire et de la puissance, qui a prévu de plus loin, qui s'est le plus appliqué, qui a duré le plus longtemps dans les grands travaux, et enfin qui a su le mieux ou se pousser ou se ménager suivant la rencontre, à la fin a eu l'avantage, et a fait servir la fortune même à ses desseins [1]. » Le rusé monarque lui-même travaillait à se faire oublier de ceux qu'il avait si vivement alarmés. « Quand il s'aperçut que ses desseins étaient pénétrés, il en différa l'exécution pour la mieux assurer, et mit son adresse à se rendre obscur après avoir joui d'une si grande célébrité; il chercha même à exciter le mépris, pour cesser, en apparence, d'être redoutable. Il s'ensevelit pendant plus de deux ans à Pella, sa capitale, ne se montrant occupé que de plaisirs. On le voyait entouré de peintres, de sculpteurs, d'architectes, de comédiens, de bouffons, d'hommes perdus de débauche, et sans doute aussi d'hommes d'un véritable mérite, qu'ils savaient cacher à la multitude. On ne parlait plus que des vices du prince et de sa crapule, et l'on oubliait son génie [2]. » Aussi, les Athéniens avaient cru faire assez en gardant leurs frontières avec une petite armée commandée par un étranger.

Ils venaient de rendre grâces aux dieux, comme après une victoire. Cependant un reste de frayeur semble disposer quelques-uns à la défiance, d'autres au découragement. Démosthène alors, qui, dans les premiers pas de Philippe, a deviné le dernier terme où il aspire [3], accourt à la tribune (Ol. 107, 1 ; 352).

Plusieurs motions avaient été présentées; aucune ne satisfait notre orateur. Il sent bien que, dans la position actuelle, on promettra beaucoup et on exécutera peu. Il ne demande donc que ce qu'il croit pouvoir obtenir; il demande, avant tout, ce que l'insouciance athénienne élude sans cesse, la présence des citoyens sous les drapeaux. Trois propositions principales embrassent tout l'ensemble de cette vive et rapide harangue :

1° Les Athéniens peuvent vaincre Philippe : j. q. Ὡς μὲν οὖν δεῖ τὰ προςήκοντα π.

2° Comment peuvent-ils le vaincre? Détail des moyens, et de tous les préparatifs nécessaires : j. q. la fin.

3° Ils doivent l'entreprendre (ὅτι δεῖ τὴν Μακεδονίαν κακῶσαι, Scol.) : proposition habilement fondue dans les deux premières [1].

« A deux mille ans de Philippe et de la liberté, dit M. Villemain, les paroles de Démosthène entraînent encore. La diction est soignée, énergique, familière, les bienséances adroites et nobles, les raisonnements d'une force incomparable; mais c'est le discours entier qui est animé d'une vie intérieure, et poussé d'un souffle impétueux. Au milieu de cette véhémence, on doit être frappé de la raison supérieure et des connaissances politiques de l'orateur. Ces discours, pleins de verve et de feu, renferment les instructions les plus précises et les plus salutaires sur tous les détails du gouvernement et de la guerre. L'orateur ne déclame jamais dans un sujet où la déclamation pouvait paraître éloquente. Il expose une entreprise de Philippe, en montre les moyens, les obstacles, les dangers; il peint la langueur des Athéniens, il les conjure de faire un grand effort, il les instruit de leurs ressources, il leur compose une armée, il leur trace un plan de campagne : une courte harangue lui a suffi pour tout dire [2]. » C'est ici surtout que Démosthène se montre censeur austère de ses concitoyens. « L'âpre indépendance de ses reproches étonne, et s'explique toutefois, soit par l'habileté avec laquelle, à l'aide de louanges opportunes et délicates, il relève de temps à autre les Athéniens à leurs propres yeux, soit par la conviction profonde de son patriotisme et de sa bonne foi qu'il sait habilement répandre autour de lui, conviction si propre à désarmer les susceptibilités ombrageuses que son inflexible franchise pouvait soulever [3] ».

---

[1] Disc. sur l'Hist. Univ. III° part., c. 2.
[2] Lévesque, Ét. sur l'Hist. gr., t. III, p. 343.
[3] M. Villemain, art. Démosth. (Biogr. Univ.).

[1] D'Olivet, Argum. des Philippiq.
[2] Art. Démosth. (Biogr. Univ.). J'ai cru pouvoir placer en tête de ce discours ce jugement général de notre célèbre critique sur les harangues contre Philippe.
[3] M. Boullée, Vie de Dém. p. 66.

DISCOURS.

Si l'on eût annoncé la discussion d'une affaire nouvelle, ô Athéniens (1)! j'attendrais que la plupart des orateurs qui fréquentent cette tribune eussent opiné; et, si j'approuvais quelqu'un de leurs avis, je garderais le silence; sinon, j'essayerais à mon tour d'exposer ma pensée. Mais, puisque le même sujet qu'ils ont déjà traité tant de fois se trouve encore aujourd'hui soumis à l'examen, on me pardonnera, j'espère, de m'être levé le premier (2). Car enfin, si, par le passé, leurs conseils avaient répondu à vos besoins, vous ne seriez pas réduits à consulter encore.

Commencez, hommes d'Athènes! par ne point désespérer de votre situation, malgré sa très-fâcheuse apparence : car la cause même de vos revers précédents est le meilleur motif d'espérance pour l'avenir. Comment cela? Votre extrême négligence, ô Athéniens! a produit vos malheurs. Sans doute, s'ils étaient arrivés malgré l'accomplissement de tous vos devoirs, alors seulement l'espoir d'une amélioration serait perdu. Ensuite, et vous qui l'avez apprise des autres, et vous qui l'avez vue et en gardez le souvenir, songez à l'attitude si noble d'Athènes contre les Lacédémoniens tout-puissants (3), à ce respect de votre propre gloire, qui vous chargea dernièrement du poids de la guerre pour défendre contre Sparte les droits de la Grèce. Pourquoi vous citer cet exemple? pour vous montrer nettement, ô Athéniens! que, si vous veillez, il n'est point de péril pour vous, mais aussi que, par votre incurie, rien ne réussit au gré de vos vœux. J'en atteste et Lacédémone, dont l'empire fut vaincu par votre activité, et l'insolent (4), qui nous trouble aujourd'hui, parce que nous refusons à la chose publique les soins nécessaires.

Quelqu'un de vous, peut-être, pensant à cette nombreuse armée dont Philippe dispose, et à toutes les places qu'il a enlevées à la république, le croira difficile à réduire : ce serait raisonner juste. Cependant, qu'il considère qu'autrefois Athènes avait sous son obéissance et Pydna, et Potidée, et Méthone, et le cercle entier de cette contrée (5); que la plupart des peuples maintenant soumis à Philippe étaient libres, autonomes, et préféraient notre alliance à la sienne. Si donc alors Philippe se fût arrêté à ce raisonnement : Seul, sans alliés, je ne puis attaquer les Athéniens, dont les nombreuses forteresses dominent mes frontières; non, ce qu'il a maintenant exécuté, il ne l'eût jamais entrepris; non, il ne se fût pas élevé si haut. Mais il savait bien, que toutes ces places sont des récompenses guerrières exposées au milieu de l'arène (6); que naturellement les absents sont dépossédés par les présents, les indolents par les hommes hardis et infatigables. Réalisant cette maxime, il a tout subjugué, tout envahi, ici par droit de conquête, là sous le titre d'ami et d'allié : car on recherche l'alliance et l'amitié de ceux que l'on voit les armes à la main, et décidés à frapper où il faut. Si donc à votre tour, ô Athéniens! vous voulez aujourd'hui, puisque vous ne l'avez fait plus tôt, régler votre conduite sur ce même principe; si chacun, écartant tout subterfuge, s'empresse de subvenir, selon son pouvoir, aux besoins publics, les riches par des contributions, les jeunes en prenant les armes; en un mot, si vous êtes résolus à ne dépendre que de vous-mêmes; si chaque citoyen ne se berce plus de l'espoir que, dans son oisiveté, le voisin fera tout pour lui : alors, Dieu aidant, vous recouvrerez vos possessions, alors vous réparerez les malheurs de votre négligence, alors vous châtierez cet homme. Car ne vous figurez point Philippe comme une divinité à laquelle est attaché un bonheur impérissable : il est un objet de haine, de crainte, d'envie, même pour tel qui lui semble le plus dévoué. Comment ne pas supposer à ceux qui l'entourent, toutes les passions des autres hommes? Mais maintenant elles manquent de soutien, timidement comprimées sous cette lenteur, sous cette inertie qu'il faut, je le répète, secouer dès aujourd'hui. Voyez, en effet, ô Athéniens! jusqu'où s'est débordée l'audace de l'homme : il ne vous laisse plus le choix entre l'action et le repos; il menace (7); il profère, dit-on, des paroles hautaines; incapable de se borner aux envahissements qu'il a faits, il s'environne chaque jour de nouvelles conquêtes, et, tandis que nous temporisons immobiles, il nous cerne, il nous investit de toutes parts.

Quand donc, ô Athéniens! quand ferez-vous votre devoir? Qu'attendez-vous? un événement, ou la nécessité, par Jupiter (8)! Mais quelle autre idée se faire de ce qui arrive? Moi, je ne connais point de nécessité plus pressante pour des âmes libres que l'instant du déshonneur. Voulez-vous toujours, dites-moi, aller vous questionnant çà et là sur la place publique : « Que dit-on de nouveau? » Eh! qu'y aurait-il de plus nouveau qu'un Macédonien vainqueur d'Athènes, et dominateur de la Grèce? « Philippe est-il mort (9)? — Non, par Jupiter! il est malade. » Mort ou malade, que vous importe? S'il lui arrive malheur, et que votre vigilance demeure au même point, à l'instant vous ferez surgir un autre Philippe : car celui-ci doit moins son agrandissement à ses propres forces qu'à votre inertie (10). D'ailleurs, si la fortune disposait de lui; si, toujours plus zélée pour nous que nous-mêmes, elle nous secondait et consommait son œuvre, sachez qu'étant près des lieux, surprenant le pays dans le trouble d'une révolution générale, vous feriez tout plier sous votre loi : mais dans votre situation actuelle, quand la fortune vous ouvrirait les portes d'Amphipolis, vous ne pourriez entrer dans une ville d'où vos armements et vos projets vous laissent si éloignés (11).

Montrer une volonté forte, un vif empressement pour faire votre devoir, est une nécessité dont je vous crois tous pénétrés, et je n'insiste point. Mais quels sont les préparatifs les plus propres à vous délivrer de si grands embarras? quelle doit être l'étendue de vos forces? quels seront les subsides? quelles mesures me semblent les plus efficaces et les plus promptes? voilà ce que je vais essayer de dire, après vous avoir demandé une seule chose, hommes d'Athènes! Avant de fixer votre opinion, écoutez tout, ne préjugez rien; et, si je parais d'abord proposer de nouveaux apprêts, n'allez pas croire que je retarde les résultats. Car le cri, *Vite! dès aujourd'hui!* n'est pas le conseil le plus opportun, puisque nous ne pourrions, avec un secours instantané (12), rien changer aux événements : mais vous servir, c'est exposer les armements nécessaires, leur quantité, le moyen de les effectuer et de les rendre permanents jusqu'à ce que nous ayons de plein gré renoncé aux hostilités, ou vaincu l'ennemi. Par là seulement, nous serons désormais à l'abri de toute insulte. Tels sont les points que je crois devoir traiter, sans empêcher personne d'apporter ici d'autres promesses. La mienne est très-grande : mais la suite l'éprouvera; vous prononcerez.

Je dis donc, Athéniens, qu'il faut d'abord armer cinquante trirèmes, puis vous résoudre, au besoin, à les monter en personne. Je demande encore que l'on équipe, pour la moitié de la cavalerie, un nombre suffisant de bâtiments de charge et de transport. Voilà, je crois, les moyens de défense que vous devez opposer à ces excursions soudaines du Macédonien aux Thermopyles (13), dans la Chersonèse, à Olynthe, partout où il veut. Il faut le frapper de cette idée que, sortis de votre léthargie, vous pourriez fondre sur lui aussi impétueusement que dans votre ancienne expédition d'Haliarte (14), qu'en Eubée, et tout récemment aux Thermopyles. Quand vous n'exécuteriez qu'une partie du plan que je trace, n'en dédaignez point les résultats. Parfaitement instruit de vos apprêts (car il n'a parmi nous, il n'a que trop de fidèles espions), ou Philippe intimidé s'arrêtera; ou, s'il n'en tient compte, vous le surprendrez sans défense, puisque, à la première occasion, rien ne vous empêchera d'opérer une descente sur ses côtes. Tel est le projet pour lequel je réclame votre unanime approbation; tels sont les préparatifs qu'il faut ordonner à l'instant.

J'ajoute, Athéniens, que vous devez avoir sous la main des forces prêtes à attaquer sans relâche, à harceler l'ennemi. Ne me parlez ni de dix mille ni de vingt mille étrangers, ni de ces grandes armées qui n'existent que sur le papier (15). Je veux des troupes qui soient à la patrie. Quels que puissent être et le nombre et la personne des généraux de votre choix, elles obéiront et suivront. Mais aussi, pourvoyez à leur subsistance. Quelles seront ces troupes? leur nombre? les ressources pour les entretenir? Comment exécuter ces mesures? Je répondrai à tout, et avec ordre.

Quant aux mercenaires étrangers, n'allez pas faire ce qui vous a nui trop souvent. Franchissant les bornes du nécessaire, vos projets sont magnifiques dans vos décrets : faut-il agir? l'exécution est nulle. Commencez par de modestes préparatifs; ajoutez-y, si vous en reconnaissez l'insuffisance. Je demande donc, en tout, deux mille fantassins, dont cinq cents Athéniens, de l'âge que vous jugerez convenable. Le temps de leur service, fixé d'avance, sera assez court pour qu'ils se relèvent successivement. Les autres seront des étrangers. Ayez encore deux cents cavaliers, dont au moins cinquante soient d'Athènes, et servent aux mêmes conditions que l'infanterie. Fournissez-leur des bâtiments de transport. Soit, direz-vous, que faut-il de plus? Dix trirèmes légères; puisque Philippe a une marine, nous avons besoin de galères rapides, pour assurer le trajet de nos soldats. Mais comment les ferons-nous subsister? je vais vous l'apprendre, après avoir expliqué pourquoi je crois ces forces suffisantes, et pourquoi j'exige des citoyens le service personnel.

Ces troupes suffisent, Athéniens, vu l'impossibilité de lever maintenant une armée qui hasarde contre Philippe une bataille rangée. Force sera de débuter par des courses et le pillage (16). Or, pour cette espèce de guerre, nos troupes ne doivent être ni très-considérables, car elles manqueraient de solde et de vivres, ni trop peu nombreuses. Je veux que des citoyens soient là et s'embarquent avec elles, parce que j'ai appris qu'autrefois notre ville entretenait à Corinthe (17) un corps d'étrangers commandés par Polystrate, Iphicrate, Chabrias et d'autres chefs; que vous accourûtes vous-mêmes sous les drapeaux, et qu'ainsi confondus dans les mêmes rangs, citoyens et étrangers, vous vainquîtes les Lacédémoniens. Mais, depuis que votre soldatesque mercenaire tient seule la campagne, elle ne triomphe que de vos amis et de vos alliés; l'ennemi grandit outre mesure; et, après avoir jeté un regard distrait sur la guerre entreprise par Athènes, elle s'embarque et va offrir ses services à Artabaze (18), ou partout ailleurs. Son général la suit : est-ce étonnant? cessant de payer, il cesse d'être obéi.

Que veux-je donc? je veux enlever et au chef et aux soldats le prétexte des mécontents, en assurant la paye, en plaçant sur les lieux des soldats-citoyens qui surveilleront la conduite des généraux. Aujourd'hui, en effet, notre politique est risible. Que l'on vous demande, êtes-vous en paix, Athéniens?—Nous ! vous écrierez-vous, non, par Jupiter ! nous sommes en guerre avec Philippe ! Il est vrai, car vous élisez parmi vous dix taxiarques, dix stratéges, dix tribuns, et deux hipparques (19). Mais que font ces gens-là? Hors un seul, que vous envoyez à la guerre, tous vont parader à vos processions avec les inspecteurs des sacrifices. Tels que des mouleurs en argile, vous fabriquez et taxiarques et tribuns pour l'étalage, non pour la guerre. Eh ! pour que votre armée fût vraiment l'armée d'Athènes, ne faudrait-il pas confier le commandement à des taxiarques athéniens, à des hipparques athéniens? Mais non, c'est un citoyen qu'il faut embarquer comme hipparque pour Lemnos (20) ! et la cavalerie qui protège les possessions de la république doit recevoir les ordres de Ménélas ! Non que je reproche rien à ce chef; je dis seulement : Quel qu'il soit, c'est parmi vous qu'il devait être élu.

Peut-être jugeant ces observations fondées, êtes-vous impatients d'apprendre quelle sera la dépense, et d'où nous la tirerons. Je vais vous satisfaire. Le total, pour vivres et munitions seulement, s'élèvera un peu au delà de quatre-vingt-dix talents (21), savoir : quarante talents aux dix vaisseaux d'escorte, à raison de vingt mines par mois pour chaque vaisseau ; autant aux deux mille fantassins, d'après le calcul mensuel de dix drachmes par tête ; enfin, aux deux cents cavaliers douze talents, à trente drachmes par mois pour chacun. Et gardez-vous de croire que ce soit trop peu de pourvoir à la seule nourriture du soldat. Accordez cet objet, je suis certain que la guerre lui fournira le reste, et que, sans rançonner ni Grecs ni alliés, il saura compléter sa solde.

Moi-même, embarqué volontaire, je répondrais sur ma tête de ce que j'avance. Les fonds que je demande, comment nous les procurer? le voici.

La lecture de l'opinion de l'orateur sur les voies et moyens est faite par un greffier. Démosthène poursuit (22) :

Telles sont, ô Athéniens ! les ressources que nous avons pu trouver. Lorsqu'un avis aura obtenu la majorité, que l'exécution des mesures arrêtées par vous soit aussi votée, afin de ne plus guerroyer contre Philippe à coups de décrets et de messages, mais le fer à la main.

Or, il me semble que votre délibération et sur cette campagne et sur l'ensemble des préparatifs sera beaucoup plus éclairée si vous retracez dans vos esprits la contrée où vous combattez, si vous réfléchissez que Philippe profite des vents et des saisons pour vous prévenir, pour assurer ses nombreux succès, et qu'il n'attaque qu'après avoir épié le retour des vents étésiens (23) ou de l'hiver, moments où il nous serait impossible de l'atteindre. Pénétrés de cette considération, cessez de lui opposer des levées instantanées (nous arriverions toujours après l'événement); que vos préparatifs, que votre armée soient en permanence. Vous avez, pour la faire hiverner, Lemnos, Thasos, Sciathe, et d'autres îles de cet archipel, où l'on trouve ports, vivres, et tout ce qui est nécessaire à des troupes en campagne. Pendant la saison qui permettra de longer les côtes et de se confier aux vents, nos vaisseaux cerneront facilement le pays même, et bloqueront les ports des villes de commerce (24).

Sur la manière et sur le temps de faire agir l'armée, laissez le général placé par vous à sa tête prendre conseil des circonstances. Votre objet, à vous, est d'exécuter ce que j'ai proposé dans mon mémoire. Si vous commencez, ô Athéniens ! par fournir les subsides que je demande; si, après avoir tout disposé, vaisseaux, fantassins, cavalerie, vous astreignez par une loi l'armée entière à rester sous les drapeaux; si, devenus trésoriers et dispensateurs de vos fonds, vous demandez compte de la campagne au général, vous ne prolongerez plus sur la même matière des délibérations sans fin et sans résultat. Autre avantage, Athéniens : vous enlèverez à Philippe le plus riche de ses revenus. Quel est-il? les dépouilles ravies sur mer aux alliés d'Athènes, et qu'il fait servir à combattre Athènes. Que gagnerez-vous encore? vous-mêmes ne serez plus exposés à ses pirateries : il ne se jettera plus dans Lemnos, dans Imbros (25), pour enchaîner vos concitoyens, et les traîner à sa suite ; Geræstos ne le verra plus envelopper vos vaisseaux et y recueillir des sommes immenses ; il ne descendra

PREMIÈRE PHILIPPIQUE.

plus, comme récemment, sur Marathon, pour enlever la trirème Sacrée : brigandages que vous ne pûtes empêcher, parce que vos secours passagers n'accouraient jamais au moment fixé. Toutefois, ô Athéniens ! savez-vous pourquoi les Panathénées, les Dionysiaques sont toujours solennisées au temps prescrit, quelles que soient les chances d'habileté ou d'impéritie des ordonnateurs de ces deux fêtes, où vous dépensez plus d'or que pour une expédition navale, et dont le tumultueux appareil est, je crois, sans exemple, tandis que toutes vos flottes arrivent après coup et à Méthone, et à Pagases (26), et à Potidée? C'est que ces premiers objets sont tous réglés par la loi ; c'est que chacun connaît longtemps d'avance le chorège, le gymnasiarque de sa tribu, ce qu'il doit faire, quand, par quelles mains et quelle somme il recevra; là, rien n'est imprévu, indécis, négligé : mais, pour la guerre et les armements, nul ordre, nulle règle, nulle précision. A la première alerte, nous nommons des triérarques, nous procédons aux échanges, nous rêvons aux ressources pécuniaires. Ces préliminaires terminés, nous décrétons l'embarquement de l'étranger domicilié, puis de l'affranchi, puis du citoyen qui les relève. Les délais se prolongent, et déjà nous avons perdu les places vers lesquelles nous devrions cingler. Car le temps d'agir, nous le consumons à préparer : cependant l'occasion n'attend ni notre lenteur ni nos détours; et ces forces que nous comptons avoir, dans l'intervalle, armées pour nous, sont, au moment décisif, convaincues d'impuissance. Aussi l'homme pousse déjà l'insolence jusqu'à écrire aux Eubéens des lettres conçues en ces termes :

Lecture d'une Lettre de Philippe (27).

La plupart des choses qu'on vient de lire, Athéniens, sont trop vraies; mais elles ne sont pas agréables à entendre. Les supprimer dans la crainte de vous affliger, serait-ce les effacer des affaires? votre plaisir alors sera la loi de l'orateur. Mais, si le gracieux parler, employé à contre-temps, n'aboutit qu'à votre perte, quelle honte, ô mes concitoyens ! de vous abuser vous-mêmes, de reculer toute entreprise déplaisante, de vous traîner dans toutes les opérations, de ne pouvoir vous convaincre que, pour bien conduire une guerre, il faut, non suivre les faits, mais les précéder, et que, semblable au général dont le poste est aux premières lignes de son armée, un peuple à politique sage doit marcher à la tête des affaires, afin d'exécuter ce qu'il a résolu, loin de ramper en esclave à la suite des événements! Pour vous, ô Athéniens! bien que vous possédiez les forces les plus imposantes de la Grèce en vaisseaux, en grosse infanterie, en cavalerie, en revenus (28), jusqu'à ce jour, malgré tous vos mouvements, vous n'avez profité d'aucun de ces avantages. Le pugilat des barbares, voilà votre routine de guerre contre Philippe. L'un d'eux a-t-il reçu un coup? il y porte aussitôt les mains; le frappe-t-on ailleurs? ses mains s'y appliquent encore : mais parer, mais regarder fixement l'antagoniste, il ne le sait, il ne l'ose (29). Ainsi, apprenez-vous que Philippe est dans la Chersonèse? décret pour secourir la Chersonèse; aux Thermopyles? décret pour les Thermopyles; sur quelque autre point? vous courez, vous montez, vous descendez à sa suite. Oui, vous manœuvrez sous ses ordres, n'arrêtant vous-mêmes aucune mesure militaire importante, ne prévoyant absolument rien, attendant la nouvelle du désastre d'hier ou d'aujourd'hui. Autrefois, peut-être, vous pouviez impunément agir ainsi; mais la crise approche, et veut une réforme.

Ne serait-ce pas un Dieu, Athéniens, qui, honteux pour notre république de tant d'affronts, a lancé dans le cœur de Philippe cette inquiète activité (30)? Si, rassasié de conquêtes faites en vous devançant toujours, il s'avisait de rester tranquille, s'il s'arrêtait dans sa course, je crois voir plus d'un citoyen se résigner à des pertes qui accusent notre lâcheté et qui voueraient la nation à l'infamie. Mais, toujours agresseur, toujours affamé d'agrandissement, il vous reveillera peut-être, si vous n'avez pas rejeté tout espoir. Pour moi, j'admire, ô Athéniens ! qu'il ne s'élève chez aucun de vous ni réflexion ni colère en voyant une guerre, commencée pour châtier Philippe, dégénérer sur la fin en défensive contre Philippe. Mais encore, il ne s'arrêtera point, c'est évident, si on ne lui barre le chemin. Et voilà ce que nous attendrons toujours ? et, pour avoir expédié, sur des galères vides, des espérances jetées par quelque téméraire, vous croirez que tout va à merveille? Nous ne nous embarquerons pas? Nous ne sortirons pas en personne, en réunissant une partie des soldats-citoyens, puisque nous ne l'avons pas fait plus tôt? Nous ne cinglerons pas vers son royaume? Où aborder? dira-t-on. Attaquons seulement, ô Athéniens ! la guerre elle-même découvrira (31) l'ulcère gangrené de l'ennemi. Mais, si nous restons dans nos foyers, oisifs auditeurs de harangueurs qui s'accusent et se déchirent à l'envi, jamais, non jamais nous n'exécuterons une seule mesure nécessaire. Sur quelque point qu'une partie seulement des citoyens concerte une expédition navale, les dieux bienveillants et la Fortune combattront avec nous.

Au contraire, partout où vous enverrez un général sans soldats, un décret sans force, de chimériques promesses de tribune, rien ne vous réussira. Objet de risée pour vos ennemis, de tels armements sont la mort et l'effroi de vos alliés.

Impossible, en effet, impossible qu'un chef seul porte jamais l'énorme fardeau dont vous le chargez; mais promettre, payer de paroles, puis rejeter le désastre sur autrui, voilà ce qu'il peut; or voilà aussi notre ruine. Un général mène à la guerre de malheureux étrangers sans solde; des hommes légers (32) accourent à cette tribune calomnier ce qu'il a fait loin de nous; sur de tels ouï-dire, juges aussi légers, vous lancez au hasard une condamnation : à quoi faut-il donc s'attendre?

Quel remède à ces maux? c'est de désigner des citoyens pour être à la fois soldats, surveillants de vos généraux, et leurs juges après le retour dans les foyers. Par là, vous connaîtrez vos affaires mieux que sur de simples rapports : présents sur les lieux, vous les verrez vous-mêmes. Mais aujourd'hui, ô comble d'ignominie! tous vos généraux s'exposent deux ou trois fois à périr par vos sentences, et pas un n'a le cœur de hasarder sa vie dans un seul combat. La mort des scélérats et des brigands, ils la préfèrent à celle des guerriers : car c'est par une condamnation que le malfaiteur doit mourir; mais un général! c'est l'épée à la main, en face de l'ennemi.

Quelques-uns de vous, colportant les nouvelles, affirment que Philippe trame, avec Lacédémone, la ruine de Thèbes et le démembrement de nos démocraties; ceux-ci lui font envoyer des ambassadeurs au Grand-Roi, ceux-là fortifier des places en Illyrie : chacun forge sa fable, et la promène. Pour moi, Athéniens, de par les dieux! je crois cet homme enivré de ses magnifiques exploits, je crois que mille songes brillants caressent son imagination, parce qu'il ne voit aucune barrière s'élever devant lui, et qu'il est enflé de ses succès. Mais, j'en atteste Jupiter, il ne combine pas ses desseins de manière à les laisser pénétrer par nos sots du plus bas étage : or, ces sots, qui sont-ils? les nouvellistes (33). Si, leur laissant leurs rêveries, nous considérons que cet homme est notre ennemi, notre spoliateur, que depuis longtemps il nous outrage, que tous les secours sur lesquels nous comptions ne sont tournés contre nous, que désormais notre ressource est en nous seuls; que refuser maintenant de porter la guerre chez lui, ce serait certainement nous imposer la fatale nécessité de la soutenir aux portes d'Athènes; si tout cela nous est bien connu, nous saurons ce qu'il importe de savoir, et nous repousserons d'ineptes conjectures. Car votre devoir n'est pas de creuser l'avenir (34); mais les malheurs que cet avenir apportera si vous ne secouez votre insouciante mollesse, voilà ce qu'il faut regarder en face.

Pour moi, qui jamais n'entrepris de proposer, pour vous plaire, une démarche contraire, dans ma conviction, à vos intérêts (35), aujourd'hui encore je viens de m'expliquer avec liberté, simplicité, franchise. Heureux, si j'étais sûr qu'il sera aussi utile à l'orateur de vous offrir les meilleurs conseils, qu'à vous de les recevoir! Combien ma tâche aurait été plus douce! J'ignore ce qui me reviendra des miens : n'importe! persuadé que votre avantage est de les suivre, j'ai parlé. Puisse prévaloir l'avis qui doit vous sauver tous!

NOTES

DE LA PREMIÈRE PHILIPPIQUE.

(1) Texte de Vœmel (Demosth. *Philipp. orat.* v, ex recens. Bekkeri cum trib. codd. mscr. coll. Francof. 1829). Je l'ai revu sur ceux de Dobson, Reuter et Bremi.
Interprétation et notes : Commentaires de Vœmel et de Reuter; *Apparatus*, t. I, p. 316; Jacobs, 1833.
Secours accessoires : versions lat. de J. Wolf, Lucchesini, Jouvancy. — Rochefort : 3ᵉ Mémoire sur Démosth. (Acad. des Inscript. t. XLVI). — Tournay; Tourreil; d'Olivet; Auger : 1° texte, t. I, 1790; 2° trad. 1777; 3° éd. de M. Planche; Gin; M. Jager. — Töpffer. *Har. polit. de Démosth.* Genève, 1824). — Dobson, *Orat. Att.*, t. 9, 10, 11, 15.
(2) Démosthène n'avait alors que trente-trois ans.
(3) Lacédémone avait rasé les murs d'Athènes, puis la citadelle de Thèbes, réduit Argos et Corinthe à se faire honneur d'être ses alliées. Thèbes, pour secouer le joug, excita la guerre appelée *Béotique*, où les Athéniens contribuèrent avec éclat, pendant quelque temps, à la défaite des Lacédémoniens. Ces derniers événements eurent lieu environ 25 ans avant l'époque où parle Démosthène.
(4) Τούτου, *istius*, expression de mépris. De même ailleurs, Μακεδὼν ἀνήρ, ὁ ἐν Πέλλῃ τραφείς, ἄνθρωπος. Chatam désigne quelquefois Walpole de la même manière : *This man.* Servan, dans sa *Philippique* contre Mirabeau : « Vous vous êtes condamnés à passer au travers de toute la postérité dans la compagnie de cet homme. »
5. *De cette contrée* : c'est-à-dire, tout le littoral du golfe Chermaïque, aujourd'hui golfe de Salonique. — *La plu-*

part des peuples : Illyriens, Thraces, Péoniens, Thessaliens.

(6) Métaphore empruntée des jeux publics (Ulpien). Catilina, dans Salluste, dit à ses soldats : « En illa, illa, quam sæpe optastis, libertas; præterea divitiæ, decus, gloria in oculis sita sunt. Fortuna ea omnia victoribus præmia posuit. » (Ch. 20.) Et Cyrus, dans Xénophon (*Cyrop.* II, 3) : Τὰ τῶν ἡττομένων ἀγαθὰ πάντα τοῖς νικῶσιν ἀεὶ ἆθλα πρόκειται.

(7) *Il menace, etc.*, surtout dans son dépit, lorsqu'il fut repoussé des Thermopyles. (Lucches., Jacobs.)

(8) Tournay : « Et mesme sera-ce, ô bon Dieu éternel ! quand la nécessité vous hastera d'aller? » Tous nos traducteurs se sont transmis ce contre-sens, évité par M. V. Le Clerc, qui cite ce morceau dans sa *Rhétorique*. Νὴ Δί' est affirmatif. Jacobs, sans traduire ces deux mots, rejette l'interrogation.

(9) Le bruit en avait couru à l'occasion de la blessure reçue par ce prince au siége de Méthone.
La Harpe est-il bien mort? Tremblons ! de son tombeau
On dit qu'il sort, armé d'un *Gustave* nouveau.
(GILBERT. *Le* XVIII *siècle*.)

— *Vous ferez surgir un autre Philippe.* Oui, car, avant le roi de Macédoine, Jason de Phères et Charidème d'Oréos avaient déjà rêvé la conquête de la Grèce. (Vœmel.) Toutes les circonstances voulaient qu'il parût un Philippe, et que la Grèce reçût un modérateur. (Levesque, *Et. de l'Hist. anc.*, t. III, p. 341.)

(10) C'est là ce passage célèbre, si admiré du scoliaste, de Longin et d'Hermogène. Après l'avoir traduit dans sa *Lettre sur l'Éloquence*, Fénelon ajoute : « Voilà le bon sens qui parle sans autre ornement que sa force.. Il rend la vérité sensible à tout le peuple; il le réveille, il le pique, il lui montre l'abîme ouvert. Tout est dit pour le salut commun; aucun mot n'est pour l'orateur. » Démosthène s'est plu à reproduire dans la *Chersonèse* et la quatrième *Philippique*, cette apostrophe d'une simplicité si dramatique et si véhémente. Voyez aussi ses disc. sur *l'Ambassade* et sur *la Lettre de Philippe*. Elle n'a pas manqué d'imitateurs : on peut citer, chez les anciens, un morceau d'Héliodore, *Ethiopiq.* l. 1, c. 25, et, parmi nous, l'appel au camp adressé par Vergniaud aux Parisiens, ces Athéniens de l'Europe moderne. « J'entends dire chaque jour : Nous pouvons essuyer une défaite; que feront alors les Prussiens? viendront-ils à Paris ?.... Non, ils n'y viendront pas; non, si vous préparez des postes d'où vous puissiez opposer une forte résistance... Mais, si une terreur panique ou une fausse sécurité engourdit notre courage et nos bras, il serait bien insensé, l'ennemi, de ne point nous surprendre dans nos discordes, de ne pas triompher sur nos ruines! Au camp donc, citoyens, au camp! Hé quoi! tandis que vos concitoyens, vos frères, par un dévouement héroïque, abandonnent ce que la nature doit leur faire chérir le plus, leurs femmes, leurs enfants, demeurerez-vous plongés dans une molle et déshonorante oisiveté? N'avez-vous pas d'autre manière de prouver votre zèle qu'en demandant sans cesse, comme les Athéniens : « Qu'y a-t-il aujourd'hui de nouveau ? » Ah ! détestons cette avilissante mollesse! Au camp, citoyens, au camp! » (Ass. nat. 16 sept. 1792.)

« On espère dans la mort de l'empereur de Russie! Que Nicolas vienne à mourir, et bientôt la pusillanimité du gouvernement aura fait naître cent autres Nicolas. » (Attwood, dans une réun. polit. 29 novembre 1837.)

(11). Voyez, sur *Amphipolis*, la section de notre Préambule. — ἀπηρτημένοι. Ulpien explique ce mot par κεκράμενοι. De là Wolf, etc : *vestris et apparatibus et animis fluctuantes*. — Un autre scoliaste donne pour synonyme κεχωρισμένοι (τῶν πραγμάτων). De là, Lennep, Jacobs, etc : *remoti, disjuncti*; scil. *cum rebus non adsitis, cum longius aberretis in apparatu et consi-*

liis. Ni l'un ni l'autre de ces deux sens ne répond à l'ensemble de la phrase. Ἀπηρτημένοι est le développement de ὡς δὲ νῦν ἔχετε; et ces derniers mots sont opposés à πλησίον μὲν ὄντες : donc, ἀπηρτημένοι, que je prends aussi comme synonyme de κεχωρισμένοι, a pour complément sous-entendu le mot voisin Ἀμφίπολιν (Ἀμφιπόλεως).

(12) Libanius, dans le sommaire de ce discours, oppose βοηθείας aux mots πολεμοῦσαν ἀδιαλείπτως, *belligerantem indesinenter*. Plus bas, Démosthène présentera une opposition semblable : μὴ βοηθείαις πολεμεῖν, ἀλλὰ παρασκευῇ συνεχεῖ καὶ δυνάμει. Il la répète dans le *Chersonèse*. Enfin, dans la phrase qui nous occupe, le mot διαμένειν produit encore cette antithèse. Donc, comme l'ont fort bien vu Vœmel et Reuter, βοηθεία signifie ici *subitarii milites*, ou *repentina auxilia* (Liv. III, 4). Ces troupes sont probablement celles qu'on avait récemment levées à la hâte pour fermer à Philippe les Thermopyles, et qui n'étaient pas encore licenciées. Ulpien se trompe en opposant βοηθεία à παρασκευή.

(13) — *Aux Thermopyles.* v. l'introd. à cette harangue. — Philippe avait cherché à soulever les villes de la *Chersonèse* de Thrace contre la république athénienne; mais on ne sait rien d'une expédition qu'il ait entreprise dans cette contrée vers l'époque où ce discours a été prononcé. — Démosthène (1re Olynth.) parle d'une tentative faite par ce prince contre Olynthe, peu après le siége d'Héræum.

(14) Leland et Jacobs ont prouvé, contre Tourreil, que, dans l'ancienne expédition d'Haliarte, les intérêts de Philippe n'étaient pas en jeu. Cette ville de Béotie (auj. *Tridouni*) près du lac Kopaïs, fut assiégée par Lysandre (ol. XCVI, 2; 395), qui périt dans une vigoureuse sortie des Thébains et des Athéniens. Plus tard, Thrasybule força à la retraite le roi de Sparte Pausanias, qui marchait contre cette place.

(15) ἐπιστολιμαίους δυνάμεις, i. q. τὰς ἐν ἐπιστολαῖς γραφομένας μόνον δυνάμεις, ἔργῳ δὲ ἐν πολέμῳ μὴ θεωρουμένας, *armées qui n'existaient que dans des lettres, et qui ne figuraient pas à la guerre; troupes mendiées dans des circulaires.* Cette scolie, tirée des *Anecd.* de Bekker, t. 1, p. 253, est l'explication la plus naturelle de ces deux mots, auxquels deux autres scoliastes (Dobs. t. X, p. 293) ont donné la torture. Tourreil discute quatre sens différents; d'Olivet a entrevu le véritable. Vœmel cite un passage analogue, tiré d'un décret allemand de 1713. « Vous aurez *une armée sur le papier; mais une armée sur le terrain*, nous manque. » Disc. de M. de Briqueville à la Ch. des Dép. 13 juin 1833. — *qui soient à la patrie.* Tourreil, d'Olivet, Auger : « J'en veux une qui soit composée de citoyens. » Je crois que c'est une faute, puisque cette armée devait être composée de 1500 étrangers et de 500 Athéniens. Mais ce nombre de citoyens était assez considérable pour que l'orateur pût dire que l'armée appartenait à la patrie. D'ailleurs, Démosthène voulait que ces 500 soldats fussent, en quelque sorte, les inspecteurs des autres.

(16) *par des courses et le pillage*: comme les guérillas en Espagne, et les Klephtes chez les Grecs modernes. (Scol. et Reuter.

(17) La guerre dont parle ici Démosthène commença ol. XCVI, 4; 393, et dura huit ans. Tandis qu'Agésilas était en Asie, les émissaires du roi de Perse, pour affaiblir ce dangereux ennemi, soulevèrent Thèbes contre Lacédémone. Avec les Thébains se coalisèrent Athènes et Corinthe, et l'on choisit cette dernière ville pour point de réunion. Voyez Xén. *Hell.* IV, 4 ; Diod. XIV, 10 ; Corn. Nép. *Agés.* 5.— *Et d'autres chefs* : Callias, Strabax, Philocrate.

(18) C'est ce qu'avait fait Charès pendant la guerre Sociale. Artabaze, satrape de l'Asie Mineure, s'était révolté contre le roi de Perse. (Diod. XVI, 22.)

(19) *Dix taxiarques, etc.* V. Anachar. ch. X. ` Reuter,

p. 55. Ταξίαρχος, à peu près, colonel d'infanterie; στρατηγὸς, ici, général d'infanterie; φύλαρχος colonel de cavalerie, qui commandait les cavaliers de sa tribu; ἵππαρχος, général de cavalerie.

(18) — pour Lemnos. Durant la guerre Sociale, un corps de citoyens athéniens était allé au secours de cette île. Diod. xvi, 21. — Harpocration et Justin parlent d'un Ménélas, frère consanguin de Philippe. Selon d'Olivet, Mounteney, etc., il serait question ici d'un autre Ménélas, que nous ne connaissons pas. Lucchesini et G. Becker le croient Phocidien. Même incertitude sur l'expédition mentionnée par Démosthène : elle avait eu pour but ou de repousser Philippe des Thermopyles (Reuter), ou de le chasser de la côte de Marathon (Vœmel).

(21) C'est-à-dire à 92 talents, d'après le relevé de Taylor (529,000, fr.)

	20 mines.	240 m.	10 trir.	2,400 m.	40 tal.
10 drach.	×12=	120 dr.	×	2,000 fant.	=240,000 dr.=40
30 drach.		360 dr.		200 caval	72,000 dr.=12

Total pour l'année, 92 tal.

Démosthène propose donc de donner, par jour, au fantassin, deux oboles (30 ᶜ)., et une drachme au cavalier. (93 ᶜ).

(22) Denys d'Halic., première lettre à Amm. 10 : « Pendant l'archontat de Thémistocle, Démosthène prononça le sixième discours contre Philippe (le cinquième, selon d'autres édit.), qui a pour objet la défense des insulaires, et des villes de l'Hellespont. Il commence ainsi "Α μὲν, ἡμεῖς, ὦ ἄ. Ἀθ., δεδυνήμεθα εὑρεῖν, ταῦτ' ἔστι. » Ce passage du critique a décidé Schott, Fabricius, Taylor, Leland, Rüdiger et Wachsmuth, à regarder tout ce qui suit ces mots comme un second discours, une autre Philippique. Jacobs, qui avait d'abord partagé cette opinion, y renonce dans son édition de 1833. Elle a été soutenue, dans ces derniers temps, par plusieurs savants d'Allemagne et d'Angleterre, et renouvelée par Flathe, Hist. de Macéd. i, p. 189, sans qu'il résulte du rapprochement entre les deux parties de la harangue ni de toutes les inductions présentées, une véritable conviction. Un scoliaste accuse Denys d'erreur (οὐ λέγει δὲ ἀληθῆ, Dobs. t. x, p. 293); il ajoute : « Démosthène a promis plus haut de parler sur les ressources pécuniaires : c'est ce qu'il fait maintenant, et cette partie de sa harangue en est le complément nécessaire. » Denys s'est d'ailleurs trompé plus d'une fois sur l'ordre et la chronologie des discours de notre orateur. Son texte est-il altéré? La ligne qu'il cite est-elle une formule que Démosthène aurait reproduite dans plusieurs discours? Quoi qu'il en soit, des noms aussi imposants, surtout des raisons plus solides, plus variées, appuient l'unité de cette harangue. V. surtout Mounteney, ad h. l.; Auger (Obs. crit. p. 148, ed. 4°); Bremi (Philolog. Beytræge, etc. 1819) Töpffer, p. 239; Jacobs, introd. à la première Phil. 1833; G. Becker Literat. des Demosth. 1834, p. 278.

(23) Vents du nord, contraires, par conséquent, pour aller d'Athènes en Macédoine Tous les ans ils se lèvent régulièrement deux jours après que le soleil est entré au signe du Lion, et ils règnent quarante jours consécutifs. Ils se calment le soir pour souffler de nouveau avec l'aurore. De là le nom de dormeurs, que leur donnent les marins. (Lucchesini.) Une scolie de Benenatus et d'un manuscrit de Bavière cherche à expliquer ce phénomène, semblable aux moussons de la mer des Indes.

(24) Locus vexans et vexatus! s'écrie ici M. Vœmel. Je renvoie, pour la discussion des différents sens, et le choix des corrections, à l'Apparatus, i, 603, et aux notes de Reuter. Quant à mon interprétation, je ne l'ai adoptée qu'après avoir consulté Cesarotti, Leland et Jacobs.

(25) Imbros, île entre Lemnos et Samothrace. — Les trois événements mentionnés ici ne sont rapportés par aucun historien. Lucchesini les place dans la guerre Sociale 358; Winiewski et Bockh, cinq ans plus tard. V. Vœmel, Proleg. p. 73. — Geræstos (auj. C. Mantelo) promontoire méridional de l'île d'Eubée. — La trirème Sacrée. V. les Notes du disc. sur la Chersonèse.

(26) Pagases (auj. Volo), ville maritime de Thessalie, prise par Philippe, ol. cvi, 4; 353, pendant la guerre avec Lycophron, tyran de cette contrée. — Le chorége, etc. V. l'introd. au disc. sur les Immunités. — des triéraques : v. id. — des échanges : v. les notes du même disc. « Les formalités des charges publiques mirent obstacle à la promptitude des armements; mais ce ne fut qu'après que le zèle se fut refroidi : dans les beaux temps de la république on ne connaissait point d'obstacles. » Bockh, Éc. pol. des Athen. l. iii, c. 21.

(27) Philippe, dans cette lettre, conseillait aux Eubéens de ne pas compter sur l'alliance d'Athènes, vu, disait-il, que cette république était incapable de se défendre elle-même. (Scoliaste.)

(28) V. Böckh, Éc. pol. des Athén. ii, 21. — malgré tous vos mouvements : c'est ainsi que je traduis οὐδενὸς δ' ἀπολείπεσθε, nullo loco abestis, sive omnibus rebus tes immiscetis. V. Vig. p. 355; Xenoph. Anab. iv, 5, 16 Schæfer, qui adoptait, avant Reuter, ce sens, le plus logique de tous ceux qu'on a proposés, regarde οὐδενὸς comme neutre, et traduit nihil non assectamini, seu affectatis frustra laborantes. J. Kaye et Dobrée effacent sans façon ces mots embarrassants.

(29) V. A. Gelle, xiii, 27. Quelle énergie, que d'humiliation pour les Athéniens dans cette comparaison! Fox, Burke, Chatam, ces grands maîtres de la tribune anglaise, durent à des familiarités semblables quelques-unes de leurs plus belles apostrophes; Shéridan apporta souvent dans le Parlement les hardiesses populaires d'Aristophane.

(30) — Ne serait-ce pas un Dieu, etc. « Hic dii in mortales mentem dederunt illi perdito ac furioso, ut huic faceret insidias, etc. » Cic. pro Mil. 33. — φιλοπραγμοσύνην, manie de s'immiscer dans les affaires des autres peuples. Chez un conquérant, c'est autre chose encore, c'est César.

Nil actum reputans, si quid superesset agendum, c'est Bonaparte disant aux vainqueurs de Montenotte et de Millesimo : « Soldats, vous n'avez rien fait, puisqu'il vous reste à faire. »

(31) Hermogène et Longin admirent la vivacité passionnée de ces mouvements. — « Multa, quæ nunc ex intervallo non apparent, bellum aperiet. » T. Liv. Tacite traduit ici Démosthène avec son admirable énergie : « Aperit et recludet contecta et tumescentia victricium partium vulnera bellum ipsum » dit Mucien à Vespasien, qu'il appelait à l'empire. Hist. ii, 77.

(32) — Des hommes légers. Ce sont les sycophantes ils avaient beau jeu devant des auditeurs qui n'étaient pas sortis d'Athènes. Allusion surtout à Céphisodote. (Scoliaste.) Le dernier traducteur est tombé dans une faute qu'Auger avait évitée : « Nous voyons que ces malheureux soldats accourent ici pour le calomnier. »

(33) « Les nouvellistes font voler les armées comme les grues, et tomber les murailles comme des cartons. Ils œuvrent des ponts sur toutes les rivières, des routes secrètes dans toutes les montagnes, des magasins immenses dans les sables brûlants : il ne leur manque que le bon sens. » Montesq. Lettres Pers. 130.

(34) « Jamais les prophètes ne doivent siéger dans les conseils de la politique. » M. de Rémusat. (Ch. des Dép. 13 mars 1834).

(35) « Je dirai au peuple, non ce qui lui plaît, non ce qui le flatte, mais ce qu'il est utile qu'il entende. » Clermont-Tonnerre (Ass. nat. 22 fév. 1790) Ce courage a souvent honoré la tribune française.

V.

DISCOURS

SUR LA LIBERTÉ DES RHODIENS.

INTRODUCTION.

Il paraît que les premières propositions de Démosthène contre Philippe demeurèrent sans succès. Les Athéniens n'étant point encore attaqués en personne, fermèrent les yeux sur les progrès du conquérant. Démosthène se trompait en espérant ranimer par la force de l'éloquence des vertus éteintes ; il se trompait encore en méconnaissant l'élan de la Macédoine, en attribuant les avantages obtenus par Philippe à la seule insouciance d'Athènes [1].

L'année suivante (Ol. 107, 2 ; 351) avant de reprendre la lutte engagée avec ce prince, il tourna ses regards vers Rhodes, qui, menacée par un autre ennemi, implorait l'appui des Athéniens. La harangue qu'il prononça dans cette occasion ne serait pas suffisamment comprise, si nous ne disions quelques mots de l'histoire de Rhodes.

Située près de l'extrémité méridionale de l'Asie Mineure, en face de la Carie, cette île avait de bonne heure acquis de grandes richesses, grâce à la fertilité de son sol, et à l'active industrie de ses habitants. La navigation et le commerce y florissaient, régis par les lois les plus sages [2]. L'ancienne constitution de ses villes, divisées longtemps en petits États séparés, était démocratique, la seule qui pût convenir alors à un peuple de négociants ; mais la jouissance de la liberté fut troublée dans l'île du Soleil, comme dans presque tous les gouvernements d'origine hellénique, par des querelles intestines et d'ardentes rivalités. Pendant la guerre de Péloponèse, l'oligarchie rhodienne se mit sous la protection de Lacédémone qui, maîtresse de la mer, cherchait à substituer partout les formes aristocratiques au pouvoir populaire [3]. Ce changement dura peu : car, l'an 396, Conon, se trouvant, avec une flotte considérable, dans ces parages, engagea les Rhodiens à chasser de leurs ports les vaisseaux du Péloponèse, à rompre l'alliance avec Sparte, et à l'accueillir comme ami et comme protecteur (Diod. XIV, 79). La souveraineté, rendue au peuple, disparut, peu de temps après, avec la flotte athénienne ; et déjà, l'an 391, le parti de Lacédémone était redevenu assez fort pour livrer à la mort ou à l'exil les amis d'Athènes et de la démocratie. Cette réaction sanglante était appuyée par la présence de quelques navires de Laconie, et Sparte en profita pour accroître encore sa puissance maritime.

L'histoire présente ici une lacune. Vers l'an 360, cette puissance étant tombée, il est probable que Rhodes, redevenue démocratie, s'unit de nouveau à la république athénienne par une libre alliance. Mais les violences d'un général athénien produisirent une rupture. Charès, plus terrible d'ordinaire aux alliés de l'État qu'à ses ennemis, avait été envoyé contre Amphipolis. Ajournant l'objet d'une mission que sa vanité lui présentait comme facile, il se dirigea sur Chios et sur Rhodes, pour y lever des contributions forcées. Les insulaires prirent les armes ; un mouvement semblable éclata à Cos et à Byzance ; et c'est ainsi que commença, l'an 358, la guerre connue sous le nom de *Sociale*. Elle dura près de trois ans ; et Athènes fut forcée de reconnaître l'indépendance de ses alliés, en se réservant un faible droit de protection.

Cette guerre fit triompher l'oligarchie rhodienne. Forte de l'appui du roi de Perse, que Charès avait aigri par ses liaisons avec des satrapes rebelles, et de la présence d'une garnison carienne, envoyée par la reine Artémise, cette faction arracha de nouveau le pouvoir à la démocratie, et en usa au gré de ses vengeances et de son ambition. Les opprimés pensèrent à Athènes, leur protectrice naturelle, et réclamèrent son secours. Démosthène parla en leur faveur.

Depuis la guerre Sociale il ne s'était écoulé que quelques années : ainsi, dit Ulpien, le souvenir des hostilités des Rhodiens et de l'humiliation d'Athènes, renouvelé avec leur demande, rendait plus pénible la tâche de leur défenseur. Cette alliance nouvelle, à laquelle il prêtait sa voix, le ressentiment de ses auditeurs la repoussait ; et elle trouvait un autre obstacle dans les prétentions et la politique de la Perse. Il fallait calmer cette indignation ; il fallait écarter ces difficultés, et montrer au peuple Athénien son honneur et son intérêt dans l'envoi du secours qui lui était demandé.

Par des raisons plausibles, Démosthène fait comprendre qu'Artarxerxès-Ochus ne prendra que peu ou point de part aux affaires des Rhodiens. Quoi qu'il en soit, les Athéniens rejetteront-ils, par une crainte vague, une entreprise juste, noble et utile ? Mais, avant tout, il démontre que la défense de la

---

[1] Jacobs, *Introd. à la* 1re *Phil.*; Reuter, Prolegg. p. 13.

[2] V. Meursii Rhod. t, 21 ; et la Dissertation de Pastoret sur l'influence des lois des Rhodiens.

[3] Jusqu'à l'époque de Mausole, *l'autorité*, dit Barthélemy, *avait toujours été entre les mains du peuple*, ch, 73. Jacobs n'est pas de cet avis.

démocratie est aussi glorieuse que nécessaire. C'est là le foyer vivifiant de tout son discours; de là doivent s'échapper tous les rayons de la persuasion : car l'orateur est bien sûr de lever tous les scrupules s'il parvient à produire ici de la lumière et de la chaleur. En protégeant le peuple rhodien, Athènes, dit-il, réfutera victorieusement les calomnies de ses adversaires, se conciliera l'amitié de tous les États populaires, et affermira sa propre constitution, dont l'oligarchie est l'ennemie implacable. Il y a plus : les Athéniens abdiqueraient leur plus glorieux privilége, s'ils ne tendaient la main à la liberté partout où la liberté succombe, fût-ce chez un peuple naguère armé contre eux-mêmes.

Sans doute, le bon droit était du côté des Rhodiens quand ils secouèrent le joug d'Athènes : l'histoire est là pour le prouver. Mais l'égoïsme national empêchait les Athéniens de voir en eux autre chose que des sujets révoltés contre une république souveraine. Démosthène, malgré sa haute raison, partagea peut-être la prévention de ses concitoyens ; d'ailleurs, en fût-il exempt, il devait la ménager ; et il aurait gravement compromis la cause de ses clients s'il eût montré que leur ancienne défection n'était, après tout, qu'une légitime défense. Aussi prend-il une autre voie pour intéresser à leur sort les Athéniens irrités. Il ne se lasse pas de présenter les considérations les plus propres à servir de contre-poids à leur ressentiment. Rien ne dispose mieux à pardonner que le noble orgueil qui voit l'offenseur humilié et suppliant. De là cette compassion dédaigneuse que l'orateur laisse tomber sur des rebelles opprimés. Il n'avait pas seulement l'intention de montrer ainsi sa propre impartialité; il voulait surtout, dans sa pitié superbe, rappeler toute la distance qui séparait les Rhodiens, malgré leur goût pour les arts et leur opulence, des Athéniens, et réveiller la générosité de ces derniers, par l'idée que ceux qu'ils laisseraient écraser méritaient à peine leur colère. Était-ce une profonde combinaison oratoire? Était-ce plutôt l'expression naturelle d'une fierté patriotique dont Démosthène aurait voulu pénétrer des âmes dégénérées?

Le succès de ce discours est inconnu. Selon Barthélemy, ce fut vainement que le peuple de Rhodes implora le secours des Athéniens. Mais Jacobs et ses devanciers n'osent rien affirmer [1]. La mort d'Artémise, qui arriva la même année, amena probablement une révolution nouvelle. Elle ne dut pas être durable; car, peu de temps après, Philippe livra Rhodes au tyran de Carie Idrieus. L'aristocratie de la richesse reprit encore une fois le pouvoir, et s'y maintint. Aristote (Polit., v, 4) donne à entendre que la démocratie rhodienne était abolie de son temps ; et Strabon, contemporain de Tibère, tout en assurant que la ville de Rhodes dut à sa puissance maritime le maintien de l'autonomie, n'a connu dans l'île qu'une oligarchie modérée, qui nourrissait le pauvre pour l'empêcher de remuer. (XIV, c. 2, § 4, 5.)

[1] Dans le Discours *sur les Réformes publiques*, il est reproché aux Athéniens d'avoir souffert avec indifférence la dissolution de la démocratie à Rhodes : passage décisif, s'il était constant que cette harangue fût de Démosthène.

DISCOURS.

Je pense, Athéniens, qu'en délibérant sur de si graves intérêts, vous devez accorder à chaque opinant une liberté entière (1). Pour moi, j'ai toujours cru difficile, non de vous enseigner le parti le plus avantageux, puisque, sans flatterie, il me semble qu'on vous trouve tout éclairés d'avance, mais de vous déterminer à l'exécuter. En effet, une mesure arrêtée et le décret formulé, vous êtes encore aussi éloignés d'agir qu'auparavant.

C'est un de ces avantages dont, à mon avis, il faut rendre grâce aux dieux, qu'un peuple que son insolent orgueil arma naguère contre vous, place aujourd'hui en vous seuls tout l'espoir de son salut. Oui, la circonstance actuelle doit faire votre joie : car, si vous adoptez la résolution qu'elle exige, vous justifierez par de glorieux effets la république des reproches injurieux de ses calomniateurs. Byzance et Rhodes nous ont accusés de tramer leur ruine : de là, leur coalition récente pour nous faire la guerre. On verra donc que l'instigateur, le chef de la révolte, ce Mausole (2) qui se disait l'ami des Rhodiens, les a dépouillés de leur liberté; que les peuples de Chios et de Byzance, leurs alliés, ne les ont pas secourus dans leur infortune ; et que vous, vous seuls, qu'ils redoutaient, aurez été leurs sauveurs. Par ce spectacle, offert à tous les yeux, vous apprendrez au parti populaire, dans chaque république (3), à regarder avec amitié comme l'étendard de son salut. Or, le plus grand bonheur pour vous serait d'obtenir spontanément, dans toute la Grèce, l'affection la plus confiante.

Je m'étonne de voir les mêmes orateurs, qui, pour l'intérêt des Égyptiens, conseillaient à la république de s'opposer au roi de Perse (4), redouter ce même prince, quand il est question du peuple de Rhodes. Qui ne sait, cependant, que ce peuple est Grec, et qu'Artaxerxès compte l'Égypte parmi ses provinces? Plusieurs d'entre vous se rappellent sans doute que, dans vos délibérations sur les entreprises du Roi, je me présentai, j'opinai le premier, et que, seul, ou presque seul, je dis : Je vous verrai agir avec prudence si vous ne motivez pas votre armement sur la haine qu'il vous inspire, mais si, prêts à faire face à vos ennemis actuels, vous repoussez aussi celui-là, dans le cas d'une tentative injuste contre vous. Tel était mon avis ; approuvé par vous, il reçut votre sanction. Eh bien ! mon langage, aujourd'hui, est une conséquence de celui que je tenais alors. Près du Roi, et admis à son conseil, je l'exhorterais, comme je vous exhorte, à combattre pour ses possessions, si des Grecs les attaquaient, mais à n'ambitionner nullement ce qui ne lui appartient pas. Ainsi, êtes-vous décidés, ô Athéniens ! à lui laisser tout ce qu'il aura pu asservir en gagnant de vitesse ou en fascinant les chefs de quelques républiques ? cette résolution, à mon sens, n'est pas généreuse. Mais croyez-vous à la nécessité de combattre pour les droits des peuples (5), et de braver, au besoin, les derniers périls ? vous serez d'autant moins obligés de le faire, que vous l'aurez plus fermement résolu ; et, après tout, vous manifesterez des sentiments conformes au devoir.

Pour vous convaincre que nous ne faisons rien de nouveau, moi en vous donnant le conseil d'affranchir les Rhodiens, vous en le suivant, je vais vous rappeler une ancienne entreprise qui vous fut avantageuse. Vous envoyâtes autrefois Timothée au secours d'Ariobarzane (6), et votre décret contenait cette clause : « Il ne rompra pas le traité conclu avec le Roi. » Ce général, voyant, d'une part, le satrape en rébellion ouverte contre son souverain, et, de l'autre, Samos occupée par les troupes de Cyprothémis, qui avait placé là Tigrane, lieutenant du monarque, renonça à soutenir Ariobarzane, s'approcha de cette ville, la secourut et la délivra. Jusqu'ici cette conduite ne vous a suscité aucune guerre. C'est que, pour conquérir, on ne combat jamais avec autant d'ardeur que pour se défendre. Faut-il prévenir des pertes ? on ramasse toutes ses forces. Veut-on s'agrandir ? on n'a plus la même intrépidité. L'ambition s'accroît tant que rien ne l'arrête ; mais, au premier obstacle, elle se rappelle que l'agression ne fut pas du côté de son adversaire.

Je ne crois pas qu'Athènes, après avoir entrepris d'affranchir les Rhodiens, voie ses efforts entravés par Artémise (7) : écoutez-moi un moment, et jugez si mes conjectures sont bien ou mal fondées. Si le Roi terminait la campagne d'Égypte au gré de son impatience, je suis persuadé qu'Artémise ferait tous ses efforts pour le mettre en possession de Rhodes, non par bienveillance, mais par le désir de placer ce signalé service comme un dépôt dans le cœur d'un puissant voisin (8), et de gagner toutes ses bonnes grâces. Mais, comme on dit son entreprise manquée, elle pense avec raison que cette île, inutile dès lors au monarque, menacerait ses propres États comme une citadelle, et enchaînerait tous ses mouvements. Il me semble donc qu'elle aimerait mieux vous la céder, si la cession restait ignorée, que de la voir entre les mains d'Artaxerxès ; et qu'ainsi elle ne le secondera point, ou lui prêtera, tout au plus, un secours faible et languissant. Quant au prince, je ne pourrais, sans doute, me dire instruit de ses projets ; mais s'appropriera-t-il, ou non, la ville de Rhodes ? je soutiens qu'il importe à la république de voir cette question éclaircie : car, s'il s'en empare, ce n'est plus sur le sort des seuls Rhodiens qu'il faut délibérer, c'est sur le nôtre, c'est sur les destinées de la Grèce entière (9).

Cependant, quand même les Rhodiens, maîtres actuels de la ville (10), tiendraient d'eux-mêmes le pouvoir, je ne vous conseillerais point d'embrasser leur cause, dussent-ils promettre de tout faire pour vous ; car je vois que, pour détruire la démocratie, ils ont commencé par s'attacher quelques citoyens qu'ils chassèrent dès que l'œuvre fut terminée. Croirai-je donc que des hommes infidèles à l'un et à l'autre parti, puissent devenir pour vous de sûrs alliés ?

Je ne tiendrais pas ce langage, si je ne le croyais utile qu'au peuple rhodien, moi qui ne suis son hôte ni public ni privé (11) ; et, même avec ce double titre, sans le motif de votre intérêt, je n'eusse point parlé. Car, si cet aveu est permis quand on vous excite à les sauver, je me réjouis avec vous qu'en vous enviant votre bien, les Rhodiens aient perdu leur liberté, et que, pouvant obtenir, à égalité de droits, l'alliance des Grecs et celle d'Athènes, si supérieure à Rhodes, ils obéissent à des barbares, ils soient les esclaves des esclaves qu'ils ont reçus dans leurs citadelles. Oui, si vous étiez disposés à les secourir, je dirais presque qu'ils sont heureux dans leur malheur même. Je doute que la prospérité eût jamais ramené des Rhodiens (12) à la sagesse : mais, grâce aux leçons de l'expérience, ils ont vu l'abîme où l'imprudence jette les peuples, et peut-être, si le sort le permet, seront-ils plus modérés à l'avenir : ce ne sera point pour eux un médiocre avantage. Je dis donc : Travaillez à les tirer d'oppression, et, sans rancune politique, pensez que vous-mêmes, plus d'une fois trompés par de perfides conseillers, vous ne diriez pas qu'il eût été juste de vous en punir.

Considérez encore que vous avez soutenu une foule de guerres contre des gouvernements démocratiques et oligarchiques : vous le savez vous-mêmes. Mais les motifs qui vous ont armés contre ces différents peuples, voilà ce que peut-être nul d'entre vous ne cherche à approfondir. Quels sont-ils donc, ces motifs? Avec les démocraties vous combattiez pour des querelles particulières que l'État n'avait pu terminer, pour une portion de territoire, pour des limites, ou pour la gloire (13) et la prééminence; avec les oligarchies, quelle différence! pour le maintien de la constitution et de la liberté. Aussi, j'oserai dire qu'il vous vaudrait mieux avoir pour ennemis tous les États populaires de la Grèce, que tous les autres pour amis. Car il vous serait facile de faire, quand vous voudrez, la paix avec les peuples libres; mais je ne compterais pas sur l'amitié des gouvernements du petit nombre. La bienveillance peut-elle jamais s'établir entre les membres d'une oligarchie et un peuple souverain, entre la passion de dominer et l'égalité civique?

Je m'étonne qu'aucun de vous ne considère que si Chios, Mitylène, Rhodes, et presque toute la Grèce se courbent sous le joug oligarchique, notre gouvernement en recevra un contre-coup terrible, et que, si tous les peuples adoptent cette constitution, il n'est pas possible qu'ils laissent chez nous la démocratie. Oui, persuadés qu'Athènes seule est capable de ramener la liberté, ils voudront détruire Athènes, comme une ennemie dont ils craindront les coups. D'ordinaire, l'offenseur n'est l'ennemi que de l'offensé; mais quiconque abat la démocratie pour élever l'oligarchie sur ses ruines, est hostile à tous les amis de la liberté. D'ailleurs, Athéniens! il est juste que, libres vous-mêmes, vous éprouviez pour le malheur de tout peuple libre les mêmes sentiments que vous voudriez lui inspirer, si, ce qu'aux dieux ne plaise! son sort devenait le vôtre. Vainement dira-t-on que les Rhodiens méritent leur infortune : le moment serait mal choisi pour nous réjouir. Il faut, dans la prospérité, montrer toujours une grande bienveillance aux malheureux (14), puisque l'avenir est voilé pour tous les hommes.

J'entends souvent répéter ici que, dans les désastres de notre démocratie, des peuples votèrent pour sa conservation. Je ne donnerai aujourd'hui qu'aux Argiens un rapide souvenir : car je ne voudrais pas qu'Athènes, connue pour prendre la défense de toutes les infortunes, parût vaincue par Argos en générosité, par ce peuple qui, malgré le voisinage de Sparte qu'il voyait maîtresse de la terre et de la mer, manifesta sans crainte, sans hésitation, sa sympathie pour vous, et décréta que les députés lacédémoniens envoyés, dit-on, pour réclamer quelques-uns de vos émigrés, seraient traités en ennemis, s'ils ne se retiraient avant le coucher du soleil (15). Quelle honte pour vous, ô mes concitoyens! si, tandis que le peuple argien n'a pas redouté la puissance lacédémonienne au temps de sa plus grande force, vous, enfants d'Athènes, vous trembliez devant un barbare, ou plutôt devant une femme! Cependant les Argiens auraient pu s'excuser sur les nombreux revers que leur avaient fait éprouver les Spartiates; mais vous, souvent vainqueurs du Grand-Roi, vous n'avez pas une seule fois été vaincus ni par ses esclaves, ni par lui-même. Ses avantages passagers sur Athènes, il ne les dut qu'à son or, qui lui gagna des traîtres et les plus perfides des Hellènes. Stérile victoire! car vous voyez ce prince en même temps affaiblir notre république sous les coups de Lacédémone, et presque détrôné lui-même par Cléarque et par Cyrus. Il n'a donc vaincu que par la fraude, et la fraude n'a tourné qu'à sa perte. Je vois plusieurs d'entre vous mépriser Philippe (16), comme un adversaire indigne de leur haine, et craindre Artaxerxès comme un ennemi puissant et dangereux. Mais, si nous négligeons l'un comme trop faible, si nous cédons tout à l'autre comme trop redoutable, contre qui, Athéniens, prendrons-nous donc les armes?

Il est ici des orateurs très-ardents à soutenir près de vous les droits des autres peuples : j'aurais un avis à leur donner, un seul : qu'ils tâchent de soutenir près des autres peuples les droits des Athéniens, afin de donner l'exemple d'une haute convenance. Il sied mal de venir vous faire la leçon sur l'équité, quand on ne la pratique pas soi-même : or, il y a injustice chez le citoyen toujours prêt à vous accuser, jamais à vous défendre. Par le ciel! considérez bien ceci : Pourquoi, à Byzance, personne ne voudrait-il détourner le peuple de s'emparer de Chalcédoine (17), qui était à vous avant qu'elle fût au roi de Perse, et sur laquelle les Byzantins n'ont aucun droit? de ne pas rendre tributaire Sélymbrie, ville autrefois notre alliée? de ne pas limiter son territoire, au mépris des serments et des traités qui déclarent ces deux cités indépendantes? Pourquoi personne n'a-t-il endoctriné Mausole quand il vivait (18), et, après sa mort, Artémise, pour ne pas assujettir Cos, Rhodes, et d'autres cités grecques, que le Grand-Roi, de qui ces princes relèvent, a cédées aux Hellènes par des traités, et pour lesquelles les Hellènes ont affronté jadis des périls nombreux et livré de glorieux combats? Que l'on hasarde ce langage auprès de la reine et des Byzantins, on ne trouvera probablement pas les auditeurs dociles.

Pour moi, je crois juste de rétablir la démocratie rhodienne; et, juste ou non, lorsque j'envisage la conduite des autres peuples, le conseil de ce rétablissement me semble un devoir. Comment cela? c'est que, si tous, ô Athéniens! étaient zélés observateurs du droit, il serait honteux de nous en écarter seuls; mais, puisque la politique universelle n'est que l'art d'être injuste impunément, afficher seuls le prétexte de l'équité pour ne rien entreprendre, ce n'est plus justice, c'est lâcheté (19). Partout la grandeur des droits se mesure à la grandeur de la force : je puis vous en citer une preuve bien connue. Il existe deux traités entre les Hellènes et le Roi : l'un, ouvrage de notre république, est généralement loué; l'autre, rédigé plus tard par Lacédémone, est généralement blâmé. La limite du droit n'est pas la même dans ces deux conventions. C'est que les lois, dans une république, appellent à la participation des mêmes droits individuels et les grands et les petits; mais, dans le droit public de la Grèce, le plus fort fait la part au plus faible. Ainsi, puisque vous voilà déterminés à agir au nom du droit (20), il faut aviser aux moyens de l'établir : or, vous y parviendrez quand tous les peuples verront en vous les défenseurs de leur indépendance.

Je ne suis pas surpris que vous ayez tant de peine à faire ce que vous devez. Les autres peuples n'ont à combattre que des ennemis déclarés; vainqueurs, rien ne les empêche plus de jouir de leurs avantages. Mais vous, ô Athéniens! outre ce combat, commun à tous, vous en soutenez auparavant un autre, qui est plus rude. Il faut que, dans vos délibérations, vous triomphiez des citoyens qui, par système, attaquent les intérêts de la république; et, comme rien d'utile ne peut s'effectuer sans cette lutte, vous manquez nécessairement beaucoup d'entreprises. Si, dans l'administration, tant d'Athéniens ont embrassé ce rôle avec sécurité, sans doute l'or de ceux qui le soudoient en est la principale cause; mais c'est à vous aussi qu'on peut s'en prendre. Vous auriez dû, Athéniens, introduire dans l'ordre politique la même discipline que vous faites observer dans l'armée. Or, quelle est-elle? vous flétrissez, vous privez de tous les droits civiques le soldat qui abandonne le poste assigné par son général. Eh bien! que le citoyen, déserteur du poste politique confié par nos aïeux, que le fauteur de l'oligarchie perde l'honneur de vous conseiller. Loin de là, vous, qui ne comptez sur l'attachement de vos alliés qu'autant qu'ils jurent de n'avoir pas d'autres ennemis ou amis que les vôtres, vous croyez à l'entière loyauté des orateurs influents que vous savez certainement dévoués aux ennemis de l'État!

Après tout, l'accusation contre ces hommes, le blâme contre vous-mêmes ne sont pas difficiles à trouver; mais ce qu'il faut dire, ce qu'il faut faire pour réformer les abus régnants, voilà une laborieuse découverte. Peut-être n'est-ce pas ici le temps de tout dire; mais, si vous pouvez confirmer vos résolutions (21) par quelque utile entreprise, le reste en recevra peut-être des améliorations successives. J'opine donc pour que vous preniez avec énergie la défense des Rhodiens, pour que vous agissiez d'une manière digne d'Athènes. Vous écoutez avec joie l'éloge de vos ancêtres; vous contemplez leurs exploits, leurs trophées. Or, songez qu'ils ont érigé ces trophées pour vous inspirer, non une admiration stérile, mais le désir d'imiter les vertus de leurs consécrateurs.

NOTES
DU DISCOURS SUR LA LIBERTÉ DES RHODIENS.

(1) Texte : Dobson (*Orat. Attic.* t. v, p. 298), revu principalement sur l'*Apparatus* de Schæfer.

Mêmes secours accessoires que pour le discours en faveur des Mégalopolitains. De plus, commentaire de Stanley, dans le t. IX de Dobson, p. 514; traduction de Gervais de Tournay; et celle de M. Bignan, qui est dans le Démosthène d'Auger, édit. de M. Planche.

(2) Une scolie d'un manuscrit de Bavière, dépouillé par Reiske, nous a conservé, sur Mausole, l'opinion de Théopompe : ἔφη δὲ αὐτὸν Θεόπομπος μηδενὸς ἀπέχεσθαι πράγματος, χρημάτων ἕνεκα. « Son avidité le rendait capable de tout. » Ulpien remarque l'adresse de l'orateur à cacher, pour ainsi dire, les reproches adressés à sa patrie derrière ceux que méritait ce prince, mort depuis peu.

(3) M. Bignan : « Cette conduite apprendra aux villes de la Grèce, etc. » M. Jager : « Tous les peuples libres regarderont votre amitié, etc. » Mais n'y a-t-il pas deux idées distinctes dans τοὺς πολλοὺς d'une part (*multitudinem, plebem*, opposé à τοὺς ὀλίγους), et ἁπάσαις ταῖς πόλεσι de l'autre? Wolf et Auger l'ont entendu ainsi. J'ai tâché d'éviter cette confusion.

(4) Ceci se rapporte à l'insurrection de Tachos et de Nectanébos contre Artaxerxès-Ochus.

(5) ὑπέρ γε τῶν δικαίων, expression mutilée par les traducteurs. Vrai sens : *pour les droits de la démocratie.* C'est l'idée dominante de ce discours. Stanley : *ad jura nostra defendenda.* Le mot *nostra* est seulement vrai dans ce sens que la démocratie athénienne se croyait in-

téressée au maintien de cette forme de gouvernement dans tous les États grecs où elle se trouvait établie.

(6) Ariobarzane, satrape de Phrygie, s'était révolté contre le roi de Perse (ol. civ, 4 ; 361). Timothée, dit Cornélius Népos, vint à son aide, de concert avec Agésilas. Ariobarzane compta au roi de Sparte une somme d'argent ; mais Timothée, au lieu de recevoir un présent dont il pouvait détourner une partie à son profit, aima mieux étendre les possessions et le territoire de sa patrie, et obtint les villes de Crithote et de Sestos, etc. *Timoth.* I.

(7) *Artémise,* reine de Carie, sœur et veuve de Mausole. Malgré Suidas, dont un scoliaste invoque le témoignage, Stanley soutient qu'il n'y a pas eu deux reines de ce nom. Selon Ulpien, la politique et l'intérêt de cette princesse consistaient surtout à plaire au roi de Perse. Après la mort de son époux, elle avait occupé Rhodes avec ses troupes. Vitruve, II, 8, raconte comment elle s'empara de la citadelle.

(8) Ochus, étant maître de l'Égypte, aurait été voisin de Rhodes, qui n'est séparée de ce pays que par la mer.

(9) Sans doute, parce que cette conquête serait une rupture de la paix faite avec la Grèce. (Jacobs.)

(10) Ces Rhodiens étaient les chefs de la faction oligarchique. Leur pouvoir ne se soutenait qu'à l'aide de la Carie et de la Perse.

L'enchaînement des considérations politiques de tout ce morceau est très-difficile à saisir. La paraphrase d'Ulpien n'éclaircit rien ; Dobrée a tout embrouillé ; Auger n'a pas même vu la difficulté. Leland seul a jeté quelque lumière sur l'ensemble de ce passage, et Jacobs a cru ne pouvoir mieux faire que de répéter ses réflexions, auxquelles je renvoie le lecteur.

(11) *car je ne suis pas le proxène de ces hommes.* V. les notes du Disc. contre la Loi de Leptine ; Ulrich, *de Proxenia,* Berol. 1822 ; et Stanley, ad h. l. Au lieu de πρόξενῶ, et de ἰδίᾳ ξένος, Valckenaer croit qu'il faut lire πρόξενος εἰμι et ἰδιόξενος ; il s'appuie d'un passage de Lucien, *init. Phal.* II, où cette même idée est reproduite. Stanley a lu πρόξενος ; ἰδιόξενος est dans deux manuscrits cités par Obsopæus et Reiske.

(12) ὄντες Ῥόδιοι, *Rhodiens comme ils sont.* Homère les appelle ἀγερώχους, ὑπερηφάνους ; et Tite-Live parle de leur stupide arrogance, stolidæ superbiæ, *Decad.* 5, liv. 5. (Wolf.) « Quo vitio audio eam gentem nunc etiam laborare » ajoute Lucchesini.

(13) Les éditeurs se partagent entre φιλοτιμίας, leçon vulgaire, et φιλονεικίας, leçon de Bekker. Malgré Schæfer, Jacobs a choisi la première, qu'il traduit par *Ruhms.*

(14) J'ai traduit sur βουλομένους, que Dobrée approuve, et que donnent deux m. n. s. et l'édition aldine de Taylor, au lieu de βουλευομένους.

(15) Diodore rapporte (XIV, 5, 6) que, sous la tyrannie des Trente, plus de la moitié des Athéniens sortirent de leur patrie. Les Lacédémoniens ordonnèrent par un décret l'extradition des réfugiés, et menacèrent d'une amende de 5 talents les villes qui s'y opposeraient. La crainte produisit l'obéissance : mais les Argiens et les Thébains protestèrent, par des mesures énergiques et pleines d'humanité, contre cette odieuse persécution.

(16) Philippe, contre qui Démosthène avait prononcé son premier discours l'année précédente, n'est pas un instant perdu de vue par l'orateur. Vainqueur en Thrace, il se préparait à faire la guerre aux Olynthiens. Vers la fin de 1830, la remarque faite ici par Démosthène au sujet de Philippe et du roi de Perse, fut appliquée, dans nos débats parlementaires, au duc de Modène et à l'empereur de Russie.

(17) *Pourquoi à Byzance, personne, etc.* Auger, 1777, avait adopté ce sens, que je retrouve chez tous les traducteurs depuis Wolf et Tournay jusqu'à Jacobs et M.

Jager, excepté chez Auger lui-même, 1819, et chez M. Bignan : « Pourquoi ces orateurs ne vont-ils pas conseiller aux Byzantins, etc. » Écoutons Schæfer : « Oratores isti Atheniensium comparantur cum oratoribus Byzantiorum consiliariisque Artemisiæ. Illos orator dicit aut imprudentes aut perfidos ; hos prudentes, quippe ea sola suadentes quæ Byzantiis Artemisiæque prosint. » — *de Chalcédoine* : ville grecque de la Bithynie, (auj. *Kadi-Keui*) sur la Propontide, à l'entrée du Bosphore de Thrace, en face de Byzance. Elle devait être attaquée par les Byzantins ; peut-être les hostilités étaient déjà commencées. Le sort de cette colonie de Mégare fut très-varié : dépendante des Lacédémoniens, pendant la guerre du Péloponèse, elle leur fut arrachée par Alcibiade et Théramène. Après la bataille d'Ægos-Potamos, elle se rendit à Lysandre ; et le traité de paix d'Antalcidas la rangea parmi les possessions de la Perse. — *Sélymbrie* (auj. *Silivria*) entre Périnthe et Byzance, sur la Propontide. Σηλυμβρίαν n'est pas régi par καταλαμβάνειν, comme l'a bien vu Jacobs. Notre dernier traducteur a reproduit le contre-sens d'Auger : « à ne pas s'approprier Sélymbrie. » J'ai traduit ὁρίζειν dans le sens le plus clair et le plus simple : c'est celui que reconnaissent H. Estienne, 6958, B, ed. Leond., Bekker, Schæfer, et Jacobs (*die grenzen zu setzen*). Selon Reiske, la pensée serait : « ne pas enclaver le territoire de Sélymbrie dans celui de Byzance. »

(18) Je traduis, comme Jacobs, sur la leçon de Bekker οὐδὲ Μαύσωλον ζῶντα, qui a pour elle de nombreuses autorités (Voy. *l'Apparatus*).

(19) « Si j'ai bien saisi la pensée de l'orateur, dit Jacobs, il ne prend, selon la hardiesse qui lui est propre, cette tournure inattendue que pour assurer plus fermement le succès de son opinion. Il fallait gagner deux classes d'auditeurs, ceux qui voulaient le droit, et *les politiques*, qui, ne se souciant guère d'une exacte justice, cherchaient, avant tout, l'avantage. Les premiers étaient satisfaits ; Démosthène s'adresse maintenant aux seconds, mais en peu de mots, et il prouve que, dans la politique de fait, établie de son temps, la puissance était indispensable pour faire valoir le droit. » Son but, comme l'observe Ulpien, était d'ajouter à la considération dont jouissait sa patrie, loin de la sacrifier, par des scrupules philosophiques, à un préjugé dominant ; et, pour parler le langage de Mirabeau, après avoir *saisi sa vérité dans son énergique pureté*, Démosthène redevient *l'homme d'État, qui est obligé de tenir compte des antécédents, des difficultés, des obstacles.* La critique d'Auger, sur ce passage mal compris, porte donc à faux.

(20) Au lieu de ποιεῖν, on a proposé diverses corrections, les unes arbitraires, les autres au moins inutiles : καὶ εἰδέναι, καὶ λέγειν, καὶ εἰπεῖν, enfin καὶ ποιεῖν. Auger, 1819, donne καὶ ποιεῖν, et traduit sur καὶ λέγειν. Les derniers critiques, et, parmi eux, Dobrée, admettent ποιεῖν sans conjonction. C'est aussi sur cette leçon que Jacobs et M. Jager ont traduit. Mais ils prennent ἐγνωκέναι dans le sens de *connaître, Kenntnisz.* Or, j'ai vainement cherché des exemples d'une telle acception de ce verbe, quand il regit un infinitif : ἐγνωκέναι ποιεῖν ne peut se traduire que par *avoir résolu de faire.* Reiske : « decreveritis justa facere. » Schæfer est encore de cet avis : « ἐγνωκέναι ποιεῖν, significat propositum, πρᾶξαι effectum propositi. » Mais quelle est cette détermination, qu'avait prise le peuple athénien ? Je crois que c'est la même qui est désignée plus bas par le mot προῄρησθαι. Voy. note suivante.

(21) C'est-à-dire, le projet de reprendre votre prépondérance politique. (Wolf.) Le moment, en effet, semblait favorable : Sparte était déchue depuis sa lutte malheureuse contre Épaminondas ; Thèbes épuisait ses forces à soumettre les Phocidiens ; et Philippe ne siégeait pas encore au Conseil des Amphictyons.

VI.

DEUXIÈME PHILIPPIQUE,

OU

PREMIÈRE OLYNTHIENNE.

INTRODUCTION.

Nous avons laissé Philippe s'efforçant, par son inaction, de faire oublier aux Athéniens sa tentative contre le passage des Thermopyles. Il embellissait sa capitale de monuments magnifiques, attirait à sa cour les artistes grecs les plus habiles, et prodiguait ses trésors dans les villes de la Grèce pour s'y faire des partisans. Il se rendait, pour un grand nombre de citoyens, dépositaire des richesses qu'ils avaient dérobées au temple de Delphes : maître de leur fortune, il les attachait à sa cause, et les trouvait plus dévoués à ses intérêts qu'à ceux de leur patrie. Après avoir trompé les Grecs par deux années d'un repos si utilement employé pour sa grandeur, il fait une expédition dans le Péloponèse, pour y jouer, à l'exemple d'Épaminondas, le rôle de protecteur de Mégalopolis. Archidamos III, roi de Sparte, avait envahi le territoire de cette ville. Les Sicyoniens, les Argiens, les Messéniens, avaient marché à son secours. Plusieurs combats s'étaient livrés entre les deux partis; mais l'arrivée de Philippe avec sa flotte, le débarquement de ses troupes sur les côtes de Laconie, et la prise de Trinasos, font craindre aux Lacédémoniens qu'ils n'aient à combattre une ligue plus redoutable que celle qu'avaient formée les deux héros de Thèbes. Ils demandent la paix à Philippe, et consentent à laisser libres les villes de Mantinée, de Mégalopolis et de Messène. Après cette expédition, le roi de Macédoine se rend dans la Thessalie, où il enlève Phères à Pytholaos, qui s'y était établi à l'aide des Phocidiens. Il fait ensuite passer des troupes dans l'Eubée, qu'il aurait enlevée aux Athéniens, si ces derniers n'avaient confié à Phocion le soin de défendre cette possession importante. Les Macédoniens sont chassés de l'île; et Philippe, pour réparer ce revers, porte ses armes dans l'Hellespont, où il s'empare des forts de Géra, de Stagire, patrie d'Aristote, de Myciberne et de Torone[1]. Pour achever de couvrir ses frontières, il ne lui restait plus qu'à s'emparer d'Olynthe.

Cette ville, aujourd'hui *Olyntho* ou *Hagios-Mamas*, fondée, à l'époque du siége de Troie, par Brangas, fils de Strymon, roi de Thrace, en l'honneur de son frère Olynthos, était occupée, depuis les guerres médiques, par des Grecs originaires de Chalcis, colonie athénienne de l'Eubée. Cité agricole et commerçante, Olynthe s'élevait sur une hauteur, dans un canton fertile qu'Hérodote appelle Sithonie, entre deux rivières, près d'une petite baie qui termine au N. O. le golfe de Torone. Voisine du mont Pangée, elle en convoitait les bois de charpente et les mines d'or. Une origine commune avec les habitants de plusieurs cités voisines fit donner le nom de Chalcidique à tout ce riche pays, borné et découpé par quatre larges bras de la mer Égée. Gouvernée, dans le principe, par deux magistrats suprêmes et un sénat, la république olynthienne devint plus tard démocratique. Elle dut ses rapides accroissements à la communication facile du titre de citoyen et à la douceur de ses lois envers les étrangers. Après avoir été tributaire d'Athènes, elle avait secoué le joug au premier signal de la guerre du Péloponèse. Avec sa redoutable cavalerie, elle vainquit deux fois les Athéniens sur son territoire : mais la paix de Nicias (421), en garantissant ses autres droits, la comprit parmi les cités du Nord soumises à l'impôt des alliés. Athènes prise par Lysandre (405), les Olynthiens fortifièrent leurs remparts, attirèrent à eux les îles voisines de leur péninsule, disciplinèrent des troupes plus nombreuses; et, grâce à l'engourdissement de la Macédoine, et aux guerres intestines de la Grèce, ils devinrent conquérants. Pella, capitale d'Amyntas II, tomba en leur pouvoir; le faible père de Philippe se vit quelque temps dépouillé d'une grande partie de ses États; et il ne fallut rien moins que Sparte, dans tout l'éclat de sa puissance, soutenue par les armes de Thèbes, de la Thessalie et de la Macédoine occidentale, pour soumettre les Olynthiens (380) après une sanglante résistance de quatre années. Fidèles à leur politique envers les ennemis éloignés, les Lacédémoniens ménagèrent leur conquête : une ligue offensive et défensive fut conclue; et, au prix de quelques restrictions apportées aux libertés populaires, la somptueuse Olynthe resta le chef-lieu d'une confédération de trente-deux villes qui reconnaissaient huit autres capitales. Tel était, à peu près, autrefois le rôle d'Amsterdam dans les Provinces-Unies. Toutes ces cités, dont plusieurs étaient originaires de Corinthe et de l'Achaïe, avaient les mêmes lois civiles et criminelles, lois excellentes, selon Théopompe, mais mal observées.

---

[1] Poirson et Cayx, *Précis de l'hist. anc.*, p. 353.

Seuls maîtres du promontoire Ampélos, les Olynthiens partageaient encore avec la Thrace et la Macédoine ceux d'Athos et de Pallène. Ils luttèrent longtemps, avec des chances à peu près égales, contre Timothée, occupé à reconquérir à sa patrie ses anciennes possessions dans la Thrace (364,360)[1].

Quand Philippe monta sur le trône, dit l'Athénien Apollodore dans le *Voyage d'Anacharsis*, les Olynthiens étaient sur le point de conclure une alliance avec nous. Il sut la détourner, en nous séduisant par des promesses, eux par des bienfaits : il augmenta leurs domaines par la cession d'Anthémonte et de Potidée, dont il s'était rendu maître. Touchés de ces avances généreuses, ils l'ont laissé pendant plusieurs années s'agrandir impunément ; et, si par hasard ils en concevaient de l'ombrage, il faisait partir aussitôt des ambassadeurs qui, soutenus des nombreux partisans qu'il avait eu le temps de se ménager dans la ville, calmaient facilement ces alarmes passagères. Ils avaient enfin ouvert les yeux, et résolu de se jeter entre nos bras ; d'ailleurs ils refusaient depuis longtemps de livrer au roi deux de ses frères d'un autre lit, qui s'étaient réfugiés chez eux, et qui pouvaient avoir des prétentions au trône de Macédoine. Il se sert aujourd'hui de ces prétextes pour effectuer le dessein, conçu depuis longtemps, d'ajouter la Chalcidique à ses États. Il s'est emparé sans effort de quelques villes de la contrée, les autres tomberont bientôt en ses mains. Olynthe est menacée d'un siège ; ses députés ont imploré notre secours[1].

Cette ambassade est de l'année 348 (ol. 107, 1). Il est probable que de nombreux discours furent prononcés dans cette importante occasion. Démosthène repoussa de toutes ses forces la demande des Olynthiens ; et plus d'une fois Démosthène, sans les nommer, s'attache à le réfuter [2]. Terminons l'analyse synoptique de la première Olynthienne, en dégageant ce chef-d'œuvre, ainsi que les deux autres, des subdivisions infinies et souvent contradictoires des anciens rhéteurs.

[1] Vœmel, *Prolegg. in Phil.* 1, *et olynth. orat.* ; Jacobs, *Introd. aux Olynth.*, etc.

[1] Chap. LXI.
[2] Schol. ad olynth. pass. — L'ordre chronologique des trois Olynthiennes, et le résultat de chacun de ces discours ou plutôt des trois assemblées populaires dans lesquelles ils furent prononcés soulèveront toujours des doutes fondés et des questions peut-être insolubles. Dans l'insuffisance des témoignages historiques et critiques, j'ai suivi de préférence, pour cette partie si controversée, les Prolégomènes de Reuter.

ARGUMENT GÉNÉRAL:

Philippe n'est pas redoutable.

EXORDE.	PREUVE.			PÉRORAISON.
Les Dieux, en mettant Philippe aux prises avec un ennemi voisin et puissant, offrent aux Athéniens une occasion dont ils doivent profiter.	**I.** Perfidies de Philippe. Il a trompé, 1° les Athéniens, par la promesse de leur rendre Amphipolis ; 2° les Olynthiens, par la cession de Potidée ; 3° les Thessaliens, au sujet de Magnésie, etc.	**III.** Sa puissance, étayée du parjure, ne saurait être durable. Envoyons donc en Thessalie des députés dont les paroles soient appuyées par notre entrée en campagne.	**V.** « Mais Philippe est heureux. » Il ne l'est que de notre inertie. Réveillons en nous cette activité que nous avons tant de fois déployée pour la cause des autres peuples, et Philippe, avec sa fortune, n'est plus à craindre. Nécessité de cette réforme.	Que chacun, suivant ses talents et ses facultés, concoure à la destruction de l'ennemi commun, et la république est sauvée.
PROPOSITION. Démosthène n'imitera pas les orateurs qui, pour aiguillonner les Athéniens, s'étendent sur les conquêtes du roi de Macédoine. Mais, rappelant en peu de mots les actions de ce prince, il en tirera les principales parties de sa preuve.	**II.** Il touche au terme de ses prospérités. Les peuples trompés l'ont élevé ; désabusés, ils vont le renverser.	**IV.** Faible du côté de ses alliés, Philippe l'est encore dans ses propres États. — Les Macédoniens sont fatigués de guerres. — Mœurs de ses soldats les plus dévoués, et de sa cour. — Le premier revers dévoilera toute la turpitude et toute la faiblesse de ce prince.	**VI.** Preuves nouvelles de cette nécessité. — Remettons tout en commun, parole, conseil, action.	

DISCOURS.

Si les Dieux ont mille fois manifesté sur vous leur bienveillance, ô Athéniens ! c'est aujourd'hui surtout qu'ils la dévoilent (1). Que Philippe, en effet, ait tourné contre lui les armes d'un peuple limitrophe, redoutable par sa puissance, et, ce qui est plus heureux encore, convaincu que, dans cette guerre, toute réconciliation avec lui serait un parjure et la ruine de la patrie, tout ici porte l'empreinte d'une divine bienfaisance. Dès cet instant, hommes d'Athènes, gardons-nous de nous montrer moins favorables à nous-mêmes que le concours de ces événements. Car ce serait une honte, ce serait une infamie si les peuples nous voyaient, après avoir abandonné villes et contrées soumises autrefois à notre domination (2), rejeter encore et les alliés et les grandes occasions que nous ménage la fortune.

Énumérer les forces de Philippe, et, par là, vous exciter à faire votre devoir, c'est ce que je ne puis approuver : pourquoi? parce que tout ce langage est, à mon sens, un éloge flatteur de cet homme, et la satire de notre conduite. Car, plus il s'est surpassé, plus il paraît digne d'admiration; et vous, moins vous avez tiré parti de vos affaires, plus vous vous condamnez au déshonneur. Laissons donc ces déclamations, Athéniens; interrogeons la vérité, elle répondra que c'est du sein d'Athènes que Philippe s'est agrandi, et non point par son propre génie. Ainsi, pour ses succès, objet de sa gratitude envers nos gouvernants, ses amis, et qui devraient l'être de votre vengeance, le moment n'est pas venu d'en parler : mais ce qui n'a point de rapport à sa fortune (3), ce qu'il vous est plus utile d'entendre tous, ô mes concitoyens ! enfin, ce qui, devant tout juge impartial, le couvrira d'opprobre, voilà ce que j'essayerai d'exposer.

Sans citer les faits, traiter Philippe de parjure, d'homme sans foi, c'est lancer l'invective dans le vide. Mais, pour parcourir toutes ses actions, pour le confondre par leur unanime témoignage, peu de mots suffisent; et je crois utile de le faire, pour deux raisons : il faut mettre dans son vrai jour toute sa perversité; il faut que les esprits épouvantés d'une puissance, on dirait invincible, apprennent qu'il a épuisé les frauduleuses manœuvres auxquelles il doit sa grandeur, et que ses prospérités touchent à leur terme.

Et moi aussi, Athéniens, je croirais Philippe fait pour commander la terreur et l'admiration, si je l'avais vu s'élever par des voies légitimes. Mais, l'œil fixé sur ses démarches, je le vois, dès l'instant où quelques factieux chassaient d'ici les Olynthiens accourus pour conférer avec nous, abuser notre simplicité par ses protestations de nous livrer Amphipolis, et d'accomplir cet accord qui fut un mystère pour la rumeur publique (4); puis, pour capter l'amitié d'Olynthe, lui donner Potidée, qu'il venait d'usurper outrageusement sur nous, ses anciens compagnons d'armes; dernièrement enfin, fasciner les Thessaliens en s'engageant à leur rendre Magnésie, en se chargeant de leur guerre de Phocide. Quiconque, en un mot, traitait avec ce fourbe, tombait dans ses pièges. Toujours amorcer les peuples assez stupides pour ne pas le connaître, toujours les engloutir dans sa puissance, voilà le principe de sa grandeur. Or, comme leurs efforts l'ont élevé quand chacun pensait tirer de ses travaux quelque grand avantage, convaincu maintenant d'avoir tout fait pour son seul égoïsme, il doit être renversé par ses fauteurs mêmes. Oui, telle est, ô Athéniens! la situation de Philippe. Qu'un autre monte à cette tribune; qu'il me prouve, qu'il vous montre que telle n'est point la vérité, que les peuples dont Philippe s'est joué croiront encore à sa parole, que la Thessalie, si indignement asservie, ne briserait pas ses fers avec joie!

Quelqu'un de vous, peut-être, tout en voyant Philippe dans cette crise, pense qu'il maintiendra sa domination par la violence, puisqu'il s'est hâté de saisir des places, des ports, des positions militaires : erreur! C'est quand les armes sont unies par la bienveillance, par l'utilité commune, que les coalisés consentent à partager les fatigues, à souffrir, à persévérer. Mais que, par une avide scélératesse, l'un d'eux, comme celui-ci, abatte tout sous sa force, au premier revers, au moindre prétexte, toutes les têtes se redressent en frémissant (5), et les chaînes sont brisées. Car ce n'est pas, non, ce n'est pas sur l'iniquité, sur le parjure, sur le mensonge, que se fonde une puissance durable : ignobles moyens qui, d'aventure, se soutiendront une fois, un moment, promettront même l'avenir le plus florissant; mais que le temps arrête dans leurs furtifs progrès, et qui s'écroulent sur eux-mêmes. Comme dans un édifice, dans un vaisseau, les parties inférieures doivent être les plus solides, de même donnons pour fondement à la politique la justice et la vérité. Or, cette base a manqué jusqu'à ce jour à toutes les entreprises de Philippe.

Il faut donc secourir Olynthe ; et, plus les moyens proposés seront efficaces et rapides, plus je les approuverai. Il faut, en même temps, qu'une ambassade en Thessalie instruise les uns de votre résolution, attise la haine des autres. Car ils ont maintenant décrété de réclamer Pagases, et de faire valoir leurs droits sur Magnésie (6). Mais songez-y, Athéniens : que vos députés apportent autre chose que des mots : donnez-leur quelque action à citer, en courant à la guerre avec un empressement digne d'Athènes ! Si la parole, sans les faits, ne semble qu'un vain son, c'est surtout quand elle est portée au nom de notre république : car, plus nous la manions avec souplesse, plus elle excite la défiance générale. Montrons donc en nous une réforme entière, par notre zèle à contribuer, à partir, à tout faire pour la patrie, si toutefois il est possible encore qu'on nous écoute.

Veuillez seulement remplir ces devoirs que vous imposent l'honneur et la necessité : alors, ô Athéniens! vous ne verrez dans les alliés de Philippe ni force ni foi ; je dis plus, vous découvrirez sa faiblesse, et les désordres intérieurs de son royaume. Sans doute, l'empire macédonien, jeté dans la balance comme par supplément, ne laisse pas d'avoir quelque poids. Ainsi, sous Timothée (7), fut-il autrefois pour nous contre Olynthe ; ainsi, plus tard, coalisé avec Olynthe contre Potidée, parut-il une puissance ; ainsi vient-il de soutenir, contre une famille de tyrans, la Thessalie agitée par la fièvre des discordes civiles. C'est que la moindre force sert toujours celui qui l'ajoute à la sienne. Mais, en elle-même, la Macédoine est faible et dévorée de maux ; car son despote, à force de guerres et d'expéditions qui, peut-être, dans quelques esprits en font un grand homme, a ébranlé son propre empire, déjà chancelant. Eh! ne croyez pas, Athéniens, que les mêmes passions enivrent Philippe et ses sujets. Lui ne respire que la gloire ; à travers mille travaux, mille dangers, il la poursuit avec ardeur, préférant à la sécurité de la vie la réputation d'avoir accompli ce que monarque macédonien ne tenta jamais. Mais ses sujets ne partagent point cette fureur de renommée guerrière. Harassés par les marches et les contre-marches de ses expéditions sans cesse renaissantes, traînant une longue chaîne de douleurs et de misères, ils ne peuvent ni cultiver leurs champs, ni soigner leurs intérêts domestiques, ni trafiquer des dépouilles ravies par toutes sortes de voies, puisque la guerre a fermé leurs ports.

De là aux sentiments de la masse de Macédoniens envers leur roi, la conclusion est facile.

Quant à ses pézétaires (8), quant aux mercenaires qui l'entourent, guerriers de renom, ils sont, dit-on, dressés à une discipline admirable. « Cependant, me rapportait un Macédonien même incapable d'en imposer, ils n'ont rien au-dessus des autres. L'un d'eux s'est-il signalé dans une campagne, dans une bataille ? l'envieux Philippe le chasse, voulant que tout soit cru son ouvrage ; car la plus ardente jalousie couronne les vices de cet homme. » Il ajoutait que, s'il se rencontre ami de la tempérance et de la justice, incapable de supporter et ses débauches journalières, et son ivrognerie, et ses pantomimes infâmes, il dédaigne un tel caractère, il l'exclut de tout emploi. Aussi marche-t-il escorté d'un ramas de bandits, d'adulateurs, de misérables assez corrompus pour s'abandonner, dans leurs orgies, à des danses que je rougirais de nommer devant vous. Témoignage d'une incontestable vérité : en effet, des scélérats chassés par nous d'un accord unanime pour avoir renchéri sur l'impudence des jongleurs, un Callias (9), un esclave public, et leurs dignes associés, ces histrions, ces faiseurs de chansons abominables, qu'ils lancent contre les familles du prince pour l'égayer, voilà ses amours, voilà sa cour assidue !

Que nous font, à nous, ces turpitudes ? — Athéniens, ces turpitudes sont pour les clairvoyants un éclatant témoignage de la pensée de cet homme, et du génie qui l'égare. Ses prospérités les cachent aujourd'hui sous leur ombre : car, ses succès sont ingénieux à dérober, à masquer de telles infamies : mais, au moindre revers, toutes ses souillures seront comptées. Encore quelque temps, ô mes concitoyens ! et il donnera cette leçon au monde, si telle est la volonté des dieux et la vôtre. De même que, dans le corps humain, la source des souffrances passées semble tarie tant qu'on jouit de la santé : mais, s'il survient une maladie, fractures, luxations, infirmités de toutes sortes se réveillent : ainsi, tant que la guerre est refoulée au dehors, les maux qui couvent au sein d'une république ou d'une monarchie échappent au vulgaire ; mais à peine s'allume-t-elle à la frontière, qu'elle les a tous dévoilés.

Si l'un de vous, ô Athéniens ! témoin du bonheur de Philippe, juge ses armes redoutables, sans doute il raisonne juste, puisque la fortune est d'un poids si grand, disons mieux, puisqu'elle est le tout des choses humaines (10). Toutefois, s'il m'était donné de choisir, à la fortune de Philippe je préférerais celle de notre patrie, pour peu que vous voulussiez faire votre devoir : car je vois, bien plus qu'à lui, des titres à la protection des Immortels. Mais, si je ne m'abuse, nous dormons. Eh quoi! l'indolent qui ne peut ordonner à ses amis d'agir pour lui, l'exigera-t-il des Dieux? Certes, que Philippe, général et soldat, prodiguant sa personne, animant tout de sa présence, ne perdant pas une occasion, pas un instant, triomphe d'hommes à délais, à décrets, à conjectures, je n'en suis point étonné. Je serais bien surpris, au contraire, si nous, qui n'exécutons rien de ce que veut la guerre, nous vainquions celui qui met tout en mouvement. Mais ce qui me confond, c'est que vous, Athéniens, qui jadis vous levâtes contre Lacédémone (11) pour défendre les droits des Hellènes; vous qui, tant de fois, maîtres d'accroître votre domination et vos trésors, l'avez dédaigné, et qui, pour assurer aux autres la jouissance de leurs biens légitimes, prodiguiez les vôtres et voliez les premiers aux dangers, aujourd'hui vous tremblez de quitter vos foyers, vous hésitez à contribuer, et c'est pour vos propres possessions! Sauveurs de la Grèce entière, sauveurs de chacun de ses peuples en particulier, vous perdez vos domaines et vous dormez! voilà ce qui m'étonne.

Mais j'admire encore que nul ici, ô Athéniens! ne veuille (12) apprécier et depuis quand vous êtes en guerre avec Philippe, et à quoi vous avez employé ce temps. Sachez-le donc enfin : vous l'avez perdu tout entier à tergiverser, à espérer que d'autres feraient votre devoir, à vous dénoncer mutuellement, à vous condamner, à ressusciter vos chimères, à faire, peu s'en faut, ce que vous faites aujourd'hui. O comble de folie! quoi! par cette conduite, qui a renversé Athènes florissante, vous vous flattez de relever Athènes abattue! Mais cela n'est ni dans la raison, ni dans la nature : car la nature a voulu qu'il fût bien plus facile de conserver tous ses biens que d'y rentrer. Or la guerre ne nous a rien laissé à conserver, et tout est à reconquérir. Ainsi, voilà maintenant votre tâche.

Je dis donc : Contribuez, partez, hâtez-vous! Que toute accusation soit suspendue jusqu'à ce que vous vous soyez relevés par la victoire. Alors, jugeant chacun d'après ses œuvres, récompensez les citoyens dignes d'éloges, punissez les prévaricateurs; mais aussi, ôtez-leur tout subterfuge, toute prise sur vous. Car il est inique de scruter inexorablement la conduite d'autrui, quand nous-mêmes nous avons les premiers trahi notre devoir. Après tout, quel motif, Athéniens, pousse tous vos généraux à déserter votre guerre, à chercher des combats pour leur propre compte (13)? S'il faut encore à ce sujet faire entendre la vérité, c'est que, ici, le prix de la victoire n'est que pour vous. Reprendra-t-on Amphipolis? à l'instant vous mettrez la main sur cette ville; des périls seront l'unique salaire des capitaines. Là, au contraire, avec moins de dangers, chefs et soldats ont pour butin et Lampsaque, et Sigée, et les vaisseaux qu'ils rançonnent. Aussi, chacun d'eux se précipite où son intérêt l'appelle. Cependant, quand vos regards s'abaissent sur le déplorable état de vos affaires, vous poursuivez vos généraux; ils vous exposent librement leur fatale contrainte (14), et vous les acquittez. Alors il ne vous reste plus qu'à vous quereller, qu'à cabaler pour telle ou telle opinion; et la patrie est couverte de plaies!

Autrefois, Athéniens, vous contribuiez par classe, aujourd'hui, c'est par classe que vous gouvernez. Chaque parti a pour chef un orateur, aux ordres duquel est un général avec les Trois-Cents et leurs vociférations (15); vous autres, on vous distribue sous chacun de ces deux drapeaux. Sortons, sortons de cette anarchie. Rendus encore aujourd'hui à vous-mêmes, remettez tout en commun, et la parole, et le conseil, et l'action. Car, si vous laissez ceux-ci vous commander en despotes; si ceux-là sont forcés d'équiper des vaisseaux, de prodiguer leur fortune et leur sang; si d'autres enfin ont le privilége de lancer des décrets sur les contribuables sans partager leurs sacrifices, jamais les secours nécessaires ne seront apportés assez tôt. En effet, la partie opprimée s'épuisera en vain : alors, au lieu de vos ennemis, qui frapperez-vous? vos concitoyens!

Je me résume. Contribuons tous dans la juste proportion de nos facultés; tous, prenons les armes tour à tour, jusqu'à ce que le dernier ait marché pour la patrie; que tout citoyen qui se présente à la tribune obtienne la parole; entre tous les avis, adoptez le plus sage, et non celui que tel ou tel aura donné (16). Si vous agissez ainsi, vous applaudirez dans le moment l'orateur; vous ferez plus, vous vous applaudirez vous-mêmes plus tard du bonheur rendu à l'État.

NOTES
SUR LA DEUXIÈME PHILIPPIQUE.

(1) Le texte sur lequel j'ai traduit les trois Olynthiennes (2ᵉ, 3ᵉ, 4ᵉ Philippiq.) est celui de Reuter, 1833.
Secours accessoires, pour collation du texte, interprétation, critique chronologique, etc. : Éd. de Vœmel, 1829 ; — *Apparatus* de Schæfer, t. I, p. 122 ; — Dobson, *Orat. Attici*, t. v, ix, x, xi, xv (Scolies d'Ulpien ; scolies supplémentaires ; celles de J. Wolf ; divers commentaires modernes) ; — Budé, Érasme (dans l'éd. de J. Wolf) ; — Lucchesini ; Topffer ; — Auger Démosth. 4° 1790 ; — id. éd. min. 1788 ; — id. trad. 1777 ; — 1819 ; — Rochefort (Mém. de l'Ac. des Inscript. t. xlvi, p. 74) ; — Nos traducteurs, parmi lesquels je dois distinguer M. Ch. Dupin *Essais sur Démosth. et sur son éloq.* etc. 1814 ; — Jacobs, 1833 ; — Westermann, *Hist. de l'éloq. gr. et rom.* 1833 ; — Alb. G. Becker. *Lit. d. Demosth.* 1830 et 1834.

(2) Amphipolis, Pydna, Potidée, Méthone. A la même époque, Chios, Rhodes, Cos, Byzance, et beaucoup d'autres alliés gagnés par Timothée, avaient rompu avec la république athénienne.

(3) Ici, τούτων me semble identique, pour le sens, avec le même mot exprimé une ligne plus haut. Il se rapporte donc aux succès de Philippe, succès qui sont le résultat de la trahison. Ulpien, J. Wolf et M. Dupin paraissent s'éloigner, dans trois directions différentes, de la pensée de Démosthène.

(4) Huit manuscrits, cités par Reiske, portent κατασκευάσειν, qu'Auger, sans l'adopter, regarde comme la leçon vulgaire. La suppression nécessaire de l'article τῷ devant τὸ θρυλούμενόν, demande le futur de l'infinitif, qui se trouve ainsi régi par φάσκειν, comme παραδώσειν. Schæfer, t. I, p. 243 donne encore d'autres motifs pour adopter cette leçon, qui est loin d'être une correction. Sur cet *accord mystérieux*, écoutons Théopompe, dont Ulpien a tronqué le récit : « Athènes députe vers Philippe Antiphon et Charidème, pour traiter de la paix. Arrivés près du prince, ils s'efforcent de lui persuader de se concerter secrètement avec leur république, pour qu'elle reprenne Amphipolis, avec promesse de lui donner Pydna. Du reste, ils cachent au peuple athénien ces négociations, voulant laisser ignorer aux Pydnéens qu'ils vont les livrer à un nouveau maître. L'affaire fut donc traitée secrètement dans le Conseil. » Ce secret, à demi gardé, était pour le peuple le sujet de mille conjectures.

(5) Pline le Jeune admire ici la poésie de style (ix, ep. 26). Ulpien remarque combien cette métaphore, tirée du mouvement de tête des chevaux, convient aux peuples soumis au joug de Philippe. Comment mieux traduire cette phrase que ne l'avait fait M. Ch. Dupin?

(6) Pagases, ville maritime de Thessalie, qui avait appartenu aux Athéniens ; auj. Vôlo. Magnésie, autre ville thessalienne, au bord de la mer Egée.

(7) Au sujet de cette expédition de Timothée contre les Olynthiens, on est réduit à des conjectures que les derniers critiques ont étalées sans rien conclure. (V. Vœmel, *Olynth.* ii, § 14, n. 3.) Un peu plus bas, il n'est pas question, comme le croit Ulpien, des Alévades, qui régnaient à Larisse ; mais des tyrans de Phères, Tisiphonos, Pythol[...] et Lycophron.

(8) Pézétaires : *fantassins compagnons du prince*. Ce corps d'élite, sorte de garde noble, que Rochefort confondu avec la phalange, comptait dans ses rangs les ces grands capitaines qui, après avoir conquis le monde pour Philippe et pour Alexandre, en partagèrent les dépouilles. Plus bas, je lis παρεωράσθαι, et non παρωσ[...]

(9) Un esclave public, nommé Callias, avait des mœurs si infâmes que le peuple indigné le chassa. Ce misérable connaissait un asile assuré : il accourut auprès du roi de Macédoine, et devint, à sa cour, l'objet des distinctions les plus flatteuses. Libanius, Φιλ. Ψόγ.

(10) τὸ ὅλον. « La piété est le tout de l'homme. » O[...] fun. du Pr. de Condé.

(11) C'est la même guerre dont il est parlé au commencement de la Iʳᵉ *Philippique.*

(12) Rüdiger prend ici δύναται dans le sens de δ[...]. J'ai suivi cette interprétation, que Vœmel et Reuter a[...] prouvent, et qui donne plus de force à la pensée. — *puis quand* : c'était depuis huit ans ; car la guerre entre les Athéniens et Philippe avait commencé sous les murs d'Amphipolis.

(13) Artabaze, satrape rebelle de l'Asie Mineure, avait payé les services volontaires de Charès de deux villes de son gouvernement, Lampsaque et Sigée, en Troade.

(14) Timothée et Iphicrate avaient rejeté leur échec sur une tempête ; Charès sur le dénûment de ses troupes.

(15) On inscrivait sur le premier rôle des contributions extraordinaires les trois cents plus riches citoyens. C'[...] sur eux que pesaient les charges les plus onéreuses ; et [...] s'en dédommageaient en formant une sorte d'aristocratie de la richesse, factieuse et turbulente. Du reste, le savant Bœckh, qui a éclairci tant de textes anciens relatifs à l'administration et aux finances d'Athènes, avoue ne pas c[...] prendre entièrement ce passage, que Jacobs n'expli[...] pas nettement, et d'où Ulpien a tiré plus d'une fausse c[...] séquence.

(16) J'ai dû traduire littéralement, pour me conformer l'intention de l'orateur. Les mots ὁ δεῖνα ἢ ὁ δεῖνα n'[...] rien de vague dans sa pensée : seulement, comme Schæfer l'a remarqué, il s'abstient de nommer. Ainsi, Alceste, d[...] son humeur, fait allusion à Oronte et à Célimène :

On n'a point à louer les vers de messieurs tels,
A donner de l'encens à madame une telle. *Misanthr.* ill[...]

VII.

TROISIÈME PHILIPPIQUE,

ou

DEUXIÈME OLYNTHIENNE.

INTRODUCTION.

Les Athéniens, rappelés d'un côté à leur devoir, et, de l'autre, séduits par leurs propres passions et par les partisans de Philippe, prirent un de ces partis moyens qui sont souvent les plus dangereux en politique. Convaincus que le salut d'Olynthe était la condition du salut d'Athènes, mais incapables de s'arracher à leurs plaisirs, ils firent partir Charès avec trente vaisseaux et trois mille mercenaires. Ce général s'occupa peu de couvrir les possessions d'Olynthe, dans lesquelles les armes macédoniennes faisaient chaque jour de nouveaux progrès. Seulement, pour assouvir la rapacité de ses troupes, il descendit sur la côte fertile de Pallène, dispersa un corps de huit cents hommes commandés par Audeus, les mêmes qu'on appelait *les mignons* de Philippe : facile victoire, dont tout le fruit fut le rire excité par les railleries des poëtes comiques. On ignore cependant si Charès n'obtint pas d'autres avantages.

« A cette nouvelle, dit Libanius, le peuple athénien est ivre de joie, et ses orateurs l'exhortent à accabler Philippe d'un dernier coup. Mais Démosthène craint qu'aveuglé par ses illusions et croyant avoir assez secouru Olynthe, ce peuple léger ne s'inquiète peu de ce qui reste à faire. Il monte à la tribune, il gourmande cette humeur fanfaronne, et tâche de ramener ses concitoyens à la circonspection et à la prudence. Il s'agit bien maintenant de châtier Philippe! dit-il; songez plutôt à sauver vos alliés. » Olynthe, menacée de plus près par le roi de Macédoine, demandait, en effet, dans la même année, de nouveaux secours aux Athéniens.

PROPOSITION GÉNÉRALE :

Secourir Olynthe.

EXORDE.	Ire PARTIE : Nécessité de ce secours.	IIe PARTIE : Moyen de l'effectuer.		PÉRORAISON.
		Abrogation de la loi théâtrale, qui applique aux spectacles les fonds de la guerre, et de la loi militaire qui laisse les réfractaires impunis.		
1° Songez à sauver vos alliés, avant de songer à punir Philippe. 2° La volonté d'agir manque seule au peuple athénien, égaré par ses flatteurs. Qu'il sache entendre le langage de la vérité.	1° Preuve par un exemple. Vous n'avez pas secouru Heræum, et vous reconnaissez les funestes effets de cette négligence. 2° Ne pas secourir Olynthe, ce serait servir l'ambition de Philippe. 3° Vous vouliez, pour agir, la guerre entre Olynthe et Philippe : cette guerre a éclaté, agissez donc. 4° Votre honneur, votre salut dépendent du salut d'Olynthe.	1° Nommez, pour la révision de ces lois, des magistrats inviolables : car nul citoyen n'en demandera l'abrogation au péril de sa vie. 2° Mais c'est peu de substituer de bons décrets a de mauvaises lois : il faut les exécuter. 3° Si nous ne secourons Olynthe aujourd'hui, demain nous nous accuserons les uns les autres, et nous regretterons d'avoir rejeté l'utile conseil de cette abrogation. 4° Mais si l'on trouvait d'autres fonds pour l'armée ? — Impossible ! méfiez-vous de ces chimères dont on vous berce. 5° Vos ressources réelles vous permettent une politique aussi généreuse que celle de vos pères.	6° De là, parallèle de l'administration ancienne et contemporaine, 1° dans les relations avec la Grèce; 2° dans l'intérieur de la république; 3° dans la vie privée de ses chefs. 7° Raison de ces scandaleux contrastes : le peuple athénien, faisant la guerre en personne, était roi ; par la raison contraire, il est sujet, il s'avilit. 8° Moyen de rétablir l'ordre : que les deniers publics ne servent qu'à payer des services publics rendus sur le champ de bataille ou ailleurs. Par là les Athéniens pourront reprendre leurs armes, et se montrer dignes de leurs aïeux.	Courte formule votive.

DISCOURS.

Je ne puis concilier mes pensées, ô Athéniens ! lorsque je considère et notre situation et les discours que j'entends (1). On ne vous parle que de punir Philippe ! moi, je vous vois réduits à la nécessité de songer d'abord à vous garantir de ses insultes. Ainsi, ceux qui tiennent un tel langage ne font, à mon sens, que s'égarer en détournant votre délibération de son but véritable. Certes, qu'Athènes ait pu jadis et tenir son empire à l'abri des dangers, et châtier Philippe, moi aussi j'en ai la certitude : car le temps n'est pas loin, et je l'ai vu, où elle pouvait l'un et l'autre (2). Mais je suis convaincu que c'est assez pour nous aujourd'hui de chercher, avant tout, à sauver nos alliés. Certains de ce premier succès, nous pourrons ensuite aviser aux moyens d'assurer notre vengeance. Mais, tant que le commencement n'est pas solidement établi, il est, je pense, inutile de discourir sur la fin.

Si jamais délibération exigea une vive sollicitude, une prudence consommée, Athéniens, c'est celle qui vous occupe. Non que je croie fort difficile de découvrir le meilleur avis dans cette conjoncture : mais je ne sais, ô mes concitoyens ! quelle tournure il faut lui prêter devant vous. Car je me suis convaincu, par moi-même et par vos autres orateurs, que la fortune vous est le plus souvent échappée pour n'avoir pas voulu faire votre devoir, et non pour ne l'avoir pu comprendre. Toutefois, si je parle hardiment, il est digne de vous de le souffrir, et de considérer uniquement si c'est la vérité que je vous dis, et si mon but n'est pas de rendre votre avenir plus prospère : en effet, vous le voyez, les flatteries de quelques orateurs ont creusé l'abîme où va se perdre la république. Mais, avant tout, il est indispensable de vous rappeler quelques faits antérieurs.

Vous vous souvenez, Athéniens, qu'il y a trois ou quatre ans, on vous annonça que Philippe, en Thrace, assiégeait le fort de Héræum : c'était dans le mois de mæmactérion. Après de longs et orageux débats, vous décrétâtes la mise en mer de quarante trirèmes, l'embarquement des citoyens jusqu'à l'âge de quarante-cinq ans, enfin une levée de soixante talents. Cependant l'année s'écoula, puis hécatombæon, métagitnion, boëdromion : dans ce dernier mois, à grand'peine, après la célébration des mystères, vous fîtes partir Charidème avec dix vaisseaux vides (3), et cinq talents d'argent. C'est qu'à peine apprîtes-vous la maladie et la mort de Philippe (car les deux nouvelles circulèrent) que, jugeant dès lors tout secours superflu, vous aviez désarmé. C'était pourtant là l'instant propice : en effet, si nous étions accourus sur les lieux avec l'ardeur qu'annonçait votre décret, il ne nous pèserait plus aujourd'hui, ce Philippe qui fut alors sauvé. Sans doute, ces faits ne peuvent se réformer : mais voici le moment opportun d'une autre guerre : c'est cela qui m'a porté à vous retracer cette faute, pour vous en préserver aujourd'hui. Comment donc userons-nous de notre fortune, Athéniens ! Ah ! si vous ne secourez Olynthe de toutes vos forces, de tout votre pouvoir, songez-y, vous n'aurez pris les armes que pour le service du Macédonien !

Olynthe était devenue une puissance, et, par un effet de sa position politique, Philippe et elle s'observaient dans une défiance réciproque. La paix fut négociée (4) entre nous et les Olynthiens. C'était pour le Macédonien une entrave, un déplaisir cruel, qu'une vaste cité, prête à fondre sur lui, et qui se réconciliait avec Athènes. Nous pensions qu'il fallait, à tout prix, armer ses habitants contre ce prince. Eh bien ! ce que vous demandiez tous à grands cris, le voilà réalisé, n'importe comment : que reste-t-il donc à faire, ô Athéniens ! que d'apporter vos secours avec énergie, avec ardeur ? Sans parler de l'opprobre qui va nous envelopper si nous trahissons de pareils intérêts, je ne puis entrevoir l'avenir sans effroi, les Thébains, disposés comme ils le sont à notre égard, les Phocidiens appauvris, épuisés, et Philippe, une fois Olynthe renversée, libre d'obstacles qui l'empêchent de se jeter sur l'Attique. L'Athénien qui attend jusque-là pour faire son devoir, veut donc sous ses yeux, pour sa patrie, des horreurs dont il pourrait n'entendre que le retentissement lointain; il veut mendier pour lui-même des protecteurs, lorsque, dès à présent, il pourrait être, lui, le protecteur des peuples ! Eh ! qui de nous ignore que, si nous repoussons la fortune maintenant, tel sera notre destin ?

Oui, dira-t-on, nous le savons tous, des secours sont indispensables, et ces secours seront expédiés : mais le moyen ? indiquez-le. Retenez votre surprise, ô Athéniens ! si j'ouvre un avis étrange pour la plupart d'entre vous : créez des nomothètes (5). Par eux n'établissez pas de nouvelles lois, vous n'en avez que trop ; mais celles qui vous blessent aujourd'hui, abrogez-les. Lois théâtrales (6), lois militaires, je les nomme sans détour, ce sont celles qui, pour de vains spectacles, sacrifient la solde de l'armée aux oisifs restés dans leurs foyers, celles qui assurent l'impunité au soldat réfractaire, et par là découragent le soldat fidèle. Brisez ces entraves, que la voix du bien public puisse s'élever impunie : et demandez alors un promoteur pour les décrets dont vous reconnaissez tous l'utilité. Jusque-là, ne cherchez pas un orateur qui, pour vous sauver, veuille périr par vos mains ; vous n'en trouveriez pas, surtout quand, loin de servir la patrie, l'auteur d'une motion semblable n'aurait fait qu'appeler la persécution sur sa tête, et rendre plus formidable désormais le rôle, déjà périlleux, du sage conseiller du peuple. Qu'ils se chargent du rappel de ces lois funestes, ô Athéniens ! ceux-là qui les ont introduites (7) ! Non, non, il n'est pas juste qu'une faveur, prix de tant de blessures portées à la patrie, demeure à ces législateurs coupables, tandis que l'odieux d'une mesure qui peut les guérir punira le citoyen qui vous apporte des paroles de salut. Mais, avant cette réforme, persuadez-vous bien que nul, parmi vous, n'est assez puissant pour attaquer impunément de pareilles lois, assez insensé pour se jeter dans un précipice ouvert devant ses yeux.

Gardez-vous encore de méconnaître cette vérité, Athéniens : un décret n'est rien, sans la détermination forte d'en remplir avec énergie les volontés (8). Certes, si des décrets avaient la vertu de vous enchaîner à votre devoir, ou d'exécuter ce qu'ils prescrivent, vous ne les eussiez point tant prodigués pour faire si peu, que dis-je? pour ne rien faire, et Philippe n'aurait pas, depuis tant d'années, prolongé ses outrages; car il y a longtemps que, grâce à vos décrets, il eût subi sa peine. Mais qu'il n'en va pas ainsi ! postérieure, dans l'ordre des temps, aux délibérations et aux votes, l'exécution est en réalité la première et la plus efficace. Elle seule nous manque, acquérons-la. Il est parmi vous des citoyens capables de vous conseiller dignement; et, pour juger leurs paroles, vous êtes, ô Athéniens ! les plus pénétrants de tous les hommes. Aujourd'hui, la puissance d'action est aussi à vous, si vous êtes sages. Eh ! quel temps, quelle opportunité plus favorable cherchez-vous? Si ce n'est à présent, quand ferez-vous votre devoir? Est-ce que l'usurpateur n'est pas déjà maître de tous les boulevards de la république? Le laisser encore asservir cette contrée (9), ce serait nous vouer à l'infamie. Car enfin, ceux que nous jurâmes d'être prêts à sauver, s'il les attaquait jamais, ne sont-ils pas attaqués ?

L'agresseur n'est-il pas notre ennemi ? notre spoliateur? un barbare (10)? Eh! qui dirait tout ce qu'il est contre nous ? O dieux ! après lui avoir tout cédé, nous, complices de ses succès, nous demanderons qui nous a trahis! car, je le sais trop, nous n'aurons garde d'avouer que nous sommes les coupables. Dans le péril du combat, où est le fuyard qui condamne sa propre lâcheté? il accuse son général, son camarade; il accuse tout, excepté lui-même. Cependant c'est à la fois par tous les fuyards qu'on a perdu la bataille. Tel inculpe les autres, qui pouvait tenir ferme ; et, si chacun l'eût fait, on eût vaincu. Ainsi, parmi nous, quelqu'un n'ouvre-t-il pas le meilleur avis ? qu'un autre se lève et parle, mais sans inculper le préopinant. Les partis les plus sages vous sont-ils offerts? suivez-les, sous l'égide de votre bonne fortune. — Mais ils n'ont rien de flatteur ! — Jusque-là l'orateur n'est pas coupable; peut-être cependant est-ce un devoir de vous bercer de ses vœux, et il s'en dispense! Des vœux ! oh ! qu'il est aisé, Athéniens, de presser dans une courte formule tous les objets de nos désirs ! mais choisir un parti, dans les délibérations publiques, voilà ce qui est moins facile. Eh! quand tout ne peut nous être donné, préférons du moins ce qui nous sert à ce qui nous flatte.

Mais, si quelqu'un, en maintenant nos dépenses théâtrales, trouvait pour l'armée d'autres ressources, ne serait-ce pas préférable? — Que la chose devienne possible, et je me rends. Mais un prodige qu'on n'a jamais vu, qu'on ne verra jamais, c'est un homme qui, après avoir dissipé ce qu'il possède en futilités, serait encore, pour les dépenses nécessaires, riche des biens qu'il n'a plus ! Ce sont vos propres penchants, Athéniens, qui donnent du poids à de semblables discours : tant l'homme se trompe aisément lui-même ! tant il se persuade ce qu'il désire ! mais trop souvent la réalité dément nos chimères.

Ouvrez donc les yeux, ô Athéniens ! sur vos véritables ressources, et vous trouverez possible de marcher, et la solde ne manquera point. Négliger, faute d'argent, les préparatifs militaires, et supporter gaiement les plus cruels affronts; après avoir couru aux armes pour s'opposer aux Grecs de Mégare et de Corinthe (11), livrer les cités des Hellènes à l'encan d'un Barbare, parce qu'on n'a pas de pain pour le soldat, cela n'est ni d'un peuple prudent, ni d'un peuple magnanime.

Par ces tristes vérités, je ne cherche pas gratuitement des ennemis parmi vous : non, je ne suis point assez insensé, assez malheureux pour vouloir d'une haine que je croirais inutile à ma patrie. Mais je pense que le devoir du vrai citoyen est de faire entendre la parole qui sauve, non la parole adulatrice. Cet usage, ces principes politiques, qui dirigèrent les orateurs de nos ancêtres, entends-je dire (et vous aussi sans doute, puisque tous les citoyens qui approchent aujourd'hui de la tribune les louent, mais sans les imiter), furent ceux d'un Aristide, d'un Nicias, de cet autre Démosthène (12), d'un Périclès. Mais, depuis qu'on a vu surgir ces harangueurs qui vous demandent : *Quels sont vos désirs, par quelle motion puis-je vous complaire ?* ils épuisent la coupe de la fortune publique, à leur faveur, à vos plaisirs d'un moment ; et le malheur accourt, et ils prospèrent, ils s'illustrent de votre honte !

Or, opposez, dans leurs traits principaux, votre conduite et celle de vos pères. Ce parallèle sera court et saisissable : car, sans recourir à des modèles étrangers, les grands souvenirs d'Athènes suffiraient pour réveiller sa fortune. Eh bien ! ces hommes, que ne caressaient pas leurs orateurs, qui n'en étaient pas chéris aussi tendrement que vous l'êtes par les vôtres, commandèrent quarante-cinq ans (13) à la Grèce librement soumise, déposèrent au delà de dix mille talents dans la citadelle, exercèrent sur le roi de Macédoine l'empire qui appartient à des Grecs sur un Barbare ; vainqueurs en personne sur terre et sur mer, ils érigèrent de nombreux et magnifiques trophées ; et, seuls de tous les mortels, ils laissèrent dans leurs œuvres une gloire supérieure aux traits de l'envie. Tels ils furent à la tête des Hellènes : voyez-les maintenant dans leur patrie, hommes publics et simples citoyens. Pour l'État, ils ont construit de si beaux édifices, orné avec tant de magnificence un si grand nombre de temples, consacré dans leurs sanctuaires de si nobles offrandes, qu'ils n'ont rien laissé à surpasser à la postérité. Pour eux-mêmes, ils furent si modérés, si attachés aux vertus républicaines, que celui de vous qui connaîtrait les demeures d'Aristide, de Miltiade (14), ou de leurs illustres contemporains, les trouverait aussi modestes que la maison voisine. Car ce n'était point pour s'élever à l'opulence qu'ils dirigeaient l'État, mais pour accroître la fortune publique. Loyaux envers les peuples de la Grèce, religieux envers les Immortels, fidèles au régime de l'égalité civique, par une voie sûre ils montèrent au faîte de la prospérité.

Voilà quel fut le sort de vos ancêtres sous les chefs que je viens de nommer. Quel est le vôtre entre les mains de vos complaisants administrateurs ? est-il le même encore ? a-t-il peu changé ? Que de choses à dire ! je me borne à celle-ci : seuls, sans rivaux, Sparte abattue, Thèbes occupée ailleurs (15), sans nulle puissance capable de nous disputer le premier rang, pouvant enfin paisibles possesseurs de nos domaines, être encore les arbitres des nations, qu'avons-nous fait ? nous avons perdu nos propres provinces, dissipé, sans nul fruit, plus de quinze cents talents ; la guerre nous avait rendu nos alliés, vos conseillers vous les ont enlevés par la paix (16) ; et nous, nous avons aguerri notre formidable ennemi ! Qu'on se que le nie, qu'il paraisse, qu'il me dise où donc il a puisé sa force, si ce n'est au sein même d'Athènes, ce Philippe ? — Eh ! de grâce, si nous nous affaiblissons au dehors, l'administration intérieure est plus florissante. — Qu'aurait-on à me citer ? des créneaux reblanchis (17), des chemins réparés, des fontaines, des bagatelles ! Ramenez, ramenez vos regards sur les administrateurs de ces futilités : ceux-ci ont passé de la misère à l'opulence ; ceux-là, de l'obscurité à la splendeur ; tel parvenu s'est même bâti de somptueux palais, qui insultent aux édifices de l'État. Enfin, plus la fortune publique est descendue, plus la leur s'est élevée. Quelle est donc la raison de ces contrastes ? pourquoi tout prospérait-il autrefois, quand tout périclite aujourd'hui ? C'est que le peuple, osant faire la guerre par lui-même, était le maître de ses gouvernants, le souverain dispensateur de toutes les grâces ; c'est qu'il était cher aux citoyens de recevoir du peuple honneurs, magistratures, bienfaits. Que les temps sont changés ! Les grâces sont dans les mains des administrateurs ; tout se fait par eux, et vous, vous, Peuple ! énervés (18), mutilés dans vos richesses, dans vos alliés, vous voilà comme des surnuméraires, comme des valets ! trop heureux si ces dignes chefs vous distribuent les deniers du théâtre, s'ils vous jettent une maigre pitance ; et, pour comble de lâcheté, vous baisez la main qui vous fait largesse de votre bien. Ils vous emprisonnent dans vos propres murs, ils vous amorcent, vous apprivoisent et vous façonnent à leur joug. Or, jamais fierté juvénile, jamais courageuse hardiesse n'enflammèrent des hommes asservis à de misérables et viles actions ; car la vie est nécessairement l'image du cœur. Et ces désordres, par Cérès ! je ne serais pas surpris de m'être exposé par leur peinture, à voir coups, moi, plutôt que leurs coupables auteurs. En effet, le franc-parler n'a pas toujours accès auprès de vous ; et, si vous le souffrez maintenant, c'est tout ce qui m'étonne.

Si, du moins aujourd'hui, vous arrachant à mœurs avilissantes, vous vouliez reprendre les armes, les porter d'une manière digne de vous, employer les ressources intérieures à reconquérir au dehors vos possessions, peut-être, citoy-

d'Athènes, peut-être remporteriez-vous un grand et décisif avantage. Vous repousseriez ces misérables gratifications, faibles potions que le médecin administre au malade, également impuissantes à lui rendre ses forces, et à le laisser mourir (19). Ainsi les deniers qu'on vous distribue, trop modiques pour suffire à tous vos besoins, trop nombreux pour être rejetés et vous faire recourir à d'utiles travaux, ne servent qu'à prolonger votre léthargie. — Tu veux donc les convertir en solde? — Je veux, à l'instant, une règle commune pour vous tous, ô Athéniens! Que tout citoyen qui touchera sa part des deniers publics vole où le service public l'appelle. — Mais si nous sommes en paix? — Alors, sédentaire, ils ajoutent à ton aisance, et te dispensent des bassesses qu'impose la misère. Et s'il survient une crise, comme aujourd'hui? — Soldat, ton devoir est de combattre pour la patrie, et ces mêmes libéralités seront ta paye. — Mais mon âge me dispense du service! — Eh bien! ce que tu reçois illicitement et sans fruit pour l'État reçois-le légalement à titre de surveillant dans quelque utile partie de l'administration. En un mot, sans presque rien retrancher ni ajouter, je détruis les abus, je ramène l'ordre en soumettant à une mesure uniforme tous ceux que paye la république, soldats, juges, citoyens employés et selon leur âge et selon les circonstances. Quant aux fainéants, jamais je ne dirai : « Distribuez-leur le salaire des serviteurs de la patrie; dans le désœuvrement (20) et la misère, bornons-nous à demander quel chef, quels soldats mercenaires ont vaincu. » Car voilà maintenant votre vie. Loin de moi de censurer ceux qui vous acquittent d'une partie de ce que vous vous devez : mais je demande que vous agissiez, pour mériter vous-mêmes les récompenses que vous donnez à d'autres; je demande que vous ne cédiez pas, ô Athéniens! ce poste de vertu, noble héritage conquis par la gloire et les périls de vos ancêtres.

Tels sont les conseils que je crois vous convenir. Puisse votre décision servir les intérêts de chaque citoyen et de la patrie!

NOTES

SUR LA TROISIÈME PHILIPPIQUE.

(1) Le commencement du discours de Caton au Sénat est presque tiré mot à mot de cet exorde : « Longe mihi alia mens est, P. C. quum res atque pericula nostra considero, et quum sententias nonnullorum mecum ipse reputo ; etc. » Sall. Catil. 52. Dans plusieurs autres passages, cette même harangue est une sorte de *pastiche* de Démosthène. Après l'imitateur vint le parodiste. V. Lucien, *La double accusation*, c. 26.

(2) Ἐγένετο a ici le même sens que ἐξῆν, qui le précède. Si Démosthène eût voulu parler d'un fait accompli, il aurait plutôt, dit M. Vœmel, employé l'aoriste ἐγένετο.

(3) Et la marine athénienne pouvait armer alors de trois cents à quatre cents trirèmes. Böckh, liv. II, ch. 21. Ces vaisseaux étaient vides d'Athéniens, dit Ulpien, c'est-à-dire qu'ils portaient des étrangers soldés. L'histoire de Charidème d'Oréos est racontée dans le plaidoyer de Démosthène contre Aristocrate.

(4) πράττειν εἰρήνην n'est pas *faire la paix*, mais en *discuter les conventions, parlementer*. Voy. les exemples cités par M. Vœmel.

(5) Les nomothètes, ou législateurs, étaient des magistrats chargés d'examiner les lois anciennes, et, s'ils en trouvaient une inutile, contraire au bien de l'État, ou en contradiction avec les autres lois, d'en proposer l'abolition. Les formalités à remplir alors sont détaillées par Schömann, *de Comit. Ath.* l, II, c. 7; et par Robinson, *Antiq. Gr.* l. III, c. 1. Choisis annuellement parmi les Héliastes, les nomothètes étaient quelquefois au nombre de mille.

(6) *Lois théâtrales.* Elles défrayaient le peuple aux spectacles avec les fonds destinés dans le principe à la guerre. Démade appelle ces distributions insensées, dont Périclès avait donné l'exemple, *une glu où les citoyens se venaient prendre*; et Justin, l. VI, voit en elles la principale cause des progrès de Philippe.

(7) *Qu'ils se chargent du rappel,* etc. Le principal auteur des décrets qu'attaque Démosthène au péril de sa vie, était Eubule d'Anaphlyste. Il ne perdit jamais sa haute faveur, et on combla d'honneurs après sa mort ce citoyen dévoué à Philippe. Le sévère mais judicieux Théopompe lui rend parfaitement justice en le qualifiant de démagogue actif autant que célèbre, et en ajoutant que, par ses distributions de l'argent du Trésor, Athènes descendit au dernier degré de dégradation morale. (Böckh, l. II, ch. 13; d'après Harpocration, Andocide, Hypéride, etc.)

(8) Chatam, sur le Traité avec l'Espagne, préparé par Walpole : « W. Temple avait raison de dire : *C'est en vain que l'on fait des traités et que l'on négocie, quand on n'a pas la force et la dignité nécessaires pour en faire respecter les conventions.* Nous avions déjà des traités avec l'Espagne; l'Espagne les a violés; c'est de leur violation que nous nous plaignons; et voilà que vous nous refaites des traités nouveaux! Traités sur traités, conventions sur conventions, négociations sur négociations, pendant vingt années nous avons marché de cette manière. Quel a été le résultat de tant de diplomatie? » *London Magazine.*

(9) Olynthe, et la Chalcidique, où trente-deux villes étaient déjà tombées au pouvoir de Philippe. La phrase suivante indique assez qu'il ne peut être question ni de l'Attique, ni de l'Eubée.

(10) Si Philippe avait été un barbare, c'est là ce qui aurait fait sa force contre des peuples usés. Mais il ne l'était

pas. Le savant Clavier a prouvé que, longtemps avant le siége de Troie, la Macédoine avait déjà reçu plusieurs colonies grecques, et qu'elle était toute habitée par des Pélasges. (*Hist. des premiers temps de la Grèce*, t. II, p. 186 et suiv.) D'ailleurs, Philippe descendait d'Hercule, par Caranos. V. Schol. Bavar. (Dobs. x, p. 290).

(11) L'orateur ne parle pas des Athéniens actuels, mais de leurs pères, qu'ils représentaient. Ces expéditions étaient antérieures de près d'un siècle. Mégare en guerre avec Corinthe, fut secourue par Athènes, dont les habitants cherchèrent ardemment l'ennemi de leur alliée, et le battirent. Douze ans plus tard, les ingrats Mégariens s'unirent contre Athènes avec Lacédémone, et même avec Corinthe.

(12) Démosthène, fameux capitaine athénien, fut l'un des principaux acteurs dans la guerre du Péloponèse.

(13) Ailleurs Démosthène dit soixante-treize ans. Voyez, dans le commentaire de Tourreil, la solution de ce problème chronologique. — *Au delà de dix mille talents.* Bockh, vérifiant le calcul d'après Thucydide, II, 13, trouve, en effet, 10, 600 talents, à peu près 59 millions.

(14) La leçon vulgaire εἶδεν (vidit) serait préférable à la leçon οἶδεν (novit), si le tour hypothétique de la phrase n'exprimait pas que ces maisons sont à peine connues. (Wœmel et Reuter, d'après Tourreil.)

(15) Les batailles de Leuctres et de Mantinée avaient presque anéanti la puissance lacédémonienne. Les Thébains faisaient la guerre en Phocide. — *Plus de 1500 talents* : plus de 8 millions. Charès avait dissipé cette somme, destinée à reprendre Amphipolis.

(16) Ce fut après avoir conclu la paix avec les Athéniens que Philippe s'empara de Pidna, de Potidée, et d'autres villes qu'Athènes avait subjuguées jadis et rendues ses alliées. Tourreil s'écarte ici avec raison des scolies d'Ulpien et de J. Wolf.

(17) C'était le digne monument de l'administration d'Eubule : il avait fait badigeonner de blanc le manteau des remparts. (Ulpien.) — *Des bagatelles !* καὶ λῆροι, *autres bagatelles semblables.* Platon a dit de même : D. σιτία σὺ λέγεις, καὶ ποτά, καὶ ἰατρούς, καὶ φλυαρίας. Athénée : ἐσθίουσ' ἑκάστοτε ἄνηθα, καὶ σέλινα, καὶ οἱ ρίας. Gillies a lu πήγαι, καὶ λήραι dont il fait un jeu mots. Si l'étymologie que présente Ulpien pour le motif ρος (λίαν, ρεῖν, valde fluere) était vraie, le jeu de mots serait possible, et un peu plus délicat.

(18) L'expression grecque dit plus : elle me semble répondre à celle-ci : *On vous a coupé les jarrets*, ἐκνενευρισμένοι, pour vous empêcher de marcher à l'ennemi J'ai tâché d'y suppléer par le choix du mot suivant.

(19) Cette ingénieuse comparaison a été souvent reproduite par les écrivains sacrés et profanes : Athénée, II 20 ; Lucien, *de Merced. cond.* c. 5 ; Stobée, *Flor.* Tit. 0 § 7 ; S. Jérôme, sur le chap. IV d'Ezéchiel, v. 4 ; Symmaque, l. I, ep. 23 ad Auson. ; Philostrate, *Vit. Apolloni* et d'autres, indiqués par Dobrée (Dobs. t. XI, p. 3). Bornons-nous à citer l'imitation qu'en a faite Salluste dans le discours du tribun Licinius Macer (Fragm. l. III) : «(lege frumentaria) tamen quinis modiis libertatem omnium æstumavere, qui profecto non amplius possunt alimenti carceris. Namque ut illis exiguitate mors prohibetur, sic nescunt vires ; sic neque absolvit cura familiari tam parares ; et ignavissumi quique tenuissima spe frustrantur»

Ces expressions même, οὔτ' ἀποθνήσκειν ἐᾷ, rappellent trait suivant, rapporté par Dion Cassius, LVI : Tibère retenu en prison un Romain célèbre, ordonna qu'on ne lui servît que de ces aliments qui ne peuvent donner ni du plaisir, des forces, mais qui garantissent seulement de la mort

(20) Auger, M. Humbert et M. Jager se trompent traduisant ἀπορεῖν par *être irrésolus.* La scolie lève toute difficulté : ἐξὸν πλουτεῖν ἐκ τοῦ πολέμου· *tandis que nous pouvons nous enrichir par la guerre.*

VIII.
QUATRIÈME PHILIPPIQUE,
OU
TROISIÈME OLYNTHIENNE.

INTRODUCTION.

Dix-huit trirèmes, quatre mille soldats étrangers et cent cinquante chevaux, sous la conduite de Charidème d'Oréos, partirent pour la Chalcidique. Après avoir ravagé la presqu'île de Pallène et la Bottiée, ce chef entra dans Olynthe, où il se signala par son intempérance et ses débauches. Les Olynthiens, opprimés plutôt que secourus, demandèrent, dans la même année, par une troisième ambassade, des troupes composées de citoyens athéniens. C'est alors que, repoussant plus énergiquement encore l'opinion d'Eubule et de Démade qui regardaient cette guerre comme étrangère à la république, Démosthène parla une dernière fois pour Olynthe.

PROPOSITION GÉNÉRALE :
Secourir Olynthe.

EXORDE.	Ire PARTIE :	IIe PARTIE :	IIIe PARTIE :	PÉRORAISON.
	Nécessité de ce secours.	Moyens de l'effectuer.	Son efficacité dans la crise où se trouve Philippe.	
Les Athéniens doivent écouter les avis qu'on leur donne, et choisir les plus utiles, de quelque part qu'ils viennent.	1° Avantages de l'occasion présente : Méfiance fondée des Olynthiens envers Philippe. — Leur haine implacable pour ce prince est une garantie de la stabilité de leur union avec Athènes.—Occasions favorables négligées par les Athéniens, et qui ont agrandi Philippe. — Cette négligence a affaibli là république, que les Dieux seuls soutiennent encore. 2° Il faut secourir Olynthe pour qu'Athènes ne soit pas attaquée. Ici, Démosthène suit Philippe de conquête en conquête, et montre que ce prince ne s'est jamais écarté du plan qu'il s'est tracé, c'est-à-dire, de s'agrandir aux dépens d'Athènes.	1° Mettre sur pied deux armées, destinées, l'une à défendre les places des Olynthiens, l'autre à infester avec une flotte le pays ennemi. Leur concours simultané est indispensable. 2° Payer ce double armement ou avec l'argent des distributions, ou par un impôt général.	1° Résistance inattendue d'Olynthe. 2° Réclamations des Thessaliens. 3° Disposition de la Pæonie, de l'Illyrie, etc. à secouer le joug odieux de Philippe. Donc, succès probables des ambassadeurs qu'Athènes doit envoyer dans les États de la Grèce, et d'une entrée en campagne. Alternative pressante entre l'offensive en Macédoine et la défensive dans l'Attique. Malheur, honte d'une guerre devant les murs d'Athènes.	Toutes les classes de citoyens sont intéressées à la défense d'Olynthe.

DISCOURS.

Vous préféreriez, je pense, ô Athéniens! à de grandes richesses une vive lumière répandue sur le parti le plus utile à la république (1) au milieu des événements qui fixent vos regards. Ainsi disposés, vous devez être avides d'entendre ceux qui veulent vous conseiller; car, si quelqu'un vous apporte d'utiles méditations (2), non-seulement tout l'auditoire les saisit; mais, et c'est là votre fortune, selon moi, plusieurs improvisant alors des conseils opportuns, le bien public s'éclaire par ce concours, et votre choix devient facile.

L'occasion présente semble élever la voix; elle vous crie, Athéniens : « Si votre salut vous est cher, mettez vous-mêmes la main à l'œuvre »; et nous (3).... je ne puis entrevoir, à ce sujet, notre pensée! Voici la mienne : Décréter à l'instant la défense d'Olynthe, en presser vivement les préparatifs, faire partir les secours de la ville même d'Athènes, et ne plus souffrir ce que vous avez précédemment souffert. Qu'une ambassade aille annoncer ces mesures, qu'elle veille à tout sur les lieux mêmes. Craignez, craignez surtout que ce fourbe, trop habile à profiter des conjonctures, cédant lorsqu'il le faut, d'autres fois menaçant (et c'est alors qu'il paraîtra digne de foi!), enfin calomniant et nous et notre absence, ne détourne ou n'arrache quelque grande partie de la confédération hellénique (4). Chose étrange, Athéniens (5)! ce qui semble rendre la position de Philippe inexpugnable est précisément votre plus ferme appui. Être seul maître de toutes les opérations publiques et secrètes, réunir en sa personne le trésorier, le général, le despote, se trouver partout où marche l'armée, voilà le moyen de rendre une expédition guerrière et plus rapide et plus opportune; mais aussi, quels obstacles à cette réconciliation qu'il brûle de jurer aux Olynthiens! Il leur fait voir clairement qu'ils combattent aujourd'hui, non pour la gloire, non pour une partie de leur sol, mais pour prévenir leur expulsion et l'esclavage de la patrie. Ils savent ce qu'il a fait des Amphipolitains qui lui livrèrent leur cité, de ces Pydnéens qui l'avaient accueilli (6); et, pour tout dire, la tyrannie, toujours suspecte aux républiques, l'est surtout quand elle touche à leurs frontières.

Vous donc, ô Athéniens! connaissant ces dangers, et animés de tous les nobles sentiments, si vous devez, avec une volonté forte, vous exciter, vous dévouer à la guerre, y contribuer avec ardeur et de vos biens et de vos personnes, tout faire enfin, c'est maintenant ou jamais. Il ne vous reste plus ni motif, ni subterfuge pour échapper au devoir. Vous disiez tous : « Armons les Olynthiens contre Philippe » Eh bien! voici qu'ils s'arment d'eux-mêmes, et c'est là votre plus grand avantage. En effet, s'ils se fussent imposé cette guerre à votre sollicitation, versatiles alliés, la conformité de leurs sentiments avec les vôtres aurait été passagère; mais ils abhorrent Philippe pour ses attentats contre eux-mêmes; et, croyez-moi, une haine causée par les maux qu'ils redoutent, par les maux qu'ils ont soufferts, est une haine durable.

Gardez-vous donc, ô Athéniens! de laisser échapper l'occasion fortunée qui se jette au-devant de vous, et de retomber dans la faute que vous avez tant de fois commise. Ainsi, quand nous revenions de secourir l'Eubée, lorsque Stratoclès et Hiérax d'Amphipolis vous exhortaient, du haut de cette tribune, à envoyer votre flotte recevoir leur cité sous vos lois, si nous avions eu pour nous-mêmes ce zèle ardent qui nous fit sauver les Eubéens, dès lors Amphipolis était à vous, et vous seriez délivrés de tous les embarras qui suivirent sa perte. De même encore, lorsqu'on vous annonça les sièges de Pydna, de Potidée, de Méthone, de Pagases, de tant d'autres places qu'il serait trop long d'énumérer, si, dès la première attaque, nous eussions volé pour la repousser d'une manière digne de la république, nous aurions maintenant un Philippe bien plus facile à vaincre et bien plus humble. Loin de là, rejetant sans cesse le présent, croyant que l'avenir prendra de lui-même un heureux cours, nous avons agrandi Philippe, nous, Athéniens, et nous l'avons fait tel que n'a jamais été roi de Macédoine. Mais aujourd'hui la fortune revient à vous (7). — Comment? — En jetant Olynthe dans vos bras; et les occasions précédentes n'offraient rien de plus propice.

Soumettez, Athéniens, à un contrôle scrupuleux toutes les faveurs que nous avons reçues des Immortels (8), bien que nous les ayons tournées la plupart contre nous-mêmes, et vous sentirez pour le ciel une profonde et juste reconnaissance. — Nous avons essuyé de nombreuses pertes à la guerre. — Eh! qui ne les mettrait avec raison sur le compte de notre seule incurie? Mais le bonheur de ne les avoir pas éprouvées plus tôt, mais l'envoi d'une alliance capable de les contre-balancer toutes, si nous voulons nous en prévaloir, voilà, selon mes calculs, la part de la bienfaisante protection des Dieux. Il en est ici comme de la possession des biens : pour tous les trésors amassés et conservés, on éprouve envers la fortune une vive reconnaissance; mais, si on les dissipe étourdiment, avec eux on dissipe le souvenir de ses faveurs. C'est ainsi que nous jugeons la marche des affaires. Avons-nous échoué dans les instants décisifs? quoi qu'aient fait les Dieux en notre faveur, nous l'oublions. Tant il est vrai que l'événement final est la règle ordinaire de nos jugements sur chacun des faits antérieurs!

Portons donc une attention forte sur ce que nous possédons encore, pour qu'en le relevant de ses ruines, nous effacions la honte du passé. Or, si nous repoussons encore ces hommes (9), Olynthe une fois détruite par le Macédonien, qu'on me dise, à moi, quel obstacle l'arrêtera désormais? En est il un parmi vous, ô Athéniens! qui compte tous les degrés par lesquels, faible dans l'origine, il s'est élevé si haut, ce Philippe? Il prend d'abord Amphipolis, ensuite Pydna, puis Potidée, enfin Méthone, et fond sur la Thessalie; quand il a bouleversé à son gré Phères, Pagases, Magnésie, il se jette dans la Thrace. Là, après avoir chassé, créé des rois (10), il tombe malade. Convalescent, il va peut-être incliner vers le repos? non, il vole attaquer les Olynthiens. Laissons là ses campagnes contre les Illyriens, contre les Pæoniens, contre Arymbas (11), contre mille autres. — Pourquoi ce tableau? dira-t-on: — Athéniens, c'est pour que vous sentiez au vif et les funestes effets de l'abandon successif de vos avantages, et cette ambition infatigable, l'âme et la vie de Philippe, qui l'arme contre tous les États, irrite en lui la soif des conquêtes, et lui rend le repos impossible. Or, s'il s'impose à lui-même d'exécuter sans relâche de plus vastes desseins, et vous, de ne rien entreprendre avec vigueur, voyez, Athéniens, quelle issue ce contraste assure à votre espérance..... O ciel! qui de vous serait assez simple pour ne pas voir que la guerre accourra d'Olynthe à Athènes, si nous la négligeons? Ah! si tels sont nos destins, je tremble que, semblables à ces emprunteurs imprudents qui, après avoir acheté à usure une opulence passagère, se voient enfin dépouillés même de leur patrimoine, nous aussi nous ne paraissions payer bien cher notre lâche paresse, et, voulant du plaisir à tout prix, puis réduits à la nécessité fatale d'exécuter avec douleur mille entreprises d'abord repoussées, nous ne mettions en péril notre propre patrie.

Le blâme, dira-t-on, est chose facile et commune; mais tracer la conduite que demandent les circonstances présentes, voilà le ministère d'un conseiller du peuple. Je le sais, ô Athéniens! mais je sais aussi que, si l'événement ne répond pas à votre attente, ce n'est point sur les vrais coupables que vous déchargerez votre colère, c'est sur les orateurs qui ont parlé les derniers. Loin de moi cependant que, consultant ma propre sûreté, je taise jamais ce que je crois avantageux pour vous! Je dis donc : Il faut un double secours, et pour sauver les villes olynthiennes, en leur envoyant des troupes chargées de leur défense, et pour dévaster les États de Philippe avec votre flotte et une autre armée. Si vous négligez l'un de ces moyens, je crains que notre expédition ne devienne illusoire. Vous bornerez-vous à désoler le territoire ennemi? Philippe impassible subjuguera Olynthe, et se vengera facilement à son retour. Croirez-vous faire assez de secourir les Olynthiens? tranquille pour ses domaines, il s'acharnera sur sa proie, il l'enveloppera d'embûches, et, avec le temps, il la prendra. Il faut donc un secours puissant, un secours divisé. Tel est mon sentiment.

A l'égard des ressources pécuniaires, vous avez, ô Athéniens! oui, vous avez pour la guerre plus de fonds qu'aucun autre peuple : mais vous en disposez au gré de vos désirs. Si vous les rendez à l'armée, seuls, ils lui suffiront; sinon, vous n'avez pas assez, disons mieux, vous n'avez rien. — Quoi! tu proposes par un décret d'affecter cet argent à la guerre? — Moi? nullement, j'en atteste les Dieux (12). Seulement, je pense qu'il faut armer des soldats, qu'une caisse militaire est indispensable (13), et qu'il est temps de subordonner les largesses publiques au service de la patrie. Vous, au contraire, oisifs citoyens, vous les dissipez au hasard, et pour des fêtes! Il ne reste donc qu'à contribuer tous, par un gros subside, s'il est nécessaire, par un léger impôt, s'il suffit (14). Car enfin, il faut de l'argent; sans argent, vous ne subviendrez jamais à la nécessité présente. D'autres voix vous proposent d'autres ressources : choisissez; mais, tandis qu'il est temps encore, mettez-vous à l'œuvre.

Une chose qu'il faut examiner et réduire à sa juste valeur, c'est la position actuelle de Philippe. Elle n'est pas aussi brillante, aussi fortunée que pourrait le croire et le dire qui ne l'a pas observée de près. Jamais le Macédonien n'aurait suscité cette guerre, s'il eût prévu qu'il serait obligé de tirer l'épée. En fondant sur sa proie, il espérait la dévorer tout entière en un moment. Il s'abusait. L'événement, qui a trompé son attente, le déconcerte, le décourage. Ajoutez à cela les mouvements des Thessaliens. Cette race, perfide en tout temps et envers tous les hommes (15), s'applique à le tromper à son tour. Ils lui ont réclamé Pagases par un décret, ils l'ont empêché de fortifier Magnésie. J'ai su même de plusieurs d'entre eux qu'ils ne le laisseraient plus percevoir les péages de leurs marchés ni de leurs ports, parce qu'ils les destinent aux besoins de leur confédération, non à la rapacité d'un Philippe. Dénué d'une telle ressource, il sera dans la dernière détresse pour soudoyer ses mercenaires. Croyez aussi, croyez, que pour le Pæonien, pour l'Illyrien, pour tant d'autres Barbares, l'indépendance et la liberté auraient bien plus de charmes que la servitude. Ils ne sont pas encore façonnés au joug (16); et cet homme, disent-ils, commande avec outrage. Par Jupiter! il faut les en croire : car la prospérité placée indignement sur une tête insensée, y répand l'esprit de vertige et d'erreur; et voilà pourquoi il paraît souvent plus difficile de conserver que d'acquérir.

Songeant donc, ô Athéniens! que les contre-temps de votre ennemi sont une bonne fortune pour vous, unissez promptement votre cause à celle des autres peuples. Envoyons des députés partout où leur présence est nécessaire (17), marchons nous-mêmes, enflammons tous les Grecs. Ah! si Philippe trouvait contre nous une occasion aussi propice, si la guerre s'allumait à nos frontières, comme il se précipiterait avidement sur Athènes! Et les maux que vous souffririez si cela était en son pouvoir, vous, que l'occasion appelle, vous ne rougirez point de les lui épargner! Surtout, ne vous le dissimulez pas, ô Athéniens! c'est aujourd'hui qu'il faut choisir entre porter la guerre dans le pays ennemi ou la recevoir dans le vôtre (18). Si Olynthe résiste, c'est là que vous combattrez; et, tandis que vous dévasterez les domaines du Barbare, vous jouirez avec sécurité de vos terres et de votre patrie. Mais, si Philippe s'empare de cette ville, qui l'arrêtera dans sa marche sur Athènes? Les Thébains? ah! si ce jugement n'est pas trop sévère, ils s'élanceront avec lui contre vous (19). Les Phocidiens, sans votre secours ils ne peuvent pas même garder leur patrie. Quel autre peuple enfin? — Hé, de grâce, Philippe n'aura point cette pensée. Mais l'absurdité serait extrême, s'il n'exécutait point, dès qu'il le pourra, une entreprise qui est l'objet actuel de son babil indiscret. Cependant, quelle n'est pas pour vous la différence entre combattre au dedans ou au dehors! De nouvelles preuves seraient superflues : car, s'il vous fallait camper hors des murs, seulement un mois, et faire subsister une armée aux dépens de l'Attique, même exempte d'ennemis, les charges qui pèseraient sur vos cultivateurs excéderaient les dépenses de la guerre précédente. Mais, si la guerre elle-même vient ici, à combien donc estimerez-vous ses fléaux? Ajoutez l'outrage, ajoutez l'opprobre, fléaux les plus cruels, du moins pour de nobles cœurs.

Convaincus de ces vérités, secourons tous Olynthe, refoulons la guerre en Macédoine; les riches, pour conserver, par un léger sacrifice, la paisible jouissance des grands biens qu'ils possèdent à juste titre; les jeunes citoyens, pour faire l'apprentissage des armes dans le pays de Philippe, et préparer de redoutables défenses à l'inviolabilité de notre territoire; vos orateurs, pour alléger le poids de leur responsabilité (20), car, tel sera le résultat des affaires, tels seront vos jugements sur leur administration (21). Puisse-t-il être heureux par ce concours!

NOTES
SUR LA QUATRIÈME PHILIPPIQUE.

(1) Vœmel pense que ces premiers mots s'adressent surtout aux adversaires de Démosthène, qui, pour écarter toute idée de guerre, avaient sans doute présenté les finances d'Athènes comme épuisées : hypothèse admissible, surtout si c'est après deux expéditions coûteuses et sans fruit que ce discours fut prononcé.

Cet exorde, admiré des anciens rhéteurs, a été parodié par Lucien. Jupiter, dans le conseil céleste, ne sait comment il commencera son discours. « Imitez les orateurs, lui dit le dieu de la fraude et de l'éloquence; volez à Démosthène une de ses harangues, et déguisez votre larcin par de légers changements. » Le maître des dieux goûte l'expédient; il parle : Ἀντὶ πολλῶν ἄν, ὦ ἄνδρες θεοί, χρημάτων, κ. τ. λ. V. *Jupiter le Tragique*, 15.

(2) « Ce *quelqu'un*, dit M. C. Dupin, c'est Démosthène lui-même, qui n'improvisait jamais. Quelle heureuse opposition, et comme elle écarte l'orateur! » N'oubliez pas que Démade vient de parler. Loin de porter envie à ce brillant improvisateur, son constant adversaire, Démosthène veut que l'on profite de ses avis, quand ils sont dictés par le patriotisme.

(3) L'intention de Démosthène, bien constatée par Ulpien, Hermogène et Grégoire de Corinthe, exige cette légère suspension. V. Vœmel.

(4) Je lis τρέψηται, et non δρέψηται, que l'on ne trouve nulle part dans Démosthène. « Le mot παρασπᾶσθαι, dit Ulpien, exprime la violence faite à des suppliants que l'on arracherait du pied des autels. » Il ajoute : « Τὶ

signe ici une *grande partie*, ἀντὶ τοῦ μέγα κεῖται, comme δύναμίν τινα pour μεγάλην. »

(5) Ἐπιεικῶς signifie souvent *solito more*. Mais il passe au sens opposé, quand il est combiné avec οὐ μὴν ἀλλά. Schæfer et Taylor citent, à l'appui, le Grand Étymologique et Hermogène. On emploie cette locution, dit aussi Ulpien, παρὰ προσδοκίαν, pour présenter un rapprochement inattendu.

(6) Philippe, maître d'Amphipolis et de Pydna, à la faveur des intelligences qu'il avait dans ces deux villes, se défit des traîtres ou par l'exil ou par la mort.

(7) On a ponctué ce passage de sept manières différentes. Jὺ lis : ἥκει· τίς; οὗτος, ὁ.

(8) *Un juste logiste*, dit l'orateur, *préposé pour contrôler ce que les dieux nous ont envoyé*, etc. Les officiers établis pour recevoir les comptes, s'appelaient, dans les États grecs, ici εὔθυνοι, *vérificateurs*, là λογιστοὶ, *contrôleurs*, ἐξετασταί, *examinateurs*, συνήγοροι, *procureurs publics* (Arist. *Pol.* VI, dern. ch.) *La Chambre des Logistes*, à Athènes, était composée de dix magistrats. Les archontes, dit Barthélemy, les membres du sénat, les commandants des galères, les ambassadeurs, les aréopagites, les ministres même des autels, tous ceux, en un mot, qui ont eu quelque commission relative à l'administration, doivent s'y présenter, les uns en sortant de place, les autres en des temps marqués; ceux-ci pour rendre compte des sommes qu'ils ont reçues, ceux-là pour justifier de leurs opérations, d'autres enfin, pour montrer seulement qu'ils n'ont rien à redouter de la censure. (cb. 15.)

Je renvoie le lecteur aux réflexions pleines de goût et d'intérêt que tout ce morceau a inspirées à M. Ch. Dupin, *Consid.* etc., pag. 132 et 138.

(9) Ici, sans doute, l'orateur montrait, du geste, les députés d'Olynthe.

(10) Philippe avait détrôné Térès et Kersobleptès, et créé rois Amadokos et Bérisadès.

(11) Arymbas, roi des Molosses et oncle d'Olympias, femme de Philippe.

(12) L'argument de Libanius donne la clef de ce passage, où je m'étonne que M. Dupin ne voie qu'*une ironie plus efficace, peut-être, que tous les événements*, et Gillies *une réserve qui prouve le mauvais accueil fait aux premières observations de l'orateur sur l'emploi des finances*. Qu'on se rappelle que, dans une circonstance pareille, Solon n'avait pu sauver sa tête qu'en contre-faisant l'insensé. Pourquoi Démosthène n'aurait-il pas eu peur, cette fois, de l'hydre populaire?

(13) J'ai adopté ici la leçon de Bekker, appuyée sur deux manuscrits de la biblioth. du Roi, et que Gillies avait déjà pressentie. Schæfer, Rauchenstein, Vœmel et Reuter rejettent aussi ταῦτα comme une répétition produite par l'inadvertance des copistes.

(14) Pourquoi cette incertitude? parce que le résultat de cette campagne est lui-même dans un avenir incertain : τὸ μέλλον τοῦ πολέμου ἐν ἀφανεῖ ἔτι κεῖται (Thucyd. I, 42).

(15) Une trahison s'appelait *un tour de Thessalien*, Θεσσαλῶν σόφισμα; et, pour *fausse monnaie*, on disait *monnaie de* Thessalie, Θεσσαλῶν νόμισμα. La conduite de ce peuple, dans plusieurs guerres de la Grèce, n'est qu'un tissu de perfidies. Au reste, les Thessaliens partageaient cette réputation avec les Crétois, les Éginètes, les Ciliciens, les Cappadociens. *Crétois à Éginète*, proverbe grec, répond à notre phrase, *à Corsaire Corsaire et demi*.

(16) Ces peuples guerriers se révoltèrent plus d'une fois contre Philippe, et même contre Alexandre, au rapport de Diodore de Sicile, XVI, 2; et d'Arrien, I, 1, 5.

(17) « Chez les peuples qui ne connaissent pas Philippe, afin de les tenir en garde contre lui ; chez ceux qui le connaissent et le redoutent, afin de leur annoncer votre expédition, et de faire succéder dans leurs cœurs la colère à la crainte. » (Ulpien). J'ai préféré cette interprétation à celle de Schæfer, parce qu'elle rentre mieux dans l'intention principale de l'orateur, qui a déjà parlé plus haut de ces ambassades.

(18) « En ce jour il s'agit pour vous d'opter entre l'offensive au loin, ou la défensive à vos portes. » (Tourreil.)

(19) Les Thébains avaient de bonnes raisons pour embrasser avec joie la première occasion de se venger des Athéniens. Ceux-ci non-seulement avaient soutenu Sparte, depuis les batailles de Leuctres et de Mantinée ; mais de plus, ils secouraient les Phocidiens actuellement en guerre contre Thèbes. (Tourreil.)

(20) Sur la reddition des comptes, on peut consulter Böckh, liv. II, chap. 8. « Athènes, dit-il, ne manquait pas d'institutions recommandables et fortes ; mais à quoi servent les mesures de la prévoyance quand l'esprit de l'administration est mauvais ? »

(21) Le savant M. Vœmel, guide si sûr, semble rapporter, par inadvertance, aux généraux, cette pensée, que Démosthène applique évidemment aux seuls orateurs. Les deux mots de la fin παντὸς ἕνεκα, sont ainsi paraphrasés par Ulpien : διὰ πάντας, οἷον διὰ τοὺς πλουσίους, τοὺς νέους, τοὺς ῥήτορας. V. J. Wolf et Reuter.

IX.

CINQUIÈME PHILIPPIQUE.

ou

HARANGUE SUR LA PAIX.

INTRODUCTION.

L'effet produit par la troisième olynthienne avait été semblable à celui des deux premières : envoi de troupes athéniennes aussi peu agissantes que les soldats étrangers. Il paraît d'ailleurs que Philippe les avait prévenues. « Repoussé à tous les assauts, il perdait journellement du monde; mais des traîtres qu'Olynthe renfermait dans son sein, hâtaient tous les jours l'instant de sa ruine. Il avait acheté ses magistrats et ses généraux. Les principaux d'entre eux, Euthycrate et Lasthène, lui livrèrent une fois cinq cents cavaliers qu'ils commandaient; et, après d'autres trahisons non moins funestes, ils l'avaient introduit dans la ville, qui fut aussitôt abandonnée au pillage. La Grèce fut dans l'épouvante; elle craignait pour sa puissance et pour sa liberté [1]. »

Après avoir gagné, par cette conquête (ol. CVIII, 1; 348) un fort boulevard pour ses frontières méridionales, et assuré de ce côté sa communication avec la mer, Philippe avait fait un grand pas vers son but, la domination sur la Grèce. Deux choses lui manquaient encore pour l'atteindre complétement : l'occupation des défilés qui conduisaient à la Grèce méridionale; la possession de l'Hellespont et de la Chersonèse de Thrace. Sur l'un et l'autre point, Athènes résistait encore à ses ruses et à ses armes. Il songea donc aux moyens d'assoupir sa vigilance. Tous les voyageurs qui venaient de Macédoine en Attique ne parlaient que de son amour de la paix; assertions confirmées par les bons traitements que chaque Athénien recevait du prince. Cette manœuvre ne fut pas sans succès. La même année 348, et l'année suivante, les premières ouvertures pour la paix furent faites par des ambassades athéniennes. Dans la seconde se trouvaient Philocrate, auteur de la proposition, Eschine, Démosthène et sept autres députés. Accueillis avec une adroite bienveillance, ils entendirent de la bouche de Philippe même la promesse de confirmer la paix à Athènes par ses ambassadeurs. Ceux-ci arrivent, reçoivent les serments de la république, et une nouvelle députation athénienne, entre les mains de laquelle le roi doit contracter le même engagement, part pour la Macédoine. Elle avait ordre de se hâter; mais, malgré tout l'empressement de Démosthène, qui en faisait partie, elle mit vingt-trois jours à joindre Philippe. Le rusé conquérant, regardant comme bonne prise tout ce qu'il pourrait s'approprier avant d'être lié personnellement, profite de cette lenteur vénale, achève les entreprises commencées pendant les négociations, détrône Kersobleptès, s'empare de plusieurs places fortes de la Chersonèse, et ne congédie les députés qu'après s'être complétement armé pour cette expédition de Phocide qui doit lui frayer un passage au cœur de la Grèce.

Les Phocidiens et les Thébains continuaient avec acharnement la guerre civile qui ensanglantait plusieurs républiques; ils s'attaquaient dans les villes, en rase campagne, et s'affaiblissaient par des combats multipliés qui ne donnaient à aucun des deux partis une supériorité marquée. Cependant les Thébains ayant perdu Orchomène, Chéronée et Korsies, s'étaient adressés à Philippe pour obtenir son alliance. Ce prince ne leur avait envoyé que les troupes nécessaires pour prolonger cette lutte opiniâtre. Voyant, peu après, la paix conclue entre Philippe et Athènes, les Phocidiens, découragés par leurs pertes passées, affaiblis par leurs victoires mêmes, et effrayés d'un désastre récent qu'ils attribuent au courroux des dieux, se placent de nouveau sous la protection d'Athènes et de Sparte. Mais Philippe, avec les troupes de la Thessalie, franchit les Thermopyles, envahit la Locride, s'annonce comme le vengeur d'Apollon, fait prendre à tous ses soldats des couronnes de laurier, et les mène au combat, comme sous la conduite du dieu même qui vient punir des sacriléges. A leur aspect, les Phocidiens se croient vaincus ; Phalœcos, leur chef, consent à se retirer dans le Péloponèse ; et Philippe termine, sans de nouveaux combats, cette guerre Sacrée, qui durait depuis dix ans [1]. Le vainqueur, affectant habilement des doutes sur le droit de disposer du sort d'un peuple dont l'impiété avait ému la Grèce entière, convoque spontanément les Amphictyons, obtient la présidence de cette assemblée, et fait, en quelque sorte, légaliser, par cet acte de condescendance. son pouvoir sur la Grèce. Dociles à ses volontés, ces juges suprêmes ordonnent la destruction de toutes les villes de la Phocide, déclarent les Phocidiens déchus du droit de juger parmi eux, transportent au monarque macédonien le privilége dont ils le privent, et mettent le comble à ces lâches concessions en lui déférant la direction des jeux Pythiens, à l'exclusion des Corinthiens qui avaient épousé la querelle de la Phocide.

[1] Voyage d'Anach. c. 61.

[2] Poirson et Cayx, *Préc. de l'hist. anc. p.* 354.

CINQUIÈME PHILIPPIQUE.

À cette nouvelle, qui leur parvient cinq jours après le décret rendu, les Athéniens ouvrent les yeux, courent aux armes, fortifient le Pirée, et répandent l'épouvante dans le Péloponèse. Ils se hâtent de déclarer la patrie en péril, et de prescrire les mesures accoutumées dans les conjonctures extrêmes. Ces démonstrations imposent à Philippe. L'attitude de la Grèce, libre encore, intimide son courage. Satisfait, en apparence, de l'honneur d'avoir terminé la guerre Sacrée, il retourne dans ses États, et se borne à demander à tous les peuples de la Grèce la confirmation du décret des Amphictyons. L'irrégularité de ce décret était évidente. Un petit nombre seulement de représentants, choisis parmi les plus dévoués à Philippe, y avait concouru. Une sanction éclatante de tous les peuples qui étaient en droit de siéger dans ce conseil souverain, importait donc vivement à la politique du monarque. Il presse avec instance les Athéniens de lui accorder cette sanction, et le peuple est aussitôt convoqué pour délibérer sur cette proposition importante (ol. CVIII, 3; 346).

Cette fois, Démosthène n'hésita pas à demander une solution favorable au maintien de la paix. Nous n'avons peut-être point de harangue où son adresse se soit mieux exercée, quoiqu'elle ne se fasse presque pas sentir. Ce n'était pas chose aisée pour un homme du caractère de Démosthène, continuellement opposé aux démarches de Philippe, de changer de langage sans paraître changer de conduite; et cela, dans un temps où une foule d'autres orateurs signalaient encore leur zèle contre la Macédoine; où on l'avait vu témoigner tant de mécontentement de la conduite de ses collègues; où il fallait enfin concilier deux choses très-difficiles, céder aux circonstances, et ne pas se perdre soi-même en se livrant aux traits de la calomnie.

Et quelles étaient ces circonstances? jamais il ne s'en était présenté de pareilles. La victoire de Philippe sur les Phocidiens et leurs auxiliaires; les divisions qui régnaient entre tous les peuples de la Grèce; la séduction même des principaux citoyens d'Athènes qui penchaient pour Philippe; la terreur qu'il y avait répandue par la destruction de la Phocide; la dignité d'Amphictyon qui venait de lui être conférée; tout cela formait pour Philippe un concours d'avantages auxquels la sagesse la plus consommée était forcée de céder. De quoi s'agissait-il donc alors? ou de se réunir à toute la Grèce pour accorder à Philippe cette dignité dont il était si jaloux, ou de voir toute la Grèce réunie à Philippe pour combattre Athènes. On sent bien qu'il n'y avait plus à balancer; mais Démosthène avait encore à ménager sa réputation, et l'autorité de ses anciens principes. Suivons la marche de sa harangue, pour connaître avec quel art il sut se tirer de ce pas difficile.

PROPOSITION GÉNÉRALE :
Ne point rompre la paix.

EXORDE.	CORPS DU DISCOURS.	
I. La délibération est difficile en elle-même, et par l'effet de la légèreté athénienne. Malgré tant d'obstacles, l'orateur essayera de donner d'utiles conseils.	I. Il ne fallait point faire la paix; mais, faite, il faut l'observer.	III. Éviter la guerre, ce n'est point abdiquer notre indépendance.
II.[1] Pour donner plus d'autorité à son discours, il rappelle, malgré sa répugnance trois circonstances dans lesquelles il a prédit ce qui devait arriver aux Athéniens : 1° Son opposition au décret qui envoyait des secours à Plutarque; 2° Sa dénonciation contre le traître Néoptolème; 3° Sa protestation contre les rapports de ses collègues au retour de la deuxième ambassade en Macédoine. Toutefois, s'il a mieux vu que les autres, il ne l'attribue qu'à sa bonne fortune, et à l'incorruptibilité qui préside à sa conduite et à ses jugements.	II. Ne fournissons pas aux peuples qui ont nommé le nouvel amphictyon le prétexte d'une guerre fédérale contre Athènes. Dans une guerre dont la cause serait isolée, nous n'aurions pas à craindre une ligue générale. Preuve par deux hypothèses. Motif de cette disposition des peuples grecs. Mais le refus qu'on vous conseille pousserait toutes ces nations, déjà nos ennemies, à vous attaquer, fût-ce contre leurs intérêts. Preuve tirée de la guerre de Phocide, à laquelle concoururent les Thébains et les Thessaliens, pour des motifs divers, et en se trahissant eux-mêmes.	IV. Argument final, tiré d'autres sacrifices que les Athéniens font à la nécessité des circonstances.

[1] C'est ce que Ulpien appelle un second Exorde, δεύτερον προοίμιον. Du reste, j'ai cru devoir écarter de ces analyses cette multitude de termes (πρότασις, προκατασκευή, κατασκευή, ἀπόδοσις, βάσις), nomenclature anatomique des rhéteurs anciens, qui ne peut être à notre usage.

Ce fut vers ce même temps qu'Isocrate, octogénaire, adressa au roi de Macédoine un discours où il l'exhortait à réunir toute la Grèce, et où il lui en proposait les moyens. « Il suffira, disait-il, de faire entrer dans cette confédération Athènes, Sparte, Thèbes et Argos. Plusieurs Grecs, ajoutait-il, vous décrient comme un prince artificieux qui ne cherche qu'à envahir et à opprimer : mais comment celui qui se fait gloire de descendre d'Hercule, du libérateur de la Grèce, songerait-il à s'en rendre le tyran ? il ambitionnera plutôt d'en être le pacificateur, titre plus glorieux que celui de conquérant. »

Libanius, et Photius après lui (Bibl. cod. 265, p. 801. Hoesch) ont cru que Démosthène ne prononça point cette harangue, où manifestement il se déclare pour un avis qu'ailleurs il taxe d'imprudence et de perfidie en la personne de son rival Eschine. J'avoue néanmoins que j'ose penser autrement, et que leurs conjectures ne me frappent point.—S'avise-t-on, disent-ils, de reprendre et de condamner dans un autre ce qu'en public on a fait ou dit soi-même ? L'homme le plus inconsidéré ne s'expose point à de pareilles récriminations.—Je réponds que, outre que la timide manœuvre de ne pas prononcer une harangue qu'avait composée, répugne au caractère de notre orateur, outre qu'il encourait les mêmes reproches à publier sa harangue qu'à la prononcer, Démosthène ici ne propose ni n'appuie ce qu'ailleurs il blâme dans Eschine, mais conseille uniquement de ne point se commettre hors de saison aux suites dangereuses du refus opiniâtre de condescendre à un décret presque unanime des Amphictyons; et proteste qu'il faut seulement, de crainte de pis, céder au temps... De plus, autre chose est d'induire à l'approbation, comme avait fait Eschine, ou d'inviter seulement à la tolérance, comme fait Démosthène. (*Tourreil*.)

Auger et Gin adoptent cette réfutation. Vœm et Reuter l'appuient sur ces mêmes motifs, que Jacobs n'a fait que.développer. Ces motifs nous semblent au moins très-vraisemblables. Faute de les avoir bien saisis, des critiques ont pensé que ce discours sur les prévarications de l'ambassade est celui que Démosthène n'aurait pas prononcé, tandis que d'autres ont cru ne pouvoir mieux faire que d'attribuer à Eschine cette même harangue sur la Paix.

DISCOURS.

Je vois, ô Athéniens! combien la conjoncture actuelle est devenue épineuse, embarrassante, et par les pertes nombreuses de notre négligence, et par l'inutilité d'y appliquer de sages conseils; mais surtout parce que, loin de conspirer unanimement sur un seul moyen de conserver ce qui nous reste, nos opinions nous divisent (1). A ces difficultés dont se hérisse la délibération, vous ajoutez, Athéniens, des difficultés nouvelles : tandis que tous les autres peuples prennent conseil avant l'événement, vous attendez, vous, que l'événement soit passé. De là vient, et je l'ai toujours remarqué, que, tout en applaudissant l'orateur qui vous reproche vos fautes, vous laissez vos affaires s'échapper, celles-là même qui sont mises en discussion. Eh bien, en dépit de tant d'obstacles, je me suis levé avec le ferme espoir que, si, abjurant le tumulte et les querelles, vous consentez à m'entendre avec le calme d'un peuple qui délibère sur le sort de cette ville et sur de si hauts intérêts, mes avis, mes discours vous indiqueront les moyens et d'améliorer votre situation et de réparer vos pertes.

Je le sais trop, Athéniens : rappeler les conseils qu'on a donnés, vous parler de soi-même, fut toujours la voie du succès pour qui s'arme d'audace : mais c'est pour moi un si lourd fardeau, que je recule devant l'évidente nécessité de le porter. Je pense néanmoins que vous apprécierez mieux les réflexions que je vais présenter, si je reporte vos souvenirs sur quelques-unes de mes paroles.

Et d'abord, pendant les troubles de l'Eubée, lorsque certains orateurs vous conseillaient de secourir Plutarque (2) et de vous charger d'une guerre dispendieuse et sans gloire, le premier, le seul, je courus à la tribune pour m'y opposer, et je faillis être mis en pièces par ces perfides qui, pour un ignoble salaire, vous entraînèrent dans mille fautes énormes. Peu de jours s'écoulèrent, et, flétris d'une honte nouvelle, abreuvés d'outrages tels que jamais peuple n'en éprouva à la part de ceux qu'il était venu soutenir, vous reconnûtes unanimement et que des scélérats vous avaient abusés, et que le défenseur de vos intérêts, c'était moi.

Dans une autre occasion, observant que Néoptolème (3) avait, grâce au privilége des comédiens voyageurs, acquis l'impunité, qu'il portait à la république les coups mortels, et vous gouvernait en magistrat délégué de Philippe, je parus, je parlai, et l'événement prouva que je n'étais mû par aucun motif personnel de haine ou de calomnie. Ici, ce ne sont point les étfenseurs de Néoptolème que j'accuserai (il n'en eut pas un), c'est vous-mêmes. Oui, quand vous eussiez assisté aux spectacles des fêtes de Bacchus, au lieu d'avoir à délibérer sur le salut d'Athènes, sur les intérêts de la patrie, vous n'auriez pu nous écouter, lui avec plus d'amour, moi avec plus de courroux. Toutefois, il est un fait qui, je pense, vous frappe tous aujourd'hui : cet homme qui fit alors un voyage chez l'ennemi sous prétexte d'apporter de Macédoine l'or qui lui était dû (ce sont ses termes) pour le consacrer au service de l'État, cet homme qui s'écriait souvent « Accuser un citoyen, parce qu'il transporte ses ressources de l'étranger dans son pays, quelle tyrannie ! » ce même homme, enhardi par la paix, réalisa la fortune immobilière qu'il possédait ici, et, avec elle, se retira près du Macédonien. Certes, ces deux faits, annoncés par moi, et présentés sous leurs véritables couleurs, témoignent hautement de la droiture et de la sincérité de mes paroles.

Encore une troisième circonstance, Athéniens ; elle sera la dernière, et j'aborde le sujet qui m'amène ici. Au retour de l'ambassade où nous avions reçu les serments pour la paix, quelques-uns de mes collègues vous promirent que l'on repeuplerait Thespies et Platée, que Philippe épargnerait les Phocidiens, quand il les aurait soumis, et disperserait les habitants de Thèbes, qu'Oropos serait à vous, que l'Eubée nous serait donnée en dédommagement d'Amphipolis ; et vous, séduits par de frivoles espérances, par des impostures, trahissant et vos intérêts, et la justice, et l'honneur, vous livrâtes la Phocide. Eh bien ! pur de ces déceptions, je les dénonçai toutes, je déclarai d'avance (et vous ne l'avez pas oublié, je le sais), je déclarai que ces promesses m'étaient inconnues, que je n'y croyais pas, que, dans ma conviction, l'orateur vous berçait de chimères (4).

Si, sur tous ces points, il est constant que j'ai, mieux que les autres, prévu l'avenir, ce ne sera chez moi ni sagacité profonde, ni vanité satisfaite : à deux causes seules, ô Athéniens ! j'attribuerai tout l'honneur de mes lumières, de mes pressentiments : la première, c'est la fortune, plus puissante à mes yeux que toute la sagesse humaine, que tous les efforts du génie ; la seconde, ce désintéressement avec lequel je juge et raisonne de tout. Non, personne ne pourrait montrer un seul présent attaché à mes actions, à mes paroles dans le ministère. Aussi, la détermination importante, qui est la conséquence naturelle de l'état de nos affaires, m'apparaît toujours sans nuages. Mais, lorsque, d'un côté ou de l'autre, l'orateur, comme la balance, a reçu de l'argent, ce poids précipite et entraîne toute sa logique ; et, dès lors, adieu la vérité des aperçus, la justesse des raisonnements !

Cela posé, je dis : Voulez-vous procurer à la république des fonds, des alliés, ou d'autres secours ? avant tout, ne rompez pas la paix actuelle : non que j'en admire les avantages, non qu'elle soit digne de vous ; mais, s'il ne fallait point faire une telle paix, aujourd'hui, faite, il ne faut point la rompre. Que de ressources, en effet, se sont échappées de nos mains, qui, si nous les tenions encore, rendraient pour nous la guerre plus facile et plus sûre ! En second lieu, à ces peuples qui composaient le congrès, à ces soi-disant Amphictyons (5), n'allez pas, ô Athéniens ! imposer la nécessité ou fournir le prétexte de vous attaquer tous de concert. Car, si la guerre se rallumait entre nous et Philippe pour Amphipolis, ou pour tout autre grief personnel dans lequel n'entreraient ni la Thessalie, ni Argos, ni Thèbes, je ne crois pas qu'aucun de ces peuples s'armât contre nous, moins encore que tout autre (écoutez avant de m'interrompre), moins encore les Thébains. Non qu'ils soient nos amis, ou peu jaloux de rendre ce bon office à Philippe ; mais, quelque stupides qu'on les suppose, ils savent trop bien que, s'ils s'engageaient dans une lutte contre Athènes, les coups seraient pour eux, tandis que l'athlète qui se tient en réserve épierait la palme (6). Ils ne se jetteraient donc pas dans une telle guerre, à moins que l'origine et la cause n'en fussent communes. De même, si nous étions aux prises avec les Thébains pour la ville d'Oropos, ou pour quelques débats privés, nous n'aurions, je pense, aucune intervention à redouter. En effet, une guerre d'invasion entre Thèbes et Athènes déterminerait seule les Grecs auxiliaires à y participer, mais pour la défense, et non pour l'attaque. Et voilà le caractère des confédérations, quand on les a bien approfondies, voilà leurs conséquences naturelles. Pour Athènes, pour Thèbes, les questions de l'existence et de l'empire n'intéressent pas au même degré les peuples de la Grèce ; s'ils désirent tous leur conservation, c'est par intérêt pour eux-mêmes : mais permettront-ils que, par la victoire sur sa rivale, une de ces républiques leur prépare des fers ? jamais !

Qu'y a-t-il donc à craindre, et que devons-nous éviter, selon moi ? c'est que la guerre, qui est encore dans l'avenir, ne soulève, par un commun prétexte, par une plainte générale, toute la Grèce contre nous. Car, si Argos, Messène, Mégalopolis, si toutes les villes du Péloponèse qui adhèrent à la même politique nous menacent de leur haine pour une négociation entamée avec Lacédémone, et parce que nous semblons vouloir les supplanter; si Thèbes, qui, vous le savez, nous hait déjà, doit nous haïr encore plus parce que nous recueillons ses bannis et lui prodiguons les preuves de notre malveillance; la Thessalie, parce que nous ouvrons les bras aux Phocidiens proscrits; Philippe enfin, parce qu'Athènes lui refuse une place dans le conseil général de la Grèce : je tremble que toutes ces puissances, s'appuyant des décrets amphictyoniques, animées par des ressentiments particuliers, ne poussent sur nous le poids d'une guerre fédérale, et que chaque peuple ne coure aux armes, entraîné, comme l'a vu la Phocide, contre son propre intérêt. Car, vous ne l'ignorez pas, Thébains, Thessaliens et Philippe, divisés quant au but principal, concoururent tous au même résultat. Ainsi, les Thébains ne purent empêcher Philippe de pénétrer jusqu'aux Thermopyles, de s'en saisir, encore moins de leur dérober, lui dernier venu, la gloire de leurs pénibles travaux. Ils ont acquis des possessions, et perdu l'honneur : car, sans l'invasion macédonienne, ils ne tenaient rien. Cependant ils ne la voulaient pas : mais, à la fois avides et incapables de reprendre Orchomène et Chéronée, ils subirent cette invasion avec toutes ses conséquenses (7). Quelques personnes, il est vrai, avouent que Philippe n'avait pas l'intention de livrer ces deux villes aux Thébains, mais qu'il y fut forcé. Que le ciel les protége! Moi, je sais qu'en tout cela il n'avait rien plus à cœur que de s'emparer du défilé, d'accaparer la gloire de la guerre phocidienne en paraissant lui avoir imposé un terme, et de présider les jeux pythiques. C'est là ce qu'il ambitionnait avant tout. Quant aux Thessaliens, certes ils ne voulaient l'agrandissement ni des Thébains ni de Philippe, qu'ils jugeaient également nuisible à leurs intérêts: mais ils désiraient ardemment reconquérir l'amphictyonat et leur double prérogative à Delphes (8) et, dans ces vues ambitieuses, ils prêtèrent leur bras au monarque. Vous voyez donc chacun de ces peuples, poussé en avant par l'égoïsme, agir contre son gré. D'après ces exemples, veillons sur nous, ô Athéniens !

—Nous devons donc dans cette crainte, souffrir qu'on nous fasse la loi? est-ce là ton conseil?
— Non, il est loin de ma pensée. Mais éviter la guerre sans rien faire qui soit indigne d'Athènes, montrer à tous les peuples notre prudence et l'équité de notre réponse (9), voilà, je pense, notre devoir.

Aux citoyens qui, les yeux fermés sur la guerre, pensent qu'il faut intrépidement affronter toutes les chances, j'opposerai cet argument : Nous laissons Oropos aux Thébains. Si l'on nous pressait d'en déclarer le vrai motif, c'est, dirions-nous, pour n'avoir pas la guerre. Nous venons de céder, par un traité, Amphipolis à Philippe; nous souffrons que Cardia soit détachée de la Chersonèse; que le Carien se saisisse et de Chios, et de Cos, et de Rhodes; que les Byzantins interceptent nos navires : et pourquoi? sans doute parce que nous trouvons plus d'avantage à nous reposer au sein de la paix, qu'à provoquer des collisions et attiser des querelles pour de semblables sujets. Eh bien! nous, qui jusque-là poussons la déférence envers chacune de ces puissances quand il s'agit de notre patrimoine, de notre nécessaire, ne tomberions-nous pas dans la déraison la plus choquante, si nous allions tirer l'épée contre toutes ensemble, pour chicaner sur l'ombre d'un privilège (10)?

NOTES

SUR LA CINQUIÈME PHILIPPIQUE.

(1) Le texte et le commentaire de Vœmel ont servi de base à mon travail. Mêmes secours accessoires que pour plusieurs des harangues précédentes.

(2) Plutarque, tyran d'Érétrie, en Eubée, demanda du secours à Athènes contre Clitarque, qui s'était emparé du souverain pouvoir dans la même ville; mais il se défia des Athéniens, et retint prisonnière toute leur armée.

(3) Néoptolème était à la fois hon poëte tragique et bon acteur : double titre à la faveur des Athéniens, qui pardonnaient tout à quiconque savait les amuser. L'année précédente, il avait été nommé l'un des dix ambassadeurs de la république pour conclure la paix.

(4) L'orateur. Eschine surtout, qui avait fait un rapport mensonger, à son retour de la seconde ambassade.

(5) On ne pouvait pas dire que le véritable conseil amphictyonique s'était assemblé : Athènes et d'autres républiques n'y avaient pas de représentants; les Phocidiens en avaient été rejetés; les Thessaliens, jadis écartés par ces derniers, y assistaient; enfin, c'est un prince que les Athéniens appelaient barbare, c'est Philippe qui présidait l'assemblée. (Vœmel.) Sur les Amphictyons, voir Anacharsis, chap. 35; et le Sommaire des principes généraux des Confédérations anciennes et modernes, par G. Washington.

(6) Quel est le tiers dont il est question ici? Auger après Tourreil, M. Planche après Auger, etc. ont répété que c'était Lacédemone. Les scoliastes désignent Philippe.

(7) « Les Thébains, disait Isocrate à Philippe (Or. ad

Phil. 21), qui ont espéré voir toute la Grèce à leurs pieds, placent aujourd'hui en vous leur avenir et leur salut : aussi, je les crois disposés à exécuter sans délai vos conseils, même vos ordres. »

(8) Droit de siéger parmi les Amphictyons, τῆς πυλαίας. Les mots τὰ ἐν Δελφοῖς désignent la présidence des jeux pythiques, et une sorte d'intendance de l'oracle de Delphes.

(9) J'ai repoussé la leçon δείξειν, parce qu'elle n'offre pas un sens raisonnable. L'orateur n'a plus qu'un argument à présenter ; c'est aux partisans de *la guerre à tout prix* qu'il l'adressera, et cette fin du discours n'a aucun rapport avec δόξομεν τὰ δίκαια λέγειν.

(10) Littéralement, *pour une ombre dans Delphes*. Allusion au proverbe sur *l'ombre de l'âne*, περὶ ὄνου σκιᾶς. Démosthène appelle *vaine ombre*, dit un critique étranger cité par Schæfer, le droit de siéger dans le conseil des Amphictyons ; pour exprimer qu'il serait illusoire de disputer ce droit à un prince parvenu d'ailleurs à une si haute puissance. Cependant, tout superflu, tout chimérique que pût paraître ce privilége, le rusé Macédonien comptait par là fortifier encore son ascendant politique, et sanctionner ses injustes projets par les décisions du congrès général de la Grèce.

X.
SIXIÈME PHILIPPIQUE.

INTRODUCTION.

Quoiqu'il n'existe point de témoignage formel, on ne peut douter que les Athéniens suivirent le conseil de Démosthène, et n'élevèrent point de réclamations contre le titre d'Amphictyon décerné à Philippe.

La guerre de Phocide terminée, les Lacédémoniens avaient tâché de faire revivre d'anciens droits pour obtenir la garde du temple de Delphes; mais, échouant dans toutes leurs entreprises contre le roi de Macédoine, ils continrent leur ambition dans les limites du Péloponèse. Ils avaient autrefois cruellement opprimé Messène, Argos et l'Arcadie; ils voulurent leur faire encore éprouver les restes de leur puissance. Les plaintes des habitants parvinrent aux Thébains, et, par eux, jusqu'à Philippe. Il se fit ordonner, par les Amphictyons, de réprimer l'insolence de Sparte. Il avait pour ennemis les Corinthiens, à qui il avait enlevé deux de leurs colonies, Ambracie et Leucade. Maîtres de l'isthme, ils se croyaient en état de s'opposer à son passage dans le Péloponèse, et firent, pour l'arrêter, de grands préparatifs, faibles efforts d'un peuple amolli. Tout le monde s'agitait; Diogène se mit à rouler son tonneau, pour n'être pas, disait-il, le seul qui ne fît rien à Corinthe. Cependant Philippe approchait : Lacédémone alors se hâta de réclamer le secours d'Athènes (ol. 109, 1; 344).

L'histoire de cette époque est pleine de lacunes et d'obscurités. Tourreil, Leland, Auger, Barthélemy, en ont presque fait un roman. C'est dans le sommaire de Libanius que Jacobs, Vœmel et Reuter ont puisé les données les plus positives; et, après avoir, sans fruit, consulté les sources après eux, nous croyons devoir mettre cette pièce en entier sous les yeux du lecteur.

Dans ce discours, dit le célèbre sophiste, l'orateur avertit les Athéniens de voir en Philippe un ennemi caché, et de ne pas s'abandonner à leur sécurité, malgré la paix. Il les invite à sortir de leur assoupissement, à s'appliquer aux affaires, à tout disposer pour combattre. Il accuse Philippe de tramer sourdement la perte d'Athènes et de toute la Grèce, et il appelle en témoignage les actions de ce prince. Les Athéniens ne savent quelle réponse faire à des ambassadeurs qui viennent d'arriver : Démosthène se charge de répondre lui-même. D'où viennent ces ambassadeurs? quelles affaires les amènent? Ces questions ne sont pas éclaircies par cette harangue, mais on peut en trouver la solution dans les histoires de Philippe. On y lit qu'à cette époque Philippe envoya une députation à Athènes pour se plaindre d'être accusé faussement devant les Grecs de s'être engagé envers eux par des promesses nombreuses et importantes, et d'avoir ensuite violé sa parole. Il niait et ces promesses et ce manque de foi, et voulait qu'on en présentât les preuves. Argos et Messène avaient, en même temps que Philippe, envoyé une ambassade aux Athéniens. Ces deux villes avaient aussi leurs griefs : pourquoi Athènes favorisait-elle les Macédoniens, tyrans du Péloponèse? pourquoi s'opposait-elle aux Messéniens, aux Argiens, qui combattaient pour la liberté? Les Athéniens sont donc embarrassés pour répondre et à Philippe, et à ces deux républiques: partisans de Lacédémone, ils ont de l'aversion et de la méfiance pour la ligue des Argiens et des Messéniens avec le roi de Macédoine; et cependant ils ne peuvent avouer comme juste la conduite des Lacédémoniens. Du côté de Philippe, leur espoir est trompé, mais ce prince a, du moins, sauvé les apparences. En effet, il ne s'était engagé à rien ni dans sa correspondance, ni par la voix de ses ambassadeurs : seulement, quelques Athéniens avaient bercé le peuple de l'espérance qu'il sauverait la Phocide, et réprimerait la violence des Thébains. Dans ces conjonctures, Démosthène présente les réponses qu'il faut faire, et s'engage à les faire au nom d'Athènes. Il ajoute qu'il est juste d'exiger aussi des explications de ceux qui ont suscité ces embarras, de ces hommes, dit-il, qui ont trompé le peuple, et ouvert à Philippe les Thermopyles. Ceci fait allusion à Eschine, contre lequel Démosthène prépare ainsi l'accusation d'avoir trahi son mandat dans une ambassade : c'était anticiper un moment devant les Athéniens sur ce procès, qui fut réellement intenté plus tard.

Une circonstance importante semble relever beaucoup le mérite de cette harangue, qui peut se passer d'analyse. Les ambassadeurs dont parle Libanius étaient à Athènes; peut-être même assistaient-ils à l'assemblée du peuple, comme avaient fait, avant eux, Antipater, Parménion et Euryloque, députés par Philippe pour conclure le traité de paix et d'alliance. Qu'ils fussent, ou non, sur la place publique, l'orateur dut songer à eux aussi bien qu'aux Athéniens, lorsqu'il arrêta le plan de son discours, et calcula l'effet de chacune de ses parties. Aussi voyez comme les parts sont bien faites! Les premiers alinéa sont la réfutation des plaintes de l'ambassade macédonienne; et les griefs présentés par les députés de Messène et d'Argos trouvent leur réponse dans le fragment du discours que Démosthène avait prononcé devant ces peuples. Avec quel art, enfin, l'orateur évite ici de s'expliquer sur la politique de Lacédémone!

DISCOURS.

Lorsqu'on vous parle, ô Athéniens! des intrigues de Philippe et de ses continuels attentats contre la paix (1), ces discours, où vous êtes loués, vous semblent, je le vois, évidemment dictés par la justice, par l'humanité; et l'invective contre Philippe a toujours à vos yeux le mérite de l'à-propos : mais qu'exécutez-vous? rien, je puis le dire, rien qui réponde à votre empressement pour entendre vos orateurs. Aussi, toutes les affaires de la république se trouvent déjà si bien avancées (2) que, plus on vous montre clairement ce prince tantôt violant la paix conclue avec vous, tantôt préparant des fers à toute la Grèce, plus il devient difficile de vous conseiller les mesures nécessaires. Quelle en est la cause? c'est que, pour arrêter dans sa course un usurpateur, Athéniens, il faut des actions, non des paroles. Toutefois, à cette tribune, nous écartons l'objet essentiel, nous tremblons de rédiger un décret, d'appuyer son adoption, tant votre disgrâce nous fait peur! nous passons en revue tous les crimes de Philippe, nous en mesurons toute l'atrocité, et que ne disons-nous pas? Pour vous, tranquillement assis, s'il s'agit ou d'exposer de solides raisons, ou de saisir celles qu'on vous présente, vous êtes d'avance mieux munis que Philippe : mais faut-il faire échouer ses entreprises actuelles? vous restez plongés dans l'inertie. De là, par une conséquence aussi naturelle qu'inévitable, vous et ce prince vous remportez la palme pour l'objet spécial de votre étude et de votre émulation, lui pour l'action, vous pour la parole. Si donc, aujourd'hui encore, il vous suffit de mieux faire parler le bon droit, cette facile tâche ne demandera pas un effort : mais, s'il faut méditer sur les moyens de tracer à nos affaires un autre cours, d'arrêter les progrès insensibles d'un mal toujours croissant, les menaces d'une puissance colossale, contre laquelle la lutte deviendrait impossible, changeons de méthode dans nos délibérations; tous ensemble, orateurs et auditeurs, préférons les mesures efficaces qui nous sauveront aux déclamations faciles qui nous charment.

Et d'abord, si l'un de vous, ô Athéniens! envisage avec assurance les immenses progrès de la domination de Philippe, s'il ne voit là aucun péril pour la patrie, aucun orage qui s'amoncèle sur nos têtes, je l'admire : mais je vous en conjure tous, écoutez en peu de mots les raisons qui me portent à attendre le contraire, à voir toujours un ennemi dans Philippe. Si je vous parais plus clairvoyant que les autres, vous déférerez à mes conseils; si l'avenir vous semble mieux pressenti par ceux qui se reposent intrépidement sur la foi de ce prince, vous vous rangerez de leur côté.

Je considère donc, Athéniens, les envahissements faits par Philippe aussitôt après la paix. Maître des Thermopyles, il s'impatronisa dans la Phocide. Que fit-il ensuite? comment usa-t-il de ces avantages? Il aima mieux agir pour les intérêts des Thébains que pour ceux d'Athènes. Et pourquoi? parce que, rapportant toutes ses vues, non à la paix, non à la tranquillité, non à la justice, mais à la fureur de s'agrandir et de tout subjuguer, il a parfaitement compris, d'après la politique d'Athènes et son noble caractère, que jamais ni promesses pompeuses ni bienfaits ne vous entraîneraient à lui sacrifier par un misérable égoïsme aucun des peuples de la Grèce; mais que, s'il osait tenter rien de pareil, et le zèle de la justice, et la crainte d'un opprobre ineffaçable, et la prévoyance de tous les résultats, vous lanceraient contre lui avec autant d'ardeur que si la guerre était rallumée. Quant aux Thébains, il comptait que, liés par leur reconnaissance, ils abandonneraient à sa merci tout le reste, et que, loin de lui résister et d'entraver sa marche, ils iraient, au premier ordre, grossir son armée. Aujourd'hui encore, parce qu'il a conçu la même idée des Messéniens et des Argiens, il les traite en ami; et c'est là votre plus bel éloge, ô Athéniens! Vous êtes jugés par de tels faits : ils vous proclament, seuls entre tous les peuples, incapables de vendre les droits généraux de la Grèce, et d'échanger contre aucune faveur, contre aucun service, la gloire d'en être l'appui.

Or, cette opinion si haute d'Athènes, si méprisante d'Argos et de Thèbes, Philippe l'a basée sur la raison, sur le spectacle du présent, sur les réflexions qui naissent du passé. Sans doute l'histoire et la renommée lui ont appris que, pouvant se saisir de l'empire de la Grèce (3) sous la condition de relever du Grand-Roi, vos ancêtres, loin d'accueillir l'offre apportée par un des aïeux de cet homme, par Alexandre, instrument d'une telle négociation, abandonnèrent leur ville, bravèrent tous les malheurs, et ensuite exécutèrent ces hauts faits que tout homme aime à raconter, que nul n'a pu raconter dignement. Aussi je me tairai devant tant de grandeur, que la parole humaine ne saurait atteindre. Quant aux ancêtres des Thébains et des Argiens, Philippe sait qu'ils aidèrent le Barbare, les uns de leur épée, les autres de leur neutralité. Il a donc compris que, satisfaits de pouvoir à leur utilité propre, ces deux peuples fermeraient les yeux sur les intérêts communs de la Grèce. De là il concluait que, s'engager par choix dans votre amitié, ce serait s'engager avec la justice, mais que l'union avec l'Argien et le Thébain attacherait des travailleurs à l'œuvre de son usurpation. Tel est le motif de la préférence qu'il leur a donnée, et qu'il leur donne encore sur vous : car à coup sûr, il ne voit pas chez eux des forces navales supérieures aux vôtres; cet empire que le continent lui a présenté ne détourne pas sa pensée de l'empire des mers et des places maritimes; enfin, il n'oublie ni les protestations, ni les promesses par lesquelles il obtint de vous la paix.

Philippe sait tout cela, dira-t-on, mais certainement ni l'ambition ni aucun des motifs que tu lui imputes ne dirigèrent alors sa conduite : seulement, il a cru les prétentions des Thébains plus justes que les nôtres. — Entre tous les prétextes, voilà précisément le seul qu'il ne peut alléguer aujourd'hui. Quoi! lui, qui ordonne aux Lacédémoniens de ne pas inquiéter Messène, prétendrait n'avoir agi que par un principe d'équité, lorsqu'il livra aux Thébains Orchomène et Coronée?

Mais il y fut forcé! (ces mots sont la dernière ressource de ses apologistes) mais il ne lâcha ces deux places que surpris, enveloppé par la cavalerie thessalienne et la grosse infanterie de Thèbes (4). — Fort bien. On dit, en conséquence, que les Thébains vont lui devenir suspects; on invente, on publie à la ronde qu'il doit bientôt fortifier Élatée. Tout cela repose dans l'avenir, et y reposera longtemps, croyez-moi. Mais la réunion de ses forces à celles de Messène et d'Argos pour tomber sur les Lacédémoniens, voilà ce qui n'est plus l'avenir. Déjà il fait partir ses troupes étrangères, il envoie des fonds, et on l'attend lui-même à la tête d'une puissante armée. Ainsi donc, il veut détruire Sparte, parce qu'elle est ennemie des Thébains; et cette Phocide qu'il a naguère abattue, maintenant il la relève! Qui le croira jamais? Pour moi, je pense que, si Philippe n'eût d'abord cédé qu'à la force en favorisant les Thébains, ou s'il désavouait aujourd'hui leur amitié, il ne s'acharnerait pas avec tant de constance contre leurs ennemis. Mais sa conduite actuelle témoigne hautement qu'alors ses actions furent libres et calculées. D'ailleurs, un coup d'œil juste sur toute sa politique décèle de laborieuses intrigues pour dresser toutes ses batteries contre Athènes; et j'affirme que maintenant, il y a là, pour lui, une sorte de nécessité. Raisonnez, en effet : il veut dominer; or, dans cette carrière, il ne voit d'autres adversaires que vous. Depuis longtemps il insulte à vos droits, et, au fond de son cœur, il le sent, puisque nos anciennes places, dont il dispose, couvrent toutes ses autres possessions. S'il perdait Amphipolis et Potidée, se croirait-il en sûreté chez lui? Deux choses lui sont donc connues : l'une, qu'il vous tend des pièges; l'autre, que vous les voyez; or, admettant votre prudence, il présume que vous lui portez une haine méritée, et la sienne s'irrite dans l'attente d'un coup funeste qui peut partir à propos de votre main, s'il ne se hâte de frapper le premier. Plein de cette idée, il veille au poste d'où il menace Athènes (5), il courtise les Thébains et leurs complices du Péloponèse, les jugeant trop mercenaires pour ne pas se borner à l'intérêt du moment, trop stupides pour prévoir les maux à venir. Toutefois, avec un peu de bon sens, on peut saisir les exemples frappants que j'ai eu l'occasion de citer aux Messéniens et aux Argiens, et qu'il est peut-être encore plus utile de présenter devant vous :

« Peuple de Messène, avec quelle indignation disais-je, Olynthe n'aurait-elle pas écouté qui conque eût parlé dans ses murs contre Philippe, alors qu'il lui abandonnait Anthémonte, place dont tous les rois ses prédécesseurs avaient été si jaloux; alors qu'il lui donnait Potidée, après en avoir chassé la colonie d'Athènes; et qu'épousant sa haine contre nous, il lui cédait la jouissance de cette contrée? Se serait-elle attendue à souffrir tant de malheurs? aurait-elle ajouté foi à leur prédiction? Non, vous ne le croyez pas. Cependant, après avoir peu joui du bien d'autrui, voilà les Olynthiens pour longtemps dépouillés, par Philippe, de leur propre bien, déchus, déshonorés, vaincus, que dis-je? trahis, vendus les uns par les autres : tant il est dangereux pour les républiques de se familiariser avec les despotes! Et les Thessaliens, quand Philippe chassait leurs tyrans, quand, de plus, il leur donnait Nicée et Magnésie, s'attendaient-ils à être, comme nous les voyons, asservis des tétrarques (6), ou que celui qui les rétablissait dans leurs droits d'Amphictyons, enlèverait leurs propres revenus? non, sans doute. Voilà pourtant ce qui s'est fait, et aux yeux de toute la Grèce! Vous voyez ce qu'est Philippe dans son rôle de protestations et de largesses : mais faites des vœux, si vous êtes sages, pour ne jamais le connaître quand, à ce perfide, il a trompé un peuple (7). Pour la garantie et pour le salut des villes, l'art, disais-je encore, a multiplié les moyens de défense, palissades, murailles, fossés, et mille autres fortifications, qui toutes exigent beaucoup de bras et des frais immenses. Dans le cœur des hommes prudents la nature élève aussi un rempart : là, le salut de tous est assuré, là les républiques surtout peuvent braver les tyrans. Quel est ce rempart? la défiance. Qu'elle soit votre compagne, qu'elle soit votre égide : tant que vous la conserverez, le malheur sera loin de vous. D'ailleurs, que cherchez-vous? la liberté? Eh! ne voyez-vous pas que les titres même de Philippe la combattent? Oui, tout roi, tout despote est ennemi né de la liberté, ennemi des lois. Quoi! en cherchant à vous délivrer de la guerre, vous ne craindrez point de tomber entre les mains d'un maître (8) ! »

Après avoir reconnu, par de bruyantes acclamations, la vérité de ces paroles; après avoir entendu plusieurs fois le même langage de la bouche des autres députés, et en ma présence, et probablement depuis mon départ, ces peuples n'en resteront pas moins liés à l'amitié et aux promesses de Philippe (9). Sans étonner personne, des Messéniens, des gens du Péloponèse agiront contre le parti qui leur est démontré le plus sage : mais vous, Athéniens, qui découvrez, et par vos propres lumières et par nos paroles, les mille pièges dont on vous enveloppe, vous tomberiez, trahis par votre inertie, dans l'abîme que je vois aussi sous vos pas! Faut-il qu'à ce point l'indolence et le plaisir du moment l'emportent sur l'utilité à venir?

À l'égard des mesures à prendre, vous feriez sagement d'en délibérer plus tard entre vous. Mais aujourd'hui, quelles réponses convient-il de décréter? le voici (10) :

Lecture du projet de Décret.

Il serait juste, Athéniens, de citer ici ces porteurs de promesses qui vous attirèrent à conclure la paix. Moi-même, en effet, je n'aurais pu me résoudre à accepter l'ambassade, et vous, j'en suis certain, vous n'auriez jamais posé les armes, si vous eussiez pensé que, la paix obtenue, telle serait la conduite de Philippe. Entre cette conduite et ces promesses, quelle différence! Il est d'autres hommes encore qu'il faut citer. Qui sont-ils? Ceux qui, après la conclusion de la paix, à mon retour de la seconde ambassade pour l'échange des serments, lorsque, voyant ma patrie fascinée, je prédisais ses malheurs, je protestais contre la trahison, je m'opposais à l'abandon des Thermopyles et de la Phocide, disaient que, buveur d'eau, Démosthène, devait être un homme d'espèce revêche et morose, que Philippe, après

avoir franchi le Passage, n'aurait plus d'autre volonté que la vôtre, fortifierait Thespies et Platée, réprimerait l'insolence thébaine, percerait à ses dépens la Chersonèse, et vous livrerait Oropos et l'Eubée en dédommagement d'Amphipolis. Oui, tout cela vous fut dit ici, à cette tribune; et, sans doute, vous vous le rappelez, quoique vous ayez mauvaise mémoire pour les traîtres; et, pour comble d'ignominie, frustrant les espérances de vos descendants, votre décret les lie eux-mêmes à cette paix : tant la déception fut complète!

Mais pourquoi rappeler maintenant ces discours? pourquoi demander la mise en jugement de ces hommes? Je vais, le ciel m'en soit témoin, répondre sans déguisement, à cœur ouvert. Je ne veux pas, en m'abaissant jusqu'à l'injure, la provoquer, par un juste retour, contre moi; je ne veux pas fournir à ceux qui, dès le principe, m'ont persécuté, un nouveau motif pour recevoir de Philippe un supplément de salaire; je ne veux pas m'égarer dans de vaines déclamations : mais je vois dans l'avenir les attentats de Philippe vous causer de plus vives alarmes qu'aujourd'hui. Oui, les progrès du mal frappent ma vue. Puissent mes conjectures être fausses! mais je tremble que déjà nous ne touchions au terme fatal. Quand il ne vous sera plus possible de négliger les événements, quand vous saurez, non plus par les paroles de Démosthène ou de tout autre citoyen, mais par vos yeux, par l'évidence des faits, qu'on trame votre perte, alors la colère, sans doute, vous fera courir à la vengeance. Or, je crains que, vos ambassadeurs ayant enseveli dans le silence tout ce que leur conscience reconnaît pour l'œuvre de leur corruption, votre courroux ne tombe sur les citoyens qui s'efforcent de réparer une partie des maux qu'elle a causés. Car j'en vois plus d'un parmi vous prêt à décharger sa fureur, non sur le coupable, mais sur la première victime que rencontre sa main.

Ainsi, tandis que l'orage se forme et n'éclate point encore, tandis que nous prenons conseil les uns des autres, je veux, malgré la notoriété publique, rappeler à chaque citoyen l'homme (11) dont les suggestions vous firent abandonner la Phocide et les Thermopyles : progrès funeste qui, ouvrant au Macédonien les routes d'Athènes et du Péloponèse, vous a réduits à délibérer, non plus sur les droits de la Grèce, ni sur les affaires du dehors, mais sur votre propre pays, mais sur la guerre contre l'Attique, guerre dont les alarmes n'éclateront qu'avec elle, mais qui date du jour de la trahison. Car, si vous n'aviez alors été perfidement poussés, Athènes serait aujourd'hui sans crainte. Trop faible sur mer pour tenter jamais une descente dans l'Attique, sur terre pour forcer les Thermopyles et la Phocide, où Philippe immobile aurait respecté la justice et renoncé à la guerre, ou il serait resté, les armes à la main, dans les mêmes positions qui l'avaient contraint auparavant à désirer la paix (12).

J'en ai dit assez pour réveiller vos souvenirs. Épargnez-nous, grands Dieux, la preuve la plus frappante de tant de perfidies! Non, contre aucun coupable, méritât-il la mort, je ne saurais provoquer un châtiment acheté au prix du péril de tous, au prix de la ruine d'Athènes!

NOTES

SUR LA SIXIÈME PHILIPPIQUE.

(1) J'ai eu sous les yeux le texte de Vœmel, 1832. Le commentaire de ce savant, celui de Reuter, et l'*Apparatus* ont été mes principaux guides pour l'interprétation.

(2) L'ironie délicate de ce passage ne peut être reproduite que par une traduction littérale : elle porte principalement sur les quatre mots ἤδη προηγμένα τυγχάνει πάντα, et répond très-bien au ton général de cet exorde, vrai modèle d'atticisme.

(3) Après la bataille de Salamine, Xerxès croyant devoir se retirer dans ses États, laissa Mardonius dans la Grèce avec trois cent mille hommes de ses meilleures troupes. Ce général entreprit de soumettre les Athéniens. Il employa d'abord la voie des négociations. Il chargea Alexandre, alors roi de Macédoine, et un des ancêtres de Philippe, ami et allié des Athéniens, de les engager à se soumettre au roi de Perse, à condition qu'ils jouiraient d'une entière liberté, qu'ils rentreraient dans la possession de leur pays, qu'ils l'augmenteraient de telle province qu'ils jugeraient à propos, qu'enfin ils seraient libres chez eux et maîtres dans la Grèce. Les Athéniens rejetèrent avec un noble orgueil les offres que vint leur faire Alexandre de la part de l'ennemi, prirent la résolution d'abandonner leur ville pour la seconde fois; résolution généreuse, qui fut couronnée par deux victoires signalées, qu'ils remportèrent en un seul jour, l'une sur terre, à Platée, où Mardonius fut tué et toutes ses troupes taillées en pièces; l'autre sur mer, à Mycale, dans laquelle Cimon, amiral de la flotte athénienne, prit aux Perses deux cents vaisseaux.

(4) Philippe avait dans son armée de la cavalerie thessalienne et de l'infanterie thébaine; et quelques-uns prétendaient que ce prince, investi, pour ainsi dire, par ces troupes étrangères qui servaient sous lui, avait fait bien des choses contre son gré.

(5) L'expression grecque, ἐφέστηκεν ἐπὶ τῇ πόλει, est tirée de l'art militaire : *il s'est posté pour tenir la ville en échec*. Barthélemy l'a imitée avec une hardiesse qui n'est pas très-heureuse : « Du haut de son trône, *comme d'une guérite*, il épiait le moment où l'on viendrait mendier son assistance. » Ch. LXI, 2ᵉ Lettre d'Apollodore.

(6) Presque tous les éditeurs lisent ici δεκαδαρχίαν, *l'établissement de dix gouvernements* : leçon évidemment fautive pour quelques-uns, et suspecte à tous. Ils proposent d'y substituer τετραρχίαν, que j'ai adoptée. En effet, la Thessalie était divisée en *quatre* gouvernements ou cantons.

(7) Littéralement : *après qu'il a trompé et donné un croc-en-jambe*.

(8) Allusion à la fable du Cheval et du Cerf, dans Stésichore (Rhét. d'Arist. liv. II, c. 20 ; et Recueil de Conon le Mythographe, XLII.) Ce rapprochement est d'autant plus ingénieux que Stésichore lui-même avait fait de cet apologue un moyen oratoire, pour détourner les Himériens, ses compatriotes, de donner des gardes à Phalaris.

(9) Littéralement : *ils ne se détacheront pas davantage*. Ce futur, qui est loin d'offrir un sens clair au premier aspect, est la leçon constante.

(10) A qui s'agit-il de répondre? aux ambassadeurs de Philippe, aux députés de Messène et d'Argos. *Voyez l'introduction*.

(11) Eschine, qui s'était laissé corrompre dans son ambassade de Macédoine, *où il alla*, dit Tourreil, *plénipotentiaire d'Athènes, et d'où il revint pensionnaire de Philippe*.

(12) Voilà un de ces passages qu'il faut bien le dire ont été défigurés par nos traducteurs.

Quand Philippe conclut avec les Athéniens une paix captieuse, il était encore à Phères, en Thessalie. Il avait donc devant lui les Thermopyles, et, au delà de ce passage, la Phocide, qui le séparaient des Béotiens auxquels il brûlait de donner la main pour fondre ensuite sur l'Attique et sur le Péloponèse.

Cela posé, voici la paraphrase la plus claire et la plus simple de ce passage : « Si vous n'aviez point, il y a deux ans, conclu cette paix, trompés par Eschine, Athènes serait aujourd'hui dans les alarmes. En effet, la marine de Philippe n'était pas assez forte pour nous tourner et opérer une descente sur les côtes orientales de l'Attique ; et, du côté de la terre, ce prince n'aurait jamais osé forcer le Pas des Thermopyles, qu'il n'a franchi que par surprise, à la faveur de la paix, et sous prétexte d'aller punir les Phocidiens sacriléges. Mais, loin de commettre ces injustices, cessant de combattre, il se serait tenu en repos (τὴν εἰρήνην ἄγων ἂν ἡσυχίαν εἶχεν); ou bien, sans interruption (παραχρῆμα) *continuant la guerre*, il serait resté dans *les mêmes positions* (ἐν ὁμοίῳ πολέμῳ) peu avantageuses qui le porteront à demander la paix, c'est-à-dire, devant cette même barrière des Thermopyles, que la ruse, à défaut de la force, la paix, au lieu de la guerre, pouvaient seules lever devant lui. » Il est évident que les mots τὴν εἰρήνην ἄγων, et ceux-ci τῆς εἰρήνης ἐπεθύμησε, ne désignent pas la même paix.

XI.

SEPTIÈME PHILIPPIQUE,

OU

HARANGUE SUR L'HALONÈSE.

INTRODUCTION.

On vint apporter à Philippe une copie de la harangue précédente. « J'aurais donné ma voix à « Démosthène pour me faire déclarer la guerre, dit-« il après l'avoir lue, et je l'aurais nommé général. » Éclairés et animés par cette éloquence, les Athéniens allaient s'unir avec Lacédémone. Philippe, ne voulant point avoir sur les bras deux ennemis si redoutables, renonça à son entreprise sur le Péloponèse, et tourna ses armes du côté de la haute Thrace, où il fit plusieurs conquêtes. Il se trouvait partout, soit par lui-même, soit par ses généraux. Sans parler de ses autres exploits, il prit, sur le chef de corsaires Sostrate, l'Halonèse (auj. *Sélidromi*), petite île située à la hauteur du golfe pélasgique (g. de *Volo*), et offrant une station utile à celui qui épiait l'Eubée et le reste de la Grèce.

L'Halonèse avait appartenu anciennement aux Athéniens, qui la réclamèrent par les ambassadeurs envoyés en Macédoine quelques années après la conclusion de la paix (347). Leurs prétentions furent repoussées, et le mécontentement mutuel ne tarda pas à s'aigrir encore : Philippe fortifiait sa puissance en Thessalie, attaquait les Acarnaniens, disposait en maître de la Chersonèse, menaçait Mégare, et se préparait à intervenir dans les querelles du midi de la Grèce, tandis qu'Athènes, sortie de son assoupissement, faisait partir des députations vers le Péloponèse, des troupes vers l'Acarnanie, et communiquait, partout ses craintes sur les projets du roi de Macédoine [1]. Celui-ci, instruit de ces mouvements, envoya l'éloquent Python à Athènes avec une lettre où il repoussait les griefs élevés contre lui, proposait une décision judiciaire sur les objets litigieux, et cherchait à dissiper tant de méfiances par de nouvelles promesses. La lettre, suivant l'usage, fut lue à la tribune (ol. 109, 2 ; 343) ; Python, chef de l'ambassade, fut entendu. C'est alors que fut prononcé le discours qui va nous occuper.

L'orateur, après avoir défendu par quelques mots la liberté de la tribune, passe de suite à la réfutation des divers articles contenus dans ce message.

« Le premier est [2], que le roy Philippe dict luy appartenir l'isle Halonèse, et qu'il la veut bien donner de sa grâce aux Athéniens, mais il ne veut leur rendre, comme à eux appartenante.

« Le second poinct est des accords et pactions que les Athéniens dient n'estre nécessaires.

« Le 3e de ce que le dict roy veut commander sur mer, souz couleur de favoriser les isolans, et de chasser les pilleurs et voleurs qui se mettent dedans les isles.

« Le 4e est de la réformation et correction de la paix faicte et conclue.

« Le 5e de la ville d'Amphipolis, laquelle le roy Philippe tenait et occupait, quoyqu'il ayt confessé qu'elle fust appartenante aux Athéniens.

« Le 6e est de la liberté des Grecs, que le roy Philippe aurait assubiectis contre les accords de la paix.

« Le 7e est des promesses dudict roy abusiues et incertaines.

« Le 8e est des villes prinses en temps de paix.

« Le 9e des prisonniers pris en guerre et non renduz.

« Le 10e est de la péninsule Cherrhonèse, et de ses bornes et limites. »

L'orateur termine par un blâme énergique contre les Athéniens qui font l'éloge de la lettre de Philippe.

Dans l'origine, ce discours était intitulé πρὸς τοὺς Φιλίππου πρέσβεις, ou περὶ τὴν ἐπιστολὴν καὶ τοὺς πρέσβεις τοὺς παρὰ Φιλίππου. Ce fut le critique Callimaque qui, dans sa *Table des Orateurs*, lui donna le titre restreint et inexact sous lequel il nous est parvenu. Il est plus que probable qu'il n'est pas de Démosthène. Ainsi s'exprimait Jacobs lorsqu'il publia pour la première fois sa traduction. Plus tard, 1833, le problème lui sembla résolu, grâce aux recherches de plusieurs philologues allemands, et surtout grâce aux démonstrations péremptoires de M. Vœmel. A qui donc appartient cette harangue? Leland et Göller répondent : A quelque habile faiseur de pastiches, à quelque rhéteur postérieur à l'époque de Démosthène. Cette opinion n'a pas trouvé de crédit ; et l'on est généralement revenu à celle de Libanius, soutenue par notre savant Larcher (Mém. de l'Ac. des inscr. t. II, p. 243). Le sophiste d'Antioche attribue ce discours à l'orateur Hégésippe, dont j'ai parlé ailleurs. A l'exemple de l'illustre traducteur allemand, j'ai cru ne pas de-

---
[1] Jacobs, *Introd. à ce disc.*
[2] Cette analyse, écrite par le vieux translateur Gervais de Tournay, est aussi fidèle et plus précise que celles de ses successeurs. J'ai cru devoir la conserver.

voir le supprimer, parce que sa marche rapide rappelle quelquefois celle de notre Orateur. D'ailleurs, comme document historique, il a quelque importance; et il peut tenir lieu, quant aux faits, de la lettre de Philippe, que nous n'avons pas, et de la harangue que Démosthène avait prononcée dans le même sens, à la même occasion, et qui est également perdue.

DISCOURS.

Hommes d'Athènes, les reproches dont Philippe charge ceux qui vous parlent pour la défense du bon droit, n'auront pas la vertu de nous fermer la bouche sur vos intérêts : il serait révoltant de voir les lettres qu'il vous envoie bannir la liberté de cette tribune (1). Pour moi, je veux, ô Athéniens ! parcourir d'abord tous les articles de son message, puis les discours de ses députés et la réponse que nous devons faire (2).

Philippe débute par l'Halonèse, disant qu'il vous la donne comme sa propriété, que vous la revendiquez injustement; qu'en effet, elle n'a été à vous ni quand il l'a prise, ni depuis qu'il la possède. Ce langage, il nous le tenait déjà lors de notre ambassade auprès de lui (3) : C'est aux pirates que j'ai enlevé cette île, disait-il, et, à ce titre elle m'appartient. Prétention injuste, et facile à repousser. Tous les pirates surprennent les possessions d'autrui, s'y retranchent, et, de là, inquiètent les navigateurs. Certes, quiconque les aurait châtiés et vaincus raisonnerait fort mal s'il soutenait que ces places usurpées par un vol sont devenues sa propriété. Admettez ce principe : dès lors, toute partie de l'Attique, de Lemnos, d'Imbros ou de Scyros (4) dont les corsaires s'emparerait, appartient de droit, quoique votre domaine, au vainqueur qui en arrache ces brigands. Philippe n'ignore point l'injustice de son propre langage; il la connaît (5) aussi bien que personne : mais il espère vous fasciner par l'organe de ceux qui devaient diriger ici vos affaires à son gré, qui le lui ont promis, et qui l'exécutent maintenant. Il ne lui échappe pas non plus qu'en vertu de deux titres, quel que soit celui que vous fassiez valoir, vous posséderez l'île, ou comme don, ou comme restitution (6). Rendue ou donnée, que lui importe? et pourquoi ne pas employer le premier de ces termes, le seul conforme au droit? Ce n'est pas pour être compté parmi vos bienfaiteurs (il serait plaisant, le bienfait!); c'est pour montrer à tous les Hellènes qu'Athènes se trouve trop heureuse de tenir d'un Macédonien ses places maritimes. Or, voilà ce qu'il ne faut pas permettre, ô Athéniens!

Il dit qu'il veut soumettre ce point à des arbitres : pure dérision ! Quoi ! il juge convenable que des Athéniens plaident pour la possession de certaines îles, contre un homme de Pella ! Mais, dès que votre puissance, qui affranchit jadis la Grèce, ne peut plus garantir vos possessions sur mer; dès que des arbitres souverains, au scrutin desquels vous vous serez commis, vous les maintiendront, si toutefois ils ne se vendent pas à Philippe, votre conduite ne sera-t-elle point l'aveu d'une renonciation à toute propriété continentale? ne déclarera-t-elle pas à tous les peuples que vous ne lui en disputeriez aucune, puisque sur mer, où vous vous dites si puissants, vous recourez, non à vos armes, mais à des débats juridiques?

Quant à nos stipulations réglementaires (7), il vous a envoyé, dit-il, des hommes chargés de les conclure; et elles seront ratifiées, non par la sanction de vos tribunaux, comme le veut la loi, mais après avoir été déférées à Philippe, appelant à lui-même de votre décision. Car il cherche à vous devancer, à vous surprendre, dans ces stipulations, l'aveu formel que, loin de vous plaindre des injustices souffertes par vous au sujet de Potidée (8), vous reconnaissez hautement la légitimité de la prise et de la possession. Cependant les Athéniens qui demeuraient à Potidée, et qui étaient pour Philippe, non des ennemis, mais des alliés compris dans le traité juré par lui aux habitants de cette ville, se sont vu dépouiller de leurs biens. Ce qu'il veut à toute force, c'est une garantie de votre silence sur de tels attentats, c'est l'assurance que vous ne vous croyez pas lésés. En effet, il n'est pas besoin de transactions entre Athènes et la Macédoine; le passé vous l'atteste. Ni Amyntas, père de Philippe, ni ses prédécesseurs n'en ont jamais fait avec notre république, bien qu'il y eût alors des échanges plus nombreux entre les deux peuples. La Macédoine était notre sujette et notre tributaire; l'Athénien fréquentait plus souvent ses ports, et le Macédonien les nôtres; les procès de commerce n'étaient pas jugés aussi régulièrement; vidés maintenant tous les mois (9), ils rendent inutiles des conventions entre peuples si éloignés. Malgré l'absence de ces sortes de règlements, on ne voyait nul avantage à faire des traités, a traverser les mers, pour obtenir justice, ou d'Athènes en Macédoine, ou de Macédoine à Athènes. Les Macédoniens étaient jugés chez nous par nos lois, et nous chez eux par les leurs. Sachez-le donc : ces stipulations ne sont qu'une fin de non-recevoir contre des réclamations au sujet de Potidée.

Quant aux écumeurs de mer, il dit qu'il serait juste de vous réunir à lui pour leur donner la chasse. Qu'est-ce autre chose qu'aspirer à recevoir de vous l'empire des mers, à vous faire avouer que, sans Philippe, vous ne pouvez les défendre, à obtenir enfin, dans ses visites des côtes, dans ses descentes sur toutes les îles, sous prétexte de surveiller les pirates, la pleine liberté de vous débaucher vos insulaires, et non-seulement de ramener à Thasos, par le moyen de vos généraux, les Thasiens réfugiés en Macédoine (10), mais encore de s'impatroniser dans l'Archipel, en faisant accompagner vos chefs militaires de ses troupes, comme pour protéger en commun les navigateurs? On dit, après cela, qu'il ne désire pas s'agrandir par la marine. Il ne le désire pas! et il équipe des navires, il construit des arsenaux, il veut lancer des flottes, et préparer, à frais énormes, des batailles navales. Non, son ambition n'a pas d'objet plus cher. Croyez-vous, ô Athéniens! que Philippe vous demanderait une pareille concession, s'il n'avait du mépris pour vous, et une entière confiance dans les citoyens dont sa politique a acheté l'amitié? malheureux qui ne rougissent pas de sacrifier leur pays à un Macédonien, et qui, en recevant ses dons, pensent enrichir leurs familles, alors qu'ils vendent et familles et patrie!

Passons aux modifications du traité de paix. Avec le consentement de ses ambassadeurs, nous y ajoutâmes cette clause, reconnue juste chez tous les peuples, *Que chacun garde ce qui lui appartient.* Il nie qu'il nous ait accordé ce pouvoir, que ses députés nous en aient parlé : pur effet de la persuasion produite par ses officieux amis, qui lui ont dit, Les Athéniens oublient les paroles prononcées dans leurs assemblées. Toutefois c'est la seule chose dont vous n'ayez pu perdre le souvenir. Dans la même séance, ses ambassadeurs parlèrent, et le décret fut rédigé; la lecture de celui-ci suivit de très-près les discours de ceux-là : impossible donc que vous ayez dans votre décision menti à ses députés. Aussi, n'est-ce pas moi, c'est vous qu'il attaque, quand il écrit que vous lui avez envoyé un décret en réponse à des objets dont on ne vous avait point parlé. Les ambassadeurs eux-mêmes, à qui ce décret prêterait un faux langage, n'osèrent pas se lever et dire, lorsque vous le leur lisiez pour réponse, et que vous les invitiez à jouir de l'hospitalité : « Athéniens, vous nous abusez en nous attribuant ce que nous n'avons pas dit. » Loin de là, ils se retirèrent en silence.

Je vais reproduire, ô Athéniens! les paroles qu'adressait alors au peuple Python, chef de l'ambassade, paroles que vous avez applaudies. Vous vous en souvenez, j'en suis sûr; elles ressemblaient beaucoup à la lettre actuelle de Philippe. Il accusait les orateurs de calomnier ce prince; il blâmait votre conduite : « Philippe, disait-il, désire ardemment vous faire du bien, et gagner votre amitié, plus précieuse à ses yeux que celle des autres Hellènes : mais vous-mêmes comprimez cet élan par l'accueil que vous faites aux harangues de ces sycophantes qui le dénigrent en mendiant ses largesses. Lorsqu'on lui rapporte ces ignobles discours et toutes les injures que vous écoutez avidement, il change de dispositions, se voyant suspect à ceux-là même qu'il voulait généreusement servir. » Python invitait donc les orateurs à ne point blâmer la paix, puisqu'il n'y avait pas de motif suffisant pour la rompre; mais à amender les articles qui pourraient déplaire, assurant que Philippe en passerait par tout ce que vous auriez décidé. « S'ils continuent de crier, ajoutait-il, sans rien proposer pour maintenir la paix, et dissiper les soupçons qui planent sur le roi, n'écoutez pas de pareils hommes. »

Vous approuviez ce langage; vous le trouviez juste, et il l'était en effet. Mais, si Python parlait ainsi, ce n'était point pour qu'on réformât dans le traité des clauses avantageuses à Philippe et pour lesquelles ce prince avait prodigué son or; c'est qu'il etait endoctriné par nos donneurs d'avis, qui ne pensaient pas que personne proposât rien de contraire au décret par lequel Philocrate nous avait fait perdre Amphipolis (11). Pour moi, Athéniens, sans avoir l'audace de présenter une motion illégale, j'ai attaqué par un décret celui de Philocrate, qui violait la loi, et c'est ce que je vais démontrer. Le décret de Philocrate, qui vous a enlevé Amphipolis, était contraire à des décisions antérieures qui vous ont donné cette contrée. Il attaquait donc la législation existante (12); et l'auteur d'une motion conforme aux lois ne pouvait s'accorder avec un décret qui violait les lois. En me conformant à ces anciens décrets, qui, rédigés d'après nos institutions, vous garantissaient la possession de cette contrée, j'ai fait une proposition légale, et j'ai convaincu Philippe de vous tromper, de vouloir, non pas réformer les traités, mais rendre suspects vos orateurs fidèles. Il nie maintenant, vous le savez tous, ce droit d'amendement qu'il vous avait accordé. Il prétend qu'Amphipolis lui appartient, et que vous l'avez décidé vous-mêmes en statuant *qu'il garderait ce qu'il avait*. Oui, vous avez stipulé cette clause, mais sans lui attribuer la propriété d'Amphipolis. Car, on peut détenir le bien d'autrui; la possession n'est pas toujours la propriété, et que de gens possèdent ce qui ne leur appartient pas! Ce n'est donc là qu'un sophisme frivole. Il se rappelle le décret de Philocrate; et la lettre qu'il vous a écrite lorsqu'il assiégeait Amphipolis, il l'a oubliée! Là il reconnaissait vos droits sur cette ville : car il promettait de vous la restituer dès qu'il l'aurait conquise, parce qu'elle était à vous, et non à ceux qui l'occupaient (13). Vous comprenez; avant la prise, ses habitants l'avaient usurpée sur les Athéniens; mais, depuis la prise, Athènes n'en est plus propriétaire, c'est Philippe. Olynthe, Apollonie, Pallène (14) ne sont pas à d'autres; elles appartiennent à Philippe. Que vous en semble? Cet homme vous écrit-il avec assez de circonspection pour paraître ne rien dire, ne rien faire qui ne soit reconnu juste chez tous les peuples? ah! plutôt, n'est-ce pas fouler aux pieds tous les droits, que de se déclarer souverain d'une ville qui est à vous d'après les décisions et la reconnaissance des Hellènes et du roi de Perse (15)?

Par un autre amendement au traité vous avez statué que tous les Hellènes qui n'y participaient point resteraient libres et autonomes, et que, si on marchait contre eux, ils seraient secourus par les confédérés. Vous ne trouviez ni justice ni humanité à jouir seuls de la paix, Philippe et vous, vos alliés et les siens, tandis que des peuples neutres seraient abandonnés à la merci du plus fort. Vous vouliez étendre sur eux les garanties de votre traité; après avoir déposé les armes, vous vouliez une paix réelle. Hé bien! tout en avouant dans sa lettre, comme vous venez de l'entendre, que cet amendement est juste, qu'il l'adopte, Philippe a pris la ville de Phères et mis garnison dans la citadelle, afin, sans doute, qu'elle fût indépendante; il marche sur Ambracie; il a emporté de force, après avoir brûlé le pays, Pandosie, Buchéta, Élatée (16), trois villes de la Cassopie, trois colonies des Éléens, et il les a livrées au joug de son beau-frère Alexandre. Oh! qu'il désire ardemment l'indépendance, la liberté de la Grèce! et que ses œuvres en font foi!

Quant aux grandes protestations de services, dont il vous berce sans cesse, il dit que je mens, que je le calomnie près des Hellènes, puisqu'il ne vous promit jamais rien. Il pousse jusque-là l'impudence, lui qui, dans une lettre déposée aux archives du Conseil (17), nous a assuré qu'en cas de paix, il bâillonnerait ses contradicteurs à force de bienfaits versés sur vous, bienfaits qu'il spécifierait déjà s'il était sûr que la guerre dût cesser. Ainsi, ses faveurs étaient dans sa main, et il n'attendait que la paix pour l'ouvrir. La paix s'est faite, les avantages que nous devions éprouver se sont évanouis, et qu'est-il resté? là désolation de la Grèce, telle que vous la voyez. Dans la lettre actuelle, mêmes promesses de services signalés, à condition que vous voir confierez à ses fauteurs, à ses amis, et que vous punirez ses calomniateurs. Or, ces services, les voici : il ne vous rendra pas vos biens, dont il se prétend propriétaire : ce n'est pas même dans les contrées helléniques (18) qu'il placera ses dons; il s'attirerait la haine des Grecs : il fera éclore, je l'espère, quelque autre région, quelque nouveau pays, qui sera le théâtre de ses largesses.

Parlons des places qu'il vous a enlevées pendant la paix, contre la foi des serments et des traités. Convaincu d'injustice, et n'ayant rien à répliquer, il propose d'en référer à un tribunal neutre et impartial, sur des objets pour lesquels cet arbitrage est le moins nécessaire. Là, le véritable juge, c'est le calendrier. Nous savons tous quel mois, quel jour la paix a été conclue; nous connaissons, avec la même précision, la date de la prise de Serrhium, d'Ergiské, de Mont-Sacré (19). Ces faits n'ont pas été assez cachés pour demander une enquête; tout le monde peut savoir si les places ont été prises avant ou après la paix.

Il dit encore nous avoir rendu les prisonniers de guerre. Mais ce Carystien, l'hôte public d'Athènes, que vous avez réclamé par trois ambassades, Philippe, dans son ardeur à vous complaire, l'a fait mourir (20), et n'a pas même rendu son cadavre pour la sépulture!

Au sujet de la Chersonèse, qu'écrit-il? que fait-il? la chose vaut la peine d'être examinée. Disposant de tout le pays situé au delà d'Agora (21), comme étant à lui et nullement à vous, il en a donné la jouissance au Cardien Apollonide. Cependant la limite de la Chersonèse n'est pas Agora, c'est l'autel de Jupiter-Terme, élevé entre Ptéléum et Leucé-Acté, sur le point où l'on devait tirer un fossé de séparation. C'est ce que prouve une inscription gravée sur cet autel du dieu des Limites :

Pour fixer leur limite, au monarque du ciel
Ptéléum et Leucé consacrent cet autel;
Le dieu, fils de Kronos, de sa main souveraine,
Indique aux deux cités leur mutuel domaine (22).

Ce pays, dont la plupart de vous connaissez l'étendue, il en dispose comme de son bien, jouit lui-même d'une partie, fait présent du reste, s'empare de toutes vos possessions. Peu content de ses usurpations au delà d'Agora, il vous écrit, dans la lettre qui nous occupe, de terminer devant des arbitres vos différends, si vous en avez, avec les Cardiens qui habitent en deçà de cette ville, les Cardiens établis sur un sol athénien! Et voyez si leurs démêlés avec vous sont peu importants. Ils prétendent être sur leur territoire, et non sur le vôtre, disant que vous n'y possédez que des esclaves, mais que leurs propriétés sont assises sur leur domaine (23), et que votre concitoyen Callippe de Pæania l'a déclaré dans un décret (24). Sur ce dernier point, leur allégation est vraie : le décret a été porté, j'ai attaqué Callippe comme infracteur des lois, vous l'avez absous : et de là, les chicanes qu'on vous fait au sujet de cette contrée. Mais, si vous avez la faiblesse de plaider avec des Cardiens pour une possession territoriale, pourquoi n'agiriez-vous pas de même à l'égard des autres peuples de la Chersonèse? Philippe pousse l'insolence jusqu'à ajouter : « Si Cardie décline l'arbitrage, je l'y soumettrai, » comme si vous ne pouviez exercer sur cette ville aucune contrainte ! Supposant votre impuissance, il s'engage à la mettre lui-même à la raison. N'est-il pas visible qu'il vous comble de bienfaits?

Il en est qui font l'éloge de cette lettre : retombe sur eux votre haine, plus encore que sur Philippe! Lui, du moins, c'est pour la gloire, c'est pour de grands avantages qu'il traverse vos intérêts : mais, quand des Athéniens déploient pour Philippe un zèle qu'ils doivent à la patrie, il faut, si vous n'avez pas le cerveau dérangé (25), exterminer ces misérables.

Il me reste à opposer à cette lettre si adroitement tournée, et aux discours des députés, la rédaction d'une réponse solide et utile à vos intérêts (26).

NOTES

SUR LA SEPTIÈME PHILIPPIQUE.

(1) Texte : « Hegesippi Orat. de Halonneso sec. codd. mscr. recognita, etc. ab J. Th. Vœmelio, 1833. »
Pour l'interprétation, j'ai eu rarement besoin de recourir ailleurs qu'à l'excellent travail du savant et consciencieux professeur de Francfort.

(2) L'orateur annonce seulement à la fin de sa harangue qu'il rédigera une réponse aux discours dont Python et ses collègues d'ambassade appuyèrent la lettre de Philippe.

(3) C'est la députation que les Athéniens avaient envoyée à Pella l'année précédente, 344, pour débattre différents points laissés en litige dans le traité de paix. Démosthène n'en faisait pas partie.

(4) Ces trois îles, propriété des Athéniens, leur avaient été assurées par le traité d'Antalcidas. Voyez Xén. *Hist. Gr.* v, 1.

(5) M. Vœmel fait dépendre ἐπιστάμενος de οὐκ ἀγνοεῖ, aussi bien que λέγων. La conjonction ἀλλὰ me semble s'opposer à ce rapprochement, et commencer une proposition nouvelle.

(6) Eschine reproche cette distinction à son rival, comme une mauvaise chicane. V. aussi la Vie de Démosth. par Plutarq. c. 9; les passages de comédies cités par Athénée, VI, 3; Quintilien, III, 8, etc. Hégésippe a pu l'emprunter à Démosthène. J'avoue que je n'y vois pas la susceptibilité d'un bon citoyen, qu'un profond respect pour l'honneur national. Même sentiment dans une distinction pareille, appliquée à la revendication des restes de Napoléon : « Maintenant *réclamer* des cendres! On pourra peut-être vous les *donner*; mais comment? mais pourquoi? Ce sera une concession, et non une *réparation*. Eh bien! c'est la réparation cependant que demanderait la France. » M. Mauguin, *Ch. des Députés*, 9 avril 1836.

(7) Τὰ σύμβολα, « pacte entre deux nations pour soumettre mutuellement aux lois et à la juridiction de chacune d'elles les contestations survenues sur son territoire entre les individus des deux nations. » Dict. de M. Alexandre. Cette définition, la plus nette que j'aie pu trouver, est conforme à celle d'Harpocration. Tournay entend par σύμβολα un *traité de paix*; Auger, Gin et M. Jager, un *traité de commerce*, des *conventions commerciales*. Le premier sens est faux; le second, trop restreint. Auger se trompe encore quand il voit, dans la suite de cette phrase, des procès en matière de commerce. Il est question de traités, comme l'a bien vu M. Jager. — *Non par la sanction de vos tribunaux*; c'est-à-dire, du tribunal des Héliastes, présidé par les Thesmothètes. V. Pollux, l. VIII, 88; et Schomann, dans son livre sur la Procéd. athénienne, p. 778. — *Comme le veut la loi* : loi du plus fort, loi injuste. Athènes voulait traiter Philippe comme les insulaires de sa dépendance.

(8) Après avoir parcouru les explications que le scoliaste, J. Wolf, Weiske et Schomann donnent pour établir un rapport entre la prise de Potidée et le traité que Philippe voulait conclure, M. Vœmel ajoute : « Illi autem omnes vario modo errasse videntur. » Mais l'interprétation qu'il offre à son tour n'est guère plus satisfaisante; et le docte Jacobs regarde cette difficulté comme insoluble.

(9) Xénophon, dans son traité sur les Revenus d'Athènes, c. III, § 3, propose de décerner des prix aux juges qui termineront de la manière la plus prompte et la plus juste à la fois, les contestations commerciales, afin que les négociants n'éprouvent plus les retards que déplore cet écrivain. Il paraît, d'après ce passage, que son vœu fut rempli.

(10) « Quelques habitants de Thasos, convaincus d'avoir voulu livrer l'île à Philippe, furent bannis. Ce roi, aidé des troupes de Charès, qu'il avait gagnées, les rétablit dans leur patrie. » Scol. Cette ligne de l'orateur rappelle

une grave insulte faite au peuple athénien : car les traîtres avaient sans doute été expulsés, comme le pense M. Vœmel, par les partisans d'Athènes.

(11) Sur Philocrate, voy. la situation des partis à Athènes, dans notre Préambule. Cet orateur avait mis beaucoup d'empressement à faire conclure le traité de paix qui cédait Amphipolis au roi de Macédoine.

(12) C'est-à-dire que Philocrate n'avait pas commencé par demander l'annulation pure et simple des anciens décrets, avant de proposer le sien. V. Fr. Aug. Wolf, *Prolegg. ad Leptın*.

(13) C'est-à-dire, les Olynthiens.

(14) Apollonie, ville de la confédération chalcidienne (auj. *Bazar-Djedıd*), et la péninsule de Pallène (auj. *Kassandra*) étaient tombées au pouvoir de Philippe pendant la guerre olynthienne, l'an 348.

(15) Cette décision n'était pas comprise dans le traité d'Antalcidas, comme l'a cru J. Wolf; elle datait du congrès pour la paix tenu à Sparte, avec la médiation d'Artaxerxès-Mnémon, 372 (ol. 102, 1).

(16) Élatée ou Élatria. — La Cassopie, où se trouvaient ces trois villes, est un district de l'Épire, appelé maintenant *Spiantza*. Alexandre, frère d'Olympias, auquel Philippe abandonna ainsi ses conquêtes dans l'Épire méridionale, reçut encore de lui, l'année suivante (ol. 109, 3; 342), le royaume des Molosses, après la mort d'Arymbas. V. Diod. xvi, 72.

(17) C'est-à-dire, dans le temple de Cybèle, voisin du bâtiment où s'assemblait le conseil des Cinq-Cents.

(18) Reiske, Schæfer et M. Vœmel s'accordent ici à entendre par τῇ οἰκουμένῃ *tota Græcia, quam late patuit*. La pensée moderne s'accommode mieux de ce sens, *le monde connu*; mais repoussons une exagération qui blesse ici la logique. En effet, sur quoi se fonderait alors le mécontentement des Grecs contre Philippe?

(19) La paix avait été conclue, avec échange de serments, le 24 du mois élaphébolion, ol. 108, 3 (25 mars 346); les villes de Thrace désignées ici, et auxquelles il faut joindre les places maritimes de Doriskos, Myrtium, Myrgiské, Ganos et Ganis, furent prises par Philippe dans le mois thargélion (mai), même année. De ce calcul de M. Vœmel, basé sur les détails les plus précis, il résulte qu'Auger se trompe quand il avance, ce qu'on a affirmé d'après lui, qu'à l'époque de la prise, *la paix n'était qu'arrêtée, et non conclue*.

(20) Ce Grec de Carystos (ville d'Eubée, auj. *Castel-Rosso*), dont Auger fait assez gratuitement *un criminel*

périt probablement lorsque Philippe cherchait à surprendre Géræstos, ville voisine.

(21) Agora, nom de ville. V. Hérod. vii, 58; Scylax, 28, ed. Huds. Étienne en fait mention au mot Ἀγορὰ, quoi qu'en dise Auger. Philippe, dit le scoliaste, voulait forcer les Athéniens à reconnaître ce point comme limite de la Chersonèse. — Cet Apollonide avait servi le roi de Macédoine en plusieurs occasions, surtout en gagnant à sa cause le fameux traître Charidème d'Oréos. — Sur la position de Leucé-Acté (Blanche-Rive) v. Larcher, Tab. Géogr. — Il y avait plusieurs villes du nom de Ptéleon (Les Ormeaux) : celle-ci n'est connue que par ce passage.

(22) On a expliqué diversement le mot ἀμμορίας; on a voulu le changer. M. Vœmel prouve qu'il doit être conservé; J. Wolf traduit très-bien :

Juppiter ipse
Rex Superûm medius limite signat agros.

A quoi pensait Gin quand il a vu ici le Jupiter Ammon? Tournay travestit étrangement les noms propres de ce morceau :

Entre *l'orme* et le *blanc rivage* mis
Ce bel autel faict séparation;
Bornant par droict contentieux pays;
Dont Jupiter est la distinction.

(23) Κτῆμα, c'est la propriété que l'on possède sur le territoire de son propre pays; Ἔγκτημα, c'est un immeuble situé sur un territoire étranger. (Scoliaste.)

(24) Auger suppose que ce Callippe est le même contre lequel il existe une plainte judiciaire de Démosthène; mais Jacobs fait observer que celui-ci était d'un dême différent. C'est Callippe le Péanien, comme l'a fort bien prouvé M. Vœmel, qui fut réellement accusé par Hégésippe : circonstance importante, que ce savant entoure d'arguments secondaires, et d'où il conclut qu'Hégésippe est l'auteur de cette harangue.

(25) Littéralement : *Si modo vos cerebrum in temporibus, non in calcibus, conculcatum geritis*, Wolf; « si auez et portez vostre ceruelle dedans voz temples, et ne pas petelée aux talons » Tournay. J'ai cru devoir conserver quelque chose de la trivialité de cette expression, l'un des arguments que fait valoir M. Vœmel, d'après Libanius et le bon goût, contre l'authenticité de ce discours.

(26) Cette réponse, dont le greffier donna sans doute lecture quand l'orateur eut cessé de parler, ne s'est pas conservée.

XII.
HUITIÈME PHILIPPIQUE,

OU

HARANGUE SUR LA CHERSONÈSE.

INTRODUCTION.

A peine Hégésippe était-il descendu de la tribune, après avoir prononcé le discours sur l'Halonèse et fait lire son projet de réponse à la lettre de Philippe, que des murmures s'élevèrent : « Mais c'est la guerre que tu demandes! s'écria un mécontent. — Oui, par Jupiter ! répondit l'orateur ; et je demande de plus, des deuils, des enterrements publics, des éloges funèbres, si nous voulons vivre libres, et ne pas nous courber sous le joug macédonien ! » Ce généreux citoyen n'obtint, pour résultat, que d'empêcher les Athéniens de s'abaisser jusqu'à disputer juridiquement un territoire aux habitants de Cardia.

Le général athénien Diopithe, et les accusations qu'on lui intenta l'année suivante (ol 109, 3 ; 342) auprès de ses compatriotes, sont l'objet de la harangue suivante. « Depuis bien des années, dit Libanius dans son excellent sommaire, Athènes possédait la Chersonèse de Thrace, et, du temps de Philippe, elle y envoya une colonie. D'après un ancien usage, les citoyens pauvres, qui n'avaient rien dans l'Attique, étaient transportés dans les villes que la république possédait hors de son territoire, armés et défrayés par le Trésor. Ainsi, dans la circonstance actuelle, des colons furent expédiés pour la Chersonèse, ayant à leur tête le général Diopithe. Accueillis par les anciens habitants, ils reçurent des maisons et des terres ; mais ils furent repoussés par les Cardiens, qui prétendaient que le territoire était à eux, et ne relevait pas d'Athènes. Ceux-ci, attaqués par Diopithe, se jettent dans les bras de Philippe, qui écrit aux Athéniens de ne pas faire violence à ses clients, mais de plaider contre eux, s'ils se croient lésés. Sur le refus de ce peuple, il envoie des secours aux Cardiens. Alors Diopithe indigné profite de l'absence de ce prince, qui s'était enfoncé dans la Haute-Thrace, où il faisait la guerre au roi des Odryses, et tombe sur la Thrace maritime, dépendante de la Macédoine. Il la ravage, et, avant le retour de Philippe, il se replie sur la Chersonèse, et se met à l'abri. Dans l'impuissance de se venger par les armes, ce prince adresse aux Athéniens une nouvelle dépêche, et accuse leur général d'une violation flagrante de la paix. Les orateurs *philippistes* se déchaînent contre Diopithe, et demandent sa punition ; mais Démosthène se lève pour les combattre, et il établit la défense sur deux moyens : 1° La conduite de Diopithe n'a rien d'injuste. C'est Philippe qui a commis les premières hostilités et rompu la paix par ses démarches iniques auprès d'une ville qui dépend d'Athènes. 2° Il est contraire aux intérêts de la république de punir son général, et de licencier cette armée qui maintenant arrête Philippe à l'entrée de la Chersonèse. Enfin, l'orateur exhorte les Athéniens à la guerre, et accuse avec énergie le Macédonien d'outrager la justice, la foi des traités, et de miner sourdement Athènes et la Grèce.

« Quelques critiques ont rangé ce discours dans le genre judiciaire, parce qu'il contient l'apologie de Diopithe et une accusation contre Philippe. Mais Épiphanios le rhéteur pense qu'il est du genre délibératif, vu que les conseils politiques y ont plus d'étendue que l'accusation. Il y a plus de vérité dans cette opinion : car, pour voir ici un *plaidoyer*, il faudrait que l'accusateur et l'accusé eussent assisté aux débats, comme s'ils étaient devant leurs juges. Mais il n'y avait pas de tribunal ; Diopithe et Philippe étaient bien loin ; le but principal de l'orateur était moins de défendre l'un et de charger l'autre, que de donner d'utiles conseils à sa patrie : donc cette harangue a le caractère délibératif. La bienveillance des auditeurs, la confiance en la personne de l'orateur, tel est, ici, le but de l'exorde. Accusateur et apologiste, Démosthène repousse le soupçon de complaisance et d'animosité en rappelant les autres orateurs à leurs devoirs. »

Replaçons dans l'ordre de leur développement les idées principales de cette Philippique, regardée par La Harpe comme la plus belle de toutes.

PROPOSITION GÉNÉRALE,
Maintenir l'armée de la Chersonèse.

EXORDE.	Iʳᵉ PARTIE :	IIᵉ PARTIE :	PÉROR.
	Parce que Diopithe est innocent.	Parce que la république est mise en péril par Philippe et ses partisans.	
Sans haine, sans faveur, les orateurs devraient proposer et le peuple décréter les mesures les plus utiles.	1. Accuser Diopithe, c'est détourner les Athéniens du vrai sujet de la délibération, les usurpations de Philippe. 2. Ce général a, dit-on, rallumé la guerre. Mais la paix n'est plus possible; la guerre nous est imposée par Philippe, qui nous attaque, bien qu'il ne soit pas encore au Pirée. 3. Si Philippe, par ses dernières agressions, n'a pas rallumé la guerre, Diopithe a respecté la paix dans son expédition en Thrace. 4. On veut que Diopithe congédie son armée, coupable, dit-on, de piraterie. Philippe, qui ne congédiera point la sienne, va ressaisir tous les avantages qui nous ont déjà été si funestes. 5. Les accusateurs de votre général veulent donc vous livrer désarmés au conquérant, qui renforce ses troupes, et que vous ne pourrez repousser s'il attaque Byzance au retour des vents contraires à votre navigation vers la Thrace. 6. L'armée dissoute, que ferons-nous si Philippe se jette sur la Chersonèse? — Nous jugerons Diopithe. — Merveilleuse défense! — Nous expédierons des secours. — Mais si la navigation est impossible? — Philippe n'osera pas attaquer la Chersonèse. — Qui vous en répond? — S! au lieu de l'attaquer, il marche sur Chalcis ou Mégare, le voilà à nos portes! 7. Loin de disperser notre armée, il faut donc l'entretenir, l'augmenter. 8. Reproches nombreux et véhéments contre le peuple et contre les accusateurs de Diopithe. Vous n'envoyez pas d'argent à ce général : il faut donc qu'il nourrisse ses troupes par des expéditions qui ne sont, après tout, que de justes représailles, etc. 9. Si Diopithe était coupable, un ordre suffirait pour le révoquer, sans licencier ses troupes.	1. Terribles envers vos concitoyens, doux envers l'ennemi, vous ne voyez pas que Philippe seul cause tous vos malheurs. 2. Que répondriez-vous, si les Grecs vous demandaient compte des occasions perdues par votre négligence? 3. Philippe veut et doit vouloir détruire la république athénienne, boulevard de l'indépendance grecque. 4. Par son expédition dans la Haute-Thrace, il se fraie un chemin jusqu'à Athènes. 5. Que faut-il donc? des contributions, le maintien de nos troupes, une bonne administration militaire, etc. 6. Ces longs travaux, ces grandes dépenses préviendront des maux bien plus grands. D'ailleurs, quand Athènes ne serait pas attaquée par Philippe, elle devrait encore veiller au salut de la Grèce. Attendra-t-elle l'extrême nécessité? L'honneur parle, il suffit. 7. *Que la paix est douce!* s'écrient certains orateurs. Mais, qui convient-il d'exhorter à la paix, ou des trop pacifiques Athéniens, ou de Philippe toujours guerroyant? 8. *Par la guerre*, disent-ils encore, *on demande le pillage de nos finances.* — Il est facile d'y remédier. Mais le pillage de la Grèce entière, pillage qui va nous atteindre, n'est-ce donc rien? 9. Motifs coupables des orateurs qui disent que conseiller la défense, c'est rallumer la guerre. 10. Si Athènes, aveuglée comme Oréos, Phères, Olynthe, attend que Philippe ait au pied de ses murs, avoué ses intentions hostiles, notre perte est inévitable. 11. C'est notre *destruction* que veut ce prince, parce que, seuls, nous pouvons l'arrêter. 12. Mort aux traîtres! Sinon, impossible de résister à Philippe. 13. C'est par des bienfaits apparents qu'il enchaîne les autres peuples; mais, contre nous, il n'a que des menaces! Pourquoi cette différence? C'est qu'Athènes fut longtemps la seule ville où l'on ait pu élever impunément la voix en faveur du tyran. De là, l'élévation des traîtres, et l'abaissement de la patrie. 14. *Tu n'oses pas*, me dit-on, *proposer, par un décret formel, cette guerre que tu conseilles : quelle lâcheté!* — Réfutation : caractère du vrai courage civil. 14. *Tu parles bien, mais tu n'agis pas!* — Le peuple ne doit demander aux orateurs que de bons conseils; à lui appartient l'exécution. Preuve par un exemple.	Résumé rapide des seuls moyens qui puissent encore sauver la patrie : contributions; maintien de l'armée; ambassades; supplice des traîtres.

DISCOURS.

Il faudrait, ô Athéniens! que tous vos orateurs, s'interdisant les paroles de faveur ou de haine, exposassent simplement l'avis qu'ils croient le plus salutaire, surtout lorsque vous délibérez sur des affaires publiques d'une haute portée (1). Mais, puisque plusieurs d'entre eux sont poussés à la tribune ou par des altercations jalouses, ou par d'autres motifs personnels, c'est à vous, Peuple, de rejeter toutes ces considérations, à vous de décréter et d'accomplir ce que vous jugez utile à l'État.

De quoi s'agit-il aujourd'hui? de la Chersonèse et de l'expédition que Philippe, depuis près de onze mois, poursuit dans la Thrace. Quel sujet ont traité presque tous les orateurs? les opérations et les projets de Diopithe. Pour moi, lorsqu'on accuse un de vos généraux, que vous pouvez, quand vous le voudrez, punir au nom de la loi, soit à l'instant même, soit un peu plus tard, je crois qu'il n'y a pas urgence (2); et je ne vois pas pourquoi moi, ni tout autre nous lutterions à outrance sur ce terrain. Mais ce que Philippe, notre ennemi, s'efforce et se hâte de nous ravir, à la tête d'une puissante armée qui borde l'Hellespont (3), ce que nous perdrons sans ressource s'il nous devance, voilà sur quoi il importe de statuer et de prendre les mesures les plus promptes, sans vous détourner de votre course (4) pour des débats étrangers, pour de turbulentes récriminations.

Athéniens, souvent on avance ici des propositions qui m'étonnent : mais ce qui m'a le plus surpris, c'a été d'entendre affirmer dernièrement dans le Sénat qu'un orateur devait conseiller nettement ou la guerre, ou la paix. Oui, sans doute, si Philippe reste tranquille, s'il ne viole pas les traités, s'il n'enlève aucune de nos possessions, s'il n'arme point tous les peuples contre nous, il faut fermer la discussion, il faut garder la paix; et, de votre côté du moins, je n'y vois nul obstacle. Mais, si les conditions de la paix qui a reçu nos serments sont sous nos yeux et reposent dans nos archives; s'il est notoire que, même avant le départ de Diopithe et de la colonie qu'on accuse d'avoir rallumé la guerre, Philippe s'était iniquement emparé de plusieurs places athéniennes; si, contre ces attentats, vos propres décrets sont une protestation authentique; s'il a toujours, depuis lors, accaparé les Grecs et les Barbares pour les ameuter sans relâche contre nous; que prétend-on en disant qu'il faut se prononcer entre la guerre et la paix? Eh! nous n'avons plus le choix : un seul parti nous reste, éminemment juste et nécessaire; et c'est celui dont on affecte de ne point parler! Quel est-il? repousser l'agresseur; à moins qu'ils ne disent, ces orateurs, que Philippe, grands dieux! n'insulte pas Athènes, ne nous fait point la guerre, tant qu'il ne touche ni à l'Attique, ni au Pirée. Si c'est là qu'ils posent les bornes de la justice, s'ils élargissent ainsi l'horizon de la paix, certes le caractère impie (5), révoltant, menaçant même, de leurs maximes, frappe tous les esprits. Il y a plus : un tel langage, dans leur bouche, réfute les reproches dont ils chargent Diopithe. Car enfin, pourquoi permettrons-nous à Philippe de tout faire, pourvu qu'il n'envahisse pas l'Attique, s'il n'est pas permis à Diopithe de secourir les Thraces, sans être accusé de rallumer la guerre? Mais, par Jupiter! disent les accusateurs (6), des cruautés sont commises par nos troupes étrangères, qui ravagent l'Hellespont; Diopithe, contre le droit des gens, enlève les vaisseaux : notre devoir est d'arrêter cette licence. Soit, j'y souscris. Je veux que le seul intérêt de la justice ait dicté ce conseil; mais voici ma pensée : vous poursuivez la dissolution de notre armée en diffamant ici le général qui a trouvé les moyens de l'entretenir : eh bien! prouvez que Philippe aussi congédiera ses troupes, si la république défère à votre avis. S'ils ne le prouvent pas, Athéniens, songez-y, ces hommes nous replacent dans la situation qui jusqu'ici a ruiné nos affaires. Vous le savez : rien n'a donné à Philippe plus d'avantages sur nous, que sa diligence à nous prévenir. Toujours à la tête d'une armée sur pied, voyant devant lui son projet, il s'élance soudain sur l'ennemi qu'il a choisi : nous, au contraire, ce n'est qu'à la nouvelle de ses invasions que nous commençons nos préparatifs tumultueux. Aussi, qu'arrive-t-il? il demeure, lui, paisible possesseur de ce qu'il a ravi, et nous, venus trop tard, perdant toutes nos dépenses, nous ne montrons à l'ennemi que notre haine, notre envie de le traverser : lenteur fatale, qui nous condamne et nous déshonore!

Ouvrez donc les yeux, ô Athéniens! Aujourd'hui encore, tout cela n'est que verbiage et motifs hypocrites : on trame, on conspire pour que, restant oisifs au dedans et désarmés au dehors, vous laissiez Philippe, en pleine sécurité, tout ranger sous sa loi. Examinez surtout ce qui se passe maintenant. Ce prince est dans la Thrace, à la tête d'une armée considérable; et, si j'en crois des témoins oculaires, il fait venir de puissants renforts de la Macédoine et de la Thessalie. Si donc, après avoir attendu les vents étésiens, il fond sur Byzance (7) et l'assiége, pensez-vous que les Byzantins persistent dans leur aveuglement, qu'ils ne vous appellent pas, qu'ils ne sollicitent point votre appui? Pour moi, je ne le puis croire : loin de là, s'il est un peuple dont ils se méfient encore plus que de nous (8), ils le recevront dans leur ville, à moins qu'une prompte réduction ne les prévienne, plutôt que de la livrer au tyran. Lors donc que nos vaisseaux ne pourront point sortir du port, et que nous n'aurons plus sur les lieux de secours prêts à marcher, rien ne les préservera de leur ruine. — Non, par le ciel! aussi bien, égarés par un funeste génie, ces gens-là poussent la démence par delà toutes les bornes. — D'accord : mais ces insensés, il faut les sauver : il y va du salut d'Athènes.

D'ailleurs, est-il bien sûr que Philippe ne se jettera pas sur la Chersonèse? Relisez la lettre qu'il vous a écrite : il y parle de se venger de ces peuples. Maintenant, notre armée pourra défendre ce pays et attaquer le sien; désorganisée et dissoute, que ferons-nous s'il marche contre la péninsule? — Nous jugerons Diopithe, par Dieu! — Nous voilà bien avancés ! — Nous ferons partir des secours d'Athènes. — Et si les vents rendent la navigation impossible? — Mais Philippe n'osera l'attaquer. — Qui vous en répond (9)? Voyez-vous, Athéniens, à l'approche de quelle saison l'on vous conseille d'évacuer l'Hellespont, et de le livrer à ce prince? Il y a plus : si, au retour de la Thrace, il laisse de côté Byzance et la Chersonèse (calculez encore cette chance), et vient attaquer Chalcis ou Mégare, comme en dernier lieu la ville d'Oréos; lequel vaut le mieux, ou d'avoir à le combattre ici et de laisser la guerre approcher de l'Attique, ou de l'occuper loin de nous? Pour moi, j'embrasse ce dernier parti (10).

D'après ces faits et ces réflexions, loin de vous efforcer de dénigrer et de dissoudre cette armée que Diopithe s'efforce de conserver à la république (11), vous devez tous lui fournir vous-mêmes de nouvelles troupes, de l'argent, des munitions. Que l'on interroge Philippe : « Dites-moi, prince, ces troupes que commande Diopithe, quelles qu'elles soient (je ne le discute pas ici), sont florissantes; Athènes les honore, les renforce, et semble partager leurs travaux; ou bien, sur les calomnies de quelques délateurs, les voilà démembrées, anéanties : choisissez. » : « J'opte pour leur démembrement, » répondra-t-il sans hésiter. Ainsi, ce que Philippe demanderait avec ardeur au ciel, il est ici des hommes qui le lui préparent! Et vous demandez encore ce qui a ruiné toutes vos affaires!.... Eh bien! orateur indépendant, je vais la faire, cette enquête su l'état de la patrie; je vais passer la revue de no actions, de notre conduite envers nous-mêmes.

Nous n'avons ni la volonté de payer, ni le courage de combattre, ni la force de renoncer au gratifications du Trésor (12), de fournir à Diopithe ses allocations; au lieu d'applaudir au ressources qu'il s'est créées, nous le décrions p une inquisition jalouse des moyens qu'il emploie des opérations qu'il prépare, de tout enfin. Ain disposés, nous repoussons le fardeau de nos pr pres affaires; prodigues de paroles, nous loue les citoyens qui élèvent la voix pour l'honne de la patrie : mais faut-il agir? nous cour grossir les rangs de leurs adversaires. Cha délibération vous voit demander à l'orateur monte à la tribune, *Que faut-il donc faire?* vous demanderai, moi, *Que faut-il donc di* Car, si vous ne servez l'État ni de vos person ni de votre argent; si vous ne cessez d'a à vous les deniers publics, de refuser à D pithe les subventions légales et la faculté de courir à d'autres voies; si vous ne voulez prendre en main vos intérêts, je n'ai qu'à taire. Reste-t-il un conseil à donner, quand v lâchez la bride à la délation, à la calomnie, qu'à écouter des accusations anticipées su que fera, dit-on, votre général? Mais quels f portera une telle conduite? Oh! pour cela faut l'apprendre à quelques-uns de vous. n'enchaînera ma langue : la dissimulation impossible.

Tous les généraux qui sortent de vos (j'y engage ma tête) reçoivent, sans except de l'argent et de Chios et d'Érythrée (13), tous les Grecs d'Asie dont ils peuvent en La contribution se proportionne au nomb vaisseaux qu'ils commandent : mais, faib forte, croyez-vous qu'elle soit gratuite? ces peuples ne sont pas si insensés : par e achètent la liberté, la sûreté de leur com maritime, le droit de faire escorter leurs na et d'autres avantages. Mais, à les entendre par pure affection qu'ils nous donnent; pellent présents ces largesses intéressées bien! voyant aujourd'hui Diopithe à la tête armée, tous lui apporteront leurs subsides n'est plus certain. Car enfin, s'il ne reçoi d'ici, s'il ne peut pas lui-même fournir la d'où voulez-vous qu'il attende la nourritu soldats? Du ciel? impossible! aussi vit-il qu'il ramasse, ou mendie, ou emprunte Donc, l'accuser devant vous, c'est dire à t peuples : « Ne fournissez rien à un général être puni et pour les opérations passées don l'auteur ou le complice, et pour les faits à v

De là tous ces propos : *Il va former un siége ; il livre les Grecs.* Quels sont donc ces Athéniens au cœur si tendre pour des Grecs Asiatiques (15) ? Certes, leur sollicitude est plus vive pour l'étranger que pour la patrie. De là encore cette proposition d'envoyer dans l'Hellespont un autre général. Eh ! si Diopithe commet des violences, s'il enlève les vaisseaux, quelques lignes, Athéniens, quelques lignes de votre part (16) l'arrêteront tout court. La loi ordonne de poursuivre juridiquement le prévaricateur, et non pas, Dieu merci ! d'armer contre lui des flottes à grands frais : ce serait le chef-d'œuvre de la folie. C'est contre nos ennemis, sur qui nos lois n'ont aucune prise, qu'il faut et entretenir des troupes, et envoyer des escadres, et lever des subsides ; là, il y a nécessité. Mais contre un de nos citoyens ! un décret, une accusation, la galère paralienne (17), cela suffit, cela est d'un peuple sage ; et ceux qui vous parlent autrement veulent vous perdre.

Il est déplorable qu'il y ait dans Athènes de pareils conseillers ; mais ce n'est rien encore : vous, assis sur ces bancs, vous voilà dans les dispositions les plus funestes. Qu'un de ces orateurs monte à la tribune, et rejette toutes nos calamités sur Diopithe, sur Charès, sur Aristophon, sur tout autre citoyen, à l'instant éclatent vos tumultueuses clameurs : *Il a raison !* Mais qu'un citoyen véridique s'approche et vous dise : « Vous n'y pensez pas, Athéniens ; le seul auteur de toutes vos disgrâces, de tous vos maux, c'est Philippe ; s'il connaissait le repos, Athènes serait tranquille, » vous ne dites pas non, vous ne le pouvez pas : mais que cette vérité vous pèse ! vous croyez voir dans l'orateur votre assassin. Or la cause, la voici ; au nom du ciel ! laissez-moi tout dire : je ne parle que pour vous sauver.

Depuis longtemps plusieurs de vos ministres vous ont dressés à vous montrer redoutables et ombrageux dans l'assemblée nationale, mous et méprisables dans vos armements. Aussi, impute-t-on vos malheurs à quelqu'un de vous, que vous savez être sous votre main ? vous approuvez, vous voulez agir. Mais qu'on vous dénonce un ennemi étranger, qu'il faudra vaincre pour le punir, vous voilà déconcertés ; cette conviction vous irrite. Il faudrait, au contraire, Athéniens, que vos ministres vous apprissent à être humains dans vos délibérations, où vous n'avez à débattre qu'avec des citoyens, avec des alliés ; terribles et menaçants dans vos préparatifs de guerre, puisqu'alors c'est contre des rivaux, contre des ennemis que la lutte s'engage. Mais, grâce aux serviles complaisances de ces démagogues, apportant ici une délicatesse superbe et l'habitude d'être adulés, vous n'avez plus d'oreille que pour leur doucereux langage ; tandis que vos affaires et l'événement du jour (18) vous placent déjà sur le bord d'un abîme. Ah ! j'en atteste les dieux, que diriez-vous si les Hellènes vous demandaient raison de tant d'occasions perdues par votre indolence ; s'ils vous disaient : « Peuple d'Athènes, tu nous envoies ambassade sur ambassade ; tu répètes que Philippe trame ses perfidies contre nous, contre la Grèce entière, et qu'il faut nous défendre de cet usurpateur ; tu prodigues les avertissements (pourrions-nous ne pas en convenir, puisque telle est notre conduite ?) Et après, ô le plus lâche des peuples ! quand l'homme, dix mois entiers loin de la Grèce, arrêté par la maladie, par l'hiver, par la guerre, ne pouvait pas même regagner ses foyers, qu'as-tu fait ? brisas-tu les fers de l'Eubée ? Tu n'osas pas rentrer dans une seule de tes possessions ! Et lui, toi présent, oisif, plein de santé (si l'on doit nommer santé une telle léthargie), il a posté deux tyrans dans l'Eubée, dressant l'un, comme une batterie, contre l'Attique, et l'autre contre Sciathos. Ah ! loin de réprimer ces attentats, si tu n'osais davantage, tu lui as évidemment tout permis, tout abandonné ; tu as enfin déclaré, par là, que, dût-il mourir dix fois, tu ne ferais pas un pas de plus. Pourquoi donc ces ambassades, ces accusations ? pourquoi nous importuner de tels soins ? » Eh bien, Athéniens ! connaissez-vous une réfutation à ces reproches ? Pour moi, je n'en connais pas (19).

Il est des gens qui s'imaginent confondre un orateur par cette question : « Que faut-il donc faire ? » Rien, leur dirai-je avec autant de justice que de vérité, rien de ce que vous faites maintenant. Je vais néanmoins entrer dans tous les détails ; et puissent ces hommes si prompts à interroger ne l'être pas moins à exécuter (20) !

Commencez, Athéniens, par reconnaître comme un fait incontestable, que Philippe a rompu les traités, qu'il nous fait la guerre ; et, sur ce point, cessez de vous entr'accuser. Oui, il est l'ennemi mortel d'Athènes tout entière, de son sol, de tous ses habitants, de ceux-là même qui se flattent le plus d'être dans ses bonnes grâces. S'ils en doutent, qu'ils jettent les yeux sur Euthycrate, sur Lasthène, ces Olynthiens qui, se comptant au nombre de ses meilleurs amis, périrent si misérablement après lui avoir vendu leur patrie. Mais c'est surtout à notre démocratie qu'il a déclaré la guerre ; c'est à la détruire que tendent tous ses piéges, tous ses projets. Et l'on peut dire qu'il agit conséquemment. Il sait très-bien que, quand même il aurait asservi le reste de la Grèce, il ne pourra compter sur rien tant que subsistera votre démocratie; il sait que, s'il éprouve un de ces revers qui frappent si souvent l'homme, toutes les nations que la violence tient réunies sous son joug accourront se jeter dans vos bras ; car votre caractère national ne vous porte point à vous agrandir, à usurper la domination; mais vous savez empêcher tout autre de s'en saisir, et abattre l'usurpateur; en un mot, faut-il barrer le chemin à qui marche à la tyrannie? faut-il affranchir tous les peuples? vous êtes toujours là. Aussi, Philippe ne veut pas que la liberté athénienne épie ses jours mauvais; il ne le veut absolument pas; et ici, ses réflexions sont vraies et bien mûries (21). Vous devez donc d'abord voir en lui l'irréconciliable adversaire de notre démocratie : car, si cette vérité n'est gravée dans vos cœurs, vous n'apporterez au soin de vos affaires qu'une volonté languissante. Tenez ensuite pour certain que c'est contre Athènes qu'il dispose et dirige toutes ses batteries, et que, partout où l'on agira pour le repousser, on agira pour vous. Qui de vous serait assez simple pour s'imaginer que ce prince, capable d'ambitionner jusqu'à de misérables bicoques de la Thrace, telles que Drongyle, Cabyle, Mastire, et d'autres, également dignes de ce nom, qu'il assiége et soumet; capable de braver, pour de telles conquêtes, travaux, frimas, périls extrêmes; ne convoite pas les ports d'Athènes, ses arsenaux maritimes, ses flottes, ses mines d'argent (22), ses immenses revenus; qu'il vous en laissera la paisible possession, lui qui, pour arracher le seigle et le millet des souterrains de la Thrace, s'enfonce, l'hiver, dans des abîmes? Non, vous ne le croyez point : par cette expédition, par toutes les autres, il se fraie un chemin jusqu'à vous.

Que doivent donc faire des hommes sages, convaincus de ces vérités? secouer une fatale léthargie, contribuer de leurs biens, faire contribuer leurs alliés, travailler à conserver les troupes qui sont encore sous les armes, afin que, si Philippe a une armée prête à attaquer tous les Grecs et à les asservir, vous en ayez une aussi, prête à les secourir et à les sauver. Impossible, en effet, de jamais rien faire à propos avec des recrues temporaires. Il faut une armée organisée, les moyens de l'entretenir, des trésoriers, des agents publics; il faut placer près de la caisse militaire les gardiens les plus vigilants; il faut demander compte au général des opérations de la campagne, et aux administrateurs de leur gestion. Exécutez ce plan avec une volonté bien prononcée, et vous forcerez Philippe à respecter la paix, à se renfermer dans sa Macédoine, ce qui serait l'avantage le plus précieux; ou, du moins, vous le combattrez à forces égales.

On va me dire que ces résolutions exigent de grands frais, de longs travaux, de continuels mouvements. J'en conviens; mais considérez quels dangers vous menacent si vous ne prenez ce parti nécessaire, et vous trouverez un grand avantage à l'embrasser de bonne grâce. En effet, quand même un dieu, à défaut d'un mortel, vous donnerait une garantie suffisante pour de si hauts intérêts; quand il vous répondrait que, toujours immobiles, toujours abandonnant les peuples, vous ne serez pas, à la fin, attaqués par Philippe, il serait honteux, par Jupiter et tous les Immortels! il serait indigne de vous, de la gloire nationale, des exploits de vos ancêtres, de sacrifier à une insouciance égoïste la liberté de la Grèce entière. Plutôt mourir, avant qu'un pareil avis sorte de ma bouche! Si un autre vous le donne, et vous persuade, eh bien! ne vous défendez pas, abandonnez tout (23). Mais, si vous rejetez cette pensée, si nous prévoyons tous que, plus nous laisserons Philippe s'agrandir, plus nous trouverons en lui un ennemi puissant et redoutable, quel sera notre asile! pourquoi ces délais? Qu'attendons-nous, ô Athéniens! pour faire notre devoir? La nécessité, sans doute! Mais la nécessité de l'homme libre, elle est là; que dis-je? elle a passé depuis longtemps. Pour celle qui remue l'esclave, priez le ciel de vous en préserver! Où est ici la différence? A l'homme libre, la crainte du déshonneur est une nécessité de fer, et je n'en vois pas, en effet, de plus impérieuse; mais à l'esclave, les coups, les châtiments corporels... Ah! ne la connaissez jamais! son nom souille cette tribune.

Je développerais volontiers tous les artifices que certains politiques font jouer près de vous; je n'en citerai qu'un. Vient-on à parler de Philippe? aussitôt l'un d'eux se lève : *Quel trésor que la paix! Quel fardeau qu'une grande armée à entretenir! C'est le pillage de nos finances que l'on veut.* Avec de semblables discours, ils vous arrêtent, et ménagent à cet homme un loisir tranquille pour l'exécution de ses projets. De là résultent pour vous ce repos, cette inaction, plaisirs qui, je le crains fort, vous paraîtront un jour bien chèrement achetés; et pour eux, vos bonnes grâces, avec le salaire de leurs intrigues. Je pense, moi, que ce n'est pas à vous qu'il faut persuader la paix, à vous déjà persuadés et pacifiques, mais à celui qui vous fait la guerre. S'il y consentait, il vous trouverait prêts à y souscrire. Ensuite, il faut regarder comme un fardeau, non pas ce que nous dépenserons pour notre sûreté, mais les maux qui nous attendent, si nous ne voulons rien dépenser. Quant au pillage de nos finances, prévenons-le par une surveillance active et salutaire, et non par l'abandon de nos intérêts. Athéniens, le chagrin que cause à quelques-uns de vous l'idée de ces déprédations, si faciles à empêcher ou à punir, est précisément (24) ce qui m'irrite : car ils sont indifférents aux brigandages d'un Philippe qui va pillant la Grèce entière, et qui la pille pour nous engloutir !

Les peuples voient ce prince déployer ses étendards, outrager l'équité, s'emparer de nos villes, et nul, parmi ces gens-là, ne réclame contre ses injustices, contre ses hostilités ! Des orateurs vous conseillent de ne pas les souffrir, de veiller sur vos possessions, et ce sont eux qu'ils accusent de rallumer la guerre ! Quelle est donc la cause d'une telle conduite? la voici. Ils veulent, si la guerre entraîne quelque accident (et quelle guerre n'en a pas une foule d'inévitables ?), tourner votre courroux contre les auteurs des avis les plus salutaires ; ils veulent qu'occupés à les juger, vous laissiez le champ libre à Philippe ; ils veulent, sous le masque d'accusateurs, échapper à la peine de leur trahison. Voilà ce que signifient (25), dans leur bouche, ces mots, *C'est parmi vous que l'on provoque la guerre;* telle est la source de tant de débats. Pour moi, j'en suis certain : avant qu'aucun Athénien proposât la guerre, Philippe avait envahi plusieurs de nos places, et tout récemment encore il a jeté un renfort dans Cardia. Si, malgré cela, nous nous obstinons à ne pas reconnaître qu'il a tiré l'épée, il serait le plus insensé des hommes de chercher à nous en convaincre. Mais quand il marchera contre Athènes, que dirons-nous ? Il protestera, lui, qu'il ne nous fait point la guerre. N'est-ce pas ce qu'il a dit aux Oritains, alors que ses troupes campaient dans leur pays? et avant eux, aux habitants de Phères, lorsqu'il allait battre leurs murailles? et anciennement, aux Olynthiens, jusqu'à son entrée sur leur territoire, à la tête d'une armée? Répéterons-nous alors que conseiller la défense, c'est rallumer la guerre ? Hé bien donc ! subissons le joug : c'est la seule chance possible entre ne pas se défendre et être toujours harcelés.

Et le péril est plus grand pour vous que pour les autres peuples. Asservir Athènes serait trop peu pour Philippe, il veut l'anéantir. Vous ne voulez pas obéir, il le sait bien ; et, quand vous le voudriez, vous ne le pourriez point, habitués que vous êtes à commander. Il sait qu'à la première occasion vous pourrez lui susciter plus de traverses que tous les peuples ensemble (26). Reconnaissez donc que vous avez à repousser une ruine totale. Détestez, livrez au supplice les citoyens vendus à cet homme ; car il est impossible, absolument impossible de vaincre l'ennemi étranger si l'on ne punit auparavant l'ennemi domestique, son zélé serviteur : sans cela, heurtant contre l'écueil de l'un, vous serez invinciblement dépassés par l'autre.

Pourquoi, selon vous, Philippe lance-t-il l'outrage sur Athènes aujourd'hui, car, à mon sens, il ne fait pas autre chose? Pourquoi, lorsqu'il emploie du moins envers les autres peuples la séduction des bienfaits, n'a-t-il déjà plus que des menaces contre vous? Voyez que de concessions il a faites aux Thessaliens pour les pousser doucement à la servitude ; comptez, si vous le pouvez, ses insidieuses largesses prodiguées aux infortunés Olynthiens, Potidée d'abord, puis tant d'autres places ; voyez-le jetant maintenant aux Thébains la Béotie comme une amorce, et les délivrant d'une longue et rude guerre (27). De tous ces peuples, les uns n'ont souffert des malheurs trop connus, les autres ne souffriront ceux que prépare l'avenir, qu'après avoir recueilli quelques fruits de leur cupidité. Mais vous, sans parler de vos pertes à la guerre, combien, même pendant les négociations de la paix, ne vous a-t-il point trompés et dépouillés? Phocide, Thermopyles, forteresses de Thrace, Doriskos, Serrhium, personne même de Kersobleptès, que ne vous a-t-il pas enlevé? N'est-il pas à présent maître de Cardia? ne l'avoue t-il point? D'où viennent donc des procédés si différents ? C'est que notre ville est la seule où l'ennemi ait impunément des fauteurs déclarés ; la seule où des traîtres enrichis plaident avec sécurité la cause du spoliateur de la république. On ne parlait pas impunément pour Philippe à Olynthe (28), avant qu'il eût fait largesse de Potidée à tout ce peuple. On ne parlait pas impunément pour Philippe en Thessalie, tant qu'il n'avait pas surpris la reconnaissance de la multitude par l'expulsion de ses tyrans, et son retour à l'amphictyonat. On ne le faisait pas devant les Thébains, avant qu'il l'eût payé de la Béotie rendue et de la Phocide anéantie. Mais dans Athènes, après que Philippe nous a volé Amphipolis, Cardia et ses dépendances ; lorsqu'il a fait de l'Eubée une vaste et menaçante citadelle, lorsqu'il marche sur Byzance, on peut sans péril parler pour Philippe ! Aussi, des hommes pauvres et sans nom sont-ils devenus soudain riches et célèbres, tandis que vous êtes tombés, vous, de la splendeur dans l'humiliation, de l'opulence dans la misère. Car je place la richesse d'une république dans ses alliés, dans la confiance et le zèle des peuples, toutes choses dont vous êtes dénués. Or, pendant que votre dédaigneuse insouciance vous laisse ravir de tels biens, lui, il est devenu grand, fortuné, redoutable à la Grèce entière et aux Barbares; Athènes est dans le mépris et le délaissement : brillante il est vrai par l'abondance de ses marchés (29), mais, pour les provisions essentielles, ridiculement indigente.

J'observe, au reste, que certains orateurs ont un conseil pour vous, un conseil pour eux-mêmes : vous, disent-ils, vous devez rester en repos, quoique attaqués; mais eux, ils ne peuvent y rester ici, bien que nul ne les inquiète. Après cela, le premier qui monte à la tribune me crie : *Eh quoi! tu ne veux pas, à tes périls, proposer le décret de guerre! Quelle timidité! quelle lâcheté!* Téméraire, impudent, effronté, je ne le suis point, je ne saurais l'être : toutefois, je m'estime bien plus courageux que tous ces intrépides hommes d'État. Juger, confisquer, récompenser, accuser, sans égard aux intérêts de la patrie, cela ne demande aucun courage. Quand on a pour sauvegarde l'habitude de vous courtiser à la tribune et dans l'administration, la hardiesse est sans péril. Mais, pour votre bien, lutter souvent contre vos volontés, ne vous flatter jamais, vous servir toujours, embrasser la carrière politique où le succès dépend plus de la fortune que de la raison, et se rendre responsable de la raison et de la fortune, voilà l'homme de cœur! voilà l'utile citoyen! Tels ne sont pas ces flatteurs qui ont sacrifié les plus grandes ressources de l'État à vos faveurs d'un jour (30). Je suis si loin de les prendre pour modèles, si loin de voir en eux de dignes Athéniens, que, si l'on me demandait quel bien j'ai fait à la patrie, je ne citerais ni les vaisseaux équipés à mes frais, ni mes fonctions de chorége (31), ni mes contributions, ni les prisonniers que j'ai rachetés, ni d'autres services pareils; je répondrais en deux mots : Mon administration ne ressembla jamais à celle de ces hommes. Car, pouvant, comme tant d'autres, accuser, récompenser, confisquer (32), faire enfin tout ce qu'ils font, jamais je ne m'y abaissai, jamais l'intérêt ou l'ambition ne m'y poussèrent. Loin de là, je persévère dans des conseils qui, en me plaçant au-dessous de beaucoup de citoyens, vous élèveraient, si vous les suiviez, au-dessus de tous les peuples (33). Je puis sans doute parler ainsi sans éveiller l'envie. Non, je ne puis concilier le caractère du vrai patriote avec un système politique qui placerait rapidement moi au premier rang parmi vous, vous au dernier dans la Grèce. Mais, par l'administration des orateurs fidèles, la patrie doit grandir, et leur devoir à tous est de proposer toujours, non la plus facile mesure, mais la plus salutaire : pour marcher vers la première, l'instinct suffira, tandis que, vers la seconde, on ne sera poussé que par les puissantes raisons d'un bon citoyen.

J'entendais dire dernièrement à l'un de vos orateurs : Les conseils de Démosthène sont toujours les plus sages; mais, après tout, qu'offrent-il à la patrie? des paroles! ce sont des actes qu'il lui faut. Je m'expliquerai avec franchise sur cette objection. Les actes du conseiller du peuple, ce sont de sages avis; il n'en a pu d'autres. La preuve en sera, je crois, facile. Vous savez sans doute qu'autrefois le célèbre Timothée harangua le peuple sur la nécessité de secourir l'Eubée, et de la sauver du joug thébain (34). « Eh quoi! dit-il, les Thébains sont dans l'île voisine, et vous délibérez! vous ne couvrez pas la mer de vos trirèmes? vous ne volez pas à cette place au Pirée? vous ne lancez pas tous les vaisseaux? » Telles furent, à peu près, ses paroles : vous, Athéniens, vous agîtes; et, par ce concours, l'œuvre fut consommée. Mais si, tandis que Timothée proposait la mesure la plus salutaire, la molle paresse eût fermé vos oreilles, Athènes aurait-elle obtenu les résultats qui l'honorèrent alors? Non, pas un. Eh bien! il en est ainsi aujourd'hui de mes paroles, des paroles de tout autre : exigez de l'orateur le talent de bon conseil; mais l'exécution, ne la demandez qu'à vous-mêmes.

Je me résume, et je descends de la tribune. Levez des contributions; assurez l'existence de votre armée, réformez-y les abus, si vous en voyez, et ne la détruisez pas sur les accusations du premier venu; envoyez partout des députés qui instruisent, qui avertissent, qui servent l'État de tout leur pouvoir; faites plus, punissez ces orateurs gagés pour vous perdre; en tout temps, en tout lieu, poursuivez-les de votre haine, afin de montrer que, par leurs conseils, les orateurs vertueux et intègres ont bien mérité de leurs concitoyens et d'eux-mêmes. Si vous vous gouvernez de la sorte, si vous cessez de tout laisser à l'abandon, peut-être, Athéniens, peut-être, à l'avenir, les événements prendront-ils un cours plus heureux. Mais si, toujours inactifs, vous bornez votre zèle à des applaudissements tumultueux, si vous reculez quand il faut agir, je ne connais point de discours qui, sans l'exécution de votre devoir, puisse sauver la patrie.

NOTES

SUR LA HUITIÈME PHILIPPIQUE.

(1) Texte de Topffer (Genève, 1824). L'Apparatus de Schæfer, les *Oratores Attici* de Dobson, et les notes de Jacobs m'ont principalement servi dans tous les passages obscurs, et pour le choix entre des leçons douteuses.

La Harpe a traduit cette harangue, non en totalité, comme il le prétend, et comme l'a répété Topffer, mais en grande partie, dans son Cours de Littérat. *Éloq. des Anciens*, chap. III, sect. 3. M. Charles Dupin a traduit les reproches adressés aux Athéniens par les Grecs (Essais sur Démosth. p. 166); et je dois reconnaître que ce dernier travail m'a été utile.

(2) La Harpe : *J'attache fort peu d'importance aux accusations*, etc. Il paraît que les mots de J. Wolf, *nihil referre arbitror*, mal compris, ont causé ce contre-sens.

(3) D'autres traduisent, *dans l'Hellespont*. Au reste, on appelait ainsi, non-seulement le petit détroit qui sépare l'Europe et l'Asie, mais encore le pays d'alentour. (Tourreil.)

(4) Le rapport métaphorique des mots προλαβεῖν, ὑστε ρήσωμεν, τὴν ταχίστην, ἀποδοῦναι, n'a pas été bien saisi jusqu'ici. C'est une allusion aux courses du stade.

(5) Οὔθ' ὅσια, *impies*, sens propre, qui doit être le véritable ici, puisque ce mot se rapporte à l'opinion, aux maximes de ces casuistes politiques qui favorisaient la *violation des serments*, garantie des traités. — Οὔτ' ἀνεκτά, *intolérables*, sous le rapport de *la morale* et de *la raison*; par conséquent, *injustes et absurdes*. — Οὔθ' ὑμῖν ἀσφαλῆ, *ni sûres pour vous* : votre liberté en est menacée.

(6) Reiske : *In his quidem ineptientes vel nugantes arguuntur; veruntamen mercenarii modis infandis insolescunt*. Cette interprétation suppose une lacune : hypothèse dont Reiske abuse, et qui est ici tout à fait gratuite. Auger : *Hæc (quæ agit Philippus) convincuntur, redarguuntur*, i. e. *iniqua esse deprehenduntur*. La phrase suivante repousse ce contre-sens. Schæfer : ἐξελέγχονται οἱ ἐκεῖνα λέγοντες. Mais οἱ λέγοντες est amené de force, et ἐξελέγχονται n'est pas éclairci. J'ai préféré J. Wolf : *Sed hæc scilicet exagitantur*.

(7) *Il fond sur Byzance*. — L'événement justifia Démosthène en tout point. Philippe assiégea Byzance quelques années après ce discours. Cette ville eut recours aux Athéniens; et Phocion, à la tête d'une armée, obligea Philippe à lever le siége. C'est à ce fait que semble se rattacher le décret des Byzantins cité dans le Plaidoyer *pour la Couronne*.

(8) Nous avons déjà vu que les Byzantins entrèrent dans la ligue de Chios, de Cos et de Rhodes, contre Athènes, et vinrent à bout de se soustraire à sa domination. Ils avaient donc lieu de supposer dans les Athéniens le ressentiment naturel à des souverains contre leurs sujets rebelles. (Tourreil.)

(9) Démosthène ne s'arrête point à réfuter les objections que la mauvaise foi suggérait à quelques-uns de ses adversaires. Il les énonce à peine, et les anéantit d'un mot dans ce petit dialogue hypothétique, le plus parfait modèle en ce genre. On croit le voir, dédaignant les vils adversaires que lui suscitait l'or de Philippe, les renverser dans sa course pour lutter corps à corps avec le peuple athénien, qu'il couvre de honte dans le morceau suivant. (Topffer.)

(10) L'orateur, bien affermi sur les faits qu'il a exposés, et sur les conséquences à en tirer, ce qui, grâce à sa forte logique, a été pour lui l'affaire d'un moment, ne craint point de risquer un avis qu'il sait bien n'être point du goût de la plupart des Athéniens; mais aussi s'est-il réservé, pour le soutenir, les moyens les plus puissants, ceux qu'il va tirer des affections morales d'un peuple qu'il avait bien étudié. Il le connaissait sensible à la honte, jaloux de sa réputation et de ses lumières, très-sujet à se laisser tromper par négligence, mais aussi très-irascible contre ceux qu'il voyait convaincus de l'avoir trompé. Ce sont autant de leviers dont l'orateur va se servir pour mettre en mouvement cette multitude indolente et inattentive. Il a fait briller l'évidence; il va faire tonner la vérité. (La Harpe.)

(11) Je traduis par leçon vulgaire κατασκευάζειν.

(12) J. Wolf hésite entre ce sens et celui de *abstinere a gerenda republica*. Ce doute étonne, puisque Démosthène, quelques lignes plus bas, reproche aux Athéniens leur négligence pour les affaires de l'État. Il y aurait là une contradiction que M. Topffer cherche à sauver : mais son interprétation est subtile. Ulpien se tait. Tourreil (non Auger, que cite Schæfer) s'est le premier prononcé pour le sens que nous adoptons avec les derniers critiques.

(13) *D'Érythrée*. — J. Wolf énumère plusieurs villes de ce nom situées en Libye, en Béotie, et dans l'île de Cypre. Celle-ci était sur la côte d'Ionie, vis-à-vis l'île de Chios.

(14) Démosthène, en défendant Diopithe, a voilé sous des expressions adoucies les griefs les plus forts : la piraterie n'est plus qu'une *quête*; le vol avec violence, l'action de *mendier* ou *d'emprunter*. (Syrianus, scoliaste d'Hermogène.)

(15) Le texte présente ici, à une courte distance, les mots μέλλει et μέλει: Ulpien, avec les rhéteurs Hermogène et Tibérius, trouve dans ce rapprochement fortuit une *âcreté poignante*, δριμύτητα !

(16) Lorsque Démosthène dit, dans les Philippiques : Μικρὸν, ὦ ἄνδρ. Ἀθ., etc., par le mot πινάκιον il désigne le petit *tableau-affiche* sur lequel on inscrivait les griefs reprochés aux citoyens qu'on accusait de crime d'État. (Harpocration, art. πινάκιον.)

Reiske veut que le πινάκιον soit ici la lettre de rappel qui ordonnait à un général révoqué de venir justifier sa conduite. On appelait aussi πινάκια τιμητικόν, des espèces de *marques* ou de *symboles*, que l'on donnait aux juges lorsqu'ils entraient au tribunal, et sur lesquels ils écrivaient leurs suffrages. Voyez Tourreil.

(17) Il y avait à Athènes deux galères, dont l'une s'appelait ναῦς σαλαμινία, la *galère salaminienne*, et l'autre πάραλος, la *galère paralienne* : toutes deux destinées aux plus pressants besoins de la république. Elles servaient à ramener les généraux déposés; et c'est en ce sens que Pitholaüs appelait la *paralienne* la massue du peuple. Un ancien héros, Paralos lui avait donné son nom. Une troisième galère sacrée, l'*Ammonide*, fut plus tard en usage. Ces vaisseaux privilégiés rappellent à d'Olivet le *Bucentaure* de Venise.

(18) J'ai suivi Schæfer, qui traduit τὰ πράγματα par *die Staatsangelegenheiten*, et τὰ γιγνόμενα par *die Zeitereignisse*. Voyez aussi l'*Index Græcitatis* de Reiske, p. 119.

(19) Après cette verte réprimande, l'orateur est trop habile pour ne pas verser quelque baume sur les blessures qu'il vient de faire à l'amour-propre. Après l'avoir abattu sous les reproches, il le relève aussitôt, non par de grossières flatteries, mais par de légitimes louanges sur ce qu'il y avait de noble et de généreux dans le caractère national, quand les Athéniens le suivaient; sur ce qu'il y avait de glorieux dans leur existence politique parmi les Grecs, accoutumés à regarder Athènes comme le rempart de leur liberté; enfin, sur cette haine même que portait Philippe aux Athéniens, et qui était pour eux un titre d'honneur. Cette seconde moitié de son discours est encore au-dessus de la première. (La Harpe.)

(20) J. Wolf sous-entend ὁρᾶν χρὴ ou πειρατέον : « *il faut voir* si ces hommes, etc. » Schæfer voit ici une simple exhortation; mais Brémi, Bekker, Auger et La Harpe y voient un souhait.

(21) Ἀργῶς, *temere, re non accurate cognita* (Schæfer), *ni peu soigneusement* (Tournay). Il n'est pas question *d'activité*. Ce qui a trompé nos traducteurs, c'est qu'ils n'ont pas rendu littéralement λογιζόμενος. Un sens louche a amené à sa suite un contre-sens.

(22) *Ses mines d'argent*. — Les mines des Athéniens étaient situées, les unes dans l'Attique, les autres au dehors. Les premières (celles dont il est question ici) sont, dit Ulpien, les mines d'argent du mont *Laurium*. « Elles rendirent de grands services à l'État, en ce que Thémistocle en tira le moyen de porter à une grande hauteur les forces maritimes. Elles s'étendaient d'un rivage à l'autre, d'Anaphlyste à Thoricos, dans un espace d'un peu plus de deux lieues. » (Bockh, Econ. polit. des Ath. l. III, ch. 3; et Mém. de l'Ac. des sc. de Berl. 1815.) L'auteur d'*Athènes ancienne et nouvelle* (liv. I) dit que ses compagnons de voyage se firent apporter de la terre du mont Laurium, et qu'ils trouvèrent dans sa couleur noirâtre, dans sa pesanteur et dans sa dissolution, toutes les qualités des terres qui sont mêlées de quelques veines d'argent.

(23) Voyez ici comme Démosthène, en deux phrases, a su fermer à la fois la bouche des orateurs et l'oreille des Athéniens! Il va multiplier les mouvements à mesure qu'il en aperçoit l'effet; il va grandir et s'élever à la vue de ses antagonistes, jusqu'à demander contre eux des peines capitales, et à les signaler comme des ennemis de l'État. (La Harpe.)

(24) Les mots καὶ αὐτὸ τοῦτο, le rapprochement de εἰ διαρπασθήσεται et de ἁρπάζων; le sens de λυπεῖ, qui est si fort d'ironie, ont passé à peu près inaperçus sous la plume de nos traducteurs.

(25) Je crois donner ici à δύναται son vrai sens : Aristophane et Thucydide en présentent des exemples. Il est confirmé par la variante de Harless, βούλεται, et par la version de Jér. Wolf, *Hoc illud est, quod dicunt*, etc. Cependant, parmi nous, on n'a pas entendu ce mot ainsi.

(26) Comme il faut peu de mots à Démosthène pour éveiller dans les Athéniens le sentiment de leur force et de leur grandeur! Avec quel air de simplicité il en parle comme d'une chose convenue, et dont personne ne peut douter! Pour un orateur vulgaire, c'était là un beau sujet d'amplification : en était-il un plus agréable à traiter devant de tels auditeurs? Mais quelle amplification vaudrait ces paroles si simples et si grandes? Un des caractères de Démosthène, c'est de faire avec des tournures qui semblent communes, avec une sorte de familiarité noble et mesurée, plus que d'autres avec des termes magnifiques. (La Harpe.)

(27) La guerre de Phocide.

(28) Benenatus, texte et scolie : Οὐκ ἦν ἀσφαλές. Quelques éditions portent Οὐκ ἂν ἦν : c'est une erreur. Ces phrases ne sont pas hypothétiques, mais affirmatives. Si ce caractère paraît incertain dans les deux premières, il est manifeste dans la troisième, où la question est tranchée par les indicatifs ἀπέδωκε et ἀνεῖλεν.

(29) « Ici les productions de tous les pays sont accumulées : ce n'est point le marché d'Athènes, c'est celui de toute la Grèce. » Voyez d'Anach. ch. XII. Voir aussi, Bœckh, liv. 1, ch. 9; Heeren, *Id. sur la Polit. et le Comm. des peuples de l'Antiq.*, t. III, p. 283.

Je vois dans le mot παρασκευῇ le même sens que lui donnent mes devanciers; mais je crois, de plus, que ce sens est une allusion à celui de τῶν ὠνίων ἀφθονίᾳ.

(30) Toutes les éditions portent παρ' ἡμέραν, qui veut dire *unius diei*, éphémère. Pindare (Ol. I, v. 160) emploie παρήμερος, que Heyne regarde comme synonyme de ἐφήμερος. Jér. Wolf, Auger (1777), Schæfer, entendent ainsi cette expression. Mais Tourreil l'a confondue avec καθ' ἡμέραν, *quotidie, chaque jour*; contre-sens reproduit dans la traduction d'Auger, 1819. Quant aux orateurs *fameliques* de Gin, je ne sais où il est allé les chercher.

(31) *Ni mes fonctions de chorége*. Elles entraînaient dans des dépenses énormes le citoyen qui en était chargé. Démosthène, dit Tourreil, ne pouvait mieux s'insinuer dans les bonnes grâces des Athéniens qu'en les faisant souvenir du soin qu'il avait pris de leurs plaisirs. — *Aux prisonniers que j'ai rachetés*. Démosthène, dans sa première ambassade en Macédoine, trouva des Athéniens prisonniers qui émurent sa compassion. Il leur promit qu'il payerait incessamment leur rançon, et leur tint parole dans sa seconde ambassade. (Tourreil, d'après Démosth. Disc. sur les Prévarications de l'Ambass.; et contre Midias.)

(32) Χαρίζεσθαι signifie ici faire adjuger à un citoyen les biens confisqués à un autre. Par ces *gratifications*, un orateur augmentait le nombre de ses partisans. Même sens que dans δίδωσι, qui est un peu plus haut. (Reiske et Schæfer.) Ce sens, qu'avait bien saisi Jér. Wolf, a échappé à nos traducteurs.

(33) Schæfer sous-entend ἢ νῦν. « Je ne cesse de vous donner des conseils qui vous élèveraient *au-dessus de votre situation actuelle.* » Jér. Wolf, Tourreil, Auger (1777), l'ont compris ainsi. Mais Schæfer se trompe, en voulant corriger Reiske. Celui-ci croit qu'il manque ici ἁπάντων ou τῶν ἐχθρῶν. En cela, il a saisi le vrai sens, mais il ne manque rien. Ce sens est le véritable, puisque Démosthène dira tout à l'heure, par opposition, ὑψηλότερον τῶν ἄλλων ὕστατοι; rien ne manque, puisque πολλῶν, dont l'acception est si large, se rattache aussi à μείζους. Plutarque en a pris cette fois à Gin de ne pas suivre ses devanciers.

(34) Les Thébains, soutenus de la faction qui les avait appelés en Eubée, y avaient déjà subjugué plusieurs villes, lorsque la faction opposée demanda du secours aux Athéniens. Timothée, aussi bon orateur que grand capitaine, appuya fortement la demande par un discours dont Démosthène rapporte ici un endroit remarquable. Sa harangue fit effet. Les Athéniens ne mirent que cinq jours à se préparer pour cette expédition. Ils passent ensuite en Eubée, chassent les Thébains, délivrent les villes opprimées, et se contentent du titre de libérateurs. (Tourreil, d'après Diod. de Sicile; Corn. Népos; Démosth. disc. contre Androtion; Eschine, contre Ctésiphon.)

XIII.

NEUVIÈME PHILIPPIQUE.

INTRODUCTION.

L'année même où Démosthène avait parlé des affaires de la Chersonèse (ol. CIX, 3 ; 342), et vraisemblablement peu de mois après, il se leva encore une fois pour convaincre les Athéniens de la nécessité de la guerre contre le roi de Macédoine.

Philippe était encore occupé en Thrace, et il s'approchait, par des conquêtes faciles, des côtes de la Propontide et des portes de Byzance que, depuis longtemps, il tâchait de se faire ouvrir au moyen de l'or et de l'intrigue, ses armes favorites. A la même époque, il punit les Péparéthiens qui s'étaient emparés d'Halonèse par force, il menaça plus vivement la Chersonèse, et étendit de tous côtés son pouvoir et son influence.

Du reste, nous ne connaissons pas le fait précis qui donna lieu à cette nouvelle *Philippique*. La paix avec le conquérant, dit seulement Libanius, existait encore de nom ; mais dans la réalité, elle était violée par ses nombreuses injustices. Par des considérations déjà en partie présentées à d'autres époques, mais rendues plus pressantes encore, l'orateur exhorte les Athéniens à repousser le péril qui menace de plus près Athènes et la Grèce.

DISCOURS.

Bien que, dans presque toutes vos assemblées, ô Athéniens! de nombreux discours vous retracent les attentats commis par Philippe, depuis son traité de paix, contre vous, contre la Grèce entière (1) ; bien que, d'une voix unanime, vous disiez, mais sans le faire, que, pour le bien public, il faut, par nos paroles, par nos actes, arrêter et punir l'injurieuse audace de cet homme ; je vois la négligence et la trahison miner toutes les affaires au point de me faire craindre de prêter à la vérité le langage du blasphème en affirmant que, si vous aviez comploté, vos orateurs et vous, pour proposer, pour voter les mesures les plus funestes, je croirais impossible de mieux organiser la ruine de la république (2). Plusieurs causes, sans doute, ont concouru à ce résultat, qu'une ou deux fautes seulement ne pouvaient amener : mais la principale, si vous examinez bien, vous la trouverez dans les orateurs plus jaloux d'être vos courtisans que vos sages conseillers. Fidèles à maintenir ce qui fonde leur propre renommée, leur crédit personnel, les uns ont les yeux fermés sur l'avenir, et décident que vous ne savez pas, Athéniens, voir plus loin qu'eux. Accusant, calomniant ceux qui dirigent vos affaires, les autres ne font qu'armer Athènes contre Athènes, et ménager à Philippe, par cette diversion, une liberté illimitée et d'action et de langage. Voilà la politique qui a passé dans vos mœurs, voilà la source de vos troubles et de vos fautes.

Je réclame donc, Athéniens, le droit de vous exposer librement quelques vérités sans allumer votre courroux. Faites, en effet, cette réflexion. Partout ailleurs le franc parler est tellement à vos yeux le privilége de quiconque respire l'air d'Athènes, que vous l'avez étendu même aux étrangers, même aux esclaves : oui, l'on voit ici l'esclave plus libre dans son langage que le citoyen dans quelques autres républiques. De cette tribune seule vous avez banni la liberté. Aussi qu'arrive-t-il? dans les assemblées, votre superbe délicatesse est flattée, parce que vous n'entendez rien qui n'ait pour but votre plaisir ; mais, dans votre situation politique, vous touchez aux plus affreuses calamités. Si donc aujourd'hui ces dispositions n'ont pas changé, je n'ai qu'à me taire. Mais, si vous consentez à écouter des conseils utiles et sans flatterie, je suis prêt à parler. Car, malgré le funeste état de vos affaires, malgré tant de pertes causées par la négligence, avec la volonté de remplir votre devoir, il en est temps encore, tout sera bientôt réparé. Chose étrange, et qui n'en est pas moins vraie ! l'excès de nos malheurs passés est le meilleur motif d'espoir pour l'avenir. Comment cela? c'est que l'obstination à ne pas tenter un seul effort nécessaire, soit grand, soit petit, vous a seule réduits à cette situation déplorable. En effet s'il en était ainsi malgré l'accomplissement de tous vos devoirs, alors seulement s'évanouirait l'espérance d'un sort plus heureux. Mais, jusqu'à présent, Philippe n'a triomphé que de votre paresse et de votre insouciance ; il n'a pas triomphé d'Athènes. Loin d'être vaincus, vous n'avez pas même reculé d'un pas (3).

Si tous, d'une voix unanime, nous disions, Philippe a enfreint la paix, Philippe nous fait la guerre, l'orateur devrait, dans ses discours, dans ses conseils, se borner aux moyens les plus sûrs et les plus faciles de le repousser. Mais, puisqu'il est des citoyens assez aveugles pour souffrir qu'en pleine assemblée, tandis que cet homme envahit des villes, retient une grande partie de vos possessions et opprime tous les Hellènes, on dise que c'est une poignée d'Athéniens qui rallume la guerre, il faut ici me tenir sur mes gardes, et redresser l'opinion publique. Car on peut craindre qu'un jour l'auteur des conseils et du décret de simple défense ne soit accusé d'avoir commencé la guerre.

Voici donc comme je pose, avant tout, l'état de la question : Avons-nous le choix entre la guerre et la paix ? Parlons de la paix d'abord. Si elle est possible pour Athènes, si elle est dans nos mains, je le déclare, conservons-la ; mais de celui qui exprime cette opinion je réclame un décret, des mesures efficaces, et de la sincérité. Si, au contraire, l'homme qui a tiré l'épée, qui s'environne d'une armée considérable, jette en avant le nom de paix, et nous fait une guerre réelle, le seul parti à prendre n'est-il pas de le repousser ? Après cela, dites, à son exemple, que vous observez la paix, j'y consens ; mais appeler paix ce qui ouvre au Macédonien, maître de tous les autres pays, la route de l'Attique, c'est d'abord démence, ensuite c'est désigner une paix d'Athènes avec Philippe, non de Philippe avec Athènes. Tel est le privilége qu'il achète au prix de tant d'or répandu : il vous fait la guerre sans que vous la lui fassiez. Attendrons-nous que lui-même avoue ses hostilités ? nous serions les plus simples des hommes. Non, lors même qu'il marcherait contre l'Attique et le Pirée, il n'en conviendrait pas : j'en atteste sa conduite envers les autres peuples. Aux Olynthiens, dès que quarante stades seulement les séparent de leurs murs, il impose l'alternative ou de quitter Olynthe, ou de le chasser de la Macédoine. Jusqu'alors, accusez-le de former de semblables projets, il s'indigne, il se justifie par des ambassadeurs. Vers les Phocidiens il s'achemine comme vers des alliés, des amis ; leurs députés marchent même à sa suite ; et plus d'un Athénien soutient avec chaleur que ce voyage menace les Thébains. Récemment encore, entré en Thessalie, sous prétexte de bienveillance et de confédération, il surprend et garde la ville de Phères. Et dernièrement, aux malheureux Oritains il répond : « J'ai envoyé mes soldats vous visiter : c'est par amour pour vous, car j'ai appris que vous êtes déchirés par les factions ; le devoir d'un allié, d'un ami véritable, est de se montrer dans de pareilles circonstances. » Pensez-vous donc, Athéniens, qu'ayant préféré la ruse à la force ouverte contre des peuples trop faibles pour lui nuire, et capables tout au plus de se garantir de ses coups, Philippe ne vous fera la guerre qu'après avoir lancé un manifeste ? et cela, quand vous conspirez à vous tromper ? Non, il n'en fera rien. Il serait le plus stupide des hommes si, tandis que vous, victimes de ses injustices, vous en accusez, non leur auteur, mais vos propres concitoyens, que vous voulez punir, étouffant vos discordes, vos querelles intestines, il vous avertissait de vous tourner contre lui, et fermait la bouche aux orateurs qu'il salarie et qui vous endorment en répétant : Non, Philippe ne fait point la guerre à la republique. Mais, grands dieux ! avec le sens commun, quel homme décidera sur les paroles plutôt que sur les faits, si l'on est en paix ou en guerre avec lui ? personne. Or, la paix venait d'être conclue, Diopithe ne commandait pas encore vos troupes, le renfort qui est maintenant dans la Chersonèse n'était point parti, et déjà Philippe s'emparait de Serrhium et de Doriskos, il chassait du fort de Serrhium et de Mont-Sacré les garnisons placées par notre général. Comment qualifier une telle conduite ? il avait juré la paix (4) ! Et n'allez pas dire : Qu'est-ce que ces places ? de quel intérêt sont-elles pour Athènes ? Si ces places sont peu importantes, si elles n'attiraient point vos regards, c'est une autre question ; mais violer la justice et la religion du serment dans les petites choses ou dans les grandes, c'est être également coupable. Poursuivons : aujourd'hui qu'il envoie ses mercenaires étrangers dans cette Chersonèse reconnue par le roi de Perse, par tous les Grecs, comme votre propriété ; aujourd'hui qu'il soutient des rebelles, qu'il en convient, qu'il vous l'écrit, que fait-il ? Selon lui, ce n'est pas là vous faire la guerre. Pour moi, loin de convenir que de telles actions sont conformes à la paix, quand je le vois mettre la main sur Mégare, organiser la tyrannie dans l'Eubée, pénétrer actuellement dans la Thrace, intriguer dans le Péloponèse, exécuter tant de projets avec l'épée, j'affirme qu'il a rompu la paix et commencé les hostilités. Peut-être direz-vous que faire avancer des machines de guerre contre une place, c'est observer la paix, tant qu'on ne les a pas braquées contre les murailles. Mais non : quiconque dispose tout pour ma perte m'attaque dès lors, bien qu'il ne lance encore ni javelot ni flèche. Aussi, quels seraient vos périls s'il survenait quelque événement ! Vous périez l'Hellespont ; Mégare et l'Eubée tomberaient en la puissance de l'homme armé contre vous (5), le Péloponèse embrasserait sa cause. Après cela, je dirai que celui qui dresse de telles batteries contre Athènes est en paix avec Athènes ! Loin de là, du jour où il extermina la Phocide, je date le retour de ses hostilités contre nous. Dès aujourd'hui repoussez-le donc, si vous êtes sages. Si vous différez, adieu le pouvoir d'agir, quand viendra la volonté ! Quelle distance, ô Athéniens ! entre mon opinion et celle de vos autres conseillers, puisque je vous dis : C'est peu de porter vos regards vers la Chersonèse et vers Byzance, faites-y voler des secours, préservez-les de toute insulte, envoyez sur les lieux à vos soldats tout ce qui leur manque ; concertez-vous ensuite sur les moyens de sauver la Grèce entière, menacée du plus affreux péril !

J'ajouterai pourquoi sa situation m'inspire de si vives alarmes. Si je raisonne juste, entrez dans mes raisons, et, pour vous-mêmes au moins, prenez quelques précautions que vous refusez au salut des autres. Si je vous parais frappé d'une terreur délirante, ni aujourd'hui, ni à l'avenir n'écoutez plus un insensé.

Philippe, d'un rang si obscur et si bas, élevé par degrés à la plus haute fortune ; les Hellènes en proie à la défiance et à la discorde ; la soumission du reste de la Grèce au Macédonien devenue moins incroyable, après ses nombreuses conquêtes, que ne l'était tant de puissance après tant de faiblesse ; mille autres réflexions de ce genre dans lesquelles je pourrais entrer, voilà ce que je supprime. Mais je considère que tous les peuples, à commencer par vous, ont accordé à Philippe un droit qui fut toujours une source de guerre parmi les Grecs. Quel est ce droit ? celui de faire tout ce qu'il lui plaît, de mutiler, de dépouiller la Grèce en détail, d'envahir, d'asservir ses cités. La prééminence sur les Hellènes fut, pendant soixante-treize années, exercée par vous, vingt-neuf ans par Lacédémone ; et, dans ces derniers temps, Thèbes reçut de la victoire de Leuctres une sorte de supériorité : jamais cependant, ô Athéniens ! ni à vous, ni aux Thébains, ni aux Lacédémoniens la Grèce n'abandonna une puissance absolue. Au contraire, dès que vous, disons mieux, dès que les Athéniens d'alors semblaient s'écarter des bornes de la modération envers quelque État, tous croyaient devoir courir aux armes, et ceux qui n'avaient pas d'injures à venger se liguaient avec l'offensé. Lacédémone domine à son tour, et notre suprématie a passé dans ses mains : mais elle essaye de la tyrannie, elle ébranle violemment les anciennes institutions, et aussitôt tous les Grecs, même ceux qu'elle a ménagés, se relèvent pour la combattre. Pourquoi citer d'autres exemples ? Nous-mêmes et les Lacédémoniens, sans avoir, dans le principe, aucun sujet de plainte réciproque, nous avons regardé la guerre entre nous comme un devoir pour venger les torts faits à d'autres peuples sous nos yeux. Néanmoins, toutes les fautes commises, soit par les Lacédémoniens, soit par nos pères pendant un siècle, sont peu de chose, Athéniens, ou plutôt ne sont rien, comparées aux attentats de Philippe contre la Grèce depuis treize ans au plus qu'il a commencé à surgir. Peu de mots suffiront pour le prouver.

Je ne citerai ni Olynthe, ni Méthone, ni Apollonie, ni trente-deux villes de Thrace détruites avec une telle fureur, qu'à leur aspect le voyageur ne pourrait affirmer si jamais elles furent habitées. Je ne parle pas de la Phocide si puissante, morte aujourd'hui. Mais les Thessaliens, où en sont-ils ? N'a-t-il pas confisqué à son profit leurs villes, leurs gouvernements ? Ne leur a-t-il pas imposé des tétrarques, afin de les ranger sous le joug non-seulement par cités, mais encore par peuplades ? N'a-t-il pas livré à des tyrans les villes de l'Eubée, île voisine de Thèbes et d'Athènes ? Ses lettres ne contiennent-elles pas cette déclaration formelle : *Je ne suis en paix qu'avec ceux qui veulent m'obéir ?* C'est peu de l'écrire, il l'exécute : il marche vers l'Hellespont ; il est déjà tombé sur Ambracie ; il possède Élis, ville si importante du Péloponèse ; dernièrement il cherchait à surprendre Mégare. La Grèce, les contrées barbares sont trop étroites pour l'ambition de ce chétif mortel. Tout ce que nous sommes de Grecs, nous le savons, nous le voyons, et nous ne sommes pas indignés ! Au lieu de nous envoyer des ambassades réciproques, lâchement indifférents, isolés derrière les fossés de nos villes, jusqu'à ce jour nous n'avons pu rien faire pour l'utilité commune, rien pour le devoir, ni former une ligue, ni réunir nos cœurs et nos bras. D'un œil tranquille chaque peuple voit cet homme grandir, semble compter comme gagné pour lui le temps employé à la destruction d'un autre, et ne donne au salut de la Grèce ni une pensée, ni un effort. Personne n'ignore pourtant que, semblable aux accès périodiques de la fièvre ou de quelque autre épidémie (6), Philippe atteint celui-là même qui se croit le plus éloigné du péril.

D'ailleurs, vous le savez encore, si les Hellènes ont souffert sous la domination de Sparte ou d'Athènes, du moins leurs injustes maîtres étaient de vrais enfants de la Grèce. Ici nos fautes pourraient se comparer aux dissipations d'un fils légitime, né dans une famille opulente : en blâmant, en condamnant sa conduite, nous ne saurions méconnaître ni son titre de fils, ni ses droits à l'héritage dont il abuse. Mais qu'un esclave, qu'un enfant supposé s'avise d'engloutir une succession étrangère, avec quel courroux, grands dieux! nous flétrirons tous un vol si affreux, si révoltant! Où est-il donc, notre courroux contre Philippe et ses attentats! Philippe qui n'est pas Grec, qu'aucun lien n'unit aux Grecs, Philippe qui n'est pas même un Barbare d'illustre origine, misérable Macédonien né dans un pays où l'on ne put jamais acheter un bon esclave (7)! Toutefois, n'a-t-il pas contre nous épuisé l'outrage? Sans parler des villes grecques qu'il a saccagées, ne préside-t-il pas les jeux pythiques, solennité toute nationale? Absent, ne délègue-t-il pas ses esclaves pour y décerner les couronnes? Maître des Thermopyles et de toutes les avenues de la Grèce, ne se maintient-il pas à ces postes par des garnisons et par la soldatesque étrangère? N'est-il pas en possession de consulter le premier l'oracle divin après avoir arraché à nous, et aux Thessaliens, et aux Doriens, et aux autres Amphictyons, cette prérogative que tous les Grecs mêmes ne partagent point? Ne réforme-t-il pas à son gré le gouvernement de la Thessalie? N'envoie-t-il pas des troupes mercenaires et à Porthmos, pour en chasser les Érétriens, et dans Orée, pour installer le tyran Philistide? Voilà ce que voient les Grecs, et ils le souffrent! et, comme un homme qui regarde avec de grands yeux tomber la grêle, chacun, pour détourner l'ennemi de dessus ses terres, fait des vœux, mais pas un effort! C'est peu que les injures prodiguées à toute la Grèce ne trouvent pas de vengeur : chaque peuple laisse impunis ses outrages personnels; et c'est là le dernier degré de l'insensibilité. Sur les Corinthiens n'a-t-il pas envahi Ambracie et Leucade? Naupacte n'a-t-elle pas été enlevée aux Achéens, et promise avec serment aux Étoliens? N'a-t-il pas ravi Échine aux Thébains? Dans ce moment, ne marche-t-il pas sur Byzance? sur Byzance! l'alliée d'Athènes! Je supprime le reste : mais Cardia, la principale ville de la Chersonèse, n'est-elle pas entre ses mains? Outragés si indignement, nous différons la vengeance, notre bras demeure enchaîné! Nous interrogeant du regard, divisés par la méfiance, nous laissons Philippe nous opprimer tous à la face du ciel!

Mais enfin, s'il se joue avec tant d'audace de la Grèce entière, que sera-ce, dites-moi, quand il nous aura tous asservis en détail?

Quelle est donc la source de nos maux! car sans motif, sans cause appréciable, tous les Hellènes n'auraient pas jadis embrassé avec tant d'ardeur la liberté, ni maintenant la servitude. Il régnait alors, ô Athéniens! il régnait dans le cœur de tous les peuples un sentiment était aujourd'hui (8), sentiment qui triompha de l'or des Perses, maintint la Grèce libre, demeura invincible sur terre et sur mer, mais dont la perte a tout ruiné, et bouleversé la patrie de fond en comble. Quel était-il, ce sentiment? était-ce le résultat d'une politique raffinée? Non : c'était une haine universelle contre les perfides payés par ceux qui voulaient asservir la Grèce ou seulement la corrompre. Crime capital, la vénalité prouvée était punie avec la dernière rigueur; nulle excuse, nul pardon. Aussi, orateurs et généraux n'auraient point impunément trafiqué de ces occasions de détail que la fortune ménage souvent à la négligence et à la paresse contre la vigilance et l'activité, ni de la concorde publique, ni de la méfiance contre les Barbares et les tyrans, ni enfin d'aucun appui de la liberté. Mais, de nos jours, tout cela s'est vendu comme en plein marché. En échange, on a importé chez nous des mœurs qui désolent et ruinent la Grèce. Quelles sont-elles? jalousie contre celui qui a reçu de l'or; rire badin, s'il l'avoue; pardon s'il est convaincu; haine contre son accusateur en un mot, toutes les habitudes qu'enfante la corruption. En vaisseaux, en troupes, en revenus en ressources diverses pour la guerre, en tout ce qui fait la force d'un État, nous sommes beaucoup plus riches que nous n'étions alors : eh bien tous ces avantages sont paralysés, anéantis par un infâme trafic.

C'est ce que vous voyez maintenant de vos yeux, et ici mon témoignage est superflu toutefois, il n'en était pas ainsi du temps de nos pères, et je vais le démontrer, non par mes paroles, mais par l'inscription qu'ils gravèrent sur une colonne de bronze et qu'ils posèrent dans la citadelle : ce n'était pas pour eux qui, sans une telle leçon, avaient le sentiment du devoir, c'était pour vous laisser un monument et un exemple du zèle qu'il faut déployer en de pareilles circonstances. Que porte donc l'inscription? le voici : *Qu'Arthmios Zélia, fils de Pythomax, soit tenu pour infâme et pour ennemi des Athéniens et de leurs alliés lui et sa race.* On ajoute la cause de sa condamnation : *pour avoir apporté de l'or des Perses dans le Péloponèse.* On ne dit pas à A-

nes; je cite textuellement. Rentrez donc en vous-mêmes, au nom de Jupiter et de tous les dieux! et méditez sûr la haute sagesse, sur la noble conduite de vos ancêtres. Un Zélitain, un Arthmios, un esclave du roi de Perse (car Zélia est une ville asiatique (9), a, par ordre de son maître, fait passer de l'or, non dans Athènes, mais dans le Péloponèse : et pour cela une inscription le proclame ennemi des Athéniens et de leurs alliés; elle voue à l'infamie et sa personne et sa postérité. Et ce châtiment ne se borne point à une flétrissure proprement dite, car la dégradation civique dans Athènes ne pouvait atteindre un Zélitain : aussi, tel n'est pas le sens de l'inscription; mais il est écrit dans nos lois criminelles : *Si le coupable est contumace, qu'il soit mis hors la loi.* Ici le meurtre était légitime. *Que l'infâme meure!* est-il dit encore, et ces mots absolvent le meurtrier. Nos ancêtres regardaient donc comme un devoir pour eux de veiller au salut de la Grèce : autrement, se fussent-ils inquiétés qu'un inconnu achetât ou séduisît quelques habitants du Péloponèse? auraient-ils châtié impitoyablement les corrupteurs, et gravé leur infamie sur l'airain? De là, par une suite nécessaire, loin de craindre les Barbares, la Grèce en était l'effroi. Aujourd'hui, quelle différence! C'est que, ni sur cet objet, ni sur les autres, le même esprit ne vous anime. Comment cela, direz-vous? Eh! vous le savez trop. Qu'ai-je besoin de vous reprocher toutes vos fautes? D'ailleurs, les autres Hellènes ne se gouvernent pas mieux que vous. Je me borne donc à dire : un zèle ardent, un salutaire conseil sont aujourd'hui notre premier besoin. Et quel conseil? voulez-vous que je l'expose? l'écouterez-vous sans colère (10)? Greffier, lis mon mémoire.

Lecture de la Proposition de Démosthène.

Il est de sots propos que font circuler quelques consolateurs bénévoles. Philippe, disent-ils, n'a pas encore atteint ce degré de puissance où parvinrent autrefois les Lacédémoniens; maîtres sur mer et sur terre, alliés au grand roi, ceux-ci faisaient tout plier sous leur empire, et Athènes, loin de succomber, brisa cependant leurs efforts. Je réponds : Tout a reçu des accroissements prodigieux; notre siècle ne ressemble en rien aux siècles précédents; et c'est, je crois, surtout dans l'art de la guerre qu'il y a eu mouvement et progrès. A cette époque, nous le savons, les Lacédémoniens et tous les Grecs ne tenaient la campagne que pendant les quatre ou cinq mois de la belle saison : ce temps était employé en invasions, en dévastations du pays ennemi par la grosse infanterie et par des troupes citoyennes; puis on rentrait dans ses foyers. Telle était l'antique candeur, disons mieux, l'honneur national, que jamais on n'achetait la victoire; la guerre avait ses lois, et non ses mystères. Aujourd'hui, vous le voyez, ce sont les traîtres qui ont tout perdu. Plus de batailles rangées, plus de combats. Vous n'ignorez pas que Philippe ne traîne plus après lui de lourdes phalanges, mais qu'à la tête d'un camp volant, composé de cavalerie légère et d'archers étrangers, il se déplace à son gré. Fort de cet appui, il tombe sur les peuples travaillés par des dissensions intestines; puis, voyant qu'enchaînés par la méfiance ils ne tentent point de sortir, il fait avancer ses machines, et il assiége. Je n'ajoute pas qu'il ne met aucune différence entre l'hiver et l'été, et qu'aucune saison n'est pour lui celle du repos.

Tous, instruits de ces faits, et appréciant leurs conséquences, gardez-vous de laisser pénétrer la guerre dans l'Attique, et n'allez pas, l'œil fixé sur nos bons aïeux guerroyant contre Sparte, tomber dans un abîme (11). Du plus loin que vous pourrez, tenez-vous sur le qui-vive; agissez; par la terreur de vos préparatifs confinez Philippe dans ses États, mais évitez une bataille rangée. Car, pour une guerre continue, la nature, Athéniens, nous a donné sur lui mille avantages, si nous voulons faire notre devoir; la situation de son pays nous permet d'y porter le fer et le feu, et d'en ravager la plus grande partie; mais, pour une action décisive, il a sur nous la supériorité de l'expérience.

Au reste, il ne suffit pas de penser ainsi, ni même de repousser cet homme les armes à la main : par principe, par raison, vous devez vous armer de haine contre ceux qui, devant vous, osent parler pour ses intérêts; car, songez-y, vous ne vaincrez jamais l'ennemi du dehors, tant que vous ne sévirez pas contre nos ennemis domestiques, ses collaborateurs en sous-ordre. Et voilà ce qui n'est ni dans votre pouvoir, ni dans votre volonté. Jupiter! dieux immortels! est-ce aveuglement? est-ce folie? Que dirai-je? souvent je me sens subjugué par la crainte qu'un génie malfaisant ne nous pousse à notre perte. Amis de la diffamation, ou de la jalousie, ou du sarcasme, que sais-je, enfin? vous commandez à des mercenaires, dont plus d'un ne peut désavouer ce titre, de monter à la tribune; et, s'ils déchirent quelqu'un, vous en riez! Eh bien! ce mal, tout cruel qu'il est, n'est pas le plus cruel encore : à de tels hommes vous garantissez plus de sûreté dans la direction des affaires qu'à l'orateur fidèle à vos intérêts. Toutefois, considérez quels malheurs prépare la facilité à écouter ces misérables : je ne citerai que des faits connus de vous tous.

Parmi les magistrats d'Olynthe, les uns, partisans de Philippe, ne travaillaient que pour lui ; les autres, pensant dignement, s'efforçaient de préserver leurs concitoyens de l'esclavage. Quels sont ceux qui ont perdu leur patrie ? ou plutôt, qui a livré la cavalerie, et causé, par cette trahison, la ruine d'Olynthe ? C'est ce parti de Philippe qui, tant que cette république subsista, en calomniait les plus zélés défenseurs, et se déchaînait contre eux avec un tel succès, que le peuple entraîné bannit Apollonide (12).

Les Olynthiens ne sont pas les seuls que ce funeste égarement ait précipités dans les derniers malheurs. Dans Érétrie, après l'expulsion de Plutarque et de sa milice étrangère, le peuple se vit maître de la ville et de Porthmos : alors le gouvernement fut offert, à vous par les uns, à Philippe par les autres. Écoutant de préférence, ou plutôt écoutant uniquement ces derniers, les infortunés Érétriens se laissèrent enfin persuader d'exiler ceux qui plaidaient pour eux. Leur ami, leur allié, Philippe, détache alors mille étrangers sous la conduite d'Hipponique, rase les murs de Porthmos, impose à la contrée trois tyrans, Hipparque, Automédon, Clitarque. Les Érétriens veulent ensuite secouer le joug : deux fois il les chasse de leur pays par des troupes étrangères sous les ordres d'Euryloque d'abord, puis de Parménion.

Vous faut-il encore d'autres exemples ? Dans Oréos, Philistide intriguait pour Philippe, de concert avec Ménippe, avec Socrate, avec Thoas, avec Agapée, aujourd'hui maîtres de cette ville ; nul ne l'ignorait. Un certain Euphrée, que vous avez vu ici autrefois, parlait hautement pour la liberté. Pourrais-je compter tous les outrages, toutes les avanies dont il fut abreuvé par les Oritains ? Un an avant la prise d'Oréos, il signale comme traître Philistide et ses complices, dont il avait découvert les manœuvres ; et une foule de factieux, ameutés par Philippe, leur chorége et leur prytane (13), le traîne en prison, comme perturbateur du repos public. Témoin de cette violence, le peuple, au lieu de secourir l'opprimé et de chasser les oppresseurs, était sans indignation, disait, C'est pour son bien qu'Euphrée souffre ce traitement ; et s'égayait d'un tel spectacle. Ainsi parvenus à la puissance qu'ils convoitaient, les traîtres préparèrent la prise de leur ville, et nouèrent toutes leurs intrigues. Si quelqu'un, dans la multitude, s'en apercevait, il se taisait, épouvanté par le souvenir des persécutions d'Euphrée. Déplorable effet de la consternation générale ! à la veille de la catastrophe, pas un citoyen n'osa élever la voix, jusqu'au moment où l'ennemi, préparé à loisir, se présenta au pied des remparts.

Alors, les uns défendaient la ville, les autres trahissaient. Après qu'elle fut prise par ces in[...] mes moyens, les traîtres s'y érigent en maî[tres] et en tyrans ; les citoyens déterminés, qui avaie[nt] tout fait pour sauver Euphrée, pour se sauv[er] eux-mêmes, sont ou bannis ou massacrés. P[our] le brave Euphrée, il se coupa la gorge, et prou[va] par cette action que la justice et le pur amo[ur] de la patrie l'avaient seuls armé contre Philipp[e].

Vous cherchez peut-être avec étonnement p[our] quelle raison Olynthe, Érétrie, Oréos écoutai[ent] avec plus de plaisir les partisans de Philippe q[ue] leurs propres défenseurs ; cette raison, vous [la] trouvez chez vous : c'est que les sages consei[llers] du peuple ne peuvent pas toujours, quand ils [le] voudraient, tenir un langage agréable ; car [il] faut, avant tout, aviser au salut de l'État ; [mais] les traîtres n'ont qu'à flatter les citoyens pour t[ra]vailler aux succès de Philippe. Apportez votre [ar]gent, disaient les uns. Non, répondaient les au[tres, point de taxe ! — Guerre et méfiance ! d[isait] le cri des premiers. La paix ! la paix ! répétai[ent] les seconds jusqu'à l'heure de la catastro[phe]. Même opposition dans tout le reste, que j'abrég[e]. Chez ceux-ci la parole avait donc pour but le pl[ai]sir du moment, le soin d'écarter tout ennui ; [les] discours de ceux-là auraient sauvé la patrie, m[ais] ils leur attiraient la haine. Qu'ont fait les peupl[es] ils ont à la fin jeté le fardeau de leurs affai[res]. Était-ce hasard, complaisance ou ignorance ? [Non,] ils cédaient, croyant tout perdu. Voilà, j'en a[t]teste Jupiter et Apollon, voilà le sort que j'appré[he]nde pour vous, quand vous aurez reconnu [la] puissance des réflexions tardives. Aussi, l'aspe[ct] des citoyens qui vous poussent sous le joug [me] fait frémir d'horreur et d'effroi : car, soit perfid[ie] soit aveuglement, ils jetteront la patrie dans l'a[bî]me. Loin de vous, ô Athéniens ! un sort au[ssi] funeste ! Plutôt mourir mille fois, que de sac[ri]fier, par une lâche condescendance pour Phili[p]pe, quelques-uns de vos fidèles orateurs !

La belle récompense qu'ont reçue les Orita[ins] pour avoir écouté les créatures de Philippe e[t] repoussé Euphrée ! La belle récompense pour l[es] Érétriens, d'avoir chassé vos ambassadeurs et l[i]vré leur ville à Clitarque ! Esclaves, on ne le[ur] épargne ni verges, ni tortures. Quels ménageme[nts] envers les Olynthiens, pour avoir mis Lasthè[ne] à la tête de leur cavalerie, et banni Apolloni[de] ! Être menacés d'un pareil avenir, et prendre au[ssi] des résolutions déplorables ; ne pas vouloir e[xé]cuter une seule mesure nécessaire, s'imaginer, [sur] la foi des suppôts de Philippe, qu'Athènes, par [sa] grandeur, est à l'abri de tous les revers, c'est fo[l]lie, c'est lâcheté. Quelle honte, cependant, [de] s'écrier un jour, après quelque événement neste : *Grand Jupiter! qui s'y serait attendu? mais aussi, il fallait prendre tel parti, il fallait éviter tel piége!* Mille réflexions de ce genre qui, faites à temps, auraient pu sauver les peuples, seraient aujourd'hui faciles et aux Olynthiens, et aux Oritains, et aux Phocidiens, et à chacune des républiques qui ont succombé : mais à quoi bon? Tant qu'un navire, grand ou petit, n'est pas encore perdu, matelots, pilote, passagers doivent tous concourir avec ardeur à empêcher la perfidie ou l'imprudence de le faire périr ; mais les vagues l'ont-elles surmonté? tout effort devient inutile. Ainsi, Athéniens, tant que nôtre république est encore debout, soutenue par de grandes forces, d'innombrables ressources et la plus brillante considération, que ferons-nous? Depuis longtemps, peut-être, quelqu'un dans cette assemblée brûle de me le demander. Eh bien ! je vais le dire, et même en proposer le décret, afin que vous en ordonniez l'exécution, si vous l'approuvez.

Commençons par nous mettre nous-mêmes en défense, par nous munir de trirèmes, d'argent, j'ajoute même de soldats (14) : en effet, quand tous les autres peuples présenteraient la tête au joug, Athènes devrait combattre pour la liberté. Après tous ces préparatifs, faits sous les yeux de la Grèce, appelons à nous ses autres enfants; que partout des ambassadeurs aillent notifier nos résolutions dans le Péloponèse, à Rhodes, à Chios, même à la cour de Perse : car il n'est pas inutile aux intérêts du grand roi d'empêcher Philippe de tout subjuguer. Si vos raisons persuadent, vous aurez, au besoin, des associés et pour le péril et pour la défense; sinon, vous gagnerez au moins du temps. Et, comme vous avez la guerre avec un souverain, non avec une république composée de plusieurs têtes, ce délai ne vous sera pas inutile. Tel fut, l'an dernier, le fruit de nos ambassades dans le Péloponèse, et de ces protestations que firent circuler, de concert avec moi, Polyeucte, cet excellent citoyen, Hégésippe, Clitomaque, Lycurgue et nos autres collègues, protestations qui arrêtèrent Philippe prêt à marcher sur Ambracie et à faire irruption dans le Péloponèse.

Toutefois, je ne dis pas : En vous dispensant de tous les soins qu'exige votre propre salut, appelez aux armes les autres Hellènes. Il serait absurde d'abandonner le soin de vos affaires, et d'annoncer une vive sollicitude pour celles d'autrui ; de jeter sur le présent un regard d'indifférence, et d'effrayer les autres sur l'avenir. Non, tel n'est point mon langage; mais je dis : Payons nos troupes de la Chersonèse; tout ce qu'elles demandent, faisons-le. Il faut nous armer les premiers, il faut donner l'exemple; puis convoquer, coaliser, instruire, exciter le reste de la Grèce. Voilà ce qui convient à la majesté d'Athènes. Ce serait une erreur de croire que Chalcis ou Mégare sauveront la commune patrie, tandis que vous fuirez les travaux : trop heureuses ces deux villes si elles peuvent se sauver elles-mêmes ! A vous seuls appartient cette tâche : noble privilége que vos ancêtres ont acheté et transmis à leurs enfants par tant de périls et tant de gloire ! Mais, si chaque Athénien, toujours inactif, n'a d'empressement que pour ce qui le flatte, d'attention que pour prolonger sa paresse, d'abord il ne trouvera personne pour le remplacer ; ensuite, le fardeau que nous repoussons, la nécessité, je le crains, viendra nous l'imposer : car, s'il existait pour la Grèce d'autres libérateurs, elle les aurait trouvés depuis longtemps, grâce à votre refus d'agir ; mais non, il n'en est point.

Tel est l'avis, tel est le décret que je propose, et dont l'exécution peut encore, je crois, rétablir nos affaires. Quelqu'un a-t-il conçu un projet plus salutaire? qu'il parle, qu'il vous le communique. Quelle que soit votre décision, fassent les dieux qu'elle tourne à votre avantage !

NOTES

SUR LA NEUVIÈME PHILIPPIQUE.

(1) Outre les éditions et les commentaires déjà indiqués pour d'autres discours, je me suis surtout aidé ici du texte et des notes de Reuter (Augsbourg, 1833).

(2) Si ma version diffère beaucoup ici des traductions précédentes, c'est que le sens de cette belle période n'avait été qu'effleuré. Dans tous les endroits semblables, j'en appelle au texte analysé avec soin.

(3) Les mots οὐδὲ κεκίνησθε ont été pris dans ce sens : *vous ne vous êtes pas mis en mouvement* pour résister à Philippe. L'histoire et la logique repoussent cette interprétation.

(4) C'est-à-dire, il vous faisait une guerre injuste. Tout ce morceau se rattache logiquement à cette proposition : Malgré la paix jurée, Philippe fait la guerre aux Athéniens.

(5) Ainsi, l'Attique serait enveloppée par Philippe, maître de la Béotie au nord, de Mégare à l'ouest, et à l'est de la partie méridionale de l'Eubée, qu'il appelait *les entraves de la Grèce.*

(6) Il est difficile de saisir la nuance qui distingue ici la signification des deux mots περίοδος et καταβολή. Le premier semble exprimer l'intervalle fixe des accès d'une maladie; le second, l'accès lui-même. Ainsi, la *période* serait proprement cet intervalle pendant lequel on peut espérer que le mal *ne reviendra pas.* Considéré ainsi, le mot περίοδος ne répondrait-il pas aux mots καὶ τῷ πάνυ πόρρω δοκοῦντι νῦν ἀφεστάναι, comme καταβολὴ répondrait à προςέρχεται?

(7) On a dit d'un autre conquérant, bien autrement célèbre que Philippe, qu'il était né dans une île d'où les Romains ne voulaient pas même tirer leurs esclaves. De tels mots font quelquefois fortune auprès du peuple, et Démosthène parlait au peuple. — *Ne délègue-t-il pas ses esclaves ?* c'est-à-dire ses courtisans.

(8) « Fuit, fuit ista quondam in hac republica virtus. » Cic., 1re Catil. Plus bas, les mots ποικίλον et σοφόν trouvent leurs correspondants exacts dans Salluste, qui donne à Catilina les épithètes *varius, subdolus.*

(9) Située dans la Mysie, et peu éloignée de Cyzique.

(10) Sans doute l'orateur proposait dans son mémoire d'armer et de faire partir des citoyens. L'indolence athénienne pouvait se venger. Démosthène aussi avait le droit de s'écrier : « O conditionem miseram, non modo administrandæ, verum etiam conservandæ reipublicæ ! » Cic., 11e Catil.

(11) Mot à mot : « Et il ne faut pas que, fixant vos regards sur la bonhomie de nos guerres d'alors contre les Lacédémoniens, vous vous rompiez le cou. » Allusion à la fable de *l'astrologue qui se laisse tomber dans un puits.*

(12) Philippe s'aperçut, dans deux batailles qu'il livrait aux Olynthiens, qu'Apollonide, général de la cavalerie olynthienne, montrait une valeur et un zèle capables de retarder ses progrès. Il se conduisit de façon à faire croire qu'Apollonide avait des intelligences avec lui; il le fit en suite accuser par des citoyens d'Olynthe, ses créatures. Apollonide fut banni, et l'on donna sa place à Lasthène et à Euthycrate, qui, vendus au roi de Macédoine, lui livrèrent la cavalerie.

(13) Démosthène veut dire que les auteurs de cette émeute étaient *dirigés* secrètement et *salariés* par Philippe.

(14) On s'est trompé en subordonnant cette phrase entière au verbe λέγω. Cette construction exigerait la or cusatifs αὐτούς, ἀμυνομένους, etc.; ou bien, en conservant les nominatifs que donnent ici tous les textes, il faudrait dire que Démosthène se cite, en quelque sorte, lui-même. hypothèse ridicule. Ce verbe ne porte que sur στρατιωτ. « Munissons-nous de vaisseaux, d'argent et de soldats je dis de soldats, car, etc. » Quelques lignes plus bas, λέγω est évidemment pris dans le même sens: ὡς ἀν λέα λέγω· οὐδὲ γὰρ.... « *J'ajoute* vers le roi de Perse, car.... » La suite des idées, dans le commencement de cet alinéa, deviendra très-sensible, si l'on fait attention que, par le mot στρατιώταις, l'orateur désigne en partie les Athéniens, et qu'il faut sous-entendre πολιτικοὺς. λέγω a, le premier, bien ponctué cette longue phrase, qui est seulement suspendue après le mot ἀγωνιστέον, et dont les verbes principaux sont παρακαλῶμεν et ἐκπέμπωμεν.

XIV.
DIXIÈME PHILIPPIQUE.

INTRODUCTION.

[1] Le maintien de la Chersonèse sous la domination athénienne, et les secours apportés plus tard aux Périnthiens et aux Byzantins, sont les seules inductions d'où nous puissions conclure, avec Reuter, que la neuvième philippique fit persévérer les Athéniens dans leurs projets de résistance à la Macédoine.

Cependant Philippe avait asservi l'Eubée, et continuait à étendre ses conquêtes dans la Thrace. Il assiégea Périnthe (depuis, Héraclée; auj. Erékli), place grecque considérable par son commerce et par sa situation sur la Propontide. L'attaque et la défense furent également ardentes et opiniâtres. Artaxerxès Ochus, alarmé des progrès du conquérant, manda aux satrapes dont les gouvernements étaient voisins de la mer, de ne rien épargner pour empêcher que Périnthe ne tombât entre ses mains. Le satrape de Phrygie y jeta des munitions et des troupes, qui furent suivies de quelques officiers byzantins. Démosthène avait fait secrètement un voyage à Byzance, et cette démarche n'avait pas été sans fruit. Philippe, forcé de convertir le siége en blocus, alla soumettre quelques villes moins importantes de la Propontide, et dévasta les fertiles campagnes de Byzance, cachant néanmoins ses projets de vengeance sur cette place qu'il convoitait.

A la nouvelle du secours envoyé par la Perse aux Périnthiens, Démosthène monte brusquement à la tribune (ol. CIX, 4; 341). Dans son exorde, il reproche aux Athéniens de ne savoir que délibérer, tandis que Philippe seul sait agir; puis il prouve de nouveau que ce prince a rompu la paix. Mêmes arguments qu'il a déjà employés dans la VIe Philippique.

Avant de passer aux mesures à prendre, il fait voir l'injustice qu'il y aurait à exiger qu'un orateur proposât la guerre dans un décret qui le rendrait en quelque sorte responsable des suites de cette guerre. C'est au peuple entier à se charger de ce rôle, et à faire ensuite tous les sacrifices que nécessitera sa position. Il montre combien il est urgent d'arrêter les succès de Philippe, et indique le plan qu'il faut suivre.

Ce plan exige des dépenses. Démosthène propose que l'on tire parti des dispositions favorables du roi de Perse à l'égard d'Athènes, pour obtenir de lui des troupes et de l'argent. Puis il aborde le sujet délicat de la distribution des deniers publics, sur lequel les riches et les pauvres ne pouvaient s'accorder; et, par le sacrifice de l'opinion qu'il avait lui-même exprimée plusieurs fois sur cette matière, il tâche de réconcilier les deux partis.

Passant ensuite aux autres abus introduits dans l'État, qui proviennent presque tous de la confiance accordée aux traîtres, il termine par une véhémente apostrophe à Aristodème, en la personne duquel il couvre d'infamie et de ridicule tous les orateurs mercenaires.

Les nombreuses répétitions que contient ce discours ont inspiré à quelques savants [1] des doutes sur son authenticité. Ces doutes n'ont pas encore acquis force de preuve; ils ne l'auront probablement jamais. Nous renvoyons le lecteur à l'introduction de la harangue sur les réformes publiques. Nous ajouterons seulement, avec Tourreil, que « comme celle-ci roule sur le même sujet, épuisé déjà par neuf discours, c'était pour l'orateur une espèce de nécessité d'user de redites. »

[1] Valcken. in not. ad orat. *de Philippo Maced.*, p. 251; F. A. Wolf, *Prolegg. ad Lept.* p. LX; Bockh, Becker, Weiske, Bremi. M. Schaefer cite aussi l'opinion contraire de Hemsterhuis, Lennep, Wyttenbach. *Appar.* t. I, p. 610.

DISCOURS.

Persuadé que les matières les plus sérieuses, les plus urgentes pour la république, sont l'objet de votre délibération, j'essayerai, hommes d'Athènes, de vous dire ce que je crois le plus utile (1). De toutes les fautes nombreuses et depuis longtemps accumulées qui ont rendu notre situation mauvaise, la plus funeste, la plus embarrassante aujourd'hui, c'est votre aversion pour les affaires. Vous y consacrez les courts moments où, assis en ce lieu, vous écoutez les nouvelles; après quoi, chacun se retire sans y réfléchir, sans même en garder la mémoire. Cependant l'insolence et l'avidité de Philippe envers tous les peuples sont montées à cet excès qu'on vous dépeint; et vous n'ignorez pas, sans doute, qu'on ne les réprimera jamais avec des mots, avec des harangues. A défaut d'autres preuves, il suffirait de ce raisonnement : dans aucune occasion où il a fallu discuter le droit, nous n'avons succombé ni paru avoir tort; partout nous sommes vainqueurs, partout nous triomphons par nos raisons. Mais les affaires de cet homme en vont-elles plus mal? les nôtres en vont-elles mieux? Il s'en faut bien. Quand nous avons parlé (2), Philippe s'arme, il s'avance, prêt à tenter la fortune avec toutes ses forces; et nous, nous restons en repos, contents, les uns d'avoir péroré sur notre bon droit, les autres d'avoir écouté : aussi, par une conséquence naturelle, les actions l'emportent sur les paroles; et les peuples examinent, non ce que nous avons dit ou pourrions dire de juste, mais ce que nous faisons. Or, ce que nous faisons ne peut sauver un seul opprimé. C'est en dire assez.

Je vois deux partis diviser toutes les républiques : les uns ne veulent être ni tyrans ni esclaves, mais vivre égaux et libres sous l'empire des lois; les autres aspirent à dominer sur leurs concitoyens en obéissant à l'étranger, quel qu'il soit, pourvu qu'avec son aide ils espèrent réussir. La faction avide de pouvoir et de tyrannie est partout régnante; et j'ignore s'il reste une seule ville, Athènes exceptée, où la démocratie soit encore debout. Les membres de cette faction l'emportent par tous les moyens qui donnent le succès. Le premier et le plus puissant, c'est d'avoir un bailleur de fonds pour corrompre les âmes vénales; un autre, qui ne le cède guère à celui-là, c'est de disposer d'une armée prête à culbuter leurs adversaires au premier signal. Et nous, ô Athéniens ! dépourvus de toutes ces ressources, nous ne pouvons pas même nous réveiller, semblables à des hommes qui ont pris quelque breuvage assoupissant (3). De là (car je crois vous devoir la vérité) nous sommes tellement décriés, tellement méprisés, que, parmi les peuples placés au milieu du péril, ceux-ci nous disputent le commandement, ceux-là le droit d'assigner le lieu des conférences; plusieurs même ont résolu de se défendre seuls, plutôt qu'avec notre secours.

Pourquoi cette revue de nos fautes? Ce n'est pas, j'en atteste Jupiter et tous les dieux, que je veuille m'attirer votre haine; c'est pour que chacun de vous comprenne et voie qu'en politique comme dans la vie privée, chaque négligence, fruit d'une paresse et d'une inertie de tous les jours, inaperçue d'abord, finit par dominer le résultat des affaires. Voyez Serrhium et Doriskos, les premières places que vous vous laissâtes enlever après la paix. Plus d'un parmi vous ne les connaît peut-être pas. Eh bien. ces postes délaissés, regardés avec dédain, ont entraîné dans leur perte et la Thrace et Kersobleptès, votre allié. Philippe, n'apercevant encore aucun mouvement, aucun envoi de secours d'Athènes, rasa Porthmos; et, par les tyrans qu'il établit en Eubée, il fit de cette île une citadelle menaçante pour l'Attique. Vous le souffrez, et peu s'en faut qu'il ne prenne Mégare. Toujours indifférents, toujours immobiles, vous ne faites pas une démonstration pour l'arrêter. Alors il achète Anthènes (4), et bientôt il est maître d'Oréos. Je passe sous silence la prise de Phères, l'expédition d'Ambracie, les massacres d'Élis, et mille autres attentats. Mon dessein n'est pas de faire le dénombrement complet des injustices, des violences de Philippe, mais de vous prouver qu'il ne cessera point d'opprimer tous les peuples et de tout envahir, si on ne l'arrête.

Il est des gens qui, avant d'entendre de quoi il agit, s'écrient brusquement, *Que faut-il donc faire?* non pour l'exécuter (car alors l'État n'aurait pas de citoyens plus utiles), mais pour se débarrasser de l'orateur. N'importe, ce qu'il faut faire, le voici :

Avant tout, ô Athéniens ! gravez profondément dans vos esprits que Philippe a rompu la paix, qu'il nous fait la guerre, qu'il est l'ennemi acharné d'Athènes entière, du sol d'Athènes, j'ajouterai même, des dieux d'Athènes..... Dieux immortels, anéantissez-le ! Mais c'est surtout à notre démocratie qu'il a déclaré la guerre; c'est à la détruire que visent tous ses pièges, tous ses projets. Et il y est poussé par une sorte de nécessité. Raisonnez, en effet : il veut dominer; or, c'est vous qu'il juge seuls capables de traverser ses desseins. Depuis longtemps il vous outrage; il le sait parfaitement, car les places qu'il vous a enlevées sont les plus fermes remparts de ses États. Oui, sans Amphipolis, sans Potidée, il ne se croirait pas en sûreté dans sa Macédoine. Il sait donc également, et qu'il cherche à vous perdre, et que vous vous en apercevez; et, vous supposant hommes de sens, il présume que vous lui faites la justice de le haïr. Outre ces puissantes raisons, il est encore convaincu que, quand même il aurait asservi le reste de la Grèce, il ne pourra compter sur rien tant que subsistera votre démocratie; il sent que, s'il lui arrive un revers (et puisse-t-il en éprouver mille !), tous les peuples qui sont à lui par contrainte accourront se jeter dans vos bras. Car vous n'êtes pas naturellement portés à vous agrandir, à usurper la domination; mais empêcher tout autre de s'en saisir, abattre l'usurpateur barrer le chemin à qui marche à la

DIXIÈME PHILIPPIQUE.

tyrannie, protéger l'indépendance de tous, voilà votre rôle. Aussi, Philippe ne veut pas que votre amour pour la liberté épie ses jours mauvais; et ses réflexions sont vraies et bien mûries. Vous devez donc d'abord voir en lui l'irréconciliable adversaire de notre démocratie. Tenez ensuite pour certain que toutes ses entreprises, tous ses préparatifs tendent à notre destruction. Nul de vous, en effet, n'aura la simplicité de croire qu'un prince, capable d'ambitionner jusqu'à de misérables bicoques de la Thrace (quel autre nom donner à Drongilos, à Kabylé, à Mastira, à d'autres bourgades qu'on dit en son pouvoir?), capable de braver, pour de telles conquêtes, travaux, frimas, périls extrêmes, ne convoite pas les ports d'Athènes, ses arsenaux maritimes, ses flottes, ses mines d'argent, ses riches revenus, son territoire, toute cette splendeur enfin dont je prie les dieux de frustrer son ambition et celle de tout usurpateur; et qu'il vous en laissera la paisible possession, lui qui, pour arracher le seigle et le millet des souterrains de la Thrace, s'enfonce l'hiver dans des abîmes. Non! vous ne le pensez point; par cette expédition, par toutes les autres, il se fraye un chemin jusqu'à vous.

Pénétrés de cette vérité, n'allez pas, par Jupiter! exiger que la guerre soit proposée par l'orateur qui ouvre les avis les plus utiles et les plus justes : ce serait, non vouloir agir pour le bien public, mais chercher une victime (5). En effet, si, à la première, à la seconde, à la troisième des nombreuses infractions commises par Philippe, un citoyen eût présenté la motion d'un armement, et que l'ennemi eût également secouru Cardia, comme il l'a fait sans qu'aucun Athénien ait proposé de l'attaquer, n'aurait-on pas arraché d'ici l'auteur de la motion? ne lui imputerait-on pas le secours prêté aux Cardiens? Ne cherchez donc personne que votre haine puisse punir des iniquités de Philippe, et livrer aux fureurs de ses stipendiés. Et, quand vous aurez spontanément résolu la guerre, point de querelles entre vous sur son opportunité; toute l'ardeur que cet homme met dans l'attaque, déployez-la dans la défense : aux soldats qui lui résistent maintenant fournissez de l'argent et tout le nécessaire; contribuez de vos biens, hommes d'Athènes! préparez infanterie, trirèmes légères, cavalerie, bâtiments de transport, tout le matériel de la guerre. Car c'est moquerie que de nous gouverner ainsi; et par le ciel ! je crois que Philippe lui-même peut borner ses vœux à vous voir toujours dans la même voie : retards, folles dépenses, embarras dans le choix de vos chefs, colères et accusations mutuelles.

Remontons à la source du mal, et indiquons le remède. Chez vous, ô Athéniens! jamais de promptes dispositions, jamais de préparatifs réguliers : vous vous traînez toujours derrière quelque événement; venus après coup, vous abandonnez l'œuvre : autre événement, autres mesures prises en tumulte. Ce n'est pas là le moyen de réussir. Non, vous ne ferez jamais rien à propos avec des milices levées à la hâte. Il faut former une armée régulière, l'entretenir, lui donner des intendants, pourvoir à la garde la plus exacte de la caisse militaire, demander compte aux administrateurs de l'emploi des fonds, au général des opérations de la campagne, et ôter à ce dernier le prétexte de conduire votre flotte ailleurs et de s'écarter de ses instructions. Si vous agissez de la sorte, si telle est votre ferme volonté, vous forcerez Philippe à garder une paix équitable, à rester chez lui; ou vous le combattrez à forces égales. Vous demandez aujourd'hui : Que fait Philippe? où marche-t-il? Peut-être, ô Athéniens! peut-être demandera-t-il à son tour avec inquiétude : Où est allée l'armée d'Athènes? où débouchera-t-elle?

On va me dire que ces résolutions exigent de grands frais, de longs travaux, de continuels mouvements. J'en conviens, car la guerre est la source de mille peines inévitables; mais considérez quels dangers vous menacent si vous ne prenez ce parti nécessaire, et vous trouverez un grand avantage à l'embrasser de bonne grâce. En effet, quand même un dieu, à défaut d'un mortel, vous donnerait une garantie suffisante pour de si hauts intérêts; quand il vous répondrait que, toujours immobiles, toujours abandonnant les peuples, vous ne serez pas à la fin attaqués par Philippe, il serait honteux, par Jupiter et tous les Immortels! il serait indigne de vous, de la gloire nationale, des exploits de vos ancêtres, de sacrifier à une nonchalance égoïste la liberté de la Grèce entière. Plutôt mourir, avant qu'un pareil avis sorte de ma bouche! Si un autre vous le donne et vous persuade, eh bien! ne vous défendez pas, abandonnez tout. Mais, si vous rejetez cette pensée, si nous prévoyons tous que, plus nous aurons laissé Philippe s'agrandir, plus nous trouverons en lui un ennemi puissant et redoutable, quel sera notre asile? pourquoi ces délais? Qu'attendons-nous, ô Athéniens! pour faire notre devoir? La nécessité, sans doute ! mais la nécessité de l'homme libre, elle est là; que dis-je? elle a passé depuis longtemps. Pour celle qui remue l'esclave, priez le ciel de vous en préserver! Où est ici la différence? A l'homme libre la crainte de l'ignominie est une nécessité de fer, et je n'en vois pas, en effet, de plus impérieuse; mais à l'esclave les coups, les châtiments corporels..... Ah! ne la connaissez jamais! Son nom souille cette tribune.

Cette lenteur à servir la patrie de sa personne et de sa fortune n'est pas louable, il s'en faut bien ; elle peut néanmoins se couvrir de quelque prétexte. Mais fermer l'oreille à tout ce qu'il est nécessaire d'entendre et convenable de discuter, voilà ce qui n'admet aucune excuse. Pour nous écouter, ô Athéniens! vous attendez, comme aujourd'hui, que le péril presse, et vous ne prenez jamais conseil à loisir. Lorsque cet homme arme contre vous, tranquilles, vous négligez de l'imiter et de vous mettre en défense ; et si un citoyen en parle, vous le chassez. Vous annonce-t-on la prise ou le siège d'une place? alors, devenus attentifs, vous armez. Mais le temps d'écouter et de prendre une décision était celui où vous ne l'avez point voulu ; et maintenant que vous demandez conseil, vous devriez agir et faire usage de vos préparatifs. Par l'effet d'une telle habitude, seuls, au rebours de tous les peuples, vous délibérez, non sur l'avenir, mais sur le passé.

Il reste une ressource, trop négligée jusqu'à ce jour, mais qui est encore dans nos mains ; la voici. Ce qu'il faut surtout à la république, dans la conjoncture présente, c'est de l'argent. Or, la fortune a fait naître d'heureuses circonstances qui, si nous y recourons, pourront satisfaire ce besoin. D'abord, ceux en qui le grand roi a placé sa confiance, et dont il reconnaît avoir reçu des services (6), détestent Philippe et lui font la guerre. D'ailleurs, le confident et l'agent de tous les desseins de ce prince sur la Perse venant d'être enlevé (7), le monarque apprendra cette longue suite d'intrigues, non par nous (il pourrait croire que notre intérêt nous fait parler), mais par celui-là même qui les dirigeait. Il croira donc à nos plaintes ; et nos ambassadeurs, parlant à leur tour, seront écoutés avec plaisir. Liguons-nous, lui diront-ils, contre notre commun agresseur : Philippe vous sera bien plus redoutable après qu'il sera tombé sur nous ; car si nous venons, faute de secours, à essuyer quelque revers, il marchera sans obstacle contre la Perse. D'après ces motifs, ô Athéniens! envoyons une ambassade au grand roi pour conférer avec lui ; dépouillons ce stupide préjugé si souvent funeste à la république : *C'est un Barbare, c'est l'ennemi de tous les peuples*, et mille objections de même trempe. Pour moi, quand je vois redouter un prince enfermé dans son palais de Suse ou d'Ecbatane, attribuer des projets hostiles à celui qui aida jadis la république à se relever ; et qui récemment encore lui tendait une main repoussée par vos décrets, refus dont il est innocent, tandis qu'un ennemi qui est à nos portes, qui grandit au cœur même de la Grèce, théâtre de ses brigandages, trouve ici des apologistes, ma surprise est grande ; et je crains quiconque ne craint pas Philippe.

Il est un autre mal qui afflige la république, entretient parmi nous les plaintes injustes, les débats indécents, et fournit des prétextes à qui ne veut pas remplir le devoir de citoyen : qui, qu'il semble nécessaire de chercher ailleurs la cause de toutes les lacunes du service public (8). c'est là que vous la trouverez. Je crains de traiter ce sujet ; cependant je le ferai, car je crois pouvoir parler dans l'intérêt de l'Etat, et aux riches en faveur des pauvres, et aux pauvres en faveur des riches, pourvu que nous bannissions les invectives touchant les distributions théâtrales, et la crainte qu'elles ne puissent subsister sans quelque grand malheur (9). Nous ne saurions rien imaginer de plus utile au succès de nos affaires, au raffermissement de tout l'édifice social. Voici ce que vous devez considérer. Je parlerai d'abord pour ceux qui paraissent dans l'indigence.

Il fut un temps, et ce temps n'est pas éloigné, où nos revenus publics ne dépassaient point cent trente talents ; et nul des citoyens qui pouvait armer une trirème ou payer des impositions, ne prétextait la rareté de l'argent pour se dispenser des charges publiques. Nous avions des vaisseaux en mer, des fonds dans le Trésor, et chacun faisait son devoir. Depuis, grâce à la fortune, nos revenus ont augmenté : ils montent aujourd'hui à quatre cents talents. Le riche, loin d'en souffrir, en profite, puisqu'il retire sa part de ces fonds, et la reçoit avec justice. Pourquoi donc nous faire, sur cet avantage, de mutuels reproches? pourquoi y chercher un prétexte pour ne pas faire notre devoir? Envierions-nous au pauvre le secours que lui accorde la fortune? Loin de nous l'idée de l'inculper à ce sujet, de le croire répréhensible. Voit-on, dans une famille, les jeunes hommes ainsi disposés envers les vieillards? Non, il n'en est aucun assez ingrat, assez dénué de sens pour déclarer que, si tous ne font pas ce qu'il fait, il ne fera rien lui-même. Un tel fils encourrait la peine portée par le législateur contre les enfants dénaturés (10) : car nous devons payer avec joie à nos parents la dette justement imposée par la nature et par la loi. Eh bien! ce que chacun de nous doit à son père, la république le doit à tous les citoyens, qui en sont les pères communs. Ainsi, loin de retrancher ce qu'elle leur donne, il faudrait, cette ressource manquant, en chercher d'autres pour qu'ils n'étalent pas à tous les yeux leur indigence. Je suis persuadé les riches, en agissant d'après ces idées, feront chose utile autant que juste, puisque priver du nécessaire une partie des citoyens, c'est susciter de nombreux ennemis à la république.

Quant aux pauvres, je leur conseillerais d'ôter aux possesseurs de domaines tout sujet légitime d'irritation et de plaintes; car je continuerai de parler avec impartialité, sans reculer devant les vérités favorables aux riches. Il me semble qu'il n'est pas d'Athénien, qu'il n'est pas d'homme assez inhumain, assez cruel pour voir avec déplaisir les gratifications faites à l'indigence et à la misère. Où donc gît la difficulté? De quoi se plaint-on? C'est de voir qu'on veut faire peser sur les fortunes privées cette charge du Trésor; c'est de voir l'orateur qui propose un tel abus grandir soudain à vos yeux et s'immortaliser par une sorte d'indemnité, puisque, condamné hautement par vos clameurs, il est absous par vos suffrages secrets (11). De là tant de défiances, de là tant de colères; car enfin il faut que chacun jouisse des droits fondés sur l'égalité démocratique; que les riches regardent comme assurée la possession de leur fortune, qu'ils en jouissent sans crainte, toujours prêts à l'offrir à la patrie dans ses périls; que les pauvres ne réputent biens communs que ceux qui le sont, et que, contents d'en recevoir leur part, ils sachent que le bien d'un particulier est à lui seul. Par là les petites républiques s'agrandissent, et les grandes se maintiennent. Tels sont, à peu près, nos mutuels devoirs. Pour les remplir avec plus d'exactitude, d'autres réformes sont nécessaires. Nos malheurs et nos troubles actuels découlent encore de plusieurs causes anciennes que je vais exposer, si l'on veut m'entendre.

On a renversé, ô Athéniens! les maximes fondamentales que vos pères vous avaient laissées. Certains politiques vous ont persuadé qu'être à la tête des Hellènes, entretenir une armée prête à secourir tous les opprimés, était une dépense inutile et superflue, et que vivre dans le repos, ne s'acquitter d'aucun devoir, tout abandonner successivement, laisser le champ libre aux usurpateurs, était un merveilleux bonheur, une parfaite quiétude. Qu'est-il arrivé? un autre est monté au rang que vous deviez occuper: il est heureux, il est puissant, il a étendu son empire; et cela ne doit pas surprendre. Jaloux d'un poste élevé, honorable, éclatant, que les plus puissantes républiques s'étaient toujours disputé, et voyant Sparte accablée de revers, Thèbes absorbée dans sa guerre de Phocide, Athènes insouciante, il s'est emparé de ce poste devenu vacant. Ainsi, tandis que les autres peuples sont dans la terreur, il se voit environné d'une grande puissance, de nombreux alliés; et la Grèce entière est assaillie de maux si graves, si multipliés, qu'il n'est pas facile de donner un conseil. Formidables pour tous les États, les dangers actuels le sont encore plus pour vous, ô Athéniens! parce que vous êtes et la principale proie que guette Philippe, et les plus inactifs des Hellènes. Si, à la vue des denrées et de toutes les marchandises dont regorge la place publique, vous vous flattez qu'Athènes n'a rien à redouter, vous jugez bien mal votre situation. Que l'on décide par là si une halle, si un marché est bien ou mal approvisionné; mais pour un peuple qui a la réputation de s'opposer seul à quiconque veut dominer dans la Grèce, pour un peuple tuteur de la commune liberté, par Jupiter! ce n'est point sur l'affluence des vendeurs qu'on doit mesurer sa puissance; c'est sur l'attachement de ses alliés, sur la force de ses armes. Voilà le moyen d'apprécier l'état d'une république; et ici que de mécomptes, quelle disette parmi vous!

Pour vous en convaincre, faites cet examen: quand y a-t-il eu le plus de troubles parmi les Hellènes? L'époque que vous désignerez tous est l'époque actuelle. Jusqu'ici, deux villes, Athènes et Lacédémone, avaient partagé toute la Grèce: le reste des Hellènes se rangeait sous l'un ou sous l'autre étendard. Quant au roi de Perse, il était à tous également suspect: protecteur des vaincus, il ne jouissait de leur confiance que jusqu'au moment où il les avait remis de niveau avec les vainqueurs. Alors ceux qu'il avait sauvés ne le haïssaient pas moins que ses plus anciens ennemis. A présent ce monarque est en bonne intelligence avec tous les Grecs, excepté avec nous, à moins que nous ne changions de conduite. D'ailleurs, il s'élève de toutes parts des puissances qui se disputent le premier rang. Les jalousies et les défiances réciproques ont divisé des peuples qui devraient être unis. Argos, Thèbes, Corinthe, Lacédémone, l'Arcadie, Athènes s'isolent par leurs intérêts; et cependant, au milieu de tant de puissances et de factions qui démembrent la Grèce, la libre vérité m'oblige à dire: C'est chez vous surtout que les archives (12) et la salle du Conseil sont désertées par les agents étrangers. Vous le méritez, car ni amitié, ni confiance, ni crainte ne poussent à conférer avec vous. Si ce mal n'avait qu'une cause, ô Athéniens! la réforme serait facile: mais nos fautes sont nombreuses, variées, invétérées. J'en supprime le détail pour citer celle-là seule à laquelle tiennent toutes les autres: grâce pour la vérité dite avec indépendance!

On a vendu les avantages que présentait chaque occasion, et vous, vous avez reçu en échange ce tranquille repos dont le charme endort votre indignation contre les traîtres, tandis que vos honneurs ont passé en d'autres mains. Ce n'est pas ici le moment de tout examiner; mais vient-on à parler de Philippe? aussitôt un orateur se lève (13) : *N'agissons pas avec légèreté; ne décrétons pas la guerre!* Et soudain, faisant le parallèle : *Quel trésor que la paix! quel fardeau qu'une grande armée à entretenir! C'est le pillage de nos finances que l'on veut;* et bien d'autres propos, que l'on donne pour des vérités incontestables. Mais ce n'est certes pas à vous qu'il faut persuader la paix, à vous déjà persuadés et pacifiques, c'est à l'homme qui vous fait la guerre. Si celui-là y consent, rien ne manque de votre côté. Ensuite, il faut regarder comme un fardeau, non pas ce que nous dépenserons pour notre sûreté, mais les maux qui nous attendent si nous ne voulons rien dépenser. Quant au pillage de nos finances, prévenons-le par une surveillance active et salutaire, et non par l'abandon de nos intérêts. Athéniens, le chagrin que cause à quelques-uns de vous l'idée de ces déprédations, si faciles à empêcher ou à punir, est précisément ce qui m'irrite : car ils sont indifférents aux brigandages d'un Philippe qui va pillant la Grèce entière, et qui la pille pour nous engloutir!

D'où vient donc que celui qui nous outrage si ouvertement, qui s'empare de nos villes, ne soit jamais accusé d'être injuste et de nous faire la guerre, et qu'on ne puisse vous conseiller de l'arrêter, de veiller sur vos possessions, sans être accusé de provoquer la guerre? C'est que tous veulent rejeter les événements malheureux que la guerre amène inévitablement sur les citoyens qui croient vous devoir les plus salutaires conseils. Ils pensent, en effet, que, si vous conspiriez unanimement à repousser Philippe, la victoire serait à vous, et qu'alors ils n'auraient plus à qui se vendre; mais que si, arrêtés par un premier échec, vous attaquez quelques orateurs et vous engagez dans leur procès, devenus accusateurs, ils recueilleront, par un double avantage, et vos applaudissements et l'or du Macédonien; qu'enfin vous ferez retomber sur vos fidèles conseillers le châtiment dû à des traîtres. Voilà leurs espérances, voilà le but qu'ils se proposent quand ils accusent des citoyens de souffler la guerre. Pour moi, j'en suis certain, avant que la guerre eût été proposée dans Athènes, Philippe avait envahi plusieurs de nos places, et, tout récemment encore, il a jeté un renfort dans Cardia. Si, malgré cela, il nous plaît de méconnaître qu'il ait tiré l'épée, il serait le plus insensé des hommes de chercher à nous en convaincre. Quand l'offensé nie l'injure, est-ce à l'offenseur de la constater? Mais, lorsqu'il marchera contre Athènes, que dirons-nous? Il protestera, lui, qu'il ne nous fait point la guerre. N'est-ce pas ce qu'il dit aux Oritains, alors que ses troupes campaient dans leur pays? et, avant eux, aux habitants de Phères, lorsqu'il allait battre leurs murailles? et anciennement aux Olynthiens, jusqu'à son entrée sur leur territoire, à la tête d'une armée? Répéterons-nous alors que, conseiller la défense, c'est pousser à la guerre? Il ne reste donc qu'à subir le joug : point de milieu.

Et le péril est plus grand pour vous que pour d'autres peuples. Asservir Athènes serait trop peu pour Philippe, il veut l'anéantir. Il sait trop bien que vous ne voudrez pas obéir, et que, même le voulant, vous ne le pourriez point, accoutumés que vous êtes à commander. Il sait qu'en saisissant l'occasion, vous lui susciteriez plus de traverses que tous les peuples ensemble. Aussi ne vous épargnera-t-il pas, s'il devient le maître. Reconnaissez donc qu'il y aura contre vous combat à outrance. Détestez, livrez au supplice les citoyens notoirement vendus à cet homme; car il est impossible, absolument impossible de vaincre l'ennemi étranger si l'on ne punit auparavant l'ennemi domestique; sans cela, heurtant contre l'écueil de l'un, vous serez invinciblement dépassés par l'autre.

Pourquoi, selon vous, Philippe lance-t-il l'outrage sur Athènes aujourd'hui? car, à mon sens, il ne fait pas autre chose. Pourquoi, lorsqu'il emploie, du moins envers les autres peuples, la séduction des bienfaits, n'a-t-il déjà plus que des menaces contre vous? Voyez que de concessions il a faites aux Thessaliens pour les pousser doucement à la servitude. Comptez, si vous le pouvez, ses insidieuses largesses prodiguées aux infortunés Olynthiens, Potidée d'abord, puis tant d'autres places. Voyez-le jetant maintenant aux Thébains la Béotie comme une amorce, et les délivrant d'une longue et rude guerre. De tous ces peuples, les uns n'ont souffert des malheurs trop connus, les autres ne souffriront ceux qu'il prépare l'avenir, qu'après avoir du moins reçu quelques fruits de leur cupidité. Mais vous, sans parler de vos pertes à la guerre, combien, même pendant les négociations de la paix, ne vous a-t-il point trompés et dépouillés! Phocide, Thermopyles, forteresses de Thrace, Doriskos, Serrhium, Kersobleptès en personne, que vous a-t-il pas enlevé? N'est-il pas à présent maître de Cardia? ne l'avoue-t-il point? D'où vient donc des procédés si différents? C'est

notre ville est la seule où l'ennemi ait impunément des fauteurs déclarés, la seule où des traîtres enrichis plaident avec sécurité la cause du spoliateur de la république. On ne parlait pas impunément pour Philippe à Olynthe, avant qu'il eût fait largesse de Potidée à tout ce peuple. On ne parlait pas impunément pour Philippe en Thessalie, tant qu'il n'avait pas surpris la reconnaissance de la multitude par l'expulsion de ses tyrans et son retour à l'amphictyonat. On ne le faisait pas devant les Thébains, avant qu'il eût payé ce service de la Béotie rendue et de la Phocide anéantie. Mais, dans Athènes, après que Philippe nous a volé Amphipolis, Cardia et ses dépendances; lorsqu'il a fait de l'Eubée une vaste et menaçante citadelle; lorsqu'il marche sur Byzance, on peut, sans péril, parler pour Philippe! Aussi, des hommes pauvres et sans nom sont-ils devenus soudain riches et célèbres, tandis que vous êtes tombés, vous, de la splendeur dans l'humiliation, de l'opulence dans la misère; car je place la richesse d'une république dans ses alliés, dans la confiance et le zèle des peuples, toutes choses dont vous êtes pauvres. Or, pendant que votre dédaigneuse insouciance vous laisse ravir de tels biens, lui, il est devenu grand, fortuné, redoutable à la Grèce entière et aux Barbares; Athènes est dans le mépris et le délaissement, brillante, il est vrai, par l'étalage de ses marchés, mais, pour les provisions essentielles, ridiculement indigente.

J'observe, au reste, que certains orateurs ont un conseil pour vous, un conseil pour eux-mêmes : vous, disent-ils, vous devez rester en repos, quoique attaqués ; mais eux, ils ne peuvent y rester ici, bien que nul ne les inquiète. En effet, si quelqu'un, invective à part, te faisait cette question, Aristodème : Dis-moi, puisque tu sais très-bien, avec tout le monde, que la vie privée ne connaît ni troubles, ni embarras, ni dangers, tandis que la vie publique, en butte aux accusations, est semée d'écueils, de peines, de luttes journalières, d'où vient qu'au tranquille loisir de celle-là tu préfères les périls de celle-ci? que répondrais-tu? Admettons comme vrai ce motif, le plus honorable que tu puisses alléguer : c'est l'amour de la gloire qui t'anime. Quoi! pour la gloire tu crois devoir braver, toi, toutes les fatigues, tous les travaux, tous les hasards, et tu conseilles à la république d'y renoncer par nonchalance! Oseras-tu dire que c'est un devoir pour toi de briller dans Athènes, et pour Athènes de s'effacer parmi les États grecs? Je ne comprends pas non plus que, pour sa sûreté, ta patrie doive se borner à ses propres affaires, et qu'il y ait péril pour toi à ne pas t'ingérer dans celles d'autrui. Je vois, au contraire, que vous vous perdrez, toi par excès d'activité, la république par son inaction. Diras-tu : Mon aïeul et mon père m'ont laissé une gloire qu'il serait honteux d'éteindre en moi, tandis que les Athéniens n'ont reçu de leurs ancêtres aucun lustre, aucun éclat? Loin de là ; ton père, s'il t'a ressemblé, était un fripon ; quant aux Athéniens d'un autre âge, j'atteste ici la Grèce entière, qu'ils ont deux fois sauvée (14). Il est donc des hommes qui, dans la manière différente dont ils traitent leurs intérêts et ceux de l'État, ne sont ni justes, ni bons citoyens. Est-il juste, en effet, que quelques échappés de prison se méconnaissent, et qu'une république placée, jusqu'à ce jour, à la tête de la Grèce, soit plongée dans l'abjection et l'ignominie?

J'aurais encore beaucoup à dire sur plus d'un objet, mais je m'arrête ; car il me semble que, ni aujourd'hui, ni jamais, si l'État souffre, ce n'a été faute de discours : c'est parce que, après avoir entendu et unanimement approuvé les bons conseils, vous écoutez aussi favorablement ceux qui veulent les combattre et les détruire. Vous les connaissez, ces hommes ; oui, votre coup d'œil distingue parfaitement l'orateur mercenaire, l'agent de Philippe, du vrai conseiller de la patrie : mais votre but est de nous inculper, d'ensevelir l'affaire sous la raillerie et l'invective, et, par là, vous affranchir de tout devoir.

Voilà des vérités utiles, librement exprimées avec un zèle pur, et non une de ces harangues semées de flatteries, de piéges, de mensonges qui rapportent de l'argent à l'orateur, et livrent la patrie à l'ennemi. Renoncez donc à de funestes habitudes, ou, si tout dépérit, n'en accusez que vous-mêmes.

NOTES

SUR LA DIXIÈME PHILIPPIQUE.

(1) Texte de Reiske, revu sur les variantes de Bekker et sur l'*Apparatus* de Schæfer.
Pour l'interprétation, etc. : *Apparatus*, t. 1, p. 610; les scolies et les commentaires contenus dans les tomes v, ix, x, xi de Dobson; J. Wolf; nos traducteurs; éd. 4ᵉ d'Auger, p. 380; les notes de Topffer; M. Brougham, *de l'Éloq. polit. chez les anc. et les modernes*.

(2) μετὰ ταῦτα signifie ici, *post has* δικαιολογίας καὶ δημηγορίας. Reiske et Auger ont méconnu le sens de ces mots, qu'ils voudraient changer, que le premier a mal placés, et que les traducteurs français n'ont pas rendus.

(3) Littéralement : *qui ont bu de la mandragore, ou quelque autre drogue semblable*. Le scoliaste, Pline et Dioscoride mettent cette plante au nombre des spécifiques contre l'insomnie.

(4) *Antrónes*, ville maritime de Thessalie, dans le district de Magnésie.

(5) Cette phrase peut être entendue de deux manières, suivant que l'on conserve la négation après ὅτῳ, comme a fait Auger, 1790; ou qu'on la supprime avec Reiske. Dans le premier cas, elle signifie : *Ce serait se conduire en hommes qui ne veulent avoir de guerre avec personne, etc*; dans le second : *Ce serait vous conduire en hommes qui voulez savoir à qui vous en prendre si vous êtes malheureux*. Ce dernier sens, adopté par Tourriel, Dobson, Bekker, Dobrée, Auger dans sa traduction, et Schæfer, s'accorde parfaitement avec ce qui suit.

(6) Ce sont les Thébains, qui avaient secouru Artaxerxès-Ochus, dans le siège de Péluse, ville d'Égypte. *Diod.* xvi. Leur haine contre Philippe avait pour cause la prise de la ville d'Échine, dont ils supportaient impatiemment la perte. Voyez la neuvième Philipp.

(7) Selon Ulpien, il s'agit ici de l'eunuque Hermias, gouverneur d'Atarné, en Mysie, avec lequel Philippe, projetant déjà l'expédition d'Asie, entretint de secrètes intelligences. Mentor de Rhodes, général au service de la Perse, avait attiré Hermias à une entrevue par de feintes promesses, et envoyé le rebelle, pieds et poings liés, à Artaxerxès. *Diod*., xvi; *Arist*., *de Cur. rei famil.* ii.

(8) On peut voir dans *l'Apparatus*, i, 633, les diverses leçons et interprétations de ce passage obscur. Je me suis conformé à la paraphrase de Schæfer : δέον πάντα τἆλλα μᾶλλον ἢ τοῦτο αἰτιᾶσθαι, *cum oporteat alia omnia potius quam hoc culpare*.

(9) Ici Démosthène va soutenir une opinion directement contraire à celle qu'il a soutenue au péril de sa vie dans ses discours précédents : il va faire l'éloge des distributions de l'argent public. Il y a trois manières d'expliquer cette contradiction; une seule serait satisfaisante, si elle était basée sur des preuves certaines, c'est de ne pas reconnaître ce discours comme l'ouvrage de Démosthène. La seconde, tout aussi difficile à prouver, c'est de supposer avec Auger, que Démosthène voyant combien le peuple était attaché à ces distributions, jugea qu'il engagerait plutôt les riches à payer de bonne grâce, que les pauvres ne rien recevoir. Enfin, s'il faut en croire Ulpien, Démosthène, dans ses Olynthiennes, ne se serait élevé contre l'état en question que par haine contre Eubule, qui en était l'auteur; et celui-ci étant venu à mourir, Démosthène sera revenu ici à sa véritable opinion. Si l'on admettait cette dernière explication, il faudrait convenir que Démosthène s'est montré bien fort pour soutenir ce qu'il ne pensait pas, et bien faible pour défendre ce qu'il pensait. (Topffer.)

(10) C'est-à-dire, la mort civile (ἀτιμία) prononcée par fameuse loi de Solon, τῆς τῶν γονέων κακώσεως. Voy. Photius, c. 95, med.

(11) ἡ κρύβδην ψῆφος, *suffrage au scrutin*; ὁ φανερῶς θόρυβος, *suffrage par acclamations*. Dans les causes criminelles, on se servait, pour voter, du scrutin, afin de prévenir les animosités dangereuses.

(12) Ἀρχεῖον, dit M. Töpffer, est le lieu où le Sénat s'assemblait. Mais ce sens est constamment celui de βουλευτήριον. J'ai suivi le scoliaste de Bavière : Ἀρχεῖα ἔνθα δημόσιοι χάρται ἀπόκεινται, χαρτοφυλάκια.

(13) Tout ce beau morceau sur les traîtres, jusqu'à l'éloquente apostrophe à Aristodème, se retrouve presque mot pour mot dans la huitième philippique. Nous y renvoyons le lecteur.

(14) A Marathon et à Salamine.

XV.
ONZIÈME PHILIPPIQUE.

INTRODUCTION.

Pendant les sept années écoulées depuis qu'il avait, pour la seconde fois, conclu la paix avec les Athéniens, Philippe n'avait cessé d'étendre et de fortifier sa puissance. Encore un effort heureux, et il devenait maître du Bosphore et de la navigation de la mer Noire. Son dessein était connu : il fallait se hâter de le déjouer. Il était encore en Thrace avec son armée lorsque Athènes, excitée par des circonstances favorables, se jeta sur le plus proche rempart de la domination macédonienne, l'Eubée, et chassa les garnisons étrangères et les tyrans établis par Philippe. Cet échec n'empêcha pas le conquérant de continuer le siége de Périnthe. Cette ville, qui domine la Propontide, fit une vigoureuse défense. Alarmé des progrès du Macédonien, le roi de Perse envoie aux Périnthiens des secours de toute espèce ; des auxiliaires de Byzance accourent dans leurs murs. Philippe alors divise ses forces, et en emploie une partie à bloquer Byzance elle-même. C'était se venger d'Athènes, qui tirait presque tous ses blés de cette ville. Les Athéniens tentent alors de sérieux efforts. A la voix de Démosthène, les colonnes du traité de paix et d'alliance sont détruites, on équipe une flotte et une armée[1] : mais l'expédition échoue, parce qu'elle est confiée à Charès, corsaire terrible seulement aux amis de sa patrie. Phocion, qui le remplace, rétablit la gloire de la marine athénienne : soutenu par les Rhodiens et d'autres insulaires, il force Philippe à lever le double siége, lui enlève plusieurs de ses conquêtes dans la Chersonèse, et refoule encore une fois les Macédoniens loin des côtes de l'Hellespont[2] (ol. cx, 1; 340).

Un peu avant ces derniers succès des Athéniens, Philippe leur écrivit la lettre suivante[3] :

Puisque, malgré les fréquentes ambassades que je vous ai envoyées pour le maintien de nos serments et de nos conventions, vous n'avez nullement tourné votre attention de ce côté, j'ai cru devoir vous mander sur quels points je me crois lésé (1). Ne vous étonnez point de la longueur de cette lettre : mes griefs sont nombreux, et il est indispensable que, sur tous, je m'explique nettement.

D'abord, lorsque Nicias, mon héraut, fut enlevé sur les terres de ma domination, loin de punir les coupables comme vous le deviez, vous avez détenu leur victime pendant dix mois, et fait lire, à la tribune, les lettres que nous lui avions confiées (2).

Ensuite, quand les Thasiens accueillaient les trirèmes de Byzance et tout pirate qui le désirait, vous fermiez les yeux sur les traités où sont déclarés ennemis ceux qui agiront de la sorte.

De plus, vers la même époque, Diopithe se rua sur mes États, vendit, chassa les habitants de Crobylé et de Tiristasis, ravagea la Thrace, contrée voisine, poussa enfin l'iniquité jusqu'à saisir Amphiloque, négociateur du renvoi des captifs, jusqu'à le forcer, par les plus horribles tortures, à se racheter pour neuf talents : exaction commise avec le bon plaisir d'Athènes. Cependant, attenter à la personne d'un héraut, d'un ambassadeur, est un sacrilége aux yeux de tous les peuples, surtout aux vôtres. Les Mégariens avaient massacré Anthémocrite : les Athéniens indignés les exclurent des mystères, et élevèrent devant une porte de la ville une statue, monument du crime (3). Est-il juste que vous fassiez maintenant ce qui, fait à vous-mêmes, vous a tant irrités?

Callias, un de vos généraux (4), s'est emparé de toutes les villes situées sur le golfe de Pagases, quoique comprises dans vos serments et dans mon alliance. Ceux qui faisaient voile pour la Macédoine, il les vendait tous comme ennemis ; et pour de tels actes vous lui décrétiez des éloges ! Je ne vois pas ce que vous pourriez faire de plus, si nous étions en guerre ouverte. Car enfin, lancer contre moi des pirates, vendre les hommes qui naviguaient vers mes côtes, secourir mes ennemis, piller mon territoire, voilà ce que vous faisiez dans nos ruptures déclarées.

Par surcroît d'injustice et de haine, vous avez député au roi de Perse pour l'engager à me faire la guerre ; et ici l'étonnement est au comble. Avant

---
[1] Philochor. ap. Dionys. Ep. ad Amm., p. 740.
[2] Diodor. Sic., xvi, 77. Plutarch., Vit. Phoc., 14.
[3] On a révoqué en doute l'authenticité de ce document historique. Il est certain du moins que, par sa noblesse et son élégante précision, cette lettre répond parfaitement à la réputation que Philippe s'était acquise dans le genre épistolaire. Dion Chrysostôme et Aulu-Gelle en font foi. Ce dernier va jusqu'à dire : « Feruntur adeo libri epistolarum ejus munditiæ et venustatis et prudentiæ plenarum. » Sur cette authenticité, et sur celle du discours attribué à Démosthène, on peut consulter l'introduction de Jacobs et un mémoire de Larcher. (Acad. des inscr., t, n, p, 243.)

la reprise de l'Égypte et de la Phénicie par ce prince, vous aviez décrété que, s'il tentait une nouvelle expédition, vous m'appelleriez contre lui avec tous les autres Hellènes : et voilà que, dans l'excès de votre animosité contre moi, vous négociez avec lui une ligue offensive! Vos pères, ai-je appris, faisaient un crime aux Pisistratides de soulever la Perse contre la Grèce; et vous pouvez, sans rougir, faire ce que vous avez toujours flétri dans vos tyrans!

Autre grief. Vous m'ordonnez, par un décret, de laisser Térès et Kersobleptès régner en Thrace, parce qu'ils sont Athéniens. Je sais, moi, qu'ils ne sont ni compris avec vous dans notre traité de paix, ni inscrits sur les colonnes, ni citoyens d'Athènes. J'ai vu Térès combattre avec moi contre vous; j'ai vu Kersobleptès empressé à prêter serment à part dans les mains de mes ambassadeurs, mais empêché par vos stratéges, qui le désignaient comme hostile aux Athéniens. Y a-t-il impartialité, y a-t-il justice à déclarer le même homme ennemi de la république quand votre intérêt le demande, et votre concitoyen, dès qu'il vous plaît de me calomnier? à lier amitié, aussitôt après l'assassinat, avec le meurtrier de Sitalcès (5) que vous aviez fait Athénien, et à tirer l'épée contre nous à propos de Kersobleptès? Vous savez cependant bien que, parmi ceux qui reçoivent ce titre, pas un n'a souci de vos lois ni de vos décrets. Abrégeons : vous avez conféré le droit de cité à Évagoras de Cypre, à Denys de Syracuse, et à leurs descendants. Persuadez donc à ceux qui les ont chassés de leur rendre leurs États : puis retirez de mes mains les contrées de la Thrace que Térès et Kersobleptès ont possédées. Mais si vous m'inquiétez sans croire juste d'élever une seule réclamation contre les vainqueurs des deux premiers, quel droit n'ai-je pas de vous repousser? Je pourrais produire à ce sujet beaucoup d'autres raisons solides : j'aime mieux les supprimer.

Quant aux Cardiens, je déclare les secourir. J'étais leur allié avant la paix; et vous n'avez pas voulu entrer en arbitrage, malgré leurs instances réitérées et les miennes. Ne serais-je donc pas le plus méprisable des hommes, de délaisser des alliés d'une foi inébranlable, pour vous soutenir, vous, mes ennemis acharnés?

Il est un point que je ne dois pas omettre : ce sont les progrès de vos prétentions. Sur le fait cité plus haut, vous vous êtes bornés à des reproches; mais tout récemment, d'après les plaintes des Péparrhétiens, vous enjoignîtes à votre général de venger sur moi ces insulaires sur qui j'avais fait tomber un châtiment trop doux. Ils s'étaient saisis, en pleine paix, de l'Halonèse, et ne rendaient ni la place ni la garnison que j'avais plusieurs fois réclamées. Vous, aveuglés sur leurs torts, vous ne voyez que leur punition, certains cependant que ce n'était ni à eux ni à vous que j'avais pris cette île, mais à Sostrate, à un corsaire. Dire qu'il la tenait de vous, c'est avouer que vous y lâchez des pirates. S'il l'avait envahi malgré vous, quel tort vous ai-je fait par une conquête qui assure la navigation de ces parages? Bienveillant pour votre république, je lui donnais cette île : vos harangueurs vous disaient, *Ne prenez point; reprenez!* Ainsi, soumis à leurs exigences, je déclarais ma possession illégitime; refusant de livrer la place, je devenais suspect à la multitude. Instruit de ces menées, je demandai qu'un arbitre prononçât. L'île, d'après sa décision, était-elle à moi? je la donnais; à vous? je la rendais. J'insistai, vous ne m'écoutâtes point; et les Péparrhétiens s'emparaient de la place. Que devais-je donc faire? ne pas châtier des parjures? laisser impuni un outrage aussi éclatant? Mais enfin, si l'île dépendait de Péparrhète, de quel droit Athènes venait-elle la réclamer? et, si elle était à vous, pourquoi ne pas vous élancer sur les usurpateurs?

Quels progrès j'ai faits dans votre haine! Voulant envoyer une flotte dans l'Hellespont, je fus contraint de la faire escorter par des troupes le long des côtes de la Chersonèse. Vos colonies, en vertu d'un décret de Polycrate, nous faisaient la guerre; vous confirmiez de pareilles décisions; votre général soulevait Byzance, et annonçait à tous qu'il avait ordre d'attaquer à la première occasion. Ainsi traité, j'épargnai la république, ses vaisseaux, ses domaines; assez fort pour tout saisir, je continuai de vous inviter à soumettre à des arbitres nos plaintes mutuelles. Voyez cependant s'il est plus beau de vider un différend par les armes que par la parole; d'être juge dans sa propre cause, ou de la gagner près d'un tiers. Songez à l'inconséquence dans laquelle tombe Athènes : elle a forcé les Thasiens et les Maronites à plaider pour la possession de Strymé (6); et, pour trancher nos contestations, elle recourt à une autre voie! Elle le sait pourtant : vaincue dans ce débat, elle ne perdra rien; victorieuse, elle jouira de ma conquête.

Mais voici ce qui me semble le plus étrange. Je vous ai envoyé des délégués de toute la confédération, comme témoins des conventions équitables que je voulais stipuler avec vous sur les affaires de la Grèce : et vous n'avez pas même écouté ces représentants! C'était cependant le moyen de dissiper les alarmes de ceux qui soupçonnent en nous des intentions hostiles, ou de montrer clairement que j'étais le plus perfide des hommes. C'était l'intérêt du peuple, mais vos parleurs n'y trouvaient pas leur compte ; pour eux, disent ceux qui ont l'expérience de votre gouvernement, la paix est une guerre, et la guerre une paix, parce que, défenseurs ou dénonciateurs de vos généraux, ils en sont toujours payés ; d'ailleurs, par leurs invectives de tribune contre les citoyens les plus distingués, contre les plus illustres étrangers, ils gagnent subtilement, auprès des masses, la réputation d'excellents démocrates. Il me serait facile, en jetant un peu d'or, d'arrêter leurs injures, de les convertir même en éloges ; mais je rougirais qu'on me vît acheter l'amitié d'Athènes de pareils hommes.

Sans compter le reste, ils portent l'audace jusqu'à essayer de nous disputer Amphipolis. Je crois pouvoir présenter des droits bien mieux fondés que ceux qui réclament cette ville. Si elle est aux premiers qui l'ont conquise, ma possession n'est-elle pas juste? Alexandre, un de mes ancêtres, s'en empara le premier (7) : témoin la statue d'or qu'il fit ériger à Delphes, comme prémices des dépouilles des Mèdes. Ce principe contesté, prétend-on qu'elle est au dernier occupant? ici encore le droit est de mon côté : car j'ai pris cette place sur ceux qui vous en ont chassés, et que Lacédémone y avait établis. Succession ou conquête, voilà les seuls titres à la propriété d'une ville (8). Et vous, qui n'avez ni première occupation, ni possession actuelle, mais un très-court séjour sur les lieux, vous en revendiquez une dont vous-mêmes nous avez confirmé authentiquement la propriété! Je vous ai souvent écrit au sujet d'Amphipolis ; vous avez reconnu nos droits ; nous avons fait la paix, et les mêmes stipulations m'ont assuré cette place et votre alliance. Où donc trouver une possession plus inébranlable que celle qui a son principe dans la transmission par mes aïeux, qui a été renouvelée par mes armes, et triplée par l'assentiment d'un peuple accoutumé à disputer même ce qui ne lui appartient nullement?

Voilà mes griefs. Vous êtes les agresseurs, et ma modération vous rend plus entreprenants, plus ardents à me faire tout le mal que vous pouvez. Je vous repousserai donc, la justice sera avec moi ; et, après avoir attesté les dieux, je trancherai le différend.

Suivant l'usage, cette lettre adroite fut lue au peuple. Le cri de guerre est aussitôt poussé par une partie de l'assemblée. Les amis d'Isocrate et d'Eschine, abusés ou feignant de l'être, osent demander si les plus grands torts ne sont pas du côté d'Athènes. Phocion arrive sur ces entrefaites. Vainqueur, il conseille la paix. Dans ce conflit d'opinions, Démosthène s'élance à la tribune.

Il ne s'arrête pas à suivre pied à pied les raisonnements de Philippe, à réfuter ses accusations. Sa lettre est une déclaration de guerre : voilà ce qu'il s'attache à prouver ; puis, quand il aura enflammé le cœur des Athéniens par cette idée, il leur présentera les moyens de lutter contre leur puissant ennemi.

DISCOURS.

Athéniens! Philippe n'avait pas fait la paix avec vous ; il n'avait que suspendu la guerre : pour vous tous cela devient évident. Après avoir livré Alos aux Pharsaliens, disposé de la Phocide, subjugué toute la Thrace sur des motifs imaginaires, sur d'injustes prétextes, il nous fait depuis longtemps une guerre qu'il ne déclare qu'aujourd'hui par ce message. Vous ne devez donc ni redouter sa puissance, ni l'attaquer mollement ; mais, sans ménager fortunes, personne, vaisseaux, vous devez courir aux armes. Essayons de le montrer.

D'abord, vous aurez naturellement, ô Athéniens! pour alliés, pour puissances auxiliaires, les dieux que ce parjure a trahis par une violation inique de la paix. Ensuite, tous ses moyens d'agrandissement, impostures continuelles, pompeuses promesses, sont depuis longtemps épuisés. Périnthe, Byzance et leurs confédérés savent qu'il n'aspire qu'à les traiter comme il a traité Olynthe. La Thessalie n'ignore pas qu'il veut être le tyran, non le chef de ses alliés. Thèbes se méfie de celui qui asservit Nicée par une garnison, s'insinue parmi les Amphictyons, attire à lui les députations du Péloponèse, et brise la ligue qu'elle avait formée. Ainsi, parmi ses anciens amis, les uns le poursuivent à outrance, les autres le défendent mollement, tous le soupçonnent et l'accusent. Ajoutez (et ce n'est pas un léger avantage) que les satrapes d'Asie viennent de le forcer à lever le siége de Périnthe en y jetant des étrangers soldés. Devenus ses ennemis et menacés de près s'il met la main sur Byzance, ils seront pour nous d'ardents auxiliaires ; ils feront plus, ils engageront le roi de Perse à nous fournir de l'argent. Plus riche que tous les Grecs ensemble, et assez influent (9) sur leurs affaires pour avoir apporté la victoire, dans nos guerres contre Lacédémone, au parti qu'il embrassait, ce prince, devenant notre allié, écrasera en se jouant la puissance d'un Philippe.

Outre ces graves considérations, et sans parler de tant de places, de ports, et de ressources pour la guerre qu'il s'est hâté de saisir à la faveur de la paix, je dirai (10) : C'est quand les armes sont unies par la bienveillance, par l'utilité commune, qu'une coalition est durable. Mais qu'un perfide, un ambitieux, comme Philippe, en élève une sur la fourberie et la violence, au moindre prétexte, au premier revers, tout s'ébranle, tout se dissout. Je reconnais même, à force d'y penser, que, suspect et odieux à ses alliés, Philippe ne trouve pas dans son propre royaume cette bonne harmonie, cette union intime qu'on s'imagine. Sans doute, l'empire macédonien, jeté dans la balance par supplément, ne laisse pas d'être de quelque poids; mais, isolé, sa faiblesse, devant d'aussi vastes projets, n'inspire que le mépris. Et même cet homme, à force de guerres et d'expéditions qui, peut-être, le grandissent dans quelques esprits, a achevé d'ébranler sa propre puissance. Car ne croyez pas, ô Athéniens! que les plaisirs du prince soient les plaisirs des sujets. Songez-y : l'un aspire à la gloire, les autres au repos; l'un ne peut s'illustrer que dans les périls : quel besoin ont les autres d'abandonner patrie, parents, enfants, épouses, de s'exposer, de s'immoler chaque jour pour lui? De là, aux sentiments de la population macédonienne pour son roi, la conclusion est facile. Quant aux compagnons, quant aux chefs de mercenaires qui l'entourent, ils ont une réputation de courage; mais ils vivent dans de plus grandes frayeurs que les guerriers obscurs. Ceux-ci, en effet, ne courent des risques qu'en face de l'ennemi; pour ceux-là les flatteurs, les calomniateurs sont plus redoutables qu'une bataille (11). Les uns ne combattent qu'avec toute l'armée; les autres prennent, dans les maux de la guerre, la plus grande part; et, seuls, ils ont encore à redouter le caractère du monarque. Il y a plus : la faute du simple soldat est punie en raison de sa gravité; mais les chefs! surtout après leurs succès les plus beaux, ils se voient honnis, chassés, couverts d'outrages. C'est ce que nul homme sensé ne refusera de croire. En effet, les familiers même de Philippe le disent assez avide de gloire pour vouloir s'approprier tout ce qui se fait de grand, et pour pardonner moins à ses généraux un succès un peu honorable qu'une défaite totale.

D'où vient donc, s'il en est ainsi, qu'on persé- vère à lui rester fidèle? C'est que jusqu'à présent, ô Athéniens! ses succès cachent tous ses vices sous leur ombre; car la prospérité est ingénieuse à voiler, à masquer les fautes des hommes : mais bientôt le moindre échec les met toutes au grand jour. De même que, dans le corps humain, la source des souffrances passées semble tarie tant qu'on jouit de la santé; mais, s'il survient une maladie, fractures, luxations, infirmités de toutes sortes se réveillent : ainsi, tant que les armes prospèrent, les maux qui couvent au sein d'une monarchie ou d'un État quelconque échappent au vulgaire; mais, au premier revers, ils frappent tous les yeux. Or, tel s'annonce le sort de cet homme, trop faible pour le fardeau qu'il veut porter.

Si l'un de vous, ô Athéniens! voyant Philippe prospérer, le croit redoutable et difficile à vaincre, sa prévision est judicieuse : car la fortune a un grand pouvoir, que dis-je? elle peut tout dans les choses humaines. Que de motifs cependant pour préférer notre fortune à la sienne! Nos ancêtres nous ont transmis la prééminence bien avant son règne, lorsque la Macédoine n'avait pas encore de rois. Ceux-ci payaient tribut aux Athéniens; les Athéniens n'en payèrent jamais à personne. Nous avons d'ailleurs plus de droit que lui à la protection des dieux, car nous fûmes toujours plus pieux et plus justes. — Pourquoi donc, dans la guerre précédente, a-t-il mieux réussi que nous? — Déclarons-le hautement : c'est qu'il est lui-même à la tête de ses troupes, bravant fatigues et périls, saisissant toutes les chances favorables, profitant de toutes les saisons Et nous.... disons toute la vérité! nous languissons ici dans l'inaction; temporiseurs éternels, faiseurs de décrets, nous allons sur la place publique en quête de nouvelles. Eh! quelle nouvelle plus étrange qu'un Macédonien qui méprise Athènes, et qui ose lui écrire des lettres telles que celle que vous venez d'entendre? Enfin, il soudoie des soldats étrangers; il soudoie, grands dieux! quelques-uns de nos orateurs qui, espérant s'enrichir de ses dons, se dévouent sans pudeur à un Philippe, et ne voient pas que, pour un misérable gain, ils se vendent eux-mêmes avec leur patrie! De notre part, nul préparatif d'opposition à ses projets; nul dessein d'entretenir des étrangers; nul courage pour servir en personne. Il n'est donc point étonnant qu'il ait eu sur nous quelque avantage dans la dernière campagne. Il le serait bien plus si, ne faisant rien de ce que la guerre exige, nous prétendions vaincre celui qui exécute tout ce qu'il faut pour s'agrandir.

Pénétrés de ces vérités, ô Athéniens! et réfléchissant qu'il ne nous est plus permis de dire ne nous avons la paix, puisque cet homme ~~~ent de déclarer la guerre et la faisait déjà réellement, ne ménageons ni le Trésor ni nos for~~~mes; courons aux armes, là où le besoin nous appelle, courons tous, et employons de meilleurs généraux. Car ne vous imaginez point que ce qui a abaissé la république pourra la relever; que, si votre léthargie se prolonge, d'autres combattront pour vous avec ardeur. Songez plutôt à l'opprobre qui vous attend, si vous, dont les pères ont supporté tant de travaux, tant de dangers dans leurs guerres avec Lacédémone, vous refusez de défendre avec vigueur la puissance légitime qu'ils vous ont transmise. Verra-t-on d'un côté un échappé de Macédoine aimer les périls au point que, pour étendre son empire, il sort de la mêlée couvert de blessures, de l'autre, des Athéniens, libres par droit héréditaire, et toujours victorieux, abdiquer dans une molle indolence et la gloire de leurs ancêtres et les intérêts de la patrie?

Pour abréger, je dis : Il faut nous préparer tous à la guerre; appeler les autres Hellènes à combattre avec nous, et les appeler moins par des mots que par des œuvres. Sans l'action, toute parole est impuissante, surtout la parole d'Athènes : d'autant plus que nous passons pour les plus habiles parleurs de la Grèce.

NOTES
SUR LA ONZIÈME PHILIPPIQUE.

(1) Texte : Dobson, *orat. Att.* t. v, p. 256. Outre mes commentateurs ordinaires, j'ai consulté Olivier, *Hist. de Phil.*, liv. xiii; et Cousin-Despréaux, *Hist. de la Grèce*, liv. xlix.

(2) Les Athéniens ouvrirent les lettres d'où ils crurent tirer quelque éclaircissement sur les projets de Philippe, mais ils respectèrent celles qu'il adressait à son épouse Olympias.

(3) « En allant d'Athènes à Éleusis par la voie Sacrée, on trouve le tombeau du héraut Anthémocritus, que les Athéniens avaient envoyé dire aux Mégariens de ne pas cultiver à l'avenir le terrain consacré aux grandes déesses. Les Mégariens le tuèrent, et cet attentat impie ne leur a pas encore été pardonné par ces divinités.... Après le cippe (τὴν στήλην) consacré à la mémoire d'Anthémocrite, etc.... » Pausan., 1, 36, trad. de Clavier.

(4) Callias, intrigant étranger, dont parle Eschine dans sa harangue sur la couronne, est appelé ici général d'Athènes parce qu'il commandait des soldats athéniens.

(5) Sitalcès, roi des Odryses, et allié d'Athènes, périt dans une expédition contre les Triballes (Ol. lxxxix, 2) et ne fut pas assassiné. Longtemps après sa mort, les Athéniens s'allièrent avec Seuthès, son neveu et son successeur (Thuc. ii, 29; iv, 101; Xénoph. Hist. Gr. iv, 8, 26). Ce qui est dit ici convient beaucoup mieux à Kotys, dont parle Démosthène dans le discours contre Aristocrate.

(6) Maronée et Strymé, deux villes voisines, en Thrace. La dernière avait été bâtie par les Thasiens. Il résulte de ce passage que les Maronites leur avaient disputé cette colonie.

(7) Tourreil regarde avec raison ce fait comme invraisemblable. Voy. t. ii, p. 412.

(8) Il y en a un troisième, la fondation.

(9) Deux manuscrits donnent δύναμιν au lieu de ῥώμην. La vraie leçon ne serait-elle pas ῥοπὴν?

(10) Au lieu de ὁρῶ δὲ, je lis, avec un manuscrit de Reiske et avec Taylor, ἐρῶ δὲ, qui répond mieux à οὐκ ἐρῶ μὲν, qui précède.

(11) « Sire, disait Villars partant pour l'armée à Louis XIV, je vais combattre les ennemis de V. M.; et je la laisse au milieu des miens. »

XVI.

HARANGUE SUR LE TRAITÉ
CONCLU AVEC ALEXANDRE.

INTRODUCTION.

Soulevé enfin par le dernier effort de Démosthène, le peuple athénien se détermina pour la guerre. Les préparatifs en furent faits avec beaucoup d'ardeur. On sait quelle en fut l'issue : la victoire de Chéronée fit passer du côté de la Macédoine la suprématie hellénique.

Philippe étant mort peu de temps après, le jeune Alexandre hérita de son trône et de ses conquêtes. Il n'était assuré ni des Barbares, ni des Grecs, ni de ses propres sujets. Il les concilia tous par la crainte ou par la douceur, par son courage ou par sa prudence, et alla achever en Asie l'œuvre de son père. En son absence, Antipater veillait sur la Grèce.

Il paraît que ce chef, au nom de son souverain, commit plusieurs actes qui pouvaient passer pour une violation manifeste du traité conclu à Corinthe entre la Grèce et Alexandre. Avant même le départ du conquérant, quelques insurrections l'avaient probablement forcé à des mesures contraires à des stipulations qui reconnaissaient l'indépendance de la plupart des cités grecques.

Voilà pourquoi nous voyons (ol. CXIII, 4; an. un orateur monter à la tribune athénienne, y accuser les Macédoniens d'avoir enfreint des traités et appeler ses concitoyens aux armes. Mais, de l'aveu de tous les critiques, cet orateur n'était pas Démosthène. Libanius et un scoliaste nomment Hypéride; Ulpien désigne Hégésippe.

DISCOURS.

Il convient d'écouter, ô Athéniens! les orateurs qui vous pressent de garder les serments et les traités, s'ils agissent d'après leur conviction (1). Rien ne sied mieux à une démocratie que ce respect du droit et de l'équité. Cependant, que ceux qui vous font ces instances ne vous fatiguent point par l'abus de la parole, tandis que leur conduite les dément; que, soumis à votre examen, ils acquièrent, pour l'avenir, le moyen de vous persuader; ou que, cédant la place, ils laissent parler ceux qui s'expliquent avec plus de vérité sur vos droits. Ainsi, par une soumission volontaire, vous ferez la cour à qui les viole; ou, préférant la justice à tout, vous maintiendrez aussi vos intérêts sans retard et sans reproche. Or, l'examen du traité de paix générale suffit pour montrer quels sont ceux qui l'ont enfreint. Exposons en peu de mots combien cette violation est grave (2).

Supposons qu'on vous demande, ô Athéniens! quel pourrait être l'objet de votre plus ardente indignation : ce serait, répondrez-vous tous, le retour des Pisistratides, s'il en existe encore; ce serait la contrainte, la violence de leur rétablissement. Oui, vous courriez aux armes, vous braveriez tous les périls, plutôt que de les recevoir et vous courber sous leur joug. Résolution d'autant plus sage, que personne ne tue son esclave de gaieté de cœur, tandis qu'on voit les esclaves d'un tyran mis à mort sans procès, et outragés dans leurs femmes et dans leurs enfants. Mais Alexandre qui, au mépris des remercîments et de la pacification générale, a rétabli les tyrans de Messène, les fils de Philiade, a-t-il respecté la justice? N'a-t-il pas suivi son instinct de despote, dédaignant et votre courroux, et les stipulations communes? Eh bien! ces mêmes violences qui, votées ici, vous rempliraient de colère, pourquoi les tolérer ailleurs contre la foi jurée? pourquoi souffrir qu'on vous dise : Observez les serments; et ceux qui se sont parjurés avec tant d'éclat, laissez-les faire! Non, non, il n'en sera pas ainsi, si vous êtes résolus à user de vos droits. Le traité proclame ennemi de tous les confédérés quiconque fera ce qu'a fait Alexandre, les

son pays, et il les autorise tous à l'attaquer. Voulons-nous donc exécuter les conventions? guerre à l'auteur du retour des tyrans!

Mais, diront les fauteurs du despotisme, avant le traité, les fils de Philiade dominaient dans Messène : voilà pourquoi Alexandre les y a rappelés. Défense ridicule! Les tyrans lesbiens qui, avant le traité, opprimaient Antissa et Érésos (3), en ont été chassés à cause des iniquités de leur gouvernement : et ces mêmes iniquités, vous les souffrirez en Messénie! D'ailleurs, je lis en tête du traité : *Les Hellènes seront libres, et régis par leurs propres lois.* Puisque cette indépendance est la clause fondamentale, peut-on, sans absurdité, ne pas voir nos stipulations violées par le retour de la servitude? On vous adjure d'être fidèles à vos serments, d'observer la justice! Je répète, comme conséquence nécessaire : Aux armes, Athéniens! marchez contre les infracteurs avec les braves de bonne volonté! L'occasion a eu parfois assez d'empire pour vous faire sacrifier l'équité à votre intérêt : et aujourd'hui que l'intérêt, l'équité, l'occasion concourent, vous attendez un autre temps pour affranchir Athènes et la Grèce?

Je passe à un autre article du traité, ainsi conçu : *Ceux qui détruiront les gouvernements établis dans chaque État à l'époque de la prestation du serment pour la paix, seront ennemis de tous les confédérés.* Or, considérez, hommes d'Athènes, que les Achéens formaient, dans le Péloponèse, une démocratie, et que le Macédonien a brisé le pouvoir du peuple de Pellène (4), chassé la plupart des citoyens, donné leurs biens à des esclaves, imposé à cette ville, pour tyran, Chæron, un lutteur! Et nous, compris dans le traité qui appelle hostilités de pareils actes, obéirons-nous aux communes stipulations? ne traiterons-nous pas les Macédoniens en ennemis? trouverons-nous une opposition effrontée chez quelqu'un de ces stipendiés de la Macédoine, gorgés d'or pour nous trahir? Ils connaissent toutes ces oppressions ; mais, dans l'excès de leur insolence, escortés des troupes du tyran, ils vous somment de garder les serments qu'il viole, comme s'il avait la haute prérogative du parjure; ils vous forcent de briser vos lois en relâchant les condamnés de vos tribunaux; ils vous poussent, malgré vous, à mille démarches illégales. Cela est tout simple : vendus à la cause de l'ennemi de leur patrie, ils ne peuvent respecter ni lois ni serments. Ils en jettent seulement le nom, pour fasciner les oisifs qui s'assemblent ici avec l'horreur des affaires, et qui ne voient pas d'avance succéder au calme actuel les plus terribles tempêtes. J'ai demandé, je demande encore qu'on se rende à l'avis de ceux qui insistent sur la fidélité aux stipulations générales ; à moins qu'ils ne s'imaginent que dire, Gardez vos serments, ce n'est pas dire que nul ne doit être lésé; ou qu'ils ne croient que nul ne ressent une offense quand les républiques sont détruites, quand le despotisme prend la place de la démocratie.

Mais ce qu'il y a de plus dérisoire, le voici. Le traité porte : *Le conseil, chargé de veiller sur les intérêts communs, empêchera, dans les cités confédérées, tout supplice, tout bannissement illégal, les confiscations, le partage des terres, l'extinction des dettes, l'affranchissement des esclaves, enfin toute innovation.* Et, loin de lutter contre une de ces violences, il est des hommes qui les secondent! Mais préparer dans des États libres ces grandes catastrophes dont tant d'hommes sont chargés de les garantir, n'est-ce pas mériter la mort?

Signalons encore une autre infraction. Il est écrit : *Défense est faite aux émigrés de partir armés d'aucune des villes confédérées pour en attaquer une autre; sous peine d'exclusion du traité pour la ville d'où ils seront partis.* Et pourtant, avec quelle facilité le Macédonien porte en tous lieux ses armes! Jamais il ne les a déposées. Maintenant encore, l'épée à la main, il rôde partout où il peut; et ses excursions sont devenues plus fréquentes, puisqu'il vient de rétablir, après sommation, des bannis dans plusieurs villes, et dans Sicyone un maître d'escrime. Il faut, dit-on, nous conformer aux conventions générales! Eh bien! excluons du traité les villes qui ont lancé ces bannis. S'il est nécessaire de voiler la vérité, ne disons pas que ces villes sont macédoniennes (5). Mais, si les traîtres, si les serviteurs de la Macédoine réclament sans relâche l'exécution du traité, obéissons à des paroles si justes, obéissons à notre serment : retranchons les Macédoniens de l'alliance, et avisons à ce qu'il faut faire de ces insolents despotes, de ces intrigants, de ces perturbateurs qui se jouent de la paix de la Grèce (6). Qu'est-ce que nos traîtres peuvent nous opposer? Réclament-ils le maintien des articles onéreux à la république, annulant ceux qui lui sont favorables? cela vous semble-t-il juste? Quoi! toute convention stipulée pour vos ennemis, contre Athènes, ils la rendront inviolable à jamais; et, s'il en est une équitable, importante, qui vous soutienne et les réprime, ils se feront un devoir de la combattre à outrance!

Vous allez voir plus clairement encore que, loin de vous reprocher d'avoir violé quelque article du traité, tous les Hellènes vous sauront gré d'en avoir seuls démasqué les infracteurs.

Parcourons plusieurs de ces dispositions si nombreuses.

Les confédérés, selon l'une d'elles, *auront la mer libre; nul n'arrêtera et n'emmènera un seul de leurs navires; quiconque violera cette défense sera un ennemi pour la confédération.* Ici, hommes d'Athènes, vous avez vu les Macédoniens commettre les violations les plus flagrantes. Ils ont poussé l'arrogance jusqu'à traîner à Ténédos tous les vaisseaux partis du Pont; ils rusaient pour garder cette prise, et ils ne l'ont lâchée qu'après que vous eûtes décrété que cent trirèmes seraient à l'instant équipées, mises en mer, et commandées par Ménesthée. Or, n'est-il pas absurde que des étrangers commettent d'aussi graves infractions, tandis que leurs amis d'Athènes, au lieu de les en détourner, vous conseillent de maintenir ce qu'ils foulent aux pieds? A-t-on ajouté au traité pleine licence pour les uns, défense aux autres de les réprimer? A l'injustice les Macédoniens n'ont-ils pas joint l'aveuglement? Par une juste conséquence de leur énorme transgression, n'ont-ils pas failli perdre l'empire de la mer? Et maintenant encore, ne tenons-nous pas d'eux-mêmes le droit de les en dépouiller quand nous voudrons? Pour s'être arrêtés, ils n'en ont pas moins violé les conventions communes; mais leur bonne étoile exploite cette quiétude si bien décidée à ne pas faire valoir vos droits. Voici le comble de l'outrage : vous dont tous les Hellènes et tous les Barbares craignent l'inimitié, vos parvenus à la fortune, moitié persuasion, moitié violence, vous réduisent à vous mépriser vous-mêmes, comme s'ils gouvernaient Abdère ou Maronée (7). Déprimant notre puissance, relevant celle des ennemis, ils avouent à leur insu qu'Athènes est invincible : car lui prescrire la fidélité à des droits violés, c'est reconnaître que, si elle préférait le soin de ses intérêts, elle pourrait facilement vaincre ses ennemis. Opinion très-vraisemblable : oui, tant que nous aurons seulement (8) la paisible liberté des mers, nous pourrons ajouter des moyens de défense plus énergiques à nos forces de terre, surtout maintenant que le sort a brisé ces hommes qui s'entouraient des satellites du tyran, les uns ayant succombé, les autres étant convaincus d'impuissance.

Aux autres infractions dont j'ai parlé, ajoutez donc ce grave attentat du Macédonien cou[…] les vaisseaux. Mais c'est tout récemment qu'il [a] fait le plus éclater ses violences et ses déda[ins]. Il a osé pénétrer dans le Pirée, au mépris d[e] nos conventions mutuelles! Il n'avait qu'une trirème : mais n'en concluez pas, ô Athéniens, que l'infraction fût légère : il aspirait à en fa[ire] autant avec une flotte. C'était un essai de not[re] patience, une insulte à une décision commune, méconnue comme les précédentes. Un fait prou[ve] qu'il cherchait à se glisser chez nous, à n[ous] accoutumer à cette violation de nos ports l[e] capitaine entré dans le Pirée sur un navire q[ui] eût dû périr à l'instant avec lui, demanda l[a] permission de construire sur notre rade de pet[its] bâtiments : c'était déclarer que, non conte[nt] d'aborder chez nous, l'intrigant s'y impatron[i]sait. La chaloupe tolérée, serait venue la trirème; peu d'abord, ensuite beaucoup. On ne peut [pas] dire que les bois pour la marine abondent [à] Athènes, qui les fait venir de loin et à gran[ds] frais (9); ni qu'ils manquent en Macédoine, [où] l'on en livre à bon marché à qui en veut. Ma[is] les Macédoniens espéraient construire et charg[er] des vaisseaux dans le même port, dans le Pir[ée], malgré la défense absolue qu'ils ont stipulée avec nous. Et cette licence augmentera tous les jours, tant ils ont pour Athènes un souverain mépri[s], grâce aux Athéniens qui les endoctrinent, [et] leur soufflent ce qu'il faut faire! tant ils juge[nt] bien et notre défaillante mollesse, et notre im[ré]prévoyance, et notre insouciance pour les parju[res] du tyran avec qui la Grèce a traité!

Je le répète, Athéniens, observez vos engagements; et je puis affirmer, grâce à mon âge, que nul ne réclamera contre l'exercice de vos droits, et que vous profiterez sans péril des occasions qu[i] vous poussent à travailler pour vous-mêmes. Il est encore écrit dans le traité : *Si les Athéniens veulent participer à la paix générale*. Cette volonté libre est liée à une nécessité (10). Nous l[e] voulons, s'il faut cesser de nous traîner honteusement à la remorque d'une politique étrangère; nous ne le voulons pas, s'il faut oublier un seul de ces titres de gloire dont les siècles ont doté Athènes plus richement que tous les autres peuples.

Si donc vous l'ordonnez, hommes d'Athènes, je présenterai, conformément au traité, un décret de guerre contre ceux qui l'ont enfreint.

NOTES

DU DISCOURS SUR LE TRAITÉ CONCLU AVEC ALEXANDRE.

(1) Texte : Dobs. *Orat. Att.*, t. v, p. 319.
Ulpien ; Scolies ; Variantes : id. t. x.
Notes de Reiske et de Dobrée : id. t. ix et xi.
Apparat. de Schæfer, t. 1, p. 862.

(2) J'ai préféré à l'interprétation de Reiske celle de Schæfer, quoique repoussée par Dobrée : « Quam graves autem sint res, in quibus violatio fœderis vertitur, paucis docebo. »

(3) Deux villes de Lesbos, aujourd'hui *Porto-Sigri* et *Biersé*. L'histoire se tait sur tous ces petits événements.

(4) Pellène (ruines près de *Vlogoka*) était une ville d'Achaïe.

(5) Il y avait sans doute des Grecs bannis dans plusieurs villes de Macédoine ; et les Macédoniens, loin de réprimer leurs entreprises, les avaient aidés à rentrer de force dans leur patrie.

(6) Au lieu de πράττουσι, des manuscrits donnent ἐπιτάττουσι. Je traduis sur la variante de J. Wolf, ταράττουσι, sc. τὴν Ἑλλάδα, *Græciæ perturbatoribus*.

(7) Deux villes de Thrace, dont les habitants passaient pour stupides.

(8) Je lis, avec Reiske, Bekker et Schæfer, μόνων, et non μόνοις.

(9) *De loin* : surtout des forêts de la Thrace, et des montagnes du Pont. — *à grands frais* : μόλις est opposé à εὐτελέστατα. Le bois nécessaire pour une rame coûtait à lui seul 5 drachmes (près de 5 francs). Voyez Böckh, l. I, c. 19.

(10) Schæfer entend par τοὐναντίον et δεῖ, opposés à βουλώμεθα, *la nécessité* ; et il fait dépendre ἀναμνησθῆναι de παύσασθαι, comme s'il y avait ἀναμνησθέντας, forme inutilement proposée par Seager.

DEUXIÈME PARTIE.
PLAIDOYERS POLITIQUES.

I.
DISCOURS
CONTRE LA LOI DE LEPTINE.

INTRODUCTION.

Par un effet inévitable de la démocratie poussée à l'excès, de la passion des fêtes, de l'ignorance dans l'art d'asseoir l'impôt, et des besoins extraordinaires du Trésor, la fortune du riche athénien lui appartenait moins qu'à l'État. Ce principe donna naissance aux *liturgies*, ou charges publiques gratuites [1], dont les plus dispendieuses sans utilité, blâmées par Aristote, sont admirées par Montesquieu [2]. Puisqu'elles reviennent incessamment dans ce discours, il faut d'abord exposer les différentes espèces de ces prestations : car elles ressemblent peu aux réquisitions, aux emprunts forcés qui, dans les grandes crises, ont eu lieu chez des peuples modernes, et aux ambitieuses dépenses de quelques magistratures romaines.

La plupart étaient ordinaires et périodiques (ἐγκύκλιοι λειτουργίαι). Reiske a imaginé, pour les autres, la dénomination de charges *commandées* (προστακταί), parce qu'elles s'exerçaient dans certaines circonstances seulement, et en vertu d'un ordre spécial.

Les charges périodiques étaient :

La chorégie, qui avait pour objet la direction et l'entretien des chœurs de danse et de chant que l'on préparait pour la célébration des fêtes et l'amusement du peuple.

La gymnasiarchie. Elle était de trois sortes. Des gymnasiarques surveillaient les écoles et les exercices auxquels se livrait la jeunesse sous la conduite des maîtres. D'autres présidaient aux jeux sacrés; d'autres enfin, sous le nom de *lampadarques*, fournissaient le matériel nécessaire pour les courses aux flambeaux exécutées en l'honneur des divinités du feu.

L'hestiasis. Outre les grands repas publics qui étaient aux frais de l'État, il y avait aussi les repas de fêtes des tribus. Ces derniers étaient donnés par un citoyen choisi parmi les plus riches de chaque tribu, et qui prenait le nom d'*Hestiateur*. Quelques Athéniens se chargeaient volontairement de ce soin, le regardant comme un moyen puissant de capter la faveur populaire.

L'archithéorie. Elle embrassait quelques dépenses faites par les chefs des députations sacrées. Pour cette charge, la république fournissait, au besoin, des subventions considérables.

On range parmi les charges commandées :

La triérarchie. C'était l'obligation de contribuer à l'armement, et, au besoin, à la construction des vaisseaux de guerre. Cette liturgie, la plus onéreuse de toutes, subit quatre modifications successives depuis la constitution régulière de la république jusqu'à Démosthène. Le Trésor venait quelquefois au secours des armateurs. L'équipement des galères, pour les joutes navales appelées naumachies, formait encore une autre charge maritime.

L'avance de l'impôt sur les biens. Les États libres de la Grèce ne connaissaient point d'impôt foncier régulier. Athènes manquait-elle d'argent pour les préparatifs d'une guerre? on levait une capitation extraordinaire sur toutes les propriétés (εἰσφορά); mais cette taxe n'était pas une liturgie. Une section des plus riches citoyens avançait l'impôt foncier pour les propriétaires pauvres et retardataires : c'est cette avance (προεισφορά) qui entraînait avec elle la considération attachée aux magistratures onéreuses.

Les riches citoyens satisfaisaient encore, volontairement ou au nom de la loi, à d'autres réquisitions moins importantes. Les métèques, ou étrangers domiciliés, et les isotèles, ou étrangers jouissant en partie des droits civiques, furent soumis à quelques-unes des mêmes obligations. Plusieurs services

---

[1] A Rhodes, et dans quelques autres États grecs, il y avait aussi des liturgies salariées, ou plutôt à tégées par des subventions.

Arist. *Polit.* v, 7, 11. — *Espr. des lois*, v, 6; et surtout, vii, 3.

humiliantes étaient, en outre, imposées aux premiers.

L'obligation aux liturgies, en général, avait lieu de deux années l'une, et supposait une fortune d'au moins trois talents; un peu plus de 17,000 fr. Pour les plus onéreuses, la loi avait autorisé des associations d'imposés (συντέλειαι); et nul ne pouvait être contraint de remplir deux charges à la fois.

Parmi les nombreuses récompenses qu'Athènes décernait à ceux qui l'avaient bien servie, la dispense des charges (ἀτέλεια) était au premier rang. Cette dispense ne s'étendait jamais à la triérarchie proprement dite, ni à l'avance de l'impôt, parce que la sûreté publique aurait été compromise. Il n'y avait d'exception qu'en faveur des neuf archontes. Les immunités établies pouvaient être accordées à des étrangers aussi bien qu'à des citoyens. Plusieurs métèques obtinrent même d'autres exceptions qui rentrent encore dans le sujet de ce discours, comme celle de leur taxe et du droit de douane.

Depuis longtemps les immunités de toutes sortes, peu connues dans les autres républiques de la Grèce, s'étaient multipliées au sein de la démocratie athénienne. Par l'hérédité elles passaient souvent à des particuliers opulents qui ne les méritaient pas, et les charges tombaient sur les fortunes médiocres. Frappé de cette anomalie, Leptine, citoyen puissant, proposa, (ol. CVI, 1; 356) une loi conçue à peu près en ces termes :

« Afin que les plus riches s'acquittent des liturgies, nul, ni citoyen, ni étranger de quelque classe qu'il soit, n'est dispensé, à l'exception de la postérité d'Harmodios et d'Aristogiton; et, à l'avenir, le peuple athénien, même sollicité, ne pourra plus accorder d'exemptions. Les biens du sollicitateur seront confisqués; il sera lui-même dégradé civilement, dénoncé, traîné devant les tribunaux; et, s'il est convaincu, on lui appliquera la loi portée contre les magistrats débiteurs du Trésor [1]. »

La loi passa : mais, dans le cours de l'année, son auteur pouvait être poursuivi; il le fut par un nommé Bathippe, qui s'adjoignit deux autres citoyens. Bathippe mourut avant que la cause eût été plaidée; ses coaccusateurs se désistèrent. L'année s'écoula : on ne pouvait plus infliger de peine à Leptine, mais on pouvait encore attaquer sa loi, et en obtenir la révocation. Aphepsion, fils de Bathippe, et Ctésippe, citoyen d'ailleurs méprisable, à qui la gloire de son père Chabrias donnait seule des droits à l'exemption, entreprirent de le faire. Le premier prit pour avocat Phormion, orateur distingué, aujourd'hui inconnu ; le dernier recourut à Démosthène, âgé alors de trente ans. Phormion, plaidant pour l'accusateur le moins jeune, parla, avant notre orateur, devant le tribunal des Héliastes, composé quelquefois de plus de deux mille juges qui n'entraient en séance qu'après s'être liés par le serment le plus solennel. Anticipons sur la marche de ce procès à la fois public et privé, et résumons les arguments qui purent être présentés par Leptine lui-même, ou par les autres défenseurs donnés par le peuple à la loi attaquée :

« Bientôt nous n'aurons plus personne pour remplir les charges, puisque tant de particuliers s'y dérobent à l'aide de leurs priviléges.

« Le riche exempté fait retomber ce fardeau sur le pauvre. Une loi doit réprimer ce double abus.

« Il ne convient pas que les immunités ajoutent encore à la fortune de ceux qui les possèdent, tandis que la république manque d'argent.

« Beaucoup de privilégiés ne méritent pas cette honorable distinction.

« Elle a souvent été arrachée au peuple par l'intrigue. Que le peuple abdique le droit de la conférer à l'avenir : l'erreur deviendra impossible.

« Les immunités sont inconnues à Thèbes, à Lacédémone : ces deux républiques manquent-elles de bons citoyens? Athènes ne les connut pas toujours; et, à l'époque la plus glorieuse du patriotisme athénien, les récompenses étaient aussi rares que modestes.

« Pour reconnaître les grands services, n'avons-nous pas des statues, des couronnes, des places d'honneur, le Prytanée? Ces récompenses suffisent, et la loi qu'on attaque les laisse subsister.

« Enfin, ces liturgies, objet de tant de dispenses, ont un caractère religieux. Or, on ne peut exempter qui que ce soit des charges sacrées. »

Ces objections sont graves : mais Démosthène, en les prévenant, leur oppose des considérations qui, même dégagées de tout ornement oratoire, ébranlent aujourd'hui encore le lecteur. Quel effet durent-elles donc produire, dans sa bouche, sur un peuple qui n'était avide que de gloire? Les voici :

« Il est honteux de manquer à des engagements publics; et cette honte est plus sensible encore pour une république généreuse qui n'a jamais compté avec l'honneur. Or, elle violerait sa foi si elle révoquait des récompenses conférées par elle, sanctionnées par son peuple, inscrites sur ses monuments.

« D'ailleurs, à ce parjure, nous gagnerons peu de chose. Les citoyens et les étrangers à qui Leptine retire leurs priviléges et qu'il soumet aux charges, sont bien moins nombreux qu'il ne pense. — Preuve par un calcul sensible.

« Il résulte de ce calcul que les classes peu aisées ne reçoivent qu'un très-faible soulagement de la loi attaquée.

« La suppression des immunités n'enrichit pas l'État, puisque les dépenses des charges sont étrangères au Trésor. La fortune du privilégié tourne même au profit commun : car, plus il est riche, plus il paye pour les triérarchies et les préparatifs de guerre. Ainsi, ce que nous lâchons d'une main, nous le reprenons de l'autre; et l'honneur attaché aux dispenses ne nous coûte rien.

« La question de la dignité des privilégiés ne peut plus être posée. Il est quelquefois prudent de refuser, dès le principe, une immunité ; mais cette récompense accordée doit être irrévocable. Deman-

---

[1] C'est-à-dire, la peine de mort.

derons-nous à qui nous a bien servis, si, par son caractère, il est digne de notre reconnaissance? Est-il juste d'arracher les dispenses à ceux qui les ont méritées, à cause de ceux qui ne les méritent pas, et de les dépouiller, ou dans leur personne, ou dans celle de leurs enfants? De ce nombre sont, parmi nos concitoyens, Conon, rival de Thémistocle; et le plus heureux de tous nos généraux, Chabrias; parmi les étrangers, une foule d'hommes dévoués à notre cause, et, pour cela même, bannis de leur patrie; Leucon, enfin, souverain du Bosphore, qui, par représailles, nous retirera un privilége de première nécessité, je veux dire les franchises de ceux qui vont faire nos approvisionnements de grains dans ses États.

« Que le peuple y prenne garde : s'il renonce au droit de conférer à l'avenir des immunités, il met en péril tous ses autres droits.

« On ne peut arguer contre une démocratie des habitudes des États oligarchiques. L'exemple de nos aïeux ne prouve pas davantage en faveur de la loi. Toujours reconnaissants envers les citoyens utiles, s'ils donnaient moins, ils donnaient, comme nous, selon les mœurs de leur temps. D'ailleurs les récompenses décernées alors étaient quelquefois considérables. Imitons nos pères, mais en attachant, comme eux, l'irrévocabilité à nos dons.

« Qu'importent les récompenses d'une autre nature à ceux qui ne jouissent que de l'exemption des charges? Athènes ébranlera-t-elle moins son crédit en supprimant une seule manière de reconnaître les services, qu'en les supprimant toutes? N'est-il pas utile de maintenir des salaires de tous les degrés pour tous les degrés de mérite?

« Sophisme que d'amalgamer les liturgies avec les charges sacrées! Entre elles la distance est énorme. D'ailleurs, de l'ensemble de la loi on peut conclure avec certitude que Leptine met en jeu, pour nous tromper, un prétexte religieux. »

Tous les motifs de révocation de la loi ne sont pas exposés dans cet ordre; répandus dans tout le discours, comme le remarque Auger, ils y sont développés d'une manière intéressante. Les principaux y reparaissent plusieurs fois sous différentes formes. On y voit encore d'autres moyens tirés du droit public d'Athènes, et groupés avec un art qui se cache sous l'apparence de la simplicité. Voici le plus important :

« La loi de Leptine a été portée d'une manière illégale. D'après la législation athénienne, les récompenses nationales sont irrévocables, et il est défendu de porter une loi nouvelle avant d'avoir fait abroger celle qui est en vigueur et qu'elle contredit. Manquer à cette formalité, c'est s'exposer à être poursuivi en vertu de l'action παρανόμων γραφή. Or, supprimer les exemptions, c'est évidemment contredire la loi qui assure la permanence aux faveurs du peuple. Leptine devait donc préalablement faire abolir cette loi. »

Enfin, au lieu d'ôter les immunités à ceux qui en sont dignes, l'orateur propose de substituer à la loi de Leptine une loi qui permettra de citer en justice tous ceux qui les ont obtenues sans les mériter. Il s'engage à proposer dans les formes, avec Aphepsion, cette loi dont il fait lire le texte, et il veut bien qu'on prenne acte de cet engagement. Nous ignorons s'il a tenu parole.

Qu'avait donc dit Phormion dans la même cause, puisqu'il restait tant à dire à Démosthène? Nous ne connaissons le discours du premier que par l'analyse extrêmement courte qu'en a faite Hermogène, π; μεθ. δειν., c. 24. Selon ce rhéteur, Démosthène, dans sa δευτερολογία, renversa le plan adopté par son devancier (ἀνέστρεψε τὴν τάξιν μεταβαλών), et il le fit avec beaucoup d'adresse : ce qui est loin de signifier que, dans les développements de son sujet, il lui doive beaucoup. D'ailleurs, nous voyons, par de nombreux exemples tirés de la poésie et de la sculpture, que d'habiles emprunts, fruits de la rivalité plutôt que de l'imitation, étaient loin de choquer le goût des Grecs. Un ton modéré règne dans cette harangue, à la fois judiciaire et politique; et cette modération, chez un orateur jeune et impétueux, s'explique surtout par les égards que méritait la personne de son adversaire. Démosthène, de l'aveu de l'antiquité, se rapproche ici de Lysias, et son discours est un modèle continu de cet atticisme que Cicéron a tâché de reproduire sous les traits moins délicats de l'urbanité romaine. Les nobles idées du beau moral et de la dignité nationale nous présentent l'élève de Platon luttant devant les tribunaux contre la dégradation de son siècle. « Rien n'est plus éloquent, dit M. Villemain[1], que la supposition par laquelle il montre combien il serait bizarre que le patriotisme d'Harmodius, s'il se retrouvait dans un autre citoyen, ne pût obtenir les mêmes honneurs.... On voit déjà dans Démosthène l'orateur noblement populaire et l'homme de génie. »

Depuis le procès de ses tuteurs, ses essais avaient été aussi infructueux que ses efforts persévérants. Cette fois, il obtint un succès complet : Dion Chrysostome, dans son 31ᵉ discours (t. I, p. 635, Reiske), nous apprend que la loi de Leptine fut abrogée.

Il paraît que le sujet de ce discours fut souvent remanié dans les écoles des rhéteurs. Lollianus d'Éphèse, sophiste célèbre du temps d'Adrien, et Aristide qui vivait au second siècle de notre ère, en ont fait l'objet de leurs déclamations favorites. Aristide a même traité le pour et le contre. (V. Ang. Maio, Script. Vet. Nova coll. e. Vatic. codd. 1825 t. I). Je citerai, dans les notes, plusieurs passages de ce dernier, que ses contemporains égalaient à Démosthène : ils nous apprendront à mieux apprécier Démosthène lui-même.

---

[1] Biogr. univ. art. Démosthène.

DISCOURS.

Juges, c'est, avant tout, dans la pensée que la suppression de la loi importe à la république (1) ; c'est subsidiairement pour les intérêts du fils de Chabrias, que j'ai consenti à seconder ces citoyens (2) de tout mon pouvoir.

Nul doute, ô Athéniens ! que ni Leptine, ni tout autre défenseur de la loi ne dira rien pour en montrer l'équité : il objectera que d'indignes citoyens, munis de la dispense, ont secoué le fardeau des charges publiques ; et c'est sur ce point qu'il insistera le plus. Pour moi, je ne dirai pas : Arracher à tous les citoyens leur récompense, parce qu'on accuse quelques-uns, c'est injustice (on l'a dit à peu près, et peut-être vous le reconnaissez) ; mais je demanderais volontiers à Leptine pourquoi, même dans la supposition la plus large, celle de l'indignité de tous les privilégiés, il a jugé dignes des mêmes rigueurs et vous et ces derniers. En effet, par cette disposition, nul n'est exempt, il a ôté l'immunité à qui la possédait ; mais en ajoutant que désormais nulle dispense ne pourra être décernée, il vous dépouille, vous, du droit de la conférer. Or, je le défie d'avancer qu'en enlevant une récompense aux citoyens qu'il en jugeait peu dignes, il croyait aussi le peuple indigne d'être l'arbitre et le souverain dispensateur de ses propres bienfaits.

Mais, par Jupiter ! il répondra peut-être qu'il a porté cette loi parce que le Peuple est aisément trompé. Qui donc empêche qu'on ne vous dépouille de tous vos droits, de l'administration entière, à l'aide de ce principe ? car il n'est pas une partie où vous n'ayez éprouvé quelque déception. La surprise vous a fait confirmer de nombreux décrets ; elle vous persuada un jour de préférer certaine alliance moins avantageuse ; et, en général, dans ces milliers d'affaires qui vous occupent, cette chance aussi a sa fatalité. Eh bien ! par une loi retirerons-nous désormais, et au Conseil la préparation, et au Peuple l'adoption des décrets ? Non, sans doute : car la justice veut, non qu'on nous enlève des droits dont l'application a pu s'égarer, mais qu'on nous enseigne à éviter l'erreur ; elle demande une loi, non pour nous retirer la libre dispensation de nos dons, mais pour nous autoriser à punir qui nous trompe.

Que si, sans s'arrêter à ces raisons, l'on recherche, au fond de la cause même, lequel est le plus utile, ou que vous soyez maîtres d'accorder une faveur, dupés d'ailleurs parfois en la plaçant sur un mauvais citoyen ; ou que, totalement privés de ce pouvoir, il vous soit défendu de récompenser celui-là même que vous en saurez digne, c'est du premier côté qu'on trouvera l'avantage. Pourquoi ? parce qu'en rémunérant plus de citoyens qu'il ne faudrait, vous ferez un appel au grand nombre pour vous bien servir, tandis qu'en n'accordant aucune grâce à aucun mérite, vous étoufferez dans tous les cœurs une noble émulation; parce que, si l'on risque de passer pour simple en récompensant un indigne, d'autre part, ne pas rendre bienfait pour bienfait, c'est passer pour ingrat. Donc, autant la réputation de faiblesse vaut mieux que celle de méchanceté, autant il est plus honorable d'abroger la loi que de la maintenir. Pour moi, quand j'y réfléchis, il me paraît déraisonnable, ô Athéniens ! de frustrer de leurs honneurs d'utiles citoyens, parce qu'on accuse quelques gens au sujet des grâces tombées sur eux. En effet, si, malgré ces faveurs, il est encore, suivant Leptine, des citoyens nuls et indignes, à quoi faut-il s'attendre quand on ne gagnera rien du tout à se rendre utile ?

Considérez aussi qu'en vertu d'anciennes lois qui nous régissent encore, lois dont lui-même ne pourrait contester la sagesse, chacun met entre ses charges l'intervalle d'une année, de manière à jouir de l'exemption la moitié du temps. Ainsi, sur un avantage dont tous possèdent la moitié, même ceux qui ne vous ont pas rendu un seul service, nous arracherions à nos bienfaiteurs la part que nous leur avons donnée ! Non, non : immorale sous tous les rapports, cette conduite serait indigne de vous. Quelle honte, en effet, ô Athéniens ! si, tandis qu'une loi défend dans les marchés des fraudes sans danger pour l'État, cette même Athènes qui impose cette loi aux particuliers ne l'appliquait pas à la chose publique, si elle trompait ses fidèles serviteurs, et les trompait en se condamnant elle-même à des pertes immenses ! Car ce serait peu de veiller sur votre Trésor ; veillez aussi sur cette bonne renommée dont vous êtes plus jaloux que de vos finances, vous, comme vos ancêtres. Je les atteste ici : après avoir amassé de nombreuses richesses, ils les épuisèrent à la voix de l'honneur ; poussés par la gloire, ils ne reculèrent devant aucun danger, et, dans leur persévérance, ils ajoutèrent encore à ces sacrifices celui de leurs fortunes personnelles. Or aujourd'hui votre loi efface ces nobles titres, et enveloppe la patrie d'un opprobre indigne de vos pères, indigne de vous-mêmes : car vous n'y gagnez que l'apparence des trois vices les plus honteux, la jalousie, la perfidie, l'ingratitude.

Combien la confirmation d'une telle loi répugne généralement à votre caractère, voilà encore, ô Athéniens! ce que je vais tâcher de démontrer par le court exposé d'un fait tiré de notre histoire. On dit que les Trente (3) empruntèrent une somme aux Lacédémoniens pour combattre les réfugiés du Pirée. La concorde rétablie dans Athènes, et les troubles apaisés, Sparte envoya redemander son argent. On discuta : les uns voulaient rejeter le payement sur les auteurs de l'emprunt, qui étaient alors dans la ville; les autres jugeaient plus honorable de payer en commun, et de donner ainsi une première preuve de réconciliation. Le Peuple se détermina à contribuer et à partager la dépense, pour ne violer aucun article du traité. Ne serait-il pas étrange, ô Athéniens! qu'après avoir consenti à payer par un impôt la dette de vos tyrans, pour demeurer fidèles à votre parole, aujourd'hui, libres de vous montrer, sans frais, justes envers des bienfaiteurs, en brisant une loi, vous préfériez vous parjurer? Pour moi, je proteste.

Telle fut donc notre république, ô Athéniens! et dans la circonstance dont je parle, et dans une foule d'autres, généreuse, incapable de tromper, ayant pour but, non le plus haut intérêt financier, mais l'honneur. Quant à l'auteur de la loi, j'ignore ses sentiments dans tout le reste; je ne prononce, je ne connais sur sa personne absolument rien de fâcheux; mais, à le juger d'après sa loi, je trouve, entre vous et lui, une distance énorme. Or, je dis : Il est plus beau que vous l'entraîniez à l'abrogation de cette loi, que d'être entraînés par lui à la maintenir; il est plus avantageux et pour vous et pour Leptine, si la république lui persuade de se régler sur elle, que s'il engage la république à se modeler sur lui. Que rien ne manque à ses belles qualités, je le veux ; mais est-il donc plus généreux qu'Athènes?

Je crois, au reste, citoyens juges, que vous pourrez mieux délibérer sur l'affaire présente, si l'on vous montre encore que le seul avantage qui rend les faveurs démocratiques plus précieuses que celles des autres gouvernements, tombe aussi devant la loi. A ne considérer que l'intérêt de celui qui reçoit, ce sont surtout les monarques et les chefs d'oligarchies qui peuvent récompenser : ils n'ont qu'à vouloir, et, à l'instant, ils l'ont enrichi. Mais, pour l'honneur, pour la stabilité, vous préférerez les récompenses que décernent les peuples. Il est beau de recevoir sans les bassesses de la flatterie, d'être honoré parmi des égaux qui nous estiment; et la libre admiration de nos concitoyens est bien au-dessus de toutes les largesses d'un maître. Sous celui-ci, plus vive est la crainte de l'avenir que la jouissance actuelle du bienfait; chez vous, on possède avec sécurité ce qu'on a reçu : on le possédait à moins autrefois. Cette loi donc, ôtant la sûreté à vos dons, leur ôte ce qui, seul, leur donne un plus grand prix. D'ailleurs, arracher d'un État quelconque la reconnaissance pour les zélés défenseurs du gouvernement, c'est lui arracher sa plus ferme appui.

Peut-être Leptine s'efforcerait de dire, pour vous donner le change, que les charges tombent maintenant sur des hommes pauvres, et que sa loi les transportera sur les plus riches. Raison spécieuse, dont un examen approfondi découvre la fausseté. En effet, il y a chez nous charges des métèques (4), et charges des citoyens : pour toutes également (5) on peut obtenir la dispense que Leptine supprime. Mais de toutes les contributions, à tous les armements de vaisseaux qui concernent la guerre et importent au salut de l'État, les anciennes lois, justes et sages, n'exemptent personne, pas même ceux que Leptine a excepté, les descendants d'Harmodios et d'Aristogiton. Examinons donc quels citoyens il associe aux fonctionnaires de ces premières charges, et combien d'exemptions il laissera échapper si nous rejetons sa loi. Les plus riches, toujours armateurs, sont dispensés des charges d'agrément. Les citoyens qui n'ont pas le nécessaire sont par une immunité forcée, placés en dehors de cet impôt. La loi ne nous fait donc gagner aucune tête parmi les uns ni les autres. — Mais, par Jupiter! pour les charges des métèques, nous en gagnons beaucoup.— S'il le prouve pour celles que l'on m'accuse de déraisonner.

Eh bien! j'accorde qu'il n'en sera pas ainsi que, la loi confirmée, nous gagnerons plus de cinq métèques pour remplir toujours les charges, et que, pour aucun citoyen, le titre d'armateur ne sera une dispense : où sera l'avantage public, si tous ces gens-là font le service? Que pensera-t-il la honte qui nous attend? Il sera beaucoup au-dessous : écoutez-en la preuve. Il y a d'étrangers exempts, je suppose dix; et, par les dieux! comme je le disais à l'instant, je ne pense pas qu'il y en ait cinq; parmi les citoyens, certes il en est à peine cinq ou six. Total, seize. Mettez en vingt, ou même, si vous voulez, trente. Combien d'hommes, chaque année, remplissent charges périodiques de chorége, de gymnasiarque, d'hestiateur? Peut-être en tout soixante, ou peu plus. Afin donc d'obtenir à tout jamais trois fonctionnaires de plus, soulèverons-nous méfiance générale? Ignorons-nous que, tant qu'il y aura une Athènes, nous ne manquerons pas de sujets pour remplir les charges, et que nul ne voudra nous servir, si l'on voit nos anciens serviteurs lésés? Mais soit; supposons, au pis-aller, une disette de fonctionnaires : au nom des dieux, ne vaudrait-il pas mieux ouvrir, pour ces charges, une cotisation générale, comme pour un armement naval, que d'arracher nos propres dons à des bienfaiteurs? Pour moi, je n'en saurais douter. Maintenant, le temps où chacun d'eux remplirait les charges n'est qu'un délai accordé aux autres, qui, ce délai expiré, n'en dépenseront pas une obole de moins; au lieu qu'une faible contribution ne serait un fardeau pour personne, pas même pour les plus pauvres.

Il est des gens assez mauvais raisonneurs, ô Athéniens! pour s'écrier, sans essayer d'ailleurs de nous répondre : Chose intolérable! le Trésor est épuisé, et une poignée de citoyens s'enrichira en accaparant les dispenses! Ces deux plaintes sont également injustes. En effet, si quelqu'un possède de grands biens sans vous avoir fait tort, l'envie doit se taire. Prétendent-ils qu'il doit sa fortune à des malversations, ou à quelque autre voie criminelle? les lois sont là, qu'ils les invoquent pour le punir. Puisqu'ils n'en font rien, ils ne doivent pas tenir ce langage. Quant à .l'épuisement de vos finances, considérez que vous n'en serez pas plus riches si vous abolissez les exemptions; car ces sortes de dépenses n'ont rien de commun avec les revenus et l'opulence de l'État. Il y a plus : aujourd'hui la prospérité d'Athènes reposant sur deux bases, la richesse et la confiance générale, la confiance dont elle jouit est son bien le plus précieux. Si, parce que nous manquons d'argent, on croit que nous devons aussi renoncer à l'honneur, on se trompe fort. Certes, je demande au ciel avec instances qu'il nous accorde aussi d'abondantes richesses, ou qu'à leur défaut, nous conservions du moins notre réputation d'inébranlable loyauté.

Avançons, et montrons que l'aisance même acquise, dira-t-on, à quelques particuliers par les dispenses, devient votre bien commun. Nul, vous le savez, n'est exempt de l'équipement des navires, et des contributions de guerre. Celui qui a beaucoup, quel qu'il soit, donne beaucoup dans ces deux parties : c'est de toute nécessité, puisqu'ici, de l'aveu de tous, il faut à l'État les plus riches ressources. En effet, les dépenses choragiques procurent un court plaisir à quelques spectateurs; mais de riches approvisionnements militaires assurent et maintiennent le salut de la république. Ainsi, vous lâchez d'une main pour reprendre de l'autre. Vous donnez à titre d'honneur ce qu'obtiendraient sans cela les citoyens assez riches pour être armateurs. Bien que vous sachiez tous, je le présume, qu'il n'y a aucune exemption pour les armements (6), on va vous lire le texte de la loi. — Prends la loi sur les triérarchies, et lis cet article. Lis.

LOI.

Personne ne sera dispensé de la triérarchie, excepté les neuf Archontes.

Voyez, ô Athéniens! combien la loi est claire et précise : *Personne*, dit-elle, *ne sera exempt, à l'exception des neuf archontes*. De là, celui qui n'est pas assez riche pour avoir le cens d'armateur, sera co-imposable pour les contributions de guerre; et celui que la triérarchie atteint vous servira, et dans les armements et dans les impositions. Quel soulagement, ô Leptine! ta loi procure-t-elle donc à la multitude, en établissant par tribu ou par deux tribus un chorége (7), qui en sera quitte pour remplir une fois la charge qu'un autre aurait remplie? Je ne le vois pas; mais la honte, mais la méfiance déborderont ici de toutes parts. Puisqu'elle fait beaucoup plus de mal que de bien, ne puis-je soutenir qu'on doit l'abroger?

De plus, citoyens juges, comme il est écrit, en propres termes, dans cette loi, *Personne, ni citoyen, ni isotèle* (8), *ni étranger ne sera dispensé*, et que, sans appliquer précisément la dispense ou à des charges, ou à quelque autre redevance, elle dit simplement *Personne, excepté les descendants d'Harmodios et d'Aristogiton;* comme, dans ce mot *personne*, elle comprend tous les autres, et qu'elle ne borne pas le sens du mot *étranger* à celui qui habite Athènes, elle dépouille aussi Leucon, prince de Bosphore, et ses enfants, du privilége que vous leur avez accordé (9). Étranger par naissance, Leucon est Athénien par adoption : or, à aucun de ces deux titres il ne peut jouir de l'immunité, d'après la loi. Toutefois, parmi vos autres bienfaiteurs, chacun ne vous a servi que temporairement : Leucon, pensez-y, vous rend des services continuels; et quels services! ceux dont notre ville peut le moins se passer (10). Aucun peuple, vous le savez, ne consomme autant que nous de blés d'importation. Or nos navires nous en apportent du Pont autant que de tous les autres marchés réunis (11). Cela se conçoit : cette contrée est très-fertile en grains, et Leucon, son souverain, octroie la franchise à ceux qui transportent du blé à Athènes, et publie qu'ils ont le droit de charger les premiers. Car l'immunité qu'il a reçue pour lui-même et pour ses enfants, il la rend à vous tous. Et voyez combien la sienne est importante. Il exige un trentième de ceux qui enlèvent du blé de ses États ; or il nous arrive du Bosphore environ quatre cent mille médimnes, comme on peut le voir sur les rôles des inspecteurs des grains (12). Donc, sur trois cent mille mesures, ce sont dix mille qu'il nous donne ; et environ trois mille sur dix mille. Et il est si éloigné de retirer cet avantage à la république, qu'il a appliqué nos franchises au nouveau marché ouvert par lui à Theudosie, marché qui, au rapport des navigateurs, ne le cède en rien à celui de Bosphore (13).

Je tais une foule d'autres services que je pourrais citer, et que vous avez reçus tant de ce prince que de ses ancêtres ; mais il y a deux ans, dans une disette générale, il nous envoya des grains en abondance, et à si bas prix qu'il resta quinze talents sur les fonds administrés par Callisthène. Eh bien ! Athéniens, un prince qui s'est conduit ainsi envers vous, que fera-t-il, dites-moi, quand il apprendra que, par une loi, vous lui enlevez son immunité, et que, même ravisés, vous ne pourriez plus en décréter le rétablissement ? Ignorez-vous qu'en privant Leucon de son privilége, cette même loi, définitivement exécutoire, frappera aussi vos pourvoyeurs de grains ? Certes, personne ne s'est imaginé qu'il endurera la révocation de vos libéralités sans vous retirer aussi les siennes. Ainsi, outre les nombreux préjudices dont la loi nous menace, elle nous ravit une partie de nos ressources actuelles. Et vous délibérez encore si vous l'effacerez (14) ! et votre décision n'est pas arrêtée depuis longtemps ! — Prends et lis les décrets qui concernent Leucon.

Lecture des Décrets.

Vous voyez, ô juges ! par les décrets, que c'est avec convenance, avec justice, que Leucon a obtenu de vous ses dispenses. Pour attester vos mutuelles concessions, vous érigeâtes, vous et lui, des colonnes, une au Bosphore, une au Pirée, et une troisième au temple des Argonautes (15). Or, mesurez l'abîme d'infamie où vous pousse une loi qui rend tout un peuple plus perfide qu'un seul prince ! Que sont ces colonnes élevées par vous ? le contrat de nos exemptions réciproques. On y lira donc la fidélité de Leucon à ses engagements, son zèle constant à vous combler de biens ; tandis que vous, vous aurez frappé d'impuissance ces monuments encore debout, crime qui pèsera sur vous bien plus que ne ferait leur destruction ! Car ils resteront comme un vivant témoignage de la vérité des reproches de quiconque voudra insulter la république. Mais, si Leucon nous envoie demander sur quelle accusation, sur quelle plainte vous lui avez retiré son privilége, au nom du ciel, que dirons-nous ? qu'écrira le citoyen chargé de rédiger la réponse de la nation (16) ? Objectera-t-il, grands dieux ! l'indignité de quelques priviléges ! Et, si le prince réplique : Il est peut-être aussi quelques méchants parmi les Athéniens ; mais moi, loin de dépouiller les bons à cause d'eux, je les laisse jouir tous, parce que je crois le Peuple bon ; son langage ne sera-t-il pas plus juste que le nôtre ? Pour moi, je le pense : car il est plus ordinaire parmi les hommes de faire du bien en faveur de qui nous en fait, même à ceux qui ne sont point au nombre des bons, que de compter les indignes pour arracher nos dons à ceux qui les méritent unanimement. D'ailleurs, je ne puis concevoir comment le citoyen qui le voudra n'imposera pas l'échange de fortune à Leucon (17). Il a des propriétés permanentes dans l'Attique ; et si, en conséquence de votre loi, quelqu'un les envahit, ou il les perdra, ou il sera forcé de remplir les charges. Ce qui l'affectera le plus vivement, ce n'est point la dépense, c'est l'idée que vous lui aurez retiré vos dons.

Mais ce n'est pas à Leucon seul que vous devez, ô Athéniens ! épargnez cette injustice, à un prince qui serait jaloux de conserver vos libéralités comme un honneur, non comme un besoin ; c'est encore à un particulier qui, vous ayant obligés quand il était riche, est réduit maintenant à profiter de l'exemption qu'alors il a reçue de vous (18). Quel est-il ? Epicerde de Cyrène, qui, plus que tous les autres priviléges, fut jugé digne de cet honneur, non pour la grandeur et l'éclat de ses services, mais pour les avoir rendus dans une conjoncture où il était difficile de trouver un seul homme fidèle au souvenir des bienfaits reçus. Cet homme généreux, comme l'atteste le décret porté en sa faveur, distribua cent mines à nos infortunés concitoyens prisonniers en Sicile ; et s'ils ne moururent pas tous de faim, c'est à lui surtout qu'on le doit. Après ce bienfait, auquel vous répondîtes par des priviléges, voyant que le Peuple manquait d'argent dans la guerre qui suivit de près la domination des Trente (19), il se hâta de lui faire présent d'un talent. Or, cherchez, au nom de tous les Immortels, ô Athéniens ! si un homme peut mieux manifester son zèle pour vous, peut moins mériter vos rigueurs, qu'en préférant, témoin des malheurs d'Athènes, les malheureux mêmes et leur reconnaissance purement éventuelle, à leurs ennemis vainqueurs dont il est entouré (20) ; qu'en vous faisant de nouvelles largesses, dès qu'il a vu votre nouvelle misère, moins occupé de sauver sa propre fortune que de subvenir, autant qu'il est en lui, à tous vos besoins ? Eh bien ! à celui qui reçut

lement, dans les circonstances les plus graves, partagea ainsi son patrimoine avec le Peuple, et qui ne reçut qu'une immunité nominale et honorifique, ôterez-vous son privilége? Non, car il est constant qu'il n'en a point usé (21). Vous n'ôterez que la foi en vous; et ce serait vous couvrir de honte. On va vous lire le texte du décret voté alors en l'honneur d'Épicerde. Considérez, ô mes concitoyens! quels décrets sont infirmés par la loi, quels hommes frappe son injustice, dans quels moments ils se sont faits vos serviteurs; et vous verrez qu'elle dépouille ceux qu'elle devait le plus ménager. — Lis.

Lecture des Décrets.

Vous venez d'entendre, ô juges! les bienfaits qui valurent à Épicerde l'immunité. Songez, non aux cent mines, non au talent donnés en deux fois (car ceux même qui les reçurent n'admirèrent pas, je pense, la grandeur de la somme), mais à l'empressement, à la spontanéité, à la circonstance. Ils méritent tous d'être payés de retour, ceux qui vous préviennent par de bons offices; ils le méritent doublement, ceux qui accourent dans votre détresse : or, dans ce nombre, vous avez vu cet homme généreux. Et, oubliant toutes ces considérations, nous ne rougirons pas, ô Athéniens! d'arracher, aux yeux de tous, une récompense aux enfants d'un tel bienfaiteur, nous qui ne pouvons rien leur reprocher! Si les citoyens qu'il sauva jadis, et dont il reçut ses exemptions, ne sont plus ceux qui les retirent aujourd'hui, votre honte est-elle effacée? loin de là, vos rigueurs n'en sont que plus révoltantes. Quoi! les témoins, les objets de ces libéralités les auront crues dignes d'un privilége; et nous, parce que la tradition seule nous les atteste, nous supprimerons la récompense comme imméritée! Ce ne sera point là une effroyable injustice?

Je dis la même chose et de ceux qui abattirent les Quatre-Cents (22), et de ceux qui servirent la cause du Peuple lors de sa retraite. Effacer un seul article des décrets qui alors les récompensèrent, ce serait leur faire à tous la plus cruelle injure. S'il est parmi vous un citoyen convaincu qu'aujourd'hui Athènes est bien loin de réclamer un tel secours, qu'il demande aux dieux la durée de cette sécurité, comme je la demande moi-même : mais qu'il considère d'abord qu'il va prononcer sur une loi qui, maintenue, nous liera inévitablement; ensuite, que les mauvaises lois minent les républiques mêmes qui se croient les plus inébranlables. En effet, arriverait-il tant de révolutions en bien ou en mal, si, d'un côté, sages combinaisons, bonnes lois, grands hommes, étude de toutes les améliorations ne relevaient les États en danger; si, d'autre part, la négligence de tous ces moyens ne sapait lentement ceux dont le bonheur semble reposer sur les bases les plus larges? C'est par de sages résolutions, c'est par une scrupuleuse vigilance, qu'on parvient à une brillante fortune; et, pour s'y maintenir, on ne voudra pas suivre les mêmes voies! Loin de vous aujourd'hui cette erreur! Craignez de sanctionner une loi funeste : heureuse, la patrie serait abreuvée de honte; malheureuse, elle resterait vide de défenseurs.

Mais ce n'est pas seulement, ô Athéniens! envers ceux qui ont résolu de vous faire du bien en leur nom, et vous ont personnellement obligés dans les graves et périlleuses circonstances développées tout à l'heure par Phormion et rappelées ici, qu'il faut se faire scrupule d'une injustice; c'est encore envers une foule d'autres qui, dans la guerre contre Lacédémone, nous procurèrent l'alliance de cités entières, leurs patries, qui servirent Athènes et de paroles et d'actions, et dont quelques-uns voient leur dévouement à votre cause payé de l'exil. Les premiers qui se présentent à cette revue sont les bannis de Corinthe; et ici, je suis forcé de rapporter des faits que j'ai appris de nos anciens. Passons sur tant d'autres services que ces hommes nous ont rendus : après la grande bataille contre les Lacédémoniens, près de Corinthe (23), les habitants de cette ville décidèrent de fermer leurs portes à nos soldats, et de parlementer avec l'ennemi; mais nos amis, qui voyaient Athènes malheureuse et Lacédémone maîtresse des passages, ne nous abandonnèrent pas, et ne prirent point conseil de leur sûreté personnelle. Quoique tous les Péloponésiens, sous les armes, fussent dans le voisinage, ils nous ouvrirent les portes malgré le peuple, préférèrent s'exposer à tout souffrir avec vos soldats plutôt que de se tirer du péril sans eux, introduisirent l'armée, et sauvèrent à la fois vous et vos alliés. Plus tard, Sparte, après avoir conclu la paix d'Autalcidas, les punit par le bannissement. Vous les accueillîtes, vous, et, agissant par des principes d'honneur, vous ordonnâtes qu'il serait pourvu à tous leurs besoins. Voilà donc le décret sur le maintien duquel nous délibérons! Mais quelle honte rejaillirait sur ces débats mêmes si l'on disait : Les Athéniens se demandent s'ils laisseront à leurs bienfaiteurs ce qu'ils leur ont donné! Ici, depuis longtemps examen et décision devraient être terminés. Lis-leur aussi ce décret.

Lecture du Décret.

Ce que vous avez arrêté en faveur des Corinthiens exilés à cause de vous, ô juges! le voilà.

Songez-y, en considérant ces faits, quiconque les a vus ou les a connus par le récit d'un témoin, s'il entendait parler d'une loi qui révoque les grâces accordées alors, quelle flétrissure n'imprimerait-il pas à ses ingrats auteurs ? Quoi ! le besoin nous rendra généreux, empressés ; et, une fois maîtres de tous les objets de nos vœux, nous nous montrerons assez peu reconnaissants, assez perfides pour arracher ce qu'on tient de nous, pour rendre par une loi de nouvelles récompenses impossibles désormais ! — Mais aussi, par Jupiter ! il y avait, dans le nombre, d'indignes privilégiés : car c'est là ce qu'ils répéteront sans cesse. — Ignorons-nous donc que c'est au moment où nous donnons qu'il faut examiner si l'on est digne, et non pas longtemps après ? Refuser une grâce dès le principe, c'est parfois prudence ; la retirer quand elle est accordée, c'est envie : passion dont les Athéniens doivent repousser même l'apparence. Quant à l'examen de la dignité, j'ajoute, sans hésiter : Dans ma pensée, un État et un particulier ne doivent pas y procéder de même, parce que les objets sont différents. Comme particulier, chacun de nous se demande quel est l'homme digne de son alliance, de son amitié : la loi, l'opinion en décident. Mais une cité, une nation récompense quiconque la sert et la sauve ; et on la verra baser sa décision, non sur la naissance, non sur la réputation, mais sur le fait. Quoi donc ! dans le besoin, nous nous laisserons faire du bien par quiconque s'offrira ! et, le service reçu, nous interrogerons notre bienfaiteur sur ses titres ! L'indigne procédé !

Mais ces hommes sont-ils seuls sous le coup de votre loi ? Est-ce pour eux seulement que je développe ces réflexions ? Non, sans doute. Je n'entreprendrai pas de rechercher tous ceux qui, après vous avoir obligés, se verraient enlever vos dons par le maintien de la loi ; je ne citerai plus qu'un ou deux décrets ; puis je passe à d'autres considérations.

Par la suppression des immunités, ne serez-vous pas injustes envers les Thasiens du parti d'Ecphante (24), qui, vous livrant Thasos, où ils introduisirent Thrasybule après en avoir chassé à main armée la garnison lacédémonienne, vous procurèrent, avec l'amitié de leur patrie, l'alliance de plusieurs peuples de Thrace ? Ne serez-vous pas injustes envers Archébios, envers Héraclide, qui, en ouvrant à Thrasybule les portes de Byzance, vous rendirent tellement maîtres de l'Hellespont, qu'après avoir remonté vos finances par la vente des dîmes navales, vous dictâtes à Lacédémone les conditions de la paix ? Chassés plus tard de leur patrie, ils obtinrent de vous par un décret, ô Athéniens ! la récompense due à des hommes bannis pour vous avoir servis ; ils obtinrent les titres d'hôtes et de bienfaiteurs d'Athènes, avec une exemption absolue. Et ceux dont vous avez causé l'exil, ceux que vous avez honorés de faveurs bien méritées, nous permettrons qu'on les en dépouille, eux toujours irréprochables envers nous ! Quelle honte !

Vous me comprendrez parfaitement si vous faites cette supposition. Plusieurs chefs actuels de Pydna, de Potidée (25), ou de quelque autre place soumise à Philippe et ennemie d'Athènes, comme Thasos et Byzance, alors alliées de Sparte, s'étaient déclarées contre vous, s'engageant à vous livrer leurs villes, à condition que vous leur accorderez les mêmes faveurs qu'à Ecphante le Thasien, qu'au Byzantin Archébios ; mais quelques-uns de nos adversaires s'y opposent, disant : Nous ne souffrirons pas que plusieurs métèques soient seuls dispensés des charges ; dans quelle disposition écouterez-vous ces derniers ? Sans doute, vous leur fermerez la bouche, comme à des sycophantes. Eh bien ! honte à vous si, traitant de brouillon infâme le citoyen qui tiendrait ce langage quand vous attendez un service, vous prêtiez l'oreille à ceux qui parlent d'arracher vos dons à vos anciens bienfaiteurs ! Adressons-nous encore une question. Ceux qui ont livré à Philippe Pydna, Potidée et d'autres places, quel motif les poussait à nous nuire ? Il est clair pour vous tous que ce fut l'espoir des largesses du prince. Mais ne valait-il pas mieux, ô Leptine ! persuader à nos ennemis, si tu pouvais, de ne pas rémunérer ceux qui nous persécutent pour les servir, que de nous donner une loi qui enlève une seule récompense acquise à nos généreux serviteurs ? Telle est mon opinion, à moi. Mais ne nous écartons pas de notre sujet. — Prends les décrets rédigés en faveur citoyens de Thasos et de Byzance. Lis.

Lecture des Décrets.

Vous avez entendu les décrets, ô juges ! Peut-être quelques-uns de ces hommes ne sont plus, mais une fois rendus, les services subsistent jamais. Laissez donc éternellement ces colonnes sur leurs bases (26) ; par elles, tant que vivra un bienfaiteur d'Athènes, il sera à l'abri de l'injustice ; quand ils seront tous morts, vous aurez un monument de votre générosité, qui dira hautement à quiconque voudra vous servir, que la république a rendu bienfait pour bienfait. Songez encore, ô Athéniens ! que ce serait un opprobre si toute la Grèce voyait ou entendait dire que les adversités éprouvées par ces braves gens à cause de vous pèseront à jamais sur eux, tandis que leurs récompenses, à peine échappées de mains, sont anéanties (27). Ah! il serait bien mieux d'adoucir l'infortune par le maintien des grâces, que de les révoquer quand le malheur est encore là! Placé entre la prompte vengeance de vos ennemis, s'il échoue, et des faveurs peu sûres de votre part, s'il réussit, qui voudra désormais, au nom des dieux, servir votre cause?

J'éprouverais une vive douleur, ô juges! si je semblais n'attaquer la loi au nom de la justice que sur la spoliation d'un grand nombre de bienfaiteurs étrangers, sans paraître pouvoir nommer un seul Athénien honoré, comme eux, et digne de l'être. Car je demande au ciel pour nous toutes ses faveurs, mais principalement des grands hommes ; et, parmi ses premiers serviteurs, puisse notre cité compter surtout des citoyens (28)!

Jetez d'abord les yeux sur Conon (31) : mérite-t-il que, blâmant ou sa personne ou sa conduite, vous révoquiez une partie de ses priviléges? J'atteste les récits de plusieurs d'entre vous qui ont vécu de son temps. Après que le Peuple fut revenu du Pirée, quoique la ville, sans forces, n'eût pas un seul vaisseau, ce grand homme, à la tête des troupes du roi de Perse, ne recevant de nous aucun secours, vainquit sur mer les Lacédémoniens, accoutuma ces fiers dominateurs de la Grèce à nous obéir, et chassa des îles leurs gouverneurs (29). De retour en ces lieux, il releva vos murs, et, le premier, remit en question l'empire entre Sparte et Athènes. Aussi, est-il le seul pour qui l'on ait gravé ces mots sur une colonne (30) : *A Conon, libérateur des alliés d'Athènes :* inscription qui l'honore auprès de vous, et vous honore auprès de la Grèce entière. En effet, de tous les avantages qu'un Athénien procure aux autres peuples, c'est Athènes qui recueille la gloire. Voilà pourquoi, non contents de lui accorder les immunités, ses contemporains lui érigèrent une statue de bronze, la première après celles d'Harmodios et d'Aristogiton. Ils pensaient qu'en détruisant la domination de Sparte, lui aussi avait mis fin à une accablante tyrannie. Mais, pour donner plus de poids à mes paroles, on va vous lire les décrets mêmes dont Conon fut l'objet. — Lis.

Lecture des Décrets.

Athéniens, vous n'avez pas seuls honoré Conon pour les exploits que je viens de parcourir : il le fut encore par beaucoup d'autres peuples, qui crurent devoir payer ses services d'une juste reconnaissance. Vous aurez donc à rougir, ô mes concitoyens! si, conservant irrévocablement les récompenses des autres Hellènes, il est menacé dans celle-là seulement qu'il tient de vous. Vivant, vous accumulez sur sa tête tous les honneurs qu'on vient d'entendre; morts, vous les oubliez tous, vous lui retirez une partie de vos dons : est-ce là de la loyauté?

Parmi tant d'actions louables qui, toutes, doivent être la garantie des grâces qu'elles lui ont attirées, la plus belle, Athéniens, est le rétablissement de nos murs. Pour vous en convaincre, comparez Conon à ce Thémistocle, l'homme le plus illustre de son siècle, qui exécuta la même entreprise (31). Thémistocle, dit-on, après avoir conseillé aux citoyens de travailler aux murailles, et recommandé de retenir les messagers qui arriveraient de Lacédémone, s'y rendit lui-même comme député. Là s'ouvre une délibération ; quelques-uns annoncent que les Athéniens relèvent leurs remparts : il le nie, et propose d'envoyer ici pour vérifier le fait. Ces députés ne revenant point, il conseille d'en expédier d'autres....... Et vous savez tous probablement de quelle manière il trompa les Lacédémoniens. Je dis donc (et, au nom de Jupiter, Athéniens, prêtez à mes paroles une oreille amie, et ne leur demandez que la vérité!) je dis : Autant le grand jour est préférable aux voies ténébreuses, une véritable victoire plus noble que tous les succès de la fraude (32), autant la reconstruction de nos murs fut plus honorable pour Conon que pour Thémistocle. Celui-ci la dut à une fourberie; celui-là, à la défaite des opposants. Un tel citoyen mérite-t-il donc vos rigueurs, et pèse-t-il moins dans votre balance que les orateurs qui vous endoctrineront sur la nécessité de lui retirer une partie de vos dons?

Mais au fils de Chabrias (33), grands dieux! verrons-nous avec indifférence enlever ses immunités, votre juste récompense pour les services paternels, et son héritage? Où est l'homme de sens qui nous approuverait? Sans doute, il n'est pas besoin de mes paroles pour vous apprendre quel homme ce fut que Chabrias; rien n'empêche cependant qu'à mon tour je ne rappelle brièvement ses exploits. Avoir combattu près de Thèbes (34), avec vos seules troupes, contre le Péloponèse tout entier ; avoir tué de sa main Gorgopas à Egine, et dressé de nombreux trophées à Cypre, puis en Égypte; avoir, dans ses courses guerrières, visité presque toutes les nations, en conservant sans tache et le nom d'Athènes et le sien : voilà ce qu'il est bien difficile de raconter dignement ; et, si je l'essayais, quelle honte pour moi de rester au-dessous de la haute idée qu'aujourd'hui vous avez tous de ce grand homme (35) ! Mais, ce que j'espère ne point affaiblir par le langage, j'essayerai de le retracer. Chabrias défit les Lacédémoniens sur mer, leur prit quarante-neuf vaisseaux, vous conquit la plupart des îles, et changea leur haine en amitié; il amena ici trois mille prisonniers, et compta au Trésor plus de cent dix talents, dépouille de l'ennemi : nos anciens me sont témoins de tout ce que j'avance. Ce n'est pas tout : il a capturé, en détail, plus de vingt autres navires, qu'il a tous emmenés dans vos ports. Seul, en un mot, parmi tous vos généraux, il n'a perdu, lorsqu'il vous commandait, ni ville, ni forteresse, ni vaisseau, ni même un soldat (36). Chez aucun ennemi, pas un trophée ne fut érigé contre lui, contre vous; par vous, au contraire, vingt trophées furent dressés sur vingt peuples, quand il guidait vos bataillons. Mais, pour n'omettre aucun de ses exploits, on va vous lire un mémoire qui mentionne et les vaisseaux qu'il a capturés, et le lieu de chaque prise, et le nombre des villes vaincues, et les sommes immenses versées au Trésor, et les pays qui ont vu ses trophées. — Lis.

Lecture du Mémoire.

Que vous en semble, Athéniens? celui qui a pris tant de villes, battu tant de galères ennemies, comblé sa patrie de gloire, et de la gloire la plus pure, mérite-t-il qu'on lui arrache les priviléges qu'il tient de vous, et qu'il a transmis à son fils? Non, vous ne le croyez point. Voyez l'inconséquence! s'il eût perdu ou une seule ville, ou dix navires, ces gens-ci l'auraient accusé de trahison; et, condamné, c'était fait de lui à jamais : mais, loin de là, il a conquis dix-sept cités, pris soixante-dix vaisseaux, fait trois mille prisonniers, versé au Trésor cent dix talents, remporté une foule de victoires : et vous annullerez les faveurs que lui ont obtenues ses hauts faits!

Toutefois, non content de vous avoir consacré toute sa carrière, Chabrias, Athéniens, n'a péri que pour vous (73). Il y aurait donc justice à vous montrer favorables au fils, par égard et pour la vie et pour la mort du père. Craignez, ô mes concitoyens! craignez de paraître moins reconnaissants que les habitants de Chios. Si ces derniers, alors même que Chabrias marchait contre eux les armes à la main, n'ont révoqué aucun des priviléges qu'ils lui avaient déférés; s'ils ont eu plus de gratitude pour des bienfaits anciens que de colère pour de récentes offenses; et vous, pour qui ce grand homme est mort en les attaquant, si l'on vous voit, au lieu d'ajouter à ses honneurs pour ce dernier titre, retrancher même une partie des récompenses accordées à ses services précédents, qui pourra vous soustraire au déshonneur? D'ailleurs, ce qui révolterait contre le traitement fait au fils par la révocation de ses priviléges, c'est que le père, qui vous a si souvent menés au combat, n'a rendu aucun de vos enfants orphelin, tandis que, par zèle pour votre gloire, il a laissé ce jeune homme orphelin dès l'enfance. Car Chabrias, à mes yeux, fut animé d'un patriotisme si ferme et si sincère, qu'estimé, avec justice, le général le plus circonspect, il déploya sa prudence pour épargner votre sang quand il vous commandait; mais, soldat, bravait-il les périls pour son compte? il s'oubliait, et il aima mieux mourir que de ternir les honneurs qu'il tenait de ses concitoyens (38.) Et ces mêmes honneurs pour lesquels il jura de vaincre ou de périr, nous, nous les retirerions à son fils! Et que dirons-nous, Athéniens, si, lorsque les trophées élevés par ses mains quand il commandait pour vous, sont encore exposés aux regards des peuples, on vous voit révoquer une seule des grâces qui les ont payés? Quand réfléchirez-vous qu'aujourd'hui ce n'est pas sur l'utilité de la loi qu'il va être statué, c'est sur vous-mêmes? Méritez-vous, ou non, des services à l'avenir? voilà l'épreuve que vous subissez. — Prends le décret porté par Chabrias..... Vois, cherche; il doit être ici quelque part (39).

Encore un mot en faveur de Chabrias. En récompensant Iphicrate, vous étendîtes vos grâces, à cause d'Iphicrate même, sur Strabax et sur Polystrate (40). De même, quand vous accordiez les exemptions à Timothée, vous donnâtes, à sa considération, le titre de citoyen à Cléarque et à quelques autres : pour Chabrias, vous l'avez récompensé seul. Si donc, lorsqu'il fut honoré de vos dons, il vous eût demandé de faire pour lui ce que vous aviez fait pour Iphicrate et pour Timothée, d'accorder des grâces, en sa faveur, à quelques-uns de ceux qui ont obtenu les dispenses et que ces gens-ci attaquent aujourd'hui pour dépouiller tous les privilégiés, ou je me trompe fort, ou vous auriez eu pour lui la même condescendance. Et les mêmes citoyens sur lesquels vous eussiez alors versé vos bienfaits en son nom, seront maintenant votre prétexte pour lui retirer à lui-même les immunités? ô inconséquence! Non, Athéniens, il ne siérait pas que l'on dît de vous: « A peine ont-ils reçu un service, qu'ils courent le compenser jusqu'aux amis de celui qui en fut l'auteur; mais attendons un peu : tout ce qu'ils ont donné à leur bienfaiteur même, ils vont le lui redemander. »

Lecture du Décret qui accorde des honneurs à Chabrias (41).

Voilà donc, ô juges! outre beaucoup d'autres que vous avez ouï nommer, les hommes auxquels vous ferez injustice, si vous n'abrogez la loi. Supposons quelques-uns de ces illustres morts revenus sensibles à ce que nous faisons aujourd'hui (42) : quelle serait leur juste indignation ! Si les actes de leur dévouement à la république sont jugés sur des paroles; si leurs beaux faits, si leurs travaux, mal racontés par nous, retombent pour cela dans le néant, quelle tyrannie ne pèse pas sur eux !

Mais, pour vous convaincre, Athéniens, que, dans tout ce discours, nous satisfaisons la justice tout entière, et que la surprise, la déception n'ont aucune part dans notre dessein, on va vous lire la loi rédigée par nous pour remplacer celle que nous combattons. Vous reconnaîtrez que nous pourvoyons à ce que rien d'ignoble ne paraisse dans votre conduite, à ce qu'on accuse devant vous, pour le dépouiller de ses prérogatives, quiconque serait taxé, avec justice, de ne les pas mériter; à ce que vos dons restent là où ils ne sont combattus par personne. Dans tout ceci, rien de nouveau, rien de notre invention; car une ancienne loi, violée par Leptine, prescrit les formalités suivantes à l'auteur d'une loi nouvelle : attaquer la loi établie que l'on croira mauvaise; en proposer une autre qui l'abroge; soumettre la meilleure à votre choix, les débats entendus. Solon, qui traça cette marche, n'a pas cru que, tandis que les thesmothètes (43) désignés par le sort pour veiller sur la législation subissent, avant d'entrer en charge, une double épreuve et dans le Conseil et devant votre tribunal, les lois elles-mêmes, règle nécessaire de leur magistrature comme de tous les pouvoirs politiques, dussent être portées au hasard, et sanctionnées sans examen. D'ailleurs, observer les lois existantes, sans en faire de nouvelles, tels étaient autrefois nos usages législatifs (44). Mais, depuis que des ministres en crédit, à ce que j'entends dire, se furent arrogé le pouvoir de porter des lois au gré de leur envie et sans formes arrêtées, il en est résulté tant de lois contradictoires, que les commissaires élus depuis très-longtemps par vous pour en faire le triage n'ont pu encore terminer leur travail. Entre une loi et un décret, plus de différence (45); et il est chez vous des lois plus jeunes que les décrets mêmes qui doivent être portés en vertu des lois. Mais, pour ne pas vous payer de mots, je vais montrer la loi même dont je parle. — Prends celle qu'observait jadis l'auteur d'une loi nouvelle. Lis.

Lecture de la Loi.

Vous comprenez, ô juges ! tout ce qu'il y a de sagesse dans ces formalités attachées par Solon à la création d'une loi : d'abord, présentation devant vous, qui, liés par un serment, pouvez tout sanctionner; ensuite, abrogation des lois contraires, pour que, sur chaque matière, il n'y ait qu'une disposition législative, qu'ainsi disparaisse tout embarras pour l'ignorant, tout avantage pour le citoyen qui connaîtrait toutes les lois, et que chacun ait la facilité de les lire, et de s'instruire dans une jurisprudence simple et claire; avant tout, exposition du projet de loi devant les statues des Éponymes (46), et sa remise au greffier, qui le lira dans les assemblées nationales, afin que tout citoyen, après plusieurs lectures, après un mûr examen, ne donne le caractère légal qu'à des mesures équitables et utiles. Or, de tant de règles dictées par la justice, pas une n'a été suivie par Leptine. Autrement, vous eût-il jamais persuadé d'adopter sa loi? Nous, ô Athéniens ! nous les observons toutes; et, à côté de sa loi, nous en apportons une bien autrement juste et avantageuse. Vous allez en juger. — Prends et lis d'abord, dans la loi de Leptine, les articles que nous attaquons, puis ceux que nous proposons à leur place. Lis.

Lecture des articles à abroger.

Voilà ce que nous poursuivons dans cette loi. — Continue, lis ce que nous y substituons, comme meilleur. Soyez attentifs, ô juges ! Lis.

Lecture de la Loi de Démosthène.

Assez (47) ! Parmi les lois en vigueur, il en est une très-belle, qui porte formellement que les dons conférés par le Peuple sont irrévocables : le ciel et la terre témoigneraient de sa justice. Avant de porter sa loi, Leptine devait donc demander la suppression de celle-là, qui est antérieure. Mais que fait-il ? laissant subsister cette loi, preuve vivante d'illégalité, il propose la sienne; et il la propose tandis qu'une autre loi statue que toute motion contraire à la législation établie pourra, par cela même, être attaquée. — Prends cette loi.

Lecture de la Loi.

Permanence des faveurs du Peuple, révocation de toutes les immunités qu'a conférées le Peuple : n'y a-t-il pas là, ô Athéniens ! contradiction manifeste? Il n'en est pas ainsi de la loi substituée par Aphepsion (48). En maintenant les priviléges accordés, elle vous arme d'un légitime motif de retirer vos dons à quiconque vous en paraîtra indigne, pour les avoir dérobés ou flétris par des torts graves. — Lis cette loi.

On relit la Loi de Démosthène.

Vous l'entendez, Athéniens, et vous l'avez parfaitement compris : il y a ici, pour les dignes privilégiés, conservation de vos bienfaits; pour ceux dont l'indignité sera juridiquement établie, privation de faveurs imméritées ; pour vous, à l'avenir, liberté juste et sans limites dans vos dons et dans vos refus.

Leptine ne dira point, je pense, que cette loi n'est pas équitable et sage ; et, quand il le dirait, il ne pourra le prouver : mais ce qu'il alléguait devant les thesmothètes (49), il le répétera peut-être pour vous égarer. Il disait que la rédaction de notre loi n'était qu'un leurre, et que, la sienne rejetée, nous ne la ferions point passer. Je n'avancerai pas que votre suffrage, en abrogeant la loi de Leptine, établira, par cela même, la nôtre, d'après la disposition expresse de l'ancienne loi qui a autorisé les thesmothètes à faire afficher celle-ci ; on pourrait me contredire (50) ; mais voici ma réponse. Parler comme il fait, c'est reconnaître, dans notre motion, plus de sagesse, plus d'équité que dans la sienne ; c'est aussi révoquer en doute notre présentation formelle. Mais, d'abord, il a en main plusieurs moyens de forcer le rédacteur d'une loi de la présenter, même contre son gré ; ensuite, nous nous y engageons, moi, Phormion, et tel autre qu'il voudra. Une de nos lois s'exprime ainsi : « Celui qui aura trahi ses engagements envers le Peuple, le Conseil (51) ou les tribunaux, sera puni du dernier supplice. » Nous ratifions, nous garantissons notre promesse. Qu'elle soit enregistrée par les thesmothètes, et que, par là, tout se termine. Ne vous déshonorez pas, ô Athéniens ! mais, s'il existe un méchant parmi ceux qui ont reçu vos récompenses, qu'on l'en dépouille, qu'on lui intente un procès personnel, au nom de notre loi. Si Leptine prétend que ce sont là de vaines paroles, voici quelque chose de plus positif : qu'il porte lui-même la loi, et qu'il ne dise plus que nous ne la porterons point. Mieux vaudra, sans doute, présenter une motion approuvée par votre sentence, que celle qu'il propose aujourd'hui de son chef (52).

A mes yeux, Athéniens, Leptine (au nom du ciel, pas de courroux ; mes paroles, à ton sujet, n'auront rien d'hostile) ou n'a pas lu le code de Solon, ou ne l'a pas compris. En effet, si, tandis que notre législateur permet de donner ses biens à qui l'on voudra, pourvu qu'on n'ait pas d'enfants légitimes (53), non dans l'intention de priver les plus proches parents des droits de proximité, mais pour ouvrir un champ libre à tous les secours, et faire naître les rivalités d'une mutuelle bienfaisance ; si, dis-je, ta loi, au contraire, enlève au Peuple toute dispense des faveurs populaires, pourra-t-on dire que tu as lu les lois de Solon, que tu en as saisi l'esprit, toi qui, annonçant à haute voix que le dévouement sera sans récompense, éloignes de la nation quiconque briguerait l'honneur de la servir ? Voici une autre loi de Solon qui passe pour une des plus belles : « On s'interdira la médisance sur le mort, quand même on s'entendrait injurier par ses enfants. » Toi, tu ne dis pas de mal de ces illustres morts, bienfaiteurs d'Athènes, tu leur en fais, accusant celui-ci, répétant que celui-là fut un privilégié indigne : persécution injuste pour tous ! Or, n'est-ce point là s'écarter entièrement de la pensée de Solon ?

On m'a très-sérieusement annoncé que, pour maintenir la suppression totale et absolue des immunités, nos adversaires avaient préparé un argument de cette force : Ni Lacédémone, dont le gouvernement est si sage, ni Thèbes, n'accordent, diront-ils, à aucun de leurs enfants de pareilles récompenses : cependant, ces États aussi comptent peut-être quelques bons citoyens. Dans tous ces grands mots, ô Athéniens ! je vois un aiguillon pour vous pousser à révoquer les dispenses ; mais que renferment-ils de juste ! Rien. Est-ce que j'ignore que Thèbes, Sparte et Athènes différent et de lois, et de coutumes, et de gouvernement ? La conduite même que ces gens-ci vont tenir, si tel doit être leur langage, serait un crime, et un grand crime chez les Lacédémoniens (54). Là, il ne faut louer, il ne faut faire que ce qui maintient la constitution. D'ailleurs ce peuple, malgré son éloignement pour nos usages, accorde aussi des récompenses, mais bien différentes, mais telles qu'Athènes les repousserait à jamais de son sein. Et quelles sont ces récompenses ? Sans les parcourir en détail, je n'en citerai qu'une qui les résume toutes. Le Spartiate qui, pour sa conduite, a été admis dans le Sénat, devient maître absolu du peuple ; car, à Lacédémone, le prix de la vertu est de partager l'autorité souveraine avec un petit nombre d'égaux (55). Mais, chez vous, la toute-puissance appartient au Peuple ; les magistrats, les lois veillent pour en prévenir l'usurpation : et ce qui peut atteindre le mérite, c'est une couronne, c'est une immunité, c'est la table du Prytanée. L'un et l'autre est bien ordonné, là-bas comme ici. Pourquoi ? parce que l'union, dans une oligarchie, repose sur l'égalité entre tous ceux qui partagent l'autorité suprême, tandis que l'émulation excitée entre les meilleurs citoyens par les récompenses populaires est la sauvegarde de la liberté démocratique. Quant aux Thébains, qui ne récompensent personne, il est une vérité que je veux pouvoir dire ici : Thèbes, ô Athéniens ! est fière de sa politique farouche et coupable, vous de votre humanité et de votre justice ! Ah ! s'il est un vœu à former, puissent les Thébains toujours refuser et des honneurs et de l'admiration à ceux qui leur ont fait quelque bien !

et les peuples qui sont leurs frères... car vous connaissez la conduite de Thèbes envers Orchomène.... qu'ils continuent de les écraser! Vous, au contraire, honorez toujours vos bienfaiteurs; que toujours aussi vos concitoyens, guidés par la persuasion et les lois, vous payent leur juste tribut! Je crois qu'en thèse générale, avant de louer les coutumes et la législation des autres peuples, avant de verser le blâme sur les vôtres, il faudrait prouver que ces peuples sont plus heureux que vous. Mais puisque, grâce au ciel, pour les opérations publiques, pour la concorde, pour tout enfin, vous êtes plus florissants, à quel titre, dédaignant vos propres institutions, iriez-vous courir après celles d'autrui? Je suppose même la supériorité de celles-ci démontrée : avec les vôtres, la fortune vous a été prospère; il suffit, vous devez leur rester fidèles (56). S'il faut aller plus loin encore, permettez-moi de terminer par une réflexion que je crois vraie : il est inique, ô mes concitoyens! de s'armer des lois de Sparte ou de Thèbes pour renverser celles d'Athènes, et de prêter l'oreille à ceux qui vous font un devoir d'anéantir les éléments de notre prospérité nationale, tandis que vous avez un arrêt de mort toujours prêt contre le téméraire qui introduirait parmi nous une seule des institutions qui ont fait ces peuples si grands.

Ils ont sous la main une autre argumentation : Chez nos ancêtres, diront-ils, le citoyen qui s'était souvent dévoué ne fut jamais élevé à de si hautes récompenses : heureux s'il obtenait une inscription sur un hermès (58)! Peut-être même vous lira-t-on quelqu'une de ces inscriptions.

A mon sens, un tel langage, ô Athéniens! porte plus d'une blessure à la patrie; et, d'ailleurs, il est faux. En effet, soutiendra-t-on que nul, parmi nos pères, ne fut digne des honneurs publics? qu'on nous dise donc qui les mérite aujourd'hui? Si l'on répond, Personne, ah! je partagerai la douleur de ma patrie qui, pendant tant de siècles, n'aura pu placer dignement une seule récompense! En reconnaissant qu'il y eut jadis des grands hommes, prétendra-t-on qu'ils ne furent pas rémunérés? c'est accuser la patrie d'ingratitude. Mais il n'en est rien, absolument rien. Déplacer perfidement la question pour rapprocher des époques si différentes, c'est la pousser à l'absurde. Ce qui est vrai, ce qui est juste, le voici. Il s'est rencontré beaucoup de grands hommes avant nos jours, ô Athéniens! et, alors aussi, notre république honorait la vertu. Mais les récompenses, comme tout le reste, ont reçu un caractère ancien des anciennes mœurs, moderne des mœurs modernes. Jusqu'où pousserai-je cette observation? jusqu'à oser affirmer qu'il n'est pas une faveur désirable que l'on n'eût obtenir autrefois de la république. Sur quelle preuve m'appuierai-je? Lysimaque, un des citoyens utiles de ce temps-là, reçut cent plèthres de terrain planté dans l'Eubée, cent de terre labourable, une somme de cent mines, et une pension de quatre drachmes par jour (59). Il existe, à ce sujet, un décret d'Alcibiade, dans lequel ces détails sont consignés. Alors notre ville était riche en argent et en terres; aujourd'hui, pour éviter des paroles funestes, disons qu'elle le deviendra. Quoi qu'il en soit, qui ne préférerait aux immunités le tiers de ces gratifications? — Pour prouver que je dis vrai, prends-moi le décret d'Alcibiade, et lis.

Lecture du Décret.

Il est donc avéré par ce décret, ô Athéniens! que vos ancêtres aussi étaient dans l'usage de récompenser les services. Leurs dons différaient-ils des nôtres? c'est une autre question. Mais, quand j'accorderais que ni Lysimaque ni personne n'a rien obtenu de nos pères, en serions-nous plus fondés à reprendre aujourd'hui nos propres largesses? On se rend coupable, non en ne donnant point lorsqu'on ne le juge pas à propos, mais en retirant, sans motifs de plainte, ce qu'on a donné. Prouvez que nos aïeux ont révoqué une seule de leurs grâces, et je vous permettrai d'en faire autant, malgré la honte, qui resterait la même. Mais, si notre histoire tout entière n'offre pas un seul trait de ce genre, pourquoi serions-nous les premiers à étaler un tel scandale?

Vous devez aussi, ô Athéniens! vous mettre dans l'esprit et sous les yeux que vous siégez après avoir juré (60) de prononcer d'après les lois, non celles de Lacédémone ou de Thèbes, non celles que suivirent les premiers auteurs de notre race, mais celles qui ont permis d'accorder les dispenses qu'aujourd'hui cet homme enlève avec sa loi; après avoir juré de juger d'après le sentiment de l'équité quand le législateur se tait. Règle admirable! Appliquez-le donc, ce sentiment, à cette loi tout entière. Est-il juste, Athéniens, de récompenser les services? oui. Est-il juste de laisser ce qu'une fois on a donné? oui. Eh bien, agissez ainsi, pour obéir à votre serment. A l'objection tirée de la conduite différente de nos pères, ne répondez que par votre courroux; et dans les hommes qui, vous les offrant pour modèles, avancent que, chez eux, le dévouement ne trouva jamais une récompense, ne voyez que la méchanceté la plus grossière : ils sont méchants, puisqu'ils calomnient vos ancêtres, dont ils font des ingrats; ils blessent la délicatesse, puisqu'ils ignorent que, le fait fût-il vrai, il y aurait plus de bienséance à le nier qu'à le citer.

Leptine dira encore, je m'y attends, que sa loi n'ôte pas à celui qui en fut honoré sa statue, sa place à la table des prytanes, ni à la république le droit de rémunérer ceux qui en sont dignes; que ces bronzes, ces pensions et toutes les récompenses qu'il vous plaira, peuvent encore être décernés, hormis les dispenses. Voyez, dira-t-il, ce que je laisse à l'État; et moi, je réponds : En retirant à quelqu'un ce que vous lui avez donné, vous étendrez la méfiance sur toutes les grâces maintenues. Pourquoi, en effet, la faveur d'une statue ou de la nourriture aux frais de l'État paraîtrait-elle plus stable que celle des immunités, dès qu'on vous aura vus révoquer vos propres dons? D'ailleurs, quand cet inconvénient serait nul, je crois qu'il est mal de réduire l'État à l'alternative, ou d'élever tous ceux qui le servent au niveau de ses premiers bienfaiteurs, ou de laisser quelques services sans récompense. Les dévouements éclatants doivent, pour votre avantage, trouver rarement l'occasion de naître, et, peut-être, ne sont-ils pas faciles. Mais, en honorant les modestes services auxquels peuvent s'élever, dans la paix et le calme de la cité, le zèle, l'intégrité, la vigilance, vous satisferez, selon moi, à l'intérêt et au devoir. Il faut donc que les récompenses aussi aient leurs degrés, afin que chacun reçoive du peuple celle dont il paraîtra digne (61).

Mais, quand Leptine parlera de ce qu'il laisse aux hommes honorés de vos faveurs, les uns pourront lui faire cette réponse, aussi simple que solide : « Nous réclamons le maintien de tous les prix de nos services; » les autres diront : « Celui qui affirme que cette loi nous laisse une récompense, est un imposteur. » Un étranger, en effet, ou même un citoyen, dont les services n'ont paru mériter que les exemptions, et qui a reçu de vous ce seul honneur, quand il lui sera retiré, quel autre don lui restera-t-il, ô Leptine? Parce que tu accuses ceux-ci comme indignes, ne va pas dépouiller ceux-là (62); sous prétexte que tu n'as pas tout enlevé à l'un, n'arrache pas à l'autre son unique salaire. En un mot, le danger n'est pas dans l'injustice, plus ou moins grande, que nous ferons à un particulier; il est dans le discrédit où tomberont les récompenses dont nous aurons payé nos serviteurs. Un autre soin que celui des exemptions me travaille : je crains que la loi n'introduise la funeste habitude de n'avoir foi à aucune faveur populaire.

Nos adversaires ont encore inventé un argument trompeur sous les coups duquel ils espèrent vous entraîner à l'abolition des immunités : il est bon de signaler le piége caché où ils vous attendent. Toutes ces charges, diront ils, appartiennent à la religion : or, la dispense des obligations sacrées serait une aberration monstrueuse (63).

A mes yeux, la justice est dans le maintien des immunités conférées par le peuple; l'absurdité, dans la conduite de ces hommes, s'ils tiennent un tel langage. Les suppressions dont ils ne peuvent établir l'équité par aucun autre moyen, comment s'efforceraient-ils de les légitimer (64) au nom des dieux, sans l'insulte la plus grossière à la religion et au bon sens? Il faut, si je ne m'abuse, que toute action faite pour le ciel paraisse aussi pure que si elle reposait sur des motifs humains. Non, l'exemption des charges publiques n'est pas la dispense des devoirs du culte; et appliquer à une subvention pieuse le nom d'une obligation civile, c'est tendre un piége : j'en appelle à Leptine lui-même. Voici les premiers mots de sa loi : « Afin que les plus riches remplissent les charges publiques, nul n'est dispensé, à l'exception de la postérité d'Harmodius et d'Aristogiton. » Or, si l'immunité religieuse et l'immunité civile sont même chose, d'après quel raisonnement Leptine a-t-il ajouté cette exception? car cette postérité n'est certainement pas dispensée des obligations sacrées. — Pour confirmer ce que j'avance, prends d'abord l'inscription de la colonne (65), puis les premières lignes de la loi de Leptine. Lis.

Lecture de l'Inscription.

Vous l'entendez, ô Athéniens! l'inscription excepte de cette dispense les charges du culte — Lis maintenant le commencement de la loi.

Bien; assez! Après avoir écrit, *Afin que les plus riches remplissent les charges publiques, nul n'est dispensé*, Leptine ajoute, *à l'exception de la postérité d'Harmodius et d'Aristogiton*. Pourquoi cette clause, si une charge publique est un impôt religieux? S'il le soutient, le texte de sa loi ne sera-t-il pas en contradiction manifeste avec l'inscription? Je demanderais volontiers à Leptine : Quelle dispense est maintenant laissée par toi à ces descendants, ou leur fut donnée par nos pères, puisque les charges rentrent, dis-tu, dans la religion? Les anciennes lois ne les exemptent ni des contributions de guerre, ni de l'armement des vaisseaux; et, pour les autres réquisitions, si elles ont un caractère sacré, ils n'ont pas de privilège. Toutefois, je sais qu'ils sont exempts (66); de quoi donc? de la taxe des métèques? car c'est là le reste. Non, sans doute. Ils sont exempts des charges périodiques, comme le déclare l'inscription, comme tu l'as spécifié dans ta loi, comme l'atteste tout ce long intervalle de temps pendant lequel aucune tribu n'osa jamais porter pour la chorégie un seul membre de ces deux familles, ni aucun chorége désigné lui demander l'échange. Ne l'écoutez pas, s'il a l'audace de dire le contraire.

Avec une légèreté insidieuse (67), on objectera peut-être encore que des individus qui s'avouent Mégariens et Messéniens ont obtenu les exemptions par masses; on en désignera d'autres avec choix (68), des esclaves, des misérables qui ont fatigué le fouet, un Lycidas, un Denys, et plusieurs de cette trempe.

Ici, voici ce qu'il faut faire. Quand on tiendra ce langage, exigez, pour preuve, que l'on vous montre les actes législatifs où sont consignées ces immunités: car, chez vous, toute dispense des charges émane d'un décret ou d'une loi. Hôtes publics (69), à la bonne heure: beaucoup de gens semblables, au nombre desquels est Lycidas, ont, par vos ministres, obtenu ce titre; mais autre est de devenir proxène, autre de recevoir les immunités. Ne prenez pas le change; et, parce que l'esclave Lycidas, et Denys, et quelque autre peut-être, grâce à ceux qui trafiquent de pareilles nominations, sont devenus les hôtes d'Athènes, qu'on ne s'efforce point d'arracher vos justes récompenses à des hommes honorables, à des hommes libres, à vos bienfaiteurs. Oh! combien vos rigueurs envers Chabrias sembleraient, par cela même, plus révoltantes, si ces orateurs perfides, non contents d'avoir fait d'un Lycidas, son esclave, l'hôte de la république, enlevaient encore au maître, à cause du serviteur, une partie de ce qui lui fut donné, et cela sur une fausse allégation! Car ni ce Lycidas, ni aucun autre n'est dispensé à titre de proxène: l'immunité est l'objet d'une concession expresse. Or, le peuple ne la leur a point accordée; on ne peut le prouver; et le soutenir effrontément serait un crime.

Mais je veux remettre sous vos yeux la considération qui excitera toute votre méfiance, si vous m'en croyez, ô mes concitoyens! Quand on passerait à Leptine toutes les raisons qu'il alléguera pour démontrer la bonté de sa loi, si vous ne l'effacez, cette loi, il en restera une souillure ineffaçable sur le caractère national. Et quelle souillure! Nous passerons pour avoir trompé ceux qui nous ont fait du bien. C'est là une grande turpitude, vous en conviendrez tous; mais apprenez combien elle serait plus hideuse ici qu'ailleurs. Parmi vos lois les plus estimées, en voici une fort ancienne: *Celui qui aura forfait à ses engagements envers le peuple sera jugé; s'il est convaincu, la mort.* Et le crime que vous punissez de mort dans autrui, vous ne rougirez pas, ô Athéniens! de le commettre! Cependant, le devoir est de fuir toute bassesse, apparente ou réelle; et celle-là surtout que l'on poursuit hautement dans les autres: car il n'y a plus à balancer si l'on s'abstiendra d'une action, dès qu'on l'a soi-même condamnée. Evitez aussi, évitez scrupuleusement de paraître vous permettre comme citoyens ce que vous repousseriez comme hommes. Nul, parmi vous, ne retirerait un seul cadeau fait en son nom; il ne l'essayerait même pas. Peuple, ne révoque donc pas tes dons! Enjoins plutôt aux défenseurs de la loi, s'ils prétendent qu'il y a chez quelque privilégié une indignité fondée ou sur la nullité absolue des services récompensés, ou sur tout autre grief, enjoins-leur de l'accuser au nom de la loi contraire que nous annonçons aujourd'hui, et qui sera portée soit par nous, qui nous y engageons, soit par eux-mêmes, dès qu'il y aura des nomothètes (70). Chacun d'eux, sans doute, a un ennemi, Diophante, Eubule, ou quelque autre (71). S'ils reculent, s'ils ne veulent pas lancer une accusation, songez-y, Athéniens, serait-il honorable pour vous que des priviléges dont chacun d'eux n'ose dépouiller ses ennemis aux yeux de tous, fussent visiblement arrachés par vos mains à vos bienfaiteurs; et que des serviteurs zélés, irréprochables, se vissent, par votre loi, privés en masse de leur salaire, tandis que nos adversaires peuvent, s'il se rencontre un ou deux indignes, même davantage, obtenir ce résultat par des dénonciations, par des procès individuels? Dans mon opinion, cela serait mal, cela serait indigne d'Athènes (72).

Ne nous écartons pas non plus de cet autre motif: le moment de l'examen des titres était, en bonne justice, celui de la concession des priviléges, celui où aucun de nos adversaires ne protesta; mais, aujourd'hui, vous ne devez rien révoquer, à moins que, plus tard, les bénéficiaires ne vous aient fait quelque tort. Leur adressera-t-on ce reproche? la preuve sera impossible; et d'ailleurs, c'est à l'époque même où ils furent coupables qu'il les fallait punir (73). Mais, s'il n'en est rien, et que vous confirmiez la loi, on attribuera la suppression des immunités à la certitude du crime? non; à l'envie. Or, entre tous les vices ignobles, c'est celui-là qu'on doit fuir avec la plus vive horreur, ô Athéniens! Pourquoi? parce que l'envie est l'indice d'un naturel méchant; parce que l'envieux ne peut rien alléguer qui l'excuse. D'ailleurs, il n'est point de turpitude au-dessus de laquelle s'élève plus haut notre république, qui abhorre tous les genres de bassesses. Quelles preuves n'en a-t-elle pas données? Seule entre tous les peuples (74), elle mène le deuils des citoyens morts pour elle, et, dans des éloges funèbres, jette quelques fleurs sur les exploits de ses braves : noble usage, qui révèle une nation avide d'honorer la vertu, incapable de lui envier ses récompenses! Vous avez aussi accordé toujours les plus grands honneurs aux vainqueurs dans ces combats gymniques où l'on décerne des couronnes (75); et, parce que ces honneurs ne peuvent s'étendre au delà d'un petit nombre d'heureux, vous n'en êtes point jaloux, vous n'en retranchez rien. Athènes, en un mot, ne sembla jamais vaincue en générosité : tant la grandeur de ses dons surpasse les services reçus ! Or, tout ceci atteste, ô Athéniens! de la justice, de la vertu, de la magnanimité. N'enlevez donc pas aujourd'hui à notre patrie ce qui, dans tous les siècles, a fait sa gloire; et, pour aider Leptine à outrager la personne de quelques citoyens qui lui déplaisent, n'ôtez pas à la république, à vous-mêmes, la réputation d'honneur qui fut toujours votre partage. Croyez que, dans ce combat judiciaire, il ne s'agit de rien moins que de la dignité nationale : doit-elle subsister et se conserver pure? la verrons-nous dégradée, anéantie?

Parmi tant de choses qui, dans la loi de Leptine, excitent ma surprise, il en est une qui la porte au comble. A-t-il ignoré que si établir des peines sévères contre les crimes, c'est paraître éloigné d'en commettre, de même supprimer les récompenses des services, c'est se montrer disposé à n'en rendre aucun (76)? S'il l'a ignoré, comme cela pourrait être, il le fera voir bientôt, en vous laissant abolir une loi qui fut, de sa part, une erreur. Mais, s'il redouble d'efforts, s'il se roidit pour la maintenir, je ne puis le louer, ni ne voudrais le blâmer. Ainsi, Leptine, point d'altercation, point de violence pour obtenir un succès qui n'honorerait ni toi ni ceux que tu aurais persuadés, surtout depuis que la lutte est pour toi sans péril. Car la mort du père d'Aphepsiou, de Bathippe, qui avait accusé Leptine encore responsable, a laissé fermer l'intervalle de sa mise en jugement (77); et il n'est plus question aujourd'hui que de la loi; son auteur est à l'abri de tout danger. Mais j'apprends que tu vas disant que, de trois accusateurs, prédécesseurs d'Aphepsion, aucun n'a continué ses poursuites. Que prétends-tu par là? leur faire un crime de ne t'avoir pas exposé au péril? tu as donc, pour le péril, le plus violent amour! prouver la justice de ta cause? ce serait par trop de simplicité. Eh quoi! ta loi en vaudrait mieux, parce qu'un de tes accusateurs est mort avant le jugement; que tes séductions portèrent celui-ci à se désister; qu'entre toi et celui-là il y eut collusion? l'honorable défense!

On a choisi, pour syndics de la loi (78), des citoyens fort éloquents, Léodamas d'Acharnes, Aristophon d'Azénia, Céphisodote du Céramique, Dinias d'Erchia. Écoutez, Athéniens, ce que vous seriez en droit de leur répondre, et voyez si mes réflexions sont justes.

Et d'abord, Léodamas. Il a attaqué les récompenses de Chabrias, dont les immunités faisaient partie; il a comparu devant vous; il a succombé. Or, au même accusateur et sur le même sujet, les lois ne permettent deux fois ni procès privé, ni action en reddition de comptes, ni demande en dégrèvement, ni aucune poursuite judiciaire. Et d'ailleurs, les services de Chabrias ayant alors prévalu dans vos esprits sur les discours de Léodamas, aujourd'hui qu'à ces mêmes services se joignent ceux de beaucoup d'autres, quelle absurdité si tous ensemble pesaient moins que les paroles du même orateur !

Pour Aristophon, que de justes observations j'aurais à faire ! Il a obtenu de vous des grâces dans lesquelles étaient comprises les exemptions. Je ne vous en blâme point : au peuple appartient la libre dispensation de ce qui émane du peuple. Mais n'avoir rien vu de révoltant dans le privilége qu'il recevait lui-même, puis jeter de hauts cris dès que ce privilége est accordé à d'autres, et vous engager à les en dépouiller, voilà ce que j'appelle injustice. C'est lui, d'ailleurs, qui a proposé de rendre à Gélarque ses talents qu'il avait prêtés aux démocrates réfugiés dans le Pirée. Je l'approuve; mais, ô Aristophon ! ou ne fais pas payer, au nom du peuple, une dette contractée sans témoins; ou ne conseille pas de révoquer des récompenses que le peuple lui-même fait attester et par les inscriptions des temples, et par le sentiment intime de tous les citoyens : et qu'on ne voie point le même homme décrétant, comme un devoir, le remboursement d'un emprunt national, et demandant à la nation de retirer ce qu'elle a donné.

Quant à Céphisodote, deux mots seulement. Il ne le cède en éloquence à aucun orateur; mais il serait bien plus beau d'employer ce talent à poursuivre qui vous outrage, qu'à outrager qui vous fait du bien. Si la haine est inévitable, préférons du moins celle des hommes coupables envers le peuple à celle de ses bienfaiteurs.

J'arrive à Dinias. Il parlera peut-être des trirèmes qu'il a équipées, des charges qu'il a remplies. Pour moi, si Dinias (et par les Dieux! je n'en doute point) a bien mérité de la république, je l'inviterais plutôt à réclamer pour lui-même des récompenses, qu'à exiger l'annulation de celles que d'autres ont obtenues. Oui, il sied mieux de demander le prix de ses propres services, que d'envier aux services d'autrui leur honorable salaire.

Mais voici l'objection la plus forte, l'objection qui s'adresse à tous les syndics : déjà chacun d'eux a souvent rempli cette même fonction. Or, vous avez une loi très-sage, portée, non pour ces hommes, mais pour que le syndicat ne dégénère point en métier, en trafic d'impostures ; elle défend au syndic nommé par le peuple d'exercer plus d'une fois. Des hommes réunis pour maintenir une loi, pour en prouver l'utilité, doivent se montrer eux-mêmes soumis à la législation existante. Sinon, défenseurs de l'une de ses parties, transgresseurs d'une autre, ils joueraient un rôle ridicule. — Prends et lis la loi dont je parle.

Lecture de la Loi.

C'est là, ô Athéniens ! une ancienne et prudente loi ; et nos adversaires seront peut-être assez modérés pour se garder de l'enfreindre.

Encore quelques mots, et je descends. Vous devez travailler à rendre toutes vos lois aussi parfaites que possible, mais celles-là surtout d'où dépend l'agrandissement ou la décadence de la république. Or, quelles sont ces lois ? Celles qui récompensent le dévouement, qui punissent la trahison. En effet, si la crainte des peines légales détourne tous les citoyens de nuire à la patrie ; si l'émulation, produite par les faveurs réservées aux services, les range tous sur la ligne du devoir, qui empêchera qu'Athènes ne s'élève au faîte de la grandeur, qu'elle ne compte que des enfants dévoués, et pas un traître ? Mais la loi de Leptine, ô Athéniens ! déjà funeste en ce que la suppression des honneurs dus au patriotisme frappe de stérilité la noble ambition de vous servir, l'est encore parce qu'elle lègue à la république la honte qui s'attache à l'illégalité. Le coupable du crime de lèse-nation n'encourt, vous le savez, qu'une seule peine, d'après le langage formel de la loi : « La condamnation (80) ne donnera pas lieu à plus d'une peine, afflictive ou pécuniaire, au choix du tribunal. Il est défendu de les prononcer concurremment. » Celui-ci ne s'est pas renfermé dans de telles limites : mais quelqu'un demande-t-il une récompense ? « Qu'il soit dégradé (81), dit-il ; que ses biens soient confisqués. » Voilà deux peines. « Il sera dénoncé, traîné devant les tribunaux ; et, s'il est convaincu, on lui appliquera la loi portée contre les magistrats débiteurs du Trésor (82). » C'est-à-dire, la mort ; car telle est la punition de ce crime. Voilà donc trois peines. Ainsi, chez les Athéniens, il paraîtra plus dangereux de solliciter leur reconnaissance, que d'être accusé des plus graves attentats ! quelle atroce rigueur !

Cette ignoble loi, ô mes concitoyens ! est une œuvre mauvaise ; elle semble jalouse et tracassière : ici je m'arrête. On croirait que son auteur connaît ces passions. Mais vous, il ne vous convient pas de l'imiter, et de montrer des sentiments indignes de vous-mêmes. Car, au nom des Dieux, quel est le crime qu'Athènes entière abhorre le plus, et qui a éveillé toute la sollicitude de ses lois ? C'est le meurtre, objet spécialement confié à la vigilance de l'Aréopage. Dracon, qui, dans sa législation sur cette matière, voulant inspirer pour l'homicide la plus vive horreur, ordonne que le meurtrier soit écarté des purifications, des libations, des vases sacrés, des temples, de la place publique ; Dracon, qui étale tout l'appareil des peines qu'il croit les plus capables de détourner d'un pareil attentat, a fait cependant la part de l'innocence, et déterminé des cas où le meurtre serait toléré, où son auteur serait pur de crime. Tuer sera donc permis par vos lois ; et demander une récompense publique sera, sans exception, défendu par la loi de Leptine ! Non, non, Athéniens ; qu'il ne soit pas dit que vous êtes plus attentifs à priver de la reconnaissance nationale des services signalés, qu'à prévenir les assassinats. Rappelez-vous les circonstances où vous rendîtes bienfait pour bienfait ; rappelez-vous la colonne de Démophante (83), dont Pharmion a parlé, sur laquelle est gravé ce serment : *Tout citoyen mort pour la démocratie, recevra les mêmes récompenses qu'Harmodius et Aristogiton* ; et rejetez une loi qui vous rendrait parjures.

Écoutez encore une réflexion. Il n'est pas possible qu'une loi soit bonne, si elle ne statue de la même manière pour le passé et pour l'avenir. *Nul n'est dispensé, à l'exception de la postérité d'Harmodius et d'Aristogiton.* Fort bien. *Désormais*, est-il dit encore, *il ne sera plus accordé d'exemptions.* Quoi ! Leptine, pas même s'il se rencontrait d'autres Harmodius ? Si tu approuves les dispositions applicables au passé, pourquoi ne pas songer à l'avenir ? — Pourquoi ? parce que de pareilles conjonctures ne sont plus devant nous. — Qu'elles ne reviennent jamais, ô mes concitoyens ! Toutefois, vous êtes hommes ; par des paroles, par des lois présomptueuses, n'allez pas réveiller Némésis. Espérons un sort prospère, demandons-le aux Immortels, mais n'oublions pas que tout est fragile comme nous. Lacédémone se serait-elle jamais attendue à l'humiliation qu'elle subit (84) ? Syracuse, cette ancienne démocratie qui rendit Carthage tributaire, domina sur tous ses voisins, vainquit les flottes d'Athènes, pensait-elle qu'un seul homme, un scribe, un valet, deviendrait son tyran? Le Denys qui vit encore eût-il imaginé qu'avec une barque et une poignée de soldats, Dion le chasserait du trône, lui qui possédait tant de vaisseaux, tant de places, tant de troupes étrangères? Ah! sans doute, l'avenir est voilé pour tous les hommes, et de petites causes opèrent de grandes révolutions : il faut donc se modérer dans la prospérité; il faut songer aux chances de l'avenir.

Que de raisons l'on pourrait encore exposer pour vous convaincre que, dans tous les cas possibles, la loi de Leptine est vicieuse et funeste! Pour vous décider en peu de mots, et mettre fin à ce discours, faites le parallèle des conséquences qu'entraînera la révocation ou la confirmation de cette loi; puis gardez dans votre mémoire le résultat de cette comparaison, afin de choisir le meilleur parti. Si vous annulez la loi, comme nous le conseillons, vous laisserez leurs priviléges à ceux qui en sont dignes; pour les indignes, et il en est, ils en seront dépouillés; de plus, ils subiront une peine prononcée à votre choix, en vertu de la loi que je substitue; et Athènes se montrera loyale, juste, fidèle à toutes ses promesses. Si vous l'approuvez (ce qu'aux Dieux ne plaise!) les méchants feront peser une iniquité sur les bons; les indignes, auteurs du malheur des autres, demeureront impunis, et tous les peuples croiront Athènes perfide, envieuse, parjure. N'échangez pas, ô mes concitoyens! une telle ignominie contre votre renom, qui est sans tache : car la gloire ou la honte de votre commune décision rejaillira sur chacun de vous.

Est-il un seul citoyen, présent ici ou absent, qui ne sache que, devant le tribunal, c'est Leptine qui plaide contre nous, mais que, dans la pensée de chacun des juges, c'est l'envie qui lutte contre la générosité, l'iniquité contre la justice, les vices les plus bas contre les plus nobles vertus (85)? Obéissant aux motifs dignes de votre choix, et donnant vos suffrages à la cause que nous plaidons, vous prononcerez la sentence la plus juste, la plus honorable pour la république. Que l'heure du dévouement sonne alors, vous ne manquerez pas de citoyens prêts à s'exposer pour vous.

Toutes ces considérations exigent de vous une attention sérieuse. Craignez qu'on ne vous force à faillir. Que de décisions vous ont été arrachées, ô Athéniens! non par la conviction de leur justice, mais par les vociférations, les violences, l'effronterie des orateurs! Loin de vous aujourd'hui cet égarement! il y va de votre honneur. Que les motifs dont vous avez reconnu la solidité ne quittent pas votre pensée jusqu'à l'instant des suffrages, afin que vous prononciez, d'après votre serment, contre de funestes conseillers. Eh quoi! vous punissez de mort l'homme coupable d'avoir altéré la monnaie; et les orateurs faussaires qui altèrent le caractère athénien, vous leur accorderez la parole (86)! Non, mille fois non, par Jupiter et tous les Dieux!

Je ne sache pas qu'il en faille dire davantage, car toutes mes paroles, sans doute, ont été comprises (87).

NOTES

DU DISCOURS CONTRE LA LOI DE LEPTINE.

(1) J'ai fait usage de tous les secours que m'offraient les *Orat. Attici* de Dobson et l'*Apparatus* de Schæfer; mais le texte que j'ai habituellement suivi est celui de l'édition de Fr. A. Wolf, publiée en 1831 par Bremi. J'ai eu sous les yeux l'Auger de 1777 et celui de M. Planche, ainsi que la traduction de Le Cointe, 1756. Je dois une partie de l'introduction aux savants prolégomènes de Wolf; et à l'excellent ouvrage de Bœckh sur l'Écon. polit. des Athén., les détails que je présente sur les liturgies et sur leurs dispenses.

Ce discours est intitulé, πρὸς Λεπτίνην, et non κατὰ Λεπτίνου, parce qu'il s'adresse à Leptine contre sa loi, mais non contre sa personne. Les anciens le citent plus souvent sous le titre περὶ τῶν ἀτελειῶν, *Des Immunités*.

(2) C'est-à-dire, Aphepsion, Phormion et Ctésippe, adversaires de la loi de Leptine.

(3) *Les Trente.* — Les trente tyrans. Isocrate rapporte le même fait (Aréop., p. 225), et fait monter la somme, comme Xénophon (Hellén. II, 4, 19) et Plutarque (Lysandre, p. 449) à cent talents. Cet événement se rapporte aux deux premières années de la 94ᵉ olympiade. Après leur défaite à Ægos-Potamos, les Athéniens s'étaient divisés en deux factions, l'une composée des Trente et des partisans de l'oligarchie, l'autre formant le parti populaire. Celle-ci, ayant Thrasybule à sa tête, s'empara du Pirée, et, de ce poste, elle attaqua les Trente, réduits bientôt après au nombre de dix. L'oligarchie vaincue, une loi d'oubli (μὴ μνησικακεῖν) fut jurée de part et d'autre; et c'est là

ce que Démosthène entend par *les conventions*, τὰ ὡμολογημένα. (F. A. W.)

(4) On appelait ainsi les étrangers domiciliés. Sur leurs droits et leurs devoirs, on peut consulter le chap. vi du Voy. d'Anacharsis; et spécialement, sur leurs liturgies, Böckh, Écon. polit. des Athén., liv. iv, ch. 10.

(5) Pour bien saisir le raisonnement de Démosthène, il faut faire attention que, dans cette phrase, le mot λειτουργία ne désigne que les charges d'agrément, c'est-à-dire celles de chorége, de gymnasiarque et d'hestiarque.

(6) *Aucune exemption* : sans doute parmi ceux qui sont assez riches pour fournir à l'armement des vaisseaux. (Auger.)

(7) Ce passage, mal expliqué par Ulpien, a été très-controversé par les critiques modernes. F. A. Wolf et Schœfer rejettent l'explication d'Auger, qui n'a que l'apparence de l'exactitude et de la clarté. L'orateur a établi plus haut deux calculs, l'un réel, l'autre imaginaire et de concession. D'après le premier, les Athéniens, en abolissant les exemptions, gagneraient au plus dix têtes pour remplir les charges d'agrément; d'après le second, ils en gagneraient, par hypothèse, trente. Le premier de ces résultats est le seul vrai dans l'opinion de Démosthène. Il est donc très-probable qu'il raisonne ici d'après ce calcul réel, abandonnant les concessions qu'il vient de faire. De là il suit, dit Schæfer (*Apparat.*, t. iii, p. 110), que la loi de Leptine n'ajoutera tout au plus à chacune des dix tribus qui ont une chorége ou fournisseur; peut-être même il n'y en aura qu'un par couple de tribus, δυοῖν φυλαῖν, ou de deux tribus l'une, c'est-à-dire cinq, en tout. La suite du raisonnement prouve assez, d'ailleurs, que ceci s'applique et aux Athéniens, et aux étrangers domiciliés. Auger l'a reconnu : mais il n'a pas fait attention que le mot χορηγὸν doit s'entendre ici dans son acception la plus vaste, *fournisseur gratuit pour toutes les charges d'agrément*. Cette explication est aussi celle de Markland.

(8) Une classe favorisée de métèques portait le nom d'*isotélie* : la nature n'en est pas bien connue, à raison du manque de renseignements... Les isotèles avaient le droit de posséder des biens-fonds; sous le rapport des prestations et des impôts, ils étaient assimilés aux citoyens, comme l'indique l'expression par laquelle on les désignait; ils ne payaient point la taxe des métèques, et ne supportaient aucune des charges de ceux-ci, mais seulement celles des citoyens. (Böckh, liv. iv, ch. 10.) Le Comte dit que les *isotèles* avaient obtenu *la petite bourgeoisie*. Dans ce passage, ce sont particulièrement les métèques, ou étrangers domiciliés, que désigne le mot ξένων.

(9) Leucon, successeur de Satyros, son père, régna sur le Bosphore Cimmérien depuis 393 av. J. C. jusqu'à 353, époque où son fils Spartacus monta sur le trône. De tous les souverains de cette contrée, Leucon fut le plus célèbre pour son bonheur et sa sagesse. Voyez Diodore, xiv, 93. (F. A. Wolf.) Ne résidant pas à Athènes, ce prince était dispensé des charges publiques; mais d'autres redevances, comme les droits de douane, pouvaient être exigées de lui, d'après la loi de Leptine. (Seager.)

— *Prince de Bosphore*. Ce mot semble montrer aux Athéniens les vaisseaux qui leur amenaient du blé de cette contrée. Ces transports devenus plus rares, cessant peut-être, par suite de l'annulation des priviléges de Leucon, la loi de Leptine va affamer la république! (Ulpien.)

(10) Lollianus exprime ainsi la même idée : « Une loi a fermé les bouches du Pont; pour couper les vivres au peuple athénien, il a suffi de quelques syllabes; et Leptine, avec sa loi, a pu faire ce que fit Lysandre avec ses flottes! » Et c'est dans Athènes, non loin de la tribune aux harangues, que le sophiste déclamait pompeusement cette parodie de l'éloquence la plus mâle et la plus simple!

(11) Ces autres contrées étaient la Sicile, Cypre, l'Eubée, l'Égypte, la Libye, la Syrie et la Thrace. Sur l'approvisionnement et la consommation du blé dans l'Attique, on peut consulter Böckh (Économie polit., etc., liv. i, ch. 15). Ce qui était vrai du temps de Démosthène, au sujet des riches moissons du Pont, est encore vrai aujourd'hui dans cette partie de l'Anatolie.

(12) Harpocration, au mot Σιτοφύλακες, cite un passage du traité *de la République d'Athènes* d'Aristote, ainsi rétabli par Böckh, d'après les premières corrections de Valois : ἦσαν δὲ τὸν ἀριθμὸν πάλαι μὲν τρεῖς, ὕστερον δὲ πεντεκαίδεκα· δέκα μὲν ἐν ἄστει, πέντε δὲ ἐν Πειραιεῖ. « Il y avait anciennement trois inspecteurs des grains; plus tard, on en établit quinze, dix dans la ville, et cinq au Pirée. »

Dans le calcul qui suit, Démosthène a adopté une proportion de nombres moins exacte que commode pour la mémoire de ses auditeurs.

(13) Le mot *Bosphore*, ici et plus haut, désigne, non un pays, mais une ville située sur le Bosphore Cimmérien. C'était, sous un autre nom, la fameuse Panticapée. (Pline, H. N., iv, 12, 24.)

Theudosie, ancienne ville grecque, était une colonie milésienne du Pont. Leucon lui avait donné le nom de sa sœur ou de son épouse. (Périple du P. Euxin, anonyme; Ulpien.) Cette ville (aujourd'hui Kaffa) était au sud de Panticapée.

(14) « Aujourd'hui la banqueroute, la hideuse banqueroute est là; elle menace de consumer vous, vos propriétés, votre honneur : et vous délibérez! » (Mirabeau à l'Assemblée Nationale, séance du 26 septembre 1789.)

(15) Le mot ἱερὸν désigne un lieu voisin de l'Hellespont, ainsi nommé à cause d'un *temple* des dieux bâti là par les Argonautes, à leur départ pour la conquête de la Toison d'or. (Ulpien.) Ce temple était à l'entrée du Pont, κατὰ τὸ στόμα τοῦ Πόντου, *Schol.*; in Ponti ore et angustiis, *Cic.*, Verr., iv, 57. Spon et Wheler nous ont conservé l'inscription de la statue de Jupiter qui était dans ce lieu.

(16) Auger : « Que dira le citoyen qui portera un décret pour nous justifier? » Il n'est pas question de décret : ici ψήφισμα désigne le *rescrit* ou la réponse que fera la république à Leucon.

(17) Le citoyen désigné pour remplir les charges les plus dispendieuses pouvait offrir d'échanger sa fortune contre celle d'un Athénien ou d'un étranger propriétaire ou domicilié, qu'il prétendait être devenu ou avoir toujours été plus riche que lui. Ce dernier était obligé ou d'accepter l'échange, ou de s'acquitter des charges à la place du premier. En principe, cette loi de Solon était sage; dans la pratique, elle était vicieuse, parce que les contestations qui s'élevaient au sujet de ces échanges firent souvent perdre le moment décisif pour les expéditions militaires. Sur les formalités de *l'échange*, on peut consulter les Antiq. Gr. de Robinson, liv. ii, ch. 9; et Böckh, liv. iv, ch. 16.

(18) On dit que les enfants d'Épicerde avaient quitté Cyrène pour s'établir à Athènes, et que, pour cette raison, ils avaient besoin d'user de l'exemption accordée à leur père par cette république. Présents sur les lieux, ils auraient pu être appelés à remplir les charges. (Ulpien.) Épicerde était mort quand ce discours fut prononcé; mais Démosthène confond ceux qui avaient obtenu les priviléges avec leur postérité. Il semble, par là, les représenter dépouillés, même au delà du tombeau. (F. A. Wolf.)

(19) C'est la guerre *Décélique*, qui dura dix ans, depuis l'olymp. 91, 3, jusqu'à l'établissement des trente tyrans, imposés aux Athéniens par Lacédémone victorieuse.

(20) Ces ennemis d'Athènes sont les Syracusains. Il

paraît qu'à l'époque du désastre des Athéniens dans la Sicile, Epicerde habitait Syracuse. (Reiske.)

(21) L'exemption était de deux sortes : elle portait ou sur le commerce, ou sur les charges publiques. Or, un étranger, un Libyen n'était pas soumis à ces charges; et, d'ailleurs, Epicerde n'était pas commerçant. (Ulpien.) Je m'étonne que F. A. Wolf semble se faire honneur de cette explication, qu'il accompagne de ces mots, *mihi quidem si divinare licet.*

(22) *Les Quatre-Cents.* — Ce sont ceux qui, dirigés par Pisandre et Antiphon, avaient renversé la démocratie, et s'étaient emparés du gouvernement de la république l'an 412 av. J. C. Cette oligarchie ne fut que le prélude de la domination plus longue et plus tyrannique des Trente, dont il a été question dans la troisième note. Voyez Thucydide, VIII, 64, et Harpocration, au mot Τετρακοσίοι. Sept ans plus tard, le peuple, sous la conduite de Thrasybule, se retira dans Phylé, et ensuite s'empara du Pirée. Les défenseurs du parti démocratique, étrangers et citoyens, reçurent des récompenses, comme l'atteste Lysias, dans son plaidoyer contre Philon.

(23) Cette bataille fut livrée dans la plaine de Némée l'an 395 av. l'ère chrét., la première année de la guerre *de Corinthe*, dans laquelle les Grecs de la Béotie, de l'Attique, de l'Argolide, de la Corinthie furent aux prises avec les Lacédémoniens. Cette guerre se termina par la paix honteuse d'Antalcidas, dont Xénophon donne les articles dans le quatrième livre de son Histoire Grecque.

(24) La vingt-troisième année de la guerre du Péloponèse, Ecphante, chef de la faction athénienne à Thasos, fit embrasser la cause d'Athènes à cette île de la mer Égée, et à quelques villes de la Thrace, qui en est voisine. — Il est parlé, dans *les Helléniques* de Xénophon, IV, 8, 27, de la prise de Byzance, soumise auparavant aux Lacédémoniens (392 av. J. C.) Au lieu d'Archébios et d'Héraclide, cet historien ne nomme qu'Anaxylas. — *Des dîmes navales :* la puissance qui dominait dans l'Hellespont levait un impôt sur les marchandises. Ainsi, la vente des dîmes a sa source dans le droit ancien. — *Les conditions de la paix :* c'est la paix d'Antalcidas, dont il a été question plus haut. Déshonorante pour Lacédémone, ruineuse pour une partie de la Grèce, cette paix fut avantageuse à la république athénienne. (F. A. Wolf, et Schæfer.)

(25) Les Athéniens avaient quelques troupes dans le voisinage des villes chalcidiennes, avec lesquelles ils étaient en guerre; ils s'étaient même emparés de Potidée, ville bâtie sur l'isthme qui joignait Pallène à la Macédoine, appelée d'abord Phlégra, et, plus tard, Cassandrie. Les Potidéens, las de la domination athénienne, voulurent se donner à Philippe dans le même temps que Pydna (l'ancienne Cytros, aujourd'hui Kitros), ville macédonienne, située sur le golfe thermaïque (golfo di Salonichi), fameuse jusqu'alors par sa fidélité, se révolta pour se donner aux Athéniens. Après d'inutiles négociations, Philippe marcha contre Pydna, où il entretenait des intelligences, la prit, et vint ensuite s'emparer de Potidée dont les portes lui étaient ouvertes, 357 av. J. C. (Extr. de l'Hist. de Philippe par Olivier, l. II.)

(26) Ce sont les colonnes sur lesquelles était gravé le texte des décrets portés en faveur d'Archébios, d'Héraclide et des Thasiens. Peut-être Démosthène les montrait-il au lieu où il parlait : voilà pourquoi il dit simplement *ces colonnes.* Quelques monuments grecs de ce genre subsistent encore.

(27) Je ne prends pas les mots πλείστους εὐεργέτας dans le sens absolu que leur donnent J. Wolf et Auger. Je crois, avec Le Cointe, que πλείστους répond ici à notre superlatif relatif, *les plus nombreux.* Cette acception, autorisée par l'usage et la grammaire, s'appuie encore sur le rappro-

chement de πόλεως et de πολίτας, que j'ai tâché de rendre. La pensée de Démosthène en acquiert plus de force et d'ensemble.

(28) Les deux plus beaux faits qui honorent la vie du célèbre père de Timothée, sont le combat naval dans lequel il défit les Lacédémoniens près de Cnide, neuf ans avant la naissance de Démosthène, et, ce qui en fut la conséquence, la reconstruction des murailles du Pirée et d'Athènes, que Lysandre avait fait démolir, et que Conon releva avec l'argent de la Perse. Andocide, Dinarque et Isocrate le comblent d'éloges à ce sujet.

F. A. Wolf conjecture que ce pompeux éloge de Conon est une manière indirecte de plaider la cause de son petit fils, à qui la loi de Leptine enlevait les priviléges qu'il tenait de son père et de son aïeul.

(29) Après la victoire de Cnide, les Cyclades ne tardèrent pas à se détacher de Lacédémone; et Pharnabaze, satrape de Lydie, qui avait des droits sur d'autres îles voisines de l'Asie, les laissa libres à la prière de Conon.

(30) Non-seulement le titre de *libérateur des alliés,* était une nouveauté, mais, avant Conon, le nom d'un citoyen, même d'un général, n'avait jamais été inscrit sur un monument public. (F. A. Wolf.)

Un peu plus bas, Reiske et A. Wolf traduisent πρὸς ὑμᾶς αὐτοὺς par *apud vos solos.* Mais, partout où ces mots sont unis, ils signifient *vous-mêmes.* D'ailleurs, Conon fut honoré non-seulement par les Athéniens, mais par tous les Grecs qui avaient supporté impatiemment le joug de Sparte. (Schæfer.)

(31) Dans la seconde guerre des Perses, Athènes avait été presque entièrement détruite. Les Athéniens, de retour dans leur ville, qu'ils avaient abandonnée pour se mettre sur leurs vaisseaux, voulaient la rétablir et l'environner de bonnes murailles. Les Lacédémoniens, qui commençaient à être jaloux de leur puissance, entreprirent de s'opposer à ce qu'ils relevassent leurs murs ; ils employèrent le prétexte du bien public. L'intérêt commun, disaient-ils, demandait qu'on ne laissât hors du Péloponèse aucune ville fortifiée, de peur que, en cas d'une seconde irruption, elle ne servît de place d'armes aux Perses. Thémistocle pénétra sans peine leur dessein véritable ; mais, voyant qu'ils pouvaient se joindre aux alliés, et empêcher, par la force, l'ouvrage commencé, si on leur donnait une réponse absolue et négative, il conseilla au Sénat d'employer la ruse. (Auger.) Son stratagème est aussi raconté par Thucydide, I, 90; Élien, Hist. Div., III, 47 ; C. Népos, Thémist., ch. 6.

Ici, Thémistocle et Conon ne sont comparés que sur un seul fait, le rétablissement des fortifications. (Ulpien.)

(32) Littéralement, *après avoir triché,* παρακρουσάμενος. Harpocration : « Ce mot signifie, dans le principe, donner une secousse pour frauder, en pesant ou mesurant une marchandise. » Παρέκρουεν est alors synonyme de κρουσιμετρεῖν. D'autres en font l'équivalent de ὑποσκελίζειν, *donner un croc-en-jambe.* Voy. Stanley, sur le Disc. pour la Lib. des Rhod. *Orat., attic.* de Dobson, t. II, p. 526.

(33) Démosthène, ici, arrive à son client, conduit, en apparence, plutôt par la chaîne des temps que par une combinaison de l'art. Mais c'est une erreur de croire, avec quelques critiques, que le seul but de ce discours soit le maintien des immunités du fils de Chabrias. La première phrase de ce discours prouve le contraire. Ctésippe était décrié pour sa vie déréglée; peut-être, avant ce procès, n'avait-il pas encore poussé l'infamie jusqu'à vendre les pierres du monument national élevé à la mémoire de son père. Mais ses prodigalités et ses débauches nous expliquent du moins pourquoi l'orateur, dans cet admirable morceau, redouble d'efforts et de ménagements envers Leptine. Le mauvais renom du client suffit aussi pour comprendre

quoiqui son défenseur ne l'a pas nommé une seule fois.

(34) Après la délivrance de Thèbes par Pélopidas, les Athéniens (377 av. J. C.) se coalisèrent avec un grand nombre de peuples grecs contre Lacédémone, dont la tyrannie renaissait avec ses forces, et qui était soutenue par une partie du Péloponèse. La direction de cette guerre fut confiée à Chabrias, à Timothée, fils de Conon, et au célèbre orateur Callistrate. Dès la première année, une victoire fut gagnée près de Thèbes par un stratagème de Chabrias; et la flotte athénienne, pour la première fois depuis la guerre du Péloponèse, battit les Lacédémoniens près de l'île de Naxos. *Voy.* Diodore, xv. — Le Spartiate Gorgopas, lieutenant de l'amiral Hiérax, avait été laissé dans Égine pour défendre cette île. Il fut vaincu et tué par Chabrias. Lorsque la paix fut rétablie dans la Grèce, on envoya ce général dans l'île de Cypre, au secours d'Évagoras, roi de Salamine, qui s'était révolté contre le roi de Perse. Chabrias, par ses succès, lui fit obtenir une paix honorable, 390 av. J. C. Il passa ensuite en Égypte, pour commander les troupes d'Acoris, qui avait aussi levé l'étendard contre le grand roi; et, longtemps après, il accepta les propositions de Tachos, souverain de cette même contrée, qui avait déjà Agésilas à sa solde, et il alla prendre le commandement de ses forces navales.

(35) « Quelle partie du monde habitable n'a pas ouï les victoires du prince de Condé, et les merveilles de sa vie? On les raconte partout; le Français qui les vante n'apprend rien à l'étranger; et, quoi que je puisse aujourd'hui vous en rapporter, toujours prévenu par vos pensées, j'aurai encore à répondre au secret reproche que vous me ferez d'être demeuré beaucoup au-dessous. » Bossuet.

(36) Clavier trouve de l'exagération dans cet éloge (B.ie. univ., art. Chabrias.) A. Wolf est du même avis; mais il ajoute avec raison : « Potest autem fieri ut res, quas hodie ignoramus, splendida hæc mendacia Atheniensibus verisimilior a fecerint. »

(37) La première année de la guerre Sociale (358 av. J. C.), Chabrias parvint à forcer l'entrée du port de Chios; mais, n'ayant pas été suivi par le reste de son escadre, il fut enveloppé, et périt en défendant son vaisseau, quoiqu'il eût pu facilement échapper en se jetant à la nage.

(38) « Chabrias, naturellement paresseux et difficile à émouvoir, s'animait, s'enflammait tellement dans les combats, que son courage le précipitait dans les plus grands dangers avec la dernière témérité. » Plutarque, *Phoc.*, vii; trad. de Ricard.

(39) Le ton familier de cet ordre, cette courte interruption, suivie d'un nouvel argument que présente l'orateur pendant que le greffier, un peu embarrassé, cherche la pièce qu'il doit lire, tout nous montre ici que, même en retouchant un discours après la séance où il avait été prononcé, Démosthène avait soin de lui conserver une apparence d'improvisation capable de transporter en idée le lecteur au tribunal ou dans l'assemblée populaire. On voit encore quelque chose de semblable dans son plaidoyer contre Midias, dans sa harangue sur les prévarications de l'ambassade, et dans plusieurs passages des discours contre Phénippe et contre Timocrate. Cicéron a quelquefois poussé jusque-là l'imitation de l'art grec; en voici un exemple, tiré d'un discours qu'il n'a pas même prononcé. A propos de deux statues enlevées par Verrès : *On les appelait Canéphores*, dit-il; puis, feignant de manquer de mémoire et de se faire aider par un de ses auditeurs : *Mais l'artiste, qui est-il? qui donc?....... Vous avez raison: c'était Polyclète*. Deuxième act. contre Verrès, iv, 3.

(40) On avait élevé une statue de bronze à Iphicrate, et ce général fut nourri aux frais de l'État, dans le Prytanée. — Strabax, sur qui Harpocration ne nous apprend rien, fut probablement un compagnon d'armes d'Iphicrate.

— Un passage de la première Philippique désigne Polystrate comme un des généraux qui commandaient les troupes étrangères à la solde d'Athènes dans la guerre de Corinthe. — Timothée avait aussi reçu les honneurs d'une statue et quelques autres récompenses. — Reiske conjecture que Cléarque est le même qui fut tyran d'Héraclée, ville du Pont.

(41) Outre les immunités et plusieurs autres honneurs décernés à Chabrias pendant sa vie, on lui érigea une statue qui le représentait dans l'attitude qu'il avait fait prendre à ses soldats pour intimider l'armée d'Agésilas par un stratagème. « Plusieurs savants ont cru reconnaître ce monument dans la statue appelée communément *le Gladiateur*. » Clavier. *Voyez* aussi Gillies, Hist. de l'anc. Gr., t. v, p. 8, trad. de Carra.

(42) Les anciens supposent souvent les âmes des morts sensibles à ce qui se passe sur la terre. Platon, *Menex.* ch. 21; Lycurgue, contre Léocr., p. 231; Cicéron, neuvième Philipp. c. 6; Tacite, Agric., c. 46. Mais que Bossuet tire un bien plus grand parti de cette hypothèse si poétique et si religieuse! « Grande reine, je satisfais à vos plus tendres désirs quand je célèbre ce monarque; et ce cœur, qui n'a jamais vécu que pour lui, se réveille, tout poudre qu'il est, et devient sensible (λάβοιεν αἴσθησιν), même sous ce drap mortuaire, etc. » Or. fun. de la R. d'Angl.

Dans la phrase suivante, j'aurais voulu reproduire le rapprochement de τὰ καλῶς πραχθέντα et de μὴ καλῶς ῥηθῆ τῷ λόγῳ : mais je n'ai osé dire : « Si leurs beaux faits, quand nous ne les racontons pas en beau langage, sont non avenus, malgré tant de travaux, etc. »

(43) Θεσμοθέται était le nom des six derniers archontes. Leur principal devoir, comme ce nom l'indique, était de garantir les droits du peuple et de veiller au maintien des lois. (Harpocrat., s. v. Θεσμοθ.) — *le Conseil*, τῇ Βουλῇ : c'est le Conseil des Cinq-Cents, appelé quelquefois, par abus, Sénat.

(44) Le texte de cette phrase est évidemment altéré. J'ai préféré, malgré Schæfer, la correction d'A. Wolf à celle d'Auger. Wolf retranche τότε, comme étant une glose de τέως; il rapporte τὸν τρόπον τοῦτον à ὡς ἂν συῇ, et non à ce qui précède; enfin, il considère τέως μὲν et ἐπειδὴ δὲ comme répondant l'un à l'autre, selon l'usage des Attiques.

(45) C'est-à-dire, *on porte des lois tous les ans, et aussi facilement que des décrets*. D'ordinaire, les décrets n'avaient force que pour un an, à moins qu'ils ne fussent mis au nombre des lois; mais on portait tant de lois chaque année, qu'il y avait toujours des lois plus nouvelles que les décrets. (Reiske.) Sur la différence du νόμος et de ψήφισμα, *voy.* les Antiq. grecq. de Robinson, liv. 3, ch. 4; et Schömann, *de Comitiis Atheniensium*, lib. 2, c. 7.

(46) C'étaient les statues des héros qui avaient donné leurs noms aux tribus d'Athènes. Elles ornaient l'ancien forum (ἀρχαία Ἀγορά) : c'est là que l'on suspendait les tablettes contenant les décrets préliminaires du Conseil, les projets de lois, les accusations publiques. (Libanius.)

(47) Démosthène ne fait lire que les dispositions de sa loi qui combattent celle de Leptine.

(48) Auger s'est trompé en appliquant ὅδε à Démosthène : les orateurs ne parlaient pas d'eux-mêmes à la troisième personne, comme faisaient parfois les poëtes comiques. Ce pronom se rapporte-t-il à Ctésippe? quelques-uns l'ont cru. Mais Ulpien, pour cette fois, lève la difficulté. « C'est Aphepsion, dit-il, qui est désigné ici; et ce qui le prouve clairement, c'est que, plus bas, l'orateur engage Phormion dans la promesse qu'il fait d'une loi nouvelle. » On sait que Phormion était l'avocat d'Aphepsion.

(49) Dans quelle occasion? lorsque, selon l'usage, la cause de la loi de Leptine avait été d'abord agitée devant

les six derniers archontes, avant d'être déférée au tribunal des Héliastes. *Voy.* Anacharsis., ch. xiv.

(50) Ce passage est fort obscur. 1° Démosthène a cité plus haut une loi de Solon, d'après laquelle le promoteur d'une loi contraire à la législation établie doit d'abord faire annuler celle qu'il combat; puis, cette abrogation prononcée, présenter son projet : et ici, en vertu d'une autre disposition légale, ancienne aussi, l'adoption de la loi nouvelle serait, en fait et en droit, la conséquence immédiate de la révocation de la loi attaquée. 2° Cette disposition légale est formelle (σαφῶς κελεύει), et l'orateur doute de la force de cet appui; il craint la contradiction. On ne peut lever ces deux difficultés qu'en supposant cette vieille loi subsistant de fait, mais tombée en désuétude.

(51) *Le Conseil.* — Ici, ce mot indique probablement l'Aréopage et le Conseil des Cinq-Cents. La loi que cite l'orateur remonte à une époque où l'on ne désignait guère le premier de ces deux corps par le mot δικαστήριον sans déterminatif. — Démosthène, et Aristide, § 86, expliquent les mots τὰ ἔσχατα πάσχειν par θανάτῳ ζημιοῦσθαι, *morte mulctari*, peine attachée ordinairement au crime de lèse-majesté. (F. A. Wolf.)

(52) Les mots ἢ ὃν νῦν ἀφ' ἑαυτοῦ τίθησιν renferment une difficulté que tous les commentateurs ont éludée. Il est impossible qu'ils se rapportent à la loi de Leptine attaquée par Démosthène dans ce discours; et ils indiquent évidemment un fait, celui d'une autre proposition législative du même Leptine, ayant probablement pour but de modifier sa propre loi. Ou cette interprétation est vraie, ou le texte est corrompu. — Bekker et Schæfer ont adopté la leçon ἀφ' ἑαυτοῦ, au lieu de ἐφ' ἑαυτοῦ.

(53) C'est-à-dire, d'enfants mâles légitimes (ἂν μὴ παῖδες ὦσι γνήσιοι ἄρρενες. Démosth., deuxième plaid. contre Stéphanos). Les autres conditions que déterminait cette loi étaient que l'esprit du testateur ne fût point aliéné par la folie, la vieillesse, les enchantements (φαρμάκων), la maladie, les suggestions d'une femme, la violence et la prison.

(54) Après Λακεδαιμονίοις, les anciennes éditions suspendent la phrase et ajoutent ces mots, τὰ τῶν Ἀθηναίων ἐπαινεῖν νόμιμα, οὐδὲ τὰ τῶν δεινῶν, *louer les institutions d'Athènes, ou celles de telle ou telle république.* Markland, d'après une conjecture de Lambin, et A. Wolf, d'après Markland, les ont retranchés, comme une interpolation de glossateur. Aux motifs sur lesquels ils se fondent on peut ajouter : 1° Le texte de cette ligne même contient une variante suspecte, sur laquelle on a accumulé les corrections; 2° τὰ τῶν δεινῶν a bien l'air d'appartenir à une note. J. Wolf dit que Démosthène désigne ainsi les Thébains par mépris : mais, tout à l'heure, il va accabler de son mépris en les nommant. 3° Schæfer avance à tort que cette suppression répand de l'obscurité sur le passage : il est assez éclairci par les mots ἐὰν ταῦτα λέγωσιν. Reiske et Bekker ont cependant conservé cette ligne.

(55) Isocrate, Plutarque et Cicéron confirment ce que dit ici Démosthène de la souveraineté du Sénat de Sparte.
— *Un petit nombre d'égaux.* Paulmier entend par τῶν ὁμοίων la classe aristocratique dans laquelle on choisissait les membres du Sénat. Auger veut que ce soit le conseil des éphores. A. Wolf les réfute tous deux, et se plaint du silence de l'antiquité. Schæfer propose, avec beaucoup de vraisemblance, de prendre ce mot dans son acception ordinaire, *cum paribus, mit seines gleichen.*

(56) Voilà encore une de ces idées qu'Aristide gâte en les reproduisant : Ὑμῖν φιλανθρωπίας, ἐκείνοις δ' ὠμότητος περίεστιν. Ce rhéteur ne semble-t-il pas reprocher aux Athéniens d'avoir de l'humanité de reste?
— *Envers Orchomène.* Cette ville (aujourd'hui Skripo),

située en Béotie, sur la rive occidentale du lac Cop[…], fut saccagée par les Thébains vers 364 av. J. C. Pla[…] Thespies avaient auparavant subi le même sort.

(57) Cette pensée paraît empruntée à Lysias (Disc. […] tre Nicomaque), qui démontre ainsi la nécessité de ne […] changer aux rites religieux établis par les ancêtres. (Ma[…] kland.)

(58) On appelait *hermès* des gaînes en bois ou en pier[…], qui étaient surmontées d'une tête de Mercure. Une ru[…] un portique d'Athènes en étaient remplis.

(59) Plutarque (vie d'Aristide) : « La république fit d[…] à Lysimaque, fils d'Aristide, de cent mines d'arge[…] d'autant de plèthres de terre, plantés d'arbres, et en[…] quatre drachmes par jour. Alcibiade en dressa le déc[…]. Suivant Ulpien, ce Lysimaque n'avait rendu aucun serv[…] à l'État; et A. Wolf voit dans les mots un peu insignifi[…], ἑνὶ τῶν τότε χρησίμων, un éloge de commande. Le p[…] thre, mesure de cent pieds grecs, égale trente m[…] huit cent vingt-six millimètres.

(60) Ce serment est cité par Pollux (viii, 10), à très p[…] près dans les mêmes termes qu'emploie notre orateur. […] paraît que les juges le renouvelaient avant chaque proc[…], usage observé aussi par les Romains (Justin., xii, C, […] *judic.*). Il ne faut pas le confondre avec le serment d[…] Héliastes, plus développé, plus solennel, dont Démosth[…] nous a conservé la formule dans son discours contre T[…] mocrate, et que chaque citoyen ne prêtait qu'une f[…] pendant la durée de ses fonctions judiciaires.

(61) Toute l'adresse de l'argumentation de Démosth[…] ne peut nous cacher cette vérité, proclamée par Mont[…] quieu, et répétée à notre tribune : « C'est une règle génér[…] que les grandes récompenses, dans une monarchie et d[…] une république, sont un signe de leur décadence, p[…] qu'elles prouvent que leurs principes sont corromp[…] Espr. des lois, liv. v, ch. 18.

(62) A. Wolf rapporte le pronom οἶδε à ceux qui r[…] vaient reçu que l'immunité; et ἐκείνοι à ceux qui joign[…] à l'immunité d'autres priviléges. C'est aux premiers […] applique les mots ὡς φαύλων, parce que leurs serv[…], plus faibles, les exposaient davantage à être consi[…] comme indignes. Le raisonnement de Démosthène de[…], par là, un peu subtil : mais l'interprétation d'Augu[…] de Seager (Diar. Classic., LVI, p. 258) suppose gratui[…] trois classes de privilégiés désignées par οἶδε et ἐκεῖν[…], tandis que l'orateur, avant et après cette phrase, ne p[…] que de deux.

(63) Les lois relatives au culte divin et à ceux qui ét[…] ciaient dans les cérémonies religieuses, aux […] citoyens des obligations personnelles et pécuniaires, d[…] on peut voir le détail dans les Antiq. grecq. de Robin[…], liv. iii, ch. 2 et 3. Le mot ἱερῶν désigne ici ces obligations, dont la loi civile ne pouvait relever personne, parce qu'e[…] ne statue pas sur les rapports de l'homme avec Dieu. […] Comment Leptine pourra-t-il dire que les charges publiqu[…] appartiennent à la religion? C'est sans doute à cause d[…] fêtes et des prières publiques qui étaient l'occasion d[…] l'accompagnement inséparable de la chorégie, de la gy[…] nasiarchie, etc. — A. Wolf et Schæfer trouvent une i[…] terpolation dans les mots αἱ χορηγίαι, καὶ αἱ γυμνασιαρχ[…] qui ne présentent pas même une glose complète, et q[…] sont mis entre deux [ ] non-seulement dans toutes les é[…] tions, mais dans tous les manuscrits. — Avec ces de[…] critiques et Auger, je rapporte, dans la phrase suiv[…] τούτων ἢ τὰ ἀναλώματα, et non à τῶν ἱερῶν, comme a f[…] Reiske.

(64) Mot à mot, *de le faire;* mais ταῦτα ποιεῖν est em[…] demment ici pour δεικνύναι δίκαιον ὑμᾶς ἀφελέσθαι τ[…] Voici la phrase suivante rendue littéralement : Car faut, du moins à ce qu'il me semble, que toutes les act[…]

que l'on fait en les rapportant aux dieux (τοὺς θεοὺς ἐπισημίζων, prætexens honestum et speciosum deorum nomen, *Reiske*), paraissent avoir un caractère tel que, (si elles étaient) faites en vue des hommes (ἐπ' ἀνθρώπου, ὀνόματι δηλονότι, *Ulpien*; humana auctoritate, F. A. Wolf), elles ne paraîtraient pas méchantes. J. Wolf : *ut nec ab homine facta* : de là, la correction fautive, ὑπ' ἀνθρώπου, qu'Auger n'a pu appuyer sur aucune variante ; et cette phrase amphigourique, réimprimée dans l'édition de 1820 : « Oui, du moins à ce qu'il me semble; car toute action, faite au nom des dieux, doit être telle que, faite par un homme, elle ne paraisse pas mauvaise. » A. Wolf, après avoir expliqué ce passage avec sa sagacité ordinaire, ajoute : « Sententia ipsa quam est vera, quam generosa, quam christiano homine digna! Quanto minus malorum vidisset orbis, si semper homines ab ista calumnia religionis abstinuissent! »

(65) C'était un cippe quadrangulaire, de pierre ou de bois, sur les faces duquel on avait inscrit les priviléges. (Ulpien.)

(66) *Je lis*, sur la colonne, et non dans la loi de Leptine.— Suivant Harpocration (μετοίκιον) et Hesychius (μέτοικοι et μετοίκων λειτουργίαι) chaque métèque, ou étranger domicilié, payait à Athènes douze drachmes par an. Isée dit que les femmes en payaient la moitié. Lorsqu'un fils payait la taxe, sa mère ne payait rien. (Böckh, Economie polit., etc., liv. III, ch. 7.)

(67) A. Wolf et Reiske rejettent la double explication que donne le scoliaste du mot ἐπισύροντες. Le premier n'admet pas non plus la leçon διασύροντες, trouvée dans un seul manuscrit, que J. Wolf adopte, et sur laquelle Auger a traduit, quoique le texte en regard (1820) porte ἐπισύροντες. Voici l'interprétation d'A. Wolf, qui n'a fait que développer celle de Reiske : « Ἐπισύρει seu ἐπισεσυρμένως λέγει is qui rem non subtiliter, non accurate, non veritatis causa, tractat dicendo, sed leviter, perfunctorie ac rapide summa capita perstringens, gravissimum quodque momentum occultans artificiose, aut ita transmittens ut auditor ad aliena abstractus cogitandique otio fraudatus inducatur et circumveniatur. » *V.* Trésor d'H. Estienne, vol. III, c. 1819, D, éd. de M. Hase.

(68) Pour la première partie de cette phrase, ὡς Μεγαρεῖς καὶ Μεσσηνιοί, κ.τ.λ., j'ai suivi l'interprétation de A. Wolf, qui réfute victorieusement celle de Markland et de l'édition de Hervag. Schæfer a été mon guide pour la seconde, dans laquelle je lis ἐξειλεγμένοι, *electi*, au lieu de ἐξηλεγμένοι, *convicti*. 1° La forme attique de ce dernier participe serait ἐξεληλεγμένοι, et il demanderait ὄντες qui s'y ajoute toujours ; 2° ἐξειλεγμένοι, qui est du dialecte de notre orateur, présente un sens plus fort : le *choix* qu'il indique ici est une manœuvre de parti ; et, de plus, il est opposé à ἀθρόοι παμπληθεῖς. Les autorités se partagent à peu près également entre ces deux mots. — *Denys* est inconnu. On verra loin de l'heure que Lycidas avait apparteu à Chabrias ; il eut le commandement de quelques troupes mercenaires, si l'on en croit le scoliaste.

(69) Mot à mot, *proxènes* (πάροχοι, chez les Grecs modernes) : c'est à-dire, « hommes revêtus d'un caractère public, et reconnus pour les agents d'une ville ou d'une nation qui, par un décret solennel, les a choisis avec l'agrément du peuple auquel ils appartiennent... Le proxène d'une ville en loge les députés ; il les accompagne partout, et se sert de son crédit pour assurer le succès de leurs négociations ; il procure à ceux de ses habitants qui voyagent les agréments qui dépendent de lui. » Anach. ch. 34. Reiske (Ind. Græcit., v. προξενία) et Thurot (trad. de la *Polit.* d'Arist., liv. v, c. 3) comparent les proxènes, sous ce rapport, à nos résidents et à nos agents consulaires. Mais la proxénie, titre et non magistrature, se transmettait de père en fils. (A. Wolf. et Schæfer.)

(70) Au commencement de chaque année, le peuple élisait six magistrats appelés *nomothètes* (législateurs), pour diriger les opérations qu'exigeaient les demandes d'abrogation d'anciennes lois et d'établissement de lois nouvelles. A. Wolf, dans ses *Prolégomènes*, et Schömann, *de Comitt. Athen.*, II, 7, présentent, sur ces opérations, beaucoup de détails puisés surtout dans le plaidoyer de Démosthène contre Timocrate.

(71) Les Athéniens nommés ici jouissaient de l'immunité. Il est question, dans les discours de Démosthene, de plusieurs Diophante et de plusieurs Eubule. Ruhnken, *Hist. des Orat. grecs*, prouve que là où ce dernier nom n'est pas suivi de celui d'un bourg, il désigne Eubule d'Anaphlyste, démagogue très-puissant, qui partagea pendant plusieurs années avec notre orateur le gouvernement de la république. Il est probable que les défenseurs de la loi de Leptine auraient joué trop gros jeu contre de pareils adversaires.

(72) Démosthène : Ἐγὼ μὲν γὰρ οὐχ ὑπολαμβάνω ταῦτα καλῶς ἔχειν, οὐδέ γε ἀξίως ὑμῶν. Chatam, sur les affaires d'Amér., 1777 : « C'est une violation de la constitution ; mylords, je crois que cela est contre la loi. » Même ton, même simplicité. « Entendez-vous, dit M. Villemain (Cours de 1828, 12e leç.), cette hyperbole éloquente d'un Anglais qui n'imagine rien au delà de ces mots, Je crois que cela est contre la loi ? » A la place de la loi, mettez l'honneur national, c'est l'orateur athénien qui parle.

Après cette phrase, on lit ces quatre mots Σκοτῶ δὲ καὶ τοῦτο, que Reiske regarde comme une pensée ébauchée; A. Wolf et Schæfer, comme une interpolation.

(73) Je m'écarte ici des deux Wolf et de l'édit. de Hervag, qui traduisent φαίνεσθαι par *constare, demonstrare, docere* : ce qui donne à la pensée de l'orateur une apparence de contradiction choquante. Il me semble que cet infinitif est ici pour εἶναι, que l'euphonie repoussait : ainsi, dans Cicéron, *videri* pour *esse*. Paraphrase d'Ulpien : τότε χρῆν αὐτοὺς, φησὶν, ὅτε ἐλάμβανον φαινομένους ἀναξίους, κολάζεσθαι. Reiske : « Sententia est : Quod si autem hoc asseverabunt (consulto sic dico, asseverabunt, non autem, planum facient, nam hoc quidem non poterunt), respondebo sic : Oportebat hos criminosos statim, recente ad huc crimine, castigari. »

(74) Démosthène aurait pu s'exprimer ainsi quand même il aurait connu les institutions de Rome, où l'éloge funèbre était une œuvre tout aristocratique. Ælius Aristide, son imitateur, revendique aussi pour Athènes seule l'honneur de cette coutume populaire, sur laquelle on peut consulter l'Essai sur l'or. fun. de M. Villemain, et les Éloges funèbres des Athén., trad. par M. Roget.

(75) On exécutait, dans les fêtes, deux sortes de combats : dans les uns, appelés *stephanitæ* et *phyllinæ*, les vainqueurs recevaient une couronne de feuillage ; les autres étaient surnommés *thematici* ou *argyritæ*, parce que le prix consistait en une somme d'argent. (Pollux, liv. 3.) La victoire remportée dans les premiers était la plus honorable : la patrie n'avait pas assez d'hommage pour l'athlète qui lui apportait quelques feuilles de laurier.

(76) Ne serait-ce pas, aussi bien, montrer qu'on est capable de désintéressement, et en donner une leçon à ses concitoyens ?

(77) Voyez l'Introduct. Le scoliaste fait remarquer ici le changement subit de personnes : mouvement naturel à l'éloquence large des anciens ; libre allure que facilitaient encore les dimensions de leur tribune.

(78) Il y avait deux sortes de *syndics*, des syndics particuliers, et des syndics publics. Les premiers étaient des citoyens nommés par un corps ou une compagnie pour soutenir et défendre ses intérêts ; les seconds étaient nommés par le peuple pour soutenir et défendre les intérêts

de l'État dans tous les cas qui se présentaient, soit en plaidant pour une loi dont on demandait l'abrogation, soit autrement. Démosthène cite une loi suivant laquelle on ne pouvait être nommé syndic par le peuple qu'une seule fois. On nommait ordinairement cinq avocats d'une loi ou syndics : Démosthène n'en cite que quatre. (Auger.) Le cinquième était probablement Leptine lui-même.

Léodamas, disciple d'Isocrate, fut élevé par l'admiration contemporaine au rang des premiers orateurs d'Athènes. Il contribua à réconcilier les Thébains avec les Athéniens; et ses discours, si nous en croyons Eschine, facilitèrent les succès qu'obtint ensuite Démosthène. (Visconti, Ic. gr., Ire p., ch. 6; Ballu, Hist. crit. de l'éloq. chez les Grecs, t. I, p. 237.)

Aristophon, du bourg d'Azénia, orateur remarquable, accusateur acharné de quelques citoyens vertueux, se vantait d'avoir été lui-même accusé soixante-quinze fois devant le peuple. Il fut un des ambassadeurs envoyés à Lacédémone par les Quatre-Cents. Céphisodote brilla plus au barreau qu'à la tribune. (Ballu, p. 165, 181.)

D'après les recherches récentes de Westermann, *Hist. de l'éloq. gr. et rom.*, 1833 (all.), Dinias ne nous est connu que par ce passage de notre orateur.

(79) Démosthène, dans son discours contre Timocrate, distingue, comme ici, δίκη, εὐθύνη, διαδικασία. J'ai tâché de rendre cette distinction claire et précise dans ma traduction; mais il me reste des doutes sur le vrai sens du mot διαδικασία. J. Wolf et Auger n'ont traduit aucun de ces trois termes. Auger, 1777, dit, d'après Ulpien, que le dernier exprimait une contestation au sujet d'une charge onéreuse, lorsque quelqu'un demandait l'échange des biens. Robinson, liv. 2, ch. 17, est du même avis. *Voy.* Sam. Petit, *de Legg. att.*, p. 451; et l'*Index Græcitatis Demosth.* de Reiske.

(80) Les deux mots, très-inutiles, ὡς χρὴ, placés au commencement de ce texte de loi, ont donné lieu à sept interprétations différentes. Les derniers critiques les regardent comme une glose. J'ai traduit sur la leçon de Bekker, μηδὲ [ὡς χρὴ].

(81) L'*atimie* (ἄτιμος ἔστω) était, en général, l'exclusion des affaires publiques : cette flétrissure avait différents degrés, comme la *capitis diminutio* des Romains. — J'ai traduit ἐνδείξεις, ἀπαγωγάς, d'après Bekker, *Anecd.*, p. 187 et 200; et Robinson, liv. 2, ch. 16. Auger entend par ἀπαγωγάς l'emprisonnement : mais, alors, il y aurait quatre peines au lieu de trois : ce qui est contredit [par] Démosthène.

(82) Les débiteurs de l'État ne pouvaient exercer [au]cune sorte de magistrature. Leurs noms étaient [inscrits] dans l'Opisthodome, sorte de chapelle attenant a un [tem]ple de Minerve, et où était déposé le Trésor. La déf[ense?] tion qu'ils encouraient passait à leurs enfants jusqu'à la tinction de leur dette, dont le principe variait beaucoup. (*Voy.* Böckh, liv. 3, c. 8.)

(83) Sur cette colonne était gravé un décret porté [sur] l'expulsion des trente tyrans, sur la proposition de D[émo]phante. Andocide, *de Myster.*, et Lycurgue, *in Leocr.*, [ci]tent aussi ce décret.

(84) La puissance des Lacédémoniens était bien d[imi]nuée et bien affaiblie depuis la bataille de Leuctres. C[ette] défaite leur porta un coup dont ils ne se relevèrent jamais. — *Un seul homme*.... Le premier Denys, qui, d'une con[di]tion obscure, s'éleva, par son mérite, aux premiers h[on]neurs, mais qui abusa de la confiance de sa patrie p[our] la tyranniser. — Dion de Syracuse, un des plus illust[res] disciples de Platon, homme d'une vertu rare et d'une [for]meté singulière, délivra sa patrie du joug de Denys [le] Jeune, fils du premier Denys. Le tyran remonta sur [le] trône après la mort de Dion; il en fut chassé de nouveau, mais pour n'y plus remonter, par Timoléon, général [de] Corinthe. (Auger.)

On a voulu retrancher les mots ὃς ὑπηρέτης ἦν, ὡς φασ[ί]. Leur conservation dans le texte semble autorisée par P[o]lyæn, V, 2, 2, qui dit aussi de Denys l'Ancien, ὑπηρετοῦντα καὶ γραμματεύοντα τοῖς στρατηγοῖς.

(85) *Denique æquitas, temperantia, fortitudo, pruden*tia, virtutes omnes, certant cum iniquitate, cum luxu[ria], cum ignavia, cum temeritate, cum vitiis omnibus [per]stremo copia cum egestate, bona ratio cum perditis, m[ens] sana cum amentia, bona denique spes cum omnium rerum desperatione confligit. (Cic., *Catil.* II, 11.)

(86) Démosthène développe cette pensée, et l'attribue à Solon, vers la fin de son plaidoyer contre Timocrate, où il reproduit quelques-unes des phrases du discours c[on]tre Leptine.

(87) Cette formule, pour laquelle je préfère la réda[c]tion de A. Wolf et de M. Boissonade (οὐκ οἴδ' ὅτι, [ὡς?] πλείω λέγειν) à celle de Bekker et de Schæfer (οὐκ οἴδ' ὅ τι δεῖ) termine, avec la même simplicité, plusieurs plaidoyers de Lysias et d'Isée.

II.
PLAIDOYER
CONTRE ANDROTION.

INTRODUCTION.

Voici un discours où le talent de Démosthène paraissait aux anciens critiques animé d'une vive émulation. Androtion, l'accusé, disciple d'Isocrate, était un des meilleurs orateurs des tribunaux athéniens, si l'on en croit Ulpien et le scoliaste d'Hermogène. Il n'y a pas, non plus, de plaidoyer où Démosthène se soit si souvent répété, et avec autant de soin et d'étude. Cela frappe surtout quand on compare ce discours avec l'accusation intentée contre Timocrate; et la raison en est simple : Timocrate et Androtion étaient tous deux intéressés dans les deux procès.

Le Trésor remettait chaque année au Conseil des Cinq-cents des fonds pour l'entretien des forces navales. Ce corps politique, changé annuellement, recevait une couronne d'or, si le Peuple était content de ses services; mais, s'il avait négligé de faire construire des vaisseaux, il était privé de cette récompense. Androtion voulut, par un décret, la faire accorder à la dernière session du Conseil, quoique la condition n'eût pas été remplie, l'intendant des charpentiers de la marine s'étant enfui avec la caisse. Euctémon et Diodore, ardents ennemis d'Androtion, attaquent son décret. Euctémon, plus âgé, avait parlé le premier; c'est pour Diodore que Démosthène composa cette harangue, ol. CVI, 2; 355.

Elle se résume dans la citation et l'exposé animé des motifs de quatre lois, que l'orateur oppose successivement à l'accusé, et dont un rhéteur nous a conservé le texte [1] :

1re loi. *Aucun décret ne sera présenté au Peuple sans l'approbation du Conseil.*

2e loi. *Le Conseil qui n'aura pas fait construire de trirème ne pourra pas même demander de récompense.*

3e loi. *Tout Athénien connu pour l'infamie de ses mœurs est exclu du gouvernement.*

4e loi. *Tout débiteur du Trésor, tout héritier de débiteur non libéré, sera privé des droits de citoyen.*

L'orateur réfute quelques autres moyens, que la défense doit mettre en œuvre; il s'efforce de décréditer la démarche des citoyens qui solliciteront en faveur d'Androtion; il prouve, avec une puissance de logique remarquable, que ce n'est pas à cause des contributions, levées par Androtion que celui-ci est persécuté; et il ne se tait qu'après avoir fait une revue sévère de quelques fonctions importantes, confiées à l'accusé.

« Les panégyristes des deux premiers orateurs de Rome et d'Athènes, dit Aulu-Gelle[1], ont remarqué, qu'ils étaient à peu près du même âge lorsqu'ils se signalèrent avec tant d'éclat dans la carrière de l'éloquence. L'un, à vingt-sept ans, parla contre Androtion; l'autre, plus jeune d'une année, défendit P. Quintius, et l'année suivante Sext. Roscius. » Plutarque et Denys s'accordent, sur cette date, avec l'auteur des *Nuits Attiques*.

Le savant Taylor croit que cette *deutérologie* a été mutilée dans quelques passages : il s'appuie d'Ammonius et d'Harpocration, qui, dans trois articles de leurs Lexiques, citent des phrases qu'ils en avaient extraites, et qui ne s'y sont pas retrouvées.

On ignore quelle fut l'issue de ce procès, où des haines personnelles eurent peut-être autant de part que le zèle pour le maintien des lois.

[1] V. le second argum. grec de ce discours.

[1] XV, 28.

DISCOURS.

Euctémon, ô juges! persécuté par Androtion, croit devoir à la fois défendre notre droit public et se venger : j'essaierai d'en faire autant, si je puis (1). Graves, nombreuses, contraires à toutes nos lois, les injures d'Euctémon sont encore au-dessous de ce que m'a fait Androtion. C'est dans ses biens, c'est dans votre juste estime qu'Eucté- mon fut perfidement attaqué : moi, l'humanité tout entière m'eût rejeté, si les calomnies d'Androtion contre ma personne vous avaient convaincus. Un forfait que ses pareils seuls ne frémissent pas de nommer, il me l'a imputé, le parricide! Il a lancé une accusation d'impiété, non contre moi, mais contre mon oncle. D'impiété! oui, car ce parent, disait l'accusateur, me fréquentait, moi, assassin de mon père. Mon oncle condamné, qui, plus que moi, aurait été victime de ce méchant? Quel ami, quel hôte n'aurait fui ma compagnie? Quelle ville eût souffert dans ses murs l'auteur présumé d'un crime aussi atroce? Je plaidai, je réfutai l'imposteur avec un tel succès qu'il n'obtint pas le cinquième des voix (2) : mais, avec votre appui, je tâcherai d'en tirer vengeance aujourd'hui encore, vengeance toujours.

Sur mes injures personnelles j'aurais encore beaucoup à dire; mais arrivons à l'objet sur lequel vous allez prononcer, à ces blessures qu'Androtion vous a faites comme homme public. Oui, mieux vaut que vous entendiez les griefs qui m'ont paru échapper à Euctémon, et que j'exposerai brièvement. Si je voyais chez l'accusé la possibilité d'une apologie sincère, je garderais le silence. Mais je suis convaincu que, ne pouvant parler avec droiture et prouver son droit, il s'efforcera de vous tromper sur chaque point par de perfides mensonges adroitement présentés. Artisan de paroles, ô Athéniens! il a fait du sophisme l'étude de toute sa vie. Ainsi, pour ne pas être dupes, pour ne pas absoudre, au mépris de votre serment, celui que vous avez tant de motifs de punir, soyez attentifs à ce que je vais dire; écoutez-moi, puis appréciez à sa juste valeur tout ce que débitera l'accusé.

Un argument sur l'artifice duquel il compte beaucoup, est tiré du défaut de préavis du Conseil. Une loi porte : *S'il est jugé que le Conseil a mérité une récompense, le Peuple la lui donnera.* Or, l'épistatès a fait son rapport; le peuple, par ses suffrages, a ainsi jugé : donc, dira-t-il, le préavis n'est pas ici nécessaire, et la loi a été observée. Voici, au contraire, mon sentiment, et, j'espère, le vôtre : Un décret préalable ne doit être présenté au peuple que sur les matières prescrites par la loi, puisque, là où la loi se tait, la rédaction même d'un seul décret est illicite. Tous les Conseils, ajoutera-t-il, qui tiennent de vous des récompenses, les ont obtenues par cette voie; et, pour aucun, il n'y eut jamais de préavis. Je crois que cela est faux, ou plutôt j'en suis certain. Supposons cependant qu'il en soit ainsi : la loi ordonne le contraire; et les illégalités du passé n'autorisent pas des illégalités nouvelles. Loin de là, rentrons dans la loi, et rendons-la obligatoire pour tous, à commencer par toi. Ne dis pas : la chose s'est souvent faite ainsi; prouve qu'elle devait se faire (3). Pour avoir imité quelques transgressions, tu n'en es pas moins condamnable; que dis-je? tu l'es bien davantage. Si l'un des premiers prévaricateurs eût été puni, tu n'aurais pas porté ton décret : donc, ton châtiment en préviendra le retour.

Quant à la loi qui défend expressément au Conseil de demander une récompense s'il n'a pas construit de trirèmes, sa défense sera curieuse, et son effronterie va percer dans ses paroles. Cette loi, dira-t-il, interdit au Conseil qui n'a pas fait faire de vaisseaux, la demande d'une récompense; j'en conviens; mais, en aucun cas, elle ne défend au peuple d'en donner. Si donc j'ai fait couronner le Conseil sur sa propre demande, j'ai parlé contre la loi; mais, s'il n'est pas question de vaisseaux dans tout mon décret, si je cite d'autres titres du Conseil à une couronne, mon langage a-t-il été illégal?

La réfutation ne sera pas difficile. D'abord les proèdres du Conseil et leur chef ont fait le rapport et ouvert les suffrages sur la question de l'opportunité d'une récompense. Toutefois, si, en principe, la demande leur était interdite, le rapport l'était aussi. De plus, après certains griefs présentés contre le Conseil par Midias et d'autres citoyens, des membres de ce corps se levèrent soudain, suppliant qu'on ne les frustrât point de la récompense. Ces faits, ô juges! ce n'est pas à moi de vous les apprendre : présents à l'assemblée du peuple, vous savez ce qui s'y est passé. Si donc Androtion nie la demande du Conseil, voilà votre réponse.

Mais il n'est pas même permis au peuple de récompenser le Conseil qui n'a pas fait construire de vaisseaux : je vais le prouver. Pourquoi, ô Athéniens! la loi a-t-elle prohibé, de la part du Conseil indifférent pour notre marine, la demande d'une couronne? c'est pour l'empêcher de séduire, de tromper le peuple. Ne voulant pas que ce grand intérêt dépendît du talent de la parole, le législateur a cru devoir déterminer par une loi ce qui pouvait être obtenu avec justice, avec utilité pour la nation. Pas de vaisseaux, pas de demande de récompense! Or, ne point permettre de demander, n'est-ce pas empêcher absolument de donner?

Examinons aussi, Athéniens, cette question: Pourquoi le Conseil qui, irréprochable dans tout le reste, n'a pas fait faire de trirèmes, ne peut-il solliciter de récompense? Là vous verrez un des remparts de la république. Je ne serai pas désavoué quand je dirai : Tous les événements de notre patrie, heureux ou autres (évitons les paroles funestes) ont été, sont encore le résultat de la possession ou du manque de vaisseaux. On peut en citer de nombreux exemples, anciens et récents; rapportons les plus connus, si vous le permettez. Les Athéniens qui ont bâti les Propylées et le Parthénon, qui ont orné de la dépouille des Barbares tous les autres temples, objet de notre légitime orgueil, avaient, dit la tradition, abandonné Athènes pour se renfermer dans Salamine. Mais ils possédaient des vaisseaux; et une victoire navale sauva leur ville, leurs possessions, et rendit aux autres Hellènes tous ces éminents services dont le souvenir brave le temps. — Soit; mais ces faits sont surannés. — Eh bien! en voici dont vous avez été les témoins. Tout récemment, vous le savez, en trois jours vous avez secouru l'Eubée, fait capituler et chassé les Thébains. Or, cette entreprise eût-elle été si rapide si vous n'étiez accourus sur des vaisseaux nouvellement construits? impossible! Combien d'autres succès la république a dus au bon état de sa marine! — Je l'accorde : mais faute de vaisseaux, a-t-elle souvent succombé? — Entre tous les faits anciens, je n'en rappellerai qu'un, mieux connu de vous que de moi. Sur la fin de la guerre du Péloponèse, après mille revers cruels, Athènes ne se rendit que quand sa marine fut ruinée. Qu'est-il besoin de remonter si haut? Pendant la dernière guerre avec Lacédémone, lorsque vous ne pouviez envoyer de flotte, quelle était la situation d'Athènes? on y vendait jusqu'aux herbes les plus viles. Mais, vos vaisseaux partis, c'est vous qui avez dicté la paix. Puisque la marine décide et vos succès et vos revers, vous avez bien fait, ô Athéniens! de l'imposer comme une invariable condition aux récompenses du Conseil. Bon administrateur dans toutes les autres parties, s'il a négligé ces vaisseaux, principe et soutien de notre puissance, le reste n'est rien. Qu'avant tout, il procure au peuple ce qui protége le peuple! Androtion, tu as donc bien compté sur une pleine licence dans tes paroles, dans tes motions! Quoi! le Conseil s'est conduit comme on vient de l'entendre (4); de plus, il n'a pas fait construire de trirèmes, et tu lui décernes une couronne!

Pour la conformité de son décret avec les lois, il ne peut l'établir, ni vous y faire croire. Mais j'apprends qu'il dira : Si l'on n'a point construit de vaisseaux, la faute n'en est pas au Conseil : le caissier s'est enfui, emportant deux talents et demi (5); c'est un malheur fortuit.

Un malheur! mais, d'abord, ce qui m'étonne, c'est que, pour un malheur, Androtion ait voulu faire couronner le Conseil. Je croyais cet insigne honneur réservé aux heureux succès. Mais je vais plus loin : il est faux et que la récompense soit légitime, et que les travaux de la marine n'aient pas dépendu du Conseil.

En effet, si, sans vaisseaux construits, il convient de récompenser ce corps, qu'est-il besoin d'indiquer l'obstacle qui vint arrêter les travaux? Si la récompense est interdite, se peut-elle justifier en montrant cet obstacle dans tel ou tel employé? D'ailleurs un pareil langage me semble vous offrir le choix d'écouter les vaines excuses des magistrats prévaricateurs, ou d'acquérir des vaisseaux. Accueillez-vous les raisons de l'accusé? vous déclarez à jamais au Conseil qu'il suffit de vous trouver un prétexte spécieux : ainsi, les fonds dépensés, vous n'aurez pas de vaisseaux. Rigides observateurs de la loi et de votre serment, rejetez-vous toute excuse? supprimez-vous la récompense dès qu'on n'a pas construit de navires? le Conseil ne manquera jamais de vous en livrer, parce qu'il verra qu'auprès de vous nulle considération ne prévaut sur la loi. Le manque de constructions navales est la faute du Conseil seul : ce qui le prouve clairement, c'est que ce corps a enfreint la loi en nommant seul le caissier (6).

Abordant la loi sur la prostitution, Androtion osera dire que nous commettons un outrage, et que, d'ailleurs, nos injures sont ici déplacées. « Si vous y avez foi, ajoutera-t-il, allez trouver les thesmothètes, au risque de l'amende de mille drachmes qu'on impose aux calomniateurs. Mais par des imputations et des invectives dénuées de preuves, vous trompez, vous fatiguez un tribunal saisi d'un tout autre procès. »

Réfléchissez d'abord, Athéniens, qu'un intervalle énorme sépare l'imputation, l'invective de la conviction. Imputer, c'est faire une assertion simple, sans preuves. Convaincre, c'est prouver la vérité de ce qu'on avance. Une condition nécessaire de la conviction est dans les indices qui éclairent les juges, dans les présomptions, dans les témoignages : car il est des faits qu'on ne peut mettre sous vos yeux. Chaque fois que l'un de ces moyens vous est présenté, vous le jugez (7), avec raison, suffisant pour opérer la conviction. Eh bien! nous établissons le fait, non par des vraisemblances, par des inductions, mais par la voie la plus attaquable pour l'accusé : nous présentons un homme qui produit un mémoire contenant sa biographie; et cet homme atteste tout sur sa propre tête. Qu'il vienne donc appeler cela des imputations, des invectives! Ce sont des preuves, lui répondrez-vous; l'invective n'est que dans ta bouche. Il dira : C'est devant les thesmothètes qu'il fallait m'accuser. Vous répondrez encore : On le fera; pour le moment on ne sort pas de la cause en parlant de lois violées. En effet, Androtion, si, dans un procès d'un autre genre, nous t'accusions d'outrage à la loi, ta colère serait juste. Mais, puisque les débats actuels roulent sur des illégalités, puisque le législateur défend aux gens de mauvaise vie de faire même des motions régulières (8), puisque nous montrons la loi violée dans tes propositions, violée dans ta vie entière, est-il donc inopportun de rappeler une décision législative qui te condamne doublement?

Apprenez aussi, Athéniens, que le père de presque toutes nos lois, Solon, législateur bien différent d'Androtion, a offert plusieurs moyens de se défendre contre la violence ou l'injustice. Il savait qu'il n'est pas possible que tous les citoyens d'une ville soient également éloquents, hardis ou modérés. Si ses lois n'avaient eu pour objet que d'armer les hommes inoffensifs, l'impunité lui aurait semblé acquise à une foule de méchants. S'il n'eût accordé la parole qu'aux citoyens éloquents et hardis, les autres n'auraient pas eu le même secours contre l'oppression. Or, il croyait que nul ne doit être privé des moyens d'obtenir justice, comme il peut. Comment donc atteindra-t-il ce but? il ouvre plusieurs voies légales pour repousser la violence. On t'a volé? eh bien! es-tu fort et déterminé? traîne le coupable devant les Onze (9); mais tu peux être condamné à payer mille drachmes. Tu es trop faible? dénonce-le aux archontes; ce sont eux qui l'emprisonneront. Tu crains cette voie? accuse-le publiquement. Tu te méfies de toi-même; pauvre, tu ne saurais payer l'amende? Cite-le devant l'arbitre; plus de risque pour toi. Tous ces moyens sont différents. Ainsi, contre le sacrilége il y a prison, accusation publique, dénonciation devant les Eumolpides, ou devant l'Archonte-roi. De même, à peu près, pour tous les autres crimes. Supposons donc un malfaiteur avoué, un impie, ou tout autre coupable cité en justice : on l'a traîné en prison, ou poursuivi devant l'arbitre; là, il prétend être absous parce que l'intervention de l'arbitre était possible, ou l'accusation publique nécessaire; ici, parce que vous deviez l'emprisonner et risquer de payer mille drachmes : ne serait-ce pas une dérision? Au lieu de chicaner sur la forme de la procédure, celui qui n'est pas coupable doit prouver son innocence. Ainsi, Androtion, as-tu proposé un décret malgré l'infamie de tes mœurs? ne crois pas demeurer impuni parce que nous pouvons aussi te dénoncer aux thesmothètes; lave-toi de cette accusation, ou subis ta peine pour une motion que tu n'avais pas le droit de faire. Si nous ne saisissons pas toutes les armes que nous présente la loi, rends grâce à notre modération, mais ne prétends pas échapper à la justice.

Examinez, ô Athéniens! avec quel soin Solon, auteur de cette loi, a pourvu, dans sa législation entière, au maintien de la démocratie; et reconnaissez que l'objet de sa sollicitude était le gouvernement, bien plus que la spécialité même de chaque loi. Ici les preuves abondent; la pri[n]cipale est la défense faite aux citoyens qui se se[ront] prostitués de parler au peuple et de proposer[des] décrets. Ce droit de la parole, accordé a pre[sque] tous, il ne le voyait pas exercé : l'interdire ne l[ui] parut donc pas une rigueur; et, s'il eût vo[ulu] punir les infâmes, il avait des peines plus sé[vè]res. Mais telle n'était pas sa préoccupation : c[e fut] pour vous, pour notre constitution, qu'il leur [a] fermé la bouche. Il savait, oui, il savait qu[el] gouvernement le plus hostile à ces êtres imp[urs] est celui où tout le monde peut leur repro[cher] leurs infamies. Ce gouvernement, quel est-i[l?] démocratique; car, dans une oligarchie, il e[st] défendu de médire des chefs, quand même le[urs] turpitudes dépasseraient celles d'Androtion : [si] donc il se rencontrait à la même époque bea[u]coup d'hommes éloquents et hardis, mais sou[il]lés de vices abominables, Solon voyait l'é[tat] compromis, le peuple entraîné de faute en fa[ute] et de coupables tentatives pour abattre sa pui[s]sance, ou du moins pour dépraver le plus po[ssi]ble les citoyens et les assimiler à eux-mê[mes.] Voulant donc préserver la nation de ces illus[tres] de ces égarements, il a ôté, en principe, à [de] tels hommes, toute participation aux délib[éra]tions publiques. Mais qu'importe à ce bon et [ver]tueux citoyen? C'est peu de parler, de décré[ter] malgré la défense des lois; il s'est cru per[mis] d'attaquer les lois mêmes.

Nous arrivons à la loi qui lui ferme encor[e la] tribune, parce que son père, débiteur du Trés[or,] ne s'est pas acquitté. Ici, il dira peut-être q[ue] nous devions le dénoncer. Vous serez en droit [de] lui répondre : Il te dénoncera, non, par Jupit[er,] à présent que tu dois rendre compte d'autre[s dé]lits, mais conformément a nos lois de procéd[ure.] Tu es cité aujourd'hui en vertu d'une autre l[oi] qui te retire aussi le pouvoir législatif, comm[e] aux autres citoyens. Prouve, toi, ou que ton p[ère] ne doit rien à l'État, ou qu'il est sorti de pris[on] non en s'évadant, mais après avoir éteint sa det[te.] Impossible! tu as donc proposé des décrets, m[al]gré la dégradation civique, que ton père [t'a] transmise d'après la loi. Mort civilement, to[ute] harangue, toute motion t'était interdite. V[oilà] ce que vous lui opposerez au sujet des lois [al]léguées contre lui, s'il s'efforce de vous éblo[uir] de vous égarer.

Dans sa défense il vous tendra encore d'a[utres] piéges adroits; il est bon de vous en pré[venir.] Ne privez pas de leur récompense, dira-t-i[l, ne] déshonorez pas cinq cents de vos concito[yens;] c'est leur cause que je plaide, non la mienn[e. Eh] bien! si toute l'utilité publique devait se bo[rner] ici au refus d'une couronne, je ne ferais pa[s] appel à votre sollicitude. Mais, si ce refus doit rendre meilleurs plus de dix mille autres citoyens (10), cela ne vaut-il pas mieux qu'une faveur accordée à cinq cents indignes ? D'ailleurs, cette affaire n'est pas celle de tout le Conseil, mais de quelques hommes, auteurs du mal, et surtout d'Androtion; je puis le prouver. Qui sera déshonoré si, Androtion muet, sans motion, ne fréquentant plus la salle du Conseil, ce corps n'est pas couronné? Eh ! personne. Le déshonneur sera pour l'intrigant qui avait décrété la récompense, pour le séducteur du Conseil : grâce à eux seuls, le Conseil n'a pas mérité de couronne. Mais, quand l'affaire concernerait le corps tout entier, voyez combien il vous importe plus de condamner que d'absoudre ! Androtion acquitté, le Conseil dépendra de ses membres éloquents. Androtion condamné, il ne dépendra que de lui-même (11); et les citoyens, voyant de perfides parleurs priver le Conseil d'une couronne, ne leur abandonneront pas les affaires; ils parleront eux-mêmes, et parleront avec sagesse. Délivrés de la cabale des discoureurs, vous verrez tout rentrer dans l'ordre. Ainsi, ne fût-ce que pour cette considération, condamnez !

Voici encore une chose qu'il ne faut pas vous laisser ignorer. Vous verrez peut-être monter à cette tribune et parler pour le Conseil Philippe, Antigène, le contrôleur (12), et quelques autres meneurs qui, avec Androtion, ont causé tout le mal. Sachez donc tous que la défense du Conseil ne sera qu'un prétexte, et qu'en réalité plaidant leur propre cause, ils se dispenseront de rendre leurs comptes. Je m'explique. Si vous prononcez un acquittement, les voilà tous hors d'embarras; plus de punition pour aucun. Quelle sentence les flétrira jamais, quand vous aurez couronné le Conseil qu'ils dirigeaient ? Mais, si vous condamnez, vous restez fidèles à votre serment; de plus, saisissant chacun des autres pour lui faire rendre ses comptes, vous punirez le prévaricateur, vous acquitterez l'innocent. Ne les écoutez donc pas comme organes de la majorité du Conseil : sur ces fourbes faites éclater votre colère.

Je crois aussi qu'Archias de Cholargos, sénateur lui-même l'année dernière, fort de son caractère honorable, intercédera pour ses collègues. Voici dans quelles dispositions vous devez l'entendre. Dites-lui : Que penses-tu de la conduite reprochée au Conseil? S'il la déclare bonne, ne l'écoutez plus comme un citoyen vertueux. S'il la dit mauvaise, demandez à ce soi-disant homme de bien pourquoi il ne s'y est pas opposé. Je l'ai fait, répondra-t-il peut-être, mais je l'ai fait en vain. Quelle inconséquence! le Conseil, qui a repoussé tes sages instances, est aujourd'hui ton client ! — J'ai gardé le silence. — Eh bien ! tu es injuste : pouvant détourner tes collègues d'une grande faute, tu ne l'as pas fait; et maintenant tu oses soutenir que des magistrats aussi coupables méritent une couronne (13) !

Androtion ne manquera pas d'attribuer sa position actuelle aux contraintes qu'il a exercées dira-t-il, en votre nom, contre quelques citoyens qui refusent impudemment de payer des taxes considérables. Il se plaindra, chose facile ! des débiteurs du Trésor; il ajoutera que sa condamnation serait l'impunité des contribuables récalcitrants. Vous, ô Athéniens ! observez d'abord que ce n'est pas là-dessus, mais sur la légalité du décret; que vous avez juré de prononcer; songez ensuite à tout ce qu'il y a d'étrange ici : le dénonciateur de quelques torts faits à l'État repousse la peine due aux dommages causés par lui-même ! dommages tout autrement graves; car un décret qui attente aux lois est un bien plus grand crime que le refus d'une contribution. D'ailleurs, fût-il évident que nul citoyen, Androtion condamné, ne voudra contribuer ni recueillir les taxes, ce n'est pas une raison pour l'absoudre : vous allez le reconnaître. De trois cents talents, ou un peu plus, dus depuis l'archontat de Nausinique (14), il en manquait encore quatorze. L'accusé en fit rentrer la moitié. Mais je suppose qu'il ait levé tout l'arriéré, cet Androtion dont vous n'avez besoin que contre les retardataires, rabaisseriez-vous à ce prix la démocratie, vos lois, votre serment ? Or, si vous acquittez l'auteur d'une motion si évidemment contraire aux lois, Athènes entière croira que vous préférez à notre législation, à la foi jurée, une somme que vous ne devriez pas accepter à ce prix, comme don volontaire, moins encore comme contribution forcée. Qu'il vienne donc parler finances ! pensez, vous, à votre serment, réfléchissez que, de ces débats, dépend, non la rentrée de l'impôt, mais l'empire des lois.

Sur ses artificieux détours pour vous faire perdre la loi de vue, sur les moyens que votre mémoire vous rappellera pour vous préserver d'illusions, j'aurais encore beaucoup à dire : mais c'est assez, et je passe outre. Examinons cet excellent citoyen dans l'administration : là, nous le verrons souillé de tous les excès les plus révoltants, impudent, audacieux, insolent, fripon, capable de tout, hormis d'être le digne délégué d'un peuple libre.

Commençons par ce qui flatte le plus son orgueil, par la levée des contributions; écartons toutes ses forfanteries, et ne voyons que la vérité. Il accuse Euctémon de retenir dans ses mains le produit de l'impôt; s'engage à le prouver ou à payer lui-même; destitue par un décret un magistrat élu par le sort; et l'imposteur se glisse dans les fonctions de collecteur. Il harangue le peuple : Choisissez, dit-il, entre ces trois partis : fondre les vases sacrés, contribuer de nouveau, percevoir l'arriéré. Vous optez naturellement pour ce dernier moyen. Vous enlaçant alors dans ses promesses, fort de la crise du Trésor, au lieu d'appliquer les lois de finances, ou d'en proposer de nouvelles si elles étaient insuffisantes, il présente des décrets violents et illégaux, en vertu desquels il vous rançonne, vous pille, se fait suivre par les Onze (15), et, avec cette escorte, se jette sur vos maisons. Put-il convaincre Euctémon, comme il l'avait promis en s'offrant lui-même pour caution? nullement : c'est vous qu'il pressurait avec l'acharnement d'un ennemi non d'Euctémon, mais d'Athènes!

Quoi donc! ne fallait-il point faire payer ceux qui étaient en retard? Sans doute, il le fallait; mais comment? comme la loi l'ordonne, pour décharger les autres : tel est l'esprit de la démocratie. O Athéniens! tout l'or amassé par de telles exactions vous a moins profité que ne vous ont nui ces violences introduites dans une cité libre. Examinez, en effet, pourquoi l'on aimerait mieux vivre dans une démocratie que dans une oligarchie; la raison s'en présentera aussitôt : c'est que, pour tout, le gouvernement populaire est plus doux. Eh bien! il n'est pas d'oligarchie que cet homme n'ait surpassée en outrages cruels. Mais je me borne à cette question : A quelle époque le gouvernement d'Athènes a-t-il été le plus dur? Sous les Trente, répondrez-vous tous. Cependant, il n'est personne, dit-on, qui ne trouvât alors, dans ses foyers, un asile assuré; et le crime des Trente est d'avoir injustement jeté dans les fers ceux qui se montraient en public. Athéniens, voici un tyran qui a renchéri sur les Trente : magistrat chez un peuple souverain, il a converti en prison le domicile de chaque citoyen, en l'ouvrant de force aux suppôts des prisons.

Mais que se passe-t-il dans votre esprit lorsque vous voyez un Athénien pauvre, même un riche que de grandes dépenses ont pu mettre au dépourvu, ou passer par-dessus le toit chez son voisin, ou se cacher sous son lit, pour n'être pas saisi et emprisonné, ou descendre à d'autre bassesses dignes des seuls esclaves; et cela, sous les yeux d'une épouse à laquelle il avait garanti son titre d'homme libre, de citoyen d'Athènes? lorsque son persécuteur est un Androtion, à qui ses crimes et ses désordres ont enlevé le droit d'exercer des poursuites en son nom, surtout au nom de la république? Demandez-lui si c'est la propriété ou la personne qui doit la contribution. Cette propriété, dira-t-il, s'il veut être sincère; et c'est sur elle que la taxe est levée. Pourquoi donc, au lieu de confisquer, d'afficher les terres, les maisons, n'avais-tu pour les citoyens, pour les malheureux métèques (16), que des outrages et des fers? pourquoi les traiter plus cruellement que tes propres esclaves? Encore, si l'on cherche en quoi diffèrent l'esclave et l'homme libre, on verra entre eux cette distance énorme : que le premier, le corps répond pour toutes les fautes, quels que soient les crimes du second, sa personne est inviolable, et, le plus souvent, c'est sur ses biens qu'on doit le punir. Androtion a fait le contraire : c'est sur l'homme, comme s'il l'eût était vendu, qu'il a déployé ses rigueurs; et en tyran déhonté d'une main tirait de prison sans payement, sans acquittement, son père, débiteur pour dette publique, et de l'autre y plongeait le citoyen, le contribuable qui se trouvait dans l'embarras!

Ce n'est pas tout : comme s'il fût investi de pouvoir illimité, il a exigé des gages de Sinopé et de Phanostrate, courtisanes qui ne doivent rien au fisc. Qu'à quelques gens ces sortes de femmes paraissent ne mériter aucun ménagement, il n'en est pas moins une indignité d'abuser de la circonstance pour forcer tyranniquement les maisons, et enlever les meubles de qui ne doit rien. Oui, il est des êtres qui semblent voués à bien des avanies : mais la loi, mais nos mœurs, qu'il faut écouter, ne parlent pas ainsi : elles admettent la pitié, l'indulgence, tous les sentiments qui caractérisent l'homme libre, et que l'accès ne tient ni de la nature, ni de l'éducation. Ainsi de quelques libertins qui, sans t'aimer, étaient assez riches pour te payer, tu en as reçu, Androtion, des mépris et des outrages que tu devais venger, non sur des citoyens pris au hasard, ou sur des prostituées, tes camarades, mais sur celui qui t'a perverti, sur ton père!

Jamais il ne prouvera que cette conduite n'est ni criminelle ni contraire à toutes les lois : mais l'effronté, voulant établir en sa faveur une question préjudicielle, a osé dire au peuple assemblé que, s'il s'est attiré tant de haines, si un grand péril le menace, c'est pour vous, c'est à cause de vous. Montrons, ô Athéniens! que, pour de véritables services, il n'a rien souffert, il n'a rien à souffrir; mais que son injurieuse audace, sa vile et impie cupidité, impunies jusqu'à ce jour, vont être expiées si vous faites justice. Que enfin, qu'a-t-il promis, et pour quelle fonction l'avez-vous élu? pour faire rentrer des contributions. Est-ce là tout? oui. Eh bien! voici le détail des rentrées qu'il a faites. Sur Leptine

Cœlé, trente-quatre drachmes; un peu plus de soixante dix sur Théoxène d'Alopèce, sur Cacrate fils d'Euphémos, sur le jeune fils de Télestès, dont j'ai oublié le nom. Enfin, de tous les contribuables qu'il a fait payer et dont j'abrége la liste, pas un, je crois, ne devait plus d'une mine. Quoi! c'est pour de pareilles sommes que tant d'ennemis lui font la guerre? le pensez-vous? N'est-ce pas plutôt pour avoir dit à l'un, devant le peuple entier : Tu es esclave et fils d'esclave; tu dois contribuer du sixième dans la classe des étrangers; à l'autre : Une courtisane t'a donné des bâtards; à celui-ci : Ton père est un débauché infâme; à celui-là : Ta mère s'est prostituée; à un tel : Je noterai exactement tous tes vols; à tel autre, d'autres insultes; à tous enfin les plus abominables injures? Pour moi, il est certain que tous ceux qu'il invectivait si grossièrement jugeaient les contributions une dépense nécessaire, mais étaient exaspérés par tant d'outrages; il est certain que vous lui avez ordonné une opération de finances, et non l'injure et le reproche. Conforme à la vérité, le reproche ne devait pas sortir de ta bouche : l'homme est si peu maître de son sort! Fondé sur l'imposture, il te condamne aux peines les plus sévères.

Non, ce n'est pas le percepteur, c'est l'homme outrageux et violent que chacun déteste dans Androtion : vous l'allez reconnaître encore plus nettement. Satyros, intendant maritime, a levé sur les mêmes citoyens, non sept talents, mais trente-quatre, avec lesquels il a payé le gréement des vaisseaux qui viennent de partir. Dit-il que cette taxe lui ait fait un ennemi? quelque contribuable l'a-t-il persécuté? Non : c'est que Satyros s'est borné à l'exercice de sa charge. Mais toi, donnant carrière à ton insolente audace, tu t'es permis d'accabler d'injures mensongères et cruelles des hommes qui ont fait de grands dons à la patrie, des citoyens meilleurs que toi et de meilleure famille. Et les juges seront persuadés que tu agissais pour eux! ta tyrannie effrénée, ils l'accueilleront comme du patriotisme! non, non; loin de t'épargner, ils te doivent toutes leurs rigueurs. Quiconque agit pour la république, doit imiter ses mœurs. Voilà les administrateurs que vous ménagerez, ô Athéniens! mais, haine aux Androtions! Vous le savez, on jugera de vous par les hommes que l'on vous verra chérir et maintenir aux emplois.

Vos intérêts ne sont pas ce qui l'a dirigé dans sa perception : éclaircissons encore ce point. Si on lui disait : Des cultivateurs économes laissent arriérer leurs contributions par l'effet de l'éducation de leurs enfants, de leurs dépenses domestiques et de quelques charges publiques; des citoyens volent et dissipent les recettes des contribuables et le tribut des alliés : de quel côté vois-tu le plus grand tort pour l'État? l'impudent ne pousserait pas l'audace jusqu'à répondre : Qui n'apporte pas son argent aux caisses publiques est plus coupable que celui qui les pille. Homme pervers! depuis plus de trente ans, que tu es dans l'administration, que de généraux, que d'orateurs, pour avoir nui à la république, ont été traduits devant les tribunaux, mis à mort, ou contraints de se bannir! Pourquoi donc ne t'es-tu jamais levé pour les accuser? avec tant de hardiesse et d'éloquence, pourquoi ne t'a-t-on pas vu t'indigner des plaies faites à la patrie? pourquoi déployer tant de zèle à persécuter le pauvre peuple? Voulez-vous, Athéniens, que je vous en dise le motif? C'est que, participant aux déprédations de quelques coupables, et volant ceux qu'ils font payer, l'insatiable Androtion et ses pareils exploitent doublement la fortune publique. Car enfin, la haine du peuple (17) et de tous les petits coupables n'est pas un fardeau moins lourd que celle de quelques criminels puissants; on ne se popularise pas mieux en ouvrant les yeux sur les fautes de la foule, que sur les attentats des premiers citoyens; mais la vraie raison est celle que j'ai présentée. Sa conscience le rangeait parmi les concussionnaires, et vous n'étiez rien à ses yeux : de là, sa conduite à votre égard. En effet, Athènes fût-elle connue pour une ville d'esclaves, et non pour la capitale de la Grèce, jamais vous n'auriez toléré les avanies qu'il prodiguait sur la place publique. Étrangers, citoyens, étaient enchaînés, emprisonnés; il hurlait contre eux dans les assemblées; du haut de la tribune, il appelait esclaves et fils d'esclaves des hommes qui valent mieux que lui et les siens; il leur demandait si les cachots avaient été bâtis en vain! Vraiment non, puisque c'est de là que ton père s'est esquivé par une gambade, pendant la procession des Dionysies (18). Mais qui pourrait citer ses innombrables déportements? En le punissant aujourd'hui pour tout à la fois, faites un exemple qui retienne dans les bornes de la modération.

Par Jupiter! telle a été sa conduite dans cette fonction : mais il en est d'autres qu'il a sagement exercées. — Loin de là, ses excès ailleurs ont été bien plus graves; et ceux que vous venez d'entendre provoquent le moins la vindicte publique. De quoi vous entretiendrai-je? de la réparation des vases sacrés? de la destruction des couronnes? de ces beaux flacons (19) qu'il leur a substitués? Mais, ici même, en le supposant innocent dans tout le reste, ce serait encore trop peu pour lui d'une mort : vol, impiété, sacrilége, toutes les accusations les plus graves pèsent sur sa tête.

Ne parlons point de plusieurs discours par lesquels il vous abusait. Alléguant que les feuilles des couronnes d'or tombaient flétries par le temps, comme feuilles de violette ou de rose, il vous persuada de les fondre en masse. Percepteur, il avait demandé, comme par scrupule, la présence d'un officier public, tandis que chaque contribuable pouvait le contrôler : préposé à la refonte des couronnes, il néglige cette formalité que demande la justice ! il est à la fois auteur du projet, orfèvre, trésorier, contrôleur ! Eh ! si, dans toutes tes fonctions, tu avais exigé de l'État une confiance absolue, voleur public, tu ne serais pas pris sur le fait. Mais statuer que, pour les contributions, Athènes, comme il est juste, se fiera à ses officiers, plutôt qu'à toi ; et, pour une autre opération, pour la réforme du trésor sacré, dont quelques offrandes sont d'un autre âge, ne pas décréter la même garantie, n'est-ce pas dévoiler tes intentions ? Moi, je n'en doute point.

Hommes d'Athènes ! d'honorables inscriptions étaient pour la république une gloire impérissable : Androtion les a détruites ! Que leur a-t-il substitué ? des mots impies et profanateurs ! Sans doute, vous avez tous lu dans l'intérieur des couronnes : *Les alliés au Peuple d'Athènes, pour sa loyauté et sa justice.* — *A Minerve, prix de la vaillance.* — Quelquefois, c'était une république qui récompensait notre démocratie, pour l'avoir sauvée : *Les Eubéens délivrés couronnent le Peuple d'Athènes.* On avait gravé sur une offrande : *Conon, vainqueur des Lacédémoniens sur mer.* Telles étaient les inscriptions des couronnes. Les couronnes détruites, ces titres glorieux ont disparu. Sur les flacons par lesquels cet infâme les a remplacées, nous lisons : *Faits par les soins d'Androtion.* Un misérable prostitué, à qui la loi ferme les temples, a gravé son nom dans ces mêmes temples, sur les vases sacrés ! O inscription aussi belle, aussi honorable pour Athènes que les premières ! Dans ce crime énorme d'Androtion et de Timocrate, je vois trois crimes : couronnes arrachées du front de la déesse ; gloire de la patrie anéantie avec ces couronnes qui en étaient les monuments ; consécrateurs privés aussi d'une gloire, celle de la reconnaissance.

Après des attentats si horriblement compliqués, dans leur stupide audace, ils rappellent hardiment les faits, comme si leurs mains [...] pures. Androtion compte que le nom de T[...] crate le sauvera ; assis près d'Androtion, T[...] crate ne va point cacher sa honte. Aussi e[...] que rapace, l'accusé, par un étrange av[...] ment, ne voit pas qu'une couronne att[...] vertu, une coupe la richesse. La plus petite [...] ronne est aussi glorieuse qu'une grande. Une [...] fusion de vases et de cassolettes semble [...] mer sur le front du possesseur le mot rich[...] mais, s'il est fier de ces frivolités, il en tire,[...] lieu de la considération, le titre de sot rid[...] Ainsi, à la gloire Androtion a substitué l'op[...] l'opulence mesquine, indigne d'Athènes. Il [...] rait donc que, jalouse de gloire par-dessus [...] Athènes n'eut jamais d'ardeur pour s'en[...] (20). J'en atteste et cet or plus considé[...] celui des autres Hellènes, qu'elle a échangé[...] une illustre renommée, et ses citoyens, p[...] de leur patrimoine, et volant à tous les p[...] la gloire les appelait. Aussi, que de richesses [...] mortelles nous entourent ! ici, la célébrité d[...] d'exploits ; là, de splendides édifices, qui e[...] les monuments, ces Propylées, ce Parth[...] ces portiques, ces arsenaux de marine ; et [...] deux chétives amphores, trois ou quatre [...] vases d'or, de la valeur d'une mine, qu[...] peux inscrire pour la refonte quand il te pl[...] Est-ce par des dîmes levées sur eux-mêmes,[...] des expédients qui auraient comblé les v[...] leurs ennemis, par des contributions doub[...] avec des administrateurs tels que toi, que [...] pères ont élevé ces édifices ? non, c'est avec [...] victoires, c'est par une conduite conform[...] souhaits les plus bienveillants ; c'est en ram[...] la concorde dans Athènes, en chassant de [...] place publique les Androtions de l'époque ! [...] ont-ils laissé après eux une gloire impéris[...]

Pour vous, ô Athéniens ! vous êtes de[...] assez faibles, assez indolents pour n'oser [...] ces grands exemples nationaux. Androtion [...] rateur des vases sacrés ! Adrotion ! ô terre [...] ciel ! n'est-ce pas une profanation, la plus [...] nelle des profanations ? Quiconque entre d[...] sanctuaire pour toucher à l'urne lustrale, [...] corbeille sainte, pour présider au culte des d[...] a peu fait s'il est demeuré chaste pendant les [...] prescrits par la loi : il faut qu'il n'ait jamais [...] de la vie impure d'Androtion.

NOTES
DU DISCOURS CONTRE ANDROTION.

(1) Traduit sur le texte de Taylor (Dobs. *Orat. Att.*, t. III, p. 149).
Interprétation tirée surtout des scolies, qui sont nombreuses; et de l'Apparatus de Schæfer, t. III, p. 500.

(2) Androtion fut, par conséquent, condamné à une amende de mille drachmes. V. le Scoliaste, qui cite le Ier liv. du traité des Lois de Théophraste. — Je lis, avec Bekker et Schæfer, μὴ λαβεῖν τοῦτον. — Ce qui suit immédiatement ne permet pas de prendre les mots μεθ' ὑμῶν dans le sens d'Ulpien, qui ajoute τῶν ἠδικημένων. Un peu plus bas *préavis* du Conseil : c'est-à-dire, projet de décret. — *l'Épistatès*, chef des proèdres. — *Les proèdres*, ou les neuf présidents choisis dans le Conseil pour diriger les délibérations populaires.

(3) « Quid igitur dicet? Fecisse alios, etc. » Cic. *Verr.* III.

(4) Euctémon, premier accusateur entendu, avait sans doute reproché au Conseil une mauvaise administration en général.

(5) Sur l'erreur de J. Wolf et du traducteur italien, qui, d'après Ulpien, indiquent quatre talents et demi, voyez l'Appar. de Schæfer, t. III, p. 518. Cette somme est petite, dit Böckh; et elle porte à croire qu'à cette époque on ne construisait pas annuellement les vingt trirèmes exigées par la loi de Thémistocle : mais peut-être était-elle destinée à payer seulement la main-d'œuvre; peut-être aussi ces deux talents et demi n'étaient-ils qu'une portion de la somme totale. *Écon. Pol. etc.* l. II, c. 19.

(6) Ce passage, obscur par sa concision, est fort controversé. J'ai préféré l'interprétation d'Ulpien. Böckh, d'après Aristote, Harpocration et Pollux, montre que la nomination des caissiers pour les divers services publics se faisait par la chirotonie, ou par l'adhésion que le peuple exprimait en levant la main.

(7) Je lis, avec tous les manuscrits et les meilleures éditions, νομίζετε. Un peu plus bas, je place la virgule après τούτῳ, comme Bekker et Schæfer, et non après ἰδεῖν, comme Reiske et Taylor.

(8) Quiconque, après avoir été condamné pour s'être prostitué aux plaisirs d'autrui, donnera son avis dans le Conseil ou dans l'assemblée du peuple, sera puni de mort. (Plaid. d'Eschine contre Timarque.)

(9) Barthélemy a reproduit ce morceau de manière à y répandre quelque clarté. Voy. l'Introd. de *l'Anach.* 2e partie, sect. 1. Il n'a pas traduit, vers la fin, les phrases commençant par οὐδέτερον, et se terminant par ἐφηγοῦ, que Meier, Taylor, Bekker, et Schæfer regardent comme une répétition fautive de copiste. *Voy.* sur *les Onze*, la note 15.

(10) Reiske propose de lire δισμυρίους au lieu de μυρίους, que donnent tous les manuscrits et les scoliastes.

(11) Les mots τοῖς λέγουσι désignent les membres du Conseil qui ont l'habitude de la parole; τοῖς ἰδιώταις, ceux qui ne l'ont pas, et qui étaient bien plus nombreux que les premiers; οἱ πολλοί, la masse des citoyens, qui pourra siéger un jour au Conseil, qu'on renouvelait annuellement. J'ai suivi l'interprétation de Jurin, adoptée par Schæfer.

(12) Sur le ἀντιγραφεὺς τῆς Βουλῆς, *voy.* Böckh, l. II, c. 8.

(13) Les éditions se partagent entre ὡς δεῖ et ὡς οὐ δεῖ. J. Wolf, Jurin et Reiske n'hésitent pas à supprimer la négation, que Taylor a conservée.

(14) Tel est ici le sens le plus probable de ἀπὸ, qu'il ne faut pas remplacer par ἐπὶ, comme le voudrait Taylor. Nausinique avait été archonte ol. C, 3; 378.

(15) Ce moyen de contrainte était aussi extraordinaire qu'odieux. Böckh et Robinson n'en parlent pas. Les Onze, magistrats subalternes, avaient la garde des prisons, et conduisaient les condamnés au supplice.

(16) Étrangers domiciliés.

(17) J'ai tâché de rendre la véritable opposition qu'il y a entre πολλοῖς et ὀλίγοις. Les *petits coupables*, τὰ σμικρὰ ἀδικοῦσιν, sont les contribuables qui se trouvent arriérés involontairement.

(18) Pendant les Dionysies, si l'on en croit deux scoliastes, les prisons étaient ouvertes; les détenus pouvaient en sortir sous caution, et on les y faisait rentrer quand ils avaient pris part à la fête de *Lyæus*, dieu de la liberté. J'ai tâché de rendre l'enjouement du mot ἐξορχησάμενος, employé pour ἀποδράς, par allusion aux danses de la fête, comme Harpocration l'a remarqué.

(19) Ceci est ironique. Androtion avait fait ces changements comme trésorier du temple de Minerve. V. Böckh, liv. II, c. 5.

(20) Horace rend le même hommage à toute la Grèce : *Graiis, ... præter laudem, nullius avaris.* A. *Poet.*

III.

PLAIDOYER

CONTRE MIDIAS.

INTRODUCTION.

A l'époque où Démosthène commençait à s'emparer de la tribune[1], il écrivit un plaidoyer dont l'objet était la vengeance d'une injure personnelle. Il s'était offert volontairement à sa tribu pour exercer la charge de chorége pendant la célébration des grandes Dionysies ; et sa nomination avait été accompagnée des éloges unanimes d'un peuple toujours reconnaissant envers ceux qui vouaient leur fortune à ces plaisirs et à ces fêtes. Une ardente rivalité entre les chefs des chœurs provoquait tous les efforts : celui dont la troupe était jugée la mieux instruite et la mieux décorée obtenait une couronne. Midias, citoyen riche et perturbateur, qui fut pour notre orateur une espèce de Clodius, autant que les indécentes querelles de la démocratie d'Athènes peuvent se comparer à l'affreuse dignité des discordes romaines,[2] l'avait traversé pendant toute sa chorégie. Par ses cabales auprès des juges nommés pour décerner le prix, il avait réussi à frustrer son ennemi de la couronne. Il mit le comble à ces témoignages de haine en le frappant du poing au visage, en plein théâtre, dans l'exercice même de ses fonctions de chorége qui rendaient sa personne sacrée, en présence des Athéniens et des Grecs que la solennité avait rassemblés. Ces circonstances ne permettaient pas à Démosthène de se venger à la manière de Diogène, qui répondit au même agresseur par d'énergiques représailles[3]. Dans les querelles survenues au sujet des fêtes de Bacchus, l'usage voulait que le peuple, spontanément réuni dans le temple du Dieu, prononçât d'abord sur les délits, qui étaient ensuite portés à un tribunal plus tranquille, que Spalding croit être celui des Héliastes. Midias fut sur-le-champ condamné : et, pour le procès qui devait suivre, appelé προβολή, Démosthène, dans toute la chaleur du ressentiment, composa ce plaidoyer.

Le procès n'eut pas lieu : l'offensé avait-il retiré sa plainte ? Car ici, quoi qu'on ait dit, tout est problème, jusqu'au désistement. Spalding a remarqué que cette interruption d'une poursuite qui avait un caractère public, était une infraction aux lois. D'ailleurs, tout autre citoyen pouvait s'emparer de l'accusation de sacrilège, et il n'en fut rien. Démosthène se serait exposé à être accusé pour son désistement même ; et aucune voix ne s'é[leva] contre lui. Seulement, vingt-trois ans plus tard, Eschine, dans le procès de la Couronne, lui reproche d'avoir vendu son silence ; puis Plutarque fait l'écho de cette imputation, sans craindre de répéter une de ces calomnies qui naissent des haines politiques, et dont l'audace s'accroît en raison de la distance des temps. Il me semble permis de douter si, le premier ressentiment du peuple une fois satisfait, l'affaire ne fut pas assoupie, en dépit de Démosthène lui-même. Par sa fortune, son éloquence, ses hautes fonctions à l'armée et dans l'administration, par la ligue qu'il formait avec son frère Thrasyloque et d'autres ennemis de Démosthène, Midias, si puissant, de l'aveu même de Plutarque, si intrigant, comme ce discours l'atteste, n'aurait-il pas obtenu de ses juges des délais indéfinis, surtout à une époque où les progrès menaçants de Philippe commençaient à préoccuper tous les esprits[1] ?

Quoi qu'il en soit, voici l'analyse de ce long plaidoyer, qui ne fut pas prononcé.

Exorde.

Pour porter l'accusateur à se désister, on a essayé tour à tour des offres, des caresses, des menaces; il a méprisé les unes et les autres ; il espère que, sensibles aux sollicitations de la partie adverse, les juges le vengeront d'une insulte dont l'intérêt de tous les citoyens réclame le châtiment.

Après de courtes observations préliminaires qui naissent de deux lois qu'il a fait lire, l'orateur et pose les faits de la cause.

Narration.

Voyez le commencement de cette introduction.

Division.

Démosthène présentera d'abord les outrages qu'il a essuyés de la part de Midias ; il parlera ensuite des excès commis par le même Midias envers les autres citoyens ; il terminera son plaidoyer par le tableau de toute la vie de l'accusé.

Confirmation. — 1re. Partie.

L'orateur prouve en peu de mots les faits qu'il

---

[1] Ol. cvi, 4 ; 353, d'après Böckh, Écon. Pol. des Ath. liv. iv, ch. 13, note ; et Mém. de l'acad. de Berlin, 1818 ; Alb. G. Becker, etc.

[2] M. Villemain, art. Démosth. Biogr. Univ.

Diog Laert. Vit. Diog.

[1] Cette dernière considération devient plus forte si l'on admet, d'après Denys d'Halicarnasse, que ce plaidoyer fut écrit sous l'archontat de Callimaque. C'est l'année des Olynthiennes.

rapportés, il passe ensuite à la réfutation des moyens de défense que Midias doit employer.

Premier moyen. — Démosthène aurait dû poursuivre l'accusé en justice ordinaire.

Réponse. — Attaqué par cette voie, Midias se serait encore plaint de la procédure choisie par l'accusateur. Sans exiger telle forme de poursuite plutôt que telle autre, qu'il prouve son innocence. Si Démosthène a préféré celle qui ne lui procure aucune réparation pécuniaire, il faut lui en savoir gré.

Deuxième moyen. — On ne doit pas perdre l'accusé à cause de Démosthène.

Réponse. — Quand les juges punissent un citoyen pour en avoir offensé un autre, ils ne lui infligent pas la peine selon le bon plaisir de l'offensé, mais selon les lois établies.

Troisième moyen. — C'est Démosthène que Midias a insulté : c'est donc seulement pour injures faites à un particulier que Midias doit être poursuivi.

Réponse. — Non, ce n'est point Démosthène, c'est un chorége d'Athènes qui a été insulté, et il l'a été en un jour où les lois lui accordaient une sauvegarde particulière. Il ne faut point que cette sauvegarde soit illusoire. Coupable d'outrages envers le représentant d'une tribu, dans une cérémonie sainte, Midias doit subir la peine légale attachée à ce crime.

Quatrième moyen. — Beaucoup d'autres ont été insultés, et on ne les a pas punis aussi rigoureusement que le demande Démosthène.

Réponse. — Ces insultes nombreuses sont un nouveau motif de sévir contre Midias ; il faut, par un éclatant exemple, arrêter l'audace des méchants. D'ailleurs, ceux dont parlera Midias étaient dans un cas différent du sien. Leurs violences furent le résultat de l'ivresse ou de la colère. L'accusé, au contraire, a outragé Démosthène avec réflexion. Or, les lois réservent toute leur rigueur pour les délits prémédités. Tel est surtout l'esprit de celle qui statue sur les insultes : ennemie de tout ce qui peut troubler la société, elle punit sévèrement la violence, même à l'égard des esclaves. Honneur au peuple qui a porté une loi si sage et si humaine !

Après avoir ainsi détruit toutes les défenses de Midias, Démosthène soutient qu'on peut le condamner non-seulement pour voies de fait, mais pour impiété. Il prouve, par la lecture de plusieurs oracles, que les chorèges et les chœurs exercent une fonction religieuse; dès lors, les insulter dans l'exercice de cette fonction, n'est-ce pas insulter le Dieu dont ils célèbrent les louanges ?

L'orateur oppose ensuite la retenue de plusieurs citoyens, que des motifs de rivalité auraient pu porter à des violences, à l'insolence de Midias, qui n'avait aucun de ces motifs, et qui n'a été poussé que par une aveugle fureur. D'où provenait, en effet, sa haine contre Démosthène ? d'anciennes injures dont il s'était déjà rendu coupable à son égard, et qui avaient amené entre eux un premier procès. Détails à ce sujet, menées de Midias, lors de ce procès, pour échapper au jugement et à la peine. L'orateur gémit sur le sort de Straton qui avait été leur arbitre, et que Midias avait fait dégrader parce que cet homme, insensible à ses offres, l'avait condamné par défaut. Il fait paraître l'infortuné, victime de l'injuste ressentiment de Midias ; et il exhorte les juges à faire usage de leur pouvoir pour réprimer un audacieux, l'effroi et le fléau de ses concitoyens.

Autres traits de la méchanceté de Midias à l'égard de Démosthène. Il a voulu le faire passer pour meurtrier de Nicomède, tué par Aristarque. Reproches pleins de véhémence contre cette calomnie. Vive récapitulation de toutes les violences de Midias contre l'orateur, qui conclut à une punition rigoureuse.

Deuxième Partie.

Pour ce qui regarde les particuliers, Démosthène fait lire des mémoires qui renferment, dit-il, des crimes de toute espèce : insultes faites à des citoyens, cabales contre des amis, impiété envers les Dieux. Le même Midias a outragé toute une tribu, le Conseil, une troupe entière de cavalerie. D'où lui vient tant d'audace ? de ses richesses, par lesquelles il s'attache une foule de citoyens dont il marche entouré. Il faut le dépouiller de cette opulence, instrument et appui de ses crimes.

Mais des citoyens insultés par Midias ne l'ont point poursuivi en justice. — Leur silence même l'accuse; ils redoutaient sa vengeance. Alcibiade valait mieux que Midias ; il était sans doute moins coupable, et cependant on l'a condamné.

Troisième Partie.

L'accusé n'a aucun titre à l'indulgence du tribunal. Il est dépourvu de toute espèce de talents politiques ou militaires; son origine est basse et inconnue; son caractère, cruel et pervers. Quoique âgé de cinquante ans, il a rempli moins de charges publiques que Démosthène, qui n'a que trente-deux ans. Services déprimés à dessein ; ridicule jeté sur le luxe odieux et sur le faste insolent de l'accusé. S'il a fourni une galère, c'était pour se dispenser du service militaire. Au reste, quand il aurait rempli toutes les charges, et rendu les plus éminents services à la république, aurait-il acquis par là le droit d'insulter impunément ses concitoyens ?

Réflexions qui s'appliquent également à toutes les parties de la preuve. Exemple de plusieurs citoyens qui ont été condamnés pour avoir violé la sainteté d'une fête, ou pour des fautes moins graves que celle de Midias. Que les juges voient sans émotion les larmes que répandront l'accusé et ses enfants, qu'il fera paraître pour exciter la pitié.

Après les discours injurieux qu'il a tenus contre l'assemblée qui l'a condamné, quelle compassion peut-il attendre des Athéniens ? Haine, indignation, châtiment, voilà ce qu'il a mérité.

Péroraison.

Une insulte faite à un seul citoyen intéresse tous

les autres. Les juges doivent condamner Midias pour assurer leur propre autorité, et pour venger les lois, qui n'ont de pouvoir et de force que par la fidélité des magistrats chargés de leur application. Il faut surtout une satisfaction à la religion outragée.

Les rhéteurs grecs avaient beaucoup étudié la théorie de l'art dans ce plaidoyer célèbre; et l'on a cru que Longin lui avait même consacré un traité spécial. Nous ne reprocherons à l'argument de Libanius que sa brièveté. Un autre argument, qui est anonyme, n'offre guère qu'un verbiage rempli d'erreurs. L'explication d'Ulpien, fort étendue, et les scolies supplémentaires de Dobson m'ont présenté quelques ressources.

Avant Photius, plusieurs critiques avaient déjà trouvé dans ce discours des traces d'un travail inachevé : Spalding et Buttmann les ont signalées. Théon d'Alexandrie parle de quelques emprunts que notre Orateur aurait faits à Isée, à Lysias, à Lycurgue; et Isidore de Péluse, qui ne croit pas que Démosthène ait vendu son silence, le voit ici déployant toute son énergie.

Dans une cause qui lui est personnelle, Démosthène a toujours l'art d'enlacer l'intérêt ou l'amour-propre des autres, et surtout de ses auditeurs. Ce n'est plus l'honneur d'un citoyen qu'il défend, c'est celui de toute une nation. Au reste, l'âpreté inflexible qu'il met à poursuivre la vengeance de ses propres injures ne devait pas choquer une démocratie blessée elle-même dans la personne d'un de ses membres. On voit même, par plusieurs passages, que de graves dissentiments politiques ajoutent à la haine de l'orateur pour son ennemi. La harangue contre Midias, dit M. Brougham, n'a pour objet qu'une attaque dirigée contre Démosthène; mais, sous le rapport du génie et de la véhémence, elle surpasse peut-être toutes ses autres compositions. Cette invective admirablement raisonnée, comme l'appelle M. Villemain, est terminée, selon les habitudes du génie grec, par une péroraison noble et calme. « Vous relevez mon courage, écrivait Pitt à un éloquent ami, quand vous comparez le bru que j'ai composé pour venger la mémoire d'Helvidius, à la harangue de Démosthène contre Midias. Il est vrai qu'en y travaillant, j'avais sous les yeux ce plaidoyer. Je n'aspirais pas à l'égaler : ce serait témérité, peut-être folie; mais je me proposais de l'imiter, autant que le permettaient la différence des sujets, et la distance d'un génie du premier ordre à un esprit du dernier. »

DISCOURS.

L'insolence effrénée et les continuels outrages de Midias envers tout le monde, ne sont sans doute ignorés, ô juges! ni d'aucun de vous, ni d'aucun citoyen (1). Ce que vous auriez tous cru devoir faire, insultés individuellement, je l'ai fait. J'ai accusé Midias d'avoir violé la sainteté de la fête et par les coups qu'il m'a portés dans les solennités de Bacchus, et par mille autres violences exercées envers moi dans tout le cours de ma chorégie. Déjà le peuple entier, dans son noble et légitime courroux, s'était exaspéré, et avait pris à cœur les injures dont il me voyait victime, au point d'opposer à toutes les manœuvres de cet homme et de ses fauteurs, un ressentiment inflexible, et de le condamner à l'unanimité, sans considérer ni leur fortune ni leurs promesses; lorsqu'une foule de citoyens, dont quelque-uns siégent maintenant à ce tribunal, vinrent me demander, me persuader de le poursuivre et de le traduire devant vous : animés, selon moi, et j'en atteste les Dieux, par le double motif de l'atrocité qu'ils trouvaient dans mon outrage, et de la vengeance qu'ils voulaient tirer des autres attentats d'un téméraire dont rien n'arrête plus la perversité.

Dans cet état de choses, toutes les mesures qui étaient un devoir pour moi ont été fidèlement observées à votre égard : je me présente, vous le voyez, autorisé par le magistrat (2), pour donner suite à mon accusation; tout l'or qu'il ne tenait qu'à moi de recevoir pour un désistement, ô Athéniens! je l'ai refusé; toutes les supplications, les caresses, les menaces même, oui les menaces m'ont trouvé impassible. C'est à vous d'achever plus sont nombreux les juges que cet homme importunés de ses sollicitations, lui dont je voyais à l'instant même, les coupables démarches face du tribunal, plus j'espère obtenir justice. Ce je ne saurais avoir d'aucun de vous cette injurieuse idée, que vous serez indifférents à une insulte pour laquelle vous m'avez montré d'abord un si vif empressement, ni qu'un seul, au nom pris de son serment, prononcera contre sa conscience, pour assurer désormais à Midias l'impunité de son audace.

Si j'avais à le poursuivre, ô Athéniens! comme auteur d'une motion illégale, comme ambassadeur infidèle, comme coupable de quelque autre délit pareil, je ne croirais pas devoir vous adresser des prières, persuadé que, là, le rôle de l' cusateur se borne à fournir des preuves, tandis que l'accusé peut y joindre des supplications. Mais, puisque Midias, suborneur des juges du théâtre, a, par cette iniquité, arraché le prix à ma tribu; puisque moi-même, frappé et outragé comme je ne crois pas qu'aucun autre chorege l'ait jamais été, je me présente pour faire confirmer la sentence que le peuple, dans son indignation et sa colère unanimes, a portée contre cet attentat, je supplierai aussi, et sans balancer. Car, s'il est permis de le dire, c'est moi qui suis l'accusé, le défaut de réparation juridique faisant peser sur le citoyen insulté une prévention malheureuse. De grâce, ô hommes d'Athènes! de grâce, écoutez-moi d'abord tous avec bienveillance; puis, si je convaincs Midias, ici présent, d'outrages, non-seulement envers moi, mais envers vous, envers les lois, envers tous les citoyens, défendez-moi, défendez-vous vous-mêmes. Il est vrai, Athéniens, que c'est moi qui ai reçu l'insulte, c'est sur ma personne qu'a éclaté l'affront au théâtre : mais il s'agit aujourd'hui de discuter et de décider s'il faut tolérer de semblables excès, s'il sera permis ou défendu d'outrager impunément qui que ce soit parmi vous. Si donc il se rencontre dans vos rangs quelqu'un qui n'eût d'abord vu dans ce combat judiciaire qu'un intérêt privé, considérant maintenant qu'il importe à l'État de ne laisser aucun citoyen renouveler une seule de ces indignités, qu'il écoute avec la forte attention que demande un crime public, et que son vote choisisse, entre les deux pénalités, celle qui lui paraîtra la plus juste. On va d'abord lire la loi qui autorise à rendre plainte devant le peuple; j'essaierai ensuite de vous éclaircir sur les autres points. — Lis.

Loi.

Les prytanes convoqueront le peuple dans le temple de Bacchus, le lendemain des Pandies (3). Dans cette assemblée, ils permettront d'abord de poursuivre les délits relatifs à la religion; puis ils donneront action devant le peuple au sujet des griefs concernant la solennité ou les jeux des Dionysies, s'il n'y a été statué juridiquement.

Telle est, ô Athéniens! la loi qui autorise les plaintes publiques. Elle ordonne, vous l'avez entendu, d'assembler le peuple dans le temple de Bacchus, après les Pandies. Là, quand les proèdres auront ouvert la délibération sur la gestion de l'archonte (4), elle leur enjoint d'accorder la parole sur les délits ou les prévarications commises contre la sainteté de la fête : loi sage, loi salutaire, ô Athéniens! comme l'atteste l'expérience. Car, si quelques hommes, malgré la peur qu'elle fait planer sur leur tête, ne se montrent pas moins outrageux, que ne faudrait-il point attendre de ces pervers, affranchis de toute poursuite et de tout péril? C'est pourquoi je veux faire lire aussi la loi qui suit immédiatement : elle mettra en évidence devant vous et la sage modération de tous les Athéniens, et l'audace de cet homme. — Lis.

Loi.

Évégoros a dit : Pendant la solennité de Bacchus, au Pirée (5), avec comédies et tragédies; pendant les fêtes Lénéennes, accompagnées des mêmes jeux scéniques; pendant la célébration des Dionysies de la ville, avec des troupes de jeunes gens, par des festins et les représentations du théâtre; pendant les jeux publics des Thargélies, il ne sera plus permis de prendre des gages, de rien exiger de personne, même de ceux dont les obligations sont échues. Quiconque enfreindra cette défense pourra être poursuivi par la partie lésée, qui portera plainte devant le peuple assemblé dans le temple de Bacchus, selon la forme prescrite pour les autres délits commis durant ces mêmes jours (6).

Réfléchissez, ô juges! que, d'après la précédente loi, les profanateurs de la fête se trouvant soumis à une accusation publique, vous avez dans celle-ci, autorisé la même plainte contre toute contrainte, tout recouvrement, toute violence, exercés sur les débiteurs arriérés. Ainsi, loin de croire qu'il convienne, dans ces jours, de maltraiter un citoyen, et de toucher aux préparatifs qu'il aura faits à ses dépens pour s'acquitter de sa charge, vous avez maintenu, du moins pendant la fête, le particulier condamné, dans les biens qu'il possède, et que le droit et une sentence ont adjugés à la partie victorieuse. Vous donc, ô Athéniens! vous poussez tous l'humanité et le respect des Dieux jusqu'à différer, pendant leurs fêtes, la réparation des injustices qui ont précédé; et Midias sera convaincu d'avoir commis, durant ces mêmes jours, des excès dignes des peines les plus rigoureuses. Je veux, après avoir détaillé ce que j'ai souffert dès le commencement, montrer cet homme finissant par me frapper à coups redoublés. On verra clairement que, de toutes ses violences, il n'en est pas une seule qui ne mérite la mort.

Depuis trois ans, aucun chorège n'avait été préposé à la tribu Pandionide; on tenait l'assemblée dans laquelle la loi ordonne à l'archonte de tirer au sort les musiciens qui doivent former les chœurs; on discutait, on s'injuriait; archonte et administrateurs de la tribu s'accusaient réciproquement : je m'avance alors, et m'offre comme chorége volontaire. Le sort me désigne pour choisir le premier le directeur de la musique. Vous tous, ô Athéniens! vous accueillez avec toute la faveur possible et ma déclaration et mon heureuse chance; des applaudissements tumultueux signalent votre approbation et votre joie unanimes. Le seul Midias, vous l'avez vu, en fut blessé; et, durant toute ma chorégie, attaché à mes pas, ne négligeant aucune occasion, il assouvit son acharnement. Je ne dirai pas combien il nous a entravés, soit en empêchant les choristes d'être exempts du service militaire (7), soit en se proposant pour l'administration des Dionysies, avec ordre de le choisir, soit par mille autres vexations. Je le sais, si chacune de ces tracasseries m'a inspiré, à moi persécuté, à moi outragé, autant d'indignation que les plus révoltantes injures, vous autres, pour qui elles sont étrangères, en les pesant une à une, vous les trouveriez peut-être trop légères pour une accusation. Mais ce que je vais dire vous indignera tous autant que moi-même; les derniers excès que j'exposerai dépassent toute mesure; et je n'entreprendrais pas maintenant de le poursuivre si, au moment du flagrant délit, je ne l'avais confondu en présence du peuple.

Il a voulu déchirer ma robe sacrée; oui, sacrée, car je qualifie ainsi tout vêtement qu'on prépare pour une fête, et tant qu'il est réservé à cet usage. Les couronnes d'or que je faisais faire pour décorer ma troupe, ô Athéniens! il a traîtreusement essayé de les briser, la nuit, après avoir forcé la maison de l'orfèvre. Et il les a brisées, non pas toutes, il est vrai : il ne le put pas. Audace inouïe, attentat sans exemple dans notre ville! Mais c'était peu encore : il est allé jusqu'à corrompre, ô Athéniens! le maître de mes choristes; et, si le musicien Téléphane n'eût été alors pour moi le meilleur des hommes; si, s'apercevant de la manœuvre, il n'eût écarté le traître, et ne se fût fait un devoir d'instruire et d'exercer le chœur, il n'y avait plus pour nous de lutte véritable, ô Athéniens! ma troupe se serait présentée avec toute son ignorance, et nous aurions reçu le plus sanglant affront. Loin de s'arrêter à ces outrages, Midias a poussé l'impudence jusqu'à corrompre l'archonte qui avait la couronne sur la tête (8); il a ligué contre moi les autres chorèges (9); vociférant, menaçant, obsédant les arbitres pendant la prestation du serment, clouant, barricadant, de son autorité privée, le passage public des coulisses (10), il n'a cessé de me poursuivre de ses fureurs, de ses inexprimables attentats. Vous tous, qui devez prononcer dans cette cause, vous m'êtes témoins de ce qui s'est passé devant le peuple, et près des arbitres au théâtre. Or, quels griefs sont mieux établis que ceux dont la vérité s'atteste par les juges eux-mêmes? Après avoir débuté par séduire les arbitres des acteurs rivaux, il a couronné tous ses déportements par deux exploits : il m'a outrageusement frappé; il a, plus que tout autre, ravi la victoire à ma tribu, qui avait l'avantage.

Voilà, ô Athéniens! et les excès de son insolence envers moi, envers ma tribu, et les profanations dont il a souillé la fête; voilà, entre mille autres griefs, pourquoi je l'ai accusé d'attentat public (11). Je vais les exposer à l'instant, dans le plus grand détail qu'il me sera possible. Mais j'ai à présenter encore les traits multipliés de sa méchanceté, et ses outrages envers un grand nombre d'entre vous, et les forfaits réitérés de cet audacieux scélérat. Parmi tant d'offensés, les uns, redoutant sa personne, sa témérité, ses amis, sa fortune, toutes les ressources dont il dispose, n'ont pas remué; les autres ont demandé justice, et n'ont pu l'obtenir. Il en est qui ont transigé, croyant peut-être y trouver leur avantage. Ceux qu'il a ainsi gagnés ont, il est vrai, tiré satisfaction pour eux-mêmes : mais venger les lois que ce misérable a foulées aux pieds en insultant et ces citoyens, et moi-même, et tant d'autres, voilà votre partage. Pesez donc à la fois, dans votre justice, toute cette masse de crimes. Je vais prouver d'abord ses outrages envers moi; puis, envers vous, ô Athéniens! Enfin, par l'examen de sa vie entière, je montrerai que c'est trop peu d'une mort pour un tel coupable.

— Prends, avant tout, et lis la déposition de l'orfèvre.

Déposition.

Moi, Pammène, fils de Pammène, j'ai, sur la place publique, un atelier d'orfévrerie, où je demeure et où j'exerce ma profession. Démosthène, pour qui je dépose, m'ayant fait la commande d'une couronne d'or et d'une robe brochée en or pour lui servir d'ornement dans les fêtes de Bacchus, et ces objets se trouvant entre mes mains, achetés et prêts à être livrés, Midias, qui est accusé par Démosthène, est venu fondre, la nuit, sur ma maison, avec plusieurs autres, et s'est efforcé de détruire la couronne et la robe. Une partie de ces ouvrages est détériorée; et, s'il n'a pu les endommager totalement, c'est que je suis survenu pour l'en empêcher.

J'ai à vous présenter, Athéniens, comme je le disais en commençant, beaucoup de détails sur les vexations qu'il a exercées envers d'autres citoyens (12). Les traits si nombreux d'insolence et de méchanceté que vous allez entendre, je les ai recueillis tous : tâche facile d'ailleurs, car ceux qui avaient souffert sont accourus à moi. Mais je veux auparavant vous prévenir des défenses par lesquelles, je le sais, il s'efforcera de vous tromper. Il est aussi utile pour vous qu'indispensable pour moi que je prévienne ces objections. Pourquoi? parce que mes paroles, en vous préservant de la déception, vous détermineront à rendre une sentence juste et loyale. Il faut donc, par-dessus tout, leur prêter une forte attention, les graver dans votre mémoire, et les opposer à chaque point de la défense, lorsque cet homme parlera.

Parmi tous les moyens dont j'ai su qu'il faisait part à quelques affidés, voici celui qu'il placera certainement en première ligne : quand même j'aurais éprouvé les mauvais traitements dont je me plains, c'était en justice privée que j'aurais dû le poursuivre (13). S'il a déchiré une robe, brisé des couronnes d'or, porté tout autre préjudice à un chœur, je devais réclamer des dommages-intérêts; s'il m'a frappé moi-même, l'attaquer en réparation d'injures : mais par Jupiter! je ne puis l'accuser comme criminel d'État, ni conclure, selon mon estimation (14), à une peine afflictive ou pécuniaire.

Pour moi, je suis convaincu d'une chose dont vous ne douterez pas vous-mêmes : c'est que, si ma plainte eût été personnelle, et non politique, changeant bien vite de langage, il m'eût fait un devoir de le traduire devant le peuple, et de requérir, à l'heure même, le châtiment de ses outrages. Le chœur, se serait-il écrié, avait un caractère public; tout l'habillement était préparé pour une fête; l'offensé était chorége. Qui donc préférerait d'autres poursuites à celles que la loi ordonne contre les violateurs de la solennité? Voilà ce qu'il aurait dit, j'en suis sûr. En effet, un coupable accusé joue son rôle quand, déclinant la forme employée pour le punir, il réclame un autre mode de procédure. Mais des juges éclairés n'écouteront point de telles défaites, et, dans tout procès pour insultes dont ils sont saisis, ils prononceront la peine. Imposez-lui donc silence, s'il dit que la loi m'accorde aussi une action privée, une accusation pour injures personnelles; oui, elle me l'accorde : mais la nullité du fait dont je l'accuse, ou bien, le fait avoué, l'absence de toute profanation de la fête, c'est là ce qu'il doit prouver; car c'est là l'objet de cette accusation publique, c'est là le point sur lequel vous allez prononcer. Pour moi, si, négligeant le bénéfice d'une poursuite personnelle, je cède le pas à la vindicte nationale; si j'ai fait choix des armes qui ne m'offrent aucun avantage matériel (15), je devrais, par là même, au lieu d'une disgrâce, recueillir votre bienveillance.

Je sais encore qu'il répétera sans fin : Ne me livrez pas à Démosthène; ne me perdez pas en faveur de Démosthène; parce que je suis en guerre avec lui, me ferez-vous périr? Je sais qu'il fera souvent retentir de pareilles clameurs, afin de soulever quelques haines contre moi. Réclamation fausse, complétement fausse! Jamais vous ne livrez un coupable à son accusateur. Un citoyen est-il offensé? ce n'est pas sur les exigences du plaignant que vous mesurez la punition. Loin de là, vous avez porté des lois, antérieures aux délits, avant de connaître les malfaiteurs, avant de connaître les victimes. Or, ces lois, que font-elles? Elles promettent à tout citoyen leur appui pour obtenir réparation d'une injustice. Lors donc que vous punissez un infracteur des lois, le jetez-vous, comme une proie, aux accusateurs? non, vous affermissez ces lois, votre propre ouvrage.

C'est Démosthène qui a été insulté, dit-il. Voici ma réponse, qui est puissante et toute dans l'intérêt public. Non, ce n'est pas sur moi, Démosthène, sur moi seul, qu'il a, dans un pareil jour, fait tomber l'outrage; c'est encore sur votre chorége : distinction dont vous allez saisir toute la portée. Parmi les thesmothètes (16), vous le savez sans doute, aucun ne porte le nom de sa charge, mais son nom propre. Insulte-t-on l'un d'eux comme particulier, par actions ou en paroles? une plainte pour violences, une action privée, sera intentée. L'injure s'adresse-t-elle au magistrat? son auteur encourra la mort civile. Pourquoi? parce qu'il a, de plus, outragé les lois, outragé la couronne du mandataire du peuple, outragé le nom d'Athènes. Car thesmothète n'est le nom d'aucun homme, mais un titre public. Il en est de même pour l'archonte : est-ce le magistrat qui, la couronne sur la tête, a été frappé ou injurié? la dégradation! Est-ce le citoyen? action personnelle! La même règle s'applique à quiconque a reçu de l'État un caractère inviolable, le droit de porter une couronne, ou quelque honneur. Si donc Midias, dans un tout autre jour, n'eût insulté de la sorte que ma personne, c'est une accusation personnelle que j'aurais dû lui intenter. Mais, si c'est contre votre chorége, si c'est pendant la célébration de la fête qu'il s'est manifestement livré à tous ces injurieux excès, il mérite de porter le poids de la colère et de la vengeance nationale. Car, dans la personne de Démosthène, c'est le chorége qui était insulté, le chorége, homme public : et dans quels jours? dans ceux-là même où la loi le prend sous sa sauvegarde. Quand vous portez des lois, il faut les soumettre à un examen sévère; établies, il faut les garder et les appliquer. Ainsi le veut votre serment, ainsi la justice l'ordonne. Vous aviez anciennement loi contre le dommage, loi contre les voies de faits, loi contre les insultes. Si donc elles avaient suffi pour punir ces mêmes délits, commis pendant les fêtes de Bacchus, il n'eût pas été besoin d'une disposition nouvelle. Mais non, elles ne suffisaient point, et ce qui le prouve, c'est cette loi sacrée, décrétée par vous, en l'honneur du Dieu, pour faire respecter sa solennité. Ainsi, s'être placé sous le coup de ces lois anciennes, et de la nouvelle, et de toutes les autres, est-ce une raison pour jouir de l'impunité? n'est-ce pas plutôt le motif légitime d'un châtiment plus rigoureux?

On m'a fait savoir, du reste, que Midias courait de tous côtés, quêtant et ramassant les noms de ceux à qui jamais il arriva de recevoir des insultes, et se proposant de vous en tracer le tableau historique. Tel est, ô Athéniens! ce proèdre qui fut, dit-on, un jour frappé par Polyzélos; tel est encore, sans parler des autres, ce thesmothète battu naguère en arrachant une musicienne des mains de ses ravisseurs (17). Comme si, en admettant qu'il étalera mille exemples d'injures révoltantes, votre indignation pour les miennes devait se refroidir! Pour moi, c'est dans une disposition toute contraire que je vous verrai, hommes d'Athènes, si le bien public doit vous toucher. Qui de vous, en effet, ignore que l'impunité des malfaiteurs multiplie les violences, et que le seul moyen de les arrêter à l'avenir, c'est d'infliger un juste châtiment à quiconque en sera convaincu? Si donc il importe d'effrayer les autres, ces précédents mêmes sont un motif de punir Midias, motif d'autant plus fort que ses excès sont plus nombreux et plus graves. Mais faut-il attiser la fureur de ce coupable et de tous les autres? laissez-le impuni. Il y a plus : nous allons voir que les excuses applicables à ces exemples n'existent pas pour lui. Et d'abord, celui qui frappa le thesmothète avait trois moyens à produire, l'ivresse, l'amour, l'ignorance, puisque l'affaire s'était passée la nuit, au milieu des ténèbres. Les coups, portés par Polyzélos, dans sa méprise, avaient pour principe la colère et un caractère fougueux qui a prévenu la réflexion : il n'était pas ennemi, il n'avait pas dessein d'outrager. Midias ne peut rien alléguer de semblable. Il était mon ennemi; il m'a insulté sciemment, en plein jour; ici, la préméditation résulte évidemment de l'ensemble des circonstances. D'ailleurs, je ne vois nulle parité entre ma conduite et celle du thesmothète et du proèdre. Vous vous rappellerez le premier, n'ayant souci ni de vous ni des lois, impassible offensé, séduit en particulier par je ne sais quelle somme, abdiqua son droit de poursuites. A son exemple, le magistrat que Polyzélos avait frappé, narguant et la loi et vous-mêmes, fit une transaction privée, et ne cita pas même le coupable. Ainsi, veut-on les blâmer dans le cas présent? que l'on expose leur conduite. Veut-on justifier les faits pour lesquels j'ai poursuivi Midias? que l'on cherche d'autres exemples, puisqu'on me verra, moi, marchant dans une voie entièrement opposée,

ne rien recevoir, ne rien demander, mais garder fidèlement et remettre aujourd'hui entre vos mains le dépôt de la vengeance due aux lois, au Dieu, à vous-mêmes.

Ne souffrez donc point qu'il tienne un pareil langage; et, s'il vous fait cette violence, gardez-vous de le croire, comme s'il s'étayait de solides raisons. Armés d'une semblable résolution, vous ne lui laisserez plus rien à dire. Quel prétexte, en effet, quelle excuse de l'humaine faiblesse peut excuser l'énormité de ses actions? La colère, sans doute! motif banal (18) dont il essayera. Qu'on rejette sur cette passion des éclats soudains, irréfléchis, irrésistibles malgré leur caractère outrageant, je le veux; mais des violences, dont l'exécution ancienne, non interrompue, mûrie chaque jour au mépris des lois, est flagrante, non seulement sont loin d'avoir la colère pour excuse, mais répandent l'évidence sur la préméditation.

Puisque Midias est convaincu d'avoir fait l'action dont je l'accuse, et de l'avoir faite pour m'outrager, le moment est venu, ô juges! de consulter les lois; car vous avez juré d'y conformer votre sentence. Considérez combien leur courroux est plus grand, leur sévérité plus rigoureuse contre les délits volontaires et outrageants que contre les fautes d'une autre nature. Commençons par les lois qui concernent la lésion. Elles ordonnent toutes une réparation double, si le dommage est volontaire; simple, s'il est involontaire. C'est justice; car la partie lésée doit trouver appui dans tous les cas; mais la loi n'a point établi l'égalité des peines entre celui qui agit de plein gré et celui qui agit sans dessein. Ensuite, la législation sur le meurtre décerne la peine de mort, l'exil perpétuel, la confiscation contre l'assassin; mais s'il n'y a pas intention, elle est pleine de ménagements et d'humanité (19).

Et ce n'est pas seulement dans ces cas, c'est dans tous, que les lois se montrent armées de rigueur contre les violences préméditées. En effet lorsqu'un particulier refuse le payement auquel justice l'a condamné, pourquoi la loi ajoute-t-elle à une action privée pour fait d'expulsion (20) une amende au profit du Trésor? Pourquoi encore n'est-il pas responsable envers l'État, celui qui, avec mutuel consentement, a pris un, deux, même dix talents, qu'il refuse de rendre; tandis que, s'il enlève de force l'objet de la moindre valeur, la loi lui ordonne de payer au Trésor autant qu'au particulier? Pourquoi? c'est que le législateur a vu dans toute violence un crime public, un attentat contre ceux-là mêmes qui sont placés en dehors de l'offense; c'est qu'il a compris que la force est le partage du petit nombre, mais les lois sont pour tous; qu'au particulier séduit on doit un secours personnel, au citoyen violenté l'appui de la nation. Aussi, même pour une insulte, offre-t-il l'accusation à quiconque voudra s'en saisir, et adjuge-t-il au Trésor la totalité de l'amende (21), persuadé que l'attentat injurieux ne tombe pas moins sur la république que sur l'individu outragé; que celui-ci est assez vengé par le châtiment du coupable, et qu'il ne lui sied pas de se faire payer ses propres avanies. Il va même jusqu'à permettre également une accusation publique contre celui qui outragerait un esclave. Selon lui, ce n'est pas la personne maltraitée, c'est le caractère de l'acte, qu'il faut considérer; et, jugeant cet acte pernicieux, il l'a proscrit, soit à l'égard d'un esclave, soit à l'égard de tout autre. C'est qu'il n'est rien, ô Athéniens! non, il n'est rien qui pèse plus qu'un outrage, rien qui mérite plus votre animadversion. — Prends et lis la loi concernant les injures; car le mieux est d'entendre la loi elle-même.

Loi.

Si quelqu'un insulte un enfant, une femme, un homme, libre ou esclave; s'il se permet à leur égard des actes interdits par les lois, tout Athénien qui n'en aura pas d'empêchement (22) pourra le citer devant les thesmothètes. Ces magistrats lui donneront action, près l'Héliée, dans l'espace de trente jours, à compter du jour de la citation, s'il n'y a empêchement public; sinon, le plus tôt possible. Dans le cas de condamnation, le tribunal fixera, sans désemparer, la peine afflictive ou pécuniaire qu'il jugera convenable d'appliquer. Quiconque, pour des injures personnelles, aura intenté une action publique (23), selon la présente loi, s'il se désiste, ou si, l'accusation poursuivie, il ne recueille pas le cinquième des suffrages, payera mille drachmes au Trésor; et, supposé que l'auteur de l'insulte subisse une peine pécuniaire, si c'est un homme libre qu'il a outragé, il sera emprisonné jusqu'au paiement.

Hommes d'Athènes, vous l'avez entendue, la loi de philanthropie qui écarte l'insulte même de l'esclave. Au nom des Dieux! je vous le demande: si quelqu'un portait cette loi chez les Barbares d'où l'on tire des esclaves pour la Grèce; si, pour vous louer, pour vanter la république, il leur disait: Il est des Hellènes si doux, si humains que, malgré tous vos torts à leur égard, malgré la haine instinctive et héréditaire qu'ils vous portent, ils regardent comme une indignité l'outrage fait à l'être qu'ils ont payé pour en faire leur esclave, et que, pour le protéger, ils ont établi, en commun, cette loi, dont les infracteurs ont déjà été souvent punis de mort; si, dis-je, les Barbares entendaient et comprenaient ce langage, pensez-vous qu'ils ne vous donneraient pas à tous, par une décision commune, le droit d'hospitalité? Eh bien! pour l'infracteur d'une loi appréciée chez les Hellènes, si digne d'admiration chez les Barbares, cherchez un châtiment proportionné au crime.

Si je n'eusse été chorége, ô Athéniens! alors que j'essuyais les outrages de Midias, la condamnation ne porterait que sur le fait d'insulte: mais il me semble qu'on peut, à juste titre, le condamner comme impie. Car, vous le savez, tous ces chœurs, tous ces chants religieux, vous les avez fondés en l'honneur de l'Immortel, en vertu non-seulement des lois sur les Dionysies, mais des oracles rendus à Delphes et à Dodone, oracles dans lesquels vous trouverez l'ordre donné à la république de former des chœurs selon les usages des aïeux, de faire fumer dans les carrefours (24) l'odeur des sacrifices, et de porter des couronnes. — Prends et lis le texte des oracles.

Premier Oracle.

Enfants d'Erechthée, habitants de la cité de Pandion, qui réglez les fêtes selon les rits héréditaires, gardez la mémoire de Bacchus; que, dans les carrefours où les chœurs se déploient, votre foule confuse célèbre la solennité sainte du Dieu frémissant; faites fumer sur ses autels la graisse des victimes, la tête ornée de couronnes.

Deuxième Oracle.

Pour la santé du peuple, des sacrifices et des prières à Jupiter-Souverain, à Hercule, à Apollon protecteur des maisons; pour sa prospérité, des libations, des chœurs dans les carrefours, des couronnes, et toutes les antiques cérémonies en l'honneur d'Apollon, dieu des rues, de Latone, de Diane; vers tous les dieux et toutes les déesses de l'Olympe levez les deux mains (25) en souvenir de leurs bienfaits.

Premier Oracle de Dodone.

Au peuple athénien le prophète de Jupiter signifie:
Parce que vous avez dépassé le temps du sacrifice et de la théorie, choisissez et envoyez, pour cet objet, des théores qui emmèneront pour Jupiter du mont Tomaros (26) trois bœufs, accompagnés chacun de deux brebis; pour Dioné, un taureau, d'autres victimes, une table d'airain; et de plus, l'offrande votive du peuple d'Athènes.

Deuxième Oracle.

Le prophète de Jupiter, à Dodone, prescrit:
Offrez un sacrifice à Bacchus aux frais de l'État; faites, dans la grande coupe, le saint mélange; formez des chœurs; immolez un taureau à Phébus qui conjure les malheurs; que l'homme libre et l'esclave portent des couronnes; qu'on s'abstienne de travail pendant un jour. A Jupiter, source de toute richesse, un taureau blanc.

Tels sont, citoyens, les oracles que possède Athènes, outre beaucoup d'autres non moins excellents. Que devez-vous en conclure? C'est que les Dieux, outre les sacrifices qu'ils ordonnent d'offrir à ceux que chaque oracle désigne, vous révèlent par toutes leurs réponses, qu'il faut, suivant vos usages, et former des chœurs et porter des couronnes. Ainsi, dans ces jours où l'on s'assemble par l'ordre des oracles, pour disputer le prix, c'est évidemment pour leur obéir que des couronnes sont sur les têtes des choristes et de leurs magistrats, soit que la victoire ou le dernier rang dans le concours les attende; mais le jour où l'on célèbre la victoire, c'est en son propre nom que le vainqueur est couronné. Lors donc que, poussé pour la haine, on insulte un de ces musiciens, un de ces chorèges, lorsqu'on l'insulte au moment du concours, et dans le sanctuaire même du dieu, quel autre nom que celui d'impiété donnerons-nous à cet attentat? Vous, qui défendez à l'étranger de venir disputer le prix, vous n'avez cependant pas permis sans restriction, vous le savez, à un chorège, de citer les choristes à l'examen de l'archonte. Loin de là, s'il fait la citation (27), votre loi lui impose une amende de cinquante drachmes ; il payera mille drachmes s'il ordonne lui-même l'expulsion. Pourquoi? c'est afin que, dans ce jour solennel, nul n'assigne, n'inquiète, n'outrage à dessein celui qui a ceint ses cheveux, et qui remplit une charge publique en l'honneur de l'Immortel. Ainsi, quiconque aura cité un choriste, quoique autorisé par la loi (28), ne demeurera pas impuni; et celui qui, aux yeux de tous, contre toutes les lois, a meurtri de coups même un chorège ne subira point de châtiment! A quoi bon établir, sur tant de sujets, des lois douces et sages, si l'homme qui les méconnaît et les viole vous laisse sans courroux, vous, toujours investis du droit de punir?

Au nom du ciel, pesez encore ce que je vais dire; et, de grâce, ne vous irritez pas contre moi si je cite par leurs noms quelques victimes d'une destinée malheureuse (29). Loin de moi, j'en atteste les Dieux, l'intention de faire tomber sur un seul d'entre eux une parole amère! mais je veux montrer combien vous avez tous en horreur les violences, les outrages et les autres excès de ce genre. Il existe un instructeur des chœurs de tragédies, appelé Sannion. Cet homme, condamné comme réfractaire, a subi la dégradation. Après son malheur, un chorège, Théosdotide, je crois, jaloux de vaincre, le prit à ses gages. Les chorèges rivaux, indignés d'abord, parlent de le chasser. Mais, lorsque le théâtre est rempli, lorsqu'ils voient la foule qui se presse pour le concours, ils hésitent, ils laissent faire, et pas un ne le touche. Telle est même, vous le voyez, la pieuse mansuétude de chacun d'eux, que Sannion continue depuis ce temps à instruire les chœurs, sans qu'un seul de ses ennemis particuliers l'en empêche : tant il s'en faut qu'un chorège attaque personne (30)! Il est aussi un Aristide, de la tribu Œnéide, qui est tombé dans la même infortune. Vieux maintenant, et peut-être médiocre choriste, il était jadis le chef et le coryphée de sa tribu. Or, vous savez que, le chef ôté c'en est fait du chœur. Toutefois, parmi les nombreux chorèges ambitieux de vaincre, aucun n'envisagea cet avantage, aucun n'eut la hardiesse de chasser Aristide, ni d'entraver ses fonctions. Comme il fallait, pour exécuter ce dessein, saisir sa personne, comme on ne pouvait le traduire devant l'archonte, ainsi que pour l'expulsion d'un étranger, chacun recula devant l'idée de se faire, sous les regards du peuple, l'exécuteur (31) de cette œuvre de violence.

Si donc, ô juges! des chorèges ruinés souvent pour le service du peuple, n'osèrent jamais porter la main même sur ceux qui étaient hors la loi, malgré l'espoir de vaincre par ce moyen; s'ils furent assez retenus, assez religieux, assez modérés pour s'en abstenir en dépit de leurs sacrifices, en dépit de leurs rivalités, et pour n'avoir devant les yeux que vos volontés et le respect dû à la fête; n'est-ce pas une indignité révoltante de voir un Midias, simple particulier, qui n'a fait aucuns frais, outrager, frapper un homme qui prodigue sa fortune, un chorège en fonction, un citoyen sans flétrissure, parce qu'il se trouve être son ennemi, et ne s'inquiéter ni de la solennité, ni des lois, ni de votre censure, ni de Dieu! Athéniens, beaucoup de citoyens ont été divisés par des querelles privées, par des haines politiques : aucun cependant ne porta jamais l'impudeur jusqu'à de pareils attentats. Le célèbre Iphicrate, dit-on, conçut autrefois une haine mortelle contre Dioclès de Pithos. Sur ces entrefaites, Tisias, frère du général, se trouva concurrent de Dioclès dans la chorégie. Toutefois, malgré l'appui de ses nombreux amis et de ses grandes richesses, malgré cette fierté que devaient inspirer à un homme supérieur et la gloire et les honneurs dont vous l'aviez jugé digne, Iphicrate n'alla pas forcer de nuit les maisons des orfèvres, déchirer les vêtements préparés pour la fête, débaucher l'instructeur, arrêter les études du chœur; il ne fit rien de tout ce qu'a exécuté cet homme. Loin de là, s'inclinant devant la loi et devant la volonté de ses concitoyens, il supporta la vue d'un ennemi vainqueur et couronné. Et il ne se trompait pas quand il croyait devoir ce faible sacrifice à une république au sein de laquelle il se voyait placé si haut par la fortune. Nous savons tous, en outre, que Philostrate de Colone intenta une action capitale contre Chabrias au sujet d'Oropos (32), et qu'il se montra le plus ardent de ses accusateurs. Placé plus tard, à la tête d'un chœur d'enfants pour les fêtes de Bacchus, il remporta le prix. Chabrias alors l'a-t-il soufleté? lui a-t-il arraché couronne? a-t-il approché du lieu qui lui était interdit? Parmi beaucoup d'autres citoyens que des motifs nombreux rendirent ennemis, et que je pourrais citer, je n'ai jamais appris, jamais vu qu'un seul ait poussé l'insolence jusqu'à de telles brutalités. Nul de vous, j'en suis sûr, ne se rappelle que, par le passé, un citoyen, malgré ses haines politiques ou personnelles, ait assisté à l'appel des arbitres, dicté leur serment (33), ni enfin signalé sa fureur par de semblables persécutions. L'ardente rivalité qui pousse un chorége à toutes ces ignobles manœuvres, ô Athéniens! semble porter en soi-même son excuse. Mais poursuivre un citoyen d'après les combinaisons de la haine, et le poursuivre en toute chose; faire parade d'un pouvoir et d'une violence supérieurs aux lois, par Hercule! cela est odieux, inique, funeste pour vous. En effet, dès que chaque chorége, éclairé par mon exemple, se dira: Que j'aie pour ennemi un Midias ou tout autre aussi audacieux et aussi riche, je serai d'abord frustré de la victoire, quand même je l'emporterais sur un rival; de plus, vaincu, écrasé, je serai longuement abreuvé d'affronts; où est le malheureux, où est l'extravagant qui consentirait à dépenser une seule drachme? Mais ce qui allume dans tous les cœurs une émulation d'honneur et de munificence, c'est, je crois, la persuasion que, dans une démocratie, la justice et l'égalité sont départies à chacun. Pour moi, ô Athéniens! je n'ai pas joui de ces droits, grâce à cet homme; et, sans parler des avanies que j'ai souffertes, on m'a volé ma victoire.

Toutefois, je vous montrerai clairement que Midias, sans insolences, sans outrages, sans voies de fait, pouvait me mortifier et gagner vos applaudissements par des moyens légitimes qui auraient fermé ma bouche à la plainte. Quand je me suis offert, à la face du peuple, pour chorége de la tribu Pandionide, il devait, ô Athéniens! se lever dans la tribu d'Érechthée, à laquelle il appartient, se déclarer mon antagoniste, disputer avec moi de libéralité, et par là m'enlever la victoire: les insultes, cependant, et les coups lui auraient été interdits, même alors. Au lieu de cette conduite, qui eût été un hommage rendu au peuple, au lieu de ces brillantes profusions, il m'a poursuivi, Athéniens, moi, dévoué aux fonctions de chorége par une généreuse ambition, ou par folie peut-être (car n'y aurait-il pas folie à entreprendre au delà de ses forces?); il m'a publiquement poursuivi de sa rage; et ses mains n'ont épargné ni les saints vêtements, ni le chœur, ni, par un dernier attentat, ma propre personne. Ce serait donc, ô mes concitoyens! éprouver trop peu d'indignation contre Midias,

que de ne pas le juger digne de mort. Car il y a injustice, il y a inconvenance si la modération de l'offensé devient un motif d'épargner celui qui s'est livré sans frein à ses déportements. Loin de là, l'équité veut que l'un soit puni comme auteur des plus inexpiables attentats, et que, dans votre appui, l'autre trouve sa récompense.

On ne peut dire, au reste, que je grossis les choses à l'aide des mots, et que je forge de vaines terreurs sur des actes qui n'eurent jamais de funestes résultats. Que je suis loin d'agir ainsi! Tous, ou, du moins, la plupart, vous avez ouï parler du lutteur Euthyne, ce jeune homme de petite taille. Sophile même, athlète du pancrace, homme robuste et basané, que plusieurs, j'en suis sûr, reconnaissent à ces traits; Sophile, à Samos, pour l'avoir frappé avec une intention outrageante, périt, en s'exerçant seul à seul avec lui, l'objet d'une vengeance si furieuse qu'Euthyne le tua. On sait encore qu'Évéon, frère de Léodamas (34), tua Bœotos dans un festin, dans une réunion d'amis, pour en avoir reçu un seul coup. Car ce n'est point la douleur, c'est l'affront qui exaspère. L'homme d'honneur frappé ne s'indigne guère de cette violence: mais qu'on le frappe avec insulte, sa fureur éclate. Mille circonstances, qui ont pu accompagner le coup, ne sauraient, ô Athéniens! être exprimées par celui qui l'a reçu. Le geste, le regard, le ton d'un furieux qui frappe pour insulter, qui frappe par haine, qui frappe (35) du poing, qui frappe sur la joue, voilà ce qui émeut, voilà ce qui jette hors d'eux-mêmes des hommes qui n'ont pas l'habitude de l'outrage. Personne, ô Athéniens! ne pourrait retracer devant un auditoire tout l'odieux d'un affront avec cette vie dont la réalité présente le colore aux yeux de la victime et des témoins. Au nom de Jupiter et de tous les Dieux, considérez, calculez, hommes d'Athènes, combien je devais être plus outré, moi, l'objet des violences d'un Midias, que ne l'était Évéon contre Bœotos qu'il a tué. Celui-là, du moins, avait été frappé par un ami, par un homme ivre, devant six ou sept personnes, également amies, qui, tout en blâmant l'action de l'un, auraient loué l'autre sur sa patiente modération; d'ailleurs, il était venu à un repas et dans une maison où il pouvait se dispenser d'aller. Mais moi, c'est par un ennemi à jeun, c'est le matin, c'est dans d'insolentes intentions et non dans les fumées du vin, c'est en présence d'une multitude de citoyens et d'étrangers, que j'ai été outragé; et cela, dans un lieu sacré où mes fonctions de chorége me faisaient une loi rigoureuse de me rendre. Si j'endurai cet affront, si je ne me livrai pas à d'irréparables excès, c'est, je crois, Athéniens, parce que je pris conseil de la prudence, disons mieux, de mon heureuse étoile. Toutefois, j'excuse entièrement Évéon, et quiconque recourt à soi-même pour repousser un outrage. Je vois même que ce sentiment fut celui d'un grand nombre de ses juges; car on dit qu'il fut condamné à la majorité d'une seule voix, bien qu'il n'eût employé ni larmes, ni prières, bien qu'il n'eût fait jouer, auprès des magistrats, aucun des ressorts grands ou petits de l'adulation et de la bassesse. Concluons donc qu'en le condamnant, les uns ne le punirent pas pour s'être vengé, mais pour s'être vengé jusqu'au meurtre; et que les autres, en rejetant l'accusation, pardonnèrent l'excès même de la vengeance à l'homme outragé dans sa personne. Eh bien! moi, qui, pour prévenir un malheur extrême, ne me suis pas même défendu, de qui dois-je obtenir vengeance des maux que j'ai endurés? de vous, sans doute, et des lois. Par un exemple frappant, montrez à tous qu'au lieu de repousser eux-mêmes et dans la passion, les insultes et les violences, ils doivent traduire les coupables devant vous, certains que votre main ferme tient en réserve les secours que la loi promet à tout citoyen injustement attaqué.

Il en est peut-être parmi vous, ô juges! qui désirent apprendre quelle si grande inimitié nous divisait, persuadés que nul n'aurait traité un Athénien avec cette violente audace, s'il n'en eût reçu d'abord quelque grave sujet de plainte. Je veux donc vous expliquer l'origine de cette haine: vous verrez que, là même, des châtiments devaient atteindre Midias. J'éviterai les longueurs, quoique je paraisse remonter un peu haut.

Fort jeune encore, ne sachant même s'il existait un Midias (et que n'ai-je pu l'ignorer toujours!), j'avais cité mes tuteurs pour réclamer mon patrimoine, et je devais, dans quatre ou cinq jours, exercer l'action judiciaire, lorsque son frère et lui envahirent ma maison, sous prétexte d'un échange de biens pour l'armement d'un navire. C'était Thrasyloque qui faisait l'échange et prêtait son nom; Midias conduisait toute la manœuvre. Ils commencent par briser les portes des appartements, comme si déjà l'échange les en avait rendus propriétaires. Après cet exploit, en présence de ma sœur, restée dans l'intérieur de la maison, oui, en présence d'une jeune vierge, ils vomirent des infamies bien dignes de leurs bouches impures; car je n'oserais en répéter un seul mot devant ce tribunal; et ils nous inondèrent, ma mère et moi, et nous tous, d'un torrent d'injures grossières. Mais, pour comble d'audace, passant des paroles aux actions, ils libéraient mes tuteurs de toutes poursuites, comme s'ils avaient succédé à mes droits. Quoique ces violences soient anciennes, j'en appelle aux souvenirs de plusieurs d'entre vous. Athènes entière a connu et cet échange, et ces pièges perfides, et cette tentative éhontée. Pour moi, jeune, privé de tout appui, craignant de perdre les biens que retenaient mes tuteurs, espérant leur arracher, non la modique somme que j'ai pu recueillir, mais toutes les valeurs dont je me voyais frustré, je rembourse à mes agresseurs les vingt mines qu'ils avaient payées à l'entrepreneur des armements maritimes (36).

Telles furent alors contre moi leurs insultantes fureurs. Plus tard, je poursuivis Midias pour injures verbales; ne comparaissant point, il fut condamné par défaut (37). Ses délais pour exécuter la sentence le livraient à moi: jamais, cependant, je ne touchai à un seul de ses biens; mais, ayant invoqué de nouveau les voies judiciaires, pour fait d'expulsion, je n'ai pu jusqu'à ce jour obtenir l'appel de ma cause: tant cet homme est vente de stratagèmes et de défaites pour l'éluder! Ainsi, modération, justice, formes légales, voilà ma règle constante; pour lui, vous le savez, impudentes persécutions et contre moi, et contre les miens, et contre ceux de ma tribu à cause de moi, voilà la tâche qu'il s'était imposée. Qu'on fasse paraître les témoins qui constatent les faits que j'avance: vous verrez que je n'avais pas encore obtenu la réparation légale de ses anciennes injustices quand j'ai essuyé les nouvelles insultes dont je me plains.

Déposition (38).

Nous, Callisthène de Sphettos, Diognète de Thorique, Mnésilhée d'Alopèque, savons que Démosthène, par qui nous déposons, a intenté un procès, pour fait d'expulsion, à Midias qu'il poursuit maintenant par une action publique; que cette cause est pendante depuis huit années par les intrigues de Midias qui a gagné tout ce temps à force de subterfuges et d'ajournements.

Écoutez, ô Athéniens! ses menées criminelles à l'occasion de ce procès, et voyez-le écraser chacun de ses outrages et de son arrogance. Dans la cause où je l'ai fait condamner, j'avais pour arbitre (39) Straton de Phalère, homme pauvre et peu versé dans les affaires, d'ailleurs bon et intègre. C'est ce qui perdit ce malheureux, contre tout droit, toute justice, tout honneur. Le jour de l'assignation enfin arrivé, tous les délais expirés, toutes les exceptions légales épuisées, toutes les formalités remplies, Straton, notre arbitre, me prie d'abord de le laisser surseoir à la sentence, puis de la remettre au lendemain. A la fin, sur mon refus, voyant mon adversaire absent et le jour écoulé, il condamne Midias. Mais le soir, dans les ténèbres, celui-ci court à la maison des archontes, il s'empare de ces magistrats au sortir de leur assemblée, il s'empare de Straton, qui se retirait après l'avoir condamné par défaut : je l'ai su de quelqu'un qui était présent. Il ose d'abord solliciter l'arbitre d'enregistrer un acquittement à la place de la condamnation, et les archontes d'abroger celle-ci, en leur offrant cinquante drachmes. Repoussé avec indignation, et les trouvant tous incorruptibles, il se retire, la menace et l'injure à la bouche; et que fait-il? voyez sa scélératesse! quoiqu'il ait appelé de la sentence arbitrale, il s'abstient de jurer (40), laisse ratifier le jugement prononcé contre lui, et la cause est portée à l'audience, sans qu'il ait prêté serment. Pour cacher ses desseins, il guette le dernier jour du contrôle des arbitres, jour du mois Thargélion ou Scirophorion, où ceux-ci se présentaient ou s'absentaient indifféremment; il engage le président à porter une sentence entièrement illégale; sans exploit d'huissier, il accuse un absent; sans publicité, il fait casser et dégrader un arbitre. Ainsi, parce que Midias a été condamné par défaut, un citoyen d'Athènes a été flétri et frappé de mort civile. Poursuivre Midias en réparation d'injustice, lui servir d'arbitre, se trouver même sur sa route, n'est pas, vous le voyez, sans péril.

Mais examinez sérieusement quel est ce cruel préjudice qui a sourdement inspiré à Midias une telle fureur de vengeance contre un citoyen. S'il y a vraiment eu procédé révoltant, monstrueux, excusez-le; s'il n'existait rien de semblable, voyez comme il écrase, comme il déchire tout ceux qu'il rencontre. Quelle injustice a-t-il donc essuyée? — Une condamnation, par Jupiter, à une amende énorme qui l'aurait ruiné. — Mais la sentence ne portait que mille drachmes (41). — Il est vrai, dira-t-on encore; mais c'est une vive blessure que l'obligation de payer une amende injuste; d'ailleurs Midias, iniquement condamné, ignorait que le délai pour satisfaire fût expiré. — Il l'a su le même jour : preuve évidente que Straton ne lui a fait aucune injustice. Enfin, il n'a pas encore payé une seule drachme : mais nous en parlerons plus tard. Certes, il pouvait se pourvoir en arguant la sentence de nullité, et me prendre à partie, moi qui, dès le principe, étais son adversaire. Il ne l'a pas voulu; et, pour qu'un Midias ne fût pas exposé à payer l'amende légale (42) de dix mines, en vertu d'un jugement qu'il a fui, contre son devoir, et dans lequel, coupable, il aurait succombé, ou fait triompher son innocence, il a fallu qu'un Athénien fût flétri, sans être entendu, sans aucun égard, avantages qu'on ne refuse pas même aux coupables avérés!

Mais, après qu'il a diffamé un citoyen selon son caprice, après que vous lui avez permis ce plaisir, après qu'il s'est impudemment rassasié de vengeance, s'est-il du moins mis en peine d'acquitter l'amende pour laquelle il a perdu ce malheureux? Jusqu'à ce jour, il n'a pas même payé une fraction d'obole; mais il reste sous le coup d'une poursuite pour fait d'expulsion. Ainsi l'un a été dégradé, triste victime de nos débats; l'autre, qui n'a rien souffert, confond et renverse lois, arbitres, tout enfin, au gré de ses fantaisies. Cet arrêt obtenu par la fraude contre un arbitre non assigné, il l'a fait exécuter à son profit; et celui qui le condamne envers moi, il l'élude, lui qui a été cité, lui qui a sciemment refusé de comparaître! Mais, si cet homme croit pouvoir tirer une telle vengeance de ceux qui l'ont condamné par défaut, quel châtiment devez-vous donc lui infliger, à lui qui transgresse ouvertement vos lois, pour outrager les citoyens? Si le déshonneur, si la privation des lois, des jugements, de tous les droits du citoyen, sont la peine due à un prétendu vice de formes, certes la mort semble insuffisante pour expier une insulte atroce. — Afin de prouver les faits que j'avance, appelle les témoins; lis aussi la loi concernant les arbitres.

Déposition.

Nous, Nicostrate de Myrrhinonte, Phanias d'Aphidna, savons que Démosthène, pour qui nous déposons, et Midias, accusé maintenant par Démosthène, ayant choisi Straton pour arbitre, lorsque Démosthène attaquait Midias pour injures verbales, Midias n'a pas comparu au jour fixé par la loi, et a fait défaut. Nous savons que Midias, condamné en son absence, a voulu engager Straton, son arbitre, ainsi que nous, qui étions alors archontes, à changer en sa faveur la décision arbitrale, en nous offrant cinquante drachmes; et que, voyant notre indignation, il s'est retiré en nous menaçant. Nous savons encore que Midias, pour ce motif, a fait condamner et priver des droits civils Straton, contre toute justice.

Lis maintenant la loi sur les arbitres.

Loi.

Si des citoyens, en litige sur des intérêts privés, veulent se choisir un arbitre, ils pourront prendre celui qu'ils voudront. Après l'avoir élu de concert, ils s'en tiendront à sa décision, ne porteront plus leurs plaintes devant un autre tribunal, et la sentence de l'arbitre sera irrévocable.

Fais paraître maintenant ce même Straton, qui a si cruellement souffert. Il lui sera du moins permis de se présenter. Cet homme, ô Athéniens! est peut-être pauvre, mais il est honnête. C'est un compatriote; il a, dans sa jeunesse, fait toutes nos guerres; il n'a commis aucun crime : et le voilà devant vous, condamné au silence, privé non-seulement des biens communs à tous les citoyens, mais encore du droit de parler et de se plaindre (43); oui; la question même de la justice de son sort, il lui est interdit de la débattre devant vous. Pauvre, isolé, obscur, c'est Midias, c'est l'opulent, l'arrogant Midias qui l'a perdu. Si, foulant aux pieds les lois, il eût reçu les cinquante drachmes, s'il eût enregistré un acquittement au lieu de la condamnation, il serait encore honoré, sans disgrâce aucune; il serait notre égal. Mais, parce qu'il a préféré la justice à Midias; parce qu'il a craint les lois plus que ses menaces, il a été précipité par ce méchant dans l'infortune affreuse où vous le voyez. Après cela, un homme si cruel et si implacable, qui fait punir d'un arrêt si terrible une injustice chimérique (car on ne lui en fait aucune), l'absoudrez-vous, quand il est convaincu d'avoir outragé un citoyen, sans respect ni pour la fête, ni pour les choses sacrées, ni pour la loi? Ne le condamnerez-vous pas? n'en ferez-vous pas un exemple?

Et que pourriez-vous alléguer, vous qui êtes ses juges? Quelle est, grands Dieux! la juste excuse, le motif honorable, que vous produiriez? Son audacieuse perversité? elle est avérée : mais à de tels misérables vous devez votre haine, Athéniens, et non votre appui. Sa richesse? mais c'est là que vous trouverez la cause presque unique de son arrogance. Ainsi, vous devez plutôt le dépouiller d'une fortune qui le pousse à tant d'outrages, que l'épargner en considération de son or. Car, laisser de grands biens au pouvoir d'un homme capable de tous les attentats, c'est l'armer contre vous-mêmes. Que reste-t-il donc? la compassion, ô Dieux! car il présentera ses jeunes enfants, il versera des larmes, il vous suppliera de lui faire grâce par pitié pour eux : c'est sa dernière ressource. La pitié! c'est une dette, vous le savez, envers celui qui succombe sous des rigueurs imméritées, jamais envers le criminel justement puni. Et qui pourrait s'attendrir sur les enfants de Midias, en voyant son inflexible dureté envers ceux de Straton, qui, sans parler de leurs autres douleurs, ne voient aucun remède à l'infortune paternelle? Car c'est peu d'une amende, dont l'acquittement réhabiliterait de droit ce malheureux; il est mort civilement, sous les coups de l'outrageuse fureur de Midias. De qui donc réprimera-t-on l'audace? Quel téméraire dépouillera-t-on d'une fortune, instrument de ses crimes, si le prétendu malheur d'un Midias vous touche, tandis qu'un citoyen pauvre, innocent, plongé par lui dans un abîme de misères, vous trouvera impassibles? Non, il n'en sera pas ainsi. Qui n'a pitié de personne est indigne de pitié; qui ne pardonne point n'a pas droit au pardon. Tout homme, à mon sens, trouve juste de retirer de la société (44) tout ce qu'il y apporte solidairement; et ce qui est vrai d'une cotisation pour secours mutuels l'est aussi de la vie. Moi,

par exemple, suis-je modéré, compatissa[nt], bienfaisant envers tous? par un juste re[tour] tous, au besoin et dans l'occasion, me paye[ront] même tribut. Cet autre, violent, cruel, i[m]toyable, ne regarde nul homme comme son é[gal] il est juste que chacun lui rende l'équiva[lent] Toi, Midias, voilà ce que tu as apporté a[u] masse commune; voilà donc ce que tu as d[roit] d'en retirer.

Quand même, Athéniens, je n'aurais p[as] d'autres griefs contre Midias; quand les atten[tats] que j'ai à signaler ne surpasseraient pas ceu[x] j'ai déjà produits, vous en auriez assez enten[du] je pense, pour que votre justice le conda[mnât] et lui infligeât le dernier supplice. Mais no[n] n'est pas tout; des crimes postérieurs à ce[ux] ne me manquent pas, tant ce coupable fou[rnit] ample matière à l'accusation!

Je ne dirai pas qu'il a tout préparé pou[r] faire accuser de désertion (45), et qu'il a s[u]doyé, pour lui confier ce rôle, le misérable[,] servile, l'infâme Euctémon; car ce sycopha[nte] s'est pas même soumis à l'examen préalable [,] et l'unique but de Midias, en le salariant, [c'était] que le public pût lire ces mots affichés d[evant] les statues des Éponymes : *Euctémon de L[...] accuse Démosthène de Péania d'avoir a[ban]donné son poste*. Je crois même que cet hom[me] s'il l'eût osé, aurait ajouté volontiers que M[idias] lui avait payé l'accusation. Laissons là cette œuvre : Euctémon, par son désistement, diffamé lui-même : une réparation juridi[que] m'est plus nécessaire; je suis assez vengé.

Mais écoutez, ô Athéniens! une machi[nation] de Midias, atroce, révoltante, un crime[,] selon moi, une impiété qui attaque la socié[té en]tière (47). Lorsque l'accusation d'un horrib[le] fait vint peser sur l'infortuné Aristarque, [fils de] Moschos, Midias, circulant sur la place [publi]que, eut d'abord l'audace, ô hommes d'Ath[ènes] de semer contre moi des propos impies et at[roces] c'est moi qu'il désignait comme le coupabl[e]. [Ses] calomnies ne produisant rien, il va trouv[er les] parents du mort, qui poursuivaient Arist[arque] comme meurtrier, et leur offre une somm[e] qu'ils dirigent contre moi leurs poursuites[. Reli]gion, justice, rien n'arrête son abominab[le pro]jet. Il n'a point hésité, il n'a pas même ro[ugi de] regarder en face ceux qu'il sollicitait d'im[puter] ce noir forfait à un innocent. Me perdre [à tout] prix étant son unique but, aucun moyen [ne] répugnait pour l'atteindre : comme si un [citoyen] outragé par Midias, dès qu'il élève la voi[x pour] demander justice, devait périr en exil, êtr[e livré] à toutes les persécutions, condamné com[me...]

serteur, poursuivi comme un homme de sang, et se sauver à peine du gibet!

Mais, s'il est convaincu d'avoir ajouté ce crime aux outrages dont il m'a abreuvé pendant ma chorégie, quelle indulgence, quelle pitié doit-il obtenir de vous? Pour moi, je pense, ô Athéniens! que, par ces trames odieuses, il s'est fait mon assassin. Aux fêtes de Bacchus, mes préparatifs, ma personne, mes dépenses étaient l'objet de ses insultes; mais ses récentes machinations m'ont blessé, de plus, dans mes droits de citoyen, dans ma famille, dans mon honneur, dans mes espérances. Oui, s'il eût réussi à me prendre à un seul de ses piéges, j'aurais tout perdu, jusqu'à ma place dans le tombeau de mes pères. Pourquoi cet acharnement, ô juges (48)? Dès qu'un citoyen, outragé par Midias, au mépris de toutes les lois, ne peut appeler la justice à son secours sans s'exposer à ces maux et à d'autres non moins affreux, le parti le plus sûr n'est plus de repousser, mais de baiser, prosterné comme les Barbares, la main qui nous frappe. J'ai dit vrai : cet infâme, ce coupable éhonté a comblé ainsi la mesure de ses crimes. Qu'on appelle les témoins.

Déposition.

Nous, Denys d'Aphidna, Antiphile de Péania, poursuivions comme meurtrier Aristarque, fils de Moschos, qui avait tué Nicodème, notre parent. Instruit de nos poursuites, Midias, accusé maintenant par Démosthène, pour qui nous déposons, nous a offert quelques pièces d'argent pour nous engager à mettre Aristarque hors de cause, et à poursuivre injustement Démosthène comme l'assassin.

— Prends aussi la loi concernant les présents.... En attendant qu'il ait mis la main sur cette loi, Athéniens, je veux vous présenter de courtes réflexions, vous suppliant tous, par Jupiter et par les autres Dieux, ô juges! de vous demander à vous-mêmes, en écoutant chacune de mes plaintes, ce que vous feriez après avoir subi les mêmes outrages, et quel serait votre ressentiment contre leur auteur. Pour moi, j'ai supporté difficilement les avanies adressées au chorége; mais avec une douleur bien plus vive, bien plus impatiente, j'ai accueilli les dernières persécutions. Eh! qui pourrait assigner au juste le terme de la perversité, l'apogée de l'impudence, de la cruauté, de l'injurieuse audace, si l'homme qui souvent tyrannisa, grands Dieux! un innocent, au lieu du repentir; au lieu de la réparation, couronne ses crimes par des crimes encore plus affreux; si, loin d'employer ses richesses à son bien-être personnel sans faire un seul malheureux, l'or n'est à ses yeux que l'heureux moyen d'expulser iniquement le citoyen

qu'il a couvert d'infamie? Or, tous ces attentats, il les a commis envers moi, ô Athéniens! Il m'a accusé de meurtre par un mensonge, par une substitution de personnes, comme l'événement l'a fait voir. Il a rédigé contre moi une dénonciation pour désertion de poste, lui qui avait trois fois abandonné le sien. Et la défection de l'Eubée (49), dont j'oubliais presque de parler, défection ourdie par Plutarque, par son hôte, par son ami, c'est sur moi qu'il travaillait à la rejeter, avant que tous en connussent clairement l'auteur. Enfin, le sort m'ayant appelé au Conseil, il m'attaquait pendant l'examen d'usage. Horrible situation! au lieu de tirer vengeance des avanies que j'avais souffertes, je courais risque d'expier des crimes qui m'étaient absolument étrangers. Persécuté, harcelé avec un tel acharnement, quoique je ne sois pas dépourvu de tout appui, de toute fortune, je manque encore de ressources suffisantes. Le dirai-je, ô mes concitoyens! entre les riches et nous, masse du peuple, il n'existe ni égalité, ni droit commun; non, ce partage n'est pas, non! Ils obtiennent, eux, tous les délais qu'ils désirent, avant de comparaître; et leurs crimes arrivent à ce tribunal déjà surannés et refroidis. Mais, parmi nous autres, l'auteur d'une faute légère est jugé sur-le-champ. Les premiers ont des témoins à leurs ordres, et les défenseurs volent tous au-devant d'eux, pour nous accuser. Et moi, vous le voyez, des citoyens m'ont refusé même une déposition véridique. On renonce donc, je le crois bien, à ces poursuites; et l'on y renonce en gémissant.

— Lis de suite la loi que j'ai annoncée. Lis.

Loi.

Si un Athénien reçoit ou donne; si, pour blesser des intérêts publics ou privés, il corrompt quelqu'un par des promesses, ou par tout autre moyen ou artifice, qu'il soit dégradé civilement, lui, ses enfants, et tout ce qui lui appartient.

Mais telle est la dépravation de cet ennemi des Dieux, telle est son audace à tout dire, à tout faire indifféremment, sans distinguer la vérité de l'imposture, l'ami de l'ennemi, qu'après m'avoir imputé un assassinat, après m'avoir chargé d'un tel forfait, il m'a laissé faire, pour le Conseil, les prières et les sacrifices qui précèdent les délibérations (50), présider à l'immolation des victimes offertes pour vous, pour la patrie entière; il m'a laissé, à la tête d'une députation sacrée, conduire vers Jupiter Néméen (51) les théores qui représentaient la république; d'un œil indifférent il m'a vu élire, moi troisième, entre tous les Athéniens, et remplir, auprès des Déesses Redoutables, les fonctions du sacerdoce. Certes, s'il eût découvert sur moi une tache, une ombre des crimes dont il cherchait à me noircir, aurait-il toléré tout cela? Je ne saurais le croire. Il est donc, par là même, évidemment convaincu d'avoir cherché à me flétrir par l'exil. Mais lorsque, malgré mille efforts, il se vit dans l'impossibilité absolue de faire peser ce fardeau sur ma tête, il calomnia ouvertement Aristarque, pour me perdre. Passons sur ses autres menées. Le Conseil était en séance, et occupé de cette affaire; le misérable se présente : « Sénateurs, dit-il, ignorez-vous la vérité? Maîtres de l'assassin (il parlait d'Aristarque) vous temporisez! vous cherchez encore! Étrange aveuglement! Vous ne le ferez pas mourir! vous n'envahirez pas sa demeure! vous ne le saisirez point! » Ainsi parlait ce monstre d'impudence, lui que, la veille, on avait vu sortir de chez Aristarque, lui qui avait jusque-là entretenu, comme tout autre, des liaisons avec Aristarque, lui dont Aristarque, avant ses malheurs, m'avait importunément supplié de me rapprocher! Supposé donc qu'en tenant ce langage, il eût cru Aristarque tant soit peu coupable du crime qui a causé sa perte, supposé qu'il eût ajouté foi aux discours de ses accusateurs, il ne devait encore se permettre rien de pareil. Rompre avec l'ami en qui on croit voir un criminel, c'est assez le punir; mais provoquer des châtiments, mais poursuivre en justice, c'est la tâche qu'on laisse à l'offensé, à l'ennemi. Toutefois, passons cette conduite à un Midias : mais, si je prouve jusqu'à l'évidence qu'il a causé familièrement avec lui, qu'il s'est arrêté sous le même toit, comme s'il l'eût jugé innocent, et qu'il a tenu ce langage et dirigé ces poursuites dans le seul but de me calomnier, comment ne mériterait-il pas dix fois, ou plutôt dix mille fois la mort? Mais il faut constater les faits que j'avance. Oui, la veille du jour où il parla ainsi, entré chez Aristarque, il s'était entretenu avec lui; le lendemain encore (n'est-ce pas là, ô Athéniens, n'est-ce pas là le comble de l'infamie?) il est revenu dans cette maison ; il est allé sans façon s'asseoir à l'instant près de lui; et, lui tendant la main, en présence d'une société nombreuse, il a juré avec imprécations n'avoir rien dit à sa charge, lui qui venait de le dénoncer au Conseil comme un meurtrier et un scélérat; il se parjurait sans remords devant ceux mêmes qui savaient la vérité; il priait enfin ce malheureux de se réconcilier avec moi (52). Je vais produire les témoins de tous ces faits. Or, n'est-ce pas une scélératesse, Athéniens, ou plutôt un sacrilége, de soulever et de désavouer tour à tour avec serment une imputation d'assassinat? de flétrir un citoyen du nom de meurtrier, et de fréquenter sa demeure? Pour moi, si je laisse Midias e[n] paix, si je donne le démenti à la condam[nation] populaire, je suis innocent, bien entendu; ma[is] si je continue mes poursuites, j'ai déserté [mon] poste, je suis complice d'un meurtre, il [faut] m'exterminer. Ah! plutôt, c'est en me [...] que j'aurais, à mes yeux, abandonné le p[...] que m'assignait la justice, ô Athéniens! et [pro]noncé contre moi-même la peine des meurtri[ers], car, après une telle lâcheté, je mériterais la m[ort]. — Appelle donc les témoins qui certifieront la [vé]rité de mes nouvelles allégations.

Déposition.

Nous, Lysimaque d'Alopèque, Déméas de S[...], Chiarès de Thoricos, Philémon de Sphettos, Mosch[...] Péania, savons qu'à l'époque où Aristarque, fils de [...] chos, fut dénoncé au Conseil comme meurtrier de [...] dème, Midias, accusé par Démosthène, pour qui nou[s dé]posons, est venu au Conseil, et a dit : *Nul autre qu[e Aris]tarque n'est l'assassin; il a tué Nicodème de sa pr[opre] main;* qu'il exhortait le Conseil à envahir la maiso[n d'A]ristarque, et à l'arrêter. Or, il parlait ainsi devant [l'as]semblée, quoique la veille il eût soupé avec Aristarqu[e et] avec nous. Nous savons de plus qu'au sortir du Conseil, [...] il avait tenu ce langage, Midias est retourné chez A[ris]tarque, lui a présenté la main, jurant avec impréc[ation] qu'il n'avait rien dit contre lui dans le Conseil; et qu'il [a] prié Aristarque de le réconcilier avec Démosthène.

Quel excès de perfidie! Fut-il jamais, p[eut-il] être perversité pareille? Un infortuné qui ne [lui] avait fait aucun mal (je ne dirai pas un am[i], croit devoir tout à la fois le calomnier et l'[em]ployer comme médiateur auprès de moi! [Il] remue ainsi, il prodigue l'or pour m'env[elopper] dans son bannissement, au mépris de la jus[tice].

Ces habitudes étranges, ces coupables men[ées] qui assiégent de périls plus nombreux encore [ceux] qui poursuivent justement leurs oppresseurs, [il] vous conviendrait pas, ô Athéniens! de les [voir] avec indifférence, alors que j'en porte le p[oids] avec une douloureuse indignation. Loin de [là], nous devons tous nous enflammer du même co[ur]roux, convaincus par nos yeux, par nos réfle[xions] que, parmi nous, ceux que l'oppression [me]nace de plus près sont les plus pauvres et [les] plus faibles, tandis que le vice opulent et [sans] frein est toujours prêt à prodiguer l'outr[age], à éviter la peine, à soudoyer des brouillo[ns qui] accuseront ses accusateurs. Arrêtez donc [ces] abus; soyez persuadés que, nous empêch[er par] la crainte et par la terreur, de tirer satisfa[ction] des injures qui nous sont faites, c'est nous [ôter] les droits communs de l'égalité et de la li[berté]. Nous pourrions peut-être, quelque autre et [...] repousser les impostures d'un sycophante, [...] être pas accablés ; mais vous, hommes de la [mul]titude, que deviendrez-vous, si vous n'eff[rayez] au nom du peuple, tous ceux qui abusent [...]

minellement de leurs richesses? Quand on a rendu compte de sa conduite, quand on a subi le procès pour lequel on était appelé devant les tribunaux, alors qu'on attaque à son tour d'injustes agresseurs, mais alors seulement, et à condition qu'on les aura vus coupables. Mais on ne doit pas commencer par les écraser; on ne doit pas, à la faveur d'imputations calomnieuses, s'efforcer d'être absous sans jugement. Enfin, qu'on ne s'irrite point contre une punition légale, qu'on s'interdise d'abord toute violence.

Je vous ai exposé, Athéniens, tous les outrages que j'ai endurés et dans ma chorégie et dans ma personne, les piéges sans nombre et les persécutions auxquels j'ai échappé. Que de faits je supprime encore, dans l'impossibilité de tout dire! Or, voici ma pensée : aucun de ces excès ne retombe sur moi seul. Par ses attentats contre le chœur, Midias a blessé toute une tribu, la dixième partie du peuple; ses outrages et ses cabales, dirigés contre moi, ont attaqué les lois, c'est-à-dire la sauvegarde de chaque citoyen. Il y a plus : le dieu dont j'étais le chorége a été insulté; ce que la religion a de plus auguste et de plus vénérable a été profané. Voulez-vous donc mesurer la punition du coupable à ses forfaits? punissez-le, non comme l'offenseur du seul Démosthène, mais comme ayant frappé du même coup les lois, le dieu, la république, moi, vous tous. Quant à ceux qui se rangent autour de lui pour le défendre, voyez en eux, non pas de simples solliciteurs, mais des fauteurs de ses crimes.

Encore si Midias, en toute autre circonstance, s'était montré sage et modéré; si, pur de toute injustice à l'égard de chacun des autres citoyens, il eût réservé pour moi seul ses déportements et ses violences, je pourrais d'abord voir là une triste fatalité qui me serait personnelle, puis craindre que cet homme, faisant parade de ses antécédents, plein de retenue et d'humanité, n'éludât la peine due à ses outrages envers moi. Mais les injures de la plupart d'entre vous sont si multipliées, si atroces, que, loin d'être arrêté par cette crainte, j'ai peur, au contraire, qu'après avoir vu les nombreuses, les cruelles blessures qu'il a faites à d'autres, il ne vous vienne en pensée de me dire : Eh bien ! les excès qui te révoltent surpassent-ils ceux que tous les autres ont soufferts? Certes, je n'aurais pas la force de vous exposer tous les méfaits de Midias; ni vous, la patience de les entendre. Ajoutez à l'espace du temps qui me reste la mesure entière de celui qui nous est départi à tous deux, ce serait trop peu encore. Je me bornerai donc aux traits les plus forts, les plus notoires, ou plutôt, voici ce que je vais faire : je vous lirai tous les mémoires que j'ai rédigés pour mon usage ; je commencerai par le récit que vous désirerez d'abord entendre ; je continuerai de même pour tout le reste, tant que vous consentirez à écouter. C'est un recueil très-varié d'outrages multipliés, de perfidies envers des amis, d'impiétés envers les Immortels; et vous ne trouverez pas un point sur lequel Midias n'ait bien des fois mérité la mort.

Mémoires concernant les crimes de Midias.

Telles sont, ô Athéniens! les atrocités qu'il a commises envers quiconque l'a jamais abordé. Il en est d'autres que j'ai supprimées; car nul ne pourrait retracer dans un même tableau les œuvres de violence continuelle qui depuis longtemps souillent toute cette existence. Mais ce qu'il importe de considérer, c'est le degré d'arrogance auquel l'a élevé jusqu'ici une impunité complète. Tout crime commis à l'égard d'un seul homme n'était pas à ses yeux, ce me semble, assez éclatant, assez audacieux, assez digne de l'honneur du supplice (53). Vivre sans se jouer insolemment d'une tribu entière, du Conseil, de tout un corps, vivre sans vous persécuter en masse, Athéniens, c'eût été pour lui la mort. Entre dix mille exemples, je ne citerai que celui-ci. Vous savez assurément tous quel langage il tint en votre présence sur la troupe de cavalerie qui servit avec lui dans l'expédition d'Argoura (54), lorsque, à son retour de Chalcis, il se déchaînait contre elle, et la représentait comme l'opprobre de la république. Vous vous rappelez aussi les invectives dont il accabla, à ce sujet, Cratinos, qui, à ce que j'apprends, doit aujourd'hui le défendre. Mais celui qui, pour un rien, s'attire simultanément la haine implacable de tant de citoyens, avec quelle rage, avec quelle assurance ne doit-il pas se ruer sur un seul homme! D'ailleurs quels sont, ô Midias! ceux qui ont fait l'opprobre de la république? ou les soldats qui s'avançaient en bon ordre, armés, équipés comme il convient pour marcher à l'ennemi et secourir des alliés, ou toi, qui, lorsqu'on tirait au sort, fis des vœux pour ne pas être appelé à marcher; toi qui n'endossas jamais la cuirasse; toi que traînait un équipage eubéen (55) étincelant d'argent, avec ces vêtements délicats, ces coupes, ces vases, que retinrent les préposés de l'impôt (56)? C'est ce qu'on nous rapportait, à nous autres fantassins, qui ne marchions pas vers le même point que la cavalerie. Et, parce que Archétion, ou quelque autre, plaisantait sur ta mollesse, tu t'es acharné contre la troupe entière. Cependant, Midias, faisais-tu ce que tes compagnons d'armes publient, et ce que tu leur reprochais de t'imputer? tu es justement décrié : car ces citoyens et ceux qui m'écoutent, et la patrie entière, tu les offensais, tu les déshonorais. Le fait est-il faux? par ce mensonge, ouvrage de quelques cavaliers, les autres, loin de blâmer, se sont-ils égayés à tes dépens? il est évident qu'à leurs yeux toute ta vie passée rendait plausible une telle imputation. Tu devais donc montrer plus de retenue, au lieu de les calomnier. Loin de là, tu les menaces tous, tu les poursuis tous. Tu exiges que les autres soient attentifs à tes désirs; et toi, tu n'évites point ce qui, dans ta conduite, peut molester les autres. Mais ce qui révolte le plus, ce qui, à mes yeux, met dans tout son jour ton outrageuse fureur, homme exécrable! c'est que, du haut de la tribune, tu as dénoncé en masse un si grand nombre de citoyens. Qui n'eût frémi d'en faire autant?

Que d'autres soient traduits en justice, je les vois, ô juges! pour repousser une ou deux accusations, recourir à ces nombreuses apologies : « Qui de vous a la conscience de ma culpabilité? qui de vous m'a vu commettre de telles actions? Je suis innocent : c'est la haine qui dicte ces calomnies; les témoins qu'on m'oppose sont des imposteurs. » Telles sont leurs défenses. Pour Midias, c'est le contraire. Tous, vous connaissez sans doute, et sa vie, et son humeur effrénée, hautaine; plusieurs même, je crois, s'étonnent depuis longtemps de ne pas m'entendre citer les faits dont ils sont instruits. Toutefois, parmi ses victimes, combien j'en vois qui refusent de déposer des maux nombreux qu'elles ont soufferts, parce qu'elles tremblent devant sa brutalité, devant son génie remuant, devant la fortune qui fait de ce misérable un être puissant et terrible! Car son crédit et son or, principe de son insultante perversité, sont un rempart qui le protège contre les assauts de la vengeance. Dépouillé de ses biens, peut-être cessera-t-il d'outrager; ou, s'il persiste, ses coups tomberont de moins haut que ceux du plus petit d'entre vous. Vainement il invectivera, vainement il vociférera : le châtiment l'atteindra comme nous autres, s'il se livre à quelque violence. Maintenant je vois rangés autour de lui un Polyeucte (57), un Timocrate, un Euctémon l'infâme; il tient à ses gages des satellites de même trempe; d'autres forment, en outre, une compagnie organisée de témoins qui, sans nous traverser ouvertement, d'un signe de tête complaisant appuient tacitement le mensonge (58). Je jure que je ne crois pas ces derniers stipendiés par Midias; mais il se rencontre, ô Athéniens! des gens qui, par un étrange instinct, rampent devant les riches, et les soutiennent de leur présence et de leur témoignage. Tout cela, sans doute, est effrayant pour un particulier isolé qui se soutient comme il peut, par lui-même. Voilà pourquoi vous vous réunissez, trop faibles, pris à part, contre des citoyens fiers de leurs amis, de leurs richesses, de toutes leurs ressources, vous trouvez dans votre ensemble une force supérieure à chacun d'eux, un frein pour contenir leur insolence.

Tout à l'heure vous l'entendrez peut-être dire : Pourquoi tel citoyen, qui a souffert telle injure, n'en a-t-il pas tiré justice contre moi? Pourquoi encore?...... et puis il nommera, qui sait? tel autre de ses victimes. Mais quels motifs laissent donc chacune d'elles ainsi désarmée? vous le savez tous; oui, vous savez qu'entre mille autres causes, ce sont un travail assidu, l'amour du repos, le défaut d'éloquence, la pauvreté. Au lieu de se défendre par le silence de ceux qu'il a insultés, Midias doit donc se purger des crimes dont je l'accuse; et, s'il ne le peut, son impunité même exige bien plus impérieusement sa perte. Car, si sa puissance est telle, qu'au milieu de ses excès il ravisse à chacun de nous la faculté d'en obtenir satisfaction; maintenant qu'il est entre vos mains, vous devez tous ensemble, au nom de tous, le punir comme l'ennemi commun des droits du citoyen.

Aux jours si renommés de notre ancienne prospérité, Alcibiade vécut dans Athènes. Après tant d'éclatants bienfaits dont il avait comblé le peuple, voyez comme l'ont traité vos ancêtres, dès qu'il crut pouvoir se livrer à une insolente audace. Non que je veuille assimiler un Midias à Alcibiade; loin de moi cette déraison, cette stupide pensée : je veux seulement vous montrer, vous convaincre, ô Athéniens! que la naissance, la fortune, le pouvoir, joints à l'insolence, ne sont pas, ne seront jamais tolérables chez vous. Alcibiade tenait, dit-on, par son père aux Alcméonides (59), qui, selon l'histoire, furent bannis par les tyrans pour avoir soutenu les droits du peuple par l'insurrection, et qui, au moyen d'un emprunt, fait à Delphes, délivrèrent la république et chassèrent les fils de Pisistrate; du côté maternel, il était de cette maison d'Hipponicus, illustre par les nombreux et importants services qu'elle a rendus au peuple. Ce n'est pas tout : servant lui-même la république de son épée, deux fois à Samos, et une troisième fois dans les murs d'Athènes, il avait scellé son patriotisme de son sang, et non d'un peu d'or et de quelques phrases. Enfin, dans les joûtes des chars, à Olympie, il avait remporté des victoires et obtenu des couronnes; il passait pour excellent capitaine, et pour le plus habile orateur de son temps. Cependant vos pères, loin de tolérer qu'il se prévalût d'un seul de ces avantages pour les insulter, le condamnèrent à l'exil, le chassèrent ; et, quoique Sparte fût alors toute-puissante, ils souffrirent que Décélie fût fortifiée contre eux, que leurs vaisseaux fussent capturés, ils souffrirent tout, estimant plus glorieux de subir les plus grands malheurs que de se courber volontairement sous un outrage. Alcibiade, toutefois, avait-il commis des excès comparables à ceux dont Midias est aujourd'hui convaincu? Il avait souffleté Tauréas dans ses fonctions de chorége : soit ; mais c'était un chorége qui en frappait un autre, sans violer la loi qui régit cette matière, puisqu'elle n'existait pas encore. Il avait, dit-on, incarcéré le peintre Agatharque ; mais on ajoute qu'il l'avait pris en flagrant délit (60). Ce fait ne mérite donc pas un reproche sérieux. Il avait mutilé les Hermès. Tout sacrilége est digne, à mon avis, d'une égale rigueur ; et pourtant il y a loin de cette mutilation à la destruction entière d'une robe sacrée, attentat dont Midias est évidemment coupable.

Mais, pour le contraste, voyons quel est cet homme, par quels exploits il s'était signalé (61) ; et considérez, ô juges, descendants de ces illustres ancêtres! que, non-seulement votre honneur, mais les lois, mais le ciel, vous défendent le pardon, la pitié, les égards même pour le méchant si prodigue de violences et d'outrages, pour l'être absolument nul qui est entre vos mains. Et pourquoi l'épargneriez-vous ? Pour son commandement dans l'armée ? Mais, pris à part, loin d'être un bon capitaine, c'est le plus méprisable soldat. Pour son éloquence (62) ? Jamais à la tribune il n'a dit un mot utile à la patrie ; et il déchire, en particulier, chaque citoyen. Pour sa naissance? Bons Dieux ! quelqu'un ignore-t-il ici qu'il est né clandestinement, comme certain héros de tragédie (63) ? Bizarre contradiction! sa véritable mère avait un jugement supérieur à celui des hommes ; sa mère supposée fut la plus folle de toutes les femmes. Je le prouve. A peine né, la première le vendit ; la seconde l'acheta, pouvant, au même prix, faire emplette plus belle. Devenu par-là possesseur de biens qui ne lui appartenaient pas, devenu citoyen d'une patrie où la loi semble plus souveraine que dans toute autre république, il ne peut ni porter ce joug, ni jouir de ces avantages. Son naturel vraiment barbare et ennemi des Dieux l'entraîne, le tourmente, et décèle l'intrus qui use de sa position sociale comme d'un vol. Malgré le nombre et l'énormité des violences dont se compose la vie de cet impudent forcené, quelques-uns de ses affidés sont venus chez moi, ô juges! me prier de me désister, de transiger. Ne pouvant me persuader, n'osant méconnaître ni les attentats révoltants et multipliés de ce misérable, ni le châtiment, quel qu'il fût, dont il devait les expier, ils se sont réduits à dire : « Le voilà donc convaincu et condamné : quelle peine crois-tu que le tribunal lui inflige ? Ne vois-tu pas qu'il est riche, et qu'il mettra en avant les vaisseaux qu'il a équipés, les charges qu'il a remplies ? Prends garde que par là il n'échappe, et qu'après avoir donné à la république bien moins qu'il ne t'offre, il ne se rie de tes poursuites. »

Pour moi, je n'attends de vous aucune bassesse, et je ne crois pas que vous infligiez à Midias un châtiment trop léger pour mettre un terme à ses outrages. La mort, voilà la peine la plus convenable ; sinon la confiscation de tous ses biens. Quant à ses charges, quant à ses armements maritimes, quant aux autres services qu'il fera valoir, voici ma pensée : si c'est servir la patrie, ô Athéniens! que d'aller répétant dans vos assemblées et partout : *C'est nous qui exerçons les magistratures onéreuses, nous qui avançons l'impôt pour vous* (64), *nous qui sommes les riches*; si, dis-je, ces grands mots sont de publics services, j'avoue qu'entre tous les citoyens Midias a été le plus magnifique ; car telles sont les redites dont ce stupide et hargneux orateur fatigue chaque réunion populaire. Mais faut-il considérer ses services véritables? je vais vous les retracer. Et voyez quelle est mon impartialité dans cet examen, puisque c'est à moi que je comparerai Midias.

Parvenu à l'âge de cinquante ans, ou environ, Athéniens, il n'a rien fait pour l'État de plus que moi, qui n'en ai que trente-deux. A peine sorti de l'enfance, j'ai été triérarque à l'époque où deux citoyens armaient un navire (65), où nos propres deniers payaient toutes les dépenses, où l'armement et l'équipement étaient à nos frais. Midias, à l'âge où je suis, n'avait encore rempli aucune charge ; il n'a mis la main à l'œuvre que quand vous avez établi douze cents contribuables (66), dont les chefs, recevant de chacun d'eux un talent, font, pour cette somme, gérer leur fonction. La république fournit l'équipage et les agrès. Ainsi, il est des citoyens pour qui ne rien dépenser, paraître servir l'État, se faire exempter de toutes les autres charges, est un véritable cumul. Que trouvons-nous de plus ? un chœur de tragédie défrayé à la fin par cet homme ; moi, j'ai été chorége de musiciens : et qui l'ignore, qu'ici mes frais dépassent de beaucoup ses déboursés ? Ma charge, encore récente, était volontaire ; Midias n'a jadis subi le fardeau qu'en vertu d'un échange, qui dispense Athènes de la reconnaissance. Quoi encore ? J'ai donné un festin à ma tribu ; j'ai présidé aux Panathénées : lui n'a fait ni l'un ni l'autre. Établi chef de classe pendant dix années, comme l'ont été Phormion, Lysithide, Callaischros et les Athéniens les plus opulents, j'ai contribué en proportion, non des biens que les déprédations de mes tuteurs avaient épargnés, mais de ceux que l'on me supposait, que mon père m'avait laissés, que j'aurais dû recueillir lorsque je pris rang dans la cité. Voilà comme je vous ai servis, Athéniens; et Midias, qu'a-t-il fait pour vous? Jusqu'à ce jour il n'a pas encore été chef de classe, bien que personne n'ait porté la moindre atteinte à son immense patrimoine. Où donc est sa magnificence? où sont et ses magistratures onéreuses, et ses glorieuses largesses? Je ne le vois pas, à moins qu'on ne qualifie ainsi le palais qu'il a fait élever à Éleusis (67), et qui offusque toutes les maisons d'alentour; les deux chevaux blancs de Sicyone, avec lesquels il traîne sa femme aux fêtes de Cérès, ou partout ailleurs, selon son caprice; les trois ou quatre esclaves dont il est suivi lorsqu'il se pavane sur la place publique, parlant de ses coupes précieuses, de ses vases, de ses riches flacons, assez haut pour être entendu des passants. Quels avantages retirez-vous, citoyens, de tout cet or que Midias fait servir à son luxe fastueux? je ne sais : mais ce que je sais bien, ce sont les outrages que, fier de ce même or, il fait rejaillir et sur la multitude, et sur les premiers qu'il rencontre. Ne regardez donc pas toujours l'opulence avec une respectueuse surprise; ne mesurez pas le dévouement d'un citoyen à la splendeur de ses édifices, à la foule de ses esclaves, à la beauté de ses ameublements. Non, c'est par des œuvres d'utilité générale qu'on signale son zèle et sa magnificence. Or, Midias n'a laissé aucun monument de ce genre.

Mais, par Jupiter! il a fourni une trirème. — Oui, je sais qu'il s'en prévaudra : Je vous ai fait don d'une trirème, dira-t-il. Là-dessus, voici ce qu'il faut faire. Ce don, ô Athéniens! est-il le résultat d'un zèle généreux? témoignez sincèrement à son auteur la reconnaissance que méritent de semblables largesses; mais ne souffrez pas qu'il vous outrage, car aucune entreprise, aucun bienfait ne doit autoriser l'insolence. Sera-t-il prouvé, au contraire, que c'est la peur, que c'est la lâcheté qui a donné? Gardez-vous de prendre le change. Comment donc le saurez-vous? Je vais vous en instruire : peu de mots suffiront, quoique je semble remonter au principe du fait.

On a fait ici une première contribution volontaire pour la guerre d'Eubée (68). Midias n'y était pour rien; moi, j'y pris part, et j'eus pour associé au même armement naval, Philinos, fils de Nicostrate. Il y en eut, depuis, une seconde, pour secourir Olynthe : rien encore de Midias, cependant un citoyen libéral devait partout faire ses preuves. On vient d'en faire une troisième : cette fois, il y est entré; mais comment? Quand les dons ont été offerts dans le Conseil, quoiqu'il fût présent, il n'a rien fourni. Mais, dès qu'on eut annoncé que nos soldats de Tamynes (69) étaient cernés, dès que le Conseil eut préparé le décret de mise en campagne de la cavalerie de réserve dont il faisait partie, Midias épouvanté courut à la prochaine assemblée du peuple, et, avant même que les proèdres eussent pris séance, il fit son offrande. Qu'est-ce qui montre clairement, incontestablement, qu'il contribuait, non par générosité, mais pour fuir le service? C'est sa conduite ultérieure. En effet, le peuple, dans le cours de la séance et après les débats, eut à peine décidé qu'il fallait surseoir à l'envoi d'un renfort de cavaliers, l'ardeur pour cette expédition se fut à peine ralentie, que Midias, au lieu de s'embarquer sur le vaisseau qu'il avait donné, fit partir un étranger, l'Égyptien Pamphile, tandis que lui, restant à Athènes, a commis, pendant les Dionysies, les violences dont il est maintenant accusé. Mais, lorsque le général Phocion manda les cavaliers d'Argoura pour relever sa division, ce lâche, cet homme exécrable, dont les subterfuges étaient dévoilés, abandonna son poste, se jeta dans son vaisseau, et refusa de partir avec ces mêmes cavaliers dont il avait sollicité près de vous le commandement. Supposez le péril sur les flots : c'est sur terre sans doute qu'il aurait servi. Ah! telle ne fut pas la conduite du fils bien-aimé de Nicias (70), de ce Nicératos qui n'avait pas d'enfants, et dont la complexion était si débile; ainsi n'agirent point Euctémon, fils d'Ésion, Euthydème, fils de Stratoclès : quoique chacun d'eux eût volontairement offert une trirème, aucun n'a fui cette expédition. Mais, après avoir fait à la patrie le don gratuit d'un vaisseau prêt à mettre à la voile, ils crurent devoir payer de leur personne là où la loi les appelait. Rien de pareil chez Midias, chez un général de cavalerie! Que dis-je? déserteur du poste qui lui était assigné par les lois, il viendra compter comme un acte de dévouement ce qui doit éveiller contre lui la vengeance nationale! Toutefois, comment appeler, grands Dieux! une telle triérarchie? Tour de publicain, désertion, fuite des drapeaux, tout ce qu'on voudra, ou libéralité? En effet, ne pouvant, par d'autres voies, se rédimer du service de la cavalerie, Midias a imaginé de payer cet impôt militaire d'une espèce nouvelle. Ce n'est pas tout : tandis que tous les autres armateurs volontaires vous convoquaient à votre retour des Dionysies (71), ce misérable seul vous quitta, et, sans s'inquiéter de vous, fit un chargement de pieux, de bétail, de bois pour fabriquer des portes à son usage, et pour exploiter des mines d'argent. L'infâme! la triérarchie a été pour lui, non une magistrature onéreuse, mais une spéculation. Vous connaissez la vérité de la plupart des faits que j'avance; je vais cependant produire des témoins.

Déposition.

Nous, Cléon de Sunium, Aristoclès de Péania, Pamphile (72), Nicératos d'Acherdonte, Euctémon de Sphettos, à l'époque où nous revenions de Styres avec toute la flotte, nous étions commandants de trirèmes, ainsi que Midias, accusé maintenant par Démosthène, pour qui nous déposons. Toute la flotte s'avançait en ordre, et les triérarques avaient défense de s'écarter jusqu'à ce que nous fussions arrivés ici : Midias resta en arrière de l'escadre; et, après avoir chargé son bâtiment de bois, de pieux, de bétail et d'autres objets, il aborda seul au Pirée, deux jours après, sans avoir repris sa ligne, pour le mouillage, avec les autres commandants.

Quand même, ô Athéniens! les services et les exploits de Midias seraient tels que sa forfanterie va les colorer à vos yeux, et non tels que mes preuves les présentent, ces mérites acquis ne devraient certainement pas le soustraire au châtiment dû à ses outrages. Plusieurs citoyens, sans doute, vous ont rendu de nombreux services, d'une tout autre nature que ceux de Midias; ceux-ci ont triomphé sur mer, ceux-là ont pris des villes, d'autres ont érigé à la patrie cent trophées glorieux : toutefois, jamais un seul d'entre eux n'a obtenu de vous et n'obtiendrait pour récompense la liberté d'outrager ses ennemis personnels au gré de ses caprices et de son pouvoir; non, aucun, pas même Harmodius et Aristogiton. Sans doute, aux éclatants services de ces derniers vous avez répondu par d'éclatants priviléges, mais non par celui-là. Auriez-vous souffert qu'on écrivît sur leur colonne: *Il leur est permis d'insulter qui ils voudront*, lorsqu'ils ont été récompensés précisément pour avoir réprimé l'insolence?

D'ailleurs Midias a reçu de vous, ô Athéniens! un salaire proportionné, non pas à ses services réels (il serait bien médiocre), mais aux mérites les plus éminents : je veux le prouver, je veux que vous ne pensiez pas être en reste avec un homme conspué. Tel qu'il est, vos votes l'ont nommé trésorier de la galère Paralienne (73); puis général de cavalerie, lui qui, dans nos solemnités, ne peut même traverser à cheval la place publique; intendant des Mystères, inspecteur des sacrifices, pourvoyeur des victimes, que sais-je encore? Eh bien! avoir tenté de redresser par vos dignités, vos honneurs, vos suffrages, ce naturel vicieux, lâche, pervers, est-ce donc là, grands Dieux! une modique récompense, une légère faveur? Otez-lui le droit de dire : J'ai commandé la cavalerie; j'ai été trésorier de la Paralienne; quel mérite lui restera-t-il?

Vous le savez, d'ailleurs : nommé trésorier de la Paralienne, il vola aux Cyzicéniens plus de cinq talents. Pour se dérober au châtiment, il poursuivit ces hommes de ses tracasseries, de ses fraudes, en sorte qu'il arma l'une contre l'autre les deux républiques, et garda l'argent (74). Choisi pour commander la cavalerie, il désorganisa ce corps de l'État par des règlements si insensés qu'il les désavouait ensuite. Trésorier d'une galère sacrée, à l'époque où vous fîtes en Eubée une descente contre les Thébains (75), et chargé d'employer, sur les fonds publics, douze talents pour exécuter votre ordre de se mettre en mer et de transporter vos soldats, il ne fut d'aucun secours; et déjà Dioclès avait conclu la paix avec l'armée thébaine, lorsqu'il arriva. Encore fut-il moins prompt dans le trajet que l'une des trirèmes ordinaires, tant il avait soigneusement préparé la galère sacrée! Général de cavalerie (que penserez-vous du reste?), un cheval même, un cheval, il n'a pas eu le cœur, ce riche fastueux, d'en faire l'acquisition (76). Oui, c'est sur une monture d'emprunt, sur celle de Philomélos de Péania, qu'il s'avançait à la tête de nos pompes religieuses : faits bien connus de tous les cavaliers. — Mais, pour en prouver la vérité, appelle les témoins.

Déposition.

Mais, je veux, ô Athéniens! citer ceux qui, jusqu'à ce jour, pour avoir violé une fête, ont été condamnés par les juges, après l'avoir été par le peuple; je montrerai à quel point vous avez sévi contre plusieurs, et pour quelle faute, afin que vous compariez leur cause avec celle de Midias.

Commençons par la sentence la plus récente. Évandre de Thespies fut condamné par le peuple pour profanation des Mystères; le dénonciateur était Ménippe, un Carien. Or, la loi sur les fêtes de Cérès ne diffère pas de celle qui concerne les Dionysies; celle-ci même est antérieure. Qu'avait donc fait, Athéniens, cet Évandre que vous avez condamné? Écoutez : ayant obtenu une sentence contre Ménippe en matière commerciale, il s'empara de lui au milieu des Mystères, parce qu'il n'avait pu, disait-il, le saisir auparavant. Voilà le motif de sa condamnation; il n'y avait point d'autre grief. Lorsqu'il parut devant le tribunal, vous vouliez le punir de mort; mais, l'accusateur s'étant laissé fléchir, vous obligeâtes le coupable à faire remise de la somme entière qui lui avait été adjugée ; cette somme était de deux talents ; de plus, vous l'obligeâtes à indemniser le Carien du préjudice qu'il avait souffert, selon son calcul, en séjournant ici pendant le procès. Ainsi, un particulier, dans une cause privée, où il n'était question d'aucun outrage, par cela seul qu'il avait enfreint la loi, fut puni avec une extrême rigueur. Punition juste! les lois et votre serment, voilà ce qu'il faut scrupuleusement garder, voilà le dépôt que vous avez entre les mains chaque fois que vous rendez la justice, dépôt dont vous devez compte à quiconque vient près de vous réclamer ses droits.

Un autre particulier vous parut coupable d'attentat contre la sainteté des Dionysies. Assesseur et père d'un archonte (77), vous le condamnâtes pour avoir expulsé violemment du théâtre un homme qui s'y était emparé d'une place. C'était pourtant le père de Chariclidès, d'un excellent citoyen, d'un archonte. L'accusateur eut à présenter cette raison qui vous parut décisive : « Si j'avais usurpé une place ; si, comme tu le dis, j'avais enfreint les ordonnances, que pouvais-tu légitimement, toi et l'archonte? ordonner à tes officiers de me chasser, et non me frapper toi-même ; m'imposer une amende, si je résistais encore ; faire tout, plutôt que de lever la main sur moi ; car il est mille moyens légaux, préférables aux coups et à l'outrage. » Ainsi parla l'accusateur, et vous prononçâtes une condamnation. Le coupable ne comparut point devant d'autres juges (78) : la mort l'avait prévenu.

Condamné par tout le peuple pour avoir aussi violé la fête, un autre fut encore traduit devant votre tribunal, qui lui infligea la peine de mort : je parle de Ctésiclès. Oui, la mort, et pourquoi ? Pendant la marche sacrée, armé d'un fouet, il en avait frappé, dans l'ivresse, un de ses ennemis. On attribua cette violence à l'intention d'outrager, non aux fumées du vin ; et l'on crut qu'il prétextait la fête et l'ivresse pour traiter des hommes libres en esclaves. Or, la conduite de ces hommes, dont l'un subit la déchéance d'un droit acquis, dont l'autre fut puni de mort, est bien moins révoltante, Athènes entière l'avouera, que les crimes de Midias. Il ne faisait point partie d'une pompe religieuse ; il n'était pas armé d'une sentence ; il n'était pas assesseur : son unique motif, c'était la soif de l'outrage, lorsqu'il a surpassé tous les autres par l'énormité de ses attentats.

Je laisse ces exemples pour passer à Pyrrhus. Dénoncé comme exerçant les fonctions judiciaires quoique débiteur du Trésor (79), ce descendant de Butès, ô Athéniens! parut à plusieurs digne de mort, et périt par votre sentence. Toutefois le besoin, et non l'insolence, l'avait poussé à recevoir des honoraires. Que d'autres citoyens je pourrais citer, mis à mort ou dégradés pour des faits bien moins graves! Encore un exemple : vous avez condamné à payer dix talents Smicros et Sciton pour des motions contraires aux lois. Enfants, amis, parents, tous ceux qui intercédaient en leur faveur n'ont pu vous fléchir. Terribles envers celui qui parle contre les lois, serez-vous indulgents pour celui qui les attaque, non par des discours, mais par des faits? Aucune parole, Athéniens, aucune expression ne pèse sur le peuple d'un poids aussi accablant que les outrages en action dont on poursuit le premier venu. L'homme faible, au citoyen vulgaire convaincu de quelque délit, point de pitié, point de grâce, mais la dégradation, mais la mort ; au riche insolent, le pardon : n'établissez pas contre vous-mêmes, ô mes concitoyens! un antécédent aussi funeste ; non, non, ce serait une iniquité! Loin de là, montrez la même sévérité envers tous les coupables.

Encore quelques rapides développements d'une considération non moins essentielle à mes yeux que tout ce qui précède, et je descends. Tous les malfaiteurs, ô Athéniens! trouvent, dans notre indulgente douceur, complicité et encouragement. Votre devoir est de la refuser tout entière à Midias : écoutez-moi. Je vois tous les hommes retirer de la société ce qu'ils y ont apporté ; et je ne parle pas seulement de ces sociétaires proprement dits, qui reçoivent et donnent tour à tour (80). L'un de nous, par exemple, est-il modéré, humain, compatissant? il est sûr qu'il trouve ces mêmes sentiments dans tous les cœurs, s'il est jamais dans la détresse et sous le poids d'une accusation. Effronté, outrageux, celui-là ne voit dans les autres hommes que des gueux, objets de rebut, êtres de néant : il est juste d'en recevoir le tribut qu'il leur a payé lui-même. Observez Midias sans prévention, et vous reconnaîtrez que ces vices composent toute sa masse commune.

Il ira, je le sais, jusqu'à présenter ses comptes avec des lamentations ; il tiendra les discours les plus humbles ; il pleurera ; il se fera le plus malheureux possible. Mais, plus il s'abaissera, plus vous devez le haïr, ô Athéniens! Pourquoi? parce que si, incapable de courber son orgueil, il a été toute sa vie aussi hautain, aussi violent, sous l'empire du naturel et de la fatalité, il serait juste de tempérer votre rigueur. Mais si, habile à plier, quand il le veut, à la modération, il a suivi un plan de vie contraire, il est bien évident près vous avoir fait illusion aujourd'hui, il redeviendra demain tel que vous le connaissez. Soyez donc insensibles à ses démonstrations; et que ces artifices, calculés d'après la conjoncture, ne soient pas plus puissants pour vous persuader que toute sa conduite passée, qui est vivante dans vos souvenirs. Moi, je n'ai pas d'enfants, et je ne pourrais, en les produisant ici, gémir et pleurer sur les outrages que j'ai reçus. Est-ce une raison pour me traiter, moi victime, moins favorablement que mon persécuteur? Non, non. Lorsque Midias, entouré de sa famille, mendiera son acquittement par pitié pour elle, figurez-vous me voir paraître avec le cortège des lois et de votre serment, suppliant, conjurant chacun de vous de prononcer en leur faveur. Leur parti, et non celui de Midias, doit, pour plus d'une raison, être le vôtre. Citoyens d'Athènes, ce sont les lois que vous avez juré d'écouter; et, si l'égalité règne entre vous, s'il est encore d'autres biens dans notre patrie, c'est aux lois que vous les devez, non à Midias, ni aux enfants de Midias.

C'est un orateur! dira-t-il peut-être, en parlant de moi. Si c'est être orateur que de vous offrir, sans entêtement importun, sans violence, les conseils qu'on juge les plus utiles, je ne recule pas devant ce titre, je ne le répudie point. Mais si l'orateur doit, comme vous et moi nous en connaissons plus d'un, ne plus savoir rougir, et s'enrichir de vos dépouilles, non, je ne suis pas orateur! Loin de m'être approprié une obole du Trésor, j'ai prodigué pour vous presque toute ma fortune. Mais, quand je serais l'orateur le plus pervers, il aurait fallu me faire punir selon les lois, non m'outrager dans l'exercice de ma charge. Il y a plus: aucun de ceux qui parlent en public n'appuie mon accusation; et je ne me plains d'aucun, moi qui ne vous ai jamais rien dit pour plaire à un seul d'entre eux, moi qui me suis fait une loi de ne diriger mes paroles, mes actions que du côté où je vois vos intérêts. Mais bientôt vous verrez tous ces orateurs se ranger en longue file auprès de mon adversaire. Quoi! me jeter comme une injure, le nom de ceux-là mêmes dont on invoque le secours! Où est ici la justice?

Il est peut-être capable d'ajouter que j'ai médité et préparé tout ce que je dis maintenant. Oui, Athéniens, je l'ai médité; pourquoi le nierais-je? oui, je l'ai pesé avec tout le soin possible. Eh! ne serais-je pas dépourvu de sens, si, après avoir souffert et souffrant encore de sanglantes avanies, je n'avais point souci de l'accusation que je devais vous présenter? Que dis-je? cette accusation, c'est Midias qui l'a écrite; car l'auteur d'un plaidoyer est à juste titre celui qui, par ses œuvres, en a fourni le sujet, non celui qui, dans de longues veilles, a élaboré de solides arguments. Telle est donc ma coutume, ô Athéniens! je le déclare avec Midias. Quant à lui, on peut croire que, dans sa vie entière, il n'a pas fait une seule réflexion juste; car, pour peu qu'il y eût pensé, il n'eût pas agi avec tant d'extravagance.

Je le vois aussi prêt à censurer hardiment l'assemblée nationale qui l'a condamné; oui, ce qu'il osait dire lorsque je le traduisis devant le peuple, il va le répéter: « Tous les citoyens qui devraient être dans les camps sont restés ici; l'assemblée se compose de déserteurs de nos garnisons; des danseurs, des étrangers, des hommes sans titre, voilà ceux qui me condamnent. » J'en appelle, ô juges! aux souvenirs de tous ceux d'entre vous qui étaient présents: armé d'un front d'airain, cet homme, par ses invectives, par ses menaces, par les regards qu'il lançait sur la partie la plus orageuse de l'assemblée, espérait effrayer un peuple entier. Riez donc, vous en avez le droit, riez des larmes qu'il va répandre!

Que prétends-tu, homme souillé de crimes? Toi! tu imploreras la pitié pour tes enfants, pour toi-même; tu appelleras l'intérêt! et de qui? de ces mêmes citoyens que tu as publiquement chargés d'outrages! Toi qui, seul, bouffi d'orgueil et d'arrogance, écrasant tout autour de toi, as jeté sur ta vie un éclat tellement sinistre, que ceux mêmes qui n'ont nul rapport avec toi ne voient qu'en gémissant ton audace, ton accent impérieux, ton maintien, ton cortége, ton faste et ton insolence; traduit en jugement, tu exciterais soudain la compassion! Prodigieux ascendant, disons mieux, merveilleux artifice de ton invention, si tu pouvais, en si peu de temps, cumuler sur ta tête deux sentiments ennemis, la haine pour ta conduite réelle, la pitié pour tes démonstrations fallacieuses! Non, la compassion ne t'est due à aucun titre. Haine à toi, au contraire, indignation, implacable rigueur! voilà ce que tes actions méritent.

Mais revenons aux reproches qu'il doit adresser à l'assemblée du peuple. Quand il parlera, réfléchissez, ô juges! que celui qui, à la tribune, devant ce même peuple, accusa les cavaliers, ses compagnons d'armes, lorsqu'ils se furent transportés à Olynthe, est le même homme qui, resté dans ses foyers, accuse aujourd'hui le peuple en présence de ceux qui étaient à la guerre. Vous reconnaîtrez-vous donc, soit dans Athènes, soit sous la tente, dans ce portrait que Midias fait de vous? ou plutôt, avec moi, ne le trouverez-vous pas en tout lieu, en tout temps, fidèle à lui-même, cet infâme, cet ennemi des Dieux? Le moyen de juger autrement celui que ne peuvent souffrir ni les cavaliers, ni leurs chefs, ni ses collègues, ni ses amis? Oui, par Jupiter, par Apollon, par Minerve, je le dirai, quoi qu'il arrive, lorsque cet audacieux allait semant la fausse nouvelle que je m'étais désisté, je lisais le mécontentement sur le front de quelques-uns de ceux qu'il admet à ses plus intimes causeries. Sentiment bien digne de pardon, car il est un fardeau pour tous, ce Midias! Seul riche, seul éloquent, il ne voit dans les autres que des êtres maudits, que des misérables, et non des hommes.

Absous, que ne fera-t-il pas, ce contempteur superbe? Ce que je vais dire vous le fera comprendre, si vous en jugez par sa conduite après la sentence populaire. Où est le citoyen qui, frappé d'une telle condamnation, surtout pour avoir violé une fête, même sans autre poursuite, sans autre péril à redouter, ne se cacherait de honte, ne se modérerait, du moins jusqu'au jugement définitif? Midias, au contraire, depuis le jour où il a été condamné, Midias déclame, crie, invective. S'agit-il d'une élection? Midias d'Anagyronte se met sur les rangs; il est l'homme d'affaires de Plutarque, il connaît ses secrets, il se trouve à l'étroit dans Athènes. Or, par tous ces mouvements, il n'a évidemment d'autre but que de faire au peuple cette déclaration: « Ta sentence ne m'a pas atteint; je ne crains rien, je ne redoute pas le procès qui la suivra. » Penser s'avilir en paraissant vous craindre, faire parade de vous braver, n'est-ce pas, ô Athéniens! mériter dix fois la mort? Oui, Midias s'imagine que vous serez impuissants à prononcer sur son sort. Riche, téméraire, altier dans ses sentiments, altier dans son langage, violent, effronté, quand le saisirez-vous, s'il vous échappe aujourd'hui?

Fût-il innocent sur le reste, les discours dont il vous poursuit, les circonstances où il les prononce, mériteraient, à mon sens, les châtiments les plus sévères. Annonce-t-on une nouvelle heureuse pour la patrie et capable de réjouir tous ses enfants? Midias, vous le savez, ne se range jamais parmi ceux qui félicitent le peuple et prennent part à sa joie. Mais survient-il un de ces revers que tous voudraient détourner? le premier il se lève, il court à la tribune, il insulte au malheur des temps, et, triomphant du silence auquel la tristesse vous réduit, « Aussi, Athéniens, s'écrie-t-il, vous êtes une étrange nation! Vous ne partez point pour la guerre, vous ne pensez pas à contribuer; et puis vous êtes surpris de vos mauvais succès! Je contribuerai pour vous, et vous vous partagerez mes largesses! J'équiperai des vaisseaux, et vous ne les monterez pas! » Voilà comme il vous outrage; voilà comme, dans l'occasion, il dévoile en tous lieux l'aigreur et la malveillance que son cœur nourrit secrètement contre le peuple. Eh bien Athéniens, lorsque, pour vous abuser et vous séduire, il emploiera les gémissements, les larmes, les prières, répondez-lui à votre tour· « Aussi, Midias, tu es un homme étrange [81]! Tu prodigues l'insulte, tu ne veux pas réprimer tes saillies fougueuses : et puis tu es surpris de te voir victime de ta méchanceté! Nous nous courberons sous tes coups, et tu nous frapperas impunément! Nous te ferons grâce, et tu persisteras dans tes violences! »

Quelques orateurs l'appuient; mais, par le ciel c'est moins pour le favoriser que pour me nuire, et pour servir la haine personnelle qu'affiche contre moi, quoi que je puisse dire, ce citoyen [82] qui provoque la mienne avec une folle violence : tant l'excessive prospérité est prête à nous inspirer parfois des sentiments tyranniques! Car, si, malgré ses persécutions, je refuse de le reconnaître pour ennemi; s'il me ravit la paix que je lui laisse; s'il me traverse même dans les causes qui lui sont étrangères, comme il va faire encore, pour m'enlever la protection que les lois accordent à tout citoyen, cet homme ne s'arroge-t-il pas dès lors un pouvoir odieux, un pouvoir menaçant pour la commune liberté? D'ailleurs, ô Athéniens! Eubule était là, il était assis sur le théâtre, lorsque le peuple condamna Midias : appelé par son nom, supplié, adjuré par le prévenu, comme vous le savez, il demeura immobile. Toutefois, s'il était persuadé qu'on traduisait un innocent au tribunal populaire, il devait, au moins par amitié, lui prêter l'appui de sa voix. Mais si, après avoir été sourd à ses prières parce qu'alors il le reconnaissait coupable, il implore son pardon aujourd'hui parce qu'il est animé contre moi, vous ne pouvez sans déshonneur vous plier à ses désirs. Ne tolérons point, dans une démocratie, un citoyen assez puissant pour obtenir par la parole que celui-ci demeure chargé d'outrages, celui-là impuni. Si tu veux me nuire, Eubule, quoique je ne voie point, par les Dieux, d'où te vient cet acharnement, tu le peux, ministre d'Athènes. Au nom des lois, appelle sur ma tête le châtiment que tu voudras; mais, pour les outrages que j'ai reçus au mépris des lois, ne m'en ravis pas la vengeance. Si, au contraire, tu hésites à me poursuivre sur cette voie, mon innocence est prouvée, puisque l'ardent accusateur de tant d'autres citoyens n'aura pas trouvé prise sur ma personne.

J'ai appris que Philippide, Mnésarchide, Diotime d'Évonymia, et d'autres riches Athéniens qui ont équipé des vaisseaux, solliciteront vivement pour Midias, et vous conjureront de l'absoudre en leur faveur. Contre ces citoyens je ne prononcerai pas une parole hostile ; ce serait de la démence. Je me borne à présenter les réflexions, les raisonnements que vous devez faire lorsqu'ils intercéderont près de vous. Supposez, ô juges! ce que repoussent nos vœux, ce qui ne sera jamais; supposez ces hommes placés, avec plusieurs Midias, à la tête de la république; un simple citoyen, pris dans vos rangs, coupable envers l'un d'eux d'une offense quelconque, bien différente cependant des violences de Midias à mon égard, comparaît devant un tribunal qu'ils composent eux-mêmes : quelle indulgence, quelle pitié pensez-vous qu'il y trouvera? Ils lui feront grâce apparemment : pourquoi non? ils écouteront la prière d'un plébéien....... Ah! plutôt, ne s'écrieront-ils pas à l'instant : « L'envieux! le misérable! il est insolent, il est hautain, lui qui devrait s'estimer heureux qu'on lui permît de vivre. » Traitez-les donc, ô Athéniens! comme ils vous traiteraient eux-mêmes; ne considérez pas avec surprise leurs richesses et leur crédit; considérez ce que vous êtes. Ils ont de grands biens, dans la possession desquels ils ne sont troublés par personne. Qu'ils vous laissent donc aussi jouir de cette liberté dont la loi a doté tous les citoyens.

Le sort de Midias ne sera nullement injuste, nullement à plaindre, si, dépouillé de cette opulence, principe de ses injurieux attentats, il descend au niveau des simples citoyens qu'il outrage, et qu'il appelle des mendiants. Certes, il y aurait une injustice dans cette prière : « Ne prononcez pas, ô juges! selon les lois; ne vengez pas un citoyen cruellement insulté; trahissez votre serment; accordez-nous cette faveur. » Car telles seraient, à part les termes, les supplications de ceux qui intercéderaient pour lui. Eh bien! s'ils sont réellement ses amis, s'ils trouvent si affreux qu'il ne lui reste pas riche; possesseurs d'immenses fortunes, dont je les félicite, qu'ils les partagent avec lui. Par là, vous, que lie un serment, vous jugerez avec justice la cause qui vous réunit; par là, ils lui feront largesse de leurs propres biens sans qu'il en coûte à votre honneur. Mais, s'ils ne veulent pas sacrifier de l'or, vous sied-il de sacrifier votre conscience? Une foule de riches qui doivent à leur opulence une certaine considération, se sont ligués contre moi; ils s'avancent pour vous solliciter : ne m'abandonnez à aucun d'eux, ô mes concitoyens! Chacun de ces hommes va défendre ardemment ses intérêts personnels et ceux de Midias : défendez, vous, et vous-mêmes, et les lois, et moi, qui suis votre suppliant, et persistez dans les sentiments dont vous êtes maintenant animés.

Car, Athéniens, si, à la première poursuite, le peuple, instruit des faits, avait absous Midias, j'aurais moins à souffrir : on pourrait se dire qu'il n'y a pas eu d'outrage, que la sainteté de la fête n'a pas été violée; on aurait cent motifs de consolation. Mais aujourd'hui, après avoir fait unanimement éclater, à l'époque même du crime, une colère, une indignation, une fureur tellement vives, qu'en dépit des prières adressées et à vous et à moi par Néoptolème, par Mnésarchide, par Philippide, par quelques autres de cette classe opulente, vous me criiez de ne point me désister; tellement vives que, voyant le banquier Blépæos s'approcher de moi, et craignant que, comme tant d'autres, je n'acceptasse de l'or, vous poussiez de tumultueuses clameurs qui m'effrayèrent, me firent laisser là mon manteau, et précipiter ma fuite, presque nu, devant les poursuites du financier; tellement vives que, courant ensuite à ma rencontre, *Ne manque pas*, disiez-vous, *d'accuser ce scélérat! point d'accommodement! les Athéniens auront l'œil sur tes démarches;* aujourd'hui, que le fait a été caractérisé d'outrage, que le peuple, siégeant dans le temple, a statué sur cette cause, que j'ai persévéré, toujours fidèle à vous, fidèle à moi-même; aujourd'hui vous acquitteriez Midias! vous me frapperiez de la disgrâce la plus cruelle! Non, vous n'en ferez rien. Ce serait accumuler toutes les hontes sur ma tête; et, à vos yeux, je ne les ai point méritées. Les mériter! moi, qui accuse un homme connu pour être violent et outrageux, un homme qui s'est livré à ses déportements dans une assemblée solennelle, et qui a rendu témoins de son insolente audace, non-seulement les Athéniens, mais tous les Hellènes venus au spectacle!

Le peuple a été instruit de ses violences, et qu'a-t-il fait? il l'a condamné, il vous l'a livré. Impossible donc que votre arrêt demeure un mystère, que votre décision sur une affaire soumise à votre tribunal échappe à l'investigation. Punissez, et vous serez appelés sages, vertueux, ennemis des méchants; absolvez, on croira que vous avez cédé à quelque motif étranger.

Midias n'est pas accusé civilement; son crime, bien différent de celui d'Aristophon (83) qui, en restituant les couronnes, arrêta la poursuite populaire, est un outrage, un irréparable outrage. Ceci posé, est-ce maintenant, est-ce plus tard qu'il vaut mieux punir? Je réponds, maintenant. Car votre sentence intéresse chaque citoyen; tous les délits que vous jugez aujourd'hui touchent au bien général. Non, en me traitant comme il a fait, ce n'est pas moi seul, ô Athéniens! que le coupable avait l'intention de frapper et d'insulter : ce sont tous ceux à qui on peut croire la vengeance moins possible qu'à Démosthène. Si vous ne fûtes pas tous maltraités, tous outragés dans les fonctions de chorége, c'est, n'en doutez point, parce que vous ne pouvez les exercer tous ensemble, et qu'une seule main ne pourrait d'un coup vous flétrir tous. Mais, si celui qui, seul, fut victime, n'est point vengé, que chacun s'attende à être l'objet de la prochaine insulte. Ne voyez donc pas avec indifférence de tels attentats, n'attendez point qu'ils arrivent jusqu'à vous, prévenez-les du plus loin qu'il est possible. Midias est mon ennemi, chacun de vous peut avoir le sien. Accorderez-vous donc à votre ennemi, quel qu'il soit, le pouvoir de vous traiter comme m'a traité cet homme? je ne saurais le croire. Eh bien! moi-même, ô Athéniens! ne m'abandonnez pas à la merci d'un Midias. Faites cette réflexion : aussitôt que l'audience sera levée, chacun de vous s'en retournera chez soi, d'un pas plus ou moins pressé, sans souci, sans mouvements inquiets, et, soit qu'il rencontre ami ou ennemi, citoyen du premier ou du dernier rang, homme robuste ou faible, sa sécurité sera entière. Pourquoi? parce que, plein de confiance en la police, il a l'intime conviction qu'il ne sera attaqué, insulté, frappé par personne. Et la sécurité qui vous accompagne, vous partirez sans me l'avoir garantie! Victime de tels outrages, dans quelle attente serai-je obligé de vivre si, maintenant, vous me regardez d'un œil indifférent? Ne crains rien, me dira-t-on, tu ne seras plus insulté. Mais, si je le suis, indulgents aujourd'hui, serez-vous alors sévères? ô Athéniens! ne trahissez pas ma cause : ce serait vous trahir, ce serait trahir les lois. Remontez au principe qui fonde votre ascendant, votre puissance sur cette ville entière, chaque fois que vous jugerez, et quel que soit votre nombre : que trouverez-vous? le privilége de porter des armes? la force corporelle? la vigueur de l'âge? rien de tout cela, mais l'empire de la loi. Et cet empire, quelle en est la source? la loi accourt-elle aux cris d'un citoyen attaqué? Non : la loi n'est qu'une lettre morte, impuissante pour agir. Qui donc fait sa force? vous, si vous la maintenez; vous, si vous la faites toujours exécuter en faveur de celui qui l'implore. Ainsi vous rendez à la loi le pouvoir que vous en recevez. Il faut donc aller à son secours, comme on va au secours d'un homme attaqué. Toute violation de la loi doit être, à vos yeux, un crime public; et il n'est ni fonction onéreuse, ni pitié, ni rang, ni intrigue, il n'est rien enfin qui doive assurer l'impunité au coupable.

Spectateurs au théâtre pendant les Dionysies, vous y avez accueilli Midias par des huées, par des sifflets; et ces marques d'une éclatante aversion, vous les lui prodiguiez sans avoir encore entendu mes plaintes. Vous donc qui, avant la preuve juridique du fait, frémissiez d'indignation, vous qui disiez à l'offensé, Venge-toi; qui applaudissiez alors que je traînais cet homme devant le peuple : maintenant que le voilà convaincu et sous le poids d'une première condamnation prononcée par les citoyens dans le temple du Dieu; maintenant que les autres attentats de ce misérable sont dévoilés, que le sort vous a désignés pour être ses juges, et qu'il dépend de vous d'en finir par un seul suffrage, balancerez-vous à me prêter votre appui, à satisfaire la nation, à rendre les autres plus modérés, à fortifier pour l'avenir votre sécurité personnelle, en faisant de Midias un exemple qui effraie ses semblables?

D'après toutes les raisons que j'ai alléguées, et surtout pour plaire à l'Immortel dont Midias est convaincu d'avoir outragé la solennité, punissez-le par la sentence qu'attendent et la justice et la religion.

NOTES

DU PLAIDOYER CONTRE MIDIAS.

(1) J'ai pris pour base de mon travail le texte et le commentaire de Philippe Buttmann; et j'ai choisi de préférence l'édition de 1833, revue par son fils, qui a mieux éclairci plusieurs passages à l'aide de quelques travaux récents sur le droit athénien. Mais cet excellent livre n'a pu me dispenser de recourir parfois à Dobson et à Schæfer. L'estimable traduction de M. Delalle, comprise dans le travail de M. Jager, m'a été utile. Une partie de l'analyse a été empruntée à Auger et à M. Ragon.

(2) ἐπειδή τις εἰσάγει. On appelait à Athènes εἰσαγωγεύς, introducteur, le magistrat qui autorisait le plaignant à poursuivre sa partie, après une instruction préalable de la cause. (M. Delalle.)

(3) Rien de certain au sujet de la solennité des Pand...

sinon qu'elle suivait immédiatement les fêtes de Bacchus. Était-elle célébrée en l'honneur de Jupiter ou de la Lune? Différait-elle réellement des grandes Dionysies?

(4) Ce magistrat rendait compte, selon Ulpien, de tout le matériel du culte de Bacchus, qui était commis à sa garde. L'archonte éponyme présidait aux grandes Dionysies; l'archonte-Roi aux fêtes moins solennelles du même dieu, *in Lenæis*. Schæfer et Jurin prennent avec raison γραμματίζειν dans le sens de *dicendi potestatem facere*.

(5) Les fêtes de Bacchus *au Pirée* étaient les véritables Dionysies de la campagne (Spalding et Buttmann). — *Lénéennes*. Hésychius : ἔστιν ἐν τῷ ἄστει Λήναιον. Fêtes de Bacchus, moins solennelles, à la ville. — *Dionysies de la ville* : ou grandes Dionysies, appelées aussi *Anthestéries*, parce qu'elles se célébraient au mois anthestérion. — *Thargélies*, fêtes d'Apollon et de Diane.

(6) On a traduit ἄλλων τῶν ἀδικούντων par *tout autre violateur des lois* : ce qui ne signifie rien, du moment que les prohibitions mentionnées ici sont elles-mêmes l'objet d'une loi. A. Buttmann croit que ces mots se rapportent au sacrilége désigné dans la loi précédente : opinion rendue plus probable par les mots τὸν ἑξῆς νόμον τούτῳ, qui montrent que ces deux lois étaient inscrites l'une à la suite de l'autre. Schæfer, qui sous-entend ἐν ταύταις ταῖς ἡμέραις, se rapproche beaucoup du sens de Buttmann, qu'Auger avait déjà entrevu.

(7) C'était l'usage : pendant la célébration des Dionysies, ceux qui faisaient partie des chœurs étaient dispensés du service militaire. (Ulpien.)

(8) Un des archontes était presque toujours préposé à la fête. (Ulp.) La couronne indique qu'il était dans l'exercice de ses fonctions. (Buttm.)

(9) Démosthène met sur le compte de Midias une circonstance inévitable : car tous les choréges cabalaient les uns contre les autres pour obtenir le prix. (Ulpien.)

(10) C'était pour forcer le chœur à faire un détour par le passage extérieur, et pour exposer Démosthène à la risée publique par ce retard. (Ulp.). — τὰ παρασκήνια, *die Kulissen*. (Buttm.). — On a forcé la construction, quand on a rapporté δημόσια à κακὰ par ce sens, *des coups d'autorité, la force publique*.

(11) Προβολή, action publique (κατηγορία) contre ceux qui attentaient d'une manière quelconque aux droits du peuple (Schomann). Taylor, *préf. de ce Disc.*, et Robinson, *Antiq. Gr.* liv. II, ch. 16, ont trop restreint le sens de ce mot. Le dernier traducteur français l'explique par *une procédure intentée au criminel* : mais une foule de procédures de ce genre n'étaient point des προβόλαι. L'action προβολή, comme on le verra plus loin, se compose, ici, de deux actions publiques bien distinctes : ἀσέβεια, *accusation de sacrilége*; peine, la mort; et ὕβρις, *plainte pour sévices ou injures graves envers un citoyen*.

(12) Les commentateurs et les interprètes voient tous ici une lacune. En effet, au lieu d'entrer dans les détails de ses plaintes personnelles, comme il l'a annoncé, Démosthène se contente de produire la déposition de l'orfèvre ; puis, tout à coup, il avertit qu'il va présenter les griefs qui concernent les autres offensés, après l'examen de quelques objections. Cette lacune a pu venir de la négligence du copiste, qui se sera dégoûté de transcrire une longue suite de dépositions, ou du fait de l'orateur lui-même. Comme Cicéron, dans sa première plaidoirie contre Verrès, Démosthène se sera contenté ici de quelques réflexions interrompues par la lecture des pièces, et que, probablement, il n'aura pas cru devoir écrire. D'ailleurs, Photius, d'après plusieurs critiques, croit que ce discours n'avait pas été mis au jour, mais qu'il était resté imparfait entre les mains de Démosthène. (Buttm. *Exc*. 2.)

(13) Il faut distinguer l'attaque faite contre un particulier, ou contre la république, ou enfin celle qui, en s'adressant directement au premier, blesse la seconde. Le premier cas donne lieu à une action privée, ou poursuite personnelle; dans les deux autres, il y avait, à Athènes, crime d'État. Quand l'individu seul était lésé, βλάβη, la procédure retenait le nom générique δίκη, et plus exactement δίκη ἰδία; quand l'attentat avait entièrement le caractère public, elle s'appelait γραφή δημοσία; et γραφή ἰδία, lorsque, individuel dans son objet, le crime était public par ses résultats. Il semble que ce soit dans ce dernier sens seulement que Démosthène pouvait poursuivre Midias; mais il l'accuse du crime de lèse-nation; il lui intente une véritable γραφήν δημοσίαν.

(14) Dans les causes privées, la peine était fixée par les lois; dans les causes publiques, elle était déterminée par l'accusateur (Ulpien). Observation susceptible de plusieurs restrictions. *Voy*. Meier et Schomann.

(15) Dans les causes privées, l'amende était infligée au profit du plaignant; dans les causes publiques, elle revenait à l'État. (Wolf.)

(16) Les six derniers archontes, ou thesmothètes, dirigeaient les débats dans les causes publiques. (Phil. Buttmann.)

(17) Les thesmothètes, qui avaient la police dans leurs attributions, faisaient des rondes nocturnes, empêchaient les vols et les violences. L'un deux, ayant surpris des jeunes gens au moment où ils enlevaient une joueuse de flûte, voulut la retirer de leurs mains, et fut battu par les ravisseurs. (Ulpien.)

(18) Wolf traduit τυχὸν par *fortasse*, ce qui implique contradiction avec l'affirmation νὴ Δία. Ne peut-on rapporter ce mot à τοῦτο, et le prendre dans le même sens que ὁ τυχών, οἱ τυχόντες, *le premier venu, les gens du commun*?

(19) Si l'auteur d'un homicide involontaire fléchissait, par sa soumission, quelque parent du mort, il arrêtait toutes les poursuites. (Ulpien.)

(20) Ἐξούλης. Cette expression me semble exactement rendue par ces mots : *procès pour fait d'expulsion*. La peine pécuniaire, dit Ulpien, exposait le débiteur qui n'avait pas acquitté, au jour de l'échéance, le payement auquel il avait été condamné, à être évincé de ses possessions, dont l'estimation était faite par experts, pour les voir adjuger à la partie adverse. Mais, de plus, lorsqu'il s'opposait à la saisie de ses biens, il était condamné, sur la plainte du citoyen lésé, comme criminel public, parce qu'en violant *le droit d'autrui, il blessait en même temps les lois et les tribunaux*. Les mots *acto undo vi* exprimaient, chez les Latins, cette poursuite judiciaire. (M. Delalle.)

(21) Il y a ici une difficulté qu'Ulpien a sentie et mal résolue. Démosthène a dit plus haut que, *négligeant le bénéfice d'une poursuite personnelle, il cédait le pas à la vindicte nationale*. Il faut entendre par cette poursuite personnelle, l'action en réparation des dommages que Midias avait commis dans l'atelier de l'orfèvre ; et non l'accusation pour injures, qui n'admettait pas de compensation pécuniaire. (Spalding.)

(22) Ces incapacités légales portaient sur les impies envers les dieux ou envers leurs parents, les prostitués, les déserteurs, les réfractaires, les débiteurs de l'État, les dissipateurs.

(23) M. Delalle remarque avec raison que γραφή et γράφειν indiquent toujours une action publique, comme δίκη une procédure privée; et qu'ainsi, le mot ἰδίας ne peut désigner ici que le motif personnel pour lequel l'action publique est intentée.

(24) Les éditeurs hésitent entre κνισσᾶν et κνισᾷν; entre ἀγυιᾶς, *autels d'Apollon*, et ἀγυιάς, *carrefours*. Voy. les autorités dans l'Apparat. t. III, p. 355. et dans la note

de Buttmann sur ce passage. Au reste, l'un de ces deux sens n'exclut pas l'autre.

(25) Pour le texte et l'interprétation de ces oracles, j'ai cru devoir suivre constamment les leçons, le commentaire et les dissertations troisième et quatrième de Buttmann. J'y renvoie le lecteur. Je ferai seulement remarquer que le mot ἰδίας doit être conservé ici : 1° il est dans tous les manuscrits (Voy. l'Apparat.); 2° il ne choque pas plus que *proprios* dans ce vers d'Horace, *Cultello proprios purgantem leniter ungues*, lib. 1, ep. 7; 3° proposerons-nous de le remplacer par δίας, avec Rieske; par ὁσίας, avec Wolf, Markland, etc.; par ἰθείας, avec P. Buttmann?

(26) Τμάριος· Ζεὺς ἐν Δωδώνῃ, Hesychius. Strabon dit que le temple de ce dieu était situé au pied du mont Tomaros (auj. *Gardiki*).

(27) *S'il fait la citation*, pendant le concours, ou quand les exercices préparatoires sont terminés. — καθίζεσθαι κελεύσῃ *inter spectatores sedere jusserit* (Taylor).

(28) *par la loi* ξένον μὴ χορηγεῖν, qui exclut l'étranger du concours. Une autre loi, indiquée par Ulpien, défendait de citer et de maltraiter l'étranger pendant la durée des chants et des danses. Spalding et Schæfer n'ont vu, avec raison, qu'un habile emploi de ces deux lois dans la malice perfide (κακουργία) que le scoliaste reproche ici à l'orateur.

(29) Les citoyens dégradés étaient souvent désignés par les mots ἐπὶ συμφοραῖς γεγονότες : euphémisme qui avait sa source dans la croyance à la fatalité, et dans le respect des Athéniens pour toutes les sortes d'infortunes.

(30) Auger : *loin qu'on ose frapper un chorége*; M. Delalle : *tant on est loin de toucher à la personne d'un chorége!* De quelque manière qu'on lise cette petite phrase, dont les variantes sont nombreuses, il n'est guère possible d'y trouver ce sens. D'ailleurs, c'est plus tard seulement que Démosthène tirera, des deux exemples qu'il présente ici, une conclusion applicable à lui-même : Οὔκουν δεινόν, ὦ ἄνδρες δικασταί, κτλ. La leçon de Bekker, qui termine la phrase à τῶν χορηγῶν, d'après un bon manuscrit, et qui sous-entend τινα κωλύειν (tantum abest ut choragorum quisquam impediat) m'a paru trop hardie. J'ai préféré, avec A. Buttmann, la leçon d'Ulpien, qui est aussi celle d'un grand nombre de manuscrits, τοῦ χορηγόν τινο ἅψασθαι : *tantum abest ut choragus lœdat quemdam*. Voilà pourquoi, un peu plus haut, A. Buttmann joint ὑμῶν, non pas à ἐν ἑκάστῳ, mais à τις, qui en est d'ailleurs plus rapproché : ἐν ἑκάστῳ, scil. χορηγῷ.

(31) Αὐτόχειρ· τὸ τῶν ἀνδροφόνων ὄνομα· mot qui exprime l'homicide (Ulpien). En effet, c'était *tuer le chœur* : οἴχεται ὁ λοιπὸς χορός. J'ai tâché de ne rien perdre de cette énergie.

(32) Chabrias avait déterminé les Athéniens à secourir Thèbes contre Lacédémone. Les Thébains, délivrés de la guerre, refusèrent de rendre aux Athéniens la ville d'Oropos, voisine de leur territoire. C'est ce qui donna lieu de poursuivre Chabrias comme complice de l'injustice, et comme traître à la patrie. Dans cette circonstance, Démosthène ayant entendu Callistrate, sentit la première inspiration de son génie, et résolut de devenir orateur. (M. Delalle, d'après Ulpien et Plutarque).

(33) *Dicté leur serment*, tandis que les arbitres des jeux juraient de donner la victoire au chorége qui aurait les meilleurs chanteurs, *excepté Démosthène*, ajouta Midias en les frappant. (Argument anonyme.)

(34) Orateur célèbre, contemporain de Démosthène. *Voy.* Ruhnken. Hist. Crit. Orat. Græc. XVIII. Βοιωτὸν est-il ici nom propre d'homme? Reiske ne se prononce pas; Schæfer l'affirme. Si ce mot indiquait le pays, il y aurait Βοιωτόν τινα.

(35) Plutarque, Platon. *Quæst.*; Longin, Sect. XX; Quintilien, l. VI, 1; Tibérius, p. 59, admirent ici l'habile accumulation des circonstances, et le mouvement initiatif du style.

(36) Démosthène préféra s'acquitter de la triérarchie, dont un entrepreneur s'était chargé, moyennant vingt mines. Les triérarques se reposaient ainsi sur un entrepreneur qui acquittait leurs charges pour une somme convenue : l'exemple de Thrasyloque est, pour ce genre de transaction, le plus ancien qui soit connu. (Böckh, liv. iv, ch. 12.)

(37) *Plus tard* : après le procès contre ses tuteurs (liv. ch. 13, n.) — L'amende fixée par la loi contre l'accusé qui faisait défaut était de mille drachmes. (Ulpien.)

(38) Le mot μαρτυρία, qui est dans deux bons manuscrits de Reiske, est préférable à μάρτυρες, puisque la pièce qui suit est une déposition *écrite*, conformément à la loi qui n'admettait pas le témoignage verbal (1re plaid. contre Stephanos). Si Démosthène a dit κάλει τοὺς μάρτυρας, c'est probablement parce que les témoins appuyaient par leur simple présence, quand ils le pouvaient, la lecture de leur déposition.

(39) Il y avait à Athènes une compagnie de juges proprement dits, nommés *diétètes* (arbitres), qui connaissaient des causes d'une valeur au-dessus de dix drachmes avant qu'elles fussent portées à un autre tribunal. Ils étaient au nombre de 44, élus au sort (οἱ κληρωτοί) dans chaque tribu : en tout, 440. Il y a apparence que, dans chaque cause, un de ces arbitres jugeait seul : son jugement était ensuite soumis à la signature des archontes. Les arbitres ne tenaient séance que jusqu'au coucher du soleil; et, si l'accusé ne paraissait pas avant ce temps, ils pouvaient le condamner par défaut. On avait le droit de les attaquer au moment où ils rendaient leurs comptes, c'est-à-dire dans le onzième mois de l'année, durant lequel devait se réunir chaque jour, pour cet effet, tous ceux qui avaient exercé dans le cours de l'année. C'était le mois thargélion, et le douzième était scirophorion. Les arbitres convaincus d'avoir prévariqué étaient condamnés à la diffamation, ou dégradation civique. Il ne paraît pas que cette responsabilité pesât sur les arbitres qu'on choisissait simplement parmi ses amis, ou parmi des hommes qui auraient assez de confiance (οἱ κατ' ἐπιτροπήν). Mais, si le choix des deux parties tombait sur un de ceux qui étaient arbitres d'office, celui-ci était responsable, comme dans le cas où une cause lui avait été dévolue par le sort. Il est à présumer que c'était le cas où se trouvait Straton. *Voyez*, sur cette matière, A. Buttmann, Dissert. XIII; et Auger, Traité de la Juridiction et des lois d'Athènes. (M. Delalle.)

(40) L'auteur de l'appel était obligé de jurer qu'il l'interjetait de bonne foi. Midias ne prêta pas ce serment, afin que Straton restât tranquille, et que, par là, il pût le prendre en défaut, et l'attaquer sans qu'il se défendît. (Ulpien.)

(41) Midias, condamné une première fois, devait payer 500 drachmes; mais, poursuivi parce qu'il ne payait pas, il était obligé, s'il succombait, de payer mille drachmes, ou dix mines, dont la moitié au profit du fisc. (A. Buttmann, Dissert. XIII).

(42) Un procès ἀτίμητος est celui dans lequel l'amende, déterminée par les lois, n'est pas laissée à l'appréciation des juges. (Harpocration). Le contraire était τιμητὸς ἀγών.

(43) Démosthène nous apprend lui-même, dans le plaidoyer contre Timocrate, que la loi défendait au citoyen condamné de supplier ou de réclamer contre la sentence.

(44) Voyez, sur l'*éranie*, les notes du premier plaidoyer contre Aphobos. Ce passage a été fort controversé. La ponctuation et l'interprétation d'A. Buttmann m'ont paru donner la solution la plus plausible de plusieurs graves difficultés. Voici sa note : « Ut sententia Demosthenis perspicua sit, hæc de ἐράνῳ animadvertimus : qui ἔρανον accipiebat, non jure ac legibus tenebatur ut ro-

-deret, sed confidebatur illum, facta facultate, gratitudine motum, simile beneficium relaturum esse. Ἔρανον autem ϕέρει non solum is qui prior dat, sed etiam is qui reddit. Quare comparans Demosthenes necessitudinem, qua inter se conjuncti sunt parentes et liberi, liberos, tam multis beneficiis quasi ἐράνοις a parentibus cumulatos, ἔρανον ϕέρειν δεῖν dicit (pag. 142, I, ed. Reisk.) Sic etiam nostro loco non ad eum qui prior dat spectans, sed ad eum qui, illo beneficio adstrictus, simile beneficium refert, sententiam pronuntiat, omnes homines ita inter se gerere, ut qualia alius ab alio acceperit, talia referat. Pronomina enim παρ' αὐτῶν et αὐτοῖς hic non tam reflexiva sunt quam reciproca. Quum igitur illud apud Atticos institutum in suam rem vertat Demosthenes ita, ut instar hujus instituti agere homines dicat, verba οὐ τοῦτον μόνον etc. plane accommodata sunt ad nostrum locum. Non solum, inquit, illo arctiori sensu ἔρανον φέρουσι homines, sed in universum simili ratione agunt. »

(45) On disait que Démosthène avait déserté lors de la première expédition de Phocion en Eubée. Ce bruit avait été probablement répandu ou exploité par Midias. Le crime de λιποτάξιον était, dans certains cas, puni de mort. — τὸν κονιορτόν. C'était probablement un sobriquet. Ulpien : οἱονεὶ ῥᾳδίως πειθόμενον (ob levitatem pulveris) ; Taylor : *gaudentem sordibus et squalore*; M. Delalle : *cet homme de boue*. Cet Euctémon n'est sans doute pas celui dont il est parlé dans les harangues contre Timocrate et contre Androtion.

(46) Auger et M. Delalle : « s'est désisté de ses poursuites. » Mais ce désistement avait un caractère spécial, qu'ont expliqué Harpocration et Ulpien. Avant l'ouverture des débats, l'accusateur et l'accusé donnaient communication aux juges de la validité de leurs moyens. C'est ce qu'Euctémon ne voulut pas faire.

(47) Κοινόν. Subaudi κατὰ πάντων ὑμῶν. Insequens ἔμοιγε cohæret cum δοκεῖ. (Reiske.) Le sens de δοκεῖ porte sur δεινόν, σχέτλιον, principalement sur κοινὸν ἀσέβημα, οὐκ ἀδίκημα μόνον, et non sur τούτῳ. La suite montre que l'orateur ne doute nullement que Midias ait ourdi cette intrigue. — Voici le fait : Nicodème, du bourg d'Aphidna, l'un des plus chauds amis d'Eubule, qui gouvernait la république, fut trouvé mort, les yeux crevés. Démosthène et Eubule s'étant déclaré une guerre de parti, le premier fut soupçonné d'avoir poussé le jeune Aristarque à attaquer Nicodème et à le tuer. Effrayé des bruits sourds qui se répandaient, Aristarque avait pris la fuite... L'orateur s'exprime avec une adresse remarquable : pas un mot d'accusation contre Aristarque, dont il était l'ami ; mais aussi, point de justification : il eût paru complice. (Ulpien.) Voyez aussi Athénée, liv. XIII.

(48) L'ardeur impétueuse de l'orateur l'empêche de compléter ce raisonnement. Voici le sens complet, tel que le présente A. Buttmann, d'après Schæfer : « Pourquoi, Athéniens ? parce que je refuse de me courber devant celui qui m'outrage si indignement. Mais, dès qu'un citoyen, etc. »

(49) Philippe pratiquait des intelligences dans l'Eubée : il était près de soumettre cette île. Plutarque, tyran d'Erétrie demanda du secours aux Athéniens contre Clitarque, créature du Macédonien, qui s'était emparé du souverain pouvoir dans la même ville. Les Athéniens se portèrent avec la plus grande ardeur à secourir Plutarque, malgré l'avis de Démosthène, qui ne voulait pas qu'on écoutât sa proposition. Plutarque, craignant l'oppression d'Athènes, rompit soudain avec cette république. Cette défection inattendue n'empêcha pas Phocion, chef des troupes athéniennes, d'attaquer Philippe, de remporter sur lui un avantage considérable, et de chasser Plutarque d'Erétrie. Mais on rappelle Phocion, et l'on nomme à sa place Molossos. La fortune, par son changement, dit Tourreil, sembla désapprouver celui des Athéniens. Philippe taille en pièces leur armée, et fait prisonnier leur nouveau général.

« Démosthène, disait Midias, c'est toi qu'on soupçonne d'avoir préparé cette défection, parce que c'est toi qui t'étais opposé au départ de nos troupes. » (Ulpien.)

(50) Les εἰσιτήρια étaient des sacrifices que l'on offrait pour l'heureux succès des délibérations, au moment où le Conseil allait entrer dans la salle de ses séances. (Ulpien.) Cette cérémonie se renouvelait chaque fois que le Conseil se rassemblait. Voyez les Antiq. Gr. de Robinson, liv. II. ch. 11.

(51) Chaque peuple de la Grèce envoyait des représentants, ou *théores*, à Némée, dans le Péloponèse, pour les jeux que l'on y célébrait en l'honneur de Jupiter, et qui avaient été établis ou renouvelés par Hercule vainqueur du lion. — *Auprès des Déesses Redoutables*. Preuve plus grande encore de l'innocence de l'orateur : voilà pourquoi il l'a réservée pour la dernière. Quoi ! dit-il, j'ai immolé aux Euménides et ces déesses, qui veillent sur les crimes pour les punir, n'ont pas repoussé mon offrande ! Et c'est le tribunal qui juge les causes de meurtre avec l'attention la plus sévère, c'est l'Aréopage, voisin de leur sanctuaire, qui m'a élu sacrificateur ! (Ulpien). Voyez aussi Böckh, Ec. Pol. des Ath. liv. II, c. 12.

(52) Démosthène rapproche ici les époques, afin de rendre plus odieux son adversaire. Aristarque avait peut-être employé sa médiation entre ces deux ennemis, mais avant l'accusation qui fut dirigée contre lui. (Ulpien.)

(53) Tous les manusc., toutes les éditions donnent οὐδὲ ἄξιον θανάτου. Il y a ici une pensée forte, qu'Ulpien me semble seul avoir bien saisie. Mourir de la main du bourreau est, aux yeux de Midias, l'honneur le plus insigne. Mais cet honneur, il faut le mériter par des attentats qui attaquent à la fois toute une portion de la république. Paraphrase du scoliaste : Οἷον, ἄξιον γερῶν καὶ τιμῆς τοσαύτης ὡς θανάτου τυχεῖν. Il ne faut donc pas lire, avec P. Buttmann, οὐδὲ ἄξιον αὐτοῦ, ni οὐδὲ ἄξιον avec Buttmann fils et Schæfer.

(54) Argoura, ville d'Eubée dans le territoire de Chalcios. — Cratinos commandait l'infanterie dans la même expédition. Il avait été général de cavalerie, et il prit la défense des cavaliers accusés par Midias. (Ulpien). L'index de l'édit. Aldine donne Κρατίωνι, au lieu de Κρατίνῳ. D'après cela, le vrai nom ne serait-il pas Ἀρχετίωνι, et cet Athénien ne serait-il pas le même Archétion dont l'orateur parlera bientôt ? (Schæfer.)

(55) Ἐπ' ἀστράβης. Parmi les interprètes, les uns entendent, par cette expression, une mule, et même toute espèce de monture ; d'autres, fondés sur de nombreux témoignages de l'antiquité, entendent par là, comme Ulpien, une espèce de char, εἶδος ἁμάξης, dont ce dernier nous offre la description, ajoutant qu'il était particulièrement à l'usage des femmes, et qu'on le fabriquait chez les Eubéens. Enfin, plusieurs pensent que, chez les Athéniens, le mot ἀστράβη exprimait l'équipage complet, c'est-à-dire le char, la mule qui le traînait communément, ainsi que le harnais et les rênes. En supposant, d'ailleurs, comme il est vraisemblable, que tout le métal qui devait entrer dans la confection de cet équipage, fût d'argent, on trouvera bien rationnel et bien conforme au texte d'admettre, avec Ulpien et beaucoup d'autres, l'expression ἀργυρᾶς, au lieu de Ἀργούρας, qui se trouve dans quelques éditions suivies par Auger. Je ne fais que résumer les paroles d'Ulpien et l'excellente dissertation de Buttmann sur ce passage, dont le sens est vivement controversé. (M. Delalle.) Un manusc. de Bavière explique encore ἀστράβη par εἶδος καθέδρας, espèce de siége. Voyez les scol. suppl. de Dobson, t. X, pag. 325.

(56) Littéral : *sur lesquels les collecteurs du cinquan-*

tième firent une saisie. Toutes les marchandises de l'étranger entrant au Pirée étaient soumises au droit de cinquantième. Ulpien prétend que les armes entraient sans droit : à coup sûr, si le guerrier portait lui-même son armure, mais difficilement, si elles étaient introduites comme objet de commerce. (Böckh, Ec. pol. des Ath. liv. III, chap. 4.) J. Wolf : *quæ publicani pignerabant*. Jurin a corrigé cette erreur : *quæ publicani attinuerunt* (ἐπελαμβάνοντο), *nempe donec portorium solveretur*. Ceci semble rappeler une tentative de fraude, faite par Midias. Spalding adopte ce sens.

(57) Polyeucte était orateur. — Nous avons un discours de Démosthène contre Timocrate, à l'occasion d'un projet de loi que celui-ci avait proposé pour obtenir la mise en liberté des prisonniers pour dettes publiques, sous trois cautions agréées du peuple, et sous la condition de se libérer à une époque déterminée. — Il a déjà été question d'Euctémon.

(58) Pendant que l'accusateur expose les griefs, de loin et à la sourdine ils expriment leur improbation aux juges par un mouvement de tête qui donne à entendre que toutes ces charges sont fausses. Manœuvre sans péril. (Ulpien.)

(59) Selon Clavier (art. *Alcib*. Biog. Univ.), c'est par Dinomaque sa mère, fille de Mégaclès, qu'Alcibiade appartenait à la famille des Alcméonides. Les savants ont beaucoup travaillé à établir l'arbre généalogique d'Alcibiade, et à concilier ce passage de Démosthène avec l'autorité de Plutarque et d'Andocide. Paulmier pense que notre orateur, ayant écrit ce discours environ 55 ans après le premier exil d'Alcibiade, n'a pu ignorer les faits, mais que, par une ruse oratoire, il a confondu la généalogie du célèbre capitaine avec celle de son fils. Selon Taylor, Démosthène se trompait doublement, et Alcibiade n'appartenait pas plus à la famille des Alcméonides par son père qu'à la maison d'Hipponique par sa mère. Spalding combat ces autorités, et prétend que Démosthène n'était, sur ce point, ni trompé ni trompeur. Voyez la note 341 de Buttmann, et l'Apparat. de Schæfer, t. III, p. 432.

(60) Cet Athénien fut surpris avec une concubine d'Alcibiade (Ulpien). Sur toutes ces fautes d'Alcibiade, on peut consulter Plutarque et Cornélius Népos. Voyez aussi, mais avec méfiance, le discours que prononça contre lui Andocide, son ennemi politique.

(61) Ulpien se trompe évidemment lorsqu'il fait rapporter τίς ὢν à Alcibiade; et lorsqu'il paraphrase ainsi les mots suivants : « Par quel chorége, par quel peintre la colère de Midias a-t-elle été excitée? »

(62) « An rei militari? qui nunquam castra videris. An eloquentiæ? quæ nulla est in te : et, quidquid est vocis ac linguæ, omne in istum turpissimum calumniæ quæstum contulisti. » Crassus contre Marcus Brutus, dans Cicéron, *De Orat*. l. II.

(63) Allusion à l'Ion d'Euripide, ou peut-être, à l'Œdipe-Roi de Sophocle. (J. Wolf.)

(64) Sur cette avance, προεισφορά, voy. l'Introd. au Disc. contre la Loi de Leptine.

(65) C'était la deuxième forme de la triérarchie. L'un des deux triérarques montait le vaisseau; et son collègue le remplaçait au bout de six mois. — Τὰ ἀναλώματα πάντα. Lorsque Démosthène parle de *toute la dépense*, c'est uniquement par opposition avec la triérarchie par associations introduite plus tard. Du reste, de tout temps le Trésor avait fourni la solde, la nourriture de l'équipage, et le corps du vaisseau. (Böckh, Ec. Pol., etc, liv. IV, c. 12).

(66) De l'Ol. 103, 4, à la fin de l'Ol. 109, la triérarchie prit une troisième forme. Les douze cents citoyens dont le cens était le plus fort, furent divisés en sections de 15 ou 16 hommes, chargés d'un vaisseau. Le chef d'une section recevait un talent de chacun de ses membres, et exécutait ou faisait exécuter les travaux. Démosthène, ici, semble dire que les douze cents contribuaient à l'équipement d'un seul navire. C'est sans doute à dessein d'atténuer les services de Midias, comme le remarque Ulpien ; ou c'est que, parlant d'une chose fort connue de ses auditeurs, il juge inutile d'entrer dans tous les détails. Le triérarque était exempt des autres charges de l'État pendant tout le temps de sa triérarchie. Voy. l'Introd. au Disc. sur les Classes d'Armateurs.

(67) Reproche de tendance à la tyrannie. (Ulp.)

(68) M. Delalle : « L'expédition de l'Eubée fut l'occasion des premières offrandes faites à la république. » Cependant Plutarque parle d'une ἐπίδοσις antérieure à celle-là. Voy. la Vie d'Alcib. x. D'ailleurs, il faudrait, πρῶται, que Reiske propose sans autorité, et que Schæfer rejette. Le mot πρῶται, sans article, exprime seulement que les dons patriotiques sont les premiers dont l'orateur veut parler, les premiers qui avaient eu lieu depuis que lui et Midias étaient dans les affaires. C'est ainsi que ce passage a toujours été entendu. Auger, 1820, ne traduit pas πρῶται.

(69) Voy. Plut. *Phocion*, 13.

(70) Reiske et Taylor pensent que ce Nicias est le célèbre général de ce nom. Mais il est permis de croire, avec d'autres savants, que c'est un autre Athénien, un contemporain de notre orateur : les mots ταύτην τὴν στρατείαν, un peu plus bas, le font assez entendre. Voy. la huitième dissert. de Ph. Buttmann.

(71) Styres, en Eubée. (Ulp.) Étienne de Byrance l'écrit Στύρα, et non Στύραι. — *Des mines d'argent*. La république est à nouveau affermées à Midias. (Ulp.)

(72) Ce Pamphile, dont le bourg n'est pas désigné, est l'étranger domicilié dont Démosthène a parlé plus haut. (P. Buttm. et Schæfer.)

(73) Sur cette galère, et sur les trirèmes sacrées, voy. les notes de la 8ᵉ Philippique. L'État fournissait au frais de ces vaisseaux, et remettait les subsides aux trésoriers attachés à leur service, et dont la dignité était fort élevée.

(74) Dans la guerre Sociale, les Athéniens avaient décidé qu'on pillerait tous les vaisseaux marchands des ennemis qu'on rencontrerait. Midias pilla des navires de Cyzique, ville amie des Athéniens. Les négociants dépouillés accoururent à Athènes, et protestèrent au nom de l'alliance qui unissait les deux cités. Midias, à force de cris et d'intrigues, fit repousser leurs réclamations. De retour dans leur patrie, ils la détachèrent de la cause athénienne (Ulpien.)

(75) Voy., sur cette expédition, les notes du Disc. sur la Chersonèse.

(76) Τῆς μὲν Παράλου —, Ἵππαρχος δέ —· καὶ τῆς μὲ Παράλου —, ἱππαρχῶν τοίνυν. Midias, trésorier de la galère sacrée, Midias, général de cavalerie, voilà les deux faces sous lesquelles l'orateur envisage l'accusé. Mais, en reiterant cet examen, il le rend plus accablant, et se fait un jouet de son ennemi. Voilà ce qu'Auger appelle *une faute de copiste*. Au risque d'un peu d'étrangeté, j'ai cru devoir conserver à la phrase ἱππαρχῶν τοίνυν· τί οἴεσθε ταῦτα; τ. λ. son inversion, et sa construction brisée par la colère.

(77) L'âge des trois premiers archontes ne leur permettant pas toujours d'avoir une connaissance parfaite des lois, chacun d'eux pouvait se choisir à son gré deux citoyens capables de l'aider, et nommés pour cela Πάρεδροι, *assesseurs*. (Ulp. ; Pollux, l. VIII, c. 9, seg. 92; Harpocr. in Πάρεδρ.)

(78) Voy. ce qui a été dit sur ces doubles procès, au commencement de l'Introduct. à ce discours.

(79) Il était, à raison de cette dette, atteint de la dégradation civile, ἀτιμία, au second degré. — *Ce descendant de Butès* : ancien sacrificateur; de là, le nom des

Étéobutades, famille sacerdotale, consacrée particulièrement à Minerve. (Ulp. et Harpocr.)

(80) Cette pensée est déjà développée plus haut.

(81) Midias, par ces mots, Τοιοῦτοι γάρ ἐστε, ὦ ἄνδρες Ἀθηναῖοι, semble ne pas se reconnaître Athénien. — Ces représailles de la parole sont de la plus haute éloquence. Par cette espèce de réaction oratoire, M. de Châteaubriand renvoie à Napoléon les reproches qu'il avait adressés au gouvernement directorial. Voy. *De Bonap., des Bourbons*, etc.

(82) Démosthène attaque ici Eubule (Ulpien). Εὔβουλος est écrit en interligne dans un manuscrit. de Bekker. Sur cet ennemi politique de notre orateur, voyez Ruhnken, Hist. Or. Gr. §. 22.

(83) Aristophon, collecteur d'impôts, garda pour lui les dîmes de Minerve, avec lesquelles on devait consacrer des couronnes à cette déesse. Accusé par Eubule, il prévint le jugement en suspendant des couronnes dans le temple. (Ulpien.)

IV.
PLAIDOYER
CONTRE TIMOCRATE.

INTRODUCTION.

Lorsque les Athéniens étaient en guerre avec le roi de Perse, ils firent un décret qui enjoignait de prendre tous les vaisseaux ennemis, et d'en confisquer tous les effets au profit de Minerve et du Trésor. Mausole, satrape de Carie, époux et frère d'Artémise, ravageait et pillait les îles de son voisinage. Sur les plaintes qu'elles en portèrent aux Athéniens, ceux-ci lui députent Androtion, Mélanopos et Glaucète, pour se plaindre de ce qu'il maltraitait les Grecs, afin de complaire au roi de Perse. Les députés étaient sur un navire que commandaient Archébios et Lysithide. Ils rencontrent un vaisseau égyptien chargé de marchandises, ils le prennent et l'amènent au Pirée; mais, au lieu de remettre au temple de Minerve et au Trésor les deniers provenant de la cargaison, ils les retiennent pour eux-mêmes. Aristophon propose, dans un décret, de choisir des commissaires devant lesquels on devra dénoncer quiconque sera reconnu pour retenir de l'argent appartenant aux dieux ou au Trésor. Euctémon dénonce Archébios et Lysithide : la cause est portée devant le peuple. Androtion, Mélanopos et Glaucète déchargent les commandants du navire, et se reconnaissent saisis des fonds réclamés. Une loi ordonnait que quiconque aurait fait une pareille retenue pendant plus d'une année serait contraint de payer le double de sa somme au Trésor, et le décuple à Minerve; qu'on s'assurerait de sa personne, et qu'on le mettrait en prison jusqu'à ce qu'il eût payé. Timocrate, pour favoriser les députés, dit Démosthène, pour retarder le payement, pour empêcher qu'ils ne payent le décuple à la déesse et le double à l'État, et qu'ils ne soient emprisonnés, porte une loi par laquelle il permet au débiteur du Trésor, qui aura été condamné à la prison, ou qui y sera condamné par la suite, de fournir des répondants pour la somme qu'il doit à la république. On sera tenu de recevoir ces répondants, et le débiteur sera, en conséquence, garanti de la prison. Diodore, pour qui Démosthène composa ce discours la même année où il avait parlé contre Midias (Ol. CVI, 4 ; 353) accuse Timocrate comme auteur d'une loi contraire aux lois existantes et aux intérêts de l'État.

Nous ignorons le résultat de cette cause, qui pouvait entraîner contre Timocrate une forte amende, l'interdiction des droits civils et même l'exil. L'accusateur conclut plusieurs fois à la mort : hyperbole oratoire et passionnée dont on ne se refusait guère le plaisir dans un procès criminel quelconque.

Mettant à part les petites divisions, on distingue aisément trois grandes parties dans ce plaidoyer : 1° La loi de Timocrate est contraire à la législation existante; 2° Elle est nuisible à l'État; 3° Réfutation anticipée de plusieurs objections que présentera l'accusé. La première partie, pleine de méthode, est intéressante pour l'étude du droit attique. Les subdivisions annoncées dans la seconde sont mal observées. Il semble que l'entraînement de la passion fasse oublier à l'accusateur le plan qu'il s'était tracé : mais de là résultent quelques mouvements d'une grande beauté. La troisième partie, la plus animée, et non moins régulière que le commencement, est remarquable surtout par des inductions hardies et par d'éloquentes invectives contre Glaucète, Mélanopos, Timocrate, et surtout contre Androtion.

Il y a, en effet, une sorte de connexité entre le procès d'Androtion et celui-ci. L'accusateur est le même ; Androtion et Timocrate, collègues et peut-être complices, sont enveloppés dans les mêmes griefs. De là, vers la fin de ce discours, la répétition d'un long morceau déjà écrit pour le procès d'Androtion; de là, chez quelques anciens critiques, la citation fréquente de l'un de ces plaidoyers pour l'autre.

DISCOURS.

Le procès actuel, ô juges! ne pourrait être imputé par Timocrate qu'à Timocrate lui-même. Voulant frustrer le Trésor d'une amende considérable, (1) il a porté une loi qui attaque toute notre législation, loi funeste, loi injuste. La suite de ce discours vous montrera, l'un après l'autre, tous les désordres qui en naîtraient, si elle était confirmée; mais il est un point capital, qui intéresse vivement les tribunaux : je l'aborde à l'instant. Les sentences que, d'après votre serment, vous portez sur toutes les matières, la loi de l'accusé les casse, les met au néant. Serait-ce en vue de l'utilité publique? oh! non : les tribunaux, qu'elle désarme des peines pécuniaires fixées par le législateur contre les malversations, sont les soutiens de l'État. C'est afin que des hommes rapaces, qui, depuis longtemps, font curée de nos finances, des voleurs atteints et convaincus, ne soient pas forcés de rendre gorge! Au lieu de soutenir vos droits, il est d'autant plus commode de servir la cause de quelques particuliers, que Timocrate a reçu d'eux de l'argent, qu'il a touché d'avance le prix de sa loi, tandis que moi, votre défenseur, loin de recevoir de vous une obole, je me vois exposé à payer mille drachmes (2).

A entendre la plupart des orateurs qui traitent une affaire politique, l'objet de leurs discours est très-important et mérite toute votre attention. Si jamais un tel début fut une convenance, c'est aujourd'hui, c'est dans ma bouche. Que l'on me cite une chose qui, plus que les lois, fasse prospérer une république et y conserve la liberté démocratique. Or, vous avez à examiner s'il faut élever la loi de Timocrate sur les ruines de toute votre législation pénale, ou la briser pour le maintien des autres lois. Ainsi se résume la question sur laquelle vous allez prononcer. Ne vous demandez pas avec étonnement pourquoi, malgré la simplicité modeste de toute ma vie, je descends aujourd'hui dans l'arène des accusations publiques : quelques mots, qui ne sortiront pas de la cause, vont vous l'apprendre.

Athéniens, j'ai eu des démêlés avec un méchant, un homme haineux, détesté du ciel, qui a fini par se brouiller avec la ville entière : j'ai nommé Androtion (3). Il m'a fait beaucoup plus de mal qu'à Euctémon lui-même. Euctémon n'a été attaqué que dans sa fortune; et moi, si mon agresseur eût réussi, je subissais et la confiscation et la mort civile; la ressource de tout homme désespéré, le suicide m'était même impossible (4). Il m'a accusé d'un crime qu'un honnête homme n'ose nommer, d'avoir tué mon père; il m'a traîné devant les tribunaux comme parricide! Mais j'eus pour moi plus des quatre cinquièmes des voix; il fut condamné à l'amende, et l'innocent fut absous, grâce aux juges, grâce surtout aux Immortels. Dans l'homme inique qui m'avait exposé à un tel péril, je ne vis plus qu'un irréconciliable ennemi. Témoin des torts graves qu'il causait à la république entière comme percepteur, comme réparateur des vases sacrés, comme détenteur obstiné de sommes considérables appartenant à la Déesse, aux Éponymes, à la ville, je l'ai attaqué de concert avec Euctémon, croyant le moment favorable et à mon patriotisme, et à ma vengeance personnelle. Puissé-je obtenir l'objet de mes vœux! Puisse-t-il subir la peine qu'il a méritée!

L'affaire n'était plus litigieuse : le Conseil avait d'abord condamné; le peuple avait employé un jour entier à cet examen; deux tribunaux réunis, au nombre de mille et un juges, avaient prononcé; tout subterfuge était enlevé aux détenteurs. Foulant aux pieds tous ces obstacles, Timocrate porte une loi par laquelle il dépouille le trésor des Dieux, le trésor de l'État, casse les décisions du Conseil, du peuple, des tribunaux, et assure l'impunité à tout spoliateur de la fortune publique. Pour déjouer toute cette manœuvre, un seul moyen s'offre à nous, c'est de faire annuler la loi en l'attaquant, en la traduisant devant vous. Exposons rapidement les faits dès l'origine, pour vous aider à suivre l'auteur de cette loi dans toutes ses prévarications.

Aristophon avait proposé par un décret de former une commission d'enquête à laquelle on devait dénoncer celui qu'on saurait retenir l'argent des Dieux ou de la république. Plus tard, Euctémon accuse deux commandants de navire, Archébios et Lysithide, de garder une somme de neuf talents trente mines, prise sur un vaisseau de Naucratis (5). Il se présente au Conseil; un projet de décret est rédigé. Le peuple s'assemble, et vote sur la prise en considération. Euctémon se lève; entre autres choses, il dit : Un vaisseau a été capturé par la trirème que montaient Mélanopos, Glaucète et Androtion, députés vers Mausole : les hommes à qui l'argent du navire appartenait, ont présenté requête; vous avez décidé que ces fonds étaient de bonne prise. Il rappelle ces détails, fait lire les lois qui, d'après ces circonstances adjugent l'argent au Trésor. Vous approuviez tous. Soudain s'élancent Androtion, Glaucète, Mélanopos (cela est-il vrai?); ils crient, s'emportent, invectivent, déchargent les commandants de la trirème : « C'est nous qui avons l'argent! c'est à nous qu'il faut le demander! » Ces paroles entendues, et le tumulte apaisé, Euctémon présente la motion la plus équitable : vous deviez faire payer les triérarques, sauf le recours de ceux-ci contre les députés; en cas de contestation, on entendrait les deux parties, et la partie perdant serait obligée à restitution. On attaque son décret; il est soumis à votre examen. Bref, sa légalité est reconnue par une sentence d'acquittement. Que restait-il à faire? verser les fonds au Trésor et punir les détenteurs : il n'était nullement besoin de loi.

Jusque-là, Timocrate est innocent; mais ensuite, il a assumé la responsabilité des premiers délits, et c'est de sa main que vous verrez partir tous les coups. Exécuteur gagé des artificieuses fourberies des coupables, il s'est chargé de toute cette œuvre d'iniquité : la preuve en sera claire. Il faut rappeler d'abord le moment où il a porté sa loi : cette date montre qu'il vous a joués jusqu'à l'outrage. C'était le mois de scirophorion (6), temps où les députés, accusés par Euctémon, furent condamnés. Ils salariaient Timocrate, et, résolus à ne pas vous satisfaire, ils font dire dans les lieux publics, par quelques menteurs, qu'ils sont prêts à payer simple la somme réclamée, mais qu'ils ne peuvent doubler le remboursement. C'était un piége, une manœuvre dérisoire pour que la loi passât inaperçue. J'en atteste les faits. A cette époque ils ne vous payèrent pas même une drachme, et ils infirmèrent plusieurs lois en vigueur par une seule, par la plus honteuse, la plus coupable de vos lois.

Mais, avant d'aborder la loi que j'attaque, présentons quelques détails sur les règles législatives des accusations de ce genre. Ce court préambule vous donnera l'intelligence de ce qui doit suivre.

Votre législation, ô Athéniens! trace nettement toutes les formalités à observer dans la confection d'une loi nouvelle. Elle fixe d'abord l'époque où l'on s'en occupera. Laisse-t-elle ensuite liberté d'agir comme on veut? non : elle ordonne de transcrire la proposition, et de l'afficher sur les statues des Éponymes (7) : là le public l'examinera. Elle exige, en outre, que la loi nouvelle embrasse tous les citoyens, et qu'on fasse abolir celles qui lui sont contraires. Il est d'autres prescriptions, dont l'exposé serait inutile. L'omission d'une seule formalité peut être poursuivie par le premier venu. Si Timocrate ne les avait pas toutes méconnues et violées en portant sa loi, l'accusation se réduirait à un seul chef; mais elle est complexe, et il faut passer d'un grief à l'autre. Je montrerai d'abord qu'il a prévariqué par l'inobservation de toutes les formes légales ; puis je passerai aux autres articles, selon qu'on voudra m'entendre. — Prends les lois, et fais-en lecture : on verra l'entière désobéissance de Timocrate. Juges, soyez attentifs à la lecture des lois (8).

De l'Établissement des Lois.

Le 11 de la première prytanie (9), le peuple assemblé, après les prières prononcées par le héraut, on s'occupera des lois à établir concernant d'abord le Conseil, ensuite la Nation, puis les neuf Archontes, enfin les autres magistrats. On écoutera, avant tous, ceux qui croient la législation sur le Conseil suffisante; en second lieu, les orateurs de l'opinion contraire. Même ordre pour les lois concernant la Nation.

Toute loi sera votée d'après les règles fixées par la constitution.

Si quelque loi paraît devoir être révoquée, les prytanes en exercice renverront l'affaire à la dernière des trois assemblées (10). Les proèdres seront obligés, aussitôt après les sacrifices, de faire un rapport sur le choix des nomothètes, sur les lois qui leur seront soumises, sur leurs honoraires.

Les nomothètes seront pris parmi les magistrats qui ont prêté le serment des héliastes.

Les prytanes qui n'indiqueront pas une assemblée, les proèdres qui ne feront pas leur rapport, conformément aux dispositions précédentes, payeront, les premiers mille drachmes, les seconds quarante, au profit de la déesse Minerve. Ils seront cités devant les thesmothètes, dans la même forme que les magistrats débiteurs du Trésor. Les thesmothètes les traduiront devant le tribunal compétent, sous peine, s'ils y manquent, de ne point passer dans l'Aréopage, comme s'opposant à l'amélioration des lois.

Tout Athénien qui voudra porter des lois, les fera transcrire et afficher aux statues des Éponymes avant la tenue de l'assemblée, afin que le Peuple décide, d'après le nombre des propositions affichées (11), du temps qu'on accordera aux nomothètes.

L'auteur d'une loi nouvelle la transcrira sur un tableau blanc, et l'affichera tous les jours aux statues des Dix Héros jusqu'à ce que le Peuple s'assemble.

Le 11 du mois hécatombæon, le Peuple choisira, parmi tous les Athéniens, cinq orateurs chargés de la défense des lois dont l'abrogation sera demandée aux nomothètes.

Cette législation, ô juges! est ancienne : l'expérience vous en a souvent montré l'utilité, et jamais la sagesse n'en a été contestée. C'est que la violence, l'arbitraire, le privilége en sont exclus : éminemment démocratique, c'est le bien de tous qu'elle prescrit. D'abord, elle vous soumet cette question : Y a-t-il lieu de porter une loi nouvelle? les lois établies semblent-elles suffisantes? Ensuite, la proposition prise en considétion ne deviendra pas soudain obligatoire : elle est ajournée à la troisième assemblée. Alors la loi sera-t-elle portée? pas encore : on discutera l'époque et l'objet de la prochaine session des nomothètes. Dans l'intervalle, les auteurs de la motion l'exposeront aux yeux du public, afin que tout venant l'examine, et que, s'il la trouve nuisible, il le dise et se prépare à l'attaquer. Eh bien ! de toutes ces formalités, pas une n'a été remplie par Timocrate. Pour sa loi, nulle affiche, nulle liberté de la lire et de la repousser, nul délai légal observé. Le 11 de hécatombœon, le peuple assemblé prend les décisions préalables ; dès le lendemain, 12, l'accusé porte sa loi : c'était aux fêtes de Kronos (12), jour de vacance pour le Conseil. Par ses intrigues, ourdies avec vos secrets ennemis, les nomothètes siégeaient alors, en vertu d'un décret, sous prétexte des Panathénées. Je demande la lecture du décret qu'on fit passer : vous verrez que tout ici fut concerté, calculé. — Prends le décret, et lis.

Décret.

La tribu Pandionide présidant, le 11 de la première prytanie, Épicrate a dit :
Afin qu'il soit suffisamment pourvu aux sacrifices, aux dépenses et à l'ordonnance entière des Panathénées, les prytanes de la tribu Pandionide feront siéger demain les nomothètes; ceux-ci, au nombre de mille et un, seront tous assermentés. Le Conseil prendra part à leurs travaux.

Vous avez remarqué, pendant cette lecture, avec quel artifice l'auteur du décret met en avant les soins urgents d'une solennité, supprime les délais prescrits, et ordonne de son chef pour le lendemain un travail de législation; non, par Jupiter ! afin que tout fût bien réglé pour des fêtes dont les préparatifs étaient complétement terminés, mais pour faire passer sans opposition, pour sanctionner par surprise la loi que nous combattons aujourd'hui. En voici la preuve. Les nomothètes assemblés, aucune motion bonne ou mauvaise ne fut présentée sur les objets annoncés, sur les dépenses et les préparatifs des Panathénées. Timocrate seul, tout à son aise, en apporte une sur des matières non prévues par le décret et interdites par les lois : il espérait voir substituer le délai désigné dans celui-ci, aux époques prescrites par celles-là. Dans un jour saint et solennel, où le législateur défend tout débat public ou privé, toute discussion étrangère à la fête, il a, sans crainte aucune, attaqué, non un citoyen, mais la république entière. Connaissant les lois dont vous venez d'entendre la lecture, sachant que le législateur défend qu'un décret, même légal, prévale sur la loi, a-t-il pu sans crime rédiger et porter une loi en vertu d'un décret dont il voyait toute l'illégalité? Malheureuse Athènes ! pendant la célébration de tes fêtes, tu garantis chacun de nous de toute insulte, et tu n'as pas été à l'abri des coups de Timocrate ! et, dans un jour consacré, il t'a porté les plus cruelles blessures ! Est-il, contre la patrie, un crime plus grand que de briser les lois qui la gouvernent?

Timocrate a donc violé toutes les prescriptions légales : ce qui précède l'a démontré. Coupable par l'inobservation des délais, par la suppression totale des moyens de laisser le peuple examiner et méditer sa motion, par la violation d'une fête, il l'est encore par l'opposition qui existe entre sa loi et notre législation. Vous en serez à l'instant convaincus. — Prends et lis une première loi qui défend expressément de porter une loi en contradiction avec les autres, et qui ordonne d'en accuser l'auteur.

Loi.

Aucune loi reçue ne pourra être abolie que par le ministère des nomothètes. Tout Athénien qui demandera l'abrogation présentera une autre loi. Les proèdres consulteront le Peuple d'abord sur cette question : L'ancienne loi est-elle utile ou non? ensuite, sur l'opportunité de la loi nouvelle. Pour que l'une des deux reste ou devienne obligatoire, il faut l'approbation des nomothètes (13).
Il n'est pas permis de porter une loi contraire à quelqu'une des lois reçues. Quiconque abrogera une loi par une autre qui ne sera pas utile au peuple d'Athènes ; quiconque, par une motion, attaquera quelque partie de la législation, sera accusé en vertu de la loi établie contre les auteurs de propositions nuisibles.

Vous venez d'entendre la loi. Dans toute notre législation si sage, je n'en vois pas une plus digne d'éloges. Remarquez combien elle est juste et populaire. Comme condition de l'adoption d'une loi nouvelle, elle exige l'abrogation préalable de celle qui lui est contraire. Pourquoi? afin que vos arrêts soient aussi fondés en droit que scrupuleusement religieux. Supposez l'existence de deux lois contradictoires : deux plaideurs comparaissent devant vous dans un procès politique ou privé; l'un et l'autre appuie ses prétentions sur une loi différente. Que ferez-vous? vous ne pouvez donner gain de cause à tous deux ; même à un seul, en conscience, car votre sentence violerait nécessairement une loi en vigueur. Telle est la première précaution qui a dirigé le législateur. Il a voulu, de plus, vous constituer gardiens des lois ; car il savait par combien de ruses on peut déjouer les autres garanties qu'il leur a données. On peut engager au silence les syndics que vous nommez (14). Il ordonne l'affiche, pour la notoriété publique : mais ceux qui seraient disposés à attaquer la proposition ne la liraient peut-être pas s'ils n'étaient prévenus de ses vices, et les autres pourraient la lire sans attention. — Par Jupiter! on peut en attaquer l'auteur, comme tu fais maintenant. — Oui, mais si l'on écarte l'accusateur, voilà le peuple trompé. Quelle est donc, pour les lois, la seule sauvegarde incorruptible, inébranlable? c'est vous, Peuple. Qui vous ravira le droit de prendre les meilleures décisions, de faire les meilleurs choix? Qui pourra vous écarter, vous corrompre, vous gagner à mettre une loi mauvaise à la place d'une bonne? Pour toutes ces considérations, le législateur va au-devant des prévaricateurs, les arrête et leur barre le chemin. Tous ces règlements si justes, si sages, Timocrate les a effacés, anéantis autant qu'il le pouvait: sa loi est en lutte avec la presque totalité des formes prescrites. A-t-il fait lire et supprimer la loi ancienne? vous a-t-il donné le choix? non; il a manqué à tous ses devoirs.

Ainsi, auteur d'une loi subversive de notre législation, Timocrate s'est placé sous le coup d'une accusation grave: vous l'avez tous compris. Mais quelle est cette loi? quelle est cette législation? On va vous lire la première; les décisions de l'autre seront citées ensuite. — Lis.

Loi.

La tribu Pandionide présidant, le douze de la première prytanie, Timocrate a dit:
Si un débiteur du Trésor a été condamné à la prison en vertu d'une loi ou d'un décret, s'il y est condamné par la suite, lui-même ou un tiers à sa place pourra fournir caution. La caution, engagée pour la dette, sera reçue par le Peuple, à la requête faite d'office par les proèdres, lorsque celui qui a présenté les répondants se présentera. Si celui qui a présenté les répondants paye la dette, il y aura grâce de l'emprisonnement. Mais si, à la neuvième prytanie, lui et ses répondants n'ont rien payé, le cautionné ira en prison, et les biens de la caution seront confisqués. Quant aux fermiers des impôts, aux collecteurs et à leurs répondants, quant à ceux qui prennent à bail un immeuble de l'État, et à leurs répondants, la république aura action contre eux, conformément aux lois. Quiconque sera condamné à une amende pendant la neuvième prytanie, s'acquittera, au plus tard, à la neuvième ou dixième prytanie de l'année suivante.

Vous avez entendu. Retenez bien d'abord cet article: *Si un débiteur du Trésor a été condamné à la prison, s'il y est condamné par la suite.* Souvenez-vous aussi que Timocrate exclut du bénéfice de sa loi les fermiers des impôts et des immeubles publics, avec leurs répondants. Dans cette loi, hostile à notre législation entière, c'est là surtout qu'éclate l'opposition (15). Vous le reconnaîtrez à la lecture des lois anciennes. — Lis.

Loi.

Dioclès a dit:
Les lois portées avant Euclide (16) dans la démocratie, celles portées sous Euclide, et qu'on a inscrites, sont obligatoires. Celles portées depuis Euclide, et qui le seront à l'avenir, deviendront obligatoires du jour où chacune d[e] les aura été adoptée. Sont exceptées les lois pour l[es]quelles on aura indiqué une époque postérieure. En t[ête] des lois reçues, le greffier du Conseil écrira ces m[ots,] *Dans trente jours.* Par la suite, il notera sur chaque l[oi] qu'elle est exécutoire du jour où elle a été portée.

A toutes nos bonnes lois, ô juges! celle qu['on] vient de lire semble imprimer une sanction e[t] la stabilité. Elle veut que chaque loi ait force d[u] jour de son adoption, hormis celles pour le[s]quelles un délai sera prescrit. Pourquoi? par[ce] qu'on avait mis en tête de plusieurs: *La présente loi ne sera exécutoire qu'après l'archontat actuel.* Plus tard, un citoyen rédige la l[oi] citée tout à l'heure: il trouve injuste de fai[re] remonter au jour de leur confection la validi[té] des lois dont l'exécution était ajournée, d'antici]per sur la date exigée par leur auteur.

Avec cette décision confrontez la décision contraire. L'une dit: « A l'époque spécialement fix[ée,] ou dès le jour de sa confection, la loi sera exéc[u]toire. » L'autre, s'adressant au passé: « Si quelqu'un a été condamné. » Et quel passé? depuis quel archonte? ici, point de limites. La loi est rétroactive indéfiniment, bien avant qu'on la vît naît[re,] avant la génération actuelle; elle embrasse l[e] passé tout entier. Toutefois, ô Timocrate! tu d[e]vais ou ne pas rédiger une pareille loi, ou fai[re] abolir l'autre; tu devais t'abstenir de tout boul[e]verser pour parvenir à tes fins.

Qu'on lise une autre loi

Loi.

On ne pourra rendre les droits civils aux interdits, [ni] remettre la peine et la dette, ou changer l'ordre du pa[ye]ment en faveur des débiteurs des Dieux ou du Trésor, [si] au moins six mille Athéniens n'ont préalablement approu[vé] cette immunité au scrutin secret. Alors même, on ne pourra traiter qu'à des conditions admises par le Cons[eil] et par le Peuple.

D'après cette décision, la réintégration, l[a] libération des débiteurs publics, des modifications de payement sont proscrites si une exception n'est pas établie par six mille suffra[ges] au moins. Mais Timocrate élève la voix: Q[ue] tout débiteur de l'État condamné à l'emprisonnement soit libre sous caution! il n'y a ni proposition d'acquittement, ni permission de la fai[re;] mais qu'importe? Et cependant, la permissi[on] obtenue, la loi ne laisse rien à l'arbitraire, le Conseil et le Peuple régleront les opérations. C'est p[eu] pour l'accusé de faire une proposition non autorisée, de trancher la question par sa loi; il ne so[u]met rien au Conseil, rien au Peuple; clandestinement (17), un jour férié au Conseil, férié chez tous les citoyens, il escamote une adoption. Tu connais[-] sais, ô Timocrate! la loi qu'on vient de lire; voulais-tu donc agir avec justice? tu devais d'abo[rd] obtenir une audience du Conseil, conférer ensuite avec le Peuple, et, avec le consentement d'Athènes entière, proposer et porter ta loi, mais toujours en observant les délais prescrits. Ainsi faisant, ta motion fût-elle attaquée comme nuisible, tu aurais paru trompé, mais non trompeur. Loin de là, d'une main furtive tu as jeté soudain cette loi dans notre législation; c'était t'enlever à toi-même toute indulgence. Car on excuse l'erreur involontaire, jamais la fraude méditée comme celle dont tu es convaincu.

Je reviendrai bientôt sur cette observation. Qu'on lise la loi suivante.

Loi

« Si quelqu'un supplie le Conseil ou le Peuple au sujet d'une amende à laquelle il aura été condamné par un tribunal, par le Peuple ou par le Conseil, s'il supplie avant de s'être acquitté, il sera poursuivi dans la même forme qu'un débiteur public siégeant parmi les héliastes. Tout autre qui présenterait, pour lui, la requête avant l'acquittement, subira la confiscation. Tout proèdre qui l'accueillerait des mains du condamné ou d'un tiers, également avant l'acquittement, sera interdit. »

Ce serait une tâche pénible, ô juges! de discuter toutes les lois violées par Timocrate; mais, s'il en est une dont les motifs doivent être exposés, c'est celle-ci. Son auteur, Athéniens, connaissait votre humanité, votre douceur; il savait que, par là, depuis longtemps, vous vous étiez souvent fait des torts graves. Voulant donc trancher dans sa racine un mal public, il a ôté même la prière, même la supplication du malheur à l'homme qui, condamné par les tribunaux en vertu de la loi, n'a plus de droits à vos bontés. Il défend sans restriction, à lui et à tout autre, de recourir en grâce; il veut une satisfaction et le silence. Si on vous demandait à quoi vous aimeriez mieux céder, à une prière ou à un ordre, vous diriez sans doute que c'est à une prière; l'un est le propre de la bonté, l'autre de la peur. Or, toute loi ordonne, tout solliciteur prie. Quoi! ce qu'il est défendu de demander avec supplications, pourra être ordonné par une loi! vous ne voulez pas qu'on vous demande grâce, et on vous arrachera ce qu'on désire! — Continue de lire.

Loi

Pour tout procès en reddition de comptes ou autre, pour tout débat public ou privé, vidé devant un tribunal ou par une sentence populaire, l'action sera éteinte. Aucun archonte n'autorisera une poursuite dans les cas interdits par la loi.

Par une décision contraire, Timocrate semble avoir inscrit au front de sa loi ce témoignage de son propre délit. Le législateur dit: « Dès qu'un tribunal a prononcé, l'action est éteinte. » Que dit Timocrate? « Le citoyen condamné en vertu d'une loi ou d'un décret peut renouveler la procédure devant le Peuple, faire casser la sentence, et, s'il est débiteur de l'État, fournir des garants. » Le premier défend à l'archonte d'autoriser une nouvelle instance; les proèdres, suivant le second, admettront d'office les répondants; il ajoute même: « quand on voudra les présenter. »

— Lis une autre loi.

Loi

Tout jugement, tout arbitrage prononcé, conformément aux lois, pendant la démocratie, recevra son exécution.

Non pas! dis Timocrate, non pas pour les condamnés à la prison. — Continue.

Tout acte des Trente, toute sentence en matière politique ou privée rendue par eux, sont annulés.

Assez! — Répondez, vous tous qui m'écoutez: quel serait l'événement le plus funeste, le plus énergiquement repoussé par vos vœux? N'est-ce pas le retour du gouvernement des Trente? C'est, je pense, dans cette appréhension que la loi a mis tous leurs actes au néant. Or, l'accusé juge les faits de la démocratie aussi inconstitutionnels que vous ceux de la tyrannie, puisqu'il les infirme tous également. Mais que dirons-nous, ô Athéniens! si nous sanctionnons sa loi? que les tribunaux d'un peuple souverain, remplis de juges liés par un serment, se souillent des mêmes iniquités que ceux des Trente? mot révoltant! Que leurs arrêts sont justes? Quel motif donnerons-nous donc à l'adoption d'une loi qui les brise? la folie, peut-être? impossible, en effet, d'en alléguer un autre!

— Lis encore.

Loi

Défense est faite de porter, pour un particulier, une loi qui ne s'appliquerait pas à tous les Athéniens. Elle devra être approuvée de six mille citoyens au moins, votant au scrutin.

Ainsi, tout privilège est interdit par cette belle et populaire décision. Participant à tous les avantages de la démocratie, chaque citoyen doit aussi avoir sa part dans la loi. Or, pour qui cet homme a-t-il porté la sienne? vous le savez aussi bien que moi-même. Il y a plus: lui-même avoue que c'est une loi d'exception, puisque, d'après le texte, les fermiers des impôts et des immeubles de l'État en sont exclus avec leurs cautions. Oui, Timocrate, ta loi, ainsi restreinte, établit un privilège. Tu n'oserais dire que, parmi tous les condamnés à la prison, les fermiers publics étant les plus coupables, ont dû seuls subir cette exclusion. Bien plus criminel est le traître à la patrie, le fils dénaturé, le citoyen qui sans avoir les mains pures, entre dans l'assemblée du peuple. Nos lois les envoient tous en prison, la tienne brise leurs fers. Par là tu nous annonces les prédilections de son auteur. Si ta sollicitude ne s'est point étendue sur les fermiers publics, c'est que tes seuls protégés étaient les fripons, ou plutôt les pillards, débiteurs du Trésor.

Que de sages lois on pourrait montrer encore, auxquelles la loi de Timocrate est contraire! Si je les citais toutes, je n'aurais peut-être plus le loisir de montrer combien celle-ci serait funeste; d'ailleurs, ne fût-elle hostile qu'à une seule loi existante, elle serait encore attaquable. Laissons donc les autres parties de notre législation; ne présentons plus qu'une loi, ouvrage de l'accusé, et passons ensuite au mal que ferait à la république la confirmation de sa loi actuelle.

Opposer sa loi à la loi portée par autrui, c'est un crime, mais ce crime n'est dénoncé que par un tiers. Contredire sa propre loi, c'est s'accuser soi-même. Telle est la position de Timocrate : écoutez la loi dont il est l'auteur. Le greffier lira, je me tairai. — Lis.

Loi.

Timocrate a dit :
Tout Athénien qui, dénoncé au Conseil, est ou pourrait être mis en prison, et dont la condamnation n'aura pas été remise aux thesmothètes par le greffier de la prytanie, conformément à la loi sur les dénonciations, comparaîtra devant les juges, à la diligence des Onze, dans les trente jours à dater de celui de l'emprisonnement, s'il n'y a pas empêchement pour affaire publique; sinon, le plus tôt possible. Tout citoyen non interdit pourra accuser les détenus. Si leur culpabilité est reconnue, le tribunal les condamnera à une peine afflictive ou pécuniaire. Si la punition est une amende, qu'ils restent en prison jusqu'à ce qu'ils aient payé le montant de la condamnation.

Juges, l'entendez-vous? — Relis ces derniers mots :

Si la punition est une amende, qu'ils restent en prison jusqu'à ce qu'ils aient payé.....

Assez! — Est-il possible de prononcer deux décisions plus contradictoires? Garder les condamnés en prison jusqu'à leur acquittement, et les rendre libres sous caution! Ici, c'est Timocrate qui accuse Timocrate; ce n'est plus Diodore, ni aucun autre de toute cette foule de citoyens. Il est défendu de contredire les lois des autres : est-il donc un ignoble salaire, un bénéfice sordide qui répugne à quiconque combat sa propre loi? A mes yeux, une pareille effronterie est capable de tous les attentats. Les lois portées contre d'autres méfaits, ô Athéniens! ordonnent de punir sans information le prévenu qui s'avoue coupable : convaincu d'attentat contre la législation, que Timocrate, sans être entendu, soit condamné; car, dans l'une ou dans l'autre de ses deux motions opposées, il s'avoue coupable.

Je crois avoir démontré que Timocrate est en lutte avec sa propre loi, avec celles que j'ai fait lire, et peu s'en faut, avec toute la législation d'Athènes. Je me demande avec étonnement ce qu'il osera répondre. Prouvera-t-il que cette contradiction n'existe pas? Impossible! Qu'étranger aux affaires, il s'est trompé par ignorance? Depuis longtemps il fait de ses motions métier et marchandise. Demandera-t-il pardon, en avouant son crime? Mais il n'a pas porté sa loi malgré lui, ni pour des malheureux, des parents, des amis; c'est la récompense volontaire de quelques grands coupables qui ne lui sont rien; à moins qu'il ne dise, J'ai pour parents tous ceux qui me payent!

Tâchons maintenant de montrer le caractère nuisible et pernicieux de sa loi. Vous conviendrez tous, je pense, que, pour être bonne et utile à tous, une loi doit d'abord s'énoncer simplement et avec cette clarté qui exclut les interprétations opposées. En second lieu, ses prescriptions seront possibles : ordonne-t-elle en termes pompeux des choses inexécutables? elle est l'œuvre d'un rêveur, non d'un législateur. Enfin, elle ne paraîtra point favoriser les coupables. Si la douceur des lois est de l'essence de la démocratie, qui doit-elle épargner? cherchez bien, et vous répondrez : Les accusés, non les coupables convaincus. Qui sait si les premiers ne sont pas victimes de la calomnie? Qui laisserait les seconds protester de leur innocence? Rien de semblable dans la loi de Timocrate; elle offre même tous les caractères opposés à ceux que je viens de parcourir. Ici abondent les preuves de toute espèce : la plus forte consiste à discuter tous les articles. A côté d'une décision mauvaise, vous n'en trouverez pas une bonne; la loi entière, depuis la première syllabe jusqu'à la dernière, est contre vous.

Prends le texte, et lis le premier article : moyen le plus facile, pour moi, d'exposer mes preuves; pour vous, de les saisir.

Loi.

La tribu Pandionide présidant, le 12 de la première prytanie, Aristoclès de Myrrhinonte, proèdre, recueillant les suffrages (18), Timocrate a dit :
Si un débiteur du Trésor a été condamné à la prison en vertu d'une loi ou d'un décret, s'il y est condamné par la suite, lui-même ou un tiers à sa place pourra fournir caution.

Arrête. Tu continueras tout à l'heure. — Cette disposition, ô juges! est à peu près la plus coupable de toutes. Nul n'avait été assez audacieux pour offrir à ses concitoyens une loi où il tenterait d'annuler des jugements portés d'après des lois en vigueur. Eh bien! Timocrate l'a fait; il l'a fait avec impudeur et le front haut, quand il a employé ces termes formels : *Si un débiteur du Trésor a été condamné à la prison en vertu d'une loi ou d'un décret, s'il y est condamné par la suite.* S'il s'était adressé seulement à l'avenir, si sa motion eût été juste, il était innocent; mais, sur des arrêts définitifs émanés des tribunaux, porter une loi qui les brise, n'est-ce pas un grand crime? N'est-ce pas comme si, laissant subsister cette loi (19), on portait cette autre : *Si des débiteurs du Trésor, condamnés à la prison, donnent des répondants, d'après la loi de Timocrate, la garantie ne sera pas admise, et ne sera plus possible désormais?* Cette lutte, que nul homme sensé n'oserait ouvrir, tu l'as engagée criminellement. Si tu croyais à la justice de ta loi, c'est à l'avenir qu'il fallait l'appliquer, au lieu de confondre et de soumettre à une commune décision l'avenir et le passé, des faits éventuels et des faits authentiques. Quoi! il ne serait pas injuste de frapper indistinctement avec la même loi le criminel d'État atteint et convaicu, et l'homme dont on ne sait pas encore si sa conduite l'amènera devant les tribunaux (20)!

Voulez-vous une nouvelle preuve du crime qu'a commis Timocrate avec sa loi rétroactive? examinez en quoi une législation oligarchique diffère de la nôtre, et pourquoi les citoyens qui veulent être gouvernés par les lois sont regardés comme sages, libres, vertueux, tandis que les partisans de l'oligarchie sont réputés lâches et esclaves. En voici la vraie cause, bien facile à trouver. Dans une oligarchie, chacun est maître de renverser les règles établies, de statuer sur l'avenir à son gré; mais, sous l'empire des lois (21), l'avenir seul est réglé, et il l'est par tous les citoyens persuadés que la loi sera utile dans la pratique. Législateur chez un peuple souverain, Timocrate transporte dans sa loi l'arbitraire du pouvoir oligarchique, et il s'arroge pour le passé une autorité supérieure à celle de la chose jugée. Sa témérité va plus loin : A l'avenir, ajoute-t-il, tout condamné à la prison sera libre, en fournissant caution pour le payement de sa dette. Toutefois, si la prison lui semblait trop dure, il devait statuer que quiconque fournirait des garants n'y serait point condamné, et non attendre une condamnation prononcée par vous, et, par suite, le ressentiment de l'accusé pour l'autoriser à se faire cautionner. Loin de là, il semble vous dire dans sa loi : Mettez un citoyen aux fers; ces fers, je les briserai! Jugez-vous donc utile à la république une loi qui s'élèvera au-dessus des arrêts de la justice, qui ordonnera à des hommes, libres de tout serment, de détruire les sentences rendues au nom des Dieux? Moi, je ne le pense pas. Eh bien! Si notre démocratie vous est chère, si vous êtes convaincus que vos décisions, consacrées par le serment, doivent être souveraines, brisez cette loi funeste, et refusez lui votre sanction.

Ce n'est pas assez pour Timocrate d'annuler les peines pécuniaires prononcées par les tribunaux : ses décisions sur les débiteurs de l'État sont rédigées avec une duplicité, une fourberie qui dénotent au plus haut point l'intention de vous prendre au piége. Examinez cet énoncé : *Si un débiteur du Trésor a été condamné à la prison, en vertu d'une loi ou d'un décret, s'il y est condamné par la suite, lui-même ou un tiers à sa place pourra fournir caution. La caution, engagée pour la dette, sera reçue par le Peuple.* Vous voyez par quel subtil détour, de la condamnation d'un tribunal, il arrive, où? au Peuple, et comme il escamote aux Onze leur prisonnier. En effet, qui livrera d'office le coupable à ces magistrats? parmi ceux-ci qui le saisira? La nouvelle loi l'autorise à présenter au Peuple des répondants; il est impossible de convoquer pour le même jour le Peuple et les tribunaux (22); enfin, Timocrate n'ordonne nulle part de garder à vue le débiteur, jusqu'à ce que la caution soit fournie. Cependant, pourquoi a-t-il hésité d'écrire clairement dans sa loi : Un magistrat fera garder à vue le débiteur, tant qu'il n'aura pas offert ses garanties? Cela ne serait-il pas juste? certes, nul n'en disconviendra. Serait-ce contraire à quelque loi? Eh! rien n'est plus légal. Quel est donc le motif? le voici, n'en cherchez pas d'autre : dérober les condamnés aux coups de votre justice.

Qu'a-t-il écrit ensuite dans sa loi? La caution du débiteur s'engagera à payer *l'argent qu'il doit*. Ici, il frustre les trésors des temples (23) du décuple, et la caisse de l'État du double, fixés par les lois. Comment cela? au mot *amende* il substitue le mot *argent*; il écrit, *qu'il doit*, au lieu de *qui est imposée.* Où est la différence? S'il eût écrit : *La caution s'engagera à payer l'amende imposée*, sa loi embrasserait celles qui décuplent des dettes et en doublent d'autres. De là, nécessité pour le débiteur de solder, outre la dette relatée dans la loi, toutes les amendes légales. Au contraire, en disant, La caution autorisée s'engagera à payer *la somme due*, Timocrate rabaisse le taux à celui des actes d'accusation, en vertu desquels il y a eu comparution devant les juges, et qui, tous, ne mentionnent que la dette simple.

Après ce vol énorme fait à l'État par le changement de quelques mots, l'accusé ajoute : *La caution sera reçue à la requête faite d'office par les proèdres, lorsque le débiteur voudra la four-*

nir. Dans toute sa loi, il se fait un devoir de sauver le coupable condamné par vous. En effet, lui permettre de fournir caution quand il voudra, c'est le délivrer à la fois et de sa dette et de la prison. Qui ne trouvera pas de mauvaises cautions? Tandis que vous les rejetterez, le débiteur échappera. Demandera-t-on sa réclusion, parce qu'il ne sera pas cautionné? il dira : J'ai offert des répondants, j'en offrirai encore; la loi de Timocrate me permet d'en présenter quand je voudrai; elle ne dit pas que je serai provisoirement gardé à vue, ni emprisonné, si ma caution est rejetée. Loi salutaire! panacée universelle pour les prévaricateurs!

Si celui qui a présenté les répondants paye la dette, ajoute-t-il, *il y aura grâce de l'emprisonnement*. Ici encore, il continue la manœuvre que je signalais tout à l'heure; il ne se dément point. Nulle mention d'une amende : c'est de l'argent qui est dû; qu'on le paye, et l'on est libre.

Mais si, à la neuvième prytanie, débiteur et répondant n'ont rien payé, le cautionné ira en prison, et les biens de la caution seront confisqués. Dans ce dernier article, Timocrate dénonce sa propre prévarication; la chose est claire. S'il a défendu d'enfermer le débiteur, ce n'est pas qu'en général la prison lui paraisse honteuse ou cruelle pour un citoyen. Après vous avoir dérobé l'occasion de saisir le coupable encore présent, il vous laisse, à vous, partie lésée, une peine nominale, un châtiment devenu inapplicable; il vous force à laisser libre votre voleur; et peu s'en faut qu'il ne lui donne action contre les juges qui l'ont condamné à l'emprisonnement.

Sa loi abonde en dispositions révoltantes : mais voici ce qui doit le plus soulever votre indignation. Dans tous les articles, il ne s'adresse qu'au débiteur qui a fourni caution. A celui qui n'a présenté aucun répondant, solvable ou non, et qui n'a pas même songé à ses obligations envers vous, annonce-t-il une poursuite, inflige-t-il un châtiment? non, il lui accorde une impunité sans bornes. En effet, le terme de la neuvième prytanie n'est prescrit que pour le débiteur cautionné. Vous allez le reconnaître. Si le payement n'a pas lieu, Timocrate veut que les biens de la caution soient confisqués : or, il est impossible d'avoir une caution quand on n'en a pas fourni. Les proèdres désignés par le sort pour présider le Peuple, il les oblige à admettre la caution présente, et il n'oblige à rien des hommes coupables envers l'État! il leur donne le choix entre la peine et l'impunité! il les traite presque comme des bienfaiteurs de la patrie! Où donc trouver une loi plus vicieuse et plus funeste? Relativement aux condamnés, son texte s'élève contre vos arrêts relativement aux prévenus, elle ordonne à des juges assermentés d'infliger une peine toute en abolissant les peines infligées. Elle maintient le droit de cité aux débiteurs publics non libérés, enfin elle rend illusoires vos serments, vos amendes, vos sentences, vos châtiments, toutes vos décisions. Eh! si l'un des Trente tyrans, Critias (24) eût porté une loi, il n'aurait pas, je pense, procédé d'une autre façon.

Cette même loi bouleverse toute notre constitution, brise toutes les opérations du gouvernement, lui enlève de brillants et nombreux avantages : j'espère le démontrer sans peine.

Ce qui fait la sûreté d'Athènes, ce sont, vous le savez, les expéditions sur terre et sur mer. Que de grandes choses vous y avez faites, comme sauveurs, comme vengeurs, comme réconciliateurs des peuples! Or, comment réglons-nous ces expéditions? c'est nécessairement par les décrets, par les lois qui disent à ceux-ci, Contribuez! à ceux-là, Équipez des vaisseaux! d'autres, Embarquez-vous! à tous, Faites quelque service! Pour que leurs ordres s'exécutent, vous siégez dans vos nombreux tribunaux, vous condamnez les récalcitrants à la prison. Voyez comme tout cela est troublé, détruit par la loi du sage et vertueux Timocrate. *Si un débiteur du Trésor*, dit-elle, *a été condamné à la prison, s'il y est condamné par la suite, il sera libre en fournissant des répondants qui s'engageront, pour la neuvième prytanie, à payer sa dette*. Que deviennent donc nos ressources pécuniaires? comment faire marcher des armées, comment lever des taxes, si, au lieu de remplir son devoir, chaque débiteur, cette loi à la main, fournit des répondants? Par Jupiter! dirons-nous aux Hellènes : « Il existe chez nous une loi, ouvrage de Timocrate : attendez la neuvième prytanie, nous nous mettrons alors en campagne. » Eh! n'est-ce pas à cela que nous serons réduits? Mais, dit-il, est question de notre propre défense, croyez-vous que l'ennemi attendra et les délais et les subterfuges de nos mauvais citoyens? ou que, établissant des lois funestes, véritables entraves de notre gouvernement, nous puissions obtenir un seul succès? Trop heureux, ô Athéniens! quand tout est bien réglé, quand il n'existe aucune loi pareille, de vaincre nos ennemis, de nous hâter, d'arriver à temps pour la bataille, de ne pas rester en arrière! Si donc ta loi, ô Timocrate! paralyse évidemment les opérations qui ont élevé si haut la gloire de la république chez tous les peuples, est-il pour toi une peine trop rigoureuse?

Ce n'est pas tout : l'administration, pour le sacré comme pour le civil, est détruite; et voici comment. Nous avons une loi, loi sage s'il en fut, qui ordonne à ceux qui ont entre les mains des sommes appartenant aux dieux ou au Trésor, de les compter dans la salle du Conseil; sous peine d'être poursuivis par ce corps, aux termes des règlements concernant les collecteurs d'impôts. Cette loi est le pivot de l'administration générale. Grâce à elle, nous obtenons d'avance les fonds nécessaires pour les assemblées du Peuple, le culte, le Conseil, la cavalerie, tous les services publics (25). Les impôts ne suffisant pas, la crainte de cette loi produit la rentrée des fonds supplémentaires. L'administration ne sera-t-elle donc pas invinciblement brisée si, d'un côté, les deniers des taxes, déjà insuffisants, ne sont touchés qu'à la fin de l'année; et si, d'autre part, ceux qui ne payeront pas les fonds supplémentaires, ne peuvent être emprisonnés ni par le Conseil, ni par les tribunaux; si, appuyés d'une caution, ils ne font leur versement qu'à la neuvième prytanie? Pendant huit prytanies, dis-moi, Timocrate, que ferons-nous? Plus d'assemblées! plus de délibérations! partant, plus de démocratie! Les tribunaux n'entendront aucune cause, ni publique ni privée : donc, plus de ressource contre l'injustice! Le Conseil, ne siégeant point, ne réglera rien conformément aux lois. Que nous restera-t-il? des ruines! — Mais nous servirons l'État gratuitement. — Eh quoi! tandis que tu t'es fait payer ta loi, Peuple, Conseil, tribunaux seront privés de rétribution? Tu devais donc, ô Timocrate! insérer dans les premiers articles la disposition que tu n'appliques qu'aux fermiers publics et à leurs garants, qui peuvent être poursuivis selon la législation établie. Si quelque loi ou décret, devais-tu dire, ordonne, à l'égard de certains débiteurs, les poursuites exercées contre les fermiers de l'État, les débiteurs du Trésor leur seront légalement assimilés (26). Loin de là, tu l'esquives, tu évites soigneusement toute mention des lois sur les fermiers publics : pourquoi? parce que le décret d'Euctémon applique ces lois aux débiteurs du Trésor. Par ce détour, annulant, sans compensation, la peine infligée aux détenteurs de la fortune publique, tu troubles, tu renverses tout. Peuple, Conseil, cavalerie, frais du culte, dépenses civiles. Ainsi, hommes d'Athènes, mettez votre sagesse à le punir sévèrement. Que son exemple apprenne à ne jamais porter de pareilles lois!

Non content de désarmer les tribunaux de toute peine pécuniaire, de rendre inviolables les détenteurs des deniers publics, d'arrêter le mouvement de nos armées, d'anéantir l'administration, il se fait l'auxiliaire des voleurs, des enfants dénaturés, des réfractaires. Nos lois les punissent, sa loi les absout. Législateur très-différent de celui-ci, Solon a dit : Le voleur, s'il n'est puni de mort, sera condamné à la prison; même peine pour le citoyen, qui, convaincu d'avoir maltraité ses parents, se présente à l'assemblée du peuple; pour celui qui, ayant refusé de prendre les armes, usurpe les droits de citoyen. Timocrate leur dit à son tour : L'impunité vous est acquise, je brise vos fers; donnez seulement une caution. Osons le dire, dussent nos paroles paraître accablantes : pour ce crime, il mérite la mort. Qu'il aille aux enfers porter sa loi aux impies! qu'il laisse aux vivants les lois justes et saintes de Solon! — On va lire ces lois.

Lois relatives aux voleurs,
aux fils dénaturés, aux réfractaires.

L'auteur d'un vol sera condamné, l'effet rendu, à payer le double (27); non rendu, le décuple : sans préjudice de la peine arbitraire. Il sera enfermé, les fers aux pieds, cinq jours et cinq nuits, si les héliastes l'y condamnent. Tout citoyen pourra requérir cette peine, quand il y aura lieu. — L'Athénien convaincu d'avoir maltraité ses parents (28), d'avoir refusé le service militaire, ou d'être entré dans un lieu que les lois lui interdisent, sera mené devant les Onze, qui, après s'être assurés de sa personne, le feront comparaître devant les héliastes. Tout citoyen, ayant les capacités voulues, pourra l'accuser. S'il est convaincu, l'hélie lui imposera une peine afflictive ou pécuniaire. Dans ce dernier cas, il sera enfermé jusqu'à ce qu'il ait payé.

Eh bien! Athéniens, Timocrate ressemble-t-il à Solon? Celui-ci forme de vertueux citoyens pour nos jours et pour un autre âge, celui-là montre au vice déjà vieilli la voie de l'impunité, prend sous sa garantie les malfaiteurs présents et à venir, donne une sauvegarde aux scélérats de tous les temps. O Timocrate! quel châtiment, quel supplice n'as-tu pas mérité? Sans parler de tant d'autres prévarications, tu ôtes à la vieillesse un soutien, en brisant la loi qui oblige le fils à nourrir son père, et à lui rendre les derniers devoirs après sa mort! Misérable! comment ne pas voir en toi le plus pervers des hommes? des voleurs, des brigands, des lâches qui refusent de servir, tu les préfères hautement à ta patrie; tu leur fais, contre nous, un rempart de ta loi!

Ce que j'avais promis en commençant, montrons que je l'ai exécuté. J'ai annoncé que je prouverais tous les griefs de l'acte d'accusation : loi portée contre toutes les formes légales, loi en guerre avec notre législation, loi funeste à l'État. On vous a lu les règles à suivre pour l'établissement d'une loi nouvelle, et j'ai démontré que l'accusé les a toutes violées. On a lu les lois opposées à la sienne, et vous savez qu'il n'en a pas poursuivi préalablement l'abrogation. Vous venez de voir combien sa loi est nuisible, et c'est par là que j'ai terminé. Sa culpabilité, son mépris pour vous, son impudente audace, sont donc constatés sur tous les points. Je crois même que, si notre législation lui eût imposé quelque autre défense, il l'aurait également enfreinte. L'intention perfide, la réflexion coupable, l'absence de toute erreur de sa part sont mises au plus grand jour : ce qui les dévoile surtout, c'est que la loi est inique dans toutes les parties de son texte, c'est qu'il n'est rien échappé à son auteur, même par mégarde, qui fût régulier ou qui dût un jour vous être utile. Ainsi, avec justice, sur un législateur ennemi du Peuple, sur le protecteur de ceux qui font ou préparent des blessures à la patrie, j'appelle votre haine et votre vengeance.

J'admire, ô juges! son effronterie. Collègue d'Androtion, il a été sans pitié pour des hommes du peuple, que des contributions avaient ruinés; mais Androtion doit-il restituer l'or qui appartient aux Dieux et au Trésor, vol fait sur l'État, et déjà ancien? Timocrate, par une loi, supprime le double de la restitution civile, le décuple de la restitution religieuse. Cette conduite, si impopulaire, il l'attribuera tout à l'heure à son zèle pour le Peuple. Quoi! si un officier de police, un commissaire-voyer, un juge de bourg, homme pauvre, simple, sans expérience, à qui le sort a jeté une fonction publique, est convaincu d'infidélité dans ses comptes, Timocrate exige le décuple, et ne statue rien pour soulager ce malheureux! mais que des délégués du Peuple, de riches citoyens aient soustrait de grosses sommes, et gardent dans leurs mains l'or des temples et de l'État, il met toute sa sollicitude à les dérober aux coups des décrets et des lois! Ah! réunissez contre lui tous vos châtiments; il les a tous mérités!

Ô juges! un législateur auquel Timocrate n'osera peut-être pas se comparer, Solon, loin d'ouvrir un champ libre aux malversations de gens de cette espèce, leur oppose tantôt des mesures préventives, tantôt des peines sévères. Telle est sa loi, que l'on va lire.

Loi (29).

Celui qui, pendant le jour, aura volé plus de 50 drachmes sera traduit devant les Onze. Si le vol a lieu de nuit (30), quel qu'en soit l'objet, on pourra tuer le voleur, le blesser en le poursuivant, ou le livrer, si l'on veut, aux susdits magistrats. — Celui qui sera convaincu d'un vol entraînant cette poursuite, sera puni de mort, sans pouvoir se libérer par la restitution ni par des répondants. — Si quelqu'un vole dans le Lycée, dans l'Académie, ou dans le Cynosarge, un vêtement, un vase, ou quelque objet de moindre valeur; s'il vole dans les ports ou dans les gymnases quelque effet valant plus de dix drachmes, il sera puni de mort. — Si quelqu'un est convaincu d'avoir volé un particulier (31), il pourra se libérer en doublant la restitution. Le tribunal pourra, de plus, le faire mettre en prison cinq jours et cinq nuits, afin qu'il y soit exposé aux regards du public.

Vous avez entendu tout à l'heure des lois analogues à celle-ci. Voici la pensée de Solon : celui qui a commis une bassesse doit-il en être quitte pour rendre l'objet volé? non, car le nombre des voleurs deviendrait immense : ignorés, ils garderaient leur larcin; découverts, il leur suffirait de restituer. Qu'il rende le double; qu'il soit emprisonné, déshonoré pour toujours! Timocrate veut le contraire : il exige la restitution simple, il supprime les peines accessoires. Non content de cette réforme inique en faveur des criminels à venir, il relâche le coupable déjà condamné. Et moi, je me figurais que l'amélioration de l'avenir était le but du législateur, qui devait pourvoir aux éventualités, fixer d'avance une peine pour chaque délit. Voilà comme une loi devient applicable à tous les citoyens; mais statuer sur le passé, c'est protéger le crime, et non faire des lois. Écoutez la preuve de cette vérité. Si Euctémon eût été condamné pour motion illégale, Timocrate n'aurait pas donné sa loi dont nous n'avions pas besoin, et les voleurs publics n'auraient guère songé aux autres citoyens. Mais, Euctémon acquitté, Timocrate chercha à élever sa puissance et celle de sa loi sur les ruines de vos décrets, des sentences judiciaires, de toute la législation. Cependant, ô Timocrate! nos lois en vigueur abandonnent tout à la volonté des juges. La cause entendue, ils peuvent proportionner à leur gré le châtiment au délit, indulgents pour les petites fautes, sévères pour les grands crimes. Afflictive ou pécuniaire, c'est par eux que la peine est mesurée. Et toi, tu abolis la peine afflictive, tu supprimes la prison; pour qui? pour des voleurs, des sacriléges, des assassins, des parricides, des réfractaires, des déserteurs : car voilà les protégés de ta loi. Apporter à un peuple souverain une loi impie, impopulaire, qui offre au crime seul un appui, n'est-ce pas mériter le dernier supplice?

Sans doute il ne niera point le caractère juste et légal des grands châtiments opposés aux grands crimes, ni la qualification de voleurs, de sacriléges, donnée à des misérables qui, maîtres de votre bien, ont frustré Minerve et les autres Dieux de sommes considérables, profanes détenteurs d'un or qu'ils devaient porter à l'Acropolis. Par Jupiter Olympien! je suis persuadé que l'audacieux attentat d'Androtion lui a été inspiré, non par le hasard, mais par la volonté de la déesse. Elle lui réservait le sort de ceux qui, après avoir enlevé les ailes de la Victoire, se sont perdus eux-mêmes : ainsi, Androtion et ses complices devaient travailler à leur propre perte en esquivant les tribunaux, et se faire condamner à la peine légale de la restitution décuple ou de la prison.

Mais citons, pendant qu'elle revient à ma mémoire, une étrange et incroyable singularité de la loi de Timocrate. Au fermier public qui ne paye pas, il inflige la peine déjà imposée par nos lois : les fers, le double payement sont la punition de cet homme qui souvent n'en peut mais, et n'est coupable que par le prix trop élevé de son bail ; et aux voleurs de l'État, aux sacriléges, il ouvre leur prison ! Diras-tu, Timocrate, que ceux-ci sont moins criminels ? ce serait déclarer que tu es devenu fou. Non, leur forfait est bien autrement grave à tes yeux, aux yeux de tous : et, sévère pour le premier, tu épargnes les seconds ! évidemment tu leur as vendu ta loi !

Il faut vous montrer, ô juges ! combien vous surpassez les orateurs en générosité. Des lois de rigueur punissent tout homme du peuple qui se fait donner double solde, ou qui, débiteur du Trésor, entre dans les assemblées, dans les tribunaux, ou dans toute autre fonction interdite par le législateur. Ces lois, vous ne les abrogez point : vous le savez cependant, tous ces délits naissent de l'indigence. Mais vous ne voulez pas que la faute même du pauvre soit légalement tolérée, et vous en statuez la répression. Et vos orateurs, que font-ils ? ils s'efforcent de dérober au châtiment des magistrats ignominieusement prévaricateurs. Puis, comme ils se moquent de vous dans leurs entretiens ! Comme ils se croient importants et sages, avec tous les travers d'un esclave ingrat ! Devenu libre, l'esclave, au lieu de savoir gré au maître qui l'a affranchi, le déteste le plus cordialement du monde ; il ne voit en lui que le témoin de sa servitude. Ainsi, non contents de s'être enrichis dans l'administration, vos orateurs jettent de la boue au peuple, parce que le peuple les a vus pauvres et misérables.

— Mais, par le Ciel ! il serait honteux qu'Androtion, Glaucète, Mélanopos fussent emprisonnés. — Honteux ? non, par Jupiter ! Que la république volée, outragée, ne puisse se venger, venger Minerve, voilà, ô juges ! la honte, la grande honte.

Pour Androtion, la prison n'est-elle pas une tradition de famille ? Ignorez-vous que son père y a passé de longues années, et qu'il n'en est sorti que par la fuite ? Fera-t-il valoir la conduite qu'il a tenue dans sa jeunesse ? Mais, pour cette conduite, non moins que pour ses malversations, il a mérité les fers. Rappellera-t-il que lui-même, intrus dans l'assemblée du peuple, en a arraché de sages citoyens, pour les jeter en prison ?

— Mais Mélanopos, pour quel crime, dis-moi, irait-il dans les cachots ? — Ménageons son père, quoique, sur l'escroquerie, il y ait beaucoup à dire. Qu'il ressemble, j'y consens, au panégyrique qu'en fera peut-être Timocrate. Mais, si le fils d'un honnête homme est un coquin, un voleur ; s'il s'est vu condamner, comme traître, à payer trois talents ; si le tribunal même où il était assesseur (32), l'a puni d'une amende décuple de sa friponnerie ; s'il a prévariqué dans son ambassade d'Égypte ; enfin, s'il a été le tyran de ses frères, ne mérite-t-il pas la prison ? ne la mérite-t-il pas vingt fois, pour avoir ainsi dégénéré ? Ah ! si Lachès était réellement vertueux, s'il aimait sa patrie, il enchaînerait lui-même un fils aussi criminel, qui le couvre de son opprobre !

Passons, et portons nos regards sur Glaucète. N'est-ce pas ce transfuge de Décélia (33), qui, de ce fort, se ruait sur vos propriétés, et les mettait au pillage ? Ce fait, personne ne l'ignore. Lui, si scrupuleux à remettre au gouverneur ennemi le dixième des enfants, des femmes, du butin de toute espèce qu'il enlevait sur vous, n'a-t-il point prévariqué dans la mission dont vous l'aviez honoré ? N'a-t-il pas frustré notre déesse tutélaire de la dîme des prises faites sur l'ennemi ? Trésorier de l'Acropolis, n'en a-t-il point enlevé ces dépouilles des Barbares, monuments de notre bravoure, et le trône-char à pieds d'argent (34), et le cimeterre de Mardonius, qui valait trente dariques ? Ces rapines authentiques sont connues de tous les Athéniens. Enfin Glaucète n'est-il pas le plus violent des hommes ?

Eh bien ! sont-ce là des coupables à ménager ? Pour eux, Minerve sera-t-elle privée de ses dîmes, et la république d'une double restitution ? Faut-il soustraire à votre vindicte celui qui veut les y soustraire eux-mêmes ? Mais comment réprimer la friponnerie, ô juges ! dès qu'elle sera si lucrative ? Je n'en vois aucun moyen. Loin de donner cette encourageante leçon, punissez ! Qu'ils se courbent sous la loi, ces détenteurs de votre fortune, et que, même dans les fers, la plainte leur soit interdite ! Ceux qui ont été condamnés comme étrangers, se plaignent-ils qu'on les tienne en prison jusqu'à ce que les témoins soient accusés de faux ? Tranquilles, ils ne se croient pas en droit de parcourir la ville sur caution. L'État ne les juge pas dignes de cette confiance ; il craint qu'à la faveur des répondants, ils n'esquivent la punition ; il les laisse où il a laissé tant d'autres, qui étaient citoyens. Avant

DÉMOSTHÈNE. 14

eux, des sentences y avaient enfermé plus d'un Athénien, coupable de malversation, et tous y étaient restés. Malgré ma répugnance à citer leurs noms, je me vois forcé d'en opposer quelques-uns à ceux qu'on vient d'entendre.

Laissons les plus anciens, et ne remontons pas au delà de l'archontat d'Euclide. Chacun de ceux-ci, honoré d'abord parmi ses contemporains, avait subi toute la rigueur du Peuple pour des malversations commises plus tard. Intègres pendant quelques années, ils n'avaient pas acquis, aux yeux de leur patrie, le droit de devenir des fripons : leur probité, dans le maniement des fonds publics, devait être inaltérable. Un administrateur, pur d'abord, mais devenu infidèle, semblait n'avoir dû sa vertu qu'à la politique; c'était un piège tendu à ses concitoyens. Nous descendrons donc au-dessous d'Euclide. Vous vous rappelez tous, ô juges! que Thrasybule de Collytos (35) fut deux fois condamné, deux fois emprisonné par le Peuple : il était pourtant un de ceux qui avaient ramené ce même Peuple de Phylé et du Pirée. Après lui, Philepsios de Lampra, puis Agyrrhios le Collytien, ce vertueux démocrate, ce zélé serviteur de tous. Persuadé qu'il devait obéir aux lois comme les plus faibles, il demeura plusieurs années en prison, jusqu'à ce qu'il eût versé au Trésor les deniers que l'on croyait dans ses mains. Callistrate, son neveu, citoyen puissant, ne porta pas une loi en sa faveur, non plus que Myronide, fils de cet Archinos qui avait repris Phylé, qui, après les Dieux, avait opéré la restauration populaire, qui enfin, ministre ou général, avait rendu plus d'un éminent service à l'État. Tous ces grands citoyens fléchirent devant la loi. Les trésoriers de Minerve et des autres Dieux, après avoir vu brûler l'Opisthodome, n'ont-ils pas été détenus jusqu'à l'instruction de leur procès? La prison n'a-t-elle pas renfermé et les concitoyens soupçonnés de fraude dans l'achat des grains, et bien d'autres qui, tous, valent mieux qu'Androtion? Eh quoi! contre de tels hommes la législation établie devait exercer tout son empire, déployer toutes ses rigueurs; et, pour un Androtion, un Glaucète, un Mélanopos, pour des coupables que cette même législation condamne, pour des voleurs de l'or des Dieux, de l'or de la patrie, par Jupiter! il faudra une loi nouvelle? Quel opprobre pour Athènes, si on la voit sauver, par une loi expresse, des impies! Non, non, ne permettez pas qu'on livre à tant d'outrages et vous et la patrie. Rappelez-vous que, naguère encore, sous l'archonte Évandre, vous avez fait mourir Eudème de Cydathenæum, auteur d'une loi nuisible; qu'avec quelques voix de plus, vous auriez frappé d'interdiction, peut-être livré au supplice Philippe, fils de l'armateur de ce nom; qu'il s'est, du moins, imposé à lui-même une amende considérable. Cette rigueur, déployée aujourd'hui contre Timocrate. Songez, songez aussi à la conduite qu'il aurait tenue, si vous l'aviez chargé d'une ambassade. Non, il n'est pas une prévarication dont il se fût abstenu. Voyez ses intentions; au flambeau de sa loi audacieuse, voyez son caractère.

Je veux vous raconter, ô juges! avec quelles formalités on porte les lois dans la Locride (36); vous ne perdrez rien à connaître l'exemple que donne une république bien constituée. Les Locriens sont si attachés à leur antique législation, aux règlements de leurs pères, si ennemis de toute démangeaison d'innover, surtout au profit du crime, que l'auteur d'une motion nouvelle propose la corde au cou. Sa loi est-elle jugée bonne? il se retire vivant; nuisible? on l'étrangle. Aussi, les Locriens, n'osant pas modifier leurs vieilles lois, les appliquent avec un respect scrupuleux. Pendant un très-grand nombre d'années, une seule disposition nouvelle, ô juges! fut admise par ce peuple. D'après la pénalité établie, celui qui crevait un œil à quelqu'un devait perdre l'un des siens. Un Locrien, dit-on, avait menacé un borgne, son ennemi, de lui arracher un œil. Irrité de cette menace, et croyant que la vie est une véritable mort pour un aveugle, celui-ci proposa par une loi qu'en pareil cas on arrachât les deux yeux à l'agresseur, pour que l'infirmité fût égale de part et d'autre. On prétend que, dans le cours de plus de deux siècles, il n'y eut pas d'autre changement aux lois de ce peuple. Nos orateurs, ô juges! présentent presque tous les mois des mesures législatives; et pour qui? pour eux-mêmes. Sont-ils au pouvoir? ils traînent en prison les citoyens; et ils se croient inviolables! Ils osent plus : les lois de Solon, lois sanctionnées par une longue épreuve, lois de nos pères, ils les brisent, et ils vous imposent les leurs, ces persécuteurs de la patrie! Si vous ne les châtiez point, la démocratie sera bientôt la proie de ces bêtes venimeuses. Vous le savez, ô juges! leur insolence hautaine s'abaissera devant votre colère; mais votre indulgence multiplierait ces outrages et ces attentats qui se couvrent du masque du dévouement.

Parlons maintenant de la loi que citera, dit-on, Timocrate, comme analogue à la sienne. On y lit : *Je n'enfermerai aucun Athénien, s'il présente trois répondants payant les mêmes impositions que lui. Sont exceptés les condamnés pour trahison ou pour conspiration contre le gouvernement populaire; les fermiers publics insolvables*, *leurs cautions et les percepteurs.* Juges, prêtez-moi encore votre attention.

Je ne rappellerai pas qu'Androtion, en dépit de cette loi, a lui-même emprisonné, enchaîné des citoyens; je montrerai seulement à qui elle est applicable. Ce n'est nullement au condamné, c'est au simple prévenu. On a craint que l'isolement de la prison n'affaiblît, ne paralysât même entièrement la défense. L'accusé cherchera donc à étendre à tous les citoyens une mesure réservée à ceux qui sont en état de prévention. Voici ma preuve; elle vous frappera par son évidence. Si cette loi est pour tous, vous ne pouvez plus prononcer de peine, ni afflictive ni pécuniaire. En effet, la prison est une peine afflictive, et l'emprisonnement vous serait interdit. Relativement aux prévenus qui sont déférés aux archontes ou traînés devant les Onze, une loi veut *que les Onze les mettent au cachot, les entraves aux pieds*: décision qui n'eût pas été portée, s'il n'était permis d'emprisonner que les traîtres, les conspirateurs, les fermiers insolvables. Vous trouverez encore une preuve certaine du contraire dans l'impuissance dont une condamnation fiscale serait frappée. Enfin, ces mots, *Je n'enfermerai aucun Athénien*, ne sont pas une loi. Où sont-ils écrits? dans le serment que prête le Conseil. On craignait que les membres de ce corps, puissants par la parole, n'attentassent à la liberté individuelle. Pour prévenir cette usurpation, Solon a mis dans le serment du Conseil des paroles qui ne se trouvent pas dans celui des tribunaux. Il donnait aux tribunaux une véritable omnipotence : la peine prononcée devait être subie. On va vous lire, à ce sujet, le serment des Héliastes (37). — Lis.

Serment des Héliastes.

Je prononcerai suivant les lois et les décrets du Peuple d'Athènes et du Conseil des Cinq-Cents. Je n'approuverai, par mes suffrages, ni la tyrannie, ni l'oligarchie. Si quelqu'un attaque la démocratie athénienne, s'il parle, s'il ordonne contre elle, je ne l'écouterai point. Je n'admettrai ni extinction de dettes, ni partage des terres et des maisons des Athéniens. Je ne rappellerai ni exilés ni condamnés à mort. Ceux qui sont dans la ville, je ne les en chasserai pas malgré les lois en vigueur, les décrets du Peuple et du Conseil ; je ne le ferai, ni ne le tolérerai dans un autre. Je ne donnerai pas l'institution au citoyen comptable d'une première magistrature, archonte, hiéromnémon, magistrat subalterne élu le même jour que les archontes, huissier d'un député athénien, ou d'un député des alliés, résidant à Athènes. Je ne souffrirai point le rappel aux mêmes fonctions dans la même année, ni le cumul de deux charges (38). Je ne recevrai de présent, comme juge, ni par moi-même, ni par les mains d'un tiers ; personne n'en acceptera pour moi à ma connaissance, par des voies tortueuses. Je n'ai pas moins de trente ans. J'écouterai également l'accusation et la défense, et je prononcerai sur l'objet même de la poursuite. Je le jure par Jupiter, Neptune, Cérès. J'appelle tous les fléaux sur ma tête, sur ma famille, si je viole un seul de ces engagements. Si j'y suis fidèle, puissé-je être comblé de prospérités !

Juges, où voyez-vous, dans ce serment, *je n'enfermerai aucun Athénien?* nulle part! Arbitres souverains de toutes les causes, les tribunaux peuvent condamner à la prison aussi bien qu'à toute autre peine. J'ai donc prouvé que vous avez le droit de prononcer celle du cachot. Mais ôter à la chose jugée son empire, c'est un crime affreux, impie, c'est le renversement de la démocratie : j'en appelle à vous tous. Quelle est la base de notre gouvernement, ô juges ! ce sont les lois et vos décisions. Or, si une loi nouvelle vient infirmer les arrêts des tribunaux, où s'arrêtera ce mal? Est-ce bien là ce qu'il faut appeler une loi? n'est-ce pas plutôt l'absence de toute légalité? et le législateur ne devient-il pas un grand coupable, digne de toute votre animadversion? À mes yeux, il mérite le dernier supplice, et comme auteur d'une pareille loi, et parce qu'il montre à d'autres la route qui mène à la suppression des tribunaux, au rappel des bannis, aux coups d'État les plus violents. O juges! si Timocrate, malgré sa funeste loi, sort d'ici triomphant, quel obstacle empêchera un Timocrate nouveau de venir, une autre loi à la main, renverser quelqu'un des plus forts remparts de la république? Nous apprenons que jadis, sur les ruines du droit d'accusation pour illégalité, sur les ruines de l'autorité judiciaire, la démocratie fut abattue. Les circonstances, dira-t-on, ne sont plus les mêmes. Mais faut-il jeter dans la république les semences de pareilles révolutions, lors même qu'elles pourraient ne pas germer? Ne faut-il pas, au contraire, punir quiconque, par des paroles ou des actions, s'essaye à de tels bouleversements?

Et voyez quelle trame Timocrate a ourdie autour de vous ! Reconnaissant que tous les Athéniens, gouvernants et simples particuliers, regardaient les lois comme la base de la félicité publique, il tâcha de les saper sourdement, et de sauver du moins les apparences, s'il était découvert (39). Ainsi, pour l'exécution de son projet, pour le renversement des lois par une loi, il voile un tel attentat d'un nom agréable. Les lois sont le salut d'un État ; et, bien que ce caractère manque à sa motion, il l'appelle loi, uniquement attentif au langage que vous aimez, à l'expression qui vous sourit, et s'embarrassant peu qu'à l'usage on voie des effets tout contraires. Sans cet artifice, par Jupiter! quel proèdre, quel prytane aurait mis aux voix un seul article de sa loi? Comment donc a-t-il surpris les suffrages? eu décorant du nom de loi une œuvre d'iniquité. De tels hommes ne frappent pas au hasard; leurs coups sont calculés. Ainsi agissent non-seulement Timocrate et ses amis, mais plusieurs citoyens influents qui vont paraître et faire l'apologie de l'accusé, non certainement pour l'obliger, mais parce que chacun d'eux se croit intéressé au maintien de sa loi. Ils sont ligués contre vous : liguez-vous pour votre propre défense.

On demandait à Timocrate pour quel motif il avait rédigé une telle loi. « Vous vous tirerez mal, disait-on, de ce procès. — Êtes-vous fou? répondit l'accusé; j'ai pour défenseur Androtion; il a préparé à loisir réponse à tout, et ma motion, j'en suis sûr, ne m'attirera rien de fâcheux. » J'admire, pour mon compte, et l'impudent Timocrate et l'effronté Androtion, et celui qui demande, et celui qui accorde un tel appui. Par là, ils attesteront hautement que l'unique but de la loi était de favoriser quelques coupables.

Mais parcourons la vie publique d'Androtion; signalons les actes où il a eu Timocrate pour complice, et pour lesquels il mérite autant que lui votre animadversion. Ce que je vais dire, vous l'avez tous entendu (40), sauf quelques-uns qui n'ont peut-être pas assisté aux débats judiciaires soulevés par Euctémon.

Commençons par ce qui flatte le plus son orgueil, par les contributions qu'il a levées de concert avec cet homme de bien. Il accuse Euctémon de retenir dans ses mains le produit de l'impôt; s'engage à le prouver ou à payer lui-même; destitue par un décret un magistrat élu par le sort; et l'imposteur se glisse dans les fonctions de collecteur. Prétextant une santé délicate et le besoin d'un aide, il se fait adjoindre Timocrate. Il harangue le peuple : Choisissez, dit-il, entre ces trois partis : fondre les vases sacrés, contribuer de nouveau, percevoir l'arriéré. Vous optez naturellement pour ce dernier moyen. Vous enlaçant alors dans ses promesses, et, fort de la crise du Trésor, au lieu d'appliquer les lois de finances, ou d'en proposer de nouvelles si elles étaient insuffisantes, il présente des décrets violents et illégaux, en vertu desquels il vous rançonne, et vous pille ; de concert avec Timocrate, ministre de sa cupidité, il se fait suivre par les Onze; et, avec cette escorte, renforcée des collecteurs et des officiers subalternes, il se jette sur vos maisons. Seul entre tes dix collègues, Timocrate, tu l'accompagnais dans cette expédition.

Quoi donc! ne fallait-il point faire payer ceux qui étaient en retard? — Sans doute, il le fallait; mais comment? comme la loi l'ordonne, pour décharger les autres : tel est l'esprit de la démocratie. O Athéniens! les cinq talents qu'ils ont versés au Trésor vous ont moins profité que ne

vous ont nui ces violences introduites dans [une] cité libre. Examinez, en effet, pourquoi l'on aimerait mieux vivre dans une démocratie que [dans] une oligarchie; la raison s'en présentera aussi[tôt] : c'est que, pour tout, le gouvernement populaire est plus doux. Eh bien! il n'est pas d'oligar[chie] qu'Androtion et Timocrate n'aient surpassé [en] outrages cruels. Mais je me borne à cette ques[tion:] A quelle époque le gouvernement d'Athènes [a] été le plus dur? sous les Trente, répondez[-vous] tous. Cependant il n'est personne, dit-on, [qui] ne trouvât alors, dans ses foyers, un asile ass[uré] et le crime des Trente est d'avoir injust[ement] jeté dans les fers ceux qui se montraient e[n pu]blic. Athéniens, voici des tyrans qui ont [en]chéri sur les Trente : magistrats chez un p[euple] souverain, ils ont converti en prison le dom[icile] de chaque citoyen, en l'ouvrant de for[ce aux] suppôts des prisons.

Mais que se passe-t-il donc dans votre [ville] lorsque vous voyez un Athénien pauvre, [ou] un riche que de grandes dépenses ont pu [prendre] au dépourvu, ne paraître qu'en tremblant [sur la] place publique, ne plus trouver dans sa [propre] maison un asile assuré, et persécuté à ou[trance] par un Androtion, à qui ses crimes et ses [désor]dres ont enlevé le droit d'exercer des pour[suites] en son nom, surtout au nom de la répu[blique]? Demandez-lui, demandez à Timocrate [, ins]teur et agent de ses violences, si c'est [la pro]priété ou la personne qui doit la contri[bution.] C'est la propriété, diront-ils, s'ils veule[nt être] sincères; car c'est sur elle que la taxe es[t assise.] Pourquoi donc, ô les plus pervers des ho[mmes,] au lieu de confisquer, d'afficher les terre[s et les] maisons, n'aviez-vous pour les citoyens, [ces] malheureux métèques que des outrages [et des] fers? Pourquoi les traiter plus cruellem[ent que] vos propres esclaves? Toutefois, si l'on [demande] en quoi diffèrent l'esclave et l'homme li[bre, on] verra entre eux cette différence énorme : [que le] premier, le corps répond pour toutes les [fautes,] quels que soient les crimes du second, sa [personne] est inviolable; et, le plus souvent, c'es[t sur ses] biens qu'on doit le punir. Ceux-ci ont fa[it le] contraire : c'est sur l'homme, comme s'il [se fût] vendu, qu'ils ont déployé leurs rigueurs [. An]drotion, tyran déhonté, d'une main [... la] prison, sans payement, sans acquitteme[nt, le] père, détenu pour dette publique, et, de [l'autre] y plongeait le citoyen, le contribuable [qui se] trouvait dans l'embarras! Pour Timo[crate,] exigeant de vous un double payeme[nt, dai]gnait-il recevoir nos cautions jusqu'à la [prochaine] prytanie? Il n'en admettait aucune, m[ême pour] un seul jour; il fallait s'acquitter sur-le-[champ]

sinon, la prison s'ouvrait, et nous, qu'aucun tribunal n'avait condamnés, nous étions livrés aux Onze par celui-là même qui, à ses propres périls, vient de faire accorder, par une loi, liberté entière à des hommes frappés par vos arrêts! Leur conduite d'alors, leur conduite actuelle, les deux complices l'appelleront dévouement. Leur ferez-vous une telle concession? Verrez-vous d'un œil tranquille les effets de leur méchanceté, de leur audace? Absoudre de pareils coupables! ils ne méritent que votre haine. Tout fonctionnaire dans Athènes, pour mériter votre indulgence, doit montrer en soi les mœurs d'Athènes. Ces mœurs, quelles sont-elles? protection pour le faible, résistance à l'homme outrageux et puissant; absence de toute dureté envers le peuple, de toute flatterie auprès du citoyen en crédit, que tu encenses, ô Timocrate! Aussi, une condamnation à mort, prononcée sans vouloir t'entendre, serait plus juste que ton acquittement en faveur d'un Androtion.

Vos intérêts ne sont pas ce qui les a dirigés, dans leur perception. Éclaircissons encore ce point. Si on leur disait : Des cultivateurs économes laissent arriérer leurs contributions par l'effet de l'éducation de leurs enfants, de leurs dépenses domestiques, et de quelques charges publiques; des citoyens volent et dissipent les recettes des contribuables et le tribut des alliés : de quel côté voyez-vous le plus grand tort fait à l'État? les impudents ne pousseraient pas l'audace jusqu'à répondre : Qui n'apporte pas son argent aux caisses publiques est plus coupable que celui qui les pille. Depuis plus de trente ans que l'un de vous deux est dans l'administration, que de généraux, que d'orateurs, pour avoir nui à la République, ont été traduits devant les tribunaux, mis à mort, ou contraints de se bannir! Pourquoi donc ne vous êtes-vous jamais levés pour les accuser? Avec tant de hardiesse et d'éloquence, pourquoi ne vous a-t-on pas vus vous indigner des plaies faites à la patrie? Pourquoi déployer tant de zèle à persécuter le pauvre peuple? Voulez-vous, Athéniens, que je vous en dise le motif? C'est que, participant aux déprédations de quelques coupables, et volant ceux qu'ils font payer, ces deux insatiables complices exploitent doublement la fortune publique. Car enfin, la haine du peuple et de tous les petits coupables n'est pas un fardeau moins lourd que celle de quelques criminels puissants; on ne se popularise pas mieux en ouvrant les yeux sur les fautes de la foule, que sur les attentats des premiers citoyens; mais la vraie raison est celle que j'ai présentée.

Pénétrés de ces idées, et l'œil fixé sur les crimes que je dénonce, punissez les coupables à mesure qu'ils comparaissent devant vous. Examinez, non si leurs délits sont anciens, mais s'ils sont réels. Songez-y : indulgents aujourd'hui pour des actes qui ont excité d'abord votre rigueur, vous paraîtriez avoir condamné les premiers accusés par colère, non par justice. La colère éclate soudain sur l'ennemi, sur le persécuteur; la justice punit l'accusé reconnu coupable. Loin donc de paraître mollir en ce jour, et d'incliner vers une clémence que réprouvent et votre serment et l'équité, sévissez, sans même les entendre, contre Androtion, contre Timocrate, convaincus de si graves prévarications.

Par Jupiter! telle a été leur conduite dans cette fonction : mais il en est d'autres qu'ils ont sagement exercées. — Loin de là, leurs excès ailleurs ont été bien plus graves; et ceux que vous venez d'entendre provoquent le moins la vindicte publique. De quoi vous entretiendrai-je? de la réparation des vases sacrés? de la destruction des couronnes? de ces beaux flacons qu'ils leur ont substitués? Mais ici même, en les supposant innocents dans tout le reste, ce serait encore trop peu pour eux d'une mort : sacrilége, impiété, vol, toutes les accusations les plus graves pèsent sur leur tête. Ne parlons point de plusieurs discours par lesquels Androtion vous abusait. Alléguant que les feuilles des couronnes d'or tombaient flétries par le temps, comme feuilles de violette ou de rose, il vous persuada de les fondre en masse. Choisi pour cet emploi, il s'assura de la complicité de Timocrate. Percepteur, il avait demandé, comme par scrupule, la présence d'un officier public, tandis que chaque contribuable pouvait le contrôler : préposé à la refonte des couronnes, il néglige cette formalité que demande la justice! Il est à la fois l'auteur du projet, orfèvre, trésorier, contrôleur! Eh! si, dans toutes les fonctions, tu avais exigé une confiance absolue, voleur public, tu ne serais pas pris sur le fait. Mais statuer que, pour les contributions, Athènes, comme il est juste, se fiera à ses officiers plutôt qu'à toi, et, pour une autre opération, pour la réforme du trésor sacré, dont quelques offrandes sont d'un autre âge, ne pas décréter la même garantie, n'est-ce pas dévoiler tes intentions? Moi je n'en doute point.

Hommes d'Athènes! d'honorables inscriptions étaient pour la république une gloire impérissable : Androtion les a détruites! Que leur a-t-il substitué? des mots impies et profanateurs! Sans doute, vous avez tous lu dans l'intérieur des couronnes : *Les alliés au peuple d'Athènes, pour sa loyauté et sa justice.* — *A Minerve, prix de la vaillance.* Quelquefois c'était une république qui récompensait notre démocratie pour l'avoir secourue : *Les Eubéens délivrés couronnent le peuple d'Athènes. — Chabrias, après la bataille navale de Naxos.* On avait gravé sur une offrande : *Conon vainqueur des Lacédémoniens sur mer.* Telles étaient les inscriptions des couronnes. Les couronnes détruites, ces titres glorieux ont disparu. Sur les flacons par lesquels cet infâme les a remplacées, nous lisons : *Faits par les soins d'Androtion.* Un misérable prostitué, à qui la loi ferme les temples, a gravé son nom dans ces mêmes temples sur les vases sacrés ! O inscription aussi belle, aussi honorable pour Athènes que les premières ! Dans ce crime énorme d'Androtion et de Timocrate, je vois trois crimes : couronnes arrachées du front de la déesse ; gloire de la patrie anéantie avec les couronnes qui en étaient les monuments ; consécrateurs privés aussi d'une gloire, celle de la reconnaissance.

Après des attentats si horriblement compliqués, dans leur stupide audace, ils rappellent hardiment les faits, comme si leurs mains étaient pures. Androtion compte que le nom de Timocrate le sauvera ; assis près d'Androtion, Timocrate ne va point cacher sa honte. Aussi effronté que rapace, l'accusé, par un étrange aveuglement, ne voit pas qu'une couronne atteste la vertu, une coupe la richesse. La plus petite couronne est aussi glorieuse qu'une grande. Une profusion de vases et de cassolettes semble imprimer sur le front du possesseur, le mot *richesse* ; mais, s'il est fier de ces frivolités, il en tire, au lieu de la considération, le titre de sot ridicule. Ainsi, à la gloire Androtion a substitué l'opulence mesquine, indigne d'Athènes. Il ignorait donc que, jalouse de gloire par-dessus tout, Athènes n'eut jamais d'ardeur pour s'enrichir. J'en atteste et cet or plus considérable que celui des autres Hellènes, qu'elle a échangé pour une illustre renommée, et ses citoyens prodigues de leur patrimoine, volant à tous les périls où la gloire les appelait. Aussi, que de richesses immortelles nous entourent! ici, la célébrité de tant d'exploits ; là, de splendides édifices qui en sont les monuments, ces Propylées, ce Parthénon, ces portiques, ces arsenaux de marine ; et non deux chétives amphores, trois ou quatre petits vases d'or, de la valeur d'une mine, et que tu peux inscrire pour la refonte quand il te plaira. Est-ce par des dîmes levées sur eux-mêmes, par des expédients qui auraient comblé les vœux de leurs ennemis, par des contributions doublées, et avec des administrateurs tels que toi, que nos pères ont élevé ces édifices ? Non, c'est avec leurs victoires, c'est par une conduite conforme aux souhaits les plus bienveillants, c'est en ramenant la concorde dans Athènes, en chassant de la place publique les Androtions de l'époque ! Aussi ont-ils laissé après eux une gloire impérissable.

Pour vous, ô Athéniens! vous êtes devenus assez faibles, assez indolents, pour n'oser imiter ces grands exemples nationaux. Androtion réparateur des vases sacrés ! Androtion, ô terre ! ô ciel ! n'est-ce pas une profanation, la plus criminelle des profanations ? Quiconque entre dans le sanctuaire pour toucher à l'urne lustrale, à la corbeille sainte, pour présider au culte des Dieux, a peu fait s'il n'est demeuré chaste pendant les jours prescrits par la loi : il faut qu'il n'ait jamais vécu de la vie impure d'un Androtion.

Mais je n'ai parlé de cet homme qu'en passant. Laissons-le, sans réfuter d'avance tout le bat qu'il étalera en faveur de Timocrate. Ne pouvant établir l'utilité de sa loi, sa régularité, sa concordance avec notre législation, Timocrate, j'en suis informé, se bornera à dire qu'Androtion, Glaucète et Mélanopos ont payé ce qu'ils devaient. Ce serait, ajoutera-t-il, le comble de l'injustice de le condamner, lorsque ceux-là même qu'on l'accuse de favoriser par sa loi, se sont libérés. Cette raison, à mon sens, sera nulle dans sa bouche. Avoues-tu, Timocrate, avoir porté ta loi pour quelques particuliers ? qu'ils aient satisfait l'État, peu importe : tu dois être condamné par cela seul que tout notre code, sur lequel repose le serment des juges, proscrit formellement toute loi exceptionnelle. Prétends-tu, au contraire, avoir pourvu à l'intérêt de tous ? il est étrange que tu argues d'un payement qui n'a rien de commun avec ta loi. L'utilité, la bonté de cette loi, voilà ce qu'il faut démontrer : car c'est là, dis-tu, le but que tu t'es proposé ; et moi, je prouve qu'elle est mauvaise, qu'elle est funeste ; tel est enfin le débat que ce tribunal va vider. Je pourrais montrer sans peine que le payement qu'il fera valoir n'est rien moins que légitime (41) ; mais, ce n'est pas là-dessus que les juges ont à prononcer, et je dois leur épargner des longueurs importunes.

Peut-être il osera dire : Mon sort serait bien rigoureux si, pour avoir voulu exempter les Athéniens de la prison, je subissais une peine afflictive ; d'ailleurs, pour les citoyens sans appui, ne faut-il pas les lois les plus douces et les plus modérées ?

Repoussons, par quelques mots, ces raisons spécieuses, de peur qu'elles ne vous abusent. Quand il dira que sa loi exempte de la prison tout citoyen, sachez qu'il ment. Que veut cette loi ? vous ôter le droit de doubler, de décupler les amendes ; casser des jugements rendus selon toutes les formes, après un ample informé. Qu'il ne se borne donc pas à en extraire quelques mots, de philanthropie; qu'il en explique toute la teneur, qu'il permette d'en examiner les conséquences. Alors vous reconnaîtrez et la vérité de mes paroles, et ses impostures.

La modération, la douceur des lois sont dans l'intérêt du peuple : mais distinguons bien. Il est, ô Athéniens! deux sortes de lois dans toute république : les unes, purement civiles, règlent les rapports des citoyens entre eux ; les autres sont politiques; leur objet est la participation de chaque citoyen au gouvernement. Pour le bien-être du peuple, la loi civile doit être remplie d'humanité; pour ce même bien-être, la loi qui commande aux hommes d'État, aux gouvernants, sera sévère. Par là, en effet, les mains qui tiennent les rênes de la république, s'appesantiront moins sur vous. Lors donc que l'accusé dira : Ma loi est humaine, répondez-lui : Ce n'est pas à une loi civile que tu donnes ce caractère de bénignité, c'est à l'une de ces lois qui doivent être la terreur de nos chefs !

Que de choses à dire encore, si je voulais aller au-devant de toutes ses trompeuses excuses ! J'en omets une bonne partie, et je résume ce qu'il faut graver dans votre mémoire. Dans tout ce fatras d'apologie, cherchez la preuve de cette proposition : La loi peut être rétroactive; elle peut casser des jugements rendus, comme statuer sur l'avenir. Telle est la plus hideuse, la plus inique, la plus révoltante de toutes les tendances de la loi de Timocrate. Si cette preuve ne peut sortir d'aucune bouche humaine, soyez persuadés qu'on vous trompe, et songez au motif qui a pu lui suggérer une pareille motion. Elle n'était pas gratuite, ô Timocrate! il s'en faut beaucoup; et tu n'as puisé tant d'audace que dans une abominable cupidité. Un seul des protégés de ta loi était-il ton ami, ton parent, ton allié? Diras-tu que, touché du sort des pauvres citoyens, tu as voulu leur venir en aide? Mais s'acquitter envers l'État seulement après de longs retards, après une triple condamnation, se faire arracher le payement, est-ce bien la preuve d'une position malheureuse? une telle conduite ne mérite-t-elle pas plus de haine que de pitié? Diras-tu que l'infortune t'intéresse davantage, parce que tu as pris l'habitude d'une douceur, d'une humanité rares ? Toi, plaindre des concussionnaires forcés de rendre gorge ! plaindre un Androtion, un Glaucète, un Mélanopos! mais as-tu jamais plaint les citoyens qui m'entendent ? Te trouvaient-ils compatissant, ceux dont tu forçais la demeure avec les Onze, et ta bande de collecteurs et de recors? ceux dont tu enfonçais la porte, emportant jusqu'à leur grabat (42), jusqu'à leur unique esclave, quand ils en avaient? Ces exactions cruelles, tu les as commises, avec Androtion, pendant une année entière; et les malheureux que tu pressurais de la sorte étaient sans doute plus à plaindre que les coupables sur lesquels tu t'attendris. Oui, misérable! c'étaient eux qui méritaient ta pitié; eux qui, pour vous autres orateurs, payent et payeront toujours. Ce n'est pas tout : leur dette envers le Trésor est doublée; et par qui ? par toi, par Androtion, qui ne donnâtes jamais une obole à l'État. Seul entre ses dix collègues, Timocrate, ô Athéniens! osa tenir les registres avec Androtion (43) : tant il se croyait sûr de l'impunité! Homme désintéressé! il avait foulé aux pieds son avantage personnel, lorsque, au risque de vous déplaire, il porta une loi contraire à toutes nos lois, contraire à une loi précédente, introduite par lui-même, et que, sans doute, vous n'avez pas oubliée!

Disons sans feinte ce qui, dans la conduite de l'accusé, nous semble mériter le plus votre colère. Ce législateur vénal, cet administrateur vendu ne fait pas même de ses salaires un emploi excusable. Quel serait cet emploi ? Son père, ô juges! est débiteur du Trésor (je le dis par nécessité, non par reproche) ; et l'excellent fils n'y songe même pas ! Un fils, pourtant, qui, menacé du triste héritage d'une mort civile, néglige de libérer son père, et ne pense qu'à amasser pendant le peu de temps que celui-ci doit vivre encore, de quelle bassesse n'est-il pas capable? Quoi ! Timocrate, tu es sans pitié pour ton père; recevant de l'or de toutes parts, faisant des contributions, des décrets, des lois, métier et marchandise, tu laisses ton père sous le poids de l'interdiction, faute de quelques deniers, et tu viens dire : Le sort des malheureux me touche! — Mais il a honnêtement soutenu sa sœur. — Sa sœur ! il l'a vendue, et non établie. Ce fait seul mériterait la mort. Un habitant de Corcyre, un ennemi acharné d'Athènes, un député, hôte de Timocrate, voulait avoir cette sœur (passons sur le motif). Combien? — Tant! — Prend-la ; et maintenant elle est à Corcyre (44). Vendre une sœur, en feignant de l'établir à l'étranger; abandonner un vieux père; dans des décrets, dans l'administration, se montrer adulateur et mercenaire, voilà ce qu'a fait l'homme qui est entre vos mains : et il ne mourra pas ! Voulez-vous donc que l'on vous croie un goût bien vif pour la discorde et le désordre? un tendre attachement pour les scélérats?

Faut-il, ô Athéniens! punir tous les coupables? Oui! telle est certainement votre réponse. Eh bien! c'est principalement sur l'auteur d'une loi pernicieuse à la multitude que doivent tomber vos châtiments. Essayons de le prouver. Le voleur, le brigand, le malfaiteur en général, ne nuit réellement qu'à ceux qu'il attaque; il ne peut dépouiller ni piller toute la nation, et d'ailleurs il ne déshonore que lui seul. Mais l'auteur d'une motion licencieuse, qui déchaîne impunément tous les méchants, nuit à toute la république, déshonore le peuple entier; car de honteuses lois sont l'opprobre de la cité qui les adopte, le malheur de ceux qu'elles régissent. Maîtres du méchant qui s'efforce de vous porter tant de coups, et de vous couvrir d'ignominie, punissez-le, ou vous seriez sans excuse.

Insidieuse et nuisible au dernier point, la loi de Timocrate attaque notre constitution. Reconnaissez-le surtout à cette simple remarque: quiconque prépare une révolution et le renversement du pouvoir populaire, commence par ouvrir les prisons. Non, si l'on pouvait mourir plusieurs fois, trois ou quatre supplices ne seraient pas trop pour Timocrate. Isolé, impuissant contre la démocratie, menacé de périr par vos justes arrêts, il imite audacieusement les attentats des tyrans! Sa loi à la main, il vous somme de délivrer ceux que votre justice a jetés dans les cachots! Car fait-il autre chose, quand il décrète effrontément que tout condamné à la prison, par le passé ou dans l'avenir, en sera garanti?

Je suppose que tout à coup vous entendez un cri près du tribunal; on vient vous dire: La prison est ouverte! les prisonniers s'échappent! Jeunes et vieux, quelque indifférents qu'ils soient, ne prêteront-ils pas main forte à la loi de tout leur pouvoir? Mais un homme s'avance, et dit: C'est Timocrate qui a délivré les prisonniers. A l'instant, sans l'entendre, ne traînerez-vous pas Timocrate au supplice (45)? Eh bien! ce crime, Athéniens, il l'a commis, et vous êtes maîtres de sa personne; il l'a commis hautement, publiquement, en vous surprenant une loi qui ouvre la prison, que dis-je? qui détruit et prisons et tribunaux. En effet, quel besoin en aura-t-on, si les condamnés voient tomber leurs fers, si toute condamnation à venir est, d'avance, frappée de nullité?

Considérez que plusieurs peuples helléniques ont souvent décidé qu'ils adopteraient vos lois: honneur dont vous étiez flattés à juste titre. Au jugement des sages, vous disait-on un jour, les lois sont les mœurs d'un État (46); et ce mot, je le crois vrai. Perfectionnez donc votre législation, sévissez contre ceux qui l'attaquent. N'oubliez pas que votre insouciance vous priverait d'un honneur insigne, et établirait contre Athènes un préjugé fâcheux. Admirateurs de Solon, de Dracon, dont l'unique bienfait consiste dans des lois sages et utiles, poursuivez à outrance ces législateurs qui s'élèvent contre leur ouvrage. La loi de Timocrate est aussi, j'en suis certain, une loi égoïste: son auteur sentait bien que sa conduite politique le mènerait un jour en prison.

Je veux vous rapporter un mot que la tradition attribue à Solon accusant l'auteur d'une loi nuisible. Après l'exposé des griefs, il dit aux juges: « La législation de presque tous les États punit de mort le crime d'altération de la monnaie; cela vous paraît-il juste et prudent? » Sur la réponse affirmative du tribunal, « Je regarde, reprit-il, l'argent comme une monnaie privée, inventée pour faciliter les échanges; et les lois comme une monnaie publique. Or, le juge doit punir bien plus sévèrement le faux-monnayeur en législation qu'en espèces métalliques. Une preuve, disait-il encore, que c'est un plus grand crime d'altérer les lois que l'argent, c'est que plus d'une république, malgré l'alliage de cuivre et de plomb admis et reconnu dans sa monnaie, reste debout, et n'est pas même ébranlée; tandis qu'avec de mauvaises lois ou de bonnes lois altérées, aucun État n'a jamais pu se maintenir. » Athéniens, voilà le faux que Timocrate a commis; proportionnez donc l'expiation à l'attentat.

S'il faut traiter sévèrement tous ceux qui portent des lois flétrissantes et nuisibles, il faut être impitoyable contre quiconque déroge à celles d'où dépend l'agrandissement ou la décadence de la république (47). Or, quelles sont ces lois! celles qui récompensent le dévouement, qui punissent la trahison. En effet, si la crainte des peines légales détourne tous les citoyens de nuire à la patrie; si l'émulation produite par les faveurs réservées aux services les range tous sur la ligne du devoir, qui empêchera qu'Athènes ne soit florissante? Quelle cité grecque possède autant de trirèmes, d'infanterie, de cavalerie, de revenus, de places et de ports? Mais où est le principe conservateur de tous ces biens? dans la loi. Si la loi est reine, ils tournent au bien-être commun; esclave, ils deviennent naturellement la cause des plus grands troubles, surtout quand la vertu demeure sans récompense, quand l'impunité est décrétée, par un Timocrate, en faveur du crime. Alors, vous le savez, toutes ces ressources, même doublées, n'auraient de pouvoir que pour le mal.

Cette loi donc, en détournant le châtiment de la tête des citoyens coupables (48), met au grand jour les tentatives criminelles de l'accusé contre vous. Pour toutes les raisons que j'ai exposées, qu'il éprouve votre courroux, et que sa punition devienne un salutaire exemple. Le pardon pour ces grands criminels, leur condamnation même à une peine légère, deviendrait pour le plus grand nombre la leçon du crime, et les familiariserait avec de pareils attentats.

NOTES

DU PLAIDOYER CONTRE TIMOCRATE.

(1) Texte de Taylor, dans les *Orat. Att.* de Dobson, t. VII, p. 272. Pour le reste, mes guides ordinaires.

(2) S'il n'obtient pas la cinquième partie des suffrages.

(3) Ἀνδροτίωνα, Taylor. M. Boissonade, Schæfer, M. Planche, lisent, d'après le rhéteur Rufus, Ἀνδροτίωνι. Du reste, même sens.

(4) Peut-être veut-il dire, comme Auger l'a soupçonné, que, même après sa mort, on aurait fait le procès à son cadavre.

(5) Place de commerce, en Égypte. — *Sur la prise en considération* : pour le vrai sens de προὐχειροτόνησεν, voy. Harpocration cité par Taylor.

(6) Selon l'année à laquelle il appartenait dans la période de huit ans, ce mois commençait le plus tôt le 4 mai, le plus tard le 30.

(7) Ces statues, représentent les héros qui avaient donné leurs noms aux tribus, ornaient la grande place d'Athènes.

(8) J'ai suivi les divisions de Taylor, qui reconnaît ici plusieurs lois distinctes sur la même matière. Il reste encore quelques obscurités dans ces fragments de législation. Ulpien ; l'auteur d'Anacharsis, ch. 14 ; A. Wolf, dans les Prolégomènes de la Leptinienne ; Schomann, *de Comitt.* Athen., II, 7 ; et Taylor, ont levé quelques-unes de mes incertitudes.

(9) C'est-à-dire le 11 du premier mois de l'année, hécatombæon, dont le premier jour répondait le plus tôt au 13 juin, le plus tard au 9 juillet.

(10) À l'assemblée du trente-troisième jour de leur présidence ou prytanie ; vingt-deux jours après la première. Il y avait quatre assemblées ordinaires par prytanie. La loi désigne ici la dernière des trois dont les mêmes prytanes devaient préparer les travaux.

(11) C'est sans doute par inadvertance que Reiske substitue τεθέντων, *latarum legum*, à ἐκτεθέντων, *proslantium*.

(12) Fêtes du dieu Temps, le Saturne des Latins. On célébrait les petites Panathénées annuelles deux jours seulement plus tard, et les grandes Panathénées quinquennales le 28 du même mois.

(13) Le sens littéral de cette phrase, dans le texte, donne à entendre que le Peuple ne voterait que pour la forme : ce qui est absurde. Il a fallu la développer, pour éviter une contradiction choquante. — Les mots Ἐναντίον δὲ νόμον, jusqu'à la fin, semblent appartenir à une seconde loi sur la même matière.

(14) Ces syndics sont les cinq défenseurs de la loi dont l'abrogation est demandée. Voyez plus haut, *de l'Établissement des Lois*. Pour la phrase suivante, très-controversée, j'ai suivi le sens indiqué par Schæfer, *Appar.*, II, 191.

(15) Ici j'ai adopté la rédaction de Reiske, beaucoup plus logique et plus nette que celle de Taylor. Ὅλος —

οὖσι· μάλιστα δὲ ταῦτα. Γνώσεσθε δ' ἀκούοντες. Λέγε, κ. τ. λ.

(16) Euclide fut archonte après l'extinction de la tyrannie des Trente et le rétablissement de la démocratie. L'année de son archontat (Ol. XCIV, 2 ; 403) faisait époque dans l'histoire d'Athènes. Solon n'avait donné de force à ses lois que pour cent ans. Avec Bienné, d'autres éditeurs anciens, Reiske et Auger, je lis ὅσοι ἐπ' Εὐκλείδου, et non ἀπ' Εὐκλ.

(17) D'après Ullrich, Hemsterhuis et Schæfer, je rends ἐν παραβύστῳ conformément à la scolie. Le mot λάθρα, un peu plus bas, a l'air d'une glose insérée dans le texte. Paulmier et Taylor veulent qu'il soit question ici du *Parabyste*, tribunal d'Athènes peu fréquenté.

(18) Ceci ne se trouve pas dans la première citation de cette loi. — *Tu continueras tout à l'heure*. C'est Démosthène lui-même, comme le remarque Schæfer, qui citera successivement les autres dispositions.

(19) C'est-à-dire sans demander et obtenir préalablement l'abrogation de la loi de Timocrate.

(20) Pensée très-subtile, et qui s'écarte de l'argumentation de l'orateur.

(21) L'orateur entend par là l'état démocratique.

(22) Sans doute, à cause du très-grand nombre de citoyens qui exerçaient les fonctions de juges.

(23) Chaque temple de quelque importance possédait un trésor formé de dons volontaires, d'amendes, du produit des biens sacrés, et d'autres revenus dévolus au dieu. V. Bœckh, l. II, c. 5.

(24) L'éloquent et cruel Critias, furieux contre les Athéniens qui l'avaient banni, se fit nommer parmi les trente tyrans qu'après la victoire de Lysandre, on chargea de donner de nouvelles lois à la république. Il remplit l'Attique de meurtres.

(25) Sur les frais du culte à Athènes, sur les distributions faites au Peuple, sur le salaire des juges, de l'assemblée du Peuple et du Conseil, on peut consulter avec fruit Bockh, liv. II, ch. 12-15.

(26) Passage très-obscur. Littéralement : *les poursuites auront lieu aussi contre eux, conformément aux lois existantes*. Ou le texte est altéré, ou les mots κατὰ τούτων s'appliquent *aux débiteurs du Trésor*, dont il est question dans la première partie de la loi de Timocrate.

(27) Démosthène dit, dans la Midienne, *le double au propriétaire, et autant au Trésor*. — Dans certains délits, la loi permettait aux juges d'ajouter aux peines légales *des peines arbitraires*, qu'ils infligeaient à leur volonté. Cela s'appelait τὰ προστιμήματα, ou τὰ ἐπαίτια.

(28) Cette loi se complète par celle-ci : « Celui qui frappera ses parents, ou ne leur fournira pas des aliments dans leur vieillesse, perdra les droits de citoyen. » Laërt. *Sol.*, 55 ; Esch. *c. Timarq.* — Voyez, pour la loi contre les réfractaires, Esch. *c. Clésiph.*

(29) Taylor reconnaît encore ici plusieurs lois, ou du moins plusieurs dispositions législatives sur la même matière. Nous avons suivi sa division.

(30) Même distinction dans le droit romain (Cic. *Pro Mil.*, 3); et dans nos lois (Code Pénal, 329, 381).

(31) Il ne peut être question ici que d'un vol peu considérable, d'une valeur au dessous de cinquante drachmes, et non commis, comme les précédents, dans un lieu public

(32) L'assesseur d'un tribunal était distingué des membres de ce même tribunal : il ne jugeait pas, mais on l'adjoignait aux juges pour les éclairer et les diriger. — *Lachès* : c'était le nom du père de Mélanopos.

(33) Nous avons vu ailleurs que Décélia était un fort de l'Attique, dont les Lacédémoniens s'étaient saisis à la fin de la guerre du Péloponèse. Plusieurs Athéniens, brouillés avec leur patrie, avaient embrassé le parti de Lacédémone.

(34) « On conservait, dans la chapelle de Minerve-Poliade, le riche cimeterre de Mardonius, qui commandait l'armée des Perses à la bataille de Platée... On voyait aussi, dans le vestibule du Parthénon, le trône aux pieds d'argent sur lequel Xerxès se plaça pour être témoin du combat de Salamine; et, dans le trésor sacré, les restes du butin trouvé au camp des Perses. Ces dépouilles, la plupart enlevées de notre temps par des mains sacriléges, étaient des trophées dont les Athéniens d'aujourd'hui s'enorgueillissaient comme s'ils les devaient à leur valeur. » *Voy. d'Anach.*, c. 12.

(35) Ce n'est pas, dit Paulmier, le fameux Thrasybule de Stiria, celui qui avait chassé les trente tyrans. Cet autre Thrasybule, un des réfugiés du Pirée pendant la domination de Sparte, est le même dont il est parlé dans le plaidoyer d'Eschine contre Ctésiphon.

(36) Chez les Locriens d'Italie. V. Stobée, *Serm.* 42. « Chez les mêmes Locriens, il n'est pas permis de tourmenter et d'éluder les lois à force d'interprétations. Si elles sont équivoques, et qu'une des parties murmure contre l'explication qu'en a donnée le magistrat, elle peut le citer devant un tribunal composé de mille juges. Ils paraissent tous deux la corde au cou, et la mort est la peine de celui dont l'interprétation est rejetée. » *Voy. d'Anach.*, c. 62. Ce que l'orateur dit plus bas de la loi du talion, établie en Locride, ne devait pas étonner les Athéniens. Une loi de Solon portait : « Si quelqu'un a crevé volontairement un œil à un autre, il sera condamné à en perdre deux. » (Diog. Laert. *Sol.*, 57)

(37) Le plus célèbre des tribunaux d'Athènes était celui des Héliastes. Là se portaient toutes les grandes causes qui intéressaient l'État ou les particuliers. Composé, pour l'ordinaire, de cinq cents juges, il voyait, dans certains cas, ce nombre s'élever jusqu'à six mille, par l'accession des autres tribunaux.

(38) Samuel Petit distingue, dans cette longue formule, les clauses communes à tous les tribunaux, et celles qui étaient propres à l'Héliée. Celle relative a la nomination de quelques magistrats ne concernait que cette cour.

(39) Taylor lit δόξῃ, ce qui change le sens. Un manuscrit de Bavière, dépouillé par Reiske, donne δόξῃ, que Bekker adopte, et que Schæfer approuve. Voy. aussi le Démosthène d'Auger, éd. de M. Planche, t. VII, p. 301

(40) Dans le plaidoyer contre Androtion, où se trouve une longue sortie, que Démosthène répète ici presque mot pour mot.

(41) Auger ne sait comment accorder l'orateur avec lui-même. « Démosthène, dit-il, semble convenir ici que les députés avaient payé quelque chose, et dans d'autres endroits du discours il paraît dire, en termes formels, qu'ils n'avaient rien payé du tout. » Malgré les travaux publiés depuis la traduction d'Auger, cette difficulté subsiste encore. Elle est au nombre de celles que je ne puis résoudre. Du reste, il n'est pas question ici de députés, mais de commissaires.

(42) Est-ce un simple reproche d'inhumanité que fait ici l'accusateur? Ou bien blâme-t-il Timocrate d'avoir, encore cette fois, violé la loi? On sait les réserves qu'établi notre législation, en pareil cas, en faveur du débiteur en proprié. Voy. Code de procéd. civ., art. 592, 2° et 8°; et, pour l'analogue de cette dernière disposition, Cod. Justin., l. VIII, t. 17, constit. 1, *quæ res pignori obligari possunt*.

(43) Ces registres étaient sans doute les rôles des contributions.

(44) « Si un étranger épouse une citoyenne par intrigue, ou par une machination quelconque, tout Athénien non interdit pourra l'accuser devant les Thesmothètes. S'il est condamné, il sera vendu, lui et ses biens, et le tiers sera pour l'accusateur. » Cette loi, que cite Démosthène dans le plaidoyer contre Néæra, fait présumer que la participation de Timocrate au mariage de sa sœur était un crime très-grave aux yeux des Athéniens.

(45) Cette hypothèse véhémente est citée par Longin, sect. XV, ed. Weiske.

(46) L'influence réciproque des mœurs et des lois a été beaucoup mieux observée par les modernes que dans l'antiquité.

(47) Ces mêmes phrases se retrouvent vers la fin du plaidoyer contre Leptine.

(48) Reiske et Taylor lisent εἰσὶν αἱ τιμωρίαι. Il y a longtemps qu'on s'est aperçu de ce non-sens. Bienné donne en marge οὐκ, négation qui se retrouve dans un manuscrit de Bekker. Jurin préfère à la leçon vulgaire ἄκυροί εἰσιν. Quelque correction qu'on adopte (et une correction est nécessaire), elle rentre dans le sens que nous avons suivi.

V.

PLAIDOYER

CONTRE ARISTOCRATE.

INTRODUCTION.

C'est pendant les derniers événements de la longue et désastreuse guerre de Phocide, et sur des faits relatifs surtout à la Chersonèse et à la Thrace, que fut composé le discours qui va nous occuper.

Charidème, natif d'Oréos, dans l'Eubée, après avoir servi contre les Athéniens, sous Kotys, roi de Thrace, était entré au service d'Athènes, qui récompensa par de brillantes distinctions sa bravoure et ses talents militaires. Charès, dont il était lieutenant, manquant de solde pour ses troupes, Charidème s'était engagé à Artabaze, et s'était retiré ensuite vers Kotys. A la mort de ce prince, il avait obtenu la tutelle de Kersobleptès et de ses autres fils en bas âge, et avait fait de nouveau la guerre aux Athéniens pour soutenir les droits de ses pupilles. Le danger commun le porta bientôt à se liguer avec Athènes contre Philippe. Ce fut alors que l'orateur Aristocrate porta en faveur de cet intrépide et inconstant aventurier un décret ainsi conçu : « Quiconque tuera Charidème pourra être saisi dans toutes les villes de nos alliés. Si un État ou un particulier met obstacle à son arrestation, qu'il soit exclu des traités. » Euthycrate, riche Athénien, d'ailleurs inconnu, attaque Aristocrate par ce plaidoyer que lui avait composé Démosthène (ol. CVII, 1; selon quelques autres, CVI, 1); il prouve que son décret doit être annulé à tous égards.

Dans un exorde insinuant, il annonce que l'intérêt de la patrie a seul dicté sa démarche : il veut empêcher qu'on n'arrache de nouveau la Chersonèse aux Athéniens ; il prouvera que Charidème n'est qu'un traître.

Avant d'entrer dans son sujet, il traite une question préliminaire, qui trouvera son entier développement dans la deuxième partie : par les faits arrivés après la mort de Kotys et par quelques raisonnements, il démontre que le décret porté en faveur de Charidème ébranlera la domination athénienne dans la Chersonèse.

Vient ensuite la division : 1° Le décret d'Aristocrate est contraire aux lois; 2° Il est nuisible à la république; 3° Celui auquel il décerne une récompense mériterait d'être puni.

La première partie est une discussion pleine de sagacité sur les lois concernant les meurtres, sur les règlements établis dans les tribunaux qui connaissent de ce genre de crimes. — Preuves d'une contradiction flagrante entre le décret et ces lois. — Citation de plusieurs décrets légitimes, opposés à celui d'Aristocrate. — Destruction de ses moyens de défense.

L'affaiblissement de la puissance de Kersobleptès est dans l'intérêt d'Athènes ; or, le décret augmentera cette puissance : le bien de la patrie demande donc qu'il soit annulé. La seconde partie établit fort au long la majeure et la mineure de cet argument, surtout la majeure, qui s'appuie sur des raisonnements et des exemples. — Quelle honte pour les Athéniens, de se faire les gardiens et les satellites du chef d'une soldatesque étrangère !

Dans sa troisième partie, l'orateur étale toute la vie de Charidème, ses trahisons, ses perfidies ; il renverse quelques objections de ses adversaires; il s'élève avec dignité contre les abus introduits dans la distribution des honneurs et des récompenses, qu'on avilit en les multipliant. Il oppose la conduite des Athéniens de son temps à celle de leurs ancêtres, à celle même de quelques cités moins puissantes qu'Athènes, et cependant moins prodigues du titre de citoyen.

Ce plaidoyer, terminé par la récapitulation de toutes les lois qu'attaque le décret, est un des plus beaux de Démosthène. Denys d'Halicarnasse retrouvait surtout dans la première partie l'harmonieuse élégance du panégyrique [1]. Théon d'Alexandrie, Hermogène, Aristide le citent comme présentant à peu près au même degré, dans quelques-uns de ses développements, les perfections de la tribune et du barreau ; et il charmait le stoïcien Panætios par le sentiment du beau moral dont il est empreint. La critique moderne en laisse une large part à l'érudition, à l'étude patiente et curieuse des lois d'Athènes ; mais elle y rencontre de fréquents indices de la véhémence puissante de son auteur, de cet art qui rend une discussion de jurisconsulte vive et rapide, sans lui rien ôter de sa solidité, de ce coup d'œil ferme et sûr qui est le bon sens appliqué à la politique.

Le résultat de ce procès ne nous est pas connu. Nous voyons seulement les Athéniens persévérer dans leur confiance en Charidème, puisque, sans l'opposition de l'Aréopage, ils l'auraient mis à leur tête après la défaite de Chéronée. Proscrit par Alexandre, que ses talents militaires inquiétaient, Charidème alla mourir dans les supplices en Asie, pour avoir dit à Darius une vérité courageuse.

[1] *De Vit. Demosth.* § 45. — Theo, *Progymn.* p. 5. Hermog. p. 376, etc.

DISCOURS.

Qu'aucun de vous, ô Athéniens! ne croie qu'une haine personnelle m'amène ici pour accuser Aristocrate, ou que, ne voyant contre lui qu'une faute faible et légère, je m'expose de gaieté de cœur à son inimitié (1). Si mon jugement et mon coup d'œil ont été justes, vous assurer la possession de la Chersonèse, empêcher qu'on ne vous abuse, et qu'on ne vous l'enlève une seconde fois (2), voilà le soin qui va m'occuper tout entier. Si donc vous voulez vous éclairer sur ce grave sujet, et prononcer selon la justice et les lois, soyez attentifs non seulement au texte du décret, mais encore à ses conséquences. Supposons que, des les premières discussions, vous eussiez connu tant de coupables manœuvres : peut-être n'auriez-vous pas été trompés d'abord; mais, puisqu'un des moyens employés pour vous nuire consiste à cacher adroitement le piége sous des motions, sous des paroles rassurantes, ne vous étonnez point si je montre que le décret actuel est conçu de manière que, paraissant procurer une sauvegarde à Charidème, il prive, en réalité, la république de sa légitime sauvegarde, qui est la Chersonèse. J'ai donc des titres, ô Athéniens! à votre attention bienveillante. Sans être ni un de ceux qui vous poursuivent de leurs harangues, ni un citoyen influent et accrédité, je promets la preuve des faits les plus importants. Si votre appui, si votre zèle sont, pour moi, tout ce qu'ils peuvent être, vous conserverez vos possessions, et l'on n'hésitera plus dès qu'on espérera pouvoir vous être utile. Or cet espoir naîtra de la certitude qu'on se fait aisément écouter de vous. Dans la crainte du contraire, plus d'un Athénien, sans éloquence peut-être, mais meilleur citoyen que les plus éloquents, ne pense pas même à s'occuper de la chose publique. Pour moi, je le jure par tous les dieux, j'aurais certainement reculé devant ce projet d'accusation, si je n'eusse regardé comme une flétrissure l'inaction et le silence au moment où je voyais ourdir des intrigues contre ma patrie, moi qui avais déjà dénoncé de pareils complots lorsque, nommé triérarque, je fis voile pour l'Hellespont.

Il en est, je le sais, qui voient en Charidème un bon serviteur de la république. Mais si je puis vous exposer, comme je veux, toute sa conduite, à moi bien connue, j'espère démontrer que, loin de vous avoir rendu service, il est pour vous le plus malintentionné des hommes, et que sa réputation est entièrement l'opposé de ce qu'elle devrait être.

Si le plus grand tort d'Aristocrate, ô Athéniens! était cette mesure de prévoyance en faveur d'un homme tel que Charidème va vous être dévoilé, cette menace d'une peine extra-légale contre tout attentat à sa personne, j'aurais commencé par montrer combien Charidème est indigne d'un tel privilége. Mais une autre manœuvre, plus criminelle, se cache sous ce décret; et je dois d'abord la signaler à votre méfiance.

Il est nécessaire, avant tout, d'exposer ce qui vous assurait la possession de la Chersonèse: ce point éclairci répandra un grand jour sur les fraudes que je dénonce. Voici le fait. Kotys mort, Bérisadès, Amadokos, Kersobleptès devinrent tous trois rois de Thrace. Leurs prétentions les rendirent ennemis, et les firent recourir à votre médiation. Dans le but de vous enlever cette influence, de déposer deux de ces souverains, et de livrer tout le royaume au seul Kersobleptès, quelques citoyens surprennent un préavis du Conseil, fort éloignés, à les entendre, d'une pareille intrigue, mais uniquement occupés de la même fin, comme je le prouverai. Bérisadès mourut. Au mépris de ses serments et du traité conclu avec vous, Kersobleptès fit la guerre à Amadokos et aux fils du défunt. On voyait bien que ceux-ci seraient secourus par Athénodore, et Amadokos par Bianor et par Simon : un lien de parenté unissait Bérisadès au premier, et son frère aux deux autres. On chercha donc le moyen de les empêcher de remuer, d'isoler les princes, et de faciliter à Charidème, qui travaillait pour Kersobleptès, un bouleversement complet. Vous fera-t-on lancer un mandat d'amener contre le meurtrier de Charidème? vous engagera-t-on à élire celui-ci général? Revêtu de ce titre, il serait à l'abri des attaques de Simon et de Bianor, devenus vos concitoyens, et zélés pour votre cause; Athénodore, citoyen d'origine, n'aurait pas même une velléité de guerre; tous craindraient de s'exposer à des poursuites, inévitable résultat d'une tentative contre Charidème : par cet artifice, les prétendants seraient délaissés; Kersobleptès et Charidème, avec une sécurité entière, prononceraient aisément leur déchéance, et s'empareraient de tout le royaume.

Tel était leur projet, leur plan d'attaque; les faits mêmes le démontrent. En même temps qu'ils cherchent à allumer la guerre (3), on député vers vous Aristomaque d'Alopecæ. Il vous harangue, il prodigue l'éloge à Kersobleptès, à Charidème : c'étaient vos meilleurs amis ; Charidème seul pouvait vous faire rendre Amphipolis : nommez-le général ! Les intrigants s'étaient munis d'un décret préliminaire : si Aristomaque parvenait à vous allécher par ses promesses chimériques, à l'instant le décret serait confirmé par le Peuple ; et, dès lors, plus d'obstacle ! Ainsi, intimider d'une part les défenseurs des prétendants par la crainte d'une dénonciation faite en vertu du décret qui veillait sur les jours de Charidème ; et de l'autre, accorder de pleins pouvoirs à ce meneur, qui, à votre détriment, étendait le sceptre de Kersobleptès sur toute la Thrace : où trouver une intrigue mieux ourdie ?

Mais ces preuves manifestes de leurs intentions sont-elles les seules ? non, du décret même jaillit un témoignage imposant. On y lit : *Si quelqu'un tue Charidème* (pour quel fait ? pour vous avoir trahis ou servis ? le décret n'en dit rien) *le meurtrier pourra être saisi chez les alliés, et amené aussitôt*. Or, nul ennemi de la république ou de Charidème, auteur ou non du meurtre, ne se réfugiera chez nos alliés : la menace ne s'adresse donc pas à nos ennemis. Quant à nos amis, même brouillés avec Charidème dont ils auront remarqué les tentatives hostiles, ils redouteront le décret, et se garderont d'encourir, malgré eux, votre haine. Telle est la position d'Athénodore, de Simon, de Bianor, des princes de Thrace, de quiconque voudrait servir Athènes en arrêtant le bras qui la frappe (4).

Athéniens, voilà pourquoi on a surpris au Conseil ce préavis que l'on voulait faire sanctionner par le Peuple abusé ; voilà les complots contre lesquels nous nous élevons, cette accusation à la main.

Je m'engage à prouver trois propositions : le décret est contraire aux lois ; il est nuisible à l'État ; celui qui en est l'objet ne mérite pas un tel privilége. Mais je dois laisser à mon auditoire le choix de l'ordre à suivre. Par quelle proposition commencerai-je ? quelle sera la seconde, ou la dernière ? Voyez, que préférez-vous ? je suivrai le plan de votre choix...... Vous demandez d'abord la preuve de la violation des lois ? eh bien ! c'est par là que j'entamerai la discussion (5). Mais il est une grâce que je réclame comme un droit. Croyant peut-être Charidème calomnié, et ayant foi en ses loyaux services, n'allez pas entendre avec prévention la question de droit ; ne rendez pas impossible, pour vous, un arrêt conforme à votre serment ; pour moi, la persuasion complète que je désire opérer : mais écoutez dans la disposition que je vous demande, et voyez combien cela est juste. Quand je discuterai les lois, mettez à part la vie et le caractère de l'homme pour lequel le décret est porté : le décret est-il conforme ou contraire à notre législation ? voilà toute la question, rien de plus. Quand je développerai la conduite de Charidème, et les artifices par lesquels il vous a trompés, observez seulement si les faits allégués sont vrais ou faux. Enfin, quand je chercherai si le décret est utile, ou non, à la république, faites abstraction du reste, et pesez mes raisons sur ce point. Si vous m'écoutez dans cet esprit, si vous isolez chaque question, au lieu de les accumuler dans votre examen, la vérité viendra à vous sans nuage, et l'exposé de mes preuves deviendra très-facile. Sur chaque proposition je serai court. — Prends le texte des lois, et lis : c'est de là que sortira la preuve de l'illégalité du décret.

Extrait des lois sur le meurtre.

Le Conseil de l'Aréopage connaîtra du meurtre, des blessures faites à dessein de tuer, de l'incendie, de l'empoisonnement.

Assez ! — Vous avez entendu, ô Athéniens ! la loi et le décret. Le moyen le plus facile, selon moi, de vous montrer combien celui-ci est opposé à celle-là, c'est d'examiner l'état de celui pour lequel il est porté. Est-il étranger, métèque (6), ou citoyen ? Métèque ? oh ! non ; étranger ? pas davantage. Le Peuple l'a fait citoyen ; et cette faveur, nous la lui maintenons. Traitons-le donc comme Athénien. Et voyez, par Jupiter ! la sincérité, la droiture de mon langage, qui le place au rang le plus honorable. Or, des priviléges interdits à vous-mêmes, citoyens de naissance, ne doivent pas, sans doute, lui être accordés malgré les lois. Quels priviléges ? ceux du décret. Il est écrit dans la loi : « L'Aréopage connaîtra du meurtre, des blessures faites à dessein de tuer, de l'incendie, de l'empoisonnement. » En supposant que mort s'ensuive, le législateur veut un jugement ; et, seulement après, il prononce une peine contre le meurtrier. C'était éclairer sagement la religion de vos tribunaux populaires, ô Athéniens ! Je m'explique. Nous ne pouvons connaître tous l'assassin : admettre une aussi grave inculpation sans procès lui semblait donc très-injuste. Voulons-nous venger la victime ? qu'on nous instruise, qu'on nous montre le bourreau. La peine doit suivre l'instruction, non la précéder. Le législateur pensait encore que ces formules, *celui qui aura tué, commis un sacrilége, trahi l'État*, et d'autres semblables, désignent, avant la sentence, des prévenus ; après la conviction du juge et la condamnation, des criminels. Que devait-il donc indiquer après l'accusation? le jugement; et c'est ce qu'il a fait. Celui, dit-il, qui ôtera la vie.... sera *jugé* par l'Aréopage. Pas un mot encore de la peine qui suivra la condamnation. Voilà ce que dit l'auteur de la loi; et l'auteur du décret; que dit-il? *Celui qui ôtera la vie à Charidème :* c'est jusqu'ici le langage du législateur. Mais, plus loin, tout change : le jugement à intervenir est supprimé; on court sus au coupable; Aristocrate saute par-dessus le tribunal établi par la loi; sans procès, sans instruction, il jette un homme à ceux qui le poursuivent : le malheureux est à leur merci; permis à eux de le maltraiter, de le torturer, de le rançonner (7). Cependant, la loi suivante a formellement défendu ces rigueurs arbitraires, même envers les sicaires convaincus et condamnés. On va lire cette loi.

Loi.

On peut punir de mort le meurtrier saisi sur notre territoire, comme il est marqué dans les tables de Solon (8). Mais il est défendu de le maltraiter, de le rançonner, sous peine d'être passible du double. Les archontes recevront la plainte de tout citoyen, pour chaque grief de leur compétence. Les héliastes en connaîtront.

Athéniens, vous avez entendu. Un examen attentif vous montrera tout ce que le législateur a mis ici de sagesse et d'équité. *Le meurtrier,* dit-il. Qui nomme-t-il ainsi? le condamné ; car on n'est compris sous ce mot qu'après la preuve du crime et la condamnation. Où ce sens est-il indiqué? dans la loi précédente et dans celle-ci. Après avoir dit, *celui qui ôtera la vie*, la première ajoute, *sera jugé par l'Aréopage;* la seconde désigne, après le meurtrier, la peine qu'il subira. Quand il y a simple prévention, le législateur établit un jugement; il statue sur la pénalité quand il y a un condamné, un meurtrier. Ici donc, c'est au condamné qu'il s'adresse : *On peut le punir de mort, après l'avoir saisi sur notre territoire.* Mais peut-on le traîner dans sa maison, partout où l'on voudra? non, sans doute. Comment donc procéder? *comme il est marqué dans les tables de Solon.* Et que disent ces tables? vous le savez tous. Les thesmothètes ont droit de mettre à mort ceux qui reviennent après s'être exilés pour meurtre; et l'an dernier vous avez vu un assassin arraché de l'assemblée du Peuple, et traîné aux pieds de ces magistrats. C'est donc devant eux que l'on mènera le meurtrier, et non dans sa maison. Où est ici la différence? Le présenter aux thesmothètes, c'est le remettre à la loi ; le mettre en chartre privée, c'est l'accaparer pour soi-même. Dans le premier cas, c'est la loi qui frappera ; dans le second, c'est un ennemi : or, entre une peine légale et les vengeances de la haine, la distance est énorme. *Il est défendu de le maltraiter, de le rançonner.* Expliquons cela. *Le maltraiter,* c'est le battre de verges, l'enfermer, commettre une violence quelconque. *Le rançonner,* c'est exiger de lui de l'argent : tel était le langage de nos ancêtres (9). La loi a donc déterminé la manière dont on punira le meurtrier condamné. Et le lieu? c'est la patrie du mort. Défense expresse de le punir autrement ou ailleurs. L'auteur du décret décide précisément le contraire : *Celui qui ôtera la vie à Charidème pourra être saisi partout* (10). Que dis-tu, Aristocrate? La loi défend de saisir, excepté sur le sol de l'Attique, le meurtrier condamné; et toi, tu veux qu'on saisisse chez tous nos alliés un homme qui n'a pas même été jugé! La loi ne permet pas de prendre le premier sur notre territoire, pour le mettre en chartre privée ; et toi, tu autorises cette violence à l'égard du second! Vexations pécuniaires, tortures, la mort même, tout ce que la loi repousse, tu l'admets ! Jamais décret s'éleva-t-il contre notre code d'une manière plus évidente, plus criminelle ? Les lois te présentent deux expressions, applicables, l'une au simple prévenu, l'autre au meurtrier condamné. Que fais-tu? tu prends dans le texte de ton décret le terme qui désigne l'inculpation ; et le châtiment que le législateur épargne même à l'assassin convaincu, tu le prononces contre celui qui n'a pas encore de juges ! Tu mets l'intermédiaire au néant. Que plaçons-nous entre la prévention et la conviction? le procès, dont le mot n'est écrit nulle part dans ton décret. — Qu'on lise les lois suivantes.

Loi.

Celui qui tuera un meurtrier, ou causera sa mort, hors du marché de la frontière (11), des jeux publics et des sacrifices des Amphictyons, encourra les mêmes peines que s'il avait tué un Athénien. Les Éphètes en connaîtront.

Apprenez, ô Athéniens! quelle était la pensée de l'auteur de cette loi : vous verrez qu'il a distingué tout avec beaucoup de sagesse et d'équité. « Celui, dit-il, qui tuera un meurtrier, ou causera sa mort, hors du marché de la frontière, des jeux publics et des sacrifices des Amphictyons, encourra les mêmes peines que s'il avait tué un Athénien. Les Éphètes en connaîtront. » Quel est son but? c'est d'exiler de la patrie du mort le meurtrier condamné, fugitif, échappé au glaive de la loi; mais sans que ce glaive pût l'atteindre partout indifféremment. Et pourquoi cela? Si nous faisons mourir l'Athénien réfugié chez des Hellènes, toute la Grèce frappera ses proscrits évadés dans l'Attique ; et, par là, on privera un malheureux de la seule ressource qui lui reste. Quelle est cette ressource? abandonner le pays du mort, et cacher sa tête dans une contrée étrangère au crime. Pour lui conserver cet unique refuge, et ne point venger à l'infini le sang par le sang, le législateur défend d'ôter la vie à un meurtrier *hors du marché de la frontière*. Qu'entend-il par ce mot? les confins mêmes de notre territoire : car c'est là, je pense, que nos ancêtres s'assemblaient avec leurs voisins. Il ajoute, *hors des sacrifices amphictyoniques* : pourquoi cette exception? parce qu'il enlève au meurtrier tous les biens dont jouissait la victime : d'abord, la patrie, c'est-à-dire toute participation aux mêmes droits civils, politiques, religieux (12). Il l'exclut du marché de la frontière : c'est le refouler loin de notre sol; ensuite des sacrifices amphictyoniques, cérémonies saintes, auxquelles le mort, s'il était Grec, avait aussi sa place; enfin, *des jeux publics* : pourquoi? parce qu'il concourait à ces jeux, qui appellent la Grèce entière. Au nom de la loi, le meurtrier sera donc exclu de tous ces lieux, dépouillé de tous ces avantages : mais celui, dit-elle, qui lui ôtera la vie, hors des lieux désignés, quelque part que ce soit, sera puni *comme s'il eût tué un Athénien*. Elle n'appelle pas l'exilé citoyen : ce titre, il l'a perdu. Elle le désigne par son délit : celui qui tuera *un meurtrier*. Elle commence par fixer les lieux qui lui sont interdits; ensuite, pour légitimer la peine réservée à quiconque le tuera hors de ces lieux, elle ajoute le nom de citoyen : il encourra la même punition que s'il avait tué *un citoyen d'Athènes*. Qu'a de commun cette théorie avec celle de l'auteur du décret? Voilà des infortunés que la loi laisse vivre en paix dans l'exil, qu'elle ne peut atteindre que dans une ou deux localités : et toi, tu les poursuis à outrance! Ils trouvent des cœurs indulgents dans une contrée où ils sont inoffensifs : et tu leur enlèves cette consolation! N'es-tu pas d'autant plus coupable que, parmi tant de jouets du destin, nul n'est assuré de pouvoir toujours se passer de cette sympathie! Supposons Charidème assassiné : quiconque, hors des lieux d'où les meurtriers sont exclus, tuera son assassin, proscrit par le décret, encourra les peines légales : tu les encourras toi-même, ô Aristocrate! Celui, dit la loi, qui *causera* sa mort : cette mort, tu l'auras causée par ton décret; oui, tu seras l'assassin d'un assassin. Si donc, après la mort de celui-ci, tu n'es pas inquiété, nous laisserons au milieu de nous un homme souillé de sang. Si nous te poursuivons, nous serons forcés de violer le décret confirmé par nous-mêmes. Est-ce donc là un faible motif, une raison banale pour briser ce décret? — Continuons de citer les lois.

Loi.

Celui qui, hors de l'Attique, poursuivra, saisira, emmènera un meurtrier fugitif, dont les biens n'auront pas été confisqués, sera puni comme s'il eût maltraité un citoyen sur notre territoire.

Loi aussi humaine que sage, ô mes concitoyens! loi violée encore par l'accusé, violée avec évidence. Celui, dit-elle, qui poursuivra, saisira, emmènera un meurtrier *fugitif, dont les biens n'auront pas été confisqués*. Elle s'applique au meurtre involontaire. La preuve, c'est qu'elle désigne, non le meurtrier banni, mais le fugitif, qui n'a point subi la confiscation : or, il y a toujours confiscation si le meurtre est prémédité. Et comment s'exprime la loi au sujet du meurtre involontaire? Celui qui, hors de l'Attique, poursuivra, saisira, emmènera : *hors de l'Attique*, c'est hors de la patrie du mort, interdite au meurtrier. C'est de cette patrie que la loi permet de le chasser; là on peut le saisir; hors de là, on ne peut ni l'un ni l'autre. La loi réprime la contravention par les mêmes moyens que des sévices exercés contre un Athénien dans son propre pays : *il sera puni*, dit-elle, *comme s'il eût maltraité un citoyen sur notre territoire*. Je te le demande, ô Aristocrate! et qu'on ne croie pas ma question insignifiante : sais-tu comment mourra Charidème? sa mort sera-t-elle violente ou naturelle? — Je l'ignore, réponds-tu. — Supposons la mort violente. Sais-tu s'il sera tué à dessein ou non, à tort ou avec droit, par un citoyen ou par un étranger? — Je l'ignore aussi. — Eh bien! après avoir dit, dans ton décret, *celui qui tuera*, que n'ajoutais-tu : à dessein ou non, à tort ou avec droit? que ne distinguais-tu l'étranger du citoyen? Et pourquoi ne pas décider que le meurtrier sera jugé suivant les lois, au lieu de le livrer au premier venu, surtout après le simple énoncé du délit? La loi défend de le poursuivre au delà de notre territoire : mais quel territoire lui laisse ton décret? il permet de le saisir partout! La loi dit : Hors de la frontière, il n'y aura ni poursuite, ni arrestation. Ton décret répond : Qui que ce soit pourra saisir l'auteur d'un meurtre, même involontaire, et le traîner dans la patrie du mort. Quelle confusion! quel bouleversement de tous les droits! Tu supprimes ainsi les circonstances qui rendent une action excusable ou criminelle. Sans nous borner au meurtre, ouvrons nos lois, qu'y lisons-nous? « Celui qui frappe *comme agresseur*. » Attaqué, et se défendant, il n'est point coupable. « L'auteur d'un reproche injurieux *et mensonger*. » Fondé, le reproche devient légitime. « Le meurtre *accompagné de préméditation*. » S'il n'est pas prémédité, il change de caractère. « Le dommage causé *volontairement, injustement.* » Partout la circonstance qui caractérise le fait; oui, partout, hormis dans ton décret! « Si Charidème est tué, qu'on saisisse le meurtrier (13). » Involontaire, juste, née de la résistance, excusable devant toutes les lois, cette mort à tes yeux, est un forfait! — Poursuivons.

Loi.

Il n'y a pas lieu d'accuser le dénonciateur d'un meurtrier rentré dans le lieu qui lui est interdit.

Cette loi, Athéniens, est de Dracon, comme toutes les précédentes en matière de meurtre. Développons-la. On ne pourra poursuivre criminellement le dénonciateur d'un meurtrier qui revient au lieu d'où il est proscrit. Je vois ici deux décisions, également attaquées par le décret: permis de dénoncer un meurtrier, et non de l'appréhender au corps; permis de le dénoncer, seulement s'il rompt son ban, et non dans quelque lieu qu'il vienne. Quelle localité lui est interdite? la ville d'où il est banni (14). Comment la loi le dit-elle? en termes parfaitement clairs: *s'il est rentré.* Entendrez-vous, par ces mots, une autre ville que celle qui l'a chassé? Rentre-t-on là d'où l'on n'est jamais sorti? Cette loi donne donc action contre le meurtrier, seulement dans le cas où il a rompu son ban. Qu'on le saisisse, dit au contraire Aristocrate; qu'on l'arrache de l'asile que les lois lui ont laissé! — Continue la lecture.

Loi.

Nul ne sera poursuivi comme assassin, si le meurtre, non prémédité, a eu lieu dans l'un des cas suivants (15):
 Dans les jeux publics;
 Dans une embuscade;
 A la guerre, par erreur;
 Sur un séducteur surpris avec la femme, la mère, la sœur, la fille, ou la concubine du meurtrier.

Opposé à plusieurs lois, le décret attaque principalement celle qu'on vient de lire. Voilà quelques circonstances où l'homicide est excusable: l'accusé les supprime toutes; dans tous les cas indistinctement, il sévit contre le meurtrier. Voyez cependant avec quelle scrupuleuse sagesse tout est prévu, tout est distingué. Le législateur excuse le meurtre commis dans les jeux: pourquoi? parce qu'il a pesé l'intention, et non le fait. Or, on voulait vaincre, on ne voulait pas tuer. Si l'antagoniste était trop faible pour la lutte, le législateur a pensé qu'il a lui-même causé sa mort, et que, par conséquent, on ne devait pas en poursuivre l'auteur. Il absout encore celui qui tue à la guerre, par méprise. Rien de plus juste: l'homme que j'ai tué, je le prenais pour un ennemi; on doit me pardonner. Il est très-juste encore d'excuser l'homicide commis dans la dernière circonstance indiquée par la loi. Après tout, c'est nous permettre de tuer même un ami, s'il outrage des personnes que nous prétendons garantir, les armes à la main, des insultes d'un ennemi. Amis et ennemis ne forment point, par eux-mêmes, une catégorie à part; leurs actions seules leur impriment ce caractère; et la loi autorise les représailles contre quiconque nous traite en ennemi. N'est-il donc pas révoltant d'excepter un seul homme de tous les cas où l'homicide n'est plus un crime! Allons plus loin: s'il arrive à Charidème ce qui peut arriver à tout autre; s'il quitte la Thrace pour habiter quelque ville grecque; si, désarmé de ce pouvoir qui n'est, dans ses mains, qu'un instrument de violences, mais toujours téméraire, il ne change pas de conduite, ne faudra-t-il pas dévorer ses outrages en silence? Avec ce décret, serait-il sûr de lui ôter la vie, et de tirer la réparation autorisée par les lois? Si l'on dit: Mais Charidème agira-t-il ainsi? je répondrai: Mais tuera-t-on Charidème? Ne nous arrêtons pas sur ce point; et, puisque le décret attaqué s'applique, non à un fait accompli, mais à une pure éventualité, laissons la question indécise, jugeons ce qui est probable; ne pouvant lire dans l'avenir, bornons-nous à l'examen du possible. Je dis donc: le décret annulé, si un poignard frappe Charidème, les lois sont là pour punir l'assassin; le décret confirmé (16), si Charidème commet une violence, l'opprimé ne peut plus demander justice. Voilà donc notre législation attaquée de toutes parts; voilà une décision qu'il faut abroger dans l'intérêt de tous. — Lis la loi suivante.

Loi.

Quiconque, pour défendre son bien, tuera sur-le-champ celui qui le lui enlève par une violence injuste, ne sera point passible de la peine des meurtriers (17).

Voilà encore un cas où l'homicide est permis. « Quiconque, dit la loi, pour défendre son bien, tuera sur-le-champ celui qui le lui enlève par une violence injuste, ne sera point passible de la peine des meurtriers. » Par Jupiter! admirez cette sage disposition. Dans la désignation d'un homicide excusable, le législateur place ce mot, *sur-le-champ*: ainsi, le meurtrier n'aura pas eu le temps de réfléchir. Pourquoi dit-il, *pour défendre son bien?* pour montrer que c'est seulement au propriétaire attaqué qu'il permet de tuer. Ainsi, le meurtre est avoué par la loi, à la seule condition de la défense instantanée; juste et légal, il est, sans restriction, proscrit par l'accusé. Mais, dira-t-on, je calomnie Charidème: qui attaquera-t-il pour le dépouiller? Qui? tout le monde. Vous se le savez que trop, tous ces chefs de bandes, enclins à la violence, ne se font guère scrupule de ces spoliations envers le faible, qu'ils méprisent. Or, j'en atteste le ciel et la terre, si j'ai les mains liées pendant que ma propriété est forcée, pillée comme une terre ennemie, n'est-ce point la contrainte la plus tyrannique, la plus opposée et aux lois positives, et à la loi naturelle? Alors Charidème aura la vie sauve! alors on saisira le meurtrier du brigand, c'est-à-dire un homme qui est innocent devant la loi! — Continue nos citations.

Loi.

Le magistrat, le simple citoyen qui contribuera à l'abolissement ou à l'altération de ces lois (18), sera dégradé, lui, ses enfants et tout ce qui lui appartient.

Vous avez entendu, ô Athéniens! ce texte est formel : « Le magistrat, le simple citoyen qui contribuera à l'abolissement ou à l'altération de ces lois, sera dégradé, lui, ses enfants, et tout ce qui lui appartient. » Est-il faible, ce rempart que le législateur élève autour de son ouvrage? Il le munit contre tout essai de destruction ou de changement. Aristocrate, peu effrayé, le bouleverse et l'anéantit. En effet, n'est-ce pas le bouleverser que d'autoriser la violence sur la personne d'un meurtrier par delà nos frontières, et de proscrire un simple prévenu, sans vouloir l'entendre? N'est-ce pas l'anéantir que d'attaquer de front, par un décret, tant de sages règlements?

Il est encore, ô Athéniens! il est beaucoup d'autres lois qu'il a enfreintes : trop nombreuses, elles n'ont pu être toutes transcrites en regard de son décret. Je me résume en disant : Toutes les formalités de notre procédure criminelle en matière d'homicide, citation de l'accusé, production de témoins, serment des parties, ont été méconnues et violées par cette fatale disposition. Je n'aggrave pas les charges : en effet, qu'y lisons-nous? la peine, immédiatement après l'énoncé du délit; mais, sur l'ajournement, le jugement, les preuves testimoniales, le serment à déférer, pas un mot!

Et ces formalités, dédaignées d'Aristocrate, s'observent, au nom de la loi, dans cinq de nos tribunaux criminels. Mais, dira-t-on, ces tribunaux ne font pas autorité ici, et j'ai tort d'en parler (19); le bon droit, l'équité sont du côté du décret. Athéniens, c'est tout le contraire. Je ne sache pas que décision plus inique ait jamais été prise parmi vous : quant aux tribunaux, il n'en est, chez aucun peuple, de plus augustes, de plus équitables que les vôtres. Entrons dans quelques détails qui honorent Athènes, et feront battre vos cœurs.

Remontons un instant au point qui éclairera tout le reste, à la faveur accordée à Charidème. Nous l'avons fait notre concitoyen, et, par ce beau titre, nous l'avons associé à toutes nos institutions religieuses et politiques, à tous les avantages dont nous jouissons nous-mêmes. Athènes possède des tribunaux tels qu'il n'en existe nulle part ailleurs. Le plus vénérable de tous, le plus éminemment athénien, c'est l'Aréopage, qu'ont célébré à l'envi la fable, et l'histoire ancienne et contemporaine. Il convient de rapporter un ou deux traits à sa louange. Le premier, transmis par la tradition, est d'une haute antiquité (20). C'est dans l'Aréopage, dit-on, que les Immortels ont voulu juger et être jugés pour cause de meurtre, et vider leurs différends. Neptune y demanda vengeance, contre Mars, de la mort de son fils Halirrhotios. Les douze grands dieux y prononcèrent entre Oreste et les Euménides. Voilà pour les premiers âges; quant aux temps modernes, disons que ce tribunal est le seul auquel la royauté, l'oligarchie, la démocratie n'aient point retiré sa compétence en matière d'homicide; et que, sur cet objet, on préféra toujours sa décision à celle qu'on aurait donnée soi-même. Ajoutons qu'il n'est pas d'autres juges que ni accusé ni accusateur condamnés n'aient jamais pu convaincre d'injustice. Eh bien! au mépris de cette institution, sauvegarde des citoyens, au mépris des peines qu'elle applique, Aristocrate décrète, en faveur de Charidème, tant qu'il vivra, une liberté sans limites; et pour ses parents, s'il se fait tuer, le redoutable droit d'accusation. Suivez mon raisonnement. Dans l'Aréopage, vous le savez, l'accusateur, en matière de meurtre, commence par prêter serment. Debout parmi les lambeaux consacrés d'un bélier, d'un porc, d'un taureau, immolés dans les jours et par les ministres désignés, avec les rites prescrits, il prononce sur lui-même, sur sa famille, sur toute sa race, des imprécations extraordinaires et terribles. Cet appareil imposant ne suffit pas pour qu'on le croie. Convaincu d'imposture, il ne gagne rien au parjure par lequel il s'est lié avec tous les siens. Reconnu sincère, on ne livre pas à sa merci l'accusé qui vient d'être condamné : celui-ci est remis, d'après la loi, à ceux qui doivent présider à la peine; il peut seulement voir le supplice du meurtrier. Voilà pour l'accusateur. L'accusé prête aussi serment avec imprécation. Après une première plaidoirie, il est libre de s'exiler lui-même; l'accusateur, les juges, personne ne peut l'en empêcher. Pourquoi cela est-il ainsi, Athéniens? Les fondateurs de cet usage, quels qu'ils fussent, dieux ou héros, ont pensé qu'il fallait, non accabler un malheureux, mais adoucir son infortune, dans les limites de la justice. Eh bien! toutes ces

DÉMOSTHÈNE.

prudentes formalités ont été, sans exception, transgressées par l'auteur du décret.

Il se joue donc de notre premier tribunal criminel, il en viole et le droit écrit et les coutumes. Du même coup il frappe évidemment une seconde Cour de justice, celle qui, voisine du temple de Pallas, connaît des meurtres involontaires (21). Là, après le serment, les deux parties s'expliquent, et les juges prononcent. Rien de pareil dans le décret. En cas de condamnation, le meurtrier est remis, à qui? à l'accusateur? à quelque autre citoyen? non; il tombe au pouvoir de la loi. Et qu'ordonne la loi? que celui-ci s'exilera pour tel temps, jusqu'à telle distance, en attendant son accommodement avec la famille du mort. La loi lui rouvre alors sa patrie, en lui imposant des sacrifices expiatoires et quelques autres satisfactions. Cette loi est éminemment juste, ô Athéniens! Involontaire, le meurtre ne mérite pas une peine aussi rigoureuse que quand il est commis à dessein. Son auteur doit être exilé; mais, dans sa retraite, ses jours sont garantis. Après son retour, la purification accomplie selon les rites sacrés, l'exécution de toutes les mesures légales, sont encore prescrites avec une haute sagesse. Ces statuts de nos premiers législateurs, ces modèles de justice, Aristocrate, en rédigeant sa motion, les a tous méconnus.

Mais c'est peu d'avoir brisé les règles antiques de deux tribunaux respectables : il en est un troisième, le plus formidable de tous, qui connaît des meurtres avoués, mais prétendus légitimes; c'est celui qui siége près du temple d'Apollon (22). Ceux qui, dans le principe, ont réglé sa compétence, me semblent s'être posé d'abord cette question : Devons-nous admettre des meurtres légitimes? Réfléchissant qu'Oreste, parricide avoué, avait été absous par les dieux mêmes, ils en ont conclu qu'il pouvait y avoir justice dans l'homicide; car, sans doute, une décision des Immortels est infaillible. Sur cette base bien arrêtée, ils ont établi les cas où le meurtre sera excusable. Aristocrate les rejette tous. Il ne sort pas de cet énoncé : *celui qui ôtera la vie à Charidème* sera proscrit. Qu'il y ait justice, légalité, peu lui importe. Toutefois, une action, une parole sont toujours empreintes de justice ou d'injustice; il n'en est pas auxquelles ces deux caractères s'appliquent simultanément : car la même chose ne peut être à la fois juste et injuste. L'examen nous montre-t-il, sous une action, l'idée de justice? nous la jugeons moralement bonne; reconnaissons-nous qu'elle viole l'équité? elle est réputée coupable. Toi, Aristocrate, laissant là les circonstances du fait, tu jettes ces mots absolus, *celui qui ôtera la vie*;

et, d'une manière également indéterminée, te hâtes d'ajouter, *sera saisi*. Ton mépris pour les règles d'un troisième tribunal est donc évident.

Il est une quatrième Cour de justice, l'Épiprytanéum (23). Quelle est sa compétence? Si une pierre, du bois, du fer, ou autre chose semble, tombe sur quelqu'un et le tue, sans qu'on sache qui les a jetés, l'instrument du meurtre, connu et saisi, est traduit devant ce tribunal. Eh quoi! le législateur a voulu qu'on jugeât en forme, avant de le condamner, un objet inanimé, et toi tu proscriras, sans l'entendre, un homme accusé d'homicide, un innocent peut-être! Fût-il coupable, c'est toujours un homme, un être de la même nature que nous.

Voyez encore comme il foule aux pieds le cinquième tribunal, celui de Phreatte (24). Un meurtrier par accident, condamné à l'exil, est-il accusé d'homicide volontaire avant d'avoir dédommagé la partie plaignante? voilà les juges que la loi lui donne. Il ne peut rentrer dans sa patrie, mais le législateur ne l'a pas oublié. Le quasi-exil pour lequel il est condamné ne fera rien préjuger sur le crime dont on l'accuse. Mais comment éclairer le tribunal, sans enlever au banni le droit de se faire entendre? Le législateur transporte les juges dans un lieu accessible à l'accusé, situé sur le bord de la mer, et nommé Phréatte. Celui-ci arrive en bateau, s'arrête à quelque distance du rivage, et plaide sa cause. Le tribunal l'écoute, et prononce. Condamné, il subit la peine établie contre l'homicide volontaire. Absous, il sort pur de cette nouvelle accusation, mais il retourne achever son ban. Pourquoi toutes ces règles si prévoyantes? pour éviter la double injustice qu'il y aurait à laisser un crime impuni, et à proscrire un innocent sans l'entendre. Or, si ces ménagements s'observent envers des meurtriers reconnus; s'il faut que, sur une nouvelle accusation d'homicide, ils soient jugés, et jugés après s'être défendus; si la loi maintient, en leur faveur, tous les droits des accusés; peut-on sans une énorme injustice, proscrire et livrer à ses dénonciateurs, avant de l'écouter, un homme accusé pour la première fois d'avoir versé le sang, lorsque sa culpabilité est encore un problème, lorsqu'on ignore s'il a eu l'intention de tuer!

Nous avons encore une sixième procédure criminelle, également omise par l'auteur du décret. Supposons toutes ces formalités négligées par ignorance, à cause de la prescription qui a couru, ou pour toute autre raison. Si j'aperçois le meurtrier sous le vestibule d'un temple ou dans la place publique, je peux le traîner, non chez moi, mais où je veux, comme ta motion y autorise, mais en prison. Là, aucun châtiment ne peut l'atteindre qu'en vertu d'un jugement. S'il est condamné, il mourra ; mais son accusateur paiera mille drachmes s'il n'obtient pas le cinquième des suffrages. Voilà encore des règles qu'Aristocrate brise avec son décret. Il attache un crime au nom d'un homme qui n'est pas reconnu coupable ; sans donner de juges, il proscrit. Vienne ensuite un citoyen, une ville même, qui, prenant fait et cause pour tant de sages règlements, élève la voix en faveur de tous ces tribunaux établis par le ciel pour être les oracles de sa justice sur la terre, et délivre de l'oppression une tête innocente : cette ville, Aristocrate la retranche de notre alliance ; ce citoyen, il le punit sans jugement, sans procès. Imaginez, si vous le pouvez, un acte législatif plus inique, plus illégal ! N'y a-t-il pas encore quelque loi ? montre-moi les extraits. — Voici le reste. — Lis celle-ci (25).

Loi.

· En cas de mort violente, les parents du défunt, pour le venger, pourront faire saisir, au nombre de trois au plus, les personnes chez qui le meurtre a été commis, jusqu'à ce qu'elles soient jugées, ou livrent le meurtrier.

Parmi tant de bonnes lois que nous possédons, je n'en connais pas de plus juste, de plus sage. Jugez-en vous-mêmes, Athéniens. *En cas de mort violente* : pourquoi ce dernier mot ? Pour nous faire connaître que la loi désigne un meurtre illicite (26) ; *les parents du défunt, pour le venger, pourront faire saisir les personnes chez qui le meurtre a été commis, jusqu'à ce qu'elles soient jugées, ou livrent le meurtrier*. Quelle prudence ! D'abord on exige de ces personnes qu'elles subissent un jugement. Veulent-elles s'y soustraire ? qu'elles montrent le bras qui a frappé ! Ne veulent-elles ni procès, ni délation ? la famille du mort peut en faire saisir *jusqu'à trois, et point au delà*. Ici, pas une décision qui ne soit contredite par le décret. *Celui qui ôtera la vie* : comment ? par violence, avec injustice ? cela n'est nullement expliqué ; *pourra être saisi* : mots lancés bien vite, avant d'accorder le droit de défense au meurtrier présumé. Enfin, trois personnes, chez qui l'homicide a eu lieu, resteront saisies si elles ne veulent ni en livrer l'auteur, ni subir un jugement. Loin de les inquiéter, Aristocrate n'en dit mot ; et ceux qui, d'après le droit d'asile, droit sacré pour tous, accueilleront un infortuné qui se sera peut-être banni lui-même, il les efface de nos traités, s'ils ne livrent leur suppliant ! Suppression des circonstances caractéristiques du meurtre, suppression du procès à intenter, suppression de l'ajournement du prévenu, faculté de le saisir partout, peine infligée, non aux té-moins du fait, mais à l'hôte de l'accusé, voilà autant de démentis flagrants donnés à la loi que je viens d'invoquer. — Reprends ta lecture.

Loi.

Il est défendu de porter, pour un citoyen, une loi qui ne s'appliquerait pas à tous.

Pour ne plus concerner les cas d'homicide, cette loi, ô juges ! n'en est pas moins l'égale de toutes les autres en sagesse. Participant tous aux institutions de la république, les Athéniens doivent avoir une part égale dans l'application des lois : telle a été la pensée du législateur. De là, cette prohibition de tout privilége, de toute acception de personnes. Vous l'avouez unanimement, nul décret ne doit s'élever contre une loi : or, proposer, en faveur de Charidème, une mesure qui ne sera que pour lui, c'est évidemment attaquer la loi qu'on vient de lire. Cette mesure, une loi même ne pourrait l'établir ; à plus forte raison un décret. — Continuons de citer. Est-ce là tout ?

Loi.

Nul décret du Conseil ou du Peuple ne prévaudra sur la loi.

Assez ! — Peu de mots suffiront, je pense, pour démontrer sans peine combien le décret est hostile à cette loi. Il est conçu de manière à attaquer toute notre législation en matière de meurtre, et il se borne à un cas spécial. Son auteur veut donc l'élever sur les débris de nos lois.

Citons maintenant quelques décrets par lesquels vous avez récompensé des services réels rendus à l'État. Vous reconnaîtrez que, dans une motion dont le but est d'honorer un homme utile, en l'associant à vos droits, on peut aisément respecter la règle établie, quand on ne cherche pas un prétexte pour vous donner le change et vous trahir. — Lis ces décrets. Pour éviter de trop longues citations, nous avons extrait les clauses qui ont de l'analogie avec cette affaire.

Lecture de l'extrait des Décrets (27).

Vous le voyez tous, ô Athéniens ! c'est partout le même langage : *Qu'il soit puni comme s'il avait tué un Athénien*. Respect, honneur sont rendus à nos lois sur l'homicide, au moyen de leur application à des étrangers. Honte à ces mêmes lois ! dit Aristocrate ; et, comme si elles ne méritaient que son mépris, comme si le titre de citoyen, dont vous avez honoré Charidème, était un vain mot, il veut élever cet homme à de nouvelles prérogatives, à des priviléges inouïs ! Fait-il autre chose, quand il vous ordonne de veiller vous-mêmes sur ses jours, d'assurer, par là, l'impunité à tous ses attentats ?

15.

Comme si, contents pour vous des droits communs à tous citoyens, vous deviez lui faire une position hors de ligne!

Je le sais, ô Athéniens! Aristocrate ne montrera jamais un accord évident entre son décret et les lois. Mais cette omission du jugement après la désignation d'un meurtre, cette omission, circonstance la plus révoltante, voilà ce qu'il tâchera de soustraire à votre ressentiment. Sur ce point, peu de mots me suffiront. Le texte même du décret va prouver que des juges ne sont pas accordés au prévenu. *Quiconque tuera Charidème pourra être saisi. Tout État, tout particulier qui donnerait retraite au meurtrier, sera exclu des traités;* exclu pour ce fait, exclu à l'instant, et non pas s'ils refusent de le livrer à un tribunal. Or, si Aristocrate eût donné, que dis-je? s'il n'eût pas formellement retiré les juges à l'homicide présumé, il n'aurait puni ses hôtes que dans le cas où ceux-ci l'auraient soustrait à la justice.

Je pressens un autre sophisme, avec lequel il essayera de vous tromper. Le décret va tomber de lui-même, dira-t-il; car c'est le Conseil qui l'a rendu. Or, d'après la loi, une décision du Conseil n'est valable que pour un an : que gagnerait donc la république à ma condamnation? Si vous m'en croyez, vous répondrez : Quand tu as proposé cette mesure, c'était pour qu'elle fût maintenue; car, si tu n'avais songé qu'au bien public, tu pouvais te dispenser absolument de la porter. Que voulais-tu donc, sinon nous abuser, et aider quelques mauvais citoyens dans leurs complots (28)? O juges! c'est nous qui, en attaquant le décret, en le suspendant, le frappons de nullité. Faut-il qu'un avantage qui n'est dû qu'à nous sauve les coupables? D'ailleurs cette excuse n'est pas aussi simple qu'on pourrait penser. S'il n'y avait pas d'autres Aristocrates, prêts à s'armer de motions funestes, la chose, peut-être, serait moins sérieuse. Mais puisque nous n'avons que trop d'hommes de ce caractère, vous seriez coupables si vous ne brisiez pas son décret. Une sanction donnée par un arrêt d'acquittement serait le signal de vingt motions aussi criminelles. Qui ne se mettrait à l'œuvre pour les faire adopter? qui oserait s'élever contre elles? N'examinez donc point si le temps abrogera le décret qui nous occupe : songez seulement que, pardonner à son auteur, ce serait couvrir de l'impunité, pour l'avenir, tous les attentats de ce genre.

J'ai donc la certitude, ô Athéniens! que la franchise, l'équité n'auront aucune part dans l'apologie d'Aristocrate. Il dira, pour vous échapper, qu'on a déjà porté beaucoup de décrets pareils. Le sien en devient-il plus légitime? Mille raisons, d'ailleurs, pourraient vous faire adopter une proposition nuisible. Par exemple, un décret rejeté n'eût pas eu d'adversaires, il eût passé sans doute; mais serait-il, pour cela, conforme aux lois? Attaqué, et non rejeté, par l'effet de la collusion ou de l'inhabilité des accusateurs, se règlerait-il sur notre législation? Les juges, dans ce dernier cas, se sont donc parjurés? non. Comment cela? le voici. Que leur prescrivait le serment de prononcer en faveur de la cause qu'ils croiraient la meilleure. Or, comment s'est formée leur opinion? par les plaidoyers qu'ils ont entendus. Voilà l'impression sous laquelle ils ont innocemment donné leurs suffrages. Un juge ne prévarique pas quand son vote est réglé sur sa conviction, exempt de haine, de prédilection, de toute influence occulte et blâmable. Si l'orateur lui a caché la vérité, doit-il être puni de son erreur? Le fourbe qui la trahit à dessein, ou la déguise, voilà le coupable, voilà l'homme sur qui tombent nos imprécations. Aussi, quand le Peuple s'assemble, les paroles terribles que prononce le héraut menacent, non pas le juge trompé, mais l'orateur qui tendra un piége au Conseil, à la nation, aux Héliastes.

Ne souffrez donc pas que l'accusé vienne se prévaloir de quelques précédents et pour la proposition et pour l'adoption. Ce qu'il doit prouver, c'est la conformité de son décret avec notre législation, c'est la supériorité de ses arguments sur les miens. S'il ne le peut, laisserez-vous mettre sur vos yeux le bandeau qui a déjà servi pour d'autres? Il faut être impudent pour dire : La chose s'est souvent faite ainsi. Pour avoir imité quelques transgressions, ô Aristocrate! tu n'en es pas moins condamnable; que dis-je! tu l'es bien davantage. Si l'un des premiers prévaricateurs eût été puni, tu n'aurais pas présenté ton décret : donc ton châtiment en préviendra le retour (29).

Ainsi, voilà l'accusé dans l'impossibilité de prouver que sa motion n'est pas un attentat manifeste contre toutes nos lois. J'ai vu des citoyens convaincus de ce crime faire effort pour démontrer que leurs propositions étaient utiles. C'est, à mon sens, le comble de la déraison et de l'impudeur. Admettons un moment cette prétendue utilité : demander à un tribunal, qui a juré fidélité à la loi, de confirmer, par son arrêt, une mesure contraire à la loi, c'est lui demander un crime; car il n'est pas, pour le juge, d'intérêt plus sacré que celui de sa conscience. Après tout, cette audace trouverait, dans la raison d'utilité, son excuse. Il n'est pas d'excuse pour le décret d'Aristocrate : contraire à notre législation, est encore plus à nos intérêts. C'est ce que je vais démontrer. Pour être à la fois clair et précis, prenons un exemple connu.

Vous savez qu'il importe à cet État que Thèbes et Lacédémone ne soient pas trop puissantes ; que la première ait à lutter contre la Phocide, la seconde contre d'autres peuples. Ce sont là les conditions de notre sécurité, de notre grandeur. Les Athéniens qui habitent la Chersonèse ont un intérêt analogue à celui-là : leur bien-être demande l'affaiblissement de tous les princes de Thrace; car les défiances, les querelles de ces petites cours sont, pour nos concitoyens, les plus solides remparts. Or, un décret qui garantit l'impunité au principal agent de Kersobleptès, qui intimide les généraux des autres princes, et leur fait redouter de graves accusations, affaiblit, il est vrai, ces derniers, mais fortifie leur unique rival. Et ne soyez pas étonnés de cette haute influence qu'exercent vos décisions : je rappellerai, à ce sujet, un fait qui est à votre connaissance.

Lorsque Miltokythès (30) eut rompu avec Kotys, la guerre traînant en longueur, Ergophile fut rappelé. Autoclès allait partir pour prendre le commandement. Alors des mesures furent décrétées ici, qui effrayèrent Miltokythès. Il crut voir en vous des ennemis, et fit sa soumission, tandis que Kotys s'emparait de Mont-Sacré et des trésors renfermés dans la forteresse. Mais Autoclès, à son retour, fut accusé de la perte du vaincu; quant à l'accusation contre l'auteur du décret, il y avait prescription, et c'en était fait de nos colonies de Thrace. Sachez par là, ô Athéniens que, si vous ne mettez au néant le décret d'Aristocrate, vous consternerez et les princes et leurs généraux. Ils croiront que vous abandonnez leur cause pour épouser celle de Kersobleptès. Or, si, dans cette pensée, ils cèdent leurs États à ce monarque, qui aura trouvé l'occasion favorable pour les presser, voyez ce qui arrivera. Au nom des dieux ! Kersobleptès tourné contre nous (car il le fera, il n'attend que le moment), ne recourrons-nous pas à ses rivaux ? ne chercherons-nous pas à le désarmer par leurs mains ? Je crois les entendre vous répondre : « Hommes d'Athènes ! loin de nous protéger contre l'agresseur, vous nous avez effrayés. Pouvions-nous soutenir vos droits, quand vous lanciez d'avance un mandat d'amener contre celui qui tuerait notre commun ennemi ? Non, non, n'essayez pas de nous soulever contre une puissance que vous avez agrandie pour notre perte, et peut-être pour la vôtre. » Cette réponse, dites-moi, ne serait-elle pas mieux fondée que votre demande ?

Par Jupiter ! je vous défierais de leur dire que vous avez été invinciblement abusés, fascinés. Fussiez-vous entièrement dépourvus de réflexion et d'intelligence, il suffirait de jeter les yeux sur Olynthe. Voyez tout ce que Philippe avait fait pour ses habitants, et leur conduite à son égard. Ce prince leur avait donné Potidée, non point par force majeure, comme quand Kersobleptès nous rendait la Chersonèse, mais lorsque sa guerre contre nous avait épuisé ses finances, lorsque rien ne l'empêchait de garder sa conquête. Toutefois, ils ont quitté son alliance, et cessé de nous combattre sous ses drapeaux, dès que ses progrès ont excité leur méfiance. Alors, loin d'ordonner l'arrestation de celui qui briserait quelqu'un des instruments de sa haute fortune, loin de décréter que le meurtrier serait arraché du sein d'une ville amie, ils sont devenus les amis, et le bruit court qu'ils seront bientôt les alliés de ces Athéniens qui feraient si bon marché, ils le savent, de la vie des Philippistes et de Philippe lui-même. Eh quoi ! le soin de l'avenir sera du côté d'Olynthe, l'imprévoyance du côté d'Athènes ! Vous, que la renommée proclame les plus sages et les plus habiles, pourriez-vous, sans honte, montrer moins de clairvoyance que des Olynthiens ?

L'accusé reproduira, m'a-t-on dit, un raisonnement qu'Aristomaque (31) a déjà fait entendre à la tribune. Le voici : Kersobleptès ne s'exposera jamais à votre inimitié en mettant la main sur la Chersonèse. Cette conquête, en effet, lui serait désavantageuse. Paisible possesseur, il n'en retirerait pas plus de trente talents ; obligé de combattre, il n'en retirerait rien : et ses ports, que la guerre tiendrait bloqués, lui rapportent plus de trois cents talents. Préférer la diminution de ses finances et la guerre avec Athènes à votre amitié, à de grandes richesses ! une telle conduite serait trop étrange.

A cet argument je pourrais opposer des faits nombreux, dont l'examen attentif soulèverait nos méfiances contre Kersobleptès, et nous ferait craindre de le fortifier par notre crédulité. Je n'en citerai qu'un, qui est sous nos yeux. Vous savez que la tranquille jouissance des revenus de toute la Macédoine valait mieux pour Philippe que la périlleuse conquête d'Amphipolis ; qu'il devait préférer, pour ami, un peuple jadis affectionné à ses ancêtres, plutôt que les Thessaliens, qui avaient détrôné son père (32) ; un peuple toujours fidèle à l'amitié, plutôt qu'une nation de traîtres. Qu'a-t-il fait cependant ? il a sacrifié votre alliance à des intérêts mesquins, à des amis inconstants ; les dangers ont eu plus d'attraits à ses yeux que la paix. Comment expliquer un pareil choix ? par une cause inaperçue, que je vais vous montrer. Il est, ô Athéniens! pour tous les hommes, deux avantages essentiels : le premier, le plus grand de tous, c'est une heureuse étoile; le second, le plus grand après l'autre, c'est la prudence. Rien de plus rare que leur réunion sur une même tête. L'ambition heureuse ne connaît point de bornes : de là, tant de biens réels perdus, tandis qu'on court après des chimères.

Mais qu'ai-je besoin de citer Philippe, ou tout autre exemple étranger? Le père même de Kersobleptès, Kotys, pendant une sédition, nous envoya des députés; il nous était dévoué, il sentait combien une querelle avec nous lui serait funeste. Mais dès qu'il eut mis toute la Thrace à ses pieds, ivre d'orgueil, il vint nous attaquer et prendre nos villes; sa fureur l'arma contre nous, contre lui-même; c'était un véritable délire. Tant il est vrai que les ambitieux sont injustes, ferment les yeux sur le malheur qui les attend, et ne les ouvrent que sur des succès brillants, mais incertains! Quelle doit donc être votre conduite à l'égard de Kersobleptès? S'il vous respecte, ne l'attaquez point; maintenez-le à la portée de vos coups, s'il a la folie de vous offenser. On va vous lire le message que nous envoya Kotys lorsque Miltokythès eut pris les armes contre lui, et celui qu'il nous fit remettre par Timomaque, lorsque, maître de tout le pays, il s'emparait de nos places.

On lit les Lettres de Kotys.

Éclairés par cet exemple, ô Athéniens! et vous rappelant que Philippe, après avoir feint d'assiéger Amphipolis pour votre compte, prit cette ville, la garda, et vous enleva encore Potidée, vous exigerez de Kersobleptès, si vous m'en croyez, la même garantie que le fils d'Ephialte, Iphicrate (33), exigea autrefois des Lacédémoniens. Ceux-ci, pour l'abuser, lui offraient des cautions à son choix. « Je ne vous en demande qu'une, répondit-il : prouvez-moi que, si vous vouliez nous nuire, vous ne le pourriez point. Cette volonté est en vous, j'en suis trop sûr; tant que vous y joindrez le pouvoir, je n'ai pas de garantie. » Telle est, ô Athéniens! la caution que vous demanderez à ce Thrace, sans scruter curieusement quelles seraient ses dispositions envers vous s'il régnait sur tout son pays.

Favoriser qui que ce soit de tels décrets, de pareils priviléges, serait une insigne folie : ici encore se pressent les preuves par exemples. Voici un fait que vous connaissez aussi bien que moi. Ce Kotys, en qui vous croyiez voir un ami bienveillant, reçut de vous le titre de citoyen d'Athènes; vous fîtes plus : sous l'influence de la même opinion, vous lui décernâtes des couronnes d'or. Cependant, lorsque ses criminels attentats contre notre patrie eurent allumé votre haine et celle des dieux, vous fîtes citoyens, vous couronnâtes, à leur tour, comme bienfaiteurs de la république, Héraclide et Python d'Aine (34), ses meurtriers. Supposons que, lors de vos prétentions en faveur de Kotys, l'un de vous eût dit : Décrétons de mettre hors la loi quiconque le tuera : auriez-vous proscrit Python et son frère, oubliant le décret, les auriez-vous adoptés, honorés comme des bienfaiteurs? Alexandre, tyran de Thessalie, tenait Pélopidas dans les fers(35); cet ardent ennemi de Thèbes, comptant sur votre amitié, vous demanda un général. Athènes, à qui il se dévouait sans réserve, le secourut. Si alors on eût proposé, dans un décret, que son assassin pourrait être saisi partout, aurait été sûr, dites-moi, de vouloir venger l'oppression qu'il fit ensuite peser sur les peuples?

Encore un exemple. Philippe, que nous regardons comme notre plus grand ennemi, renvoya sans rançon, et même avec indemnités, plusieurs captifs athéniens, partisans d'Argæos (36). Il leur remit une lettre par laquelle il demandait notre alliance, et le renouvellement de l'amitié qui avait uni notre république à ses prédécesseurs. Si alors il eût sollicité la haute faveur qu'on exige pour Charidème; si l'un des captifs eût fait décider que tout asile serait fermé au meurtrier de Philippe, ne nous serions-nous pas couverts de honte et de ridicule? Apprenez donc par là, ô Athéniens! combien il y a de délire dans le décret d'Aristocrate. Jamais le sage ne se lie à l'homme qu'il croit son ami avec une ardeur qui l'empêcherait, plus tard, de repousser ses injures; jamais sa haine contre un ennemi n'ira assez loin pour qu'il lui devienne impossible de s'en faire un ami : haïssons comme si nous devions aimer un jour; aimons comme pouvant haïr (37).

On ne me fera pas comprendre pourquoi, en alléguant les plus minces services, bien des gens ne revendiqueraient pas la faveur accordée à Charidème : je puis nommer Simon, Bianor, Athénodore, mille autres. Si nous décrétons tant de priviléges, insensiblement que deviendrons-nous? les gardes du corps des tyrans (38). Si nous mêlons les refus aux concessions, que de plaintes vont s'élever! Que Ménestrate d'Erétrie, ou le Phocidien Phayllos, ou tout autre Grec puissant, notre ami par circonstance, sollicite un pareil décret, le lui accorderons-nous? — Oui, sans doute. — Quoi! les Athéniens, les défenseurs de l'indépendance hellénique, descendront au rôle de satellites aux gages de quelques oppresseurs des peuples!

Non, personne n'a droit au privilége demandé

pour Charidème : mais si ce privilége pouvait vous échapper, ce serait, du moins, en faveur d'un homme qui n'aurait jamais tiré l'épée contre vous, qui ne pourrait le faire quand il le voudrait, qui chercherait évidemment une sauvegarde, et non l'impunité de ses violences. Voilà celui dont vous pourriez garantir les jours. Je ne rangerai pas Charidème parmi ceux qui ne vous ont jamais nui, ou qui ne songeraient réellement qu'à leur sûreté personnelle : je vais prouver que sa future conduite doit éveiller votre méfiance ; vous pèserez mes preuves.

De nombreux amis de vos mœurs et de vos lois, ô Athéniens! travaillent à devenir vos compatriotes : ont-ils réussi? je les vois se fixer parmi vous, et jouir de l'objet de leurs vœux. Mais celui qui ne se soucie ni de nous, ni de notre gouvernement ; qui, dans les honneurs déférés par Athènes, ne voit qu'un marche-pied pour son ambition; celui-là, s'il entrevoit ailleurs un avantage plus grand, vous abandonnera, j'en suis sûr, pour y courir. Comprenez, par un exemple, sur qui se porte maintenant ma pensée. Dès que Python eut tué Kotys, Athènes étant son seul refuge, c'est à Athènes qu'il accourut. Il demanda une nouvelle patrie à ceux qu'il préférait entre tous les Hellènes. Mais bientôt, trouvant mieux son compte à suivre Philippe, il nous quitta, sans scrupule, pour ce prince. Impossible, Athéniens, impossible de compter sur la foi d'un ambitieux ! Qu'une sage défiance nous prémunisse contre ses perfidies : cela vaut mieux que d'avoir un jour à gémir sur les résultats d'une confiance aveugle.

Mais quand, par un démenti donné à la réalité, nous dirions : Charidème est, a été, sera invariablement dévoué à la république; alors même il ne mériterait pas le décret d'Aristocrate. En effet, si, par son impunité, on se proposait un autre but que les progrès de Kersobleptès, ce décret serait moins choquant : loin de là, plus j'y pense, plus je reconnais que le prince qui profiterait du privilége est indigne de votre confiance et de celle du chef militaire. Examinez le principe de mes réflexions et de mes craintes.

Kersobleptès est gendre de Charidème, Kotys était beau-père d'Iphicrate ; et notre général avait rendu à ce dernier roi des services bien plus grands que Charidème au premier. Iphicrate avait obtenu, parmi nous, une statue, une pension au Prytanée, des récompenses, des honneurs qui faisaient sa gloire : eh bien ! préférant à tant d'éclat dans sa patrie les intérêts d'un Thrace, il combattit vos amiraux pour défendre Kotys ; et, si vous n'eussiez mis à votre ressentiment les bornes qui manquaient à son dévouement pour ce Barbare, il serait devenu le plus malheureux des hommes. Sauvé par son bras, que fait Kotys? sans doute il se montre reconnaissant pour une affection si rudement éprouvée, il vous ménage afin de réconcilier son bienfaiteur avec vous? non ! il le presse de l'aider à attaquer vos colonies. Iphicrate refuse. Kotys joint à ses propres soldats les milices rassemblées par son gendre, soudoie Charidème, et se rue sur vos possessions. Iphicrate fut réduit à se retirer à Antissa, ensuite à Drys (39), n'osant rentrer dans une patrie à laquelle il avait préféré un Barbare, et ne se croyant plus en sûreté près d'un beau-père qui l'avait abandonné à son sort. Si donc, ô Athéniens ! Kersobleptès aussi, fortifié par la sauvegarde accordée à Charidème, néglige son bienfaiteur et s'arme contre nous, devons-nous, parce qu'il aura trompé celui-ci, nous endormir sur les entreprises d'un prince que nous aurons agrandi? Ah! plutôt, si Charidème prévoit cette défection, tout en poursuivant la confirmation du décret, résistez-lui comme on résiste à la malveillance. S'il est sans défiance, plus ses intentions semblent droites, plus nous devons veiller pour nous, pour lui-même. Le devoir du véritable ami est de refuser à son ami ce qui nuirait à tous deux, de le seconder dans l'intérêt de l'un et de l'autre, de préférer le mieux qu'il aperçoit au bien que désire celui-ci, et ses intérêts permanents à une satisfaction passagère.

Je ne puis m'imaginer que, tout Barbare, tout perfide qu'est Kersobleptès, il puisse reculer devant le mal très-grave qu'il ferait à Charidème ; et, en reportant ma pensée sur la haute position que Kotys enlevait de gaieté de cœur à Iphicrate, j'acquiers la certitude que Charidème perdrait tout avant que son gendre s'en aperçût. Statue, Prytanée, patrie, tout ce qui fait la gloire, tout ce qui prête du charme à la vie d'un grand citoyen, Iphicrate pouvait le perdre : cette pensée n'arrêta point Kotys ; et Kersobleptès pourrait craindre pour Charidème, qui n'a chez nous ni enfants, ni statues, ni parents, aucun lien, en un mot, qui l'attache à Athènes ! La nature a fait de Kersobleptès un traître ; les faits sont là pour vous le rendre encore plus suspect ; Charidème n'est pas assez fort pour que, résistant à son naturel, il le ménage : pourquoi donc nous jetterions-nous en aveugles dans le parti de ce prince? pourquoi le servir à notre détriment? Moi, je ne le vois pas.

La ratification du décret d'Aristocrate serait donc funeste. Elle serait encore honteuse, et c'est ce qu'il faut prouver. Porté en faveur du citoyen d'une ville, d'un homme soumis à des lois, ce décret, toujours injuste, nous flétrirait moins. Mais Charidème n'est qu'un vagabond; il se met, avec sa bande, aux gages d'un Thrace, et, sous la protection du Barbare qu'il sert, il exerce partout ses brigandages. Vous le savez, tous ces chefs d'une soldatesque étrangère prennent des villes grecques, les rançonnent, les oppriment, passant d'une contrée dans une autre, véritables ennemis de l'ordre et de la liberté. Votre décret dira-t-il donc aux peuples : Les Athéniens veillent sur les jours de celui qui, pour assouvir sa rapacité, est prêt à se ruer sur vous tous : quiconque repoussera ses coups sera exclu de leur alliance? O mes concitoyens ! cette décision est la honte de la république. Nous reprochons à Lacédémone d'avoir stipulé l'abandon des Grecs d'Asie au roi de Perse (40); et nous pourrions, sans rougir, livrer nous-mêmes à Kersobleptès les Grecs d'Europe, et tous les peuples contre lesquels un Charidème se croira le plus fort! Car peut-il résulter autre chose d'un acte qui ne trace pas au général du prince étranger sa ligne de conduite, et qui intimide quiconque tentera de se défendre?

Le fait que je vais exposer prouvera plus clairement encore que l'annulation du décret est indispensable. A une certaine époque, vous aviez naturalisé parmi vous Ariobarzane (41), et, à sa considération, Philiscos, comme aujourd'hui Charidème à propos de Kersobleptès. Véritable type de Charidème, Philiscos prenait des villes grecques avec les troupes de son patron : là, il se livrait à mille atrocités, outrageait les femmes et les enfants libres ; c'était l'abus de la force brutale, le mépris de toute loi, de toute règle des États policés. Mais, à Lampsaque, deux citoyens, Thersagoras et Exécestos, animés des mêmes sentiments que vous contre les tyrans, tuèrent Philiscos : ils avaient le droit d'affranchir ainsi leur patrie. Si donc lorsque Philiscos soudoyait notre garnison de Périnthe, lorsque, maître de tout l'Hellespont, il était le plus puissant des généraux étrangers, un de ses partisans eût fait décréter la saisie, même chez nos alliés, de celui qui le tuerait, par Jupiter ! voyez dans quel opprobre nous serions tombés. Réfugiés à Lesbos, les deux meurtriers y ont fixé leur séjour. Un fils, un ami de Philiscos aurait pu, votre décret à la main, les arrêter et vous les livrer. O honte ! vous qui élevez des statues et décernez de splendides hommages aux libérateurs de votre patrie, vous auriez proscrit, condamné des hommes qui, ailleurs, ont montré le même courage! Heureusement alors il n'y eut ni surprise, ni, par suite, décret flétrissant : ah ! ne vous laissez pas tromper davantage aujourd'hui ! Le décret actuel s'énonce d'une manière absolue, et n'excepte personne :

craignez donc d'échouer cette fois contre un tel écueil.

Je veux maintenant parcourir la vie de Charidème, et confondre ses impudents panégyristes. Ne soyez pas choqués si je m'engage hautement à prouver qu'il mérite, non pas une sauvegarde, mais les châtiments les plus sévères; si votre devoir est de punir la déception, la perfide malveillance, l'attaque contre tous vos intérêts.

En songeant au titre d'Athénien, aux couronnes d'or accordées à cet homme, comme à un zélé serviteur de la république, on s'étonnera peut-être que, sur un point de cette importance, l'erreur ait été si facile. Mais n'en doutez pas, ô Athéniens! vous avez été trompés, et je vais exposer la cause toute naturelle de votre illusion. Éclairés sur une multitude d'objets, vous n'agissez pas d'après vos lumières. Je m'explique. Si l'on vous demandait quels sont les citoyens les plus dangereux, vous ne nommeriez ni commerçants, ni agriculteurs, ni banquiers, ni les autres professions semblables. Que l'on ajoute Ne sont-ce pas les orateurs cupides, qui vendent leurs harangues et leurs motions? Oui, ce sont eux ! telle serait votre réponse unanime. Jusque là, c'est fort bien penser : mais comment agissez vous? A ces mêmes hommes que vous regardez comme le fléau de la patrie, vous demandez l'opinion qu'il faut avoir de tous les autres : ou qu'est-ce qui détermine leur jugement? la justice, la vérité? non, c'est l'égoïsme. Voilà comme ils vous ont toujours abusés sur le compte de Charidème : vous en conviendrez quand vous aurez appris de ma bouche sa véritable conduite.

Que, simple archer dans les troupes légères, il ait servi d'abord contre Athènes ; que, sur un brigantin (42), il ait pillé nos alliés, je ne lui en fais pas un crime, et je passe outre : pourquoi? parce que, dans un état précaire et nécessiteux, la raison s'aveugle, et on fausse sa conscience. Il y aurait donc une rigueur injuste à suivre minutieusement ses premiers pas. Mais, devenu chef de milices étrangères, par où commença-t-il à vous frapper?

Iphicrate, qui l'avait eu à sa solde plus de trois ans, est révoqué de ses fonctions ; vous envoyez à sa place Timothée, pour reprendre Amphipolis et la Chersonèse. Charidème alors rend aux Amphipolitains leurs ôtages, commis à sa garde par le général destitué, qui les avait reçus d'Harpalos; il les rend, malgré votre ordre de les faire venir ici, et Amphipolis est à jamais perdue. Cependant Timothée lui fait nouvelles propositions : il les repousse, et va sur vos galères, joindre Kotys, qu'il connaissait parfaitement pour votre ennemi acharné. Comme Timothée se disposait à marcher sur Amphipolis avant d'attaquer la Chersonèse, Charidème abandonne le Thrace auprès duquel sa haine pour vous était alors impuissante, et se vend aux Olynthiens, vos ennemis, maîtres de la ville menacée. Parti de Cardia avec le dessein de nous combattre, il est pris dans le trajet par notre flotte. Mais nous avions besoin de l'épée de l'étranger pour recouvrer nos colonies : aussi, les otages livrés, les galères volées, la désertion à l'ennemi, tout cela fut pardonné ; et, après de mutuels engagements, l'aventurier se replaça sous nos drapeaux. Trop heureux d'avoir sauvé sa vie malgré ses trahisons, il devint encore notre concitoyen ; et, comme si la reconnaissance devait être du côté de notre patrie, elle lui décerna les couronnes et toutes les faveurs que vous savez. J'ai dit vrai, Athéniens. On va lire d'abord le décret concernant les otages, une lettre d'Iphicrate et une de Timothée, puis les dépositions des témoins. Vous ne verrez ici ni vains propos, ni vagues imputations. — Lis.

Lecture du Décret, des Lettres,
des Dépositions.

Ainsi, d'abord Charidème, qui pouvait porter ailleurs ses services, est allé les vendre là où il comptait tirer l'épée contre vous ; trompé ensuite dans son attente, la même intention hostile l'a fait passer dans une autre contrée ; enfin il a été le principal obstacle à la reprise d'Amphipolis. Voilà ce qu'attestent et le décret, et la correspondance de vos généraux, et les preuves testimoniales. Mais ce n'est que le premier pas de sa course.

Un peu plus tard, la guerre éclate entre nous et Kotys. Charidème alors écrit, non pas à vous précisément, mais à Céphisodote (43) ; pour vous, il semblait renoncer à vous tromper, après tout le mal qu'il vous avait fait. Dans cette lettre, il s'engage à reconquérir pour vous la Chersonèse, quoique déterminé à en consommer la perte. Plaçons ici quelques éclaircissements rapides et nécessaires sur les circonstances où il envoya cette lettre, sur son caractère, sur ses anciens procédés à votre égard.

Timothée ne le payant plus, il s'éloigne d'Amphipolis, et passe en Asie. Là, il apprend qu'Autophradate (44) a pris Artabaze : bientôt les gendres d'Artabaze ont reçu ses offres et celles de sa troupe. On échange des serments ; mais le chef impudent, qui s'en fait un jeu, trahit la confiance de ses jeunes amis, et leur enlève Skepsis, Cébrène et Ilium (45). Maître de ces places, il se voit réduit à une extrémité qu'aurait prévenue, je ne dis pas le talent d'un général, mais la prudence la plus vulgaire. N'ayant pas un port a sa disposition, ne pouvant tirer d'aucun endroit les moyens de ravitailler des places qui n'étaient pas approvisionnées, le brigand maladroit s'y enferme, au lieu de les piller et de fuir. Cependant Artabaze, relâché par Autophradate, ramasse des troupes, et arrive. Il avait tiré beaucoup de vivres de la Haute-Phrygie, de la Lydie et de la Paphlagonie. Menacé d'un siége, Charidème éprouve de vives anxiétés. Il faut se rendre ou mourir de faim. Dans cette cruelle alternative, il pensa, par suggestion peut-être, qu'une ressource lui restait, toujours prête, toujours assurée. Cette ressource, c'est... dirai-je, Athéniens, votre humanité ? lui donnerai-je un autre nom (46) ? Dans cette idée, il vous écrit une lettre qui mérite d'être lue. En faisant briller à vos yeux la possession de la Chersonèse, en feignant de s'être concerté avec Céphisodote, ennemi de Kotys et d'Iphicrate, il veut vous amener à lui fournir des vaisseaux sur lesquels il s'enfuira d'Asie. Un nouvel incident va confondre le traître et le prendre sur le fait. Memnon et Mentor, gendres d'Artabaze, jeunes, fiers de leur fortune inespérée, impatients de jouir paisiblement de tant d'honneurs, conseillent à leur beau-père de renoncer a châtier Charidème, et d'accepter une capitulation. « Même malgré vous, lui disent-ils, les Athéniens l'aideront à se dégager avec sa garnison ; vous ne sauriez les en empêcher. » Ainsi sauvé contre tout espoir, Charidème, d'après la capitulation, traverse la Chersonèse. Mais cet homme qui vous avait promis de repousser Kotys à outrance, loin d'attaquer ce roi et de vous aider à recouvrer votre province, s'enrôle de nouveau sous les drapeaux du Barbare : deux places vous restaient, Krithote et Éléonte ; il les assiège ! Avant donc de quitter l'Asie, dès la date de sa lettre, il ourdissait sa trame avec des promesses contraires à ses intentions : les circonstances de son voyage vont vous en convaincre. D'Abydos, votre éternelle ennemie, et patrie de ceux qui avaient pris Sestos, il passa dans cette dernière ville, possédée par Kotys. Certes, les habitants de ces deux cités ne l'auraient pas accueilli, surtout après sa lettre, s'ils n'eussent été les confidents et les complices de sa perfidie. Ce qu'ils désiraient, c'était un sauf-conduit accordé par vous à Charidème et à ses soldats ; c'était surtout l'avantage qui devait résulter pour eux de la visite de cet aventurier, lâché par Artabaze. Pour prouver ce que j'avance, je demande lecture de sa lettre, et de la correspondance des chefs de la Chersonèse. — Lis.

Lecture d'une partie de la Lettre de Charidème (47).

Suivez-le, Athéniens, dans sa marche : d'Abydos il passe à Sestos. Or, croyez-vous que les Abydéniens et les Sestiens l'auraient reçu sans de secrètes intelligences déjà établies avec le traître lorsqu'il vous écrivait? Qu'on lise la lettre entière. Comptez toutes ses fanfaronnades en fait de services anciens et de promesses pour l'avenir. — Lis.

Fin de cette même Lettre.

A merveille! Quelle reconnaissance ne lui devriez-vous pas, ô Athéniens! s'il y avait là autre chose que des mensonges? Tel était son style tant qu'il désespéra de trouver Artabaze traitable; ménagé par celui-ci, écoutez ce qu'il a fait.

Déposition sur la conduite de Charidème (48).

Ainsi, le gouverneur de Krithote assure que, malgré la promesse de réparer vos pertes, le passage de Charidème exposa le reste à un plus grave péril. — Montre-moi la correspondance...... Lis ce passage d'une autre lettre (49).

Lecture.

Vous le voyez, Athéniens, tout proclame que son arrivée avait pour but, non une attaque contre Kotys, mais sa jonction avec ce prince, pour vous combattre. — Lis-nous encore cette lettre seulement, et laisse les autres. Les œuvres de ce fourbe sont maintenant dans tout leur jour. Lis.

Lecture.

Assez! — Fixez donc bien dans vos esprits que Charidème, engagé à vous faire recouvrer la Chersonèse, est devenu le stipendié de vos ennemis, et a cherché à vous enlever le reste de vos places; qu'après avoir mandé qu'il avait repoussé les envoyés d'Alexandre (50), il s'est, aux yeux de tous, mis en communication avec les écumeurs de mer qui servaient ce tyran. Allié bienveillant, négociateur sincère, jamais, oh! non, jamais une imposture ne fut dans tes messages ni dans ta bouche!

Si des preuves aussi claires ne vous ont pas convaincus, si vous doutez encore de l'hypocrisie de ce faux ami, les faits postérieurs, ô Athéniens! porteront l'évidence dans vos esprits. Python tua Kotys : honneur à lui! Kotys était votre ennemi et un perfide. Kersobleptès, qui règne maintenant, et ses frères, étaient fort jeunes. Présent sur les lieux, chef des forces militaires, Charidème se saisit du gouvernement. L'amiral Céphisodote, auquel il avait écrit, arrive avec les vaisseaux qui devaient le sauver, lorsqu'il ne s'était pas encore dégagé des filets d'Artabaze. Si Charidème eût été réellement votre ami, que devait-il faire, surtout à la vue d'un général dont il ne pouvait se méfier, puisqu'il était, parmi les Athéniens, l'ami, le correspondant de son choix? Que devait-il faire, pouvant tout remuer à son gré, depuis la mort de Kotys? Ne devait-il pas vous faire restituer sur-le-champ la Chersonèse, s'entendre avec Athènes pour donner un roi à la Thrace, saisir cette occasion de vous montrer un dévouement sincère? Eh bien! qu'en a-t-il fait? rien, absolument rien. Loin de là, il a levé le masque; pendant sept mois il nous a fait une guerre ouverte, effaçant l'amitié même de son langage.

Et d'abord, avec dix navires seulement, nous touchons à Périnthe, dont il n'était pas éloigné : notre intention était de le joindre, et de nous concerter avec lui. Que fait-il alors? il épie le moment où nos troupes préparent leur repas, accourt avec des cavaliers et de l'infanterie légère pour s'emparer de nos vaisseaux, tue plusieurs de nos marins, et les refoule tous sur le rivage. Cependant nous parvenons à faire passer notre armée. Quel ennemi allions-nous chercher? les Thraces? non, sans doute; et ce n'est point par représailles que Charidème nous attaquait. Notre ennemi était dans Alopéconèse, ville contiguë à la Chersonèse athénienne, située, loin de la Thrace, sur un promontoire qui s'avance vers l'île d'Imbros, et devenue le repaire d'une multitude de pirates. Arrivés devant la place, nous en commençons le siège. Charidème alors, après une marche couverte à travers notre province, tombe sur nous, et secourt les brigands que nous attaquions. Bref, loin de remplir ses engagements envers votre amiral, il l'obsède, le harcèle, et l'entraîne de force dans un parti contraire à vos intérêts. Le traité qu'il lui arrache soulève votre indignation : Céphisodote destitué est condamné à une amende de cinq talents; trois voix de plus l'envoyaient au supplice. Ainsi, pour le même traité conclu entre ces deux hommes, vous avez puni l'un très-sévèrement, et vous honorez l'autre comme un ami dévoué! Avez-vous bien réfléchi, Athéniens, à une telle inconséquence? Mais prouvons ces faits; la chose sera aisée. Pour la condamnation de Céphisodote, c'est vous mêmes que j'atteste, vous qu'il offensa et qui l'avez jugé : vous en connaissez toutes les circonstances. Quant à ce qui avint près de Périnthe et d'Alopéconèse, qu'on appelle comme témoins les commandants de nos trirèmes.

Les Témoins paraissent.

Céphisodote révoqué, le traité flétri com-

injuste et indigne d'Athènes, Charidème nous donne un nouveau gage de sa loyauté. Miltokythès, notre constant ami, trahi par Smicythion, était entre ses mains. Comme la loi défend qu'un Thrace meure de la main d'un Thrace, persuadé que ce prince échappera s'il l'envoie à Kersobleptès, il le livre aux Cardiens, vos ennemis. Miltokythès est jeté, avec son fils, sur un bâtiment qui s'avance en pleine mer : l'enfant est égorgé sous les yeux du père, qu'on noie ensuite. La Thrace entière s'indigne de cette atrocité ; Amadokos s'unit à Bérisadès ; Athénodore saisit cette occasion pour s'allier avec eux, et bientôt il est en état de pousser rudement la guerre. Kersobleptès effrayé signe et jure un traité qui engage sa foi à la république et aux deux princes, partagera la Thrace entre lui et les prétendants, et réunira toutes les forces de ce parti pour remettre la Chersonèse sous vos lois. Cependant Chabrias est nommé pour commander cette guerre. Athénodore, à qui vous ne faites point passer d'argent, licencie ses troupes, qui se débandaient ; le nouveau général passe en Thrace avec un seul vaisseau. Que fait encore Charidème ? il rompt les conventions conclues avec Athénodore, entraîne Kersobleptès dans son exemple, et conclut un traité encore plus révoltant que celui de Céphisodote avec Chabrias, qui, faute d'armée, ne pouvait pas être exigeant. A cette nouvelle, le Peuple assemblé se livre à de longues discussions. Le traité, lu à la tribune, est frappé, comme le premier, d'un anathème général, malgré la haute réputation de Chabrias et le crédit de ses défenseurs. Sur une motion de Glaucon, vous décrétez que dix commissaires seront choisis parmi vous pour faire renouveler le serment prêté par Kersobleptès au traité d'Athénodore ; sinon, pour recevoir la parole des deux princes, et aviser aux moyens de réduire l'usurpateur. Vos députés étaient partis avec ces instructions ; mais, par un effet du mauvais vouloir et de la dissimulation du roi de Thrace et du chef mercenaire, l'affaire traîna jusqu'à l'époque de notre expédition d'Eubée. Alors Charès, nommé par vous général et plénipotentiaire, entra dans la Chersonèse avec ses étrangers soldés. Charidème arrêta avec lui les bases d'un nouveau traité auquel Athénodore prit part avec les prétendants. Bien que ces stipulations soient plus équitables, plus légales, toutes ses menées n'en décèlent pas moins l'ennemi d'Athènes, ennemi perfide et à démarche tortueuse. Voilà donc un homme qui se dit votre ami quand il vous voit forts, qui change à tout vent ; et, loin de le réprimer, vous pensez à augmenter vous-mêmes sa puissance ! ce projet est insensé. Afin de prouver ces derniers détails, on va lire d'abord la lettre qui nous a été remise après le premier traité ; puis celle de Bérisadès. Ces deux pièces vous instruiront parfaitement.

Lecture de la Lettre d'Athénodore.

Lis maintenant la lettre de Bérisadès.

Lecture.

Ainsi s'unirent entre eux les rivaux de Kersobleptès, après la rupture du traité frauduleux de Céphisodote, et cet assassinat de Miltokythès, qui proclamait partout la haine de Charidème pour notre patrie. En effet, abandonner à des Cardiens, à nos ennemis, le prince livré à sa merci, notre allié le plus bienveillant, n'était-ce pas faire preuve de la plus violente aversion pour nous ? — Mais lis le traité que fit ensuite Kersobleptès, quand il craignait la guerre du côté d'Athénodore et de ses propres sujets.

Lecture d'un premier Traité.

Le signataire de ce traité, celui qui s'était lié par les imprécations que vous venez d'entendre, vit à peine Athénodore congédier son armée, et Chabrias arriver avec un seul navire, qu'au lieu de livrer le fils d'Iphiadès (51), et de tenir un seul de ses engagements, il regarda toutes ces clauses comme non avenues, et se hâta de conclure celles qu'on va lire. — Prends et lis.

Lecture d'un second Traité.

Vous le voyez : il exigeait des impôts, des dîmes ; il parlait en maître, il voulait régler, par ses commis, les contributions de toute la contrée : et il ne renouvelait pas même la promesse de livrer le fils d'Iphiadès, otage des Sestiens, qu'il devait rendre, en vertu d'un serment prêté entre les mains d'Athénodore. On va lire le décret que vous portâtes dans cette occasion. — Lis.

Lecture du Décret.

Après l'arrivée de nos commissaires, Kersobleptès nous adresse, dans un message, des propositions assez justes ; les princes nous écrivent aussi. — Lis ces pièces.

Lecture du Message de Kersobleptès.

Lis maintenant la lettre des prétendants ; et qu'on juge si elle ne contient aucune plainte.

Lecture de la Lettre des Princes (52).

Suivez-vous, Athéniens, dans tous ses détours, la perfide scélératesse de Charidème ? Le voyez-vous d'abord usant de contrainte envers Céphisodote ; ensuite, retenu par la peur devant Athénodore ; puis imposant ses volontés à Chabrias, dictant à Charès un traité ? Voyez-vous ce brouilion, ce fourbe se rassasier d'injustices? Entendez-vous les flatteries dont il vous amuse pendant le séjour de votre armée dans l'Hellespont? A peine est-elle partie, qu'il cherche à perdre les princes, à les déposséder, à s'emparer de tout le pays, sachant par expérience qu'avant cette spoliation il ne pouvait rompre impunément ses engagements envers la république. Pour aplanir les voies, il obtient un décret de nous, et quel décret! S'il eût été sanctionné, si notre accusation n'avait détourné ce malheur, on aurait vu les concurrents de Kersobleptès persécuter leurs propres généraux; on aurait vu la crainte de cette fatale mesure lier les mains à Bianor, à Simon, à Athédonore; et Charidème, déjà maître de toute la Thrace, devenir, avec une telle arme, un ennemi redoutable pour Athènes. Voyez-le enfin se réserver, dans toutes ses stipulations, et naguère nous enlever ouvertement la ville de Cardia, d'où il peut se ruer sur nos domaines. Or, je le demande, avec des intentions droites, avec un zèle sincère, s'assurerait-il une place qui est un poste si avantageux contre nous? Les voyages ou les récits vous l'ont appris, ô Athéniens! si Kersobleptès n'était pas inquiété dans son royaume, il pourrait chaque jour passer, sans coup férir, de Cardia dans la Chersonèse, grâce à la position de cette ville, assise entre notre province et la Thrace, à peu près comme Chalcis entre la Béotie et l'Eubée. Quand on connaît bien sa situation, il ne reste plus de doute sur les desseins de Charidème, sur ses motifs pour l'empêcher de passer sous votre domination. Seconderez-vous ses coupables projets? L'aiderez-vous à vous frapper vous-mêmes? Ou plutôt ne déploierez-vous pas toutes vos ressources pour rompre ses mesures, et arracher de ses mains une arme dont il a trop montré qu'il savait faire usage? Lorsque Philippe entra dans Maronée, il lui envoya Apollonide pour engager sa foi à lui et à Pamménès (53); et si Amadokos, maître du pays, n'eût arrêté la marche du Macédonien, nous aurions maintenant à combattre et les Cardiens et Kersobleptès. Ces vérités vont être confirmées par la lecture de la lettre de Charès.

Lecture de la Lettre.

D'après toutes ces considérations, défiez-vous de Charidème, ouvrez les yeux, et cessez de vous attacher à lui comme à un bon serviteur. Ce Kersobleptès, qui vous joue avec son titre d'ami, mérite-t-il votre reconnaissance? Ce Charidème, qui vous trahit en jetant un peu d'or à vos stratéges et à vos orateurs, devient-il par là digne de vos éloges? Ah! tombe plutôt sur lui votre colère! Chaque fois qu'il a pu suivre son penchant, c'est à votre perte qu'il a travaillé. Tous ceux à qui vous décernâtes jamais des honneurs les ont dûs à leurs services: seul, Charidème sera-t-il rémunéré pour le mal que ses efforts n'ont pu réaliser! En échappant au supplice des traîtres, n'était-il pas assez récompensé? Non! répondent quelques harangueurs: faites-le citoyen; proclamez-le votre bienfaiteur; couvrez-le de vos couronnes! C'est que toutes ces grâces, ils les lui ont vendues! Et vous, devant ces jongleries, vous demeurez immobiles, ébahis. Aujourd'hui encore, sans mon accusation, un décret lui créait une garde; et cette garde, c'était vous! Oui, devenus ses satellites, vous auriez fait la ronde autour de sa personne sacrée! De par la nation, vous auriez, l'épée au poing, veillé sur les jours du soldat mercenaire qui a monté plus d'une garde dans le camp ennemi! Par Jupiter, voilà un poste d'honneur!

On me dira peut-être: Puisque ces faits t'étaient si bien connus, puisque tu avais suivi Charidème dans plusieurs de ses perfidies, pourquoi n'as-tu pas protesté, lorsqu'on lui donnait le titre de citoyen et des éloges? pourquoi as-tu attendu ce décret pour ouvrir la bouche?

O Athéniens! j'exposerai la vérité tout entière. Oui, je connaissais l'indignité de Charidème; oui, j'étais là quand on lui déférait ces honneurs, et je ne m'y suis pas opposé. Pourquoi cela? parce que, seul organe de la vérité, je sentais ma faiblesse devant cette foule d'audacieux qui mentaient à son service. D'ailleurs, tous les dieux m'en sont témoins, je n'étais nullement jaloux des récompenses que le fourbe vous surprenait. « Quel mal si grand, me disais-je encore, peut-il résulter de l'impunité d'un homme qui nous a plusieurs fois desservis? Qui sait si ce titre d'Athénien, ces couronnes, ne réveilleront pas son zèle pour notre cause? » Telle était alors ma pensée. Mais depuis que je le vois recourir à l'intrigue, mettre en jeu l'art subtil de quelques harangueurs, pour que des étrangers, vos amis, disposés à vous servir et à réprimer ses attentats, un Bianor, un Simon, un Athénodore, un Archébios de Byzance (54), et les rivaux de Kersobleptès, ne puissent plus lui opposer de barrière, dès lors je ne crains plus de paraître poussé par l'envie ou la haine à lui disputer des honneurs peu dangereux; dès lors, convaincu que, par probité, par patriotisme, nous devons réclamer contre de pernicieux priviléges, je me lève et j'accuse. Voilà pourquoi, silencieux d'abord, je parle aujourd'hui.

Il est une objection par laquelle mes adversaires comptent vous égarer. Kersobleptès et Charidème, diront-ils, travaillaient peut-être contre nous lorsqu'ils étaient nos ennemis ; maintenant qu'ils sont nos amis, et des amis utiles, n'ayons pas de rancune. Quand nous secourions Lacédémone, Thèbes, et récemment l'Eubée, n'avions-nous pas oublié les torts de ces peuples ?

Excellente raison, Athéniens; si, dans une conjoncture donnée, j'eusse repoussé la proposition d'aller défendre Kersobleptès et Charidème. Mais est-il question de secours ? non ; on veut, par l'inviolabilité du général, augmenter la puissance du souverain : l'objection porte donc à faux. Appliquer à des tyrans une raison bonne pour des opprimés, quelle logique ! Encore, si, après nous avoir fait tant de mal pendant la guerre, Charidème, la paix conclue, eût changé de conduite, vous pourriez supporter un tel langage. Mais, bien loin de là, c'est surtout depuis qu'il nous a tendu la main, que cette main a semé les pièges autour de nous. Si donc on ne doit pas le poursuivre comme un ennemi déclaré, on doit s'en défier, du moins, comme d'un ami peu sûr. Quant à l'oubli des injures, voici ma pensée : rappelle-t-on d'anciens griefs pour perdre le coupable ? c'est de l'acharnement ; pour se garantir désormais de ses coups ? c'est prudence.

Ils insinueront peut-être qu'en brisant le décret nous allons décourager, repousser un homme qui ne vous demande que d'être ses amis et d'accepter ses services. Je suis loin de partager cette crainte. Charidème fût-il sincère et parfaitement dévoué, une pareille raison ne me paraîtrait pas, même alors, admissible. Quelques services, en effet, qu'un homme vous ait rendus, vous ne devez point, par égard pour lui, trahir votre serment et votre conscience. Mais Charidème! c'est un fourbe déclaré, ses embûches sont dévoilées. Annulez donc le décret, vous y gagnerez l'un de ces deux avantages : ou il s'arrêtera dans son œuvre ténébreuse dès qu'il se verra contreminé ; ou si, renonçant à des fraudes désormais impuissantes, il veut réellement s'attacher à nous, il le prouvera par un service évident. Ce motif seul devrait suffire pour déterminer une condamnation.

Examinez, ô Athéniens! comment vos pères honoraient, récompensaient les étrangers et les citoyens qui leur avaient rendu de véritables services ; et si leur politique vous semble préférable à la vôtre, imitez-la ; sinon, ne prenez exemple que de vous-mêmes.

Ni Thémistocle, vainqueur à Salamine ; ni Miltiade, qui avait conduit vos armées à la victoire de Marathon ; ni beaucoup d'autres dont les exploits sont supérieurs à ceux des généraux d'aujourd'hui, n'obtinrent de nos ancêtres des statues ; ils n'en furent pas non plus follement aimés (55). Nos pères étaient-ils donc ingrats ? Oh non ! leur reconnaissance était digne d'eux, digne des grands hommes qui les avaient servis. Ils leur décernaient un commandement que le Peuple entier eût mérité. Or, aux yeux d'un sage appréciateur, que peut être une statue de bronze, comparée à l'honneur de commander une nation d'élite ? Nos ancêtres ne se dépouillaient pas de la gloire du succès ; on ne disait point : Thémistocle a vaincu à Salamine ; on disait : Les Athéniens ont vaincu. C'était la République, et non Miltiade, qui avait triomphé à Marathon. On dit aujourd'hui : Timothée a pris Corcyre, Iphicrate a taillé en pièces une légion, Chabrias a remporté une victoire navale près de Naxos. En effet, les honneurs excessifs que vous rendez à chacun d'eux donnent lieu de penser que vous leur cédez toute la gloire des belles actions. Nos ancêtres savaient donc récompenser avec dignité, et dans un but d'utilité publique ; et vous, vous le faites sans discernement. Et les étrangers, comment les récompensaient-ils ? Ménon de Pharsale leur avait fourni douze talents d'argent, et, pour soutenir la guerre d'Eïon, près d'Amphipolis, il avait envoyé à leur secours trois cents cavaliers, ses propres esclaves. Ils n'ont pas lancé un manifeste pour fermer tous les asiles à celui qui tuerait Ménon ; ils ont payé ce dévouement du titre de citoyen : à leurs yeux, c'était assez. Perdiccas, qui régnait en Macédoine à l'époque de l'invasion du roi barbare, avait passé au fil de l'épée les restes de l'armée des Perses échappés de Platée. Nos ancêtres ont-ils alors fulminé une menace de saisir partout le meurtrier d'un prince qui, pour eux, avait bravé la haine d'un grand potentat ? Non, Perdiccas est seulement devenu leur concitoyen. Alors le titre d'Athénien était à si haut prix, que, pour l'obtenir, les plus grands services ne coûtaient rien. Avili maintenant, il est jeté à des misérables qui vous ont fait plus de mal que des ennemis déclarés. Toutes vos récompenses sont tombées dans le même mépris, grâce à ces orateurs abominables, sacriléges et infatigables auteurs des motions les plus criminelles. Dans leur rapacité effrénée, ils vont colportant vos honneurs et vos récompenses, et les mettent effrontément aux enchères, comme denrée de vil prix. Eux-mêmes ils se vendent à des hommes de rien, qui se les procurent comme des instruments utiles à des accapareurs de dignités. Voulez-vous des exemples récents ? ils ont récompensé à leur gré Ariobarzane et ses trois fils, et lui ont associé deux misérables Abydéniens, ennemis acharnés d'Athènes, Philiscos et Agavos. Aux grandes faveurs dont vous avez comblé Timothée, ce guerrier si utile, ils ont fait participer un Phrasiclidès, un Polysthène, gens grossiers et de mœurs dissolues, flétris par des infamies que le vice seul peut nommer. Dernièrement enfin, voulant par un coup d'éclat signaler leur dévouement à ce Kersobleptès qu'ils avaient rassasié de priviléges, ils lui ont joint deux hommes, dont l'un vous a porté le coup que je viens de montrer; l'autre est un certain Eudercès, complétement inconnu. Du moins, après avoir traîné dans la fange ce qui était si glorieux, la licence s'arrêtera? non! elle vous ordonne de veiller à la garde de tous ces hommes, sous peine de voir tant de faveurs oubliées. Disons la vérité, disons-la hautement : c'est de vous que découlent tant d'abus honteux. La volonté de punir vous manque, et le crime est sans répression dans Athènes.

Avec quelle sévérité, au contraire, vos ancêtres punissaient les citoyens coupables envers la patrie! Voyez et comparez. Ils bannirent Thémistocle qui avait voulu s'élever au-dessus de la démocratie, et ils le condamnèrent pour son médisme. Ils exigèrent cinquante talents de Cimon (56), qui ébranlait arbitrairement la constitution de l'État, et que trois voix de plus auraient traîné à la mort. Voilà comme ils traitaient d'illustres serviteurs de la République. C'était justice. Ils n'abandonnaient à de telles mains ni leur liberté, ni leurs glorieux exploits; en honorant le bon général, ils réprimaient l'ambitieux. Chez vous, enfants de cette même Athènes, avec quelques mots spirituels, ou l'appui de solliciteurs influents dans leur tribu, des citoyens convaincus de trahisons flagrantes sont acquittés; ou, si l'un d'eux est condamné, son crime ne lui coûtera que vingt-cinq drachmes! Aussi, jadis la république, riche, florissante, ne voyait pas un seul Athénien l'emporter sur le Peuple. En voici la preuve : celui de vous qui connaîtrait les demeures de Thémistocle, de Miltiade, ou de leurs célèbres contemporains, les trouverait aussi modestes que la maison voisine; tandis que les constructions publiques, ces Propylées, ces arsenaux de marine, ces portiques, ce Pirée, décoraient notre ville avec une magnificence qui fait le désespoir de la postérité. Aujourd'hui, parmi nos opulents hommes d'État, les uns se sont bâti de somptueux palais, qui insultent aux édifices de la patrie; les autres achètent plus de terres que n'en possèdent, tous ensemble, les membres de ce tribunal. Quant aux édifices construits ou réparés par notre gouvernement, ils sont si mesquins que j'aurais honte d'en parler. Du moins direz-vous qu'à l'exemple de vos pères, vous laissez à vos descendants la Chersonèse, Amphipolis? Hélas! vous ne leur transmet-

trez que de glorieux souvenirs (57), héritage encore durable, malgré tous les efforts des mauvais citoyens. Aristide, qui régla les contributions de la Grèce, n'augmenta pas son patrimoine d'une seule drachme, et fut inhumé aux frais de la ville. Vous, cependant, vous aviez plus d'argent dans le Trésor que les autres Hellènes; et, quel que fût le moment fixé pour une expédition, jamais la solde ne manquait. Aujourd'hui, ceux qui manient vos finances ont passé de la misère à la fortune, à une fortune inépuisable; tandis que vous n'avez pas de pain à donner à vos soldats pour un jour seulement, et que tout crédit vous est fermé, toute ressource vous abandonne! Aussi, le Peuple, autrefois maître de ses gouvernants, est-il maintenant leur valet. Et c'est là le crime de ces motions révoltantes qui vous dégradent à vos propres yeux, et ne vous laissent d'estime que pour un ou deux hommes. De là, votre gloire, votre puissance confisquées au profit de ces usurpateurs; tandis que vous, en extase devant leur fortune colossale, vous vous laissez dépouiller, heureux, en quelque sorte, d'être si indignement trompés! Oh! combien gémiraient ces illustres personnages, morts pour la gloire et pour la liberté, qui vous ont laissé les monuments de tant de hauts faits, s'ils apprenaient qu'Athènes se courbe comme une vile esclave, et qu'ici l'on se demande si on montera la garde à la porte de Charidème! de Charidème, grands Dieux!

Mais voici quelque chose de plus étrange : inférieurs à nos magnanimes aïeux pour la dignité de la conduite, nous le sommes encore à tous les peuples. Les habitants d'une petite île, les modestes Éginètes, ont refusé, jusqu'à ce jour, les droits de cité, et n'ont accordé qu'à peine l'exemption de l'impôt des étrangers à l'un des plus puissants armateurs de la Grèce, à Lampis, qui a relevé leur ville et leur commerce. Arrivés à Mégares, des députés de Sparte prièrent le peuple d'adopter Hermon, pilote habile qui, avec Lysandre, nous avait pris deux cents trirèmes à la malheureuse journée d'Ægos-Potamos; ce peuple méprisable eut l'orgueil de répondre : « Nous ferons votre Hermon mégarien quand vous l'aurez fait lacédémonien. » Les Oritains, dont le territoire n'est que le quart de l'Eubée, ont relégué jusqu'aujourd'hui dans la tribu des bâtards, comme autrefois à Athènes, où les enfants illégitimes s'assemblaient au Cynosarge (58), ce même Charidème, dont la mère est citoyenne d'Oréos. Pour l'état et le pays de son père, je n'en dirai rien, ne voulant pas remuer inutilement cette question. Une chétive république n'a donc pas complété, en faveur d'un de ses fils, une adoption dont sa naissance lui assurait la moitié. Et vous, Athéniens, quelle honte! non contents de lui avoir conféré ce même droit dans son intégrité, et d'avoir accumulé tant d'honneurs sur sa tête, vous y ajouteriez un énorme privilége! Et pour quels services? Où sont les flottes qu'il a prises pour vous, les villes qu'il a soumises à votre empire? Quelles batailles a-t-il livrées pour Athènes? Quel ennemi de notre république est devenu le sien?

Je vais maintenant, ô juges! rappeler en peu de mots les lois dont j'ai signalé la violation; et, après vous avoir garantis contre l'erreur dans laquelle on cherche à vous entraîner, je quitte cette tribune.

La première loi établit formellement la compétence de l'Aréopage en matière d'homicide : le meurtrier, dit le décret, sera saisi à l'instant. Observez ceci, et souvenez-vous que la chose la plus opposée à un jugement préalable, c'est la proscription sans formalités judiciaires. Il est défendu par la seconde loi de maltraiter, de rançonner un meurtrier condamné : l'un et l'autre sont permis dès qu'une prise de corps est décrétée (59); car elle livre le prévenu à la merci de ceux qui l'ont saisi. Une loi ordonne sa comparution devant les thesmothètes, seulement s'il a été arrêté dans la patrie du mort : le décret permet aux plaignants de le traîner chez eux, même après l'avoir pris sur une terre étrangère. Certains attentats rendent un homicide légalement excusable : le décret n'excepte rien; le meurtrier outragé, que la loi absout, il l'abandonne à toutes les vengeances. Avant tout, le prévenu sera assigné, dit une autre loi. Saisissez-le, dit le décret; point de jugement! point d'accusation! plus d'alliance avec quiconque vous le dérobera! En cas de refus de comparaître, le législateur veut qu'on arrête trois personnes sur le lieu témoin du meurtre : Aristocrate rejette du nombre de nos amis celui qui cache une tête proscrite, tant que l'on n'instruit pas son procès. Le premier interdit toute décision exceptionnelle; le second fonde un privilége. L'un dit : Les décrets ne prévaudront pas sur les lois; l'autre, armé d'un décret, renverse toute notre législation.

Que ces considérations reposent dans vos souvenirs; repoussez, refusez d'entendre les sophismes de nos adversaires. Exigez qu'Aristocrate vous montre le passage où il donne des juges au meurtrier présumé, et ne le punit qu'après condamnation. Si telle est la pensée qu'il exprime, s'il soumet à un tribunal la double question de fait et de droit, Aristocrate est innocent. Mais si à cette vague allégation, *celui qui tuera*, il n'ajoute pas, *dans le cas où il serait convaincu et condamné, subira la peine des meurtriers*, ou *sera puni comme l'assassin d'un Athénien;* enfin si, sautant par-dessus toutes les formalités, il ordonne de le saisir partout, ne donnez pas dans le piége, et demeurez persuadés que jamais décret ne réunit plus d'attentats contre nos lois.

NOTES
DU PLAIDOYER CONTRE ARISTOCRATE.

(1) Traduit sur le texte de Reiske, sauf quelques modifications, adoptées surtout d'après *l'Apparatus* de Schæfer.

(2) Souvenir de l'invasion de Kotys, qui avait enlevé une grande partie de ce pays aux Athéniens. (Ulpien.)

(3) Entre les concurrents de Kersobleptès. — L'Athénien Aristomaque était probablement établi en Thrace, et attaché à Kersobleptès, qui l'avait envoyé à Athènes pour intriguer en sa faveur.

(4) Athènes avait, depuis longtemps, de grandes prétentions sur quelques villes de Thrace, qui se trouvaient comprises parmi celles que Charidème soumettait à Kersobleptès.

(5) Communication naïve, animée, et cependant pleine d'art, entre l'orateur et son auditoire.

(6) C'est-à-dire, est-il étranger non domicilié, ou domicilié?

(7) Comme l'auteur du décret, après ces mots, *pourra être saisi*, n'ajoutait pas pourquoi le meurtrier présumé de Charidème serait saisi, si c'était pour être jugé, ou pour une autre fin, Démosthène met les choses au pis.

(8) ἐν τῷ ἄξονι. On appelait ἄξονες les anciennes lois d'Athènes, parce qu'elles étaient gravées sur des poteaux tournants. V. Harpocr. Les manuscrits et les éditions se partagent entre ἀγορεύει, ἀπαγορεύει, διαγορεύει, ἠγόρευται, ἀγορεύεται.

(9) Littéralement : car les anciens appelaient ἄποινα (rançon) ce que nous appelons χρήματα (de l'argent).

(10) Le texte du décret ne contient cependant pas le mot πανταχόθεν.

(11) ἀγορᾶς ἐφορίας, d'après la leçon correcte de Bekker. C'est le *forum collimitium* des Latins, un emplacement pris sur les territoires de deux peuples voisins, et divisé par la frontière, sur lequel se faisaient les échanges des produits de chaque pays. — *Les Éphètes* : tribunal composé de cinquante-un juges. Ils avaient au moins quarante ans. Leur juridiction, très-étendue dans le principe, fut réduite par Solon à la connaissance des homicides non

prémédités, et des complots découverts avant un commencement d'exécution. Voyez Antiq. Gr., l. II, c. 13. *Éphétéion* est aujourd'hui le nom des Cours Royales de Nauplie et d'Athènes, comme la Cour de Cassation s'appelle *Aréios pagos*.

(12) Une loi portait : « Celui qui sera accusé de meurtre ne pourra réclamer les priviléges du citoyen. » V. Antiph., *de Chorent*.

(13) L'impératif, ἀγέσθω, est ici une exagération calculée.

(14) C'est-à-dire, la ville qu'il habitait avec le citoyen qu'il a tué, comme on a vu plus haut. Une décision analogue à celle là est dans notre Code d'Instruct. criminelle, 635. Au reste, à Athènes, le bannissement était prononcé même contre les objets inanimés qui avaient causé la mort. Les blessures graves, faites volontairement, entraînaient l'exil et la confiscation : si le coupable reparaissait dans la même ville, il pouvait être traîné au supplice. V. Esch. *in Ctesiph.*; Lysias, *pro Call. in Cym.*

(15) Auger, d'après J. Wolf : « Celui qui tuera, dans un de ces cas, ne sera pas exilé. » Contre-sens relevé par Taylor. — « Dans un chemin, » disent Auger et M. Jager. Cette loi aurait donc donné beau jeu aux voleurs de grandes routes! Eustathe, sur le Ier. liv. de l'Iliade, v. 151, donne le vrai sens de ἐν ὁδῷ opposé à ἐν πολέμῳ. — *Avec la femme*. Voyez, pour le droit romain, Loi 24, Dig. *ad Leg. Juliam de adult. coërcend.*; pour le droit français, Code Pénal, 324. — *La concubine*. M. Planche a fort bien remarqué ici une nouvelle erreur d'Auger. C'est la concubine *entretenue pour en avoir des enfants libres*. V. Schæfer, *Appar.*, t. IV, p. 46 — 51.

(16) Et il sera confirmé, si Aristocrate est renvoyé absous.

(17) Voyez Constit. 4, Cod. *ad Legem Cornel. de Sicariis*; Code Pénal, 322, 329.

(18) θεσμὸν, *loi constitutive de l'État*.

(19) Schæfer croit εἰρημένα, *dicta*, indiqué dans une variante de manuscrit, préférable à la leçon vulgaire εὑρημένα, *reperta*; et il supprime, après καλά, le signe d'interrogation, dont le vice avait déjà été signalé par Taylor, et que Bekker semble n'avoir reproduit que par inadvertance. V. *Appar.*, t. IV, p. 59.

(20) Halirrhotios devait le jour à Neptune et à Euryté. Suivant les uns, il coupa les oliviers de l'Attique, et fut mis en pièces par les paysans; selon les autres, il fit violence à une fille de Mars, la belle Alcippe. Mars alla se plaindre aux dieux assemblés; et ceux-ci s'en remirent à un tribunal humain, qui fut, à l'instant même, constitué dans Athènes, et dont les premières séances se tinrent sur une colline consacrée au dieu de la guerre, Ἄρεος πάγος. Halirrhotios fut absous. On rapporte cet événement au règne de Cranaus, c'est-à-dire, selon Petit-Radel, de 1590 à 1530 av. J. C. — Le procès d'Oreste, meurtrier de sa mère pour venger son père, est assez connu. Il alla se faire juger à Athènes, « non pas, dit Clavier, à cause de la prétendue célébrité de l'Aréopage, qui était sans doute peu connu à cette époque, mais parce que les États du Péloponèse étant tous soumis à l'influence des rois d'Argos et de Lacédémone, il était difficile d'y trouver des juges impartiaux. » *Prem. temps de la Gr.*, t. II, p. 31.

(21) La création du tribunal ἐπὶ Παλλαδίῳ remontait au règne de Démophoon, fils de Thésée. Il connaissait de l'homicide involontaire. Le coupable était condamné, non à un bannissement perpétuel, ἀειφυγία, mais à un simple exil, jusqu'à ce qu'il eût donné à la famille du mort une indemnité pécuniaire, ποινή, qui était comme le prix du sang. Si cette famille refusait tout accommodement, l'exil ne pouvait être prolongé au delà d'une année. Les causes étaient déférées à ce tribunal par l'Archonte-Roi. Voyez *Antiq. Gr.*, l. II, c. 13.

(22) Le tribunal *Epidelphinium* siégeait près du temple d'Apollon Delphien et de Diane Delphienne, ou, selon d'autres, dans le temple même. L'homicide commis dans le cas de légitime défense ou d'adultère était de son ressort. *Ibid.*

(23) Les objets qui, dirigés par une main inconnue, ou par un accident quelconque, avaient occasionné la mort d'un citoyen, étaient transportés hors du territoire par les φυλοβασιλεῖς. La première cause portée au tribunal fut tué près du Prytanée, et fondé par Érechthée, fut celle d'une hache avec laquelle un victimaire, βουφόνος, avait frappé un bœuf. Ce tribunal était établi dans une vaste enceinte, qui servait aussi aux festins publics. *Ibid.*

(24) La dénomination ἐν Φρεαττοῖ, ou ἐν Φρεάττῳ, de rive, selon les uns, ἀπὸ τοῦ φρεάτος, d'un *endroit creusé* où siégeait ce cinquième tribunal; selon d'autres, du nom du héros Phréatos.

(25) Court dialogue entre le greffier et l'orateur Celui-ci, dit Ulpien, feint d'ignorer s'il reste des lois à citer, pour ne point paraître avoir surchargé à loisir son accusation. De là, ces textes nouveaux qu'il semble rencontrer par hasard, et à l'instant même.

(26) M. Planche, d'après une note de M. Boissonade, lit ici λέγει, au lieu de λέγῃ, à cause de la construction de ce mot avec γιγνώσκομεν ὅτι.

(27) Dans les manuscrits, cette pièce n'est pas restée au dossier du procès, peut-être parce qu'elle n'était composée que de passages très-courts et détachés.

(28) En appuyant les prétentions de Kersobleptès, au détriment de la République.

(29) Argument subtil, qui se trouve déjà au commencement du plaidoyer contre Androtion.

(30) Myltokythès était probablement un petit prince de Thrace, voisin de Kotys. Xénophon (*Exp. de Cyr.*, II, 1) parle d'un prince de ce nom, qui avait suivi Cyrus dans son expédition, et qui, après sa mort, se rendit au roi Artaxerxès. C'était, sans doute, dit Auger, un des ancêtres de celui-ci.

(31) C'est le même député dont il a été parlé plus haut.

(32) Ce fait n'est point rapporté par les historiens. On voit, au contraire, Amyntas III, aidé de quelques troupes thessaliennes, forcer son compétiteur Argæos à lui céder le trône de Macédoine.

(33) M. Planche fait remarquer que le père d'Iphicrate est appelé Timothée par Pausanias, IX, 14, 3. Il résulte, dit-il, à concilier l'orateur et le voyageur. Paulmier croyait le passage de Démosthène altéré. Bekker lit Φιλοκράτην, mot que Paulmier et Taylor avaient déjà trouvé dans des manuscrits.

(34) Ainé, ville de Macédoine, sur le golfe Thermaïque, aujourd'hui *Moncastro*.

(35) Pélopidas s'était approché de la ville de Pharsale avec l'intention de punir un corps de troupes réfugiées, qui l'avaient abandonné dans une expédition de Macédoine. Mais Alexandre, tyran de Phères, le prévint, et, sans respect pour le caractère d'ambassadeur dont il était revêtu, il le retint prisonnier jusqu'au moment où Épaminondas le força de lui rendre la liberté.

(36) Argæos, prétendant au trône de Macédoine. Philippe, dès le commencement de son règne, avait battu les troupes athéniennes qui soutenaient le parti de ce prince.

(37) La phrase grecque est d'une concision très-obscure. J'ai suivi le sens adopté par J. Wolf, comme plus sort, sans être nullement forcé. Cicéron (*de Amic.* 13) réfute la seconde partie de cette maxime.

(38) Démosthène ne pouvait guère trouver, dit Schæfer, un mot plus détesté des Athéniens. — Phayllos, général phocidien, frère d'Onomarque, remporta sur les Thébains

plusieurs avantages, avec le secours des Athéniens. Harpocration ni les scoliastes ne nous apprennent rien sur Ménestrate.

(39) Antissa, ville de l'île de Lesbos; auj. *Porto-Sigri*, ou *Sigro-Limani*. Drys, petite ville de Thrace, près de Byzance.

(40) Traité d'Antalcidas, ol. xcviii, 2; 387.

(41) Ce satrape avait le gouvernement de la Lydie, de l'Ionie et de toute la Phrygie, sous Xerxès II. Il en est parlé dans la harangue sur la liberté des Rhodiens.

(42) λυστρίχον πλοῖον, aujourd'hui, dans les mêmes parages, un *mistik*.

(43) Eschine, dans sa harangue sur la Couronne, désigne un amiral de ce nom, qui fut accusé criminellement. Harpocration rapporte, d'après un historien, que ce fut pendant qu'il tenait Alopéconèse bloquée, que Céphisodote fut révoqué de ses fonctions, jugé et condamné à une amende de cinq talents. Cela est confirmé par la suite de ce discours.

(44) Autophradate gouvernait la Lydie au nom d'Artaxerxès Mnémon. Il est parlé, dans la Ire philippique, d'Artabaze, satrape révolté contre son prince.

(45) Trois villes de Phrygie.

(46) Dirai-je que c'est votre crédulité, εὐήθειαν? V. *App.*, t. iv, p. 120.

(47) Il est assez difficile de sortir du labyrinthe de ces citations. Les scoliastes se taisent, et les commentateurs modernes n'ont pas cherché à distinguer les deux premiers morceaux que l'orateur fait lire. Je présente une conjecture, faute de mieux.

(48) Cette déposition est contenue dans la lettre du gouverneur de Krithote, petite ville athénienne de la Chersonèse.

(49) J'ai suivi ici l'interprétation de Reiske et de Schæfer. Bekker adopte une leçon différente, qui supposerait une citation de plus.

(50) Alexandre, tyran de Phères, en Thessalie.

(51) Il est parlé plus bas de cet otage de la ville de Sestos.

(52) Les pièces qui accompagnaient ce plaidoyer sont de deux sortes : textes de lois d'une part, et, de l'autre, quelques décrets, des lettres, des dépositions écrites. Il est à remarquer que les textes de lois ont seuls été conservés.

(53) Pamménès commandait un corps de cinq mille hommes, envoyés par Thèbes au secours d'Artabaze.

(54) Un Archébios de Byzance, mentionné dans le plaidoyer contre la loi de Leptine, ouvrit les portes de cette ville à l'Athénien Thrasybule. Celui-ci était peut-être son fils. Harpocration se tait sur cet Archébios, de même que sur Pamménès.

(55) Ce morceau se lit déjà, sauf quelques changements qui l'appliquent au sujet actuel, dans le discours sur les Réformes publiques.

(56) Cornélius Népos et Plutarque ne s'accordent pas ici avec Démosthène. Ils disent seulement que Cimon fut condamné à l'ostracisme. C'est Miltiade qui, d'après leur récit, se vit imposer une amende de cinquante talents. Cette somme fut payée par Callias, beau-frère de Cimon.

(57) Jurin, Reiske et Schæfer entendent cette phrase de trois manières différentes. Taylor déclare ne pas l'entendre du tout. Pour l'éclaircir, je propose, mais avec doute, d'appliquer les mots δόξαν ἔργων καλῶν, aux ancêtres des contemporains de l'orateur.

(58) Le Cynosarge, un des gymnases d'Athènes. Plutarque, dans la Vie de Thémistocle, dit aussi qu'autrefois on n'y recevait que les enfants illégitimes.

(59) Ceci, bien entendu, ne peut nullement s'appliquer à nos lois.

VI.

PLAIDOYER

CONTRE THÉOCRINÈS.

INTRODUCTION.

Théocrinès, auteur d'accusations nombreuses, avait présenté aux magistrats une grave dénonciation contre un armateur athénien, appelé Mikion par Bekker, Mikon par Taylor; mais ses premières démarches furent suivies d'un entier désistement. Or, une loi condamnait à payer mille drachmes au Trésor quiconque interrompait une poursuite criminelle qu'il avait intentée; et, d'après une autre loi, le trouble apporté dans les affaires d'un négociant par une action judiciaire mal fondée était puni de la prison. Le jeune Epicharès, dont Théocrinès avait fait condamner le père à une peine fiscale, se lève pour accuser ce dernier.

Après un exorde où sa haine contre l'accusé s'appuie naïvement sur le motif de la piété filiale, Epicharès fait lire ces deux lois, dont l'application à Théocrinès fait le fond de son plaidoyer. Il en invoque ensuite deux autres, en vertu desquelles son ennemi doit à l'État sept cents drachmes d'une part, et, de l'autre, cinq cents. De là, il passe, suivant l'usage, à la réfutation anticipée des principaux moyens qui s'offrent à la défense; il attaque la vie de l'accusé, justifie son père, anime les juges contre le persécuteur de tant d'honnêtes citoyens, et confond, dans les supplications qu'il leur adresse, la vengeance avec la justice.

Ce plaidoyer nous révèle d'étranges abus, qui paraissent n'avoir pas été rares parmi les citoyens qui dirigeaient l'opinion, et, par suite, les affaires. Plusieurs passages sont d'une simplicité touchante. « Les fils de mon âge, dit le jeune accusateur, sont défendus par leur père; et le mien, aujourd'hui, fonde sur moi toute son espérance! » Il paraît que Théocrinès méritait les reproches dont il est accablé : car son nom devint synonyme de celui de sycophante. Fut-il condamné? nous l'ignorons.

Démosthène est fort maltraité dans un passage. De là, l'opinion de Denys et de Libanius, qui attribuent ce plaidoyer à Dinarque, son ennemi politique, tandis que le rhéteur Callimaque affirmait qu'il est de notre orateur. Sa manière vive, forte, précise, s'y retrouve. Aussi, quelques critiques modernes, entre autres G. Becker, se sont-ils faits les défenseurs de son authenticité. Je ne sais si Démosthène ne s'est pas un peu soufflé en riant, quoique le rire ne fût pas trop dans son caractère : peut-être même aura-t-il trouvé plaisant de frapper Hypéride du trait dont il s'arme deux fois contre lui-même. Sommes-nous bien sûrs qu'un tel artifice n'ait pas été du goût des juges athéniens? Libanius a bien établi le caractère politique de ce procès. Becker le place dans la première ou la seconde année de la CIX^e Olympiade, 344 ou 343 av. J.C. Philippe s'emparait de l'île d'Halonèse, et incorporait une partie de la Thessalie à la Macédoine, tandis que Timoléon rétablissait la démocratie à Syracuse, et que les Athéniens tentaient une expédition en Acarnanie.

DISCOURS.

Le malheur de notre père, condamné, sur les poursuites de Théocrinès (1), à une amende de dix talents, et cette peine doublée et consommant notre ruine (2), m'ont fait penser, ô juges! que, pour me venger de cet homme avec votre appui, je devais, sans rien considérer, pas même ma grande jeunesse, présenter cette dénonciation. Mon père, dont la volonté est ma règle unique, se plaignait à toutes ses connaissances que je laissais échapper l'occasion de le réhabiliter de son vivant (3), et que, sous prétexte de mon âge et de mon inexpérience, je le voyais d'un œil indifférent dépouillé de tout, Théocrinès insulter les lois, lancer accusation sur accusation, et, malgré l'incapacité dont il est frappé (4), poursuivre en justice une foule de citoyens. Je vous prie donc tous, ô Athéniens! et vous conjure de m'écouter avec bienveillance, car c'est pour tendre à mon père une main docile que j'ouvre ces débats : d'ailleurs, jeune, ignorant les affaires, je serais trop heureux si, encouragé par votre faveur, je pouvais exposer clairement ce qu'a fait l'accusé. Ajoutez que j'ai été trahi, trahi, rien de plus vrai, par des hommes à qui nous nous étions confiés comme à des ennemis de Théocrinès, par des hommes qui, instruits des faits, après m'avoir promis de me seconder, se sont, à mon grand embarras, réconciliés avec lui, et m'abandonnent. Personne ne parlera donc après moi, à moins qu'un parent, un ami ne vienne à mon aide.

Théocrinès est sous le coup de plusieurs accusations, et, dans chaque grief, il est évident qu'il a violé les lois. Le plus récent est sa dénonciation (5) au sujet d'un navire du commerce. Aussi mon père l'a-t-il inscrit dans l'acte d'accusation, et me l'a-t-il remis.

On va vous lire, 1° la loi portée contre celui qui se désiste d'une dénonciation par voie d'accommodement illégal : car c'est, je crois, par-là que je dois commencer ; 2° les dires et conclusions de Théocrinès contre Mikion. — Lis.

Lecture de la Loi.

Cette loi, ô juges! prescrit nettement les formalités à suivre dans une accusation publique, une dénonciation, et dans toutes les poursuites judiciaires qu'elle désigne. Elle dit encore, vous l'avez entendu : *Si l'accusateur n'obtient pas le cinquième des suffrages, il paiera mille drachmes*. Il en paiera aussi mille, Théocrinès, s'il se désiste : le métier de sycophante ne doit être ni lucratif, ni impuni, et les intérêts de l'État n'admettent pas de composition. Or je dis : Théocrinès peut être attaqué parce qu'il a interrompu des poursuites commencées par lui contre Mikion de Chollé, parce qu'il a trahi sa cause pour de l'argent. Je compte sur l'évidence de mes preuves. Bien que Théocrinès et ses amis aient employé tour à tour les menaces et la persuasion pour faire taire les témoins, si vous m'accordez votre légitime concours, si vous leur ordonnez de parler, ou plutôt, si, avec moi, vous les placez forcément dans l'alternative de déposer ce qu'ils savent ou de se parjurer, si vous écartez toutes leurs défaites, vous découvrirez la vérité.

— Lis la dénonciation d'abord, puis les dépositions.

Lecture de la Dénonciation.

Telle est, ô juges! la dénonciation de Théocrinès contre Mikion. Elle a été reçue par Euthyphème, greffier des inspecteurs du marché (6). Longtemps affichée au tribunal, elle a fini par être supprimée du consentement de l'accusateur, qui s'était fait payer, lorsque les archontes appelèrent la cause. Prouvons cette vérité par la comparution du greffier.

Déposition d'Euthyphème.

Lis aussi l'attestation de ceux qui ont vu la dénonciation affichée.

Déposition.

Appelle les inspecteurs du marché, et Mikion lui-même, l'armateur dénoncé, et lis leurs dépositions.

Lecture des Dépositions.

Ainsi, dénonciation de Théocrinès contre Mikion l'armateur, longue exposition publique de cette pièce, appel de la cause, refus de comparaître, désistement : voilà ce que le tribunal vient d'apprendre des témoins qui doivent être le mieux instruits. Mais une autre peine que l'amende de mille drachmes pèsera encore sur l'accusé ; il mérite la prison, il est sous le coup de la loi, qui défend, contre des imputations calomnieuses, les négociants et les maîtres de navires. Vous allez vous en convaincre par la loi même. Son auteur, ne voulant ni l'impunité des commerçants coupables, ni de fâcheux embarras pour les autres, défendit tout simplement de les dénoncer, si on ne se sentait en état de constater les griefs. En cas de contravention, le dénonciateur sera traîné devant les juges, et de là en prison.

Mais qu'on lise le texte de la loi : il en jaillira plus de lumière que de mes paroles.

Lecture de la Loi.

Entendez-vous, ô juges! les menaces de la loi contre le sycophante? Théocrinès peut donc choisir : ou, accusateur convaincu, il a trahi sa cause, vendu sa conscience, commis un crime public, et il doit payer mille drachmes ; ou il a suscité des tracasseries à des armateurs qui avaient fait voile vers le lieu convenu, et la seconde loi est violée. Je dis plus, il s'est lui-même déclaré imposteur dans ses démarches comme dans son langage. Quoi! préférer le modeste bénéfice d'un accommodement à la moitié de la cargaison dénoncée, que lui adjuge la loi, et qu'il pouvait recevoir sans crime ! s'exposer, malgré cet avantage légitime, à une double accusation ! où est l'homme capable d'agir ainsi, à moins que sa conscience ne lui dise : Tu es un calomniateur?

Voilà donc deux lois qu'il a enfreintes, celui qui déclame si souvent contre l'infraction des lois. Il est coupable devant une troisième, qui permet à tout citoyen de dénoncer un débiteur du Trésor, de Minerve, de quelque autre dieu, ou d'un éponyme (7). Or on verra que Théocrinès est encore redevable de sept cents drachmes, montant d'une condamnation en reddition de comptes envers l'éponyme de sa tribu. — Lis ce passage de la loi.

Lecture.

Arrête! — Accusé, entends-tu ce que dit cette loi? *Ou à l'un des éponymes!*
Qu'on lise la déposition des citoyens de sa tribu.

Lecture de la Déposition.

Craindra-t-il de blesser des particuliers, ou des hommes dont la vie, comme celle de Mikion, se passa sur un vaisseau, lui qui, pour des compatriotes toujours présents, n'a eu ni crainte ni respect? Caissier de sa tribu, il a été condamné pour malversation; débiteur en vertu d'une sentence, sachant très-bien que le droit d'accusation lui était retiré jusqu'à ce qu'il eût payé, il a passé outre, il s'est élevé au-dessus des lois, bonnes sans doute pour lier seulement les débiteurs publics!

C'est mon aïeul, dira-t-il, et non moi, qui a été inscrit comme débiteur; et, là-dessus, de longues divagations. Je ne puis, il est vrai, dire nettement sur lequel des deux pèse la dette; mais j'affirme que si l'aïeul est inscrit, comme il le prétend, c'est un motif plus fort pour le condamner. Oui, si la dette remonte à son grand-père, malgré la loi qui transmet cette charge de la succession, il accuse, tandis que le silence lui est imposé depuis longtemps; s'il se croit excusable parce que son délit est celui de trois générations, ô juges! il lui est impossible de se justifier.

Mais Théocrinès a lui-même avoué cette dette comme sienne; en son nom, au nom de son frère, il a pris des arrangements avec sa tribu; et, sans parjure, vous ne pouvez l'absoudre. C'est ce que je vais prouver par la lecture du décret (8) que Skironidès a porté dans la tribu.

Lecture du Décret.

Théocrinès s'avança, reconnut la dette à la face des citoyens, et promit de payer. Il m'avait vu: j'étais là, demandant une copie de l'inscription du registre. Honneur donc aux Léontides, qui ont sommé l'accusé de payer les sept mines! Honte à Théocrinès!

En vertu d'une quatrième loi, il est encore débiteur de cinq cents drachmes. Vous le voyez, j'ai fouillé avec soin dans la vie de cet homme.

Son père (9) a été condamné à payer cette somme pour avoir réclamé la mise en liberté d'un esclave de Céphisodore. Au lieu de payer, le premier débiteur esquiva l'inscription au rôle, en concertant avec un faiseur de factums, Ktésiclès, avocat de la partie adverse. La loi n'en a pas moins, je pense, transmis cette dette à l'accusé. Qu'importe ce pacte ténébreux entre son autre et Ktésiclès, entre un fripon et un fripon, pour que le premier ne fût pas forcé de rendre gorge? L'État doit-il être frustré d'une amende que la loi impose? Non: libres de vider à l'amiable leurs contestations privées, les plaideurs doivent toujours, devant les intérêts du Trésor, obéir à la loi.

On va lire la loi en vertu de laquelle celui qui réclame injustement la liberté d'un esclave doit payer à l'État la moitié du prix de celui-ci. Lis aussi la déposition de Céphisodore.

Lecture.

Lis maintenant la loi qui constitue débiteur du Trésor à partir du jour de la condamnation, qu'il y ait, ou non, inscription au registre.

Lecture de la Loi.

Jamais accusation fut-elle mieux fondée? J'ai démontré que Théocrinès doit, outre les mille drachmes pour lesquelles il comparaît devant vous, plusieurs autres sommes. Ne vous attendez pas, cependant, à l'aveu de ses dettes publiques et de la justesse de nos allégations. Il se jettera hors de la voie tracée; il criera à la persécution; il expie ses accusations courageuses en faveur de tant de lois violées! Ruse de plaideur dont la cause est mauvaise, insoutenable, et qui veut égarer l'attention du tribunal bien loin du véritable débat.

Pour moi, ô juges! si, dans les lois qu'on vient de citer, je lisais: « Les présentes dispositions contre l'esprit de chicane ne seront pas exécutoires si l'accusé est Thucydide, Démosthène, ou quelque autre ministre », j'aurais gardé le silence. Loin de là, ces lois n'admettent aucune exception; les subterfuges de Théocrinès sont éventés depuis longtemps, grâce à l'abus qu'en font les accusés, et ils ne méritent pas l'attention qui est due à des raisons neuves et solides.

J'apprends aussi de nos vieillards que la violation d'une loi ne doit jamais être pardonnée. La grâce, ajoutent-ils, ne serait admissible qu'en cas d'ignorance; mais point de ménagement pour un pervers qui reçoit de l'or en écrasant les lois! Juges, ne rangez pas l'accusé parmi les ignorants; il connaît très-bien notre législation. Défiez-vous donc de cet homme, et même ne prenez pas plus en seuil de l'accusation que de la défense. Siégeant ici pour consulter la loi et rendre ses oracles, qu'attendez-vous de nous? de longues périodes? des réquisitoires lentement élaborés? Non, mais du bon sens, des raisons faciles à suivre, qui n'égarent jamais, qui, jamais spécieuses et en lutte avec les lois, ne compromettent point les juges. O Théocrinès! prétends-tu, avec tes amis, que des magistrats qui ont juré fidélité à la loi prononcent contre la loi, séduits par ton artificieux langage, lorsque tu es accablé sous tant de témoignages? Mikion, que tu t'es borné à dénoncer, ne brave-t-il pas les graves périls d'une accusation de faux? Le greffier qui déclare avoir reçu la dénonciation ne court-il pas le même danger? L'attestation arrachée aux inspecteurs du commerce n'est-elle pas la même? Enfin, les témoins qui ont vu la dénonciation affichée ne l'ont-ils pas affirmé devant les Archontes? Juges, posez seulement ces questions à l'accusé; puis, voyez si vous pouvez l'absoudre.

Est-ce la vie de Théocrinès qui rendra suspectes à vos yeux les dépositions qu'on vous a lues? Sa vie! mieux que ces dépositions mêmes, elle montre combien sa mauvaise réputation est méritée. Est-il une action méchante, une odieuse calomnie dont il ne soit coupable? Nommé thesmothète, son frère se guidait par ses conseils: sa perversité l'a perdu dans l'opinion publique; et ce frère, déposé solennellement, a entraîné tous ses collègues dans sa destitution. Sans les instantes prières de ces derniers, sans la promesse de fermer l'oreille désormais aux avis de l'accusé, sans votre pitié enfin, qui les réintégra, ces magistrats auraient essuyé le plus cruel des affronts. Ici, les témoignages sont superflus: il est parfaitement à votre connaissance que, sous l'archonte Lyciscos, les thesmothètes ont été déposés par le Peuple, à cause de Théocrinès. Vous vous rappelez son passé: croyez-moi, cet homme est toujours le même.

Peu de temps après ce fait, son frère est tué. Dans ce douloureux moment, que fait-il? il recherche les assassins, leur tend la main, reçoit de l'or, et se tait! Son frère avait été pontife: il prend, de sa pleine autorité, sans élection, la survivance de cette charge. Que de plaintes exhalait sa douleur hypocrite! quelles menaces il lançait contre Démocharès! il le traînera devant l'Aréopage; et le voilà qui entre en composition avec les meurtriers! Est-ce là un homme intègre, un incorruptible citoyen? Lui-même, il n'oserait le dire. Un administrateur modeste et sage se passe de grandes richesses; il est bien supérieur à l'homme avide, qui dévore tous les fruits de sa rapacité.

Voilà ce que Théocrinès a été comme frère: homme public, quelle a été sa vie? Après ma famille, dira-t-il, c'est le peuple d'Athènes qui m'est le plus cher. Voyons: je commence par sa conduite envers nous.

Accusateur de mon père, ô juges! il lui impute d'avoir voulu ruiner un jeune enfant par une décision illégale qui assignait une pension alimentaire à Charidème (10), fils d'Ischomaque. Théocrinès prétend que, par là, si l'enfant rentre dans la famille de son véritable père, il perdra tout le bien qu'il tient d'Eschyle, son père adoptif. Mensonge, puisque pareil danger était sans exemple. Il ajoute que toute cette trame a été ourdie par Polyeucte, second mari de la mère, qui voulait dépouiller le fils. Échauffés par ses paroles, persuadés que, si la décision et la donation n'avaient rien d'illégal, l'enfant n'en était pas moins privé de son patrimoine, les juges condamnent mon père à une amende de dix talents, comme complice de Polyeucte, sur la foi de Théocrinès, devenu à leurs yeux le défenseur de l'orphelin. Voilà, à peu près, ce qui se passa au tribunal. L'honnête homme, voyant les juges irrités, fort de leur confiance, et tout fier de ne pas être regardé par eux comme un scélérat, cite Polyeucte devant l'archonte, pour spoliation de mineur. Il fait entamer le procès par Mnésarchide, assesseur du magistrat. Mais le nouvel accusé lui compte trois cents drachmes; et, vendant pour cette aumône les graves imputations qui avaient tiré de mon père la somme énorme de dix talents, il prend des arrangements, se désiste, et trahit la cause du pupille.

— Appelle-moi les témoins.

Les Témoins paraissent.

Riche, et pouvant payer mille drachmes, mon père se serait déchargé de l'accusation: car telle est la somme que lui demandait Théocrinès. Qu'on fasse paraître Philippide de Pæania, à qui cet homme l'a dit, et les autres qui savent qu'il en a parlé.

Les Témoins paraissent.

Ainsi, juges, avec mille drachmes mon père aurait fermé la bouche à son accusateur; et cette conviction était déjà, je pense, dans vos esprits, avant la parole des témoins. Mais, après beaucoup d'autres dénonciations, Théocrinès, pour une modique rétribution, s'est également désisté par accommodement avec les accusés: prouvons-le par le témoignage de ceux-là même qui lui ont compté l'argent. L'en croirez-vous ensuite quand il dira: J'ai l'œil sur tous les auteurs de propositions illégales; étouffer une accusation dans laquelle le maintien d'une loi est intéressé, c'est étouffer la démocratie? Langage banal de toutes les trahisons payées!

— Appelle-moi Aristomaque, fils de Critodème, d'Alopékæ. C'est par lui, ou, du moins, c'est chez lui qu'a été donnée à cet homme incorruptible une mine et demie au sujet du décret d'Automédon concernant les Ténédiens.

Lecture de la Déposition.

Lis de suite les autres attestations de ce genre, celles d'Hypéride et de Démosthène : car cet accusateur vénal reçoit même de ceux à qui personne n'oserait demander (11).

Déposition.

Théocrinès, à qui un langage sincère est impossible, dira tout à l'heure qu'on ne le poursuit que pour lui faire lâcher sa proie, Démosthène, Thucydide, ses accusés. Dans ma conviction, ô juges! Athènes n'a rien à perdre à la confirmation ou au rejet du décret de Thucydide; et je le prouverai. Sans doute, de pareils arguments paraîtront déplacés ici; vous ne voyez que la loi, à laquelle votre serment vous lie. Permettez-moi néanmoins de montrer, par la lecture des accusations mêmes de Théocrinès, qu'on les citant, son unique but est d'échapper aux nôtres. — Qu'on lise ces pièces.

Décrets, Actes d'Accusation.

Peu m'importe, à moi, le sort de ces décrets; et l'État, que gagne-t-il à leur sanction? que perd-il, s'ils sont annulés? rien, je pense. Ténédos s'est, dit-on, détachée de nous, et la faute en est à Théocrinès. Il poursuivait de ses calomnies cette île partagée entre Athènes et Philippe; les Ténédiens venaient d'apprendre que le décret sur les contributions, proposé par Thucydide, attaqué par Charinos, était l'objet de nouvelles et interminables accusations; ils savaient que, malgré l'acceptation faite par le peuple athénien de leurs engagements envers le général Charès, l'infâme Théocrinès avait promis son appui au traître Charinos. Poussés par tous ces motifs, et par la plus impérieuse nécessité, entre tous les maux qui s'offraient à eux, ils choisirent les moindres. Et que n'a-t-elle pas souffert de nos décrets, cette île qui s'est crue trop heureuse de nous abandonner, pour se rendre aux Barbares et recevoir leurs garnisons? Accablante pour les Hellènes, la perversité de l'accusé n'est supportable que pour vous.

Il est donc clairement démontré que ni les accusations qu'on vient de lire, ni aucun autre service prétendu, ne peuvent contre-balancer les lois qui condamnent ce méchant. N'êtes-vous pas, d'ailleurs, dans le secret de toutes ces rivalries de haines simulées? Ces hommes qui, à la face des juges et à la tribune, se proclament ennemis les uns des autres, ne les avez-vous pas vus se liguer en secret pour partager les bénéfices d'un pareil manège? Hier, quelles injures, quel acharnement! aujourd'hui, quelle fête, quel banquet (12)! Mais pourquoi s'en étonner! leurs ruses perfides ont votre approbation; et ils sont toujours munis de pareils filets pour vous prendre. Enfin, c'est à l'examen de ma cause même que j'en appelle, ô juges! Considérez si les moyens que je présente sont solides et conformes aux lois. L'accusateur n'est pas un Démosthène; c'est un jeune homme : mais, par la bouche du plus grand orateur, la loi ne parle pas avec plus d'empire que par l'organe de la simple vérité. Quel que soit notre langage, la loi est la même; et l'inexpérience a d'autant plus de droit à votre faveur, qu'elle est moins capable de vous séduire.

Théocrinès s'est dit opprimé par une faction contraire : ce n'est pas lui, Athéniens, c'est moi qui suis en butte aux factions. Après m'avoir promis assistance dans ce procès, on me délaisse. Je reconnais là les intrigues des orateurs; et je le prouve. Que le héraut appelle Démosthène, il ne montera pas à cette tribune. Que conclure de là? un complot formé pour accuser Théocrinès, ou plutôt une sorte de capitulation entre l'accusé et l'orateur? J'en appelle au témoignage de Cléonomaque qui a rédigé le pacte, et d'Eubulide qui les a vus se donner la main dans le Cynosarge. Mais, pour que votre conviction soit entière, je produirai un moyen vraiment péremptoire; vous en jugerez ainsi quand vous l'aurez entendu. L'accusateur de Démosthène pour lois violées, celui qui le traite de misérable, qui l'appelle son persécuteur, Théocrinès enfin, fait ouvertement grâce à ce même Démosthène d'une accusation qui devait lui coûter dix talents : c'est une copie de ce grand modèle, comme tant d'autres. La cause appelée, un homme jura que l'accusé était malade; et l'accusé courait partout, invectivant contre Eschine (13). Au lieu de protester, Théocrinès laissa son ennemi tranquille, et se désista. Voilà comme ils vous trompent à la face du ciel, ces hommes dont l'inimitié simulée vous fait prêter à leurs débats une attention crédule! — Lis les dépositions.

Lecture.

Ainsi, quand on viendra vous dire : Nous protégeons Théocrinès de toute la haine que nous avons vouée à Démosthène; fermez l'oreille, ô juges! à un pareil langage. Dites aux imposteurs: Si vous êtes vraiment les ennemis de Démosthène, accusez-le, opposez vos propres efforts à ses motions arbitraires. Malgré leur éloquence, malgré leur crédit, supérieur au sien, ils ne le feront pas. Pourquoi? parce que, entre eux et lui, il n'y a que l'hypocrisie de la haine. Mais passons: sur tous ces combats simulés vous pourriez m'en apprendre plus que je n'en puis dire.

En présence de ce tribunal, réponds-moi, Théocrinès, et réponds, s'il t'est possible, avec franchise. Toi qui te dis le dénonciateur d'office de toute décision illégitime, que ferais-tu si, après avoir persuadé le Peuple entier, un Athénien portait un décret permettant aux interdits, aux débiteurs du Trésor, d'accuser, de citer en justice qui bon leur semblerait, et annulait ainsi les prohibitions légales? L'accuserais-tu, ou non, comme infracteur des lois? Si tu réponds que tu ne l'accuserais pas, il est faux que tu aies l'œil ouvert sur les auteurs de pareilles propositions; si tu promets de l'accuser, tu tombes dans l'inconséquence la plus révoltante. Empêcher qu'un tel décret, porté par un autre, ne soit exécuté, en poursuivre l'auteur, crier bien haut que la loi est violée, est-ce bien là, dis-moi, un rôle convenable à celui qui, sans discussion, sans persuasion aucune, continue d'accuser malgré la loi qui lui impose silence (14)? Ce silence, tu l'appelleras tyrannie; tu déclameras sur la rigueur des peines qu'entraînera ta condamnation: mais ce que tu veux, ce n'est pas le maintien des lois; c'est une licence telle que les plus audacieux ne la demandèrent jamais.

Vous voyez donc bien, ô juges! qu'une défense vraiment juridique est impossible à Théocrinès, et à quiconque parlera pour lui. Ils s'aviseront peut-être de dire: Les citoyens non inscrits sur les registres de l'Acropole ne doivent pas être accusés; et ceux dont le nom n'a pas été donné aux exacteurs publics ne sont pas véritablement débiteurs du Trésor. Mais ignorez-vous, juges, que l'État devient notre créancier du jour même de notre condamnation pour décret illégitime? et Athènes entière ne sait-elle pas qu'il y a plusieurs classes de débiteurs publics, et que l'on s'acquitte envers elle dès qu'on veut lui obéir? La loi elle-même le dit clairement. — Qu'on en donne une seconde lecture.

Loi

Entends-tu, infâme (15), ce qu'ordonne la loi? *Du jour de la condamnation pour motion illégale!*

Escorté de sa troupe, il doit, m'a-t-on dit, étaler fièrement une loi qui ordonne d'effacer des registres le nom du débiteur qui a payé son amende; il demandera comment on peut effacer ceux qui ne sont pas inscrits. Mais ce dernier réglement ne concerne que les débiteurs enregistrés, tandis que la loi précédente, qui fixe le moment où la dette commence à courir, est applicable même quand il n'y a pas eu inscription. Pourquoi donc, dit Théocrinès, ne m'accuses-tu pas d'avoir falsifié les registres, moi débiteur non inscrit? C'est que la loi permet d'accuser de ce crime, non le débiteur de ta classe, mais celui dont le nom a été effacé avant le payement de la dette. — Prends la loi, et lis.

Lecture de la Loi.

Vous l'avez entendu, ô juges! *Le débiteur du Trésor qui, sans s'être acquitté, a été effacé des registres, peut être accusé de faux en écriture publique au tribunal des thesmothètes.* Cette loi ne parle point du débiteur non inscrit; seulement, elle autorise l'accusation et fixe la peine. Il est inutile que Théocrinès me montre toutes les voies ouvertes au ressentiment et à la vengeance; je ne lui demande que de me suivre dans celle où je marche moi-même.

Mœroclès, ô juges! qui a lancé un décret contre ceux qui vexent les négociants, Mœroclès par qui vous fûtes persuadés, vous et vos alliés, de faire bonne garde contre les pirates, n'aura pas honte de parler bientôt pour Théocrinès. Oui, au mépris de sa propre décision, il vous pressera de renvoyer impuni l'homme convaincu de calomnies flagrantes contre nos armateurs. N'a-t-il donc assuré la liberté de la mer qu'afin que le navigateur, échappé à tous les périls du voyage, tombât, au port, dans les griffes des sycophantes? Qu'importe d'avoir évité les écumeurs de mer, s'il faut devenir la proie d'un Théocrinès? A mes yeux, les événements des navigations dépendent, non de vous, mais des chefs de nos stations navales. Quant aux avanies qu'on subit au Pirée et devant les magistrats, c'est à vous qu'il faut s'en prendre; car là, vous pouvez tout. Réprimez donc plus sévèrement la violation de vos lois au dedans que celle de vos décrets au dehors. Une indulgence prolongée vous ferait accuser de complicité. Nous, Mœroclès, qui, en vertu de ton décret, avons exigé dix talents des Méliens pour avoir donné asile aux corsaires, nous n'appellerons pas innocent le citoyen qui a violé et ton décret, et les lois d'Athènes; nous, qui envoyons des escadres châtier les insulaires et les contenir dans le devoir, nous ne pardonnerons point ici à d'autres coupables que la loi doit frapper. J'en appelle,

Athéniens, à votre prudence! — Qu'on lise l'inscription de la colonne (16).

Lecture de l'Inscription.

Est-il besoin de vous entretenir encore et de nos lois, et du fond de la cause? non, juges : il me semble que vous êtes suffisamment éclairés. Après vous avoir adressé une juste prière pour mon père et pour moi, je préviens votre fatigue, et je me retire. Si j'ai intenté cette accusation, c'est, comme je l'ai dit en commençant, parce que, dans l'intérêt de mon père, la vengeance me semblait un devoir indispensable. Des malveillants ne devaient pas manquer de verser le dédain sur ma jeunesse ; je le savais, mais je comptais aussi sur l'approbation des honnêtes gens pour un peu de courage que je mets à poursuivre l'ennemi de l'auteur de mes jours. D'ailleurs, quelle que dût être l'opinion à mon égard, mon cœur me disait d'obéir aux ordres paternels, surtout à des ordres justes ; car enfin, quand faut-il que je venge mon père? n'est-ce pas quand la vengeance est légitime? quand sa disgrâce rejaillit sur moi? quand tout le délaisse? A tant de malheurs réunis, ô juges! un dernier malheur a mis le comble. Notre infortune soulève une indignation universelle; on nous excite à poursuivre Théocrinès; on dit tout haut qu'il mérite une dénonciation vigoureuse : et nul ne veut se joindre à nous pour l'attaquer! et tous tremblent à l'idée de se déclarer ouvertement son ennemi! Tant on a moins à cœur la justice que la liberté de la parole (17)! Une triste circonstance rend plus cruelles encore toutes les persécutions que l'accusé nous a fait endurer dans un court espace de temps : mon père, qui est l'offensé, mon père, si capable de mettre au grand jour et les iniquités et les violences de cet audacieux, a la bouche fermée par la loi. C'est moi qui viens ici parler de faits antérieurs à ma jeunesse! Les fils de mon âge sont défendus par leur père, et le mien, aujourd'hui, fonde sur moi toute son espérance!

Engagés dans de tels débats, nous vous prions de nous aider, et de montrer à tous que la jeunesse comme la vieillesse, dès qu'elle aura recours à vous et aux lois, obtiendra justice. Votre honneur, ô juges! doit vous préserver, ainsi que nos institutions, de la tyrannie des orateurs. C'est à eux de fléchir sous votre autorité. Distinguez soigneusement les subtilités du sophisme des solides raisons du bon sens : votre serment vous en fait une loi. On ne vous persuadera jamais que les orateurs capticux vous manqueront, ou que, s'ils vous manquent, Athènes en souffrira. Au contraire, d'après le témoignage de nos anciens, Athènes prospérait, gouvernée par des hommes sages et modérés. Parmi les harangueurs que j'attaque, comptez-vous un seul bon conseiller du Peuple? Le Peuple! oh! ce n'est pas pour lui qu'ils travaillent; et ce qui étonne le plus dans leur impudence, c'est que, engraissés, par leurs accusations, de la substance du Peuple, ces sycophantes osent dire que la République ne leur donne rien. Indigents avant de paraître à la tribune, ils s'enrichissent par vous et contre vous, et vous n'avez pas même leur reconnaissance! Ils vont disant partout que la nation est volage, intraitable, ingrate : doivent-ils donc moins à votre faveur que vous à leur administration? Au reste, ce langage, tenu en présence de votre mollesse, n'est pas si coupable. Aucun d'eux n'est puni comme il le mérite. Vous souffrez, dans leur bouche, cette maxime : *le salut du Peuple dépend des accusateurs;* tandis que ces misérables forment, parmi nous, la classe la plus dangereuse. En quoi, je vous prie, les trouverait-on utiles à l'État? On dira qu'il faut punir les coupables, dont le nombre diminue, grâce à leur active sévérité. Et c'est précisément le contraire! par eux, les coupables pullulent autour de nous. Le concussionnaire, contraint de faire, dans ses vols, la part du sycophante, vole le double, pour ne pas diminuer la sienne. On peut se garantir des brigands qui pillent sur les chemins, des filous de nos rues : avec des armes, une escorte, ou la précaution de ne pas sortir la nuit, on échappe à leurs embûches, et souvent la vigilance a suffi pour nous préserver de l'artifice et de la fraude. Contre les attaques du sycophante il n'est point de rempart. A tout autre persécuteur nous opposons, pour l'arrêter, les lois, les tribunaux, les témoins, le Peuple assemblé : mais le sycophante! c'est là qu'il puise de nouvelles forces; là sont tous ses amis, ceux qui lui donnent par peur; là, il n'a pour ennemis que quelques riches insouciants.

Dans vos souvenirs, ô juges! rapprochez de leur perversité la vertu de mes ancêtres. Épicharès, mon aïeul paternel, vainqueur aux jeux olympiques, a fait couronner Athènes, et est mort couvert de gloire, au milieu de ses pères. Cette patrie, dont un impie ennemi veut nous priver, enfanta un véritable héros dans Aristocrate, fils de Skellios, oncle d'Epicharès, dont mon frère porte le nom. Lorsque, dans notre longue guerre avec Sparte, Critias et les autres tyrans voulaient introduire l'ennemi dans Éétionée (18), Aristocrate détruisit ce fort; et, livrant sa tête à des périls plus grands encore que le milieu à des périls où la défaite même est glorieuse, ramena le Peuple, et réprima les efforts de ses e presseurs. Fussions-nous, mon père et moi, les dignes émules d'un Théocrinès, nous devrions trouver un abri derrière ces grands noms : que sera-ce donc quand nous valons mieux que notre ennemi, et que nous avons pour nous la justice ? Athéniens, je ne vous fatiguerai pas souvent de mes discours. L'accusé, comme je l'ai dit en commençant, nous a tellement humiliés, que l'espoir de la liberté accordée aux étrangers (19) nous est même refusé. Puisse du moins nous rester la consolation d'entendre imposer silence à notre calomniateur ! Émus par le souvenir de nos pères qui ont versé leur sang pour la république, puissiez-vous nous tendre une main amie, forcer Théocrinès à se justifier sur l'accusation, et déployer contre lui toute la rigueur dont il a fait preuve quand il nous poursuivait ! Après avoir trompé nos juges, se refusant à des conclusions modérées, cet homme impitoyable, malgré les larmes et les supplications du fils prosterné à ses genoux, a requis contre le père une amende de dix talents, la peine des traîtres à la patrie ! Justice ! Athéniens, justice !

Qui que tu sois, qui as quelque chose à dire en notre faveur, monte à cette tribune, et parle (20).

NOTES
DU PLAIDOYER CONTRE THÉOCRINÈS.

(1) Même édition que pour le plaidoyer précédent. Mêmes moyens d'interprétation, sauf les scolies d'Ulpien, qui manquent.

(2) L'amende avait été élevée au double, parce que le père d'Épicharès ne l'avait pas payée dans le délai fixé par la loi. — *Notre père* : Épicharès avait un frère, appelé Aristocrate.

(3) Après sa mort, ses fils devaient hériter de sa dette envers l'État, et de son interdiction.

(4) Théocrinès était débiteur du Trésor.

(5) Ἔνδειξις, dénonciation; φάσις, dire (les *dires* du ministère public).

(6) Athènes possédait plusieurs institutions pour la sûreté et la police du commerce. Dix magistrats, choisis par le sort, étaient chargés de la surveillance des marchés (ἐπιμεληταὶ τοῦ ἐμπορίου). Voyez Böckh, *Econ. pol. des Ath.*, liv. 1, c. 9.

(7) Les éponymes, ou héros qui avaient donné leurs noms aux dix tribus, avaient probablement un temple; et le temple, comme à beaucoup d'autres, était affecté un trésor, où l'on versait une partie des amendes imposées par les tribunaux.

(8) Ce décret sommait les débiteurs de la tribu Léontide de s'acquitter.

(9) Auger doute que le père de Théocrinès fût mort. C'est une inadvertance. Il a été dit tout à l'heure que Théocrinès avait hérité de l'interdiction et de la dette de son aïeul paternel : cela suppose nécessairement la mort de son père.

(10) On peut voir, dans les notes d'Auger, l'exposé de toutes les difficultés que présente ce passage. Il est à regretter que les savants philologues qui se sont occupés de Démosthène dans ces derniers temps n'aient pas cherché à dissiper, en partie du moins, ces obscurités, qui semblent tenir principalement à des formalités judiciaires que nous ne pouvons qu'entrevoir.

(11) Pourquoi n'oserait-on demander à Hypéride, à Démosthène? Parce que ce sont des hommes puissants et redoutables, répond Auger. — Non, dit Reiske ; c'est que ces deux orateurs tendent la main pour recevoir, jamais pour donner. — Ni l'un ni l'autre, dit à son tour Schæfer ; la pensée de l'orateur a plus de portée : il donne à entendre qu'Hypéride et Démosthène ne sont jamais plus terribles que quand on leur a tiré de l'argent, *si pecunia emuncti sint*.

(12) Ces détails de mœurs s'appliqueraient avec assez de justesse à certains journalistes, ces hommes politiques de nos jours.

(13) Est-ce bien Démosthène lui-même qui a écrit cela?

(14) Théocrinès a été présenté, plus haut, comme débiteur du Trésor. Cette flétrissure lui enlevait le droit d'accusation.

(15) Μιαρὸν θηρίον, deux mots intraduisibles.

(16) Sans doute, de la colonne, ou plutôt du cippe, sur lequel était gravé le décret de condamnation des Méliens.

(17) J. Wolf ne savait que faire du mot παρρησίας ; et il propose arbitrairement, à sa place, ἀπεχθείας ou ἡσυχίας. Auger, d'après le latin de Wolf : « Tant la crainte d'un méchant homme prévaut sur l'amour de la justice ! » Cela ne traduit aucun de ces trois mots. La leçon παρρησίας, que donnent tous les manuscrits, doit être maintenue. Mais je n'admets pas les interprétations de Reiske et de Schæfer, qu'on peut consulter dans *l'Apparatus*, t. v, p. 514. La phrase actuelle se lie intimement à la précédente ; et παρρησίας, expliqué par παροξύνουσι μὲν ἡμᾶς ἅπαντες, doit s'entendre surtout du plaidoyer par lequel Épicharès est poussé à protester contre le silence timide de ses concitoyens.

(18) Suivant Harpocration, on appelait ainsi un des promontoires du vaste bassin du Pirée, d'après Éétion, qui y avait possédé une terre considérable. Il paraît qu'un fort protégeait ce promontoire. Sur le fait qui est rapporté ici, voyez Thucydide, VIII, 89.

(19) Le père d'Épicharès mort, celui-ci devait hériter de son énorme dette, et être privé, jusqu'à ce qu'il eût satisfait le Trésor, du droit de parler en public, qu'on accordait parfois aux étrangers.

(20) J'ai voulu conserver à cet appel l'originalité qu'il a dans le texte.

VII.

PLAIDOYER

D'ESCHINE CONTRE TIMARQUE.

INTRODUCTION.

Notre attention va se porter sur un épisode de la vie publique de Démosthène, espèce de diversion animée à sa lutte contre Philippe.

Au retour de sa dernière ambassade en Macédoine, il n'avait point partagé les pressentiments pacifiques de ses collègues. Sans faire tort à sa sagacité politique, on peut croire que la connaissance personnelle qu'il avait des séductions exercées sur eux par l'adroit conquérant entrait pour beaucoup dans les défiances trop légitimes qu'il avait alors exprimées. Quoi qu'il en soit, les événements n'avaient pas tardé à justifier ces défiances. En présence de faits aussi graves, aussi menaçants pour l'indépendance de la Grèce, la prolongation de son silence lui parut un crime; il regarda comme un impérieux devoir la révélation éclatante des prévarications qu'il se croyait en droit de reprocher à Eschine dans cette ambassade si fatale aux intérêts de la République (1). Lorsque celui-ci avait voulu rendre compte de sa mission, Démosthène s'était déjà disposé à l'attaquer. Il devait avoir pour coaccusateur Timarque, fils d'Arizèlos du dême de Sphettos, citoyen éloquent, revêtu plusieurs fois de hautes charges civiles et militaires, et auteur d'un décret qui condamnait à mort tout Athénien convaincu d'avoir fait passer des armes à Philippe. Eschine, qui savait qu'avec le peuple il suffit de gagner du temps, se hâta de prévenir Timarque, et l'accusa lui-même de prostitution et de prodigalité, ce qui, d'après une loi de Solon, le rendait incapable d'exercer aucune fonction, et l'écartait de la place publique et des tribunaux.

Son plaidoyer, plein de méthode, se divise en quatre parties : dans la première, l'orateur cite et explique les lois concernant les mœurs; dans la seconde, il expose la conduite licencieuse de Timarque; dans la troisième, il réfute d'avance les raisons par lesquelles on pourra le défendre, et tâche de rendre inutiles les artifices et les subtilités que ses défenseurs mettront en jeu; enfin dans la quatrième, qui peut être regardée comme la péroraison, il exhorte les juges à être sévères dans une pareille cause.

La première partie renferme trois subdivisions : lois touchant les enfants; lois touchant les jeunes gens; lois touchant les autres citoyens, surtout les orateurs. Deux propositions principales embrassent toute la seconde partie : Timarque s'est prostitué; Timarque a dissipé son patrimoine et les revenus de l'État. La troisième partie s'adresse principalement à Démosthène. Après s'être efforcé de détruire tous les arguments que cet orateur pourra suggérer à l'accusé, Eschine l'attaque lui-même, et ne lui épargne ni sarcasmes ni invectives. Il répond aussi à un général qui se disposait à défendre Timarque, et qui, entre autres moyens, devait employer l'autorité des poëtes. Ce sont aussi des poëtes, c'est Homère et Euripide que cite l'accusateur, pour montrer toute la distance qui sépare un amour honnête d'une passion criminelle. Enfin, et c'est le sujet de la dernière partie, les juges doivent condamner Timarque et le flétrir, pour conserver des mœurs pures à leurs enfants; ils doivent repousser ceux qui sollicitent pour lui, et oui, fauteurs ou complices de ses désordres, sont intéressés à son acquittement.

On ne connaît pas au juste la date de cette accusation acharnée et virulente (1), qui se place entre la deuxième année de l'olympiade CVIII, et la deuxième de la CIX^e (346-342 av. J. C). Timarque fut condamné et diffamé, non-seulement par sentence du tribunal, mais dans l'opinion de tous ses concitoyens. Taylor prouve, par une foule d'exemples, que, flétri à jamais parmi les Grecs, son nom parut

. . . . dans la race future
Aux plus impurs gitons une cruelle injure.

Si l'on en croit même une tradition, ce plaidoyer renouvela l'effet tragique des ïambes fameux d'Archiloque : l'accusé se pendit de désespoir.

Le discours par lequel Démosthène seul accusa plus tard Eschine nous apprend que celui-ci ne nous est point parvenu dans son entier : il y est fait mention de quelques passages pleins d'animosité que le temps n'a pas conservés. Tel qu'est ce plaidoyer,

---

¹ Voy. *Vie de Démosthène*, par M. Boullée, p. 87.

¹ Æschines.... in oratione illa sæva criminosaque et virulenta, qua Timarchum de impudicitia graviter insigniterque accusavit, etc. *Aulu-Gelle*, XVIII, 3.

contient encore trop de morceaux embarrassants pour un traducteur moderne. J'ai cru cependant ne pas devoir reculer devant l'énorme difficulté d'en présenter pour la première fois en français la seconde partie sans la moindre suppression.

Il y a quelque analogie entre la place qu'occupe ce plaidoyer dans la grande lutte judiciaire de l'Ambassade, et celle du discours de Cicéron contre Cécilius dans l'affaire de Verrès. C'est, de part et d'autre, un procès, à l'occasion d'un procès, un grave incident de l'ouverture de solennels débats. L'orateur romain fait écarter Cécilius, qui serait, contre l'oppresseur de la Sicile, un accusateur indulgent et séduit. Eschine se débarrasse de Timarque, qui prêterait un appui redoutable à son plus terrible adversaire.

DISCOURS.

Jamais, ô Athéniens! je ne lançai d'accusation contre un seul citoyen (1); jamais je n'en inquiétai aucun pour reddition de comptes; et, sous ce double rapport, j'ai la conscience de ma modération (2). Mais, voyant la patrie grièvement blessée par Timarque, lorsqu'il monte à la tribune malgré les lois, et ma personne attaquée par ses calomnies, comme le montrera la suite de ce discours, je croirais me couvrir de honte si je ne vengeais à la fois l'État, les lois, vous et moi-même. Convaincu que Timarque est coupable des délits dont vous venez d'entendre l'exposé (3), je lui ai intenté cette accusation. Je comprends aujourd'hui, Athéniens, la vérité de ce mot si répandu au sujet des procès politiques : Les inimitiés particulières tournent au bien du gouvernement. Au reste, que Timarque attribue tous ces débats, non à la République ni à la législation, à ses juges, à son accusateur, mais à lui, à lui seul. Après sa jeunesse infâme, les lois lui criaient : Ne parais pas à la tribune ! Que ne se conformait-il à cette défense? est-elle donc si dure, si pénible? Que ne m'épargnait-il prudemment ses imputations de sycophante?

De cette première considération, rapidement présentée, je veux passer à des réflexions qui, je le sais, ont déjà été offertes par d'autres bouches à des juges athéniens (4), mais qui, dans cette cause encore, me semblent trouver leur place.

On reconnaît, parmi les peuples, trois formes de gouvernement : monarchie, oligarchie, démocratie. Les deux premières sont régies par la volonté des chefs; la démocratie, par les lois qu'elle se donne. Dans les lois, vous voyez la sauvegarde des citoyens d'un État populaire, et de l'État lui-même; la défiance et de bonnes garnisons font le salut des rois et des chefs d'une oligarchie. Tout gouvernement qui repose sur l'inégalité doit écarter quiconque amènerait une révolution par la violence. Nous, qui avons pour principe l'égalité et la loi, nous devons punir toute action, tout discours qui porte un caractère illégal. Une bonne législation fait notre force; et nous nous jetons dans de graves périls en écoutant les traîtres qui la violent par une conduite licencieuse. Faisons-nous des lois? tâchons qu'elles soient bonnes et convenables à une république. Sont-elles établies?observons-les, et châtions les infracteurs, si nous voulons voir dans Athènes le bonheur et la vertu.

Considérez, ô Athéniens! avec quelle sollicitude vos anciens et illustres législateurs, les Solon, les Dracon, veillaient au maintien des mœurs. Ils ont porté des lois de discipline d'abord pour nos enfants, indiquant avec clarté les exercices du fils du citoyen et l'éducation qu'il doit recevoir; puis pour les adolescents; enfin, pour les autres âges, ayant égard et aux particuliers, et spécialement aux orateurs : dépôt sacré, qu'ils ont confié à vos archives, et dont ils vous ont constitués les gardiens.

L'ordre observé par les auteurs de ces lois sera celui de mon discours. Je vous entretiendrai en premier lieu de celles qui s'occupent des bons principes que réclame l'enfance; et, après avoir parlé de nos règlements sur l'adolescence, j'exposerai ceux qui s'adressent aux citoyens, aux hommes de tribune. Cette méthode fera, je crois, pénétrer plus facilement la lumière dans vos esprits. Parcourons donc, avant tout, ô Athéniens! ces lois de notre république; et, après cela, nous confronterons avec elles les mœurs de Timarque. Quel contraste vous allez trouver !

Nous sommes obligés de confier nos enfants à des maîtres dont la profession exige une bonne moralité, et que le vice ruinerait. Cette garantie n'a pas suffi au législateur : il fixe l'heure à laquelle l'enfant libre ira aux écoles, avec quels enfants il doit y entrer, quand il en sortira. Il défend aux maîtres des écoles et aux instructeurs des palestres (5) de les ouvrir avant le soleil levé, de les laisser ouvertes après le soleil couché, tenant pour très-suspectes la solitude et les ténèbres. Quels jeunes gens peuvent fréquenter ces lieux, leur âge, le magistrat qui fera exécuter ces règlements, les fonctions du pédagogue, la salle des Muses dans l'école, celle de Mercure dans la palestre, les adolescents qui forment nos chœurs de danse, leur chef qui va dépenser son bien pour vos fêtes, et qui doit avoir plus de quarante ans, afin que l'âge mûr soit seul en contact avec vos enfants, tout est prévu, tout est réglé. Le scribe va vous lire ces lois. Vous verrez que, d'après l'intention de leur auteur, un enfant bien élevé, devenu homme, pourrait être utile à sa patrie; mais que le naturel gâté par une mauvaise éducation ne donnerait à l'État que des Timarques. — Lis.

Lois (6).

Les maîtres des écoles ne les ouvriront pas avant le lever du soleil; ils les fermeront avant le soleil couché. Lorsque les enfants sont dans l'école, ceux qui ont passé cet âge ne pourront y entrer, sous peine de mort, excepté le fils du maître, son frère et son gendre.

Les gymnasiarques ne permettront aux jeunes gens, pour aucune raison, d'entrer dans les galeries de Mercure. S'ils y en laissent pénétrer quelques-uns, ou s'ils ne les en chassent, on leur appliquera la loi concernant les corrupteurs de l'enfance.

Les chorèges, nommés par le peuple, doivent avoir passé l'âge de quarante ans.

Le législateur, ô Athéniens! statue ensuite sur de graves délits qui n'étaient pas sans exemple dans la ville : car c'était pour réprimer des excès réels que nos anciens faisaient de pareils règlements. La loi dit donc en termes formels : Si un père, un frère, un oncle, un tuteur, ou enfin l'un de ceux qui ont autorité sur un enfant, le vendent pour la débauche, on ne pourra pas accuser l'enfant, mais l'acheteur et le vendeur; chacun pour son fait. Même pénalité est établie contre tous deux. Parvenu à l'âge d'homme, l'enfant ne sera pas tenu de nourrir ni de loger le père qui l'aura vendu et prostitué (7); il ne lui doit que la sépulture. Combien cette règle est sage, Athéniens! Vivant, le père ne reçoit aucun secours du fils qu'il a privé de toutes les libertés civiles (8). Mort, il n'a plus le sentiment d'un bon office; la religion et la loi sont satisfaites; le fils l'inhumera, et lui rendra les derniers devoirs.

Il est une autre loi, qui veille sur vos enfants. Elle condamne la prostitution, et menace des peines les plus sévères quiconque prostituera un enfant libre ou une femme. En avons-nous une autre encore? oui, la loi concernant l'outrage, qui couvre de ce seul mot tous les attentats de cette nature. D'après son texte formel, toute personne qui outragera un enfant (et l'acheteur est dans ce cas), ou un homme, une femme, soit libre, soit esclave, ou qui se portera contre l'un d'eux à des excès criminels, pourra être accusé d'outrage; et elle indique la peine afflictive ou fiscale qui sera infligée. — Lis cette loi.

Loi.

Tout Athénien qui fera violence à un enfant libre sera traduit devant les thesmothètes par celui qui a autorité sur l'enfant. Ce dernier prendra des conclusions. S'il y a condamnation capitale, l'accusé, livré aux Onze, sera mis à mort le jour même. Si la peine est une amende, elle sera payée dans les onze jours qui suivront la sentence. Ce terme écoulé sans payement, le condamné ira en prison jusqu'à ce qu'il ait satisfait. Le viol commis sur un esclave donnera lieu aux mêmes poursuites judiciaires.

Peut-être vous étonnerez-vous qu'une loi sur l'inviolabilité des personnes fasse aussi mention des esclaves : mais, à l'examen, vous trouverez là, ô Athéniens! l'intention la plus sage. Ce n'est pas que le législateur s'intéresse à l'esclave (9); mais, pour mieux nous accoutumer au respect des personnes libres, il l'étend, ce respect, là même où cesse la liberté. Règle générale : toute violence, dans une démocratie, exclut du gouvernement celui qui l'a commise.

Souvenons-nous, Athéniens, qu'ici le législateur ne s'adresse pas encore à l'enfant lui-même, mais à ceux qui l'entourent et disposent de lui, à son père, à son frère, à son tuteur, à ses maîtres. Mais lorsqu'il est inscrit sur les registres de l'état civil, lorsqu'il connaît les lois de sa patrie et a tout son discernement moral, ce n'est plus à un autre que la loi parle, c'est à Timarque lui-même (10). Et que lui dit-elle? « Athénien, si tu te prostitues, je défends qu'on t'admette parmi les neuf archontes, magistrats qui marchent la tête couronnée; tu seras exclu du sacerdoce (un prêtre doit être pur); tu n'obtiendras jamais ni le syndicat du Trésor (11), ni aucune charge dans la ville, hors de la ville, élective, ou conférée par le sort; tu ne pourras être ni héraut ni député (ni accusateur, ni calomniateur vénal d'un député); tu ne seras pas admis à opiner dans le Conseil ou devant le Peuple (fusses-tu plus éloquent que tous tes concitoyens). Si tu me désobéis, j'accuse tes mœurs infâmes, et je t'impose les peines les plus rigoureuses. » On va lire le texte de cette loi. Il faut que vous voyiez dans toute leur beauté ces chastes règlements auxquels a insulté Timarque, l'homme impur que vous connaissez, lorsqu'il a osé haranguer le Peuple.

Loi.

Si un Athénien se prostitue, les droits suivants seront retirés :

L'admission à l'archontat, au sacerdoce, au syndicat du Trésor, à toute magistrature intérieure ou extérieure élective ou donnée au sort; aux fonctions de héraut, de député;

- Le droit d'opiner, d'entrer dans les temples publics, de porter une couronne aux fêtes solennelles, de s'avancer dans l'enceinte purifiée pour l'assemblée du Peuple.

Quiconque, condamné pour fait de prostitution, violera ces défenses, sera puni de mort.

Cette loi est portée contre le jeune impudique qui souille son corps; les précédentes s'occupent de l'enfant. Je vais exposer celles qui concernent les autres citoyens.

Ces règles établies, le législateur médite sur les formalités à remplir lorsque le Peuple assemblé s'occupe d'affaires d'État. Quel titre donne-t-il à cette partie? LOIS DE POLICE (12). Il débute ainsi, parce que la décence publique est une condition de prospérité. Et comment ordonne-t-il aux proèdres d'ouvrir les débats? Lorsque le sang de la victime aura purifié l'enceinte, et que le héraut aura prononcé les imprécations traditionnelles, les proèdres mettront d'abord aux voix les projets relatifs à nos sacrifices, aux hérauts, aux députés, et à quelques institutions civiles. Vient ensuite la question du crieur public : *Quel citoyen, au-dessus de cinquante ans, veut haranguer le Peuple?* Lorsque ceux-ci ont parlé, il s'adresse à tout Athénien de bonne volonté et non interdit.

Voyez, je vous prie, combien cela est sagement disposé. Le législateur s'était dit : Les vieillards, grâce à leur expérience, sont très prudents; mais souvent la hardiesse leur manque. Il faut, par égard pour leurs lumières, les accoutumer à se croire forcés d'exposer leur opinion; et, dans l'impossibilité de les appeler nominativement à la tribune, ils seront désignés par leur âge. Cela apprendra encore aux jeunes citoyens à les respecter, à leur céder partout le premier rang, à honorer cette vieillesse à laquelle ils parviendront peut-être un jour. Aussi, Athéniens, quelle n'était pas la décence des anciens orateurs, de Périclès, de Thémistocle, d'Aristide le Juste, surnom bien différent de celui que mérite Timarque! On vous parle, de nos jours, la main étendue : cet usage, ils auraient craint de le suivre, ils y auraient trouvé de l'audace. Un fait va le prouver incontestablement. Il n'est personne ici qui n'ait été à Salamine, et qui n'y ait vu la statue de Solon. Vous m'êtes donc témoins qu'il est représenté sur la place publique de cette ville, ayant la main dans son vêtement : preuve et expression de son attitude lorsqu'il parlait au Peuple. Entre Solon, entre tous ces grands hommes et Timarque, quelle différence! Ils auraient eu honte de montrer la main en parlant; et Timarque, le fait est récent, habits bas, s'est escrimé tout nu (comme un athlète) dans l'assemblée de la nation (13)! En voyant l'état où l'ivresse avait mis le plus hideux débauché, les citoyens modestes baissaient les yeux, rougissant pour la ville qui employait de semblables conseillers.

Pensant à de pareils excès, le législateur a clairement désigné ceux qui pourront ou ne pourront point parler au Peuple. Ferme-t-il la tribune au citoyen qui ne compte pas de généraux parmi ses aïeux, au simple artisan? Loin de là, il les invite, il les favorise; et voilà pourquoi il fait répéter cet appel : *Qui veut parler?* Quels sont donc, selon lui, les citoyens qui ne peuvent conseiller le Peuple? ceux qui ont vécu dans le désordre. Où le déclare-t-il? au titre, DE L'EXAMEN DES ORATEURS. *Celui*, continue-t-il, *qui frappe son père ou sa mère, qui refuse de les nourrir et de les loger, et qui ose parler au Peuple*, un tel homme ne montera plus à la tribune. Décision pleine de sens : quiconque maltraite ceux-là même qu'il doit vénérer à l'égal des Dieux, sera un bourreau hors de sa famille et dans sa patrie. Sur qui le législateur étend-il la même défense? sur *celui qui a refusé de servir, ou jeté son bouclier.* Interdiction juste encore : citoyen qui n'as pas voulu t'armer pour ton pays, ou qui, par lâcheté, n'as pu le secourir, n'aspire jamais à lui donner un conseil ! A qui parle-t-il en troisième lieu? à *celui qui a fait le métier de courtisane.* Il pensait qu'un homme qui s'est vendu lui-même à l'infamie vendrait gaiement la République. A qui enfin? à *celui qui a dissipé son patrimoine ou un héritage quelconque.* Mal gouverner sa fortune est une mauvaise garantie pour la fortune publique; et le même homme ne saurait être vicieux dans sa maison et bon ministre. Que l'orateur approche donc de la tribune après avoir mis de l'ordre dans sa conduite plutôt que dans sa harangue. Un homme de bien, qui parlera sans art, se fera écouter avec fruit; un orateur débauché, ruiné, flétri par de folles prodigalités, fût-il éminemment éloquent, nuira toujours à ses auditeurs.

Voilà les exclusions, voilà ceux à qui la tribune est interdite. Celui qui parlera malgré cette défense, à plus forte raison celui qui calomniera, et dont l'indécence sera devenue intolérable, *pourra être accusé*, dit le législateur, *par tout citoyen non interdit;* et les juges prononceront, séance tenante (14). C'est au nom de cette loi que je parais aujourd'hui devant vous.

Tels sont les anciens règlements. Qu'y avez-vous ajouté? Honteux de l'impudique fantaisie de Timarque, vous aviez, par une disposition nouvelle, exigé qu'à chaque séance une tribu fût choisie pour veiller au maintien de l'ordre, et y rappeler les orateurs. Que prescrivait l'auteur de cette motion? Les citoyens de la tribu, disait-il, siégeront pour que force reste à la loi et à la démocratie. Il sentait que, si des secours ne nous arrivaient de quelque point pour repousser les Timarques, une délibération sérieuse deviendrait impossible. Ce n'est pas avec des cris de réprobation que vous repousserez de la tribune des hommes dont le front ne sait plus rougir; des châtiments seuls peuvent les contenir et leur apprendre à se modérer. On va lire le règlement de nos séances populaires : quant à la décision pour la présidence des tribus (15), Timarque et sa coterie, dont elle enchaînait les démarches, les actions, les paroles, vous ont persuadé qu'il n'y avait pas opportunité.

Lois.

Si un orateur, devant le Conseil ou devant le Peuple, s'écarte de l'objet de la délibération ; s'il parle deux fois sur la même matière devant les mêmes auditeurs ; s'il interrompt, invective, injurie ; s'il s'obstine à mêler à la discussion des réflexions déplacées à la tribune; si, lorsque la séance est levée, il obsède l'Épistatès de ses suggestions ou de ses exigences : les proèdres, pour chaque contravention, pourront lui imposer une amende de cinquante drachmes, et l'inscrire au rôle des collecteurs. S'il mérite une plus grave punition, après lui avoir infligé celle-là, ils le citeront devant le Conseil à la première assemblée, exposeront les griefs, le feront juger au scrutin ; et, en cas de condamnation, ils l'inscriront encore sur les rôles.

Vous avez entendu les lois, ô Athéniens! et je sais que vous les trouvez excellentes. Leur force, comme leur faiblesse, est dans vos mains. Punissez les infracteurs, elles seront aussi puissantes que sages; mais, si vous pardonnez, ces lois désarmées ne seront bonnes qu'en théorie.

Opposons-leur maintenant, comme je l'ai promis, les mœurs de Timarque, et rendons ainsi le contraste plus saillant. Grâce, Athéniens, grâce pour moi, qui, forcé de vous entretenir des goûts immondes de l'accusé, vais salir parfois mon langage dans cette fange! Si, pour vous instruire, je dois m'énoncer sans détour, ne vous en prenez pas à moi, mais à Timarque. Est-ce ma faute, si dans le tableau d'une telle vie il est impossible de choisir des traits et des couleurs en dehors de ses mœurs dissolues? Cependant je m'écarterai de la décence le moins que je pourrai.

Voyez, ô Athéniens! quelle va être ma modération envers cet homme. Enfant, il a abusé de son corps! eh bien, je n'en dirai rien. Oui, effaçons ces premières turpitudes; qu'elles soient mises au néant, comme les actes de la domination des Trente, antérieurs à l'archontat d'Euclide, comme toute autre abrogation ou prescription.

Mais ce qu'il fit après que le discernement moral et la connaissance de nos lois furent venus avec l'adolescence, voilà ce que doit exprimer son accusateur, voilà sur quoi j'appelle votre attention.

A peine sorti de l'enfance, Timarque débuta par s'établir au Pirée, dans la maison de santé d'Euthydique, sous prétexte d'étudier la médecine, mais dans le dessein réel de se vendre : le fait l'a prouvé. Que d'armateurs, d'étrangers, d'Athéniens même, usèrent de lui à cette époque! Mais passons, pour qu'on ne nous reproche pas une enquête trop minutieuse. Entrons avec lui dans les divers domiciles où il parut ensuite pour y souiller sa personne et le nom athénien, et suivons-le jusqu'à la tribune où, malgré nos lois, il monte, riche du salaire de tant d'infamies.

Il existe, Athéniens, un certain Misgolas, fils d'un commandant de navire (16), du dême de Kollytos, excellent homme d'ailleurs, dont personne ne se plaint, mais pédéraste effréné, et toujours entouré de chanteurs et de joueurs de cithare. Sans charger cet homme, je veux seulement le faire connaître ici. Sachant fort bien que la position de Timarque chez le médecin n'était qu'un moyen de se produire, il lui offrit de l'argent, le tira de là, et eut près de soi ce corps potelé, brillant de jeunesse et de luxure, et si propre aux amoureux ébats. Timarque accepta le marché, quoiqu'il eût acquis une honnête aisance par la succession paternelle, succession qui fut bientôt dévorée, comme la suite le montrera. Esclave de tous les criminels plaisirs, qui sont sans force sur un cœur généreux et libre, il prodiguait tout à sa gourmandise, à la profusion de ses repas, à ses musiciennes, à ses maîtresses, à son jeu; et déjà le misérable ne savait plus rougir, lorsque, peu après avoir quitté le toit paternel, il se jeta dans les bras de Misgolas. De qui recevait-il un asile? d'un ami de sa famille, d'un jeune homme, d'un tuteur? non : c'est chez un étranger, chez un vieux libertin, que s'installe celui dont l'âge appelle les désirs. Que de tours il jouait à son patron! il en est un que je veux raconter.

On célébrait dans Athènes la fête de Bacchus. Misgolas, qui se croyait paisible possesseur de Timarque, veut prendre part aux réjouissances publiques avec Phædros, fils de Callias, de Sphettos. Timarque doit être de la partie. Les préparatifs terminés, l'adolescent n'est pas encore au rendez-vous. Misgolas et Phædros le cherchent partout, fort irrités. On les met sur sa trace, bientôt ils le trouvent à table, faisant une orgie avec quelques étrangers. Ils ordonnent avec menaces à ceux-ci de les suivre en prison, pour expier le crime de séduction exercée sur un jeune citoyen. Les délinquants effrayés s'enfuient et disparaissent, laissant là le festin.

Je prends à témoin de la vérité de ce récit tous ceux qui alors connaissaient Misgolas et l'accusé. Pour mon compte, je me réjouis fort qu'un des principaux rôles ait été joué par un homme qui ne vous est pas inconnu, et qui s'est signalé par la vie infâme dont votre scrutin fera justice. Sans doute, les faits ignorés exigent de l'accusateur des preuves claires, mais quand la conviction est faite d'avance, à quoi bon des discussions, des débats? Il suffit que les auditeurs aient de la mémoire. Eh bien! malgré la notoriété publique, j'ai assigné devant ce tribunal un homme véridique et bien instruit : c'est Misgolas lui-même. Rien, dans le témoignage écrit, ne se rapporte à son abominable commerce : je n'ai pas voulu que, devant la loi, ce témoin sincère fût gravement compromis. Mais ce qui est évident pour vous qui m'écoutez, et n'est pour Misgolas ni un danger, ni un opprobre, je l'ai fait consigner. Si donc cet homme se rend ici sans contrainte, et dit vrai, il satisfera la justice ; mais s'il fait défaut et nous refuse la déclaration de la vérité, voyez quelle en sera la conséquence. Si c'est par honte qu'il s'abstient, s'il aime mieux payer mille drachmes au Trésor que de se montrer à vos yeux, s'il croit enfin que des magistrats ne doivent pas entendre la voix d'un homme qu'ont souillé d'abominables caresses, honneur au législateur qui a fermé la tribune à tous les Misgolas! Mais si, en répondant à notre appel, il pousse l'impudence jusqu'au parjure, s'il ne cherche qu'à montrer à Timarque sa tendre reconnaissance et sa discrétion à ses complices, il se sera manqué à lui-même en trahissant les dieux qu'il attestera ; et, d'ailleurs, il ne gagnera rien à son imposture ; car une seconde enquête, préparée par mes soins, porte sur ceux qui ont vu Timarque lui-même, peu après sa sortie de la maison paternelle, aller vivre chez Misgolas. Et cette procédure a bien peu de chances avantageuses pour moi ; car ce ne sont pas mes amis qu'il s'agit d'appeler, ni les ennemis de mon adversaire, ni des gens à qui l'accusateur et l'accusé seraient également inconnus : ce sont les affidés de mes antagonistes. S'ils leur persuadent de ne pas déposer, audace à laquelle je ne crois pas, ils ne trouveront peut-être pas chez tous la même complaisance. Restera donc le témoignage de quelques-uns, comme une irrécusable preuve que Timarque a trop mérité la tache empreinte sur son nom par lui-même, et non par moi. Un homme vraiment modeste trouve dans la pureté de sa vie une garantie contre de pareilles imputations. Voici encore un avertissement que je dois vous adresser, supposé que Misgolas obéisse à la loi et à vous. L'âge ne se devine pas également, d'après l'extérieur, chez tous les tempéraments. Tel homme, très-jeune encore, semble avoir atteint l'âge mûr ; tel autre, après une vie déjà longue, paraît n'avoir guère dépassé la jeunesse. Misgolas compte parmi ces derniers. Il est de mon âge ; notre jeunesse est de même date, et nous sommes tous deux dans notre quarante-cinquième année. Vous voyez, toutefois, des cheveux blancs sur ma tête, et lui n'en a pas. Pourquoi ces détails, Athéniens? pour que l'aspect de cet homme ne vous donne pas le change, et que vous ne vous disiez pas avec étonnement : O ciel! quant à l'âge, le témoin se distingue à peine de l'accusé ; c'est la même tournure d'homme fait : jeunes tous deux, se seraient-ils livrés l'un à l'autre? Mais il en est temps : que l'on appelle d'abord ceux qui ont vu Timarque cohabiter avec Misgolas; on lira ensuite la déposition de Phædros. Celle de Misgolas sera présentée la dernière : la crainte des Dieux, les égards qu'il doit aux témoins, aux auditeurs, surtout aux juges, l'empêcheront peut-être de mentir.

On lit plusieurs attestations.
Déposition de Misgolas.

Moi, Misgolas, fils de Nicias, du Pirée, j'atteste que Timarque a cohabité avec moi, après avoir demeuré chez le médecin Euthydique ; que nous nous sommes connus, et que, jusqu'à ce jour, nos égards mutuels n'ont pas cessé (17).

Encore, si Timarque s'en était tenu à Misgolas! mais non, il a passé en d'autres bras : une fois engagé dans cette voie, on ne s'arrête guère. Sans cela, Athéniens, j'aurais renfermé l'accusation dans les limites du seul fait spécifié par le législateur, qui punit quiconque s'est livré à un autre, surtout livré pour de l'argent. Mais, encore une fois, j'en appelle à vos souvenirs ; et si, sans compter des rustres tels qu'un Cydonidès, un Autoclide, un Thersandre, énumérant ses nombreuses amours, je prouve que Misgolas a eu plus d'un successeur, le crime de l'accusé changera d'aspect : au lieu d'un égarement passager, vous verrez dans sa vie, j'en atteste Bacchus, une longue et continuelle prostitution. Car telle est la profession coupable de celui qui s'abandonne à tout venant pour un salaire.

Las de se ruiner pour Timarque, Misgolas le mit enfin à la porte. Le fils de Gallias, Anticlès d'Evonymia, le prend à son tour : mais ce nouvel amant est maintenant à Samos, avec notre colonie. Après son départ, loin de changer en rien sa conduite, qui lui semblait pure apparemment, Timarque va séjourner dans un de ces tripots où, sur une table dressée, on fait battre des coqs, on joue aux dés. Quelques-uns de vous, je crois, ont vu ces sortes de lieux, ou en ont entendu parler. Parmi les acteurs qui figurent dans les divertissements est un certain Pittalacos, attaché aux plus ignobles services publics. Cet homme, à qui l'argent ne manque pas, voyant souvent Timarque, se le fait passer, et le garde. L'infâme entra sans répugnance dans le lit d'un valet du Peuple. Il trouvait un homme riche, qui payait grassement sa luxure : que lui fallait-il de plus? La pudeur, le désintéressement n'étaient pour lui que des mots. On m'a parlé de toutes les postures qu'il prenait pour mieux plaire à son nouvel époux : mais ici, par Jupiter! je m'arrête; si je mettais à nu tant d'abominations, je me croirais digne de mort.

Pendant qu'il vivait avec Pittalacos, arrive de l'Hellespont un homme dont vous vous étonnez de n'avoir pas encore entendu le nom ici, Hégésandre. Timarque est bientôt établi près du nouveau venu, que vous connaissez mieux que moi. Parti pour l'Hellespont comme trésorier, avec le commandant Timomaque d'Acharna, Hégésandre revenait ici pour jouir, dit-on, des immenses profits qu'il avait faits sur la crédulité confiante d'un chef dont il causa la perte (18); et il n'apportait pas moins de quatre-vingts mines d'argent. Lié à Pittalacos, avec qui il jouait, il eut à peine vu Timarque, que ses désirs s'allumèrent. Bientôt il veut, à tout prix, le posséder. Il propose à Pittalacos de s'en défaire en sa faveur. Pittalacos refuse. Alors il s'adresse à Timarque lui-même : peu de mots suffisent pour gagner le jeune libertin, que son humeur volage rend plus odieux encore. Débarrassé de l'esclave public, il fut tout à l'escroc. Qu'on se figure Pittalacos pleurant tant d'inutiles profusions, et furieux des caresses qu'ils se prodiguaient en sa présence! La proie qui lui échappait, il venait la relancer jusque chez Hégésandre. Ses importunités, ses cris le firent chasser. Mais voici bien une autre scène. Un jour les deux amants, avec quelques joueurs que je ne nommerai pas, s'enivrent dans le tripot que hantait Pittalacos. Les têtes se montent, et, dans une manie furieuse, on met tous les meubles en pièces; dés, casiers, urnes, vases, volent en éclats dans la rue; les cailles même et les coqs, instruments innocents de tant de jeux cruels, sont étranglés sans pitié. Enfin, on saisit Pittalacos lui-même, on l'attache à une colonne; et bientôt le malheureux est fustigé et couvert d'égratignures. Son supplice dura longtemps. Des voisins, accourus à ses cris, le délivrèrent. Le lendemain, il se rend nu à la place, et va, en se traînant, s'asseoir sur l'autel de la Mère des Dieux. La foule commençant à grossir autour du suppliant, Hégésandre et Timarque, éperdus, accourent eux-mêmes avec quelques compagnons de jeu. Le Peuple s'assemblait pour les délibérations, et leur scélératesse allait éclater dans Athènes entière. Ils entourent Pittalacos, le prient, le conjurent de quitter ce lieu : tout cela, disent-ils aux curieux, n'est qu'une affaire de vin. Timarque, qui avait encore une partie de la fraîcheur et de la grâce que vous chercheriez en vain sur sa personne flétrie, lui passe la main sous le menton, et lui promet toutes ses complaisances. Ils obtiennent enfin qu'il s'en retournera, sous condition qu'il lui sera fait une sorte de réparation. Mais, avant qu'il fût hors de la place publique, les coupables n'y pensaient déjà plus. A ce surcroît d'outrage, Pittalacos assigne à jour fixe ses deux ennemis. Hégésandre jure de se venger. Pour y parvenir, il met la main sur son accusateur, et déclare publiquement qu'il est son esclave. Traiter ainsi un malheureux qui ne lui avait jamais fait de mal, qu'il avait déjà maltraité cruellement, et qui était au service du Peuple : que d'iniquités à la fois! Dans l'excès de son infortune, Pittalacos tombe aux genoux de cet homme impitoyable. Le nommé Glaucon, de Cholargos, le lui arrache, et le soutient libre. Les juges, qui doivent vider le procès, sont tirés au sort. A l'approche de l'ouverture des débats, les deux parties en confient l'arbitrage à Diopithe de Sunium. Ce citoyen, de la même tribu qu'Hégésandre, était demeuré son affidé, après l'avoir eu pour amant. Maître de l'affaire, il la fit traîner en longueur. Un délai ne servait qu'à amener un autre délai. Hégésandre, d'ailleurs, était membre d'un tribunal; ennemi d'Aristophon d'Azénia, il l'avait menacé d'une accusation semblable à celle que vous jugez aujourd'hui; frère de Krobylos, il s'appuyait du crédit toujours croissant que cet orateur acquerrait par ses conseils dans la discussion des affaires de la Grèce. Aussi Pittalacos, comparant sa position à celle de son principal adversaire, prit un parti fort prudent : il se désista, heureux de ne pas essuyer de nouvelles persécutions. Dès lors Hégésandre, sûr de sa victoire, en jouit dans les bras de son cher Timarque. La vérité de ces faits est connue de vous tous. Qui de vous ne s'est jamais trouvé à leurs festins? Qui n'a pas vu leurs folles dépenses? Au bruit de leurs orgies, au récit de leurs coupables amours, qui ne s'est pas indigné pour Athènes? Mais, puisque nous sommes devant un tribunal, qu'on appelle Glaucon, le défenseur de Pittalacos. On lira aussi les autres témoignages.

Dépositions.

Moi, Glaucon, de Cholargos, fils de Timée, j'atteste ce qui suit.

Quand Hégésandre réclama Pittalacos comme lui appartenant, j'ai protesté que celui-ci était libre. Quelque temps après, Pittalacos est venu me trouver, et me dire : « Je veux en finir avec Hégésandre; envoyez-moi quelqu'un qui arrangera à l'amiable nos deux procès, l'un intenté par moi à Hégésandre et à Timarque; l'autre, entre le premier et moi, relatif à ma liberté. Je désire que toutes nos tracasseries se terminent ainsi. »

Amphisthène dépose :

J'ai contribué à rendre à la liberté Pittalacos, qu'Hégésandre emmenait comme son esclave.

Ainsi de suite. Produisons maintenant Hégésandre lui-même. Je lui ai fait rédiger une déposition plus décente qu'on ne devrait l'attendre de lui, mais un peu plus claire que celle de Misgolas. Je m'attends à le voir nier tout et se parjurer. Tant mieux! Si je l'ai appelé comme témoin, c'est surtout pour vous montrer jusqu'où de tels hommes poussent le mépris des Dieux et des lois, et combien peu ils savent rougir. Qu'on fasse paraître Hégésandre.

Déposition.

Hégésandre, de Stiria, fils de Diphilos, atteste ce qui suit.

A mon retour de l'Hellespont, j'ai trouvé chez Pittalacos, dans une maison de jeu, Timarque, fils d'Arizèlos, qui y passait ses journées. J'y ai fait sa connaissance; et, depuis ce temps, j'ai vécu avec lui dans ce genre d'intimité qui, auparavant, m'avait uni à Laodamas.

Je savais, ô Athéniens! qu'Hégésandre foulerait aux pieds son serment, et je l'avais prédit. Une chose encore m'était démontrée d'avance : c'est que, non content de protester maintenant contre ce témoignage par son absence, il va venir défendre Timarque; et, par Jupiter! rien là ne doit étonner : ne montera-t-il pas ici avec la confiance que donnent une vie sans tache, une âme belle et ennemie du vice? Non, rien ne vous surprendrait, même si vous ne connaissiez ce Laodamas dont le nom seul soulevait tout à l'heure votre indignation. Ceci m'entraîne à quelques paroles plus claires que ne le supposent mes habitudes. Répondez-moi, Athéniens, par tous les Dieux! celui qui s'est souillé près d'Hégésandre ne vous semble-t-il pas se prostituer à un prostitué? Croirons-nous que, dans l'ivresse et la solitude, ils n'aient pas épuisé tous les raffinements de la luxure? Cet Hégésandre qui, pour défendre Timarque, cite sa liaison publique avec un Laodamas, doutez-vous qu'il ne lui ait prescrit de prêter au premier, par ses horribles excès, un air de modestie (19)?

Hégésandre et son frère Krobylos vont accourir à cette tribune. Ils taxeront d'abord mes paroles de folie; ils ajouteront : Que des témoins viennent ici dire nettement ce qu'a fait Timarque; qu'ils spécifient le lieu, la manière, les personnes. Athéniens, il y aura autant d'impudence que d'artifice dans cette exigence. Vous n'avez pu oublier la lecture, par vous écoutée, de nos lois, où il est écrit que celui qui, pour ce fait, paye un citoyen, et celui qui se vend, sont tous deux soumis à des peines égales et très-sévères. Quel insensé hasarderait donc une pareille déposition? S'il dit la vérité, il se perdra lui-même, il attirera les derniers châtiments sur sa tête. Après une telle faute, c'est donc au principal coupable à en convenir. Or, c'est sur cet aveu même qu'on le condamne, s'il a osé haranguer le Peuple. Pour parer à cette grave difficulté, faudra-t-il que les juges ferment les yeux sur tant d'infamies? Par Neptune! la vertu sera en honneur dans Athènes, si, instruits de ces ignominieuses réalités, faute d'une déposition aussi claire qu'impudente, nous feignons de tout ignorer! Jugez-en d'après un exemple qui se rapproche fort bien des mœurs de Timarque. Il y a des hommes qui tiennent maison de débauche : vous les voyez, assis devant leur porte, parlant tout haut des bénéfices du métier. Un libertin se présente : le maître du logis se lève, entre avec lui; et, par un reste de pudeur, il se cache, il ferme la porte. Je suppose que, dans ce moment, un passant dise à l'un de vous : Que fait maintenant cet homme? Vous, qui l'avez vu entrer, croyez-vous nécessaire de pénétrer dans le logis, pour répondre? Non, sans doute : la connaissance de ses habitudes et de sa profession impudique vous en apprend assez, et vous pouvez très-sciemment satisfaire le curieux. Eh bien! faites de même au sujet de Timarque : ne considérez pas si on l'a vu, mais s'il s'est ainsi livré (20). Sans cela, de par tous les Dieux! Timarque, comment faudrait-il donc s'exprimer? Toi-même, comment parlerais-tu d'un autre ainsi accusé? Quel langage tenir sur un adolescent qui, désertant le toit paternel, couche, au su de tout le monde, chez des étrangers? qui s'assied, sans payer son écot, à des repas somptueux? qui dispose des musiciennes, des courtisanes les plus chères? qui joue et ne paye pas? qui a toujours l'argent d'autrui sous sa main? Faut-il donc ici l'art des devins? Ces complaisances, cette profusion, cet empire, n'est-il pas clair qu'il les paye de ses caresses, de sa personne? Autre exemple. Les suffrages, dans nos dêmes, ont été donnés (21). Chacun de nous a déclaré au scrutin, sur chaque particulier, s'il est vraiment Athénien. J'approche du tribunal qui juge, en appel, ces questions d'état; j'écoute, et je m'aperçois que l'argument tiré de la notoriété publique est le plus décisif; l'accusateur dit : Le dême dans lequel est inscrit cet homme a voté contre lui. Dès lors, sans serment, sans plaidoiries, la conviction des juges s'établit, et ils confirment par acclamation l'exclusion prononcée par la tribu. A quoi bon, en effet, des preuves testimoniales et des frais d'éloquence en pareil cas? Par Jupiter! faites donc ici l'application de ce principe.

S'il fallait prononcer au scrutin sur la moralité de Timarque; si, de ce grave procès qui vous est soumis, l'usage écartait une accusation et une défense en forme; si l'huissier qui est à mes côtés vous demandait, d'après la loi, l'émission du bulletin percé pour qui est sûr du crime de prostitution, du bulletin plein (22) pour qui n'y croit pas, que voteriez-vous? Je le sais fort bien, moi : vous le condamneriez. Et si l'un de vous me disait, Qu'en sais-tu? Je le sais, répondrais-je, par vous-mêmes, qui vous en êtes familièrement expliqués avec moi. Où et dans quel moment? le voici.

Le Conseil avait pris un arrêté préalable au sujet de la réparation d'une vieille tour, de quelques masures abandonnées, et sur l'entrée mystérieuse d'un individu qui s'y était caché. Qui monta à la tribune, pour parler sur cette mesure devant le Peuple assemblé? Timarque! Votre rire éclata, vous vous récriâtes; vous appelâtes de leurs vrais noms les exploits de ce héros, que vous connaissez presque aussi bien que lui-même. Pour abréger, dans cette même séance j'annonçai à Timarque, dans mon indignation, les poursuites que j'intente aujourd'hui. Sur sa demande effrontée, l'Aréopage se rendit au sein de l'assemblée. Le citoyen qui, au nom de ce corps respectable, prit la parole, fut Autolycos. Par Jupiter et par Apollon! la vie de cet homme est pure, grave, digne de tous les magistrats qui m'écoutent. Il dit, entre autres choses, que l'Aréopage improuvait l'avis de Timarque; et, au sujet de la solitude suspecte du quartier du Pnyx (23), il ajouta : « Ne vous étonnez pas, ô Athéniens! si Timarque a, sur ce point, plus d'expérience que l'Aréopage. » Il y eut alors parmi vous un mouvement confus; plusieurs crièrent : « Tu dis vrai, Autolycos! nul ne connaît mieux que Timarque tous les secrets asiles qu'offrent ces ruines! » A ce tumulte, à cette bruyante interruption, le rapporteur troublé s'arrêta; puis il reprit : « Pour nous, membres de l'Aréopage, nous n'accusons Timarque, ni ne le défendons : la patrie ne nous le demande point. Mais qu'il ne croie pas que notre silence sur son compte nous coûte peu. » A cette déclaration d'une grande répugnance, d'un silence contraint, vos éclats de rire redoublèrent. Mais quand l'orateur entra dans le détail de ces habitations ruinées, de leur intérieur, de leurs souterrains, l'explosion de votre hilarité satirique fut au comble. Alors Pyrrhandre parut pour vous rappeler à l'ordre; il vous demanda si vous ne rougissiez pas de rire ainsi devant l'Aréopage. Vous lui fîtes quitter la tribune, par cette réponse : « Nous savons, Pyrrhandre, qu'en présence de ces vénérables magistrats, le rire est très-déplacé; mais cette fois la vérité est d'une force qui surmonte toutes les considérations. » Voilà donc, ô juges! le peuple athénien, en masse, qui a déposé contre Timarque. Un pareil témoin, l'accuserez-vous de mensonge? Parfaitement instruits naguère de toutes les infamies de l'accusé, que vous articuliez par leurs noms, feindrez-vous de les ignorer en ce jour, où j'en présente toutes les preuves? Absolverez-vous maintenant, malgré ces mêmes preuves, l'accusé qui, lorsqu'il n'était pas encore devant des juges, s'est vu poursuivi de vos ricanements et de vos huées?

Puisque j'ai parlé de l'examen du titre de citoyen et de l'exécution de la loi de Démophile (24), je veux vous citer de Timarque un trait analogue. Il fit lui-même acte de citoyen lorsqu'il dénonça quelques hommes qui, disait-il, avec de l'argent essayaient de corrompre l'assemblée du Peuple et les tribunaux. Nicostrate fait entendre aujourd'hui les mêmes plaintes; à un procès déjà ancien se joint un nouveau procès. Suivez ce[...] par Jupiter et par tous les Dieux! Si les accusés se repliaient sur l'excuse de Timarque et de ses défenseurs, s'ils demandaient qu'on attestât nettement le fait énoncé, ou que le tribunal déclarât n'être pas convaincu, de là résultait la nécessité de prouver la séduction exercée d'une part, éprouvée de l'autre. La peine capitale pourtant menaçait à la fois le parti corrupteur et le parti corrompu. De même, dans l'affaire actuelle, quiconque jouit d'un Athénien et le paye, ou tout Athénien qui se vend aux plaisirs d'autrui, est sous le coup des lois les plus sévères. Eh bien! je le demande, y a-t-il eu, dans le procès que je mentionne, déposition formelle de témoins, longs débats entre l'accusateur et les accusés? Nullement. Les accusés ont-ils, pour cela, échappé à la peine? non, par Hercule! on les a punis de mort. Moins criminels que Timarque (j'en atteste le ciel!), ces malheureux, pour n'avoir pas supporté honnêtement la vieillesse et l'indigence, ces cruels fléaux de l'humanité, ont accepté ce corrupteur qui les a perdus : Timarque en a fait autant; mais, pour lui, c'était le salaire de l'infamie. Si la cause présente était appelée dans une autre ville, moi-même je demanderais des témoins fussent admis à déposer en faveur de ce que j'avance; mais nous sommes dans A[...]

nes, mais nos juges sont en même temps nos véritables témoins. Je n'ai qu'à vous retracer vos propres impressions; voyez seulement si l'exposé en est fidèle. Est-ce donc pour lui seul, ô Athéniens! que l'accusé va élever de si étranges prétentions? N'est-ce pas pour tous ceux qui, comme lui, ont trafiqué des plus sales voluptés? Si un tel commerce s'entoure de mystère et de ténèbres, si celui qui en a connaissance expose sa tête en avouant la vérité; si l'accusé contre qui s'élève toute une vie de désordres exige comme preuve, au lieu de la notoriété publique, des témoignages explicites : dès lors tout accès est fermé à la vérité, et une voie de salut s'ouvre devant les plus hardis malfaiteurs. Où est l'escroc, le voleur, l'adultère, l'assassin, qui, le crime supposé secret, puisse être atteint par la justice? Ceux qui sont surpris dans le crime, s'ils l'avouent, subissent leur peine à l'instant. Les autres, qui se sont cachés, et qui se renferment dans de constantes dénégations, sont jugés par les tribunaux, devant lesquels la vérité ne peut résulter que d'un certain ensemble de vraisemblances. Prenez pour exemple l'Aréopage, la plus vigilante de toutes nos magistratures. Là j'ai vu beaucoup de plaideurs parler fort bien, produire leurs témoins, et succomber; j'en ai vu d'autres s'énoncer très-mal, et, sans le secours des dépositions, gagner leur procès. C'est que cet auguste tribunal fonde son opinion, non sur l'éloquence des parties ou le dire de quelques témoins, mais sur ses investigations personnelles et sur ses notions antérieures. O Athéniens! réglez notre jurisprudence sur cet illustre modèle. N'en croyez que les faits qui ont votre foi et votre intime conviction. Reportez, reportez vos regards sur le passé. L'invariable langage du public sur Timarque et sur ses mœurs est l'œuvre de l'impartiale vérité. Au contraire, une cause à gagner, et, par suite, le besoin de vous tromper, dicteront la défense. Que votre arrêt, placé au-dessus de tous les intérêts personnels, soit la consécration de la vérité !

Un faiseur de mémoires, qui a préparé subtilement la défense de Timarque (25), prétend que je me contredis moi-même. Il ne croit pas possible que le même homme se prostitue et mange son patrimoine. Le premier de ces vices apparaît, suivant lui, à l'enfance; dissiper son bien est d'un homme fait. D'ailleurs, ajoute-il, ces souillures enrichissent, au lieu de ruiner; et il tâche de prouver partout que la réunion de ces deux genres de désordres est une monstruosité sans exemple.

Le bon ami de Timarque, Hégésandre, avait épousé une riche héritière, et apporté beaucoup d'or de l'Hellespont. Tant que cette fortune put suffire, ces deux hommes se plongèrent ensemble dans tous les plaisirs les plus ruineux. Mais lorsqu'elle fut épuisée, lorsque le jeu et la bonne chère eurent tout englouti, Timarque, ne se voyant plus recherché par de prodigues amants, et toujours altéré de jouissances nouvelles, se mit à manger son patrimoine; que dis-je, manger? il le dévora. Il vendit tout pièce à pièce, et bien au-dessous de la véritable valeur. Attendre des offres plus avantageuses, un moment plus favorable, était chose impossible à cette âme impatiente de jouir : il abandonnait tout sur-le-champ pour le prix qu'il en trouvait.

Son père lui a laissé une fortune qu'un autre eût consacrée à des charges publiques, et qu'il n'a pu conserver pour lui-même. Une maison située derrière l'Acropole (26), une terre dans le dême de Sphettos, une ferme dans celui d'Alopékæ, neuf ou dix esclaves, ouvriers en cuir, dont chacun rapportait par jour deux oboles, et le chef des ouvriers en rapportait trois; une habile ouvrière en lin écarlate, qui mettait en vente le produit de ses travaux délicats; un brodeur; des créances échues, un mobilier considérable; tel était ce patrimoine. La maison de ville, Timarque l'a vendue au comédien Nausicrate, de qui Cléænète, maître de chœur, l'a achetée vingt mines (27). La terre de Sphettos, domaine considérable, tombé en friche par la négligence de l'héritier, est devenue la propriété de Mnésithée de Myrrhinonte. La mère de l'accusé conjurait son fils, avec les plus vives instances, de garder au moins la ferme située à une douzaine de stades du fort d'Alopékæ; c'est là qu'elle désirait être ensevelie. Inutiles prières! la ferme y passa, comme tout le reste; deux mille drachmes en firent raison. Esclaves, servantes, tout le personnel a été aussi vendu. Des témoins vont prouver que je dis vrai, et que son père lui a réellement laissé les esclaves dont j'ai fait mention. S'il prétend ne les avoir pas vendus, qu'il les représente. Il sera prouvé encore, par dépositions, que le fils a touché et dépensé des sommes prêtées par le père; et ici j'interpellerai Métagène de Sphettos, qui avait dû à Arizèlos plus de trente mines, et qui en a remis sept, restant de compte, à son héritier. Greffier, appelle Métagène; mais lis d'abord la déposition de Nausicrate, acquéreur de la maison; puis tu prendras les autres témoignages que j'ai promis.

Lecture des Dépositions.

Je vais montrer que le père de Timarque avait encore beaucoup d'argent comptant, qui a été dissipé par son fils. Dans la crainte que lui inspiraient les charges publiques, le bonhomme voulait aliéner ses immeubles (28), à la réserve de ceux que j'ai désignés. Il vendit donc sa ferme du Céphise, son champ d'Amphitrope, deux galeries de mines d'argent, ouvertes l'une à Aulon, l'autre à Thrasylum (29). De qui tenait-il ces biens? c'est ce que je vais dire. Ils étaient trois frères : Eupolème, maître de gymnase; Arizèlos, père de Timarque; et Arignôtos, vieillard aveugle qui vit encore. Eupolème, l'aîné, mourut tandis que les biens étaient encore indivis. Placé entre un frère mort et un frère aveugle, Arizèlos administra, sa vie durant, le commun patrimoine, et prit des arrangements pour payer à Arignôtos une pension alimentaire. Arizèlos mort à son tour, les tuteurs de son fils mineur ne laissèrent manquer de rien le vieil infirme. Mais à peine inscrit parmi les citoyens, à peine maître de sa fortune, Timarque la dissipa tout entière, après avoir chassé un vieillard, un aveugle, le frère de son père! Le riche neveu, refusant tout à son oncle, le renvoya à l'aumône qu'on accorde aux invalides. Voici un dernier trait, le plus révoltant de tous. Un jour l'infortuné avait manqué de se trouver au recensement des citoyens impotents. Il présente une supplique au Conseil, pour recevoir son aumône. Le neveu, qui présidait le Conseil ce jour-là même, ne daigne pas appuyer sa requête, et le laisse perdre une prytanie (30). Le fait est constant : qu'on appelle Arignôtos, et que sa déposition soit lue.

Déposition.

On dira peut-être : S'il a vendu la maison paternelle, il en a acquis une dans un autre quartier; la terre de Sphettos, la ferme d'Alopékæ, les esclaves ouvriers, ont été remplacés par quelque intérêt dans les mines : ainsi faisait son père. Pas même cela, ô Athéniens! Maison, ferme, esclaves, créances, tous les éléments d'une modeste fortune ont disparu, sans compensation. Son patrimoine évanoui, que lui reste-t-il? sa profonde corruption, son audace de sycophante (31), l'amour du plaisir, le cœur d'un lâche, un front que tant d'infamies ne font jamais rougir; en un mot, toutes les passions, tous les penchants d'un mauvais citoyen.

C'est peu d'avoir consumé son patrimoine : la part de la fortune publique qui a passé par ses mains, il l'a dissipée. Tout jeune que vous le voyez, il n'est pas de charge qu'il n'ait exercée : le sort et l'élection n'y ont été pour rien; il les achetait toutes, au mépris des lois. Je n'en citerai que deux ou trois exemples. Membre de la Cour des Comptes, il a prévariqué en recevant des cadeaux de plus d'un concussionnaire, et surtout en tourmentant quelques comptables qui étaient en règle. Gouverneur d'Andros (32), grâce à un payement de trente mines, empruntées à un intérêt de neuf obol[es] par mine, il a pressuré, pour son luxe extrava[gant], les habitants de cette île, les alliés d'Athè[nes. Son audace envers les femmes des citoye[ns] était d'une brutalité inouïe. Je n'appellerai [aucun] de ceux qu'il a outragés dans ce pays : [ils] aiment mieux dévorer leurs affronts en silence; j'abandonne la chose à vos conjectures. Et v[ous] pouvez leur donner carrière. Malgré vos lois, v[otre] présence, et sous l'œil même de ses ennemis, Ti[marque, dans Athènes, a versé l'opprobre sur les autres et sur lui-même : qu'était-ce donc lorsqu'il s'est vu revêtu d'une autorité sans contrôle? Al[ors] il n'est pas une infâme violence dont il ne se soit alors souillé. Certes, le bonheur de notre Répub[li]que a souvent excité mon admiration : mais, p[ar] Jupiter! ce dont je l'applaudis le plus, c'est qu'a[lors] un de ses ennemis ne se soit pas présenté p[our] acheter la ville d'Andros.

Magistrat coupable quand il était seul, Tim[ar]que a-t-il été modéré avec des collègues? pas d[a]vantage. Il est entré au Conseil sous l'archo[ntat] Nicophème. Quelques heures ne suffiraient pas pour détailler ses malversations d'une anné[e]; bornons-nous donc à abréger celles qui se rappo[r]chent le plus de notre accusation. Pendant le même archontat, Hégésandre, frère de Krobyl[e], était trésorier de Minerve. De concert entre eu[x], ces deux excellents amis nous volaient mil[le] drachmes. Pamphile d'Acherdonte s'en aperçut. Irrité contre Timarque, qui, d'ailleurs, l'ava[it] personnellement offensé, ce citoyen probe se leva devant le Peuple assemblé, et dit : « Athéniens, un mari et sa femme s'entendent pour vous vo[ler] mille drachmes. » Un mari, une femme! votre étonnement fut grand; que signifient ces mots, disiez-vous. « Vous ne comprenez pas? reprit l'o[]rateur : le mari, c'est Hégésandre, qui, nag[uère], était aussi l'épouse de Laodamas; la femme, c'est Timarque! Montrons maintenant comment ce couple fait son tour de main. » Après avoir exposé la chose de la façon la plus claire, « Quel est donc, dit-il, Athéniens, mon avis? Si le Conseil condamne Timarque, le chasse et le livre aux tribunaux, accordez à ses membres la récompense ordinaire. S'il lui pardonne, pas de récompense! et n'oubliez pas, dans l'occasion, une indulgence aussi coupable. » Le Conseil s'étant donc réuni, exclut de son sein Timarque par un premier scrutin, et l[e] maintint par un second (33). Un membre indig[ne] ne fut pas retranché de cette compagnie pour être jugé; et, je le rappelle malgré moi, le Conseil entier fut privé de récompense. Renverrez-vou[s] donc absous, ô Athéniens! celui qui a été c[ause] de cette mesure rigoureuse, celui qui a pri[vé] d'une couronne cinq cents magistrats? Non, no[n,] funeste au Conseil, Timarque ne doit pas être conservé au Peuple.

Voilà comment il s'est acquitté des fonctions conférées par le sort : dans les charges électives s'est-il mieux conduit? Auprès de qui n'ont pas retenti les preuves de son péculat? Parti, avec d'autres, pour Érétrie, où sa mission était de faire une levée d'étrangers, il avouait seul avoir reçu de l'argent, et, sans penser à se justifier, il mendiait l'adoucissement de la peine. Comment se fait-il que vous ne l'ayez condamné qu'à trente mines, tandis que pour les autres, qui niaient le fait, l'amende a été d'un talent? La loi n'ordonne-t-elle pas le supplice immédiat du concussionnaire qui avoue, et la mise en jugement de celui qui nie? Fort de cette inconséquence, combien Timarque vous a bravés! A peine échappé au péril, il se fit donner deux mille drachmes dans un recensement de citoyens. Il avait affirmé que l'Athénien Philotadès, de Cydathénæum, était son affranchi; on l'avait vu presser sa radiation auprès des citoyens du même district, l'accuser avec chaleur devant les juges, prendre dans sa main les choses saintes, jurer qu'il n'avait pas reçu, qu'il ne recevrait pas de présents, attester tous les Dieux, avec d'affreuses imprécations contre lui-même : et, peu après, le voilà convaincu d'avoir accepté de Leuconide, allié de Philotadès, par les mains du comédien Philémon, vingt mines, qu'il eut bientôt mangées avec la courtisane Philoxéné. Il a donc menti aux débats, il s'est donc parjuré! Athéniens, j'ai dit vrai; qu'on fasse paraître Philémon, qui a remis la somme, et Leuconide, allié de Philotadès, et qu'on lise le traité par lequel Timarque a vendu sa cause.

Déposition. Traité.

Ainsi, sur la conduite de l'accusé envers ses concitoyens et sa famille, sur ses prodigalités honteuses, sur ses souillures qu'il ne comptait plus, vous étiez déjà éclairés avant que je prisse la parole; et ce discours vous les rappelle suffisamment.

Il me reste à traiter deux parties, pour lesquelles je prie les Dieux de mettre dans ma bouche des paroles salutaires à ma patrie, et dans vos esprits toute l'attention dont ils sont capables. Je préviendrai d'abord les arguments que présenteront mes adversaires pour vous tromper. Sans cette réfutation anticipée, je craindrais que le sophiste qui initie la jeunesse aux tours de rhéteur (34) ne vous enlaçât dans l'artificieux tissu de son langage, et ne vous jetât bien loin des vrais intérêts de la République. J'exhorterai ensuite les citoyens à la vertu. Je vois ici une multitude de jeunes hommes et de vieillards que l'importance de la cause a rassemblés, et de cette ville, et de la Grèce entière. Or, qui les attire autour de ce tribunal? Est-ce le seul désir de m'entendre? Ne veulent-ils pas, avant tout, reconnaître si vous êtes aussi éclairés, aussi sages comme juges que comme législateurs? si vous savez discerner, apprécier la vertu, et sévir contre des infamies qui retombent sur la République?

Parcourons donc les principaux moyens qui s'offrent à la défense. L'inépuisable Démosthène vous impose l'alternative d'effacer vos lois ou de refuser de m'entendre. Il s'étonne de votre peu de mémoire : le Conseil, dit-il, n'afferme-t-il pas, chaque année, l'impôt des prostitués (35)? et les fermiers ne connaissent-ils pas avec la plus grande précision tous ceux qui trafiquent de libertinage? Eschine a l'audace d'accuser Timarque de prostitution, et il veut par là lui fermer la bouche devant le public : eh bien! je ne demande à l'accusateur qu'une preuve, une seule : la déposition du fermier qui a levé l'impôt sur l'accusé.

Voyez, ô Athéniens! s'il n'y a pas, dans ma réponse, une noble simplicité. Je rougis pour Athènes que Timarque, un de ses conseillers, un de ses ambassadeurs, au lieu de se laver parfaitement des infamies qu'on lui impute, réduise tout à une question de domicile, et demande si jamais on est venu chez lui exiger la taxe des courtisanes. Ah! par respect pour vous, qu'il rejette une pareille défense. Je vais moi-même, ô Timarque! t'en offrir une autre, plus honorable, plus solide : tu l'emploieras si ta conscience est pure. Ose regarder tes juges en face; et, fort du souvenir de ta chaste jeunesse, dis-leur : « Athéniens, j'ai été élevé parmi vous dès l'enfance; ma vie n'est pas un secret; on me voit au milieu de vous dans les assemblées. Si j'avais à me justifier devant d'autres que vous, c'est vous-mêmes dont j'invoquerais le témoignage pour confondre mon accusateur. Si un seul de ses griefs est fondé, si entre ma conduite et ses inculpations vous trouvez la ressemblance la plus légère, la vie me devient odieuse, je me livre à votre merci; punissez-moi, justifiez-vous aux yeux de la Grèce. Pas de grâce! tuez-moi, dès que vous m'aurez reconnu dans un tel portrait. » Voilà, ô Timarque! le langage que tient le citoyen sage et pur qui se repose sur sa vie passée, et qui peut mépriser la calomnie. La raison que te suggère Démosthène est moins l'apologie d'un honnête homme que la ressource d'un prostitué, réduit à chicaner sur son domicile.

Le domicile, voilà donc le terrain sur lequel tu transportes la question : eh bien! je veux t'y suivre, je veux t'arracher même ce pitoyable moyen de défense. Je dis donc : Ce n'est pas le domicile qui donne le nom à l'hôte, à l'habitant; au contraire, celui qu'on y reçoit, qu'on y loge, lui donne le nom de sa profession. Bornons-nous à quelques exemples (36). Le logement d'un pharmacien s'appelle pharmacie; mais si celui-ci déménage, et fait place à un forgeron, la pharmacie devient forge; elle sera moulin avec un foulon, chantier avec un charpentier. De même, un repaire de prostituées s'appelle du nom que vous savez. Ainsi, Timarque, partout où tu as fait ce métier, tu as établi un..... Qu'importe donc le lieu où tu as fait le mal? prouve que ce mal n'existe pas.

On alléguera probablement une autre raison, œuvre du même sophiste. Il n'est rien de plus suspect que la renommée, dit Démosthène; et, là-dessus, il fera pleuvoir des preuves qui sentent terriblement le métier. D'abord, dit-il, la maison, au bourg de Colone, appelée maison de Démon, porte un nom faux, puisqu'elle n'est pas à Démon. L'Hermès appelé Hermès d'Andocide a été consacré par la tribu Ægéide, et non par cet orateur. Pour provoquer le rire, il se cite lui-même, l'enjoué, le charmant causeur! Dois-je répondre à la populace, dit-il, quand elle m'appelle Battalos, surnom que je dois aux caresses d'une nourrice? Et si Timarque n'est décrié qu'à cause de la grâce de sa personne, si sa beauté a fait douter de ses mœurs, en est-ce assez pour motiver contre lui une diffamation juridique?

Démosthène, voici ma réponse. Les opinions et le langage varient quand il n'est question que d'êtres inanimés, de maisons, d'offrandes, de tous ces objets, en un mot, qui, incapables de vice et de vertu, font qu'on en parle suivant le rang de la personne qui a avec eux un rapport plus ou moins sensible. Mais la conduite d'un homme, ses actions, ses discours, se répandent en tous lieux à l'aide d'une renommée véridique, infaillible, qui a même le don de prophétie. Rien de plus évident, de mieux fondé que ce que nous disons ici. Nos pères honoraient, dans la Renommée, une déesse puissante; ils lui avaient dressé des autels.

Avant qu'il arrive un événement important, Homère répète souvent dans l'Iliade :

> L'agile Renommée a parcouru le camp (37).

Selon Euripide, cette divinité porte son flambeau sur la mort comme sur la vie :

> Elle arrache au tombeau la vertu, le génie.

Hésiode fait, en termes formels, l'apothéose de la Renommée; rien n'est plus clair pour qui veut comprendre :

> Par la puissante voix de cent peuples formée,
> Qui peut anéantir l'active Renommée?
> Elle est au rang des Dieux.

L'homme qui se respecte fait l'éloge de ces poèmes; jaloux de l'estime publique, c'est de la Renommée qu'il attend sa gloire. L'homme qui a vécu dans le désordre n'a garde de révérer une déesse, son immortelle accusatrice. Rappelez-vous donc, citoyens, quelle idée elle vous a donnée de l'accusé : à son nom prononcé, ne demandez-vous pas aussitôt : Quel Timarque? le Prostitué? Si je produisais de vulgaires témoins, vous me croiriez. Eh bien! c'est une divinité que j'atteste : oserez-vous, par votre incrédulité, l'accuser d'imposture?

Quant à Démosthène, ce n'est pas sa nourrice qui l'a appelé Battalos, c'est la Renommée. Elle a désigné par là ses goûts efféminés, sa mollesse. En effet, Démosthène, si l'on faisait passer dans les mains des juges tes surtouts à coupe élégante, et ces chemisettes si délicates que tu portes quand tu écris contre tes amis, nul doute que, n'étant pas prévenus, ils ne sauraient à quel sexe appartiennent ces parures.

Vous verrez encore, dit-on, monter ici un autre défenseur : c'est un général qui porte la tête en arrière, et paraît fort content de lui-même, cavalier accompli, homme du bel air. Pour saper l'accusation dans sa base, il dira qu'il n'y a pas même matière à jugement, mais une grossière attaque contre nos mœurs si polies. Il citera vos illustres bienfaiteurs, Harmodios et Aristogiton; il étalera les services immenses que nous a rendus leur inviolable et mutuelle tendresse; il puisera même, à ce qu'on m'assure, des arguments dans les poëmes d'Homère; et, faisant retentir les noms les plus héroïques, célébrera avec chaleur l'amour d'Achille et de Patrocle; il chantera l'hymne de la beauté, comme si la beauté, unie à la sagesse, n'était pas depuis longtemps estimée heureuse! « Si certaines gens, dira-t-il, versent le blâme sur les agréments corporels, et en font un crime à ceux qui les possède, vous, Athéniens, vous ne flétrirez point par votre arrêt d'aimables qualités, objet de vos vœux. Eh quoi! au moment de devenir pères, vous demandez ardemment au ciel que votre enfant soit beau, soit digne d'Athènes; et, après sa naissance, lorsque notre ville, fière d'un jeune citoyen dont la vive beauté lui attire d'une foule d'amants, on vous verra le diffamer sur les déclamations d'un Eschine! Lui-même il doit pousser une pointe contre moi, me demandera si je peux, sans rougir, attester en justice certaines liaisons et chercher à les couvrir d'opprobre, moi qui fréquente les gymses, moi l'amant de plusieurs jeunes Athéniens ? Enfin, pour vous dérider, l'orateur badin doit, si je suis bien informé, vous lire quelques poésies érotiques de ma façon, et produire les témoins des injures et des coups que m'ont valu mes galanteries.

Il est vrai, je ne blâme pas un amour honnête, et un joli visage ne me semble pas toujours un indice de mauvaises mœurs. J'ai aimé, je l'avoue, et j'aime encore; j'ai eu des querelles, et je me suis battu pour mes jeunes amis. Quant aux vers qu'on m'attribue, j'en reconnais une partie; je rejette l'autre, comme supposée. Aimer des jeunes gens beaux et modestes, c'est, selon moi, la marque d'un cœur sensible et bien né; payer de honteuses caresses n'est qu'une ignoble corruption. Il est beau d'être aimé chastement; mais le débauché qui se vend est un infâme. Mesurons ensemble la distance énorme qui sépare ces deux amours.

Vos pères, en réglant les différents exercices, en distinguant les nobles penchants des goûts vicieux, ont interdit aux esclaves ce qu'ils ont cru convenir à des hommes libres. *Un esclave*, dit la loi, *ne s'exercera point dans les gymnases;* elle n'a pas ajouté qu'un homme libre s'y exercera. Exclure le premier de cette éducation physique, réputée honorable, c'était, dans la pensée du législateur, y convier implicitement le second. Défense est faite aussi à l'esclave d'aimer et de rechercher le fils du citoyen, sous peine de recevoir publiquement cinquante coups de fouet. Mais la loi n'empêche pas un homme libre d'aimer un adolescent de sa condition, et de lui faire sa cour; parce que cet attachement, loin de nuire à l'objet aimé, est un hommage rendu à sa sagesse. Comme il est encore dans un âge tendre, peu capable de discerner le flatteur du véritable ami, le législateur donne ses avis à celui qui aime, et réserve, pour celui qui est aimé, ses leçons sur l'amitié à un âge plus raisonnable. Le suivre, avoir l'œil sur lui, a passé pour la sauvegarde de sa chasteté (38). Aussi, Athéniens, ces deux héros qui ont bien mérité de la patrie, Harmodios, Aristogiton, citoyens intrépides, ne se sont élevés à une si haute vertu que par un amour légitime, ou, si vous voulez, par la plus heureuse sympathie; et leur exploit planera toujours au-dessus de tous nos panégyriques.

Mais on doit nous parler d'Achille et de Patrocle, nous citer Homère et les poëtes. Prend-on nos juges pour des ignorants? Dans leurs pédantesques prétentions, nos adversaires voudraient-ils narguer le Peuple? Montrons à ces esprits superbes que nous aussi nous avons un peu cultivé notre intelligence. Vous étalez des lambeaux de poésie; eh bien! je vais m'armer de quelques maximes que j'emprunterai à des poëtes philosophes, qui réunissaient le génie à la vertu. Voyez, Athéniens, comme ils distinguent une affection douce et pudique, de la frénésie du libertinage! Présentons d'abord Homère, le chantre de la sagesse des anciens âges. Il met souvent en scène Achille et Patrocle; mais pas un mot d'amour, pas de nom caractéristique donné à leur amitié. Pourquoi cela ? parce qu'il confiait cette affection mutuelle, si belle et si pure, à l'intelligence et au cœur de ceux qui l'écoutaient. Dans un endroit du poëme, Achille pleure sur son ami mort, et la douleur du héros s'accroît encore d'une circonstance qui revient à sa mémoire : il avait promis à Ménœtius, père de Patrocle, de ramener à Oponte, sa patrie, ce fils bien-aimé, s'il le lui confiait, s'il l'envoyait avec lui à Troie; sa tendresse devait veiller sur les jours de son ami : et cet engagement sacré, il n'a pu le remplir ! Voici les vers :

> Grands Dieux ! Ménœtius, trompé dans sa tendresse,
> Espérait, sur la foi de ma fausse promesse,
> Que dans Oponte un jour son fils victorieux
> Reparaîtrait, chargé d'un butin glorieux.
> Mais Jupiter, rebelle à nos prières vaines,
> N'accomplit pas toujours les volontés humaines.
> Patrocle a succombé; de son sang et du mien
> Le destin rougira le rivage troyen (39).

Mais ce n'est pas la seule fois qu'Achille déplore une perte si cruelle. Il avait appris de Thétis, sa mère, que, s'il négligeait de poursuivre l'ennemi et de venger Patrocle, il mourrait, au sein de sa patrie, heureux et rassasié de jours; mais que, s'il le vengeait, il abrégerait sa carrière ; et, dans l'excès de sa douleur, il préféra mourir pour satisfaire les mânes de son ami. En vain, pour le consoler, les chefs des Grecs l'engagent à prendre un bain et de la nourriture : plein d'une colère magnanime, il jure qu'il n'en fera rien tant qu'il n'aura pas apporté la tête d'Hector sur le tombeau de Patrocle. Cependant il s'endort près de son bûcher : alors l'ombre de son ami lui apparaît. Ce qu'elle regrette, ce qu'elle recommande à Achille est bien capable de nous arracher des larmes d'admiration pour cette amitié tendre et vertueuse. Après lui avoir annoncé que lui-même n'est pas loin de sa fin, elle exprime le désir touchant de voir unis après la mort, et déposés dans la même tombe, deux amis élevés ensemble et toujours inséparables. Elle rappelle, en gémissant, leurs communs entretiens. Assis l'un près de l'autre, éloignés du reste de nos compagnons, nous ne délibérons plus ensemble, dit-elle, sur les affaires les plus importantes; car elle regrette surtout tant de doux épanchements, une confiance aussi intime. Mais rendons à ces idées, à ces sentiments, les paroles mêmes du poète. Le greffier va vous lire ses vers ; il commencera par la vengeance qu'Achille veut tirer d'Hector.

> Si les Dieux sur ces bords veulent que je succombe,
> S'il me faut le dernier descendre dans la tombe,
> Patrocle ! ô tendre objet de regrets éternels !
> Avant de t'accorder les honneurs solennels,
> De ton ombre irritée apaisant le murmure,
> Je te promets d'Hector et la tête et l'armure (40).

Qu'il lise maintenant ce que Patrocle lui dit en songe, et de leurs délicieux entretiens, et de leur sépulture qui doit être commune.

> Loin de la foule assis, nous n'irons plus confondre
> Nos cœurs, dont la pensée aimait à se répondre.
> Le malheur qui sur moi pesa dès mon berceau,
> Terrible, te menace et te pousse au tombeau.
> Achille égal aux Dieux ! l'avide Destinée
> Tranchera comme aux murs ta vie infortunée.
> Mais écoute : obéis aux accents de ma voix.
> A l'heure où du trépas tu subiras les lois,
> Dans un même cercueil qu'un soin pieux rassemble
> Nos ossements, heureux d'y reposer ensemble.
> Tu le sais : le palais de tes aïeux chéris
> Près des mêmes foyers nous a tous deux nourris,
> Quand, par Ménœtius amené vers ton père,
> J'ai fui le châtiment d'un meurtre involontaire ;
> Jouant aux osselets, le fils d'Amphidamas
> De mon bras irrité reçut un prompt trépas,
> Et loin d'Oponte, hélas ! ma misère exilée
> Trouva pour l'accueillir le belliqueux Pélée,
> Qui soigna mon jeune âge, et de ton compagnon
> Me confia l'emploi, me décerna le nom.
> Ah ! puisse l'urne d'or, ce présent de ta mère,
> Garder de nos débris le dépôt funéraire (41).

Thétis lui dit ailleurs qu'il ne tenait qu'à lui de conserver ses jours, si la mort de Patrocle demeurait sans vengeance. Qu'on lise encore.

> Thétis en pleurs répond : « Oui, tu l'as dit d'avance,
> Mon fils ! si tu combats, ton trépas est certain :
> Suivre Hector au cercueil, tel sera ton destin. »
> Mais le fougueux Achille : « Ah ! qu'à l'instant je meure,
> Puisqu'il est descendu dans la sombre demeure
> Cet ami qui, frappé si loin du sol natal,
> Désira mon secours en ce combat fatal (42) ! »

Un poëte très-moral, Euripide, compte un sage amour parmi les sentiments les plus honorables ; il en fait l'objet de ses vœux, lorsqu'il dit :

> Il est un amour pur ; la sagesse est sa sœur :
> Ah ! puisse la vertu l'allumer dans mon cœur (43) !

Voici ce que dit le même poëte dans le *Phénix*, lorsque, vengeant son héros des calomnies qui l'ont poursuivi auprès de son père, il nous apprend à juger les hommes, non sur des soupçons et des mensonges, mais sur leur vie passée :

> D'un accusé souvent j'ai prononcé l'arrêt ;
> Mais jamais d'un témoin le sordide intérêt,
> En dépit de Thémis, ne surprit mon suffrage.
> Moi-même des plaideurs je veux connaître l'âge,
> Et la vie et les goûts. Ont-ils un noble cœur ?
> Je vois si leurs amis sont des hommes d'honneur.
> A qui des gens impurs chérit la compagnie
> Je ne dis point, Qu'es-tu ? Tels amis, telle vie.

Examinez, ô Athéniens ! les pensées du poëte : son personnage dit qu'il a été juge dans plusieurs affaires, comme vous l'êtes dans celle-ci ; qu'il n'a pas prononcé sur des dépositions, mais d'après les antécédents et les liaisons de l'accusé ; qu'il a surtout pris en considération sa vie de chaque jour, la manière dont il gouvernait sa maison, parce que le père de famille reparaît dans l'homme d'État ; enfin, ceux dont il recherchait la société : car il déclare, sans hésiter, que *qui se ressemble s'assemble*. Eh bien ! appliquez à Timarque les maximes d'Euripide. Comment a-t-il gouverné sa fortune ? Il a dissipé son patrimoine et les biens de ses amis. Après avoir vendu son corps pour la débauche, vendu sa conscience dans des concussions, il a dévoré ce qu'il gagnait de toutes mains ; il ne s'est conservé que la honte et l'opprobre. Et quel est son compagnon bien-aimé ? Hégésandre. A ce nom que rougit chez-vous ? l'infamie, la dégradation, l'exclusion légale de la tribune. Que demandé-je contre l'accusé ? que la tribune lui soit fermée, comme à un dissipateur, à un prostitué. Et vous, ô juges, que porte votre serment ? la promesse de prononcer sur le point précis de nos poursuites.

C'est assez faire parler la poésie. Je vais désigner des vieillards, des jeunes gens, des enfants, à vous bien connus, dont les uns, par leur beauté, curent de nombreux amants, dont quelques autres sont encore à la fleur de l'âge, et dont pas un n'a subi les mêmes accusations que Timarque ; puis je citerai, pour le contraste, les noms de ces infâmes qui se sont déshonorés par une prostitution ouverte. Par là, recueillant vos souvenirs, vous assignerez à l'accusé sa véritable place.

Parlons d'abord des hommes d'honneur, dont la vie a été pure. Vous connaissez, ô Athéniens, Criton, fils d'Astyochos ; Périclide, fils de Perithoïde ; Pantoléon, fils de Cléagoras ; Polemagène, Timésithée le coureur (44). Jadis ils étaient les plus beaux entre tous leurs concitoyens, entre tous les Hellènes. Que d'amants ils ont eus ! mais des amants vertueux ; et rien, dans toute leur conduite, ne fut répréhensible. Dans la classe de l'adolescence et de l'enfance, je nomme, avant tous, le neveu d'Iphicrate, fils de Tisias de Rhamnonte, homonyme de l'accusé. Sa charmante figure n'a pas compromis son innocence. Dernièrement, aux Dionysies de la campagne, des comédiens jouaient à Kollytos. Parménon, un d'entre eux, adressa au chœur ces mots :

Il est plus d'un Timarque, aux passions perverses.

Aussitôt tous les spectateurs, sans penser au jeune homme, appliquèrent ce vers : Tant l'infamie est ton vrai partage ! Je pourrais encore citer l'athlète Anticlès, Phidias, frère de Milésios, et beaucoup d'autres ; mais je m'arrête : mes éloges seraient soupçonnés de flatterie.

Quant aux émules de l'accusé, évitant de provoquer la haine, je me bornerai à ceux que je peux braver. Qui de vous ne connaît Diophante, surnommé l'Orphelin ? Un jour, il cite un étranger devant l'archonte, qui avait pour assesseur Aristophon d'Azénia : il l'accuse de l'avoir frustré de quatre drachmes, prix de ses caresses, et l'impudique adolescent invoque la loi qui place l'orphelin sous la tutelle de l'archonte. Qui ne détestait un pareil misérable ? Qui n'était pas indigné contre Céphisodore, fils de Molon, dont la beauté a été flétrie par le vice ; contre Mnésithée, appelé l'enfant du cuisinier, contre tant d'autres que j'oublie sans peine ? N'enchaînons pas les uns aux autres tant de noms avilis. Que ne puis-je, au contraire, pour l'honneur de ma patrie, être au dépourvu pour citer de pareilles turpitudes !

Voilà donc, d'une part, des citoyens aimés pour leur sagesse ; de l'autre, des prostitués. Je vous supplie maintenant de me répondre, ô Athéniens ! de quel côté rangez-vous Timarque ? parmi les objets d'un chaste amour, ou parmi les suppôts de la lubricité ?.... Non, Timarque, ne déserte pas le poste de ton choix, pour passer, comme transfuge, dans les rangs de l'honneur et de la vertu !

S'ils essaient d'objecter qu'il n'y a nulle vente de soi-même à moins d'un salaire stipulé, s'ils demandent la présentation d'un traité en forme, rappelez-vous d'abord les lois sur la prostitution. Elles n'offrent pas une seule fois l'idée d'un contrat. Ce n'est pas un écrit souillé qu'elles demandent. En termes absolus, de quelque manière qu'une intimité criminelle se soit établie, elles défendent au libertin payé de partager nos communes fonctions ; et c'est justice. Celui dont le jeune âge s'est écarté, pour de honteux plaisirs, de l'émulation des belles choses, homme fait, n'est plus, dans la pensée du législateur, digne des honneurs publics. Et puis, le faible d'un tel argument se découvre à la première vue. Nous avouons tous que les contrats, œuvre de la défiance, ont été institués pour que celui qui les observe ait, devant les juges, gain de cause contre l'infracteur. Quant à la stipulation de deux libertins, si l'un réclame contre l'autre, s'il survient procès, comment le tribunal appliquera-t-il la loi ? Pour mieux entrer dans ma pensée, imaginez que cette cause étrange va se débattre devant vous. L'acheteur prétend que le bon droit est de son côté, que le jeune homme vendu n'a pas satisfait à ses engagements. Celui-ci, au contraire, affirme avoir tout fait en conscience, et accuse l'autre d'avoir abusé de sa jeunesse sans payer. Vous avez pris place, et l'audience est ouverte. La parole est au plus âgé ; il aborde intrépidement le sujet de sa plainte ; et, l'œil fixé sur vous : « Athéniens, dit-il, j'ai acheté Timarque pour qu'il se livrât à moi ; et cela, par un traité remis aux mains de Démosthène (pourquoi pas cette supposition ?). Or, ma partie ne fait pas ce dont nous sommes convenus. » Suit l'explication détaillée des engagements du vendeur..... Ne lapiderez-vous pas à l'instant l'infâme qui achète un Athénien ? En sera-t-il quitte pour une peine pécuniaire ? Ne le flétrirez-vous pas à jamais ? Vient ensuite la défense du prostitué. Donnons, pour lui, la parole au subtil Battalos ; écoutons : « Mon adversaire, ô juges ! m'a promis tant pour me posséder (appelez cet adversaire comme vous voudrez (45) ; moi, j'ai rempli, je remplis encore, selon notre traité, tout ce qui est un devoir pour l'homme vendu : mais lui, il viole notre contrat. » A ces mots, quel cri d'indignation éclate dans tous vos rangs ! Et tu te présenterais encore au barreau ! tu couronnerais ta tête (46) ! tu serais fonctionnaire de la République ! Vous le voyez bien, juges, un contrat n'a que faire ici.

Comment donc a pu s'introduire l'habitude de dire : Un tel a stipulé, par un traité, le prix de ses caresses ? Le voici. Un Athénien que, par amour pour la paix, je ne nommerai pas, ne prévoyant pas les conséquences, a, dit-on, accordé sa vénale tendresse par un écrit déposé chez Anticlès. Homme public, il a été bientôt insulté à la tribune, et il est devenu la fable d'Athènes. Voilà donc pourquoi vous nous demandez un contrat ! Mais la loi s'est-elle inquiétée de donner cette garantie à d'abominables conventions ? Non : quelle que soit la forme d'une telle promesse, elle flétrit celui qui en réclame l'accomplissement.

Tous ces points bien établis, je reviens à Démosthène. Qu'il s'arme de subtiles chicanes pour défendre l'accusé, vous n'en serez pas émus ; mais, s'il met en jeu, contre nos lois, des imputations étrangères à la cause, il mérite toute votre indignation. Il insistera sur Philippe, il nommera Alexandre ; car à ses autres vices cet homme joint une grossièreté brutale. Sied-il bien de lancer d'ici des paroles outrageantes contre le roi de Macédoine ? Mais voici quelque chose de plus révoltant encore. Sa langue de femme calomniera le plus viril caractère. Par des termes ambigus, il jettera sur un jeune prince de honteux soupçons, et ne craindra pas de rendre ses auditeurs la risée de la Grèce. Dernièrement il disait, en plein Conseil, qu'à table, en notre présence, Alexandre avait chanté quelques couplets sur la cithare, et adressé des agaceries à un autre adolescent; il exprimait sa pensée sur cette liberté. Eh bien! à propos des comptes de mon ambassade, il dira bientôt que les traits lancés par lui contre le jeune prince m'ont aussi vivement blessé que si j'eusse été parent d'Alexandre, et non collègue de Démosthène.

Pour moi, je n'ai pu m'entretenir avec Alexandre, vu son extrême jeunesse. Je loue maintenant Philippe pour les paroles amies qu'il vous adresse; et, s'il tient ses engagements, son éloge, désormais sans péril, sera dans toutes les bouches. Dans le Conseil, j'ai reproché à Démosthène une indiscrète censure, non pour faire ma cour au jeune prince, mais persuadé que votre approbation pour un tel langage ferait juger d'Athènes d'après l'orateur. Règle générale : réprimez tout écart dans la défense, et par respect pour votre serment, et pour n'être point égarés par les sophismes de ce Démosthène que quelques traits vont vous faire mieux connaître.

Lorsqu'il eut englouti son patrimoine, il alla, par la ville, à la chasse des jeunes et riches orphelins dont les mères gouvernaient la fortune (47). Je ne parlerai que d'un seul, qu'il a précipité dans d'affreux malheurs. Il avait découvert une maison opulente, mais mal dirigée, qui avait pour chef une folle orgueilleuse, et pour héritier un pupille presque idiot. Il feint de l'amitié pour celui-ci, l'amuse de vaines promesses, lui répète qu'il comptera bientôt parmi nos premiers orateurs, énumère fièrement tous ses plus illustres disciples. Bref, le jeune homme, bien endoctriné, se fait bientôt chasser de sa patrie; le maître lui souffle trois talents, qui auraient fait grand bien au pauvre exilé; et Nicodème d'Aphidna meurt assassiné par Aristarque. On a crevé les yeux à cet infortuné, on lui a coupé la langue dont il s'était servi avec assurance, sur la foi des lois et des tribunaux. Vous avez condamné à mort, ô Athéniens! Socrate, ce fameux philosophe, pour avoir donné des leçons à Critias (48), un des trente destructeurs de la démocratie; et Démosthène obtiendrait de vous la grâce d'infâmes débauchés, lui qui s'est vengé si cruellement sur de simples citoyens, sur des amis du peuple, sur des hommes dont tout le crime était d'avoir parlé librement dans un État libre!

Il a invité quelques-uns de ses disciples à venir l'entendre. Trafiquant des ruses avec lesquelles il vous trompe, il leur annonce, me dit-on, que, par ses artifices, il vous fera prendre le change; que sa seule présence donnera du cœur à l'accusé, épouvantera l'accusateur réduit à trembler pour lui-même; que, pour irriter les juges, il rappellera d'anciens discours adressés par moi au peuple, et versera le mépris sur la paix que, selon lui, j'ai conclue de concert avec Philocrate. Ainsi, quand il sera question de mes comptes, je ne me présenterai pas même aux juges, trop heureux de ne subir qu'une peine ordinaire, et d'échapper au supplice! Ne donnez pas, Athéniens, à un misérable sophiste des passe-temps si doux à vos propres dépens. Figurez-vous Démosthène rentrant chez lui au sortir du tribunal, se pavanant au milieu de cette docile jeunesse, lui contant de point en point avec quelle adresse il a dérobé l'affaire à l'œil des juges. « Oui, j'ai su les détourner des imputations faites à Timarque; j'ai transporté leur attention sur l'accusateur, sur Philippe, sur la Phocide (49); j'ai promené la terreur sur cette multitude; et l'on a vu l'accusé attaquer, l'accusateur se défendre, le tribunal oublier la cause, et se jeter avec moi sur des sujets qui n'y ont pas le moindre rapport. » Votre devoir, Athéniens, est de serrer vos rangs pour lutter contre une telle influence. Suivez pas à pas le défenseur, prévenez tous ses écarts, ôtez-lui les armes qui ne doivent pas servir dans ce combat, renfermez-le dans le cercle même de l'affaire, comme dans la lice qu'il doit parcourir. Si vous agissez ainsi, il ne se jouera plus de vous; et, juges ou législateurs, vous serez animés du même esprit. Sinon, l'on dira de vous : Ils établissent contre le crime à venir des mesures préventives très-rigoureuses; mais le crime commis ne les occupe guère. En un mot, la punition des coupables donnera de la force à votre sage législation; leur acquittement la laissera faible avec toute sa bonté.

Je n'hésiterai pas à vous dire franchement pourquoi je m'exprime ainsi, et j'appuierai mes paroles d'un exemple. Qui rend vos lois excellentes, ô Athéniens! tandis que vos décrets sont loin de les valoir, et que les sentences de vos tribunaux sont parfois si répréhensibles? En voici la raison. Le droit, la justice, l'utilité publique forment la base de vos lois; vous ne consultez, en les faisant, ni intérêt personnel, ni faveur, ni haine. Or, votre intelligence, la plus vive et la plus haute qui soit donnée à un peuple, doit nécessairement produire la meilleure des législations. Mais, aux assemblées, aux tribunaux, souvent distraits de la question par l'imposture et par l'audace, vous laissez introduire un abus nuisible, en permettant aux accusés de récriminer. Qu'arrive-t-il de là? Oubliant la justification qu'ils vous doivent, oubliant l'accusation, vous levez la séance sans avoir puni aucune des deux parties, ni l'accusateur, contre lequel il ne s'agit point de prononcer, ni l'accusé, qui, par des imputations étrangères, élude celles dont on le charge, et échappe à votre justice. Les lois cependant se paralysent, la démocratie tombe en ruine, et le plus funeste abus se propage : vous accueillez avec empressement les harangues d'un orateur immoral. Il n'en est pas ainsi à Sparte; écoutez : il y a de l'honneur à imiter les vertus, même celles de l'étranger.

Un homme diffamé par la dépravation de ses mœurs, mais éminemment doué du talent de la parole, haranguait les Lacédémoniens assemblés. On l'écoute, on goûte son avis ; et le décret allait être porté, lorsqu'un de ces premiers magistrats choisis entre ceux qu'une longue carrière de vertus rend plus vénérables à Lacédémone, et que le peuple a établis pour le maintien des lois et des mœurs, se lève, et, le geste, le regard pleins d'indignation, s'écrie : « Arrêtez, citoyens ! qu'allez-vous faire? Grands dieux! quelle espérance pouvez-vous concevoir du salut de cette République, si elle se régit par les conseils d'hommes aussi pervers? » En disant ces mots, le vieil éphore appelle un autre Lacédémonien qui s'énonçait mal, mais avait acquis une grande réputation de bravoure, de vertu et de sagesse; il lui commande de répéter, du mieux qu'il pourra, l'avis que l'on vient d'agréer. « Qu'il ne soit pas dit, ajouta-t-il, que les Lacédémoniens se laissent mener par les conseils d'un infâme orateur (50) ! » Tel est l'avis que donnait à ses concitoyens un vieillard qui avait été sage dès l'enfance. Aurait-il permis à un Timarque, à un Démosthène, de se mêler des affaires publiques?

Mais, pour ne pas être accusé de flatter les Lacédémoniens, je parlerai aussi de nos ancêtres. Ils étaient très-sévères contre la corruption, très-scrupuleux sur la moralité de leurs enfants. Un Athénien ayant reconnu que sa fille s'était laissé séduire, et n'était pas demeurée pure jusqu'au mariage, l'enferma dans une maison déserte avec un cheval, qui, irrité par la faim, devait nécessairement la dévorer (51). La place de cette maison se voit encore aujourd'hui dans notre ville, et ce lieu s'appelle *le Cheval et la Fille*.

Solon, le plus célèbre des législateurs, a fait des lois pleines de force et de dignité sur les mœurs des femmes. Il interdit toute parure à celle qui a été surprise en adultère; il lui ferme l'entrée des temples, de peur que son approche ne soit contagieuse. Enfreint-elle une de ces défenses? tout le monde est en droit de lui arracher ses ornements, de déchirer ses habits, même de la frapper, pourvu que les blessures ne soient pas graves; en un mot, le législateur la couvre d'opprobre, et fait pour elle, de la vie, un accablant fardeau (52). Solon permet encore d'accuser les corrupteurs de la jeunesse, et de les faire mourir s'ils sont convaincus, parce que, pour un abominable salaire, ils ménagent, à ceux que le désir pousse et que la honte retient, de coupables rendez-vous (53).

Ainsi, tandis que vos pères discernaient avec rigueur le vice de la vertu, renverrez-vous absous un Timarque, un homme qui a fait le métier de courtisane? Quels sentiments emporteriez-vous dans vos maisons? L'accusé, loin de se confondre dans la foule, est un citoyen notable; la loi qui fixe la capacité des orateurs est une œuvre de sagesse. Enfants, adolescents, vous interrogeront à l'envi sur l'issue de ce procès. Juges sans appel dans ces graves débats, aurez-vous acquitté ou condamné Timarque? Ah! l'aveu d'avoir fait grâce, cet aveu fait devant la jeunesse, ne vous accuserait-il pas d'avoir lâché la bride à ses passions? A quoi bon ces guides de vos enfants, ces directeurs des exercices de l'esprit et du corps, si les dépositaires des lois fléchissent devant de honteux excès? Quoi! vous sévissez contre ces spéculateurs qui vont colportant la séduction et la débauche; et vous ne punirez pas le citoyen qui se jette, tête baissée, dans la prostitution! L'homme impur devant la loi, qui l'exclut du sacerdoce de tous les temples, décrétera des prières aux Déesses Redoutables, en faveur de la patrie! Et, lorsque de pareils misérables souillent de leurs noms les décisions d'un Peuple souverain, nous serons encore surpris de tant de désordres publics! Enverrons-nous donc en ambassade celui qui, parmi nous, s'est traîné dans la fange? Lui confierons-nous nos plus chers intérêts? Que ne vendra point celui qui a vendu son corps? Qui sera ménagé par celui qui s'est impitoyablement perdu? Qui de vous ignore la profonde corruption de Timarque? On reconnaît, à leur grâce aisée, ceux qui s'exercent à la gymnastique, sans qu'il soit besoin d'assister à leurs exercices : de même, indépendamment du spectacle de leurs débauches, on reconnaît les libertins à leurs goûts pervers, à leur front, siège de l'audace et de l'impudence. Oui, en foulant aux pieds les lois de la décence, on donne à son âme une certaine disposition qui se produit au dehors sous les traits de l'immodestie.

Reconnaissez-le, Athéniens, ce sont les Timarques qui, en se précipitant eux-mêmes dans un abîme de malheurs, ont entraîné la chute des États. Ne croyez pas, en effet, que ces grandes catastrophes aient leur principe dans la colère des dieux : la perversité humaine a tout fait. Ne croyez pas que les scélérats, comme nous en voyons sur la scène, soient poursuivis par les Furies, qui secouent des torches ardentes sur leurs têtes. Plaisirs infâmes, désirs illicites, voilà les véritables Euménides (54); voilà l'affreux principe qui unit les brigands, lance les pirates sur les mers, et pousse de jeunes insensés à égorger leurs concitoyens, à se dévouer aux tyrans, à renverser la démocratie. Vaincus, la honte et les supplices les attendent; mais ils n'en tiennent compte, et ils se plongent dans le crime, fascinés par l'espoir du succès. Repoussez donc, ô Athéniens! ces naturels funestes; tournez vers la vertu l'émulation du jeune citoyen. Il est une vérité que vous devez parfaitement connaître et graver dans vos souvenirs : si Timarque est puni de ses désordres, vous commencez dans Athènes une réforme morale; s'il échappe, il eût mieux valu que ce procès n'eût pas été intenté. En effet, avant que Timarque comparût devant ce tribunal, la loi, les juges en imposaient encore; mais, si le chef des libertins, si le débauché le plus connu sort d'ici triomphant, le crime va se propager, et ce ne sera plus ma voix, mais la nécessité, qui vous armera de rigueurs. Au lieu donc d'appesantir votre bras sur mille, frappez, frappez un seul!

Tenez-vous en garde contre la cabale des solliciteurs. Je n'en désignerai aucun par son nom : ils prendraient la parole sous ce prétexte, et viendraient dire qu'ils n'auraient point paru si on le les eût nommés. Supprimant les noms et rapportant les désordres, je ferai connaître les personnes. Alors, s'ils affrontent cette tribune, ce sera de leur propre impulsion.

L'accusé a pour lui trois sortes de patrons. Les uns, par des prodigalités journalières, ont consumé leur patrimoine. D'autres, qui ont abusé de leur jeunesse, craignent, non pour Timarque, mais pour eux-mêmes, nos accusations et vos châtiments. D'autres enfin, libertins effrénés, qui ont flétri ces derniers, veulent que, fort de leur appui, l'adolescent se livre à eux sans obstacle. Avant de les écouter, rappelez-vous leur vie. A ceux dont l'enfance a été souillée, défendez de vous importuner désormais de leurs harangues, puisque l'enquête légale ne concerne que les hommes politiques (55). Ordonnez aux dissipateurs de chercher dans le travail de plus honorables ressources. A ceux qui poursuivent cette tendre et facile proie, ordonnez de diriger leurs filets contre les étrangers, afin de se satisfaire sans nuire à la patrie.

J'ai présenté, expliqué les lois; j'ai scruté la vie de l'accusé : ma tâche est remplie. Vous êtes maintenant juges de mes discours; je serai tout à l'heure témoin de votre jugement. J'abandonne l'affaire à vos décisions. Réglées sur la justice et le bien public, elles stimuleront notre zèle pour la poursuite des coupables.

NOTES
DU PLAIDOYER D'ESCHINE CONTRE TIMARQUE.

(1) Texte de Reiske, revu sur celui de Taylor (*Orat. Attici* de Dobson, t. XII, p. 8). J'ai surtout consulté les scolies, les notes de Reiske, les *Adversaria* de Dobrée, et le commentaire *variorum* de Dobson. J'ai eu sous les yeux le travail manuscrit d'un savant magistrat (M. Bonarme, ancien président à la Cour Royale de Riom) sur les passages de ce discours que l'abbé Auger n'a pas traduits.

(2) En lisant cet exorde, un ancien critique s'écria, dans son enthousiasme : « Plût au ciel, Eschine, que tu eusses beaucoup accusé! tu nous aurais laissé plus de monuments de ton éloquence. » Phot. *Cod.* LXI.

(3) Dans la lecture de l'acte d'accusation.

(4) Voyez Eschine lui-même, au commencement de la harangue sur la Couronne.

(5) Notre langue ne m'a fourni que ce mot pour traduire τοὺς παιδοτρίβας. — Plus bas, le mot *pédagogue* est pris dans son acception étymologique : celui qui *mène l'enfant* à l'école ou à la palestre.

(6) D'après Taylor et Auger, nous distinguons ici trois lois différentes. Samuel Petit croit, avec beaucoup de vraisemblance, que ces lois ne sont pas citées dans leur entier, surtout la seconde.

(7) Ainsi, cet enfant avait la même dispense que celui à qui ses parents n'ont donné aucun emploi, et que le fils d'une courtisane. Voy. Plutarque, *Vie de Solon*.

(8) Ce sens général est quelquefois renfermé dans le mot παρρησία : la liberté de la parole assurait à tous les *droits* du citoyen la même garantie que, chez nous, la liberté de la presse.

(9) La législation athénienne traitait cependant les esclaves avec moins d'inhumanité que celle des autres États grecs. Du reste, à Athènes, comme à Rome, l'esclave était une *chose*, et non une *personne* : distinction qui suffirait pour faire préférer, un peu plus bas, la leçon ὅτιοῦν à ὄντινοῦν.

(10) Retour adroit à la personne de l'accusé.

(11) Auger : « Il ne pourra plaider pour le peuple. » C'est un contre-sens. Des commissions temporaires, dit Bœckh, furent instituées après la domination des Trente;

ς syndics, σύνδικοι, prononcèrent sur les confiscations. V. Œcon. Pol. etc. l. II, c. 3.

(12) J'ai hasardé ce mot pour traduire Εὐκοσμίας, qui, dans ce passage, m'a semblé ne pas signifier autre chose.

(13) Cette fantaisie cynique de Timarque étonne beaucoup Auger, qui en cherche inutilement la cause. Il est possible que l'ivresse ait produit quelque scène semblable dans un *meeting* anglais, ou dans un des clubs de notre révolution.

(14) Je m'écarte ici de Wolf, d'Auger, de tous les commentateurs : mais, si je me trompe, à quoi bon ces mots, ἤδη ἐν τῷ δικαστηρίῳ?

(15) Sur cette innovation, on peut consulter Schomann, *de Comitt. Athen.*, p. 88.

(16). C'est ainsi que j'ai cru devoir traduire ναυκράτωρ. Si l'on veut que ce mot soit un nom propre, il y a contradiction évidente avec la déposition dans laquelle Misgolas, un peu plus bas, appelle son père Nicias. Il faudrait τινός, qui a pu disparaître, par inadvertance ou par erreur, des premières copies. Une objection plus solide est celle-ci : entre le nom d'un Athénien et celui de son dême, c'est toujours *celui de son père* qui est désigné. Aussi, je ne regarde pas la difficulté comme entièrement levée.

(17) Comment traduire Ἐμοὶ ἐγένετο ἐν συνηθείᾳ, καθιέμενος, τὴν γνῶσιν, πολυωρῶν? Que d'euphémismes dans cette courte et singulière déposition!

(18) Démosthène, dans son plaidoyer contre Polyclès, parle de ce Timomaque et de ce qu'il fit en Hellespont.

(19) L'amant qui avait, le premier, exprimé ses désirs, obéissait à l'autre. Celui-ci était une maîtresse souvent impérieuse. Au reste, l'explication de ce passage obscur ne pouvait être que dégoûtante, et digne de cette horrible dépravation que ne justifient ni certains résultats politiques, ni l'approbation des philosophes, ni des exemples célèbres.

(20) Il y a ici un cercle vicieux, dont il n'est pas nécessaire de montrer la mauvaise foi et l'artifice puéril.

(21) Dans la seconde année de la XC^e olympiade (419 av. J. C.), de nouvelles lois furent rendues, pour mettre Athènes à l'abri de l'envahissement du droit de cité. On ordonna, dans les causes de cette nature, une enquête faite par les chefs du dême, ou district, qu'habitait l'accusé. Voici de quelle manière se faisait cette enquête, appelée διαψήφισις (Harpocr.). Le δήμαρχος, ou chef du district à la garde duquel était confié le registre de l'état civil, appelait près de lui les δημόται, ou membres du conseil de son district. On lisait à haute voix tous les noms inscrits sur le registre; et l'accusé était obligé de désigner la φρατρία, ou curie, à laquelle il prétendait appartenir, et de prouver son droit de succession par les témoignages requis. S'il prétendait que ce droit lui avait été conféré par le Peuple, il était tenu de présenter le décret de l'assemblée qui le lui avait donné. Les δημόται, après avoir fait le serment de juger selon leur conscience, et après mûre délibération, prononçaient leur opinion en se servant ordinairement de fèves, noires et blanches. S'il y avait condamnation, l'accusé était reconnu inhabile aux droits de cité, et nommé ἀποψηφισμένος, du nom de cet acte de rejet, ἀποψήφισις (Poll. l. VIII; Suid.; Hesych.). Ce jugement devait être prononcé avant le coucher du soleil; et le condamné entrait alors dans la classe des métèques. Il lui restait le recours de l'appel aux Thesmothètes. Mais, si la première décision était confirmée, il s'exposait à être vendu comme esclave.

(22) Les fèves noires (Voy. note précédente), percées de part en part, déterminaient la condamnation; les fèves blanches, conservées entières, s'employaient pour l'acquittement. (Poll. l. VIII, c. 10; Aristoph., *Schol. in Ran. et Vespas*; Harpocr.)

(23) Pourquoi donc le docte Barthélemy dit-il qu'à cette même époque le quartier du Pnyx était *très-fréquenté*? Ce passage d'Eschine exprime le contraire ; et, d'ailleurs, d'après l'opinion unanime des voyageurs modernes, les constructions de ce quartier, grossières et sans art, comme leurs ruines l'attestent, nous font comprendre qu'il a pu fort bien cesser d'être fréquenté lorsque la ville s'est étendue à l'est et au nord, et que le luxe s'est introduit dans les bâtiments.

(24) Démophile était l'auteur de quelques améliorations introduites dans l'examen des titres des citoyens, dont il a été parlé note 21.

(25). Brodæus croit que c'est Démosthène qui est désigné ici.

(26) Tel est le sens que reconnaissent ici, au mot πόλεως, le scoliaste d'Eschine, Taylor, et Böckh (liv. I, c. 12).

(27) « Le prix des maisons, à Athènes, allait de trois à cent vingt mines, suivant leur état, leur grandeur et leur situation. » Bœckh, *loc. cit.*

(28) A peu près comme, chez nous, on s'affranchirait de l'impôt foncier en mettant sa fortune en numéraire ou en papiers.

(29) Aulon est un lieu inconnu. Suivant Harpocration, ἐπὶ Θρασύλῳ, locution attique, signifie *près du tombeau d'un nommé Thrasylos*. Il y avait là, dit le scoliaste, une mine d'argent.

(30) On ne trouve que chez les Athéniens des secours accordés aux citoyens que des infirmités corporelles rendaient incapables de pourvoir à leur subsistance; car la compassion n'était nullement une vertu des Grecs. Ces secours, qui paraissent remonter à Pisistrate, ne furent jamais de moins d'une obole, ni de plus de deux, par jour. Le payement se faisait par prytanies (environ tous les trente-cinq jours); et les indigents ne recevaient rien pour la prytanie pendant laquelle ils négligeaient de se soumettre au recensement. V. Bœckh, l. II, c. 17.

(31) N'oublions pas que Timarque se disposait à accuser Eschine.

(32) Andros, une des îles Cyclades, dépendante des Athéniens. Aujourd'hui, *Andro*.

(33) Il paraît que, lorsqu'il était question d'exclure un membre des Cinq-Cents, il y avait deux scrutins : dans le premier, on marquait son avis sur des feuilles, φύλλοις, d'où la locution ἐκφυλλοφορεῖσθαι ; dans le second, on se servait de petites pierres plates, suivant l'usage ordinaire, ψήφοις. V. Taylor et le Scoliaste.

(34) Démosthène.

(35) L'impôt le plus honteux sur la profession était celui des courtisanes (πορνικὸν τέλος). Établi à Rome par Caligula, non-seulement il se continua sous les empereurs chrétiens, mais, à la honte de l'humanité, on le lève encore dans toute l'Europe. Chez les Athéniens, le Conseil l'affermait chaque année. Les fermiers connaissaient exactement tous ceux qui exerçaient ce métier, hommes ou femmes. Il paraît que la taxe variait avec le gain. Lorsque des citoyens s'avilissaient jusqu'à cet infâme commerce, la taxe venait les atteindre chez eux, aussi bien que s'ils eussent habité de véritables lieux de prostitution. V. Bœckh, l. III, c. 7.

(36) Il y a ici, dans le texte, une phrase à peu près intraduisible, dont voici le sens : « L'habitation qu'occupent séparément plusieurs locataires s'appelle συνοικία; si elle n'a qu'un locataire, elle prend le nom de οἰκία. »

(37) Voilà une de ces nombreuses citations que présentent les ouvrages des Anciens comme puisées dans l'Iliade, et que nous n'y retrouvons pas. Ce qui augmente l'étonnement ici, c'est que l'orateur prétend que ces mots sont répétés souvent πολλάκις, dans ce poëme.

(38) Quelle sauvegarde! Sous prétexte de s'attacher

à un jeune homme pour conserver et fortifier sa vertu, on le perdait souvent, dit Auger, et on se perdait soi-même. Les mêmes illusions sont plusieurs fois exprimées par Platon; et quand Rousseau, avec des idées plus conformes à l'ordre naturel, nous présente le véritable amour comme la plus sûre garantie des mœurs de son élève, il n'est guère plus près de la vérité que l'orateur et le philosophe grec.

(39) Iliade, xviii, 324. Taylor a relevé quelques différences qui se trouvent dans le texte du poete, tel que le rapporte Eschine, et dans celui des éditions modernes. Pour ce morceau et les trois suivants, je cite l'estimable traduction de M. Bignan.

(40) Il. xviii, 333.

(41) Il. xxiii, 77.

(42) Il. xviii, 95.

(43) *Œdipe*, pièce d'Euripide, dont il ne reste que quelques vers. — *Phénix* était le titre d'un autre tragédie du même poëte, également perdue. Le principal personnage était Phénix, gouverneur d'Achille, accusé faussement, par une concubine de son père, d'avoir attenté à son honneur. Le poete fait parler un des amis de Phénix, qui entreprend de le justifier auprès de ce père irrité.

(44) Regardez Ariston, regardez Périandre.
Oronte, Alcidamas, Polydore, Clitandre, etc.
(*Tartufe*, 1, 6.)

Dans la petite démocratie athénienne, l'orateur pouvait désigner des noms véritables; Molière a dû cacher ses personnages sous des noms supposés.

(45) *Battalos* : Démosthène. — *Comme vous voudrez* : c'est-à-dire Misgolas, Anticlès, Hégésandre, etc. Quelle verve! quelle ironie!

(46) Comme faisaient certains magistrats dans l'exercice de leurs fonctions.

(47) Sans doute sous l'autorité de l'archonte ou d'un des principaux parents; car les femmes, toujours en tutelle, ne pouvaient pas être tutrices même de leurs enfants.

(48) Ce tyran d'Athènes avait été réellement disciple de Socrate. V. Xénoph. *Memorab.* l. 1.

(49). Cicéron se vantait de même, selon Plutarque, d'avoir donné le change aux juges en plaidant pour Cluentius.

(50) « A ce propos, les Seigneurs du Conseil de Lacédémone, trouvant l'opinion bonne d'un personnage qui avait très-mal vécu, la firent proposer par un autre de bonne vie et de bonne réputation : faisant en cela sagement et prudemment, d'accoutumer leur peuple à s'émouvoir plutôt par les mœurs que par la parole du proposant. Plutarque, *Comment il faut ouir*, trad. d'Amyot. La chose, dit Aulu-Gelle, fut exécutée sur-le-champ, comme le prudent vieillard l'avait ordonné. L'utile proposition resta; l'infâme conseiller fut seul rejeté. » xviii, à.

(51) Cette horrible anecdote est rapportée, avec quelques variantes, par plusieurs auteurs anciens. Dobrée propose d'effacer les mots διὰ λιμὸν, et penche à croire, d'après Suidas, que le supplice de cette malheureuse, enfermée avec un cheval, était d'une autre nature : καὶ ὁ ἵππος τῇ κόρῃ βίαν ἐποιήσατο.

(52) Remarquez qu'une partie de cette peine n'est autre que l'excommunication, prononcée longtemps par l'Église en pareil cas. Pour la punition de la femme adultère, v. Novelle cxxxiv, c. 10; et notre Code Pénal, 337.

(53) V. Code Pénal, 334, 335.

(54) « Nolite enim putare, P. C., ut in scena videtis, homines consceleratos impulsu Deorum terreri Furiarum taedis ardentibus. Sua quemque fraus, suum facinus, suum scelus, sua audacia de sanitate ac mente detubat. Hae sunt impiorum furiae, hae flammae, hae faces. » Cic. *in Pisonem*, 20. Voyez aussi, *de Legib.*, 1, 14.

(55) C'est-à-dire que, s'ils gardent le silence, ils n'auront rien à craindre de la loi qui ordonne un examen rigoureux des mœurs et du caractère des orateurs.

VIII, IX.
PROCÈS DE L'AMBASSADE.

INTRODUCTION.

Le procès de Timarque n'avait été, de la part d'Eschine, qu'une ruse victorieuse pour affaiblir l'attaque préparée contre l'accusateur de cet Athénien. Démosthène n'en poursuivait pas moins son projet de vengeance publique et personnelle. Mais d'autres obstacles avaient concouru à retarder le procès d'Eschine : il était impossible de mettre en cause tous ses collègues d'ambassade ; plusieurs étaient absents ; d'autres, tels que Dercylos et Iatroclès, étaient beaucoup moins répréhensibles. D'ailleurs, la malignité publique semblait satisfaite par l'accusation qu'avait intentée Hypéride contre le député Philocrate, également méprisé de tous les partis. Eubule, dont Eschine avait été greffier, et que nous retrouvons hostile à Démosthène, tâchait d'assoupir l'affaire ; et l'impression produite par tant de malheurs publics, résultat de la trahison, s'était sans doute affaiblie. Cependant Démosthène, à la fin de sa 6e Philippique, avait annoncé cette grande accusation ; et il semble que la voix de Mirabeau n'ait été que l'écho de la sienne, lorsqu'il disait à l'Assemblée Nationale : « Je les connais, les conseillers perfides de ces attentats à la liberté ; et je jure, sur l'honneur et la patrie, de les dénoncer un jour (1) ! »

Démosthène établit lui-même le caractère de ce procès : ce n'était pas une accusation formelle de haute-trahison (εἰσαγγελία) ; mais une poursuite en reddition de comptes (εὔθυνη). De là, en partie, les conclusions un peu vagues de l'accusateur, et une sorte d'indécision dans la peine à appliquer, bien que le mot de mort soit souvent prononcé.

Le plaidoyer de Démosthène peut avantageusement soutenir le parallèle avec ses autres discours politiques. Peut-être même est-ce de tous celui où l'orateur déploie avec le plus d'éclat cet art qui lui était propre, de triompher de l'aridité naturelle d'un sujet, et de convertir en un groupe lumineux de preuves les présomptions faibles ou peu concluantes qu'il paraissait offrir. La conduite d'Eschine, durant les trois ambassades qu'il remplit auprès du roi Philippe, est tracée avec une véhémence toujours éloquente, mais qui trahit souvent la partialité de l'examen. Les imputations les plus odieuses, et même les plus étrangères au sujet, y sont présentées avec un artifice et une malignité extrêmes. En général, et sauf le prestige du génie qui vivifie cette composition, une impression pénible accompagne la lecture de ce tissu d'accusations envenimées, qui ne sont interrompues

(1) Séance du 8 juillet 1789.

que par la demande passionnée du supplice d'un rival. Mais il faut ici tenir compte de la différence des mœurs. Tout, à Athènes, favorisait la liberté des invectives politiques. Une multitude avide de scandale, l'appareil tumultueux des formes républicaines, l'exaltation d'un patriotisme ombrageux, l'ignorance de cette maxime de la civilisation moderne, *la vie privée doit être murée*, l'absence d'un frein religieux qui contînt ce penchant à médire, dont les esprits les plus élevés ont quelque peine à se défendre : toutes ces causes, étrangères à nos institutions et à nos mœurs, expliquent et justifient, à quelques égards, cette chaleur de personnalité répandue dans les harangues des orateurs grecs, qui, pour blesser la délicatesse de notre goût, ne sauraient nous rendre insensibles aux beautés qu'elles renferment, et dont elle-même est souvent la source (1).

La spoliation du roi thrace Kersobleptès, la dévastation de la Phocide, préparée, suivant Démosthène, par la folle sécurité dans laquelle les députés vendus à Philippe avaient entretenu cette malheureuse contrée, tels sont les principaux griefs développés dans cette harangue, entremêlée de conseils énergiques aux Athéniens, et qui est encore une Philippique. Ici, comme dans le Plaidoyer pour Ctésiphon, Démosthène attaque son ennemi sur deux points différents : Eschine est vendu à la Macédoine ; Eschine, indépendamment de son *philippisme*, a trahi la cause de la démocratie. Sur la fin de la harangue, le ton si élevé de l'accusateur s'ennoblit encore. Rien ne surpasse l'éloquence du passage dans lequel il oppose aux larmes présumées de l'accusé et de ses enfants, les larmes « des enfants de tant d'alliés, de tant d'amis d'Athènes, réduits en captivité, traînant de contrée en contrée leur indigence et leur malheur, et bien autrement dignes de compassion que la famille d'un père aussi criminel, que les fils d'un traître. » La péroraison est simple, mais noble et animée.

La division de tout le discours est nettement tracée par l'orateur. Mais le sujet est rempli sans cet assujettissement à un ordre symétrique, contraire à la libre unité de l'art grec : les scolies d'un manuscrit cité par Dobson en font la remarque. Si la critique moderne désire plus de méthode dans ces récriminations accumulées, la logique voudrait aussi plus de force dans quelques arguments. Schœll a

(1) Une partie de cette analyse et de ces réflexions est tirée de l'estimable ouvrage de M. Boullée sur la Vie de Démosthène.

et Olivier ont rémarqué ce désavantage (1); et le scoliaste l'avait déjà expliqué par cet accord de la plupart des députés, qui privait l'accusateur des preuves juridiques au moyen desquelles il eût pu accabler son adversaire. N'oublions pas cependant que Cicéron, aux yeux de qui Démosthène lui-même sommeille quelquefois (2), loue ici la variété des tons qu'il a su prendre, et cite ce plaidoyer à côté de celui sur la Couronne. Plus de quarante écrivains de l'antiquité, parmi lesquels nous distinguons des critiques éminents et des historiens, sont indiqués, dans les notes de Taylor, de Reiske et de Schæfer, comme ayant cité, expliqué, annoté, imité cette harangue, dont il existait jadis un commentaire historique, malheureusement perdu.

Celle d'Eschine a moins de force et d'élévation, mais plus d'esprit et de finesse, plus d'ordre et de rapidité dans les faits. Il rapporte avec suite toute l'histoire de la paix conclue avec Philippe; mais, s'il contredit souvent Démosthène, il ne le réfute pas toujours. Son exorde est des plus propres à prévenir les juges en sa faveur. Avant d'entrer en matière, il cherche à infirmer toute l'accusation, qu'il représente comme confuse et se détruisant elle-même. L'exposé succinct de la détermination à la paix, et la nomination des députés, montrent dans Démosthène un ami zélé de ce Philocrate dont il prétend qu'Eschine était le complice, un homme impatient de faire cette paix qu'il appelle une flétrissure. Si l'on en croit les détails présentés ici sur la première ambassade et sur le retour, Eschine est aussi sage, aussi zélé qu'éloquent; Démosthène est un présomptueux qui, après s'être vanté de fermer la bouche au monarque, est réduit au silence dès qu'il paraît devant lui; il est envieux, fourbe, vil, flatteur, menteur effronté, etc. Eschine se justifie longuement sur certains discours qu'il avait tenus à la tribune, et que Démosthène lui a énergiquement reprochés; discours par lesquels il conseillait aux Athéniens de ne pas écouter les orateurs qui les entretenaient des triomphes de leurs ancêtres. Il rappelle les circonstances au milieu desquelles Athènes délibérait sur la paix. Des brouillons, des factieux cherchaient à enflammer, à tout prix, leurs concitoyens par les souvenirs d'un autre âge : lui, il leur disait : Imitez la bravoure de vos aïeux, mais évitez l'imprudence par laquelle vos pères ont perdu la patrie dans des guerres témérairement entreprises et follement soutenues. — Mais Eschine exhortait à faire la paix avec Philippe, après avoir animé les Hellènes contre ce prince. — Raisons de ce changement. — Enfin, dit-il, jugez les députés d'après toutes les circonstances qui modifiaient leur mission, et ne leur demandez pas compte d'événements dont ils n'étaient point les maîtres.

Il termine son apologie par les deux articles les plus essentiels, la spoliation de Kersobleptes et la ruine des Phocidiens. Il s'efforce d'établir que Démosthène lui-même a exclu le roi de Thrace du traité, que ce prince était dépouillé de ses États avant le départ de la seconde ambassade. Par rapport à la Phocide, il détaille tout ce qui s'est dit et fait dans le cours de cette mission. On y voit Démosthène faisant un grand zèle patriotique, accusant ses collègues devant Philippe, tenant, à l'audience du prince, un langage frivole, même ridicule, tandis qu'Eschine parle solidement et avec indépendance pour les Béotiens et les Phocidiens. C'est ici surtout que l'orateur presse artificieusement les détails pour produire l'illusion. Revenu à Athènes, il a rendu compte de ses paroles au prince; il n'a rien promis de sa part, il n'a pas empêché son ennemi d'annoncer la vérité : comment l'aurait il pu? Démosthène a blâmé ses collègues dans un décret, et surtout Eschine pour la manière dont il avait parlé à Philippe.

Le reste du discours contient la réfutation de quelques imputations particulières : celle de la lettre qu'il a, dit-on, composée pour le roi de Macédoine; de la captive olynthienne, qu'on l'accuse d'avoir insultée dans l'ivresse; d'avoir, à la table de Philippe, chanté des actions de grâces aux Dieux; d'avoir varié en politique. Il s'attache aussi à expliquer les vraies causes de la ruine des Phocidiens, qui, loin de voir en lui l'auteur de leurs désastres, ont envoyé des députés solliciter en sa faveur. Il donne une idée avantageuse de sa famille, rappelle ses services comme soldat, démontre, par des exemples, que la paix fut toujours aussi utile à sa patrie que la guerre lui a été funeste.

Il n'est pas étonnant que le talent d'Eschine ait déployé tous ses efforts pour défendre sa vie et son honneur; mais il le sera toujours que sa situation ne lui ait rien fait perdre des grâces de la narration et de l'adresse du raisonnement. Sa péroraison est des plus touchantes; il y a un art infini caché sous l'air d'abattement et de langueur qui y règne.

Quant aux particularités peu honorables que ces deux plaidoyers nous révèlent touchant la conduite de leurs auteurs, nous manquons de notions suffisantes pour les apprécier sainement. Nous sommes étonnés de la hardiesse avec laquelle ils se jettent l'un à l'autre l'épithète de complice de Philocrate : mais l'étonnement cesse quand on pense à la légèreté insouciante des Athéniens, si oublieux du passé, et surtout à la position actuelle de Philocrate lui-même. Dénoncé par Hypéride, il avait quitté Athènes, où la mort l'attendait s'il osait y rentrer. Ces deux discours datent de l'Olympiade 109, 3; 342. Plutarque doute si la cause a été plaidée en effet (1), parce qu'Eschine et Démosthène n'en font pas mention dans leurs harangues sur la Couronne. Mais il a pu fort bien arriver, dit Auger, qu'ils n'en aient pas parlé : l'un, parce que le jugement ne lui avait pas été favorable; l'autre, parce qu'il était peut-être resté sur son compte des soupçons peu avantageux qu'il craignait de réveiller. D'ailleurs plusieurs passages du plaidoyer d'Eschine, prouvent invinciblement que le procès a eu lieu.

---

(1) Schöll, *Hist. de la Litt. gr.* t. II, p. 239. Oliv., *Hist. de Phil.* t. II, p. 188.
(2) Plut. *V. de Cicéron; Orat.* 31.

(1) V. *Vie de Démosth.*

ACCUSATION, PAR DÉMOSTHÈNE.

Vous avez sans doute presque tous senti, ô Athéniens! toute l'ardeur des sollicitations factieuses dont on a entouré ces débats, en voyant, il y a peu d'instants, ceux qui, pendant que le sort proclamait vos noms, vous assiégeaient de leurs importunités (1). Pour moi, je ne demanderai à vous tous que ce que l'équité accorde, même sans prières : ne préférez ni faveur ni rang à la justice et au serment que chacun de vous a juré (2) avant d'entrer ici; considérez ces deux objets comme votre sauve garde, comme celle de la République entière, et ces actives supplications des protecteurs de l'accusé comme le soutien de quelques ambitions privées, que les lois, en vous réunissant, vous ordonnent de réprimer, loin de sanctionner leur pouvoir sur le sort des coupables.

Je vois tous ceux-qui ont administré avec droiture toujours prêts à reproduire les comptes qu'ils ont rendus. Eschine agit bien différemment. Avant de venir devant vous, avant de justifier sa conduite, il a fait disparaître (3) un des citoyens qui le poursuivaient; il va partout menaçant les autres (4), et introduit dans le gouvernement le plus révoltant, le plus funeste abus. Car, si l'Athénien qui a pris quelque part aux affaires publiques éloigne les accusateurs, non par son innocence, mais par la terreur qu'inspire sa personne, c'en est fait, oui, c'en est fait de votre autorité.

Convaincre cet homme de délits nombreux, de crimes énormes, le montrer digne du dernier supplice, voilà ce dont j'ai la confiance la plus entière. Toutefois, je le dirai avec franchise, cette persuasion me laisse une inquiétude : toutes les causes portées à votre tribunal me semblent, ô Athéniens! dépendre non moins du moment que des faits; et le temps considérable qui s'est écoulé depuis l'ambassade aura, je le crains, produit en vous l'oubli ou l'indifférence pour tant de prévarications. Il est pour vous cependant un moyen de vous éclairer, et de prononcer aujourd'hui selon la justice : ce serait d'examiner en vous-mêmes, ô juges! et d'énumérer les articles sur lesquels la République doit demander compte à son ambassadeur : premièrement, les rapports qu'il a faits (5); secondement, les conseils qu'il a donnés; en troisième lieu, les ordres qu'il a reçus; ensuite l'emploi de son temps: après tout, et sur tous ces points, son désintéressement ou sa vénalité. Pourquoi cet examen de détail? le voici. Le rapport des députés forme la véritable base de vos délibérations (6) : vous prenez un bon parti s'il est fidèle, un mauvais s'il est faux. Pour les conseils, vous donnez plus de créance a ceux d'un ambassadeur; car vous l'écoutez comme un homme bien instruit de ce qui fut l'objet de sa mission. Votre mandataire ne doit donc pas être convaincu de vous avoir offert un seul conseil ou sot ou pernicieux. Quant aux ordres qu'il a reçus de vous, soit pour parler, soit pour agir, quant aux instructions précises de votre décret, il faut qu'il les ait remplis. Bien : mais pourquoi demander compte du temps? parce que très-souvent, ô Athéniens! il n'y a, pour le succès des grandes affaires, qu'un très-court moment : si on le cède, si on le vend à l'ennemi, quoi qu'on fasse, il est perdu sans retour. Sur la question du désintéressement, sans doute vous diriez tous : Recevoir de l'or pour nuire à la patrie est un forfait qui mérite toute notre colère. Le législateur toutefois, sans désigner cette circonstance, défend, en général, d'accepter un seul présent; persuadé, ce me semble, que quiconque a une fois ouvert la main et s'est laissé corrompre, ne pourra plus juger avec droiture des intérêts de l'État.

Si donc, par des preuves éclatantes, je convaincs Eschine d'avoir menti dans tout son rapport, et empêché le Peuple d'apprendre de moi la vérité ; de vous avoir conseillés, sur tous les points, contre vos intérêts; de n'avoir exécuté aucun de vos ordres dans son ambassade; d'avoir consumé un temps précieux, pendant lequel la République a perdu de nombreuses et importantes occasions; enfin, d'avoir partagé avec Philocrate le prix et le salaire de toutes ces perfidies, condamnez-le, faites justice du prévaricateur. Mais, si je ne prouve pas ce que j'avance, tout ce que j'avance, regardez-moi comme un méchant, et acquittez cet homme.

Quoique j'aie à vous présenter encore, ô Athéniens! beaucoup d'autres graves inculpations capables d'attirer sur Eschine la haine de chaque citoyen, je veux, avant tout, rappeler ce que la plupart d'entre vous n'auront d'ailleurs point oublié (7), quel système politique il embrassa d'abord, quels discours il croyait devoir tenir au Peuple contre Philippe : vous verrez surtout dans ses premières démarches, dans ses premières harangues, les preuves de sa corruption.

C'est lui qui, le premier des Athéniens, comme il le disait alors à la tribune, s'aperçut que Philippe préparait des fers aux Hellènes et séduisait quelques chefs arcadiens; c'est lui qui, secondé par Ischandre, doublure de Néoptolème (8), instruisit là-dessus le Conseil, instruisit le Peuple, et vous persuada d'envoyer partout des députés, pour convoquer ici un congrès au sujet de la guerre contre Philippe; c'est lui qui, plus tard, à son retour d'Arcadie, vous rapporta ces longues et magnifiques harangues qu'il disait avoir débitées pour vous à Mégalopolis, devant les Dix-Mille, contre Hiéronyme (9), orateur dévoué à Philippe; c'est lui qui étalait dans toute son énormité l'attentat commis, et contre leur patrie et contre la Grèce entière, par les âmes vénales qui recevaient l'or de Philippe. Telle fut d'abord sa conduite politique, tel il se montrait à son début. Aussi, lorsque Aristodème, Néoptolème, Ctésiphon (10), et d'autres qui n'avaient apporté de Macédoine que des paroles trompeuses, vous eurent persuadé d'envoyer au prince des députés pour négocier la paix, vous nommâtes, entre autres, Eschine, non comme capable de vous livrer, non comme ayant foi en Philippe, mais pour avoir l'œil sur ses collègues : les discours qu'il avait tenus, sa haine contre le prince, devaient vous donner de lui cette opinion. Il vint donc me proposer de nous liguer dans l'ambassade; il m'exhorta vivement à surveiller de concert le misérable, l'effronté Philocrate. Enfin, jusqu'à notre retour de la première mission, ô Athéniens! j'ignorais, moi, qu'il eût été gagné, qu'il se fût vendu.

En effet, outre ses précédents discours, que je viens de rappeler, il se leva dans la première des deux assemblées où vous agitiez la question de la paix; et voici son exorde, dont je crois pouvoir citer les propres termes : « Lors même que Philocrate, ô Athéniens! aurait longuement médité sur le moyen le plus propre à entraver la paix, il n'en aurait pas trouvé, je pense, de meilleur que sa motion. Pour moi, tant qu'il restera un Athénien, je ne conseillerai jamais la paix à ce prix : toutefois, je dis qu'il faut faire la paix. » Tel fut son langage, aussi précis que convenable. Et celui qui avait ainsi parlé la veille en présence de vous tous, le lendemain, jour où il s'agissait de confirmer la paix, tandis que j'appuyais la décision des alliés (11), et travaillais à établir une paix équitable et égale pour toutes les parties; tandis que, animés du même esprit, vous refusiez d'entendre le méprisable Philocrate, celui-là, dis-je, se lève, soutient, à la face du Peuple, l'opinion de ce député, et, dans un discours qui mériterait mille morts, il ose dire, grands Dieux! que vous ne deviez point songer à vos ancêtres, ni écouter ceux qui vous rappelaient leurs trophées, leurs victoires navales; qu'il proposerait,

par une loi, de ne secourir que les Hellènes q[ui] vous auraient secourus les premiers. Le mal[heu]reux! l'impudent! il parlait ainsi sous les y[eux] de ces mêmes représentants de la Grèce que v[ous] appelâtes, d'après ses propres conseils, avant q[u'il] se fût vendu.

Comment Eschine, réélu par vous pour [re]cevoir les serments, dissipa des moments p[ré]cieux, et ruina toutes les affaires de la Répu[bli]que; quelles inimitiés mon opposition à ses [des]seins souleva entre lui et moi, c'est ce que v[ous] apprendrez bientôt. Voici ce qui a suivi le ret[our] de cette seconde mission dont vous lui deman[dez] compte aujourd'hui.

Revenus de Macédoine, où nous n'avi[ons] trouvé réalisée aucune des promesses qu'on v[ous] avait faites lorsque vous vous occupiez de la p[aix]; trompés sur tous les points, ayant vu plusi[eurs] de nos collègues, engagés dans de nouvelles [per]fidies, insulter à vos instructions, nous nous [ren]dîmes au Conseil (beaucoup d'entre vous s[avent] très-bien ce que je vais dire, car la salle é[tait] pleine) : je m'avançai, j'exposai au Conseil [la] vérité tout entière; j'accusai les coupables, j'é[nu]mérai d'abord ces brillantes espérances que C[té]siphon et Aristodème vous avaient apportées [les] premiers, puis les conseils d'Eschine au Peu[ple] pendant les négociations de la paix, et les su[ites] dans lesquelles on avait jeté Athènes; j'exhort[ai] à ne pas abandonner le reste, c'est-à-dire la P[ho]cide et les Thermopyles; à ne plus nous lais[ser] jouer, à ne point souffrir qu'on nous traînât d'il[lu]lusions en illusions, de promesses en promess[es] au fond d'un abîme. Je dis, et le Conseil [me] crut. Mais lorsque le Peuple fut assemblé, lo[rs] qu'il fallut parler devant vous, Eschine s'ava[n]çant et prévenant tous ses collègues (par Ju[piter] et par tous les Dieux, rassemblez tous vos souv[e]nirs et demandez-leur si je dis vrai; car dés l[ors] tous vos intérêts reçurent une atteinte morte[lle]), bien loin de dire un mot de l'ambassade, [de] rappeler nos dénonciations devant le Conseil, [de] contester la vérité, Eschine prononça une hara[n]gue si artificieuse, si remplie par l'annonce d'[im]menses avantages, qu'il vous entraîna t[ous] comme une proie. Il revenait, disait-il, après av[oir] gagné Philippe à la cause d'Athènes et sur l'a[r]ticle des Amphictyons (12) et sur tous les autr[es]; il vous récitait de longues tirades du long disco[urs] par lequel il avait, à l'entendre, animé ce prin[ce] contre les Thébains; il l'analysait devant vo[us]; il calculait que, grâce à ses négociations, d[ans] deux ou trois jours, sans dérangement, sans [arme]ment, sans embarras, vous alliez apprend[re le] siège de Thèbes, mais de Thèbes seule dans [la] Béotie, le rétablissement de Thespies et de P[la] ée, la restitution forcée du trésor d'Apollon, non par les Phocidiens, mais par les Thébains, qui avaient projeté l'invasion du temple (13) : car l'avait, disait-il encore, démontré à Philippe que méditer ce crime avait été un aussi grand sacrilège que le consommer; pour ce propos, Thèbes avait mis sa tête à prix, et quelques Eubéens avaient exprimé devant lui leurs craintes et leurs alarmes sur l'intimité qui venait de se former entre le prince et la République. Députés, avaient-ils dit, vous ne pouvez nous cacher les conditions de votre paix avec Philippe; nous n'ignorons pas que, si vous lui avez cédé Amphipolis, il s'est engagé à vous livrer l'Eubée. Enfin, ajouta Eschine, j'ai réglé un autre objet; mais je ne veux pas encore en parler, à cause de l'envie que me portent à présent plusieurs de mes collègues : discrète allusion à la ville d'Oropos (14).

Couvert d'éloges faciles à comprendre, jugé, pour ce rapport, un orateur tout-puissant, un homme d'État prodigieux, il descend de la tribune avec majesté. J'y monte après lui, je proteste de mon ignorance sur ces faits, je m'efforce d'exposer une partie du rapport que j'avais fait au Conseil. Postés près de moi, l'un à droite, l'autre à gauche, Philocrate et lui criaient, me coupaient la parole, m'accablaient de railleries. Et vous, de rire, de refuser de m'entendre, de ne vouloir croire que le rapport d'Eschine. Disposition bien naturelle, par les Dieux! Qui de vous, en effet, plein de si belles espérances, n'eût repoussé l'orateur qui vous disait *Cela ne sera pas*, et attaquait la conduite des prometteurs? Tout le reste alors n'était rien, sans doute, au prix de ce bonheur en expectative qu'on étalait devant vous; l'opposition n'était évidemment qu'une turbulente jalousie (15); et l'ambassade avait fait merveille pour servir les vrais intérêts de la République.

Mais pourquoi ai-je commencé par vous rappeler ces faits, par vous citer ces discours? voici, Athéniens, ma principale raison. Je veux qu'aucun de vous, m'entendant accuser le passé, frappé de l'énormité de ses attentats, ne s'écrie : Eh quoi! tu n'as point parlé sur-le-champ? tu ne nous as pas éclairés à l'instant même? Je veux qu'au souvenir des promesses avec lesquelles ces hommes, dans chaque occasion, fermaient la bouche aux autres citoyens, au souvenir de la pompeuse déclaration d'Eschine, vous reconnaissiez dans les déceptions de ces mêmes promesses, dans tout ce charlatanisme d'espérances, la cause de mille iniquités, et surtout l'obstacle qui vous a empêchés d'apprendre la vérité lorsqu'elle était récente et opportune. Tel est le premier, le plus puissant motif qui m'a fait entrer dans ces détails. Je désirais, en second lieu, et cette raison n'est guère moins importante, qu'après vous être représenté Eschine professant une politique désintéressée dont sa méfiance contre Philippe se faisait un rempart, vous le vissiez plus tard devenu soudain l'ami et l'affidé de ce prince. Enfin, si tout ce qu'il annonçait s'est réalisé, si les événements nous ont été propices, croyez qu'il a agi avec franchise et pour les intérêts d'Athènes; mais, s'il est arrivé tout le contraire de ce qu'il prédisait, s'il n'en est résulté pour la patrie qu'une vive honte et de grands périls, c'est à sa rapacité sordide, c'est à l'or reçu en échange de la vérité, que vous attribuerez sa métamorphose.

Puisque je me suis avancé sur ce point, je veux, avant tout, dire par quel détour on vous a enlevé toute influence dans les affaires de la Phocide. Et que nul de vous, ô juges! mesurant la hauteur des événements, ne pense que j'impute à l'accusé des crimes plus grands que son pouvoir; mais qu'il voie que tout citoyen placé par vous au même poste, et rendu maître des circonstances, s'il eût voulu, comme Eschine, se mettre aux gages de l'ennemi et vous abuser par des impostures, aurait causé autant de maux qu'Eschine : car, si, dans le gouvernement, vous employez souvent des hommes méprisables, les intérêts que des peuples confient à l'honneur d'Athènes ne le sont point; il s'en faut de beaucoup. D'ailleurs, dans ma pensée, le destructeur des Phocidiens est bien Philippe; mais les députés l'ont secondé. Il faut donc examiner si, en tout ce qui dépendait d'elle, l'ambassade a volontairement perdu et ruiné la Phocide, et non comment la catastrophe de la Phocide eût été l'œuvre du seul Philippe, car cela est impossible. — Prends le décret préliminaire rendu par le Conseil sur mon rapport, et la déposition du citoyen qui l'a porté. — On vera que je ne répudie pas aujourd'hui ma part des événements après m'être tu alors, mais qu'à l'instant même j'accusais et lisais dans l'avenir; on verra que le Conseil, à qui je fis entendre la vérité sans obstacle, n'approuva point la conduite des députés, et ne la jugea pas digne d'une invitation au Prytanée (16) : affront qui, depuis la fondation d'Athènes, n'a été fait à aucun ambassadeur, pas même à ce Timagoras (17), condamné à mort par le Peuple; affront que ceux-ci ont essuyé. — Lis d'abord la déposition, ensuite le projet de décret.

On lit.

Il n'y a là ni approbation, ni invitation au Prytanée, de la part du Conseil, pour les députés. Si l'accusé prétend le contraire, qu'il cite, qu'il prouve, et je descends de la tribune : mais il n'en est rien.

Si donc nous avons tous tenu la même conduite dans l'ambassade, le Conseil était fondé à refuser à tous son approbation, car tous étaient vraiment très-coupables. Mais, si les uns ont agi avec droiture et les autres avec perfidie, il a pu en résulter que les prévaricateurs auront fait partager leur ignominie aux députés intègres. Quel est donc, pour vous tous, le moyen facile de discerner le coupable? Rappelez-vous quel est celui qui, dès le retour, protesta contre tout ce qui s'était fait. Au prévaricateur il suffisait, sans doute, de se taire, de laisser adroitement couler le temps, de ne point se présenter pour répondre sur sa conduite; mais le député dont la conscience était pure voyait du danger à paraître, par son silence, complice de ces actes odieux et criminels. Or, c'est moi qui, dès le retour, accusais ces hommes; et aucun d'eux n'a osé m'attaquer.

Le Conseil avait donc préparé le décret; le Peuple s'assemble; Philippe était déjà aux Thermopyles, et c'est là le premier crime, d'avoir fait dépendre du Macédonien de si grands intérêts. Eh bien! tandis que vous deviez entendre un rapport sur l'état des choses, ensuite délibérer, exécuter enfin une décision, qu'arrive-t-il? vous apprenez que le prince est là, lorsqu'il n'est plus possible de vous donner un bon conseil. Ce n'est pas tout : personne ne lut au Peuple le projet de décret, le Peuple n'en apprit rien ; et l'accusé exposait à la tribune ces brillants, ces nombreux avantages dont je vous entretenais tout à l'heure : c'est là ce qu'il avait persuadé à Philippe, c'est pour cela que les Thébains avaient promis une prime à son meurtrier. Vous donc que l'approche de Philippe avait d'abord effrayés, vous qu'avait irrités le silence de l'ambassade, calmés à l'excès par l'espoir que tout s'arrangerait à votre gré, vous ne voulûtes écouter ni moi, ni aucun autre. On lut ensuite une lettre de Philippe, rédigée à notre insu par Eschine, apologie ouverte et formelle des députés coupables. Il y est dit qu'ils voulaient se rendre dans les villes alliées et recevoir leurs serments ; que Philippe les en a lui-même empêchés, et les a retenus pour l'aider à réconcilier les habitants d'Alos avec ceux de Pharsale (18). Il se charge enfin de tous leurs délits, et les prend sur son compte. Mais, de la Phocide, de Thespies, de tout ce que l'accusé vous annonçait, pas un mot. Ce n'est pas sans combinaisons qu'il agissait ainsi. Pour la faute des députés que vous deviez punir de n'avoir rempli aucune partie du mandat consigné dans votre décret, c'est sur lui qu'il assume la responsabilité, c'est lui-même qu'il déclare coupable, lui que

vos rigueurs, sans doute, ne pouvaient atteindre. Pour les promesses par lesquelles il voulait tromper et surprendre la République, c'est Eschine qui en est l'organe, afin que, par la suite, vous ne puissiez ni accuser ni blâmer Philippe, ne trouvant ces promesses ni dans sa lettre, ni dans rien qui émanât de lui-même.

— Lis le texte de la lettre composée par l'accusé et envoyée par le prince, et que l'on examine si les choses sont telles que je les expose. Lis.

Lecture de la Lettre de Philippe. [1]

Vous entendez, Athéniens : qu'elle est honorable, cette lettre! que d'humanité! Sur les Thébains, les Phocidiens, sur les autres articles du rapport de l'accusé, rien! Non, il n'y a pas là un mot de sincérité; vous allez le voir à l'instant. Il a retenu, dit-il, vos députés pour réconcilier les Aliens : et quelle réconciliation ceux-ci ont-ils obtenue? Le peuple a été chassé, la ville détruite. Lui, qui épie les moyens de vous obliger, avoue n'avoir pas eu la pensée de racheter les captifs (19). C'est que plusieurs fois on vous a publiquement attesté que j'emportais avec moi un talent pour leur rançon, et on l'attestera encore. Aussi, pour m'enlever l'honneur de cette générosité, l'accusé a-t-il engagé le prince à insérer cela dans sa lettre. Mais voici ce qu'il y a de plus fort. Philippe, dans une première missive que nous avons apportée, écrivait : Je m'expliquerais nettement sur tout ce que je veux faire pour vous, si j'étais sûr que vous fissiez alliance avec moi. L'alliance s'est faite, et il prétend ignorer les moyens de vous obliger, ignorer ses propres promesses! Il les connaîtrait, sans doute, s'il ne vous eût pas joués. Mais prouvons qu'il écrivit alors ces lignes. — Prends-moi sa première lettre, et lis le passage en question. Lis.

On lit.

Ainsi, avant d'obtenir la paix, Philippe promet que, si l'on y joint l'alliance, il écrira ce qu'il doit faire pour la République; et, quand il possède et l'alliance et la paix, il dit ne savoir pas quels bons offices il pourrait vous rendre. Si vous le lui dites, vous, si la séduction de ses promesses vous entraîne à spécifier une demande, il répondra qu'il ne fera rien contre sa gloire : paroles évasives qui seront son refuge, retraite habilement ménagée.

Ces ruses et cent autres encore pouvaient, à l'instant même, être démasquées; il était possible alors de vous éclairer, de vous empêcher de laisser les affaires à l'abandon, si Thespies et Platée, si Thèbes qu'on allait punir, ne vous eussent dérobé la vérité. Toutefois, que voulait-on? faire entendre seulement ces noms à la République pour l'abuser (20)? on avait raison de parler : agir réellement? il importait de se taire. En effet, si, dans leur position, les Thébains ne gagnaient rien à prévoir l'orage, pourquoi n'a-t-il pas éclaté? S'ils ne l'ont conjuré que pour l'avoir prévu, où est le révélateur? n'est-ce pas Eschine? Mais il n'en devait pas être ainsi ; Eschine ne le voulait ni ne l'espérait. Ne l'accusons donc pas d'indiscrétion. Vous duper par un langage de jongleur, vous faire repousser la vérité que je présentais, vous retenir dans vos murs, et assurer le triomphe d'un décret désastreux pour la Phocide, voilà quel était son but; de là tant de trames ourdies, de là ses perfides harangues. Auditeur des pompeuses et magnifiques promesses de ce député, je savais parfaitement qu'il mentait : comment le savais-je? le voici : d'abord, quand le prince allait jurer la paix, nos traîtres désignèrent la Phocide comme exclue du traité, article qu'il était opportun d'omettre si l'on voulait la sauver; ensuite, ce n'étaient ni des ambassadeurs de Philippe, ni la lettre de Philippe, qui tenaient ce langage, c'était Eschine. Guidé par ces inductions, je courus à la tribune, j'essayai de vous détromper. Sur votre refus de m'entendre, je m'arrêtai, me bornant à protester que tout cela m'était inconnu (au nom du ciel, rappelez-vous le fait), que je n'y avais aucune part; j'ajoutai même que je ne l'espérais point. Ne pas l'espérer ! vous étiez furieux. « Eh bien ! Athéniens, vous dis-je, s'il se réalise une seule de ces promesses, aux députés vos éloges, à eux vos récompenses, à eux vos couronnes, et rien pour moi ! S'il arrive tout le contraire, qu'ils soient l'objet de votre courroux : pour moi, je me retire. — Pas si vite, a repris Eschine, encore un moment ! Du moins, ne va plus t'attribuer les succès de tes collègues. — Non, par Jupiter! répondis-je, ce serait trop d'injustice. » Philocrate, se levant après moi, prononce ces impertinentes paroles : « Belle merveille, Athéniens ! si Démosthène et moi nous ne pensons pas de même : il boit de l'eau (21), je bois du vin. » Et vous, de rire; mais considérez le décret qu'il présenta ensuite. A la simple lecture, il n'est rien de mieux : cependant, que l'on rapproche les circonstances où il le porta des promesses qu'étalait l'accusé à la même époque, on verra qu'ils n'ont guère fait que livrer à Philippe et aux Thébains la Phocide, pieds et poings liés. — Lis le décret.

On lit.

Vous voyez, ô Athéniens ! comme surabondent ici l'éloge et les séduisantes paroles. « La paix et l'alliance conclues avec Philippe sont stipulées aussi pour ses descendants ; Philippe sera remercié d'avoir promis de nous satisfaire. » Non, il n'avait rien promis ! il était si éloigné de promettre, qu'il mande ne pas savoir en quoi il pourrait vous obliger. C'est Eschine qui avait parlé, qui avait promis pour lui. Vous vous étiez précipités au devant de ses paroles : alors Philocrate vous surprit, et inséra cette clause dans son décret : « Si les Phocidiens n'exécutent ce qu'il faut, s'ils ne livrent le temple aux Amphictyons, le Peuple d'Athènes fera marcher des troupes contre les opposants. » Ainsi, Athéniens, restés dans vos foyers, vous ne vous transportiez pas sur les lieux; les Lacédémoniens, sentant le piége, s'étaient retirés; aucun peuple amphictyonique n'était présent, excepté les Thessaliens et les Thébains : et, dans les termes le plus noblement perfides, Philocrate livre le temple à ces derniers en proposant de le livrer aux Amphictyons; à quels Amphictyons? Thèbes, la Thessalie étaient seules représentées. Du reste, nul ordre de convoquer la diète fédérale, d'attendre qu'elle soit assemblée, d'envoyer Proxénos (22) au secours de la Phocide, de faire marcher les Athéniens; non, rien de semblable. Philippe, cependant, vous a écrit deux lettres d'invitation. Mais voulait-il que vous vinssiez? pas du tout. Autrement, avant de vous appeler, il ne vous eût pas privés du moment où vous auriez pu partir ; il ne m'eût point retenu lorsque je voulais m'embarquer pour la Phocide; il n'eût pas enjoint à l'accusé de vous amuser des discours les plus propres à enchaîner vos pas. Mais il voulait que, persuadés qu'il agirait selon vos désirs, vous ne prissiez aucune décision pour lui résister; il voulait que la Phocide, endormie par vos promesses, n'opposât aucune défense, et que, perdant tout espoir, elle se livrât elle-même entre ses mains. — Lis les lettres de Philippe.

On lit.

Ces lettres dans leur teneur nous invitent à venir, à venir sur-le-champ. Mais, pour peu qu'elles fussent sincères, quel était le devoir des députés? N'était-ce pas de les appuyer, pour faire sortir vos troupes? N'était-ce pas de proposer que Proxénos, qu'ils savaient peu éloigné de la Phocide, volât à son secours? Eh bien ! ils ont fait évidemment tout le contraire. N'en soyez pas étonnés : peu attentifs au texte de ces lettres, ils connaissaient à fond les vœux du prince qui écrivait : c'est là qu'ils apportaient et leur appui, et le concours de leurs efforts. Aussi, lorsque les Phocidiens eurent appris le résultat de votre assemblée, qu'ils eurent en main le décret de Philocrate, qu'ils connurent les rapports et les promesses d'Eschine, ils furent écrasés de tous côtés, et voici comment. Quelques-uns d'entre eux, hommes sensés, se méfiaient de Philippe : leur confiance fut peu à peu gagnée. Par quel moyen? par cette réflexion : Dût Philippe nous tromper mille fois, jamais les députés d'Athènes n'oseraient tromper les Athéniens; les rapports d'Eschine à ses concitoyens sont véridiques; c'est la ruine de Thèbes qu'on prépare, non la nôtre. D'autres pensaient qu'il fallait se défendre à tout prix. Mais ceux-ci même étaient désarmés par la persuasion que Philippe tenait pour eux, et que, s'ils lui témoignaient de la défiance, vous marcheriez contre eux, vous dont ils attendaient leur secours. Plusieurs même vous supposaient des regrets, au sujet de votre paix avec le monarque; mais à ceux-là on montrait que vous étendiez cette paix à vos descendants. Ainsi, du côté d'Athènes, pas un rayon d'espoir ! Voilà pourquoi les perfides ont tout ramassé dans un seul décret; et, de tous leurs attentats contre vous, voilà le plus grand à mes yeux. En effet, proposer une éternelle paix avec un homme mortel que d'heureux hasards ont seuls fait puissant, stipuler le déshonneur de la patrie, lui arracher jusqu'aux faveurs que lui réserve la fortune, et, par une inépuisable scélératesse, frapper du même coup tous les Athéniens vivants, tous les Athéniens à naître, n'est-ce pas là une énorme forfaiture? Vous n'auriez jamais souffert, vous, qu'on ajoutât au traité ces mots, *et pour nos descendants*, si vous n'eussiez alors accordé votre confiance aux promesses débitées par Eschine; confiance qui, partagée par les Phocidiens, les a perdus. Oui, après s'être livrés eux-mêmes à Philippe, après avoir remis volontairement leurs villes entre ses mains, ils ont éprouvé un traitement qui est le démenti du rapport de l'accusé.

Pour vous montrer clairement que ces circonstances et ces hommes ont ruiné la Phocide, voici le calcul des dates de chaque fait. Si l'un d'eux veut en contester l'exactitude, qu'il se lève, qu'il parle sur le temps qui m'est accordé. La paix s'est faite le 19 du mois Elaphébolion (23). Notre absence, pour l'échange des serments, dura trois mois entiers. Pendant tout ce temps, la Phocide était encore debout. Nous revînmes de cette ambassade le 13 de Scirophorion. Déjà Philippe, parvenu aux Thermopyles, faisait aux Phocidiens des déclarations dont ils ne croyaient pas un mot. Je le prouve par cette députation que, sans cela, ils ne vous auraient pas envoyée. Le 16 du même mois, le Peuple tint l'assemblée dans laquelle les traîtres ont tout abattu sous les coups du mensonge et de l'imposture. Je compte que, cinq jours après, les détails de votre séance parvinrent en Phocide : car les délégués de cette contrée étaient ici, et avaient

à cœur de savoir quel serait le rapport de vos députés, quelle serait la décision d'Athènes. Plaçons donc au 20 la connaissance qu'en eurent les Phocidiens, puisqu'il y a cinq jours du 6 au 20 (24). Viennent ensuite le 10, le 9, le 8. Ce dernier jour, date du traité, consomma la perte de la Phocide. Comment le prouver? Le 4 de la troisième décade, vous étiez assemblés au Pirée, au sujet des arsenaux de marine. Dercylos vint de Chalcis vous annoncer que Philippe avait tout livré aux Thébains. Il y avait, d'après son calcul, cinq jours que l'accord était conclu. Comptons : huit, sept, six, cinq, quatre. Voilà précisément cinq jours. Ainsi, la date du rapport, la date du décret, bref démontre invinciblement qu'ils secondèrent Philippe, qu'ils furent ses complices dans la catastrophe de la Phocide.

Il y a plus : la prise de toutes leurs villes sans siège, sans assaut, leur entière destruction en vertu du traité (25), sont la plus forte preuve que les Phocidiens n'ont éprouvé ce triste sort que pour avoir cru vos députés, qui leur montraient Philippe comme un sauveur. Ce prince, d'ailleurs, leur était assez connu. — Prends notre traité d'alliance avec les Phocidiens, et la décision qui autorisa Philippe à raser leurs remparts. On va voir ce qu'ils pouvaient attendre de vous, et ce qu'ils ont souffert, grâce à ces ennemis des Dieux. — Lis.

Lecture du Traité d'alliance d'Athènes avec la Phocide.

Voilà ce que vous deviez à la Phocide : amitié, alliance, protection, armée. Écoutez maintenant ses malheurs, ouvrage de cet homme qui vous a empêchés de la secourir.

Lecture de la Convention de Philippe avec les Phocidiens.

Vous entendez, Athéniens : *Convention des Phocidiens avec Philippe*. On ne dit pas, avec Thèbes, avec la Thessalie, avec la Locride, avec aucun autre peuple. Les Phocidiens, est-il dit encore, livreront leurs villes... à qui? aux Thébains? aux Thessaliens? à quelque autre nation? non, mais à Philippe. Pourquoi? parce que c'est Philippe qui, dans le rapport d'Eschine à ses concitoyens, avait franchi le passage pour les protéger. Aussi, tous avaient foi en Philippe; c'est vers lui que se tournaient tous leurs regards; c'est avec lui qu'ils faisaient la paix. Que l'on continue la lecture; et vous, Athéniens, comparez leurs espérances avec leur sort. Est-il tel, ou à peu près tel que l'accusé l'annonçait? — Lis.

Décision des Amphictyons (26).

Jamais, ô Athéniens! il n'y eut de nos jours

parmi les Hellènes, ni peut-être dans les âges précédents, d'événements plus graves, plus cruels. Ces faits cependant, avec leur caractère et leur portée, un seul homme, Philippe, en est devenu le moteur suprême, grâce à ces perfides; et il y avait encore une Athènes, protectrice héréditaire de la Grèce, et opposée, par tradition, à de pareilles tyrannies! La connaissance de la catastrophe des infortunés Phocidiens résulte non-seulement de cette décision, mais surtout des événements qui l'ont suivie. Spectacle affreux et déchirant, ô Athéniens! que celui dont nos yeux furent témoins, malgré nous, en allant dernièrement à Delphes: des maisons renversées, des remparts détruits, des campagnes privées de leurs jeunes hommes, quelques pauvres femmes, quelques faibles enfants, de misérables vieillards! Non, aucun langage ne pourrait égaler les calamités qui pèsent sur ces contrées. Toutefois, je vous entends dire à tous que jadis, sur la question de réduire les Athéniens en esclavage (27), le vote de la Phocide fut opposé à celui de Thèbes. Si donc vos ancêtres revenaient à la vie, quelles seraient, ô Athéniens! leur opinion et leur sentence sur les meurtriers de la Phocide? Ah! je n'en doute point: après les avoir lapidés de leurs propres mains, ils croiraient ces mains pures encore. N'est-il pas honteux, en effet, ou plutôt n'est-ce pas le comble de la honte, qu'un peuple, qui alors nous sauva par un suffrage protecteur, ait rencontré un sort tout différent, grâce à nos députés, et subisse, sous nos yeux, des douleurs que ne connurent jamais les autres Hellènes? Qui donc est la cause de ces maux? quel fut l'artisan de ces impostures? N'est-ce pas Eschine?

Que de motifs, ô Athéniens! d'appeler Philippe heureux! heureux surtout d'un avantage dont je ne trouve pas d'autre exemple (j'en atteste tous les Dieux!) parmi les hautes fortunes de notre siècle. Avoir pris de grandes villes, avoir soumis à son sceptre de vastes contrées, s'être signalé par mille succès, ce sont là des prospérités brillantes et dignes d'envie: qui en doute? Mais combien d'autres on pourrait citer qui en ont joui! Il est un bonheur qui lui fut propre, et qu'il n'a partagé avec personne. Quel bonheur? Sa politique avait besoin de s'aider d'hommes pervers, et la perversité de ceux qu'il a trouvés a passé ses souhaits. Peut-on, à ces traits, ne pas reconnaître nos députés? Les mensonges que Philippe, ayant à débattre de si grands intérêts, n'osait ni vous présenter pour lui-même, ni écrire dans une seule de ses lettres, ni communiquer par aucune ambassade, ces hommes, pour un salaire, en ont séduit votre crédulité! Serviteurs d'un despote, Antipater et Parménion (28), que

vous ne deviez plus revoir, ont bien compris que leur mandat n'était pas de vous tromper; et des ambassadeurs d'Athènes, la plus libre des républiques, des Athéniens qui devaient inévitablement se retrouver face à face avec vous, passer près de vous le reste de leurs jours, subir une enquête devant vous, ont eu l'audace de vous abuser! Où trouver des hommes plus pervers, de plus forcenés coupables? Mais, pour vous prouver qu'Eschine a encouru l'imprécation, et qu'après toutes ses perfidies vous ne pouvez l'absoudre sans crime et sans impiété, qu'on lise l'imprécation même, dictée par la loi.

Lecture de l'Imprécation.

Telle est, ô Athéniens! l'imprécation formulée dans la loi, et que prononce le héraut dans chacune de vos assemblées, dans chaque séance du Conseil (29). Impossible à Eschine de dire qu'il ne l'a pas bien connue: sous-greffier de votre tribunal, officier subalterne du Conseil, il la dictait lui-même au héraut. Étrange inconséquence, si, aujourd'hui que vous le pouvez, vous n'exécutiez point vous-mêmes la punition dont vous chargez les Dieux, ou plutôt que vous leur demandez! Quoi! le coupable dont vous priez le ciel d'exterminer la maison, la personne et la race, vous l'acquitteriez! Non, non, Athéniens: abandonnez à la justice divine les perfidies ignorées; mais, pour les trahisons flagrantes, ne lui commettez jamais le soin de les poursuivre.

J'apprends qu'Eschine, par un excès d'impudence et d'audace, doit faire abstraction de tous les crimes de ses rapports, de ses promesses, de ses impostures publiques; et que, comme s'il paraissait devant d'autres juges, et non devant vous qui savez tout, il accusera d'abord les Lacédémoniens, puis les Phocidiens, puis Hégésippe (30). C'est une dérision, que dis-je? une révoltante effronterie. Qu'il charge Lacédémone, Hégésippe et la Phocide; qu'il dise que cette contrée n'a pas reçu Proxénos; qu'il l'appelle sacrilége, qu'il l'accable de reproches: qu'importe? tout cela s'était fait avant le retour de la députation, tout cela ne rendait pas le salut de la Phocide impossible. Qui nous l'assure? Eschine lui-même: car il ne disait point dans son rapport: Sans l'obstacle apporté par Lacédémone, sans le refus d'accueillir Proxénos, sans l'opposition d'Hégésippe, sans tel ou tel autre empêchement, les Phocidiens seraient sauvés. Pas un mot là-dessus; mais il disait en termes précis: Je reviens après avoir persuadé à Philippe de protéger la Phocide, de rétablir les villes béotiennes, d'assurer votre prépondérance politique; tout sera fait dans deux ou trois jours; et voilà pourquoi les Thébains ont mis ma tête à prix. Fermez donc l'oreille à tout ce qu'avaient fait et Sparte et la Phocide avant qu'il eût présenté ces rapports ; ne permettez pas qu'il s'étende sur la perversité des Phocidiens. Certes, ce n'est pas pour leur vertu que vous sauvâtes jadis les Lacédémoniens, plus récemment les Eubéens maudits (31), et tant d'autres : c'est parce que leur salut importait à la République, comme de nos jours celui des Phocidiens. Enfin, quelle faute a commise, depuis les discours de l'accusé, ou la Phocide, ou Sparte, ou Athènes, ou tout autre peuple, pour empêcher l'exécution de ce qu'il vous avait annoncé ? Faites-lui cette question ; il ne pourra répondre. Dans l'espace de cinq jours, il a donné des explications mensongères ; vous y avez cru, la Phocide les a connues, elle s'est livrée, elle a péri. Preuve éclatante, je pense, que le but de toutes ces insidieuses manœuvres était la ruine de cette nation. Dans le temps où Philippe, ne pouvant se mettre en marche à cause de la paix récente, fait ses dispositions, il appelle les Lacédémoniens (32), leur promettant de tout faire pour eux, de peur que la Phocide ne se les attache par votre entremise. Mais, lorsqu'il est arrivé aux Thermopyles, et que les Lacédémoniens, découvrant le guet-apens, se sont retirés, alors il aposte Eschine pour vous tromper, dans la crainte qu'Athènes ne s'aperçoive qu'il agit pour Thèbes, que la Phocide, aidée de vos armes, ne le repousse, et que, rejeté dans les longueurs d'une guerre qui consumerait son temps, il ne puisse tout soumettre, comme il est arrivé, sans tirer l'épée. Eh bien ! parce que Philippe a trompé Lacédémone et la Phocide, pardonnerez-vous à l'accusé de vous avoir trompés vous-mêmes ? Non ; il y aurait injustice.

S'il dit que, pour ample dédommagement de la Phocide, des Thermopyles et de vos autres pertes, il vous reste la Chersonèse (33), par Jupiter et tous les Dieux, ne l'écoutez pas, ô juges ! et ne souffrez point que, non content des coups que vous a portés son ambassade, il attire sur Athènes, par son apologie, l'infâme reproche d'avoir sacrifié ses alliés pour dégager une faible portion de ses domaines. Non, vous ne l'avez point fait. La paix était conclue, la Chersonèse nous était assurée quatre mois entiers, avant la ruine des Phocidiens (34). C'est Eschine qui plus tard, oui, plus tard, les a perdus en vous abusant par ses impostures. D'ailleurs, vous allez le reconnaître, la Chersonèse est aujourd'hui plus en danger qu'elle n'était alors. Car, si Philippe l'attaquait, serait-il plus aisé de le réprimer maintenant, qu'avant qu'il nous eût ravi une partie de nos avantages ? Non il s'en faut de beaucoup. Où est-elle donc cette riche ind[emn]ité, puisqu'il est délivré de toute crainte [et] tout péril, celui qui voudrait opprimer cette [con]trée ?

J'apprends encore qu'Eschine doit dire : [Je suis] étonné que Démosthène m'accuse, quand [la] Phocide entière se tait. Il est bon de vous dire d'avance la raison. Parmi les Phocidiens [ra]patriés, les uns (ce sont les plus sages et les plus modérés) supportent en silence leur exil et leurs douleurs ; et pas un ne voudrait, pour venger [le] commun malheur, affronter des haines personnelles ; les autres, prêts à tout faire pour de l'argent, ne trouvent point qui leur en donne. [Pour] moi, je ne donnerais rien à aucun d'eux pour venir près de moi faire retentir ce lieu du récit de leurs maux : les faits, trop véritables, retentissent d'eux-mêmes. Quant à la population restante, sa misère est si déplorable qu'aucun habitant ne peut même songer à se porter accusateur dans une enquête contre des Athéniens. Distribués en bourgades, dépouillés de leurs armes, asservis, ils meurent d'effroi sous la main des Thébains et du mercenaire de Philippe qu'ils sont forcés de nourrir. Ne laissez donc pas Eschine parler ainsi : mais qu'il démontre, ou que les Phocidiens n'ont pas été ruinés, ou qu'il n'a pas promis que Philippe les sauverait. Oui, raisonne sur l'ambassade, l'enquête tout entière : Qu'est-il arrivé ? qu'as-tu annoncé ? Rapporteur véridique, sois absous ; imposteur, sois puni. Les Phocidiens ne se présentent pas : que conclure de là, sinon que tu les as réduits, pour ta part, à ne pouvoir pas plus repousser leurs ennemis que soutenir leurs amis ?

Mais il y a, dans cet événement, plus que [et] la honte, plus que du déshonneur : il enveloppe Athènes de périls dont l'existence est facile à prouver. Qui de vous ignore que les Phocidiens, par leur guerre, par la pleine possession des Thermopyles, nous mettaient à couvert des Thébains, et leur fermaient, ainsi qu'à Philippe, l'entrée du Péloponèse, de l'Eubée et de l'Attique ? Eh bien ! cette sécurité que la position des lieux, que des hostilités même procuraient à la République, vous l'avez sacrifiée aux déceptions et aux mensonges de ces traîtres ; ce rempart que levaient autour de vous des armées nombreuses, une guerre continuelle, les villes puissantes d'un peuple allié, de vastes contrées, vous l'avez laissé abattre. Vainement avez-vous envoyé aux Thermopyles un premier secours qui coûta plus de deux cents talents, si l'on compte les dépenses personnelles ; vainement aussi avez-vous espéré l'humiliation des Thébains.

Parmi tant de criminels services que rend[it]

Eschine à son patron, voici le plus insultant pour la République et pour vous tous. Philippe avait, dès le principe, résolu de favoriser les Thébains dans toutes ses opérations : en vous rapportant le contraire, en produisant au grand jour votre aversion pour eux, l'accusé a fortifié leur haine contre vous et leur attachement au monarque. Or, pouvait-il, cet homme, vous jouer plus insolemment? Prends et lis le décret de Diophante et celui de Callisthène (35). — Vous allez le reconnaître, Athéniens : quand vous faisiez votre devoir, on vous célébrait par des louanges, par des sacrifices, et dans vos murs et chez les autres Hellènes; mais, lorsque des perfides vous eurent égarés, il fallut retirer de la campagne les enfants et les femmes, il fallut, en pleine paix, décréter que les fêtes d'Hercule seraient solennisées dans la ville (36). Ah! ma surprise sera grande si vous ne punissez point celui qui ne vous a pas même laissé honorer les Dieux, selon les rites de vos ancêtres. — Lis.

Lecture du Décret de Diophante.

Tel fut alors, ô Athéniens! votre décret : il était digne de vous. — Poursuis.

Lecture du Décret de Callisthène.

Voilà ce que, plus tard, ces hommes vous forçaient de statuer. Ah! ce n'était pas dans cet espoir que vous aviez d'abord conclu la paix et l'alliance, et qu'ensuite vous les étendîtes, par séduction, à vos descendants : c'est parce que vous deviez en recueillir, par les mains des députés, des avantages prodigieux. Cependant vous savez tous quel bouleversement causa plus tard, parmi vous, chaque nouvelle de l'arrivée de Philippe, avec son armée et ses étrangers soldés, près de Porthmos, près de Mégare. Il ne foule pas encore le sol de l'Attique : mais il n'y a là ni matière à examen, ni motif de sécurité. Peut-il, grâce à vos députés, y entrer quand il voudra? voilà ce qu'il faut considérer, voilà le péril qui doit fixer vos regards, et appeler sur son auteur, sur l'intrigant qui a ménagé à Philippe un tel avantage, votre haine et votre vengeance.

Eschine, je le sais, évitera de répondre à mes accusations, et, pour vous entraîner le plus loin possible des faits, il parcourra et tous les avantages que la paix procure aux peuples, et tous les maux que la guerre enfante ; pour toute justification, en un mot, il fera l'éloge de la paix. Mais cet éloge même le condamne; car, si la paix, source de bonheur pour les autres, est devenue pour nous la cause de tant de troubles et d'embarras, que conclure de là ? que, gagnés par des présents, ces hommes ont vicié le bien même dans son essence. Mais quoi! dira-t-il peut-être, la paix ne vous laisse et ne vous assure-t-elle pas trois cents trirèmes avec leurs agrès, et de l'argent dans le Trésor? A cela répondez que cette même paix a élevé Philippe bien plus haut, en augmentant beaucoup, et ses munitions, et ses domaines, et ses finances. Nous aussi, nous avons gagné, dans un sens : mais la force qui naît du succès et des alliés, la force, instrument de succès nouveaux chez tous les peuples, et pour eux-mêmes et pour de puissants amis, vendue chez nous par les députés, elle s'est épuisée, elle s'est anéantie, tandis que celle du prince grandit et inspire la terreur. Or, quand Philippe a vu multiplier, par leurs manœuvres, et ses alliés et ses revenus, il serait injuste d'établir, dans notre compte, une balance entre les fruits légitimes de la paix et les possessions qu'ils ont livrées. Non, il n'y a pas eu compensation; loin de là, les premiers de ces biens, calcul à part, auraient été à vous, et vous auriez eu les autres par surcroît, sans ces perfides.

En un mot, Athéniens, vous l'avouerez, la justice veut que, malgré le nombre et la gravité des disgrâces de la patrie, si Eschine n'y a pas contribué, il soit à l'abri de votre colère; mais elle ne le sauvera pas au nom des avantages qu'un autre aurait procurés. Examinez donc tout ce qui fut son ouvrage, et montrez-lui de la reconnaissance s'il en mérite, du ressentiment si sa culpabilité devient évidente. Or, comment trouverez-vous la vérité? en ne lui permettant pas de tout confondre, fautes des généraux, guerres avec Philippe, fruits de la paix; en considérant chaque objet à part. Exemple : Étions-nous en guerre avec Philippe? oui. Ici, quelqu'un accuse-t-il Eschine, et veut-il le rendre responsable des événements de la guerre? personne. A cet égard il est donc justifié, il n'a pas un mot à dire. Car c'est sur les points controversés qu'un accusé doit présenter et des témoins et des arguments : mais qu'il ne donne pas le change en attestant des faits incontestés. Ne viens donc pas nous parler de la guerre, pour laquelle personne ne te fait le procès. Poursuivons : on nous a conseillé la paix; persuadés, nous avons envoyé des ambassadeurs; ils en ont amené d'autres, avec pouvoir de conclure. Ici encore quelqu'un blâme-t-il Eschine? quelqu'un dit-il : Eschine a pris l'initiative de la paix; Eschine a prévariqué en amenant des députés pour la faire? personne. Qu'il se taise donc aussi sur la paix conclue par la République; il en est innocent.

Que prétends-tu donc, Démosthène, dira-t-on, et où commences-tu à accuser? Je commence

Athéniens, à l'époque où, pendant vos délibérations, non sur l'opportunité de la paix (ce point avait déjà été décidé), mais sur les conditions, Eschine repoussa des motions pleines d'équité, pour prêter un vénal appui au décret d'un orateur vénal. Élu ensuite pour l'ambassade des serments, il n'exécuta aucun de vos ordres, il perdit ceux de vos alliés qu'avait épargnés la guerre ; il débita ces dangereux, ces funestes mensonges qui l'emportent sur toutes les impostures passées et à venir. Dans le commencement, jusqu'à ce que Philippe pût traiter avec nous de la paix, Ctésiphon et Aristodème furent les premiers travailleurs attachés à cette intrigue ; puis, lorsqu'il fut question de conclure, ils remirent la besogne à Eschine et à Philocrate qui, prenant leur place, ont consommé l'œuvre de destruction.

Et après cela, quand il faut subir l'examen juridique de ses actes, cet habile fourbe, cet ennemi des Dieux, ce scribe se justifiera comme si on l'accusait d'avoir fait la paix ! il se justifiera, non pour répondre à plus de griefs qu'on ne lui en impute, ce serait folie, mais parce qu'il voit dans toute sa conduite des crimes, et pas une bonne action, parce qu'il sait qu'une apologie sur la paix, même vide de sens, est un mot plein d'intérêt. La paix ! je crains, Athéniens, oui, je crains que, dans notre illusion, comme des emprunteurs à usure, nous ne la payions bien cher : car les traîtres ont sacrifié sa garantie, sa stabilité, en livrant la Phocide et les Thermopyles. Toutefois, ce n'est pas Eschine qui, dans le principe, nous a déterminés à la paix. Chose étrange, Athéniens, mais qui est de toute vérité ! si cette paix fait réellement la joie de l'un de vous, qu'il en rende grâce aux généraux (37) que vous accusez tous. Oui, s'ils avaient fait la guerre comme vous le vouliez, le mot même de paix vous serait insupportable. Ainsi, la paix, voilà l'œuvre des généraux ; les dangers d'une paix fallacieuse et perfide, voilà le crime des députés vendus. Écartez donc, écartez l'accusé de toute dissertation sur cet objet, et renfermez-le dans ses actions personnelles. Car ce n'est point sur la paix qu'Eschine est mis en jugement ; non, mais c'est Eschine qui a fait maudire la paix. Je le prouve. Si, depuis la conclusion, vous n'eussiez été trompés, si aucun de vos alliés n'avait péri, qui cette paix aurait-elle affligé, à part la honte ? Encore, a-t-il été complice de cette honte, lorsqu'il appuya Philocrate. Le mal, toutefois, n'aurait pas été irréparable. Mais aujourd'hui, le voilà responsable de bien d'autres malheurs !

C'est donc, vous le voyez tous, par le crime, par l'infamie, que les députés ont tout perdu, tout ruiné. Eh bien ! moi, je suis si éloigné, juges ! d'apporter quelque acharnement à cette cause, et de le désirer en vous, que, si tels actes sont le résultat de la sottise, de simplicité, de quelque ignorance enfin, j'absous moi-même Eschine, et vous conseille de l'absoudre. Toutefois, aucune de ces excuses n'est basée ni sur vos mœurs politiques, ni sur la justice. En effet, vous ne sommez, vous ne forcez personne de diriger les affaires publiques ; seulement, lorsqu'un homme, persuadé qu'il en a le talent, se présente, vous l'accueillez avec la bienveillance d'un peuple bon et confiant, et non avec de jalouses préventions ; il devient votre le dépositaire de vos intérêts. S'il réussit, il sera honoré, il s'élèvera au-dessus de la foule ; mais s'il échoue, en sera-t-il quitte pour des excuses, pour des défaites ? Injustice ! Nos alliés qui ont péri, et leurs enfants, et leurs épouses, et tant d'autres malheureux, se consoleront-ils par cela seul que leur désastre est l'ouvrage de mon incapacité, pour ne pas dire de celle d'Eschine ? oh ! non. Cependant, pardon pour l'auteur de tant d'horribles infortunes, s'il est clair qu'il n'a fait le mal que par crédulité, par défaut de lumières ; mais, si c'est par perversité, si été pour de l'or, pour un salaire, si les faits eux-mêmes le prouvent avec évidence, la mort la fin, si cette peine n'est pas applicable, qu'il vive, mais donnez, dans sa personne, une leçon au prévaricateurs.

Or, examinez combien est solide le raisonnement par lequel je vais le convaincre. Dans l'hypothèse qu'il ne s'est pas vendu, qu'il vous involontairement trompés, il faut de toute nécessité qu'Eschine vous ait débité ses discours au sujet de la Phocide, de Thespies, de l'Eubée, parce qu'il a entendu de la bouche même de Philippe la promesse qu'il devait réaliser en leur faveur, ou parce que, fasciné, ensorcelé par modération habituelle, il s'attendait à le voir agir ainsi. Point de milieu ; or, dans l'un et l'autre cas, il doit porter à Philippe la haine la plus vive. Pourquoi ? c'est qu'autant qu'il a dépend de ce prince, il se trouve dans la position la plus cruelle, la plus humiliante : il vous a trompés, il est déshonoré ; on le juge digne de mort, et si l'on eût fait ce qui convient, il y a longtemps qu'on l'eût accusé comme criminel d'État : mais grâce à votre indulgence, à votre bénignité, il rend ses comptes, et encore quand il lui plaît. Est-il donc quelqu'un qui l'ait entendu élevé la voix contre Philippe, dévoiler sa perfidie par un mot, un seul mot ? Non ; et même, dans Athènes entière, le premier venu accusera plus volontiers ce prince, sans en avoir reçu aucun

...euse personnelle. Pour moi, je désirerais qu'Eschine, s'il est demeuré incorruptible, nous dît : « Athéniens, faites de moi ce que vous voudrez : j'ai cru, j'ai été abusé, j'ai failli, je l'avoue. Mais, ô mes concitoyens! tenez-vous en garde contre Philippe : c'est un perfide, un imposteur, un scélérat. Ne voyez-vous pas tout le mal qu'il m'a fait, et comme il m'a joué? » Ni vous ni moi n'entendons de telles paroles. Pourquoi? parce que sa foi n'a pas été surprise, parce qu'il avait reçu le salaire de ses harangues, le loyer de sa trahison; parce qu'il est devenu pour Philippe un bon, un utile, un fidèle mercenaire; pour Athènes, un traître comme député, comme citoyen, un criminel enfin digne de mille morts.

Mais d'autres preuves encore établissent clairement qu'il s'est fait payer ses discours. Il vint ici dernièrement des Thessaliens, et avec eux des députés de Philippe, vous demander pour ce prince la reconnaissance du titre d'Amphictyon. Pour qui surtout l'opposition était-elle alors une convenance? pour Eschine. La raison, c'est que Philippe avait exécuté tout le contraire de ce qu'Eschine avait annoncé. Philippe, avait-il dit, fortifiera Thespies et Platée ; il ne ruinera pas la Phocide ; il réprimera, en votre faveur, les prétentions hautaines des Thébains : et Philippe a rendu Thèbes trop puissante ; il a frappé à mort la Phocide; loin de relever les murs de Platée et de Thespies, il a réduit en servitude Coronée et Orchomène. Où trouver contradiction plus frappante? Eschine toutefois n'ouvrit pas la bouche, ne prononça pas un mot d'opposition. Étrange conduite! eh bien ! son crime n'est pas encore là. Seul, dans Athènes entière, il appuya la députation (38); et, ce que n'osa pas faire l'infâme Philocrate, l'homme que voilà, Eschine, l'a fait! Vos clameurs l'interrompaient, et vous refusiez de l'entendre; alors il descend de la tribune, et, signalant son zèle pour Philippe aux yeux de ses ambassadeurs, « Beaucoup de gens font du bruit; mais peu, dans l'occasion, voudraient combattre, » disait, vous vous le rappelez, ce guerrier admirable. O ciel !

De plus, si nous ne pouvions nullement prouver que les députés sont nantis d'un salaire, si leur vénalité n'était point patente, il faudrait recourir aux informations, aux épreuves juridiques. Mais, si, plus d'une fois, Philocrate en est publiquement convenu; si même il vous l'a démontré par les blés qu'il vendait, par ses constructions, par la déclaration que, même sans être élu, il irait en Macédoine ; par les bois qu'il transportait, par l'or qu'il échangeait ouvertement sur les comptoirs (39), il ne peut le nier sans doute, après son propre aveu, après de telles preuves. Or, où est l'insensé, où est le maniaque qui, pour enrichir un Philocrate à ses propres périls, au prix de son honneur, lorsqu'il peut se ranger parmi les citoyens intègres, aime mieux déclarer la guerre à ceux-ci, et se faire condamner comme auxiliaire du premier? Examinez bien tous ces faits, ô Athéniens ! vous y reconnaîtrez la vive empreinte de la vénalité d'Eschine. Voulez-vous un autre indice tout récent et non moins fort de son marché avec Philippe? écoutez. Dernièrement, vous le savez, lorsque Hypéride accusait Philocrate comme criminel d'État, je m'avançai, et je dis qu'une difficulté m'embarrassait dans ce procès politique. « Comment Philocrate serait-il seul justiciable de tant de graves prévarications? comment les neuf autres députés n'y auraient-ils aucune part? Cela n'est pas, ajoutai-je ; l'accusé n'eût rien pu par lui-même; il faut qu'il ait été secondé par quelques collègues. Mais n'accusons, ne déchargeons personne, et laissons aux coupables et aux innocents le soin de se faire connaître. Que celui donc qui le voudra se lève, qu'il comparaisse, qu'il proteste contre toute participation, contre toute adhésion aux crimes de Philocrate : je délie celui qui le fera. » Vous vous rappelez sans doute ce défi. Pas un ne parut, pas un ne se montra. Les autres, du moins, avaient chacun leur prétexte : celui-ci avait rendu ses comptes, celui-là était absent, un autre avait un gendre en Macédoine (40). Eschine, qu'eût-il allégué? rien. Mais il s'est si bien vendu, corps et âme, il s'est tellement fait le stipendié de Philippe pour le passé; absous aujourd'hui, il laisse percer à tel point l'intention d'être encore à lui, de vous trahir encore dans l'avenir, que, quand vous lui pardonneriez de n'avoir pas même avancé une parole contre ce prince, il ne se pardonnerait point de lui causer un seul déplaisir, dût-il se couvrir d'opprobre, dût-il être remis en jugement, dût-il souffrir mille maux parmi ses concitoyens. Mais pourquoi cette société avec Philocrate? pourquoi tant de sollicitude à son sujet? Supposons à ce député d'éclatants succès et d'utiles services : il avouait avoir été payé à l'occasion de sa mission; dès lors, le fuir, éviter les soupçons, protester pour soi-même, tel était le devoir d'un député intègre: or, ce devoir, Eschine ne l'a point rempli. Tout cela n'est-il pas clair, Athéniens? tout cela ne dit-il pas, ne proclame-t-il pas qu'Eschine a reçu de l'argent, que c'est l'argent qui perpétue sa funeste influence, et non la bêtise, non l'ignorance, non la mauvaise fortune? — Et quel témoin dépose que j'ai accepté des présents ? — C'est ici que brille sa défense. Les faits, Eschine, l'attestent, les faits do-

tous les témoignages le plus irrécusable (41). Leur reprocheras-tu d'avoir modifié leur caractère au gré de la séduction ou de la complaisance? non : tels tu les as produits lorsque tu trahissais, lorsque tu détruisais, tels ils se montrent quand on les interroge. Au témoignage des faits, ajoute celui que tu vas rendre contre toi-même. Oui, approche et réponds (42); certes, tu ne t'en défendras pas en alléguant de l'inexpérience. Gagneur de procès nouveaux, dans lesquels tu soutiens, en un temps limité, sans le secours d'aucun témoin, des accusations, image des fictions de la scène, tu possèdes, le fait est clair, une aptitude universelle (43).

De toutes les étranges et criminelles démarches d'Eschine qui frappent vos esprits, il n'en est pas, à mon sens, de plus révoltante que la suivante ; il n'en est pas qui le convainque d'une corruption plus flagrante, qui saisisse mieux sa vénalité sur le fait. Vous députiez vers Philippe une nouvelle et troisième ambassade, au sujet des brillantes et magnifiques espérances dont cet orateur avait été l'organe ; vous nous aviez nommés, lui et moi, avec la plupart des membres de la députation précédente. Je m'avançai aussitôt, et refusai avec serment. Plusieurs s'animaient et me criaient de partir; je persistai dans mon refus : Eschine avait accepté. L'assemblée se sépare, les députés s'attroupent, ils délibèrent sur le choix de celui qu'ils laisseront ici : car, dans l'attente d'un résultat et vu l'incertitude de l'avenir, des groupes de toutes les opinions s'étaient formés et conversaient sur la place publique. Les députés craignaient qu'on ne fît tout à coup une convocation extraordinaire, qu'instruits par moi de la vérité, vous ne prissiez sur les Phocidiens une résolution convenable, et que Philippe ne manquât sa proie. En effet, un seul décret émané de vous, la plus faible espérance entrevue du côté d'Athènes, les aurait sauvés. Impossible à Philippe, oui, impossible de tenir plus longtemps, si l'on ne vous eût trompés. Il ne trouvait plus de blé dans un pays resté inculte à cause de la guerre ; et il ne pouvait en faire transporter, puisque vos vaisseaux étaient là, maîtres de la mer. Les villes de la Phocide, nombreuses, difficiles à réduire, exigeaient du temps et des siéges en règle : qu'importe qu'il en eût pris une par jour? il y en avait vingt-deux. Par toutes ces raisons, et pour le maintien des mesures que la perfidie vous avait surprises, c'est Eschine qu'ils vous laissèrent. Mais se démettre sans proposer d'excuse! c'était choquer, c'était soulever de graves soupçons. « Que dis-tu? quoi! tu ne pars pas! tu repousses la mission de nous assurer tant de grands avantages, toi, leur proclamateur! Non, il fallait rester. Comment faire? il prétexte une maladie. Son frère prend avec lui le médecin Exékestos, se présente au Conseil, dit qu'Eschine est malade, et se fait élire à sa place.

Cependant, cinq ou six jours après, les Phocidiens sont détruits ; Eschine voit consommer sa marché, comme un marché ordinaire ; Dercylos, qui revenait sur ses pas, arrive de Chéronis, et annonce à notre assemblée du Pirée qu'il n'y a plus de Phocide ; et vous, ô Athéniens! à cette nouvelle, vous faites votre devoir, vous gémissez sur les infortunés, et, tremblants pour vous-mêmes, vous décrétez le transport des enfants et des femmes hors des campagnes, la réparation des forts, une construction pour protéger le Pirée, la célébration des sacrifices d'Hercule dans la ville. Que fait alors, dans Athènes troublée et épouvantée, le sage, l'habile, le sonore Eschine? Il part en ambassade vers l'auteur de tant de maux ; il part sans mandat du Conseil ni du Peuple, sans considérer ni la maladie jurée, prétexte de sa démission, ni le choix d'un remplaçant, ni la mort dont la loi punit un tel crime, ni l'absurdité révoltante de traverser Thèbes et l'armée thébaine, maîtresse de la Béotie entière et de la Phocide, après avoir publié que les Thébains avaient mis sa tête à prix ; il part oubliant tout, négligeant tout, tant son salaire l'absorbe, tant la curée le frappe de vertige!

A cette coupable démarche il mit le comble, à son arrivée près du prince, par une conduite bien plus affreuse encore. Vous tous ici assemblés, vous étiez, avec Athènes entière, si frappés, si indignés du désastre de la Phocide infortunée, que, suspendant l'exercice de votre droit héréditaire d'être représentés aux jeux pythiques, vous n'y envoyâtes ni théores choisis dans le Conseil, ni thesmothètes. Et lui, il assistait aux banquets et aux sacrifices par lesquels Philippe et les Thébains célébraient les résultats de la guerre ; il prenait part aux libations et aux actions de grâces du prince pour la destruction des remparts, des campagnes, des armes de vos alliés ; couronné de fleurs, à son exemple, il chantait avec lui l'hymne triomphal, il buvait à sa prospérité. Et ici, son récit ne peut différer du mien. Les détails concernant sa députation sont consignés dans vos archives au temple de Cybèle, confiées à un officier public, et l'on y a inscrit l'arrêté qui ordonne d'effacer le nom d'Eschine. Pour sa conduite auprès du monarque, elle va être attestée par ses collègues, par des témoins oculaires, qui me l'ont racontée : car je n'étais pas de l'ambassade, ayant refusé. — Lis l'arrêté avec l'acte de démission, et appelle les témoins.

Lecture de Pièces. Déposition.

A votre avis, Athéniens, que demandaient aux Dieux, par ces libations, Thèbes et Philippe? n'est-ce pas la supériorité militaire, n'est-ce pas la victoire pour eux et leurs alliés? n'est-ce pas le contraire pour les alliés des Phocidiens? Donc, leurs vœux étaient, dans la bouche de l'accusé, des imprécations contre la patrie, imprécations que vous devez, en ce jour, faire retomber sur sa tête!

Ainsi, son départ était une contravention à la loi qui prononce la mort contre un pareil crime : à son arrivée, il a encore fait ostensiblement des actes qui méritent la mort; et, dans l'ambassade précédente, la mort aurait été le digne prix de sa conduite. Examinez, d'après cela, quelle sera la peine assez haute pour paraître au niveau de tant d'attentats. Quelle honte, en effet, ô Athéniens! si vous, qui, réunis en corps de peuple, condamnez tous les événements nés de la paix, refusez de participer aux décisions amphictyoniques, et montrez à Philippe un amer dépit et des soupçons, parce que tant d'actes impies et atroces blessent la justice et vos intérêts, si, dis-je, entrés au tribunal pour juger des comptes sur ces mêmes faits, sous la garantie d'un serment prononcé au nom de la République, vous renvoyez absous l'auteur de tant de calamités, le traître pris par vous en flagrant délit! Est-il un Athénien, est-il un Hellène qui ne serait en droit de vous blâmer, s'il vous voyait, d'une part, furieux contre Philippe, qui, pour substituer la paix à la guerre, a acheté, chose très-excusable, les intérêts de la Grèce des marchands qui les vendent; de l'autre, faisant grâce à l'infâme qui vous a livrés, lorsque les lois infligent les derniers supplices à de tels coupables?

On ira peut-être jusqu'à dire que ce serait une cause de rupture avec Philippe, de condamner les négociateurs de la paix. En supposant cette objection fondée, je chercherais en vain un plus fort grief contre Eschine. En effet, si le prince qui a prodigué son or afin d'obtenir la paix est devenu assez puissant, assez redoutable pour vous réduire à capter ses bonnes grâces, au mépris de vos serments et de vos droits, par quel supplice les auteurs d'un tel résultat satisferont-ils la vindicte publique? Mais je vais plus loin, et j'espère démontrer que, selon toutes les apparences, cette condamnation sera plutôt le principe d'une amitié avantageuse pous nous. Philippe, sachez-le bien, hommes d'Athènes, ne méprise point votre République; et, s'il vous préfère les Thébains, ce n'est pas qu'il vous croie des amis moins utiles : mais les traîtres lui ont donné des renseignements que je leur reprochai un jour devant vous, à la face de la nation, et qu'aucun d'eux n'osa nier ; ils lui ont dit : « Le peuple, remuante multitude, est chose inconstante, irréfléchie à l'excès; c'est la vague qu'un souffle capricieux agite en désordre sur les mers : l'un vient, l'autre s'en va (44), aucun n'a souci ni mémoire de la chose publique. Il faut donc que vous ayez dans Athènes quelques amis qui, à chaque occasion, travailleront pour vous et régleront tout à votre gré. Procurez-vous cet appui, et, parmi les Athéniens, vous ferez sans peine tout plier sous votre bon plaisir. » Si donc Philippe avait ouï dire que, immédiatement après leur retour, les citoyens qui lui avaient tenu ce langage venaient d'être livrés au supplice, il aurait, je n'en doute pas, imité le roi de Perse. Et qu'a fait ce prince? Il avait donné, dit-on, quarante talents à Timagoras, qui l'avait abusé sur son crédit; mais, lorsqu'il sut que vous l'aviez mis à mort, et que, loin de réaliser ses promesses, il n'avait pu même garantir ses jours, il reconnut que celui qu'il avait honoré de ses dons ne disposait pas des événements. En conséquence, il rangea parmi les cités alliées et amies de son empire notre ville d'Amphipolis, qu'il avait asservie; et, par la suite, il ne donna plus d'argent à personne. Ainsi aurait agi Philippe, s'il eût appris le châtiment de quelque député; ainsi agira-t-il, s'il l'apprend. Mais, s'il les voit écoutés, applaudis par vous, s'il les voit accuser leurs concitoyens, que fera-t-il? Cherchera-t-il à dépenser beaucoup, pouvant faire peu de frais? Voudra-t-il étendre ses services sur tous les Athéniens, pouvant se borner à deux ou trois? Il y aurait de la folie! Au peuple de Thèbes même Philippe n'a pas spontanément fait du bien, il s'en faut de beaucoup ; ce fut une députation qui l'y détermina; et voici comment. Il vint près de lui des ambassadeurs thébains, tandis que nous y étions par vos ordres. Le prince voulut leur donner de l'argent, beaucoup d'argent, ont-ils dit. Ils refusèrent, ils repoussèrent ses largesses. Plus tard, dans un festin de sacrifice, Philippe, buvant avec eux et les comblant de caresses, leur prodigua des offres d'une espèce différente : des captifs, du butin, enfin des coupes d'or et d'argent. La légation thébaine rejeta tout, et garda son indépendance. Philon, l'un de ses membres, fit, pour terminer, une réponse qui serait mieux placée dans la bouche des représentants d'Athènes que de Thèbes. « Prince, dit-il, les dispositions généreuses et amies que vous nous montrez nous sont douces et chères : mais nous n'avons pas besoin de ces dons pour être vos amis et vos hôtes. C'est aux intérêts qui se débattent maintenant dans notre patrie que nous vous prions d'appliquer votre bienveillance. Faites quelque chose qui soit digne de vous et de Thèbes : à ce prix, tous les Thébains et leurs députés sont à vous. »

Or, examinez ce qui est résulté de là pour les Thébains, et apprenez de la vérité même combien il importe de ne pas vendre les intérêts de la patrie. Thèbes obtint d'abord la paix dans un temps où, fatiguée, épuisée par la guerre, elle succombait; puis la ruine totale de la Phocide, son ennemie, la destruction de toutes ses villes, de tous ses forts. Est-ce là tout? non, par Jupiter! ajoutez Orchomène, Coronée, Corsies (45), Tilphossée, et du territoire phocidien tout ce qu'elle a voulu. Voilà ce qu'ont gagné les Thébains à la paix; et, sans doute, ils n'auraient jamais élevé leurs vœux plus haut. Et leurs députés, qu'ont-ils gagné? rien, que l'honneur d'avoir servi leur patrie; avantage auguste et saint aux yeux de cette vertu et de cette gloire dont nos traîtres ont trafiqué.

Maintenant, qu'est-ce que la paix a valu à la République d'Athènes et aux députés d'Athènes? Établissons ce parallèle, et voyons s'il y a parité. Athènes s'est détachée de tous ses domaines, de tous ses alliés; elle a juré à Philippe d'arrêter toute expédition tentée dans le but de les lui rendre, de voir un odieux ennemi dans quiconque entreprendrait cette restitution, et, dans son propre spoliateur, un allié, un ami. Telle fut, en effet, la motion appuyée par Eschine, et présentée par Philocrate, son complice. Vainqueur, le premier jour, je vous avais déterminés à confirmer la décision des alliés (46), en présence des ambassadeurs de Philippe, mandés par vous. Mais l'accusé, à force de chicanes, renvoya la délibération au lendemain, et fit adopter le projet de Philocrate, qui contient les dispositions et beaucoup d'autres encore plus révoltantes. Voilà ce que la paix a rapporté à la République : imaginez, s'il est possible, une plus grande infamie! Venons aux députés, auteurs de ces manœuvres. Je supprime tout ce que vous avez vu de vos yeux, blés, bois, maisons; ils ont acquis, dans le pays de nos alliés proscrits, de vastes possessions, des terres considérables qui rapportent à Philocrate un talent, et trente mines à Eschine. Or, n'est-il pas affreux, n'est-il pas déplorable, ô Athéniens! que vos représentants se soient enrichis du désastre de vos alliés; que la même paix qui a tué un peuple uni à la nation qui les avait envoyés, détaché d'elle ses domaines, et substitué la honte à tant de gloire, ait produit aux députés traîtres à cette même nation, revenus, aisance, propriétés, richesses, en échange de l'extrême misère? — Appelle les Olynthiens qui doivent déposer en faveur de cette vérité.

Déposition.

Je ne serais pas étonné qu'Eschine poussé l'audace jusqu'à dire : Une paix honorable, une paix telle que la voulait Démosthène, était devenue impossible par les fautes de nos généraux. S'il parle ainsi, au nom des Dieux, n'oubliez pas de lui adresser cette question : Est-ce d'une autre République, est-ce d'Athènes qu'il était le mandataire? Dans le premier cas, s'il dit que cette République avait pour elle la victoire et de bons généraux, il a pu recevoir des présents. Dans le second, pourquoi le voyons-nous comblé de récompenses pour les mêmes négociations qui ont dépouillé la ville qui l'avait envoyé? Avec un peu de justice, même sort aurait uni et République et représentants : loin de là, Athènes s'est ruinée, Eschine s'est enrichi!

Pesez encore cette considération, ô Athéniens! La Phocide avait-elle sur Thèbes plus d'avantages à la guerre que Philippe sur vous? Pour moi, je prononce en faveur de la Phocide. Elle possédait Orchomène, Coronée, Tilphossée; elle avait dégagé ses troupes assiégées dans Néones (47), tué à l'ennemi deux cent soixante-dix hommes, sur le mont Hédylée, où elle érigea un trophée; elle avait vaincu dans un combat de cavalerie; Thèbes enfin était accablée d'un déluge de maux. Tel n'était pas votre sort; tel ne soit-il jamais! Ce qu'avait de plus fâcheux votre guerre contre Philippe, c'était de ne pouvoir l'attaquer lorsque vous le vouliez; du reste, vous étiez entièrement à l'abri de ses coups. Pourquoi donc la paix a-t-elle rendu d'anciennes possessions et partagé, par surcroît, celles de l'ennemi, aux Thébains, foulés par la guerre? Pourquoi cette même paix vous a-t-elle enlevé, ô Athéniens! jusqu'aux domaines que la guerre vous avait laissés? C'est que, par ses députés, Thèbes n'a pas été trahie, Athènes a été vendue. Cependant, par Jupiter! Eschine dira que la guerre avait écrasé vos alliés. Mais, par ce qui suit, vous connaîtrez encore mieux la vérité des faits.

Lorsque cette paix de Philocrate, appuyée par l'accusé, eut été conclue (48), lorsque les envoyés de Philippe furent repartis avec nos serments, rien n'était encore perdu sans ressource : le traité, il est vrai, n'était ni honorable, ni digne de la République; mais nous devions recevoir de merveilleux dédommagements. Je vous demandais un ordre de départ, je pressais mes collègues de s'embarquer au plus tôt pour l'Hellespont, de ne rien négliger, de ne pas laisser Philippe, dans l'intervalle, s'emparer de quelque place de ces contrées, persuadé que tout ce qui est pris durant les négociations de la paix est perdu pour le parti qui s'endort. Aucun peuple, en effet, déterminé à la paix pour un bien général, n'a jamais voulu recommencer la guerre pour réparer quelques négligences; et le conquérant garde ses dernières conquêtes. D'ailleurs, notre voyage par mer (49) assurait, dans ma pensée, deux avantages à la République. Présent sur les lieux et faisant prêter serment à Philippe, d'après le décret, ou nous l'aurions obligé de rendre ce qu'il avait pris à la République, et de ne pas toucher au reste; ou, s'il ne l'eût point fait, nous vous l'aurions mandé sur-le-champ. Par là, instruits de son avidité et de sa mauvaise foi dans des objets éloignés et moins essentiels, vous ne lui auriez pas abandonné deux postes voisins et importants, la Phocide et les Thermopyles. Par là encore, Philippe n'ayant pas fait cet envahissement, et Athènes n'ayant pas donné dans le piége, vous auriez été à l'abri de toute crainte, et lui-même vous aurait donné satisfaction. Et mes conjectures étaient fondées. Car, si la Phocide était, comme alors, debout et maîtresse des Thermopyles, ce prince ne pourrait lever sur vous une main menaçante, pour vous forcer à céder vos droits. Sans passage sur terre, sans supériorité maritime, il n'aurait pu pénétrer dans l'Attique; et, s'il eût refusé de vous faire justice, vous pouviez à l'instant lui fermer tous les ports, l'appauvrir, le bloquer, lui couper toutes ses ressources. Ainsi, c'est Philippe, ce n'est pas Athènes qui eût fléchi pour posséder les avantages de la paix.

Et ces réflexions, je ne viens pas aujourd'hui les modeler sur l'événement, les revendiquer après coup; je les faisais dès lors; je lisais pour vous dans l'avenir; j'avertissais mes collègues : en voici la preuve. Le Peuple n'avait plus à s'assembler, puisque tout était décidé; les députés n'étaient point partis, et perdaient ici leur temps. Alors, comme membre du Conseil que le Peuple avait chargé de régler le départ, je propose, par un arrêté, que l'ambassade parte au plus tôt, et se rende, sous la conduite du général Proxénos, dans les lieux où il apprendra la présence de Philippe. Tels étaient les termes mêmes de cet acte qu'on va lire.

Lecture de l'Arrêté du Conseil.

J'entraînai donc mes collègues malgré eux, comme le prouvera nettement leur conduite postérieure. Arrivés à Oréos, et réunis au général, au lieu de s'embarquer, conformément à leurs instructions, ils parcoururent un long circuit; et,

avant d'arriver en Macédoine, nous avions déjà dépensé vingt-trois jours; nous restâmes longtemps à Pella, inactifs et attendant Philippe; de sorte que cinquante journées forment le total de ce voyage. Que se passait-il alors? Doriskos, les Forts de Thrace (50), Mont-Sacré, tout se rangeait sous la loi du monarque, pendant les ratifications de la paix; et moi, je ne cessais de murmurer, de protester, d'abord par l'exposé de mon opinion devant mes collègues, ensuite par les leçons qui éclairent l'ignorance, enfin par les reproches qu'on lance aux scélérats, aux perfides qui se sont vendus. Celui qui me contredisait avec éclat, celui qui combattait tous mes avis, tous vos ordres, c'était Eschine. Les autres députés pensaient-ils tous comme lui? vous le saurez bientôt. Je ne parle d'aucun d'eux, je ne les accuse pas encore. N'en forçons pas un seul à prouver aujourd'hui sa probité; qu'ils le fassent spontanément, et poussés par leur seule innocence.

Ainsi, honte, crime, vénalité, voilà ce que vous avez tous vu jusqu'ici. Quant à ceux qui y ont pris part, les faits mêmes les désigneront. Mais, du moins, pendant ce long intervalle, ont-ils pris les serments des alliés de Philippe? ont-ils rempli leurs autres devoirs? Non, mille fois non! Absents d'Athènes pendant trois mois entiers, ayant reçu de vous, pour leurs dépenses, mille drachmes, indemnité plus forte que celles qu'allouent les autres Républiques, ils n'ont fait jurer le traité à aucun peuple, ni à leur départ, ni à leur retour. Seulement, dans une auberge située en face du temple des Dioscures et connue de ceux d'entre vous qui ont fait le voyage de Phères, ils ont reçu la parole de Philippe, lorsque déjà il marchait vers l'Attique, à la tête d'une armée : quelle honte, quel affront pour vous, hommes d'Athènes! Mais Philippe attachait le plus haut prix à ce que tout se passât ainsi. Comme les coupables n'avaient pu, malgré leurs efforts, exclure du traité les Aliens et les Phocidiens; comme vous aviez forcé Philocrate à effacer cette exception, et à désigner formellement les Athéniens et les alliés d'Athènes, Philippe ne voulait pas qu'aucun de ses alliés prêtât un serment dont celui-ci se serait prévalu pour ne point concourir à ses usurpations sur nous; il ne voulait pas donner des témoins aux engagements par lesquels il obtenait la paix; il ne voulait pas qu'il fût démontré à tous que la République Athénienne était loin de traiter comme vaincue, que c'était Philippe qui soupirait après la paix, Philippe qui, à force de promesses, recevait la paix d'Athènes. Pour prévenir toutes ces indiscrétions, il jugeait à propos que nos députés ne se rendissent nulle part : coupable complaisance qu'ils accordèrent, en affichant pour lui le zèle le plus servile! Or, s'ils sont convaincus de tous ces délits, perte de temps, abandon des Forts de Thrace, refus d'agir d'après vos ordres et vos intérêts, rapports mensongers, peuvent-ils être absous par des juges prudents et fidèles à leur parole? Eh bien! pour vérifier mes assertions, qu'on lise d'abord le décret qui statue sur les serments que nous devions exiger; ensuite la lettre de Philippe, puis le décret de Philocrate, enfin celui du Peuple (51).

Lecture des Décrets et de la Lettre.

Pour preuve que, si l'on eût voulu m'en croire, et suivre les dispositions de votre décret, nous aurions atteint Philippe dans l'Hellespont, appelle les témoins qui étaient sur les lieux.

Déposition des Témoins.

Lis aussi une autre déposition, la réponse du prince à Euclide (52), que vous connaissez, et qui vint après nous.

Lecture de la Déposition.

Prouvons maintenant que les députés ne peuvent nier d'avoir servi, en tout, la cause de Philippe. A notre départ pour les négociations de la paix, objet de la première ambassade, vous fîtes prendre les devants à un héraut pour assurer notre marche. A peine arrivés à Oréos, les députés, sans attendre le héraut, sans perdre un moment, se rendirent par mer dans Alos, ville assiégée, se dirigèrent de là vers Parménion qui l'attaquait, parvinrent à Pagases (53) à travers l'armée ennemie, et, avançant toujours, ne furent joints qu'à Larisse par le héraut : tant ils mettaient alors d'ardeur et de précipitation dans leur course! Et, lorsque la paix était arrêtée, et la sécurité du voyage entière, lorsque vous ordonniez de se hâter, il ne leur est venu à l'esprit ni d'accélérer leur marche, ni de se mettre en mer! Pourquoi cette différence? c'est que l'intérêt de Philippe exigeait, dans le premier cas, la paix la plus expéditive, et dans le second, l'intervalle le plus prolongé entre les stipulations et les serments.—Prends encore la déposition qui attestera ce que j'avance.

Lecture de la Déposition.

Dans la même route, s'arrêter quand vous réclamiez toute leur célérité, s'élancer lorsque, pour faire les premiers pas, il convenait d'attendre le héraut : est-il rien qui convainque mieux ces hommes d'avoir été en tout les agents de Philippe?

Ce séjour, ce temps passé à Pella, comment l'avons-nous employé l'un et l'autre? Moi, je cherchais nos captifs, je travaillais à leur rachat, j'y dépensais mon argent, je demandais au prince leur liberté, à la place des dons qu'il nous offrait; fidèle à lui-même, que faisait Eschine? je le dirai tout à l'heure. Mais qu'est-ce que cette offre de présents, faite en commun par Philippe? car c'est un point que vous devez aussi connaître. Philippe, par ses envoyés, sonda chacun de nous en particulier, fit sonner l'or à nos oreilles, et frit beaucoup d'or, ô Athéniens! Il échoua auprès d'un député (ce n'est pas à moi à me nommer; les faits lèveront ce voile) : alors il crut que des dons en masse seraient reçus par tous sans défiance, et que la moindre part que chacun accepterait dans les largesses communes servirait de sauvegarde aux marchés individuels. De là, ces dons qui avaient l'hospitalité pour prétexte. Mon refus augmenta la part des autres dans cette nouvelle distribution. Pour Philippe, quand je lui demandais de reporter sa générosité sur les prisonniers, ne pouvant décemment ni me refuser, ni répondre que tel et tel député avaient reçu, ni paraître craindre la dépense, il éluda ma prière sans la rejeter, et remit le renvoi des captifs aux Panathénées. — Lis la déposition d'Apollophane, et ensuite celle des autres témoins.

Lecture des Dépositions.

Parlons maintenant des captifs que j'ai moi-même rachetés avant l'arrivée de Philippe, pendant notre séjour à Pella. Quelques-uns, relâchés sous caution, n'espérant plus, je crois, fléchir le prince, me dirent : Nous aimons mieux nous racheter nous-mêmes que d'avoir cette obligation à Philippe. Ils m'empruntèrent donc celui-ci trois mines, celui-là cinq; d'autres, la rançon nécessaire à chacun. Mais, lorsque Philippe fut convenu de renvoyer le reste des prisonniers, rassemblant ceux à qui j'avais prêté, je leur rappelai ce qui s'était passé entre nous; et, pour que des citoyens pauvres, rachetés à leurs dépens, n'eussent pas à se repentir de leur précipitation, tandis que leurs compagnons s'attendaient à être affranchis par le prince, je leur fis présent de leurs rançons. —Lis les dépositions qui le prouvent.

Lecture des Dépositions.

Telles sont les sommes dont j'ai fait remise et présent à des citoyens malheureux. Lors donc qu'Eschine me dira dans sa défense : « Pourquoi, ô Démosthène! toi, à qui mes paroles en faveur de la motion de Philocrate ont révélé, dis-tu, toutes nos manœuvres, as-tu encore rempli avec nous l'ambassade des serments? pourquoi ne l'as-tu pas refusée? » rappelez-vous que j'avais promis aux prisonniers que j'ai rachetés de revenir avec les rançons, de me vouer tout entier à leur délivrance. Quel crime de manquer à une telle parole, d'abandonner d'infortunés compatriotes! Quelle inconvenance, quelle témérité d'errer, démissionnaire et sans titre, en pays ennemi! N'eût été pour les rendre à la patrie, que je meure dans l'exil et avant le temps, si, à quelque prix que ce fût, je fusse parti avec de tels collègues! Voici ma preuve : élu deux fois pour la troisième mission, j'ai deux fois refusé; et, dans le second voyage, ma conduite a été en tout l'opposé de la leur. Ainsi, les opérations qui, dans cette ambassade, dépendaient de moi seul, ont pris pour vous une tournure favorable ; mais, chaque fois que le nombre a prévalu, vous avez succombé. Cependant, tout aurait également prospéré si j'avais été cru; et moi qui, pour mériter votre estime, donnais de l'or, tandis que je voyais d'autres en recevoir, n'aurais-je point, à moins d'être un misérable fou, préféré le double avantage de ne rien dépenser, et d'être beaucoup plus utile à la République entière ? Oui, Athéniens, oui, je l'aurais préféré; mais, croyez-moi, il fallait céder au nombre.

A ma conduite opposez celle d'Eschine et de Philocrate : la lumière jaillira de ce parallèle. D'abord, ils ont exclu du traité la Phocide, les Aliens et Kersobleptès, au mépris de votre décret, au mépris des promesses que vous aviez reçues. Ils ont ensuite entrepris d'ébranler, de fausser la décision qui fixait notre mandat. Ce n'est pas tout : ils ont inscrit, dans le traité, les Cardiens comme alliés de Philippe, décidé que ma lettre au Peuple Athénien ne partirait pas, envoyé des messages qui ne contenaient pas une vérité. Et, après cela, parce que je stigmatisais leur conduite, où je voyais non seulement de l'opprobre, mais le danger d'être entraîné dans leur perte, ce loyal citoyen ose dire que j'avais promis à Philippe de détruire votre démocratie, lui qui, pendant le cours de l'ambassade, n'a cessé d'avoir avec Philippe de secrètes entrevues! Je ne citerai qu'un fait. Une nuit (je n'y étais pas), Dercylos prenant avec lui mon propre esclave, observait Eschine dans la ville de Phères; il le surprit sortant de l'habitation du monarque, recommanda à l'esclave de me l'annoncer et de s'en souvenir lui-même. Enfin, à notre départ, cet imprudent, ce pervers eut avec Philippe un tête-à-tête d'un jour et d'une nuit. Pour établir ce que j'avance, j'en présenterai d'abord le témoignage écrit, et sous ma propre responsabilité (54); ensuite j'interpellerai chacun de mes collègues, et le réduirai à l'alternative ou d'attester le fait, ou de jurer qu'il l'i-

gnore. S'ils protestent devant vous, je mettrai à nu leur parjure.

Lecture de la Déposition.

Vous avez vu quelles peines, quelles tracasseries m'ont poursuivi durant tout notre voyage. Imaginez, en effet, ce qu'ils ont fait en Macédoine près du distributeur de largesses, puisque ici, devant vous-mêmes, qui pouvez punir aussi bien que récompenser, ils agissent comme vous voyez. Je vais rassembler tous les griefs produits jusqu'à présent; on verra que j'ai rempli tout ce que promettait le commencement de ce discours. J'ai démontré, non par des mots, mais par le témoignage des faits, que le rapport d'Eschine n'était qu'un long mensonge et qu'il vous a joués. J'ai démontré que, par l'illusion de ses annonces et de ses promesses empressées, il a fermé vos oreilles aux vérités que je vous offrais; qu'il ne vous a conseillés que pour votre ruine; qu'il a traversé le projet de paix qui embrassait les alliés, et secondé celui de Philocrate; qu'il a perdu assez de temps pour que vous ne pussiez marcher au secours des Phocidiens, quand même vous l'auriez voulu; que, dans le cours de l'ambassade, il s'est livré à cent autres coupables manœuvres, livrant tout, vendant tout, recevant de l'or, épuisant toutes les perfidies. Voilà ce que mes premières paroles avaient annoncé, voilà ce que j'ai démontré. Ce qui me reste à dire est fort simple : le voici. Vous avez juré de prononcer d'après les lois, d'après les décrets du Peuple et du Conseil des Cinq-Cents : lois, décrets, droits de la patrie, Eschine est convaincu d'avoir tout violé dans son ambassade: pour être conséquent, le tribunal doit donc le condamner.

Fût-il innocent sur tout le reste, il existe deux faits pour lesquels il mérite la mort. Ce n'est pas seulement la Phocide, c'est encore la Thrace qu'il a livrée à Philippe. Est-il au monde deux postes plus utiles à Athènes que les Thermopyles sur terre, et l'Hellespont sur mer? Par un infâme marché, les députés les ont vendus l'un et l'autre; ils en ont armé Philippe contre vous. Quel crime surtout, même considéré seul, quel crime que l'abandon de la Thrace et de ses forteresses ! On pourrait citer mille exemples de citoyens qu'une telle forfaiture a menés à la mort; et, pour ceux qui ont subi de fortes amendes, il n'est pas difficile d'en citer : Ergophile (55), Céphisodote, Timomaque; plus anciennement, Ergoclès, Denys et d'autres, qu'on peut dire avoir moins nui tous ensemble à l'État que l'accusé. C'est qu'alors, ô Athéniens! la réflexion vous faisait prévoir et prévenir les disgrâces; mais maintenant, le chagrin, l'outrage qui datent de la veille vous laissent indifférents. De là, l'impuissance de vos décrets : Philippe laissera Kersobleptès prêter serment au traité; Philippe n'aura pas rang parmi les Amphictyons; les stipulations de la paix seront amendées. Décrets dont pas un n'eût été nécessaire, si cet homme eût voulu s'embarquer et faire son devoir. Loin de là, on pouvait sauver vos domaines par une navigation : et il a prescrit la route de terre; par des rapports véridiques : et il a menti.

Il va s'indigner, j'en suis prévenu, d'être le seul des orateurs qu'on oblige à rendre compte de ses paroles. Je n'examinerai point s'il ne serait pas juste de rechercher, pour ses paroles, quiconque en a fait marchandise; mais je dis : Si Eschine, simple orateur, s'est égaré dans ses raisonnements, pas de sévérité, pas de minutieux examen, mais liberté, mais indulgence. Si, au contraire, député d'Athènes, il s'est fait payer exprès pour vous tromper, point de grâce, point de concession à cette prétention de ne pas répondre de ses discours. Eh! sur quoi porterait donc la responsabilité d'un ambassadeur ? Ce dont il dispose, ce ne sont ni vaisseaux, ni places, ni soldats, ni citadelles, puisqu'on ne les remet pas dans ses mains; c'est le temps, ce sont les paroles. Le temps! si Eschine ne l'a point fait perdre traîtreusement à la République, il est innocent; il est coupable, s'il l'a dissipé. Les paroles! grâce, si, dans les rapports, les siennes ont été véridiques et salutaires; mais, si elles furent mensongères, vénales, pernicieuses, condamnation! car le plus grand tort qu'on puisse vous faire, c'est de vous déguiser la vérité. Où sera, en effet, le point d'appui d'un gouvernement fondé sur la parole, si cette parole n'est pas sincère? Que si de plus elle est payée, si elle plaide la cause de l'ennemi, comment n'y aurait-il pas péril? Pour les instants, les enlever à un État aristocratique, à une monarchie, les enlever à votre République, n'est pas crime également funeste; il y a même ici une différence énorme. Dans ces gouvernements, je vois tout s'exécuter vivement par un édit. Chez vous, dans chaque affaire, une première formalité exige que le Conseil, rapport entendu, prépare un décret; et il ne se réunit extraordinairement que pour répondre à un messager, à une ambassade. Il faut ensuite qu'il assemble le Peuple, et seulement le jour fixé par la loi. Là, les orateurs habiles et dévoués ont à triompher d'une opposition ignorante ou perfide. Ce n'est pas tout : lorsque le parti le plus utile s'est fait jour, lorsqu'il y a décision, il faut attendre que la foule peu aisée se soit mise en mesure d'acquitter les charges nouvellement décrétées. Ainsi, faire perdre le temps à un gouvernement tel que le nôtre, ce n'est pas lui dérober des ments, non, c'est lui enlever toute faculté gir.

Tous ceux qui veulent vous donner le ont toujours ces mots à la bouche : *On tra la République; on entrave la bienve de Philippe pour la Nation.* Pour toute ponse, faisons lire les lettres de Philippe, et pelons chacune des circonstances où vous trompés : vous verrez que ce titre rebattu tidieux de bienfaiteur n'est plus, pour ce qu'un charlatanisme usé.

Lecture des Lettres de Philippe.

Et le député si honteusement, si ment prévaricateur va partout criant : « Qu tes-vous de Démosthène, qui accuse ses gues? » Oui, par Jupiter! bon gré, mal t'accuse, après les piéges perfides que tu as sés devant tous mes pas; je t'accuse, placé l'alternative de paraître complice des atten de l'ambassade, ou de les dénoncer. Mais ton collègue! non, non. Ta mission a mission de crimes; la mienne, une mission dévouement à la patrie. Ton collègue, Eschine tait Philocrate; les collègues de Philocrate, toi, c'était Phrynon : même conduite, vues vous unissaient tous. « Où sont nos nos repas, nos communes libations? » s'écri tous lieux ce tragédien, comme si leur vi était l'œuvre du juste, et non du pervers! Je tous les prytanes participer chaque jour mes immolations, aux mêmes repas, aux effusions saintes : les bons imitent-ils, pour les méchants? non, car s'ils trouvent par un coupable, ils le dénoncent au Conseil et ple. Même chose dans le Conseil : il a ses fices d'installation, ses banquets. Des lib de pieuses cérémonies réunissent les gén et presque tous les corps de l'État : eh bien cordent-ils l'inviolabilité aux membres pré cateurs? Loin de là, Léon accuse Timagoras, collègue d'ambassade pendant quatre ans; E accuse Tharrhex et Smicythos (56), ses co saux; Conon, cet ancien général, accuse le néral Adimante. Parmi eux, qui donc, ô chine! brisait les symboles de la confra Étaient-ce les traîtres, les députés infidèles, le ceveurs de présents, ou leurs accusateurs? sans doute c'étaient ceux qui violaient non-s ment des obligations personnelles, mais les gagements sacrés de la patrie.

Mais, pour vous convaincre, Athéniens, de tous ceux qui se sont rendus auprès de lippe avec ou sans caractère public, ces hom ont été les plus criminels et les plus pe coutez un court récit, étranger à cette ambassade. Philippe, après la prise d'Olynthe, célébrait des jeux en l'honneur de Jupiter Olympien (57). A cette fête, à cette réunion solennelle, il avait convié tous les artistes dramatiques. Les ayant admis à sa table, et distribuant des couronnes aux vainqueurs, il voulut savoir pourquoi notre célèbre comique Satyros était le seul qui ne demandât rien : l'aurait-il soupçonné d'avarice? le croirait-il indisposé contre lui? Satyros, dit-on, répondit qu'il n'avait besoin d'aucun des présents que recherchaient les autres ; que cependant il solliciterait volontiers une grâce; celle qui devait le moins coûter à Philippe; mais qu'il craignait un refus. Le monarque lui ordonne de parler, et, dans un transport de générosité, s'engage à tout accorder. « Apollophane de Pydna, reprend l'acteur, était mon hôte et mon ami. Il mourut assassiné (58). Ses parents, craignant pour ses filles, encore enfants, les firent passer à Olynthe, comme dans un asile sûr. Depuis la prise de cette ville, elles sont dans les fers, elles sont à vous, et en âge d'être mariées. Je vous les demande avec prières, donnez-les-moi. Apprenez l'usage que je ferai de votre cadeau, si je l'obtiens : loin d'en tirer aucun profit, je doterai ces jeunes filles, je les établirai; je ne permettrai pas qu'elles éprouvent aucun traitement indigne de leur père et de moi. » Ces paroles excitèrent parmi tous les convives de si grands applaudissements et de si vives acclamations, que Philippe ému accorda la demande, bien que cet Apollophane eût été l'un des meurtriers d'Alexandre, son frère.

À la conduite que tint Satyros dans ce festin, comparons celle de vos députés dans un autre repas donné en Macédoine, et voyez si elles se ressemblent. Invités chez Xénophron, fils de Phédimos, un des Trente (59), ils s'y rendirent; moi, je n'y allai point. Quand on en vint à boire, Xénophron fit entrer une Olynthienne d'une grande beauté, mais noble et pudique, comme la fin le montra. D'abord ces hommes la pressaient doucement de boire et de goûter quelques friandises, ainsi qu'Iatroclès me le raconta le lendemain. Mais, le vin échauffant par degrés leur audace, ils lui ordonnent de se mettre à table et de chanter. Cette femme, qui ne voulait ni ne savait chanter, s'en défend avec anxiété. Eschine et Phrynon déclarent que ce refus est une insulte, et qu'ils ne sauraient souffrir qu'une captive née chez un peuple réprouvé du ciel, chez les exécrables Olynthiens, fasse la fière. « Qu'on appelle un esclave! qu'on apporte un fouet! » Le serviteur vient, armé de lanières; et, par l'ordre des buveurs, faciles, sans doute, à irriter, malgré les plaintes et les larmes de l'infortunée, il déchire, il arrache sa tunique, et sillonne son dos à coups redoublés. En proie à ce cruel traitement, la femme s'élance éperdue, tombe aux genoux d'Iatroclès, renverse la table, et, si celui-ci ne la leur eût arrachée, elle aurait péri dans cette orgie; car l'ivresse de ce misérable est terrible. Mille voix redisaient cette histoire, même en Arcadie; Diophante, dont j'invoquerai ici le témoignage, vous l'a rapportée; on en parlait beaucoup en Thessalie et partout.

La conscience chargée de telles horreurs, cet infâme osera vous regarder en face, et, d'une voix retentissante, il viendra bientôt nous vanter sa vie! Ah! tant d'audace me confond! Tes juges ne savent-ils pas que tu as débuté par lire à ta mère ses formules d'initiations (60); qu'encore enfant, tu te vautrais parmi les ivrognes et les bacchantes; qu'ensuite, greffier subalterne, tu as, pour deux ou trois drachmes, trahi ton ministère; qu'enfin naguère encore tu jouais, aux frais d'autrui, les troisièmes rôles, trop heureux d'être surnuméraire? La voilà, ta vie; elle est connue : celle que tu décriras, qu'est-ce, sinon une imposture? O licence effrénée! voilà l'homme qui en a cité un autre devant vous pour ses désordres! Mais n'anticipons point. — Lis les dépositions que j'ai annoncées.

Lecture des Dépositions.

Convaincu, ô juges! de prévarications aussi graves et aussi nombreuses, qui renferment tous les crimes ensemble, vénalité, basse adulation, imprécations que vous lui renverrez (61), impostures, traîtrise, tout ce qu'il y a de plus atroce, Eschine ne pourra se justifier sur aucun grief, ni produire une seule défense simple et raisonnable. Celle dont j'ai appris qu'il doit faire usage est très-voisine de la folie : qu'importe? à défaut de solides raisons, nécessité met tout en jeu. Il dira donc, on m'en a prévenu, qu'après avoir partagé tous les délits que je poursuis, approuvé tous ses projets, secondé toutes ses démarches, de complice je me suis soudain métamorphosé en accusateur. Devant l'équité et les convenances, ce n'est pas là justifier sa conduite, c'est accuser la mienne. Si j'ai suivi son exemple, je suis un méchant homme; mais lui, en est-il plus innocent? Oh! non. Je crois cependant devoir établir deux choses : le mensonge de l'accusé, s'il tient ce langage; la voie que la justice trace à son apologie. L'équité, la droiture veulent qu'il montre dans l'accusation ou des faits controuvés, ou des faits utiles à la République : or, il ne saurait avancer ni l'un ni l'autre. Non, les Phocidiens détruits, les Thébains fortifiés, Philippe maître des Thermopyles, ses troupes occupant l'Eubée et entreprenant sur Mégare, une paix sans ratifications, ne peuvent être présentés comme des événements heureux par celui-là même qui vous annonça jadis le contraire comme avantageux et prochain; non, il ne convaincra point de leur nullité vous qui les connaissez trop bien, vous qui les avez vus s'accomplir. Reste donc à montrer que je n'y eus aucune part.

Voulez-vous que, supprimant tout le reste, et mon opposition auprès de vous, et les tracasseries de l'ambassade, et mes luttes continuelles, je vous prouve, par leur propre témoignage, que ma conduite contrasta toujours avec la leur, qu'ils ont reçu de l'argent pour vous nuire, et que j'en ai refusé? écoutez. Quel est, à votre avis, l'Athénien le plus pervers, le plus insouciant du devoir, le plus effronté? Tous, même en cherchant un autre nom, vous désignerez, j'en suis sûr, Philocrate. Quel est l'orateur dont l'organe répond le plus énergiquement à sa volonté, dont la voix est la plus claire et la plus sonore? c'est lui, c'est Eschine. Quel est celui auquel ils reprochent le défaut de hardiesse devant la multitude, et une timidité que j'appelle pudeur? c'est moi. En effet, de ma part jamais d'importunités fatigantes, jamais de violences de tribune. Cependant, toutes les fois que, dans les assemblées populaires, il fut question de l'ambassade des serments, vous m'entendîtes toujours accuser, toujours convaincre les députés, et leur dire en face : Vous avez reçu de l'or; vous avez vendu tous les intérêts de la patrie. Aucun d'eux ne combattit mes reproches, aucun ne prit la parole, aucun ne se présenta. Eh quoi! les citoyens au front le plus endurci, aux poumons les plus puissants, se taisent devant Démosthène, de tous les orateurs le plus timide, le moins recommandable par sa voix! Où en est la cause? Elle est dans la force de la vérité, dans la faiblesse inséparable du remords des traîtres. Oui, c'est le remords qui brise leur audace, c'est lui qui enchaîne leur langue, leur ferme la bouche, y étouffe la parole, les condamne au silence.

Dernièrement, vous ne l'avez pas oublié, dans la récente assemblée du Pirée, où vous refusiez à Eschine une mission (62), il criait qu'il m'accuserait comme criminel d'État, il poussait mille clameurs. Ces emportements étaient le prélude de longs discours et d'imputations contentieuses. Toutefois, il n'était besoin que de deux ou trois mots fort simples, tels qu'eût pu les trouver l'esclave le plus novice : « Athéniens, voici un fait bien étrange! Démosthène m'accuse de crimes dont il est complice. Il dit que j'ai reçu de l'argent, et il l'a partagé avec nous. » Mais ce langage était loin de ses lèvres, et nul de vous ne l'a entendu. Au lieu de cela, il menaçait; et pourquoi? c'est que sa conscience coupable le faisait trembler comme un esclave devant la désignation de ses crimes. Loin de porter de ce côté, sa pensée s'en échappait, refoulée loin de là par le remords; mais il se trouvait libre dans la carrière de l'injure et de l'invective.

Voici qui surpasse tout; voici, non des paroles, mais un fait. Ayant rempli deux missions, je voulais, avec justice, rendre compte deux fois. Eschine, accompagné de nombreux témoins, se présente aux vérificateurs des comptes, et s'oppose à ce que je sois appelé à leur tribunal, sous prétexte que j'avais subi l'examen et que je n'étais plus responsable. La démarche était le chef-d'œuvre du ridicule; mais quel en fut le motif? Eschine, qui avait rendu compte de la première ambassade, pour laquelle il n'était pas accusé, ne voulait pas se soumettre à un nouveau contrôle pour la seconde, objet du procès actuel, et qui renfermait toute la masse des délits. Or, me présenter deux fois devant les magistrats, c'était lui imposer la nécessité d'y reparaître. De là, sa protestation. Ce fait, ô Athéniens! prouve nettement deux choses: Eschine s'est condamné lui-même, et ôte aujourd'hui à la religion du juge tout moyen de l'absoudre; Eschine ne dira rien de vrai contre moi. Sans cela, ne l'aurait-on pas vu alors prendre la parole et m'attaquer, au lieu de m'éloigner du tribunal? — Appelle les témoins qui confirmeront la vérité de ce fait.

D'ailleurs (63), s'il ne me répond que par des insultes, étrangères à l'ambassade, vous devez, pour plus d'une raison, refuser de l'entendre. Ce n'est pas moi qui suis l'accusé, et la réplique ne m'est pas accordée (64). Injurier, est-ce autre chose que manquer de preuves? et l'accusé qui peut se défendre vient-il attaquer? Faites de plus cette réflexion : si, traduit en justice, j'avais Eschine pour accusateur et Philippe pour juge, et que, dans l'impossibilité d'établir mon innocence, je recourusse à la médisance et au sarcasme, pensez-vous que le prince laissât tranquillement injurier, à sa face, les hommes qui ont bien mérité de sa personne? Ne soyez donc pas moins délicats qu'un Philippe, et forcez Eschine à renfermer son apologie dans les limites de nos débats. — Mais lis la déposition.

Lecture de la Déposition.

Ainsi, moi, par l'impulsion d'une bonne conscience, je voulais rendre mes comptes, je regar-

mais comme un devoir la soumission à toutes les formalités légales; chez l'accusé, c'est le contraire. Est-il donc possible que nos faits soient les mêmes? A-t-il le droit d'énoncer devant vous des reproches qu'il ne m'a jamais faits jusqu'ici? Non, sans doute. N'importe, il les énoncera; et, par Jupiter! je ne m'en étonne point; car, vous le savez, depuis qu'il existe des hommes et qu'on rend des jugements, nul coupable n'a été condamné sur son propre aveu; les accusés s'arment toujours d'effronterie, de dénégations, de mensonges; ils créent des défaites, ils épuisent tous les subterfuges en présence du châtiment. Ne soyez dupes d'aucun de ces artifices; jugez d'après vos propres lumières; ne vous en rapportez ni à mes paroles, ni à celles d'Eschine, ni aux témoins achetés par l'or de Philippe pour déposer au gré de l'accusé, et avec quel zèle! vous le verrez. Ne considérez pas non plus la force et la beauté de sa voix, ni les défauts de la mienne; car la raison vous dira que vous n'avez pas à prononcer aujourd'hui sur des orateurs, sur des phrases; mais qu'après avoir examiné des faits que vous connaissez tous, vous devez renvoyer à leurs coupables auteurs toute l'infamie des crimes qui ont perdu nos affaires. Et quels sont ces crimes? je le répète, vous les connaissez, et ce n'est pas de notre bouche que vous devez les apprendre.

Que si tous les résultats de la paix ont été tels qu'ils vous furent promis; si, sans avoir vu l'ennemi sur votre territoire, sans agression du côté de la mer, sans aucun autre péril, sans que le prix des subsistances fût haussé, sans qu'Athènes fût placée plus bas qu'aujourd'hui, instruits d'avance par les députés que vos alliés allaient périr, les Thébains accroître leur puissance, Philippe envahir vos possessions de Thrace, et se préparer dans l'Eubée des points d'attaque contre vous, qu'enfin tout ce qui s'est fait devait s'accomplir; si dis-je, vous convenez avoir été assez vils, assez lâches pour accepter avidement la paix dans de telles circonstances, absolvez Eschine; soyez infâmes, mais ne soyez pas iniques : oui, Eschine ne vous a pas trahis, et c'est folie, c'est aveuglement à moi, de l'accuser. Mais, si toutes les promesses ont été démenties par les faits; si l'on ne vous annonçait qu'un favorable avenir, qu'amitié de Philippe pour la république, salut pour la Phocide, humiliation de l'orgueil thébain; si l'on vous a dit qu'en obtenant la paix, le prince ferait plus encore, vous dédommagerait amplement d'Amphipolis, en vous rendant Oropos et l'Eubée; si les prometteurs vous ont complétement joués; s'ils vous ont presque enlevé l'Attique, condamnez-les; et, pour couronner tant d'outrages (je ne puis me servir d'un autre terme), outrages dont ils ont reçu le salaire, ah! ne rentrez pas dans vos foyers, chargés d'une malédiction et d'un parjure (65)!

Cherchez encore, ô Athéniens! quel motif m'aurait poussé à poursuivre des innocents : vous n'en trouverez point. Est-il si doux d'avoir beaucoup d'ennemis? non; cela n'est pas même sans danger. Avais-je déjà pour lui quelque haine? nullement. Quel motif donc? Tu craignais pour toi-même, et, dans ta peur, tu as cru te sauver par une accusation : tel est, je le sais, son langage. Mais, Eschine, il n'y avait, à t'entendre, ni péril, ni prévarication. Au reste, s'il parle ainsi, je vous le demande, ô juges! quand Démosthène innocent tremble d'être entraîné dans leur abîme, que doit-il se passer dans l'âme des coupables? Le mobile de mon accusation n'est donc pas là : où est-il enfin? Dans la calomnie, peut-être? dans le désir de tirer de toi de l'argent? Eh! ne m'était-il pas plus avantageux d'en recevoir de Philippe, qui m'en offrait beaucoup plus qu'aucun de ceux-ci ne m'en donnerait, et d'avoir pour amis et le prince et mes collègues? Car, leur complice, j'aurais été leur ami; et leur haine actuelle n'a rien d'héréditaire, mais prend sa source dans mon refus de participer à leurs crimes. Devais-je plutôt, hostile à Philippe, hostile à eux-mêmes, solliciter ma part de leur salaire? Après avoir prodigué mon or pour racheter des captifs, mendierai-je aujourd'hui une aumône que je ne recevrais qu'avec leur haine? Non, non : j'ai dit la vérité, j'ai repoussé des présents pour la vérité, pour la justice, pour mon avenir, persuadé qu'en demeurant fidèle au devoir, je partagerai avec quelques concitoyens les récompenses et les distinctions que vous accordez à la vertu, et que je ne dois échanger votre estime contre aucun avantage matériel. Je hais ces hommes, parce que, dans l'ambassade, je les ai reconnus pervers et ennemis des Dieux, parce que leur corruption, frappant de votre disgrâce la députation entière, m'a dépouillé de mes honneurs personnels. Je les accuse aujourd'hui, je provoque une enquête, parce que je prévois l'avenir, et que je veux faire constater devant le Peuple, par un procès, par un tribunal, qu'entre ma conduite et la leur, il y eut opposition. Je vous dirai ma pensée tout entière : je crains, oui, je crains que, malgré mon innocence, vous ne m'enveloppiez un jour dans leur condamnation, et que, maintenant, vous ne manquiez d'énergie; car je vous vois, ô Athéniens! plongés dans une apathie profonde, attendre que le malheur pèse sur vous, regarder l'infortune des autres sans la détourner de vos têtes, et n'avoir aucun souci de la patrie, en proie depuis longtemps à d'innombrables, à de révoltants attentats.

O exemple étrange et presque incroyable! exemple que j'étais décidé à taire et que je me sens poussé à présenter! Vous connaissez sans doute Pythoclès, fils de Pythodore. J'étais fort lié avec lui, et, jusqu'à ce jour, il n'y avait eu entre nous aucun refroidissement. Mais, depuis qu'il est allé près de Philippe, il se détourne quand il me rencontre; et, s'il est contraint de m'aborder, il s'est bientôt esquivé, de peur qu'on ne l'aperçoive causant avec moi; au lieu qu'avec Eschine il se promène, il fait le tour de la place publique, raisonnant et délibérant. Dangereux et révoltant contraste, ô Athéniens! les serviles agents de la Macédoine sont soumis si minutieusement, dans ce qu'ils font, dans ce qu'ils ne font pas, à la surveillance de Philippe, que, comme s'il était présent, chacun pense ne pouvoir lui cacher, même ici, une seule de ses démarches, et règle selon ses vues sa haine et son amitié; et des citoyens qui vivent pour vous, jaloux de votre estime et incapables de la tromper, vous trouvent si sourds et si aveugles, que moi-même je suis réduit à combattre devant vous, d'égal à égal, contre des hommes exécrables dont tous les crimes vous sont connus! Voulez-vous en savoir la raison? je vais la dire; et puisse ma franchise ne pas vous être importune!

Philippe, qui est absolument seul, aime sans partage qui le sert, comme il hait qui le traverse. Mais, aux yeux de chaque Athénien, ni le bien ni le mal fait à l'État ne s'adresse à sa personne. Il est des motifs qui touchent de plus près chacun de vous, et qui souvent vous entraînent: pitié, jalousie, colère, égards pour la sollicitation, et mille autres. Eh! quand on échapperait à tout le reste, échappera-t-on à ceux qui ne peuvent souffrir un honnête homme (66)? De là, tant de fautes de détail qui pénètrent sourdement le corps de l'État, et l'attaquent de toutes leurs forces réunies. Loin de vous aujourd'hui une telle erreur, ô Athéniens! Point de grâce pour votre oppresseur! Car, en vérité, que dira-t-on si vous l'absolvez? Athènes a député vers Philippe Philocrate, Eschine, Phrynon, Démosthène. — Eh bien! le dernier, non-seulement n'a tiré aucun profit de son ambassade, mais a délivré des captifs à ses frais; le premier, du salaire de sa trahison achetait, au loin à la ronde, des courtisanes et de la marée (67). Un autre a envoyé à Philippe son fils encore adolescent: c'est l'infâme Phrynon. Il en est un qui n'a rien fait d'indigne ni de la République, ni de lui-même. L'accusateur, aux charges de chorége et de triérarque, a cru devoir encore ajouter des dépenses volontai-res, affranchir des prisonniers, et ne pas souf[frir] que, faute d'argent, aucun citoyen restât dan[s le] malheur. L'accusé, loin d'avoir délivré un c[aptif], captif, a, par ses complots, préparé à Phi[lippe] l'asservissement d'une contrée entière de nos a[l]liés, de plus de dix mille hommes de grosse in[fan]terie, et d'à peu près mille cavaliers. — Et qu['est]il résulté de là? — Saisis de cette affaire, qu'[ils] connaissaient depuis longtemps, les Athénien[s]. — Qu'ont-ils fait? — Ceux qui avaient reçu [ri]chesses et présents, ceux qui avaient couvert d'op[pro]probre leurs personnes, leurs enfants, leur p[a]trie, ils les ont acquittés; ils les ont regard[és] comme des hommes d'un grand sens, et Athè[nes] comme une République florissante. — Et l'acc[u]sateur? — Comme un fou, qui ne conn[aît] point sa patrie, et ne sait où jeter son argen[t]. Qui donc, ô Athéniens! après un tel exempl[e] sera jaloux de se montrer intègre? Qui voud[ra] remplir une mission sans passion cupide, ne re[ce]vant rien, et n'ayant pas plus de crédit aupr[ès] de vous que ceux qui auront reçu? Ainsi, légis[la]teurs aujourd'hui aussi bien que juges, vous all[ez] statuer à tout jamais s'il faut que tout député [se] vende sordidement à l'ennemi, ou se dévo[ue] avec un entier désintéressement au service de l[a] patrie.

Vous n'avez pas besoin de témoins pour le reste. Appelle ceux qui attesteront que Phryno[n] a fait partir son fils.

Déposition.

Eschine n'a donc point accusé cet homme p[our] avoir, dans des vues infâmes, jeté son propre e[n]fant à Philippe; et qu'un citoyen, dans la fle[ur] de l'âge, distingué par sa figure, et ne prevoya[nt] pas à quels soupçons expose la beauté, ait mon[tré] une conduite légère (68), il l'accuse de prostit[u]tion!

Mais parlons du décret d'invitation: j'avai[s] presque oublié ce point, un des plus importan[ts] de ma cause. Au retour de la première ambassad[e], lorsqu'on ne citait encore ni discours ni démar[]che perfide, me conformant à l'usage légal, je pré[]sentai au Conseil, puis à la sanction du Peupl[e] réuni pour délibérer sur la paix, un décret dan[s] lequel je votais des éloges à la députation, et l'in[]vitais au Prytanée. Par Jupiter! j'ai fait plus, j'ai logé chez moi les ambassadeurs de Philippe, je les ai splendidement traités. Témoin de l'hon[]neur qu'ils attachent dans leur pays à étaler u[n] luxe éclatant, je me suis hâté de croire que je devais surtout les vaincre en cela, et montre[r] plus de magnificence. L'accusé dira tout à l'heur[e]: « Démosthène nous a décrété lui-même des élo[]ges, lui-même a invité la députation »; mais i[l] ne distinguera point les dates. Or, c'était avant que l'État eût souffert quelque préjudice, avant que la corruption des députés fût manifeste; c'était au retour de la première mission dont ils avaient à rendre compte au Peuple; c'était quand rien n'annonçait encore que Philocrate présentait une motion coupable, ni qu'Eschine l'appuierait. Si donc il parle de mon décret, rappelez-vous qu'il est antérieur à leurs prévarications. Depuis cette époque, il n'y eut, entre eux et moi, aucune liaison, aucune société. — Lis la déposition.

Lecture de la Déposition.

Philocharès et Aphobètos, frères d'Eschine, solliciteront peut-être pour lui. A tous deux vous pouvez opposer de nombreuses et solides raisons. Répondez-leur, il le faut, sans feinte, sans ménagement: « Aphobètos, et toi, Philocharès, peintre de vases (69) et de tambours, vous et les vôtres, greffiers subalternes et gens du commun (ce qui, sans être un crime, ne donne pas de titre au généralat), nous avons daigné vous confier les plus honorables emplois, des ambassades, des commandements militaires. Aucun de vous n'eût-il prévariqué, la reconnaissance ne serait pas notre devoir, mais le vôtre. Que de citoyens, plus dignes, écartés par nous, pour vous élever si haut! Mais si, dans les fonctions mêmes dont vous fûtes honorés, l'un de vous a commis de graves attentats, notre animadversion ne vous est-elle pas due, bien plutôt que notre indulgence? » Telle est ma pensée. Ils vous assiégeront peut-être de leurs grosses voix et de leur vergogne; ils prendront pour renfort ce mot : Clémence à qui intercède pour un frère ! Mais vous, ne capitulez point! Pensez que, s'ils ont à s'inquiéter de cet homme, votre sollicitude doit se porter sur les lois, sur l'État en général, et, avant tout, sur le serment que vous avez prêté en siégeant ici. Ils vous supplient d'absoudre un frère ! Demandez-leur si c'est comme innocent, ou même avec culpabilité. Comme innocent? je dis, avec eux : Il le faut! Même avec culpabilité? C'est un parjure qu'ils implorent. Vos suffrages ont beau être secrets, ils n'échapperont pas aux Dieux; et ce mystère du scrutin est un trait de sagesse dans le législateur. Comment cela ? c'est que nul suppliant (70) ne saura quel juge lui a été favorable, mais les Dieux et le Destin sauront qui a donné un vote coupable. Or, il vaut mieux que chacun de vous, en prononçant selon la justice et le devoir, ménage la protection du ciel à son avenir et à celui de ses enfants, que de capter la reconnaissance incertaine, indécise des solliciteurs, et d'acquitter un coupable qui a déposé contre lui-même.

En effet, Eschine, par quel témoignage plus fort que le tien puis-je prouver tous les crimes de ton ambassade? Toi qui as jugé à propos d'envelopper des plus cruelles infortunes le citoyen disposé à dévoiler une partie de ta mission, tu t'attendais sans doute à de grandes rigueurs pour toi-même, si ceux qui m'écoutent eussent appris ta conduite. Ainsi, Athéniens, avec un sens droit vous ferez retomber son accusation sur sa tête, non-seulement comme une preuve accablante de ses prévarications, mais comme renfermant des paroles qui vont aujourd'hui se tourner contre lui-même; car les moyens que tu as établis en poursuivant Timarque n'auront sans doute pas moins de force contre toi dans une autre bouche. Tu disais alors au tribunal : « Démosthène, pour repousser l'accusation, attaquera mon ambassade ; et, s'il parvient à vous détourner de la cause, il triomphera; il ira disant partout : Qu'en pensez-vous? j'ai dérouté les juges, et, avançant toujours, je leur ai escamoté l'affaire (71). » N'agis donc pas ainsi. Que mon attaque soit le point précis de ta défense. Laisse là ton plaidoyer contre Timarque, et les vagues inculpations, et les écarts.

A défaut de témoins pour faire condamner l'accusé (72), tu allais jusqu'à dire aux juges :

Par la puissante voix des cent peuples formée,
Qui peut anéantir l'active Renommée?
Elle est au rang des Dieux.

Or, Eschine, tout le monde répète que ta mission a été stipendiée ; écoute donc ces mots à ton tour :

Par la puissante voix des cent peuples formée,
Qui peut anéantir l'active Renommée?

et juge combien plus de clameurs s'élèvent contre toi ! Tous les peuples voisins ne connaissaient pas Timarque : mais vous, députés, il n'est ni Hellène, ni Barbare qui ne dise que vous avez reçu de l'or. Si donc la Renommée est si véridique, elle l'est aussi, cette voix des peuples, quand elle vous dénonce. Déesse, elle commande notre croyance : c'est toi qui l'as dit; c'est toi qui as signalé le grand sens du poète, auteur de ces vers.

Des ïambes qu'il a recueillis lui ont encore fourni une induction :

A qui des gens impurs chérit la compagnie
Je ne dis point : Qu'es tu ? Tels amis, telle vie.

Eh bien, disait-il, d'un habitué des combats d'oiseaux (73), d'un homme qu'on voit partout avec un Pittalacos et le reste, quelle idée faut-il avoir? L'ignorez-vous? Ces mêmes vers, ô Eschine ! viennent aujourd'hui t'accuser par ma voix; et ici, du moins, la citation aura de la justesse et de l'à-propos. A qui, dans une ambassade, chérit la compagnie d'un Philocrate, jamais je ne dis : Qu'as-tu fait? Je sais qu'un tel homme a reçu de l'or, comme Philocrate, qui l'avoue. Mais lui, qui s'efforce d'outrager les autres par les surnoms de sophistes et de faiseurs de plaidoyers (74), il attire incontestablement l'injure sur lui-même. Les ïambes qu'il a cités sont du *Phénix* d'Euripide, pièce qui ne fut jamais représentée ni par Théodore, ni par Aristodème, sous lesquels il a constamment rempli les troisièmes rôles ; mais par Molon et quelques autres de nos anciens acteurs. Souvent, au contraire, Théodore, souvent Aristodème ont joué *l'Antigone* de Sophocle; souvent Eschine en a déclamé les beaux vers, si instructifs pour Athènes; et il ne les a pas rapportés, quoiqu'il les sût très-bien. Car, vous ne l'ignorez point, dans toutes les tragédies les acteurs du troisième ordre peuvent, par faveur spéciale, paraître sur la scène en rois et le sceptre à la main. Or, voyez comment, dans cette pièce, le poëte fait parler Créon-Eschine : l'ambassadeur ne s'est pas appliqué les paroles du tragédien ; l'accusateur ne les a pas citées aux juges. — Lis.

Vers de l'*Antigone* de Sophocle.

S'il n'a pas manié les lois et le pouvoir,
Comment connaître un homme, et ce qu'il peut valoir
Par l'esprit, par le cœur, et par le caractère ?
Quant à moi, citoyens, j'en fais l'aveu sincère,
Celui qui, présidant à toute la cité,
Ne suit pas le parti par la raison dicté,
Et, vaincu par la peur, clôt sa bouche timide,
Un tel homme, à mes yeux, fut toujours un perfide.
Je méprise quiconque attache un plus haut prix
A servir l'amitié qu'à servir son pays.
Aussi, par Jupiter, qui sait tout, que j'atteste,
Si je voyais jamais quelque complot funeste
S'avancer menaçant contre les citoyens,
Les ennemis publics seraient aussi les miens;
Je parlerais, certain que, sauver la patrie,
C'est sauver de chacun la fortune et la vie,
Qu'en voguant avec elle au sein d'un calme heureux,
Nous aurons des amis pour suffire à nos vœux.

Voilà ce qu'Eschine ne s'est pas dit à lui-même pendant l'ambassade. Mais, préférant à la République l'amitié d'un Philippe comme beaucoup plus honorable et plus lucrative, il a envoyé bien loin Sophocle et ses maximes. Quoiqu'il vît le désastre s'avancer, menaçant, avec l'armée qui marchait vers la Phocide, loin de le signaler, loin de pousser le cri d'alarme, il l'a caché, il l'a secondé, il a fermé la bouche qui s'ouvrait pour l'annoncer, oubliant que le salut de la patrie est notre salut, que, dans cette même patrie, sa mère voyant fructifier, par l'argent des pratiques, son métier de mystères et d'expiations, a donné à ses fils l'éducation des grands hommes; que là, vivait, pauvre hère, son père, maître d'école, disent nos anciens, près du temple de Toris (75) ; que là encore, scribes en sous-ordre et valets de tous les magistrats, ceux-ci ont [...] de coupables bénéfices; qu'enfin, greffiers publ[ics] grâce à vos suffrages, ils ont été deux ans pa[s]sionnaires de l'État (76); et que lui-même [est] parti ambassadeur de cette même patrie. Il n'a [pas] tenu compte d'aucun de ses bienfaits; et, loin [de] lui procurer une navigation prospère, il l'a re[n]versée, submergée ; il a mis tous ses efforts à [la] livrer à l'ennemi. Et tu n'es pas un sophiste [?] un méchant! tu n'es pas un déclamateur [?] mi des Dieux, toi qui affectas de taire les maxi[mes] déposées dans ta mémoire, et que tu as souve[nt] déclamées ; toi qui as cherché, qui as étalé, p[our] perdre un citoyen, des vers qui ne furent jam[ais] dans tes rôles !

Mais, au sujet de Solon, voyez quel fut son l[an]gage. Solon, disait-il(77), figuré la main dans s[on] manteau, représente la sagesse des orateurs de [son] temps : injurieux reproche aux mœurs légère[s de] Timarque. Toutefois, on dit à Salamine que [la] statue ne date pas encore de cinquante ans; [et] on en compte près de deux cent quarante depu[is] Solon jusqu'à nous (78). Ainsi, ni l'artiste qui [a] donné cette pose, ni même son aïeul, ne fure[nt] ses contemporains. Cependant Eschine a c[ité] cette statue, et s'est drapé de même. Mais, ce [qui] était autrement précieux pour Athènes qu'u[ne] simple attitude, l'âme et la pensée patriotique [de] Solon, voilà ce qu'il n'a point copié. Que dis-je [?] il a montré tout le contraire. Après la défai[te] de Salamine, et malgré la défense, sous pei[ne] de mort, de proposer de recouvrir cette île, Solon composa et chanta, à ses propres périls, [les] vers par lesquels il la rendit aux Athéniens, ef[?]faça leur honte. Eschine, qu'a-t-il fait? [cette] ville que le roi de Perse et tous les Hellè[nes] avaient reconnue vôtre, Amphipolis, il l'a livr[ée] il l'a vendue ; il a soutenu, à son sujet, la mot[ion] d'un Philocrate. O Solon ! que cette bouche e[st] digne de rappeler ta mémoire! Mais n'est-ce [pas] dans Athènes qu'il agissait ainsi? non; [mais] en Macédoine, il n'a pas prononcé le nom de [la] ville, objet de son ambassade; et, dans son r[ap]port, il vous disait, vous ne l'avez pas oublié: «M[oi] aussi, j'avais à parler d'Amphipolis; mais j['ai] laissé cet article à Démosthène. » Je m'avançai [à] mon tour : « Non, dis-je, cet homme ne m'[a] rien laissé de ce qu'il voulait dire à Philippe; [il] aurait plutôt donné de son sang, que cédé [un] mot à personne! » Son silence devant Philip[pe] s'explique par l'or qu'il avait reçu, et que [ce] prince n'avait donné que pour garder la place [?] On va nous lire les vers de Solon, et vo[us] verrez que Solon aussi haïssait les hommes qui ressemblent à ce traître. Ce n'est pas à l'orateur, Eschine, non, c'est à l'ambassadeur à tenir la main dans son manteau! Après l'avoir tendue en Macédoine, après avoir fait rougir ta patrie, tu parles ici de bienséance! Et, quand tu as appliqué ta mémoire et ta voix sur de misérables lambeaux, tu te crois quitte de tous tes crimes, pourvu que, la tête couverte (79), tu parcoures la ville en m'insultant! — La lecture!

Vers de Solon.

Non, grâce à Jupiter, à la bonté des Dieux,
Ils ne périront point, les murs de nos aïeux;
La fille du Dieu Fort, gardienne vigilante,
Athéné, sur sa ville étend sa main puissante.
Mais, par l'amour de l'or follement emporté,
C'est le peuple qui sape et détruit la cité.
Ses chefs rêvent le crime, eux dont la prompte audace
Des maux nés de l'injure affronte la menace;
Eux, qui ne savent pas, impatients du frein,
D'innocence et de paix couronner le festin;
Qui, de l'or seul épris, et gorgés d'injustice,
D'un coupable bonheur élèvent l'édifice.
Rien n'est sacré pour eux, rien n'échappe à leurs mains,
Ni le trésor des Dieux, ni l'or des citoyens.
Ils outragent Thémis, qui voit tout en silence...
Le temps la vengera! Voilà la plaie immense
Qui s'étend, incurable, à toute la cité.
Alors, la servitude après la liberté;
La discorde éveillant le démon de la guerre;
La fleur des citoyens jonchant au loin la terre;
Le pays, qu'on aima dès ses plus jeunes ans,
Déchiré, puis vendu par ses propres enfants!
Tels sont les maux du peuple. Et la foule indigente,
Enchaînée, exposée aux affronts de la vente,
Où va-t-elle? en exil. Par sa contagion
Le désastre public entre en chaque maison;
Les verrous, les remparts, tout obstacle l'anime;
Il va, jusqu'en son lit, surprendre sa victime.
O mes concitoyens! du plus grand des fléaux,
Du seul mépris des lois découlent tous ces maux.
Les lois! aimez leur joug: il produit la décence,
Calme l'humeur farouche, entrave la licence,
Flétrit la tyrannie et la cupidité,
Étouffe dans les cœurs le mal prémédité,
Redresse les procès, assoupit les querelles,
Et brise de l'orgueil les trames criminelles.
Tout peuple qui s'honore en respectant les lois
Possède la sagesse, et raffermit ses droits.

Vous entendez, ô Athéniens! ce que dit Solon de cette race d'hommes, et des Dieux qu'il appelle sauveurs de la patrie. Oui, dans ma pensée, la protection du ciel sur notre République est une vérité de tous les temps. Je crois même reconnaître dans toutes les circonstances de cet examen juridique le signe d'une bienveillance providentielle. Je m'explique: un homme coupable de nombreux et graves délits, un député qui a livré des contrées où les Dieux devaient être honorés par vous et par vos alliés, a frappé de mort civile un citoyen qui avait consenti à l'accuser. Pourquoi? afin que lui-même n'obtienne, pour ses crimes, ni pitié, ni pardon. De plus, en accusant Timarque, il m'a dénigré par système; et, une autre fois, devant le Peuple, il m'a menacé de sa vengeance et de ses poursuites. Pourquoi encore? afin que vous m'accordiez la bienveillance la plus large au moment où je l'accuse, moi qui connais à fond, moi qui ai suivi de l'œil toutes ses scélératesses. Ce n'est pas tout: après avoir évité jusqu'à présent de rendre ses comptes, le voilà devant vous dans un moment où d'imminents périls suffiraient pour rendre inquiétante et même impossible l'impunité de sa corruption. Car, s'il faut, ô Athéniens! toujours détester, toujours punir les traîtres et les âmes vénales, c'est aujourd'hui surtout que cette sévérité serait opportune et universellement salutaire.

Un mal contagieux (80) est venu s'abattre sur la Grèce; mal funeste, qui rend nécessaires et la protection du sort et votre vigilance. Les citoyens les plus notables que chaque État a jugés dignes de diriger ses affaires abjurent leur liberté, les malheureux! et, se parant des noms d'hôtes, d'amis, d'intimes de Philippe, ils choisissent, ils appellent la servitude. Le peuple et les magistrats, qui devraient les réprimer, les mettre à mort sur-le-champ, loin d'en rien faire, les admirent, les envient, ambitionnent le même succès. Par cette conduite, par cette émulation coupable, les Thessaliens avaient perdu naguère leur ascendant et leur commune considération; et aujourd'hui l'indépendance même leur est ravie, car plusieurs de leurs citadelles ont reçu garnison macédonienne. Pénétrant dans le Péloponnèse, ce mal a produit les massacres de l'Élide, et rempli d'un délire furieux ces misérables qui, pour s'élever les uns sur les autres, et de là tendre la main à Philippe, se sont souillés du sang de leurs proches et de leurs concitoyens. Il ne s'est pas arrêté là: entré dans l'Arcadie, il l'a bouleversée; et ces Arcadiens à qui la liberté devrait inspirer la noblesse de vos sentiments, puisque, seuls, ils sont, comme vous, enfants de (81) leur sol, admirent Philippe, lui décernent et des statues et des couronnes, décident enfin que leurs villes lui seront ouvertes, s'il met le pied dans le Péloponnèse. Même conduite chez les Argiens. Par Cérès! tout cela demande, à vrai dire, de grandes précautions contre une épidémie qui, après avoir parcouru les cités d'alentour, s'est introduite dans la vôtre, ô Athéniens! Tandis qu'elle n'a pas éclaté, veillez sur vous, et flétrissez ceux qui vous l'ont importée; sinon, craignez de ne reconnaître l'utilité de mes avis que quand le remède vous aura manqué.

Hommes d'Athènes, ne voyez-vous pas, dans le désastre des Olynthiens, une leçon claire et vivante? Infortunés! leur perte fut surtout le résultat de ce désordre, comme leur histoire vous le démontrera jusqu'à l'évidence. Avant la ligue chalcidienne (82), lorsqu'ils n'avaient encore que quatre cents cavaliers, et que leur nombre total n'excédait pas cinq mille, Lacédémone, qui, vous le savez, dominait, à cette époque, sur l'un et l'autre élément, vint les attaquer avec des forces considérables de terre et de mer. Assaillis par cette formidable puissance, loin de perdre leur ville, loin de perdre un seul fort, ils remportèrent plusieurs victoires, tuèrent à l'ennemi trois généraux, et enfin conclurent la paix aux conditions qu'ils voulurent. Mais quelques Olynthiens commencèrent à recevoir des présents; stupide, ou plutôt persécutée par le sort, la foule les crut plus dignes de confiance que ses orateurs fidèles; Lasthène couvrit sa maison de bois qui lui étaient donnés de Macédoine, Euthycrate nourrit de grands troupeaux de bœufs qu'il n'avait pas achetés, un autre revint avec des brebis, un troisième avec des chevaux; le Peuple, qu'ils trahissaient, répondit à leur conduite, non par sa colère, non par des punitions, mais par un regard d'admiration et d'envie, par une haute estime pour leurs talents. Dans cette extrémité funeste, dans ce triomphe de la corruption, Olynthe, avec ses mille cavaliers, son infanterie de plus de dix mille hommes, l'alliance de tous ses voisins, vos secours de dix mille étrangers, de quatre mille citoyens et de cinquante trirèmes (83), Olynthe ne peut être sauvée. En moins d'une année de guerre, elle avait perdu, grâce aux traîtres, toutes les villes de la Chalcidique. Philippe, qui ne suffisait plus aux empressements de la trahison, ne savait quelle proie saisir la première. Il prit cinq mille cavaliers avec leurs armes, qui lui étaient livrés par les chefs mêmes : succès sans exemple! Lumière du jour, sol de la patrie, temples, tombeaux, les coupables ne respectaient rien, pas même la renommée qui allait verser l'infamie sur de telles actions : tant il y a d'égarement et de délire, ô Athéniens! dans la cupidité! Vous, du moins, vous, soyez plus sages; poursuivez, punissez les mêmes crimes au nom de la nation ; car il serait étrange qu'après le décret énergique lancé par vous contre les traîtres d'Olynthe, on ne vous vît pas châtier la perfidie dans Athènes. — Lis ce décret.

Lecture du Décret.

Les Hellènes et les Barbares ont applaudi, ô juges! à vos décisions contre des traîtres, contre des ennemis des Dieux. Puisque des présents reçus sont le prélude et la cause des trahisons, que celui-là que vous aurez vu en recevoir soit traître à vos yeux. Si l'un livre les instants précieux, un second les moyens d'agir, un autre les troupes, c'est que chacun ne ruine que ce dont il peut disposer ; mais tous méritent également votre haine. A vous seuls entre tous les peuples, ô Athéniens! il est donné de suivre, en cela, des exemples domestiques, et d'imiter, par vos œuvres, des aïeux que vous avez raison de louer. Si l'état présent de la République, si votre tranquillité actuelle ne vous permettent pas d'être leurs émules dans les batailles, dans les expéditions, dans les périls qui les ont illustrés, ah! du moins, imitez leur sagesse. La sagesse est un besoin de tous les temps, et la prudence ne connaît rien de plus fatigant, de plus déplaisant que la folie. Le temps pendant lequel vous siégez, employez-le à connaître, à décider ce qui convient dans chaque affaire : vous ferez ainsi prospérer la chose publique, vous soutiendrez la gloire de vos ancêtres ; une mauvaise décision serait funeste, serait indigne de nos pères. Quelle était donc leur pensée sur la vénalité? Greffier, prends cette pièce (84), et fais-en lecture. Il faut vous montrer que vous mollissez contre des actes que punissaient de mort vos aïeux. — Lis.

Inscription de la Colonne.

Vous l'entendez, ô Athéniens! cette inscription, qui déclare ennemi du peuple d'Athènes, ennemi de ses alliés, Arthmios de Zélia, fils de Pythonax, lui et sa race entière : pourquoi? pour avoir apporté chez les Hellènes l'or des Barbares. La conclusion naturelle, c'est que vos pères veillaient à ce que même un seul étranger ne nuisît, avec l'or, aux intérêts de la Grèce, tandis que vous ne prémunissez pas même Athènes contre les attentats d'un Athénien. Et cette inscription, l'a-t-on placée au hasard? non, par Jupiter! mais dans l'enceinte vaste et consacrée de l'Acropole que voilà, mais à droite de la grande Minerve d'airain, glorieux monument de la guerre contre les Barbares, érigé par la République aux frais de la Grèce. Alors la justice était chose si sainte, la punition d'un tel crime si importante, qu'on crut devoir placer ensemble et la statue de la déesse, gage de notre valeur, et la sentence prononcée contre le coupable. Mais aujourd'hui, si vous n'arrêtez le débordement de la licence, l'impunité fera un jeu de cette infamie.

Et ce n'est pas dans cette action seule, ô Athéniens! que vous feriez bien, selon moi, d'imiter vos ancêtres, c'est dans toute la suite de leur conduite. On vous a raconté, sans doute, que Callias, fils d'Hipponique, négociateur de ce célèbre traité de paix qui défendait au Grand Roi faire avancer des troupes à une journée de la mer, et de naviguer, avec un gros vaisseau, entre les îles Cyanées et les Chélidoniennes (85), faillit perdre la vie sur l'apparence de présents reçus dans son ambassade, et fut condamné, quand il rendit ses comptes, à une amende de cinquante talents. Toutefois, jamais paix plus honorable ne fut, ni avant, ni depuis, conclue par la République (86). Là cependant ne se portait pas leur sollicitude : cette gloire était, selon eux, le fruit de leur bravoure et du renom d'Athènes ; mais la question du désintéressement, ils la résolvaient par le caractère du député. Or, ils voulaient que tout homme public fût intègre et incorruptible; et la vénalité leur paraissait une si funeste ennemie de l'État, qu'ils ne la toléraient ni dans les affaires, ni dans les personnes. Et vous, Athéniens, après avoir vu la même paix renverser les remparts de vos alliés et bâtir des maisons à ses négociateurs, dépouiller la patrie de ses domaines et enrichir vos députés au delà de tous les rêves de leur ambition, vous ne les avez pas spontanément mis à mort ! Il vous faut un accusateur ! C'est sur des paroles que vous jugez des crimes attestés à tous les yeux par les faits !

Les anciens exemples ne sont pas les seuls qu'on pourrait citer pour vous exhorter à punir. Des Athéniens qui vivent encore ont vu la justice frapper plusieurs citoyens. Je me bornerai à en nommer deux ou trois, qui furent punis de mort à l'occasion d'une mission bien moins funeste à la patrie que celle d'Eschine. — Prends la sentence, et lis.

Lecture de la Sentence.

Par cet arrêt, ô Athéniens ! vous avez condamné à la peine capitale ces députés qui comptaient parmi eux Épicrate (87), citoyen zélé, utile sous plus d'un rapport, disent nos vieillards; un de ceux qui avaient ramené le Peuple du Pirée, un démocrate sincère. Rien de tout cela n'a pu, rien n'a dû le sauver. Celui qui s'est chargé de fonctions aussi importantes ne doit pas être intègre à demi, ni s'armer de votre confiance pour vous porter de plus rudes coups; mais ne vous faire aucun tort volontaire est pour lui un absolu devoir. Eh bien ! si, de tous les délits qui ont coûté la vie à ces députés, il en est un seul que les nôtres n'aient pas commis, faites-moi mourir à l'instant. Examinez : *Attendu*, dit la sentence, *que les députés ont agi contre leurs instructions*. Premier grief. Leurs instructions ! ceux-ci ne les ont-ils pas violées ? Le décret n'ordonne-t-il pas que la paix s'étende aux Athéniens et à leurs alliés ? et n'en ont-ils pas exclu la Phocide ? Qu'on prendra, dans chaque ville, le serment des chefs ? et ne se sont-ils pas contentés du serment de ceux que leur envoyait Philippe ? Le décret ne défend-il pas toute conférence particulière avec le prince ? et ont-ils cessé un instant leurs négociations isolées ? — *Attendu que plusieurs d'entre eux ont été convaincus d'avoir fait de faux rapports dans le Conseil.* Mais ceux-ci ont osé en faire devant le Peuple ; et comment sont-ils convaincus ? par la preuve la plus éclatante, par les événements ; car il est arrivé tout le contraire de ce qu'ils ont annoncé. — *Qu'ils ont écrit des faussetés.* Ceux-ci n'en ont-ils pas écrit ? — *Qu'ils ont menti à nos alliés, et reçu des présents.* Au mot *menti* substituez ici *exterminé* ; attentat, certes, bien plus sanglant. Pour les présents, s'ils niaient en avoir reçu, resterait à les en convaincre : mais s'ils l'avouent ! Envoyez-les donc au supplice. Eh quoi, Athéniens ! vous, les enfants de ceux mêmes qui ont rendu cette sentence, vous, dont quelques-uns ont siégé avec eux, vous aurez souffert qu'un des généreux auteurs de la restauration populaire, Épicrate, fût puni, fût déchu de ses droits ; que, récemment encore, une amende de dix talents fût imposée à Thrasybule, fils du démocrate de ce nom, qui a ramené le peuple de Phylé, et à l'un des descendants d'Harmodios et d'Aristogiton (88), ces bienfaiteurs suprêmes, qu'une loi, reconnaissante pour leurs antiques services, admet à partager vos libations dans tous les sacrifices et dans tous les temples, que vous chantez, que vous révérez à l'égal des héros et des Dieux ; vous aurez vu tous ces citoyens subir des peines légales ; indulgence, pitié, larmes de petits enfants dont les noms rappelaient tant de dévouement, rien n'aura pu les secourir : et le fils d'un Atromète, d'un maître d'école, et d'une Glaucothé, d'une meneuse de bacchantes, sacerdoce qui a été puni de mort dans une autre (89), un homme qui est dans vos mains, vous le lâcherez, quand il est d'un sang aussi vil, quand il n'a rien fait pour l'État, ni lui, ni son père, ni aucun de sa race ! Où sont leurs dons en chevaux et en trirèmes ? Quelles furent leurs campagnes, leurs chorégies, leurs charges publiques (90) ? Montrez-nous leurs contributions, leurs sacrifices volontaires, leurs périlleux travaux ? De tant de services, en ont-ils jamais offert un seul à la patrie ? Eh ! quand ils les auraient rendus tous, l'iniquité, la vénalité de l'ambassade d'Eschine mériteraient encore la mort. Mais, s'il fut inutile citoyen et député perfide, ne le punirez-vous pas ? Ne vous rappellerez-vous point ces paroles de l'accusateur de Timarque (91) ? « N'attendons rien d'un État sans énergie contre les coupables, rien d'un gouvernement où les sollicitations et la pitié l'emportent sur les-lois. Ne vous laissez attendrir ni par le grand âge de la mère de Timarque, ni par ses jeunes enfants, ni par personne ; ne voyez qu'une chose, c'est que, si vous délaissez les lois et le gouvernement, vous ne trouverez personne pour s'attendrir sur vous. » Un malheureux a été frappé de mort civile pour avoir connu les crimes d'Eschine, et vous laisserez impuni le criminel ! Et pourquoi ? S'il a cru que des citoyens coupables envers eux seuls méritaient une telle rigueur, par quelle peine ferez-vous donc expier des torts énormes envers la République, vous qui jugez sur la foi de votre serment ? Je le jure, disait-il, la condamnation de Timarque réformera nos jeunes gens : eh bien ! la sienne réformera nos hommes politiques, qui jettent la patrie dans les derniers périls; or, ceux-là aussi doivent éveiller votre sollicitude.

Les mœurs de vos enfants ! non, par Jupiter ! tel n'a pas été son but lorsqu'il a perdu Timarque. Leurs mœurs, ô Athéniens ! se soutiennent d'elles-mêmes ; et puisse la République ne pas devenir assez malheureuse pour que sa jeunesse ait besoin de magistrats tels qu'un Aphobètos et un Eschine ! Son motif, sachez-le bien, c'était le décret de mort proposé par Timarque dans le Conseil contre tout citoyen convaincu d'avoir fait passer à Philippe des armes et des agrès de vaisseaux. Je le prouve. Depuis combien de temps Timarque haranguait-il le Peuple ? depuis longtemps (92). Or, dans tout cet intervalle Eschine a pris part à l'administration, jamais indigné, jamais révolté de voir un pareil homme à la tribune, jusqu'à son retour de Macédoine, jusqu'à son engagement mercenaire avec Philippe. — Lis le texte du décret de Timarque.

Lecture du Décret.

Celui donc qui, pour votre intérêt, a proposé qu'il fût défendu, sous peine capitale, d'envoyer, en temps de guerre, des armes à Philippe, est flétri par la mort civile ; et celui qui a livré à Philippe les armes de vos alliés, c'est lui qui accusait et qui dissertait sur la prostitution, ô terre ! ô ciel ! assisté de ce couple de beaux-frères qui ne peut se montrer sans exciter la clameur publique, de l'infâme Nicias qui s'est vendu à Chabrias, en Égypte; de l'exécrable Cyrébion (93) qui fait, sans masque, la débauche des bacchanales ! Que dis-je ? Eschine avait devant les yeux son frère Aphobètos ! C'est ce jour-là cependant que toutes ses paroles sur les libertins à gages se précipitaient en torrent !

Combien sa perversité, combien ses impostures tiennent encore notre République au-dessous de son rang ! Passons, et arrêtons-nous sur ce que vous savez tous. Auparavant, ô Athéniens ! tous les Hellènes étaient dans l'attente de vos décrets ; aujourd'hui, c'est nous qui courons les nouvelles, c'est nous qui, toujours aux écoutes, épions les décisions des autres. Que font les Arcadiens ? Qu'ont ordonné les Amphictyons ? Où va Philippe ? Est-il en vie ? est-il mort ? N'est-ce pas là ce qui nous occupe ? Pour moi, ce que je crains, ce n'est pas que Philippe meure ou vive; c'est que l'horreur des traîtres et l'ardeur à les punir ne soient mortes au cœur de la République. Philippe n'a rien qui m'effraie, si vous reprenez votre vigueur : mais que, chez vous, l'impunité soit acquise à ceux qui consentent à devenir ses mercenaires ; que plusieurs de vos orateurs en crédit parlent pour eux, pour eux montent maintenant à la tribune, après s'être toujours défendu, par le passé, d'agir pour le Macédonien, voilà ce qui m'épouvante.

Car enfin, Eubule, d'où vient que, dans le procès d'Hégésilée (94), ton cousin, et dernièrement dans celui de Thrasybule, oncle de Nicératos, qui t'appelaient à leur secours, tu gardais le silence au premier tour de scrutin (95), et qu'à l'arbitration de la peine, loin de prononcer un mot pour leur défense, tu prias le tribunal de t'excuser ? Quoi ! tu ne parles point pour des parents, pour des intimes ; et, pour Eschine, tu parleras ! pour Eschine qui, lorsque Aristophon (96) accusait Philonique et, en sa personne, ta conduite dans l'État, s'était porté concusateur, et se rangeait parmi tes ennemis ? Toi qui, effrayant les Athéniens, avais dit qu'il fallait à l'instant descendre au Pirée, contribuer de ses biens, appliquer à la guerre les finances du théâtre, ou adopter la motion soutenue par Eschine et rédigée par l'infâme Philocrate, motion dont le résultat fut une paix ignominieuse ; c'est quand ils ont tout perdu par de nouveaux crimes, que tu te réconcilies avec eux ! En présence du Peuple, tu as chargé Philippe d'imprécations ; tu as juré sur la tête de tes enfants que tu désirais la perte de Philippe, et tu vas prêter ton appui à Eschine ! Comment Philippe périra-t-il, si tu sauves ceux qui lui sont vendus ? Dénonciateur de Mœroclès (97), qui avait perçu vingt drachmes sur chaque fermier des mines, et de Céphisophon, que tu accusais de sacrilège pour avoir porté sept mines à la caisse trois jours trop tard, tu ne poursuis pas que dis-je ? tu exiges que l'on acquitte ceux qui ont reçu l'or du monarque, ceux qui l'avouent, destructeurs de nos alliés, des coupables convaincus et pris en flagrant délit ! Voilà cependant les crimes redoutables, les crimes qui demandent la prévoyance la plus vigilante ; mais les déque tu poursuivais sont une moquerie. Vous allez en juger.

N'y avait-il pas en Élide des gens qui volaient le Trésor? Cela est au moins très-probable. Eh bien! en est-il un qui, de nos jours, ait participé au renversement de la démocratie élidienne? Aucun. Et quand Olynthe subsistait, manquait-elle de ces sortes de citoyens? non, j'imagine. Est-ce donc par eux qu'Olynthe a péri? Nullement. Et Mégare, croyez-vous qu'elle n'ait pas eu quelque fripon public, quelque concussionnaire? Impossible! ce mal s'y est aussi déclaré. Est-ce là que sont les auteurs des récentes infortunes des Mégariens? Non. A qui donc imputer tant d'attentats, tant de désastres? A ceux qui s'honorent d'être appelés hôtes et amis de Philippe; à ceux qui sont à la tête des armées et des affaires; à ceux qui se croient faits pour dominer le Peuple. Dernièrement, à Mégare, Périlaos n'était-il pas accusé, devant les Trois-Cents (98), de s'être rendu auprès de Philippe? Ptœodore, le premier des Mégariens par ses richesses, par sa naissance, par son crédit, ne demanda-t-il point sa grâce, et ne l'envoya-t-il pas de nouveau vers ce prince? N'a-t-on pas vu ensuite le premier arriver à la tête des troupes étrangères, et le second brouiller tout au dedans? Tant il est vrai que, de toutes les précautions de la politique, la plus indispensable est de ne laisser aucun citoyen s'élever au-dessus de la foule! Je veux que l'acquittement et la condamnation ne dépendent point de telle volonté privée; mais que l'accusé, selon que les faits le protégent ou l'accablent, trouve ici le jugement qui lui est dû: ainsi l'entend la démocratie. Les conjonctures ont rendu puissants plusieurs Athéniens, Callistrate, Aristophon, Diophante, et d'autres avant eux. Mais où chacun primait-il? à l'assemblée nationale. Nul de vous, jusqu'à ce jour, n'a dominé, dans les tribunaux, sur les lois, sur vos serments. Ne souffrez pas qu'Eubule commence. Pour vous montrer combien vous feriez mieux de vous préserver de cet abus que de l'accréditer, je vais faire lire un oracle des Dieux, qui veillent toujours beaucoup plus à la conservation d'Athènes que ses gouvernants. — Lis l'oracle (99).

Lecture de l'Oracle.

Tu entends, ô Athènes! les avis que te donnent les Dieux. Avais-tu la guerre quand ils t'ont parlé? c'est sur tes généraux qu'ils appellent ta méfiance; car, pendant la guerre, tes généraux sont tes chefs. Avais-tu la paix? c'est sur tes ministres; voilà tes guides, tes conseillers; voilà ceux dont tu dois craindre les déceptions. L'oracle dit aux citoyens: Serrez-vous étroitement, afin de n'avoir tous qu'un même esprit, et de ne pas faire la joie de vos ennemis. Or, est-ce la condamnation d'un homme si coupable envers vous, Athéniens, qui ferait la joie de Philippe? N'est-ce pas plutôt son acquittement? Quand Jupiter, quand Dioné (100), quand tous les Dieux vous ordonnent de ne rien faire qui puisse réjouir vos ennemis, ils vous exhortent tous à punir unanimement ceux de qui vos ennemis ont reçu quelque service. Au dehors sont d'insidieux agresseurs; au dedans sont leurs agents. Chacun a sa tâche: ceux-là donnent, ceux-ci reçoivent, ou défendent ceux qui ont reçu.

Mais la raison suffit pour montrer que, de tous les abus, le plus pernicieux, le plus redoutable, c'est de permettre à un citoyen distingué de se faire l'ami de ceux qui ne partagent pas les vœux du Peuple. Par quels moyens, en effet, Philippe s'est-il rendu maître de tout? Comment a-t-il réussi dans ses plus grandes entreprises? C'est en achetant les intérêts populaires de ceux qui en trafiquent; c'est en flattant, en corrompant les premiers citoyens de chaque État libre: voilà ses moyens. Eh bien! vous n'avez qu'à vouloir, il dépend de vous de les paralyser tous aujourd'hui: fermez l'oreille aux défenseurs de la trahison; montrez-leur qu'ils n'ont sur vous aucun empire, ces hommes qui se vantent d'être vos maîtres; punissez le ministre qui s'est vendu, et que son châtiment soit connu de tous.

Justes dans votre colère, ô Athéniens! contre tout homme qui, agissant ainsi, aurait livré vos alliés, vos amis et les conjonctures, avantages décisifs pour la fortune des États, vous serez plus justes encore en frappant Eschine. Enrôlé d'abord parmi les citoyens qui se méfiaient de Philippe (101), voyant le premier, voyant seul que ce prince était l'ennemi commun des Hellènes, il a changé de drapeau, il a trahi, il s'est déclaré soudain pour Philippe; et il ne mériterait pas mille morts? Je le défie de nier ces faits. Quel est celui qui, dans les commencements, vous présenta Ischandre comme un envoyé de vos amis d'Arcadie? Qui criait que Philippe préparait des fers à la Grèce et au Péloponnèse, tandis qu'Athènes dormait? Qui débitait au Peuple tant de beaux et longs discours? Qui faisait lire les décrets de Miltiade et de Thémistocle, et le serment prêté par nos jeunes citoyens dans le temple d'Aglaure (102)? N'est-ce pas Eschine? Qui vous conseillait d'envoyer des députations presque jusqu'à la Mer Rouge, parce que Philippe tramait la perte de la Grèce, dont vous deviez être la providence et l'appui? N'est-ce pas Eubule qui dressa le décret? N'est-ce pas Eschine qui partit pour l'ambassade du Péloponnèse? Arrivé là, il sait quelles harangues il prononça. Quant au rapport qu'il fit aux Athéniens, les Athéniens sans doute s'en souviennent tous.

Le Barbare, l'exterminateur, voilà les noms qu'il prodiguait à Philippe. « L'Arcadie voit avec joie, vous disait-il, Athènes se réveiller et s'occuper de la Grèce. Mais rien ne m'a autant révolté que de rencontrer, à mon retour, Atrestidas revenant d'auprès de Philippe, et traînant à sa suite une trentaine de malheureux, femmes et enfants. Étonné, je demandai à un voyageur quel était cet homme, et la troupe qui le suivait. C'est Atrestidas, me dit-on, qui s'en retourne avec des captifs olynthiens dont Philippe lui a fait présent. Alors je m'indignai, je pleurai, je gémis sur la malheureuse Grèce, spectatrice impassible de pareilles infortunes. Envoyez donc en Arcadie, pour accuser les agents de Philippe. Car des amis m'ont assuré qu'ils seront punis si Athènes tourne de ce côté son attention, et délègue des mandataires. »

Telles étaient alors ses paroles, ô Athéniens! paroles honorables, paroles dignes de la République. Mais, dès qu'il eut fait le voyage de Macédoine, dès qu'il eut vu ce Philippe, l'ennemi de la Grèce et le sien, parlait-il de même ou à peu près? Il s'en faut de beaucoup. Vous ne deviez plus penser à vos pères, citer leurs victoires, secourir aucun peuple. Conseiller de se concerter avec les Hellènes pour délibérer sur la paix! Aviez-vous donc besoin d'un assentiment étranger pour terminer vos affaires? Philippe, grands Dieux! était de tous les hommes le plus éloquent, le plus Grec, le plus Athénien par le cœur. Il y avait dans Athènes, ajoutait-il, des individus assez absurdes, assez moroses, pour ne pas rougir de l'injurier et de l'appeler Barbare. Est-il donc possible qu'à moins de s'être vendu, le même homme ait eu le front de se contredire ainsi? Est-il possible qu'après l'horreur que lui avait inspirée Atrestidas avec ses captifs d'Olynthe, il se soit gratuitement résigné à être le complice d'un Philocrate, qui avait amené ici des Olynthiennes libres pour en faire le jouet de sa passion; d'un Philocrate, si connu par sa débauche que, sans rappeler une seule de ses odieuses infamies, il suffit de dire qu'il a amené des femmes, pour que juges et auditeurs, devinant le reste, plaignent, j'en suis sûr, ces infortunées que ne plaignit pas Eschine, et dont l'aspect ne le fit point pleurer sur la Grèce, réduite à les voir outrager et chez leurs alliés, et par des ambassadeurs?

C'est sur lui-même qu'il pleurera, ce député si coupable; il présentera peut-être ses enfants, et les mettra en scène. A la famille de cet homme,

ô juges! opposez par la pensée les enfants de tant d'alliés, de tant d'amis, réduits en captivité, traînant de contrée en contrée leur indigence et leur malheur, ouvrage d'Eschine, et bien autrement dignes de votre compassion que ceux d'un père aussi criminel, que les fils d'un traître; opposez vos propres enfants, auxquels Philocrate et lui ont, par leur paix *perpétuelle*, ravi jusqu'à l'espérance. Que ses larmes vous rappellent que vous tenez entre vos mains l'homme qui vous excitait à envoyer en Arcadie des commissaires chargés d'accuser les créatures de Philippe. Qu'est-il besoin aujourd'hui et d'une mission pour le Péloponnèse, et des dépenses et des fatigues d'un long voyage? Il suffit que chacun de vous s'avance jusqu'à cette tribune pour y déposer, en faveur de la patrie, un suffrage juste et pur contre l'administrateur, grands Dieux! qui ne vous cite d'abord que Marathon, et Salamine, et batailles, et trophées, et qui, à son retour de Macédoine, changeant soudain de langage, vous disait de ne plus penser à vos aïeux, de vous taire sur leurs triomphes, de ne défendre aucune République, de ne pas débattre en commun les intérêts de la Grèce, de renverser; peu s'en faut, vos propres murailles : conseils les plus honteux que nul, chez vous, ait jamais hasardés! Qu'on adresse à un Hellène, à un Barbare, cette question : « Dites-moi; de tous les pays, de tous les peuples de la Grèce, en est-il un seul qui eût conservé son nom, et fût habité par les Grecs qui l'occupent aujourd'hui, si nos pères n'eussent déployé, pour sa défense, tant de bravoure à Marathon et à Salamine? » Où sera l'homme assez stupide, assez ignorant, assez ennemi d'Athènes, pour ne pas avouer que la Grèce entière aurait passé sous le joug des Barbares? Eh bien! ces grands hommes qu'aucun ennemi n'oserait frustrer d'un si glorieux éloge, Eschine exige que vous, leurs descendants, vous les effaciez de votre mémoire; et pourquoi? pour qu'il reçoive de l'or! Cependant, la louange due à leurs belles actions est la seule jouissance des illustres morts; c'est leur propriété, l'envie ne la dispute point à la tombe. Eschine, qui veut la leur arracher, mérite de perdre lui-même les droits civils. Voilà la vengeance que vous devez aujourd'hui à vos ancêtres. Cœur perfide! tu as, par tes discours, déchiré comme une proie la gloire de leurs hauts faits; et ces mêmes discours, source de tous nos malheurs, t'ont rendu riche et arrogant; car, avant qu'il eût fait tant de blessures à la patrie, il avouait, Athéniens, avoir été grefier par la faveur de vos suffrages, et sa personne était modeste. Mais, depuis ses innombrables attentats, il fronce le sourcil; et, si quelqu'un vient à dire, *Voilà Eschine, l'ex-greffier,* aussitôt il se croit insulté, il se déclare son ennemi. On le voit sur la place publique, la robe tombant jusqu'à la cheville, enflant ses joues, marcher du même pas que (103) Pythoclès. Il est à présent un de ces hôtes, un de ces bons amis de Philippe, qui veulent se débarrasser de la démocratie, et qui ne voient dans notre constitution qu'une mer follement orageuse, cet homme dont les profondes salutations s'adressaient naguère à la table des pensionnaires du Peuple (104) !

Retraçons rapidement la tortueuse politique dans laquelle Philippe vous a enlacés, avec l'aide de ces ennemis du ciel : ce tissu de fourberies appelle encore une fois nos investigations. Le prince soupirait depuis long-temps après la paix : les côtes de la Macédoine étaient pillées par nos corsaires, et le blocus de ses ports le privait de tous les avantages du commerce. Il nous renvoya donc, en les chargeant de paroles flatteuses, Néoptolème, Aristodème et Ctésiphon. Dès l'arrivée de notre députation, il prit Eschine à ses gages, pour servir d'auxiliaire à l'infâme Philocrate, et triompher de quelques collègues qui voulaient la justice. Avec son concours, il vous écrivit une lettre sur laquelle il comptait principalement pour obtenir la paix. Toutefois, il ne gagnait rien encore à agir ainsi contre vous, s'il ne ruinait la Phocide ; et cela n'était pas facile. La fortune, en effet, l'avait réduit à l'alternative ou de ne pouvoir exécuter un seul de ses projets, ou de manquer à ses engagements, de se parjurer, et de rendre tous les Hellènes et tous les Barbares témoins de sa perfidie. Recevait-il la Phocide dans son alliance, l'admettait-il au même serment que vous ? force était de violer la foi promise aux Thébains, qu'il avait juré de seconder dans la conquête de la Béotie, et aux Thessaliens, qu'il devait aider à rentrer dans la diète fédérale. L'excluait-il du traité, comme en effet il l'en a exclue ? il pensait que vous alliez lui barrer le chemin, en jetant des troupes aux Thermopyles ; et vous l'auriez fait, si l'on ne vous eût donné le change. Il calculait que, dans ce cas, le passage lui serait invinciblement fermé ; et, pour s'en convaincre, il lui suffisait de ses propres souvenirs. A sa première victoire sur les Phocidiens, victoire qui leur enleva leurs milices étrangères et Onomarque, leur chef et leur général, seule, entre tous les peuples grecs et barbares, Athènes accourut à leur secours : et, loin d'aller plus avant, loin de consommer son entreprise, le vainqueur ne put même approcher des Thermopyles. Il comprenait donc nettement qu'au milieu de ses démêlés actuels avec la Thessalie, privé, pour la première fois, du concours des Phéréens, et voyant Thèbes essuyer une défaite entière qu'attestait un trophée, il ne pouvait avancer si vous secouriez la Phocide, et que, sans le concours de la ruse, les tentatives de ses armes seraient toujours repoussées. Comment donc, se dit-il, sans me déclarer imposteur et parjure, viendrai-je à bout de tous mes projets ? Comment ? le voici. Je me procurerai quelques Athéniens qui se chargeront de tromper Athènes : car je ne veux pas de cette honte dans mon lot. En conséquence, ses ambassadeurs vous prévenaient qu'il ne recevait pas les Phocidiens dans son alliance ; et nos traîtres, prenant la parole après eux : « Évidemment Philippe ne peut avec honneur comprendre la Phocide dans le traité, par égard pour Thèbes et la Thessalie ; mais, qu'il obtienne la paix et la principale influence dans les affaires ; alors il fera ce que nous voudrions qu'il stipulât aujourd'hui. » Insidieuses promesses, perfides suggestions, qui ont acquis à Philippe la paix, à l'exclusion de la Phocide. Il fallait encore vous détourner d'envoyer des troupes au passage où stationnaient, malgré la paix (105), cinquante trirèmes athéniennes, pour l'arrêter, s'il tentait de le franchir. Comment s'y prendre ? Quelle nouvelle ruse mettre en jeu ? On vous enlèvera les instants propices ; on arrêtera le mouvement commencé : par là, vous ne pourrez plus à votre gré vous mettre en campagne. Et telle fut visiblement la conduite des traîtres. Pour moi, je l'ai dit plus d'une fois, je ne pus prendre les devants ; j'avais même frété un bâtiment qu'on empêcha de partir. Il fallait encore que les Phocidiens se livrassent eux-mêmes à la foi de Philippe, pour qu'il n'y eût pas un moment perdu, et qu'il ne fût porté chez nous aucun décret contraire à ses vues. Je ferai dire, par les députés d'Athènes, que la Phocide sera sauvée : ainsi, les Phocidiens qui pourraient se défier de moi, sur la parole des députés, se jetteront dans mes bras. Pour les Athéniens, nous les appellerons sur les lieux : croyant que tout va se passer à leur gré, ce peuple ne nous entravera par aucune résolution ; et nous concerterons si bien les rapports et les promesses de nos créatures, qu'il ne bougera pas, quoi qu'il arrive. Voilà les détours, voilà les artifices par lesquels tout a péri dans les mains de ces hommes, dignes eux-mêmes de périr cruellement. Aussi, tout à coup, loin de voir Thespies à Platée rétablies, vous apprîtes qu'Orchomène et Coronée étaient réduites en servitude. Loin que Thèbes fût humiliée, et son insolent orgueil abattu (106), les remparts des Phocidiens, des alliés d'Athènes, avaient été détruits, et détruits par ces mêmes Thébains dont les discours d'Eschine dispersaient la population. Loin que l'Eubée nous fût livrée en dédommagement d'Amphipolis, Philippe élève sur ses côtes de nouveaux forts contre l'Attique, et ne cesse d'entreprendre sourdement sur Géræstos et sur Mégare (107). Loin qu'Oropos nous soit rendue, nous prenons les armes pour défendre Drymos et le territoire de Panacte; ce que nous ne fîmes jamais, tant que les Phocidiens ont subsisté. Loin qu'on maintienne dans le temple de Delphes les antiques usages, et qu'on exige la restitution du trésor sacré, les vrais Amphictyons ont été chassés et bannis d'un sol où il n'est pas resté pierre sur pierre; des Macédoniens, Barbares à qui ce titre n'appartint jamais, l'ont pris avec leur épée; quiconque parlerait de rendre au Dieu ses richesses périrait comme les sacriléges (108); Athènes est dépouillée du privilége de consulter l'oracle la première, et tous les événements sont pour elle autant d'énigmes. Philippe a sauvé sa parole, et obtenu tout ce qu'il voulait; vous, qui espériez tout ce qu'on peut souhaiter, vous avez vu arriver tout le contraire. Avec les apparences de la paix, vous souffrez plus que pendant la guerre; les coupables ont reçu de l'or pour vous tromper, et leurs crimes sont encore impunis.

Que ces crimes soient le résultat de leur seule cupidité, que le salaire de tant de trahisons soit dans leurs mains, c'est là un fait éclairé depuis longtemps sous toutes ses faces. Par la démonstration rigoureuse de ce que vous saviez déjà, je serai même allé, je le crains, contre mon but, et je vous aurai importunés. Encore un mot, cependant. Des ambassadeurs revenus de chez Philippe, en est-il un seul, ô juges! à qui vous élèveriez une statue sur la place publique? Que dis-je? lui assigneriez-vous une pension au Prytanée, ou telle autre récompense dont vous payez vos zélés serviteurs? non, sans doute. Et pourquoi? Ce n'est pas que vous soyez injustes, durs ou ingrats; mais c'est, diriez-vous, qu'ils ont agi pour l'intérêt de Philippe, et nullement pour le nôtre : réponse juste et vraie. Eh bien! croyez-vous que le monarque pense différemment? croyez-vous qu'il ait été si magnifique envers eux pour reconnaître leurs bons et loyaux services envers Athènes? Cela n'est point. Voyez l'accueil qu'il a fait à Hégésippe et à ses collègues (109). Sans parler du reste, il a fait expulser à son de trompe notre poëte Xénoclide (110), pour avoir reçu chez lui ses concitoyens. Voilà comme il traite ceux qui soutiennent leur opinion et vos droits; ceux qui se vendent sont traités comme Eschine et Philocrate. Faut-il encore des témoins? faut-il de plus fortes preuves? arrachera-t-on cela de votre conviction?

Tout à l'heure, devant cette enceinte, quelqu'un, s'approchant de moi, m'apprit la plus étrange nouvelle : Eschine a préparé une accusation contre Charès (111); et, par cette diversion oratoire, il espère vous donner le change. Athéniens, un procès ferait reconnaître que Charès vous a toujours servis avec tout le zèle, avec toute la fidélité dont il était capable, et que ses échecs furent l'ouvrage des hommes cupides qui ont ruiné vos affaires : mais je n'insiste point, je le ferai même la concession la plus large. Tenons pour vrai tout ce qu'avancera l'accusé contre ce général : même alors ce procès serait une pure dérision. Car je n'impute à Eschine ni aucun des événements de la guerre, dont les généraux seuls sont responsables, ni la paix faite par la République : oui, jusque-là, je le tiens quitte de tout. Quel est donc mon objet, et où commence mon accusation? A l'appui qu'il a prêté à Philocrate en combattant les plus utiles propositions, lorsque Athènes négociait cette paix; aux présents qu'il a reçus; au temps précieux qu'il consuma ensuite dans la seconde ambassade (112). N'avoir exécuté aucun de vos ordres; avoir trompé la République; avoir tout perdu par l'espoir pompeusement établi de la docilité de Philippe à nos désirs; s'être fait l'avocat d'un prince coupable de tant d'injustices, et contre lequel d'autres citoyens armaient votre méfiance : voilà mon accusation, voilà vos souvenirs. Ah! si la paix eût été, à mes yeux, justes et favorable pour tous; si je n'avais vu ces hommes tout vendre, puis vous abuser par des mensonges, j'aurais moi-même demandé pour eux des éloges et des couronnes. Quant aux délits qu'a pu commettre un général, ils sont étrangers à la cause. Quel général, en effet, a perdu la Phocide, livré Alos, Doriskos, Kersobleptès, Mont-Sacré, les Thermopyles? Quel général a frayé à Philippe un chemin jusqu'à l'Attique à travers nos alliés et nos amis? Quel général a soumis à l'étranger Coronée, Orchomène, l'Eubée, et, peu s'en fallait dernièrement, Mégare? Quel général a rendu Thèbes puissante? De tant de pertes, si graves, si nombreuses, pas une n'a été l'œuvre de vos chefs militaires, ou le résultat d'une cession faite à Philippe par les Athéniens persuadés dans un traité de paix (113) : toutes ont leur cause dans la cupidité de vos ambassadeurs.

Si donc Eschine fuit et veut vous égarer vers quelque autre objet, résistez-lui par ces mots : Nous ne jugeons pas un général; ce n'est pas sur la conduite de la guerre que tu es accusé. Ne dis pas qu'un autre ait été complice de la ruine des Phocidiens, mais démontre que tu n'y as aucune part. Pourquoi, si Démosthène a prévariqué, n'en parler qu'aujourd'hui (114)?

ne l'accusais-tu quand il rendait ses comptes? Cela seul suffit pour te condamner. Ne viens pas nous vanter les douceurs et les avantages de la paix; ou ne t'impute pas d'avoir engagé la République à la faire : mais que cette paix ne soit pas une flétrissure et un outrage; que, depuis sa conclusion, toutes nos espérances n'aient pas été déçues, tous nos droits anéantis : c'est là ce que tu dois prouver, puisque c'est là ce qu'on a démontré contre toi. D'ailleurs, pourquoi, aujourd'hui encore, louer le prince, auteur de tant de maux? Si vous le pressez ainsi, Athéniens, il ne saura que dire : vainement alors fera-t-il éclater sa voix, vainement l'aura-t-il exercée.

La voix! ce sujet demande aussi quelques mots. Tout fier de la sienne, Eschine, me dit-on, compte vous subjuguer par une illusion théâtrale. Quoi, Athéniens! celui qui, jouant les malheurs de Thyeste et les infortunes de Troie, fut, par vous, sifflé, chassé de la scène, presque lapidé, réduit enfin à renoncer aux troisièmes rôles; celui-là, quand il a causé tant d'infortunes, non comme tragédien, mais comme chargé des plus hauts intérêts de sa patrie, vous captiverait par les sons de sa voix! Ce serait, à mes yeux, la plus étrange inconséquence. Loin de vous d'aussi sottes impressions! Songez que c'est aux épreuves subies par les crieurs publics qu'il faut demander de forts poumons (115); mais que le choix d'un député, d'un citoyen qui veut devenir homme d'État, doit être basé sur son intégrité, sur la fierté de son âme lorsqu'il agit pour vous, sur son amour de l'égalité au milieu de vous. Moi, par exemple, Philippe ne m'a pas ébloui; je n'ai eu des yeux que pour nos captifs, que j'ai rachetés; je n'ai jamais fléchi devant ce prince. Eschine, le front dans la poussière, chantait ses victoires; Eschine n'avait de dédains que pour Athènes. Sans doute, l'éloquence, la voix, ou quelque autre avantage de ce genre, joint à l'ambition du patriotisme et de la vertu, doit être pour vous tous une cause de joie et l'objet de vos encouragements; c'est un bien que se partage un peuple entier. Mais, se rencontre-t-il chez le méchant que la cupidité courbe devant un peu d'or? repoussez l'orateur, ne l'écoutez qu'avec haine et colère. Devenu, par le talent, une puissance, le méchant, chez vous, est le fléau de l'État. Voyez combien Athènes a souffert de ce qui faisait la gloire d'Eschine! Les autres talents se soutiennent assez d'eux-mêmes : mais l'opposition des auditeurs frappe la parole d'impuissance (116). N'écoutez donc l'accusé que comme un perfide, un mercenaire, un imposteur.

A tant de motifs réunis qui demandent sa condamnation, ajoutez notre position vis-à-vis de Philippe. Réduit à la nécessité de respecter nos droits, il changera de politique. Son système, jusqu'à ce jour, fut de courtiser quelques hommes pour tromper le Peuple. Qu'il apprenne leur mort : c'est à vous, Peuple redevenu souverain, qu'il voudra désormais complaire. Ou bien, s'il s'obstine dans son insolente audace, vous aurez, dans la personne de ces criminels, retranché de la République des gens toujours prêts à le servir. Coupables de tels forfaits alors même qu'ils se voyaient menacés par les tribunaux, que ne feront-ils pas, s'ils en sortent absous? Où est l'Euthycrate, où est le Lasthène que le dernier de nos traîtres ne va pas surpasser? Quel citoyen ne rivalisera point de bassesse, quand il verra l'or, le crédit, et tout ce que l'amitié de Philippe peut prodiguer de biens, affluer vers ceux qui ont vendu la Grèce, tandis que des hommes intègres, qui ont fait des sacrifices de fortune, sont inquiétés, sont poursuivis par la haine et l'envie? Non, non; pour votre honneur, pour votre religion, pour votre sûreté, pour tous vos intérêts, n'acquittez pas Eschine : il importe que vous donniez, par son châtiment, une leçon à tous les Athéniens, à toute la Grèce.

NOTES

DU PLAIDOYER DE DÉMOSTHÈNE SUR L'AMBASSADE.

(1) Pour les deux plaidoyers sur l'Ambassade, texte de Reiske, revu sur les *Orat. Attici* de Dobson, les variantes de Bekker, et l'*Apparatus* de Schæfer. Mêmes moyens d'interprétation que pour la plupart des Philippiques.

(2) Τὸν ὅρκον, ὅν..... ὁμωμόκασι.

En les *serments jurés* au plus saint de leurs rois.
         Athal. III, 7.

(3) L'orateur désigne ainsi Timarque, soit parce que l'accusation d'Eschine l'avait dégradé civilement, et, par là, frappé, en quelque sorte, de mort; soit, comme on l'a dit, parce qu'il s'était pendu pour échapper à l'infamie (Ulpien).

(4) *Menaçant les autres.* Ainsi, d'autres accusateurs se seraient joints à Démosthène, si la peur ne les avait

retenus (Ulp.). Comment le rhéteur Aristide, qui cite ces mots, τοῖς δὲ ἀπειλεῖ, a-t-il pu y voir un mensonge?

(5) Démosthène, renversant l'ordre naturel, donne la première place à ces rapports, parce que les mensonges débités par Eschine aux Athéniens forment le principal objet de son accusation (Ulpien).

(6) Bekker et Schæfer retranchent ici ὀρθῶς, comme contredisant la fin de la phrase suivante. Mais ὀρθῶς n'est pas synonyme de καλῶς; il désigne seulement la marche *régulière* des délibérations.

(7) Βούλομαι, πρὸ πάντων,.... μνημονεύοντας ὑμῶν.... πολλοὺς ὑπομνῆσαι. C'est la phrase de Bossuet, dont la fin est aussi d'une simplicité démosthénique : « Quoique personne n'ignore les grandes qualités, etc...., je me sens obligé d'abord à les rappeler en votre mémoire, afin que cette idée nous serve pour toute la suite du discours. » Or. fun. de la Reine d'Angl.

(8) Photius, C. 89, et Harpocration, v..ʹΊσχανδρος, disent nettement que cet Ischandre était un tragédien, et Ulpien achève pour nous l'explication de cette phrase controversée : « Démosthène, dit-il, lance, en passant, un sarcasme; il représente Eschine (autrefois comédien lui-même) comme secondé dans sa politique par un comédien. » Ὑποκριτὴν γὰρ ἔχει τὸν συναγωνιζόμενον. Ceci me semble la paraphrase des mots καὶ ἔχων Ἴσχανδρον; et rien n'empêche plus de prendre δευτεραγωνιστὴν dans le sens propre, et de l'appliquer à Νεοπτολέμῳ : *adhibito Ischandro, Neoptolemi secundano actore,* J. Wolf. Néoptolème, acteur célèbre, est désigné comme un partisan de Philippe dans le Discours sur la Paix.

(9) Hiéronyme, Arcadien, qui trahit la cause de ses compatriotes, était disciple d'Isocrate (Harpocr. et Ulp.). — *Les Dix-Mille* formaient le conseil général de l'Arcadie.

(10) Ce Ctésiphon n'est pas le même qui proposa de décerner une couronne d'or à Démosthène (Harpocr.). Il avait été chargé d'une mission en Macédoine, mais dans une autre circonstance (Ulp.). — *Aristodème,* comédien.

(11) Plusieurs alliés d'Athènes y avaient envoyé des députés pour délibérer avec les Athéniens sur la paix qu'on voulait conclure. Le discours d'Eschine nous apprend ce que portait la décision qu'ils prirent alors.

(12) C'est-à-dire sur l'enquête concernant ceux qui avaient pillé le temple de Delphes : car c'est ce que la diète amphictyonique avait à cœur (Ulp.).

(13) Dans une guerre précédente des Phocidiens et des Thébains pour la possession d'un territoire, ceux-ci avaient tenté de mettre la main sur le trésor de Delphes (Ulp.).

(14) Les Thébains avaient enlevé Oropos aux Athéniens, qui auraient bien voulu recouvrer cette ville (Auger).

(15) Termes qu'employait Philippe dans la lettre qu'on vient de lire (Ulp.).

(16) Les ambassadeurs de la République, de retour de leur mission, étaient, d'après un usage constant, invités à souper au Prytanée. C'était une récompense (Ulpien).

(17) Timagoras, envoyé par les Athéniens vers Artaxerxès Mnémon, pour l'engager à entrer dans une ligue contre Thèbes, fut comblé de présents par ce prince, qui favorisait les Thébains. Accusé, son retour, par Léon, son collègue, il fut condamné à mort. V. Plutarque, Vies de *Pélopidas,* 30; et *d'Artaxerxès,* 22, Reisk.

(18) Nous avons vu dans les Philippiques que ces deux villes de Thessalie étaient en guerre. Pharsale avait embrassé le parti macédonien. Ale ou Alos tenait pour Athènes. C'est Philippe qui les avait armées l'une contre l'autre (Ulpien).

(19) *Les captifs,* c'est-à-dire les Aliens, amis d'Athènes, et devenus prisonniers des Pharsaliens : λύσασθαι, *faire affranchir,* διὰ λύτρων, Ulp.; *a dominis redimere pretio soluto,* Schæfer. Sans doute, Démosthène se proposait d'ajouter un talent à la somme que Philippe aurait consacrée à ce rachat. Auger a manqué le sens de ces trois phrases.

(20) Εἰ μὲν ἀκοῦσαι μόνον ἔδει, καὶ φενακισθῆναι τῇ πόλιν. « Quand une fois on a trouvé le moyen de prendre la multitude par l'appât de la liberté, elle *suit en aveugle, pourvu qu'elle en entende seulement le nom.* » Bossuet, Or. fun. de la Reine d'Anglet.

(21) Selon Ulpien, cette mauvaise plaisanterie sur la sobriété de Démosthène serait, dans l'intention de l'orateur, une preuve de son incorruptibilité, mise dans la bouche d'un ennemi.

(22) Proxénos, général athénien, envoyé avec une flotte et une armée, s'était mis à portée de s'emparer de Thermopyles.

(23) Cette paix, la seconde entre Philippe et les Athéniens, fut conclue. Olymp. CVIII, 2 ; 347 av. J.C., (Dodwel, *Indices ad Demosth.* t. XI, p. 344. Jacobs, Tabl. chron. p. 631, etc.)

Le 19 du mois Élaphébolion correspond, pour cette année, au 5 mars; le 13 de Scirophorion, au 27 mai (Saigey, *Métrologie,* p. 211, etc.)

(24) Tout ce relevé de dates sera suffisamment éclairé par l'extrait suivant du calendrier athénien, tiré du commentaire de Taylor :

SCIROPHORION (15 MAI).

1re Décade, ou Lune commençant.	I.	πρώτη ἱσταμένου, etc. 1.
	II.	2.
	III.	3.
	IV.	4.
	V.	5.
	VI.	6.
	VII.	7.
	VIII.	8.
	IX.	9.
	X.	δεκάτη, 10.
2e Décade, ou Lune moyenne.	XI.	πρώτη μεσοῦντος, vel ἐπὶ δέκα, etc. 1.
	XII.	2.
	XIII.	3. Retour des Députés a Athènes.
	XIV.	4.
	XV.	5.
	XVI.	6. Assemblée du Peuple; compte rendu de l'Ambassade; décret de Philocrate.
	XVII.	7.
	XVIII.	8.
	XIX.	9. [la décision des Athéniens
	XX.	εἰκὰς, 20. Les Phocidiens ont connaissance de
3e Décade, ou Lune décroissant.	XXI.	δεκάτη φθίνοντος, etc. 10.
	XXII.	9. [Ruine de ceux-ci
	XXIII.	8. Traité entre Philippe et les Phocidiens.
	XXIV.	7.
	XXV.	6
	XXVI.	5.
	XXVII.	4. Assemblée au Pirée. Nouvelle du désastre des Phocidiens parvenue a Athènes.
	XXVIII.	3.
	XXIX.	2.
	XXX.	ἔνη καὶ νέα, vieille et nouvelle lune. 1.

(25) C'est le traité par lequel les Phocidiens se rendirent à Philippe, et qui, soumis par ce prince aux Amphictyons, donna lieu à la décision qui statua leur ruine.

(26) Dans cette décision, « les principaux auteurs du sacrilége sont dévoués à l'exécration publique; il est permis de les poursuivre en tous lieux. La nation, comme complice de leur crime, puisqu'elle en a pris la défense, perd le double suffrage qu'elle avait dans l'assemblée des Amphictyons, et ce privilége est à jamais dévolu aux rois de Macédoine. A l'exception de trois villes, dont on ne se tente de détruire les fortifications, toutes seront rasées et réduites en des hameaux de cinquante petites maisons, placés à une certaine distance les uns des autres. Les habitants de la Phocide, privés du droit d'offrir des sacrifices dans le temple, et d'y participer aux cérémonies saintes, cultiveront leurs terres, déposeront tous les ans dans le trésor sacré soixante talents, jusqu'à ce qu'ils aient restitué le entier les sommes qu'ils en ont enlevées ; ils livreront à

armes et leurs chevaux, et n'en pourront avoir d'autres jusqu'à ce que le trésor soit indemnisé. Philippe, de concert avec les Béotiens et les Thessaliens, présidera aux jeux pythiques à la place des Corinthiens, accusés d'avoir favorisé les Phocidiens. D'autres articles ont pour objet de rétablir l'union parmi les peuples de la Grèce, et la majesté du culte dans le temple d'Apollon. » Barthélemy, c. 61, d'après Diod. XVI ; Pausan. X, 3.

(27) A la fin de la guerre du Péloponnèse, les Lacédémoniens, maîtres d'Athènes, délibérèrent avec leurs alliés sur le sort de cette ville. Les Thébains, par l'organe d'un certain Évanthos, opinèrent pour sa destruction et pour l'abandon du sol de l'Attique aux troupeaux de la Béotie. Les Phocidiens furent d'un avis contraire : « Gardons-nous bien, dirent-ils, d'arracher à la Grèce l'un de ses deux yeux. » Les Lacédémoniens persuadés épargnèrent Athènes (Ulpien).

(28) Antipater, Parménion, Euryloque avaient été envoyés par Philippe pour recevoir des Athéniens le serment qui devait garantir l'exécution du traité de paix (Argument anon. de ce disc.).

(29) La prière solennelle prononcée par le héraut contenait des vœux pour la prospérité de la République et l'heureux résultat de la délibération, avec des imprécations contre quiconque aurait reçu des présents pour égarer le peuple. V. Schœmann, de comitt. At. p. 92, d'apr. Esch., Démosth., Dinarq. et Aristoph.

(30) Les Lacédémoniens étaient accourus dans l'espoir que le temple de Delphes allait être rendu aux Doriens, auxquels il avait appartenu dans l'origine. Eux aussi furent trompés par Philippe ; et, reconnaissant qu'il ne songeait qu'à se rendre maître de la Phocide, ils se retirèrent. Hégésippe est désigné ici, parce que cet orateur avait pris le premier la parole pour s'opposer à la paix que Philippe demandait par ses ambassadeurs. Les Athéniens avaient envoyé Proxénos au secours des Phocidiens, leurs alliés ; mais ceux-ci, soupçonnant que ce général voulait s'emparer de leurs villes, le repoussèrent (Ulpien).

(31) Voyez le Plaidoyer de Démosthène sur la Couronne — J'entends τούτοισι dans le même sens que Schæfer, Appar., II, 495. Il se rapporte au temps, et est opposé à τότε. Acception analogue : « Comme disait cet historien » pour un ancien historien (Q. Curce). Boss., Or. fun. de la R. d'Angl.

(32) En vertu du traité secret conclu entre Sparte et la Phocide. V. Diodore, XVI.

(33) Voyez l'Introduct. au disc. sur la Chersonèse. — Philippe, qui venait de déposséder Kersobleptès, roi de Thrace, pouvait plus facilement conquérir la Chersonèse ; et les Athéniens, privés d'un puissant secours par la ruine des Phocidiens, leurs alliés, auraient eu plus de peine à la défendre.

(34) Un calcul plus exact que celui de l'orateur donne, pour cet intervalle, trois mois et quatre jours. V. Contarénus, Var. Lect. c. 17. Ces à peu près étaient admis, puisque nous en avons déjà trouvé un autre exemple, et que Démosthène défie ses adversaires de trouver dans ce dernier passage une erreur de date.

(35) Diophante avait été envoyé aux Thermopyles avec une armée. Il occupa les défilés qui séparent la Thessalie de la Phocide, et, garnissant de troupes toutes les places des environs, il obligea Philippe à se retirer. Il fut reçu à Athènes comme s'il revenait d'une victoire ; on lui décerna des couronnes ; et il fit ordonner lui-même des sacrifices à Hercule, et des prières publiques pour remercier les Dieux (Auger). Voyez, dans le Plaidoyer de Démosthène sur la Couronne, le Décret de Callisthène.

(36) L'Attique célébrait beaucoup de fêtes en l'honneur d'Hercule. Celle-ci, la plus solennelle, avait lieu ordinairement à Marathon, ou dans le Cynosarge (Suid., Harpocration, le Scol.) Le décret de Callisthène statuait seulement que les sacrifices seraient, à raison des circonstances, offerts dans l'intérieur d'Athènes. C'est ce qui a échappé au savant Barthélemy (ch. 61, 12e lettre d'Apollodore).

(37) Charès, Molossos, et quelques autres généraux peu habiles, avaient laissé Philippe remporter sur eux de grands avantages.

(38) Voy. l'Introduction au Discours sur la Paix.

(39) Auger : *faisant valoir ouvertement son argent* Le mot χρυσίον doit être pris au propre : c'est avec de l'or, dont le transport est plus facile, que Philocrate était revenu de Macédoine. Mais c'était de l'or étranger ; il fallait recourir au change, καταλλαττόμενος ; et, ce qui fortifie la preuve de vénalité, l'or de Macédoine avait été étalé par Philocrate sur les comptoirs des banquiers d'Athènes ; φανερῶς ἐπὶ ταῖς τραπέζαις.

(40) Ce député était Phrynon. Il avait fait de Philippe son gendre en lui livrant son propre fils (Scolie d'un man. de Bavière). Voy. aussi Ulpien.

(41) « Res loquitur ipsa, judices ; quæ semper valet plurimum. » (Cic. pro Milone.)

(42) L'usage moderne exige que l'interpellation annoncée soit aussitôt développée : mais l'éloquence grecque a une allure plus libre. C'est l'alinéa suivant qui contient ce nouveau grief ; et l'orateur le présente directement à l'auditoire, parce qu'il est à peu près sûr que son adversaire n'obéira pas sur-le-champ à sa sommation.

(43) Ὃς γὰρ διώκων. Allusion à l'accusation intentée par Eschine contre Timarque (Voy. l'Introduct.). — αἱρεῖς ἀγῶνας. *Toi qui gagnes des procès ;* Timarque avait été condamné. Ces mots signifient aussi : *Toi qui remportes le prix des jeux scéniques*, et ils servent de préparation à ὥσπερ δράματα. — καινούς. C'était une chose *nouvelle*, un *étrange* procès que celui de Timarque : un homme déjà vieux, accusé de prostitution ! (Ulp.) Suidas dit aussi que Timarque fut condamné γέρων ὤν. Cependant Eschine ne lui donne que quarante-cinq ans. — Sous-entendez καινά après δράματα : *les nouvelles représentations dramatiques*, τραγῳδοῖς καινοῖς. Cette accusation était aussi mensongère que les fictions des poètes, δράματα, mot qui, de plus, fait allusion à l'ancien métier d'Eschine, qui avait été comédien (Ulp.). Le rapprochement, ἀγῶνας καινούς, ὥσπερ δράματα, acquérait, aux yeux des Athéniens, une justesse nouvelle, si Timarque avait été jugé au théâtre de Bacchus ou à l'Odéon. — καὶ τούτους ἀμαρτύρους. Preuve certaine d'habileté et d'injustice tout à la fois, τῆς δεινότητος. Démosthène infirme à dessein la condamnation prononcée contre Timarque, qui avait eu l'intention d'accuser Eschine — διαμεμετρημένην. Littéralement : *en te prescrivant une mesure, une partie seulement de la durée d'un jour*. Dans certains procès, à raison de leur importance, on accordait un jour entier pour les plaidoiries (Ulp.). — πάνδεινος, *très-habile* et *très-méchant*.

Cette phrase contient peut-être encore d'autres allusions et d'autres intentions qui nous échappent.

(44) Appien met ces mots dans la bouche d'Antoine conversant avec le jeune Octave. H. Bell. Civ, t. ii, p 421, Schw. Cicéron exprime plusieurs fois les mêmes idées.

(45) Ni Estienne ni Strabon ne parlent d'une ville du nom de Corsies. — Auger met Tilphossée en Thessalie dans sa note, et en Béotie dans son Dict. Géogr. Strabon, liv. IX, parle du mont Tilphossios, comme situé dans le voisinage du lac Copaïs ; de la fontaine Tilphossa, et de Tilphossium, ville de la même contrée.

(46) Ce passage est embarrassant. Markland propose καὶ μὴ καλέσαι, qui lèverait la difficulté ; M. Schæfer, καὶ κελεῦσαι, en sous entendant κυρῶσαι. Mais ces deux corrections sont arbitraires. La version d'Auger ne l'est pas moins : *avant de donner audience aux députés de Philippe*. J'ai suivi l'interprétation de Reiske.

(47) *Néones*, ville de Phocide, près du mont Parnasse. Hédylée, montagne du même pays.

(48) *Conclue*, de la part des Athéniens, qui avaient prêté serment entre les mains des députés de Philippe.

(49) πλευσάντων ἡμῶν. Ces mots, qu'Auger n'a pas compris, s'appliquent à la navigation que devaient faire les députés pour se rendre directement dans la contrée située au nord du canal de l'Hellespont, c'est-à-dire dans la Thrace, où Philippe hâtait quelques conquêtes avant de jurer la paix.

(50) *Doriskos*, ville athénienne en Thrace, près de laquelle Xerxès fit la revue de son armée. — Les mots Θράκην τὰ ἐπὶ Τειχῶν, sur lesquels les éditeurs varient, désignent une partie de la Thrace, peu connue, qui, d'après Ulpien, paraît avoir été couverte de forteresses. Reiske la compare aux *Barrières* de la Belgique. Le Piémont a aussi ses *Barricades*; et le mot *Fort* entre dans la désignation de beaucoup de localités modernes. Wolf traduit Τειχῶν par *Muros*. — Mont-Sacré, forteresse voisine de la mer, au N., et assez près de la Chersonèse de Thrace. Auj., encore, *Monte Santo*.

(51) *Le décret de Philocrate*, qui exceptait les Aliens et les Phocidiens; *celui du Peuple*, qui ordonnait qu'on effaçât cette clause (Reiske).

(52) Après avoir appris la ruine de Kersobleptès, la République envoya Euclide demander des explications à Philippe sur les derniers événements de la Thrace. Le prince répondit qu'il était dans son droit, puisque la députation athénienne s'était présentée à lui bien tard, et qu'il n'avait juré la paix que postérieurement à la prise des places réclamées (Ulpien).

(53) *Alos*, Pagases et Larisse, villes de Thessalie.

(54) La preuve testimoniale écrite, convaincue de faux, donnait lieu à des peines sévères. C'est celle-là que présente Démosthène; il doit s'exposer à un plus grand péril, puisque, contre les règles judiciaires, il se constitue à la fois accusateur et témoin (Ulpien).

(55) *Ergophile*, général athénien (Harpocr.). Il est encore nommé dans le discours de Démosthène contre Aristocrate, dans la Rhét. d'Aristote, et dans la Bibl. de Photius, C. 16. — Eschine, contre *Ctésiph.*, parle d'un *Céphisodote*, amiral, qui partit, avec une flotte, pour l'Hellespont, et qui, à son retour, fut poursuivi comme criminel d'État. Voy. Aussi Harpocration; et Photius, C. 121. — *Timomaque* était dans les parages de la Thrace, à la tête de quelques forces navales, à l'époque où le roi Kotys enlevait aux Athéniens les ports de la Chersonèse. V. l'*Index historic*. Dobson, t. XI, p. 325. — *Ergoclès*, autre général athénien (Harpocr.), fut accusé par Lysias, dont le plaidoyer subsiste, d'avoir trahi les alliés de la République. — *Denys*, inconnu.

(56) Sur *Léon* et *Timagoras*, voyez la note 17. — Xénophon, *Hist. Gr.*, parle d'un *Eubule*, général et contemporain d'Alcibiade; mais il n'est fait nulle part mention de *Tharrex* ou *Tharrès*, ni de *Smicythos*, ou *Socythos*. — Après la bataille des Arginuses, on donna pour collègues à *Conon*, dans le commandement, Philoclès et *Adimante*. Nous ne savons rien de l'accusation qu'il intenta contre ce dernier.

(57) Et non les grands jeux olympiques, comme l'a cru Olivier, *Hist. de Philippe*, l. VIII. Voy. l'Appar. t. II, p. 609, 610; et Barthélemy, ch. LXI. Ce même fait est rapporté par Diodore de Sicile, liv. XVI. Olivier s'amuse à supposer les deux filles d'Apollophane « en esclavage avec deux jeunes Olynthiens, leurs fiancés; » et il prête a Satyros l'intention de les marier ensemble.

(58) Barthélemy : « On le fit mourir sur de fausses imputations. » Dans l'ignorance des détails de la mort d'Apollophane, j'ai mieux aimé traduire littéralement, comme a fait J. Wolf : *Quo per insidias occiso*.

(59) Xénophon, dans la liste qu'il donne des trente tyrans d'Athènes, ne désigne pas Phédimos, mais Phédrias.

(60) On peut lire de plus longs détails, à ce sujet, dans le plaidoyer de Démosthène sur la Couronne.

(61) Les mots κόλαξ, *flatteur*, *parasite*; et ταῖς ἐκιδ[...] χος, *diris obnoxius*, se rapportent à ce qui a été dit plus haut de la conduite d'Eschine à la cour de Philippe.

(62) Selon Ulpien, cette mission serait la troisième ambassade en Macédoine, celle-là même pour laquelle Eschine s'était d'abord fait remplacer par son frère Eunomus. Ce que Démosthène a dit plus haut de la conduite d'Eschine dans cette circonstance rend cette explication très suspecte.

(63) Avant de faire paraître les témoins, et de faire lire leurs dépositions, Démosthène ajoute quelques réflexions relatives à ce qu'il vient de dire.

(64) Littéralement, *Et personne ne versera plus pour moi de l'eau dans la clepsydre*. On mesurait le temps aux plaideurs au moyen d'une clepsydre, ou horloge d'eau. La loi défendait aussi de parler deux fois sur la même matière dans la même assemblée du Peuple.

(65) *D'une malédiction*. — Ce sont les imprécations que les juges prononçaient contre eux-mêmes, et qui étaient contenues dans la formule de leur serment (Schæfer).

(66) Voilà encore les Athéniens de l'époque d'Aristide!

(67) Pour expliquer tout ce morceau, Reiske suppose, avec raison, une espèce de dialogue entre deux étrangers. Plutarque (De Fortuna, et Sympos. IV) dit aussi que Philocrate λαϐὼν χρυσίον παρὰ Φιλίππῳ, πόρνας καὶ ἰχθῦς ἠγόραζε. Athénée l'a répété d'après l'orateur et l'historien, t. III, p. 266, Schw.

(68) Langage adroit, qui atténue les fautes de Timarque (Ulpien).

(69) Maussac et Reiske appliquent σε à Philocharès, qui, selon Ulpien, fut un peintre distingué. On appelait ἀλάϐαστοι, chez les Athéniens, des vases de toilette d'un albâtre très-poli, et sans anses. Les parfumeurs les faisaient peindre pour attirer les chalands (Harpocration et Ulpien). L'*alabastothèque* était le meuble destiné à recevoir ces vases.

(70) Reiske et M. Schæfer entendent, par τούτων et τούτοις, les accusés. Je crois qu'il est question de ceux qui intercèdent pour eux, comme les frères d'Eschine pour Eschine lui-même. La suite du raisonnement le demande ainsi.

(71) « Figurez-vous Démosthène rentrant chez lui au sortir du tribunal, se pavanant au milieu de ses jeunes disciples, leur contant de point en point avec quelle adresse il a dérobé l'affaire à l'œil des juges. Oui, je les ai détournés des imputations faites à Timarque; j'ai transporté leur attention sur l'accusateur, sur Philippe, sur la Phocide, etc. » Esch. c. *Timarq*.

(72) *A défaut de témoins*. — Eschine avait seulement dit : Εἰ δὲ τὴν θεὸν μάρτυρα παρέχομαι. « Si je produis pour témoin une déesse. » — c. *Timarq*. Pour les fragments de poètes, cités ici et plus loin, j'ai suivi le texte de M. Boissonade, *Poet. Græcor. Syll.* Hésiode, *Op. et Dies*, 763; Euripide, *fragm*. t. V, p. 372; Sophocle, t. II, p. 207; *Gnom.* p. 100. Je lis seulement, dans le morceau de Solon, un vers de plus, quoiqu'il paraisse avoir été intercalé ici mal à propos. V. Appar. t. II, p. 674. Je dois la traduction de tous ces passages à M. Lodin de Lalaire, mon condisciple et mon collègue.

Ces citations poétiques étaient non-seulement un ornement, mais une autorité. Devant les tribunaux, le grand orateur Lycurgue s'arma, contre Léocrate, des vers de Tyrtée et d'Euripide. C'est qu'à Athènes le poète pouvait être le premier homme politique de son pays; le même esprit gouvernait l'État et dirigeait l'art; les mêmes juges donnaient leurs suffrages à l'homme d'affaires et au poète.

(M. Nisard, Études sur les poetes latins de la décad., t. I, p. 99).

(73) Les Athéniens avaient été, comme les Anglais et les habitants de la Malaisie, avides de ces sortes de spectacles. Peut-être aurais-je dû traduire : « d'un habitué du marché aux oiseaux, » ce qui était un reproche plus grave. Voyez l'Appar. II, 659. — *Pittalacos* était un esclave public, compagnon de jeu et de débauche de Timarque.

(74) V. Esch. c. *Timarq.* (Dobs. *Or. Att.*, t. XII, p. 45). Eschine appelle aussi Démosthène *artisan de paroles*, ἀνθρώπου τεχνίτου λόγων (ib. p. 70).

(75) Littéralement : *du héros-médecin*. Ce héros est Toxaris, Scythe renommé, qui mourut à Athènes, et dont la mémoire était célébrée par la fête annuelle des *Toxarides*. V. l'App. II, 664.

(76) Mot à mot : *nourris dans la Tholos*. C'était l'édifice dans lequel les prytanes et quelques officiers publics prenaient leurs repas (Harpocrat. et Ulp.). Situé près du Conseil des Cinq-Cents, cet édifice était orné de quelques statues d'argent de moyenne grandeur (Pausan. *Attiq.* c. 5).

(77) V. Esch. c. *Timarq.* (Dobs. *Or. Att.* t. XII, p. 19). « Phocion, une fois habillé, dit Plutarque d'après l'historien Duris, n'avait jamais les mains hors de son manteau. »

(78) *Depuis Solon*. Est-ce depuis la naissance, depuis le ministère, depuis la mort de Solon?

(79) *Pourvu que, mettant le pilidium autour de la tête*. C'était la coiffure d'un homme malade. Or, nous avons vu, plus haut, Eschine prétexter une maladie pour ne pas aller en ambassade. Ulpien voit ici d'autres allusions. Dans quelques cérémonies tumultueuses, où l'on échangeait des injures et même des coups, on prenait souvent la précaution de se couvrir la tête. Eschine, dit encore le scoliaste, dans une chute qu'il fit en jouant le rôle d'Œdomaus, s'étant blessé à la tête, avait pris pendant quelque temps cette coiffure. Ainsi, précaution hypocrite contre les attaques de Démosthène, et souvenir d'un échec humiliant. Mais Plutarque répand plus de jour sur ces mots et sur le passage entier : « Solon imagina de contrefaire le fou, et fit répandre dans la ville, par les gens mêmes de sa maison, qu'il avait perdu l'esprit. Cependant il composa en secret une élégie qu'il apprit par cœur; et un jour il courut soudain sur la place publique, *avec un chapeau sur la tête*. La foule s'étant assemblée autour de lui, il monta sur la pierre des proclamations, et chanta ses vers, etc. » *Vie de Solon*, 8.

(80) « Jam quid audentius illo pulcherrimo ac longissimo excessu? » s'écrie Pline le Jeune (*Epist.* IX, 26). Les rhéteurs grecs ont admiré à l'envi cette même digression.

(81) Cette folle prétention à *l'autochthonie* était commune à plusieurs peuples helléniques.

(82) Voyez l'Introduction historique de la Ire Olynth.

(83) Démosthène n'ajoute point que cet appui prêté par Athènes aux Olynthiens avait été le résultat de ses conseils. Cicéron n'y eût pas manqué.

(84) *Prends cette pièce* : c'est l'acte de condamnation du traître Arthmios.

(85) C'est-à-dire, d'entrer dans la mer Égée par le Pont-Euxin, et dans la Méditerranée par les mers de Pamphylie et de Syrie. *Cyanées*, deux îlots de la mer Noire. *Chélidoniennes*, écueils de la côte sud de la Caramanie.

ᵃ Les exploits de Cimon, dit Plutarque, rabaissèrent si fort l'orgueil du roi (Artaxerxès-Longue-Main), qu'il conclut ce fameux traité de paix par lequel il s'engageait à tenir ses armées de terre éloignées des mers de la Grèce de la course d'un cheval, et de ne jamais naviguer avec de longs vaisseaux à éperons d'airain entre les îles Chélidoniennes et les roches Cyanées......... Ce fut, dit-on, à l'occasion de ce traité que les Athéniens élevèrent un autel à la Paix, et décernèrent des grands honneurs à Callias, qui l'avait négociée. » *Vie de Cimon*, 13.

Au sujet de Callias, lequel croire, de Démosthène ou de Plutarque? L'un et l'autre, je pense. Callias accusé vit ses jours exposés; mais, absous du crime capital de vénalité (δωροδοκίας), il fut honoré de ses concitoyens (*Paulmier*).

(86) Je trouve partout la leçon πεποιημένην τὴν πόλιν. J'avoue cependant qu'elle ne me satisfait pas, et que j'aimerais mieux τῇ πολεῖ, en rapportant πεποιημένην à εἰρήνην.

(87) Harpocration parle de plusieurs Épicrates. Celui dont il s'agit dans cet endroit avait été, sous les trente tyrans, un des chefs d'une partie du peuple, qui s'était réfugiée d'abord dans le bourg et le fort de Phylé (auj. *Vigla Castron*), et qui ensuite s'empara du Pirée.

(88) Ulpien croit que c'était le général Proxénos : il n'appuie son opinion d'aucune preuve.

(89) Démosthène désigne ici la Ninos, qui fut accusée par Ménéclès de composer des philtres pour les jeunes gens, (Ulpien.)

(90) Schæfer remarque avec raison que le mot εὔνοια, opposé à λειτουργία et à εἰσφορά, signifie *un don gratuit*. Appar., II, 706.

(91) Auger fait observer que ceci ne se trouve point dans le plaidoyer d'Eschine, tel qu'il nous est parvenu.

(92) L'auteur du premier argument du plaidoyer d'Eschine contre Timarque dit que celui-ci avait proposé *plus de cent décrets*.

(93) *Cyrébion* était un sobriquet injurieux donné à Épicrate, beau-frère d'Eschine (Suid. Ἐπικρ. Ἁρπ. Κυρηβ. Athén. VI. Ulp.). Eschine appelle Philon son autre beau-frère, que Démosthène nomme Nicias.

(94) Hégésiloé commandait en Eubée lorsque les Athéniens envoyèrent du secours à Plutarque. Il fut accusé d'avoir trempé dans les complots de ce dernier contre la République (Ulpien).

(95) *Au premier tour de scrutin*, pour la solution de cette question : *l'accusé est-il coupable?* Les juges remplissaient alors la fonction de jurés.

(96) Le général Aristophon se vantait d'avoir été soixante-quinze fois accusé et soixante-quinze fois absous. On ne sait rien de ce Philonique, ni de son procès.

(97) Mœroclès, de Salamine, fut un administrateur distingué (Harpocr.).

(98) Les Trois-Cents composaient le Conseil de Mégare.

(99) La Pythie avait dit, avec équivoque, *défiez-vous de vos chefs*; conseil qui pouvait s'entendre également des démagogues, des généraux et des orateurs (Scol. Aug.). Cet oracle avait été rendu en temps de paix (Scol. d'Hermog. p. 110).

(100) Dioné, fille de l'Océan et de Téthys, eut de Jupiter Vénus. Dans d'autres oracles, le nom de cette nymphe est encore joint à celui de Jupiter. C'est donc à tort qu'on a proposé de lire Δωδώνη.

(101) Je trouve partout la leçon, ἑαυτὸν τάξας τῶν ἀπιστούντων εἶναι Φιλίππῳ. En prenant τάξας dans le sens de *ranger* par sa construction avec εἶναι paraît singulière. Ne faudrait-il pas lire ἕνα?

(102) Aglaure, ou Agraule, une des filles de Cécrops. Dans le bois sacré qui entourait son temple, les jeunes Athéniens, couverts de leurs armes, juraient de combattre jusqu'à la mort pour la défense de leur patrie (Ulpien).

(103) Pythoclès était un des principaux citoyens d'Athènes. La petite taille d'Eschine rend cette peinture fort plaisante.

(104) Sur la *Tholos*, que le texte désigne ici, voyez la note 76 de ce Discours.

(105) Leçon vulgaire, ὁμόσε ἐφώρμουν. *Cinquante trirèmes se tenaient en panne près de là.* Bekker et Schæfer lisent ὅμως, d'après un excellent manuscrit de Bavière: *etsi pax facta erat, tamen.* Ce sens est plus fort.

(106) *Et son insolent orgueil abattu.* « περιαιρεθῆναι, vox hoc loco lectissima : quippe congener ejus est κατεσκάπτετο — οἰκίας κατεσκαμμένας, τείχη περιῃρημένα. » Schæfer. J'ai tâché de reproduire cette analogie dans les termes, si habilement saisie par le savant commentateur.

(107) *Géræstos,* promontoire de l'Eubée, qui se prolonge vers l'Attique. Voyez les notes de la Ire Philippique. — *Panacte,* selon Estienne, était une forteresse du même pays. Il y a toute apparence que *Drymos*, dont il ne parle pas, en était voisine. Suidas place Drymos sur les confins de l'Attique et de la Béotie.

(108) Littéralement, *est jeté dans un précipice;* c'est-à-dire du haut de la roche que Suidas appelle *Phædrias*, et Plutarque *Hyampée*. C'était, à Delphes, le supplice des sacrilèges. Voy. El. *Var. Hist.* xi, 5.

(109) Les Athéniens, pendant toute l'année qui suivit la destruction des Phocidiens, eurent une conduite équivoque à l'égard de Philippe : ils lui prêtèrent leurs galères pour transporter ses bannis hors de Macédoine, et cherchèrent après à le traverser dans toutes les occasions. Jaloux de la gloire de ce prince, honteux d'en avoir été les instruments, redoutant au fond sa puissance, ils se livraient tour à tour à ces différents mouvements, et prenaient plaisir à chagriner, quand ils le pouvaient, les amis déclarés du monarque. Ce fut dans ces dispositions qu'ils envoyèrent une ambassade en Macédoine pour justifier leur conduite, et en même temps pour faire des plaintes. Philippe ne fit pas beaucoup d'attention à leurs apologies.

Auger. Hégésippe, que l'on croit l'auteur de la harangue sur l'Halonèse, était à la tête de cette députation.

(110) Xénoclide, poète athénien, vivait en Macédoine. Il reçut chez lui son compatriote Hégésippe, à qui personne ne faisait honneur. A cette nouvelle, Philippe le chassa de ses États (Ulpien).

(111) Sur ce général, qui s'était mis sous la protection de Démosthène, on peut consulter *l'Anacharsis*, ch. 2 et 61.

(112) L'ancienne leçon vulgaire ὑμετέρας a fait place, d'après trois fortes autorités, à ὑστέρας. J'aurais peut-être pris ce dernier mot dans le sens de *arriéré, plein de lenteurs*, si Reiske n'avait trouvé en marge la glose ὑστέρας.

(113) Taylor s'est trompé en expliquant ce passage, dont la contradiction n'est qu'apparente. M. Schæfer a fort bien remarqué qu'il y a une grande différence entre πεισθέντα συγχωρεῖν τι, et ἀπατηθέντα ἀπολλύναι τι : le premier exprime une cession qui est le résultat de la persuasion; le second, une perte causée par la surprise et la mauvaise foi : or, c'est dans ce dernier cas que s'étaient trouvés les Athéniens.

(114) *Si Démosthène.* Voy. App. ii, 754, 755. Ce nom propre doit être maintenu. C'est à tort qu'on a voulu y substituer celui de Charès.

(115) Ce mot rappelle celui de Timothée sur Chabrias. On vantait la vigueur et la constitution robuste de ce dernier. C'est un tel homme qu'il faut à l'armée, disait-on. « Sans doute, dit Timothée, pour porter le bagage. » Plut. *Apophth.*

(116) La même idée est développée dans l'Eloge funèbre des guerriers morts à Chéronée.

DÉFENSE D'ESCHINE.

Je vous conjure, ô Athéniens! de vouloir m'écouter avec bienveillance, considérant et la grandeur de mon péril, et la multitude des imputations qu'il me faut repousser, et les artifices, les intrigues, l'acharnement d'un accusateur assez audacieux pour exciter des juges qui ont juré d'entendre également les deux plaideurs, à étouffer la voix d'un homme en danger. Ce n'est point la colère qui a parlé ainsi : non, l'auteur d'une imposture ne s'irrite jamais contre celui qu'il calomnie, et l'accusateur véridique ne ferme pas la bouche à l'accusé ; il sait que, pour produire une forte impression sur les auditeurs, les griefs qu'il a exposés attendent qu'ils n'aient pu être réfutés par l'accusé dans une libre défense. Mais, je le vois, le langage de l'équité répugne à Démosthène, et telles ne sont pas ses combinaisons. C'est votre propre colère qu'il a voulu provoquer; et il m'accuse de vénalité, lui qu'on ne croira jamais sur pareille imputation! Ah! pour allumer le courroux d'un tribunal contre ceux qui auraient reçu des présents, il faut avoir les mains bien pures.

Sur moi-même, Athéniens, l'effet de l'accusation que je viens d'entendre a été la crainte la plus vive, la plus violente indignation, puis la plus douce joie que j'aie jamais ressentie. Oui, j'ai tremblé, et cette pensée me trouble encore, que quelques-uns de vous ne me méconnussent, fascinés par d'insidieux et perfides contrastes (1). J'étais oppressé, ma raison s'égarait, tandis que Démosthène m'accusait d'outrages commis dans l'ivresse sur une femme libre, sur une Olynthienne. Mais vous l'avez repoussé (2) lorsqu'il en était à ce grief; et je me suis réjoui, et j'ai cru recevoir la récompense d'une vie modeste et pure. A vous donc mes éloges, à vous tout mon amour, puisque vous avez plus de foi dans les mœurs des accusés que dans les inculpations de leurs ennemis. Toutefois, je ne me dispenserai pas de me justifier sur ce point ; car, si un seul de nos citoyens, dont le plus grand nombre nous environne, si un seul de mes juges restait persuadé que j'ai commis quelque attentat, je ne dis pas sur une personne libre, mais sur le dernier des hommes, je ne pourrais supporter la vie; et, si la suite de ma défense ne montre évidemment un mensonge dans cette imputation, et, dans son audacieux auteur, un calomniateur abominable, fussé-je pleinement justifié d'ailleurs, je demande la mort.

C'était encore, à mes yeux, une étrange question, une injustice énorme, que de vous demander si, dans la même ville où une sentence capitale a été rendue contre Philocrate, parce que, se condamnant lui-même, il n'a pas attendu le jugement, il est possible de m'absoudre. Voilà précisément où je vois mon titre de salut le plus légitime. Se condamner soi-même et faire défaut, c'est, dit-on, être coupable : eh bien! s'absoudre, présenter sa tête aux lois et à ses concitoyens, c'est donc être innocent.

Quant au reste de l'accusation, je vous prie, ô juges! si, par oubli, j'omettais quelque article, de m'interroger, de m'indiquer sur quel point vous désireriez m'entendre, de ne préjuger en rien ma culpabilité, d'écouter tout avec la même bienveillance.

Je ne sais par où commencer, tant l'accusation est confuse; et voyez si mon embarras n'est pas naturel. C'est moi dont la vie est aujourd'hui menacée ; et la plus grande partie de l'accusation roule sur Philocrate, sur Phrynon, sur mes autres collègues, sur Philippe, sur la paix, sur Eubule et son administration : c'est parmi tout cela qu'on m'a placé. Seul, dans son discours, Démosthène apparaît comme le défenseur de la patrie; les autres sont des traîtres : car c'est contre nous tous qu'il a épuisé l'injure, et je n'avais que ma part dans cette profusion d'invectives mensongères. Il m'accable de ses mépris : puis, par un capricieux retour, croyant accuser Alcibiade ou Thémistocle, les deux plus puissants (3) politiques qu'ait eus la Grèce, il m'impute d'avoir détruit les villes de la Phocide, livré en d'autres mains nos postes de la Thrace, détrôné Kersobleptès, l'ami, l'allié d'Athènes. Il a fait l'effort de me comparer à Denys, tyran de Sicile (4). Gardez-vous de ce monstre ! s'écriait-il dans l'ardeur de son patriotisme ; et il vous débitait le rêve d'une prêtresse (5) sicilienne. Après avoir porté les choses à cet excès, devenu avare de calomnies envers moi, il a placé la cause des événements, non plus dans mes discours, mais dans les armes de Philippe.

En présence de toute l'effronterie de ce jongleur, il est difficile de se rappeler tous les détails de sa longue accusation, et de parer au hasard des calomnies imprévues. Cependant, pour parler avec la plus grande clarté, pour rendre notoire la justice de ma cause, je commence aux discours prononcés sur la paix, et au choix des négociateurs. Voilà le soutien le plus puissant pour ma mémoire, pour mes paroles, pour votre propre instruction.

Vous vous souvenez tous, je pense, que les députés de l'Eubée, après avoir traité de la paix avec la République pour leur île, vous annoncèrent, de la part de Philippe, qu'il désirait aussi terminer avec vous, et poser les armes. Peu de temps s'écoule, et Phrynon de Rhamnonte est pris par des corsaires, pendant la trêve des jeux Olympiques (6), comme il s'en plaignait lui-même. Racheté à ses frais, et revenu ici, il vous prie de nommer un député pour la Macédoine (7), afin de recouvrer, s'il peut, sa rançon. Il vous persuade, et vous élisez Ctésiphon. A son retour de cette mission, Ctésiphon, après en avoir rendu compte, ajoute que le prince lui a dit : C'est à regret que je fais la guerre aux Athéniens; maintenant encore je voudrais la paix. Ce rapport, appuyé de l'assurance du caractère humain du monarque, est très-bien reçu du Peuple, obtient des éloges à son auteur, et, sans subir de contradiction, est suivi d'un décret que propose Philocrate d'Agnonte, et qui réunit tous les suffrages populaires. Par ce décret, Philippe pouvait envoyer ici un héraut et des ambassadeurs pour la paix. Quelques citoyens avaient d'abord fait opposition, et l'événement montra combien ils avaient à cœur de réussir. Ils attaquent le décret comme illégal, inscrivent en tête de l'acte d'accusation le nom de Lycinos, et concluent à une amende de cent talents. La cause est ensuite portée au tribunal. Philocrate, malade, prend pour défenseur Démosthène, et non pas moi. Arrivé à l'audience, Démosthène, cet ennemi né de Philippe, consume un jour entier à justifier Philocrate, qui est enfin absous, tandis que l'accusateur n'obtient pas le cinquième des voix. Ces faits vous sont connus.

Vers ce même temps, Olynthe fut prise, et plusieurs Athéniens y furent faits prisonniers, entre autres Stratoclès, frère d'Ergocharès, et Évératos, fils de Strombichos. Leurs parents présentèrent au Peuple le rameau des suppliants (8), pour appeler sur eux son intérêt; et cette prière fut appuyée, par Eschine? non, mais par Philocrate, par Démosthène. On députe vers Philippe le comédien Aristodème, qu'il connaissait et aimait pour ses talents. Aristodème, au retour de son ambassade, détourné par quelques affaires, ne parut pas devant le Conseil; il fut prévenu par Stratoclès, qui revenait de Macédoine, et que Philippe, dont il était le captif, avait renvoyé sans rançon. La négligence d'Aristodème souleva beaucoup de mécontentements, parce que Stratoclès répétait, au nom de Philippe, ce qu'on avait déjà entendu. Enfin, Démocrate d'Aphidna, s'étant rendu au Conseil, engagea l'assemblée à mander Aristodème; et, dans le Conseil, siégeait Démosthène, mon accusateur. Aristodème parut, exposa les intentions très-favorables de Philippe pour Athènes, ajouta qu'il serait jaloux de devenir notre allié. Il dit cela au Conseil, il le répéta devant le Peuple. Démosthène, alors, loin de le contredire, proposa de lui décerner une couronne. Rapport fait à l'assemblée nationale, Philocrate décrète que dix citoyens seront choisis et députés vers Philippe, pour ouvrir des conférences sur la paix, et sur les intérêts respectifs du prince et de la République. Le nombre de dix était voté : je fus désigné par Nausiclès (9), Démosthène par ce Philocrate contre lequel ils lève aujourd'hui. Son ardeur pour cette affaire, son zèle pour qu'Aristodème fût notre collègue sans compromettre ses intérêts, allèrent jusqu'à proposer au Conseil d'élire des commissaires avec ordre de solliciter en sa faveur, près des villes il devait jouer, l'exemption de l'amende. — Pour certifier ces faits, prends-moi les décrets, lis la déposition d'Aristodème absent (10), et fais l'appel des témoins qui l'ont entendue. Le tribunal verra qui était le bon ami de Philocrate, quel était lui qui l'engageait à obtenir du Peuple des grâces pour Aristodème.

Lecture des Décrets et de la Déposition.

La première impulsion fut donc donnée à toute cette affaire, non par Eschine, mais par Philocrate et Démosthène.

Dans le cours de l'ambassade, celui-ci demandait vivement à partager notre table; ce ne fut pas moi qu'il gagna, mais mes commensaux Aglaocréon de Ténédos, le délégué des alliés, Iatroclès. Il prétend que, dans la route, j'ai exhorté à nous réunir pour traverser les monstrueux complots de Philocrate : mensonge! Est-ce moi! j'aurais animé contre Philocrate Démosthène, que je savais le défenseur de Philocrate accusé de violer les règles de notre législation, l'élu de Philocrate pour l'ambassade? Il y a plus : jamais nous n'avions, entre collègues, de semblables conférences; et, pendant toute la route nous a fallu tenir bon contre Démosthène, cet insupportable et arrogant personnage.

Nous débattions tous ensemble ce qu'il fallait dire à Philippe. Cimon avouait sa crainte de notre infériorité dans la discussion des droits. Démosthène alors nous promit d'ouvrir des sources d'éloquence intarissables : il devait parler et de nos droits sur Amphipolis, et des causes de la guerre, de façon à coudre la bouche à Philippe, et à lui persuader de rendre cette ville aux Athéniens sous la seule condition du rappel de Léosthène (11). Mais abrégeons le récit de ses prétentions hautaines. Dès notre arrivée en Macédoine, il fut réglé entre nous qu'à notre présentation devant le prince, chacun parlerait dans l'ordre de l'âge, en commençant par les plus vieux. Démosthène était le plus jeune, à ce qu'il nous dit.

Cependant nous sommes introduits. Donnez-moi maintenant toute votre attention. D'ici votre vue va plonger sur la profonde jalousie de cet homme, sur son excessive timidité, sur sa méchanceté, sur les piéges qu'il tendait à des commensaux, à des collègues, et qu'on ne tendrait pas à ses plus grands ennemis. Il révère, dit-il, cette table où s'asseyaient les représentants de la nation, lui, qui n'est, disons-le, ni de notre sol, ni de notre race. Nous, au contraire, qui, dans cette patrie, avons nos temples, les tombeaux de nos pères, nos demeures, de nobles liaisons avec vous, des alliances, des parents, des enfants avoués par les lois; nous qui, dans Athènes, avons mérité votre confiance, puisque vous nous avez élus; arrivés en Macédoine, nous sommes devenus tout à coup des traîtres! et l'homme qui n'a aucune partie de son corps qui ne soit vendue, pas même l'organe de la voix, comme s'il était Aristide, le régulateur des contributions de la Grèce, Aristide le Juste, il lance sur des présents reçus sa haine et ses mépris! Mais écoutez les discours que j'ai tenus pour vous, puis ceux qu'a débités Démosthène, ce ferme appui de l'État; car je veux détruire successivement tous les griefs de l'accusation. Je vous remercie très-vivement, ô juges ! pour votre silence et vos dispositions équitables : si donc il est des inculpations que je n'efface point, ce n'est pas à vous, c'est à moi que je le reprocherai.

Les députés les plus âgés portèrent d'abord la parole : mon tour vint ensuite. J'ai exposé clairement et en détail, devant tout le Peuple assemblé, le discours que j'adressai alors au monarque, et sa réponse : je vais essayer de vous en rappeler la substance.

Je représentai d'abord à Philippe l'attachement de son père pour Athènes; puis, complètement et avec ordre, les obligations que vous avait Amyntas; enfin, les services dont il était lui-même l'objet et la preuve. Amyntas venait de mourir; Alexandre, l'aîné de ses fils, Perdiccas et Philippe, étaient encore enfants. Eurydice, leur mère, se voyait trahie par ceux qui semblaient leurs amis. Pausanias, qui voulait usurper le trône, avait été banni; mais l'occasion lui rendit ses forces et de nombreux auxiliaires. Avec une armée grecque, il prit Anthémonte, Therma, Strepsa (12), et d'autres places. Parmi les Macédoniens divisés, le plus grand nombre tenait pour Pausanias. Dans ce moment critique, les Athéniens élurent Iphicrate général pour marcher sur Amphipolis, dont les habitants étaient alors maîtres de la ville et du territoire. Iphicrate se rendit sur les lieux avec une flottille, plutôt pour observer les événements que pour assiéger la ville. Alors, disais-je au prince, Eurydice, votre mère, le pria de venir. Au rapport de tous ceux qui étaient présents, elle déposa votre frère Perdiccas dans ses bras, et vous, tout petit, sur ses genoux, et lui dit : Amyntas, père de ces enfants, lorsqu'il vivait vous adopta pour fils, et fut étroitement attaché à la République d'Athènes. Ainsi, comme homme, vous êtes devenu le frère de ces orphelins; comme citoyen, vous êtes notre ami. A ces paroles elle joignit de pressantes supplications pour ses fils, pour elle-même, pour l'empire, enfin pour tout ce qu'il fallait sauver. Iphicrate, après l'avoir écoutée, chassa Pausanias de Macédoine, et conserva la couronne à vous et à vos frères.

Après cela, je parlai de Ptolémée (13), établi tuteur des jeunes princes ; je montrai son ingrate et révoltante conduite lorsqu'il vous traversait au sujet d'Amphipolis, et s'alliait aux Thébains, vos ennemis. J'ajoutai que Perdiccas, monté sur le trône, vous avait disputé cette même ville, les armes à la main; je retraçai la générosité des Athéniens offensés, qui, vainqueurs de Perdiccas, sur la conduite de Callisthène (14), firent une trêve avec le vaincu, espérant toujours le ramener à la justice. Quant au reproche répandu alors contre le Peuple, je tâchai de le détruire en montrant que Callisthène avait été mis à mort, non pour la trêve accordée à Perdiccas, mais pour des fautes étrangères à ce fait. Enfin, je n'hésitai pas à parler contre Philippe lui-même, et à lui reprocher d'avoir, comme ses prédécesseurs, tiré l'épée contre la République. Je citai, à l'appui de toutes mes paroles, et la correspondance de ces princes, et les décrets des Athéniens, et le traité de Callisthène.

Il convenait aussi de parler de notre première possession du pays contesté, nommé jadis les Neuf Chemins (15), des fils de Thésée, et d'Acamas, l'un d'eux, qui, dit-on, l'avait reçu en dot de sa femme ; et j'entrai dans tous les détails que comportait la circonstance, mais qu'il faut peut-être abréger aujourd'hui. Voici les preuves que je tirai, non des anciennes traditions, mais des événements de nos jours. Lors du congrès tenu par Lacédémone et par les Hellènes ses alliés, Amyntas, père de Philippe, et membre de la confédération, y envoya un député qui, maître absolu de son suffrage, prononça qu'Amphipolis appartenait aux Athéniens, et que son souverain s'unirait à la Grèce pour leur rendre cette ville. Par les procès-verbaux des séances, j'attestais l'unanimité de la décision, j'en nommais les auteurs. Il n'est donc pas juste, disais-je à Philippe, qu'après ce désistement fait par Amyntas, votre père, à la face de la Grèce, non avec des paroles, mais par un vote formel, son fils fasse revivre les mêmes prétentions. Réclamez-vous Amphipolis comme une conquête ? Si, dans une guerre contre Athènes, vous l'aviez emportée à la pointe de l'épée, sans doute elle vous serait acquise par le droit des armes ; mais, lorsque vous avez pris aux Amphipolitains une ville athénienne, ce n'est pas le bien de ceux-ci qui est entre vos mains, c'est une province d'Athènes.

Après ces discours et d'autres pareils, Démosthène eut à remplir sa part de la mission. Tous étaient attentifs, comptant sur des paroles d'une merveilleuse éloquence ; car ses magnifiques promesses, je l'ai su depuis, étaient parvenues jusqu'à Philippe et à ses courtisans. Dans cette disposition de tous les auditeurs, ce lion de la tribune bégaye en mourant de peur un exorde ténébreux, fait quelques pas dans son sujet, puis se déconcerte, se tait, et ne peut plus retrouver la parole. Philippe, voyant son embarras, l'encourage, lui dit qu'il ne doit pas s'imaginer avoir éprouvé une disgrâce, comme un acteur sur le théâtre, l'invite à rappeler tranquillement et peu à peu sa mémoire, et à continuer. Mais, une fois troublé, une fois le fil de son écrit perdu, il ne put se remettre, et ne fit de nouveaux efforts que pour retomber (16). Comme on ne disait plus rien, l'introducteur nous fit retirer.

Lorsque nous fûmes seuls entre nous, cet utile citoyen, la colère sur le front, me dit que j'avais perdu la République et ses alliés. Saisis d'étonnement, mes collègues et moi, nous voulûmes savoir la cause de cette imputation. Il me demanda si j'avais oublié la situation d'Athènes, et si l'ardeur avec laquelle son peuple, épuisé de fatigues, désirait la paix, était sortie de ma mémoire. Cette hauteur de sentiments te vient-elle, me dit-il, des cinquante vaisseaux que ce peuple a décrétés, et qu'il n'équipera jamais ? Tu as irrité Philippe ; et tes paroles, loin de faire succéder la paix à la guerre, étaient de nature à allumer une guerre implacable.

Je commençais à le réfuter ; les officiers de Philippe nous rappellent. Lorsque nous sommes rentrés et assis, le prince se met à répondre brièvement et par ordre à chacun de nos discours. Il s'arrêtait surtout au mien, et avec raison peut-être, puisque je n'avais, à mon sens, rien omis de ce qui était à dire, et plusieurs fois il prononça mon nom : pour Démosthène, dont le rôle avait été si ridicule, il ne lui adressa pas un mot, que je sache. Aussi cet homme suffoquait de dépit. Mais, lorsqu'à la fin le prince prit un ton de douceur et de bonté, lorsque fut ainsi tombée l'accusation du calomniateur qui avait prédit à mes collègues que j'allais prolonger les différends et la guerre, alors on vit sa tête s'égarer, et, au repas où nous fûmes invités, ses extravagances furent révoltantes.

Nous revenions de l'ambassade. Soudain, contre notre attente, il parle à chacun de nous avec amitié. Je n'avais pas encore l'idée d'un fourbe, d'un orateur madré, d'un caméléon : cet homme m'a tout expliqué en fait de perfidie. Il nous prenait séparément ; il disait l'un : Je te procurerai une avance sur des fonds communs (17) ; je t'aiderai de mes biens ; à l'autre : Je te ferai nommer général. Assidu à me flatter, il exaltait mon faible talent, vantait à outrance la manière dont j'avais parlé à Philippe, me fatiguait de mes propres louanges. Dans un souper que nous prîmes tous ensemble à Larisse, le voilà qui plaisante sur lui-même et sur l'embarras où il s'était trouvé ; il assure que, sous le soleil, personne ne possède comme Philippe le talent de la parole. J'exprimais une opinion semblable, et j'admirais cette mémoire sûre avec laquelle il avait répondu à tous nos discours. Ctésiphon, le plus âgé d'entre nous, comptait ses années, en exagérait le nombre, et ajoutait que, dans sa longue carrière, il n'avait jamais vu d'homme si aimable et si gracieux. Ce Sisyphe battait des mains : Fort bien, Ctésiphon, dit-il ; mais tu ne répéterais pas ces paroles devant le Peuple, et notre collègue (c'est moi) n'oserait vanter aux Athéniens l'éloquence et la mémoire de Philippe. Nous ne sentions pas le piège, nous n'apercevions pas le guet-apens dont je parlerai bientôt. Il nous lie, par notre parole, à répéter ces propos devant vous, et va jusqu'à me conjurer de ne pas oublier de dire qu'il avait, lui aussi, parlé d'Amphipolis.

Jusqu'ici j'ai pour moi le témoignage de mes collègues, qu'il n'a cessé d'outrager et de calomnier dans son accusation. Quant aux discours tenus à cette tribune, je ne puis vous en imposer

ser; vous les avez entendus. Ayez encore la patience d'écouter le reste de ce récit. Chacun de vous attend mes réponses sur le grief concernant Kersobleptès et la Phocide; je le sais, et j'y accours. Mais, si vous n'écoutez les faits qui précèdent, le fil de ceux-là va vous échapper. Permettez à moi, qui suis en péril, de suivre le plan que j'ai adopté : alors, suffisamment éclairés, vous pourrez tendre la main à un innocent; et, par les articles avoués de l'accusateur, vous reconnaîtrez la vérité de ceux qu'il conteste.

De retour à Athènes, nous fîmes dans le Conseil un rapport succinct de notre ambassade, et nous remîmes la lettre de Philippe. Démosthène fut notre panégyriste près des conseillers; et, par l'autel qui était devant leurs yeux, il jura qu'il félicitait la République d'avoir délégué des citoyens qui, par leur éloquence et leur loyauté, par leurs paroles et leurs actions, s'étaient montrés dignes d'Athènes. Il dit de moi, en particulier, que je n'avais point trahi mon mandat. Pour couronner l'œuvre, il proposa de décerner à chacun une couronne d'olivier, en récompense de notre zèle patriotique, et de nous inviter le lendemain à souper au Prytanée. Il n'y a rien de faux dans mes paroles. Que le greffier prenne le décret, et lise les dépositions de mes collègues.

Lecture du Décret proposé par Démosthène, et des Dépositions des Ambassadeurs.

Ensuite nous rendîmes compte au Peuple de notre mission. Ctésiphon, le plus âgé, monte le premier à la tribune. Il dit, entre autres choses, ce qu'il avait promis à Démosthène de vous dire, combien Philippe était affable, beau, et habile buveur. Philocrate et Dercylos, ayant, après lui, prononcé quelques mots, je parais à mon tour. Après avoir détaillé les autres parties de l'ambassade, abordant l'article convenu avec mes collègues, je loue la mémoire et l'éloquence du prince; enfin, n'oubliant pas la prière de Démosthène, j'ajoute qu'il s'était chargé de dire, sur Amphipolis, ce qui aurait pu nous échapper.

Démosthène se lève le dernier. Il se gratte le front (18), et prend cette attitude d'imposteur qui lui est familière. Cet homme, qui avait vu le Peuple approuver hautement mes paroles, dit qu'il admirait et les auditeurs et les députés; qu'oubliant, les uns de délibérer, les autres de donner des renseignements, ils se contentaient, dans les affaires de la patrie, d'un vain babil sur un étranger; que rien cependant n'était plus facile que le rapport de l'ambassade. « J'irai, dit-il, jusqu'à vous montrer comment il faut s'y prendre. » En même temps il fait lire le décret du Peuple. Puis,

« Voilà nos instructions, a-t-il repris; nous les avons remplies. Prends-moi aussi la lettre que nous apportons de la part de Philippe. » La lettre lue, « Voilà, dit-il encore, la réponse; il ne reste plus qu'à délibérer. » Grande rumeur dans l'assemblée : Quelle adresse! quelle précision! disaient les uns; Quelle envie! quelle méchanceté! s'écriait le plus grand nombre. « Voyez, ajouta-t-il, comme je tranche sur les autres articles. C'est à Eschine que Philippe a paru éloquent, nullement à moi. Tout autre, revêtu du pouvoir de ce prince, ne lui serait guère inférieur pour la parole. Sa figure a semblé belle à Ctésiphon. A mes yeux, l'acteur Aristodème, notre collègue, n'est pas moins beau. On a loué sa mémoire : qualité assez commune! Il a le talent de boire : mais Philocrate, un des nôtres, est plus rude buveur. Un orateur affirme m'avoir laissé de quoi dire sur Amphipolis : mais ce même orateur ne céderait pas un mot ni à vous, ni à moi. Au surplus, misères que tout cela! Je vais proposer un décret. Le héraut de Philippe est ici; ses ambassadeurs le suivront de près. Qu'on traite avec eux, et que les Prytanes, après l'arrivée de l'ambassade, convoquent, pour deux jours de suite, une assemblée dans laquelle on délibérera et sur la paix et sur l'alliance. Qu'il soit décerné des éloges à vos députés, s'ils en méritent, et qu'on nous invite, pour demain, à souper au Prytanée. » — Pour prouver ces vérités, prends les décrets. Vous verrez, ô juges! toutes ses variations, son naturel jaloux, insidieux, perfide, et ses complots avec Philocrate. — Appelle mes collègues d'ambassade, et lis leurs dépositions avec les décrets de Démosthène.

Lecture d'un premier Décret.

Mais ce décret n'est pas le seul : il proposa ensuite, dans le Conseil, d'assigner aux ambassadeurs de Philippe, dès qu'ils seraient arrivés, une place pour les fêtes de Bacchus. — Lis encore ce décret.

Lecture d'un second Décret.

Lis aussi la déposition de mes collègues. Les Athéniens verront que ce Démosthène, impuissant à défendre les intérêts de la patrie, signale son éloquence contre ceux qui l'associaient à leur table et à leurs libations.

Lecture des Dépositions.

Vous reconnaissez donc que ce n'est point Philocrate et Eschine, mais Philocrate et Démosthène, qui ont associé leurs intrigues pour la paix; et je crois en avoir fourni des preuves suffisantes. Sur les rapports de l'ambassade, c'est vous-mêmes que j'atteste; sur les discours prononcés en Macédoine, sur les faits de notre voyage, j'ai produit les dépositions de nos collègues. Vous avez entendu l'accusation que vient de prononcer Démosthène; et vous vous rappelez qu'il la commence aux paroles que j'ai adressées au Peuple sur la paix. Ici surtout ses plaintes ont éclaté avec violence, bien que cette partie de l'accusation ne soit qu'un long mensonge.

Il prétend qu'alors j'ai parlé en présence des ambassadeurs que les Hellènes, appelés par le Peuple Athénien, avaient envoyés ici, ou pour se concerter avec nous sur la guerre, s'il fallait la faire à Philippe, ou pour participer à la paix, si l'intérêt commun paraissait la demander. Eh bien! voyez tout ce qu'il vous a dérobé d'important, voyez l'impudence effrénée de cet homme. La date de l'élection des députés envoyés par vous dans la Grèce, quand nous étions encore en guerre avec Philippe, celle de leur départ, les noms de ces mêmes députés, sont consignés dans les registres publics; leurs personnes ne sont pas en Macédoine, mais dans Athènes; et, quant aux députations étrangères, c'est un décret préalable du Conseil qui leur accorde l'audience du Peuple. Tu affirmes, Démosthène, que des délégués de la Grèce étaient parmi nous : eh bien! monte à cette tribune, je te le cède un instant; nomme à ton gré telle ville grecque que tu dis avoir alors envoyé des ambassadeurs; tire des archives du Conseil et fais lire le décret qui les concerne; invoque le témoignage des députés athéniens : et, s'ils déposent que les premiers n'étaient pas éloignés, qu'ils étaient là lorsqu'Athènes délibérait sur la paix; si tu prouves que leur présentation au Conseil et les décrets sont de la date que tu leur assignes, je descends, et je demande la mort! Qu'on lise aussi la décision des alliés. Elle porte, en termes formels, que, le Peuple d'Athènes délibérant sur la paix avec Philippe, et les députés envoyés par lui dans la Grèce pour soulever les républiques en faveur de la commune indépendance n'étant pas revenus, après le retour de cette députation et son rapport aux Athéniens et à leurs confédérés, les Prytanes publieront, aux termes de la loi, l'ordre du jour de deux assemblées, dans lesquelles il sera délibéré sur la paix; et que les mesures prises par le Peuple Athénien seront adoptées par tous les alliés. — Lis cette pièce.

Lecture de la Décision des Alliés.

Fais maintenant la lecture comparative du décret dans lequel Démosthène veut qu'après les Dionysies de la ville, et l'assemblée tenue dans le temple de Bacchus, les Prytanes fassent afficher deux convocations, l'une pour le 18, l'autre pour le 19 (19). Il précise l'époque, précipite les séances, prévient le retour de nos citoyens, députés vers les Hellènes. Vos confédérés, par leur décision, que je reconnais avoir appuyée, demandent que vous délibériez seulement sur la paix; Démosthène veut que la question de l'alliance soit aussi débattue. On va lire son décret.

Lecture du Décret de Démosthène.

Vous venez d'entendre, ô Athéniens! les deux décrets : ils convainquent Démosthène d'avoir désigné comme présents des députés absents, et d'avoir annulé la décision des alliés, que vous vouliez entendre. Les alliés avaient émis le vœu de voir la République attendre les députations grecques : Démosthène, avec l'effronterie la plus empressée, empêche, par ses paroles, que l'on n'attende; il fait plus, il agit, il décrète, il ne donne qu'on délibérera sur-le-champ.

Il a dit que, dans la première assemblée, monté à la tribune après Philocrate, j'avais blâmé le traité de paix dont celui-ci était le moteur, et l'avais présenté comme déshonorant et indigne de la République; mais que, le lendemain, parlant en faveur de Philocrate, et entraînant l'assemblée avec le plus grand succès, je vous avais persuadé de ne pas écouter les orateurs qui vous rappelaient les batailles et les trophées de vos aïeux, de ne pas secourir les Hellènes. La fausseté, que dis-je? l'impossibilité de ces faits, seront démontrées, premièrement par le témoignage contradictoire de Démosthène lui-même, secondement, par vos souvenirs et ceux d'Athènes entière; en troisième lieu, par l'absurdité de l'imputation; quatrièmement enfin, par la déposition d'un personnage important, d'un de vos ministres, d'Amyntor, à qui Démosthène a communiqué un projet de décret pour savoir s'il devait le remettre au scribe; décret qui, loin de contraster avec celui de Philocrate, contient les mêmes clauses. — Prends et lis le décret de Démosthène qui porte expressément que, dans la première convocation, tout citoyen sera libre de donner son avis; que, dans celle du lendemain, les proèdres recueilleront les voix, et que la parole ne sera donnée à personne le jour même où, selon lui, j'ai appuyé la motion de Philocrate.

Lecture du Décret de Démosthène.

Le texte d'un décret est invariable; la calomnie a un langage pour chaque occasion, pour chaque jour. L'accusateur me prête deux harangues; son décret et la vérité ne m'en reconnaissent qu'une. Pouvais-je parler dans la seconde assemblée, puisqu'on n'avait point la liberté de la ire, et que les proëdres s'y opposaient? Mais, j'eusse pensé comme Philocrate, moi, son antagoniste dans la première séance, dans quel but, après l'intervalle d'une seule nuit, l'aurais-je soutenu devant les mêmes auditeurs? Voulais-je le servir, ou m'attirer de la considération? Mais je n'obtenais ni l'un ni l'autre, et, en pure perte, je soulevais l'indignation générale.

— Appelle Amyntor d'Erchia, et lis sa déposition. Je veux vous en présenter d'avance la teneur. Amyntor dépose, en faveur d'Eschine, que, lorsqu'aux termes d'un décret de Démosthène, le Peuple délibérait s'il ferait alliance avec Philippe; dans la seconde des deux assemblées, où la discussion était fermée, et où l'on mettait aux voix les décrets de paix et d'alliance, Démosthène, assis à ses côtés, lui montra un décret écrit de sa main, portant son nom, pour savoir s'il chargerait le greffier de le présenter aux proëdres; et que l'auteur de cet acte proposait la paix et l'alliance aux mêmes conditions que Philocrate. — Qu'Amyntor comparaisse, et, s'il fait défaut, qu'on le cite juridiquement.

Lecture de la Déposition d'Amyntor.

Vous venez d'entendre la déposition, ô Athéniens! Jugez, d'après cela, si c'est moi que Démosthène accuse, ou lui-même sous mon nom. Mais, puisqu'il calomnie et empoisonne mes paroles, je ne reculerai devant aucune d'elles, je n'en nierai pas une, et, loin d'en rougir, je m'en glorifie. Rappelons les circonstances de vos délibérations. Rien n'enchaînera mon langage, et je ne demanderai mon salut qu'à la libre exposition de la vérité. Si tel n'est pas votre avis, me voilà, frappez: aucune crainte ne saurait voiler ma pensée.

Nous entreprîmes d'abord la guerre à l'occasion d'Amphipolis; notre général avait, dans cette campagne, perdu soixante-quinze villes alliées, que le fils de Conon, Timothée, avait acquises à notre confédération; de cent cinquante trirèmes, tirées de nos chantiers maritimes, il n'en avait ramené que quarante-huit, comme on ne cesse de vous le prouver dans les accusations dont il est l'objet; il avait dépensé quinze cents talents, non pour entretenir les soldats, mais pour fournir au faste des officiers principaux, d'un Déjarès, d'un Déipyros, d'un Polyphonte, de misérables déserteurs ramassés dans la Grèce, et en particulier de ces mercenaires qui vivent de la tribune et des assemblées: bande formée pour frapper sur les malheureux insulaires une capitation annuelle de soixante talents, enlever les Hellènes et leurs vaisseaux, et infester les mers, domaine de tous les peuples. Abdiquant sa dignité, et l'empire de la Grèce, Athènes n'ambitionnait plus que la gloire de l'Ile-des-Rats (20) et de ses corsaires; Philippe, descendu de sa Macédoine, ne luttait plus contre nous pour Amphipolis, mais pour Lemnos, pour Imbros, pour Scyros, possessions athéniennes; nos citoyens désertaient la Chersonèse, qui nous appartenait incontestablement; vous étiez forcés de tenir plus d'assemblées extraordinaires, avec crainte et alarmes, que d'assemblées fixées légalement; et tels étaient les périls de notre République chancelante, qu'un des amis intimes de Charès, Céphisophon de Pæania, fut obligé de proposer par un décret qu'Antiochos, commandant de la marine légère, mettrait à la voile en toute hâte, chercherait le général et son armée, et lui dirait, s'il pouvait le joindre: Le Peuple est surpris de voir Philippe marcher contre la Chersonèse, colonie d'Athènes, et d'ignorer où se trouvent son général et les troupes de l'expédition. Ces faits sont véritables: écoutez le décret, rappelez-vous la guerre; et quant à la paix, demandez-en compte aux généraux, et non aux députés.

Lecture du Décret.

Telle était donc la position de la République quand elle délibéra sur la paix. Des orateurs ligués se levaient, n'essayaient pas une parole pour la sauver, mais appelaient nos regards sur les Propylées de l'Acropole, nos souvenirs sur le combat naval gagné à Salamine contre les Perses, sur les tombeaux, sur les trophées de nos ancêtres. Je disais, moi, que la mémoire de toutes ces grandes choses était un devoir; mais qu'il fallait imiter de nos pères leurs sages résolutions, et nous garantir de leurs fautes, de leur ambition intempestive. Les batailles livrées aux Perses sur terre et sur mer à Platée, à Salamine, à Marathon, à Artémise; l'intrépidité d'un Tolmidès, qui, avec mille Athéniens d'élite, parcourut impunément le Péloponnèse armé contre nous (21), voilà, disais-je, nos modèles. Mais loin de nous l'exemple de cette expédition de Sicile tentée par nos pères pour secourir les Léontins, tandis que l'ennemi avait fait irruption dans notre contrée et fortifié contre nous Décélia! loin de nous ce vertige qui, dans les derniers temps, leur fit rejeter, quoique vaincus, les propositions de Lacédémone qui leur offrait la paix, et leur laissait, outre l'Attique, Lemnos, Imbros, Scyros, et leur constitution démocratique, pour continuer une guerre qu'ils ne pouvaient soutenir! Alors un Cléophon, un facteur de lyres, que plusieurs se souvenaient d'avoir vu les fers aux pieds, un intrus sur le registre des citoyens, grâce aux largesses qui lui avaient acheté le Peuple, menaçait d'égorger le premier qui parlerait de paix. Enfin, Athènes fut réduite à se trouver trop heureuse, pour terminer les hostilités, d'abandonner tout, d'abattre ses murailles, de recevoir de Lacédémone une garnison et un gouverneur, de laisser passer le pouvoir des mains du Peuple dans celles de trente tyrans qui firent périr, sans procès, quinze cents citoyens.

Voilà, je l'avoue, l'imprudent écueil que je signalais, en vous exhortant à imiter les hauts faits de vos aïeux. Hélas! ce n'était pas d'une bouche étrangère que j'avais appris nos malheurs, c'était de l'homme auquel je tiens de plus près. Atromètos, mon père, que tu outrages sans le connaître, sans avoir vu quel il était jadis parmi les jeunes hommes d'Athènes, toi surtout, Démosthène, qui, par ta mère, descends des Scythes vagabonds, Atromètos s'est exilé sous les Trente, et a coopéré à la restauration démocratique. Cléobule, mon oncle maternel, fils de Glaucos d'Acharna, conjointement avec Démænète, fils de Buzygos, a vaincu sur mer Chilon, amiral des Lacédémoniens. Les infortunes de la patrie sont donc pour moi des événements de famille, et ces compagnes de mon enfance m'ont familiarisé avec leur voix.

Tu me reproches et mon ambassade en Arcadie, et le discours que j'adressai aux Dix-Mille; tu m'accuses de versatilité, toi, esclave fuyard, que le fer chaud a oublié de flétrir! Oui, pendant la guerre, j'animais contre Philippe, autant qu'il était en moi, les Arcadiens et les autres Hellènes; mais, voyant que nous n'étions aidés par aucun peuple, que les uns attendaient avec indifférence l'issue de cette lutte; que les autres prêtaient au conquérant leurs soldats; que, dans Athènes même, les orateurs exploitaient la guerre pour satisfaire leur luxe journalier, je conseillai aux Athéniens, je l'avoue, un rapprochement avec Philippe, et une paix que tu crois honteuse aujourd'hui, toi qui n'as jamais manié l'épée, mais que je prétends, moi, bien plus honorable que la guerre. Il faut, ô Athéniens! juger un député d'après les circonstances de sa mission; un général, d'après les troupes qu'il a commandées. Ce n'est pas à des messagers de paix que vous érigez des statues, que vous accordez places d'honneur, couronnes, pensions au Prytanée; c'est aux généraux vainqueurs. Or, si les événements militaires font peser leur responsabilité sur l'ambassadeur, et réservent pour le général leurs récompenses, vous n'aurez plus que des guerres interminables, des guerres d'extermination : car qui voudra se charger d'une ambassade?

Il me reste à parler de Kersobleptès, des Phocidiens, et des autres calomnies de l'accusateur.

Soit dans la première, soit dans la deuxième ambassade, je vous ai annoncé, ô Athéniens! ce que j'ai vu, comme je l'ai vu ; ce que j'ai entendu, comme je l'ai entendu. Qu'ai-je donc vu, qu'ai-je entendu touchant Kersobleptès? J'ai vu, […] que tous mes collègues, le fils de ce prince est otage chez Philippe, et il y est encore à présent. Lors de notre première mission, au moment où la députation entière partait pour Athènes, […] Philippe pour la Thrace, ce prince nous promit de ne pas attaquer la Chersonèse tant que vous délibéreriez sur la paix. Aussi, le jour où la paix fut décrétée par vous, il ne fut fait aucune mention de Kersobleptès. Mais, entre notre élection pour l'ambassade des serments et notre départ, il se tint une assemblée qui, par hasard, comptait parmi ses proèdres Démosthène, mon accusateur actuel. Dans cette séance, Critobule de Lampsaque se présente avec le titre d'envoyé de Kersobleptès, et demande à prêter serment entre les mains des députés de Philippe, et à faire inscrire le roi thrace dans le traité avec vos alliés. Après ces paroles, Aleximaque de Phèle soumet aux proèdres une motion portant que l'envoyé de Kersobleptès jurerait, avec les autres alliés, paix à Philippe. Lecture faite de la motion (j'en appelle aux souvenirs de vous tous), Démosthène se lève au milieu des proèdres, et proteste contre la mise en délibération, disant qu'il ne rompra point la paix avec la Macédoine; qu'il ne reconnaît pas ceux qui viennent, sans titre, se glisser dans une alliance, comme des parasites au festin d'un sacrifice; que d'ailleurs on leur accordera une autre séance. Alors vous vous récriez, vous appelez par leurs noms les autres proèdres à la tribune; de sorte que le décret fut livré à la discussion, malgré Démosthène. Telle est la vérité. Qu'on fasse paraître Aleximaque, auteur du décret, et les co-proèdres de Démosthène, dont on lira la déposition.

Lecture de la Déposition.

Ce Démosthène qui, tout à l'heure, à cette place, pleurait en vous parlant de Kersobleptès, l'effaçait donc évidemment de notre alliance. Dès que l'assemblée fut levée, les ambassadeurs de Philippe reçurent le serment des alliés dans notre quartier-général. L'accusateur a eu le front d'avancer que j'ai éloigné du serment Critobule, député de Kersobleptès, en présence des alliés, des généraux, et en dépit du décret du Peuple. D'où me serait venu ce prodigieux pouvoir? Comment le fait serait-il resté dans le silence? Si j'avais eu cette audace, l'aurais-tu tolérée, Démosthène? N'aurais-tu pas rempli la place publique de tes clameurs, en me voyant, comme tu le dis […]

instant, repousser un plénipotentiaire des engagements pris au nom du ciel? Que le crieur appelle les généraux et les députés des alliés : écoutez ce qu'ils déposent.

Lecture des Dépositions.

Quel crime, ô Athéniens! que ces audacieuses impostures lancées, dirai-je à un compatriote? non, à un citoyen dont elles menacent les jours! Honneur à nos ancêtres, qui, dans les causes de meurtre jugées près du temple de Pallas, ont établi que l'accusateur vainqueur affirmerait avec serment, sur les chairs des victimes, la justice des suffrages obtenus par lui, la sincérité de toutes ses paroles, et appellerait, dans le cas contraire, les plus affreuses disgrâces sur lui-même, sur sa maison, et mille prospérités sur les juges! Sage coutume, dont nous avons hérité, et qui est la sauvegarde du citoyen! Car, s'il n'est personne parmi vous qui voulût se permettre un meurtre, même légitime, combien plus éviterait-il un meurtre inique, par lequel il ravirait à quelqu'un la vie, la fortune, ou les droits de cité? Un tel crime a causé parfois le suicide du coupable, ou sa mort juridique. Ne m'absolverez-vous donc pas, ô Athéniens! si, après avoir traité Démosthène d'infâme, dont tout le corps, y compris l'organe de la voix, n'est qu'une souillure, j'arrache le masque aux impostures qui forment le reste de son accusation au sujet de Kersobleptès?

Il est chez vous un usage excellent, utile surtout pour l'accusé qu'on calomnie : vous conservez, sans interruption, dans les archives publiques, les dates, les décrets, et les noms des proèdres. Or, cet homme vous a dit que ce qui avait perdu Kersobleptès, c'est que, chef de l'ambassade et abusant de mon crédit, j'avais refusé de passer, selon ses conseils, en Thrace, où Kersobleptès était assiégé, et de protester contre la conduite de Philippe ; et que mes collègues et moi nous avions séjourné à Oréos pour nous y faire des amis. Eh bien! écoutez la lettre par laquelle Charès mandait alors au Peuple que Kersobleptès a été dépouillé de ses États et que Philippe a pris Mont-Sacré le 6 de la 3ᵐᵉ décade d'Élaphébolion (22). Or, Démosthène, membre de la députation, présidait, le 7, une assemblée du Peuple.

Lecture de la Lettre de Charès.

Nous passâmes ici le reste du mois, et même nous ne partîmes qu'en Munychion. Témoin le Conseil lui-même, dont il existe un ordre de départ pour la prestation des serments. — Lis cet acte du Conseil.

Lecture.

Lis aussi la date.

Lecture.

Vous l'entendez : cet ordre est du 3 de la 1ʳᵉ décade de Munychion. Kersobleptès avait donc perdu son trône plusieurs jours avant mon départ, selon le général Charès, dont la lettre est du mois précédent, à moins que Munychion ne précède Élaphébolion. Pouvais-je donc sauver Kersobleptès, qui était dépouillé avant que je partisse d'Athènes? Croyez-vous, après cela, que l'accusateur ait dit un mot de vrai sur ce qui s'est passé en Macédoine et en Thessalie, lui qui ment contre le témoignage du Conseil, contre la foi des archives publiques, des dates, des assemblées de la nation? Proèdre, dans Athènes, tu exclus Kersobleptès du traité ; et c'est à Oréos que la pitié te prend pour ce prince! Accusateur de ceux qui reçoivent des présents, l'Aréopage n'a-t-il pas puni d'une amende ton désistement des poursuites que tu avais intentées pour blessures contre Démomèle de Pæania (23), ton cousin, après t'être fait des incisions à la tête? Grave et noble orateur, ignorons-nous que tu es le bâtard d'un Démosthène, d'un armurier?

Tu t'es efforcé de prouver qu'après m'être démis de l'ambassade près des Amphictyons, je l'ai illégalement remplie ; des deux décrets, tu cites l'un et supprimes l'autre (24). Athéniens, au retour de la seconde mission, dont je faisais mon rapport avec zèle, élu député près la diète, je ne refusai point, quoique malade ; mais je promis de partir si ma santé le permettait. Après le départ de mes collègues, j'envoyai au Conseil mon frère, mon neveu, et un médecin, non pour présenter ma démission, la loi ne permettant pas de se démettre, entre les mains du Conseil, d'une fonction conférée par le Peuple ; mais pour faire la déclaration de ma maladie. Cependant mes collègues, instruits des événements de la Phocide, reviennent sur leurs pas ; le Peuple s'assemble ; moi, présent à la séance et rétabli, le voyant persister à presser le départ de tous les députés élus d'abord, je crus devoir ne pas payer les Athéniens d'une défaite. Et toi, qui n'as point attaqué cette dernière mission quand je rendais mes comptes, tu te déchaînes contre l'ambassade des serments, sur laquelle mon apologie sera aussi claire que solide.

A l'exemple de tous les imposteurs, tu trouves commode de transposer les dates : je veux, moi, procéder avec ordre, et je commence à notre voyage pour la prestation des serments. Nous étions dix députés, sans compter celui que nous adjoignaient les alliés. Instruits des pièges que Démosthène avait tendus à tous les membres de la première députation, aucun de nous, dans la seconde, ne voulut être son commensal, ni loger, autant que possible, dans la même hôtellerie. Quant au voyage en Thrace, il n'en fut pas dit un mot : nos instructions ne prescrivaient rien de semblable; il nous était seulement ordonné de recevoir les serments. D'ailleurs, transportés là, qu'aurions-nous fait, puisque Kersobleptès était déjà dépouillé, comme vous venez de l'entendre? Ici, chaque parole de Démosthène est un attentat contre la vérité, une imposture d'accusateur à qui la réalité échappe de toutes parts.

Il était accompagné de quelques esclaves, porteurs de deux paquets de literie, dont l'un contenait un talent d'argent, comme il le dit lui-même. Aussi ses anciens surnoms revenaient-ils à la mémoire de ses collègues. Enfant, quelque acte honteux, quelque vice infâme le fit appeler Battalos (25). Jeune homme, ayant réclamé juridiquement dix talents de chacun de ses tuteurs, il fut nommé Argas. Homme fait, il cumula encore le titre commun à tous les méchants, celui de Sycophante. Il faisait le voyage, disait-il (vous venez de l'entendre de sa bouche), pour racheter nos captifs : et il savait que Philippe, dans la guerre, n'avait jamais exigé de rançon d'aucun Athénien ! Sa cour tout entière lui avait appris qu'il renverrait de même les autres, si la paix avait lieu. Aux nombreux citoyens plongés dans cette disgrâce, il apportait un talent, rançon à peine suffisante pour un seul prisonnier d'une médiocre fortune !

Arrivés en Macédoine, dès que nous sûmes que Philippe était revenu de Thrace, nous eûmes entre nous une conférence. Nous lisons le décret qui nous envoyait en ambassade, et nous énumérons toutes nos intructions, indépendamment de celle qui concernait les serments. Personne ne rappelait les articles principaux, et tous s'arrêtaient à des objets secondaires. J'exposai alors des observations qu'il est indispensable de reproduire devant vous. Au nom des Dieux, Athéniens ! puisque vous avez entendu l'accusateur parcourir à son gré toutes les imputations, écoutez une défense méthodique, et continuez-moi l'attention que vous avez prêtée aux premières parties de ce plaidoyer.

Je dis donc à mes collègues assemblés, comme je l'indiquais tout à l'heure : « Vous me paraissez méconnaître étrangement l'ordre essentiel du Peuple. Car enfin, pour recevoir des serments, traiter des autres articles, parler des prisonniers, il suffisait, je pense, à la République d'envoyer des agents subalternes, accrédités par elle : mais débattre avec justesse les grands intérêts d'Athènes et de Philippe, voilà la tâche réservée à la sagacité de notre ambassade. Je parle de l'expédition aux Thermopyles, qui, vous le voyez, est toute prête. J'ai de fortes preuves pour appuyer mes conjectures ; les voici. La légation thébaine est ici; celle de Lacédémone arrive; et nous sommes venus avec un décret du Peuple qui porte: *Les députés feront, en outre, tout ce qu'ils pourront faire d'avantageux.* La Grèce entière a l'œil fixé sur l'avenir. Or, si le Peuple eût cru de sa dignité de signifier hautement à Philippe, dans nos instructions, qu'il réprimât l'orgueil de Thèbes et rebâtît les villes béotiennes, il l'aurait demandé par son décret. Il ne l'a pas fait ; et, se retranchant en cas de refus, derrière l'obscurité de ses ordres, il a pensé que nous devions en prendre sur nous les risques. Voulons-nous donc signaler notre zèle pour l'État? ne nous renfermons point dans les limites du pouvoir qu'Athènes eût pu conférer d'autres envoyés; ne reculons pas devant la haine des Thébains. L'un d'eux, le général Épaminondas, sans craindre d'offenser la majesté d'Athènes, disait ouvertement à la populace de Thèbes qu'il fallait transporter les Propylées de notre Acropole dans le vestibule de la Cadmée.

Ici Démosthène m'interrompt avec de grands cris, comme le savent tous mes collègues; car c'est peu de ses autres vices, il s'est fait Béotien (26). Cet homme, dit-il, s'enivre de trouble et d'audace; moi, je suis timide, je l'avoue, et je redoute les périls même éloignés. Je proteste contre l'idée de brouiller ensemble les deux Républiques, persuadé que le meilleur parti pour nous autres députés est de nous abstenir de tout empressement indiscret. Philippe va aux Thermopyles ! je ferme les yeux. On ne m'accusera pas pour l'expédition de Philippe, mais pour une parole hors de propos, pour une démarche qui dépasserait mes instructions. » Finalement, nos collègues décidèrent que chacun de nous répondrait à des interrogations personnelles ce qu'il jugerait le plus utile.—Pour prouver ces vérités, appelle les membres de la députation, et lis leur déposition.

Lecture de la Déposition.

Philippe était de retour, les députations s'étaient rassemblées à Pella. L'introducteur appelle celle d'Athènes. Nous nous présentons, nous parlons, non suivant l'ordre de l'âge, comme dans la première ambassade, usage estimé qui faisait honneur à la République, mais au gré de l'impudent Démosthène. Lui, le plus jeune de tous, d'après ses propres paroles, il déclara qu'il ne céderait à personne le privilége de parler le premier; qu'il ne permettrait pas que l'un de nous (allusion à moi-même), accaparant toute l'attention du prince, ne laissât rien à dire aux autres.

Débutant par une sorte d'invective contre les

collègues, il dit que nous ne venions pas tous pour le même objet, et que nous n'étions pas unanimes; ensuite il détaille tout ce que, serviteur soumis, il a fait pour le prince. Premièrement, il avait défendu Philocrate, accusé d'avoir enfreint les lois dans le décret qui permettait à Philippe d'envoyer à Athènes des négociateurs pour la paix. Secondement, il lit une décision rédigée par lui-même, pour traiter avec le héraut et les députés du monarque; puis une autre décision, qui réglait les jours où la question de la paix serait débattue par le Peuple; et il fait remarquer qu'il avait le premier fermé la bouche aux adversaires de la paix, non par des paroles, mais par cette fixation même (27). Il produit ensuite un troisième décret concernant la mise en discussion de l'alliance, et enfin celui qui accordait aux ambassadeurs macédoniens des places d'honneur aux fêtes de Bacchus. Il rappelle de plus ses petits soins pour eux, et les coussins placés par ses ordres, et la garde vigilante qu'il avait faite autour de leurs personnes, en dépit des jaloux qui voulaient insulter à son noble empressement, et d'autres détails ridicules à outrance, dont rougirent ses collègues; sa maison ouverte à ces mêmes députés, les attelages de mulets loués par lui à leur départ, l'attention de les escorter à cheval, preuves éclatantes d'une servilité que les autres, du moins, entouraient de ténèbres. Il s'attache aussi à corriger ses propres paroles. Je n'ai pas vanté, dit-il, votre beauté : l'être le plus beau, c'est la femme; ni votre talent pour boire : c'est l'éloge d'une éponge; ni votre mémoire : c'est le mérite d'un sophiste, d'un trafiquant de paroles. Pour abréger, les propos qu'il se permit à la face des ambassadeurs de presque toute la Grèce causèrent une explosion de rires peu commune.

Il se tut enfin, le silence se rétablit, et il me fallut prendre la parole après ce grossier langage, après ce débordement de hideuse adulation. Je répondis d'abord succinctement, il le fallait, à ses insultes contre l'ambassade. Athènes, dis-je, ne nous a pas délégués pour aller faire notre apologie en Macédoine : elle nous a éprouvés dans son sein, et jugés dignes de la représenter. J'ajoutai un mot des serments que nous venions recevoir, et passai à l'exposé des autres articles contenus dans nos instructions; car Démosthène, ce fécond, cet habile orateur, avait oublié tous les points importants. Je parlai donc de l'expédition des Thermopyles, du trésor sacré, de Delphes, des Amphictyons. Je demandai surtout à Philippe de ne pas rétablir l'ordre dans ce pays avec le glaive, mais avec une sentence librement votée. Si la chose n'était pas possible (et elle ne l'était plus, sans doute, puisque son armée était déjà réunie sur les lieux), je lui dis que, dans un parti à prendre sur le culte des Grecs, il fallait apporter une sage et pieuse prévoyance, et recueillir avec attention tous les renseignements sur les antiques usages. Je remontai alors à la fondation du temple et aux premières assemblées des Amphictyons; je lus les serments par lesquels ces anciens Grecs s'engageaient à ne détruire aucune ville amphictyonique, à ne point couper, soit en guerre, soit en paix, les eaux qui les arrosent, à marcher contre le peuple qui violerait cet engagement, à renverser ses villes, à employer leurs pieds, leurs mains, leur voix, toutes leurs puissances, pour punir tout profanateur du trésor d'Apollon, tout complice, tout instigateur du sacrilége. Le serment était accompagné d'une imprécation terrible. Après cette lecture, je déclarai qu'il me semblait juste de ne pas laisser en ruines des villes béotiennes, puisqu'elles étaient amphictyoniques, et comprises dans le serment. J'énumérai les douze peuples (28) qui avaient le droit de siéger dans le temple, Thessalie, Béotie (et non Thèbes seule), Doriens, Ioniens, Perrhèbes, Magnésie, Locride, Œtéens, Phthiotes, Maléens, Phocide. Je montrai que chacun de ces peuples avait un égal droit de suffrage, le plus faible comme le plus puissant; qu'au député de Dorium ou de Cytinium était attaché autant de pouvoir qu'à celui de Lacédémone; au représentant d'Érythra ou de Priène, parmi les Ioniens, autant qu'à celui d'Athènes; et ainsi des autres, chaque peuple ayant deux voix. Je déclarai que l'expédition actuelle reposait sur une base juste et sainte; mais que, les Amphictyons étant assemblés dans le temple avec leur inviolabilité et leur droit de voter, il fallait poursuivre juridiquement les auteurs du pillage du temple, et non leur patrie; punir les sacriléges et leurs instigateurs, mais épargner les villes qui livreraient les coupables à la justice. « Si, par une invasion armée, vous appuyez les iniquités des Thébains, vous ne ferez que des ingrats parmi ceux que vous allez soutenir; car ils ne recevront jamais de vous tout le bien qu'Athènes leur a fait, et qu'ils ont oublié. Quant à ceux que vous aurez injustement abandonnés, loin de les gagner, vous envenimerez leur haine. »

Mais ne nous arrêtons pas davantage à vous détailler les discours que je tins alors en Macédoine; terminons, et résumons tout cet article. La fortune et Philippe étaient maîtres des opérations; je ne l'étais, moi, que de la parole et de mon zèle pour vous. J'ai fait parler la justice et vos intérêts; il est advenu, non ce que nous demandions au ciel, mais ce que Philippe a fait. A qui donc est due votre estime? au député qui n'a cherché à vous rendre aucun service? ou à celui qui n'a rien négligé de ce qui était en son pouvoir? Je supprime beaucoup de choses en ce moment, vu la conjoncture.

Démosthène m'accuse d'avoir menti quand je disais que, dans peu de jours, Thèbes serait humiliée, et d'avoir alarmé l'Eubée, en vous poussant vers des chimères. Remarquez sa tactique, ô Athéniens! près de Philippe je réclamai pour que Thèbes fût censée comprise dans la Béotie, et non la Béotie dans Thèbes; devant vous, j'exprimai la même opinion dans mon rapport. Or, à entendre Démosthène, je n'ai pas seulement rapporté, j'ai promis. Je vous disais : Cléocharès de Chalcis avoue être frappé de notre union subite avec le monarque, et de l'ordre qui nous était donné dans le décret de faire, pour Athènes, tout le bien que nous pourrions. Les citoyens des petites villes redoutaient, disait-il, comme les Chalcidiens, les secrets des grands états. Selon Démosthène, j'ai rapporté, non ces propos, mais la promesse que l'Eubée nous serait remise. J'avais cru, moi, qu'une République qui avait à délibérer sur les affaires de la Grèce devait prêter l'oreille à toutes les paroles des Grecs.

La division de son discours présente une autre calomnie : il voulait vous annoncer la vérité; et c'est moi qui, avec Philocrate, l'en aurais empêché. Mais, je vous le demande, jamais député athénien fut-il empêché de rendre compte au Peuple de sa mission? Vota-t-il jamais des éloges et l'invitation au Prytanée pour des collègues qui lui auraient fait subir un tel affront? Eh bien! Démosthène, au retour de la deuxième ambassade, dans laquelle il prétend que s'est opérée la ruine de la Grèce, nous a loués par un décret; il a fait plus : je venais de citer mes remontrances au sujet des Amphictyons et de la Béotie, non dans un rapide abrégé, comme aujourd'hui, mais avec une exactitude aussi littérale que possible; mes paroles étaient vivement accueillies par le Peuple : invoquant alors son témoignage avec celui de mes autres collègues, je lui demandai si je présentais fidèlement aux Athéniens ce que j'avais dit à Philippe. Après l'attestation et les éloges unanimes de l'ambassade, il se leva, et déclara que j'avais parlé en Macédoine, non pas comme à la tribune, mais deux fois mieux. C'est vous que j'atteste, vous qui allez prononcer sur mon sort. Cependant, si j'eusse été coupable de quelque déception envers ma patrie, quelle plus belle occasion pour me convaincre à l'instant? Dans la première ambassade, tu n'as pas, dis-tu, remarqué que je conspirasse contre l'État : c'est dans la seconde que tu t'en es aperçu, et c'est pour la seconde que tu m'as loué publiquement. Quoi que tu dises, tu enveloppes la première dans ton accusation. Elle pèse surtout, cette accusation, sur la mission relative aux serments; mais, si tu blâmes la paix, c'est toi qui as, depuis, proposé l'alliance; et, si Philippe trompait la République, son mensonge avait pour but une paix qui lui fût avantageuse. C'est pour conclure la paix que nous reçûmes notre premier mandat; quand nous repartîmes, tout était fait.

Où sont donc, d'après les paroles de cet imposteur, mes grandes fourberies? Il m'accuse d'avoir traversé, pendant la nuit, le Lœdias dans une nacelle pour aller trouver Philippe, et de lui avoir composé la lettre qui est arrivée ici. En effet, cette lettre ne pouvait être habilement rédigée ni par Léosthène, que des sycophantes ont fait bannir, et que plusieurs déclarent, sans hésiter, le plus éloquent des Athéniens, après Callistrate d'Aphidna ; ni par Philippe lui-même, devant lequel Démosthène ne peut dire un mot pour défendre vos droits; ni par Python de Byzance, qui se pique de bien écrire. C'est moi, moi seul, que réclamait cette grande œuvre! J'ai eu, à t'entendre, de nombreux tête-à-tête avec Philippe pendant le jour ; et c'est la nuit, selon ton accusation, que j'ai traversé la rivière : c'est donc une lettre écrite de nuit qu'il fallait! Tu vas être convaincu de mensonge par le témoignage du Ténédien Aglaocréon et d'Iatroclès, fils de Pasiphon, qui ont toujours mangé à la même table et couché dans la même chambre que moi. Ils savent que je ne me suis jamais écarté d'eux ni une seul nuit, ni une seule heure de la nuit. Nous produisons aussi nos esclaves, et nous les livrons à la question. Je vais m'interrompre, si l'accusateur y consent; et l'exécuteur viendra sur-le-champ les appliquer à la torture devant nos juges, s'ils l'ordonnent. J'aurai le reste du jour pour terminer ma plaidoirie; car on a consacré onze heures à toute cette cause. Si la douleur fait dire aux esclaves que je me suis éloigné une seul nuit de ceux avec qui je vivais, ne m'épargnez pas, ô Athéniens! levez-vous pour prononcer ma mort. Mais, si tu es convaincu de mensonge, Démosthène, voici la peine que je t'inflige : avoue, à la face de ce tribunal, que tu es un homme vil et sans cœur. Que l'on fasse paraître les esclaves devant cette tribune, et qu'on lise la déposition de mes collègues.

Déposition. — Sommation faite à l'accusateur.

Puisque Démosthène repousse mon défi, puisqu'il récuse une déposition d'esclaves mis à la torture, prends la lettre que Philippe a envoyée

Elle doit être bien subtilement captieuse, cette pièce à laquelle nous consumions nos veilles.

Lecture de la Lettre.

Vous l'entendez, Athéniens : « J'ai prêté serment entre les mains de vos députés, et j'ai inscrit les noms de ceux de nos alliés qui étaient présents, avec celui de leurs villes. » Il ajoute qu'il vous désignera ceux qui viendront plus tard. Vous semble-t-il que Philippe n'ait pu écrire cela pendant le jour, et sans moi ? Par les Dieux ! l'accusateur me paraît n'avoir songé qu'à briller dans le cours de sa harangue, et ne s'embarrasser nullement si, quelques heures après, on verrait en lui le plus méchant des Hellènes ; car enfin, pourrait-on ajouter la moindre foi aux discours d'un homme qui n'a pas craint de dire que Philippe avait franchi les Thermopyles à l'aide de mes paroles, et non de ses habiles manœuvres ; d'un homme qui a supputé devant vous les jours où j'ai fait le rapport de l'ambassade, où Phalæcos, tyran des Phocidiens, a été instruit, par ses courriers, de ce qui se passait ici, où la Phocide, sur la foi de mon langage, a livré au monarque et le passage, et ses propres cités ?

Voilà l'édifice de mensonges bâti par l'accusateur. Mais ce qui a réellement perdu les Phocidiens, c'est d'abord la fortune, cette universelle souveraine ; ensuite une guerre bien longue, une guerre de dix ans ! La même cause a élevé et détruit la puissance des tyrans de la Phocide. Pour l'établir, ils avaient osé toucher au trésor sacré ; ils avaient changé, par l'épée de l'étranger, la forme du gouvernement. Eh bien, ils l'ont vue tomber, dès que la solde de cette milice eut épuisé les fonds. Un troisième principe de ruine fut la division que la disette amène toujours dans une armée ; un quatrième, l'aveuglement de Phalæcos sur l'avenir. Voici le fait. L'entrée en campagne des Thessaliens et de Philippe était connue ; et, un peu avant que vous fissiez la paix, il vous arriva de la Phocide des députés qui demandaient votre secours, avec promesse de vous céder Alpone, Thronium et Nicæa (29), qui dominent les gorges des Thermopyles. Vous aviez arrêté que les Phocidiens remettraient les places à Proxénos, et que vous équiperiez cinquante trirèmes, et feriez partir les jeunes citoyens au-dessous de trente ans. Mais, loin de livrer ces postes avancés à votre général, les tyrans jetèrent en prison les députés qui vous les avaient promis ; et les Phocidiens furent les seuls Hellènes qui ne traitèrent pas avec nos hérauts chargés d'offrir des sauf-conduits pour les grands Mystères. Enfin, sourds aux propositions d'Ar-chidamos, roi de Sparte, qui était disposé à prendre leurs villes sous sa protection, ils répondirent : Nous redoutons le dangereux patronage de Lacédémone, et non notre fortune. Alors, vous étiez encore en guerre avec Philippe ; et le même jour a vu les Athéniens délibérer sur la paix, lire la lettre dans laquelle Proxénos leur annonçait que les places ne lui avaient pas été livrées, et leurs hérauts déclarer que, seuls dans toute la Grèce, les Phocidiens repoussaient le sauf-conduit, et qu'ils avaient même chargé de fers les députés envoyés par eux dans Athènes. Je dis la vérité : qu'on appelle les hérauts avec Callicrate et Métagène, commissaires de Proxénos près des Phocidiens. Ecoutez aussi la lettre du général.

Déposition. Lecture.

Vous entendez, Athéniens, les dates tirées de vos archives ; vous entendez les témoins qui attestent qu'avant mon élection pour la troisième ambassade, Phalæcos, tyran de Phocide, se défiait d'Athènes et de Lacédémone, et se confiait à Philippe.

Mais ignorait-il seul l'avenir ? Vous-mêmes, quels étaient ici, en public, vos sentiments ? N'attendiez-vous pas tous l'humiliation de Thèbes de la main d'un prince témoin de son insolente audace, et peu disposé à laisser la carrière ouverte à la puissance de ce peuple perfide ? La députation lacédémonienne, de concert avec la vôtre, n'agissait-elle pas contre les Thébains ? Dernièrement, en Macédoine, n'attaquait-elle pas de ses éclatantes menaces les envoyés de Thèbes ? Ceux-ci n'étaient-ils pas dans l'inquiétude, dans l'effroi ? Les Thessaliens, insultant aux autres, ne répétaient-ils point : C'est pour nous que l'expédition est entreprise ? Des courtisans du monarque n'annonçaient-ils pas nettement à tels d'entre vous que Philippe relèverait les villes de Béotie ? Dans leur défiance, les Thébains ne s'étaient-ils pas armés en masse ? Philippe, à cette vue, ne vous avait-il pas invités par écrit à sortir avec toutes vos forces, pour défendre les droits de la justice ? Les partisans actuels de la guerre, qui appellent la paix une lâcheté, ne s'opposaient-ils point à votre départ, au mépris de la paix et de l'alliance conclues, affichant la crainte que Philippe ne prît vos soldats pour otages ? Est-ce moi qui empêchai le Peuple d'imiter ses ancêtres ? N'est-ce pas toi, et les conspirateurs, tes complices ? Était-il plus sûr et plus honorable pour Athènes de marcher aux combats lorsque la Phocide, dans l'accès de sa rage, tirait l'épée contre Philippe ; lorsque son tyran n'avait pas encore abandonné à la Macédoine ces places d'Alpone et de Nicæa ; lorsqu'elle rejetait le sauf-conduit pour les Mystères que lui présentait notre main secourable; lorsque, répondant à l'appel de Philippe, à nos serments, au traité d'alliance, nous aurions tourné le dos aux Thébains ; enfin, lorsque les Thessaliens et les autres peuples amphictyoniques étaient sous les armes? Cette dernière occasion n'était-elle pas bien plus favorable que celle où, grâce à ta lâcheté et à ta jalousie, les Athéniens de la campagne transportèrent leurs effets dans les villes? Parti alors pour la troisième fois, je remplissais auprès de la diète une mission dont tu oses dire que je m'étais chargé de mon chef, toi qui, malgré ta haine, ne m'as pas, jusqu'à ce jour, accusé formellement d'y avoir trahi mon mandat, bien que tu demandes mon sang aux tribunaux. Or, les Thébains, présents sur les lieux, réclamaient; notre République était dans le trouble par ta faute; les hoplites athéniens n'arrivaient pas ; la Thessalie s'était unie à Thèbes par notre imprudence, et à cause de sa haine invétérée contre les Phocidiens, qui jadis avaient fait périr sous le bâton ses ôtages (30); avant mon arrivée, avant celle de Stéphanos, de Dercyle et des représentants à la diète, Phalæcos s'était retiré en vertu d'une amnistie; les Orchoméniens effrayés demandaient à quitter la Béotie, la vie sauve; les députés thébains étaient là, et Philippe semblait ne s'être réservé que la haine ouverte de Thèbes et de la Thessalie. Alors, la catastrophe fut l'œuvre, non d'Eschine, mais de ta trahison, mais de l'appui que tu prêtais aux Thébains. En voici, je pense, de fortes preuves.

Si une seule de tes imputations était vraie, je serais accusé par les Phocidiens et par les exilés de Béotie (31), dont j'aurais chassé les uns, et empêché les autres de revenir. Eh bien! approuvant mon zèle et faisant abstraction de l'événement, les Béotiens bannis se sont assemblés pour me choisir des défenseurs; il m'est venu aussi des intercesseurs de la part des Phocidiens que j'ai arrachés à la mort dans mon ambassade près des Amphictyons. Les OEtéens voulaient qu'on jetât tous leurs jeunes hommes dans le précipice; moi, je présentai ces malheureux à la diète, pour qu'elle entendît leur défense. Quoi! Phalæcos, un tyran, était amnistié, il se retirait; et des innocents attendaient la mort! Je parlai, je les sauvai. Pour certifier ce fait, appelle-moi le Phocidien Mnason, les députés ses collègues, et mes défenseurs élus parmi les exilés de Béotie. Montez ici, Liparos et Pythion, et sauvez ma vie comme j'ai sauvé la vôtre!

Sollicitations des Béotiens et des Phocidiens
en faveur d'Eschine.

Que mon sort serait donc affreux, si, accusé par Démosthène, le patron des Thébains, le plus méchant des Hellènes, et défendu par la Phocide et la Béotie, j'étais condamné!

Il a osé avancer que mes paroles retombaient sur ma tête. Lorsque tu poursuivais Timarque, a-t-il dit, tu as invoqué, au sujet, de ses infamies, la notoriété publique ; tu as cité un grand poète, Hésiode :

Par la puissante voix de cent peuples formée,
Qui peut anéantir l'active Renommée?
Elle est au rang des Dieux.

Or, la même déesse vient aujourd'hui t'accuser, car toutes les bouches publient que tu as reçu l'or de Philippe.

Vous le savez, ô Athéniens ! il y a une très grande différence entre la renommée et la calomnie. La première n'a rien de commun avec la médisance : or, médisance et calomnie sont sœurs. Traçons nettement la ligne de démarcation. Il y a renommée, lorsqu'un peuple, spontanément, sans motif réfléchi, cite un fait comme avenu. Il y a calomnie, quand un seul, lançant une dénonciation à la face de tous, dénigre un citoyen et dans les assemblées et devant le Conseil. Nous sacrifions publiquement à la Renommée comme à une divinité ; pour le calomniateur, nous le poursuivons publiquement, comme un malfaiteur. Cesse donc de confondre tant de grandeur avec tant d'infamie.

Parmi ses griefs multipliés, celui qui m'a le plus révolté, c'est le reproche de trahison. Certes, en me lançant une telle imputation, il fallait faire voir en moi un monstre, une âme de bronze, déjà souillée de crimes. Eh bien! sur ma vie, sur ma conduite journalière, votre contrôle me suffit, ô vous qui m'écoutez! Mais tous vous ne connaissez pas les objets les plus chers au cœur d'un honnête homme : je vais donc vous présenter presque toute mon honorable famille. Vous verrez quels gages j'ai laissés à ma patrie en partant pour la Macédoine. Toi, Démosthène, tu les as calomniés pour me perdre : je montrerai, moi, combien ma jeunesse a été entourée d'honneur et de vertu.

Voici Atromètos, mon père, presque le plus âgé des citoyens, car il a quatre-vingt-quatorze ans. Jeune, et n'étant pas encore ruiné par la guerre, il exerça la profession d'athlète. Banni sous les Trente, il alla servir en Asie, et se signala dans les combats. Il est de la curie qui participe, avec les Étéobutades, aux mêmes sacrifices, et d'où l'on tire la prêtresse de Minerve Poliade. Il s'est trouvé, comme j'ai dit un peu plus haut, parmi ceux qui ont ramené le Peuple fugitif. Tous les parents de ma mère sont libres, cette mère qui apparaît maintenant à mes yeux inquiète et alarmée sur mon sort. Elle-même, Démosthène, s'est expatriée sous les Trente, a suivi son époux à Corinthe, a pris sa part des malheurs des citoyens. Toi qui prétends être homme (et je n'oserais l'affirmer), accusé d'avoir abandonné ton poste à la guerre, tu n'as échappé qu'en gagnant, avec de l'or, Nicodémos d'Aphidna, ton accusateur. Plus tard, de concert avec Aristarque, tu l'as assassiné (32); et, les mains teintes de son sang, tu accours violemment sur la place publique! Philocharès que voici, mon frère aîné, ne s'est pas livré, comme tu le dis méchamment, à des occupations déshonnêtes : il a vécu dans les lieux d'exercice, et a servi sous Iphicrate. Il commande dans les armées depuis trois années consécutives, et il est venu, Athéniens, pour vous supplier de m'absoudre. Voyez encore Aphobétos, le plus jeune de mes frères, votre digne ambassadeur auprès du roi de Perse, habile et intègre administrateur de vos finances, père d'enfants légitimes, qui n'a pas livré sa femme à un Cnosion (33), comme toi, Démosthène. Il se présente, plein de mépris pour les injures : le mensonge insultant pénètre-t-il plus loin que l'oreille?

Tu oses même dénigrer ceux à qui je tiens par alliance, homme assez déhonté, assez ingrat pour ne pas chérir, ne pas révérer le père de Philon et d'Épicrate, ce Philodème qui t'a fait inscrire dans ton bourg, comme le savent les anciens de Pæania. Ma surprise est extrême quand tes audacieuses invectives s'adressent à Philon, et cela devant les plus sages Athéniens, que l'intérêt public a seul amenés ici pour juger, et qui écoutent plus notre vie que nos discours. Crois-tu donc qu'ils ne désireraient pas plus dix mille soldats semblables à Philon, corps et âme, que trente mille infâmes comme toi? Tu fais un crime à Épicrate, frère de Philon, de son humeur facile. Mais qui l'a jamais vu se conduire indécemment, ou pendant le jour, aux fêtes de Bacchus, comme tu le prétends, ou pendant la nuit? Et ne dis pas que ses désordres ont passé inaperçus : sa personne était connue. La fille de Philodème, ô Athéniens! la sœur de Philon et d'Épicrate, m'a donné trois enfants, une fille et deux fils. Je les présente avec mes autres parents : qu'ils soient mes garants auprès de ce tribunal, auquel j'adresse cette seule question : Vous semble-t-il, ô mes concitoyens! que j'aie livré à Philippe, avec ma patrie, avec mes amis, avec nos temples et les tombeaux de nos aïeux, ces enfants, ce que j'ai de plus cher au monde? que j'aie préféré la faveur du prince à leur conservation? Quel charme n'avait donc fasciné? Quelle vénale bassesse avais-je jamais commise? Non, ce n'est pas la Macédoine qui nous fait vicieux ou vertueux, c'est le naturel; et nous ne sommes pas autres au retour d'une ambassade, autres à notre départ. On m'a accolé, dans une fonction publique, à un homme qui a reculé les bornes de la fourberie et de la perversité, qui ne dirait rien de vrai, même involontairement. Lorsqu'il avance un mensonge, il débute, avec un regard effronté, par le parjure. C'est peu de citer comme réel un fait controuvé; il en indique le jour, il forge le nom de quelque témoin de son invention, il contrefait le langage de la vérité même!

Il est un point très-favorable à mon innocence : c'est que le bon sens manque à cet imposteur, à cet artisan de maux. Considérez, en effet, la grossière folie de celui qui a fabriqué contre moi, au sujet d'une femme olynthienne, des calomnies que vous avez interrompues et repoussées : il les débitait à des auditeurs qui savent combien je suis loin de pareilles infamies. Et voyez comme il préparait de longue main cette accusation. L'exil a jeté dans notre ville un Olynthien appelé Aristophane. Il avait été recommandé à Démosthène, dont on lui vantait l'éloquence. A force de prévenances et de séductions, celui-ci voulut l'engager à rendre contre moi un faux témoignage. « Si tu veux paraître devant les juges, et soulever leur indignation en affirmant qu'Eschine a outragé, dans l'ivresse, une captive, ta parente, voilà cinq cents drachmes; tu en auras autant après ta déposition. » Aristophane lui répondit (il l'a rapporté lui-même) : « Sur mon exil, sur mon dénûment actuel, vous spéculez on ne peut mieux; mais vous vous êtes grandement trompé sur mon caractère : je suis incapable d'agir ainsi. » — Quel témoin va déposer de cette vérité? C'est Aristophane! — Appelle Aristophane d'Olynthe, et lis sa déposition. Fais aussi paraître Dercylos, fils d'Autoclès, d'Agnonte, et Aristide, fils d'Euphilètos, de Céphisia, qui ont appris le fait de sa bouche, et me l'ont rapporté.

Dépositions.

Vous entendez des dépositions faites sur la foi du serment. Vous vous rappelez sans doute ces abominables artifices de rhéteur, dont Démosthène s'applaudit auprès de ses jeunes disciples, et qu'il a déployés aujourd'hui contre moi; vous l'avez vu, versant des larmes, gémissant sur la Grèce, louer le comédien Satyros d'avoir, la coupe en main, demandé à Philippe quelques-uns de ses amis, prisonniers, et occupés à travailler à la terre dans les vignobles du prince (34). Partant de là, et élevant avec effort sa voix aigre et coupable : « Quoi! disait-il, un homme qui joue les Carion et les Xanthias (35) a été si généreux, si magnanime; et le ministre d'une grande République, celui qui donnait des conseils aux Dix-Mille en Arcadie, n'a pu réprimer son insolence! Échauffé par le vin dans un repas que donnait Xénodochos, un des courtisans de Philippe, il a traîné par les cheveux, et, s'armant de lanières, il a fouetté une femme, une captive! » Si donc vous l'en eussiez cru, ou si Aristophane eût déposé contre moi, j'aurais succombé sous une accusation inique et flétrissante. Un tel homme, qui devrait payer ses crimes de sa tête (36) (eh! puissent ses coups être détournés de la République!), le laisserez-vous triompher sous vos yeux? Vous qui purifiez l'assemblée du Peuple, c'est en vertu de ses décrets que vous implorerez le ciel! Vous lancerez nos armées et nos flottes en dépit de ces menaces d'Hésiode (37):

> Pour un seul artisan de complots odieux,
> Souvent tout un État fut frappé par les Dieux.

Aux considérations qui précèdent, je n'en ajouterai qu'une seule. S'il est dans quelque coin du monde un genre de perversité dans lequel je ne prouve pas que Démosthène ait excellé, je demande la mort. Mais, je le sens, assailli de mille inquiétudes, l'accusé est rappelé, par le péril, des élans de sa colère à l'apologie nécessaire à son salut; et il se demande avec anxiété s'il n'a pas omis un seul grief. Je veux donc retracer et à votre mémoire et à la mienne les imputations de l'accusateur.

Entrons dans le détail, ô Athéniens! Suis-je accusé pour avoir proposé un décret, brisé ou fait avorter quelque loi? pour avoir conclu quelque convention au nom de la République, supprimé ou ajouté quelque clause dans un traité de paix? La paix déplaisait à quelques orateurs: eh bien! ne devaient-ils point s'y opposer dès lors, plutôt que de m'accuser aujourd'hui? Plusieurs, dans la guerre, s'enrichissaient de vos contributions et des revenus publics (abus qui a cessé, car la paix ne nourrit point leur oisiveté): eh bien! faut-il que ces fléaux de l'État se vengent sur le défenseur de la paix; et que vous, qui en recueillez les fruits, vous leur abandonniez les ministres qui vous servent utilement?

Mais, dit l'accusateur, j'ai chanté avec Philippe ses triomphes et la destruction des villes phocidiennes. Par quel indice pourrait-on le prouver nettement? J'ai été invité, avec mes collègues, à un banquet d'usage, où, en comptant tous les députés de la Grèce, se trouvaient au moins deux cents convives. Dans cette foule, sans doute, on m'a clairement remarqué; le silence m'était impossible; j'ai chanté, si l'on en croit Démosthène qui n'y était pas, qui ne produit le témoignage d'aucune personne présente (38). Et comment a-t-on distingué ma voix, à moins que je n'aie entonné, comme dans les chœurs? Si donc je me suis tu, Démosthène, tu mens. Mais si, lorsque ma patrie était encore florissante, lorsqu'Athènes n'avait essuyé aucune disgrâce, j'ai chanté, avec mes collègues, un hymne par lequel on honorait les Dieux sans déshonorer les Athéniens, j'ai fait une action pieuse, innocente, et l'équité m'absout. Mais non, je ne mérite, pour cela même, aucune pitié (39)! c'est toi qui es l'homme pieux, toi l'accusateur de ceux dont tu as partagé les libations et la table!

Tu m'as reproché des variations dans le ministère, parce que je suis allé en ambassade vers Philippe (40), après avoir animé les Hellènes contre ce prince. Intente donc, si tu le veux, la même accusation contre la République entière. Vous aviez fait la guerre à Sparte, Athéniens; vaincue à Leuctres, Sparte reçut vos secours. Vous aviez ramené dans leur patrie les Thébains fugitifs: à Mantinée, vous les avez combattus. Les Érétriens et Thémison vous ont vus tour à tour les attaquer et les défendre. Combien d'autres Hellènes envers lesquels vous avez agi de même! C'est que les États, comme les particuliers, sont forcés, par politique, de se plier aux circonstances. Que fera donc un bon ministre? Il donnera à sa patrie le meilleur conseil pour le présent. Que dira un perfide accusateur? Il jetera un voile sur les conjonctures, pour attaquer les actes. Et le traître par caractère, à quelle marque sera-t-il reconnu? Un traître, n'est-ce pas celui qui, comme tu as fait envers ceux qui s'adressaient à toi avec confiance, compose à prix d'argent des plaidoyers qu'il livre à la partie adverse? Oui, tu as rédigé, pour le banquier Phormion, un mémoire qu'il t'a payé; puis, tu l'as remis à Apollodore, qui le poursuivait au criminel (41). Tu es entré dans la maison florissante d'Aristarque, fils de Moschos; tu l'as ruinée. Tu t'es hâté de tirer trois talents d'Aristarque banni. Spoliateur d'un exilé, tu as démenti sans pudeur le titre d'amant de ce beau jeune homme. Mais ce titre était une imposture, car le méchant est incapable d'un noble amour. À ces traits et à d'autres semblables, reconnaissez le traître.

Démosthène a parlé de service militaire; il m'appelle un *excellent soldat*. Le péril que je cours, et non cette insultante ironie, me pousse à traiter aussi ce point: je le ferai, j'espère, sans soulever de murmures. Eh! dans quel lieu, en quel temps, devant qui en parlerai-je, si je me tais aujourd'hui?

Au sortir de l'enfance, je servis deux ans

comme garde-frontière : je le ferai attester par mes compagnons d'armes et par les chefs qui nous commandaient. A ma première campagne hors du territoire, celle du service à part (42), j'escortai le convoi de Phlionte, avec de jeunes citoyens et les milices étrangères d'Alcibiade. Nous fûmes attaqués près du ravin de Némée ; et je combattis avec un courage qui me mérita les éloges de mes chefs. Je servis aussi, à mon tour, dans d'autres expéditions ; et appelé, selon l'ordre de l'âge (43), à la bataille de Mantinée, je m'y comportai d'une manière honorable et digne de la République. J'ai fait aussi les campagnes d'Eubée ; et, à l'affaire de Tamynes, je m'exposai, à la tête d'une troupe d'élite, avec une telle hardiesse, que les généraux me couronnèrent sur le champ de bataille : récompense renouvelée par le Peuple lorsqu'à mon retour je lui apportai la nouvelle de la victoire, et que Téménide, taxiarque de la tribu Pandionide, délégué du camp avec moi, eut fait le rapport de ma conduite pendant le combat. Pour vérifier ces faits, qu'on prenne le décret qui me couronne ; qu'on appelle Téménide, les citoyens avec lesquels j'ai porté les armes pour la République, et le général Phocion, qui n'intercédera pas encore pour moi, si le tribunal ne le veut pas (44) ; Phocion, témoin que j'abandonne aux poursuites de mon calomniateur, s'il ment.

Décret. Dépositions.

Puisque je vous ai annoncé le premier la victoire de la République et les succès de vos enfants, la première faveur que je sollicite, c'est la conservation des jours d'un citoyen, l'ennemi des méchants, et non du Peuple, comme le prétend son accusateur ; d'un citoyen qui ne vous empêche pas d'imiter vos ancêtres (je ne dis pas ceux de Démosthène ; il n'en a point ici), et qui vous exhorte à devenir les émules de leur politique, quand leur politique fut sage. Je remonte le cours des événements, et je m'explique.

Athènes, victorieuse du Perse, était comblée de gloire après la bataille navale de Salamine ; et, malgré ses murs tombés sous les coups des Barbares, la paix dont elle jouissait avec Lacédémone maintint chez elle le gouvernement démocratique. Soulevés ensuite par quelques brouillons qui nous armèrent contre les Lacédémoniens, après bien des maux faits et soufferts, nous conclûmes une trêve de cinquante ans, grâce à l'intervention du fils de Miltiade, de Cimon, ami de Sparte. Cette trêve ne dura que treize années. Pendant cet intervalle, on nous vit fortifier le Pirée, élever le mur septentrional (45), ajouter cent trirèmes à notre marine, trois cents hommes à notre cavalerie, acheter trois cent archers scythes, et jouir d'une démocratie stable. Mais des hommes obscurs, sans noblesse d'âme, sans prudence, se ruèrent sur l'administration, et nous retombâmes dans la guerre occasionnée par les Éginètes (46). Des pertes nombreuses nous firent soupirer après la fin des hostilités. Andocide partit pour la Laconie avec d'autres négociateurs, et nous jouîmes durant trente années d'une paix qui donna au Peuple Athénien la plus haute prospérité. Il amassa dans le Trésor mille talents en espèces, construisit cent trirèmes nouvelles et des hangars maritimes, recruta douze cents cavaliers et autant d'archers, bâtit le long mur austral ; et aucune main ne tenta de briser la démocratie. On nous persuada de prendre les armes contre les Mégariens. Nos campagnes livrées à la dévastation, la perte d'une foule d'avantages tournèrent nos vœux vers la paix, et nous la conclûmes par l'entremise de Nicias, fils de Nicératos. Pendant cette paix, et grâce à elle, nous versâmes dans le Trésor sept mille talents ; nous n'acquîmes pas moins de trois cents vaisseaux légers, complètement équipés ; nous levions un tribut annuel qui dépassait douze cents talents ; maîtres de la Chersonèse, de Naxos, de l'Eubée, nous expédiâmes de nombreuses colonies. Du sein de cette prospérité, nous déclarâmes la guerre à Lacédémone à cause des Argiens, et à leur sollicitation ; et de belliqueuses harangues nous réduisirent enfin à l'occupation ennemie et à la domination des Quatre-Cents, puis de trente scélérats : nous n'avions pas fait la paix, nous nous courbions sous la loi du vainqueur. Grâce à une politique plus sage, le Peuple fut ramené de Phylé par Archinos et Thrasybule, ses défenseurs, qui lui firent jurer le mutuel oubli du passé, serment dont la haute prudence attira sur Athènes l'admiration universelle. Alors, parmi le Peuple ranimé et fortifié, des hommes inscrits frauduleusement sur les tables civiques, attirant sans cesse à eux des citoyens dépravés ; ayant pour politique la guerre, toujours la guerre ; n'augurant, n'annonçant que malheurs pendant la paix ; aigu llonnant par leurs paroles des cœurs généreux et ardents ; inspecteurs militaires et amiraux qui n'ont jamais manié l'épée ; pères entourés de bâtards, sycophantes couverts d'infamie, précipitaient notre patrie dans les derniers périls. Ils caressent de leurs adulations le nom de la démocratie, que leurs mœurs outragent ; et ces infracteurs de la paix, qui est le soutien du gouvernement populaire, ces auxiliaires de nos ennemis, qui en sont le fléau, se tournent maintenant contre moi. Philippe a, disent-ils, acheté la paix ; il s'est hâté de nous dépouiller pendant les stipulations ; cette même paix obtenue au gré de ses intérêts, c'est lui qui l'a violée : et moi, ils m'accusent, non comme député, mais comme caution de Philippe et de la paix ! Je ne disposais que de la parole, et ils exigent de moi des faits au gré de leur attente ! Je montre le même orateur louant ma conduite dans ses décrets, l'accusant devant les tribunaux ! Seul enfin, entre dix ambassadeurs, je suis poursuivi comme responsable !

Vous voyez devant vous, pour joindre leurs prières aux miennes, mon père, qui vous conjure de ne pas lui ravir l'espoir de ses vieux jours ; des frères, pour qui la vie perdrait ses charmes si vous m'arrachiez de leurs bras ; des parents, des alliés ; et ces jeunes enfants insensibles encore à nos périls, mais dignes de pitié dans le malheur qui nous menace. Je vous prie, je vous conjure de vous intéresser à leur avenir, de ne pas les jeter en proie à mes ennemis, à un homme qui est femme par sa lâcheté, par ses cruels ressentiments. J'invoque, j'implore pour mon salut, les Dieux d'abord, vous ensuite, dont j'attends ma sentence; vous auprès de qui, guidé par ma mémoire, j'ai repoussé chaque imputation. De grâce, sauvez-moi; ne me sacrifiez pas à un vendeur d'éloquence écrite, à un Scythe, à un infâme, vous qui êtes pères, ou qui portez un vif intérêt à de jeunes frères, vous rappelant que je leur ai laissé, dans la condamnation de Timarque, d'ineffaçables exhortations à la vertu. Vous tous enfin, envers qui je fus toujours inoffensif, vivant sans luxe et partageant votre modeste condition; vous que, seul parmi les orateurs, je n'attaquai jamais dans l'arène politique, je vous demande la conservation d'un citoyen qui a servi l'État avec zèle dans son ambassade, et qui affronte, sans appui, ces mœurs du sycophante sous lesquelles ont succombé tant d'âmes illustres et guerrières. Ah! ce n'est pas la mort qui est affreuse! Ce qu'on doit redouter, c'est l'outrage essuyé en expirant. Voir alors un visage ennemi que le rire épanouit, entendre de ses propres oreilles les injures de la haine, quel sort déplorable! N'importe, je m'y suis hardiment exposé; j'ai livré ma tête. Élevé parmi vous, comme vous, c'est ici que j'ai vécu. Nul Athénien ne s'est vu flétri par mes plaisirs; nul n'a été privé de sa patrie, sur une dénonciation intentée par moi, lors du recensement des tribus; nul n'a été poursuivi pour une charge dont il fût comptable.

Un mot encore, et je descends. Il était en mon pouvoir, ô mes concitoyens! de ne pas me rendre coupable envers vous; mais n'être point accusé dépendait de la fortune, qui m'a lié à un calomniateur barbare. Sacrifices, libations, fraternité de la table, rien ne l'arrête ; et, pour épouvanter ses adversaires à venir, il s'avance armé contre moi d'imputations calomnieuses. Sauvez ceux qui luttent pour la paix, pour votre sécurité : alors, de nombreux défenseurs, prêts à s'exposer pour vous, embrasseront les vrais intérêts de la patrie. J'appelle auprès de moi, à titre d'intercesseurs, Eubule parmi nos sages hommes d'État, parmi les généraux, Phocion, le plus intègre comme le plus brave ; parmi mes amis, mes égaux en âge, Nausiclès, et tous les citoyens que j'ai fréquentés, et dont les occupations étaient les miennes. Pour moi, j'ai dit. Nous vous abandonnons ma vie, moi et la loi.

NOTES

SUR LA DÉFENSE D'ESCHINE.

(1) J. Wolf applique ἀντιθέτοις au passage dans lequel Démosthène fait contraster la conduite d'Eschine avec les devoirs d'un ambassadeur. Le Scoliaste entend par ce mot toutes les oppositions d'idées et de mots, calculées pour plaire aux auditeurs et nuire à l'adversaire.

(2) Ulpien, que cite le scoliaste d'Eschine, va jusqu'à dire que les juges se levèrent et laissèrent là l'orateur, après qu'Eubule se fut écrié : « Laisserez-vous Démosthène débiter de pareilles infamies? »

(3) Tel est le sens que δόξῃ donne à cette partie de la phrase. Le rapprochement de Thémistocle et d'Eschine l'indique assez. J. Wolf l'avait bien compris : « Quorum summa fuit inter Græcos *auctoritas*. » Taylor se trompe en substituant *fama* à ce dernier mot. Les écrivains grecs sont remplis de ces jugements que l'histoire n'a pas toujours confirmés.

(4) Démosthène avait pu comparer Eschine à Denys, tyran de Sicile, qui avait été greffier. Il n'a pas laissé dans son discours ce rapprochement, qui, sans doute, lui parut forcé. On n'y trouve pas non plus le rêve de la prêtresse de Sicile, dont parle Valère-Maxime, I, 7. Reiske et Dobson citent aussi, d'après J. Wolf, les Apophthegmes de Plutarque, qui ne contiennent rien de semblable.

(5) *D'une prêtresse*, ἱερείας. — Il faut, dit le Scoliaste, écrire Ἱμεραίας (femme de la ville d'Himera, en Sicile). Et il rapporte un passage de l'historien Timée, qui raconte ce rêve, et désigne cette femme par les mots γυναῖκά τινα, Ἱμεραίαν τὸ γένος : *Himeræ quamdam non obscuri ple*

seris femina. V. Max. M. Le Clerc a traduit ce morceau, *Chrestomath.*, p. 43. Si l'on adopte, avec Taylor, la correction du Scoliaste, que faire des mots τῆς ἐν Σικελίᾳ ?

(6) Pendant la durée des grandes solennités de la Grèce, toutes les hostilités étaient suspendues (Scol.). Voyez aussi Pausan. V. 20 ; Diod. Sic. XIV.

(7) J. Wolf : *Legatum et adjunxistis Ctesiphontem.* Mais on voit, plus bas, que Ctésiphon fut envoyé seul. Je lis, avec Bekker, πρεσβευτὴν ἑαυτῷ πρὸς Φίλιππον ἑλέσθαι, et non pas αὐτόν; de même, προείλεσθ', leçon qui réunit le plus grand nombre d'autorités, au lieu de προςείλεσθ'. Telle est aussi l'opinion de Jurin.

(8) Ἐις τὸν Ἐλέου βωμόν, à l'autel de la Pitié (Scol.). Tel était le droit de pétition de ces temps-là. Tout citoyen pouvait aussi présenter au peuple, à la seconde séance de chaque prytanie, une proposition d'un intérêt individuel. C'est ce que Phrynon avait fait.

(9) Ce Nausiclès est peut-être le général athénien qui, dans un besoin pressant, soudoya les troupes de ses propres deniers. V. Démosthène, *pour la Cour.* Il fut un des cinq députés qui se choisirent chacun un collègue, dont la nomination devait sans doute être confirmée par le peuple.

(10) Il était en Macédoine, comme on le voit par le discours sur la Chersonèse. Ἐκ μαρτυρία, ἡ τοῦ μὴ παρόντος μαρτυρία (Scol.).

(11) Léosthène (qu'il ne faut pas confondre avec le général de ce nom) avait été banni d'Athènes pour son dévouement à Philippe. C'était un homme éloquent, et ce prince le comblait d'honneurs à sa cour (Scol.).

(12) *Anthémonte,* ville forte de Macédoine, au N. E. de Pella. *Therma,* nommée plus tard Thessalonique, ville de Macédoine en Mygdonie, au fond du golfe Thermaique. Étienne place Strepsa en Macédoine, Harpocration en Thrace.

(13) Ptolémée, frère naturel de Perdiccas et de Philippe, et leur aîné. Après la mort d'Amyntas, il s'empara du trône de Macédoine, au préjudice du prince dont il avait été le tuteur ; mais Perdiccas lui ôta la couronne et la vie. Diod. Sic. XVI ; Plutarque, *Vie de Pélopidas.*

(14) Callisthène était sur le point de reprendre Amphipolis, lorsque Perdiccas obtint de lui une trêve avantageuse à la Macédoine. Elle fut désapprouvée par les Athéniens, qui, peu de temps après, condamnèrent à mort leur général.

(15) Ancien nom d'Amphipolis.

(16) Voyez *Vie de Démosthène* par Plutarque.

(17) Voyez, sur les *éranies,* à Athènes, les notes du Ier plaidoyer de Démosthène contre ses tuteurs.

(18) Les mots καὶ τρίψας τὴν κεφαλήν n'équivaudraient-ils pas aussi à l'expression proverbiale τρίβεσθαι τὸ μέτωπον, *se frotter le front,* c'est-à-dire *s'armer d'effronterie ?* Double sens plein de malice, et intraduisible.

(19) Le 18 et le 19 Élaphébolion. Les Dionysies de la ville se célébraient les 11, 12 et 13 du même mois. V. *les Tables* de Barthélemy.

(20) Pline l'Ancien place *Myonèse* (*Ile-des-Rats*) dans le voisinage d'Éphèse. Elle servait d'asile aux pirates.

(21) Après la réduction d'Égine, les Athéniens, qui étaient en guerre avec les Lacédémoniens, firent le tour du Péloponèse, sous le commandement de Tolmidès, un de leurs plus braves capitaines. — *Décélia,* bourg de l'Attique. Les Lacédémoniens s'en rendirent maîtres la 19e année de la guerre du Péloponnèse. Ils y bâtirent un fort, d'où ils causèrent de grands dommages aux Athéniens pendant tout le reste de cette guerre.

(22) Ol. CVIII, 2. Le 11 mars de l'an 346 av. J. C. — Le 7 répond au 10 mars, à raison du calcul rétrograde de cette décade. — Le 3 de Munychion est, pour cette année, le 19 mars.

(23) Voy. les notes de la *Vie de Démosthène.*

(24) *Tu cites l'un* : le décret qui mentionnait l'excuse d'Eschine, et nommait un autre député à sa place. — *et supprimes l'autre,* probablement celui qui ordonnait aux mêmes députés, revenus sur leurs pas, de repartir et d'aller trouver Philippe.

(25) Voy. *Vie de Démosthène.*

(26) *Il s'est fait Béotien* : par la grossièreté de ses manières et de son langage, comme par ses opinions politiques. (Reiske.)

(27) Auger : « A ceux qui voulaient éloigner la paix, moins par des paroles que par des lenteurs affectées. » Mais, 1° on n'a pas besoin de fermer la bouche à qui n'a pas l'intention de parler ; 2° τοῖς χρόνοις se rapporte évidemment à ταχταῖς ἡμέραις, et signifie ici *dates.* J'ai donc cru devoir rattacher οὐ τοῖς λόγοις, ἀλλὰ τοῖς χρόνοις, à ἐπιστομίσαι, et non à ἐκκλείοντας.

(28) « Les auteurs anciens varient sur les peuples qui envoyaient des députés à la diète générale.... Le témoignage d'Eschine est, du moins pour son temps, préférable à tous les autres, puisqu'il avait été lui-même député.... Les copistes ont omis, dans son énumération, le douzième peuple ; et les critiques supposent que ce sont les Dolopes. » Voy. *d'Anach.,* note du ch. XXXV. Selon Auger, le nom des Achéens est celui qui s'est perdu. — *Dorium* et *Cytinium,* villes doriennes.

(29) Ces trois villes, dépendantes des Locriens Épicnémides, étaient voisines du passage des Thermopyles. On les appelait, pour cette raison, villes *de la Pylœa.* Les Phocidiens s'en étaient emparés.

(30) Plutarque rapporte ce fait dans son traité *de Virtut. mulierum* (Phocides) ; et il dit que les otages étaient au nombre de 250.

(31) Littéralement : *par les Béotiens et les exilés de Phocide.* Mais ce qui suit demandait ce léger changement, comme Reiske l'a remarqué.

(32) Voy., au sujet de cette imputation, le plaidoyer de Démosthène contre Midias.

(33) Selon Athénée, Tzetzès et le scoliaste d'Eschine, Démosthène marié aurait reçu dans sa maison le jeune Cnosion, non comme ami, mais comme maîtresse ; et la femme de l'orateur aurait, pour se venger, pris Cnosion pour amant. Reiske se trompe en complétant ainsi la phrase : ὥσπερ σύ φῄς.

(34) Ce n'est pas ainsi que Démosthène a raconté l'histoire de Satyros. Voy. son Plaidoyer dans cette même cause.

(35) *Les Carion et les Xanthias* : c. à d. les rôles d'esclaves. — *Xénodochos* : Démosthène l'appelle Xénophron.

(36) J. Wolf corrige, contre l'autorité des manuscrits, d'Harpocration et du Scoliaste, ἐμοῦ προςτρόπαιον. Reiske et Bekker lisent αὐτοῦ. J'ai suivi l'interprétation du premier.

(37) *Op. et Dies.* v. 240.

(38) Démosthène produit des témoins ; et, comme l'observe Auger, ce ne peut être que des personnes qui étaient présentes ; autrement leur témoignage n'eût été d'aucun poids.

(39) J. Wolf traduit ἀνηλέητος par *immisericors* ; Auger, par *dur et cruel.* C'est confondre ce mot avec ἀνηλεήμων, qui présente un seul manuscrit. Le scoliaste est formel : ἀνηλέητος, μηδενὸς ἐλέου ἄξιος. Les mots σὺ δὲ εὐσεβὴς sont opposés, non pas à ἐγὼ μὲν ἀνηλέητος, mais à εὐσέβουν, qui est un peu plus haut. Il ne faut donc pas lire, avec Dobrée, ἀνηλεής, qui est synonyme de ἀνηλεήμων.

(40) Jurin fait remarquer que, pour se conformer à l'histoire, il faut corriger la ponctuation vulgaire, et lire : πρὸς Φίλιππον, πρότερον παρεκάλουν κ. τ. λ.

(41) Voyez les notes sur la *vie de Démosth.,* Schöll,

Hist. de la Litt. Gr. ii, 247 ; Démosthène d'Auger, éd. de M. Planche, t. x, p. 214.

(42) Après avoir veillé à la garde des frontières (dit Suidas, le seul écrivain qui répande quelque jour sur ce passage), les jeunes Athéniens prenaient part, en cas de guerre, aux expéditions du dehors ; mais ils continuaient de former, pendant quelque temps, un corps isolé, que l'on plaçait sur les points les moins périlleux : ἰδίᾳ, ἐν μέρεσι τοῖς ἀκινδύνοις τῆς μάχης. Voilà pourquoi, ajoute-t-il, on appelait ce service militaire στρατείαν τὴν ἐν τοῖς μέρεσι. Suid. v. Τερθρεία.

(43) Littéralement : *selon l'ordre des Éponymes*, c'est-à-dire des archontes, qui donnaient leurs noms à l'année, comme les consuls à Rome. Il résulte d'un fragment d'Aristote sur le gouvernement d'Athènes, conservé par Harpocration, au mot Ἐπώνυμοι, que les Athéniens, astreints au service militaire depuis dix-huit ans jusqu'à soixante, pouvaient être enrôlés, pour une expédition, sur une liste de quarante-deux éponymes. Mais, d'ordinaire, on ne prenait pas tous ceux qui se trouvaient dans cette catégorie ; et l'on n'appelait sous les drapeaux que depuis tel *éponymat* jusqu'à tel autre : voilà pourquoi Eschine dit ἐν τοῖς Ἐπωνύμοις καὶ τοῖς μέρεσιν. Il réunit donc ici, comme l'a remarqué Paulmier, les trois genres de service militaire, pour montrer qu'il a pris part à tous trois : στρατείαν τῶν περιπόλων (garde des frontières pendant deux ans, de dix-huit à vingt) ; ἐν τοῖς μέρεσι (début dans la guerre proprement dite) ; ἐν τοῖς Ἐπωνύμοις (service fait pendant l'état de disponibilité).

(44) Voyez l'avant-dernière phrase de ce discours.

(45) Il y a de nombreuses inexactitudes dans tout cet exposé, dont le but est d'exagérer les avantages de la paix pour la démocratie athénienne, parce qu'Eschine avait voulu la paix avec Philippe, et se prétendait ami du peuple. Les deux *longues murailles*, qui joignaient le lesse du Pirée à la ville, étaient l'ouvrage de Périclès (βόρειον τεῖχος) et de Thémistocle (τεῖχος τὸ νότιον). Peut-être faut-il prendre ᾠκοδομήσαμεν, et plus bas ἐτειχίσθη, dans le sens de *reconstruire*, à cause de τῶν τειχῶν ὑπὸ τῶν Βαρβάρων πεπτωκότων : mais ce sont plutôt les murs d'enceinte de la ville qu'Eschine désigne par ces derniers mots.

(46) Egine, petite île, voisine d'Athènes. Les Athéniens eurent avec les Éginètes une guerre violente, dans laquelle Corinthe et tout le Péloponnèse prirent parti en faveur d'Égine, qui, cependant, fut obligée de se rendre, d'abattre ses murailles, et de payer tribut.

X, XI.

PROCÈS DE LA COURONNE.

INTRODUCTION.

Douze ans s'étaient écoulés depuis le procès de l'Ambassade, et la longue lutte de l'éloquence contre le génie des conquêtes s'était terminée par la défaite de Chéronée.

Avant même que les Athéniens eussent rendu les honneurs funèbres à leurs guerriers, et les Thébains consacré la mémoire des leurs par ce beau lion colossal découvert de nos jours[1], Athènes, comme plusieurs autres cités nouvellement asservies, retentissait d'accusations. Parmi les plus véhémentes, se distinguaient celles du sévère Lycurgue contre un général fugitif, Léocrate, et contre Lysiclès, général malheureux. « Tu commandais l'armée, ô Lysiclès! et mille citoyens ont péri, deux mille ont été faits prisonniers; un trophée s'élève contre la République, la Grèce entière est esclave! Tous ces malheurs sont arrivés quand tu conduisais nos soldats : et tu oses vivre, voir la lumière du soleil, te présenter sur la place publique, toi, monument de honte et d'opprobre pour la patrie[2]! » Lysiclès fut condamné à mort. L'orateur Hypéride courut aussi risque de la vie pour avoir fait décréter, dans ce pressant danger, l'affranchissement et l'armement des esclaves. Démosthène fut souvent poursuivi : le plus célèbre et le plus important de ces procès politiques fut celui que lui intenta réellement Eschine, en attaquant un décret qui le couronnait pour son patriotisme. Le second orateur d'Athènes, chef et le représentant du parti macédonien, avait déposé son accusation depuis huit ans dans les mains de l'Archonte, quelques jours avant les fêtes de Bacchus, où se faisait la proclamation des couronnes. Que s'était-il passé pendant ce délai, dont la prolongation est demeurée un mystère[3]?

Le monarque absolu qui avait vaincu la Grèce y maintint les formes républicaines : politique adroite, mais qui ne rassura pas entièrement les Athéniens. A la prière de l'Aréopage, ils remirent le commandement militaire à Phocion[4], dont la maxime était : *Sois le plus fort, ou l'ami du plus fort*. L'achèvement et la réparation des murailles furent confiés à dix citoyens[5] : Démosthène était du nombre. Mais bientôt arriva le jeune Alexandre, avec une mission toute pacifique. Persuadés par l'orateur Démade, un des prisonniers que le vainqueur avait rendus, les Athéniens conclurent la paix. Le traité, en leur ôtant la Chersonèse et quelques possessions maritimes, leur rendait la ville d'Oropos, si souvent disputée aux Thébains. Une ambasade, dont Eschine faisait partie, alla recevoir les serments de Philippe.

Le moment était venu d'exécuter cette guerre nationale des Hellènes contre la Perse, que ce prince méditait depuis longtemps Les victoires navales de Cimon, la brillante expédition d'Agésilas, les combats livrés par les Grecs à la solde de Cyrus le Jeune, montraient combien la conquête de l'Asie serait facile à la Grèce unie et pacifiée. Jason de Phères en avait conçu le projet; Isocrate, tant qu'il vécut, y poussa Philippe. Ainsi, tout était mûr pour une réaction féconde et providentielle du monde grec sur l'Orient.

Le roi de Macédoine assemble donc un congrès général à Corinthe. Sparte seule n'y envoie pas de représentants, trop faible pour s'opposer à ce dessein, trop fière pour y contribuer. La guerre est votée par acclamations, Philippe élu général l'année même de la mort de Timoléon (Ol. CX, 4; 337 avant J. C.); et bientôt, les Macédoniens non compris, 200,000 hommes d'infanterie et 15,000 chevaux sont prêts à marcher. Des États qui pouvaient se défendre avec des forces aussi considérables étaient amenés, par leurs dissensions, à subir le joug de trente mille Macédoniens[1].

Philippe venait d'envoyer Parménion avec des troupes pour faire les premières opérations et protéger la Grèce asiatique, lorsqu'il vit éclater une révolte en Illyrie et des troubles dans son palais. Il pacifia de belliqueuses tribus par une dernière victoire, et crut aussi pacifier sa famille par une double fête, où il célébrait la naissance d'un fils, et le mariage de sa fille Cléopâtre avec Alexandre, roi d'Épire. Mais le vainqueur de la Grèce périt à 47 ans, assassiné au milieu de son apothéose, au moment où sa statue était portée en pompe avec celles des douze grands dieux. La vindicative Olympias plaça sur la tête du meurtrier, attaché au gibet, la couronne d'or que la populace athénienne s'était hâtée de décerner au régicide.

Monté sur le trône à 20 ans, la même année que Darius III (Ol. CXI, 1; 336), Alexandre défait les Thraces libres au passage du mont Hæmus, les Triballes et leur roi Syrmos au delà de ce mont; il traverse le Danube, met en fuite les Gètes qui n'osent l'attendre, subjugue divers peuples barbares, et,

---

[1] *Voyage à Athènes et à Constantinople*, par Dupré.
[2] Diod. Sic. XVI, 88.
[3] V. l'Introd. de Jacobs, p. 441 (1833); et Winiewski, *Coment. hist.*, p. 238.
[4] Plutarq. *Phoc.*, 16.
[5] Liban. *Argum.*

[1] *Précis de l'Hist. Anc.*, par MM. Poirson et Cayx, p. 351.

malgré la réponse altière de leurs ambassadeurs[1], il leur apprend à craindre un autre danger que la chute du ciel. Thèbes et Athènes essaient de secouer le joug[2] ; il franchit les Thermopyles en disant : « Démosthène m'a appelé enfant lorsque j'étais chez les Triballes ; jeune homme lors de mon passage en Thessalie : montrons-lui, sous les murs d'Athènes, que je suis homme fait. » La destruction de Thèbes, qui s'était héroïquement défendue, destruction votée par plusieurs peuples voisins, commande la soumission à la Grèce entière. A côté de ces ruines fumantes, deux villes se relèvent, Platée et Orchomène. Athènes attendait en silence la colère d'Alexandre : elle reçoit l'ordre de lui livrer ses orateurs démocrates. La parole était la seule arme que pût redouter le jeune conquérant. Phocion veut que la patrie se résigne à ce sacrifice; Lycurgue s'y oppose par d'énergiques paroles, Démosthène par un ingénieux apologue. On négocie, et le vainqueur calmé se retire, admirant encore Athènes, et lui léguant d'avance l'empire des Hellènes, s'il ne devait pas revenir d'Asie[3].

La Grèce allait enfin rendre à la Perse sa visite, mais plus longue[4]. Investi des mêmes pouvoirs que son père, qui lui avait préparé les voies, Alexandre, avec 35,000 hommes seulement, passe l'Hellespont, distribue tous ses domaines à ses amis, et ne se réserve que l'espérance. « Pour lui faciliter la victoire, il arriva que la Perse perdit le seul général qu'elle pût opposer aux Grecs : c'était Memnon, Rhodien.... Au lieu de hasarder contre les Grecs une bataille générale, Memnon voulait qu'on les allât attaquer chez eux. Alexandre y avait pourvu, et les troupes qu'il avait laissées à Antipater suffisaient pour garder la Grèce. Mais sa bonne fortune le délivra tout d'un coup de cet embarras : au commencement d'une diversion qui déjà inquiétait toute la Grèce, Memnon mourut, et Alexandre mit tout à ses pieds[5]...... Le passage du Granique le rendit maître des colonies grecques ; la bataille d'Issus lui donna Tyr et l'Egypte ; la bataille d'Arbèles lui donna toute la terre..... Darius n'entre dans ses villes et dans ses provinces que pour en sortir : les marches d'Alexandre sont si rapides, que vous croyez voir l'empire de l'univers plutôt le prix de la course, comme dans les jeux de la Grèce, que le prix de la victoire[6]. »

Pendant cette guerre, que Napoléon appelle méthodique, et qu'il regarde comme digne des plus grands éloges[7], des garnisons macédoniennes occupaient l'Acarnanie, les Thermopyles, Thèbes et Corinthe. Athènes, comme beaucoup d'autres États, avait conservé son gouvernement et ses lois : elle n'avait perdu que son influence ; elle craignait Antipater, et le parti macédonien dominait dans ses murs. Durant quatre années, le roi de Sparte Agis II avait remué le Péloponèse sans que la voix de Démosthène pût réveiller les Athéniens. Un philosophe, Macédonien de naissance et par dévouement à Alexandre, son élève, ne fut peut-être pas étranger à cette disposition des esprits : Aristote, rentré dans Athènes, venait d'y ouvrir son école.

Voilà les grands événements qui avaient ébranlé les imaginations et cimenté la puissance macédonienne. Eschine crut le moment favorable pour reprendre son accusation. « Une loi d'Athènes, dit Cicéron[1], défendait de proposer au Peuple de couronner tout citoyen en charge qui n'aurait pas rendu ses comptes; on devait, en vertu d'une autre loi, donner dans l'assemblée publique les couronnes décernées par le Peuple, et dans le sénat les couronnes décernées par le sénat. Démosthène, chargé de réparer les murs, l'avait fait à ses frais. Avant ses comptes rendus, Ctésiphon proposa, par un décret[2], de lui décerner une couronne d'or au théâtre, devant le Peuple réuni, quoique ce ne fût pas le lieu fixé par la loi, et de faire proclamer que Démosthène recevait cette récompense à cause de sa vertu, et de ses bienfaits envers le Peuple Athénien. Eschine accusa Ctésiphon[3] d'avoir voulu, contre les lois, décerner une couronne à un comptable, en plein théâtre, et d'avoir faussement exalté sa vertu et son patriotisme, puisque Démosthène n'était ni honnête homme, ni zélé citoyen[4].

« Quoique étrangère à nos habitudes, cette cause offre de la grandeur. Elle offre aux deux parties une ingénieuse interprétation des lois, et une discussion imposante sur les services rendus à l'État. Le tort d'Eschine, à qui Démosthène avait intenté un procès capital pour faux rapports dans son ambassade, était la vengeance : sous le nom de Ctésiphon, il mettait en jugement la vie entière et la réputation d'un ennemi. Aussi s'attache-t-il moins à la non-reddition des comptes, qu'aux honneurs accordés à la vertu de celui qu'il appelait un mauvais citoyen.

« Quand ce procès fut jugé[5], Alexandre était déjà maître de l'Asie. La Grèce entière, dit-on, y accourut. Quel plus curieux spectacle, en effet, pour les yeux et pour les oreilles, que cette lutte entre les deux plus grands orateurs, qui apportaient à une

---

[1] Arr., l. I.
[2] V. les détails présentés par Plutarq. *Vie de Dém.*, 23.
[3] Plutarq. *Alex.*, 13.
[4] Mot de M. Cousin (Leç. sur l'hist. de la Philosophie).
[5] *Disc. sur l'Hist. Univ.*, IIIe partie, c 5.
[6] *Espr. des Lois*, l. X, c. 14.
[7] Note sur les expéditions d'Alexandre (Extraits des dictées de l'empereur).

[1] Cicéron avait traduit les deux harangues sur la Couronne, et cette traduction existait encore au temps de saint Jérôme (*ad Paul.*, ep. 50, etc.). Il ne nous reste que la préface, sous ce titre, *de Optimo genere Oratorum*.
[2] Winiewski, *Comment. hist.*, p 269, place cette proposition quelques mois après la bataille de Chéronée.
[3] Le Sénat, ou Conseil des Cinq-Cents, avait approuvé la motion de Ctésiphon par un *preavis*, προβούλευμα, « de crainte, dit M. Plougoulm, d'irriter Philippe en contristant son ennemi. »
[4] Ces trois chefs généraux, κεφάλαια γενικὰ τρία, de Jacobs, l'accusation d'Eschine, sont nettement distingués, mais sans plus de détails, dans le sommaire grec anonyme de ce discours. V. le texte de l'acte d'accusation dans la harangue de Démosthène.
[5] Ol. CXII, 3, sous l'arch. Aristophon ; 330 av. J. C., peu de temps avant les grandes Dionysies, où la couronne devait être proclamée, si le Peuple sanctionnait la décision du Conseil. V. Jacobs, Introd., n. 13. Démosthène avait 52 ans.

cause de cette importance des armes si bien préparées et tout le feu de la haine? »

Pour soutenir son décret, Ctésiphon dut parler avant Démosthène : car le plaidoyer de celui-ci, malgré son étendue, est une véritable *deutérologie*. Qu'avait dit Ctésiphon? la postérité l'ignore. Il est probable qu'il s'était surtout occupé de sa défense personnelle; et ceci expliquerait pourquoi Démosthène le nomme rarement.

Malgré les travaux de quelques savants illustres, dont plusieurs vivent encore, nous sommes réduits à répéter avec Tourreil : « Quant aux faits et aux motifs allégués réciproquement pour fonder l'accusation ou pour la détruire, nous ne les discuterons pas. Leur contrariété n'est pas de notre ressort. Elle roule sur des circonstances qu'on ne peut débrouiller à travers tant de siècles qui nous en séparent[1]. » Les deux adversaires échangent les plus ignobles reproches, les plus graves imputations. Ici, comme dans les plaidoyers sur l'Ambassade, le même fait prend dans leurs bouches des formes différentes; et, à l'appui de tant d'assertions opposées, ils invoquent hardiment quelques témoins, le Peuple entier, les archives de l'État. La publicité des délibérations n'a donc pas plus intimidé le mensonge chez les Anciens que de nos jours! Ou bien ces étranges contradictions doivent-elles s'expliquer par les remaniements arbitraires des rhéteurs? Quoi qu'il en soit, nous entrevoyons que ces ardentes invectives, conformes à l'esprit démocratique et au caractère athénien, et parfois si hautement éloquentes, résultent, dans Eschine, de sa haine contre le caractère, les habitudes, la vie entière de son ennemi public et personnel; aveugle passion qui l'avait déjà poussé jusqu'à dire : « S'il est dans quelque coin du monde un genre de perversité dans lequel je ne prouve que Démosthène ait excellé, je demande la mort[2]. » Mais, chez Démosthène, ces explosions de colère, ces sorties véhémentes sont l'effet d'une plus juste indignation.

Hermogène n'a vu dans l'acccusateur de Ctésiphon qu'un sophiste, un adroit rhéteur. Denys d'Halicarnasse, moins sévère, loue le beau coloris de sa diction et son heureuse facilité. « La première partie de son discours, dit un habile juge en ces matières[3], est une discussion de droit, vive et pressante; c'est un bon plaidoyer. La seconde, où il attaque la politique de Démosthène, me paraît brillante, véhémente, quelquefois même pathétique; et pourtant, malgré cet éclat, cet appareil d'éloquence, je ne suis pas ému. L'orateur ne m'entraîne pas, ne se fait pas oublier. C'est qu'une chose essentielle lui manque, la bonne foi. »

Le jugement de l'antiquité sur la harangue de Démosthène semble résumé par l'orateur romain, comme celui des modernes l'a été par le premier critique de nos jours. « L'orateur que nous avons mis au-dessus de tous les autres, dans ce beau discours pour Ctésiphon commence adroitement d'un ton modeste, devient plus vif en traitant des lois, et attend que les juges s'animent avec lui pour donner à son éloquence un plus libre essor...... Cette belle composition réalise l'idéal qui est dans nos âmes; on ne peut souhaiter une plus haute éloquence[1]. » « Malgré la sublimité des Philippiques, dit M. Villemain, la harangue sur la Couronne passe avec raison pour le premier chef-d'œuvre de Démosthène; et cette vérité doit servir à expliquer comment Cicéron a pu dire que le combat judiciaire était la plus difficile et la plus haute épreuve de l'éloquence : opinion peu concevable dans la bouche d'un orateur qui a manié l'éloquence politique. Quoi qu'il en soit, dans la harangue sur la Couronne, cet intérêt d'une lutte personnelle, ce choc de deux adversaires est ennobli par la grandeur des souvenirs publics; tous les effets oratoires de la tribune et du barreau sont à la fois réunis; Athènes paraît toujours entre l'accusateur et l'accusé, et la patrie est le sujet du combat. Voilà le trait de génie qui donne à cette harangue tant de véhémence et de majesté : c'est une réfutation accablante, une apologie sublime; mais, en même temps, c'est encore une philippique, un discours national. On peut calculer aussi que de bienséances, que de ménagements, que d'adresses étaient nécessaires à l'orateur, qui, pour se justifier, rappelle à ses concitoyens leur défaite, et se vante de leur avoir conseillé la guerre où ils furent vaincus[2]. » Oui, Démosthène se vante : mais, ici encore, écoutons une grave autorité : « Toute la harangue pour la Couronne, dit Plutarque, coule fort dextrement les louanges de Demosthene, et les adjuste aux oppositions et solutions des objections qu'on luy mettoit sus. Toutefois il est bien à remarquer en ceste mesme oraison-la, comme artifice très-utile, qu'en meslant parmy les propos qu'il tient de soy les louanges aussi des escoutans, il rend tout son parler exempt d'envie, et de la haine qui accompagne ordinairement ceulx qui monstrent de s'aimer trop soymesme[3]. »

A la fin de cette introduction, nous essaierons de présenter, sous un coup d'œil, l'analyse logique de ces deux grands plaidoyers. Celle du discours de Démosthène est difficile; non que ce discours mérite le reproche de désordre, qui ne lui a pas manqué. Dans toute composition oratoire, il faut bien s'entendre sur ce qu'on appelle ordonnance. Etablir une division claire et complète; en développer, en subdiviser les grandes parties avec une rigueur presque didactique, a, sans doute, son mérite et son avantage : mais cet ordre, un peu matériel, est parfois, malgré de riches développements, voisin de la sécheresse. C'est la méthode d'Eschine, de Cicéron, de Massillon. L'ordre par

---

[1] Préface, p. 22.
[2] Plaidoyer sur les Prévarications de l'Ambassade.
[3] Toy. M. Plougoulm, Préface de sa Traduction.

[1] « Hic quem præstitisse diximus ceteris, in illa pro Ctesiphonte oratione longe optima, summissus a primo; deinde, dum de legibus disputat, pressus, post sensim incedens, judices ut vidit ardentes, in reliquis exsultavit audacius..... Ea profecto oratio in eam formam, quæ est insita in mentibus nostris, includi sic potest, ut major eloquentia non requiratur. » *Orat.* 8, 3.
[2] Biogr. Univ., art. *Démosthèn*.
[3] *Comment on se peult louer*, trad. d'Amyot.

excellence consiste dans la continuité du discours ; il en serre tellement le tissu, que l'œil le plus exercé discerne à peine où commence, où finit l'exposition d'une pensée : plus caché, cet ordre n'en est pas moins réel ; étudiez-le, il vous révélera un art plus délicat, une vue plus large, une conception plus forte. Cette allure, à la fois régulière et libre, est celle de deux génies, d'ailleurs si différents en dépit de tous les parallèles, Démosthène et Bossuet.

Ctésiphon fut absous à une majorité considérable. Cette sentence de l'immense tribunal démocratique était une sorte de protestation contre la soumission de la Grèce. La grande âme d'Alexandre n'en fut pas émue ; car, à la même époque, le vainqueur d'Arbèles abolit les tyrannies maintenues jusqu'alors dans quelques États helléniques[1]. L'acquittement de Ctésiphon assurait aussi à Démosthène le don populaire de cette couronne, la plus précieuse, puisqu'elle fut la plus disputée.

Retiré à Rhodes après sa défaite, Eschine y ouvrit une école d'éloquence qui devint célèbre. Il eut le singulier courage de commencer ses leçons par la lecture de ces deux harangues. La sienne lue, « Quoi, s'écrièrent les auditeurs charmés, avec un tel plaidoyer tu as succombé[2] ! — Attendez ! » dit-il lit le discours de Démosthène. Les applaudissements redoublent : « Que serait-ce donc, s'écrie-t-il à son tour, si vous eussiez entendu le lion lui-même ? »

[1] Plut. *Alex.*, 34.

[1] Πῶς οὖν ἐπὶ τούτου λόγου ἥττησαι ; Schol. ad Eschi. de male gestâ Leg. ; Arg. Orat. ejusd. in Ctesiph.
[2] Τί δὲ, εἰ αὐτοῦ τοῦ θηρίου ἀκηκόειτε ; V. Cic. de Or. II, 56 ; Plin., VII, 30 ; Plin. Jun. II, 3 ; IV, 5 ; Philostr. *Vit. sophist.* I, 19, 5 ; etc.

ANALYSE DE LA HARANGUE D'ESCHINE SUR LA COURONNE.

EXORDE.	1re PARTIE.	2e PARTIE.	3e PARTIE.				4e PARTIE.	PÉRORA...
			IL EST DÉFENDU PAR LES LOIS				CONSIDÉRATIONS GÉNÉRALES.	
	1° de couronner des magistrats qui sont encore comptables :	2° de proclamer ailleurs que dans l'assemblée du Peuple une couronne décernée par le Peuple :	3° De rien insérer de faux dans les décrets : *Or, le décret de Ctésiphon couronne Démosthène pour sa vertu, sa loyauté, et le bien qu'il a fait au Peuple Athénien. Eschine veut prouver que cet éloge est un mensonge.*					
1° L'orateur espère que l'intrigue ne l'emportera point sur les lois. 2° Plaintes sur les désordres introduits dans les délibérations du Peuple; 3° Le droit de poursuivre l'auteur d'un décret contraire aux lois reste au Peuple et aux juges : s'en laisser dessaisir, ce serait perdre la démocratie. 4° Dispositions dans lesquelles le tribunal doit écouter l'accusateur.	Origine, modification, interprétation de ces lois. Il était comptable : 1° malgré ses libéralités pour la réparation des murailles ; 2° parce qu'il réunissait en sa personne les emplois les plus considérables de la République ; 3° quoiqu'il ait été choisi seulement par sa tribu. Récapitulation.	Confrontation du décret de Ctésiphon avec la loi. Objection. Sur les proclamations il existe deux lois, dont l'une permet de proclamer la couronne au théâtre. Réponse. 1° S'il y avait eu deux lois contradictoires, l'une ou l'autre aurait été abolie. 2° Abus qui ont rendu nécessaire la loi dont s'appuiera Démosthène. Cette loi n'est relative qu'aux couronnes étrangères. DONC, CTÉSIPHON A ENFREINT LES LOIS. *(Conclusion tantôt placée ouvertement, tantôt sous-entendue.)*	Il ne s'arrêtera pas sur la vie privée de Démosthène : mention rapide et maligne de quelques anecdotes. Il examinera sa vie publique. Quatre époques. *1re Époque : guerre d'Amphipolis, jusqu'à la paix avec Philippe.* Par un adroit exposé des faits, il essaie de montrer que Démosthène a proposé, avec Philocrate, des décrets contraires aux intérêts d'Athènes. Privé, par ses intrigues, le Peuple de l'avantage d'une paix générale; Livré au Macédonien un allié de la République, Kersobleptès, roi de Thrace; Flatté Philippe et ses envoyés; Fait éclater une joie indécente à la mort de Philippe. *2e Époque : depuis la paix, jusqu'au décret de guerre de Démosthène.* Démosthène change de système, accuse ses collègues, déclame contre Philippe, trouble sa patrie. Objection. Il a fortifié la République par l'alliance avec l'Eubée et avec Thèbes. Réponse. Politique généreuse d'Athènes envers l'Eubée. Ingratitude des Chalcidiens perfidies de Callias, à qui Démosthène vend trois grands avantages. Dans les négociations suivantes, relatives à l'alliance, Démosthène a tantôt trahi, tantôt vendu la République. *La partie décisive réponse qui se rapporte à l'alliance thébaine est plus loin, 3e époq.*	*3e Époque : Guerre de Chéronée.* Démosthène a perdu Athènes et la Grèce : 1° par sa politique pendant la seconde guerre Sacrée; 2° par l'alliance thébaine.	Détails historiques sur Cirrha. — Impiété des Amphissiens. — Démosthène empêche que sa patrie soit représentée à l'assemblée des Thermopyles. — Deux expéditions contre Amphissa. Vive sortie contre Démosthène, qui a méprisé les avis du ciel. Tableau animé des calamités de toute la Grèce, qui sont l'ouvrage de Démosthène. Si cette alliance fut glorieuse, elle était due, non à Démosthène, mais aux circonstances. Dans la conclusion du traité, Démosthène a causé aux Athéniens trois énormes préjudices. 1° Inégale répartition des dépenses et du commandement ; 2° Thèbes devenue le centre des affaires ; l'armée divisée. 3° Philippe voulait la paix : les violences de Démosthène ont amené le désastre de Chéronée. Plaintes véhémentes et pathétiques sur ce désastre, et sur l'infortune de Thèbes.	*4e Époque : d'Alexandre.* Démosthène injuste et lâche du temps d'Alexandre, comme du temps de Philippe, secrètement vendu à Alexandre. Preuve par trois occasions d'insurrection dont il n'a pas profité.	I. Qualités du démocrate ; qualités du partisan de l'oligarchie. — Donc, Démosthène n'est un démocrate ni par sa naissance, ni par sa conduite, ni par le courage. II. Dangers de la profusion des récompenses. Preuves par l'histoire d'Athènes ; rapprochements perfides, pour humilier Démosthène. III. Détermination de la seule circonstance où les juges peuvent permettre de solliciter en faveur de l'accusé. IV. Ctésiphon doit se défendre seul. Si Démosthène parle, qu'il suive le plan de l'accusation. — Récapitulation, pour retracer ce plan. V. Divers moyens pour déjouer les artifices des adversaires ; traits mordants contre Ctésiphon et Démosthène. VI. Eschine oppose sa vie à celle de son ennemi. C'est dans l'intérêt public qu'il vient de rompre son long silence. VII. Absoudre Ctésiphon, ce serait enhardir les oppresseurs du Peuple, déshonorer Athènes, outrager les vaillants hommes morts pour sa cause, pervertir la jeunesse, méconnaître les droits des citoyens et les lois.	Eschine... à sa cau... grands h... évoque c... beaux... la Répub... son droit... juges a...

ACCUSATION, PAR ESCHINE.

Vous voyez, ô Athéniens! quel appareil on déploie, quelle armée se range en bataille; vous voyez certains hommes solliciter sur la place publique l'abolition des règles et des usages d'Athènes (1). Pour moi, je me présente plein de confiance dans les dieux, puis dans les lois et en vous, persuadé qu'auprès de vous l'intrigue ne prévaut jamais sur les lois ni sur la justice.

Je voudrais, ô Athéniens! que le Conseil des Cinq-Cents, que les assemblées du Peuple fussent régulièrement dirigés par ceux qui les président, et que la législation de Solon sur la discipline des orateurs reprît son empire (2). Ainsi, le plus vieux citoyen, appelé le premier par ces lois, montant avec modestie à la tribune, pourrait, sans tumulte, sans trouble, tirer de son expérience l'avis le plus utile à la République; après lui, tout autre qui en aurait le désir opinerait seul, à son tour et selon l'âge, sur chaque question (3). Je vois là le moyen et de gouverner très-bien l'État, et de rendre les accusations très-rares. Mais, depuis que toutes les règles, jadis reconnues sages, sont brisées; depuis que les uns proposent sans scrupule des motions illégales, tandis que d'autres, parvenus à la présidence, non par la voie légitime du sort, mais par la brigue, les convertissent en décrets, et, dans la pensée que l'administration publique est devenue leur patrimoine, menacent de poursuivre comme traître tout autre membre du Conseil qui, réellement appelé par le sort à présider, déclarerait fidèlement vos suffrages; depuis qu'asservissant les citoyens et s'arrogeant tous les pouvoirs, ils ont anéanti la jurisprudence conforme aux lois, et jugent avec passion là où il faut appliquer vos décrets (4) : elle est muette, cette proclamation, la plus belle, la plus prudente de toutes, *Quel citoyen, au-dessus de cinquante ans, veut haranguer le Peuple? Quel autre Athénien, à son tour, veut prendre la parole?* et rien ne peut plus réprimer la licence des orateurs, ni lois, ni prytanes, ni proèdres (5), ni la tribu qui préside, c'est-à-dire, ni la dixième partie de la nation.

En présence de pareils désordres, dans ces jours mauvais où vous voyez la patrie, un seul débris d'autorité vous reste, si je ne m'abuse : c'est le droit de poursuivre l'auteur d'une motion illégale (6). Si vous y renoncez, si vous permettez qu'on vous l'enlève, je vous prédis qu'à votre insu vous aurez peu à peu abandonné la constitution à quelques hommes. Vous le savez, Athéniens, il est parmi les peuples trois formes de gouvernement : monarchie, oligarchie, démocratie. Les deux premières sont régies par la volonté des chefs ; la démocratie, par les lois qu'elle se donne. Que nul n'ignore donc, que chacun sache nettement que, le jour où il monte au tribunal pour juger une infraction de la loi, il va prononcer sur sa propre liberté. Aussi le législateur (7) a-t-il écrit en tête du serment des juges: *J'opinerai conformément aux lois.* Il semble bien que le culte des lois est la sauvegarde du pouvoir populaire. L'esprit plein de ces pensées, sévissez contre celui qui attaque une loi par son décret; ne voyez point de fautes légères là où tout est crime énorme; ne vous laissez ravir par personne le droit de punir ; repoussez et les sollicitations de ces généraux qui depuis longtemps travaillent, avec certains harangueurs, à la ruine de notre gouvernement, et les prières de ces étrangers que des prévaricateurs présentent ici pour échapper aux tribunaux. Il n'est pas un de vous qui, dans une bataille, ne rougît d'abandonner son poste (8) : eh bien ! aujourd'hui, sentinelles avancées de la démocratie, ayez honte de déserter le poste que les lois vous ont assigné. Il faut vous rappeler encore que tous vos concitoyens, les uns présents et attentifs à ce jugement, les autres absents pour leurs affaires, ont déposé la chose publique en vos mains, et vous ont confié la constitution. Consultez votre respect pour eux, le souvenir de votre serment et des lois; et, si je convaincs Ctésiphon d'avoir proposé un décret contraire à ces lois, contraire à la vérité, contraire au bien public, annulez, ô Athéniens! ses coupables motions, raffermissez notre démocratie, châtiez ceux dont la politique fut hostile à la législation, à la patrie, à votre bien-être. Si vous m'écoutez dans cet esprit, votre sentence, j'en suis certain, sera conforme à la justice, à votre serment, à vos intérêts personnels, comme à ceux de la République.

J'espère avoir suffisamment annoncé l'ensemble de l'accusation : je vais parler brièvement des lois sur les comptables, lois que Ctésiphon a vioées par son décret. On a vu précédemment quelques-uns de nos premiers magistrats, des administrateurs des finances, gagner, pendant une gestion vénale, les orateurs du Conseil et du Peuple, et se prémunir de loin contre la liquidation de leurs charges par des éloges et des proclamations. De là, dans l'examen des comptes, grand embarras pour les accusateurs, plus grand encore pour les juges. Beaucoup de comptables, convaincus de flagrant péculat, échappaient à la justice; et cela devait être. Les juges auraient rougi que le même magistrat, dans la même ville, peut-être la même année, proclamé dans les jeux publics, honoré par le Peuple d'une couronne d'or pour sa vertu et son intégrité, sortît, peu après, des tribunaux, flétri comme voleur. Ils étaient donc forcés de régler leur scrutin, non sur le crime, mais sur l'honneur du Peuple.

Remarquant cet abus, un nomothète (9) porte une loi fort sage, qui défend formellement de couronner un comptable. Malgré cette prudente précaution du magistrat, on a imaginé des paroles plus puissantes que les lois; et, si l'on ne vous les citait, vous vous y laisseriez tromper : car, parmi ceux qui font couronner des comptables contrairement aux lois, il est des modérés, si la modération est possible dans l'illégalité. Du moins ils jettent sur leur honte un voile léger, en ajoutant ces mots : *On couronnera le comptable après ses comptes rendus et vérifiés.* La République n'en est pas moins lésée, puisque c'est encore préjuger les comptes par des couronnes et des éloges; seulement, l'auteur de cette décision montre qu'il n'enfreint pas la loi sans une sorte de pudeur. Pour Ctésiphon, ô Athéniens! sautant par-dessus la loi, arrachant la clause spécieuse, c'est avant les comptes, avant le contrôle, c'est à Démosthène en charge qu'il décerne une couronne!

Raisonnant ensuite d'une manière différente, ils diront : L'emploi pour lequel on a été choisi en vertu d'un décret (10) n'est pas une *charge*, c'est une *surveillance*, un *service* (11); quant aux charges proprement dites, les thesmothètes les distribuent au sort dans le temple de Thésée, ou bien le Peuple, assemblé pour les élections, les confère par ses suffrages : telles sont celles de stratége, d'hipparque (12), et autres semblables : tout le reste n'est que commissions décrétées. A ce langage j'oppose votre loi, loi portée par vous pour détruire ces misérables subterfuges. Il y est écrit en termes formels : *Ceux que le Peuple nomme aux charges* (sous cette dénomination le législateur comprend tous les emplois conférés par l'élection populaire); *les préposés à des ouvrages publics* (chargé de la réparation des murs, Démosthène était préposé au plus considérable de ces ouvrages); *tous ceux qui ont le maniement de quelques deniers publics pour plus de trente jours, et qui prennent la présidence d'un tribunal* (tout intendant des travaux préside un tribunal) : que leur ordonne la loi? de remplir une *commission?* non, mais une *charge*, après l'épreuve juridique qui précède l'exercice des magistratures données au sort; de présenter même leurs comptes, comme les autres magistrats, au greffier et aux vérificateurs (13). La lecture du texte des lois va prouver ce que j'avance.

Lois.

(*Ces pièces, ainsi que les suivantes, manquent.*)

Ainsi, lorsqu'ils appelleront hautement *surveillance*, *commission*, ce que le législateur nomme *charge*, votre tâche, ô Athéniens! est de leur rappeler cette loi, de l'opposer à leur impudence, de leur répondre que vous repoussez le criminel sophiste qui espère avec des mots renverser les lois, et que, mieux parlera l'auteur d'un décret illégal (14), plus il encourra votre colère. Car il faut, Athéniens, même langage chez l'orateur et dans la loi (15). Si l'un et l'autre ne sont pas à l'unisson, donnez vos suffrages à la loi, toujours juste; refusez-les à l'effronté parleur.

Quant à l'argument que Démosthène qualifie d'invincible, je veux y répondre d'avance en quelques mots. « Oui, dira-t-il, je suis directeur des fortifications; mais j'ai ajouté un don de cent mines (16) aux fonds publics, j'ai fait exécuter des travaux plus étendus. Quel compte ai-je donc à rendre? est-on comptable d'un bienfait? » Subterfuge! Écoutez ma réponse : elle est juste, elle est utile.

Dans cette ancienne et vaste cité, nul n'est irresponsable, parmi ceux qui touchent, n'importe comment, à la chose publique. Je le démontrerai tout d'abord par d'étonnants exemples. Les prêtres et les prêtresses, qui ne font que recevoir des dons privilégiés et offrir pour vous des prières aux dieux, sont comptables devant la loi, tous en corps comme chacun en particulier, individuellement comme par familles solidaires, tels que les Eumolpides, les Céryces (17), et tous les autres. La loi rend comptables aussi les triérarques, qui, loin d'avoir manié l'argent de la République, loin de détourner, pour de légères dépenses, une partie considérable de vos revenus, et de se vanter de vous donner quand ils vous rendent, ont sacrifié, d'un aveu unanime, leur patrimoine à l'ambition de vous servir. Que dis-je? les premiers corps de l'État s'humilient devant le scrutin des tribunaux. D'abord la loi ordonne à l'Aréopage de s'inscrire chez les vérificateurs, et de rendre ses comptes. Oui, ce redoutable conseil, juge souverain des plus grandes affaires, la loi le courbe sous votre juridiction. — Quoi! les membres de l'Aréopage ne seront jamais couronnés (18)? — Non, la tradition le défend. — Ils sont donc insensibles à la gloire? — Très-sensibles, au contraire : c'est peu de s'interdire l'injustice; une légère faute est, parmi eux, sévèrement punie (19): comparez avec les débordements de vos orateurs! Le Conseil des Cinq-Cents est aussi déclaré responsable par le législateur, à qui tout comptable inspire une telle défiance, que, dès le début des lois, il dit : *Le comptable ne s'absentera point.* — Par Hercule! pour avoir été magistrat, je ne puis m'absenter? — Non, de peur que tu ne t'enfuies, concussionnaire ou traître. Il est encore défendu au comptable de consacrer sa fortune, de faire de pieuses offrandes, de tester, de se faire adopter, et bien d'autres prohibitions. En un mot, le législateur arrête ses biens jusqu'à ce qu'il ait compté avec l'État. — Soit : mais voici un homme qui, sans avoir rien touché sur le Trésor, rien dépensé, a pourtant occupé quelque place dans le gouvernement. — Celui-là encore est appelé devant les vérificateurs. — Mais, sans recettes, sans dépenses, quel compte rendra-t-il? — La loi elle-même répond, et dicte ce qu'il faut inscrire : Mets précisément ces mots sur ton mémoire : *Rien reçu, rien dépensé des deniers publics.* Ainsi, pas un emploi, dans cette cité, n'est exempt de contrôle, d'enquête, d'examen. Athéniens, je dis vrai : écoutez les lois.

Lois.

Lors donc que Démosthène dira, d'un air triomphant, qu'il n'est point comptable d'un don volontaire, répondez-lui : Ne devais-tu pas, ô Démosthène! laisser faire par le héraut des Comptes cet ancien et légitime appel : *Qui veut accuser?* Permets à tout venant, dans Athènes, de contester devant toi tes libéralités, de soutenir que, pour la réparation des murs, tu as beaucoup reçu et peu dépensé : car c'est dix talents (20) que la ville t'avait alloués. N'arrache point les honneurs, n'ôte pas les bulletins de la main des juges (21), ne devance pas les lois, mais suis-les : voilà ce qui maintient la démocratie.

C'en est assez sur les frivoles prétextes qu'ils doivent étaler. Maintenant, que Démosthène fût réellement responsable quand l'autre porta son décret; que, préposé aux dépenses du théâtre, préposé à la réparation des murs, il n'ait ni présenté ni liquidé les comptes de ces deux charges, c'est ce que je vais essayer de prouver par nos archives. Greffier, lis sous quel archonte, quel mois, quel jour, dans quelle assemblée Démosthène fut élu caissier des spectacles ; par là il deviendra évident qu'il n'était qu'à la moitié de son exercice lorsque Ctésiphon lui décerna une couronne. Lis.

Dates.

Quand je ne prouverais rien au delà, Ctésiphon serait justement condamné : le voilà convaincu, non par mon accusation, mais par les registres publics.

Précédemment, ô Athéniens! il y avait un contrôleur (22) choisi par la ville, lequel, à chaque prytanie, exposait au Peuple l'état des sommes venues. Votre confiance en Eubule vous fit réunir sur les caissiers du théâtre, avant la loi d'Hégémon (23), les charges de contrôleur, de receveur (24), de préposé aux chantiers de la marine, à la construction des arsenaux, à l'entretien de la voie publique; en un mot, la presque totalité de l'administration. Il n'y a dans mes paroles ni accusation, ni blâme ; je veux montrer seulement que le législateur défend de couronner, avant les comptes rendus et apurés, le citoyen responsable d'une seule et minime fonction, et que Ctésiphon n'a pas hésité à décerner une couronne à Démosthène, revêtu de toutes les charges à la fois. En effet, à l'époque du décret il était réparateur des murs, il gérait les deniers publics, il infligeait des amendes comme les autres magistrats, il présidait un tribunal. Pour le prouver, mes témoins seront Démosthène et Ctésiphon eux-mêmes. Sous l'archonte Chærondas, le 1er jour de la 3e décade de Thargélion (25), le Peuple assemblé, Démosthène proposa, par un décret, de convoquer les tribus le 2 et le 3 de Scirophorion; il ordonna, par un autre décret, d'élire, dans chaque tribu, des inspecteurs et des payeurs pour les travaux des fortifications. Décisions sages, qui présentaient à la République des hommes responsables, auxquels elle pût demander compte des dépenses. — Lis-moi les décrets.

Décrets.

Soit, répliquera sur-le-champ l'orateur retors; mais je n'ai été nommé réparateur des murs ni par le sort ni par le Peuple; et, là-dessus, Ctésiphon et lui feront de longs discours. Ma réponse précise, claire, va déjouer à l'instant cet artifice; mais présentons auparavant une courte observation. Nous avons, Athéniens, trois sortes de magistrats : d'abord, et ce sont les plus connus, les élus du sort ou du Peuple; ensuite, quiconque a une gestion de finances pour plus de trente jours, et les préposés aux ouvrages publics. La troisième lasse est ainsi désignée par la loi : *Si d'autres encore, par une élection spéciale, président des tribunaux, ils rempliront aussi leur charge après l'examen juridique.* Retranchez les magistrats choisis par le Peuple, et ceux nommés au sort : reste à reconnaître pour magistrats élus spécialement ceux que des tribus, des sections ou des bourgs tirent de leur sein pour leur confier les finances. Ceci a lieu lorsque, comme aujourd'hui, quelque ouvrage est imposé aux tribus, soit fossés à creuser, soit trirèmes à construire. Le texte des lois va vous apprendre si je dis vrai.

Lois.

Rappelez-vous donc tout ce qui précède : le législateur enjoint à l'élu d'une tribu d'exercer sa *charge* après l'examen juridique ; or, la tribu Pandionide a désigné, pour la *charge* de réparateur des murs, Démosthène, qui, à cet effet, a touché, sur la caisse civile (26), près de dix talents. Une autre loi défend de couronner un magistrat comptable, et vous avez juré de juger selon les lois : or, c'est à un comptable qu'un habile orateur (27) a décerné une couronne, sans même ajouter, *après ses comptes rendus et vérifiés.* J'ai constaté l'illégalité par le témoignage et des lois, et des décrets, et de mes adversaires. Peut-on entourer de plus de lumière cette grave atteinte portée à la législation ?

Je vais démontrer maintenant que le décret est encore illégal quant à la proclamation de la récompense. En effet, la loi ordonne en termes précis de proclamer dans le Conseil, si c'est le Conseil qui couronne ; si c'est le Peuple, dans l'assemblée du Peuple, *jamais ailleurs.* — Qu'on me lise la loi.

Loi.

Telle est la loi, ô Athéniens ! loi excellente : son auteur pensait qu'il sied mal à l'orateur de se pavaner sous les yeux des étrangers, et que, satisfait des honneurs reçus dans sa ville, de la main du Peuple, il ne devait point spéculer sur des proclamations (28). Ainsi le voulait le législateur ; mais Ctésiphon, que veut-il ? — Lis son décret.

Décret.

Vous l'entendez, ô Athéniens ! d'après le législateur, on proclamera dans le Pnyx (29), devant le Peuple convoqué, la couronne donnée par le Peuple ; mais ailleurs, jamais ! D'après Ctésiphon, qui foule aux pieds les lois et change même le lieu, ce sera au théâtre, non à l'assemblée des citoyens, mais aux nouvelles tragédies (30) ; non devant le Peuple seul, mais en présence des Hellènes, pour qu'ils sachent comme nous quel homme nous décorons !

Après cette agression ouverte contre les lois, il tournera, de concert avec Démosthène, pour les surprendre : manœuvre que je vais dévoiler, de peur que vous ne tombiez dans ce guet-apens. Nieront-ils que les lois défendent de proclamer hors de l'assemblée du Peuple la couronne donnée par le Peuple ? ils ne pourraient ; mais ils s'appuieront sur un règlement des fêtes de Bacchus (31) ; et, n'en citant qu'une partie pour duper vos oreilles, ils produiront une loi totalement étrangère à la cause. Ils diront : La République a deux lois sur les proclamations : l'une (celle que je rapporte) défend expressément de proclamer ailleurs que dans une convocation populaire le citoyen couronné par le Peuple ; l'autre, au contraire, permet de faire la proclamation au théâtre, pendant les tragédies, si le Peuple l'ordonne ainsi : or, c'est d'après cette décision législative que Ctésiphon a rédigé son décret.

Pour dissiper ce prestige, je ferai parler vos lois ; et c'est à quoi je m'étudie dans tout le cours de cette accusation. Si le fait est vrai ; s'il s'est glissé dans votre gouvernement l'énorme abus de laisser les lois abolies inscrites parmi les lois vivantes ; si, sur une seule matière, nous avons deux lois contradictoires, que dira-t-on d'une république où la même action est à la fois ordonnée et interdite ? Mais il n'en est pas ainsi ; et puissiez-vous ne jamais tomber dans une telle confusion ! Il y a été pourvu par le législateur qui a fondé notre démocratie. Il a donné aux thesmothètes l'ordre formel de réviser chaque année les lois dans le lieu public de leur dépôt, de rechercher, d'examiner avec soin s'il en existe de contradictoires, ou d'abrogées parmi celles en vigueur, ou plus d'une sur le même objet. S'ils en trouvent, ils les transcriront sur des tables, et les afficheront aux statues des Éponymes (32). Les prytanes convoqueront le Peuple, après avoir mis à l'ordre du jour la nomination des nomothètes ; et le chef des proèdres fera voter l'assemblée pour annuler telle loi et maintenir telle autre, en sorte qu'il n'y en ait qu'une seule sur chaque matière. — Qu'on me lise les lois.

Lois.

Si donc, ô Athéniens ! comme ils le disent, deux lois statuaient sur les proclamations, inévitablement les thesmothètes s'en seraient aperçus, les prytanes les auraient déférées aux nomothètes, et vous eussiez abrogé ou la loi qui permet ou celle qui défend. Rien de pareil ne s'est fait : ils sont donc convaincus jusqu'à l'évidence d'affirmer le mensonge, et même l'impossible.

Ce mensonge, où l'ont-ils puisé ? Je vais vous

l'apprendre, après avoir rappelé les motifs des lois sur les proclamations au théâtre. A la représentation des tragédies en ville, des gens publiaient, sans le consentement du Peuple, qu'ils recevaient une couronne, ceux-ci de leur bourg, ceux-là de leur tribu; d'autres, ayant commandé le silence, donnaient la liberté à leurs esclaves, rendant tous les Hellènes témoins d'un affranchissement (33). Mais, plus blâmables encore, des parvenus au titre de proxène de cités étrangères (34) venaient à bout de faire proclamer que le peuple, par exemple, de Rhodes, de Chios, ou tout autre, les couronnait pour leur vertu et leur loyauté. Bien différents de ceux que le Conseil ou le Peuple Athénien couronne après un consentement et un décret qui sont le prix de grands services, ils prenaient les devants, ils se passaient de votre approbation. Qu'en arrivait-il? d'une part, spectateurs, choréges, acteurs étaient troublés; de l'autre, le citoyen proclamé sur la scène était plus glorieusement honoré que le citoyen couronné par la République. Pour celui-ci le lieu prescrit était l'assemblée; il y avait défense de proclamer ailleurs : celui-là faisait retentir son nom aux oreilles de tous les Hellènes. Le premier avait un décret et votre adhésion : pour le second, point de décret. Témoin de ces désordres, un nomothète porte une loi qui n'a rien de commun avec la loi relative aux couronnes décernées par le Peuple; qui ne la détruit point, puisque le trouble avait lieu, non dans l'assemblée, mais au théâtre; qui n'attaque pas l'ancienne législation (cela n'est point permis), mais qui statue sur les couronnes données sans votre décision par des tribus, des bourgs ou des étrangers, et sur la liberté rendue à l'esclave. Elle ferme expressément le théâtre et à ces affranchissements, et à la proclamation des couronnes d'une tribu, d'un bourg, ou *de tous autres*, sous peine, pour le héraut, de dégradation civique. Or, puisque la loi désigne le Conseil ou le Peuple assemblé pour la proclamation des couronnes du Conseil ou du Peuple; puisqu'elle défend de publier pendant les tragédies celles des bourgs et des tribus, de peur qu'avec des récompenses et des proclamations mendiées on n'usurpe une gloire mensongère; puisqu'elle prohibe aussi toute publication non autorisée par le Conseil, le Peuple, une tribu ou un bourg : cela retranché, que reste-t-il pour le théâtre? les seules couronnes étrangères. En voici une preuve frappante, tirée des lois mêmes. La couronne d'or proclamée en ville, sur la scène, elles la consacrent à Minerve, elles l'enlèvent à celui qui l'a reçue. Qui de vous cependant oserait accuser d'avarice le Peuple d'Athènes? Y aurait-il, non dans une ville, mais dans un simple particulier, assez de bassesse pour proclamer, arracher, consacrer à la fois la récompense qu'il a donnée? Mais, parce que cette couronne vient du dehors, on l'offre aux dieux, sans doute de peur qu'élevant la bienveillance de l'étranger au-dessus de celle de la patrie, elle ne corrompe le cœur. Au contraire, la couronne proclamée dans l'assemblée du Peuple, on ne la consacre jamais; on la laisse en toute propriété au citoyen couronné, même à ses descendants, comme un monument de famille propre à entretenir le patriotisme dans leurs âmes. Aussi le législateur a-t-il ajouté que, pour proclamer sur la scène une couronne étrangère, il faudra un décret du Peuple (35). Ainsi, la ville qui veut couronner un des nôtres sollicitera votre agrément par ambassadeurs; et le citoyen proclamé sentira plus de reconnaissance pour vous qui aurez autorisé cet honneur, que pour ceux dont il tiendra sa couronne. Écoutez les lois; elles prouvent la vérité de mes paroles.

Lois.

Qu'ils disent donc, pour vous donner le change, Aux termes de la loi, il est permis de couronner au théâtre, pourvu que le Peuple y consente. Oui, répondrez-vous, si une ville étrangère couronne; mais, si c'est le Peuple d'Athènes, le lieu de la cérémonie est fixé : il est défendu de le faire hors de l'assemblée d'Athènes. Épuise la journée à commenter ces mots, *jamais ailleurs*, tu ne prouveras point la légalité de ton décret.

Il me reste cette partie de l'accusation à laquelle je m'attache principalement (36) : je parle du motif sur lequel se fonde la demande de la couronne. Le décret porte : *Le héraut proclamera, au théâtre, en présence des Hellènes, que le Peuple Athénien couronne Démosthène pour sa vertu, sa loyauté, et* (voici le plus fort (37)) *parce qu'il ne cesse de procurer, par ses paroles et par ses actions, le plus grand bien du Peuple.* Ce qui reste à dire est donc tout à fait simple pour nous (38), et intelligible pour nos juges. Accusateur, je dois vous démontrer que ces éloges donnés à Démosthène sont des mensonges; que jamais il n'a commencé par ses paroles, qu'il ne continue point par ses actions, de bien servir le Peuple. Si je le prouve, Ctésiphon sera justement condamné; car toutes nos lois défendent de rien insérer de faux dans les actes publics. Le défenseur devra établir le contraire. Vous, Athéniens, vous pèserez nos preuves. Tels sont les rôles.

Explorer la vie privée (39) de Démosthène serait, je pense, la matière d'un trop long discours. A quoi bon dire aujourd'hui ce qui lui avint lors du procès intenté par lui, devant l'Aréopage, démomélès de Pæania, son cousin germain, pour blessures graves, et ces fameuses taillades de sa tête (40)? Parlerai-je de sa conduite envers Céphisodote, commandant des vaisseaux qui voguaient vers l'Hellespont? Démosthène, triérarque dont le bâtiment portait ce général, avait avec lui même table, mêmes sacrifices, mêmes libations, honneur dû à une amitié de familles : et il n'a pas hésité à poursuivre sa condamnation dans une cause capitale (41)! Dirai-je son aventure avec Midias, les soufflets qu'il reçut, chorége au milieu de ses chœurs; ces trente mines pour lesquelles il vendit et son injure, et la condamnation déjà prononcée par le Peuple contre Midias dans le temple de Bacchus (42)? Sur ces faits, sur d'autres semblables, je crois devoir passer, non pour vous tromper (43), ou pour modérer ce débat : je crains seulement, de votre part, le reproche de paraître dire des vérités trop anciennes et unanimement reconnues (44). Eh quoi! Ctésiphon, celui dont les infamies sont avérées, sont notoires à tel point que son accusateur ne semble nullement calomnier, mais rappeler des faits surannés et avoués d'avance, celui-là mérite-t-il d'être décoré d'une couronne d'or, ou flétri? Et toi, qui oses décréter l'imposture et le mépris de la loi, dois-tu braver impunément les tribunaux, ou satisfaire la juste vengeance de la patrie?

Mais, sur les crimes publics de Démosthène, j'essaierai de m'exprimer plus clairement. J'apprends que, quand la parole leur sera donnée, il doit diviser son administration en quatre époques. La première, il l'ouvre, m'a-t-on dit, à nos guerres avec Philippe au sujet d'Amphipolis, et il la ferme à la paix et à l'alliance que Philocrate d'Agnonte proposa, de concert avec lui, comme je le prouverai. La seconde embrassera l'intervalle de cette paix jusqu'au jour où ce même harangueur, détruisant le repos d'Athènes, fit décréter la guerre. Il étendra la troisième depuis la reprise des hostilités jusqu'au désastre de Chéronée; la quatrième comprendra le temps où nous sommes. On ajoute qu'après cette énumération il m'interpellera, me sommera de dire sur laquelle de ces quatre époques pèse mon accusation, dans quel temps je lui reproche de n'avoir pas gouverné de la manière la plus favorable au Peuple. Si je refuse de répondre, si, m'enveloppant la tête, je prends la fuite, il annonce qu'il me poursuivra, découvrira mon visage, me traînera à la tribune, me forcera de parler! Eh bien! épargnons-lui ce violent effort (45), ouvrons d'avance les yeux de nos juges, hâtons-nous de répondre. A la face de ce tribunal, de tous les citoyens qui entourent cette enceinte, de tous les Hellènes dont ce jugement excite la curiosité, multitude la plus nombreuse qui, dans nos souvenirs, soit jamais accourue à un procès politique, Démosthène, voici ma réponse : Ces quatre époques, telles que tu les divises, je les accuse toutes! et, s'il plaît aux dieux, si les juges nous écoutent avec impartialité, si je puis me rappeler tout ce que je sais de toi, j'espère bien démontrer que le salut d'Athènes fut l'œuvre des Immortels, et de quelques administrateurs humains et modérés, mais que toutes nos calamités eurent pour auteur Démosthène. Je suivrai le plan auquel je sais qu'il s'assujettira, et je passerai successivement d'une époque à l'autre, jusqu'à la situation actuelle.

Je me reporte donc à la paix que toi et Philocrate avez proposée. Vous eussiez pu, ô Athéniens! faire cette première paix de concert avec tous les Hellènes, si certains hommes vous avaient permis d'attendre le retour des députations envoyées alors par vous dans la Grèce pour l'appeler à se liguer, dans un congrès national, contre Philippe; et, avec le progrès du temps, vous pouviez, de l'aveu de ses peuples, recouvrer la prééminence. Ces avantages vous ont été ravis par Démosthène, par Philocrate, par la cupidité de deux conspirateurs stipendiés. Que si, à la première impression, un tel langage rencontre peu de croyance chez quelques auditeurs, écoutez la suite, comme si nous siégions pour examiner un ancien compte de finances. Parfois nous apportons à cet examen de fausses préventions; cependant, les totaux vérifiés, personne n'est assez opiniâtre pour se retirer sans avoir reconnu la vérité démontrée par le calcul. Qu'il en soit de même de l'attention que vous me donnez aujourd'hui. Quiconque, parmi vous, est sorti de sa maison avec cet ancien préjugé que jamais Démosthène n'a parlé pour Philippe, de complicité avec Philocrate, qu'il s'abstienne de condamner ou d'absoudre avant de m'avoir entendu : autrement, il y aurait injustice. Mais, si vous m'écoutez rappeler brièvement les circonstances, et produire le décret qu'a rédigé Démosthène avec Philocrate; si la vérité, pressante comme les chiffres, convainc cet homme d'avoir présenté plus de motions que son complice en faveur de la première paix et de la première alliance, d'avoir prodigué à Philippe et aux envoyés de Philippe les adulations les plus honteuses (46), prévenu le retour de vos députés, empêché le Peuple de conclure la paix dans une diète générale de la Grèce, livré au prince macédonien Kersobleptès, roi de Thrace, notre ami, notre compagnon d'armes; si je prouve clairement tous ces griefs, je vous adresserai une modeste prière : accordez-moi, par les Dieux, que, dans la première époque, son administration n'a pas été honorable. La marche de mon discours sera très-facile à suivre.

Philocrate fit un décret qui permettait à Philippe (47) d'envoyer ici un héraut et des députés pour traiter de la paix et de l'alliance. Ce décret fut dénoncé comme contraire aux lois. Le jour du jugement arrive; Lycinos, accusateur, poursuit la condamnation; Philocrate se défend, Démosthène le seconde, l'accusé est absous. Le temps s'écoule, et Thémistocle devient archonte (48). Alors Démosthène, sans que le sort l'ait élu titulaire ni suppléant (49), entre au Conseil, grâce à l'or et à l'intrigue, pour mettre au service de Philocrate toutes ses paroles, toutes ses actions, comme l'événement l'a montré. En effet, Philocrate fait passer un second décret ordonnant d'élire dix députés, qui viendront prier Philippe d'envoyer ici des plénipotentiaires pour la paix. Démosthène fut choisi. A son retour, chaud partisan de la paix, il confirme le rapport de ses collègues, et, seul dans le Conseil, propose de conclure avec le héraut et les envoyés du prince. C'était suivre les traces de Philocrate. L'un avait autorisé l'envoi d'une ambassade, l'autre traite avec les ambassadeurs. Redoublez d'attention pour ce qui va suivre.

Plus tard, la scène changea : vos autres députés, harcelés par les calomnies de Démosthène (50), demeurèrent étrangers à la négociation : elle fut conduite, bien entendu, par Philocrate et par Démosthène, ligués dans l'ambassade, ligués dans leurs décrets. Et quels décrets! par le premier, vous deviez ne pas attendre le retour des commissaires envoyés pour susciter des ennemis à Philippe; vous deviez faire une paix athénienne, et non une paix grecque. Le second vous poussait non-seulement à cesser la guerre, mais à vous unir à ce prince, afin que les peuples encore attachés à votre démocratie tombassent dans le dernier découragement lorsqu'ils verraient que, tout en les appelant aux armes, vous décrétiez pour vous seuls et la paix et l'alliance. Un troisième décret excluait du traité Kersobleptès : avec le roi de Thrace il n'y aura ni alliance ni paix; déjà même on arme contre lui.

Celui qui achetait ces avantages était-il coupable? Non : avant les serments, avant la ratification, il pouvait, sans crime, pourvoir ainsi à ses intérêts. Mais les traîtres, qui lui vendaient les forces de la patrie, méritaient toute votre colère. Cet anti-Alexandre, cet ancien ennemi de Philippe, titres que Démosthène s'est donnés, cet homme qui me reproche l'amitié du roi de Macédoine, c'est lui dont la motion dérobe à la République l'avantage des circonstances. Il décrète que les prytanes indiqueront une assemblée pour le d'Élaphébolion (51), jour de sacrifices et du pé lude des jeux en l'honneur d'Esculape, jour sa cré : chose inouïe! et sous quel prétexte? Afin, dit-il, *que, dès l'arrivée des députés macédoniens, le Peuple délibère en toute hâte sur les propositions de Philippe.* Ainsi, convocation prématurée pour une ambassade encore attendue; vol de moments favorables; conclusion précipitée : le tout, pour une paix dont la Grèce sera exclue, et qu'il faut bâcler avant le retour de vos députés! Bientôt les ambassadeurs de Philippe arrivent (52), tandis que les vôtres courent le pays, soulevant les Hellènes contre Philippe. Alors Démosthène décrète, sans opposition, que vous délibérerez, non plus seulement sur la paix, mais sur l'alliance, sans attendre vos députés, immédiatement après les Dionysies de la ville, le 18 et le 19 du mois. J'ai dit la vérité : écoutez les décrets.

Décrets.

Ainsi, Athéniens, après les fêtes de Bacchus, tenue des assemblées; et, dans la première, lecture de la décision commune à tous les alliés, décision que je résumerai d'avance en peu de mots. Ses auteurs arrêtèrent d'abord que votre délibération se bornerait à la paix : le mot d'alliance n'était point exprimé, non par oubli, mais parce qu'ils croyaient la paix elle-même plus nécessaire qu'honorable. Opposant un contre-poison à la vénalité de Démosthène, ils ajoutèrent sagement que tout État grec pourrait, dans les trois mois, s'inscrire, avec Athènes, sur la même colonne, et participer aux serments et aux traités. C'était assurer d'avance deux avantages très-grands : l'un, de ménager aux Hellènes un temps suffisant pour leurs ambassades; l'autre, de nous concilier leur bienveillance au moyen d'un congrès, et de ne pas nous exposer, la paix rompue, à combattre seuls et désarmés, malheur dans lequel nous a jetés Démosthène. (Que le texte de la décision prouve la vérité de mon langage.

Décision concernant les alliés.

J'appuyai, je l'avoue, cette résolution, comme tous ceux qui parlèrent dans la première assemblée. Le Peuple se retira, emportant l'opinion que la paix se ferait; que, pour l'alliance, il conviendrait moins d'en délibérer, à raison de l'appel fait aux Hellènes; mais que la paix (53) embrasserait la Grèce entière. Une nuit s'écoule; le lendemain, nouvelle réunion. Démosthène accourt à la tribune, s'y installe, en repousse tous les orateurs. « Les propositions d'hier sont illusoires, dit-il, sans l'adhésion des ambassadeurs de Philippe. Je ne connais pas de paix sans alliance. Non, ajouta-t-il (je me souviens de son langage : le mot (54) était aussi sauvage que l'orateur), il ne faut point *arracher l'alliance de la paix*, ni attendre les lenteurs des Hellènes : il faut ou une guerre ou une paix athénienne. » En terminant, il appelle Antipater à la tribune, et lui adresse une question concertée, dont la réponse, dictée d'avance, était nuisible à la patrie. Cet avis triomphe à la fin, soutenu par les paroles violentes de Démosthène, et par la motion de Philocrate.

Restait à livrer Kersobleptès et la Thrace. C'est ce qu'ils firent le 6 de la 3ᵉ décade d'Élaphébolion (55), avant qu'il partît pour sa seconde ambassade, où il allait recevoir les serments, ce Démosthène! Oui, l'anti-Alexandre, l'anti-Philippe, l'orateur si fier dans Athènes, a rempli deux missions en Macédoine, chacune volontairement ; et c'est lui qui ordonne de couvrir de boue les Macédoniens! Cet intrus du Conseil, siégeant à l'assemblée du 6, livra Kersobleptès, de complicité avec Philocrate. Car ce dernier glissa cette clause frauduleuse dans un décret que Démosthène vous a surpris : « Les agents des alliés prêteront serment, ce jour même, entre les mains des envoyés de Philippe. » Or, aucun agent de Kersobleptès ne siégeait ici : l'ordre de faire jurer les ministres présents écartait donc des serments le prince non représenté. Pour le prouver, qu'on me lise les noms de l'auteur du décret, et du proèdre qui l'a mis aux voix.

Décret. — Proèdre.

La belle institution, ô Athéniens! que les archives de l'État! Immuables, elles ne se plient point aux métamorphoses politiques ; par elles, il est donné au Peuple de pénétrer, quand il le veut, ces hommes dont le passé fut criminel, et qui prennent tout à coup le masque de la vertu. Parcourons maintenant les honteuses flatteries de Démosthène. Durant l'année où il siégea au Conseil, jamais, ô Athéniens ! on ne l'a vu appeler aucun député aux places d'honneur : pour la première et unique fois, il y invite ceux de Philippe ; il leur offre des coussins (56), il étend autour d'eux des tapis de pourpre ; dès l'aurore, il les conduit au théâtre : ignobles adulations, qui le font siffler. A leur départ pour Thèbes, il loue pour eux trois attelages de mules, et leur fait cortège jusque dans cette ville, exposant la nôtre à être bafouée. Pour que je ne m'écarte pas de mon sujet, prends-moi le décret concernant les places d'honneur.

Décret.

Eh bien! ce même adulateur, ô Athéniens! ce courtisan outré, instruit le premier de la mort de Philippe par les espions de Charidème (57), fabrique un songe envoyé du ciel. Ce n'est point de Charidème que l'imposteur aura reçu la nouvelle, c'est de Jupiter et de Minerve. Ces dieux, qu'il offense le jour par ses parjures, viennent, dit-il, dans des entretiens nocturnes, lui révéler l'avenir! C'était le septième jour depuis la mort de sa fille (58) ; et, avant de l'avoir pleurée, avant de lui rendre les derniers devoirs, couronné de fleurs et vêtu d'une robe blanche, il offre des sacrifices! il viole toutes les lois! Celle qui la première, qui la seule, malheureux! t'appela du nom de père (59), tu venais de la perdre! Je n'insulte pas à ton infortune ; j'étudie, dans cette épreuve, ton caractère. L'ennemi de ses enfants, le mauvais père ne saurait être un bon guide du Peuple. Sans entrailles pour les êtres les plus chers, pour son propre sang, vous aimera-t-il, vous qui lui êtes étrangers? Méchant pour sa famille, il ne deviendra pas vertueux ministre ; pervers dans sa maison, il n'avait en Macédoine ni honneur ni vertu (60) : il a changé de lieu, non de mœurs (61).

Nous voici à la seconde époque. D'où vient ce changement? Pourquoi Philocrate, le complice de Démosthène, est-il exilé comme criminel d'État, tandis que Démosthène s'est levé soudain pour accuser ses collègues? Comment enfin cet homme exécrable nous a-t-il plongés dans tant de calamités? C'est ce qui mérite principalement votre attention.

Dès que Philippe eut franchi les Thermopyles et détruit inopinément les villes de la Phocide ; dès qu'il eut élevé la puissance thébaine trop haut, comme vous le pensiez alors, pour la conjoncture et pour vos intérêts ; dès que, pleins d'effroi, vous eûtes enlevé vos meubles des campagnes, et menacé des plus graves poursuites les députés négociateurs de la paix, surtout Philocrate et Démosthène, députés et auteurs des décrets ; dès qu'une mésintelligence fut venue, dans le même temps, séparer ces deux hommes pour des motifs que vous sûtes entrevoir : dans ce bouleversement soudain, consultant sa perversité native, sa lâcheté, sa jalousie contre un complice mieux payé (62), Démosthène imagina que se déclarer l'accusateur de ses collègues et de Philippe, ce serait perdre infailliblement Philocrate, mettre les autres en péril, gagner pour lui-même de la considération et tous les dehors d'un fidèle ami du Peuple, lui méchant, lui traître à l'amitié! Pénétrant ses vues, les ennemis du repos public s'empressèrent de l'appeler à la tribune, de le proclamer le seul incorruptible. Alors il venait, il leur jetait des semences de guerre et de discorde. Voilà l'homme, ô Athéniens, qui, le premier, découvrit Serrhium, et Doriskos, et Ergiské, et Myrtiské, et Ganos, et Ganis (63), places dont les noms même nous étaient inconnus. Quel fougueux brouillon! Si Philippe n'envoie pas de députés, Philippe, dit-il, méprise notre République; s'il en envoie, ce sont des espions, non des députés. Propose-t-il la médiation d'une cité neutre et impartiale? il n'est point d'impartial arbitre entre Philippe et Athènes. Nous donne-t-il l'Halonèse? « Ne la recevez pas comme don, mais comme restitution (64) », s'écrie ce peseur de syllabes. Enfin, en couronnant ceux qui, contre la foi des traités, avaient envahi, avec Aristodème (65), la Thessalie et la Magnésie, il rompit la paix, il attira sur nous la guerre et ses malheurs.

Oui; mais, par l'alliance avec Thèbes et l'Eubée, il a élevé sur nos frontières (ce sont ses paroles) un rempart d'airain et de diamant. Par là, au contraire, Athéniens, il vous a fait, à votre insu, trois graves blessures. J'ai hâte de passer à cette merveilleuse ligue thébaine; mais, pour procéder avec ordre, parlons d'abord des Eubéens.

Vous aviez été souvent et grièvement offensés, ô Athéniens! et par Mnésarque de Chalcis, père de Callias et de Taurosthène, auxquels cet homme audacieusement vénal confère nos droits de cité (66), et par Thémison d'Érétrie, qui nous a enlevé Oropos en pleine paix. Mais ces outrages furent spontanément oubliés lorsque les Thébains descendirent en Eubée pour l'asservir. En cinq jours vous secourûtes les Eubéens de vos vaisseaux et de votre armée; en moins de trente vous chassâtes les Thébains, réduits à capituler. Maîtres de l'île, vous rendîtes à ses habitants et leurs villes et leurs libertés : c'était la juste et loyale remise d'un dépôt; vous sentiez que leur confiance vous faisait un devoir du pardon.

Les Chalcidiens furent loin d'égaler la reconnaissance au bienfait. Dès que vous retournâtes en Eubée pour secourir Plutarque, ils feignirent d'abord d'être vos amis; mais à peine avions-nous poussé jusqu'à Tamynes et franchi le mont Cotylée (67), que ce Callias, préconisé par Démosthène qu'il salariait, voyant notre armée enfermée dans un défilé d'où elle ne pouvait sortir que par une victoire, sans espérance de secours ni par terre ni par mer, ramassa des troupes dans toute l'Eubée, et demanda des renforts à Philippe. Son frère Taurosthène, qui aujourd'hui nous tend la main à tous en souriant, amena des mercenaires phocidiens; et tous deux fondirent sur nous, pensant nous écraser. Alors, si quelque

Dieu n'eût sauvé vos soldats; si tous, cavaliers et fantassins, ne se fussent conduits en braves; si leur éclatant succès près de l'hippodrome de Tamynes n'eût désarmé l'ennemi, Athènes courait risque d'être déshonorée : car, à la guerre, le plus grand mal n'est pas la défaite; mais, contre un indigne adversaire, la défaite est nécessairement un double malheur (68).

Vous vous réconciliâtes cependant avec ces perfides. Le Chalcidien Callias obtint son pardon; mais bientôt le naturel reprit son empire. Sous prétexte d'assembler à Chalcis un congrès eubéen (69), il arme l'Eubée contre vous, et se fraie un chemin à la tyrannie. Espérant l'appui de Philippe, il court en Macédoine, s'attache aux pas du prince, et compte parmi ses mignons (70). Ensuite il l'offense, s'enfuit, et se jette dans les bras des Thébains. Il les abandonne aussi, plus variable dans ses tours et retours que l'Euripe dont il habitait les bords (71), et il tombe entre la haine de Thèbes et celle de Philippe. Ne sachant quel parti choisir, apprenant que déjà on arme contre lui, il ne voit plus qu'une ressource : qu'Athènes reçoive ses serments, l'appelle son allié, le défende contre une attaque devenue trop certaine si vous n'y mettez obstacle. Ce plan combiné, il député ici Glaucète, Empédon, et Diodore l'ancien coureur, chargés de vaines espérances pour le Peuple, d'or pour Démosthène et ses partisans. Il achetait ainsi trois avantages à la fois : d'abord la certitude de votre alliance; car si, par un ressentiment de ses anciennes perfidies, vous la lui refusiez, point de milieu : il n'avait qu'à s'enfuir de Chalcis, ou à s'y laisser prendre (72) et tuer; tant étaient grandes les forces déployées contre lui et par Philippe et par les Thébains! En second lieu, le salaire arrivait aux mains de celui qui, par son décret sur l'alliance, dispensait les Chalcidiens de siéger aux conférences d'Athènes (73). Enfin, Callias se faisait exempter du subside. De tous ses projets, aucun n'échoua. Ce Démosthène, qui se dit le fléau des tyrans, ce fidèle conseiller du Peuple, selon Ctésiphon, vendit les intérêts de la République. Il inséra dans le traité que nous serions tenus de secourir Chalcis; et que nous donnait-il en compensation (74)? des mots! Il ajoutait, par pure bienséance, que Chalcis, en cas d'attaque, nous secourrait à son tour. La remise de l'obligation de siéger, celle d'un tribut qui devait être le nerf de la guerre, il les vendit encore. Il voilait des plus beaux noms les plus viles intrigues, et vous amorçait avec des paroles. Athènes doit, avant tout, disait-il, protéger tous les Hellènes en péril, et ne devenir leur alliée qu'après avoir été leur bienfaitrice. Pour qu'on sache que je dis vrai, prends-moi la lettre de Callias (75) avec le traité d'alliance, et lis le décret.

Décret.

C'était peu du crime d'avoir trafiqué de si hauts intérêts, dispense de députation, dispense de subsides : ce que je vais dire vous paraîtra bien plus révoltant. L'insolence et l'avarice de Callias, la cupidité de Démosthène, ce héros de Ctésiphon, montèrent à un tel excès, qu'en votre présence, à votre su, sous vos yeux, ils dérobèrent les contributions d'Oréos et d'Érétrie, ensemble dix talents, et qu'après avoir éconduit les représentants de ces deux cités, ils les réunirent de nouveau, dans Chalcis, à ce qu'on appelait la diète de l'Eubée (76) : par quels détours, par quelles manœuvres ? Ceci mérite d'être entendu.

Venu ici, non plus par représentants, mais en personne, Callias se rend à l'assemblée, et débite une harangue préparée par Démosthène. Il arrive, dit-il, du Péloponnèse ; il a imposé une contribution de cent talents pour l'expédition contre Philippe (77) ; il spécifie la somme que chaque peuple doit payer : l'Achaïe et la Mégaride, soixante talents ; toutes les villes de l'Eubée, quarante. Avec ces fonds vous aurez une flotte et une armée. Beaucoup d'autres Hellènes veulent apporter leur contingent : ainsi, vous ne manquerez ni d'argent ni de soldats. Ceci, ajoutait-il, est connu de tous : d'autres négociations m'occupent, mais secrètes, et communiquées seulement à quelques Athéniens. En finissant il nomme Démosthène, l'appelle, invoque son témoignage. Celui-ci s'avance très-gravement, prodigue les éloges à Callias, se donne les airs d'un homme admis à cette confidence, et dit qu'il veut vous rendre compte de ses ambassades dans le Péloponnèse et dans l'Acarnanie. Voici la substance de son rapport :

« Il a imposé ces deux contrées pour la guerre contre Philippe ; avec ce subside, on soldera l'équipage de cent vaisseaux légers, dix mille fantassins et mille cavaliers ; vous aurez, en outre, les milices de chaque cité, plus de deux mille hoplites pour le Péloponnèse et autant pour l'Acarnanie ; le commandement vous est unanimement déféré ; l'exécution ne tardera point : elle aura lieu le 16 d'Anthestérion (78), puisque dans toutes les villes il a publiquement annoncé une réunion générale de leurs agents à Athènes pour la pleine lune. »

Cet homme a, vous le voyez, une façon d'agir tout à fait originale. Un charlatan ordinaire évitera, quand il ment, la précision et la clarté, parce qu'il a peur d'être confondu. Démosthène, au contraire, donne-t-il l'essor à ses impostures ? il ment d'abord avec serment, avec d'horribles imprécations contre lui-même ; puis, ce qu'il sait très-bien ne devoir jamais arriver, il l'annonce intrépidement ; il en calcule l'époque ; des personnes qu'il n'a jamais vues, il les cite par leurs noms ; il dupe ses auditeurs en jouant la franchise : fourbe doublement odieux et par sa perversité, et par ces marques de probité qu'il falsifie.

Après son discours, il donne à lire au scribe un décret plus long que l'Iliade, plus vide que ses harangues et que sa vie, mais gros de chimériques espérances, et d'armées qui ne devaient jamais se réunir. Quand il vous a entraînés loin de sa friponnerie et suspendus à des promesses, soudain il se replie, il s'élance à la proposition de choisir des députés qui prieront les Érétriens (prière réellement nécessaire) de donner les cinq talents d'impôt, non plus à vous, mais à Callias ; il veut qu'une autre ambassade aille aussi prier les Oritains de ne reconnaître d'autres amis, d'autres ennemis que les nôtres. Enfin il se trahit lorsque, à toutes les fraudes contenues dans sa motion, il ajoute celle-ci : Les députés demanderont aux Oritains de payer leurs cinq talents à Callias, et non à nous. Ce que j'ai dit est vrai. Lis ce décret ; mais supprime les phrases pompeuses, l'énumération des trirèmes, et tout ce charlatanisme, pour t'arrêter sur le secret larcin de l'impur scélérat qui, selon Ctésiphon, ne proposa, même ici, d'autre but à ses actions, à ses paroles, que le plus grand bien du Peuple d'Athènes !

Décret.

Ainsi, armées navales, armées de terre, époque fixée, congrès, voilà des mots ; vol de dix talents levés sur vos alliés, voilà le fait !

Il me reste à dire que Démosthène reçut, pour cette même motion, un salaire de trois talents, savoir : un talent de Chalcis, par Callias ; un talent d'Érétrie, par Clitarque, par un tyran ! enfin, un talent d'Oréos. C'est ce dernier qui a tout découvert, parce que les Oritains, peuple souverain, ne faisaient rien sans décret. Ruinés, épuisés par la guerre contre Philippe, ils envoient vers Démosthène Gnosidème, fils de Charigène, jadis tout-puissant chez eux, pour solliciter la remise de leur talent, avec promesse de lui ériger une statue de bronze dans leur ville. Démosthène répond qu'il n'a que faire d'un morceau de bronze, et il exige la somme par l'entremise de Callias. Ainsi torturée, l'indigente cité lui engagea ses revenus, et lui paya, comme intérêt d'un coupable salaire, une drachme par mois pour chaque mine (79), jusqu'à l'acquittement du capital. Cela fut réglé par un décret du Peuple, qui attestera cette vérité. Qu'on le lise.

Décret.

Ce décret, ô Athéniens! est la honte de la République, la preuve manifeste des prévarications de Démosthène, l'éclatante accusation de Ctésiphon. Non, mercenaire si déhonté n'a pu être bon citoyen, quoi qu'ait dit ce dernier dans sa motion audacieuse.

Ici s'ouvre la troisième époque, disons mieux, la période la plus funeste : alors Démosthène perdit et la République et la Grèce en profanant le temple de Delphes, en faisant décréter une alliance injuste et très-inégale avec les Thébains. Parlons d'abord de ses outrages envers les Dieux.

Athéniens, il est une plaine appelée Cirrha (80), un port aujourd'hui nommé Port-des-Imprécations. Ce pays fut jadis habité par les Cirrhéens et les Cravallides, races sans frein, qui forcèrent le temple de Delphes, souillèrent les offrandes, insultèrent les Amphictyons. Plus indignés encore, dit-on, que les autres membres de cette assemblée, vos ancêtres demandèrent avec eux à l'oracle quel châtiment devaient subir les profanateurs. « Guerre aux Cirrhéens et aux Cravallides, répondit la Pythie ; guerre le jour ! guerre la nuit ! Portez chez eux le fer, le feu, l'esclavage ; consacrez à Apollon Pythien, à Diane, à Latone, à Minerve-Providence, leurs terres complétement abandonnées ; n'y travaillez point (81), ne souffrez pas que nul autre y travaille. » D'après cette réponse, et sur l'avis de l'Athénien Solon, cet habile législateur, ce poëte-philosophe (82), les Amphictyons résolurent d'armer les peuples pour courir sus à des hommes proscrits par l'oracle. Ayant donc réuni assez de troupes amphictyoniques, ils vendirent et chassèrent les habitants, comblèrent les ports, rasèrent la ville, consacrèrent le sol, suivant l'ordre de la Pythie, et jurèrent solennellement d'interdire à eux-mêmes et aux autres tout travail sur les champs sacrés, de défendre le dieu et cette terre sainte de leurs mains, de leurs pieds, de toutes leurs forces (83). C'était trop peu encore d'un serment ; ils le cimentèrent par cette imprécation : « S'il se trouve des transgresseurs, particulier, ville ou peuple, qu'ils soient maudits d'Apollon, de Diane, de Latone, de Minerve-Providence ! que la terre leur refuse ses fruits ! que leurs femmes n'enfantent que des monstres ! que leur bétail n'engendre pas selon la nature ! qu'ils soient vaincus à la guerre, dans les tribunaux, dans les assemblées ! qu'on les extermine, eux et leurs maisons, et leurs races ! que jamais ils ne puissent saintement sacrifier à Apollon, à Diane, à Latone, à Minerve-Providence, et que leurs offrandes soient rejetées (84) ! »

J'ai dit vrai, Athéniens : on va lire l'oracle.

Écoutez l'imprécation ; rappelez-vous le serment des Amphictyons, le serment de vos pères!

Oracle.

O Grecs, contre ces tours votre fureur est vaine,
Si, baignant mes bosquets de ses flots azurés,
Thétis n'étend ici son liquide domaine,
Et ne roule, en grondant, jusqu'à ces bords sacrés (85).

Serments. Imprécation.

Malgré ces serments, cet anathème, cet oracle encore écrits sur nos tables, les Locriens d'Amphissa (86), ou plutôt leurs chefs, hommes sans loi, ont cultivé la plaine, reconstruit et habité le Port-des-Imprécations, levé un péage sur les navigateurs, et acheté quelques pylagores envoyés à Delphes (87), entre autres Démosthène. Oui, l'orateur de votre choix au Conseil amphictyonique vendit son silence aux Locriens pour mille drachmes. De plus, on s'engagea pour toujours à lui faire passer chaque année, à Athènes, vingt mines de cet argent de malédiction, pour qu'il fût ici le zélé protecteur des Amphissiens. Depuis ce crime, plus que jamais, tout particulier, tout prince, toute république qui a affaire à lui fut jeté dans d'irréparables malheurs (88).

Or, voyez combien Dieu et la Fortune ont triomphé de la sacrilége Amphissa ! Sous l'archonte Théophraste, Diognète d'Anaphlyste étant hiéromnémon (89), vous élûtes pylagores le fameux Midias d'Anagyronte (pour plus d'une raison, que ne vit-il encore !), Thrasyclès d'Oion (90), et moi troisième. A peine étions-nous arrivés à Delphes, que Diognète fut pris de la fièvre ; même accident était survenu à Midias. Les autres Amphictyons s'assemblèrent. Ceux qui voulaient se montrer bienveillants pour notre République nous avertirent que les Amphissiens, servilement dévoués aux Thébains leurs maîtres, proposaient de décréter contre le Peuple d'Athènes une amende de cinquante talents, pour avoir suspendu au nouveau temple (91), avant sa consécration, des boucliers d'or avec cette inscription (92) : *Les Athéniens sur les Mèdes et les Thébains combattant contre les Hellènes.* L'hiéromnémon m'envoie chercher, et me prie d'aller au Conseil défendre notre République : telle était déjà ma pensée. Pressé par l'absence même de mes collègues, j'entre, je parle : soudain des vociférations sont poussées par un insolent Amphissien, homme grossier, à ce qu'il me parut, et peut-être égaré par un mauvais génie : « Avant tout, ô Hellènes ! dit-il, si vous étiez sensés, en ces jours vous ne prononceriez pas même le nom des Athéniens ; vous les chasseriez du temple, comme des maudits. » En même temps il rappelle notre alliance avec la Phocide (93), œuvre de Crobylos (94), et il exhale contre Athènes mille autres injures que je ne pus entendre sans une indignation que leur souvenir rallume encore. De ma vie je ne ressentis une telle colère. Je supprime une grande partie de ma réponse; mais la pensée me vint de rappeler les profanations d'Amphissa; et, de la place où j'étais, montrant la plaine de Cirrha (95), dominée par le temple d'où on la découvre tout entière : « Vous voyez, m'écriai-je, ô Amphictyons! ces champs labourés par les Locriens, ces fabriques de poterie (96), ces étables qu'ils y ont construites; vous voyez de vos yeux ce Port-des-Imprécations : ils l'ont rétabli! Qu'est-il besoin d'autres témoignages? Vous savez par vous-mêmes qu'ils ont levé des impôts et perçu de l'argent dans un port consacré. » En même temps je fis lire l'oracle, le serment de nos ancêtres, l'anathème, et je protestai ainsi : « Moi, fidèle à ce serment, pour le salut d'Athènes, de mes enfants, de ma maison, de moi-même, je défendrai le dieu et la terre sacrée de mes mains, de mes pieds, de ma voix, de toutes mes forces; j'acquitterai ma patrie envers les Immortels. Vous, ô Amphictyons! songez à vous-mêmes. Le sacrifice est commencé (97), les victimes sont à l'autel; vous allez appeler la faveur des Dieux sur vous, sur la nation. Mais pensez-y : comment votre voix, vos yeux, vos cœurs oseront-ils les prier, ces Dieux, si vous laissez impunis les maudits qu'ils ont repoussés (98)? Car l'imprécation désigne clairement, sans équivoque, les peines que doivent souffrir et les profanateurs, et ceux qui les tolèrent. Voici les derniers mots : *Que ceux qui ne puniront pas les coupables ne puissent saintement sacrifier à Apollon, à Diane, à Latone, à Minerve-Providence! que leurs offrandes soient rejetées!* »

Après ce discours, dont je ne rapporte qu'un trait, je sortis de l'assemblée. Grands cris, grand tumulte parmi les Amphictyons. Il n'est plus question de nos boucliers votifs, mais du châtiment des Locriens. Le jour étant fort avancé, le héraut publie que tous les Delphiens au-dessus de seize ans (99), libres ou esclaves, iront, au lever du soleil, sur la Place-des-Victimes, armés de faux et de pioches; il ajoute que les hiéromnémons et les pylagores s'y rendront aussi pour venir en aide au dieu et à la terre sacrée, sous peine, pour la ville non représentée, d'être exclue du temple et enveloppée dans l'imprécation. Le lendemain donc, dès l'aurore, on accourt au rendez-vous : nous descendons dans la plaine de Cirrha; le port détruit, les maisons brûlées, on se retire. Sur ces entrefaites, les Amphissiens, qui habitent à soixante stades de Delphes, fondent sur nous en masse bien armée; et si nous n'eussions regagné la ville en toute hâte, notre vie était menacée.

Le jour suivant, Cottyphos, chargé de compter les suffrages, convoque une assemblée générale, c'est-à-dire non-seulement les pylagores et les hiéromnémons, mais encore tous ceux qui participaient aux sacrifices et consultaient l'oracle (100). Là, aussitôt, mille plaintes contre Amphissa, mille éloges pour Athènes. Pour conclure, on décrète qu'avant la session suivante (101) les hiéromnémons viendront, un jour fixé, aux Thermopyles, munis d'une décision sur la peine due aux Locriens pour leur crime envers le dieu, le terrain sacré et les Amphictyons. Le scribe va vous lire ce décret.

Décret.

Nous présentâmes donc une décision (102) au Peuple, d'abord dans le Conseil, puis à l'assemblée. Nos actes furent approuvés, et Athènes entière projetait une pieuse réparation. Fidèle à ses engagements avec les Amphissiens, Démosthène s'y opposa; je le confondis devant vous. Ne pouvant tromper ouvertement la République, notre homme va au Conseil, fait retirer les simples particuliers (103), et rapporte au Peuple assemblé un projet de motion rédigé par quelque ignorant séduit. Ce même acte, l'intrigant le convertit, par la sanction populaire, en décret national, lorsque déjà on levait la séance, lorsque la foule s'était retirée, lorsque je fus sorti, moi qui ne l'aurais jamais souffert! Ce décret porte, en substance, que l'hiéromnémon d'Athènes et tous les pylagores se rendront aux Thermopyles et à Delphes *aux époques fixées par nos ancêtres :* mots spécieux, qui cachaient un résultat infâme, notre exclusion de la session que la nécessité allait ouvrir avant le terme ordinaire. Une autre clause du même décret, bien plus claire et plus pernicieuse, défend aux représentants athéniens d'avoir désormais rien de commun avec les membres de la Diète, ni discussions, ni actes, ni décisions. Rien de commun! qu'est-ce à dire? Ferai-je parler la vérité ou la flatterie? la vérité! car l'habitude de vous flatter a perdu Athènes. Eh bien! c'était vous commander l'oubli des serments jurés par vos pères, l'oubli de l'anathème, l'oubli d'un oracle divin!

Nous restâmes donc ici, Athéniens, enchaînés par ce décret. Les autres Amphictyons se réunirent aux Thermopyles, excepté ceux d'une seule ville que je ne nommerai pas (104) (puisse son désastre ne se renouveler chez aucun peuple de la Grèce!). La Diète décréta une expédition contre Amphissa, et choisit pour général Cottyphos de Pharsale, président du scrutin. Philippe était, non en Macédoine, ni même en Grèce, mais au fond de la Scythie ; et tout à l'heure Démosthène osera dire que je le lançai contre les Hellènes ! Dans cette première campagne, les vainqueurs traitèrent les Amphissiens avec beaucoup de ménagement. Pour de tels forfaits, ils ne les punirent que d'une amende payable au dieu dans un délai déterminé. Ils exilèrent les maudits (105), les auteurs des profanations, et ramenèrent ceux que leur piété avait fait bannir. Mais comme ce peuple, n'acquittant point sa dette sacrée, tirait les impies de l'exil, et y replongeait les hommes pieux que la Diète en avait arrachés, on reprit les armes contre lui longtemps avant que Philippe fût revenu de Scythie (106), lorsque les dieux nous offraient dans cette guerre sainte un commandement que Démosthène avait vendu.

Mais ces Dieux ne nous ont-ils pas avertis ? Pouvaient-ils nous envoyer des signes plus frappants, à moins de parler le langage humain (107) ? Non, jamais je n'ai vu ville plus protégée des Immortels, plus ruinée par une poignée de harangueurs. N'était-il pas un avis suffisant, ce prodige qui éclata dans la célébration des Mystères, cette mort des initiés (108) ? Amyniade ne nous a-t-il pas dit d'écouter nos scrupules religieux, d'envoyer à Delphes prendre conseil du ciel ? N'est-ce point Démosthène qui s'y opposa par ce mot, *la Pythie philippise* (109) ; homme grossièrement impie, gorgé de cette licence dont vous le laissez jouir ? Enfin, malgré les funestes présages des sacrifices, n'a-t-il pas précipité nos soldats à une mort certaine ? Et naguère il osait dire : « Philippe n'est pas entré dans l'Attique, parce que les sacrifices lui étaient contraires. » Quel supplice mérites-tu donc, destructeur de la Grèce ? Si le vainqueur est arrêté par de tristes auspices sur la frontière des vaincus, toi qui ne sus rien prévoir, toi qui lanças nos troupes avant l'aveu du ciel, que te faut-il pour les calamités de la patrie ? une couronne, ou l'exil ?

Eh ! que d'événements inopinés, inattendus, accomplis en nos jours ! Non, nous n'avons pas vécu de la vie des hommes (110) ; nous sommes nés pour l'étonnement de la postérité. Le monarque des Perses, qui ouvrit l'Athos, enchaîna l'Hellespont, demanda aux Hellènes la terre et l'eau ; qui, dans ses lettres, osait s'appeler le dominateur de toutes les nations du couchant et de l'aurore, combat-il maintenant pour l'empire du monde ? Non, il combat pour défendre ses jours. Ne voyons-nous pas en possession de sa gloire et du commandement dans la guerre contre la Perse, ceux-là même qui ont délivré le temple de Delphes ? Et Thèbes, Thèbes, cité voisine, n'a-t-elle pas été en un jour balayée du sol de la Grèce ? Juste châtiment d'un peuple qui, dans la cause commune, avait embrassé le mauvais parti, et que les Dieux, les Dieux seuls, frappèrent de vertige ! Pour avoir seulement touché au butin sacrilége, les infortunés Lacédémoniens, qui jadis prétendaient à la suprématie hellénique, vont se traîner, comme otages, à la suite d'Alexandre, étaler le spectacle de leurs misères, se livrer à sa merci, eux et leur patrie, et attendre leur arrêt de la clémence d'un vainqueur offensé (111) ! Notre Athènes enfin, le commun asile des Hellènes (112), où les ambassades de la Grèce venaient, pour chaque cité, implorer votre protection, Athènes ne lutte plus pour la prééminence, mais pour le sol de la patrie ! Ces catastrophes datent du jour où Démosthène est entré dans l'administration. Il y a un grand sens dans la pensée d'Hésiode à ce sujet. Il fait quelque part la leçon aux peuples, et avertit les villes de repousser de coupables conseillers. Citons ces vers ; car, si l'enfance apprend les maximes des poëtes, c'est sans doute pour que l'âge mûr les applique.

> Du délire d'un seul, de ses desseins pervers
> Une ville a souvent goûté les fruits amers.
> Son peuple est moissonné ; la Famine, la Peste
> Accourent pour servir la vengeance céleste ;
> . . . .
> Ses soldats, ses remparts ne sont plus ; et les flots
> Sous l'œil du roi des Dieux dévorent ses vaisseaux (113).

Brisez le rhythme poétique, et ne cherchez que l'idée : ce n'est plus Hésiode que vous croirez entendre, c'est un oracle contre la politique de Démosthène, politique funeste qui a tout englouti, flottes, armées, républiques.

Non, ni Phrynondas, ni Eurybate (114), ni aucun de ces anciens scélérats ne l'égalèrent jamais en impostures et en jongleries. O terre ! ô Dieux ! ô génies ! et vous, mortels, amis de la vérité ! il ose vous dire en face que l'alliance des Thébains avec nous fut l'œuvre, non de la circonstance, non des craintes qui les environnaient, non de votre gloire, mais des harangues d'un Démosthène (115) ! Cependant, combien d'autres, avant lui, étroitement unis avec ce peuple, avaient été nos ambassadeurs à Thèbes ! le général Thrasybule de Collyte, dont le crédit dans cette ville fut sans égal ; Thrason d'Erchia, proxène des Thébains ; Léodamas d'Acharnæ, dont l'éloquence avait autant de force et, selon moi, plus d'agrément que celle de Démosthène ; et cet Archédème de Pélé, négociateur à la parole puissante, que son zèle pour Thèbes a exposé à tant d'orages ; et le démagogue Aristophon d'A-

...ténia, si longtemps accusé d'avoir le cœur béotien; et l'orateur Pyrrhandre d'Anaphlyste, qui vit encore. Eh bien! aucun n'a jamais pu convertir les Thébains à notre alliance. J'en sais la cause (116); mais ce peuple est malheureux, et je metais. Quand Philippe leur eut enlevé Nicée pour livrer cette place aux Thessaliens; quand, après avoir éloigné la guerre de la Béotie, il l'eut ramenée, à travers la Phocide, devant les murs de Thèbes; quand enfin, maître d'Élatée, il l'eut fortifiée et garnie de troupes, c'est alors que, voyant le péril à leurs portes, les Thébains nous appelèrent; et vous, vous étiez partis, vous étiez entrés à Thèbes, cavaliers, fantassins, armés, prêts à combattre, avant que cet homme eût écrit un seul mot sur l'alliance. Qu'est-ce donc qui vous a introduits dans cette ville? c'est la conjoncture, son effroi, le besoin d'une confédération; ce n'est pas Démosthène. Démosthène! dans ces négociations il vous a causé trois préjudices énormes. Voici le premier.

Philippe vous nommait ses ennemis, mais il portait aux Thébains une haine bien plus réelle; l'événement, qui l'a montré (117), me dispense d'autres preuves. Une disposition d'une si haute importance, Démosthène vous l'a cachée; et, faisant croire que l'alliance allait être l'œuvre, non de la circonstance, mais de ses ambassades, « Ne délibérez plus, disait-il au Peuple, sur les conditions de ce traité : trop heureux de le conclure! » Cette prévention établie, il livra la Béotie entière aux Thébains, en écrivant dans son décret que, si quelque ville se détachait d'eux, Athènes secourrait *les Béotiens de Thèbes* (118) : fourberie dans les termes, et, dans les choses, altération qui lui est familière; comme si la Béotie, réellement opprimée, devait se payer des combinaisons et mots d'un Démosthène, et non s'irriter de ses propres douleurs! Ensuite, il vous chargea des deux tiers des dépenses de la guerre, vous, plus éloignés du danger, n'en portant qu'un tiers sur les Thébains, et salariép our une telle répartition. Quant au commandement, il rendit commun celui de mer, dont les frais pesèrent sur vous seuls; celui de terre, tranchons le mot, il le transféra tout entier aux Thébains, en sorte que, durant toute la campagne, Stratoclès, votre général, ne fut pas maître de pourvoir au salut de ses soldats. Et ce n'est pas au milieu du silence des autres que je l'accuse; ce que j'énonce, tous le blâment; et vous, qui le savez, vous êtes sans courroux! Oui, telle est votre disposition à l'égard de Démosthène : l'habitude vous a blasés sur le récit de ses crimes (119). Il faut changer, Athéniens; il faut vous indigner et punir, si vous voulez sauver les débris de la République.

Le second préjudice qu'il vous a causé, plus grave encore, est d'avoir enlevé sous main et transporté à Thèbes, dans la citadelle, le siége du Conseil et de la démocratie d'Athènes, en stipulant pour les chefs béotiens la participation à toutes nos affaires (120). Par cette ruse il se fit si puissant, que, du haut de la tribune, il assurait que, sans mission émanée de vous, il irait en ambassade partout où il le déciderait (121). Un général osait-il le contredire? pour traiter vos chefs en esclaves, et accoutumer cette opposition au silence, il menaçait de faire décréter la prééminence de la tribune sur l'épée : car, disait-il, je vous ai rendu plus de services à la tribune que tous les généraux sous la tente (122). Et, dans les troupes étrangères, il a volé la solde des places vacantes! il a pillé une caisse militaire, et vendu dix mille de ces auxiliaires aux Amphissiens! Malgré mes protestations, malgré mes plaintes véhémentes dans les assemblées, il nous arracha cette milice, puis il engagea le combat, et fit peser tout le péril sur la République délaissée (123). Eh! quels pouvaient être alors les vœux de Philippe, sinon de combattre séparément, ici les troupes athéniennes, près d'Amphissa les bandes étrangères, pour fondre ensuite sur les Hellènes, découragés par ce coup terrible? Et l'artisan de tant de malheurs, Démosthène, ne se contente pas de l'impunité! s'il n'a le front ceint d'une couronne d'or, il s'indigne! Il ne lui suffit point d'être proclamé devant vous : si son nom n'est salué par la Grèce entière, il s'indigne! Tant il est vrai qu'un naturel pervers se fait de la puissance usurpée un instrument de calamités publiques!

Mais son troisième attentat, que voici, est le plus affreux. Philippe ne méprisait point les Hellènes; il savait, ce prince si peu dépourvu de sens, qu'il allait commettre, en un court moment, sa fortune entière au hasard d'une bataille (124). Aussi voulait-il la paix, et se disposait-il à nous envoyer une ambassade. D'autre part, les magistrats de Thèbes étaient effrayés du péril qui approchait : peur trop fondée, car ils prenaient conseil, non d'un lâche harangueur, déserteur de son poste, mais de la guerre de Phocide, guerre de dix ans, leçon d'éternel souvenir. Démosthène, voyant cette disposition des esprits, soupçonna que les Béotarques allaient faire seuls la paix. et recevoir sans lui l'or de la Macédoine. Alors cet homme, qui aurait cru mériter la mort s'il eût manqué une seule fois à la curée, accourt d'un bond au milieu du Peuple assemblé. Là, nul ne se prononçait ni pour ni contre la paix; mais lui, pensant sommer par la voix du héraut les chefs béotiens de lui apporter sa part de l'ignoble salaire, il jure par Minerve (dont sans doute Phidias a voulu faire la complice de la rapacité parjure d'un Démosthène) de saisir aux cheveux, de traîner en prison quiconque parlera de paix avec Philippe : fidèle imitateur de ce Cléophon qui, dans la guerre avec Lacédémone, ruina, dit-on, notre République (125). Cependant les magistrats de Thèbes ne l'écoutent pas; et, pour que vous avisiez à la paix, ils font rentrer vos soldats déjà partis. Alors sa tête achève de s'égarer; il s'élance à la tribune, appelle les Béotarques traîtres à la nation, et déclare, lui qui jamais ne regarda l'ennemi en face, qu'il va vous faire décréter une ambassade à Thèbes pour demander le passage contre Philippe (126). Subjugués par la honte de paraître avoir réellement trahi la Grèce, ces magistrats renoncent à la paix, et hâtent les préparatifs d'une bataille.

C'est ici qu'il est juste de donner un souvenir aux braves que, malgré les menaces des victimes, malgré de sinistres présages, Démosthène précipita dans un péril manifeste, et dont ce déserteur osa ensuite fouler le tombeau de ses pieds de fuyard (127), et célébrer le courage. O de tous les hommes le moins capable d'une action grande et mâle, mais le plus merveilleusement audacieux en paroles! tout à l'heure, à la face de tes concitoyens, essaieras-tu de dire qu'une couronne t'est due pour les désastres de la République? Et s'il le dit, Athéniens, le souffrirez-vous? Mourra-t-elle ainsi avec les morts, votre mémoire? Ah! transportez-vous un moment en idée de ce tribunal au théâtre; voyez le héraut s'avancer, entendez la proclamation qu'il va faire en vertu du décret (128); puis demandez-vous si les parents des morts verseront plus de larmes sur les infortunes des héros de la scène qui vont paraître, que sur l'ingratitude de la patrie. Est-il un Hellène, est-il un homme élevé dans la liberté, qui ne gémirait au souvenir d'une seule cérémonie qui jadis avait lieu sur le théâtre, à pareil jour, avant ces mêmes tragédies (129), lorsque Athènes avait de meilleurs chefs, de meilleures lois? Le héraut s'avançait, et, présentant les orphelins dont les pères étaient morts à la guerre, adolescents parés d'une armure complète, il prononçait ces paroles si belles, si encourageantes : *Voilà les jeunes fils de ces vaillants hommes qui ont péri dans les combats. Le Peuple les a nourris jusqu'à leur puberté; et maintenant il les arme de toutes pièces* (130), *les envoie, sous la protection de la Fortune, à leurs affaires privées, et les convie aux places d'honneur* (131). Ainsi parlait alors le héraut; mais aujourd'hui, quand il aura présenté celui qui a rendu ces mêmes enfants orphelins, que proclamera-t-il? que fera-t-il entendre? En vain réciterait-il toutes les dispositions du décret, la hideuse vérité ne se taira point; elle élèvera sa voix contre la voix du héraut : *Cet homme, si toutefois c'est là un homme*, criera-t-elle, *le Peuple d'Athènes le couronne pour sa vertu, lui vicieux et mauvais citoyen! pour son noble caractère, lui lâche déserteur!* Par Jupiter, par tous les Dieux, je vous en conjure, ô Athéniens! n'érigez pas sur la scène de Bacchus un trophée à votre honte; ne montrez pas à tous les Hellènes le Peuple de Minerve en délire; ne rouvrez point les profondes, les incurables plaies de ces Thébains, par lui fugitifs et recueillis par vous : infortunés qui ont tout perdu, temples, enfants, tombeaux, grâce à la cupidité de Démosthène et à l'or du Grand-Roi (132)! Puisque vous n'avez pas vu de vos yeux leur désastre, voyez-le par la pensée : représentez-vous une ville prise d'assaut (133), ses murs renversés, ses maisons en flammes ; mères, enfants traînés en esclavage; vieux hommes, vieilles femmes désapprenant bien tard la liberté, baignés de larmes, vous implorant, exhalant leur colère, non contre les exécuteurs, mais contre les auteurs d'une vengeance cruelle, vous suppliant d'une voix mourante de ne point couronner le fléau de la Grèce, et de vous soustraire au fatal génie attaché à cet homme de malheur. Car jamais ville, jamais citoyen ne se commit impunément aux conseils de Démosthène. Eh quoi! lorsqu'un bateau de Salamine a, sans la faute du nautonnier, sombré dans le trajet, par une loi vous interdisez à cet homme l'exercice de sa profession, afin que nul ne se joue de la vie d'un Hellène; et celui qui a plongé dans l'abîme Athènes et la Grèce entière, vous le laisseriez, sans rougir, au timon de l'État (134)!

Pour en venir à la quatrième époque, c'est-à-dire aux affaires actuelles, je veux vous rappeler que Démosthène a deux fois abandonné son poste, et comme soldat, et comme citoyen (135). Il se jeta dans une de vos galères, et alla rançonner les Hellènes. Le salut inespéré de notre ville l'y ramena. Les premiers jours, il était tremblotant, ce pauvre homme; il s'approche, à demi mort, de la tribune, et vous prie de l'élire gardien de la paix. Mais vous qui, alors, ne permettiez pas même d'inscrire le nom de Démosthène sur vos décrets (136), vous nommâtes Nausiclès ; et aujourd'hui, c'est Démosthène qui réclame une couronne! Philippe mort, Alexandre devenu roi, celui-ci recommence ses jongleries, élève des autels à Pausanias (137), compromet le Conseil par des sacrifices pour l'heureuse nouvelle, appelle Alexandre un *Margitès*, affirme audacieusement qu'il ne bougera de sa Macédoine, heuveux de se promener dans Pella, et d'examiner les entrailles des victimes (138). « Et ceci n'est pas une simple conjecture, c'est la ferme conviction que le courage est le prix du sang. » Ainsi parlait celui qui n'a pas de sang dans les veines, et qui mesurait Alexandre, non à la taille d'Alexandre, mais à sa propre bassesse. Les Thessaliens avaient résolu de marcher sur Athènes; *le petit jeune homme* (139), dans le premier transport d'une juste colère, avait investi Thèbes : Démosthène alors, ambassadeur de votre choix, au milieu du Cithéron se retourne et s'enfuit (140) inutile dans la paix, inutile à la guerre. Et, pour comble de scélératesse, vous qui ne le trahissiez point, vous qui refusiez de le faire juger dans un congrès des Hellènes, alors même il vous a trahis, si ce qu'on dit est vrai.

D'après le rapport très-vraisemblable de l'équipage de la galère paralienne (141) et des citoyens députés vers Alexandre, il existe un Platéen, nommé Aristion, fils d'Aristobule le droguiste; quelques-uns de vous le peuvent connaître. Ce jeune homme, distingué par sa beauté, habita longtemps chez Démosthène. Qu'y faisait-il? qu'y endurait-il? cela est équivoque, et la décence me défend d'en parler. On m'a dit que, dans l'ignorance où l'on était sur sa naissance et sa vie, il se glissa près d'Alexandre (142), et fut admis dans sa familiarité. Par son intermédiaire, Démosthène fit parvenir des lettres au prince, retrouva quelque sécurité, et obtint sa réconciliation à force de flatteries. Et voyez toute l'analogie de cette imputation avec les faits! Si Démosthène avait alors pour Alexandre le cœur d'un ennemi, comme il l'assure, les trois plus belles occasions de le montrer se sont offertes : eh bien! il n'en a saisi aucune.

D'abord Alexandre, à peine monté sur le trône, passa en Asie sans avoir réglé les affaires de son royaume. Le roi de Perse, si riche en vaisseaux, en argent, en soldats, pressé par le danger, aurait embrassé avec ardeur notre alliance. Prononças-tu alors quelque discours, Démosthène? rédigeas-tu un seul décret? Supposons, si tu veux, que tu as eu peur, que tu as cédé à ton naturel : mais l'occasion décisive pour la patrie attend-elle l'orateur timide?

Lorsque Darius fut descendu avec toutes ses forces, et qu'Alexandre, bloqué dans la Cilicie (143), dénué de tout, comme tu disais, allait bientôt (ce sont encore tes paroles) être écrasé par la cavalerie persane; lorsqu'Athènes n'était plus assez grande pour ton insolence, et que tu colportais ces lettres tenues du bout des doigts, montrant mon visage abattu, consterné, m'appelant *la victime aux cornes dorées*, déjà couronnée pour tomber au premier revers d'Alexandre, même alors tu ne fis rien! et pour quelles circonstances plus favorables te réservais-tu? Mais passons, et arrivons à des faits plus récents.

Les Lacédémoniens et les troupes étrangères avaient vaincu et détruit l'armée ennemie près de Korrhagos (144). Leur parti s'était grossi de l'Élide, de l'Achaïe entière, moins Pellène, de toute l'Arcadie, excepté Mégalopolis alors assiégée, et qu'on s'attendait chaque jour à voir réduite. Alexandre, par-delà le pôle arctique, avait presque franchi les limites de la terre habitable; Antipater réunissait lentement ses troupes; l'avenir était incertain. Montre-nous, ô Démosthène! ce que tu fis, ce que tu dis alors. Veux-tu la tribune? je te la cède; parle à ton aise!..... Tu te tais! je pardonne à ton embarras. Ce que tu as dit, c'est donc moi qui vais le redire. Auriez-vous oublié ces odieuses et insoutenables paroles que vous avez patiemment subies, hommes de fer? *On ébourgeonne la République*, criait-il à la tribune (145); *on a taillé les sarments de la démocratie, tranché les nerfs des affaires; nous sommes comprimés, empaquetés; certaines gens semblent nous percer le derrière avec des aiguilles*. De qui sont, maligne bête, ces monstres de langage? Ensuite, tourbillonnant à la tribune, et faisant parade de ta haine contre Alexandre, *J'avoue*, disais-tu, *que j'ai soulevé la Laconie; j'avoue avoir poussé à la révolte Thessaliens et Perrhèbes*. Toi! remuer une bourgade! toi, approcher, je ne dis pas d'une ville, mais d'une maison où il y aurait du danger! Qu'on distribue de l'argent quelque part, tu seras au poste; mais une action virile, tu ne la feras jamais. Si la fortune nous jette un succès, tu t'en saisiras, tu y inscriras ton nom; puis, à la moindre alarme, tu fuiras; et, quand nous serons rassurés, tu mendieras des récompenses, des couronnes d'or!

Soit; mais il est zélé démocrate. — Oh! si vous ne voyez que ses belles paroles, il continuera de vous abuser; examinez son caractère, consultez la vérité, l'illusion cessera. Voici donc comment vous devez le juger. Je vais considérer avec vous ce qui constitue le démocrate, le sage républicain; je placerai en regard le portrait du mauvais citoyen, du partisan de l'oligarchie. Comparez ensuite, et voyez de quel côté se range Démosthène, non par son langage, mais par sa vie.

Vous serez, je pense, unanimes sur les qualités que doit posséder un bon démocrate. D'abord, il sera libre du côté de son père et de sa mère : le malheur de sa naissance lui ferait haïr les lois, sauvegarde de la puissance populaire. Ensuite, ses aïeux auront rendu quelques services au Peuple ; du moins, chose indispensable, ils n'en auront jamais été les ennemis, de peur qu'il ne venge sur l'État des disgrâces de famille. En troisième lieu, il sera naturellement modeste, et réglé dans sa manière de vivre : d'excessives dépenses l'entraîneraient à se vendre et à trahir. Pour quatrième condition, il unira un esprit droit au talent de la parole : il est si beau de saisir avec discernement le parti le plus utile, et de persuader par la culture du génie oratoire ! mais, sans cette réunion, le bon sens est préférable à l'éloquence. Enfin, il aura une âme fortement trempée, pour que, dans les moments critiques et à la guerre, il n'abandonne pas le Peuple. Les qualités contraires forment le partisan de l'oligarchie ; le détail en serait superflu (146). Appliquez donc ces traits à Démosthène, et qu'une entière justice soit la base de cet examen.

Il eut pour père Démosthène de Pæania, homme libre ; car il ne faut point mentir. Mais quelle est sa mère ? quel fut son aïeul maternel ? le voici. Il exista un certain Gylon, du Céramique. Cet homme livra aux ennemis Nymphée, forteresse de Pont, qui nous appartenait. Condamné à mort, il se déroba au supplice, et se réfugia au Bosphore. Là, il reçut des tyrans du pays, comme récompense, une place appelée *les Jardins*, épousa une femme riche, sans doute, qui lui apporta beaucoup d'or, mais une Scythe ! Il en eut deux filles, qu'il envoya ici avec des dots considérables ; il maria l'une, n'importe à qui (147) (je ne veux pas soulever tant de haines). Démosthène le Pæanien, au mépris des lois de l'État (148), épousa l'autre, qui nous a donné Démosthène le brouillon, Démosthène le sycophante. Ainsi, par son aïeul maternel, il serait déjà l'ennemi du Peuple, puisque vous avez condamné à mort un de ses ancêtres ; par sa mère, c'est un Scythe, un Barbare, Grec seulement de langage, cœur trop pervers pour être Athénien. Quelle a été sa vie ? Après avoir follement dissipé son patrimoine, de triérarque il devint écrivailleur. Poursuivi dans ce métier par sa réputation de perfidie, et vendant ses plaidoyers aux parties adverses (149), il se jette à la tribune. Malgré ses énormes rapines sur le Trésor, il lui reste fort peu. Maintenant l'or du roi de Perse afflue dans le gouffre de ses prodigalités ; mais il ne le comblera point : quelles richesses pourraient assouvir une âme dépravée ? Tout compté, il vit, non de ses revenus, mais de vos périls. Quant à la sagesse et à l'éloquence, il est né pour bien dire et mal faire. Il a tellement abusé de son corps dès l'enfance, que je ne veux pas dire ce qu'il a fait : depuis longtemps je sais qu'on se rend odieux en parlant trop clairement des turpitudes d'autrui. Enfin, que vous revient-il de cet homme, de beaux discours, de méchantes actions. Sur le courage, deux mots seulement. S'il désavouait sa lâcheté, si vous ne la connaissiez comme lui, je m'arrêterais sur ce point. Mais il en fait l'aveu devant le Peuple assemblé ! mais vous en êtes convaincus ! Reste donc à rappeler les lois relatives à gens de cette espèce. Solon, leur ancien auteur, crut devoir soumettre au même châtiment et le réfractaire, et le déserteur de son poste, et le lâche ; car la lâcheté même est juridiquement accusable. Votre surprise est grande peut-être : faire le procès au naturel ! Sans doute, et pourquoi ? Pour que chacun de nous, redoutant les peines légales plus que l'ennemi, présente à la patrie un plus intrépide défenseur. Aussi, le législateur exclut de l'aspersion lustrale et de la place publique ceux qui refusent de porter les armes, les lâches, les fuyards ; il leur refuse toute couronne, il les repousse des sacrifices offerts pour la nation. Et toi, Ctésiphon, celui que la loi déclare *incouronnable*, tu veux nous le faire couronner ! Ton décret appelle sur la scène, pendant les tragédies, dans le temple de Bacchus, un indigne, dont la couardise a livré nos temples ! Je crains de vous égarer loin de mon sujet ; souvenez-vous donc de cette règle : Quand il se donnera pour démocrate, examinez, non ses harangues, mais sa vie ; non ce qu'il dit être, mais ce qu'il est.

Puisque j'ai parlé de couronnes et de récompenses, tandis que j'y pense encore, je vous prédis, hommes d'Athènes, que, si vous ne réprimez cette profusion d'honneurs répandus au hasard, vous n'obtiendrez ni reconnaissance de ceux qui les reçoivent, ni amélioration pour la chose publique ; car vous ne corrigerez pas les méchants, et vous jetterez les bons dans le dernier découragement : vérité que j'espère établir sur des preuves solides. Si l'on vous demande : Quelle époque vous semble la plus glorieuse pour Athènes, celle de nos ancêtres, ou la nôtre ? Celle de nos ancêtres, répondrez-vous unanimement. — Les hommes étaient-ils alors meilleurs qu'aujourd'hui ? — Distingués alors, aujourd'hui très dégénérés. — Couronnes, proclamations, entretien au Prytanée, toutes les récompenses étaient-elles plus fréquentes ? — Ils furent alors bien rares, ces honneurs (150) ; mais le mot de vertu était glorieux : maintenant la vertu même est avilie ; et les couronnes, l'habitude les prodigue, non la réflexion. D'après ce parallèle, n'est-il pas étrange que les récompenses soient à présent plus nombreuses, et qu'alors la patrie fût plus florissante ? que les citoyens eussent jadis ant de mérite, et si peu aujourd'hui? Tâchons d'en expliquer la cause.

Pensez-vous, Athéniens, que, pour gagner la couronne à Olympie ou dans les autres jeux (151), un athlète voulût s'exercer à la lutte mêlée de pugilat, ou à tout autre combat terrible, si elle se donnait, non au plus digne, mais au plus intrigant? Pas un ne le voudrait. Mais, comme le prix est rare, d'une conquête difficile et glorieuse, comme la victoire est immortelle, des hommes se rencontrent qui exposent leur vie, endurent mille peines (152), affrontent mille dangers. Eh bien! voyez en vous les juges de la lice où combat la vertu civique. Si vous donnez les récompenses à un petit nombre, aux plus dignes, et selon les lois, les rivaux de patriotisme se présenteront en foule : si vous en gratifiez le premier ambitieux, vous corromprez les plus nobles caractères.

Je veux vous montrer plus clairement encore la justesse de mon raisonnement. Lequel vous semble plus homme de cœur, de Thémistocle qui commandait votre flotte alors que vous vainquîtes le Perse à Salamine, ou de Démosthène le déserteur? de Miltiade, vainqueur des Barbares à Marathon, ou de ce lâche? Désignerai-je et ceux qui ramenèrent de Phylé (153) le Peuple fugitif; et Aristide le Juste, surnom un peu différent de ceux d'un Démosthène? Mais quoi, Dieux de l'Olympe! c'est une profanation de nommer le même jour ce monstre et ces grands hommes. Qu'il cite donc, dans sa harangue, un seul d'entre eux qu'un décret ait couronné. Athènes était-elle ingrate? Non, elle était magnanime; et ces citoyens, sans couronnes, étaient dignes d'Athènes. Ils plaçaient leur gloire, non dans le texte d'un décret, mais dans le souvenir d'une patrie dont ils avaient bien mérité, souvenir encore vivant, souvenir impérissable.

Quelles récompenses ont-ils donc reçues? Elles méritent une mention. Il y eut, dans ces temps-là, quelques citoyens qui, après de longs travaux, de grands dangers, vainquirent les Mèdes sur les bords du Strymon (154). A leur retour, ils demandèrent une récompense; et le Peuple leur en accorda une magnifique pour l'époque, trois hermès de pierre dans le portique des Mercures, mais avec défense d'y mettre leurs noms, afin que l'inscription parût faite pour le Peuple, non pour les généraux. J'ai dit vrai, vous en jugerez par les vers. On a gravé au bas de la première statue :

Ils avaient un grand cœur, ces guerriers généreux
Que le Strymon a vus (155) des Perses orgueilleux,
Par la brûlante faim, le fer et l'épouvante,
Enchaîner, les premiers, la fureur impuissante.

Sur la seconde :

De ses illustres chefs consacrant la mémoire,
Athène offre un modèle à leurs derniers neveux (156).
Puissent-ils la servir comme eux,
Et par de tels travaux éterniser sa gloire!

Sur la troisième :

Ménesthée aux champs phrygiens,
Digne compagnon des Atrides,
Rangeait les combattants, et ses exploits rapides
Illustraient les Athéniens.
Homère, tu chantas ses talents et sa gloire (157).
De l'art qui fixe la victoire
Il doit ses concitoyens.

Le nom des généraux se trouve-t-il ici? Nullement, mais celui du Peuple. Entrez, en idée, dans le portique des peintures : car les monuments de toutes vos grandes actions entourent la place publique. Que veux-je dire, Athéniens? Là est peinte la bataille de Marathon : quel était le général? A cette question vous répondrez tous : Miltiade; et pourtant, son nom n'y est point. Quoi! n'a-t-il pas demandé cet honneur? Oui, mais le Peuple a refusé; il lui a seulement permis d'être représenté le premier, exhortant les soldats (158). Dans le temple de Cybèle, près du Conseil, voyez la récompense donnée par vous à ceux qui ramenèrent de Phylé le Peuple fugitif. Archinos de Cœlé, un des libérateurs, proposa et fit passer le décret. Il leur donne d'abord mille drachmes pour sacrifices et offrandes (c'est moins de dix drachmes par tête), puis il décerne à chacun, une couronne d'or? non, mais d'olivier. Alors la couronne d'olivier était un grand honneur; la couronne d'or est maintenant méprisée. Et cette distribution ne se fera pas à l'aventure; le Conseil recherchera soigneusement ceux qui, après s'être jetés dans Phylé, soutinrent le siège des Lacédémoniens et des Trente, et non apparemment quels furent, à l'approche de l'ennemi, les fuyards de Chéronée! Je demande, comme preuve, la lecture du décret.

Décret sur les récompenses accordées aux libérateurs de Phylé.

Lis aussi celui de Ctésiphon en faveur de Démosthène, l'auteur des plus grandes calamités.

Décret.

Ce décret anéantit la récompense de ceux qui ont fait la restauration populaire. Si l'un est honorable, honte à l'autre! Si ces braves furent dignement récompensés, vous couronnez un indigne (159).

Il dira, je le sais, que je suis injuste en le comparant à nos ancêtres; que Philammon (160) le boxeur a reçu la couronne olympique pour avoir vaincu, non l'ancien et illustre Glaucos, mais les athlètes ses contemporains. Comme si vous ignoriez qu'au pugilat on ne combat que ses émules, tandis que le citoyen qui aspire à une couronne joute avec la vertu même qui la fait décerner? Car le héraut ne doit pas mentir lorsqu'il fait, sur le théâtre, une proclamation que la Grèce écoute. Ne viens donc pas nous prouver de point en point que tu as mieux gouverné qu'un Patæcion (161); montre-nous ta vertu, ton courage, puis demande au Peuple ses faveurs. Mais, pour ne pas détourner votre attention, le scribe va vous lire l'inscription faite en l'honneur des libérateurs de Phylé.

Inscription.

Ce Peuple, que la Terre a jadis enfanté,
Couronne la constance et l'intrépidité
Des premiers dont le bras, au péril de leur vie,
Châtia ses tyrans, et vengea la patrie.

C'est pour avoir brisé une puissance ennemie des lois, dit le poëte, qu'ils furent honorés. Car alors cette vérité résonnait encore à toutes les oreilles : la démocratie a été abattue du moment où quelques factieux ont aboli les poursuites contre les infracteurs des lois. Ainsi l'ai-je entendu dire à mon père, qui est mort à quatre-vingt-quinze ans, après avoir pris part à toutes les infortunes de la République, qu'il me narrait souvent dans ses loisirs. Après le récent retour du Peuple, disait-il, l'accusation d'illégalité, portée devant les tribunaux, était, non un vain mot, mais une réalité (162). Qu'y a-t-il, en effet, de plus criminel que de parler ou d'agir contre la loi? Les juges, ajoutait-il, écoutaient tout autrement qu'aujourd'hui. Bien plus sévères que l'accusateur même, ils ordonnaient souvent au scribe de revenir sur ses pas, de relire et les lois et le décret; ils condamnaient, non-seulement pour infraction à des lois entières, mais pour une seule syllabe altérée. Maintenant l'audience est une bouffonnerie. Le greffier lit le décret incriminé; les juges, comme s'ils entendaient chose indifférente ou quelque refrain, ont l'esprit ailleurs. Déjà même, grâce aux artifices de Démosthène, vous accueillez dans les tribunaux un abus honteux, subversif de vos règles de procédure : c'est l'accusateur qui se justifie, l'accusé qui accuse ! et parfois, oubliant l'affaire, les juges se voient forcés d'opiner sur tout autre chose. L'accusé touche-t-il, par hasard, la question? c'est pour dire, non que sa motion est conforme aux lois, mais qu'avant lui l'auteur d'un décret semblable a été acquitté. De là, je le sais, l'orgueilleuse confiance de Ctésiphon.

Jadis le fameux Aristophon d'Azénia osait, au milieu de vous, se vanter d'avoir subi, comme infracteur des lois, soixante-quinze accusations.

Il n'en est pas ainsi de Céphale, cet ancien si renommé, ce zélé démocrate; tout au contraire, il s'honorait d'avoir porté plus de décrets que personne, sans une seule poursuite pour illégalité: vrai titre de gloire! car alors l'auteur d'une faute légère envers l'État trouvait des accusateurs non-seulement dans ses adversaires politiques, mais dans ses propres amis. En voici un exemple. Archinos de Cœlé accusa Thrasybule de Stiria, revenu de Phylé avec lui, d'avoir présenté quelque motion illégale, et il le fit condamner, malgré ses services encore récents. Les juges n'en tinrent compte, pensant qu'après les avoir rétablis dans leur patrie, Thrasybule les en chassait par une proposition contraire aux lois. Aujourd'hui, changement complet. D'habiles généraux, des citoyens nourris au Prytanée, sollicitent la grâce des prévaricateurs. Ils mériteraient d'être comptés par vous au nombre des ingrats. Oui, celui qui, comblé d'honneurs dans une démocratie, dans une cité que conservent les lois après les dieux, ose protéger des auteurs de décrets illégaux, celui-là détruit la République dont il est honoré.

Sur quoi donc parlera l'homme juste et sage qui s'intéresse à un accusé? Le voici. On divise en trois parties la journée où une cause de ce genre est appelée au tribunal : la première (163) est pour l'accusateur, les lois, la démocratie; la seconde, pour l'accusé et les orateurs de la défense. Si un premier scrutin n'amène pas l'acquittement (164), la troisième partie est consacrée à fixer la peine, à satisfaire votre indignation. Solliciter alors, c'est détourner votre colère; mais solliciter dès la question de culpabilité, c'est mendier un parjure, mendier l'outrage à la loi, à la souveraineté populaire : demande coupable, qui ne s'accorde point sans crime. Ordonnez donc qu'on vous laisse porter vos premiers suffrages suivant les lois, et qu'on n'intercède que sur la peine.

Peu s'en faut même, ô Athéniens! que je ne dise : Dans la poursuite des motions illégales, interdisez, par une loi spéciale, et à l'accusateur et à l'accusé, le secours des défenseurs. Là, en effet, le droit n'est pas incertain; la législation l'a déterminé. En architecture, pour juger avec précision d'un aplomb, on emploie le niveau : de même, ici, nous avons, comme règle de justice, les tables que voilà, contenant le décret avec les lois en regard. Prouve, Ctésiphon, que ces deux choses s'accordent; puis quitte la tribune. Pourquoi recourir à Démosthène? Si, franchissant d'un saut la seule apologie légitime, tu appelles à ton aide un méchant, un artisan de paroles, tu tends un piège à l'auditoire, tu blesses la République, tu renverses la démocratie.

Où est le préservatif contre de tels artifices ? je vais le dire. Quand Ctésiphon, à cette place (165), aura débité l'exorde qu'on lui a préparé, et qu'ensuite il divaguera au lieu de se défendre, avertissez-le sans bruit de prendre les tables, et de confronter les lois avec son décret. S'il fait la sourde oreille, vous aussi refusez de l'entendre : car vous êtes ici pour écouter la seule défense que les lois avouent. Si donc, esquivant une justification régulière, il appelle Démosthène, ah ! surtout n'admettez point ce fourbe, qui prétend avec des mots anéantir les lois. Qu'à la demande de Ctésiphon, nul, parmi vous, ne se fasse un mérite de crier le premier : *Appelle, appelle Démosthène!* Imprudent! ton appel t'attaque toi-même, attaque les lois, attaque la liberté (166) ! Si pourtant il vous plaît de l'entendre, exigez du moins qu'il suive, dans la défense, l'ordre que l'accusation a suivi, et que je vais retracer.

Je n'ai pas commencé par décrire la vie privée de Démosthène, ni par citer aucun de ses crimes publics ; et certes riche était la matière, ou j'aurais été le plus stérile des orateurs. J'ai d'abord exposé les lois qui défendent de couronner un comptable ; ensuite j'ai convaincu Ctésiphon d'avoir décerné une couronne à Démosthène comptable, sans restriction, sans la clause, *après les comptes rendus* : profond mépris pour vous, pour les lois! J'ai signalé d'avance leurs subterfuges, dont je vous prie de garder le souvenir. Dans la seconde partie, j'ai produit les lois qui interdisent expressément de proclamer hors de l'assemblée du Peuple le citoyen couronné par le Peuple : or l'accusé, non content de violer la législation sur les comptables, a changé le temps, changé le lieu de la proclamation, désignant, non la place publique, mais le théâtre ; non une réunion d'Athéniens, mais la solennité des tragédies. Enfin, j'ai peu parlé de Démosthène comme homme, beaucoup comme administrateur coupable.

Tel est donc le plan que vous prescrirez à son apologie : répondre d'abord sur la loi des comptables, ensuite sur celle des proclamations ; enfin, et c'est le point capital, prouver qu'il est digne d'une couronne. S'il vous prie de le laisser libre dans sa marche, promettant pour la fin la réfutation de l'illégalité, pas de concession ! ne voyez là qu'une ruse de plaideur : il ne reviendra plus sur la dérogation à la loi ; et, faute de solides raisons, il voudra, par ses écarts, vous plonger dans l'oubli de l'accusation. Aux luttes gymniques, vous voyez les athlètes se disputer le terrain ; de même, tout le jour, sur l'ordre de sa défense, au nom de la patrie, combattez ! ne lui permettez point de tourner, de franchir la question d'illégalité ; toujours à l'affût, épiez-le, refoulez-le dans les limites de la cause, et gardez-en toutes les issues.

Qu'aviendra-t il, si vous ne l'écoutez ainsi? je dois vous en avertir. Il entrera en scène, tour à tour subtil jongleur, brigand audacieux (167), bourreau de la République. Le misérable pleure plus aisément que les autres ne rient, et se parjure le plus lestement du monde. Je ne serais point surpris qu'au lieu de larmes, il répandît soudain des injures sur les citoyens qui se pressent hors de cette enceinte, et s'écriât : Près de la tribune de l'accusateur, la vérité compte les partisans de l'oligarchie, et les démocrates près de celle de l'accusé. Paroles de factieux, auxquelles vous répliquerez : Démosthène, s'ils t'eussent ressemblé, ceux qui rappelèrent le Peuple de l'émigration, jamais la démocratie n'eût été rétablie. Mais ces grands citoyens relevèrent l'État courbé sous tant d'orages, avec ce mot si beau, si généreux, *Amnistie*. Et toi, tu rouvres nos plaies, plus curieux du succès de tes harangues journalières que du salut de la patrie !

Quand ce parjure cherchera un appui dans ses serments, rappelez-lui que quiconque ment souvent à sa parole, et demande à attester le ciel devant les mêmes hommes, doit pouvoir (ce que ne peut Démosthène) changer ou de dieux ou d'auditeurs. Mais lorsque, l'œil en pleurs et la voix gémissante, il s'écriera : Où me réfugier, Athéniens? banni de la République, je n'ai plus d'asile! répondez-lui : Et le Peuple Athénien, Démosthène, où se réfugiera-t-il? où trouvera-t-il de l'argent, des alliés? quelle ressource lui as-tu ménagée? car les dispositions que tu as prises pour toi, nous les voyons tous. Déserteur de la ville, le Pirée est moins ton habitation qu'un passage ouvert à ta fuite. Pour le voyage du lâche, les provisions sont prêtes : c'est l'or du Grand-Roi, ce sont les fruits d'un ministère vénal. Après tout, pourquoi ces larmes, ces cris, ces accents lamentables? N'est-ce pas Ctésiphon qu'on accuse? Sa cause n'est-elle pas sans pénalité légale (168)? Toi, tu ne risques, ni ta fortune, ni ta vie, ni le titre de citoyen.

Quel est donc le but de tant de pénibles soins? Des couronnes d'or, des proclamations sur le théâtre, en dépit des lois! Eh ! si le Peuple en délire, oubliant ses malheurs, voulait la lui donner, cette malencontreuse couronne, il devrait se présenter et dire : Hommes d'Athènes ! j'accepte la couronne ; mais, pour le temps de la proclamation, je ne peux y souscrire. Non, les mêmes faits pour lesquels la patrie pleure et dépouille sa tête, ne doivent pas mettre publiquement une couronne sur la mienne. Voilà ce que dirait un homme sincèrement vertueux : mais toi! tu parleras en scélérat qui joue la vertu. Et, par Hercule! ne craignez point que Démosthène, héros magnanime, intrépide guerrier, frustré du prix de la valeur, ne se tue en rentrant dans sa maison, lui qui se rit de votre estime au point de taillader mille fois cette tête coupable et comptable qu'on veut faire couronner contre toutes les lois; lui qui, par des procès criminels, s'est payé ses propres blessures, s'est escompté tant de soufflets, que la trace de ceux de Midias est encore sur sa joue. Car cet homme est porteur, non d'une tête, mais d'un capital.

Sur l'auteur du décret je dirai deux mots, supprimant bien des choses, afin d'éprouver si, sans être prévenus, vous savez discerner une profonde scélératesse. Voici un trait commun à tous deux, et que la justice permet de publier. Ils se promènent sur la place publique, se jugeant avec grande justesse, et parlant l'un de l'autre sincèrement. Ctésiphon dit que, pour lui-même, il ne craint rien; son espoir est de passer pour imbécile : mais il tremble pour la vénalité de Démosthène, pour ses lâches frayeurs. A entendre Démosthène, lorsqu'il s'examine, grande est sa confiance : mais les vices et l'infâme commerce de Ctésiphon le font frémir. Juges de deux hommes qui se condamnent mutuellement, pouvez-vous les absoudre?

Quant aux invectives qu'il m'adressera, je veux d'avance y répondre brièvement. Je sais qu'il dira : Démosthène a très bien soutenu la république; Eschine l'a couverte de plaies. Philippe, Alexandre seront mes crimes; tout ce qu'ils nous ont fait, il le reportera sur moi. Car, pour ce déterminé harangueur, c'est peu de censurer mes discours, mes actes publics : afin que rien n'échappe à ses calomnies, il attaquera mon repos, il accusera mon silence; il me reprochera jusqu'à mes liaisons avec la jeunesse des gymnases. Sur ce procès il jettera de l'odieux dès son début, disant que je l'ai intenté, non dans l'intérêt d'Athènes, mais pour étaler aux yeux d'Alexandre toute ma haine contre lui. J'apprends même, ô Jupiter! qu'il me demandera pourquoi j'attaque l'ensemble de son administration, lorsque je ne l'ai traversé ni poursuivi pour aucun détail; pourquoi, longtemps éloigné des affaires, que j'ai rarement abordées, j'y rentre accusateur.

Athéniens, je n'enviai jamais les occupations de Démosthène, et je ne rougis pas des miennes. Les discours que j'ai prononcés devant vous, je ne les désavoue point; mais, s'ils ressemblaient aux siens, je croirais avoir trop vécu. Pour mon silence, Démosthène, il fut l'effet de ma vie modeste. Content de peu, je ne désire pas m'enrichir honteusement. Aussi je parle, je me tais avec une volonté réfléchie, jamais au gré de passions ruineuses. Mais toi! payé, tu deviens muet; l'or dépensé, tu cries (169)! Tu parles, non à ton heure, non à ton gré, mais à l'ordre de qui te soudoie. Voilà pourquoi tu hasardes sans pudeur des allégations sur lesquelles tu es à l'instant convaincu d'imposture. Ainsi, cette accusation, entreprise, dis-tu, non par patriotisme, mais pour plaire à Alexandre, c'est du vivant de Philippe que je l'ai intentée; c'est avant l'avénement d'Alexandre, avant ton rêve au sujet de Pausanias, avant tes nocturnes colloques avec Minerve, avec Junon. Eh! comment aurais-je, par anticipation, fait ma cour à Alexandre, moi qui n'avais pas rêvé comme Démosthène? Tu me blâmes de ne monter à la tribune qu'à de rares intervalles : crois-tu donc que nous ignorons que cette pensée t'est venue, non de la liberté populaire, mais d'un gouvernement bien différent? Dans l'oligarchie, n'accuse pas qui veut, mais qui domine; dans la démocratie, celui qui veut accuse, et quand il veut. Parler de temps en temps caractérise le citoyen attentif aux circonstances, et ami du bien public; parler chaque jour est un métier, une œuvre mercenaire.

Mais je ne t'ai pas encore accusé, tu n'as pas été sous le coup de la peine due au crime! Ah! quand tu te retranches dans de pareilles objections, tu supposes tes auditeurs bien oublieux, ou tu es dupe de tes propres sophismes. Peut-être espères-tu que les années écoulées depuis que je dévoilai tes sacriléges au sujet d'Amphissa, tes gains coupables dans les affaires de l'Eubée, les ont effacés de la mémoire du Peuple : mais tes rapines dans l'intendance de la marine, quel temps assez long pourrait les cacher? Tu avais porté une loi pour l'armement de trois cents vaisseaux, tu avais engagé les Athéniens à t'en confier les dépenses; et je te convainquis d'avoir retranché les triérarques de soixante-cinq navires légers, c'est-à-dire d'avoir fait disparaître une escadre athénienne plus forte que celle qui vainquit, à Naxos, Pollis et les Lacédémoniens (170). Mais, à force de récriminations, tu te barricadas si bien contre la vengeance des lois, que le péril passa de la tête du coupable sur celle des accusateurs. Tu mêlais à tes calomnies et Philippe et Alexandre, accusant quelques citoyens d'entraver la fortune d'Athènes, toujours ruinant le présent, toujours promettant un heureux avenir. A la veille d'être enfin poursuivi par moi comme criminel d'État, n'as-tu point paré le coup en arrêtant Anaxinos l'Oritain, qui trafiquait pour Olympias (171)? Après l'avoir appliqué à la torture, n'as-tu pas écrit de ta main son arrêt de mort? C'est chez lui que tu logeais à Oréos; à la même table tu as bu, mangé, fait des libations; tu lui donnais la main, gage d'amitié, gage d'hospitalité : et tu fus son assassin! et, lorsque je le prouvai à la face d'Athènes entière, lorsque je t'appelai meurtrier de ton hôte, loin de nier cette horrible impiété, tu fis une réponse contre laquelle Peuple et étrangers présents n'eurent qu'un seul cri : « Je préfère, disais-tu, le sel de la ville à celui de la table hospitalière (172). » Je tais ces lettres supposées, ces arrestations de prétendus espions, ces tortures pour crimes imaginaires, comme si je voulais, avec quelques conspirateurs, innover dans l'État! Et il doit ensuite me demander ce qu'on penserait d'un médecin qui, n'ayant rien ordonné à son malade pendant toute la maladie, viendrait, après la mort, aux cérémonies du neuvième jour, faire aux parents le détail des remèdes qui l'auraient guéri (173)! Retourne plutôt la question sur toi-même : Que penser d'un orateur qui, capable seulement de cajoler le Peuple, vendrait les occasions de le sauver, fermerait la bouche aux sages par ses calomnies; qui, après avoir fui à la guerre et enveloppé la République de maux incurables, auteur de tant de calamités sans la moindre compensation, exigerait des couronnes pour sa vertu, et demanderait à ceux que le sycophante a écartés des affaires quand le salut public était possible, pourquoi ils n'ont point arrêté ses prévarications? Pour dernière réponse, ils te diraient : Après la bataille, le temps nous a manqué pour songer à ton châtiment : ambassadeurs, nous tâchions de fermer les plaies de la patrie. Mais, non content de l'impunité, tu sollicites des récompenses, tu livres Athènes à la risée de la Grèce : alors je me lève, et je t'accuse!

De tout ce que dira Démosthène, voici, par les Dieux de l'Olympe! ce qui m'indigne le plus. Il doit me comparer aux Sirènes (174)! Comme elles tuent plutôt qu'elles ne charment ceux qui écoutent leur mélodie justement décriée, de même, dira-t-il, l'art et le talent oratoire d'Eschine ont tourné à la perte de ses auditeurs. Je ne crois pas qu'il convienne à personne de parler ainsi de moi; car le reproche qui ne peut s'appuyer sur aucun fait est la honte de son auteur. Et celui-ci, fût-il rigoureusement vrai, il ne siérait pas à Démosthène, mais à un général qui, grand par ses services et dépourvu d'éloquence, envierait ce talent à ses adversaires, parce que, se sentant incapable de bien raconter aucun de ses exploits, il verrait l'accusateur pousser l'habileté jusqu'à s'attribuer devant les juges des services imaginaires. Mais qu'un être tout pétri de mots, et de mots amers, artificieux (175), se veuille recommander par un langage simple et par de beaux faits, qui le souffrira? Lui ôter la langue, ce serait ôter le bec à une flûte (176), l'anéantir!

Je cherche avec étonnement, ô Athéniens! pour quel motif vous rejetteriez l'accusation. Serait-ce parce que le décret est conforme aux lois? Jamais motion n'y fut plus contraire! Parce que son auteur ne mérite pas d'être puni? Ctésiphon absous, renoncez à toute enquête sur la vie des citoyens. O douleur! quoi! dans ce même jour consacré aux couronnes étrangères, où naguère le théâtre était couvert de couronnes d'or décernées au Peuple d'Athènes par la Grèce, la funeste politique de Démosthène vous dépouille de tous ces honneurs, et c'est Démosthène qui sera proclamé! Si l'un de ces poëtes dont les tragédies se jouent dans nos fêtes présentait Thersite couronné par les Hellènes, vous seriez tous indignés, parce qu'Homère le peint comme un lâche, un calomniateur (177); et vous, si vous couronnez le moderne Thersite, vous espérez n'être blâmés ni sifflés par la Grèce! Vos pères consacraient au Peuple la gloire des brillantes entreprises; une humiliation, un échec étaient rejetés sur de méprisables discoureurs : Ctésiphon veut, au contraire, que vous dégagiez Démosthène de son infamie pour en envelopper la nation!

Vous vous dites heureux, Athéniens; vous l'êtes, vous le méritez. Votre arrêt va-t-il donc vous déclarer trahis par la fortune, et bien servis par un Démosthène? Pour comble d'absurdité, dans ces mêmes tribunaux où vous frappez le concussionnaire de mort civile, couronnerez-vous celui que vous savez avoir vendu son ministère? Qu'aux fêtes de Bacchus, les juges décernent injustement les prix de la danse (178), vous les punissez : et vous, juges de la légalité, juges de la vertu civique, vous distribuerez les récompenses, non d'après les lois, non au petit nombre, aux seuls dignes, mais à un intrigant! En sortant de ce tribunal, le magistrat coupable aura énervé son autorité et fortifié un déclamateur. Car le simple citoyen d'une démocratie (179) est roi par la loi et par son vote; et, le livrer à un autre, c'est abdiquer. D'ailleurs, son serment de juge le poursuit douloureusement : l'avoir enfreint, voilà son crime; encore, cette faveur reste inconnue du favorisé, car les suffrages sont secrets.

Notre imprudence, ô Athéniens! me semble à la fois heureuse et téméraire. Que, dans les circonstances présentes, vous, Peuple, vous abandonniez à quelques hommes tous les pouvoirs démocratiques, c'est ce que je ne puis approuver;

mais, s'il n'a pas jailli de là une foule d'orateurs audacieux et pervers, c'est grâce à notre bonheur. Jadis la République a porté de ces natures funestes, qui brisèrent si aisément la puissance d'un Peuple amoureux de flatteries, tyrans imposés, non par la peur, mais par la confiance. Quelques-uns sont même comptés parmi les *Trente*, qui égorgèrent, sans aucune forme juridique (180), plus de quinze cents citoyens, refusant à des amis, à des parents d'approcher de leur convoi, de leurs tombeaux. Et vous ne saurez pas mettre à vos pieds les meneurs politiques, humilier par l'exil ces hommes superbes! Oubliez-vous que l'oppression des tribunaux fut toujours le prélude de la tyrannie?

Volontiers je discuterais devant vous avec Ctésiphon, pour quels services il prétend couronner Démosthène. Si tu allègues, d'après le commencement de ton décret, qu'il a entouré nos remparts de bons fossés, je t'admire : la gloire d'avoir fini ce bel ouvrage est bien au-dessous du crime de l'avoir rendu nécessaire. Est-ce pour une enceinte de palissades, pour des tombeaux détruits (181), qu'un sage administrateur demandera des récompenses? Non, c'est pour de grands avantages procurés à sa patrie. Si tu abordes le deuxième motif, où tu oses écrire que Démosthène est homme de bien, toujours dévoué au Peuple dans ses actions et ses discours, efface ces grands mots de ton emphatique décret; attache-toi aux faits, et prouve ta proposition. Amphissa et l'Eubée ont acheté Démosthène : mais passons. Quand tu lui fais honneur de l'alliance thébaine, tu trompes les ignorants, tu insultes les hommes éclairés. Écartant et les conjonctures, et le grand nom d'Athènes, base de cette confédération, tu espères entourer furtivement ton héros d'une gloire qui appartient à la République : imposture dont une preuve éclatante dévoilera toute l'audace.

Le roi de Perse, un peu avant la descente d'Alexandre en Asie, écrivit au Peuple une lettre tout à fait injurieuse et barbare. A d'autres traits fort grossiers il ajoutait pour conclusion : « Je ne vous donnerai pas d'argent; ne m'en demandez pas, vous n'en obtiendrez point. » Ce même prince, surpris par les dangers qui maintenant l'environnent, sans qu'Athènes demandât rien, envoya spontanément trois cents talents qu'elle a sagement refusés. Qui avait apporté cet or? la conjoncture, la crainte, le besoin d'alliés. Eh bien! les mêmes causes unirent à nous les Thébains.

Mais toi, qui sans cesse nous étourdis du nom de Thèbes et de sa funeste alliance, tu ne dis mot des soixante-dix talents que tu as pris et détournés sur ce don royal (182). Toutefois, n'est-ce pas faute d'argent, faute de cinq talents, que la troupe étrangère ne remit pas aux Thébains leur citadelle? Tous les Arcadiens étaient en marche, leurs chefs prêts à porter secours : avec neuf talents, l'entreprise eût-elle échoué (183)? Et l'opulent Démosthène sème l'or pour ses voluptés! A lui les trésors du Grand-Roi! à vous les périls!

Remarquez l'effronterie de ces deux hommes. Si Ctésiphon ose appeler Démosthène à la tribune, et que celui-ci vienne y faire son propre éloge, ses paroles vous pèseront encore plus que ses œuvres. Que des citoyens réellement vertueux, dont nous connaissons les grands et nombreux services, se louent eux-mêmes, nous ne le supportons pas : et un misérable, l'opprobre d'Athènes, prononçant son panégyrique, serait patiemment écouté! S'il te reste quelque bon sens, Ctésiphon, renonce à cette impudente manœuvre, viens toi-même te défendre. Car tu n'allégueras pas le défaut de talent. Toi qui as accepté récemment une ambassade vers Cléopâtre, vers la fille de Philippe, pour la consoler de la mort d'Alexandre, roi des Molosses (184), il te siérait mal de dire aujourd'hui que tu ne sais point parler. Quoi! tu as pu charmer la douleur d'une reine étrangère; et ton décret, si bien payé, tu ne saurais le défendre! L'homme auquel tu décernes une couronne ne peut-il donc être connu de ceux qu'il a si bien servis, à moins qu'on n'aide ton éloquence! Demande aux juges s'ils connaissaient Chabrias, Iphicrate, Timothée; et pourquoi ils leur ont donné des récompenses, élevé des statues? Tous ensemble répondront : A Chabrias, pour sa victoire navale près de Naxos; à Iphicrate, pour la destruction de la fameuse cohorte lacédémonienne (185); à Timothée, pour la délivrance de Corcyre; à tous les autres, pour de nombreux et beaux faits d'armes. Et Démosthène, demande-leur pourquoi ils le récompenseraient : parce que c'est une âme vénale, un lâche, un fuyard! Au lieu de l'honorer, ne serait-ce pas déshonorer et vous-mêmes, et ceux qui ont péri pour vous dans le combat? Les entendez-vous gémir d'indignation à la vue du traître couronné? Eh quoi! Athéniens, le bois, la pierre, le fer, matière inanimée, s'ils donnent la mort par leur chute, sont rejetés hors de notre territoire (186); nous ensevelissons, séparée du corps, la main des suicidés : et l'auteur de cette dernière et fatale expédition, l'assassin de nos guerriers, Démosthène sera comblé d'honneurs! C'est outrager les morts, c'est décourager les vivants, qui verront, pour tout prix de la vertu, le trépas et l'oubli.

Voici le plus important. Si les jeunes gens vous demandent sur quel modèle ils doivent régler leur vie, que déciderez-vous? car, vous le savez, palestres, écoles, sciences, beaux-arts, contribuent moins à l'éducation que les proclamations publiques. Proclame-t-on, couronne-t-on sur le théâtre, pour sa vertu, sa loyauté, son patriotisme, un scélérat qui a vécu dans l'infamie? cette vue corrompt le jeune homme. Punit-on un méchant, un courtier de débauche, un Ctésiphon? c'est une leçon pour les autres. L'auteur d'une décision (187) injuste et honteuse, rentré dans sa maison, veut-il instruire son fils? celui-ci ne l'écoute pas, et cela doit être : de pareilles leçons ne sont plus, dit-il, qu'une censure choquante. Prononcez donc, non-seulement comme juges, mais comme exposés à tous les regards, comme comptables envers les citoyens absents, qui vous demanderont ce que vous aurez décidé. Vous ne l'ignorez pas, ô Athéniens! la République paraîtra telle que celui qu'elle proclame. Honte à vous, si l'on vous comparait, non à vos pères, mais au lâche Démosthène!

Comment échapper à cette ignominie? en vous défiant de ces hommes qui, sous des noms amis et populaires, cachent un naturel perfide. Le titre de zélé démocrate est un prix exposé dans la carrière : mais, d'ordinaire, les plus agiles pour l'atteindre en paroles en restent le plus loin par leurs actions. Ainsi, quand vous rencontrerez un orateur ambitieux de couronnes étrangères, de proclamations faites devant les Hellènes, imitez la loi qui veut des gages (188) pour une vente; rappelez-le à prouver la régularité de sa vie, la sagesse de son caractère. A qui ne produit un pareil témoignage, ne ratifiez point ses éloges : par là vous veillerez sur l'autorité populaire, qui vous échappe. Eh! ne trouvez-vous pas étrange qu'au mépris du Conseil et du Peuple, des particuliers reçoivent lettres et ambassades des premières puissances de l'Europe et de l'Asie? Oui, ce crime, puni de mort par nos lois, quelques citoyens, loin de le nier, s'en vantent publiquement! Ils se communiquent leurs dépêches! Les uns vous disent : Fixez sur nous les yeux, nous sommes les gardiens de la démocratie; les autres : Récompensez-nous, nous avons sauvé l'État. Cependant, abattu par ses disgrâces, le Peuple, vieillard en délire (189), se contente du titre de son pouvoir, et en résigne à d'autres la réalité (190). Aussi, sans rien résoudre, il quitte l'assemblée, comme on sort d'un festin à frais communs, en partageant les restes (191).

Or, voyez si c'est moi qui déraisonne. Un citoyen (je souffre de rappeler si souvent nos malheurs), un simple citoyen, pour avoir tenté seulement de passer à Samos, fut, le même jour, puni de mort par l'Aréopage, comme traître à la patrie. Un autre s'était réfugié à Rhodes (192); et, pour s'être montré faible dans nos alarmes, il fut naguère accusé de crime d'État. Les voix se partagèrent; une seule de plus, il subisssait la mort ou l'exil. Rapprochons le présent du passé. Un orateur, coupable de tous nos maux, a fui du combat, a fui de la ville, et il réclame des couronnes! il exige des proclamations! Ne rejetterez-vous pas cet homme de malheur, fléau de la Grèce entière? Ne saisirez-vous point, pour le supplice, ce pirate, dont les courses oratoires désolent la République (193)?

Et pensez aux circonstances où vous allez juger : dans quelques jours, les jeux pythiques et l'assemblée de la Grèce! Athènes est calomniée par les résultats actuels de la politique de Démosthène. Si vous le couronnez, on vous croira complices des infracteurs de la paix générale; si vous le punissez, vous justifiez le Peuple.

Songez donc, en délibérant, qu'il s'agit, non d'une ville étrangère, mais de la vôtre. Ne prodiguez pas les honneurs, distribuez-les avec choix, et déposez les couronnes sur de plus dignes têtes. Consultez vos yeux comme vos oreilles : voyez quels seront ici les intercesseurs de Démosthène. Qui? les amis de sa jeunesse? ses compagnons de chasse ou de gymnase (194)? Mais, par Jupiter! ce n'est pas à poursuivre les sangliers, à fortifier son corps, qu'il a passé le temps : préparer des pièges contre les riches, voilà sa longue étude!

Ouvrez aussi les yeux sur ses forfanteries, quand il dira : Ambassadeur, j'ai arraché Byzance des mains de Philippe; orateur, j'ai soulevé l'Acarnanie, j'ai subjugué les Thébains. Il imagine les Athéniens devenus assez simples pour l'en croire : comme s'ils nourrissaient en lui la déesse de la persuasion, et non un calomniateur!

Mais, lorsqu'à la fin de son discours il appellera, pour le défendre, les complices de sa corruption, voyez, au pied de cette tribune où je parle, rangés, pour repousser leur audace, les bienfaiteurs de la République. Solon, qui entoura notre liberté des plus belles institutions, Solon, philosophe et grand législateur, vous prie, avec sa douceur naturelle, de ne préférer nullement les phrases d'un Démosthène à vos serments, à vos lois. Aristide, qui régla les contributions de la Grèce, et dont les filles orphelines furent dotées par le Peuple, s'indigne de l'avilissement de la justice, et s'écrie : « Songez à vos pères! Arthmios de Zélia avait apporté en Grèce l'or du Mède : voyageur accueilli parmi eux, proxène du Peuple Athénien, il n'échappa à la mort que pour être banni d'Athènes, banni de toutes les terres de sa domination (195) : et Démosthène, qui n'a pas simplement apporté, qui a reçu, pour ses trahisons, l'or de l'Asie, qui le possède encore, vous allez, sans rougir, ceindre son front d'une couronne d'or ! » Thémistocle enfin, et les morts de Marathon, de Platée, et les tombeaux mêmes des aïeux, croyez-vous qu'ils ne gémiraient pas, si l'homme qui, de son propre aveu, a servi les Barbares contre les Hellènes, était couronné ? Pour moi, ô Terre ! ô Soleil ! ô Vertu ! et vous, Intelligence, Science, par qui nous discernons le bien et le mal (196), j'ai secouru la patrie, j'ai dit. Si le crime a été attaqué avec l'éloquence convenable, j'ai parlé suivant mes désirs; du moins suivant mes forces, si je suis resté au-dessous. Vous, Athéniens, sur les preuves que j'ai apportées, sur celles que j'ai pu omettre, prononcez selon la justice et l'intérêt de la République.

NOTES
DU PLAIDOYER D'ESCHINE SUR LA COURONNE.

Le texte sur lequel j'ai traduit, sauf quelques variantes, est celui de Bekker, réimprimé dans les *Oratores Attici* de Dobson, t. XII, p. 162.

J'ai consulté, outre les variantes de cette même édition, les scolies publiées par Reiske et par Bekker; le commentaire *variorum* de Dobson; les notes de Tourreil, de Reiske et de Dobrée; les éditions de Wunderlich (Goettingue, 1810) et de Bremi. J'ai aussi recouru quelquefois aux versions latines de J. Wolf, de Lambin, de Stock; françaises de Gervais de Tournay, 1579; Duvair, 1641; Tourreil, 1721; Millot, 1764; Auger, 1777 et 1820; Gin, 1791; et à celles qu'ont publiées récemment MM. Jager et Plougoulm. Le travail de Duvair, tombé dans l'oubli, quoique bien supérieur à celui d'Auger, m'a aidé, dans une centaine de phrases, à me rapprocher du texte; et, lorsque je parais me rencontrer, dans quelques détails, avec un habile traducteur de nos jours, le lecteur est prié d'examiner si nous n'avons pas puisé l'un et l'autre à la même source.

(1) On peut voir dans la note de Taylor, et dans Clément d'Alexandrie, *Strom.* I, 6, cinq exordes d'orateurs grecs, dont trois furent antérieurs à Eschine, où la même pensée est exprimée, mais avec moins de force qu'ici. Δοκεῖ δὲ τραγικωτέρα κεχρῆσθαι εὐθὺς ἐν ἀρχῇ τῇ μεταφορᾷ, dit le scoliaste de Bekker, en parlant d'Eschine.

(2) « Quoique Eschine donne une très-mauvaise interprétation, comme cela est toujours très-facile, aux lois dont il prétend s'appuyer, il lui importe cependant d'établir d'abord que le respect religieux que l'on doit aux lois doit, surtout dans un État libre, l'emporter sur toute autre considération. C'est le fondement de son exorde, et ce morceau est traité avec la noblesse et la gravité convenables au sujet. » La Harpe, *Cours de littér.*, 1re p., liv. 2, chap. 3, sect. 4.

(3) Ces lois, auxquelles on peut ajouter celles que cite Robinson dans ses *Antiq. Grecq.*, l. III, c. 8, ne s'observaient plus depuis environ cinquante-sept ans, qu'on les avait abolies sous l'archonte Glaucippe. V. aussi Schœmann, *de Comitt. Athen.* p. 105.

— αἱ κρίσεις, les accusations *en matière politique.*

(4) L'ignorance des faits auxquels ce passage fait allusion contribue beaucoup à son obscurité. J'ai suivi l'interprétation de Lambin et de Stock. Le principal procès de la seconde classe désignée ici était εἰσαγγελία, *crimen læsæ majestatis* (accusation de haute trahison). V. Schœm., *de Comitt.*, II, 3.

(5) Les neuf *proèdres*, ou présidents des assemblées populaires, étaient choisis dans le Conseil des Cinq-Cents. Leur chef s'appelait *épistatès*.

(6) Il était défendu de porter une loi nouvelle avant d'avoir fait abroger celle qui était en vigueur et qu'elle contredisait. Manquer à cette formalité, c'était s'exposer à être poursuivi en vertu de l'action παρανόμων γραφή. leg. F. A. Wolf, Prolegg. ad Lept.

(7) *Le législateur.* Solon.

(8) Allusion maligne à la conduite de Démosthène à la bataille de Chéronée. Tourreil cite un magnifique exemple de cette même comparaison, qu'il tire de la XIVe lettre de l'empereur Julien.

(9) L'emploi des nomothètes (législateurs), dont le nombre fut porté jusqu'à mille, n'était point de décréter de nouvelles lois, mais d'examiner les lois anciennes, et, au cas où ils en trouveraient une inutile, nuisible, ou opposée à d'autres lois, d'en provoquer l'abolition par un acte formel du peuple. (*Antiq. Gr.* de Robinson, l. II, c. 7; l. III, c. 4.)

(10) αἱρετοὶ — ἀποκληροῦσιν. — χειροτονεῖν. On comptait à Athènes trois sortes de magistrats, distingués par le mode particulier de leur élection :

1° Les Χειροτονητοὶ recevaient leur nomination du peuple, et étaient ainsi appelés parce que les suffrages, dans cette occasion, se donnaient par mains levées.

2° Les Κληρωτοὶ étaient élus au sort. Ces élections n'étaient point cependant abandonnées entièrement au hasard. Les candidats appelés à en courir les chances devaient auparavant recevoir l'approbation du peuple. Le tirage au sort, confié aux thesmothètes, se faisait dans le temple de Thésée.

3° Les Αἱρετοὶ étaient choisis par quelques tribus ou districts particuliers, dans des cas extraordinaires, pour surveiller l'administration des affaires publiques. (*Antiq. Gr.* de Rob., l. II, c. 5.) V. aussi le scoliaste de Bekker, et Tourreil.

(11) Cette distinction, que Démosthène n'a pas faite, n'était nullement subtile pour les Grecs. « Il faut, à proprement parler, dit Aristote, donner le nom de *magistrats*, ἀρχὰς, à tous ceux qui sont dans le cas de délibérer sur certains objets, de juger et d'ordonner; ce dernier point surtout est celui qui caractérise davantage l'autorité. Au reste..... on n'est pas bien d'accord sur le sens qu'il faut attacher au mot de *magistrat*. » *Polit.* l. IV, 12, 3, trad. de Thurot. Tourreil, et, d'après lui, d'autres traducteurs, ont étrangement altéré ce passage d'Aristote.

— Les six derniers archontes, nommés *thesmothètes*;

formaient une seule et même juridiction. Leur principal devoir, ainsi que l'indique leur nom, était de garantir les droits du peuple, et de veiller au maintien des lois. Ils étaient chargés de l'examen public de quelques magistrats, recueillaient les suffrages dans les assemblées, ratifiaient tous les contrats publics, etc. (*Antiq. Gr.* de Robinson, l. II, c. 6.)

(12) *Stratége*, général d'infanterie. Il y avait aussi une autre *stratégie*, fonction civile. *Hipparque*, général de cavalerie.

(13) Les officiers établis pour recevoir les comptes s'appelaient, dans les États grecs, selon Aristote (*Polit.*, l. VI, dern. ch.), ici εὔθυνοι, *vérificateurs* ; là λογισταὶ, *calculateurs*, ἐξετασταὶ ou συνήγοροι. Le tribunal des *Logistes* était composé de dix juges, un par tribu, selon le scoliaste. Ils instruisaient, contre le magistrat qui refusait de rendre ses comptes, une action nommée ἀλογίου δίκη. Athènes, dit Böckh, ne manquait pas d'institutions recommandables et fortes ; mais à quoi servent les mesures de la prévoyance quand l'esprit de l'administration est mauvais? (*Économie politique des Athéniens*, l. II, c. 8.)

(14) L'orateur identifie ici Ctésiphon avec Démosthène.

(15) « Eschine lui-même est-il exempt des défauts qu'il relève dans Démosthène? Χρὴ γὰρ, ὦ Ἀθηναῖοι, ταὐτὸ φθέγγεσθαι — ἀναισχυντίᾳ. » Pline, *Lett.* IX, 26. « Ce brillant passage ne prouve rien.... il s'agissait de montrer que Démosthène parlait un langage différent de celui de la loi. » *Tourreil*.

(16) *Cent mines*, 9,583 fr.

(17) Familles sacerdotales, ainsi nommées parce qu'elles descendaient d'Eumolpe et de Céryx. *Scol. de Bekker.* — Les *triérarques*, citoyens aisés qui équipaient, et, au besoin, faisaient construire des galères à leurs frais.

(18) Nommé à vie, l'aréopagite était toujours en charge et toujours comptable.

(19) « On est étonné de la punition de cet aréopagite qui avait tué un moineau qui, poursuivi par un épervier, s'était réfugié dans son sein.... Qu'on fasse attention qu'il ne s'agit point là d'une condamnation pour crime, mais d'un jugement de mœurs dans une république fondée sur les mœurs. » *Esprit des lois*, l. V, c. 19. « C'était avertir ce sénateur qu'un cœur fermé à la pitié ne doit pas disposer de la vie des citoyens. » *Voy. d'Anach.* c. XVII.

(20) Dix talents, 57,500 fr.

(21) C'est-à-dire, Ne décline pas la compétence du tribunal des Comptes, parce que tu prétends n'être pas comptable d'une libéralité. Duvair : « N'ostez pas aux juges la liberté d'opiner. » Millot, souvent infidèle : « Ne dérobez pas aux juges le droit de prononcer sur votre conduite. »

(22) « Harpocration parle, d'après le traité d'Aristote sur la République d'Athènes, d'un contrôleur du Conseil (ἀντιγραφεὺς τῆς βουλῆς)..... Pollux dit qu'anciennement on le choisissait, et que plus tard on le tira au sort.... Selon le même auteur, il siégeait au Conseil, et contrôlait toutes les écritures..... Harpocration lui attribue le contrôle des recettes qui se faisaient dans cette assemblée. C'est encore de lui qu'il faut entendre ce que dit Eschine, que l'État avait eu d'abord un antigraphe, élu par mains levées, etc., jusqu'au moment où s'opéra le cumul de cette fonction avec celles des receveurs et du caissier du théâtre ; cumul tout à fait déraisonnable. » Boeckh, *Écon. pol.*, etc., l. II, c. 8.

— *Prytanie* : espace de trente-cinq jours, durant lequel la classe des prytanes était en exercice. V. le Scol. et *Voy. d'Anach.*, c. XIV.

(23) Samuel Petit pense que la loi d'Hégémon contre le cumul fut portée dans l'espace de temps qui s'écoula entre le décret de Ctésiphon et le procès de la Couronne (*Leg. Att.* p. 341). Plusieurs Athéniens indignes de la confiance de leurs concitoyens avaient géré à la fois, selon le scoliaste de Bekker, toutes les magistratures désignées ici par Eschine.

(24) Deux traducteurs latins de cette harangue, Périon et Mélanchton, se sont gravement trompés sur la nature des fonctions des *apodectes*. « Aristote fait mention de ces derniers.... Chacune des dix tribus choisissait en sort un apodecte.... Ils avaient la liste des débiteurs de l'État, prenaient note de l'argent reçu et de celui qui restait à payer... Enfin ils concouraient avec le Conseil à attribuer à chaque caisse sa part dans les rentrées. » Böckh, t. II, c. 4.

(25) C'est-à-dire le 28 ou le 29 de ce mois, dont la concordance avec notre mois d'avril variait suivant l'année. — *Scirophorion* : mai, avec la même variation périodique de huit ans. L'année indiquée ici est la 4ᵉ de l'Ol. CX ; 337ᵉ av. J. C.

(26) Le Trésor était divisé en trois parties : χρήματα στρατιωτικά, caisse militaire ; θεωρικά, caisse du théâtre et des fêtes ; τὰ τῆς διοικήσεως, caisse de l'administration civile en général. C'est sur cette dernière que Démosthène avait reçu près de dix talents pour la réparation des murs. Dinarque emploie la même expression, quoique la somme, selon lui, fût moins forte : Συσκευασάμενος τῆς διοικήσεως ὀκτὼ τάλαντα (*Adv. Dem.* 13).

(27) Cette dénomination ironique s'adresse à Ctésiphon, à qui Eschine reprochera plus bas de recourir, pour sa défense, au talent de Démosthène. *Scol. de Bekker.*

(28) C'est-à-dire, chercher à s'attirer l'argent des Grecs, témoins de son crédit, et empressés à acheter dans Athènes des patrons puissants. *Scol. de Bekker.*

(29) Le *Pnyx*, place élevée, et voisine de l'Acropolis ou citadelle. C'est là que le peuple tenait le plus souvent ses assemblées : on y voit encore, taillés dans le roc, les gradins de la tribune aux harangues.

(30) Les poëtes réservaient leurs pièces nouvelles pour être représentées, après un concours, aux Dionysies, ou fêtes de Bacchus, qui attiraient un très-grand nombre de spectateurs.

(31) Ou grandes Dionysies de la ville, ἐν ἄστει.

(32) *Des Éponymes*, héros qui avaient donné leurs noms aux tribus d'Athènes. Leurs statues étaient élevées sur le côté occidental de la Grande Place voisine du Céramique, en face du Tholos, ou salle du Conseil.

— *Après avoir mis à l'ordre du jour*, etc. Les mots ἐπιγράψαντας νομοθέτας ont été diversement interprétés. Avant F. A. Wolf, on entendait, par là, la désignation des citoyens qui, dans le principe, avaient proposé les lois soumises à une révision. Wolf (*Prolegg. ad Lept.*, not. 154) a démontré l'erreur de cette explication ; mais celle de ce savant n'est guère plus admissible, car il force le sens de ἐπιγράφειν en faisant ce verbe synonyme de ἀποδιδόναι, *attribuere*, *designare*, *constituere*. M. Jager applique ces mots à *l'inscription nominale des législateurs appelés à réformer la loi*. Mais ces réformateurs n'étaient pas encore nommés ; c'est le peuple qui devait les élire, à peu près comme nos Chambres élisent leurs commissions ; et le sens le plus probable des mots grecs est celui que leur attribuent Sigonius et Stock, dont s'est rapproché Schömann (*de Comit. Ath.* l. II, c. 7) : νομοθέτας ἐπιγράφειν, breviter dictum pro *ecclesiam de nomothetis habendam esse in programmate scribere*.

(33) C'était un moyen dont les intrigants se servaient pour s'attirer la faveur du peuple. Les gens riches, ayant beaucoup d'esclaves, en affranchissaient plusieurs sur le théâtre, et chacun de ces affranchis choisissait pour patron le maître qui lui avait donné la liberté. Tel fut ce Cléon si bafoué par Aristophane, dont les petits garçons, selon le témoignage d'Aristote, répétaient le nom avant que le héraut l'eût prononcé. » *Gin*.

(34) Sur les *proxènes*, voyez les notes du Plaidoyer contre la Loi de Leptine.

(35) *Il faudra un décret du Peuple* : à peu près comme, dans les États modernes, l'autorisation du souverain est indispensable pour porter une décoration étrangère.

(36) « Ce dernier chef devait amener la censure de toute la conduite de Démosthène depuis qu'il s'était mêlé des affaires de l'État, et c'était là le principal but de son ennemi, qui cherchait à lui ravir également et les honneurs qu'on lui accordait, et la gloire de les avoir mérités. » *La Harpe.*

(37) Selon quelques interprètes, et particulièrement MM. Jager et Plougoulm, les mots τὸ μέγιστον feraient partie du décret : *surtout parce qu'il continue*, etc. Markland les met dans la bouche d'Eschine; Taylor montre, par plusieurs exemples, que cette manière rapide d'appeler l'attention sur ce qui le révolte le plus est familière à cet orateur. Lambin, Stock, Millot, Auger, Bekker, Wunderlich et Dobson détachent aussi ces mots du texte du décret.

(38) *Simple pour nous* : ἡμῖν désigne ici l'accusateur et le défenseur. Voyez ce qui suit : δεῖ.... τὸν μὲν κατηγοροῦντα ἐμὲ....... τῷ δ' ἀπολογουμένῳ.... — *Intelligible pour nos juges* : avec cette partie de la phrase correspondant, plus bas, les mots ὑμεῖς δ' ἡμῖν ἔσεσθε τῶν λόγων κριταί. J'ai suivi la scolie de H. Estienne : ῥᾴδιος κρῖναι δι' εὐμάθειαν.

(39) Ici le mot βίον est opposé à τῶν δημοσίων ἀδικημάτων, qu'on lit au commencement de l'alinéa suivant.

(40) Duvair : *et qu'il receut ceste belle ballafre en la teste*. C'est de lui-même qu'il fut accusé de l'avoir reçue. Cela sera dit plus bas.

(41) Les Athéniens avaient envoyé Céphisodote dans l'Hellespont avec une flotte, pour arrêter les progrès de Kersobleptès, qui voulait s'emparer de toute la Thrace. Embarqué sur un vaisseau dont Démosthène était triérarque, ce général s'approcha d'Alopéconèse, ville de la Chersonèse. Là, trompé et surpris par Charidème, il céda, par un traité, la souveraineté de la Thrace à Kersobleptès. Ses concitoyens irrités annulèrent le traité, lui firent son procès, et lui imposèrent une amende de cinq talents. Trois voix de plus, et il était condamné à mort. (Démosth., *adv.* Aristocr. al. 38 ; Harpocr. v. Κηφισ. ; schol. B. R. ad l.)

(42) *Voy.* la Vie de Démosthène par Plutarque, et l'introd. à son Plaidoyer contre Midias.

(43) Littéralement : *non en vous laissant tromper* : par qui? le scoliaste de Bekker répond, *par Démosthène*, τούτῳ τῷ Δημοσθένει. Comment cela? Démosthène tromperait les Athéniens si, par un effet du silence d'Eschine, il passait dans leurs esprits pour un honnête homme. Tourreil n'a fait qu'entrevoir le sens : *non à dessein de trahir les interests de vostre jugement*. On a répété, d'après Auger, *tromper votre attente* : ce serait une allusion à la malignité de cet auditoire athénien, réellement avide de scandale; mais cette allusion n'est-elle pas déplacée dans la bouche de l'orateur?

(44) Mais, si ces faits sont si anciens, dit le scoliaste de Bekker, ils ont dû tomber dans l'oubli! Non; Eschine rapproche ces deux mots ἀρχαῖα et ὁμολογούμενα, comme pour dire : Leur énormité est telle, que le temps même n'a pu les effacer de votre mémoire : ὅτι οὕτω φησὶ μεγάλα ἐστίν, ὅτι οὐδὲ ὁ χρόνος τὴν μνήμην αὐτῶν ἠδυνήθη ἀφελέσθαι. Ce texte de la scolie est évidemment fautif : je propose de lire : ὅτι οὕτω, φησί, μεγάλα ἐστὶν, ὥστε οὐδὲ κ. τ. λ.

En admettant la vérité de ces mêmes faits, on peut conclure de cette phrase et de la suivante, que les mœurs de Démosthène avaient acquis plus de noblesse depuis son entrée dans la carrière politique. Telle est, du moins, l'opinion d'un excellent juge, M. Villemain, dans sa Notice sur cet orateur (Biogr. univ.).

(45) Il m'a semblé que ἰσχυρίζεσθαι avait ici son accep-

tion la plus ordinaire, *totis viribus niti*. Eschine, athlète, était robuste; et Démosthène, beaucoup plus délicat, n'aurait pas eu beau jeu en essayant de le trahir de force à la tribune. Duvair : « afin qu'il n'ait pas cette peine. » Il y a, dans ce mépris d'une bravade, plus de vraisemblance et autant de hauteur que dans le sens adopté par Tourreil et ses successeurs, d'après les traducteurs latins : *afin qu'il ne triomphe pas insolemment*.

(46) Quelques éditeurs suppriment, d'après H. Estienne, παρ' ἐκείνου. D'autres, à l'exemple de J. Wolf, retranchent οὐκ ἀναμείναντα, mots que Bekker indique seulement comme suspects. Mais Taylor prouve, par de nombreux passages de ce discours et de celui du même orateur sur les Prévarications de l'Ambassade, qu'ici la leçon vulgare est et complète, et que, loin de rien effacer, il faut ajouter à la fidélité historique se mblait demander cette correction, à laquelle nous nous sommes conformé, et que Stock regarde comme une vraie restitution : κεκολακευκότα Φιλίππου τοὺς παρ' ἐκείνου πρέσβεις, τοὺς δὲ ὑμετέρους πρέσβεις οὐκ ἀναμείναντα.

(47) Littéralement : *il est loisible à Philippe*. Tel est le langage de ces républicains. *Gin.*

(48) Olymp. CVIII, 2; 347 av. J. C.

(49) Οὔτε λαχὼν, *nec sortitus* : les membres du Conseil des Cinq-Cents étaient choisis au sort. — οὔτ' ἐπιλαχών, *neque subsortitus* (Cic. act. I, in Verr. 10; Cluent 38) : le sort en désignait aussi d'autres, destinés à remplir les places que la mort ou la mauvaise conduite des premiers pouvait laisser vacantes. *Harpocr. et Scol. de Bekker.*

(50) Allusion à l'accusation intentée par Démosthène à Eschine pour prévarications dans cette même ambassade.

(51) Le premier jour de ce mois répondait, le plus tôt, à notre 4 février; le plus tard, au 2 mars.

(52) Ces ambassadeurs étaient Antipater, Euryloque et Parménion.

— *Démosthène décrète, sans opposition*. Tel est le sens que le scoliaste de Bekker donne ici aux mots ψήφισμα νικᾷ (γράφει μηδενὸς αὐτῷ ἐναντιουμένου).

(53) Les mots ἔσται δὲ κοινῇ sont la reprise de ἔσεται μὲν εἰρήνη, de sorte que le second ἔσται a pour sujet, non συμμαχία, mais εἰρήνη, comme le premier. Je considère περὶ δὲ συμμαχίας — βουλεύσασθαι comme une véritable parenthèse. Rappelons-nous ce qui précède : on se devait délibérer que sur la paix, et on voulait ménager à toute la Grèce le moyen d'y prendre part. Lambin est le premier, je crois, qui ait trouvé ici le véritable sens, adopté par Duvair, Auger, et par MM. Jager et Plougoulm.

(54) Ῥῆμα est ici pour ῥῆσιν, κῶλον (tirade, passage) ὄνομα désigne le terme lui-même, τὴν λέξιν. *Scol. de Bekk.* Cette expression, critiquée pour un ennemi, n'était peut-être pas forte, dit Auger, dans la circonstance où Démosthène s'en était servi.

(55) *D'Élaphébolion* : le 25 de ce mois. *Voy.* Note 51.

(56) Καὶ τοῦ παιδὸς ἐν τῷ θεάτρῳ ὠφελόμενος τὰ προσφάλαια, αὐτὸς ὑποστρώσαι. « Au théâtre, le flatteur arrache les coussins des mains de votre esclave, pour les étendre lui-même. » *Caract. de Théoph.*, c. II.

(57) Ce Charidème était parent de Kersobleptès, général des troupes de ce prince, et grand ennemi de la Macédoine. Alexandre, après avoir détruit Thèbes, demanda son supplice aux Athéniens. Exilé, il se rendit à la cour de Darius, qui le fit mourir pour ses conseils utiles, mais peu flatteurs. *Stock*, d'apr. Q. Curce, III, 2.

(58) Il n'y avait que six jours révolus, d'après l'explication que donne le scoliaste de Bekker du tour attique ἑβδόμην ἡμέραν. Démosthène violait donc la maxime hyperbolique ἐντὸς ἑβδόμης (Hesych.; Scol. Aristoph. *Equit.*)

par laquelle les Athéniens s'interdisaient de rien exécuter d'important avant le septième jour accompli. D'ailleurs, les jours fixés pour les honneurs à rendre aux morts étaient le 9ᵉ et le 30ᵉ après les funérailles (Isæus, *de Cyr. her.*; Harpocrat. v. τριακάς). Enfin, Démosthène immola des bœufs, ἐθοώυετι : sacrifice défendu par Solon aux personnes en deuil (Plut. *Sol.*). Toutes ces circonstances montrent le vrai sens du mot παρενόμει, qu'on lit plus bas.

(59) Eschine avait été tragédien. Ceci serait-il une réminiscence ?

πρώτη σ' ἐκάλεσα πατέρα, καὶ σὺ παῖδ' ἐμέ.
Eurip. *Iphig.* 1103, ed. Bothe.

Fille d'Agamemnon, c'est moi qui, la première,
Seigneur, vous appelai de ce doux nom de père.
Racine.

(60) « Toutes les extravagances de la douleur sont nées d'un préjugé : on se dit qu'il en doit être ainsi. De là, les invectives d'Eschine contre Démosthène, qui, sept jours après la mort de sa fille, avait immolé des victimes. Mais quel art ! quelle fécondité ! quelles maximes groupées ensemble ! quels mots lancés à un ennemi ! Vous croiriez que tout est permis à l'orateur. Personne cependant n'approuverait ce morceau, si nous n'avions l'esprit imbu de l'idée qu'à la mort de ses proches l'extrême affliction est un devoir pour tout honnête homme. Aussi, les uns veulent ensevelir leur douleur dans les déserts, comme Bellérophon, etc. » *Tuscul.* III, 26. Les mots *quam copiose ! quas sententias colligit !* s'appliquent à une abondance fort stérile. Ce passage, si admiré de l'orateur romain, ne contient qu'une seule maxime, déjà un peu banale à l'époque d'Eschine, et qu'il s'amuse à répéter quatre fois. Il a même si peu varié ses expressions et ses tours, qu'une version scrupuleusement littérale de ce morceau serait aussi monotone que pauvre d'idées. La peur de cet écueil a jeté un habile traducteur dans un contre-sens que j'appellerais de bon goût. L'exagération perce dès les premiers mots ; et l'allitération finale τρόπον et τόπον, admirée du P. Touneil, supprimée par le tranchant Dobrée, si le ton sentencieux de la phrase ne l'excusait, rappellerait trop bien la pointe de Jean-Jacques, qui ne veut pas qu'un maître-d'hôtel lui vende du poison pour du poisson (*Emile*, l. IV). Au reste, Plutarque a réfuté avec un grand sens ces reproches d'un ennemi, dans la Vie de Démosthène, XXII. Il dit ailleurs : « Demosthenes l'orateur suiuit aussi en cela Dion le Syracusain, apres auoir perdu sa chere et vnique fille, de laquelle Æschines, pensant faire vn grand reproche à son pere, dit ainsi, etc... Ce rhetoricien-la aiant pris pour son subiect à accuser Demosthenes, recite ces propos-la, ne se prenant pas garde qu'en le cuydant blasmer il le loue, veu qu'il reietta arriere tout deuil, et monstra qu'il auoit la charité enuers son païs en plus grande recommandation que l'amour et compassion naturelle enuers ceux de son sang. » *Consol. à Apollonius.*

(61) « Fit magna mutatio loci, non ingenii. » Cic. *pro Quintio*, III.

« Cœlum, non animum, mutant qui trans mare currunt. »
Hor. *Epist.* I. 11.

« Patriæ quis exsul
Se quoque fugit ? » *Carm.* II, 16.

(62) Le scoliaste de Bekker applique les mots ὑπὲρ τῆς ἀκροβολίας à des querelles que Démosthène et Philocrate auraient eues περὶ τοῦ πλείονος, *sur la plus grosse part.*

(63) *Serrhium, Doriskos* : deux forteresses de Thrace, la première à l'O. de l'Hèbre, près d'un promontoire du même nom ; la seconde, voisine de l'embouchure de ce fleuve. — *Ergiské*, en Thrace, près de Mont-Sacré. Un fils de Neptune, Ergiskos, avait donné son nom à ce bourg fortifié. V. Harpocr. et Suidas. — *Ganos*, montagne de la même contrée, près de laquelle était une ville forte dont parle Xénophon, *Exp. Cyr.* VII, 2, 8. — *Ganis* (Harpocr. *Ganiada*; Scylax, *Ganiæ*), était aussi une petite ville de Thrace. — *Murgiské, Myrgiské, Myrtiské*, paraît au savant Paulmier un nom imaginaire, forgé par Eschine pour grossir cette liste, et couvrir Démosthène de ridicule. Plusieurs manuscrits donnent Μυρτίσκην; Paulmier voudrait qu'on lût Μόρτιον (*Myrtium*, petite ville de Thrace, selon Ortélius et Mentelle). Eschine a pu, en effet, penser à Myrtium, puisque son rival en parle ; mais, quand cela serait certain, je crois qu'il ne faudrait pas corriger, l'orateur accumulant à dessein des désinences qui heurtaient les oreilles délicates de ses compatriotes. Toutes ces places avaient été occupées par des garnisons athéniennes.

(64) *Voy.* la 7ᵉ Philippique.

(65) Aristodème, général athénien. Il est parlé, dans le discours de Démosthène, d'un autre Aristodème, qui était comédien, et qui ne commanda jamais les armées. *Auger.*

(66) Athènes avait, en effet, adopté Callias et Taurosthène, parce que ces deux frères avaient aidé auparavant cette république à soumettre l'Eubée. *Scol. de B.* — Thémison avait été investi par le roi Philippe d'une autorité absolue sur Oropos (aujourd'hui Oropo), ville tantôt béotienne, tantôt athénienne, et située sur les confins des deux pays.

(67) *Tamynes*, ville et plaine dans l'île d'Eubée, sur la côte occidentale, au S.-E. d'Érétrie. Près de cette ville, les Athéniens, commandés par Phocion, défirent les Chalcidiens. Eschine servit avec distinction dans cette campagne. — *Cotylée*, montagne voisine de Tamynes. *Harpocr.*

(68) At ille exspirans : Fortes indigne tuli
Mihi insultare ; te, naturæ dedecus,
Quod ferre certe cogor, bis videor mori.
Phædr. I, 21.

Le malheureux lion, languissant, triste, et morne....
Il attend son destin sans faire aucunes plaintes,
Quand, voyant l'âne même à son antre accourir :
Ah ! c'est trop, lui dit-il : je voulais bien mourir ;
Mais c'est mourir deux fois que souffrir ses atteintes.
La Font. III, 14.

(69) Le but apparent de ce congrès était d'établir l'unité politique dans l'Eubée, et d'y faire reconnaître la suprématie athénienne. *Scol. de Bekker.*

(70) Tel est le vrai sens de τῶν ἑταίρων. Les mœurs grecques permettaient à Eschine de s'exprimer ainsi sans choquer le parti macédonien. S'il eût voulu désigner seulement les *courtisans* ou les *intimes* de Philippe, les mots propres étaient κολάκων ou οἰκειοτάτων.

(71) Ce passage méritait sans doute cette admiration des anciens critiques, dont parle le scoliaste.

« Quod fretum, quem Euripum, tot motus, tantas, tam varias habere creditis agitationes, commutationes, fluctus, quantas perturbationes et quantos æstus habet ratio comitiorum ? » *Cic.*

« L'Angleterre a tant changé, qu'elle ne sait plus elle-même à quoi s'en tenir ; et, plus agitée en sa terre et dans ses ports mêmes que l'Océan qui l'environne, elle se voit inondée par l'effroyable débordement de mille sectes bizarres. » Bossuet, *Or. fun. de la R. d'Angl.* — *Euripe, détroit qui sépare l'Eubée du continent grec.* Sénèque (*Herc. Œt.*) et Pline l'Ancien (l. II, c. 100) prétendent que le flux et le reflux de l'Euripe revient sept fois en vingt-quatre heures.

(72) H. Estienne rejette la leçon ἐγκαταλειφθέντι, *dere-*

licto, qu'il trouvait dans les manuscrits, et il donne ἐγκαταληφθέντι, ce qui est beaucoup plus sensé : « aut *aufugere* aut *captum* emori. » Lambin a suivi H. Estienne Duvair, Tourreil et Millot ont traduit sur leur leçon, qui est celle de Bekker, de Bremi, des plus savants éditeurs modernes, et que présente même un des manuscrits de Taylor.

(73) L'assemblée des députés des alliés d'Athènes se tenait dans cette ville : on y réglait les contributions que chaque république devait fournir pour les frais de la guerre. *Gin*.

(74) « Il insérera dans le traité, que nous serions tenus de secourir les Chalcidiens (et non Callias) ; il n'y a que le mot de changé. » Ainsi traduit M. Plougoulm. Aucun commentateur ou traducteur latin ne présente ce sens, qui me semble repoussé, d'ailleurs, par la véritable acception du verbe ἀντικαταλλάττεσθαι, *recevoir* ou *donner en échange*, *compenser*. Le scoliaste de Bekker appuie le sens que nous avons reproduit, d'après tous nos devanciers. Son explication est très-claire ; je me borne à la transcrire : Ἡ πᾶσα διάνοια τοιαύτη ἐστίν· ἔγραψε ψήφισμα βοηθεῖν ἡμᾶς τοῖς Χαλκιδεῦσιν· εἶτα, ἵνα μὴ δόξῃ ἄτοπον λέγειν τὸ μόνον ἡμᾶς ἐκείνοις βοηθεῖν, μὴ μέντοι καὶ αὐτοὺς ἡμῖν, προσέθηκε δῆθεν, εὐφημίας χάριν, ὥστε καὶ αὐτοὺς βοηθεῖν ἡμῖν κινδυνεύουσι, καὶ ἀντικατήλλαξε ῥῆμα ἔργῳ.

(75) Cette lettre avait sans doute été remise par Callias aux députés qu'il envoyait aux Athéniens. Eschine fait prendre trois pièces au greffier, et n'en fait lire qu'une ; comme si cette réflexion lui fût venue dans le moment à l'esprit, que le décret de Démosthène parlait de la lettre de Callias et du traité d'alliance, et qu'ainsi la lecture du décret devait suffire. *Auger*.

(76) On a vu plus haut que cette diète n'était qu'un simulacre, et que les intentions réelles de Callias, en la convoquant, étaient, dans l'opinion d'Eschine, très-hostile à la république athénienne. Voilà pourquoi l'orateur désigne ici cette réunion avec dédain. Il dira de même, plus bas, τοὺς συνέδρους λόγῳ ἠκούσατε.

Pourquoi Démosthène et Callias éloignent-ils d'Athènes (ἀνέστησαν, ἀντὶ τοῦ μετέστησαν, *Sch*.) les *synèdres* ou représentants d'Oréos et d'Érétrie ? pour s'approprier plus aisément le tribut qu'ils avaient apporté. Pourquoi les renvoient-ils au congrès eubéen ? parce que, là, le parti de Callias (toujours selon la pensée d'Eschine) travaillait secrètement à soulever l'île entière contre Athènes.

(77) Tourreil : « Il vous raconta qu'il arrivait du Péloponnèse, où tout récemment il avait dressé le plan d'une contribution, etc. » Le total de cette contribution est de 100 talents, dont 40 seront payés par l'Eubée. Ce malheureux *où*, qui n'est pas dans le texte, et que tous nos traducteurs, excepté Millot et Gin, ont répété d'après Tourreil, forme donc un vrai contre-sens.

(78) Le 1er jour d'Anthestérion était, le plus tôt, le 6 janvier ; le plus tard, le 1er février. — *Pour la pleine lune*, c'est-à-dire le 15, les mois attiques étant lunaires.

(79) L'intérêt était ici de 12 pour 100. V. Bœckh, l. I, c. 22.

(80) *Cirrha*, ville, plaine et port de la Phocide, sur le golfe de Crissa, près des Locriens-Ozoles : aujourd'hui, ruines près de Chrysso, dans le canton de Salone. Sur la guerre Sacrée de Cirrha, voyez Plutarque, *Vie de Solon*, 13 ; Strabon, l. ix, c. 4 ; Pausanias, *Phoc*. c. 37 ; Polyæn, l. vi.

(81) *N'y travaillez point*. D'après le tour indirect qui est dans le texte, αὐτοὺς équivaut ici à ὑμᾶς. Cela devient évident un peu plus bas : μήτ' αὐτοὶ τὴν ἱερὰν γῆν ἐργάσεσθαι. Remarquez, de plus, le vrai sens de ἐργάζεσθαι :

« Ut scilicet neque compascuus esset hic ager, neque coleretur, neque cœdificaretur. » J. Wolf.

(82) Solon aurait été aussi un rusé capitaine, s'il faut en croire Pausanias, *Phoc*. 37 : car il aurait forcé les Cyrrhéens à abandonner la garde de leurs remparts, κατ' ἀπαύστου τῆς διαρροίας, *per continuum alvi profluvium*. Stratagème analogue à celui du connétable de Montmorency, en Provence, contre les troupes de Charles-Quint.

(83) C'était la formule usitée dans ces sortes de serments. Taylor ajoute καὶ φωνῇ, *et de leurs cris*.

(84) Olivier (Hist. de Philippe, l. xiv) a remarqué la conformité de cette imprécation avec celles qu'on sait renfermées dans un psaume. Il voulait, sans doute, désigner le psaume 108 : « Lorsqu'on jugera mon ennemi, qu'il sorte condamné ! que sa prière même devienne un crime !.... que ses jours soient abrégés ! que son train soit la proie de l'étranger !.... que sa race soit dévouée à la mort ! que son nom s'éteigne en une seule génération ! » Traduction de *M. Genoude*.

(85) Gervais de Tournay, dans sa version gauloise, ne manque ici ni de fidélité ni d'éclat :

Auant ne razerez ce fort quand l'aurez pris,
Qu'Amphictryte aux yeux noirs par sa vague escumeuse
Du temple d'Apollon n'arrouse le pourpris,
Leuant aux bords sacrés sa tempeste orageuse.

(86) Les Locriens se divisaient en Locriens-Ozoles, *Opontiens*, *Épicnémides*, *Épizéphyriens*. Les quatre Locrides avaient chacune leur capitale. Celle des Locriens-Ozoles était Amphissa, aujourd'hui Palæo-Castro.

(87) *Pylagores*, orateurs députés au Conseil Amphictyonique.

(88) « Démosthène a communiqué à vos défenseurs la contagion de sa mauvaise fortune. Charidème s'était rendu auprès du roi de Perse pour vous servir, non de sa langue, mais de son bras, et pour sauver, à les prendre corps à corps, Athènes et la Grèce. Parcourant la place publique, ce malheureux semait de faux bruits, et se disait d'intelligence avec Charidème : aussi, son étoile a tout renversé, et trompé complètement notre attente. Ephialte s'est embarqué, détestant Démosthène, mais forcé de s'associer à lui : le même sort l'a enlevé à notre ville. Euthydique avait embrassé la cause du Peuple ; Démosthène l'appelait son ami : Euthydique n'est plus ! » *Dinarque, contre Démosthène*, 5.

(89) « Selon les lexicographes Suidas, Photius et Zonaras, tout peuple amphictyonique envoyait un hiéromnémon à l'assemblée, et nous savons que cette assemblée était présidée par un de ces *gardiens des archives sacrées* : il est donc naturel d'admettre que chaque peuple avait à son tour l'honneur de la présidence ; aucun texte ne s'y oppose, et cela est entièrement de l'essence de l'assemblée amphictyonique. » *M. Letronne*, V. les Éclaircissements publiés par ce savant sur les hiéromnémons, etc., et sur la composition de l'Assemblée Amphictyonique, dans le t. iv des *Mémoires de l'Académie des Inscriptions*, 1822.

(90) La leçon vulgaire est τὸν Λέσβιον. Mais, quoi qu'en dise Markland, ce n'est pas là le nom d'un dème de l'Attique. Reiske corrige τὸν Λεσβίου *fils de Lesbios* : cependant, selon un usage constant, c'est le dème de Thrasyclès, et non son père, que l'orateur a dû désigner ici. F.A. Wolf, dans son commentaire sur la Leptinienne, veut qu'on écrive τὸν Λέκκιον, *du dème de Leccium*, qui faisait partie de la tribu Antiochide. J'aurais adopté cette correction, puisqu'il en faut une, si la variante de Gin ne m'avait semblé préférable, Bekker l'ayant trouvée dans plusieurs manuscrits. Il y avait deux dèmes du nom de Oion.

(91) *Au nouveau temple* : c'était l'ancien temple, rebâti par les Amphictyons. Il demeura inachevé jusqu'à l'époque où l'empereur Néron vint visiter Delphes. *Scol. de Bekker.*

(92) *Avec cette inscription* : le texte ajoute προσῆκον, τοῖς γεστέε conveniens (Brodæus), *analogue, y relative*.

(93) Alliance coupable, selon cet Amphissien, parce que les Phocidiens avaient autrefois pillé le temple de Delphes.

(94) *Crobylos*, surnom, ou plutôt sobriquet de l'orateur Hégésippe : *Hégésippe la Houppe ;* peut-être à cause d'une mode passée, qu'il continuait d'observer dans sa coiffure.

(95) « Rappelez-vous, messieurs, que d'ici, de cette même tribune où je parle, je vois la fenêtre du palais (*les yeux et le geste tournés vers le côté droit*) dans lequel des factieux, unissant des intérêts temporels aux intérêts les plus sacrés de la religion, firent partir de la main d'un roi des Français, faible, l'arquebuse fatale qui donna le signal du massacre de la Saint-Barthélemy. » Paroles de Mirabeau, sur la proposition de décréter la religion catholique religion de l'État; 13 avril 1790.

(96) J'ai suivi le sens le plus littéral, indiqué par le scoliaste de Bekker, ἔνθα κεραμεῖς εἰργάζοντο κεράμους, et adopté par Périon : *et figulinas stabulaque exædyficata*. Employer cette terre sacrée à des ouvrages de poterie, c'était encore aggraver le crime.

(97) Mélanchthon : *sacra, quæ de more fiunt, inchoata sunt*. Je renvoie au commentaire de Dobson, pour les variantes κατά et κοινά, ἐνῆρται, ἐνήρκται et ἐπῆρται.

(98) L'éloquence même de ce mouvement nous montre Eschine sous l'aspect d'un fanatique. Moins zélé pour Apollon et son saint territoire, Démosthène nous apparaît comme un plus digne élève de Platon.

(99) *Au-dessus de seize ans*. Selon Didyme, on appliquait cette locution, ἐπὶ δίετες ἡβῆσαι, à ceux qui avaient atteint leur seizième année. *Scol. de Reiske et de Bekker*. Cependant Stock, d'après Pollux et une autre scolie, voit ici l'*âge de majorité* complète dé l'Athénien, qui était vingt ans.

— *Sur la Place-des-Victimes*. Le texte porte τὸ Θύτιον. D'après Photius, le Trésor de H. Estienne (éd. Hase, vol. IV, c. 467, D.) traduit ainsi ce mot, ὁ τόπος ἔνθα ἔθυον, *le lieu où l'on faisait les sacrifices*. Selon d'autres, il faut lire Θύστιον, ou Θύτιον, ou Θυσεῖον. Mais cette ville de Thystium, dont parlent Photius et Harpocration, était située en Étolie, au-delà de la Locride-Ozole, et très-loin de la route que devaient suivre les Delphiens pour descendre dans la plaine de Cirrha.

(100) Dans les *Éclaircissements* déjà cités, M. Letronne prouve que, par cette périphrase, Eschine désigne une troisième classe de députés (après les pylagores et les hiéromnémons), et que ces députés sont les théores ou consacrifiants. V., p. 251 de cet excellent Mémoire, les attributions de chacune de ces trois classes.

(101) C'est-à-dire, avant la diète qui, selon l'usage, ne devait être tenue que l'automne suivant.

(102) Eschine distingue avec soin ici le ψήφισμα et le δόγμα, que les traducteurs ont confondus. L'acte que ses collègues et lui présentèrent au peuple était la *décision*, δόγμα, ou plutôt le projet de décision rédigé par eux, après leur retour à Athènes, pour fixer la punition des Amphissiens.

(103) Μεταστησάμενος τοὺς ἰδιώτας. Quatre versions différentes : 1° Gin : « Il assemble ses amis. » Contre-sens évident sur chaque mot. 2° Tourreil : « Il y débauche les simples. » Sens adopté par Millot, Auger, 1777 et 1820, et par M. Plougoulm. Je ne connais pas d'exemple où μεθίσταμαι reçoive cette acception. 3° Lambin : « Summo-

tis imperitis. » Mais, quand le *huis-clos* du Conseil avait lieu, pourquoi cette exception en faveur des citoyens éclairés? Ce sont plutôt ceux-là que Démosthène avait intérêt à écarter : n'est-ce pas à un des plus sots membres du Conseil (τινὰ εὐήθη βουλευτὴν, Schol.) qu'il s'adresse pour avoir un projet de décret conforme à ses vues? 4° J. Wolf : « Hominibus privatis remotis. » Ce sens s'appuie d'un passage du discours sur les Prévarications de l'Ambassade, où Démosthène dit : τὸ γὰρ βουλευτήριον μεστὸν ἦν ἰδιωτῶν, ce qui ne signifie probablement pas que le public des séances du Conseil était une réunion d'imbéciles. D'ailleurs Eschine, faisant contraster sa propre conduite avec celle de son ennemi, a montré plus haut qu'il cherchait lui-même tous les moyens de publicité dans le Conseil comme à l'assemblée du peuple : ἐν τῇ βουλῇ, καὶ πάλιν ἐν τῇ ἐκκλησίᾳ, τῷ δήμῳ : passage uniforme dans tous les manuscrits, et dont il ne faut rien retrancher, malgré l'avis contraire d'Auger et de Taylor. Enfin, l'interprétation de Wolf a pour elle la plupart des traducteurs latins, Duvair, Stock, et M. Jager.

(104) *Excepté ceux d'une seule ville* : Thèbes, qui venait d'être détruite par Alexandre (*Scol. de Reiske et de Bekker*) ; et non les Phocidiens, comme le veut Gin.

(105) *Les maudits*, ἐναγεῖς. Le mot propre serait *les excommuniés*, si ce mot ne faisait un anachronisme.

(106) La virgule placée par Bekker et Wunderlich entre ὕστερον et ἐπανεληλυθότος donne à ce membre de phrase le sens que je trouve dans Lambin, Duvair et Auger (1820) : « Dans le temps où Philippe était enfin revenu de son expédition contre les Scythes. » Mais, 1° Eschine est intéressé à montrer encore absent, à cette seconde époque, le prince qu'on l'accuse d'avoir poussé contre la Grèce ; 2° c'est par cette absence même que les Dieux semblaient offrir le commandement de la guerre sainte aux Athéniens ; 3° Philippe n'eut ce commandement que pour diriger une troisième expédition contre les Amphissiens. Voyez Olivier, *Hist. de Phil*., t. II, p. 320.

(107) « Tum vero ita præsentibus his temporibus opem et auxilium nobis tulerunt (Dii immortales), ut eos pæne oculis videre possemus, etc. » Cic., *in Catil*., III, 8. Racine, puisant à une autre source :

Et quel temps fut jamais si fertile en miracles? etc.
Athal., I, 1.

(108) D'après une tradition rapportée par le scoliaste de Bekker, un ou deux initiés, entrés dans l'eau de la mer pour les ablutions d'usage, auraient été dévorés par quelque monstre marin.

(109) Voy. la *Vie de Démosth.*, par Plutarque, XIX et XX. « Demosthenes quidem, qui abhinc annos prope CCC fuit, jam tum φιλιππίζειν Pythiam dicebat, id est, quasi cum Philippo facere. Hoc autem eo spectabat, ut eam à Philippo corruptam diceret. » Cic. *de Divin*., II, 57.

(110) « Nous n'avons pas vescu vie d'hommes. » *Duvair*.

(111) Les Lacédémoniens se révoltèrent pendant qu'Alexandre était en Asie ; mais ils furent vaincus par Antipater, qui leur permit d'envoyer une ambassade au roi, pour apprendre leur sort de sa bouche. *Auger*.

(112) Eschine tient ici le même langage qu'Apollon. Ce dieu, consulté par les Lacédémoniens s'ils détruiraient Athènes, répondit : Τὴν κοινὴν Ἑλλάδος ἑστίαν μὴ κινεῖν, N'ébranlez pas le foyer commun de la Grèce. *Tourreil*.

« Telle fut la révolution qui s'opéra alors dans la République, qu'accoutumée à combattre auparavant pour la liberté du reste de la Grèce, elle fut trop heureuse de pouvoir lutter avec quelque chance de succès pour son propre salut, et qu'au lieu d'étendre, comme auparavant, son empire sur de vastes contrées occupées par les Barbares, elle se vit forcée de défendre son propre territoire contre les Macédoniens. » *Harangue de Lycurgue contre Leocr.*, trad. de Thurot.

(113) Hés. *Op. et D.* v. 238. J'ai suivi le texte de M. Boissonade, *Poet. græc. Sylloge*, t. xi, p. 60. Au dernier vers seulement, je lis ἀποτίνυται εὐρύοπα Ζεὺς, au lieu de Κρονίδης ἀποτίνυνται αὐτῶν, 1° parce que telle est la leçon de Bekker, d'après sept manuscrits et plusieurs éditions; 2° parce que les mots εὐρύοπα Ζεὺς sont dans Hésiode un peu plus haut, et que les Anciens ne se piquaient pas d'une fidélité scrupuleuse dans leurs citations. Celle-ci était amenée très-naturellement : car une partie de l'imprécation rapportée plus haut par Eschine est imitée des vers d'Hésiode qui précèdent ce morceau :

Τίκτουσιν δὲ γυναῖκες ἐοικότα τέκνα γονεῦσιν, κ. τ. λ.

(114) Phrynondas s'était rendu fameux par ses perfidies. On lit dans Aristophane : ὦ μιαρὲ καὶ Φρυνώνδα καὶ πονηρέ: « Maraud! Phrynondas! coquin! » Il y eut deux Eurybate, l'un et l'autre traîtres et capables de tous les crimes. *Scol. de Reiske et de Bekker.* V. Harpocr. et Suidas. Ces deux noms étaient passés en proverbe, même hors de la Grèce : « Quis Palamedes, quis Sisyphus, quis denique Eurybatus aut Phrynondas talem fraudem excogitasset? » Apul., *Apolog.*

(115) « J'ai fait de Thèbes votre alliée, dira-t-il. Non, Démosthène! mais tu as ruiné les communs intérêts des deux Républiques. J'ai rangé toute la Grèce sous vos drapeaux à Chéronée. Non! seul, à Chéronée, tu as quitté ton poste. J'ai rempli pour vous de nombreuses ambassades. Qu'eût-il donc fait, qu'eût-il dit, si les conseils qu'il y a donnés avaient eu un heureux succès? » Plaidoyer de Dinarque contre Démosth., 3.

Voyez le témoignage de Plutarque, plus impartial que des rivaux politiques, *Vie de Dém.*, c. xvii, etc.

(116) Cette cause, c'est l'attachement de Thèbes à la Perse d'abord, à la Macédoine. *Scol.*

(117) Philippe vainqueur à Chéronée traita les Thébains très-durement, et les Athéniens avec beaucoup de douceur. M. Plougoulm.

(118) Périphrase adroite, pour ne pas nommer les Thébains, ennemis d'Athènes.

(119) « Nescio quomodo jam usu obduruerat et percalluerat civitatis incredibilis patientia. » Cic. *pro Mil.*, 28.

(120) « Non-seulement les généraux athéniens, mais les chefs de la Béotie, suivaient les ordres de Démosthène, devenu à Thèbes, non moins que dans Athènes, l'âme de toutes les assemblées populaires ; également chéri, également puissant dans ces deux Républiques, et au titre le plus légitime, comme le déclare Théopompe. » Plut., *Vie de Démosth.*, xviii.

(121) *Partout où il le déciderait*, ὅποι ἂν αὐτῷ δοκῇ. Allusion à la formule δέδοχθαι τῇ Βουλῇ καὶ τῷ Δήμῳ : c'est la volonté d'un seul substituée à la volonté de tous.

(122) Plutarque donne la préférence à l'orateur sur le général (de Glor. Athen.). Cicéron, dont l'opinion se devine aisément, discute cette question dans son *Brutus*, 73.

(123) Ceci se rapporte à plusieurs engagements qui avaient eu lieu entre les troupes grecques confédérées et celles de Philippe avant la bataille de Chéronée, et sur lesquels l'histoire ne donne aucun détail. Lambin, J. Wolf, Stock n'ont point rendu προσέμιξε. Un seul traducteur français, Gin, a voulu reproduire ce mot, et c'est par un contre-sens : « il brouilla tout. »

(124) « Quand Philippe eut réfléchi à l'énorme péril dont il s'était vu environné, il frissonna au souvenir de la force et de la puissance de l'orateur, qui l'avait impérieusement amené à risquer en quelques heures, dans un seul combat, et sa couronne et sa vie. » Plut., *Vie de Dém.*, xx.

(125) Voyez, sur ce fougueux démagogue, le disc. d'Eschine sur les Prévarications de l'Ambassade.

(126) Eschine blâme ici un des plus beaux traits de l'éloquence de son ennemi.

(127) Δραπέταις ποσί, *servi fugitivi pedibus*. Quelle énergie! Turnus à Drancès :

An tibi Mavors
Ventosa in lingua, pedibusque fugacibus istis
Semper erit? *Æneid.*, xi, 389.

(128) J'ignore pourquoi les deux derniers traducteurs français n'ont pas rattaché à ἀνάρρησιν son complément sous-entendu στεφάνου. Duvair : « et que vous voyez venir le héraut pour proclamer ceste couronne, suivant ce qui est ordonné par le decret. »

(129) Eschine contredit ici le savant auteur du *Voyage d'Anacharsis*, qui place, sans autorités, cette proclamation *après la dernière tragédie*, ch. x.

(130) C'est pour leur rappeler, en leur faisant présent des instruments de la valeur paternelle, les devoirs du père de famille, et en même temps pour que cette première entrée du jeune homme en armes dans les foyers de ses pères soit un présage favorable de l'énergique autorité qu'il y exercera. » Platon, *Ménexène*, trad. de M. Cousin.

(131) Le jour même de cette proclamation, ces jeunes gens jouissaient au théâtre de cette distinction flatteuse. *Scol. de Bekker.* Comment donc Duvair, Tourreil, Mabut, Gin et M. Jager ont-ils pu entendre, par προεδρίαν, les *plus grands emplois de la République ?*

(132) Darius avait envoyé de l'argent à Démosthène pour l'exciter plus vivement à soulever les Thébains contre la garnison que Philippe avait mise dans leur ville, et pour forcer Alexandre, irrité contre ce peuple, à une diversion favorable au repos de la Perse. *Scol. de Bekker.* Voyez aussi Plutarq. *Vie de Dém.*, xx.

(133) Cette description de Thèbes en feu est admirée des scoliastes, et citée comme un modèle par le rhéteur Théon. Cicéron en a plusieurs fois imité le mouvement, *de Lege Agr.* ii, 20; *Philip.* xi, 3.

(134) « On ne peut nier que ce morceau ne présente un contraste habilement imaginé. L'orateur s'y prend aussi bien qu'il est possible pour rendre son adversaire odieux. Il assemble autour de la tribune les ombres de ces infortunés citoyens, il les place entre le peuple et Démosthène, il l'investit de ces mânes vengeurs, et en forme autour de lui un rempart dont il semble lui défendre de sortir. Eh bien ! c'est précisément en cet endroit que Démosthène l'accablera dès qu'il aura pris la parole, et qu'il renversera d'une seule phrase tout cet appareil de deuil et de vengeance que son rival avait élevé contre lui. » *La Harpe.*

(135) Après la bataille de Chéronée, les stratèges furent autorisés par un décret du peuple à distribuer tous les habitants d'Athènes dans les différents postes, pour la défense de la ville. Voy. Lyc. c. *Léocr.* C'est là ce qui fait la force des mots ἀλλὰ καὶ τὴν ἐκ τῆς πόλεως (τάξιν)

(136) « Au lieu de mettre son nom à ses décrets, Démosthène les inscrivit successivement du nom de ses amis, afin de tromper son étoile et de déjouer le sort. » Plut., *Vie de Démosth.*, xxi.

(137) *A Pausanias*, le meurtrier de Philippe. Just. ii, 6; Diod. Sic. xvi, 94. — *Compromet le Conseil.* « Les Cinq-Cents, persuadés par Démosthène, avaient ordonné un sacrifice pour remercier les Dieux de la mort de Philippe, et c'est pour cela qu'Alexandre écrivit aux Athéniens une lettre ainsi formulée : Ἀλέξανδρος τῷ μὲν Δήμῳ χαίρειν, οἱ δὲ Βουλῇ οὐδέν. » *Scol. de Bekker.* Boutade maise et peu vraisemblable.

— *Un Margitès.* On a reconnu récemment, dans des peintures antiques, que les Romains avaient leur *Polichinelle* : Margitès était *le Gille* ou *le Nicaise* des Grecs. Recueillons quelques traits sur ce personnage symbolique, dont le nom était devenu proverbial.

Margitès est un de ces sots savants, *plus sots que les sots ignorants*. « Il savait beaucoup de choses, dit Homère, mais il les savait toutes mal... Les Dieux ne le firent point ouvrier, ni laboureur, ni même un homme habile en rien; dans tous les arts il manquait d'adresse. » *Plat., Alcib.* II. *Clem. Al. Strom.* I. Selon Suidas, un autre Margitès était incapable de compter au delà du nombre cinq; il disait un jour à sa mère : Est-ce papa qui est accouché de moi? Nouveau marié, il n'osait approcher de sa femme : Si tu y touches! lui criait sa belle-mère, d'un ton menaçant. De même, dans les farces italiennes, Gille affamé ouvre de grands yeux devant un bon dîner servi pour un autre.

Voilà donc l'imbécile auquel Démosthène avait un moment comparé le jeune Alexandre! Cette prévention d'un ennemi, attestée par Marsyas de Pella et par Plutarque, et semblable à celle de Louvois contre le prince Eugène, a dû se dissiper promptement.

(138) Le scoliaste de Bekker, Lambin, Duvair, et quelques autres traducteurs, ont entendu de trois autres manières les mots τὰ σπλάγχνα φυλάττοντα. L'anonyme de Venise en a le premier découvert le véritable sens dans un passage où Polybe dit que, quand un roi de Macédoine offrait un sacrifice, les entrailles de la victime lui étaient présentées pour qu'il les consultât lui-même. Voyez Polyb., VII. Alexandre, selon Plutarque, devint très-superstitieux sur la fin de sa vie.

(139) On n'a pas encore vu que le mot νεανίσκου, mal à propos traduit par *jeune roi*, fait allusion à une bravade de Démosthène. « Il m'a appelé *enfant* lorsque j'étais chez les Illyriens et les Triballes, disait Alexandre; *adolescent* (μειράκιον) lors de mon expédition de Thessalie : je lui montrerai, sous les murs d'Athènes, que je suis homme fait. » *Plut.* Alex. 11. C'est ainsi que Brutus, dans sa fameuse lettre seizième à Cicéron, appelle Octave *un enfant*.

(140) Voy. Plut., *Vie de Démosth.*, XXIII. — *Vous qui ne le trahissiez point* : c'est-à-dire, vous qui ne le mettiez pas en accusation. Il a fallu rendre le rapprochement προὔδοτε, προδεδώκεν.

(141) Il y avait à Athènes deux galères ou trirèmes, dont l'une s'appelait ναῦς Σαλαμινία, *la Salaminienne;* et l'autre Πάραλος, *la Paralienne :* toutes deux destinées aux plus pressants besoins de la République. Un ancien héros, Paralos, avait donné son nom à la seconde. Un troisième navire du même genre, *l'Ammonide*, fut plus tard en usage. Quelques-uns rangent encore dans cette classe la troisième *Théoris*, qui servait à l'envoi des députations aux fêtes de Délos. Ces galères *Sacrées* n'ont-elles pas quelque analogie avec le fameux *Bucentaure* de Venise?

(142) Ce mignon de Démosthène fut envoyé par lui vers Héphestion pour le réconcilier avec le prince, comme dit Marsyas, Vie d'Alexandre, liv. VII. (*Harpocr.* Ἀριστίων).

(143) *Dans la Cilicie* : près d'Issus, où Alexandre remporta une victoire célèbre. — *Ces lettres*. Selon Dinarque, qui a imité ce passage, Démosthène se serait écrit à lui-même des nouvelles de l'Asie.

(144) Ortélius, dans son dictionnaire, compte Corrage au nombre des villes ou des forteresses de Macédoine, et cite à ce propos, non-seulement Eschine, mais Tite-Live. Nous lisons dans cet historien, l. XXXI, 27 : « Apustius, extrema Macedoniæ populatus, *Corrhago* et Gherusio et Orgesso castellis primo impetu captis, ad Antipatriam, in faucibus angustis sitam urbem, venit. » *Tourreil*.

(145) Cicéron, qui condamne cette métaphore « morte Africani *castratam esse* Rempublicam », justifie pourtant ici Démosthène : « Malgré l'attention de cet orateur à peser tous les termes, Eschine, qui veut se moquer de son style, lui en reproche de durs, de choquants, d'insoutenables. Il l'appelle bête féroce; il lui demande si ce sont là des monstres ou des paroles : enfin, au jugement d'Eschine, Démosthène n'a point d'atticisme. Mais il est aisé de reprendre des expressions, pour ainsi dire, brûlantes, et d'en rire de sang-froid, lorsque les esprits ne sont plus échauffés par le feu de la parole. Aussi toute la justification de Démosthène est en plaisanteries : La fortune de la Grèce, dit-il, dépend-elle d'un mot mal choisi, d'un geste irrégulier? » *Orat.* VIII, trad. de M. Le Clerc. V. aussi les Lettres de Pline, IX, 26. Mais peut-être Cicéron et Pline ne lisaient pas, comme nous, τὸν πρωκτόν; et ils auraient peu goûté la phrase de Duvair : « Vous diriez qu'ils nous fourrent des lardoires dans les fesses. »

(146) Ces traits, qu'Eschine a omis, sont présentés d'une manière très-piquante par Théophraste, dans ses *Caractères*, ch. XXVI :

« De tous les vers d'Homère, l'Aristocrate n'a retenu que celui-ci :

C'est un pesant fardeau qu'un grand nombre de rois;

et là se borne son érudition. « Il faut, dit-il, que nous tenions conseil à part. Arrière la canaille de la place publique! Fermons-lui tout accès aux magistratures. » A-t-il éprouvé quelque mortification? « Ces insolents et moi ne pouvons rester dans Athènes. » Il sort vers midi, manteau relevé sur l'épaule, chevelure taillée avec élégance, ongles bien nettoyés; sa démarche est vive et fière, et on l'entend dire : « Grâce aux sycophantes, la ville n'est plus habitable. Dans les tribunaux, nous sommes vexés par la tourbe des plaideurs. J'admire nos hommes d'État : que veulent-ils donc? Le peuple, cette bête ingrate, se vend toujours au plus offrant. Quelle honte de siéger à l'assemblée auprès d'un gueux en guenilles! Quand cessera-t-on de nous écraser avec les armements maritimes et les charges publiques? O démagogues! détestable race! »

(147) *N'importe à qui* : à Démocharès. V. le 1er Plaidoyer de Démosthène contre ses tuteurs.

(148) Une loi défendait au citoyen athénien d'épouser une étrangère, sous peine d'une amende de mille drachmes. Démosth., Plaid. contre Néæra.

(149) Voy. Plutarque, *Vie de Démosth.*, XV. « Rien n'annonce que l'imputation faite ici à l'orateur ait été rigoureusement établie. Mais ce qui paraît hors de doute, c'est que Démosthène, après avoir défendu la cause de Phormion contre Apollodore, prêta à celui-ci l'appui de son talent dans l'action qu'il dirigea à son tour contre Phormion, et composa un mémoire écrit, qui nous a été conservé à l'appui de la plainte d'Apollodore en subornation d'un témoin produit par son adversaire. » M. Boullée, *Vie de Démosth.*, p. 38.

(150) « Ut populi nostri honores quondam fuerunt rari tenues, ob eamque causam gloriosi, nunc autem effusi atque obsoleti, sic olim apud Athenienses. — » *C. Nepos*, Milt.

(151) Littéralement : *ou dans quelque autre jeu où l'on distribue des couronnes*. Il y avait, dit le scoliaste de Bekker, des jeux où le vainqueur recevait, au lieu de couronne, de l'argent, un manteau de laine fine, etc.

(152) « Athletæ segregantur ad strictiorem disciplinam, ut robori ædificando vacent; continentur a luxuria, a cibis lautioribus (Tourreil lit *lætioribus*), a jucundiore potu; coguntur, cruciantur, fatigantur. » Tertull. *Lib. ad Martyr*.

Qui studet optatam cursu contingere metam,
Multa tulit fecitque puer; sudavit et alsit,
Abstinuit venere et vino.

Hor. *de Art. Poet*

(153) Athènes étant opprimée par les trente tyrans que les Lacédémoniens y avaient établis, Thrasybule eut le

courage de secouer le joug. Il se retira dans Phylé, forteresse de l'Attique, suivi d'un très-petit nombre d'amis. Peu à peu ses forces augmentèrent; il vainquit plusieurs fois les Trente, et délivra enfin sa patrie.

(154) Près de ce fleuve de Thrace, Cimon avait remporté une brillante victoire sur les Perses. Voy. Plutarq., *Cim.*

(155) Littéralement : *près d'Éion*, ville de Thrace, à l'embouchure du Strymon, non loin d'Amphipolis, dont elle était, en quelque sorte, le port. Butès, d'après Plutarque, défendait cette ville, soumise alors à Xerxès. Mais, pressé par un long siége, et réduit à la dernière extrémité, il mit le feu à la citadelle, et se précipita au milieu des flammes avec ses trésors, ses amis et toute sa famille, aimant mieux périr que de capituler.

(156) Je regrette que ces vers, empruntés à Millot, soient si loin de la simplicité de l'inscription grecque, dont le commencement pourrait se traduire ainsi :
A ses braves généraux, Athènes reconnaissante.

(157) Iliad. II, 552.

(158) V. Pausan. *Attic.*; Meurs. I. Athen. Attic. 5. « Namque huic Miltiadi, qui Athenas totamque Græciam liberavit, talis honos tributus est, in porticu quæ Pœcile vocatur, cum pugna depingeretur Marathonia, ut in decem prætorum numero prima ejus imago poneretur, isque hortaretur milites, præliumque committeret. » C. Nep., *Milt.*

(159) « Ce morceau, dit la Harpe, offre un fond de vérité morale et politique très-imposant, et qui n'est faux que dans l'application..... C'est dommage que l'art oratoire ne soit ici autre chose que celui de la calomnie, qui, en ne montrant qu'un côté des objets, se sert du nom de la vertu pour combattre les hommes vertueux. »

(160) *Philammon*, athlète contemporain d'Eschine. — *Le boxeur :* notre langue n'a pas un autre mot pour traduire τὸν πύκτην. — *Glaucus*, ancien athlète fort célèbre, était de Carystos, ville d'Eubée (auj. Castel-Rosso). Il vainquit plusieurs fois dans les jeux solennels de la Grèce. Après sa mort, son fils lui fit ériger une statue, et les Carystiens l'enterrèrent dans un flot qu'on appelle encore maintenant *l'île de Glaucus.*

(161) *Patæcion*, mauvais ministre d'Athènes. Harpocration, Suidas et le scoliaste le désignent comme un voleur.

(162) La locution εἶναι ὅμοιον τοὔνομα καὶ τοὔργον est ici une énigme dont le mot n'est peut-être pas encore trouvé. Le scoliaste de Bekker, auteur de l'interprétation attribuée à Taylor et à Stock, entend par γραφή, dans cette phrase, οὐ τὴν κατηγορίαν, ἀλλ' αὐτὰ τὰ γράμματα τὰ τοῦ ψηφίσματος τοῦ παρανόμου, *non l'accusation, mais le texte même du décret qui attaque les lois.* Cela est contraire à l'usage constant d'Eschine et de Démosthène. J'ai suivi la seule explication dont la logique se contente; elle est de Dobrée : « Loci nexus est, *olim actiones* παρανόμων *re, non solum nomine, exercebantur ;* et in illis de ipso παρανόμῳ quærebatur. »

(163) Littéralement : *la première eau.* On fixait à chacun des plaideurs un certain espace de temps, appelé διαμεμετρημένη ἡμέρα, mesuré par une clepsydre, ou horloge d'eau. Cette mesure était plus grande dans les procès politiques que dans les affaires civiles. Pour prévenir toute supercherie, un ἐφ'ὕδωρ distribuait aux parties une égale quantité de liquide. De là, les proverbes, πρὸς τῇ κλεψύδρᾳ, πρὸς ὕδωρ ἀγωνίζεσθαι, ἄλλως ἀναλίσκειν ὕδωρ. L'écoulement de l'eau était arrêté pendant le temps que l'avocat mettait à faire lire des lois ou des pièces du procès : Σὺ δ' ἐπίλαβε τὸ ὕδωρ (Demosth. *in Eubulid.*). Τῷ ὕδατι τῷ ἐμῷ λαλείτω, *qu'il parle sur mon eau,* c'est ce que disait un orateur qui, ayant terminé son plaidoyer avant le terme fixé, abandonnait à son adversaire le reste de son temps. D'autres fois, il faisait vider la clepsydre : Ἐξέρα τὸ ὕδωρ

(Demosth. *pro Phorm.*). A l'exemple des Grecs, une loi de Pompée n'accordait aux jurisconsultes qu'une heure, mesurée aussi par une clepsydre, *ne immensum eroga rentur;* mais cette rigueur ne tint pas. Voyez, chez nous, la fameuse motion *du Sablier,* 1ᵉʳ août 1789.

— *Les orateurs de la défense.* Selon l'usage d'Athènes, Eschine distingue deux classes de défenseurs d'un accusé, 1° les *avocats,* οἱ εἰς αὐτὸ τὸ πρᾶγμα λέγοντες; 2° les *tercesseurs,* συνηγοροί. Stock et M. Jager entendent, par les premiers, des défenseurs qui *traitent réellement la question,* par opposition avec ceux qui donnent le change au tribunal; abus dont Eschine s'est plaint un peu plus haut. C'est une erreur, que l'ensemble de ce passage refute suffisamment.

(164) Dans les causes criminelles, en cas de condamnation, le tribunal prononçait deux fois : d'abord, l'accusé était-il coupable? ensuite, quelle peine fallait-il lui infliger? Véritable jury au premier tour de scrutin; ministère public et juge au second; législateur même, si la loi se taisait sur la peine. *Voyez* Tourreil.

(165) Le mot ἐνταυθοῖ désigne le βῆμα, ou la tribune de l'accusé et de ses défenseurs.

(166) « J'avoue que je ne reconnais plus ici l'art d'Eschine. Sa demande est révoltante, et ne pouvait que lui nuire; il ne faut jamais demander ce qu'on est sûr de ne pas obtenir. Démosthène n'était-il pas attaqué cent fois plus que Ctésiphon? D'un autre côté, Eschine n'était pas également maladroit de laisser voir la crainte que Démosthène lui inspirait, et de se persuader que les Athéniens se priveraient du plaisir de l'entendre dans sa propre cause? » *La Harpe.*

(167) La traduction littérale de βαλαντιοτόμων est dans un journal, qui appelle un de nos ministres les plus intègres, *coupeur de bourses !* Voy., sur ce mot, *Débats,* 7 avril 1837.

(168) Ἀγὼν ἀτίμητος. Stock range la cause de Ctésiphon parmi celles dont les peines, *non fixées* par les lois, étaient laissées à la discrétion du tribunal.

— *Non d'une tête, mais d'un capital.* Jeu de mots perdu dans notre langue, mais traduisible en allemand et en italien (haupt, hauptsache; capo, capitale). *Voy* les Variantes.

(169) Cette vénalité se glissa dans l'ancienne Rome. Caton disait de Cécilius, tribun du peuple : « Frusto panis conduci potest, vel uti taceat, vel uti loquatur. Sa langue se noue et se dénoue pour un morceau de pain. » *Tourreil*

(170) Chabrias, général athénien, vainquit Pollis près de Naxos, dans une bataille navale, Ol. C, 4; 377 av. J. C. V. Xén. *Hell.* 5.

(171) Anaxinos, sous l'apparence d'un marchand de parfums et d'objets de toilette, parcourait la Grèce; c'était espion venait rendre compte de ses tournées à Olympias, veuve de Philippe, qui présidait, avec Antipater, au gouvernement de ce pays, en l'absence d'Alexandre. *Stock, et le Scol. de Bekker.*

(172) Le sel et la table étaient les symboles de l'amitié. « Verum illud est quod vulgo dicitur, multos modios salis simul edendos esse, ut amicitiæ munus expletum sit. » Cic. *de Amic.* De là, la maxime, ἅλα καὶ τράπεζαν μὴ παραβαίνειν, *salem et mensam ne transgrediaris.*

(173) Démosthène emploiera en effet cette comparaison. Mais comment Eschine peut-il le savoir d'avance? Certes, ce n'est pas ici une de ces réfutations anticipées, pour lesquelles la méditation du sujet pouvait suffire. Eschine était-il dans la confidence de quelque indiscret ami de son rival? L'accusateur et le défenseur s'étaient-ils *communiqué leurs pièces avant l'audience?* On pourrait ne touchons-nous pas ici au doigt un remaniement de l'orateur, fait après coup? Ce passage n'est pas le seul qui présente ce caractère.

NOTES DU PLAIDOYER D'ESCHINE SUR LA COURONNE. 369

(174) *Il doit me comparer aux Sirènes !* Le grand mal vraiment ! Si ce passage n'est pas l'œuvre d'un rhéteur, ou de quelque lecteur oisif, comme l'affirme Taylor, il est impossible de rien décider dans les questions de ce genre. Remarquez, d'ailleurs, que cette comparaison de déclamateur ne se retrouve pas dans le Plaidoyer de Démosthène.

(175) « Eschine reproche à Démosthène d'employer quelquefois des expressions dures ou recherchées (πικροῖς καὶ περίεργοις). Il est facile de réfuter cette allégation... Si l'orateur donne une sorte d'âpreté à son style, c'est lorsque le sujet le demande, et le sujet le demande souvent, surtout quand il faut faire mouvoir les ressorts du pathétique; mais alors c'est un véritable mérite. Rendre les auditeurs gardiens sévères des lois, investigateurs infatigables de toutes les injustices, n'est-ce pas le seul, ou du moins l'un des plus beaux privilèges de l'éloquence ? Mais, dira-t-on peut-être, il n'est pas possible qu'un orateur qui recherche les expressions d'une grâce affectée parvienne à exciter la haine, la pitié et les autres passions : il doit s'attacher à trouver les pensées qui font naître ces passions, et à les revêtir d'expressions propres à remuer l'âme des auditeurs. Si Eschine avait reproché à Démosthène de donner une sorte d'aigreur à son style quand les circonstances ne le demandent pas, d'y recourir trop souvent, ou de s'écarter d'une juste mesure, cette critique ne serait point dépourvue de fondement. Mais rien, dans Eschine, ne laisse entrevoir la trace d'une accusation de cette nature. Il blâme en général, chez Démosthène, l'emploi du pathétique, et cependant le pathétique convient (ἐπιτηδειοτάτην) à l'éloquence civile. Ainsi, cette critique devient, à son insu, un véritable éloge. On en peut dire autant du reproche d'affectation.... Elle n'est autre chose qu'une diction travaillée avec soin, et qui s'éloigne du langage ordinaire. Si, de nos jours, on aime à entasser les mots au hasard ; si par une précipitation irréfléchie, nous transportons le même style dans tous les sujets, il est probable que les Anciens n'agissaient pas ainsi. Lorsqu'Eschine avance que Démosthène, en employant mal à propos et outre mesure un style extraordinaire, a commis une double faute, il soutient une erreur manifeste. » Denys d'Halic. περὶ Δημοσθ. LV, trad. de M. Gros.

(176) Saint Chrysostome emploie la même comparaison à la fin de sa 43e Homélie : Καί τοι γε αὐλοῦ τὰς γλωττίδας ἐναρμῆς, ἄχρηστον λοιπὸν κεῖται τὸ ὄργανον· ἀλλ᾽ οὐχ οὕτως ὁ αὐλὸς ὁ πνευματικός.

(177) Iliad. II, 212. Saint Grégoire de Nazianze, dans une de ses invectives contre Julien, appelle Vulcain *le Thersite du ciel*. Reiske et Wunderlich semblent hésiter à reproduire, dans le texte, le mot Ὅμηρος, qu'un manuscrit estimé ne donne pas, « quasi, ut αὐτὸς ἔφη in consuetudinem venit, ita φησί, absolute positum, *Homerum significare posset !* »

(178) Littéralement, *s'ils ne jugent pas avec justice les chœurs circulaires*. On appelait ainsi les chœurs qui chantaient le dithyrambe, et qui dansaient en rond au chant de cette espèce d'hymne. *Scol. de Bekker.*

(179) *Le simple citoyen*, c'est-à-dire le juge. Les plus pauvres particuliers entraient alors dans les tribunaux, pour toucher les trois oboles de droit de présence. *Scol. de Bekker.*

(180) Le sens est plus fort, si l'on répète, comme sujet du verbe ἀκοῦσαι, les mots χιλίους καὶ πεντακοσίους. C'est ce qui fait Duvair et M. Plougoulm. Mais cela est contraire aux règles d'une saine construction ; et l'incise à laquelle appartient ce verbe n'est que le complément pléonastique du mot ἀκρίτους.

(181) Pour réparer les murs, Démosthène fut obligé d'imiter Thémistocle, « qui prescrivit à ses collègues d'y faire travailler tous les esclaves et tous les hommes libres,

DÉMOSTHÈNE.

de n'épargner aucun lieu profane ou sacré, privé ou public, et de rassembler de toutes parts les matériaux nécessaires. Aussi les murs d'Athènes s'élevèrent-ils aux dépens des temples et des tombeaux. » Corn. Nep. *Them.* VI.

(182) Démosthène déroba cette somme sur les trois cents talents donnés par Darius. Les serviteurs de ce prince réclamèrent : « C'est à moi, répondit l'orateur, que votre maître envoie cet argent, prix de mes harangues. Si les Athéniens n'ont pas suivi mes conseils, ce n'est point ma faute. » *Scol. de Bekker.* Anecdote peu vraisemblable.

(183) L'histoire se tait sur ces faits. Darius, suivant Dinarque, avait envoyé ces trois cents talents pour contribuer au rétablissement de Thèbes, détruite par Alexandre. Le parti dont Démosthène était le chef s'en serait saisi, et les aurait gardés. Faute de documents plus sûrs, écoutons un ardent ennemi de Démosthène : « Les Arcadiens, arrivés dans l'isthme, avaient congédié, sans rien stipuler, les députés d'Antipater, et reçu ceux de la malheureuse Thèbes, qui étaient venus par mer, avec beaucoup de peine, le rameau d'olivier en main, les supplier, et leur dire que les Thébains s'insurgeaient, non pour rompre avec les Hellènes ou les attaquer, mais parce qu'ils ne pouvaient plus supporter les excès commis par les Macédoniens dans leur ville, ni demeurer esclaves, ni voir tant d'avanies faites à des personnes libres. Touchés de leurs maux, et disposés à les secourir, les Arcadiens leur déclarèrent qu'ils cédaient à d'impérieuses circonstances en obéissant corporellement à Alexandre ; mais que leurs cœurs étaient aux Thébains, à la Grèce, à la liberté. Astylos, leur général, ouvrit un marché : pour dix talents, il s'engageait à diriger son renfort vers Thèbes. Les députés vont trouver Démosthène, qu'ils savaient nanti de l'or du roi ; ils le prient, le conjurent de donner la somme nécessaire au salut de leur ville. Le misérable, l'impie, le sordide orateur ne put se résoudre à détacher seulement dix talents des trésors dont il était détenteur, lui qui voyait un si vif espoir luire au cœur des Thébains ! et il souffrit que la somme fût payée par leurs ennemis, pour que les Arcadiens retournassent chez eux, sans avoir délivré des opprimés ! » *Disc. de Dinarq. contre Démosth.* 4. Selon Jacobs (Har. de Dém. sur la Cour., note 9e), cette grave accusation, qu'Eschine n'aurait pas négligée, ne s'était formée, comme tant d'autres calomnies, que longtemps après l'époque à laquelle elle se rapporte.

(184) Ctésiphon ne pouvait guère se charger d'une mission plus délicate et plus difficile ; car jamais reine n'eut plus besoin de consolation qu'en eut alors Cléopâtre. Alexandre, roi d'Épire, son mari, avait porté la guerre en Italie. Ses armées mises en déroute, il prit la fuite ; et, comme il traversait un fleuve à cheval, il fut percé d'un coup mortel. Ses ennemis outragèrent son cadavre, le mirent en lambeaux, et eurent bien de la peine à consentir que ses déplorables restes fussent renvoyés à son épouse. T. Liv. VIII, 24 ; Strab. VI ; Diod. Sic. XIX.

(185) Μόραν, cohorte lacédémonienne, composée de cinq cents hommes. Un de ces corps d'armée, commandé par Agésilas, fut taillé en pièces par Iphicrate près de Corinthe. Xénoph. *Hellen.* IV. Voyez aussi Stock ; et l'Apparatus de Schæfer, t. I, p. 707.

(186) Loi de Dracon. V. Platon, *Lois*, IX. Pausanias, VI, et Suidas, au mot Νικῶν, racontent l'histoire d'une statue condamnée, chez les Thasiens, à être jetée à la mer, comme coupable d'homicide. A Athènes, sous le règne d'Érechthide, une hache dont un bœuf avait été frappé subit un procès dans les formes, et fut déclarée innocente. Le même principe, l'horreur du meurtre, avait dicté cette loi de Moïse : *Si bos cornu percusserit virum aut mulierem, et mortui fuerint, lapidibus obruetur, et non comedentur carnes ejus.*

24

— *Nous ensevelissons*, etc. Autrefois, parmi nous, le corps des suicidés était traîné sur la claie.

(187) *L'auteur d'une décision*, soit judiciaire, soit législative; c'est-à-dire le juge qui a concouru par son suffrage à une sentence injuste; ou le citoyen, par son vote, à un décret contraire aux lois. Eschine, dit Cibi, cherche à intimider les juges de Ctésiphon par les conséquences qui résulteraient de leur jugement pour leurs propres familles.

(188) Ces gages, βεβαιώσεις, déposés par l'acheteur et le vendeur, égalaient le centième du prix de la chose vendue. *Bremi*.

(189) « Lorsque je voulus, dit Platon, prendre part au gouvernement, je trouvai le peuple déjà vieilli, δῆμον κατελαβον ἤδη πρεσβύτερον. » Et Cicéron : Cum offendisset (Plato) populum Atheniensem prope jam desipientem senectute. » 1, 9, *ad Fam.*

(190) On croit lire Aristophane :

LE CHARCUTIER.
Tu te crois donc bien sûr que le Peuple est à toi?
CLÉON.
C'est que je sais de quels plats il faut le nourrir.
LE CHARCUTIER.
Oui, tu fais comme les nourrices : tu mâches les morceaux, tu en avales les trois quarts, et tu lui donnes le reste...
CLÉON.
Je t'aime, ô Peuple! et je te suis attaché.
PEUPLE, *sous la figure d'un vieillard.*
Et toi (au charcutier), qui es-tu?
LE CHARCUTIER.
Je suis son rival. Depuis longtemps je t'aime, et je veux t'être utile... Tu n'as jamais vu d'homme plus dévoué à la république des Badauds...
CLÉON.
Cher Peuple, convoque au plus tôt une assemblée, afin de reconnaître lequel de nous deux mérite ton amour...
LE CHARCUTIER.
Ah! malheureux, je suis perdu? Chez lui, ce vieillard est le plus raisonnable des hommes; une fois assis sur ces bancs de pierre, il devient aussi sot que celui qui attache des figues quand la queue lui reste à la main.

. . . .

PEUPLE (*à Agoracrite, le Charcutier.*)
Que faisais-je autrefois? comment étais-je? dis-moi.
AGORACRITE.
D'abord, lorsqu'un orateur, dans l'assemblée, se mettait à dire : « O Peuple! je suis ton ami; seul je t'aime, seul je veille sur tes intérêts... »; à ce début, tu te redressais, tu te pavanais.
PEUPLE.
Moi?
AGORACRITE.
Et puis, il s'en allait après t'avoir dupé.
PEUPLE.
Que dis-tu? On me jouait ainsi, et je ne m'en apercevais pas!
AGORACRITE.
Tes oreilles s'ouvraient ou se fermaient tour à tour, comme un parasol.
PEUPLE.
Comment, j'étais devenu si imbécile et si radoteur?
(*Les Chevaliers*, traduction de M. Artaud.)

(191) Allusion à la dissipation des finances par les distributions populaires.

(192) Le premier Athénien désigné ici est peut-être Autolycos; l'autre s'appelait Léocrate. Après le désastre de Chéronée, un décret du peuple avait défendu à tout citoyen de sortir d'Athènes. Léocrate s'était enfui à Rhodes. Il vint ensuite à Mégare; et, après un exil volontaire de cinq ans, il rentra dans sa patrie, où il se montra en toute liberté. Lycurgue l'accusa de haute trahison. Voici un des beaux mouvements qui terminent ce sévère plaidoyer, le seul qui nous reste de son auteur :

« Léocrate croit pouvoir effrontément s'offrir aux yeux qui ont pleuré sur l'infortune de nos guerriers ; et venir l'homme qui va réclamer, au nom des lois, votre attention pour son apologie! Mais vous, demanderez-lui de quelles lois? Le fugitif les a répudiées! Le laisserez-vous habiter ces murs? Seul entre tous les citoyens, il a refusé de le défendre! Il invoquera les Dieux dans son péril; et que ces Dieux? ceux dont il a livré les temples, les statues, les sacrés bocages! De qui mendiera-t-il la pitié? des hommes avec lesquels il n'a pas eu le cœur de contribuer au salut commun! C'est loin d'Athènes, c'est à Rhodes qu'il saurait trouver un sûr asile : qu'il aille implorer les Rhodiens! »

(193) Pline le Jeune était frappé de la hardiesse de cette métaphore (*Lett.* ix, 26). Les images empruntées à la marine sont aussi un des ornements les plus fréquents de l'éloquence anglaise. En voici un exemple récent : Il est tiré d'un discours de sir Robert Peel (*Chambre des Communes*, 31 janvier 1840). « Lord John Russell écrit à ses commettants qu'il est bien convaincu qu'ils ne permettront pas à lever les ancres de la monarchie, quand la tempête noircit à l'horizon. Les dangers dont parle lord John Russell, ce serait de toucher au bill de réforme. Eh bien! que fait sa seigneurie? Elle appelle à son aide un matelot frais et dispos, qui se rit du danger, et propose de lever l'ancre sans plus de délai. Lord John Russell ne pouvait plus maintenir les ancres, M. Macaulay ne peut pas les lever à lui tout seul. Ils n'arriveront jamais à leur destination. Ils chasseront timidement sur leurs ancres, et par force d'aller à la dérive, ils iront sombrer enfin sur l'ignoble et fangeux écueil de la réforme progressive. » (*Applaudissements à faire trembler la salle. Tremendous cheering.*)

(194)
PEUPLE.
Nul imberbe ne prendra la parole dans l'assemblée.
AGORACRITE.
Que feront donc Clisthène et Straton?..
PEUPLE.
Je les forcerai d'aller à la chasse, au lieu de faire des décrets.
(*Les Chevaliers*, fin.)

(195) Voici à quelle occasion les Athéniens rendirent contre Arthmios ce décret fulminant, dont Thémistocle fut l'auteur. L'Égypte secoua le joug d'Artaxerxès Longue-Main, qui fit marcher contre elle une armée formidable; mais il ne put réduire cette province défendue par les Athéniens. La colère du Grand-Roi se tourna contre ce peuple : il envoya des agents secrets dans le Péloponnèse, pour lui susciter des ennemis à force de largesses; mais la tentative échoua. Lacédémone ne se prêta pas au ressentiment du monarque, dont Arthmios était un des principaux émissaires.

(196) « Eschine, dans son discours contre Ctésiphon, ne glace-t-il pas, au moyen de la péroraison la plus insensée, la plus ridicule, la plus froidement métaphysique, l'admirable passage qui précède? Il vient d'évoquer les morts célèbres d'Athènes; il s'est environné de leur troupe héroïque; il les a conjurés de s'élever tous contre cet homme que l'on veut couronner, et qui a conspiré avec les Barbares. Il a dit aux Athéniens : « Écoutez les cris de douleur que font jaillir, du sein des tombes, ces honneurs décernés à un traître! » Et maintenant le voilà, infidèle à ce grand élan d'éloquence, devenu sophiste sans âme, qui termine son discours par une énumération prétentieuse et subtile, par un lieu commun absurde! »

(De l'*Éloq. politiq. anc. et mod.*; traduit de M. Brougham, *Revue Brit.*, févr. 1831.)

EXORDE	PRÉPARATION A LA CAUSE.	1ʳᵉ PARTIE.	2ᵉ PARTIE.	3ᵉ PARTIE.	PÉRO...
	I. Ce préliminaire de son apologie est rendu nécessaire par les écarts et les calomnies d'Eschine.	Eschine, suivant dans l'acte d'accusation un autre plan que dans son discours, a attaqué le décret de Ctésiphon comme contraire 2° à la vérité, 1° et 3° aux lois sur les comptables et le lieu de la proclamation. Démosthène établit sa division sur l'acte même d'accusation : il se justifiera donc			
	II. Démosthène en appelle à la conscience des juges, au milieu desquels il a vécu.	en exposant sa conduite politique;	en montrant que le décret n'enfreint pas les lois	(D'abord, apologie indirecte, où domine l'accusation contre Eschine.)	en achevant le tableau de sa conduite politique, opposée à celle de l'accusateur. (Ensuite, apologie directe de Démosthène.)
	III. Eschine n'accuse Ctésiphon qu'en haine de Démosthène. Inconséquence et injustice de sa conduite.				
1° Prière aux Dieux, pour le libre choix du plan de la défense. 2° Désavantage de sa position. Grâce, si elle le force à parler souvent de lui-même. 3° Prière aux juges, au nom des lois qui lui donnent le droit d'être entendu. 4° Il demande encore une fois aux Dieux la bienveillance, l'équité, l'indépendance du tribunal.	IV. Même injustice dans tous les griefs. Preuve, par anticipation : *Négociations de la paix ; Ambassade.* **1°** Situation de la *Grèce*, qui amena la conclusion de la paix. **2°** L'orateur est étranger à cette paix. Il n'a pas empêché Athènes de la concerter dans une diète de la Grèce. Preuves tirées du silence d'Eschine, et de l'injure que son imputation actuelle fait à la République. **3°** La paix conclue, conduite de Démosthène, conduite d'Eschine et de ses collègues d'ambassade. *Avant la ruine de la Phocide :* Démosthène fait décréter qu'une députation ira, *en toute hâte*, recevoir le serment de Philippe ; pourquoi ? — Au lieu de citer ce décret, on lui reproche quelques attentions pour les ambassadeurs macédoniens. Justification. *Eschine a trahi l'Ambassade.* **1°** Par son extrême lenteur à joindre l'ambassade. **2°** Par la prolongation de son absence, pour faciliter à Philippe la conquête de la Phocide. **3°** Par les faux rapports de l'ambassade, qui ont ruiné la Phocide, surtout contre Eschine : mépris où ils seraient tombés plus tôt sans les citoyens fidèles ; ils se sont que de vils stipendiés, dénomination confirmée par les cris de toute l'assemblée.	Il établit que le devoir des Athéniens était de s'opposer à l'*envahissement* de Philippe ; il accuse toute la responsabilité de cette opposition. Les services de Démosthène à cette époque ont mérité les couronnes à la République, à lui-même. Le décret d'Aristonicus, conforme à celui de Ctésiphon, n'a point été attaqué. Par les témoignages de reconnaissance des Byzantins et de la Chersonèse, a montré aux peuples la mauvaise foi de Philippe, et la générosité des Athéniens. En sauvant Byzance et la Chersonèse, qui l'avait offensée, Athènes s'est conduite comme elle avait fait auparavant envers Thèbes, Corinthe, Lacédémone et l'Eubée. Démosthène a réformé par une loi, avec courage et désintéressement, l'armement des vaisseaux. Le pauvre a été soulagé, la République mieux servie.	**1°** *Sur les comptables ;* Démost. écarte la discussion présentée par Eschine, et oppose l'équité au droit positif. Il n'est pas comptable de ses *dons*, preuve par des exemples. Pour ses *charges*, il en a rendu compte, sans rien dénoncer par l'accusateur, qui avoue le bienfait et proscrit la reconnaissance. **2°** *Sur le lieu de la proclamation ;* La proclamation sur le théâtre a pour elle des exemples nombreux, la loi, l'utilité publique.	Ses altérations dans le texte des lois, ses déclamations sur le vrai démocrate, ses invectives lancées si tard, son langage emphatique. La vile condition de son père, et les turpitudes de sa mère; Ses trahisons : **1°** La protection accordée par lui à Antiphon l'incendiaire. **2°** Sa nomination de député au Conseil amphictyonique, surprise au peuple, et révoquée par l'Aréopage; **3°** L'appui qu'il prêta, dans Thèbes, à Python, l'agent de Philippe; **4°** Ses intelligences secrètes avec un espion; **5°** Son silence, favorable à Philippe, qui marchait contre l'Attique ; ses paroles, funestes à sa patrie; **6°** Surtout la guerre d'Amphissa, qui a placé Philippe à la tête des Amphictyons, et lui a ouvert les portes d'Élatée. Après avoir attesté les Dieux, l'orateur développe les intrigues du monarque et d'Eschine pour susciter et conduire cette guerre fatale. Preuve par les décrets Amphictyoniques et par une lettre de Philippe.	Continuant le récit des faits, l'orateur expose l'utilité de l'alliance thébaine, et ses travaux pour la former, surtout après la brouillerie d'Ilysée : exhortations aux Athéniens consternés, décret, ambassade à Thèbes, conclusion de l'alliance. Il défie Eschine d'imaginer, même après l'événement, un parti meilleur. — L'événement, qui ne dépendait que du ciel, justifie Démosthène, tout déplorable qu'il soit été. — L'insolence d'Eschine le justifie encore. — Même l'événement prévu, Athènes devait agir comme elle a fait : souvenir des ancêtres. Non, vous n'avez pas failli... Obstacles qui s'élèvent opposés à l'alliance thébaine. — Eschine excepté, elle a effrayé Philippe. Récompenses décernées à Démosthène, et non désapprouvées par Eschine. Absence de tout motif solide d'accusation. Démosthène fait entrer beaucoup d'autres peuples dans l'alliance. Mais les contributions d'Athènes ont été les plus fortes ! — Réponse à ce reproche : il a vécu contre les calomniateurs, surtout contre Eschine. Malgré la défaite de Chéronée, la République a été invaincue, autant qu'il a dépendu des habiles moyens de Démosthène. Argument tiré de la confiance que le peuple lui continue après Chéronée.	L'orateur expose l'utilité de la fortune de Démosthène. — Parallèle de cette fortune et de celle de l'accusateur. — Non, Démosthène ne fut pas pour la Grèce un mauvais génie ! Usage que font Démosthène et Eschine de l'éloquence, pour servir, l'un sa patrie, l'autre ses basses personnalités. L'éloge qu'il sait due ses brillantes qualités. C'est Eschine. L'éloge des guerriers morts prononcé avec une douleur sincère, l'inscription de leur tombeau, justifient encore Démosthène. — Insensibilité d'Eschine, au milieu de la corruption générale. Il jette du ridicule sur la réparation des remparts. — Démosthène a fortifié sa patrie autrement qu'à ce de pierres. A ses efforts, trop peu imités, qui ont au moins sauvé l'honneur d'Athènes, il oppose l'inaction d'Eschine, intéressement pour calomnier. Qu'il me compare, non aux grands citoyens d'une autre époque, mais à mes contemporains ; je ne le cède à aucun en dévouement, en droiture.	Prière continuelle...
				Ulpien établit la même subdivision : Διττῶς διεῖλε τὸ δίκαιον, κ. τ. λ. Dobs. t. X, p. 97, 1ʳᵉ col ; seulement, il se trompe en l'appliquant à tout le corps du discours.	

DÉFENSE PAR DÉMOSTHÈNE.

Avant tout, Athéniens, je demande à tous les Dieux, à toutes les Déesses, que mon zèle constant pour la République et pour chacun de vous se trouve égalé par votre bienveillance envers moi dans ce débat (1); ensuite, et ce vœu intéresse hautement votre religion, votre gloire, puissent-ils vous persuader de consulter sur la manière dont vous devez m'entendre, non mon adversaire (ce serait rigoureux), mais les lois et votre serment! Là, parmi tant de justes promesses, il est écrit : *Écouter également les deux parties ;* c'est-à-dire, non-seulement n'avoir rien préjugé, accorder à toutes deux faveur égale, mais encore laisser à chaque combattant le plan et le genre de défense (2) qu'a choisis sa volonté.

Eschine a sur moi, dans cette lice, de nombreux avantages, deux surtout, hommes d'Athènes ! et bien grands. D'abord, inégalité de péril : car il n'y a point parité aujourd'hui entre moi, déchu de votre bienveillance, et lui, ne gagnant pas sa cause. Pour moi... (3); mais je ne veux rien dire de sinistre en commençant. Lui, au contraire, il est au large quand il m'accuse. L'autre avantage, c'est qu'il est dans la nature humaine d'écouter avec plaisir l'accusation et l'invective, l'apologie personnelle avec dépit. Ce qui charme le plus est donc le lot d'Eschine ; ce qui choque presque universellement me reste. Si, dans cette crainte, je tais mes actions, vous croirez que je ne puis ni détruire les charges, ni montrer mes titres à une récompense. Si je parcours ma vie publique et privée, me voilà forcé de parler souvent de moi. Je tâcherai, du moins, de le faire avec toute la mesure possible ; et le langage que la nature de la cause pourra m'imposer doit s'imputer au provocateur de cette lutte étrange.

Vous conviendrez tous, je pense, ô juges ! que ces débats me sont communs avec Ctésiphon, et que je ne leur dois pas moins d'efforts que lui (4). Être dépouillé de tout est chose triste et cruelle, surtout dépouillé par un ennemi : mais perdre votre bienveillance, votre affection, est un malheur d'autant plus grand que cette possession est plus précieuse. Puisque tels sont les gages du combat, je crois juste, je vous supplie tous d'entendre ma défense avec l'impartialité prescrite par ces lois qu'a jadis portées Solon dans son amour pour vous, pour la démocratie, et dont il

crut devoir assurer l'empire, et par des tables gravées, et par le serment de vos tribunaux : non qu'à mon sens, il se défiât de vous ; mais il voyait que les inculpations, les calomnies, où l'accusateur, parlant le premier, puise sa force, atteindraient invinciblement l'accusé, si chacun de vous, juges, fidèle jusqu'au bout à sa religion, n'accueillait favorablement le second orateur, et, à l'aide d'une attention également partagée, ne formait une complète décision.

Devant donc en ce jour, vous le voyez, rendre compte de ma vie entière comme particulier, comme homme public, j'ai invoqué, j'invoque encore les Immortels ; oui, devant vous, je les conjure que ma constante bienveillance pour la patrie, pour vous tous, ils vous l'inspirent tout entière pour moi dans ces assauts. Puissent-ils aussi vous dicter à tous l'arrêt que réclament et l'honneur national, et la conscience du citoyen !

Si Eschine se fût borné à l'objet de sa poursuite, c'est le décret du Conseil que je me hâterais de justifier ; mais, puisqu'une moitié de sa discussion s'épuise en divagations, en impostures contre moi, je crois nécessaire et juste, hommes d'Athènes ! d'y répondre d'abord brièvement, afin que nul de vous, entraîné par ces écarts, ne m'écoute avec prévention sur l'accusation elle-même. A ses invectives, à ses diffamations contre ma personne, voici ma réponse : voyez combien elle est simple et solide. Si vous me connaissez tel que l'accusateur m'a dépeint (et j'ai toujours vécu au milieu de vous), fermez-moi la bouche, et, mon administration eût-elle été une merveille, levez-vous et condamnez (5). Mais, si vous me réputez bien meilleur que lui et de meilleure origine ; si, pour parler modestement, vous savez que moi et les miens ne le cédons à aucune honnête famille, ne l'en croyez point, même sur le reste : évidemment il a tout inventé ; pour moi, cette bonté que vous m'avez toujours témoignée dans beaucoup d'autres procès, aujourd'hui encore qu'elle se déploie !

Malicieux Eschine, quoi ! tu as été assez simple pour croire que, laissant là mes actes politiques, je me tournerais tout entier contre tes insultantes personnalités ! Non, non, je ne ferai point cette folie. Tes mensonges, tes calomnies sur mon administration seront, au contraire, le premier objet de mon examen. Quant aux injures dont tu as été si prodigue, plus tard, si l'on veut m'entendre, je les rappellerai.

Les crimes dont il m'accuse sont nombreux, et si graves que les lois en punissent quelques-uns avec rigueur, même de mort ; mais son agression a pour bases réelles l'acharnement de la haine, l'insulte, la diffamation, l'invective, toutes les formes de l'outrage. Si ses plaintes, si ses imputations étaient vraies, Athènes serait loin d'avoir assez de supplices pour moi. Sans doute, l'accès près du Peuple, le droit de la parole ne doivent être interdits à personne (6) ; mais monter à la tribune avec un plan arrêté de persécution envieuse, par les Dieux ! cela n'est ni régulier, ni démocratique, ni juste, ô Athéniens ! Quand Eschine me voyait commettre ces énormes crimes d'État que développait à l'instant sa voix théâtrale (7), il devait aussitôt me poursuivre légalement. Si je méritais, à ses yeux, d'être dénoncé comme traître, que ne me dénonçait-il ? que ne me traduisait-il, selon cette forme, à votre tribunal ? Si les lois étaient violées par mes décrets, que n'accusait-il l'infracteur des lois ? Certes, l'homme capable de poursuivre Ctésiphon pour me nuire ne m'aurait point épargné, s'il eût espéré me confondre. Me voyait-il coupable de l'une de ces prévarications que vient d'énumérer le calomniateur, ou de tout autre attentat ? sur chaque point nous avons lois, procédure, justice répressive, châtiments sévères : il pouvait se servir de toutes ces armes contre moi. S'il l'eût fait, s'il eût suivi cette marche, l'accusation actuelle s'accorderait avec sa conduite passée. Mais aujourd'hui, loin de cette voie si droite et si juste, longtemps après avoir esquivé les réfutations en présence des faits, il vient entasser griefs, sarcasmes, invectives, et jouer une comédie ! De plus, c'est moi qu'il accuse, et c'est Ctésiphon qu'il défère en jugement ! Sur tous les points de ce procès, il arbore sa haine contre moi ; et lui, qui ne m'a jamais attaqué de front, vous le voyez chercher à frapper un autre de mort civile ! Or, parmi toutes les raisons qui militent en faveur de Ctésiphon, voici, hommes d'Athènes ! la plus plausible : il fallait vider entre nous deux nos querelles, et n'y point faire trêve, pour diriger nos coups sur un tiers : car c'est le comble de l'injustice.

Par là on peut voir que toutes ces imputations n'ont ni justice ni vérité. N'importe, je veux les examiner en détail, surtout les mensonges qu'il a débités touchant la paix et mon ambassade, en m'attribuant ce qu'il a fait lui-même, de concert avec Philocrate. Mais il convient, il est même nécessaire de vous rappeler, ô Athéniens ! l'état des affaires à cette époque, afin que vous considériez chaque événement dans son rapport avec les circonstances.

La guerre de Phocide allumée (8), non par moi, sans doute, qui n'avais encore pris aucune part au gouvernement, quelles étaient vos dispositions ? Vous désiriez le salut des Phocidiens, quoique coupables à vos yeux. Du côté des Thébains, un revers quelconque eût fait votre joie, car ils avaient mérité votre ressentiment par l'abus de leur bonne fortune à Leuctres. Tout le Péloponnèse était divisé : les ennemis des Lacédémoniens étaient trop faibles pour les renverser, et les chefs que ceux-ci avaient établis dans les villes (9) restaient sans pouvoir. Ces peuples, comme tous les Hellènes, étaient troublés par des querelles interminables. Philippe, témoin de ces maux, qui n'étaient pas secrets, prodigue l'or aux traîtres de chaque pays, remue tous les peuples, les lance les uns contre les autres ; puis, de leurs fautes, de leurs imprudences, il se fait des armes, et grandit pour les écraser tous. Épuisés par une longue guerre, ces Thébains, alors si fiers, aujourd'hui si malheureux (10), allaient évidemment être forcés de recourir à vous. Philippe, pour empêcher cette coalition, offre à vous la paix, à Thèbes un renfort. Qu'est-ce donc qui l'aidait à vous faire donner, presque volontairement, dans le piège ? la lâcheté ou l'aveuglement des autres Hellènes ? ou bien l'un et l'autre ? Ils vous voyaient faire la guerre, une guerre sans fin (11), pour l'intérêt de tous, comme le fait l'a démontré ; et ils ne payaient leur part ni en hommes, ni en argent, ni par aucun secours ! Justement irrités, vous écoutâtes volontiers Philippe.

La paix, accordée dès lors, fut ainsi conclue par la circonstance, non par moi, comme l'a dit ce calomniateur. Cherchez la véritable cause de nos malheurs actuels, vous la trouverez dans les iniquités des hommes vendus à cette paix. Au reste, dans ce fidèle examen, dans ce récit détaillé, la vérité seule est mon but : si des fautes graves parurent dans cette affaire, j'y suis totalement étranger. Le premier qui parla de paix fut Aristodème le comédien. Vint ensuite le rédacteur du décret ; et l'homme qui s'était aussi loué pour une telle œuvre fut Philocrate d'Agnonte, ton complice, Eschine, et non le mien ; non, dusses-tu crever en hurlant ce mensonge ! Ceux qui appuyèrent la motion (je n'examine pas ici leur motif) furent Eubule et Céphisophon : Démosthène n'y était absolument pour rien.

Malgré des faits si vrais, si bien établis, il

pousse l'impudence jusqu'à oser affirmer que cette paix fut mon ouvrage, que même j'empêchai la République de la concerter avec les Hellènes en congrès. O toi......! mais où trouver un nom qui te convienne? Lorsque, présent dans Athènes, tu me voyais la frustrer d'un intérêt si grand, d'une alliance dont tu viens de déclamer tragiquement tous les avantages, t'es-tu indigné? es-tu venu instruire le Peuple, développer ces crimes dont tu m'accuses aujourd'hui? Car enfin, si, pour exclure la Grèce du traité, je me fusse vendu à Philippe, ton devoir était de rompre le silence, de tonner, de protester, de dévoiler ma trahison. Tu n'en fis rien, personne ne t'entendit élever la voix : et qu'aurait-il dit? Vous n'aviez alors envoyé aucune ambassade aux Hellènes; depuis long-temps ils s'étaient déclarés; et, sur ce point, il n'a rien avancé de vrai. De plus, il flétrit la République elle-même par ses calomnies. Appeler les Hellènes à la guerre, alors que vous députiez vers Philippe pour la paix, c'eût été agir en Eurybates (12), non en Athéniens, non en hommes d'honneur. Mais il n'en est rien, absolument rien. Hé! dans quelle vue auriez-vous alors envoyé des ambassades? Pour la paix? la Grèce entière en jouissait; pour la guerre? vous-mêmes vous délibériez sur la paix. Il est donc manifeste que de cette première paix (13) je ne fus ni l'instigateur, ni la cause, et que toutes les autres imputations d'Eschine sont des mensonges.

La paix conclue, examinez encore quel parti nous choisîmes l'un et l'autre : vous verrez lequel combattit sans cesse pour Philippe, lequel n'agit que pour vous, ne chercha que le bien de la patrie. Membre du Conseil, je proposai un décret qui enjoignait aux députés de cingler en toute hâte vers le lieu où ils apprendraient la présence de Philippe, et de recevoir son serment. Le décret porté, ils n'obéirent pas. Quelle était donc l'importance de cette mesure (14)? Entre le traité et le serment, l'intervalle le plus long servait les intérêts du prince; le plus court, ceux d'Athènes. Pourquoi? parce que, du jour où vous eûtes, je ne dis pas juré, mais espéré la paix, vous abandonnâtes tout préparatif de guerre : lui, au contraire, ne fut jamais plus actif. Il pensait (et il pensait juste) que tout ce qu'il aurait enlevé à la République avant de se lier par serment, il le garderait, et que nul ne romprait pour cela les traités. Je pénétrai ses vues, Athéniens, et j'écrivis ce décret, qui ordonnait d'aller le chercher, et de recevoir au plus tôt son serment. Ainsi, la paix aurait été jurée, sans que les Thraces, vos alliés, eussent perdu ces forteresses qu'Eschine vient de renverser (15), Serrhium, Myrtium, Ergiské; sans que Philippe, après avoir envahi les postes les plus importants, se fût établi maître de tout leur pays; sans que l'accroissement de ses finances et de son armée facilitât le reste de ses entreprises. Eschine ne dit rien de ce décret, il ne le fait pas lire; et, si j'opinai dans le Conseil pour admettre à votre audience des ambassadeurs, c'est là qu'il me frappe! Hé, que devais-je faire? Écarter de votre présence des députés venus exprès pour conférer avec vous? ne pas leur faire donner par l'entrepreneur (16) une place au théâtre? pour deux oboles ils y seraient entrés! Fallait-il m'attacher à de si chétifs intérêts, et, comme ces traîtres, vendre l'État entier à Philippe?

Qu'on lise le décret omis par cet homme, qui le connaissait très-bien. — Lis.

Décret.

Sous l'Archonte Mnésiphile, à l'ancienne et nouvelle lune d'Hécatombæon (17), la tribu Pandionide présidant, Démosthène de Pæania, fils de Démosthène, a dit :

Attendu que Philippe, par son ambassade au sujet de la paix, est convenu avec le Peuple Athénien des clauses du traité, le Conseil et le Peuple arrêtent :

Pour conclure la paix approuvée dans la première assemblée, il sera sur-le-champ choisi cinq députés parmi tous les Athéniens. Immédiatement après l'élection, ils se rendront là où ils croiront trouver Philippe, et échangeront les serments sur les conventions accordées entre lui et le Peuple Athénien, compris les alliés de part et d'autre.

Députés élus : Eubule d'Anaphlyste; Eschine de Cothoce; Céphisophon de Rhamnonte; Démocrate de Phlya; Cléon de Cothoce.

J'avais rédigé ce décret dans notre intérêt, non dans celui de Philippe. Nos fidèles députés n'en tinrent compte; ils se reposèrent en Macédoine trois mois entiers, jusqu'au retour du prince, conquérant de toute la Thrace. Cependant ils pouvaient en dix jours, que dis-je! en trois ou quatre, arriver dans l'Hellespont, et sauver les forteresses, en recevant le serment de Philippe avant qu'il les eût enlevées. Car il n'y eût pas touché, nous présents; ou bien, rejetant son serment, nous lui aurions refusé la paix, et il n'eût pas eu à la fois la paix et les places. Tel fut, dans cette ambassade, le premier tour d'escamotage de Philippe, le premier trafic de ces traîtres, ennemis des Dieux. Aussi, je le déclare, dès lors je leur fis la guerre : guerre aujourd'hui, guerre à jamais!

Voyez, aussitôt après, une perfidie plus grande encore. Maître de la Thrace, grâce à ces infracteurs de mon décret, Philippe avait juré la paix; il achète aussi la prolongation de leur séjour en Macédoine jusqu'à ce qu'il ait terminé les préparatifs de son expédition contre la Phocide. Par là, ne recevant de vos députés aucune nouvelle de ses dispositions, vous ne vous seriez pas embarqués pour tourner jusqu'aux Thermopyles, et lui fermer, comme précédemment, ce passage; et quand vous auriez appris ses desseins, il l'aurait franchi, vous ne pourriez plus rien faire. Mais Philippe était dans des transes mortelles : malgré sa promptitude à saisir ce poste, l'avis de ses mouvements pouvait vous faire décréter des secours pour la Phocide avant sa destruction, et lui arracher sa proie. Il le redoutait tellement que, séparant Eschine de ses collègues, il donne à cet infâme un supplément de salaire pour vous présenter les conseils et les rapports qui ont tout perdu.

Je vous demande, hommes d'Athènes, je vous supplie de vous souvenir durant tout ce débat que, si Eschine s'était renfermé dans l'acte d'accusation, je ne dirais moi-même rien d'étranger : mais, puisqu'il n'y a imputations ni calomnies dont il ne fasse usage, force est de répondre en peu de mots à chaque reproche. Quels étaient donc alors ces discours d'Eschine, qui devinrent si funestes? « Que Philippe aux Thermopyles ne vous alarme point! Ne bougez, tout ira selon vos désirs : encore deux ou trois jours, et vous apprendrez qu'il est devenu l'ami des peuples contre lesquels il marchait, et l'ennemi de ceux dont il était l'ami (18). Ce ne sont pas les paroles, ajoutait-il avec emphase, qui cimentent les amitiés, c'est l'unité d'intérêts : or, Philippe, la Phocide et Athènes sont également intéressés à se délivrer de la stupide Fierté des Thébains. » Plusieurs étaient charmés de ce langage, à cause de leur haine secrète contre Thèbes. Mais qu'arrive-t-il bientôt? Les infortunés Phocidiens sont détruits, leurs villes rasées; vous, endormis sur la foi de ce traître, vous désertez les campagnes, personnes et biens; et que fait Eschine? il reçoit de l'or! Ce n'est pas tout : ennemis déclarés d'Athènes, Thébains et Thessaliens remercient Philippe de ce qu'il a fait. Qu'on me lise le décret de Callisthène et la lettre du prince : ces deux pièces rendront tout ceci manifeste. — Lis.

Décret.

Sous l'Archonte Mnésiphile (19), dans une assemblée extraordinaire convoquée par les stratéges, de l'avis des prytanes et du Conseil, le 10 de la 3ᵉ décade de Mæmactérion, Callisthène de Phalère, fils d'Étéonikos, a dit :

Nul Athénien, sous aucun prétexte, ne passera la nuit à la campagne. Ils se rendront tous dans la ville et au Pirée, excepté ceux qui sont distribués dans les garnisons. Chacun de ces derniers gardera son poste, et ne s'en écartera ni jour ni nuit.

Toute contravention au présent décret sera punie comme trahison, sauf la preuve de l'impossibilité d'obéir. Seront juges de l'excuse le stratége de service (20), le trésorier, le greffier du Conseil.

Tous les effets qui sont à la campagne seront transportés au plus vite dans Athènes et dans le Pirée, si la distance n'excède pas 120 stades; dans Éleusis, Phylé, Aphidna, Rhamnonte et Sunium, si la distance est plus grande.

Proposé par Callisthène de Phalère.

Est-ce dans cet espoir que vous faisiez la paix? Sont-ce là les promesses de ce mercenaire?
— Lis aussi la lettre que bientôt après Philippe nous envoya.

Lettre de Philippe.

Le roi des Macédoniens, Philippe, au Conseil et au Peuple d'Athènes, joie!

Sachez que nous avons tranché les Thermopyles, et soumis la Phocide. Dans les places qui se sont rendues nous avons mis garnison; celles qui ont résisté ont été emportées d'assaut et rasées, leurs habitants vendus. J'apprends que vous vous disposez à secourir les Phocidiens, et je vous écris pour vous épargner une peine superflue. En général, votre conduite ne me semble nullement régulière : vous concluez la paix avec moi, et vous marchez contre moi! et pour qui? pour cette Phocide qui n'est point comprise dans nos traités (21)! Si vous violez nos conventions, vous n'y gagnerez que le titre d'injustes agresseurs.

Vous l'entendez : dans une lettre à vous adressée, Philippe fait à ses alliés cette déclaration précise : « J'ai agi de la sorte en dépit d'Athènes et de son chagrin. Si donc vous êtes sensés, Thébains et Thessaliens, vous la tiendrez pour ennemie, et c'est en moi que vous prendrez confiance. » Voilà, sous d'autres termes, ce qu'il veut faire entendre. Aussi, par cette politique, il entraîna ces peuples, et leur ôta si bien toute prévoyance, tout sentiment, qu'ils le laissèrent maître chez eux. De là, les calamités dont gémissent aujourd'hui les Thébains. Et celui qui a conspiré avec Philippe pour établir cette fatale confiance; celui qui, par de faux rapports, s'est ici joué de vous, est le même qui déplore maintenant les infortunes de Thèbes et en fait un récit lamentable; lui, l'auteur de ces désastres, et de ceux de la Phocide, et de tous les malheurs de la Grèce! Sans doute, Eschine, tu pleures de tels événements, tu t'attendris sur les Thébains, toi qui, devenu propriétaire en Béotie, cultives les champs qu'ils ont possédés! Et moi je m'en réjouis, moi dont le destructeur de Thèbes se hâta de demander la tête (22)! Mais je suis tombé sur un sujet dont il conviendra mieux de parler un peu plus tard. Je reviens à prouver que la vénalité, que le crime ont causé nos malheurs actuels.

Quand Philippe, par ces députés vendus, par leurs rapports mensongers, eut trompé Athènes, trompé la malheureuse Phocide et détruit ses cités, qu'arriva-t-il? L'abject Thessalien, le stupide Thébain le regardèrent comme un ami, un bienfaiteur, un sauveur; il était tout pour eux ; ils n'écoutaient pas, si l'on voulait tenir un autre langage. Vous, quoique méfiants et indignés, vous observiez la paix : seuls, que pouviez-vous ? Les autres Hellènes, comme vous abusés et déchus de leurs espérances, caressaient cette paix qui, depuis longtemps, pour eux aussi était presque la guerre. Car, lorsque, dans ses courses, Philippe subjuguait les Illyriens, les Triballes (23), et même quelques villes grecques, rangeait sous ses drapeaux de grandes et nombreuses armées, corrompait des citoyens tels que celui-ci, lesquels, à la faveur de la paix, voyageaient dans ses États (24); dès lors, à tous les peuples que ses dispositions menaçaient, il faisait la guerre. S'ils ne s'en apercevaient pas, c'est une autre question ; la faute n'en est pas à moi, qui ai toujours prédit, toujours protesté, et chez vous, et partout où je fus envoyé. Mais les républiques étaient malades : ministres, magistrats étaient subornés et vendus; particuliers et peuples ou ne prévoyaient rien, ou se laissaient amorcer au jour le jour par un indolent repos. Un mal étrange les travaillait tous : chacun se persuadait que l'orage ne fondrait pas sur lui, et qu'au milieu du péril des autres il trouverait sa propre sûreté. Ainsi, en échange de cette incurie profonde et intempestive, les peuples ont eu la servitude ; et les chefs, qui croyaient tout vendre, excepté eux-mêmes, sentirent qu'ils s'étaient vendus les premiers. Au lieu des titres d'hôtes et d'amis, qu'ils recevaient avec de l'or, ceux d'adulateurs, d'impies, et mille autres noms trop mérités, retentissent à leurs oreilles. Car ce n'est jamais dans l'intérêt du traître qu'on lui prodigue les richesses ; une fois maître de ce qu'il a vendu, on ne le consulte plus ; autrement, rien ne serait plus heureux qu'un traître. Mais non, cela n'est pas, cela est impossible. Loin de là, parvenu à dominer, l'ambitieux devient aussi le despote de ceux qui lui ont tout livré : alors, connaissant leur scélératesse, il n'a pour eux que haine, défiance, avanies. Consultez les faits : emportés par le temps, ils peuvent toujours être étudiés par les sages. Lasthène a été nommé l'ami de Philippe, jusqu'à ce qu'il eût livré Olynthe (25); Timolaos, jusqu'à la ruine de Thèbes ; Eudikos et Simos de Larisse, jusqu'à ce qu'ils lui eussent assujetti la Thessalie. Mais bientôt, chassés, honnis, abreuvés de maux, les traîtres ont erré par toute la terre. Aristrate, qu'a-t-il trouvé à Sicyone ? Périlaos, à Mégare ? l'horreur et le mépris ! D'où l'on voit clairement qu'au citoyen le plus zélé pour la patrie, le plus éloquent contre la trahison, tu es redevable, Eschine, toi et tes avides complices, de tant d'abondantes curées, et que, si vous vivez, si l'on vous paye, c'est grâce à cette multitude (26) qui lutte contre vos complots. Par vous-mêmes, depuis longtemps vous vous seriez perdus.

J'aurais encore beaucoup à dire sur cette époque ; mais n'en ai-je pas déjà trop dit ? La faute en est à cet homme : il a répandu sur moi la vieille lie de ses trahisons, de ses forfaits (27), et il m'oblige à me purifier devant les citoyens, plus jeunes que les événements. Peut-être aussi vous ai-je fatigués, vous qui, même avant que j'aie dit un mot, saviez quelle fut alors sa vénalité. Voilà ce qu'il appelle hospitalité, amitié ! Je lui reproche d'être l'hôte d'Alexandre, a-t-il dit quelque part. Moi, te reprocher l'amitié d'Alexandre ! Comment l'aurais-tu acquise ? à quel titre ? Non, je ne puis te nommer ni l'ami de Philippe, ni l'hôte d'Alexandre ; je ne suis pas si insensé. Les moissonneurs, les gens de salaire, s'appellent-ils les amis, les hôtes de qui les paye ? Il n'en est rien, absolument rien. Mercenaire de Philippe d'abord, mercenaire d'Alexandre aujourd'hui, voilà comme je te désigne, avec tous ces citoyens. Tu en doutes ? interroge-les...., ou plutôt je le ferai pour toi. Hommes d'Athènes, que vous en semble ? Eschine est-il l'hôte d'Alexandre, ou son mercenaire ?.... Tu entends leur réponse (28).

Je veux maintenant me justifier sur l'accusation même, et vous exposer ma conduite. Qu'Eschine entende ce qu'il sait bien, pour quelles actions je déclare mériter et la récompense, objet du décret, et de beaucoup plus grandes encore. — Prends et lis-moi l'accusation.

Accusation.

Sous l'Archonte Chæroudas, le six d'Élaphébolion (29), Eschine de Cothoce, fils d'Atromète, a déposé entre les mains de l'Archonte une accusation contre Ctésiphon d'Anaphlyste, fils de Léosthène, pour avoir présenté un décret contraire aux lois, portant qu'*il faut couronner d'une couronne d'or Démosthène de Pæania, fils de Démosthène, et faire proclamer sur le théâtre, aux grandes Dionysies, le jour des nouvelles tragédies, que le Peuple couronne d'une couronne d'or Démosthène de Pæania, fils de Démosthène, pour sa vertu, son zèle constant envers tous les Hellènes et le Peuple Athénien, pour sa loyauté* (30), *pour ses actions, ses discours, qui ne cessent de procurer le plus grand bien du Peuple, et pour son ardeur à le servir de tout son pouvoir:* toutes choses fausses, contraires aux lois, qui ne permettent, 1° d'insérer des mensonges dans les actes publics ; 2° de couronner un comptable ; or Démosthène est préposé à la réparation des murs et caissier du théâtre ; 3° de proclamer la couronne sur la scène, aux Dionysies, pendant les tragédies nouvelles, mais bien dans le Conseil, si le Conseil la décerne, et, si c'est la ville, dans le Pnyx, à l'assemblée.

Amende, cinquante talents.

Témoins de l'accusation, Céphisophon de Rhamnonte, fils de Céphisophon ; Cléon de Cothoce, fils de Cléon.

Voilà, hommes d'Athènes! ce qu'il attaque dans le décret; voilà aussi par où j'espère, avant tout, établir clairement la régularité de toute mon apologie. Car je suivrai le même ordre que l'accusateur; chaque point sera discuté successivement, sans omission volontaire. Le décret énonce que je ne cesse de bien servir le Peuple par mes actes, par mes paroles; il loue mon empressement à lui procurer tous les avantages qui sont en ma puissance : ici, la solution est dans ma vie publique. Scrutez-la, et vous reconnaîtrez, dans les allégations de Ctésiphon, convenance et vérité, ou imposture. Que si, sans ajouter, *après la reddition des comptes*, il veut que l'on me couronne, et que cet honneur soit proclamé sur le théâtre, ma conduite politique doit pareillement décider si je mérite, ou non, la couronne et la proclamation. Je crois devoir, de plus, citer les lois qui autorisent le décret de Ctésiphon. Tel est, ô Athéniens! le plan de ma simple et régulière défense. J'aborde les actes de mon administration. Et ne croyez point que je m'écarte de l'objet de la plainte, en me jetant sur ce que j'ai fait et dit pour la Grèce. S'inscrire en faux contre le décret qui reconnaît un but patriotique à mes actions, à mes paroles, c'est lier à la cause, c'est m'imposer le récit de mon ministère tout entier. D'ailleurs, entre les diverses parties du gouvernement, j'ai choisi les affaires générales de la Grèce : voilà donc où je dois puiser mes preuves.

Laissons les usurpations faites et maintenues par Philippe, avant que je parusse à la tribune et dans le ministère (31) : là, je pense, rien ne me concerne. Quant aux entraves qui lui furent imposées depuis cette époque, je les rappellerai, j'en rendrai compte, après quelques réflexions préalables.

Un grand avantage, ô Athéniens! était donné à Philippe : chez tous les Hellènes indistinctement pullulaient des traîtres, âpres à la curée, ennemis des Dieux, multitude qui n'eut point d'égale dans les souvenirs du passé. Voilà les auxiliaires, les travailleurs que prend Philippe. Les Hellènes s'étaient précipités dans la discorde : il les y plonge plus avant, ici par le mensonge, là (32) par des largesses, ailleurs par tous les moyens de corruption ; et il divise en cent factions des peuples qui tous avaient un seul intérêt, l'empêcher de s'agrandir. Dans une telle situation, dans l'ignorance où étaient tous les Hellènes d'un mal qui allait croissant, examinez, hommes d'Athènes! ce que devait entreprendre et faire la République; et demandez-m'en raison : car celui qui dans le gouvernement s'était mis à ce poste (33), c'est moi.

Athènes devait-elle, ô Eschine! abjurant sa fierté, sa grandeur, se mêler à des Thessaliens, à des Dolopes (34), pour conquérir à Philippe l'empire de la Grèce, pour détruire la gloire et les droits de nos ancêtres? ou, sans commettre cette évidente infamie, fallait-il qu'en face de malheurs pressentis depuis longtemps, et inévitables à ses yeux si nul ne les arrêtait, elle jetât autour d'elle un regard d'indifférence? Oui, c'est à mon rigide censeur que je me plais à le demander : quel parti voudrait-il qu'eût embrassé la République (35)? le parti qui conjura la ruine et le déshonneur de la Grèce, et où l'on peut compter la Thessalie et ses adhérents? celui qui laissa tout faire, espérant en profiter, et dans lequel nous placerons l'Arcadie, Argos et Messène? Mais la plupart de ces peuples, disons mieux, tous ont plus souffert que nous. Quand même Philippe vainqueur s'en serait retourné aussitôt, cessant les hostilités, n'insultant aucun de ses alliés, aucun des autres Hellènes, il y aurait encore, contre ceux qui ne se seraient pas opposés à ses entreprises, quelque reproche, quelque blâme. Mais, s'il enlevait à tous également dignité, puissance, liberté, démocratie surtout, là où il le pouvait, n'avez-vous pas pris les résolutions les plus honorables, en suivant mes conseils?

Encore une fois, Eschine, que devait faire la République, en voyant Philippe se frayer la voie à la souveraineté de la Grèce? Quelles paroles, quels décrets devais-je présenter, moi conseiller, et surtout conseiller d'Athènes? moi intimement persuadé que de tout temps, jusqu'au jour où je montai à la tribune, ma patrie avait lutté pour la prééminence, l'honneur, la gloire, et, par une noble ambition, dépensé dans l'intérêt du reste de la Grèce plus d'hommes et plus d'argent que toute la Grèce ensemble pour sa propre cause? moi, qui voyais ce Philippe, notre antagoniste, dans l'ardeur de dominer, privé d'un œil, la clavicule rompue, la main, la jambe estropiées, jeter gaiement à la fortune tout ce qu'elle voudrait de son corps, pourvu qu'avec le reste il vécût glorieux (36)? Toutefois, qui oserait dire qu'un barbare, nourri dans Pella, bourgade alors chétive et inconnue, dût avoir l'âme assez haute pour aspirer à l'empire de la Grèce, pour en concevoir la pensée ; et que vous, Athéniens, vous, à qui chaque jour la tribune et le théâtre offrent des souvenirs de la vertu de vos pères, vous pussiez être pusillanimes au point de courir livrer à un Philippe la Grèce enchaînée? Non, un tel langage n'est pas possible. Restait donc forcément à opposer votre juste résistance à toutes ses injustes entreprises. Vous le fîtes dès le principe, par raison, par honneur; et tels furent mes décrets, mes conseils tant que je pris part au gouvernement, je le déclare. Mais, que devais-je faire? je te le demande encore. Je tairai, j'oublierai Amphipolis, Pydna, Potidée, l'Halonèse : Serrhium et Doriskos enlevés, Péparèthe saccagée, vingt autres attentats contre la République, je veux même les ignorer. Tu disais pourtant qu'en parlant de ces faits, j'avais précipité Athènes dans la haine de Philippe; et les décrets d'alors sont d'Eubule, d'Aristophon, de Diopithe, non de moi, entends-tu, orateur dévergondé? Je n'en dirai rien maintenant. Mais celui qui s'appropriait l'Eubée et s'en faisait un rempart pour inquiéter l'Attique; celui qui attaquait Mégare, prenait Oréos, rasait Porthmos, installait, comme tyrans, dans Oréos Philistide, Clitarque à Érétrie; celui qui soumettait l'Hellespont, assiégeait Byzance, détruisait les villes grecques ou y ramenait les bannis; celui-là violait-il la justice et les traités? rompait-il la paix, ou non? Fallait-il que, dans la Grèce, un peuple se levât pour l'arrêter? S'il ne le fallait point, si la Grèce devait devenir, comme on dit, une proie mysienne (37), tandis qu'il existait encore de dignes Athéniens, je l'accorde, nous avons trop fait, moi par mes conseils, vous en les suivant : mais que tous les torts, toutes les fautes ne soient imputés qu'à moi. Au contraire, s'il fallait une barrière, à quel autre qu'au Peuple d'Athènes appartenait-il de se présenter? C'est à cela que je travaillais alors, moi. Voyant cet homme asservir tous les hommes, je me fis son adversaire, toujours dévoilant ses projets, toujours instruisant les peuples à ne pas tout abandonner à Philippe.

Quant à la paix, Eschine, c'est lui qui l'a rompue en prenant nos navires; ce n'est pas Athènes. Qu'on produise les décrets avec sa lettre, et qu'on les lise successivement. L'examen de ces pièces montrera clairement la faute et le coupable. — Lis.

Décret.

Sous l'Archonte Néoclès (38), au mois de Boédromion, dans une assemblée extraordinaire convoquée par les stratéges, Eubule de Cypre, fils de Mnésithée, a dit :
Attendu que les stratéges ont annoncé dans l'assemblée que l'amiral Léodamas et les vingt bâtiments envoyés avec lui dans l'Hellespont pour le transport du blé ont été emmenés en Macédoine par Amyntas, général de Philippe, et retenus sous bonne garde;
Les prytanes et les stratéges auront à convoquer le Conseil, et à faire élire des députés qui, dès leur arrivée près de Philippe, réclameront commandant, vaisseaux, soldats.
Si Amyntas a agi par ignorance, le Peuple d'Athènes ne lui reproche rien. S'il a surpris Léodamas outre-passant ses instructions, le Peuple, après information, punira l'amiral selon la faute. S'il n'existe aucun de ces deux cas, et que l'injure vienne du prince ou de son envoyé, les députés en écriront au Peuple, afin qu'il délibère sur le parti à prendre.

Ce décret est donc d'Eubule, non de moi. Vinrent successivement ceux d'Aristophon, d'Hégésippe, d'Aristophon encore, de Philocrate, de Céphisophon, de tous les autres; mais de ma part, aucun. — Lis.

Décret.

Sous l'Archonte Néoclès, à la veille et nouvelle lune de Boédromion, de l'avis du Conseil, les prytanes et les stratéges ont fait le rapport de ce qui avait été arrêté dans l'assemblée, savoir :
Qu'on choisira des députés pour aller demander à Philippe le renvoi des vaisseaux, et pour lui communiquer leurs instructions et les décrets du Peuple.
Députés élus : Céphisophon d'Anaphlyste, fils de Cléon; Démocrite d'Anagyronte, fils de Démophon; Polycrite de Cothoce, fils d'Apémante.
La tribu Hippothoontide présidant, Aristophon de Collyte, proèdre, a dit ainsi.

Je cite ces décrets : à ton tour, Eschine, produis celui par lequel j'ai allumé la guerre. Impossible! autrement, c'est la première pièce que tu présenterais. Sur la guerre, Philippe lui-même ne m'impute rien, quand il en accuse d'autres. Qu'on lise sa lettre.

Lettre de Philippe.

Le roi des Macédoniens, Philippe, au Conseil et au Peuple d'Athènes, joie !
Venus vers moi, vos députés Céphisophon, Démocrite et Polycrite m'ont parlé du renvoi des navires que commandait Léodamas. Tout considéré, vous seriez bien simples de croire me tromper. Ces vaisseaux, envoyés en apparence pour transporter du blé de l'Hellespont à Lemnos, devaient secourir Sélymbrie (39) assiégée par moi, et non comprise dans nos traités. L'ordre en a été donné à l'amiral, à l'insu du Peuple d'Athènes, par certains magistrats, par d'autres qui ne le sont plus, et qui, par tous les moyens, veulent que le Peuple, en dépit de l'amitié qui l'unit à moi, recommence la guerre, ambitionnant bien plus cette rupture que de secourir les Sélymbriens. Ils espèrent qu'un tel résultat leur sera d'un bon rapport. Il me semble pourtant qu'il ne serait utile ni à vous, ni à moi. C'est pourquoi je vous renvoie les navires amenés ici; et si, à l'avenir, loin de tolérer la perfidie politique de vos chefs, vous les punissez, de mon côté je tâcherai de maintenir la paix. Soyez heureux !

Ici, nulle mention de Démosthène; pas une plainte contre lui. Pourquoi donc, lorsqu'il en accuse d'autres, Philippe se tait-il sur mes actions? C'est que me désigner, c'eût été rappeler ses injustices par moi épiées, par moi combattues. Il se glissait dans le Péloponnèse : à l'instant je propose une députation (40) pour le Péloponnèse; il touche à l'Eubée, j'en propose une pour l'Eubée; il établit des tyrans dans Oréos, dans Érétrie (41); je demande pour ces deux villes, des députés? non, mais une armée. Puis je fais partir toutes ces flottes qui sauvent et la Chersonèse, et Byzance, et nos autres alliés. De là, ces éloges, cette éclatante estime, ces honneurs, ces couronnes, ces actions de grâces, que vous décerna leur reconnaissance. Parmi les villes attaquées, celles qui vous écoutèrent furent sauvées; les négligentes se rappelèrent souvent vos prédictions, et virent en vous non-seulement des amis dévoués, mais de profonds politiques, mais des oracles : car tout arriva comme vous l'aviez annoncé. Toutefois, que n'eût pas donné Philistide pour posséder Oréos; Clitarque, pour Érétrie, Philippe lui-même, pour tenir ces deux places contre vous, pour que nul ne dévoilât ses autres manœuvres, n'observât de près ses injustices? Tous le savent, et toi, Eschine, mieux que personne, toi, chez qui logeaient les envoyés de Clitarque et de Philistide, toi, leur proxène (42)! Des hommes qu'Athènes avait chassés comme ennemis, comme porteurs d'iniques et pernicieux conseils, étaient pour toi des amis ! Tu n'as donc avancé que des mensonges, vil diffamateur ! Payé, je deviens muet, dis-tu; l'or dépensé, je crie ! Toi, tu fais autrement : tu cries les mains pleines; et tu crieras toujours, si nos juges ne te bâillonnent aujourd'hui par une flétrissure !

Athéniens, vous me couronnâtes alors pour mes services; Aristonique rédigea le décret dans les mêmes termes qu'offre aujourd'hui celui de Ctésiphon; la couronne fut proclamée au théâtre, honneur qui m'est décerné pour la seconde fois (43). Eschine, quoique présent, ne réclama point, n'accusa pas l'auteur de la motion.—Prends-moi aussi ce décret, et lis.

Décret.

Sous l'Archonte Chæronidas, fils d'Hégémon, le six de la troisième décade de Gamélion (44), la tribu Léontide présidant, Aristonique de Phréarrhe a dit :
Attendu que Démosthène de Pœania, fils de Démosthène, a rendu de nombreux et importants services au Peuple Athénien; secouru beaucoup d'alliés, autrefois comme aujourd'hui, par ses décrets; délivré plusieurs villes de l'Eubée, que, toujours affectionné au Peuple, il procure, de fait et de parole, autant qu'il le peut, le bien des Athéniens et des autres Hellènes;
Le Conseil et le Peuple d'Athènes arrêtent :
Démosthène de Pœania, fils de Démosthène, sera loué publiquement, couronné d'une couronne d'or, et proclamé sur le théâtre, aux Dionysies, le jour des tragédies nouvelles.
Sont chargés du soin de la proclamation la tribu qui préside, et l'agonothète (45).
Proposé par Aristonique de Phréarrhe.

Eh bien! qui, parmi vous, a vu jaillir de ce décret sur Athènes la honte, les sarcasmes, la dérision, que cet homme lui prédit si vous me couronnez? Lorsque les actions sont récentes et généralement connues, on récompense le bien, on punit le mal. Or, vous le voyez, j'obtins alors la reconnaissance publique, loin d'être blâmé ou puni. Ainsi, jusqu'à ce temps du moins, mon administration fut constamment avouée de tous comme salutaire à la patrie : j'en atteste et mes discours, mes décrets prévalant dans vos délibérations, et l'exécution de ces mêmes décrets, et les couronnes qu'ils méritèrent à la République, à vous tous, à moi-même, et les sacrifices, les pompes religieuses qui célébrèrent ces heureux événements.

Chassé de l'Eubée par vos armes, et, dussent certaines gens en étouffer, par ma politique et mes décrets, Philippe médite contre Athènes un nouveau plan d'attaque. Comme il voit que nous consommons plus de blés étrangers que tout autre peuple, il veut se rendre maître du transport, passe en Thrace, et demande aux Byzantins, ses alliés, de s'unir à lui pour nous faire la guerre. Ils refusent, disant avec raison que ce n'est point là une condition de leur alliance. Alors il entoure leur ville de tranchées, fait approcher ses machines, et assiége. Ce que nous devions faire alors, je ne le demanderai pas, chacun le voit. Mais qui secourut les Byzantins, et les sauva? Qui préserva l'Hellespont d'une domination étrangère? Vous, hommes d'Athènes! Quand je dis vous, je dis la République. Or, au nom de cette République, qui parlait, décrétait, agissait? Qui se voua sans réserve à cette affaire? Moi (46). Quel fruit vous en revint-il à tous? Ce n'est plus à la parole à vous l'apprendre; c'est aux faits, à l'expérience. La guerre d'alors, si glorieuse d'ailleurs, fit affluer ici toutes sortes de vivres, et en baissa le prix plus que la paix actuelle (47), si fidèlement gardée par ces bons citoyens qui immolent la patrie à leurs espérances. Puissent-ils en être frustrés! puissent les Dieux les exclure des biens que vous leur demandez, vous, les amis de l'État; et vous préserver de toute participation à leurs complots! — Lis-leur le décret par lequel Byzance et Périnthe couronnèrent la République pour ce bienfait.

Décret des Byzantins.

Sous l'Hiéromnamon (48) Bosporichos, Damagètos a dit dans l'assemblée, avec la permission du Conseil :
Attendu que le Peuple Athénien, par le passé, a toujours été bienveillant pour les Byzantins, et pour les Périnthiens leurs alliés et leurs frères; qu'il leur a rendu de grands et nombreux services; que, dernièrement encore, quand Philippe de Macédoine portait la guerre sur notre territoire et contre notre ville, pour arracher les deux peuples à leurs foyers, brûlant le pays et coupant les arbres, Athènes, avec le secours de cent vingt vaisseaux, des vivres, des armes, des hoplites, nous a tirés d'un grand péril, nous a rendu le gouvernement de nos pères, nos lois, nos tombeaux;
Le Peuple de Byzance et de Périnthe arrête :
Sont accordés aux Athéniens les droits de mariage, de cité, d'acquérir terre et maisons; la préséance aux jeux,

l'entrée au Conseil et à l'assemblée immédiatement après les sacrifices ; et à ceux d'entre eux qui voudront habiter notre ville, l'exemption de toutes charges publiques.

Nous érigerons sur le Bosphore trois statues de seize coudées, représentant le Peuple d'Athènes couronné par ceux de Byzance et de Périnthe (49).

Il sera, de plus, envoyé des théories aux solennités de la Grèce, aux jeux Isthmiques, Néméens, Olympiques, Pythiques ; elles proclameront les couronnes dont la nation athénienne est couronnée par nous, afin que tous les Hellènes connaissent la générosité d'Athènes et la reconnaissance de Byzance et de Périnthe.

Lis aussi le décret par lequel la Chersonèse nous a décerné des couronnes.

Décret.

Les Peuples de la Chersonèse, habitant Sestos, Éléonte, Madytos, Alopéconèse, couronnent le Conseil et le Peuple d'Athènes d'une couronne d'or de soixante talents (50) ; ils érigent un autel à la Reconnaissance et au Peuple Athénien, qui a rendu le plus grand de tous les services aux Chersonésites. Par lui ils ont été sauvés des mains de Philippe, ils ont recouvré patrie, lois, culte, liberté. Dans les âges à venir leur gratitude vivra, et ils feront aux Athéniens tout le bien qui sera en leur pouvoir.

Décrété en Conseil général.

Ainsi, la Chersonèse et Byzance sauvées, l'Hellespont préservé du joug de Philippe, notre cité honorée pour ces faits, voilà l'œuvre de mon système politique. J'ai fait plus, j'ai montré à tous les peuples la générosité d'Athènes, la scélératesse du Macédonien. Oui, à la face du monde, l'ami, l'allié des Byzantins assiégeait leur ville : quoi de plus infâme, de plus abominable ? et vous, malgré tant de reproches mérités par leur conduite coupable envers vous, on vous a vus, non contents d'étouffer vos ressentiments, de ne point repousser des opprimés, les sauver, et devenir ainsi l'amour et l'admiration de la Grèce! Il est plus d'un gouvernant que la République a couronné avant moi : qui l'ignore ? Mais, excepté moi, où est l'Athénien, conseiller du Peuple ou orateur, qui ait fait couronner la République ? Qui le pourrait nommer ?

Pour montrer que les invectives lancées par Eschine aux Eubéens et aux Byzantins, lorsqu'il affectait de rappeler ce qui avait pu nous déplaire dans leur conduite, sont des paroles de sycophante, non-seulement comme calomnies (vous le savez, je pense), mais encore parce que, fussent-elles parfaitement vraies, il importait de traiter les affaires comme je l'ai fait, je veux citer une ou deux belles actions de notre République ; je serai court : États, comme particuliers, doivent toujours se régler sur leurs précédents les plus honorables.

Lacédémone, ô Athéniens! dominait sur terre et sur mer ; cernant l'Attique de toutes parts, ses gouverneurs, ses garnisons occupaient l'Eubée, Tanagre, la Béotie entière, Mégare, Égine, Cléo-nes, et les îles d'alentour ; Athènes n'avait ni vaisseaux, ni remparts : cependant vous vous mettez en marche pour Haliarte ; peu de jours après, pour Corinthe. Pouvant vous souvenir des nombreuses offenses des Corinthiens et des Thébains dans la guerre décélique (51), vous ne le faites pas, bien loin de là ! Dans ces deux expéditions, Eschine, Athènes n'agissait point par reconnaissance, et ne s'aveuglait pas sur leurs dangers. Toutefois elle ne repoussa point des peuples qui se jetaient entre ses bras ; et, pour l'honneur, pour la gloire, elle voulut s'exposer au péril : résolution aussi sage qu'héroïque : car, on aurait beau se blottir dans un obscur réduit, la mort est pour tous le terme inévitable. L'homme de cœur doit donc toujours mettre la main à de nobles entreprises, s'armer d'espérance (52), et supporter fermement ce que la Divinité envoie. Voilà ce qu'ont fait vos pères, ce qu'ont fait les plus âgés d'entre vous. Sparte n'était ni votre amie ni votre bienfaitrice ; Athènes en avait souvent reçu de graves injures : cependant, lorsque les vainqueurs de Leuctres s'efforcèrent de la détruire, vous vous y opposâtes sans redouter la puissance et la gloire thébaines, sans compter vos griefs contre ceux pour qui vous alliez exposer vos jours (53). Par là, vous apprîtes à tous les peuples de la Grèce que, si l'un d'eux vous a offensés, vous mettez en réserve votre courroux, et que, devant un danger qui menacera son existence ou sa liberté, vous ferez taire tout ressentiment.

Et ce n'est pas alors seulement que vous vous conduisîtes ainsi. Une autre fois, les Thébains s'emparant de l'Eubée, loin de fermer les yeux, loin de vous ressouvenir de l'indigne conduite de Thémison et de Théodore envers vous au sujet d'Oropos, vous secourûtes les Eubéens. Alors, pour la première fois, la ville eut des triérarques volontaires ; je fus du nombre ; mais ce n'est pas le moment d'en parler. Vous vous êtes montrés grands en sauvant cette île, plus grands encore lorsque, maîtres des habitants et des cités, vous rendîtes tout fidèlement à qui vous avait trahis, oubliant les injures dès qu'on s'abandonnait à votre foi. Je passe mille autres faits que je pourrais citer, batailles navales, marches, expéditions entreprises par vos aïeux, par vous-mêmes, pour le salut et la liberté de la Grèce.

Eh bien ! moi qui, dans ces grandes et nombreuses occasions, avais contemplé notre ville toujours prête à combattre pour les intérêts d'autrui, moi qui voyais sa propre existence devenue presque l'objet de ses délibérations, que devais-je proposer ? que devais-je lui conseiller! La vengeance, sans doute, contre ceux qui lui demandaient de les sauver (54) ! des prétextes pour trahir la cause commune! Et qui ne m'eût exterminé avec raison, si j'eusse tenté de flétrir, même d'une parole, la gloire d'Athènes? Aussi bien, vous n'eussiez rien fait de pareil, je le sais parfaitement. Si vous l'aviez voulu, qui vous arrêtait? n'étiez-vous pas libres? n'étaient-ils pas là pour vous l'insinuer, ces misérables?

Je reprends la suite de ma conduite politique : ici encore, hommes d'Athènes, considérez ce qui était le plus utile à l'État. Voyant votre marine dépérir, les riches s'exempter des charges à peu de frais (55), les pauvres et ceux d'une médiocre fortune ruinés, la République manquer par là les occasions, je portai une loi qui força le riche à faire son devoir, tira d'oppression le pauvre, et procura le plus grand avantage à la patrie, des préparatifs faits à temps. Accusé d'infraction aux lois, je parus devant vous, je fus acquitté; l'accusateur n'obtint pas le cinquième des suffrages. Quelle somme cependant croyez-vous que m'offraient les chefs des classes d'armateurs, et les seconds, et les troisièmes, pour m'engager à ne point proposer cette loi, à la laisser du moins se perdre dans les délais de l'accusation (56)? Je n'oserais, ô Athéniens! vous le dire. Et ils avaient leurs raisons : d'après la loi précédente, pouvant s'associer jusqu'à seize pour acquitter leur taxe, ils ne payaient rien ou peu de chose, et écrasaient le pauvre; d'après ma loi, chacun paye suivant ses facultés; et tel qui, auparavant, ne contribuait que d'un seizième à l'armement d'un seul navire, se vit obligé d'en équiper deux. Aussi ne s'appelaient-ils pas triérarques, mais *coïmposés*. Pour détruire cette mesure, pour se soustraire à une juste obligation, il n'est rien qu'ils n'eussent donné. — Lis-moi d'abord le décret attestant que j'ai comparu en justice; ensuite les rôles selon l'ancienne loi, et selon la mienne. Lis. —

Décret.

Sous l'Archonte Polyclès (57), le seize de Boédromion, la tribu Hippothoontide présidant, Démosthène de Pæania, fils de Démosthène, a substitué une loi navale à l'ancienne, qui établissait les associations de triérarques. Le Conseil et le Peuple l'ont acceptée. Patrocle de Phlyes a poursuivi Démosthène comme infracteur des lois; et, n'ayant pas obtenu le cinquième des suffrages, il a payé cinq cents drachmes.

Produis aussi le beau rôle d'autrefois.

Ancien rôle.

On désignera, pour une trirème, seize triérarques associés, choisis dans les compagnies des co-imposés (58), depuis vingt-cinq ans jusqu'à quarante; ils contribueront à frais égaux.

Rapproche de ce rôle celui que ma loi a fait dresser.

Nouveau rôle

On choisira les armateurs d'une trirème d'après la fortune et le cens, à partir de dix talents (59). Si l'estimation des biens s'élève plus haut, la charge s'étendra proportionnellement jusqu'à trois navires et une chaloupe. Même proportion à l'égard des citoyens qui ont moins de dix talents : pour contribuer ils s'associeront jusqu'à concurrence de cette somme.

Vous semble-t-il que j'aie peu soulagé les pauvres, ou que les riches n'eussent pas acheté bien cher la dispense d'une obligation légitime? Ce n'est donc pas seulement d'avoir repoussé une transaction coupable, et vaincu mon accusateur, que je me glorifie; c'est encore d'avoir porté une loi salutaire, et prouvé son utilité par l'expérience. Car, durant toute la guerre, où les armements se sont faits d'après cette loi, aucun triérarque ne s'est plaint devant vous d'être surchargé; aucun ne s'est réfugié à Munychia (60); aucun n'a été emprisonné par les intendants de la marine; pas une trirème prise en mer et perdue pour la République; pas une restée au port, faute de pouvoir partir : obstacles qui s'élevaient tous sous l'ancienne loi. La cause était dans les pauvres, incapables d'acquitter leur taxe. De là, souvent, l'impossibilité d'agir. Je transférai du pauvre sur le riche les frais d'armements, et tout se passa dans l'ordre. Je mérite donc des éloges précisément pour avoir toujours adopté une politique qui a procuré à l'État gloire, honneurs, puissance; pour n'avoir rien fait d'envieux, d'amer, de perfide, rien de bas, rien qui ne fût digne d'Athènes. Dans les affaires de la Grèce vous me verrez animé du même esprit que dans celles de la République. Ici, les droits du Peuple ont eu plus de prix à mes yeux que la faveur des riches; là, j'ai préféré à l'or et à l'amitié de Philippe les intérêts de tous les Hellènes.

Il me reste à parler de la proclamation et des comptes : car mes bons services envers l'État, mon affection, mon dévouement pour vous, me semblent mis à un assez grand jour par ce qui précède. J'omets cependant mes actions les plus importantes, persuadé qu'il est temps de répondre au reproche d'illégalité, et que, si je tais le reste de ma vie publique, vos souvenirs y suppléeront.

Tout ce verbiage confus qu'Eschine a entassé sur l'infraction des lois ne vous a rien appris, j'en atteste les Dieux! et moi-même je n'y ai pu rien comprendre. Suivant la droite ligne, je discuterai la simple équité. L'imposteur a cent fois affirmé que je suis comptable. Eh bien! je suis si loin de le nier, que je m'avoue comptable toute ma vie des deniers et des affaires dont j'ai eu l'administration (61). Mais ce que j'ai donné spontanément de mon propre bien, je soutiens que je n'en suis pas comptable un seul jour, entends-tu, Eschine ? ni aucun autre, fût-ce un des neuf Archontes. Lorsque, par générosité, par patriotisme, un citoyen donne à l'État une partie de sa fortune, où est la loi assez inique, assez cruelle pour lui ravir votre reconnaissance, le livrer aux sycophantes, soumettre son bienfait à leur contrôle ? Une telle loi n'existe point. S'il prétend le contraire, qu'il la montre, je me résigne et me tais. Mais elle n'existe pas, ô Athéniens ! Toutefois, parce que j'étais trésorier du théâtre quand j'ai donné, le calomniateur s'écrie : Le Conseil lui décernait un éloge, et il était comptable ! — Non, cet honneur ne s'appliquait à rien dont je fusse comptable, mais à mes libéralités, vil sycophante! — Tu étais encore, poursuit-il, intendant des fortifications. — Eh ! voilà pourquoi j'ai mérité des louanges : je complétai la dépense par un don, sans compter avec Athènes. Un compte demande une enquête, des contrôleurs ; mais à des largesses que faut-il ? la reconnaissance, des éloges : et tel fut le motif du décret de Ctésiphon.

Ces principes se fondent et sur vos lois, et sur vos usages : maint exemple le prouvera facilement. Nausiclès, étant stratége, a reçu plusieurs couronnes pour ses libéralités. Après lui, Diotime, puis Charidème, furent couronnés pour un don de boucliers. Encore préposé à de nombreux ouvrages publics, Néoptolème, que voici (62), pour y avoir suppléé de son bien, obtint le même honneur. Il serait cruel, en effet, que l'exercice d'une charge privât du droit de faire un don à la patrie, ou que, pour toute reconnaissance, on soumît des largesses à une enquête. — Pour constater les faits, prends et lis-moi les décrets qui furent portés alors. Lis.

Décret.

Archonte, Démonique de Phlyes (63). Le vingt-six de Boédromion, de l'avis du Conseil et du Peuple, Callias de Phréarrhe a dit :
Le Conseil et le Peuple décernent une couronne au stratége de service Nausiclès, parce que, deux mille hoplites athéniens étant à Imbros pour protéger leurs concitoyens qui habitent cette île, et Philon, élu trésorier, ne pouvant, à cause des tempêtes, faire la traversée et solder cette infanterie, il l'a entretenue à ses frais, sans recours sur le Peuple. La couronne sera proclamée aux Dionysies, pendant les tragédies nouvelles.

Autre décret.

Les prytanes entendus, de l'avis du Conseil, Callias de Phréarrhe a dit :
Attendu que Charidème, chef de l'infanterie, envoyé à Salamine, et Diotime, chef de la cavalerie, voyant, dans le combat près du fleuve (64), une partie des troupes dépouillée par l'ennemi, ont, à leurs propres dépens, fourni huit cents boucliers aux jeunes soldats ; le Conseil et le Peuple arrêtent :
Charidème et Diotime seront couronnés d'une couronne d'or, que l'on proclamera aux grandes Panathénées, dans les luttes gymniques, et aux Dionysies, pendant les nouvelles tragédies.
Sont chargés du soin de la proclamation, les thesmothètes, les prytanes, les agonothètes.

Chacun de ces citoyens, Eschine, comptable de la charge qu'il exerçait, ne l'était point du bienfait qui lui valut une couronne. Je ne le sais donc pas, moi : ma cause étant pareille, j'ai même droit, sans doute. Ai-je donné ? on m'en loue, et je ne suis pas comptable de mes dons. Ai-je administré ? j'ai rendu compte de ma charge, non de mes largesses. Mais, j'ai malversé ? Pourquoi donc, toi qui étais là quand les contrôleurs m'appelaient devant eux, ne m'accusais-tu point ? Pour vous convaincre que, de son propre aveu, je ne dois nul compte de ce qui me faisait couronner, qu'on prenne le décret porté en ma faveur, et qu'on le lise en entier. Dans cette décision préalable, ce qu'il n'a pas attaqué démasque ses impostures sur ce qu'il poursuit. — Lis.

Décret.

Sous l'Archonte Euthyclès (35), le neuf de la 3ᵉ décade de Pyanepsion (66), la tribu Œnéide présidant, Ctésiphon d'Anaphlyste, fils de Léosthène, a dit :
Attendu que Démosthène de Paeania, fils de Démosthène, chargé de la réparation des murs, y a dépensé, de son bien, trois talents dont il a fait don au Peuple ; que, trésorier du théâtre, il a ajouté, pour les sacrifices, aux sommes à la somme tirée de toutes les tribus ;
Le Conseil et le Peuple d'Athènes arrêtent :
Un éloge public est décerné à Démosthène de Paeania, fils de Démosthène, pour sa vertu, son beau caractère, le zèle qui l'anime en toute occasion pour le Peuple athénien. Il sera couronné d'une couronne d'or, dont la proclamation se fera sur le théâtre, aux Dionysies, le jour des nouvelles tragédies, par les soins de l'agonothète.

Telles sont mes libéralités ; tu n'en dis mot ; mais l'honneur dont le Conseil déclare qu'elles doivent être payées, voilà ce que tu attaques. Recevoir des dons, tu l'avoues, est chose légitime ; la reconnaissance, tu la proscris comme illégale ! Le méchant consommé, l'ennemi du ciel, l'envieux, n'est-ce pas, grands Dieux ! un tel homme ?

Quant à l'inauguration sur le théâtre, je ne rappelle point que mille noms y furent mille fois proclamés, que souvent j'y avais été couronné moi-même. Mais, par les Dieux ! Eschine, as-tu l'esprit assez faux ou assez borné pour ne pas comprendre que, partout où une couronne est proclamée, la gloire du citoyen qui la reçoit est la même ; que l'intérêt de ceux qui la décernent est le motif de la publication sur la scène ? Or, tous les auditeurs sont excités à bien mériter la République ; ils applaudissent moins le citoyen couronné que ses compatriotes reconnaissants. Voilà pourquoi Athènes a porté cette loi dont je demande lecture.

Loi.

Si un bourg décerne une couronne, elle sera proclamée dans le bourg même ; si c'est le Peuple ou le Conseil, la proclamation pourra se faire sur le théâtre, aux Dionysies (67).

Entends-tu, Eschine, le langage clair de la loi ? *Si le décret émane du Peuple ou du Conseil, qu'on proclame* (68) *la couronne au théâtre.* Pourquoi donc, misérable, tant de calomnies, tant d'artificieux mensonges ? Que ne prends-tu de l'ellébore (69) ? Quoi ! tu n'as pas honte d'intenter cette accusation haineuse et jalouse, sans un seul grief ! d'altérer, de tronquer les lois que tu devais lire entières à des juges qui ont juré de prononcer suivant les lois ! Puis, avec une telle conduite, tu traces le portrait du vrai démocrate (70) : semblable à celui qui a commandé une statue par contrat, et qui, en la recevant, ne trouve pas les conditions remplies ! Comme si le vrai démocrate se reconnaissait à des mots, non à ses œuvres, à sa politique ! Et tu vociféres, comme de dessus un tombereau (71), mille injures applicables à toi et à ta race, non à Démosthène ! Mais songez-y, Athéniens, il est une grande différence entre l'accusation et l'invective. L'une présente des crimes dont le châtiment est dans les lois ; l'autre, d'outrageantes paroles que des ennemis se renvoient au gré de leur humeur. Or, je vois nos ancêtres élever ces tribunaux, non pour que, vous y rassemblant, nous échangions des insultes nées de nos querelles privées, mais pour confondre quiconque aura blessé la patrie. Eschine le savait aussi bien que moi, et il a préféré l'invective à l'accusation. Toutefois, il n'est pas juste qu'il se retire, ayant la moindre part. J'y arrive à l'instant ; encore cette question : Qui doit-on voir en toi, Eschine ? l'ennemi de la République, ou le mien ? Le mien, sans doute. Eh quoi ! quand, au nom de la loi, tu pouvais, si j'étais coupable, me faire punir, tu as laissé tranquille Démosthène rendant ses comptes, accusé, poursuivi ; et, lorsque tout proclame son innocence, lois, temps, terme échu, jugements nombreux sur cette matière, conduite reconnue irréprochable, services plus ou moins glorieux pour l'État, selon la fatalité, c'est alors que tu l'attaques ! Prends garde : sous le masque de mon ennemi, tu es l'ennemi d'Athènes.

Après vous avoir montré à tous quel est le vote conforme à la religion, à la justice (72), je dois, malgré ma répugnance pour l'invective, dire sur Eschine quelques vérités indispensables, en échange de tant d'outrages et de calomnies ; je dois exposer ce qu'il est, d'où il sort, cet homme à la parole leste et envenimée, qui relève si aigrement quelques mots, lui qui en a dit que tout citoyen modeste n'eût osé prononcer. Si j'avais pour accusateur Éaque, Rhadamanthe ou Minos, et non un semeur de babil, un roué de tribune, un misérable scribe, il n'eût point, je crois, parlé sur ce ton, entassé des termes si révoltants, hurlé, comme dans une tragédie : « Ô Terre ! ô Soleil ! ô Vertu ! etc., » apostrophé l'Intelligence, la Science « par qui nous discernons le bien et le mal ; » car voilà ce que vous avez entendu. La vertu, infâme ! eh ! qu'a-t-elle de commun avec toi et les tiens ? Le bien, le mal, comment les distinguerais-tu ? d'où te serais-tu élevé à cette lumière ? Est-ce à toi de parler de la science ? Parmi ceux qui la possèdent réellement, pas un n'oserait s'en prévaloir. Qu'un autre les loue, ils rougiront ; mais un être inculte comme toi, un grossier fanfaron, révolte ses auditeurs, et n'en impose pas.

Je ne suis pas embarrassé pour parler de toi et des tiens ; je le suis pour commencer. Citerai-je d'abord Tromès, ton père, esclave d'Elpias, maître d'école près du temple de Thésée, et ses grosses entraves, et son carcan (73) ? ou ta mère, chaque jour nouvelle épousée, dans un lieu de débauche, près du héros Calamite, et t'élevant, belle statue (74), parfait acteur des troisièmes rôles ? Mais tout le monde sait cela, sans que j'en parle. Rappellerai-je qu'un fifre de galère, Phormion, esclave de Dion de Phréarrhe, la tira de cet honnête métier ? Mais, par Jupiter, par tous les Dieux ! je crains que ces détails, dignes de toi, ne paraissent m'avilir. Je les abandonne donc, pour commencer à l'histoire de ta vie.

Eschine n'était pas un homme vulgaire (75), mais un de ceux que distingue l'exécration publique. C'est bien tard, que dis-je ! c'est d'hier qu'il s'est fait Athénien et orateur. Il a allongé de deux syllabes le nom paternel, et Tromès est devenu Atrométos (76). Pour sa mère, il l'a magnifiquement appelée Glaucothéa : tous savent qu'on la surnommait le Lutin, évidemment à cause de sa lubricité si active, si patiente : c'est incontestable. Mais telles sont ton ingratitude et ta perversité innées : gueux et esclave, les Athéniens t'ont fait riche et libre ; et, loin d'en être reconnaissant, tu te vends pour les trahir !

Je tairai les circonstances où l'on se demande si c'est pour Athènes qu'il a parlé ; mais celles où il a été ouvertement convaincu de travailler pour nos ennemis, je les rappellerai. Qui de vous n'a pas connu le banni Antiphon? Il promit à Philippe de brûler vos arsenaux maritimes, et s'introduisit dans Athènes. Je le saisis caché au Pirée, et l'amenai dans l'assemblée. Eschine, dans sa haine jalouse, mugit, vociféra. J'exerçais des violences chez un Peuple souverain; j'outrageais des infortunés, des citoyens; sans décret, je violais l'asile domestique! Il fit tant qu'on le relâcha. Et, si l'Aréopage, instruit du fait et de votre malencontreuse erreur, n'eût cherché, ressaisi, ramené cet homme devant vous, un grand criminel vous échappait, esquivait le châtiment, était renvoyé, grâce à ce déclamateur. Mais il subit la question, et vous le fîtes périr : autant en était dû à celui-ci.

Témoin de cette conduite d'Eschine, et voyant qu'avec ce même aveuglement qui a souvent sacrifié le bien public, vous l'aviez élu pour défendre vos droits sur le temple de Délos (77), l'Aréopage, à qui vous soumîtes votre choix, rejeta, sans hésiter, Eschine comme un traître, et confia cette mission à Hypéride. C'est sur l'autel qu'on prit les suffrages (78), et pas un ne fut donné à ce misérable. Qu'on appelle les témoins.

Témoignages.

Au nom de tout l'Aréopage, nous, Callias de Sunium, Zénon de Phlyes, Cléon de Phalère, Démonique de Marathon, attestons pour Démosthène que, le Peuple ayant choisi Eschine pour soutenir ses droits devant les Amphictyons au sujet du temple de Délos, l'Aréopage assemblé jugea Hypéride plus digne de parler pour la République, et qu'Hypéride fut envoyé.

Ainsi, en rejetant cet homme qui devait parler, en le remplaçant par un autre, le Conseil suprême l'a déclaré traître et votre ennemi. Voilà un des traits de ce politique audacieux : ressemble-t-il à ceux dont il m'accuse? En voici un autre. Quand Philippe envoya Python le Byzantin (79), et avec lui les députés de tous ses alliés, pour diffamer Athènes, et la montrer coupable, je ne cédai point à Python, qui roulait contre nous les flots d'une éloquence furieuse; je tins ferme, je me levai, je le combattis, je soutins les droits de la République; je répandis sur les injustices de Philippe une si vive lumière, que ses alliés eux-mêmes se levèrent et en convinrent. Auxiliaire de l'ennemi, ce malheureux déposait contre sa patrie, contre la vérité. C'était trop peu : quelque temps après, on le surprit entrant chez Thrason avec l'espion Anaxinos (80). Or, conférer tête à tête avec l'émissaire des ennemis, c'est être soi-même un espion et l'ennemi de sa patrie. — J'ai dit vrai : appelle-moi les témoins.

Témoignages.

Mélédème, fils de Cléon, Hypéride, fils de Callæs-chros, Nicomaque, fils de Diophante, attestent pour Démosthène, et ont juré entre les mains des stratèges, avoir vu Eschine, fils d'Atromète, de Cothoce, entrer la nuit chez Thrason, et conférer avec Anaxinos, déclaré juridiquement espion de Philippe.

Ainsi attesté sous Nicias (81), le 3ᵉ jour d'Hécatombæon.

J'ai mille autres traits à citer; je les supprime; aussi bien qu'arrive-t-il? j'aurais beau montrer, par une foule de preuves nouvelles, Eschine convaincu de servir alors l'ennemi, convaincu de me persécuter; pour tout cela votre mémoire est paresseuse, votre courroux indulgent. Par une funeste habitude, vous permettez au premier venu de supplanter, de dénigrer vos défenseurs. Contre le plaisir si doux d'entendre des invectives, vous troquez les intérêts de la patrie. Aussi est-il toujours plus facile et plus sûr devendre ses services à vos ennemis, que de choisir son poste près de vous.

Avant la guerre déclarée, conspirer avec Philippe, c'était un crime, ô Terre! ô Dieux! un crime contre la patrie. Cependant passons-lui cela, si vous voulez. Mais, lorsque nos vaisseaux étaient enlevés à force ouverte, la Chersonèse dévastée; lorsque l'homme marchait contre l'Attique (82), et que ses projets n'étaient plus douteux; lorsque la guerre était allumée, qu'a-t-il fait pour vous, cet envieux, cet avaleur d'iambes (83)? Il ne peut rien montrer. Pas un seul décret d'utilité publique, petit ou grand, qui porte le nom d'Eschine! S'il en a, qu'il le produise à l'instant, je lui cède la parole; mais non, il n'en a point. Cependant, de deux choses l'une : ou, ne trouvant alors rien à reprendre dans ce que je faisais, il ne put proposer autre chose; ou, favorisant votre ennemi, il ne vous a pas apporté des conseils plus avantageux. Mais, quand il s'agissait de vous nuire, n'avait-il ni paroles ni décrets? Il n'y avait que pour lui à parler!

La République pouvait encore, ce semble, supporter ses sourdes perfidies : mais, ô Athéniens! il a commis un crime qui a comblé la mesure. Il a fait, à ce sujet, de grands frais de paroles, dissertant sur les décrets des Amphissiens, pour torturer la vérité. Mais il n'en sera rien, il ne peut être ainsi. Loin de là, jamais tu ne te laveras de ce forfait; ta faconde n'y suffirait pas. J'invoque devant vous, hommes d'Athènes! tous les Dieux et toutes les Déesses tutélaires de l'Attique, surtout Apollon Pythien, père de cette ville (84) : si je vous dis la vérité, si je l'ai dite au Peuple dès que je vis le misérable toucher cette affaire (et je l'ai vu, je l'ai vu aussitôt), puissent-ils m'accorder le salut, le bonheur! mais si, par haine, par animosité personnelle, porte une accusation fausse, qu'ils me privent de tous biens! Pourquoi ces imprécations, cette véhémence? C'est que, malgré mes preuves convaincantes, tirées de nos archives, malgré vos propres souvenirs, je crains que vous ne jugiez cet homme incapable de si grands attentats. N'est-ce pas ce qui arriva lorsque, par des rapports mensongers, il perdit la malheureuse Phocide?

Cette guerre d'Amphissa, qui ouvrit à Philippe les portes d'Élatée, le mit à la tête des Amphictyons, précipita la chute totale de la Grèce, en voici l'auteur! Un seul homme a causé tant de catastrophes! En vain je me hâtai de protester, de crier dans l'assemblée : *C'est la guerre que tu portes dans l'Attique, Eschine, la guerre des Amphictyons!* Les uns, apostés pour le soutenir, ne me laissaient point parler; les autres, étonnés, s'imaginaient que, par haine personnelle, je le chargeais d'un crime chimérique. Quels furent donc le caractère, le but, le dénoûment de ces intrigues? Apprenez-le aujourd'hui, puisqu'alors on ne vous le permit pas. Vous verrez un plan bien concerté; vous en tirerez de grandes lumières pour votre histoire; vous connaîtrez Philippe et son génie.

Il ne pouvait se tirer de la guerre qu'il avait avec vous qu'en faisant des Thébains et des Thessaliens les ennemis d'Athènes. Quoique vos généraux le combattissent sans succès comme sans talent (85), la guerre par elle-même, et les pirates, lui faisaient souffrir mille maux. Rien ne sortait de la Macédoine, rien n'y entrait, pas même les choses les plus nécessaires. Sur mer il n'était pas alors plus puissant que vous; et il ne pouvait pénétrer dans l'Attique si les Thessaliens ne le suivaient, si les Thébains ne lui ouvraient le passage. Aussi, quoique vainqueur des chefs que vous lui opposiez, et que je ne juge pas, la situation du lieu et les ressources des deux Républiques (86) le tenaient en échec. Conseillera-t-il aux Thessaliens et aux Thébains de marcher contre vous, pour servir sa propre haine? nul ne l'écoutera. Armé du prétexte de la cause commune, se fera-t-il élire général? il pourra plus aisément tromper les uns, persuader les autres. Que fait-il donc? admirez son adresse! il entreprend de susciter une guerre aux Amphictyons, et de troubler leurs assemblées, présumant que bientôt ils recourront à lui. Cette guerre sera-t-elle proposée par un hiéromnémon (87) de Philippe ou de ses alliés? Non : Thèbes et la Thessalie soupçonneraient ses desseins, et se tiendraient sur leurs gardes. Mais, qu'un Athénien, un député de ses ennemis, se charge de l'affaire, Philippe cachera facilement ses manœuvres : et c'est ce qui arriva. Comment y parvient-il? il achète cet homme. Personne, parmi vous, selon l'usage, ne se défiant de rien, ne prévoyant rien, celui-ci est proposé pour pylagore; trois ou quatre affidés lèvent la main, il est proclamé. Investi de l'autorité d'Athènes, il se rend près des Amphictyons, et, laissant là tout le reste, il consomme le crime auquel il s'est vendu. Par de beaux discours, par les fables qu'il arrange sur l'origine de la consécration de la plaine de Cirrha, il persuade aux hiéromnémons, auditeurs novices et imprévoyants, de décréter la visite de ce canton. Amphissa le cultivait comme lui appartenant; son accusateur en faisait une partie du terrain sacré. Les Locriens ne nous avaient imposé nulle amende; ils ne songeaient à aucune des poursuites dont cet imposteur colore maintenant sa perfidie : vous allez le reconnaître. Sans nous citer en justice, ce peuple ne pouvait faire condamner la République. Qui donc nous a cités? sous quel Archonte? Dis-nous qui le sait! Impossible! Tu as donc usé d'un prétexte faux, tu as menti!

A l'instigation de ce fourbe, les Amphictyons visitent la contrée; les Locriens fondent sur eux, les percent presque tous de leurs traits, prennent même quelques hiéromnémons. De là, grand tumulte, plaintes contre Amphissa, guerre enfin. Cottyphos est d'abord mis à la tête de l'armée amphictyonique (88); mais les uns n'arrivent pas, les autres arrivent et ne font rien. La session suivante, le commandement est brusquement déféré à Philippe par des suppôts vieillis dans le crime, Thessaliens et gens des autres Républiques. Ils saisissaient des prétextes spécieux. Il fallait, disaient-ils, contribuer en commun, entretenir des troupes étrangères, punir ceux qui n'obéiraient pas, ou choisir Philippe. Bref, ces intrigues le font élire général. Aussitôt il rassemble des forces, fait une marche simulée sur Cirrha, laisse là Cirrhéens et Locriens, et s'empare d'Élatée. Si, à cette vue, les Thébains désabusés ne se fussent réunis à nous, la guerre, comme un torrent, tombait de tout son poids sur Athènes (89). Ils l'arrêtèrent soudain, grâce, ô Athéniens! grâce surtout à la bienveillance de quelque Dieu, mais aussi, autant qu'a pu faire un seul homme, grâce à moi. Qu'on nous montre les décrets et les dates des événements : vous verrez quels troubles cette tête coupable a impunément soulevés! — Lis les décrets.

Décret des Amphictyons.

Sous le pontificat de Clinagoras, dans la session du printemps, les pylagores, les assesseurs et le corps amphictyonique arrêtent :

Attendu que les Amphissiens envahissent le terrain sacré, l'ensemencement, et y font paître leurs bestiaux ; les pylagores et les assesseurs se rendront sur les lieux, marqueront les limites par des colonnes, et défendront aux Amphissiens de les passer à l'avenir.

Autre décret.

Sous le pontificat de Clinagoras, dans la session du printemps (90), les pylagores, les assesseurs, et le corps amphictyonique, arrêtent :

Attendu que les Amphissiens se sont partagé le terrain sacré, le cultivent, et y font paître leurs bestiaux ; que, lorsqu'on a voulu les en empêcher, ils sont sortis en armes, ont repoussé avec violence le Conseil général des Hellènes, blessé même plusieurs de ses membres :

Cottyphos l'Arcadien (91), élu stratége des Amphictyons, sera député vers Philippe de Macédoine, pour le prier de secourir Apollon et le Conseil, de ne pas abandonner le dieu outragé par les Amphissiens sacriléges, et pour lui notifier que les Hellènes amphictyoniques le nomment général, et lui confèrent un pouvoir absolu.

Lis aussi la date de ces décrets : c'est l'époque où cet homme fut pylagore. —Lis.

Date.

Archonte, Mnésithide (92); le seize du mois Anthestérion.

Montre-nous la lettre qu'adressa Philippe à ses alliés du Péloponèse, quand Thèbes refusa de lui obéir : on y verra clairement comme il cachait son dessein réel d'attaquer et vous, et les Thébains, et toute la Grèce; comme il feignait d'agir dans l'intérêt commun, et au gré des Amphictyons. Mais qui lui fournissait ces expédients, ces prétextes ? c'était Eschine. — Lis.

Lettre de Philippe.

Le roi des Macédoniens, Philippe, à ses alliés du Péloponèse, démiurges (93), assesseurs, et à tous ses autres confédérés, joie !

Les Locriens appelés Ozoles, qui habitent Amphissa, profanent le temple d'Apollon à Delphes, et ravagent, les armes à la main, le terrain sacré. C'est pourquoi je veux secourir le dieu de concert avec vous, et le venger de ceux qui violent ce qu'il y a de plus saint parmi les hommes. Venez donc, tout armés, me joindre en Phocide; apportez des vivres pour quarante jours, au commencement du mois appelé Lôos en Macédoine, Boédromion dans l'Attique, Panémos à Corinthe. Ceux qui ne viendront pas avec toutes leurs forces seront condamnés à l'amende (94). Soyez heureux !

Voyez comme il déguise ses motifs personnels, et se retranche derrière ceux des Amphictyons ! Qui l'a secondé dans cette manœuvre ? qui lui a suggéré ces impostures ? quel fut le principal auteur des calamités qui en résultèrent ? N'est-ce pas ce malheureux ? N'allez donc plus, ô Athéniens ! disant partout : Un seul homme (95) a causé les maux de la Grèce ! Un seul homme ! non, c'est une foule de scélérats répandus chez tous les peuples, j'en atteste le ciel et la terre ! et celui-ci est du nombre. S'il faut dire la vérité sans ménagement, je le proclame hautement le fléau universel qui écrasa ensuite hommes, villes,

républiques. Il a fourni la semence, il est coupable de ce qu'elle a produit (96). Aussi, qu'à son aspect vous ne détourniez pas les yeux, je vous admire ! Sans doute un nuage épais vous dérobe la vérité.

En suivant les attentats de cet homme contre la patrie, je me trouve conduit à dire ce que j'ai fait pour y résister. Écoutez-moi, plusieurs raisons vous y obligent. Il serait surtout honteux, hommes d'Athènes ! que vous ne puissiez supporter le récit de ces travaux dont j'ai supporté pour vous les fatigues.

Je vis que les Thébains, et presque vous-mêmes, séduits par les agents que Philippe soudoyait dans les deux Républiques, vous perdiez de vue ce qui, pour toutes deux, était le plus à craindre, ce qui demandait une extrême vigilance, l'accroissement de sa grandeur; toujours disposés entre vous à la haine, à une rupture. Je travaillai sans relâche à prévenir ce malheur. Il importait de vous réunir : j'en étais convaincu et par mes propres réflexions, et par le souvenir d'Aristophon et d'Eubule, qui avaient voulu de tout temps cette alliance, souvent opposés sur le reste, toujours d'accord sur ce point. Vivants, tu les flattais, maligne bête ! tu rampais à leur suite; morts, tu ne rougis pas de les accuser ! Car les reproches que tu m'adresses au sujet des Thébains, tombent bien moins sur moi que sur ces citoyens qui, avant moi, avaient approuvé cette alliance. Mais revenons. Eschine avait allumé la guerre d'Amphissa; ses complices avaient attisé votre haine contre les Thébains. Alors arriva ce qu'ils s'étaient proposé en fomentant la discorde : Philippe vint fondre sur nous; et, si nous ne nous fussions réveillés à temps, nous n'aurions pu nous reconnaître, tant ils avaient poussé loin leurs manœuvres ! Quelles étaient déjà les dispositions mutuelles d'Athènes et de Thèbes ? vous l'allez voir par vos décrets, par les réponses de Philippe. — Prends ces pièces, et lis.

Décret.

Sous l'Archonte Héropythos (97), le 6 de la 3ᵉ décade d'Élaphébolion, la tribu Érechthéide présidant, de l'avis du Conseil et des stratéges;

Attendu que Philippe s'est emparé de plusieurs villes voisines, qu'il en saccage d'autres ; qu'en un mot, comptant pour rien nos traités, il se dispose à envahir l'Attique, à se parjurer, à rompre la paix ;

Le Conseil et le Peuple arrêtent :

Un héraut et des députés seront envoyés au roi de Macédoine, pour conférer avec lui, et l'engager surtout à maintenir la concorde et les traités; sinon, qu'il accorde à la République le temps de délibérer, et une trêve jusqu'au mois de Thargélion (98).

Députés élus dans le Conseil, Simos d'Anagyrunte, Euthydème de Phlyes, Boulagoras d'Alopèque.

Autre décret.

Sous l'Archonte Héropythos, à la vieille et nouvelle lune de Munychion, de l'avis du polémarque ;
Attendu que Philippe entreprend de nous aliéner les Thébains, et se prépare à marcher avec toutes ses troupes sur les postes les plus voisins de l'Attique, violant les traités qui le lient envers nous ;
Le Conseil et le Peuple arrêtent :
On enverra vers Philippe un héraut et des députés qui l'inviteront avec instance à conclure une trêve, pour que le Peuple ait le temps de délibérer ; car jusqu'à présent il n'a pas cru devoir opposer la moindre résistance.
Députés élus dans le Conseil, Néarque, fils de Sosinomos, Polycrate, fils d'Épiphron. Héraut choisi parmi le Peuple, Eunome d'Anaphlyste.

Lis aussi les réponses.

Réponse aux Athéniens.

Le roi des Macédoniens, Philippe, au Conseil et au Peuple d'Athènes, joie !
Je n'ignore pas les dispositions où vous avez été dès le principe à notre égard, ni vos efforts pour attirer à vous les Thessaliens, les Thébains, et même les Béotiens (99). Plus sages que vous, fixés sur leurs intérêts, ils n'ont pas voulu soumettre leurs volontés aux vôtres ; aussi, par un changement soudain, vous m'envoyez des ambassadeurs, des hérauts, pour me rappeler les traités et me demander une trêve, à moi qui ne vous ai nullement attaqués ! J'ai néanmoins entendu vos députés, et je souscris à vos prières, prêt à vous accorder une trêve, à condition que vous bannirez vos donneurs de mauvais conseils, et que vous les flétrirez comme ils le méritent. Adieu.

Réponse aux Thébains.

Le roi des Macédoniens, Philippe, au Conseil et au Peuple de Thèbes, joie !
J'ai reçu la lettre dans laquelle vous renouvelez entre nous l'union et la paix. J'apprends que les Athéniens vous font mille démonstrations d'amitié pour que vous répondiez à leur appel. Je vous blâmais d'abord, croyant que, séduits par leurs chimères, vous alliez embrasser ce parti. Convaincu aujourd'hui que vous cherchez à maintenir la paix avec nous, plutôt que de suivre les décisions d'autrui, j'en ressens de la joie, et je vous loue de beaucoup de choses, mais surtout d'avoir pris le parti le plus sûr, et de me garder votre affection. J'espère que vous n'en retirerez pas de médiocres avantages, si vous persévérez. Adieu.

Après avoir semé la discorde entre les deux Républiques, fier de nos décrets et de ses réponses, Philippe s'avance avec ses troupes et s'empare d'Élatée, persuadé que désormais, quoi qu'il arrive, une ligue entre Athènes et Thèbes est impossible. Quel trouble se répandit alors dans la ville ! vous le savez tous : écoutez cependant quelques mots indispensables.

C'était le soir (100) ; arrive un homme qui annonce aux prytanes qu'Élatée est prise. Ils soupaient : à l'instant ils se lèvent de table ; les uns chassent les marchands de leurs tentes dressées sur la place publique, et brûlent les baraques (101) ; les autres mandent les stratéges, appellent le trompette : toute la ville est remplie de tumulte. Le lendemain, au point du jour, les prytanes convoquent le Conseil dans son local ; vous allez à votre assemblée ; et, avant que le Conseil ait discuté, préparé un décret, tout le Peuple occupe les gradins supérieurs (102). Bientôt entre le Conseil ; les prytanes répètent la nouvelle, introduisent le messager ; cet homme s'explique, et le héraut crie : « Qui veut parler ? » Personne ne se présente. Cet appel est réitéré : personne encore ! Là, cependant, se trouvaient tous les stratéges, tous les orateurs ! et la voix de la patrie demandait un avis pour la sauver ! car le héraut, prononçant les paroles dictées par la loi, est la voix de la patrie. Toutefois, pour se présenter, que fallait-il ? vouloir le salut d'Athènes ? et vous et les autres citoyens, levés aussitôt, vous seriez accourus à la tribune ; tous, en effet, vous vouliez, je le sais, voir Athènes sauvée. Compter parmi les plus riches ? les Trois-Cents (103) auraient parlé. Réunir zele et richesse ? ceux-là se seraient levés qui, depuis, ont fait à l'État des dons considérables, résultat du patriotisme opulent. Ah ! c'est qu'un tel jour, une telle crise, appelaient un citoyen non-seulement riche et dévoué, mais qui eût encore suivi les affaires dès le principe, et raisonné avec justesse sur les motifs de la conduite de Philippe, sur ses desseins. Quiconque ne les eût point connus par une longue et attentive exploration, fût-il zélé, fût-il opulent, ne devait ni connaître le parti à prendre, ni avoir un conseil à donner.

Eh bien ! l'homme de cette journée, ce fut moi : je montai à la tribune. Ce que je vous dis alors, écoutez-le attentivement pour deux raisons : d'abord, afin de vous convaincre que, seul entre les orateurs et les gouvernants, je n'ai point déserté pendant l'orage le poste du patriotisme, mais qu'au milieu de cette crise terrible, le but reconnu de mes discours, de mes décrets fut de vous sauver ; ensuite, parce que l'emploi de ce court instant vous éclairera beaucoup sur le reste de mon administration.

Je disais donc : Ceux qui, croyant les Thébains amis de Philippe, s'alarment si vivement, ignorent, selon moi, l'état des choses. Je sais fermement que, s'il en était ainsi, nous apprendrions qu'il est, non dans Élatée, mais à nos frontières. Il ne s'avance que pour s'assurer de Thèbes, j'en suis certain. En voici la preuve. Tous les Thébains qu'il lui a été donné de corrompre ou de tromper sont à ses ordres ; mais, pour ses anciens adversaires, qui lui résistent encore, il ne peut les ébranler. Que veut-il donc, et pourquoi a-t-il pris Élatée ? Par ses forces déployées de plus près, par ses armes ainsi rapprochées, il veut inspirer à ses partisans de la confiance et de l'audace ; il veut étonner ses ennemis, à qui la peur ou la violence arracheront ce qu'ils lui refusent maintenant. Si donc nous inclinons aujourd'hui vers le souvenir de quelques offenses des Thébains, si nous leur montrons de la défiance comme à des ennemis, d'abord nous ferons ce que souhaiterait Philippe; puis j'appréhende la défection de ses adversaires actuels; je crains que, philippisant de concert, les deux partis ne s'élancent sur l'Attique. Mais, si vous m'écoutez, si vous venez à réfléchir et non à disputer sur mes paroles, j'espère qu'elles paraîtront opportunes, et que je dissiperai le péril qui nous menace. Qu'est-ce donc que je demande? Avant tout, cette crainte qui vous agite aujourd'hui, reportez-la tous sur les Thébains : beaucoup plus exposés, c'est sur eux que fondra d'abord l'orage. Envoyez ensuite à Éleusis votre cavalerie, et tout ce qui est en âge de servir; montrez-vous en armes à toute la Grèce. Par là, les partisans que vous avez dans Thèbes pourront, avec une égale liberté, soutenir la bonne cause ; car ils verront que, si les traîtres qui vendent la patrie à Philippe s'appuient sur ses troupes d'Élatée, vous aussi vous êtes prêts et résolus à secourir, à la première attaque, ceux qui veulent combattre pour l'indépendance. Je propose encore de nommer dix députés, qu'on investira du pouvoir de décider, avec les stratéges, et le jour du départ, et les détails de l'expédition. Arrivés à Thèbes, comment les députés négocieront-ils cette affaire? Donnez-moi toute votre attention. Ne demandez rien aux Thébains; quelle honte ce serait aujourd'hui! Loin de là, promettez de les secourir, s'ils le demandent; car leur péril est extrême, et, mieux qu'eux, nous voyons l'avenir. S'ils acceptent nos offres et nos conseils, nous aurons atteint notre but sans que la République ait quitté sa noble attitude. S'ils les repoussent, Thèbes n'accusera qu'elle-même de ses disgrâces, et nous n'aurons à nous reprocher ni honte ni bassesse.

Après ces représentations et d'autres semblables, je descendis de la tribune; tous applaudirent, personne ne contredit. Aux paroles, j'ajoutai un décret; le décret porté, j'allai en ambassade; ambassadeur, je persuadai les Thébains (104). Je commençai, je continuai, je consommai l'ouvrage ; j'exposai pour vous ma tête à tous les dangers qui assiégeaient la République. — Produis le décret qui fut promulgué alors. — Eh bien! veux-tu, Eschine, que je présente quels furent et ton rôle et le mien dans cette mémorable journée? Veux-tu que j'aie été un Battalos, surnom que me donnent tes sarcasmes (105)? toi, au contraire, un héros, non vulgaire, mais un héros de la scène, un Cresphonte, un Créon,

ou cet Œnomaos que tu as si cruellement estropié à Colyte (106)? Va, dans cette crise, le Battalos de Pæania mérita mieux de la patrie que l'Œnomaos de Cothoce : car tu ne fis rien pour elle, et je fis, moi, tout ce qu'on peut attendre d'un bon citoyen. Qu'on lise le décret.

Décret.

Sous l'Archonte Nausiclès (107), la tribu Æantide présidant, le seize de Scirophorion, Démosthène, fils de Démosthène, de Pæania, a dit :

Attendu que, par le passé, Philippe, roi des Macédoniens, a évidemment violé le traité de paix conclu entre lui et le Peuple Athénien, au mépris des serments et des droits consacrés chez tous les Hellènes; pris des villes qui ne lui appartenaient nullement; asservi même plusieurs places athéniennes, sans aucune provocation de notre part; que maintenant encore, poussant plus loin la violence et la cruauté, il occupe par ses garnisons des cités grecques, et y renverse le gouvernement populaire; en rase d'autres, dont il chasse et vend les habitants; établit dans quelques-unes les Barbares à la place des Hellènes, et leur abandonne les temples et les tombeaux, impiété qui ne dément ni son pays ni son caractère, abusé insolemment de sa fortune, oubliant combien son origine fut humble et obscure auprès de cette grandeur inespérée :

Tant que la République Athénienne l'a vu s'emparer de villes barbares de sa dépendance (108), elle a jugé moins grave un outrage qui l'attaquait seule; mais aujourd'hui que, sous ses yeux, il couvre d'ignominie des villes grecques, renverse des villes grecques, elle se croirait coupable et indigne de ses glorieux ancêtres, si elle laissait asservir les Hellènes.

En conséquence, le Conseil et le Peuple d'Athènes arrêtent :

Après avoir offert des prières et des sacrifices aux Dieux et aux héros protecteurs d'Athènes et de son territoire, le cœur plein de la vertu de nos pères, qui mettaient à plus haut prix la défense de la liberté grecque que celle de leur propre patrie, nous lancerons à la mer deux cents vaisseaux; l'amiral cinglera jusqu'à la hauteur des Thermopyles; le stratége et l'hipparque dirigeront l'infanterie et la cavalerie vers Éleusis.

Des députés seront envoyés par toute la Grèce, et d'abord aux Thébains, que Philippe menace de plus près. Ils les exhorteront à ne le point redouter, à embrasser évidemment leur liberté, celle de tous les Hellènes. Ils diront qu'Athènes, oubliant les griefs qui ont pu diviser les deux Républiques, leur enverra des secours en argent, en armes offensives et défensives, persuadée que, s'il est beau pour des Hellènes de se disputer la prééminence, à se dépouiller pour recevoir la loi de l'étranger est une insulte à leur propre gloire, à l'héroïsme de leurs aïeux. Les Athéniens, ajouteront-ils, se regardent comme unis aux Thébains par les liens de famille et de patrie. Ils se rappellent les bienfaits de leurs ancêtres envers ceux de Thèbes : les Héraclides chassés de leurs royaumes héréditaires par les Péloponésiens, y rentrant par les armes des Athéniens, vainqueurs de leurs ennemis; Œdipe et les compagnons de son exil recueillis dans nos murs; beaucoup d'autres services éclatants rendus par nous aux Thébains. Aussi, dans cette occasion, le Peuple d'Athènes ne divorcera pas avec leur cause, avec la cause de la Grèce.

Ces députés stipuleront l'alliance de guerre, le droit de mariage, donneront et recevront le serment.

Députés : Démosthène, fils de Démosthène, de Pæa-

...; Hypéride, fils de Cléandre, de Sphettos; Mnésithéide, fils d'Antiphane, de Phréarrhe; Démocrate, fils de Sophilos, de Phlyes; Caltæschros, fils de Diotime, de Cothocé.

Ainsi commença et fut fondée l'union d'Athènes et de Thèbes. Jusque-là, les traîtres avaient poussé sourdement les deux Républiques à la haine, à la défiance : par ce décret, le péril qui enveloppait notre ville se dissipa comme un nuage (109). Un citoyen juste trouvait-il un parti meilleur ? c'est alors qu'il devait le présenter, et non incriminer aujourd'hui. Entre le conseiller et le sycophante, si opposés en tout, il est une différence essentielle ; l'un déclare son avis avant l'événement, se livre comptable au temps, à la fortune, à ceux qu'il persuade, au premier venu ; l'autre s'est tu quand il fallait parler : un revers arrive, il pousse le cri de la haine.

C'était donc alors, je le répète, l'heure du zélé citoyen, le moment des sages conseils. Je m'avancerai même jusqu'à dire : Si, aujourd'hui encore, on peut indiquer un parti meilleur que le mien, un autre parti possible, je m'avoue coupable. Oui, que l'on découvre à présent quelque projet d'une utile exécution pour ce temps, je le déclare, je devais l'apercevoir. Mais, s'il n'en est point, s'il n'en fut jamais, si nul ne peut en montrer un seul même en ce jour, que devait faire le conseiller du Peuple? Entre les mesures praticables qui s'offraient, n'était-ce pas de choisir la meilleure? Voilà ce que je fis, Eschine, quand le héraut demanda ; *Qui veut parler?* et non, *Qui veut censurer le passé? qui veut garantir l'avenir?* Dans un pareil moment, au sein de l'assemblée, tu demeuras muet, immobile ; moi, je me levai, je parlai. Que si tu n'as rien dit alors, parle du moins aujourd'hui ; montre quel autre langage je devais trouver, quelle occasion favorable j'ai fait perdre à l'État? à quelle alliance, à quelle entreprise je devais plutôt engager les Athéniens?

Mais on abandonne toujours le passé, personne n'en fait le programme d'une délibération ; c'est l'avenir, c'est le présent qui demandent des conseils. Or, des malheurs trop probables nous menaçaient, d'autres fondaient sur nous : examine mon administration durant cette crise, et ne calomnie pas l'événement. L'événement est ce que veut la fortune ; l'intention de celui qui conseille se manifeste par le conseil même (110). Ne m'accuse donc pas de la victoire qu'il fut donné à Philippe de remporter : l'issue du combat dépendait de Dieu, non de moi. Mais, que je n'aie pas pris toutes les mesures de la prudence humaine, que je n'aie pas mis dans l'exécution droiture, zèle, ardeur au-dessus de mes forces ; que mes entreprises n'aient pas été glorieuses, dignes de la République, nécessaires, montre-le-moi, et viens ensuite m'accuser ! Si un coup de foudre plus fort que nous, que tous les Hellènes, a éclaté sur nos têtes, que pouvais-je faire (111)? Le chef d'un vaisseau a tout fait pour sa sûreté, et muni le bâtiment de tout ce qui lui semblait le garantir ; mais la tempête vient briser, broyer les agrès : accusera-t-on cet homme du naufrage? Ce n'est pas moi, dirait-il, qui tenais le gouvernail. Eh bien! ce n'est pas moi qui commandais l'armée ; je n'étais pas maître du sort, le sort est maître de tout.

Raisonne donc, Eschine, et ouvre les yeux ! Si tel a été notre destin, les Thébains combattant avec nous ; que devions-nous attendre, les Thébains n'étant pas nos alliés, mais les auxiliaires de Philippe, intrigue pour laquelle tu épuisas ton éloquence? Après la bataille, livrée à trois journées de l'Attique, le péril, la consternation furent extrêmes dans nos murs : si donc elle eût été perdue sur notre territoire, quelle attente ! Penses-tu qu'Athènes serait encore debout? qu'il nous serait permis de nous réunir, permis de respirer? Mais un jour, mais deux, mais trois, nous ont offert bien des moyens de salut. Sans ce délai... Pourquoi parler de malheurs dont nous a préservés quelque divinité tutélaire, et cette alliance, rempart d'Athènes, objet de tes accusations?

Ces nombreux détails s'adressent à vous, citoyens qui nous jugez, et à ceux qui, hors de cette enceinte, nous entourent et m'écoutent. Pour cet homme de boue, quelques mots bien clairs suffisaient. Si, lorsque la République délibérait, l'avenir, Eschine, se dévoilait à toi seul, dès lors tu devais le révéler. Si tu ne le prévoyais pas, tu es aussi comptable de l'ignorance générale. Pourquoi donc m'accuser, quand je ne t'accuse pas? Dans cette circonstance (je ne dis rien encore des autres), je fus meilleur citoyen que toi ; car je me livrai à de salutaires projets, avoués de tous, sans reculer devant aucun péril personnel, sans y songer. Toi, loin de donner un avis plus utile, qui eût écarté le mien, tu ne rendis pas le plus léger service. Ce qu'aurait fait contre sa patrie le persécuteur le plus cruel, on te l'a vu faire après l'événement ; et, tandis qu'Aristrate à Naxos, Aristolaos à Thasos, ces implacables ennemis de notre République, accusent nos amis, dans Athènes aussi Eschine accuse Démosthène ! Mais celui qui tire sa gloire des calamités de la Grèce mérite la mort, et n'a le droit d'accuser personne ; celui qui a trouvé son avantage dans la prospérité de nos ennemis ne sera jamais qu'un traître. Tout l'atteste en toi, ta vie, tes actes, tes discours, jusqu'à ton silence. Un projet avantageux s'exécute? Eschine est muet. Un revers arrive?

Eschine parle. Ainsi, lorsqu'une maladie attaque le corps, d'anciennes blessures se réveillent.

Puisqu'il s'acharne contre l'événement, je vais avancer un paradoxe. Au nom des Dieux, puissent mes paroles hardies n'étonner personne! puissent-elles être pesées avec bienveillance! Quand l'avenir se serait révélé à tous; quand tous l'auraient prévu; quand toi-même, Eschine, tu l'aurais prédit, publié par tes cris, tes vociférations, toi qui n'as pas ouvert la bouche, Athènes ne devait point agir autrement, pour peu qu'elle songeât à sa gloire, à ses ancêtres, à la postérité. Le succès, on le voit, lui a manqué : sort commun à tous les hommes, lorsque le ciel l'ordonne ainsi. Mais, ayant prétendu au premier rang, elle n'y pouvait renoncer sans être accusée d'avoir livré la Grèce entière à Philippe. Si elle eût abandonné sans combat ce que nos ancêtres ont acheté par tant de périls, quel opprobre pour toi, Eschine! car on ne l'aurait rejeté ni sur la République, ni sur moi. De quel œil, grands Dieux! verrions-nous affluer ici les étrangers, si nous fussions tombés où nous sommes, si Philippe eût été nommé chef et maître de la Grèce, et que, pour empêcher ce déshonneur, d'autres eussent combattu sans nous! sans nous, dont la patrie avait toujours préféré d'honorables dangers à une sûreté sans gloire! Est-il un Hellène, est-il un Barbare qui ne sache que les Thébains, que les Lacédémoniens, avant eux, au fort de leur puissance, que le roi de Perse lui-même auraient permis, avec joie, avec gratitude, à notre République, de conserver ses possessions, d'y ajouter à son gré, pourvu que, soumise, elle abandonnât à un autre l'empire de la Grèce? Mais les vertus héréditaires et leur propre cœur repoussaient loin des Athéniens une telle conduite. Non, jamais on n'a pu persuader à Athènes de s'unir à la puissance injuste, de se faire esclave, pour être en sûreté. Combattre pour la prééminence, braver les dangers pour la gloire, voilà ce qu'elle a fait dans tous les temps! Noble exemple, et si digne de vous, dans votre opinion même, que vous prodiguez l'éloge à ceux de vos ancêtres qui l'ont donné! Éloge mérité : eh! comment ne pas admirer la vertu de ces illustres citoyens qui, se retirant sur des vaisseaux, abandonnèrent ville et patrie pour ne pas recevoir la loi? Ils mirent à leur tête l'auteur de ce conseil, Thémistocle; tandis que Cyrsilos (112), qui avait parlé de se soumettre, fut lapidé par eux, et sa femme par les femmes d'Athènes. Les Athéniens alors ne cherchaient pas un orateur, un général qui leur assurât une servitude heureuse; ils n'auraient pas même voulu de la vie sans la liberté. Chacun d'eux se croyait né non-seulement pour un père, pour une mère, mais aussi pour la patrie. Où est ici la différence? L'homme qui se croit né pour ses seuls parents attendra sa mort du destin, de la nature; mais y joint-il la patrie? il aimera mieux périr que de la voir esclave; oui, la mort lui semblera moins redoutable que le déshonneur et l'outrage, inséparables de la servitude.

Si j'osais me vanter de vous avoir inspiré des sentiments dignes de vos ancêtres, vous pourriez tous vous élever contre moi. Mais, je le déclare, vos grandes résolutions sont de vous, et telles avaient été, avant moi, les nobles pensées de la République; seulement j'ajoute : dans tout ce qu'elle a fait, quelque part est due aussi à mes services. Cependant Eschine accuse mon administration tout entière, il vous irite contre moi, il me présente comme l'auteur de vos périls, de vos alarmes : et pourquoi? pour m'enlever une couronne, honneur d'un moment; mais ce serait vous déshériter des éloges de tous les siècles! Car, si, condamnant Ctésiphon, vous condamnez mon ministère, on pensera que vous avez failli; vous n'aurez plus subi la tyrannie du sort. Non, Athéniens, non, vous n'avez pu faillir en bravant les hasards pour le salut et la liberté de la Grèce : j'en jure par nos ancêtres qui ont affronté les périls à Marathon (113), par ceux que Platée a vus rangés en bataille, par les combattants sur mer à Salamine, à Artémisium, par tant d'autres vaillants hommes qui reposent dans les monuments publics! A tous indistinctement, Eschine, Athènes accorda mêmes honneurs, même sépulture, sans se borner aux heureux et aux vainqueurs. Et c'était justice : car, pour le devoir de braves citoyens, ils l'avaient tous rempli! mais le sort de chacun fut réglé par le ciel (114).

Cependant, misérable scribe, homme exécrable! c'est pour me ravir l'estime, l'affection de ces citoyens, que tu as parlé de trophées, de batailles, d'anciens exploits : détails parasites dans ton accusation. Et moi, qui venais exhorter la République à se maintenir au premier rang, dis, histrion subalterne, dis quels sentiments je devais porter à la tribune? ceux d'un lâche orateur, indigne d'Athènes? La mort eût été mon juste partage!

Athéniens, vous ne devez pas juger dans le même esprit les causes privées et les causes publiques. Les affaires que chaque jour amène se décident d'après les lois et les faits; mais, dans les grands intérêts de l'État, ayez devant les yeux la grandeur de vos ancêtres. En entrant au tribunal pour un procès politique, chacun de vous doit songer qu'avec les insignes de la magistrature (115) il vient de revêtir le génie d'Athènes, s'il veut ne rien faire qui ne soit digne de nos pères.

Cette digression sur les exploits de vos devanciers m'a fait omettre quelques faits et quelques décrets. Je reprends mon récit.

Arrivés à Thèbes, nous y trouvâmes les députés de Philippe, des Thessaliens, et des autres alliés. Nos amis étaient consternés, ceux du Macédonien pleins d'assurance. Et ce n'est pas mon intérêt qui me fait parler ainsi : qu'on lise la lettre que nous écrivîmes aussitôt de Thèbes. Mais ici cet homme a reculé les bornes de la calomnie : le succès, il l'attribue aux circonstances, jamais à moi; le revers, c'est à moi, à ma fortune, qu'il l'impute! Ainsi, moi, homme de conseil et de parole, je ne suis pour rien dans ce qui s'est fait par la parole et le conseil! et l'unique cause des malheurs de la guerre, c'est moi! Fut-il jamais délateur plus atroce, plus exécrable? — Lis la lettre.

Lettre.

(Cette pièce et les suivantes manquent.)

Les Thébains s'assemblent; les députés macédoniens sont introduits avant nous, à titre d'alliés. Ils montent à la tribune, louent beaucoup Philippe, se plaignent beaucoup de vous, rappellent tout ce que vous aviez jamais fait d'hostile contre Thèbes. Leur conclusion est que, pour reconnaître les services du prince, pour se venger de vos injures, les Thébains doivent, à leur choix, ou lui livrer passage, ou fondre avec lui sur notre contrée. « Déférez à nos conseils, ajoutent-ils, et les troupeaux, les esclaves, les richesses de l'Attique vont passer en Béotie; mais, si vous écoutez les Athéniens, voyez la Béotie dévastée par la guerre, » et bien d'autres paroles tendant au même but. Je voudrais, pour tout au monde, vous rapporter en détail notre réponse. Mais ils ne sont plus, ces jours mauvais qui rappellent à notre esprit les calamités dont la Grèce fut inondée, et je crains de vous fatiguer d'un récit inutile. Écoutez seulement ce que nous persuadâmes aux Thébains, et ce qu'ils répondirent. — Prends et lis.

Réponse des Thébains.

Bientôt après ils vous appellent, ils vous pressent; vous partez, vous les secourez. J'omets les faits intermédiaires. L'accueil fut si fraternel, que, laissant leurs hoplites et leur cavalerie hors des murs, ils reçurent votre armée dans leur ville, dans leurs maisons, au milieu de leurs enfants, de leurs femmes, de tout ce qu'ils ont de plus cher. Ainsi, dans ce jour mémorable, les Thébains publièrent, de la manière la plus éclatante, le triple éloge de votre valeur, de votre équité, de votre tempérance. En effet, aimer mieux combattre avec vous que contre vous, c'était vous reconnaître plus braves, plus justes que Philippe; et vous confier ce qui, chez eux comme chez tous les peuples, est gardé avec le plus de soin, leurs épouses, leurs familles, c'était déclarer qu'ils avaient foi en votre retenue. Sur tous ces points, Athéniens, leur opinion à votre égard fut hautement justifiée : durant le séjour de l'armée dans Thèbes, pas une plainte, même injuste, ne fut portée contre vous, tant vous montrâtes de modération! Dans les deux premiers combats (116), l'un près du fleuve, l'autre en hiver, vous parûtes, je ne dis pas irréprochables, mais admirables, par la discipline, le bon ordre, l'ardeur du courage. Aussi, chez tous les peuples, ce n'étaient que louanges des Athéniens; chez nous, sacrifices, fêtes en l'honneur des Dieux!

Je ferais ici volontiers une question à Eschine. Au milieu de ces réjouissances, de ces transports d'allégresse, de ces félicitations dont notre ville retentissait, prenait-il part à la joie, aux prières publiques? ou bien, triste, gémissant, malheureux du bonheur de tous, se cachait-il dans sa maison? S'il était présent, si on l'a vu parmi ses concitoyens, peut-il sans crime, sans impiété, vouloir que cette alliance qu'il a lui-même approuvée, célébrée à la face des Dieux, vous la condamniez aujourd'hui, vous qui, par ces mêmes Dieux, avez juré d'être justes? S'il fuyait nos temples, ne mérite-t-il pas mille morts, celui qu'affligeait la joie universelle? — Lis les décrets.

Décrets concernant les sacrifices.

Athènes était donc alors occupée de sacrifices, et Thèbes nous regardait comme ses sauveurs. Un peuple que la politique des méchants semblait avoir réduit à mendier des secours en donna aux autres, grâce à mes conseils. Mais quels cris jeta Philippe? quelles furent ses alarmes? vous l'apprendrez par les lettres qu'il envoya dans le Péloponnèse (117). On va les lire, afin que vous jugiez ce qu'ont produit ma persévérance, mes courses, mes fatigues, et ces nombreux décrets qu'Eschine a souillés de ses morsures.

Athéniens, vous avez eu avant moi beaucoup d'illustres orateurs : un Callistrate, un Aristophon, un Céphale, un Thrasybule, mille autres; mais aucun ne se voua jamais à toutes les parties d'une affaire. L'auteur du décret ne se serait point chargé de l'ambassade; l'ambassadeur, du décret; chacun se ménageait du repos, et, en cas de revers, une excuse. Quoi! me dira-t-on, as-tu sur les autres une telle supériorité de force et d'audace, que seul tu suffises à tout? Je ne dis pas cela; mais je le voyais si grand, le péril de ma patrie, qu'elle me semblait réclamer tous mes instants, faire taire toute sollicitude personnelle, heureuse qu'un citoyen portât tout le poids des affaires. Or, j'avais de moi cette opinion, peut-être à tort, mais enfin je l'avais, que, pour les décrets, pour leur exécution, pour les ambassades, nul n'agirait avec plus de sagesse, de zèle, d'intégrité que moi. C'est pourquoi je me plaçai à tous les postes.

Lis les lettres de Philippe.

Lettres.

Voilà, Eschine, jusqu'où ma politique a rabaissé Philippe; tel est le langage auquel j'ai fait descendre celui qui avait lancé contre la République tant de menaces hautaines. Aussi, je fus justement couronné par ces citoyens; et toi, qui étais présent, tu ne t'y opposas point. Diondas m'accusa, mais n'obtint pas le cinquième des suffrages. — Lis les décrets qui ne furent ni condamnés par les juges, ni attaqués par Eschine.

Décrets.

Ces décrets, hommes d'Athènes! sont conçus dans les mêmes termes qu'autrefois celui d'Aristonique, et qu'aujourd'hui celui de Ctésiphon : or, loin de les attaquer de son chef, Eschine n'a pas même secondé l'accusateur. Cependant, si ses imputations actuelles étaient fondées, il pouvait poursuivre Démomèle et Hypéride, auteurs des décrets, avec plus d'apparence de justice qu'il ne poursuit maintenant Ctésiphon. Pourquoi? parce que Ctésiphon peut s'appuyer et de leur exemple, et des arrêts des tribunaux, et du silence d'Eschine lui-même sur plusieurs décrets parfaitement conformes au sien, et des lois qui ne permettent pas de remettre en question la chose jugée, et de bien d'autres raisons. Alors, au contraire, on eût examiné la cause en elle-même, sans aucun de ces préjugés. Mais, alors aussi, l'accusateur n'aurait pu, comme aujourd'hui, fouiller dans de vieilles annales, dans un amas de décrets, exhumer ce que personne ne s'attendait à voir reparaître, calomnier à l'aise, confondre l'ordre des temps, aux vrais motifs en substituer de faux, enfin jouer l'éloquence. Non, ces secours alors n'existaient pas. En face de la vérité, devant les faits encore présents à votre mémoire et comme sous votre main, il eût fallu tout dire. Aussi a-t-il fui les preuves qui jaillissent des faits récents; et c'est bien tard, c'est aujourd'hui qu'il entre en lice, s'imaginant sans doute que ce serait ici un combat d'orateur, et non une recherche sévère sur notre administration; un jugement sur des périodes, et non sur les intérêts de la patrie!

Subtil sophiste, à l'entendre, vous devez déposer l'opinion que vous apportez ici sur nous deux. « Persuadés, dit-il, qu'un comptable est en reste, vous examinez ses comptes; mais, s'il sont trouvés justes, si rien n'est dû, vous lui donnez décharge : de même ici, rendez-vous à l'évidence des preuves. »

Voyez comme, par un juste retour, l'œuvre de l'iniquité se brise elle-même. Par cette adroite comparaison il avoue que vous me reconnaissez pour l'orateur de la patrie, et lui pour l'orateur de Philippe. S'il ne savait que telle est votre pensée sur chacun de nous, il ne s'efforcerait point de la changer; prétention injuste, comme je le prouverai aisément, non avec des jetons, ce n'est pas ainsi que l'on rend compte des affaires, mais par le court exposé de chaque fait. Vous serez à la fois mes témoins et mes juges.

Voici ce qu'a produit cette politique qu'il a tant décriée. Les Thébains, suivant l'attente générale, allaient fondre sur notre pays avec Philippe : je les ai joints à nous pour l'arrêter. La guerre arrivait sur notre territoire : je l'en ai rejetée à 700 stades, sur les terres des Béotiens. Au lieu d'être pillée et saccagée par les pirates de l'Eubée, l'Attique, du côté de la mer, a joui de la paix durant toutes les hostilités. Au lieu d'envahir l'Hellespont en prenant Byzance, Philippe eut deux ennemis sur les bras, Byzantins et Athéniens. Eh bien! Eschine, cette énumération n'est-elle à tes yeux qu'une combinaison de chiffres? Faut-il éliminer les faits par compensation (118)? Ne faut-il pas plutôt travailler à en perpétuer le souvenir? Et je n'ajoute pas que les autres peuples éprouvèrent la cruauté de Philippe, toujours terrible, on l'a vu, dès que sa domination était établie, tandis que vous recueillîtes heureusement les fruits de cette feinte douceur dont il voilait ses desseins sur la Grèce. Je ne m'arrête point à cela, mais je dirai hardiment : Quiconque n'est pas un vil délateur, mais le juge impartial d'un ministre, ne lui fera point les reproches que tu m'adresses; il ne forgera point de fausses comparaisons, ne contrefera ni des expressions ni des gestes. En effet, le salut de la Grèce dépendait de tel mot plutôt que de tel autre, d'une main portée ici, et non là! Dirigeant ses regards sur le fond des choses, il examinera quelles étaient les forces, les ressources de la République lorsque j'entrai aux affaires, et celles que lui procura mon administration, et la situation des ennemis. Ai-je diminué notre puissance? il montrera mes fautes. Les ai-je augmentées? il ne me calomniera point. Cet examen que tu as évité, je vais le faire. Voyez, Athéniens, si je dis vrai.

La République avait alors pour elle les insuaires, non pas tous, mais les plus faibles, puisque Chios, Rhodes, Corcyre n'étaient pas avec nous. Pour revenus, quarante-cinq talents : encore étaient-ils levés d'avance (119). De grosse infanterie et de cavalerie, point d'autres que celles d'Athènes ; et, ce qui était le plus à craindre pour nous, le plus avantageux pour l'ennemi, les traîtres avaient porté plus vers la haine que vers l'amitié nos voisins de Mégare, de Thèbes, de l'Eubée. Telle était notre situation : qui pourrait dire le contraire ? Quant à Philippe, que nous avions à combattre, examinez sa puissance. D'abord il était le souverain absolu des troupes qui le suivaient, avantage immense à la guerre ; ses soldats avaient toujours les armes à la main ; il regorgeait d'or ; tout ce qu'il avait décidé, il l'exécutait, sans l'éventer par des décrets, par des délibérations au grand jour (120), sans être traîné devant les tribunaux par la calomnie, ni accusé d'infraction aux lois, ni soumis à aucune responsabilité ; partout enfin chef, potentat, arbitre suprême. Moi, qui avais en tête un tel ennemi (et l'équité réclame cet examen), de quoi étais-je le maître ? de rien. La parole, seul moyen à ma disposition, vous la partagiez entre moi et les stipendiés de Philippe ; et, dans les nombreuses circonstances où, grâce à de fausses considérations, le hasard leur donna la victoire, vous sortiez de vos assemblées avec des résolutions favorables à l'ennemi. Malgré de tels désavantages, j'ai rallié près de vous l'Eubée, l'Achaïe, Corinthe, Thèbes, Mégare, Leucade, Corcyre, coalition qui vous donna quinze mille fantassins et deux mille cavaliers, sans compter les milices citoyennes (121). Quant aux subsides, je les ai portés aussi haut que j'ai pu.

Si tu parles du contingent que devaient fournir Thèbes, Byzance, l'Eubée ; si tu disputes sur l'inégalité des répartitions, tu ignores que, de trois cents vaisseaux qui combattirent jadis pour la Grèce, notre République en avait armé deux cents. Se crut-elle lésée ? La vit-on accuser les auteurs de ce conseil ? s'irriter contre eux ? Non ! c'eût été pour elle un opprobre. Elle remercia les Dieux, qui, dans le commun danger, lui permettaient de fournir le double des autres pour le salut de tous. Du reste, tu te fais un faux mérite auprès des Athéniens, en me calomniant. Pourquoi ne dis-tu qu'à présent ce qu'il fallait faire ? Pourquoi, habitant Athènes, fréquentant les assemblées, ne l'as-tu pas alors proposé, si toutefois ton avis eût été admissible à cette époque critique où force était d'accepter, non ce que nous désirions, mais ce que donnaient les circonstances ? Car un autre était là, surfaisant, enchérissant sur nous, prêt à recueillir ceux que nous aurions rejetés.

On attaque aujourd'hui ce que j'ai fait : que serait-ce donc si, par des calculs trop rigoureux, j'avais éloigné les peuples, si je les avais lancés dans le parti de Philippe, devenu maître à la fois et de l'Eubée, et de Thèbes, et de Byzance ? Que n'auraient pas fait ces hommes pour qui rien n'est sacré ? que n'auraient-ils pas dit ? « Trahison ! ils sont rejetés, ceux qui voulaient s'attacher à nous. Par Byzance, Philippe est maître de l'Hellespont, et dispose souverainement du transport des blés dans la Grèce ; par les Thébains, il a poussé de nos frontières au sein de l'Attique une guerre sanglante ; les corsaires de l'Eubée ont rendu la mer impraticable. » Voilà ce qu'ils eussent dit, et que n'auraient-ils point ajouté ? Quel monstre, ô Athéniens ! quel monstre que le sycophante ! En tout temps, en tout lieu, envieux, accusateur par instinct ! Tel est ce renard à face humaine, né pour la perfidie et les bassesses, singe tragique, OEnomaos de village, orateur faussaire ! De quoi a servi ton éloquence à la patrie ? Tu viens nous entretenir du passé ! Je crois voir un médecin qui, visitant ses malades, n'indiquerait aucun remède pour les guérir, et qui, après la mort de l'un d'eux, assisterait à ses funérailles et le suivrait jusqu'à la sépulture, dissertant longuement : « Si l'homme que voilà eût fait telle et telle chose, il serait en vie. » Insensé ! tel est aujourd'hui ton tardif langage !

Quant à notre défaite, dont tu triomphes, homme exécrable ! et dont tu devrais gémir, vous reconnaîtrez, Athéniens, que je n'y ai nullement contribué. Suivez mon raisonnement. Partout où vous m'avez envoyé en ambassade, les députés de Philippe ont-ils eu sur moi quelque avantage ? Non jamais, non, nulle part (122), ni chez les Thessaliens, ni dans Ambracie, ni dans l'Illyrie, ni chez les rois de Thrace, ni à Byzance, ni dernièrement enfin à Thèbes. Mais ce que j'avais emporté par la parole, Philippe arrivant le détruisait par ses armes. Et tu t'en prends à moi ! et, dans tes sarcasmes amers, tu ne rougis pas de m'accuser de lâcheté, d'exiger que, seul, j'aie été plus fort que toute la puissance de Philippe, et cela par la parole ! car il n'y avait que la parole qui fût à moi. Je ne disposais de la vie de personne, ni du sort des combats, ni des opérations du général ; et tu m'en demandes raison ! Quel est donc ton aveuglement ! Mais, sur tous les devoirs imposés à l'orateur, interroge-moi avec rigueur, j'y consens. Ces devoirs, quels sont-ils ? Étudier les affaires dès le principe, en prévoir les suites, les annoncer aux peuples : je l'ai fait ; corriger, autant qu'il se peut, les lenteurs, les irrésolutions, les ignorances, les rivalités, vices qui travaillent nécessairement toutes les républiques; porter les citoyens à la concorde, à l'amitié, au zèle du bien public : j'ai fait tout cela; nul ne peut m'accuser d'avoir rien négligé. Que si l'on demande par quels moyens Philippe a presque toujours réussi, chacun répondra : Par son armée, par ses largesses, par ses corruptions répandues sur tous ceux qui gouvernaient. Moi, je n'étais ni le maître ni le chef des troupes : je ne suis donc pas responsable de ce qu'elles ont fait. Mais, en repoussant son or, j'ai vaincu Philippe (123). Quand un traître s'est vendu, l'acheteur a triomphé de lui; mais qui demeure incorruptible a triomphé du séducteur. Athènes a donc été invaincue du côté de Démosthène.

Tels sont, entre mille autres, les motifs qui légitiment le décret de Ctésiphon. Ce que je vais dire est connu de vous tous.

Aussitôt après la bataille, il n'eût pas été surprenant que le Peuple, quoique sachant tout ce que j'avais fait pour lui, méconnût mes services quand il se vit tombé dans un si grand péril (124). Cependant, lorsqu'il délibéra sur le salut de la ville, ce furent mes conseils qu'il approuva. Tout ce qui concernait la défense d'Athènes, distribution de sentinelles, retranchements, contribution pour la réparation des murs, fut réglé par mes décrets (125). Ayant à choisir un intendant des vivres, le Peuple me donna la préférence sur tout autre. Bientôt après se liguèrent contre moi ces hommes acharnés à me nuire : ils m'accusèrent d'illégalité, de malversation, de trahison, non par eux-mêmes d'abord, mais par des suppôts derrière lesquels ils croyaient se cacher. Vous savez, vous vous souvenez que, dans les premiers temps, j'étais accusé presque tous les jours. La démence de Sosiclès, les calomnies de Philocrate, la rage de Diondas et de Mélante, tout fut essayé contre moi. De tant de périls, grâce aux Dieux, grâce à vous, à tous les autres Athéniens, je sortis vainqueur ! Ce fut justice; j'avais pour moi la vérité, et des juges dont la sentence fut fidèle à leur serment. Or, sur le crime de trahison m'absoudre, et ne pas donner à mes accusateurs la cinquième partie des voix, c'était déclarer ma conduite irréprochable; me décharger d'une accusation d'illégalité, c'était attester le respect de la loi et dans mes paroles et dans mes décrets; approuver mes comptes, c'était me reconnaître intègre et incorruptible. D'après cela, en quels termes était-il convenable et juste que Ctésiphon parlât de mes actions? Pouvait-il s'exprimer autrement que le Peuple, autrement que des juges liés par un serment, autrement que la vérité proclamée par tous?

Oui, dit-il; mais la gloire de Céphale est de n'avoir jamais été accusé. Ah! dis plutôt son bonheur. Celui qui, accusé souvent, n'a jamais été trouvé coupable, est-il plus criminel? Au reste, vis-à-vis de mon adversaire, hommes d'Athènes, je puis m'attribuer la gloire de Céphale; car il ne m'a jamais accusé, jamais poursuivi. Tu m'avoues donc, ô Eschine ! aussi bon citoyen que Céphale.

Sur plusieurs points éclatent sa méchanceté et sa basse jalousie, mais surtout dans ses déclamations sur la fortune. Je crois qu'en général l'homme ne peut, sans folie, sans grossièreté, reprocher à l'homme sa destinée (126). Celui qui se croit le plus fortuné ignore s'il le sera jusqu'au soir; et il se vantera de son bonheur ! il insultera au malheur d'autrui ! Sur ce sujet, comme sur tant d'autres, Eschine s'est exprimé avec un dédain superbe : voyez, hommes d'Athènes ! combien mon langage est plus vrai, plus humain.

Je regarde la fortune de notre République comme heureuse : Jupiter à Dodone, Apollon à Delphes nous l'ont assuré par leurs oracles. Mais la destinée qui pèse maintenant sur tous les peuples est fâcheuse et dure. Où est le Grec, où est le Barbare qui, de nos jours, n'ait fait souvent l'expérience du malheur? Mais avoir embrassé le parti le plus honorable, et se voir dans une situation meilleure que ces mêmes Hellènes qui mettaient leur bonheur à nous trahir; là je reconnais l'heureuse fortune d'Athènes. Que nous ayons chancelé, que tout n'ait pas réussi au gré de nos vœux, c'est le sort de tous les hommes, c'est notre part du commun malheur. Quant à ma fortune particulière, à celle de chacun de nous, il faut la rechercher dans ce qui nous est personnel. Telle est, selon moi, la voie simple et droite, et, sans doute, vous pensez de même. Eschine affirme que mon sort soumet à son influence le sort de l'État : c'est dire qu'une destinée faible et obscure prévaut sur une haute et glorieuse destinée; cela se peut-il?

Veux-tu absolument, Eschine, examiner ma fortune? compare-la à la tienne; et, si tu la trouves meilleure, cesse de la décrier. Remonte à l'origine. Par Jupiter et tous les Dieux! qu'on ne m'accuse pas ici ma raison; je le reconnais, c'est manquer de sens que d'outrager la pauvreté, ou de se glorifier d'avoir été élevé dans l'opulence. Si les insultes et les calomnies de ce méchant me forcent à de pareils discours, j'y apporterai du moins toute la modération que le sujet permettra.

Enfant, j'eus le bonheur, Eschine, de fréquenter les premières écoles, et d'avoir assez pour que l'indigence ne me contraignît pas à m'avilir. Devenu homme, ma conduite répondit à mon éducation; je fus chorége, triérarque; je fournis aux dépenses d'Athènes; jamais je ne manquai l'occasion d'une libéralité publique ou privée; je ser-

…s et l'Etat et mes amis. Entré aux affaires, mon administration me fit décerner plusieurs couronnes par ma patrie, par la Grèce; et vous, mes ennemis, vous n'essayâtes pas même de la censurer. Telle a été ma fortune, ma vie. Je pourrais ajouter plusieurs traits que je supprime, ne voulant importuner personne de mes propres louanges.

Et toi, personnage illustre, qui écrases les autres de tes mépris, quelle a été ta destinée ? Nourri dans la misère, tu servis d'abord avec ton père chez un maître d'école. Là tu broyais l'encre, tu nettoyais les bancs, tu balayais la classe, emploi d'esclave et non d'enfant libre. Jeune homme, tu aidais ta mère dans les mystères, tu lisais le grimoire pendant qu'elle initiait (127). La nuit, tu affublais les initiés d'une peau de faon, tu leur versais du vin, tu les purifiais, tu les frottais de son et d'argile; après la cérémonie tu leur faisais dire, *J'ai fui le mal, j'ai trouvé le bien*. Tu faisais gloire de hurler mieux que personne, et je le crois : avec une aussi forte voix, on doit primer par l'éclat des hurlements! Le jour, menant par les rues cette brillante troupe de fanatiques couronnés de fenouil et de peuplier, pressant des serpents et les élevant au-dessus de ta tête, tu vociférais, *Evoé Saboé*, et tu dansais en chantant, *Hyès Attès, Attès Hyès*. Salué par les vieilles femmes des titres de prince, de général, de porte-lierre, de porte-van, et d'autres noms magnifiques, tu en recevais pour honoraires des tourtes, des gâteaux, des pains frais. Qui donc ne proclamerait ton bonheur ? qui n'exalterait une telle fortune ?

À peine inscrit dans une tribu (de qu'elle manière ? passons), tu choisis la fonction la plus noble, tu te fis copiste et valet des magistrats du dernier rang. Tu quittas aussi ce métier, après y avoir fait tout ce que tu reproches aux autres; et, par Jupiter! tu ne flétris pas ce brillant début par la suite de ta vie : tu te mis aux gages de ces histrions fameux, les Simylos et les Socrate, appelés *les Soupireurs*. Tu jouais les troisièmes rôles; maraudeur, tu cueillais figues, raisins, olives, comme si tu avais acheté la récolte. Dans ces expéditions tu reçus encore plus de coups que sur le théâtre, où tes camarades et toi vous risquiez votre vie (128). Point de trêve ! les spectateurs vous faisaient une guerre implacable. Tant de glorieuses blessures t'ont bien acquis le droit d'accuser de lâcheté ceux qui n'ont pas connu ces périls!

Passons encore; ces vices, on peut les attribuer à l'indigence : arrivons aux crimes dont la source est dans ton cœur. Dès que tu te fus avisé de te mêler aussi du gouvernement, ton système politique fut tel que, dans les prospérités de la patrie, tu as mené la vie d'un lièvre, tremblant, rongé de crainte, toujours dans l'attente du supplice dû aux trahisons que te reprochait ta conscience; mais hardi, bravant tous les regards, quand tes compatriotes étaient malheureux. Or, celui qui triomphe de la mort de mille citoyens, quel châtiment ne mérite-t-il point de la part de ceux qui survivent ? J'aurais encore beaucoup à dire; je m'arrête. Loin de dévoiler au hasard toutes ces ignominies, je ne dois toucher qu'à celles qui ne me souilleront pas moi-même.

Rapproche donc, Eschine, ta vie de la mienne, mais avec calme, sans aigreur; puis demande à ces citoyens laquelle chacun d'eux voudrait choisir. Tu enseignais les premières lettres; moi, j'avais des maîtres; tu servais dans les mystères, j'étais initié; tu étais danseur, moi chorége; scribe, moi orateur; histrion subalterne, moi spectateur; tu tombais sur la scène, je sifflais! Homme d'Etat, tu faisais tout pour l'ennemi; moi, tout pour la patrie : et, pour abréger le parallèle, aujourd'hui même où il est question pour moi d'une couronne, nous sommes jugés tous deux, moi irréprochable, toi calomniateur; seulement, tu cours risque de quitter le métier, si tu n'obtiens pas la cinquième partie des suffrages. Tu le vois, Eschine : brillante compagne de ta vie, cette fortune te permet d'accuser mon misérable sort! Je vais produire toutes les pièces qui attestent les charges publiques que j'ai remplies. Par représailles, lis-nous ces tirades si maltraitées par toi :

De l'éternelle nuit, je quitte les abîmes (129),

ou :

Sachez que, malgré moi, j'annonce les désastres;

ou bien :

Malheur à toi, méchant (130) !...

Que les Dieux, que nos juges t'exterminent, scélérat, perfide citoyen, histrion subalterne ! Qu'on lise les témoignages.

Témoignages.

Voilà donc ce que je fus pour ma patrie. Dans les relations privées, si vous ne savez tous que j'ai été doux, humain, secourable à ceux qui avaient besoin, je me tais, je n'ajoute pas une parole, je ne produis pas un témoin, ni sur les captifs que j'ai pu racheter, ni sur les filles que j'ai dotées, ni sur aucune action pareille. Car voici mon sentiment à ce sujet. Qu'un service soit sans cesse présent à la mémoire de celui qui l'a reçu, et promptement oublié du bienfaiteur, si l'un veut être reconnaissant, l'autre généreux. Publier ses bienfaits, c'est presque les reprocher (131). Je ne ferai rien de semblable, je n'en viendrai jamais là. Quoi qu'on pense de moi à cet égard, cette opinion me suffit.

J'abandonne les objets particuliers pour vous entretenir encore un moment des affaires publiques. Si tu peux, Eschine, montrer sous le soleil un seul mortel, Hellène ou Barbare, que n'ait pas froissé la puissance de Philippe et d'Alexandre, je t'accorde que ma fortune, ou, si tu veux, mon infortune, a causé tous nos malheurs. Mais, si des milliers d'hommes qui ne m'ont jamais vu ni entendu, si des villes, si des nations entières ont essuyé tant de revers affreux, combien n'est-il pas plus juste et plus vrai de s'en prendre à une destinée commune qui se révèle ici, à un entraînement funeste et désordonné? Et voilà ce que tu supprimes! Et, parce que j'avais part au gouvernement, c'est moi que tu accuses! Tu ne l'ignores pas cependant, tes invectives sont lancées, au moins en partie, sur tous les Athéniens, et principalement sur toi. Si ma volonté, devenue souveraine, eût seule dirigé les affaires, tu pourrais, avec tous les orateurs, t'élever contre moi. Mais, si vous assistiez à toutes les assemblées, si les intérêts de l'État étaient soumis à des délibérations publiques, si mes projets furent approuvés de tous, surtout de toi, qui me cédas les espérances, la gloire, les honneurs, récompense de ma conduite, non par affection, sans doute, mais par l'ascendant de la vérité, par l'impossibilité de donner de meilleurs conseils, quelle est donc ton injustice et ta fureur de condamner aujourd'hui mes paroles, puisque tu n'avais alors rien de mieux à proposer?

Voici des principes que je vois établis et fixés chez toutes les nations : pour le mal commis méchamment, peine, rigueur inflexible; pour une faute involontaire, indulgence et douceur; sans prévarication, sans erreur, après s'être dévoué aux entreprises que tous jugeaient utiles, un citoyen a-t-il succombé avec tous? pas de reproches, pas d'injures; partagez plutôt sa douleur. Ces maximes ne sont pas seulement dans les lois, la nature les a gravées au cœur de l'homme en traits ineffaçables. Mais Eschine! en délations atroces, il franchit toutes les bornes : ce qu'il a lui-même appelé revers de fortune, il m'en fait un crime! Puis, comme si tous ses discours respiraient la candeur, le patriotisme, il vous invite à la méfiance; il craint que je ne vous trompe, que je ne vous séduise; orateur dangereux, fascinateur, sophiste, c'est ainsi qu'il m'appelle : comme si, en jetant à quelqu'un ses propres noms, on les lui rendait personnels! comme si les auditeurs ne devaient plus examiner d'où le reproche est parti! Mais je sais qu'Eschine vous est connu, et que vous le jugez tous plus digne que moi de ces injures. Je le sais aussi, mon éloquence (passez-moi ce mot, bien que je voie la puissance de la parole dépendre surtout de l'auditoire, et l'orateur le mieux accueilli, le plus favorablement écouté passer pour le plus habile), mon expérience dans cet art, si j'en ai, s'exerça toujours pour vous dans les affaires publiques, vous le reconnaîtrez, jamais contre vous, même dans les causes privées. La sienne, au contraire, vouée à l'ennemi, s'est déchaînée contre tout particulier qui lui déplaisait, qui lui résistait; jamais il n'en usa pour la justice, pour le bien public. Un bon citoyen doit-il demander à des juges, assemblés pour des intérêts généraux, de servir sa colère, sa haine, ses passions? Doit-il apporter de tels sentiments devant vous? Non! son cœur en sera dégagé, ou, du moins, il saura les maîtriser. Quand donc l'homme d'État, l'orateur se livrera-t-il à sa véhémence? Lorsque la chose publique sera en péril, lorsque le Peuple sera en guerre avec ses ennemis. Voilà l'heure où éclatera le zèle du grand citoyen. Mais, sans m'avoir jamais poursuivi ni en son nom, ni au nom d'Athènes, pour aucun attentat, pour aucun délit, venir aujourd'hui, armé d'une accusation contre une couronne, contre quelques éloges, épuiser là-dessus toute sa faconde, c'est faire preuve de haine, de jalousie, d'un cœur vil et entièrement perverti! tomber maintenant sur Ctésiphon, après avoir décliné le combat contre moi, c'est cumuler toutes les bassesses!

A tes déclamations, Eschine, je croirais que tu as entrepris cette cause, non pour demander vengeance d'un coupable, mais pour faire parade d'une voix bien exercée. Toutefois, ce n'est ni la beauté du langage, ni l'éclat de la voix qu'on estime dans l'orateur, c'est de sympathiser avec le Peuple, c'est de haïr et d'aimer comme la patrie. Avec un cœur ainsi fait, on n'a que des paroles de dévouement. Celui qui, au contraire, courtise ceux dont la République se voit menacée, ne s'appuie pas sur la même ancre que ses concitoyens : aussi n'est-ce point du même côté qu'il attend son salut. Ne vois-tu pas le contraire en moi? Mes intérêts furent les intérêts de tous; jamais rien à part, rien de personnel. En peux-tu dire autant, toi qui, aussitôt après la bataille, partis en ambassade vers Philippe, vrai l'auteur des désastres de ta patrie? Tous savent qu'avant cette époque (132) tu avais toujours refusé cette mission. Or, quel est celui qui trompe la République? N'est-ce pas le citoyen qui parle autrement qu'il ne pense? Sur qui tombent les stes imprécations du héraut (133)? N'est-ce pas sur un tel homme? Que peut-on reprocher de plus grave à un orateur, que de parler contre ses propres sentiments? Voilà pourtant ce qu'on a découvert en toi! Et tu parles encore! et tu oses regarder ces citoyens en face! Crois-tu donc qu'ils ne te connaissent pas, ou que le sommeil et l'oubli se soient tellement emparés de tous, qu'ils ne se souviennent plus de tes discours, lorsque, durant la guerre, tu protestais avec serments, avec imprécations, contre toute liaison entre Philippe et toi, contre la vérité de mes reproches, que tu mettais sur le compte de la haine? Mais, à la première nouvelle de la défaite, oubliant imprécations et serments, tu te proclamas l'hôte et l'ami de Philippe, couvrant de ces beaux noms ton infâme trafic. En effet, à quel titre légitime Eschine, fils de Glaucothéa la joueuse de tympanon (134), aurait-il été l'hôte, l'ami, ou seulement connu du roi de Macédoine? Je ne le vois pas; mais tu étais à ses gages pour perdre Athènes. Eh quoi! ta trahison était flagrante; après l'événement tu fus ton propre dénonciateur : et c'est toi qui m'outrages! et tu me reproches des malheurs dont tu me trouveras moins coupable que personne!

La République, Eschine, a entrepris et exécuté beaucoup de grandes choses par moi; elle ne l'a point oublié, en voici la preuve. Quand le Peuple, aussitôt après l'événement, nomma un panégyriste pour ceux qui venaient de périr, ce ne fut pas toi qu'il choisit, malgré ta candidature et ta voix sonore; ni Démade, qui venait d'obtenir la paix (135); ni Hégémon, ni aucun de vous : ce fut moi. Pythoclès et toi (136), vous vous élançâtes à la tribune. Avec quelle insolente fureur, ô ciel! vous vomissiez les inculpations, les invectives que tu renouvelles aujourd'hui! Eh bien! le Peuple confirma son choix. La raison, tu ne l'ignores pas; je veux pourtant te la dire. Il connaissait et mon zèle dévoué, et votre perfidie. Car, ce que vous aviez nié avec serment durant nos prospérités, vous l'avouâtes au moment de nos revers : on vous tint donc pour d'anciens ennemis, à qui les malheurs publics donnaient le courage de se déclarer. D'ailleurs, convenait-il de confier l'éloge de nos braves à l'homme qui avait logé sous le même toit, participé aux mêmes libations que ceux contre lesquels ils avaient combattu? Convenait-il que celui qui, en Macédoine, avait fait des orgies, et chanté les hymnes où les meurtriers de nos compatriotes célébraient la désolation de la Grèce, à son retour dans Athènes reçût un tel honneur? Il fallait, pour une telle infortune, non une voix et des larmes de théâtre, mais une âme pénétrée de la publique douleur. Ce deuil, les Athéniens le trouvaient dans leurs cœurs, dans le mien, non dans les vôtres : c'est pour cela qu'ils me choisirent, et non pas vous. Et non-seulement eux, mais les pères, les frères chargés du soin des obsèques, agirent ainsi. Le repas funèbre, qui se donne ordinairement chez le plus proche parent, ils le donnèrent chez moi. Ils ne se trompaient point : en effet, si, par le sang, chacun d'eux tenait aux morts de plus près, comme citoyen je leur étais plus uni que personne. Oui, le plus intéressé à leur salut, à leur succès, devait, après leur malheur à jamais regrettable, prendre la plus grande part aux larmes de tous.

Qu'on lise à cet homme l'inscription qu'Athènes fit graver sur leur tombeau. Ici encore, Eschine, tu reconnaîtras et ton injustice, et tes calomnies, et ta méchanceté.

Inscription.

De leur zèle pieux intrépides victimes,
Ces guerriers, que la gloire entraînait sur ses pas,
Pour abattre un tyran et pour punir ses crimes,
Au milieu des périls ont trouvé le trépas.
Tandis qu'ils repoussaient la honte et l'esclavage,
La fortune jalouse a trompé leur courage.
Entre eux et l'agresseur ils appelaient la mort :
C'est eux qu'elle a frappés! Nous les pleurons encor :
Vains regrets! du Destin tel fut l'ordre immuable.
Il n'appartient qu'aux Dieux de ne faillir jamais;
Eux seuls ont en leurs mains le bonheur, le succès.
Mortels, soumettez-vous au sort inévitable!

Tu l'entends, Eschine, *Il n'appartient qu'aux Dieux de ne faillir jamais; eux seuls ont le succès entre les mains*. Est-ce un orateur que ces vers font arbitre de la victoire? non, ce sont les Immortels. Pourquoi donc, misérable, m'accabler d'imprécations? Puisse le ciel les faire retomber sur toi et sur les tiens!

Parmi tant d'autres imputations calomnieuses, hommes d'Athènes! une chose surtout m'a frappé : c'est qu'en rappelant nos malheurs, il n'était pas affecté comme doit l'être un bon citoyen; pas une larme! point de tristesse dans cette âme! Enflant sa voix retentissante, triomphant, il croyait m'accuser; et il s'accusait lui-même, en montrant que notre infortune ne le touche pas comme nous. Toutefois, à quiconque se vante, comme lui, d'aimer les lois et le gouvernement, il conviendrait au moins de partager les joies et les douleurs du Peuple, au lieu de se ranger, par sa politique, sous le drapeau de l'ennemi : ce qu'on t'a vu faire, quand tu m'imputais le désastre de la nation et les disgrâces d'Athènes. Non, Athéniens, ce ne sont point mes conseils qui, dès le principe, vous portèrent à secourir la Grèce. Ah! si vous me cédiez la gloire de tout ce que vous avez fait pour réprimer une puissance qui s'élevait contre les Hellènes, vous me donneriez plus que vous n'accordâtes jamais. Je ne m'arrogerai pas cet honneur : ce serait vous faire injure ; vous ne le souffririez pas, je le sais ; et, si cet homme était juste, il ne viendrait pas, en haine de moi, calomnier votre gloire.

Mais à quoi m'arrêté-je ? n'ai-je pas à repousser des mensonges bien plus révoltants ? Celui qui m'accuse, ô ciel ! de philippiser (137), que n'est-il point capable de dire ? J'en atteste Hercule et tous les Dieux ! si, retranchant les imputations de la calomnie et de la haine, il fallait rechercher de bonne foi les têtes coupables sur lesquelles doit peser le reproche de nos calamités, on trouverait que c'est sur les Eschines de chaque ville, non sur ses Démosthènes. Lorsque la puissance de Philippe était encore faible et restreinte, nous prodiguions à la Grèce avertissements, exhortations, leçons de prudence ; eux, dans leur sordide avarice, vendaient les intérêts publics, séduisant, corrompant leurs concitoyens, jusqu'à ce qu'ils les eussent faits esclaves : en Thessalie, Daochos, Cinéas, Thrasydée ; en Arcadie, Cercidas, Hiéronymos, Eucampidas ; chez les Argiens, Myrtès, Télédamos, Mnaséas ; à Élis, Euxithée, Cléotime, Aristæchmos ; à Messène, la race de l'impie Philiade, Néon et Thrasyloque ; à Sicyone, Aristrate, Épicharès ; à Corinthe, Dinarque, Démarate ; à Mégare, Ptœodore, Hélixos, Périlaos ; à Thèbes, Timolaos, Théogiton, Anémœtas ; Hipparque, Clitarque, Sosistrate en Eubée (138). Le jour finirait avant que j'eusse compté tous les traîtres. Les voilà, ô Athéniens ! les hommes qui, dans leurs villes, suivaient tous les mêmes principes que ceux-ci parmi vous : âmes de boue, vils adulateurs, furies de leur patrie, que chacun d'eux a horriblement mutilée, ils ont, la coupe en main, vendu la liberté tour à tour à Philippe, à Alexandre (139) ; et, mesurant la félicité au plaisir de leur ventre, à leurs infamies, ils ont anéanti cette indépendance, cette douceur de ne relever d'aucun maître, bonheur suprême de nos pères.

Parmi ces complots hideux qui eurent tant d'échos, tranchons le mot, dans cette vente de la liberté grecque, le monde, grâce à mes conseils, a vu l'innocence des Athéniens ; les Athéniens, celle de Démosthène. Et tu demandes pour quelle vertu je crois mériter une récompense ! Je vais te le dire. Avoir résisté aux occasions, aux cajoleries, aux plus brillantes promesses, alors que, dans toutes les villes de la Grèce, tous les orateurs, à commencer par toi, étaient achetés par Philippe, puis par Alexandre ; avoir refusé à l'espoir, à la crainte, à la faveur, l'abandon des droits et des intérêts de ma patrie ; par les conseils offerts à mes concitoyens, n'avoir jamais, comme ta cabale, incliné la balance du côté du gain ; avoir montré dans tous mes actes un cœur droit et incorruptible ; avoir enfin dirigé les plus grandes affaires de mon siècle avec prudence, équité, candeur : voilà mes titres à une couronne !

Quant à cette réparation de murs et de fossés, que tu poursuis de tes railleries, je la crois digne de reconnaissance et d'éloges, pourquoi pas ? mais je la place fort au-dessous de mes autres services. Non, ce n'est pas uniquement de pierres et de briques que j'ai revêtu notre ville ; ce n'est pas là mon plus grand titre de gloire. Jette un regard d'équité sur mes vraies fortifications, tu trouveras des armes, des cités, des places, des ports, des vaisseaux, de la cavalerie, une armée dévouée. Les voilà, les remparts dont j'ai muni, autant que pouvait la prudence d'un homme, non-seulement l'enceinte d'Athènes et du Pirée, mais toute l'Attique. Aussi n'ai-je pas été vaincu, il s'en faut bien, par la politique et les armes de Philippe ; mais les généraux et les soldats de ses alliés l'ont été par la fortune. En voici les preuves : jugez de leur clarté, de leur évidence.

Que devait faire un zélé citoyen, qui, avec toute la prévoyance, l'ardeur, la droiture possibles, travaillait pour sa patrie ? Ne devait-il pas couvrir l'Attique, vers la mer, par l'Eubée ; vers la terre, par la Béotie ; vers le Péloponnèse, par les peuples limitrophes ? s'assurer, pour le transport des grains jusqu'au Pirée, un passage libre à travers des contrées amies ? conserver ce que nous possédions, la Proconèse, la Chersonèse, Ténédos, et, pour cela, envoyer des secours, parler, rédiger des décrets ? Ne devait-il pas gagner l'amitié et l'alliance de Byzance, d'Abydos, de l'Eubée (140) ? enlever à l'ennemi ses principales forces, et suppléer à ce qui nous manquait ? Tout cela, je l'ai fait par mes décrets, par ma politique. Oui, soumise à un examen impartial, ma conduite, hommes d'Athènes ! n'offre que sages projets exécutés avec intégrité, qu'attention à voir, à saisir, à ne jamais vendre une occasion propice, à faire tout ce qui dépend de la puissance et de la raison d'un seul mortel. Qu'un fatal génie, la fortune, l'inhabileté de nos généraux, la scélératesse des traîtres, peut-être toutes ces causes, aient entraîné la ruine universelle, où est le crime de Démosthène ? Ah ! si chaque ville grecque eût possédé un citoyen tel que j'étais ici à mon poste ; que dis-je ? si un seul Thessalien, un seul Arcadien eût pensé comme moi, pas un Hellène, ni en deçà ni au delà des Thermopyles, ne souffrirait ce qu'il souffre aujourd'hui ! Libres sous leurs propres lois, sans périls, sans alarmes, tous vivraient heureux dans leurs patries ; et leur reconnaissance envers vous, envers Athènes, pourtant de biens précieux, serait mon ouvrage ! Pour vous convaincre que, dans la crainte d'irriter l'envie, j'abaisse mon langage au-dessous des faits, on va prendre et lire l'énumération des secours envoyés d'après mes décrets.

Énumération des secours.

Voilà, Eschine, ce que doit faire l'homme d'honneur, le bon citoyen. Le succès, ô Terre ! ô Dieux ! nous eût placés incontestablement au faîte de la grandeur, et placés avec justice. Dans nos revers, il nous reste, du moins, une renommée intacte ; nul ne se plaint d'Athènes, ne blâme sa politique ; on n'accuse que la fortune, qui a ainsi décidé. Mais, par Jupiter ! le bon citoyen ne se détache point des intérêts de l'État, ne se vend point aux ennemis pour les servir dans l'occasion, au lieu de servir sa patrie ; il ne dénigre pas celui chez qui des discours, des décrets dignes de la République ont été l'objet d'une application persévérante ; il ne garde pas le souvenir d'une injure personnelle ; il ne se tient pas, comme tu fais souvent, dans un repos insidieux et funeste.

Sans doute, il est un repos honorable, utile à la patrie, et vous le goûtez presque tous loyalement. Mais, tel n'est pas, il s'en faut, le repos de cet homme. Caché loin des affaires quand bon lui semble, ce qui n'est pas rare, il épie le moment où vous êtes las d'entendre un orateur assidu, où la fortune vous envoie quelqu'un de ces revers, de ces chagrins si communs dans la vie humaine. Soudain il s'élance de sa retraite (141) ; sa parole s'élève comme le vent, il déploie sa voix, entasse mots sur mots, et prolonge tout d'une haleine des tirades sonores qui, loin de produire aucun bien, frappent au hasard quelques particuliers, et déshonorent la République. Si ces exercices, si cette activité, Eschine, partaient d'une âme saine, vraiment zélée pour la patrie, il en sortirait des fruits généreux, utiles à tous, alliances, subsides, entreprises commerciales, lois salutaires, puissants obstacles opposés à l'ennemi. C'est là ce que nous recherchions dans ces jours mauvais qui présentaient au bon et vertueux citoyen mille occasions où jamais tu ne parus, ni le premier, ni le dernier (142), non jamais : et cependant il s'agissait de l'agrandissement de la patrie ! Quelle alliance, quels secours, quels amis, quelle gloire Athènes a-t-elle acquis par toi ? Est-il une ambassade, une fonction dans laquelle tu lui aies fait honneur ? Athénienne, grecque ou étrangère, une affaire a-t-elle jamais réussi entre tes mains ? Où sont les flottes, les armes, les arsenaux, les fortifications, la ca-

valerie, dont nous soyons redevables à tes soins ? Le riche, l'indigent, quelles ressources ont-ils puisées dans tes dons patriotiques ? Aucune ! — Il est vrai ; mais il a montré du zèle, de la bonne volonté. — Où ? dans quel temps ? O le plus injuste des hommes ! lorsque tous les orateurs s'imposaient une taxe volontaire pour le salut commun, lorsque dernièrement Aristonique y sacrifia les épargnes amassées pour sa réhabilitation (143), tu ne donnas rien, tu ne parus même pas. Fut-ce par indigence ? Non ; car tu avais reçu plus de cinq talents de la succession de Philon, ton beau-père ; et deux talents, offerts collectivement par les premiers contribuables, pour avoir mutilé la loi sur les armements (144). Passons sur ces détails : de propos en propos ils m'entraîneraient loin de mon sujet. Il demeure constant que, si tu ne t'imposas point, ce ne fut pas faute d'argent, mais ménagement délicat pour ceux à qui ta politique est vendue.

Quand donc es-tu hardi ? Quand brilles-tu le plus ? C'est lorsqu'il faut parler contre ces citoyens. Oh ! alors tu déploies une voix éclatante, une immense mémoire, le talent d'un grand acteur, d'un Théocrine (145) !

Tu as parlé des grands hommes de l'ancien temps : rien de mieux. Mais il est injuste, ô Athéniens ! d'abuser de votre admiration pour ces illustres morts, et d'établir un parallèle entre eux et moi, qui vis au milieu de vous. Ne sait-on pas que l'envie se glisse plus ou moins sous les vivants, et que les morts n'ont plus d'ennemis (146) ? Tel est le cœur humain : et c'est aujourd'hui, c'est l'œil fixé sur nos devanciers, que l'on me jugera ! Non, il n'y aurait là ni justice, ni parité. C'est à toi, Eschine, à celui de tes pareils que tu voudras, à nos contemporains, qu'il faut me comparer. Considère encore s'il est plus beau, plus utile pour Athènes, que les services de nos ancêtres, prodigieux sans doute et supérieurs à l'éloge, fassent oublier, mépriser les services récents, ou d'aimer, d'honorer quiconque sert la patrie avec ardeur. Bien plus, qu'il me soit permis de le dire, si l'on examine de bonne foi ma conduite, on reconnaîtra la conformité de mes intentions avec celles des grands hommes que tu célèbres, et de tes intrigues avec celles de leurs calomniateurs. Car leur siècle aussi vit des méchants qui, pour rabaisser les vivants, exaltaient les morts, lâches envieux, tes pareils. Tu dis que je n'ai rien de ces illustres citoyens : mais toi, Eschine, mais ton frère, mais tous les orateurs d'aujourd'hui, leur ressemblez-vous ? Eh ! l'homme de bien (je t'épargne d'autres noms) compare les vivants aux vivants, et les talents entre eux, comme on fait pour les poëtes, les danseurs, les athlètes.

Philammon, quoique inférieur à Glaucos le Carystien et à quelques anciens lutteurs, ne sortait pas d'Olympie sans couronne; supérieur à ses antagonistes, il était couronné et proclamé vainqueur. De même, Eschine, compare-moi aux orateurs de notre temps, à toi, à qui tu voudras; je ne recule devant personne. Tant que la République a pu choisir les meilleurs conseils, tant qu'il a été permis à tous les citoyens de rivaliser de zèle, c'est moi qu'on a vu proposer les avis les plus utiles; c'est sur mes décrets, mes lois, mes ambassades, que tout se réglait; aucun de vous n'a jamais paru que pour nuire au Peuple. Après les événements (que les Dieux ne les ont-ils détournés!), quand on cherchait, au lieu de fidèles conseillers, des esclaves dociles, des traîtres, des mercenaires, des adulateurs, alors tes pareils et toi vous brillâtes au premier rang; nourrissant de beaux coursiers; moi, j'étais peu de chose, il est vrai, mais j'avais de meilleures intentions que vous pour la patrie !

Deux grandes qualités, hommes d'Athènes! caractérisent l'honnête citoyen, titre que je puis prendre sans irriter l'envie : dans l'exercice de la puissance, une fermeté inébranlable à maintenir l'honneur et la prééminence de la République; en tout temps, pour chaque fait, du dévouement. Ce dernier point dépend de nous, le cœur en est maître; mais la puissance est hors de nous. Le dévouement! vous le trouvez en moi, constant, inaltérable. Voyez, en effet. On a demandé ma tête (147), on m'a cité au tribunal des Amphictyons, on a mis en jeu menaces et promesses, on a lâché sur moi ces misérables comme des bêtes féroces : j'ai toujours été fidèle à mon zèle pour vous. Dès mes premiers pas, j'ai choisi la route la plus droite : soutenir les prérogatives, la puissance, la gloire de ma patrie, les étendre, m'identifier avec elles, telle a été ma politique. Quand l'étranger prospère, on ne me voit pas, rayonnant de joie, me promener sur la place publique, tendre la main, conter l'heureuse nouvelle à qui ne manquera pas de la transmettre en Macédoine. Si notre ville a quelque bonheur, je ne l'apprends pas en frissonnant, en gémissant, le regard abattu, ainsi que ces impies qui décrient la République, comme si ce n'était pas se décrier eux-mêmes; qui, toujours l'œil au dehors, exaltent les succès de celui (148) qui est heureux du malheur de la Grèce, et veulent qu'on s'applique à les perpétuer.

Rejetez tous, Dieux immortels ! leurs coupables vœux ! Corrigez, corrigez leur esprit et leur cœur! Mais, si leur méchanceté est incurable, puissent-ils, isolés dans le monde, périr avant le temps, sur la terre, sur les flots ! Pour nous, dernière espérance de la patrie, hâtez-vous de dissiper les craintes suspendues sur nos têtes, et d'assurer notre salut (149) !

NOTES
DU PLAIDOYER DE DÉMOSTHÈNE SUR LA COURONNE.

Texte de Bekker, dans les *Oratores Attici* de Dobson, t. VI, p. 23.

Pour interpréter ce texte, et, par suite, le modifier dans un très-petit nombre de passages, j'ai consulté les variantes de cette même édition; les scolies d'Ulpien, t. x, p. 89, et les scolies supplémentaires, p. 307; les éditions de Hervag et de Morel; les notes de Tourreil, Reiske, Auger, 1788; Dobrée, Jacobs; le commentaire *Variorum* de Dobson; le texte et le commentaire *Var.* de Harless (Leipz. 1814); l'Apparatus de Schæfer, t. II; Rochefort (Mém. de l'Acad. des Inscript., t. XLIII, p. 35); les versions latines de J. Wolf, Lambin; d'un anonyme, Paris, 1735; de l'édit. de Dobson, t. XV, p. 163; de Harless; plusieurs versions françaises, et la traduction allemande de Jacobs, 1833.

(1) Les critiques de la Grèce et de Rome ont admiré à l'envi cet exorde; plusieurs écrivains anciens ont, dans des genres très-différents, tenté de l'imiter; et deux rhéteurs, cités par Ulpien (Dobs. t. x, p. 91), lui avaient appliqué la minutieuse analyse de la critique grecque. L'orateur cherche à produire, dès l'abord, une impression multiple, nécessaire à sa cause. Par le souvenir modeste de ses services, il réveille en sa faveur l'attention de l'auditoire, qu'Eschine avait dû épuiser. Par cette prière, si conforme à cet esprit religieux de l'antiquité qui dicta aussi les premières paroles de Lycurgue accusant Léocrate, de Cicéron défendant Muréna et Rabirius, il dissipe le reproche d'impiété que lui avait fait son ennemi. Ensuite il prépare l'amour-propre de ses juges à écouter sans répugnance une apologie presque involontaire; enfin, et c'est ici l'essentiel, il réclame la liberté de s'écarter du plan de défense que lui avait prescrit l'artificieux Eschine, qui prétendait l'obliger à répondre d'abord sur l'infraction des formes légales. « Démosthène, dit la Harpe, était trop habile pour donner dans ce piège : il sentait bien que cette discussion juridique, déjà fort longue dans le discours d'Eschine, le paraîtrait encore bien plus dans le sien, et commencerait par ennuyer son auditoire qui refroidirait sa harangue. L'essentiel était de prouver qu'il avait mérité la couronne, et de se concilier ses juges, en remettant sous leurs yeux tout ce qu'il avait fait pour l'État. Ce tableau de son administration, tracé avec tout l'intérêt qu'il devait

nable d'y mettre, devait nécessairement l'agrandir aux yeux des Athéniens en humiliant son adversaire, et placer cause dans le jour le plus favorable. C'est aussi par là qu'il commence. » *Cours de litt.*, 1ᵉʳ part., l. 2.

Quintilien nous a conservé une sorte de tradition du style dont Démosthène accompagna ces premières paroles : « Est et ille verecundæ orationi aptissimus, quo quasi primis leviter in summum coeuntibus digitis, non toto ab ore aut pectore refertur ad nos manus, et deinde sonora ac paululum prolata laxatur. Hoc modo cœpisse Demosthenem credo in illo pro Ctesiphonte timido summissoque principio. » xi, 3.

(2) Τῇ τάξει καὶ τῇ ἀπολογίᾳ. Le premier de ces mots ne signifie jamais une *attaque*; et l'induction que l'on a tirée, tout récemment encore, de τῶν ἀνωνιζομένων ἕκαστος pour forcer sa signification, tombe devant l'examen des deux plaidoyers. Eschine *se défend*, par anticipation, contre plusieurs reproches qu'il attend de son adversaire, comme celui-ci *se défend* contre les diffamations du premier. Les deux orateurs disent tour à tour aux juges : « N'accordez pas la parole à Démosthène. — Laissez-moi me justifier χρήσασθαι τῇ ἀπολογίᾳ. — Si Démosthène parle, qu'il suive mon plaidoyer pas à pas. — Laissez-moi suivre le plan que je préfère, χρήσασθαι τῇ τάξει. A ce mot τῇ τάξει une scolie ajoute simplement τῶν κεφαλαίων, *dispositio despartes principales*. Même sens dans la préface du commentaire d'Ulpien. Notre interprétation est, d'ailleurs, celle des traducteurs latins, de Duvair, de Jacobs et de M. Jager.

(3) Habile réticence, qui donne à entendre plus que l'orateur n'oserait exprimer (*Ulpien*). Suidas développe ainsi la pensée, Ἐγὼ μὲν περὶ τῶν ἐσχάτων κινδυνεύω. « Mihi quidem de fama et fortunis omnibus est periclitandum » (*Stock*).

— Ἐκ περιουσίας, *par surabondance*. Cette expression, synonyme de ἐξ εὐπορίας, ἐκ περιόντος, que l'on trouve dans Platon et Thucydide, a divers sens chez les écrivains grecs. V. l'Apparatus de Schæfer, t. ii, p. 19. Selon son acception spéciale, ses équivalents sont *de gaieté de cœur*, ou *par surcroît*, ou *par passe-temps*. Il n'est donc pas étonnant que déjà, au temps d'Ulpien, les rhéteurs ne fussent pas d'accord sur le vrai sens qu'elle a ici. Celui que demande la logique est, *ita ut nihil in periculum adducat, nisi quod superfluum est*.

(4) Je lis dans une traduction récente : « Et que je ne dois pas songer moins à ma défense qu'à la sienne. » Gin avait adopté le même sens. Cependant le scoliaste est formel : Ἀξιοσπουδαστότερον ἐμοὶ μᾶλλον τοῦ Κτησιφῶντος.

(5) Harless s'écrie ici : « Sentisne magnitudinem, liberalem dicendi, mentemque recti consciam ? »

(6) Ulpien signale l'obscurité de ce passage, que les dissertations de Wolf, de Tourreil et de Harless n'ont pas éclairci. Ce dernier et Wunderlich proposent des corrections qui ne me semblent pas nécessaires. Taylor, si pénétrant, avoue que la liaison des idées lui échappe ici. J'ai suivi, aidé de Jacobs, le sens qui contrarie le moins la suite du raisonnement. — Πολιτικόν· δημοτικόν, *Ulp*.

(7) Eschine avait été tragédien. *Ulp*.

(8) Cette guerre, appelée aussi *guerre Sacrée*, parce que la culture d'un champ appartenant au temple de Delphes en fut le premier prétexte, dura dix ans. (Ol. cvi, 1 — cvii, 3 ; 356 — 346 av. J. C.) Au moyen des trésors du temple, les Phocidiens la soutinrent avec une fortune inégale. Enfin, la destruction de ce peuple, vaincu sans ressource, fut prononcée par le conseil amphictyonique (Diod. xvi, 23—59 ; Pausanias , x , 2 et 3). Les Thébains, seuls d'abord, puis unis aux Thessaliens, avaient attaqué la Phocide. Sparte, fidèle à sa haine pour les premiers, avait envoyé des secours. Cette haine régnait aussi à Athènes ; cependant son effet s'était borné à une alliance avec les Phocidiens, lorsque Philippe, profitant habilement de ces troubles, s'avança pour occuper le défilé des Thermopyles.

— *Non par moi*. Démosthène insinue par là qu'il n'était pas un aveugle partisan de la guerre. *Ulp*. Ce tableau de la situation de la Grèce est souvent cité avec éloge par les anciens : Quintil. iv, 2 ; Hermog. p. 281, 286, 307 ; Démétr. Phal. § 322.

(9) Dans les villes du Péloponnèse que Sparte avait soumises, des décemvirs (décadarques) gouvernaient en son nom.

Les mots ἄκριτος ἔρις sont expliqués par Taylor, *contentio tacita et obducta, quæ nondum in apertum bellum erupit*; par J. Wolf et Harless, *lis inexplicata*. Malgré l'autorité d'Harpocration et de Suidas, qui regardent ἄκριτος comme synonyme de ἀδιάκριτος, *indistinct*, *confus*, et celle de Jacobs, qui traduit par *verworrene*, je crois devoir repousser cette interprétation. Démosthène vient de dire que la guerre avait éclaté entre les Phocidiens et les Thébains : or, ces deux peuples sont évidemment compris parmi ceux qu'il désigne ici, καὶ παρὰ τοῖς ἄλλοις ἅπασιν Ἕλλησιν. Ulpien : "Ἄκριτος· πολλή. Tel est, d'ailleurs, le sens adopté, quelquefois avec paraphrase, par Lambin, Duvair, Tourreil, Auger, Gin et M. Jager. Millot et M. Plougoulm ne se prononcent pas.

(10) Alexandre venait de détruire Thèbes.

(11) Guerre contre Philippe, pour la possession d'Amphipolis ; Ol. cv, 4 — cviii, 2 ; 357, 347 av. J. C.

(12) Allusion au passage où Eschine qualifie ainsi Démosthène.

(13) La paix dont il est question ici fut conclue Ol. cviii, 2 ; 347. Athènes et Philippe firent de nouveau la paix, ou plutôt une trève, selon Diodore, Ol. cx, 2 ; 339.

(14) Ulpien applique τοῦτο à la désobéissance des députés, et l'on peut traduire : « Que pouvait-il en résulter ? » Au fond, le sens est le même.

(15) Eschine avait désigné ces places comme n'existant pas. De là, la finesse du mot διέσυρε. Ulpien : ὡς οὐδὲν ἐτίθει. Harless : *demolitus est*. Finesse d'autant mieux placée, qu'elle répond à un reproche où il y en a beaucoup.

(16) Barthélemy regarde cet ἀρχιτέκτων, que Duvair appelle *maistre des cérémonies*, comme un entrepreneur chargé d'une partie de la dépense qu'occasionnait la représentation des pièces, et qui recevait en dédommagement une légère rétribution de la part des spectateurs. Dans le principe, l'entrée au théâtre était gratuite. La rétribution établie fut tour à tour d'une drachme, une obole, et deux oboles. V. aussi Boeckh, *Économie polit. des Athéniens*, l. ii, c. 13. Cet entrepreneur s'appelait encore θεατρώνης, θεατροπώλης, ἄρχων τοῦ θεάτρου.

(17) C'est-à-dire, le trente de ce mois, jour intermédiaire entre les deux lunes. Selon l'année, le premier Hécatombæon variait du 13 juin au 9 juillet.

L'année où cette affaire fut traitée (Ol. cviii, 2 ; 347 av. J.-C.), l'archonte éponyme ne s'appelait pas Mnésiphile, mais Thémistocle (V. le dis. d'Esch.). La députation fut composée de dix membres, et non de cinq ; et, à l'exception d'Eschine, tous sont faussement désignés à la fin de ce décret, puisqu'ils furent les mêmes qui avaient fait partie de la première ambassade pour la paix. Ἀπορητέον περὶ τοῦ τῶν πρέσβεων ἀριθμοῦ, dit le scoliaste. Voyez aussi les deux plaidoyers sur l'Ambassade. La teneur et la date de cette pièce-ci présentent encore de graves inexactitudes, qui ont été signalées par Boeckh, Winiewski et Jacobs. Voici deux autres singularités : tous les documents rapportés dans cette harangue offrent une série de faux archontes ; et ceux de la seconde moitié ne sont qu'indiqués ; le texte en est omis. Ces erreurs et cette bizarrerie sont une énigme. Indiquons, en substance, comment l'explique Bœckh dans un savant Mémoire de l'Académie de Berlin, 1827, dont les deux autres philologues désignés plus haut adoptent les réflexions et les conjectures.

1° Ces documents n'ont pas été intercalés par Démosthène lui-même, mais après sa mort, et ils manquent dans plusieurs manuscrits. 2° Ils furent sans doute tirés de collections anciennes, où l'on compilait les archives et les inscriptions publiques. 3° L'auteur de ces extraits aura pris le nom du greffier de la prytanie (τοῦ γραμματέως τοῦ κατὰ πρυτανείαν) pour le nom même de l'archonte, auprès duquel il se plaçait d'ordinaire : car il est très probable que, dans la collection dont il se servait, le nom de l'archonte, inscrit en tête du premier décret de l'année, n'était pas répété dans les actes suivants. 4° Il se sera aussi trompé sur le choix des pièces, et sur leurs dates, 5°. Qui sait si, rebuté par les difficultés de ce dépouillement, peut-être par le sentiment de ses inexactitudes, il n'aura pas laissé son travail inachevé?

(18) Eschine prétendait que Philippe feignait de vouloir faire la guerre aux Phocidiens, tandis qu'il avait l'intention réelle d'attaquer les Thébains. *M. Jager*.

(19) Jacobs et Boeckh font remarquer que la désignation de cet archonte est fausse; et ils prouvent, par le discours de Démosthène sur l'Ambassade, qu'il y a encore erreur quant à la date et au dispositif de ce décret. Winiewski tâche de résoudre la difficulté par l'hypothèse d'une double proposition de Callisthène.

(20) Le savant commentaire de Tourreil sur les mots ὁ ἐπὶ τῶν ὅπλων στρατηγός ne résout pas la difficulté qu'ils présentent. Est-ce une locution pléonastique, comme *commandant d'armes?* Faut-il traduire, *général d'infanterie* (ὅπλων pour ὁπλιτῶν), comme ont fait plusieurs? *intendant de l'arsenal*, comme Olivier? J'ai adopté le sens proposé par Samuel Petit, et suivi, entre autres, par Jacobs.

(21) Philippe n'avait pas compris dans le traité de paix les Phocidiens, quoiqu'ils fussent alliés d'Athènes; et les députés qui lui étaient dévoués avaient allégué un motif spécieux en faveur de cette exception. La Phocide, pleine de sécurité, ne fit presque point de résistance, et son général Phalæcos, qui gardait les Thermopyles, livra le passage aux Macédoniens (Diod. xvi, 59).

(22) *Le destructeur de Thèbes :* Alexandre. V. Plut. *Demost.* 23; *Phoc.* 17; Diod. Sic. xvii, 15; Ulp. h. l.

(23) Philippe entreprit cette campagne contre les Illyriens, Ol. cix, 1; 344 av. J.C. Immédiatement après, il secourut les Thessaliens contre les tyrans de Phères, menaça Mégare et Ambracie, et détruisit Porthmos (Diod. xvi, 69). Justin, ix, 3, place le combat contre les Triballes, peuple de la Mœsie inférieure, après l'expédition de Scythie, Ol. cx, 1; 340.

(24) Tel est le sens qui résulte naturellement du texte. Plusieurs traducteurs latins, Tourreil, Auger, Millot, Jacobs, l'ont adopté. Le mot ἐξουσία ne se prête nullement à cette interprétation de Harless et des derniers traducteurs français : *Il corrompait les députés envoyés pour négocier la paix*.

(25) « Lasthènes, Olynthien, qui avait aidé Philippe à s'emparer de la ville d'Olynthe, se plaignit un jour à lui, disant que quelques-uns de ses mignons qu'il avait autour de lui l'appelaient traître. Il lui répondit que les Macédoniens de leur nature étaient hommes rudes et grossiers, et qui appelaient une marre une marre, et toutes choses par leur nom. » Plut., *Dits mémorables*. — *Simos* était, d'après Harpocration, de la famille des Alévades, anciens ennemis des tyrans de Phères. Démosthène en fait aussi mention dans le Plaidoyer contre Néæra. — *Eudikos*, selon Buttmann et Jacobs, appartenait à la même famille. — *Timolaos*, *Aristrate*, *Périlaos*, traîtres dont les noms sont joints à quelques autres dans ce même discours, p. 112. Dinarque (Disc. contre Dém.) accuse le premier d'avoir reçu de l'argent de Philippe; mais il en fait partie de Démosthène. Périlaos est aussi désigné dans le [...] sur l'Ambassade. Libanius, t. iii, p. 973, s'est plu à [...] ter ce passage.

(26) *C'est grâce à cette multitude*, qu'Eschine, partisan de l'aristocratie, regarde avec mépris : τοὺς πολλοὺς *plebem puta atticam*, Reiske. Dans la bouche des ennemis de la démocratie, οἱ πολλοί était une insulte. Mais pour emprunter le langage de Mirabeau, Démosthène veut que les amis de la liberté se parent des injures de leurs ennemis, et leur ôtent le pouvoir de les humilier avec des expressions dont ils auront su s'honorer. *Séance du [...] juin 1789*.

(27) Ἑωλοκρασίαν. Dans quelques orgies nocturnes on venaient à la suite des jeux publics, si un convive s'était endormi dans l'ivresse, laissant sa coupe remplie, on lui versait sur la tête le lendemain matin. Ulp. Mirabeau pousse plus loin la hardiesse de cette image : « [...] m'annonce que mes ennemis ne me combattront qu'avec des calomnies publiques et secrètes. Je vais être couvert de ce bourbier infect; j'aurai à exprimer l'éponge qui enlèvera cette souillure, pour recommencer souvent [...] dégoûtant office, etc. » *Plaidoyer contre la demande [...] sépar. de sa femme*.

(28) Il est clair, dit la Harpe, qu'il fallait en être sûr pour faire une pareille demande. Remarquons, avec Auger que l'orateur ne se hasarde à la faire que quand il a enflammé les cœurs par la sortie la plus vive contre les traîtres, et disposé l'auditoire à répondre suivant son désir. Stock croit voir ici Eschine hué par la foule, et Démosthène couvert d'applaudissements.

Cette réponse, voici le petit artifice par lequel le grand orateur l'aurait surprise, d'après l'historiette des scoliastes, que Gin qualifie de vraisemblable. Il aurait déplacé, à dessein cette fois (et non comme quand il prononça Ἀσκλήπιον pour Ἀσκληπιόν, x Orat. Westerm p. 24), l'accent du mot μίσθωτος. Aussitôt le jeune poète Ménandre, son ami, peut-être son on compère, aurait crié, comme pour le reprendre : μισθωτός! et la foule, aux oreilles délicates, aurait répété le même mot. Quoi qu'il en soit, les Grecs aimaient à jouer sur l'accent, et posaient cette frivolité jusqu'au calembour. On connaît ceux d'Aristophane. En voici un que le grave Strabon n'a pas jugé indigne d'être mentionné : « Apollonius vint à Rhodes avant Molon; celui-ci arrivé, le premier lui dit : Ὀψὲ μολον. » Liv. xiv, c. 2, § 8. Ὀψὲ, Μόλων, *trop tard*, *Molon*! Ὀψὲ μολών, *trop tard arrivé*!

(29) Ol. cx, 3; avant J. C. 338. Le 1er Élaphébolion, [...] février — 2 mars

(30) Les traducteurs latins rendent ἀνδραγαθίας par *fortitudinis*; les traducteurs français, par *courage*; M. Leybard, par *noble dévouement*. Ce mot, que Cicéron n'a pas traduit (*de Optimo gen. Orat.* vii), est regardé par Hesychius comme synonyme de καλοκαγαθία, *probité*. Aussi Jacobs l'a-t-il rendu par *biederkeit*. Son véritable équivalent, chez nous, a vieilli : c'est *prud'homie*.

(31) D'après Denys d'Halic. (*ad Amm.*, 4), la carrière politique de Démosthène s'ouvre Ol. cvi, 2; 355 av. J. C.

(32) Τοῖς δὲ διδούς. Schæfer prouve, contre Ulpien et Wunderlich, qu'il faut entendre par τοῖς δὲ des États entiers, et non pas seulement quelques traîtres. Il ajoute : « Scilicet jam illis temporibus Napoleonicæ fraudes in artis formam redactæ erant. »

(33) Conformément à quelques versions latines, les traducteurs français rendent ici ἐνταῦθα par *alors* : contre sens, puisqu'il n'est plus possible de construire πολιτείας, Ἐνταῦθα πολιτείας, *in hoc reipublicæ gubernandæ [...] nere ac loco* : interprétation régulière de Lambin, adoptée par Jacobs.

(34) Les Thessaliens, méprisés dans Athènes, s'étaient

soumis à Xerxès, ainsi que les Dolopes, leurs voisins, et ils avaient combattu dans les armées de ce prince contre les Hellènes. V. Hérodote, vii.

(35) Dans nos assemblées délibérantes, ce mode d'argumentation a été souvent reproduit, surtout à l'ouverture des sessions, par les défenseurs du système politique suivi par le gouvernement. Analogie de langage produite par l'analogie des situations. Voyez surtout, Chambre des Députés, 29 nov. 1832, Disc. de M. Thiers, min. de l'int.

(36) Philippe perdit un œil au siége de Méthone, et il reçut d'autres blessures, surtout Ol. cx, 1 ; 340 avant J. C., au retour d'une expédition contre les Scythes. (Justin, ix, 3.) « Prends ce que tu voudras, dit-il au chirurgien qui, en lui pansant la clavicule, lui demandait une grâce : tu tiens la clef. » Κλεῖν, *clef, clavicule*.

« Verba sunt hæc gravia atque illustria de rege Philippo Demosthenis » dit Aulu-Gelle (ii, 27), qui n'est ici que l'écho de l'admiration de l'antiquité. Dans une *déclamation* contre le roi de Macédoine, Libanius nous a laissé un pastiche de cet admirable morceau. Salluste, parlant de l'intrépide Sertorius, en détache quelques traits : « Cominus faciem suam ostentabat, aliquot adversis cicatricibus, et effosso oculo. Quo ille dehonestamento corporis maxume lætabatur : neque illis anxius, quia reliqua gloriosus retinebat. » Sall. Fragm., p. 432, éd. de M. Burnouf.

Le beau côté du caractère de Philippe est décrit par Diodore, xvi, et par Justin, ix. Démosthène le peint ici avec noblesse; ailleurs, le considérant sous d'autres rapports, il le traîne dans la fange. Athénée, iv, vi, x, a beaucoup décrié le vainqueur de la Grèce. Cicéron chez les anciens, Mably parmi nous, l'élèvent au-dessus d'Alexandre. Mais, dit l'historien anglais Gillies, son admirateur, le caractère artificieux de Philippe, qui changeait avec ses intérêts, ne mérite ni les panégyriques ni les invectives dont on l'a si libéralement chargé.

(37) *Une proie mysienne :* c'est-à-dire, une possession livrée au pillage, sans être défendue. Zénob. *Parœm.* 15. Harpocration et Ulpien font remonter ce proverbe à l'époque de Téléphe, et à l'extrême faiblesse où étaient tombés les Mysiens pendant l'absence de ce prince.

— Ζώντων Ἀθηναίων καὶ ὄντων. Harless : *Cum adhuc viverent Athenienses, et tales essent, hoc est, more majorum se præstarent patriæ et libertatis defensores.* M. Quicherat cite à l'appui de la leçon ὁρώντων, admise dans quelques éditions, Greg. de Naz. ; Iliad. i, 88 : Ἐμεῦ ζώντος καὶ ἐπὶ χθονὶ δερκομένοιο ; Esch. c. Ctésiph. : ὁρώντων, φθονούντων, βλεπόντων ὑμῶν ; et, par analogie, Lucr. iii, *vivo atque videnti* ; Cic. p. Quinct. : « Huic acerbissimum *vivo videntique* funus dicitur. »

(38) Le texte de ce décret et du suivant est évidemment altéré; Néoclès est un pseudéponyme. La date réelle des faits mentionnés ici est Ol. cix, 4 ; 341 av. J. C. Archonte, Nicomaque.

(39) Alliée d'Athènes d'abord, ensuite de Byzance, Sélymbrie (aujourd'hui Silivria) fut assiégée par Philippe, qui voulait s'ouvrir par là le chemin des autres villes de la Propontide.

(40) Cette députation, mentionnée dans la 9ᵉ Philippique, fut envoyée Ol. cix, 2 ; 343. Philippe avait déjà soutenu, par des mercenaires, ses nombreux amis du Péloponnèse, et prolongé, à son profit, les sanglantes querelles de l'Élide, de l'Arcadie et de l'Argolide.

(41) Jacobs, d'après Winiewski, p. 159-183, place ces expéditions en Eubée dans le printemps ou l'été de la 3ᵉ année de la cix ᵉ Ol. ; 342. L'année suivante, les Athéniens chassèrent les tyrans d'Érétrie et d'Oréos (Diod. xvi, 74).

(42) *Leur proxène :* c'est-à-dire, leur *hoste* et sollicite*ur*, comme traduit Gervais de Tournay. Deux scolies expliquent προὐξένεις par προεστάτευες.

(43) Δευτέρου.... τούτου. Cette *seconde proclamation*

est-elle celle qui fut proposée par Aristonique ou par Ctésiphon? Ici les interprètes se partagent. Duvair, Tourreil, Reiske, Stock, Schæfer, Harless, Jacobs, M. Jager et M. Lombard croient qu'il s'agit de la dernière. Leur opinion se fonde sur les deux témoignages les plus anciens. Plutarque dit qu'Aristonique fut le premier qui fit décerner, πρῶτος ἔγραψε, à Démosthène une couronne d'or. V. x Orat. ed. Westerm. p. 81. Ulpien fait observer que s'il y avait eu, pour le même objet, un décret antérieur à celui-la, l'orateur n'aurait pas manqué de le citer.

(44) Chærondas est nommé à faux. Aristonique présenta son décret Ol. cix, 4 ; 341. Archonte, Nicomaque. — Le 6 *de la* 3ᵉ *décade* : le 25. Le 1ᵉʳ jour de Gamélion correspondait, le plus tôt, avec le 7 déc. ; le plus tard, avec le 2 janv.

(45) *L'agonothète* : le président des jeux.

(46) Ce mot, prononcé dans une démocratie, était fort et hardi ; mais qu'il est loin du *moi* de la Médée de Corneille, auquel Tourreil le compare !

(47) *La paix actuelle*. L'orateur veut dire que, sous Alexandre, cette paix est une vraie servitude ([1]). Ce prince, à l'exemple de son père, était convenu de laisser aux Athéniens leurs lois, et de n'exiger d'eux aucun impôt; mais ils n'en étaient pas moins ses sujets sur terre et sur mer. Eschine et ses adhérents s'opposaient à la guerre contre Alexandre, espérant qu'à son retour d'Asie, le conquérant récompenserait largement cette espèce de trahison. *Ulpien*.

(48) J'ai cru devoir conserver à deux mots grecs leur forme dorienne. « Cette même formule (ἐπὶ ἱερομνάμονος Βοσπορίχω) se retrouve, dit M. Letronne, dans un autre décret rapporté par Polybe, vi, 52, 2, ἐπὶ Κώθωνος τοῦ Καλλιγείτονος ἱερομνημονοῦντος ἐν Βυζαντίῳ ; et, lorsque l'on compare cette formule à celle des autres décrets qui commencent par ἐπὶ ἱερέως, ἀρχιερέως, ἱεραπόλων, ἱεροθύτα, etc., noms qui désignent tous les souverain pontife, on ne peut douter que l'hiéromnémon ne fût à peu près chez les Byzantins ce qu'était l'archonte-roi à Athènes : c'est en leur qualité de pontifes que ces magistrats plaçaient leur nom en tête de tous les traités d'alliance et de paix, de tous les décrets du gouvernement. » *Éclaircissements sur les Mnémons, etc.* Mém. de l'Acad. des Inscr., t. vi, 1822, p. 240.

(49) Il est souvent fait mention, dit Jacobs, de statues de pays et de peuples. Pausanias vit, dans le Pirée, un Démos, ouvrage de Léocharès, i, 1, 3 ; et un autre de Lyson, i, 3, 5. L'image allégorique d'Athènes, par Parrhasios, était surtout célèbre : v. Plin. l. xxxv. Un Démos des Rhodiens, couronné par celui de Syracuse, fut érigé par Hiéron et Gélon dans le Digma de Rhodes. Polyb. v, 88.

(50) Diodore, xi, 26, parle d'une couronne semblable, pesant cent talents, que les Carthaginois donnèrent à Démarète. Gronovius et Boeckh expliquent ce poids énorme par une hypothèse : ils pensent que, d'après un usage assez fréquent, six drachmes d'or étaient appelées un talent.

(51) Les Corinthiens et les Thébains, alliés de Sparte, avaient assiégé, dans la 19ᵉ année de la guerre du Péloponnèse, Ol. xci, 3 ; 414, Décélia, forteresse située sur la frontière de l'Attique (aujourd'hui *Biala-Castro*). Le nom de ce lieu fut donné à la dernière partie de la guerre. La bataille d'Ægos-Potamos, Ol. xciii, 4 ; 405, décida de la supériorité des Lacédémoniens, qui la maintinrent, avec leur dureté accoutumée, par des garnisons, et des harmostes ou gouverneurs. Athènes fut forcée d'abattre les longues murailles qui l'unissaient au Pirée, et ne conserva que

---

[1] Jér. Wolf lit δουλεία au lieu de δειλία. J'ai adopté cette correction, qui s'appuie sur la scolie suivante, Τῆς δουλείας δηλονότι.

douze vaisseaux. Les trente tyrans expulsés, cette ville redevint libre et démocratique. Elle reprit son rang comme puissance maritime, lorsque Lacédémone eut à combattre à la fois des ennemis voisins et éloignés. Pour regagner aussi sur terre son ancien ascendant, elle secourut les Thébains contre Lysandre et Pausanias, Ol. xcvi, 2; 395. Alors eut lieu l'expédition d'Haliarte. Aussitôt après, une alliance fut formée entre Athènes, la Béotie, Corinthe et Argos. Les Lacédémoniens marchèrent contre Corinthe, et l'armée fédérée fut vaincue (Xén., *Hellén.* iv, 2; Diod. xiv, 82); mais la guerre dura encore plusieurs années. Libanius, t. iv, p. 256, a eu devant les yeux ce morceau de Démosthène.

(52) L'expression grecque est admirable : elle fait de l'espérance un bouclier, προβόλον, Ulp., clypeum, *Stock*. Horace en fait un javelot :

> Quid brevi fortes jaculamur ævo
> Multa?

et un poete contemporain, M. Bignan, a dit :

> Pourquoi lancer dans l'avenir
> L'espoir d'un bien imaginaire?

Bossuet en fait une ancre : « Jetez votre espérance au ciel, laquelle sert à votre âme d'une ancre ferme et assurée. » 3e *Serm. pour la Toussaint*.

(53) Après la bataille de Leuctres, Ol. cii, 2; 371, les Thébains entrèrent plusieurs fois dans le Péloponnèse, et menacèrent même la capitale de la Laconie. Pour arrêter leurs progrès, Athènes secourut Lacédémone, et força l'armée thébaine à la retraite, Ol. cii, 4; 369. (Xénoph., *Hellén.*, vi, 5.)

(54) En supprimant le point d'interrogation après συμφέροντα, à l'exemple de Bekker et de la seconde édition de Wunderlich, on peut admettre que cette phrase est la réponse supposée à la question qui précède : « Eh! par- « bleu, la rancune, etc. Μνησικακεῖν, νὴ Δία, κ. τ. λ. » Cette réponse renfermerait en elle-même sa propre réfutation. Je crois cette interprétation la seule vraie : mais elle a mauvaise grâce dans notre langue; et combien de lecteurs, même instruits, n'hésiteraient pas à y voir un contre-sens!

Mirabeau : « Malheur à qui n'abjurerait pas toute rancune, toute méfiance, toute haine, sur l'autel du bien public! » *Assemblée Nat*. 26 septembre 1789.

(55) « L'expression ἀτελεῖς ἀπὸ μικρῶν ἀναλωμάτων est susceptible d'une double explication. D'abord, elle peut signifier que les riches en étaient quittes à peu de frais, en ce qu'ils étaient exempts de toute autre charge pendant la durée de la triérarchie qui ne leur causait que peu de dépenses : mais il y a ici quelque contradiction, puisqu'ils n'étaient point entièrement *exempts*, s'ils faisaient de petites dépenses; puis, il eût fallu dire de quoi ils étaient exempts, et il eût mieux valu employer διά que ἀπό. J'entends ainsi ces mots : *Ils s'exemptaient de la dépense relativement petite pour leur fortune*, en ce qu'ils faisaient rendre la totalité des frais par leurs associés, et ne supportaient aucune charge. A la vérité, il est d'usage de dire ἀτελής τινος : mais, dans une façon de parler inusitée, avec l'addition μικρῶν ἀναλωμάτων, l'orateur pouvait, pour plus de clarté, employer ἀπό. » Boeckh, *Écon. Pol.* etc., l. iv, c. 13, n. 363.

(56) Ἐν ὑπωμοσίᾳ, pendant que la plainte portée contre Démosthène pour illégalité subsistait encore. C'est ainsi que Jacobs explique ce mot, d'après Meier et Schoemann, *Proc. Att.*, p. 285.

(57) Au lieu du pseudéponyme *Polyclès*, il faudrait probablement lire *Théophraste*, Ol. cx, 1; 340. Le 1er de Boédromion, 11 août — 6 septembre.

(58) Jacobs et Boeckh trouvent les mots ἐν τοῖς λόγοις inintelligibles. A. Wolf prend λόγους et les sy[mmories] (classes de contribuables pour les charges navales) comme synonymes. V. Boeckh, l. iv, c. 13, n. 350. Duvair s'est plaisamment mis à l'aise : « Selon les rôles (que l'on [fait] pour la contribution de la gendarmerie. »

(59) Voici comment Boeckh explique ce pa[ssage] « L'expression, quoique indécise vers la fin de la [loi,] montre clairement qu'il ne s'agit pas simplement de [ta-] lents *de bien*, mais de *cens*, ou de capital imp[osable,] comme Budé l'avait compris. Si donc le cens de A[...] nikos subsistait encore, quiconque possédait 50 tal[ents] était chargé d'une trirème ; et celui qui possédait 150 [ta-] lents et au delà était chargé de trois trirèmes et d'un bateau. Ce maximum avait été fixé pour empêcher [sa] incorruptibilité à l'occasion de cette loi; Dinarque lui [re-] proche l'avidité la plus honteuse. Démosthène pr[oduit] les résultats les plus heureux ; Eschine croit lui [avoir] prouvé qu'il a enlevé à l'État les triérarques de 65 tri[rè-] mes légères. A qui s'en rapporter? Quel jugement fo[rcé] sur des indications données par des orateurs accoutumés à déguiser la vérité? Il me semble que la chose elle-m[ême,] et l'opinion publique sur toute la vie politique de Dé[mo-] sthène, décident en faveur de ce dernier. » *Écon. P[ol.] des Athén.*, l. iv, c. 14.

(60) *A Munychia*, en s'asseyant sur l'autel de Dia[ne,] asile sacré pour les débiteurs insolvables. V. Lys[ias, c.] *Agorat*.

(61) « Cette expression simple et franche d'un gran[d et] beau sentiment de citoyen n'a-t-elle pas déjà fait tom[ber] toutes les ingénieuses arguties d'Eschine? Et, en mê[me] temps, comme elle est vraiment oratoire et fondée sur [la] connaissance des hommes! comme Démosthène conn[aît] bien ses auditeurs et ses juges! comme il est sûr d'en [ob-] tenir tout en se mettant entre leurs mains, et même de [cel-] les de son adversaire, et en offrant beaucoup plus qu'[on] ne peut lui demander! » *La Harpe*.

(62) Il n'est point présenté de décret relatif à Nau[si-] clès, peut-être parce que sa présence était un témoign[age] suffisant. Telle est l'opinion de Schæfer, Winiewski et Jacobs.

(63) Archonte faux, et désignation d'archonte inusité[e.] L'événement rappelé ici se rattache à la guerre Sociale, Ol. cvi, époque où les troupes de Chios, de Rhodes, de Byzance descendirent dans Lemnos et dans Imbros, et r[a-] vagèrent les possessions des colons athéniens (Diod xv, 21). Callistrate était archonte. Nausiclès est surnom[mé] par Démosthène et par Eschine comme un citoyen ri[che.] Dans la guerre Sacrée, il fut chef des auxiliaires athéni[ens] (Diod. xvi, 37).

(64) Quel combat et quel fleuve? Ici l'histoire se t[aît.] Winiewski et Jacobs supposent que des ennemis voisins d'Athènes, peut-être les Mégariens, profitèrent de la pr[é-] sence de Nausiclès à Imbros avec une armée, pour f[aire] une descente dans Salamine; qu'une bataille fut liv[rée] près de la rivière Bokalia; que, la petite troupe de Ch[a-] ridème ayant été battue, Diotime était accouru à son s[e-] cours, avec ses recrues athéniennes levées à la hâte. Cha[-] ridème l'Athénien, homme d'État distingué et habi[le] général, qu'Alexandre voulut se faire livrer après la dé[s-] truction de Thèbes, se réfugia chez Darius; il fut [mis à] la mort. Diotime était, sans doute, attaché comme lui à la démocratie, puisqu'Alexandre l'avait aussi deman[dé.]

(65) *Sous l'archonte Euthyclès*. Il faut lire Chéro[n-] *das*, car Ctésiphon proposa son décret l'année même [de] la bataille de Chéronée.

(66) C'est-à-dire le 22. Le 1er jour de Pyanepsion tom[-] bait, le plus tôt, le 9 octobre; le plus tard, le 4 novembre.

(67) Eschine soutient le contraire: il affirme que la co[...]

onne décernée à un Athénien par une autre république pouvait seule, avec l'agrément du peuple, être proclamée sur le théâtre. La loi sur laquelle il se fonde ne s'est pas conservée; et n'oublions pas que Démosthène lui reproche de falsifier et de tronquer les lois qu'il cite.

(68) On n'a pas assez remarqué que Démosthène ne se fait pas scrupule de donner le ton impératif, ἀναγορευέτω, à une loi purement facultative, ἐξεῖναι. Ulpien lui reproche une fourberie plus grave. Selon ce compilateur suspect, la loi citée ici ne s'appliquerait qu'aux couronnes décernées par Athènes à des étrangers. S'il en était ainsi, le mot ξοῦγε aurait un complément déterminatif, comme τῶν ξένων. Des étrangers couronnés, proclamés par un bourg de l'Attique! la ruse dans laquelle Démosthène aurait le greffier public pour complice, passant inaperçue! cela n'est pas vraisemblable.

(69) Les anciens employaient l'ellébore, surtout le blanc, au traitement des névroses des fonctions cérébrales, comme la manie, la folie, etc. C'est à une action générale et énergique sur l'organisme qu'ils attribuaient les effets de cette plante. Le premier essai de ce traitement fut fait, dit-on, par Mélampe, médecin et berger, sur les filles de Prœtus, devenues folles par la colère de Bacchus. V. Hor. Sat. II, 3, 82; A. Pœt. 300.

Ma commère, il vous faut purger
Avec quatre grains d'ellébore,

dit le lièvre à la tortue, dans La Fontaine. Au rapport d'Aulu-Gelle et de Valère-Maxime, les orateurs jaloux de véritable gloire prenaient, à l'exemple de Carnéade, une dose d'ellébore avant la dispute, pour se fortifier le cerveau. V. Dict. des Sc. Méd. t. xi, art. *Ellébore* et *Elléborisme.*

(70) V. la harangue d'Eschine. — *Par contrat:* tel est le vrai sens de κατὰ συγγραφήν. C'est le *per syngrapham* des Latins. Cet acte obligatoire, qu'Ulpien appelle ἐπιταγή, contenait le programme de l'artiste s'engageait à remplir. Jacobs, *vertrage.* Comparaison semblable : « Ne sommes-nous pas tous des statuaires qui travaillons intérieurement et à notre insu à nous rendre ressemblants à quelques-unes de ces grandes figures de l'histoire de l'antiquité, qui ont frappé nos regards, qui ont ébranlé notre imagination dans notre enfance? Et, selon que cette figure est plus idéale et plus pure, ne serions-nous pas nous-mêmes plus élevés et plus parfaits? » M. de Lamartine, Ch. des Dép., 23 mars 1837.

(71) Allusion aux inventeurs de la tragédie, adressée à un ex-tragédien. Voy. la scolie rapportée par Dobson, t. x, p 310.

Dicitur, et plaustris vexisse poëmata Thespis, etc.;
Et, d'acteurs mal ornés chargeant un tombereau, etc.

Ce tombereau, ou chariot de vendanges, continua de figurer dans la célébration des fêtes de Bacchus. Des hommes montés dedans lançaient aux passants des invectives bouffonnes : de cette locution, ἐξ ἁμάξης λέγειν. Denys d'Halicarnasse compare cet usage grec (Ant. Rom. VII, 72) avec une coutume semblable des Romains dans les triomphes. L'équivalent cherché par Tourreil n'est pas heureux : « Vous vomissez des charretées d'injures. »

(72) Ce ton de confiance fait supposer à J. Wolf qu'ici les juges manifestèrent par acclamations leur ressentiment contre Eschine, et leur sympathie pour Démosthène.

(73) Le bois, ξύλον, désigne-t-il aussi les entraves des jambes? Était-ce un collier, une espèce de carcan, qui pesait sur les épaules? Jacobs, qui cite plusieurs passages favorables à l'une et à l'autre conjecture, ne se prononce pas. — Le héros Calamite, dont il n'est fait mention nulle autre part, était déjà inconnu des anciens grammairiens.

Ce nom rappelle, dit Jacobs, la Κύπρις ἐν καλάμοις, dont parle Athénée, XIII. Eschine (Plaidoyer sur l'Ambassade) donne à son père un rang honorable dans Athènes. Les malheurs publics l'avaient peut-être réduit à la misère, et forcé de servir.

(74) Eschine était de petite taille. *Ulp.* Cela explique le sens ironique de καλόν. Mais pourquoi Démosthène ajoute-t-il ἀνδριάντα, *statue?* Eschine avait été athlète; et, comme beaucoup de lutteurs pauvres, il avait peut-être posé, pour de l'argent, chez quelque sculpteur. — Jacobs pense que l'emploi de ce Phormion consistait à donner le signal et à marquer la cadence aux rameurs, au moyen d'un instrument aigu.

(75) Schæfer et Jacobs, d'après quelques manuscrits, donnent à ce membre de phrase la place qu'il occupe dans notre traduction. Rutilius Lupus, p. 56, cite ce passage comme exemple de *Metanœa*; il traduit : « *Parentes appellat, quos scitis non ignotos fuisse, sed hujusmodi, ut omnes hos exsecrarentur. Sed hic bonus vir, grandis natu, atque sero, sero loquor? immo vero nuper, atque his paucis diebus, simul et Atheniensis et eloquens est factus.* » Le peuple, chaque fois qu'il s'assemblait, faisait prononcer, par la voix du héraut, des imprécations contre les traîtres; et il punissait sévèrement ceux qui, nés dans une condition servile, usurpaient le titre de citoyen.

(76) Tromès (r. τρέμω), *le Trembleur*; Atromètos, *l'Intrépide*. Dans Lucien (Somn., 14), le savetier Simon, devenu riche, se fait appeler Simonidès; dans Palladas (Anthol. Pal., XI, 358), Rufus croit doubler son mérite avec son nom, Rufus Rufinianus. « Pauvre et esclave, tel a été Stéphanos, dit Nicarque dans le même recueil (XI, 17). Mais il s'est poussé, le voilà riche; et soudain, relevant son premier nom par quatre lettres ambitieuses, il se métamorphose en Philostéphanos. Patience! il sera bientôt Hippocratipiadès; ou son faste en fera Dionysiopégaondore. Mais devant le public, ce bon juge il est Stéphanos, comme devant. » Ne croit-on pas voir Jeannot devenu marquis de la Jeannotière? — Ἔμπουσαν, sobriquet donné à la mère d'Eschine. Ce mot désignait un spectre envoyé par Hécate; selon d'autres, Hécate elle-même. Le scoliaste parle de la lubricité de ce lutin, dont Suidas fait venir le nom de ἐνὶ ποδὶ βαδίζειν, parce qu'il marchait sur un seul pied; et Démosthène, de πάντα αἰσχρῶς ἐμποιεῖν, *quodvis turpiter exsequi.* Cette dernière étymologie, bonne pour la populace d'Athènes, rappelle les ignobles plaisanteries de Cicéron sur le nom de Verrès. V. la trad. franç. des Lettres d'Alciphron, t. II, p. 246.

(77) « Comme un procès se fut mû entre les Athéniens et les Déliens, pour savoir auxquels devait appartenir la superintendance du temple de Délos, et qu'Eschine eut été élu pour plaider la cause, le sénat d'Aréopage mit en avant Hypérides pour la plaider, et l'on trouve encore aujourd'hui l'oraison qui est intitulée *la harangue Déliaque.* » Plut. x, Or., tr. d'Am. Il ne reste que quelques fragments de ce discours. C'est vers la CVIIe Ol. que ce différend fut porté au Conseil des Amphictyons.

(78) C'était la manière la plus solennelle de donner les suffrages. Pris sur l'autel, les bulletins étaient, pour ainsi dire, sacrés. Le premier exemple de cet usage remarquable se trouve dans Hérodote, VIII, 123.

(79) *Quand Philippe envoya* à Thèbes. Diod. Sic., XVI, 85. Pline admire ce trait si hardi dans sa brièveté, que Plutarque s'est plu à reproduire dans sa Vie de Démosthène : Τότε ἐγὼ μὲν τῷ Πύθωνι θρασυνομένῳ καὶ πολλῷ ῥέοντι καθ' ὑμῶν κ. τ. λ. (*Epist.* XI, 26).

(80) Winiewski, p. 348, suppose qu'Anaxinos d'Oritain fut envoyé par Philippe à Athènes vers la fin de la 3e année, Ol. CIX; 342, pour espionner les Athéniens, qui voulaient chasser les tyrans d'Oréos et d'Érétrie. Eschine

avait présenté la conduite de Démosthène envers Anaxinos comme un stratagème pour prévenir une accusation publique.

(81) Ce Nicias est-il encore un archonte pseudéponyme? Est-ce le greffier des prytanes? La vraie date, ici, paraît être : Ol. cix, 4 ; 341 ; archonte, Nicomaque.

(82) L'invasion du côté de l'Attique doit être rapportée à l'époque où Philippe entra par les Thermopyles en Locride, comme chef des Amphictyons, Ol. cx, 2 ; 339.

(83) Les grammairiens expliquent ἰαμβειοφάγος par ὑβριστής, φιλολοίδορος, à cause du mètre iambique employé dans les poésies satiriques. Il faut voir plutôt ici une nouvelle allusion au métier de comédien, exercé autrefois par Eschine, et entendre ce mot de la mutilation des vers, *de disperdente bonos trimetros per vitiosam pronuntiationem*. Telle est l'opinion de Bekker, de Schæfer, de Jacobs et de G. Dindorf, *Thes. Gr. Ling.*, ed. Didot., vol. IV, c. 487, B.

(84) L'orateur invoque particulièrement ce dieu, à cause de la violation de son sanctuaire, qui lui était imputée par Eschine. Apollon était appelé πατρῷος par les Athéniens (Pausan. I, 3, 4), épithète que le scoliaste d'Aristophane (Av. 1526) rapporte à Ion, que ce dieu eut de Créuse, fille d'Érechthée, 6ᵉ roi d'Athènes.

(85) Ceci paraît s'appliquer surtout à Charès. V. Plutarq. *Phoc.*, 14.

(86) *Des deux républiques :* Thèbes et Athènes.

(87) Jacobs fait remarquer que, dans tout ce morceau, les mots *pylagores* et *hiéromnémons* désignent, d'une manière générale, les députés au Conseil amphictyonique. Sur les *synèdres*, ou assesseurs, dont il sera question plus bas, je renvoie au Mémoire déjà cité de M. Letronne, t. vi de l'Acad. des Inscr., 1822.

(88) Eschine dit que Cottyphos était de Pharsale ; dans le décret des Amphictyons, il est appelé Arcadien. Winiewski suppose que, Arcadien de naissance, il vint habiter Pharsale. Peut-être, dit Jacobs, faut-il lire Παρράσιος au lieu de Φαρσάλιος.

(89) Wolf, Tourreil, Stock et M. Brougham admirent ici l'harmonie imitative du texte.

(90) Le pontife éponyme n'était en fonctions que pour un an. A moins de supposer la réélection de Clinagoras, il faut donc de deux choses l'une : ou que ce nom soit inexact; ou que ἐαρινῆς πυλαίας soit ici, par erreur, pour ὀπωρινῆς, *session d'automne*, comme Boeckh, Winiewski et Jacobs l'ont conjecturé.

(91) Le mot πρεσβεῦσαι, tel que le donnent tous les manuscrits et toutes les éditions, ne peut se construire qu'avec τὸν στρατηγὸν κ. τ. λ. Autrement, il y aurait πρεσβεύσασθαι. Cette remarque importante de Schæfer suffit pour autoriser la manière dont nous lisons ce passage, et l'interprétation de Lambin, de Jacobs et de Harless, que nous avons adoptée.

(92) Encore une fausse date. L'archonte éponyme était Théophraste.

(93) *Démiurges :* magistrats à Mantinée, chez les Achéens, et dans plusieurs États du Péloponnèse.

(94) Des différentes leçons qui divisent cette phrase en deux parties, aucune ne présente un sens raisonnable; d'ailleurs, elles reposent, celle de Reiske surtout, sur des corrections arbitraires. Schæfer, *in re tam desperata audaculus*, propose de lire : τοῖς δὲ μὴ συναντήσασι πανδημεὶ χρησόμεθα ἐπιζημίοις. *Qui autem non venerint cum omnibus copiis, eos tractabimus ut mulctæ obnoxios*. Jacobs a suivi Schæfer.

(95) *Un seul homme :* Philippe. *Schæf*,

(96) « Uti igitur in seminibus est causa arborum et stipitum, sic hujus luctuosissimi belli semen tu fuisti. » Cic. Phil. II.

(97) Philippe entra en Locride vers la fin de la seconde année de la cxᵉ Ol. (339 av. J. C.). L'archonte éponyme était Lysimachide, et non Héropythos. Lorsque ce premier décret fut porté, plusieurs villes peu importantes étaient assiégées par le roi de Macédoine ; mais il n'emporta Élatée que plus tard. La paix dont la violation lui est reprochée ici ne peut être que celle dont parle Théodore, xvi, 77, et qui fut conclue Ol. cx, 1, après la levée du siége de Byzance.

(98) Cela ne faisait pas un intervalle de deux mois entiers.

(99) Cette gradation suppose, dit Olivier, que Philippe était plus sûr des Béotiens : c'est une suite des ménagements qu'il s'était donnés pour séparer de Thèbes les villes béotiennes. *Hist. de Phil.* t. II, p. 338. — La circonstance des *hérauts*, dit le même, est relevée à propos : c'était une espèce de sauve garde qu'on donnait aux ambassadeurs qui allaient en pays ennemi.

(100) Longin, c. 10, admire ce passage. Libanius s'étudie à en reproduire les principaux traits, t. IV, p. 267. Plutarque (*in Demosth.* 18), et Diodore de Sicile, xvi, 84, semblent, en l'imitant, lui reconnaître l'autorité de l'histoire. Comparez, dans *l'histoire de la Révolution Française*, de M. Thiers, l'effet produit par la nouvelle de la prise de la Bastille : « Il était cinq heures et demie, les électeurs étaient dans la plus grande anxiété, lorsqu'ils entendent un murmure sourd et prolongé, etc. »

(101) *Et brûlent les baraques.* Pourquoi? Selon Reiske, c'était pour laisser plus promptement la place libre au peuple, qui devait y faire la garde pendant la nuit. Schæfer objecte à cela qu'il n'était pas encore question d'un bivouac, et que les milliers d'esclaves que possédaient les Athéniens auraient pu facilement enlever les boutiques en quelques instants. Il suppose, avec plus de vraisemblance, que ce feu avait dû servir de signal pour appeler les citoyens des dèmes dans la ville. Le dernier traducteur français s'est trompé quand il a pris ces échoppes, γέρρα, pour les boutiques permanentes qui bordaient la place.

(102) Diodore dit positivement que cette assemblée eut lieu au théâtre : Ὁ δὲ δῆμος ἅπας ἅμ' ἡμέρᾳ συνέδραμεν εἰς τὸ θέατρον, xvi, 84. Il m'a semblé qu'on devait appliquer le mot ἄνω, non, comme Stock, à la position du théâtre, qui dominait la ville, mais aux gradins, et surtout aux gradins *supérieurs* qui en garnissaient l'enceinte, et qui étaient occupés par le peuple.

(103) La classe des 300 plus riches Athéniens.

(104) Οὐκ εἶπον, κ. τ. λ. Admirable gradation, que les rhéteurs ont ingénieusement appelée *échelle*, κλίμαξ, et dont un autre tour ne saurait rendre ni la vivacité ni l'énergie. La Rhétorique à Hérennius présente un exemple semblable : « Non sensi hoc, et non suasi ; neque suasi, et non ipse facere cœpi ; neque facere cœpi, et non perfeci ; neque perfeci, et non probavi. » IV, 25.

(105) V. Esch. *Disc. sur l'Ambassade*, et Plutarque, *Vie de Démosth.*

(106) Collytos, Colyttos, Colytos, dème de l'Attique. Des troupes de comédiens médiocres parcouraient le pays, et donnaient des représentations dans les dèmes ou bourgs, à l'occasion des fêtes. Harpocration rapporte qu'Eschine jouant à Colytos le personnage d'Œnomaos qui poursuit Pélops, tomba, et fut relevé tout meurtri par le chef des musiciens. « Un roi déchu, dit Lucien, ressemble à ces tragédiens que l'on voit représentant Cécrops, Sisyphe ou Téléphe. Ils portent un diadème, une épée à poignée d'ivoire ; leur chevelure flotte sur une chlamyde brodée d'or. Mais si, poussés par quelqu'un, ils tombent au milieu de la scène, ce qui n'est pas rare, quel rire parmi les spectateurs! Adieu, masque et diadème de parade ; le véritable visage est meurtri ; sous le beau costume déchiré on entrevoit des haillons ; et les jambes dépouillées du cothurne

montrent qu'on avait le pied trop petit pour la royale chaussure. » *Le Songe.*

(107) Ce décret, où respirent la véhémence et la chaleur des harangues de Démosthène, est de l'Ol. cx, 2; 339.

(108) Lysimachide, et non Nausiclès, était archonte éponyme.

(108) Wunderlich et Dissen lisent ici οὐκ ἰδίας. Cette leçon est susceptible de deux sens: ces villes *n'appartenaient pas à Philippe*, ou *n'appartenaient pas aux Athéniens.* Dans le premier cas, il est évident que, si elles eussent appartenu au roi de Macédoine, celui-ci n'aurait pas été forcé de les prendre. Dans le second, il y a contradiction avec les mots τὸ εἰς αὑτόν, qui sont un peu plus bas. Ainsi, non-sens d'une part, contre-sens de l'autre. Il faut donc revenir à la leçon vulgaire, ἰδίας. Mais ce mot signifiera-t-il, comme le veut Melanchton, « privata oppide, hoc est nulla cum Græcis societate conjuncta? » Je ne puis le croire : en quoi la prise de ces villes faisait-elle tort aux Athéniens? ᾿Ιδίας, scil. ἑαυτοῦ (τοῦ δήμου τοῦ Ἀθηναίων), de la dépendance des Athéniens? Cette dernière interprétation, approuvée de Schæfer, est la seule plausible.

(109) Longin, § 39, montre, par l'analyse prosodique de cette phrase, que citent aussi Hermogène et Démétrius de Phalère, combien l'harmonie même contribue au sublime.

Comme le vent dans l'air dissipe la fumée,
La voix du Tout-Puissant a chassé cette armée.
Athal. V, 6.

(110) M. Villemain fait remarquer, dans une de ses Leçons, que jamais Démosthène n'aurait exprimé sa pensée avec cette antithèse de la Harpe : « L'événement est dans la volonté des Dieux : l'intention est dans le cœur du citoyen. » Il y a, de plus, ici un contre-sens.

« Si Eschine ni aucun de ses contemporains, dit Rochefort, ne put répondre a de pareils arguments ; je vois pas comment quelques critiques modernes ont osé les attaquer. » Mém. de l'Ac. des Inscr., t. XLIII, p. 41.

(111) La comparaison que contient la phrase suivante est déjà préparée dans celle-ci :

Cæsar, ab Italia volantem
Remis adurgens, accipiter velut
Molles columbas, etc. Hor. *Carm.* I, 37.

Bossuet procède quelquefois ainsi. « Vous avez soutenu l'État, qui est attaqué par une force invincible et divine : il ne reste plus désormais sinon que vous teniez ferme parmi ses ruines. Comme une colonne, dont la masse solide, etc. *Or. fun. de la R. d'Angl.*

(112) « Athenienses, quum Persarum impetum nullo modo possent sustinere, statuereuntque ut, urbe relicta, conjugibus et liberis Trœzene positis, naves conscenderent latemque Græciæ defenderent, Cyrsilum quemdam suadentem ut in urbe maneret Xerxenique reciperent, lapidibus cooperuerunt. » Cic. *de Off.* III 11.

(113) « Démosthène veut justifier son administration : quelle était la manière logique de présenter sa preuve? Vous n'avez pas failli, Athéniens, en soutenant la lutte pour la liberté des Hellènes; votre histoire en offre des exemples : car ils n'ont point failli, les combattants de Marathon, de Salamine, de Platée. Mais soudain, comme inspiré d'un dieu et possédé de l'esprit d'Apollon, il jure par ces vaillants défenseurs de la Grèce, il s'écrie : Non, vous n'avez point failli : j'en jure par ceux qui ont bravé le même danger à Marathon ! et, par ce seul serment, il déifie les ancêtres, en montrant qu'il faut attester ceux, qui meurent de la sorte comme on atteste les Dieux, et il pénètre les juges des nobles sentiments de ces héros. Sublime et pathétique affirmation, qui dissipe les impressions défavorables, relève les courages, et met de niveau la bataille perdue contre Philippe et les victoires de Marathon et de Salamine. » Ainsi s'exprime Longin, dont tout le chapitre consacré à ce passage mérite d'être lu (Sect. 16, ed. Weiske). Taylor, qui accumule ici les citations, trouve dans l'Anthologie (Anth. pal. IX, 288) une ingénieuse allusion à ce serment célèbre :

INSCRIPTION POUR LE TROPHÉE DE CHÉRONÉE.

« Passant, vois ce marbre consacré au dieu des combats, monument de gloire pour Philippe, de honte pour les enfants de Cécrops. Il insulte aux plaines de Marathon, a Salamine, cette voisine des mers, qui a succombé sous le glaive macédonien. Jure maintenant par les morts, ô Démosthène! moi, je peserai à jamais sur les morts et sur les vivants. »

Le cardinal du Perron disait que ce serment faisait autant d'honneur à Démosthène que s'il eût ressuscité les guerriers de Marathon : bizarre éloge ! Après avoir plaisanté sur l'apostrophe, *cette mitraille de l'éloquence*, Courier ajoute : « *Ou ma tous en Marathôni*, s'écrie Démosthène en fureur. Cet *ou ma tous* est d'une grande force, et Foy l'eût pu traduire ainsi : Non, par les morts de Waterloo, qui tombèrent avec la patrie; non, par nos blessures d'Austerlitz et de Marengo, non, jamais de tels misérables..... Vous concevez l'effet d'une pareille figure poussée jusqu'où elle peut aller, et dans la bouche d'un homme comme Foy. » *Lett.* 10 *au rédact. du Censeur.*
Ce passage est quelquefois cité avec contre-sens : « Non, Athéniens, non, vous n'avez pas failli à Chéronée. J'en jure par ceux qui *ont vaincu* à Marathon. »

(114) La puissance est au sort, nos vertus sont à nous.
De Lamartine, *à Walter-Scott*

(115) Littéralement : qu'il prend la dignité de la république avec le bâton et le symbole. Chaque juge en fonction portait un bâton marqué de la couleur et de la lettre qui servaient à distinguer les différents tribunaux. De plus, il attachait à son vêtement une petite plaque de cuivre, appelée σύμβολον, que lui remettait l'huissier, et sur laquelle cette même lettre était gravée avec son nom. Dodwell a trouvé un de ces *symboles* dans un tombeau à Athènes.

(116) Libanius est le seul écrivain de l'antiquité qui fasse mention de ces deux combats, et ce qu'il en dit (t. IV, p. 242) est visiblement tiré de ce passage. Philippe avait pris Élatée (Ol. cx, 2) dans le dernier mois de l'année ; le second mois de l'année suivante, le 7 de Métagitnion, se livre la bataille de Chéronée : il faut donc que le combat près du fleuve (le Céphise), et celui *d'hiver*, ἡ χειμερινή, tous deux antérieurs à la bataille de Chéronée, aient eu lieu en Hécatombæon, qui est un mois *d'été.* L'épithète est donc mal écrite, ou elle doit être entendue, avec Reiske et Bœckh (*de Archont. pseudep.*, p. 114), *d'un jour d'orage*, quoique la justesse du langage demandât alors χειμερίᾳ, comme Schæfer l'a remarqué. On peut consulter Taylor et Jacobs sur ce passage.

(117) *Par les lettres qu'il envoya dans le Péloponèse.* Peut-être pour presser l'envoi du contingent qu'il avait déjà demandé à cette partie de la Grèce, lors de son expédition contre Amphissa.

(118) C'est-à-dire, compenser ce que j'ai fait pour la patrie, avec ce que tu as fait contre elle. Telle est la manière dont Jacobs explique ici ἀντανελεῖν. Que l'on se rappelle ce qui précède, νυνὶ ὑμᾶς ὑπάρχειν ἐγνωσμένους ἐμὲ μὲν λέγειν ὑπὲρ τῆς πατρίδος, αὐτὸν δ' ὑπὲρ Φιλίππου.

(119) Bœckh, dans l'examen qu'il fait de ce passage, compare les pays qui étaient tributaires d'Athènes, et les revenus que cette république en tirait lorsque la guerre du Péloponèse éclata, avec les pertes qu'elle essuya quand elle

fut vaincue à Ægos-Potamos. Après la mort de Périclès, le tribut, qui, dans le principe, était de 460 talents (Thuc., 1, 96), s'était élevé jusqu'à 1300 (Plut. Aristide, 24).

(120) « Les imprudences de la tribune sont la loi des pays libres ; et la liberté répare les accidents qu'elle cause. » M. Villemain, Leç. du Cours de 1828. On croit voir percer, dans les paroles de Démosthène, le dépit que tant d'obstacles lui avaient fait éprouver à lui-même. Et, en même temps, pour rendre Philippe odieux à des républicains, c'est par les mots les plus significatifs qu'il désigne son autorité absolue.

(121) Selon Justin, IX, 3, l'armée des ennemis de la Macédoine était plus forte que celle de Philippe. Selon Diodore, XVI, 85, les troupes macédoniennes consistaient en 30,000 fantassins et 2,000 cavaliers, et surpassaient celles des Grecs coalisés en nombre et en expérience. Les Messéniens et les Arcadiens ne prirent point part à la guerre (Pausan. IV, 28, 2, VIII, 27 ; 10).

(122) « Quand Philippe envoyait des ambassadeurs aux républiques grecques, si Démosthène se présentait pour repousser leurs prétentions, Notre ambassade est inutile, disait ce prince. » Lucien, Él. de Démosth.

Il n'est pas question ailleurs d'une mission de Démosthène en Thessalie et en Illyrie. Il dut se rendre à Ambracie lorsque Philippe entra sur les terres des Acarnaniens pour se frayer le chemin du Péloponnèse, Ol. CIX, 2 ; 343. Parmi les rois de Thrace, on ne connaît guère que Kersobleptès, à qui Philippe ait fait la guerre à la même époque. L'ambassade envoyée à Byzance paraît aussi tomber vers ce temps.

(123) Seiler admire ici l'adresse de Démosthène, à qui Eschine avait reproché si souvent d'avoir quitté son poste à la bataille de Chéronée. Démosthène passe ce fait sous silence, et expose aux yeux de son adversaire une autre victoire, plus glorieuse que celle dont dispose la fortune. « N'est-ce pas là le chef-d'œuvre de l'argumentation oratoire ? dit la Harpe, après avoir cité le passage entier. N'entendez-vous pas d'ici les acclamations qui ont dû suivre un si beau morceau ? et ne concevez-vous pas que rien n'a dû résister à un génie de cette force ? »

(124) Voy. Plut. Démosth., 21. « C'est la preuve d'une rare supériorité, que cet ascendant d'un citoyen malheureux sur un peuple dont il a causé les revers. » M. Villemain, art. Démosth. Biogr. univ.

(125) Après la perte de la bataille de Chéronée, personne, dans Athènes, ne doutait que Philippe ne poursuivît les débris de l'armée vaincue. « Dans ces tristes circonstances, dit un témoin oculaire (Lycurgue c. Léocr. 13), les individus de tout âge s'empressèrent de concourir à la défense commune : la terre fournit les arbres qui les couvraient ; les morts eux-mêmes cédèrent leurs sépultures, et les temples les armes qu'ils recelaient. Pas un citoyen, présent dans Athènes, ne demeura oisif : les uns s'occupaient à réparer les murailles, les autres à creuser des fossés, d'autres à construire des retranchements. »

(126) La fatalité était un préjugé dominant chez les anciens ; et l'homme soumis à un mauvais destin était considéré comme ayant mérité la haine des Dieux. Il n'est donc pas étonnant que Démosthène emploie beaucoup de raisonnements pour réfuter une accusation qui doit nous sembler extrêmement frivole. M. Jager.

(127) Quelques auteurs anciens attribuaient à Épicure enfant les mêmes occupations près de son père et de sa mère. Diog. Laert. l. x, c. 1, 3. Ce Passage est important pour l'étude des petits mystères d'Athènes, apportés de Phrygie par des jongleurs. Jacobs puise l'explication des détails présentés par Démosthène dans l'Aglaophamus de Lobeck, t. 1, p. 646. Platon parle de la vogue que ces jongleries avaient en Grèce du temps de notre orateur (Rép., II, 7). Des mendiants, qui se donnaient pour de-

vins, hantaient les maisons des riches, devenus leurs dupes. Ils avaient des livres qu'ils attribuaient à Musée et à Orphée, où étaient formulés tous leurs rites bizarres. La pratique de ces rites s'appelait initiation, τελετή, et avait, disaient-ils, la vertu de délivrer du mal. Lobeck a prouvé que ces initiations étaient du genre orphéo bachique, et la nébris dans notre passage (quelque sens qu'on attache à ce mot), le krater, et les exclamations, le montrent clairement. La purification par le son et l'argile représente, selon Harpocration (v. ἀπομύττων) le mythe de Bacchus Zagreus, que les Titans avaient tué et mis en pièces, après avoir couvert leurs visages d'argile. La son rappelle la fleur de farine, ποιπάλη, employée dans l'initiation bouffonne de Strepsiade, scène où Aristophane (Nuées, 263) parodie une de ces cérémonies que dirigeait la mère d'Eschine. Strepsiade a aussi une couronne sur la tête. Harpocration (v. λεύκη) fait remonter l'usage de couronner avec du peuplier blanc, à Zagréus, fils de Proserpine. Quant au fenouil, on lui attribuait de secrètes vertus (Æl. Hist. anim., IX, 17). La jonglerie par le moyen des serpents à joues épaisses, ὄφις παρείας, est également tirée des rites du culte de Bacchus. V. Eurip. Bacch, 101; et, sur cette espèce de serpent sans venin, Athen. III, 12. On croit que les exclamations εὐοῖ σαβοῖ, ὑης ἄττης, ἄττης ὕης, avaient pour origine des surnoms de Bacchus, qui est appelé souvent Sabazius.

(128) On se rappelle ici le poëte Eumolpe, dans Pétrone, c. 90, qui, assailli de pierres pendant qu'il déclamait une tirade, répond aux menaces d'Encolpius : « Jeune homme, ce n'est pas d'aujourd'hui seulement que l'on me traite de la sorte : jamais je ne parais sur le théâtre pour réciter quelques vers, sans recevoir un pareil accueil des spectateurs. »

(129) C'est en prononçant ce vers que l'ombre de Polydore entre en scène dans l'Hécube d'Euripide :

Ἥκω νεκρῶν κευθμῶνα καὶ σκότου πύλας
Λιπών·

Démosthène le cite peut-être tel que son adversaire l'altérait, ἃς ἐλυμήνω. On ne sait d'où est tiré le vers suivant. L'orateur semble choisir à dessein des passages qui ont un rapport frappant avec la conduite d'Eschine.

(130) J'ai adopté, pour la traduction de ce passage difficile, le texte de Harless, et je me suis efforcé de reproduire jusqu'à ces cadences poétiques qu'imite Démosthène dans les imprécations qu'il lance contre son ennemi. On peut consulter aussi Markland, Reiske et Auger, sur les intentions malignes de ce morceau.

(131) Térence, Andr. I, 1, 16 :

Sed hoc mihi molestum ; nam isthæc commemoratio
Quasi exprobratio est immemoris benefici.

Racine, Iphig. IV, 6 :

Un bienfait reproché tint toujours lieu d'offense.

(132) Ces mots sont une exagération d'orateur. Il faut réduire la période au temps qui s'était écoulé depuis l'Ol. CVIII, 2 ; 346. Les ambassades dont Eschine n'avait point fait partie dataient seulement de l'Ol. CX, 2 ; 339.

(133) Voy. Démosth. de Legat. et adv. Aristocr; Schoemann, De Comitt. Athen., p. 92 ; Séance de l'agora, p. 23.

(134) Les initiations bachiques, auxquelles présidait la mère d'Eschine, étaient accompagnées de la musique du tympanon et des flûtes.

(135) Alexandre, après avoir détruit Thèbes, ayant demandé aux Athéniens de lui livrer dix orateurs, Démade alla le trouver, et rétablit la paix entre ce prince et Athènes. Plut. v, de Demosth., 23. Démade est compté avec Hégémon parmi les orateurs qui avaient acquis de la ré-

tation sans de fortes études. Sylian. *ad Hermog.*, p. 16. Sur Hégémon, v. Ruhnken.

(136) Démosthène, *Disc. sur les prévaric. de l'Ambassade* : « Vous connaissez sans doute Pythoclès, fils de Pythodore. J'étais fort lié avec lui, et, jusqu'à ce jour, cette union ne s'était jamais refroidie. Mais, depuis qu'il est allé près de Philippe, il se détourne quand il me rencontre; et, s'il est contraint de m'aborder, il s'est bientôt esquivé, de peur qu'on ne l'aperçoive causant avec moi; au lieu qu'avec Eschine, il se promène, il fait le tour de la place publique, dissertant et délibérant. » Ce Pythoclès est le même dont la démarche fière avait donné lieu à cette locution proverbiale, ἴσα βαίνων Πυθοκλεῖ. Après la mort d'Alexandre, il fut condamné à boire la cigüe avec Phocion et d'autres. Plut., *Phoc.*, 35.

(137) Eschine ne présente pas Démosthène comme un partisan de Philippe; mais il essaie de prouver qu'il avait été secrètement gagné par Alexandre.

(138) Libanius, t. IV, p. 249, cite quelques-uns de ces noms, qu'ils a pris sans doute dans ce passage. Théopompe avait parlé de *Cinéas*, et de son attachement à Philippe (V. Harpocrat., p. 215); de *Timolaos*, qu'il appelle un insigne débauché (V. Athén. x, p. 436); de *Cercidas* (Harp., p. 212); de *Hiéronymos* (Harp., p. 195). Au lieu de *Myrtis* (*Myrtès*, selon Taylor) et de *Mnaséas*, cet historien avait nommé Paséas et Amyrtæos parmi les habitants d'Argos attachés à la Macédoine. Polybe, après avoir désigné tous les hommes flétris dans ce passage, blâme l'orateur passionné qui, sans raison suffisante (εἰκῆ καὶ ἀκρίτως, xvii, 14), a cherché, selon lui, à déshonorer des personnages dignes d'une autre renommée. « Presque tous, dit-il, surtout les Messéniens et les Arcadiens, auraient pu suffisamment justifier leur choix, puisqu'ils avaient satisfait à tous les devoirs envers la patrie. Seulement, ils n'avaient pas, comme Démosthène, vu de l'identité des intérêts de leurs États respectifs et dans ceux de l'Attique. » Avant de s'autoriser de cette critique, dit avec raison Rochefort, il faudrait examiner si l'ami des Scipions, c'est-à-dire l'ami des Romains les plus distingués par leurs victoires, était autant l'ami des Grecs, et si, conformément à l'esprit de son temps et aux préventions de ceux avec lesquels il vivait, il ne trouvait pas extraordinaire que la Grèce, soumise alors au joug des Romains, eût jamais prétendu résister à celui des rois de Macédoine. *Mém. de l'Acad. des Inscr.*, t. xliii, p. 44.

Cicéron (*in Verr. Act. II, or.* iv, 26) imite évidemment l'orateur athénien : « Nulla domus in Sicilia locuples est, ubi iste non textrinum instituerit. Mulier est Segestana, perdives et nobilis, Lamia nomine : per triennium isti — stragulam vestem confecit. — Attalus, homo pecuniosus, Neti; Lyso, Lilybæi; Critolaus, Ennæ; Syracosis, Æschrio, Cleomenes, Theomnastus; Elori, Archoïdes, Megistus. Vox me citius defecerit, quam nomina. »

(139) Littéralement, *ils ont trinqué la liberté de la Grèce*, etc. V. le Démosth. de Toepffer, p. 207. Longin admire la hardiesse passionnée de cette métaphore, déjà employée par Démosthène dans une Olynthienne. Malgré la défense du sévère Boileau (*Subl.*, c. 26, n. 1), j'ai essayé de la rendre littéralement. Que l'audace du langage, quand elle est heureuse et inspirée, sert bien la passion ! Après avoir débarqué les émigrés français à Quiberon, les Anglais en ont vu froidement fusiller 1200 : « Le sang anglais n'a pas coulé, dit au parlement le ministre Pitt. — Non, s'écrie Sheridan avec une admirable énergie, mais l'honneur anglais a coulé par tous les pores. » M. Brougham regarde le passage qui nous occupe comme le plus brillant, le plus vivement colorié peut-être qui se trouve dans Démosthène; mais, ajoute-t-il, il est aussi opacis, aussi rapide qu'il est riche et varié. *Disc. inaugural à l'Univ. de Glasgow*, 1825.

(140) L'Eubée, qui a été mentionnée un peu plus haut, semble désignée ici par une erreur de copiste. V. l'Apparatus, t. ii, p. 375.

(141) « L'homme de bien se cache; il fuit avec horreur ces scènes de sang; et il faut bien qu'il se cache, l'homme vertueux, quand le crime triomphe; il n'en a pas l'horrible sentiment, il se tait, il s'éloigne, il attend, pour reparaître, des temps plus heureux. Il est des hommes, au contraire, à la fois hypocrites et féroces, qui ne se montrent que dans les calamités publiques : comme il est des insectes malfaisants que la terre ne produit que dans les orages. » *Vergniaud. — Des tirades sonores*. L'épithète λαμπρόφωνος est souvent donnée par les anciens à Eschine. Ici Démosthène semble confirmer involontairement ce que l'antiquité rapporte du talent de son rival pour l'improvisation, λαμπροτάτη φύσις περὶ λόγους. V. Den. Halic. περὶ Δειν. Δημοσθ., c. 35.

(142) De Tournay traduit littéralement : « Au nombre desquels tu ne seras trouvé, non le premier, non le second, non le tiers, non le quart, non le quint, non le sexte; et bref, nul de tous nombres. »

(143) Cet Aristonicus est le même qui, avant Ctésiphon, avait proposé de couronner Démosthène. Condamné à une amende et ne pouvant la payer, il perdit son droit de citoyen jusqu'au moment où il l'eut acquittée. V. Meier et Schœm. *Proc. Attiq.*, p. 734 et 743.

(144) Cette loi est peut-être celle que Démosthène lui-même avait portée pour réformer les abus introduits dans le service de la marine, et dont il a parlé plus haut.

(145) Théocrine, calomniateur fameux; comme Eschine, il avait été acteur. Son nom était passé en prov. *Harpocr.*

(146) V. le disc. d'Esch. L'auteur de la déclamation *in Sallustium*, attribuée à Cicéron, avait ce passage sous les yeux, ii, 8 : « Quare noli mihi antiquos viros objectare.... Neque me cum iis conferre decet, P. C., qui jam decesserunt, omnique odio carent et invidia, sed cum iis qui mecum in rep. versati sunt. »

Heu nefas!
Virtutem incolumem odimus,
Sublatam ex oculis quærimus, invidi.
Hor. *Carm.* iii, 24.

« L'envie s'élève contre les vivants qui la gênent; mais la vertu qui n'est plus devant nous est honorée par une bienveillance exempte de rivalité. » *Él. fun. pron. par Péricl. dans Thucyd.*, traduit par M. Villemain (Essai sur l'Or. fun.).

« Malheur au mortel qu'on renomme!
Vivant, nous blessons le grand homme:
Mort, nous tombons à ses genoux :
On n'aime que la gloire absente;
La mémoire est reconnaissante,
Les yeux sont ingrats et jaloux. »
Le Brun, *Ode à Buffon.*

« Ceux qui l'ont méconnu pleureront le grand homme;
Athène à des proscrits ouvre son panthéon,
Coriolan expire, et les enfants de Rome
Revendiquent son nom! »
De Lamart., *Méd. poét.*

V. aussi Tourreil, sur ce passage de Démosthène.

(147) Dans la lettre citée plus haut, p. 64, Philippe demande aux Athéniens de bannir les orateurs qui leur donnaient de mauvais conseils. Libanius, t. iv, p. 240-322, suppose que ce prince, après sa victoire de Chéronée, demanda que Démosthène lui fût livré; mais ce n'est qu'une hypothèse, sur laquelle le rhéteur a élevé des déclamations. Le mot ἐξαιτούμενος s'applique à la sommation faite par Alexandre aux Athéniens après la prise de Thèbes.

(148) *De celui* : Alexandre.

(149) Cette immortelle harangue se termine comme elle a commencé, par une prière.

XII.

Iᵉʳ PLAIDOYER

CONTRE ARISTOGITON.

INTRODUCTION.

Aristogiton le Sycophante, surnommé encore *le chien du Peuple*, était devenu redoutable par ses fréquentes accusations, et par une éloquence vive et pleine d'images, propre à charmer la multitude. Plutarque le représente intrépide sur la place publique, et poussant le cri de guerre; mais, ajoute le biographe, un jour qu'on enrôlait les citoyens, Aristogiton se traîne à l'assemblée, appuyé sur un bâton, et une jambe bandée. Phocion, qui présidait, du plus loin qu'il le vit, dit au greffier : « Inscris Aristogiton, boiteux et lâche (1). »

Cet homme avait lancé un décret de mort contre un citoyen. Attaqué à son tour, et convaincu d'avoir enfreint les lois dans ce décret, il fut condamné à payer cinq talents au Trésor. Il échoua une seconde fois, lorsqu'il poursuivit devant les tribunaux un autre Athénien, nommé Hégémon : n'ayant pas obtenu le cinquième des voix, il se vit imposer, suivant l'usage, une amende de mille drachmes. Le temps s'écoule, il ne s'acquitte pas, et chacune de ces deux dettes est doublée. Quand il voit que ses fureurs démagogiques ne peuvent pas lui tenir lieu de payement, il vend une de ses terres à Eunomos, son frère, qui prend son lieu et place, obtient un délai de dix ans pour achever de s'acquitter, et distribue la somme en dix payements égaux.

A Athènes le débiteur de l'État était privé des droits de citoyen. Deux payements s'effectuent. Aristogiton, croyant qu'il peut reparaître à la tribune, quoique son nom demeure inscrit sur les registres publics, recommence son métier de délateur. Il accuse, entre autres, Ariston, pour l'avoir, dit-il, porté sur le rôle des débiteurs, quoiqu'il ne le soit plus; il lui intente l'action appelée δίκη τῆς βουλεύσεως. Si Ariston perd sa cause, son nom remplacera celui d'Aristogiton : mais cette cause a pour défenseurs Lycurgue et Démosthène, le premier administrateur et le premier orateur de l'époque.

Lycurgue parla d'abord : son discours est malheureusement perdu. Quelques arguments, surtout quelques mouvements qu'il avait négligés, furent recueillis et présentés par son collègue. La défense prenait naturellement ici le langage de l'accusation : Aristogiton est dénoncé pour avoir enfreint la loi qui le condamne au silence tant que sa dette nominale n'est pas éteinte : quand Ariston l'aurait inscrit à faux, il fallait attendre que les juges eussent prononcé.

Le second plaidoyer que nous possédons sur le même sujet peut être considéré comme une sorte de réplique. Il ne vaut pas le premier, qui, lui-même, semble attester que la matière avait été à peu près épuisée par le premier accusateur. Du reste, les critiques anciens et modernes, incertains sur leur auteur, se partagent entre Démosthène et Hypéride. Rien ne fixe, non plus, la date de ce procès, que Taylor place entre la 3ᵉ année de l'olympiade XC, et la seconde de la CXIIIᵉ; 338—327 av. J.C.

Aristogiton ne succomba point pour cette fois; car nous le voyons, plus tard, accusé par Dinarque, échapper encore. Mais enfin il périt dans la prison, condamné à boire la ciguë. Avant de mourir, il désira parler à un grand et vertueux citoyen, auquel les sanguinaires caprices de la démocratie réservaient le même supplice : c'était Phocion. « Laissez-moi faire, dit celui-ci à ses amis qui le retenaient; dans quel endroit parlerais-je plus volontiers à Aristogiton? »

(1) *Vie de Phocion*, II.

DISCOURS.

Depuis longtemps, ô Athéniens! attentif, sur ce siége, à écouter comme vous l'accusation de Lycurgue, et applaudissant à son éloquence, à ses énergiques efforts, je m'étonne d'une chose : il ignore que le gain de cette cause dépend, non de ce qu'il a dit, non de ce que je vais dire, mais de votre disposition à la rigueur ou à l'indulgence envers un méchant (1). Pour moi, je ne doute pas qu'ici le développement des preuves ne soit une pure affaire de forme, un moyen remplir l'audience ; que chacun des juges, selon ses sentiments personnels, n'ait déjà prononcé dans son cœur ; que, si la majorité est décidée à tendre une main amie aux citoyens pervers, nous nous escrimerons en vain ; mais que, si elle est capable de les haïr, l'accusé, avec l'aide des dieux, sera puni.

Toutefois, à tant d'éloquentes paroles je ne craindrai pas de joindre mes propres réflexions. La cause me semble empreinte d'un caractère exceptionnel ; je m'explique. Dans tout procès, le juge vient pour être instruit, par l'accusateur et par l'accusé, du débat qui attend sa décision ; et chaque partie, pour montrer que la loi prononce en sa faveur. Ici, c'est tout le contraire. Connaissant Aristogiton mieux que ses accusateurs mêmes, le tribunal sait qu'il est débiteur du Trésor, débiteur inscrit à l'Acropolis, et que l'usage public de la parole lui est interdit. Ainsi, chacun de ses membres, mieux instruit que nous, ne demande pas de nouveaux éclaircissements, et pourrait s'ériger en accusateur. D'autre part, l'accusé, ne pouvant se défendre ni par le bon droit, ni par ses antécédents, et dépourvu d'appui, espère vous échapper par le moyen même qui ferait trembler un citoyen innocent : c'est sur l'excès de sa méchanceté qu'il fonde l'espoir de son salut. Ainsi, bien qu'Aristogiton soit cité devant vous, on ne s'écarterait pas de la vérité en disant que c'est vous qui êtes jugés, que votre honneur est, ici, mis en jeu. En effet, si vous vous montrez inflexibles envers un homme convaincu des plus grands crimes, vous annoncerez que vous êtes venus dans cette enceinte pour remplir votre véritable rôle, celui d'organes de la justice et de gardiens des lois. Mais, si, sans votre aveu, dans la manifestation des suffrages, quelque considération coupable l'emporte, je crains qu'on ne dise de vous : Ils ouvrent la carrière à tout scélérat déterminé. Faible par lui-même, le méchant n'est fort que de votre appui. Celui qui l'obtient y trouve un moyen d'action et de puissance, mais il déshonore les juges qui l'accordent.

Avant de me renfermer dans les limites de l'accusation, je voudrais, ô Athéniens ! vous voir empressés à examiner brièvement l'opprobre dont la République est couverte par tous ces monstres de crime, dans la troupe desquels Aristogiton se trouve partout (2). Sans parler du reste, ils paraissent dans les assemblées populaires, où vous donnez aux orateurs la parole, mais non une pleine licence. Audacieuses clameurs, imputations calomnieuses, invectives de sycophante, gestes effrontés, voilà leurs armes. Rien, selon moi, de plus contraire à la sagesse des délibérations, rien de plus flétrissant pour Athènes.

Par ces hideux excès, ils étouffent nos plus sages règlements ; ils se jouent des lois, des présidents, de l'ordre du jour, de toutes les bienséances (3). Si c'est là ce que vous voulez, s'ils agissent ainsi avec votre approbation, il faut laisser faire, et marcher dans cette voie ; mais, si, partout où votre négligence a laissé introduire une confusion aussi triste que honteuse, vous jugez une réforme indispensable, prononcez aujourd'hui d'après ce sentiment intime ; dissipez ce chaos, donnez l'exemple du respect pour la loi, cette amie de la justice, ce soutien de tous les États, et pour l'auguste, l'inflexible Justice elle-même, qu'Orphée, le grand initiateur aux plus saints mystères, nous représente assise près du trône de Jupiter, et observant toutes les actions des mortels (4). Prononcez donc comme étant sous ses yeux, et montrez-vous les dignes ministres de la déesse dont vous rendez les oracles. Vous, les élus du sort, vous, à qui il a confié les droits, les intérêts, l'honneur de vos concitoyens, veillez sur ce dépôt sacré, qu'a scellé votre serment. Si vous n'êtes pas dans ces dispositions, si vous n'apportez sur ces bancs que votre mollesse ordinaire, je crains que, contre nos désirs, nous ne paraissions moins accuser Aristogiton que ses juges. Oui, plus nous aurons mis ses crimes en lumière, plus grande sera la honte des magistrats qui fermeraient les yeux.

Je passe à une autre considération, et c'est avec un entier abandon que je vous dirai la vérité, Athéniens. Lorsque, dans une assemblée, vous m'avez nommé pour cette accusation, j'en ai gémi, et, par Jupiter et tous les Dieux ! j'aurais volontiers repoussé ce fardeau. Je n'ignore pas qu'il retombe toujours sur celui qui le soulève, et que si, pour avoir joué ce rôle une fois, on n'éprouve aucun tort, la persécution se fait sentir dès qu'on revient à la charge. Malgré cela, j'ai cru devoir obéir à votre volonté.

Je me doutais bien que Lycurgue traiterait le fond de la cause, et prendrait la défense des lois ; il l'a fait, et je l'ai vu produire des témoins contre l'accusé. Il me reste donc à vous entretenir des vérités qui doivent diriger vos délibérations sur les lois et sur les intérêts de l'État. Permettez, ô Athéniens ! permettez ici l'emploi de la méthode qui m'est naturelle et qui a ma préférence ; toute autre manière me serait impossible (5). J'entre en matière.

Dans les grands États comme dans les petits, ô Athéniens ! le gouvernement repose sur les mœurs et sur les lois. Les mœurs n'ont rien de stable ; chacun a les siennes. Les lois sont invariables, et les mêmes pour tous. Les mœurs, quand elles sont mauvaises, produisent de mauvaises actions : voilà pourquoi l'absence des règles expose à tant de chutes. Le juste, l'honnête, l'utile sont le but immuable des règlements civils. L'ont-ils atteint et saisi? ils le transforment en précepte général, appelé loi. L'obéissance de tous lui est due, surtout parce que la loi est l'ouvrage et le présent des dieux, la décision des sages, la limite qui sépare le crime médité de la faute irréfléchie, le pacte commun qui lie tous les membres d'une même cité.

Pour prouver qu'Aristogiton est condamnable à tous les titres, et qu'il ne lui reste pas une défense digne d'être accueillie, ma tâche devient facile. Toutes les lois, en effet, ont un double motif : prévenir le crime, punir le crime commis, et, par là, porter à la vertu. Or, sous ces deux points de vue également, l'accusé est coupable. Une peine fiscale lui a été imposée parce que, dans le principe, il a enfreint les lois; et il est traduit aujourd'hui à votre tribunal, pour n'avoir pas payé cette amende. Il ne reste donc aucun prétexte pour l'absoudre.

Dira-t-on que de tels abus ne portent aucune atteinte à la chose publique? Les sophismes d'Aristogiton accueillis, voyez le Trésor privé des fonds qu'il tire de toutes les peines pécuniaires. Les débiteurs graciés, demandez-vous si l'indulgence ne devait pas se borner aux citoyens zélés et sages, coupables seulement d'un léger délit, au lieu de s'étendre même sur le plus méchant des hommes, sur un de nos plus grands criminels. Quoi de plus grave, en effet, que l'imposture et l'infraction des lois, qui l'ont déjà fait condamner? Enfin, même tous les criminels épargnés, sachez qu'il ne doit pas y avoir de ménagement pour un audacieux qui ne connaît que l'empire de la force; et que, pour un tel homme, le pardon serait une concession honteuse. Mais laissons là toutes les considérations secondaires, et ne voyons que les lois : nous serons assez forts pour démontrer que l'accusé trouble, autant qu'il est en lui, l'ordre public, qui est leur ouvrage. Je ne dirai rien de nouveau, rien de spécial, rien d'extraordinaire, rien enfin que vous ne sachiez aussi bien que moi (6).

Qu'est-ce qui rassemble le Conseil dans un même lieu, fait monter le Peuple à l'assemblée nationale, remplit de juges les tribunaux? Qu'est-ce qui substitue de nouveaux magistrats à ceux qui se retirent sans résistance? Quel est, enfin, le principe conservateur de toutes ces sages institutions d'où dépendent l'ordre public et le salut de tous? Cherchez bien, et vous trouverez que c'est la loi et la soumission à la loi. Si la loi est détruite, si chacun rentre dans une liberté illimitée, plus de gouvernement, plus de société; la brute n'a rien au-dessous de la condition humaine. En effet, que ne ferait pas, croyez-vous, celui que j'accuse, s'il n'y avait plus de lois, lui qui est tel malgré leur empire? Puisque, d'un aveu unanime, notre législation est, après le ciel, la sauvegarde de la patrie, agissez comme si vous étiez ici pour effectuer une cotisation (7) : louez, honorez le citoyen qui contribue, pour sa part, au salut de la patrie en obéissant aux lois; punissez celui qui les viole. Oui, la soumission à leurs ordres est une sorte de cotisation publique : celui qui n'y apporte pas sa offrande, ô Athéniens! ruine, autant qu'il est en lui, nos imposantes et magnifiques institutions. Un ou deux exemples, des plus connus, parleront pour le reste. Au conseil des Cinq-Cents, de faibles barreaux écartent le public, et font respecter le secret des délibérations. L'Aréopage, quand il tient séance au Portique Royal (8), est environné d'un simple cordeau qui éloigne les importuns et assure la tranquillité. Tous les magistrats désignés par le sort, dès que l'huissier a dit, Retirez-vous! consultent entre eux, sous l'égide des lois, sans craindre les insultes des hommes les plus violents. Ces règlements et mille autres, aussi nobles, aussi beaux, qui font l'ornement et la sûreté de la République, sont maintenus par les lois. Dans la balance de l'État, la modestie, le respect filial, les égards pour la vieillesse, le bon ordre, ne l'emportent sur les excès de la passion, sur l'impudence et l'audace, que par ce poids salutaire. La méchanceté est tranchante, téméraire, avide : paisible, lente, timide, la vertu est souvent courbée sous ses outrages.

Le devoir des élus de Thémis est donc de venir en aide à la loi, pour qu'avec son secours les bons l'emportent sur les méchants. S'ils y manquent, tous les abus se précipitent par l'issue qui leur est ouverte; partout se propage un affreux désordre, la ville regorge de pervers et d'audacieux. Car, au nom du ciel! si chaque citoyen, armé de l'impudence d'Aristogiton, se persuade, comme lui, que la démocratie autorise les plus grands excès dans les actions, dans le langage, et, par-dessus tout, le mépris de l'opinion publique; si, coupable de tous les attentats qu'entraîne ce déplorable système, il ne rencontre personne qui veuille, par sa mort, en arrêter le cours; si l'impunité le pousse, sans titre, sans magistrature, à marcher l'égal de ceux qui ont obtenu les charges par le sort ou par les suffrages, et à en usurper les privilèges; si enfin, le vieillard, comme le jeune homme, foulant aux pieds le devoir, chaque volonté personnelle prend la

ce de la règle, du magistrat, de la loi : du d'un tel chaos peut-il jaillir un bon gouvernement? la législation n'est-elle pas anéantie? Au lieu de l'ordre dont nous jouissons, toutes les violences, toutes les fureurs ne régneront-elles pas dans la cité?

Mais qu'est-il besoin de prouver que tout est réglé par les lois et par la soumission aux lois? Vous-mêmes, entre tous vos concitoyens qui ont demandé au sort la faveur de siéger dans ce tribunal, seuls, vous nous jugez. Pourquoi? Parce que le sort a prononcé vos noms, et que la décision est consacrée par une loi. Vous donc qui m'écoutez par la vertu de la loi, donnerez-vous vos suffrages au téméraire qui l'enfreint dans ses paroles comme dans ses actions? Tant d'attentats vous laisseront-ils sans indignation, sans colère? O le plus coupable des hommes! lorsque les portes, les verrous ne suffisent pas pour t'imposer silence; lorsque ta langue envenimée s'arrête à peine devant de grosses amendes dont les titres sont confiés à la garde de Minerve (9); tu rompras ces barrières, tu paraîtras dans un lieu d'où la loi te bannit! Dégradé civilement par trois arrêts, par les rôles des thesmothètes, par ceux des collecteurs, par l'inscription même que tu attaques aujourd'hui; lié par tant de chaînes de fer, tu pourras t'en dégager! Armé d'excuses controuvées et de récriminations calomnieuses, tu croiras pouvoir bouleverser l'État!

Montrons, par une induction palpable, que de telles prétentions doivent éveiller notre sollicitude. Un homme se lève parmi nous, et dit : « Athéniens, désormais vos orateurs ne seront choisis que parmi les citoyens les plus jeunes, les plus riches; parmi ceux qui ont rempli les charges, ou dans telle autre classe. » A l'instant vous faites mourir cet ennemi de la démocratie; et sa tentative mérite, en effet, la mort. Un autre, assez semblable à l'accusé, succède au premier, et dit à son tour : « J'ouvre la tribune, en dépit de vos lois insensées, aux échappés des prisons, aux fils de citoyens condamnés au supplice, aux magistrats que le sort a choisis et que vos enquêtes ont rejetés, aux débiteurs de l'État, aux citoyens interdits par sentence des tribunaux, à tous les vices, à tous les crimes, à tous les Aristogitons. » Cette dernière motion, je vous le demande, n'est-elle pas bien plus révoltante?

Digne de mort pour sa conduite actuelle, l'accusé l'est peut-être encore plus pour ce qu'il ferait, si un acquittement rompait le dernier frein de ses passions. Eh! pourrait-on ignorer qu'il est incapable d'aucune action belle, honorable, digne d'Athènes? Ne permettez pas, grands Dieux! que la patrie soit jamais assez dépourvue de citoyens vertueux pour la forcer de demander un service à Aristogiton! Puisse-t-elle n'être jamais réduite à emprunter l'appui de son bourreau! Mais enfin, si elle devait descendre à cet excès du malheur, il vaut mieux pour elle que des traîtres, des conspirateurs soient privés d'un bras capable de les seconder, que si elle leur rendait, dans Aristogiton absous, le plus déterminé des complices. Devant quel forfait reculerait un méchant, animé contre le Peuple d'une haine héréditaire? Quel citoyen serait plus disposé à faire une révolution, s'il en avait la puissance? Et puisse-t-il ne l'avoir jamais! Ne voyez-vous pas quelle frénésie domine ce funeste génie, et lui trace impérieusement la route où il veut entraîner la République? Que dis-je! Sa vie tout entière n'est qu'une longue démence, non moins nuisible à celui qu'elle égare, qu'intolérable pour son pays. Le frénétique s'élance, tête baissée, dans l'abîme; là, il rejette tout moyen de salut; et, si, par hasard, il sort du gouffre, c'est contre l'espoir des autres, et malgré sa propre volonté. Où est l'homme de sens qui voudrait lui confier sa personne ou sa patrie? qui ne le fuirait de la fuite la plus rapide? qui ne le chasserait, pour que son aspect hideux ne choquât plus les regards? Non, Athéniens, ce que cherchera le bon patriote, ce n'est point de participer à un pareil délire, c'est le salutaire commerce des hommes sages et prudents. Leurs vertus sont la source de la prospérité publique; les crimes des Aristogitons perdent et la patrie et leurs imitateurs.

Sans vous en tenir à mes paroles, jetez les yeux sur les usages des peuples. Il est, dans toutes les villes, des temples et des autels pour tous les Dieux; il en est pour la grande et bonne déesse, Minerve-Providence. A Delphes, à l'entrée du temple, on lui a érigé un magnifique sanctuaire auprès d'Apollon, le dieu des conseils salutaires, des infaillibles oracles. Mais où adore-t-on la Frénésie, l'Impudence (10)? Toutes les nations ont dressé des autels à la Justice, à la Loi, à la Pudeur; et, quoique le cœur de l'homme de bien soit l'autel le plus saint, le plus auguste, ceux que construit sa main n'en sont pas moins dignes de la vénération publique. Mais quels sacrifices y furent jamais offerts à la Témérité, à la Calomnie, au Parjure, à l'Ingratitude, à tous ces monstres qui ont, pour repaire, le cœur d'Aristogiton? Je suis sûr qu'écartant toute apologie droite et juste, il se jettera dans des invectives et des calomnies étrangères à la cause; il promettra de poursuivre, d'accuser, de déférer au Peuple : mots sonores, pompeuses menaces, qui, devant un juge sensé, seront impuissantes pour le défendre. Que dis-je? c'est par là même qu'il s'est perdu. Sans parler du reste, tu m'as imputé sept fois le crime de haute-trahison, toi, Aristogiton, toi, vendu aux agents de Philippe; deux fois tu m'as poursuivi en reddition de comptes! Je suis homme, et je m'incline devant Adrastia (11); c'est aux Dieux, c'est aux Athéniens que je rapporte mon salut : mais enfin, toi, qui m'accusais, tu fus toujours convaincu d'imposture. Si, malgré les réclamations de la loi, on t'absout aujourd'hui, essayeras-tu encore de me faire condamner? et sur quoi? Faites, ô Athéniens! cette réflexion : depuis deux ans que la loi ferme la tribune à ce harangueur récalcitrant, qui a-t-il attaqué pour crime d'État? un malheureux Phocidès, un forgeron du Pirée, un corroyeur! Il ne m'a pas dénoncé, moi, homme public, honoré de sa haine, ni Lycurgue, ni tant d'autres que va décrier cet énergumène. Eh bien! soit que, pouvant nous traduire devant vous, il nous ait laissés pour s'acharner sur les faibles; soit que, nous trouvant innocents, il annonce contre nous de nouvelles poursuites qui seraient un piége tendu à ses juges, il mérite la mort!

D'ailleurs, s'il vous faut absolument un agent en matière de dénonciations, un sycophante qui s'embarrasse peu du bon droit, pourvu qu'il accuse, sachez qu'Aristogiton n'est nullement votre homme. Comment cela? Parce que celui qui, chaque jour, fait ce métier, doit être lui-même irréprochable, afin que l'accusé ne trouve pas sa propre excuse dans les crimes de l'accusateur. Or, il n'est pas, dans Athènes, de scélérat plus diffamé qu'Aristogiton. Pourquoi donc le conserveriez-vous? C'est le chien du Peuple, disent quelques-uns. Je le crois; mais c'est un de ces mâtins qui, au lieu de mordre ceux qu'ils appellent loups, mangent les brebis qu'ils disent protéger (12). A quel orateur a-t-il fait autant de morsures qu'à tous les particuliers contre lesquels il hurle indistinctement? quel conseiller du Peuple a-t-il cité en justice depuis qu'il recommence à parler au Peuple? Au contraire, combien de simples citoyens n'a-t-il pas attaqués par tous ces décrets que vous avez repoussés? Tuez, dit-on aux bergers, tuez le chien qui a une fois goûté de la chair de vos moutons. Et moi, je vous dis : Défaites-vous, au plus tôt, de ce sycophante qui vous porte des coups funestes, alors même qu'il vante son patriotisme. Après vous avoir trompés en masse par les odieuses injures dont il souille la tribune, par un acharnement que rien ne déconcerte, il vous en punit chacun à part, accusant, calomniant, rançonnant, non pas, certes, des orateurs qui lui rendraient pareille (13), mais des gens pauvres et simples. J'en atteste ceux dont les plaies saignent encore.

Par Jupiter! tout cela est vrai, dira-t-on, mais, après tout, l'homme que vous jugez est nécessaire à l'État : ainsi, l'accusateur a beau accumuler les preuves; force est d'absoudre Aristogiton. O Athéniens! j'en appelle de ces vaines paroles à votre propre expérience. Pendant cinq années, cet homme n'a point paru à la tribune : pendant cinq années, qui a gémi de son absence? quelle branche du gouvernement en a souffert? quelle autre a prospéré de nouveau depuis qu'il a repris la parole? Tout au contraire, son silence a été une époque de paix, une trêve salutaire qui nous laissait respirer; et voilà que sa voix, en sortant de son repos, trouble le nôtre, et consterne encore la patrie de ses accents séditieux!

Discutons un moment avec les partisans de ses fureurs, et ne craignons pas les épines dont ce sujet se hérisse. Je vous laisse juges, ô Athéniens! de la réputation que méritent les amis d'un Aristogiton; j'ajoute seulement : Insensé qui s'attache à un tel homme! Je suppose qu'aucun de ceux qui siégent ici n'est de ce nombre : ainsi le veulent l'équité, l'honneur, mon propre avantage. En dehors de ce tribunal, je prendrai Philocrate d'Éleusis; et, pour borner mes attaques le plus possible, je m'arrêterai à ce disciple, ou, si l'on veut, à ce maître d'Aristogiton. J'admets que l'accusé n'ait pas d'autres suppôts; je l'admets plutôt comme un vœu que comme un fait : mais que voulez-vous? quand je ménage nos juges, il ne sied pas d'être sévère envers les autres citoyens; et le reproche public d'une liaison déshonorante serait redoutable pour moi-même. D'ailleurs, c'est assez, pour mon dessein, d'un seul nom, d'une seule personne.

Le portrait complet d'un partisan d'Aristogiton serait une satire trop forte; choisissons donc quelques traits. Si Aristogiton est simplement méchant, un médisant, un calomniateur, tel enfin qu'il se glorifie d'être, je te pardonne, Philocrate, ta tendre sollicitude pour ton pareil : car, en supposant dans le cœur de tous les autres citoyens le sentiment du devoir et le respect des lois, votre union ne peut guère nuire à l'État. Mais, s'il fait de ses attentats métier et marchandise, s'il trafique de toutes ses actions, de toutes ses démarches, je dirai presque la balance et les poids à la main, vainement, ô insensé! tu aiguises cet instrument de crime (14). Le boucher se sert-il d'un couteau qui ne peut couper? Et de quelle utilité peut être au persécuteur de tous ses concitoyens un sycophante qui se vend à ceux qu'il accuse?

Pour te montrer, ô Philocrate! que tel est Aristogiton, il me suffira de réveiller tes souvenirs. Te rappelles-tu son désistement vénal des poursuites criminelles qu'il avait commencées contre Hégémon et contre Démade? As-tu oublié son acharnement, récent encore, contre Agathon, le marchand d'huile? Il criait, il vociférait à bouleverser l'assemblée : La question! la torture! Qu'arriva-t-il? on lui jeta quelque argent : l'aboyeur se tut, l'accusé fut absous. Quelle a été l'issue de cette action pour crime d'État, si vivement intentée contre Démoclès? Parlerai-je de toutes les autres? non, ma mémoire n'y suffirait pas. Pour toi, Philocrate, je suis sûr que tu les as enregistrées, puisque tu en as partagé les profits. Qui donc, bon ou méchant, doit travailler à le sauver? Pourquoi ménager un coupable, ennemi des bons par instinct, traître à ses semblables par calcul? Faut-il donc laisser développer au sein de la patrie un germe aussi dangereux? Non, non! pour la justice, pour l'honneur, étouffez-le plutôt! Dans quelle vue nos pères ont-ils construit cette enceinte? Est-ce pour y faire prendre racine à ces plantes vénéneuses? n'est-ce pas, au contraire, pour les en extirper, et empêcher que leur funeste semence ne se propage?

Il faut donc qu'il soit bien difficile d'arrêter les pervers dans la carrière du crime! et, puisqu'un Aristogiton, atteint et convaincu de tant d'iniquités, vit encore, que faire? que dire? Même sous la main de la justice, le hardi sycophante crie, menace, calomnie. Des stratèges, auxquels vous confiez des fonds considérables, (15) lui refusent-ils de l'argent? il les proclame indignes de faire enlever les immondices de la ville. Et pourquoi cet odieux langage? est-ce surtout pour verser l'outrage sur des hommes honorables qui, avec un peu d'or, lui auraient fermé la bouche? Non, c'est pour décrier vos choix, pour faire montre de méchanceté. Il déchire vos magistrats, les rançonne, les poursuit à outrance. Dernièrement encore, il cherchait, en produisant de faux écrits, à jeter la dissension et le trouble dans toute la ville. Né pour le malheur des autres, il l'avoue, il en est fier; il arbore l'enseigne du méchant. En effet, on compte dans Athènes près de vingt mille citoyens (16) : chacun d'eux fréquente la place publique, occupé, par Hercule! d'affaires privées ou de celles de l'État. Mais l'accusé, quelle est sa profession? Il n'a d'occupation ni noble, ni vulgaire, ni politique; il n'est ni artisan, ni agriculteur, ni négociant; il n'a aucun lien d'intérêt ou d'amitié. Il rampe, sur la place publique, comme une vipère ou un scorpion, faisant vibrer son dard, s'élançant d'un côté à l'autre, épiant la victime qu'il percera de ses calomnies, qu'il souillera de sa bave impure, le riche qu'il intimidera pour le rançonner. On ne le voit à aucun de ces rendez-vous qui se donnent dans la boutique du barbier et du parfumeur (17). Vagabond, sans asile, sans amis, sans connaissances, il demeure étranger à toutes les douceurs de la société. Il rôde, traînant à sa suite ces monstres que les peintres donnent pour escorte aux scélérats dans le Tartare, l'Imprécation, la Calomnie, l'Envie, la Haine, la Discorde. Voilà donc le méchant consommé qui, loin de trouver grâce devant les Dieux des enfers, serait précipité par eux dans l'abîme où souffrent les impies. Ce méchant, ô mes concitoyens! est livré à votre justice; et, non content de son impunité, vous lui accorderiez des faveurs toujours refusées par vous-mêmes aux bienfaiteurs de la patrie! Auquel d'entre eux, condamné à une peine fiscale, rendîtes-vous jamais les droits de cité avant qu'il eût payé? Ah! loin de les rendre à l'accusé, punissez-le, faites un exemple!

Mais écoutez, ô Athéniens! écoutez encore. Les traits que Lycurgue a rapportés avant moi sont révoltants et passent toute mesure : ce qui suit y répondra, et vous y reconnaîtrez cet funeste génie. Il a laissé son père dans les cachots d'Érétrie, comme vous l'avez appris de Phædros. Citoyen exécrable autant que fils impie, non-seulement il n'a pas enseveli son père, mais, au lieu de payer ceux qui, pour lui, s'étaient acquittés de ce devoir, il leur a intenté un procès. Sa mère, il l'a frappée! sa sœur, née de la même mère seulement, et dont je ne nommerai pas le père, il l'a vendue, il l'a exportée comme une denrée! Ce dernier fait a été consigné quand son vertueux frère l'accusait, lui qui le défend aujourd'hui. Mais passons, grands Dieux! et laissons ces atrocités derrière nous; d'autres se présentent, non moins abominables.

Lorsqu'il eut forcé sa prison, il s'enfuit chez une femme nommée Zobia, probablement une de ses anciennes concubines. Dans les premiers jours, où les Onze avaient lâché sur lui leurs limiers, Zobia le garde et le tient caché. Un peu plus tard, elle lui donne huit drachmes, une robe et un manteau, et le fait passer à Mégare. De retour à Athènes, il se met à trancher du grand personnage. Un jour, Zobia va le trouver, lui rappelle modestement ses services, et demande le payement de ses avances. L'ingrat la traite avec indignité. Il la frappe d'abord, et la met à la porte. La malheureuse va, comme font les femmes, portant chez toutes ses amies ses doléances et ses larmes. Alors il la saisit de sa propre main, la traîne au marché des étrangers; et, si elle n'eût été inscrite comme ayant payé sa taxe (18), le misérable aurait vendu sa bienfaitrice. Afin de prouver tous ces faits, greffier, appelle celui auquel Aristogiton a refusé de payer la sépulture de son père, et le juge du procès que son digne frère lui a intenté pour la vente de leur sœur; produis l'acte d'accusation. Mais fais paraître, avant tout, le protecteur de cette Zobia qui avait accueilli Aristogiton, et les magistrats devant lesquels il l'a traînée. J'ai vu l'indignation qui vous animait, ô Athéniens! quand j'ai rappelé ses poursuites contre des hommes qui s'étaient cotisés pour le sauver (19). Le monstre! — Lis les pièces.

Lecture des Dépositions.

Pour tant d'atrocités, Athènes a-t-elle des châtiments assez rigoureux? A mes yeux, la mort est une peine trop douce. Écoutez encore un trait de scélératesse, un seul, choisi entre vingt autres dont je vous fais grâce. Avant qu'il s'échappât de prison, on y avait mis un homme de Tanagre, arrêté par suite d'un cautionnement, et qui avait un billet entre les mains (20). Aristogiton l'aborde, entame la conversation, et lui dérobe cet écrit. L'étranger l'accuse, s'emporte, et crie qu'Aristogiton seul est capable d'avoir fait le coup. Alors l'effronté voleur fait mine de le frapper. L'autre, jeune et vigoureux, eut bientôt mis sous ses pieds ce vieux libertin épuisé, cette momie (21). Terrassé par son adversaire, il lui déchire le nez avec les dents. Le Tanagrien, tout occupé de sa blessure, cessa de chercher son billet, qui fut enfin trouvé dans un coffret dont Aristogiton avait la clef. Les prisonniers indignés décident alors formellement qu'il n'y aura désormais entre eux et lui nulle communication, nul échange pour le feu, la lumière, le boire, le manger. Prouvons ce fait par la comparution de l'homme dont ce misérable a dévoré le nez (22).

Déposition.

Les brillants exploits pour un orateur! Qu'ils sont précieux à recueillir, les conseils qui sortent d'une pareille bouche! Qu'on lise aussi la décision dont il a été honoré.

Décision des prisonniers (23).

Et vous pourriez sans honte, ô Athéniens! admettre parmi vous comme ministre, malgré les interdictions légales, un homme que des filous, des malfaiteurs ont condamné, comme plus voleur qu'eux-mêmes, à être mis hors du droit commun des cachots! Dans sa vie entière, que trouvez-vous donc à louer? Tout, chez lui

ne soulève-t-il pas votre indignation? N'est-il pas mordant jusqu'à la calomnie, méchant jusqu'à l'atrocité? Après une longue série de crimes, l'hypocrite ne crie-t-il pas à chacune de vos assemblées : Seul, ô Athènes! je te suis demeuré fidèle; tous tes enfants conspirent contre toi; tout le patriotisme s'est réfugié dans mon cœur!

Le patriotisme!... Eh bien! cherchons d'où il lui est venu; remontons à son principe: s'il est réel, vous y croirez, j'y consens; s'il n'y a là qu'un mensonge de plus, méfiez-vous du piège. Tu aimes ta patrie, dis-tu : serait-ce par ce qu'elle a condamné à mort ton père, vendu ta mère, convaincue d'avoir trahi son protecteur (24)? Mais, par Jupiter et tous les Dieux! en admettant ce motif de ta prétendue affection pour nous, tu as perdu le sens. En effet, si tu as aimé un père et une mère, si tu as observé cette loi de tendresse filiale que la nature étend même à la brute, peux-tu ne point haïr leurs juges, leurs bourreaux? peut-il te rester du respect pour les lois, du zèle pour l'État? Et, si leur sort ne t'a point ému, quelle garantie nous donnes-tu, mauvais fils, de tes sentiments de bon citoyen? Pour moi, je regarde comme un perfide, ennemi des hommes et des Dieux, celui qui néglige ses parents. Devons-nous croire à ton dévouement parce que tes dénonciations ont été flétries par nos tribunaux, et que ton frère et toi vous avez été jetés dans les fers? La conséquence serait absurde! Elle ne serait pas plus logique si tu rappelais ton titre de magistrat, cette grave erreur du sort, corrigée à l'examen; tes condamnations pour motions illégales; les cinq talents que tu as dus au Trésor, en vertu d'une sentence. Chéris-tu tendrement ces citoyens qui te montrent au doigt quand ils veulent désigner le plus pervers des hommes; cette ville, où tu ne peux te délivrer, tant qu'il y aura des lois, de l'opprobre qui s'attache à tes pas? Encore une fois, sur quelle base élèves-tu ton patriotisme? C'est, peut-être, sur la honte même que tu braves si admirablement pour nous! Mais, après tout, qu'est-ce que braver toute honte? N'est-ce pas principalement soutenir ce qui n'est pas, ce qui n'a jamais été, ce qui ne sera jamais! triple impudence, dans laquelle, il est vrai, tu n'as pas d'égal!

Je crois devoir exposer, sur le fond même de la cause, quelques moyens qui ont échappé à Lycurgue. Il me semble, Athéniens, que vous devez prononcer entre Aristogiton et nous comme s'il s'agissait d'une réclamation pécuniaire. Voici donc deux plaideurs : l'un poursuit l'autre en payement d'une somme; et celui-ci nie la dette. Aux débats, on produit le billet du débiteur, ou

outre l'affiche mise sur les maisons ou sur les [...] (25). Ne trouverez-vous pas fort impudent défendeur? Et, si ces pièces n'existaient pas, mon adversaire n'aurait-il point à vos yeux le même caractère? Eh bien! je présente les billets qui constatent la dette d'Aristogiton envers la patrie : ce sont les lois en vertu desquelles on enregistre les débiteurs du Trésor ; je présente une affiche : c'est le rôle même qui contient le nom du débiteur, et que nous confions à la garde de Minerve. Si ces pièces sont nulles ou fausses, il n'y a pas de dette, l'accusateur divague, ou plutôt il calomnie. Mais si elles subsistent, et doivent demeurer authentiques jusqu'à ce que la dette soit éteinte, c'est l'accusé qui en impose ; il est coupable, il a volé, il veut voler encore la République. Car enfin, il n'est pas question ici de décider s'il doit toute la somme à laquelle il a été condamné, mais s'il doit encore. Autrement, on ferait une grande injustice à ceux qui ne seraient inscrits que pour une drachme. Innocents, ou à peu près, ils seraient réputés débiteurs publics ; et un grand criminel, au moyen d'un ou deux payements (26), se ferait réintégrer dans tous ses droits! Des trois dettes inscrites d'Aristogiton, qui ont été la matière de plusieurs poursuites, deux ont été payées, la troisième (27) ne l'est pas encore ; et c'est au sujet de celle-ci qu'il accuse Ariston. Oui, je l'accuse, dit-il, parce qu'il m'a inscrit à tort. Eh bien! Aristogiton, il faut tirer réparation de cette injure. Mais, avant tout, tu devais rester sous le coup de ta dette (28) : sinon, quelle injustice as-tu à venger? si toutes les libertés du citoyen te sont rendues, quel tort as-tu souffert?

Suivez, au nom des Dieux! mon raisonnement. Si Ariston perd sa cause, qu'arrive-t-il? le nom d'Aristogiton sera effacé, et celui de son accusateur inscrit, en vertu de la loi : fort bien. De ce jour, celui dont l'inscription aura disparu sera-t-il débiteur public, tandis que l'enregistré jouira des droits de citoyen? C'est cependant là ce qui doit arriver, d'après ce que prétend l'accusé. Car, si Aristogiton ne se regardait pas comme débiteur quand son nom était inscrit, son nom effacé, il le deviendra, je pense (29). Eh! vous savez trop qu'il n'en est pas ainsi : son inscription une fois annulée, il ne devra plus rien au Trésor. Il doit donc aujourd'hui. Si Ariston sort vainqueur de la lice judiciaire, à qui la ville demandera-t-elle raison de l'interdiction rompue tant de fois par l'accusé? Qui vengera ceux qu'il fait condamner à mort ou à la prison, en assiégeant les tribunaux? Qui rendra la vie aux uns, et indemnisera les autres? Quoi! celui à qui les droits des citoyens sont retirés jette les citoyens dans d'irréparables malheurs! O renversement de toute justice! oubli de toutes les lois! mépris de tous les intérêts! il me semble voir une révolution complète dans la nature. Que diriez-vous, Athéniens, si la terre prenait la place du ciel, et le ciel de la terre? cela est impossible, et n'arrivera jamais. Mais lorsque vos décisions attaquent les prohibitions de la loi, lorsque le vice est honoré et la vertu avilie, lorsque la haine l'emporte sur la justice, la violence sur les paisibles intérêts de l'État, ne peut-on croire à un bouleversement universel? J'ai vu des accusés, hautement reconnus coupables, faire parler en leur faveur la régularité habituelle de leur vie; d'autres, recourir aux exploits, aux charges publiques de leurs ancêtres, à tous les moyens, enfin, qui pouvaient leur gagner l'indulgente pitié des juges. Pour Aristogiton, le cœur du magistrat doit être une place imprenable : là, tout repousse ses assauts, tout est escarpé, tout est précipice. En effet, que présentera-t-il pour vous toucher? les services de son père? mais ce père, scélérat indigne de vivre, a été livré par vous-mêmes au bourreau : ses habitudes sages et régulières? qui les connaît? qui jamais en fut témoin? Des charges publiques? où, quand ont-elles été remplies? Quelles charges, enfin? celles de son père? il n'a pas satisfait à une seule : les siennes? je trouve, pour son compte, délations, accusations, tous les actes d'un sycophante; mais de charge publique, pas une. Privé de cet appui, fera-t-il solliciter sa grâce par des hommes de mérite, appartenant à sa famille? Il n'a point de parents; il n'en a jamais eu, puisqu'il n'est pas même libre. Je me trompe, il a un frère, son intercesseur aujourd'hui, après avoir été son accusateur. Que de liens unissent ces deux misérables! Nés du même père et de la même mère, ils sont, qui pis est, jumeaux. Dans la vie de ce frère, je ne choisirai qu'un seul trait. Vous vous rappelez Théoris, l'infâme magicienne de Lemnos, que vous avez condamnée à la peine capitale (30). Cet homme avait séduit et rendu mère la servante de Théoris, laquelle vint déposer elle-même contre sa maîtresse. Il en obtint aisément la connaissance des plus merveilleux secrets et des remèdes les plus infaillibles. Avec ce bagage, il s'est fait charlatan ; il abuse à plaisir les badauds d'Athènes ; il se vante de guérir des maladies incurables, lui dont l'âme est dévorée par tous les vices, comme par un affreux cancer! Empirique odieux, que l'on fuirait volontiers comme un assassin, il viendra solliciter pour son frère! il demandera la grâce de celui-là même qu'il a voulu naguère, par un procès criminel, traîner au supplice!

Que reste-t-il, Athéniens, à Aristogiton? Sans doute la ressource banale que trouvent tous les accusés dans le caractère de leurs compatriotes, et qu'aucun d'eux ne puiserait en lui-même, la pitié, l'indulgence, l'humanité. Mais, songez-y, la justice et la loi se récrieront si un pareil scélérat jouit de cet avantage. Pourquoi? c'est que, dans l'ordre naturel, chacun doit voir appliquer à lui-même la règle qu'il s'est faite à l'égard des autres. Examinons donc cette règle dans le cœur d'Aristogiton. De quels sentimens est-il animé envers ses concitoyens? Souhaite-t-il, pour eux, bonheur, gloire, prospérité? Mais il mourrait de faim, lui dont le pain de chaque jour est une douleur, une infortune d'autrui! Non, non, des fortunes menacées, des réputations compromises, de graves procès, voilà le fonds qu'il exploite; voilà son revenu, l'objet de tous ses vœux! A qui donc appartiennent de droit les noms de scélérat, d'homme pervers, de funeste génie, de fléau de l'humanité? à qui réserverons-nous ces imprécations terribles par lesquelles nous demandons à la terre de refuser des fruits pendant la vie, son sein après la mort? n'est-ce pas à un pareil monstre? De la pitié! en a-t-il eu pour les victimes que déchiraient ses calomnies? Dans le lieu même où je parle, l'accusation à peine développée, il se hâtait de conclure à la peine de mort, avant que le premier vote fût prononcé (31). Échappés des griffes de l'impitoyable sycophante, les accusés furent, plus d'une fois, absous; et le tribunal comptait à peine quelques voix en faveur de leur acharné persécuteur. Toujours furibond, malgré quelques défaites, il n'était ému ni par les jeunes enfants, ni par les vieilles mères que lui présentaient les accusés. Et l'indulgence envers toi, Aristogiton, serait encore possible! Dis-nous donc à quel titre? Est-ce le sort de tes enfans qui doit nous toucher? Toi-même, cruel, les as frustrés de la compassion due à leur âge; toi-même as étouffé ce sentiment dans tous les cœurs. Crois-moi, ne cherche pas un asile dans le port que ta main a comblé.

Mais, Athéniens, si vous entendiez les insolentes paroles qu'il va proférant contre vous sur la place publique, votre haine pour lui aurait un juste motif de plus. Le Trésor, dit-il, a bien d'autres débiteurs, et tous sont dans la même position que lui. Plusieurs citoyens, je le sais, sont tombés dans cette disgrâce; n'y en eût-il que deux, ce serait encore trop: pourquoi en comptons-nous d'autres qu'Aristogiton? Mais je suis infinîment loin de les placer dans la même catégorie que cet homme. Leur situation me semble même le contraire de la sienne, et voici pourquoi. N'allez pas croire que j'irai prendre parmi vous des exemples de dettes publiques; non, juges, aucun de vous ne doit rien au Trésor (32); et aux Dieux ne plaise qu'il en soit autrement! Mais, si l'un de vos amis était, par hasard, sous le poids de cette obligation, je veux vous montrer là une raison nouvelle pour sévir contre l'accusé. D'abord d'honnêtes citoyens, des hommes serviables qui ont contracté une dette et en ont subi les tristes conséquences pour cautionner un ami, innocents d'ailleurs envers l'État, ne doivent pas être classés, par Aristogiton, auprès de lui-même; la décence en est blessée, la justice en murmure. Entre une condamnation pécuniaire, prononcée, par indulgence, au lieu de la peine capitale, contre celui qui a proposé de faire mourir trois citoyens sans les entendre, et la gêne où fait tomber inopinément une garantie imprudemment généreuse, il y a une distance énorme: entends-tu, Aristogiton? Ce n'est pas tout: cet homme efface, autant qu'il est en lui, ces égards mutuels que vous inspire la bonté de votre caractère. Je m'explique, Athéniens. Naturellement bons et indulgents les uns envers les autres, vous vous comportez ce semble dans cette ville comme font les familles dans leurs foyers. Telle maison compte dans son sein un père, des fils, hommes faits, des enfans de ces derniers. Entre ces trois générations, quelle inévitable différence de goûts, de caractères, d'actions, de langage! Cependant, si les jeunes gens ont de la pudeur, ils tâchent de n'être pas aperçus dans tout ce qu'ils font, ou, du moins, ils montrent l'intention de se cacher. Les vieillards, de leur côté, s'ils reconnaissent que les jeunes se livrent un peu trop à la dépense, au vin, à l'amour, le voient sans paraître le voir. Par là, chacun suit ses goûts, et tout va bien [34]. De même, vous, dans l'enceinte de vos murs, vous traitez comme membres d'une seule et grande famille. Les uns s'aperçoivent-ils que des concitoyens, interdits par suite d'un malheur, continuent à user des droits civiques? ils ont des yeux pour ne pas voir, des oreilles pour ne pas entendre. Quant aux délinquants, ils s'entourent de précautions, ils rompent leur ban sans éclat. Par là s'établit et se maintient, entre tous les enfants d'une même république, cette union précieuse, source féconde des biens les plus doux. Cette heureuse harmonie, résultat de vos mœurs et de la nature, l'accusé l'interrompt, la brise par ses violences; et ce que d'autres, tombés dans l'infortune, font doucement et sans bruit, il le fait, lui, la trompette à la bouche. Huissier, prytane, président, tribu chargée de la police, rien ne peut le contenir; et, si de tels excès vous choquent, si l'insolent orgueil de ce débiteur pelic vous irrite, il s'écrie : Mais un tel ne doit-il pas aussi au Trésor? Et tel autre, dit alors chacun, nommant son ennemi, ne doit-il pas également? Voilà l'incendie qu'allume ce méchant, et cependant les infortunés qu'on inquiète à sa voix sont aussi dignes de votre indulgence qu'il l'est de votre courroux.

Voulez-vous donc écarter un pareil fléau? la mort, la mort seule pourra vous en délivrer. Ici, les lois sont claires et formelles. Je demande, du moins, contre lui, une amende assez forte pour le laisser obéré le reste de sa vie. Cette rigueur peut seule être salutaire; je vais vous en convaincre. L'honnête homme se porte à l'observation des bienséances par la seule impulsion de son caractère. Celui qui, placé plus bas, n'est pas tout à fait vicieux, se modère parce qu'il est sensible à la honte d'un reproche, et que les tribunaux sont là, qui l'intimident. Pour Aristogiton, c'est un scélérat blasé. Ces peines judiciaires, qui exercent encore quelque empire sur ses semblables, il ne les sent plus : comment pourraient-elles l'instruire et le changer? Que de fois il a été surpris dans les mêmes crimes! quels pas il a faits dans cette carrière d'iniquités! Naguère encore, il se bornait à insulter aux lois par des motions coupables; maintenant, il ne recule devant aucun attentat. A la tribune, théâtre de ses fureurs, il dénonce, il calomnie; devant les juges, il demande, il presse des condamnations capitales; l'emprisonnement, les attaques violentes pour de prétendues trahisons, les outrages, les avanies de toutes sortes contre des citoyens jouissant de tous leurs droits, ne coûtent plus rien à ce banqueroutier public. Les progrès qu'il a faits dans le crime, faites-les dans votre sévérité. Vous contenter de l'avertir serait folie. Un harangueur qui, rappelé à l'ordre par les murmures populaires, ne s'est jamais arrêté ni effrayé, tiendra-t-il compte de quelques avertissements? Il n'est pas de remède, ô Athéniens! non, il n'en est pas pour une telle perversité. Imitez, croyez-moi, l'habile médecin. Si un cancer, un ulcère rongeur, ou quelque autre mal, triomphe de toutes les ressources de l'art, il y applique le feu, il l'extirpe avec le fer. Bannissez donc, chassez d'Athènes cet incorrigible coupable, exterminez-le du milieu du peuple; tranchez, tranchez le membre gangrené avant que sa plaie hideuse s'étende sur tout le corps de l'État. Nul de vous, peut-être, ne fut jamais mordu par une couleuvre ou une tarentule; et puissiez-vous ne l'être jamais! Toutefois, à la vue d'un de ces animaux venimeux, vous vous hâtez de l'écraser. De même, ô mes concitoyens! dès que vous apercevez ce reptile plein de fiel qu'on appelle sycophante, accourez, mettez le pied sur la tête du monstre, ou bien il va vous déchirer!

Lycurgue a pris à témoin Pallas et la Mère des Dieux, et Lycurgue a bien fait. Moi, j'invoque vos ancêtres, j'invoque ces hautes vertus dont le temps n'a pas effacé la mémoire. Il l'eût tenté en vain. Dans leur noble politique, ils ne se faisaient pas les complices des calomniateurs publics, des plus méchants des hommes; ils ne se livraient pas, dans ces murs, à de mutuelles persécutions. Attentifs à récompenser la sagesse et la vertu dans l'administrateur, dans le simple citoyen, ils poursuivaient de leur haine et de leur rigueur le crime audacieux. Aussi tous, comme de généreux athlètes, ont parcouru une carrière de gloire.

Encore un mot, et je finis. Vous allez sortir du tribunal : ceux qui nous entourent, étrangers et citoyens, vous observeront; et, interrogeant vos traits quand vous passerez, ils devineront le juge qui aura rejeté l'accusation. Que direz-vous donc, que direz-vous, magistrats d'Athènes, si vous ne levez la séance qu'après avoir trahi ses lois? De quel front, de quels yeux soutiendrez-vous tant de regards? Comment oserez-vous, après une telle décision, aller au temple de Cybèle (34)? Chacun, à part, pourra-t-il s'y rendre avec la pensée que les lois ont encore de la force, si tous ensemble vous les infirmez aujourd'hui? Lorsque le mois se renouvelle, lorsque les juges demandent aux Dieux de verser leurs faveurs sur eux, sur la patrie, monterez-vous à l'Acropolis, où sont consignés les noms de l'accusé et de son digne père, vous qui, chargés d'un parjure, aurez donné le démenti aux actes authentiques qu'on y a déposés? Et si l'on interroge ceux d'entre vous qui auront donné leur voix à un Aristogiton, leur réponse sera-t-elle : Il a mon approbation? Votre approbation! non, vous ne parlerez jamais ainsi! Vous reculerez devant cette affreuse solidarité du crime, de l'opprobre, de l'exécration publique. Répondront-ils : Je l'ai condamné? par ce mensonge, ils protesteraient contre eux-mêmes. Eh! pourquoi se mettre dans une position aussi embarrassante, quand on peut ne dire et n'entendre que d'honorables vérités, quand il dépend de vous tous de vous féliciter vous-mêmes, et de quitter cette enceinte, suivis des bénédictions de vos concitoyens, des étrangers, des femmes même et des enfants? Tous, en effet, oui, tous ont été en butte à ses coups; tous désirent être délivrés de ce méchant, et le voir livré à la vindicte publique.

NOTES
DU IER PLAIDOYER CONTRE ARISTOGITON.

(1) Tous les plaidoyers qui terminent cette seconde partie ont été traduits sur le texte de Reiske, collationné avec celui de Bekker. Schæfer, dans son *Apparatus*, a été mon principal guide pour l'interprétation.

(2) J'ai essayé de rendre l'énergie de τὰ τοιαῦτα θηρία. Ce qui suit ces mots signifie littéralement « au milieu, au bout, en tête, se trouve Aristogiton. »

(3) Les tribunes française et anglaise ont, dans les temps de révolution surtout, vu de pareils désordres.

(4) *Orphica*, hymn. 2 :
Ὄμμα Δίκης μέλπω παλιδερκέος, ἀγλαομόρφου,
Ἣ καὶ Ζηνὸς ἄνακτος ἐπὶ θρόνον ἱερὸν ἵζει
Οὐρανόθεν καθορῶσα βίον θνητῶν πολυφύλων.

(5) Ce passage est un de ceux qui ont fait le plus douter de l'authenticité de ce plaidoyer. Voyez le Sommaire d'Auger.

(6) Ne prendrait-on pas ceci pour l'aveu naïf des déclamations banales dont ce discours abonde?

(7) Littéralement : *pour compléter une éranie*. Sur l'éranie, voyez les notes du premier plaidoyer de Démosthène contre Aphobos.

(8) Portique consacré à Jupiter-Roi. *Harpocr.*

(9) On a déjà vu que les rôles contenant les noms des débiteurs du Trésor étaient déposés dans un bâtiment situé derrière le Parthénon, ou temple de Minerve. — *L'inscription même que tu attaques :* voyez l'Introduction.

(10) La philosophie tient un langage très-différent, et en tire une des plus belles preuves de ce principe inné de justice et de vertu que nous appelons conscience. « L'ancien paganisme enfanta des Dieux abominables qu'on eût punis ici-bas comme des scélérats, et qui n'offraient pour tableau du bonheur suprême que des forfaits à commettre et des passions à contenter. Mais le vice, armé d'une autorité sacrée, descendait en vain du séjour éternel; l'instinct moral le repoussait du cœur des humains. En célébrant les débauches de Jupiter, on admirait la continence de Xénocrate; la chaste Lucrèce adorait l'impudique Vénus; l'intrépide Romain sacrifiait à la Peur; il invoquait le Dieu qui mutila son père, et mourait sans murmurer de la main du sien. Les plus méprisables divinités furent servies par les plus grands hommes. La sainte voix de la nature, plus forte que celle des Dieux, se faisait respecter sur la terre, et semblait reléguer dans le ciel le crime avec les coupables. » *Émile*, liv. IV.

(11) C'est-à-dire, *je crains de montrer une présomption punissable*. Adrastia, ou Némésis, était chargée de punir l'orgueil des faibles mortels.

(12) « Et fut lors, à ce qu'on écrit, que Démosthène conta au peuple d'Athènes la fable des brebis, et des loups qui demandèrent une fois aux brebis que, pour avoir paix avec eux, elles leur livrassent les mâtins qui les gardoient : en comparant lui et ses compagnons travaillants pour le bien du peuple, aux chiens qui gardoient les troupeaux de moutons, et appelant Alexandre le loup. » Plutarq., *Vie de Démosth.*, trad. d'Amyot. Voyez Ésop. 211, 241; la Font., III, 13.

(13) Quid immerentes hospites vexas, canis,
Ignavus adversum lupos?
Qui huc inanes, si potes, vertis minas,
Et me, remorsurum, petis?
Hor., *Epod.* 6.

(14) Auger : « Pourquoi l'aimez-vous, insensé que vous êtes? » Le mot *aimer* ne répond à aucune des deux leçons entre lesquelles se débattent les éditeurs. Jurin propose de lire ἀγωνίας : pourquoi *ressens-tu de si vives angoisses* à son sujet? La leçon de tous les manuscrits, ἀνοήτους, doit être maintenue. Écoutons Schæfer : « Si Aristogiton simplex est sycophanta, per me licet ei patrocineris; sed quisquam rem miretur, cum homo utilis tibi videatur futurus. Nunc cum duplex sit et prævaricator, quid, stulte, operam perdis? Quantumvis enim eum instiges et armes in tuos inimicos, tamen senties plumbeo te uti pugione. » *App.*, t. IV, p. 340.

(15) Le mot στρατηγοῖς me semble indiquer ici, comme dans quelques autres passages, une fonction plutôt civile que militaire. — Littéralement : « Il dit qu'ils ne devraient pas même être choisis pour surveiller les boueurs d'Athènes » : fonction de police du plus bas degré, qu'Épaminondas sut ennoblir dans sa patrie, par la manière dont il la remplit.

(16) « Le témoignage le plus circonstancié sur le nombre des individus compris dans chacune des classes qui embrassaient tous les habitants de l'Attique, est celui de Ctésiclès, auteur inconnu, cité par Athénée : il nous apprend que, dans un dénombrement fait par ordre de Démétrius de Phalère, on trouva *vingt-un mille citoyens*, *dix mille métèques*, et *quatre cent mille esclaves*. Démosthène, contre Aristogiton, dit que tous les Athéniens sont *près de vingt mille* (ὁμοῦ signifie ἐγγύς, selon les anciens grammairiens)... La même approximation se retrouve encore au vers 716 des *Guêpes* d'Aristophane. » M. Letronne, *Mém. sur la Populat. de l'Attique*; *Acad. des Inscr.*, t. VI, 1822.

(17) C'étaient, avec les comptoirs des banquiers, les cabinets littéraires et les cafés du temps.

(18) La vente sur le marché n'était pas permise au métèque ou à l'étranger sans redevance; il leur fallait payer la taxe d'étranger, ξενικὰ τελεῖν : c'est pourquoi Démosthène, dans le plaidoyer contre Eubulide, dit d'une marchande de rubans que, si on veut prouver qu'elle n'est pas citoyenne, il faut prouver qu'elle a payé la taxe d'étranger dans les recettes du marché : et peut-être les étrangers de toute autre profession étaient-ils soumis à une taxe. Voyez Bœckh, liv. III, c. 7.

(19) C'est-à-dire, pour l'empêcher d'être condamné, comme ayant refusé la sépulture à son père.

(20) Que pouvait être cet écrit, γραμματεῖον? une lettre de change, selon *l'Index Græcitatis*; peut-être de simples notes d'affaires, selon l'auteur de l'*Apparatus*.

(21) C'est le sens littéral de τεταριχευμένου, qui se dit du poisson salé, d'un corps embaumé, etc.

(22) Il a bien fallu risquer cette exagération tragi-comique : οὗ τὴν ῥῖνα ὁ μιαρὸς οὗτος ἀπεσθίων (ἐσθίων Bekker. e vulg.) κατέφαγεν.

(23) Il faut remarquer ici comment les formes de la liberté républicaine et le sentiment de l'honneur avaient pénétré jusque dans le séjour de la captivité et dans le domicile de l'opprobre. *Auger.*

(24) Sans doute son ancien maître, qui l'avait affranchie. Harpocration cite une loi ainsi conçue : « Les patrons pourront intenter l'action Ἀποστασίου contre les affranchis qui mettront de la négligence à remplir leurs devoirs envers

dents. Si l'accusation est prouvée, l'affranchi redeviendra esclave; sinon, il obtiendra sa liberté entière.

(25) C'étaient des inscriptions hypothécaires. Voyez *Appar.*, t. IV, p. 358.

(26) Voyez l'Introduction de ce Plaidoyer.

(27) Tout ce passage est fort obscur. Selon M. Planche, l'orateur veut dire que, pour deux de ces dettes, il y a eu vente et publication des biens de l'accusé, ce qui s'appelait proprement ἀπογραφή; et que, pour la troisième, la publication des biens d'Aristogiton n'a pas encore été faite.

(28) C'est-à-dire, ne point parler en public, ne pas accuser Ariston.

(29) L'ironie de cette argumentation subtile a besoin d'être remarquée, pour que le lecteur ne prenne pas le change.

(30) Selon Plutarque, Démosthène lui-même fut l'accusateur de Théoris : son plaidoyer est perdu.

(31) Ce premier vote équivalait au verdict de notre jury : les juges y prononçaient seulement sur l'existence du crime. L'application de la peine se faisait à un second tour de scrutin.

(32) Exprimer le contraire, ç'aurait été les réunir, et même les déclarer capables d'exercer le droit de juger, tandis que tous les droits civiques leur étaient retirés.

(33) Ceci nous donne la mesure de la moralité de la plupart des familles athéniennes à cette époque.

(34) C'est là qu'était le dépôt des lois. Voilà pourquoi Lycurgue avait invoqué Cybèle.

XIII.

IIᵉ PLAIDOYER CONTRE ARISTOGITON.

La dette d'Aristogiton envers le Trésor, son interdiction, la défense légale faite expressément aux débiteurs, aux interdits, de paraître à la tribune, tout cela, ô juges! demeure clairement prouvé. Vous devez, en général, réprimer, éloigner tout infracteur des lois, surtout s'il exerce une magistrature et prend une part active au gouvernement. Rigueur d'autant plus nécessaire que leurs vertus ou leurs vices, leur respect ou leur mépris pour nos institutions font la prospérité ou la décadence de l'État. Oui, si vous permettez à vos gouvernants de violer la loi, de briser la règle, toute la République va tomber en langueur. Sur mer, la faute commise par un matelot peut n'avoir pas de suites fâcheuses pour l'équipage; mais, par ses distractions ou ses méprises, le pilote compromet la vie de tous les passagers. Il en est de même du vaisseau de l'État. L'erreur d'un simple citoyen retombe, d'ordinaire, sur lui seul; mais celle du magistrat, de l'homme politique a un retentissement universel. Voilà pourquoi Solon a voulu que la peine, tardive pour le premier, frappât promptement le second; il se disait: Il est toujours temps de punir celui-là; mais, pour l'autre, il serait imprudent d'attendre : car, la République une fois opprimée, qui poursuivra l'oppresseur?

Qui serait assez hardi, qui mépriserait assez votre autorité pour s'opposer à des règles aussi justes? Qui? l'impudent, le pervers Aristogiton, mais lui seul! Un magistrat déposé quitte à l'instant ses fonctions, et détache sa couronne. Le thesmothète qui ne peut être admis dans l'Aréopage (1) en force-t-il l'entrée? non! il subit votre arrêt en silence. Cette soumission est fondée, Athéniens. Tant qu'il reste en charge, il exige l'obéissance des citoyens; mais, rentré dans la condition privée, il se courbe sous la loi commune, ce perpétuel magistrat de la République. Remontez aux anciens temps, vous verrez tous les Athéniens les plus influents soumis à vos décisions : un Aristide exilé par vos pères, restant à Égine jusqu'à ce que sa patrie le rappelle; un Miltiade, un Périclès, condamnés à une amende, l'un de trente talents, l'autre de cinquante, ne remontant à la tribune qu'après l'avoir payée (2). Quoi! pour ces grands et utiles citoyens il n'y a pas eu de privilège; et un misérable, qui n'a pas racheté un seul de ses attentats par un véritable service, obtiendra de vous, comme en se jouant, une liberté illimitée pour violer la justice, menacer votre sûreté, enfreindre les lois!

Mais pourquoi citer nos anciens? Examinez les administrateurs actuels, et voyez s'il en est un qui pousse jusque-là ses prétentions. Vous n'en trouverez pas un seul, même après la recherche la plus attentive. Il y a plus : si l'on attaque devant les thesmothètes une loi ou un décret, et que l'un ou l'autre soit infirmé, l'auteur de la motion annulée n'ose passer outre; et, fût-il le plus éloquent orateur, le politique le plus consommé, il ne trouve pas mauvais qu'un corps de magistrats ait cassé une décision populaire. Quoi donc! ce que le Peuple réuni conformément aux lois aura revêtu de sa sanction souveraine s'en verra quelquefois dépouillé; et l'on placerait les factieux caprices d'un Aristogiton au-dessus des lois mêmes! L'accusateur qui n'obtient pas le cinquième des voix ne peut désormais poursuivre, dénoncer, emprisonner : citez-m'en un qui, dans ce cas, ait tenté de briser la barrière élevée par la loi. Seul, Aristogiton peut-il donc opposer aux lois et à vos arrêts sa volonté victorieuse? Vos ancêtres se sont-ils repentis d'avoir observé ces règles? Vous-mêmes, en avez-vous demandé la réforme? Jamais! C'est que la sauve-garde d'une démocratie consiste à vaincre au dehors par de sages mesures ou par les armes; et, au dedans, à se soumettre aux lois avec amour, du moins avec résignation.

Ces principes ont été hautement approuvés par l'accusé lui-même. Les Hellènes venaient d'essuyer la défaite de Chéronée, et nous courions les plus grands risques pour le sol même de la patrie. Hypéride alors propose en forme de réhabiliter les citoyens interdits, afin, dit-il, que, dans le péril extrême où se trouve la République, la liberté ait des défenseurs plus nombreux et plus ardents. Le décret fut attaqué comme illégal, et son auteur cité devant les tribunaux (3) : par qui? par Aristogiton! Et ce même homme, qui ne veut pas que, même pour le salut public, le titre de citoyen soit rendu à qui l'a possédé, usurpe aujourd'hui tous les droits qui s'y rattachent! et pourquoi? pour assurer l'impunité à ses crimes! Toutefois, ô Aristogiton! le décret d'Hypéride était bien plus conforme à la justice et aux lois que la sentence que tu demandes aux juges. L'un était équitable, et reposait sur l'intérêt de la patrie; l'autre serait inique, et te déchaînerait contre tous tes concitoyens; l'un prévenait une paix qui aurait rendu un seul homme (4) maître de notre république; par l'autre tu obtiendrais le privilège exclusif du mépris pour les décisions des tribunaux, de l'infraction des règles les plus anciennes et les plus sages, notre commun patrimoine : c'est le privilège des tyrans! Mais réponds-moi : ta dénonciation contre Hypéride était-elle juste ou injuste, légale ou contraire aux lois? Dans le second cas, tu mérites la mort. En admettant le premier, pourquoi demander aux juges qu'ils prononcent à présent contre ce que tu réclamais à cette époque? Mais ne vous y trompez pas, Athéniens! et son accusation passée et sa demande actuelle attaquent également la justice, les lois, vos intérêts; et je vois que vous ne pensez pas autrement à l'égard de vous-mêmes, puisque vous avez condamné plus d'un citoyen accusé pour les mêmes faits qu'Aristogiton. Scrupuleux, contre vous-mêmes, à juger selon le vœu de la loi, négligerez-vous de le consulter lorsqu'il faut punir des brouillons, des factieux, des aspirants à la tyrannie?

Voilà des vérités frappantes pour tous les esprits. Quelqu'un, parmi vous, prétendra-t-il couvrir les infractions de l'accusé des titres d'homme de bien, de citoyen utile? Il est établi, par le plaidoyer de Lycurgue, que c'est un méchant par goût et par réflexion. Quant à ses services, suivons ses pas dans la carrière administrative. De tous ceux qu'il a accusés, en est-il un seul qu'il ait pu convaincre? De quel revenu a-t-il grossi le Trésor? Quel décret a-t-il présenté, dont l'adoption n'ait été pour vous la cause d'amers regrets? A un jugement faux cet homme joignant un cœur cruel, dès qu'il vous voit irrités contre un de vos concitoyens, il prend conseil de la passion qui vous domine, et attise le feu jusqu'à ce que vous en soyez vous-mêmes brûlés. Toutefois un bon ministre, au lieu de se prêter aux mouvements soudains de vos fureurs passagères, doit s'attacher à des principes fixes et invariables, consulter la raison, chercher le vrai point des affaires, et votre avantage réel. Mais qu'importe à Aristogiton? il déchire le voile qui couvre quelques vices du gouvernement, et vous pousse violemment à des décisions et à des rétractations alternatives.

L'invective à la bouche, il n'épargne personne, coupe la parole à qui veut se défendre, et prétend seul être entendu. Est-ce pour une telle conduite que vous le ménageriez? Mais, j'en atteste Minerve, cette conduite même est l'opprobre de la République. Les emportements d'une poignée de furieux, ses émules, font reculer l'honnête homme dès son entrée dans les affaires. Y aurait-il, par hasard, ici quelque amateur de ces hideux désordres? il trouvera toujours à se contenter; qu'il regarde les abords de la tribune : ils sont encombrés d'Aristogitons! Mais ce qui est périlleusement honorable, c'est de vous offrir de sages conseils, sans fulminer contre les préopinants.

Je vais plus loin, je suppose que, dans un procès pareil, par de semblables discours l'accusé ne vous ait pas encore trompés : eh bien! cela ne vous autoriserait pas aujourd'hui à le déchaîner contre les lois. Si vous permettez à un citoyen de les enfreindre, n'en exigez l'observation de personne. Toutefois, c'est dès le principe qu'il eût été moins absurde de se fier à lui, de lui décerner un privilège, même exorbitant. Mais, puisque, le renvoyant absous dans l'espérance qu'il se corrigerait, vous l'avez, peu après, puni comme trahissant le Peuple dans ses actions et dans son langage, seriez-vous pardonnables, ô juges! en vous laissant prendre au même piège? Non, vous ne croirez pas de vaines paroles, démenties par les faits; non, vous n'accueillerez dans le langage de l'accusé que ce qui peut réellement éclairer les faits placés en dehors de votre expérience. Pour moi, je m'étonnerais de vous voir remettre les intérêts de l'État à des hommes d'une perversité notoire, vous qui ne confieriez votre maison qu'aux mains les plus pures. Le berger ne met pas à la tête de son troupeau un chien vicieux et de mauvaise race; et l'on viendra vous dire : « Pour garder le Peuple contre ceux qui le gouvernent, prenez vos hommes au hasard : qu'importe qu'ils aient eux-mêmes besoin d'être observés? Qu'ils soient bons guetteurs, dénonciateurs ardents, il suffit! »

Pénétrés de ces considérations, vous repousserez, si vous êtes sages, tous ces bavards qui ne vous aiment que dans leurs harangues; vous ne reconnaîtrez à personne un pouvoir supérieur aux lois; surtout, vous ne l'accorderez pas à ces gouvernants qui font, dans leurs discours, dans leurs motions, un pompeux étalage de patriotisme. Enfants de ces grands citoyens qui ont bravé la mort pour défendre nos institutions, vous aurez le courage de punir ceux qui les méconnaissent. Compatriotes du premier des législateurs, de ce Solon à qui vous avez élevé des statues, vous ne verrez pas sans colère insulter à son œuvre immortelle. Sévères contre les méchants, dans les peines que vous donnez pour sanction à vos lois, vous ne renverrez pas leurs infracteurs impunis. Il ne sera pas dit que, réunis en masse, vous vous laissez intimider par un scélérat, et n'osez manifester combien il vous est odieux, lorsque le père de vos lois s'est chargé seul, par amour pour vous, de la haine des méchants. Enfin, vous qui punissez de mort quiconque cite une loi non reçue (5), vous ne déclarerez pas innocents ceux qui ne mettent nulle différence entre une décision populaire établie, et une motion qui n'est pas même présentée.

Mais le plus infaillible moyen de reconnaître combien il est utile d'obéir aux lois, nuisible de les mépriser et de les transgresser, c'est de voir, pour ainsi dire, face à face, les biens ou les maux, résultat inévitable de ces deux causes. Les lois sont-elles enfreintes? tous les excès, toutes les passions, toutes les fureurs se déchaînent: sont-elles observées? avec elles règnent la prudence, l'équité, la modération. Témoin les cités les plus florissantes: car elles ont été le berceau des plus habiles législateurs. Le médecin, avec ses remèdes, guérit les maladies physiques; avec de sages règlements, le législateur adoucit la férocité des caractères. En généralisant notre pensée, nous trouverons que tout ce qu'il y a de plus grand et de plus auguste est soumis à des lois. Les lois, si nos impressions ne nous abusent, dispensent les saisons, font graviter les mondes, impriment un mouvement régulier à l'univers. Exhortez-vous donc vous-mêmes, ô Athéniens! à soutenir votre législation; condamnez l'impie qui, de propos délibéré, attaque une institution divine. Par là, vous ferez votre devoir, et vous prononcerez l'arrêt le plus équitable (6).

NOTES

DU IIe PLAIDOYER CONTRE ARISTOGITON.

(1) Les thesmothètes étaient les six derniers archontes. La meilleure garantie de l'administration des archontes, en général, était la noble espérance de se voir admis, l'année expirée, dans le conseil de l'Aréopage, dernier degré d'élévation, et titre le plus honorable qui pût flatter l'ambition d'un citoyen vertueux. Voyez Plutarque, *Vies de Solon et de Périclès*.

(2) La disgrâce de Périclès, causée surtout par le double fléau de la guerre et de la peste, ne dura pas longtemps, et il ne tarda pas à recouvrer la faveur populaire. — L'histoire dit que Miltiade mourut en prison, ne pouvant payer son amende.

(3) Athènes dut au décret d'Hypéride la paix honorable qu'elle obtint. Hypéride se défendit contre son accusateur par un discours célèbre, dans lequel il disait qu'ébloui par les armes des Macédoniens, il n'avait plus aperçu les lois; et il gagna sa cause.

(4) Philippe.

(5) Cela vient sans doute de ce que les Athéniens n'avaient pas un corps de législation méthodiquement établi; leurs lois, comme celles de Sparte, n'étaient pas réunies en *corps de droit*.

(6) Formule banale, semblable à celle qui, chez nous, terminait les requêtes : *Et, ce faisant, justice fera*.

XIV.
PLAIDOYER
CONTRE EUBULIDE.

INTRODUCTION.

« On examinera, à des époques fixes, si tous ceux qui sont inscrits sur sa liste des citoyens ont réellement droit d'y figurer. Les noms de ceux qui ne sont pas nés de père et mère citoyens seront aussitôt effacés. Chaque canton exercera ce contrôle sur son registre de l'état civil. Ceux qui se soumettront à la radiation sans en appeler à un tribunal descendront dans la classe des étrangers domiciliés. Ceux qui perdraient leur cause en appel seront vendus comme esclaves (1). »

Le procès qui va nous occuper fut une application de la loi qu'on vient de lire. Euxithée avait été exclu, avec beaucoup d'autres, comme étranger, du dême ou canton d'Alimonte. Il en appelle; il prétend avoir été victime de la faction d'Eubulide, son ennemi, qui a présidé la séance de révision : il demande sa réintégration.

Il prouve que son père, sa mère et lui, ont toujours joui du droit de cité; et ses preuves s'appuient principalement sur de nombreux témoignages rendus par sa famille et ses concitoyens. Son père avait un accent étranger, et l'on sait combien les oreilles athéniennes étaient délicates : mais suit-il de là qu'il était étranger? Le plaignant donne la vraie raison de cet accent. Sa mère, pauvre revendeuse, a été nourrice: qu'importe à sa nationalité? dans cette question d'état, comme dans plusieurs autres, le dême a prononcé sous l'influence de la cabale. L'exorde, et surtout la péroraison, sont animés d'un sentiment vrai, exprimé avec une noble simplicité. Dans le corps du discours, le raisonnement est serré et convaincant.

Aucune conclusion n'est prise ici contre Eubulide : aussi le plaidoyer devrait plutôt porter le nom de celui en faveur de qui Démosthène l'écrivit. Euxithée gagna-t-il sa cause? nous l'ignorons; mais, après avoir lu ce discours, il est aussi difficile de ne pas demeurer convaincu de son bon droit, que de ne pas s'étonner des indignes manœuvres par lesquelles les Athéniens se tourmentaient les uns les autres.

Cicéron a traité aussi une question d'état dans son beau Plaidoyer pour Archias. L'illustre consulaire parla lui-même en faveur d'un poëte que se disputaient les premières maisons de Rome : de là, la pompe et l'éclat de cette composition littéraire. Démosthène devait être simple avant tout, encore plus par la loi de son sujet que par celle de son propre génie : le pauvre Euxithée vient lui-même exposer à un tribunal populaire ses libres mais modestes doléances. Quant à ses titres, ils étaient plus solides que ceux du Grec d'Antioche. De là encore, une différence notable entre les deux plaidoyers : l'orateur athénien ne sort pas un moment de la question; il a même soin de nous en prévenir : ἐρῶ δ' εἰς αὐτὸ τὸ πρᾶγμα; l'orateur romain s'étend à plaisir, dans la seconde partie de sa confirmation, sur un brillant hors-d'œuvre, et il en demande pardon à ses juges : « Quæso a vobis ut in hac causa mihi detis hanc veniam, etc. »

(1) V. l'Argument grec, que Taylor attribue, ainsi que les scolies, à Didyme, ancien critique, et commentateur de Démosthène.

DISCOURS.

A toutes les accusations mensongères d'Eubulide, à ses insignes calomnies, je tâcherai, ô juges! d'opposer le langage de la vérité, de la justice; de prouver que je dois jouir du droit de cité, et que je suis victime d'une persécution. Je vous prie tous avec les plus humbles instances de réfléchir aux graves conséquences de ce débat, au déshonneur qui résulte d'une seconde condamnation (1) : écoutez-moi en silence, et, s'il est possible, avec cette bienveillance plus vive qui est due au péril que je cours; écoutez-moi, du moins, aussi favorablement que mon adversaire.

Si l'équité de mes juges et mon droit au titre de citoyen m'inspirent de la confiance et me donnent l'espoir de vaincre, il est une circonstance qui me fait trembler : c'est l'irritation publique, soulevée contre ceux que les dêmes ont rejetés (2). Tous les dêmes offrant des exemples de justes exclusions, je suis enveloppé dans ce nombre, moi qui n'ai succombé que par la cabale ; et désormais on jugera de nous, moins sur ce que nous sommes, que sur des condamnations étrangères : de là les vives craintes dont je ne puis me défendre. Malgré ce désavantage, je commencerai ma justification par une réflexion qui me semble très-juste. Votre courroux, je l'accorde, doit être grand contre ceux qu'on a convaincus d'être étrangers, et qui, sans vous avoir gagné par persuasion ou par prière, ont usurpé clandestinement la participation à vos droits religieux et politiques (3). Mais des malheureux qui prouvent leur état de citoyen doivent être par vous protégés et réintégrés. Songez-y : après l'injustice que j'ai soufferte, mon infortune serait la plus déplorable, si, pouvant siéger avec vous pour punir, je me voyais relégué par d'injustes préventions dans les rangs des condamnés.

Je regardais, ô juges ! comme un devoir pour Eubulide, et pour tous ceux qui attaquent l'état des personnes, de n'avouer que ce qu'ils savent bien, de ne jamais présenter de vagues rumeurs à des luttes judiciaires de cette importance. Depuis longtemps ce procédé a été reconnu si injuste, que la loi défend de témoigner sur des ouï-dire (4), même pour les griefs les plus légers. Loi judicieuse ! Plusieurs qui avaient dit, J'ai vu, ont été convaincus d'imposture ; et l'on croira celui qui rapporte ce qu'il ne sait point par lui-même ? Il n'est permis de nuire à personne avec des rapports étrangers qu'on garantit ; et l'on ajoutera foi à l'accusateur qui ne répond pas de ses allégations ! Eubulide, connaissant les lois, et m'attaquant avec une extrême injustice et un avantage énorme, me force d'exposer d'abord combien on s'est joué de moi dans mon dême. Je demande comme une justice que vous ne tiriez pas de ma radiation la preuve que je ne suis pas citoyen. Car, si vous regardiez comme infaillibles les décisions de chaque canton, vous n'auriez pas donné le droit d'en appeler à vous. Mais, prévoyant que l'esprit de parti, l'envie, la haine, ou d'autres motifs pareils, pousseraient à quelque injustice, vous avez prudemment ouvert à l'innocent condamné un refuge où il a toujours trouvé sa réhabilitation. Je ne crois donc pas franchir les limites de ma cause en montrant, avant tout, comment j'ai été jugé, persécuté, mis hors la loi par la cabale.

Eubulide, comme tant d'Athéniens le savent, ayant accusé d'impiété la sœur de Lacédæmoniós, ne recueillit pas la cinquième partie des voix. Appelé comme témoin dans ce procès, j'avais déposé avec sincérité contre lui : de là, sa haine furieuse. Membre des Cinq-Cents, maître de l'état civil, ayant droit de convoquer les citoyens de mon dême et de recevoir leur serment, que fait-il ? Dès qu'ils furent rassemblés, il consume la journée entière à les haranguer, à rédiger des décrets. Là, rien ne se donnait au hasard ; tout était combiné de manière que l'on prononçât sur moi le plus tard possible. Le succès fut complet. Soixante-treize citoyens du même canton avaient prêté serment : nous ne commençâmes à discuter les titres que le soir ; aussi était-il déjà nuit quand on appela mon nom. J'étais à peu près le soixantième ; et, après moi, on ne devait plus appeler personne ce jour-là, les anciens du dême étant déjà partis. Car trente-cinq stades séparent Alimonte d'Athènes ; et presque tous, habitant le canton, s'étaient retirés. Il n'en restait pas plus de trente, parmi lesquels siégeaient tous les affidés d'Eubulide. Mon nom à peine prononcé, celui-ci s'élance, et, de cette voix tonnante et précipitée que vous venez d'entendre, il m'injurie, revient à la charge, et, sans produire un seul témoin, du canton ou d'ailleurs, somme mes compatriotes de me condamner. « Attendez à demain, disais-je ; il se fait tard ; sans avocat, je suis pris au dépourvu. Demain, Eubulide aura le temps de développer à son gré toutes ses allégations, de les appuyer de témoignages, s'il est possible ; et moi, je pourrai me justifier devant tous les habitants de ce dême, et présenter l'attestation de mes parents. Alors vous prononcerez, et je m'en tiendrai à votre décision (5). » Sans s'arrêter à ma demande, sans permettre que je me défende, sans discussions préalables, cet homme se hâte de recueillir les suffrages. Ses complices se lèvent précipitamment pour voter. Nous étions dans les ténèbres. Eubulide remit à chacun deux ou trois bulletins qu'ils jetèrent dans l'urne. Je le prouve : il n'y avait pas plus de trente votants, et le nombre des bulletins dépassa soixante : ce qui nous frappa tous d'étonnement (6).

J'ai dit vrai : tous les citoyens d'Alimonte n'ont pas voté, et il y a eu moins de votants que de suffrages. Là, je n'avais pas un ami, pas un concitoyen que je puisse citer aujourd'hui ; il était trop tard ; et d'ailleurs je n'avais prévenu personne. Me voilà donc réduit au témoignage de mes propres persécuteurs. Mais ils ne sauraient nier la déposition que je leur ai rédigée, et qu'on va lire.

Déposition.

Si les Alimontains avaient dû passer en revue, le même jour, tous les citoyens de leur canton, leur devoir, ô juges ! eût été de prononcer, quoique tard, afin d'accomplir l'ordre du Peuple avant de lever la séance. Mais il en restait encore plus de vingt à examiner pour le lendemain ; une nouvelle convocation était donc nécessaire : et qu'est-ce qui empêchait Eubulide de me remettre à la seconde séance, de la commencer par moi ? Ce qui l'empêchait, Athéniens ! il n'ignorait pas que, si la parole m'était accordée, si le dême entier était présent, si le scrutin devenait régulier, sa faction ne serait pas écoutée.

Mais cette faction, où a-t-elle pris naissance ? Je le dirai, si vous voulez m'entendre, quand je vous aurai parlé de ma famille.

Quelle est donc ici la question de droit, ô juges ! et comment en ai-je préparé la solution ? J'ai à vous montrer que je suis Athénien par mon père et par ma mère ; je dois produire des témoins irrécusables, renverser des allégations outrageantes. Après m'avoir écouté, si vous jugez que la cabale m'a seule dépouillé de mon titre, vous me le rendrez ; sinon, je m'abandonne à votre justice. Je commence.

On a voulu décrier mon père, en rappelant son accent étranger. Mais a-t-on dit que, fait prisonnier dans la guerre décélique (7), vendu pour Leucade, et tombé entre les mains du comédien Cléandre, il ne rentra que longtemps après dans ses foyers ? On accuse son accent : qu'on accuse donc nos malheurs ; qu'on s'en fasse une arme contre nous ! Moi, c'est par là surtout que j'espère constater mes droits civiques.

Des témoins vont déclarer que mon père a été pris et délivré ; qu'à son retour il a reçu de ses oncles sa part de patrimoine ; que son accent ne l'a fait regarder comme étranger ni dans son dême, ni dans sa section, nulle part enfin. — Prends les dépositions.

·Dépositions.

Vous venez d'entendre ce qui concerne la captivité de mon père et son retour en Attique. Établissons, ô juges ! une autre vérité : prouvons que mon père était votre concitoyen. Ici déposeront ceux de ses parents qui vivent encore. — Appelle-moi d'abord Thucritide et Charisiade (Charisios, leur père, était frère de Thucritide, mon aïeul, et de Lysaréta, ma grand'mère ; il était mon grand-oncle paternel, mon aïeul ayant épousé sa sœur consanguine) ; ensuite Niciade (son père Lysanias, frère de Thucritide et de Lysaréta, était aussi oncle de mon père) ; après lui, Nicostrate, fils de Niciade (neveu de mon aïeul et de ma grand'mère, son père était cousin du mien (8). Qu'on fasse venir ces témoins. Et toi, arrête l'eau (9).

Les Témoins paraissent.

Ainsi, les parents de mon père, appartenant à la branche mâle, viennent affirmer, sous la foi du serment, qu'il leur était uni par le sang. Un seul voudrait-il, en face de cette foule qui pourrait le démentir, faire tomber sur sa tête les imprécations attachées au parjure ?

— Prends les dépositions des parents de mon père du côté des femmes.

Dépositions.

Toutes les branches de la famille de mon père attestent donc, par leurs membres encore vivants, qu'il était Athénien de l'un et de l'autre côté, et que le droit de cité lui était légitimement acquis.
— Appelle aussi les témoins tirés de sa section, et enfin de son district (10).

Les Témoins paraissent.

— Prends maintenant les attestations des habitants de mon canton, et celles de mes parents qui déclarent m'avoir élu chef de section.

Dépositions.

Vous venez d'entendre ma famille, mon canton, ma section, mon district, sur un fait qu'ils peuvent attester. Voyez si celui qui s'entoure de pareils témoignages est citoyen ou étranger. Si je n'avais eu recours qu'à une ou deux personnes, on pourrait les soupçonner de connivence ; mais, si j'ai constaté le titre de mon père et le mien par tous les témoignages que vous allégueriez en pareil cas ; si j'ai fait parler famille, canton, section, dictrict ; est-il possible que j'aie suborné tant de témoins, et qu'ils se soient tous ligués contre la vérité ? Vivant dans l'opulence, mon père a-t-il pu semer l'or sur eux, et acheter leur unanime déclaration ? oh ! alors méfiez-vous, il n'était peut-être pas citoyen. Mais il était pauvre ; et, tout en avouant qu'il en recevait des secours, il les appelait ses parents : et vous ne serez pas convaincus que les liens du sang l'unissaient à eux ! Eh ! s'il en eût été autrement, l'auraient-ils adopté ? auraient-ils soulagé sa misère ? Non, les faits parlent, et vous sont hautement attestés.

Il y a plus : élu magistrat par le sort, mon père a exercé, après les épreuves d'usage. — Prends l'attestation.

Déposition.

Juges, qu'en pensez-vous ? si mon père n'eût été qu'un étranger, Alimonte lui aurait-il permis, d'exercer une charge? ne l'aurait-il pas plutôt accusé? Or, pas une imputation, pas un reproche ne lui a été adressé. Toutefois, il y a eu nécessairement, dans ce dême, des examens extraordinaires et solennels, lorsqu'on perdit les rôles de l'état civil. Antiphile, père d'Eubulide, était alors démarque. Plusieurs exclusions furent faites, et aucune réclamation de ce genre n'eut lieu contre mon père. Cependant la mort met un terme à toutes les peines de la vie (11); et, s'il est juste que les enfants de celui dont on a contesté l'état, lorsqu'il vivait, soient toujours prêts à rendre compte de cette partie de leur héritage, il ne doit pas être permis au premier venu d'attaquer le rang du fils dont le père n'a jamais subi de pareilles tracasseries. Si des investigations n'avaient pas été faites dans mon canton, vous pourriez ignorer quel était mon père : mais on en a fait, mais elles n'ont pas dérangé sa position, soulevé un doute sur ses titres. Je suis donc Athénien du côté paternel.

Tout cela est conforme à la vérité. Que les témoins paraissent !

Comparution de Témoins.

Lorsque mon père perdit les quatre autres enfants que lui avait donnés ma mère, il les déposa dans le sépulcre commun de la famille. Aucun parent ne fit opposition, n'intenta procès (12). Qui, cependant, lui aurait permis d'ensevelir là des étrangers? Sur ce fait, j'invoque encore les témoignages.

Déposition.

Voilà ce que j'avais à dire sur mon père; voilà comme je prouve qu'il était Athénien. Les témoins que j'ai produits, avoués pour citoyens par mon adversaire, attestent que mon père était leur cousin. Il a vécu plusieurs années depuis son retour, sans être regardé nulle part comme étranger. Les Athéniens à qui il a demandé asile à titre de parent l'ont accueilli, et lui ont ouvert leur bourse. D'ailleurs, il naquit à une époque qui ne le rangerait point parmi les étrangers, quand même il ne tiendrait à la cité que par une branche de sa famille : sa naissance est antérieure à l'archontat d'Euclide (13).

Parlons maintenant de ma mère, que la calomnie n'a pas épargnée; et avançons toujours en nous appuyant sur des témoignages. Les invectives d'Eubulide sont contraires, non-seulement aux réglements du marché, mais à la loi qui permet d'accuser celui qui reproche à un citoyen ou à une citoyenne de faire le commerce (14). Il est vrai, nous vendons des rubans, nous vivons de ce trafic comme nous pouvons. O Eubulide! si tu en conclus que nous ne sommes pas Athéniens, j'en tirerai, moi, une induction contraire, puisqu'il n'est pas permis à un marchand étranger d'étaler sur la place publique (15). — Prends et lis d'abord la loi de Solon.

Lecture de la Loi.

Prends aussi la loi d'Aristophon. Celle de Solon vous a paru si sagement démocratique, que vous en avez décrété le renouvellement (16).

Loi d'Aristophon.

Défenseurs de l'esprit de la loi, regardez, non comme étrangers les commerçants, mais comme méchants les calomniateurs. Il est, ô Eubulide! il est une loi qui punit l'oisiveté; elle t'atteint, toi qui nous fais un crime de notre travail. Quelle est maintenant notre misère! Mon adversaire peut divaguer en injuriant à son aise; il peut recourir à tous les moyens capables d'entraver la justice : et moi, si je parle du métier qu'il fait par la ville, votre censure m'attend; censure, au reste, fort judicieuse : à quoi bon dire ce qui vous est connu! Mais revenons : je considère notre commerce en lieu public comme la plus forte preuve de la fausseté de ses imputations. Contre la femme à laquelle il reproche d'être connue pour une petite mercière, il devait produire des témoins, non de simples ouï-dire. En la supposant étrangère, les collecteurs de l'impôt sur les marchandises devaient déclarer son état, et si elle payait le tribut des étrangers. Était-elle d'une condition servile? l'acheteur, ou, du moins, le vendeur devait venir, et dire : Cette femme est esclave ou affranchie. Au lieu de ces preuves, qu'a présenté Eubulide? des injures! Toujours accuser, ne prouver jamais, tel est le sycophante.

Il a encore dit de ma mère qu'elle a été nourrice (17). Nous ne le nions pas : c'est que toutes les familles, alors, participaient aux malheurs publics. Je montrerai clairement de quelle manière et pour quelle raison elle s'est livrée à ce service. Sans vouloir choquer personne, j'affirme qu'on trouvera, encore à présent, plus d'une Athénienne qui le remplit; et, si vous voulez, je les nommerai. Ah! si nous étions riches, nous ne vendrions pas des rubans, nous ne chercherions pas des expédients pour vivre. Mais quel rapport y a-t-il entre notre métier et notre naissance? moi, je n'en aperçois aucun. Que pauvreté ne soit pas mort civile, ô juges! Elle est déjà un assez grand mal; épargnez surtout les honnêtes gens qui vivent de leur labeur. De grâce, écoutez-moi : les parents de ma mère, dignes de toute personne bien née, méritent qu'on croie leur témoignage. Si donc, ce témoignage en main, je détruis les calomnies d'Eubulide; s'ils jurent devant vous que ma mère est citoyenne, réintégrez-nous par un suffrage équitable.

Damostratos de Mélite, mon aïeul maternel, a eu quatre enfants : de sa première femme, une fille, et un fils nommé Amythéon; et de Chærestrate, qu'il épousa en secondes noces, ma mère et Timocrate. Amythéon a eu pour enfants Damostratos en qui revivait le nom de mon grand-père, Callistratos et Dexithée. Ce frère de ma mère est un des citoyens qui ont fait les campagnes de Sicile et y ont trouvé la mort; il repose dans les tombeaux publics, qui peuvent l'attester (18). Sa sœur a épousé Diodore d'Alæ, dont elle a eu Ctésibios, qui est mort dans Abydos, en servant sous Thrasybule. De cette famille il n'est resté que Damostratos, fils d'Amythéon, neveu de ma mère. Apollodore de Plôthiæ a épousé la sœur de Chærestrate, mon aïeule maternelle; et de ce couple est né Olympichos, père d'Apollodore, qui vit encore (19). — Qu'on appelle les deux survivants.

Les Témoins paraissent.

Vous venez d'entendre des témoins qui ont parlé sous la foi du serment. Je demande aussi la présence de mon frère utérin, qui m'est parent des deux côtés, et de ses fils. Timocrate, frère germain de ma mère, a eu Euxithée, duquel sont nés trois fils : tous sont encore vivants. — Appelle ceux d'entre eux qui habitent Athènes.

Témoins.

Prends aussi les dépositions du dême et de la section de ma mère, et celles de tous ses parents, à qui appartiennent les mêmes tombeaux.

Lecture des Dépositions.

Tel est donc l'état de ma mère : je montre que, par les deux branches de sa famille, elle est citoyenne. Elle eut d'abord une fille de Protomaque, à qui Timocrate, son frère germain, l'avait mariée; et moi, je suis le fruit de son mariage avec mon père. Il faut vous apprendre comment elle l'a épousée, et, par un exposé clair et précis, détruire les reproches d'Eubulide au sujet de Clinias, et de l'état de nourrice de ma mère.

Protomaque était pauvre. Ayant acquis, par succession, le droit d'épouser une riche pupille (20), et voulant placer ma mère, il engage Thucritos, son ami, à la prendre. Mon père reçoit donc ma mère des mains de son frère Timocrate, en présence de ses deux propres oncles et d'autres témoins : ceux qui vivent encore l'attesteront. Quelque temps après, ma mère, qui avait déjà deux enfants, et dont le mari servait, loin d'Athènes, sous Thrasybule, fut réduite, par sa position gênée, à nourrir Clinias, fils de Clidicos : détermination que je devais, par Jupiter! expier un jour, car elle est la source de tant de reproches outrageants; mais que faire? l'indigence commençait à la presser. Il est donc clair que le premier époux de ma mère a été, non Thucritos, mais Protomaque, qui en a eu une fille, mariée par lui-même, et qui, tout mort qu'il est, atteste par les faits que ma mère est vraiment citoyenne.

Pour achever de constater ces vérités, que l'on appelle d'abord les fils de Protomaque, ensuite les témoins du second mariage de ma mère, et, parmi les citoyens de sa section, les parents auxquels furent offerts les présents de noces, Eunicos de Cholargos, qui a épousé ma sœur, l'ayant reçue des mains de Protomaque; enfin le fils de ma sœur. Qu'ils paraissent tous.

Comparution de Témoins.

Ainsi, Athéniens, mes parents viennent en foule affirmer avec serment que je suis de leur famille; le droit de cité n'est contesté à aucun d'eux : et je ne serais pas citoyen! et votre sentence me déclarerait étranger!

Greffier, prends la déposition de Clinias et de sa famille : tous savent, sans doute, ce qu'était ma mère quand elle l'a nourri. Et ce n'est pas notre déclaration d'aujourd'hui, c'est une vérité ancienne pour eux que leur dicte la foi du serment; cette vérité, la voici : ma mère, nourrice de Clinias, était connue pour citoyenne. L'emploi de nourrice est, je l'avoue, peu relevé : mais ce n'est pas la pauvreté qui ferait notre crime à vos yeux, c'est l'usurpation du droit de cité : cette cause est une question d'état, et non une question de fortune. Que de personnes libres sont rabaissées par l'indigence à des occupations basses et serviles! Faut-il, pour cela, consommer leur ruine? non, il faut les plaindre. J'apprends que, par suite de nos anciens malheurs, plusieurs citoyennes sont devenues nourrices, cardeuses de laine, vendangeuses, tandis que d'autres se sont élevées de la misère à la fortune. Je reviendrai bientôt sur ce sujet. Pour le moment, qu'on appelle les témoins.

Les Témoins paraissent.

Mon état de citoyen, acquis par une double transmission, devient donc authentique pour vous, grâce à toutes les dépositions dont lecture vous a été faite. Reste à vous parler de moi-même, et je le ferai d'une manière simple et péremptoire. Mon père et ma mère étaient citoyens : héritier de leur avoir et de leur état, je suis donc citoyen.

Toutefois, je ne me crois pas dispensé de prouver par témoins que j'ai été admis dans la section et inscrit dans le dême ; que mes adversaires eux-mêmes m'ont élu pour tirer au sort, avec les notables, la dignité de prêtre d'Hercule ; qu'enfin, après les épreuves, j'ai exercé des magistratures. — Les témoins !

Les Témoins paraissent.

O juges ! voyez l'inconséquence : mes adversaires m'excluent de leurs rites religieux, moi dont ils auraient accompagné les prières, moi qui eusse été leur sacrificateur, si le sort eût confirmé leurs suffrages ! Vous comprenez donc bien que toujours j'ai été reconnu citoyen par ceux qui me contestent aujourd'hui ce titre. Eubulide, un des élus pour le tirage au sort, aurait-il permis à un étranger, à un intrus, comme il m'appelle, d'être nommé son concurrent pour un sacerdoce ? Avec ses vieilles rancunes, s'il avait eu l'intime conviction du crime qu'il m'impute, aurait-il attendu une circonstance que nul ne pouvait prévoir ? Non, sans doute ! il me croyait donc Athénien. Pendant ma longue habitation dans son voisinage, à Alimonte, je tirais au sort les charges avec lui ; cet homme n'entrevoyait même pas ma prétendue usurpation. Tout à coup ses yeux se sont ouverts ; Athènes a donné le signal à ses dénonciations haineuses, du jour où elle a voulu qu'une enquête sévère fût dirigée contre des audacieux qui, sans titre, ont introduit leurs noms dans nos registres cantonaux. Je le répète, s'il croit lui-même à son accusation, il y a longtemps qu'il a dû l'intenter : ne le faire qu'à présent, c'est s'avouer seulement mon ennemi, mon persécuteur. Pour moi, ô juges ! (et que mes paroles, au nom du ciel, n'excitent ici ni trouble ni colère), je me crois Athénien à aussi bon titre que chacun de vous. Celle que je vous présente pour ma mère a toujours reçu de moi ce nom ; ma mère véritable n'est pas ailleurs. Même authenticité à l'égard de mon père. Dans une question d'état, si l'accusé cache ses vrais parents et s'en donne de faux, vous en induisez avec raison qu'il est étranger ; je fais le contraire, concluez donc que je suis citoyen. Si je n'étais qu'un intrus, mes parents ne seraient pas Athéniens, et je me serais supposé une autre famille. Mais non : leurs titres sont irrécusables ; je n'invoque pas un autre père, une autre mère : rendez-moi donc ma place dans la cité.

De plus, j'ai été laissé orphelin ; et l'on dit que je suis riche, que j'ai acheté, par quelques secours, la déposition de plusieurs témoins. Quoi ! d'un côté, un vil métier, résultat de l'indigence, motif de tant de persécutions ; et, de l'autre, de l'or pour payer le parjure ! lequel faut-il croire ? Si j'étais bâtard ou étranger, ceux dont je me dis parent auraient pu revendiquer tous mes biens ; et, satisfaits de quelques présents, ils préféreraient le parjure avec tous ses dangers, à l'avantage de recueillir mes dépouilles sans péril et sans crime ! cela n'est pas possible. Non, c'est à titre de parents, et non de complices, qu'ils me viennent en aide. Quand j'étais encore bien jeune, ils me conduisaient dans ma section, au temple d'Apollon-Patrôos, et dans les autres. Un pauvre enfant les avait-il, dès lors, séduits, corrompus par des largesses ? D'ailleurs, mon père, lorsqu'il vivait, après avoir prêté le serment légal, me fit inscrire sur les rôles de la section sachant que j'étais citoyen, né d'une citoyenne en légitime mariage, comme on l'a attesté. Et je serais étranger ! Quand donc ai-je payé l'impôt du simple domicilié ? Quelqu'un des miens l'a-t-il jamais payé ? Ai-je frappé à la porte de tous les cantons, jusqu'à ce qu'enfin Alimonte m'ait ouvert ? Suis-je coupable d'une seule de ces fraudes si communes chez les faux citoyens ? Non, mille fois non ! Je me trouve à ma véritable place, à celle qu'ont occupée, avant moi, au moins trois générations. Je vous le demande, citoyens, prouveriez-vous plus nettement votre droit au titre que la haine veut m'arracher ? D'unanimes dépositions, faites, sous le sceau du serment, par deux familles qui, dès ma plus tendre enfance, m'ont appelé leur parent : à ma place, que présenteriez-vous de plus ? Voilà pourquoi, plein de confiance, j'ai recours à vous. Je vois les sentences de votre tribunal supérieures aux décisions du dême qui m'a condamné, supérieures aux arrêtés du Conseil et du Peuple. Usage juste, ô Athéniens ! car presque tous les jugements prononcés par les tribunaux sont de la plus grande équité. Que les citoyens des gros cantons s'appliquent aussi à maintenir dans toute leur étendue les droits d'accusation et de défense. Puisse-t-elle être comblée de biens, la nation qui possède des institutions aussi sages, et qui ne refuse jamais le délai demandé pour se préparer à parler devant vous ! Elle a désarmé la calomnie, et rendu impuissants les efforts de la haine. Applaudissons à tant de règles équitables, et flétrissons le méchant qui cherche à les fausser. Nul canton, au reste, n'a procédé avec autant d'irrégularité que le nôtre. Parmi des frères germains, Alimonte a rejeté les uns et gardé les autres ; des pères âgés et pauvres ont subi la radiation, tandis que les noms de leurs fils étaient maintenus. Voulez-vous des témoins ? je suis prêt à en produire.

Mais voici la plus révoltante injustice de la faction. Par Jupiter et tous les dieux ! que je sonne ici ne s'irrite si je dévoile les manœuvres de mes ennemis : c'est remplir un devoir, c'est vous entretenir de vos propres intérêts. Quelques étrangers, entre autres Anaximène et Nicostrate, voulaient se faire naturaliser. Ils furent admis par les membres de notre canton : dans le partage de leur cadeau, chaque votant avait reçu cinq drachmes (21). Eubulide et ses partisans ne firent aucune opposition : je les défie de soutenir le contraire. Or, de quelle iniquité ne sont pas capables, chacun à part, des hommes qui se liguent pour ces hideux excès? Dans bien d'autres circonstances, la faction de mon accusateur a tiré de l'argent des candidats. Le père même d'Eubulide (je ne sors pas de ma cause), Antiphile, étant démarque, fit jouer une véritable ruse d'écornifleur. Il annonça qu'il avait perdu les rôles de l'état civil ; et, après avoir engagé les Alimontains à faire un nouveau relevé, il accusa plusieurs particuliers, et obtint l'exclusion de dix, dont neuf furent réintégrés par les tribunaux. C'est un fait bien connu de nos anciens. Ainsi, dans son rigide système d'épuration, la cabale dégradait des citoyens ; dans leur justice, les tribunaux les réhabilitèrent. Le père d'Eubulide était ennemi du mien : loin de l'accuser, il lui donna son suffrage ; la preuve, c'est que le titre de citoyen fut confirmé à Thucritos par une décision unanime. Mais pourquoi parler des pères? Quand on m'inscrivait sur les rôles, quand les membres du canton votaient à mon sujet, d'après la loi, et sur la foi du serment, Eubulide lui-même, Eubulide m'a-t-il dénoncé? Loin de là, il a prononcé en ma faveur, puisque, ici encore, il y eut unanimité. J'invite quiconque regarderait ceci comme un mensonge à se lever, et à prendre sur le temps qui m'est accordé, pour attester le contraire... Si donc on me dit, avec mes ennemis : L'exclusion prononcée récemment par ton canton prouve contre toi ; je répondrai : Dans quatre opérations antérieures, où la chicane et la mauvaise foi n'ont rien faussé, mon canton nous avait proclamés citoyens, mon père et moi : d'abord, quand Thucritos fut inscrit (22) ; ensuite, quand je le fus moi-même ; puis, quand on fit un premier recensement, après la perte des registres ; enfin, quand on me choisit, entre les notables, pour tirer au sort la dignité de prêtre d'Hercule : faits que les preuves testimoniales ont constatés.

Je voudrais vous faire entendre certains détails relatifs à mes fonctions de démarque, qui ont soulevé contre moi bien des haines. Vous me verriez entouré d'ennemis pour avoir exigé des payements de ceux qui avaient affermé les bois sacrés, pour avoir fait rendre gorge à des spoliateurs du Trésor. Oui, je toucherais volontiers ce point, si je ne craignais d'être rappelé à mon sujet. Pour achever de constater les manœuvres d'une faction ennemie, qu'il me suffise de rappeler quelques traits parfaitement connus. On effaça ces mots de la formule du serment : *Je prononcerai selon l'exacte justice, sans faveur comme sans haine;* on enleva d'une main sacrilége les boucliers que j'avais consacrés à Pallas ; on fit passer le marteau sur l'arrêté pris en ma faveur par le canton. Enfin, ma perte était jurée par les voleurs publics que j'avais poursuivis. Ils ont poussé l'audace jusqu'à dire partout : « Euxithée seul a tout fait pour se ménager des moyens de défense. » De défense ! mais le monument détruit était ma défense la plus honorable ! mais de pareils attentats pouvaient m'envoyer au supplice !

Il est un acte, de la dernière violence, qu'ils n'oseront, du moins, rejeter sur moi. Ma condamnation était à peine prononcée : aussitôt, comme si j'eusse été banni, proscrit sans ressource, quelques-uns, la nuit, tombèrent sur ma chétive cabane, et tentèrent d'enlever le peu qu'elle contenait : tant ils vous méprisent, magistrats d'Athènes, lois d'Athènes ! Ordonnez, et je fais comparaître des témoins parfaitement instruits.

Que de ruses coupables, que d'impostures je pourrais citer encore ! Vous les regarderiez peut-être comme des écarts, et je me tais. Du moins, recueillez dans vos souvenirs tant de raisons solides que je suis venu vous présenter. Je vais m'interroger moi-même, comme vous interrogez les thesmothètes dans les épreuves d'usage.

Euxithée, quel était ton père ?

Thucritos.

Y a-t-il des citoyens qui attestent être ses parents ?

Oui certainement : d'abord, quatre cousins (23) ; puis, un cousin issu de germain ; puis, les maris de ses cousines, les membres de sa section, les citoyens qui participent aux sacrifices d'Apollon-Patrôos et de Jupiter-Herkios (24) ; ceux qui ont droit aux mêmes tombeaux ; enfin, son dême entier, qui l'adopta, renouvela l'adoption, lui conféra la présidence, et proclama hautement son titre de citoyen. Trouvez-moi une preuve plus forte, plus claire de mon état du côté paternel. Si vous le voulez, tous les rameaux de cette branche qui vivent encore vont reparaître devant vous.

Quelle est ta mère ?

Nicarète, fille de Damostratos de Mélite.

Quels sont ceux qui témoignent être de sa famille ?

En première ligne, deux neveux; ensuite, deux petits-neveux; puis des cousins; puis les fils de Protomaque, son premier mari; Eunikos, qui a épousé ma sœur, fille de Protomaque; le fils de cette sœur; enfin la section et le dême entier. O juges! que demanderiez-vous de plus? Le légitime mariage de mon père, les présents de noces offerts à sa section vous ont été attestés. Outre cela, je me suis montré moi-même jouissant de tous les droits attachés à la liberté civile. Nous donner vos suffrages, ce sera donc obéir au devoir, à la justice, à votre serment. A l'examen des neuf Archontes, vous vous informez s'ils sont, s'ils ont été bons fils. Pour moi, j'ai perdu mon père en bas âge : mais il me reste une mère. Ah! de grâce, autorisez-moi, par un jugement favorable, à la déposer un jour dans le tombeau de ses aïeux; ne m'enlevez pas ma patrie; ne m'arrachez pas à mes nombreux parents; n'achevez pas de m'écraser! Plutôt que de quitter des objets si chers, s'ils ne peuvent me faire trouver grâce devant vous, je me donnerai la mort (25), pour être au moins enterré par eux dans ma patrie.

NOTES

DU PLAIDOYER CONTRE EUBULIDE.

(1) Auger, d'après J. Wolf : « du déshonneur qui résulte de la condamnation, et qui suit jusqu'au tombeau. » Je crois que τοῖς ἁλισκομένοις doit s'appliquer à la radiation ordonnée par un dême; et ἀπολωλέναι, non pas à la mort, mais à la perte du procès en appel.

(2) Tel est le sens des mots ἀποψηφίζεσθαι, ἀποψήφισις. V. la préface de Taylor.

(3) Schæfer s'étonne, avec raison, de ne pas voir ὁσίων opposé, selon l'usage, à ἱερῶν, au lieu de κοινῶν.

(4) Cette loi admettait les deux exceptions suivantes : paroles entendues autrefois de la bouche d'une personne morte; attestation d'une personne qui part pour un voyage avec l'intention de ne pas revenir. V. 3ᵉ partie, 1ᵉʳ plaid. contre Stéphanos.

(5) Euxithée veut dire que, si sa demande lui avait été accordée, il n'aurait pas appelé de la décision de son dême.

(6) Qui pouvait être étonné? les votants? ils étaient complices; les spectateurs? l'orateur va dire qu'il n'y en avait pas. Malgré le silence des éditeurs, je croirais qu'il faut supprimer πάντας, et appliquer ἡμᾶς à Euxithée seul.

(7) Dernière partie de la guerre du Péloponnèse.

(8) Voici la généalogie d'Euxithée, du côté paternel :

Thucritide.—Lysaréta.	Charisios.	Lysanias.
Thucritos.	Thucritide. Charisiade.	Niciade.
Euxithée.		Nicostrate.

(9) C'est-à-dire, la clepsydre qui mesurait le temps des plaidoiries.

(10) Chacune des dix φυλαί ou tribus se divisait en trois parties, nommées indifféremment τριττύς, ἔθνος ou φρατρία, que je traduis par *section*; et chaque φρατρία se subdivisait en trente γένη ou τριακάδες, que j'appelle, malgré moi, aussi improprement *districts* qu'Auger les appelait *confréries*.

(11) C'est-à-dire, on ne doit poursuivre personne au delà du tombeau.

(12) « Celui qui dégradera un tombeau, qui y placera une personne d'une autre famille, etc., sera puni. » Loi Athénienne, citée par Cicéron, liv. II, *de Leg*.

(13) Euclide fut archonte la 2ᵉ année de la XCIVᵉ olympiade (403 av. J.-C.). Depuis cette époque, les enfants nés d'un citoyen et d'une étrangère étaient regardés comme bâtards.

(14) « Tout bas commerce était infâme chez les Grecs; il aurait fallu qu'un citoyen eût rendu des services à un esclave, à un locataire, à un étranger. Cette idée choquait l'esprit de la liberté grecque; aussi Platon veut-il, dans ses Lois (liv. II), qu'on punisse un citoyen qui ferait le commerce. » *Esprit des Lois*, IV, 8.

(15) La sévérité de la loi interdisait d'abord aux étrangers le petit commerce sur le marché; on le permit ensuite, moyennant une taxe, qu'il faut distinguer de celle des étrangers domiciliés. V. Bóckh, liv. I, c. 9; et le *Voy. d'Anach*., c. LV.

(16) Dans le principe, les lois de Solon n'avaient été obligatoires que pour cent ans.

(17) Les fonctions de nourrice étaient habituellement confiées à une esclave. V. Plat. *de Leg*. VII.

(18) Je traduis sur καὶ ταῦτα μαρτυρήσεται. Auger : « comme des témoins vous l'attesteront; » et il s'étonne de ne pas voir paraître ces témoins : c'est qu'il a fait un contre-sens. J'ai suivi l'interprétation de Reiske, que Schæfer aurait probablement adoptée s'il eût fait attention à la difficulté qui avait arrêté le traducteur français.

(19) Généalogie d'Euxithée, du côté maternel :

Damostratos de Mélite a	
d'une première femme :	d'une 2ᵉ femme, appelée Chærestrate :
1. Amythéon; 2. une fille, qui épouse Diodore.	1. Timocrate; 2. Nicarété, qui épouse Thucritide.
Damostratos; Callistratos, Dexithée.	Ctésibios. Euxithée. Euxithée (le plaignant).

(20) « Une héritière ne pourra passer par mariage dans une autre famille; elle sera tenue d'épouser son plus proche parent, et de lui apporter tous ses biens en dot. » Loi citée par Isée, *de hæredit*. Aristarch. Schæfer m'a préservé du contre-sens dans lequel plusieurs sont tombés. V. App. V, 453. — *Voulant placer ma mère, etc. Ceci* paraîtra moins étrange si l'on songe qu'à Athènes on obtenait le divorce sous les prétextes les plus légers, et qu'un

usage immoral et bizarre autorisa, dans un temps, à emprunter les femmes de ses amis.

(21) Que de désordres nous sont révélés dans toute cette partie du plaidoyer! Nous avons donc le tarif de la conscience d'un membre du souverain collectif d'Athènes : 1 f. 65 c.! Encore, était-ce bien là le taux le plus bas?

(22) C'est-à-dire à sa majorité, fixée à 20 ans. V. Barthélemy, c. XXVI.

(23) Thucritide, Charisiade, Niciade. Je cherche encore le quatrième, ajoute bonnement Reiske.

(24) Apollon avait été peint à Athènes, par Euphranor, sous le surnom de Patrôos, *dieu-ancêtre*, parce que les Athéniens croyaient que le sang de ce dieu avait coulé dans les veines de leurs rois. Herkios, surnom de Jupiter, lorsqu'on l'invoquait pour la garde des murailles. Remarquons ici les citoyens d'un même canton divisés administrativement par *temples*, comme quelques parties de l'Angleterre et de l'Écosse sont encore divisées en *paroisses*.

(25) Qu'on ne prenne pas pour une déclamation cette menace, qu'Auger a fort mal interprétée. Au moment de ce procès, Euxithée, auparavant citoyen, était devenu étranger; s'il perd sa cause, il descendra plus bas encore, il sera vendu comme esclave, n'aura plus de patrie, et sera peut-être transporté par son maître hors de l'Attique.

XV.

PLAIDOYER

CONTRE NÉÆRA.

INTRODUCTION.

Voici encore une de ces questions d'etat qui se rattachaient au droit public dans la démocratie athénienne, et que nous avons classées, pour cette raison, parmi les Plaidoyers politiques.

Le mariage entre un citoyen et une étrangère, toléré chez les Romains par des dispenses émanées du Peuple, autorisé dans presque toute l'Europe moderne, était interdit à Athènes sous les peines les plus sévères. Cela tenait principalement à cette autochthonie dont les descendants de Cécrops étaient si jaloux, et dont nous avons parlé ailleurs : ils voulaient que le pur sang attique coulât dans les veines de leurs enfants.

Or il advint un matin que le prêtre d'un petit temple de Mercure fut éveillé plus tôt que de coutume pour aller bénir l'union de deux amants, nouvellement arrivés de Mégare. Le mariage se fit, selon tous les rites solennels. La jeune fiancée était allée, la veille, au dême de Brauron, pour désarmer, par ses larmes, la colère de la déesse protectrice de la virginité : le sacrifice, les présents de noces, le joyeux concours des parents et des amis, le banquet, l'épithalame, rien n'avait manqué à la sanction de l'engagement civil et religieux. L'époux était l'Athénien Stéphanos, connu pour ses dénonciations; l'épouse, d'abord esclave, puis courtisane, s'appelait Néæra.

A quelque temps de là, Stéphanos reçut une assignation pour comparaître devant le tribunal des thesmothètes. Théomnestos, fils de Dinias, dont il avait persécuté la personne et la famille, l'accusait, ou plutôt accusait sa femme, d'avoir contracté un mariage contraire aux lois, à l'honneur national, à la morale publique. C'est ainsi que Cicéron, défendant Cœlius, semble avoir réservé toutes ses forces pour accabler Clodia, cette scandaleuse Romaine, sœur de Clodius, son plus grand ennemi.

L'accusateur expose, dans un long exorde, les motifs de la haine qui le pousse à attaquer Stéphanos; et il demande naïvement que l'on regarde le procès actuel comme une conséquence très-légitime de son ressentiment. Il entreprend de prouver que Néæra est étrangère; puis tout-à-coup, s'excusant sur sa jeunesse et son inexpérience, il quitte la tribune, pour y faire monter à sa place Apollodore, à la fois son beau-frère et son beau-père, plus âgé, plus versé dans l'étude des lois, et, ce qui vaut mieux, plus irrité contre Stéphanos, qui avait failli le perdre. Celui-ci fait lire la loi qui défend à une étrangère d'épouser un citoyen, parcourt toute la vie de Néæra depuis sa première jeunesse, compte tous les hommes auxquels elle a passé successivement jusqu'à ce que Stéphanos l'ait épousée. Il prouve qu'elle est étrangère, par sa propre conduite, et par celle de Stéphanos à l'égard d'une de ses filles, nommée Phano. Vient ensuite une digression assez longue sur les lois qui conféraient le titre de citoyen, lois dont ne furent pas dispensés les Platéens eux-mêmes, qui avaient laissé détruire leur ville, plutôt que d'abandonner le parti d'Athènes. La harangue se termine par de fortes invectives contre l'accusée, et par une exhortation aux surarchontes pour condamner une femme si évidemment coupable envers Athènes et les dieux.

« Ce plaidoyer est fort curieux, dit Schoell, parce qu'il renferme toutes les pièces alléguées, ou, comme nous dirions, que le dossier y est joint. Il n'est ni de Théomnestos, ni d'Apollodore. Est-il écrit par Démosthène, aussi sévère envers une autre femme, Théoris, qu'Hypéride avait été secourable pour Phryné? Le critique d'Halicarnasse avait, dans un traité spécial, essayé de prouver la négative : on en doutait donc il y a dix-sept siècles; comment avoir une solution définitive aujourd'hui? Un savant étranger, M. Fittbogen, a publié en 1830 une dissertation sur ce sujet : il se prononce contre l'authenticité. Qu'il nous suffise de savoir que ce discours est certainement contemporain du grand orateur, et qu'il peint fidèlement, sous certains aspects curieux, la société athénienne de cette époque.

Néæra, si elle fut condamnée, dut retomber dans la servitude; et son accusateur, que d'ailleurs la jalousie n'animait pas, put s'écrier avec le poète grec qu'Horace a probablement traduit :

O dolitura mea multum virtute, Neæra (1)!

Mais fut-elle acquittée? Est-ce pour expier ses désordres réels, et protester, en même temps, contre une partie des graves accusations dont elle est ici l'objet, qu'elle consacra, dans un temple d'Athènes, une offrande avec cette inscription (2):

A NÉMÉSIS
L'ATHÉNIENNE DE RHAMNONTE
AUX GRACIEUX REGARDS
NÉÆRA
LIBRE ET RECONNAISSANTE.

(1) Hor. Carm. v, 15.
(2) Tayl. Præf.

DISCOURS.

Des griefs nombreux, ô Athéniens! m'appelaient à intenter à Néæra cette accusation, et à me présenter devant vous. Stéphanos nous a persécutés cruellement, et nous a exposés aux plus graves périls, mon beau-père, moi, ma sœur, et ma femme. C'est donc pour venger, et non pour faire une injure, que je livre ce combat judiciaire (1). Oui, Stéphanos a pris l'initiative de la haine, sans que nous l'ayons jamais offensé de fait, ni de parole. J'exposerai d'abord ce qu'il nous a fait souffrir, afin que mon ressentiment trouve grâce devant vous, et que vous sachiez combien nous avons failli perdre et notre patrie et le titre de citoyens.

Le Peuple d'Athènes avait décrété ce titre en faveur de Pasion et de ses descendants; c'était la récompense de leurs services envers cette ville. Applaudissant à cet acte de munificence populaire, mon père donna à Apollodore, fils de Pasion, sa fille, ma sœur, dont Apollodore a des enfants. Comme celui-ci, très-bon envers ma sœur et toute la famille, nous regardait vraiment comme ses parents, et nous faisait part de tout son bien, je pris moi-même pour femme sa fille, ma nièce. Quelque temps s'écoule; le sort appelle Apollodore au Conseil, il subit les épreuves, et prête le serment prescrit par la loi. La guerre était alors allumée : vainqueurs, vous pouviez devenir les plus puissants des Hellènes, recouvrer vos possessions, les consolider, et mettre Philippe hors de combat; mais aussi, délaissant vos alliés, faute d'argent, ou lents à les secourir, vous risquiez de voir leur armée dissoute, de les perdre, de passer, aux yeux de la Grèce, pour des perfides, et de laisser échapper ce qui vous restait, Lemnos, Imbros, Scyros, la Chersonèse. Vous alliez, en conséquence, vous porter en masse sur l'Eubée et sur Olynthe. Apollodore présenta au Conseil ce décret, dont l'admission provisoire fut par lui soumise à la sanction populaire : « Le Peuple décidera si le reste des fonds de l'administration intérieure (2) sera affecté au payement des troupes, ou aux représentations théâtrales. Les lois, il est vrai, ordonnaient de verser, en temps de guerre, l'excédant de la caisse civile dans la caisse militaire. Mais Apollodore n'en croyait pas moins le Peuple maître de statuer sur l'emploi de ses finances : d'ailleurs, il avait juré de lui offrir les meilleurs conseils (3). Tous alors vous approuvâtes sa conduite : car, lorsqu'on alla aux voix, vous levâtes tous la main pour décider en faveur de l'armée : et encore aujourd'hui parle-t-on de cette affaire? c'est pour convenir unanimement qu'après avoir donné l'avis le plus sage, Apollodore fut indignement condamné. Or, ce n'est pas sur ses juges abusés, c'est sur le fourbe qui l'accusa, que doit retomber notre colère.

Stéphanos attaqua le décret comme illégal; il parut en justice, armé de calomnies, produisit de faux témoins, et, semant hors de la cause mille imputations étrangères, il fit casser le décret. S'il se fût arrêté là, nous nous serions résignés. Mais les juges allaient voter sur l'application de la peine : nous conjurons l'accusateur d'être indulgent; il s'y refuse, et, pour dégrader, avec Apollodore, ses enfants, pour plonger ma sœur et toute la famille dans la plus profonde misère, il conclut à quinze talents! Trois talents composaient toute la fortune de l'accusé : il ne pouvait donc payer cette amende énorme; et cependant, s'il ne s'acquittait à la neuvième pritanie, elle devait être doublée, et le débiteur public inscrit pour trente talents sur les rôles du Trésor. Ses biens confisqués allaient être vendus à l'encan, et nous n'attendions tous que la spoliation et l'indigence. Il lui restait une fille non mariée : comment la doter? Qui aurait voulu de l'héritière d'un pauvre débiteur de l'État? Voilà les maux que nous préparait un homme envers lequel nous fûmes toujours inoffensifs. Reconnaissance donc, vive reconnaissance pour le tribunal qui ne permit pas de telles violences, et réduisit la peine à un talent, que mon beau-père encore eut bien de la peine à payer!

Nous essayons donc aujourd'hui de légitimes représailles. D'ailleurs, notre agresseur, revenant à la charge, a encore voulu chasser Apollodore de sa patrie. Débiteur du Trésor depuis vingt-cinq ans (4), il lui imputa faussement d'être venu un jour au dême d'Aphidna poursuivre un esclave échappé, et d'y avoir frappé une femme qui était morte du coup; il suborna des esclaves qui se disaient Cyrénéens, et le cita pour meurtre à l'Epipalladium (5). Là, Stéphanos en personne porta la parole; il jura que le meurtre de cette femme était l'œuvre d'Apollodore, il le jura avec des imprécations horribles contre lui-même, sa race et sa maison : et le fait, qu'il n'avait ni vu ni appris de personne, n'existait pas ! Convaincu de parjure et de calomnie, convaincu de s'être vendu à Céphisophon et à Apollophane pour frapper Apollodore de bannissement ou de mort civile, il n'obtint que quelques voix, et se retira ayant sur le front le sceau de l'imposteur et du méchant. Examinez vous-mêmes, ô juges ! et calculez ce que nous serions devenus, moi, ma femme, ma sœur, si Stéphanos eût réalisé le mal que sa haine perfide méditait contre Apollodore, soit dans le premier, soit dans le second procès : dans quelle infortune, dans quel opprobre j'aurais été enveloppé ! Or, tous les citoyens sont venus me trouver en particulier pour m'exhorter à nous venger. « Tu serais, me disaient-ils, le plus lâche des hommes, si, tenant de près aux offensés, tu ne demandais satisfaction à la justice pour une sœur, un beau-père, une nièce, une épouse. Traîne, à ton tour, devant les tribunaux une femme qui outrage hautement le ciel, insulte ta patrie, foule aux pieds les lois ; confonds la coupable, qu'elle soit livrée à la merci de nos juges. Quoi ! Stéphanos, au mépris des lois et des décrets a voulu t'arracher ta famille ; et tu ne montrerais pas aux thesmothètes qu'il cohabite illégalement avec une étrangère, qu'il introduit dans son dême, dans sa section des bâtards, marie des filles de courtisanes (5 bis) comme étant les siennes, offense les dieux, enlève au Peuple la dispensation de ses faveurs et du titre de citoyen ! Qui cherchera désormais à obtenir cette grâce de la nation, à force de dépenses et de fatigues, quand on pourra l'acheter à meilleur marché d'un Stéphanos ? »

J'ai cédé à de si vives instances. Vous venez de voir le motif de mes poursuites : il est dans l'injuste agression de l'accusé. Sa Néæra n'est pas Athénienne ; elle l'a épousée ; elle a, par ce fait, violé plusieurs lois de la République : voilà ce qu'il faut établir. Mais je vous adresse, ô juges ! une prière que je regarde comme une convenance. Jeune, peu exercé dans l'art de la parole, qu'il me soit permis d'appeler Apollodore à cette tribune. Il est plus âgé, plus familiarisé avec notre législation ; persécuté par Stéphanos, il a médité profondément toute cette affaire, et il peut, sans crime, poursuivre son agresseur. Du reste, écoutez la défense aussi bien que l'accusation : par là, la vérité entrera dans vos esprits, et vous prononcerez pour les dieux, pour les lois, pour vous-mêmes.

Apollodore prend la parole.

Les injustices que m'a fait subir Stéphanos, ô Athéniens ! et qui m'appellent ici pour accuser Néæra, vous ont été présentées par Théomnestos. Ma tâche est de vous montrer clairement que cette femme est étrangère, et que Stéphanos, en l'épousant, a transgressé nos lois.

Commençons par faire lire la loi en vertu de laquelle l'accusation a été intentée par mon beau-frère, et le débat porté à votre tribunal.

Loi.

Si un étranger cohabite avec une citoyenne par intrigue ou par une fraude quelconque, tout Athénien intéressé pourra l'accuser devant les thesmothètes. S'il est condamné, qu'il soit vendu, lui et ses biens, dont le tiers sera dévolu à l'accusateur.

Cette disposition est applicable à l'étrangère qui épousera un citoyen.

L'Athénien qui fera son épouse d'une femme déclarée étrangère payera mille drachmes.

Vous avez entendu, ô juges ! Défense à l'étrangère d'épouser un citoyen et d'en avoir des enfants (6) ; à l'étranger d'épouser une citoyenne, par intrigue ou par fraude : défense dont la violation entraîne une accusation devant les thesmothètes, et, en cas de condamnation, la vente du coupable.

Or, Néæra est étrangère. Pour le prouver nettement, je remonte à son berceau.

Nicarète, affranchie de Charisios d'Élis, et concubine d'Hippias, cuisinier dans la même maison, acheta sept petites filles en bas âge (7) : habile à discerner, dans les traits de l'enfance, la beauté à venir, elle s'entendait à merveille à élever, à dresser ses élèves : c'était son métier, son gagne-pain. Elle les appelait ses filles pour faire croire qu'elles étaient libres, et pour plumer plus complétement les amateurs. Quand elle eut fait une première récolte sur leurs charmes naissants, elle les revendit toutes sept à la fois, Antia, Stratola, Aristoclée, Métanire, Phila, Isthmiade, et Néæra. Quels sont les acquéreurs qui se partagèrent cette marchandise, et comment furent-elles affranchies ? la suite le fera voir, si vous êtes curieux de l'apprendre, et si la clepsydre le permet. Mais Néæra fut-elle la propriété de Nicarète ? s'est-elle prostituée et vendue aux fantaisies du premier venu ? certaines circonstances vont le démontrer.

Le sophiste Lysias (8), amant de Métanire, voulut un jour, outre les autres dépenses qu'il faisait pour elle, la faire initier, persuadé que son or et ses cadeaux s'en allaient dans les mains de la propriétaire, mais que les frais qu'il ferait pour la fête et les mystères profiteraient du moins à celle qu'il aimait (9). Il prie donc Nicarète de venir avec Métanire, afin de la faire initier, et il se charge de tout. Elles arrivent. Par égard pour sa femme, fille de Brachyllos, et sa propre nièce, par respect pour une mère âgée qui vivait avec lui, le galant ne reçoit pas les voyageuses dans sa maison ; il les établit chez un célibataire, chez

Philostrate, son ami. Nicarète s'était fait suivre aussi de Néæra à peine adolescente, et trafiquant déjà de ses charmes.

Les vérités suivantes : l'accusée, esclave de Nicarète, la suivait, et se vendait à qui voulait la payer, vont être constatées par le témoignage de Philostrate même

Déposition.

Philostrate, fils de Dionysios, de Colone, atteste savoir ce qui suit :
Néæra appartenait à Nicarète, qui était aussi maîtresse de Metanire. Venues pour les mystères, elles ont logé chez moi pendant leur séjour à Corinthe; et Lysias, fils de Céphale, mon ami intime, les a amenées dans ma maison.

A quelque temps de là, le Thessalien Simos vint ici avec Néæra aux Grandes Panathénées. Accompagnée de Nicarète, elle descendit chez Ctésippe, fils de Glauconide, de Cydantos. Plusieurs l'ont vue la coupe à la main, ont assisté à ses soupers, à sa vie de courtisane. Je demande que l'on appelle, comme témoins, Euphilètos et Aristomaque.

Témoins.

Euphilètos, fils de Simon, d'Æxônè; Aristomaque, fils de Critodème, d'Alôpékæ, déposent :
Il est à notre connaissance que Simos, de Thessalie, est venu à Athènes aux Grandes Panathénées, ayant avec lui Nicarète, et Néæra maintenant accusée; qu'ils logeaient chez Ctésippe, fils de Glauconide; que Néæra, comme une courtisane, buvait avec nous et avec beaucoup d'autres convives de Ctésippe.

Plus tard, elle alla faire son métier en grand à Corinthe, devint fameuse, et compta, parmi ses amants, le poëte Xénoclide et le comédien Hipparque, qui l'entretinrent. Pour prouver que je dis vrai, je ne puis citer la déposition de Xénoclide; car la loi ne lui permet pas de déposer. Athènes allait, sur la proposition de Callistrate, secourir les Lacédémoniens. Xénoclide, qui s'y était opposé devant le Peuple assemblé, avait affermé, avant qu'on eût pris les armes, l'impôt du cinquantième sur les grains (10), et devait faire ses payements dans le Conseil, à chaque prytanie. Ayant une dispense légale, il ne partit point pour l'expédition. Accusé par Stéphanos comme réfractaire, et accablé par la calomnie devant le tribunal, il fut condamné et interdit. Ainsi, le même homme qui a dépouillé de leurs droits des citoyens par naissance et par la loi, pousse violemment au sein de la République des hommes que la loi ne reconnaît pas : cela est-il conséquent, ô Athéniens ? Contentons-nous donc d'appeler Hipparque; la loi à la main, forçons-le de déposer, ou de se récuser; et, s'il fait défaut, envoyons-lui une sommation. — Fais paraître ce témoin.

Dépositions.

Hipparque, d'Athmonia, atteste que Xénoclide le poète, et lui, ont entretenu, à Corinthe, Néæra, maintenant accusée, comme une courtisane qu'on se procurait avec de l'argent; et que, dans la même ville, elle a fait des orgies avec lui et ce même Xénoclide.

A ces amants en succédèrent deux autres, Timanoridas, de Corinthe, et le Leucadien Eucrate. Impérieuse et dépensière, Nicarète exigeait que leurs prodigalités de chaque jour fussent consacrées à l'entretien de sa maison : ils lui comptèrent donc trente mines pour posséder en propre Néæra. Ils achetèrent sa personne comme on achète une terre, et acquirent sur leur esclave un droit d'usage illimité. Mais l'envie de se marier les prend; et ils lui disent un jour : « Nous ne souffrirons point qu'une femme, après s'être livrée à nous, soit vue dans Corinthe continuant le même métier, ou se loue à quelque patron; nous préférons ne pas retirer tout l'argent que tu nous as coûté, et te voir toi-même dans un état plus honnête. En conséquence nous te faisons grâce de mille drachmes pour ta liberté : trouve les vingt mines restant, et hâte-toi de nous les rendre. » Pour obéir à cette injonction, que fait Néæra ? elle appelle à Corinthe ses anciens amants, et, entre autres, Phrynion (11), de Pæania, fils de Dèmon, frère de Démocharès. Ce jeune homme avait un grand train et menait joyeuse vie : j'en appelle à la mémoire de nos anciens. Il arrive; elle lui répète les paroles d'Eucrate et de Timanoridas, remet dans ses mains quelques épargnes avec le montant d'une collecte faite parmi ses autres amants, et ajoute : « Complète les vingt mines, je t'en prie, compte cette somme à mes maîtres, et que je sois libre. » Phrynion consent avec plaisir, prend l'argent, ajoute le reste, et remet vingt mines à Eucrate et à Timanoridas, qui la déclarent libre, à condition qu'elle ne se prostituera plus dans Corinthe.

On va vérifier ceci par le témoignage de quelqu'un qui était présent. — Appelle Philagros de Mélite.

Déposition.

Philagros, de Mélite, dépose avoir été présent à Corinthe, lorsque Phrynion, frère de Démocharès, comptait vingt mines pour Néæra, maintenant accusée, au Corinthien Timanoridas et à Eucrate de Leucade, et lorsque, ce payement fait, il partit, emmenant à Athènes Néæra.

Revenu ici, Phrynion se livra sans frein à cette prostituée. Il la traînait à tous ses soupers, à toutes ses parties de débauches. Faisant trophée de la plus audacieuse licence, il se jetait dans ses bras partout où le conduisait sa fantaisie,

Voici une des mille orgies qu'il fit avec elle. Sous l'archonte Socratide, Chabrias, d'Æxôné, remporta une victoire aux jeux Pythiques, sur un quadrige acheté aux fils de l'Argien Mitys. A son retour de Delphes, au promontoire de Coliade, le vainqueur donna un banquet. Phrynion, Néæra furent de la fête. La courtisane s'enivra; et, pendant que Phrynion dormait, elle reçut les caresses de plusieurs convives, et même des valets, qui tenaient table à leur tour.

Rien n'est plus vrai; je produis des témoins oculaires. Qu'on appelle Chionide et Euthétion.

Déposition.

Chionide, de Xypété, Euthétion, de Cydathénæum, déposent:

Invités par Chabrias au festin qu'il donnait à Coliade pour sa victoire aux courses des chars, nous y avons vu Phrynion à table avec Néæra, maintenant accusée. Nous avons couché dans la chambre qu'ils occupaient, et nous nous sommes aperçus que plusieurs, s'étant levés la nuit, se sont approchés de Néæra, entre autres des serviteurs de Chabrias.

Phrynion cessa d'aimer l'infidèle, secoua le joug, et l'accabla de ses mépris. Un jour elle ramasse dans la maison tout ce qu'elle peut, toutes les parures, tous les joyaux qu'elle tenait de lui, et, prenant avec elle deux esclaves, Thratta et Coccaline, elle s'enfuit à Mégare. C'était sous l'archonte Astios; la guerre venait de se rallumer entre Athènes et Lacédémone. Elle passa à Mégare les deux années des archontats d'Astios et d'Alcisthène. Là, ses charmes ne lui procuraient pas de quoi entretenir sa maison: elle aimait le luxe; les Mégariens sont avares et serrés; et la guerre, leur dévouement à Lacédémone, nos vaisseaux, maîtres de la mer, la privaient de l'affluence des étrangers. Impossible, d'ailleurs, de retourner à Corinthe, d'où l'excluait sa convention avec Eucrate et Timanoridas. Mais, sous l'archonte Phrasiclide, la paix fut conclue, et Sparte fut vaincue à Leuctres par les Thébains. C'est alors que Stéphanos fit un voyage à Mégares. Il va loger chez la courtisane, et partage son lit. Elle lui raconte son histoire, sans oublier les mauvais traitements qu'elle a reçus de Phrynion, et lui confie l'argent qu'elle a emporté de chez lui. Soupirant après le séjour d'Athènes, mais redoutant ce violent, cet audacieux amant qu'elle a volé, et qui doit être furieux, elle se met sous la protection de Stéphanos. Celui-ci relève ses espérances: « Si ce Phrynion ose seulement te toucher, lui dit-il fièrement, il le payera cher. Viens: tu seras ma femme; ces bâtards qui t'entourent, je dirai qu'ils sont à moi, je les introduirai dans ma section, j'en ferai des citoyens; et personne ne t'insultera. » Il l'amena donc ici,

et avec elle ses trois enfants, Proxénos, Ariston, et une fille qu'on appelle maintenant Phano. Il établit la famille dans une maisonnette qu'il possédait près de la statue d'Hermès-Psithyristès (12), entre la maison de Dorothée et celle de Cléonomaque, et que Spintharos vient de lui acheter sept mines. C'était tout le bien du galant. En amenant Néæra, il se proposait un double but: jouir sans frais de sa belle compagne; et la voir, par le métier de son goût, entretenir sa maison. Ainsi, une femme impudique et ses calomnies composaient tout son revenu. Cependant Phrynion apprend le retour et la demeure de Néæra; et bientôt il se présente avec une troupe de jeunes gens, attaque la maison de Stéphanos, et enlève la courtisane. Son époux s'écrie qu'elle est libre, et la réclame au nom de la loi: alors le ravisseur la fait cautionner devant le polémarque (13). Et ici, quel sera mon témoin? le polémarque lui-même. Qu'on appelle Aétès, de Kiria.

Déposition.

Aétès, de Kiria, dépose:

Pendant que j'étais polémarque, Néæra, maintenant accusée, fut cautionnée à la requête de Phrynion, frère de Démochaiès. Furent constitués répondants, Stéphanos, d'Eroea; Glaucète, de Céphisia; Aristociate, de Phalère.

La courtisane, pour qui Stéphanos avait offert sa garantie, resta chez lui, et continua son métier. Elle rançonna même davantage les chalands; rien de plus juste; une femme mariée! Stéphanos surprenait-il auprès d'elle quelque étranger riche et inconnu? il l'inquiétait, de concert avec la perfide, l'enfermait comme adultère, lui extorquait une somme considérable. Pourquoi pas? ils n'avaient, ni l'un ni l'autre, de quoi suffire aux dépenses journalières; et quel attirail dans cette maison! Stéphanos, trois enfants que la courtisane avait amenés, deux servantes, un domestique, et, par-dessus tout, une femme qui, habituée à puiser dans la bourse d'autrui, ne savait pas vivre de peu, que de gens à nourrir! Ce que la tribune rapportait à Stéphanos ne vaut pas la peine d'être compté: il n'était pas encore orateur en titre (14); Callistrate n'était pas encore son patron: ce n'était qu'un sycophante, un aboyeur public, un dénonciateur à prix fixe, un prête-nom pour les décrets d'autrui. Comment donc et pourquoi est-il devenu puissant? je vous l'expliquerai quand j'aurai démontré que Néæra est étrangère, qu'elle a trompé Athènes et offensé les dieux. Vous verrez que Stéphanos lui-même mérite d'être puni, puni plus rigoureusement que l'accusée, parce que, se disant Athénien, il a bravé les lois, ses concitoyens et le ciel. Honteux de ses crimes, il devrait rester tranquille : loin de là, il m'attaque, il en attaque bien d'autres ; et il nous force à intenter un procès criminel où la condition de l'aventurière sera dévoilée, et la perversité de son amant confondue.

Phrynion avait accusé Stéphanos, pour avoir revendiqué la liberté de Néæra, et comme détenteur de ses vols. Leurs amis les rapprochent, leur persuadent de soumettre la querelle à leur décision. Le premier prend pour arbitre Satyros d'Alôpékæ, frère de Lacedæmonios ; le second, Saurias de Lampra : ils choisissent pour arbitre commun un citoyen d'Acharna, Diogiton. Tous trois se réunissent dans le temple de Cybèle (15). Les parties, et la femme elle-même, étant entendues, ils déclarent (et il n'y eut pas d'appel) que la femme est libre et maîtresse d'elle-même, qu'elle doit rendre à Phrynion tout ce qu'elle a emporté de chez lui, excepté ce qui a été acheté pour son usage, vêtements, joyaux, servantes ; qu'elle se donnera alternativement à Phrynion et à Stéphanos, de deux jours l'un ; que, toutefois, ils pourront prendre ensemble d'autres arrangements ; que le possesseur fournira le nécessaire pendant le temps de sa jouissance ; qu'enfin leur devise, à l'avenir, doit être *union et oubli*.

Tel fut l'accommodement arbitral entre Phrynion et Stéphanos, au sujet de Néæra. Tout cela est réel : on va lire la déposition de ceux qui l'ont prononcé. — Appelle-moi Satyros, Saurias et Diogiton.

Déposition.

Satyros, d'Alôpékæ ; Saurias, de Lampra ; Diogiton, d'Acharna, déposent que, nommés arbitres, ils ont réconcilié Stéphanos et Phrynion, au sujet de Néæra, maintenant accusée ; et que l'accommodement est tel que le produit Apollodore.

Accommodement.

Phrynion et Stéphanos se sont réconciliés à la condition suivante :

Ils auront chez eux alternativement Néæra, et en jouiront un égal nombre de jours.

Et ce, sauf modifications, pour lesquelles ils pourraient s'entendre.

A cette belle et pacifique décision, il faut ajouter une clause tacite, conséquence ordinaire de toutes les querelles pour femmes : les arbitres allèrent souper alternativement chez Stéphanos ou chez Phrynion, selon le tour de jouissance. Néæra buvait et mangeait avec eux, sur le pied de courtisane. Pour certifier ce que je dis, qu'on fasse paraître quelques convives, Eubule, Diopithe, Ctéson.

Déposition.

Eubule, de Probalinthe ; Diopithe, de Mélite ; Ctéson, du Céramique ; déposent :

Après l'accommodement conclu, au sujet de Néæra, entre Stéphanos et Phrynion, nous avons souvent soupé chez eux. Néæra, maintenant accusée, buvait avec nous, tantôt chez l'un, tantôt chez l'autre.

Ainsi, Athéniens, Néæra esclave dès le berceau ; Néæra vendue deux fois ; Néæra prostituée, furtivement partie de Mégare, furtivement arrivée à Athènes, où il a fallu la cautionner devant le polémarque, comme une étrangère : voilà des faits établis sur des preuves, constatés par des témoins. Néæra était réellement étrangère, et Stéphanos lui-même l'atteste : je vais le prouver.

Cette femme, en s'établissant chez lui, avait amené une fille toute jeune, dont le premier nom, Strobylé, s'est métamorphosé en celui de Phano. Stéphanos la fit passer pour sa fille, et lui donna pour époux un Athénien d'Ægilia, Phrastor, avec une dot de trente mines. Installée dans la maison de cet homme laborieux, qui devait sa fortune à une grande économie, elle ne put s'accommoder du caractère de son mari ; elle regretta les mœurs de sa mère et sa vie dissolue : elle ne connaissait pas d'autre existence. Témoin de ses désordres et de son humeur indocile, Phrastor apprend, à n'en pas douter, qu'elle est fille, non de Stéphanos, mais de Néæra ; qu'on l'a trompé dans le principe en la déclarant, lors du mariage, née de Stéphanos et d'une citoyenne, sa première épouse. Alors, furieux contre sa femme, et contre ceux qui l'avaient indignement joué, il la chasse, après une année de cohabitation ; il la chasse, quoique enceinte, et sans rendre la dot. Stéphanos l'assigne au tribunal de l'Odéon, pour exiger une pension, en vertu de la loi qui veut que la femme renvoyée reprenne sa dot, ou en touche l'intérêt (16) ; et que son curateur ait action pour une pension alimentaire. Phrastor, de son côté, l'accuse devant les thesmothètes : il se plaint qu'un citoyen lui ait fait épouser la bâtarde d'une étrangère, comme étant sa propre et légitime enfant. Qu'on lise la loi sur laquelle il s'appuyait.

Loi.

Si quelqu'un marie une étrangère à un Athénien, comme étant sa fille, il perdra les droits civils ; ses biens seront confisqués, et le tiers appartiendra à l'accusateur. Tout citoyen non interdit pourra le poursuivre devant les thesmothètes, juges des étrangers.

Tel est le texte formel qui servait de base à l'action intentée par Phrastor à Stéphanos. Celui-ci, craignant une condamnation qui entraînerait les peines les plus rigoureuses, renonça à la dot, et se désista du procès par lequel il exigeait une pension. Phrastor en fit autant : il renonça à son accusation devant les thesmothètes.

Quel est le témoin qui va constater tout ceci? C'est Phrastor lui-même. De par la loi, je le somme de déposer. Qu'on l'appelle.

Déposition.

Phrastor, d'Ægilia, dépose ce qui suit :

Ayant reconnu que la femme donnée à lui-même par Stéphanos, comme fille dudit Stéphanos, était une bâtarde de Néæra, il a accusé le prétendu père au tribunal des thesmothètes, en vertu de la loi; il a chassé la femme de sa maison; il ne cohabite plus avec elle.

Stéphanos l'ayant cité devant l'Odéon, pour pension alimentaire, le témoin s'est arrangé avec lui, sous la condition du désistement mutuel de leurs plaintes respectives.

Mais prouvons encore, par une autre déposition de Phrastor, de sa section, de son district, que Néæra est étrangère. Peu de temps après avoir congédié la fille de la courtisane, Phrastor tomba malade. Le mal empira, et ses inquiétudes furent extrêmes. Brouillé, depuis longtemps, avec sa famille, il avait conservé contre elle toute sa haine; de plus, il n'avait pas d'enfants. Néæra et Phano, le voyant dépourvu de secours, le visitaient, lui apportaient des remèdes, pourvoyaient à tout. Or, on sait de quel prix est une femme attentive près du lit d'un malade. Doucement subjugué par leurs tendres soins, Phrastor se détermina à prendre chez lui, à adopter l'enfant que Phano avait mis au monde lorsque, furieux d'être la dupe de deux friponnes et d'un imposteur, il avait chassé sa femme enceinte. Il se disait : « Je suis malade, très-malade, et je n'en reviendrai probablement pas : si je meurs sans enfants, ma succession tombe sous la griffe de collatéraux que je déteste. Adoptons celui-ci ; que, dès aujourd'hui, ma maison soit la sienne. » Bien portant, il n'eût jamais pris ce parti : je le prouve d'une manière péremptoire. La convalescence arriva : à peine Phrastor avait-il recouvré ses forces, qu'il prit femme: cette fois, c'était une citoyenne, la fille légitime de Satyros, de Mélite, la sœur de Diphile; les lois étaient satisfaites. Comment mieux constater que l'adoption de l'enfant ne fut pas spontanée, qu'elle doit être attribuée à la maladie, à la reconnaissance pour des soins intéressés, à la captation, à la haine de Phrastor pour ses proches, à la crainte de leur laisser son bien en mourant?

Les suites de cette démarche fortifient encore mon argument. Lorsque le malade fit présenter l'enfant de Phano à sa section, les Brytides (17), composant son district, savaient que la mère était fille de Néæra, que Phrastor avait divorcé d'avec elle, que la maladie seule le déterminait à accueillir, à adopter l'enfant : ils le rejettent donc, et lui ferment les rôles de l'état civil. De là, procès. Le district propose alors au plaignant devant l'arbitre, de jurer, sur les victimes, qu'il avait eu ce fils d'une Athénienne, d'une épouse avouée par la loi. Phrastor refusa.

Voici mes témoins : ce sont les Brytides mêmes qui étaient présents.

Témoins.

Timostrate, d'Hékale; Xantippe, d'Éræa; Eubule, de Phalère; Anytos, de Lakia; Euphranor, d'Ægilia, Nicippe, de Képhalé, attestent qu'eux et Phrastor, d'Ægilia, sont du nombre des Brytides: et que, Phrastor voulant inscrire son fils dans ce district, ceux-ci, sachant qu'il l'avait eu de la fille de Néæra, refusèrent l'inscription.

Il demeure donc établi au procès que les plus proches alliés de Néæra ont attesté sa qualité d'étrangère, Stéphanos, dont elle est maintenant la femme, et Phrastor, qui a épousé sa fille. En effet, le premier n'a ni plaidé pour cette fille, ni exigé la restitution de la dot lorsque Phrastor l'accusait, devant les thesmothètes, d'avoir, lui citoyen, marié un citoyen à la bâtarde d'une étrangère ; et le second, après un tel hymen, a chassé sa femme dès qu'il eut appris que Stéphanos n'était pas son père; il l'a chassée sans lui rendre une obole; et, lorsque, malade, sans enfants, détestant ses proches, il se fut résigné à reconnaître son fils devant les citoyens de sa section, il a essuyé un refus, il n'a pas voulu prêter le serment qu'on lui déférait, il a craint de se parjurer; il a, enfin, contracté un légitime mariage avec une autre femme. Tous ces faits, ô juges! ne vous disent-ils pas hautement: Néæra n'est qu'une étrangère?

Examinez encore un tour d'escroc de Stéphanos : il achèvera de vous convaincre que sa femme n'est pas citoyenne. Un Grec d'Andros, un ancien amant de Néæra, Épænétos, avait beaucoup dépensé pour elle. Son ancienne passion l'attirait chez ce couple, et il habitait le même toit quand il venait à Athènes. Stéphanos voulut le prendre dans ses filets. Un jour, sous prétexte d'un sacrifice, il l'invite à venir à sa petite campagne. Là, il le surprend en flagrant délit avec la fille de Néæra, l'effraye, et lui arrache une promesse de trente mines : Aristomaque, ancien thesmothète, Nausiphile, fils de l'ex-archonte Nausinique, seront cautions de la somme. Stéphanos croit que c'est de l'argent comptant, et lâche son captif. Rendu à la liberté, que fait l'étranger? il accuse Stéphanos de détention arbitraire; il l'accuse devant ce tribunal même, et en vertu d'une loi dont le texte formel met le bon droit de son côté. « Si j'obtiens condamnation contre toi, disait-il, pour ton infâme guet-apens, la loi m'absout, et décharge mes répondants. Si je suis jugé adultère, une autre loi, je le sais, ordonne à mes cautions de me livrer à mon ennemi ; même sous les yeux des juges, tu pourras me maltraiter à ton aise, pourvu que tu n'emploies aucune arme. Cette chance ne peut m'intimider, et je t'accuse. Oui, j'ai joui de Phano ! Non, je ne suis pas adultère ! Phano, bâtarde de Néæra, n'est pas fille de Stéphanos. Jadis amant de sa mère, je prodigue mon bien pour ces deux courtisanes ; à chaque séjour que je fais dans cette ville, c'est moi qui nourris toute la maison. D'ailleurs, vous avez une loi, Athéniens, qui défend de saisir comme adultère l'homme surpris auprès de femmes qui sont dans un endroit public, ou qui s'établissent pour vendre sur la place. Or, la maison de Stéphanos est un lieu de prostitution : Néæra, Phano n'y font pas d'autre métier ; et c'est là le meilleur revenu du patron. »

A cet énergique langage, à cette accusation menaçante, Stéphanos rentre en lui-même : sentant qu'il va être doublement flétri, comme calomniateur et comme infâme, il propose à son adversaire d'en référer à l'arbitrage des répondants, et consent à décharger ceux-ci, pourvu qu'Épænétos interrompe ses poursuites. L'étranger consent, se désiste ; et, au jour fixé, les deux parties comparaissent devant les cautions, transformées en arbitres. Stéphanos, à défaut de bonnes raisons, demande qu'Épænétos contribue à marier la fille de Néæra ; il expose sa propre gêne, la disgrâce causée à la pauvre Phano par Phrastor, la dot perdue, un nouvel établissement devenu peut-être impossible : « Tu as joui de cette femme, lui disait-il ; il est juste que tu lui fasses quelque bien. » Il tâchait ainsi de l'amadouer par toutes les prières qui sont la dernière ressource d'une mauvaise cause. Les parties entendues, les arbitres les accommodent, en persuadant à Épænétos de donner mille drachmes pour aider à doter la fille de Néæra.

Les mêmes hommes, tour à tour répondants et arbitres dans deux débats, seront témoins dans celui-ci. Qu'ils confirment ce que j'ai avancé.

Déposition.

Nausiphile et Aristomaque, de Képhalé, déposent : Nous avons été cautions d'Épænétos, citoyen d'Andros, lorsque Stéphanos disait l'avoir surpris en adultère. Dès que cet étranger s'est vu libre, il a accusé Stéphanos devant les thesmothètes, pour l'avoir enfermé injustement. Choisis ensuite pour arranger l'affaire, nous avons rapproché les deux parties au moyen d'une sentence arbitrale qu'Apollodore a fidèlement reproduite.

Accommodement.

Les arbitres ont accommodé Stéphanos et Épænétos aux conditions suivantes :

Oubli complet du passé ;
Épænétos, qui a eu plusieurs fois Phano, lui comptera mille drachmes, à titre de dot ;
Chaque fois que, de retour à Athènes, il demandera cette femme, Stéphanos s'engage à la lui livrer (18).

Phano, évidemment étrangère, a donc été surprise avec un étranger. Eh bien ! c'était trop peu pour Stéphanos et pour Néæra de la déclarer citoyenne : ils ont poussé l'impudeur et l'audace jusqu'à la marier avec Théogène, de Cothoce, nommé archonte-roi (19). Quoique issu d'une bonne famille, Théogène était pauvre et peu au fait des affaires. Stéphanos l'aida, et de son crédit pour que les épreuves confirmassent l'élection, et de sa bourse pour les frais de l'entrée en exercice. Après l'avoir ainsi gagné, il acheta de lui une charge d'assesseur (20) ; et l'autre finit par se laisser marier à cette Phano, que Stéphanos lui présenta comme sa fille, tant il vous bravait, magistrats et lois ! Voilà donc la femme qui a offert des sacrifices secrets pour vous, pour votre patrie ! Ce que l'œil d'une étrangère ne peut voir sans crime, elle l'a vu ! Le sanctuaire impénétrable pour tous les Athéniens (21), et qui ne s'ouvre que devant l'épouse de l'archonte-roi, une Phano l'a foulé de ses pas ! Femmes vénérables, vouées au culte de Bacchus, c'est entre ses mains impures que vous avez prêté serment ! Fils de Sémèle, voilà celle qui t'a été donnée pour épouse ! Athènes, voilà la prêtresse qui a imploré pour toi les dieux, et célébré les saints mystères, transmis par nos ancêtres ! Des rites pieux, inaccessibles au Peuple, une aventurière, une prostituée peut-elle donc les solenniser sans sacrilége ?

Reprenons, ô Athéniens ! les choses de plus haut, afin de porter toute votre attention sur l'application de la peine, et de vous apprendre que vous n'allez pas seulement prononcer pour vous, pour vos lois, mais encore venger le ciel par le rigoureux châtiment des impies qui l'ont outragé. Dans le principe, Athènes était gouvernée par des rois ; et la royauté appartenait à des hommes éminents, enfants de notre terre. Le roi était chargé de tous les sacrifices ; et sa femme, à titre de reine, présidait aux plus secrets et aux plus augustes mystères. Thésée réunit les citoyens dans les mêmes murs, établit la démocratie, peupla la ville. On choisit alors, entre les personnages les plus remarquables, un premier chef de la religion, qui en était comme le roi spécial. Une loi voulut que son épouse fût citoyenne, de mœurs irréprochables, et qu'il l'eût épousée vierge. A ces conditions, elle pouvait offrir les sacrifices au nom de la ville, et s'occuper saintement de toutes les cérémonies du culte, en se conformant à la tradition. On grava cette loi sur une colonne de marbre, qu'on plaça dans le temple de Bacchus, au Marais, près de l'autel. La colonne est encore debout, avec son inscription en caractères attiques, presque effacés : témoignage du respect d'Athènes pour le dieu, monument qui dit à toutes les générations : L'épouse que vous donnerez à Bacchus doit être pure ! Pour ajouter à la vénération du Peuple par de mystérieuses ténèbres, on a choisi le plus ancien et le plus vénérable des sanctuaires de ce dieu, celui qui ne s'ouvre qu'une fois l'année, le douze du mois Anthestérion (22). Vous devez donc, Athéniens ! maintenir avec zèle un culte auguste et sacré qui a été entouré par vos pères des formes les plus pompeuses ; vous devez poursuivre à outrance les profanateurs. Qu'ils subissent une peine proportionnée à leur attentat ; et que tout méchant tremble d'offenser Athènes et les dieux !

Le héraut du temple assiste l'épouse de l'archonte-roi, lorsqu'elle reçoit le serment des prêtresses de Bacchus, auprès de l'autel, avant qu'elles touchent aux choses saintes. Il va paraître : sur ce serment et les rites qui l'accompagnent, il dira ce qu'il peut dire sans crime. Cela suffira pour vous donner la plus haute idée du respect dû à cette antique institution.

Serment des Prêtresses de Bacchus.

Je suis irréprochable, chaste, pure de tout ce qui peut souiller ; je n'ai point connu d'homme ; je célèbre les Théognies et les Iobacchies, (23) suivant les rites de nos pères et aux époques prescrites.

Vous venez d'entendre, Athéniens, ce qu'il est permis de vous révéler touchant le serment et les cérémonies (24). Vous voyez que la bâtarde jetée par Stéphanos à Théogène, au chef de la religion, a célébré les sacrifices et reçu le serment des prêtresses ; vous voyez que celle même qui peut regarder les mystères ne peut en parler.

Mais je vais produire, contre Stéphanos, une preuve qui, pour être tirée d'un incident secret, n'en est pas moins constante et décisive, grâce aux faits qui la confirment. On célébrait les sacrifices dont nous venons de vous entretenir ; et les neuf archontes, au jour fixé, se rendaient à l'Aréopage. Ce conseil suprême, qui a l'œil ouvert sur toutes les parties du culte, ordonna une enquête sur l'épouse de Théogène. Convaincu bientôt de ce qu'elle était, et jaloux de venger le ciel outragé, il voulut imposer à l'archonte, dans les limites de son pouvoir, une peine secrète et modérée : car l'Aréopage même obéit à une règle quand il punit un citoyen. Le procès était instruit ; et les juges, irrités contre Théogène, allaient le condamner, pour avoir pris une telle compagne, et ne lui avoir pas interdit les saints mystères. L'accusé les supplie, et cherche à se justifier : il ne savait point que Phano fût née de Néæra ; trompé par Stéphanos, qui l'appelait sa fille, il l'avait épousée suivant la loi ; simple et sans expérience, il comptait sur le zèle de cet homme, sur le secours de ses lumières, lorsqu'il voulut en faire d'abord son assesseur, puis son beau-père. « Et je prouverai hautement, ajouta-t-il, que je n'en impose point. Je vais renvoyer de ma maison la femme, puisqu'elle n'est pas fille de Stéphanos, mais de Néæra. Si je le fais, vous devez me croire, quand je dis que j'ai été trompé ; si je ne le fais point, je suis un scélérat, un impie : punissez-moi. » Théogène accompagnait cette promesse des plus instantes prières. Ému de pitié pour cet homme candide, et certain qu'il y avait eu déception, l'Aréopage ajourna son arrêt. L'archonte n'eut rien de plus pressé que de mettre à la porte la fille de Néæra, et de chasser le fourbe Stéphanos du collège des prêtres. Alors les magistrats mirent l'affaire au néant, et lui pardonnèrent de s'être laissé surprendre.

Mon témoin sera Théogène lui-même. Qu'on l'appelle ; je le somme de parler.

Déposition.

Théogène, d'Erchia, dépose qu'étant archonte-roi, il a épousé Phano, qu'il croyait fille de Stéphanos ; mais que, dès qu'il s'est aperçu que l'on l'avait trompé, il a renvoyé cette femme, et n'a plus cohabité avec elle ; qu'il a exclu Stéphanos du collège des prêtres, et lui a retiré les fonctions d'assesseur.

Prends aussi et lis cette loi concernant l'adultère (25). Vous verrez, Athéniens, qu'une telle débauchée, loin de pouvoir être honorée d'un saint ministère, ou célébrer, au nom d'Athènes, et regarder seulement nos mystères antiques et vénérables, est exclue des pratiques les plus vulgaires de la religion. Notre législation permet a l'étrangère, à l'esclave d'entrer dans nos temples, soit pour regarder, soit pour prier : la femme adultère est la seule à qui le sanctuaire soit fermé. Si elle force la barrière élevée par la loi, le premier venu a droit de punition sur elle, et peut lui faire souffrir toutes sortes de mauvais traitements, excepté la mort. En vain demanderait-elle vengeance aux tribunaux : il faut qu'elle expie le scandale de sa présence, et la vengeance n'appartient ici qu'au temple souillé, au culte profané. On a pensé que, pour la contenir dans le devoir, il suffisait de lui inspirer de la crainte, et d'annoncer que l'épouse infidèle serait chassée à la fois du domicile conjugal et de nos temples.

Oui, Athéniens, il en est ainsi : j'apporte, en preuve, la loi même. Qu'on la lise.

Loi.

Le mari qui aura surpris sa femme en adultère, ne cohabitera plus avec elle, sous peine de mort civile. La femme adultère ne pourra entrer dans les temples : si elle y entre, il est permis de la maltraiter, de la frapper, mais non mortellement.

Je vais m'appuyer maintenant sur le témoignage du Peuple d'Athènes, et montrer que, zélé pour ses traditions saintes, il ne veut pas que les cérémonies du culte tombent en des mains étrangères. Maître absolu de tous les droits qu'il confère, ce Peuple s'est néanmoins tracé des règles pour donner le titre de citoyen ; et ces règles, Stéphanos les brise, ainsi que tous ceux qui contractent de pareils mariages. Exposons-les ; apprenez combien ont été avilies les récompenses les plus belles et les plus précieuses, dont vous payez les services rendus à la République.

La première condition légale, pour qu'un étranger soit naturalisé parmi nous, ce sont des faits qui témoignent d'un grand zèle pour l'État. La décision prise par le Peuple, et la grâce accordée, la loi veut que le décret soit confirmé dans une assemblée où six mille citoyens, au moins, donneront secrètement leurs suffrages. Là, les prytanes feront apporter les urnes, et distribueront des bulletins au Peuple, avant que les étrangers paraissent, avant qu'on dresse les boutiques sur la place. Il faut que chacun, ayant l'esprit libre, examine à loisir quel est celui qu'on a fait son concitoyen, et s'il mérite cette haute faveur. Enfin, cette double élection peut être attaquée par le moindre des Athéniens devant un tribunal ; et l'on est admis à prouver l'indignité du nouveau citoyen, le vice de son adoption. Plusieurs ont reçu ce titre des mains du Peuple abusé : eh bien ! leur nomination a été dénoncée comme illégale ; la cause a été portée devant les juges ; et, convaincus de ne pas mériter l'honneur qu'ils venaient d'obtenir, ils s'en sont vus juridiquement dépouillés. Je ne citerai pas tous les exemples anciens : rappelez-vous seulement Pitholaos de Thessalie, et l'Olynthien Apollonide, citoyens par décret, redevenus étrangers par sentence. Les faits sont assez récents pour que vous ne les ignoriez pas.

Ces lois si sages et si fermes, établies dans l'intérêt public pour régler les conditions de la naturalisation, sont couronnées par une autre loi, celle de toutes qui a le plus d'autorité : tant le Peuple a été scrupuleux sur les droits de la religion et de la cité ! tant il veille au maintien des rites sacrés dans la célébration des sacrifices publics ! Aucun de ceux qu'il a définitivement revêtus du titre de citoyen ne peut, en vertu de cette loi, devenir archonte ou prêtre. Mais, s'ils prennent, en légitime mariage, une citoyenne, leurs enfants seront aptes à ces emplois.

Pour mieux porter la conviction dans vos esprits, je remonterai jusqu'à l'établissement de cette loi ; je dirai en faveur de quels hommes elle fut faite, combien ils étaient courageux et amis constants de notre république. De cet exposé vous pourrez conclure qu'on a flétri une grâce réservée, dans le principe, à couronner de généreux dévouements ; vous verrez quels sont les priviléges dont la dispensation vous est enlevée par un Stéphanos, par les époux et les pères qui lui ressemblent.

Seuls entre les Hellènes, ô juges ! les Platéens nous secoururent à Marathon (26), lorsque Datis, général du roi Darius, venant d'Érétrie vainqueur de l'Eubée, descendit, avec une armée considérable, sur notre territoire, qu'il ravagea. Encore aujourd'hui, un tableau du Pœcile (27) est un monument parlant de leur bravoure : vous les voyez accourir pour soutenir nos combattants, et vous les reconnaissez à leurs casques béotiens. Un peu plus tard, Xerxès entre dans la Grèce, Thèbes lui fait sa soumission : mais Platée demeure notre courageuse alliée. La Béotie n'a pas d'autre barrière contre les Barbares. Une partie de ses citoyens court aux Thermopyles, avec Léonidas et les Spartiates, pour arrêter l'ennemi, et mourir ; l'autre, dépourvue de vaisseaux, monte sur les nôtres, et combat à nos côtés à Artémisium, à Salamine. Cependant Mardonius, lieutenant du despote, s'est approché de Platée : nous y arrivons avec une armée confédérée, et les vaillants Platéens contribuent à l'indépendance de la Grèce. Mais voici la preuve la plus éclatante de leur zèle pour notre gloire. Le commandement déféré aux Spartiates, et la soumission d'Athènes, heureuse de donner ce bon exemple aux alliés, tandis qu'elle était, en réalité, l'âme de la confédération, ne pouvaient satisfaire le roi de Lacédémone. Fier de notre modération, il résolut de nous insulter. Les Hellènes venaient de consacrer à Apollon, dans le temple de Delphes, un trépied, monument du courage qu'ils avaient déployé ensemble aux journées de Platée et de Salamine. Comme si la victoire et l'offrande lui eussent été personnelles, ce prince y fit graver cette inscription :

Chef des enfants d'Hellen, du Perse heureux vainqueur, Pausanias, au dieu qui soutint sa valeur.

La Grèce entière s'en émut ; les Platéens demandèrent aux Amphictyons de condamner Lacédémone à une amende de mille talents. L'inscription fut effacée, et, à sa place, on lut les noms des cités qui avaient pris part aux deux batailles. De là, cette haine ardente de Sparte et de sa famille royale contre Platée. Le moment de la faire éclater n'était pas venu ; mais, environ cinquante ans après, Archidamos (28) entreprit de s'emparer de cette ville en pleine paix, et se servit, pour y réussir, d'Eurymaque, fils de Léontiade, béotarque. Ce chef offre de l'argent à Nauclide et à quelques traîtres ; il les gagne ; et bientôt, à la tête d'une troupe de Thébains, il entre de nuit dans Platée. A cette soudaine invasion, qui était un attentat, les Platéens courent aux armes et se réunissent pour se défendre. Une grande pluie, tombée cette nuit même, avait retardé une partie des ennemis, et l'Asopos débordé ne pouvait être franchi qu'avec des difficultés auxquelles les ténèbres ajoutaient encore. Au lever du soleil, les habitants purent compter leurs agresseurs ; et, voyant que les premiers seuls étaient entrés, ils prirent l'offensive, se précipitèrent sur eux, les taillèrent en pièces avant l'arrivée des autres. A l'instant un courrier fut expédié pour Athènes : il venait nous apprendre l'irruption des Thébains, leur défaite, et nous demander du secours pour repousser de nouvelles agressions. Instruit de ces nouvelles, les Athéniens partent, soutiennent leurs braves et fidèles alliés contre d'anciens ennemis, qui se retirent dès qu'ils nous aperçoivent. Les Platéens passèrent leurs prisonniers au fil de l'épée, et l'échec des Thébains fut complet.

Lacédémone irritée résolut d'attaquer de front son ennemi. Bientôt l'ordre est signifié à tout le Péloponnèse, l'Argolide exceptée, d'envoyer de chaque cité assez de combattants pour que le contingent total compose les deux tiers de l'armée ; Thèbes, la Béotie, la Locride, arment leurs soldats ; les Phocidiens, les Grecs de Malée et de l'Œta, les Æníanes, se sont donné rendez-vous devant Platée. Des forces redoutables investissent les murs, et une sommation est faite aux habitants. S'ils capitulent, ils continueront de jouir de leur territoire et de leurs possessions, pourvu qu'ils renoncent à l'alliance athénienne. Ils répondent par un refus, et déclarent qu'ils ne feront rien sans notre aveu. Alors on les environne d'une double tranchée, et, pendant deux années (29), tout est mis en usage pour les réduire. Fatigués, épuisés, réduits à la dernière détresse, les malheureux Platéens tirent entre eux au sort : les uns restent pour soutenir le siége ; les autres, à la faveur de la nuit, d'une pluie battante et d'un grand vent, franchissent les retranchements ennemis, trompent l'armée, égorgent les sentinelles, et arrivent enfin ici, sans être attendus, dans l'état le plus misérable. La ville fut prise d'assaut, toute la jeunesse égorgée, les femmes, les enfants vendus et chassés : les f[ugitifs] gitifs échappèrent seuls a cet affreux désastre.

Eh bien, Athéniens ! qu'avez-vous fait p[our] des hommes aussi inviolablement attachés [à] votre cause ? pour tous ces pères de famille q[ui] vous ont sacrifié ce qu'ils avaient de plus ch[er] Vous les avez adoptés ; ils sont devenus citoyens athéniens : mais comment ? Votre décret va [être] poudre, et montrera tout le prix de la loi [de] Solon. Qu'on le prenne et qu'on le lise.

Décret.

Hippocrate a dit :

A dater de ce jour, les Platéens seront citoyens d'A[thènes]. Ils jouiront de tous les droits de l'Athénien, t[ant] religieux que civils.

Sont exceptés de cette disposition : les sacerdoces [et] emplois sacrés, propres à quelques familles, et la di[gnité] d'archonte.

L'exception n'aura pas lieu à l'égard de leurs enfant[s].

On distribuera les Platéens dans les dèmes et dans l[es] tribus.

Cette répartition terminée, aucun Platéen ne p[ourra] devenir citoyen d'Athènes, à moins qu'il n'obtienne [du] Peuple cette faveur.

Voyez, ô Athéniens ! avec quelle dignit[é,] quelle justice l'orateur a conçu son décret p[our] l'avantage du Peuple. Il veut d'abord que les Platéens, ainsi récompensés, soient examin[és] individuellement devant un tribunal (30). Là, [il] fait chercher si le candidat est réellement [de] Platée et l'un de nos fidèles amis ; il craint q[ue,] l'aide d'un faux titre, les droits de citoyen athé[é]nien ne soient usurpés. De plus, il ordonne q[ue] ceux dont les titres auront été vérifiés soient inscrits sur une colonne de pierre que l'on élève[ra] dans l'Acropolis, auprès de Minerve : ainsi, l[a] faveur obtenue par eux passera a leur postérit[é,] dont la généalogie sera facile à connaître. Il ne permet pas, pour la suite, qu'aucun Platéen de[vienne] vienne notre compatriote, si ce n'est par un[e] nouvelle nomination, un nouvel examen, [par] crainte de surprise. Enfin, il se hâte d'ajoute[r] au décret cette clause, qui intéresse égalemen[t] Athènes et les dieux : Aucun Platéen ne pourr[a] être élevé à l'archontat ou au sacerdoce ; leu[rs] enfants le pourront, s'ils sont nés, en légitim[e] mariage, d'une citoyenne.

Ainsi, envers un peuple voisin, reconnu pour être, dans la Grèce, le plus dévoué à notre ré[publique,] publique, vous avez réglé avec précision et pr[u]dence à quelles conditions chaque citoyen pourra être adopté par vous : et la femme qui insulte Athènes et outrage le ciel ; qui n'a reçu le droit de cité ni de ses ancêtres ni du Peuple ; la pros[ti]tituée de toute la Grèce (31), ne sera pas puni[e!] Votre insouciance imprimera sur vous une tell[e] flétrissure ! Où n'a-t-elle pas promené sa lubricité énale? Où n'est-elle allée, pour gagner le salaire quotidien de la luxure? N'a-t-elle point parcouru tout le Péloponnèse? Ne l'a-t-on pas vue en Thessalie, en Magnésie, à la suite de Simos de Larisse, et d'Eurydamas, fils de Midias? dans Chios et presque toute l'Ionie, avec Sotade le Crétois? Nicarète ne la louait-elle pas, lorsqu'elle lui appartenait encore? Pour une femme que traînent ainsi ceux qui la payent, est-il une fantaisie de libertin à laquelle elle se refuse? une infâme volupté dont elle ne se fasse l'instrument? Et celle qui est connue à la ronde pour une rouée, une courtisane cosmopolite, recevra-t-elle de votre sentence le titre de citoyenne d'Athènes? Si on vous interroge, prétendrez-vous avoir fait acte de patriotisme en l'absolvant? De quelle turpitude, de quelle impiété ne deviendriez-vous pas coupables? Avant que Néæra fût dénoncée et traduite à votre tribunal, avant que la notoriété publique l'eût atteinte, elle et ses profanations, seule elle fut coupable; Athènes n'était que négligente. Ou vous ignoriez ses désordres; ou, les connaissant, votre indignation, impuissante à sévir contre elle, se bornait à des paroles, parce que nul accusateur ne la livrait à votre justice. Mais aujourd'hui, que vous la connaissez tous, qu'elle est en votre pouvoir, que son châtiment dépend de vous, son crime envers les dieux deviendra le vôtre, si vous ne la punissez. De retour dans vos maisons, que pourrez-vous dire à une épouse, à une fille, à une mère, après avoir absous cette femme (32)? « D'où venez-vous, demanderont-elles? — Nous venons de juger. — Qui? ajouteront-elles aussitôt. — Néæra, direz-vous sans doute. — Pourquoi? — Parce que, étant étrangère, elle a épousé un citoyen contre la loi; parce qu'elle a marié sa fille, couverte de souillures, à Théogène, au chef de la religion; parce que cette même fille a célébré, au nom d'Athènes, les sacrifices secrets; parce qu'elle a été donnée pour épouse à Bacchus; » et le reste, et l'accusation tout entière; et le soin, la méthode, l'exactitude qui en soutenaient toutes les parties. Après vous avoir entendus : « Eh bien ! qu'avez-vous fait? répliqueront-elles. — Nous l'avons acquittée. » Les Athéniennes les plus modestes seront révoltées que vous jugiez une Néæra digne de partager avec elles les droits civils et religieux; aux plus vicieuses vous déclarerez qu'elles peuvent suivre toutes leurs fantaisies, puisque la loi et les juges leur assurent l'impunité. Si vous prononcez négligemment et avec mollesse, on dira que vous favorisez les déportements de l'accusée : alors, mieux eût valu ne pas la mettre en cause. Permis désormais à la femme dissolue d'épouser qui elle voudra, et d'attribuer ses bâtards au premier venu. Ayez égard à nos citoyennes, et n'empêchez pas la fille d'un Athénien pauvre de s'établir. A présent, quelle que soit l'indigence de la jeune vierge, la loi lui fournit une dot suffisante, pour peu qu'elle ait reçu de la nature une figure agréable. Mais, si vous outragez cette loi, si vous l'infirmez par l'acquittement de Néæra, l'infamie des prostituées va passer sur le front des filles de vos concitoyens qui, faute de dot, ne pourront être mariées; et la courtisane jouira de tous les priviléges des femmes honnêtes : libre à elle, en effet, de s'entourer d'une famille, de prendre place aux initiations, aux sacrifices, de partager tous les droits civils. Ainsi, que chacun de vous soit bien convaincu qu'il va prononcer pour une épouse, pour une fille, pour une mère, tous pour Athènes, ses lois, ses temples, ses cérémonies saintes. Que, grâce à votre arrêt, la vertueuse mère de famille ne soit pas confondue avec la lie de son sexe; que la citoyenne formée par une éducation pudique, et mariée par la loi, ne descende pas au rang d'une étrangère qui, plusieurs fois le jour, a connu plusieurs époux, esclave docile à toutes les exigences de la débauche!

Ne songez ni à Apollodore qui accuse, ni aux citoyens qui défendront Néæra; figurez-vous que le débat s'est élevé entre cette femme d'une part, et les lois, de l'autre. Les faits sont discutés devant vous. Attentifs maintenant à l'accusation, ce sont les lois elles-mêmes que vous écoutez, les lois, fondement de notre république, et objet de votre serment. Entendez donc leur voix; apprenez d'elles et ce qu'elles exigent de vous, et les infractions qu'elles reprochent à l'accusée! Lorsque viendra le tour de la défense, rappelez-vous et les griefs soulevés par les lois, et les preuves présentées en leur nom : regardez ensuite Néæra : sur le front de la courtisane vous relirez l'accusation tout entière.

Réfléchissez aussi, ô Athéniens! que vous avez puni Archias, ancien hiérophante, convaincu d'impiété devant un tribunal, pour avoir sacrifié contre les rites de la nation. Dans une fête de Bacchus (33), là courtisane Sinope avait amené une victime à l'autel devant le vestibule de sa maison, à Éleusis. Archias l'avait immolée, quoique, d'après une règle sacrée, l'offrande, en ce jour, dût être une corbeille de fruits et non une victime, et le ministre de l'autel une prêtresse. Voilà donc un Eumolpide, un homme issu des premières familles, un citoyen d'Athènes, châtié pour une transgression assez légère; châtié, sans que les prières de ses parents, de ses amis, les hautes fonctions de ses ancêtres, ses charges publiques, la dignité du sacerdoce, aient pu fléchir votre rigueur : et vous pardonneriez à une Néæra, à sa fille, coupables envers la même divinité, coupables envers les lois! Certes, je m'y perds, quand je cherche quels moyens feront valoir les défenseurs. Diront-ils que Néæra est citoyenne, qu'elle a légitimement épousé un citoyen? Mais son état de courtisane, et d'ancienne esclave de Nicarète, a été constaté par témoins. Stéphanos affirmera-t-il qu'il la garde chez lui à titre de concubine, et non d'épouse? Mais les enfants de cette femme, qu'il a fait inscrire dans sa section, mais sa fille, qu'il a mariée à un Athénien, répondent : C'est comme épouse que Néæra partage son domicile. Impossible donc à Stéphanos, à tout autre, d'arguer de faux l'accusation, les témoignages; impossible de prouver que sa Néæra est citoyenne.

J'apprends qu'il doit dire, pour se justifier, qu'il l'a prise, non comme épouse, mais comme courtisane, et que les prétendus enfants de Néæra doivent le jour à une autre femme, à une Athénienne de sa famille, qu'il prétend avoir autrefois épousée.

Il n'y a qu'impudence dans ce système d'apologie, mensonge dans les dépositions qui viendront l'appuyer. Je lui ai fait, pour le détruire, une proposition juste et régulière, qui vous aurait dévoilé la vérité. Livrez, lui disais-je, les femmes esclaves qui étaient attachées à Néæra, lorsqu'elle vint de Mégare chez Stéphanos, Thratta et Coccaline, et celles qu'elle a acquises depuis dans sa maison, Xénis et Droside : elles savent parfaitement que Proxénos, qui est mort, qu'Ariston, encore vivant, qu'Antidoride, le coureur du stade (34), et Phano, appelée d'abord Strobylé, ancienne épouse du deuxième archonte, sont nés de Néæra. S'il résulte de la torture que Stéphanos a épousé une citoyenne, que ces enfants appartiennent à une autre femme, à une Athénienne, et non à l'accusée, je me désiste, et la cause ne sera pas appelée au tribunal. Avoir des enfants, les introduire dans son dème et dans sa section, marier des filles que l'on reconnaît comme siennes, n'est-ce pas être marié? Nous avons des courtisanes pour le plaisir, des concubines pour le soin journalier de nos personnes, des épouses pour qu'elles nous donnent des enfants légitimes, et fassent régner l'ordre dans le ménage. Si donc Stéphanos a épousé d'abord une citoyenne; si les enfants sont d'elle, et non de Néæra, il pouvait, en livrant les esclaves, le prouver par un témoignage irrécusable.

Je vais constater que je lui ai porté ce défi. Qu'on lise d'abord la déposition des témoins, puis la proposition même.

Déposition.

Hippocrate, fils d'Hippocrate, de Prohalynthe; Démosthène, fils de Démosthène, de Pæania; Diophane, fils de Diophane, d'Alopéké; Diomène, fils d'Archelaos, de Cydathénæum; Dinias, fils de Phormidès, de Cydantide; Lysimaque, fils de Lysippe, d'Ægilia; attestent ce qui suit :

Nous étions sur la place publique, avec Apollodore, pendant qu'il défiait Stéphanos de livrer à la torture des femmes esclaves, pour la vérification des griefs imputés par le premier au second touchant Néæra. Stéphanos n'a pas consenti. La proposition est fidèlement reproduite par Apollodore.

— Lis aussi la formule de cet acte.

Proposition.

Pour établir l'accusation où il est écrit que Néæra, étrangère, a épousé un citoyen, Apollodore a fait à Stéphanos la proposition suivante :

Je suis prêt à recevoir les femmes amenées de Mégare par Néæra, Thratta et Coccaline, et celles qu'elle a acquises plus tard chez Stéphanos, Xénis et Droside. Parfaitement instruites de l'état des enfants de leur maîtresse, elles savent que Proxénos, qui est mort, Ariston encore vivant, le coureur Antidoride, et Phano, ne sont pas de Stéphanos (35). Elles seront appliquées à la question. Si elles déclarent que les susdits sont nés de Stéphanos et de Néæra, je demande que celle-ci soit vendue conformément aux lois, et qu'on rejette ses enfants parmi les étrangers. Si elles désignent, comme leur mère, une autre épouse, une citoyenne, je m'engage à cesser mes poursuites contre Néæra; et, supposé que les femmes soient blessées par la torture, je payerai un dédommagement.

Tel est, ô juges! l'appel que j'ai adressé à Stéphanos, et auquel il n'a pas répondu. Ce refus implique, de la part de Stéphanos, un jugement qui sera le vôtre, et que voici : Néæra est une étrangère, une courtisane; l'accusation, les dépositions sont complétement vraies; la défense s'est d'avance convaincue elle-même d'imposture. Pour moi, ô juges ! afin de venger les dieux outragés et de me venger moi-même, j'ai cité ce couple à votre tribunal, je l'ai livré à votre sentence. Ces mêmes dieux, vous le savez, connaîtront le vote de chacun de vous. Prononcez donc suivant la justice : il y va de votre repos, il y va surtout du respect dû aux immortels. Par là, tous applaudiront à la noble équité de la sentence que vous allez rendre sur l'accusation ainsi formulée : Néæra l'étrangère a épousé un Athénien.

NOTES

DU PLAIDOYER CONTRE NÉÆRA.

(1) Gataker trouve ici, dans le texte, deux vers iambiques, dont le premier est cité par Athénée comme étant du poëte tragique Aristarque. « Versus sæpe in oratione per imprudentiam dicimus : quod vehementer est vitiosum... Sauries vero effugere vix possumus, » dit Cicéron, *Orat.* 38 ; et ailleurs : « Primus intellexit (Isocrates) etiam in soluta oratione, dum versum effugeres, modum tamen et numerum quemdam oportere servari. » *Brut.* 8. Voyez plusieurs exemples semblables, empruntés par Taylor à notre orateur.

(2) Auger : « les deniers restants des impositions ; » Schæfer : « der Ueberschuss von den Staatsausgaben ». Ces deux interprétations ne répondent pas au sens spécial de διοικήσεως. Ici, comme ailleurs, j'ai suivi Bœckh, le guide le plus éclairé pour tout ce qui tient aux finances des Grecs.

(3) Fort bien : mais pourquoi ne pas obéir, avant tout, à la loi ?

(4) Jurin et Reiske regardent comme parasites les mots ἐν ὥραις τῷ δημοσίῳ. Au moyen de la simple correction ἐξ ὥρας, Schæfer en tire un sens raisonnable, et même fort. Débiteur de l'État, Stéphanos n'avait pas le droit d'accusation.

(5) V. Les notes du plaidoyer contre Aristocrate.

(5 bis) Au lieu de ἑτέρων, je lis ἑταίρων, d'après une conjecture de J. Wolf, confirmée par les manuscrits de Bekker.

(6) Pour les faire inscrire comme citoyens d'Athènes. C'est l'interprétation de Schæfer.

(7) Le même fait est rapporté par Athénée, avec quelques variantes, l. XIII.

(8) C'est le célèbre orateur de ce nom.

(9) Barthélemy, à la fin du chap. LXVIII, parle *des femmes de mauvaise vie admises à l'initiation*, et cite, en note, ce passage. Mais le savant auteur de l'*Anacharsis* désigne, par là, les grands mystères d'Éleusis, tandis qu'il ne peut être question ici que des mystères de Bacchus, licencieux en tout temps, que l'on célébrait à Corinthe.

(10) Sur cet impôt, voyez Böckh, l. III, c. 4. Voilà un poëte qui, avec ses spéculations et ses femmes entretenues, ressemble plutôt à un de nos agents de change qu'à un successeur d'Homère.

(11) Phrynion était proche parent de Démosthène : circonstance de plus, selon Schæfer, pour révoquer en doute l'authenticité de ce plaidoyer.

(12) Auger : *auprès d'un temple de Mercure.* Il n'est pas question d'un temple, mais d'un de ces hermès, ou statues-termes, qui étaient en si grand nombre à Athènes, qu'une rue en avait pris son nom. Maussac, d'après Harpocration, observe qu'il y avait dans cette ville trois statues, représentant Mercure, Vénus et l'Amour, invoqués sous le nom de Ψιθυριστaί, *Dii Susurrones*. Pourquoi ? parce que, selon Zopyre, Thésée avait voulu, par là, consacrer le souvenir des *dénonciations cachées et calomnieuses* de Phèdre contre Hippolyte.

(13) L'administration du polémarque, ou troisième archonte, embrassait tout ce qui concernait les étrangers, les affranchis et les esclaves.

(14) Schæfer nous avertit de ne pas conclure de ce passage, avec Reiske, que les orateurs fussent payés par l'État. Ne voyez ici, dit-il avec raison, qu'une satire amère contre les orateurs plus attentifs à leurs intérêts personnels qu'à ceux de la République.

(15) Le texte dit seulement *dans le temple*. Reiske conjecture que c'est celui de Cybèle.

(16) Littéralement : *l'intérêt à neuf oboles.* C'est 18 pour cent. V. Bockh, l. 1, c. 22. — On peut comparer, Digeste, titre : *Soluto matrimonio, dos quemadmodum, etc.* ; Code, même titre ; et Code civil, art. 1564 et suivants.

(17) Harpocration et quelques manuscrits donnent Βρυτίδας, leçon vulgaire, que Bekker a reproduite.

(18) Je prie le lecteur de considérer que cette décision immorale était sans appel, les arbitres étant ici διαλλακτήριοι, choisis par chacune des parties ; et je lui demande pardon pour le triste courage que j'ai eu de reproduire ces infamies juridiques.

(19) Ce magistrat, le second des archontes, était, à proprement parler, ministre des cultes et souverain pontife.

(20) La jeunesse des trois premiers archontes ne leur permettant pas toujours de connaître assez les lois, chacun d'eux pouvait se choisir à son gré deux citoyens capables de l'aider de leurs lumières, et nommés, pour cela, πάρεδροι, *assesseurs.*

(21) Tout cela est expliqué, un peu plus bas, par l'orateur lui-même.

(22) Jour de la célébration des *anciennes Dionysies.* V. Paulmier, qui reconnaît trois fêtes de Bacchus à Athènes.

(23) Aux *Théognies*, on célébrait la naissance de Bacchus. Taylor et Bekker lisent Θεοίνια, *Théœnies*, fêtes du *dieu du vin.* Les *Iobacchies* avaient reçu leur nom du cri Ἰὼ Βάκχε, par lequel on invoquait le dieu. Ces deux fêtes, avec les *Ascholies*, composaient les Dionysies des champs, ou du Pirée, que l'on solennisait pendant les trois derniers jours du mois Posidéon (novembre-décembre) ;

(24) Il manque sans doute ici quelque chose : c'est la partie de la déclaration du héraut du temple qui concernait les cérémonies.

(25) *Cette loi,* τὸν νόμον τουτονὶ. L'orateur l'indique de la main au greffier. Les Athéniens avaient contre l'adultère plusieurs lois pénales, citées par Lysias (*de cæd. Eratosth.*), par Eschine (*in Timarch.*), par Démosthène lui-même.

(26) Ce fait et ceux qui suivent sont assez connus. L'auteur du Plaidoyer n'est pas toujours d'accord avec Hérodote et Thucydide. V. Taylor et Schæfer.

(27) Portique ou galerie de peintures.

(28) Archidamos II, fils de Zeuxidamos.

(29) Paulmier, Taylor, Bekker, et les derniers éditeurs de Thucydide, s'accordent pour lire ici δύο ἔτη, au lieu de δέκα ἔτη.

(30) Cette disposition et quelques autres ne sont pas dans le décret. Cette pièce ne nous est-elle point parvenue entière ? L'orateur cherche-t-il à tromper des juges inattentifs ?

(31) Quelques éditions ajoutent ici καὶ ἀκριβῶς. Ces mots, qui se trouvent dans une phrase précédente, et qui n'ont aucun sens dans celle-ci, sont répétés par erreur. Bekker ne les donne pas.

(32) « Messieurs les jurés,..... conterez-vous, sortant d'ici, à vos femmes, à vos filles : Un homme a osé dire que les dames d'autrefois, ces grandes dames qui vivaient avec tout le monde, excepté avec leurs maris, étaient d'indignes créatures; il les appelle des prostituées. J'ai puni cet homme-là........ Voilà ce qu'il vous faudra dire dans vos familles, si vous me condamnez ici. » Procès de P.L. Courier.

(33) J'ai suivi, pour ce passage, l'excellente correction (αὐλῇ pour αὐτῇ), et l'explication de Reiske.

(34) Celui-ci n'est pas nommé plus haut, dans la première désignation des enfants de Néæra.

(35) Leçon vulgaire : ὅτι ἐκ Στεφάνου εἰσί. Ce qui signifierait que ces enfants de Néæra avaient été reconnus ou adoptés par Stéphanos. Taylor, qui a lu, dans un manuscrit, ὅτι οὐ, donne, d'après J. Wolf, ὅτι μή.

IIIᵉ PARTIE.
PLAIDOYERS CIVILS.

SECTION I.

PROCÈS DE DÉMOSTHÈNE CONTRE SES TUTEURS.

Iᵉʳ PLAIDOYER CONTRE APHOBOS.

INTRODUCTION.

Démosthène nous a conservé le commencement de la formule qui contenait sa plainte contre ses tuteurs (*in Aphob. de Fals. test.* 10) :

« Démosthène accuse Aphobos : Aphobos est saisi de mes biens, dont il s'est emparé sous le nom de tuteur. Il a reçu, en vertu du testament de mon père, quatre-vingts mines pour dot de ma mère. »

Le reste de sa réclamation est nettement exposé dans le second alinéa du plaidoyer qu'on va lire. Ce morceau si simple, si court, n'a pas besoin d'autre analyse.

« Démosthène, dit l'auteur du *Dialogue des Orateurs*, c. 37, ne dut point sa gloire aux plaidoyers qu'il fit contre ses tuteurs. » Sans doute; mais il n'en est pas moins vrai que ces plaidoyers annoncent déjà Démosthène, et comme orateur, et comme citoyen. Son style, bien différent, même en cela, du style de Cicéron, n'a pas eu de jeunesse. A dix-huit ans, l'élève d'Isée est aussi sobre d'ornements que l'homme d'État à cinquante; le disciple de Platon montre ce caractère religieux (1) dont son éloquence fut empreinte comme sa vie. Il fait tout d'abord ce qu'il a fait depuis dans ses autres discours judiciaires : « Il n'est attentif qu'à sa cause ; il la retourne en tous sens avec une inconcevable rapidité; il accumule les raisons et ménage les phrases; il prouve d'abord, et se tait dès qu'il a prouvé (2). » L'instinct du patriotisme perce aussi dans quelques nobles paroles. Si jeune, il regrette de n'avoir rien fait encore pour Athènes ; et, devant ses juges, il prend l'engage-

ment de ne lui pas être moins utile que son père (1).

La partie des *chiffres*, dans le premier de ces discours, présente de graves difficultés. Aidé de Schæfer, dans son *Apparatus*, t. IV, et surtout de Böckh, dans quelques passages de son traité sur l'Économie politique des Athéniens, j'en ai pu résoudre plusieurs que Reiske et Auger avoient mal saisies ou éludées. Mes notes en font foi. Mais il y en a, je crois, d'insurmontables, et voici pourquoi. Démosthène sous-entend parfois des détails facilement suppléés par ses auditeurs, mais indispensables pour nous. Il semble, de plus, varier dans l'objet de sa réclamation : ici c'est près de dix talents; là le patrimoine entier, moins 70 mines; ailleurs, tout ce qui s'en manque du triple de ce patrimoine, tel qu'il était lors du décès de son père. Ajoutez à cela les nombreuses altérations que le texte a dû subir dans la désignation des sommes. Enfin, les calculs présentés réellement par Démosthène avaient-ils la précision moderne? je ne le pense pas. La manière de supputer varie, les mesures changent, jusque dans les itinéraires que les Grecs nous ont laissés. Ils étaient si loin de l'esprit calculateur des Romains et des Grecs de nos jours!

Nous voyons, dans ce plaidoyer, et dans le 2ᵉ c. *Aphob*. 4, que les restitutions faites à Démosthène par ses tuteurs, avant le principal procès, s'élevaient à peine à 70 mines. Après le jugement, il ne recouvra pas, à beaucoup près, la totalité de ses biens (*in Aphob. de Fals. test.* 1); et Aphobos, condamné trois fois à lui payer, pour sa part, dix talents, lui causa encore de graves dommages (l. c., et *I in Onet.* 9). Du reste, cette réclamation persévérante, qui avait été le rêve de vengeance d'un enfant trahi et délaissé, et qui explique la téna-

---

(1) *In Aphob. de Fals. test.* 1, etc.
(2) M. Villemain, art. *Démosth.*, Biog. univ. — Démosthène paraît s'être habituellement borné, dans les affaires civiles, à cette manière concise appelée à Rome *causæ conjectio*, quasi causa in breve *coactio* (Ascon. in Cic.), par laquelle préludaient les jurisconsultes romains avant de développer leurs moyens.

(1) *In Aphob.* II, 5.

cité et l'aigreur de l'homme fait, donna lieu à plusieurs poursuites différentes pour lesquelles il écrivit, sous l'œil d'Isée, cinq plaidoyers, après avoir proposé des arrangements à ceux qui le dépouillaient (*II in Onet.* 7).

L'étude de ces divers morceaux soulève plusieurs questions de droit. Quelle a été la procédure de toute cette affaire, depuis la comparution devant l'arbitre jusqu'à l'arrêt des derniers juges? Suivait-on à Athènes, dans les contestations de compte entre pupille et tuteur, une marche particulière, interdite par nos lois (1)? Comment se prescrivaient les actions de ce genre? Ces questions et plusieurs autres ont été les unes éclaircies, les autres résolues par Schmeisser, dans sa dissertation *de Retelari Athen.*, 1829.

(1) Code civil, 473.

DISCOURS.

Si Aphobos, ô juges! eût voulu être juste, ou confier à des parents, à des amis, l'arbitrage de nos différends, il ne faudrait point de procès, point de démêlés : il eût suffi de s'en tenir à leur décision, et il n'y aurait, entre lui et nous, aucun débat juridique. Mais, en fuyant le jugement de ceux qui connaissent à fond nos affaires, pour comparaître devant votre tribunal, qui n'en a pas une notion précise, c'est à vous qu'il me force de demander justice. A un jeune homme dépourvu de toute expérience des affaires, il est difficile, je le sens, de défendre dans cette arène sa fortune entière contre des adversaires armés d'éloquence et d'intrigue. Malgré cet énorme désavantage, j'espère beaucoup que vous ferez droit à ma demande, et que je pourrai vous exposer assez clairement les faits pour que rien ne vous échappe, et que vous n'ignoriez aucune partie de l'objet sur lequel vous avez à prononcer. Je vous prie donc, ô juges! de m'écouter avec bienveillance : si je vous parais lésé, aidez-moi à recouvrer mes droits. Je serai le plus bref qu'il me sera possible, et je commencerai le récit des faits au point nécessaire pour en faciliter l'intelligence.

Démosthène, mon père, a laissé une fortune d'environ quatorze talents (1). J'avais sept ans, ma sœur cinq, et la dot apportée par notre mère était de cinquante mines. Voyant sa fin approcher, après avoir délibéré sur nos intérêts, il remit tous ces biens entre les mains d'Aphobos, ici présent, et de Démophon, fils de Démon, tous deux ses neveux, l'un du côté fraternel, l'autre du côté de sa sœur. Il leur associa Thérippide, de Pæania, son ami d'enfance, sans être son parent. A ce dernier il donna sur mon patrimoine la jouissance de soixante-dix mines, jusqu'à ce que j'eusse subi les épreuves de l'homme fait (2). Craignant que, par cupidité, il ne malversât dans sa gestion, il légua ma sœur à Démophon, avec deux talents payables sur-le-champ. Pour Aphobos, il lui donna ma mère (3), avec une dot de quatre-vingts mines, l'usufruit de la maison et du mobilier, qui restaient ma propriété. En resserrant ainsi nos liens de famille, il espérait confier son fils à des tuteurs plus fidèles. Mais ces hommes prélevèrent d'abord leurs legs sur mes biens; et, après une gestion qui embrassait toute la fortune, après dix ans de tutelle, ils ont tout ravi : la maison, quatorze esclaves et trente mines d'argent, objets dont la valeur totale s'élève au plus à soixante-dix mines (5), voilà ce qu'ils ont remis.

Telles sont, ô juges! dans le plus court résumé, leurs malversations. Pour la quotité des biens de la succession, ils l'ont eux-mêmes attestée hautement. En effet, pour ma part dans les contributions navales, ils se sont taxés à cinq cents drachmes pour vingt-cinq mines (6), ce qui est le taux de Timothée, fils de Conon, et des plus riches imposés. Il faut aussi que vous appreniez en détail et la quantité des biens en rapport et des biens stériles, et la valeur de chacun. Par là, vous vous convaincrez que jamais tuteurs plus déhontés n'exercèrent, sur le patrimoine d'un pupille, des rapines plus flagrantes. Je vais prouver, par des témoins, d'abord qu'ils se sont soumis, pour moi, dans l'imposition maritime, à la taxe mentionnée plus haut; ensuite que mon père n'a pas laissé son fils pauvre, ou avec soixante-dix mines seulement, mais avec une fortune si riche qu'ils n'ont pu eux-mêmes la soustraire à tous les regards. — Prends la déposition, et fais-en lecture (7).

On lit la Déposition.

On voit par là quelle était l'étendue de mon patrimoine : il montait à quinze talents, puisqu'ils ont porté à trois talents ma cotisation.

Mais le relevé du patrimoine même vous donnera des notions encore plus précises. Mon père ssé deux manufactures, toutes deux assez sidérables : dans l'une, trente-deux ou trente-s esclaves armuriers, estimés, les uns cinq six mines, les autres au moins trois, qui lui duisaient par an un revenu net de trente mi-; dans l'autre, vingt esclaves ouvriers en lits, étaient le gage d'une créance de quarante es, et en rapportaient douze, tous frais dé-ts; de plus, environ un talent d'argent dont térét, à une drachme (8), s'élevait au delà de t mines par an. Voilà, dans la succession, la t mise en valeur, de l'aveu de mes tuteurs mes. Elle représente un capital de quatre ta-ts cinq-mille drachmes, et donne un revenu nuel de cinquante mines. Ajoutez à cela des tériaux en ivoire, en fer, en bois d'ébénisterie, lués près de quatre-vingts mines, soixante-dix nes de noix de galle et d'airain, une maison trois mille drachmes, meubles, vases, bijoux, tements, toilette de ma mère, faisant, le tout semble, environ dix mille drachmes; enfin atre-vingts mines d'argent comptant. Tels sont s biens que mon père a laissés dans sa maison. avait encore placé soixante-dix mines sur le isseau de Xuthos (9), deux mille quatre cents achmes à la banque de Pasion, six cents à le de Pylade, seize cents chez Démomèle, s de Démon, et çà et là environ un talent par êts de deux cents et de trois cents drachmes. Le tal de toutes ces sommes passe huit talents cin-uante mines. Tout compté, vous trouverez que succession montait à plus de quatorze talents 0). Tel est, ô juges ! le patrimoine qui m'a été issé.

Mais tout ce que mille larcins en ont fait dis-araître, tous les vols personnels de chacun de nes tuteurs, toutes les soustractions frauduleuses ui leur furent communes, n'entreraient pas dans espace de temps qui m'est accordé (11) : force st donc de diviser les objets. Il suffira de parler e ce qu'ont à moi Démophon et Thérippide, lors-que nous porterons plainte contre eux : les arti-les qu'Aphobos est convaincu par eux-mêmes de posséder, et que je sais avoir été pris par lui, eront, aujourd'hui, le sujet de mon discours.

Je prouverai d'abord qu'il a entre les mains es quatre-vingts mines de la dot : je passerai ensuite aux autres preuves le plus rapidement qu'il sera possible.

Aussitôt après la mort de mon père, cet homme entra dans la maison, qu'il habita en vertu du testament ; il s'empara des bijoux de ma mère et des vases. Ces effets pouvaient valoir cinquante mines. De plus, par le prix des esclaves vendus, que lui comptèrent Thérippide et Démophon, il compléta les quatre-vingts mines formant la som-me dotale. Nanti de tout, et prêt à faire voile pour Corcyre comme triérarque (12), il donna quittance à Thérippide, et reconnut avoir touché la dot. Démophon et Thérippide, ses cotuteurs, m'en sont témoins; après eux, Démocharès de Leuconium, l'époux de ma tante, et beaucoup d'autres, attestent qu'il est convenu lui-même d'avoir en main ces richesses. En effet, comme il ne payait pas à ma mère de pension alimentaire, quoique saisi de la dot, et que, loin de vouloir mettre les biens en rapport (13), il jugeait à propos d'en disposer avec ses cotuteurs, Démocharès lui en fit des reproches. Point de contestation, de la part de cet homme, sur la réalité du dépôt; nulle plainte de ne l'avoir pas reçu ; il convint de tout. Mais il avait, disait-il, une petite difficulté avec ma mère pour les bijoux : ce point réglé, il devait, et sur la pension, et sur les autres articles, me donner pleine satisfaction. Or, s'il est constant qu'il a fait ces aveux devant Démocharès et d'autres témoins; qu'il a reçu de Démophon et de Thérippide, pour la dot, le prix des esclaves; que, sur les registres de ses cotuteurs, il s'est reconnu saisi de cette dot; qu'il a habité la maison immédiatement après le décès de mon père : comment, de cette concordance de tous les faits, ne jaillirait pas la preuve éclatante de la remise entre ses mains des quatre-vingts mines dotales, et de l'effronterie de ses dénégations ? — Pour appuyer la vérité de mes paroles, prends et lis les dépositions.

Lecture des Dépositions.

Voilà donc comment Aphobos a reçu la dot : or, n'ayant point épousé ma mère, la loi l'en constitue débiteur, avec les intérêts de neuf oboles, que je réduis à une drachme (14). Ajoutez au capital ce revenu pendant dix années, le total s'élèvera presque à trois talents. Et cette somme, j'ai démontré qu'il l'a touchée, qu'il s'en est avoué dépositaire en présence de nombreux témoins.

Il a encore trente mines, levées sur le produit d'une manufacture, et qu'avec une impudence sans égale il s'est efforcé de détourner. Le produit complet de ces ateliers transmis par mon père était de trente mines. Ainsi, une moitié des esclaves vendue, il devait me revenir quinze mines, à proportion. Or, Thérippide, intendant des esclaves pendant sept ans, n'a déclaré que onze mines par année, et, par année, il retranche ainsi quatre mines de ses comptes. Aphobos, chargé avant lui, pendant deux ans, du même soin, ne présente absolument rien. Il allègue tantôt les travaux interrompus, tantôt notre homme d'affaires, l'affranchi Milyas, le remplaçant dans cette administration, et il me renvoie à lui pour toucher les revenus. S'il emploie aujourd'hui de pareils moyens, il sera facile de le confondre. Répétera-t-il que le travail a été suspendu? mais il a enregistré ses dépenses sinon pour la nourriture des hommes, du moins pour la fabrication, pour l'ivoire à mettre en œuvre, les poignées d'épées et autres articles, comme si l'ouvrier eût travaillé. Il y a plus : il porte sur ses comptes une somme payée à Thérippide pour trois de ses esclaves, présents dans mes ateliers. Cependant, si l'ouvrage était nul, ni Thérippide n'a dû recevoir de salaire, ni ces dépenses n'ont pu m'être imputées. Dira-t-il : des ouvrages ont été confectionnés, mais ils n'ont pas trouvé d'acheteurs? Il faut, alors, qu'il m'en ait fait une remise authentique; il faut produire les témoins qui ont assisté à cette remise. S'il n'a fait ni l'un ni l'autre, est-il possible qu'il n'ait pas les trente mines provenant des travaux de deux années, puisque l'existence des ouvrages est manifeste? S'il cherche ailleurs sa réponse, s'il dit, *Milyas a tout dirigé*, doit-on croire sur parole qu'il a lui-même dépensé plus de cinq cents drachmes, et que le bénéfice qu'elles ont pu produire est dans les mains de ce dernier? Je penserais plutôt le contraire : oui, si Milyas a conduit la manufacture, Milyas a fait les dépenses, Aphobos a emboursé les profits; il suffirait d'interroger son caractère, de consulter son impudence. — Lis les dépositions qui se rapportent à cet objet.

Lecture des Dépositions.

Aphobos a donc en ses mains ces trente mines provenant de la manufacture, avec les intérêts de huit années, qui, mis à une drachme seulement, donneront environ trente autres mines. Cette somme, qu'il a prise sans complices, ajoutée au principal et à la dot (15), fait, en tout, quatre talents. Quant aux rapines qui lui sont communes avec les autres tuteurs, et dont quelques-unes tombent sur des parties de la succession dont il nie absolument l'existence, en voici le tableau détaillé.

Parlons d'abord des ouvriers en lits, gage d'une créance de quarante mines, au nombre de vingt, qui étaient là quand mon père mourut, et que ces hommes ont fait disparaître; et montrons qu'ils m'en ont frustré avec l'effronterie la plus flagrante. Ils conviennent tous que ces esclaves étaient dans notre maison, qu'ils produisaient à mon père douze mines annuelles; et, pour résultat de leur travail pendant six ans, ils ne me représentent pas le plus mince bénéfice! et Aphobos, tant il est cuirassé d'impudence, compte près de mille drachmes dépensées pour eux! Du moins les hommes mêmes qui furent, à l'entendre, l'objet de tous ces frais, me les ont-ils livrés? Pas du tout. Ils allèguent le prétexte le plus frivole; ils disent que celui qui s'est cautionné pour les esclaves est le plus insigne fripon; qu'il a manqué souvent aux engagements de l'éranie (16), qu'il est obéré. Ils ont fait assigner contre lui beaucoup de témoins : mais à qui ont été remis ces esclaves? de quel droit sont-ils sortis de notre maison? pourquoi un autre s'en est-il emparé? quelle sentence les leur a retirés? Voilà ce qu'ils ne peuvent dire. Cependant, s'ils avaient un peu de sincérité dans le langage, sans prouver par des témoignages la perfidie d'un tiers, qui doit m'être entièrement indifférente (17), ils appuieraient sur tous ces points; ils auraient désigné, sans une seule omission, les nouveaux possesseurs des esclaves. Mais non : par la plus cruelle des injustices, ils reconnaissent que les esclaves ont été laissés par mon père, ils les ont reçus, ils en ont retiré l'usufruit pendant dix ans : et la manufacture entière se fond, s'anéantit dans leurs mains! — Prends les dépositions qui attestent ces vérités, et fais-en lecture.

Dépositions

Mais Mériade n'était point sans ressources, et mon père n'avait pas fait avec lui une convention si folle au sujet des esclaves : en voici une preuve convaincante. Saisi de la manufacture, comme les témoins viennent de vous l'attester, Aphobos, dont le devoir était d'empêcher de nouveaux emprunts sur ces mêmes objets, prêta, lui tuteur, sur ces esclaves, cinq cents drachmes à Mériade, somme qu'il reconnaît avoir retirée, comme le permettait la justice. Ainsi, chose révoltante! nous avons perdu et notre nantissement et les fruits qu'il devait produire, nous dont le contrat a la priorité; et celui qui fit un placement sur nos propres gages, celui qui stipule si longtemps après nous, a levé, sur ce qui nous était acquis, ses intérêts, son capital, et n'a pas trouvé son débiteur insolvable! — Lis la déposition qui appuie ce que j'avance.

Déposition.

Examinez à quelle somme s'élèvent leurs soustractions sur les ouvriers en lits : quarante mines pour le principal, et deux talents pour l'intérêt pendant dix années, puisqu'ils touchaient annuellement douze mines, du produit de leur travail. Est-là une bagatelle? une accusation douteuse? Est-il facile de s'y méprendre? N'ont-ils pas évidemment volé près de trois talents? Brigandage imputable à tous, dont Aphobos doit me restituer le tiers pour sa part.

Pour l'ivoire et le fer qui entraient dans la

cession, ô juges! même conduite à peu près, car ils ne rapportent rien. Toutefois, le propriétaire de tant d'esclaves, ébénistes et fourbisseurs, a-t-il pu ne pas laisser du fer et de l'ivoire? Impossible qu'il n'y en eût point! Sans ces matières, quel ouvrage était exécutable? Quoi! le maître de plus de cinquante esclaves, l'homme qui veillait sur une double industrie, dont l'atelier pour les lits employait sans peine deux mines d'ivoire par mois, et l'autre, pour les épées, autant d'ivoire avec du fer, ils prétendent qu'il n'a laissé ni fer ni ivoire! Quel excès d'impudence!

Cette remarque suffit pour montrer ce qu'il y a de suspect dans leur assertion. Mais voulez-vous une preuve éclatante que mon père a laissé assez d'ivoire et pour le travail de ses ouvriers, et pour la vente du superflu? lui-même, tant qu'il vécut, en vendit; et, après sa mort, Démophon et celui-ci en cédaient dans ma maison à qui en voulait. Que faut-il donc croire de la quantité qui entrait dans l'héritage, quand on la voit suffire et à de si vastes ateliers, et au trafic de mes tuteurs? Était-elle faible? Ne s'élevait-elle pas bien plus haut que dans mon accusation? — Prends et lis les témoignages qui déposent sur ce point.

Lecture des Dépositions.

Il dépasse donc un talent, cet ivoire qu'ils ne me représentent point, qu'ils effacent entièrement avec ses produits.

D'après leurs propres états, je vais prouver encore, ô juges! que, sur les sommes dont ils reconnaissent la rentrée, ils ont tous trois à moi plus de sept talents (18), sur lesquels Aphobos, pour sa part, en a reçu trois et mille drachmes. Je mets en dehors leurs dépenses, que j'exagère; je retranche ce qu'ils m'ont remis. Il faut étaler à vos yeux toute l'audace de leurs coups de main. Ils avouent avoir touché, sur mes biens, Aphobos cent huit mines (19), outre ce que je prouverai qu'il a encore; Thérippide deux talents; Démophon quatre-vingt-sept mines : total, cinq talents quinze mines. Ce qu'ils n'ont pas reçu en masse compose près de soixante-dix-sept mines : c'est le produit des esclaves. Ce qui leur a été remis sur-le-champ forme un peu moins de quatre talents. Ajoutez-y les intérêts de dix années, à une drachme seulement : vous trouverez huit talents mille drachmes, compris le capital. Il faut déduire notre entretien des soixante-dix-sept mines provenant d'une manufacture. Pour cet objet, Thérippide a payé annuellement sept mines, dont nous lui donnons quittance. Ainsi, puisqu'en dix ans ils ont dépensé soixante-dix mines pour notre entretien, voilà un excédant de sept mines dont je charge leur compte, dont j'enfle leur total (20). Il faut retrancher des huit talents, et plus, ce qu'ils m'ont compté, après mes épreuves civiques, et ce qu'ils ont payé pour mes contributions. Or, Aphobos et Thérippide m'ont remis trente et une mines; et, d'après leur calcul, ils ont versé dix-huit mines dans la caisse de l'État : j'enchéris sur eux, j'élève cette somme à trente mines, pour leur fermer la bouche. Or, si des huit talents on en ôte un, il en reste sept; et ces sept talents, d'après leurs propres reconnaissances, il est impossible qu'ils ne les aient point. Ainsi, alors même que leurs dénégations me dépouilleraient du reste, ils devaient me rendre cette partie de mon patrimoine qu'ils avouent avoir reçue. Au lieu de cela, que font-ils? Ils suppriment l'intérêt de notre argent; ils prétendent avoir absorbé, dans leurs dépenses, soixante-dix-sept mines en sus du capital. Le mémoire de Démophon va même jusqu'à nous déclarer leurs débiteurs. Et ce n'est pas là une monstrueuse, une éclatante impudence? ce n'est pas le dernier raffinement de la rapacité la plus sordide? Est-il des procédés atroces, si cette avarice démesurée n'est pas empreinte de ce caractère? Aphobos donc, qui reconnaît avoir reçu personnellement cent huit mines, est saisi de cette somme avec intérêts pendant dix ans, c'est-à-dire de trois talents mille drachmes. J'ai dit vrai : oui, dans les comptes, chaque tuteur déclare ces sommes reçues, et les porte toutes en dépense. — Prends les dépositions, et lis.

Dépositions.

Je vous crois, ô juges! suffisamment instruits de tous les vols, de toutes les frauduleuses manœuvres de chacun de ces hommes. Le détail vous en serait encore mieux connu, s'ils avaient voulu me remettre le testament de mon père. Là étaient désignés, comme ma mère l'affirme, et la totalité de la succession, et sur quoi ceux-ci devaient prélever leurs legs, et le mode de placement des biens. A mes réclamations, ils répondent aujourd'hui que cette pièce a existé, mais ils ne l'exhibent point : pourquoi? parce qu'ils se gardent bien de mettre en évidence l'énormité de leur pillage, parce qu'ils ne paraîtront pas en possession de leurs legs, comme si le fait ne suffisait pas pour les convaincre! — Prends et lis les dépositions qui attestent leurs réponses (21).

Dépositions sur les réponses de Démophon et de Thérippide.

Thérippide (22) avoue donc l'existence d'un testament; il témoigne et des deux talents et des quatre-vingts mines légués à Démophon, à Aphobos : mais, pour les soixante-dix mines qu'il a lui-même touchées, il nie qu'elles y fussent aussi mentionnées, non plus que la quantité des biens de la succession, et la manière de les faire valoir : car il n'est pas de son intérêt de tout avouer. — Lis maintenant les réponses d'Aphobos.

Dépositions
sur les réponses d'Aphobos.

Celui-ci, à son tour, dit qu'il y a des dispositions testamentaires ; que, sur la vente de l'airain et de la noix de galle, était affecté le legs de Thérippide (23), qui le nie ; que deux talents étaient donnés à Démophon. Quant à son legs personnel, il ajoute qu'il était fixé, mais que lui-même n'y a pas souscrit : il veut faire croire qu'il ne l'a point reçu. Du reste, sur la totalité du patrimoine, sur le fermage des biens, pas une déclaration. Lui aussi ne trouverait pas son compte à des aveux complets.

Mais la richesse de l'héritage, en dépit du mystère dont ils l'enveloppent, est dévoilée par les dispositions testamentaires sur lesquelles ils basent mutuellement des legs aussi considérables. Car enfin, sur quatre talents trois mille drachmes, en avoir donné trois, et mille drachmes à ceux-ci à titre de dot, et à celui-là le revenu de soixante-dix mines, c'était déclarer hautement que mon patrimoine, source de ces legs, en dépasse le double. Supposera-t-on à mon père le projet de laisser son fils dans l'indigence, et un ardent désir de rendre plus riches des hommes qui l'étaient déjà? Non, sans doute : mais, vu les grands biens qu'il me transmettait, il donna la jouissance d'une somme considérable à Thérippide, et de deux talents à Démophon, qui n'était pas encore près d'épouser ma sœur, afin d'obtenir ou une meilleure direction dans leur tutelle à l'aide de ces largesses, ou le déploiement de toute votre sévérité contre des prévaricateurs si honorés par ses dons, si coupables envers nous. Pour celui-ci, qui, à son tour, outre la dot, a reçu des femmes esclaves, et habité ma maison ; quand il faut rendre ses comptes, il répond qu'il a ses affaires : fripon consommé, qui escroque les honoraires de mes maîtres, et me compte des contributions qu'il n'a pas payées! Des dépositions l'attestent ; qu'on en fasse lecture.

Dépositions.

Où trouver une démonstration plus claire du pillage général dans lequel Aphobos ne négligeait pas même les petits profits, puisque, par tant de témoignages et d'inductions, je vous le montre (24) d'une part reconnaissant avoir touché la dot, dont il donna quittance à ses collègues, de l'autre exploitant des ateliers dont il cache les venu ; parmi les autres articles, vendant ceux sans en remettre la valeur, gardant ceux-là qui fait disparaître, chargeant de soustractions é mes ses propres comptes ; et, plus coupable e core, supprimant un testament, faisant a des esclaves, administrant tout ; enfin, com n'aurait pas fait mon plus cruel ennemi?

Il osait dire devant l'arbitre que, sur la su cession, il avait payé pour moi une foule de dett à Démophon, à Thérippide ; que beaucoup d mes biens avaient passé dans les mains de se cotuteurs : et il ne peut certifier ni l'un ni l'autre Il n'a produit ni les preuves écrites des dettes que m'aurait laissées mon père, ni le témoignage d créanciers auxquels il prétendait les avoir rem boursées ; et d'ailleurs, les sommes qu'il imp à ses collègues sont bien inférieures à celles qu a évidemment prises lui-même. L'arbitre l'inte rogea sur chaque article : sa propre fortune, com ment l'administrait-il? en amassait-il les revenus ou en dissipait-il le capital (25)? traité de la so par des tuteurs, accueillerait-il un sembla compte de gestion? ne réclamerait-il point la re mise des fonds avec les rentes? A ces question pas un mot de réponse ; mais il s'engageait à prouver que mon patrimoine était de dix talents s'il y a quelque vide, disait-il, je le comblera moi-même. Sommé par moi, devant l'arbitre d'établir ce qu'il avançait, il n'en fit rien, il ne constata aucune remise faite par ses collègues (autrement, l'arbitre ne l'eût pas condamné) mais il ajouta aux pièces une déposition d'une telle force, qu'il essaiera d'en toucher quelque chose. Si donc il affirme, aujourd'hui encore, ma mise en possession, demandez-lui qui l'a effectuée ; et, sur chaque article, exigez des témoins. S'il insiste, s'il fonde sa réponse sur le calcul de la part due par chacun de ses collègues, on verra qu'il ne déclare pas même la moitié de mon bien, et qu'il n'en prouve pas mieux que je le possède (26) Car, après l'avoir convaincu de retenir des valeurs énormes, j'en montrerai d'aussi fortes dans le mains des deux autres. Ainsi, ce moyen lui est interdit ; mais qu'il dise que la délivrance a été faite ou par lui-même, ou par ses collègues. S' ne le prouve pas, devez-vous arrêter votre esprit sur une proposition impuissante à établir la re mise de mon patrimoine?

Très embarrassé devant l'arbitre sur tous ces points, pleinement convaincu comme il l'est main tenant devant vous, il avança audacieusement le plus révoltant de ses mensonges : mon père, di sait-il, m'avait laissé quatre talents enfouis, et confiés avec plein pouvoir à ma mère. Voici son but, en parlant ainsi : ou, m'attendant à le voir jourd'hui reproduire cette allégation, je perdais mon temps à la réfuter, tandis que j'ai ici autres griefs à présenter contre lui; ou si, comptant sur son silence, je me taisais, il la reproduirait devant vous; et moi, passant pour riche, j'exciterais moins votre pitié. Or, il n'a cité aucune déposition, l'homme qui n'a pas rougi de tenir ce langage, comme si on devait l'en croire sur parole! Lui demande-t-on à quoi il a dépensé une si grande part de mon patrimoine? il répond qu'il a payé des dettes pour moi, et cherche alors à me faire pauvre: puis il n'a qu'à vouloir, et me voilà riche, puisque mon père m'aurait encore laissé un trésor. Mais son assertion ne saurait être vraie; il y a là quelque chose d'impossible : plusieurs raisons le démontrent sans difficulté.

Si mon père se défiait de ces hommes, sans doute il ne leur eût ni confié le reste, ni déclaré une somme qu'il laissait cachée. L'étrange folie, en effet, de révéler un bien mystérieux à qui ne devait pas recevoir la gestion des biens authentiques! S'il se fiait à eux, en remettant entre leurs mains la plus grande partie de sa fortune, il eût certainement étendu leurs pouvoirs à celle-là; il n'eût point donné à ma mère la surveillance d'un dépôt, et ma mère elle-même, pour épouse, à l'un de mes tuteurs. Il y a contradiction à placer, ici, une somme sous la sauvegarde maternelle; et là, la dépositaire avec l'argent sous la puissance d'un des hommes qui causent cette méfiance. D'ailleurs, si cette allégation contenait un mot de vrai, croyez-vous qu'Aphobos n'aurait pas pris ma mère, donnée par son mari, lui qui, nanti d'abord des quatre-vingts mines de la dot, à charge de l'épouser, s'est marié avec la fille de Philonide de Mélite? Supposez ces quatre talents dans la maison et sous la main de ma mère, comme il le dit: ne le voyez-vous pas fondre sur cette proie, pour s'assurer la femme et l'argent? De la fortune connue, de la succession authentique pour beaucoup d'entre vous, aurait-il fait, avec ses collègues, le plus scandaleux pillage, en respectant une part qu'il pouvait prendre, et dont vous n'auriez pu attester l'existence? Qui pourrait le croire? Cela n'est pas, juges; non, cela n'est pas. Tout ce que mon père a laissé, il le leur a remis; et cet homme ne fera usage de ce moyen que pour m'ôter quelque chose de votre sympathie (27).

Mes poursuites contre lui pourraient s'étayer de bien d'autres considérations : présentons-en une seule, qui domine toutes les autres, et devant laquelle s'écroulera toute sa défense. Aphobos pouvait couvrir sa responsabilité en affermant les biens (28), suivant la loi. — Prends la loi et lis.

Lecture.

Grâce à l'exécution de cette loi, trois talents trois mille drachmes, fortune d'Antidore, s'élevèrent, en six ans, à six talents et plus, par le placement des biens; et ce fait, plusieurs de vous l'ont vu, puisque Théogène de Probalinthe, qui avait passé le bail, compta l'argent sur la place publique. Ainsi, dans la proportion du temps et de la valeur des placements, il semble que mes quatorze talents devaient, au bout de dix années, être plus que triplés (29). Demandez donc à Aphobos pourquoi il ne l'a pas fait. Dira-t-il qu'il était mieux de ne pas affermer le patrimoine? Qu'il montre mon capital, non pas doublé ou triplé, mais remis entier dans mes mains. Si, sur quatorze talents, ils ne m'ont pas même livré soixante-dix mines, si l'un d'eux a osé m'inscrire comme son débiteur, convient-il de rien approuver dans leur défense? Non, juges, non!

Malgré un patrimoine aussi riche que je l'ai prouvé d'abord, et dont le tiers rapportait un revenu de cinquante mines; malgré la possibilité, pour mes insatiables tuteurs, même sans affermer les biens, sans les déplacer, de subvenir, avec cette portion de revenu, à notre entretien et aux charges publiques, d'en reverser l'excédant sur la masse, de mettre en valeur les deux autres tiers, d'y puiser pour leur avidité, mais d'y puiser avec mesure, et d'augmenter ma fortune avec le produit du fond total, ils n'en ont rien fait : ils se sont vendu mutuellement les esclaves les plus précieux, ont détourné les autres, soustrait mes rentes échues, et arrondi les leurs à mes dépens. Après ce vol infâme dans les autres parties de mes biens, ils se liguent tous trois pour me disputer plus de la moitié de la succession; et, comme si ma fortune n'était que de cinq talents, c'est sur cette base qu'ils ont assis leurs comptes, se gardant bien de faire une déclaration authentique du capital (30), tandis qu'ils n'en rapportent pas les rentes, mais affirmant effrontément que les fonds ont été dissipés : tant leur audace est imperturbable!

Que me serait-il donc arrivé, si j'eusse été plus longtemps sous leur tutelle? qu'ils le disent, s'ils peuvent. Ah! lorsque, après dix ans, ceux-ci me remettent un bien si médiocre, et que celui-là m'inscrit comme débiteur, comment l'indignation ne serait-elle pas légitime? Vous le voyez trop, orphelin dès l'âge d'un an, et leur pupille pendant six années de plus, ce misérable reste, je ne l'aurais pas même recueilli. Car enfin, si leurs dépenses sont fondées, ce qu'ils m'ont remis ne suffisant point pour les six autres années, ils m'auraient ou nourri chez eux, ou laissé mourir de faim. Cependant, lorsque des patrimoines d'un et de deux talents ont été, par des placements, doublés, triplés même, et élevés au cens des charges publiques, n'est-il pas affreux que le mien, qui avait toujours fourni à l'armement des vaisseaux et aux grandes réquisitions, ne puisse plus suffire aux plus légères, grâce à leurs déprédations effrontées?.

A quel excès, enfin, ne se sont pas portés des tuteurs qui, dans l'espoir du secret, ont anéanti le testament, grossi leurs propres biens de nos revenus, enrichi leur patrimoine des dépouilles du nôtre, ravi mon capital tout entier, comme en dédommagement des plus graves offenses? Vous, Athéniens, lorsque vous condamnez un criminel d'État, vous ne confisquez pas toute sa fortune; vous en laissez une partie, par compassion pour une épouse, pour des enfants. Mais entre ces hommes et vous quelle différence! Nous avons acheté, par des donations, la probité de leur tutelle, et voilà les outrages dont ils nous ont abreuvés! Ils n'ont pas rougi d'être sans pitié pour ma sœur, à qui mon père avait assigné une dot de deux talents, et qui ne trouvera jamais un établissement convenable. Enfin, comme si l'on nous eût confiés, non à des amis, non à des proches, mais aux ennemis les plus acharnés, ils ont foulé aux pieds les droits du sang. Pour moi, le plus infortuné des hommes, je ne sais ni comment marier ma sœur, ni comment régler les autres affaires. Ce n'est pas tout : le gouvernement me harcèle pour les contributions, et en a le droit, puisque mon père m'a laissé assez de bien : mais ces hommes ont ravi tout l'héritage; et voilà que, cherchant à le recouvrer, je cours les plus grands risques. Car, si Aphobos est absous (ce qu'aux dieux ne plaise!), je lui devrai une indemnité de cent mines (31). Est-il condamné? il payera sur le taux fixé par vous, et il payera, non sur ses biens, mais sur mon patrimoine. Et moi, ma peine n'est pas soumise à votre taxation. Ainsi, je suis ruiné, je suis déshonoré, si je ne trouve pas de compassion dans vos cœurs.

Je vous demande donc, ô juges! je vous supplie de vous rappeler les lois, et le serment que vous avez fait avant de monter au tribunal; je vous conjure de nous prêter l'appui de la justice, et d'avoir plus d'égard à nos prières qu'à celles d'Aphobos. La pitié est juste quand elle s'applique, non au méchant, mais à l'innocent malheureux; non à de cruels ravisseurs du bien d'autrui, mais à nous, dépouillés dès longtemps d'une fortune léguée par un père, à nous que le spoliateur outrage, à nous qui jouons ici notre honneur! Ô combien gémirait notre père, s'il apprenait que son fils est en péril de payer une amende à raison de ces mêmes dots, de ces mêmes donations qu'il a léguées à nos tuteurs; et que, dans une ville où des citoyens établissent à leurs frais les filles de leurs proches, même de leurs amis dans la détresse, Aphobos ne veut pas restituer la dot qu'il a reçue, et qu'il garde depuis dix années!

NOTES
DU Ier PLAIDOYER CONTRE APHOBOS.

(1) J'ai traduit sur le texte de Dobson (*Orat. Att.* VII, 402). Les scolies et les variantes du tome x de sa collection, ses notes *variorum*, le commentaire de Reiske, l'*Apparatus* de Schæfer, t. IV, p. 392, et Bœckh, ont été mes principaux guides pour l'interprétation.

	f.		f.
Grand talent attique,	5,750	Drachme.	0,96
Grande mine attique,	95,83	Obole.	0,16

(*Métrologie* de M. Saigey, p. 40.)

(2) Démosthène ne veut désigner ici que la première partie de ces épreuves, c'est-à-dire l'admission dans la classe des éphèbes, qui avait lieu à 17 ans accomplis. V. *Anacharsis*, chap. 26, vers la fin.

(3) Diogène Laerce, dans la Vie de Solon, dit qu'il avait porté une loi par laquelle il défendait à un tuteur d'épouser la mère de ses pupilles. Apparemment, suivant la remarque de Sam. Petit, la loi avait été abrogée, ou on pouvait épouser la mère de ses pupilles, quand elle était léguée par le testament du père. (Auger.)

(4) La leçon καὶ τὴν οἰκίαν n'est guère admissible, puisque, comme on le voit un peu plus bas, Aphobos n'était pas devenu propriétaire, mais seulement usufruitier de cette maison, jusqu'à la majorité de son pupille. Je lis, d'après Reiske, mais en améliorant sa ponctuation : καὶ τῇ οἰκίᾳ καὶ σκεύεσι χρῆσθαι, τοῖς ἐμοῖς, ἡγούμενος, κ. τ. λ.

(5) Malgré Reiske et Auger, on peut croire à l'exactitude de ce total. Les tuteurs de Démosthène avaient été très négligents : une maison délabrée et des esclaves mal nourris peuvent avoir été estimés de bonne foi à cette modique valeur. (Schæfer.)

(6) C'est-à-dire, au cinquième du capital. Le taux variait selon les fortunes. Pour les *Symmories*, voyez l'introduction au Discours sur les classes des Armateurs. Lemot συνετάξαντο, au moyen, s'il n'est pas exact, est adroit : en se soumettant eux-mêmes à la plus forte taxe, les tuteurs de Démosthène reconnaissaient que son patrimoine était des plus considérables. De même, plus bas, συνετάξαντο, et ἠξίουν εἰσφέρειν.

NOTES DU Iᵉʳ PLAIDOYER CONTRE APHOBOS.

(7) Les ordres de ce genre s'adressent toujours à un huissier ou greffier (κῆρυξ, γραμματεύς), chargé de la lecture des pièces qui composent le dossier d'une affaire judiciaire ou politique.

Une loi ordonnait que le témoignage fût donné par écrit, afin qu'il fût moins sujet à rétractation, et qu'on pût le vérifier plus facilement la vérité. (Robinson, Ant. Gr., liv. v, ch. 14; liv. III, ch. 16.)

(8) Cet intérêt est celui d'une drachme par mine chaque mois, comme l'a fort bien remarqué Wolf. En effet, supposons que la somme soit juste d'un talent (εἰς τάλαντον, dit Démosthène) :

1 talent = 60 mines;

donc, l'intérêt de 1 talent, à 1 drachme par mine, chaque mois, = 60 drachmes. Ainsi, pour l'année, cet intérêt sera de 60 drachm. × 12, ou 720 drachmes ; c'est-à-dire de 7 mines et 20 drachmes (πλεῖον ἢ ἑπτὰ μναῖ). Ce taux équivaut à 12 pour 100. (Voy. Bœckh, Éconm. Politiq. des Athén. liv. I, ch. 22.)

(9) C'est le prêt *à la grosse*, ou intérêt maritime, qui s'élevait quelquefois à 30 pour 100. Ce genre d'usure, détesté à Rome, paraît n'avoir rien eu d'odieux dans la Grèce, et particulièrement dans une ville de commerce telle qu'Athènes. (Bœckh. id. ch. 23.) Il est réglé, chez nous, par le titre 9, liv. II, du Code de Commerce.

(10) En réunissant toutes ces sommes partielles, on trouve, avec Reiske, un total de 14 talents 36 mines.

(11) Littéralement : *il n'est pas possible de le dire, à cause de l'eau*. On fixait à chacun des avocats un certain espace de temps appelé διαμετρημένη ἡμέρα, mesuré par une clepsydre, ou horloge d'eau. Cette mesure était plus grande dans les procès politiques. Pour prévenir toute supercherie, un ἐφύδωρ distribuait aux parties une égale quantité de liquide. De là, le proverbe, πρὸς τῇ κλεψύδρᾳ, πρὸς ὕδωρ ἀγωνίζεσθαι, ἄλλως ἀναλίσκειν ὕδωρ. L'écoulement de l'eau était arrêté pendant le temps que l'avocat mettait à faire lire des lois ou des pièces du procès : Ἐὺ δ' ἐπίλαβε τὸ ὕδωρ (Demosth. *in Eubulid*.) Τῷ ὕδατι τῷ ἐμῷ λαλεῖτω, *qu'il parle sur mon eau*, c'est ce que disait un avocat qui, ayant terminé son plaidoyer avant le terme fixé, abandonnait à un autre orateur le reste de son temps. D'autres fois, il faisait vider la clepsydre : Ἐξέρα τὸ ὕδωρ. (Dem. pro *Phorm*.) Une loi de Pompée, à l'exemple des Grecs, n'accordait aux jurisconsultes qu'une heure, mesurée aussi par une clepsydre, *ne in immensum evagarentur*; mais on se relâcha bientôt de cette rigueur. Voy. chez nous la motion du *sablier*, premier août 1789.

(12) Corcyre (Corfou), île de la mer Ionienne, colonie des Corinthiens. — Sur la triérarchie, voyez les introductions aux Discours contre la loi de Leptine, et sur les classes des Armateurs.

(13) Auger, d'après Wolf : « comme il ne voulait pas louer la maison. » Mais la maison n'était pas à louer, puisqu'il vient d'être dit qu'Aphobos l'habitait, en vertu du testament. Démosthène, dans un passage du troisième plaidoyer contre ses tuteurs, distingue assez nettement οὐσίαν et οἶκον. Là, comme dans Lysias (disc. contre Aristogiton), le dernier de ces mots désigne, en général, *les biens, possessions*. C'est ainsi que nous disons : *une grande maison de commerce*, pour *une riche fortune de négociant*. Cette interprétation, que l'on entrevoit dans l'édit. de Hervag (note sur l'alin. 16 de ce plaidoyer), est celle de Reiske, de Seager (Diar. Classic. LVIII, p. 365), de Bœckh (Écon. Polit. des Athén., *passim*), et de Schæfer (Appar. ad Demosth. t. IV, p. 403).

(14) *A une drachme* : pour une mine par mois, selon Pusage. — *Dix ans* : la leçon δώδεκα est évidemment fautive : 1° Démosthène, à la fin de ce plaidoyer, dit que la dot était gardée par Aphobos depuis dix ans; 2° le nombre dix donne seul ici quelque exactitude aux calculs, d'ailleurs très-obscurs, de l'orateur, puisque le résultat, conforme au texte (μάλιστα τρία τάλαντα, *proxime summam 3 talentorum accedunt*, Schæfer) sera de 2 talents 56 mines, ou 3 talents moins 4 mines. Aussi, Bekker et Schæfer ont-ils adopté ce chiffre. Auger aggrave les difficultés de ce passage par ses erreurs personnelles.

(15) *Et à la dot*. Il faut entendre ici, par τὴν προῖκα, la dot avec ses intérêts.

(16) C'était une sorte de banqueroute. « Des particuliers s'assuraient des secours, en formant une société appelée ἔρανος, de même que l'argent qu'elle rassemblait par cotisation. On nommait les sociétaires *éranistes*, leur ensemble *la communauté de l'éranie* (τὸ κοινὸν τῶν ἐρανιστῶν), et leur chef *éranarque*. Ces réunions se proposaient différents buts : c'était tantôt un festin dont elles voulaient faire les frais, tantôt une fête à célébrer, tantôt des hommes à corrompre pour l'intérêt des associés. Elles étaient très-fréquentes dans les États libres de la Grèce ; il faut y rapporter les sociétés religieuses, politiques, commerciales, maritimes, et les corps de métiers. Plusieurs possédaient des fonds, comme les associations religieuses (θίασοι); elles prenaient des décisions que l'on inscrivait sur la pierre. Enfin il existait des lois pour les régir (ἐρανικὸς νόμος), et l'on nommait ἐρανικαὶ δίκαι les procès qui les concernaient. Une sorte d'éranie avait pour objet le soulagement des citoyens nécessiteux : elle garantissait un secours réciproque, et l'on attendait de celui qui l'avait reçu qu'il contribuât à son tour lorsque ses affaires seraient devenues meilleures. » Bœckh, Écon. Polit. des Ath., liv. II, ch. 17. C'est à cette *société d'assurances* que se rapporte l'expression de Démosthène.

(17) Je traduis ici sur la leçon de Bekker, ἧς οὐδέν μοι προσήκει φροντίζειν, approuvée par Schæfer. Un peu plus bas, pour rendre καρπωσάμενοι τοὺς ἀνθρώπους, j'emploie le mot *usufruit*, parce que le travail d'un esclave était assimilé au produit d'une terre.

(18) Toutes mes éditions : ὀκτὼ τάλαντα; mais ceci ne peut se concilier avec la démonstration que présente Démosthène et les conséquences qu'il en tire. Reiske est loin d'avoir levé la difficulté, lorsqu'il avance qu'ici l'orateur raisonne d'après le calcul de ses tuteurs.

(19) Dans cette somme sont comprises les 80 mines de la dot. Les 28 mines qu'Aphobos avait encore reçues étaient sans doute, dit Auger, le prix des femmes esclaves dont Démosthène parlera bientôt.

(20) Καὶ τούτῳ πλείω εἰμὶ τεθεικώς. — Scilicet τῷ ἀργυρίῳ. Hoc ære, hac summa plus largior illis, quam ipsi in rationes intulerunt, *septem minis puta*. (Reiske.)

(21) La leçon de Reiske, sur laquelle Auger traduit, ὧν ἐναντίον ἀπεκρίναντο, n'est appuyée que sur deux manuscrits. J'ai préféré celle de Bekker, aussi simple que claire, ὧν ἀπεκρίναντο, à la leçon vulgaire, ὡς.

(22) Auger (1777, 1821, et dans ses notes latines) rapporte à Aphobos les deux οὗτος qui commencent ces deux alinéas. Il en résulte une répétition si étrange qu'on la prendrait pour une distraction de copiste, et qu'on serait tenté de supprimer l'un de ces morceaux. On peut croire, avec Reiske et Schæfer, que la réponse de Démophon aux sommations de Démosthène pour la remise en ses mains du testament, a été la première ; puis celle de Thérippide. Ici l'orateur interrompt la lecture, et le pronom οὗτος lui suffit pour faire comprendre aux auditeurs que c'est de Thérippide qu'il parle. Quand on aura lu la réponse d'Aphobos, il n'aura pas besoin d'un autre mot pour désigner clairement cet autre tuteur. Une difficulté subsiste, c'est l'emploi du mot Θηριππίδης dans le premier alinéa. Que je voudrais, dit Schæfer, qu'un manuscrit, un seul, donnât αὐτός! Je regarde ici le nom propre comme une glose. Mais comment Thérippide peut-il être intéressé à ne pas reconnaître que le testament lui léguait 70 mines? C'est qu'il

prétendait à une donation plus considérable, et voulait faire passer ses énormes rapines pour la prise de possession de son legs. D'ailleurs, il n'avait droit qu'à l'intérêt de cette somme, qu'Auger a confondue avec une autre, plus forte de 7 mines.

(23) Auger s'est encore trompé ici. Il est certain que, dans cette phrase, il n'est question que de dispositions testamentaires. Donc ἀποδοθῆναι signifie *être attribué, déterminé, assigné;* et non *être remis*. Démosthène n'a-t-il pas dit un peu plus haut que le testament déclarait sur quels biens chaque legs devait être prélevé? Nous apprenons maintenant que Thérippide devait, pour le sien, toucher le prix de la vente de deux substances, évaluées précisément à 70 mines.

(24) Tous les participes de cette phrase se rapportent à un mot sous-entendu, dont l'ellipse semble un peu forcée. D'ailleurs, il y a peut-être surabondance dans τοῦτον τὸν τρόπον suivi de μετὰ τοσούτων μαρτύρων καὶ τεκμηρίων. Au lieu de τοῦτον τὸν τρόπον ἐπιδεικνὺς, ne faudrait-il pas lire τοῦτον, τὸν ἐπίτροπον (scil. Ἄφοβον) δεικνὺς?

(25) L'arbitre voulait montrer à Aphobos que son devoir était d'administrer les biens du pupille comme les siens propres, ou, comme disent nos lois, d'après le droit romain, *en bon père de famille*. Auger force le sens des mots ἀναλίσκων et διῴκηκε. V. l'Apparat. de Schæfer, t. IV, p. 420.

(26) Il y a des contradictions dans tous les commentaires de cette phrase que j'ai pu consulter. Le passage est si obscur, que je n'espère pas cependant avoir mis tout à fait Démosthène d'accord avec lui-même.

Rappelons ce qui précède : « Demandez à Aphobos qui m'a fait la remise de mon patrimoine, qu'il prétend n'être que de 10 talents. » — S'il répond que ce patrimoine est dans mes mains, *en ce sens* (τοῦτον τὸν τρόπον), ou *en se tournant* du côté du calcul (καταλογιζόμενος) de ce qui était au compte de chacun *des deux autres* tuteurs ἑκατέρῳ; il saura évident qu'il déclare en réalité un patrimoine *moindre que le double* (διπλασίοις ἐλάττω), c'est-à-dire qu'il ne déclare *pas même la moitié* de mon patrimoine réel (En effet, d'après le relevé qu'a fait Démosthène de tout ce que retenaient Démophon et Thérippide, la somme ne s'élevait pas à 7 talents, moitié, à peu près, de la succession totale), il sera encore évident qu'il n'en prouvera pas davantage que je sois saisi de mes biens (ἔχοντα sc. ἐμαυτὸν, Wolf.); puisque la liquidation de ses cotuteurs ne sera pas plus démontrée que la sienne.

(27) Dans son Plaidoyer contre Aphobos, de Fals. test. 15, Démosthène reproduit cette réfutation, et la termine par cette énergique allusion à un prétendu trésor enterré : Ἀλλὰ τὰ μὲν χρήματα, ὅσα κατέλιπεν ὁ πατὴρ, ἐν ἐκείνῃ τῇ ἡμέρᾳ κατωρύττετο, ὅτε εἰς τὰς τούτων χεῖρας ἦλθεν. « Ah! tous les biens qu'a laissés mon père ont été engloutis du jour où ils sont tombés entre leurs mains. »

(28) Sur le vrai sens de οἴκον, voy. la note 13. Ce placement était une garantie d'autant plus sûre pour le tuteur, qu'il s'exécutait devant le premier archonte. Sam. Petit, Leg. Attic. l. VI, t. 7.

(29) *Plus que le triple*, πλεῖον ἢ τριπλάσια. Le triple de quoi? des six talents, et plus, d'Antidore? ou des 14 talents de Démosthène? La version de J. Wolf est amphi-

bologique; Reiske et Schæfer ne s'expliquent pas. Auger (1777 et 1821) : « J'aurais dû retirer de la location trois fois plus qu'Antidore. » Je crois que c'est une erreur. Le calcul que fait l'orateur est basé sur la proportion du temps : six ans de tutelle pour Antidore, dix ans pour Démosthène; 2º de la valeur du patrimoine placé : 3 talents, 3,000 drachmes d'une part; et, de l'autre, 14 talents. Tel est le sens de ces mots, qu'Auger ne traduit même pas, πρὸς τὸν χρόνον τε καὶ τὴν ἐκείνου μίσθωσιν, si ει [...] *poris et elocationis illius ratio habeatur* (Wolf). Cela posé, le plus simple calcul montre que, si les 21,000 drachmes, première fortune d'Antidore, ont dépassé, par un placement quelconque, au bout de six ans, la valeur de 2 talents, c'est-à-dire ont fait, à peu près, un capital de 38,000 drachmes; cette même fortune, en dix ans, se serait élevée au delà de 63,000 drachmes. En d'autres termes, elle aurait été plus que triplée. Donc, il en eût été de même du patrimoine de Démosthène, si on l'avait affermé. Cette démonstration deviendrait plus frappante si j'adoptais la leçon ἕνδεκα ἔτεσι, au lieu ἐν δέκα. Voy. la note 14. D'ailleurs, le sens évident des mots διπλάσια et τριπλάσια, dans les lignes plus has, διπλάσιοι et τριπλάσιοι deux alinéas plus loin, achève d'éclaircir ce calcul, dont le résultat donne une force nouvelle à l'argumentation de Démosthène. Des tuteurs zélés et prudents auraient remis dans ses mains plus de 42 talents, et à peine lui représente-t-on 70 mines! « Les juges, dit Démosth. (in Aphob. *de fals*. testim. 18), ont trouvé que mes tuteurs m'ont fait tort, en tout, de plus de 30 talents. »

(30) Ce passage, tel qu'on le lit dans toutes les éditions, présente une contradiction manifeste entre τὰ κεφάλαια φανερὰ ἀποδεικνύναι et τὰ ἀρχαῖα ἀνηλῶσθαι φάνεσι. Il faut οὗ après ἀπενηνόχασιν et avant πρόσοδον. (Stange, Diar. Classic. LVIII, p. 366.) Cette correction résout la difficulté bien mieux que la subtile explication de Reiske. Bekker l'admet dans son texte, et Schæfer l'approuve. Auger s'est mis à l'aise : il rapporte αὐτῶν à τῆς οὐσίας, brise la corrélation de πρόσοδον μὲν... et de τὰ δὲ κεφάλαια, et ne donne qu'un mot pour κεφάλαια et ἀρχαῖα.

(31) Cent mines sont le sixième des dix talents, à peu près, que réclamait Démosthène. L'*épobélie*, sorte d'amende judiciaire, était la sixième partie de la taxation, ou *l'obole en sus*, parce qu'on donnait une obole par drachme. Elle pouvait être due, non-seulement par le plaignant, mais, en général, par la partie perdante. Démosthène dit que, s'il succombe, il payera l'épobélie sur la taxé, ἀτίμητον; que, si c'est Aphobos, il ne payera qu'après avoir été taxé par les juges : τίεν ne s'oppose, d'après cette manière de s'exprimer, à ce qu'Aphobos puisse payer l'amende. Démosthène avait fixé pour son tuteur cette taxation de 600 mines : « Si je suis condamné, dit-il, je payerai 100 mines d'épobélie sans être taxé; » car la taxation que lui-même a établie subsiste, et sert de base à l'épobélie, qui ne peut en avoir une autre. Si, au contraire, Aphobos a le dessous, il peut présenter une supplique; les juges peuvent modérer la taxation, et obliger le plaignant à rabaisser ses prétentions : c'est alors seulement que la taxation est établie pour lui, et conséquemment l'épobélie, qui en dépend. (Bockh, Éc. Polit. des Athén., liv. III, c. 16.)

IIᴱ PLAIDOYER

CONTRE APHOBOS.

INTRODUCTION.

Dans ce second discours, Démosthène détruit la défense que la partie adverse vient d'employer, et qu'il n'avait pas prévue : il rappelle ses moyens principaux, qu'il montre sous un nouveau jour, fait relire toutes les dépositions qui prouvent pour lui, et finit par une péroraison pathétique, où il s'efforce d'exciter la compassion des juges pour lui-même, pour sa mère et pour sa sœur. (Auger.)

DISCOURS.

Parmi les nombreux et graves mensonges qu'Aphobos a dits devant vous (1), il en est un dont j'essaierai d'abord de le convaincre, et c'est, de toutes ses paroles, celle qui m'a le plus indigné. Mon aïeul (2), a-t-il dit, était débiteur du Trésor ; et, pour ce motif, mon père n'a pas voulu que les biens fussent mis en rapport, craignant de les exposer. Tel est le prétexte qu'il allègue : mais, que mon aïeul (3) soit mort débiteur, il n'en présente aucun témoignage. *Il devait*, voilà le mot que jette Aphobos, après avoir attendu au dernier jour ; et la déposition, il l'a réservée pour la seconde plaidoirie, comme pouvant, par elle, dénaturer le fait. S'il la fait lire, soyez attentifs, vous reconnaîtrez qu'elle atteste, non que mon aïeul devait, mais qu'il avait dû. Je tâcherai donc de détruire, avant tout, ce fait : c'est son plus ferme appui, et nous le lui contestons. Si ma première plaidoirie avait été libre, si l'intrigue ne nous en eût dérobé le temps, nous aurions prouvé par témoins que la dette était payée, et que mon aïeul s'était entièrement libéré envers l'État. Démontrons aujourd'hui, par de fortes inductions, qu'il n'est pas mort débiteur, et qu'il n'y avait, pour nous, nul risque dans une possession authentique de ses biens.

D'abord, Démocharès, qui a épousé la sœur de ma mère, une fille de Gylon, n'a pas celé sa fortune : il est chorège, triérarque ; il remplit les autres charges publiques, et sa sécurité est entière. Ensuite, mon père a possédé ouvertement sa part, et les quatre talents trois mille drachmes dont ces gens-ci attestent, les uns contre les autres, l'inscription dans le testament et la remise entre leurs mains. Enfin, Aphobos lui-même, avec ses collègues, a fait implicitement déclaration publique de mon héritage, en m'inscrivant parmi les premiers contribuables, et en déposant au Trésor le cinquième de ma fortune. Toutefois, si le mensonge n'était dans toutes ses paroles, eût-il agi ainsi? Loin de là, il eût évité toute démarche capable d'amener la révélation du total de mon patrimoine. Donc, Démocharès, mon père, mes tuteurs eux-mêmes ont ouvertement et sans crainte levé ce voile.

Mais voici l'absurdité poussée jusqu'au délire. Ils disent : Démosthène le père ne voulait pas que les biens fussent mis en rapport ; et le testament par lequel on aurait pu s'en assurer, ils ne le montrent point! ils anéantissent ce muet témoin, et veulent qu'on les croie sur parole ! Mon père mort, ils devaient appeler plusieurs citoyens, et requérir en leur présence le dépôt du testament : en cas de contestation, cette pièce aurait été là ; elle eût fait loi. Ils se sont contentés de déposer un simple mémoire, dans lequel n'est relatée qu'une partie des biens laissés par mon père. Mais le testament même, qui établissait leur droit et sur le mémoire et sur la fortune entière, le testament, qui les eût déchargés du grief de n'avoir pas fait valoir le bien, ils ne l'ont pas déposé, ils ne le présentent point ! C'est qu'ils voulaient vous réduire à ne pouvoir consulter que leurs propres allégations. Et quelles allégations encore? Mon père, dit Aphobos, interdisait et la mise en valeur et la déclaration. A qui ne voulait-il pas que les biens fussent déclarés? A moi, ou à l'État? Pour moi, vous me les avez celés, puisque je ne vois pas un capital proportionné aux contributions que j'ai payées. J'ai prouvé que le Trésor avait, malgré vous, votre déclaration. Initiez-moi donc aussi à ce mystère : en quel lieu, devant quel témoin m'avez-vous remis mon bien? Sur les quatre talents trois mille drachmes, vous avez pris deux talents quatre-vingts mines : ce n'est donc pas avec cette somme que vous avez subvenu à mes charges publiques; elle était à vous. Est-ce avec la maison, quatorze esclaves, trente mines, remises en mes mains, que vous avez représenté un chef de contribuables? Impossible! Par une conséquence nécessaire, vous êtes donc encore nantis de presque tout mon bien; et mon père a laissé une succession, dont vous ne mettez au jour qu'une faible partie. Convaincus d'une dilapidation flagrante, vous osez encore recourir à de pareilles impostures! Tantôt vous vous renvoyez le crime l'un à l'autre, tantôt, par de mutuels témoignages, vous attestez ce que chacun a reçu! Vous prétendez qu'on vous a remis fort peu; et je vois, sur vos comptes, des dépenses énormes! Complices des infidélités d'une même tutelle, vous vous échappez chacun d'un côté! Par la suppression du testament, vous avez tari la source de toute lumière dans cette malheureuse affaire, et vos allégations mutuelles sont autant de démentis! Qu'on lise les dépositions; qu'on les lise toutes, et avec suite. Par le souvenir des faits attestés, le tribunal prononcera avec plus ample connaissance de cause.

1re Déposition.

Ils ont donc été taxés, en mon nom, d'après le cens des quinze talents; et ce qu'ils m'ont remis, à eux trois, ne s'élève pas à plus de soixante-dix mines!

2e Déposition.

Cette dot, comptée à Aphobos, d'après l'attestation de ses cotuteurs et de quelques autres, devant lesquels il avoue l'avoir reçue, il ne l'a pas plus représentée que la pension alimentaire.

3e Déposition.

Après avoir dirigé deux ans les ateliers (4), Aphobos a remis à Thérippide le prix de la location : mais à moi, il n'a remis ni les trente mines qu'il a touchées comme revenu de ces deux ans, ni l'intérêt.

4e Déposition.

Tels sont les frais qu'il a comptés pour les esclaves mis à sa disposition, et pour d'autres, qui cautionnaient, en ses mains, une créance. Quant au profit, nulle mention. Les esclaves même ont disparu; et pourtant, ils donnaient, par an, douze mines de produit net!

5e Déposition.

Après avoir vendu le fer et l'ivoire, Aphobos nie en avoir trouvé dans la succession; et il me frustre de leur valeur, qui dépasse un talent.

6e Déposition.

Il a entre les mains, sans compter le reste, trois talents mille drachmes. Il a disposé d'une somme de cinq talents : total, y compris l'intérêt médiocre à une drachme, dix talents.

7e Déposition.

Enfin, voilà, d'après leurs attestations réciproques, ce qui était porté au testament; voilà les biens dont ils ont été dépositaires.

Aphobos vous dit : Le père de Démosthène m'a envoyé chercher, et je suis venu à la maison; mais je ne suis pas entré dans la chambre du mourant, je n'ai rien promis; j'ai seulement entendu Démophon lire un écrit, que Thérippide m'a dit être le testament. Et Aphobos s'est approché à la tête des autres! et, entre les mains de mon père, il a juré d'exécuter ses dernières volontés!

O juges! voici le fait. Mon père, se sentant succomber à la maladie, les mande tous trois. Il fait asseoir près de lui Démon, son frère, et remet nos personnes entre leurs mains, disant : Je vous confie ce dépôt. Il unit ma sœur à Démophon, avec une dot de deux talents, payable aussitôt après son décès. Moi, il me confie à tous solidairement avec tout son bien, les conjurant de le faire valoir et de me conserver mon patrimoine. Il lègue, en même temps, soixante-dix mines à Thérippide, quatre-vingts à Aphobos, pour la dot de ma mère, qu'il lui donne en mariage, et il me met sur les genoux de ce dernier. Maître de mon bien à ces conditions, le plus insigne des fripons n'en tient compte. Il me dépouille, de concert avec sa bande; et, après m'avoir à peine lâché, lui troisième, la valeur de soixante-dix mines, il veut vous apitoyer sur son sort! Encore a-t-il jeté ses filets sur ce misérable reste. J'allais poursuivre en justice mes spoliateurs : à force de cabales, ils me firent citer pour un échange. Si je répondais à l'assignation, adieu leur procès! j'avais une autre affaire sur les bras. Si je n'y répondais pas, subvenant aux charges publiques avec mes modestes deniers, je consommais ma ruine. Dans ce but, Thrasiloque d'Anagyrrhonte leur avait voué ses services. Sans méditer sur cette perfidie, je répondis à l'échange, sauf à terminer cette affaire quand on aurait fait justice de mes tuteurs.

Cependant je n'obtenais rien, le temps pressait, et je ne voulais pas me désister de mes poursuites. J'engageai alors ma maison et tout mon patrimoine pour satisfaire aux charges, résolu à pousser ici mes réclamations.

N'y a-t-il donc pas énormité dans leurs premières injustices, énormité dans les ruses criminelles par lesquelles ils entravaient ce procès? Qui de vous n'éprouverait pas, contre Aphobos, la colère la plus légitime? A son patrimoine, riche de plus de dix talents, il a joint le nôtre, plus riche encore: et nous, indignement spoliés, nous avons vu arracher de nos mains les deniers qu'ils avaient daigné y jeter. De quel côté nous tournerons-nous, si votre sentence trahit notre espoir? Vers les gages de notre emprunt? ils appartiennent aux créanciers. Vers le peu qui nous restera? ce peu va passer à Aphobos, si vous nous condamnez à l'épobélie (5). Non, juges, non, n'attirez pas sur nous de tels maux; ne souffrez pas qu'on nous traite indignement, ma mère, ma sœur et moi. Ce n'est point là l'avenir que nous réservait un père. Il a laissé ma sœur pour épouse à Démophon avec une dot de deux talents; ma mère, pour qu'elle se remariât, et apportât quatre-vingts mines à Aphobos, le plus perfide des hommes; et moi, pour continuer de remplir, à son exemple, les charges publiques. Tendez-nous donc une main secourable: la justice, votre avantage, le nôtre, la mémoire d'un père, le demandent. Protection, pitié pour un orphelin impitoyablement dépouillé par des parents! C'est dans vos bras que nous nous réfugions. Ah! par vos enfants, par vos épouses, par tous les biens dont vous jouissez, et dont je demande au ciel la continuation, ne m'abandonnez pas! n'ôtez pas à ma mère sa position honorable, l'espoir de ses vieux jours! Ma mère! elle m'attend pour m'embrasser, vainqueur de l'injustice; en vous elle espère pour établir sa fille. Une sentence contraire serait pour son cœur le coup le plus cruel. C'est peu de me voir déshérité; son fils serait couvert d'opprobre. Elle verrait ma sœur, tombée dans l'indigence, languir dans un éternel isolement. Justice pour nous, ô Athéniens! justice contre le détenteur de la fortune d'une famille! Vous ne savez pas encore ce que je puis être pour l'État; mais, croyez-moi, je ne lui serai pas moins utile que mon père. Pour Aphobos, vous le connaissez: héritier d'une assez belle fortune, loin d'en faire les honneurs au Peuple, il ne s'est signalé que par des rapines.

Je vous livre ces réflexions; rappelez-vous mes principaux moyens, et que la justice parle par votre bouche. Témoignages, inductions, conjectures, aveu de nos ennemis, que de motifs suffisants pour vous décider! Oui, disent-ils, le patrimoine nous a été remis, mais nous avons tout dépensé. Juges, ils parlent ainsi, les mains pleines. J'arrête votre attention sur une raison d'État, qui milite en notre faveur. Si je recouvre par vous mon patrimoine, ma reconnaissance pour cet acte de justice se montrera dans les subventions auxquelles je m'offrirai. Pour Aphobos, en vain vous laisseriez ma fortune dans ses mains: n'attendez rien de lui. Consentira-t-il à remplir les charges sur des biens dont il prétend n'être pas nanti? Pour donner à son acquittement l'apparence de la justice, il les cachera plutôt dans les entrailles de la terre.

NOTES

DU IIe PLAIDOYER CONTRE APHOBOS.

(1) Pour tout le reste de cette Troisième Partie, excepté le plaidoyer contre Conon, j'ai suivi le texte de Reiske, en le collationnant sur celui de Bekker. Les principales sources où j'ai puisé des éclaircissements sont indiquées au commencement des Notes du plaidoyer précédent.

(2) C'est Gylon, aïeul maternel de Démosthène. — Tout débiteur du Trésor qui ne s'était pas acquitté dans le délai fixé devait payer le double, sans quoi ses biens étaient dévolus à l'État, et il était exclu des affaires publiques. S'il mourait sans avoir éteint sa dette, cette confiscation et cette flétrissure pouvaient atteindre ses héritiers.

(3) Schæfer a relevé l'erreur évidente de Reiske, qui applique ἐκεῖνος au père de Démosthène. Même méprise dans la traduction d'Auger.

(4) Ce qui est dit ici des ateliers et des esclaves-ouvriers ne s'accorde pas avec le discours précédent. Aucune correction n'a été proposée par les éditeurs; aucune ne devait l'être. V. l'introduction au 1er. plaidoyer.

(5) V. la dernière note du 1er. plaidoyer contre Aphobos.

IIIᴱ PLAIDOYER

CONTRE APHOBOS.

INTRODUCTION.

Accusé par son pupille, Aphobos avait demandé que Milyas, désigné plusieurs fois dans le premier plaidoyer, fût appliqué à la question. On ne donnait la torture qu'aux esclaves. Démosthène, affirmant que Milyas avait été affranchi par son père, s'était opposé à la requête. Parmi ses moyens pour prouver la liberté de Milyas, il avait employé la déposition d'un citoyen appelé Phanos. Ce témoin avait dit qu'Aphobos lui-même était convenu, devant l'arbitre, que Milyas était libre.

Cependant l'orateur adolescent avait gagné son procès. C'est alors qu'Aphobos cita Phanos en justice, comme coupable de faux témoignage. La connexité de cette affaire avec le procès principal est sensible. Si Phanos avait menti devant le tribunal, la sentence des premiers juges semblait infirmée. Démosthène défendit son témoin.

Trois parties composent ce nouveau plaidoyer: 1° Phanos a déposé selon la vérité; 2° Sa attestation n'a guère aggravé la position du plaignant; 3° Souvenir des principaux motifs qui ont déterminé le jugement obtenu.

DISCOURS.

S'il n'y avait pas eu procès entre Aphobos et moi; si je n'étais intimement persuadé que, par l'évidence des délits, j'ai confondu sans peine des impostures bien autrement graves et révoltantes (1), ma crainte, ô juges! serait extrême. Je tremblerais de ne pouvoir démasquer un à un tous les artifices de cet homme (2). Mais, avec l'aide des dieux et de votre impartialité, j'ai grand espoir de vous convaincre, comme les premiers juges, de son impudence. Ah! si la victoire dépendait de la souplesse du talent, mon extrême jeunesse me ferait reculer dans cette lice: mais de quoi s'agit-il? de vous instruire simplement, de vous exposer les faits. Cela suffira, je pense, pour vous montrer nettement lequel de nous deux est le fripon. Je sais trop pourquoi il a intenté le procès actuel: c'est bien moins pour convaincre Phanos (3) de faux témoignage, que pour éveiller contre moi la haine, et pour lui la pitié, par le souvenir des sommes considérables qui forment le montant de sa condamnation. Il va donc faire son apologie, lui qui, dans le principe, est resté muet devant la raison et la justice. Si je m'étais refusé à toute capitulation; si, usant de mon droit dans toute sa rigueur, j'avais exigé la restitution intégrale, juridiquement ordonnée, on pourrait peut-être, ô juges! me reprocher d'avoir impitoyablement ruiné un citoyen de mon sang. Hélas! c'est le contraire qui est arrivé. C'est moi qui suis la victime; voilà mon bourreau, voilà ses complices. Même depuis sa condamnation, quels iniques procédés! Divisant ses biens, il a livré la maison à Æsios (4), les terres à Onétor; il a semé, entre eux et moi, des germes de procès. Pour lui, après avoir dévalisé la maison, emmené les esclaves, détruit la citerne à huile, arraché les portes, presque incendié le bâtiment, il s'est retiré à Mégares, où il paye la taxe des étrangers. Ces faits dénotent-ils, de ma part, une odieuse rigueur? ne signalent-ils pas, au contraire, leur auteur à votre juste animadversion?

Les escroqueries de cet infâme, présentées ici sommairement, le seront plus tard avec détails. J'ai hâte d'établir le point sur lequel vous avez à prononcer, je veux dire la vérité de la déposition qu'on attaque. Je vous prie, ô juges! (et ma prière est dictée par l'équité même) d'écouter avec une égale attention les deux parties: il y va de notre intérêt; il y va de votre conscience: mieux instruits des faits, vous pourrez rendre une sentence plus conforme à la justice et à votre serment. Aphobos est convenu que Milyas était libre; il a fait plus, il l'a constaté lui-même par sa conduite. Quand je lui ai proposé de mettre un esclave à la question, il a refusé; au lieu d'éclaircir la chose par ce moyen, le plus simple et le plus sûr, il a eu recours à l'artifice, au mensonge, à de vaines subtilités : voilà ce que je veux démontrer; mes preuves seront évidentes, péremptoires; la sincérité de mon langage vous frappera autant que les impostures de mon ennemi. Partons du point le mieux choisi pour vous éclairer en évitant les longueurs.

Complétement ruiné, ô juges! j'avais obtenu action contre Démophon, Thérippide et Aphobos. Mes premières réclamations juridiques s'adressèrent à ce dernier, et je démontrai nettement au tribunal, comme je le démontrerai à vous-mêmes, qu'il m'avait, avec ses complices, dérobé tout mon patrimoine. Je ne citai pas un seul faux témoignage; en voici la meilleure preuve. Beaucoup de dépositions furent lues : l'une constatait la remise, entre les mains d'Aphobos, de plusieurs parties de mon bien ; l'autre, la présence de plusieurs citoyens pendant que cette remise s'opérait; une troisième, diverses ventes faites à quelques Athéniens, qui avaient payé. Qu'a fait Aphobos? il n'a accusé de mensonge aucune de ces attestations; il n'eût osé! Mais vient un témoin dont la déposition n'a pas même une drachme pour objet; et c'est celui-là qu'il attaque. Étrangère à nos comptes, l'attestation de Phanos ne m'a nullement servi pour évaluer les énormes dilapidations de mes tuteurs; j'ai tout calculé sur le dire des autres témoins. Aussi Aphobos fut-il condamné à faire toutes les restitutions demandées.

Pourquoi cette différence dans sa conduite? Muet sur tant de dépositions, pourquoi ne réclame-t-il que contre Phanos? le voici. Plus on agiterait devant les juges toutes ces désignations de mes biens, plus Aphobos serait convaincu d'en être détenteur. Pour discuter chaque article à part, nous aurions eu tout le temps qu'il fallait alors partager entre tous les objets réunis. Telle était pour l'accusé la conséquence inévitable de plusieurs inscriptions de faux; et il le savait fort bien. Mais, en attaquant Phanos, il ne risque rien de semblable; il a même la faculté de protester contre ses premiers aveux. Voilà pourquoi il n'a dirigé ses coups que de ce côté.

La déposition de Phanos est sincère : je le prouve, non par de simples présomptions, ou par quelques phrases de circonstance; je le prouve d'une manière qui vous a toujours semblé décisive. Je savais qu'ayant à plaider, il me fallait une déposition écrite; et que, là-dessus, vous baseriez votre arrêt. Je crus donc qu'il me serait avantageux de mettre Aphobos dans son tort, en lui faisant une proposition juridique. J'offris de lui livrer, pour la question, un esclave qui savait écrire. Cet esclave avait entendu l'aveu favorable d'Aphobos (5). Lui-même écrivait la déposition. Nous agissions avec droiture; nous n'avions pas dit à l'esclave : Écris ceci, supprime cela; nous lui avions dit : Rédige avec fidélité toutes les réponses d'Aphobos. La torture donnée à cet esclave n'était-elle pas le meilleur moyen de nous convaincre de mensonge? Sans doute; mais le plaignant rejetait cette torture, parce qu'il savait mieux que personne que mon témoin était véridique. Et ce défi, l'ai-je porté en secret, devant un ou deux spectateurs seulement? non : il a eu pour théâtre la place publique, et le Peuple pour témoin. Qu'on appelle quelques-uns des assistants.

Dépositions.

Plaideur dissimulé, rusé sophiste, lorsque tu accuses un témoin de mensonge, lorsque tu le livres aux tribunaux, tu rejettes la torture ; et c'est alors surtout que ce moyen est opportun. Dans d'autres circonstances, tu prétends l'avoir vainement demandée. Un homme, dont je constaterai la liberté, n'a pu être livré par toi à la question : là-dessus, tu jettes les hauts cris, et, toujours inconséquent, tu veux étouffer les plaintes de mes témoins, quand tu repousses l'esclave que je te livre pour corroborer leurs dépositions! Diras-tu donc que la question est, au gré de ton caprice, infaillible, ou sujette à l'erreur?

Il y a plus, ô juges! Æsios, le premier, a déposé du fait dont il s'agit (6). Ce frère d'Aphobos, dans leur communauté d'intérêts, se rétracte maintenant; mais alors, entraîné par la franchise des autres, il ne voulait ni se parjurer, ni s'exposer à une condamnation. Eh! si l'appui d'une fausse déposition ne m'avait fait peur, aurais-je inscrit parmi les témoins un homme que je voyais étroitement lié avec Aphobos, que je savais prêt à faire cause commune avec mon adversaire? Qui me forçait de choisir, pour organe du mensonge, mon ennemi, le frère de mon ennemi? Ma cause est défendue par des témoins irrécusables, défendue par des arguments qui pèsent presque autant que leurs dépositions. D'abord, si Æsios avait menti, il n'eût pas attendu ce jour pour se rétracter; il l'eût fait à temps utile, devant les juges, à la lecture des pièces. Ensuite, admettons qu'il y a eu séduction de ma part, et que j'ai suborné cet homme pour aggraver la position de son frère : m'aurait-on laissé tranquille? ne m'eût-on pas intenté ce procès criminel, où il y va de la fortune et des droits civils de l'accusé? Ajoutez que, s'il eût voulu porter la chose au plus haut degré d'évidence, il devait me demander l'esclave qui a écrit les dépositions, afin que le refus de le livrer ôtât tout crédit à mes paroles. Loin de là : après la rétractation de son frère, Aphobos a repoussé l'esclave que je lui présentais, et tous deux ont fermé l'oreille à ma requête pour la torture. Non, après avoir déposé avec les autres témoins, Æsios n'a pas choisi, pour se rétracter, la lecture du dossier, la présence de son frère; non, Aphobos n'a pas voulu admettre à la question le serviteur que je livrais : je l'ai dit; des témoins vont le constater.

Les Témoins paraissent.

Mais prouvons mieux encore qu'Aphobos a fait la réponse que nous lui attribuons. Il confirme lui-même les dépositions des témoins; puis, il me demande Milyas : cette demande cachait un piége. Que fais-je pour le démasquer? Je l'interpelle de déposer contre Dèmon, son oncle et son complice (7); je dicte la déposition, je le somme d'attester les faits pour lesquels il s'inscrit maintenant en faux. L'effronté refuse d'abord; enfin, l'arbitre lui ordonne de déposer, ou de protester avec serment. L'alternative était pressante : il dépose. Toutefois, si Milyas était esclave, si Aphobos n'avait pas dit, *Cet homme est libre*, dans quelle vue a-t-il déposé? pourquoi ne s'est-il pas tiré d'affaire par le serment? D'ailleurs, je voulais, pour l'objet contesté, lui livrer l'esclave même qui avait écrit la déposition, qui aurait reconnu son écriture, qui se rappelait fort bien les paroles du plaignant. Et ce n'était pas faute de témoins que je lui présentais cet esclave; je n'en manquais pas; mais je voulais le mettre dans l'impossibilité de leur reprocher une imposture; je voulais, par la torture, confirmer leurs dépositions. N'en est-ce pas assez pour acquitter mes témoins? Dans nos fastes judiciaires, trouvez-m'en d'autres qui, comme ceux-ci, appuient leurs dépositions sur l'aveu de l'accusateur même. — Prends la sommation faite à Aphobos, et les dépositions.

Le Greffier lit.

Après avoir esquivé un défi porté par la justice même, après avoir accumulé les preuves de ses propres calomnies, Aphobos présentera ses témoins comme des oracles, les miens comme des imposteurs! Toutes les vraisemblances, ô juges! militent en faveur de ces derniers. On devient faux témoin, vous le savez, par intérêt, par amitié pour une des parties, par haine contre l'autre. Eh bien! de ces trois motifs, aucun n'a suggéré une attestation en notre faveur. En effet, quel rapport y a-t-il entre mes témoins et nous? L'amitié? nos occupations, nos âges ne permettent pas à ce sentiment de s'établir; jeunes et vieux, tous professent des états différents. La haine contre ma partie! mais l'un est son frère,

son défenseur né; Phanos, son ami intime, appartient à la même tribu; Philippe ne l'aime ni ne le déteste. L'intérêt? mais sont-ils pauvres? loin de là, tous ont assez de fortune pour se quitter à l'aise des charges publiques, et payer à la patrie toutes les dettes de ses enfants. J'ajoute qu'ils sont hautement connus pour honnêtes gens. Riches, sans affection pour moi, sans animosité contre Aphobos, de bons citoyens seraient soupçonnés de mensonge et de parjure!

Qu'Aphobos connaisse les témoins, qu'il sache mieux que personne combien leur attestation est fidèle, cela ne déconcerte point ce calomniateur. C'est peu pour lui de donner le démenti à ses propres paroles, à ses aveux authentiques : il soutient que Milyas est réellement esclave. Mensonge, Athéniens, mensonge que quelques mots vont anéantir! Devant lui, j'ai présenté à la question des servantes qui se rappellent que Milyas a été affranchi à la mort de mon père. Devant lui, ma mère, amenant ma sœur et moi, a voulu jurer sur la tête des deux seuls enfants pour lesquels elle est restée veuve, que son mari, à ses derniers moments, avait rendu Milyas à la liberté, que Milyas enfin était regardé, dans toute la maison, comme une personne libre : serment terrible, qu'elle n'aurait pas provoqué, croyez-moi, si elle n'avait eu la conscience de la vérité. Pour prouver qu'il en est ainsi, et que nous étions disposés à agir de la sorte, qu'on introduise les témoins.

Dépositions.

Ainsi, tandis que tous les moyens d'apologie sont pour nous, et que nous ouvrons la voie la plus sûre pour parvenir à certifier les dépositions, que fait notre adversaire? il rejette tous nos défis, il s'entoure de calomnies dans les ténèbres; avec cette arme, il veut vaincre mon témoin; il veut vous forcer à le condamner à remettre en question la chose jugée. Imposteur inique et odieux, il se cotise avec Onétor son parent, avec Timocrate (8), pour acheter des témoins. Nous n'avions pas prévu cette manœuvre; persuadés qu'à cette audience on ne discuterait que la déposition de Phanos, nous nous y présentons sans témoins qui puissent vous répéter comment la tutelle a été gérée. Mais cette supercherie ne me déconcerte pas; le premier exposé des faits est pour moi une ressource suffisante. Par là, vous reconnaîtrez toute l'équité de la sentence qui condamne Aphobos; et vous verrez que le refus de livrer Milyas à la torture, et l'aveu de sa liberté devant témoins, n'ont été pour rien : il a suffi que l'accusé fût convaincu de s'être approprié mon patrimoine, de n'avoir pas affermé les terres, malgré la loi gré le désir exprimé par le testateur. Ici, la s'exprime clairement; les vols commis à mon préjudice sont notoires : quant à Milyas, qui le connaît? Pour mieux vous montrer combien ma cause était bonne, retraçons rapidement le plan de l'accusation.

En poursuivant Aphobos à raison de sa tutelle, je n'ai pas présenté une réclamation en masse, comme ferait un calomniateur : j'ai détaillé les faits, indiqué avec précision la quantité des vols, dans quel lieu, par quelles mains ils ont été commis. Nulle mention de Milyas, comme d'un homme admis dans ce secret d'iniquités. Ma requête commençait ainsi : *Démosthène accuse Aphobos : Aphobos s'est saisi de mes biens, dont il s'est emparé sous le nom de tuteur. Il a reçu, en vertu du testament de mon père, 80 mines pour dot de ma mère : première somme qu'il a gardée pour lui.* Et que porte la preuve testimoniale? le voici : *Nous affirmons avoir été présents devant l'arbitre Notharchos, lorsqu'Aphobos convint que Milyas était libre, et que Démosthène le père l'avait affranchi.* Or, je vous le demande, Athéniens : y eut-il jamais harangueur, sophiste, artisan de parole doué d'une adresse assez merveilleuse pour faire jaillir de cette déposition la preuve qu'Aphobos possède la dot? S'il dit, *Tu reconnais la liberté de Milyas;* l'autre répondra : *Qu'importe? la dot est-elle, pour cela, dans mes mains?* Impossible, en effet, de conclure de l'un à l'autre. Comment donc la preuve de cette détention frauduleuse a-t-elle été acquise? Elle l'a été, premièrement, par le tuteur Thérippide, qui a certifié lui avoir compté la somme; en second lieu, par Démon, son oncle, et par d'autres témoins qui ont dit : Aphobos est convenu de payer à la veuve une pension alimentaire qui représentera la dot qu'il garde : déposition que sa conscience ne lui a pas permis d'arguer de faux. Enfin, cette preuve a été acquise par ma mère. Sur la tête de ses deux enfants, ma mère a voulu jurer qu'Aphobos, en vertu du testament, avait touché son douaire. Hésiterons-nous donc à affirmer qu'il en était nanti? Chercherons-nous le témoin qui a fait condamner l'accusé? Le principe de sa condamnation est dans la vérité même, dans la vérité flagrante. Après avoir joui cinquante ans de ces quatre-vingts mines, après avoir refusé la restitution qu'ordonnait le tribunal, l'impudent crie à l'injustice! il dénonce les témoins de l'accusateur! comme si, n'ayant point parlé de la dot, ils avaient pu déterminer sa condamnation!

Il existait des créances, des esclaves fabricants de meubles, une provision de fer et d'ivoire; mon père avait alloué à sa fille une dot que, pour acheter le silence sur ses propres déprédations, Aphobos a abandonnée à Démophon (9). Apprenez combien, sur tous ces points, sa condamnation a été juste; et voyez si, pour la prononcer, il était besoin de torturer Milyas.

Et d'abord, la dot. Il est, ô Aphobos! une loi qui te condamne formellement, comme si tu avais gardé cette somme pour toi-même. Entre cette loi et la mise à la question, je ne vois pas la moindre connexité. Viennent les créances. Toi et tes complices, vous en avez partagé la valeur avec Xuthos; cet homme a mis la main à toutes vos malversations; les engagements envers la succession ont été rompus, les titres anéantis : c'est Démon lui-même qui l'a déclaré; et, sur ce point, tu t'efforces encore de tromper le tribunal! Parlons des ouvriers. Si, après avoir reçu et gardé le prix de leur travail, après avoir fait l'usure avec mes capitaux, après t'être flétri, enfin, de tous les vols que tu étais appelé à réprimer, tu as fait disparaître même les hommes de peine et de travail, que feront à cela tous les témoins? Sont-ils venus déposer que tu avais avoué ta banque frauduleuse? que mes esclaves étaient devenus les tiens? Non, c'est toi qui as dénoncé tes propres friponneries; la preuve en était consignée dans tes comptes de tutelle. Quant à l'ivoire et au fer, tous les esclaves savent qu'Aphobos les a vendus : ces esclaves, je voulais alors, je veux encore à présent les faire appliquer à la question. Tu retires d'une main, me dira-t-il peut-être, l'homme qui sait tout; et, de l'autre, tu présentes gens qui ne savent rien. A cela je réponds : L'ignorance prétendue de ceux que je t'abandonne ne laisse aucune excuse à ton refus. S'ils ne déposent pas que tu es nanti de mon bien, te voilà délivré de toute poursuite. Mais tel n'eût pas été leur langage. Par leurs déclarations, les derniers doutes sur tes ventes à mon détriment auraient été dissipés. Aussi, t'es-tu bien gardé de les accueillir, ces esclaves dont l'état est connu; et c'est un homme préservé de la torture par le sien que tu veux faire torturer! Ton intention était de pouvoir déclamer contre le refus que tu attendais, et de masquer la vérité, au lieu de la mettre dans tout son jour. Tous ces faits, relatifs aux dots de ma mère et de ma sœur, et aux autres objets, vont s'appuyer sur la lecture des lois et des dépositions.

Lois. Dépositions.

L'injustice des plaintes d'Aphobos au sujet du refus de lui livrer Milyas se montrera mieux par la supposition de la torture. Cet homme libre est étendu sur la roue. « Est-il vrai, lui fait dire

Aphobos, que tu m'as vu nanti de quelque partie du patrimoine? — Non, répond le patient. » O juges! en conclurez-vous que mon tuteur ne possède aucun de mes biens? J'ai produit des témoins qui étaient présents, qui connaissent les faits. Or, est-ce prouver réellement, que de venir dire, Je ne sais s'il a gardé le patrimoine? Que de gens feraient une pareille réponse! *Il est à ma connaissance*, voilà l'attestation qui fait preuve. Aussi, parmi cette foule de véritables témoins dont les charges t'accablaient, ô Aphobos! en as-tu accusé un seul de mensonge? S'il en est un, fais-le paraître : mais tu ne le peux. Eh bien! après avoir tant crié à l'injustice, à la tyrannie, pour le refus du témoin que tu demandais, n'as-tu pas reconnu toi-même l'injustice de tes plaintes? Car c'était la reconnaître, que de ne pas t'inscrire en faux contre l'attestation de la possession permanente de mes biens. Si l'on te calomniait, que ne poursuivais-tu les calomniateurs? Mais la vérité seule a parlé; de là, tous les subterfuges auxquels tu as recours.

Rien ne prouve mieux la rapacité de cet homme que sa conduite au sujet du testament. Mon père, ô juges! avait énuméré les biens qu'il me laissait, et indiqué un mode d'exploitation pour les immeubles. Cet acte, Aphobos ne l'a point représenté : il voulait me cacher à moi-même l'état de ma fortune; mais combien d'objets importants, dont la notoriété publique l'a contraint de s'avouer détenteur! Voici les articles qu'il a dit avoir lus dans le testament. Deux talents devaient être comptés sur-le-champ à Démophon, pourvu que, dix ans après, il épousât ma jeune sœur. A Aphobos étaient léguées ma mère, quatre-vingts mines, et la jouissance de la maison; à Thérippide, les intérêts de soixante-dix mines jusqu'à ma majorité. Mais tout ce qui m'a été laissé en outre, les revenus de la campagne et des manufactures, ont été supprimés : il avait trop peur que le tribunal ne vît clair dans mes affaires. Toutefois, comme il reconnaissait que mon père, en mourant, leur avait légué à chacun des sommes considérables, les juges ont présumé, d'après ces aveux, le montant du patrimoine. Car enfin, sur quatre talents trois mille drachmes, en avoir donné trois et mille drachmes à ceux-ci à titre d'établissement dotal, et à celui-là le revenu de soixante-dix mines, c'était déclarer hautement que mon patrimoine, source de ces legs, en dépasse le double. Supposera-t-on à mon père le projet de laisser son fils dans l'indigence, et un ardent désir de rendre plus riches des hommes qui l'étaient déjà? Non, sans doute : mais, vu les grands biens qu'il me transmettait, il donna la jouissance d'une somme considérable à Thérippide, et de deux talents à Démophon, n'était pas encore près d'épouser ma sœur. Il est clair, cependant, qu'Aphobos était loin de m'avoir fait une entière restitution; prétendait avoir dépensé telle somme, tel payement; certains articles lui étaient nus; plusieurs se trouvaient entre les mains tiers; d'autres avaient été enfouis dans la son. Il disait tout enfin, excepté : J'ai rendu comptes.

Des sommes enfouies! ô juges! c'est là un mensonge. Forcé de reconnaître des tions considérables de ma fortune, qu'il ne vait pas remises, il a hasardé cet absurde et dans quel but? pour nous faire regarder gens avides, et insatiables de restitutions. si mon père se défiait de ces hommes, sans il ne leur eût ni confié le reste, ni déclaré somme qu'il laissait cachée. L'étrange folie, effet, de révéler un bien mystérieux à qui devait pas recevoir la gestion des biens tiques! S'il se fiait à eux, en remettant leurs mains la plus grande partie de sa fortune il eût certainement étendu leurs pouvoirs celle-là; il n'eût point donné à ma mère la veillance d'un dépôt, et ma mère elle-même pour épouse, à l'un de mes tuteurs. Il y a tradiction à placer, ici, une somme sous la garde maternelle; et là, la dépositaire l'argent sous la puissance d'un des hommes causent cette méfiance. D'ailleurs, si cette gation contenait un mot de vrai, croyez-vous qu'Aphobos n'aurait pas pris ma mère, par son mari, lui qui, nanti d'abord des vingts mines de la dot, à charge de l'épouse s'est marié avec la fille de Philonide de Suppose ces quatre talents dans la maison sous la main de ma mère, comme il le dit le voyez-vous pas fondre sur cette proie, s'assurer et la femme et l'argent? De la connue, de la succession authentique pour coup d'entre vous, aurait-il fait, avec ses gues, le plus scandaleux pillage, en une part qu'il pouvait prendre, et dont n'auriez pu attester l'existence? Qui pourrait croire? Cela n'est pas, juges; non, cela n' pas. Tout ce que mon père a laissé, il le remis; et cet homme ne fera usage de ce que pour m'ôter quelque chose de votre thie.

Que de griefs j'aurais encore à relever! y va de l'honneur d'un témoin, et je mes injures personnelles. On va vous lire la position que j'ai faite à mon adversaire : verrez toute la véracité des témoignages qu cusent; elle vous apprendra que ce Milyas, il demande l'application sur le chevalet pour le fait général de la succession, il ne l'y appelait, dans le principe, que pour trente mines; qu'enfin l'attestation qu'il veut faire annuler est étrangère à sa condamnation. Afin de ne laisser au fripon aucune retraite, je le sommai de déclarer pour quel article du testament il exigeait des renseignements juridiques de Milyas. Pour tous, répondit-il. Il mentait. « Je remettrai entre tes mains, lui dis-je, l'esclave qui a écrit la demande que tu m'adressais, et qui en a gardé copie. J'ai juré t'avoir ouï déposer, contre Démon, que Milyas était libre: mais affirme le contraire en prononçant les imprécations d'usage sur la tête de ta fille; et je te tiens quitte de toute la somme pour laquelle on sait que tu as voulu livrer Milyas à la torture. Afin que tu ne puisses attribuer ta position fâcheuse à aucun témoin, nous retrancherons cette somme des restitutions auxquelles tu as été condamné envers moi. » Je lui ai tenu ce langage en présence de plusieurs personnes: il m'a refusé! Aphobos refuser d'être juge dans sa propre cause! C'est donc la cause du chicaneur le plus déhonté! Et, pour complaire à un tel homme, vous, juges, au mépris de votre serment, vous condamneriez mes témoins! — Qu'on fasse paraître les citoyens qui étaient présents.

Les Témoins paraissent.

Animés des mêmes sentiments que moi, ces témoins offraient la même garantie. Tous engageaient, devant les dieux, l'avenir de leurs enfants. Aphobos a rejeté leur serment et le mien. Quel est donc son appui? l'artifice du langage. Sur quoi fonde-t-il l'espoir de vous tromper? sur des misérables qui, sous le nom de témoins, trafiquent de l'imposture. — Prends la déposition qui confirme ce que j'avance.

Déposition.

Les pitoyables arguties de notre adversaire, la sincérité des dépositions à sa charge, la justice de sa condamnation, peuvent-elles être mises dans un plus grand jour? Refus d'admettre à la torture l'esclave qui avait écrit la déposition, et qui aurait confirmé toutes les autres par la sienne; affirmation de son propre frère sur les faits qu'il nie; concordance des paroles du plaignant lui-même avec celles des témoins qu'il poursuit, dans les dépositions rendues contre Démon, son oncle, et père d'un de ses cotuteurs (11); opposition interjetée contre les femmes esclaves qu'on devait interroger juridiquement; intention qu'avait ma mère d'affirmer sur notre tête, avec imprécations, la liberté de Milyas; esclaves qu'il n'a pas voulu faire entendre, quoique mieux instruit que l'homme réclamé par lui; silence et résignation présentés, pour toute réponse, aux témoins qui le déclaraient détenteur de mes biens; testament sans dépôt, propriété sans exploitation, malgré le vœu de la loi; réponse négative faite aux témoins, à moi-même, lorsque, sous le sceau du serment, nous lui proposâmes de se libérer, avec serment aussi, de la somme pour laquelle il exigeait l'interrogatoire de Milyas: voilà, ô juges! ce qui demeure établi au procès; et pouvais-je entourer ma cause de preuves plus convaincantes? Eh bien! rien ne fait baisser le front du coupable, ni les calomnies dont il est convaincu, ni la certitude que Phanos n'est pour rien dans sa juste condamnation, ni cette condamnation elle-même!

Si une sentence contraire à ses prétentions n'avait été déjà prononcée par ses amis, par un arbitre, moins grand serait notre étonnement. Mais c'est lui-même qui m'a proposé la médiation d'Archénéos, de Dracontide, de ce Phanos qu'il poursuit aujourd'hui comme faux témoin; et voilà qu'il les récuse! Cela s'explique pourtant, Athéniens. Il avait appris qu'ils le condamneraient pour la tutelle, s'ils prononçaient comme juges. Il s'adressa donc à un arbitre nommé au sort: l'arbitre condamna un homme qui ne pouvait dissiper un seul des griefs dont il était chargé. Appel fut interjeté. La cause entendue, le tribunal confirma la première sentence, et condamna le plaignant à me payer dix talents, non, sans doute, à raison de la liberté de Milyas, reconnue par lui, et étrangère au procès: mais le tribunal considéra qu'un patrimoine de quinze talents était resté sans rapport; qu'après l'avoir administré dix ans avec mes deux autres tuteurs, après avoir contribué, pour son pupille, d'un cinquième, cens le plus élevé, fixé aussi pour le fils de Conon, Aphobos m'avait à peine remis, pour sa part, seize mines (seize mines, à la suite d'une gestion aussi longue, d'une taxe aussi forte!); qu'enfin tous trois s'étaient entendus pour me voler et le capital et les intérêts. A tant de justes réclamations ajoutant le revenu le plus bas que les biens auraient dû rapporter, les juges évaluèrent à plus de trente talents le tort que j'avais souffert; et, en conséquense, ils fixèrent à dix talents les restitutions personnelles d'Aphobos.

NOTES
DU IIIᵉ PLAIDOYER CONTRE APHOBOS.

(1) Μείζω· elles touchent à des intérêts plus considérables; δεινότερα· elles sont plus criminelles.

(2) La leçon vulgaire est vicieuse; je traduis sur celle de Bekker, approuvée de Schæfer : πῇ παρακρούεταί ποθ' ἕκαστα ὑμᾶς αὐτῶν.

(3) La véritable forme de ce nom est Φάνος. V. l'*Apparatus*, t. IV, p. 441.

(4) Aphobos est désigné dans le texte : c'est probablement une erreur de copiste. Sur Æsios, voyez la suite de ce plaidoyer; et sur Onétor, l'introduction au plaidoyer suivant. Le premier était frère d'Aphobos; le second, son beau-frère. — *La citerne à huile*. C'est ainsi que Suidas explique le mot λάκκον. Les citernes à vin sont encore en usage dans le Languedoc. A Trieste, ces réservoirs, pavés de dalles de marbre et revêtus de carreaux en porcelaine, servent à conserver l'huile fine; on les appelle *piscine d'oglio*. Les cultivateurs de l'Attique en avaient aussi pour leurs récoltes d'huile. J. Wolf et Auger se sont trompés en croyant qu'il est question ici d'un pressoir.

(5) Aveu de la condition libre de Milyas. V. l'introduction.

(6) C'est toujours la reconnaissance faite par Aphobos de la liberté de Milyas.

(7) La mère d'Aphobos était sœur de Démon et du père de Démosthène.

(8) Premier mari de la sœur d'Onétor.

(9) Démophon, un des tuteurs, devait recevoir sur-le-champ deux talents, mais à condition, sans doute, qu'il épouserait la sœur de Démosthène quand elle serait nubile, et qu'il rendrait la somme, s'il ne l'épousait pas. Apparemment qu'il avait pris femme, et gardé les deux talents qu'Aphobos aurait dû lui faire rendre. (Auger.)

(10) Ce morceau et le suivant sont répétés textuellement du Iᵉʳ plaidoyer contre Aphobos.

(11) J. Wolf propose de lire Δημοφῶντος, au lieu de Δήμωνος. Démon n'était pas un des tuteurs; mais Démophon, son fils.

IV.

Ier PLAIDOYER.

CONTRE ONÉTOR.

INTRODUCTION.

L'archonte venait de permettre à Démosthène de poursuivre ses tuteurs, et celui-ci préparait son accusation. Avant l'ouverture des débats, Aphobos épousa la sœur d'un Athénien appelé Onétor. Voyant son beau-frère exposé à une condamnation ruineuse, Onétor retira chez lui sa sœur, et fit répandre le bruit qu'elle était divorcée. Le contraire était assez difficile à constater, le divorce n'étant pas à Athènes entouré de toutes ces formalités légales qu'y ont attachées les modernes, quand ils l'ont admis. Cependant, Aphobos et ses cotuteurs condamnés, le plaignant est envoyé en possession de ses biens. Une terre faisait partie du patrimoine, il veut se la faire restituer. Opposition de la part d'Onétor, qui dit : « En quittant sa femme, Aphobos, d'après la loi, devait rendre la dot : il ne l'a pas fait ; cette terre étant engagée pour la dot, au nom de ma sœur, je la garde. » Le jeune orateur ne se rebute pas : il poursuit Onétor en justice pour fait de détention injuste et violente. L'action juridique qu'il exerce contre son nouvel adversaire, δίκη ἐξούλης, est connue dans le droit romain sous le nom de *actio unde vi (dejectus sis)*. Nous l'appelons *action en réintégrande*.

La constitution de la dot et le divorce étaient ici des faits d'une haute gravité. Démosthène les attaque tous deux : Onétor n'a pas doté sa sœur ; Aphobos n'a pas quitté sa femme. Tel est, en substance, le premier plaidoyer. Il semble que la première de ces deux propositions, bien établie, dût suffire pour donner gain de cause au réclamant : si la dot n'existait pas, on ne l'avait garantie par aucune hypothèque. Mais la seconde proposition était nécessaire pour montrer ici Aphobos continuant ses persécutions, pour déjouer l'intrigue de deux fripons, et montrer qu'Onétor, n'étant pas tuteur de sa sœur, avait agi sans titre.

DISCOURS.

Mettant à haut prix de n'avoir ni avec Aphobos la querelle qui a éclaté, ni avec Onétor, son beau-frère, celle qui vous est soumise, je leur ai fait à tous deux, ô juges! plusieurs justes propositions sans pouvoir obtenir une seule solution raisonnable. C'est Onétor que j'ai trouvé le moins traitable de beaucoup, et le plus répréhensible. Au premier je n'ai pu faire partager la persuasion où j'étais qu'il fallait nous en référer à des amis, au lieu d'essayer votre juridiction ; j'ai dit au second : Sois ton propre juge, évite les risques d'un procès ; et, sans m'honorer d'une réponse, il a poussé le mépris jusqu'à me chasser outrageusement de la terre qui était confiée à Aphobos lorsque je l'ai fait condamner. Ainsi Onétor s'obstine à me dépouiller ; fort de l'appui de son parent, fort de ses intrigues, il se présente devant vous : c'est donc à vous que je viens demander justice.

Je sais, ô juges ! que j'engage la lutte contre une éloquence captieuse et des attestations mensongères. Toutefois, j'espère vaincre par de solides raisons ; et si, précédemment, quelqu'un parmi vous ne croyait pas Onétor fripon, la conduite de cet homme à mon égard ouvrira vos yeux sur son injustice et sa perversité. Non-seulement il n'a pas fourni la dot pour laquelle il prétend que ma terre est engagée ; mais, dès le principe, il en voulait à mon bien ; elle n'a jamais quitté son mari, cette sœur au nom de laquelle il a arrêté mon entrée en possession ; s'il soutient Aphobos, s'il s'engage dans ces débats, ce n'est que pour me voler : voilà ce que je démontrerai. La force et l'évidence de mes preuves convaincront de la justice de ma réclamation. Exposons le fait, en le prenant au point d'où la lumière pourra le mieux se répandre.

Onétor, comme presque tous les Athéniens, ô juges! ne pouvait ignorer les malversations de mes tuteurs. A peine commise, chaque friponnerie devenait notoire, tant on parlait de mon affaire et devant l'archonte, et dans toute la ville. On connaissait l'importance de mon patrimoine; on n'ignorait pas que ceux qui maniaient ma fortune n'avaient rien mis en rapport, pour mieux faire leurs coups de main. D'après les faits, tout connaisseur un peu habile conjecturait que j'attaquerais mes tuteurs dès que j'aurais subi les épreuves du citoyen. Timocrate, entre autres, et Onétor, n'ont point cessé d'être dans cette opinion; je le prouve sans réplique. Voyant Aphobos maître de deux patrimoines considérables, le sien et celui d'un pupille, Onétor voulut lui donner sa sœur : mais il n'osa lui lâcher la dot, ses biens étant le gage de la tutelle (1). La femme fut donnée; et Timocrate, son premier mari, convint de payer la rente de la dot, à l'intérêt de cinq oboles par mois. Mon procès gagné, Aphobos ne se conformait pas à la sentence. Onétor ne chercha pas à nous accommoder. Il n'avait point compté la dot; elle était toujours dans ses mains; et cependant, alléguant que sa sœur avait quitté son second époux, qu'il ne pouvait retirer sa dot, que la terre était engagée pour cet objet, il eut l'audace de m'en chasser ! Quel mépris pour moi, pour vous, pour les lois !

Tel est, ô juges! l'objet de ma plainte; voilà sur quoi vous allez prononcer. Mon premier témoin sera Timocrate lui-même : c'est lui qui va prouver qu'il s'est engagé à faire la rente. Je montrerai ensuite Aphobos convenant à son tour de la recevoir des mains de Timocrate. — Prends les dépositions.

Déposition.

Dot non payée, non reçue avec la femme, voilà un fait établi en principe. Prouvons aussi, par des présomptions, que, pour les raisons susdites, ils ont préféré devoir la dot, plutôt que de la confondre dans une fortune si exposée. Diront-ils : Pauvres, nous ne pouvions payer à l'instant ? Mais le riche Timocrate possède plus de dix talents; l'opulent Onétor, au moins trente. L'état de gêne ne peut donc être admis. Peut-être que, n'ayant point d'argent comptant malgré leur aisance, et la femme étant veuve, ils se sont pressés de la marier, et n'ont pas donné la dot avec la personne. Explication également inadmissible, puisqu'ils prêtent des sommes considérables, et que, quand ils ont remarié la femme,

elle n'était point veuve, elle habitait chez Timocrate, son premier époux. D'ailleurs, vous conviendrez tous que, dans une telle circonstance, il n'est personne qui n'aimât mieux emprunter, que de ne pas remettre la dot à celui auquel il s'allie. Se rendre débiteur, c'est inspirer des doutes sur la solvabilité; mais livrer dot et femme à la fois, c'est prévenir tout fâcheux soupçon dans l'esprit de son nouveau parent. D'après ce qui précède, rien ne forçait nos adversaires à rester débiteurs; ils ne devaient pas le désirer. Pourquoi donc n'ont-ils pas remis la dot? Pourquoi? parce que l'époux était tuteur comptable : voilà l'unique raison.

Mais cette dot, l'ont-ils payée plus tard? pas davantage. Il sera même prouvé clairement que, quand ils n'auraient pas gardé le capital de la dot pour les raisons que j'ai présentées, mais uniquement pour gagner du temps, ils ne s'en seraient pas dessaisis dans les circonstances où ils prétendent l'avoir fait : la situation était trop critique. Deux ans se sont écoulés entre le mariage et le divorce prétendu. Mariée sous l'archonte Polyzélos, au mois de Scirophorion, elle se serait séparée au mois de Posidéon, sous l'archonte Timocrate. Inscrit sur les registres civils immédiatement après le mariage, j'appelai mes tuteurs devant des parents et des amis, et je leur demandai compte. Dépouillé de tout, j'obtins, dans la même année, le droit de les poursuivre. A cette époque, mon adversaire a pu se constituer débiteur, et s'engager à payer. Or, il n'est pas vraisemblable qu'il ait rempli cet engagement. En effet, un homme qui, dès le principe, a mieux aimé devoir la dot et en faire la rente que de la jeter dans la fortune de son beau-frère, l'a-t-il payée lorsque celui-ci était déjà en cause? N'aurait-il pas plutôt cherché à la retirer, s'il l'avait remise? L'époque du mariage, celle de mon procès, la priorité de mes premières démarches contre mes tuteurs sur la séparation, vont être constatées par autant de témoignages.

1ⁱᵉ Déposition (2).

A l'archonte Polyzélos succédèrent Céphisodore, Chion, sous lesquels, devenu majeur, je citai mes tuteurs en arbitrage. J'obtins action sous l'archontat de Timocrate. — Prends-en l'attestation.

2ᵉ Déposition.

Passe à la troisième.

3ᵉ Déposition.

Les aveux de tant de témoins concourent à démontrer que la dot n'a pas été payée, et que la supposition contraire n'est qu'une frauduleuse garantie donnée aux biens d'Aphobos. Affirmer que, dans un temps donné, ils se sont constitués débiteurs, ont remis la dot, ne l'ont pas reprise, ont séparé la femme, engagé la terre, n'est-ce pas déclarer, ô juges ! qu'ils ont tenté d'éluder la sentence des tribunaux en ma faveur, et qu'ils sont les meneurs de toute cette intrigue? Prouvons maintenant, d'après les réponses de mes trois antagonistes, que la dot n'a pu être remise.

« En présence de quels témoins avez-vous compté la dot? demandai-je, devant plusieurs citoyens, à Onétor et à Timocrate. Qui t'a vu la recevoir? demandai-je à Aphobos. — Des témoins ! répondirent-ils tous trois, il n'y en a pas eu. Aphobos a reçu le capital par fractions, chaque fois qu'il faisait une demande. » Quoi ! juges, ils ont remis à Aphobos la somme considérable d'un talent; ils l'ont comptée à un homme dont la position ne permettait pas de lui rien donner, même en l'entourant de témoins ! à un homme avec lequel on devait se mettre en règle pour des restitutions juridiques, toujours éventuelles ! Mais, avec les personnes les plus sûres, jamais engagements pareils ne sont contractés sans témoins. Nous célébrons ces événements de familles par des banquets, par la réunion des plus proches parents; car ce n'est pas une petite affaire que de confier à un étranger la vie de nos filles et de nos sœurs; c'est chose très-grave, et nous nous entourons alors de garanties. Je dis donc : Si Onétor a remis la dot, il l'a remise devant les mêmes citoyens qui l'avaient vu s'en reconnaître débiteur, avec promesse de payer la rente. Cette précaution était indispensable pour sa décharge. Non, il ne s'est pas acquitté sans prendre de témoins : il savait bien que ce serait laisser subsister les preuves de sa dette. Au reste, quels témoins ces gens-là vous présenteraient-ils? des parents? dans toute leur famille, eux seuls sont des fripons; des étrangers? vous auriez demandé avec méfiance si tous leurs liens de parenté étaient rompus. Pourquoi, hardis menteurs, ne dites-vous pas que la dot entière a été comptée en une seule fois? Parce que j'aurais demandé l'application à la torture des esclaves qui eussent, selon vous, porté la somme; et que le refus de les livrer aurait mis à jour l'imposture de leurs maîtres. Il est bien plus commode de dire : La dot a été remise par sommes partielles : pour cela, fallait-il des témoins? Pitoyable mensonge, auquel vous avez été réduits ; manœuvre de gens sans foi qui comptent passer ici pour des hommes candides et confiants, tandis que, même pour traiter les affaires les plus modiques, vous accumulez les précautions, vous vous entourez de formalités ! —

Qu'on lise les dépositions faites par ceux qui ont entendu la réponse que je viens de rapporter.

Dépositions.

Avançons, et montrons que la femme n'est séparée d'Aphobos qu'en apparence. Décidés sur ce point, vous sentirez augmenter votre légitime méfiance contre mes adversaires, et votre penchant à venger l'orphelin opprimé. Mes preuves seront tantôt testimoniales, tantôt logiques; toutes mes inductions seront solidement établies.

Après que l'archonte eut fait enregistrer la séparation de la femme, après qu'Onétor eut déclaré ma terre hypothéquée pour la dot, voyant Aphobos garder cet immeuble, le cultiver, continuer la cohabitation, j'étais convaincu qu'il n'y avait là que des mots et de la déception. Je tentai donc de déchirer le voile, et de mettre à nu, devant les tribunaux, cette œuvre d'imposture. Si mon adversaire niait, il fallait le confondre devant des témoins. J'offris donc de faire mettre à la question un esclave parfaitement instruit de tout, que j'avais pris dans les biens d'Aphobos condamné et récalcitrant. Je voulais prouver par la torture que la sœur d'Onétor n'avait pas réellement quitté son mari. Onétor déclina ce moyen de conviction. Quant à l'exploitation du domaine par Aphobos, il ne put en disconvenir : le fait était trop notoire.

Voulez-vous vous assurer, par une autre voie, qu'Aphobos habitait avec la femme et possédait la terre avant que le jugement fût rendu? examinez sa conduite après la condamnation. Il agissait comme si aucun bien n'était grevé, comme si la sentence devait me les rendre libres de toutes charges. Le voyez-vous enlevant tout ce qu'il peut emporter, récolte, instrument de labourage, et tout le matériel, excepté quelques méchants tonneaux (3)? C'est grand dommage qu'il ne pût emporter le fond : sa consolation, en le laissant, était d'en faire une sorte de champ de bataille entre Onétor et moi. Ainsi, l'un affirme que la terre est engagée; l'autre, qui l'aurait engagée, la cultive toujours; un frère vient dire : Ma sœur est divorcée; et il se refuse à le constater ! Aphobos, qui, d'après cette allégation, n'habiterait plus avec sa femme, dépouille la terre, dévalise la ferme; tandis que le prétendu tuteur de la femme séparée, celui qui doit veiller sur le gage de la dot, croise ses bras et laisse faire ! Quelle contradiction choquante ! Avec un peu de réflexion, ne voyez-vous pas ici la démonstration la plus vive d'une collusion manifeste? Oui, de l'aveu même d'Onétor, Aphobos, avant la sentence, cultivait la terre; oui, le même Onétor a craint que la torture ne prouvât l'existence permanente du domicile conjugal ; oui, à très-peu de chose près, le mobilier de la ferme a été enlevé tout entier. — Prends les dépositions, et lis.

Dépositions.

De la conduite d'Aphobos passez à celle d'Onétor : elle vous présentera les mêmes inductions relativement à ce divorce fictif. Lui, qui devait être indigné, s'il eût vraiment remis la dot, de trouver, au lieu d'argent, un immeuble contesté, s'est-il conduit en homme offensé ? Loin de là ; le meilleur ami d'Aphobos n'eût pas agi autrement. Dans mon procès, c'est pour Aphobos qu'il se déclare ; avec Aphobos il se ligue, il se travaille pour compléter la spoliation d'un pupille inoffensif ; dans ma fortune et celle d'Aphobos, il veut tout mêler, tout confondre. Toutefois, si le langage de ces deux hommes est sincère, celui pour lequel Onétor s'intéresse si vivement ne lui était-il pas devenu étranger ? Les débats terminés, ce singulier zèle ne s'arrête pas : après que la première sentence est rendue, Onétor monte au tribunal, conjure, supplie les juges, avec larmes et sanglots, de ne condamner Aphobos qu'à un talent ; lui-même le cautionnera pour cette somme. Juges, ces faits sont notoires : membres du tribunal et spectateurs en sont parfaitement instruits. Je pourrai donc me dispenser de la preuve testimoniale. N'importe ; on va en donner lecture.

Déposition.

A ces vives inductions ajoutons une preuve frappante de la nullité du divorce. Avant d'être l'épouse d'Aphobos, la sœur d'Onétor n'avait point passé un seul jour hors de l'état de mariage. Dès qu'elle cessa d'être à Timocrate, encore vivant, elle appartint à son second mari ; et voici bientôt trois ans qu'elle est connue pour n'être la femme de personne. Quoi ! pour ne pas rester sans époux, elle a changé instantanément de domicile conjugal ; et aujourd'hui, réellement séparée de son second mari, elle n'en aurait pas pris un troisième, jeune encore et sœur d'un riche citoyen ! Il n'y a là qu'une fable, Athéniens, et une fable absurde. Cette femme est toujours l'épouse d'Aphobos ; rien de plus clair. Pasiphon l'a traitée dans une maladie : il va vous attester qu'il a vu Aphobos assis à son chevet. C'était cette année même ; le procès actuel était déjà intenté. — Prends-moi la déposition du médecin.

Déposition.

Sachant donc, ô juges ! qu'immédiatement après le jugement, Onétor avait enlevé l'argent qui se trouvait dans la maison occupée par Aphobos, qu'il avait saisi ses biens meubles et les miens, que la cohabitation n'avait pas été interrompue, je lui demandai trois servantes qui avaient tout vu : à de vagues allégations je voulais substituer les dépositions de la torture. La proposition fut faite régulièrement ; tous les assistants la trouvaient juste : il n'a pas voulu entrer dans cette voie, qui nous aurait conduits sûrement à la vérité. Aucun témoin produit par lui n'a déposé qu'il ait remis la dot ; et des esclaves, instruites de la vraie position de sa sœur, ne subissent point la question, grâce à son refus obstiné.

Cependant les preuves les plus fortes ne sont-elles pas celles que fournissent les témoins et la torture ? Furieux de ma proposition, il m'a accablé d'insultes ; je lui ai demandé un entretien : nouveau refus ! Que l'on me montre un homme plus pervers, plus enveloppé dans l'oubli simulé de toute justice ! — Prends cette proposition, et lis.

Proposition.

Dans les débats civils ou politiques, vous regardez, ô juges ! la torture comme un moyen d'enquête plus sûr même que tous les témoignages (4). Un fait a-t-il eu pour témoin un homme libre et un esclave ? s'il faut procéder à une instruction, vous n'interrogez pas le premier ; vous vous contentez, pour arriver à la vérité, d'appliquer le second au chevalet. Méthode judicieuse : car plus d'un témoin a été condamné pour imposture, tandis que jamais esclave mis à la question n'a été convaincu de faux. Et, après nous avoir refusé cette ressource, après s'être dérobé au moyen de conviction le plus puissant, ce sont des témoins qu'Onétor vous présente ! et quels témoins ? Aphobos et Timocrate ! L'un dira, J'ai payé la dot ; l'autre, Je l'ai reçue. Là-dessus, Onétor comptera sur votre crédulité ; vous regarderez comme constant qu'une affaire de cette importance s'est terminée sans un véritable témoin ! Vous croit-il assez dépourvus de sens ?

Ainsi, mes adversaires, dans le principe, ont avoué n'avoir pas remis la dot ; ensuite, se rétractant, ils ont prétendu l'avoir payée sans témoins ; enfin, il n'est pas probable qu'ils l'aient comptée à une époque où la fortune d'Aphobos devenait litigieuse. Autour de ces principaux arguments, j'en ai groupé quelques autres ; et, de toutes mes preuves, je conclus que leur défense n'aura ni vérité, ni même vraisemblance.

NOTES

DU Ier PLAIDOYER CONTRE ONÉTOR.

(1) Voir, pour le droit romain, Loi xx au Code *De Administrat. Tutorum;* et pour le droit français, Code Civ. 2121.

(2) Déposition des témoins qui attestaient que le mariage avait été conclu sous l'archonte Polyzèlos. Ces faits se rapportent à l'olympiade civ. — J. Wolf propose de lire Κηφισόδωρος ἄρχων : c'est sur cette leçon qu'Auger a traduit. La correction de Reiske, Κηφισόδωρος Χίωνος a été complétement réfutée par Schæfer, *Appar.*, t. iv, p. 430.

(3) Schæfer, d'après Photius, soupçonne qu'ici la bonne leçon pourrait bien être φιδαχνῶν. Je traduis sur πιθαχνίων, une des deux corrections qu'il propose : c'est, à peu près, ce que nous appelons *de vieilles futailles*.

(4) Ces réflexions sur la torture, dont l'humanité s'indigne avec raison, sont copiées, mot pour mot, du Plaidoyer d'Isée sur la succession de Ciron. — Malgré l'explication donnée par Reiske, la locution βάσανον ἀκριβεστάτην πασῶν est fort étrange. Schæfer aimerait mieux βάσανον ἀκριβεστέραν πασῶν μαρτυριῶν : cela présente un sens raisonnable et une construction correcte.

V.
IIᵉ PLAIDOYER
CONTRE ONÉTOR.

INTRODUCTION.

Dans ce court supplément de plaidoirie, l'orateur s'attache surtout à prouver que, quand même Onétor aurait payé une dot, elle ne devrait pas être rendue, puisqu'elle n'avait pour garantie qu'un immeuble inaliénable, propriété d'un pupille.

DISCOURS.

J'ai omis dans mon premier plaidoyer une preuve, non moins solide qu'aucune de celles que j'ai exposées, et qui établit que la dot n'a point été remise à Aphobos. Présentons-la d'abord ; puis, essayons de réfuter les mensonges par lesquels Onétor a cherché à vous tromper.

Lorsque, dans le principe, ô juges ! il médita sur le moyen de me disputer les biens d'Aphobos, il disait avoir compté une dot de quatre-vingts mines ; il dit aujourd'hui qu'elle était d'un talent. Il prit hypothèque (1) sur la maison pour deux mille drachmes, pour un talent sur la terre, voulant conserver l'une et l'autre à son complice. Cependant mon procès suivait son cours : Onétor remarque les justes préventions du tribunal contre mon adversaire ; il réfléchit que, si je n'obtiens absolument rien de mon spoliateur, et s'il se déclare fauteur d'une telle iniquité, j'exciterai une sympathie proportionnée à l'énormité de mes pertes. Que fait-il donc ? il dégrève la maison, et réduit la dot à un talent, dont la terre demeure la garantie. Nul doute, cependant, que, si l'hypothèque a été réellement mise sur la maison avec justice, il en fût de même de la terre. Nul doute aussi que, si la charge imposée à la maison n'est qu'une feinte imaginée pour me ruiner, l'hypothèque rurale n'est pas plus sérieuse. Ce n'est pas à moi qu'il en faut demander la preuve : interrogez seulement la conduite d'Onétor. Du mouvement le plus spontané, il a enlevé l'inscription, et déclaré, par ce fait, toute sa mauvaise foi. Athéniens, j'ai dit vrai : l'homme qui prétend aujourd'hui que la terre est grevée d'un talent avait d'abord, outre la terre, saisi la maison pour deux mille drachmes ; et, quand il a vu le procès engagé, il a levé la saisie. Je présente des témoins bien informés. — Prends leur déposition.

Déposition.

Il est donc clair qu'il avait engagé la maison pour deux mille drachmes, la terre pour un talent, et qu'il se disposait à une réclamation contentieuse de quatre-vingts mines. Ainsi, sur le même point, il s'est démenti lui-même : il n'avance donc aujourd'hui que des impostures. Peut-on rien trouver de plus convaincant ?

Mais voyez l'impudence ! il ose dire qu'il ne grève ma terre que d'un talent, et c'est à un talent seulement qu'il en élève la valeur. Pourquoi enfin, Onétor, as-tu assuré deux mille drachmes sur la maison, toi qui réclamais quatre-vingts mines ? Si la terre valait plus d'un talent, ne pouvais-tu l'hypothéquer aussi pour cette somme ? Sera-ce seulement pour sauver la fortune d'Aphobos, que la valeur du bien rural sera réduite à un talent ? Saisiras-tu, de plus, la maison pour deux mille drachmes ? La dot sera-t-elle de quatre-vingts mines ? Mettras-tu la main sur l'un et l'autre immeuble ? A ce jeu de hausse et de baisse, ton intérêt tiendra-t-il la balance ? La maison vaudra-t-elle un talent, parce que je la possède ? Me restera-t-il encore, sur la terre, plus de deux talents ? Pourras-tu, ainsi, intervertir les rôles, faire d'Aphobos l'opprimé, et de son pupille un oppresseur ? Comprends-tu les conséquences de tout ceci ? Tu as remis la dot, dis-tu ; et toute ta conduite crie le contraire; avec simplicité, avec franchise, j'ai présenté les faits dans toute leur vérité : et toi, te voilà convaincu d'avoir aidé Aphobos à me dépouiller.

Déférez le serment à cet homme, ô juges! il va se parjurer. C'est encore sa conduite qui amène cette conclusion. Il a dit : La dot est de quatre-vingts mines. Que ne lui a-t-on répondu : Jure-le, nous te croirons! Il aurait juré, n'en doutez pas. Une contradiction l'eût-elle plus effrayé alors qu'aujourd'hui? Or, que nous dit-il maintenant? qu'il n'a donné qu'un talent, et non quatre-vingts mines (2). Les probabilités nous permettent-elles donc de croire que le mensonge lui coûterait moins pour la seconde somme qu'il ne lui a coûté pour la première? Que vous en semble, Athéniens? peut-on jouer plus lestement avec le parjure?

Je pressens l'objection : non, ce n'est pas ainsi, dira-t-on, qu'il a agi; les fraudes d'Onétor ne sont rien moins que certaines; on sait, au contraire, qu'il a demandé qu'Aphobos ne fût condamné qu'à un talent, et qu'il s'est proposé pour sa caution. Mais cela même, ô juges! prouve invinciblement qu'Onétor est ami d'Aphobos, que le mariage subsiste, que la dot n'a pas été comptée. Si ce payement considérable était effectué, Onétor, n'ayant de garantie que sur un immeuble en litige, aurait-il voulu ajouter à son premier préjudice celui de payer, au besoin, pour un condamné qui lui avait fait un tort si grave? Quoi! se pouvoir se faire rembourser à soi-même un talent, et s'engager pour un autre talent en faveur du débiteur insolvable! Ne faudrait-il pas être fou pour agir de la sorte? Tout ce qu'on pourrait dire pour la défense d'Onétor confirme donc qu'il n'a point compté la dot, qu'il est ligué avec Aphobos à cause de ses grandes richesses, ou plutôt à cause des miennes, et qu'il n'a saisi la terre que pour faire passer mon bien à lui et à sa femme.

Maintenant il cherche à vous faire tomber dans ses piéges; et, pour y parvenir, il dit que la terre a été hypothéquée avant la condamnation d'Aphobos. Ce n'était pas, sans doute, Onétor, avant qu'il fût condamné dans ta pensée; car, si tu te jetais si avidement sur cet immeuble, c'est que tu voyais d'avance ton ami condamné. Tu peux, d'ailleurs, te dispenser de recourir à ce subterfuge : nos juges n'ignorent pas que l'injustice est ingénieuse à se ménager une apologie. Jamais homme injuste ne fut condamné sur son silence ou son aveu; mais, quand il a vu tous ses mensonges successivement réfutés, c'est alors qu'il est démasqué, confondu. Voilà, je l'espère, ce qui t'attend, Onétor. Est-il juste que ma terre vaille plus ou moins, à ton gré? Ta sœur n'a pas convolé en troisièmes noces; elle est toujours l'épouse d'Aphobos; toi-même tu n'as pas payé sa dot; tu rejettes et la torture et tous les moyens d'arriver à la certitude : dans cet état de choses, est-il juste que ma terre soit laissée en tes mains sur ta simple allégation d'hypothèque? Pour moi, je ne le pense pas. Car enfin, il faut scruter ici la vérité, et non s'arrêter à toutes ces impostures auxquelles vous avez tous deux subtilement donné une consistance apparente. Il y a plus : quand il serait avéré que tu as payé cette dot encore attendue, qui en serait cause? ne serait-ce pas toi-même, puisque tu l'assurais sur mon bien? Avant de devenir ton beau-frère, Aphobos n'avait-il pas, pendant dix années entières, exercé sur mon patrimoine une rapacité que les tribunaux ont punie? Tandis que tu feras tous tes recouvrements, moi, pupille dépouillé, frustré de ma vraie dot; moi qui, seul, avais le droit de poursuivre mes tuteurs, sans courir le risque de l'épobélie (3), et qui me présente armé d'une sentence favorable; moi enfin, prêt à composer, pour peu qu'on eût voulu me satisfaire, dois-je plier fatalement sous tes violences, et renoncer aux derniers débris de ma fortune?

NOTES

DU IIᵉ PLAIDOYER CONTRE ONÉTOR.

(1) Littéralement : il place des affiches d'hypothèques, ὅρους. Ces sortes d'inscriptions hypothécaires, placardées sur l'immeuble grevé, et qui ont été en usage chez les modernes, sont remplacées par nos bureaux de conservateurs des hypothèques.

(2) J'avoue m'être écarté un peu du texte ici, afin d'éviter, s'il était possible, le cercle vicieux que l'orateur semble parcourir.

(3) Amende d'une obole par drachme, ou d'un sixième de la somme totale.

IIᵉ SECTION.

FINS DE NON-RECEVOIR.

VI.

PLAIDOYER

CONTRE ZÉNOTHÉMIS.

INTRODUCTION.

Nous entrons dans une nouvelle série de plaidoyers civils : ce sont ceux qui contiennent des fins de non-recevoir établies ou repoussées, λόγοι παραγράφικοι, *exceptiones, constitutiones translativæ.*

Dêmon, oncle de Démosthène, avait prêté de l'argent à un négociant athénien, appelé Prôtos. Celui-ci en avait acheté à Syracuse du blé, qu'il fit charger sur le vaisseau de l'armateur Hégéstrate, de Marseille, pour le transporter à Athènes. Zénothémis, qui paraît avoir été un courtier du commerce, avait emprunté à Syracuse, avec son compatriote Hégéstrate, une somme qu'ils devaient solder chez un banquier athénien, *si le vaisseau arrivait à bon port :* telle était la clause convenue avec le prêteur. Les deux Marseillais font passer secrètement ces fonds dans leur pays ; et, pour se libérer, ils forment le complot de submerger le navire. Hégéstrate périt dans sa tentative criminelle, et le bâtiment arrive au Pirée. A qui appartiendra la cargaison ? Prôtos la revendique comme étant sa marchandise ; Dêmon, parce qu'elle représente l'argent que celui-ci ne lui a pas remboursé ; Zénothémis, parce qu'elle est le gage d'une dette contractée envers lui par Hégéstrate, à qui appartenait le vaisseau.

De ce conflit d'intérêts sortent deux procès. Zénothémis poursuit d'abord Prôtos, qui fait défaut, et finit par se liguer sourdement avec le plaignant. Ensuite, le courtier présente sa plainte contre Dêmon, qui s'était emparé de force du chargement.

Démosthène écrivit ce plaidoyer pour la seconde réclamation, et pour son oncle. Je n'ai point affaire à vous, dit d'abord Dêmon à Zénothémis. Après avoir établi la validité de cette fin de non-recevoir, il ne s'arrête pas là, comme font souvent nos avocats ; il plaide au fond. L'étrange complot des deux Marseillais, la mort méritée d'Hégéstrate, d'autres contrariétés de la navigation, l'arrivée au port, forment la matière d'un récit vif et animé. Les juges apprennent ensuite ce qui a enhardi le plaignant, ce qui l'a engagé à soutenir que le blé lui appartient. Ce blé est à Prôtos : Dêmon le prouve par des inductions, par la conduite même de Zénothémis, par ses propres paroles, par son refus de se transporter en Sicile pour y faire décider la question. L'absence de Prôtos au premier procès, où il a été condamné, est l'effet d'une collusion évidente : le négociant trouve son compte à tendre la main à son adversaire. Dêmon finit en réfutant le reproche de n'appuyer ses prétentions que sur le crédit de son éloquent neveu.

DISCOURS.

Juges, j'ai fait opposition, par écrit, contre l'admission de la plainte : je parlerai donc d'abord des lois qui m'assurent ce déclinatoire. Elles veulent qu'on donne action aux négociants et aux maîtres de navires qui ont traité ensemble, par actes subsistants et authentiques, pour cargaisons à transporter d'Athènes à l'étranger, et réciproquement ; elles veulent qu'on puisse écarter, par une fin de non-recevoir, la plainte de quiconque n'a pas rempli cette formalité. Or entre Zénothémis et moi, il n'y a eu aucune transaction, aucun contrat : l'acte d'accusation l'avoue hautement.

Le plaignant dit qu'il a prêté des fonds à l'armateur Hégéstrate, et qu'après la mort de celui-ci, noyé dans les flots, je me suis indûment approprié la cargaison. Je me propose de démontrer que la plainte doit être rejetée, et de mettre sous vos yeux les fourberies et la scélératesse de cet homme. Si jamais, ô juges! cause mérita toute votre attention, c'est celle-ci. Vous allez entendre des traits d'une audace et d'une perversité rares, si je puis vous exposer de tels crimes : je l'espère, du moins.

Zénothémis, courtier de l'armateur Hégéstrate, a concerté avec lui un projet criminel. Son complice a péri dans les flots : comment? c'est ce que la plainte, en témoignant de cette mort, ne dit pas ; j'y suppléerai. Tous deux faisaient des emprunts à Syracuse. Aux créanciers de Zénothémis, empressés de courir aux informations, Hégéstrate affirmait que l'emprunteur possédait, à son bord, un grand approvisionnement de grains ; Zénothémis, de son côté, assurait aux prêteurs d'Hégéstrate que la cargaison, comme le navire, appartenait à ce dernier. Pour ces assertions, semées adroitement, armateur et passager étaient crus sans peine. L'argent leur arrive : loin d'en mettre une obole sur le navire, ils font passer la somme entière à Marseille, leur patrie. Les billets portaient la clause ordinaire : *L'argent sera rendu après l'arrivée à bon port*. Que fallait-il pour évincer tous les créanciers? faire sombrer le navire ; ils le tentèrent. On part : après deux ou trois jours de navigation, Hégéstrate descend, la nuit, à fond de cale, et fait une voie d'eau. Zénothémis, comme s'il ne savait rien, reste sur le pont, avec les autres passagers (1). Cependant un craquement se fait entendre ; et tout l'équipage, persuadé qu'une perfidie s'accomplit en bas, y descend pour l'arrêter. Pris sur le fait, et craignant le supplice, Hégéstrate échappe. On le poursuit ; il se lance à la mer : mais, ne pouvant atteindre la chaloupe, que les ténèbres lui cachent, il se noie. Par un juste retour, le misérable périt d'une manière digne de son attentat. Tranquille au moment du crime, son associé et son complice fait alors l'effrayé, presse et pilotes et matelots de se jeter dans la chaloupe, d'abandonner un navire en détresse, qui ne laisse, dit-il, aucun espoir, et va s'abîmer. C'était toujours le même plan : frustrer les créanciers par la perte du vaisseau. Efforts superflus! un Athénien, passager, fait une proposition contraire, et l'appuie de la promesse de récompenser largement les marins, s'ils parviennent à sauver le bâtiment. Il est sauvé, et va mouiller à Céphallénie. Là, Zénothémis propose à des Marseillais de ne pas ramener le vaisseau à Athènes, alléguant que la cargaison, l'armateur, lui-même et les créanciers sont de Marseille. Nouvel échec : les magistrats de l'île décident que le vaisseau retournera à Athènes, d'où il est parti. On ne croyait pas que l'intrigant eût le front de se montrer dans cette ville : mais qui peut arrêter son audace? c'est peu de reparaître ici ; il nous dispute notre blé, il nous traduit devant les tribunaux. D'où lui vient donc un tel excès de confiance? Comment peut-il, dans Athènes, marcher la tête haute, et intenter un procès? Je vais le dire, ô juges! mais c'est ma cause qui m'y contraint, j'en jure par Jupiter!

Il est au Pirée une association d'agents de friponnerie ; il suffit de les voir pour les connaître (2). Lorsque Zénothémis voulait, par ses menées, détourner le navire de la route d'Athènes, je choisis un commissaire du Conseil (3), homme très-connu, excepté de moi seul : ma confiance en ce traître m'a été presque aussi funeste que ma liaison d'affaires avec des coquins. Mon mandataire s'appelait Aristophon : c'est lui qui a manœuvré dans les affaires de Miccalion (4), comme je l'apprends aujourd'hui seulement. Paye-moi, dit-il à Zénothémis, je te servirai, et te tirerai d'affaire. Celui-ci reçut avec empressement ses offres, et le laissa diriger l'intrigue. Sa tentative contre le vaisseau avait avorté ; il ne pouvait satisfaire ses créanciers, puisqu'il n'avait embarqué avec lui aucune partie de son emprunt. Que fait-il? il se saisit de notre bien, il dit avoir prêté à Hégéstrate sur les grains achetés par un négociant parti d'Athènes. Les créanciers, qu'il voulait, avant tout, tromper, trouvent leur débiteur insolvable : mais ils se flattent que, s'il extorque une sentence des juges, ils s'indemniseront à mes dépens ; et, bien que l'imposteur soit connu d'eux, ils soutiennent, par intérêt, ses agressions contre moi (5).

Telle est, en substance, l'affaire qui attend votre jugement. J'ai rapporté plusieurs faits : vous allez en entendre les témoins. Je continuerai ensuite mon récit. — Lis-nous les dépositions.

Dépositions.

Le vaisseau rentra donc dans notre port, malgré Zénothémis, et en vertu de la décision des magistrats céphalléniens. Des Athéniens qui avaient prêté sur le navire s'en emparèrent à l'instant, laissant le blé à l'acheteur, dont j'étais créancier. Cependant Zénothémis arrive, escorté de cet Aristophon, envoyé pour soutenir mes droits. Il revendique la cargaison, prétendant qu'elle est le gage d'un prêt fait par lui à Hégéstrate. « Quoi ! s'écrie Prôtos, acquéreur du blé et mon débiteur, tu as prêté de l'argent à cet homme ! mais n'est-ce pas toi qui aidais le fripon à se créer, auprès de nous tous, un crédit perfide? Tu entendais dire à des citoyens prudents que les sommes comptées à ton complice étaient perdues pour les prêteurs ; et tu lui aurais prêté ! — Pourquoi pas? répond-il effrontément. — Si ton assertion est vraie, reprit un des assistants, Hégéstrate a donc aussi trompé son associé, son compatriote ; et, poussé par le remords, il se sera noyé (6) ! — Voici une preuve de leur complicité, dit un autre : avant qu'Hégéstrate fît la voie d'eau, ils déposèrent, entre les mains d'un des passagers, un billet qu'ils avaient fait ensemble. Or, dis-moi, Zènothémis, si Hégéstrate avait ta confiance au point d'obtenir ton argent, pourquoi cette précaution, qui précède une tentative perfide? Si tu te méfiais de lui, pourquoi, seul, n'as-tu pris tes sûretés qu'après l'embarquement? » Tous ces pourparlers n'avançaient pas l'affaire ; la cargaison restait sous la griffe de Zènothémis. Prôtos et Phertatos, son associé, voulaient lui faire lâcher prise ; mais il résistait, et déclarait que moi seul je pourrais faire lever la saisie. Ensuite nous lui proposions, Prôtos et moi, de reparaître devant les magistrats de Syracuse. Si l'on démontre, lui disais-je, que l'acheteur est Prôtos, qu'il a payé, que son nom est sur les registres de la douane, nous demanderons que ta fourberie soit punie ; sinon, tu recevras, outre tes indemnités (7), un talent, et les grains te seront dévolus. Cette proposition resta sans succès : il ne nous restait donc qu'à forcer une opposition si obstinée, ou qu'à perdre notre bien, qui était là, sauvé des eaux. Prôtos, bien résolu, voulait faire la saisie à ses risques et périls ; il voulait retourner en Sicile : mais, ajoutait-il, si, quand je m'expose ainsi, Dèmon recule, j'abandonne tout. La déclaration faite par Zènothémis de ne se laisser dessaisir que par moi, son refus de retourner à Syracuse, son billet fait pendant la traversée, voilà autant de vérités qui vont être constatées par témoins. — Qu'on lise les dépositions.

Dépositions.

Ainsi, Zènothémis niait les droits de Prôtos sur la cargaison, refusait de retourner en Sicile pour faire examiner les siens, et continuait l'œuvre d'Hégéstrate, dont il avait eu le secret. D'autre part, mon débiteur m'offrait, comme unique gage, le blé légitimement acheté par lui à Syracuse. Que me restait-il donc à faire? n'était-ce pas de mettre la main sur le blé, malgré l'opposition du plaignant? Imposible à mes associés et à moi de nous imaginer que jamais vous adjugeriez la cargaison à celui qui avait crié aux matelots : Abandonnez-le, abandonnez le vaisseau! Non, juges, ce blé ne lui appartient point ; je n'en voudrais pas d'autre preuve. Quoi ! tandis qu'on s'empresse de sauver notre bien, supplier de le laisser périr ! repousser la proposition d'un voyage fort court, qui éclaircira la question ! Est-ce là être propriétaire? Impossible, également, de penser que vous introduiriez cet homme auprès de vous pour l'entendre réclamer une denrée dont il entravait l'introduction ici (8), par le conseil de l'abandonner, par celui de changer la route du navire. On verrait donc, d'un côté, les Céphalléniens ordonner le retour du vaisseau vers l'Attique, faire respecter une propriété athénienne ; et, de l'autre, des Athéniens livrer cette même propriété aux auteurs d'un projet de destruction, et permettre à un Zènothémis de disputer dans vos tribunaux ce qu'il empêchait d'emmener dans vos ports ! Quel révoltant contraste ! Oh ! qu'il n'en soit rien, par Jupiter !

— Lis mon opposition contre l'admission de la plainte.

<small>Lecture de l'Acte de fin de non-recevoir.</small>

Lis aussi la loi.

<small>Loi.</small>

Je crois avoir assez démontré que ma fin de non-recevoir est juste et légale. Voyez maintenant les supercheries d'Aristophon, du fourbe qui a préparé toute cette trame. Voyant leur cause à peu près désespérée, Zènothémis et lui s'abouchent avec Prôtos, et lui persuadent de leur abandonner l'affaire : sollicitation de vieille date, mais stérile jusqu'alors, comme j'en suis aujourd'hui convaincu. Tant que le négociant avait espéré un bénéfice sur sa cargaison, il n'avait eu garde de la lâcher : faire quelque profit et me rembourser lui semblait préférable à une ligue où il faudrait partager les gains, et me voler. Mais, à son retour, il s'impatienta des délais prolongés par la chicane ; le prix du blé baissa, et Prôtos devint transfuge. D'ailleurs, Athéniens, je parlerai sans réticence : nous, ses créanciers, nous le harcelions, nous le pressions rudement. Ses pertes, après tout, allaient être les nôtres : et pourquoi, au lieu d'un gage solide, ne nous présentait-il qu'un plaideur de mauvaise foi? Tout cela fit que Prôtos, dont la nature n'a certainement pas fait un modèle de probité, passa du côté de l'ennemi, et se laissa condamner par défaut dans le procès intenté par

Zênothémis avant qu'il m'eût trahi. Si Zênothémis eût cessé de poursuivre Prôtos, l'injustice de sa réclamation aurait éclaté à l'instant ; et, d'autre part, il fallait au commerçant une condamnation par défaut. Remplissait-on à son égard les conditions convenues ? il se résignait à la sentence ; dans le cas contraire, il pouvait se présenter, et demander l'annulation de l'arrêt (9). Considérations inutiles ! Si Prôtos a fait ce que Zênothémis a consigné dans sa plainte, il mérite moins, à mes yeux, une condamnation civile que la mort. Est-il une peine trop sévère pour celui qui, au milieu des périls d'une tempête, s'est plongé, à force de boire, dans l'ivresse la plus délirante ; qui a ouvert clandestinement, et même forcé des registres ?

Que ces griefs, Zênothémis, soient débattus entre lui et toi : mais ne confonds pas ma cause avec celle de cet homme. Si Prôtos t'a fait tort ou de parole ou d'action, ne peux-tu le poursuivre ? Aucun de nous ne t'en empêche, ni ne proteste. Si tu l'as calomnié, ce n'est pas notre affaire. Mais, dis-tu, notre homme s'est évadé ! Eh ! n'est-ce pas vous autres qui l'avez fait partir ? Présent, il eût déposé en notre faveur, et vous n'auriez pas eu contre lui la langue aussi libre. En effet, supposé que la condamnation par défaut ne fût pas votre ouvrage, vous l'eussiez assigné devant le troisième archonte, aux fins de prendre des répondants. Cette précaution assurée, vous auriez encore empêché son départ, ou bien un recours vous était réservé. Ce recours manquant, il allait en prison. Loin de là, vous faites secrètement cause commune avec lui : aussi espère-t-il, grâce à vous, ne pas me payer sa dette ; et toi, Zênothémis, en l'accusant, tu comptes t'emparer de mon bien. En voici la preuve : je l'attends, moi, pour l'assigner ; tandis que toi, tu ne l'as pas fait cautionner, et tu ne l'attaqueras point.

Mes adversaires ont encore un autre motif d'espérer qu'ils en imposeront aux juges. Ils mêleront à cette cause le nom de Démosthène ; ils diront que je m'appuie sur lui pour exproprier le plaignant. Ils s'imaginent que le crédit d'un orateur connu fera adopter sans peine cette imputation. Démosthène, Athéniens, est mon parent. Mais voici la vérité, j'en atteste le ciel (10). Lorsque j'allai le trouver, et que je le priai de m'assister et de me défendre : « Démon, me répondit-il, je le ferai si tu l'exiges, car il serait dur de te refuser ; mais, en t'obligeant, je ne dois pas m'oublier moi-même : depuis que j'ai commencé à parler sur les affaires publiques, il ne m'est pas arrivé de plaider une seule cause particulière ; et même, j'ai isolé entièrement ces objets de l'administration (11). »

NOTES

DU PLAIDOYER CONTRE ZÉNOTHÉMIS.

(1) Il fallait que ces deux coquins fussent d'habiles nageurs, ou comptassent bien sur la chaloupe.

(2) Dekker, d'après la leçon vulgaire, donne ἀγνοήσετε, au lieu de la correction de Reiske, ἀγνοήσαιτε, blâmée aussi par l'auteur de l'*Apparatus*.

(3) Passage obscur, et peut-être altéré. Schæfer pense qu'un membre du Conseil des Cinq-Cents fut délégué, à la requête de Démon, pour empêcher, au nom de la puissance publique, que le vaisseau fût détourné de sa destination.

(4) Nous ignorons quelles étaient ces affaires.

(5) Voilà ce que le valet de Turcaret appelle *un ricochet de fourberies*.

(6) Auger n'a pas saisi l'ironie de cette phrase, dont il était cependant averti par les mots ὡς ἔοικεν.

(7) C'est ainsi que Reiske explique καὶ τὰ διάφορα ἀπολαβεῖν. Une indemnité aurait été due à Zênothémis pour le retour en Sicile, et pour toutes les démarches coûteuses qu'on lui propose. Auger : « outre l'objet contesté ; » mais l'objet contesté, c'est le blé lui-même : et alors, que signifient les mots καὶ τοῦ σίτου ἀφιστάμεθα ?

(8) J'ai tâché de rendre cette espèce de jeu de mots εἰσαγώγιμον τὴν δίκην, εἰσαγώγιμα χρήματα.

(9) Τὴν ἔρημον ἀντιλάχῃ en matière criminelle, *purger la contumace*.

(10) La protestation de Démon, dit Auger, tombe sur ce que Démosthène, son neveu, n'a point voulu lui-même plaider sa cause, et non sur la composition du Plaidoyer. Il y a cependant du faux dans ce qu'il proteste, parce qu'il voulait faire croire aux juges que Démosthène ne s'était mêlé de sa cause en aucune manière.

(11) Un biographe anonyme fait même entendre que Démosthène n'écrivit plus pour le barreau : καταγνοὺς δὲ καὶ τοῦ λογογραφεῖν. Visconti partage cette opinion, qui se trouve encore dans Cicéron, *ad Attic.*, II, 1, Zosime et Suidas, et qu'un examen plus approfondi aurait peut-être fait adopter par l'auteur de l'excellent article consacré à Démosthène dans la *Biographie universelle*.

Reiske met plusieurs points après le dernier mot de ce Plaidoyer, dont la fin ne nous est probablement point parvenue.

VII.

PLAIDOYER

CONTRE APATURIOS.

INTRODUCTION.

L'Athénien qui emploie ici la fin de non-recevoir, et dont le nom est inconnu, avait fait quelques affaires avec un Byzantin, appelé Apaturios : ces affaires terminées, décharge avait été donnée de part et d'autre. Mais l'Athénien fut, plus tard, cité en justice par l'étranger, à raison d'un autre Byzantin, nommé Parménon. Ami d'abord de son compatriote, puis brouillé avec lui, Parménon avait cité Apaturios pour de mauvais traitements et quelques dommages qu'il en avait reçus. Apaturios, par une assignation, lui rendit la pareille. La nouvelle querelle fut mise en arbitrage; et l'arbitre Aristoclès condamna par défaut Parménon. Apaturios prétendit que l'Athénien s'était porté caution pour le condamné, et il demanda en justice, par le procès qui va nous occuper, que le premier payât, à la place du second, la somme de vingt mines, portée dans la sentence arbitrale. Le défendeur oppose une fin de non-recevoir, comme ayant terminé toute affaire avec le plaignant, et ne reconnaissant, entre eux, aucun engagement nouveau. Dans une suite rapide d'arguments convaincants et d'inductions ingénieuses, il prouve qu'il n'a point répondu pour Parménon.

DISCOURS.

La loi donne action devant les thesmothètes, ô Athéniens! au négociant, à l'armateur lésé dans le commerce maritime qu'il fait d'ici à l'étranger, et réciproquement; vigilante pour le respect dû à leurs intérêts, elle punit le coupable d'une amende avec contrainte par corps jusqu'au payement. Mais aussi, arrêtant la calomnie, et bornant ces poursuites judiciaires aux commerçants réellement trompés, la loi ouvre un refuge au citoyen accusé sans fondement (1) : ce refuge, c'est la fin de non-recevoir. Poursuivis en matière commerciale (2), mais armés de ce moyen légal, plusieurs ont comparu devant vous, convaincu les accusateurs de l'injustice de leurs réclamations, et prouvé que les priviléges du commerce n'étaient qu'un prétexte pour les persécuter. La suite de ce discours démasquera l'homme qui, ligué avec mon adversaire, a ourdi la trame de ce procès. Comme la plainte d'Apaturios est illégale et mensongère, comme nos affaires mutuelles ont été terminées par une pleine et entière décharge, et qu'entre lui et moi, il n'y en a pas eu depuis, ni maritimes, ni autres, je lui oppose la fin de non-recevoir en vertu des lois suivantes.

Lecture des Lois.

Or, Apaturios m'a intenté procès contre ces lois, et son accusation porte à faux : plusieurs considérations vont le démontrer.

Depuis longtemps, ô juges! je m'occupe de commerce maritime; j'ai même couru les mers, et il n'y a pas encore sept ans que j'y ai renoncé. Possesseur d'une modeste fortune, je tâche de la faire valoir sur les vaisseaux. Ayant abordé sur bien des rivages, et faisant mes affaires sur notre port, je suis connu de presque tous les navigateurs, et très-lié avec ceux de Byzance, parce que j'ai souvent séjourné dans leur ville. Or, il y a trois ans, le Byzantin Apaturios débarqua ici avec Parménon, son compatriote exilé. Ils vinrent à moi sur le port, et me parlèrent d'argent. Sur un vaisseau qui lui appartenait, le plaignant devait quarante mines. Ses créanciers le harcelaient, et avaient fait saisie le jour de l'échéance. Pour l'aider à sortir d'embarras, Parménon lui promit dix mines. Apaturios me pria de lui prêter trente, se plaignant des hommes avides qui convoitaient son vaisseau, et dont les persecutions tendaient à l'accaparer, et à le rendre lui-même insolvable. Je n'avais point d'argent comptant, mais je recourus au banquier Héraclide, et l'engageai à prêter la somme, que je cautionnai. Les trente mines ainsi trouvées, Parménon et lui se brouillèrent. Engagé à avancer dix mines, dont il en avait compté trois, le premier ne pouvait se dispenser de réaliser sa promesse entière; mais, pour prendre toutes ses sûretés contre un homme qu'il ne voyait plus (3), il refusait de contracter avec lui, et voulait que je fisse l'affaire. Ayant donc reçu sept mines de Parménon, et mettant sur mon compte les trois qu'il avait déjà données, je pris le navire et les esclaves pour gage des dix mines remises par mes mains, et des trente dont je m'étais rendu caution près du banquier.

J'ai dit la vérité; écoutez mes témoins.

Dépositions.

De cette façon, Apaturios se débarrassa de ses créanciers. Peu de temps après, les payements sont suspendus (4); Héraclide commence par se cacher; le plaignant veut faire évader d'Athènes ses esclaves, et son vaisseau du port. De là, notre première querelle. Parménon, qui s'aperçoit de son dessein, arrête les esclaves en route, empêche qu'on ne mette à la voile, me fait appeler, et me dit la chose. Voyant, dans cette tentative, l'acte d'un insigne fripon, je cherche à me délivrer de mes engagements avec la banque, et à faire rendre à Parménon ce qu'il a prêté par mes mains. Je mets des gardes au vaisseau, j'instruis de ma démarche les agents responsables de la banque, je leur donne, pour garantie, le vaisseau lui-même, les prévenant qu'il est déjà engagé pour dix mines en faveur d'un étranger. Cela fait, je me nantis même des esclaves, afin de compléter la somme par leur prix. Voilà les mesures que je pris dans l'intérêt de Parménon et de moi-même, dès que j'eus reconnu l'improbité d'Apaturios. L'offenseur parle alors en offensé; il se plaint de moi. « N'était-ce pas assez, me dit-il, de te dégager envers la banque? Fallait-il encore saisir mon vaisseau et mes esclaves pour la créance de Parménon, et devenir mon ennemi à propos d'un misérable exilé?—Exilé et misérable, répondis-je, Parménon doit être, d'autant moins, abandonné; c'est sur moi qu'il se repose, et c'est toi qui l'as trompé. » Lorsque, par toutes mes précautions, j'eus bien gagné la haine de mon adversaire, je vendis le navire, qui produisit à peine les quarante mines, montant de l'hypothèque. Je remis trente mines à la banque, et dix à Parménon, devant plusieurs témoins. J'annulai l'acte de ma créance, je rompis toute transaction avec Apaturios, et nous nous donnâmes réciproquement décharge générale.

Des témoins vont confirmer mes allégations.

Dépositions.

Je n'ai fait depuis, avec le plaignant, affaire ni petite ni grande. Frappé par lui, lorsqu'il arrêtait les esclaves, et empêché de faire un voyage en Sicile, Parménon le traduisit devant les tribunaux. Le procès entamé, il lui déféra, sur certains griefs, le serment. Apaturios accepta, et un dédit fut fixé.

Rien n'est plus vrai; prends-moi la déposition.

Déposition.

Certain que son parjure serait connu, Apaturios ne se présente point pour prêter serment; et, comme si un procès pouvait l'en dispenser, il assigne Parménon. La cause était instruite, lorsque des témoins déterminent les parties à la mettre en arbitrage. Une convention est rédigée : Phôcritos, un compatriote, devient arbitre; chacun d'eux lui donne un assesseur. Aristoclès (5) est choisi par Apaturios, et moi par son adversaire. Ils stipulent qu'ils regarderont comme loi la décision de la simple majorité; et, pour pleine et entière garantie, Aristoclès sera le répondant d'Apaturios, Archippe de Myrrhinonte celui de Parménon. Ils déposent d'abord cette convention chez Phôcritos; mais bientôt celui-ci n'en veut plus, et Aristoclès devient le dépositaire.

Les témoins vont être entendus.

Dépositions.

Des témoins éclairés attestent donc que l'acte a été déposé chez Aristoclès, et que les parties ont choisi pour arbitres Phôcritos, Aristoclès et moi. Je vous prie, juges, d'écouter la suite : elle vous montrera clairement qu'Apaturios ne m'accuse que pour me persécuter.

L'opinion de Phôcritos sur son affaire était la mienne, et Apaturios ne pouvait manquer d'être condamné. Il s'en aperçoit, et forme le projet de rompre l'arbitrage. Pour y parvenir, il cherche à détruire notre titre, de concert avec celui qui en est dépositaire. Il va jusqu'à prétendre qu'Aristoclès seul est juge, et que les pouvoirs des deux autres ne s'étendent pas au delà de sa simple conciliation (6). Parménon furieux demande à Aristoclès d'exhiber le titre : « S'il est falsifié, dit-il, nous le verrons aisément : c'est un de mes esclaves qui l'a écrit. » Aristoclès promet; mais il n'a pas encore produit cette pièce. Un jour il se rendit au temple de Vulcain; et là, il affirma que son esclave, endormi en l'attendant, avait perdu le titre. Le complice de ce mensonge est le médecin

Éryxias, du Pirée, l'affidé d'Aristoclès, mon ennemi, et le provocateur du procès actuel.

Prouvons, par des attestations, qu'Aristoclès prétendait l'écrit perdu.

Dépositions.

Le titre anéanti, les arbitres contestés, adieu l'arbitrage! Les parties parlent de rédiger une autre convention; mais on ne s'accorde pas: « Je ne veux qu'Aristoclès, dit Apaturios. — Qu'on nous donne, dit Parménon, les trois mêmes arbitres. » Ainsi, pas de nouvel écrit, et l'ancien ne se retrouvait point! Celui même qui l'avait supprimé fut assez hardi pour déclarer qu'il prononcerait seul. Défense lui fut faite, à l'instant, par Parménon, devant témoins, en vertu des stipulations, de le condamner sans ses coarbitres.

Écoutez la déclaration des témoins en présence desquels cette opposition fut faite.

Déposition.

Parménon fut ensuite frappé d'un malheur affreux. Ce réfugié avait pour domicile habituel Ophrynium : dans le tremblement de terre qui secoua toute la Chersonèse, sa maison croula, sa femme et ses enfants périrent. A cette triste nouvelle, il se jeta dans le premier vaisseau, et partit. Aristoclès profita de la catastrophe, et, au mépris de la défense qui lui avait été faite, il condamna un absent, un infortuné. Phôcritos et moi, arbitres en vertu de la convention, mais arbitres contestés, nous nous étions abstenus. Sans titre, comme nous, sans pouvoir, surtout pour juger seul, Aristoclès prononça une décision qui eût intimidé tout autre que lui.

Si jamais Parménon revient, il demandera compte devant vous du titre supprimé, et des démarches irrégulières d'Apaturios et d'Aristoclès. Mais, puisque le premier pousse l'impudeur jusqu'à vouloir me forcer, par sentence, à payer le montant de la condamnation de Parménon, d'après un engagement qu'il me suppose; puisqu'il ose affirmer que je me suis constitué, dans le titre, répondant de l'étranger absent; mon devoir est de détruire toutes ces allégations; et ce devoir, je vais le remplir. Ce n'est pas moi, c'est Archippe, que Parménon avait choisi pour caution. Je le prouve par témoins d'abord, puis par de fortes inductions.

Le premier témoin que j'invoque en ma faveur, c'est le temps (7). Il y a trois ans que Parménon et Apaturios ont porté leur cause en arbitrage, et qu'Aristoclès a prononcé. Six mois de l'année sont consacrés aux procès en matière commerciale, depuis Boédromion jusqu'à Muuychion : on veut, par là, que les délais de justice n'entravent pas les courses des navigateurs. Or, si je me fusse, en effet, constitué répondant de Parménon, pourquoi Apaturios ne me faisait-il pas payer la somme cautionnée, dès le prononcé du jugement? Dira-t-il, Je répugnais à contrister un ami par cette rigueur? Son ami! moi qui avais tiré de lui, sans ménagement, les mille drachmes qu'il devait à Parménon! moi qui l'avais arrêté, quand il s'évadait avec son vaisseau engagé, trompant le créancier qui était devenu, pour lui, débiteur de la banque! Non, si j'avais cautionné Parménon, Apaturios n'aurait pas attendu trois ans; c'est à l'instant même qu'il m'aurait fait payer. Dira-t-il, Ma fortune me permettait d'attendre pour faire exécuter la sentence; d'ailleurs, j'allais m'embarquer, et le temps me manquait? Sa fortune! Il l'avait abandonnée, par la vente de son vaisseau. Quant au temps, lui a-t-il manqué plus tard? L'an dernier, n'était-il pas ici? pourquoi ne m'a-t-il, alors, ni poursuivi, ni interpellé? Ah! si Parménon avait eu, envers lui, une dette garantie par moi, il serait venu me trouver avec des témoins, il y a au moins un an; il aurait tiré de moi la somme, l'aurait emportée, ou, sur mon refus, il m'aurait assigné. Dans les affaires de ce genre, une sommation ne précède-t-elle pas toujours les poursuites? Qui donc a vu Apaturios me poursuivre il y a un an, deux ans? qui l'a entendu m'adresser la réclamation qui est la base de ses poursuites actuelles?

Oui, Apaturios était, l'an dernier, à Athènes, pendant que les tribunaux étaient ouverts. Qu'on lise la déposition des témoins qui l'attestent.

Déposition.

Une de nos lois décide que toute action contre les répondants est périmée au bout d'un an. Je m'empare de cette loi, et je dis : Si j'ai répondu, la loi ne me dispense pas de payer (8); mais, avec Apaturios, elle atteste que je n'ai pas répondu : car, sans doute, le plaignant se serait bien gardé de laisser prescrire son action. Qu'on lise aussi cette loi.

Lecture de la Loi.

Démasquons, par une induction nouvelle, l'imposture d'Apaturios. Si j'avais cautionné Parménon, je le demande, moi, déjà devenu l'ennemi du plaignant pour empêcher l'étranger de perdre ce qu'il lui avait prêté par mes mains, me serais-je sacrifié sans réserve? Exacteur d'Apaturios, quel espoir avais-je d'en être ménagé? Défenseur impitoyable de mes propres engagements envers la banque, quel recours me restait-il dans la générosité de mon ennemi?

Autre considération, ô juges! également digne d'être pesée par vous. Si le titre de répondant m'appartenait je n'aurais garde de le méconnaître. Pourquoi cela? parce que cet aveu mettrait dans mes mains ma meilleure défense. Je dirais à mon adversaire : Présente donc l'acte qui a réglé les conditions de l'arbitrage. Des témoins ont affirmé qu'il y avait eu trois arbitres; or, tous trois n'ayant pas prononcé, pourquoi désavouerais-je une caution qui ne m'obligerait à rien, puisque la sentence n'a pas été rendue conformément à l'acte constitutif? Abandonnerais-je ce moyen pour recourir à une dénégation? On a aussi attesté qu'après la disparition du premier traité, Apaturios et Parménon, reconnaissant qu'il n'était plus obligatoire, voulaient en rédiger un autre. Ainsi, des stipulations nouvelles étaient, à leurs yeux, la condition d'une procédure régulière : or, elles n'ont pas eu lieu : arbitrage et caution sont donc frappés de nullité. Elles n'ont pas eu lieu, parce que les parties étaient en désaccord sur le nombre des arbitres. Il n'y aurait donc d'autre preuve de mon engagement que le premier traité; et cette pièce perdue n'a pas été remplacée. Aucun acte ne peut être présenté contre moi : de quel droit donc Apaturios m'a-t-il poursuivi?

D'ailleurs, il a été déposé que Parménon a défendu à Aristoclès de le condamner sans ses collègues; et le même homme, coupable du crime de suppression de titre, avoue que, contrairement à cette légitime opposition, il a prononcé seul. Est-ce donc sur sa parole que la justice permet de me condamner?

O juges! soyez encore attentifs à ceci. Je suppose un instant Parménon de retour et mis à ma place; c'est lui, et non moi, qu'Apaturios poursuit pour les vingt mines désignées dans la sentence d'Aristoclès. « Par des témoins, je prouve, dit-il, que j'ai remis ma cause à la décision de trois arbitres, et non d'un seul; que j'ai protesté d'avance contre tout jugement émané d'un seul suffrage; qu'enfin, parti après avoir perdu ma famille dans un tremblement de terre, j'ai été condamné par défaut par celui-là même qui avait supprimé le titre de l'arbitrage. » Après avoir écouté cette défense, qui oserait, parmi vous, confirmer une sentence arbitrale aussi illégitime? Je vais plus loin, et j'admets un instant qu'aucune formalité n'est en litige : il existe une convention; Aristoclès a pu prononcer seul; Parménon n'a pas protesté. Mais le voilà soudain devenu victime d'une horrible catastrophe; il part tout éploré. Où est, je le demande, l'adversaire, où est l'arbitre assez impitoyable pour ne pas ajourner l'affaire jusqu'au retour de l'infortuné? Plaidée par lui-même, la cause de Parménon vous apparaîtrait, sous toutes les faces, plus juste que celle d'Apaturios : mais Parménon, du moins, avait des engagements avec son accusateur; entre Apaturios et moi, il n'y a jamais eu d'intérêts à débattre, et vous me condamneriez!

Ainsi, ô juges! ma fin de non-recevoir est légitime; la plainte n'a point de base réelle; je comparais ici contre le vœu de la loi. Sur ces propositions j'ai élevé toutes mes preuves; et, au sommet, j'ai placé cette assertion sans réplique : Non, Apaturios n'essayera pas même de dire qu'entre nous deux il existe un engagement. L'imposteur balbutiera que j'ai été inscrit comme répondant sur l'acte rédigé avec Parménon. Répondez-lui : Eh bien! cet acte, montre-le au tribunal. Ignores-tu le motif pour lequel on dépose chez une personne de confiance des traités signés par les parties contractantes? c'est pour y recourir, pour les consulter, pour y trouver la solution des différends qui peuvent intervenir. Qu'as-tu fait? tu as détruit cet organe de la vérité; puis, tu viens nous débiter tes mensonges : et nous pourrions te croire sans blesser la justice!

Quelqu'un, dira-t-on, va déposer en sa faveur. — Un témoin! c'est une facile trouvaille, même pour le calomniateur. Mais, si je m'inscris en faux contre celui du plaignant, comment prouvera-t-il sa véracité? Par la production d'un acte en forme? Ah! que celui qui le possède le montre donc au plus tôt! S'il répète que cet acte est perdu, pourquoi m'a-t-on ravi le moyen de démasquer l'imposture? Si j'en avais été dépositaire, c'est moi qu'Apaturios pourrait accuser d'avoir voulu, par sa suppression, esquiver mes engagements. C'est à Aristoclès qu'il fut confié : si sa disparition contrarie le plaignant, que ne poursuit-il Aristoclès? Que veut-il donc, en présentant, à ma charge, l'attestation écrite par la même main qui a anéanti cette pièce? Aristoclès ne serait-il pas devenu son ennemi, s'il n'était son complice?

J'ai présenté, autant que j'ai pu, la justice de ma cause. Cette justice, puissé-je la retrouver dans une sentence conforme aux lois!

NOTES
DU PLAIDOYER CONTRE APATURIOS.

(1) « Qui irritorum contractuum rei fiant. » Paraphrase de J. Wolf.

(2) Je lirais volontiers, comme le propose J. Wolf, δίκαις ἐμπορικὰς, au lieu de ἐν ταῖς ἐμπορικαῖς.

(3) Les mots διὰ τοῦτο me semblent se rapporter à ἔτυχε προςκεκρουκώς τι, de l'avant-dernière phrase.

(4) La τράπεζα ἀνασκευασθεῖσα est notre *banqueroute* (*banca rupta*).

(5) Littéralement : *du dême d'Oïon*.

(6) Distinction des deux pouvoirs qui sont confiés à la fois à nos juges de paix.

(7) Auger se trompe en croyant qu'il y a ici une lacune: seulement, l'orateur ne suit pas régulièrement l'ordre qu'il vient d'annoncer. Démosthène offre plus d'un exemple de ces sortes d'inconséquences.

(8) Distinction entre les obligations du for intérieur et celles du for extérieur.

VIII.

PLAIDOYER

CONTRE PHORMION.

INTRODUCTION.

Le négociant Phormion devait s'embarquer bientôt sur le vaisseau d'un armateur, appelé Lampis, pour faire le commerce dans le Bosphore. Il emprunte vingt mines à Chrysippe, s'engageant à en payer l'intérêt à son retour : les marchandises qu'il déposera sur le même navire serviront de nantissement. Arrivé au terme de son voyage, les troubles du pays l'empêchent de vendre sa cargaison. Il laisse Lampis retourner au Pirée sans lui, et l'avertit qu'il reviendra sur un autre bâtiment. L'armateur part, fait naufrage près du port, se sauve dans sa chaloupe, et arrive. Chrysippe l'interroge : « Phormion n'a rien déposé à mon bord; et il ne m'a pas remis d'argent. » Phormion débarque un peu plus tard; il ne paye ni intérêts ni principal. Nouvelles et plus vives questions de Chrysippe : « Ton argent! je l'ai remis à Lampis; je ne te dois rien. Est-ce ma faute si cet argent a péri avec le reste de la cargaison? » Lampis, dit Chrysippe, changea de langage, et se conforma aux réponses de Phormion. Assignation du créancier au débiteur, qui oppose la fin de non-recevoir.

Chrysippe, dit Auger, attaque ce moyen de défense comme illégitime, et prétend qu'on doit discuter le fond, qu'il discute en effet. Après avoir combattu en peu de mots, dans son exorde, la fin de non-recevoir, il prouve, 1° que Phormion a enfreint l'acte passé entre eux, en ne mettant sur le vaisseau, ni à son départ, ni à son retour, les gages de la créance, suivant les conventions; 2° qu'il n'a pas remis d'argent à Lampis. C'est sur ce second article que roule presque tout le discours. Il attaque sur cet objet Phormion, par toute sa conduite dans le Bosphore et à son retour, par le peu de probabilité des faits qu'il avance, par les premières réponses de Lampis, enfin par plusieurs autres raisons solides. Il rappelle les services qu'il a rendus à la république dans trois circonstances essentielles, et finit par exhorter les juges à prononcer pour lui dans une cause qui intéresse le commerce. qui les intéresse eux-mêmes.

DISCOURS.

Je vous adresserai, ô juges! une juste prière : écoutez avec bienveillance ma réponse. Je suis, vous le savez, étranger aux débats judiciaires. Depuis longtemps j'aborde à votre port, j'y fais de nombreuses transactions : et cependant, je n'ai jamais eu de procès devant vous, ni comme plaignant, ni comme défendeur. Même aujourd'hui, Athéniens, je le proteste, si je pensais que ma créance eût péri avec le vaisseau, je n'eusse jamais traduit Phormion à votre tribunal : j'ai un front qui sait rougir, et une fortune accoutumée à de tels mécomptes. Mais ma faiblesse m'a attiré plus d'un reproche, surtout de la part des voyageurs qui, ayant vu Phormion dans le Bosphore, savaient très-bien qu'il n'avait rien perdu par naufrage : j'ai donc cru qu'il y aurait lâcheté à ne pas repousser le tort qui m'est fait.

Sur la fin de non-recevoir je serai très-court. Mes adversaires (1) ne nient pas entièrement qu'ils n'aient contracté une obligation dans votre port; mais ils affirment n'en avoir plus à remplir, vu que toutes les clauses du contrat ont été, disent-ils, exécutées. Mais tel n'est pas le langage des lois en vertu desquelles vous siégez ici. Pour quelles affaires accordent-elles la fin de non-recevoir? pour celles qui n'ont été faites ni à Athènes, ni dans le port d'Athènes (2). Avoue-t-on qu'on en a fait dans ces lieux? on a beau ajouter qu'on a rempli les clauses de l'acte : la loi défend de décliner la poursuite, et ordonne de se justifier au fond. J'espère cependant prouver, par le fond même de la cause, que, dans le cas présent, la fin de non-recevoir n'est pas admissible.

Examinez, ô Athéniens! ce qu'ils accordent et ce qu'ils contestent : c'est le mode d'enquête le plus sûr. Ils reconnaissent un emprunt, un acte de créance : mais ils disent avoir remis l'or à Lampis, commissionnaire de Dion, dans le Bosphore. Non, ils ne l'ont pas remis, ils n'ont pas même dû le remettre : c'est ce que je vais prouver. Je suis forcé de remonter rapidement à l'origine du fait.

Athéniens, j'ai prêté à Phormion, ici présent, pour son voyage du Pont, vingt mines, dont il devait me payer l'intérêt à son retour, et pour lesquelles il engageait des effets mis sur un vaisseau. Nous en avons déposé l'acte chez Kittos, le banquier. Nos conventions portaient que l'emprunteur déposerait sur le navire pour quatre mille drachmes de marchandises : Phormion, néanmoins, commet la friponnerie la plus révoltante. Sur-le-champ il emprunte clandestinement, dans le Pirée, quatre mille cinq cents drachmes à Théodore le Phénicien, et mille à l'armateur Lampis. Pour satisfaire aux conditions de ses trois billets, il devait embarquer une cargaison de la valeur de cent cinquante mines : celle qu'il emporta ne valait que cinq mille cinq cents drachmes, les vivres compris ; et il reste redevable de soixante-quinze mines (3).

Ainsi, juges, premier grief : Phormion ne m'a point fourni de garantie ; il a enfreint notre contrat, qui lui ordonnait d'hypothéquer ma créance sur sa cargaison. — Prends-moi ce contrat.

Lecture du Contrat.

Prends aussi le registre des collecteurs (4), et les dépositions.

Le Greffier lit.

Phormion arrive au Bosphore avec des lettres que je lui avais remises : l'une pour mon fils, qui était là en quartier d'hiver ; l'autre pour un associé. Dans celle-ci, j'indiquais le montant et le gage de ma créance ; et, les marchandises déchargées, je recommandais de les visiter et d'en suivre le débit. Cette correspondance aurait éclairé les démarches du fourbe : il la supprima. Le commerce languissait dans le Bosphore : triste effet de la guerre de Parisadès contre les Scythes. La cargaison du négociant restait sur place ; et son embarras fut extrême quand il se vit pressé par les créanciers qui devaient être remboursés dans le Pont. Prêt à partir, l'armateur lui signifie qu'il ait à déposer à son bord, en vertu de l'acte, les effets qui devaient me servir de nantissement. « Vous le voyez, répond l'homme qui soutient aujourd'hui m'avoir payé par les mains de Lampis, mes marchandises ne s'écoulent pas ; je n'ai donc point de cautionnement à vous confier. Mais partez toujours : quand je me serai défait de mes ballots, je m'en retournerai sur un autre navire. »

Lis la déposition relative à ce fait.

Déposition.

Phormion, Athéniens, reste donc dans le Bosphore. Lampis, parti, vient faire naufrage non loin du Pirée. Sur le tillac de son navire, déjà surchargé, dit-on, il avait encore pris mille peaux de bœufs : aussi le bâtiment sombra. Lampis se sauva dans la chaloupe avec les autres serviteurs de Dion ; mais il périt plus de trente personnes (5), avec les marchandises. A la nouvelle de cette catastrophe, grand deuil dans le Bosphore ; grandes félicitations pour Phormion, heureux de n'avoir confié à Lampis ni sa personne ni son bien. Phormion, bien entendu, tenait là-dessus le même langage.

Lis-nous les dépositions.

Dépositions.

Redoublez ici d'attention. J'aborde Lampis, auquel il prétendait avoir remis le montant de sa dette ; je l'interroge sur mon affaire. Il me répond que Phormion n'a rien déposé sur son vaisseau, ne lui a remis aucune somme, n'a rempli aucune de ses obligations.

Lis la déposition de ceux qui étaient présents

Déposition.

Dès que Phormion fut revenu sain et sauf sur un autre navire, j'allai le trouver, et lui demandai ma créance. Ses premières réponses furent entièrement différentes de ses réponses actuelles. Je te payerai, me disait-il. Mais bientôt il s'abouche avec ceux qui le secondent maintenant dans ses chicanes, et, soudain, ce n'est plus le même homme. Je comprends alors que je suis joué ; je cours vers Lampis, et je lui dis : « Phormion néglige de me satisfaire, et ne me rend pas mon argent. Enseigne-moi sa demeure, afin que je puisse l'ajourner. — Suis-moi, » me dit Lampis. Je le suis, et nous trouvons notre homme dans le quartier des parfumeurs. Accompagné d'huissiers, je lui fais signifier l'ajournement. Lampis, ô Athéniens! Lampis, qui était présent, n'eut pas le front d'affirmer que Phormion lui eût remis mes vingt mines. Il ne me dit point, comme il n'eût pas manqué de faire : « Es-tu fou, Chrysippe? Une citation à Phormion ! il m'a payé pour toi. » Phormion ne fit pas, non plus, ce qu'il aurait dû faire : il n'arracha point d'aveu à Lampis ; il ne me dit point, en me le montrant : « Pourquoi m'assignes-tu? n'ai-je pas remis ton argent à l'homme que voilà? »

Dans ce moment décisif, ni l'un ni l'autre ne m'a rien dit de semblable. Je dis vrai : prends la déposition des huissiers.

Déposition.

Prends aussi l'assignation que je lançai contre lui l'an dernier. Rien ne prouve mieux que Phormion ne disait pas encore m'avoir remboursé par le moyen de l'armateur.

Assignation.

Si je fis signifier cet ajournement, ô Athéniens ! c'était uniquement sous l'influence du rapport de Lampis. On m'annonçait que mon débiteur n'avait rien déposé, rien payé. Aurais-je été assez fou pour hasarder cette grave démarche, au risque d'être confondu par une déclaration contraire du maître du navire ?

Que votre attention pénètre plus avant : dans un déclinatoire qu'ils m'opposaient l'année précédente, ces mêmes hommes n'ont pas eu le front d'annoncer la remise de l'argent à Lampis. Lis-nous l'acte de cette opposition.

Fin de non-recevoir.

Vous l'entendez, ô Athéniens ! dans cette pièce, il n'est dit nulle part : Phormion a payé par les mains de Lampis. Et cependant, l'assignation qu'on vient de vous lire porte formellement qu'il n'avait rien déposé à bord, rien payé pour moi à personne. Voilà ce qu'ils attestent contre eux-mêmes ; et vous demanderez encore des témoins !

Notre débat allait être soumis aux tribunaux : mes adversaires me prient de le mettre en arbitrage. Nous choisissons Théodote l'isotèle (6), en vertu d'un traité. Lampis, qui avait partagé mon argent avec Phormion, persuadé qu'il pourrait, devant l'arbitre, témoigner impunément à son gré, atteste le contraire de ses premières déclarations. Rendu en face d'un tribunal, ou devant un arbitre, le faux témoignage a, vous le savez, des conséquences bien différentes. Dans le premier cas, c'est un crime, que vous punissez avec la dernière rigueur ; dans le second, c'est à peine un délit, avec lequel l'impudence joue sans péril. Indigné de l'audace du marin, je me récrie ; je présente à l'arbitre, comme je fais devant vous, les dépositions de ceux qui avaient vu et entendu lorsque je l'abordai, lorsqu'il affirma que Phormion n'avait laissé ni gage ni payement. Vivement accusé d'imposture judiciaire, Lampis convient de ses premières réponses : « Que voulez-vous, dit-il ? je ne pensais pas alors à ce que je disais. »

Lis la déposition qui porte sur ce fait.

Déposition.

Éclairé par mes preuves, et persuadé du mensonge de Lampis, que fit Théodote? il ne me retira point mon droit de poursuivre, et nous renvoya devant votre tribunal. C'était un moyen terme, fort commode, entre la condamnation des coupables, et le parjure dont mon éviction aurait été entachée. J'ai su depuis que l'honnête arbitre était ami de Phormion.

Mais voyons la chose en elle-même, et demandons-lui comment Phormion aurait pu payer Lampis. A son départ du Pirée, il n'avait pas confié au navire des gages suffisants pour les emprunts contractés près de moi et de quelques autres. La stagnation des affaires dans le Bosphore lui permit à peine de s'acquitter envers ceux de ses créanciers qu'il devait rembourser en Thrace. Moi, je lui avais prêté deux mille drachmes, payables à son retour, avec augmentation de six cents. Phormion prétend avoir remis à Lampis, dans le Bosphore, cent vingt statères de Cyzique, qu'il avait empruntés à un taux que je vous prie de ne pas oublier, celui d'un pour six. Le statère vaut, dans cette contrée, vingt-huit drachmes attiques. Voyez maintenant quel total il prétend avoir rendu. Les cent vingt statères font trois mille trois cent soixante drachmes ; l'intérêt ordinaire de cette somme, à un pour six, donne cinq cent soixante drachmes. L'addition du capital avec l'intérêt donne le total de la somme remboursée. Or, y a-t-il, y aura-t-il jamais un emprunteur qui, pour deux mille six cents drachmes, en veuille payer trois mille trois cent soixante, empruntées à un intérêt de cinq cent soixante, c'est-à-dire, trois mille neuf cent vingt drachmes ? Voilà pourtant la somme que Phormion prétend avoir remise à Lampis. Croira-t-on que, libre de payer sa dette sur la place d'Athènes à son retour, il ait compté, dans le Bosphore, au moins treize mines d'excédant (7) ? Quoi ! Phormion, à peine as-tu rendu le capital aux créanciers que tu devais rembourser en Thrace, qui avaient navigué avec toi, qui séjournaient dans le même pays, qui te harcelaient ; et pour moi, qui étais bien loin, pour moi qui ne te persécutais pas, tu as remis et principal, et intérêts, et l'amende portée au contrat, en cas d'infraction ! Tu songeais peu à ceux que leurs billets armaient du droit de te poursuivre, même à l'étranger ; et, pour l'homme que tu as trompé dès le principe, en violant la clause qui t'ordonnait de placer des valeurs sur le vaisseau prêt à partir, tu as, dis-tu, scrupuleusement observé ta parole ! Débarqué dans ce même port où le contrat a été passé, tu cherches à dépouiller ton créancier ; et, dans ce

Bosphore où je ne pouvais t'atteindre, tu prétends avoir dépassé les limites de ton devoir!

Le négociant qui fait un emprunt remboursable au lieu même d'où il va partir, ne manque pas de rassembler plusieurs témoins avant de mettre à la voile : en leur présence, il déclare qu'il a déposé sur le vaisseau des marchandises en garantie de sa dette, et qui sont là aux risques et péril du créancier. Toi, Phormion, que fais-tu? Tu prends un témoin, un seul! Encore, choisis-tu mon fils, ou mon associé, qui sont au Bosphore? Loin de là, tu ne leur apportes pas même les lettres que je t'ai remises pour eux, et qui leur recommandent d'avoir l'œil sur tes pas : tu choisis le complice de ta friponnerie! Le messager infidèle, le soustracteur de correspondance n'est-il pas, ô Athéniens! capable de bien des crimes? Cette fraude ne dévoile-t-elle pas toutes les autres? Toutefois, j'en atteste les dieux! en payant une somme qui s'élevait si fort au-dessus de la dette primitive, il devait le publier hautement dans le port, s'entourer de témoins, mander, avant tout autre, mon fils et mon associé. Qui ne connaît, sur ce point, les usages de notre commerce? Pour un emprunt, peu de témoins; pour un payement, le plus de témoins possible : on se plaît à montrer, dans ce dernier cas, combien on est fidèle à ses engagements. Toi donc, ô Phormion! qui, après avoir fait valoir mon argent seulement sur le lieu de ton arrivée, remboursais, outre le capital, des intérêts doubles et treize mines en sus, ne devais-tu pas appeler près de toi de nombreux témoins? Si tu l'avais fait, on aurait dit : Voilà le modèle des honnêtes commerçants. Au lieu d'éclairer ainsi ton prétendu remboursement, tu as, comme les malfaiteurs, préféré les ténèbres. Si tu t'étais acquitté dans mes mains, les témoins devenaient inutiles : j'aurais déchiré le contrat, et donné quittance. Mais c'est un autre que tu payais, et non Chrysippe; c'est en Thrace, et non au Pirée ; à Athènes était déposé le contrat qui te liait; l'homme à qui tu remettais l'argent pouvait, dans une longue traversée, faire naufrage, pouvait mourir : et tu n'as pris aucun témoin véritable (8), pas même un esclave!

Le contrat, dit-il, m'enjoignait de compter la somme à l'armateur. — Mais te défendait-il d'avoir des témoins, de remettre une lettre? Dans ma juste méfiance, j'ai fait rédiger deux billets; et toi, sachant qu'il existait ici un acte par lequel tu étais lié, tu as, dis-tu, satisfait à tes obligations sans que rien l'atteste! Qu'exige de toi cet acte? il exige que tu rembourses l'emprunt après le retour du navire à bon port; il exige que des marchandises soient déposées :

sinon, cinq mille drachmes, de plus, seront payées au créancier. Cette clause, tu la négliges, tu la violes dès le principe ; tu n'engages pas la moindre valeur sur le bâtiment; et, après l'être réduit toi-même au silence, tu viens faire une querelle de mots! Tu dis : Je n'ai pas déposé de cautionnements, mais j'ai payé l'armateur. Pourquoi donc parles-tu aussi du vaisseau? As-tu couru le même péril? non, puisque tu n'y avais rien embarqué.

J'ai déposé des gages, tel est, ô Athéniens! le mensonge sur lequel il s'était appuyé d'abord : mensonge trop facile à constater et par les rôles des collecteurs du Bosphore, et par le témoignage des négociants qui fréquentaient alors cette contrée. Phormion change donc de batterie: pensant qu'il pouvait, en citant le contrat, affirmer qu'il avait payé sa dette, et que, pour la négation d'un fait passé contre ces deux hommes, la conviction serait impossible, il se concerte avec Lampis, et ose soutenir qu'il m'a payé dans ses mains. A entendre ce couple de fripons, tout ce qu'a dit l'armateur avant de devenir complice est nul ; il parlait sans penser : mais, depuis qu'il a touché sa part de l'or, oh! c'est un homme très-réfléchi, sa mémoire est excellente.

O juges! si Lampis s'était joué de moi seul, il n'y aurait pas de quoi s'émouvoir : mais, par un crime bien plus grave, il vous attaque tous. Une proclamation de Parisadès avait annoncé que tout navigateur débarqué au Bosphore dans le but d'acheter du blé pour les ports de l'Attique, le transporterait franc d'impôt. Lampis enlève des grains, s'inscrit pour Athènes, et jouit de la franchise. Son vaisseau chargé, il fait voile vers Acanthe (9), et débite sa marchandise, après avoir partagé le vol de Phormion. Celui qui agissait ainsi, ô juges! avait sa résidence habituelle à Athènes, avait femme et enfants; il n'ignorait pas que la peine de mort attend quiconque, établi dans votre ville, détourne du blé loin de vos rivages. La circonstance, d'ailleurs, était grave : les habitants de la ville recevaient la farine par rations à l'Odéon; on ne vendait pas pour plus d'une obole de pain (10) dans le quartier du Pirée, près de l'arsenal maritime; et, sous le Grand-Portique, on s'écrasait pour recevoir un douzième de médimne de farine.

Tous ces détails sont exacts : qu'on lise la déposition et la loi.

Lecture de Pièces.

Phormion, dont Lampis est à la fois le complice et le témoin, prétend nous dépouiller, nous qui avons constamment approvisionné de blé vos marchés, nous fidèles à assister la rétrie dans trois de ces crises où vous reconnaissez facilement les citoyens dévoués. Lorsqu'Alexandre marchait sur Thèbes, nous vous avons donné un talent d'argent. Pendant une disette qui, avant cet événement, avait élevé le prix de la mesure de froment à seize drachmes, nous en avions importé plus de cent mille médimnes, et nous l'avions vendu cinq drachmes, d'après le tarif ordinaire. Ce fait est notoire pour vous tous, qui avez pris part à la distribution publique. Enfin, l'an dernier, nous avons encore contribué d'un talent, mon frère et moi, pour qu'on achetât du blé au Peuple. — Lis-nous les pièces qui le constatent.

Dépositions.

Quelle induction peut-on tirer de là? c'est que nous, qui, pour mériter votre estime, avons fait de tels sacrifices pécuniaires, nous n'avons probablement pas couru le risque de la perdre pour adresser à Phormion une réclamation injuste. Votre appui nous est donc dû, ô juges!

J'ai prouvé qu'à l'instant de son départ d'Athènes, Phormion n'a pas chargé sur le navire de quoi garantir tous ses engagements; que les ballots placés par lui dans le Bosphore ont à peine suffi pour le dégager des créances remboursables dans ce pays; qu'il n'était ni assez riche ni assez sot pour payer trente-neuf mines, au lieu de deux mille six cents drachmes; que la prétendue remise de mes fonds à l'armateur n'a eu pour témoins ni mon fils, ni mon associé, qui habitaient la même contrée; enfin, que Lampis, avant d'être vendu à mon débiteur, a témoigné lui-même n'en avoir rien reçu. Soutiens ta cause avec cette méthode, Phormion : ce sera ta meilleure apologie.

Quant à ton déclinatoire, j'ai pour moi la loi : elle donne action au négociant qui a contracté dans Athènes ou au Pirée, même à celui qui a contracté ailleurs pour un commerce maritime dont l'Attique est le but. — Prends la loi.

Loi.

Le contrat passé chez vous entre Phormion et moi n'est pas méconnu de mes adversaires; et cependant ils veulent que vous fermiez l'oreille à ma réclamation. A quel tribunal aurai-je donc recours? Je demande des juges athéniens, parce que l'affaire a été conclue à Athènes. Trompé dans l'entreprise d'un armateur qui aurait fait voile pour le Pirée, je pourrais poursuivre Phormion devant vous : mon affaire s'est faite dans votre port; et l'on soutiendra que, devant vous, ma partie est inattaquable! En choisissant Théodote pour arbitre, elle avouait mon droit de poursuite; et, sur une question litigieuse qui est absolument la même, elle le conteste aujourd'hui! Recevable devant l'arbitre, je dois, à l'entendre, être repoussé de votre tribunal. Si Théodote eût prononcé que nous n'avions point action, je cherche vainement comment Phormion aurait motivé sa fin de non-recevoir, puisque, après notre renvoi devant vous, renvoi formulé par le même Théodote, il me dénie le droit de l'accuser ici. Les lois donnent action devant les thesmothètes pour affaires conclues à Athènes : vous avez juré de prononcer suivant les lois; consacrez donc mon droit par votre sentence.

J'ai prêté des fonds : Phormion et le contrat l'attestent. Qui atteste que ces fonds me sont rentrés? personne, excepté Lampis. Et ce Lampis, qu'est-il? le complice de l'emprunteur. Eh bien! Lampis lui-même, et ceux qui l'ont entendu, déposent que la dette ne lui a pas été payée. Phormion craint-il un faux témoignage? il peut attaquer les hommes qui parlent en ma faveur. Mais les témoins de Phormion, qui disent savoir que Lampis atteste avoir reçu mon argent, comment les poursuivrai-je? Si l'on déposait ici l'attestation de l'armateur (11), on pourrait dire que je dois l'attaquer : mais je ne vois point cette pièce; et Phormion espère échapper en n'offrant aucune base solide au jugement que vous allez rendre. Il convient de la dette, il affirme le remboursement : rejetterez-vous ses aveux pour adopter ce qui lui est contesté? ce serait une étrange inconséquence! Lampis, sur le témoignage duquel il se fonde, a nié d'abord le payement : vous, Athéniens, qui n'êtes pas témoins du fait, allez-vous statuer que le payement a eu lieu? La véritable preuve, à vos yeux, ne sera-t-elle pas dans ces paroles si vraies, les premières qu'il a prononcées? ou bien les rejetterez-vous, pour saisir le langage décevant d'un homme qui s'est vendu? O Athéniens! les conclusions tirées d'une première réponse sont bien plus justes que celles qui résultent d'un tardif mensonge : celle-là est la vérité spontanée; celui-ci est l'artifice de l'imposture et de l'intérêt. Vous ne l'oublierez sans doute pas : ne pouvant nier qu'il avait assuré que mes avances n'étaient point rentrées dans ses mains, Lampis l'a avoué, ajoutant seulement qu'alors il n'avait pas pesé le sens de ses paroles. Voilà une déposition en deux parties : l'une favorise la friponnerie, l'autre défend les victimes des fripons : exclurez-vous la seconde pour accueillir la première? Non, Athéniens, vous ne le ferez pas.

Je vois ici les mêmes juges qui ont condamné à mort un négociant cité devant le Peuple. Athénien comme vous, fils d'un de vos généraux, qu'avait-il donc fait? il avait contracté, pour un voyage, un emprunt considérable, sans offrir de gages à ses créanciers. Vous croyez que de pareils imprudents nuisent, non-seulement à ceux que le hasard jette dans leurs filets, mais à tout le commerce de l'Attique. Opinion fort juste, car le commerce se soutient moins par ceux qui empruntent que par ceux qui prêtent. Si nul ne cède ses fonds, pour le vaisseau, l'armateur, le passager, la mer est fermée. Aussi les lois viennent-elles souvent en aide aux créanciers. Votre rôle est donc de réformer les abus : pas d'indulgence pour les fripons ! Veillez sur les intérêts des citoyens qui confient leurs capitaux à tant de hasards; ne les jetez pas, comme une proie, à ces loups voraces. Par là seulement vous retirerez du commerce tout l'avantage possible.

J'ai parlé de mon mieux : j'appellerai ici quelqu'un de mes amis, si vous l'ordonnez.

NOTES

DU PLAIDOYER CONTRE PHORMION.

(1) *Mes adversaires* : Phormion et Lampis, comme on verra plus bas.

(2) Auger : *ni pour le port d'Athènes*. Je doute beaucoup que ce soit là le sens de εἰς dans ce passage, et qu'il indique autre chose que la simple distinction entre la ville et le Pirée.

(3) Seager a démontré, par le calcul, qu'il faut lire ici ἑβδομήκοντα, et non ἐννενήκοντα. V. *Appar.*, t. IV, p. 540. Dans le Démosthène d'Auger, 1821, pourquoi voit-on le premier de ces nombres dans le texte, et le second dans la traduction?

(4) Littéralement : *des collecteurs du droit de cinquantième*.

(5) Les manuscrits varient entre τριάκοντα, διακόσια et τριακόσια, trente, deux cents, trois cents. Reiske, Bekker et Schæfer préfèrent le premier nombre, comme plus vraisemblable. Bekker supprime ἐλεύθερα, qui manque sur plusieurs de ses bons manuscrits.

(6) *L'isotèle* : c'est-à-dire, étranger établi à Athènes,

et jouissant de tous les droits de citoyen, excepté qu'il ne pouvait exercer une véritable magistrature.

(7) Treize mines, dit Auger, font treize cents drachmes; lesquelles, ajoutées aux deux mille six cents drachmes que Phormion devait remettre à Athènes, donnent trois mille neuf cents drachmes. Donc ce négociant aurait payé dans le Bosphore plus de treize mines en sus de ce qu'il devait rembourser à son retour.

(8) Tel est le sens des mots μάρτυρα οὐδέν' ἐποίησε. Lampis a été désigné plus haut comme le témoin de Phormion : mais il n'avait pas caractère pour cela, puisque c'est lui-même qui, au dire de Phormion, avait reçu l'argent.

(9) Ancienne ville de Macédoine, selon Pline; de Thrace, selon Étienne de Byzance.

(10) Auger : « Ceux du Pirée recevaient des pains pour une obole. » Le traducteur aurait dû nous apprendre combien on en donnait à ce prix. Sa phrase est loin d'annoncer la disette.

(11) Il paraît que Lampis était en course.

IX.
PLAIDOYER
CONTRE LACRITOS.

INTRODUCTION.

Voici Démosthène en lutte, sous un nom étranger et dans une affaire civile, avec un homme qui avait fait de l'éloquence une étude approfondie. Lacritos, rhéteur, disciple d'Isocrate, est la partie adverse d'Androclès, pour qui ce discours a été composé. Son plaidoyer est perdu. Celui qu'on va lire a été, au reste, disputé, même chez les Anciens, à l'auteur des Philippiques.

Androclès avait prêté de l'argent au négociant Artémon, frère de Lacritos. Des marchandises à expédier pour le Pont, et quelques objets d'importation en Attique, devaient garantir cet emprunt. Artémon meurt sans avoir satisfait à ses engagements; et Lacritos, si l'on en croit Démosthène, hérite de toute sa fortune. Le créancier non payé attaque le prétendu légataire universel, qui lui oppose une fin de non-recevoir, parce qu'il n'a fait aucune affaire avec lui, et qu'il avait renoncé à la succession. Androclès repousse le déclinatoire avec une faiblesse que cette mauvaise cause, dit l'auteur de l'argument grec, rendait inévitable. Il parle ensuite avec plus de force contre la mauvaise foi de son adversaire ; fait lire l'acte que Lacritos lui-même a écrit et signé, en parcourt les clauses, et montre que toutes ont été violées. Il réfute, l'une après l'autre, les défaites par lesquelles il était éconduit chaque fois qu'il réclamait le payement de sa créance. Enfin, avec une malice qui n'est peut-être pas exempte de jalousie, le client de Démosthène raille Lacritos sur son talent oratoire, et cherche à prémunir le tribunal contre les séductions d'une éloquence artificieuse.

DISCOURS.

Rien n'est nouveau dans la conduite des Phasélites (1), ô juges! ce sont toujours mêmes mœurs. Emprunteurs déterminés dans le commerce, ont-ils touché une créance, et passé le contrat d'engagements maritimes; contrat, lois, obligation de rendre, tout est aussitôt oublié : ou si, par hasard, ils rendent, c'est une perte qu'ils croient faire. Les plus fourbes et les plus injustes des hommes, ils inventent, au lieu de s'acquitter, des chicanes, des faux-fuyants, des fins de non-recevoir. En voici la preuve : parmi tous les Hellènes, tous les Barbares qui abordent à votre port, les Phasélites ont constamment plus de procès que tous les autres ensemble. Voilà quelle est cette race.

J'ai prêté de l'argent à Artémon, frère de Lacritos, suivant les lois du commerce, sur des marchandises d'exportation au Pont, et d'importation à Athènes. Artémon étant mort avant de me rembourser, j'ai intenté à Lacritos le procès actuel, d'après les mêmes lois qui ont réglé notre contrat. Je poursuis en lui le frère de mon débiteur, le propriétaire de tous les biens qu'Artémon a laissés et dans ce pays et à Phasélis, en un mot son légataire universel. Je le poursuis, parce qu'il ne peut citer une seule loi qui, après qu'il a fait acte de possesseur et d'héritier de la fortune fraternelle, l'autorise à déclarer qu'il répudie ces titres et renonce à la succession (2). Telle est, ô juges! la prétention coupable de Lacritos. Et moi, puissé-je être écouté de vous avec bienveillance! Si je convaincs ma partie d'injustice envers vous non moins qu'envers ses créanciers, puissiez-vous me prêter un légitime appui!

Je ne connaissais nullement ces hommes. Thrasymède, fils du Sphettien Diophante, et Ménalopos son frère, sont liés avec moi de la plus étroite amitié. Un jour, ils m'abordent avec Lacritos, qui les connaît, je ne sais à quel titre, et ils me prient de prêter une somme à faire valoir dans le Pont, à Artémon et à Apollodore (3), ses frères. Thrasymède, abusé sur le compte de ces fripons, prenait à la lettre leurs protestations de probité, et comptait sur leur fidélité à remplir tous leurs engagements. Les promesses (4) et les belles paroles de Lacritos, quelle garantie ! On lui en imposait donc impudemment, et il ne se doutait pas qu'il s'était lié avec de véritables vautours. Persuadé par lui, par Ménalopos, par Lacritos, qui protestait que j'aurais pleine satisfaction de ses frères, je prêtai trente mines avec un Carystien, qui est mon hôte.

On va vous lire l'acte de cet emprunt, et la déposition des témoins devant lesquels il s'est effectué. Le reste vous sera exposé ensuite, et vous verrez toutes les sourdes manœuvres que ce même emprunt a fait naître.

Contrat.

Androclès, de Sphettos, et Naucrate (5), de Carystos, ont prêté à Artémon et à Apollodore, Phasélites, trois mille drachmes d'argent à faire valoir d'Athènes à Mendé ou à Skioné (6), et, de là, dans le Bosphore, et, s'ils le veulent, le long du littoral, à gauche, jusqu'au Borysthène, pour rentrer ensuite au point de départ; le tout, à deux cent vingt-cinq par mille. Si les débiteurs ne passent du Pont au Temple qu'après le lever de l'Arcture (7), l'intérêt sera de trois cents. L'emprunt est garanti sur trois mille amphores de vin de Mendé, qui seront embarquées à Mendé ou à Skioné, sur un bâtiment à vingt rames, armateur Hyblésios. Les engagistes ne doivent et n'emprunteront rien à personne sur ce vin. Ils apporteront à Athènes, sur le même navire, la cargaison qu'ils auront prise au Pont, en échange de celle-là. Dans l'espace de vingt jours, à compter de leur entrée au Pont avec leurs marchandises, ils rendront intégralement, en vertu du présent acte, la somme prêtée. Ils ne pourront en déduire que leur part des valeurs jetées à la mer (8) d'un commun accord entre les passagers, ou d'un rançonnement exercé par l'ennemi. Ils livreront aux créanciers, franche de toute autre charge, la cargaison engagée, jusqu'à ce que, conformément à l'acte, ils aient rendu l'argent prêté, intérêts et principal. Si le remboursement n'est pas fait dans l'intervalle convenu, les créanciers auront le droit de saisir les objets de nantissement, et de les vendre le prix qu'ils pourront valoir (9). Si la somme qui doit revenir aux créanciers, d'après la présente stipulation, n'est pas complétée par cette vente, ils auront action, pour le reste, contre Artémon ou Apollodore, ou contre tous deux à la fois; et ils pourront, en tout lieu, saisir leurs biens de terre et de mer, comme dans le cas de non-exécution d'une sentence qui condamne un débiteur. S'ils ne passent point dans le Pont, et que, restant dans l'Hellespont dix jours après le lever de Sirius (10), ils déchargent dans un pays où les Athéniens n'exercent pas le droit de représailles, ils payeront toujours les intérêts convenus l'année précédente. S'il arrive au vaisseau un grave accident, on ne pourra toucher aux objets de nantissement; la partie de la cargaison qui aura été sauvée sera partagée entre les créanciers et les débiteurs. Pour tous ces articles, rien ne pourra infirmer le contrat.

Témoins : Phormion, du Pirée; Céphisodote, de Boutia (11); Héliodore, de Pithos.

Qu'on lise aussi les dépositions.

Dépositions.

Archémonide, fils d'Archédamas, d'Anagyrrhonte, atteste qu'Androclès, de Sphettos, Naucrate, de Carystos, Artémon, et Apollodore, de Phasélis, ont déposé chez lui un contrat qui y est encore.

Lis, de plus, la déposition des témoins qui étaient présents.

Déposition.

Théodote, isotèle; Charinos, fils d'Épicharès, de Leukonion; Phormion, fils de Céphisophon, du Pirée; Céphisodote, de Bouthia; Héliodore, de Pithos, attestent ce qui suit :

Nous étions présents lorsqu'Androclès a prêté à Artémon et à Apollodore trois mille drachmes d'argent; et il est à notre connaissance que l'acte en a été remis entre les mains d'Archémonide d'Anagyrrhonte.

D'après ce contrat, ô juges! j'ai prêté des fonds à Artémon, frère de Lacritos, à la demande de ce dernier, qui me promettait pleine satisfaction sur tous les points. Lacritos a rédigé l'acte; Lacritos l'a signé : ses frères étaient encore trop jeunes. Oui, le fameux Lacritos, de Phasélis, le disciple d'Isocrate, a tout conduit. Ma confiance en lui devait être sans bornes; lui-même, à l'entendre, remplirait toutes les obligations; il resterait à Athènes, tandis que son frère Artémon courrait les mers pour faire valoir l'argent. Tant qu'il fut question d'attirer cet argent dans leurs mains, il se disait frère et associé d'Artémon; la merveilleuse persuasion coulait de ses lèvres. A peine maîtres de mes fonds, ils se les sont partagés, et en ont fait l'usage qu'ils ont voulu. L'événement a prouvé que pas une seule de leurs obligations n'a été remplie. Voilà, je le répète, l'homme qui dirigeait toute cette manœuvre.

Passant en revue les articles l'un après l'autre, je vais prouver qu'ils les ont rendus tous illusoires.

D'abord, il est écrit qu'ils nous empruntent trente mines sur trois mille amphores de vin, comme s'ils eussent eu le gage d'une autre somme pareille, le vin étant estimé un talent (12), tous frais déduits. Où devaient-ils le transporter? dans le Pont, sur le navire d'Hyblésios. Voilà, ô juges! ce que vous venez d'entendre. Au lieu de trois mille amphores, nos débiteurs n'en ont pas même embarqué cinq cents; au lieu d'acheter tout le vin qu'ils avaient promis, ils ont employé notre argent selon leur fantaisie. Même en rédigeant l'acte, ils n'avaient pas l'intention d'exécuter cette clause; jamais leur pensée ne s'y est arrêtée.

Cette perfidie est trop vraie. Qu'on prenne l'attestation de tout l'équipage.

Dépositions.

Érasiclès atteste :

J'étais pilote du navire d'Hyblésios; je sais qu'Apollodore y a embarqué, en tout, quatre cent cinquante amphores de vin de Mendé, et qu'il n'avait à bord aucune autre marchandise pour le Pont.

Hippias, fils d'Athénippe, d'Halicarnasse :

J'étais sur le vaisseau d'Hyblésios, je l'ai visité, et j'ai acquis la certitude qu'Apollodore, de Phasélis, n'y avait s pour le Pont' que quatre cent cinquante amphores de vin de Mendé, sans autre cargaison.

Archadès, fils de Mnésonide, d'Acharna; Sostrate, fils de Philippe, d'Histiée; Philtiade, fils de Ctésias, de Xypété; Dionysios, fils de Démocratide, de Chollé :

Nous avons entendu dire la même chose à d'autres.

Ainsi, infraction complète de la première stipulation, qui avait pour objet la quantité de vin à embarquer. L'acte porte ensuite : Les objets du nantissement sont libres de toute autre charge; ils ne garantissent et ne garantiront aucun autre emprunt. Voilà encore, ô juges! un engagement formel. Mais ces hommes, qu'ont-ils fait? Peu soucieux du contrat, ils ont emprunté de l'argent à un jeune homme, en lui faisant croire qu'ils ne devaient rien. Ils nous ont joués par une dette clandestine, contractée sur nos gages; ils ont joué le créancier novice qui leur abandonnait son or sur la foi de quelques valeurs engagées. Tel est le filet de fourberies dont Lacritos nous a enlacés.

Prouvons ce nouveau et criminel emprunt; prouvons-le par la déposition même du créancier.

Déposition.

Aratos d'Halicarnasse atteste : J'ai prêté à Apollodore onze mines d'argent, garanties par des marchandises qu'il transportait dans le Pont sur le navire d'Hyblésios, et qu'il devait échanger dans ce pays. J'ignorais qu'Apollodore était déjà débiteur d'Androclès ; et si je l'avais su, je ne lui aurais rien prêté.

Tels sont les tours de ces deux escrocs. L'acte porte encore qu'après avoir vendu dans le Pont leurs marchandises, ils en achèteront d'autres dont ils chargeront le vaisseau, et qu'ils amèneront à Athènes ; qu'ils nous rembourseront dans les vingt jours qui suivront leur retour ici; qu'enfin, jusqu'à parfait payement, nous serons saisis de la cargaison entière, libres de tout autre engagement. Tout cela est ainsi spécifié dans le contrat. Or c'est ici surtout, ô juges! qu'éclatent leur insolence et leur effronterie; c'est ici qu'ils ont montré le plus inique dédain pour leurs engagements envers nous, ici qu'ils les ont traités comme chansons et balivernes. Dans le Pont ils n'ont point fait d'échange, rien mis sur le navire, rien transporté à Athènes. Dès lors, que devenait notre garantie? sur quel nantissement pouvions-nous mettre la main? Et cependant, quel tort leur avions-nous fait? quelle sentence avaient-ils obtenue contre nous? Dans notre propre ville, nous avons été trompés, dépouillés de la manière la plus révoltante par des habitants de Phasélis. Depuis quand les Phasélites ont-ils le droit de voler ainsi vos concitoyens? Ne pas payer la dette qu'ils ont contractée près de nous, n'est-ce pas, en effet, un vol, une spoliation? Pour moi, jamais je n'ouïs parler de friponnerie plus grave que celle de ces hommes, qui, tout en disant, J'ai reçu ton argent, refusent de le rendre. Lorsque des doutes planent sur quelque stipulation, un examen juridique peut devenir nécessaire ; mais, quand les deux parties tiennent le même langage, quand il existe des actes formels, les clauses doivent s'exécuter d'elles-mêmes, et l'on reconnaît généralement que la lettre claire est une loi suffisante.

L'inobservation complète du contrat, la fraude, la mauvaise foi mises en jeu, dès le principe, pour éluder des obligations formelles, voilà ce que prouvent hautement et les témoins et nos adversaires eux-mêmes. Écoutez maintenant ce qu'il y a de plus révoltant dans toutes ces déceptions : vous allez voir encore l'œuvre de Lacritos, car Lacritos a tout conduit.

De retour en ce pays, ils viennent mouiller, non dans votre port, mais hors de ses limites, à la baie des Voleurs (13). Autant eût valu aborder à Égine ou à Mégares : car, de là, on peut prendre, pour le départ, le moment et la direction que l'on veut. Leur vaisseau était resté à l'ancre dans cet endroit pendant plus de vingt-cinq jours; pour eux, ils allaient et venaient sur notre Digma (14). Nous allons les y trouver, et nous leur demandons de penser au remboursement promis. « Nous y pensons, disent-ils, et nous nous reconnaissons pour vos débiteurs. » Cependant, je ne quitte point leurs traces; je les épie, j'observe s'ils enlèvent quelque chose du navire, s'ils payent les droits d'entrée. Plusieurs jours s'écoulent, je ne découvre absolument rien : pas de déchargement, pas de payement à la douane. Je deviens alors plus pressant. Le frère de notre débiteur, Lacritos, ainsi poursuivi, finit par me répondre qu'on ne peut nous rendre notre argent, que la cargaison avait péri, qu'on a de bonnes excuses à nous opposer. Mon indignation alors éclata; mais je n'y gagnais rien, les fripons restaient impassibles. Je leur demande des détails sur la prétendue catastrophe. « En passant de Panticapée à Theudosie, répond Lacritos, le bâtiment a fait naufrage; toute la cargaison déposée par mes frères s'est abîmée dans les flots; elle consistait en salaisons, en vin de Cos, et autres denrées. On avait tout embarqué avec soin, et on se dirigeait vers l'Attique; mais, dans la traversée, nous avons tout perdu. »

Voilà ce que disait l'audacieux imposteur. Il est bien vrai, ô juges! qu'un vaisseau avait fait naufrage, qu'un homme avait prêté sur ce vaisseau et sur sa cargaison, destinée à passer d'Athènes dans le Pont. Mais ce vaisseau n'était pas celui que montait Artémon; mais cet homme, originaire de Citium, s'appelait Antipater. Il y avait du vin de Cos et des salaisons : mais le vin (en tout quatre-vingts amphores) était éventé ; et les salaisons étaient destinées, par un agriculteur de ces contrées, aux ouvriers qu'il employait. Que signifient donc de pareilles excuses? et quel rapport ont-elles avec la cause?

Lis-nous d'abord la déposition d'Apollonide, qui atteste que le créancier du navire naufragé s'appelait Antipater, et que nos adversaires n'ont eu aucune part dans l'accident; tu prendras ensuite celles d'Érasiclès et d'Hippias, pour preuve qu'il n'y avait pas, sur ce bâtiment, plus de quatre-vingts amphores de vin.

Dépositions.

Appollonide d'Halicarnasse atteste ce qui suit :

Je sais qu'Antipater, Citien d'origine, a prêté des fonds garantis par des marchandises à transférer dans le Pont, et par le vaisseau même qu'Hyblèsios dirigeait vers cette contrée (15). J'étais copropriétaire du navire avec l'armateur ; j'y avais des esclaves au moment du naufrage ; et ces esclaves m'ont rapporté que le vaisseau était presque vide en passant de Panticapée à Theudosie.

Érasiclès :

J'étais sur le navire qu'Hyblèsios conduisait dans le Pont. Dans le trajet de Panticapée à Theudosie, ce navire avait très-peu de chargement. Apollodore, maintenant accusé, n'y avait pas de vin. Je n'ai vu que quatre-vingts amphores de vin de Cos à peu près, destinées à un particulier de Theudosie.

Hippias, fils d'Athénippe :

J'étais passager sur le vaisseau d'Hyblèsios ; je l'ai visité. Pendant que nous étions entre Panticapée et Theudosie, il ne contenait, pour le compte d'Apollodore, qu'une ou deux balles de laine, une douzaine de pots de salaisons, trois ou quatre paquets de peaux de chèvre, et rien de plus.

Mêmes attestations sont faites par Euphilète, fils de Daemotime, d'Aphidna ; Hippias, fils de Timoxène, de Thymœtos ; Sostrate, fils de Philippe, d'Histiée ; Archémonide, fils de Straton, de Thra ; Philtiade, fils de Ctésiclès, de Xypété.

Voyez, ô juges ! jusqu'où nos adversaires poussent l'effronterie. Est-il à votre connaissance, directement ou indirectement, que, du Pont, on ait jamais amené dans l'Attique du vin, et surtout du vin de Cos? Tout au contraire, c'est des parages voisins de nos côtes, c'est de Péparèthe, par exemple, qu'on fait passer dans le Pont des vins de Cos, de Thasos, de Mendé, et les produits de quelques autres vignobles. Mais, du Pont à Athènes, ce sont d'autres denrées que l'on importe.

Cependant j'insistais ; je disais à Lacritos : « A-t-on sauvé, du moins, une partie des marchandises transportées dans le Pont ? — Oui, me dit-il, on a sauvé cent statères de Cyzique ; mais mon frère les a prêtés, dans le Pont, à un armateur, son compatriote et son ami ; il n'a pu les rattraper, et c'est encore là une perte à peu près certaine. » Ce langage de Lacritos, ô Athéniens !

ne concorde guère avec celui du contrat. Le contrat porte qu'il sera acheté dans le Pont des marchandises pour Athènes, et non qu'on y prêtera notre argent, sans notre aveu, au gré de nos débiteurs. Le contrat veut qu'on mette à notre disposition une cargaison non engagée, transportée dans nos ports, jusqu'à ce qu'on nous ait fait un payement intégral. — Relis cette pièce.

Contrat.

Androclès, de Sphettos, et Naucrate, de Carystos, ont prêté à Artémon et à Apollodore, Phasélites, trois mille drachmes d'argent, à faire valoir d'Athènes à Mendé ou à Skioné, et, de là, dans le Bosphore, et, s'ils le veulent, le long du littoral, à gauche, jusqu'au Borysthène, pour rentrer ensuite au point de départ ; le tout, à deux cent vingt-cinq par mille. Si les débiteurs ne passent du Pont au Temple qu'après le lever de l'Arcture, l'intérêt sera de trois cents. L'emprunt est garanti sur trois mille amphores de vin de Mendé, qui seront embarquées à Mendé ou à Skioné, sur un bâtiment à vingt rames, armateur Hyblèsios. Les engagistes ne doivent et n'emprunteront rien à personne sur ce vin. Ils apporteront à Athènes, sur le même navire, la cargaison qu'ils auront prise au Pont, en échange de celle-là. Dans l'espace de vingt jours, à compter de leur entrée au Pont avec leurs marchandises, ils rendront intégralement, en vertu du présent acte, la somme prêtée. Ils ne pourront en déduire que leur part des valeurs jetées à la mer d'un commun accord entre les passagers, ou d'un rançonnement exercé par l'ennemi. Ils livreront aux créanciers, franche de toute autre charge, la cargaison engagée, jusqu'à ce que, conformément à l'acte, ils aient rendu l'argent prêté, intérêts et principal. Si le remboursement n'est pas fait dans l'intervalle convenu, les créanciers auront le droit de saisir les objets de nantissement, et de les vendre le prix qu'ils pourront valoir. Si la somme qui doit revenir aux créanciers, d'après la présente stipulation, n'est pas complétée par cette vente, ils auront action, pour le reste, contre Artémon ou Apollodore, ou contre tous deux à la fois ; et ils pourront, en tout lieu, saisir leurs biens de terre et de mer, comme dans le cas de non-exécution d'une sentence qui condamne un débiteur. S'ils ne passent point dans le Pont, et que, restant dans l'Hellespont dix jours après le lever de Sirius, ils déchargent dans un pays où les Athéniens n'exercent pas le droit de représailles, ils payeront toujours les intérêts convenus l'année précédente. S'il arrive au vaisseau un grave accident, on ne pourra toucher aux objets de nantissement ; la partie de la cargaison qui aura été sauvée sera partagée entre les créanciers et les débiteurs. Pour tous ces articles, rien ne pourra infirmer le contrat.

Témoins : Phormion, du Pirée ; Céphisodote, de Bœotia ; Héliodore, de Pithos.

Qu'ordonne cet acte, ô juges ? De jeter notre or à un homme que nous ne connaissons pas, que nous n'avons jamais vu ? Non, il ordonne d'acheter des marchandises, de les amener ici, de nous les montrer, de nous les livrer en libre garantie. Il ordonne que toutes ses clauses soient maintenues et demeurent obligatoires, sans qu'on puisse y opposer aucune décision législative. Eh bien ! pas une seule clause n'a été observée ; et, pour comble de mépris, nos adversaires ont dit posé de nos fonds comme s'ils leur appartenaient : tant ils sont poussés par l'instinct du mal et de l'injustice! Pour moi, par les dieux, par Jupiter, souverain des dieux! je ne fus jamais jaloux des talents des sophistes. Ce n'est pas un crime à mes yeux de rechercher ce titre, de le payer à Isocrate : il y aurait folie dans de pareilles préoccupations. Mais faut-il que, forts de leur parole, d'arrogants harangueurs convoitent et ravissent nos biens? Tolérerez-vous le crime de l'orateur cupide et pervers? Non, sans doute. Et cependant, croyez-vous que, dans ce procès, ce soit l'équité qui soutienne Lacritos? Ah! plutôt, cet homme, qui sait mieux que personne combien j'ai été trompé, espère vous enlacer dans le subtil tissu de son langage, vous aveugler sur tant d'injustices, et obtenir de vous tout ce qu'il voudra. Cette loquacité fallacieuse est son métier, son génie, sa gloire : il s'infiltre dans le cœur et dans la tête des disciples qu'il ramasse. Premières victimes de ses perfides leçons, ses frères sont devenus habiles dans la science la plus odieuse et la plus criminelle, celle de se faire à la fois emprunteur et voleur. Montrez-moi des hommes plus pervers qu'un tel maître et de tels disciples?

Mais, Lacritos, puisque tu es si adroit, puisque tu comptes tant sur ton éloquence et sur les mille drachmes qu'elle t'a coûté, daigne prouver, de grâce, ou que ton frère n'a pas reçu notre argent, ou qu'il nous l'a rendu, ou que le contrat n'est pas obligatoire, et que le débiteur pouvait détourner nos fonds de l'usage prescrit. Persuade surtout, persuade, sur l'un de ces points, un tribunal de commerce; et je serai le premier à proclamer ton habileté. Mais je crains si peu un tel résultat, que je te défie de le réaliser. D'ailleurs, je suppose un moment que ton frère mort n'était pas mon débiteur; qu'au contraire c'est moi qui avais emprunté à ce frère soixante ou quatre-vingts mines. Dans cette hypothèse, tiendrais-tu, dis-moi, le même langage qu'aujourd'hui? dirais-tu : Non, je ne suis pas héritier, j'ai renoncé à la succession? n'userais-tu pas, pour me faire payer, des rigueurs que tu as déployées contre tous les débiteurs de ton frère dans Phasélis et ailleurs? Je suppose encore que tu nous accuses : nous t'opposons la fin de non-recevoir. Quels cris tu vas pousser! Voyez, dirais-tu, comme je suis indignement traité, combien on méprise les lois! Admettre, contre moi, un déclinatoire dans une cause purement commerciale! Ces plaintes, Lacritos, te sembleraient justes : y a-t-il donc injustice dans les miennes? La loi n'est-elle pas la même pour tous? Dans les débats que le négoce fait naître, n'avons-nous pas tous les mêmes droits? Peut-on pousser l'audace et l'injustice au point d'exiger d'un tribunal de commerce la fin de non-recevoir dans des débats qui ne roulent que sur des transactions commerciales? Que demandes-tu, Lacritos? Ne te suffit-il pas que nous ayons perdu le capital engagé dans tes mains? Faut-il que, condamnés encore à te payer, nous soyons, sur notre refus, jetés dans un cachot? O honte! ô tyrannie cruelle! Quoi, Athéniens, dépouillés de notre créance, dépouillés de nos gages, nous serions mis aux fers par des débiteurs infidèles! Est-ce bien là, ô Lacritos! ce que tu veux persuader à nos juges? C'est maintenant à eux-mêmes que je m'adresse : Où faut-il demander justice dans les débats pour affaires de commerce? en quel temps? à quels magistrats? Aux Onze? ils évoquent les causes capitales qui concernent le vol avec effraction, et tous les attentats de ce genre. A l'archonte-éponyme? sa juridiction ne s'étend pas au delà des pupilles, des orphelins, des pères et des mères (16). A l'archonte-roi? nous ne sommes pas gymnasiarques, et nous n'accusons personne d'impiété. Le polémarque nous accueillera peut-être? comme s'il s'agissait d'avoir trahi des patrons, ou de n'en avoir point pris! Il nous reste les stratéges? mais les stratéges jugent les commandants de navires; les querelles des négociants leur sont étrangères. Moi, je suis négociant; et toi, Lacritos, tu es frère et héritier de négociant; c'est au négoce qu'étaient destinés les fonds qu'il m'a empruntés. A quel autre tribunal dois-je donc avoir recours? Désigne-le, de grâce, sans t'écarter du bon sens ni des lois. Mais cela serait impossible, même aux plus habiles.

Injuste à l'excès lorsqu'il m'a frustré de mon bien, Lacritos a encore été cruel envers moi. Il a réuni tous ses efforts pour me plonger dans les plus graves périls; et il eût réussi, ô juges! sans la clause qui atteste que des marchandises à expédier pour le Pont, et des objets d'importation en Attique, garantissent ma créance. Or, vous savez combien est sévère la loi qui défend aux Athéniens de transporter du blé ailleurs qu'à Athènes; vous savez quelles peines rigoureuses elle inflige aux infracteurs. On va vous en lire le texte, pour le rappeler plus nettement à votre mémoire.

Loi.

Défense est faite à tout Athénien, à tout métèque, de prêter de l'argent sur un navire qui ne doit pas transporter à Athènes le blé et les autres marchandises désignées dans la présente loi (17). Toute contravention pourra être dénoncée aux inspecteurs du commerce : ils feront spécifier la somme prêtée, ainsi que le vaisseau, et la quantité de blé engagé. Aucun créancier qui aura prêté pour une autre place qu'Athènes n'aura action, devant un magistrat quelconque, pour réclamer ses fonds.

Tel est, ô juges! l'inflexible langage de la loi. Quoique le contrat énonce formellement que l'argent prêté fera retour à Athènes (18), les plus insignes fripons ont permis qu'on transportât à Chios le montant d'une dette contractée ici. Déjà, dans le Pont, ils avaient prêté nos fonds à un armateur de Phasélis : celui-ci négociait un autre emprunt auprès d'un habitant de Chios. Une difficulté s'élevait : l'insulaire voulait, pour gage, la charge entière du navire; et son refus devait être la conséquence du refus des précédents créanciers. Ils consentirent; c'est-à-dire qu'ils laissèrent engager et livrer notre bien au nouvel étranger. Ainsi, partis du Pont avec l'armateur de Phasélis et le créancier de Chios, ils s'arrêtent à la baie des Voleurs, évitent nos ports, et viennent de faire passer à Chios les fonds prêtés par nous, et garantis par deux cargaisons à transporter d'Athènes au Pont, du Pont à Athènes.

J'ai donc établi ce que j'avais annoncé : vous n'êtes pas moins lésés que nous, créanciers de Lacritos. Et voyez, ô juges! s'il en peut être autrement. Fouler aux pieds vos lois, déchirer, annuler l'acte d'un prêt maritime, déplacer, transporter notre argent à Chios : tout cela n'est-il pas une attaque contre vous-mêmes?

Pour moi, ô juges! c'est à eux seuls que j'ai affaire, à eux que j'ai prêté des fonds. Ils les ont prêtés à leur tour, disent-ils, à je ne sais quel armateur, leur compatriote : mais ils n'avaient pas notre consentement, et l'acte le leur défendait. Renvoyez-les à leur débiteur. Nous n'entendons rien à ces stipulations nouvelles; c'est à eux à les débrouiller.

Ces considérations nous semblent très-justes. Prêtez-nous cet appui que réclame le bon droit méconnu; déjouez des fraudes criminelles, brisez le réseau de sophismes de nos adversaires. Par là, vous rendrez une sentence conforme à vos intérêts, et vous arracherez à tant de fripons les armes perfides dont ils font usage pour se soustraire aux engagements du commerce maritime.

NOTES
DU PLAIDOYER CONTRE LACRITOS.

(1) Phasélis (auj. *Fionda* ou *Fironda*), sur la côte occidentale du golfe de Pamphylie, formait un petit État séparé du reste des Lyciens. Cette ville, alliée des pirates de Cilicie, fut presque entièrement détruite, plus tard, par Servilius. Les Phasélites avaient inventé une sorte de bâtiment à voiles, que les Romains appelèrent *phaselus*. — *D'engagements maritimes* : c'est-à-dire, stipulant des intérêts très-élevés.

(2) Ce principe est aussi consacré dans le droit romain et dans nos lois.

(3) Littéralement, *à Artémon son frère, et à Apollodore*. Reiske, Auger, Schæfer concluent, avec raison, de plusieurs passages de ce discours, qu'Androclès avait prêté à deux frères de Lacritos, et que, par conséquent, Apollodore était un de ces frères. Mais, ajoute le traducteur français, qu'était devenu cet Apollodore? S'il était mort, pourquoi n'en est-il pas fait mention? S'il était vivant, pourquoi Androclès ne l'attaque-t-il pas?

(4) Je traduis sur la leçon vulgaire ὑπισχνεῖτο, rétablie par Bekker. De grandes protestations, dit Schæfer, conviennent surtout à un grand parleur, tel qu'était Lacritos.

(5) Vulg. Ναυκράτης. Reiske a changé, sans raison solide, ce nom en celui de Ναυσικράτης. Dans l'interprétation de ce contrat, j'ai été dirigé par Böckh, *Écon. Polit.*, etc., l. I, c. 23.

(6) Mendé et Skioné, ou Scione, villes d'abord de Thrace, puis de Macédoine, dépendantes de Pallène. Le vin de la première était estimé. — Le Temple, ou Hiéron, ville ainsi appelée parce qu'elle possédait un temple célèbre des Argonautes était en Bithynie, près du Bosphore. Place d'entrepôt, où s'arrêtaient les vaisseaux qui revenaient du Pont.

(7) Le lever *héliaque* : c'est-à-dire, au mois de Boédromion, vers le 20 septembre, lorsque l'automne ramène les dangers de la navigation. — *De trois cents* : 30 pour 100, au lieu de 22. ½.

(8) Pour alléger le navire, au besoin.

(9) Avariés ou non.

(10) Au milieu de l'été, vers la fin de juillet, époque des tempêtes de la canicule. — *Le droit de représailles*: voyez la longue explication de Bockh, *loc. cit.* — *L'année précédente*. Le contrat était passé au printemps, lorsque la navigation recommençait; et l'année finissait au milieu de l'été, vers le solstice. Le lever héliaque de Sirius se trouvait donc dans l'année suivante.

(11) Le mot Βοιώτιος paraît altéré. C'est un bourg de l'Attique qui doit être désigné ici : or, il n'y en avait pas du nom de *Béotie*. Mais il y avait le dème de *Butia*, dépendant de la tribu Œnéide.

(12) Le talent valait 60 mines; et ordinairement le créancier exigeait que la valeur des marchandises qui servaient de gage s'élevât, au moins, au double de la dette.

(13) M. Planche a relevé l'erreur d'Auger, qui fait mention ici d'un port appelé *Phorus*. Il ne peut être question que d'une baie, dont la position n'est pas constatée, et où les pirates et les contrebandiers relâchaient.

(14) Partie du port d'Athènes très-fréquentée, ainsi nommée parce qu'on y portait les échantillons des marchandises, δείγματα.

(15) C'était un autre navire que celui qui est désigné ans le contrat.

(16) Ceci paraît trop absolu. La compétence du premier archonte s'étendait à un grand nombre d'affaires, non-seulement civiles, mais religieuses.

(17) Reiske et Auger mettent dans la bouche de l'orateur les mots καὶ τἆλλα — ἑκάστου αὐτῶν. Mais Schæfer fait observer avec raison que c'est le greffier qui lisait la loi, et que, par conséquent, ces mots en font partie.

(18) Non pas en nature, mais échangé pour des marchandises.

X.

PLAIDOYER

POUR PHORMION.

INTRODUCTION.

Phormion, d'abord esclave de Pasion, banquier d'Athènes, était devenu le commis de confiance de son maître. Celui-ci lui céda même, à titre de location, sa banque, et une manufacture de boucliers; car, alors, la finance et l'industrie se trouvaient souvent réunies, comme de nos jours. Pasion, en se retirant des affaires, avait pris, d'un commun accord, dans sa caisse, onze talents (63,250 fr.), qu'il voulait encore placer à son compte, et pour lesquels il avait engagé sa terre et sa maison. Avant de mourir, il légua, par son testament, à Phormion sa femme avec une dot, et la tutelle de Pasiclès, son jeune fils. Apollodore, son fils aîné, était majeur.

A quelque temps de là, les tuteurs s'occupèrent du partage de la succession. Elle fut également divisée entre les deux frères, excepté la banque et les ateliers loués à Phormion, qui s'engagea à payer, par moitié, son bail aux deux héritiers. Pasiclès devenu citoyen, son tuteur se démit de la location : les frères prirent l'un la banque, l'autre la manufacture, et donnèrent à Phormion une décharge. Sur ces entrefaites, mourut leur mère, que l'esclave, devenu commis, puis banquier, avait épousée. Alors Apollodore commença à se plaindre de Phormion : il prétendit que plusieurs objets de la succession avaient été détournés. De là, procès porté devant des arbitres choisis, puis accommodement, et décharge nouvelle donnée à l'accusé.

« Assez longtemps après, dit Auger, Apollodore intenta un nouveau procès à Phormion : il prétendit que son père avait laissé à la banque des fonds à lui appartenant, dont Phormion ne lui avait pas tenu compte. Celui-ci oppose à ses poursuites une fin de non-recevoir fondée sur ce qu'Apollodore l'attaquait, après l'avoir tenu deux fois quitte de tout en deux temps différents; et aussi parce qu'il l'inquiétait en justice après le terme prescrit par la loi, qui assignait un temps au delà duquel on ne pouvait plus poursuivre un particulier. Quoiqu'il emploie un déclinatoire, cela n'empêche pas qu'il ne se défende par des raisons tirées du fond de la cause. Son défenseur (car ce n'est pas lui-même qui parle) prouve que Pasion, loin d'avoir laissé à la banque des fonds à lui, était redevable de onze talents : il le prouve par des dépositions de témoins, et par la conduite d'Apollodore. Il détruit les objections de l'adversaire, tous les moyens étrangers à la cause qu'il pourrait employer, et attaque ses folles professions, auxquelles il oppose la sage économie de Phormion, dont il fait l'éloge. Il exhorte les juges à laisser entre ses mains des biens qui y seront plus utilement pour l'État que dans celles du dissipateur Apollodore. Il finit par une récapitulation des moyens sur lesquels est appuyée la fin de non-recevoir. »

Pour la complète intelligence de ce plaidoyer, et de quelques-uns des plaidoyers suivants, je renvoie le lecteur aux détails recueillis par Barthélemy (*Anach.* c. LV), et par Böckh (*Écon. Polit. des Ath.*, l. I, c. 22), sur les usages des changeurs et des banquiers établis à Athènes.

DISCOURS.

La timide faiblesse et l'inexpérience de Phormion pour la parole sont connues de vous tous, ô Athéniens! La nécessité ordonne à nous, ses amis, d'exposer les faits que nous connaissons et que nous avons souvent recueillis de sa bouche. Ainsi, éclairés par nous sur le bon droit, vous conformerez votre arrêt à la justice et à votre serment. Nous déclarons Apollodore non recevable : ce n'est pas pour gagner du temps, à l'aide de moyens dilatoires. Au contraire, montrant ensuite, par la discussion du fond, qu'il n'a nullement lésé son adversaire, mon client veut obtenir une sentence définitive, un renvoi décisif de la plainte. Si l'on en excepte un jugement en forme, il s'est entouré de toutes les plus solides garanties : après avoir servi avec zèle les intérêts d'Apollodore, il lui a fidèlement remis et livré tous les biens qu'il avait administrés; enfin, il

PLAIDOYER POUR PHORMION.

est pourvu d'une décharge générale. Quelle est donc la cause de cet injuste procès? Sur quoi se fonde cette demande d'une indemnité de vingt talents? Au fond de tout cela, nous ne voyons qu'une haine implacable. Remontons à la source; parcourons rapidement toutes les affaires que Phormion a faites avec Pasion et Apollodore; et vous reconnaîtrez, j'en suis sûr, la fausseté des plaintes de ce dernier, la justesse de notre fin de non-recevoir. On va vous lire d'abord le traité par lequel Pasion a loué à Phormion la banque et la fabrique de boucliers.

Prends-moi ce traité, la proposition faite au plaignant, et les dépositions que voici.

Le Greffier lit.

Voilà donc, ô Athéniens! l'acte qui fit passer, de Pasion à Phormion affranchi, l'exploitation de la banque et des ateliers. Mais comment Pasion était-il redevable à la banque de onze talents? c'est ce que vous allez entendre.

Cette dette eut pour principe, non la gêne, mais le besoin de s'occuper encore. Vingt talents en immeubles, cinquante en argent placé, le prouvent suffisamment. Dans cette dernière somme je comprends les onze talents prélevés sur la caisse, et que Pasion continua de faire valoir. Phormion voulait devenir caissier et banquier: n'étant pas encore citoyen, il savait que le droit de poursuite lui serait refusé pour recouvrer ce prélèvement garanti par hypothèques sur une terre et sur une maison. Il aima donc mieux avoir pour débiteur son propre patron que ceux à qui Pasion avait, à son tour, prêté l'argent. En conséquence, ce dernier fut inscrit dans le traité pour une dette de onze talents envers la banque, dette que les témoins ont certifiée.

Le mode de location vous a été attesté par le commis même de la banque. Pasion tomba ensuite malade, et voici les dispositions qu'il fit. Qu'on prenne une copie du testament, avec la proposition faite à notre partie, et les attestations des dépositaires.

Le Greffier lit.

Le testateur expire; Phormion, docile à ses dernières volontés, épouse sa veuve, et prend la tutelle de son fils mineur. Cependant Apollodore se livre à toutes les dissipations d'un héritier prodigue. Les tuteurs s'alarment: attendront-ils plus tard pour faire le partage de la succession? non, car, en faisant d'avance la déduction de tout ce que le fils aîné aura pris et dépensé, il pourrait fort bien ne rien rester. Ils se hâtent donc de diviser l'héritage; chaque frère reçoit son lot; on laisse seulement indivise la part louée à Phormion, et dont Apollodore touchera la moitié du revenu.

Jusqu'à ce moment, le plaignant peut-il élever la voix contre le fermier de la banque? S'il le peut, c'est alors, et non aujourd'hui, qu'il devait accuser. Mais peut-être que, par la suite, le prix de la location ne lui a pas été exactement payé? Non, juges. Si le principal tuteur avait dû encore quelque chose aux héritiers lors de l'émancipation du plus jeune, de la remise de la ferme, les héritiers auraient certainement réclamé: or, qu'ont-ils fait? ils ont donné décharge pleine et entière.

Ce que je viens de dire est la vérité; Phormion a compté au jeune Pasiclès sa part de la succession; Pasiclès et Apollodore ont déchargé Phormion de la location et de toute poursuite. Prends, greffier, la déposition qui l'atteste.

Déposition.

Phormion libre de tout engagement, les deux frères se partagent les objets qui lui avaient été affermés. Apollodore, qui avait le choix, prit la manufacture. Pourquoi pas la banque? le revenu de la première était moindre; et vous dites que Pasion avait, dans la seconde, des fonds considérables: l'une ne rapportait qu'un talent; l'autre produisait cent mines. Certes, la manufacture ne présentait pas d'agréments bien vifs, surtout comparée à une banque bien riche: mais telle n'était pas cette dernière. Aussi Apollodore a-t-il sagement préféré l'établissement industriel, qui n'était exposé à aucune chance fâcheuse, tandis qu'une caisse d'escompte, établie sur des fonds étrangers, court tant de hasards!

Énumérons, avec choix, les principales preuves de l'injustice des réclamations d'Apollodore au sujet d'un prétendu capital appartenant à Pasion, et que celui-ci aurait laissé en caisse. D'abord, le contrat de louage porte, au contraire, que Pasion est débiteur envers la banque. Ensuite, lors du partage, Apollodore n'a rien réclamé de Phormion. En troisième lieu, il est constant que, quand cette même banque a passé à d'autres fermiers au même prix, Apollodore n'a pas été obligé de la compléter en y versant des fonds. Toutefois, si Phormion y eût laissé un déficit en s'emparant d'une somme appartenant à son patron, il aurait fallu le combler, fût-ce aux dépens des héritiers.

J'ai dit qu'Apollodore avait préféré la manufacture, qu'il a reloué la banque, au nom de son frère, à Xénon, à Euphrée, à Euphron, à Callistrate, sans leur livrer aucun fonds appartenant en propre à la caisse, mais seulement les dépôts et les revenus provenant de ces dépôts.

Qu'on lise le témoignage qui confirme ces assertions.

Déposition.

Il vous est donc attesté, ô Athéniens! que les deux héritiers ont affermé la banque aux personnes que je viens de nommer, sans leur livrer de l'argent dépendant de cet établissement; et que, reconnaissant les améliorations faites par les nouveaux fermiers, ils les ont déchargés comme Phormion, et se sont abstenus de poursuites, comme envers Phormion.

La mère d'Apollodore connaissait très-bien l'affaire. Tant qu'elle a vécu, son fils n'a rien réclamé : mais à peine est-elle morte, qu'il accuse injustement Phormion pour une robe, pour un esclave, pour trois mille drachmes, outre les deux mille léguées par elle aux enfants nés de son second mariage. L'occasion était belle pour faire valoir les griefs qu'il présente maintenant : eh bien! même alors, il garda le silence. Il accepta pour arbitres son beau-père et son beau-frère, avec Lysinos et Andromène; ceux-ci persuadèrent à Phormion de lui payer les trois mille drachmes avec le surplus qu'il demandait, et de ne pas se brouiller avec lui pour si peu de chose : Apollodore reçut les cinq mille drachmes, et, dans le temple de Minerve, il lui donna, pour la seconde fois, décharge générale. Pourquoi donc aujourd'hui, remuant tout ce passé, y ramasser des griefs qu'il n'avait jamais aperçus, les amonceler, en faire le corps d'un nouveau procès?

Appuyons ces faits sur la lecture de la sentence arbitrale rendue dans l'Acropole (1), et sur la parole des témoins qui ont vu Apollodore recevoir la somme convenue, et tenir Phormion quitte de tout envers lui.

Sentence. Déposition.

Juges, vous entendez la sentence rendue par Dinias et par Nicias, dont Apollodore a épousé la fille et la sœur. Tous les arbitres sont-ils donc morts? la vérité ne peut-elle reparaître au grand jour? Argent reçu, décharge donnée, comment Apollodore peut-il, dans un nouveau procès, élever une réclamation énorme?

Toute la suite des relations de Phormion avec le réclamant vient d'être mise sous vos yeux. Ne pouvant rien dire de solide sur le fond de l'accusation, Apollodore répétera ce qu'il alléguait devant les arbitres. Sa mère, dira-t-il, obsédée par mon client, a supprimé le testament; et l'absence de cette pièce lui ôte son moyen victorieux.

Testament supprimé! banale et calomnieuse imputation, qui va tomber devant les inductions les plus fortes. Où est l'héritier qui laisserait partager son patrimoine sans avoir, pour base de cette opération, le testament qui constate la quotité des biens laissés? Apollodore, il y a dix-huit ans que tu as vu effectuer ce partage : prouve donc qu'alors tu as demandé le testament, tu as protesté contre l'absence de cette pièce! En second lieu, lorsque ton frère, à sa majorité, recevait les comptes de ses tuteurs, pourquoi, n'osant accuser ta propre mère d'une fraude aussi grave, n'en as-tu pas du moins informé Pasiclès, qui aurait fait circuler la nouvelle? Enfin, en vertu de quel testament, Apollodore, faisais-tu tant de poursuites judiciaires? car tu as réclamé contre plusieurs citoyens, de qui tu as tiré des sommes considérables. Or, quelle était la formule des actes d'accusation? la voici : *Un tel m'a lésé en ne me payant pas l'argent dont mon père l'a déclaré débiteur par son testament.* Mais, si cette pièce avait disparu, sur quel testament fondais-tu tes plaintes?

Les faits que je viens d'avancer sont déjà relatés dans plusieurs dépositions, et vous vous rappelez sans doute le partage de la succession de Pasion. De nouveaux témoins attesteront les procès intentés par Apollodore. Qu'on lise leurs dépositions.

Dépositions.

Les procès d'Apollodore avouent donc hautement que le plaignant était muni du testament paternel : à moins que celui-ci ne déclare que la chicane seule le poussait, et que ses réclamations étaient des tentatives de friponnerie. Mais, parmi tant de preuves convaincantes, voici, à mon sens, celle qui milite le mieux en faveur de Phormion. Aucun procès ne lui a été intenté, aucune plainte n'a été formée contre lui par Pasiclès. Quoi! le faible enfant, le pupille, a vu son patrimoine respecté par le tuteur qui en disposait à son gré; et ce même tuteur t'a volé, toi, Apollodore, qui, devenu citoyen, avais vingt-quatre ans quand ton père mourut; toi qui, à l'instant même, pouvais, devant les tribunaux, faire rendre gorge à ton spoliateur! Qui oserait soutenir une telle absurdité?

Je le répète, Pasiclès n'a formé aucune plainte contre mon client; et c'est par le témoignage de Pasiclès lui-même que je le prouve.

Dépositions.

Dans tout ce qui précède, rappelez-vous, ô Athéniens! ce qui établit notre fin de non-recevoir. Nous déclarons que la plainte doit être écartée, parce que, dans les comptes rendus par nous, on nous a déchargés de la location de la banque et des ateliers; parce qu'une décharge nouvelle a été la conséquence d'une décision arbitrale; parce que, aux yeux de la loi, la décharge éteignant l'action, les poursuites d'Apollodore sont illégales. Au reste, pour éclairer complétement la religion du tribunal, on va lire et la loi qui règle les fins de non-recevoir, et les dépositions de ceux qui ont vu et entendu Apollodore tenir Phormion quitte de tous ses engagements précédents.

Dépositions. Loi.

Vous entendez, ô Athéniens! la désignation légale de tous les cas où une action judiciaire se trouve périmée : dans ce nombre sont compris l'accommodement et la décharge. C'est avec justice qu'on les y a placés. S'il est admis, en principe, qu'on ne doit plus revenir sur la chose jugée, à plus forte raison doit-on tenir pour irrévocable un accommodement auquel on a consenti. Quand un tribunal vous a condamné, vous pouvez dire, en faveur de votre cause, que sa religion a été surprise; mais, si c'est vous qui avez prononcé contre vous-même, soit en composant avec votre adversaire, soit en lui délivrant quittance, qu'alléguerez-vous contre votre propre décision? qui peut vous autoriser à plaider de nouveau? Voilà pourquoi le premier de tous les cas où une action est éteinte, c'est celui d'une décharge donnée. Or, entre Apollodore et Phormion, il y a eu transaction et décharge : l'une et l'autre viennent d'être attestées.

— Lis-nous aussi la loi concernant les délais judiciaires.

Loi.

Cette loi, Athéniens, a nettement posé la limite du temps. Or, c'est après plus de vingt années que le plaignant élève la voix; et il prétend que ses injustes poursuites l'emportent sur les lois, seule règle de vos jugements! Toutefois, parmi toutes nos règles de procédure, il n'en est pas que vous deviez suivre plus fidèlement. Qu'a voulu son auteur, le sage Solon? Mettre de la stabilité dans les intérêts, de la sécurité dans les esprits. Cinq ans pour réclamer en justice lui ont paru un temps suffisant, s'il y a offense véritable (2); quant aux fausses réclamations, un temps plus long volontairement passé était leur réfutation la plus convaincante. Prévoyant d'ailleurs le décès des contractants et de leurs témoins, il a établi cette loi, pour qu'elle témoignât du bon droit de ceux qui se verraient dépourvus de preuves testimoniales.

Mon étonnement serait grand, ô juges! si Apollodore essayait seulement de répondre à de tels arguments. Croit-il que, convaincus de la probité de Phormion dans ses engagements envers lui, vous lui reprocherez son mariage avec la veuve de Pasion? Qu'il ouvre les yeux, il verra ce que vous voyez tous : il verra le banquier Socrate affranchi par ses maîtres, comme Pasion l'avait été lui-même, céder sa femme à Satyros, son ancien esclave; Sosiclès, autre banquier, désigner d'avance, à son épouse, pour son successeur, Timodème, qui vit encore, et qui lui avait appartenu; il verra cet exemple des maîtres envers leurs serviteurs suivi hors d'Athènes; à Égine, Strymodore donnant sa femme, puis, après la mort de celle-ci, sa fille, en mariage à son esclave Hermæos; il verra enfin vingt traits de ce genre. Et pourquoi n'en serait-il pas ainsi? Vous, enfants d'Athènes par la naissance, vous préférez cette glorieuse origine à tout l'or du monde : mais ceux qui doivent le titre de citoyen à l'adoption, ceux que la richesse et des spéculations heureuses ont poussés à cette haute faveur, doivent, par le maintien de leur fortune, en mériter la continuation. Aussi, Apollodore, ce n'est pas pour se singulariser, encore moins pour déshonorer sa personne et ses enfants, que ton père a donné ta mère, comme épouse, à Phormion : il avait bien compris que l'unique sauvegarde de sa fortune consistait à attacher Phormion à votre famille par des liens indissolubles. Consulte ton intérêt, tu remercieras certainement la prévoyance paternelle; consulte la considération ou la naissance, tu ne te plaindras point. Toi, rougir d'avoir Phormion pour beau-père! mais prends garde, tu nous apprêtes à rire à tes dépens. Car enfin, réponds-moi, quelle est ton opinion sur ton père? — Mon père était actif et industrieux. — Eh bien! pour le caractère, pour la conduite, qui ressemble le plus à ce modèle, de toi ou de Phormion? Tu hésites! Je n'hésite pas, moi, et je réponds avec assurance : C'est Phormion. Et tu baisseras la tête, parce que le deuxième époux de ta mère reproduit, mieux que toi, les belles qualités de ton père! D'ailleurs, ce mariage, c'est Pasion qui l'a fait; Pasion a même employé de vives instances. Sa voix, son testament, ton propre témoignage ont formé, consolidé le nouvel hymen. Oui, ton témoignage : n'as-tu pas consenti à partager la succession de ta mère avec ses enfants du second lit? N'as-tu pas ainsi reconnu implicitement la légitimité de son mariage avec Phormion? Si cette union avait été irrégulière, si ta mère n'avait pas été cédée par son premier époux, ses nouveaux enfants n'avaient rien à recueillir, et n'étaient pas tes cohéritiers. Ainsi, toi-même tu attestes hautement ce que j'avance : car tu as libéré Phormion après avoir touché un quart des biens maternels (3).

N'ayant pas une bonne raison à nous opposer, il recourait, devant l'arbitre, aux plus hardis mensonges : écoutez-les d'avance. « Il n'y a jamais eu de testament, disait-il; celui qu'on présente est un tissu d'impostures. Si, par le passé, j'ai accédé à toutes les propositions, si je n'ai pas plaidé, c'est que Phormion s'était engagé à me faire de grands avantages. Mais je le cite aujourd'hui, parce qu'il ne tient pas ses promesses. »

Si Apollodore tient ici le même langage, s'il s'obstine à nier l'existence d'un testament, voici comment l'évidence de ses mensonges peut jaillir du contraste entre ses paroles et sa conduite. Demandez-lui en vertu de quel acte il a joui du droit d'aînesse, et est devenu propriétaire de la maison. Osera-t-il faire dans le testament deux parts, l'une de ses propres avantages, qu'il avoue; l'autre, des avantages d'autrui, qu'il rejette? S'il parle encore des prétendues déceptions de mon client, rappelez-vous que nos témoins sont les mêmes hommes auxquels il a affermé la banque et les ateliers, longtemps après avoir donné quittance à Phormion. Or, si ses réclamations avaient une base solide, c'est à l'instant même de la location qu'il devait les élever : au lieu de là, il transige, et, plus tard, il vient plaider!

Je vais montrer l'authenticité de tous ces détails. On a déposé qu'Apollodore, à titre d'aîné et le testament en main, s'est saisi de la maison, et qu'il a fait l'éloge de Phormion, loin de s'en plaindre. — Lis.

Déposition.

Apollodore va se lamenter; il parlera, en gémissant, de sa ruine. Apprenez donc, Athéniens, combien le pauvre homme a tiré d'argent des locations, et des créances qu'il s'est fait rembourser. En voici le relevé :

Dettes dont les titres étaient laissés par son père, et dont il a prélevé plus de la moitié, diminuant d'autant la portion fraternelle :	20 talents.
Location de la banque, entre les mains de Phormion, pendant huit ans, à raison de 80 mines par an, pour moitié du prix; ce qui fait en tout	10 talents 40 mines.
Même établissement affermé à Xénon, Euphrée, Euphron, Callistrate, pendant dix années, à raison d'un talent (4) :	10 talents.
Produit des maisons, porté au taux le plus bas, et résultant du partage de ces immeubles, restés quelque temps sous la main d'Apollodore :	30 mines.

Voilà un total de plus de quarante talents, formé de tous ces articles réunis. Nous pourrions y joindre les gratifications de son beau-père, la succession maternelle, et deux talents et demi six cents drachmes, pris par lui à la banque, et non encore rendus.

Par Jupiter! dira-t-il, c'est l'État qui a reçu tous ces fonds; moi, je suis ruiné par toutes mes charges publiques. Ruiné! mais tu as partagé avec ton frère les dépenses des charges qui pesaient sur la masse commune de la succession. Ruiné! mais tes charges personnelles ne s'élèvent pas à deux talents; que dis-je? à vingt mines. Pourquoi donc accuser l'État? Ton patrimoine a été absorbé, non par tes services, Apollodore, mais par tes folles et honteuses prodigalités.

Il faut que nos juges sachent quel patrimoine tu as reçu, quelles charges tu as supportées. Un mémoire détaillé va les en instruire; on y joindra la proposition faite au plaignant, et les dépositions des témoins.

Lecture de Pièces

Riche d'un bien aussi étendu, et du payement qui lui a été fait, de gré ou par contrainte, de toutes les créances paternelles, et de la location de la banque, et de tant d'autres éléments de fortune; ménagé par les services publics, qui n'ont exigé de lui que le peu qu'on vous a exposé, et qui, loin d'entamer le capital, n'ont détaché qu'une légère partie des revenus, Apollodore présentera un fastueux étalage de ses sacrifices pour la patrie; il énumérera les vaisseaux qu'il a équipés, les chorégies qu'il a exercées. Mensonges, Athéniens, mensonges, que j'ai d'avance réfutés! Mais je suppose son langage sincère : il est plus juste, plus honorable pour vous de laisser Phormion vous servir de ses biens, que de les donner à Apollodore. Réduire le premier à l'indigence, relever le faste insolent et les extravagantes profusions de son rival, serait imprudence, honte, iniquité.

Mais, diras-tu, c'est le bien de mon père que Phormion possède : pressé par mes questions, il faudra bien qu'il en avoue la source. — Apollodore, tu es précisément le seul à qui un pareil reproche soit interdit. En effet, d'où Pasion tenait-il sa fortune? d'un heureux hasard (5)? non; d'un héritage? encore moins. Il la tenait de cette activité intègre dont il avait donné tant de preuves aux banquiers Antisthène et Archestrate, ses patrons, et qui lui avait gagné leur confiance. Dans les transactions commerciales, dans l'escompte des finances surtout, un homme à la fois laborieux et probe est un prodige. Ton père avait reçu ces qualités de la nature; ses maîtres ne les lui ont pas plus données, qu'il ne les a données à Phormion : car, s'il eût pu les communiquer, il le aurait transmises avec son sang. Ton inexpérience irait-elle jusqu'à ignorer que, pour une banque, la confiance et le crédit sont le fonds le plus riche? Il y a plus : Phormion a puissamment

PLAIDOYER POUR PHORMION.

contribué à la fortune de ton père et à la tienne. Mais comment assouvir ta cupidité?

Tu m'étonnes, Apollodore : ne sais-tu pas qu'Archestrate, qui avait acheté ton père, a ici un fils bien pauvre, nommé Antimaque? Ce fils ne te demande rien devant les tribunaux ; il ne se trouve pas malheureux parce que tu portes les tissus les plus délicats; parce que, marié, tu as des maîtresses, payant les unes, établissant les autres; parce que, traînant à ta suite trois esclaves, tu fais, par ton faste, hausser les épaules à tous les passants, tandis qu'il voit sa misère égale à l'aisance de mon client. Phormion, dis-tu, appartenait à mon père : donc, les biens de Phormion tombent dans mon patrimoine. A cela je réponds : Tes biens, à plus forte raison, doivent être remis à Antimaque. Ton père a été la propriété du sien; et, à ton propre compte, vous lui appartenez, toi et Phormion. Ce langage, que tes folles prétentions mettent dans ma bouche, ressemble à de la haine : mais aussi pourquoi verses-tu, à pleines mains, l'outrage sur toi, sur tes parents morts, sur le public? Si ton père, si Phormion ont reçu de la munificence d'Athènes le titre de citoyen (6), tu dois le respecter dans leurs personnes, pour qu'il tourne à leur gloire et à celle de l'État; et tu n'en parles que pour l'avilir! Ne sembles-tu pas nous reprocher, et ne sommes-nous pas réellement coupables d'en avoir décoré un homme tel que toi? Comprends-tu bien tout l'excès de ta folie? car je chercherais en vain un autre mot. Quand nous voulons qu'on ne reproche pas à notre client d'avoir servi ton père, c'est la cause, entends-tu? que nous plaidons. Et toi, quand tu trouves mauvais qu'on t'égale à toi un affranchi, tu parles contre toi-même. Les droits que tu voudrais t'arroger sur Phormion, reconnais-les, si tu es conséquent, reconnais-les sur la personne aux anciens maîtres de ton père. Mais l'esclavage de Pasion et son affranchissement doivent être constatés. Qu'on prenne les dépositions d'où il résulte que Pasion appartenait à Archéstrate.

Dépositions.

Ainsi, l'homme laborieux qui, toujours dévoué au service de Pasion et de sa famille, a fondé la fortune d'Apollodore, Apollodore le poursuit, lui demande une somme énorme, et veut le ruiner sans s'enrichir! Oui, sans s'enrichir : songes-y bien, si, par une erreur que le ciel ne permettra point, le tribunal t'adjuge la fortune de Phormion, elle ne restera pas dans tes mains. Vois-tu Archiloque, fils de Charidème? il possédait une belle terre; mais il avait des dettes, et la terre est partagée entre ses créanciers. Vois-tu Sosinome, Timodème, et d'autres banquiers encore? quand est venu le moment de remplir toutes leurs obligations, adieu leurs biens, leurs riches domaines. Mais non, tu fermes les yeux sur ces exemples, tu ne songes pas à la sage prévoyance d'un père, si supérieur à son fils pour la prudence et toutes les bonnes qualités. Ah! j'en atteste Jupiter, il plaçait, dans son estime, Phormion bien plus haut que toi. Quel prix il attachait à de tels services, pour ses intérêts, pour les tiens! Après ta majorité, est-ce à toi que Pasion a confié l'administration d'une moitié de sa fortune? non, c'est à Phormion, Phormion qu'il désignait pour nouvel époux à sa femme, Phormion qu'il entoura d'égards tant qu'il vécut. Égards bien mérités : car, tandis que les autres banquiers, libres de tout fermage, et recevant intégralement les bénéfices, se sont ruinés, Phormion, qui payait sur la banque de Pasion deux talents quarante mines, l'a conservée à ses héritiers. Il a trouvé de la reconnaissance chez ton père; tu n'es, toi, qu'un ingrat. Sourd aux dernières volontés que Pasion a consignées dans son testament, tu attaques son fidèle serviteur, tu le poursuis de tes calomnies. Eh! l'homme de bien, quand cesseras-tu de crier? quand estimeras-tu l'économie plus que tous les trésors? A t'entendre, il ne te reste rien de ton immense héritage : mais, avec de l'ordre, ne serait-il pas encore dans tes mains?

Pour moi, par tous les dieux! examinant la cause sous toutes ses faces, je ne vois pas pourquoi, sur ta parole, le tribunal condamnerait Phormion. Le condamner! et pourquoi? parce que la plainte a suivi de près l'offense? au contraire, bien des années les séparent; parce que tu es resté oisif dans l'intervalle? mais qui ne t'a vu ramassant partout des sujets d'accusation, intenter, avec l'acharnement que tu déploies aujourd'hui, procès privés, procès publics? N'as-tu pas accusé Timomaque; puis Callippe, qui est maintenant en Sicile? Ménon, Autoclès, Timothée, vingt autres, enfin, n'ont-ils pas, à ta voix, comparu devant les tribunaux? Admettra-t-on qu'un Apollodore se fasse l'organe de la vindicte publique, et néglige ses injures personnelles; injures énormes, à l'entendre? Pourquoi donc, ardent accusateur, laissais-tu Phormion en paix? c'est que Phormion ne t'a fait aucun tort; c'est que ta plainte tardive est une calomnie.

Mais l'intérêt de ma cause, ô Athéniens! demande surtout des témoins de ces faits. Croirez-vous qu'Apollodore le Sycophante nous poursuive avec bonne foi? N'est-il pas convenable de rappeler aussi les faits qui prouvent combien Phormion fut toujours juste et humain? S'il a fait du mal à tout le monde, il en a pu faire, dans l'occasion, à Apollodore. Loin de là, sa bienfaisance fut toujours empressée, étendue. Seul, Apollodore aurait-il donc été sa victime? Écoutez quelques dépositions propres à faire connaître ces deux caractères.

Dépositions.

Venons maintenant aux attestations de la méchanceté d'Apollodore.

On lit.

Ce portrait ressemble-t-il au premier? Lis encore.

Le Greffier lit.

Lis enfin le détail des services que Phormion a rendus à la République.

Lecture de Pièces.

Hommes d'Athènes! ce Phormion si utile à l'État, et à plusieurs d'entre vous; ce Phormion qui n'a froissé aucun intérêt public ni privé, qui jamais n'a lésé Apollodore, demande, supplie, conjure que vous ne le ruiniez pas; et, nous, ses amis, nous joignons nos prières aux siennes.

Écoutez encore ceci. Phormion, on vous l'a attesté, a fait, pour le Peuple, plus de dépenses qu'Apollodore ou tout autre ne possède de biens. Cependant, grâce à son crédit, il trouverait encore aisément des sommes plus considérables; et ce crédit, il le tournera à votre avantage comme au sien. Ne rejetez pas cet espoir; ne le laissez pas anéantir par un infâme dissipateur; qu'il ne soit pas dit que l'audacieux sycophante peut, aidé de vos suffrages, ruiner l'homme modeste et laborieux. En quelles mains la fortune de Phormion vous sera-t-elle plus utile que dans celles de Phormion même? Vous savez, et par vous-mêmes

et par les témoins, combien il fut toujours généreux envers quiconque réclama ses secours. Un calcul intéressé le portait-il à rendre service? non, c'était besoin d'obliger, bonté naturelle. Quelle injustice, ô Athéniens! de livrer un tel homme à Apollodore, d'attendre que la sympathie qu'il vous inspire devienne impuissante, de ne pas lui tendre une main amie, tandis que vous pouvez encore le sauver! Eh! quand lui témoignerez-vous de l'intérêt, si ce n'est aujourd'hui? Vous ne verrez donc dans les paroles du plaignant que le babil de la calomnie; vous lui direz: Prouve, de grâce, ou que le testament cité par la défense n'est pas de ton père; ou qu'il existe d'autres fermages que ceux qu'elle a déclarés; ou que, malgré l'assertion de Phormion, malgré ton propre consentement, tu n'as pas clos et arrêté le compte-rendu de ton beau-père par une décharge générale; ou qu'enfin, après de pareilles transactions, la loi permet de rouvrir les débats. Voilà, juges, le défi qu'il doit attendre de vous. Si, dans l'impuissance d'y répondre, il cherche d'autres armes; s'il s'entoure de fausses imputations, d'injures vagues, de trompeuses subtilités, détournez, détournez vos esprits de tous ces pièges; craignez qu'il ne vous fascine avec ses vociférations et son front d'airain; tenez-vous sur vos gardes, et conservez le souvenir de tout ce que nous avons dit. Faites ainsi, et vous serez fidèles à votre serment (7), et votre juste sentence va délivrer un homme irréprochable : j'en atteste Jupiter et tous les dieux!

— Prends et lis la loi, ainsi que les dépositions.

Lecture de Pièces.

Je vous crois bien pénétrés des raisons que j'ai présentées; et un plus long discours serait, sans doute, superflu.

Qu'on fasse écouler l'eau (8).

NOTES
DU PLAIDOYER POUR PHORMION.

(1) C'est-à-dire, dans le Parthénon, au temple de Minerve, situé dans l'Acropole.

(2) Chez nous, l'action civile est prescrite par trente ans, et périmée au bout de trois ans.

(3) Il y avait deux héritiers nés du premier lit : ainsi, Phormion avait eu deux enfants de la veuve de Pasion.

(4) Pourquoi, dit Auger, la banque avait-elle été relouée vingt mines de moins? D'abord, la diminution n'était pas de vingt mines, mais de quarante, puisque l'orateur ne présente, dans ce relevé de compte, que la moitié du prix. Ensuite, la baisse, comme la hausse, n'ont ici rien d'étonnant, pas plus chez les Anciens que de nos jours. — *Plus de 40 talents:* total vrai, 41 talents 10 mines.

(5) Je crois que tel est, ici, le vrai sens du mot ἔργον. Auger y attache l'idée de *travail*. C'est mettre l'orateur en contradiction avec lui-même : la phrase suivante le montre suffisamment.

(6) Athènes donnait le titre de citoyen à l'étranger

à l'affranchi enrichi dans la banque ou le commerce, comme les États monarchiques confèrent la noblesse à de gros financiers.

(7) Le mot εὐοργήσετε est évidemment fautif. Il faut lire εὐορκήσετε. — Les deux pièces indiquées ensuite sont la loi qui ne permet pas une nouvelle instance après qu'il y a eu, entre les parties, transaction et décharge; et les dépositions qui attestent qu'ici l'une et l'autre existent.

(8) C'est-à-dire, qu'on vide la clepsydre, à l'aide de laquelle on mesure le temps accordé à chaque orateur. Cette phrase répond à la formule *Dixi*: mais elle indique, de plus, que l'orateur n'a pas même eu besoin de toute la latitude qui lui était donnée.

PLAIDOYER

CONTRE PANTÆNÉTOS.

INTRODUCTION.

L'affaire sur laquelle roule ce plaidoyer est très-compliquée. L'orateur l'expose, dès le début, avec tous ses détails ; et notre introduction ne ferait que reproduire, de point en point, une narration où les préventions de l'attaque et de la défense ont pu, d'ailleurs, altérer la vérité. Nous renvoyons donc à ce récit. Seulement, pour en éclaircir le commencement, et faciliter au lecteur l'intelligence du reste, nous présentons ce commencement sous une forme synoptique.

Télémaque,
premier propriétaire désigné d'une forge, la vend, pour Pantænétos,
à
Mnésiclès.

Créanciers de la vente : { Mnésiclès, pour un talent ; Philéas et Plistor, pour 45 mines.
Pantænétos ne payant pas cette dette,
Mnésiclès,
principal créancier, vend la forge à
Évergos et à Nicobule ;
Payement : { Évergos, 1 talent, Nicobule, 45 mines.
Les nouveaux propriétaires louent l'immeuble à Pantænétos,
pour 105 drachmes par mois ; intérêt à 12½ à peu près ; etc.

Ce qui contribue encore à l'obscurité de ce plaidoyer, c'est le défaut de méthode. La fin de non-recevoir et la discussion du fond s'y croisent plus souvent que dans les autres discours de cette seconde section.

DISCOURS.

Nos lois, ô juges ! admettent la fin de non-recevoir pour les objets litigieux, quand il y a eu transaction et décharge : or l'une et l'autre ont eu lieu entre Pantænétos et moi. J'ai donc demandé, vous l'avez entendu, que la plainte ne fût pas accueillie ; je l'ai demandé, pour employer, selon mon droit, un moyen légal. Je craignais d'ailleurs qu'après avoir convaincu mon adversaire, entre autres choses, de cet accommodement, de cette entière libération, je ne lui donnasse occasion de vous dire : Nicobule en impose ; s'il disait la vérité, il aurait opposé une fin de non-recevoir. Je me présente donc ici avec confiance, car je puis prouver que je n'ai fait aucun tort à Pantænétos, et qu'il m'attaque contre les lois. S'il eût vraiment souffert un seul des griefs dont il se plaint aujourd'hui, c'est quand ils étaient flagrants qu'il m'aurait attaqué, quand nous avions encore des affaires ensemble, quand pour lui la justice eût été expéditive, grâce à notre présence sur les lieux (1) ; enfin quand le ressentiment d'une injure récente était dans toute sa force. Mais non, je n'ai pas blessé ses intérêts ; vous-mêmes vous l'avouerez quand vous m'aurez entendu. Cependant, fier d'une cause gagnée contre Évergos, il m'attaque injustement. Il me reste donc à bien établir mon innocence, à produire mes témoins, à préserver ma fortune d'une condamnation. Accueillez tous ma juste et modeste prière : écoutez avec bienveillance ma fin de non-recevoir, avec une attention soutenue mes moyens sur le fond de la cause (2). Bien des procès se sont plaidés dans cette ville ; mais aucun n'aura brillé, autant que la plainte de Pantænétos, du double caractère de l'impudence et de la calomnie.

Exposons, le plus succinctement possible, tous les faits, en remontant à nos premières relations.

Nous avons prêté, ô juges ! Évergos et moi, cent cinq mines à Pantænétos, sur une forge occupant trente esclaves, et sise à Maronée (3). La créance se composait de quarante-cinq mines pour ma part, et d'un talent pour Évergos. Or, il advint que Pantænétos devait un talent à Mnésiclès de Kollytos, et quarante-cinq mines à Philéas d'Éleusis, et à Plistor. Notre vendeur, pour la forge et les esclaves, était Mnésiclès, qui les avait achetés, pour Pantænétos, de Télémaque, premier possesseur. Pantænétos reçoit de nous l'établissement à titre de ferme, et s'engage à nous payer l'intérêt de notre capital cent cinq drachmes par mois. Un acte en forme relate les conditions de la location, et l'époque où le prix de la forge sera exigible. Ces arrangements pris au mois d'Élaphébolion (4), sous l'archonte Théophile, je m'embarque aussitôt, et pars pour le Pont. Notre locataire reste à Athènes avec Évergos. Quels furent leurs démêlés pendant mon absence, je ne pourrais le dire : leur langage n'est pas uniforme ; Pantænétos se contredit lui-même. Tantôt Évergos, contrairement à l'acte, l'a expulsé violemment de l'immeuble affermé ; tantôt il a été cause qu'on l'a inscrit parmi les débiteurs publics ; tantôt..... que sais-je tout ce qui lui passe par la tête ? Le grief d'Évergos n'est pas si variable : « Comme le fermier, dit-il, ne payait pas son bail, et ne satisfaisait à aucune des clauses du contrat, je suis venu le trouver, et lui ai proposé la résiliation. Il a tout quitté ; puis, il est revenu amenant des opposants (5). Je n'ai ni contesté les titres des uns, ni empêché l'autre de rentrer en jouissance, pourvu qu'il remplît les conventions. » Voilà ce que, à mon retour, j'ai entendu de leurs bouches. Je ne prononce pas entre eux ; j'affirme seulement que si le locataire a réellement souffert, de la part d'Évergos, tout le tort dont il se plaint, il doit être satisfait par la condamnation qu'il a attirée sur lui : mais moi, qui étais absent, dois-je être pour quelque chose dans la réparation de cette injure ? Je le dois encore bien moins, si la vérité est du côté d'Évergos, si Évergos a été victime d'un sycophante.

Je produis des témoins qui constatent que tout s'est passé ainsi.

Les Témoins paraissent.

Ainsi, vente de la forge par Mnésiclès, précédent acquéreur ; location de notre immeuble, les esclaves compris, entre les mains de Pantænétos ; mon absence, bien loin d'Athènes quand survinrent les premières contestations ; enfin, assignation envoyée à Évergos, mais à Évergos seul, par le fermier : voilà, ô juges ! les déclarations de nos témoins. Cependant je rentre au port après avoir perdu presque toute ma cargaison : on m'instruit de tout ; je vois la forge, abandonnée de Pantænétos, rentrée dans les mains de mon coacquéreur. Dans quel désolant embarras me jette ce changement ! De deux partis l'un : ou je m'associerai à Évergos pour l'exploitation de l'usine, et j'en partagerai toutes les fatigues ; ou, substituant, pour débiteur, Évergos à Pantænétos, je lui louerai la forge pour ma part de propriété, et nous en rédigerons le contrat. Je ne vois, de part et d'autre, que gêne et contrariété. Tout plein de mon ennui, j'aperçois un jour notre vendeur ; je cours à lui, je lui parle avec amertume de l'individu qu'il m'a recommandé (6), et des opposants. Qu'est-ce que toute cette comédie ? lui dis-je. « Des opposants ! rien de plus ridicule, répond Mnésiclès ; je veux que nous ayons une entrevue avec ces gens-là ; je vous réunirai tous ; Pantænétos sera pressé de remplir, envers toi, toutes ces obligations ; le succès me paraît certain. » Pour abréger, Mnésiclès et moi nous nous trouvons au rendez-vous. Ceux qui prétendaient avoir hypothèque sur la forge et sur les esclaves arrivent ; ils parlent, ils se coupent, ils mentent. Confondus sur tout ce qu'ils avancent, et Mnésiclès persistant à nous garantir sa vente, ils nous font une double proposition, qu'ils espèrent bien voir repoussée. « Reprenez vos fonds, disent-ils, et renoncez à tout ; ou payez-nous le montant de notre réclamation, parce que vous avez acheté forge et esclaves au-dessous de leur valeur. » A peine ont-ils parlé, que, sans délibérer, je consens à retirer mon argent, et j'engage Évergos à faire de même. Mais, lorsqu'il fallut en venir aux réalités, et nous rembourser, ils nous dirent : « Nous tiendrons notre promesse, si vous nous vendez vous-mêmes ce que vous avez acheté (7). » Quelle duplicité, Athéniens ! Ils nous voyaient obsédés par les injustes doléances de Pantænétos.

Tout cela encore est véritable. — Prends les dépositions.

Dépositions.

Voilà le point où en était l'affaire : les prétendus créanciers amenés par ma partie ne faisant pas le remboursement, nous rentrions, de plein droit, en possession de la forge. Pantænétos, alors, nous supplia, nous conjura de revendre ce que nous avions acheté. L'infatigable solliciteur finit par me fléchir. Mais je connaissais le fourbe : je l'avais vu, d'abord cherchant à desservir Mnésiclès près de nous ; puis, attaquant en justice Évergos, son ami intime ; d'abord tout joyeux, en apparence, de me revoir ; furieux, plus tard, quand il fut question de me rendre mon argent ; ami, jusqu'à la possession de ce qu'il désirait ; ennemi dès que commençait la jouissance : caractère perfide, dont la connaissance me fît prendre une résolution décisive. En me déliant de mes premiers engagements, en revendant une partie des fonds que Pantænétos faisait valoir, je voulus tout disposer pour n'avoir plus avec lui la moindre relation. La convention faite, il me déchargea de tout; et, à sa prière, je vendis ma part de l'immeuble que nous avions acheté de Mnésiclès. En retirant mon argent, je n'avais fait aucun tort à Pantænétos; et quoi qu'il pût arriver, je comptais bien que jamais il ne m'amènerait devant les tribunaux.

Tel est, ô juges! le différend que votre sentence doit terminer. A une poursuite illégale j'oppose la fin de non-recevoir. Je présente d'abord le témoignage de ceux qui ont assisté à l'accommodement fait entre Pantænétos et moi, et à la décharge qu'il m'a donnée; je montrerai ensuite que la loi admet mon déclinatoire. — Lis-nous la déposition annoncée.

Déposition.

Lis aussi l'attestation de ceux à qui j'ai vendu. Le tribunal comprendra que, dans cette opération, j'ai suivi la prière et les indications de Pantænétos.

Déposition.

Sont-ce là tous les témoins de ma libération, et de l'injustice des poursuites actuelles? non, juges, il en est encore un : c'est Pantænétos lui-même. En traduisant Évergos devant vous, il m'a laissé tranquille : n'était-ce pas déclarer tacitement que je n'avais plus rien à démêler avec lui? Quoi! il y aurait eu deux coupables, et un seul accusé!

Sans doute, vous n'attendez pas mes paroles pour savoir que la loi proscrit toute action judiciaire après une transaction définitive. Néanmoins, je demande lecture de cette loi.

Loi.

Vous l'entendez, ô Athéniens! la loi dit nettement qu'après un accommodement ou une décharge, aucune poursuite relative aux mêmes objets n'est admissible. Or, entre Pantænétos et moi, il y a eu décharge et accommodement : tous deux viennent d'être attestés.

S'il est admis, en principe, qu'on ne doit plus revenir sur la chose jugée, à plus forte raison tiendra-t-on pour irrévocable une transaction à laquelle on a consenti. Qu'on se plaigne d'un jugement rendu par le Peuple, d'une sentence qui émane d'un tribunal, je le conçois : la passion ou l'erreur des juges pourrait motiver l'appel. Mais, si c'est vous qui avez prononcé contre vous-mêmes, soit en composant avec votre adversaire, soit en lui donnant une décharge, qu'alléguerez-vous contre votre propre décision? qui peut vous autoriser à plaider de nouveau? Contradiction choquante, dont l'esprit des juges doit être révolté (8)!

Une décharge m'a été donnée par Pantænétos quand j'ai vendu les esclaves; je l'ai prouvé. Dans les cas semblables à celui-ci, la législation défend d'intenter procès; vous l'avez vu. Jusqu'ici je n'ai parlé que sur la fin de non-recevoir : ce n'était pas faute de pouvoir plaider au fond. Je vais maintenant attaquer l'accusation sur toute sa base.

Je demande lecture de la plainte.

Accusation.

Nicobule m'a fait un tort grave. Il en voulait à ma personne et à ma fortune. Il a ordonné à son esclave Antigène d'enlever à mon serviteur l'argent qu'il portait au Trésor, et qui provenait des filons que j'ai payés 90 mines (9); et il est cause qu'on m'a inscrit pour déposer le double au Trésor....

Attends, greffier. — Il a déjà fait triompher ces griefs dans son procès contre Évergos. Or, dès mes premières paroles, j'ai établi, par la preuve testimoniale, que, pendant les démêlés de ces deux hommes, j'étais absent; et la plainte elle-même en fait foi. Nulle part, elle n'exprime que j'aie nui personnellement à Pantænétos; mais, en insinuant que j'ai attaqué sa personne et ses biens, le plaignant avance que j'ai donné ordre à mon esclave de lui faire du tort. C'est une calomnie. Des ordres! et comment en aurais-je donné? Prévoyais-je, en partant, ce qui devait arriver ici? Pantænétos prétend que j'ai voulu le faire dégrader civilement et le ruiner : quelle folie d'affirmer qu'un esclave a été, dans ma main, l'instrument d'une persécution qui ne pourrait avoir lieu de citoyen à citoyen! Quel parti espère-t-il donc tirer d'une imputation si étrange? A défaut de tout autre reproche, vu mon absence, cet homme, qui voulait, à toute force, me calomnier, s'est plaint d'ordres donnés. Cette voie tortueuse lui était seule ouverte. — Qu'on reprenne la lecture.

Suite de l'Accusation.

Et, lorsque j'ai été condamné au profit du Trésor, apostant Antigène, son esclave, dans mes ateliers à la montagne de Thrasyllos, il lui a enjoint de s'assurer du mobilier, en dépit de mes protestations....

Attends. — Dans ces nouveaux reproches, le mensonge est encore facile à prouver. J'ai placé, dit l'acte, un esclave; des oppositions m'ont été faites. Tout cela est impossible; encore une fois, j'étais absent! Est-ce du Pont que j'aurai étendu le bras pour placer cet esclave? Est-ce sur un rivage lointain qu'une opposition m'a été notifiée? Que d'invraisemblances! Qu'est-ce donc qui a poussé le plaignant à les inscrire? Évergos a commis, à son égard, des vexations dont il a porté

à peine. Il est mon ami, il vient souvent chez moi. Peut-être a-t-il pris dans ma maison un esclave, qu'il aura placé dans les ateliers pour les surveiller en son nom. Si l'on eût écrit cette vérité simplement, vous auriez ri de bon cœur : quand Évergos agit, suis-je le coupable? Mais non, il a fallu biaiser, et recourir à l'imposture. Le moyen, sans cela, de me prendre en faute?
— Continue.

Suite de l'accusation.

Il a embauché mes esclaves, pour qu'ils allassent se placer dans le lavoir (10), et me fissent ainsi un tort grave.....

Arrête encore. — Il y a ici une étrange rouerie. Non-seulement Pantænétos a refusé ma proposition de faire donner la question aux esclaves ; mais, de plus, le mensonge, ici, est flagrant. J'ai embauché les esclaves ! et pourquoi ? pour me les approprier? Mais la séduction n'était pas nécessaire : j'avais le choix ou de ressaisir esclaves et ateliers, ou de retirer mes fonds : c'est ce dernier parti que j'ai préféré, comme on vous l'a attesté.

Qu'on lise la proposition que j'ai faite à ma partie.

Proposition.

On m'a répondu par un refus ; ce genre de preuve faisait peur. Mais reprenons la suite des griefs. — Lis.

Suite de l'Accusation.

Il a mis l'argent travaillé par mes ouvriers en lingots qu'il a vendus, et dont il s'est approprié la valeur....

Pas plus loin ! — Comment ai-je pu faire cela ? j'étais absent ! N'est-ce pas pour ces mêmes griefs que tu as fait condamner Évergos? — Que l'on continue.

Suite de l'Accusation.

Il a vendu ma forge et mes esclaves, au mépris de nos conventions.......

Attends. — Voilà qui passe tout ce qui a précédé. *Au mépris de nos conventions :* quelles conventions? Nous lui avons affermé notre usine au taux ordinaire : voilà tout. Mnésiclès nous a vendu en sa présence, à sa sollicitation ; puis, nous avons revendu pour le même prix : et c'est encore sur les instantes prières de Pantænétos que cette deuxième vente s'est effectuée : personne ne voulait qu'elle fût faite en son nom. Qu'est-ce donc que ces conventions que tu désignes ici, insigne fripon?

Oui, c'est à ta prière que nous avons revendu, et revendu sans rien changer au premier prix. Des témoins l'attestent : écoutez.

Déposition.

Il n'y a pas jusqu'à toi-même qui ne déposes en notre faveur. L'immeuble acheté par nous cent cinq mines, tu l'as revendu trois talents deux mille six cents drachmes. T'en aurait-on donné une obole, si l'on t'eût désigné comme vendeur?

Voilà encore des vérités qu'il faut faire constater par des témoins. Qu'on les appelle.

Les Témoins paraissent.

La vente de mon immeuble a rapporté à Pantænétos tout ce qu'il a voulu ; cet homme, à force d'instances, a obtenu que je revendrais au prix de l'achat : et le voilà qui m'intente un procès ! et il réclame deux talents ! Mais voici des imputations encore plus révoltantes. — Qu'on lise le reste de la plainte.

Fin de l'Accusation (11)

Coups donnés, insultes, violences, outrages envers des orphelines, que de griefs accumulés ! Ici les procédures criminelles varient, les tribunaux changent, la pénalité se modifie. La connaissance des actes violents appartient aux Quarante ; les thesmothètes jugent le délit d'outrage ; l'orphelin opprimé s'adresse à l'Archonte. Pour tous ces délits, la législation consacre la fin de non-recevoir, quand l'action n'a pas été accordée par l'autorité compétente. — Lis-nous la loi qui régit ces matières.

Loi.

Dans ma fin de non-recevoir, j'ai ajouté cette particularité. Mon but était d'exclure d'ici Pantænétos, qui n'a pas obtenu action des thesmothètes. Cet article est effacé ; on ne l'a plus trouvé à la fin de mon déclinatoire. Quelle est l'origine de cette altération? c'est à vous, juges, à faire cette enquête. Quant à moi, il m'importe fort peu ; l'appui de la loi me suffit. Qu'on efface, tant qu'on voudra, les motifs de ma fin de non-recevoir : on n'effacera point de vos consciences la notion et le sentiment de la justice.

Prends maintenant la loi qui règle l'exploitation des mines. Ce sera une autorité nouvelle en faveur de mon déclinatoire ; et je veux montrer combien mon accusateur me doit de reconnaissance.

Loi.

Cette loi fixe avec précision et clarté à qui appartient le droit de poursuivre en matière d'exploitation des mines. Elle permet d'attaquer quiconque met obstacle aux travaux. Eh bien ! ai-je entravé, troublé la jouissance du plaignant? Au contraire, c'est par moi qu'il a été mis et remis en possession de la forge dont on l'expulsait ; c'est moi qui, à sa prière, ai revendu ce que j'avais acheté. Mais, dit-il, il est d'autres griefs sur ce même sujet, et l'on peut en demander réparation. Sans doute; mais ces griefs, quels sont-ils? incendier le terrain d'autrui, enlever ses machines et ses outils, ouvrir une carrière sur ce même terrain. De quel attentat pareil suis-je coupable envers toi? Celui qui vient simplement réclamer ce qu'il t'a loué et cédé, est-ce un ennemi, un spoliateur, accourant la hache à la main? Avec cette étrange opinion, exerce une action judiciaire contre tout propriétaire dont l'immeuble est dans tes mains; applique, étends la loi sur les mines à ta fantaisie. Que d'abus naîtraient d'un tel système! Une mine appartient à l'État: un citoyen l'achète; si l'acquéreur a des débats à vider à raison d'une créance, d'insulte, de coups, de vol, d'avances d'impôt non recouvrées (12), ou de tout autre objet, s'armera-t-il de la loi concernant les mines? Je suis loin de le croire assez fou. Cette loi ne règle le droit de poursuite judiciaire qu'entre ceux qui possèdent des mines, ou les exploitent, en commun, contre les délinquants qui empiètent ou font travailler sur leur sol, ou troublent, d'une manière quelconque, leur jouissance. Qu'a fait Pantænétos? Il a loué une forge; il a payé, à grand'peine, une partie de son bail: comment aurait-il action en vertu de la loi sur les mines?

De tout ce qui précède, vous tirez, avec moi, une double conclusion: je n'ai causé aucun tort au plaignant; aucune loi ne lui donne le droit de me poursuivre.

Pantænétos ne peut donc établir ses imputations sur une base solide; sa plainte contient de grossiers mensonges, et il m'attaque sur des objets pour lesquels il m'a donné une décharge. Voici un nouveau trait de sa révoltante audace. Le mois dernier, il se disposait à paraître en justice, et déjà les tribunaux étaient tirés au sort entre les juges. Escorté d'une bande des siens, il vient à moi, et me lit une longue formule de proposition judiciaire. J'étais invité à mettre à la question un esclave bien instruit, disait-il, des faits qu'il allègue. L'accusation reconnue véritable, je devais payer la somme demandée; dans le cas contraire, le président de la question, Mnésiclès, ferait l'estimation de l'esclave, et en exigerait de lui la valeur. Proposition évidemment injuste: sur la parole d'un esclave provoqué par la douleur, je courais risque de payer deux talents, tandis que mon adversaire n'avait qu'un engagement simulé. Mais, voulant remporter la victoire la plus décisive, j'accepte, je fournis caution, je signe. A cette démarche, succède, de la part de Pantænétos, une nouvelle citation; il fait disparaître les sommes du dédit, et se prononce hautement contre le défi qu'il m'a lui-même lancé.

Observez bien ceci, ô juges! Quand la proposition me fut faite, Pantænétos, bien décidé, précipitait tout, brouillait tout: « Je t'adresse ce défi! — Je l'accepte. — Mets-y ton sceau. — Il est mis. — Où est ta caution? — La voilà. » Ainsi harcelé, j'avais oublié de tirer une copie, j'avais négligé toute sûreté. Cependant, nous comparaissons devant Mnésiclès. Mon accusateur présente-t-il alors sa proposition? songe-t-il à exécuter nos mutuels engagements? pas du tout! ce qu'il apporte est une proposition nouvelle. Un esclave, il est vrai, sera mis à la torture; mais c'en est un autre, qu'il a saisi et amené lui-même. L'insolent avait rompu tout frein. Je réfléchis alors, ô juges! à tout ce que l'on gagne quand on n'est pas trop facile. Pourquoi étais-je ainsi joué? parce qu'on abusait de ma simplicité, de ma droiture, parce qu'on payait en mépris mon extrême condescendance.

A cette étrange démarche, je répondis par une proposition beaucoup plus juste: je lui offris un troisième esclave, qui devait présenter les faits sous le même jour que moi. Prouvons ceci par la lecture du défi que j'adressai alors à Pantænétos.

Proposition.

Le plaignant a repoussé ma demande; il a rétracté celle qu'il m'avait faite dans le principe. Après cela, comment soutiendra-t-il ses prétentions? Pour plus ample lumière, voyez l'homme par lequel il dit avoir été si fort lésé. Voilà celui qui a exproprié Pantænétos (13); voilà celui qui a triomphé des amis de Pantænétos, triomphé des lois! Moi, j'étais absent; je suis hors de cause.

Voyons maintenant par quels artifices, surprenant la religion de ses premiers juges, il a fait condamner Évergos: vous reconnaîtrez qu'aujourd'hui sa conduite est la répétition des mêmes impostures; et que, de plus, les moyens de justification que j'emploie maintenant auraient dû faire absoudre Évergos (14): preuve évidente que celui-ci a été victime de la calomnie. Au nombre des violences que lui reprochait Pantænétos, se trouvaient des champs envahis, une maison forcée, une mère et de jeunes pupilles insultées. La voix de la loi protectrice des orphelins a retenti pendant ce procès. Eh bien! l'archonte qui applique cette loi attend encore le plaignant: cependant celui-ci, ne courant aucun risque personnel, pouvait attirer sur l'accusé une peine corporelle ou pécuniaire. C'est devant d'autres juges qu'Évergos s'est vu accuser, et condamner à deux talents. Si, éclairé par la loi même, celui-ci eût prévu l'accusation, sa défense se serait appuyée de raisons trop solides pour ne pas amener un acquittement. Mais, ne s'attendant à aucune attaque, surtout pour exploitation de mines, il ne lui fut pas aisé de repousser sur-le-champ les traits du sycophante; et le tribunal, trompé, animé par des inculpations qui, au fond, n'étaient pas de sa compétence, n'a saisi que le côté dont il pouvait connaître, et a soulagé sa colère en condamnant. Le fourbe qui a déjà pris des magistrats dans ses pièges a-t-il honte de les tendre sous vos pas? La bonté de sa cause, croyez-moi, n'est pour rien dans l'assurance qu'il étale. Ses appuis sont le sophisme; une cohue de témoins, ses complices: ce Proclès à la haute stature, et qui n'est qu'un grand misérable; ce Stratoclès, le plus insinuant et le plus pervers des hommes; des yeux qui savent pleurer, une voix merveilleusement exercée aux lamentations; une audace enfin qui s'arme, sans scrupule, des moyens les plus coupables.

Des lamentations! de la pitié pour un Pantænétos! Ah! plutôt, ta conduite ne doit-elle pas irriter toutes les âmes honnêtes? Débiteur de plus de cent mines, et débiteur insolvable, qu'as-tu fait? tu as frustré de leur créance, tu as même voulu dégrader civilement des citoyens dont la bourse a satisfait tes premiers créanciers. D'ordinaire, par voix de contrainte, c'est le débiteur qu'on exproprie jusqu'à concurrence du payement. Ici, c'est le créancier qui est dépouillé! et l'homme généreux qui t'a prêté un talent est poursuivi par tes calomnies jusqu'à ce qu'il en ait encore payé deux! Croira-t-on que, pour des objets sur lesquels tu n'as jamais eu pour plus de cent mines de crédit, et que tu as vendus en masse trois talents deux mille drachmes, quatre talents t'ont été volés? et par qui? par mon esclave! Connais-tu un Athénien assez stupide pour laisser un esclave mettre la main sur sa fortune? Qui osera dire: L'esclave de Nicobule est comptable, devant les tribunaux, des mêmes vexations que Pantænétos a fait expier juridiquement à Évergos? Il y a plus : il l'a déchargé lui-même de toute accusation semblable. Ce n'est pas maintenant qu'il devait parler contre lui, et inscrire son nom dans la proposition relative à la torture; l'époque où il obtint action contre Évergos est aussi celle où il devait poursuivre, non l'esclave, mais le maître. Loin de là, c'est moi qu'il cite, c'est mon serviteur qu'il accuse: or, voilà ce que la loi ne tolère point. Après avoir entamé un procès contre le maître, accusa-t-on jamais l'esclave, comme si ses propres actions dépendaient de lui?

Qu'on fasse au plaignant cette question : « Qu'auras-tu de bon à répondre à Nicobule? — La haine des Athéniens, répondra-t-il, est acquise à tous ceux qui spéculent sur les intérêts de leurs créances. Ce Nicobule, d'ailleurs, est l'être le plus insupportable : ne court-il pas, au lieu de marcher? ne parle-t-il pas très-haut? n'a-t-il pas un bâton à la main? autant de ridicules, qui parleront pour moi! » Paroles d'un méchant, et non d'un homme vraiment offensé; paroles impudentes, qui choquent les oreilles un peu délicates. Loin de moi la pensée d'attaquer ceux qui prêtent à intérêt! mais infamie sur les misérables qui font métier de l'usure! honte au créancier impitoyable et âpre à la curée! Hélas! je n'ai pas toujours été créancier; j'ai souvent emprunté moi-même. Aussi, je connais assez ces gens-là pour ne pas les aimer; mais, par Jupiter! je ne les dépouille ni ne les calomnie. J'ai longtemps couru la mer pour faire le commerce sur divers rivages; après avoir ainsi amassé une modeste fortune, je place mon argent en créances, autant pour obliger que pour le conserver. Me mettra-t-on, pour cela, au nombre des usuriers? Tout le peuple athénien doit-il, ô Pantænétos! partager ta haine contre quiconque t'a aidé de ses avances?

Qu'on lise les dépositions sur mon caractère. On verra comment je me conduis envers ceux qui viennent me demander de contracter avec moi.

Dépositions.

Eh bien! Pantænétos, le voilà cet original aux grandes enjambées; te voilà aussi, doux et calme personnage. Sur ma démarche et sur mon ton, je suis prêt à m'exécuter franchement. Je me connais; je n'ignore pas que la nature m'a refusé ces belles manières, si avantageuses dans la vie. Qu'y faire? si je choque parfois, c'est moi qui en souffre. Parce que j'ai la voix forte, faut-il me persécuter, et me condamner à une amende au profit de mes propres débiteurs? Quel vice, quelle méchante action les Athéniens, le plaignant lui-même, peuvent-ils me reprocher? Pour le reste, chacun est tel que la nature l'a fait. La nature! est-il donc facile de la combattre? Si on le pouvait, il n'y aurait bientôt qu'un seul type pour tout le genre humain. Mais ce qui est aisé, c'est de regarder autrui et de le critiquer.

Qu'as-tu, d'ailleurs, à démêler avec mes défauts, Pantænétos? Tu as éprouvé, dis-tu, des torts graves et nombreux! Eh bien! justice en a été faite. Ce n'est pas moi que tu as fait condamner; ce n'est pas moi, non plus, qui t'avais lésé. Sans cela, m'aurais-tu donné décharge? accusateur d'Évergos, ne serais-tu pas devenu le mien? m'aurais-tu supplié de revendre l'immeuble que j'avais acquis? J'ai nui considérablement à tes intérêts! mais n'étais-je pas bien loin de toi?

Supposons un objet réel à toutes tes plaintes, admettons que je t'ai fait tort, grand tort.

Il y a, vous le savez tous, des attentats bien plus graves que ceux qui s'adressent à la fortune : meurtres, outrages sur des personnes libres, et d'autres crimes de ce genre. Toutefois il n'en est pas un pour lequel on ne puisse arrêter les poursuites, imposer silence à l'accusation. Le moyen, quel est-il? un accommodement. Qu'un meurtrier soit atteint et convaincu ; que les traces du sang versé soient encore sous nos yeux : peu importe ; si l'on transige, si l'on s'apaise, la tête du coupable est hors de l'atteinte des lois, l'exil même n'est plus à craindre pour lui. Quand la victime pardonne, avant de mourir, à son assassin, sa famille perd le droit de poursuivre (15). Ainsi, des hommes à qui la loi prépare le bannissement ou la mort vivront parmi nous avec sécurité, par la vertu de ce seul mot, *accommodement*. Un accommodement couvrira donc les violences les plus sanguinaires ; et, en présence de quelques légers griefs, il sera frappé d'impuissance! O Athéniens ! qu'il n'en soit pas ainsi! Me refuser la justice qui m'est due serait chose révoltante ; mais combien notre indignation augmenterait, si, dans la cause actuelle, vous abrogiez une règle équitable et constamment suivie!

NOTES

DU PLAIDOYER CONTRE PANTÆNÉTOS.

(1) Nicobule avait fait, comme on le verra plus bas, un voyage dans le Pont.

(2) Tel est le vrai sens de ὅλῳ τῷ πράγματι, opposé à παραγραψάμην. Auger s'est trompé ici.

(3) Maronée en Attique, qu'il ne faut pas confondre avec la ville de Thrace du même nom.

(4) Le premier jour de ce mois tombait, le plus tôt, au 4 février ; le plus tard, au 2 mars.

(5) Ces opposants étaient des créanciers hypothécaires.

(6) Pantænétos.

(7) De manière qu'en se constituant vendeurs, Évergos et Nicobule garantiraient la vente, et que les créanciers hypothécaires auraient recours sur eux, si Pantænétos montrait de la mauvaise foi.

(8) Ces réflexions se lisent déjà dans le Plaidoyer pour Phormion.

(9) C'était probablement une redevance envers le Trésor, dont était chargé l'achat de cette mine d'argent.

(10) J'emploie ce mot, faute de mieux. Schæfer entend, par κεγχρεών, l'endroit de la mine où l'on épurait le minerai. Les autres travaux devaient être suspendus, par cette réunion de tous les ouvriers sur un même point.

(11) Cette fin manque.

(12) Voy., dans l'Introduction du Plaidoyer contre la loi de Leptine, ce que les Athéniens entendaient par σφ εισφορά.

(13) Ceci est ironique. Nicobule présente aux juges l'esclave que Pantænétos accusait.

(14) Ou je me trompe fort, ou ceci passerait, avec raison, de nos jours, pour une grave maladresse.

(15) Chez nous, en pareil cas, les intéressés peuvent seulement renoncer au droit de se porter partie civile.

PLAIDOYER

CONTRE NAUSIMAQUE ET XÉNOPITHE.

INTRODUCTION.

Deux orphelins, Nausimaque et Xénopithe, avaient eu Aristæchmos pour tuteur. A leur majorité, ils l'avaient poursuivi devant les tribunaux, en réclamant contre une gestion qu'ils prétendaient infidèle. Les bases d'une transaction furent ensuite arrêtées entre les parties : Aristæchmos paya trois talents aux deux jeunes gens, et reçut d'eux une décharge complète. Il mourut, laissant quatre fils. Vingt-deux ans après leur première démarche, Nausimaque et Xénopithe envoient une quadruple assignation aux héritiers de leur ancien tuteur, pour faits relatifs à l'administration de ce dernier.

Un des quatre défendeurs, parlant en son nom et au nom de ses frères, oppose une fin de non-recevoir :

1° Il y a eu accommodement et quittance : or, dans ce cas, l'action est éteinte par la loi.

2° Une autre loi porte : « Toute action du mineur contre son tuteur, relativement aux faits de la tutelle, se prescrit par cinq ans, à dater de la majorité. »

A ces deux arguments, qui appuient le déclinatoire, s'en joignent d'autres, relatifs au fond de la cause. Puis viennent la réfutation de ceux des adversaires, et le défi de rendre les trois talents payés par Aristæchmos, et de plaider sur les premiers griefs.

Nous ne savons rien sur le résultat de ce procès : mais il est difficile de croire que Nausimaque et Xénopithe aient eu gain de cause.

Plusieurs passages de ce Plaidoyer se trouvent déjà dans le précédent.

DISCOURS.

Nos lois, ô Athéniens! accordent la fin de non-recevoir pour les objets litigieux, quand il y a eu transaction et décharge : or, l'une et l'autre ont eu lieu entre nos parties adverses et mon père. Nous avons donc demandé, vous l'avez entendu, que la réclamation ne fût pas accueillie. Examinez tous ma juste et modeste prière; écoutez-moi avec bienveillance; et, si je démontre que le tort est du côté de mes adversaires, que la plainte est dénuée de fondement, soyez-moi propices, et faites prononcer la justice en ma faveur. Il semble, au premier aspect, qu'on ne nous demande que trente mines : mais la réclamation s'élève, en effet, à quatre talents (1). Voilà, en un seul procès, quatre procès, intentés par chacun de nos adversaires; trois mille drachmes doivent, à les entendre, leur être allouées à titre de dommages-intérêts. Ainsi, bien que la formule de la plainte ne porte que trente mines, c'est pour une somme bien plus importante que nous plaidons. L'observation des faits vous éclairera sur tous ces iniques artifices par lesquels on prétend nous ruiner. Nous ferons lire d'abord la déposition attestant que les plaignants ont reçu les comptes de la tutelle, exercée par notre père, et lui ont donné décharge : car c'est à ce titre que nous avons rédigé notre fin de non-recevoir. — Lis-nous ces pièces.

Dépositions.

Juges, vous l'avez entendu : nos adversaires ont obtenu action relativement à la gestion de leurs tuteurs; leur désistement est venu ensuite, et ils ont reçu le capital qui avait été stipulé. Voilà une transaction régulière, formelle : or, après de tels accommodements, vous le savez, la loi n'admet aucune procédure. J'en demande lecture.

Loi.

La loi que vous venez d'entendre, ô juges! fixe avec précision tous les cas où l'on ne pourra intenter procès. Dans ce nombre sont placés l'accommodement et la décharge. Or, en face de nombreux témoins, Nausimaque et Xénopithe ont transigé avec mon père. Nous devions donc être hors de l'atteinte de ces hommes dont l'insolente audace nous poursuit. Quand nous traduisent-ils à votre tribunal? Quand osent-ils mentir effrontément à la raison, à l'équité? c'est quatorze ans après avoir composé avec mon père, vingt-deux ans après la première action intentée; c'est lorsque la mort a fait disparaître et mon père, descendu au tombeau libéré par eux-mêmes, et les tuteurs qui ont administré notre patrimoine, et leur mère qui connaissait si bien les intérêts et les faits mis en litige, et presque tous les arbitres et témoins; c'est, enfin, quand ils espèrent encore en notre inexpérience, quand ils spéculent sur l'ignorance où nous sommes de faits éloignés!

Les plaignants avouent avoir touché un capital considérable; mais ils prétendent que ce capital ne représente pas leur patrimoine. En le touchant, nous n'avons pas, disent-ils, renoncé à la succession; tout ce qu'elle comprenait en créances et mobilier a continué de nous appartenir.

Pour moi, on m'a affirmé que les biens de Xénopithe et de Nausicrate (2) consistaient principalement en créances; qu'ils n'ont presque pas laissé d'immeubles; mais qu'après le payement des dettes et la vente d'une partie du mobilier et des esclaves, les administrateurs du patrimoine ont acheté des maisons et des terres qu'ils ont remises à leurs pupilles. Si donc tout ceci n'avait pas été anciennement l'objet de longues discussions, si les pupilles n'avaient pas accusé déjà leurs tuteurs de gestion infidèle, la question changerait de face. Mais ils ont attaqué toute la tutelle, mais il y a eu procès entamé, puis arrangement : il suit de là que la décharge qu'ils ont donnée est entière, universelle. Est-ce donc contre le titre de leurs tuteurs que plaidaient les pupilles? N'est-ce pas pour les fonds mêmes que ces tuteurs administraient? Et ceux-ci, en payant, rachetaient-ils seulement l'honneur de leur titre? ne tranchaient-ils pas toute action judiciaire?

Après une transaction aussi absolue, Nausimaque et Xénopithe ne peuvent donc réclamer de nous les créances recouvrées par notre père avant cette même transaction : le texte des lois, la décharge des plaignants, suffisent pour établir, sur ce point, une conviction entière. Y a-t-il eu des recouvrements postérieurs? Non : c'est un mensonge imaginé pour tromper les magistrats. Ces recouvrements, qui les aurait faits? Mon père? il est mort trois ou quatre mois après la transaction. Démarétos? il fut, il est vrai, notre tuteur, et son nom se lit dans la plainte : mais, tant qu'il a vécu, les plaignants ne lui ont rien demandé; ils prouvent donc eux-mêmes qu'il n'avait rien recueilli. Un mûr examen complétera la démonstration. Non-seulement Démarétos n'a pas fait un seul recouvrement, mais il lui était impossible d'en faire. Les débiteurs habitaient le Bosphore; et Démarétos n'a jamais vu le Bosphore : comment aurait-il exigé un payement? Par l'envoi d'un fondé de pouvoir? Pas même cela, ô juges! Suivez mon raisonnement. Hermonax devait à nos adversaires cent statères prêtés par Nausicrate; Aristæchmos a été leur tuteur et curateur pendant seize ans; majeurs, ils ont reçu des mains du premier le montant de sa créance; et il est au moins invraisemblable qu'avant cette époque ils aient déjà fait une fois ce même recouvrement. Or, peut-on pousser l'inconséquence jusqu'à acquitter volontairement, sur une simple lettre, auprès d'un tiers dépourvu de titre (3), une créance, tandis qu'il s'était écoulé des délais assez longs pour ne pas payer les véritables ayants droit?

Décès de notre père suivant de près l'accommodement; silence de nos adversaires auprès de Démarétos relativement à la dette d'Hermonax; non-apparition de Démarétos dans le Pont : voilà des circonstances que je vais étayer de preuves testimoniales. — Prends les dépositions.

Dépositions.

Dates et témoins s'accordent donc pour établir que, postérieurement à la transaction, mon père ne s'est pas fait payer une seule dette; que nul débiteur n'aurait volontiers livré ce qu'il devait à un envoyé de Démarétos; enfin, que Démarétos lui-même n'a jamais voyagé au Bosphore. J'entreprends maintenant de démontrer que nos adversaires n'ont présenté, dans toute cette cause, qu'une longue série d'impostures. La plainte indique qu'ils nous poursuivent à raison de recouvrements faits par notre père pour des créances dont ils étaient reconnus propriétaires dans les comptes de la tutelle. — Prends et lis cette pièce.

Accusation.

C'est donc chose entendue : en rendant ses comptes, Aristæchmos a avoué des créances appartenant au patrimoine de ses pupilles. Eh bien ! c'est le contraire qu'ils affirmaient, lorsqu'ils ont cité leur tuteur devant les tribunaux. Ils prétendaient que les comptes n'avaient pas même été rendus; et l'on sait quel rôle jouait ce grief dans leur plainte. On va donner lecture de cet ancien exposé de leurs doléances.

Accusation.

Xénopithe, Nausimaque, répondez-moi. Dans quels comptes prétendez-vous que vos créances ont été déclarées par mon père? Tantôt vous poursuivez en lui votre prétendu débiteur, et le sommez de vous payer; tantôt c'est nous que vous attaquez, parce qu'il y a une déclaration dans ses comptes. Vous plaidez donc sur deux points évidemment contradictoires. Qui vous arrête en si beau chemin? Un troisième point vous ferait-il peur? Voilà ce que notre législation ne veut pas; non, elle n'admet pas plusieurs procès sur une même question et contre une même personne. Mais il faut vous montrer par un texte formel, ô Athéniens! qu'ici les offensés ne sont pas nos adversaires, mais nous, nous qu'on attaque contre toutes les lois. On va lire la loi par laquelle l'action contre un tuteur se trouve prescrite.

Loi.

Entendez-vous, ô juges! ce qu'ordonne clairement cette loi? « Après l'expiration des cinq ans (4) qui suivent sa majorité, aucun pupille ne pourra poursuivre son tuteur pour mauvaise administration ou abus de la tutelle. » Nous avons agi, diront nos adversaires. Soit; mais vous avez transigé, et une nouvelle action vous est, par là, interdite. Le contraire serait une énorme injustice. Quoi! pour les anciennes infidélités d'une tutelle, la loi n'autorise les poursuites que pendant cinq ans contre des administrateurs avec lesquels il n'y a pas eu d'accommodement : et vous, après vingt années, après une composition qui tranchait tout, vous pourrez traîner devant les juges la postérité de vos tuteurs!

Par la vertu de la loi, de la raison et de ma cause, je deviens pressant pour mes adversaires. Ils voudront m'échapper, je le sais; ils diront qu'ils ont été dépouillés d'un brillant héritage. Ils prouveront les grands biens qui leur ont été laissés, par la grandeur de leurs réclamations lors du premier procès; ils voudront revenir sur des comptes de tutelle; ils gémiront sur le malheur des pupilles. Voilà, m'a-t-on dit, les moyens de fascination qu'ils ont préparés contre vous.

La grandeur de leurs réclamations ne prouve que l'excès de leur impudence. Quelle injustice dans leurs agressions contre mon père! Demander quatre-vingts talents, puis entrer en composition pour trois! Ruse d'escroc : ils s'étaient dit : Demandons beaucoup, exigeons à l'excès : où est le tuteur qui, pressé pour une somme exorbitante, ne lâcherait d'assez bon cœur trois talents pour se tirer de nos griffes? Quel récalcitrant voudrait lutter contre les avantages que nous réunissons? Nous sommes jeunes et orphelins: c'est un titre à la sympathie des juges.

Quant à notre caractère, on ne le connaît pas encore, et tant mieux! Voilà, devant des magistrats athéniens, un puissant contre-poids aux meilleures raisons du monde.

Mais tout ce qu'ils exposeront contre la tutelle ne doit rencontrer que votre méfiance. Supposons un objet réel à toutes leurs plaintes; admettons qu'ils ont été lésés, fortement lésés. Il y a, vous le savez tous, des attentats bien plus graves que ceux qui s'adressent à la fortune : meurtres, outrages sur des personnes libres, et d'autres crimes de ce genre. Toutefois, il n'en est pas un pour lequel on ne puisse arrêter les poursuites, imposer silence à l'accusation; le moyen, quel est-il? un accommodement. Qu'un meurtrier soit atteint et convaincu, que les traces du sang versé soient encore sous nos yeux : peu importe; si l'on transige, si l'on s'apaise, la tête du coupable est hors de l'atteinte des lois, l'exil même n'est plus à craindre pour lui. Quand la victime pardonne, avant de mourir, à son assassin, sa famille perd le droit de le poursuivre. Ainsi, des hommes à qui la loi prépare le bannissement ou la mort vivent parmi nous, avec sécurité, par la vertu de ce seul mot, *accommodement*. Un accommodement couvrira donc les violences les plus sanguinaires; et, en présence de quelques légers griefs, il sera frappé d'impuissance! O Athéniens! qu'il n'en soit pas ainsi! Me refuser la justice qui m'est due serait chose révoltante : mais combien notre indignation augmenterait si, dans la cause actuelle, vous abrogiez une règle équitable et constamment suivie!

Nos biens n'ont pas été mis en valeur, diront-ils peut-être. — C'est que Xénopithe, votre oncle, ne l'a pas voulu. Dénoncé par Nicidas, il engagea le tribunal à lui abandonner ce soin. Cela est de notoriété publique. — Une grande partie de notre patrimoine a été pillée. — Eh bien! vous avez obtenu l'indemnité que vous exigiez : faut-il qu'elle vous soit payée encore une fois par nous?

Au risque de trop accorder à des fourbes qui, après s'être arrangés avec les gérants de leurs biens, attaquent d'honnêtes gens peu au fait de tous ces débats, je veux arracher de leur bouche l'aveu de l'absurde iniquité de leurs prétentions. Vous regardez comme incontestable le droit dont vous usez si largement aujourd'hui : eh bien! Xénopithe, rends-nous les trois talents remis par notre père; et toi, Nausimaque, poursuis-nous comme si tu étais dans le délai légal. Mais, avant la restitution de cette somme, qui devait couvrir l'action judiciaire, songez-y, vous devez vous taire tous deux : nous accuser et garder l'argent, c'est une injustice, c'est un vol.

Nous avons équipé des trirèmes; nous avons

dépensé notre fortune pour l'État. — J'en examinerai pas si ce moyen d'intéresser est ici une imposture; si les prodigalités de nos adversaires avaient un autre but que leurs propres plaisirs ; si la République, assez chichement traitée par eux, leur doit une vive gratitude pour quelques misérables parcelles d'un grand héritage. Je craindrais d'affaiblir la reconnaissance légitimement acquise à tout citoyen qui remplit les charges publiques. Mais enfin, cette reconnaissance, à qui surtout doit-elle s'adresser? à ceux qui, dans des sacrifices pécuniaires, ne voient que le bien de l'État. Préparer par là, pour plus tard, le succès d'une injuste rapacité, ce n'est pas servir la patrie, c'est la compromettre. Oui, quand, d'une main, on jette de l'or à ses voluptés, en donnant, de l'autre, à l'État ce qu'il réclame, on ne travaille qu'à décrier ce dernier. En effet, on est bientôt ruiné; et à qui s'en prend-on? à soi-même? jamais! Ne voyez-vous pas qu'on a tout sacrifié à la patrie, ce gouffre dévorant (5)? Combien sont plus estimables, plus dignes de votre intérêt ces citoyens économes qui ne reculent devant aucune charge imposée par la loi! Partageant leur aisance entre les services publics et leurs besoins personnels, ils ont été, ils seront toujours utiles; et ils servent le Peuple sans le calomnier. C'est dans cette classe que vous rangerez mes trois frères et moi; voyez à laquelle appartiennent nos deux adversaires : je vous laisse ce soin, parce que je hais la médisance.

Je ne serais pas surpris de voir des larmes dans leurs yeux, et, dans leurs paroles, des efforts pour exciter la pitié. Repoussez ces tentatives hypocrites! Après avoir consumé leur patrimoine en débauches avec un Aristocrate, un Diognète, et d'autres gens de cette trempe, ils viendront, par des pleurs et des gémissements, usurper le bien d'autrui! Pensez à tout ce qu'il y aurait là d'injustice et de honte. Vous pleurez, Xénopithe et Nausimaque ! ah ! vous deviez pleurer après vos coupables dissipations (6). Cessez, cessez vos lamentations intempestives : prouvez plutôt, ou qu'il n'y a pas eu d'accommodement entre vous et votre tuteur ; ou que la loi permet de poursuivre après une transaction régulière; ou que, après plus de vingt ans, on peut remuer, devant un tribunal, les comptes d'une tutelle, en dépit de la loi qui borne les délais à cinq années. Car voilà la cause qui attend une sentence. S'ils ne peuvent répondre à notre défi (et ils ne le pourront pas), nous vous prions tous, ô juges! de ne pas nous jeter à eux comme une proie, de ne pas ajouter une quatrième fortune aux trois qu'ils ont déjà dévorées. Ils ont reçu la première des libres mains de leurs tuteurs; la seconde a été arrachée à notre père par un procès suivi d'un désistement; et ils ont naguère enlevé la troisième à Æsios, à l'aide d'un jugement (7). Permettez que nous possédions en paix ce qui est à nous, que notre bien ne passe pas en des mains étrangères. Ainsi le veut l'équité, ainsi le veut l'intérêt public: car ce patrimoine servira bien mieux la patrie, régi par nous plutôt que par les plaignants.

Je vous crois vivement pénétrés des raisons que j'ai présentées; et un plus long plaidoyer serait, sans doute, superflu.

Qu'on fasse écouler l'eau.

NOTES

DU PLAIDOYER CONTRE NAUSIMAQUE ET XÉNOPITHE.

(1) Il y avait deux demandeurs et quatre défendeurs. Chacun des premiers réclamait 30 mines de chacun des autres. Réclamation totale, 240 mines, ou 4 talents.

(2) Xénopithe, oncle des parties adverses; frère de Nausicrate, leur père.

(3) Auprès de Démarétos, qui avait cessé d'être tuteur. — *Des délais assez longs, etc.* L'orateur argumente sur le dire des adversaires; il suppose qu'Hermonax n'avait pas payé lorsqu'Aristæchmos est mort.

(4) V. Platon, *Lois*, liv. II. Dans le droit romain, l'action pour malversations du tuteur durait pendant toute la vie de celui-ci (§ 23, l. I, Dig. *de Tutel. et rationib. distr.*); dans notre droit, dix ans (C. civ., 475).

(5) Changez les temps, changez un mot, vous pourrez appliquer ceci à ces gentilshommes dissipateurs qui, sur leurs vieux jours, faisaient sonner bien haut qu'ils s'étaient endettés pour le service du roi.

(6) Infelix Dido ! nunc te facta impia tangunt :
Tum decuit, quum sceptra dabas!
Æn., IV, 596.
Tu pleures, malheureuse ! Ah ! tu devais pleurer
Lorsque, d'un vain désir à ta perte poussée,
Tu conçus de le voir la première pensée.
Bajazet, acte IV, sc. 5.

(7) On ne sait rien de cet Æsios, ni de ce procès. Reiske pense qu'il manque ici un mot par lequel le procès était spécifié, comme αἰχίας, ὕϐρεως, βλάϐης. Mais ce mot, dit avec raison Schæfer, n'était pas un complément nécessaire de la pensée de l'orateur.

IIIᵉ SECTION.

AFFAIRES DE SUCCESSION ET DE DOT.

XI.

PLAIDOYER

CONTRE MACARTATOS.

INTRODUCTION.

En tête de cette troisième section, qui contient quatre plaidoyers, il sera utile de placer une des lois les plus importantes des Athéniens en matière de succession.

« L'héritage du citoyen mort sans avoir testé, et laissant des filles, ne sera recueilli qu'à la charge de prendre les filles elles-mêmes. S'il n'en laisse pas, voici quels sont les héritiers :

« S'il y a des frères germains [1], ils héritent par égales portions. S'il y a des enfans légitimes de frères, ils partagent entre eux la portion paternelle.

« A défaut de frères et de neveux, les sœurs germaines sont appelées à partager également la succession. Les enfants légitimes de sœurs se divisent la part de leur mère.

« A défaut des collatéraux ci-dessus désignés, les cousins et cousines, les petits-cousins et petites-cousines, dans la branche paternelle, héritent de la même manière; à degré égal, même à un degré plus éloigné, les mâles et les enfants des mâles ont la préférence.

« Si l'on ne peut descendre, du côté du père, jusqu'aux petits-cousins, la succession est déférée aux collatéraux maternels, dans l'ordre qui vient d'être prescrit.

« Lorsque, dans l'une et l'autre ligne, il n'existe point de collatéral au degré susdit, le plus proche parent du côté du père est l'héritier légitime.

« Depuis l'archontat d'Euclide, les enfants naturels des deux sexes ne sont point héritiers; ils n'ont part à aucun des objets sacrés ou civils de la succession. »

Or, l'Athénien Busélos avait eu cinq fils : Hagnias,

[1] Cette loi, relatée dans le plaidoyer qu'on va lire, ne paraît pas entière. Isée (*pour la success. d'Hagnias*) indique plusieurs dispositions secondaires qui ne se trouvent pas dans le texte de Démosthène. Il a fallu compléter et même éclaircir l'une des deux citations par l'autre.

Eubulide, Stratios, Habron, Cléocrite. Hagnias que nous appellerons, pour plus de clarté, Hagnias I, fut père de Polémon, qui eut pour sœur Phylomaqué I. De Polémon naquit Hagnias II, qui mourut sans enfants, et laissa une succession. Phylomaqué épousa son cousin germain Philagros, fils d'Eubulide I, et petit-fils de Busélos. De ce mariage naquit un fils, Eubulide II. Celui-ci eut une fille, nommée Phylomaqué, comme son aïeule. Phylomaqué II revendiqua l'héritage d'Hagnias II, et l'obtint, à titre de plus proche parente. Un arrière-petit-fils de Busélos, remontant, par Charidème et Stratios I, à ce chef de famille, Théopompe, qui avait été concurrent de Phylomaqué, se ligue avec d'autres parents, et lui conteste de nouveau cette succession. Il l'obtient, et en reste saisi. Cette même Athénienne, mariée à Sosithée, son petit-cousin, en avait eu plusieurs fils, dont un nommé Eubulide. Le père de ce troisième Eubulide (le second était fils de Philagros) le fit passer, par adoption, dans la branche d'Hagnias, dont Théopompe avait recueilli les biens. Théopompe était mort; Sosithée attaque Macartatos, son fils, au nom du jeune Eubulide, pour qu'il ait à rendre une succession usurpée par son père.

Il s'attache à démontrer que Phylomaqué II, sa femme, était seule légitime héritière d'Hagnias II, comme restant seule de la branche des Hagnias, à laquelle elle appartenait par son aïeule; que le père de Macartatos n'y avait aucun droit, étant de la troisième branche, celle des Stratios. Il puise les principales preuves des faits dans la déposition de plusieurs témoins pris dans cette nombreuse famille. Il se plaint, avec force, de l'audace et de la violence des adversaires. Enfin, il exhorte les juges, par les motifs les plus touchants, à prononcer en faveur de l'enfant pour lequel il plaide.

Ainsi le débat était intervenu entre un jeune

homme et un enfant, cousins à degré inégal; et nous allons entendre un père défendre, devant les tribunaux, la fortune de son fils.

Au reste, d'après Isée et Démosthène, il est certain, dit Auger, qu'il y a eu au moins quatre procès pour la succession d'Hagnias : le premier, intenté par Phylomaqué II, fille d'Eubulide II, petite-cousine d'Hagnias par sa mère, contre Glaucon, frère maternel du même Hagnias, qui présentait un testament fait en sa faveur. Phylomaqué gagna ce premier procès. Elle perdit le second, qui eut lieu sur les poursuites de Théopompe, petit-cousin d'Hagnias. Les défenseurs du fils de Stratoclès entamèrent un troisième contre le même Théopompe, au nom de l'enfant dont il était l'oncle et le tuteur. Il est probable que Théopompe, client d'Isée, gagna sa cause, puisque Sosithée ouvrit une quatrième instance au nom du jeune Eubulide III. On ignore l'issue de ce quatrième procès.

Pour guider le lecteur dans ce dédale de noms propres, nous reproduisons, en le corrigeant à l'aide de Seager et de Schæfer, le tableau généalogique qu'Auger a rédigé d'après Reiske et Paulmier.

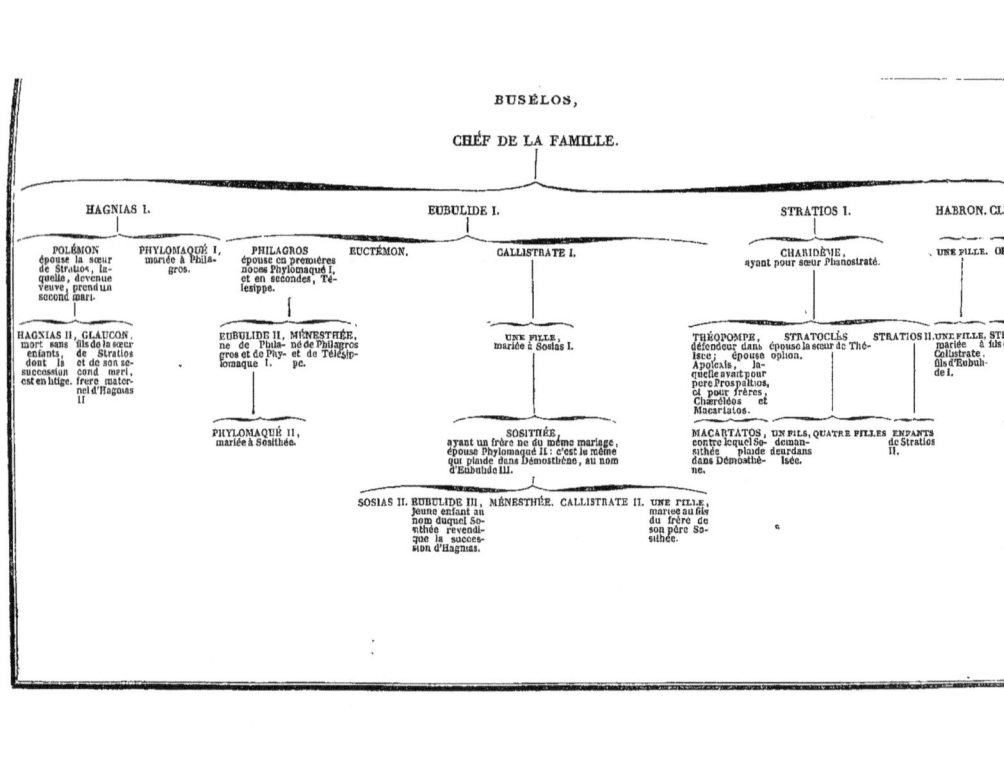

DISCOURS.

Puisque nous avons déjà eu plusieurs procès à soutenir contre les mêmes adversaires pour la succession d'Hagnias; puisque, toujours violents, toujours méprisant les lois, ils prétendent, à tout prix, garder une fortune usurpée; je me vois contraint, ô juges! à remonter à l'origine de ces débats. Par là, vous suivrez sans peine tout mon discours, et je démasquerai des fourbes qui, par des intrigues anciennes, persévérantes, veulent assouvir toutes leurs cupides fantaisies. Je vous prie donc, ô juges! de me prêter une attention bienveillante et soutenue. Je vais réunir tous mes efforts pour répandre sur l'exposé des faits la plus grande clarté.

La mère de l'enfant que vous voyez (1) à réclamé l'héritage d'Hagnias, dont elle était la plus proche parente. Elle eut des concurrents. Aucun ne se prétendit uni au défunt par des liens plus étroits; aucun ne lui disputa la succession à titre de proximité: Mais Glaucos, du dème d'Oïon, Glaucon son frère, et Théopompe, père de Macartatos, ici présent, Théopompe, instigateur de toutes ces cabales, et auteur de la plupart des dépositions, présentaient un testament fabriqué par eux-mêmes. La fausseté de cette pièce fut reconnue; ils perdirent leur cause; ils perdirent plus, l'estime publique. Théopompe était là lorsque le héraut demandait à haute voix si quelqu'un voulait, sur consignation (2), disputer l'héritage d'Hagnias à titre de parenté ou en vertu de volontés dernières: mais il n'osa le faire, et prononça ainsi sa propre déshérence.

La mère de cet enfant était donc saisie de la succession qui lui était juridiquement dévolue contre plusieurs prétendants. Trop téméraires pour fléchir sous les lois et sous vos arrêts, ceux-ci reviennent à la charge: tous les moyens seront bons, pourvu qu'ils arrachent cet héritage des mains d'une faible femme. Le père de notre adversaire, Glaucon, Glaucos, vaincus, mais non intimidés, forment une ligue nouvelle, rédigent un traité qu'ils déposent chez Médéos d'Agnonte; et, renforcés d'un de leurs amis, appelé Eupolème, ils attaquent de concert Phylomaqué, et la citent devant l'archonte, aux fins de restituer la succession. Quel droit allégueraient-ils? un simple prétexte: La loi, disaient-ils, permet à tout plaideur d'assigner celui qui a recueilli une succession, même par jugement. Action donnée par le magistrat, les plaidoiries commencèrent. Les fourbes avaient sur nous deux avantages, l'intrigue et le temps. Par devoir, ô juges! l'archonte accorda à chacun des demandeurs autant de temps qu'au défendeur, qui était seul. Parlant pour la femme, je ne pouvais comparer à loisir, devant le tribunal, les degrés de parenté des parties, développer mes moyens, réfuter un seul des mensonges dont on nous accablait: c'était la lutte de quatre contre un! véritable guet-apens, où une bande d'agresseurs, armée de calomnies, nous frappait à coup sûr. Grâce à cet habile et coupable manége, les juges égarés, comme l'on peut penser, étaient divisés d'opinion. Une majorité se forma sous l'influence de tant de déceptions; et l'on vit sortir de l'urne trois ou quatre bulletins de plus en faveur de Théopompe.

Voilà, ô juges! comment les choses se passèrent alors. La naissance de cet enfant était une occasion de réparation. Indigné de la sentence extorquée par nos adversaires, et convaincu que la religion des magistrats avait été surprise, je fis entrer dans la section d'Hagnias le jeune Eubulide, arrière-petit-fils de sa fille, pour perpétuer sa descendance. Le plus proche parent, nommé aussi Eubulide, déjà père d'une fille, qui est la mère de mon jeune client, demandait aux dieux un fils. Son désir ne fut pas accompli: il souhaita du moins que son petit-fils fût adopté par la branche des Hagnias, et qu'il entrât dans sa section; car il voyait dans cet enfant son plus proche héritier, celui qui, mieux que nul autre, pouvait prévenir l'extinction de sa race. Époux de sa fille, qui était ma cousine, je me conformai à ses vœux. Je présentai l'enfant à la section d'Eubulide et d'Hagnias, qui comptait parmi ses membres Théopompe, et qui compte encore Macartatos. Les chefs de la section connaissaient le petit Eubulide, dont la filiation était notoire; ils voyaient Macartatos, peu disposé à courir les chances d'une opposition, laisser la victime à l'autel, et consentir, par son silence, à l'adoption demandée: ils repoussèrent donc les sollicitations parjures que celui-ci leur avait adressées; et, devant les entrailles fumantes de la victime, prenant les bulletins sur l'autel de Jupiter, protecteur de nos sections, ils prononcèrent la juste et légale admission du candidat dans la branche d'Hagnias, à titre d'enfant adoptif d'Eubulide. Cette décision prise dans la section de Macartatos, le nouveau fils d'Eubulide essaya de réclamer les biens laissés par Hagnias. Victorieuse après les premiers débats, sa mère s'était fait adjuger cet héritage; Théopompe et ses amis l'en avaient ensuite dépouillée. C'est au nom de la loi invoquée par ces derniers que le jeune Eubulide se présente à son tour. Il a fait assigner Macartatos devant l'archonte. Inadmissible sous le nom de celui qui avait donné une nouvelle famille au demandeur, l'action a été intentée au nom de mon frère.

Lis-nous la loi qui permet d'assigner celui qui a recueilli un héritage.

Loi.

Celui qui dispute une succession ou une héritière après l'adjudication qui en a été faite, devra signifier une citation devant l'archonte, comme pour toutes les réclamations judiciaires. Le demandeur déposera une somme en garantie. Faute de remplir ces formalités, sa revendication sera nulle et non avenue. Si le possesseur de la succession est mort, son héritier pourra être poursuivi de la même manière tant que la prescription ne sera pas acquise (3). Le demandeur montrera ses titres au magistrat, comme a fait le défunt, dont son adversaire a recueilli les biens.

Vous avez entendu la loi : voici maintenant ma juste prière, ô juges! Toute ma cause se réduit à prouver que le jeune Eubulide et Phylomaqué sa mère, fille d'Eubulide, sont plus proches parents d'Hagnias que Théopompe, père de Macartatos. Cependant je ferai plus, je démontrerai qu'il ne reste, de la branche d'Hagnias, que l'enfant et sa mère. Cela fait, je vous demande, ô juges! de nous venir en aide. J'avais d'abord pensé à rédiger un tableau de cette grande famille, pour la suivre dans le développement de toutes ses branches. Mais j'ai réfléchi que le tribunal entier n'aurait pu le voir nettement, que ses membres les plus éloignés n'auraient rien distingué ; et je me suis borné à la parole, qui frappe à la fois toutes les oreilles. J'essayerai donc de vous exposer, avec une grande précision, toute cette généalogie.

Busélos, ô juges! était du dême d'Oïon. Il eut cinq fils, Hagnias, Eubulide, Stratios, Habron, Cléocrite. Tous atteignirent l'âge mûr, et leur père distribua entre eux ses biens avec toute l'équité convenable. Ce partage fait, chacun d'eux contracta un mariage légitime, et eut enfants et petits-enfants. De Busélos, comme d'une souche unique, sortirent cinq branches, qui, distinctes et séparées, produisirent chacune leur race particulière.

Je ne surchargerai pas votre attention et la mienne de la descendance de trois fils de Busélos. Là, aucun membre, placé au même degré que Théopompe, ne nous a, jusqu'à ce jour, inquiétés sur nos droits à l'héritage d'Hagnias, ni sur mon mariage (4) : ils savent tous qu'ils n'ont rien à démêler ici. Voilà donc trois branches que je laisse de côté pour le moment; je n'en parlerai que quand ma cause l'exigera. Quant à Théopompe, père de notre adversaire ; quant à Macartatos lui-même, force est d'en parler. Juges, je serai court.

Busélos, je l'ai dit, eut cinq fils. Nous en distinguerons deux, Stratos, bisaïeul de Macartatos, et un premier Hagnias, trisaïeul maternel de ce jeune enfant. D'Hagnias, et d'une même mère, naquirent Polémon et Phylomaqué. Stratios eut une fille, Phanostraté, et un fils, Charidème, aïeul de Macartatos.

Or, je vous le demande, ô juges! lequel touche de plus près à Hagnias, de Polémon, son fils, et de Phylomaqué, sœur de Polémon ; ou de Charidème, fils de Stratios, neveu d'Hagnias? Nos propres enfants ne nous sont-ils pas unis par des liens plus étroits que les enfants d'un frère? N'est-ce pas une règle reconnue et de tous les Hellènes et de tous les Barbares?

Cela posé, notre route devient facile : vous allez reconnaître, dans toute leur étendue, la violence et l'audace de nos adversaires.

Polémon eut un fils en qui revivait le nom de son aïeul. Ce second Hagnias mourut sans enfants. Philagros, fils du premier Eubulide, neveu du premier Hagnias, reçut en mariage, des mains de son cousin Polémon, Phylomaqué sa sœur. De là naquit Eubulide, aïeul maternel de mon client. Telles furent les descendances de Polémon et de la première Phylomaqué. Macartatos remonte à Stratios par Théopompe et par Charidème.

Je vous le demande encore, ô juges! entre Hagnias, fils de Polémon, Eubulide, fils de Phylomaqué, et Théopompe, descendant de Charidème au premier degré, de Stratios au second, quels sont les plus proches parents de l'ancien Hagnias? Ne sont-ce pas les premiers? Cela demeurera incontestable, tant qu'un fils et une fille seront notre propre sang; tant que l'enfant d'un fils ou d'une fille sera plus rapproché de nous que l'enfant d'un neveu, qui appartient presque à une autre famille.

Macartatos, que vous voyez, est donc né de Théopompe; son jeune antagoniste est l'enfant adoptif d'Eubulide, fils de Phylomaqué, et cousin d'Hagnias par sa mère. Par son nouveau père, il est petit-cousin d'Hagnias, puisque sa mère était sœur germaine de Polémon. Le fils de Théopompe ne prétend pas, sans doute, appartenir et aux Hagnias et aux Stratios.

Les choses étant ainsi, cet enfant possède

un titre légal, et il est à un degré où, d'après la loi, il y a successibilité. Ce titre est celui de fils d'un cousin germain d'Hagnias, dont la succession est débattue. Le père de Macartatos n'a pu rendre son fils habile à hériter; car il appartient à une autre branche, celle des Stratios. Une autre branche! la succession est, pour elle, chose étrangère. Tant qu'il restera un Hagnias, tous les Stratios en sont exclus. Aucun d'eux ne doit, à l'exemple de nos adversaires, se prévaloir d'un titre éloigné pour chasser violemment les héritiers légitimes. Sur cette question, Théopompe a fait trébucher la justice.

Quels sont donc les membres vivants de la branche d'Hagnias? Phylomaqué, mon épouse, fille d'Eubulide, cousin germain du deuxième Hagnias; et cet enfant, admis dans cette branche comme étant un Eubulide. Étranger à cette branche, le père de Macartatos a surpris les juges par un grossier mensonge; il a dit : La tante du second Hagnias n'était pas sœur germaine de Polémon, fils du premier Athénien de ce nom; et moi, je suis un rameau de la branche d'Hagnias. Mensonge, ô juges! mensonge que cet homme lançait avec pleine sécurité, sans présenter un seul témoin responsable, et soutenu par la cabale, qui, voulant emporter d'assaut ce procès, travaillait ardemment à dépouiller la mère du jeune Eubulide d'un héritage qui lui était dévolu par sentence.

Je veux, ô juges! vous soumettre les dépositions à l'appui de ce que je viens de dire. On attestera d'abord que Phylomaqué, fille d'Eubulide, a obtenu juridiquement la succession contestée, à raison de son degré de parenté : toutes mes autres allégations seront successivement confirmées. — Lis les dépositions.

1re Déposition.

. . . (5) attestent qu'ils étaient présents devant l'arbitre, sous l'archonte Nicophème, lorsque Phylomaqué, fille d'Eubulide, gagna son procès contre tous les prétendants à la succession d'Hagnias.

Vous l'avez entendu, ô juges! la fille d'Eubulide a obtenu juridiquement cet héritage. L'intrigue n'a été pour rien dans ce résultat, la justice a tout fait; son titre a prévalu, celui de plus proche parente d'Hagnias; celui de fille d'un cousin d'Hagnias; celui de membre de la branche d'Hagnias. Macartatos ne manquera pas de dire : Un jugement a fait passer dans les mains de mon père l'héritage qu'on me dispute. Vous lui répondrez, vous : Il est vrai : mais, avant Théopompe, Phylomaqué avait aussi été envoyée en possession; et le droit de cette femme était solidement établi. N'était-elle pas fille d'Eubulide, d'un cousin germain du défunt? Pour Théopompe, que sa naissance a placé dans une branche différente, c'était un intrus, un fripon. A-t-il obtenu, dis-nous, un arrêt contre le jeune fils d'Eubulide, petit-cousin d'Hagnias par son père? Quelque autre en a-t-il obtenu? Dans cette arène, nous ne voyons aujourd'hui que deux combattants, le fils d'Eubulide et le fils de Théopompe. Le bon droit, la raison feront seuls incliner notre balance.

On va lire le reste des attestations concernant le degré de parenté; on commencera par celles qui établissent que Phylomaqué, tante du second Hagnias, était sœur germaine de Polémon, père du même Hagnias.

Dépositions.

. . . attestent ce qui suit :
Nous sommes du dème de Philagros, père d'Eubulide, et de Polémon, père d'Hagnias. Il est notoire pour nous que Phylomaqué, mère d'Eubulide, passait pour sœur germaine de Polémon, père d'Hagnias. Nous n'avons jamais ouï dire que Polémon, fils du premier Hagnias, ait eu un frère.

. . . déposent qu'Œnanthé, mère de leur aïeul Stratonide, était cousine germaine de Polémon, père d'Hagnias; qu'ils ont appris de leur propre père que Polémon, père d'Hagnias, n'avait jamais eu de frère, mais bien une sœur germaine, Phylomaqué, mère d'Eubulide, de qui est née la seconde Phylomaqué, mariée à Sosithée.

. . . dépose en ces termes :
Je suis parent d'Hagnias et d'Eubulide; j'appartiens à leur dème et à leur section. Mon père et d'autres membres de la famille m'ont dit que Polémon, père d'Hagnias, n'avait point eu de frère; mais qu'il avait pour sœur, dans les deux lignes, Phylomaqué, mère d'Eubulide, mère de l'autre Phylomaqué, épouse de Sosithée.

. . . atteste ce qui suit :
Archiloque, mon aïeul, qui m'a adopté, était parent de Polémon, père d'Hagnias. Je lui ai entendu dire que ce Polémon avait eu, non un frère, mais une sœur germaine, Phylomaqué, mère d'Eubulide, de qui est née l'autre Phylomaqué, que Sosithée a épousée.

. . . certifie que Callistrate, son beau-père, était cousin germain de Polémon, père d'Hagnias, et de Charidème, père de Théopompe; que sa mère était petite-cousine de Polémon, et qu'elle lui a dit souvent : La mère d'Eubulide, Phylomaqué, a pour frère germain Polémon, père d'Hagnias; et jamais on n'a connu de frère à ce même Polémon.

Dans les premiers débats, ô juges! lorsque nos nombreux antagonistes conspirèrent la ruine d'une femme, nous ne fîmes rédiger aucune preuve testimoniale, nous ne produisîmes aucun témoin pour constater ce qui était authentique. L'ennemi, au contraire, avait préparé toutes ses armes : l'habile mensonge, l'audacieuse calomnie trompèrent le tribunal. On alla jusqu'à soutenir que Polémon, père d'Hagnias, n'avait pas eu de sœur germaine. Était-il possible d'altérer plus effrontément un fait aussi grave et aussi notoire? C'est là que les fourbes concentraient presque tous leurs efforts. Aujourd'hui, notre marche est différente : pour certifier l'état de la sœur de Polémon, de la tante d'Hagnias, nous présentons des témoins. Le défenseur de Macartatos n'a donc que le choix entre toutes ces propositions, également mensongères :

Polémon, Phylomaqué n'étaient pas frère et sœur germains ;

Polémon, Phylomaqué n'avaient pas, pour père, Hagnias ; pour aïeul, Busélos ;

L'autre Hagnias, dont nous revendiquons l'héritage, ne descendait pas, au premier degré, de Polémon ;

Phylomaqué n'était pas tante du même Hagnias ;

Eubulide ne naquit point du mariage de Phylomaqué avec Philagros, cousin d'Hagnias ;

La seconde Phylomaqué n'est pas fille du second Eubulide, encore cousin d'Hagnias, et la maison d'Eubulide n'a pas adopté son jeune fils, en se conformant aux lois ;

Enfin, la branche d'Hagnias comptait parmi ses membres Théopompe, père de Macartatos.

Je défie le plus intrépide imposteur d'oser appuyer de son témoignage une seule de ces étranges assertions. On allègue un premier succès ! il fut, je le répète, l'œuvre de l'audace et de la calomnie. Achevons de le prouver par la lecture de nos dernières dépositions.

Dépositions.

... déclare être parent de Polémon, père d'Hagnias ; et tenir de son propre père que Philagros, père d'Eubulide ; Phanostraté, fille de Stratios ; Callistrate, aïeul maternel de Sosithée ; Euctémon, ancien archonte-roi ; et Charidème, père de Théopompe et de Stratoclès, étaient cousins et cousines de Polémon, du côté des mâles ; que, par Philagros, Eubulide était parent, au même degré, avec les fils de Charidème et avec Hagnias ; que, par Phylomaqué, sa mère, le même Eubulide passait pour être cousin du même Hagnias, vu qu'il était fils d'une tante paternelle de ce dernier.

'... attestent ce qui suit :

Nous appartenons à la famille de Polémon, père d'Hagnias ; de Philagros, père d'Eubulide ; d'Euctémon, ancien archonte-roi. Il est à notre parfaite connaissance qu'Euctémon était frère consanguin de Philagros ; que, lors de la demande d'Eubulide pour la succession d'Hagnias, le cousin de Polémon, père de ce dernier, Euctémon, vivait encore, et que cet héritage ne fut alors disputé au réclamant, à titre de proximité plus grande, ni par Euctémon, ni par personne.

... déposent qu'ils sont fils de Straton, parent de Polémon, de Charidème et de Philagros, qui étaient pères, le premier d'Hagnias, le second de Théopompe, le troisième d'Eubulide ; et qu'ils ont recueilli de la bouche de leur propre père ce qui suit :

Philagros avait épousé en premières noces Phylomaqué, sœur germaine de Polémon, père d'Hagnias ; de cette union naquit Eubulide. Après la mort de Phylomaqué, Philagros prit une autre femme, nommée Télésippe, qui lui donna un fils, Ménesthée, frère consanguin du même Eubulide. Lorsque celui-ci revendiqua, à titre de parenté, les biens laissés par Hagnias, il n'eut personne pour concurrent, pas même Ménesthée ni Euctémon.

... affirme que son père Archimaque était uni par le sang à Polémon, père d'Hagnias ; à Charidème, père de Théopompe ; à Philagros, père d'Eubulide. Il certifie avoir ouï dire à Archimaque que Philagros avait d'abord épousé Phylomaqué, sœur germaine de Polémon, père d'Hagnias ; que, de sa première femme, il eut Eubulide ; que, celle-ci morte, il s'est remarié à Télésippe ; que, de ce second lit, naquit Ménesthée, frère d'Eubulide, du côté paternel seulement ; qu'enfin, pendant l'instance d'Eubulide pour être envoyé en possession de l'héritage d'Hagnias, dont il était le plus proche parent, Ménesthée, Euctémon, frère de Philagros, et tous les membres de la famille, ont respecté en silence les droits du demandeur.

... constate que Callistrate, son aïeul maternel, était frère d'Euctémon, ancien archonte-roi, et de Philagros, père d'Eubulide ; qu'Euctémon et Philagros étaient cousins de Polémon, père d'Hagnias, et de Charidème, père de Théopompe ; que sa mère lui a dit souvent : Polémon n'a jamais eu de frère, mais une sœur germaine, que nous appelions Phylomaqué. Cette sœur, mariée à Philagros, est devenue mère d'Eubulide, qui eut aussi une fille du nom de Phylomaqué, maintenant femme de Sosithée (6).

La lecture de toutes ces dépositions devenait indispensable. Il importait d'éviter l'écueil où nous sommes une fois tombés, et de ne pas être pris au dépourvu par nos adversaires. Mais le témoin dont la déposition sera la plus manifeste, la plus décisive, n'a pas encore été entendu : c'est Macartatos. Il avouera lui-même que Théopompe, son père, n'a aucun droit à la succession d'Hagnias, et que, plus éloigné que nous, il n'appartient même pas à cette branche.

Je suppose, ô juges ! qu'on vous adresse ces questions : Quel est le concurrent du jeune Eubulide à l'héritage d'Hagnias ? — C'est Macartatos, répondrez-vous. — De qui Macartatos est-il fils ? — De Théopompe. — Quelle est sa mère ? — Apolexis, fille de Prospaltios, sœur consanguine d'un Macartatos. — Le père de Théopompe ? — Charidème. — Le père de Charidème ? Stratios. — Le père de Stratios ? — Busélos.

Ainsi se résume la famille de Stratios, un des fils de l'ancêtre commun ; telle est toute sa descendance. Ici, vous n'entendez aucun des noms qui appartiennent à la branche d'Hagnias.

Maintenant j'interroge mon jeune client : Qui dispute à Macartatos la fortune d'Hagnias ? — Moi-même, Eubulide. — Quel est ton père ? — Un cousin d'Hagnias, qui m'a donné son nom. — Ta mère ? — Phylomaqué, petite-cousine d'Hagnias du côté paternel. — De qui Eubulide était-il fils ? — De Philagros, cousin d'Hagnias. — Quelle était sa mère ? — Phylomaqué, tante d'Hagnias. — Le père d'Hagnias ? — Polémon. — Le père de Polémon ? — Un premier Hagnias. — Le père de celui-ci ? — Busélos (7).

Telle est la branche aînée, sortie de cette grande souche. Hagnias, toujours Hagnias! pas un des noms portés par l'autre branche!

Sur tous les points, de toutes manières, voilà nos adversaires réduits à l'impossibilité d'établir leur droit. Leur branche n'est pas la nôtre; leur degré est inférieur au nôtre. Rien, absolument rien, dans les biens d'Hagnias, ne doit leur appartenir.

Qu'on lise la loi sur les successions collatérales.

Loi.

« L'héritage du citoyen mort sans avoir testé, et laissant des filles, ne sera recueilli qu'à la charge de prendre les filles elles-mêmes. S'il n'en laisse pas, voici quels sont les héritiers.

« S'il y a des frères germains, ils héritent par égales portions. S'il y a des enfants légitimes de frères, ils partagent entre eux la portion paternelle.

« A défaut de frères et de neveux, les sœurs germaines sont appelées à partager également la succession. Les enfants légitimes de sœurs se divisent la part de leur mère.

« A défaut des collatéraux ci-dessus désignés, les cousins et cousines, les petits-cousins et petites-cousines, dans la branche paternelle, héritent de la même manière; à degré égal, même à un degré plus éloigné, les mâles et les enfants des mâles ont la préférence.

« Si l'on ne peut descendre, du côté du père, jusqu'aux petits-cousins, la succession est déférée aux collatéraux maternels, dans l'ordre qui vient d'être prescrit.

« Lorsque, dans l'une et l'autre ligne, il n'existe point de collatéral au degré susdit, le plus proche parent du côté du père est l'héritier légitime.

« Depuis l'archontat d'Euclide, les enfants naturels des deux sexes ne sont point héritiers; ils n'ont part à aucun des objets sacrés ou civils de la succession. »

Cette loi désigne nettement, ô juges! ceux qui ont droit à l'héritage. Y a-t-elle appelé Théopompe ou Macartatos? pas plus l'un que l'autre! ils ne sont point de la branche successible. A qui accorde-t-elle les biens d'Hagnias? aux descendants d'Hagnias, à la branche du premier Hagnias. Tel est le langage de la loi; tel est le droit en vigueur.

Voilà, ô juges! de brillants avantages déférés aux plus proches parents. Sont-ils dégagés de toute obligation? Loin de là, ils en ont beaucoup à remplir; nul motif, nul prétexte ne peut les en dispenser. On va vous lire une première loi sur cette matière.

Loi.

Si le collatéral le plus proche ne veut pas épouser une des pupilles payant le cens des thètes (8), qu'il la marie; et, s'il est pentacosiomédimne, qu'il lui assigne, en dot, outre son bien propre, cinq cents drachmes; s'il est chevalier, trois cents; s'il est zeugite, cent cinquante.

Si la pupille a plusieurs parents au même degré, chacun d'eux doit contribuer à son établissement.

S'il y a plusieurs pupilles, le plus proche collatéral ne sera tenu d'en établir qu'une : il la mariera, ou il l'épousera lui-même.

En cas de contravention, l'archonte veillera à faire exécuter la disposition précédente. L'archonte qui manquera à ce devoir payera mille drachmes au profit du trésor du temple de Junon. Tout citoyen pourra traduire le contrevenant devant ce magistrat.

Vous entendez, ô juges! ce que dit la loi. Il fallait réclamer Phylomaqué, petite-cousine d'Hagnias par son père : je me suis présenté; j'ai montré mon titre de plus proche parent; j'ai reçu la main de cette femme; enfin, j'ai obéi à la loi. Le père de Macartatos, de même âge que moi, n'a point paru; il n'a pas recherché un mariage auquel sa naissance ne l'appelait point. Ainsi, par un absurde partage, les bénéfices de la succession ont été pour lui, les charges pour moi; il a recueilli l'héritage, et moi la pupille. Sa conduite n'est-elle pas une insulte à la loi? Peut-on pousser plus loin l'impudence et l'audace?

— Lis d'autres lois.

Lois.

Le meurtrier sera accusé par les père, frères, fils, oncles du mort, auxquels se joindront ses gendres, beaux-pères, cousins, enfants de cousins, et les citoyens de la section.

Si un accommodement est proposé, il devra être consenti à la fois par le père du mort, par ses frères et enfants : un seul opposant suffira pour rendre la transaction impossible.

En cas de prédécès des père, frères et enfants du défunt, dix citoyens de sa section pourront conclure l'accommodement, pourvu qu'il n'y ait pas eu guet-apens, et que le tribunal des Cinquante-un (9) l'ait décidé. Ces dix citoyens seront choisis par ce même tribunal, parmi les premiers de leur dême.

Ces mesures sont applicables même aux meurtres commis avant la promulgation de la présente loi.

Si un homme est trouvé mort dans un dême de l'Attique, et que personne n'enlève le cadavre, le démarque donnera ordre à des parents de l'enlever, de l'ensevelir, et de purifier le dême. Cet ordre datera du jour même où le cadavre aura été trouvé.

Si le cadavre est celui d'un esclave, l'ordre sera notifié à son maître; d'un homme libre, à l'intendant de ses biens; d'un citoyen indigent, à sa famille (10).

Dans ce dernier cas, si la levée du cadavre n'est pas faite par les parents, le démarque payera quelqu'un pour la sépulture; la purification du dême se fera au plus bas prix. En cas de contravention de la part de ce magistrat, il sera condamné à mille drachmes au profit du Trésor.

Le démarque fera rembourser par qui de droit le double de ses frais : sinon, c'est lui qui deviendra débiteur envers son dême.

Quiconque ne satisfera pas aux obligations pécuniaires ci-dessus prescrites, ou ne contribuera point à la location des bois consacrés à Minerve, aux autres dieux, aux héros protecteurs d'Athènes, encourra la mort civile, qui se transmettra à sa race, jusqu'à ce qu'il y ait eu payement.

Toutes ces prescriptions légales adressées aux parents, c'est à nous qu'elles s'adressent; elles ne contiennent absolument rien pour Théopompe, rien pour Macartatos. Comment, en effet, pourraient-elles concerner des citoyens étrangers à la branche d'Hagnias?

Muet devant les lois, muet devant les dépositions que je lui oppose, Macartatos fera éclater son indignation sur un autre point. Quoi! dira-t-il, c'est après la mort de mon père qu'on me poursuit! Pourquoi pas? ton père était mortel; il a fini ses jours comme tant d'autres, jeunes ou plus âgés. Mais les lois, mais la justice, mais les tribunaux, ont-ils aussi cessé de vivre? Non, sans doute. La question à débattre n'est donc pas de savoir si tel homme est mort avant ou après tel autre. Cette question, la voici : Les proches parents d'Hagnias, les collatéraux d'Hagnias, du côté paternel, doivent-ils être retranchés de la branche d'Hagnias par les Stratios, parents éloignés, que la loi ne reconnaît pas héritiers? Je le répète, tout le procès est là.

Plus clairement encore, ô juges! vous reconnaîtrez par la loi suivante combien Solon s'occupe des parents du défunt; et que, si, d'une part, il leur défère sa succession, il leur impose aussi des charges onéreuses. — Lis la loi.

Loi.

Le mort sera exposé dans son logis de la manière qu'on voudra. Le lendemain de l'exposition, il sera transporté, avant le coucher du soleil. Les hommes marcheront en tête du cortége; les femmes le suivront. Nulle femme n'entrera dans la maison mortuaire, et ne suivra le cortége, si elle n'a au moins soixante-ans. Sont exceptées les petites-cousines et les plus proches parentes.

Le législateur ferme donc la maison du défunt à beaucoup de femmes; il l'ouvre à ses cousines; celles-ci peuvent suivre leur parent jusqu'à la sépulture. La sœur du père d'Hagnias n'était-elle que cousine du défunt? elle était sa tante; le fils de cette même sœur, Eubulide, était, par les mâles, cousin d'Hagnias; et ce jeune enfant remonte à Eubulide par sa mère. Voilà les parents que la loi appelle au deuil, au convoi; elle en exclut la mère d'un Macartatos, l'épouse d'un Théopompe (11), étrangères à Hagnias par le sang, le dême, la tribu, et qui ont à peine dû apprendre la nouvelle de sa mort. Il y a donc excès d'impudeur à faire deux parts de ce qui reste d'Hagnias, à distinguer son corps de sa fortune; à nous jeter le premier comme notre legs, à recueillir les biens pour les faire passer à des Stratios, à un Macartatos, fils d'Apolexis, dont l'origine était éloignée.

Je dis plus, ô juges! cela est criminel devant la religion comme devant la loi civile. Qu'on lise l'oracle de l'Apollon de Delphes : vous verrez qu'il impose aux parents les mêmes obligations que le législateur.

Oracle.

A la Fortune prospère. Le peuple d'Athènes demande ce qu'il pourra faire, à quelle divinité il pourra offrir des prières et des sacrifices, afin de rendre favorable le signe qui est apparu dans le ciel.

Pour atteindre ce but, il importe aux enfants d'Athènes d'immoler les plus belles victimes au Dieu Suprême, à la puissante Minerve, à Hercule, à Apollon-Sauveur. Qu'ils envoient consulter les Amphions (12) sur leur bonheur public. Qu'ils sacrifient encore, devant les autels dressés sur les places, à Phébus, à Latone, à Diane. La fumée des victimes doit remplir les carrefours; la coupe circulera, les danses s'entrelaceront, des couronnes ceindront les têtes, suivant l'antique usage, pour honorer tout l'Olympe. Des mains élevées vers le ciel présenteront, selon les rits héréditaires, les dons de la reconnaissance aux héros fondateurs qui vous ont transmis leurs noms. A jour fixe, la famille d'un mort apaisera ses mânes par des offrandes (13).

Vous avez entendu, ô juges! et le dieu et notre législateur tenir même langage : au nom de ces deux autorités, de pieux devoirs sont rendus au mort par ses parents. Mais, pour Théopompe, pour Macartatos, c'est bien d'oracles et de lois qu'il s'agit! Mettre la main sur le bien d'autrui, voilà leur premier soin; le second, c'est de jeter les hauts cris lorsque nous venons, par un procès, troubler une possession illégitime. Usurpateur, ta sottise est extrême. Après une longue jouissance, tu te plains! Eh! rends plutôt grâce à la fortune. C'est elle qui, prolongeant tant de délais nécessaires, a retardé jusqu'à ce jour une attaque depuis longtemps préparée.

Tels sont nos adversaires, ô juges! Que la branche d'Hagnias s'éteigne, que toutes les lois soient violées, peu leur importe. Combien d'autres procédés iniques, je pourrais citer! mais passons; arrivons à la démarche qui, par Jupiter! est la plus criminelle, la plus empreinte de cette rapacité qui la caractérise. Grâce aux intrigues que j'ai dévoilées, Théopompe venait d'envahir juridiquement l'héritage que nous lui avions disputé. Il se hâta de faire connaître qu'il se croyait possesseur imperturbable du bien d'autrui. Les terres d'Hagnias étaient plantées d'oliviers qui produisaient une grande quantité d'huile : c'était une véritable fleur d'héritage, l'admiration des voisins et des passants. L'usurpateur en arracha plus de mille pieds, les vendit, et en tira beaucoup d'argent. Audace inconcevable! la loi, au nom de laquelle il avait expulsé la mère du réclamant, le menaçait lui-même, le menaçait chaque jour; et, dans une sécurité parfaite, il dilapidait la succession!

Prouvons le fait allégué : oui, nos adversaires ont arraché les oliviers des champs qu'Hagnias avait possédés. Les voisins et quelques particuliers fournirent, à ce sujet, leur témoignage lorsque je portai plainte en revendication. Qu'on le lise.

Déposition.

... attestent qu'après l'adjudication de l'héritage d'Hagnias en faveur de Théopompe, Sosithée les a conduits à Araphène (14), dans le domaine rural d'Hagnias, et leur a montré les oliviers qu'on en arrachait.

C'est là, ô juges! un grave délit, qui insultait à la mémoire de notre parent mort; c'est encore là un crime énorme contre l'État. La lecture d'une de nos lois va vous en convaincre.

Loi.

Si un particulier arrache des oliviers sur le territoire d'Athènes, il payera au Trésor cent drachmes par pied d'arbre. Néanmoins, pour la construction d'un temple dans la ville ou dans un dème, ou pour des usages domestiques, on peut arracher deux oliviers par an du même domaine. Cette tolérance s'étend au service des sépultures.

Le dixième de l'amende sera dévolu au temple de Minerve. Le coupable payera, en sus, cent drachmes par pied d'arbre à son accusateur. La cause sera portée devant les juges qui connaissent de ces délits. L'accusateur déposera une consignation. En cas de condamnation, le tribunal fera inscrire le délinquant parmi les débiteurs de l'État ou de la déesse, pour les parties respectives de l'amende. Si le tribunal y manque, c'est lui qui deviendra débiteur.

Telle est la loi. Comparez maintenant avec cette règle inflexible la conduite de nos adversaires. Que n'avons-nous pas souffert de leur audace, nous, simples citoyens, puisque les tribunaux, les lois d'une puissante république étaient, par eux, insultés, foulés aux pieds! puisque, au mépris d'une défense formelle, ils ont porté le ravage dans les terres laissées par Hagnias! Hélas! ils n'ont pas eu plus à cœur la perpétuité de la race du défunt.

C'est ici, ô juges! le moment de vous parler de moi en peu de mots. Je veux vous montrer que, bien différent de nos adversaires, j'ai prévenu l'extinction de la branche d'Hagnias; car moi aussi, je descends de Busélos. Callistrate, fils d'Eubulide, petit-fils de cet aïeul commun, a épousé une petite-fille d'Habron, fils de Busélos. De la petite-fille d'Habron et de Callistrate, son neveu, est née ma mère. J'ai réclamé et épousé la mère du jeune Eubulide; elle m'a donné quatre fils et une fille. Voulant faire revivre mon père dans mon fils aîné, je l'ai nommé Sosias (15). Eubulide était le nom de l'aïeul maternel : il est devenu celui de mon second fils. J'ai appelé le troisième Ménesthée, en souvenir d'un parent de ma femme. J'ai donné au dernier le nom de Callistrate, que portait mon aïeul maternel. Pour ma fille, je n'ai eu garde de la marier à un étranger : elle a épousé le fils de mon propre frère, afin que, grâce à eux et à leurs enfants, la branche d'Hagnias pût refleurir. Telles sont les mesures conservatrices que j'ai prises en faveur de plusieurs familles qui se rattachent à une même souche. A cette affectueuse prudence opposons les extravagances de nos adversaires; mais qu'on lise auparavant la loi qui les condamne.

Loi.

L'archonte veillera sur le sort des orphelins, des héritières, des familles qui s'épuisent. Ses soins s'étendront sur les veuves qui, à la mort de leurs maris, se déclarent enceintes, et continuent d'habiter le domicile conjugal. Il ne tolérera aucune insulte faite à ces personnes. À la moindre injustice commise à leur égard, il pourra imposer au coupable une amende proportionnée à sa fortune. Si la peine lui semble devoir être plus sévère, il l'assignera aux fins de comparaître après le cinquième jour; il poursuivra l'accusation devant le tribunal compétent, et prendra telles conclusions qu'il jugera convenable. S'il y a condamnation, la peine, d'ailleurs illimitée, sera fiscale ou afflictive.

Or, où est le meilleur moyen de laisser épuiser une race? n'est-ce pas, dans l'espèce actuelle, d'écarter, d'expulser les plus proches parents d'Hagnias, pour faire place à des intrus? Pour légitimer sa possession, Macartatos cite les liens du sang! Qu'il montre donc son nom dans les lignes des Hagnias et des Stratios; qu'il désigne, dans l'immense famille de Busélos, un seul citoyen qui l'ait porté! Ce nom, où l'est-il allé chercher? bien loin, parmi les parents de sa mère. Un oncle maternel, Macartatos, l'a adopté, et lui a transmis ses biens. Ainsi, le même homme néglige de faire adopter son fils par la branche de ces Hagnias dont il possède l'héritage, dont il se dit parent par les mâles; il fait passer ce même enfant dans la lignée des Prospaltios; il emprunte, pour lui, un nom au frère de sa femme; il efface, autant qu'il est en lui, le nom d'Hagnias; et il ose dire : Mon père tenait à Hagnias par d'étroits liens! La loi de Solon admet exclusivement les collatéraux de la ligne paternelle et leurs descendants : mais, aussi peu soucieux de nos lois que du sang d'Hagnias, Théopompe met son fils dans les mains d'un parent de sa mère. Le contraste de sa conduite avec ses prétentions n'offre-t-il pas la plus audacieuse injustice?

Ce n'est pas tout, ô juges! une sépulture commune est ouverte à tous les Busélides, vaste enceinte entourée de clôture, comme au temps de nos aïeux. Là reposent, chacun à sa place, Hagnias, Eubulide, Polémon, et toute la nombreuse postérité de Busélos. Cherchez-y l'aïeul de Macartatos; cherchez-y son père : vous ne les trouverez pas. Ils ont un monument à part, loin, bien loin de là. Et ces hommes tiennent la branche d'Hagnias! Ne voyez-vous pas, Athéniens, que le seul lien qui les y attache, c'est le vol, l'usurpation?

Pour moi, de tous mes efforts, je défends une cause qui était chère à mes parents morts. Il me sera difficile, je le sais, de triompher d'une intrigue puissante. Je remets donc, ô juges! cet enfant dans vos mains : soyez ses appuis, ses tuteurs, les libres protecteurs de ses droits. La maison d'Eubulide l'a adopté; la section d'Hagnias et de Macartatos est devenue la sienne. Lorsqu'on l'y présenta, il recueillit d'unanimes suffrages; Macartatos lui-même reconnut, par sa conduite, la légitimité de cette adoption : loin de retirer la victime de l'autel, il n'osa même y porter la main; comme les autres membres de la section, il reçut de l'enfant une portion des chairs consacrées. Cet enfant, le voici : au nom des Hagnias, des Eubulides, de tous ses parents descendus au tombeau, il embrasse vos genoux. Par ma voix, ces morts eux-mêmes vous conjurent de ne pas laisser étouffer leur lignée sous le lâche et brutal effort des descendants de Stratios. Arrachez au spoliateur sa proie : que la maison, que la fortune d'Hagnias soient enfin dévolues à un rejeton d'Hagnias! Puisse mon dévoûment à nos lois, à des parents qui m'étaient chers, ne pas demeurer stérile! Puisse cet appel à la justice, à la pitié en faveur d'un enfant opprimé, être entendu de vous tous! Puissent-ils être désormais préservés de nouveaux outrages, ces aïeux que menace un injurieux oubli, si l'accapareur de notre héritage garde le fruit de ses rapines! Maintenir les lois, entretenir le respect dû aux morts, empêcher que leur race ne s'éteigne, voilà ce que peut produire aujourd'hui votre arrêt, voilà ce que demandent la justice, votre serment, l'intérêt de vos familles.

NOTES
DU PLAIDOYER CONTRE MACARTATOS.

(1) Eubulide III.

(2) On appelait παρακαταβολή une somme déposée par ceux qui réclamaient de l'État des biens confisqués ou des restitutions du Trésor, et par les particuliers qui se prétendaient des droits à une succession. Les premiers étaient tenus de consigner le cinquième, et les derniers le dixième de la valeur de l'objet en litige. V. Harpocr.; Poll. VIII, 6.

(3) Une loi tirée d'Isée (*Success. de Pyrrh.*) explique ceci : « Si l'action n'est pas intentée pendant les cinq ans qui suivent la mort du successeur immédiat, la succession sera acquise aux héritiers du défunt, sans qu'on puisse les en déposséder. »

(4) Ceci s'explique par les premiers mots de la loi qui est citée un peu plus haut.

(5) Cette déposition et les suivantes commencent, dans le texte, d'une manière tout à fait insolite. Les noms des témoins ne s'y trouvant pas, il est évident qu'elles ne nous sont point parvenues dans leur entier. Il en manque même plusieurs totalement dans un des meilleurs manuscrits consultés par Reiske.

(6) Toutes ces dépositions offrent un exemple assez remarquable d'un état civil constaté par témoins. Ce genre de preuve n'est reçu que rarement dans nos tribunaux. V. Code Civil, 46.

(7) Remarquez l'adroite et vive simplicité de toute cette récapitulation.

(8) Solon forma quatre classes de citoyens (τιμήματα, τέλη); plus tard, Platon fit de même en théorie. La destination en était fort diverse. Dans la 1re classe se trouvaient les *pentacosiomédimnes*, c'est-à-dire ceux qui possédaient assez de terres pour en tirer cinq cents mesures (médimnes et métrètes) de produits secs ou liquides. La deuxième renfermait ceux qui récoltaient trois cents mesures, et nourrissaient un cheval, c'est-à-dire un cheval pour la guerre (ἵππος πολεμιστήριος), qui en suppose un second pour un valet; tous deux sans doute formaient un attelage pour la culture. Les Athéniens compris dans cette classe portaient le nom de *chevaliers* (ἱππῆς, ἱππάδα τελοῦντες). Les *zeugites* (ζευγῖται) formaient la 3e classe : on nomme leur cens le cens des zeugites (ζευγίσιον τελεῖν). Par là il ne faut pas entendre, avec Pollux, quelque taxe sur le bétail; leur nom indique qu'ils avaient un attelage (ζεῦγος) de mulets, de chevaux de trait, ou de bœufs; ils devaient récolter deux cents mesures. Ceux qui possédaient moins que ce dernier cens composaient la classe des *thètes*. V. Bœckh, l. IV, c. 5.

(9) Sur les Cinquante-un, ou les Éphètes, voy. les Notes du plaidoyer contre Aristocrate.

(10) La contradiction que renferme ce mot, comparé avec l'alinéa précédent, montre assez que plusieurs lois sont citées dans ce passage.

(11) Dans l'espèce, c'est une seule et même femme. C'est pour généraliser sa pensée, dit Schæfer, que l'orateur s'exprime ainsi.

(12) Les éditeurs hésitent entre Ἀμφιόνεσσι, Ἀμφικτυόνεσσι, Ἀμφισσεῦσι. V. *Appar.* t. V, p. 124.

(13) Comment cette partie de l'oracle se rattache-t-elle à l'objet désigné dans les précédentes? et que pouvons-nous conclure de toute cette pièce relativement au procès actuel?

(14) Dème, ou bourg, de l'Attique.

(15) Cet usage se pratiquait communément dans les familles athéniennes.

Pour l'examen comparatif de toutes les dispositions légales citées dans ce Plaidoyer, on peut voir surtout la section 5 du 3e chap., titre I, liv. III du Code Civil.

XIV.

PLAIDOYER

CONTRE LÉOCHARÈS.

INTRODUCTION.

L'Athénien Euthymaque avait eu trois enfants mâles, Midylide I, Archippe, Archiade; et une fille, appelée Archidice. Son second fils mourut jeune, et sans postérité. L'aîné épousa Mnésimaqué, fille de Lysippe, dont il eut Clitomaqué, qu'il maria à Aristote de Pallène. De cette union naquirent Aristodème, Habronique, et Midylide II.

Fils d'Aristodème, celui qui plaide ici descendait, au quatrième degré, de l'aïeul commun.

Archiade, troisième fils d'Euthymaque, ne se mariant point, avait partagé avec son frère Midylide les biens paternels. La mort d'Archippe, la loi qui excluait les filles de la succession, ne laissaient que ces deux héritiers. Archidice, leur sœur, avait épousé un citoyen d'Éleusis, Léostrate, qui, le premier, introduisit ce nom dans cette famille. Il eut une fille, qui donna naissance à Léocrate I. Pendant une absence de Midylide, son grand-oncle maternel, ce Léocrate, à l'aide d'un acte d'adoption fabriqué, s'était glissé dans la maison du célibataire qui venait de mourir, et prétendait avoir été adopté par Archiade vivant. Midylide revient; cette imposture l'irrite; mais bientôt il s'apaise, et la tolère.

Les années s'écoulent, et Léocrate I devient père de Léostrate II, grand-père d'un second Léocrate. Dans l'adoption frauduleuse, il substitue à lui-même son fils, qui imite cet exemple. Ainsi, c'est Léocrate II qui, par ces déplacements successifs, était censé avoir changé de famille.

A sa mort, le fils d'Aristodème revendique, au nom de son père, la succession d'Archiade, à titre de plus proche collatéral. Léostrate II, père du défunt, la lui conteste en déposant une consignation, et affirmant que l'adoption était régulière. Il fait plus, il met, au lieu et place de Léocrate II, Léocharès, son second fils; et ce dernier, par une protestation formelle, qui arrêtait les prétentions de son adversaire, affirme qu'Archiade a des fils légitimes, et que son héritage ne peut être réclamé par un tiers. Le fils d'Aristodème repousse la double revendication de Léostrate II et de Léocharès; et, comme il dirige ses principaux efforts contre la protestation, c'est le nom de Léocharès que porte le plaidoyer[1].

(1) Voyez Acad. des Inscr., *Hist.*, t. XII, p. 73.

EUTHYMAQUE
Du dême d'Otryne, chef de la famille.

MIDYLIDE I épouse Mnésimaqué, fille de Lysippe.	ARCHIPPE, meurt le premier sans enfants.	ARCHIADE, non marié, mort sans enfants, dont la succession est en litige.	ARCHIDICE, fille mariée à LÉOSTRATE I, d'Eleusis.
CLITOMAQUÉ, fille mariée à Aristote de Pallène.			UNE FILLE.
ARISTODÈME. HABRONIQUE. MIDYLIDE II.			LÉOCRATE I, premier enfant adoptif d'Archiade, adopté du vivant de Midylide, frère d'Archiade.
FILS D'ARISTODÈME, qui plaide au nom de son père.			LÉOSTRATE II, second enfant adoptif, qui revendique la succession par voie de consignation.
			LÉOCRATE II, adopté en troisième lieu, mort sans enfants. LÉOCHARÈS, qui revendique la succession par exposition, contre lequel le plaidoyer est composé.

DISCOURS.

Vous voyez en Léocharès, ô juges! la cause de sa propre comparution devant vous, et celle qui, malgré ma jeunesse, m'oblige à plaider. Réclamant un héritage auquel il n'a aucun droit, il a fait devant l'archonte une opposition fondée sur l'imposture. Et nous, au nom de la loi qui règle, entre collatéraux, l'adition d'hérédité, nous remplissons un devoir: proche parent d'Archiade, à qui remonte la succession débattue, nous voulons, nous devons perpétuer sa lignée, et ne pas laisser tomber ses biens en mains étrangères. Je montrerai que Léocharès n'est fils du défunt ni par naissance, ni par adoption; et qu'il fallait toute son audace pour venir, sans titre, nous enlever une succession qui nous est dévolue par la loi. Si donc nos demandes vous semblent fondées, je vous prie, ô juges! d'être propices à mon père et à moi, de protéger de pauvres et faibles citoyens, de ne pas les laisser en proie à l'intrigue et à l'injustice. Nous n'avons, dans cette enceinte, d'autre appui que la vérité: heureux si on nous laisse participer au bénéfice de la loi! Nos adversaires sont forts de leurs sourdes menées, forts des dons qu'ils ne cessent de répandre. Prodigalités faciles! ils payent, de l'or d'autrui, leurs solliciteurs et leurs témoins. Mon père (je dois le dire, quoique vous le sachiez) peut produire, dans ces débats, la preuve incontestable de sa pauvreté et de son inexpérience des affaires. Il exerce au Pirée le métier de crieur, emploi qui suppose nécessairement des moyens bornés de toutes les manières; la place d'un crieur, pendant le jour entier, c'est le marché. Concluez de là qu'il a fallu toute la confiance qu'inspire le bon droit pour nous présenter devant vous.

Ces considérations trouveront plus loin leurs développements: j'ai à vous instruire d'abord de l'opposition de notre adversaire, et je vous dois un exposé de la cause actuelle.

Si Léocharès appuyait ses prétentions sur la preuve qu'il est fils légitime d'Archiade, toute discussion sur notre généalogie deviendrait superflue.

Mais tel n'est pas le principe de l'opposition que je combats. On alléguera une adoption prétendue; on insistera sur ce point; on dira: L'adoption, en nous introduisant dans la famille d'Archiade, nous a faits ses héritiers. Or, ce mode d'argumentation nous force à établir notre descendance, et à la prendre de haut: cet objet devient essentiel; il faut le signaler nettement au tribunal, pour qu'il évite toute surprise.

De quoi s'agit-il dans ce procès? d'une succession qu'on revendique. De part et d'autre on se dit proche parent, ici, par naissance; là, par adoption. Sans doute, une adoption légale est, dans bien des cas, un titre valide. Si elle suffit pour autoriser leur opposition devant la loi, la succession leur appartient. Si, à défaut de l'appui des lois, ils se retranchent sur l'équité naturelle ou sur la coutume, nous nous avouerons encore vaincus.

Sachez-le bien, ô juges! proches parents de celui dont nous réclamons l'héritage, quand nous aurons constaté notre descendance, nous ne croirons pas avoir fait assez: nous présenterons encore d'autres preuves, aussi variées que décisives. Commençons par notre descendance. Quand vous aurez suivi attentivement cette filiation; vos doutes seront dissipés, et mes autres arguments trouveront dans vos esprits un plus facile accès.

Pour remonter au premier degré, Euthymaque, du dême d'Otryne, eut trois fils, Midylide, Archippe, Archiade; et une fille, du nom d'Archidice. Le père mort, celle-ci fut mariée par ses frères à Léostrate, Éleusinien. Des trois fils, Archippe, qui commandait un vaisseau, meurt à Méthymne; Midylide, peu après, épouse Mnésimaqué, fille de Lysippe de Kriôa; il en a une fille, qu'il nomme Clitomaqué. Il voulait la donner à son frère, qui n'était pas marié; mais Archiade ne voulait point prendre femme, et, consentant à laisser la succession indivise; il s'était fixé à Salamine. Midylide chercha donc un autre gendre, et donna sa fille à Aristote de Pallène, mon aïeul. Ce mariage produisit trois fils, Aristodème mon père, Habronique mon oncle, et un autre Midylide, qui est mort.

Voilà, juges, notre degré de parenté dans la famille où est la succession. Du côté des mâles, nul ne tient à Archiade de plus près que nous; et nous venons, la loi en main, revendiquer sa fortune. Nous ne souffrirons pas que son nom disparaisse; il revivra par nous, propriétaires de ses biens; et nous avons obtenu de l'archonte le droit d'ester en justice. Maîtres de notre bien par des voies iniques, nos adversaires nous opposent une protestation, et font sonner bien haut une prétendue parenté adoptive.

La suite de ce plaidoyer lèvera le voile qui couvre cette adoption : constatons d'abord que leur degré de parenté est plus éloigné que le nôtre. Par un principe généralement avoué, la ligne masculine doit toujours avoir la préférence. Sur ce point, la loi est formelle : à défaut d'enfants du défunt, c'est aux plus proches collatéraux, dans la branche mâle, qu'elle adjuge la succession. Telle est précisément la position où nous sommes. Archiade n'a pas laissé de postérité : ses plus proches parents du côté des hommes, nous portons encore ce titre dans l'autre ligne. Midylide était frère d'Archiade ; mon père naquit de la fille de Midylide : ainsi, Archiade, dont nous revendiquons aujourd'hui la succession, était oncle paternel de la mère de mon père, et tenait à elle par la branche mâle. Cléostrate ne vient qu'après nous : c'est par les femmes seulement qu'il tient à Archiade. La mère de Léocrate, père de Léostrate, était nièce d'Archiade et de Midylide, dont nous descendons incontestablement, nous que le sang appelle à lui succéder dans la jouissance de sa fortune.

Je vais faire lire, ô juges! les dépositions qui constatent notre généalogie telle que je viens de la présenter. La loi sur la succession collatérale, et sur le privilége de la ligne masculine, sera lue ensuite. Là-dessus roule tout ce procès ; là est le principe de la sentence que nous attendons de vous. — Appelle ici les témoins, et donne lecture de la loi.

Les Témoins paraissent. Loi.

Sur cette échelle généalogique, voilà le degré de Léocharès, voilà celui de Léostrate. Or, à qui la succession doit-elle être dévolue? à celui qui combat l'autorité des lois par l'effort d'une opposition désespérée? non! c'est à celui qui fonde sur d'irrécusables témoignages son degré de proximité. Nos adversaires invoquent en leur faveur l'adoption : nous examinerons bientôt si cette adoption n'est pas une imposture. Mais, le fils adoptif étant mort sans enfants, et sa maison éteinte jusqu'à notre poursuite, n'est-ce pas aux parents les plus proches à recueillir l'héritage? et l'appui des juges n'est-il pas dû aux citoyens spoliés, à l'exclusion des intrigants même les plus puissants?

Notre place dans la famille bien reconnue par vous, et les prétentions de nos adversaires renversées de fond en comble, que ne puis-je m'arrêter ici! Après tout, l'essentiel est dit, et je ne voudrais pas fatiguer plus longtemps votre attention. Mais une défense légale n'est pas du tout le fait de nos adversaires : ils voudront faire sortir leur droit d'une usurpation antérieure, ils diront qu'en fait d'héritage, *possession vaut titre*, et ne doit pas être inquiétée. Il faut donc continuer, et confondre leur impudente audace.

Remontons encore à l'origine. Midylide et Archiade marient leur sœur à Léostrate, du dème d'Éleusis. De la fille de cette sœur naît Léocrate, père de notre Léostrate, évidemment placé par sa naissance plus loin d'Archiade que nous, et contre lequel Léocharès a fait opposition. Après cet hymen, Midylide, mon bisaïeul paternel, se maria lui-même; Archiade resta célibataire. Satisfaits tous deux de leur modeste aisance, et ne demandant aucun partage, ils se fixèrent Midylide à Athènes, Archiade à Salamine. Bientôt l'un, obligé de faire un long voyage, s'éloigne de l'Attique ; l'autre tombe malade, et meurt. Ce qui prouve qu'il avait toujours vécu dans le célibat, c'est l'esclave portant une aiguière, qui orne son tombeau (1). Alors, le père de notre Léostrate, se disant parent du côté des femmes, s'introduit de son plein gré dans la maison d'Archiade, et envahit la succession, comme si Archiade vivant l'avait réellement adopté. Midylide revient ; il est furieux, il menace Léocrate des tribunaux. Mais les artifices de l'intrigant, les sollicitations de quelques parents communs qui vinrent supplier de maintenir une usurpation consommée, désarmèrent Midylide : il ferma les yeux sur une adoption qu'aucune sentence n'avait jamais confirmée.

Après un tel acte de condescendance, Midylide mourut. L'héritier d'Archiade, Léocrate, jouit pendant quelques années du fruit de son adoption subreptice. Enchaînés par la concession de Midylide, nous demeurâmes tranquilles. Redoublez ici d'attention, ô juges! Les années s'écoulent : Léocrate a un fils légitime, qu'il nomme Léostrate; celui-ci grandit ; et son père, après l'avoir substitué en son lieu et place de fils adoptif d'Archiade, rentre dans le dème d'Éleusis, auquel il appartenait dans le principe. De notre part, aucune menace, aucun mouvement; nous laissâmes aller les choses. Nouvelle combinaison : successeur de son père, Léostrate substitue à soi-même son propre fils, se fait réintégrer dans le dème paternel, et, au mépris de toutes les lois, transporte ainsi sur une troisième tête cette adoption frauduleuse. Quoi de plus illégitime, en effet, que ces représentations successives, au moyen desquelles une même famille se rattache à deux maisons à la fois? Ces tours de passe-passe, si souvent répétés, quel but avaient-ils, si ce n'est de mettre constamment sous la main de nouveaux héritiers d'Archiade, pour nous tenir toujours écartés, nous, les seuls héritiers légitimes; et de donner aux intrus le droit apparent de demeurer à jamais propriétaires d'un héritage d'adoption, tandis qu'ils consumaient l'héritage de naissance? Eh bien! juges, voilà ce qu'ils ont fait jusqu'à ce jour.

Je le répète, malgré l'injustice d'une telle conduite, nous avons gardé le silence. Jusqu'à quand? jusqu'à ce que Léocrate, fils de Léostrate, laissé dans la maison d'Archiade, fût mort sans postérité. C'est alors que nous venons à vous; c'est alors que nous disons hautement : Proches parents d'Archiade, ses biens nous appartiennent; c'est nous voler que de les laisser dans les mains d'un prétendu fils adoptif de Léocrate mort, qui n'était lui-même qu'un intrus. Si l'adoption était réelle, et faite du vivant de Léocrate, malgré son illégalité, nous ne l'attaquerions pas. Mais, puisqu'il n'a pas eu de fils, ni naturel, ni adoptif, puisque la loi fait retourner les biens aux parents les plus proches, ne serait-il pas inique de nous frustrer de la succession contestée? Deux titres nous y appellent : nous touchons le plus près et à Archiade, ancien possesseur, et à Léocrate, son fils adoptif. Rentré dans sa première famille, le père de ce dernier s'est, par là même, déclaré légalement étranger à la seconde; et nous, dans la famille duquel était Léocrate, nous étions devenus ses proches, ses cousins. Ainsi, parents d'Archiade, ou, si vous le préférez, parents de Léocrate, mort sans enfants, et à qui le sang nous rattache par les liens les plus étroits, nous venons, forts d'un double droit, revendiquer l'héritage. Eh quoi! Léostrate, tu as, autant que tu l'as pu, laissé éteindre le nom d'Archiade; et tu viens te raccrocher à la fortune qu'il a fondée! c'est à l'or que tu t'attaches, et non à ton père d'adoption! Léocrate mort, personne, pendant quelque temps, ne répéta la succession d'Archiade : supposas-tu alors une adoption? nullement! l'imposture n'était pas nécessaire. Mais voici venir les vrais héritiers; et à l'instant une adoption est fabriquée, utile instrument de spoliation. Toi qui protestes contre nous, contre les vrais et incontestables parents, Archiade, dis-tu, n'a rien laissé! Eh bien! pourquoi protester, puisque nous réclamons le néant? Ton injustice passe toutes les bornes; l'impudeur ne saurait aller plus loin : d'une main tu reprends ton patrimoine en rentrant dans le dême d'Éleusis; de l'autre tu retiens le patrimoine de ta famille adoptive, d'une famille dans laquelle tu n'es plus représenté! Et que t'en coûte-t-il pour consommer cette œuvre d'iniquité? un peu d'or étranger, que tu jettes à des imposteurs. Quel avantage sur nous, qui n'avons ni crédit ni fortune! Toutefois, notre faiblesse même, ô juges! est un titre à votre appui : nous ne demandons rien d'injuste, nous réclamons seulement notre part dans l'application de la loi. Car, je vous le demande, que devons-nous faire lorsqu'une adoption a passé sur trois têtes, et que le dernier adopté est mort sans enfants? N'est-il pas temps enfin de demander aux juges ce que la loi nous donne? Forts de notre bon droit, investis par l'archonte de la permission de poursuivre, c'est notre bien que nous revendiquons; appuyé sur une opposition qui se brise sous lui, Léocharès veut perpétuer un vol.

Adoptions frauduleuses, degré de notre parenté, esclave représenté avec une aiguière sur le tombeau d'Archiade, voilà des faits dont il faut constater la réalité. On va lire les dépositions. Je poursuivrai ensuite l'exposé de mes preuves, et j'achèverai de renverser leur faible opposition. — Prends-moi les dépositions que j'annonce.

Dépositions.

Telle est, dans toute sa simplicité, la cause qui vous est soumise; tels sont nos droits à la succession. Les premières intrigues de nos adversaires vous sont connues. Depuis que nous sommes munis du droit de les poursuivre, qu'ont-ils fait? quelle a été leur conduite à notre égard? voilà ce que je dois exposer maintenant. Vous verrez que jamais débats pareils n'ont révélé tant de turpitudes.

Léocrate mort et enseveli, nous voulûmes prendre possession de ses biens : il était mort célibataire et sans enfants; c'était là notre droit. Léostrate proteste : l'héritage, dit-il, est à moi, à moi seul. Père du défunt, s'il nous avait seulement empêché de faire ses funérailles, nous aurions respecté un titre qui, cependant, n'était pas légal (2). Il est naturel qu'un père dépose lui-même son fils au tombeau. Ce soin, toutefois, devait être partagé par nous, devenus parents du mort depuis son adoption. Ce devoir rendu, en vertu de quelle loi Léostrate a-t-il exclu les plus proches collatéraux d'une succession pour laquelle il n'y avait pas de ligne directe? de la loi sur les droits des pères? mais, retourné à sa famille primitive, il était sans titre pour rien recueillir dans celle où il avait laissé un fils : ainsi le veut notre législation. Revenons aux faits, que j'abrège. On arrêta donc notre bras, qui s'étendait sur l'héritage. Nous courûmes chez le magistrat. Il apprit par nous que le défunt n'avait laissé aucun enfant, ni naturel, ni adoptif. Léostrate dépose alors une consignation, et jure devant le juge qu'il est fils d'Archiade : il oubliait apparemment sa rentrée dans le dême d'Éleusis ; il oubliait qu'on ne s'adopte pas soi-même, qu'on est adopté par la libre volonté d'autrui. Qu'importe ? il voulait, à tout prix, commettre une usurpation.

Éleusinien, il intrigue d'abord pour faire insérer son nom sur l'état civil d'Otryne. Voici comme il dispose ses mesures. Il s'efforce d'entrer peu à peu dans la jouissance des droits communs de ce dême ; sa cupidité y trouve son compte : bientôt la possession acquise fera son titre. Je démêle ses intentions ; par-devant témoins je les arrête, et je soutiens qu'avant de faire revivre le nom d'Archiade par une adoption, la contestation sur l'héritage doit être vidée devant les tribunaux. Ne pouvant franchir ce pas, confondu devant plusieurs citoyens, et aux archives du dême, et au tribunal des archontes, il prend une voie détournée pour éluder la loi. Il assemble quelques Otryniens avec leur démarque, et leur persuade de l'inscrire sur leur rôle quand on l'ouvrira. Puis, les grandes Panathénées arrivent ; les distributions des spectacles commencent : il s'y présente hardiment ; il veut recevoir à titre d'Otrynien, être inscrit comme Otrynien. Nouvelle opposition de ma part ; l'indignation se soulève contre lui, et l'impudent se retire sans gratification, sans inscription. Or, je vous le demande, celui qui, au mépris des décrets populaires, réclame une rétribution dans un dême qui n'est pas le sien, où son nom n'a jamais figuré, a-t-il le droit de venir nous disputer la succession ? La justice est-elle du côté de l'intrigant qui préparait son succès par des moyens aussi criminels ? Injuste quand il demandait une part dans les gratifications, il l'est encore, croyez-moi, quand il retient notre héritage.

Il avait donc menti devant l'archonte en se donnant pour citoyen d'Otryne, en le jurant, lui, né à Éleusis. Ses plans ainsi déjoués, que fait-il ? il gagne quelques Otryniens notables ; et, lorsqu'ils sont assemblés pour l'élection des magistrats, il fait une nouvelle tentative afin d'être inscrit comme fils adoptif d'Archiade (3). Pour la troisième fois, je proteste ; j'exige qu'on n'aille aux voix qu'après les débats sur la succession. Les gens séduits n'osèrent résister ; ce n'est pas que la mauvaise volonté leur manquât, mais les lois les intimidèrent. Les autres, mieux instruits, trouvèrent étrange que, poursuivant, devant les tribunaux, un héritage sur la foi du serment, un plaideur osât s'adopter lui-même, avant la sentence rendue.

Ceci est peu de chose encore, comparé à ce que fit ensuite Léostrate. Il avait échoué dans son projet d'inscription personnelle ; il fait adopter dans la famille d'Archiade Léocharès, son fils, contre toutes les lois, avant que le dême ait donné sa sanction. C'est peu : Léocharès à peine inscrit sur les rôles du dême, il le fait inscrire encore sur l'état civil de la section avant même de soumettre l'adoption aux alliés d'Archiade : il avait gagné un des chefs (4). Cela fait, il donne son nom à l'archonte, et s'appuie sur ce magistrat pour protester contre nous, comme fils légitime d'un citoyen mort depuis plusieurs années, bien que son inscription date de la veille. Ainsi, leurs efforts combinés nous disputaient l'héritage ; Léostrate disait : « Je suis fils légitime d'Archiade ; » il le jurait devant le magistrat, et appuyait son serment d'une consignation. Léocharès employait la voie d'opposition, et disait aussi : « Je suis fils légitime d'Archiade. » Tous deux mentaient ; Archiade vivant ne les avait pas même adoptés : c'est derrière son cadavre qu'ils s'étaient glissés dans sa famille. Sans doute il faut une adoption, il faut susciter une postérité à Archiade : mais comment ? en donnant le titre de fils à ses plus proches collatéraux.

Des témoins vont maintenant confirmer que Léostrate est retourné du dême d'Otryne à celui d'Éleusis, laissant un fils dans la maison d'Archiade ; que son père avait déjà fait la même chose ; que le dernier intrus est mort sans enfants ; que notre adversaire a été inscrit sur les rôles du dême avant d'être admis par la section. Ces témoins sont de la même section, du même dême. Qu'on les fasse paraître.

Les Témoins se présentent.

Vous venez d'entendre, ô juges ! le récit de tous les faits relatifs à la succession : faits antérieurs, faits postérieurs à l'action que nous avons intentée. Reste à examiner l'opposition en elle-même, et à la repousser par les lois qui nous constituent héritiers. Ensuite, si la clepsydre le permet, si mes développements ne vous ont pas importunés, nous réfuterons ce que pourront alléguer nos adversaires ; nous en dévoilerons l'injustice et le mensonge. Qu'on lise d'abord l'acte d'opposition. J'appelle ici toute l'attention du tribunal : c'est le point sur lequel portera sa sentence.

Lecture de l'Acte.

Vous le voyez nettement, l'opposant déclare que notre revendication doit être nulle parce qu'Archiade avait des fils légitimes, des fils qu'il s'est donnés lui-même suivant la loi. Eh bien ! voyons si ces fils existent, ou si ce fondement manque à l'opposition. Celui dont nous réclamons l'héritage a adopté (5) l'aïeul de l'opposant. Après avoir laissé dans la famille d'Archiade Léostrate, son fils légitime, cet aïeul s'est fait réintégrer dans le dème d'Éleusis. Léostrate, à son tour, s'est substitué, comme adoptif, son fils Léocharès, et a repris rang dans la lignée paternelle. Cette troisième branche parasite s'est flétrie sans donner de fruits. Voilà donc la maison d'Archiade dépourvue de postérité, même fictive. Dans cet état de choses, à qui revient la succession? aux plus proches collatéraux.

Il ne résultera jamais de l'opposition que la postérité d'Archiade n'est pas éteinte: car l'opposant lui-même avoue que les deux premiers adoptés sont retournés à leur dème, et que le dernier est mort sans enfants. Comment donc trouverez-vous ici des fils, une descendance directe? impossible! les descendants mentionnés par Léocharès n'existent nulle part. L'opposition désigne *des fils*; l'opposant prétend être *seul!* *Des fils légitimes*, est-il dit dans l'acte; c'est-à-dire des fils qu'Archiade s'est donnés légalement: c'est se jouer de toutes les lois, c'est les fouler aux pieds!

L'enfant légitime est celui que donne la naissance (6); témoin le langage de la loi : *Si un père, un frère, ou un aïeul donnent une femme en mariage, les enfants à naître seront légitimes.* Mais des fils que se donne un citoyen sans enfants légitimes, et maître de ses biens, ne sont, aux yeux du législateur, que des fils adoptifs.

Léocharès avoue qu'aucun enfant ne naquit jamais d'Archiade; et l'opposition reconnaît à ce même Archiade des fils légitimes : étrange contradiction! Léocharès dit : Je suis fils adoptif; et il est avéré qu'Archiade ne l'a jamais accueilli. Voilà, juges, l'enfant de prédilection qu'Archiade s'est choisi! Le titre du fripon est peut-être tout entier dans ces mots, ajoutés à son nom, *fils d'Archiade!* Mais cette insertion est un vol, une imposture de fraîche date, postérieure à l'action intentée par nous. Depuis quand un acte illégal est-il un titre irrécusable? Il y a plus : Léocharès va se dire à haute voix fils adoptif; et il n'a pas osé inscrire ces mots dans l'acte d'opposition; celui-ci le déclare fils légitime, et le plaidoyer ne parlera que d'adoption : et tout cela vous paraîtra régulier? et vous ne serez pas indignés? Ces gens-là parleront dans un sens; ils ont écrit dans un sens opposé : donc, de toute nécessité, il y a mensonge ou dans leur langage ou dans leur rédaction. Au reste, ils avaient une bonne raison pour ne pas mentionner l'adoption dans leur acte : il aurait fallu désigner l'adoptant; or, il n'en existe point. L'adoptant, l'adopté sont identiques : ils ne voulaient que nous spolier. Ici, juges, l'injustice ne le cède qu'à l'absurdité. L'Éleusinien Léostrate affirme, sur consignation, devant l'archonte, qu'il est fils et héritier légitime d'Archiade l'Otrynien; Léocharès survient, et atteste qu'il est fils du même Archiade : lequel des deux croirez-vous? L'opposition achève de s'écrouler devant une autre contradiction : nos deux adversaires ne contestent pas le même héritage de la même manière. Contradiction inévitable autant qu'elle est choquante! Léostrate dépose un gage, et nous attaque par un serment fait devant le magistrat; le tout, avant que Léocharès, nouvellement inscrit sur l'état civil, eût formulé son opposition. Ce dernier acte fut donc fabriqué après coup : et vous ne pouvez l'admettre sans être les plus injustes des hommes.

Autre considération. L'acte de Léocharès atteste des faits antérieurs à l'inscription du rédacteur. Léocharès n'était pas encore dans la famille d'Archiade lorsque nous avons fait nos premières poursuites : comment donc peut-il connaître légalement les faits qu'il atteste? Allons plus loin encore : si l'opposition ne relatait que ce qui concerne l'opposant, nous ne serions que faiblement choqués ; toujours illégal, l'acte cadrerait du moins avec l'âge de Léocharès. Mais ce même acte désigne *des fils légitimes d'Archiade* : des fils! qu'est-ce à dire? Léostrate et Léocharès peuvent seuls être indiqués par ces mots ; mais Léostrate et Léocharès n'étaient plus rien pour la branche d'Archiade; leur dème natal les avait repris. Il y a donc, je le répète, dans cet acte, des faits plus anciens que le titre de son auteur : et l'imposteur audacieux passerait ici pour un homme sincère!

Par Jupiter! dira-t-il, ce sont les paroles de mon père que j'ai répétées. De ton père! mais la loi défend d'attester, du vivant d'un père, ce que ce père a fait; elle distingue les deux cas de vie et de mort. D'ailleurs, pourquoi Léostrate a-t-il mis dans la formule le nom de Léocharès, et non le sien? n'est-ce pas l'ancien qui devait attester les anciens faits? C'est, dira-t-il, parce que j'ai fait adopter Léocharès dans la maison d'Archiade. Directeur de toute l'affaire, tu devais donc en courir les chances, et répondre seul de ta conduite; tu le devais de toute nécessité. Tu t'es soustrait à cette obligation, et tu as frauduleusement inséré le nom d'un homme inhabile à attester les faits. Ils avouent donc eux-mêmes, ô juges! la proposition que je prouve; oui, ils avouent que l'opposition pèche par la base; et vous ne franchirez pas les bornes de la justice en refusant la parole à Léostrate sur un sujet pour lequel il n'a pas eu le courage de se porter lui-même opposant.

J'espère vous convaincre maintenant que, de toutes les formes de procédure, l'opposition est la plus inique, la plus révoltante. D'abord, elle n'est jamais imposée ; elle dépend du choix, de la volonté du plaideur. Si ceux qui contestent une succession ne pouvaient obtenir justice que par cette voie, sans doute il faudrait nécessairement y entrer ; mais si, devant aucun tribunal, ce mode n'est jamais requis, jamais indispensable, y recourir n'est-ce pas avouer et son audace, et peu de confiance dans son droit ? Aussi le législateur a-t-il rendu ce moyen purement facultatif ; c'est comme une épreuve des caractères : là, on reconnaît l'entêtement et l'effronterie du chicaneur. User de l'opposition, c'est détruire, autant qu'il se peut, et tribunaux et jugement : car toute opposition tend à arrêter les opérations de la justice, à entraver sa marche. Ne voyez donc dans les opposants que des ennemis des juges comme de la légalité ; et quand ils élèveront la voix, soyez d'autant plus inflexibles à leur égard que, de propos délibéré, ils courent se jeter dans les condamnations les plus graves.

J'ai donc prouvé, d'une manière péremptoire, que l'opposition actuelle n'est basée sur rien ; et la conduite de nos adversaires a complété l'œuvre de mes paroles. Rappelons, en peu de mots, que la succession nous est dévolue par la loi. Cela est établi dès le commencement de ce discours : mais j'ai à résumer toutes les raisons décisives que vous opposerez aux impostures des défendeurs.

Dans la branche masculine, nous sommes les plus proches collatéraux de celui dont on nous dispute la succession. Une première adoption est, depuis longtemps, non avenue, puisque les adoptés sont retournés à leur première famille, et que le dernier d'entre eux n'a pas laissé de postérité. Au milieu de ces circonstances, nous revendiquons l'héritage : ce n'est pas le patrimoine légitime de Léostrate que nous voulons ; nous voulons les biens d'Archiade, que la loi nous adjuge. Elle préfère aux autres collatéraux les mâles et leur descendance. Telle est notre position : Archiade est mort sans enfants ; et, encore une fois, il n'avait pas de plus proches parents que nous.

Demandez-vous ensuite s'il est juste que des fils illégalement adoptés en adoptent d'autres, et que l'iniquité de leur introduction dans la lignée d'autrui se perpétue. Admettons qu'ils y laissent les enfants qui leur sont nés ; mais, leur race éteinte, qu'ils se retirent, et fassent place aux collatéraux, héritiers avoués par la loi. Si une telle licence se propageait dans les familles, qui de vous ne serait exposé à une spoliation ? Vous voyez beaucoup de citoyens, circonvenus par des caresses intéressées, ou brouillés avec des collatéraux pour quelques intérêts, recourir à l'adoption : or, s'il est permis à un fils adoptif d'adopter à son tour qui bon lui semble, les collatéraux seront à jamais, contre l'intention de la loi, écartés des successions. Comment le législateur prévient-il cet abus ? en privant du droit d'adoption quiconque a été adopté. Cette prohibition n'est pas explicite, mais elle résulte de la faculté accordée à l'adopté de rentrer dans sa première famille, en laissant un fils légitime dans la seconde. Il annonce clairement par là qu'il ne peut pas adopter, puisqu'il est impossible de laisser un fils légitime, à moins qu'on n'ait eu ce fils par naissance, et non par adoption. Ta prétention est étrange, Léostrate : tu veux glisser quelqu'un, comme enfant adoptif, dans la succession d'un mort adopté lui-même par notre parent. Ne croirait-on pas que tu disposes de ton propre bien ? que tu imposes silence à la loi qui proclame héritier le plus proche parent ?

Pour nous, ô juges ! voici notre pensée : Si, avant de mourir, Léostrate eût fait une adoption, cet acte, bien qu'illégal, ne nous aurait pas fait rompre le silence. S'il eût laissé un testament, nous ne l'aurions pas attaqué. Notre règle était : Contre les détenteurs des biens d'Archiade, rentrés de leur plein gré dans leur famille, point d'opposition ! Mais il n'en est pas ainsi : l'injustice de nos adversaires est flagrante ; leur conduite ne les accuse pas moins que la loi. Nous réclamons donc l'héritage d'Archiade : s'il faut au défunt, qui n'adopta personne, une postérité adoptive, elle est trouvée ; cette postérité, c'est nous. Solon s'est montré juste envers les plus proches parents que laisse un citoyen en mourant : à côté des charges imposées par leur titre, il a placé l'avantage de l'hérédité. Il a fait plus, et vous ne l'ignorez pas : il défend au fils adoptif de disposer, par testament, des biens que son second père lui a transmis. Décision d'une incontestable justice. Celui qui, à la faveur d'une adoption, jouit d'une fortune étrangère, ne doit pas usurper les droits du propriétaire véritable, surtout le plus précieux de tous, le droit d'aliénation. La loi trace donc les limites qu'il ne lui est pas permis de franchir. A dater, dit-elle, du commencement de la magistrature de Solon, tout citoyen non adopté pourra tester à son gré ; nul citoyen passé dans une nouvelle famille ne le pourra. L'Athénien adopté aura, de son vivant, le droit de retourner à la famille où il est né, en laissant dans celle qu'il quitte un fils légitime. S'il meurt en état d'adoption, l'héritage fera retour aux plus proches collatéraux du citoyen qui se l'était attaché.

NOTES

DU PLAIDOYER CONTRE LÉOCHARÈS.

(1) On voit, par un passage de Pollux, liv. VIII, c. 7, que la tombe des femmes mortes sans s'être mariées était ornée de l'image d'une vierge portant une urne.

(2) Les funérailles du défunt étaient faites, d'ordinaire, par ses descendants ou par ses collatéraux.

(3) Archiade était du dême d'Otryne.

(4) Cela était contraire à l'usage, qui voulait qu'on présentât à la section ou phratrie, avant qu'on fît inscrire sur les rôles du dême.

(5) C'est une concession que le fils d'Aristodème fait aux adversaires : il a dit plus haut que cet aïeul n'avait pas été adopté par Archiade, mais qu'il s'était adopté lui-même.

(6) Cet énoncé semble inexact : le mot γνήσιον, *genuinum*, n'a pas d'équivalent en français. Il faut aussi se rappeler que, dans notre droit, l'enfant *légitime* prend le nom d'enfant *naturel* quand on l'oppose à l'enfant *adoptif*.

XV.

PLAIDOYER

CONTRE SPUDIAS.

INTRODUCTION.

Voici un petit procès où des débats de succession et de dot se trouvent réunis.

L'Athénien Polyeucte avait deux filles, à chacune desquelles il donna une dot de quarante mines. L'aînée épousa le citoyen pour qui ce plaidoyer est composé : ce gendre de Polyeucte ne reçut que trente mines, argent comptant ; le dernier quart de la dot fut assuré, par hypothèque, sur une maison de son beau-père. La plus jeune Athénienne, mariée d'abord à Léocrate, épousa en secondes noces Spudias. Polyeucte mourut ; on fit le partage de sa succession. Spudias prétendit que la maison engagée devait entrer, nette de charges, dans ce partage. L'autre gendre veut qu'avant toute opération, les dix mines lui soient comptées. Polyeucte, dit-il, s'est reconnu débiteur de cette somme envers moi avant sa mort. Des preuves testimoniales, des inductions tirées des démarches et des paroles de Spudias, appuient l'assertion du plaideur, qui va jusqu'à démontrer que son adversaire lui-même était débiteur de la succession. Il dévoile sa mauvaise foi, en rappelant qu'il n'a pas voulu soumettre le débat à des amis communs, bien mieux instruits des faits que le tribunal ne saurait l'être.

DISCOURS.

Spudias, ici présent, et moi, nous avons, ô juges! épousé deux sœurs, filles de Polyeucte. Notre beau-père est mort sans enfants mâles, et je suis contraint de plaider contre Spudias pour sa succession. Si je n'avais tout tenté pour essayer un accommodement, si je n'avais voulu soumettre le débat à l'arbitrage de nos amis, je serais coupable à mes propres yeux : car mieux valait perdre un peu d'argent que m'embarquer dans un procès. Mais plus je montrais à mon beau-frère de douceur et de condescendance, plus il me méprisait. Nous nous présentons même ici avec des dispositions bien différentes. Il est fort à l'aise, lui, homme de procès et de chicane ; et moi, dans ma profonde inexpérience, je crains de ne pouvoir même exposer l'affaire. Toutefois, ô juges! soyez attentifs.

Il y avait, au dème de Thra (1), un nommé Polyeucte, que plusieurs d'entre vous ont pu connaître. Ce citoyen, n'ayant pas de fils, adopte Léocrate, frère de sa femme. Celle-ci lui avait donné deux filles : il me donne l'aînée, dotée de quarante mines ; et la cadette épouse le beau-frère lui-même. Cette double union contractée, Léocrate et Polyeucte se brouillèrent et rompirent, je ne sais pas précisément à quel sujet. Mon beau-père lui retire sa fille, et la donne à Spudias. Léocrate furieux cite le nouvel époux avec Polyeucte, et exige un compte général. On composa de part et d'autre, et l'on convint que Léocrate reprendrait tout ce qui lui avait appartenu avant son mariage ; qu'il laisserait Polyeucte tranquille ; qu'enfin, entre ces deux hommes, toute action était éteinte. Pourquoi, juges, vous exposé-je tout cela? c'est que, n'ayant pas reçu la dot entière, et devant toucher mille drachmes après la mort de Polyeucte, j'avais affaire à Léocrate tant que Léocrate fut héritier (2). Mais il renonça à la succession ; Polyeucte tomba dangereusement malade : alors j'assurai mes dix mines sur une maison dont Spudias m'empêche de toucher les loyers.

Les témoins que nous allons présenter prouveront d'abord que Polyeucte m'a donné une de ses filles avec une dot de quarante mines ; ensuite, que je n'ai réellement reçu que les trois

...arts de cette somme; enfin, que mon beau-père ...t constamment reconnu mon débiteur pour le ...te; qu'il avait engagé Léocrate à cautionner sa ...te; et qu'à son lit de mort il m'avait donné ...pothèque sur la maison. — Appelle-moi les ...moins.

Les Témoins paraissent.

Telle est ma première réclamation contre Spudias. Une loi est ici mon inébranlable appui : ... défend formellement de revendiquer, par ...-même ou par ses héritiers, un immeuble engagé. Mais mon bon droit n'arrêtera ni les plaintes ... les chicanes de mon adversaire. Voici un se...nd grief, ô juges! Aristogène a attesté que ...lyeucte, en mourant, avait redemandé deux ...ines, avec les intérêts, qui lui étaient dues par ...udias. C'est le prix d'un esclave que celui-ci ...ait acheté de Polyeucte, et qu'il n'a ni payé, ... mentionné sur l'état de succession. Quant aux ...ille huit cents drachmes réclamées par mon ...au-père comme montant d'un emprunt con...acté auprès de sa femme, qui en a laissé le billet ... mourant, que pourra encore dire Spudias? ...es beaux-frères de Polyeucte, présents à tout ce ...ui s'est passé, déposent contre lui. Ils ont inter...gé leur sœur, ils ont acquis pleine connaissance ...u fait, afin d'empêcher qu'il n'en sortît un pro...ès. Ainsi, d'une part, j'ai reporté capital et ...térêts, tout ce que j'avais acheté de Polyeucte ...ivant, tout ce que j'avais reçu de ma belle-mère; ... me suis libéré de tous mes engagements; et ... l'autre, au mépris de nos lois, au mépris des ...ernières volontés d'un beau-père mourant, d'un ...illet laissé par sa femme, du témoignage una...ime de ses beaux-frères, Spudias osera élever ...es réclamations! N'y a-t-il pas, dans ce con...raste, l'injustice la plus révoltante? Qu'on prenne d'abord la loi qui défend de ré...lamer comme libre un bien engagé; on passera ...nsuite au billet, puis à la déposition d'Aristo...ène. Lis.

Lecture de Pièces.

Poursuivons le cours de nos réclamations. On ... mis en gage, avec quelques joyaux, une coupe ...ui n'a pas été reportée, bien que provenant de ... belle-mère, comme l'attestera Démophile, qui ...n est dépositaire. Je réclame encore une tente ...) qui leur a été remise, et vingt autres articles ... ce genre. Je demande que Spudias paye sa part ...es cent drachmes avancées par ma femme pour ...es jeux némésiens célébrés en l'honneur de son ...ère (4). Accaparements, participation à ce qui ... lui revenait pas, refus de payer ce qu'il doit, ...oilà tous mes griefs contre Spudias. Une réca- pitulation complète résultera de l'ensemble des dépositions qu'on va lire.

Dépositions.

Tout le talent de Spudias ne saurait réfuter mes justes plaintes. Aussi ne répondra-t-il pas. Il s'engagera dans des voies obliques : il se plaindra de Polyeucte et de sa femme; il dira que j'étais leur gendre bien-aimé, que toutes les faveurs étaient pour moi. On lui a causé sur d'autres points, dira-t-il, des torts énormes, à raison desquels il m'a poursuivi. Tel a déjà été son langage devant l'arbitre.

Défense illégale, ô juges! très-illégale. Atteint et convaincu d'une infidélité, on ne se lave pas en déplaçant la question, en recourant à l'imposture. Spudias a-t-il été lésé? justice lui sera faite en temps et lieu. Mais j'articule ici des faits tout différents : il faut, avant tout, qu'il me satisfasse sur ces faits. Eh quoi! je jetterais là l'objet qui attend votre sentence, pour ramasser de calomnieuses divagations! Je suppose, d'ailleurs, ses réclamations fondées : pourquoi, lorsqu'on lui proposait un accommodement, a-t-il décliné la décision de nos amis communs, empressés à nous rapprocher? Qui pouvait mieux savoir si nos demandes mutuelles étaient motivées? Ces amis avaient tout vu ; ils étaient au fait de tout, non moins que nous-mêmes. C'est que, aussi peu fondé en droit qu'il l'était, Spudias n'aurait pas trouvé son compte à vider ainsi notre différend. N'en doutez pas, ô juges! ceux qui déposent si hautement en ma faveur auraient prononcé dans le même sens. Arbitres ou témoins, leur opinion aurait été la même.

Quand même une transaction entre nous n'eût pas été tentée, serait-il bien difficile de distinguer ici l'homme sincère de l'imposteur? Si tu dis, Spudias, que j'ai séduit Polyeucte pour l'amener à m'hypothéquer sa maison, je te demanderai à mon tour s'il y a eu séduction pour faire mentir tous mes témoins. L'un était là quand Polyeucte fit mon mariage et dota sa fille; un autre sait que je n'ai pas reçu toute la dot; celui-ci a entendu mon beau-père me reconnaître pour créancier, et recommander le payement de sa dette; celui-là était présent à la signature du testament. Que de séductions j'aurais exercées! que d'honnêtes gens exposés à la peine des faux témoins, pour me faire plaisir! Répondras-tu mieux à l'objection que je vais ajouter? Je te somme cependant de satisfaire le tribunal sur ce point; sinon, le tribunal t'y forcera lui-même. Ta femme était assise auprès de Polyeucte pendant qu'il écrivait ses dernières volontés. Elle n'aura pas manqué de te faire part d'un testament dont les clauses t'étaient onéreuses. Toi-même tu as été mandé auprès du malade : ainsi nous n'étions pas cachés, nous ne cherchions pas à porter des coups dans l'ombre. Tu répondis que tu ne pouvais venir, qu'il suffisait que ta femme fût là. Il y a plus : Aristogène t'a cité, l'un après l'autre, tous les articles ; tu n'as pas fait la moindre opposition ; et, quoique Polyeucte ait encore vécu plus de cinq jours, tu ne t'es pas présenté ; pas une parole de mécontentement n'a été prononcée par toi ni par ta femme, témoin des derniers moments de son père. Ne semble-t-il donc pas que, si des concessions m'ont été faites, je les tienne moins de Polyeucte séduit, que de mon adversaire ? Gravez bien ces détails dans vos souvenirs, ô juges ! et opposez-les aux impostures que nous attendons de Spudias.

Oui, les choses se sont passées ainsi : écoutez les témoins. Qu'on lise leur dépositon.

Les Témoins paraissent.

Mille drachmes m'étaient donc encore dues ; et c'est pour cette somme que Polyeucte m'a engagé sa maison. Mes premiers témoins, ici, sont Spudias lui-même et la femme de Spudias : ils ont tout concédé, sans élever une objection, ni devant Polyeucte dont la vie s'est prolongée encore un peu, ni devant Aristogène, qui leur a communiqué le testament encore récent. Eh bien ! juges, si l'hypothèque est légale, rappelez-vous la loi, et reconnaissez que, sur cet article du moins, Spudias ne peut échapper à une condamnation.

Portons maintenant notre examen sur les vingt mines dont il n'a pas rendu compte : ici encore, c'est lui qui déposera le plus hautement en ma faveur ; non certes qu'il veuille précisément parler contre lui-même, mais c'est contre lui-même que tourne sa conduite. Qu'a-t-il donc fait ? Écoutez attentivement : s'il ose insulter la mémoire de sa belle-mère et attaquer son billet, vous connaîtrez d'avance la vérité, et le mensonge ne trouvera plus d'accès près de vous.

Nous l'avons dit, la femme de Polyeucte avait laissé un billet cacheté. Ses deux filles, Spudias et moi nous nous réunissons un jour : les femmes reconnaissent le sceau de leur mère ; nous décachetons l'écrit, nous en prenons copie ; puis il est recacheté : et déposé chez Aristogène. Remarquez bien le contenu du billet : c'est une obligation, qui mentionne et les mille huit cents drachmes, et les deux mines, prix de l'esclave. Polyeucte n'est donc pas le seul qui ait réclamé cet argent à son lit de mort. Spudias a lu cette pièce devant nous : si l'écrit était faux, s'il était lui-même étranger à son contenu, pourquoi le lecteur n'a-t-il, à l'instant, montré ni étonnement ni colère, pourquoi a-t-il soigneusement recacheté un acte entaché d'une grave erreur à son détriment ? Sa conduite n'est-elle pas un hommage rendu à la vérité ? Et cette pièce, ainsi reconnue, pourront-ils aujourd'hui, de votre aveu, l'attaquer devant vous ? Songez-y, Athéniens : on fait à un homme une demande mal fondée ; cet homme gardera-t-il le silence ? ne se récriera-t-il pas sur-le-champ contre l'injustice de la réclamation ? Mais il s'est tu d'abord ; le temps s'écoule, il se tait toujours ; enfin, le même homme vient se plaindre aux tribunaux. Les juges lui répondront : Tu dois ; paye, vil chicaneur. Voilà la jurisprudence que vous suivez constamment, jurisprudence moins connue encore de moi que de Spudias, cet habitué de vos audiences. Et il ne rougit pas de démentir ses actions par ses paroles ! Qu'un plaideur manque de bonne foi sur un seul point, il est encore dans vos habitudes de vous méfier également de toutes ses assertions. Comment donc accueillerez-vous Spudias, qui ne doit vous offrir qu'un perpétuel mensonge ?

Le scribe va prendre la déposition d'où il résulte que le sceau du billet a été reconnu par la femme de Spudias, et que cet écrit, recacheté par Spudias, a été déposé chez un tiers.

Déposition.

Qu'aurais-je à ajouter à des démonstrations aussi palpables ? Les lois, la parole des témoins, l'aveu même de mon adversaire, ne semblent-ils pas faire tous les frais de ma plaidoirie ?

Spudias, toutefois, jouera l'indignation ; il parlera de dots inégales, de mille drachmes qui lui sont enlevées. Juges, il mentira. Il veut encore mille drachmes ! mais il a reçu autant que moi ; il a reçu davantage, et je le prouverai bientôt. D'ailleurs, quand même ses avantages auraient été moindres, serait-il juste de me priver de la somme stipulée en ma faveur ? De quel droit protester contre la volonté d'un père de famille ? N'a-t-il pu marier une de ses filles un peu plus richement que l'autre ? Libre à toi, Spudias, de ne pas prendre femme à moins que la dot qu'on t'offrait ne fût augmentée de mille drachmes. Mais il n'en fut pas ainsi : un compte bien clair va prouver que les deux dots étaient égales.

Qu'on lise d'abord la déposition qui énonce les sommes et valeurs reçues par Spudias, à son mariage.

Déposition.

Mais, dira-t-on, Spudias a moins reçu que son beau-frère. Dans les quarante mines qu'il a touchées sont compris les joyaux et les habits, estimés mille drachmes ; tandis que, de l'autre côté, dit-

mines ont été comptées à part. Éclaircissons ce fait.

La femme qu'a épousée Spudias avait de Léocrate des joyaux et des habits, qu'il fallut racheter de ce premier mari. Le beau-père les lui a payés plus de mille drachmes. Considérez maintenant les trois quarts de dot dont je suis saisi, séparez-les des mille drachmes promises et garanties; d'autre part, comptez bien la somme remise à Spudias, argent comptant : vous trouverez des deux côtés le même total, trente mines. Donc, pour compléter la dot accordée à mon beau-frère, il fallait y ajouter la somme payée à Léocrate, somme qui excède le complément que je réclame.

On va donner lecture de l'état détaillé des deux dots; on passera ensuite à la déposition des arbitres. Vous demeurerez convaincus que la faveur, s'il y en eut, fut toute pour mon adversaire; et que c'est sur le complément nécessaire de sa dot que les arbitres ont prononcé. — Lis.

Lecture de Pièces.

Il est donc parfaitement constaté que nous avons reçu, dès le mariage, Spudias quarante mines, et moi trente. Je n'ai jamais touché les dix mines restantes : et voilà qu'on me conteste une créance qui est mon bien, ma propriété.

Mon adversaire, je le répète, a décliné la décision d'amis communs qui auraient tranché notre différend, et qui certainement l'auraient confondu sur tous les points. Présents à tout, instruits de tout, ils auraient arrêté ses mensonges au passage. Il espère être ici plus à l'aise; il s'attend à étouffer la vérité sous ses impostures. Pour moi, je vous ai montré, le plus clairement qu'il m'a été possible, la justice de mes demandes. Spudias a fui la lumière; des juges éclairés par les faits mêmes lui ont fait peur; il a désespéré de les tromper. C'est donc ici qu'il vient tendre ses pièges; mais je vous les ai signalés, et votre mémoire fidèle vous en garantira. Vous savez maintenant tout, à moins que, pressé par la petite quantité d'eau qui mesure mon temps, je n'aie fait quelque omission involontaire.

NOTES

DU PLAIDOYER CONTRE SPUDIAS.

(1) Je lis constamment Θράσιος, et non Θριάσιος. La première forme est préférée par Coray dans son Plutarque, Vie de Démosth.

(2) C'est-à-dire, tant que Léocrate resta fils adoptif de Polyeucte. Lorsqu'ils se séparèrent, l'adoption fut annulée; et voilà dans quel sens il est dit que le premier renonça à la succession du second.

(3) Tel est le vrai sens de σκηνήν, mot sur lequel Auger s'est trompé. Mais qu'était-ce que cette tente? quel en était l'usage?

(4) Il paraît, d'après Harpocration, que ces jeux faisaient quelquefois partie de la cérémonie des funérailles.

XVI.

PLAIDOYER

CONTRE BOEOTOS.

INTRODUCTION.

Mantias, citoyen d'Athènes, qui avait paru plusieurs fois à la tribune, eut un fils né en légitime mariage, qu'il nomma Mantithée. Il avait entretenu des relations intimes avec une de ces courtisanes si communes dans Athènes, et qui troublèrent les affections et les intérêts de tant de familles. Plangon (c'était le nom de cette femme) avait deux fils. Devenus grands, ils citèrent Mantias devant des tribunaux qui n'interdisaient pas, comme les nôtres, la recherche de la paternité : ils voulaient que l'amant de leur mère fut déclaré juridiquement leur père. Mantias paya Plangon pour assoupir le débat, et fit avec elle les conventions suivantes : Le serment serait déféré à la courtisane; elle ne l'accepterait pas, et ferait adopter ses fils par un oncle maternel. Mais, devant les juges, elle prit au mot Mantias dès qu'il lui eut proposé le serment. L'honnête Athénien se vit donc forcé de reconnaître les deux bâtards. Afin de se consoler, il fit pour eux le moins qu'il put : après les avoir inscrits dans sa section, l'un sous le nom de Bœotos, passablement injurieux à Athènes, l'autre sous celui de Pamphile, il leur ferma sa porte.

Mantias mort, Bœotos, pour mieux s'impatroniser dans la famille, prétendit que le nom de Mantithée lui appartenait, et il s'en empara. Le vrai Mantithée ne consentit pas à l'échange, et poursuivit l'usurpateur pour le contraindre à reprendre son nom étranger. Telle fut la matière d'un procès qui eut lieu la seconde ou troisième année de l'olympiade 107 (350, 349 av. J. C.), et pour lequel Démosthène composa un plaidoyer que nous renvoyons à la section V, parmi les *Actions en indemnité*.

Une autre contestation s'était élevée simultanément : elle avait pour objet le partage des biens. Les fils de Plangon prétendaient que leur mère avait apporté une dot, et qu'on devait leur en tenir compte, tandis que Mantithée en imposait lorsqu'il revendiquait, de son côté, une dot maternelle. Les assignations se croisent entre les deux parties, qui se préparent à discuter leurs prétentions réciproques. Un arbitre, élu d'un commun accord, prononce en faveur du fils légitime. Bœotos et Pamphile en appellent à un tribunal, le procès sur le nom étant encore pendant, et les premières poursuites de leur adversaire interrompues.

Nous allons entendre le plaidoyer de Mantithée, qui, dans sa narration, le choix et l'exposition de ses preuves, et la réfutation anticipée des moyens de l'adversaire, reproduit l'ordonnance et la simplicité de quelques plaidoyers précédents.

DISCOURS.

C'est la plus triste chose, ô juges! que d'appeler du nom de frères des hommes qui sont, en réalité, nos ennemis, et d'être traîné devant votre tribunal par leurs vexations et leurs injustices. Voilà pourtant ce qui m'arrive aujourd'hui. Pour mon malheur, Plangon, mère de mes adversaires, a surpris mon père par un parjure manifeste; mon père, ayant la main forcée, les a reconnus, et m'a frustré, par suite, des deux tiers de son héritage. C'est peu : j'ai été chassé de ce toit paternel qui m'a vu naître, qui m'a nourri, et où je les ai recueillis après la mort de mon père, qui, vivant, leur en avait interdit l'entrée. Pour comble d'iniquité, ils veulent m'enlever la dot de ma mère. Après avoir accédé à toutes leurs réclamations, j'ai résisté à celle-ci; et voilà pourquoi je plaide devant vous. Déjà condamnés, ils en appellent; ils veulent m'enlacer dans un réseau de chicanes que j'exposerai au grand jour. En vain, depuis onze années, j'ai voulu les amener à une sage transaction. C'est donc à vous qu'il me faut recourir; et je vous conjure de m'écouter avec bienveillance. Je mettrai, dans l'exposé de mes titres, toute la clarté qui dépendra de moi. Quand vous serez convaincus de tant d'injustices, quand vous saurez que j'ai une fille à doter, vous me pardonnerez cette ardeur à venger mes droits outragés. Je me suis marié à dix-huit ans ; mon père le voulait ; et voilà pourquoi ma fille est déjà en âge de prendre un époux. Que de raisons pour espérer votre appui! Aidez-moi donc à laver mon injure ; tournez votre courroux contre mes adversaires. Ils pouvaient, j'en atteste la terre et le ciel, me satisfaire à l'amiable, me dispenser de paraître devant les tribunaux : et ils n'ont pas honte d'étaler ici les faiblesses auxquelles mon père n'a pas échappé, les torts graves dont ils furent coupables envers lui ! et ils me forcent de les soumettre eux-mêmes à votre arrêt !

Pour vous montrer nettement que cette nécessité résulte de leur conduite, non de la mienne, je vais reprendre les faits, dès le principe, dans le plus rapide exposé.

Ma mère, ô juges! était fille de Polyaratos le Cholargien ; elle eut trois frères, Ménexène, Bathylle, Périandre. Son père lui donna pour dot un talent, et pour mari Cléomédon, fils de Cléon (1). De ce mariage naquirent trois filles, et un fils en qui le nom de Cléon revêcut. Devenue veuve, ma mère quitta le domicile conjugal, emportant sa dot. Ménexène et Bathylle doublèrent cette dot, et lui firent épouser mon père. Périandre, trop jeune, n'était pour rien dans ces arrangements de famille. Deux rejetons sortirent de ce second hymen : moi, et un frère cadet, qui mourut en bas âge. Tous ces détails sont vrais : voici mes témoins.

Les Témoins paraissent.

Ce mariage contracté, mon père garda constamment ma mère dans sa maison : il m'éleva et me chérit comme chacun de vous chérit ses enfants. Il connut Plangon, mère de mes adversaires : ce n'est pas à moi à me prononcer sur le caractère de cette intimité. Jamais, du moins, la passion ne l'aveugla jusqu'à introduire cette femme chez lui, même après que la mort en eut enlevé l'épouse légitime, ni jusqu'à consentir à s'avouer père des deux fils qu'elle avait. Ceux-ci vécurent donc longtemps comme étrangers à Mantias : tel d'entre vous le sait très-bien. Mais Bœotos, à peine sorti de l'enfance, s'affilie à quelques suppôts de chicane, qui avaient pour chefs Mnésiclès, et ce fameux Ménéclès qui a fait condamner la Ninos : d'après un plan concerté, il se déclare né de mon père, auquel il envoie une sommation. Des pourparlers ont lieu ; on ne s'entend pas ; mon père refuse obstinément la reconnaissance exigée. Continuons ce récit avec la même sincérité. Plangon, stylée par Ménéclès, tend un piège à Mantias. Elle le trompe par le serment, garant le plus saint, le plus inviolable de la foi : après s'être fait compter trente mines, elle promet de faire adopter ses fils par ses frères ; et, si Mantias lui défère le serment devant l'arbitre sur la question de la paternité, elle refusera de jurer. Ainsi, les deux jeunes gens pouvaient rester citoyens sans inquiéter désormais mon père. Pour abréger, Plangon se présente en conséquence devant l'arbitre : le serment lui est proposé ; la perfide l'accepte, et jure devant le tribunal contrairement à ce qu'elle avait juré en particulier. Cet esclandre fit du bruit, et j'en appelle à vos souvenirs. Soumis, par sa parole, à la sentence arbitrale, mon père devint furieux contre Plangon ; dans son indignation, il refusa sa part aux fils de la parjure. Il fallait les présenter aux chefs de sa section : il le fit ; les jeunes gens furent inscrits ; Bœotos, Pamphile, devinrent leurs noms. J'avais à peu près dix-huit ans : pressé de perpétuer sa véritable lignée, mon père se hâta de me faire épouser la fille d'Euphème. De tout temps, les désirs paternels furent une loi pour moi : d'ailleurs, plus les étrangers lui suscitaient de tracasseries et d'embarras judiciaires, plus je regardais comme un devoir de le dédommager par mes complaisances. J'obéis donc, et je me mariai. Heureux de voir ma femme lui donner une petite-fille, il tomba malade quelques années après et mourut. Pendant sa vie, je n'avais lutté contre aucune de ses défenses ; après sa mort, je reçus dans la maison Bœotos et Pamphile, et les admis en partage de tous les biens. Ce n'était pas une reconnaissance personnelle, un acte qui, en mon nom, les avouait pour frères (vous savez trop comment ils ont usurpé ce titre) : mais une condamnation avait été surprise aux juges contre mon père : il ne me restait qu'à me soumettre aux lois. Les voilà donc installés avec moi, et procédant à l'opération des partages. Je voulais reprendre la dot de ma mère : ils s'y opposèrent, à moins que je ne leur abandonnasse une somme égale, à titre de dot de Plangon. Après avoir consulté ceux qui nous assistaient, nous passâmes outre, laissant indivis la maison et les esclaves de mon père : si, plus tard, la réclamation paraissait fondée, la dot serait prise sur cette maison ; si Bœotos et Pamphile voulaient faire la recherche de quelques biens patrimoniaux, des esclaves restaient à leur disposition pour l'application à la torture, les révélations, les enquêtes.

Toutes ces vérités s'appuient sur des dépositions. Écoutez:

Dépositions.

Après cela, nous échangeâmes des assignations aux fins de comparaître, et de débattre nos mutuelles prétentions. Nous choisîmes d'abord un arbitre, Solon, avec plein pouvoir pour décider entre nous. Mes deux adversaires firent défaut; plus tard encore, ils évitèrent une décision, et épuisèrent tous les moyens dilatoires : si bien que Solon mourut avant d'avoir prononcé. Nouvelle citation de leur part; à mon tour, je prends à partie Bœotos, le désignant simplement sous ce nom, qu'il tenait de mon père. En ce qui concerne ma dot maternelle, le nouvel arbitre me donna gain de cause par une première sentence (2), après avoir entendu Bœotos, qui n'avait présenté aucune preuve solide. Déconcerté cette fois, Bœotos n'osa interjeter appel; et, quand il m'a poursuivi devant les tribunaux, le but de son attaque était changé : dans sa mauvaise foi, il espérait étouffer sous de nouvelles assignations les justes plaintes que j'opposais à ses prétentions pour la reconnaissance d'une dot. Quoi qu'il en soit, au second jugement mon adversaire ne se présenta point; il était pourtant à Athènes : l'arbitre le condamna. Oui, juges, quoique présent dans cette ville, il fit défaut une seconde fois. Il vint dire ensuite : Moi, je ne suis pas condamné; mon nom n'est pas Bœotos, je m'appelle Mantithée. Misérable chicane de mots, par laquelle il me privait de ma succession maternelle. Enlacé dans tous ses replis, j'ai fait un effort pour me dégager : c'est sous le nom de Mantithée que je poursuis aujourd'hui l'habile fourbe, et c'est après onze années d'attente que j'implore votre justice.

Qu'on lise les dépositions présentées à l'appui de tous ces faits.

Dépositions.

Vous le voyez donc, ô juges! ma mère, avec une dot d'un talent doublée par ses frères, a épousé Mantias; elle a cohabité avec lui, conformément à la loi; mon père mort, j'ai accueilli Bœotos et Pamphile; ils m'ont poursuivi, je les ai confondus : tous ces faits sont entourés d'attestations et de preuves logiques. — Prends maintenant la loi concernant les dots.

Loi.

Je défie Bœotos, ou Mantithée, quelque nom qu'adopte son caprice, je le défie d'opposer à cette loi une raison victorieuse. Que veut-il donc? cuirassé d'impudence, il veut rejeter sur moi tous les malheurs de sa famille. Il dit à tout le monde, il répétera ici que les biens de Pamphile, son aïeul maternel, avaient été confisqués; que Mantias a pris Plangon avec les débris de la fortune paternelle. Sa mère, à l'entendre, avait une dot de plus de cent mines, et la mienne s'est mariée sans dot. Combien de témoins viendront consolider ces assertions chancelantes? pas un! Le malheureux a la conscience de ses mensonges; mais que voulez-vous? il sait que l'aveu, dans la bouche du fripon, n'est pas un motif pour l'absoudre, et que le mensonge a offert plus d'une chance de succès. Il mentira donc, n'en doutez pas. Puissent, du moins, ses impostures ne pas vous égarer! Traçons donc le véritable chemin, celui qui mène à la réalité.

Sa mère, dira-t-il, avait une dot, la mienne n'en avait point. Déchirons le voile qui couvre cette double imposture.

Lorsque le père de Plangon mourut, il devait aux caisses publiques cinq talents. Sa faible succession fut dévolue au fisc; la dette ne fut pas entièrement éteinte, et rien ne resta pour les enfants. Aussi Pamphile est-il encore inscrit au rôle des débiteurs du Trésor (3). Où donc, je vous prie, mon père aurait-il trouvé une partie des biens de cet homme? D'ailleurs, quand il serait resté quelque chose, ce n'est pas Mantias qui l'aurait recueilli; ce sont les fils de Pamphile, Bœotos, Hodylos, Euthydème. Leur réputation est faite : peu scrupuleux relativement au bien d'autrui, auraient-ils laissé leur propre bien dans les mains de mon père?

Non, juges, leur mère ne fut point dotée : il n'y a là qu'un impudent mensonge. Je l'ai prouvé nettement; prouvons de même que ma mère avait une dot.

Fille de Polyaratos, citoyen non moins riche qu'accrédité, elle était belle-sœur d'Éryximaque, proche parent de Chabrias : or sa sœur avait été richement dotée. De plus, il est de notoriété publique que ma mère épousa en premières noces Cléomédon, fils de Cléon, général des troupes athéniennes, vainqueur des Lacédémoniens près de Pylos, couvert de gloire par ce beau fait d'armes. Or, je le demande, est-il probable que le fils d'un tel père ait pris une femme sans dot? Est-il probable que les riches Ménexène et Bathylle, qui, après la mort de Cléomédon, ont recueilli la dot de leur sœur, aient ensuite nié ce dépôt? Avouez plutôt qu'ils ajoutèrent à cette dot lors de son union avec mon père : eux-mêmes et d'autres parents l'ont formellement déclaré. Une autre considération s'offre encore à l'esprit. Quoi! si ma mère n'eût été ni mariée légitimement, ni dotée, si la leur eût apporté une dot, Mantias aurait refusé de les reconnaître! et c'est moi qu'il eût reconnu, moi qu'il eût élevé! Mon père, disent-ils, prenait plaisir à leur laisser le rang de bâtards, pour la plus grande joie de ma mère et de moi, il les déshonorait. Mais ma mère était morte, et je n'étais qu'un petit enfant ; mais, avant son mariage comme après, mon père était dans les liens de la jeune et belle Plangon. Il aurait donc plutôt ôté le titre de citoyen au fils de l'épouse morte, pour complaire à la concubine survivante. Il a cependant fait le contraire : sans regarder les enfants de sa maîtresse, sans songer à elle-même, c'est moi seul qu'il a nommé son fils, moi dont la mère était dans la tombe. Toutefois, Bœotos a poussé l'impudence jusqu'à dire que Mantias avait célébré sa naissance par un festin ; il a interpellé, à ce sujet, Timocrate et Promachos, qui ne sont, dit-il, ni ses parents ni ses amis. Solide, irrécusable témoignage ! Mon père aurait fait une fête en l'honneur de celui-là même qui, au su de tout le monde, lui a extorqué une reconnaissance juridique ! Attestez donc l'absurde ! accourez pour jurer l'invraisemblable ! Et voilà, juges, les témoins que vous croirez ! Bœotos dira-t-il qu'après l'avoir reconnu enfant, Mantias l'a flétri homme fait, par suite d'une rupture avec sa mère ? Mais deux époux n'oublient-ils pas leurs querelles par amour pour leurs enfants, plutôt que de sévir contre ces mêmes enfants parce qu'ils ne peuvent plus vivre ensemble ? Si donc Bœotos essaye de ce moyen, il faut le retirer à son impudence.

Il attaquera peut-être la sentence arbitrale rendue en ma faveur ; il dira : J'étais sans préparation, on m'a pris au dépourvu. Au dépourvu ! plusieurs années ne suffisent-elles donc pas pour se préparer ? Ah ! si les rôles avaient été changés, s'il m'eût accusé lui-même, c'est moi qui me serais trouvé au dépourvu. D'ailleurs, les témoins de la décision de l'arbitre ont affirmé qu'au moment où elle fut rendue, Bœotos était là en personne, et qu'il n'a pas interjeté appel. Quoi ! tandis que tout plaideur qui se croit lésé par une première sentence, même dans les plus minces débats, ne manque pas de recourir à une juridiction supérieure, Bœotos, dans un procès pour une dot entière, pour un talent, n'a pas élevé la voix après le jugement arbitral ; et Bœotos a été condamné injustement !

Mais, par Jupiter ! dira un officieux, c'est un homme paisible ; il ne cherche noise à personne. Plût au ciel, juges, que ce portrait fût ressemblant ! qu'on retrouvât dans Bœotos cette mansuétude tout athénienne qui vous a empêchés de bannir la postérité des Trente ! Loin de là, secondé de Ménéclès, qui est l'âme de toutes les sourdes persécutions, il a juré ma ruine. Un jour, après m'avoir souillé de ses invectives, le misérable s'est rué sur moi ; je me suis vigoureusement défendu. Alors, de sa propre main, il s'est fait des

tailladès à la tête (4), m'a cité devant l'Aréopage pour tentative de meurtre, et a demandé mon bannissement. Par bonheur, le médecin Euthydique, dont il avait voulu d'abord emprunter la main pour ces blessures mensongères, attesta la vérité devant la cour suprême. Sans cela, un innocent subissait, à la requête de ce calomniateur, une peine que vous ne prononceriez pas contre les citoyens qui vous ont le plus offensés.

Afin que la calomnie ne semble point passer de sa bouche dans la mienne, qu'on lise les preuves testimoniales.

Dépositions.

Est-il paisible et candide, l'homme qui a fait peser sur moi une accusation aussi atroce ? n'est-ce pas plutôt le fourbe le plus cruel ? Ce n'est pas tout : à peine mon père avait-il rendu le dernier soupir, qu'il accourt à l'état civil de notre dème, et se fait inscrire sur les rôles ; sous quel nom encore ? sous celui de Bœotos, qu'il tenait de mon père ? non, sous celui de Mantithée, qu'il me volait ! Non-seulement il obtint frauduleusement l'annulation de la sentence rendue sur l'objet pour lequel je plaide en ce jour, mais encore, dès que je fus nommé taxiarque, c'est lui qui se présenta pour subir les épreuves d'usage. Sous son nom d'emprunt, on le condamne pour refus d'exécuter une sentence contradictoire : alors ce n'est plus lui qui est Mantithée, c'est moi ; et il veut que je paye. Il était temps, ô juges ! de mettre un terme à tant d'avanies : je ne puis les arrêter que par le procès actuel ; je n'ai prise, cette fois, sur cet homme que par le nom qu'il me retire ou me rend à volonté. Et encore, ce n'est pas une indemnité pécuniaire que je réclame ; c'est mon nom : vous le lui arracherez ; qu'il reprenne celui de Bœotos ; ainsi l'appelait mon père.

En tout ceci encore, je n'ai dit que la vérité. Qu'on prenne les dépositions.

Dépositions.

Il a renouvelé ses persécutions dans une autre circonstance. Je levais, avec Aminias, des troupes étrangères ; tous les alliés nous envoyaient de l'argent. A Mitylène, nous reçûmes trois cents statères phocéens d'Apollonide et des autres amis d'Athènes. Toutes ces sommes réunies étaient employées à acheter des soldats pour votre service et celui de la confédération. Au sujet de ces fonds, Bœotos m'a traduit devant les tribunaux : il m'accusait d'avoir exigé des Mityléniens ce qu'ils devaient à mon père, par une servile condescendance pour Kamma, leur tyran, votre ennemi et le mien. Mitylène ne devait plus rien à Mantias : la récompense votée par eux en sa faveur était payée depuis longtemps. Des citoyens de cette ville, vos partisans, l'attestent dans la pièce qu'on va lire.

Déposition.

Combien d'ignobles tracasseries mon adversaire n'a-t-il pas encore suscitées et à moi et à plusieurs d'entre vous! Mais l'eau s'accumule dans la clepsydre, et je suis forcé d'abréger. J'en ai dit assez pour vous convaincre. Les menaces d'exil et de toutes sortes de condamnations que mon ennemi lançait chaque jour contre moi montrent suffisamment qu'il n'a pu venir devant l'arbitre sans avoir préparé toutes ses armes. Si donc il a recours à cette excuse étrange, fermez-lui la bouche.

Mais, dira-t-il, j'ai proposé de soumettre nos querelles à Conon, fils de Timothée (5) : on m'a répondu par un refus.

Ceci, ô juges! est encore un piége tendu devant vous. Si plusieurs arbitres n'avaient prononcé sur tous nos débats, je n'aurais décliné la décision ni de Conon, ni de tout autre citoyen choisi par Bœotos Mais songez-y, trois sentences arbitrales étaient rendues; Bœotos avait plusieurs fois comparu ; jamais il n'en avait appelé : certes, j'avais bien le droit de regarder la chose comme jugée. Eh! dites-moi où serait le terme possible de nos contestations, si, sans respect pour plusieurs décisions légales, j'eusse remis la même cause aux mains d'un quatrième arbitre? Ne savais-je pas que, avec Bœotos plus qu'avec tout autre, il faut savoir trancher un procès, et mettre à la chicane des bornes infranchissables? Si on l'accusait d'être étranger à notre famille, parce que mon père a protesté avec serment qu'il n'était pas son fils, sur quoi baserait-il sa défense? sans doute sur la décision arbitrale, conséquence de l'affirmation mensongère de Plangon, décision irrévocable pour Mantias. Quoi! celui-là même qui, en vertu d'un jugement de cette nature, est devenu citoyen, a partagé mon patrimoine, jouit de tous les droits d'un membre de notre famille, vous semblera pouvoir exiger qu'on casse la sentence rendue également par un arbitre contre lui, présent, répondant, soumis? Depuis quand, souples comme ses passions, les arrêts de la justice doivent-ils fléchir au gré de ses intérêts? Et ce n'est point pour en finir que le fourbe me proposait un nouvel arbitrage; c'était pour reprendre le cours de ses intrigues, pour parcourir de nouveau ce cercle de chicanes dans lequel il tourne depuis onze ans. Il avait seulement repris haleine, et ne demandait qu'à rentrer dans cette carrière de fraudes et de déceptions. N'en doutez pas, telles étaient ses vues ; et, pour compléter votre conviction, sachez qu'une proposition de ce genre, mais sincère et faite régulièrement par moi, a été repoussée. Je lui demandais de nous en référer définitivement à Xénippe sur le droit qu'il s'arrogeait de porter mon nom : Xénippe avait été désigné par lui-même; mais, comme il devait juger en dernier ressort, Bœotos a protesté.

La déposition des témoins, et la lecture de ma demande formulée, confirmeront ces derniers détails.

Lecture de Pièces.

Après avoir éludé mon défi, Bœotos continue d'ourdir ses fourberies. Dans le but d'échapper à votre sentence, de l'éloigner, du moins, le plus possible, il lancera mille injures contre moi ; il ira plus loin, il s'attaquera même à la mémoire de mon père, et viendra énumérer les injustices prétendues dont j'ai profité à son détriment. Il vous serait pénible, ô juges! de recevoir de pareils reproches de vos enfants : ne les tolérez donc point dans la bouche de celui qui se dit fils de Mantias. Fidèles, avec la probité la plus délicate, à observer les promesses faites aux partisans de l'oligarchie, aux bourreaux de tant d'Athéniens (6), ne permettez pas à Bœotos de violer le pacte sacré qui le liait à Mantias. D'après leurs mutuelles conventions, il a acquis une position sociale qui ne lui était pas due; et vous l'interromprez, j'espère, dès que, mettant le ressentiment à la place de la reconnaissance, il essayera de flétrir ce qu'il doit vénérer. Oui, vous opposerez toute l'autorité de ce tribunal à ces indécentes déclamations. Si, brisant tout frein, il se déchaîne contre Mantias, la conclusion sera facile pour chacun; vous vous direz : Non, Mantias n'était pas le père de cet homme. Les intérêts, les passions ont beau élever une barrière entre un fils et son père vivant : dès que le second est descendu dans la tombe, le premier n'en parle plus qu'avec respect. Au contraire, celui qui n'a pas une goutte du sang dont il se prétend formé se brouille aisément avec le père qu'il tient d'une sentence des juges, et le poursuit sans scrupule au delà du tombeau. Bœotos relève avec aigreur quelques faiblesses de mon père! mais c'est à ces mêmes faiblesses qu'il doit le titre de citoyen. Bien que sa mère m'ait enlevé les deux tiers de mon patrimoine, loin de ma bouche toute parole qui pourrait la blesser! Et lui, sans rougir, il dénigrera devant vous celui qu'il a forcé de se dire son père. La loi punit la médisance exercée contre les morts, même étrangers à notre race; et, dans son aveugle acharnement, Bœotos n'épargnera pas même le citoyen dont il se dit le fils, lui, défenseur nouveau donné par arrêt à une mémoire qui m'est si chère!

Faute de raisons, mon adversaire, je m'y attends, fera pleuvoir sur moi le reproche et l'injure. Il dira comment j'ai été nourri, élevé, marié dans la maison de mon père; il opposera son ancien dénûment à tous ces brillants avantages. Vous n'oublierez pas, Athéniens, que, fort jeune encore, je perdis ma mère, et que le revenu de la dot a suffi pour mon entretien et mon éducation. Vous verrez, d'autre part, Plangon élevant ses bâtards au sein de l'opulence, servie par de nombreux esclaves, continuant de tirer de mon père amoureux de quoi entretenir son faste, et entourer les deux jeunes étrangers d'un bien-être peu connu du fils légitime. Vous en conclurez que les plaintes seraient bien mieux placées dans ma bouche que dans celle de mon adversaire. Sachez aussi qu'ayant emprunté mille drachmes avec mon père au banquier Blépæos, pour acheter une mine, nous avons partagé cet immeuble après sa mort, et que seul j'ai acquitté la dette. Mille autres drachmes, prêtées par Lysistrate pour les funérailles, ont aussi été payées intégralement par moi. Il n'y a pas là le plus petit mensonge : voici ce qui l'atteste.

Déposition.

Tous les avantages matériels ont donc été de son côté. N'importe; l'hypocrite gémira, pleurera sur son sort : il veut, à tout prix, m'enlever encore la succession maternelle.

Par Jupiter et tous les Dieux! ne vous laissez pas étourdir par les cris de cet infatigable imposteur. Non moins adroit que persévérant, il dira, d'un air d'aisance, que vous connaissez déjà trop les faits qu'il ne pourra prouver par témoins : c'est la ruse banale de tous les menteurs. Déjouez constamment cet artifice; qu'aucun de vous ne compte sur les lumières et la mémoire de son voisin; qu'il ne marche qu'en s'appuyant, à chaque pas, sur des preuves solides : rien de faux, rien d'évasif; pas d'évidences simulées, pas de demi-vérités. Avant de siéger ici, vous saviez tous comment mon père a eu la main forcée pour me dire : Voilà tes frères; vous le saviez : me suis-je dispensé, pour cela, d'une accusation en forme, et des preuves fournies par des témoins responsables de toutes leurs paroles? Quelle différence pourtant entre le danger de mes adversaires et le mien! S'ils parviennent à vous tromper, c'en est fait, la dot de ma mère est à jamais perdue pour moi; eux, au contraire, accusant d'injustice la sentence arbitrale qui les a condamnés, ils pouvaient en appeler devant vous; que dis-je? il est temps encore, pour eux, de revenir, à leur gré, sur ce jugement, et d'en demander l'annulation à votre tribunal.

Si vous vous tournez contre moi (malheur dont le ciel me préserve!), il me sera impossible de doter ma fille, que vous prendriez, en la voyant, plutôt pour ma sœur. Soyez-moi favorables : sans rien perdre de ce qui leur appartient réellement, mes adversaires en seront quittes pour me rendre ma maison. D'un commun accord, nous l'avons laissée indivise, afin qu'elle représentât la dot; et je leur ai permis jusqu'ici de l'habiter. Ils y sont seuls : par égard pour ma fille, il ne me siérait pas de vivre sous le même toit avec des roués qui introduisent dans leur logis d'autres roués. Ma sûreté personnelle y est peut-être intéressée autant que l'honneur de mon enfant. Cité par eux devant l'Aréopage, menacé dans ma propre existence par un procès calomnieux, j'ai lieu de croire, avec effroi, qu'au besoin le poison ne leur manquerait pas pour en finir une bonne fois avec le véritable fils de Mantias.

Sans recourir à des probabilités, écoutez un fait qui revient maintenant à ma mémoire. Bœotos et Pamphile ont eu la hardiesse de produire la déposition de Criton, qui affirme avoir acheté de moi un tiers de la maison (7). L'imposture, cette fois, est trop mal déguisée. Depuis quand le dissipateur Criton achète-t-il des maisons sur ses économies? Avec le train qu'il mène, avec son luxe, ses folies, il n'est propre qu'à dévorer sa fortune et celle des autres. Criton, d'ailleurs, est plutôt mon adversaire que leur témoin. Ne savez-vous pas qu'un témoin doit n'avoir aucun intérêt dans les débats où il intervient; et que, dès qu'il est personnellement impliqué dans une affaire, il devient inhabile à y déposer? Or, telle est ici la position de Criton. D'ailleurs, parmi tous les juges, parmi tous les citoyens, qui a vu cette vente? personne, si ce n'est le seul Timocrate. Et qu'est-ce que Timocrate? un camarade de Bœotos, qui semble descendu sur cette scène par un machiniste, pour venir tout terminer par ces mots : A l'occasion de Bœotos, Mantias a célébré un festin! Admirez la bonne foi de ce témoin. Il se déclare parfaitement éclairé sur tout ce qui semble favorable à mes adversaires; et il atteste avoir assisté seul à la vente de la maison. Achetée ou non, quel rôle joue cette maison dans le procès? aucun; l'objet exclusif de ces débats est la dot apportée par ma mère, la dot transmise dans mes mains par la loi. Rejetez donc le rapport de Timocrate.

Les preuves testimoniales et les preuves de raisonnement ont donc établi solidement ce que j'avais à démontrer : ma mère avait une dot;

cette dot était, au moins, d'un talent; quoique son héritier, je ne l'ai pas recueillie dans la succession paternelle ; enfin, pour représenter cette dot, la maison est restée en dehors du partage. Sommez mon adversaire de constater ou que je mens, ou que je n'ai aucun droit à la dot de ma mère : car telle est l'alternative que vous ne perdrez pas de vue en portant votre sentence. Si, dans son impuissance de présenter ou des témoins dignes de foi, ou de bonnes preuves, Bœotos s'échappe à travers d'artificieuses divagations, s'enveloppe de déclamations vagues, de plaintes vides de sens, arrêtez-le tout court, ô juges! et faites droit à mes demandes. Me rendrez-vous aujourd'hui la dot de ma mère, pour que je la transmette à ma fille? Autoriserez-vous une Plangon et ses bâtards à m'enlever encore, après tant de spoliations, la maison, gage de cette dot? Entre cet acte de justice et cette grande iniquité, j'ai montré qu'il n'y avait pas de milieu : choisissez.

NOTES

DU PLAIDOYER CONTRE BOEOTOS.

(1) C'est le fameux Cléon, personnage historique tant bafoué par Aristophane.

(2) Tout ce passage est obscur. Pour l'éclaircir, Auger suppose qu'il y eut deux jugements, le premier où Bœotos était présent, et où il fut condamné par le nouvel arbitre, après avoir exposé ses raisons; le second, qui, sans doute, avait pour objet le refus de Bœotos d'exécuter la sentence, et où il ne se présenta point, prétendant que ce n'était pas lui qui avait été condamné, puisqu'il ne s'appelait pas Bœotos. Ce traducteur suppose encore que Mantithée n'intenta procès à Bœotos, au sujet du nom, qu'après avoir exercé contre lui une nouvelle action, au sujet de la dot, devant les juges actuels. Ces hypothèses ne manquent pas de fondement; la suite semble les confirmer, et elles peuvent éclaircir aussi plusieurs lignes de l'autre plaidoyer contre Bœotos.

(3) Il faut remarquer que cette grave imputation était une flétrissure pour les petits-fils de Pamphile.

(4) Une ruse semblable, mais tentée, dit-on, dans le but d'obtenir une indemnité pécuniaire, a été attribuée à Démosthène.

(5) Petit-fils du fameux Conon.

(6) Il est question ici des trente tyrans.

(7) C'est-à-dire, la seule part à laquelle Mantithée connaîtrait avoir droit.

SECTION IV.

AFFAIRES DE COMMERCE ET DE DETTES.

XVII.

PLAIDOYER

CONTRE CALLIPPE.

INTRODUCTION.

Lycon, négociant d'Héraclée, prêt à s'embarquer pour la Libye, vint verser à la caisse de Pasion une somme qu'il pria ce banquier de compter, en son absence, à Céphisiade de Scyros. Son vaisseau fut attaqué par des pirates en vue des côtes du Péloponnèse, et lui-même tomba percé de coups. Transporté mourant à Argos, il y rendit le dernier soupir. Céphisiade vint demander l'argent, qui lui fut remis. Mais un citoyen qui exerçait de l'influence à la tribune, Callippe, protesta ; il prétendit qu'à titre d'agent d'affaires des Héracléotes, le dépôt lui appartenait. L'arbitre, saisi du débat, n'osa prononcer du vivant de Pasion. Celui-ci mort, Callippe dirigea ses poursuites contre son fils Apollodore.

Le défenseur n'avait qu'une proposition à prouver : la somme déposée par Lycon à la banque n'était nullement destinée au réclamant. Il la prouve, 1° par la conduite même de Callippe après la mort de Lycon; 2° par celle de l'arbitre, qui était ami de Callippe; 3° par le serment que lui-même, Apollodore, avait voulu prêter; 4° par le peu de liaison que Callippe avait eu avec Lycon; 5° par le caractère de Pasion : homme généreux et de sens, il n'aurait pas voulu, pour un misérable lucre, obliger Céphisiade, un étranger sans crédit, au préjudice d'un des chefs de la démocratie, d'un Athénien assez fort pour se venger. Après une récapitulation rapide, Apollodore demande au tribunal de prononcer en sa faveur : il le demande au nom de la justice, au nom de son père.

DISCOURS.

La plus difficile entreprise, ô juges ! est de se défendre contre un citoyen éloquent et accrédité : d'ordinaire les mensonges lui coûtent peu, les faux témoins guère davantage. Malheur à l'accusé qui, alors, se bornerait à discuter la cause! il faut qu'il s'attaque au plaignant lui-même; il faut qu'il montre que l'influence politique ne constitue pas le bon droit. Vous agissez contre vous quand vous établissez cette préférence de l'habile et puissant harangueur sur le citoyen faible et timide : il y va même de la démocratie. Si donc il vous est jamais arrivé de prononcer sans acception de personnes, de peser les raisons et non le crédit, je vous supplie de vous mettre aujourd'hui dans cette équitable et salutaire disposition. Je passe à l'entier exposé du fait.

Lycon d'Héraclée, dont Callippe vous a parlé, faisait, comme d'autres négociants, des affaires nombreuses avec la banque de mon père. Aristonoüs de Décélia et Archébiade de Lampra comptaient cet honnête homme parmi leurs amis.

Ayant un voyage à faire bientôt en Libye, il compta à mon père, en présence d'Archébiade et de Phrasias, et le chargea de remettre à Céphisiade, seize mines quarante drachmes : je constaterai, par des preuves irréfragables, le dépôt de cette somme. Céphisiade était, disait-il, son associé ; il résidait d'ordinaire à Scyros, d'où ses affaires le tenaient éloigné pour le moment. Il priait Archébiade et Phrasias de le présenter à mon père, et de le lui faire connaître. Tel est l'usage de toutes les maisons de banque : un particulier y dépose-t-il de l'argent qui doit être compté à un tiers ? le banquier porte sur ses registres la somme, le nom du déposant, le nom de celui qui doit la recevoir. Connaît-il ce dernier ? son nom suffit. Dans le cas contraire, il inscrit aussi le nom du citoyen qui le lui présentera.

Une triste catastrophe attendait Lycon. A peine avait-il mis à la voile, qu'il fut attaqué par des corsaires dans le golfe Argolique ; ses marchandises furent transportées à Argos, et lui-même mourut percé de flèches. A cette nouvelle, Callippe accourt à la banque : « Connais-tu, dit-il à Phormion (1), Lycon d'Héraclée ? — Oui. — S'adressait-il à cette maison ? — Souvent : mais pourquoi cette demande ? — Pourquoi ? Le voici. Lycon est mort, et je suis le proxène des Héracléotes. Montre-moi tes écritures : que je sache s'il a déposé ici de l'argent ; mon devoir est de surveiller les intérêts de tous les Grecs d'Héraclée. » Les registres sont mis sous ses yeux ; lui-même y lit la note suivante : « Lycon d'Héraclée. Six cent quarante drachmes à remettre à Céphisiade, sur la présentation d'Archébiade de Lampra. » Cela fait, le visiteur se retire sans dire mot ; et, pendant plus de cinq mois, on n'entend plus parler de lui. Cependant Céphisiade arrive : accompagné de plusieurs témoins, entre autres d'Archébiade et de Phrasias, chargés de ce rôle par Lycon, il réclame le dépôt. Phormion lui compte seize mines quarante drachmes.

Arrêtons-nous ici pour entendre les dépositions qui confirment ce qui précède.

Dépositions.

Les faits que je viens d'avancer demeurent donc établis au procès. Bien longtemps après, Callippe rencontre mon père dans la ville. « Tes registres portaient l'indication d'un nommé Céphisiade, qui devait recevoir une somme versée, à cet effet, dans ta caisse par Lycon d'Héraclée. Céphisiade s'est-il présenté ? — Je le pense : mais, pour mieux t'en assurer, tu peux descendre au Pirée. — Comprends-tu bien, Pasion, ce que je te demande ? C'est un service signalé, qui ne te fera aucun tort. Les Héracléotes sont mes clients. Tu aimeras mieux, n'est-ce pas, voir tomber ce dépôt dans mes mains, que dans celles d'un étranger, d'un habitant de Scyros, d'un homme de rien ? Voici donc de quoi il s'agit. J'ai pris des renseignements : Lycon est mort sans enfants, et on ne lui connaît aucun héritier. Porté blessé dans Argos, il a donné à un Argien, autre agent d'affaires des Héracléotes, tout l'argent qu'il avait emporté avec lui (2). Il me semble, ami, que j'ai aussi des droits à la somme laissée dans ta maison ; et, si je ne m'abuse, cette somme m'appartient. Si ce Céphisiade n'a pas encore mis la main dessus, apprends-lui que je la lui conteste ; s'il l'a reçue, qu'il sache que j'amène des témoins, que j'exige la présentation ou de la somme ou de lui-même en personne, et que me souffler ce dépôt, c'est voler l'agent d'affaires des Héracléotes. — Soit ; je ne suis pas assez fou, Callippe, pour te refuser une complaisance, pourvu qu'elle ne coûte rien à ma réputation ni à ma bourse. Je parlerai volontiers à Archébiade, à Aristonoüs, même à Céphisiade ; s'ils repoussent ma réclamation, tu traiteras toi-même avec eux. — Courage, Pasion ! tu n'as qu'à vouloir fortement, et ces gens-là sont à moi. » Tel fut leur entretien ; mon père me l'a répété ; Jupiter, Apollon, Cérès, me sont témoins que je l'ai reproduit fidèlement. Pasion tint sa promesse : Archébiade et Céphisiade furent sondés par lui ; et voilà ce qui, à la longue, a fait éclore ces débats.

Je voulus affirmer, par le serment le plus redoutable, ce que j'avais ouï dire à mon père. Callippe s'y refusa. De sa part, jurer n'est pas chose nécessaire ; il faut le croire sur parole. Depuis la première conférence de Pasion avec les amis de Céphisiade, qui témoignèrent assez de dédain pour le personnage, trois années s'écoulèrent ; et ce furent, pour Callippe, trois années de silence. Cependant la vieillesse et la maladie pesaient de plus en plus sur mon père ; il se traînait pour monter à la ville ; il venait de perdre un œil. Alors seulement Callippe lui envoie une assignation : que réclamait-il ? le payement d'une dette ? non, mais la réparation d'un dommage : Pasion avait remis à Céphisiade l'argent déposé par l'Héracléote, malgré l'engagement pris, disait-il, d'attendre son consentement. Il obtient action devant un arbitre permanent (3) ; puis il s'arrête, revient sur ses pas, et finit par proposer à mon père un arbitre d'élection, Lysithide, simple connaissance de Pasion, ami intime de Callippe, d'Isocrate et d'Apharée. Mon père accepte. Malgré ses liaisons avec nos adversaires, Lysithide n'ose, tant que vivra le vieillard, l'attrister par une sentence injuste. Toutefois, Callippe trouve des amis assez déhontés pour affirmer qu'il avait déféré le serment à Pasion devant l'arbitre, et que le banquier s'y était refusé. Croirez-vous jamais qu'un chaud partisan de Callippe, que Lysithide n'aurait pas à l'instant prononcé contre le plaideur qu'un tel refus condamnait d'avance? Vous voyez donc bien que la vérité est dans nos rangs, et que mon antagoniste ne combat qu'avec le mensonge. Oui, l'arbitre aurait condamné mon père; et moi, je me verrais traduit aujourd'hui devant vous, non pour détention illégale d'un dépôt, mais pour refus d'exécuter un jugement. Cela est facile à constater: il suffit du témoignage des citoyens qui ont assisté aux pourparlers de Pasion avec Callippe devant l'arbitre.

Les Témoins paraissent.

Le réclamant n'a donc jamais déféré le serment à mon père: c'est une imposture débitée à l'aise sur sa tombe. Aux amis de Callippe, témoins qui me chargent à outrance, le mensonge, croyez-moi, coûte fort peu. Mes preuves et la déposition contraire en font foi.

Lorsqu'un plaideur poursuit contre un héritier l'action intentée contre l'auteur de celui-ci, la loi autorise le nouveau défendeur à déférer le serment à son adversaire. C'est ce que j'ai fait: j'ai défié Callippe de jurer que mon père s'était engagé à lui compter la somme déposée par Lycon, et que c'était bien lui Callippe que ce négociant avait désigné. D'autre part, Phormion voulut protester, avec serment, qu'il avait lui-même compté les espèces avec Lycon devant Archébiade; que Céphisiade lui avait été indiqué pour recevoir la somme; qu'il lui fut présenté par le témoin. La première visite de Callippe affirmant la mort de Lycon, demandant à chercher sur les livres les créances de cet étranger; son silence dès qu'il eut compulsé les écritures et lu le nom de Céphisiade; son silence en partant, devaient être aussi constatés par le serment du commis. Je demande que toutes ces circonstances deviennent authentiques par les dépositions qu'on va présenter; je demande aussi lecture de la loi qui permet à l'héritier du défendeur décédé de déférer le serment.

Dépositions. Loi.

Je vais maintenant prouver que Lycon n'a pas même pu songer à donner un cadeau à Callippe, et qu'en se substituant à Céphisiade, ce dernier a menti impudemment. Établissons cette vérité: entre Lycon et Callippe, il n'existait aucune relation.

Le premier prêta un jour quarante mines à Mégaclide d'Éleusis et à Thrasylle son frère, qui allaient faire voile pour la Thrace: l'emprunt était garanti par le vaisseau même. Soudain les débiteurs renoncent à leur projet: ce n'est plus en Thrace qu'ils iront, la mer leur fait peur. Une plainte est portée par Lycon, qui réclame au moins l'intérêt de son argent, crie qu'on l'a trompé, intente procès, et finit par exiger le capital. Vu l'importance de la somme, le combat judiciaire était soutenu avec acharnement de part et d'autre. Eh bien! vit-on Callippe dans le camp de Lycon? non; cependant on y comptait Archébiade et tous ses amis. Ce violent débat se termina par une transaction: qui la rédigea? encore Archébiade! J'interpelle ici Mégaclide, je m'appuie de son témoignage.

Lycon lié avec Callippe! mais, pour ses affaires, il n'a jamais demandé son assistance; jamais il n'a logé chez lui (4). Les amis mêmes de mon antagoniste n'ont pas osé avancer le contraire: ils savaient bien que cette nouvelle imposture, s'ils s'y hasardaient, tomberait soudain devant la déclaration des esclaves mis à la question. Lycon l'intime ami de Callippe! mais, s'il eût voulu le gratifier d'une somme si considérable au moment où il s'exposait à de grands périls, qu'eût-il fait? au lieu de verser cet or dans la caisse d'un banquier, il l'aurait directement remis au donataire, à son fidèle et dévoué proxène, qui, en cas de retour, n'eût pas manqué de le lui rendre, et qui, s'il mourait en route, l'eût gardé, conformément à ses intentions. Ce dernier parti n'était-il pas à la fois le plus judicieux et le plus noble? Lycon a cependant fait tout le contraire; et c'est à Céphisiade, inscrit sous sa dictée, que la somme a dû être remise. Juges, vous conclurez de là que l'amitié qu'on allègue n'existait point.

Autre considération. Callippe est citoyen d'Athènes, citoyen puissant pour le mal comme pour le bien; tandis que Céphisiade est un simple métèque sans crédit, sans influence. Mon père aurait-il donc joint l'imprudence à l'injustice en montrant de la partialité pour le dernier? Pasion, va-t-on dire, touchait un escompte sur cet argent: de là, son penchant pour Céphisiade, son éloignement pour Callippe. Un escompte! oubliez-vous donc à quel prix il aurait payé ce misérable gain? Les persécutions d'un homme tel que Callippe n'étaient-elles pas dans l'autre bassin de la balance? Ce sordide intérêt entrait-il dans les habitudes de Pasion, si libéral dans les contributions, dans les charges publiques, dans les largesses faites à la patrie? Eût-il lésé Callippe, lui si scrupuleux même envers les étrangers? Comment accorder mon adversaire avec lui-même? Tantôt il défère à Pasion le serment : Pasion est alors l'homme le plus loyal, le plus sincère; tantôt il l'accuse de préférences injustes: Pasion est un homme vénal! D'ailleurs, ne voulant ni accepter le défi de jurer, ni rendre le dépôt, mon père n'eût-il pas été à l'instant condamné?

Dans les allégations de Callippe, que faut-il donc croire? rien, absolument rien. Et Archébiade, qui était de la même tribu que notre homme d'État, eût-il été assez follement perfide pour témoigner faussement contre lui? Qui lui aurait donné assez d'assurance pour dire : Apollodore a dit vrai, Callippe en impose? Il savait à merveille que, si l'homme puissant voulait le poursuivre comme faux témoin, et se borner à lui faire prêter serment, celui-ci formulerait ce serment à son gré. On ne vous persuadera jamais que, pour laisser un peu d'or ou à l'étranger Céphisiade, ou à Phormion, que Callippe ose appeler un dépositaire infidèle, Archébiade serait descendu jusqu'au parjure. Portée contre Archébiade, l'accusation de mauvaise foi n'est pas plus vraisemblable que contre Pasion lui-même. Or, on le sait, mon généreux père était incapable d'une perfidie ou d'une bassesse; et son bon sens lui disait assez qu'on ne peut guère attaquer impunément un homme tel que Callippe. Voulez-vous une preuve, entre mille, de la crainte que cet homme inspire? L'an dernier, muni du droit de me poursuivre, il me proposa l'arbitrage de Lysithide. Malgré ses grands airs qui m'indignaient, je crus prudent de l'écouter; j'acceptai la proposition, et, pour revêtir notre transaction d'une forme juridique, je la fis homologuer. Callippe alors séduisit l'arbitre nommé si régulièrement, et obtint de lui la promesse de prononcer sans avoir prêté serment. C'était violer les lois, c'était repousser outrageusement ma demande : car je réclamais cette formalité. Que voulait donc Callippe? il voulait pouvoir dire qu'un honnête citoyen, Lysithide, avait déjà décidé en sa faveur. Sans doute, tant qu'a vécu mon père, Lysithide, serment prêté ou non, ne se serait pas permis une injustice : sa déférence pour Pasion était trop grande. Mais envers moi, il ne s'en serait pas fait scrupule. Sa conscience, d'ailleurs, semblait mise à l'abri par le défaut de serment. Cependant, si cette formalité avait été remplie, il eût répugné, je n'en doute pas, à me condamner, pour gagner quelques bonnes grâces. Ainsi, la sentence fut prononcée sans être précédée de l'engagement qui la rend respectable.

J'ai dit vrai : ceux qui assistèrent à ce débat vont l'attester.

Les Témoins paraissent.

Vous le voyez, ô juges! Callippe s'est élevé au-dessus des lois, au-dessus de toutes les formalités de justice. Pour moi, pour mon père, je vous en supplie, rappelez-vous et les faits et mes preuves : témoins, inductions, serments, textes de lois, viennent corroborer toute mon argumentation. Surtout n'oubliez pas cette grave considération : Si Callippe avait droit au dépôt qu'il réclame, il pouvait s'adresser à Céphisiade, qui se reconnaît nanti de la somme, et qui, indépendamment de tant de circonstances qui militent en notre faveur, nous décharge par cette déclaration. Au lieu de cela, c'est nous qu'il est venu trouver, quoiqu'il sût bien que l'argent n'était plus entre nos mains. Après avoir tout pesé dans votre sagesse, prononcez, en me renvoyant de la plainte, l'arrêt qu'attendent les lois, la justice, votre dignité, la mémoire de mon père. Prenez, s'il le faut, tout mon bien; je vous l'abandonnerai, plutôt que d'en détacher une seule parcelle pour payer l'indemnité exigée par un imposteur.

NOTES

DU PLAIDOYER CONTRE CALLIPPE.

(1) Affranchi et homme de confiance du banquier Pasion. — Sur les *proxènes*, voyez les notes du Disc. contre la loi de Leptine.

(2) J. Wolf et Auger se demandent, avec raison, pourquoi les pirates avaient laissé à Lycon son argent? J'avoue qu'il n'est pas aisé de le deviner.

(3) Qu'on se rappelle la distinction entre les diætètes, ou arbitres, qui tenaient leur charge, comme les autres magistrats, de l'élection populaire; et les arbitres choisis par les plaideurs eux-mêmes.

(4) Le proxène hébergeait l'étranger dont il soignait les intérêts.

XVIII.

PLAIDOYER

CONTRE NICOSTRATE.

INTRODUCTION.

Aréthusios et Nicostrate étaient frères. Apollodore accusa le premier de l'avoir publiquement calomnié, et le fit condamner. Débiteur insolvable du Trésor pour la somme d'un talent, Aréthusios subit la confiscation. Il lui restait quelques esclaves, qui passaient frauduleusement pour appartenir à Nicostrate. Apollodore le dénonce comme voulant frustrer l'État, à qui le prix de ces esclaves devait revenir pour acquitter la partie de la dette qui n'était pas encore éteinte : il soutient donc, contre Nicostrate, que ces esclaves sont une propriété d'Aréthusios, c'est-à-dire de la république.

Cette sorte de procès avait quelque chose d'odieux, parce que le dénonciateur triomphant recevait les trois quarts des biens dénoncés : ce qui semble ne s'accorder guère avec les intérêts du fisc et le motif de la dénonciation. Aussi Apollodore commence-t-il par mettre son intérêt personnel hors de cause : il abandonne au Trésor la récompense qui l'attend. Pour faire comprendre l'importance de ces débats, rappelons encore que l'accusateur, perdant son procès, devait payer une amende de mille drachmes, et se voir exclu à jamais de la tribune et du barreau.

Vient ensuite un long récit de tous les services rendus par Apollodore à Nicostrate : l'ingratitude et les persécutions de celui-ci autorisent l'acharnement dont le dénonciateur fait l'aveu naïf. Puis il établit, par témoins, que les esclaves ne connaissent d'autre maître qu'Aréthusios. Fussent-ils la propriété de Nicostrate, ils sont encore revendiqués au profit de l'État ; car Nicostrate s'est engagé à payer pour son frère. Enfin, les intérêts du Trésor doivent fermer le cœur des juges à la pitié.

DISCOURS.

Je ne suis pas ici un sycophante ; je suis un homme insulté, outragé, et tout ce que j'attends de cette accusation, c'est ma vengeance. N'en doutez pas, ô juges ! car l'objet est peu considérable, et je prends moi-même la parole. Si une basse envie me poussait à cette démarche au sujet de quelques esclaves qui, d'après l'estimation de mon adversaire lui-même, ne valent pas plus de deux mines et demie, j'aurais songé à la menace des mille drachmes d'amende, à la possibilité de perdre le droit de parler en public. D'ailleurs, je n'étais pas assez pauvre d'argent ou d'amis pour ne trouver personne qui se chargeât de mon rôle. Mais j'étais l'offensé, et rien ne m'aurait semblé plus méprisable que d'emprunter le nom d'un autre. Par là, j'aurais encore fourni des armes à mes ennemis : en vain le tableau de leurs iniques procédés eût été mis sous vos yeux ; ils auraient crié au mensonge ; ils auraient dit : Non, quand on a été si indignement traité, on ne commet pas à un tiers le soin de dénoncer son persécuteur.

Voilà pourquoi je me lève moi-même contre mes ennemis. Pourvu que je vous convainque, ô juges ! que les esclaves appartiennent à Aréthusios, je serai content. Tous les avantages matériels que la loi m'adjugera, je les abandonne d'avance au Trésor : il me suffira de m'être vengé. Que n'ai-je le loisir de détailler ici tout le bien dont je les ai comblés, toute l'ingratitude dont ils m'ont payé ! mon ressentiment, je n'en doute pas, trouverait grâce devant vous, et vous les regarderiez comme les plus méchants des hommes : mais, quand on verserait double mesure d'eau dans cette clepsydre, ce ne serait pas encore assez. Je passerai donc rapidement d'une insulte à l'autre, me bornant aux plus graves, aux plus révoltantes.

Nicostrate, ô juges! est mon voisin de campagne : nous sommes de même âge, et anciennes connaissances. Depuis la mort de mon père, j'ai fixé mon séjour aux champs ; et une double sympathie n'avait pas tardé à me lier avec mon adversaire. L'habitude vint encore serrer ces nœuds ; dévoué à mon ami, je lui rendais tous les services qu'il me demandait. Je dois l'avouer, il me payait de reconnaissance : plus d'une fois il m'a été utile pour l'administration de mes biens. Quand des affaires publiques ou personnelles m'obligeaient à m'absenter, Nicostrate, pour m'obliger, devenait maître chez moi.

Élu triérarque, j'eus ordre de faire voile pour le Péloponnèse : de là, je devais transporter en Sicile une députation nommée par le Peuple. Il fallait partir sans délai. J'écrivis à Nicostrate : « Je vais m'embarquer ; les députés perdraient un temps précieux, si je revenais à Athènes ; tu as quelquefois veillé à mes intérêts : je te demande encore aujourd'hui ce service. » Je partis. Peu après, trois esclaves s'enfuirent de chez Nicostrate : l'un d'eux provenait d'un achat ; je lui avais donné les deux autres. Il se met en mer pour les poursuivre, est saisi par des corsaires, conduit à Égine, et vendu. Ma mission remplie, je rentre dans mes foyers. Dinon vient me voir, me raconte le malheur de son frère, et ajoute : « Si j'avais l'argent nécessaire pour ce voyage, je me rendrais aux vœux de Nicostrate, en accourant près de lui. Dieux ! quels traitements affreux il endure dans sa captivité ! » Puis venait le pathétique détail de toutes ces douleurs. J'étais ému : j'envoyai aussitôt Dinon près du captif, et je payai trois cents drachmes pour la traversée. Rendu à sa famille, Nicostrate vint me voir. Il me sauta au cou, et me parla avec effusion de ce que j'avais fait. Bientôt aux remercîments succédèrent les doléances : il se plaignit de son sort, de sa famille. Puis vint une prière nouvelle, accompagnée de larmes : « Aux preuves d'amitié que tu m'as données joins-en une nouvelle. Ma rançon est de vingt-six mines ; daigne y contribuer pour quelque chose. » Je voyais trop combien le malheureux avait souffert : il me montrait surtout ses pieds flétris par l'empreinte des entraves. Ces marques, il les porte encore, et vous lui ordonneriez en vain de les découvrir (1). Ma pitié se réveilla donc ; je répondis : « J'ai été ton ami, je veux l'être encore ; puisque ton malheur n'est pas terminé, je ne t'abandonnerai point. Non-seulement je te tiens quitte des frais de voyage que j'ai comptés à ton frère : je veux, de plus, fournir mille drachmes pour ta rançon. » Les effets suivirent de près les paroles. Engagé alors dans un procès contre Phormion, à qui je redemandais mon patrimoine, je me trouvais sans argent. Je portai chez le banquier Théoclès des coupes et une couronne d'or, et je touchai, sur ce gage, mille drachmes qui passèrent à l'instant dans les mains de Nicostrate.

A quelques jours de là, il revient chez moi, tout éploré. Il me raconte que ses autres créanciers pour la rançon le rançonnaient à leur tour ; qu'on le pressait de rendre l'argent ; que la dette serait doublée s'il ne l'acquittait dans les trente jours, ainsi que portent les billets. « Personne, ajoute-t-il, ne veut ni acheter ni recevoir à titre d'hypothèque ma terre, voisine de la tienne : mon frère Aréthusios s'y oppose, étant lui-même mon créancier hypothécaire. Il dépend donc de toi que les mille drachmes ne soient pas un don stérile : si tu complètes ma rançon avant le mois expiré, je ne serai pas remis en servitude. Dès que j'aurai pu régler mes affaires et satisfaire à mes autres engagements, je te rembourserai toutes tes avances. Tu ne l'ignores pas : le captif racheté qui ne rend pas à échéance la rançon avancée pour lui devient, au nom de la loi, esclave de son créancier. »

J'étais jeune, sans ami, sans défiance ; l'idée d'une imposture était loin de mon esprit : « Nicostrate, lui répondis-je, jusqu'ici ton ami a soulagé tes infortunes autant que ses moyens le lui ont permis. Aujourd'hui l'argent te manque pour satisfaire tes créanciers ; il me manque aussi. Mais engage telle partie de mon bien que tu voudras pour la somme dont tu as besoin ; paye tes dettes, je te donne un an, et je ne te demande pas d'intérêts. Seulement, dégage mon bien dès que tes affaires seront en ordre. » Nouveaux remercîments, avec prière de terminer au plus tôt, afin de prévenir le terme redoutable. Bref, j'engage, pour seize mines, ma maison à Arcésas, que Nicostrate lui-même me présenta : l'intérêt fut réglé à huit oboles par mine pour chaque mois (2). Nicostrate reçoit encore cet argent.

Comment reconnaît-il tant de services ? Il se déclare mon ennemi, et cherche les moyens de supprimer ma créance ; il veut qu'un jeune homme inexpérimenté, après l'avoir obligé si cordialement, ne sachant par quelle voie recouvrer la somme pour laquelle son immeuble a été engagé, prenne le parti désespéré de la lui abandonner.

Pour exécuter son plan, il se ligue d'abord avec mes adversaires, et promet de les servir de toutes ses forces. Puis, lorsque mon procès contre eux éclate (3), il met au grand jour l'état de mes biens qu'il connaissait, révèle le secret de ma fortune, et, sans citation préalable, me fait condamner, par défaut, envers le Trésor, à une amende de six cent dix drachmes. Les autres instruments de cette coupable manœuvre furent le meunier Lycidas, Aréthusios, propriétaire des esclaves dénoncés, et un troisième. Si j'étais résolu à pousser jusqu'au bout le procès entamé avec des intrus qui s'étaient glissés dans ma famille pour me ruiner (4), ils se disposaient à m'arrêter, au moyen d'une dénonciation et d'une contrainte par corps. C'était peu pour Aréthusios d'avoir fait prononcer contre moi, absent, une amende énorme : il déploya toutes les rigueurs réservées aux débiteurs de l'État. Un jour, à la tête d'une bande, il force l'entrée de ma maison, enlève tout le mobilier, qui valait plus de vingt mines, et ne laisse absolument rien. Je jurai de tirer justice de ce brigandage. A peine informé de l'amende qui m'était imposée, je me hâte de l'acquitter. Ayant ainsi mis les lois de mon côté, j'allais poursuivre en calomnie et en faux témoignage ce même Aréthusios qui, de son propre aveu, était l'âme de tant d'ignobles délations. Alors que fait-il? il entre une nuit dans mes champs, arrache mes vignes, si belles et si hautes, détruit toutes les greffes, porte le ravage dans une pépinière d'oliviers qui bordait les planches de mon jardin. Il semblait que l'ennemi eût passé par là. Le jour suivant, mêmes déprédations : aidés par le voisinage, les deux frères envoyèrent chez moi, après l'avoir endoctriné, un enfant de condition libre, pour dévaster une planche de rosiers en fleur. C'était un piége nouveau : si, dans la colère, j'arrêtais le petit malfaiteur pour l'enfermer, si je levais la main sur lui, on n'aurait pas manqué de me poursuivre pour avoir frappé le fils d'un citoyen. Tous ces moyens échouèrent. A chaque violence nouvelle je me contentais de prendre des témoins, et de préparer mes plaintes pour les tribunaux. Enfin, exaspérés par ma patience même, mes ennemis veulent tenter un dernier coup. Attaqué par moi pour calomnie et faux rapport, Aréthusios se voyait menacé du châtiment le plus sévère. Un soir, il saisit l'instant où je sortais du Pirée, me joint aux carrières, m'assène plusieurs coups de poing; et, me saisissant par le milieu du corps, il allait me jeter dans le précipice, si des passants, accourus à mes cris, ne m'eussent arraché à mon assassin. Quelques jours après je parus au tribunal, je plaidai ma cause, je démasquai toutes les impostures judiciaires d'Aréthusios, je présentai en masse ses criminelles tentatives contre moi : il fut déclaré coupable. Les juges voulaient le condamner à mort : moi-même j'intercédai en faveur du malheureux; j'aurais été désolé que la rigueur fût poussée si loin. Contentez-vous, disais-je aux magistrats, de l'amende d'un talent; c'est la peine que les deux frères ont eux-mêmes prononcée : non que je fisse grand cas de la vie d'un Aréthusios, de mon ennemi le plus acharné; mais il était Athénien de naissance, et moi, fils d'un affranchi, je tenais mon titre de citoyen de l'adoption populaire.

Que mes témoins se présentent.

Les Témoins paraissent.

Vous avez entendu, ô juges! le récit de toutes les avanies dont mes adversaires m'ont abreuvé : là vous avez vu le motif légitime de ma haine et de ma tardive dénonciation. Il me reste à prouver que les esclaves dénoncés appartiennent réellement à Aréthusios, qu'ils font partie de la maison d'Aréthusios.

D'abord, il a nourri Kerdon dès son bas-âge. Des témoins très-bien instruits vont certifier que ce serviteur n'est pas à Nicostrate, mais à son frère.

On entend les Témoins.

D'autres citoyens savent parfaitement que ce même esclave était loué par Aréthusios pour travailler hors de la maison; qu'Aréthusios recevait les salaires; que, quand l'esclave avait commis un délit, c'est à Aréthusios, notoirement désigné comme son maître, que l'assignation était adressée.

Témoins.

Passons à Manès. Aréthusios tient cet esclave d'Archépolis du Pirée : c'est le payement d'une dette dont le second ne put remettre au premier ni le capital ni les intérêts. Je fais encore attester ce fait.

Témoins.

Vous allez voir mieux encore, ô juges! que ces esclaves sont la propriété d'Aréthusios. On les a loués pour faire les moissons, les vendanges, et divers travaux agricoles : qui a fait les marchés? qui a stipulé le salaire? Aréthusios. Que d'autres témoins parlent.

Témoins.

Il est donc constant, d'après tant de dépositions, que les esclaves dénoncés appartiennent à Aréthusios. J'ai maintenant à vous instruire d'une proposition qui est intervenue entre mes adversaires et moi.

Lorsqu'on s'occupait encore de l'instruction du procès actuel, ils vinrent me dire : « Nous mettons les esclaves à ta disposition. Veux-tu les faire appliquer à la torture? leur témoignage, nous n'en doutons pas, sera tout en notre faveur. » J'appelai des témoins, et je répondis :

« Je suis prêt à me rendre au Conseil avec vous. En présence de ce corps politique et des Onze, je recevrai les esclaves. Si des intérêts privés étaient seuls en jeu dans nos débats, je ne demanderais pas cette formalité; tout se passerait entre nous. Mais ces esclaves dépendent maintenant d'un arrêt des tribunaux; ils sont mis en cause comme propriété de l'État : c'est donc à des représentants de l'État à leur faire donner la question. Je ne reconnais pas à un simple citoyen le droit d'envoyer à la torture des esclaves publics. Je ne puis donc donner des ordres ni présider à l'accomplissement de cette formalité. Qu'un homme revêtu d'un caractère public, un délégué du Conseil recueille les dépositions dictées sur le chevalet; qu'il les fasse écrire et sceller, qu'il vous les présente devant le tribunal, j'y consens; je veux bien qu'après les avoir lues, vous en fassiez l'usage qui vous plaira. » Cette acceptation conditionnelle était prudente : si, de mon autorité privée, j'avais ordonné la torture, mes adversaires pourraient attaquer tout ce que j'aurais fait. Mais, si la question avait été présidée par un membre des Cinq-cents, je n'y aurais pris aucune part; le commissaire du gouvernement aurait tout dirigé. Voilà donc comme je modifiais leur proposition captieuse. Ne pouvant me prendre au piége, les fourbes ont refusé.

J'ai encore des témoins pour confirmer cette dernière assertion.

Les Témoins paraissent.

Quand mes adversaires disputent au Peuple une propriété du Peuple, certes leur impudence est grande. Cette impudence éclate par mille preuves; mais c'est surtout devant la loi qu'elle se manifeste dans tout son jour. Tandis qu'un tribunal préparait une sentence de mort contre Aréthusios, les défenseurs de ce malheureux supplièrent les magistrats de commuer la peine, et de la rendre pécuniaire; ils sollicitèrent mon adhésion, s'engageant à payer l'amende solidairement avec le condamné. Que font-ils aujourd'hui? loin de remplir cette obligation, ils veulent retenir ce qui vous appartient. Toutefois, quiconque, s'étant porté caution pour une créance de l'État, n'a point payé à échéance, doit, d'après nos lois, subir la confiscation. D'où je conclus que les esclaves, fussent-ils la propriété de mes adversaires, devraient être vendus au profit du Peuple, si le législateur était écouté. Avant de devenir débiteur du Trésor, Aréthusios passait dans l'opinion pour être le plus riche de sa famille : dès que la loi veut mettre la main sur ses propriétés, il n'a plus rien : tel immeuble est à sa mère, tel autre à ses frères. Cette ligne, qu'ils ont suivie, est bien tortueuse. Pour suivre le droit chemin, que fallait-il faire? déclarer franchement, dès le principe, tous les biens d'Aréthusios; et, si ma dénonciation désignait quelque propriété étrangère à sa fortune personnelle, réclamer sur-le-champ.

Songez-y, ô juges! toujours il se trouvera, parmi le Peuple, de mauvais citoyens prêts à le voler; accusés devant vous, toujours ils auront, pour toucher vos cœurs, des orphelins, des pupilles à faire pleurer devant vous, de vieilles et pauvres mères, nourries par eux, à présenter à votre commisération; toujours enfin ils seront habiles à vous tromper par leurs lamentations. N'oubliez pas qu'en les écoutant vous vous rendriez complices d'un larcin public. Repoussez donc tout cet étalage imposteur; et faites, pour l'avenir, un grand acte de sagesse en condamnant l'accusé.

NOTES

DU PLAIDOYER CONTRE NICOSTRATE.

(1) C'était une sorte de dégradation :

*Ibericis peruste funibus latus,
Et crura dura compede.* (Hor., *Epod.* 4.)

Ces honteuses marques d'esclavage reprochaient aussi à Nicostrate son ingratitude.

(2) Cet intérêt, par an, s'élevait, à peu près, au sixième du capital.

(3) Tout cet endroit du discours, dans le grec, est fort obscur et très-embrouillé. Il faut supposer que, dans une certaine circonstance, que nous ignorons, Apollodore avait fait une déclaration de ses biens; qu'Aréthusios l'accusa d'avoir fait une fausse déclaration, le fit condamner par défaut, et le traita comme débiteur du Trésor. Apparemment la sentence adjugeait à Aréthusios une somme qu'il devait répéter sur Apollodore, mais sans user de violence. Apollodore, revenant par opposition, accuse Aréthusios d'avoir fait un faux rapport contre lui. (Auger.)

(4) L'affranchi Phormion avait épousé la mère d'Apollodore.

XIX.

PLAIDOYER

CONTRE TIMOTHÉE.

INTRODUCTION.

Le célèbre général Timothée avait recouru plusieurs fois à la caisse du banquier Pasion, pour se tirer de quelques positions difficiles. Pasion mort, Apollodore actionne le preneur de villes, pour qu'il ait à lui payer les dettes contractées envers son père. Timothée les nie toutes, et prétend s'être acquitté dans les mains des citoyens que le créancier lui avait désignés. Le réclamant insiste, et établit quatre dettes qui sont encore, dit-il, à la charge du général. Il le prouve, selon l'usage, par des dépositions, des arguments, et par l'induction qu'on doit tirer du serment refusé par l'adversaire. Une violente sortie contre la mauvaise foi de Timothée, une prière adressée au tribunal, composent la péroraison.

Becker, d'après Harpocration et l'histoire, qui, du reste, perd de vue Timothée pendant dix-huit ans, doute que ce plaidoyer soit de Démosthène. Le caractère de Timothée, naturellement généreux, et plusieurs faits importans, y sont également dénaturés. Cette altération ne serait-elle pas le résultat de plusieurs causes combinées : l'extrême licence des plaideurs et des orateurs devant un tribunal démocratique ; peut-être un peu de jalousie contre un éloquent disciple d'Isocrate ; et particulièrement l'amitié de Démosthène pour Charès, ennemi aveugle du fils de Conon ?

La date de ce discours est également incertaine : on ne sait s'il faut le placer dans la deuxième année de la CIV^e ou de la CVI^e olympiade (363 ou 355 av. J.-C.)

DISCOURS.

Que personne parmi vous, ô juges ! ne regarde comme incroyables mes poursuites contre Timothée, à titre de débiteur de mon père. Je rappellerai les circonstances des divers emprunts, les embarras, les malheurs dont mon adversaire était entouré : alors, louant la générosité de Pasion, vous flétrirez son débiteur du nom d'ingrat, vous l'appellerez le plus injuste des hommes. Oui, après avoir eu, dans sa détresse, la caisse de mon père à sa disposition, après en avoir reçu tant d'or lorsqu'il y allait pour lui de la vie, Timothée, loin de reconnaître de pareils bienfaits, veut me frustrer des créances paternelles. Opposez à cela la noble conduite de Pasion. Si l'emprunteur échouait, les sommes prêtées étaient perdues, puisqu'elles avaient été prêtées sans gage et sans témoins. S'il réussissait, il restait maître de ne s'acquitter que quand il le jugerait convenable à ses intérêts. Mon père préféra donc le plaisir d'obliger un général dans la détresse. Il espérait qu'une fois échappé au péril, et de retour ici après avoir quitté le Grand-Roi, ce général enrichi pourrait le payer, et même lui rendre quelque signalé service. Mais, puisque cette attente ne s'est pas réalisée ; puisqu'il faut arracher aujourd'hui, par une condamnation qui sauvera mes droits, ces mêmes fonds mendiés jadis, et objet de tant de vifs remercîments ; puisque, pour tout dire, le but du débiteur est de me voler une partie de mon patrimoine en vous trompant ; je crois indispensable de retracer, dès l'origine, toutes les relations de Pasion avec Timothée, de supputer devant vous toutes les sommes dont celui-ci nous est redevable, de rapporter même la date et le motif de chaque créance. La précision des détails dans lesquels je vais entrer ne doit étonner personne : pour mieux rendre compte à eux-mêmes, aux parties intéressées et aux tribunaux, de toutes leurs opérations, tous les banquiers tiennent un registre où sont indiquées avec ordre et la recette et la dépense.

Sous l'archontat de Socratide, au mois de

Munychion, Timothée préparait sa seconde expédition maritime (1). Prêt à mettre à la voile, il s'était déjà rendu au Pirée. L'argent lui manquait. Il aborde mon père dans le port même, et le prie de lui prêter mille trois cent cinquante-une drachmes deux oboles : telle est la somme précise qu'il lui fallait. Elle serait comptée à Antimaque, son trésorier et son intendant. Ainsi, le créancier qui demandait le versement de ces fonds était Timothée en personne ; celui qui les a reçus des mains de Phormion, notre commis, fut Autonomos, qui de tout temps était secrétaire d'Antimaque. La somme remise, Phormion porta sur les rôles, comme débiteur, Timothée, qui en avait fait la demande pour lui-même ; les noms d'Antimaque, à qui la remise avait dû être faite, et d'Autonomos, son représentant, furent inscrits à côté de celui du général. Telle est la première obligation que contracta envers notre maison Timothée, nommé pour commander une deuxième campagne, et à la veille de son départ.

Révoqué pour n'avoir pas fait le tour du Péloponnèse avec sa flotte, Timothée fut dénoncé au Peuple, et les accusations les plus graves pesèrent sur sa tête. Deux illustres guerriers, deux orateurs habiles, Callistrate et Iphicrate, furent ses accusateurs. Secondés de quelques citoyens, ils allumèrent contre lui votre haine (2). Antimaque, son trésorier, dépositaire de toute sa confiance, fut condamné à mort, avec aggravation de peine par la confiscation. Sauvé lui-même à grand'peine par l'intercession de sa famille, de ses amis et de vos alliés, Alkétas et Jason (3), Timothée perdit le commandement. Parmi tant d'imputations était celle de l'enlèvement de la caisse militaire. Tous ses biens étaient hypothéqués et décrétés : déjà les créanciers en avaient saisi une partie ; son domaine rural de la vallée avait passé au fils d'Eumélide : ses autres immeubles étaient engagés pour le payement des avances faites par les soixante triérarques, forcés par le général de fournir chacun sept mines à l'entretien des équipages. Après sa destitution, redoutant la déposition des chefs de navires, qui pourraient le convaincre d'imposture, il leur engagea sa fortune : en effet, dans ses comptes, il avait frauduleusement énoncé que l'argent de cette contribution avait été pris dans la caisse militaire. Voilà donc soixante obligations personnelles, de sept mines chacune. Que dis-je, obligations ? Timothée, tiré d'embarras, ne se crut obligé à rien, et trouva moyen de rompre de pareils engagements. Bientôt sa position se compliqua de nouveau. La crise grave où se trouva la république lui fit craindre pour sa vie. L'armée de Kalauria, non payée, s'était dissoute ; dans le Péloponnèse, les Lacédémoniens enveloppaient nos alliés : double disgrâce, que les accusateurs rejetaient sur Timothée. Des voyageurs racontaient ici tous les genres d'embarras où ils l'avaient vu ; et ces tristes nouvelles étaient confirmées par la correspondance de nos parents et de nos amis. N'oubliez pas, Athéniens, les mouvements tumultueux que de tels rapports produisaient dans vos assemblées : je ne dis rien ici qui ne soit bien connu. Pour se justifier devant vous, Timothée veut partir ; il se propose d'emprunter mille drachmes à Antiphane, caissier de l'armateur Philippe, qui faisait aussi voile pour l'Attique. Adroitement distribué, cet argent assoupira les murmures des capitaines béotiens ; leur escadre nous restera jusqu'à ce qu'il soit jugé. Le départ anticipé de leurs navires et de leurs soldats ajouterait encore au ressentiment populaire. Les guerriers athéniens prenaient patience, et restaient sous le drapeau ; mais chaque jour les Béotiens, ne voyant pas arriver leurs rations, menaçaient de partir. Il fallut contracter le nouvel emprunt : mille drachmes passèrent de la caisse de Philippe dans les mains des chefs de la flotte alliée. Timothée arrive à Athènes. Philippe et Antiphane réclament le payement de leurs avances ; le débiteur demande du temps, les créanciers se fâchent. De nouvelles craintes viennent assaillir l'accusé : ses implacables ennemis vont peut-être savoir que les mille drachmes portées sur son compte, comme prises sur l'argent de l'armée pour être distribuées aux Béotiens, sont le fruit d'un emprunt, et d'un emprunt qu'il ne peut rembourser ; Philippe lui-même ajoutera peut-être à tant d'autres preuves son accablant témoignage. En proie à toutes ces angoisses, le malheureux recourt encore à mon père, le prie de l'aider à satisfaire l'armateur, de lui prêter la somme nécessaire. Pasion eut pitié d'un homme si gravement compromis, le conduisit à sa caisse, ordonna à Phormion de remettre mille drachmes à Philippe, et de les inscrire au compte de Timothée, qui s'en déclarait débiteur.

C'est par le témoignage de Phormion lui-même que je ferai constater tous ces détails ; mais continuons d'énumérer toutes les créances : une seule et même preuve viendra ensuite les confirmer en masse. Je demanderai aussi la comparution d'Antiphane, qui a prêté les mille drachmes dans l'île de Kalauria, et qui a vu Philippe, à notre banque, recevoir cette somme par ordre de Pasion. Si je n'ai pas présenté sa déposition à l'arbitre, c'est qu'il m'a indignement trompé : il me renvoyait toujours, pour parler, au moment où l'instruction de l'affaire serait terminée. Cependant, on allait prononcer, s'il ne venait point. J'envoie chez lui : mais, gagné par ma partie, il refuse de se présenter, et dénie son témoignage. La loi m'autorisait à le poursuivre : j'allais le faire sur-le-champ ; mais je fus frappé d'un coup inattendu. Quoique l'heure des audiences fût passée, l'arbitre ne se retira qu'après avoir donné gain de cause à Timothée. J'ai du moins pris Antiphane à partie ; je demande réparation du tort qu'il m'a fait en refusant de témoigner pour moi ; je démontre qu'il n'est point dans le cas de l'exception légale, établie pour fait d'ignorance ; j'exige, enfin, qu'il paraisse ; que, sous la foi du serment, il déclare d'abord s'il a prêté mille drachmes à Timothée dans l'ile de Kalauria ; ensuite, si Philippe est venu recevoir cette somme à la caisse de mon père. Devant l'arbitre, Timothée a montré un peu plus de droiture ; il a presque avoué que Pasion avait remis les mille drachmes à Philippe ; seulement, disait-il, ce n'est pas en son nom que l'emprunt avait eu lieu, c'est pour le premier chef de l'escadre béotienne : débiteur de cette somme, ce commandant avait engagé une certaine quantité de cuivre. Là était le mensonge : il ne voulait qu'annuler une dette contractée pour son intérêt personnel ; je le prouverai, mais j'ai promis de terminer auparavant l'exposé de ses autres obligations.

Au mois de Mæmactérion, sous l'archonte Astios, Alkétas et Jason se rendirent chez Timothée pour intercéder en sa faveur pendant son grand procès. Ils se présentent à sa maison du Pirée, située près de l'hippodrome. La nuit commençait. Fort embarrassé pour recevoir de pareils hôtes, le général envoie chez mon père Æschrion, son esclave de confiance, pour lui emprunter couchages, vêtements, deux coupes d'argent, et la somme d'une mine. « Qui donc est arrivé chez ton maître ? quel est le but de ce voyage ? pourquoi cet emprunt ? » L'esclave répond à tout, et reçoit tout ce qu'il demande, y compris la somme. Peu après, Timothée fut absous. Il n'en était pas plus riche : sa misère continua, et devint même telle, que, loin de pouvoir satisfaire aux charges publiques, il n'avait pas même le nécessaire pour sa maison. Mon père attendit donc le payement de ses créances. Cet homme, se disait-il, ne veut pas me tromper : il s'acquittera sans doute dès qu'il le pourra ; d'ailleurs, puisqu'il n'a rien maintenant, que puis-je en tirer ? Après le départ des voyageurs, Æschrion rapporta les lits et les vêtements, mais sans les coupes d'argent et sans la somme.

Appelé au secours du roi de Perse, qui était en guerre avec l'Égypte, Timothée allait se remettre en mer : afin de ne pas rendre ses comptes au peuple, il s'était ménagé son consentement pour ce départ. Il fait descendre mon père au Paralium (4), le remercie pour tous ses précédents services, et ajoute : « Philondas, Mégarien d'origine, domicilié dans notre ville, fait maintenant mes affaires ; il m'est très-dévoué. Cet homme va partir pour la Macédoine, où il recevra les bois dont Amyntas me fait présent. A son retour, voudras-tu, pour m'obliger, en payer le transport, et les laisser déposer, libres de toute charge, dans ma maison du Pirée ? Si tu n'accèdes pas à ma prière, je ne verrai dans ce refus rien d'offensant, et, dans l'occasion, je ne t'en montrerai pas une moins vive reconnaissance pour tous les bons offices que j'ai reçus de toi. » Touché de ces dernières paroles, que l'effet a si cruellement démenties, mon père loue la noblesse de son cœur, et promet tout. Timothée va rejoindre les généraux du Grand-Roi. Philondas, désigné à Pasion, part, de son côté, pour la Macédoine. C'était au mois de Thargélion, toujours sous l'archonte Astios. L'année suivante, Timothée étant encore à la guerre, Philondas arrive avec son chargement. Il aborde mon père, et lui demande, conformément à sa promesse, les avances du naulage qu'il doit au capitaine. Comme il était en règle, Pasion le conduit à sa banque, et ordonne à Phormion de lui compter, pour le transport des bois, mille sept cent cinquante drachmes. La somme remise, le commis inscrit sur ses rôles Timothée comme débiteur : car l'avance était faite en son nom, et c'est à lui que les bois appartenaient. Mention fut faite au registre de l'usage auquel la somme était destinée, et du nom du preneur. En cette année, qui suivit celle du départ du général, Alcisthène était archonte.

Vers la même époque arriva Timosthène d'Ægilia, qui s'était absenté pour son négoce. Cet ami, cet associé de Phormion avait déposé près de celui-ci, avant son départ, plusieurs objets mobiliers, et entre autres deux coupes précieuses. Ignorant que ces vases fussent un dépôt, l'esclave de mon père les avait remis à celui de Timothée, lorsqu'on vint emprunter lits, vêtements, une mine et deux coupes, pour accueillir honorablement Alkétas et Jason. Timosthène, de retour, redemande ses vases à Phormion ; et Timothée était toujours auprès du roi de Perse. Mon père répare la méprise en décidant le négociant à recevoir, comme équivalent de ses coupes, deux cent trente-sept drachmes ; et la somme, payée, est ajoutée, sur le registre, à toutes les autres dettes du général.

Ces derniers faits ont besoin d'être confirmés. J'en appelle au témoignage d'abord des commis de la banque, de ceux-là mêmes qui ont remis les sommes aux personnes désignées par l'emprunteur ; ensuite, de l'homme qui a reçu l'argent représentant les deux vases.

Déposition.

Vous le voyez, ô juges! tout s'appuie sur des dépositions irrécusables, et je n'ai dit que la vérité. Écoutez encore : des témoins vont vous répéter que Timothée lui-même a reconnu que les poutres amenées ici par Philondas ont été déposées à sa maison du port.

Déposition.

Oui, les bois apportés par Philondas étaient la propriété de Timothée ; c'est Timothée qui, prenant la parole pour moi, l'atteste formellement. Devant l'arbitre il a fait la même déclaration; plusieurs personnes présentes l'ont entendu. A tant de témoignages ajoutons quelques preuves de raisonnement.

Si les poutres n'avaient pas été la propriété de Timothée, si ce général n'avait adressé une prière à Pasion en lui désignant Philondas lorsqu'il alla offrir son épée à la Perse, croyez-vous, juges, que mon père eût payé le naulage, ou qu'il eût laissé transporter chez Timothée les objets qui pouvaient servir de gage à ses avances? Ne les eût-il pas commis à la garde d'un esclave, puis vendus pour son remboursement, si ces bois avaient appartenu à Philondas, et que celui-ci les eût livrés au commerce ? Quoi ! sans cette prière, sans ce nouvel engagement pour l'acquittement du transport des bois donnés par Amyntas, mon père se serait fié à Philondas, et l'aurait laissé transporter librement ce matériel à la demeure du général ! Ce que dit Timothée est-il vraisemblable, est-il possible? il prétend aujourd'hui que Philondas a amené des bois pour les vendre, et que lui-même, à son retour, les a employés en constructions! Autre considération, Athéniens : pendant son séjour chez les barbares, des parents, des amis, d'une intégrité reconnue, ont géré ses biens. Parmi tant d'hommes favorables à sa cause, un seul est-il venu dire : Non, Philondas n'a rien reçu de la caisse de Pasion pour le payement du transport; ou bien : Philondas a reçu, mais il a remboursé ; ou enfin : C'est l'un de nous qui a fait toutes les avances nécessaires pour cet objet ? Aucun n'a eu cette audace. Prêts à le servir, à le sauver, ils ne le feront jamais au prix d'un mensonge, avec le sacrifice de leur réputation. Mais il est leur ami, leur parent; et ils refusent de rendre à la vérité un hommage qui le compromettrait. Puisque aucun de ceux qu'il affectionne, et que sa confiance avait placés à la tête de ses biens, n'a osé déposer en sa faveur, ou que Philondas n'a pas touché à notre banque le prix du naulage, ou que l'un d'eux l'ait payé, ne devez-vous pas en conclure que toutes mes paroles sont conformes à la vérité? Poussera-t-il l'audace jusqu'à dire lui-même que les avances ont été faites par un autre que mon père ? Ah ! s'il en vient là, exigez qu'il fasse parler celui qui a payé. Ce qui est certain, avéré, c'est qu'il était auprès du roi de Perse, et que, quand il revint, l'homme qu'il avait chargé de cette mission, l'homme qu'il avait d'avance recommandé à mon père, Philondas venait de mourir. Il le nie; je n'ai pas même, dit-il, nommé Philondas à Pasion; Philondas n'a pas reçu une obole de ce banquier. Du moins, parmi ses proches et ses amis, quelqu'un doit savoir d'où Philondas a tiré l'argent nécessaire pour le naulage. Eh bien ! Timothée, dis-nous le nom de ce personnage si bien informé; hâte-toi d'indiquer au tribunal la source de renseignements aussi précieux. Tu te tais ! il faut donc, de deux choses l'une, ou que personne, parmi ces gens-là, ne t'inspire de confiance ; ou que, sachant trop bien que mon père, et mon père seul, t'avait généreusement prêté encore cette somme, tu essayes de nier une dette, et de parer, s'il est possible, ta misère de nos dépouilles.

Non content de la déposition des commis de la banque, de ceux même qui ont compté les fonds aux personnes nommées par le général, je voulais, ô juges ! vous présenter encore le serment dont on va lire la formule, et que j'ai déféré à mon adversaire. — Qu'on lise.

Serment.

Mon père a plus fait que d'inscrire simplement les créances sur ses registres : ces créances mêmes, le nom du débiteur, l'usage auquel chaque somme était consacrée, tout nous a été fidèlement répété de vive voix, à mon frère et à moi, par notre père, durant sa dernière maladie. Je demande à le prouver par la lecture de la déposition de mon frère.

Déposition.

J'ai donc établi ce qui fait le fond de ma cause: du chef de mon père, Timothée est mon débiteur; il me doit la part que je réclame pour moi par les voies judiciaires : mon frère, et Phormion qui a remis l'argent, le témoignent tous deux ; et j'ai voulu cimenter leur attestation par le serment.

En présence de l'arbitre, Timothée m'a lancé une sorte de défi : il a voulu que les registres de la banque lui fussent montrés, et qu'il lui fût permis d'en faire un extrait. Il a eu pleine satisfaction : les registres ont été placés sous les yeux de Phrasicride, envoyé par lui à notre maison; Phrasicride les a visités à loisir, et a levé copie de tout l'article concernant Timothée. On va lire la déposition d'où il résulte que Timothée lui-même a parlé de cette copie comme reçue par lui.

Déposition.

Plus tard, je portai devant l'arbitre l'original même des registres. Là se présentèrent aussi Phormion et Euphoræos, qui avaient compté les sommes aux représentants de Timothée. Avec précision et netteté, ils lui rappelèrent la dette, le motif, l'usage de chaque emprunt. « La première somme, répondit le général, est celle de mille trois cent cinquante et une drachmes deux oboles. J'avoue que, dans le mois de Munychion, sous l'archonte Socratide, prêt à partir, j'ai prié Pasion de la compter à Antimaque, mon intendant ; mais je nie que ce fût pour moi : la dette devait être portée au compte d'Antimaque, et non sur le mien. » Étrange distinction, qu'aucun témoin ne confirme ! Et pourtant, juges, l'en croiriez-vous sur parole ? Suffira-t-il de cette allégation pour qu'il soit libéré envers nous ? Non, ce n'est pas à Antimaque, c'est à Timothée prêt à partir, que mon père a prêté : je le prouve d'une manière péremptoire. Supposons qu'Antimaque soit devenu notre débiteur : ses biens ont été confisqués ; n'était-il donc pas plus facile de saisir cette excellente occasion d'un remboursement, que d'attendre un payement de Timothée, et de dépendre de l'époque très-incertaine où pourrait s'enrichir un général sur la vie duquel on ne pouvait compter ? Vous n'en doutez pas, ô juges ! si mon père, intervenant entre Antimaque et le fisc, eût affirmé que le premier était son débiteur, et eût exigé le payement de la créance, il aurait trouvé la route aplanie, et sa parole suffisait. Il est notoire que, loin de disputer une obole au Trésor, mon père, au premier signal, a toujours ouvert sa caisse pour les services publics. D'ailleurs, Callistrate, qui a opéré la confiscation, était son ami, et lui aurait fait une large part. Ainsi, d'un côté, revendication facile, recouvrement sans obstacle et immédiat, à l'aide d'une grande mesure d'intérêt public ; de l'autre, espérances vagues, chances très-incertaines. Placé dans cette alternative, mon père aurait opté pour le débiteur insolvable ! C'est la créance qu'il aurait, par choix, laissée à ses héritiers !

« La seconde somme, dit encore Timothée, se compose réellement de mille drachmes empruntées à Antiphane dans l'île de Kalauria : mais qui l'a sous-empruntée à Pasion ? ce n'est pas moi, c'est le commandant de la flotte béotienne ; et ce débiteur a garanti la créance avec un chargement de cuivre. » Voici comment je réfute cette imposture. D'abord, il est constant que le premier emprunteur, celui de Kalauria, fut Timothée, et non un étranger ; ensuite, ce n'est pas à je ne sais quel chef béotien, c'est à lui-même, que Philippe a demandé le payement ; enfin, qui a représenté cette somme ? Le Béotien ? Non, c'est encore Timothée ; Timothée, de qui le commandant étranger devait recevoir le matériel nécessaire à l'entretien des équipages. Ne devais-tu pas en effet, ô Timothée ! trouver dans la caisse militaire toutes les ressources de l'armée ? A ta voix, les alliés n'avaient-ils pas apporté leur tribut ? et ne disposais-tu pas, comme chef comptable, de sommes immenses ? Il y a plus : quand même l'escadre auxiliaire aurait quitté nos parages, quand l'armée qu'elle portait se serait dissoute, son chef ne redoutait rien des tribunaux d'Athènes, où personne ne l'accusait. Toi, Timothée, tu étais, au contraire, sous le poids de l'accusation la plus formidable. Dans tes vives alarmes, tu te disais : Retenons les vaisseaux étrangers jusqu'à ce que le Peuple ait statué sur mon sort ; c'est le meilleur moyen d'obtenir son indulgence. Mais, je te le demande, pour quel motif Pasion aurait-il jeté son argent à un Béotien, à un inconnu ? Tu répondras peut-être que ce Béotien offrait du cuivre en gage : eh bien ! quelle en était la quantité ? de quelle mine provenait-il ? comment le capitaine se l'était-il procuré ? Son intention, en l'apportant, était-elle de le mettre dans le commerce ? Était-ce une prise faite sur l'ennemi ? Où sont les gens qui l'ont remis à mon père ? Étaient-ce des mercenaires ou des esclaves ? Parmi nos serviteurs, qui l'a reçu ? Si des esclaves l'ont apporté, Timothée devait livrer ces esclaves. Si ce sont des mercenaires, que n'a-t-il exigé, à son tour, qu'on lui livrât celui de nos serviteurs qui l'a reçu et pesé ? Cette dernière opération n'était-elle pas nécessaire, dans le double intérêt du débiteur et du créancier ? Ayant des esclaves pour faire toutes ces corvées, mon père aurait-il lui-même reçu, porté, pesé ce lourd métal ? Pourquoi le capitaine béotien, devant mille drachmes à Philippe, aurait-il engagé du cuivre à mon père ? Avec un placement garanti par de bons gages, Philippe n'aurait-il pas reçu volontiers l'intérêt de sa créance ? Supposera-t-on que les fonds lui manquaient ? Quelle nécessité poussait un chef étranger à mendier auprès de Pasion un emprunt de mille drachmes, pour les faire passer à Philippe ? N'était-il pas plus simple de présenter son gage à l'armateur même ? Ne voit-on pas enfin qu'il n'y a pas eu de cuivre engagé ; qu'un Béotien n'est pour rien dans l'emprunt des mille drachmes ; que la dette pèse tout entière sur Timothée jeté alors dans les anxiétés les plus cruelles, résolu à se tirer d'embarras par cet or, et déterminé aujourd'hui à frustrer de cette créance les héritiers du généreux citoyen qui l'a sauvé?

Passons aux coupes d'argent, et à l'emprunt d'une mine, nouvelle dette contractée par les mains de l'esclave Æschrion, qu'il avait envoyé la nuit chez mon père.

Devant l'arbitre j'ai dit à Timothée : « Æschrion est-il encore ton esclave? S'il l'est encore, je demande qu'on l'applique à la torture. — Æschrion est libre, a-t-il répondu. — Eh bien! je change ma proposition : produis son témoignage comme celui d'un homme libre. » Je n'ai rien obtenu : mon adversaire a également refusé d'entrer dans ces deux voies, par lesquelles nous serions parvenus à la vérité. Il craignait que, si Æschrion déposait à titre d'affranchi, je ne m'inscrivisse en faux contre son témoin; il craignait de voir ses impostures confondues; il craignait pour lui-même, coupable aux yeux de la loi, pour être descendu à d'ignobles et frauduleuses manœuvres. Livré à la torture, Æschrion lui eût inspiré d'autres terreurs : la douleur pouvait lui arracher de graves aveux contre son maître. Cependant, quand il ne pourrait produire de témoins pour les autres sommes qu'il a empruntées, il convenait de se servir d'Æschrion pour démontrer qu'il n'a reçu ni les vases, ni la mine d'argent, et qu'il n'a pas envoyé cet esclave à mon père; il convenait de nous prouver, par là, la fausseté de mes autres réclamations. Certes, livrer Æschrion eût été, en faveur de Timothée, une présomption très-forte : même avant la torture, vous auriez traité de fable l'emprunt de la somme et des coupes. Il n'a point hasardé cette démarche : de son refus vous devez donc, ô juges! tirer la conclusion contraire.

Peut-être alléguera-t-il, pour sa justification, un article de nos registres. Cet article porte que, sous l'archonte Alcisthène, une somme a été comptée au général pour le transport des bois, et pour la valeur des coupes payées pour lui par Pasion à Timosthène. Erreur! va-t-il s'écrier; à cette époque je n'étais pas en Attique, mais auprès du roi de Perse. Ici, je dois au tribunal une explication nette et claire sur la rédaction de nos écritures. Au mois de Thargélion, sous l'archonte Astios, lorsque Timothée allait mettre à la voile pour servir l'étranger, il parla bien certainement à mon père de Philondas; et c'est seulement un an plus tard, Alcisthène étant archonte, pendant l'absence prolongée du général, que son homme d'affaires revint de Macédoine avec ces poutres, que mon père s'empressa de défrayer. Ainsi, nos commis, en donnant l'argent, n'ont pas inscrit la dette au nom de Timothée lorsqu'il était encore ici, recommandant Philondas au banquier : à cette époque, le cadeau d'Amyntas n'était pas encore arrivé; que dis-je? le commissionnaire n'était pas même parti pour le recevoir. Lorsqu'il revint avec sa cargaison, Timothée n'était plus à Athènes; mais, se conformant aux instructions qu'il avait reçues, Philondas vint chercher le prix du naulage, et les bois furent déposés dans la maison de son maître. Timothée, en partant, disposait à peine d'une obole : j'en appelle à tous ceux à qui ses immeubles étaient engagés, à tous les créanciers qu'il a indignement dépouillés. Parmi eux, il en est plus d'un qui n'a point reçu de nantissement, le général ayant épuisé ses dernières ressources. Une déposition va prouver qu'il n'avait plus rien à placer.

. Déposition.

Il est aussi fait mention au procès de deux coupes; il a été dit que, dans le mois de Mæmactérion, sous l'archonte Astios, avant le départ du général, lorsqu'il reçut chez lui Alkétas et Jason, il fit demander ces vases par Æschrion, son esclave. Ici encore, l'inscription au registre n'eut lieu que sous l'archonte Alcisthène : pourquoi? parce que Pasion avait toujours pensé que de l'argenterie prêtée serait rendue avant le départ de l'emprunteur. Voilà le motif de délai. Mais, quand mon père vit le général parti et les vases non rapportés; quand Phormion s'aperçut de l'absence de ces mêmes vases réclamés par Timosthène, notre banque paya à ce dernier une indemnité; et dès lors, Timothée fut inscrit comme notre débiteur, ou pour les coupes, ou pour la somme qui les avait représentées. Et il croira se défendre en disant : Vous m'avez inscrit comme débiteur pendant mon absence! Pour le réfuter, il vous suffira de répondre : Tu étais ici quand tu as reçu les coupes; mais plus tard, tu étais loin : elles n'étaient pas rendues; Timothée les redemandait en vain à Phormion, son dépositaire; on a payé le réclamant, et il a bien fallu te désigner comme débiteur de cette indemnité.

Pourquoi donc, dira-t-il encore, Pasion ne m'a-t-il pas redemandé les coupes? Pasion te voyait dans la gêne; créancier confiant, il espérait qu'à ton retour, enrichi peut-être, tu acquitterais toutes tes dettes à la fois; et il se serait défié de toi pour deux vases! Lorsque tu allas offrir tes services au Grand-Roi, il avait promis, à ta prière, de défrayer les bois que tu attendais de Macédoine; et deux vases l'auraient poussé à des précautions inaccoutumées! Te voyant pauvre et criblé de dettes, il ne réclamait pas des sommes considérables; et, pour deux vases, il serait devenu exigeant!

Je vais parler maintenant du défi que nous

nous sommes renvoyé l'un à l'autre pour la prestation du serment. Ceci n'est pas étranger à la cause : car, voyant ma proposition mise au dossier du procès, il demanda à se lier par le même engagement. Sans doute, si je ne connaissais et ses parjures, et les victimes qu'ils ont faites parmi tant de villes (5) et de simples citoyens, je serais prêt à recevoir le serment de mon adversaire. Mais, de bonne foi, le serment prouverait-il autre chose, si ce n'est qu'il faut à cet homme une dupe de plus ? Sa cupidité n'épargnerait pas même les autels! N'ai-je pas victorieusement prouvé, par des inductions logiques et testimoniales, que des sommes, puisées à notre banque, ont été comptées aux personnes qu'il avait désignées ? Timothée prêter serment! Que n'ai-je le temps de rappeler ici toutes les circonstances où il s'est parjuré avec un front d'airain! Bornons-nous aux plus remarquables et aux mieux connues. En présence de la nation assemblée, il avait juré, avec d'horribles imprécations contre lui-même, de dénoncer Iphicrate comme intrus et usurpateur du titre de citoyen : s'il manquait à cet engagement solennel, il vouait aux dieux infernaux sa personne et ses biens. Quelques jours s'écoulent, et il se réconcilie si bien avec ce général, que la fille de l'un devient l'épouse du fils de l'autre (6). Que vous en semble, juges ? Celui qui, bravant les lois, et la faculté accordée à tout citoyen d'accuser, comme criminel d'État, quiconque a failli à une parole donnée au Peuple, ne craint pas de rompre ainsi les promesses les plus sacrées; celui qui, après avoir menacé, au nom du ciel, sa tête et celle de ses enfants, insulte, par un parjure, à la majesté des dieux, avait-il bien le droit d'exiger qu'un nouveau serment lui fût déféré ? Il est revenu ici possesseur de biens immenses, et naguère il protestait devant le Peuple que sa vieillesse manquait de pain : tant il est vrai que son avidité égale sa perfidie!

Je finirai volontiers en vous demandant, ô juges! si le banquier qui suspend ses payements excite votre colère. Sans doute, il l'excite, car il vous fait un tort grave. Soyez donc indulgents et bons envers le banquier qui, fidèle à ses engagements, sauve vos intérêts : tel a été mon père. Quelle est la cause de tant de faillites ? Ce sont ces hommes qui, dans une détresse parfois simulée, demandent des fonds cautionnés par le crédit dont ils prétendent jouir ; mais qui, devenus riches, rompent impudemment la parole donnée à leurs créanciers.

Tout ce que j'ai pu faire attester, ô juges! a été confirmé par de solides témoignages; j'y ai ajouté le raisonnement, pour rendre la démonstration complète. Timothée est notre débiteur : venez-nous en aide, pour que nous fassions le recouvrement des créances paternelles.

NOTES
DU PLAIDOYER CONTRE TIMOTHÉE.

(1) À peine de retour d'une première campagne, où il avait vaincu les Lacédémoniens à Leucade, Timothée eut ordre de repartir. Ne trouvant pas dans le port d'Athènes les forces suffisantes, il vogua vers les îles et vers la Thrace, pour lever des subsides sur ces pays sujets d'Athènes, et pour mettre sa flotte au complet. Les Athéniens, estimant qu'il aurait mieux fait d'aller ravager les côtes de la Laconie, le destituèrent, et lui donnèrent pour successeur Iphicrate, qui s'était porté son accusateur avec l'orateur Callistrate. V. Cornélius Népos.

(2) Cela n'était pas difficile. « Populus acer, suspicax, mobilis, adversarius, invidus etiam potentiæ. » Corn. Nep. *Timoth.*

(3) « Fort jeune encore, dit Cornélius, Timothée se trouvait obligé de plaider devant le tribunal d'Athènes : aussitôt ses amis et ses hôtes se réunirent pour le défendre; et l'on vit même se joindre à ces patrons de condition privée, Jason, le plus puissant des princes de son temps. Ce tyran, qui, dans ses États, ne se croyait en sûreté qu'entouré d'une garde nombreuse, se rendit à Athènes sans escorte, et montra en cette occasion tant d'estime pour son hôte Timothée, qu'il aima mieux exposer sa propre vie, que de l'abandonner dans une affaire où son honneur était compromis. » Alkétas, roi des Molosses, père d'Arymbas, était, dit Xénophon, tributaire de Jason.

(4) Endroit de l'Attique, ainsi appelé parce qu'il était voisin de la mer.

(5) La retraite de Timothée à Chalcis et à Lesbos semble réfuter suffisamment cette imputation.

(6) « L'orateur fait un crime à Timothée de s'être réconcilié avec Iphicrate, après s'être engagé, devant le Peuple, à intenter une accusation contre lui. Ici Timothée doit être, au contraire, loué de ce noble oubli des injures. » Biogr. Univ., art. *Timoth.*

XX.

PLAIDOYER

CONTRE BŒOTOS.

INTRODUCTION.

Dans l'exposé du sujet d'un premier plaidoyer contre Bœotos (XVI), nous avons présenté les principales notions nécessaires pour l'intelligence de celui-ci. Nous y renvoyons le lecteur.

Après avoir prévenu les reproches qu'on pourrait lui faire à l'occasion d'un procès nouveau, intenté pour un vain nom, Mantithée fait constater par témoins celui que Bœotos et lui-même ont reçu de Mantias. Si tous deux s'appellent de même, quels inconvénients publics et personnels peuvent naître de cette confusion ! Déjà même de fâcheuses méprises ont eu lieu. Le plaideur établit, par de nouvelles preuves, son droit au nom qu'il porte, et l'obligation où est son adversaire de s'appeler Bœotos, comme l'appelait celui qu'il a forcé de le reconnaître pour fils. Il détruit les raisons qu'il peut alléguer, montre qu'il est de son avantage à lui-même de ne pas demeurer l'homonyme du plaignant, lui fait de vifs reproches sur les tracasseries dont il l'assiége, l'attaque par sa propre conduite, et finit par prier les juges de lui accorder sa demande, qui est aussi juste que les prétentions de Bœotos le sont peu.

DISCOURS.

O juges! les dieux m'en sont témoins, si je traduis Bœotos devant vous, ce n'est nullement pour le persécuter. Plus d'un citoyen, je le sais, a trouvé fort ridicule l'assignation lancée à cet homme, parce qu'il porte le même nom que moi : mais plus d'un procès naîtrait, pour moi, de ma négligence à faire vider cette étrange querelle. Que l'usurpateur de mon nom ne revendique pas mon père pour l'auteur de ses jours, qu'il nous reconnaisse lui-même comme appartenant à deux familles différentes : oh! alors, je mériterais de passer pour un suppôt de chicane, si je lui disputais le nom que s'attribuerait sa fantaisie. Mais il n'en est pas ainsi : Bœotos a cité Mantias en reconnaissance de paternité ; ligué avec quelques sycophantes, avec Mnésiclès, que vous pouvez connaître, avec ce Ménéclès qui a fait condamner la Ninos (1), il a obtenu action contre mon père ; il s'est dit son fils, né de la fille de Pamphile ; il a osé réclamer les droits de citoyen. Je l'avouerai, il en coûtait à Mantias de paraître devant les tribunaux : du haut de la tribune il avait fait tomber quelques paroles dont le contre-coup pouvait le blesser dans un procès. D'ailleurs Plangon, stylée par Ménéclès, lui tendit un piège infâme. Elle le trompa par le serment, garant le plus inviolable de la foi : après s'être fait compter trente mines, elle promit de faire adopter ses fils par ses frères ; et, si Mantias lui déférait le serment devant le tribunal, elle refuserait de jurer. Ainsi, les deux jeunes gens pouvaient devenir citoyens, sans inquiéter désormais mon père. Plangon se présente : le serment lui est proposé ; la perfide l'accepte, et jure, devant le tribunal, le contraire de ce qu'elle avait juré en particulier. Après cette trahison, mon père se vit contraint de présenter les deux frères à sa section. Bref, il les reconnut, les fit inscrire sur les rôles, l'un sous le nom de Bœotos, l'autre sous celui de Pamphile ; moi, j'avais été inscrit sous celui de Mantithée. Avant que l'insertion passât de là sur les registres du dême, mon père mourut : Bœotos se présenta hardiment devant le démarque, remplit lui-même cette dernière formalité, et dicta le nom de Mantithée, au lieu de son véritable nom. Quel tort me fait ce faussaire ? quel tort fait-il au peuple ? c'est ce que j'exposerai quand des témoins auront confirmé ce que je viens de dire.

Les Témoins paraissent.

Ces dépositions (2) constatent les noms que mon père nous a donnés lorsque nous avons été inscrits. Passons à de nouvelles preuves. C'est contre mon vœu, ô juges! mais c'est d'après le vœu de la justice, que je poursuis celui qui a changé les dispositions de Mantias. Quoi! j'ai borné ma fortune au tiers d'un patrimoine qui me revenait tout entier, j'en ai abandonné la plus grande partie à des intrus, à des escrocs, à des voleurs de titres et d'héritages : et je serais assez fou, assez inconséquent pour disputer aujourd'hui un nom, si je ne voyais autant de honte que de lâcheté à changer celui que je porte, et si Bœotos pouvait avoir quelque légitime motif de devenir, de rester mon homonyme!

Traitons d'abord les considérations d'ordre public. Comment le gouvernement nous signifiera-t-il les charges à remplir? Les chefs des tribus se borneront-ils aux formalités ordinaires? L'avis sera donc ainsi conçu : *Mantithée, fils de Mantias, de Thorikos, sera chorége, gymnasiarque, hestiateur* (3). Cet énoncé distinguera-t-il, je le demande, celui de nous deux auquel il s'adresse? Ne vois-tu pas, Bœotos, que nous nous le renverrons l'un à l'autre? Qu'en résultera-t-il? cités au tribunal de l'archonte, nous aurons double procès; nous ferons défaut à la citation comme à l'avertissement : alors, qui de nous deux sera puni au nom de la loi? Et les stratéges, comment feront-ils pour nous désigner? L'un de nous est porté, dans une classe de contribuables, pour l'armement d'une trirème, ou pour quelque expédition. Qui fera les frais? qui partira? Même confusion dans toutes les nominations faites par l'éponyme, par l'archonte-roi, par les présidents des jeux. A quel signe reconnaître l'élu? Pour chacun de nous deux, on ajoutera peut-être le nom de la mère. Eh! fit-on jamais cette addition pour désigner un citoyen? Quelle loi permet d'indiquer autre chose que le père et le dême natal? Et, ici, même dême, même père produiraient le chaos. Combien d'autres malentendus je pourrais signaler! On appelle aux fonctions que vous remplissez, ô juges! *Mantithée, fils de Mantias, de Thorikos* : que ferons-nous? irons-nous tous deux? Comment discerner lequel a été réellement appelé? Le sort jette à l'un de nous deux une magistrature : Mantithée est désigné membre des Cinq-Cents ou thesmothète. Qui se rendra au Conseil? qui veillera sur la législation? — Belle difficulté! une empreinte sur la tablette de métal qu'on jettera dans l'urne peut la trancher. — Cet expédient, tout praticable qu'il est, ne dissipera pas toutes les obscurités : comment un peuple entier reconnaîtra-t-il le sens de l'empreinte? Chacun des deux concurrents s'arrogera la faveur du sort. Les tribunaux seront saisis de la contestation : là, on nous déchaînera l'un contre l'autre; nous nous verrons, en quelque sorte, placés hors du droit commun; nous nous déchirerons mutuellement, et la magistrature restera, non au mieux fondé en droit, mais au plus disert. Ne serait-il pas mieux, pour toi comme pour moi, de prévenir tant de pénibles querelles? Préféreras-tu d'inépuisables causes de haine et d'injures? Et, lorsque tous ces débats se termineront par la retraite de l'un des prétendants, tout sera-t-il fini pour cela? il restera une anomalie énorme : car deux tablettes (4) tirées de l'urne auront été appliquées à un seul citoyen. Ainsi, nous ferons impunément ce que la loi punit de mort. — Non, nous ne le ferons pas; c'est une question de bonne foi. — Je réponds de moi, ô juges! mais cela ne suffit pas; je ne veux point encourir gratuitement le soupçon d'avoir aussi gravement prévariqué.

Tels sont les embarras dans lesquels tombe la chose publique : voyons maintenant ceux qui me sont personnels. Pesez-en bien toute la gravité, ô juges! vous comprendrez combien mes plaintes sont fondées. Je vais citer des cas plus litigieux encore que ceux qui précèdent. Bœotos, vous le savez tous, était l'intime de Ménéclès, lorsqu'il vivait, et de quelques autres brouillons; il a contracté d'autres liaisons tout aussi déshonorantes. Ses goûts vous sont connus : il joue l'orateur, et, à vrai dire, il en a quelque chose. Si donc, plus tard, il tente quelque coup hardi, s'il dénonce, accuse ou traîne en prison des citoyens influents; si, avec cette vigueur que vous déployez parfois contre de turbulents harangueurs, vous repoussez les efforts du factieux, et le déclarez, par suite d'une accusation où il aura échoué débiteur du Trésor, comment s'assura-t-on que c'est bien lui qui est inscrit à l'Opisthodome, et non moi? — Par la notoriété publique. — Fort bien. Mais le temps s'écoule, et l'amende n'est pas payée; les deux Mnésithée meurent : quels enfants seront mis au lieu et place du condamné? Suis-je bien sûr que ce ne seront pas les miens? Le nom, le père, la tribu, tout ne sera-t-il pas identique? Voici une autre hypothèse. Sur le refus d'exécuter une sentence, mon adversaire est cité en justice. L'accusateur a beau déclarer qu'il n'a pas affaire à moi : Mantithée est le nom que porte la plainte; ce Mantithée, est-ce lui? est-ce moi? Il est en retard pour le payement d'un impôt; il survient, sur son compte et pour son nom, quelque mauvaise affaire ou quelque bruit fâcheux : qui sera poursuivi? qui sera difamé? Il est accusé comme réfractaire; on dit qu'au lieu de partir avec l'armée, il s'est furtivement glissé parmi les chœurs de danse : sur qui pèsera cette grave imputation? Et ceci, juges, n'est pas une pure hypothèse : naguère, lorsque nos soldats étaient partis pour Tamynes, Bœotos resta ici à célébrer des fêtes; il dansa même dans les Dionysies : tous les Hellènes qui affluaient ici l'ont vu. Quand l'expédition d'Eubée fut terminée, il fut accusé en forme pour n'avoir pas pris les armes; et moi, qui, dans ma tribu, commandais une compagnie, je fus obligé de recevoir un ajournement, à cause du nom que je porte. Nul doute que, si les juges avaient pu être rétribués (5), j'aurais comparu, en dépit de ma résistance; nul doute que, si les dossiers d'affaires n'eussent été clos, on aurait exigé la déposition de mes témoins. Que peut-il m'arriver encore, si l'on conteste au faux Mantithée le titre de citoyen? Il a beaucoup d'ennemis, et bien des gens se souviennent de la supercherie de sa mère. Aux dénégations de Mantias vous préférâtes la déposition d'une méchante femme : aujourd'hui que Bœotos est bien connu pour un brouillon, qui sait si vous ne donnerez pas aux paroles de mon père une confiance tardive? Et si, craignant d'être convaincu d'avoir déposé comme faux témoin dans plusieurs procès de ses complices, il se laisse condamner par défaut, qu'adviendra-t-il? Ne dois-je pas trembler, ô juges! à la seule pensée de me voir accolé toute ma vie, par la seule conformité du nom, avec un pareil misérable?

Dans toutes ces probabilités, ô juges! mes craintes ne sont pas des chimères. Déjà Bœotos a été l'objet réel de plusieurs accusations dans lesquelles son innocent homonyme s'est vu enveloppé; il me dispute maintenant une magistrature que je dois aux suffrages populaires; enfin, cette malheureuse conformité me poursuit partout. Écoutez les témoins qui l'attestent.

Dépositions.

Vous voyez donc, ô Athéniens. toutes les mésaventures qui m'arrivent par suite de l'usurpation de Bœotos.

C'est peu d'être importuné pour moi, cette usurpation est une grave injustice. En effet, quel a été le titre de Bœotos à la possession d'une partie de mon bien? la reconnaissance arrachée à mon père; et, non content de ce premier larcin, qu'est-ce que Bœotos me dérobe encore? un nom que je tiens de la libre volonté de mon père! Oui, ce nom, Mantias me l'a solennellement donné dans deux circonstances : il me l'a donné lors de mon inscription sur les rôles de sa section; il me l'a donné au milieu des joies d'un festin célébré dans ce but (6). — Greffier, prends la déclaration des témoins.

Déposition.

Vous l'entendez, ô juges! j'ai toujours porté le même nom; pour mon adversaire, c'est à contre-cœur que Mantias a rempli le devoir paternel de le nommer, et il l'a appelé Bœotos. Et qu'aurait donc fait ce Bœotos, si mon père ne fût pas mort, lorsqu'il a été question de l'inscrire sur les registres du dème? Se serait-il opposé à l'insertion du seul nom qu'il ait droit de porter? D'une part il lui a intenté procès pour le faire inscrire lui-même; et, de l'autre, il repousserait l'inscription! N'y aurait-il pas là une contradiction choquante? Eût-il laissé faire Mantias? Dans ce cas, Bœotos étant son nom sur les rôles de la section, il n'eût encore été que Bœotos sur ceux du dème. Je le demande à la terre et au ciel, peut-il bien appeler Mantias son père, celui qui ose protester contre un acte de Mantias?

Quel grossier mensonge il hasardait devant l'arbitre! Mon père avait, disait-il, célébré un festin pour lui comme pour moi, et, dans ce festin, il l'avait appelé Mantithée. Quels étaient ses prétendus témoins? des hommes que Mantias n'a jamais vus! Il arrive ordinairement de deux choses l'une : ou un citoyen refuse de reconnaître un enfant pour son fils, et alors il n'y a pas de festin; ou, si un festin est célébré avec ces démonstrations de tendresse qu'on prodigue à un fils légitime, il n'y a point refus de déclaration de paternité. Mon père ne voyait plus Plangon : n'importe, ce n'était pas un motif pour repousser des enfants qu'il eût cru être siens. Un père et une mère ne reportent pas sur des enfants leur animosité mutuelle; au contraire, ces mêmes enfants sont ordinairement le lien qui les rapproche.

Mais cette imposture n'est pas la seule que j'aie à rapporter ici. Avant de se donner pour mon frère, Bœotos allait aux écoles de la tribu Hippothoontide, et il voulait s'introduire parmi les enfants de cette tribu. Cependant, ô juges! qu'en pensez-vous? est-ce là que Plangon l'aurait envoyé, si mon père eût fait à cette femme l'affront dont on se plaint, si elle l'eût vu refuser la déclaration de paternité après avoir célébré un banquet? Nul de vous n'en tirera cette conclusion. Pour se régler d'avance sur l'usurpation qu'il a consommée plus tard, pourquoi Bœotos n'allait-il pas, comme moi, aux écoles de la tribu Acamantide?

Il y a encore là un fait dont il faut établir

exactitude : ce sont les condisciples mêmes de Bœotos que vous allez entendre.

Les Témoins paraissent.

J'ai suffisamment constaté plusieurs faits très-graves, surtout une paternité surprise, et le passage illégal d'une tribu dans une autre. Le tout est l'œuvre de la crédulité de Mantias et du parjure de Plangon. Bœotos en a-t-il assez fait pour me persécuter? Non, juges, c'est trop peu pour cet homme avide : l'argent laissé dans la succession le tentait ; afin de l'avoir, il m'a lancé deux ou trois assignations. Mon père était, sans doute, un grand thésauriseur (7)! Qu'ai-je besoin de réveiller ici vos souvenirs? Si le serment de la mère est conforme à la vérité, je démontre que les plaintes du fils n'ont aucun fondement. Mon père laisse beaucoup d'argent comptant! As-tu donc oublié, Bœotos, que tu l'as représenté entretenant à la fois deux femmes, deux maisons, deux familles?

Ne pouvant alléguer une seule raison valable, que fera mon adversaire? il se rendra l'écho de ses propres doléances ; il dira : C'est pour complaire à Mantithée que Mantias affecta de me méconnaître; je n'en suis pas moins l'aîné, ajoutera-t-il, et c'est à moi qu'appartient le nom de l'aïeul paternel (8). Quelques mots suffiront pour le confondre. Lorsque Bœotos n'était pas encore un intrus dans ma famille, il me paraissait, je m'en souviens, beaucoup plus jeune que moi. Cela suffit-il pour établir que je suis son aîné? Non, sans doute. Mais qu'il me réponde, s'il l'ose. Avant de te dire fils de Mantias, tu voulais déjà, Bœotos, entrer dans la tribu Hippothoontide : quel nom, à cette époque, prétendais-tu porter? celui de Mantithée? Certes, ce n'était point par droit d'aînesse : ne demandant pas même une place dans ma tribu, comment aurais-tu songé alors à m'en disputer un nom de famille? Je dirai plus, Athéniens : nul, parmi vous, ne connaît exactement nos deux âges, et ce ne sont pas nos prétentions opposées qui feront foi ici. Mais vous connaissez tous les droits de l'équité : appliquez-les à ma cause. Depuis quand Bœotos et son frère sont-ils réputés fils de Mantias? Depuis le jour où ils ont été reconnus. Eh bien! longtemps avant de présenter Bœotos aux chefs de sa section, mon père m'avait donné, sur l'état civil du dême, le nom de Mantithée. Donc, à défaut de l'âge, la priorité de la possession m'autoriserait à porter un nom qui est le privilége du fils aîné.

Bœotos, réponds-moi : Pourquoi appartiens-tu maintenant à la tribu Acamantide, au dême de Thorikos, à la famille de Mantias? pourquoi es-tu possesseur d'un tiers de l'héritage laissé par mon père? — Parce que Mantias vivant m'a reconnu pour son fils. — Quelle preuve en as-tu? — Il m'a lui-même présenté aux chefs de sa section. — Sous quel nom t'a-t-il fait inscrire? — Ce nom est le même que celui de la présentation : Bœotos. — Bœotos : voilà donc le nom qui t'assure et le droit de cité, et une large part dans la fortune d'un citoyen ; ce nom, c'est ton rang, ton titre, ta richesse, et tu le jettes pour en ramasser un autre! Je suppose que mon père, sortant de son tombeau, te somme ou de garder le nom sous lequel il t'a reconnu, ou de chercher un autre père : son langage ne serait-il pas très-sensé? Eh bien! c'est moi qui, à sa place, t'imposerai cette alternative. Oui, Bœotos, cesse de t'appeler mon frère, ou conserve le nom que tu tiens de Mantias. — Mais ce nom est une insulte. — Une insulte! il a été porté par ton oncle maternel. Lorsque mon père vous repoussait, ton frère et toi, n'alliez-vous pas disant partout que les parents de votre mère valaient bien les siens? Mantias n'a rien fait que de naturel : forcé de vous présenter tous deux aux chefs de sa section, et m'ayant déjà inscrit sous le nom de Mantithée, il a pris vos noms de Bœotos et de Pamphile dans une autre branche. D'ailleurs, jamais Athénien appela-t-il de la même manière deux de ses fils? Cite un seul exemple de ce genre, et je t'accorderai qu'en te désignant comme Béotien, mon père, dans son dépit, t'a jeté une injure à la face. Capable de lui extorquer une reconnaissance frauduleuse, tu n'as jamais été pour lui qu'un mauvais fils : à ce titre, ce n'est pas une injure, c'est la mort que tu méritais. Et, si cette manœuvre ne fut autre chose que le vol d'un titre, la loi demande encore ta tête. Quoi! le fils légitime, dont le rang ne fut jamais contesté, s'il insulte son père, trouve la loi inexorable ; et elle sera indulgente pour un bâtard ingrat?

Vois donc, ô Bœotos! quelle est ta folie; renonce à toutes tes démarches; ou du moins, par Jupiter! écoute un utile conseil. Cesse de m'inquiéter, cesse de te tourmenter toi-même par tant de persécutions (9). Citoyen, reconnu fils de citoyen, et riche, ton sort est assez beau. Personne ne te ravit tant d'inespérés avantages; moi-même je ne te les dispute point. Tu es, dis-tu, mon frère : agis donc en frère avec moi; alors on te croira. Mais, si je demeure en butte à ta jalousie, à tes piéges, à tes accusations, à tes calomnies, ta propre conduite trahira un sang étranger ; on ne verra en toi qu'un accapareur d'héritages. Je suppose que nous soyons du même sang : quand Mantias ne l'eût pas déclaré, quand il vous aurait constamment repoussés tous deux de ses bras, je serais encore innocent envers vous. Était-ce à moi à chercher quels frères inconnus Mantias m'a donnés? Ne devais-je pas attendre qu'il me désignât lui-même ceux à qui je dois donner ce nom? Tant qu'il ne vous a pas reconnus, vous n'avez été pour moi que des étrangers : devant le magistrat, il vous a une fois nommés ses fils ; souvent je vous ai appelés frères. Je n'en chercherai pas la preuve au loin. Mon père mort, vous avez partagé avec moi sa succession. Qui donc vous prive de vos droits? Que désirez-vous de plus?

N'importe ; il criera contre moi, il gémira, il pleurera sur sa destinée. Pour vous, ô juges! gardez de vous laisser entraîner loin de la question ; on n'examine pas aujourd'hui, si je lui ai causé quelque tort. Répondez-lui par votre incrédulité ; répondez-lui que, sous le nom de Bœotos, il peut, s'il se croit fondé, m'intenter un nouveau procès. Crois-moi, Bœotos, ne cherche pas à fortifier ta résistance par ces ignobles moyens. Cesse de te montrer hostile à qui n'a jamais voulu être ton ennemi. Même aujourd'hui quand je demande qu'on nous distingue par deux noms différents, c'est ta cause que je plaide, bien plus que la mienne. Tu en doutes? écoute-moi : s'il est deux Mantithée, fils de Mantias, dès que, dans la conversation, ce nom sera prononcé, on dira, Quel Mantithée? et, s'il est question de toi, l'interlocuteur répondra : Le voleur de titres, l'accapareur d'héritages. Est-ce à cela que tu aspires?

Qu'on nous lise les dépositions qui certifient que mon père lui a donné le nom de Bœotos, après m'avoir nommé Mantithée.

Dépositions.

Non-seulement votre conscience, ô juges! éclairée par mes démonstrations, doit vous dicter un arrêt favorable à ma cause ; mais encore mon adversaire lui-même semble vous y obliger : oui, il a protesté, par sa conduite, contre ses prétentions ; il a reconnu comme sien le nom, le seul nom de Bœotos. Je l'avais assigné pour la dot de ma mère (10) : dans l'acte, le défendeur était ainsi désigné : *Bœotos, fils de Mantias, de Thorikos*. Son premier mouvement fut de répondre, et cette réponse était une reconnaissance de son véritable nom ; mais ensuite, ne pouvant échapper au tribunal, il se laissa condamner par défaut. Que fit-il ensuite? il recourut à la voie d'opposition, aux fins de non-recevoir, à la mauvaise foi, lui qui d'abord avait répondu à l'appel. Toutefois, s'il ne croyait réellement pas s'appeler ainsi, que ne laissait-il condamner Bœotos sans donner le moindre signe de vie? Pourquoi ces tergiversations, ces moyens évasifs? Mais non, je le répète, au nom de Bœotos il s'est reconnu. Fidèles à votre serment, c'est ainsi que vous le désignerez, ô juges! et, en attachant désormais ce nom à sa personne, vous ferez ce qu'il semble lui-même vous prescrire.

Prouvons encore ceci par la lecture de deux pièces, mon acte d'accusation, et l'opposition interjetée par mon adversaire.

Lecture de Pièces.

Juges, s'il est une loi qui consacre, pour les enfants, la liberté de se choisir un nom, si Bœotos peut l'invoquer, donnez-lui gain de cause. Mais, si la loi unique sur cette matière, la loi que vous connaissez tous, ne confère ce droit qu'aux parents, et permet même à un père de retirer le nom qu'il a donné à son fils, pour y faire une substitution solennelle ; si j'ai démontré qu'en vertu de cette loi Mantias a nommé mon antagoniste Bœotos, et moi Mantithée : pouvez-vous prononcer contre moi? Que parlé-je de loi? votre devoir n'est-il pas de prononcer, d'après l'équité, sur toutes les questions que le législateur n'a pas prévues? A ce titre encore, ô juges! condamnez Bœotos. Parmi vous, plusieurs sont pères, d'autres le seront un jour : donnerez-vous jamais le même nom à deux de vos fils? M'adressant à chacun de vous, j'en appelle du juge au père. En un mot, tout plaide pour moi, la raison, la justice, l'équité, les lois, votre serment, les aveux mêmes de mon adversaire. Quant à ses prétentions, elles répugnent et au bon sens, et aux coutumes d'Athènes.

NOTES
DU PLAIDOYER CONTRE BŒOTOS.

(1) Dans les notes du discours de Démosthène sur l'Ambassade, on a vu que cette femme, dont il est aussi question dans le premier plaidoyer contre Bœotos, avait été accusée par Ménéclès de composer, pour deux jeunes gens, des philtres amoureux.

(2) Nous ne concevons pas pourquoi, dans ce cas et dans quelques autres, les rôles n'étaient pas mis sous les yeux du tribunal.

(3) Voyez l'introduction au discours contre la loi de Leptine.

(4) Il y aura deux sortes de tablettes, πινακιά, pour désigner Mantithée ; les unes, pour distinguer l'élu de son homonyme, auront une empreinte particulière, σημεῖον, qui ne sera pas sur les autres.

(5) Il paraît que les fonds sur lesquels on payait les honoraires des juges n'étaient pas disponibles lorsque Mantithée fut assigné, et que cette circonstance retarda l'ouverture des tribunaux. — Voyez, dans les notes du plaidoyer contre Conon, ce qu'on entendait par ἐχῖνος, espèce de portefeuille des juges et des arbitres.

(6) Dix jours après la naissance d'un enfant, le père célébrait un festin nommé δεκάτη, dans lequel il reconnaissait le nouveau-né pour son fils ou pour sa fille, et lui donnait le nom qu'il devait porter.

(7) Phrase ironique, comme l'indique ce qui suit.

(8) Cet usage était constant dans les familles athéniennes.

(9) Virgile semble avoir traduit la phrase de l'orateur grec : παῦσαι μὲν σαυτῷ παρέχων πράγματα, παῦσαι δ' ἐμὲ συκοφαντῶν.

Desine meque tuis incendere teque querelis
Æneid. IV.

(10) Voyez section III, 16ᵉ plaidoyer.

XXI.

PLAIDOYER

CONTRE OLYMPIODORE.

INTRODUCTION.

L'Athénien Conon était mort sans enfants : Callistrate, pour qui ce plaidoyer fut composé, s'empara de la succession, à titre de plus proche collatéral. Olympiodore, beau-frère de Callistrate, la lui disputa, et voulut, du moins, devenir son cohéritier. Une transaction eut lieu ; et, en vertu d'un engagement écrit, scellé du serment, déposé chez un ami commun, il fut convenu que les deux contendants partageraient également les biens du défunt, connus ou à connaître, et qu'ils uniraient leurs efforts pour repousser les prétentions d'un tiers, s'il en survenait. Il en survint ; un procès en revendication leur fut intenté.

Cependant Olympiodore était parti pour la guerre. On n'attendit pas son retour, et les nouveaux prétendants obtinrent une sentence favorable. Callistrate se laissa condamner, ne voulant pas agir en l'absence d'Olympiodore, qui ne lui avait pas laissé de procuration. A son retour, Olympiodore attaqua ceux qui s'étaient fait adjuger l'héritage, et qui en étaient possesseurs. Une étrange convention fut arrêtée entre lui et son associé d'intérêt : il devait réclamer la succession entière, et Callistrate seulement la moitié. Il en résulta un changement de fortune non moins bizarre : Olympiodore expropria juridiquement tous ses adversaires, et Callistrate lui-même. Il devait partager ; il garda tout. Ne pouvant rien obtenir par les voies de conciliation, Callistrate poursuivit l'accapareur devant les tribunaux.

Un long exposé de toutes les relations établies entre le plaignant et son adversaire, pendant le premier séjour d'Olympiodore à Athènes, pendant son absence et à son retour ; les preuves testimoniales ; quelques arguments ; une courte réfutation, une violente sortie contre la courtisane qui a rendu le défendeur infidèle à ses engagements ; une prière aux juges : voilà les parties les plus saillantes de ce plaidoyer, où le récit occupe bien plus de place que l'argumentation.

DISCOURS.

O juges ! un citoyen qui n'a ni l'habitude ni le talent de la parole, peut se voir dans la nécessité de plaider quand ses intérêts sont foulés aux pieds par ceux-là mêmes qui lui doivent le plus d'égards. Voilà ce qui m'arrive aujourd'hui. Je n'avais pas l'intention de traduire devant les tribunaux Olympiodore, dont la sœur est mon épouse : je ne le fais qu'à contre-cœur, et après qu'il a comblé la mesure de ses injustices. Si j'attaquais un beau-frère innocent envers moi, si je n'avais demandé le pacifique arbitrage d'amis communs, si enfin j'avais repoussé tout moyen de rapprochement, je ne pourrais, sans rougir, paraître devant vous, et, à mes propres yeux, je demeurerais inexcusable. Mais j'ai été spolié, indignement spolié ; mais j'ai tenté préalablement toutes les voies de douceur pour rentrer dans mes droits ; et, j'en atteste le très-grand Jupiter, c'est sous le poids de la plus douloureuse contrainte que j'élève ici la voix. Quand vous nous aurez entendus tous deux, de grâce, essayez encore un accommodement ; c'est un service que j'accepterai avec reconnaissance. Si l'obstination de mon adversaire lutte contre vos propres efforts pour rapprocher deux parents, alors seulement condamnez, acquittez, selon votre justice.

Les premières dépositions qu'on va lire prouvent que, si Olympiodore comparaît devant vous, il ne doit s'en prendre qu'à lui-même. — Lis, greffier.

Dépositions.

Des témoins oculaires affirment donc, ô juges ! que j'ai fait à Olympiodore des propositions justes et raisonnables. Il n'en a tenu compte. De là, l'obligation où je me trouve de vous exposer mes griefs contre lui. Je serai court.

Conon d'Halès était notre parent ; il est

mort sans enfants, après une courte maladie. Il avait vécu bien des années, et il était fort vieux lorsqu'il mourut. Voyant sa fin approcher, je mandai Olympiodore, pour que, témoin, comme moi, des derniers moments du vieillard, il partageât tous les soins qu'exigeait la circonstance. Il vint nous trouver, moi et ma femme, et nous aida de ses bons offices. Nous préparions tout pour la sépulture, lorsque soudain il s'écrie : « Par les dieux! ma mère était proche parente du défunt; et, de son chef, je suis héritier. » Cet impudent mensonge m'étonna; mes titres de plus proche collatéral étaient irrécusables. Loin de m'en laisser imposer, je m'emportai d'abord avec chaleur, et j'exhalai toute mon indignation contre une telle hardiesse. Colère bien juste, mais bien déplacée au milieu des tristes soins des funérailles! Je me calmai donc promptement, et je répondis : « Ne songeons maintenant qu'à rendre à Conon les derniers devoirs : cela fait, nous aurons le temps de discuter les affaires. » Mon observation fut goûtée. Les funérailles terminées, nous convoquâmes une assemblée de famille, et nous débattîmes à loisir les prétentions d'Olympiodore. Je vous épargnerai, je m'épargnerai à moi-même le procès-verbal de toute cette longue discussion; j'arrive de suite au dénoûment. La famille nous laissa tous deux juges de l'affaire, avec prière de la terminer devant elle. Un partage égal, avec renonciation à toute prétention ultérieure, à toute réclamation, fut décidé entre nous. Il me tardait d'en finir; et une transaction pacifique me parut préférable à la nécessité de plaider contre un parent, et d'échanger publiquement des reproches avec le frère de ma femme et l'oncle de mes enfants. Nous rédigeâmes, article par article, un contrat, qui fut signé et juré. Dans cette pièce, nous nous engagions mutuellement à partager, avec la plus parfaite égalité, tous les biens de Conon qui nous seraient connus, à faire ensemble toutes les recherches, et agir, pour tout, solidairement et en commun : car nous pressentions confusément que l'héritage nous serait disputé. J'avais un frère consanguin, qui était absent : qui sait si lui, ou quelque autre, ne pourrait pas survenir un jour, et tenter de nous arracher la succession? Comment l'aurions-nous empêché? En fait de revendication d'héritage, les lois accordent une latitude immense. Nos craintes étaient donc fondées lorsque nous stipulâmes, sous la foi du serment, que nul de nous deux n'agirait sans l'autre, et que le double consentement, pour une mesure quelconque, serait aussi nécessaire que ce concours. Nous prîmes à témoin de l'inviolabilité de notre promesse les dieux immortels,

nos parents, et Androclide, dépositaire du contrat.

Je veux, juges, qu'on vous lise la loi qui a servi de base à nos stipulations et qui les autorise; puis l'attestation d'Androclide. — Lis d'abord la loi.

Lecture de la Loi.

Lis maintenant la déposition d'Androclide.

Déposition.

Lorsque nous eûmes prêté serment, et que l'acte fut remis entre les mains du dépositaire, je fis deux parts de tout le bien de Conon. L'une se composa d'une maison que le défunt avait habitée, et d'esclaves passementiers; l'autre, d'une seconde maison, et d'esclaves droguistes. Conon avait laissé quelques fonds à la banque d'Héraclide : mais cet argent était absorbé par les frais des funérailles et la construction d'un tombeau. Olympiodore eut le choix : il prit le lot dans lequel étaient les esclaves droguistes; l'autre devint ma propriété.

Parmi les serviteurs échus en partage à mon adversaire, était un nommé Moschion, que Conon avait toujours cru très-fidèle. Connaissant depuis longtemps toutes les habitudes de son ancien maître, Moschion savait où il mettait son argent. Le vieillard, aveuglé par une singulière confiance, ne s'était pas aperçu que son esclave le volait. Mille drachmes, séparées du reste de l'argent, avaient d'abord disparu; une somme de soixante-dix mines les suivit de près. Le thésauriseur ne s'était aperçu de rien, et le fruit du double larcin était resté entre les mains de l'esclave.

Quelque temps s'était écoulé depuis le partage, lorsque certains indices éveillèrent nos soupçons. Nous observâmes l'esclave, et nous décidâmes, Olympiodore et moi, qu'il serait mis à la torture. Quand le misérable se vit découvert, il n'attendit pas la douloureuse épreuve, et avoua qu'il avait volé à Conon mille drachmes, ajoutant qu'il lui restait tout ce qu'il n'avait pas dépensé : il ne fut pas question alors d'autres sommes. Six cents drachmes, environ, furent restituées : nous nous les partageâmes. Ainsi le voulaient notre serment et le contrat déposé chez Androclide.

Un soupçon en amène un autre. L'argent si facilement rendu fit penser à Olympiodore que le fripon ne s'en était pas tenu là : il fut donc remis à la question. C'est ici mon premier grief : Olympiodore, cette fois, ne m'appela point, il agit seul. Il avait cependant juré de ne rien faire sans moi, ni perquisitions, ni démarche quelconque. L'esclave, dans les douleurs de la torture, avoua encore soixante-dix mines : mais il les avait reçues, disait-il, de son ancien maître. Il mentait, c'était un vol. Nouvelle restitution faite à Olympiodore. Lorsque j'appris ce qui venait de se passer, ma première idée fut qu'Olympiodore partagerait avec moi la seconde somme, comme il avait fait pour la première. Je l'attendis donc; la contrainte me semblait prématurée, et j'aimais mieux devoir ma part, dans ce dernier recouvrement, à la scrupuleuse fidélité de mon associé pour la foi jurée. Cependant, je n'entendais parler de rien ; après une longue attente, étonné, inquiet, je demandai une explication. Elle fut loin de me satisfaire : au lieu de compter sur-le-champ la somme considérable qui m'appartenait, Olympiodore ne me répondit que par de vagues défaites et des objections dilatoires.

Nous en étions là lorsqu'il survint plusieurs nouveaux prétendants à l'héritage de Conon. Callippe, entre autres, mon frère consanguin, à peine revenu de voyage, demanda, en jetant de grands cris, la moitié de tous les biens. Lorsque ces réclamations commencèrent, Olympiodore en tira bon parti; c'était un prétexte tout trouvé pour ne pas écouter les miennes. Avant tout, me disait-il, débarrassons-nous de l'affaire que nous avons sur les bras. Force fut donc de me laisser traîner de délai en délai. Nous avions à lutter contre forte partie : d'après notre serment, nous réglons, de concert, un plan de défense : Olympiodore non-seulement défendra sa part, mais établira ses droits sur l'héritage entier ; Callippe ne réclamant qu'une moitié, c'est pour une moitié seulement que j'entrerai en lice (1). Toutes les parties comparaissent devant l'archonte, qui les reconnaît et les autorise. Mais, au moment de nous présenter au tribunal, mon auxiliaire et moi, attaqués à la fois de front et sur les flancs, nous n'avions pas même eu le temps de préparer nos armes. Il nous fallait un sursis : mais le temps pressait; comment l'obtenir? Nous passions en revue tous les expédients praticables ou chimériques, lorsque le hasard sembla nous offrir le meilleur de tous. Les orateurs venaient de décider le Peuple à faire passer des troupes dans l'Acarnanie. Porté sur les rôles de l'armée, Olympiodore partit. Tant mieux! disions-nous; il s'éloigne pour le service de l'État, il faudra bien qu'on attende son retour. Nous nous trompions. L'archonte, suivant l'usage, fait l'appel de tous les plaideurs. Au nom d'Olympiodore, je réponds: *Absent, pour la défense de la république ;* et je demande un sursis. Quand vient le tour de nos adversaires, ils opposent protestations à protestations, et embrouillent tout si bien, que le magistrat trompé déclare Olympiodore absent par crainte des poursuites intentées contre nous. Par suite de cette fausse décision, l'archonte, conformément à la loi, déboute mon associé de ses demandes. Sa déshérence est prononcée; et la mienne, pour moitié, en est l'inévitable conséquence. Agissant toujours d'après le même principe erroné, l'archonte adjuge finalement la succession aux demandeurs. A peine munis de leur sentence, ceux-ci accourent au Pirée, saisissent et se partagent tous les immeubles et autres biens qui étaient entrés dans la fortune d'Olympiodore et dans la mienne. Présent à ce pillage juridique, je laissai faire, je livrai tout: la loi l'ordonnait. Olympiodore absent fut donc dépouillé de sa part dans la succession; on ne lui laissa que l'argent tiré de l'esclave mis à la torture, parce que cet argent se trouva insaisissable.

Voilà, juges, ce qui se passa pendant que mon auxiliaire était à l'armée ; voilà ce que m'a fait gagner notre ligue défensive.

Cependant la campagne se termine, Olympiodore revient. Que son mécontentement fut vif! que ses plaintes furent amères ! Lorsque l'orage fut passé, nous nous consultâmes de nouveau, et nous cherchâmes ensemble les moyens de nous relever d'une chute aussi rude. Tout examiné, nous résolûmes d'user du privilège de la loi pour lutter contre une revendication subreptice. Citons à notre tour, disions-nous, ceux qui nous ont cités pour nous dépouiller. Ce qu'un tribunal nous enlève, un tribunal nous le rendra. Mais le plus sûr, cette fois, n'est pas de faire cause commune: pour obtenir un résultat plus heureux, divisons nos efforts; que chacun de nous plaide en son nom, Olympiodore pour la succession entière, comme il a déjà fait, Callistrate pour la moitié dont son frère s'est emparé. Si le premier obtient une sentence favorable, le second, d'après les premières stipulations, rentrera en partage avec lui. S'il perd son procès, et que l'autre obtienne la part qu'il est prêt à réclamer, cette légère indemnité sera encore partagée entre eux deux, en vertu du même serment. Ces conventions arrêtées, et comme dictées par la prudence même, nous assignons, au nom de la loi, tous ceux qui nous avaient arraché la succession. On va lire le texte de cette loi.

Lecture de la Loi.

Telle a été, ô juges! l'arme dont nous nous sommes servis cette fois contre nos adversaires, en frappant chacun de notre côté, comme nous en étions convenus. Les mêmes formalités eurent lieu pour reconnaître, admettre les plaideurs, et leur donner action. Olympiodore parla le premier, et parla à son gré; il présenta les témoins de son choix : assis vis-à-vis de lui, je l'écoutais en silence. Notre plan, mieux concerté, eut un entier succès : Olympiodore triompha. Toutes ses réclamations furent écoutées; il exerça toutes ses reprises sur nos adversaires vaincus. Quand il eut ainsi réuni la succession entière sous sa main, que fit-il, ô juges? il rompit les engagements les plus sacrés : foulant aux pieds et son serment et le traité confié à notre ami commun, il ne voulut rien partager avec moi, et resta maître de tout !

Le tour des dépositions est venu : écoutez-les attentivement. La première vous prouvera que, dans le principe, nous avions partagé à l'amiable, avec égalité, tous les biens laissés par Conon. Qu'on lise cette pièce.

Déposition.

Voici maintenant la formule de la proposition par moi faite à Olympiodore, relativement à la somme tirée de l'esclave qu'il a mis à la torture.

Proposition.

Un autre témoignage constate qu'après avoir obtenu sentence contre nous, nos adversaires ont envahi nos deux parts, sans rien laisser que ce même argent qu'avait volé Moschion, et que la douleur lui avait fait rendre.

Déposition.

Récapitulons ce qui précède. Dans le principe, j'ai partagé avec Olympiodore l'héritage laissé par Conon ; Olympiodore, agissant à part, a tiré une somme considérable d'un esclave; par une tierce-opposition, des réclamants se sont emparés, une sentence à la main, de la succession dont nous étions saisis ; un revers de fortune a replacé juridiquement la succession entière parmi les biens d'Olympiodore ; enfin, il me refuse la part que m'assignent la loi et nos conventions. Quelles sont donc les raisons sur lesquelles il fonde ce refus? Je vais, ô juges! vous les exposer : écoutez, et surtout regardez où veulent vous mener les orateurs gagés pour parler contre moi ; c'est à la plus révoltante injustice !

Ici, je l'avoue, j'ai quelque peine à saisir mon adversaire, tant son langage varie! tant il se plaît à nous donner le change par les plus capricieux mensonges ! Raisons absurdes, soupçons mal fondés, imputations calomnieuses, voilà tout ce qu'on démêle dans cet étalage de la mauvaise foi. Plusieurs lui ont entendu dire qu'il n'avait pas tiré une obole de Moschion. Le contraire est-il prouvé d'une manière accablante pour lui? il se relève, et dit fièrement : « Cet esclave est à moi! Oui, il a restitué une grosse somme; mais Callistrate n'y touchera pas plus qu'au reste de la succession. — Mais pourquoi enfin repousses-tu Callistrate? lui dit un de nos amis communs; n'as-tu pas attesté le ciel que tu partagerais tout avec lui? le traité qui en fait foi n'existe-t-il plus? — Callistrate, répond-il, a lui-même violé ce traité; sa conduite envers moi est révoltante (2) : par ses actions comme par ses paroles, il n'a cessé de trahir mes intérêts. » Voilà, juges, de quelles misérables défaites il colore une grande iniquité ; voilà tout son système de défense. A tant de mensonges réels je me garderai bien d'opposer un seul soupçon chimérique. C'est par de solides inductions, mises à la portée de tous les esprits, c'est par de nombreux et incontestables témoignages, que je vais arracher le masque à l'imposteur.

J'établis d'abord, ô juges! qu'il n'a pas voulu vider nos débats devant des parents et des amis : pourquoi? parce que, connaissant toutes nos affaires, toutes nos relations beaucoup mieux qu'un tribunal, et les ayant suivies dès l'origine, des arbitres l'auraient arrêté tout court à son premier mensonge. Mais ici, quelle différence ! il espère avoir beau jeu et se donner carrière. J'ai, dis-tu, parlé, agi contre toi ! Ce reproche, Olympiodore, n'est pas même vraisemblable. N'ai-je pas partagé avec toi tous les frais des funérailles de Conon? Seul maître de l'héritage, ne t'en ai-je pas cédé la moitié? Lorsque, pendant ton absence, dont le motif fut mal interprété, le magistrat eut rejeté tes demandes, ne me suis-je pas aussitôt désisté des miennes? Je pouvais cependant poursuivre, réclamer hautement ma part : tu n'étais pas là pour m'en empêcher ; et l'opposition de nos adversaires aurait été bien faible. Mais il fallait, pour cela, séparer ma cause de la tienne, établir, entre tes intérêts et les miens, une distinction que prohibait notre contrat ; il fallait un parjure ! Aussi, je me tus, et je fus condamné. Voilà à quoi se réduit le plus spécieux des prétextes dont tu te sois armé pour demeurer détenteur d'une partie de ma fortune.

D'ailleurs, à quoi attribues-tu ma conduite dans le dernier procès qui t'a été si favorable ? Pourquoi, assis en silence, ai-je laissé à ta faconde la liberté la plus absolue? Pourquoi t'ai-je abandonné le choix et des faits qu'il fallait prouver par témoins, et des dépositions? N'était-ce pas parce que tu faisais cause commune avec moi ? parce que je te regardais comme invinciblement lié par la promesse qui m'enchaînait moi-même? Oui, juges! c'est cet accord qui a fait triompher mon associé ; c'est aussi par là qu'il est devenu mon spoliateur. A combien d'assertions mensongères et concertées je laissais un libre cours! La maison qui m'était échue en partage, il me l'avait louée; la moitié de l'argent repris sur les mille drachmes volées par Moschion, il me l'avait prêtée : peu content d'avancer de tels faits, il les faisait appuyer par des témoins. Un seul mot de contradiction n'est pas sorti de ma bouche; quand j'ai enfin parlé, ce n'a été que pour confirmer tout ce qu'il venait de dire (3). L'identité apparente de nos intérêts m'avait fait consentir à jouer un pareil rôle; et tout cela était concerté entre nous. Sans mon respect pour nos conventions, qui m'empêchait, dis-moi, de réfuter, de confondre des témoins imposteurs? Et toi, pourquoi ne m'as-tu assigné ni pour cette prétendue location d'une maison qui t'aurait appartenu, ni pour cette dette que j'aurais, à t'entendre, contractée envers toi? Tu n'en as rien fait! Tes paroles ne sont donc qu'un tissu d'impostures; ta conduite n'offre donc que des contradictions qui t'accusent.

Mais une preuve plus solide encore achèvera de dévoiler l'injustice et la cupidité de mon adversaire. En supposant un peu de vérité dans toutes ses allégations, c'est avant le procès qu'il devait les faire entendre; il devait sonder les dispositions du tribunal, se munir de témoins, exiger que le contrat déposé chez Androclide fût déclaré non avenu, comme étant annulé par mes infractions, comme n'existant plus de fait; il devait enfin signifier nettement au dépositaire que désormais il méconnaîtrait cette pièce. S'il n'avait pas menti devant les juges, voilà, sans doute, ce qu'il aurait fait; et il se serait bien gardé d'aller seul chez Androclide : une bonne escorte de témoins l'aurait accompagné, pour rendre sa démarche éclatante, sa protestation authentique. Eh bien! a-t-il agi de la sorte? Nullement. J'en appelle au témoignage d'Androclide lui-même. — Qu'on le lise.

Déposition.

Écoutez encore, ô juges! un autre trait de la conduite d'Olympiodore. Je lui ai dit : « Suis-moi chez Androclide, dépositaire de notre contrat; nous en tirerons ensemble une copie; nous le recachèterons; la copie sera mise parmi les pièces du procès. Par ce moyen, les juges ne pourront pas la soupçonner de faux; une pièce essentielle et authentique sera mise sous leurs yeux pour éclairer leur religion et amener le dénoûment le plus conforme à la justice. — Non, a-t-il répondu, je n'en ferai rien. » Il a même fait le contraire, ô juges! il a pris toutes les mesures nécessaires pour que notre contrat vous demeurât entièrement caché. Cette proposition n'est pas une fable inventée à plaisir : je vous présente la déclaration de ceux qui nous ont vus et entendus quand je l'ai faite. — Lis.

Déposition.

Ce refus d'Olympiodore est un véritable déni de justice. Que de conclusions à tirer de là! Ce traité, que j'ai le premier violé, dit-il, arracherait ma fortune de ses mains, s'il vous était textuellement connu (4). La proposition qu'il a déjà repoussée par devant témoins, je la réitère en face de ce tribunal. Oui, Olympiodore, je te somme de consentir ici, en pleine audience, que cet écrit soit ouvert, lu à haute voix, puis refermé. Je vois Androclide, qui est venu nous entendre. Qu'il aille chez lui chercher cette pièce; qu'on prenne ou sur mon temps ou sur le tien pour en donner lecture. Je ne demande qu'une chose bien simple : c'est que, dans toute sa teneur, notre stipulation mutuelle soit connue du tribunal. Réponds, le veux-tu? Veux-tu satisfaire la légitime curiosité de tous ceux qui nous entendent?... Vous le voyez, juges, il me refuse encore! Le fourbe! Ah! du moins, en le poussant à ce refus accusateur, je vous ai convaincus sur toutes ses impostures, je vous ai suffisamment montré que le plus sage parti serait de lui imposer silence.

Mais peut-être y a-t-il ici surabondance de preuves. Olympiodore lui-même sait qu'il est coupable envers moi, coupable envers les dieux, dont il offense la majesté par un parjure. Que voulez-vous? le malheureux est en proie à une fascination étrange. Je sens ici la rougeur me monter au front : mais ma cause et la vérité l'exigent, il faut parler, il faut que nos juges soient instruits de tout, et qu'ils ne prononcent qu'en pleine connaissance de nos personnes et de nos caractères. D'ailleurs, si quelque mot flétrissant s'échappe de ma bouche, Olympiodore doit s'en prendre à lui-même. Au lieu de mentir impudemment dans cette enceinte, où il n'est pas connu, que n'acceptait-il l'arbitrage de nos amis, de nos parents?

La compagne de sa vie n'est pas une Athénienne, une épouse légitime; c'est une étrangère, une courtisane, qu'il a achetée. Voilà le principe de nos divisions, de ses écarts, de sa démence. Oui, de sa démence! Ne remplir aucune des obligations contenues dans un traité librement consenti et confirmé par de mutuels serments; dépouiller celui qui veille sur les intérêts de sa propre nièce, de sa propre sœur, et dont la ruine entraînerait celle de deux proches parentes, n'est-ce pas l'acte d'un fou? Quel affront pour ma femme, pour ma fille! Chaque jour elles voient une vile prostituée sortir de la maison d'un oncle, d'un frère, étaler un faste révoltant, se pavaner pompeusement à la face de nos citoyennes, couverte des plus riches parures, couverte de nos dépouilles, et insultant, par un luxe résultat du scandale et du vol, à la mise simple et modeste de deux honnêtes femmes. Cette injure ne s'adresse-t-elle pas à mon épouse, à ma fille, plus encore qu'à moi-même? Aurait-elle lieu si Olympiodore n'était pas frappé d'un véritable vertige? Et qu'il ne crie pas à la calomnie; qu'il n'attribue pas cette imputation au besoin de me défendre à tout prix. Écoutez ce que déposent ses parents et les miens.

Déposition.

Vous connaissez maintenant Olympiodore : à l'injustice il joint la folie. Sa famille, ses amis ont reconnu son délire. Une disposition spéciale de notre législateur lui est applicable. Solon avait aussi pensé à ces malheureux dont les artifices d'un vil amour enchaînent toutes les facultés. Il a déclaré que tous les faits résultant de la suggestion d'une femme, surtout des séductions d'une courtisane, seraient frappés de nullité. Honneur à sa haute sagesse !

Ce n'est donc pas moi seul, ô juges ! qui vous adresse ici les plus vives supplications. Figurez-vous voir à mes côtés ma femme et ma fille, la sœur et la nièce de mon adversaire : elles unissent leurs prières aux miennes; elles vous disent avec moi : Si le cœur d'Olympiodore n'est pas pour jamais fermé à la justice, engagez-le à nous rendre notre bien. Si une transaction, même conseillée par vous, n'est plus possible, rappelez-vous toutes les raisons qui établissent notre bon droit, et tranchez le différend par la sentence la plus juste et la plus efficace. Ainsi, vous satisferez à la fois l'équité, les intérêts d'une famille entière, et ceux d'Olympiodore lui-même.

NOTES

DU PLAIDOYER CONTRE OLYMPIODORE.

(1) Avec quelle naïveté Callistrate avoue qu'il s'opposa aux réclamations de son propre frère !

(2) Comment Olympiodore pouvait-il se plaindre de Callistrate? Peut-être aurait-il voulu que, pendant son absence, celui-ci, consultant plus l'esprit de leur traité que la lettre, défendit chaudement leurs intérêts communs.

(3) Devant nos tribunaux, l'impudence de pareils aveux pourrait avoir des suites très-fâcheuses pour le plaideur qui les ferait. Il paraît qu'il en était autrement à Athènes.

(4) Le tribunal, dit avec raison M. Planche, ne pouvait-il donc ordonner lui-même la lecture de cette pièce ?

XXI.

PLAIDOYER

CONTRE CONON.

INTRODUCTION.

Voici un tableau de mœurs, une scène variée et vivante de quelques désordres de la vie athénienne.

Un citoyen appelé Ariston, déjà vieux, et jouissant de quelque aisance, porte plainte, pour mauvais traitements, contre un nommé Conon et contre ses fils. Les faits qu'il expose nous révèlent tour à tour la joyeuse vie des Athéniens en garnison; le dangereux attirail d'esclaves qu'ils menaient avec eux à la guerre; les dégoûtantes insultes et les bouffonneries cruelles échangées, en pleine rue, entre gens qui se détestaient sans trop savoir pourquoi; l'indiscipline à l'armée, la mauvaise police dans la ville de Minerve; d'honnêtes citoyens forcés de se tenir sans cesse sur le qui-vive; des furieux s'attaquant par bandes sur les places, dans les promenades, et gênant le paisible passant qui revient de souper chez un ami ou chez Phryné; les réunions bachiques de quelques jeunes libertins, parés de sobriquets obscènes, et renouvelant chaque nuit, contre les mœurs et contre la religion, les outrages dont Alcibiade avait donné l'exemple; des courtisanes occasionnant, non des duels, mais des rixes sanglantes entre ces *mauvais garçons* de l'antiquité; quelques-tartuffes de mœurs contrastant avec de francs débauchés; des fils sans respect pour leurs pères; de faux témoins faisant du parjure métier et marchandise. Recueillons tous ces traits, mais aussi souvenons-nous qu'on jugerait mal la société française d'après quelques débats de police correctionnelle.

Ce plaidoyer est précieux encore par quelques détails sur les lois et sur les usages des tribunaux. A Athènes, comme chez nous, en matière d'injures graves, il fallait que le plaignant prouvât deux choses : d'abord, la réalité des mauvais traitements; ensuite, la maladie ou le danger de mort qui en était résulté. Nous voyons ici une pénalité prudemment graduée contre tout attentat à la personne du citoyen, depuis la simple insulte jusqu'au meurtre; le plaignant demandant la mort de son agresseur, pour obtenir la prison ou une amende, à peu près comme on décuple à dessein chez nous une demande de dommages-intérêts; des fraudes hardies dans les divers degrés de juridiction; le serment prêté quelquefois sur la tête d'un fils; le serment, avec imprécations, dans la bouche d'un honnête homme, regardé comme la plus forte de toutes les preuves; les esclaves appliqués à la question; une descente de lieux par les juges, même avant procès; le temps sagement mesuré à chaque plaideur. Une observation plus importante se présente dès les premières lignes : même pour une attaque personnelle, un Athénien pouvait en traduire un autre devant les tribunaux, comme criminel d'État. Pourquoi? Cicéron nous l'apprend : « Parce que, dans un État libre, tout acte de violence entre citoyens est un attentat contre la république (1). »

(1) Quia nulla vis unquam est in libera civitate suscepta inter cives, non contra rempublicam. Pro Mil. 5.

DISCOURS.

Maltraité, ô juges! par Conon ici présent (1), avec une telle violence que mes proches et tous les médecins crurent très-longtemps que je n'en réchapperais pas; rétabli, sauvé contre tout espoir, je l'accuse aujourd'hui pour voies de fait (2). Tous les amis, tous les parents que j'ai consultés m'ont dit : Le coupable pourrait être traduit comme voleur, ou accusé pour attentat contre un homme libre (3); mais nous te conseillons vivement de ne rien entreprendre au delà de tes forces, de ne pas former une accusation au-dessus de ton âge. J'ai ainsi fait. D'après leurs conseils, c'est une action privée que j'intente, moi qui, très-volontiers, Athéniens, aurais fait condamner à mort cet homme. Vous pardonnerez tous cette animosité, j'en suis certain, quand vous aurez entendu ce que j'ai souffert : à des insultes atroces, Conon a fait succéder d'autres excès non moins graves. De grâce, écoutez tous avec bienveillance le récit de mes injures; et si l'équité, si la loi vous semblent violées en ma personne, vengez mes droits. Remontant à l'origine des faits, je les raconterai le plus brièvement possible.

Il y a trois ans, je partis avec d'autres citoyens pour Panacte (4), garnison qui nous était assignée. Les fils de Conon vinrent loger près de moi. Je m'en serais bien passé : ce fût le principe de notre inimitié et de nos débats, comme vous l'allez entendre. Chaque jour, aussitôt après le dîner, ils buvaient jusqu'au soir; et ils n'ont cessé tant que nous avons été en garnison. Moi, je vivais là comme je vis à Athènes : pour eux, dès l'heure où les autres se mettent à table, d'ordinaire ils étaient ivres. Souvent ils insultèrent mes esclaves; ils m'insultèrent bientôt moi-même. Alléguant la fumée que faisaient mes gens en préparant le repas, ou quelque mauvais propos, ils les battaient, les arrosaient de leurs vases de nuit, urinaient sur eux, les accablaient de toutes sortes d'avanies. Voyant cela, et offensé, je commençai par me plaindre doucement (5). Ils se moquèrent de moi, et continuèrent. Alors nous allâmes dire le fait au stratége, moi et tous mes commensaux. Vifs reproches de ce chef, non-seulement sur leurs insolences à notre égard, mais sur toute leur conduite à l'armée. Loin de rougir et de cesser, dès le soir du même jour ils renouvelèrent leurs agressions. Ils m'injurièrent d'abord, et finirent par me frapper. Ils criaient, ils tempêtaient si fort auprès de mon logement, que le stratége, les taxiarques et quelques soldats accoururent, et préservèrent d'un malheur irréparable moi et les furieux qui m'irritaient. Les choses en étaient venues là lorsque s'opéra notre retour. Il y avait, bien entendu, entre nous vif ressentiment et haine mutuelle. Par les dieux! je ne voulais pourtant ni les traduire en justice, ni songer à ce qui s'était passé : j'étais seulement résolu à me tenir désormais sur mes gardes, et à fuir la rencontre de pareils hommes.

Je vais d'abord, sur ces faits, présenter des témoignages; j'exposerai ensuite l'indigne conduite de Conon envers moi. Vous verrez celui qui devait punir ces premiers délits en ajouter lui-même de bien plus révoltants (6).

Dépositions.

Telles sont les injures que j'ai cru devoir négliger. Peu après, je me promenais un soir, suivant ma coutume, sur la grande place, avec Phanostratos de Céphisia, qui est de mon âge. Ctésias, fils de l'accusé, passe du côté du Léokôrion (7), près de la maison de Pythodore. Il était ivre. A notre vue, il pousse un cri, et, prononçant tout seul, comme font les ivrognes, quelques mots que je ne pus comprendre, il monta jusque vers Mélite (8). Là, chez le foulon Pamphile, je l'ai su depuis, buvaient ensemble Conon, un certain Théotime, Archébiade, Spintharos, fils d'Eubule, Théogène, fils d'Andromène, et plusieurs autres. Debout! leur crie Ctésias; et il les mène sur la place. Revenant du temple de Proserpine (9), et nous promenant toujours, nous voilà encore près du Léokôrion : ils nous enveloppent. Dans la mêlée, un inconnu se jette sur Phanostratos, et l'empêche de remuer. Conon, son fils, Théogène, m'attaquent à la fois. Ils me dépouillent, puis, par un croc-en-jambe, me renversent dans un bourbier. Foulé sous leurs pieds, accablé d'outrages, la lèvre fendue, les yeux en sang, je suis laissé dans un état si piteux qu'il m'était impossible de me relever et de parler. Gisant à terre, je les entendais proférer mille insultes révoltantes. Passons sur les simples injures; il en est d'ailleurs que je rougirais de rapporter. Mais un trait fait éclater la joie outrageuse de l'accusé, et prouve que tout ce guet-apens fut son ouvrage : le voici. Il chantait en contrefaisant les coqs vainqueurs; et ses complices lui disaient de se battre les flancs avec les coudes, en guise d'ailes. Après cela, des passants m'emportèrent : j'étais presque nu; et eux, ils s'esquivaient avec mon manteau. J'arrive à ma porte : ma mère crie, les servantes crient. Avec peine on parvient à me porter au bain, on me lave de la tête aux pieds, on me fait visiter par des médecins. Ce récit est véritable : je vais produire des témoins.

Les Témoins paraissent.

Par hasard, ô juges! Euxithéos de Chollé, mon parent, ici présent, revenait, avec Midias, d'un souper : ils me rencontrent près de la maison de ce dernier, et me suivent au bain. Ils étaient là quand on amena le médecin. J'étais si faible, que, pour éviter le long transport du bain à ma maison, il fut décidé qu'on me porterait ce soir-là chez Midias; on m'y porta. — Prends les dépositions. On verra que plusieurs citoyens savent combien j'ai été maltraité.

Dépositions.

Prends aussi l'attestation du médecin.

Déposition.

Les coups, les outrages me réduisirent donc très-promptement à l'état que vous venez d'entendre, et qu'ont attesté ceux qui l'avaient vu. Les tumeurs, les plaies du visage alarmaient peu le médecin : mais je fus attaqué d'une fièvre continue; j'éprouvais des douleurs atroces dans tout le corps, surtout aux flancs et au bas-ventre ; je ne pouvais prendre aucun aliment. Et si, comme l'assurait le médecin, une effusion de sang spontanée et abondante ne fût survenue pendant mes souffrances sans remède, je périssais tout gangrené ; mais cette hémorrhagie me sauva. Oui, il est vrai que j'ai été très-malade et en danger de mort, par suite des coups que j'ai reçus de ces hommes. — Lis la déposition du médecin et celle des personnes qui m'ont visité.

Dépositions.

Vous le voyez clairement : atteint de coups violents et dangereux, réduit à l'extrémité par les outrages et la fureur de mes adversaires, j'intente une accusation bien moins grave que leur crime. Quelques-uns de vous, sans doute, se demandent ce que Conon osera répondre : eh bien ! je vais vous en prévenir, car je suis instruit de la défense qu'il a préparée. Dénaturant le fait, à l'outrage il s'efforcera de substituer une bouffonne plaisanterie ; il dira : « Il y a dans notre ville beaucoup de fils de bonnes familles, folâtre jeunesse, qui se donne les sobriquets de *Phallus*, de *Parasite* (10) ; quelques-uns ont des maîtresses : mon fils est de ce nombre. Souvent, pour des courtisanes, il a été battant ou battu ; les jeunes gens sont ainsi faits. Mais, chez Ariston et ses frères, l'ivresse est morose, la pétulance farouche. »

O juges ! permettez-moi de le dire, mon indignation pour ce que j'ai souffert ne surpasse point celle que j'éprouverais si ce langage de Conon vous semblait véritable. Non, vous ne serez pas assez aveugles pour juger chacun sur ses propres paroles ou sur les inculpations d'autrui, pour retirer aux honnêtes gens l'appui d'une vie régulière et de mœurs innocentes. M'a-t-on jamais vu débauché, insolent? Suis-je intraitable, parce que je demande aux lois de punir mes agresseurs? Phallus, Parasite, voilà des noms que je cède sans réserve aux fils de cet homme. Je prie même les dieux de faire retomber sur la tête du père et des enfants toutes ces abominations. Ils s'initient mutuellement à Priape, et commettent des infamies qu'une personne modeste rougirait même de citer. Au reste, que m'importe?

Où trouver un prétexte, une excuse quelconque pour faire absoudre un homme convaincu d'avoir frappé avec insulte? Tout au contraire, les lois ont prévenu le retour fréquent des causes qui rendent une rixe inévitable. En voici des exemples, que cet homme m'a forcé de chercher (11). On donne action pour injures, de peur que, des injures, nous n'en venions aux coups ; pour voies de fait, afin que le faible ne prenne, pour sa défense, ni pierre ni arme quelconque, mais qu'il attende une réparation légale ; enfin, pour blessures, de peur que le blessé ne se fasse tuer. Si le législateur regarde d'abord l'insulte, qui est le premier pas, c'est pour prévenir le meurtre, qui est le dernier excès ; c'est pour qu'on ne soit pas insensiblement poussé de l'invective aux coups, des coups aux blessures, des blessures au meurtre ; c'est pour placer la peine de chaque délit dans la loi, non dans la colère ou le caprice du premier venu. Ainsi le veut notre législation. Si donc Conon vient dire : Nous sommes de la bande de Priape, faisant l'amour, rossant, étranglant selon notre bon plaisir, vous rirez, et le renverrez absous ! Loin de moi cette pensée ! Certes, le rire n'eût pris à aucun de vous, s'il se fût trouvé là lorsque j'étais traîné, dépouillé, outragé ; lorsque, sorti plein de santé, j'étais rapporté mourant ; lorsque ma mère s'élançait vers moi, et que toutes les femmes gémissaient et criaient comme sur un cadavre, au point que plusieurs voisins nous envoyèrent demander ce qui était arrivé.

Généralement, ô juges ! vous ne devez admettre aucune excuse tendant à autoriser, chez qui que ce soit, des insultes impunies. Si cependant quelqu'un est excusable, ce sera un jeune homme : sans lui faire grâce, vous serez moins sévères qu'il n'a mérité. Mais, à cinquante ans passés, entouré de jeunes gens, de ses propres fils, ne pas les détourner, ne pas les arrêter ! s'élancer, au contraire, à leur tête, et se montrer le plus déterminé coquin de la troupe ! est-il un châtiment assez rigoureux pour une telle conduite? La mort, suivant moi, serait une punition trop douce. Car, n'eût-il rien fait lui-même, les violences qu'il a commises fussent-elles le crime de Ctésias, de son fils agissant sous ses yeux, Conon devrait encore encourir votre animadversion. S'il élève assez mal ses enfants pour qu'ils ne redoutent ni ne rougissent de commettre en sa présence des attentats que nous punissons de mort, trouverez-vous pour lui un châtiment trop sévère? Leur conduite, en effet, me prouve que lui-même n'a pas respecté l'auteur de ses jours. Oui, s'il eût honoré, s'il eût craint son père, il en exigerait autant de ses enfants.

Prends-moi les lois sur les voies de fait et sur le vol de vêtements : on verra que ces hommes sont sous le coup de ces deux lois. Lis.

Lois.

D'après ses violences, au nom de ces deux lois, je pouvais donc poursuivre Conon : il m'a outrageusement frappé, il m'a dépouillé. Si j'ai mieux aimé ne pas les invoquer contre lui, ne voyez là que la modération d'un citoyen paisible ;

pour lui, il n'en est pas moins criminel. Cependant, si je fusse mort, il pouvait, comme meurtrier, être condamné au dernier supplice. Le père de la prêtresse de Brauron (12), d'un aveu unanime, n'avait pas même touché à un homme mort sous les coups; mais il avait excité à frapper, et l'Aréopage l'a banni. C'était justice. Car, si les personnes présentes, au lieu d'arrêter le bras levé par l'ivresse, la colère, ou quelque autre passion, l'animent elles-mêmes, c'en est fait du malheureux en proie à tant de violences : jusqu'à ce que ce bras soit lassé, il épuisera l'outrage. Tel a été mon sort.

Je vais exposer quelle a été leur conduite devant l'arbitre (13) : vous y verrez encore leur effronterie. Ils prolongèrent l'audience au delà de minuit, ne voulant ni faire lire les dépositions, ni en donner copie; présentant, pour la forme, nos témoins, un à un, devant l'autel, recevant leur serment, et faisant écrire des dépositions étrangères à la cause : *Tel enfant lui était né d'une courtisane ; il avait souffert telle et telle injure* : manége hautement blâmé, ô juges ! manége intolérable, par les dieux ! pour tous ceux qui étaient là. Enfin vint leur tour (14). Quand ils en eurent assez, pour donner le change et empêcher de sceller les pièces (15), ils s'offrent à livrer, au sujet des coups reçus, des esclaves dont ils inscrivent les noms. C'est principalement sur cette proposition qu'ils vont s'étendre. Mais considérez bien que, si elle avait pour but réel de faire mettre les esclaves à la question; s'ils avaient foi dans cette preuve d'innocence, ils n'auraient pas attendu, pour l'offrir, la décision de l'arbitre, la nuit, l'épuisement de tous leurs moyens. Mais dès le principe, avant le procès engagé, quand, malade dans mon lit, et ne sachant si j'en relèverais, je déclarais à tout venant que Conon m'avait frappé le premier, que presque tout l'attentat était son ouvrage, alors il devait accourir chez moi avec plusieurs témoins; alors il devait livrer les esclaves, et mander quelques membres de l'Aréopage, ses juges si je mourais. Quoique possédant ce moyen de défense dont il va vous entretenir, dira-t-il : Je ne me suis pas prémuni contre un si grave péril, parce que je l'ignorais ? Ah ! du moins lorsque, convalescent, je l'assignai, on aurait vu livrer les esclaves dès notre première comparution devant l'arbitre. Il n'en a rien fait ! Constatons la supercherie de son offre fallacieuse par la lecture de cette déposition (16) : l'évidence va en jaillir.

Déposition.

Par rapport à la torture, rappelez-vous donc l'heure à laquelle Conon l'a proposée, l'esprit de chicane qui le faisait agir, les premiers temps de cette affaire, où il ne paraît nullement avoir voulu employer, provoquer, réclamer ce moyen.

Confondu devant l'arbitre comme il l'est devant vous, déclaré coupable sur tous les chefs de l'accusation, il interpose un faux témoignage, et fait inscrire pour témoins des hommes que vous reconnaîtrez, j'espère, à leurs noms :

« Diotimos, fils de Diotimos, d'Ikaria ; Archébiade, fils de Démotelès, d'Halæ ; Chærétimos, fils de Charimène, de Pithos, déposent ce qui suit :

« Nous revenions de souper avec Conon ; nous sommes arrivés sur la place publique au moment où Ariston et le fils de Conon étaient aux prises. Conon n'a point frappé Ariston. »

Croyez cela, croyez à l'instant ! n'examinez pas la vérité ! oubliez que Lysistrate, Paséas, Nicératos, Diodore, ont nettement attesté avoir vu Conon me frapper, me dépouiller, m'abreuver d'outrages ; que ces inconnus, spontanément intervenus au procès, n'auraient pas voulu mentir à la justice s'ils ne m'avaient réellement vu maltraiter ! Oubliez que moi-même, si Conon est innocent, je n'eusse point épargné les coupables, reconnus tels par ses propres témoins (17) pour l'attaquer, lui qui ne m'aurait pas même touché ! Pourquoi l'aurais-je fait ? dans quel but ? L'agresseur qui m'a porté les premiers coups, qui m'a le plus outragé, voilà celui que j'accuse, celui que ma haine poursuit. Dans ma conduite, tout est à la fois vrai et vraisemblable ; mais lui, s'il n'eût produit de témoins, qu'aurait-il pu dire ? rien. Réduit au silence, il eût été à l'instant condamné. Or, compagnons de ses débauches, associés à tous ses désordres, ses témoins ne peuvent être que des imposteurs. Eh quoi ! dès qu'une poignée d'effrontés aura l'audace d'attester d'éclatants mensonges, la vérité deviendra impuissante ! Quel abus monstrueux !

— Par Jupiter ! dira-t-on, ce ne sont pas des imposteurs. — Mais vous connaissez, je pense, pour la plupart, et Diotimos, et Archébiade, et Chærétimos à la chevelure grisonnante. Le jour, une figure austère, un manteau râpé, des sandales, font de ces gens-là des Spartiates ; mais suivez-les dans leurs conciliabules : là vous trouverez tous les vices, toutes les turpitudes. Voici un échantillon de leurs nobles entretiens : « Ne témoignerons-nous pas les uns pour les autres ? N'est-ce pas un devoir entre camarades, entre amis ? Voyons, quel grief va-t-on produire contre toi ? On dit qu'on t'a vu le frapper ? Tu ne l'as pas même touché : nous l'attesterons ! — Que tu l'as dépouillé ? Il t'avait arraché tes vêtements : nous l'attesterons ! — Que tu lui as fendu la lèvre ? Il t'avait blessé à la tête ou ailleurs : nous l'attesterons encore! » Moi, j'offre des dépositions de médecins: où sont, ô juges! les médecins qui parlent pour eux? Hors de leur coterie, trouveront-ils un seul témoin contre nous? Non, par les dieux! je ne pourrais dire combien ils sont déterminés à tout faire. Je veux, du moins, qu'on connaisse les violences de ces vagabonds. — Lis les dépositions que voici ; et toi, arrête l'eau (18).

Dépositions.

Eh bien! des gens qui percent les murailles, qui frappent tout venant, hésiteront-ils à jeter sur un registre un faux témoignage pour des associés de scélératesses cruelles et de violences éhontées? car tels sont, à mes yeux, les traits qu'on vient de citer. Il y a des faits encore plus graves; mais nous n'aurions pu parvenir à connaître toutes leurs victimes.

J'aime mieux vous prévenir du plus impudent moyen de défense que Conon doit employer. Il vous présentera, dit-on, ses enfants ; et, jurant sur leur tête, il prononcera les plus horribles imprécations : un homme qui les a entendues me les annonçait avec saisissement. On ne se méfie guère, ô juges! de pareilles, rouéries. Les gens honnêtes et sincères y sont les premiers trompés : mais qu'ils considèrent la vie et le caractère, l'illusion cessera. Montrons donc, par les renseignements qu'il m'a fallu prendre, combien l'accusé est peu scrupuleux sur cet article.

J'ai appris qu'un certain Bacchios, que vous avez fait mourir ; Aristocrate, qui a perdu la vue, d'autres gens pareils, et Conon, formaient, dès leur première jeunesse, une société dite *des Triballes* (19). Ils dévoraient les restes des sacrifices d'Hécate ; ils ramassaient, pour s'en régaler entre eux, les testicules des porcs qui servaient à purifier le Peuple prêt à s'assembler ; ils jouaient avec le serment et le parjure. Non, vous n'ajouterez pas foi aux serments d'un Conon. Un homme qui ne jurerait pas, même selon la vérité (20) ; qui jamais surtout ne se disposerait à jurer, contre les lois, sur la tête de ses enfants ; qui souffrirait tout plutôt que de le faire ; qui enfin, s'il y était forcé, ne prêterait qu'un serment légal ; un tel homme est plus digne de foi que celui qui profère des imprécations contre sa famille devant le feu de l'autel. Pour moi, qui, en tout, mérite mieux que toi la confiance, ô Conon! j'ai voulu prêter serment. Non que, comme toi, je sois déterminé à tout pour éviter un châtiment : j'appuie seulement la vérité ; et je ne m'expose point à de nouveaux affronts, car je ne serai point parjure. — Qu'on lise ma proposition à ce sujet.

Proposition.

Voici le serment que j'ai voulu prêter, et que je prête en ce jour :

« Je jure par tous les dieux et toutes les déesses, dans votre intérêt, ô juges ! et dans celui de cette assemblée (21), que Conon m'a fait souffrir le traitement dont je me plains ; que j'en ai reçu des coups ; qu'il m'a fendu la lèvre au point qu'il a fallu la recoudre ; et que c'est pour tant de violences que je l'accuse. Si mon serment est sincère, puissé-je être comblé de biens, et ne plus essuyer désormais de pareils outrages ! Si je me parjure, la mort sur moi, et sur tous les miens, nés ou à naître ! »

Mais je ne me parjure pas ; non, dût Conon éclater de dépit !

J'ai présenté, ô juges ! toutes mes preuves, j'y ai ajouté le serment. La sévérité que chacun de vous déploierait, ainsi outragé, je la réclame contre Conon. Loin de ranger parmi les délits privés ces insultes qui peuvent tomber sur tout citoyen, tendez la main à la victime, et faites bonne justice. Frappez ces hommes qui, audacieux et téméraires avant le crime, sont, en présence du châtiment, impudents et fourbes, et foulent aux pieds l'honneur, les usages, tout enfin, pour s'échapper impunis.

Conon vous suppliera et versera des larmes. Mais considérez lequel serait le plus à plaindre, ou moi me retirant outragé par lui, et, pour surcroît, déshonoré par une condamnation ; ou Conon, si justice lui est faite : considérez si votre intérêt s'accorde avec l'indulgence pour les coups et les insultes. Absoudre, ce sera multiplier les outrages ; punissez, ils deviendront rares.

Je pourrais montrer longuement, ô juges ! que moi et mon père, tant qu'il a vécu, nous avons servi l'État dans la marine, à l'armée, dans diverses charges, et que ni Conon ni aucun des siens n'ont rien fait pour vous. Mais la clepsydre n'y suffirait pas, et ce détail est étranger à la cause. D'ailleurs, fût-il constant que nous sommes plus inutiles, plus méchants même que nos adversaires, nous ne mériterions encore ni blessures ni avanies.

Il n'est donc pas besoin de plus longs développements, et tout ce qui précède a sans doute pénétré vos esprits.

NOTES
DU PLAIDOYER CONTRE CONON.

(1) Texte de Dobson, t. VIII, p. 259. Scolies, variantes, notes de Reiske, etc. tirées des *Orat. Attici*. Apparat. de Schæfer, t. v, p. 366. Auger, éd. de M. Planche, t. VI, p. 331.

(2) C'était l'action *privée*, appelée αἰκίας δίκη. Elle était ordinairement portée à une sorte de cour d'assises nommée *Tribunal des Quarante*. La peine, toujours pécuniaire, ζημία, n'était point fixée par la loi. V. Robertson, Ant. Grecq., l. II, ch. 17.

(3) Δωποδυτῶν ἀπαγωγὴ et ὕβρεως γραφὴ étaient deux actions *publiques* (ibid., c. 16). Par la première, on traitait devant le *Tribunal des Onze* le détrousseur de passants pris en flagrant délit : or Ariston se plaint plus bas d'avoir été dépouillé de ses vêtements. L'accusé était passable de mort civile, ou de ἀτιμία au troisième degré. On ignore si la seconde action était du ressort des *héliastes*; il paraît, par ce plaidoyer même, qu'elle pouvait entraîner la peine de mort.

(4) Panacte, fort de l'Attique, sur les confins de la Béotie (Thucyd. v, 3). Auj. Kako?

(5) Je lis, avec Reiske, ἐπεμεμψάμεθα, au lieu de ἀπεπεμψάμεθα. V. l'App. Dans l'édition d'Auger, 1820, il y a ici incohérence entre le texte et la traduction.

(6) La leçon πρότερος n'a pas de sens. Denys d'Halicarnasse, qui cite ce passage, t. VI, p. 986, lit πρὸς τούτοις, *præter illa priora*; et Schæfer propose τῶν πρότερων, *prioribus multo atrociora*.

(7) C'était un temple élevé sur le côté oriental de l'Agora, ou Grande Place, en l'honneur des filles de Léos, qui, pendant une peste ou une famine, avaient été vouées par leur père pour le salut de la ville. Cic. de Nat. Deor., III, 19; Plut. in Thes.; Schol. Bav.

(8) Mélite, vaste quartier d'Athènes, qui communiquait à l'O. avec l'Agora, par une rue montueuse. V. l'Atlas d'*Anacharsis*.

(9) Peut-être un des trois temples bâtis sur le côté N. de l'Agora.

(10) Il paraît qu'au temps d'Harpocration, on ne connaissait déjà plus le sens précis du mot Αὐτοληκύθους, dont tous les lexiques donnent l'étymologie, et qui a tant occupé les savants. Citons cependant l'article du grammairien grec, à cause des traits de mœurs qu'il contient. « On appelait ainsi des élégants au service de la lubricité publique; ou des gueux qui ne possédaient que leur fiole à huile; ou des manœuvres; ou des fiers-à-bras, toujours prêts à frapper, à fustiger, à insulter. Peut-être Démosthène désigne-t-il par ce mot des hommes qui semaient l'argent pour payer leurs débauches (πρὸς τὰς μίξεις) : car les vases appelés ληκύθοι leur servaient aussi de bourse. Déliant la courroie à laquelle cette fiole était suspendue, ils en cinglaient les passants. » Harpocration cite à l'appui les poetes Ménandre et Diphile.

(11) Je traduis sur la leçon de Bekker, pressentie dans la version de J. Wolf, et approuvée par Schæfer, διὰ τοῦτον γέγονεν. La leçon vulgaire, suivie par Auger, est διὰ τοῦτο γέγονεν, que Reiske change à son gré en διὰ τί οὕτω γέγονεν.

(12) A Brauron, bourg de l'Attique, pendant les fêtes de Bacchus, des gens ivres avaient enlevé des prostituées. (Scolie de l'éd. de Benenatus). De là, sans doute, bataille, dont le meurtre rapporté par Démosthène fut un épisode.

(13) Sur la δίαιτα, espèce de jury, formant un premier degré de juridiction, voyez Robertson, *Ant. Gr.* liv. II, c. 15.

(14) La phrase du texte est elliptique : καὶ αὐτοὶ οὗτοι ἑαυτούς. Auger se trompe quand il sous-entend ἐπετίμων. C'est anticiper sur le sens de la phrase suivante. Suppléez, avec Schæfer, πρὸς τὸν βωμὸν ἄγοντες καὶ ἐξορκίζοντες. « Enfin, ils s'approchent à leur tour de l'autel, et prêtent serment. »

(15) La partie qui se prétendait lésée par la décision des arbitres pouvait en appeler devant les tribunaux supérieurs; et les arbitres, renfermant alors dans une boîte scellée, ou espèce de portefeuille métallique (ἐχῖνος), toutes les pièces du procès, les remettaient à l'archonte chargé de les présenter. *Robertson*.

(16) Le mot ταύτην fait entendre que le plaideur remet ou indique au greffier la déposition qu'il annonce.

(17) Un seul serait coupable, d'après le témoignage qui vient d'être rapporté : c'est Ctésias, fils de Conon.

(18) Voy. les notes du premier plaidoyer contre Aphobos.

(19) Les Triballes, peuple de Mésie, passaient pour avoir des mœurs infâmes. Dans le moyen-âge, les Bulgares, qui occupent à peu près le même pays, donnèrent aussi de leur nom à la débauche contre nature.
Un peu plus bas, au lieu de κατεσθίειν, adopté par Bekker, les éditeurs et les critiques se partagent entre κατακαίειν, κατακάρφειν, καταπίνειν, κατ' ἀγυιὰς, κατακάπτειν.

(20) Quelques Grecs regardaient les serments comme un usage impie. D'autres ne les toléraient que dans certaines occasions. Dans quelques villes, le parjure était puni de mort. (Antiq. Gr. l. v, c. 6.)

(21) Reiske voudrait substituer ἐναντίον, *coram vobis*, à ἕνεκα. Écoutons Schæfer : « Longe gravius ἕνεκα. Hoc dicitur : Juro per deos deasque omnes, quandoquidem vestra ipsorum magis etiam quam mea refert talem rem jurejurando sanctissimo confirmari. Vide infr. τῶν γὰρ τοιούτων οὐδὲν νομιστέον ἴδιον. »

XXIII.

PLAIDOYER

CONTRE DIONYSODORE.

INTRODUCTION.

Deux négociants associés, Dionysodore et Parméniskos, avaient emprunté trois mille drachmes à Darios et à Pamphile. Placée *à la grosse aventure*, dont les intérêts étaient parfois énormes, cette somme devait être rendue, avec tous ses produits, au retour d'un navire prêt à mettre à la voile pour l'Égypte : le bâtiment lui-même garantissait l'emprunt, et serait mis, d'après le contrat, à la disposition des créanciers jusqu'à exécution du payement. Au retour d'Égypte, le vaisseau éprouva un accident grave; il fallut relâcher à Rhodes. Là, Parméniskos déchargea sa cargaison, qui consistait en blé, et la vendit.

Darios et Dionysodore étaient restés à Athènes. A cette nouvelle, le premier accourt chez l'autre, se plaint de l'infraction du traité, réclame les mêmes intérêts que si son associé était rentré au Pirée. Dionysodore veut bien payer les intérêts; mais il se borne à ceux qui étaient réellement échus au moment de l'arrivée à Rhodes. De là, procès.

Un simple exposé du fait paraît suffisant au demandeur pour établir son droit. Ensuite, par une de ces réfutations anticipées dont l'usage était si fréquent au barreau athénien, il renverse le système de défense, tel qu'il le prévoit.

Dionysodore dira :

1° C'est au retour du voyage que le navire s'est brisé; il y a force majeure; le déchargement était indispensable. Parméniskos n'a-t-il pas été forcé de louer d'autres bâtiments pour terminer quelques transports?

2° D'autres nous ont prêté aux mêmes conditions que Darios; ils se sont contentés des intérêts que nous lui offrons : pourquoi Darios serait-il plus exigeant?

3° Une condition essentielle est l'arrivée du navire sain et sauf dans le port d'Athènes : or, cette condition n'est pas remplie, et n'a pu l'être.

Darios repousse avec vigueur cette triple apologie; puis il fait relire les principales clauses du contrat, récapitule et les arguments de l'attaque et les sophismes de la défense, montre tous les négociants d'Athènes attentifs à l'arrêt qui va être rendu, et finit par demander que Démosthène, son ami, présent à l'audience, prenne sa place, et complète la plaidoirie.

DISCOURS.

Je suis, avec un autre citoyen, ô juges! propriétaire de la créance qui fait la matière de ce procès. Faisant valoir notre argent dans les entreprises maritimes, et le remettant, pour cela, en des mains étrangères, nous savons, par expérience, quels avantages a sur nous le débiteur. Il reçoit nos fonds authentiquement et devant témoins : que nous donne-t-il à la place? une tablette de la valeur de deux chalques (1), un chétif morceau de bois, sur lequel est écrit qu'il s'acquittera. Est-ce une promesse que nous lui faisons? Non pas : nous réalisons à l'instant; nous lui remettons sur-le-champ une somme bien comptée. Sur quoi donc reposent notre confiance et notre sécurité lorsque nous semblons jeter ainsi notre fortune? Sur vous, ô juges! sur nos lois, qui ratifient et sanctionnent toutes les transactions. Faible secours cependant, si le débiteur n'est parfaitement honnête homme, s'il méprise les tribunaux, s'il se joue d'une crédulité trop généreuse, trop empressée!

Tel est précisément Dionysodore. Hardi fripon, il nous a emprunté trois mille drachmes en engageant son vaisseau. Le bâtiment devait revenir à Athènes; nous attendions nos avances l'été dernier : et il a conduit (2) le navire à Rhodes. En dépit du contrat, en dépit des lois, il y a débarqué et vendu ses marchandises; il a fait plusieurs fois la traversée de cette île en Égypte, sans remise des deniers qu'il devait nous rendre ici, sans présentation du navire qui en est la garantie. Après avoir joui tout à son aise deux années presque entières de notre bien, capital et intérêts, après avoir gardé son vaisseau, il vient tranquillement s'asseoir devant vous. Qui sait même si, non content de tant d'iniques bénéfices, il n'essayera pas de donner une bonne leçon à celui qui ose réclamer, et de lui faire expier sa témérité par une amende ou par la prison? Je vous supplie donc et vous conjure tous, ô Athéniens! de nous venir en aide si nos intérêts vous paraissent lésés. Je vais vous exposer l'origine de notre contrat : c'est pour vous le fil conducteur de toute ma plaidoirie.

L'an dernier, au mois de Métagitnion, nous reçûmes la visite de Dionysodore et de son associé Parméniskos. Ils nous dirent : « Nous désirons faire un emprunt, qui sera cautionné sur un vaisseau qui va faire un voyage de commerce en Égypte. A son retour à Rhodes ou à Athènes, nous payerons les intérêts dès que nous aurons mouillé à l'un ou à l'autre de ces deux ports. — Nous vous prêterons (telle fut notre réponse), mais pour le retour à Athènes seulement. » Cette condition fut acceptée. Nous convînmes, verbalement d'abord, qu'ils recevraient, de Pamphile et de moi, trois mille drachmes. Ils rédigèrent ensuite le contrat. Pamphile fut inscrit comme principal créancier; mon nom ne parut que dans un acte supplémentaire. — Je demande lecture du contrat.

Contrat.

En vertu de cette convention, les deux associés reçoivent notre argent, le vaisseau part d'Athènes pour l'Égypte. Parméniskos seul accompagne les marchandises; Dionysodore resta ici. Il faut, juges, que je vous instruise de quelques détails curieux. Ces deux hommes étaient affiliés à une bande de courtiers de Cléomène, qui régnait en Égypte (3). Ce prince, vous le savez, à peine monté sur le trône, s'était déclaré l'ennemi d'Athènes et de la Grèce. Il faisait, avec ses agents athéniens, le commerce du blé : ceux-ci réglaient le tarif. Les cargaisons de marchandises grecques et de froment égyptien se croisaient sur les mers. Déchargé dans notre port, le blé était vendu par Dionysodore et ses complices. Ils observaient avec soin, à notre détriment, la hausse et la baisse. Le grain était-il cher ici? ils commandaient des approvisionnements; était-il à bas prix? ils détournaient les arrivages de nos côtes (4). Communications clandestines, qui faisaient ordinairement payer bien cher au Peuple le pain qu'il mangeait.

Lorsque Parméniskos s'embarqua, le prix du blé se maintenait assez haut sur notre marché. Les deux associés consentirent donc à laisser mettre dans l'acte que la cargaison serait réservée pour le port d'Athènes. Mais bientôt, grâce à notre heureuse navigation en Sicile, le tarif baissa. Parméniskos arrive en Égypte. A son retour il devait relâcher à Rhodes : Dionysodore se hâte de diriger un affidé vers cette île, pour lui annoncer la nouvelle. Ces deux hommes se rencontrent; une lettre est remise au voyageur. En apprenant que le froment est à vil prix dans l'Attique, celui-ci décharge son blé, et le vend, sans s'inquiéter ni du contrat, ni de la clause pénale mise au nombre de nos stipulations, ni de vos lois qui punissent très-sévèrement tout commandant de navire, tout passager coupable d'avoir détourné des marchandises de leur destination.

A cette nouvelle, notre indignation égala notre surprise. Nous courûmes chez Dionysodore, instrument secret de toute cette manœuvre. Après la première explosion de notre mécontentement : « Le contrat, lui dis-je, défend, en termes formels, au vaisseau d'aborder ailleurs qu'au Pirée; c'est à cette condition que nous avons prêté notre argent. Vous ne pouvez, sans violer les conventions, vous arrêter à Rhodes; vous ne pouvez y vendre votre blé sans nous faire passer ici pour des bailleurs de fonds complices d'une industrie criminelle. » Je perdais ma peine : il était bien question de contrat et de foi jurée! on ne nous écoutait seulement pas. Alors j'exigeai un remboursement complet, avec les intérêts tels qu'ils avaient été stipulés. « Les intérêts! s'écria insolemment Dionysodore, vous les aurez, mais non pas comme vous l'entendez. Le vaisseau n'ayant fait qu'une partie de sa course, nous ne vous devons qu'une partie du produit de la créance : il s'est arrêté à Rhodes ; recevez le payement jusqu'à Rhodes. Pas une obole de plus! » Il substituait ainsi sa volonté personnelle aux prescriptions de notre contrat. Je l'ai dit, nous étions aussi arrêtés par la crainte de paraître avoir contribué à un détournement illégal des approvisionnements de la république. Nous rejetâmes donc la proposition. Dionysodore ne se rebuta point : il prit des témoins, vint nous trouver, réitéra ses offres. L'habile fourbe ne voulait pas même les réaliser : il ne demandait que notre adhésion, se persuadant que, redoutant de nous compromettre, nous ne reprendrions pas notre argent. Les faits l'ont bien prouvé.

« Prenez toujours, nous dirent quelques citoyens amenés là par le hasard, prenez jusqu'à ce que les tribunaux aient décidé; faites seulement vos réserves pour demander davantage. » Poussés par ce conseil, nous dîmes à Dionysodore que nous acceptions. Ce n'était pas protester contre le droit que nous avions revendiqué; c'était perdre, maintenant en apparence, pour gagner plus tard, par une seconde tentative.

Lorsque mon adversaire vit que je me laissais mener où il semblait me conduire : « Rompez donc le contrat, nous dit-il. — Que nous rompions le contrat! nous sommes infiniment loin d'y consentir. Allons chez un banquier : en sa présence, nous vous remettrons quittance pour un à-compte. Cela diminuera d'autant la somme mentionnée dans l'acte. Mais pourquoi l'annuler en entier? Les juges n'ont pas encore prononcé sur notre différend. Rompre le contrat! Mais c'est le seul gage de notre bon droit. Sur quoi donc s'appuyerait notre réclamation devant l'arbitre ou devant les tribunaux? Non, non, Dionysodore, laisse subsister une pièce aussi utile pour nous, une pièce avouée de toi-même. Hâte-toi seulement de faire ton payement provisoire. Si tu veux éviter un procès, nous soumettrons la question principale à un négociant, ou à plusieurs, comme tu voudras. » Un refus complet fut toute sa réponse. Quel a été le résultat de notre prudente et juste résistance? Depuis deux ans, on retient nos fonds, on les fait librement circuler, fructifier, prospérer : au profit de qui? des créanciers? nullement; du commerce athénien? pas davantage : au profit de deux fripons, au profit de Rhodes et de l'Égypte!

Pour preuve de la sincérité de mon langage, écoutez la proposition que nous avions formulée à ce sujet.

Proposition.

Tel est, ô juges! le défi que nous avons lancé à notre adversaire plusieurs jours de suite. « Que vous êtes simples, nous dit-il enfin, de croire Dionysodore assez sot pour vous écouter! Votre arbitre me forcera de payer; là, je n'aurai aucune chance pour moi. J'aurai bien meilleur marché d'un tribunal : je m'y présenterai, l'argent en main. Si je peux en imposer, je me retire avec mon argent; sinon, le pis-aller sera de vous l'abandonner. » Langage d'un effronté chicaneur, qui sait où le danger est le moins menaçant!

Vous avez entendu, ô juges! tout ce qu'a fait Dionysodore. Dès mes premières paroles, je vous ai vus irrités de tant d'audace; et il m'a semblé que vous vous demandiez qui pouvait la lui inspirer. Laisser le gage de sa dette bien loin du Pirée, refuser de payer ses créanciers, décharger et vendre son blé à Rhodes, abuser ainsi d'une somme empruntée à Athènes, et qui devait, en vertu d'une convention signée, et sous peine d'un double remboursement, faire retour à Athènes : peut-on trahir sa parole avec plus d'impudence? Comment le coupable ose-t-il encore lever les yeux devant vous?

Mais écoutez ses réponses. « Le vaisseau a éprouvé une grave avarie en revenant d'Égypte; Parméniskos n'a pu faire autrement que d'aborder à Rhodes, et d'y décharger son blé. Je le prouve par les navires mêmes qu'il a loués dans cette île pour faire ici quelques envois urgents. D'ailleurs, nous avons d'autres créanciers : ils nous ont prêté aux mêmes conditions que Darios et Pamphilos; eh bien! ils n'ont exigé que les intérêts échus au moment du mouillage à Rhodes : je trouve étrange que Darios ne s'en contente point. Enfin, aux termes de l'acte, les fonds ne sont remboursables qu'après un heureux retour du vaisseau dans notre port : or le vaisseau s'est brisé bien loin du Pirée. »

A ces trois objections j'oppose les trois arguments suivants :

Le navire s'est brisé! Voilà un mensonge, et un mensonge mal non avenu. Si ce bâtiment avait, comme ils l'ont dit, fait eau de toutes parts, on n'aurait pu même le traîner jusqu'à Rhodes; il eût fallu le laisser au milieu de la mer. Loin de là, il est constant qu'il s'est arrêté devant cette île en très-bon état; que, de Rhodes, il est retourné en Égypte; que, maintenant encore, il sillonne toutes les mers, et n'évite que les côtes de l'Attique. Ainsi, faut-il rentrer au Pirée? le vaisseau désemparé ne peut plus avancer. Faut-il faire entre Rhodes et l'Égypte un commerce lucratif? c'est le plus infatigable coureur des mers. Quelle étrange contradiction! Mais, dit-on, nous avons loué des bâtiments de transport; ils ont expédié ici quelques effets : pourquoi avons-nous recouru à ce moyen? Pourquoi? c'est parce que la cargaison entière n'appartenait pas aux deux armateurs, et que les passagers pour Athènes ont fait ainsi parvenir à Athènes leurs ballots. Parméniskos aussi a bien expédié quelques marchandises qui lui appartenaient : mais il s'est borné à celles dont le prix avait monté. Vous nolisiez d'autres bâtiments : pourquoi donc ne les chargiez-vous pas aussi de votre blé? pourquoi laissiez-vous sur la terre étrangère une denrée si précieuse? C'est que, dans ce moment, elle se vendait à bon marché parmi nous. Quant aux autres provenances d'Égypte, c'était bien différent; il n'y avait que du gain à faire sur notre place. Répète donc tant que tu voudras, Dionysodore, que tu as loué des navires : nous en conclurons, nous, non que ton vaisseau était hors de service, mais que tu spéculais à merveille. En voilà assez sur ce sujet.

Que d'autres t'aient prêté, que le cours de leurs intérêts ait cessé avec celui du navire, je le veux; mais tu ne peux rien en conclure contre nous. Je vois là une concession gratuite, librement consentie et acceptée, et non un exemple qui nous soit nécessairement applicable. Nous n'avons rien cédé, nous sommes peu généreux : je passe condamnation là-dessus ; mais ma règle unique, c'est le contrat. Or, que dit-il? où veut-il que se rende le vaisseau? *d'Athènes en Égypte, et d'Égypte à Athènes*; sinon, il condamne les emprunteurs à payer le double. Avez-vous rempli ces conditions? je n'ai rien à réclamer. Mais, si vous n'avez pas ramené le navire au Pirée, vous violez votre engagement, et la clause pénale vous atteint. Toute plainte vous est interdite, car c'est votre propre loi dont vous subissez les justes conséquences. Il faut que vous démontriez de deux choses l'une : ou que le contrat est frappé de nullité, ou qu'il vous est loisible de l'enfreindre. D'autres ont pu vous faire un sacrifice ; je n'examine pas le motif qui les a décidés : mais vos obligations vis-à-vis de nous demeurent entières, et vous n'en avez pas été moins coupables quand vous avez borné à Rhodes votre navigation. L'arrêt que nous attendons portera, non sur des concessions étrangères, mais sur nos stipulations mutuelles.

D'ailleurs, si cette générosité apparente de quelques créanciers n'est pas une fable, regardons-la de près, nous verrons qu'elle est toute à leur avantage. Ils avaient prêté pour un simple retour d'Égypte à Athènes. Donc, quand le vaisseau fut déchargé à Rhodes, ils gagnaient à faire la concession qu'on nous vante. Mieux valait pour eux recevoir à Rhodes des fonds qu'ils avaient coutume de négocier en Égypte. Revenu à Athènes, ce même argent aurait été trop éloigné de sa destination ultérieure. De Rhodes en Égypte le trajet est facile; et, pendant le temps qu'il aurait fallu pour rentrer dans l'Attique, y séjourner et remettre à la voile, ils pouvaient tirer de leurs fonds un triple bénéfice. Ainsi, par l'arrangement qui leur était proposé, ils gagnaient tout, ils ne cédaient rien : pour nous, au contraire, intérêt et principal sont jusqu'à présent perdus. Ne vous laissez donc pas abuser, ô juges! par de fausses analogies ; et, quand il citera un exemple qui ne peut nous être imposé, rappelez-le à notre contrat, et à ses engagements personnels envers nous.

Nos adversaires puisent leur troisième moyen à la même source que nous. Le contrat, dit Dionysodore, ne m'oblige au remboursement qu'autant que le vaisseau aura été conservé. J'en conviens avec toi. Mais, je te le demande, quelle est, au juste, la situation du vaisseau? Est-il entièrement fracassé, ou réparable? Si sa ruine est complète, s'il a péri, pourquoi disputer sur les intérêts? pourquoi nous offrir ceux qui sont échus jusqu'à Rhodes? Tu ne nous dois plus rien, pas plus les intérêts que le capital. Si l'on est parvenu à conserver le navire, pourquoi faire un retranchement sur les sommes stipulées dans le contrat?

Oui, Athéniens, ce vaisseau subsiste, il court la mer : je n'en voudrais pour preuve que les paroles de Dionysodore. Certes, quand il nous propose d'accepter, avec le capital, une partie des intérêts, il avoue par là que le navire, sans avoir complété le trajet, est conservé. Entre nos adversaires et nous, cherchez les contractants les plus fidèles à la foi jurée. Ils n'ont pas abordé au port convenu ; ils passent de Rhodes en Égypte, et d'Égypte à Rhodes, sur un bâtiment qui est en très-bon état ; après avoir enfreint un engagement essentiel, fait de gros bénéfices par la vente lointaine et illégale de leur blé, placé à usure nos fonds depuis deux ans, ils nous demandent une remise d'intérêts. Et, par la plus choquante de toutes les contradictions, d'une main ils nous présentent notre capital, de l'autre ils en rognent les produits. Le capital offert ne suppose-t-il pas le vaisseau conservé? Le refus des intérêts n'implique-t-il point la perte du bâtiment? Le contrat n'a qu'un même langage pour les trois mille drachmes et pour ce qu'elles rapporteront. De part et d'autre les conditions sont identiques, le droit de poursuite judiciaire est le même.

Qu'on relise cette pièce.

Extraits du Contrat.

... D'athènes en Égypte, et d'Égypte à Athènes....

Athéniens, vous l'avez entendu : ce texte est formel. — Continue.

... Le navire arrivant sain et sauf au Pirée....

Citoyens juges, votre décision dans ce procès est très-facile à former. Le vaisseau, conservé, est en bon état ; nos adversaires eux-mêmes l'avouent tacitement lorsqu'ils nous offrent le capital avec des intérêts. Il n'est pas, disent-ils, rentré au Pirée. Eh! voilà précisément notre grief contre vous : si nous vous poursuivons, c'est parceque vous avez fui le port qui devait revoir le gage de notre créance. N'est-il pas étrange que, de cette même circonstance, Dionysodore veuille tirer la preuve de son droit? Non, dit-il encore, les intérêts stipulés ne vous sont pas dus intégralement : car, encore une fois, le vaisseau n'a pas reparu au Pirée. Voilà le contrat, Dionysodore : son langage est-il conforme au tien? Non! Si tu ne fais un payement complet, si tu ne représentes le cautionnement libre de toute autre charge, ou si tu violes une clause quelconque, le contrat te condamne à nous restituer le double.

Lis, greffier, cette partie du texte.

Extrait.

Si les débiteurs ne présentent, libre et non grevé, l'objet mentionné comme garantie des prêteurs ; s'ils font quoi que ce soit contre les dispositions du présent contrat, qu'ils payent le double de la créance.

Eh bien! depuis que nos fonds sont dans tes mains, as-tu jamais mis le vaisseau à notre disposition, toi qui reconnais qu'on l'a sauvé? L'a-t-on jamais revu dans nos ports, ce navire que nous attendions au Pirée, pour opérer sa saisie jusqu'à notre entier payement? O délire de l'impudence! ils ne cessent de répéter : Gravement endommagé, le vaisseau a été tiré sur le chantier maritime de Rhodes ; là, on l'a radoubé, puis remis à flot. Eh! l'homme de bien! pourquoi donc as-tu donné l'ordre de faire voile vers l'Égypte et vers tant d'autres rivages? Pourquoi ne pas avoir dirigé le navire réparé du côté de l'Attique, vers tes créanciers, dont sa présence eût calmé les inquiétudes? N'avais-tu pas reçu, à ce sujet, plusieurs sommations? Notre contrat double ta dette; et tu as l'audace de nous refuser la totalité des intérêts! Tu dois subordonner tes avides prétentions à des clauses mutuellement consenties; et il te plaît d'arrêter le cours de nos bénéfices là où ta fraude a fait relâcher le vaisseau! Oublies-tu donc qu'une navigation ainsi interrompue a passé quelquefois pour un crime capital? Où est, je te prie, le véritable obstacle qui a fermé nos ports à ton invisible navire? Est-ce Pamphile et moi? Mais nous avons stipulé le retour à Athènes. N'est-ce pas plutôt toi et ton Parméniskos? La promesse de ce retour nous était garantie par vous deux, et, de votre plein gré, l'île de Rhodes est devenue votre limite.

Que de raisons de croire qu'il n'y a pas eu force majeure, et que cette relâche à Rhodes était concertée! J'admets un instant un accident imprévu; je veux même que le bâtiment ait été fort maltraité. Après sa réparation, pourquoi l'ont-ils nolisé pour d'autres ports? Pourquoi ne l'ont ils pas dirigé vers nos côtes? Ils n'en ont rien fait; leur premier délit s'est aggravé d'une perfidie nouvelle. Et maintenant pour eux ce procès n'est qu'un jeu ; il semble qu'ils aient réponse à tout. Au pis-aller, se disent-ils, si l'on nous condamne, nous ne payerons que le capital et les intérêts. O juges! ne prêtez pas les mains au complot de ces fripons; la loi et notre contrat ne permettent pas qu'on leur fasse si beau jeu. Garder notre bien, s'ils sont acquittés; payer une seule fois, si la sentence est pour nous : voilà l'alternative qu'ils espèrent! Non, juges, vous n'oublierez pas qu'il est contre eux une autre chance, la seule opposée à un acquittement : c'est de payer double. Dans la rédaction du contrat, ils ont ainsi prononcé d'avance contre eux-mêmes. Défenseurs de tous les intérêts populaires, dans lesquels les nôtres se confondent, serez-vous, pour Dionysodore, plus indulgents que Dionysodore?

Récapitulons une affaire dont les détails sont accessibles à toutes les intelligences. Nous avons prêté au défendeur et à son associé trois mille drachmes pour un voyage d'Athènes en Égypte et d'Égypte à Athènes ; nous n'avons pas touché une obole du capital ni des intérêts; depuis deux ans, nos fonds, retenus par eux, circulent à leur profit; le Pirée n'a point revu leur navire, ce gage qui devait être mis à notre disposition ; enfin, nos débiteurs sont dans le cas prévu par la clause qui leur prescrit un double payement, et nous donne droit, à Pamphile et à moi, de les poursuivre, soit réunis, soit isolés. Voilà les faits, voilà nos preuves. N'ayant pu rien obtenir par nos instances, nous recourons à vous. Nos adversaires conviennent qu'ils nous ont emprunté, et qu'ils ne nous ont pas rendu. Les intérêts stipulés dans le contrat ne sont pas ceux qu'ils nous offrent : ces derniers n'en forment qu'une partie. Malgré la bonté absolue de notre cause, si nous plaidions devant des juges rhodiens, la victoire serait peut-être à nos antagonistes : c'est le port de Rhodes que leur navire a adopté, c'est sur le marché de Rhodes qu'ils ont versé leur blé. Mais le Pirée est indiqué dans le contrat comme but de leur navigation ; et un tribunal athénien ne donnera pas gain de cause à des misérables capables d'affamer leurs compatriotes.

D'ailleurs, vous le savez, Athéniens, ce procès est celui du commerce de toute la république. Voyez-vous tous ces négociants qui vous entourent, et qui attendent avec anxiété votre décision? Ils vous demandent de consacrer solennellement leurs mutuelles transactions, d'effrayer ceux qui seraient tentés de les violer : par là, les créanciers sur entreprises maritimes se dessaisiront plus volontiers de leurs finances, et l'extension de notre commerce y gagnera. Mais, s'ils doivent conclure de votre arrêt qu'un armateur engagé à rentrer dans Athènes peut promener librement son vaisseau de port en port, dire qu'il s'est brisé, payer son prêteur des réponses perfides d'un Dionysodore, scinder les intérêts échus d'après l'interruption illicite de sa navigation, que deviendra l'inviolabilité d'un contrat? Qui voudra commettre sa fortune à des chances si hasardeuses, l'abandonner aux sophismes de la mauvaise foi, devenue plus puissante que la sainteté des engagements? Non, juges, vous n'autoriserez pas de tels abus : il y va de la sécurité de tout un peuple ; il y va de l'existence de notre banque maritime. Ménagez des banquiers dont la caisse est si utile à l'État et aux entreprises des particuliers.

Pour moi, j'ai rempli ma tâche de mon mieux; j'ai dit. Je demande qu'un ami me prête l'appui de sa parole. Ici, Démosthène (5)!

NOTES
DU PLAIDOYER CONTRE DIONYSODORE.

(1) Monnaie qui valait deux centimes.

(2) Dionysodore n'avait pas quitté Athènes; c'est Parméniskos qui s'était mis en mer. Mais la solidarité établie entre ces deux négociants fait plusieurs fois désigner le premier à la place du second.

(3) Nous ne savons rien sur ce Cléomène.

(4) Les approvisionnements commandés pendant la cherté du blé devaient avoir pour résultat d'en baisser le prix; et, quand ce prix avait atteint son minimum, de nouveaux arrivages pouvaient se faire attendre, le Peuple avait assez de pain. Mais, en économie sociale, les Grecs avaient la vue courte, et ce passage le prouve.

(5) Cet appel nous semble assez peu poli; mais le texte n'en dit pas davantage : Δεῦρο, Δημόσθενες.

XXIV.

PLAIDOYER

CONTRE CALLICLÈS.

INTRODUCTION.

Ce plaidoyer est une défense; et la cause, par son exiguïté, contraste singulièrement avec le grand nom de Démosthène, dont le client cette fois ne nous est pas même connu.

Calliclès avait une terre voisine de celle de ce dernier. Un chemin séparait les deux petits domaines, situés dans un vallon. L'eau tombée des montagnes avait fait quelque dégât dans la propriété de Calliclès. Il attribue le dommage au voisin, le cite devant un tribunal, pour avoir bouché un canal destiné à faciliter l'écoulement des eaux, et conclut à mille drachmes de dommages-intérêts.

Voici le résumé de la défense :

1° Mon père a enclos sa terre d'un mur; et jamais personne, pas même Calliclès ni son père, ne l'ont trouvé mauvais.

2° Il n'a jamais existé de canal sur mon terrain. Preuve par témoins, par inductions, par l'inspection des lieux.

3° Les eaux pluviales ont fait bien plus de mal chez d'autres voisins, qui ne se plaignent pas.

4° C'est bien plutôt à moi d'accuser Calliclès : il a aussi muni sa terre d'un mur; il a fait plus, il a haussé et rétréci la voie publique par des ordures et des décombres.

5° Il n'y a aucune proportion entre le dommage et l'indemnité réclamée.

6° Les poursuites de Calliclès sont un nouvel essai d'envahissement; il a déjà convoité, il convoite encore mon enclos.

Une prière aux juges et la lecture des dernières pièces terminent cette série de considérations.

DISCOURS.

Il n'est rien de plus fâcheux, ô Athéniens! que de rencontrer dans son voisinage un fourbe, un homme avide. Voilà pourtant ce qui m'arrive. Jaloux de s'arrondir à mes dépens, Calliclès m'a constamment poursuivi de ses tracasseries. Il a d'abord poussé sourdement son cousin à me disputer mon petit domaine. Je dévoilai l'intrigue, et fis condamner les intrigants. Loin de se rebuter, Calliclès obtint contre moi deux sentences par défaut (1) : par l'une, qu'il sollicita personnellement, je subis une amende de mille drachmes; l'autre fut rendue à la requête de son frère Callicrate, qu'il avait gagné. Je vous prie donc de m'écouter tous avec attention : inhabile à manier la parole, je n'en espère pas moins tirer des faits mêmes la preuve éclatante de la fausseté de la plainte portée contre moi.

Voici, ô Athéniens! un moyen de droit, un seul, que j'oppose à toutes leurs arguties. Mon père éleva un mur autour de sa terre presque avant ma naissance. Callippide, père de ceux-ci (2), vivait encore : étant notre voisin, il connaissait mieux que ses fils l'état des choses. Calliclès, d'ailleurs, parvenu à l'âge viril, habitait Athènes. Bien des années se sont écoulées sans que personne ait élevé la voix, ou lancé une assignation. N'est-il donc point tombé, pendant tout ce temps, une seule goutte de pluie? Non, en voyant l'enceinte s'élever, on ne s'y est opposé d'aucune manière : notez cependant que mon père et celui de Calliclès vécurent encore plus de quinze ans. Pourquoi donc, en voyant couper le canal, toi et les tiens, Calliclès, ne vous êtes-vous pas écriés avec humeur : « Tisias, que fais-tu? Intercepter le canal! désormais notre champ va donc être inondé? » Alors, de deux choses l'une : ou Tisias, trouvant l'observation juste, eût arrêté les travaux, et prévenu toute contestation; ou il eût donné ordre de continuer, et, au procès, vous auriez pu citer comme témoins ceux que le hasard avait amenés là. Mais aussi, vous vous engagiez nécessairement à leur montrer un canal là où il n'y en avait point : ce tour de force aurait prêté un merveilleux appui à vos plaintes contre Tisias. En est-il un seul, parmi vous, qui ait agi de la sorte? Vous vous en gardiez bien : cela vous aurait empêché de me faire condamner par défaut, cela aurait ôté toute valeur à vos misérables chicanes. Le témoin qui, amené par vous, aurait entendu votre étrange réclamation, ne consultant que ses souvenirs, eût présenté alors un état des lieux d'une justesse capable d'intimider les hardis imposteurs que vous soudoyez aujourd'hui. Où donc placez-vous votre espoir? Dans ma jeunesse, que vous méprisez; dans mon inexpérience, qui vous est connue. Ne vous y trompez pas : c'est par vous-mêmes qu'un jeune homme va vous confondre. Encore une fois, pourquoi, dans votre famille, ne s'est-il pas élevé une voix contre mon père? Vos yeux ont-ils attendu jusqu'à présent pour s'ouvrir?

Cette considération suffirait, selon moi, pour renverser toute l'accusation. Mais j'ai à dérouler devant vous le reste de la cause, à vous montrer nettement que mon père ne leur faisait aucun tort par cette clôture, et que toutes leurs imputations contre moi sont des mensonges.

Mes adversaires eux-mêmes conviennent que la terre nous appartient. Cela posé, juges, la simple inspection des lieux vous ferait reconnaître leur mauvaise foi. Aussi, en appelais-je à l'arbitrage de quelques citoyens équitables et bien informés : quoi qu'en dise ma partie, elle les a repoussés. Dans un instant, cette résistance deviendra manifeste pour vous tous. Au nom de Jupiter et des dieux, redoublez d'attention!

Un chemin sépare mon domaine de celui de Calliclès, et des collines les environnent. L'eau qui descend de ces hauteurs se répand partie sur la route, partie sur les terres. Parfois, celle qui prend la première direction s'écoule par là, si elle est libre, ou, de là, déborde nécessairement sur le terrain, si elle rencontre un obstacle. Après quelques pluies extraordinaires, tout le sol fût inondé. Un propriétaire négligent (ce n'était pas encore mon père), préférant le séjour de la ville à celui de la campagne, ne répara point le dégât. Encore deux ou trois orages, et la terre ne valait pas mieux que le chemin. Tisias devint acquéreur. Il vit qu'un sentier transversal avait été indûment pratiqué par des gens de l'endroit, qui lâchaient même leurs troupeaux dans ses vignes. Cet abus surtout le décida à se clore d'un mur. J'invoque ici le témoignage de personnes parfaitement instruites des faits, et je m'appuie d'observations plus concluantes encore que les témoignages (3).

Calliclès dit qu'en bouchant un canal, je blesse ses intérêts. Je montrerai, moi, qu'il n'existe point là de canal, mais un terrain uni, qui m'appartient. S'il en était autrement, si le sol sur lequel j'ai bâti était du domaine public, sans doute je nuirais à plusieurs cultivateurs. Mais, je le répète, mon antagoniste lui-même avoue mon titre de propriété. Ce lieu est un vignoble entremêlé d'arbres, surtout de figuiers. Or, qui jamais voudrait planter dans un canal? qui songerait à y élever les tombeaux de sa famille? Personne, assurément. Cependant l'un et l'autre existent. Avant que Tisias élevât son mur, avant même qu'il eût acheté le sol, il y avait là et plantation et sépulture ancienne. Cet état de choses n'est-il pas le plus fort argument contre mes adversaires? Les faits eux-mêmes, ô Athéniens! prennent une voix pour les réfuter.

Qu'on prenne maintenant toutes les dépositions, et qu'on les lise.

Dépositions.

Vous entendez, citoyens; que vous en semble? N'est-il pas nettement déclaré que ce terrain, couvert d'arbres, contient une sépulture, et tous les accessoires d'un domaine rural? que Tisias l'enferma d'un mur du vivant de Callippide, sans que ni père, ni fils, ni aucun voisin, s'y soient opposés?

Passons maintenant en revue les arguments de Calliclès. Parmi vous, juges, qui jamais a vu pratiquer un canal près d'un chemin? qui entendit jamais pareille chose? Je défie qu'on me cite, dans l'Attique entière, une route ainsi avoisinée (4). C'est la route elle-même qui donne aux eaux leur écoulement; un canal est ici complétement superflu. Qui voudrait diriger contre sa maison à la ville, sur ses terres à la campagne, l'eau que la voie publique reçoit et conduit ailleurs? Dès que cette eau cherche une autre issue, ne nous hâtons-nous pas de la lui fermer? Digues, murs, écluses, tout est mis en usage. Que prétend Calliclès? que je reçoive sur ma terre l'eau de la route pour l'empêcher de refluer chez lui! Mais, plus bas, je m'en débarrasserai en la déversant sur le chemin par des rigoles. Alors son voisin immédiat élèvera la même réclamation : car Calliclès n'a pas acheté, sans doute, le privilége exclusif des plaintes absurdes. Si je ne repousse pas l'inondation de la pente de mon terrain, elle gagnera inévitablement les propriétés que je domine. Donc, après avoir payé aujourd'hui mille drachmes pour avoir refoulé sur la terre de Calliclès l'eau de la voie publique, j'aurai vingt indemnités à compter à vingt cultivateurs devenus les échos de ses plaintes. Tout moyen d'écoulement m'étant ainsi enlevé, l'eau restera chez moi : par Jupiter! que ferai-je de cette eau? Calliclès me forcera-t-il à la boire (5)? Voyez à quelle extrémité on veut me réduire! Je ne cherche pourtant pas à me venger de tant de vexations : heureux si je ne suis pas condamné à payer ceux qui me persécutent!

Oh! si anciennement il y avait eu sur ma terre un long fossé absorbant, sans doute j'aurais tort de le supprimer. Dans plus d'une propriété rurale, l'existence de pareils canaux est authentique. Là, le cultivateur voit la pluie dériver chez lui, comme les eaux ménagères se déchargent dans son égout. La partie non absorbée passe successivement à ses voisins. Il n'en est pas de même chez moi ; cette servitude mutuelle n'est pas établie dans mon canton : à quoi donc y servirait un pareil canal? Calliclès est-il le premier que des pluies soudaines et abondantes aient pris au dépourvu? Mais c'est ici que sa tyrannie passe toutes les bornes. Un jour, après une forte inondation, il éleva un mur en pierres de taille. N'est-ce pas pour une construction du même genre qu'il m'intente procès? Tout ce côté du terrain offre une pente rapide : pourquoi tous les cultivateurs ne me traînent-ils pas devant vous? Des coffres remplis d'or n'y pourraient suffire. Il y a plus : quelques voisins ont essuyé des pertes considérables, et le dégât dont se plaint Calliclès se réduit à peu de chose ; celui qui a le moins souffert est donc le seul qui réclame! Notez encore que celui-là même a pris ses précautions, et a, bien moins que tout autre, le droit de m'accuser.

Afin d'éviter soigneusement la confusion, qu'on nous lise les dépositions du voisinage.

Dépositions.

Voilà des cultivateurs dont les propriétés ont été gravement détériorées : ils me laissent tranquille, ils ne me rendent pas responsable de l'eau que le ciel envoie. Et Calliclès, dont la terre a été seulement trop imbibée, jette les hauts cris! J'ai dit qu'il avait pris ses précautions : précautions coupables, ô Athéniens! car il a rétréci la voie publique, au point de cacher derrière son mur les arbres qui la bordaient ; et il l'a imprudemment exhaussée en y jetant des ordures et des décombres : c'est ce que des témoins prouveront bientôt. L'exiguïté de ses pertes est l'objet qui doit maintenant m'occuper.

Avant que Calliclès et son frère eussent commencé à m'inquiéter, ma mère voyait la leur, comme jadis se visitaient Tisias et Callippide.

Voisines de campagne, elles passaient quelquefois de longues heures ensemble. Un jour, dans une de ces visites, la veuve de Callippide se plaignait à ma mère des dommages que l'eau lui avait causés, et la promenait partout. Je tiens de ma mère elle-même les détails de cette entrevue : puisse la vérité de mon récit me porter bonheur! et, si je mens, que le ciel me punisse! « Mon fils, me dit-elle, je sors de chez Théria. Nous avons parlé de l'orage d'hier ; la pauvre femme se lamentait : à l'entendre, elle avait tout perdu. J'ai voulu reconnaître la chose par moi-même. Qu'ai-je vu? trois médimnes d'orge, un demi-médimne de farine, qu'on avait étalés au soleil pour les faire sécher! un vase rempli d'huile avait été aussi renversé par le torrent, encore ne s'était-il pas brisé! Ajoute à cela un mauvais hangar, construit avec de vieux plâtras, qui m'a paru un peu ébranlé. » Voilà, juges, voilà les désastres affreux pour lesquels mille drachmes ne seraient qu'une indemnité légère!

Résumons ce qui précède. Dès le principe, Tisias était dans son droit quand il éleva une clôture ; pendant une longue suite d'années, cette famille et toutes celles du voisinage n'ont pas songé à m'inquiéter. L'usage établi parmi nous consiste à diriger l'eau des toits et des terrains sur la voie publique, et non à faire le contraire. Toute ma défense pourrait se borner à ce peu de mots. Vous en conclurez avec moi que la poursuite de Calliclès est injuste, que le tort dont il se plaint ne provient pas de ma conduite, qu'il enfle prodigieusement le calcul de ses pertes.

J'ai parlé d'un chemin dont l'ancien niveau avait disparu sous des décombres et des immondices jetées par mon adversaire, et qui, par la construction d'un mur, avait perdu de sa largeur. Pour constater ce délit, j'ai demandé que le serment fût déféré à nos deux mères. Qu'on lise les preuves écrites de ces faits.

Lecture de Pièces.

Trouvez-moi quelque part des chicaneurs plus impudents, de plus déterminés brouillons. Ils rétrécissent, ils obstruent une voie publique, et ils osent m'accuser! Un orage leur fait perdre la valeur d'une cinquantaine de drachmes, et ils en exigent mille d'un voisin qui n'en peut mais! Ne l'oubliez pas, ô juges! dans plusieurs dèmes, surtout à Éleusis, beaucoup de campagnes ont été inondées : tant de dégâts, sur une telle étendue de pays, ont-ils fait naître un seul procès de l'espèce de celui qui vous occupe? J'ai vu, sans murmurer, exhausser et rétrécir le chemin qui borne mes champs ; c'est à moi qu'on fait tort, et c'est moi qu'on poursuit! Avais-tu le droit de te clore, Calliclès? je l'avais aussi. Le mur de mon père te gênait-il? le tien nous l'a bien rendu! Ce rempart de pierres de taille, plus fort que le mien, résistera davantage à la violence du courant; à la longue il le fera renverser, et l'inondation gagnera. Je ne t'attaque pas néanmoins, et je me résigne à garantir, s'il est possible, mon bien. Que tu préserves le tien, rien de mieux : mais m'accuser! il faut, pour cela, être un fripon ou un fou.

O juges! que rien ne vous étonne dans l'ardeur que déploie Calliclès, ni dans ses audacieux mensonges. A son instigation, un de ses cousins a essayé de m'exproprier : un faux contrat fut glissé au procès; et mon adversaire vient d'obtenir contre moi une sentence par défaut dans des poursuites pareilles qu'il m'a intentées sous le nom de Kallaros. Voilà le chef-d'œuvre de la cabale, le digne couronnement de tant d'intrigues. Kallaros n'était qu'un instrument. Quel esclave aurait pris sur lui d'élever une muraille sans l'ordre du maître? Cependant, leur seul grief contre le mien était cette innocente construction, qui remonte à quinze années avant la mort de mon père. Il dépend de moi de rendre Kallaros irréprochable à leurs yeux : je n'ai qu'à leur céder ma terre à vil prix, par vente ou par échange. Mais je m'y refuse, et, dès lors, Kallaros est un coquin qui les ruine. Ils n'auront de repos que quand un arbitre séduit leur aura adjugé mes champs. Si donc, ô Athéniens! c'est un parti pris de faire triompher d'iniques oppresseurs, j'ai vainement élevé la voix. Mais, si vous n'avez pour eux que de la haine, si votre sympathie nous est assurée, vous n'oublierez pas que Kallaros est aussi innocent que l'était Tisias, et que les pertes de Calliclès se réduisent à rien.

Mes vignobles disputés à leur propriétaire par un parent de Calliclès, et d'après ses sourdes menées; Kallaros accusé, ou plutôt moi-même mis en cause dans la personne d'un esclave que j'aime; après une première condamnation, ce même serviteur poursuivi de nouveau par mon adversaire : voilà des faits que j'appuie sur de nouvelles dépositions, dont on va donner lecture.

Dépositions.

Par Jupiter et tous les dieux, ô juges! ne me jetez pas à la merci de ces hommes, auxquels je n'ai fait aucun mal. Une peine pécuniaire, bien que nuisible aux petites fortunes, n'est pas ce qui m'occupe. Mes persécuteurs vont plus loin : ils veulent, à force de calomnies, m'exclure des assemblées de mon dême (6). Je place mon innocence sous la protection de vos lumières et de votre équité; et je suis prêt à la sceller du serment dicté par les lois. Le serment, qui est le lien le plus fort des juges, est aussi la plus solide garantie de l'accusé.

Prends, greffier, le texte de la demande que j'en ai faite à Calliclès, et les témoignages qu'il reste à lire.

Lecture de Pièces.

NOTES

DU PLAIDOYER CONTRE CALLICLÈS.

(1) Sans doute dans la personne de Kallaros, son esclave. Voyez la fin de ce plaidoyer.

(2) *De ceux-ci* : Calliclès et Callicrate.

(3) Il semble qu'il y ait ici une lacune.

(4) Ceci ne peut guère se comprendre qu'en supposant les chemins de l'Attique, au moins dans les campagnes, creux et comme encaissés.

(5) Cette saillie serait tout au plus supportable chez nous devant un tribunal de police correctionnelle. Mais je soupçonne ici plusieurs intentions qui pouvaient lui donner quelque atticisme. L'interjection πρὸς Διὸς rappelle le Ζεύς Ὄμβριος, *Jupiter Pluvius*; et l'auteur de ce plaidoyer, Démosthène, fut un jour appelé *buveur d'eau* à la tribune.

(6) A peu près comme, chez nous, le titre d'électeur peut se perdre avec celui de propriétaire. Le fils de Tisias a dit que Calliclès convoitait son domaine.

VI.ᴱ SECTION.

PLAINTES POUR FAUX TÉMOIGNAGE.

XXV ET XXVI.
PLAIDOYERS.

CONTRE STÉPHANOS.

INTRODUCTION.

Trois plaintes pour faux témoignage composent la sixième Section des plaidoyers de Démosthène. Sur les poursuites de cette espèce, que nos lois ont sagement entourées de formalités nombreuses et de frais considérables, la procédure athénienne nous est presque entièrement inconnue.

Un grave procès avait été débattu entre Apollodore et Phormion, l'un fils, l'autre affranchi et successeur de Pasion, le fameux banquier. C'est principalement sur le témoignage de Stéphanos qu'Apollodore s'était vu condamner. Il l'accuse ici d'avoir menti à la justice pour le perdre.

« Apollodore, dit Auger, se plaint d'avoir été victime de faux témoignages ; il accuse Phormion d'avoir suborné des témoins pour faire croire aux juges qu'il lui avait donné une décharge générale, pour établir l'existence d'une location controuvée et d'un testament imaginaire, de façon qu'il a été condamné sans même qu'on l'ait entendu. Il se propose de citer en justice les autres faux témoins ; il n'attaque aujourd'hui que Stéphanos. Il fait lire sa déposition, et prouve qu'elle est fausse en l'examinant dans toutes ses parties ; il le prouve encore par la conduite même des témoins, et par celle de Phormion, qui les a subornés. Il s'occupe surtout à montrer la fausseté du testament, qui était l'objet principal de la déposition. Il détruit toutes les raisons que pouvait alléguer l'adversaire, rapporte plusieurs traits qui décèlent son audace et sa cupidité, lui reproche vivement ses basses complaisances pour les riches, avec lesquels il se ligue contre ses propres parents. Il n'épargne point, dans ses invectives, Phormion son suborneur ; et, se comparant à lui, il oppose les dépenses qu'il a faites lui-même pour le service de l'État et pour le bien de plusieurs particuliers, à celles que l'autre s'est permises pour contenter ses passions infâmes ; il se plaint, en passant, de Pasiclès, son frère, qui s'était déclaré pour ses parties adverses. Enfin il exhorte les juges à lui être favorables, et à condamner, sans aucune pitié, des coupables, qui l'ont fait condamner lui-même par leurs faux témoignages.

« Dans un second discours qui est une réplique, il réfute les moyens de défense de l'accusé ; prouve assez au long que Pasion, son père, ne pouvait pas, même suivant les lois, faire le testament dont les témoins ont affirmé l'existence. Il anime les juges contre eux, et les prie de lui rendre justice, en les punissant comme ils le méritent. »

Plusieurs critiques, entre autres I. Bekker et A. G. Becker, regardent ce second plaidoyer comme pseudonyme.

Dans son plaidoyer politique sur l'Ambassade, Eschine reproche à Démosthène d'avoir composé, moyennant un salaire, des plaidoyers qu'il livrait ensuite à la partie adverse. Rien n'annonce toutefois, dit judicieusement M. Boullée (*Vie de Démosth.*, p. 37), que cette imputation, qui a trait au procès d'Apollodore contre Phormion, ait été rigoureusement établie. Mais ce qui paraît hors de doute, c'est que Démosthène, après avoir défendu la cause de Phormion contre Apollodore, prêta à celui-ci l'appui de son talent dans l'action qu'il dirigea à son tour contre Phormion, et composa un mémoire écrit, qui nous a été conservé, à l'appui de la plainte d'Apollodore en subornation d'un témoin produit par son adversaire.

IER DISCOURS.

En butte à des calomnies juridiques, ô juges! en butte aux insultes et aux outrages de Phormion, je viens vous demander vengeance de ceux qui m'ont fait condamner. Je vous supplie et vous conjure, avant tout, de me prêter une attention bienveillante : la sympathie des auditeurs est une consolation pour le malheureux qui parle de ses infortunes. Si la justice vous paraît blessée à mon égard, je vous prie encore de m'être favorables, et de m'accorder une réparation. Je vous prouverai que l'homme que voilà, Stéphanos, a menti devant les tribunaux, qu'une rapacité sordide l'y a poussé, qu'il s'accuse lui-même, et s'accuse à haute voix. Mes premières relations d'intérêt avec Phormion vont être mises sous vos yeux : ce rapide exposé peut apprendre à mieux connaître le fourbe qui a suborné tant de témoins.

Mon père, ô juges! m'avait laissé une succession considérable : elle était dans les mains de Phormion. Nommé triérarque, je partis pour servir l'État : en mon absence, Phormion épousa ma mère. Ici, je tairai certaines circonstances, retenu par mon respect pour celle qui m'a donné le jour. A mon retour, instruit par mille rapports, instruit par mes yeux, j'éprouvai l'indignation la plus vive, la douleur la plus amère. Les tribunaux vaquaient alors (1), et l'on attendait, pour les rouvrir, que la guerre fût terminée. Ne pouvant poursuivre Phormion par les voies accoutumées, je recourus à la juridiction extraordinaire des thesmothètes, et l'accusai pour fait d'outrage. Mes adversaires multiplient les moyens dilatoires; les vacances forcées des tribunaux se prolongent; et, pendant ce temps, la veuve de Pasion donne un fils à son nouvel époux. Poursuivons ce récit sans arrière-pensée. Ma mère fait mille efforts pour me calmer, et me supplie en faveur de Phormion, qui, de son côté, demandait grâce et se livrait à ma merci. J'attendis quelque temps : mais, voyant qu'il n'effectuait aucune des promesses par lesquelles il avait obtenu son pardon, je compris qu'il était décidé à garder des fonds appartenant à la banque; et, dès que la justice eut repris son cours, force me fut de lui intenter procès. Effrayé du péril de sa position, et trop convaincu que son insigne friponnerie allait être mise au grand jour, que fait Phormion? il s'entoure de faux témoins, et dicte à chacun son mensonge. De ce nombre était Stéphanos, que j'accuse. Mon adversaire m'oppose d'abord une fin de non-recevoir; plus tard, il fait parler sa troupe d'imposteurs : à son ordre, elle déclare que je lui avais donné une décharge générale; à son ordre, elle établit l'existence d'une location controuvée et d'un testament imaginaire. Son opposition lui donnait le droit de parler le premier : il en abuse étrangement; il fait lire des pièces fabriquées, ajoute ses propres mensonges à ceux qu'il paye, et parvient à irriter tellement les juges contre moi, que, mon tour venu, ils refusent de m'écouter. Jeté ainsi hors du droit commun, et condamné à payer une somme considérable, je me retire le cœur ulcéré. La réflexion vint me calmer un peu : je compris, j'excusai l'erreur du tribunal; je me dis qu'à la place de mes juges, après l'audition des mêmes témoins, j'aurais pris la même décision : mais pour les calomniateurs qui les avaient trompés, je ne trouvais pas de châtiments assez sévères.

Je parlerai des autres témoins quand je les accuserai : je m'applique, pour le moment, à démasquer toutes les impostures de Stéphanos. Qu'on prenne sa déposition, et qu'on la lise. Je veux battre mon ennemi sur son propre terrain. — Lis; et toi, arrête l'écoulement de la clepsydre (2).

Déposition.

Stéphanos, fils de Ménéclès, d'Acharna; Skythès, fils d'Harmatée, de Cydathéné, déposent :
Nous étions présents devant l'arbitre Tisias, d'Acharna, lorsque Phormion, soutenant que l'écrit déposé par lui dans la boîte du procès était une copie des dernières volontés de Pasion, proposait à Apollodore d'ouvrir le testament, présenté à l'arbitre par Amphias, gendre de Céphisophon. Apollodore a refusé; et cependant l'écrit que Phormion a présenté est une copie authentique dudit testament.

Vous venez d'entendre, ô juges! la déposition de l'accusé. A la première inspection, vous devez être surpris qu'elle débute par une proposition faite au fils, et se termine par le testament du père. Établissons ici une distinction nécessaire. La proposition est la partie principale du témoignage que j'attaque : j'ai donc à prouver qu'elle n'a pas eu lieu. Le tour du testament viendra ensuite. On atteste que Phormion m'a lancé un défi pour ouvrir le testament déposé par Amphias, gendre de Céphisophon, devant l'arbitre Tisias; qu'un refus a été ma réponse; qu'un autre écrit, objet de la déposition, est une copie véritable des dernières volontés de mon père : de là, on conclut la réalité d'un testament. Mais, avant d'aborder et la prétendue proposition et la question de l'authenticité du testament, il se présente d'autres considérations.

Je n'ai pas voulu, est-il dit, qu'on fît l'ouverture du testament. Par Jupiter! pourquoi m'y serais-je opposé? Pour en dérober la connaissance au tribunal? Sans doute, si le témoignage de mes adversaires n'eût pas désigné, outre la proposition, une copie authentique de ce même testament, j'aurais pu gagner quelque chose à laisser l'original fermé : mais une copie avait été jointe au dossier du procès; les juges devaient nécessairement en entendre la lecture : un refus ne m'aurait donc point fait avancer d'un pas. Je suppose, au contraire, qu'une simple mention du testament n'ait pas été accompagnée d'une proposition formelle; qu'un de mes antagonistes, accourant un écrit en main, eût dit : Voici le vrai testament; oh! alors c'était à moi à prendre l'initiative, à réclamer l'ouverture de cette pièce. Si sa lecture donnait le démenti à leur témoignage, j'interpellais aussitôt plusieurs des assistants, et, dans une seule fourberie ; je confondais toutes les fourberies de mes ennemis. S'il y avait eu conformité, j'aurais dit au témoin : Jure que cet acte, présenté par toi, contient réellement les dernières volontés de mon père. Acceptait-il? c'est à ses risques et périls qu'il déposait; refusait-il? nouvelle preuve de leurs impostures. J'aurais, tout au moins, obtenu un grand avantage, celui de lutter contre un seul antagoniste. Et qui aimerait mieux avoir plusieurs ennemis sur les bras? Suis-je donc moins pourvu de sens que le vulgaire? L'avarice, la colère, la haine, se modifient, en chaque homme, d'après son caractère personnel, et en reçoivent des impulsions diverses : il n'en est pas de même de la réflexion tranquille sur nos intérêts les plus chers. Jamais homme, quelle que soit sa passion dominante, ne fut assez fou pour rejeter de sang froid un avantage évident, et gâter à plaisir sa propre cause. Ainsi, le fait relaté dans la déposition n'a pour lui ni la raison ni la vraisemblance.

Menteurs quand ils affirment que j'ai refusé d'ouvrir le testament, mes ennemis ne trahissent pas moins la vérité en ajoutant l'existence d'une copie du testament à la proposition qui m'aurait été adressée. Ne sait-on point que ces sortes de défis, échangés entre plaideurs, s'appliquent uniquement aux choses qu'on ne peut mettre sous les yeux? Mettra-t-on, par exemple, un esclave à la torture devant vous? Non : il faut que la question, requise par un plaideur, ait lieu hors de cette enceinte. Un fait intéressant pour des débats judiciaires s'est-il passé loin de la contrée? la proposition d'une visite domiciliaire, d'une descente de lieux, peut être admise.

Mais toutes les fois que l'objet lui-même est susceptible d'être présenté, le plus simple n'est-il pas de l'offrir aux regards du tribunal? Athènes a vu mourir mon père; le Pœcile d'Athènes était le lieu des séances de l'arbitre. Si cette copie est véritable, que ne la mettait-on dans la boîte du procès? Pourquoi celui qui venait l'offrir ne l'appuyait-il pas de son témoignage? Par là, le tribunal aurait eu des motifs de conviction au moins très spécieux; et moi, j'aurais su à qui m'attaquer pour réparer ma défaite. On a fait tout le contraire: on a divisé, morcelé la déposition; chacun en a pris une fraction, et s'est arrangé de manière à ne répondre que de sa part : ruse combinée pour les soustraire tous au coup de la loi. L'un (s) apporte un écrit qu'il intitule *Testament de Pasion;* l'autre, émissaire du fripon qui me dépouille, présente à l'arbitre cette pièce fabriquée, sans en connaître, dit-il, la valeur. Les derniers, se faisant un bouclier de la prétendue proposition, affirment l'existence d'un testament. Que gagnaient-ils par là? Je le répète, ils gagnaient l'impunité. Si le tribunal admettait que l'écrit présenté à l'arbitre contenait les dernières volontés de mon père, et si, dans son courroux, il m'imposait silence, une grande confusion était épargnée aux témoins, et la preuve de leur sacrilége étouffée. Pour moi, j'ai toujours espéré le contraire.

Pour constater devant vous la sincérité de mon langage, on va lire la déposition de Céphisophon.

Déposition.

Céphisophon, fils de Céphalon, d'Aphidna, atteste qu'il lui a été laissé par son père un écrit intitulé *Testament de Pasion.*

Pour être conséquent, que devait faire, ô juges! celui qui témoignait ainsi ? Il devait ajouter que cet écrit était le même qu'il exhibait; il devait le joindre au dossier. Mais ce mensonge était grave; j'en aurais poursuivi la punition, il le savait; tandis qu'il pouvait, sans se compromettre, déposer qu'une pièce lui avait été laissée. Eh bien! cette lacune est le plus fort indice de leur perfidie. Je suppose, en effet, que le prétendu testament ait eu pour titre, *Écrit passé entre Pasion et Phormion,* ou *concernant Phormion,* ou toute autre désignation pareille : on conçoit alors son dépôt entre les mains d'un tiers qui l'eût conservé à la partie intéressée. Loin de là, on atteste cet énoncé, *testament de Pasion :* donc, cette pièce faisait partie de la succession transmise à moi par mon père; je pouvais en disposer, secrètement au moins, comme du reste de l'héritage : et je ne l'aurais pas supprimée, moi qui m'attendais à un procès moi qui aurais su que cet écrit contenait ma ruine! On l'annonce comme favorable à Phormion, le nom de Pasion y est inscrit; je ne le brûle pas : donc, il y a mensonge dans cette pièce, mensonge dans la déposition. Mais je laisse Céphisophon; ce n'est pas lui que j'attaque aujourd'hui, et d'ailleurs il n'a déposé sur aucun des articles du testament. Cependant, combien a de force cette preuve de la fausseté de leurs témoignages! Le témoin qui déclare avoir le testament dans les mains, a reculé devant l'idée d'affirmer que Phormion en présentait une copie; aucun d'eux n'a osé dire qu'il ait vu naître cette affaire, qu'il ait assisté à l'ouverture du testament devant l'arbitre; ils ont eux-mêmes déclaré que j'avais refusé de l'ouvrir. Dans ce concours de circonstances, attester que l'écrit de Phormion était un double du testament, n'était-ce pas involontairement s'accuser soi-même d'imposture?

Il y a plus : pesez bien avec moi, ô juges! les termes de la déposition; vous allez reconnaître par quel enchaînement d'intrigues ils ont voulu faire croire, à tout prix, que Pasion avait disposé de ses biens en leur faveur. — Prends la déposition, et fais-en lecture en t'arrêtant chaque fois que je le demanderai. Les paroles mêmes de mes adversaires me serviront à les confondre.

Déposition.

..... Déposent : Nous étions présents devant l'arbitre Tisias, lorsque Phormion, soutenant que l'écrit présenté par lui était une copie des dernières volontés de Pasion, proposait à Apollodore.....

Arrête. — Gravez bien dans votre mémoire ces mots, *des dernières volontés de Pasion*. S'il y avait quelque sincérité dans le langage des témoins, en supposant, ce qui n'est pas, qu'une proposition m'ait été faite, voici comme ils devaient s'exprimer. — Relis ce commencement.

..... Déposent : Nous étions présents devant l'arbitre Tisias.....

« Nous déposons, devaient-ils dire, parce que nous avons servi de témoins au testateur. » — Continue.

... Lorsque Phormion proposait à Apollodore...

Si l'on m'eût réellement fait une proposition, ils auraient pu en déposer.

..... Soutenant que l'écrit présenté par lui était une copie des dernières volontés de Pasion...

Assez! — On ne pouvait déposer de ceci, sans avoir vu mon père faire son testament. Il fallait donc dire : « Nous ne savons s'il existe un testament de Pasion; » il fallait s'exprimer comme dans le début de la demande faite par Phormion : « Je déclare que l'écrit présenté est un double du testament que Phormion attribue à Pasion, » et non pas, *du testament de Pasion*. Ici, on atteste l'existence de cette pièce, on trompe par une imposture; là, on se retranche prudemment derrière les paroles de la partie intéressée. Or, entre ces deux énoncés, *telle chose est*, et *Phormion affirme telle chose*, la distance est énorme.

Quel intérêt si grand, dira-t-on, poussait tes adversaires à supposer un testament? Quelques mots, Athéniens, vont vous l'apprendre.

Séducteur de celle que je ne dois pas nommer, et que vous devinez aisément, Phormion était sous le coup de la loi : il lui fallait un titre pour le tirer de ce mauvais pas; il lui en fallait un pour satisfaire aussi sa cupidité, car il en voulait à tout le mobilier de Pasion qui était chez ma mère; il en voulait à tout mon patrimoine. La lecture du testament en fera foi. Vous n'y reconnaîtrez nullement les vues prévoyantes d'un père qui dote l'avenir de sa famille; vous croirez entendre les paroles d'un esclave qui veut impunément envahir la fortune de son maître. — Qu'on lise cette pièce, déclarée authentique par la bande des témoins; et vous, ô juges! redoublez d'attention.

Testament.

Voici la volonté dernière de Pasion, d'Acharna :

Je lègue Archippé, mon épouse, à Phormion. Je constitue ainsi le douaire d'Archippé : 1° un talent, à prendre dans Péparèthe; 2° un autre talent, à prendre dans l'Attique; 3° ma maison, estimée cent mines; 4° les femmes, les joyaux, et tout ce qui lui appartient dans ladite maison. Tout cela est laissé par moi à Archippé.

Quelles largesses! quelle dot! Un talent à Péparèthe, un talent à Athènes, une maison de cent mines, des femmes, des joyaux! Et ces mots : « tout ce qui lui appartient dans ladite maison; » précaution prise pour m'empêcher, par une sorte de pudeur, de rechercher le peu qu'on voulait bien me laisser!

Passons maintenant à l'acte en vertu duquel Phormion a, dit-il, loué la banque de mon père. Entre cette pièce fabriquée et le testament, l'analogie est grande, et l'on peut en induire que le second écrit est controuvé comme le premier. On lira l'acte même, tel que l'a présenté la partie intéressée. Une de ses clauses porte que mon père doit à Phormion onze talents sur le dépôt confié à la banque. Voici comme je dénoue toute cette trame. Par le testament que vous venez d'entendre, Phormion s'est approprié tout le mobilier, qu'il prétend lui avoir été légué avec la personne de la veuve. L'état de la caisse étant bien connu, il a fallu prendre un autre tour pour arriver au même résultat ; il a fallu donner à un vol l'apparence d'une restitution, et cacher l'insigne fripon derrière le prétendu créancier. De là, cette déclaration hardie d'une dette sur le dépôt. Le langage incorrect de Phormion vous l'a peut-être fait prendre jusqu'ici pour une espèce de barbare ; détrompez-vous : il n'est barbare que par sa haine pour ceux qu'il devrait ménager ; du reste, c'est un maître fourbe, et il en remontrerait aux plus habiles.

— Lis-nous l'acte de location. Cette pièce a été mise au dossier, avec la proposition prétendue.

Location de la Banque.

Pasion loue sa banque à Phormion aux conditions suivantes :

Le preneur payera, chaque année, aux enfants de Pasion, deux talents quarante mines, non compris les dépenses journalières.

Il ne pourra faire la banque pour son compte exclusif sans le consentement des enfants du cessionnaire.

Pasion doit onze talents sur le dépôt de la banque.

Voilà le contrat que citait Phormion pour prouver que maintenant il était banquier en titre. Que vous apprend cette pièce ? l'engagement pris par cet homme de nous compter tous les ans deux talents quarante mines, en surplus des frais de chaque jour ; la défense à lui faite de négocier des fonds sans notre assentiment ; enfin, une dette de onze talents, dont Pasion aurait été passible sur sa caisse. Eh bien ! je le demande, où est le négociant qui aurait souscrit des obligations si onéreuses pour recevoir du bois, un local, et quelques registres ? D'autre part, qui aurait abandonné ses propres affaires à la direction de celui sur qui pesait déjà la faute d'avoir laissé obérer la caisse ? Cette somme énorme n'a manqué que pendant la gestion de Phormion. On sait que Phormion était alors commis de mon père, et qu'il avait, au besoin, la signature. Ah ! plutôt que de recevoir une si belle fortune, il méritait d'être condamné à tourner la meule (4). Ces réflexions et quelques autres pourraient m'amener à démontrer que ces onze talents, qu'on fait peser sur Pasion, auraient pu fort bien se retrouver dans les mains de son infidèle commis. Mais passons : je dois rappeler dans quelle vue j'ai fait lire l'acte de location.

Je voulais, par là, établir la fausseté du testament. En effet, une clause de l'acte défend au preneur de faire la banque pour son compte personnel sans nous avoir consultés. De là j'infère que le testament n'est qu'un mensonge. D'une part, en effet, Pasion s'entourait de précautions pour assurer à sa famille plutôt qu'à son ancien commis les bénéfices que des spéculations personnelles n'auraient pas manqué de procurer à ce dernier. Craignant de le voir isoler ses intérêts des nôtres, il lui intimait la défense que nous venons d'énoncer ; et, d'un autre côté, ce même Pasion aurait fourni au même commis les moyens d'accaparer ses propres bénéfices ! L'avantage qu'il pouvait lui laisser sans rougir, il le lui refuse, et, en même temps, il lui lègue sa femme ! Il l'enrichit par l'acte le plus honteux qu'ait jamais souscrit un affranchi décoré du titre de citoyen ! La dot, dot énorme et sans exemple parmi nous, ne semble-t-elle pas réglée sur le rang d'un maître gratifié par son esclave, plutôt que sur la condition de l'esclave qu'un maître généreux voudrait récompenser ? N'était-ce donc pas assez pour l'un d'épouser la femme de son patron ; pour l'autre, d'élever son serviteur à cette alliance ? Fallait-il encore que le misérable comblé de tant de biens détachât d'une fortune péniblement acquise des capitaux aussi considérables ?

Le rapprochement des dates et des faits démontre donc, jusqu'à l'évidence, que le testament est supposé. Convaincu d'imposture, Stéphanos ne se déconcerte pas ; il va disant partout : « Nicoclès a déposé qu'il avait géré la tutelle déférée par le testament ; Pasiclès a déposé qu'en vertu du même acte il avait été son pupille. » Je tire de là, ô juges ! une nouvelle et forte présomption contre la sincérité de tous les témoins. Ceux qui déclarent avoir été ou tuteur ou pupille ne devaient pas ignorer quel testament les plaçait dans cette position. Dans quel but, Stéphanos, toi et tes complices affirmiez-vous donc l'existence de cette pièce, en même temps que vous attestiez une proposition qui n'a jamais été faite ? Pourquoi ne laissiez-vous pas ce dernier mensonge à Nicoclès et à Pasiclès ? Ils ignorent, disent-ils, ce que contenait le testament dans son ensemble : et vous le connaîtriez, vous que cet acte ne concerne point ! Mais pourquoi toutes ces dépositions partielles, incomplètes ? Je l'ai déjà dit : c'est que, dans cette attaque coupable, chacun avait son poste. Aucun péril ne semblait les menacer quand ils disaient et écrivaient, l'un, J'ai été tuteur ; l'autre, J'ai été pupille : déposition concise, dans laquelle nous ne retrouvons pas certains détails dus à l'imagination du faussaire (5). Un troisième pouvait, sans s'exposer, dire à son tour : Mon père m'a laissé un écrit intitulé *testament de Pasion*. Ceux qui prononçaient ces paroles ne craignaient pas de les voir retomber sur leur tête. Mais déclarer, à la face des tribunaux, l'existence d'un testament spoliateur, qui ruinait les héritiers légitimes, faisait passer dans les bras d'un esclave l'épouse séduite d'un honorable citoyen, versait l'opprobre sur une famille entière : voilà un crime qui demandait toute l'audace de Stéphanos, une imposture qui n'a pu s'étayer qu'un instant d'une proposition imaginaire; et ce crime, cette imposture provoquent, ô juges! toutes vos rigueurs.

La conduite de Stéphanos m'a servi à démontrer jusqu'ici que sa déposition contre moi n'est qu'un tissu de mensonges; la conduite de son suborneur le prouvera mieux encore. Examinons donc, Athéniens, les démarches de Phormion. Vous allez voir, entre ces deux hommes, un échange tacite d'accusations et de graves reproches.

Avant que le tribunal entendît les témoignages que j'attaque, Phormion avait opposé une fin de non-recevoir. Lui ayant donné une décharge, je ne devais pas, disait-il, être entendu. Cette décharge est une imposture, et je le prouverai quand j'accuserai ceux qui en ont déposé; mais Stéphanos ne peut s'appuyer de cet acte, parce que, si les juges le croient réel, c'est la preuve la plus évidente de ses mensonges, et du caractère apocryphe du testament qu'on m'a opposé. Quel est, en effet, celui qui, n'accordant une décharge qu'en présence de témoins, afin qu'elle soit sûre et solide, serait assez imprudent pour laisser subsister, contre lui-même, contrats, testament, et vingt autres pièces qu'on retire toujours en donnant quittance? Le déclinatoire de Phormion infirme donc tous les témoignages rendus, comme le bail qu'on vous a lu casse le testament : tant la conduite de mes ennemis ne présente que contradiction, incohérence et mensonges! tant il est vrai que le même esprit de fourberie a dicté toutes leurs paroles, inspiré toutes leurs actions!

Non, jamais Stéphanos, jamais ses défenseurs ne constateront qu'il a déposé la vérité. Mais on m'a prévenu de quelques détours auxquels il va recourir. Il dira : « Sur l'article de la proposition faite à Apollodore, je suis peut-être attaquable; mais je ne le suis pas du côté de mon témoignage. Dois-je répondre à tous les griefs dont il lui plaît de charger son accusation? Non, ma défense se borne naturellement à deux points : Phormion a-t-il fait à Apollodore la proposition mentionnée au procès? Apollodore l'a-t-il rejetée? Mon témoignage ne portait que sur cette double question, et je n'ai rien à démêler avec la vérité ou l'erreur du texte même de sa proposition. »

Il y a dans ces paroles, ô juges! une subtilité hardie dont on cherche à vous enlacer : signalons le piège. Stéphanos ne doit pas répondre à tous mes griefs! Pourquoi donc nos lois ordonnent-elles que les témoignages soient consignés par écrit? N'est-ce pas pour qu'ils soient clos définitivement? pourqu'on ne puisse rien supprimer, rien ajouter? A l'époque du procès, mon adversaire devait donc faire effacer ce qu'il dit à présent n'avoir pas témoigné, au lieu de nier effrontément une écriture authentique. Une déposition est là sous vos yeux : si je veux la prendre et la falsifier, me laisserez-vous faire? Non, sans doute. Ne permettez donc pas à Stéphanos de pareilles suppressions; car enfin pourra-t-on jamais être convaincu d'avoir menti à la justice, si on témoigne ce qu'on veut, si on répond à ce qu'on veut? Non, telle n'est ni la volonté de la loi, ni votre jurisprudence. Il faut s'en tenir à ce point aussi simple que juste : Que porte la déposition écrite? qu'as-tu témoigné? Prouve ce que tu as écrit, ce que tu as attesté. Stéphanos, quand je t'ai ajourné pour comparaître ici, tu as répondu : « J'ai attesté le vrai, en déposant tout ce que contient le témoignage écrit » Tu n'as pas dit : « Ma déposition est véridique sur tel et tel point. » La réponse a été rédigée aussi exactement que l'assignation : on va rapprocher l'une de l'autre. Lis, greffier.

Assignation.

Apollodore, fils de Pasion, d'Acharna, accuse de faux témoignage Stéphanos, fils de Ménéclès, d'Acharna. Conclusions, un talent. Stéphanos a attesté faussement contre moi lorsqu'il a dit devant les juges ce qui est consigné dans sa déposition écrite.

Réponse.

J'ai témoigné conformément à la vérité en attestant le contenu de ma déposition écrite.

Tels sont les propres termes de sa réponse à ma citation. Gravez-la dans votre mémoire; et puissent-ils vous empêcher d'en croire les sophismes de sa défense, plutôt que la loi, plutôt que ses premières et irrévocables paroles!

Stéphanos dira de plus : « Rappelez-vous tous les griefs accumulés par Apollodore dans le procès précédent; ces griefs, ô juges, étaient de pures chicanes. » Ce langage sera encore une divagation. Il m'a fallu passer beaucoup de temps à vous prouver que l'acte de location était une pièce fabriquée, un instrument de filou employé à forcer les coffres de la banque : il ne me serait pas possible de m'expliquer sur les autres articles, et d'assigner à chaque imposteur son mensonge; il n'y a pas assez d'eau dans la clepsydre. C'est à vous de réprimer leur babil, d'arrêter leurs écarts. Mes ennemis auraient trop beau jeu. Est-il donc si difficile de parler d'objets étrangers à la cause, de s'esquiver à la faveur de la lecture de quelques pièces mensongères? Non, cela est aussi aisé qu'irrégulier. Ce qu'exige la règle, le voici, j'en appelle à vous-mêmes : qu'ils ne s'attachent pas à repousser des imputations surannées dont on a injustement entravé le cours; mais qu'ils prouvent la vérité des témoignages par lesquels ils sont parvenus à me faire imposer silence. Lorsque je plaide au fond, exiger que je démasque des témoins imposteurs, puis, lorsque j'attaque leurs dépositions, me renvoyer à d'anciens griefs, c'est insulter la justice, c'est outrager votre religion. En effet, votre serment vous oblige à prononcer, non sur la question qu'il plaît à l'accusé de poser, mais sur l'accusation qui lui est intentée. Une formule écrite, déposée entre les mains des magistrats, spécifie les griefs : bornez-vous à ceux-là. Or, de quoi Stéphanos est-il accusé? de faux témoignage. Pour gagner un acquittement, il faut qu'il vous persuade que, dans le premier procès, il n'a pas trompé les juges. S'il sort audacieusement de ce cercle étroit, Athéniens, forcez-le d'y rentrer à l'instant.

Réduit aux abois, Stéphanos ajoutera peut-être : « Apollodore a vu admettre contre lui une fin de non recevoir; il y a donc chose jugée, et il n'a plus le droit d'attaquer ceux qui ont attesté l'existence d'un testament. Si les premiers juges ont rendu une sentence favorable à Phormion, attribuez ce résultat aux témoins qui ont constaté la décharge, et non à ceux qui ont parlé des dernières volontés de Pasion. » Personne ici ne l'ignore, ô juges! quand une fin de non-recevoir est opposée, le tribunal ne se borne pas à en peser les motifs, il passe à l'examen du fond de la cause. Or, en déposant contre la vérité sur le fond du procès, les témoins que j'attaque ont affaibli mes preuves pour le déclinatoire. D'ailleurs, quand ils ont tous menti, pourquoi se contenter de désigner celui dont le mensonge m'a été le plus onéreux? Chacun de mes adversaires doit établir sa défense, non sur la culpabilité plus grande d'un complice, mais sur la nullité de sa participation au complot.

Mais je n'ai pas encore dénoncé les plus graves délits de Stéphanos. Rendu contre qui que ce soit, le faux témoignage est un crime; rendu contre des parents, il devient une atrocité; il viole la loi écrite, il outrage la nature. Or, l'accusé a poussé la méchanceté jusque-là ; je le prouve. Sa mère est sœur du père de ma femme : ainsi, ma femme est sa cousine, ses enfants et les miens sont cousins. Autant qu'il était en lui, il a donc réduit des parentes à l'indigence, lui que la loi obligerait, au besoin, à les doter, comme ont fait plusieurs d'entre vous dans leurs familles. Oui, le protecteur que nos institutions leur assurent est celui-là même qui, par un mensonge juridique, les a dépouillées d'une partie de leur fortune; misérable qui, en tendant la main à Phormion, étouffait la voix du sang!

Prouvons ce que je viens d'avancer. Ici, la déposition de Dinias me seconde : j'en demande lecture, en présence de Dinias même.

Déposition.

Dinias, fils de Théodmétos, d'Athmonia, atteste avoir donné sa fille en légitime mariage à Apollodore, et n'avoir jamais vu ni remarqué que son gendre ait donné à Phormion une quittance générale.

Quelle différence, ô juges! entre Dinias et Stéphanos! Le premier a refusé de déposer contre son parent, lorsqu'on lui demandait la déclaration d'une vérité utile à sa fille, à son gendre, à ses petits-enfants. Sans égard pour une mère, sans pitié pour des parentes maternelles qu'il allait ruiner, le second a menti d'une voix ferme et le front levé!

Eh bien! il est un trait plus révoltant, plus odieux encore. Il faut que je vous le rapporte; nous y gagnerons de part et d'autre : vous connaîtrez mieux la profonde scélératesse de l'accusé; et moi, achevant d'exhaler ici mes plaintes, j'éprouverai peut-être quelque soulagement. Je cherchais inutilement, dans la boîte des procès, une pièce que j'y devais trouver : c'était précisément un de mes moyens les plus forts. Surpris au dernier point, je me perdais en conjectures; enfin, je pensai que le magistrat dépositaire des pièces avait touché aux nôtres, pour supprimer celles qui m'étaient le plus favorables. J'ai su depuis que l'auteur de la soustraction était Stéphanos; je l'ai su par des révélations faites devant l'arbitre, lorsque je me levai pour déférer le serment à un témoin. Cette grave imputation va être confirmée par les spectateurs mêmes; je compte sur eux, sur leur véracité. Si cependant ils osaient affirmer le contraire, on vous lira la formule d'un défi que j'ai lancé à mes ennemis. Vous y trouverez le contrepoison de leur parjure, et la preuve irrécusable de la soustraction opérée par Stéphanos. A quel crime ne se porterait point, dans son intérêt personnel, celui qui, pour servir un tiers, s'expose à passer pour le ministre de pareilles iniquités?

— Lis d'abord le témoignage que j'ai annoncé ; puis, la proposition que j'ai faite à mes adversaires.

Déposition.

......Attestent ce qui suit (6) :
Nous sommes intimement liés avec Phormion. Nous étions présents devant l'arbitre Tisias lorsque Phormion et Apollodore plaidaient l'un contre l'autre; et il est à notre connaissance que Stéphanos a détourné une pièce au sujet de laquelle Apollodore se propose de l'accuser.

Eh bien! confirmez ceci de vive voix, ou rétractez-vous (7).

Les Témoins se rétractent.

Ils protestent contre leur propre déposition : je m'y attendais. C'est, je l'ai dit, un parjure; et j'en offre à l'instant la preuve. Qu'on prenne le témoignage qui constate la proposition faite par moi à Stéphanos; la seconde de ces pièces est virtuellement comprise dans la première.

Lecture de Pièces.

....Nous déposons ce qui suit :
Nous étions présents quand Apollodore proposait à Stéphanos de livrer à la torture un de ses esclaves pour avoir à répondre sur le fait de soustraction d'une des pièces du procès. Apollodore se préparait à rédiger les conditions de la torture. Stéphanos a refusé, et lui a répondu par un défi de le traduire devant les tribunaux, s'il croyait avoir une plainte grave à présenter.

O juges! quel citoyen en butte à une accusation pareille, mais fort de son innocence, n'eût pas accueilli avec joie ce moyen d'enquête? Et Stéphanos l'a repoussé! Stéphanos, par là, s'est donc condamné lui-même. Or, si une soustraction frauduleuse lui semble peser si peu sur sa réputation, dites-moi ce qu'a pu lui coûter le titre de faux témoin. Après avoir commis spontanément un si grave délit, a-t-il dû reculer devant une ou deux impostures judiciaires qu'on lui demandait?

Très-punissable pour les crimes que je viens de constater, Stéphanos l'est peut-être plus encore pour l'ensemble de sa vie entière. Passons-la en revue. La fortune a souri quelque temps à Aristoloque, le banquier : alors Stéphanos le suivait, copiant son allure, lui vendant ses ignobles services; j'en appelle aux souvenirs de ceux qui m'entendent. Un jour, la ruine de l'homme de finances est déclarée; Stéphanos et ses pareils n'y avaient pas peu aidé. Le malheureux banquier se vit assiégé de créanciers menaçants. Stéphanos ne daigna pas même tendre la main à son fils (8); ce fut le pauvre Apolexis, ce fut Solon qui vinrent en aide à ce jeune homme. L'accusé fait ensuite la connaissance de Phormion; cette liaison devient une fureur : Phormion est pour lui la patrie tout entière. Les Byzantins saisissent les navires de son nouveau patron : il accourt à Byzance, élève des réclamations contre les Chalcédoniens, et, sous prétexte de servir un ami, prélude à ses parjures contre moi. Vous voyez donc devant vous, ô juges! le vil adulateur des riches, le traître qui les abandonne avec la fortune, le misérable, possédé du démon de la flatterie, qui ne sait pas se contenter de vivre avec ses égaux, et qui se fait, au besoin, une idole de l'homme le plus méprisable; le fléau de sa propre famille; l'être cupide et avare, capable de se vendre lui-même. Un tel monstre ne provoque-t-il pas la haine de tout ce qui porte un cœur d'homme? Et pourquoi s'engage-t-il dans toutes ces voies tortueuses? Pour qu'on ne sache pas qu'il est riche, pour que l'État ne lui impose aucune charge, pour ajouter or sur or à l'aide de profits clandestins. Son succès a été complet; en voici la preuve. Il a trouvé dans ses coffres une dot de cent mines pour sa fille, et, de la vie, il n'a défrayé un chœur, armé un vaisseau. N'est-il pas cependant plus honorable de vouer sa fortune au service de la patrie, de courir où le bien public nous appelle, que de baiser les pas des riches et de leur vendre de serviles impostures? Mais il n'est pas de bassesse où la sordide rapacité ne fasse descendre un Stéphanos. Encore, si le malheureux avait pour lui l'excuse de l'indigence! Mais non, il n'a pas besoin de se faire esclave pour avoir du pain. L'humanité, la raison même sont indulgentes pour un délit commis dans la misère; mais une vie de crimes, au sein de l'abondance, mérite toute l'animadversion des lois. Une telle vie attaque chez nous le principe démocratique; elle élève les uns et rabaisse les autres; elle met le citoyen servile et avide aux pieds du riche et du parvenu. Réprimez un abus si funeste, ô juges! réprimez-le, en punissant ceux que l'appât de l'or pousse à des bassesses qui compromettent la liberté.

Avec son air empesé, sa figure austère, le soin de marcher le long des maisons, Stéphanos veut passer pour humble, et Stéphanos n'est qu'un dur égoïste. Tout homme qui affecte ce maintien et cet extérieur, sans qu'une grave infortune ou l'indigence l'aient frappé, s'est dit sans doute : « Épodicos a un air gai, un visage ouvert, une démarche naturelle : qu'en résulte-t-il? le premier pauvre l'aborde avec confiance, et lui expose ses besoins. Gardons-nous bien d'imiter Épodicos. Prenons plutôt un extérieur glacial; qu'il nous serve de barrière contre les solliciteurs et les mendiants. » Une telle gravité n'est donc qu'un masque qu'on s'applique par le plus ignoble calcul. Mais, ne t'y trompe pas, Stéphanos, sous ce masque j'entrevois toute l'aigreur, toute la dureté de ton âme. Pour te connaître, ce n'est pas ton visage, c'est ta conduite que j'interroge. Jouissant d'une fortune si bassement acquise, as-tu jamais avancé une obole pour les impositions d'un Athénien indigent? Quel est celui que tu as aidé de ta bourse ou de tes soins? Je te défie d'en nommer un seul. Prêtant à double usure, spéculant sur le malheur, tu as chassé de la maison paternelle ton oncle Nicias, enlevé à ta belle-mère le peu dont elle vivait, privé de tout asile le fils d'Archédéme. L'infortuné qui tarde d'un jour à t'apporter l'énorme produit d'une chétive créance ne trouve en toi qu'un exacteur impitoyable. Au nom de la loi, Athéniens, punissez Stéphanos coupable; au nom de l'humanité, punissez-le comme coupable opulent. Ici l'indulgence serait un crime.

Tournez les yeux d'un autre côté; regardez le suborneur de Stéphanos. Quelle impudence! quelle ingratitude! Un jour Phormion fut mis en vente: je suppose qu'un boucher l'ait acheté; quel métier eût-il appris? celui de son maître. Phormion, toute sa vie, n'eût été qu'un boucher. Il est riche, il est banquier. Qui l'a élevé à cette fortune? Mon père. Sa bonne étoile l'a fait tomber aux mains de Pasion; il a appris la banque, il l'a faite avec succès, d'abord pour son patron, puis pour lui-même. Notre famille a donc fait un Grec d'un Barbare, d'un esclave un citoyen; elle l'a mis à la tête d'une grande fortune: et l'homme comblé de tant de biens laisse aujourd'hui languir notre famille dans la misère! Dans son impudent égoïsme, il garde pour lui seul une opulence qu'il tient de nous. L'ancien esclave a épousé la veuve d'un citoyen, celle qui a consacré (9) jadis sa servitude en le recevant dans notre maison.

Oui, ma mère est la compagne qu'il s'est donnée, recevant, avec elle, une dot de cinq talents et un riche mobilier. Quel était, en effet, son but lorsqu'il inséra cette clause dans le prétendu testament : Je lègue à Archippé tout ce qui est à son usage dans ma maison? Peu lui importe l'avenir de mes filles, qui, faute d'une dot, vieilliront chez leur père dans une triste virginité. Si l'indigence repassait de son côté, et la fortune du nôtre; si, après cet échange de position, je payais tribut à l'humanité, ses fils demanderaient à l'archonte mes filles pour épouses : la race de l'esclave serait trop heureuse de s'allier à celle du maître. Chose étrange! cette réclamation serait légitime, puisqu'il a épousé ma mère. Et, parce que nous sommes dans la gêne, il ne contribuera point à établir mes enfants! Il fait et refait le calcul rigoureux de quelques sommes qu'il n'a pu m'enlever. Tuteur, il refusait autrefois de me rendre ses comptes, il me dépouillait par des fins de non-recevoir; et il me demanderait volontiers raison aujourd'hui de quelques débris de fortune échappés à sa rapacité! D'ordinaire, le maître reçoit les comptes de son esclave; ici, c'est l'esclave qui soumet à son contrôle le fils de son maître, et le désigne comme un prodigue, un dissipateur!

Passons à ma personne. Que ma figure soit peu agréable, ma démarche précipitée, ma voix trop bruyante, Athéniens, je n'en disconviens pas. Non, la nature ne m'a pas favorisé. Dans mainte circonstance, certains défauts extérieurs m'ont nui passablement. Mais examinez ma conduite.

Pour mes dépenses personnelles, je suis, proportion gardée, beaucoup plus modeste et plus rangé que tous les Phormions d'Athènes. Aux dépenses qu'exigent les services publics, je contribue, vous le savez, le plus honorablement que ma position le permet. J'ai compris de bonne heure que, s'il suffit à l'Athénien de naissance de remplir les charges dans les limites tracées par la loi, le citoyen par adoption doit faire davantage, et témoigner sa reconnaissance par son zèle. Ne me fais donc pas, ô Phormion! un reproche de ce qui peut mériter quelques éloges; mais montre-moi, par exemple, le jeune citoyen que j'aurai, comme toi, payé pour en faire mon amant? Montre-moi ceux que mes calomnies ont exclus de la tribune, et privés du droit de cité, ce droit que tu tiens de la munificence populaire, et que tes infâmes amours ont enlevé à l'infortuné qui en fut la victime? Montre-moi l'Athénien dont j'ai séduit l'épouse, toi qui as élevé à ta concubine, près de la sépulture réservée à la femme de ton maître, un monument du prix de deux talents? Tu n'as pas senti, malheureux, que c'était là un éclatant témoignage de l'adultère, plutôt que de ta tendresse! Tu ériges des trophées à ton incontinence, tu affiches une lubricité effrénée, et tu oses scruter la conduite d'autrui! Le jour, tu fais étalage d'une sagesse dont tes criminelles nuits te dédommagent amplement.

La perversité de Phormion, ô juges! est de vieille date, elle est innée. Avant d'être un esclave, il était déjà un fripon. Voici ma preuve: s'il était né honnête, la gestion que lui confia son maître ne l'aurait pas enrichi. Mais il a pu malheureusement disposer de bonne heure d'une grande fortune; ses fréquentes rapines ont accumulé les biens qu'il possède aujourd'hui; et, comptable encore d'une opulence qu'il a usurpée, il se croit possesseur, il est aussi tranquille qu'un héritier légitime. Suppose, au nom des dieux! suppose, Phormion, que je te traîne devant les tribunaux; là, j'énumère tous les grands biens que tu possèdes, et je te somme d'en déclarer la source : quelle sera ta réponse? Les attribueras-tu à ton père? il ne t'a rien laissé; à quelque hasard heureux? tu n'as pas déterré un trésor; à la générosité athénienne? tu n'es qu'un Barbare, et nous ne te devions rien. Toi, que mes concitoyens auraient dû faire mourir pour tes crimes, échappé à la mort, achetant avec notre or le rang que tu occupes, honoré du privilége de donner des frères à tes maîtres, tu es parvenu à nous fermer la bouche quand nous réclamions notre patrimoine! Et, comme si ce n'était assez de nous avoir ruinés, tu veux nous diffamer! Tu oses demander quel a été mon père (10)! Mon père, misérable! quand son rang le placerait au-dessous de nos juges, aurait toujours été infiniment au-dessus de toi. Tu n'as pas le droit de marcher mon égal; et, ce que tu as dit de notre naissance fût-il vrai, tu n'en as pas moins été notre esclave.

Pasiclès, diront mes ennemis, Pasiclès, le propre frère d'Apollodore, n'élève pas les mêmes réclamations. Je l'avouerai, juges, les outrages de mes esclaves m'ont tellement exaspéré, qu'en abordant cette objection, j'ai besoin de toute votre indulgence pour les paroles irritantes qui pourraient m'échapper. Sur le compte de celui qu'on vient de nommer, j'ai entendu bien des choses que j'ai feint de ne pas comprendre. Pasiclès mon frère! oh! oui, les mêmes flancs nous ont portés tous deux: mais Pasion était-il bien son père (11)? Je crains que l'équivoque tendresse de Phormion pour ce jeune homme ne soit une des causes des persécutions que j'ai subies. Pasiclès ne joint-il pas sa voix à celle d'un vil esclave pour m'accuser? Ne me couvre-t-il pas d'opprobre en se faisant le familier et le valet de ceux-là mêmes auxquels il devrait inspirer quelques égards? Ne te fais donc pas une arme, ô Phormion! du silence de Pasiclès. Qu'on appelle, si l'on veut, ton fils celui qu'on devrait nommer ton maître! Qu'il soit mon ennemi, puisqu'il ne veut, ne peut même être mon frère!

Je m'adresse maintenant à la sympathie des amis, des protecteurs que m'a laissés mon père, à la vôtre, ô Athéniens qui nous jugez! Que, grâce à vous, à votre équité, jamais Apollodore, jamais ses filles ne soient, à cause de leur indigence, foulés aux pieds par leurs esclaves, par les flatteurs de leurs esclaves! Mon père a donné au peuple mille boucliers, armé des trirèmes, fait construire et équipé cinq vaisseaux. Pardon pour ces souvenirs! je n'en conclus pas que votre reconnaissance nous soit due; non, notre famille sera toujours en reste avec vous. Mais l'oubli se glisse aisément dans les cœurs: il vous laisserait peut-être agir aujourd'hui d'une manière peu digne de vous, funeste, irréparable pour nous-mêmes!

Sur tant de persécutions j'aurais encore beaucoup à dire; mais je vois que l'eau va me manquer. Voulez-vous, ô juges! avoir une mesure exacte des outrages que j'ai essuyés? Que chacun de vous pense à l'esclave qu'il a laissé chez lui; que chacun se suppose ruiné, traîné dans la fange par ce même esclave.... Voilà ce que m'a fait Phormion! Votre serviteur-tyran s'appelle Syros, Manès; Phormion est le nom du mien: voilà toute la différence. Du reste, celui-ci a porté les fers que l'autre porte encore; l'un a parmi vous un maître, j'étais maître de l'autre. Eh bien! le châtiment que chacun de vous infligerait à son esclave spoliateur et révolté, pourquoi, si nous étions ici à notre véritable place, ne le ferais-je pas subir à Phormion? Punissez donc le témoin qui, par ses impostures, a arrêté ma légitime vengeance! punissez-le; la loi, votre serment l'exigent; et puisse son châtiment effrayer les Stéphanos à venir! Rappelez-vous tous les arguments dont je me suis appuyé; aux sophismes captieux de mes ennemis, opposez des réponses simples et pleines de sens. « Aucun de nous, diront-ils, n'a fait un témoignage complet. » Que porte donc la déposition? direz-vous à votre tour. Si vous ne la garantissiez pas dans tout son ensemble, pourquoi n'y avoir pas fait de coupures? Quels sont les termes de l'acte par lequel vous avez accueilli l'assignation, et dont un magistrat est dépositaire? « Nous avons affirmé, l'un qu'il a été tuteur, l'autre, que sa personne et ses biens ont été administrés, le tout en vertu du testament; un troisième, que le testament même est dans ses mains. » Mais ce testament, que porte-t-il? où est-il? Celui qu'on nous a lu n'indique rien de semblable. Repoussés par vos objections invincibles, ils recourront peut-être aux larmes. Athéniens, votre compassion va naturellement chercher le malheureux qu'on opprime; ne la laissez pas s'égarer vers son bourreau. En un mot, je demande pour moi justice; pour le maintien de l'égalité, l'exemple de la servilité punie; pour vous, l'inviolabilité du serment!

NOTES

DU Iᴇʀ PLAIDOYER CONTRE STÉPHANOS.

(1) Les commentateurs pensent que la guerre qui avait rendu cette mesure nécessaire était celle d'Eubée.

(2) On ne comptait pas, dans le temps accordé à chaque orateur, celui que demandait la lecture des pièces.

(3) *L'un*, Céphisophon; *l'autre*, Amphias, son gendre.

(4) Punition infligée quelquefois aux esclaves, chez les Grecs comme chez les Romains.

(5) C'est-à-dire, de Phormion.

(6) Les noms des témoins manquent dans cette déposition et dans la suivante.

(7) Ceci s'adresse aux témoins dont on vient de lire la déposition. Cette alternative posée, l'orateur s'interrompt, les témoins se rétractent (c'est ce qu'indique le mot ΕΞΩΜΟΣΙΑ): puis le plaideur reprend la parole. Il y a là une petite scène de barreau qu'Auger n'a pas saisie.

(8) *Diffugiunt, cadis*
Cum fæce siccatis, amici
Ferre jugum pariter dolosi.
Hor. *Carm.* I, 35.

(9) Je n'ai pu traduire καταχύσματα que par une périphrase.

(10) On a vu ailleurs qu'avant de devenir banquier, Pasion avait été affranchi.

(11) C'est-à-dire, n'est-il pas fils adultérin de Phormion et d'Archippé?

IIᴍᴇ DISCOURS.

Je n'ai pas été plus surpris que vous, ô juges! en voyant Stéphanos mettre en jeu tant de sophismes pour défendre sa déposition, et tendre autour de vous ses filets les plus subtils, lorsqu'il répétait que le témoignage écrit contient des assertions auxquelles il n'a pris aucune part. Supercherie assez adroite, il est vrai, puisque tant de roués du barreau viennent vendre à Phormion leur plume et leurs conseils (1). On conçoit d'ailleurs que le calomniateur s'étaye de tous les moyens possibles pour soutenir ses impostures.

Pendant toute sa longue plaidoirie une observation a dû vous frapper : il n'a pas produit un seul témoin pour prouver ou sa présence au moment où mon père rédigeait le prétendu testament, ou qu'il ait vu ouvrir cette pièce. Dans le premier cas, nous comprendrions qu'il a pu déclarer que la pièce présentée par Phormion était une copie exacte des dernières volontés de Pasion ; dans le second, l'existence du testament eût été mieux établie encore. Rappelez-vous donc cette énorme lacune, et tirez-en avec moi cette conclusion : En attestant que l'écrit de Phormion était un double du testament de mon père, Stéphanos s'est rendu évidemment coupable d'un grave mensonge, puisqu'il n'a pu prouver que Pasion ait testé, ni par la voix d'autrui, ni par sa propre déclaration.

L'accusé voudrait vous donner le change quand il dit (2): Il s'agit au procès d'une proposition, et non d'un témoignage. Tout défi entre plaideurs, porté dans l'intention d'éclairer les tribunaux, est accompagné de preuves testimoniales. Sans les témoins, comment discerneriez-vous la vérité parmi tant d'assertions contradictoires? Leurs paroles, leurs écrits sont la base de vos jugements; vous vous y reposez avec confiance, dans la pensée que la personne des témoins est attaquable, et qu'ils ne vont guère, de gaieté de cœur, se compromettre.

Non, l'objet de ces débats n'est pas la proposition qui m'aurait été faite : je vais le démontrer avec évidence. Si cette proposition n'était pas une fable, une chimère, les témoins qui en ont déposé se seraient exprimés ainsi : « Nous attestons avoir été présents devant l'arbitre Tisias, lorsque Phormion proposait à Apollodore d'ouvrir le testament présenté par Amphias, gendre de Céphisophon; nous affirmons, de plus, qu'Apollodore a refusé de l'ouvrir. » Ah! s'ils s'étaient énoncés de la sorte, on aurait pu les croire. Loin de là, qu'ont-ils certifié? Que l'écrit présenté par Phormion était un double du testament de Pasion. Avaient-ils donc vu mon père tester ? Non. Savaient-ils au moins par un tiers qu'un testament existait? Pas davantage. Ils ont donc menti, menti impudemment.

« Je m'en suis rapporté à Phormion, dit Stéphanos; c'est sur ses allégations que j'ai parlé du testament. » Est-ce donc là, ô juges! ce que veut la loi? Non; elle ordonne de ne témoigner que ce que l'on sait certainement, ce que l'on a vu, entendu; elle ordonne que le témoignage rendu dans ces conditions soit rédigé par écrit, pour rendre toute altération impossible. Une seule exception est admise : il est permis de témoigner sur le rapport d'un homme mort; d'un homme vivant, jamais! Quant aux faits lointains, auxquels on n'a pu assister, la loi veut qu'on mette par écrit le rapport de la personne absente; qu'on puisse attaquer, dans le même procès, le rapport et le témoignage dont il est la base. Par là, si l'absent prend le témoignage sous sa responsabilité, il demeure exposé à l'inscription de faux; s'il s'en décharge, la poursuite pourra être exercée contre ceux qui ont converti son rapport en déposition formelle. Or, Stéphanos ignorait même si Pasion avait laissé un testament; il n'avait rien vu de pareil; et c'est, à l'en croire, sur la parole d'un homme vivant qu'il a témoigné : double crime, ô juges! outrage à la vérité, outrage à la loi.

Je demande qu'on lise la loi dont je m'appuie.

Loi.

Il est permis de témoigner sur le rapport d'une personne morte. Quant aux faits qui se sont passés hors de la frontière, et pour lesquels la présence du témoin était impossible, celui-ci peut invoquer la déposition d'un absent.

Cette loi n'est pas la seule que Stéphanos ait violée. Lorsque Phormion vit qu'il ne pourrait repousser les graves imputations dont il était l'objet, que fit-il? Il allégua une proposition prétendue; il suborna des témoins. Or, suborner des témoins, n'est-ce pas déposer dans sa propre cause? Grâce à ces organes mensongers, le tribunal a été trompé, et un orphelin, dépouillé de son patrimoine, n'a pu venger ses injures. Jamais cependant, jamais le législateur ne permet de témoigner pour soi-même, ni dans les procès politiques, ni dans les débats privés, ni dans les vérifications de comptes. Je le répète, Phormion est coupable de ce délit : car son rapport a servi de base à ses propres témoins. Nous avons l'aveu de ces derniers. Pour compléter ma preuve, lis, greffier, la loi même.

Loi.

Les plaideurs ne pourront ni refuser de répondre à leurs questions mutuelles, ni témoigner pour eux-mêmes.

Portez maintenant votre attention sur une troisième loi, qui permet de s'inscrire en faux contre un témoin, pour cela seul qu'il dépose illégalement.

Loi.

Il est permis d'accuser de faux témoignage celui qui a déposé d'une manière illégale. Même poursuite pourra être exercée contre le suborneur.

La tablette même qui contient la déposition semble protester contre sa fidélité. Cette tablette, enduite de craie, a été préparée au logis. Or, d'après nos usages constants, qu'est-ce que l'on inscrit sur ces sortes de feuillets? Des propositions judiciaires? non; vous le savez, ce sont toujours des faits. Quand on constate devant les tribunaux un défi adressé à un plaideur, la déposition s'inscrit sur une tablette enduite de cire : pourquoi? parce que, dans ce dernier cas, il est permis et il devient possible d'ajouter comme d'effacer.

Rapprochez donc ces nouvelles preuves de toutes les autres, ô juges! et, sans hésiter, dites : Stéphanos a déposé contre la vérité et contre la loi. Je vais montrer maintenant, non-seulement que mon père n'a pas testé, mais, de plus, que la loi le lui défendait.

Je vous le demande, Athéniens, sur quelles lois devons-nous régler toute notre conduite? Sur les lois écrites, répondez-vous. Eh bien! par une loi écrite il est défendu de décréter des priviléges, d'accorder législativement à quelque citoyen une faveur exclusive. Donc, une règle uniforme est imposée à tous, et toute acception de personnes est une véritable anomalie. Or, mon père est mort sous l'archonte Dysnicétos; et c'est dix ans plus tard, sous l'archontat de Nicophème, que Phormion a été fait citoyen. Pasion, sans doute, ne prévoyait pas cette haute faveur; elle était, au moins, fort douteuse. Comment donc lui aurait-il légué son épouse? Comment aurait-il déshonoré sa famille, avili le noble caractère que nous tenions de vous? Comment eût-il testé au mépris des lois? S'il voulait jeter une gratification à son affranchi, le moyen était simple : il le trouvait dans une donation entre vifs. Mais laisser, après sa mort, un testament frappé de nullité!... Qu'on lise la loi : on verra que, dans leur position respective, Pasion ne pouvait pas tester, ni Phormion accepter. — Lis.

Loi.

Tout homme né citoyen pourra disposer de ses biens par testament, à son gré, excepté dans les cas suivants :
S'il a des enfants mâles, nés en légitime mariage;
S'il n'est pas atteint d'aliénation mentale;
Si son intelligence n'est pas éteinte par la vieillesse, des sortiléges, une maladie, ou les obsessions d'une femme;
S'il n'est contraint par la violence ou la privation de la liberté.
La présente loi sera obligatoire à dater de l'entrée en charge de Solon.

Remarquez, ô juges! la première exception : elle est applicable à mon père. Ce n'est pas la naissance, c'est l'adoption qui avait fait Pasion Athénien. Il est donc, je le répète, nécessairement enveloppé dans la prohibition. Quel est le principal objet dont il se serait avisé de disposer par testament? Sa femme! elle était mère! elle avait donné des citoyens à la république! Mais je suppose un instant que Pasion n'ait pas eu d'enfants; il tombe dans un autre cas d'exception. L'aliénation mentale, une grave maladie, des maléfices, les séductions d'une maîtresse, même d'une épouse, tout cela constitue la folie. Eh bien! voyez, lisez : ces volontés dernières, qu'on attribue à Pasion, ne supposent-elles pas un cerveau malade? A moins d'être fou, ou ensorcelé, quel citoyen jettera sa femme dans les bras de son esclave, et fera de cet esclave son principal héritier? Comparez cette pièce étrange avec l'acte de location de la banque. Quelle prudence dans ce dernier! Pasion y défend à son successeur de partager avec nous les profits de la caisse. Le testament est d'un fou ; le bail, d'un homme sensé : or, tous deux sont sous le nom de Pasion, et la tête de Pasion n'a jamais failli. La première de ces pièces est donc supposée. Et ne soyez pas surpris que cet article ait échappé à mes adversaires, qui ont tiré si bon parti de la location. Ils ne songeaient qu'à m'enlever les fonds de la banque, en présentant mon père comme débiteur; et peut-être espéraient-ils qu'un jeune homme léger n'y regarderait pas de si près.

Considérez encore quels sont les citoyens qui sont, dans certains cas, tenus d'épouser une Athénienne, ou de la marier. Par une nouvelle induction, tirée encore de nos lois, vous comprendrez que Stéphanos est un faux témoin, et que le testament est fabriqué. — Lis.

Loi.

Le titre d'enfants légitimes est acquis aux enfants de toute citoyenne donnée en mariage par son père, son frère consanguin, ou son aïeul paternel. S'il n'existe aucun de ces parents, et que la femme soit en tutelle, le parent qui lui sert de tuteur pourra l'épouser; sinon, elle restera sous la dépendance de l'époux qui l'aura obtenue.

Mes adversaires eux-mêmes ont attesté, ô juges! qu'il ne restait à ma mère aucun parent; et certes, s'il en eût existé un seul, ils n'auraient pas manqué de le faire intervenir. Non, des hommes capables de produire, pour me déshériter, des témoins imposteurs et des testaments de leur façon, ne se seraient pas fait faute de présenter au procès un frère, un aïeul, un père. N'en trouve-t-on pas avec de l'argent? Privée de toute sa famille, ma mère était donc en tutelle. Eh bien! demandons encore à notre législation à qui une pupille doit être confiée. — Qu'on lise.

Loi.

A l'âge de seize ans révolus, le jeune Athénien dont la mère est en tutelle deviendra maître de son bien, et payera à sa mère une pension alimentaire.

La loi place donc la mère sous la dépendance de son fils adolescent, à la charge, par lui, de la nourrir (3). J'étais absent pour le service de l'État, et je commandais déjà une trirème, quand Phormion devint le mari d'Archippé. Cette absence et cet emploi; l'époque du mariage longtemps après la mort de mon père; la demande que j'ai faite à Phormion des femmes esclaves; mon projet, formellement proposé, de les appliquer à la question pour en tirer des aveux décisifs : voilà des faits que je dois constater par témoins. — Qu'on lise la déposition.

Déposition.

Nous certifions avoir servi de témoins lorsqu'Apollodore proposait à Phormion, avec instances, de mettre des femmes esclaves à la torture pour éclaircir cette question: Phormion dit-il la vérité quand il nie avoir été l'amant d'Archippé avant de devenir son mari, et quand il prétend avoir reçu cette femme des mains de Pasion? Nous attestons, de plus, que Phormion n'a pas consenti à cette demande.

Lis encore la loi qui ordonne de revendiquer en justice toute pupille, Athénienne ou étrangère: l'Athénienne, devant l'archonte auquel ce soin est commis; l'étrangère, devant le polémarque. En vertu de cette loi, on ne peut posséder ni une succession ni une pupille, si on ne les a demandées et obtenues par les voies juridiques.

Loi.

La demande d'un héritage ou d'une pupille sera toujours admissible, excepté dans le mois de Scirophorion; mais cette demande doit être adressée aux magistrats.

Que devait donc faire Phormion pour se mettre en règle? Demander la pupille à l'archonte compétent; la réclamer en vertu de volontés dernières, ou à titre de plus proche parent. Si l'examen de ses prétentions lui était favorable, il obtenait Archippé au nom de la loi et par sentence. Au lieu de cela, qu'a-t-il fait? Il n'a suivi que sa volonté personnelle, arbitrairement substituée à la sainte autorité de la loi.

Je soumets à votre attention, ô juges! une autre disposition législative. Celle-ci ne confirme le testament fait par un père ayant des fils légitimes, qu'autant que ces fils viennent à mourir avant l'âge de puberté.

Loi.

Si un citoyen, ayant des fils nés en légitime mariage, meurt après avoir testé, le testament sera nul dès que ses fils seront entrés dans la classe des éphèbes.

Appliquez-nous encore cette loi. Il existe des légitimes de Pasion ; ils ont atteint l'âge viril. Si donc Pasion a réellement testé, l'acte de ses dernières volontés est non avenu.

Stéphanos a déposé contre la vérité, contre toutes les lois, en venant affirmer que la pièce présentée par Phormion était une copie du testament de mon père. Comment es-tu si bien informé ? Étais-tu là quand mon père a testé ? N'est-il pas évident que ce testament est un tissu de mensonges, ourdi par les mains qui voulaient me dépouiller ? N'avons-nous pas, depuis longtemps, la certitude que tu es venu, comme à la curée, pour vendre tes mensonges, soustraire des dépositions trop véridiques, tromper un tribunal et voler un citoyen par tes infâmes complots ? Sache-le donc, contre de pareilles fourberies une loi accorde le droit d'accuser devant le Peuple. Qu'on lise cette loi.

Loi.

En cas de cabale contre un des plaideurs, soit à part, soit en se liguant avec l'autre ; si l'on donne ou s'engage à donner de l'argent pour corrompre les Héliastes, ou quelque autre tribunal, ou le Conseil ; s'il y a conspiration contre la démocratie ; si, dans une accusation politique ou dans un procès civil, on reçoit de l'une des parties, spécialement favorisée, de l'argent destiné à séduire les juges : le prévenu pourra être cité devant les thesmothètes.

En résumé, voilà, pour ainsi dire, deux codes, ô juges ! L'un, c'est l'ensemble des lois qu'on vient de lire, lois également obligatoires pour tous les citoyens ; l'autre, c'est le code Phormion, à l'usage exclusif de son inventeur. Entre ces deux législations, quel sera votre choix ?

Pour moi, mon devoir est rempli : je devais citer les lois de la république : je l'ai fait ; prouver que Stéphanos et Phormion les ont violées : je l'ai fait. J'ai convaincu celui-ci d'avoir miné ma fortune dès mon enfance, usurpé mon patrimoine, dont l'administration lui était confiée, pillé la caisse, envahi la manufacture. Celui-là, d'après vingt preuves poussées jusqu'à l'évidence, a outragé la vérité, outragé les lois, par ses impostures écrites et verbales.

N'oublions pas, ô juges ! une dernière réflexion. Jamais on n'a tiré copie d'un testament. On fait un double d'un contrat, afin que les parties intéressées en connaissent mieux les clauses, et que l'exécution leur en devienne plus facile. Pour un testament, le même usage, le même motif n'existent point. Le citoyen qui a testé garde jusqu'à la mort l'acte de ses volontés dernières ; il y appose son sceau, il l'enferme ; la pièce mystérieuse doit demeurer ignorée le reste de sa vie. Comment donc des témoins savent-ils que l'écrit exhibé par l'affranchi est une fidèle copie du testament du maître ?

Je vous prie tous, ô juges ! et vous conjure de me venir en aide : punissez ceux qui font de l'imposture judiciaire un infâme métier. Il y va de mon avenir, de votre sécurité ; il y va du respect dû à la justice et aux lois.

NOTES

DU IIᵐᴱ PLAIDOYER CONTRE STÉPHANOS.

(1) C'est-à-dire que Stéphanos a pu, selon lui-même, ignorer une partie du texte de la déposition écrite, vu qu'il n'avait pas manqué de gens empressés à étendre ce texte.

(2) Les mots εἰ φήσιν ne peuvent s'entendre que de la défense de Stéphanos, qu'on vient d'entendre. La tournure littérale qu'emploie Auger, « s'il dit, » est une véritable infidélité.

(3) Cette partie semble n'offrir que des lambeaux décousus, qui ont fait suspecter l'authenticité de ce plaidoyer.

XXVII.

PLAIDOYER

CONTRE ÉVERGOS ET MNÉSIBULE.

INTRODUCTION.

La république athénienne se hâtait d'équiper une flotte pour une expédition sur laquelle les commentateurs ne sont pas d'accord. Les triérarques nouvellement nommés manquaient d'agrès. Décret, en vertu duquel les commandants en charge dans la campagne précédente seront tenus de remettre sans délai à leurs successeurs les agrès dont ils sont encore dépositaires; et bientôt les triérarques sont autorisés à employer, pour cette restitution, tous les moyens, même la violence. L'Athénien pour lequel ce discours fut écrit, et dont le nom est resté inconnu, est chargé d'agir contre Démocharès et Théophème. Après quelque résistance, le premier obéit. Le second prolonge les retards, s'enveloppe de prétextes, qui équivalent à un refus décisif. Autorisé par les Cinq-Cents, l'armateur entre de force dans la maison du récalcitrant, et veut saisir son mobilier. Une vive querelle s'engage, et bientôt aux injures succèdent les coups. Les deux antagonistes échangent une assignation judiciaire, chacun d'eux accusant l'autre d'avoir frappé le premier. Les plaintes de Théophème sont d'abord entendues. Il présente, en sa faveur, les témoignages d'Évergos son frère, et de Mnésibule, allié à sa famille. Ces deux citoyens attestent que l'armateur s'est refusé à une enquête proposée dans le but de le confondre; et, sur leur déposition, celui-ci est condamné.

Il attaque, à son tour, les témoins, et les accuse d'imposture. Dès le commencement du plaidoyer, il aborde directement ce sujet; aux preuves de raisonnement il joint des dépositions. Puis, dans une longue narration, qui occupe le reste du discours, il expose l'origine de son procès avec Théophème, et s'attache à faire contraster sa propre modération avec les violences de son adversaire.

La lecture de ce plaidoyer rappelle à chaque instant un des plus graves abus qui se soient glissés dans l'administration athénienne. Démosthène en gémit dans une de ses Philippiques.

Harpocration attribue à Dinarque le plaidoyer qui va nous occuper; et Becker croit qu'on l'a rangé mal à propos parmi les œuvres de Démosthène.

DISCOURS.

Je trouve une grande sagesse, ô juges! dans les lois qui consacrent, en faveur d'un citoyen condamné, le droit de poursuivre les témoins de son accusateur. Si ce dernier a trompé les tribunaux, soit en faisant parler une imposture vénale, soit en alléguant des défis qu'il n'a jamais proposés, ce n'est pas à lui que demeure l'avantage. La partie lésée attaque devant vous les dépositions, les examine, en constate le mensonge, fait punir et les témoins et le suborneur. Succombe-t-elle dans ce nouvel assaut? la loi n'a pas pour elle de châtiments sévères : le législateur a craint qu'ici une grande rigueur n'intimidât l'innocence condamnée, n'étouffât sa voix, et ne fît trop beau jeu à la calomnie. Au contraire, le faux témoin, atteint et convaincu, encourt les plus grands châtiments. Distinction essentiellement équitable, puisque la parole des témoins, orale ou écrite, est, d'ordinaire, la base de vos jugements. C'est donc pour la garantie de votre religion, pour la sauvegarde de l'innocence, pour le maintien de l'équilibre entre tous les droits, que le législateur permet d'attaquer les témoins.

Cette faculté, j'en use aujourd'hui. Écoutez-moi, de grâce, avec bienveillance. Je reprendrai les choses dès le principe; et, par l'exposé fidèle de tout ce qui s'est passé, je ferai voir l'énormité de mes nombreux griefs, la déception des juges, la perfidie des témoins.

Mon plus cher désir était de n'avoir pas de

procès. Dans la nécessité où je me trouve de paraître ici, c'est, du moins, une consolation pour moi d'avoir, pour antagonistes, des hommes bien connus dans tous les tribunaux. Je m'étendrai plus sur la perversité de leur naturel, que sur la fausseté de leurs dépositions. Un motif puissant m'y engage : leur propre conduite les a déjà condamnés, et il ne me reste guère à produire contre eux d'autres témoins qu'eux-mêmes. En effet, il ne tenait qu'à eux de prévenir cette accusation : que ne confirmaient-ils simplement la vérité de leur témoignage? que ne livraient-ils cette même esclave qui a joué un rôle dans nos premiers débats? Théophème, à les entendre, m'a proposé, devant l'arbitre Pythodore de Kêdæ, de me la livrer pour la torture. Eh bien! je l'ai demandée, et l'on m'a répondu par un refus. Les mêmes témoins oculaires qui l'ont déclaré au premier procès l'attesteront encore aujourd'hui. Trop certain qu'ils disaient vrai, Théophème n'a pas osé s'inscrire en faux contre un seul d'entre eux.

Par un aveu tacite, les accusés reconnaissent que je voulais recevoir l'esclave. Théophème, disent-ils, voulait attendre pour la livrer, et moi je ne souffrais aucun retard. Cette femme, que je consentais à faire interroger sur la présentation de mon adversaire, et qui n'a comparu ni devant l'arbitre ni devant les juges, nulle part enfin, ils ont attesté que Théophème voulait me la livrer, et qu'il m'en avait fait la proposition. Le tribunal a cru à la sincérité de leur témoignage; il en a conclu que j'éludais la preuve qu'on tirerait des paroles de l'esclave, que je tremblais d'être convaincu d'avoir frappé le premier; car toute la question était là. Cette même esclave, ils ont peur maintenant de la livrer; sa présence dans cette enceinte suffirait pour les déconcerter : ils mentaient donc quand ils déclaraient que Théophème l'avait mise à ma disposition. Théophème, de son côté, rend un mauvais service à ses témoins. Ils seraient à l'abri de toute poursuite s'il eût agi conformément à leur deposition, s'il se fût hâté de livrer l'esclave, de l'appliquer à la question. Là, disait-il, était la source de ses arguments les plus forts contre moi; là se trouvait un invincible moyen de montrer que j'avais porté les premiers coups. Et quand je lui permets d'user de toutes ses ressources, de confirmer, par là, le témoignage rendu en sa faveur, il s'y refuse! Dans notre premier procès, il disait : « Des témoins qui étaient présents, qui ont tout vu, qui ont satisfait à la loi en rédigeant leurs dépositions, peuvent encore être des imposteurs, si mon adversaire les a subornés. C'est mon esclave qui dira la vérité; le témoignage le plus irrécusable, la torture, lui fera déclarer, avec toute la sincérité possible, lequel de nous deux

a frappé le premier. » Tel était ton langage, ô Théophème! tu parlais du ton le plus assuré; et, aujourd'hui, te voilà convaincu d'avoir trompé les juges. Car, encore une fois, pourquoi n'oses-tu pas livrer cette esclave? pourquoi aimes-tu mieux laisser un frère, un parent, sous le grave soupçon d'imposture? pourquoi les forcer, pour conjurer l'orage, à descendre à d'humiliantes prières, ou, ce qui est pis encore, à de nouveaux mensonges? Je leur ai souvent proposé de me confier cette femme; j'ai déclaré que je la recevrais avant et après le jugement, et lorsque je payais l'amende qu'on exigeait de moi, et au moment de mon inscription en faux. Toujours même résistance à mes prières, même obstination dans le mensonge, même refus d'essayer de la question. Mes adversaires comprenaient bien que, si la torture était donnée, leur rôle changerait : ils se plaignaient d'avoir été attaqués, et l'on ne verrait plus en eux que de violents agresseurs.

On va lire les dépositions qui prouvent ce que j'avance.

Dépositions.

Voilà donc un refus constaté : l'esclave, réclamée souvent, ne m'a jamais été remise pour l'application à la torture. Aux preuves testimoniales viennent se joindre les plus graves présomptions.

S'il était vrai, comme les témoins l'ont affirmé, que la proposition de livrer l'esclave fût venue de Théophème, celui-ci ne se serait pas contenté d'une déposition présentée par un frère, par un allié; pour mieux établir un fait de cette importance, il se fût entouré de témoins. L'affaire se traitait par arbitrage dans l'enceinte des Héliastes : là siégent les arbitres dont la compétence s'étend sur les tribus OEnéide et Érechthéide. Or, lorsqu'on fait de telles propositions, lorsqu'on amène et livre un esclave, le tribunal est assiégé d'une foule de curieux, d'auditeurs avides. Ainsi, pour peu que le fait attesté fût véritable, Théophème n'aurait eu que l'embarras du choix.

Évergos et Mnésibule ont ajouté que je demandais l'esclave à l'instant, et que Théophème exigeait un court délai. Cette partie de la déposition est aussi mensongère que tout le reste. Est-ce moi qui ai proposé à mon adversaire de livrer cette femme? Dans cette hypothèse, pourquoi met-on la proposition dans la bouche de Théophème? Si l'hypothèse est vraie, je conçois la réponse que l'on prête à ce dernier; j'admets qu'il a pu requérir, auprès de l'arbitre, la faculté de différer jusqu'à la réunion suivante, afin de pouvoir amener et livrer l'esclave. Mais tes témoins, ô Théophème! te prêtent cette proposition, et mettent le refus sur mon compte. Maître de cette femme, obligé par les lois à me faire réellement cette demande, recourant à un tel moyen de défense dans un procès pour voies de fait; que dis-je? réduit à cette unique preuve afin de constater que j'avais porté les premiers coups, pourquoi ne te hâtais-tu point de nous présenter l'esclave (1)? Si la proposition est venue de toi, pourquoi personne n'en a-t-il vu l'exécution? Non, cette esclave n'est qu'un indigne prétexte, un sacrilége moyen de déception, une occasion d'impostures juridiques. Quand on instruisait le procès, toutes les pièces ont été reçues, tous les témoins entendus; l'esclave seule a fait défaut. Plus tard, l'as-tu produite, ou sur la place publique, ou au tribunal? La négligence commise d'abord pouvait être reparée : elle ne l'a pas été ! Toutefois il était encore temps de faire savoir, par témoins, que tu voulais tirer de la torture une preuve décisive, que tu donnerais suite à ta proposition, que, dans ta conduite, rien ne se démentirait. A la veille de paraître devant les juges, as-tu amené l'esclave au tribunal? Non. Cependant, si ta proposition n'était pas le mensonge de ceux que tu as subornés, dès que les juges furent distribués dans les divers tribunaux, ton devoir n'était-il pas d'amener cette femme avec un huissier, et de me demander si je voulais qu'elle fût appliquée à la question? Chaque juge qui entrait ne pouvait-il être pris à témoin par toi? Artisan de mensonges, aujourd'hui encore, après tant d'impostures et de calomnies, je te dis, à la face de ce tribunal : Théophème, fais interroger ici, séance tenante, celle qui a vu notre querelle... Tu n'oses pas ! Loin de proposer, c'est donc toi qui as refusé; loin de répondre par un refus, c'est donc moi qui ai fait la demande, ainsi que l'ont affirmé des témoins oculaires. — Qu'on relise leurs dépositions.

Lecture de Pièces.

Je veux maintenant ! ô juges ! vous raconter mes débats avec Théophème : vous verrez qu'il a trompé les tribunaux, fait tomber sur moi une condamnation injuste, insulté, dans ma personne, le Conseil des Cinq-Cents, infirmé vos sentences, outragé les lois et les décrets, frappé d'impuissance et les juges et la promulgation de leurs arrêts.

Je n'avais eu, de la vie, aucun démêlé avec Théophème; je ne le comptais pas plus parmi mes compagnons de plaisir que parmi les citoyens avec lesquels j'avais fait des affaires. Si donc j'ai envahi sa maison, ce n'était point par intérêt, par jalousie, ou dans l'ivresse (2). En vertu d'une loi, d'après un décret du Conseil et du Peuple, je l'ai sommé de rendre des agrès de vaisseaux appartenant à l'État, et dont il était resté détenteur. Voici à quelle occasion. Nos trirèmes venaient de partir pour la guerre ; il fallait mettre en mer, à la hâte, de nouveaux bâtiments destinés à les soutenir. Les arsenaux manquaient de rames et de cordages, la restitution n'ayant pas été faite régulièrement par les précédents triérarques. Un autre obstacle empêchait d'appareiller : on ne trouvait pas, dans les entrepôts du Pirée, de voilure à acheter. Dans cette grave circonstance, Charidème fait décider, par un décret, que tout citoyen ayant chez lui des agrès appartenant à la république sera tenu de les rendre promptement et en bon état. Je demande lecture de ce décret.

Lecture de Pièces.

D'après cet acte de la volonté populaire, le magistrat compétant fit un tirage au sort; il répartit, entre les inspecteurs des chantiers maritimes, ceux qui étaient notés pour n'avoir pas opéré la remise. Les inspecteurs les livrèrent aux nouveaux triérarques qui attendaient dans Athènes, et sur qui pesaient de graves obligations dans chaque classe d'armateurs. La loi de Périandre, qui réglait les classes, ordonnait expressément à chacun de nous de faire rendre les agrès à ceux qui n'avaient pas rempli ce devoir. Un décret obligeait aussi le Conseil à nous remettre la liste des retardataires, au domicile desquels nous devions nous présenter. J'étais pour lors commandant de navire, et chargé de pourvoir à tout dans ma section, où se trouvaient compris, l'année précédente, Démocharès et Théophème. Tous deux, affichés comme détenteurs du mobilier de la marine, avaient, en effet, des cordages et des rames dans leurs maisons. De la liste du juge, ils passèrent sur celle d'un inspecteur, qui les inscrivit sur la mienne. Ainsi, j'agissais en vertu d'une loi et de deux décrets. Dans les diverses missions maritimes qui m'avaient été précédemment confiées, au lieu de prendre des agrès dans les arsenaux, j'avais toujours gréé mon navire à mes frais; quand la république était au dépourvu, j'aimais mieux agir ainsi que d'avoir rien à démêler avec elle. Cette fois, c'était différent; une loi, des décrets, les ordres de mes supérieurs, étaient là : il fallait obéir.

Avant d'aller plus loin, constatons ce qui vient d'être dit. L'existence des ordres du Peuple, la remise des noms de Démocharès et de Théophème par les chefs compétents, la section maritime à laquelle j'appartenais, tout cela va être confirmé par la lecture des pièces et la déposition des témoins.

Loi. Décrets. Dépositions.

J'avais donc un acte de rigueur à exercer

contre Démocharès et Théophème : mes titres, ou plutôt mes obligations, sont maintenant chose évidente pour vous.

Dans l'exécution de mon mandat, quel a été le coupable, de Théophème, détenteur du mobilier de la marine, ou de moi, chargé de le lui faire rendre? Soyez attentifs, ô juges! vous reconnaîtrez que tous les torts sont du côté de mon adversaire; j'en appelle ici, moins à mes propres paroles qu'aux décisions du Conseil et des tribunaux. Quand je fus muni de tous mes titres, j'abordai Théophème, et lui demandai simplement de me remettre les agrès. Il me répondit à peine. Un peu plus tard, je le rencontre près de l'Hermès qui décore la petite porte : là, je le somme de comparaître devant les amiraux et les inspecteurs maritimes, de qui émane le droit de poursuite judiciaire dans les contestations de ce genre.

Dans cette affaire, je ne marche qu'entouré de témoins. Qu'on lise une nouvelle déposition, dont les auteurs vont paraître.

Les Témoins paraissent.

On vient de vous attester l'assignation que j'ai adressée au récalcitrant. Greffier, prouve maintenant, par la déposition de tous les chefs maritimes, que j'ai reçu l'autorisation de le poursuivre.

Déposition.

Démocharès de Pæania (3) m'avait aussi forcé de le citer devant les tribunaux ; c'est même auprès de lui que je comptais rencontrer le plus d'obstacles. Mais, dès que les juges l'eurent condamné, il se soumit, et me donna pleine satisfaction. Théophème, au contraire, de qui j'avais meilleure idée, et que je croyais trop bon citoyen pour persister dans un refus nuisible à la patrie, Théophème a accumulé autour de moi les difficultés de toute espèce. Il se présenta, il est vrai, au tribunal, écouta, ne contredit point, ne rejeta la faute sur personne, ne désigna personne comme ayant l'objet réclamé, et se laissa tranquillement condamner. Était-ce résignation ? non, c'était une ruse nouvelle. A peine sorti du tribunal, mon homme disparaît ; on est longtemps sans le revoir. Il espérait, par là, voir cesser les poursuites dès que je serais parti avec la flotte ; il comptait gagner du temps, et m'imposer, plus tard, l'injuste obligation de faire, à mon compte personnel, sa propre restitution, et de remettre les agrès ou aux dépôts publics, ou au triérarque de ma section appelé à me succéder. Car enfin, telle est la fausse position dans laquelle je me serais trouvé. Mon successeur serait venu, la loi en main, me demander les agrès ; qu'aurais-je pu lui répondre? Recourrais-je alors à Théophème ? « Que me demandes-tu, m'eût-il dit ? Les agrès ! il y a longtemps que je les ai rendus. Le besoin pressant de la république permettait-il d'attendre ? Étais-tu assez bienveillant ou assez fou pour m'accorder de pareils délais ? Triérarque, chargé d'une grave responsabilité dans ta section, armé d'une loi et de deux décrets, pourquoi aurais-tu différé d'exécuter, contre moi, les ordres de tes chefs, les ordres du Peuple ? » Ainsi, dans la pensée que la fuite le dispenserait d'une restitution, il avait disparu. Au pis-aller, la ressource du serment était là, et jamais le parjure ne lui a fait peur. Non, rien n'égale la mauvaise foi de ce suppôt de chicane : en voici une preuve, entre mille. Poursuivi, contre son attente, dès qu'il se fut rencontré, il s'obstine, et me renvoie à Apharée. Mais il n'ose l'attaquer lui-même devant les tribunaux, sachant que la honte et la confusion l'y attendaient, et que l'accusé le convaincrait d'avoir reçu de lui, lorsqu'il lui succéda dans les charges navales, le prix des agrès qu'il lui avait estimés. Il prétend aujourd'hui les avoir remis à Démocharès. Vivant, ce citoyen ne fut pas inquiété par lui ; mort, il est poursuivi dans la personne de ses enfants. Par toutes ces tergiversations, que voulait mon adversaire? gagner du temps, et voler impunément la république.

J'ai dit la vérité, ô juges! et j'en appelle à d'honorables témoignages.

Dépositions.

Je réfléchis alors, plus que jamais, sur l'étrange conduite de cet homme ; ce que j'apprends sur son caractère, et sur sa manière de répondre à des réclamations de ce genre, accroît mes inquiétudes. J'accours chez les amiraux, dans le Conseil, à l'assemblée du Peuple; partout je me plains, au nom de l'État, du refus obstiné de Théophème, de son mépris pour la décision des tribunaux. Les autres commandants de navires, qui étaient dans le même cas que moi, s'étaient aussi présentés au Conseil. Après une longue délibération, le Conseil décréta que nous eussions à employer tous les moyens nécessaires pour obtenir la restitution sollicitée depuis si longtemps. Qu'on lise cet acte du pouvoir suprême.

Lecture du Décret.

Jamais ce décret n'a été infirmé, ni attaqué comme illégal. Je m'en fais aussitôt délivrer une copie; et, ne pouvant découvrir Théophème, qui s'était évadé de nouveau, je vais trouver Évergos, son frère. Je commence par lui demander les agrès, et je le somme de signifier ma demande à Théophème. Quelques jours s'écoulent sans l'apparence d'une restitution. Indigné d'un tel mépris pour les pouvoirs dont j'étais revêtu, je prends des témoins, et, en leur présence, je dis à Évergos : « As-tu partagé le patrimoine avec ton frère? ou les biens sont-ils restés indivis entre vous deux? — Chacun de nous, répond-il, a sa fortune particulière : le domicile paternel est tombé dans mon lot; Théophème habite une autre maison. — Où est-elle située? — De ce côté. » Et il me la montre. Je m'y rends avec un huissier chargé par les magistrats de me prêter main-forte. Je frappe : une esclave ouvre, et me dit que son maître est absent. « Va le chercher partout où il peut être. » Cette esclave, pour le dire en passant, est la même dont je demandai plus tard l'application sur le chevalet, pour résoudre l'importante question des premiers coups donnés.

Théophème arrive enfin avec cette femme. « Remets-moi à l'instant, lui dis-je, un état des agrès que je t'ai déjà demandés ; je suis à la veille de partir, il n'y a pas un moment à perdre. Je te fais cette sommation au nom du Conseil. » Il me répond par des airs hautains, auxquels succèdent bientôt la menace et l'injure. « Fais quelques pas dans la rue, dis-je alors à sa servante, et amène les premiers passants; je veux qu'ils soient témoins des réponses de ton maître. » Et j'ordonne de nouveau à celui-ci, ou de rendre les agrès, ou de me suivre devant les amiraux et le Conseil. « Si tu soutiens en leur présence que tu n'as pas de restitution à faire, ceux qui t'ont livré à moi comme débiteur public, et dont j'exécute les ordres, exigeront des preuves; dans le cas contraire, je saisis ton mobilier, à titre de gage, en vertu de ces mêmes ordres. » Nouveau refus, avec des expressions de démence et de colère. J'ordonne alors à l'huissier de s'assurer de la personne de l'esclave ; Théophème furieux veut nous l'arracher; je l'abandonne, et j'entre dans la maison, déterminé à exécuter ma menace légitime. Pendant ce conflit, la porte était restée ouverte ; mon adversaire, encore devant le seuil, se disposait à entrer, et je savais d'ailleurs qu'il n'était pas marié. Au moment où j'entre moi-même, il m'applique un coup de poing sur le visage. Je riposte, en prenant à témoin les spectateurs de cette scène. Pourquoi nous avait-il violemment repris l'esclave? parce qu'elle pouvait, mieux que personne, attester qu'il avait frappé le premier. Il se hâte de m'envoyer une assignation (4), et parle bien haut du témoignage de cette femme. Je n'oppose à ses injustes poursuites ni déclinatoires, ni délais, sachant, par expérience, que de tels subterfuges sont souvent impuissants. Il dit, il répète avec assurance que mes témoins en imposent, que l'esclave, mise à la torture, fera seule connaître la vérité; bref, il parvient à fasciner le tribunal. La conduite que le fourbe a tenue depuis ce temps donne à ses paroles un éclatant démenti : cette esclave, que j'ai vingt fois demandée, je n'ai pu encore l'obtenir. Puisque, après s'être témérairement avancés, mes ennemis persistent dans un refus calculé, je produirai d'autres personnes qui ont vu, aussi bien qu'elle, la rixe commencer par le brutal Théophème. Or, la loi a consacré le droit d'accuser, pour voies de faits, celui qui ose frapper le premier, surtout quand son adversaire est revêtu d'un caractère public. — Lis-nous les décrets et les dépositions.

Lecture de Pièces.

Dessaisi de quelques objets, sur lesquels j'avais déjà mis la main, j'allai droit aux Cinq-Cents. Je montrai les coups que j'avais reçus, je racontai le traitement auquel m'avait exposé une juste réclamation. Le Conseil indigné, me voyant tout meurtri, arrêta que, dans ma personne, on l'avait outragé lui-même, outragé la puissance populaire, outragé la loi en vertu de laquelle j'avais agi. En conséquence, je fus autorisé à poursuivre Théophème comme criminel d'État; on ordonna aux prytanes de le forcer à comparaître dans deux jours, comme entravant, par des moyens coupables, l'armement de la flotte, retenant des agrès qui appartiennent aux arsenaux de marine, arrachant les gages que j'avais saisis au nom de la patrie, et frappant le délégué de la puissance publique. Voilà donc Théophème mis en cause devant le Conseil, et c'est moi, cette fois, qui l'accuse. Les parties entendues, le Conseil procède au scrutin : Théophème est déclaré coupable. Le livrera-t-on à la justice ordinaire, ou sera-t-il condamné de suite à l'amende de cinq cents drachmes que le Conseil a le droit d'infliger? Pendant que les juges délibèrent sur cette question, mes adversaires m'assiégent de supplications, intercèdent par la voix de tous mes amis, remettent sur-le-champ au Conseil un état des agrès, et, à l'égard des violences exercées sur ma personne, promettent de s'en rapporter à un arbitre de mon choix. Obsédé, harcelé, satisfait d'ailleurs de voir Théophème déclaré coupable, je me contente du vingtième de la peine pécuniaire.

Je prie les citoyens qui, sous l'archonte Agathoclès, étaient membres du Conseil, de certifier au tribunal, près duquel je les vois assis, la vérité de ces faits ; de plus, je vais faire lire les dépositions de tous ceux des Cinq-Cents que j'ai pu trouver.

Dépositions.

Ce qui relève encore, ô juges! la modération dont j'usai vis-à-vis de mes adversaires, c'est qu'il existe un décret prononçant la confiscation, en cas de refus non-seulement de la restitution du mobilier de la marine, mais encore de la vente des agrès qui étaient propriété privée : tant les besoins de nos arsenaux étaient alors pressants! — Lis-nous ce décret.

Décret.

Cependant je reviens avec la flotte. Pour vider nos débats au sujet des voies de fait, je propose successivement plusieurs arbitres : tous sont rejetés. Je cite alors Théophème devant les tribunaux; mon assignation se croise avec la sienne. Les juges entrent en séance, la cause est appelée : Théophème oppose une fin de non-recevoir, et veut encore gagner du temps. Fort de mon innocence, j'étais accouru, et j'insistais pour que la sentence fût prononcée le jour même. Contraint de plaider au fond, mon ennemi trompa encore une fois la justice par ses ruses : pour prouver sa résolution de livrer l'esclave, il en appela à son frère Évergos, à Mnésibule son parent : on crut ces deux hommes, on supposa un reste de franchise dans l'âme d'un imposteur!
Ne repoussez pas, ô juges! ma juste prière. En prononçant sur la vérité ou le mensonge du témoignage que j'attaque, de grâce, revoyez mon procès; descendez, à votre tour, au fond de la cause. Cette faveur, si c'en est une, m'est peut-être due à plus d'un titre. Comment pourrez-vous résoudre le principal problème? comment saurez-vous avec certitude par qui la rixe a commencé? Je le répète, c'est par le moyen que Théophème a employé d'une manière si suspecte, c'est par l'application de l'esclave à la torture; or, je le répète, les témoins ont menti quand ils ont déclaré que mon adversaire voulait remettre cette femme entre mes mains : car il ne l'a présentée ni devant l'arbitre, ni devant un tribunal, ni sur la place publique; et c'est moi, moi déjà condamné, qui l'en suppliait! Évergos et son complice méritent donc un double châtiment : par un mensonge vendu à leur parent, ils se sont joués de la religion des juges, ils ont attiré une injuste condamnation sur un citoyen qui remplissait avec zèle les charges publiques, et mettait à exécution les ordres souverains du Conseil et du Peuple. Suis-je, d'ailleurs, le seul triérarque qu'on ait chargé de faire rentrer dans les arsenaux tous les agrès appartenant à l'État? il s'en faut de beaucoup : plusieurs commissions semblables ont été déléguées à d'autres citoyens. — Qu'on lise les témoignages à l'appui.

Dépositions.

J'ai encore à vous raconter, ô juges! d'autres vexations, non moins iniques. La sentence rendue sur le témoignage que j'attaque m'avait condamné à une amende. Un délai m'était accordé, selon l'usage. Voyant le terme approcher, je vais trouver Théophème : « Donne-moi encore quelques jours, lui dis-je. La somme que je devais te compter était prête; mais soudain je me suis vu imposer une nouvelle charge navale; je suis triérarque, et j'ai besoin de mon argent. Ma trirème doit partir dans le plus bref délai; l'amiral Alcimaque ne m'accorde pas de répit. Comment faire? il faut bien que j'emploie à cet usage l'argent que j'allais t'apporter. N'exige donc point, de grâce, l'exécution de la sentence jusqu'à ce que mon bâtiment soit parti. — J'y consens, répond le faux bonhomme; mais, ce départ effectué, songe à me payer. » Me reposant sur ces dernières paroles, je ne songe plus qu'à remplir avec zèle ma part des charges maritimes. Quand tout est fini, je ramasse une somme nouvelle; puis j'aborde Théophème, et le prie de me suivre chez le banquier pour toucher son argent. Si je me montrais si exact, c'est, je l'avoue, parce que je comptais bien m'indemniser par la peine pécuniaire que je provoquerais contre les témoins imposteurs. Arrêtons-nous ici, pour faire entendre de nouveaux témoignages.

Dépositions.

Vous croyez peut-être que Théophème me suivit chez le banquier? Pas du tout : il prit une autre route, se dirigea vers ma campagne, m'enleva cinquante brebis chargées des plus belles toisons, avec le pâtre, et tous les ustensiles de la bergerie. Rencontrant un jeune esclave qui allait rendre à un de mes amis une riche aiguière d'airain que j'avais empruntée, il se saisit et de l'aiguière et de l'esclave. J'habite, depuis ma tendre jeunesse, une autre terre, située près de l'Hippodrome : il s'y rend, méditant de nouveaux brigandages, et se jette d'abord sur mes serviteurs. Tous fuient et se dispersent. Alors deux hommes qui, à aucun titre, n'avaient rien à réclamer de moi, et devaient, plus que lui-même, respecter ma propriété, Évergos et Mnésibule, ses dignes acolytes, enfoncent la porte du jardin, et pénètrent, par là, dans ma maison. Juges, ma femme, mes filles, mon fils, s'y trouvaient en ce moment!
Là, leur attente est, en partie, trompée. Quelques meubles seulement me restaient : j'en avais mis en gage, et même vendu, pour remplir les charges publiques, pour diverses contributions, enfin pour suivre l'élan de mon zèle.

Mes ennemis n'en saisissent pas moins ce qu'ils trouvent ; dans quelques instants, tout disparaît sous la main de ces trois forcenés, et ma maison est dévalisée.

Ce n'est là, ô juges ! qu'une partie de leurs attentats. Ma femme et mes enfants prenaient leur repas dans la cour, et avec eux une vieille femme qui m'avait nourri de son lait, et qui nous était fort dévouée. Affranchie par mon père, elle avait pris un mari ; mais, beaucoup plus tard, se voyant veuve, âgée, sans appui, elle était rentrée d'elle-même dans ma maison. Certes, je ne pouvais fermer ma porte à ma pauvre nourrice. D'ailleurs, j'allais partir pour la guerre, et je rassurais mon épouse en laissant auprès d'elle et de nos enfants une gardienne aussi fidèle. Ma famille était donc à table au moment où Théophème et ses satellites parurent tout à coup, et commencèrent le pillage. Les autres femmes, qui se trouvaient dans un pavillon isolé, en ferment les portes dès qu'elles entendent des cris. La tentative des brigands échoue de ce côté ; ils se contentent donc de faire leur proie de tout ce qu'ils rencontrent. Cependant ma femme, remise de sa première frayeur, leur criait : « Je vous défends de toucher à ces meubles ; ils font partie de ma dot. Vous avez déjà pris cinquante brebis avec le berger : cette valeur excède l'amende prononcée contre nous (un voisin officieux, accouru à la hâte, l'avait secrètement avertie de cette première violence). De plus, ajouta-t-elle, informée de ceci par moi-même, une somme déposée vous attend chez un banquier. Attendez, au nom du ciel, attendez ! Qu'un de vous aille à l'instant chercher mon mari : on vous comptera, aujourd'hui même, l'argent qui vous est dû. Laissez, laissez notre mobilier ; respectez ma dot ; contentez-vous des gages énormes dont vous êtes nantis. » Vaines réclamations ! inutiles efforts ! En les voyant entrer, ma nourrice s'était hâtée de cacher dans son sein une coupe qui se trouvait devant elle. Évergos et Théophème ont aperçu son mouvement : ils se précipitent sur elle, lui tordent, lui ensanglantent les bras et les mains, la traînent avec violence, déchirent son cou avec leurs ongles, et lui meurtrissent la poitrine. Cette torture, exercée sur une pauvre vieille, ne cessa que quand ils lui eurent arraché le vase que son zèle voulait soustraire à leur rapacité. Au bruit de cette horrible scène, les esclaves de quelques-uns de mes voisins étaient montés sur les toits : de là, ils appellent les passants. D'autres, dans la même intention, se transportent sur le chemin : ils voient venir à eux Hagnophile, lui content ce qui se passe, le prient d'entrer chez moi. Un serviteur d'Anthémion surtout lui adressait les plus vives instances. Hagnophile s'approche ; mais, par un singulier respect pour le maître absent, il n'entre pas. Placé sur la terre d'Anthémion, il se contente de voir Évergos et Théophème sortir chargés de mon mobilier. Quand ils ont tout pris, les misérables mettent la main sur mon fils, et l'emmènent. « Que faites-vous ? ce jeune homme n'est pas un esclave, c'est le fils de mon voisin ! » A ces cris, poussés par Hermogène qui les voyait passer, ils lâchèrent, à regret, cette partie du butin.

Voilà des faits aussi vrais qu'ils sont étranges. Des témoins les ont affirmés.

Déposition.

D'autres voisins accourent au Pirée, où je m'occupais de mes préparatifs de départ : ils m'apprennent ce qui vient d'arriver. Je me rends aussitôt à ma terre : les brigands n'y étaient plus. Je vis ma maison pillée, je vis les déplorables effets du traitement barbare exercé sur ma nourrice. Instruit de tous les détails par mon épouse, le lendemain, au lever du soleil, je vais chez Théophème avec des témoins. Je le somme, cette fois, de m'accompagner chez le banquier, et de venir recevoir l'amende que je dois payer ; j'exige, de plus, qu'il fasse donner des soins à celle qu'il a traitée si cruellement, et qu'il lui envoie un médecin de son choix. A cette double demande, faite d'une voix ferme, les deux frères ne répondent que par mille invectives. J'entraîne Théophème, qui se débat sous ma main. « Moi aussi, disait-il, je prendrai des témoins. Nous verrons ! » Artificieuse menace, lâchée pour prolonger les délais à l'infini. Pour Évergos, il se fait accompagner de quelques bandits, sort de la ville, va droit à ma campagne, enfonce la porte, qui, déjà forcée la veille, tenait à peine, enlève les ustensiles cachés dans une tourelle pendant la première invasion, et que la nécessité en avait tirés à mon arrivée ; et cet homme, avec qui je n'avais aucun démêlé personnel, emporte son nouveau butin, qu'il semblait avoir pris sur un champ de bataille. Pendant ce dernier désastre, je payais Théophème : il reçoit du banquier, pour mon compte, onze cent trois drachmes et deux oboles d'épobélie (5), et trente drachmes de prytanies. Cela se passe devant témoins. Le payement effectué, je réclame mes brebis, mes esclaves, mes meubles, mes ustensiles. « Je te les rendrai, répond Théophème, mais à une condition : c'est que tu vas te désister de tes poursuites contre moi, mon frère et Mnésibule, et que tu laisseras périmer ton inscription de faux. — Je prends acte de ce nouveau refus, lui dis-je, et je prie les citoyens présents ici de ne pas l'oublier. » Du moment où je venais de le payer, j'avais mis tous les torts du côté de mon ennemi. J'ignorais qu'Évergos se fût encore rué sur mon bien ce jour-là même. Comme je retournais chez moi récapitulant tristement tous les objets qu'on m'avait volés, un tailleur de pierres, qui travaillait à un tombeau près de ma demeure, m'annonce qu'Évergos y avait reparu, et qu'il avait achevé de la vider.

L'avide empressement de mes ennemis conjurés pour ravir des gages de payement dans ma maison; mon attention à les payer dès le lendemain de ce premier pillage, attention qui prouve qu'en tenant mon argent prêt, j'avais tâché de prévenir leur coupable tentative; enfin, leur seconde déprédation sur les faibles débris de mon mobilier, à l'instant même où je subissais ma peine pécuniaire : tous ces faits trouvent une preuve irrécusable dans les paroles des témoins les plus dignes de foi. On va vous lire leurs dépositions.

Dépositions.

J'ai dit, ô juges! que j'avais enjoint à Théophème de mander un médecin pour soigner la femme qu'il avait frappée. Il n'en fit rien. J'envoyai donc mon propre médecin, celui qui, depuis longtemps, donne des soins à toute ma maison. Des témoins, convoqués aussi par moi, entourèrent le lit de la malade. Le médecin l'examine, déclare d'abord qu'elle est fort mal, et bientôt qu'elle n'en peut réchapper. Alors j'appelle de nouveaux témoins, je leur montre ma malheureuse nourrice, et je somme de nouveau Théophème et ses complices de la faire soigner. Hélas! tous les soins auraient été perdus. Six jours après l'attentat, l'infortunée rendit le dernier soupir. — Lis, greffier, la déposition des témoins de sa maladie et de sa mort.

Déposition.

Après cette perte nouvelle, j'allai trouver des jurisconsultes : j'avais besoin de leurs conseils et de leurs lumières pour me diriger dans cette grave circonstance. Je leur racontai tout de point en point : et l'invasion soudaine de Théophème; et le zèle de cette femme pour défendre nos intérêts; et la position qu'elle occupait chez moi; et sa mort, suite évidente des coups qu'elle avait reçus en résistant à ceux qui dépouillaient ses maîtres. Après m'avoir entendu, les jurisconsultes me disent : « Nous demandes-tu seulement une consultation de droit? ou veux-tu que nous y ajoutions un conseil d'ami? — Je viens chercher l'une et l'autre, leur dis-je. — Cela étant,

écoute ce que veut la loi d'une part, et, de l'autre, ton intérêt. Avant tout, quand on procédera à la sépulture, fais porter une lance par un des assistants. Qu'un parent interdise, en ton nom, au meurtrier, l'approche du tombeau. De plus, mets des gardes au tombeau pendant trois jours. Tu n'as pas vu frapper la défunte; les seuls témoins sont ta femme et tes enfants : en conséquence, tu feras prudemment de ne désigner personne d'une manière nominale; contente-toi d'intimer la défense d'approcher *au meurtrier*, quel qu'il soit. Une autre précaution est nécessaire : ne dénonce personne à l'Archonte-Roi; la loi te le défend. D'après tes paroles, cette femme n'était ni ta parente, ni ton esclave : or, pour accuser un meurtrier, il faut avoir été parent ou maître de la personne assassinée. Si donc tu te rendais, avec ta famille, à l'Épipalladium (6) pour prêter serment, si tu y prononçais des imprécations sur toi et sur les tiens, comme garantie de ta véracité, tu ne ferais que soulever contre toi l'animadversion publique. Que gagnerais-tu à un procès? Si les accusés sont absous, tu passeras pour parjure; s'ils sont condamnés, que d'ennemis vont se déclarer contre toi! Borne-toi donc aux expiations nécessaires pour toi et ta maison; supporte en silence ton malheur; attends une meilleure occasion pour te venger; souffre, et tais-toi (7). »

Ayant reçu cette réponse, je me dirige vers la colonne où sont inscrites les lois de Dracon; je les lis, je demande conseil à des amis qui se trouvaient là. Ils me recommandent une extrême prudence; et, dans mon intérêt comme dans celui des miens, ils m'engagent à suivre exactement la consultation. La loi me liait les mains : je me résignai donc, et restai tranquille. En effet, le législateur étend jusqu'aux cousins seulement le droit de poursuivre un meurtrier; et la formule légale du serment désigne tous ceux dont nous pouvons venger judiciairement la mort, parents et même esclaves. Or, étrangère à ma famille, la défunte ne tenait à moi que par le souvenir des soins qu'elle m'avait donnés; affranchie par mon père, mariée, devenue veuve, elle n'était pas, non plus, ma servante. D'ailleurs, quand même un parjure m'aurait assuré la condamnation de mes persécuteurs, je n'en aurais pas voulu à un pareil prix : je respecte trop les tribunaux; et la protection des dieux m'est plus précieuse que toutes les joies de la vengeance.

Mais je ne dois pas me borner ici à de simples paroles : on va vous lire la loi qui a tracé ma conduite.

Loi.

On peut arriver par plus d'une voie à la preuve du mensonge impudent d'Évergos et de Mnésibule : la conduite de ces deux hommes et de Théophème est la voie la plus courte. Comme ils avaient tout combiné! Plus nous posséderons de gages pris sur ses biens, se disaient-ils, plus il sera forcé, pour les recouvrer, de renoncer à son inscription de faux : à l'œuvre donc! Autre ruse : lorsque je demandai quelque délai à Théophème, il m'écouta avec une feinte bienveillance. Le fourbe était enchanté de gagner du temps, et de faire quelques visites de plus à mon domicile. De là, cette concession facile, qui semblait exclure toute méfiance, et imposait silence au soupçon. Je le répète; il croyait que, pour m'empêcher de poursuivre ses imposteurs gagés, il fallait me tromper, me mettre en retard, achever de me dévaliser : seulement, il espérait trouver ma maison mieux garnie. Le reste du temps, il demeurait tranquille, persuadé que je ne pouvais le payer dans le moment, et content de penser que tous mes meubles allaient passer chez lui, à l'approche du procès qui menaçait encore son frère et son allié. Mais, dès qu'une sommation lui eut fait comprendre que son argent était prêt, au lieu de venir le recevoir, il se jeta sur ma maison, et se livra au criminel pillage dont j'ai fait et constaté le récit. Rien ne lui était plus facile, ma terre étant à quelques pas de l'Hippodrome. Ce qui le prouve, c'est que la somme portée dans la sentence qui me condamnait a été touchée par lui le lendemain de l'abominable expédition où il avait personnellement figuré. Or, comment aurait-il reçu si promptement une somme de cette importance, si je ne m'étais hâté de me mettre en règle? Il ne m'a rien rendu, lui qui n'avait le droit de rien prendre : pourquoi, puisque je n'étais plus en retard?

J'ai besoin de vous convaincre, par des témoignages, que j'étais absent; j'ai besoin de présenter ici la loi qui reconnaît pour bons et valables les arrangements pris de citoyen à citoyen. Je demande donc cette double lecture.

Loi. Dépositions.

Vous devez donc, ô juges! être maintenant pénétrés de cette vérité : faisant avec moi des dispositions nouvelles, Théophème a différé l'exécution de la sentence; mon associé dans la triérarchie vous a témoigné que nous avions équipé le vaisseau amiral qui portait Alcimaque. Muni d'un délai obtenu, fort de ma proposition de payer, je ne devais pas être traité par mon créancier comme un débiteur insolvable. Mais, dans les petites choses comme dans les grandes, rien n'égale son audace et sa perfidie. Voici enfin ce qui achève de dévoiler ce mystère d'iniquité. S'ils livraient à la torture l'esclave demandée, mes adversaires ne pouvaient manquer d'être confondus par ses aveux; ils le savaient. Ils n'ignoraient pas, non plus, que s'ils ne remettaient en mes mains une femme que Théophème, suivant leur mensonge, avait voulu me livrer, ils subiraient la peine des faux témoins.

Parmi les juges qui m'écoutent, il en est peut-être qui, dans le premier tribunal, ont contribué, par leur vote, à la sentence rendue. Je ne leur demande qu'une chose : c'est d'appliquer à cette cause incidente la règle dont ils se sont déjà servis. Ont-ils opiné que la déposition de l'esclave devait être prise en considération? ont-ils pensé que j'avais peur de ce moyen de parvenir à la vérité? Aujourd'hui, que les témoins sont convaincus d'imposture, et que le refus de livrer cette femme vient certainement de mes adversaires, les suffrages doivent tourner en ma faveur. Étais-je coupable à leurs yeux, pour être venu exercer une saisie mobilière dans la maison de Théophème? Théophème doit leur paraître bien plus criminel : sans titre, sans mission, il a mis mes deux habitations au pillage. Et quelle différence dans nos deux manières d'agir! Poussé chez lui par une loi, par deux décrets, je me suis abstenu d'entrer dans l'appartement de son père et de sa mère; et, distinguant scrupuleusement les propriétés des deux frères, je n'ai pas mis la main sur celle d'Évergos. Théophème absent, je n'ai point saccagé sa maison : j'ai envoyé chercher le maître; après son arrivée, j'ai commencé la saisie, que ses brutalités ont interrompue sans résistance de ma part. Je me suis présenté aux Cinq-Cents, à nos juges légitimes; je l'ai accusé d'attentat contre l'exercice de l'autorité publique; après la condamnation, je n'ai demandé que ces mêmes agrès recherchés depuis si longtemps. Pour ses violences, je me contentais de la peine que pouvait infliger un arbitre : tant était grande ma modération! tant ma patience était imperturbable! Mes ennemis, au contraire, à quels excès d'audace et d'insolence ne se sont-ils point portés! Détenteurs d'une partie de mes troupeaux, de mes esclaves, d'une valeur bien plus forte que l'amende prononcée contre moi, ils ont violé le séjour où étaient ma femme et mes filles. Malgré leur consentement à différer l'exécution de la sentence, malgré ma promesse de payer, après le nouveau délai, consentement et promesse constatés par témoins, ils ont forcé ma demeure, enlevé tout le mobilier, frappé mortellement ma nourrice, pauvre vieille qui voulait me conserver un vase assez peu précieux; et, bien que je leur de payé intégralement les deux sommes désignées dans la sentence, ils gardent encore le fruit de leurs rapines !

Si l'un de vous, faute de connaître ces hommes, les croit pacifiques et ennemis du mal, qu'il se désabuse. Je m'en réfère à plusieurs témoignages rendus en ma faveur par quelques autres victimes de leurs violences tyranniques. Cela suppléera au récit détaillé que je n'ai pas le temps de présenter moi-même. Rappelez-vous l'ensemble et l'accord parfait des dépositions que j'ai produites; rappelez-vous tous les raisonnements dont je les ai appuyées : et puisse votre arrêt, ô juges! satisfaire la justice et vos propres intérêts !

Qu'on lise les pièces que j'ai annoncées.

Lecture de Dépositions.

NOTES

DU PLAIDOYER CONTRE ÉVERGOS ET MNÉSIBULE.

(1) L'argumentation se traîne ici, et ne varie guère que dans sa forme. On n'y reconnaît pas Démosthène.

(2) On voit, dans Aristophane et ailleurs, que des jeunes gens, revenant, la nuit, de quelque partie de débauche, forçaient quelquefois la demeure d'une maîtresse, ou d'un rival dont ils étaient jaloux.

(3) Parent de Démosthène.

(4) La marche des deux plaideurs est ici très-difficile à suivre. Il paraît qu'il y eut trois jugements : un premier, rendu par un arbitre, à la requête de Théophème, qui aurait fait condamner son adversaire, en s'appuyant du témoignage de l'esclave, peut-être gagnée alors par son maître; un second devant le conseil des Cinq-Cents, où celui qui plaide actuellement cite Théophème, et le fait condamner à son tour ; enfin, un troisième, où les parties se citent mutuellement en justice, et où Théophème gagne une seconde fois contre sa partie adverse, qui ne laisse pas de poursuivre son action intentée.

(5) J'ai suivi ici la correction de M. Planche, qui avertit, avec raison, de se tenir en garde contre l'interprétation de J. Wolf. Pour *L'épobélie*, voyez les notes du 1er plaid. contre Aphobos. Lorsque les parties étaient sur le point de plaider, elles déposaient une somme plus ou moins forte, suivant l'importance du procès. Celui qui était condamné perdait cette somme, outre celle qu'il était obligé de payer en vertu de la sentence. Les sommes déposées s'appelaient *prytanies*.

(6) Voy. les notes du plaidoyer contre Aristocrate.

(7) Consultation singulière! Nous ne comprenons pas bien tous les motifs du silence conseillé au client; mais nous voyons ici deux choses : les précautions dont il fallait s'entourer dans les affaires criminelles, surtout quand il s'agissait de dénoncer des coupables puissants; et l'indication de quelques coutumes dont on ne trouve guère de trace ailleurs.

VIIᵉ SECTION.

RÉCLAMATIONS RELATIVES A L'ÉCHANGE DE FORTUNE, ET AUX CHARGES NAVALES.

XXVIII.

PLAIDOYER

CONTRE PHÆNIPPE.

INTRODUCTION.

Il faut, avant tout, définir ce qu'on entendait par l'échange de fortune, ἀντίδοσις. Afin que celui dont le bien n'était pas suffisant, celui surtout, dit Bockh, dont la fortune avait été diminuée par des accidents fâcheux, pût se délivrer d'un fardeau injustement imposé, et afin de reporter sur le riche une charge trop lourde pour le pauvre, le citoyen appelé à remplir une liturgie avait le droit de la rejeter sur un autre qu'il croyait plus en état de la supporter, ou, en cas de refus, de le forcer à l'échange de leurs biens respectifs. Après cet échange, le plaignant s'acquittait de la liturgie avec le bien qui était passé entre ses mains, et l'autre en demeurait exempt. Solon avait établi ce droit; l'exercice en était accompagné de beaucoup de difficultés; mais il n'était ni absurde ni injuste, et il ouvrait un refuge contre l'arbitraire. Chaque année, les autorités compétentes accordaient l'échange à qui de droit; les stratéges décidaient lorsqu'il s'agissait de la triérarchie et de l'impôt; ces contestations apportaient de grandes entraves aux affaires de la guerre. Si le citoyen sommé de faire l'échange s'y refusait, son adversaire saisissait aussitôt ses biens et mettait le scellé sur sa maison, sans subir lui-même ces formalités; tous deux ensuite prêtaient serment de faire une exacte déclaration de leurs biens, dont ils devaient, dans trois jours, fournir l'inventaire, ἀπόφασις. Puis le tribunal prononçait. La sentence était-elle contraire au demandeur? il n'y avait point d'échange; lui était-elle favorable? son adversaire avait la faculté d'acquiescer à l'échange, ou de se charger de la liturgie. (Écon. Pol. des Ath., l. IV, c. 16.)

L'Athénien pour qui fut écrit ce plaidoyer attaque Phænippe, comme étant plus riche que lui; il montre les pertes considérables qu'il a lui-même subies, et la diminution sensible de sa fortune; il prouve que Phænippe ne lui a pas remis la déclaration de ses biens au temps prescrit, qu'il a rompu les scellés apposés à sa maison, qu'il annonce des dettes supposées. Il tâche d'exciter la compassion des juges; il les prie de le soulager, et de transporter sur un autre le fardeau sous lequel il succombe.

Alb.-G. Becker ne range qu'en hésitant ce plaidoyer parmi ceux de Démosthène.

DISCOURS.

Puissiez-vous, ô juges! être tous comblés de biens! tel est mon premier vœu; j'ajoute : Honneur à Solon, qui a porté la loi des échanges! Si ce législateur n'avait tracé nettement la marche à suivre en pareille matière, quel frein eût arrêté l'audacieux Phænippe, qui a dédaigné d'obéir à tant de dispositions sages et ingénieusement prévoyantes? La loi lui ordonnait de me faire la déclaration de ses biens dans les trois jours à compter de celui où il a prêté serment, ou, au plus tard, le 6 de la troisième décade de Boédromion, terme définitif que ses supplications avaient obtenu de moi : mais, superbe contempteur de nos institutions et de vos arrêts, il a laissé passer l'une et l'autre époque sans daigner songer à son devoir. Il s'est longtemps caché ; et, seulement au second mois, deux ou trois jours avant de comparaître devant vous, la déclaration lui a été enfin arrachée. Tous les biens étaient sous le scellé : il n'en a tenu compte ; il est accouru à sa campagne, a rompu les scellés, et tiré dehors tous les produits, meubles et effets, comme si la règle commune à tous ne lui avait pas lié les mains.

Pour moi, que ne puis-je, au sein de mon ancienne opulence, compter encore parmi les Trois-Cents (1) ! Mais, entraîné dans la ruine des citoyens que l'exploitation des mines a si cruellement trompés ; voyant les débris de ma fortune attaqués par des pertes particulières ; naguère encore débiteur de l'État pour un talent, à la suite d'une confiscation subie avec tant d'autres, je suis réduit à chercher, dans tous les rangs, un Athénien dont les richesses ont suivi un mouvement opposé. Celui que je veux faire mettre à ma place remplit cette condition ; de plus, il n'a jamais rempli de charge publique. Voici donc, ô juges ! l'objet de ma demande : Si je démontre que Phænippe a transgressé les lois, et que sa fortune surpasse de beaucoup la mienne, par un arrêt favorable assignez-lui ma place parmi les Trois-Cents. Le principe sur lequel repose la loi des échanges annuels n'est autre, vous le savez, que l'instabilité continuelle des fortunes privées.

Je vais reprendre, dès le principe, tout ce qui s'est fait dans les opérations de l'échange qui nous occupe.

Juges, le deuxième jour de Métagitnion, les stratéges annoncèrent aux Trois-Cents l'ouverture des échanges. Autorisé par la loi, je cite Phænippe. Prenant ensuite quelques amis avec moi, je me dirige vers son domaine de Cythère, et j'en fais le tour : c'est une course de plus de quarante stades. Je devais m'assurer s'il était grevé d'hypothèques : c'est ce que je fis, en sommant le propriétaire de m'en faire sur-le-champ la déclaration : un délai lui aurait permis de supposer plus tard une dette garantie par cet immeuble. Cela fait, j'appose les scellés à sa maison, et je le somme de venir chez moi : « Avant que nous ne sortions, lui dis-je, montre-moi le blé qui a été battu (car, j'en atteste les dieux, il possède deux belles fermes, toutes deux de presque un arpent). — J'en ai vendu une partie ; voilà l'autre, dans ce grenier. » Bref, je poste des gardes a toutes les issues, et j'exige qu'il défende à ses âniers de transporter du bois à la ville ; c'est là une branche considérable des revenus de l'opulent Phænippe : six ânes amènent ici son bois pendant toute l'année, et il en tire plus de douze drachmes par jour. Après avoir fait intimer à ma partie la défense dont je viens de parler, et l'avoir engagée à se rendre à Athènes pour prêter serment, aux termes de la loi, je revins à la ville.

Je m'arrête ici, ô juges, pour appuyer ce qui précède par la lecture de quelques dépositions ; et je continuerai en suivant la même méthode. Vous reconnaîtrez que, dès le premier jour, Phænippe a commis de graves infractions. Sa maison était sous le scellé : ainsi le voulait la loi ; les scellés ont été rompus. Il avoue qu'il les a brisés lui-même, mais il nie avoir ouvert les portes : comme si ce n'était pas pour les ouvrir qu'on viole ce signe de prohibition légale ! Défense avait été faite d'exporter du bois : excepté le jour même où je lui parlai, il en a fait passer ici journellement. Aucune hypothèque ne pesait sur sa terre : maintenant il en déclare plusieurs. Son intérêt, son caprice, voilà ce qu'il substitue à la volonté de la loi.

— Lis les dépositions, en commençant par celles qui concernent les mines.

Déposition.

Vous voyez, Athéniens, l'étrange début de mon adversaire dans les opérations relatives a l'échange : plus d'un témoin oculaire en fait foi. Ses délits ultérieurs n'ont pas attaqué seulement celui qui se plaint devant vous ; ils outragent nos lois, nos lois placées sous la sauvegarde des tribunaux.

Phænippe avait donc juré de déclarer tous ses biens, le onze de Boédromion ; il avait solennellement promis une franchise sans réserve. Jusque-là, il obéissait à la loi qui ordonne expressément de faire la déclaration dans les trois jours qui suivent celui du serment prêté. Nous avions rendez-vous près du tribunal ; Phænippe m'y trouva : il était accompagné de Polyeucte et de quelques autres. Là, une courte conférence a lieu : « Tu auras de moi pleine satisfaction, me dit Phænippe, si tu te prêtes à un accommodement : consens, de grâce, à différer de quelques jours la déclaration de nos fortunes ; aussi bien, la tienne m'est suffisamment connue. — Un honnête homme, lui dis-je, déteste les procès, et ne se présente aux juges qu'après avoir épuisé les moyens de conciliation. Je consens donc à un accommodement : fixons-le au 6 de la troisième décade de Boédromion, et la déclaration aura lieu le 6. » Quelle condescendance ! Ni le 8, ni le 6, Phænippe ne s'est présenté; et me voilà contraint à traîner devant vous le violateur de deux lois : l'une, qui ordonne de déclarer ses biens dans un temps limité; l'autre, qui défend de rompre, sans un commun accord, les engagements pris devant témoins. Qu'importe que le jour soit fixé par la loi, ou par une stipulation particulière? les contrats ne font-ils pas loi entre citoyens? La loi désigne le troisième jour (2) : que de fois, cependant, les parties intéressées conviennent d'un autre terme! Cette tolérance est consacrée par les tribunaux, par les archontes; quand un délai extra-légal est ainsi convenu, le magistrat attend. Ainsi, rompre un engagement pris avec sa partie, c'est fouler aux pieds nos usages, c'est violer une loi, c'est afficher l'audace du brouillon le plus odieux. Or, je l'ai dit, voilà ce que Phænippe a fait, autant contre l'accommodement demandé par lui-même, que contre les déclarations à échanger entre nous deux.

Témoin du profond mépris de mon adversaire pour mes paroles, pour vos décisions, je remis ma déclaration aux stratèges. Et qu'ai-je reçu de lui? une déclaration véritable? non, mais un pitoyable griffonnage, dont je ne pouvais tirer aucun parti; et il allait disant partout qu'il avait constaté légalement son patrimoine! Serez-vous donc indulgents, ô Athéniens! pour une audace aussi funeste aux services publics? Vous exposerez-vous à multiplier par l'impunité ces scandaleux exemples? Il est encore, il est d'honnêtes citoyens qui respectent vos arrêts comme la vivante expression des lois, qui vous croient toujours animés du désir de punir l'homme injuste, et de protéger l'opprimé : voilà ceux auxquels vous serez favorables. — Lis les lois et les dépositions qui appuient ce que j'avance :

Dépositions. Lois.

O juges! quand Phænippe se fut conduit ainsi, je le citai au tribunal des stratèges. Voici l'assignation qui lui fut envoyée :

Assignation.

Montrez-moi donc, s'il est possible, un meilleur moyen de prouver que mon adversaire a enfreint les lois qu'on vient de lire! Il a néanmoins osé récriminer : oui, il m'accusait de ne pas dresser un état complet de mes biens. Que coûte un mensonge, même à la face d'un tribunal, à des fourbes de cette trempe? Il a même attaqué le serment que j'ai prêté avant ma déclaration, et par lequel je jurais que tout y était compris, excepté le revenu des mines. Depuis quand le serment prononcé tel que le dicte la loi est-il attaquable? Législateurs aussi bien que juges, vous connaissez cette loi : elle veut (ce sont ses termes) que, dans les opérations des échanges, les citoyens, après avoir affirmé, au nom des dieux, qu'ils agissent avec bonne foi, fassent précéder leur déclaration de cette formule : *Je déclare tous mes biens dans un esprit de droiture et de sincérité, hormis le revenu des mines.* Cette exception est dans la loi. Faisons mieux; qu'on lise la loi même. Lis, greffier... Non, attends, je te prie, un moment (3).

C'est à toi, Phænippe, que je m'adresse. Voici la proposition que je t'ai faite : je la répète devant ce tribunal. Je t'abandonne de bon cœur tout ce qui me reste, sans nulle exception, si tu me livres, exempt de charges, ton domaine rural seulement, dans l'état où je l'ai vu lorsque je m'y suis transporté avec des témoins. Remets, c'est ma seule condition, remets dans ta maison tout le blé, tout le vin, tout le mobilier que tu as enlevé après le bris des scellés..... Mais tu vas, je le vois, me répondre par les mêmes réclamations, par les mêmes cris! Cet accueil, fait à ma demande, est insensé. Grâce à mon travail, à mes sueurs, j'ai fait jadis de grands bénéfices dans l'exploitation de quelques mines d'argent, je l'avoue; mais aujourd'hui j'ai presque tout perdu. Toi, au contraire, à force de vendre les produits de tes terres, tu dois t'être enrichi. Dix-huit drachmes de froment par jour, douze drachmes de vin, est-ce une bagatelle? N'est-ce rien que mille médimnes de l'un chaque année, et plus de huit cents amphores de l'autre? Appauvri, ruiné, dois-je rester dans la première classe des contribuables? Enrichi jusqu'au luxe, demeureras-tu toujours dans une classe inférieure? Ce serait une double injustice. Ton devoir est de prendre ma place. Passe, pour un temps au moins, dans les rangs des citoyens dont le cens est le plus élevé. Dans ces temps calamiteux pour les propriétaires de mines, les cultivateurs n'ont-ils pas triplé leur fortune? D'ailleurs, tu as recueilli deux patrimoines, l'un de Callippe, ton père naturel; l'autre, de l'orateur Philostrate, ton père adoptif. Depuis bien des années tu savoures ta fortune, égoïste, sans en donner une parcelle à l'État. Mon père nous a laissé, en tout, à mon frère et à moi, un bien de quarante-cinq mines, avec lequel nous végétons. Toi, au contraire, par ta double filiation, tu te rattaches à deux riches Athéniens qui ont été chorèges, et ont consacré, par l'offrande d'un trépied, leur victoire dans nos fêtes solennelles. Non que je sois jaloux de ton sort! que nos pères aient fait largesse de leur fortune à la patrie, rien de mieux. Enrichi par deux patrimoines assez forts pour supporter les charges les plus dispendieuses, montre-nous, homme généreux, les sacrifices que tu as faits à l'État... Phænippe, je te défie de citer une seule obole. Ton talent est de cacher ton opulence : manie d'avare qui enfouit son trésor. Tu as une terrible peur de passer pour riche! La patrie te demanderait quelques deniers pour ses guerres, pour ses plaisirs. Quand elle s'est adressée à moi, pauvre héritier, je n'ai pas hésité!

Le greffier va lire, 1° la loi qui permet de ne pas désigner les mines dans la déclaration des biens; 2° la formule de la proposition que j'ai adressée à Phænippe; 3° les dépositions tendant à prouver qu'il est l'héritier de deux maisons qu'on a vues remplir avec éclat les charges pécuniaires imposées aux riches citoyens.

Lecture de Pièces.

Quand je dis que Phænippe n'a rien fait pour vous, Athéniens, je me trompe. Phænippe use patriotiquement de sa fortune : c'est un excellent écuyer. Jamais Athénien jeune, riche et vigoureux ne brilla plus dans l'équitation. Par malheur, il a vendu son cheval de bataille; il renonce à un fatigant exercice :. mais, dédaignant toujours d'aller à pied, il promène sa mollesse dans une voiture commode. Son équipage est noté parmi ses biens; mais, sur cette liste, ne cherchez pas même la dixième partie de l'orge, du blé, des autres produits de ses terres. Intrépide cavalier, brillant à la tête de nos escadrons, Phænippe est un de ces rares serviteurs de l'État, qui ont droit à tous nos égards... Vous riez! vous comprenez donc, ô juges! combien cet homme est peu digne de votre indulgence. Vous ferez votre devoir : vous soulagerez ceux des Trois-Cents qui ont passé de l'opulence à une position gênée; vous leur substituerez quelques-uns de ces riches égoïstes dont la récente opulence se dérobe aux obligations que les premiers ont remplies de grand cœur, quand la fortune leur souriait.

Ceci demande des preuves testimoniales : le greffier va les présenter; il lira ensuite la déclaration de Phænippe.

La lecture commencée est interrompue par l'orateur.

Passe cela! — Après avoir violemment brisé les scellés, et emporté de sa maison tout ce qu'il a voulu, comme l'affirment les témoins, qu'a fait mon adversaire? M'a-t-il du moins remis sa déclaration à temps utile? Non, Athéniens; il n'a paru que deux mois plus tard. Mais, enfin, qu'on supprime cette partie de la lecture, et qu'on passe à l'article de la déclaration des hypothèques.

Le Greffier lit.

Assez! — Cette Aristonoé, ô juges! fille de Philostrate, est la mère de Phænippe. Celui-ci déclare qu'il lui doit sa dot : cela est contre la loi, qui le rend maître de la dot maternelle. Il y a un mensonge de plus dans cette partie de la déclaration. Ma mère vit encore; nous habitons le même toit : je n'ai garde de compter sa dot parmi mes charges; je ne veux pas en imposer au tribunal; ma déclaration porte simplement que ma mère partage ma fortune. En cela, je ne fais qu'obéir aux lois : il est vrai que les lois ne font pas autorité pour cet honnête homme.

Continue, greffier.

Suite de la Déclaration.

Juges, vous l'entendez! « Je dois, dit Phænippe, sur ma terre, un talent (4) à Pamphile et à Philoléos, tous deux de Rhamnonte; quatre mille drachmes à Æantide, de Phlya; quatorze mines à Aristomène d'Anagyrrhonte. » As-tu donc oublié, Phænippe, que j'ai visité ton domaine avec des témoins? qu'en leur présence je t'ai sommé de déclarer s'il était grevé d'hypothèques? que mon intention bien manifeste était de prévenir toute déclaration tardive et mensongère? Pourquoi donc n'as-tu déclaré alors aucune de ces dettes? La loi ne donne que trois jours pour présenter l'état de sa fortune : pourquoi as-tu pris deux mois? N'était-ce pas pour avoir le temps de faire surgir des dettes menteuses, des créanciers supposés et vendus? Oui, tu as fait, à loisir, tes dispositions pour paraître devoir à des particuliers autant que ton antagoniste doit au Trésor. Mensonge, Athéniens, mensonge impie, que je vais confondre! Qu'on prenne la déposition d'Æantide et de Théotélès. Forcé par une condamnation, Phænippe, depuis longtemps, leur a payé les quatre mille drachmes qu'il a osé reporter sur l'état de ses dettes. Lis.

Déposition.

Ainsi, avoir fait effrontément une fausse déclaration de sa fortune; avoir affiché le plus profond mépris pour les lois qui fixent l'époque où la note doit en être remise, pour les stipulations privées qui font loi entre citoyens; avoir rompu les scellés apposés à sa maison de campagne, transporté frauduleusement le vin et le blé qu'elle contenait, vendu, contrairement à une prohibition légale, pour plus de trente mines de bois; pour comble de perfidie, s'être supposé des dettes comme on fabrique des créances, dans l'espoir d'échapper aux charges publiques : voilà ce que tu as fait, ô Phænippe! Eh bien! décidera-t-on que tu as scrupuleusement rempli les formalités de l'échange? Non, juges, il n'en sera pas ainsi. Vous ne voudrez point, par une condamnation, fermer tout refuge au citoyen obéré; vous ne ferez pas triompher le riche qui, après avoir, cette année surtout, fait d'énormes bénéfices sur les produits de ses terres, ne dépense rien pour les besoins, rien pour les plaisirs du Peuple. Ce tribunal ne donnera pas l'exemple d'une pareille injustice. Naguère, réunis à vos concitoyens sur la place publique, vous avez soulagé les compagnies formées pour l'exploitation des mines : achevez aujourd'hui votre ouvrage, tendez une main amie à un bon citoyen dans la détresse. Si j'étais votre esclave, mon activité, mon zèle ne resteraient pas sans récompense; vous me déchargeriez d'une partie de mes travaux pour la reporter sur mes camarades moins occupés. Attendez donc de votre concitoyen, de votre égal, qu'il ait payé sa part d'une dette énorme à laquelle il n'a pu encore satisfaire, qu'il ait relevé sa fortune. Quand il aura obtenu ce résultat, venez à lui, votre confiance ne sera pas trompée; et, pour alléger le sort d'une autre victime du malheur, replacez-le dans la classe où sa première aisance l'avait élevé. Délivrez-moi donc, de grâce, d'obligations devenues écrasantes pour moi; et, déposant dans vos souvenirs les preuves dont j'ai appuyé ma cause, soyez-moi favorables, et empêchez mon adversaire de m'accabler plus longtemps sous le poids d'un fardeau qu'il devrait porter à ma place.

NOTES

DU PLAIDOYER CONTRE PHÆNIPPE.

(1) Sur les Trois-Cents, voyez la note de la 2ᵉ Philippique.

(2) Je traduis sur la leçon τρίτης, beaucoup plus vraisemblable que τριακοστῆς.

(3) Nous avons déjà remarqué ailleurs des interruptions de cette espèce, reproduites fidèlement par les copistes, et qui semblent porter des traces d'improvisation. Une réflexion soudaine se présente à l'esprit du plaideur : il craint qu'elle ne lui échappe, et se hâte de l'exprimer avant que le greffier ne fasse la lecture demandée.

(4) Un talent à chacun, selon la remarque d'Auger : car il est dit plus bas que Phænippe avait déclaré plus de trois talents de dettes. En réunissant les sommes actuelles, on trouve six mines de moins, loin qu'il y ait plus de trois talents. Mais les orateurs n'y regardaient pas de si près : ils exagéraient ou diminuaient, suivant l'intérêt de leur cause.

XXIX.

PLAIDOYER

CONTRE POLYCLÈS.

INTRODUCTION.

Polyclès, nommé pour remplacer Apollodore dans la charge dispendieuse de triérarque, ou commandant de navire, ne s'était pas rendu à son poste au temps fixé ; et, même après son arrivée, il avait différé d'entrer en fonctions, sous prétexte qu'il attendait un collègue. Apollodore continua de défrayer le service. Dans le plaidoyer qu'on va lire, il réclame, contre le retardataire, toutes les dépenses qu'il a été obligé de faire depuis l'expiration de son mandat.

Il montre dans l'exorde que sa cause intéresse tous les citoyens, qu'elle intéresse l'État. Tout son discours n'est qu'une longue narration, où il expose à quel sujet on a fait partir les triérarques ; avec quel zèle il s'est acquitté de sa charge, les grandes dépenses qu'elle lui a occasionnées, son ardeur à servir le stratége dans toutes les circonstances où il l'a employé ; les périls qu'il a courus dans les tempêtes et de la part des ennemis ; les sommations qu'il a faites inutilement à Polyclès, soit par d'autres, soit par lui-même, pour qu'il le remplaçât, et lui payât ce qu'il avait dépensé pour lui ; les procédés injustes du stratége à son égard, parce qu'il avait refusé d'exécuter un ordre illégal ; les conjonctures malheureuses où il se trouvait personnellement, et qui ne l'ont pas empêché de garder le commandement de sa trirème au delà du temps marqué, et de rendre à l'État tous les services qui étaient en son pouvoir. Il finit par prier les juges de récompenser son zèle, en obligeant Polyclès à l'indemniser pour ses coupables délais.

Les détails historiques dont ce plaidoyer est semé ont permis d'en fixer l'époque. Il est de la 1re année de la CV^e Olympiade (360 av. J.-C.).

DISCOURS.

Les débats du genre de celui-ci, ô juges! sont ceux qui sollicitent le plus vivement votre attention. Cette cause n'intéresse pas seulement Polyclès et moi ; c'est la cause de la république. Il est vrai, la voix d'un citoyen se fait seule entendre ; mais l'État est vraiment la partie lésée. Votre application, votre zèle seront donc proportionnés à de si hauts intérêts. Si l'affaire était purement civile, si je n'avais, avec Polyclès, qu'un de ces démêlés si communs au barreau, tout l'intérêt se concentrerait sur nous deux : mais l'ordre du service naval, la régularité des dépenses pour l'armement des flottes athéniennes, le temps assigné à l'accomplissement des charges, temps que j'ai dépassé de cinq mois six jours, enfin l'obéissance due à nos lois maritimes : tels sont les graves sujets dont j'ai à vous entretenir.

Il me semble nécessaire de faire remonter un peu haut l'exposé de notre contestation. Si je vous soumets la liste de mes dépenses et de mes services, au nom des dieux, ne l'attribuez pas à l'intention de vous enlacer dans un long circuit de paroles. Celui de mes auditeurs qui pourrait me convaincre d'imposture, je l'invite à se lever et à le faire, en prenant sur le temps accordé à ma plaidoirie. Mais, si mon langage est partout empreint de vérité, si l'homme intéressé à me contredire ose seul s'y hasarder, écoutez ma juste prière : que mes anciens collègues dans les services maritimes rappellent à eux-mêmes, apprennent à leurs voisins quel a été mon zèle pour la patrie au milieu des embarras et des périls de la crise qui vient de passer. C'est à eux à vous dire quel je suis dans l'exécution des ordres de la nation. Quant aux citoyens qui n'ont pas alors quitté leurs foyers, qu'ils écoutent en silence mes explications, et la lecture des pièces dont je les appuierai, lois, décrets du Conseil et du Peuple, déposition de témoins.

Molon était archonte : le 7 de la troisième décade

de Métagitnion, le Peuple s'assembla. On annonça plusieurs échecs que nous venions d'essuyer ; il fut décrété que les triérarques mettraient à la voile ; j'étais du nombre. Vos souvenirs, à défaut de mes paroles, vous retraceraient la situation où se trouvait alors la république. Ténos avait été prise et dévastée par Alexandre (1) ; abandonnant le parti de Kotys, Miltokithès nous demandait, par députés, notre alliance et des troupes ; il devait payer nos secours en nous rendant la Chersonèse. Les Proconésiens (2), nos alliés, vous suppliaient, à la tribune, de les défendre contre les attaques des Cysicéniens, qui les assiégeaient par terre et par mer. D'un autre côté, nos commerçants, nos armateurs se disposaient à quitter le Pont, tandis que les équipages affamés de Byzance, de Cyzique, de Chalcédoine, croisaient sur leur passage, et enlevaient déjà quelques embarcations. Voilà ce que vous apprîtes des députés étrangers, de vos propres orateurs. Cependant, au Pirée, le blé s'épuisait et devenait hors de prix. Alors un décret ordonna que les chefs maritimes mettraient leurs trirèmes à flot, et attendraient au port le moment du départ général ; que des membres du Conseil publieraient, avec les démarques, la liste des citoyens tenus de faire la campagne ; que la flotte partirait au plus tôt, et qu'on porterait du secours de toutes parts. Voici le texte de la motion qu'Aristophon fit adopter.

Décret.

Vous venez d'entendre ce décret, ô juges ! J'accourus à mon poste. La revue des matelots choisis par mon dême ne me présenta que quelques hommes inhabiles au service : je les réformai. J'engageai mes biens, je fis des emprunts : au moyen d'un bon choix, de quelques largesses et d'une haute paye, je devançai tous mes collègues dans l'équipement de mon navire. Je fis plus, je payai les agrès de mes propres deniers. Ainsi, sans avoir rien demandé aux caisses de l'État, j'eus le meilleur équipage, et le mieux fourni de tout ce qui pouvait préparer le succès de l'expédition. Mes rameurs surtout étaient les hommes les plus vigoureux : je n'avais rien épargné pour cela. Quand tous mes préparatifs furent terminés à l'aide de nombreuses dépenses, j'appris qu'une contribution était ouverte pour subvenir aux autres frais de la guerre : j'y apportai ma part. On avait décidé que, pour exciter entre nos dêmes une honorable émulation, le Conseil inscrirait le nom de chaque contribuable volontaire dans son dême natal, ou dans celui où il possédait un immeuble. Je fus inscrit dans trois localités, sur lesquelles mes propriétés étaient situées. Je pouvais, en alléguant mon titre d'armateur, me dispenser de remplir une seconde charge publique, à laquelle les lois ne m'assujettissaient pas : loin d'agir ainsi, je fis, le premier, des avances au Trésor, pour le compte de quelques pauvres contribuables. Cet argent ne m'a jamais été rendu, parce que je partis bientôt pour la guerre : d'ailleurs, à mon retour, je n'obtins, contre mes créanciers, qu'un recours illusoire.

On va vérifier tout ceci par la lecture des dépositions des amiraux et des receveurs de contributions navales. Là, vous reconnaîtrez que, pendant un an et demi, je reçus des chefs la paye de deux mois seulement ; qu'on se bornait à me fournir les rations de bouche ; que moi-même je payais mes soldats, mes rameurs. Vous verrez le nombre de mes marins, la somme remise à chacun. Alors vous saurez quel a été mon zèle, et pourquoi Polyclès, redoutant un tel prédécesseur, ne voulut pas, mon temps expiré, prendre le commandement du navire.

Dépositions.

Voilà, juges, des preuves testimoniales vraiment irrécusables. C'est vous-mêmes que j'atteste pour ce que j'ai à ajouter.

Deux causes de désorganisation attaquent ordinairement nos équipages : le manque de solde, et le retour au Pirée avant l'expiration du commandement. La désertion est alors presque générale ; et les matelots qui restent refusent de tourner à bord, si, par de larges gratifications, on ne subvient aux besoins de leurs familles. Je me suis trouvé dans ce double embarras : de là, mes dépenses les plus onéreuses pendant mon service sur mer. En effet, quoique, durant huit mois, le stratége ne m'ait pas remis une obole, j'ai ramené nos députés sur ma trirème, choisie comme la mieux équipée de toute la flotte ; et, ayant reçu du Peuple l'ordre de transporter de l'Hellespont, Ménon, nommé général à la place d'Autoclès, qui était révoqué, je partis en toute diligence. Par un nouvel enrôlement et des sacrifices pécuniaires très-considérables, j'avais rempli les vides que la désertion venait de faire dans mon équipage ; et nos anciens matelots recevaient un supplément de paye : car je connaissais leur grande misère, et combien leurs pauvres familles souffraient de leur absence. A moins de m'avoir suivi pas à pas, on ne peut guère se figurer quelle devint ma propre gêne. J'engageai une de mes terres à Thrasyloque et à Archénéos, pour emprunter trente mines, qui passèrent dans les mains de mes matelots ; et, fidèle observateur de la volonté du Peuple, je me hâtai de mettre à la voile. Le Peuple ne fut pas ingrat, et sa reconnaissance fait ma gloire : quand il eut appris ce que j'avais fait pour son service, il me vota des remercîments, et m'honora d'un banquet au Prytanée. Le décret même qu'il rendit à cette occasion, et d'autres témoignages, en font foi.

Décret. Dépositions.

J'arrive donc dans l'Hellespont ; mon temps était expiré ; on n'avait payé les troupes sur le Trésor que pendant deux mois ; et Timomaque était venu remplacer le général sans amener les remplaçants des triérarques. Le découragement s'empare d'une partie de mes gens ; une nouvelle désertion en est la suite. Thasos, Maronée, et quelques cités d'Asie, leur promettent une prime et une solde considérable ; il n'en fallut pas davantage : leurs services furent vendus à l'étranger. D'ailleurs, on leur avait dit : « Votre chef est ruiné, votre patrie ne pense pas même à vous, vos alliés manquent du nécessaire ; quant à vos généraux, vous savez, par expérience, que vous ne pouvez rien attendre de pareils négligents. Apollodore, qui a passé le terme de son service, brûle de partir, et l'on ne part pas. Son successeur, assez pauvre hère, est nommé, et n'arrive point. » Aussi, c'est à mon bord, ô juges ! qu'il y avait le plus de déserteurs. Mes rameurs, plus robustes et mieux exercés, excitaient davantage la convoitise des îles et des cités voisines. Fournis par notre république, les autres équipages ne pouvaient s'évader sans être justiciables envers elle : ils restaient donc à bord, et attendaient leur congé du chef de l'expédition. Responsables envers moi seul, et craignant peu le courroux d'un homme qu'ils espéraient ne rencontrer jamais, mes robustes et agiles marins couraient partout où l'or brillait à leurs yeux. Assiégé de difficultés, je reçus un jour du général, de qui je ne recevais pas autre chose, l'ordre d'appareiller pour Hiéron (3), et de naviguer de conserve avec des bâtiments chargés de grains : les pirates de Byzance et de Chalcédoine venaient encore d'enlever, disait-on, un convoi de blé. J'empruntai donc quinze mines à Charidème d'Anaphlyste, et sept cents drachmes à l'armateur Nicippe. Il me fallut transiger avec eux sur le taux de l'emprunt maritime de Sestos, c'est-à-dire à huit oboles par mine, et j'opérai le payement du tout, intérêts et capital, à mon retour au Pirée. J'envoyai ensuite à Lampsaque mon chef d'équipage Euctémon, avec de l'argent et des lettres pour quelques amis de mon père : « Amène-moi, lui dis-je, les meilleurs matelots que tu pourras trouver. » Je restai encore un peu à Sestos : j'aurais pu me croire libre de tout engagement ; loin de là, je donnai ce que je pus aux braves marins qui ne m'avaient pas quitté ; et, pendant que l'amiral faisait les derniers préparatifs du départ, je reçus mes recrues, et les admis de suite à la solde entière. Timomaque m'avait signifié l'ordre de mettre à la voile : mais Euctémon, à peine revenu de sa mission, tomba malade tout à coup. Comme il était hors d'état de m'accompagner, je règle son compte, je paye son voyage, et le renvoie dans ses foyers. Après avoir pris un autre contre-maître, je me mets en mer pour former l'escorte demandée. Je restai dans le Pont quarante-cinq jours, jusqu'au départ de la flotte, après le lever de l'Arcture. Revenu à Sestos, j'avais dépassé de deux mois le terme de mes services : pas de successeur encore ! Cependant, j'avais bien le droit de croire que le retour m'était permis. Sur ces entrefaites, des députés maronites vinrent supplier l'amiral de détacher quelques trirèmes de sa flotte pour escorter leurs approvisionnements : l'ordre aussitôt me fut donné de prendre leurs gros bateaux à la remorque, et de les tirer, par un long trajet, jusque dans le port de Maronée.

Pourquoi, remontant si haut, suis-je entré dans tous ces détails ? C'est qu'il fallait bien, ô juges ! vous faire connaître toutes les dépenses que j'ai faites, et pour le compte de ma très-onéreuse triérarchie, et pour Polyclès, qui manquait encore au poste qu'on lui avait assigné. Continuons donc ; je n'ai rien dit encore du double péril de la guerre et des tempêtes.

De Maronée nous passâmes à Thasos. Là, Timomaque fait une alliance offensive avec les habitants. Il s'engage à transporter, avec eux, des vivres et des troupes à Strymé, dans l'intention secrète de s'emparer de cette place. Des vaisseaux maronites étaient partis pour nous la disputer (4) ; tout annonçait l'approche d'une rixe sanglante. Fatigués d'une navigation sans fin, nos équipages s'avancent avec peine en vue de la côte de Strymé. Dans les plus grandes rigueurs de l'hiver, au milieu d'une contrée ennemie dépourvue de ports, près d'une place bloquée par des bandes mercenaires et des Barbares du voisinage, comment débarquer ? Comment prendre nos repas à terre ? Force fut de passer la nuit à l'ancre, en pleine mer, sans manger, sans dormir, toujours aux aguets, toujours l'œil tourné vers la flottille ennemie, qui semblait n'attendre que les ténèbres pour fondre sur nous. Dans cette saison avancée, à cette funeste époque du coucher des Pléiades, la nuit, déjà si pénible et si périlleuse, fut accompagnée de pluie ; et bientôt un gros orage, poussé par un vent violent, vint battre nos navires. Figurez-vous, dans une pareille crise, le découragement de nos soldats. Épuisés de fatigues, et voyant leur paye réduite à une légère fraction de la somme légère que j'avais pu emprunter, mes anciens et fidèles matelots disparaissaient presque tous. Comment auraient-ils pu rester? je recevais à peine, pour eux, les rations nécessaires. Depuis trois mois révolus, mes obligations étaient remplies, et mon successeur n'arrivait pas! Un nouvel emprunt pour garnir ma caisse, une nouvelle levée pour remplir les cadres de mon équipage, furent commandés par la nécessité.

Les successeurs de plusieurs de mes collègues étaient aussi en retard : mais Polyclès seul est inexcusable. Dès que mon contre-maître, congédié dans l'Hellespont pour cause de maladie, eut débarqué au Pirée, il apprit que mon remplaçant était nommé. Sachant par lui-même que, depuis long-temps, je ne devais plus rien au service de la flotte, Euctémon convalescent prend avec lui Dinias, mon beau-père, et va trouver Polyclès au Digma. « Il faut, lui dit-il, partir sans délai pour remplacer Apollodore. Les rations fournies par l'amiral ne suffisent point à l'équipage ; Apollodore fait chaque jour des dépenses considérables, et ton absence le ruine. Voici la note de la solde mensuelle de ses matelots et de ses soldats; elle contient aussi la haute-paye qu'il distribue aux marins amenés par moi de Lampsaque, aux dernières recrues par lesquelles il a bouché les vides qu'avait faits la désertion, les gratifications qui lui ont conservé quelques anciens rameurs, et tous les frais d'entretien. Cet écrit, que je te remets, est fidèle : c'est moi-même, chef de l'équipage, qui l'ai rédigé; à ce titre je présidais à tous les achats, à toutes les distributions. Quant aux agrès, rappelle-toi qu'ils sont la propriété d'Apollodore; il n'y a pas un câble tiré de nos arsenaux : ainsi, songe à t'en accommoder avec ton prédécesseur, ou emporte des agrès avec toi. Mais je présume que, là-dessus, vous vous arrangerez aisément : Apollodore, qui a fait des dettes à l'étranger, vendra volontiers pour les payer. » Polyclès ne répond d'abord que par un sourire moqueur; puis, se tournant vers Dinias, il s'écrie : « Tu l'as voulu, Apollodore, tu l'as voulu! Le titre de citoyen est si beau ! la souris vient de goûter à la poix (5). » Et il tourne le dos aux deux visiteurs. A quelques jours de là, Pythodore d'Acharna et Apollodore de Leuconium, mes amis intimes, viennent le trouver à leur tour, lui exposent ses devoirs, le pressent de partir. Ils lui parlent aussi des agrès : « Apollodore, disent-ils, n'a rien à l'État : si tu as l'intention d'acheter les agrès, laisse ici de l'argent, au lieu de l'exposer aux hasards des mers. Nous l'emploierons à dégager un domaine rural de notre ami, en payant la créance d'Archénéos et de Thrasyloque. » Ils ajoutaient que, les agrès n'étant pas neufs, ils passeraient volontiers un acte par lequel ils promettraient que je les lui remettrais aux conditions que s'imposent entre eux les triérarques et leurs successeurs.

Tous ces détails, ô juges! sont authentiques. Écoutez mes témoins.

Dépositions.

Plusieurs circonstances prouvent encore que Polyclès ne songeait pas même à me remplacer, et que, quand un décret du Peuple l'eut pour ainsi dire chassé de l'Attique, arrivé sur les lieux, il n'en voulait rien faire. Je servais depuis seize mois: enfin j'apprends qu'il est à Thasos. « A moi, compagnons! » dis-je aussitôt à quelques hommes de mon équipage, qui étaient Athéniens. Escorté de cette troupe, je l'aborde sur la place publique de cette île. « Polyclès, je te somme de prendre à l'instant le commandement de ma trirème, et de me rembourser les dépenses que j'ai faites, à ta place, pendant ces quatre derniers mois. Les matelots, les soldats, les rameurs qui nous entourent, me sont témoins de l'exactitude des calculs contenus dans la note détaillée que je t'apporte. Pas de contradiction! ils sont citoyens, et leur témoignage irrécusable peut te confondre. Là, tu verras, dans le plus grand ordre, les sommes, l'objet auquel chacune a été appliquée, les lieux où les dépenses ont été faites, le prix de chaque chose, la monnaie avec laquelle j'ai payé, les conditions de mes emprunts. D'ailleurs, autorise-moi à affirmer, par serment, l'exactitude de mes comptes; je n'y manquerai pas... Est-ce que tu ne m'entends point? — Je t'entends à merveille: mais, vois-tu, c'est comme si tu n'avais rien dit. » Et il me quitte brusquement. Chose plus étrange encore! je reçois, un instant après, un nouvel ordre de l'amiral ; il fallait partir! L'ordre portait bien mon nom. Polyclès, mon successeur, Polyclès présent sur les lieux, n'y était nullement désigné! Cette irrégularité vous étonne, Athéniens; je l'expliquerai bientôt, et tout s'éclaircira. L'ordre était pressant, la réclamation interdite; j'obéis, je me rendis à ma nouvelle destination.

Le lieu désigné était Strymé. Je reviens à Thasos, qui était le rendez-vous de notre station navale; et, laissant cette fois à bord tout mon équipage, dont la présence m'était inutile, je fais une autre tentative. Je vais droit à la demeure de l'amiral, déterminé à déposer, en sa présence, le commandement entre les mains de mon successeur récalcitrant. Je trouve précisément, chez Timomaque, Polyclès, les triérarques, leurs remplaçants, et quelques autres Athéniens. A peine entré, je réitère mes instances en m'adressant vivement à Polyclès. « Quant aux agrès, déclare à l'instant si tu achètes les miens, ou si tu en as apporté d'autres. — Les agrès du navire t'appartiennent, répond-il enfin d'un ton satirique. Comment donc ! cela est rare ; tu te distingues ! Ou plutôt, tu fais sonner trop haut ce mince avantage : la république ignore-t-elle donc qu'elle a plus d'un citoyen capable de lui faire de pareilles avances ? Mais pourquoi as-tu cherché à primer par de folles prodigalités ? pourquoi cette coquetterie de ton navire, cet or répandu sur quelques ornements extérieurs ? Le successeur d'Apollodore doit-il continuer ses énormes profusions ? Est-ce sa faute si un jeune insensé lui a gâté son équipage en payant chaque manœuvre, chaque coup de rame, en le dispensant de ses plus sérieux travaux, en lui permettant, même à bord, la délicatesse des bains ? Eh ! l'ami, je passerai pour le valet de mes soldats, tant leur faste est révoltant ! Je te dénonce ici comme la cause de presque tous les vices de l'armée, et de cette mutinerie des autres équipages, qui veulent maintenant recevoir la même paye que le tien. Si tu es obéré, ne t'en prends qu'à toi, a ta fureur de briller. — Polyclès, lui dis-je avec calme, je n'ai pas pris d'agrès dans les dépôts publics par une raison bien simple : dans les campagnes précédentes, toi et tes pareils vous les aviez mis hors de service. Je te le répète, ou accepte les miens, ou fournis-en toi-même. J'ai rendu intraitables, dis-tu, mes soldats et mes marins : qui t'empêche, en prenant la trirème, de renouveler l'équipage ? Trouve, si tu peux, des matelots qui te servent gratis. Fais comme tu l'entendras, mais prends le vaisseau ! Cette charge ne peut, sans injustice, peser plus longtemps sur moi : j'ai servi quatre mois au delà du temps prescrit à chacun de nous. — Je verrai, répond-il ; mais j'ai un collègue ; il n'est pas encore ici ; et je ne veux pas monter à bord sans lui. »

Je viens de rapporter, ô juges ! deux conversations qui doivent jouer un grand rôle au procès ; et j'appuie de preuves testimoniales l'authenticité de ce qui s'est dit, de part et d'autre, à Thasos, et sur la place publique, et chez l'amiral.

Dépositions.

Polyclès s'était expliqué : je savais, à n'en plus douter, qu'il ne voulait ni prendre l'administration de la trirème, ni m'indemniser. De son côté, Timomaque me pressait d'appareiller. Lorsque tout fut prêt pour le départ, je rencontrai mon adversaire sur le rivage. Là, j'eus avec lui un nouvel entretien, encore en présence de l'amiral. Entre autres choses, je lui dis : « Écoute une proposition aussi contraire à mes droits que favorable à tes intérêts. Ton collègue, dis-tu, n'est pas encore arrivé : c'est de lui que je tirerai, s'il est possible, le remboursement de mes avances ; toi, cependant, monte sur le navire, et commande-le six mois pour ton compte personnel. Si ton collègue vient, tu le lui remettras, et ta tâche sera remplie. Dans le cas contraire, que perdras-tu à servir deux mois en sus de ta demi-année ? Serais-tu assez injuste pour exiger qu'après seize mois d'une pénible et dangereuse campagne, après tant de dépenses avancées pour deux triérarques, j'allasse encore compléter une seconde année ? De quel droit disposerais-tu ainsi de mon temps et de ma fortune ? — Chansons que tout cela ! » Ce fut toute la réponse que j'obtins. Et, se tournant vers moi, « Partons, partons à l'instant ! » me dit l'impassible Timomaque. — Cette dernière réponse de Polyclès est relatée dans une déposition dont je demande la lecture.

Déposition.

Une analogie sensible vous montrera mieux encore, ô juges ! combien Polyclès a été coupable envers moi. Lorsqu'il fut nommé mon successeur, on désigna aussi Mnésiloque de Périthoé, et Phrasicride d'Anaphlyste, pour remplacer Hagnias et Praxicles. Avant que Phrasicride fût arrivé, Mnésiloque vint à Thasos, reçut d'Hagnias le commandement du vaisseau, le défraya pour l'excédent du temps de son service, et loua ses agrès. Phrasicride venu, remboursa à son collègue la moitié de la somme qu'il avait payée pour tous deux ; et, pendant le reste de la campagne, les dépenses ultérieures furent partagées entre l'un et l'autre triérarque. — Lis-nous la preuve testimoniale de ce fait.

Déposition.

Il vous tarde peut-être, Athéniens, de savoir enfin pourquoi le stratège n'a pas contraint Polyclès à monter sur la trirème, puisque c'était obéir à la loi, et remplir le but de son voyage. Écoutez-moi attentivement.

Timomaque avait distingué mon navire dans toute sa flotte. Il voulait le maintenir sur le même pied, et le consacrait à l'exécution de ses ordres les plus pressés. Or, il savait que, sous le commandement de Polyclès, les choses changeraient de face ; qu'un triérarque avare ferait déserter soldats et marins ; qu'un subordonné insoumis, et ne recevant pas d'indemnités, ne mettrait pas à la voile, comme moi, au premier signal. D'ailleurs, Timomaque avait des obligations à Polyclès ; il lui devait trente mines ; et il y avait, entre ces deux hommes, un pacte où une scandaleuse indulgence était stipulée en faveur du créancier.

Outre cela, l'amiral gardait un secret ressentiment contre moi. De là, ses longues vexations et son déni de justice. Dévoilons ce mystère; montrons que, dans cette pénible circonstance, j'aimai mieux servir le Peuple et obéir à nos lois, que de pourvoir à ma tranquillité en protestant contre un abus de pouvoir; que je supportai des dépenses indues, et des outrages plus durs que les dépenses.

Pendant que nous étions au mouillage à Thasos, il arriva de Méthone, en Macédoine, une chaloupe avec un exprès, porteur d'une lettre de Callistrate pour Timomaque. Il lui demandait par ce messager (je l'ai su depuis) de lui envoyer une trirème bien équipée, bien montée, pour le transporter à Thasos. Le lendemain, au lever du soleil, je reçois de l'amiral l'ordre de rassembler mes matelots. Mes préparatifs terminés, Callippe, fils de Philon, monte à mon bord, et ordonne au pilote de nous diriger vers la Macédoine. Déjà une partie de la traversée était faite; et, pour prendre du repos et des aliments, nous avions débarqué dans un petit port très-fréquenté des négociants thasiens. Un de mes marins, Calliclès, fils d'Épitréphès de Thra, m'aborde d'un air mystérieux: « Triérarque, me dit-il, j'ai à communiquer un secret qui t'intéresse. — Tu peux parler librement. — Je veux, reprend ce citoyen, te rendre service, puisque tu m'as aidé de ta bourse dans le besoin. Sais-tu le motif et le terme de la course qu'on te fait faire? — Non. — Eh bien! je vais t'en instruire; tu prendras ensuite le parti que tu voudras. Tu vas chercher un banni, un homme que le Peuple a deux fois condamné à mort. C'est Callistrate. Tu le transporteras de Méthone à Thasos, vers Timomaque son parent. Je tiens cela d'un esclave de Callippe. Si tu es prudent, garde-toi de recevoir Callistrate à bord d'un navire athénien: nos lois le défendent. » Après avoir reçu cette révélation, je m'approche de Callippe, et lui demande où nous allons, et ce que portent ses ordres. Il me répond par d'amères railleries, auxquelles succède bientôt la menace: ce sont, vous le savez, les armes favorites de Callippe. « Il n'est plus temps de dissimuler, lui dis-je enfin; je sais tout: tu vas chercher Callistrate. Je déclare donc que, pour moi, je ne prendrai pas d'exilé sur mon vaisseau; il y va de la peine du bannissement. Je retourne à Thasos, vers l'amiral. » En disant ces mots, je donne le signal de l'embarquement, et j'ordonne au pilote de cingler vers Thasos. « L'amiral, s'écrie Callippe, m'a donné une mission contraire: en son nom, j'ordonne que l'on continue de faire voile vers la Macédoine. — Je ne connais ici d'autre commandant qu'Apollodore, répond Posidippe, mon fidèle pilote. Apollodore répond de la traversée, il nous paye; c'est lui seul que j'écoute. Retournons à Thasos. »

Nous rentrons au port le lendemain. Timomaque m'envoie l'ordre de passer chez lui, au domicile qu'il occupait hors de la ville. Craignant que, sur les imputations calomnieuses de Callippe, il ne me fît mettre en prison, je n'y allai pas; je me contentai de lui faire dire, par son envoyé, que, s'il cherchait une explication, je la lui donnerais sur la place publique; et je fis accompagner cet homme d'un esclave, que je chargeai d'avance des messages que l'amiral voudrait me transmettre.

Vous comprenez maintenant, ô juges! pourquoi Timomaque n'a pas usé de contrainte envers Polyclès. Il était si content, d'ailleurs, d'avoir à sa disposition la meilleure trirème de la flotte, avec le commandant le plus zélé! Grâce à ses conseils rusés, Thrasyloque céda à Callippe le commandement du vaisseau amiral: maître absolu sur ce bord, Callippe put débarquer Callistrate où il voulut. Pour lui, transportant son pavillon sur le mien, il me faisait cingler dans toutes les directions jusqu'à notre arrivée dans l'Hellespont. Lorsqu'enfin il n'eut plus besoin de vaisseaux, il fit monter sur ma trirème Lycinos de Pallène, chef des mercenaires, avec ordre de solder chaque jour l'équipage, et il me permit de rentrer dans mes foyers.

Je n'étais pas au bout de mes tribulations. L'équipage venait de relâcher à Ténédos. Porteur des instructions du stratége, Lycinos ne fournissait pas de rations. « Je n'ai pas d'argent, disait-il, et je ne puis en recevoir qu'à Mitylène. » Cependant les soldats manquaient du nécessaire; et les rameurs, sans pain, allaient cesser leur service. Alors je m'entoure de témoins athéniens, je rejoins Polyclès à Ténédos, et somme encore une fois mon successeur de prendre l'administration du navire, et de m'indemniser de tous les frais que j'ai faits en son nom. Cette fois, du moins, je voulais lui fermer la bouche; et, puisque je n'aspirais qu'à me retirer, il ne pourra pas dire ici: Apollodore était fier de rentrer dans le Pirée sur une trirème parfaitement équipée, servie à merveille; et, dans son impatience d'étaler aux yeux du Peuple les dépenses faites pour sa décoration, il refusait de me la remettre. Non, Athéniens, c'est de lui, de lui seul, que sont venus tous les refus. L'équipage affamé commençait à se mutiner; les cris succédaient aux murmures. J'allai encore trouver mon adversaire avec des témoins: « Toi qui as reçu du Peuple la mission de me remplacer, as-tu apporté de l'argent? réponds sans tergiverser. — J'en ai apporté. — Prête-m'en donc, au moins, une partie; accepte mes agrès pour gage. Fais que je puisse nourrir jusqu'au port cet équipage que tu laisses à l'abandon. — Je ne te prêterai pas une obole. » Heureusement, je trouvai à

Ténédos deux amis de mon père, Cléanax et Épératos; ils m'ouvrirent leur bourse, et nos marins purent acheter des vivres. Le fils de Pasion ne manquait de crédit sur aucune place de la Grèce, et des étrangers lui vinrent en aide pour réparer les maux causés par la cruelle négligence d'un citoyen.

Ces faits sont graves; ils sont vrais. Écoutez les dépositions que je présente.

Dépositions.

J'ai fait lire, ô juges! le témoignage de tous les citoyens que j'ai pu rassembler sur les lieux. Ils affirment unanimement que, plusieurs fois, j'ai proposé à Polyclès de prendre le commandement de la trirème, et qu'il m'a toujours refusé. Les preuves logiques ont fortifié encore les preuves testimoniales. On vous lira aussi la loi qui trace le devoir du citoyen appelé à remplacer un triérarque. Vous y verrez les peines portées contre les retardataires; et vous en conclurez avec moi que le superbe mépris de Polyclès, loin de tomber sur moi seul, atteint la république entière et les lois; que si Athènes, si nos alliés ont réussi dans la dernière campagne, Polyclès, arrivé tard et refusant d'entrer en fonctions, avait tout fait pour un résultat contraire. Quelle différence entre ma conduite et la sienne! J'ai commandé le navire en mon nom et au nom de mon collègue; j'ai dépassé le temps de mon service; pour obéir à mon chef, j'ai fait, sans y être contraint par mon mandat, une navigation pénible vers l'Hellespont; j'ai envoyé du blé ici, et ramené, autant que je l'ai pu, l'abondance sur vos marchés. Timomaque a toujours trouvé en moi, dans mes marins, zèle et dévoûment; ma fortune, ma vie étaient au service de l'État. Et, pendant toutes ces courses aventureuses, quels chagrins domestiques sont venus me chercher! qui en écouterait le récit sans se sentir ému?

En partant, j'avais laissé ma mère malade. Languissante et menacée d'une fin prochaine, elle ne pouvait m'envoyer que de faibles secours. Il y avait six jours que je n'avais reçu de ses nouvelles, lorsque mon vaisseau mouilla au Pirée. J'accours : ma mère dirige un regard vers moi, m'adresse quelques mots, et rend le dernier soupir. Depuis longtemps elle n'était plus maîtresse de son bien; et la possibilité d'obliger un fils était loin d'égaler sa bonne volonté. Souvent la malade m'avait fait écrire; elle me conjurait de venir seul, si je ne pouvais avec ma trirème. Ma femme, que j'aime tendrement, affectée d'un mal grave pendant mon absence, garda le lit pendant longtemps; mes enfants étaient en bas âge, et mes biens hypothéqués. Pour comble de disgrâce, l'année était stérile; la sécheresse, vous vous en souvenez, avait tari même les puits; tout manquait, jusqu'aux légumes. D'autre part, mes créanciers accouraient à échéance, et exigeaient, avec menaces, les intérêts de mes emprunts. Des voyageurs et des lettres m'apportaient ces tristes nouvelles : figurez-vous la douleur que j'en ressentais. Que de fois j'ai pleuré amèrement, en pensant tantôt à ma ruine imminente, tantôt à mes enfants, à ma femme, que je brûlais de revoir, à une mère qui achevait de s'éteindre lentement, et dont je craignais de ne plus voir que le tombeau! J'en appelle à vos cœurs : ne sont-ce pas là les objets de nos plus chères affections? et quand on les a perdus, l'existence n'est-elle pas flétrie?

Dans une situation aussi désolante, j'ai songé à la patrie avant de songer à moi-même. Sans considérer les dépenses énormes que m'imposait mon adversaire, ni le dérangement de ma fortune, ni ce que je devais à une épouse malade, à une mère mourante, je me suis exécuté avec courage. J'avais horreur, avant tout, du nom de déserteur; je voulais, à tout prix, conserver à la flotte un de ses meilleurs vaisseaux. Si donc j'ai fait quelque sacrifice pour vous, ô Athéniens! si je suis demeuré inébranlable à mon poste, j'en attends aujourd'hui quelque reconnaissance. Les faits vous ont été présentés; vous avez entendu la lecture des dépositions et des décrets : accordez-moi donc votre appui. En ordonnant à Polyclès de me payer ce que j'ai dépensé pour lui, vous servirez l'intérêt national. Oui, ma cause est la cause du Peuple. Où trouvera-t-il des serviteurs zélés, si le zèle devient un titre à la persécution? Quel armateur ne sera négligent, quand il verra que les retardataires ne payent rien, et restent impunis?

J'ai promis la lecture de la loi relative à la succession dans la triérarchie. On y joindra un mémoire détaillé de toutes mes dépenses après le douzième mois, de la solde obtenue par les marins qui ont déserté mon navire, et des pays où l'on pourrait peut-être les atteindre. Vous trouverez dans ces deux pièces une nouvelle confirmation des faits avancés, un nouvel argument en faveur de ma cause.

Lecture de la Loi et du Mémoire.

Juges, j'avais un double devoir à remplir : vous servir avec fidélité pendant toute la durée du temps légal; dénoncer à la vindicte publique de mauvais citoyens qui ne connaissaient ni charges, ni lois, ni tribunaux. J'ai satisfait à ces deux obligations; et, croyez-le bien, en punissant Polyclès, vous servirez autant vos intérêts que ceux de son accusateur. Beaucoup de citoyens ont, jusqu'ici, commandé des vaisseaux; mais portez vos regards au delà, songez à ceux que la même charge attend. Que, grâce à la sagesse de votre arrêt, les triérarques actuels ne perdent pas courage; et que leurs remplaçants, par respect pour la loi, se rendent à leur poste, dès que ce poste est désigné. Pénétrés de cette considération, éclairés sur toutes les circonstances de la cause, prononcez d'après votre conscience et les besoins de la patrie. Encore un mot : Quand mon service légal était terminé, quand j'attendais un remplaçant dont les retards étaient le résultat d'un coupable calcul, si je m'étais retiré, si j'avais désobéi au stratége gagné pour me retenir, combien ne serais-je pas criminel à vos yeux? quels mécontentements j'aurais excités parmi vous! Colère bien méritée, car j'aurais déserté mon poste. Mais Polyclès n'a-t-il pas manqué de se rendre au sien? N'est-il pas aussi coupable que je l'aurais été? La banqueroute qu'il m'a fait essuyer n'est pas même son coup d'essai. Collègue d'Euripide pour une autre charge navale, il avait pris avec lui des arrangements : les deux commandants devaient servir chacun pendant six mois. Euripide commença; mais, le terme expiré, il attendit vainement son perfide associé. J'ai réservé, pour ce fait, ma dernière preuve testimoniale; et j'en demande lecture.

On lit la Déposition.

NOTES
DU PLAIDOYER CONTRE POLYCLÈS.

(1) Ténos, une des îles Cyclades. Alexandre, tyran de Phères. Voy., dans le Discours contre Aristocrate, ce qui concerne Kotys et Miltokythès.
(2) Proconèse, île de la Propontide, vis-à-vis la ville de Cyzique.
(3) Hiéron, ou le Temple des Argonautes, localité dont Démosthène a fait mention ailleurs.

(4) Il y avait probablement deux factions dans Maronée; et l'ambassade qui avait demandé des secours à Timomaque représentait la faction athénienne.
(5) Pasion, père d'Apollodore, avait reçu le titre de citoyen d'un décret du Peuple. Voilà donc son fils, fier de ce titre, pris par les charges publiques, comme la souris qui goûte à la poix.

XXX.

PLAIDOYER

POUR APOLLODORE.

INTRODUCTION.

Le Peuple Athénien, ayant besoin de vaisseaux bien montés, avait décrété la mise en prison de tout triérarque dont le navire ne serait pas en état d'appareiller au commencement du mois suivant; mais aussi, il accordait une prime d'honneur au commandant de la trirème qui serait la mieux équipée et la première mise à flot : cette prime était, selon l'usage, une couronne d'or. Apollodore avait, par son activité, obtenu la récompense. Les autres triérarques, qui n'avaient pas même été prêts au terme fixé, s'avisèrent de la lui contester. Le plaidoyer qui exposait leurs prétentions, inconcevables pour nous, est perdu, comme tant d'autres. Dans celui-ci, qui en est la réfutation, Apollodore montre qu'il a mérité la couronne, puisqu'elle appartenait, de droit, au commandant le plus expéditif et le plus dévoué. Quant à ses adversaires, ce qu'ils mériteraient, dit-il, c'est bien moins une récompense qu'une peine sévère. Il attaque leurs défenseurs, qui étaient des citoyens puissants et accrédités. Il reproche aux Athéniens leur faiblesse, et les exhorte à ne pas décourager le zèle en favorisant l'intrigue.

Dans cette courte apologie, les intérêts d'un seul sont défendus au nom des intérêts de tous. Sous ce rapport, elle appartiendrait autant à la classe des plaidoyers politiques qu'à celle des causes privées. Nous lui avons cependant conservé, ainsi qu'à d'autres discours empreints de ce double caractère, la place que A. G. Becker et Schöll lui ont assignée. On l'intitule ordinairement : ΠΕΡΙ ΣΤΕΦΑΝΟΥ ΤΗΣ ΤΡΙΗΡΑΡΧΙΑΣ, SUR LA COURONNE NAVALE.

DISCOURS.

Si le décret, ô juges! décernait la couronne à celui qui aurait le plus de défenseurs, je serais insensé d'y prétendre, puisque Céphisodote seul parlera pour moi, tandis que cent solliciteurs entourent mes adversaires. Mais qu'a voulu le Peuple? que la couronne fût remise, par le trésorier de la marine, au commandant qui aurait, le premier, équipé sa trirème. Je l'ai fait; je dois donc être couronné.

La conduite de mes adversaires est étrange : ils ont négligé leurs navires, et acheté des orateurs! Leur erreur n'est pas moins grande : ils s'imaginent que, déplaçant la récompense, vous couronnerez, non les services, mais les paroles! Nous ne portons pas, eux et moi, le même jugement sur vous; et cette différence même, qui montre combien je vous honore, doit, dans vos esprits, tourner à mon avantage. Ambitieux d'une couronne, que ne prenaient-ils le contrepied de ce qu'ils ont fait? Au lieu d'invectiver ici, que ne travaillaient-ils avec leurs équipages? Dans leur haine superbe, ils se louent eux-mêmes, autant qu'ils m'insultent. Par le contraste de leur conduite avec la mienne, essayons de les confondre.

Un décret venait d'être rendu et sanctionné : il portait qu'on jetterait en prison et livrerait aux tribunaux tout commandant qui, avant la nouvelle lune, n'aurait pas mis en mer son vaisseau. Avant l'époque fixée, le mien avait appareillé; voilà pourquoi j'ai obtenu de vous une couronne. Aux retardataires on ne devait rien que le cachot. Après avoir encouru ce châtiment, ils revendiquent la couronne pour eux : c'est vous pousser à l'inconséquence la plus révoltante. Les triérarques se fournissent d'agrès dans les arsenaux; j'ai acheté les miens sans recevoir, sans demander une obole d'indemnité. Ceux qui me poursuivent ont, sans rien dépenser, recouru aux dépôts publics. Il y a plus : j'avais fini avant qu'ils eussent commencé; oui, ils n'avaient pas encore touché à leurs navires, que le mien était entièrement équipé et monté. Rappelez-vous ce que vous avez vu. J'ai pris d'excellents rameurs, qui m'ont coûté beaucoup : ils n'ont pas loué un seul homme robuste; de là, l'extrême lenteur de leurs manœuvres; et ils prétendent avoir fait plus que moi! Les derniers venus dans la carrière peuvent-ils, sans injustice, arracher la palme à celui qui, le premier, a touché le but?

Votre conscience, vos souvenirs, ô juges! suppléeraient à mon silence : je n'ai donc pas besoin d'insister sur mon droit. Je ne vois plus que mes adversaires, et je vous les signale comme les seuls qui ne devraient pas même prononcer le mot de couronne. Ce qu'ils ont fait, ou plutôt ce qu'ils ont évité de faire, le prouve hautement. Pour s'épargner, le plus possible, la peine, et surtout la dépense, ils ont loué leur charge. Quoi! ils ont été avares de leur fortune, et ils veulent la récompense promise au zèle désintéressé! avouant le retard de leurs équipages, ils l'attribuent à ceux qu'ils se sont ignoblement substitués; et ils exigent de la nation la reconnaissance qu'elle réserve à l'activité et au dévouement!

D'ailleurs, ce n'est pas sur mes paroles que je vous prie de régler votre sentence. Quelques antécédents parlent en ma faveur, et votre jurisprudence doit être fixée. Vaincus sur mer par Alexandre (1), et attribuant votre défaite surtout aux triérarques qui avaient cédé leurs navires, vous jugeâtes, dans une assemblée générale, qu'ils devaient être considérés comme déserteurs, et livrés aux tribunaux. L'accusation était soutenue par Aristophon; vous teniez la séance; et, si votre sévérité avait été proportionnée à la coupable insouciance de ces mauvais citoyens, rien n'aurait pu les préserver du dernier supplice. S'ils avaient trahi, mes adversaires sont aussi des traîtres; leur conscience le leur dit assez : pourquoi donc s'érigent-ils en accusateurs ? à quel titre exigent-ils des couronnes? Et vous, juges athéniens, quelle opinion donnerez-vous de votre équité lorsqu'on verra, entre deux hommes accusés devant vous du même délit, l'énorme distance d'une condamnation capitale à une récompense éclatante? Honte, oui, honte à vous, si vous laissez d'adroits coupables saisir le moment d'une indulgence funeste! — Mais, après tout, nous n'avons, cette fois, essuyé aucun échec. — N'importe, Athéniens! sévissez lorsque l'État se soutient encore. Ne suffit-il pas que ceux à qui vous confiez sa défense vous trompent, et l'abandonnent? Ce langage peut paraître dur; il n'est que patriotique. Est-ce ma faute, à moi, si mes coupables accusateurs me forcent à vous armer, contre eux, des rigueurs qu'ils déploieraient volontiers contre moi-même?

Chose étrange, Athéniens! il est des triérarques qui jettent en prison et frappent des peines les plus rigoureuses le matelot déserteur. Le malheureux n'a reçu que trente drachmes pour toute la campagne; et le commandant qui ne s'embarque pas en personne, bien qu'il reçoive trente mines, à titre d'indemnité, est presque toujours sûr de votre indulgence! Le pauvre rameur qui, poussé peut-être par le besoin, devient coupable, vous trouve inflexibles; et, si une cupidité sordide jette son chef opulent dans un crime voisin de la trahison, vous lui pardonnerez! Avec une mesure aussi changeante, l'égalité républicaine n'est qu'un nom, la démocratie une chimère.

Voici une autre inconséquence. L'Athénien convaincu d'avoir fait, à la tribune, une motion contraire aux lois, perd les droits civils; et l'Athénien qui a notoirement agi contre les lois échappe souvent à la peine. Toutefois l'indulgence pour les prévaricateurs n'est-elle pas une amorce jetée à ceux qui sont encore innocents?

Puisque je suis tombé sur ce sujet, permettez-moi d'exposer les funestes effets que traîne à sa suite l'infidélité dont mes adversaires se sont rendus coupables.

L'Athénien qui quitte nos côtes, sur un vaisseau dont il n'est que le subrogé triérarque, pille tous les bâtiments qu'il rencontre. Le profit est pour lui, la peine pour vous. Il vous devient impossible de faire le plus petit trajet sans un sauf-conduit, parce que tous ces faux commandants sont de véritables écumeurs de mer. Voyez donc les choses comme elles sont, et reconnaissez que la plupart des flottes vous sont plus nuisibles qu'utiles. Le citoyen qui commande un navire au nom de l'État, doit-il donc ainsi s'enrichir aux dépens de l'État Ah! plutôt, si les intérêts de la nation passent avant tout, si le service public exige le sacrifice de sa fortune, qu'il le fasse sans compter! Voilà son devoir, voilà l'esprit de nos institutions. Qu'ils sont loin de ce désintéressement, les triérarques qui, chaque jour, quittent le Pirée! leur lâche négligence leur est-elle parfois funeste? ils en réparent les tristes effets en menaçant la sécurité de tous nos navigateurs. Il n'y a là rien d'étonnant : abusant de votre aveugle mollesse, ces pirates, qui vous compromettent, gardent leur butin s'ils ne sont pas connus; et, si on les découvre, votre pardon leur est assuré.. Ainsi, des misérables, qui ont dépouillé tout honneur, jouissent d'une liberté sans limites. Nous appelons imprudents les particuliers que le malheur seul peut instruire : mais vous, qui, après tant de disgrâces, ne cherchez pas encore à en prévenir le retour, de quel nom vous appeler?

Parlons aussi des solliciteurs que mes ennemis font parler. Je vois, dans leurs rangs, des hommes parfaitement convaincus qu'auprès de vous tout leur est permis. Ils ont jadis soutenu Aristophon, et, de concert avec cet accusateur, ils ont poursuivi à outrance les triérarques qui avaient loué leurs navires ; et ils réclament aujourd'hui une couronne pour des têtes non moins coupables. Insensés! ou la calomnie vous arma contre les premiers, ou l'intérêt seul vous fait parler pour leurs imitateurs. Vous voulez que la faveur des tribunaux suive la vôtre pas à pas. Est-ce donc une grâce que je demande ici? Non, c'est la récompense promise au zèle, due au dévoûment. Je pose à nos juges cette alternative : Ou couronner, à votre recommandation, l'indifférence pour le salut public; ou récompenser, à la sollicitation des meilleurs citoyens, le zèle le plus vigilant, le plus patriotique. Leur choix, malgré vos efforts, peut-il être douteux? Certes, la réputation d'hommes intègres ne vous touche guère ; et tout ce qui ne va pas s'abîmer dans le gouffre creusé par votre avidité a bien peu d'attraits pour vous! Non-seulement vos paroles actuelles démentent celles que vous prononciez jadis; mais, aujourd'hui, vous n'êtes pas d'accord avec vous-mêmes. La couronne, dites-vous, appartient au navire qui a des matelots à lui : et à qui voulez-vous la jeter? à des commandants devenus étrangers à leurs propres vaisseaux ! Aucun triérarque, dites-vous encore, n'était prêt avant les autres ; et vous consentiriez à nous voir décerner à tous, contrairement au décret, une récompense collective ! Pour moi, je ne veux point qu'on me détache quelques feuilles d'une couronne que j'ai méritée tout entière; une fraction de récompence me répugne autant que la location de matriême. Je n'ai pas fait l'une ; je repousse l'autre. A vous croire, la justice seule vous fait ouvrir la bouche : mais la justice ne se passionne jamais, et vous êtes trop animés pour des gens qu'on n'aurait pas payés. Oui, votre tâche, ici, est moins d'exposer un avis que de mériter un salaire. Encore, la parole semble-t-elle vous être exclusivement réservée; elle devient votre privilége. Comme si la démocratie ne nivelait pas toutes les conditions, comme si, au barreau, à la tribune, tous les citoyens n'étaient pas égaux, à la première objection votre colère s'allume ; vous invectivez contre l'audacieux qui vous résiste ; et, dans votre stupide orgueil, dès que le mot de faquin est sorti de votre bouche, vous croyez que votre adversaire en demeure stigmatisé, et que désormais on vous prendra, hommes à parole hautaine, pour d'excellents patriotes. Toutefois, vos coupables harangues ont seules mis la république sur le penchant de sa ruine ; et la voix qui l'a détournée de cette route funeste est précisément celle de vos contradicteurs.

Voilà donc, ô juges ! les défenseurs de mes antagonistes. Ceux-ci achèvent de gâter, par ce choix, une cause déjà mauvaise. C'est par ces dignes organes qu'ils nous disputent notre récompense, eux à qui leur conscience adresse tant de secrets reproches ! Trop heureux d'avoir trompé la vindicte publique, ils osent lancer contre moi leurs outrages ! Quelle est la cause de tant de désordres? C'est vous, Athéniens; oui, vous, qui, pour apprécier chaque citoyen, n'avez d'autre mesure que celle que vous présentent des orateurs mercenaires. Vous n'en croyez plus vos propres yeux ; et ce que la conscience publique appelle crime, vous l'érigez en vertu, dès qu'un subtil harangueur a parlé. De là, le despotisme de quelques grands coupables, qui vendent, peu s'en faut, la patrie à l'encan, donnent ou retirent les couronnes par vos mains, et substituent leur volonté à la loi.

En terminant, je vous dois un sage conseil, ô Athéniens ! N'asservissez plus à d'avides orateurs ceux que leur patriotisme a ruinés ; et ne donnez plus à vos concitoyens la plus funeste de toutes les leçons, celle de remplir, au plus bas prix possible, les charges imposées par l'État, et de payer bien cher une éloquence vénale, prodigue des plus impudents mensonges.

NOTES
DU PLAIDOYER POUR APOLLODORE.

(1). Tyran des Phères, en Thessalie.

IVe PARTIE.

SECTION I.

DISCOURS D'APPARAT.

I.

ÉLOGE FUNÈBRE

DES GUERRIERS ATHÉNIENS MORTS A CHÉRONÉE.

INTRODUCTION.

« Démosthène nous apprend lui-même, dit M. Villemain, qu'il fut choisi par le peuple d'Athènes pour célébrer la mémoire des guerriers morts à Chéronée (1); et il tire une noble apologie de cette circonstance, que son rival Eschine lui avait éloquemment reprochée. Mais l'éloge funèbre qui nous reste sous le nom de Démosthène ne paraissait point authentique à Denys d'Halicarnasse et à Libanius. Le discours que ce grand orateur avait certainement prononcé était-il assez indigne de son génie pour qu'on eût négligé de le conserver? Un autre discours fut-il substitué dans la suite par quelque sophiste? Quoi qu'il en soit, il semble que l'éloquence mâle et vigoureuse de Démosthène, si bien assortie aux luttes violentes de la tribune et du barreau, n'avait pas dû se plier heureusement aux formes du panégyrique... Démosthène a besoin, avant tout, d'avoir quelque chose à réfuter, quelqu'un à combattre ou à convaincre. Son génie ne s'anime que par le raisonnement et la passion. Ce n'est donc pas chez lui que l'on pouvait attendre des modèles du genre d'éloquence que Bossuet a porté dans l'oraison funèbre, et qu'il doit tout ensemble à son culte et à son génie. Au reste, cet éloge des guerriers morts à Chéronée, soit qu'on le donne ou qu'on l'ôte à Démosthène, dont il porte le nom, renferme encore des traits remarquables. Il me paraît difficile que ce soit l'ouvrage d'un rhéteur. On y sent cette élévation des beaux temps de la Grèce. » Auger a même remarqué dans ce discours un mérite que l'on cherche en vain dans les autres discours grecs de ce genre : l'orateur s'étend moins sur des objets étrangers, et s'occupe davantage des guerriers dont il célèbre la mémoire.

Après avoir balancé les témoignages sur l'authenticité de ce morceau, examiné les objections réunies par Taylor (*Lect. Lys.* c. 3), et dont quelques-unes sont très-graves; puis les critiques plus faibles que Reiske a placées dans son commentaire, et les inductions souvent forcées que contient l'*Apparatus* de Schæfer, j'avoue que je suis resté dans le doute.

On a cru que le panégyrique attribué à Lysias était l'ouvrage d'un rhéteur qui aurait cousu ensemble des fragments de cet orateur par des emprunts faits à des ouvrages analogues (1). Ne pourrait-il pas en avoir de même du discours qui nous occupe? Ses inégalités, et quelques imitations frappantes du Ménexène de Platon, ne s'expliqueraient-elles pas aussi par ce moyen? Becker pense que c'est vraiment là l'éloge funèbre qu'a prononcé Démosthène. Sans oser trancher une question si difficile, j'ai cru pouvoir, sans trop de disparate, essayer aussi la traduction de ce discours.

Des jeux gymniques et équestres, des combats de chant et de poésie (*Ménex.*), un repas funèbre (*Procoran.*), une colonne avec une inscription très-simple (*Pausan.* I, c. 29), honoraient la mémoire des défenseurs de la patrie. Thucydide nous présente ainsi les traits principaux de la scène imposante et lugubre qui animait l'éloquence dans ces cérémonies si patriotiques et si morales :

« Le même hiver (celui qui termina la première campagne de la guerre du Péloponnèse), les Athéniens, suivant l'usage du pays, firent des funérailles

---

(1) La mémoire des guerriers thébains fut particulièrement consacrée sur le champ de bataille par un lion colossal, en marbre, qui a été récemment découvert.

(1) Voyez M. Roget, Eloges fun. des Athén. morts pour la patrie, p. 138.

solennelles à ceux qui les premiers périrent dans cette guerre. Voici de quelle manière se célèbrent ces funérailles. La surveille des obsèques on dresse une tente, où l'on dépose les ossements des défunts; et chacun apporte ce qu'il veut en offrande au mort qui le concerne. Dans la cérémonie du convoi, des chars portent des cercueils de cyprès, un pour chaque tribu. Les ossements des morts de chaque tribu y sont déposés. On porte aussi un lit tout préparé, mais vide, destiné aux absents dont on n'a pu retrouver les corps. Les citoyens et les étrangers peuvent, à volonté, accompagner le convoi. Les parentes aussi sont auprès du sépulcre, se lamentant. On dépose ces cercueils dans le tombeau public, situé au plus beau faubourg de la ville (le Céramique extérieur, auj. *Sépotia,* village). C'est là qu'on inhume toujours les guerriers morts dans les combats, excepté ceux de Marathon : comme on les a jugés d'une bravoure extraordinaire, c'est sur le champ de bataille même que l'on a érigé leur tombeau. L'inhumation terminée, la ville choisit un homme distingué par sa sagesse et par sa dignité, qui prononce sur les morts un éloge convenable; après quoi, chacun se retire. Ainsi se font les funérailles... Le moment arrivé, Périclès s'avança du sépulcre sur une tribune élevée, ainsi construite pour qu'il pût être entendu par la plus grande partie de l'assemblée, et il parla en ces termes. » II, 34, trad. de M. Didot.

DISCOURS.

Dès que la république, après avoir décrété des funérailles nationales pour ceux qui reposent sous cette tombe, et qui, à la guerre, furent des hommes vaillants (1), m'eut ordonné de prononcer sur eux le discours que demande la loi, je réfléchis aux moyens de les louer convenablement. Mais les recherches, les méditations m'ont appris qu'un langage digne de ces morts est chose impossible. En effet, avoir dédaigné cette vie dont l'amour est inné dans tous les cœurs, avoir voulu noblement mourir plutôt que de vivre témoins des calamités de la Grèce, n'était-ce pas laisser après eux une vertu supérieure à tous les éloges? Cependant j'espère pouvoir parler, à l'exemple des orateurs qui m'ont précédés à cette place (2).

L'intérêt qu'Athènes porte aux citoyens morts dans les combats, reconnaissable à d'autres preuves, l'est surtout à la loi qu'elle s'impose de choisir un orateur pour les obsèques publiques. Sachant que les grandes âmes, pleines de mépris pour la possession des richesses et pour la jouissance des plaisirs de la vie, n'aspirent qu'à la vertu et aux louanges, elle croit devoir les honorer d'un discours, moyen le plus puissant pour leur acquérir ces biens; et cette gloire conquise pendant qu'ils vivaient, elle veut la leur maintenir au delà du trépas.

Si je ne voyais dans ces guerriers d'autre mérite que celui de la valeur, je me bornerais à cet éloge (3) : mais, puisqu'ils reçurent en partage et une naissance distinguée, et une sage éducation, et une vie toute d'honneur, je rougirais de paraître négliger un seul de leurs titres à nos légitimes hommages.

Je commence par leur origine, dont la noblesse a été reconnue de tout temps par tous les peuples. Car, au delà de son père, au delà de tous ses aïeux, chacun d'eux peut faire remonter sa naissance à la commune patrie, dont le sol, d'un aveu unanime, les a enfantés (4). Oui, seuls entre tous les hommes, les Athéniens ont habité et transmis à leurs descendants la terre maternelle : ainsi, d'après une juste appréciation, ceux qui émigrent dans des villes étrangères, et qui en sont appelés citoyens, ressemblent à des fils adoptifs, tandis que nous sommes, par le sang, les vrais enfants de notre patrie. C'est même chez nous que parurent les premiers fruits, nourriture de l'homme : or, je vois là, outre le plus grand bienfait pour l'humanité, une preuve irrécusable que cette contrée est la mère de nos ancêtres. En effet, par une loi de la nature, tout être qui enfante porte en soi la nourriture du nouveau-né (5) : phénomène réalisé par l'Attique.

Ainsi naquirent, de temps immémorial, les aïeux de ces guerriers. Quant à leur bravoure et à leurs autres vertus, j'hésite à tout dire, dans la crainte de passer les bornes de ce discours. Mais, pour les faits dont le souvenir a le plus d'utilité et la connaissance le plus de charmes, faits glorieux et sans longueur fatigante, tâchons de les présenter dans un court tableau.

Les pères, les aïeux, les ancêtres les plus éloignés (6) de la génération présente, ne commirent jamais une seule agression contre le Grec ou le Barbare; et, sans compter toutes leurs autres vertus, ils eurent en partage une grande équité. Mais, pour se défendre, ils mirent à fin mille exploits éclatants. Ils remportèrent sur l'armée des Amazones, qui fondait sur l'Attique, des victoires assez décisives pour les refouler au delà du Phase (7) ; ils chassèrent, et de ce pays et de la Grèce entière, les bandes débarquées d'Eumolpe (8) et de beaucoup d'autres chefs, contre lesquelles tous les peuples situés à l'occident d'Athènes n'avaient pu tenir ferme, ni élever une barrière. Les enfants mêmes de cet Hercule qui protégeait les mortels les appelèrent leurs protecteurs, alors qu'ils vinrent en cette terre (9), fuyant Eurysthée. A tous ces beaux faits et à une foule d'autres, ajoutons qu'ils ne laissèrent pas outrager les droits des morts, quand Créon défendit d'ensevelir les sept chefs qui avaient assiégé Thèbes (10).

Je supprime beaucoup d'exploits consignés dans les mythes (11) : chacun de ceux que j'ai rappelés fournit une matière si brillante et si vaste, que les poëtes de l'épopée, de la tragédie, de la lyre, et la plupart des historiens, en ont fait le sujet de leurs ouvrages. Quant à ceux qui, sans être placés moins haut dans notre estime, n'ont pas encore, à cause de leur date plus récente, été ornés de fictions, ni rangés parmi les faits héroïques, je vais les rapporter.

Nos pères ont repoussé seuls deux fois, sur l'un et l'autre élément, les armées accourues de l'Asie entière, et sauvé, à leurs propres périls, tous les Hellènes. Ce que j'ai à dire, d'autres l'ont dit avant moi (12) : n'importe ; aujourd'hui encore, il faut donner à ces grands hommes de nobles et légitimes éloges. Bien supérieurs aux guerriers armés contre Troie, qui, formant l'élite de toute la Grèce, prirent à peine, en dix ans, une seule place forte d'Asie, non-seulement ils repoussèrent seuls les armées accourues de tout ce vaste continent, et qui avaient tout renversé sur leur passage, mais ils vengèrent les maux qu'elles avaient faits aux autres Hellènes. Il y a plus : pour réprimer, au sein même de la Grèce, des ambitions rivales, ils bravèrent tous les périls suscités par le sort, se rangeant toujours sous la bannière du bon droit, jusqu'à l'époque où le temps nous a fait naître.

Et qu'on ne s'imagine pas que, faute de pouvoir m'étendre sur chacun de ces faits, je me sois contenté de les énumérer. Quand je serais, de tous les orateurs, le plus dépourvu d'invention, la vertu de nos ancêtres offre une foule de grands traits qui viennent d'eux-mêmes se placer dans le récit (13). Mais après avoir donné un souvenir à l'illustre origine et aux grandes actions de nos pères, je me proposais d'arriver, par le rapprochement le plus rapide, aux exploits de nos guerriers, afin de confondre dans une même gloire des hommes en qui s'était transmis le même sang, persuadé qu'il serait bien doux pour les premiers, que dis-je ! pour tous également, d'établir entre eux une communauté de vertus et par leur naissance et par nos éloges.

Mais ici je dois m'arrêter avant de retracer la vie de nos guerriers, je sollicite la bienveillance de ceux qui, sans appartenir à leurs familles, ont suivi le cortége funèbre. Chargé d'honorer ces funérailles par de magnifiques dépenses, par des joutes de chars, par des combats d'athlètes, plus j'y aurais déployé d'ardeur et de somptuosité (14), mieux j'aurais paru remplir mon devoir. Mais, dans le dessein de célébrer par un discours ces citoyens, si je ne me rendais les auditeurs favorables, je craindrais d'échouer, malgré tout mon zèle. L'opulence, la force, la vitesse, tous les avantages de cette nature suffisent à qui les possède pour lui obtenir la victoire, même en dépit de tous. Mais le talent de la parole ne peut se passer de la bienveillance de l'auditoire. Avec elle, un discours médiocre intéresse et fait du bruit ; sans elle, l'orateur le plus éloquent fatigue toujours.

Au moment où j'ouvre la bouche pour célébrer des guerriers dont la vie ouvre un si vaste champ au panégyrique, je ne sais par où commencer. Ici tout se présente à la fois, et m'impose la difficile tâche de choisir à l'instant (15). J'essayerai cependant de les suivre pas à pas dans leur carrière.

Dès leurs jeunes années, jaloux de briller dans toute espèce d'instruction, ils se livrèrent aux exercices convenables à chaque degré de cet âge ; pères, amis, parents, ils charmaient tous ceux à qui les liait le devoir. Aussi, la mémoire de tous ceux qui leur étaient chers reconnaissant, pour ainsi dire, leurs traces, s'y reporte à chaque instant par l'élan du regret, et recueille mille souvenirs des vertus qu'ils avaient vues en eux (16). Hommes faits, ils montrèrent l'excellence de leur nature non-seulement à leurs concitoyens, mais à tous les Grecs. Une prudence éclairée est le principe de toute vertu ; le courage en est la perfection. La première essaye et choisit la route ; la seconde nous y affermit. Ces deux qualités, ils les possédèrent au degré le plus éminent. Avant tous, ils virent l'orage qui grossissait sur la Grèce entière (17), et ils firent plus d'un appel à tous ses peuples pour la sauver : marque certaine d'une sagesse pénétrante. Tandis qu'il était encore possible d'arrêter sans risques le fléau, les Hellènes, aveugles et lâches, ou ne le voyaient pas, ou affectaient de ne le pas voir : mais dès que, devenus dociles, ils se résolurent à faire leur devoir, ceux-ci, abjurant tout ressentiment, se mirent à leur tête, accoururent avec leurs soldats, leurs fortunes, leurs alliés, et tentèrent les chances d'une bataille où ils n'épargnèrent pas leur vie.

Il faut, quand le combat s'engage, que les uns soient vaincus, les autres vainqueurs. Mais je n'hésite pas à dire que, des deux côtés, ceux qui meurent au champ de bataille ne sont pas compris dans la défaite, et ont tous également la victoire. Pour ceux qui survivent, l'honneur du combat se décide comme le veulent les dieux ; mais ce qu'il importait de faire pour l'obtenir, tout homme mort à son rang l'a fait. Mortel, il a subi son sort, il a souffert les rigueurs de la fortune ; mais son âme n'a pas connu de la défaite. Et, si l'ennemi a fait la faute de ne pas envahir notre territoire (18), c'est à la vertu de ces guerriers qu'on le doit. Après les avoir éprouvés corps à corps dans la mêlée, il ne voulut point entreprendre une lutte nouvelle contre les concitoyens de ces mêmes hommes, sentant bien qu'il allait trouver des courages semblables, et qu'il n'était pas sûr de rencontrer la même fortune (19)! Les conditions de la paix conclue alors ne sont pas la plus faible preuve de cette vérité. Non, l'on ne saurait dire que le monarque ennemi s'y soit décidé par un motif plus réel, plus glorieux pour nous : frappé d'admiration pour la vertu de ces illustres morts, il a mieux aimé devenir l'ami de leurs compatriotes, que de risquer de nouveau sa fortune entière. Demandez à ceux-là même qui ont combattu nos guerriers, s'ils croient devoir le succès à leur propre valeur, ou à un étrange, à un terrible coup du sort, et à l'audace d'un capitaine expérimenté (20) : aucun d'eux aura-t-il le front de s'attribuer l'honneur de cette journée? D'ailleurs, dans un événement dont le résultat a été réglé au gré de la fortune, cette universelle souveraine, force est d'absoudre du reproche de lâcheté leurs adversaires, qui n'étaient que des hommes. Que si le général ennemi a fait plier l'aile qui lui était opposée (21), on ne pourrait l'attribuer ni aux Macédoniens ni aux Athéniens : la faute en est à ces mêmes Thébains placés sur son front de bataille : soutenus par des guerriers au cœur invincible, incapables de reculer et rivaux de gloire, ils n'ont pas su profiter de tant d'avantages.

Sur le reste, les opinions peuvent être partagées ; mais il est un fait d'une évidence frappante pour tous les esprits : c'est que l'indépendance de la Grèce entière avait sa sauvegarde dans le cœur de nos braves. Car, dès que le destin les eut enlevés, toute résistance cessa. Puissé-je ne pas éveiller l'envie! Dire que leur valeur était l'âme de la Grèce, c'est, à mon sens, rendre hommage à la vérité. Oui, le même instant a vu s'éteindre et le souffle qui les animait, et l'honneur de la commune patrie. Je le dirai, dût mon langage paraître exagéré : Comme le soleil ne pourrait retirer aux hommes sa lumière sans répandre sur le reste de leurs jours la douleur et la tristesse, ainsi, depuis que ces guerriers ne sont plus, d'ignominieuses ténèbres enveloppent l'ancienne gloire des Hellènes.

Parmi les causes multipliées qui ont élevé si haut leur vertu, ne plaçons pas au dernier rang notre constitution politique. L'oligarchie peut bien inspirer la crainte, mais elle ne met pas dans les âmes la honte d'une bassesse. Aussi, à la guerre, l'instant du combat arrivé, chacun s'abandonne au soin de sauver ses jours, certain que si, par des présents, par d'obséquieuses démarches, il apaise ses maîtres, fût-il devenu le plus vil des hommes, il en sera quitte pour un peu de honte à l'avenir. Mais, dans une démocratie, un de ces nobles titres, un de ces droits nombreux auxquels le sage doit s'attacher fermement, c'est la liberté de publier la vérité sans voile et sans obstacles. Le moyen de séduire tout un peuple, quand on a commis une lâcheté? On est humilié par celui qui rapporte l'ignominieuse vérité, humilié par le plaisir qu'éprouvent ceux qui l'écoutent en silence. Redoutant cet affront inévitable, tous les citoyens soutiennent avec vigueur les périls de la guerre, et préfèrent une mort glorieuse à une vie déshonorée.

Voilà les motifs généraux qui ont porté ces citoyens à désirer un noble trépas : naissance, éducation, habitudes généreuses, principes du gouvernement. Mais, dans chaque tribu, des causes particulières ont donné à leurs âmes cette forte trempe ; et je vais les exposer.

Tous les Érechthéides savaient que cet Érechthée dont ils tirent leur nom avait, pour sauver le pays, abandonné les Hyacinthides ses filles à une mort certaine (22). Lors donc qu'un fils des dieux avait tant sacrifié à la délivrance de sa patrie, ils auraient rougi de paraître mettre à plus haut prix un corps mortel qu'une impérissable renommée. N'ignorant pas que Thésée, fils d'Égée, avait le premier établi dans Athènes l'égalité civique (23), les Égéides se seraient fait un crime de trahir les principes de ce grand homme ; et ils ont mieux aimé mourir, que de leur survivre, à la face de la Grèce, par un lâche attachement à la terre. La tradition avait appris aux Pandionides quelle vengeance Procné et Philomèle tirèrent des outrages de Térée (24) : unit par le sang à ces filles de Pandion, la mort leur eût semblé un devoir, s'ils n'avaient déployé le même courroux contre les oppresseurs de la Grèce. On avait dit aux Léontides : « Les Léocores (25), célèbres dans la fable, s'offrirent au couteau sacré pour sauver la patrie ; » et, à la pensée du mâle courage de ces femmes, des hommes se seraient crus coupables s'ils ne les eussent égalées. Les Acamantides se rappelaient ces vers où Homère dit qu'Acamas se rendit à Troie par tendresse pour Æthra, dont il tenait le jour (26) : ainsi, ce héros brava tous les périls pour délivrer sa mère; et ses descendants, alors qu'il fallait protéger tous leurs parents, tous leur amis, auraient reculé devant quelque danger! Les Œnéides n'oubliaient point que Sémèle, née de Cadmus, eut pour fils un dieu (27) qu'il ne convient pas de nommer dans ces funérailles, et que ce dieu était père d'Œnée, premier auteur de leur race : à la vue du péril qui pressait également les deux républiques, la lutte la plus sanglante fut pour eux une dette à payer. Le chef des Cécropides fut, dit-on, moitié homme, moitié serpent (28), sans doute parce que, à la force du dragon, il unissait toute la sagesse d'un mortel : de là, les deux grandes qualités qu'il appartenait surtout à cette tribu de faire revivre. Les Hippothoontides se souvenaient de l'hymen d'Alopé (29), d'où naquit Hippothoon, qu'ils reconnaissaient pour leur chef : fidèle aux convenances de ce jour, je ne développerai pas ce souvenir. Ils pensaient donc que c'était à eux à se montrer dignes de ce grand homme. La tribu d'Ajax était instruite que ce guerrier, frustré du prix de la valeur, n'avait pu supporter la vie (30) : aussi, lorsque ce même prix fut décerné à un autre par la fortune, repoussant les ennemis, elle comprit qu'il fallait mourir pour remplir la vraie destinée des Aïantides. Vivre dignes de nos ancêtres (31), ou périr avec gloire, telle fut la maxime des Antiochides, qui n'avaient pu oublier qu'Antiochos était fils d'Hercule.

Privés de tels hommes, après avoir vu briser des liens si intimes et si chers, les parents, les amis qui survivent sont, sans doute, dignes de compassion; la patrie est veuve, elle ne vit plus que dans le deuil et les larmes. Mais eux, ils sont heureux aux yeux de la raison. D'abord, en échange de cette courte vie, ils laissent après eux une gloire qui, toujours jeune, traversera le cours des siècles, et fera la consolation de leurs enfants illustrés par elle et élevés par la république (32), et de leurs parents, dont la vieillesse entourée d'hommages, sera nourrie par l'État. Ensuite, inaccessibles aux maladies, délivrés des chagrins auxquels un événement cruel livre notre vie, ils obtiennent de pompeuses et magnifiques funérailles (33). Eh! comment ne pas les regarder comme heureux, ceux que la patrie, à ses frais, dépose dans la tombe, à qui seuls elle accorde de publics éloges, qui sont pleurés de leurs parents, de leurs concitoyens, de tout ce qui mérite le nom d'Hellène (34), de presque tout le monde habitable? On pourrait affirmer que, dans les îles Fortunées, ils sont assis près des Immortels, maîtres de ce séjour, au même rang que les hommes vertueux des anciens âges. Aucun témoin de ces honneurs n'est venu nous les révéler : mais nous pressentons, par analogie, que ceux qui, aux yeux des vivants, furent dignes de terrestres hommages, rencontrent aussi là-bas une gloire semblable.

Peut-être est-il difficile d'alléger par la parole une infortune présente. Essayons cependant de tourner les cœurs vers les idées qui consolent. Généreux citoyens, nés de pères non moins généreux (35), il vous sera beau de porter sans fléchir, comme tant d'autres, le fardeau du malheur, et d'avoir connu, sans changer, l'une et l'autre fortune. De tels sentiments seraient le plus riche tribu d'hommages pour les morts; et sur Athènes entière, sur les vivants, ils répandraient une gloire immense. Il est douloureux pour un père, pour une mère, de se voir enlever leurs enfants (36), et de perdre les nourriciers de leur vieillesse. Mais quelle noble satisfaction de voir ces mêmes fils obtenant de la patrie d'immortels hommages, un glorieux souvenir, et honorés par des sacrifices et des fêtes, comme les dieux! Il est cruel pour des enfants de perdre l'appui d'un père; mais qu'il est beau d'hériter de la gloire paternelle! Dans ce partage, ce qui est affligeant vient de la Fortune (37), sous qui tout mortel doit plier : mais ce qui est honorable et beau vient du choix des hommes qui ont voulu noblement mourir.

Je n'ai point cherché à parler beaucoup (38), mais à dire des choses vraies. Pour vous, après avoir pleuré, et rempli le devoir de la justice et de la loi, retirez-vous.

NOTES

DE L'ÉLOGE FUNÈBRE.

(1) Je lis, avec Bekker, qui m'a presque toujours guidé ici, ἐν τῷδε τῷ τάφῳ, et ἐν τῷ πολέμῳ γεγονότας. Voy. l'*Apparat.* de Schæfer, t. v, p. 601. — Thucydide et Lysias semblent indiquer que le choix du panegyriste était fait par le peuple. Platon, dans le prologue du Ménexène, désigne le Conseil. « On peut concilier les deux sentiments, dit M. Roget, par un passage de la harangue pour la Couronne (§ 88), où Démosthène dit qu'il fut nommé par le peuple, quoique Eschine eût été désigné pour cette fonction. Il paraît que le Sénat nommait des candidats, mais que le peuple avait la faculté de refuser, et de faire un autre choix. » *Élog. fun. des Ath.* etc. p. 37.

(2) Je m'écarte ici du sens de Wolf et d'Auger, pour me rapprocher de celui de Reiske.

(3) Obsopæus, Reiske et Bekker présentent, d'après d'anciennes autorités, λόγων au lieu de λοιπῶν. » Vere, ut opinor : *hac laudata, finem dicendi facerem.* Qui posset ἀπαλλάττεσθαι τῶν λοιπῶν, si nulla forent λοιπά? (Schæfer.)

(4) Voy. le *Ménexène*; et le Panégyrique d'Athènes, par Isocrate.

Cicéron et Lucrèce ont parlé d'Athènes comme auraient fait des Athéniens :

Primæ frugiferos fœtus mortalibus ægris
Dididerunt quondam præclaro nomine Athenæ,
Et recreaverunt vitam legesque rogarunt.
VI, I.

Adsunt Athenienses, unde humanitas, doctrina, religio, fruges, jura, leges ortæ, atque in omnes terras distributæ putantur; de quorum urbis possessione, propter pulchritudinem, etiam inter deos certamen fuisse proditum est; quæ vetustate ea est, ut ipsa ex sese suos cives genuisse dicatur, et eorum eadem terra parens, altrix, patria dicatur. *Pro Flacco*, 26.

« En ce genre de croyance, les dogmes les plus extravagants sont les plus révérés : aussi les Athéniens n'exaltaient-ils rien tant que leur antiquité, et tous les services que l'Attique avait rendus aux premiers hommes. Ils avaient inventé, pour cela, ce mot mystérieux d'*autochthone* (né de la terre même qu'il habite), qui, par sa vague signification, se prêtait aux interprétations diverses du peuple et des sages. » M. Roget, *Éloges funèbr.* etc. p. 75, présente ensuite ces interprétations. Les Éginètes et les Thébains, selon Harpocration, se disaient aussi autochthones; et les Arcadiens se prétendaient plus anciens que la lune (proséléniens).

(5) Le *Ménexène*; Plutarque, *Éduc. des enf.* L'opinion que les contrées où les plantes alimentaires croissent spontanément ont dû être habitées les premières, a été renouvelée, chez les modernes, par Linné, qui, ayant observé que les habitants de la Sibérie font du pain avec du seigle qui y vient naturellement et sans le semer, en conclut que la Sibérie peut être le pays d'où les hommes sont sortis de déluge, pour se disperser dans le reste du monde. (M. Roget.)

(6) Mot à mot : « et ceux qui, dans la ligne ascendante, ont les dénominations sous lesquelles ils sont connus de leurs descendants, » πατήρ, πάππος, πρόπαππος, ἀπόπαππος ou τρίπαππος, κ. τ. λ. V. Pollux, p. 273, éd. d'Hemsterhuis, 1706. Cela est fort insignifiant : mais Wolf et Schæfer ne croient pas qu'il soit question ici des noms donnés, par les aïeux des Athéniens, aux dèmes et aux tribus de l'Attique.

(7) « Il est trop souvent question des Amazones dans les anciens, pour qu'on puisse douter de leur existence..... Si l'on en croit les poètes et les orateurs athéniens, elles portèrent leurs armes jusque dans l'Attique, d'où elles furent repoussées par Thésée. » Clavier, Histoire des premiers temps de la Grèce, t. I, p. 311. Hist. des Amazones, par l'abbé Guyon, ch. iv. art. 3. Fréret, t. xxi des Mém. de l'Ac. des Inscr. — Le *Phase*, fleuve de Colchide, aujourd'hui le *Rion*, dans la Mingrélie.

(8) « Le règne d'Érechthée II est célèbre par la guerre qu'il eut à soutenir contre les Éleusiniens, peuple de l'Attique. On ne connaît pas trop les causes de cette guerre ; cependant, comme les Éleusiniens étaient commandés par Eumolpus, fils de Chioné, fille d'Orithye, qui était probablement fille du premier Érechthée, il est à présumer qu'Eumolpus était venu avec une armée de Thraces pour faire valoir les droits qu'il croyait tenir de sa mère.... Cette guerre fut très-longue et très opiniâtre..... Elle se termina par un traité, et Eumolpus resta en possession d'Éleusis. » Clavier, ibid. p. 124. — J'ai dû rendre στόλον dans son sens spécial, car il est ici opposé à στρατόν. Pourquoi Auger ne traduit-il pas πρὸς ἑσπέραν, qui est très-intelligible, puisque ces Thraces venaient du côté d'Éleusis ?

(9) Chassés de Trachine, les Héraclides fugitifs « allèrent à Athènes, où ils furent accueillis par Thésée, suivant quelques auteurs; par Démophoon, suivant d'autres; ou plutôt, à ce que je crois, par Ménesthée, qui devait déjà être roi d'Athènes...... Eurysthée entreprit bientôt de les faire chasser par les Athéniens ; et, comme ils ne le voulurent pas, il leur déclara la guerre. Les Athéniens rassemblèrent une armée, à laquelle se joignirent les Héraclides, et ils défirent complètement Eurysthée, qui fut tué par Hyllus; tous ses fils périrent aussi dans le combat. » Clavier, ibid. p. 233.

(10) « Adraste (le seul des chefs qui échappa à la défaite des Argiens) implora le secours de Thésée, qui força, par la voie des armes, les Thébains à laisser enlever les corps, pour qu'on leur rendît les derniers devoirs. » Clavier, ibid. p. 175.

(11) Je traduis sur la leçon vulgaire ἀνηγμένων. — « Les anciens distinguaient, comme nous, les temps fabuleux, les temps héroïques, et les temps historiques ; mais ils ne regardaient pas comme faux tous les faits rapportés par la fable. » (Auger.) — Ἐμμέτρους ποιητὰς, poètes épiques (Reiske), et tragiques (Schæfer); τῶν ἀδομένων ποιητὰς, poetes lyriques, συγγραφέας, *rerum gestarum scriptores* (Wolf). Auger a tout confondu.

(12) Surtout Isocrate, de qui la comparaison suivante est imitée. Voyez son *Discours à Philippe.* « On voit Ostende, qui jadis soutenait des sièges de trois années, et qui s'est rendue en cinq jours à nos armes victorieuses. » Volt., *Éloge funèbre des officiers,* etc.

(13) Je lis ici : ἡ 'κείνων ἀρετὴ πολλὰ καλὰ δείκνυσιν αὐτή, ἃ καὶ πρόχειρα καὶ ῥᾴδιον ἐπελθεῖν ἐστιν. Voyez l'*Appart.* t. v, p. 611. — *A l'illustre origine de nos pères.* Reiske a trouvé la leçon εὐγενείας ὑμῶν, qu'il n'adopte

pas ; Auger : « la naissance distinguée de nos guerriers morts. » Ces deux sens se rapportent moins bien à la première partie de ce discours.

(14) Ἀφειδέστερον est restitué à la place de ἀκριβέστερον par Bekker, de l'autorité de plusieurs manuscrits. Schæfer approuve la correction. Ce mot répond à χρημάτων δαπάνῃ.

(15) Auger ne rend pas εἰς ἕνα καιρὸν, que Schæfer explique par τοῦ νῦν λέγειν.

(16) Le sens et l'image que présente le texte de cette phrase sont méconnaissables dans la version d'Auger. « Locutio sumpta est e re venatica. Xenophon *de Venat.* 6, 4 : οὐ γὰρ ἐπιμένει τοῦ ἴχνους ἡ φύσις — πᾶσαν ὥραν. » (Schæfer.)

(17) Si ce discours est de Démosthène, remarquons comme l'orateur qui avait animé les Athéniens contre Philippe s'efface ici, non point par modestie, mais d'après l'esprit républicain de son temps.

(18) On croyait que Philippe, après la bataille de Chéronée, passerait dans l'Attique, et viendrait attaquer la ville d'Athènes ; mais il s'arrêta, contre l'attente de tout le monde, et même accorda la paix aux Athéniens, qui la lui envoyèrent demander. (Auger.)

(19) J'ai emprunté la traduction de ce qui précède, depuis l'alinéa, à M. Villemain, *Essai sur l'Or. funèbre*, en ajoutant une phrase omise par notre célèbre critique, et plusieurs mots qu'il n'a pas traduits dans les deux phrases suivantes. « Je croirais reconnaître Démosthène, dit M. Villemain, dans le passage où l'orateur, en célébrant le courage des guerriers, fait ressortir l'utilité véritable de leur sacrifice en dépit des revers qui le suivirent. » Schæfer me semble s'abuser quand il ne voit ici qu'un sophiste épuisant tout son art à ménager l'orgueil athénien. Comment Reiske a-t-il pu voir, dans les dernières lignes de ce morceau, de l'abattement et de la terreur ? Les mêmes idées, plus développées sans sortir de cette simplicité noble et touchante, se trouvent dans le discours de Lycurgue contre Léocrate.

(20) Je traduis cette phrase sur la leçon vulgaire, que Reiske a, de son propre aveu, corrigée arbitrairement ; je ne supprime que les mots καὶ ψυχῇ, d'après l'Apparat. v, p. 617. Les Athéniens ont cédé, non à la bravoure macédonienne, mais à la Fortune et à Philippe ; ce n'est pas ici le seul endroit où Démosthène aurait donné à ce conquérant un éloge mérité : voyez le brillant portrait qu'il en a tracé dans le plaidoyer pour la Couronne. Schæfer a donc tort de conclure de cet éloge que le discours funèbre n'est pas de notre orateur.

(21) A la bataille de Chéronée, le corps des Thébains fut enfoncé le premier, tandis que celui des Athéniens avait l'avantage. (Auger.) Depuis περὶ ὧν jusqu'à εἰ δ' ἄρα, nous trouvons plus de deux lignes entièrement inutiles pour le sens et pour la liaison grammaticale. Mais le soupçon d'interpolation devient presque certitude quand nous apprenons que ces mêmes lignes n'existent pas dans deux manuscrits de Reiske, ni dans trois de Bekker. Auger ne les traduit qu'en partie. Schæfer s'étonne du silence des commentateurs ; mais c'est dans la dernière phrase du morceau qu'il voit le *pannum inepte assutum*, et non dans celle que nous proscrivons. Il est bien vrai qu'en lisant τοῖς ἐπὶ τούτῳ ταχθεῖσι Θηβαίων après τοὺς ἐπὶ τούτῳ ταχθέντας, on est tenté de croire que c'est le dernier qui est la glose. Contre toute raison, Auger rapporte ἐκείνων aux Thébains.

(22) Les filles d'Érechthée I, roi d'Athènes, s'étant dévouées pour leur patrie, que les Thraces attaquaient, furent appelées Hyacinthides, du nom du lieu où elles furent immolées. On en donne aussi une autre raison. Voyez Valois sur Harpocration, Ὑακινθίδες.

(23) Par les réformes qu'établit Thésée, le gouvernement d'Athènes devint essentiellement démocratique. Démosthène, *Discours contre Neæra ;* Plutarque, *V. de Thésée*.

(24) Histoire connue. Ovide, *Métam.* l. VI.

(25) Les Léocores, ou les trois filles de Léos. Cet Athénien, dans un temps de calamité, les avait dévouées pour le salut public. Pausanias, I, 5 ; Suidas, Λεωκόρων.

(26) La mère de cet Acamas s'appelait-elle Phèdre, Ariadne ou Æthra ? Les philologues nous laissent dans le doute. Le passage d'Homère indiqué ici ne nous est point parvenu. Voy. Heyne, sur l'Iliad., t. IV, p. 477.

(27) *Un dieu :* Bacchus. — *Les deux républiques :* Athènes et Thèbes.

(28) Tradition symbolique sur ce premier roi d'Athènes. Eudocie et Tzetzès en font mention. Voyez aussi Meursius, *De Regibus Athenien.* I, 8.

(29) Alopé, fille de Cercyon, eut Hippothoon de son commerce avec Neptune. (Suidas.) Clavier appelle ce héros Hippothoüs (Premiers temps de la Grèce, II, 353). — *Fidèle aux convenances ;* « quia inter nuptias et funus summum est dissidium. » Wolf.

(30) On sait que les fils de Télamon, ayant disputé à Ulysse les armes d'Achille, ne put survivre à la honte de les voir adjugées à son rival. Ovide, *Métam.* — *à un autre :* à Philoctète.

(31) Je crois, avec Schæfer, que τῶν ὑπαρχόντων est ici neutre, et non pas masculin, comme Reiske l'a pensé. Mais il se trouve que, dans cette phrase, cette distinction importe très-peu pour le sens. — La mère d'Antiochos, qu'Auger a vainement cherchée, était Midée, fille de Phylas, roi des Dryopes. Clavier, d'après Apollodore, t. I, p. 232.

(32) Je lis τραφήσονται, et non γραφήσονται. Voyez l'*Apparatus*. Auger a totalement faussé cette phrase. Les guerriers morts disent, dans le Ménexène : « Nous recommanderions encore à la république de se charger de nos pères et de nos fils, de donner aux uns une éducation vertueuse, et de soutenir dignement la vieillesse des autres ; mais nous savons que, sans être sollicitée par nos prières, elle s'acquittera de ce soin comme il convient à sa générosité. » Trad. de M. Cousin.

(33) « Il faut donc regarder comme fortunés ceux qui, bravant le péril pour la plus grande et la plus noble cause, ont ainsi terminé leur vie, ne laissant plus à la fortune de prise sur eux-mêmes, et n'attendant plus la volonté de la mort, mais choisissant, à leur gré, la fin la plus glorieuse. Ainsi leur mémoire ne vieillira pas ; leur renommée sera l'envie de tous les hommes. » Lysias, *Discours funèbre*, morceau traduit par M. Villemain, *Essai sur l'Or. funèbre*. — Voyez aussi Cicéron, Éloge des soldats de la légion de Mars, morts à Modène, *Philipp.* XIV.

(34) Ce mot range les partisans de Philippe parmi les barbares (Wolf.) Bekker et Schæfer lisent πᾶσαν, par attraction.

(35) Au lieu de γεγονότας, quelques éditions donnent γεγεννηκότας, *eos qui et genuissent tales viros, et ex aliis talibus ipsi quoque nati sint*.

(36) On reconnaîtra facilement tout ce que je dois, pour la traduction de ce morceau, à M. Villemain, qui en fait remarquer le ton fier et élevé. Voyez l'Essai sur l'Or. funèbre.

(37) Cicéron, dans la harangue *Pro lege Manilia*, applique cette pensée à Lucullus, qui, après de brillants succès, avait éprouvé quelques revers : « Ita res a L. Lucullo, summo viro, est administrata, ut initia illa gestarum rerum magna atque præclara, non felicitati ejus, sed virtuti ; hæc autem extrema quæ nuper acciderunt, non culpa sed fortunæ tribuenda sint. » (M. Planche.)

(38) Auger n'a pas vu que τοῦτο se rapporte à ὅπως, selon l'usage. — Formule également simple pour congédier l'auditoire, dans Thucydide et dans Platon.

La simplicité des pages vraiment belles de ce morceau se retrouve dans quelques traits d'un éloge funèbre moderne, d'un caractère d'ailleurs bien différent. « Hommes généreux, s'écriait Chénier sur la tombe des victimes du 10 août 1792; hommes généreux, morts pour la liberté dans cette journée mémorable, vous avez été presque tous moissonnés dans la fleur de votre jeunesse! La nature vous devait des années plus nombreuses, et vous deviez être plus longtemps les soutiens de la France, notre mère commune. Mais, si vous avez trop peu vécu pour elle, vous avez assez vécu pour la gloire; votre souvenir ne périra point; vos enfants seront des héros comme leurs pères. Tant que nos belles contrées enfanteront des hommes libres et braves, vous leur servirez de modèles; et la postérité reconnaissante vous proclamera les conquérants de l'égalité, les libérateurs de la patrie! »

II.

ÉLOGE

DU JEUNE ÉPICRATE.

INTRODUCTION.

Le morceau suivant est tout entier dans les mœurs grecques, ou plutôt dans ces mœurs athéniennes dont il n'était déjà plus facile de comprendre l'esprit, au temps de Platon[1]; et c'est la première fois qu'on se hasarde à en publier une traduction française. Le lecteur instruit comprendra facilement pourquoi je me suis quelquefois écarté du sens littéral. J'ai pu me résoudre à être tantôt étrange, tantôt fade, quelquefois l'un et l'autre : mais j'ai cru que mon devoir ne s'étendait pas au delà.

Cet éloge est-il de Démosthène? Libanius le regarde comme supposé. Bekker, Pierson, Schæfer se rangent, sans hésiter, à cet avis. Wesseling, Coray, Orelli l'attribuent à Androtion. Reiske et A. G. Becker ne se prononcent point.

(1) Pausanias en fait l'aveu dans *le Banquet*.

DISCOURS.

Puisque tu veux m'entendre, voici un discours que je vais te lire (1). Apprends d'abord l'intention de son auteur. Il veut faire l'éloge d'Épicrate, le plus aimable, à ses yeux, entre tous les beaux et nobles adolescents d'Athènes, et le premier, plus encore par les qualités de l'esprit que par la beauté. Mais il voit presque toutes ces louanges de l'amour apporter plus de honte que d'honneur à ceux qui en sont l'objet; il se tient en garde contre cet écueil, et, avec une conviction qui a pénétré son âme, il se hâte de dire qu'un amant vertueux ne fait, ne demande rien de déshonnête. L'amour dont tu vas entendre le langage est donc le pur amour. Je dirai aussi tout ce qui fait la gloire de mon jeune ami; j'y mêlerai des conseils sur ses études, sur la carrière qu'il veut embrasser. Du reste, tout ceci est écrit comme des notes qu'on jette sur des tablettes (2). Un discours qu'on veut prononcer doit, par sa simplicité, imiter l'improvisation : mais écrivons-nous pour la postérité? que notre composition rivalise d'éclat avec la poésie : ici, tout le luxe du genre démonstratif; là, la simple persuasion. Pour prévenir mes écarts, pour m'empêcher d'épuiser mon sujet, figure-toi donc, en m'écoutant, que je prononce une harangue. J'ai d'ailleurs, et j'ai voulu avoir Épicrate lui-même pour auditeur.

Je vois quelques jeunes Athéniens, aimés et doués de beauté, ne savoir pas jouir de ce double bonheur. Fiers de leur visage, ils repoussent les assiduités des amants. D'où naît cette étrange erreur? pourquoi opposer cette humeur farouche même à ceux qui ne sollicitent qu'une chaste affection? parce qu'il est des hommes qui la profanent. Voici ce que j'en ai conclu : c'est peu de se nuire à eux-mêmes (3), ces jeunes gens tendent à dépraver, dans le cœur des autres, des sentiments saints. C'est une folie que les hommes sensés n'imiteront pas, surtout s'ils réfléchissent qu'aucune chose n'est, de soi, morale ou vicieuse (4), que nos affections se modifient beaucoup par la direction qu'elles reçoivent, et qu'il est absurde de porter le même jugement sur l'amant pudique et sur le libertin. De plus, quelle inconséquence d'admirer ceux qui possèdent de nombreux et fidèles amis; et de proscrire les amants, qui seuls (je parle des amants vertueux) nous font connaître l'intime union des âmes (5)! Au reste, cette prévention ne m'étonne pas chez les hommes qui n'ont jamais vu l'amour aboutir à d'heureux résultats, ou qui se condamnent eux-mêmes, et se sentent incapables de renfermer cette passion dans les limites de la vertu. Mais ceux qui, animés des mêmes sentiments que toi (6), savent fort bien quel charme l'amour pur répand sur notre vie; ceux qui, comme toi, ont toujours vécu irréprochables, ceux-là ne laissent pas même entrevoir la plus légère souillure. Deux buts, également utiles, s'offraient donc à moi quand j'ai pris la plume : décrire tes heureuses qualités, et, par là, te proposer pour modèle, et faire applaudir au choix que j'ai fait d'un tel ami; achever d'éclairer ta jeune intelligence, et donner ainsi au public une preuve de ma sollicitude pour toi, à tous deux un nouveau gage de mutuelle affection.

Toutefois, je ne l'ignore pas, il est difficile de te louer dignement; il est, d'ordinaire, plus dangereux encore de donner des conseils qui engagent notre responsabilité. Mais aussi, celui qui reçoit des éloges mérités ne doit-il pas s'élever constamment, par la vertu, au-dessus même de son panégyrique? et ne puis-je compter ici sur le succès de mes conseils? Ceux dont l'esprit et le cœur sont également dépravés deviennent sourds à la voix de la sagesse; mais à peine l'homme sage et pur l'a-t-il entendue, qu'il lui obéit.

Voilà donc ce que j'espère au moment où j'aborde mon sujet. On conviendra unanimement avec moi que le plus bel ornement de la jeunesse consiste dans des traits gracieux, un cœur sage, quelque chose de mâle dans les sentiments comme sur toute la personne, et un langage toujours persuasif. Parmi ces dons, les uns sont innés; et, pour toi, la fortune en a été si prodigue, que tu es devenu l'objet de l'admiration universelle. Les autres naissent d'un effort moral; et les connaisseurs en vertu savent que tu as déjà poussé cette étude assez loin. Or, pour mériter de vives louanges, il faut être le bien-aimé des dieux (7), et, tant par soi-même que par d'heureux hasards, conquérir l'admiration des hommes. Je montrerai plus tard tous les appuis par lesquels tu t'es élevé jusqu'à la vertu; et je tâcherai de ne donner à mes éloges d'autre lustre que celui de la vérité.

Je commencerai par celle de tes qualités qui frappe à la première vue, par cette éclatante beauté dont brille toute ta personne. Je ne lui trouve rien de comparable dans la nature; et je me sens tenté de dire à ceux qui me liront : Allez, regardez Épicrate; et vous me pardonnerez de ne mettre personne en parallèle avec lui. Eh! quel mortel oserait-on rapprocher de ce qui allume en nous une flamme immortelle, absorbe nos regards par sa présence, vit encore dans la pensée quand il a disparu, fait briller sur un corps humain une exquise élégance, une inaltérable fraîcheur, et je ne sais quel reflet de la divinité? Car on ne reprochera pas à ton visage ces fréquentes imperfections de la beauté, qui en troublent l'harmonie. Souvent un défaut léger nuit à des traits gracieux. Rien de pareil dans mon ami. Un dieu, quel qu'il soit, voulant te douer d'une beauté parfaite, a écarté toutes les formes, toutes les teintes peu dignes de captiver les regards. Le visage est ce qui les attire d'abord, et, dans le visage, ce sont les yeux. Or, c'est dans tes yeux surtout que le ciel s'est plu à prodiguer ses trésors. Il ne s'est pas borné, pour toi, au don de l'organe de la vue : tandis que le mérite de la plupart des humains se lit à peine dans leurs actions, il a fait resplendir dans ton regard ton admirable caractère, ta douceur, ton humanité, tes sentiments élevés, ta fermeté modeste. Merveilleuse alliance! L'un fait dégénérer la douceur en faiblesse; l'autre, à force de dignité, passe pour superbe; celui-ci est brave, mais téméraire; celui-là paisible, mais apathique. Ne semble-t-il donc pas qu'en te dotant, dans les plus justes proportions, des qualités les plus heureuses, la nature ait voulu cette fois montrer, par un grand exemple, qu'elle sait sortir de ses propres lois, et reculer, quand il lui plaît, les bornes de l'humanité?

Si ta beauté pouvait être célébrée dignement, ou si elle était le seul objet de mon hommage, je devrais la contempler en détail, et, là-dessus, épuiser l'éloge. Mais il n'en est pas ainsi; et, en retenant longtemps l'auditeur sur ce point, je pourrais le dégoûter de parcourir avec moi le reste de la carrière. Et comment exprimer par le langage ces grâces délicates qui échapperaient au pinceau et au ciseau le plus habile? Le tableau, la statue gardent leur immobilité : on se demande comment ces images s'animeraient, si la vie descendait en elles; mais toi, par le charme de ton caractère, par la grâce répandue sur toutes tes actions, tu rends incessamment vivante ton ineffable beauté.

Je passe donc aux qualités de ton âme. Souvent la jeunesse fait naître des bruits fâcheux sur ses mœurs : toi, au contraire, on te loue; et c'est là le plus bel éloge que je puisse faire de ta pudeur. C'était peu pour toi de ne pas faillir; si jeune, tu as acquis une sagesse anticipée (8). J'atteste ici ta conduite dans la société des hommes. Tu en vois beaucoup, et de tous les caractères; tous tâchent de t'attirer dans leur intimité : or, par ton attitude réservée au milieu d'eux, tu as prêté un nouveau charme à leur affection. Là, je reconnais des principes qui feront ta gloire, et te gagneront tous les cœurs. On estime et ceux qui conseillent, et ceux qui observent une grande prudence dans le choix des amis. Mais, si, d'une part, la fréquentation d'amis vicieux nous décrie inévitablement, de l'autre, une circonspection trop sévère indispose contre nous ceux qui nous approchent. Honneur à toi, qui as atteint un but en apparence inaccessible, et qui t'es élevé au-dessus de nous tous en triomphant de cette double difficulté! Aussi bon que prudent près de tous ceux qui t'ont voué leur amour, tu plais à tous, tu plais au delà de toute expression; et je vois ici la marque de la plus généreuse nature. Combien y en a-t-il qui s'irritent parfois, même contre les élus de leur cœur! Jamais tu ne refusas les complaisances que permet la vertu; jamais amant n'osa même espérer de toi celles qui déshonorent: tel est l'empire que tu exerces; tel est l'inviolable respect qu'inspire ta pudeur! D'ordinaire, un adolescent fait consister une grande partie de sa modestie dans le silence. Que tu es au-dessus de pareilles précautions! Ta conversation ne t'honore pas moins que tout le reste: légère sur les sujets badins, gracieuse encore dans les entretiens sérieux, elle devient tour à tour simple sans bassesse, animée sans malice, spirituelle avec naïveté. Tu parles enfin, mais comme tout sage père voudrait entendre parler son fils.

Me pardonnerait-on de ne rien dire de ton courage? Encore à l'entrée de la carrière, tu as vu naître plus d'une occasion de le montrer; et tout fait présumer que ton âge mûr fournira une plus ample matière à tes panégyristes. De nombreux témoins savent combien tu te plais à de périlleux exercices. C'est même ton occupation favorite; et, soit que l'on voie ici un choix éclairé ou un noble instinct, ton caractère en reçoit un éclat nouveau. Voyant certains exercices permis aux étrangers, même aux esclaves, tu t'es appliqué principalement à ceux qui sont le privilége du citoyen. Là encore, tu as su choisir. La course n'ajoute rien ni à la présence d'esprit ni au courage; le pugilat expose à des dangers sans fruit, et tend même à nous abrutir. Tu as pris, dans nos jeux publics, la part la plus belle, la plus digne d'un grand cœur: vive image de la guerre, puisqu'on y court tout armé; magnifique spectacle, qui semble nous élever au rang des dieux (9); lice agréable et variée, où la plus noble palme attend le vainqueur. Que dis-je? le vaincu lui-même a sa récompense: car c'en est une que de faire dire en tout lieu qu'on a figuré dans ces jeux guerriers. Homère lui-même nous l'atteste dans ce poëme où il peint les luttes des Hellènes et des Barbares. Et voilà pourquoi, aujourd'hui encore, ces usages sont solennellement observés dans les principales cités de la Grèce. Mais, persuadé que l'esprit n'a pas moins besoin d'exercice que le corps, tu as préludé aux luttes de nos gymnases par celles de l'école, tu as fortifié ta raison en même temps que tes membres;

et, muni d'un double avantage, tu es descendu dans l'arène. En essayant de célébrer tes victoires, j'aborde un sujet bien difficile; toutefois je ne reculerai pas. Il y aurait de l'ingratitude à refuser de louer ce qui nous a tant charmés, nous autres spectateurs.

Parler de toutes les joutes où tu as brillé, ce serait franchir les limites imposées à ce discours. Il en est une où tu as été comblé de gloire: je la retracerai, me contentant d'indiquer les autres, pour ne pas abuser de l'attention de mes auditeurs. Tes coursiers étaient lancés; des rivaux te devançaient déjà; d'autres, plus nombreux, te suivaient. Tu les vainquis tous, et la couronne ceignit ta tête. Cette fois, la victoire, toute glorieuse qu'elle fût, n'était pas ce que nous admirions davantage: le mérite résidait surtout dans le péril habilement évité. Le char d'un des concurrents se précipitait contre le tien, et il semblait impossible de résister à la fougue de ses chevaux. Mais la peur qui nous faisait trembler pour toi ne passa point dans ton âme: aussi bien par ton intrépidité que par la merveilleuse impulsion donnée à ton char, tu évitas un choc terrible; que dis-je? tu arrivas au but même avant les rivaux dont la course avait été aussi paisible que rapide. Ici encore, tu montras quel est ton empire sur les cœurs. Qu'est-ce qui charme d'ordinaire les spectateurs de ces jeux animés? ce sont les accidents, les chevaux abattus, les chars volant en éclats. A ta vue, au contraire, on songeait, en frémissant, que tu allais être abîmé dans un de ces naufrages (10): tant ton heureux caractère a su se concilier la bienveillance universelle! S'il est beau de s'élever par quelque insigne avantage, combien n'est-il pas plus honorable de réunir tous les genres de mérite? Æaque et Rhadamanthe sont chéris des dieux pour leur justice; Hercule, Castor et Pollux, pour leur courage; Ganymède, Adonis, pour leur beauté: chacun d'eux avait un grand titre à cette insigne faveur, mais un titre unique. Aussi, ce qui m'étonne, ce n'est pas la multitude de tes amis, c'est que tous les Hellènes ne soient pas de ce nombre. Puisqu'un héros doué d'une éminente qualité a été jugé digne de s'asseoir à la table des dieux, un mortel ne doit-il pas s'honorer d'avoir pour ami celui qui les réunit toutes? Heureux donc ton père! heureuse ta mère! heureux tous les parents de celui qui est l'orgueil de la jeunesse athénienne! Mais plus heureux encore ceux que tu as choisis entre tous, pour leur donner la première place dans ton noble cœur! Les liens qui t'unissent à ta famille ont été formés par le hasard: la vertu seule a rapproché de toi ceux que tu aimes; et ils sont moins tes amants que tes seuls vrais appréciateurs. Je crois voir la providence des dieux, abandonnant à eux-mêmes les méchants, enfoncer dans le cœur des gens de bien un nouvel aiguillon, lorsqu'elle te doua d'une merveilleuse beauté. Non, non, cette beauté n'est pas un piége, un danger; c'est la vertu même que nous embrassons en elle.

Que de choses encore j'aurais à dire à ta louange! mais je dois m'arrêter : on douterait, à la fin, si je parle d'un simple mortel (11). Il faut t'avoir vu, t'avoir connu, t'avoir aimé, pour croire ton panégyriste. Par une erreur inévitable, ceux qui n'ont pas ce bonheur taxeront toujours d'exagération des éloges bien inférieurs à la vérité.

J'essayerai donc maintenant quelques conseils propres à rendre ta vie encore plus honorable. Puisses-tu ne pas glisser légèrement sur ce qui me reste à dire! Ne prends pas non plus pour un vain étalage des rhéteurs des paroles dictées par le désir de t'être utile : ton erreur serait grande; et, faute de t'arrêter aux plus sages avis, tu te nuirais à toi-même. Qu'un naturel vulgaire et peu fait pour les nobles sentiments se rabaisse encore par quelque faute, nous ne le lui reprochons guère. Mais, quand on s'est élevé aussi haut que toi, quand on attire tous les regards, il faut, sous peine de blâme, ne rien négliger de ce qui perfectionne la vertu. Si, en écoutant un orateur traiter un tout autre sujet, on saisit mal sa pensée, l'erreur, portant sur un seul point, ne peut être dangereuse. Mais mal comprendre ou dédaigner les préceptes de la morale, c'est s'exposer à des malheurs qui nous suivraient jusqu'au tombeau. Épicrate ne commettra pas cette faute; il jettera un long regard sur la carrière qui s'ouvre devant ses pas : avec moi il voudra rechercher ce qui exerce le plus d'influence sur notre destinée; quels sont les heureux principes, les règles sages, dont les fruits sont les plus abondants, dont l'ignorance ou l'oubli entraîne dans les plus grands malheurs. Il comprendra toute la portée d'une pareille étude pour notre félicité ou notre malheur à venir.

Tout, dans ce monde, est soumis à la pensée; et la pensée reçoit sa direction et ses développements de la philosophie. Ne demeure pas étranger à cette science universelle, et ne te laisse pas effrayer par les travaux qu'elle exige. Songe plutôt que l'incurie et la paresse n'atteignent jamais le but même le plus facile, tandis qu'il n'en est pas d'inaccessible pour une active persévérance. Songe que l'inconséquence la plus absurde, et cependant la plus commune, c'est de ne travailler qu'à augmenter ses forces physiques, ou ses richesses; de braver mille maux pour l'amour de quelques biens extérieurs, pour arracher à la Fortune quelque avantage périssable; tandis qu'on néglige de cultiver cette âme, qui domine tout notre être, guide immortel d'une existence passagère. Il est beau d'exciter l'admiration des hommes; mais c'est souvent un don du hasard. Combien n'est-il pas plus beau de s'élever, par l'énergie de sa volonté, par la force de son intelligence, à ce qui honore le plus l'humanité! Partout la Fortune se prostitue au vice; la Science réserve aux hommes vertueux ses pudiques faveurs. Nous trouverons ailleurs, je l'espère, l'occasion de relever l'excellence de la philosophie; mais qui nous empêche d'effleurer aujourd'hui ce noble sujet?

Voici une pensée sur laquelle j'appelle d'abord toute ton attention. L'éducation repose sur l'étude; elle est la science de notre développement physique et moral. La philosophie embrasse toutes les sciences. Plus ceux qui l'enseignent ont l'esprit élevé et pénétrant, plus elle se présente à l'esprit du disciple forte et gracieuse. Les discussions publiques, le talent de la parole jouent un grand rôle dans la vie du citoyen : or, ce talent, comment se développera-t-il? par la philosophie. La philosophie est donc nécessaire à quiconque prend part aux affaires de son pays. Notre patrimoine même va s'accroître, et par conséquent notre vie deviendra plus douce, si nous acquérons par l'étude et l'exercice tout ce qui peut s'enseigner (12). Et n'est-ce pas d'ailleurs un incontestable, un immense avantage que de s'élever par la sagesse, cette fille de l'étude, au-dessus de ses semblables? Tout naturel heureux devient meilleur encore par l'effet d'une éducation éclairée : à quelle hauteur s'élèveraient donc, par le même moyen, ces caractères que la nature a déjà mis hors de ligne? Les premiers parviennent à se vaincre; les seconds deviennent capables de dominer tous les autres. Laisse, laisse à quelques favoris de l'aveugle fortune la stupide admiration du vulgaire; et ne songe qu'à orner ton âme des biens les plus précieux. Si quelque jour, placé au timon de l'État, tu as besoin de prendre un parti prompt et énergique, éclaire-toi d'avance, médite, observe : c'est le moyen de ne pas être pris au dépourvu. Appliquée aux besoins de la vie, toute science peut amener d'utiles résultats; la politique surtout est, pour l'homme d'État, pour l'orateur, d'une utilité constante. On ne peut, sans honte, ignorer tout à fait la géométrie; mais la réputation de bon géomètre est, à tout prendre, à peine digne de toi. Au contraire, qu'il est beau d'exceller dans la science du gouvernement! qu'il est méprisable, le citoyen qui n'en a aucune notion! L'histoire est là, qui nous l'atteste : jette les yeux sur les grands hommes des âges précédents. Périclès, dont le savoir était si étendu, avait eu pour maître et pour ami Anaxagore de Clazomène (13); et cet Athénien qui fut loin de le valoir, cet Alcibiade, singulier mélange de souplesse, de libertinage et de sentiments élevés, corrigea quelques vices naturels par les leçons de Socrate, et en cacha d'autres derrière l'éclat de ses belles actions.

Mais pourquoi chercher des exemples loin de notre époque? Des contemporains ne peuvent-ils pas aussi être cités avec honneur? Qu'est-ce qui a poussé Timothée, jeune encore, à la gloire et aux honneurs? est-ce le frivole plaisir de partager les jeux de ses amis? non, c'est l'éducation qu'il reçut d'Isocrate. Devenu chef de la république de Tarente, comment Archytas, d'abord inconnu, méprisé, a-t-il acquis dans la politique un nom aussi célèbre que dans la science? c'est grâce à ses entretiens avec Platon. Et tu comprendras qu'il en devait être ainsi. Pour exécuter de petites choses, pour obtenir des résultats de peu d'importance, il faut des connaissances, de l'art, des procédés certains : quelles études, quelles combinaisons deviennent donc indispensables, s'il s'agit de faire marcher une armée ou une nation!

Toutefois, ne va pas conclure de là que je veuille te donner des leçons de ce grand art. Moi-même, je l'avoue sans honte, j'ai beaucoup à apprendre encore; d'ailleurs, j'aimerais mieux encore diriger les affaires que d'en enseigner la direction aux autres. Non que je dédaigne cette gloire des grands politiques, des hommes qui ont appliqué aux événements contemporains un grand sens et une haute éloquence : je veux seulement exprimer la vérité. Je sais que beaucoup de citoyens, nés dans un rang obscur, ont acquis un grand nom dans la science du gouvernement, et que la gloire dont jouissait Solon vivant couronne encore son tombeau. Solon a laissé debout deux monuments de son courage et de sa sagesse : le trophée dressé contre les Mégariens, la conquête de Salamine (14); que dis-je? il nous a laissé ses lois, qui ont passé chez presque tous les peuples de la Grèce. Élevé si haut par son génie et par notre reconnaissance, Solon trouva sa plus noble place dans la société des sept sages : la philosophie était ce qui lui donnait le plus vif sentiment de sa supériorité; et là se montre encore la haute raison de notre législateur. J'approuve son sentiment, et je te recommande les études philosophiques. N'oublie pas tous ces dons précieux que tu as reçus de la nature et de la fortune. Si je les ai rappelés en commençant ce discours, ce n'était point pour capter tes bonnes grâces par un éloge intéressé : je voulais t'exhorter aux méditations des sages, et te décider à compléter en toi, par la raison, l'œuvre du ciel. Supérieur à ceux qui t'entourent, tu étendras ta noble émulation sur le reste des hommes; tu te diras : Il est beau de ne laisser à aucun de mes semblables un avantage sur moi, de m'élever au-dessus des succès vulgaires, de développer, de faire fructifier tous les germes heureux déposés dans mon cœur, d'accomplir tout ce qu'attendent de moi mes amis. Tu appliqueras toutes tes forces à dépasser leur attente; et, quand tu auras fini de m'écouter, tu feras cette réflexion : Un discours peut plaire médiocrement, et satisfaire encore l'amour-propre de l'orateur : même dénués d'éloquence, des conseils bienveillants peuvent tourner à l'avantage et à la gloire de ceux qui savent les pratiquer; le bon sens est la mesure ordinaire de notre valeur morale; et le choix de nos études témoigne de la noblesse de nos penchants. Ton jugement sur toutes les grandes choses sera jugé lui-même; il faut t'y attendre. Par là, puisses-tu paraître toujours digne de nos éloges! puisse ton amitié être à jamais mon plus beau titre d'honneur!

Je ne chercherais pas si ardemment à te gagner à la philosophie, si ce n'était, à mes yeux, le moyen de satisfaire le mieux au devoir de l'amitié; je ne demanderais pas que, chez toi, le philosophe préparât l'homme d'État, si je ne voyais la république tombée dans les plus grands malheurs parce que de graves et habiles administrateurs lui manquent aujourd'hui. J'ai donc voulu, par mes exhortations, te faire jouir, plus tard, et de ta vertu, et des honneurs qu'elle attirera sur ta tête. Car, je le prévois, tu ne seras pas libre de te renfermer dans la vie privée; les hautes charges t'attendent, et te seront imposées. Plus on verra d'élévation dans tes idées, plus haut tu seras placé parmi nous, plus promptement on fera l'essai de tes talents. Pour ne point faillir un jour, achève donc de préparer, d'armer ton âme. Voilà la tâche que tu as à remplir, et sur laquelle j'appelle toute la force de ta méditation. Exige aussi de tes amis des goûts qui soient en rapport avec tes hautes destinées. Plus de futiles entretiens, de dissipations frivoles! Que tous, par la gravité de leurs mœurs et de leurs travaux, concourent, avec toi, à rendre ta vie recommandable. Par là, tes amis te seront aussi utiles qu'ils s'honoreront eux-mêmes. Et qu'ils ne prennent pas ces avis pour une censure. Par une de ces bonnes fortunes qui n'appartiennent qu'à toi, tous tes amis sont dignes d'éloges; et tu n'admets à ton intimité que quelques jeunes hommes, les plus sensés et les plus vertueux. Sois toujours bon et affable envers tous; mais, si tu veux conserver leur estime et celle de la république, n'écoute que les conseils des plus sages. Sois heureux!

NOTES
DE L'ÉLOGE D'ÉPICRATE.

(1) Traduit sur le texte de Reiske, sauf quelques modifications indiquées dans l'*Apparatus*, t. v. J'ai aussi consulté le texte et les notes *variorum* de l'édition de Dobson.

(2) Tel est ici le sens de βιβλίον, *libellus pugillaris*, Reiske. L'auteur est loin de tenir la promesse qu'il fait ici.

(3) En quoi se font-ils donc un si grand tort? Platon nous l'apprend : « Je ne connais pas de plus grand avantage pour un jeune homme que d'avoir un amant vertueux.... Il n'y a rien qui soit capable, comme l'amour, d'inspirer à l'homme ce qu'il faut pour se bien conduire. » *Le Banquet*, trad. de M. Cousin.

(4) « Toute action est, de soi, indifférente : ce que nous faisons présentement, boire, manger, discourir, rien de tout cela n'est bon en soi, mais peut le devenir par la manière dont on le fait : bon, si on le fait selon les règles de l'honnêteté; mauvais, si on le fait contre ces règles. Il en est de même d'aimer; etc. » *Ibid.*

(5) Voilà ce qui est réellement au fond de l'âme d'un amant : « le désir d'un mélange si parfait avec la personne aimée, qu'on ne soit plus qu'un avec elle. » *Ibid.*

(6) Ceci s'adresse à Épicrate lui-même.

(7) C'est-à-dire, avoir reçu, en naissant, les avantages qui ne dépendent pas de nous, tels que la beauté, etc.

(8) D'après le conseil judicieux de J. Wolf, approuvé de Bekker et de Schæfer, je lis ἐξαμαρτάνεις, προήρησαι.

(9) Voy. Pindare, *Isthm.* II, 42; et Hor. *Carm.* I, 1 :

Sunt quos curriculo pulverem Olympicum
Collegisse juvat ; metaque fervidis
Evitata rotis, palmaque nobilis
Terrarum dominos evehit ad deos.

(10) J'ai essayé de rendre la métaphore hardie, ἡδίστην θέαν παρέχεται τὰ ναυαγοῦντα.

(11) On a pu en douter plusieurs fois, depuis les premières hyperboles de cette déclamation louangeuse. S'il s'est jamais laissé dire en face rien de pareil, cet Épicrate était, sans doute, le plus vain et le plus sot de tous les gitons d'Athènes.

(12) Tout ce passage est extrêmement obscur, et il est très-difficile de suivre le fil des idées. L'auteur a-t-il voulu faire allusion à un trait de la vie de Thalès? On disait à ce philosophe que toute sa science n'avait aucun avantage, puisqu'elle ne procurait point d'argent. Il prouva le contraire par un moyen très-simple : ses observations météorologiques lui avaient fait prévoir, dès l'hiver, qu'il y aurait une abondante récolte d'olives. Il loua tous les pressoirs à huile de Milet et de Chio à un prix fort modéré, personne n'ayant pensé à cette spéculation. Au moment de la récolte, comme les demandeurs se présentaient en grand nombre, il céda ses marchés aux conditions qu'il prescrivit lui-même, et gagna, par ce moyen, une somme considérable. Ce fut ainsi qu'il fit voir, dit Aristote, qu'il serait facile aux philosophes de s'enrichir, s'ils le voulaient.

(13) V. Plutarque, *Vies de Périclès* et *d'Alcibiade*.

(14) V. Plutarque, *Vie de Solon*.

IVᴱ PARTIE.

IIᵉ SECTION.

RECUEIL D'EXORDES.

« Parmi les écrits de Démosthène, dit M. Villemain, il y a tout un recueil d'exordes. Cette précaution était devenue précepte pour Cicéron... Ce grand maître de tous les secrets de la parole dit quelque part que l'orateur doit être assuré du commencement de son discours ; qu'ensuite, animé par la parole même, il achèvera sous l'inspiration du moment. Cicéron, par une belle similitude, rappelle que les rameurs font voguer d'abord une barque à force de bras, puis s'arrêtent, tenant les rames suspendues ; mais le mouvement une fois donné pousse la barque en avant. C'est ainsi que le discours soudain, que la parole, pressée par l'impulsion première du discours écrit, conserve le même élan et la même vigueur (1). »

Quelques-uns de ces fragments de Démosthène nous semblent d'autant plus précieux qu'ils appartenaient peut-être à des harangues perdues (2) D'autres, que nous retrouvons dans plusieurs discours conservés, attestent, par leurs variantes, avec quel soin l'orateur travaillait son style (3). Il en est qui semblent n'avoir guère été que des *gymnasmata*, de véritables *études*. Presque tous témoignent vivement du caractère léger, frivole, inconstant des Athéniens. Il est encore à remarquer que, sur leur grand nombre, à peine y en a-t-il un ou deux qui supposent la nouvelle d'un heureux succès : tous les autres n'ont pour but que de relever les courages abattus, chercher des remèdes, ou montrer le fruit qu'on peut retirer même de l'adversité.

J'ai essayé de rechercher les occasions qui ont pu faire naître plusieurs de ces débuts oratoires ; mais je n'ai obtenu que des résultats très-incertains. J'étais, d'ailleurs, intimidé, je l'avoue, par l'autorité de deux illustres savants, Böckh et Bekker, qui croient tous ces morceaux supposés.

Ce besoin qu'éprouve un grand orateur, de bien assurer son point de départ, se remarque chez quelques modernes. On trouve, parmi les sermons de Bossuet, douze exordes : les uns sont destinés à annoncer le nouveau développement d'un texte déjà traité ; d'autres ont été écrits pour un autre discours, et servent, pour ainsi dire, de pièce de rechange devant un second auditoire ; d'autres enfin composent tout ce qui nous reste de quelques homélies du célèbre orateur chrétien.

PREMIER EXORDE.

Si l'on eût annoncé la discussion d'une affaire nouvelle, ô Athéniens (1) ! j'attendrais que la plupart des orateurs qui fréquentent cette tribune eussent opiné : et, si j'approuvais quelqu'un de leurs avis, je garderais le silence ; sinon, j'essayerais à mon tour d'exposer ma pensée. Mais, puisque le même sujet qu'ils ont déjà traité tant de fois se trouve encore aujourd'hui soumis à l'examen, j'espère que, même en me levant le premier, je serai censé parler après eux. Si nos affaires étaient bonnes, nous ne serions pas réduits à consulter encore ; mais, considérant le triste état où vous les voyez, je tâcherai d'ouvrir le meilleur avis.

Avant tout, persuadez-vous bien qu'il faut faire la guerre tout autrement que vous ne l'avez faite jusqu'ici. Car, si une conduite vicieuse vous a mis en péril, il est probable qu'en changeant de plan vous vous relèverez. Sachez, de plus, que les brillantes chimères et les belles paroles dont on vous amuse vous ont gravement compromis ; et, croyez-moi, l'orateur utile n'est pas celui qui n'exige rien de vous, mais celui qui vous conseille

---

(1) *Cours* de 1828, Xᵉ Leçon. Auger explique à peu près de même la présence d'un recueil d'exordes parmi les œuvres de notre orateur.
(2) Conjecture de Schæfer, *App.*, t. V, p. 661.
(3) M. Brougham, *Disc. sur l'Éloquence des anc.*, etc.

sans flatterie, et vous indique les moyens d'effacer votre honte et de réparer vos pertes. Ah! si, dans la crainte de vous déplaire, il suffisait de dissimuler une vérité pénible pour l'anéantir, votre plaisir devrait être la loi de l'orateur : mais, si des adulations intempestives sont une trahison, quelle honte de vous abuser toujours vous-mêmes, et de n'entreprendre qu'à la dernière extrémité ce que depuis longtemps vous deviez faire spontanément!

II.

Je ne puis concilier mes idées, hommes d'Athènes, lorsque, d'une part, j'entends prononcer le nom de votre gouvernement, et que, de l'autre, j'observe la conduite de quelques-uns de vous envers ses défenseurs. Vous nommez le gouvernement démocratie, comme vous savez tous; et j'en vois plusieurs écouter plus volontiers les orateurs qui attaquent la démocratie. Je cherche avec étonnement le motif d'un tel contraste. Croyez-vous que ces hommes parlent sans intérêt? Mais les chefs de l'oligarchie, dont ils plaident la cause, payeraient plus cher encore leur silence (2). Leurs conseils sont-ils, à vos yeux, préférables à tous les autres? l'oligarchie, dès lors, vous paraît meilleure que la puissance populaire. Pensez-vous qu'ils soient bons citoyens? Bons citoyens! ils déclament contre le gouvernement établi! Ainsi disposés, il ne vous reste qu'à vous abandonner à ce vertige. Mais gardez-vous, Athéniens, de jamais présenter les mains aux chaînes qu'on vous prépare, et d'attendre, pour ouvrir les yeux, que votre erreur soit irréparable!

III.

Que toutes les affaires ne suivent pas la direction de notre choix (3), ô Athéniens! ni chez vous, ni chez vos alliés, il n'y a peut-être là rien d'étonnant. Les caprices de la fortune sont la loi du monde, et mille obstacles séparent les mortels du but de leurs désirs. Mais le Peuple est sans autorité (4), la victoire est aux ennemis du Peuple : et voilà ce qui doit surprendre, ce qui doit, à mon sens, effrayer les bons citoyens. C'est par cette réflexion que je commence aujourd'hui.

IV.

Vous préféreriez, je pense, ô Athéniens! à de grandes richesses une vive lumière répandue sur le parti le plus utile à la république au milieu des événements qui fixent vos regards. Ainsi disposés, vous devez être avides d'entendre ceux qui veulent vous conseiller : car, si quelqu'un vous apporte d'utiles méditations, non-seulement tout l'auditoire les saisit, mais, et c'est là votre fortune, selon moi, plusieurs improvisant alors des conseils opportuns, le bien public s'éclaire par ce concours, et votre choix devient facile.

V.

Puisqu'il dépend de vous, ô Athéniens! de choisir entre les diverses motions, il est juste que vous les écoutiez toutes. Il arrive souvent au même orateur de parler mal sur une matière, assez bien sur une autre. Ainsi, par des interruptions turbulentes, par un mécontentement irréfléchi, vous vous priveriez de plus d'un sage conseil. Ecoutez dans un silence décent : par là, vous agirez toujours avec convenance, et vous n'abandonnerez que l'orateur qu'aura paru abandonner la raison. Les longs discours ne sont pas dans mes habitudes; mais, quand j'aurais jusqu'ici abusé de la parole, je ne le ferais pas aujourd'hui. Le plus succinctement qu'il me sera possible, je vais exposer l'avis que je crois le plus salutaire.

VI.

Je vois (5), ô Athéniens! tous les orateurs comprendre à merveille, avant d'ouvrir la bouche, quel langage vous flatte, quelles paroles vous blessent : toutefois, ne parler ici que pour vous complaire, c'est, à mes yeux, un parti pris de vous mener à un abîme. Tenir inébranlablement au conseil que l'on regarde, avec une forte conviction, comme le plus salutaire, y tenir en dépit d'une opposition turbulente, voilà le devoir du citoyen vertueux et dévoué. Puissiez-vous écouter également tous ceux qui vous parlent! Sachez attendre : l'orateur va peut-être montrer plus de lumières que votre fougue ne lui en suppose; alors, exécutez son plan. Au contraire, demeure-t-il au-dessous de son sujet? il ne s'en prendra qu'à lui-même, et non à votre refus de l'entendre. D'ailleurs, l'inconvénient est moindre à écouter des raisons fausses ou frivoles qu'à en étouffer de sensées. Voulez-vous faire, entre tous les avis, un choix judicieux? commencez par ne rien préjuger; laissez-vous éclairer, vous surtout qui savez combien d'opinions sont sujettes à retour (6). Si tels sont aujourd'hui vos sentiments, j'espère que mes rapides paroles ne vous paraîtront pas dépourvues de raison, ni mes conseils sans influence salutaire.

VII.

Quoique tous vos conseillers, ô Athéniens! aient beaucoup parlé, je ne vous vois pas plus avancés dans la recherche du parti à prendre, qu'avant la tenue de cette assemblée. La cause en est la même, je crois que celle du dépérissement de nos affaires. Au lieu de vous éclairer sur la circonstance, que font les orateurs? ils échangent des accusations, des invectives. Ils vous accoutument, ce me semble, à entendre, sans débats juridiques, tout le mal qu'ils vous font, afin que, s'il survient une accusation en forme, croyant ne rien apprendre de nouveau, et ayant déjà usé votre ressentiment, vous les jugiez avec plus d'indulgence. Je n'ai pas la folie de chercher minutieusement aujourd'hui le motif d'une telle conduite : mais cette conduite vous est funeste, et je la blâme. Je n'accuserai donc personne maintenant ; chacune de mes propositions sera immédiatement suivie de preuves ; et, en général, je ne ferai rien de ce qu'ils ont fait. Après avoir offert, le plus rapidement possible, les conseils les plus utiles pour vous, pour vos affaires, je quitterai la tribune.

VIII.

Les panégyristes de vos ancêtres, ô Athéniens! choisissent, il est vrai, un sujet agréable ; mais ils entendent mal les intérêts de la gloire de ces grands hommes. Sans doute, si louer des actions, placées au-dessus de tout éloge, c'est faire admirer son talent oratoire, c'est aussi affaiblir chez nous l'idée que nous avions conçue de tant d'héroïsme. Le temps seul, croyez-moi, peut célébrer dignement nos aïeux, puisque, déjà placés à distance, leurs exploits n'ont pu encore être surpassés.

Pour moi, je tenterai de vous proposer le meilleur parti que la république ait à prendre. Aussi bien, quand tous vos orateurs brilleraient à cette tribune, ce n'est pas avec des paroles que vous rétablirez vos affaires. Mais qu'un seul citoyen, le premier venu, vous fasse incliner vers un avis utile ; qu'il vous montre d'où il faut tirer les secours, de quelle nature, de quelle étendue ils doivent être pour devenir efficaces ; et vos alarmes seront bientôt dissipées. J'entrerai dans tous ces détails, selon mes faibles vues ; mais je dois vous soumettre d'abord quelques réflexions sur le Grand Roi.

IX.

Ils me semblent s'égarer également, ô Athéniens! les orateurs qui ont parlé ou pour les Arcadiens, ou pour Lacédémone. A leurs accusations, à leurs injures mutuelles, on les prendrait pour des députés de ces deux peuples, et non pour les concitoyens de ceux qui reçoivent l'une et l'autre ambassade. Laissons ce rôle à l'orateur étranger : parler avec impartialité, examiner, sans altercations, le parti le plus avantageux pour vous, tel est le devoir des citoyens qui jugent à propos d'apporter ici leurs conseils. Mais tout à l'heure, s'ils n'étaient connus, s'ils ne parlaient la langue d'Athènes, on aurait, je crois, pris ceux-ci pour Arcadiens, ceux-là pour Lacédémoniens. Je vois tout ce qu'il en coûte pour vous conseiller utilement. A des auditeurs abusés en masse et divisés de volontés, si l'orateur entreprend de proposer un moyen terme, et qu'on lui refuse un patient examen, à quel parti plaira-t-il? quelles récriminations ne va-t-il pas soulever? Eh bien! dût-il m'en arriver ainsi, j'aime mieux passer pour un vain discoureur, que de vous abandonner à la déception sur ce qui est, à mes yeux, votre plus précieux intérêt. Je discuterai le reste plus tard, si vous consentez à m'entendre ; et je vais partir d'un principe avoué de tous, pour démontrer ce que je crois essentiel.

X.

Athéniens, je me lève l'esprit pénétré de pensées bien différentes de ce que vous venez d'entendre. Non que j'accuse les préopinants de vous avoir perfidement donné de mauvais conseils ; mais, négligeant l'examen des affaires, presque tous ne sont préoccupés que de leurs propres paroles ; et, dès qu'ils les ont rassemblées et disposées, ils montent intrépidement à la tribune. Grave erreur ! qu'ils réfléchissent plutôt à cette série d'événements qui se sont écoulés pendant un siècle, et dont quelques-uns, amenés par d'impérieuses circonstances, semblent se contredire (7) : ils verront qu'en supprimant les premiers pour ne rappeler que ceux de nos jours, on fait, à son propre insu, la chose la plus facile, on se trompe soi-même. Ceux qui usent ainsi du droit de vous conseiller me semblent attendre une grande gloire de leurs paroles, pourvu qu'on dise d'eux : Ils sont éloquents. Éloquents! ah plutôt soyez utiles ! De sages et judicieux projets doivent, j'en suis convaincu, être, avant tout, l'objet des méditations d'un conseiller du Peuple. Le talent de la parole a-t-il illustré votre nom? du moins, qu'il en résulte des effets salutaires ; et qu'un avantage durable succède au plaisir passager de vous entendre.

XI.

Si vous avez compris d'avance, hommes d'Athènes! ce que vous devez préférer dans la circonstance actuelle, c'est une faute de délibérer. Pourquoi fatiguer votre attention sur des choses dont vous appréciez toute l'importance avant de les avoir entendues? Si vous délibérez réellement, si vous attendez votre conviction des discours qu'on vous adresse, pourquoi fermer la bouche à qui veut parler? c'est vous priver de la lumière ;

c'est nous apprendre à trahir notre propre pensée pour vous courtiser à la tribune ; c'est creuser un abîme sous vos pas, en écoutant avec un plaisir trompeur des phrases de commande. Qui délibère doit écouter, peser, examiner ; et, dès qu'un sage conseil lui arrive, en profiter. N'allez pas conclure de ce début que ma proposition doive vous déplaire. J'ai seulement voulu exposer ma conviction ; la voici : Si vous refusez d'entendre vos contradicteurs, ils diront que vous avez été abusés ; mais si, après les avoir écoutés, vous n'êtes pas convaincus, on reconnaîtra hautement et soudain le vice de leurs conseils.

XII.

Vous le savez tous, sans doute, Athéniens : ce n'est pas pour juger un délit (8), c'est pour prendre parti sur les affaires actuelles, que vous vous assemblez en ce jour. Il faut donc rejeter toute accusation, et attendre le moment d'un véritable procès pour dire contre l'accusé ce qui est à notre parfaite connaissance (9). Un citoyen a-t-il à vous présenter un avis utile, important ? qu'il se hâte de s'expliquer. L'accusateur s'attaque au passé ; le conseiller ne voit que le présent et l'avenir. Loin de nous donc, pour le moment, les plaintes, les invectives ; délibérer, voilà notre unique affaire. Je m'efforcerai d'éviter l'écueil où je vois tant d'autres se briser ; et je me bornerai à vous offrir les exhortations les plus sages qu'exige, selon moi, l'événement du jour.

XIII.

Personne ici ne niera, je pense, ô Athéniens ! qu'il ne soit d'un mauvais citoyen de haïr ou d'aimer tel de vos ministres, au point de n'avoir souci des intérêts de la patrie, et de ne suivre, à cette tribune, que les impulsions de l'amitié (10) ou de la haine. Voilà pourtant ce que fait plus d'un orateur. Je me borne à leur donner cet avis : Commise une fois, votre faute ne me semble pas énorme ; devenue une habitude, c'est un crime. Pour vous, citoyens, n'oubliez pas vos propres intérêts : punissez ces coupables dès que vous le jugerez à propos, roidissez-vous contre leurs efforts ; fidèles au premier devoir des délibérations publiques, immolez à l'avantage commun toute considération personnelle ; et songez que nul ministre, que tous les ministres ensemble ne peuvent être assez punis dès qu'ils attaquent les lois sur lesquelles repose votre existence.

XIV.

Peut-être verrez-vous de la présomption, Athéniens, dans le simple particulier, dans l'homme du peuple qui, parlant après des orateurs que de longs services et un grand crédit ont élevé au premier rang, monte à la tribune, et leur dit : Votre langage porte à faux ; vous êtes même fort éloignés de saisir le vrai point des affaires. Malgré cette prévention, je crois mes avis tellement préférables aux leurs, que j'ajouterai hardiment : Toutes ces paroles que vous jetez au hasard ne méritent aucune attention ; et, si vos auditeurs sont gens sensés, ils laisseront là le conseiller pour n'examiner que le conseil. Non, Athéniens, non, la popularité ne doit pas être le patrimoine exclusif de quelques familles. Qu'elle soit acquise désormais à vos plus sages conseillers !

XV.

Je désire, ô Athéniens ! que vous m'écoutiez avec attention ; l'objet de cette délibération est très-grave. Chose étrange ! avant votre réunion ici, au premier citoyen qu'on rencontre, on est tout prêt à montrer ce qui peut nous relever ; l'assemblée dissoute, rien de plus facile encore que de s'expliquer sur le choix d'un parti : et, pendant la réunion même, au moment où l'on discute, où l'on délibère, vos orateurs disent tout, hormis ce qu'il faut dire ! Est-ce que chacun de vous peu trouver dans sa tête de bons avis, ou exposer les idées d'un autre, tremblant d'ailleurs de vous déplaire, s'il parle franchement a la tribune ? chaque citoyen blâme-t-il secrètement les autres, et veut-il se montrer plus zélé, plus clairvoyant ? ou bien hésiterait-on à proposer des décrets qui vous forceraient tous à remplir vos devoirs ? Si vous croyez qu'il ne viendra pas un temps où force sera de prendre hautement un parti, continuez de vous conduire ainsi ; mais, si vous observez l'abaissement graduel de notre république, prenez-y garde : un jour il vous faudra lutter de près contre les événements que vous pouvez encore prévenir ; il vous faudra voir tel peuple, que vous dédaignez aujourd'hui, insulter à vos malheurs.

XVI.

Notre république, ô Athéniens ! est maintenant bien loin d'être prospère : toutefois, le moyen de la relever ne me semble pas très-difficile à reconnaître. L'embarras réside tout entier dans la manière de vous parler. Non que vous manquiez d'une vive et rapide intelligence ; mais on vous a si peu accoutumés au langage du devoir et de la vérité, que votre meilleur conseiller, je le crains, s'exposerait à être payé de cette haine, due seulement aux harangueurs qui vous abusent. Est-ce l'auteur de vos maux que vous haïssez ? non, c'est le citoyen qui vous en a parlé le dernier. Grave inconvénient, que j'ai reconnu, et qui cependant ne m'empêchera pas de vous conseiller de mon mieux dans la crise où nous sommes engagés.

XVII.

Que n'êtes-vous, ô Athéniens! aussi vifs pour vos propres intérêts que pour ceux des autres peuples! Mais, habiles et dévoués pour tirer vos voisins du péril, vous ne savez pas le détourner de votre propre tête. Par amour pour la justice, et avec un entier désintéressement, s'exposer volontairement à mille dangers, c'est là, pour Athènes, un glorieux éloge! éloge fondé, et auquel je souscris tout le premier. Toutefois, ne serait-il pas digne de votre sagesse d'apporter à vos propres affaires autant de zèle qu'à celles d'autrui? On voit en vous un peuple ami de la Grèce; montrez-vous aussi hommes de sens et bons politiques.

XVIII.

Pour qui veut vous conseiller, ô Athéniens! c'est peut-être un devoir d'apporter à la tribune un talent supportable, ou, du moins, de se renfermer sévèrement dans la question, et d'éviter avec soin les longueurs. Les intérêts de la république sont attaqués de toutes parts, et vous ne le voyez pas encore! Ce n'est pas faute de harangues: mais que font vos anciens harangueurs? ils ne parlent, ils n'agissent que pour eux. Que font les jeunes? impatients de leur obscurité, ils visent à la gloire de l'éloquence, et ne songent guère à l'utilité des motions qu'ils présentent. Loin de moi aujourd'hui la double erreur que je signale! Je ne perdrai pas de vue l'objet pour lequel je me suis levé; et, le dégageant de tous ses accessoires, j'essayerai d'exposer nettement ma pensée.

XIX.

Votre intérêt et la justice, voilà, hommes d'Athènes! deux objets qui se concilient dans la délibération présente. Écoutez ceux qui s'engagent à vous le prouver. Je suis de ce nombre, et ma tâche sera facile, j'espère, si vous ne vous roidissez pas contre la persuasion. Que ceux qui ont une idée arrêtée sur l'affaire actuelle ne s'y attachent point obstinément; qu'ils sachent écouter, examiner, supporter la contradiction; puis, s'il se trouve plus de sagesse dans notre langage, qu'ils en profitent. Un amendement heureux n'appartient pas moins à vous, si vous l'adoptez, qu'à celui qui le présente. Dans toute délibération régulière, il faut, avant tout, écouter; il faut, pour bien voir, tourner les yeux du côté d'où viendra la lumière. Le moyen le plus sûr d'adopter un bon parti et de s'y affermir avec sécurité, c'est de tenir compte de la différence des temps et des lieux (11).

XX.

Dois-je parler? dois-je me taire? O Athéniens! je monte ici pour en délibérer avec vous; et voici ce qui m'empêche de me décider seul. L'orateur qui ne se propose ni sa satisfaction personnelle, ni les applaudissements d'un parti, l'orateur qui veut parler à tous utilement et avec une conviction sincère, doit faire un libre choix dans les raisons débattues de part et d'autre; il doit aussi combattre, des deux côtés, les prétentions injustes. Si vous m'écoutez, si vous me voyez sans humeur rejeter ceci, adopter cela, vous délibérerez bien mieux sur l'ensemble de vos affaires. Mais, si vous me blâmez avant de m'avoir entendu, qu'en résultera-t-il pour moi? la haine des deux partis, que je n'aurai nullement offensés. Or, cette disgrâce serait une injustice. Ordonnez donc, et je suis prêt à parler; sinon, je me résigne au silence.

XXI.

Au nom de la raison et de votre intérêt, Athéniens, quand vous délibérez, n'accusez personne, n'accordez la parole à vos orateurs que sur la matière mise en discussion. Est-il donc si nouveau pour vous d'entendre dire que tels et tels sont cause des malheurs de la république? Ah! plutôt, qu'on vous apprenne à les réparer, ces malheurs! Là se borne la mission de quiconque vous conseille. Il y a plus : les accusateurs les plus redoutables pour les mauvais gouvernants ne sont pas ceux qui ouvrent ainsi une enquête intempestive au moment où il ne peut être question de punir les coupables; ce sont les orateurs qui, par des avis opportuns, améliorent votre situation, et vous donnent le loisir de penser à votre vengeance. J'écarte donc toutes les récriminations dont cette tribune vient de retentir, je me renferme dans la question; et je présente les vues qui, dans ma conviction, sont les plus salutaires. J'aurai peut-être à revenir un peu sur le passé: mais, de grâce, n'allez pas en conclure que, moi aussi, je m'érige en accusateur. Je veux seulement, en retraçant quelques-unes de vos fautes, prévenir les rechutes.

XXII.

Si, jusqu'à ce jour, ô Athéniens (12)! notre activité eût été ce qu'elle est maintenant, ou je me trompe fort, ou ce que nous voyons ne serait pas arrivé, et, en général, tout n'en irait que mieux. Mais aussi, aujourd'hui, une poignée d'insolents citoyens accapare la tribune, et ne nous permet ni de tout dire, ni parfois de rien dire. De là, de nombreux et graves inconvénients, qui ne laissent pas d'exciter votre sollicitude. Suffit-il de connaître le mal, sans s'enquérir du remède? devons-nous, en vous parlant, n'être que les dociles organes de vos propres désirs? alors vous ferez ce que vous avez déjà fait, vous ordonnerez des contributions, l'équipement d'une flotte, le départ soudain. Trois ou quatre jours après, l'ennemi s'arrêtera, on n'entendra plus parler de lui, et vous direz : A quoi bon nous mettre en campagne? N'est-ce pas là, hommes d'Athènes, ce qui est arrivé lorsque nous eûmes appris la présence de Philippe dans l'Hellespont, lorsque la côte de Marathon fut assaillie par les corsaires? Vifs et prompts dans les délibérations, vous vous lassez bien vite quand il s'agit d'exécuter. C'est précisément le contraire qu'il faudrait : vos discussions devraient être calmes et mûries, et l'exécution pleine d'ardeur et de persévérance. Car, n'en doutez pas, si vous ne renouvelez les approvisionnements de votre armée, si vous ne lui donnez un chef habile, il ne vous restera que des décrets : vos dépenses seront perdues, le péril deviendra plus menaçant. Que ferez-vous alors? dans votre dépit, vous citerez en jugement vos propres concitoyens. Eh! vengez-vous, avant tout, de vos ennemis! faites la guerre à vos ennemis, et restez en paix dans vos foyers! Le bon sens, le patriotisme le veulent ainsi. Voilà des reproches, chose du monde la plus facile : mais je ne m'arrête pas là, je vais exposer quel parti vous devez prendre. Ne vous hâtez pas de m'interrompre, ne croyez pas que mon intention soit de ralentir votre élan. Non, ceux qui crient *aujourd'hui! à l'instant même!* ne sont pas vos meilleurs conseillers : car nos forces actuelles ne suffiraient pas pour réparer nos anciennes pertes. Mais faire bien comprendre ce qu'il vous faut de troupes, et le moyen de les entretenir jusqu'à ce que vous ayez, ou par une paix avantageuse, ou par une victoire décisive, mis Athènes en sûreté pour jamais, voilà le devoir de l'orateur.

XXIII.

Vous avouerez unanimement, ô Athéniens! que, dans les discussions sur les intérêts de notre république, nous devons toujours placer l'utile sur la même ligne que le juste. Mais s'agit-il, comme aujourd'hui, de nos alliés, de la Grèce entière? la justice sera notre but principal. Souvent même, dans le premier cas, l'utilité suffit; dans les autres, le beau moral, le devoir est la règle absolue. Les peuples qui dirigent la politique grecque disposent en maîtres des entreprises : pour l'opinion, c'est autre chose; nul n'est assez puissant pour en disposer; et l'on publie sur l'auteur d'un fait l'idée qu'il en donne lui-même. Faisons donc en sorte que notre politique paraisse toujours équitable; établissons-la sur ce principe : Faire, à l'égard des peuples opprimés, ce que nous voudrions qu'ils fissent pour relever, au besoin, notre démocratie (13). Ce principe est gravé dans tout cœur athénien; mais plusieurs, ici, se plaisent à le méconnaître. C'est à eux que je m'adresse d'abord; puis viendra la motion que j'ai préparée comme la plus avantageuse et la plus juste.

XXIV.

Athéniens, vous ne verriez pas, je pense, un léger préjudice dans l'opinion fâcheuse et indigne d'Athènes que les peuples prendraient de cette république. En cela vous penseriez juste, mais votre conduite n'y répond pas : car chaque jour on vous amène à faire des choses que vous n'approuveriez pas vous-mêmes. La louange, je le sais encore, est mieux accueillie de vous que le reproche : toutefois je ne voudrais pas d'une popularité achetée au prix du mensonge et de la déception. Si vous aviez des principes bien arrêtés, vous ne feriez pas sur la place publique ce que vous désapprouvez dans vos foyers; la nation entière n'offrirait pas des exemples qui sont un scandale pour chaque citoyen, et le portent à s'écrier : Jusqu'où cela ira-t-il? Lui-même ne les approuverait pas, lorsqu'il est dans l'assemblée. Que ne puis-je être sûr qu'il sera aussi utile à l'orateur de vous offrir les meilleurs conseils, qu'à vous de les recevoir! Combien ma tâche en deviendrait plus douce! J'ignore ce qui me reviendra des miens; n'importe! convaincu que votre avantage est de les suivre, je parlerai, je dirai ce qu'il y a de mieux à faire, ce que vous approuverez, ce que vous ne ferez peut-être pas.

XXV.

Celui de nous, ô Athéniens! qui, pour repousser les injustes reproches des députés de Rhodes (14), monterait aujourd'hui pour la première fois à cette tribune, mériterait un accueil bienveillant. Dans toute autre occasion, succomber sous ses adversaires est moins une honte qu'un malheur. Bons et mauvais succès peuvent être attribués à la Fortune, aux généraux, à mille causes. Mais, par l'esprit et par le cœur, par le talent et par les sentiments, se montrer défenseur indigne de la plus juste cause, c'est une honte, une flétrissure. Quand les accusations que vous venez d'entendre auraient retenti ailleurs qu'ici, je ne pense pas que la députation eût menti aussi effrontément, eût trouvé d'aussi patients auditeurs. Il semble que, parfois, votre indulgence soit à toute épreuve; et quel indigne abus en a été fait tout à l'heure encore! Des Athéniens ont entendu calomnier Athènes avec une mansuétude que n'auraient pas eue leurs propres ennemis. Ah! du moins, répondez à l'invective par le mépris, et rendez grâce aux Immortels. Insolente aujourd'hui, plus insolente naguère, Rhodes mêle enfin la prière à l'injure : à mes yeux, c'est une bonne fortune pour vous. Mais qu'elle ne voie pas ce qui frappe tous les esprits; qu'elle oublie tous ces périls dont vous l'avez tirée, elle et toute la Grèce d'Asie, en corrigeant, contre vos propres intérêts peut-être, cet esprit de vertige et d'erreur qui l'avait jetée tête baissée dans les hasards de la guerre (15), voilà de quoi rallumer, entretenir notre indignation contre cette île ingrate et superbe. Au reste, qui sait si la prospérité ne l'aveugle pas invinciblement? Pour nous, Athéniens, que devons-nous faire? nous montrer dignes de nous-mêmes; pratiquer, pour le maintien de la puissance populaire, cette justice vigoureuse que nous avons déployée dans tous les temps, dans tous les lieux; prouver que ceux qui nous calomnient aspirent à la tyrannie dans leur propre pays.

XXVI.

Si vous écoutiez nos paroles, ô Athéniens! avec le même esprit que vous apportez dans le jugement des faits, rien, pendant que nous vous conseillons, ne troublerait notre sécurité. En effet, s'il y avait réussite, on en ferait honneur et à vous et à qui vous aurait persuadés. Mais quels orateurs écoutez-vous avec le plus de plaisir? ce sont les échos de vos propres volontés. Et, si ce que vous avez voulu n'arrive pas, vous les accusez de vous avoir trompés. Eh! depuis quand le succès dépend-il de l'homme? L'a-t-il arraché des mains de la Fortune? Non : il cherche, il trouve, il expose l'avis le plus sage; mais son pouvoir ne s'étend pas au delà. Vous pouvez demander compte à votre conseiller des motifs de son opinion : qui demandera compte au hasard de ses caprices (16)? Si le grand secret d'une politique sans péril était trouvé, en négliger l'application serait folie. Mais il n'en est pas ainsi, et la position de l'orateur est entourée de dangers inévitables. Il faut qu'en bon patriote il prenne sa part des chances de l'avenir; il faut qu'il brave les menaces auxquelles la tribune l'expose personnellement. Puissent les dieux mettre dans ma bouche les paroles les plus salutaires, et dans votre cœur la ferme volonté de vous y conformer pour l'honneur de ma patrie, pour ma propre sûreté! Du reste, je suis ici exempt de toute rivalité : qu'un autre parle mieux, je ne suis ni assez égoïste ni assez fou pour en avoir souci.

XXVII.

Sans doute, hommes d'Athènes, dans la discussion actuelle, dans bien d'autres, l'avis que vous préférez peut être en effet le meilleur. Mais enfin, vous délibérez, la question est grave, et tous les orateurs indistinctement ont un droit égal à votre attention. Pourquoi interrompre par des murmures, par des cris, ceux qui veulent aujourd'hui vous parler, et que vous écouterez plus tard, avec un bizarre plaisir, quand ils attaqueront la décision prise par vous-mêmes? On vous plaît, avouez-le, quand on vous conseille, au gré de votre humeur, ou l'action, ou le repos. Mais si, dans l'exécution, il survient du mécompte, on passe pour traître, et vous vous tournez vers les orateurs qui, auparavant, avaient le courage de vous contredire. Quelques conseillers vous ont favorablement disposés pour la mesure que nous examinons; mais rien ne s'exécute encore. Qu'ils laissent donc parler l'opposition; il y va de leur intérêt. En effet, si l'opposition réfute victorieusement un projet à demi adopté, rien ne sera mis en péril, pas même la responsabilité de ceux qui en étaient les fauteurs les plus ardents. Si l'opposition échoue, la plainte lui sera interdite; en l'écoutant, on lui aura donné tout ce qu'elle pouvait attendre. Le mauvais succès du plan attaqué par elle lui paraîtra moins accablant, et elle partagera, sans murmurer, le sort de tous les citoyens.

XXVIII.

Je pense, Athéniens, qu'en délibérant sur de si graves intérêts, vous devez accorder à chaque opinant une liberté entière (17). Pour moi, j'ai toujours cru difficile, non de vous enseigner le parti le plus avantageux, puisque, sans flatterie, il me semble qu'on vous trouve éclairés d'avance, mais de vous déterminer à l'exécuter. En effet, une mesure arrêtée et le décret formulé, vous êtes encore aussi éloignés d'agir qu'auparavant.

C'est un de ces avantages dont, à mon avis, il faut rendre grâce aux dieux, qu'un peuple que son insolent orgueil arma naguère contre vous, place aujourd'hui en vous seuls tout l'espoir de son salut. Oui, la circonstance actuelle doit faire votre joie : car, si vous adoptez la résolution qu'elle exige, vous justifierez par de glorieux effets la république des reproches injurieux de ses calomniateurs.

XXIX.

On vient de faire briller devant vous, hommes

d'Athènes, de grandes et magnifiques espérances (18) : je vois la persuasion qu'elles produisent, persuasion dénuée de fondement. Moi, je ne pourrai jamais descendre à sacrifier à vos plaisirs d'un moment des conseils dont l'avenir doit profiter. Étrange et universel égarement de l'amour-propre! nous aimons ceux qui approuvent toutes nos démarches; nous repoussons les contradicteurs. Cependant, si nous étions sages, l'impartialité ne nous quitterait jamais. Sans doute il me serait doux de vous voir choisir gaîment le parti le plus salutaire, et de confondre votre plaisir avec votre avantage. Pour être patriotiques, mes paroles n'en deviendraient pas moins flatteuses. Mais je vois qu'on vous trompe, qu'on vous pousse à des projets nuisibles; et, dût votre colère être toute ma récompense, j'élève la voix pour protester (19)...... Si vous vous obstinez ainsi à ne rien écouter, on dira : Les Athéniens font d'étranges folies; ce n'est pas qu'ils manquent de sens : mais par quel mauvais génie prennent-ils ainsi le chemin de l'abîme? Ecoutez! écoutez! votre résolution va peut-être changer; et, à la vue du danger où vous couriez, vous vous arrêterez. Mais, si vous me refusez votre attention, l'un vous accusera d'aveuglement, un autre fera librement entendre un langage vénal.

XXX.

Athéniens, après une décision prise par vous, il n'est pas nouveau de voir des orateurs entreprendre encore de s'y opposer. Si, pendant que vous discutiez, leur parole n'avait été enchaînée, je ne comprendrais pas la régularité de cette attaque intempestive, livrée après la bataille perdue. Toutefois, dans ce dernier essai de résistance désespérée, rien ne m'étonne, parce que vous avez d'abord refusé de les entendre. Votre conduite, en effet, offre un bizarre contraste, ô Athéniens! Vous fermez la bouche à quelques orateurs dans vos assemblées; et, dès que deux ou trois harangueurs complaisants ont caressé vos chimères, vous fermez la tribune. De là, qu'arrive-t-il? un conseil funeste est approuvé; à l'exécution, il échoue. Les orateurs, naguère muets forcément, vous condamnent, et vous dites : Ils ont raison! Aberration étrange, dans laquelle vous retomberez encore aujourd'hui, si vous ne laissez la parole libre. Que la tribune soit accessible à tous; entre les bons avis choisissez le meilleur : puis, si quelqu'un ose se lever pour censurer ce que vous aurez fait, soyez sûrs que celui-là est un mauvais citoyen. Quoi qu'il en soit, je dirai franchement ma pensée sur la question que vous débattez; je la dirai tout entière. Ensuite je m'expliquerai, si vous le permettez sur les questions accessoires : sinon, je supprimerai cette partie de mon discours, épargnant une fatigue inutile à mes auditeurs et à moi-même.

XXXI.

Il fallait, Athéniens, avant d'entreprendre la guerre, compter tout ce dont vous aviez besoin pour la pousser avec vigueur. Je suppose qu'elle fût encore douteuse dans les premiers moments de vos délibérations : plus tard, quand elle est devenue indubitable, vous deviez vous consulter sur les préparatifs. Nous avons, direz-vous, confié à nos stratéges des troupes considérables; mais ils les ont perdues. Vaine excuse, Athéniens! ces stratéges, vous les avez renvoyés absous; vous n'avez donc plus le droit de rejeter sur eux vos revers. Dans l'impossibilité de changer les faits accomplis, tâchons seulement de réparer nos pertes avec les ressources qui nous restent. C'est là-dessus que va porter mon conseil, le plus sage que j'aie pu vous trouver.

Avant tout, Athéniens, soyez désormais aussi zélés pour vos intérêts que vous avez été négligents jusqu'à ce jour. Encore, ne sera-ce qu'à grand'peine que vous pourrez espérer de reconquérir enfin les pertes successives de votre longue et fatale incurie. Vous devez ensuite ne pas désespérer du présent. Ce qui a, jusqu'ici, causé vos malheurs peut devenir votre plus puissant motif pour mieux espérer de l'avenir. Je m'explique. Si Athènes est en péril, c'est que vous avez failli à votre devoir. Quand vous aurez déployé l'activité nécessaire, si la république ne relève pas son front humilié, alors seulement renoncez à toute espérance.

XXXII.

Rien de plus odieux, ô Athéniens! que de voir vos gouvernants tenir eux-mêmes la conduite qu'ils blâment; et nul, parmi vous, n'est assez dépourvu de sens pour ne pas avouer que les factions, les récriminations sans fin font le plus grand tort à la patrie. Ah! que de fougueux orateurs serviraient mieux l'État, s'ils tournaient contre ses ennemis l'acharnement dont ils s'arment les uns contre les autres! Moi, ô mes concitoyens! je vous exhorte à n'épouser aucune faction, et à prendre des mesures énergiques, non pour qu'une moitié d'Athènes triomphe de l'autre, mais pour qu'Athènes entière écrase ses ennemis. Puissent les dieux inspirer de meilleurs sentiments à ces brouillons haineux qui vous donnent des conseils dont le danger leur est bien connu! Il serait mal de lancer ici l'imprécation sur vos ministres : je me plaindrai donc au Peuple entier des malheurs du Peuple. Vous allez recevoir les comptes de ceux qui ont dirigé vos affaires; il est un besoin encore plus pressant : c'est celui de discuter, à l'instant même, les moyens d'améliorer notre situation.

XXXIII.

Je voudrais, ô Athéniens! voir certains orateurs attacher autant de prix à la sagesse qu'à l'éloquence, et préférer la réputation de l'excellent patriote à celle du harangueur disert : nos affaires n'en iraient que mieux. Mais il en est dont l'unique souci est d'étaler une brillante faconde : quel que soit le résultat, peu leur importe (20). Etrange conduite! Leurs périodes sonores ont-elles donc la propriété de les fasciner eux-mêmes comme la multitude? ou bien, parlent-ils sciemment contre leurs propres lumières? Lorsqu'on veut fermement le succès, ce ne sont pas des paroles hardies qui l'assureront, mais des préparatifs énergiques; il ne faut pas se donner, à la tribune, des airs de vainqueurs dédaigneux; il faut avoir au cœur l'espoir de triompher même d'un ennemi reconnu puissant. Si vos conseillers l'ignorent, c'est que les grâces trompeuses du langage ferment leur esprit aux vérités les plus essentielles. S'ils disent qu'ils ne l'ignorent pas, et si un autre motif les pousse dans ces voies tortueuses, ce motif, quel qu'il soit, doit être flétri à la tribune. Malgré votre prédilection sensible pour ces parleurs coupables, affrontant vos dédains, j'expose librement mon avis. Les erreurs dans lesquelles l'abus de l'éloquence vous a jetés n'imposent silence qu'à la lâcheté ou à la sottise. Écoutez-moi donc favorablement; songez que vous auriez évité le parti que vous venez de prendre, si vous n'en eussiez écouté les fauteurs. Avez-vous à juger la valeur d'une monnaie? vous en faites l'épreuve. Agissez de même ici; à l'avis qu'on vient de vous donner comparez celui que nous lui opposons. Si cet essai tourne à l'avantage du premier, suivez-le, et que le ciel vous seconde! mais si, après un mûr examen, vous le reconnaissez faux et de mauvais aloi, changez d'opinion, changez de projet; il en est temps encore.

XXXIV.

Puissé-je avant tout, ô Athéniens! faire descendre la persuasion dans vos esprits! puissé-je, du moins, faire comprendre toute ma pensée! Il est aussi difficile de trouver un sage conseil que de vous l'exposer. On pourra s'en convaincre, si on se persuade que vous devez peser, non les paroles, mais les choses, et si l'on est plus jaloux de passer pour bon Athénien que pour orateur habile. Pour moi, que le ciel me comble de biens si je dis la vérité (21)! Lorsque je suis venu à réfléchir sur les affaires présentes, j'ai trouvé une foule de lieux communs qui, peut-être, vous auraient charmés. Qui m'empêchait de m'étendre à plaisir sur l'équité toujours inséparable de votre politique, sur votre illustre origine, sur tel ou tel autre glorieux avantage de notre patrie? Mais que serait-il resté de pareils discours? le vain souvenir d'un plaisir fugitif et dangereux. Loin de là, offrir des conseils dont les résultats soient solides et durables, démêler, à travers mille projets, celui-là seul que le patriotisme doit faire adopter, voilà la tâche de l'orateur; tâche difficile, l'expérience me l'a trop appris! Cette justesse du sens politique est chose bien rare : qu'est-ce donc quand il faut y joindre l'éloquence, et forcer, en quelque sorte, la volonté de ceux qui doivent agir? Que chacun fasse ici son devoir, ô Athéniens! moi, en parlant d'après les lumières de ma raison et de ma conscience; vous, en m'écoutant et profitant de mon avis, s'il obtient vos suffrages.

XXXV.

Athéniens, dans une de vos dernières assemblées, vous n'avez pas voulu écouter les adversaires d'un de vos orateurs. De là, par un résultat inévitable et facile à prévoir, les parleurs éconduits ont pris leur revanche à l'assemblée suivante. Si donc vous faites de même aujourd'hui, si vous refusez d'entendre les conseillers qui veulent défendre votre décision attaquée, muets aujourd'hui, ils parleront au premier jour, ils attaqueront les mesures arrêtées dans la séance actuelle. Ah! qu'Athènes serait plus heureuse, et mériterait enfin d'être appelée une ville prudente, si vous saviez clore une discussion, résoudre, exécuter! si vous n'étiez toujours prêts à sacrifier l'utile à l'agréable, si l'assemblée nationale n'était pas pour vous un vain spectacle! Secouez, ô Athéniens! secouez ces habitudes funestes! écoutez toutes les opinions, choisissez avec connaissance, avec maturité; et, une fois votre choix formulé en décret, condamnez quiconque osera l'attaquer. Qu'un orateur dont on a étouffé la voix reste convaincu que son avis était le meilleur, cela se conçoit et s'excuse : mais, après avoir été entendu, envahir encore la tribune, protester effrontément contre la majorité, cela est d'un mauvais citoyen, cela est condamnable. Pour moi, je garderais aujourd'hui le silence si je vous voyais persister dans votre résolution, étant de ceux qui la regardent comme excellente. Mais cette résolution est menacée; l'indécision s'est glissée dans quelques esprits, à la suite des paroles perfides de quelques harangueurs audacieux et tenaces. Il s'agit donc de corroborer votre propre volonté ; et, pour cela, j'ai à prouver que tous les sophismes lancés pour l'affaiblir sont aussi contraires à la vérité qu'à vos intérêts.

XXXVI.

Lorsqu'une affaire est mise en délibération, il serait nécessaire et juste, ô Athéniens ! que chacun de vos conseillers vous parlât avec une entière sincérité. Par là, vous éviteriez ce qui ruine la république, je veux dire ces délibérations sans résultat, ces invectives sans dignité, ces variations continuelles. Mais, puisque, muets d'abord, quelques-uns blâment à présent votre décision, c'est à eux que je m'adresse. Votre conduite, leur dirai-je, est étrange, et même coupable. Si, pouvant éclairer le Peuple qui délibère, vous aimez mieux attaquer ce qu'il a précédemment résolu, je ne vois plus en vous que des sycophantes; et ce que vous appelez zèle est crime à mes yeux. Loin de moi l'invective ! mais dites-moi pourquoi, grands prôneurs de Lacédémone, vous ne l'imitez pas dans ce qu'elle a de plus louable, pourquoi même vous faites tous le contraire ? Là, dit-on, chacun donne son avis jusqu'à ce qu'une décision soit prise. Ce résultat obtenu, il n'y a plus d'opposants, tous unanimement concourent à l'exécution. Aussi, malgré leur petit nombre, les Spartiates ont vaincu des armées considérables; ce qu'ils ne peuvent emporter par la force du glaive, ils le prennent par adresse, en saisissant le moment propice; grâce à ce concours, aucune occasion, aucun élément de succès ne leur échappe. Entre Sparte et Athènes, quelle différence, grâce aux harangueurs à qui je viens de parler, grâce à leurs semblables ! A quoi passons-nous le temps ? à combattre nos ennemis? non, c'est à nous déchirer les uns les autres. Un citoyen nous ménage-t-il, pendant la guerre, une paix avantageuse? le voilà signalé à notre haine. Parle-t-il de guerre, au sein d'une paix perfide? nous entravons ses efforts. Nous exhorte-t-il à demeurer calmes et à veiller sur nos intérêts? nous crions à l'erreur, à la déception ! En un mot, nous nous occupons de critiques frivoles, nous nous repaissons de sottes chimères. Que nous conseilles-tu donc, direz-vous, toi qui es si prodigue de blâme? Mon avis, Athéniens, le voici.

XXXVII.

On aurait grand tort, ô Athéniens ! de craindre que vous ne vous engagiez dans une fausse voie, en refusant d'écouter ceux qui apportent leurs conseils à cette tribune. D'abord, la Fortune, qui vous sourit, dispose presque tous les résultats au gré de vos désirs; car bien des entreprises échoueraient, si elles n'étaient conduites que par la sagesse de vos chefs. De plus, vous connaissez d'avance et le discours qu'on vient vous adresser, et le motif qui fait parler l'orateur, et (laissez passer une vérité un peu dure) le tarif de son éloquence. Vous ferez donc sagement de n'accorder que fort peu de temps à tous les discoureurs, surtout à ceux qui vous trompent. Si je ne devais que répéter ce que tant d'autres ont dit, je vous épargnerais la fatigue de m'entendre : mais j'ai à ouvrir un avis aussi nouveau qu'utile. Écoutez-moi : je serai bref. Pesez bien mes conseils; et suivez-les, s'ils obtiennent votre assentiment.

XXXVIII.

Court et plein de sens, tel sera mon début, ô Athéniens (22) ! et je me garderai bien de tout dire. A mes yeux, captiver la bienveillance des auditeurs est une tentative de déception; couvrir de douces paroles une proposition qui déplaît, un détour perfide. Tout orateur sincère doit, dès les premiers mots, exposer nettement sa pensée. Il y gagne, et l'auditoire aussi. En effet, voulez-vous continuer de l'entendre? il s'explique, il développe et ses plans et ses moyens. Éprouvez-vous pour son opinion une répugnance insurmontable ? il descend de la tribune, et ne fatigue en vain ni votre patience ni sa voix.

Voici donc ma pensée : La démocratie est opprimée à Mitylène (23), et vous devez la relever. Par quels moyens ? c'est ce que j'exposerai quand j'aurai constaté la réalité de cette oppression, et votre devoir pour y mettre un terme.

XXXIX.

Hommes d'Athènes ! il n'est pas étonnant que le ministère de la parole soit à présent si difficile pour quiconque veut vous conseiller. Quand les affaires vont mal, la délibération se complique, s'embarrasse. Êtes-vous certains qu'elles se rétabliront d'elles-mêmes, sans que vous écoutiez? eh ! n'écoutez pas. Mais si c'est, au contraire, le moyen de les faire empirer de plus en plus, pourquoi ajournerions-nous encore le moment de nous relever? Non, non, n'attendons pas que cet effort soit devenu impossible. Au milieu de la perturbation actuelle, l'ordre s'entrevoit encore : hâtons-nous de le rétablir. Vous êtes malheureux, et je conçois, j'excuse l'aigreur qui vous anime : mais que votre colère ne distingue pas les auteurs des conseils qui vous ont été funestes, qu'elle frappe en aveugle tous vos orateurs, cela n'est ni juste ni naturel. Il est des citoyens qui vous offrent le remède d'un mal dont ils sont innocents : ceux-là, du moins, écoutez-les avec patience. Si vous les repoussez aussi (et dans quel moment !), intimidés, ils n'oseront plus aborder la tribune. Pour moi, bien que je sache que souvent vous traitez mal celui qui s'offre le premier à votre chagrin, plutôt que celui qui a causé vos malheurs, je me présente pour vous dire mon avis. Vous ne pouvez, j'en ai la conscience, m'imputer les embarras de la situation actuelle : à ce titre, je puis vous donner de meilleurs conseils que bien d'autres orateurs.

XL.

On vous a fait, Athéniens, un fidèle rapport. Mais, au lieu de courber sous le poids du malheur, pensez que le découragement, dans une telle crise, serait aussi fatal qu'indigne de vous. Votre intérêt, votre gloire exigent que vous vous pénétriez de cette vérité : c'est à vous à réparer vos pertes; et, si la haute idée que vous avez d'Athènes n'est pas une illusion, vous déploierez, au sein des revers, une magnanimité peu commune. Mon vœu le plus cher eût été de voir détourner cette catastrophe de vos têtes; mais, si l'invincible destin vous la préparait, peut-être ce triste résultat ne sera-t-il pas le moins utile pour vous. La Fortune, toujours volage, passe rapidement d'un camp à l'autre; il n'y a de fixe et d'irréparable que les défaites qui sont l'ouvrage de la lâcheté. Croyez-moi, vos vainqueurs eux-mêmes savent que, si vous le voulez, si ce coup de tonnerre vous a réveillés, leur succès d'un jour peut devenir le signal de leurs désastres. Puisse une prospérité passagère leur enfler le cœur ! Cette victoire tournerait à votre avantage : endormis bientôt dans une présomptueuse sécurité, ils tomberaient de faute en faute.

XLI.

Il me semble, Athéniens, que ce n'est pas sur une seule ville, mais sur toutes les villes alliées, que vous délibérez en ce jour. Toutes ont les yeux sur vous; et la décision que vous allez prendre pour l'une d'elles, chacune l'attendra pour elle-même. Au nom de votre avantage, de votre gloire, choisissez donc un parti qui réunisse en lui justice et utilité. La cause de nos embarras, ce sont les généraux eux-mêmes. En partant de nos ports, à qui réservent-ils la protection de leur épée? aux amis, aux compagnons d'armes du peuple athénien? non, c'est à leurs amis personnels, à leurs flatteurs. Voilà les méprisables Grecs qu'ils vous désignent comme dévoués à la république, tandis que vous n'avez pas de plus grands ennemis. Et il ne peut en être autrement. Plus les hommes auxquels ils s'intéressent nous ont trompés pour leur propre avantage, plus ces mêmes hommes pensent que vous leur infligerez une peine rigoureuse. Or, on ne se dévoue guère pour ceux de qui l'on n'attend que de la sévérité. Mais que fais-je en ce moment? au lieu de conseils, je prononce des reproches. Voici, pour notre situation, l'avis que je crois le plus salutaire.

XLII.

Athéniens, il n'est parmi vous, j'en suis sûr, aucun citoyen assez malintentionné pour ne pas s'affliger de notre récente disgrâce. Si la plainte pouvait changer les choses, ah! plaignons-nous tous, gémissons. Mais ce n'est pas là un remède. Le remède, vous le trouverez dans la vigilance et dans l'activité. Oui, si votre malheur vous touche, par votre conduite à venir rendez-en le retour impossible. Vos conseillers auront beau discourir : ce sont des faits qu'il faut, et non des paroles; autrement, ce n'est pas un langage humain qui se ferait entendre, mais la voix d'un dieu. La cause de nos maux et de nos désordres, c'est à la tribune qu'il faut la chercher, c'est dans la funeste habitude où sont quelques orateurs de régler leurs conseils sur votre bon plaisir. A quoi bon, disent-ils, fournir des subsides et se mettre en campagne? laissez faire, tout s'arrangera. Vous faut-il donc, ô Athéniens! de nouvelles défaites, pour que vous sentiez toute l'extravagance d'un tel langage? Grâce au ciel, la Fortune vous traite moins rudement que vos chefs. En effet, à quoi faut-il imputer la perte successive de tant de possessions? à l'imprudence de ces gens-là; mais, si tout n'est pas perdu depuis longtemps, à quoi l'attribuer? à la fortune d'Athènes! Nous éprouvons pourtant quelques rigueurs du sort, et voilà ses faveurs transportées à nos ennemis : eh bien! veillons enfin par nous-mêmes à nos affaires. Surtout, ne perdons pas le temps à récriminer contre ceux qui les ont si mal dirigées, si nous ne voulons pas que leur décadence soit complète. Quand personne ne les aura soutenues, le bras d'un dieu viendra-t-il les arrêter sur le bord de l'abîme?

XLIII.

Vous avez, ô Athéniens! des orateurs qui mettent toute leur influence au service de l'oligarchie; aujourd'hui encore, ils sont très-conséquents avec eux-mêmes. Mais ce qui doit surprendre, c'est que vous, à qui leur déplorable système est connu, vous les écoutiez parfois avec plus d'empressement que les défenseurs de la démocratie. Une parfaite rectitude de conduite est, je le sais, aussi impossible pour un peuple que pour un particulier : mais quelle faute, que de compromettre ainsi ses plus chers intérêts! Le reste n'est rien, en comparaison. Lorsque vous demeurez impassibles à la nouvelle du sang versé, d'une révolution, du renversement d'une démocratie (24), ne doit-on pas croire que vous avez perdu la raison? Le malheur d'autrui nous fait, d'ordinaire, veiller sur nous-mêmes. Chez vous, ce résultat est nul. Non, les catastrophes des autres cités n'ont plus rien qui vous émeuve, qui vous avertisse. En voyant un homme attendre immobile le coup mortel qu'il prévoit, vous diriez, C'est un insensé! et vous, vous attendez tranquillement votre ruine, que vous voyez d'avance dans la ruine des autres! vous ne songerez à vous-mêmes que quand vous serez abattus à votre tour!

XLIV.

Personne ici, Athéniens, n'a peut-être cherché pourquoi l'adversité est une plus sage conseillère que le bonheur. La seule raison, c'est que, quand nous sommes heureux, nous ne redoutons plus rien; nous croyons voir sur la tête des autres les périls qu'on nous annonce. Au contraire, l'infortune, en nous piquant au vif, nous présente dans toute leur étendue les fautes que nous venons de commettre, et nous rend, pour l'avenir, plus sages et plus réservés (25). C'est donc surtout au milieu des faveurs du sort que des hommes judicieux doivent se préserver du vertige qui tourne tant de têtes : car il n'est point de disgrâces que la vigilance ne prévienne, comme il n'en est point auxquelles la négligence ne doive s'attendre. Que mes paroles, ô Athéniens! ne fassent point passer dans vos âmes de vaines frayeurs! je voudrais seulement vous garantir des illusions auxquelles vous êtes exposés par vos succès actuels. N'en doutez point, ils n'ont pas tout terminé; l'insouciance et la présomption pourraient amener une défaite. Peuple qui dois aspirer au titre de sage entre tous les États helléniques, puisses-tu agir avec prudence, sans attendre la leçon du malheur!

XLV.

Flatterie, sincérité, prudence, voilà des choses que je regarde, ô Athéniens! comme inconciliables. La première, par laquelle certains orateurs croient gagner beaucoup, finit par tourner à leur ruine : notre haine, quand la contradiction la soulève, est moins forte et moins durable. Si vous étiez unanimes, je ne serais pas monté à la tribune. En effet, à quoi bon? Vous croyant tous dans la bonne voie, je me serais épargné la tentative superflue de vous offrir une lumière qui était déjà devant vos yeux. Dans le cas contraire, j'aurais hésité, ne pouvant affirmer qu'un seul eût raison contre tous. Mais je vois parmi vous des partisans de mon opinion, des adversaires, comme moi, de la majorité. Que dois-je donc faire? m'entourer de ces auxiliaires, grossir leurs rangs, et faire passer la majorité parmi nous. Si vous êtes résolus à ne pas écouter, vous commettez une imprudence. Si vous m'écoutez paisiblement jusqu'au bout, de deux avantages l'un ne peut vous échapper : ou vous adopterez ce que je dirai d'utile, ou vous aurez un motif de vous affermir dans votre première opinion. Car la faiblesse même de mes objections et de ma résistance vous prouvera combien cette opinion mérite votre préférence.

XLVI.

Je voudrais, Athéniens, que l'orateur auquel je succède (26) méritât autant d'être loué pour ses conseils et ses projets, qu'il a brillé par son éloquence; je le voudrais, car je ne me sens que de la bienveillance et pour lui et pour vous. Mais prenez-y garde : bien parler et bien discerner ce qu'il faut faire, sont deux qualités très-distinctes: L'orateur parle bien; l'homme sensé pense juste. La plupart de vous, surtout les plus âgés, sans avoir, comme les discoureurs de profession, ce talent de la parole que l'exercice développe, doivent les égaler, même les surpasser, pour le bon sens que fortifie une longue expérience. Or, dans la conjoncture présente, des paroles vives et hardies, si elles ne sont accompagnées d'un armement redoutable, peuvent plaire aux auditeurs; mais elles les abuseront quand le moment d'agir sera venu. *Ne tolérez pas les injustices*, vous a-t-on dit. Voilà, certes, une belle parole; mais, de grâce, considérez la chose même. Pour que l'effet réponde à ce mot généreux, il ne faut rien moins que de courir aux armes et remporter une victoire. Tout dire est chose facile; il n'en est pas de même de tout faire; et les paroles n'exigent ni même peine, ni même labeur que les actions. Sans doute, il y aurait folie à vous croire moins braves que les Thébains : mais vous êtes bien moins préparés. Commencez donc par faire de bons préparatifs, puisque vous avez, depuis longtemps, négligé les batailles en règle. Dans le projet qu'on vous propose, je suis loin de tout blâmer; je combats surtout le plan de l'attaque.

XLVII.

Vous les avez entendus, ô Athéniens! ces graves reproches qu'une députation vient vous jeter à la tête. Tous les malheurs, tous les torts, un seul excepté, sont, à l'entendre, votre ouvrage. Croyez-vous son langage sincère? ah! remerciez-la de n'avoir révélé les fautes d'Athènes qu'à la tribune athénienne. Mais non, citoyens, non, ces hommes ont menti doublement : ils ont tu ce que vous avez fait de beau, de méritoire pour la Grèce; ils ont dit le mal que vous n'avez pas fait. Conduite aussi perfide qu'insolente! Que veulent ces hommes? passer, aux yeux d'un peuple ami des arts, pour d'éloquents orateurs; et cette réputation, ils la poursuivent à tout prix, au prix de la vérité, de l'honneur! Il est donc aussi difficile de parler pour vous, qu'il est aisé de parler contre vous; et je suis convaincu que personne, lorsqu'on l'avertit de ses fautes, n'écoute plus patiemment des reproches mérités, que vous n'écoutez les plus indignes outrages. Voilà ce qui encourage cette ambassade à vous calomnier en face. L'imposture la plus impudente est mise sur les lèvres des députés par votre mansuétude bien connue. Puissiez-vous n'expier que par quelques mortifications d'amour-propre l'étrange plaisir d'entendre d'harmonieuses injures! Mais il faut rétablir la vérité, et c'est pour cela que je parais ici. Encore, n'ai-je pas la prétention de parler dignement d'une gloire qu'on veut flétrir : je m'attacherai seulement à montrer à tous les partis que votre politique a été juste. Écoutez-moi sans prévention : il y va de l'honneur d'Athènes, de son salut peut-être! Les applaudissements que vous avez donnés aux organes de la députation s'adressaient à leur talent, que vous distinguerez de la cause qu'ils défendent. On ne vous fera pas un crime d'avoir été charmés par une brillante faconde : les vrais coupables sont ceux qui ont épuisé tout l'art des mots pour vous séduire.

XLVIII.

Athéniens, vous serez tous d'accord avec moi quand je dirai : Vous voulez qu'on exécute ce que vous regardez comme le plus utile à la patrie; mais; cette haute utilité, chacun de vous la place où il veut. Autrement, entendrais-je, parmi vous, les uns crier : *Parlez! parlez!* les autres, *Ne parlez pas!* Certes, l'orateur ne s'adresse point au parti auquel il se rattache, puisque ce parti est tout persuadé. C'est donc aux autres fractions de cet auditoire que je vais offrir mes vues. Si elles ferment les oreilles, comment les éclairer? Autant vaudrait qu'il régnât ici un silence universel. Écoutez, Athéniens, écoutez! c'est tout profit pour vous. Ou je vous amènerai à mon avis; et, ainsi rapprochés, nous délibérerons avec plus de concert, partant avec maturité. Ou, si j'échoue, vous retomberez plus avant dans votre première opinion. Songez aussi à ce que vous vous devez à vous-mêmes. Que penser, en vous voyant accourir ici comme pour choisir, entre tous les conseils que vous attendez, le plus salutaire, tandis qu'en réalité votre parti est pris d'avance, pris si fermement, que vous refusez la parole à vos contradicteurs?

XLIX.

C'est peut-être vous fatiguer, ô Athéniens! que de revenir toujours sur la même question. Mais songez-y, les vrais coupables ne sont pas les orateurs persévérants, ce sont les chefs qui refusent d'exécuter vos décrets. Naguère une décision a été prise dans cette enceinte : elle est demeurée comme non-avenue. Une première sommation a été faite, du haut de la tribune, à vos gouvernants : point de réponse, point d'exécution. Que faire? presser, insister de nouveau. Et cependant, plus vous confirmez votre propre volonté, moins on se dispose à la réaliser! Pour moi, j'avais ignoré jusqu'ici la valeur de ce mot : *Le pouvoir est l'épreuve du caractère;* je le comprends maintenant, et je pourrais l'expliquer à merveille. Il est bien question pour la plupart de vos gouvernants, pour tous, d'exécuter la volonté nationale! ils n'ont souci que d'une chose, recevoir de l'argent. Si j'en avais à leur donner, ils l'auraient, et je n'entendrais pas murmurer contre l'orateur importun. Mais je n'en ai point, ils le savent eux-mêmes. S'ils ne me croient pas assez pressuré par les charges qui pèsent sur moi, grande est leur erreur. Qu'ils me tendent la main tant qu'ils voudront, ils n'auront rien, ils ne peuvent rien avoir de moi. Qu'avant tout, ils obéissent à la nation : alors, j'irai en avant, et ferai ce qui convient: sinon, je vous dénoncerai les coupables.

L.

Athéniens, tout homme de sens conviendra, sans doute, que, dans vos délibérations, l'avantage le plus précieux, c'est de ne pas décréter une mesure nuisible. S'il en est une qu'on propose et qu'on appuie, l'orateur doit, sur-le-champ, faire une opposition énergique. Ceci suppose, Athéniens, que vous voulez écouter, et que vous ne fermez pas les yeux à la lumière : si telle n'est pas votre disposition, vainement les meilleures choses sortiront de la bouche de l'orateur. Mais je suppose que, par le choix habile du moment, on a, à travers mille écueils, amené à bon port une proposition funeste. Rendus ensuite à vous-mêmes, vous voulez sérieusement examiner le décret qu'on vous a surpris. Il est alors très-utile qu'un orateur s'en empare, le relise, le discute. La décision sort-elle victorieuse de cette nouvelle épreuve? vous n'en êtes que plus fermes dans l'exécution. La réprouvez-vous? un peuple entier s'arrête sur le bord d'un précipice. Si l'on vous a trompés hier, mieux avisés aujourd'hui, qui vous empêche de revenir sur votre erreur? Ceux qui se flattent d'avoir tenu une conduite irréprochable s'offrent spontanément à en rendre compte. Certains gouvernants font ici tout le contraire : quand votre déception est manifeste, ils veulent vous y pousser plus avant ; comme si, tant qu'on n'a pas agi, la réflexion pouvait arriver trop tard! La plupart de vous, peut-être, n'ignorent pas quelles sont leurs vues : mais, puisque la parole nous est accordée, ne l'employons qu'à donner les meilleurs conseils sur la situation présente.

LI.

O Athéniens! je demande aux dieux qu'ils mettent dans la bouche de tous vos orateurs les paroles les plus sages, et dans vos cœurs la résolution de les mettre en pratique. Pour moi, je viens à mon tour apporter ici le résultat de mes méditations. Une grâce seulement, Athéniens! ne croyez pas qu'il suffise de crier *aux armes!* pour mériter la réputation de brave, ni qu'on soit un lâche dès qu'on vous retient dans vos foyers. L'action et la parole ne doivent pas se montrer à la fois. Ce qu'il faut maintenant, c'est une délibération prudente : si vous décrétez la guerre, vous aurez le temps de vous signaler par des actes de bravoure. Je suis loin de blâmer votre vive ardeur : elle est telle que peut la souhaiter le patriotisme le plus sincère. Mais plus elle éclate, plus il est désirable qu'elle éclate à propos. Aucune action n'est louable, si elle n'a une fin utile. Je me rappelle avoir ouï dire à l'un de nos généraux les plus sages et les plus expérimentés, à Iphicrate : « Il faut faire la guerre, non pour telle ou telle chose, mais dans un but arrêté. » Ces paroles annoncent qu'il réunissait d'avance, avec soin, tous les éléments de la victoire. Lorsque vos bataillons seront hors de ces murs, votre général vous dirigera : ici, chacun de vous est encore son général à lui-même. Ainsi, discutez, délibérez, prenez parti à loisir, avec maturité et sagesse. Méfiez-vous des chimères dont on vous berce; leur poursuite ruinerait les biens réels que la Fortune vous envoie.

LII.

Quiconque, ô Athéniens! se glorifie de ce qu'il a fait, ne doit pas se plaindre, je pense, de ceux qui le somment de vous en rendre compte. En effet, s'il mérite les applaudissements qu'il se donne, il ne peut que gagner à cette épreuve. Les plaintes que quelques hommes élèvent aujourd'hui contre moi tournent donc contre eux-mêmes : elles déclarent que ces responsables ont trahi les intérêts de l'État. Redoutant de voir déchirer le voile qui couvre leur conduite, ils se récrient contre ceux qui les poursuivent devant le tribunal des logistes. C'est bien à eux qu'il appartient de parler si haut! Ah! plutôt, joignez votre voix à la mienne, vous tous, citoyens qu'ils ont indignement trompés!

LIII.

On vous trompe, Athéniens! puisqu'on cherche à vous tromper (27). Ici, le crime et la tentative du crime doivent également provoquer votre courroux. Des citoyens, chargés d'une mission publique, ont fait tout ce qu'ils ont pu pour vous surprendre. Sans votre bonheur, sans la sagesse dont vous vous avisez enfin aujourd'hui, la trahison était consommée. Toutefois, l'instant n'est pas encore venu de punir les coupables. Pour le moment, c'est faire assez que de vous garantir de nouvelles surprises, car on cherche encore à vous enlacer dans un tissu d'impostures et de cajoleries. Une affaire grave vous occupe : ajournez votre légitime vengeance, mais ne l'oubliez pas. J'aborde la question, et, en la traitant, je ne considérerai que le bien public.

LIV.

L'invective et les paroles turbulentes, ô Athéniens! sortent, encore aujourd'hui, des mêmes bouches qui, de tout temps, en ont été si prodigues. A qui la faute? à vous, oui, à vous-mêmes. La passion, l'esprit de parti, l'intérêt personnel dictent à quelques hommes ce déplorable langage : mais vous les encouragez, vous qui, venus ici pour traiter vos affaires, écoutez avec plaisir cet échange de personnalités. Eh! ne voyez-vous pas que c'est un leurre qu'ils vous jettent? Ils font semblant d'être furieux les uns contre les autres ; mais c'est vous qu'ils pillent et qu'ils rançonnent. Non (et je n'excepte ici personne), ces déclamations furibondes n'ont point pour principe le patriotisme. Tel accuse avec acharnement, qui, demain, se souillera des mêmes crimes que l'accusé. Mais comment croire que cet ardent dénonciateur devienne lui-même coupable? Pour vous désabuser, n'en croyez pas mes paroles ; faites ce raisonnement si simple : En est-il un seul qui, montant à cette tribune, ait jamais dit : « Je me présente, citoyens, avec l'intention de m'engraisser de vos revenus ; ce n'est pas pour vous que je parle? » Oh! non. Loin de là, tous protestent de leur dévouement, de leur patriotisme ; prodigues de grands mots, ils se parent des plus nobles motifs. D'où vient donc que le Peuple, qu'ils chérissent si tendrement, n'en est pas plus heureux? D'où vient que ces zélés défenseurs, ces hommes si désintéressés, ont passé de l'indigence à la richesse? C'est que tout cet étalage de patriotisme dissimule un égoïsme dévorant. Grâce à ces parleurs aimables, vous riez, vous applaudissez, parfois même vous espérez. Mais qu'ils sont loin de vous procurer, de vous souhaiter un succès réel! ils savent trop que, le jour où vous secoueriez votre léthargie, mal leur prendrait d'oser affronter vos regards. Ils vous traitent comme un malade; ils vous amusent par de légères distributions d'argent et de vin; ils vous administrent la potion dont la dose, suffisante pour soutenir la vie, ne l'est pas pour ranimer les forces : appât méprisable et funeste, dont la vue vous empêche d'apercevoir la main qui vous vole au dedans, et l'épée qui, au dehors, vous menace (28)!

LV.

Il est bon, Athéniens (29), il est juste et honorable que, conformément à vos usages, nous prenions soin du culte dû aux Immortels. Notre zèle pieux vous a été favorable. Nous avons sacrifié à Jupiter Sauveur, à Minerve la Victorieuse; et les rites saints ont offert le plus heureux augure. Nous avons sacrifié à la Persuasion, à la Mère des Dieux, au grand Apollon; et ces divinités nous ont encore été propices. Les offrandes présentées aux autres dieux nous font présager avec certitude les mêmes succès. Recevez donc les biens que le ciel vous envoie.

LVI.

Hommes d'Athènes! il fut un temps où la nation contraignait un citoyen, d'une vertu et d'une prudence reconnues, à gérer les affaires publiques, à monter aux premiers emplois (30). Ce n'est pas que les ambitieux fussent alors plus rares qu'aujourd'hui; non, à tous les avantages dont le ciel nous a dotés, il en a toujours manqué un, celui de n'être gouvernés que par des chefs désintéressés. Du moins, notre constitution compensait le bien et le mal. D'une part, des hommes avides, placés auprès de collègues intègres, sentaient leur cupidité réprimée; de l'autre, les honnêtes gens n'étaient pas exclus des honneurs; ils les obtenaient sans sollicitations importunes. Aujourd'hui, que voyons-nous? des magistrats, des chefs politiques élus avec autant de légèreté que des prêtres. Aussi, la fortune de l'un s'élève rapidement; l'autre, toujours insatiable, puise dans les caisses de l'État : et vous restez là immobiles, étonnés, ébahis! Étrange contraste d'un peuple qui se laisse si doucement tondre et écorcher! par une loi expresse, par la plus inviolable des lois, il défend que le même citoyen puisse être deux fois chef de la police, et il ne renouvelle pas ses généraux! Passe encore pour ceux qui déploient du talent et de l'activité : mais que dire, quand on voit constamment à la tête de nos troupes des incapables, des fainéants, qui ne cherchent, dans de hautes missions, que prérogatives et priviléges? Ne faudrait-il pas aussi choisir vos fonctionnaires civils dans la masse du Peuple, qui est si considérable? Faites ces élections la balance en main, et que, désormais, le plus digne l'emporte sur ses rivaux.

LVII.

Monter à la tribune avec la conviction qu'on parlera utilement me semble, ô Athéniens! une démarche noble et convenable; mais y rester malgré vous, forcer votre attention, est un procédé indécent. Écoutez en ce moment, écoutez-moi, de grâce : le choix du parti à prendre va devenir plus facile, et votre attention abrégera toutes nos harangues. Voici mon avis : avant tout, exigez inexorablement de vos conseillers qu'ils ne s'écartent pas de la question. Les détours fleuris, les agréables écarts, si communs de nos jours, sont le facile résultat d'une faconde devenue peu à peu imperturbable. Oh! si vous venez pour entendre des phrases, j'ai tort de critiquer, vous êtes servis à souhait. Mais si votre besoin, votre devoir sont de choisir entre plusieurs opinions, examinez les opinions en elles-mêmes, dégagées de tous ces ornements de rhéteur qui ne sont là que pour l'illusion. Voilà le premier conseil que je vous donne. Le second paraîtra peut-être extraordinaire : c'est d'écouter en silence, afin que les discours soient moins longs. Il ne faut pas de grands circuits de paroles pour montrer que tel parti l'emporte sur les autres en justice ou en utilité; car on ne doit ni incidenter sur les questions, ni se répéter. Mais s'épuiser à solliciter un peu d'attention, répondre aux interrupteurs, dialoguer à la tribune au lieu de haranguer, cela n'exige ni talent ni expérience. Plus vous ferez de bruit, plus longtemps vous serez ensuite forcés d'écouter. Voici maintenant ma pensée sur l'objet de la discussion actuelle.

NOTES

DU RECUEIL D'EXORDES.

(1) Tous les exordes ont été traduits sur le texte de Reiske. J'ai consulté Dobson et l'*Apparatus*, mes auxiliaires habituels. Ce premier exorde est, à peu de changements près, celui de la Ire philippique; la fin se trouve dans le cours de cette même harangue.

(2) C'est-à-dire, la suppression du droit démocratique de parler à la tribune.

(3) Ici commence le 4e exorde dans un bon manuscrit de Reiske, et le 3e dans l'édition de J. Wolf. Peut-être faut-il rattacher cette phrase, sans interruption, à celle qui précède : la copulative οὖν, que Wolf supprime, semble l'exiger.

(4) Je traduis sur μεταλαμβάνειν, *rei nullius participem esse populum*. C'est sans raison plausible que J. Wolf propose μετεβάλομεν, et Schæfer καταλαμβάνειν.

(5) Dobson réunit cet exorde et le précédent en un seul. Il fallait alors lire, comme Félicien, ὁρῶν μὲν γὰρ, et non ἐγώ. Bekker supprime γὰρ, et croit, comme Reiske, qu'un nouvel exorde commence ici.

(6) Peinture remarquable du caractère athénien.

(7) Il semble que ce morceau soit un premier exorde que l'orateur aurait préparé pour sa cinquième Philippique, où il conseille le maintien de la paix avec le roi de Macédoine. — Un peu plus tard, Théophraste écrivit son traité perdu *de la Politique adaptée aux circonstances*. « Remarquez, écrit Cicéron à Lentulus, remarquez que, dans le gouvernement, on n'a jamais loué les plus grands hommes de leur continuelle uniformité d'opinion. Il en est comme de la navigation, où la prudence demande qu'on cède à la tempête, quoique ce ne soit pas le moyen de gagner le port, mais où elle veut aussi qu'on change les voiles lorsque ce moyen peut y conduire. » *Epist.* I, 9.

(8) Ce délit ne serait-il pas l'infidélité d'Harpalos ? et cet exorde aurait-il appartenu au discours que prononça Démosthène aussitôt que l'infidèle trésorier d'Alexandre fut venu se jeter dans les bras de la république athénienne ? Voy. le comm. de l'alin. 25 de la Vie de Démosth., par Plutarque.

(9) Tel est le sens des mots καθ' ὅτου πέπεικεν ἕκαστος ἑαυτὸν, qu'Auger n'a pas traduits.

(10) Vulg. φιλονεικίαν. Les antécédents de cette phrase montrent assez qu'il faut lire φιλίαν. Ces deux mots sont quelquefois pris l'un pour l'autre. Voy. Schæfer. L'édit. d'Auger, 1820, donne le premier dans le texte, et traduit sur le second.

(11) Toutes mes éditions donnent τρόπος, *procédé*. Ce mot est souvent rapproché de καιρός. Me pardonnera-t-on d'avoir hasardé de lire τόπος ?

(12) On retrouve çà et là, dans plusieurs philippiques, quelques phrases de cet exorde.

(13) Voilà donc le premier principe de la morale reconnu par un ancien comme véritable base de la politique! Quand ce morceau ne serait pas de Démosthène, il serait encore digne d'un disciple de Platon.

(14) Il semble que le jeune Démosthène, mécontent de cet exorde, qu'il aurait écrit d'abord pour parler sur la liberté des Rhodiens, l'ait supprimé pour y substituer celui que nous lisons en tête de sa harangue sur ce sujet.

(15) Origine des guerres médiques.

(16) Phrase omise par Auger, quoiqu'elle se lise dans toutes les éditions.

(17) Ce morceau se retrouve en tête de la harangue sur la liberté des Rhodiens.

(18) Cet exorde aurait-il fait partie du discours que Démosthène prononça après le retour de la seconde ambassade envoyée à Philippe?

(19) La phrase suivante indique assez clairement qu'ici l'orateur fut interrompu, ou, du moins, qu'il s'attendait à de violents murmures.

(20) « L'éloquence
Est un mal, quand le mal en est la conséquence :
Celui-là fait le mal, qui prouve éloquemment
Que la raison a tort, que la vérité ment. »
C. Delavigne, *la Popularité*, acte III, sc. 1.

(21) Cela revient à cette phrase du *Misanthrope*:
« .... Sois-je du ciel écrasé, si je mens ! »

(22) Dans quelques éditions, cet exorde n'en fait qu'un avec le précédent.

(23) L'histoire garde le silence sur ce fait. Il ne nous dispose pas moins à croire, avec Schæfer, que ce fragment a fait partie d'un discours que nous ne possédons pas.

(24) Cet exorde, un des plus remarquables du recueil, semble à Schæfer avoir appartenu à une harangue où Démosthène engageait les Athéniens à la modération envers une ville alliée, *ne populus in sociam urbem atrocius sæviret*. Je ne puis, je l'avoue, y entrevoir cette intention. Je crois plutôt qu'il est question ici d'une petite démocratie renversée par Philippe, ou peut-être par Lacédémone.

(25) « Il ne faut pas se flatter, les plus expérimentés dans les affaires font des fautes capitales : mais que nous nous pardonnons aisément nos fautes, quand la fortune nous les pardonne ! et que nous nous croyons bientôt les plus habiles, quand nous sommes les plus élevés et les plus heureux! Les mauvais succès sont les seuls maîtres qui peuvent nous reprendre utilement, et nous arracher cet aveu d'avoir failli, qui coûte tant à notre orgueil. Alors, quand les malheurs nous ouvrent les yeux, nous repassons avec amertume sur tous nos faux pas, etc. » Bossuet, *Or. fun. de la Reine d'Angl.*

(26) *Un tel*, ὁ δεῖνα. Ce mot vague, déjà employé ailleurs, ressemble à un *blanc*, que l'orateur se proposait de remplir au besoin. Voy. *l'Appar.*, t. V, p. 693 et 707.

(27) Cet exorde est réuni au précédent dans l'édition de Reiske.

(28) Ce morceau ne serait-il pas une petite harangue, conservée presque en entier ?

(29) Si ce fragment est de Démosthène, il contient probablement les paroles que cet orateur prononça, comme prytane, à l'ouverture d'une assemblée du Peuple.

(30) Ceci est peut-être encore une harangue entière, qui a pu être prononcée à la première assemblée populaire d'une prytanie, celle qui était consacrée à confirmer ou à annuler l'élection des magistrats.

IIIᵉ SECTION.

LETTRES.

LETTRES DE DÉMOSTHÈNE.

Nous avons, sous le nom de cet orateur, six lettres sur l'authenticité desquelles les opinions se sont partagées. Böckh désigne la troisième, sur les enfants de Lycurgue, comme l'œuvre d'un sophiste. Bekker les croit toutes supposées; Schöll, au contraire, veut qu'elles soient de Démosthène. Cette dernière opinion, déjà émise par J.-Wolf, est celle d'Alb. G. Bekker, de Reiske et d'Auger. Si cette courte correspondance n'est qu'un jeu des rhéteurs, elle doit être postérieure de fort peu à la mort du célèbre orateur. On peut, du moins, affirmer qu'elle était connue avant l'époque de Cicéron, avant même la publication des lettres d'Eschine, dont le caractère apocryphe n'est révoqué en doute par personne.

Je croirais volontiers que Cicéron, en citant des lettres de Démosthène (*Brutus*, 31; *Orat.*, 4), avait les nôtres sous les yeux. Le commencement de la seconde est cité mot à mot par Hermogène, comme un modèle de richesse de pensées. Un autre rhéteur célèbre, Aristide, reproduit avec éloge plusieurs passages de la troisième. « Dans une seule, très-courte, dit M. Villemain (1), il est parlé d'un disciple de Platon; les cinq autres sont purement politiques. On doit remarquer celle où Démosthène exilé recommande aux Athéniens les enfants de l'orateur Lycurgue; deux autres lettres sont des discours adressés au Peuple. Toute la gloire de Démosthène est donc renfermée dans son éloquence judiciaire et politique. Il n'était qu'orateur; mais aucun homme n'a mieux soutenu ce grand titre. »

LETTRE PREMIÈRE,

ÉCRITE AUX ATHÉNIENS, APRÈS LA MORT D'ALEXANDRE.

Union et Oubli.

Dans tout discours, dans tout acte sérieux, on doit commencer par s'adresser aux Immortels (1): je prie donc tous les dieux et toutes les déesses, et pour le présent et pour la suite, qu'ils nous inspirent, à moi de vous écrire, aux Athéniens assemblés d'adopter les mesures les plus salutaires pour Athènes et pour les amis d'Athènes. Après ce vœu, dans l'espoir qu'une bonne pensée m'est envoyée du ciel, j'écris cette lettre.

Démosthène, au Conseil et au Peuple, Joie.

Pour mon rappel, vous aurez toujours le loisir d'en délibérer : aussi, je ne vous en écris rien aujourd'hui. Mais voyant que, si vous embrassez le parti nécessaire, l'occasion présente peut rendre à vous et à la Grèce gloire, existence politique, liberté, tandis que l'aveuglement ou la déception vous empêcheraient d'en retrouver une pareille, j'ai cru devoir apporter à la masse commune l'opinion d'un banni. C'est une rude tâche, il est vrai, d'établir son avis dans une lettre : vous soulevez tant d'obstacles avant de vous laisser éclairer! celui qui vous parle peut, sans peine, démêler vos sentiments, redresser vos erreurs; mais le papier n'offre pas un semblable secours contre le tumulte de la place publique. Cependant, si, disposés à m'écouter en silence, vous souffrez que je vous instruise sur tous les objets, je me persuade qu'avec la faveur des dieux, malgré la brièveté de cette lettre, on verra que je vous sers avec le plus grand zèle, et que je montre dans tout leur jour vos vrais intérêts. Si j'ai résolu de vous écrire, ce n'est pas que vous manquiez d'orateurs ni d'hommes d'État capables d'improviser une opinion; mais, en exposant avec clarté, devant vous et devant eux, tout ce que m'ont appris l'expérience et une étude suivie des affaires, j'ai voulu ouvrir aux uns une source abondante d'utiles avis, et faciliter aux autres le choix du parti le plus sage. Tels sont les motifs qui me portent à vous écrire.

Avant tout, Athéniens, vous devez être d'accord entre vous sur les intérêts de la république, et renoncer aux contestations élevées du sein des assemblées précédentes. Vous devez ensuite lutter tous, d'une ardeur unanime, pour le succès de vos résolutions : car le manque d'unité dans toute votre conduite est indigne de vous, et vous expose même aux plus grands périls. Pénétrez-vous aussi de certains sentiments qui ne suffisent point, par eux-mêmes, pour ré-

(1) Biogr. Univ. art. *Démosth.*

tablir les affaires, mais qui, ajoutés à vos forces, hâteront vos succès. Quels sont ces sentiments? point d'aigreur, point de rancune contre aucune des républiques, contre aucun des Hellènes qui ont appuyé le système politique actuel. En effet, la crainte de notre haine resserre les liens et ranime l'ardeur de ceux qui, se sentant engagés envers les chefs de ce système, voient le danger qui les menace. Dissipez cette crainte, ils deviendront tous plus traitables; et ce n'est pas un médiocre avantage. Sans doute, il y aurait de la simplicité à publier ces dispositions de ville en ville; disons mieux, la chose est impossible. Mais faites espérer à chacune d'elles que votre conduite à l'égard des Grecs se réglera sur celle qu'ils vous verront tenir entre vous. Oui, vous devez vous interdire tout blâme, tout reproche contre quiconque s'est déclaré pour la politique établie, république, général, orateur, citoyen. Supposez même que tous se sont gouvernés comme il fallait, puisque la bonté des dieux, conservant votre patrie, vous permet de délibérer encore à votre volonté. Croyez enfin que, comme dans un vaisseau où l'un démontre qu'il faut déployer les voiles, l'autre avancer à la rame, des deux côtés on a parlé pour le salut commun, et que le ciel a fait tourner l'évènement à notre avantage. Si telles sont vos dispositions pour ce qui s'est passé, vous gagnerez la confiance de tous les peuples, vous ferez acte de bons et honorables citoyens, vous vous releverez avec force, vous changerez l'opinion de tous ceux qui, dans chaque État, furent vos adversaires, ou du moins vous diminuerez le nombre des coupables. Traitez donc les intérêts de la patrie en bons et magnanimes citoyens, et ne perdez pas de vue les intérêts privés. Je vous y invite, moi qui n'ai pas trouvé chez plusieurs d'entre vous pareille générosité, moi, sacrifié à l'étranger par le crime des factions. Mais je ne crois pas que, pour satisfaire un ressentiment personnel, il soit permis de nuire au bien général; je ne mêle point les inimitiés de l'homme avec les devoirs du citoyen, et je donne l'exemple de ce que je conseille aux autres.

Voilà quels doivent être, à peu près, et vos premiers soins, et vos précautions, et là conduite qui, selon les calculs de la prudence humaine, peut amener un succès. Mais régler le détail journalier des affaires, profiter des événements soudains, discerner le moment propice à chaque opération, juger ce que l'on peut obtenir par la conciliation, et ce qu'il faut arracher par la force, c'est la tâche des stratèges placés à votre tête. Ce qui rend si épineuse la fonction de votre conseiller, c'est que les meilleurs avis, après avoir subi la longue épreuve de ses méditations et de ses travaux, sont annulés dans l'exécution, par les chefs qui les contrarient. Pour le présent, j'espère que tout ira bien. Regardez-vous Alexandre comme heureux, parce que tout lui a réussi? eh bien! réfléchissez que ce bonheur fut l'ouvrage de son activité, de son infatigable audace. Maintenant qu'il n'est plus, sa fortune cherche à qui elle s'attachera; et c'est vous qu'elle doit choisir (2).

Chargés nécessairement de l'exécution de vos projets, que vos généraux soient choisis parmi les plus dévoués au bien public. Que chacun de vous s'exhorte et s'engage à ce qu'il voudra et pourra faire. Point de mensonge, point d'excuse frauduleuse, sous prétexte d'avoir été soi-même surpris et trompé. Le vide que laisserait votre négligence, vous ne trouverez personne pour le remplir.

Il n'y a pas le même risque à changer souvent d'opinion dans les choses qui viennent de vous, que dans les cas urgents de guerre, où se raviser c'est se laisser vaincre. Loin de vous une pareille faiblesse! mais votez avec une généreuse ardeur la mesure que vous allez exécuter, et ratifiez-la du fond de l'âme. Le décret rendu, invoquez, appelez à votre tête Jupiter de Dodone, et les autres dieux qui souvent se sont déclarés pour vous par des oracles aussi propices que sûrs; promettez au ciel les prémices de la victoire, et, sous l'égide de votre heureuse fortune, brisez les fers de la Grèce. Bonheur et succès!

LETTRE SECONDE.

POUR SON RAPPEL,

Démosthène, au Conseil et au Peuple, Joie.

Mes services m'avaient fait croire que, loin de provoquer vos rigueurs contre mon innocence, ils me gagneraient votre indulgence, si j'étais coupable de quelque faute. Il n'en est pas ainsi. Du moins, tant que je vous ai vus nous condamner sans preuves, sur de vagues et sourdes dénonciations du Conseil, persuadé que vos droits n'étaient pas moins compromis que les miens, je me résignais. Oui, juges liés par le serment, adhérer à des allégations que les Cinq-Cents n'appuyaient d'aucune preuve, c'était abdiquer vos pouvoirs politiques. Mais depuis que, grâce à votre bonheur, vous vous êtes aperçus de l'ascendant despotique usurpé par quelques intrigants du Conseil, depuis que votre blâme a flétri leurs ténébreuses délations, j'ai un droit qu'appuiera, j'espère, votre volonté: je demande le même acquittement qu'ont obtenu mes coaccusés; je demande à ne plus être, seul, privé, par des calomniateurs, de ma patrie, de ma fortune, de mes amis.

Mon rappel, ô mes concitoyens! doit être l'objet de tous vos désirs : car je souffre, quoique innocent ; et votre réputation auprès de l'étranger se trouve compromise. Qu'à votre tribune on ne parle plus des graves circonstances où j'ai eu le bonheur de bien servir l'État, peu importe : les autres Hellènes ont meilleure mémoire, et le souvenir de mon dévouement à la cause de l'indépendance est toujours vivant dans la Grèce. Je crains, pour deux motifs, d'entrer dans le détail de mes services : l'envie m'intimide, l'envie, auprès de laquelle la vérité perd ses droits ; d'ailleurs, la lâcheté de plusieurs États grecs nous réduit maintenant à une politique humiliante, qui n'a rien de commun avec celle dont j'étais l'organe.

En général, par la direction que j'ai donnée aux affaires, je vous ai gagné l'estime de tous les peuples, et je devais m'attendre à d'éclatants témoignages de votre reconnaissance. Lorsque le sort, aussi cruel qu'invincible, au gré du plus injuste de ses caprices, eut décidé la bataille que vous avez livrée pour l'indépendance commune, mon zèle pour vous ne s'est pas démenti. Faveur, espérances, puissance, richesse, sécurité personnelle, je lui ai tout immolé, tandis que de vils et perfides ministres vivaient tranquilles et honorés. Parmi plusieurs traits de mon administration, dont je puis être fier, voici le principal, que je n'hésiterai pas à vous rappeler. Philippe était le plus adroit politique qu'on eût jamais vu, pour se concilier tous les cœurs par son affabilité, et pour corrompre, par son or, les premiers citoyens de toutes les villes grecques. Tous ont été captivés par ses manières, achetés par ses largesses ; tous, hormis Démosthène : exception qui, aujourd'hui encore, est un titre d'honneur pour ma patrie. Non, quoique j'aie eu avec ce prince des entrevues et des conférences fréquentes, jamais je n'acceptai les riches présents qu'il m'offrait : j'en appelle aux souvenirs de plusieurs Hellènes qui vivent encore. Faites attention à ce qu'ils doivent penser de vous. On plaindra, j'en suis sûr, sans le croire coupable, Démosthène si cruellement traité, et on vous reprochera une injustice que vous ne pourrez réparer qu'en revenant sur vos pas.

Mais cette conduite intègre est peu de chose encore, comparée avec tout le reste de mon ministère. Jamais la haine, l'égoïsme, jamais une politique étroite, n'ont dicté mes paroles. Jamais je ne persécutai ni Athéniens, ni étrangers ; toujours utile à l'État, mes talents n'ont tourné à la ruine d'aucun citoyen. Les Athéniens âgés peuvent dire à leurs jeunes compatriotes ce qu'ils ont vu et entendu. Réuni à quelques députés de la Grèce, Python de Byzance (3) était venu à Athènes pour étaler à la tribune des griefs nombreux contre la république. Que fis-je alors? seul de vos orateurs, je me levai ; je confondis le fougueux accusateur de ma patrie, et Python se retira tout confus. Je supprime toutes les ambassades où je vous ai représentés, et où vos intérêts ne furent jamais compromis. Mon but n'était pas d'assurer la domination d'une moitié des Athéniens sur l'autre, d'animer notre ville contre elle-même ; mais d'acquérir à tous de la gloire, de faire partout respecter et craindre la république. Tous nos Athéniens, les plus jeunes surtout, admirateurs de cette politique généreuse, doivent prendre pour modèles, non les orateurs occupés à vous flatter, dont le nombre sera toujours assez grand, mais ceux dont le zèle courageux ose vous montrer vos fautes. J'ai un autre titre à votre intérêt, Athéniens ; seul, il devrait suffire pour me faire rappeler parmi vous : ce titre, c'est ma fortune ruinée en dépenses pour vos jeux, pour vos fêtes, pour votre marine, pour votre trésor. Là encore, j'ai fait le bien, j'ai conseillé le bien par mon exemple, par mes discours : mais je n'insisterai pas sur cette partie de mes services.

Examinez, Athéniens, combien peu chacun de ces services mérite une telle disgrâce. Accablé de maux, lequel déplorerai-je d'abord? ma vieillesse, qui achève de se consumer dans un exil dangereux, et aussi nouveau qu'immérité? la honte d'une condamnation qui ne repose sur aucune preuve réelle? tant d'espérances perdues, et remplacées par les disgrâces dues à d'autres? Non, la postérité, plus juste, ne dira pas : Démosthène a été l'ami d'Harpalos (4) ; ce sont les crimes de son administration qu'Athènes a punis ; ces crimes ont été démontrés, constatés. Loin de là, elle saura que, de tous les décrets portés au sujet du trésorier d'Alexandre, le mien est le seul qui ait détourné tout reproche loin de ma patrie. De ma condamnation il ne faut donc pas conclure ma culpabilité : on verra seulement que des conjonctures menaçantes ont seules dicté l'arrêt (5) ; que j'ai encouru l'injuste haine soulevée par la simple présomption du crime, parce que j'ai comparu le premier devant les juges. Eh! n'ai-je pas alors allégué toutes les raisons qui ont fait absoudre les citoyens compris depuis dans la même accusation? Que peut-on ajouter à une apologie aussi complète? Réalisera-t-on des délits qui n'ont jamais existé?

Autant vaudrait peut-être m'arrêter ici. L'expérience m'a trop appris qu'une conscience pure ne fait qu'aggraver le poids du malheur. Vous qui, mieux éclairés, avez annulé la condamnation de mes coaccusés, annulez aussi la mienne, ô Athéniens! Je suis innocent, j'en atteste les dieux et nos grands hommes divinisés. Toute ma vie dépose en ma faveur : en croirez-vous plutôt des imputations lancées au hasard? seul entre tous, ne mérité-je donc ni ménagement, ni créance? Est-ce mon prompt départ qui prolonge vos rigueurs? Ah! si je me suis hâté de fuir, ce n'était point par méfiance de vous, ni par confiance dans un asile préparé hors de ma patrie. L'idée d'une ignominieuse prison me faisait tressaillir; vieux, je craignais de succomber à cette cruelle épreuve; enfin j'espérais que vous fermeriez les yeux, que vous apprendriez sans courroux une évasion qui me sauvait la vie sans vous nuire. Même, dans cette précaution furtive à laquelle le malheur me réduisait, mon patriotisme ne s'est pas démenti. Où ai-je dirigé mes pas? vers une ville où m'attendait une existence pleine de charmes? non, c'est vers une cité modeste, où je savais que s'étaient retirés vos pères, lors de l'invasion des Perses, vers des Grecs dévoués à ma patrie, vers Trézène (6). Puisse le ciel la récompenser de son attachement pour vous, de sa pitié pour mon infortune! Puissé-je moi-même, un jour, rendu à mes foyers, lui prouver hautement ma reconnaissance! Plusieurs Trézéniens, pour flatter mes maux, appelaient un jour Athènes ingrate. Je me récriai, je vous excusai avec toute la chaleur d'âme dont j'étais capable; et, frappé de ce trait, le Peuple me décerna des honneurs publics. Rendus à un proscrit, ces touchants hommages d'une faible république ne pouvaient sauver sa tête. Je me transportai donc à Kalauria, dans le temple de Neptune (7) : c'est là que j'ai fixé mon séjour. J'espère que le respect pour le dieu me servira de sauvegarde. Cependant, que sais-je? Lorsqu'on est à la merci d'autrui, on vit au jour le jour, on n'est jamais sûr du lendemain. De ma demeure, du moins, je vois tous les jours la rive qui m'a vu naître, le doux pays que je porte dans mon cœur. Ah que les dieux lui inspirent enfin une bienveillance égale à mon amour!

Ordonnez donc, et l'infortune cessera de m'accabler; justes pour d'autres accusés, soyez aussi justes envers moi; faites que je n'éprouve rien d'indigne de vous, et que je ne sois pas, à votre honte, réduit à supplier d'autres Hellènes. Plutôt la mort, que de vous voir irrités contre moi sans retour! C'est là, n'en doutez pas, le cri de mon cœur; je ne sais pas me parer de beaux sentiments, et j'ai remis mon sort entre vos mains. Non, je n'ai pas craint de me livrer à votre tribunal; incapable de trahir la vérité, je me suis abandonné à votre décision, persuadé que ceux dont j'avais obtenu tout mon lustre et tous mes avantages devaient pouvoir, s'ils le voulaient, commettre une injustice à mon égard. Au reste, puisqu'une fortune plus équitable et plus propice, surmontant d'injustes rigueurs, vous a permis de revenir sur votre première délibération, et de casser une sentence qui n'était pas irrévocable, annulez, annulez aussi ma condamnation; satisfaites à votre honneur et au mien, rappelez-moi au milieu de vous! Dans la révision de mon procès, vous reconnaîtrez que, loin d'avoir failli une seule fois dans ma carrière politique, loin de mériter la mort ou l'interdiction de mes droits, je ne le cède à aucun de vous en affection pour le Peuple; qu'aucun de mes contemporains n'a plus fait pour vous, plus parlé, plus souffert.

Si, dans toute cette lettre, j'ai gémi sur mon sort, ne vous hâtez pas de m'accuser de pusillanimité. Tout ce qui peut excuser les éclats d'une violente douleur, je l'éprouve aujourd'hui. Peines d'esprit et de cœur, désir de vous revoir, de revoir ma chère patrie, réflexions solitaires sur toutes mes douleurs passées, voilà ce qui me fait déplorer mon sort. De la pusillanimité! eh! toutes les fois qu'il a fallu parler ou agir pour vous, m'a-t-on vu reculer?

Ceci s'adresse à tous mes concitoyens; un mot maintenant pour mes ennemis.

Dans tout ce que vous avez fait en abusant de l'ignorance du Peuple, je suppose que votre intention était de le servir, et je ne vous le reproche point. Mais aujourd'hui les faits sont éclaircis. Accusateurs de plusieurs autres citoyens, vous avez cessé vos poursuites : votre désistement m'est dû au même titre. Mais, si vous me mettez seul hors la loi; si, seul, je demeure en butte à vos persécutions, c'est au Peuple que j'en appellerai, au Peuple, devenu plus juste parce qu'il est mieux instruit. A ma prière, il ne souffrira pas plus longtemps que votre haine prévale sur sa bienveillance. Soyez heureux!

LETTRE TROISIÈME.

« Que dira la postérité en passant près du tombeau de l'orateur Lycurgue? Il vécut dans la modestie et la sagesse. Devenu administrateur des finances athéniennes, il a augmenté les revenus de l'État, réparé le théâtre et l'Odéon, construit des arsenaux, des navires, creusé des ports. Sa patrie a flétri sa mémoire, et mis ses enfants dans les fers. »

Ainsi parlait un jour Hypéride au peuple athénien, si l'on en croit le rhéteur Apsinès. C'est en faveur de ces mêmes enfants d'un grand citoyen que Démosthène, du fond de son exil, écrivit la lettre qu'on va lire.

Démosthène, au Conseil et au Peuple, Joie.

C'est pour moi-même, c'est pour recevoir de vous la justice que je croyais m'être due, que je vous ai écrit ma dernière lettre. Cette demande, vous me l'accorderez quand bon vous semblera ; mais l'objet pour lequel je vous écris aujourd'hui, puisse-t-il fixer votre attention, et trouver en vous des auditeurs calmes et équitables! Le hasard, même dans mon exil, me fait entendre beaucoup de personnes qui vous blâment sur le sort qu'éprouvent les enfants de Lycurgue. Je vous aurais écrit, ne fût-ce que pour vous rappeler les actions de cet honorable citoyen, dont vous serez tous aussi reconnaissants que moi, si vous voulez respecter les convenances.

Lycurgue, dès son début, ayant fixé son poste à l'administration des finances, n'était pas dans l'usage de proposer des décrets sur les affaires des Grecs et des alliés : mais, lorsque la plupart des orateurs, soi-disant amis du Peuple, vous eurent abandonnés, il s'attacha aux intérêts populaires, non dans l'espoir des récompenses et des pensions, avantages qu'obtenait la faction opposée ; non qu'il vît plus de sûreté dans le parti qu'il embrassait, puisqu'il expose à mille périls évidents et inévitables quiconque se propose le bonheur de la nation comme but de ses actions et de ses paroles, mais parce qu'il était l'homme du Peuple, parce qu'il avait le cœur d'un excellent citoyen. Ainsi, quoiqu'il vît par lui-même les ministres fidèles dépouillés de tout crédit par les circonstances, et leurs adversaires fortifiés sur tous les points, il n'en fut pas moins attaché au bien public ; et, après nos malheurs, il réglait encore, sans hésiter, sa conduite et son langage sur votre avantage évident. Aussi, vous le savez tous, on ne tarda pas à demander sa tête (8). Je vous aurais donc écrit, je le répète, quand ce n'eût été que par considération pour Lycurgue : mais, persuadé qu'il vous importait de connaître les reproches que vous font les étrangers, j'étais bien plus porté encore à vous écrire.

Je prie ceux qui étaient les ennemis particuliers de ce citoyen de souffrir la vérité, et d'écouter, à son sujet, le langage de la justice. Vous ne l'ignorez pas, Athéniens, le traitement que viennent d'éprouver ses enfants est une tache pour la république. Il n'est pas un Grec qui ne sache que Lycurgue vivant fut comblé d'honneurs par vous, et que, malgré les accusations accumulées sur lui par l'envie, vous ne le trouvâtes jamais coupable. Telle était votre confiance en sa vertu, votre opinion de son dévouement au Peuple, que vous avez prononcé beaucoup de sentences sur sa parole. Cette garantie vous suffisait : eût-elle suffi, sans la haute réputation de Lycurgue ? Aujourd'hui donc, en apprenant l'emprisonnement de ses fils, on est touché pour le père qui n'est plus ; on partage l'affliction des enfants, indignement traités ; et vous, on vous blâme avec une amertume que je n'oserais reproduire. Ces reproches, que j'entends avec peine, je les réfute avec chaleur ; et je vous en ai écrit assez pour vous convaincre que la Grèce vous condamne, pensant qu'il est de votre intérêt de le savoir. De plus longs détails seraient mortifiants : mais quelques Grecs font, sans intention injurieuse, des réflexions que je crois bon de mettre sous vos yeux.

Il ne vient à l'esprit de personne que l'ignorance ou l'erreur ait dirigé votre conduite envers Lycurgue. La longue et incorruptible administration de cet excellent citoyen, votre réputation de vive intelligence, rendent une telle supposition inadmissible. Reste donc l'indifférence, si peu honorable pour ceux qui l'éprouvent. Vivants et utiles, nous avons l'honneur d'attirer vers nous un de vos regards ; morts et incapables de vous servir, nous sommes oubliés. Peut-on espérer mieux de vous, quand vous n'épargnez ni la postérité ni la mémoire d'un grand citoyen, seuls objets de la dernière pensée d'un mourant ? Cette rigueur aurait-elle son principe dans un misérable intérêt ? cela ne serait conforme ni à votre magnanimité naturelle, ni aux règles que vous avez toujours suivies. S'il vous fallait racheter les fils de Lycurgue, et tirer de votre trésor une somme égale à celle qu'on leur demande, vous n'hésiteriez pas, j'en suis sûr. Pourquoi donc refuser l'exemption d'une amende imposée par la haine et la calomnie ? Avez-vous résolu d'être sans pitié pour vos conseillers ? de vous montrer à la fois les plus injustes et les plus imprudents des hommes ?

Une chose m'étonne encore : ne sentez-vous pas quelle honte va rejaillir sur Athènes, ce refuge des infortunés, si son peuple, le plus sage des peuples, paraît moins généreux que Philippe ? Élevé au sein du pouvoir suprême, ne recevant de leçon de personne, ce prince, monté sur le trône et victorieux, s'était fait une loi de la clémence. Respectant les vertus et les ancêtres de ceux qui avaient combattu contre lui et qui lui avaient disputé l'empire, il ne se permit point de les mettre aux fers (9). Bien différent de quelques-uns de vos orateurs, il considéra ce qu'il devait, en pareil cas, à sa dignité, et il crut qu'une action excusable chez un autre prince serait une tache pour Philippe. Et des citoyens formés par l'éducation la plus libérale et la plus féconde en lumières, des Athéniens, renversant toute morale, ont emprisonné les enfants pour les imputations faites au père! Est-ce là la véritable égalité civile? Revenez, revenez sérieusement sur l'examen de l'administration de Lycurgue. Alors, si vous reconnaissez en lui l'invariable ami de la démocratie, le patriote ferme et sincère, loin de maltraiter sa famille, comblez-la de faveurs. Si Lycurgue a eu des torts, a commis des fautes, c'est pendant sa vie qu'il fallait le punir : toute peine se prescrit par le trépas. Songez-y, le rôle de l'ami du Peuple, déjà si périlleux, va le devenir cent fois plus encore. On dira : Loin de se réconcilier avec lui après sa mort, ses persécuteurs s'acharnent contre ses enfants. On dira encore : Ce Peuple, dont il a été l'appui, n'a songé à ses services qu'au moment où il les recevait.

Si Mœroclès répond que ces raisons sont trop subtiles pour lui, qu'il a fait enfermer les fils de Lycurgue pour s'assurer de leurs personnes, demandez-lui pourquoi Tauréas, Patæcos, Aristogiton, pourquoi lui-même, condamné à la prison, loin de recevoir des fers, montaient à la tribune; pourquoi enfin son opinion sur ce point était alors moins rigide. Alors, dira-t-il peut-être, j'exerçais une charge conférée par la loi. Il n'en est pas moins vrai que la tribune lui était fermée. Or, je dis : Tandis que celui qui ne peut même parler en public exerce une magistrature, il est injuste de charger de chaînes les enfants d'un citoyen qui s'est si longtemps dévoué pour vous. Un tel contraste passe mon intelligence. Voudriez-vous donc, ô Athéniens! apprendre, par un exemple éclatant, que la scélératesse, l'impudence, la méchanceté calculée, ont tout crédit parmi vous, et peuvent compter sur l'impunité; qu'il est aussi facile au traître de se dérober à vos coups, que dangereux pour le citoyen fidèle de rester attaché à ses devoirs et à la cause populaire; que, pour ce dernier seul, la faute la plus légère est un crime irrémissible?

Je ne dirai pas qu'il est injuste de penser de Lycurgue mort autrement que de Lycurgue vivant; que vous devez avoir plus d'égards pour ceux qui ne sont plus que pour ceux qui pourraient encore vous nuire : je supprime ces réflexions, et vingt autres, également incontestables. Il est une reconnaissance à laquelle vous ne manquez guère : c'est celle qui s'attache aux services des aïeux. Vous qui récompensez les vertus de famille, les mérites traditionnels, pourquoi vous démentez-vous aujourd'hui par cette ingratitude envers la postérité d'un excellent démocrate? Dans cette réflexion, ô mes concitoyens! voyez moins un reproche que la défense de vos plus chers intérêts. Délivrez les fils de Lycurgue: vous exciterez par là le dévouement de tous les citoyens; ils verront que, si l'envie s'acharne sur les vivants, et s'oppose aux honneurs qu'ils méritent, vous les récompensez, du moins, dans leurs enfants. Vous avez voué une sorte de culte à la mémoire de services fort anciens, connus seulement par l'histoire; vous êtes toujours portés à la compassion et à l'indulgence, même pour les méchants qui vous ont fait du mal. Portez ces mêmes sentiments sur la tombe, encore nouvelle, d'un de vos administrateurs les plus intègres; traitez avec douceur ses fils, dont le sort exciterait la pitié même d'un ennemi qui n'aurait pas dépouillé tout sentiment humain. Chose étrange! on paraît ignorer, parmi vous, combien il est funeste à la patrie de déclarer que les gouverneurs assez habiles pour se ménager au dehors de puissants amis triomphent doublement quand ils réussissent, et se tirent aisément du péril s'ils échouent; tandis que les patriotes dévoués sans restriction ne tirent de leurs propres succès qu'un mince avantage, de leurs chutes que des persécutions sans fin! Que d'exemples s'offrent pour appuyer mes paroles! Ignore-t-on qu'un tribunal a condamné Lachès, fils de Mélanopos; et que, sur une recommandation écrite du nouveau roi de Macédoine, on lui a fait remise entière de son amende? Mnésibule d'Acharna, condamné par les mêmes juges qui ont emprisonné les enfants de Lycurgue, n'a-t-il pas été ensuite absous? acquittement mérité, car Mnésibule était innocent. Diront-ils, nos déclamateurs, que c'était renverser les lois? Non, on ne les renversait pas, ces lois qui veulent le maintien de la justice et la sécurité de la vertu; on ne les renversait pas, ces lois qui n'ont jamais poursuivi un citoyen malheureux d'éternelles rigueurs, ni fait un devoir de l'ingratitude. Si donc il vous est utile d'agir d'après cette haute intelligence de l'esprit de votre législation, lorsque vous absolviez ceux dont je parle, vous étiez les dignes interprètes de son auteur, en faisant grâce à Lachès par égard pour Alexandre, à Mnésibule pour ses vertus. Craignez donc d'annoncer qu'il est plus avantageux d'acquérir l'amitié des étrangers que de se mettre sous la protection du Peuple; et qu'il vaut mieux être connu d'un personnage illustre, que de se faire un nom par son patriotisme. Il est impossible qu'un ministre, chargé de vos affaires, plaise universellement. Quand on est porté de cœur pour la démocratie, on mérite des égards ; sinon, vous apprendrez à tous les citoyens qu'il faut faire la cour aux étrangers plutôt qu'au Peuple, et que la réputation de zélé démocrate est la pire de toutes.

Par quelle honteuse fatalité l'envie, chez vous, a-t-elle plus d'empire que la reconnaissance ? L'envie n'est-elle donc plus un vice odieux ? la reconnaissance n'a-t-elle pas obtenu des autels ? Je ne puis taire ici le nom de ce Pythéas (10) qui, à la tribune, se proclame l'ami du Peuple, dont il trahit sourdement les intérêts. Pendant son administration, démocratique en apparence, il fut, vous le savez tous, poursuivi comme étranger, même comme esclave. Vendu, peu s'en faut, par ceux qu'il sert aujourd'hui, le misérable s'est mis à clabauder contre moi. Mais, depuis qu'il fait lui-même ce qu'il reprochait d'abord aux autres, il regorge d'or ; il entretient des maîtresses qui le plument, et elles font bien ; il paye rondement une amende de cinq talents, lui qui naguère n'aurait pu trouver cinq drachmes dans sa bourse. Voilà l'homme qui, à la honte d'Athènes, a gouverné la république ! que dis-je ? voilà les mains impures qui ont offert pour vous, à Delphes, le sacrifice institué par vos pères (11) !

De tous ces exemples, que peut-on conclure ? que servir la cause populaire est tantôt un danger, tantôt presque une honte. Aussi, je crains qu'il ne vienne un moment où les vrais intérêts de la nation ne trouvent plus un seul organe ; je le crains d'autant plus que la vieillesse, les maladies, de graves accidents, ont privé la tribune de vos meilleurs défenseurs. Ainsi ont disparu Nausiclès, Charès, Diotime, Ménesthée, Eudoxe, Eudème (12), Éphialte, Lycurgue ; ainsi, Charidème, Philoclès et moi, nous avons été enlevés par l'exil. Vous pensez vous-mêmes qu'il n'est pas de citoyens plus zélés pour vous que nous trois : veut-on qu'il y en ait d'aussi zélés ? j'y accède sans peine. Si vous traitez ceux-là comme vous devez, s'ils ne partagent point mon malheureux sort, puissent-ils se multiplier à l'avenir ! mais, si vous continuez à donner de tels exemples, qui voudra désormais se dévouer pour vous ? Vous ne manquez pas d'hommes qui se diront excellents patriotes ; vous n'en manquâtes jamais. Je souhaite seulement que l'instant de lever le masque leur échappe toujours. Pénétrés de ces idées, gardez-vous de persécuter vos bons conseillers, et d'écouter ces sycophantes qui veulent faire passer leur cruauté dans vos âmes. Dans la crise actuelle, la haine, l'esprit de faction sont plus déplacés que jamais : ce qu'il vous faut, c'est de l'union et une mutuelle indulgence. Quelques-uns se livrent sans borne à la violence du ressentiment, et se vendent pour agir contre vous : puissent les dieux faire échouer les projets que favorisent ces perfides !

Ne dédaignez pas ces réflexions, ô Athéniens ! il y aurait folie à le faire. Quelle certitude avez-vous de ne plus voir arriver ce qui déjà s'est réalisé ? Alors aussi vous étiez sans craintes ; alors, tout à leur aise, des méchants, des traîtres vous animaient contre les défenseurs de vos droits. Je vous communiquerais mes idées de vive voix, si j'étais à Athènes : mais puisque j'éprouve une infortune qui était due bien plutôt à mes calomniateurs, j'ai été réduit à vous écrire, consultant, avant tout, votre gloire et vos intérêts, et m'honorant de témoigner aux enfants d'un grand citoyen la même amitié que j'éprouvais pour leur père vivant.

Il me semble entendre dire à quelques-uns : Ce banni a donc bien du temps à perdre ? Je n'hésite pas à leur répondre que je ne suis pas moins jaloux de m'occuper de vos intérêts et de ceux de vos amis, que de songer à mon rappel. Ce n'est donc point par désœuvrement que j'honore ici la mémoire de Lycurgue ; mais le zèle et les principes qui m'ont toujours animé dans l'administration de vos affaires, m'animent encore dans celle-ci. Quant au loisir, puissent vos ennemis, Athéniens ! en avoir autant que moi ! Mais passons. Mon inviolable dévouement me dicte aujourd'hui quelques plaintes : bientôt je les développerai dans une longue lettre (13) que vous pouvez attendre de moi, si je vis, et si vous tardez à me rendre justice. Vous êtes... que dire, pour ne manquer ni à la vérité, ni aux égards ? vous êtes si frivoles, si légers, vous respectez si peu les autres et vous-mêmes, que vous avez banni Démosthène pour le même sujet qui a fait absoudre Aristogiton ; et l'avantage dont jouissent, sans vous le devoir, des gens qui vous méprisent, vous me le refusez ! Je ne puis obtenir la grâce de faire payer mes débiteurs et contribuer mes amis, pour vous satisfaire, et ne plus montrer dans ma personne, chez les étrangers, la honte de tous ceux qui, trop injustes à mon égard, ne m'ont laissé, pour prix de mes travaux, que la vieillesse et l'exil. Je voudrais devoir mon rappel à votre bienveillance généreuse, et recueillir dans ma patrie de quoi acquitter l'amende inique imposée par la calomnie ; je demande un sauf-conduit, seulement jusqu'au terme que vous m'avez fixé pour le payement. Sourds à ma requête, vous dites, à ce qu'on me rapporte : Qui l'empêche de revenir, et de travailler à se libérer ? C'est, ô Athéniens ! que je sais rougir, et qu'il y a un honteux contraste entre ma position actuelle et mes anciens services; c'est que j'ai sacrifié ma fortune pour des malheureux qui, craignant de voir doubler des amendes qu'ils ne pouvaient payer, m'ont engagé à les cautionner près du Trésor. Rentré dans Athènes par votre faveur, je pourrai retirer une partie de mes avances, pour m'acquitter à mon tour, et ne pas mourir dégradé civilement. Mais si, comme on le dit à la légère, je retourne sans être rappelé, je me verrai dans l'ignominie, la misère, et je tremblerai pour ma sûreté personnelle.

Ces réflexions vous touchent peu ; cet appel juste et humain que j'implore, je ne l'obtiendrai pas : vous m'abandonnez ; je périrai, et par votre faute. A qui adresser mes prières, si mes concitoyens refusent de m'entendre? Vous plaindrez mon sort, car je vous connais : plaintes tardives! vous-mêmes n'y gagnerez pas plus que moi. Ne vous attendez pas à me trouver d'autres biens que le peu de fonds que je possède, et que je vous abandonne ; je recueillerai le reste, si, n'écoutant que la justice et l'humanité, vous me permettez de le faire à l'abri de toute inquiétude. Jamais vous ne prouverez que j'ai reçu l'or d'Harpalos ; on n'a pu m'en convaincre, et je n'en ai pas reçu. Si une autorité sans preuve, si le nom de l'Aréopage vous imposent, rappelez-vous le jugement d'Aristogiton, et rougissez de honte. Je ne puis faire de reproche plus doux à mes persécuteurs. Vous ne direz pas sans doute que, sur les mêmes dénonciations du même corps politique, on devait acquitter Aristogiton et condamner Démosthène : non, vous ne pousserez pas jusque-là le délire. Par moi-même, je ne suis pas fait pour la disgrâce que j'éprouve, je ne la mérite pas, et ne suis pas plus coupable que ceux que vous avez absous. Je suis malheureux, et vous m'abandonnez. Oui, malheureux, et très-malheureux : peut-il en être autrement, lorsque je subis la honte d'un parallèle avec Aristogiton ; lui, conservant ses droits et sa patrie ; moi, interdit, exilé? Ne croyez point que ce soit le ressentiment qui m'anime. Je ne puis être irrité contre vous ; mais, sous le poids d'une cruelle injustice, la plainte soulage, comme le gémissement arrache à un blessé. Je suis, je serai toujours dévoué à ma patrie. Ah! qu'elle me paye de retour! Dès mes premiers pas dans la carrière politique, je me suis dit : Sois disposé, à l'égard de tous tes concitoyens, comme un fils respectueux l'est envers ses parents : il désire qu'ils soient justes ; mais, s'ils le traitent avec une rigueur peu méritée, il les supporte sans murmure. La défaite, en pareil cas, est, aux yeux de la sagesse, une victoire très-morale et très-honorable. Soyez heureux (14)!

LETTRE QUATRIÈME.

Démosthène, au Conseil et au Peuple, Joie.

Théramène, me dit-on, vomit contre moi mille invectives, et me fait un crime de mon infortune. Il ignore, et je n'en suis pas surpris, qu'une injure vague, de cette espèce, est sans effet auprès d'auditeurs sensés. Non, il n'est pas fait pour comprendre cette maxime, le misérable dont la vie n'est qu'une continuelle impudence, dont le sang n'est pas athénien, dont l'école fut une maison de débauche. Si j'obtiens mon rétablissement, je tâcherai de discuter les reproches insultants dont il nous charge, vous et moi ; et, pour la première fois peut-être, ferai-je monter la rougeur sur son front. En attendant, le bien public m'engage à m'expliquer sur ses outrages au sujet de la fortune. Prêtez-moi, je vous prie, une grande attention. Je desire être bien compris, et confier mes pensées à votre mémoire.

Je regarde votre ville comme heureuse entre toutes les cités : Jupiter de Dodone, Dioné, Apollon Pythien, l'ont constamment déclaré par leurs oracles ; ils l'ont confirmé en ajoutant que la Fortune prospère habitait parmi nous. Or, il est clair que, par rapport aux dieux, parler de l'avenir c'est prédire, et que donner des noms aux choses arrivées, c'est se prononcer sur le passé. Tout ce qui s'est fait sous mon influence politique est dans cette dernière classe ; et c'est en partie d'après cela que les Immortels ont proclamé votre bonheur. N'y a-t-il donc pas une grande contradiction dans ceci : Ceux qui ont suivi les conseils sont heureux ; l'auteur de ces mêmes conseils est un malheureux? Ne voyez-vous pas, sans aucune contradiction, que la première de ces propositions émane du ciel, toujours infaillible ; tandis que la seconde, dont Théramène s'arme contre un banni, est l'œuvre de la folie et de l'audace la plus déhontée?

Les dieux et leur parole ne sont pas ici mes seules autorités. Considérez les événements en eux-mêmes, et vous serez satisfaits de votre sort. De cet examen impartial jaillira cette vérité : Les conseils de Démosthène ont tourné au bien de sa patrie. Mais, si vous prétendez à des avantages qui ne sont donnés qu'aux dieux, vous désirez l'impossible. Ces avantages, quels sont-ils? posséder tous les biens, en être assuré pour soi-même, pouvoir les communiquer, ne souffrir jamais, n'être jamais exposé à souffrir.

Ces principes établis, comparez-vous aux autres nations. Pourriez-vous, sans délire, préférer à votre situation actuelle celle de Sparte, qui n'a jamais entendu ma voix, ou de la Perse, que je n'ai pas visitée? Je ne parle ni de la Cappadoce, ni de la Syrie, ni de l'Inde (15), reléguée aux extrémités du monde, contrées qui ont vu catastrophe sur catastrophe. Je pressens une objection : la fortune vous a mieux servis que ces peuples, mais plus mal, dira-t-on, que la Thessalie; l'Arcadie, plus mal que les alliés de Philippe! Je n'en crois rien : ces contrées grecques ont subi un joug que vous n'avez jamais connu : or, la liberté est le plus précieux des biens. Leurs populations ont été coupables, car elles ont ouvert à un conquérant le chemin de la Grèce; aussi ont-elles soulevé toutes les haines. Vous au contraire, Athéniens, on vous a vus exposer, pour l'indépendance de la grande patrie, soldats, fortunes, Athènes elle-même : générosité rare qui va rendre à jamais votre nom célèbre, et vous méritera, dans tous les cœurs droits, une reconnaissance éternelle. Ainsi, par l'influence de mes paroles, Athènes l'a emporté, pour le bonheur, sur les Hellènes qui ont combattu Philippe; pour la gloire, sur ceux qui l'ont secondé. De là encore, de récents oracles, toujours favorables. Quant aux reproches outrageants, le ciel les attire à lui, pour les faire retomber avec colère sur la tête de leur auteur.

Examinez, en effet, la vie de Théramène. Chez lui, le vice s'enchaîne au vice : il semble poussé par de fatales imprécations. Ennemi de ses parents, il est ami de l'infâme Pausanias; il a les audacieuses provocations d'un sexe, et les criminelles complaisances de l'autre; résistant à son père, cédant à la turpitude, il amuse son imagination des horreurs qui le rendent odieux à tout le monde, et se plaît à parler d'actions obscènes, qui révoltent tous ceux qui l'entendent. Le dégoût qu'il inspire ne le rebute jamais; il se croit franc et naïf, et il n'est qu'un infâme. Je n'aurais pas même tracé ces dernières lignes, ô Athéniens! si je n'eusse voulu réveiller le souvenir de tant de turpitudes : car, ce qu'on interdit à sa langue, on ne doit pas le permettre à sa plume. Heureusement, ce peu de mots produira son effet : votre indignation se rallumera au souvenir des souillures de mon calomniateur. Elles sont, d'ailleurs, trop connues pour que je sois bien coupable. Que Théramène se montre seulement, sur son front vous croyez lire toutes les abominations de sa vie. Soyez heureux!

LETTRE CINQUIÈME.

Cette lettre fut écrite pendant un voyage de la jeunesse de l'orateur.

Démosthène à Héracléodore, Succès.

Dois-je croire ce que m'annonce Ménécrate Épitimos accusé, traîné en prison par Aratos Héracléodore prêt à plaider contre lui! Héracléodore le plus ardent de ses persécuteurs! Pa Jupiter Hospitalier, par tous les dieux, épargne moi une peine aussi cruelle. Vous le savez : v vement intéressé au sort d'Épitimos, je regarde rais comme un double malheur pour moi que s disgrâce fût votre ouvrage. J'aurais trop à roug devant les personnes qui savent les éloges que j faisais de vous à tout le monde. Ces éloges, j croyais tout le premier : avais-je donc vécu dan votre intimité? non, mais je vous voyais en po session de l'estime publique, et formé à une éco étrangère aux tortueuses bassesses de l'ambitio et de la cupidité, par le maître qui rapporte tou au souverain bien, à la suprême justice. Certes l'élève de Platon, qui ose mentir et se montre méchant envers un seul homme, est bien coupable

Un autre chagrin, très-amer, me serait encor réservé : votre ami Démosthène forcé de deveni votre ennemi! Peut-être avais-je le droit d'atten dre de vous autre chose qu'un procédé mépri sant. J'aurais beau étouffer mes plaintes; la chos n'en serait pas moins réelle. Si vous me néglige parce que je ne compte pas encore parmi les pre miers citoyens, songez que vous avez eu mo âge. Votre participation aux affaires vous a fai ce que vous êtes : peut-être m'en adviendra-t-i autant. Le zèle, du moins, ne me manquera pas que la Fortune me pousse, et je toucherai l but. Un service rendu à propos est un placemen sûr (16) : faites-en l'essai sur moi-même. Ne vou laissez conduire ni subjuguer par de moins sage que vous : amenez-les plutôt à vos sentiments Puissent, grâce à vous, les engagements de votr amitié demeurer inviolables! puisse Épitimos voi dissiper le péril qui le menace! Je reviendrai au moment que vous m'indiquerez comme le plu opportun. Écrivez-moi vos intentions, comme à un homme qui vous est toujours attaché. Soye heureux!

LETTRE SIXIÈME,

Écrite de Mégare, où Démosthène s'était retiré, quelqu temps avant son rappel, pour former une ligue contr Antipater.

Démosthène, au Conseil et au Peuple, Joie

Il est arrivé, de la part d'Antiphile, une lettr adressée à la confédération. Rassurante pour ceu qui attendent la délivrance de la Grèce, elle doit vivement alarmer le parti d'Antipater. Les orateurs de ce parti, possesseurs du message que le tyran envoyait à Corinthe par Dinarque (17), ont fait retentir toutes les cités du Péloponnèse de leurs perfides conseils. Puisse le ciel les faire retomber sur leurs têtes! Celui qui accompagne le porteur de ma lettre est venu trouver, au nom de Polémæstos, Épinique, son frère, votre partisan et mon ami. Épinique me l'a amené; et, après avoir entendu cet homme, j'ai pensé qu'il serait utile de vous l'envoyer. Il a pris part au combat (18), il peut vous faire connaître tout ce qui s'est passé à l'armée. J'espère que, quand il vous aura parlé, votre courage se fortifiera avec votre espoir dans l'avenir et dans la protection des Immortels. Soyez heureux!

LETTRES D'ESCHINE (19).

LETTRE PREMIÈRE.

Voyage d'Athènes à Rhodes.

A PHILOCRATE (20).

Nous levâmes l'ancre au port de Munychie. C'était le soir; un vent très-vif, soufflant sous un ciel pur, nous porta le lendemain, sur le midi, à Koressos, ville des Céiens. Le vent tourna, et nous fûmes arrêtés pendant neuf jours. Enfin, nous appareillons dès l'aurore, et nous arrivons à Délos. Les habitants étaient attaqués d'une maladie contagieuse : des taches livides couvraient leurs visages; leurs cheveux avaient blanchi; la gorge, la poitrine étaient enflées : du reste, pas de fièvre, peu de douleurs, aucune altération dans les autres parties. Les Déliens mettaient ce fléau sur le compte d'Apollon : irrité de voir un personnage distingué enseveli dans son île, contre l'usage (21), ce dieu, croyaient-ils, leur avait envoyé cette maladie. Pour nous, il nous semblait avoir été jetés au milieu d'une race étrangère, sur quelque plage inconnue, et que des êtres humains, à face bigarrée, avaient soudain surgi devant nous. Nous prîmes donc la fuite, sans attendre le jour, nous tâtant, durant la traversée, et nous demandant l'un à l'autre si notre teint ou nos cheveux n'avaient pas changé. Il survint une tempête, qui nous chassa au delà de l'île de Crète, près de Psamathonte (22). Deux vents contraires, soufflant alternativement, l'un de Libye, l'autre du côté de l'Ourse, nous ballottèrent sur les flots pendant cinq mortelles journées; enfin nous abordâmes à Athrône. Aussi, que ne restais je tranquille, sans m'embarrasser si, dans sa patrie, un citoyen était couronné contre les lois? De là, au bout de quatre jours, nous entrâmes dans un des bassins de Rhodes. Un accès de mon asthme m'arrêta quelque peu; mais, voyant qu'il ne diminuait pas, j'abordai. Rhodes m'accueillit en souriant, et soudain je fus guéri.

Jusqu'à présent, je n'ai pas autre chose à te mander. A mesure qu'il m'arrivera du nouveau, je te le communiquerai. Sois heureux, et ne te frotte pas à plus fort que toi !

LETTRE SECONDE.

A CTÉSIPHON.

Nicostrate, mon oncle maternel, me mande que tu le persécutes, et que tu me reproches mon infortune, qui est ton ouvrage. Tu m'étonnes : pourquoi donc, quand je partais, m'as-tu parlé de manière à me faire illusion sur ta sincérité ? Je réfléchissais sur mon malheur : Il me semblait à peine croyable, et je le croyais fait pour toucher même un ennemi. Je te regardais : ton air était triste, des larmes semblaient rouler dans tes yeux. Aussi, je recommandai à quelques-uns des miens de t'aller trouver au besoin : il ne vous refusera rien, leur disais-je. Moi-même, je t'ai souvent écrit pour réclamer tes services dans ma patrie. Et maintenant, que je ne puis lutter ni contre toi, ni contre aucun Athénien, tu viens encore m'insulter! Fermant les yeux sur les retours du sort, sur la fragilité des choses humaines, tu recommences le combat contre un banni, contre un malheureux, sans amis, sans patrie, et frappé de mort civile! Dans une ville dont les mœurs sont si douces et si humaines, on ne peut médire d'un mort sans encourir l'animadversion publique : c'est là ce qui t'attend quand tu calomnies un exilé. Sur la foi de tes invectives, croira-t-on Eschine plus coupable? non : à la distance où il est relégué, on le plaindra peut-être davantage. Naguère encore j'étais ton égal; aujourd'hui, je ne puis faire entendre un mot pour ma défense, et la calomnie ne parvient pas même à mes oreilles. O honte ! outrager un paisible vieillard, à qui l'espoir de la vengeance est interdit, et dont vous devriez être le dernier soutien, citoyens qui ne pouvez vous sauver vous-mêmes ! Par Jupiter ! quand ton principal but serait de m'attrister, Ctésiphon ; quand je ne serais pas encore assez malheureux à ton gré, ne te couvre pas d'une telle souillure, toi, et les enfants, espoir de tes vieux jours ! Le malheur, qu'il t'en souvienne, est tombé à l'improviste sur Eschine, et sur tant d'autres qui, plus puissants que lui dans leur patrie, nous avaient d'avance éclipsés tous deux.

LETTRE TROISIÈME.

CONSOLATIONS D'ESCHINE EXILÉ.

Tous ceux qui sont bannis injustement sollicitent leur rappel ; et, s'ils échouent, ils répondent au refus de leur patrie par le reproche et l'injure. Pour moi, tombé dans une infortune que ma conduite politique n'a pas méritée, et condamné pour avoir accusé des coupables, j'éprouve, il est vrai, une douleur facile à comprendre ; mais je suis sans colère. De la colère ! et pourquoi ? Cette même Athènes, qui bannit le fils d'Atrométos, n'a-t-elle pas chassé Thémistocle, le libérateur de la Grèce, et fait mourir en prison, chargé d'années, Miltiade, parce qu'il devait quelques drachmes au Trésor ! Non, ne murmurons pas follement d'une disgrâce dont elle est si prodigue. Loin de là, je croirais qu'il sera glorieux pour moi, dans la postérité, d'avoir reçu le même affront que ces grands citoyens, et d'avoir mérité leur sort.

LETTRE QUATRIÈME.

Tu veux savoir quel est Cléocrate ? je vais te l'apprendre ; mais attends-toi à une longue narration : tu vas payer un peu cher ta curiosité. Il y a bien des Hellènes dont la naissance est un peu moins illustre que celle de ce Rhodien. Juges-en toi-même. As-tu, par hasard, ouï parler d'Ariphron, issu de ce Damagète, dont le grand Pindare fait l'éloge ? Ne t'avise pas de demander quel est ce Pindare ; tu donnerais à rire à tes dépens, et je te renverrais à l'école de Mantias, notre maître commun. A défaut des souvenirs du pédagogue, n'entends-tu pas Ménalippe déclamer, à chaque assemblée du Peuple :

Athènes, l'ornement, le rempart de la Grèce ;

ajouter que ce vers est de Pindare, poëte thébain ; que ses compatriotes lui avaient imposé une amende pour l'avoir fait ; mais que nos pères, non contents de lui rendre le double de la somme, lui ont érigé une statue d'airain ? Va la voir : elle subsiste encore aujourd'hui, devant le Portique Royal. Pindare est représenté assis, vêtu d'une longue robe, une lyre à la main, le diadème au front, un livre fermé sur ses genoux. Voilà le poëte qui a chanté Damagète, un des aïeux de Cléocrate. Il parle aussi de Diagoras (23), et de cette aïeule à laquelle mon hôte remonte du côté maternel. Si je ne connaissais ton profond dédain pour la poésie, si je ne te savais absorbé par cette politique qui m'a perdu, je me contenterais de ce peu de mots sur Diagoras, et je transcrirais ici le passage de Pindare. Mais tu ne daignerais pas même y jeter les yeux. Au lieu de cela, je te raconterai une anecdote des plus intéressantes ; elle ne tient pas de très-près à mon objet, mais peu importe. Un jour, une vieille femme vint à Olympie (24), s'avança dans la carrière, et se mêla dans la foule des spectateurs. « Que faites-vous là ? lui crièrent les juges des combats ; votre sexe vous interdit cette enceinte. — Ma gloire me l'ouvre, répond-elle fièrement : fille et sœur de vainqueurs aux jeux olympiques, j'ai encore l'honneur d'y avoir envoyé un fils. » C'est de cette femme que Cléocrate descend ; il est un rejeton de cette souche ; tout le monde, excepté lui, vous l'apprendra.

Je m'arrête ici. D'autres éloges seraient suspects sous ma plume. Laissons Thrasymaque chanter les louanges de son hôte : en célébrant les vertus du mien, je ferais peut-être moins éclater, aux yeux de l'envie, ma reconnaissance, que la joie d'avoir été admis à un splendide festin. Je me contente d'ajouter que, si la respectable vieille avait connu notre Cléocrate, elle aurait été plus fière de lui que des cinq couronnes olympiques obtenues par sa famille.

LETTRE CINQUIÈME.

A UN AMI.

Juliade, sur qui tu comptais le plus, n'était pas à Rhodes à mon arrivée ; il était à Linde. A son retour, accueil passablement froid, politesse banale, comme de m'envoyer demander si j'avais besoin de quelque chose. Pour Cléocrate, quelle différence ! je ne pourrais compter toutes ses prévenances, toutes ses attentions. Il m'a fait donner par la ville une maison et une terre à Kamire. Il a garni la maison de provisions suffisantes pour une année : il y a de quoi nourrir, avec moi, Teuthras et Hoplistia (25). Les denrées de ce pays, surtout l'huile et le miel, sont en général inférieures à celles de l'Attique; néanmoins elles peuvent suffire, et les envois du dehors ne sont pas nécessaires. D'ailleurs, on récolte ici de meilleur vin que chez vous. Cléocrate m'a aussi envoyé de la pâtisserie, dans laquelle entrent plusieurs ingrédients nouveaux pour moi. Ajoute à tous les dons de cet homme généreux du blé qui suffirait pour alimenter tout le dême de Kothoce. Je me borne à ces détails, dans la crainte de paraître trop minutieux. Faire grand cas des petites choses, c'est la marque, je le sais, d'un petit esprit; pourtant, les plus légères marques d'intérêt me touchent vivement. Je ne puis taire, par exemple, que Cléocrate nous envoie d'excellents morceaux de sanglier et de chèvre sauvage. Mais il m'offre un avantage bien plus précieux que tous ses dons : tous les jours il vient me voir; en causant, il m'insinue sa sagesse, bien supérieure à la mienne. Ce que le malheur me fait fuir, il l'évite par la réflexion. L'expérience d'autrui suffit à ce véritable sage. Aussi, il ne se mêle en rien du gouvernement. Cléocrate me tient souvent lieu de tout; il est des moments où il me fait bénir ma disgrâce. En le voyant, en l'écoutant, je sens que c'est commencer à vivre que de fuir la tribune. Oui, je trouve parfois tant de charmes dans ma situation présente, que je crois entrer en convalescence. C'en est fait, me voilà guéri de la *rage gouvernementale*, comme Sophocle, dans sa vieillesse, se félicitait de ne plus sentir les atteintes de la rage amoureuse. Voilà ce que j'éprouve, ami, quand la raison domine : je suis alors presque heureux de mon exil. Mais, quand je pense à mes amis d'Athènes, à ma famille, aux séances populaires, au dême de Kolyttos, que j'ai habité quarante-cinq ans, à ma terre d'Hales, aux entretiens pleins de charmes que j'y avais avec toi et avec Philinos, alors tout mon sang se trouble et reflue d'un autre côté; alors je regrette mon Athènes, je voudrais m'y revoir à tout prix, dussé-je entendre encore les invectives de Démosthène, et ses bons mots, qui n'ont jamais fait rire que Ctésiphon.

Ne nous attendrissons pas, j'ai versé assez de larmes. Pour toi, sois heureux, évite les affaires, évite Leptine : il est notre ennemi. D'ailleurs, avec un tel adversaire, la défaite serait aussi honteuse que la victoire peu honorable. Si, par hasard, tu le rencontres, et qu'il déclame contre moi, garde le silence, prends même le parti d'en rire. Quel citoyen sensé ne trouve celui-là odieux et ridicule? Il est donc assez puni. Si la mer ne te fait pas peur, viens me voir. Ton retour sera libre, et tu m'auras procuré un plaisir bien doux.

LETTRE SIXIÈME.

A PHILOCRATE.

Ariston, porteur de cette lettre, est le premier qui m'ait reçu à Rhodes. Il s'embarque pour Athènes, où l'appelle une affaire d'un vieux parent : il doit faire un recouvrement chez le banquier Charmolas. Accueille mon hôte avec amitié. Son commerce, fort agréable, est bien ce qu'il nous faut. Puisse-t-il reconnaître, à tes égards, que l'exilé qu'il a admis à sa table n'est pas entièrement dépourvu d'amis, et que le nom d'Eschine n'est pas encore tout à fait oublié dans sa patrie!

LETTRE SEPTIÈME.

AU CONSEIL ET AU PEUPLE.

J'ai appris ce que Mélanopos vous a dit contre moi, et j'ai accueilli avec joie les nouvelles marques de votre bienveillance. J'espère que, quand je reparaîtrai parmi vous, je pourrai le remercier d'une manière digne de sa vie passée; peut-être même, en attendant, me sera-t-il possible de réprimer ses outrages. Oui, Mélanopos, ma disgrâce est conforme aux lois; mais j'affirme que c'est en défendant les lois que j'y suis tombé, en m'opposant à ce qu'une couronne ne fût pas décernée contre leur vœu. Suis-je donc le premier conseiller du Peuple à qui pareille défaveur soit arrivée? Ne m'est-elle pas commune avec Thémistocle, Aristide, et cent autres citoyens illustres? Mais toi, fils d'une mère dont les prostitutions récentes souillent ta robe de thesmothète, et d'un père qui a été trois fois jeté en prison; toi qui, pour deux mille drachmes, t'es vendu à l'infamie, à qui te comparer? à Thémistocle? au juste Aristide? non, mais aux roués de la bande de Timarque.

Je reviens à vous, Athéniens : ordonnez, et je pourrai raisonner de vive voix avec mon calomniateur. Grâces vous soient rendues pour l'intérêt que vous m'avez témoigné! Vos cris d'indignation ont interrompu le sycophante, vous n'avez pas permis qu'un absent fût ainsi traité devant vous. Faites plus, ne soyez pas justes à demi : permettez que je réponde moi-même aux invectives, décrétez mon retour. Vous avez rappelé parmi vous tant de bannis qui étaient plus coupables que moi! A défaut de cette grâce, j'en implorerai une autre : souffrez qu'on me calomnie tant qu'on voudra. Si vous fermez la bouche à mes détracteurs, vous ferez soupçonner qu'ils ont contre moi bien plus de griefs qu'ils n'en pourraient présenter.

LETTRE HUITIÈME.

A UN AMI.

Tu n'es pas encore venu me voir; tu m'allègues des indispositions, des procès, tout enfin, plutôt que ta mauvaise volonté. Il y a longtemps que Nicias et Andronide sont venus. J'apprends que Philinos doit aussi faire le voyage. Décidetoi à l'accompagner : à cette condition, j'écouterai peut-être tes excuses, et nous ferons la paix. Mais gare, si tu diffères encore! tu auras beau renouveler sans fin ta promesse, je ne me fâcherai plus qu'une fois.

LETTRE NEUVIÈME.

A UN AMI.

J'ai poussé ma course jusqu'à Physkos (26), et n'ai bougé du reste de la journée. Ce n'était point paresse, mais je sentais mon asthme augmenter. L'accès ayant cessé pendant la nuit, je me suis rendu aux Sablons. J'ai vu la terre, qui m'a paru belle et richement variée. Plantation d'oliviers, beaucoup d'arbres, vignoble bien garni, des terres surtout, et de belles prairies; mais de logement, point; des ruines, voilà tout. Myronide m'a fort bien reçu. J'ai acheté la terre deux talents. J'y fais bâtir maintenant, mais en petit propriétaire. D'ailleurs, les dieux le savent, ce séjour n'aura pas grand charme pour moi. Je regrette toujours ma patrie; et quelle patrie! L'espoir d'y rentrer peut seul adoucir les douleurs de l'exil.

LETTRE DIXIÈME.

Quels tours Cimon nous a joués dans chaque ville, sur chaque rivage (27)! Est-il un engagement, une loi qu'il ait respectés lorsque nous vînmes à Ilion, dont nous voulions contempler le sol et la mer? Ce que j'ai vu dans ce pays offre une mine de descriptions inépuisable. Mais je le tairai : j'ai trop d'aversion pour le babil des poëtes, et pour les sottes déclamations. Disons seulement les exploits d'un libertin; et encore, la force de ma voix, fût-elle décuplée (28), n'y pourrait suffire.

Nous étions à Troie depuis plusieurs jours, et nous ne pouvions nous rassasier du spectacle de l'antique Pergame. Je n'en voulais partir qu'après avoir rapproché tous les passages de l'Iliade des lieux qu'ils décrivent (29). Arrive le jour où la plupart des habitants cherchent à marier celles de leurs filles à qui la loi et l'âge le permettent; et, cette fois, il y avait encombrement dans toutes ces épousailles. Or, une coutume de la Troade veut qu'avant de prendre un mari, les filles viennent au Scamandre, s'y baignent, et terminent la cérémonie par ces paroles consacrées : *Reçois, ô Scamandre! ma virginité.* Une jeune Troyenne, entre autres, à la taille élégante, et dont le père occupe un haut rang, Callirrhoé, vint au fleuve pour se baigner. Confondu parmi les parents et le reste de la foule, je regardais de loin la fête, suivant de l'œil les jeunes nymphes, autant, du moins, qu'il est permis à un étranger (30). Cimon, l'homme de bien, va se cacher dans les hautes herbes du Scamandre, et se couronne de roseaux : ruse de guerre adaptée à la circonstance, embuscade où il attend notre jouvencelle. La baigneuse, je l'ai su depuis, venait de prononcer la formule : « Reçois, ô Scamandre! ma virginité. — Volontiers, dit Scamandre-Cimon, qui s'est élancé de sa retraite; Scamandre accueille le présent de Callirrhoé; il la comblera de biens. » Cela dit, il enlève l'innocente, et se cache; mais l'affaire ne resta point cachée.

Quatre jours après, on faisait, en l'honneur de Vénus, une procession à laquelle assistaient les nouvelles mariées. Je la regardais passer : près de moi était Cimon, tranquille, comme si sa conscience ne lui reprochait rien. Callirrhoé l'aperçoit, se prosterne, et, se tournant vers une vieille femme : « Nourrice, tu vois, dit-elle, le dieu Scamandre, mon premier époux. » La nourrice pousse des cris perçants, et la fourberie est éventée.

Je rentre furtivement chez moi : Cimon y était déjà. Furieux, comme on peut penser, « Scélérat, lui dis-je, tu nous as perdus! » Lui, inaccessible à la peur comme à la honte, se met à me raconter de longues histoires, énumérant tous les lieux témoins de ces tours de roué. « A Magnésie, me dit-il, un jeune homme de la ville s'est fait passer de même pour le Méandre. Aussi, encore aujourd'hui, le père d'Attale va disant partout que cet athlète n'est pas son fils; il se persuade que le fleuve lui a donné le jour; et, par là, il explique sa large stature et sa vigueur. L'athlète quitte-t-il l'arène, battu, désespéré ? C'est, dit le bonhomme, l'effet de la colère du Méandre : pourquoi, après une victoire, Attale ne l'a-t-il pas proclamé son père ? Voilà, du moins, une consolation dans la défaite. Aux environs d'Épidamnos, le musicien Carion a aussi la simplicité de croire qu'un de ses enfants, né d'une pareille intrigue, est fils d'Hercule. Pour moi, ajouta-t-il, je n'ai pas poussé si loin l'aventure (31) : j'ai regardé cette petite fille se baigner ; mais la vieille était à quelque distance ; et je me suis contenté d'un tête-à-tête. Certes, celle-là n'est pas novice ! Après tout, il y a bien assez d'épouvantables tragédies dans les annales d'Ilion : j'ai cru devoir m'égayer, et mettre le Scamandre en comédie. »

J'étais pétrifié : quelle incroyable impudence ! combien j'en redoutais les suites ! L'impie allait, je crois, se lancer dans le récit d'une troisième galanterie, sous le nom de Bacchus ou d'Apollon, lorsque j'aperçois à notre porte une foule ameutée : « Voilà ce que je craignais : ces gens-là viennent pour nous brûler ! » Et je m'évade par une issue dérobée ; et, toujours fuyant, je gagne la maison de Mélanippide. De là, sur le soir, je m'esquive du côté de la mer, et j'aborde à une hôtellerie, grâce à l'un de ces vents que le navigateur n'oserait braver que pour fuir le sacrilége d'un Cimon.

Voilà une terrible aventure. Je vous l'ai mandée, pensant que votre indignation égalerait au moins la mienne. Me trompé-je ? oseriez-vous en rire, et en rire aux éclats ?

LETTRE ONZIÈME.

AU CONSEIL ET AU PEUPLE.

Ne pensant pas qu'une correspondance avec sa patrie fût interdite à un exilé, j'ai eu plusieurs fois l'intention de vous écrire sur divers sujets. Certaines considérations m'ont retenu. Puni si cruellement de mon zèle pour la chose publique, je craignais de commettre une grave indiscrétion en vous adressant des conseils que vous ne me demandiez pas. La chose, d'ailleurs, considérée en elle-même, n'était pas aisée : conseiller tout un peuple ! il est déjà si difficile de conseiller un ami ! Je voyais enfin que vous aviez d'autres citoyens très-capables de parler et d'agir ; et j'en avais laissé un assez grand nombre. Mais la mort des uns, le malheur des autres, bannis comme Eschine, laisse maintenant un grand vide dans vos délibérations ; et, si l'on m'a dit vrai, ceux qui restent cherchent à tout bouleverser ;

DÉMOSTHÈNE.

quelques absents même, par leurs lettres, en font autant. Dès lors, je n'ai plus hésité : à défaut de la parole, qui m'est interdite, je vous mande mon opinion, mes exhortations, mes conseils.

Qu'aujourd'hui encore mes ennemis m'accusent de favoriser les Macédoniens ; qu'ils reproduisent, qu'ils énumèrent, contre Eschine absent, et les prévarications de ses ambassades, et ses trahisons ; peu m'importe : je suis prêt, s'ils le veulent, à m'exiler même de Rhodes et de la Grèce entière, et à me retirer dans les États du Grand-Roi. Alors, me reprocheront-ils le crime de médisme ? Non, sans doute, et Démosthène moins que tout autre. Mais, du fond même de l'Asie, je vous communiquerais mes vues sur la situation de la république.

Mon but, Athéniens, n'est pas de flatter vos goûts, comme font quelques orateurs, mais de faire connaître une opinion utile et indépendante. Sachez-le bien : tel harangueur, qui semble vous gronder, n'a d'autre ambition que de vous plaire : sous ce masque d'opposition mécontente, j'entrevois une adulation plus adroite. Pour mener le Peuple et ses chefs, c'est la tactique des habiles. Lorsque je vivais pour ma patrie, j'ai vu plus d'un gouvernant manœuvrer ainsi avec succès ; frappé à mort maintenant, tué par vous autant qu'il était en vous, j'apprends que cette ruse réussit encore. On vous reproche, comme une lâcheté, de ne pas vous saisir de la suprématie hellénique ; on veut que vous aspiriez à une prééminence qui, hélas ! n'est plus possible pour vous. Croyez-moi, déployez moins d'ardeur, moins d'activité ; laissez croire encore à quelques peuples que, pour Athènes, l'empire ne serait pas une chimère : mais, par une stérile agitation, ne révélez pas le secret de votre faiblesse.

J'apprends que, depuis la mort d'Alexandre, on vous pousse à une révolution. Si ce conseil eût été praticable et sage, vous l'auriez reçu aussi d'Eschine. Par Jupiter, par tous les dieux ! je sais comme un autre combien il est beau d'être sans cesse à l'avant-garde de la Grèce pour combattre les Barbares, et que l'indépendance hellénique était sous la tutelle de nos braves aïeux. Mais quelle différence ! assez désintéressés encore pour prendre ces résolutions héroïques, nous sommes, pour les exécuter, trop faibles, trop reniés de la fortune. J'écris aux Athéniens, mais ce n'est pas aux Athéniens que gouvernait Thémistocle ; c'est à leurs descendants, qui, avec le même courage, n'ont pas les mêmes ressources militaires. Qu'ils vous donnent donc, ces belliqueux déclamateurs, qu'ils vous donnent trois cents vaisseaux, trente mille talents d'argent, trois mille talents d'or; qu'ils vous donnent un pareil nombre de jeunes soldats robustes et aguerris (32): et alors, qu'ils vous fassent grâce de leurs exhortations. Que vous manque-t-il? la possibilité d'agir. Ce point obtenu, vous saurez à merveille de quel côté tourner votre activité. Qu'on ne vous étourdisse donc plus avec des rhapsodies; qu'on ne chante plus les louanges très-inutiles et de vos ancêtres et de votre patrie; qu'on cesse de répéter que vos pères, enfants de ce sol sacré, lui vouèrent leur sang. que des dieux même n'ont pas décliné la juridiction d'Athènes. Le bel avantage aujourd'hui! demandez à ces parleurs téméraires à quoi a servi aux Athéniens, dans les plaines de Chéronée, que Mars ait jadis plaidé contre Neptune, au sujet d'Halirrhotios (33), devant l'Aréopage. Sommes-nous assez forts pour combattre Antipater, ou tout autre prince macédonien? voilà la vraie, la seule question. L'affirmative est-elle prononcée? vite, aux armes! Fortune, aide-nous; et affranchissons la Grèce! Mais si, nous abusant sur notre faiblesse et cédant à la flatterie, nous essuyons une défaite, n'ajouterons-nous pas, à tant de malheurs, le malheur de faire dire qu'ils ont tous été notre ouvrage? ne nous ôterons-nous pas notre dernière consolation? Délibérer sur le parti à prendre aujourd'hui, d'après les ressources d'aujourd'hui, voilà ce que prescrit la sagesse aux nations comme aux particuliers. Mais mesurer sa hardiesse à la puissance qu'on a eue jadis, et qui n'est plus, c'est ressembler à ce fou qui, dans sa jeunesse, avait remporté quelques palmes olympiques, et qui, devenu vieux, se faisait encore inscrire, provoquait ses adversaires, et leur vantait la vigueur qu'il avait dans leur enfance.

Pour préparer le succès de leurs plans de guerre, vos orateurs vous donnent encore un conseil dont la valeur réelle doit être appréciée. Soyez unis, vous disent-ils. Soyez unis! le beau secret! eh! n'est-ce pas là ce que vous avez de mieux à faire, que la guerre soit, ou non, décrétée? Il s'agit bien de savoir si la concorde amènera la victoire à sa suite! Ayons-la, cette concorde, trésor le plus précieux des États, dans quelque situation qu'ils se trouvent. Avant tout, sommes-nous assez forts? Quant à l'union, notre devoir est d'y travailler tous, quoi qu'il arrive. Tant qu'on ne nous montrera point les alliances et les fonds dont nous serons munis, si nous entreprenons la guerre, tant que l'on croira faire assez en nous donnant Minerve pour garant du succès, nous regarderons ceux qui veulent nous armer comme des imprudents et des téméraires. Aussi, n'avez-vous donné aucune suite à plusieurs motions belliqueuses; elles ont été rejetées comme rêves et propos d'insensé. Des conseillers aussi absurdes devraient être trop heureux de leur impunité: car c'est un crime de vouloir vous enlever le peu de liberté qui vous reste. Ils vont jusqu'à envier ce misérable reste à la partie sensée de la nation; et ils n'auront point de repos qu'à l'exemple des Thébains ils n'aient, par leur déplorable influence, détruit Athènes, et changé son sol en pâturages. Nous sommes humiliés: mais s'ensuit-il que nous ne devions pas éviter de descendre au dernier degré d'avilissement?

LETTRE DOUZIÈME.

AU CONSEIL ET AU PEUPLE.

Je suis entré dans les affaires à trente-trois ans. Par Jupiter! je n'étais pas, avant cela, un pauvre acteur tertiaire, comme l'a dit Démosthène. J'avais cultivé mon esprit, écrit, pour m'essayer, sur de nobles sujets, et composé des harangues qui n'étaient pas indignes de la tribune. Jamais on ne me vit inquiéter un honnête citoyen par mes écrits ou par mes paroles; jamais je ne me vendis pour accuser et poursuivre des innocents; jamais je ne trafiquai de l'injure, ni ne fis de l'outrage métier et marchandise (34). Timarque seul a été livré par moi aux tribunaux, et ce souvenir m'est glorieux. Les offres les plus brillantes me furent faites pour assoupir l'affaire; je refusai, et le coupable subit la peine qu'il avait méritée. Plus tard, j'accusai d'infraction aux lois Ctésiphon, qui m'avait fait autant de mal que Démosthène. Les dieux m'en sont témoins, la dénonciation était parfaitement fondée: mais comment résister à l'éloquence d'un Démosthène? elle prévalut et sur les lois et sur mes paroles. Ma part dans l'administration fut toujours honorable; un fait suffit pour le prouver de la manière la plus décisive: Démosthène m'a reproché devant les juges des délits bien autrement graves que ceux pour lesquels je suis banni; et Démosthène a échoué.

Je ne sais, mais il semble que, depuis ma disgrâce, je dois être mieux connu d'Athènes et de la Grèce. L'exil, vous le savez, participe au triste privilége de la mort. Le citoyen qu'on ne voit plus, le banni, est bientôt apprécié à sa juste valeur. L'envie a beau le poursuivre encore, et d'autant plus sûrement qu'il ne peut se défendre: sa réputation véritable s'établit peu à peu et se consolide. Vous reprochiez à tel citoyen la vénalité, la trahison; il est parti pour l'exil: des lors, les préventions se dissipent, et sa vraie conduite politique paraît dans tout son jour. Voyez comment il supporte son malheur, observez ses sentiments actuels pour sa patrie : ce qu'il est maintenant vous garantit ce qu'il fut autrefois. Si j'ai livré mon pays à Philippe ; si, dans mes ambassades, j'ai trahi Athènes, si j'ai adulé les Macédoniens, où devais-je chercher un refuge ? n'est-ce pas auprès d'Alexandre ? Il m'aurait accueilli, pensionné, protégé. Je voyais Démade posséder des fermes en Béotie, labourer des terres avec vingt charrues, boire dans des coupes d'or. Je voyais Hégémon et Callimédon, l'un à Pella, l'autre à Berrhœa (35), comblés de présents, et mariés à des femmes de la première distinction. Thèbes, la Thessalie, vingt autres contrées m'offraient un asile : j'ai refusé, parce que, là, il aurait fallu décrier ma patrie, ou l'entendre décrier. Je suis venu, de préférence, parmi les Rhodiens, Grecs paisibles. D'ailleurs, sur le continent grec, j'aurais été trop près de vous : s'éloigner si peu, c'est conserver presque sous ses yeux les objets qui entretiennent la douleur (36).

Je ne suis pas même resté à Rhodes. C'est aux environs de cette ville que j'ai fixé mon séjour. J'ai acheté, aux Sablons, une terre deux talents. Voilà le somptueux domaine que vient d'acquérir l'homme engraissé par les largesses successives de Philippe et d'Alexandre, le traître qui a vendu aux Macédoniens la Phocide et la Grèce ! J'ai près de moi sept esclaves et deux amis, avec ma mère, qui, chargée de ses soixante-treize ans, a voulu me suivre et partager ma disgrâce. Ma femme m'a aussi accompagné sur la terre d'exil : son père et vos lois l'obligeaient à rester ; elle m'a suivi, n'écoutant que son dévouement. J'ai emmené encore mes trois enfants. Ils ne connaissent pas leur infortune ; ils n'ont pas eu le temps d'apprécier cette patrie où le ciel les a fait naître, et qu'ils ont perdue si jeunes ! Quoi ! des Béotiens, des Étoliens envoient leurs enfants chez vous pour y recevoir les bienfaits de l'éducation athénienne ; et les fils d'un Athénien de naissance, d'un père dont la punition cruelle n'est pas déshonorante, sont privés des avantages de leur situation première, proscrits dès l'âge le plus tendre, et n'ont plus d'autre patrie que l'exil ! Démosthène vous a écrit en faveur de la jeune famille de Lycurgue : sa juste prière vous demandait de libérer les enfants de la dette paternelle. Vous avez fait alors ce que devaient faire des Athéniens : la grâce a été accordée ; et, comme à l'ordinaire, une prompte compassion a succédé à de promptes rigueurs. Et je ne vous fléchirais pas pour mes propres enfants ! Que demandé-je, après tout ? que des innocents, sur qui pèse un châtiment terrible, ne soient pas élevés comme s'ils n'avaient pas de patrie. Songerez-vous à leur père, quand il ne sera plus ? Sourds aujourd'hui à ma prière, l'exaucerez-vous alors ? Grâce pour mes enfants, Athéniens ! grâce pour moi ! Vous passez pour un peuple humain : ne démentez pas, à notre égard, cette honorable réputation. Méfiez-vous de l'influence de Mélanopos. Que les paroles de mon ennemi n'arrêtent pas les mouvements de votre bonté naturelle. Ce n'est pas, à proprement parler, Eschine qui vous supplie, Eschine trop faible, trop peu éloquent pour persuader ses compatriotes : c'est la mansuétude athénienne qui vous sollicite en notre faveur. N'écoutez que sa voix ; ne prenez conseil que de vos généreux ancêtres et de vous-mêmes. Pour Mélanopos, croyez-moi, son unique but est de vous pousser à vous déshonorer.

NOTES

DES LETTRES DE DÉMOSTHÈNE ET D'ESCHINE.

(1) V. la note 1re des Exordes.
(2) Alexandre, partant pour l'Asie, avait dit : « Si je viens à manquer, c'est aux Athéniens à gouverner la Grèce. » Plutarque, *Vie d'Alex.*
(3) Ambassadeur de Philippe. Voy. la Har. de Démosthène sur la Couronne.
(4) Voy. la Vie de l'orateur, c. 25, 26, et les notes.
(5) Voy. *ibid.*
(6) Trézène, petite ville maritime, voisine de l'Attique. Lorsque Xerxès vint fondre sur la Grèce, et marchait contre Athènes avec une armée formidable, les Athéniens, décidés à abandonner leur ville, avaient fait passer leurs familles à Trézène.
(7) Voy. les notes du c. 29 de la Vie de Démosthène.
(8) Auger : « Aussi ne tarda-t-il pas à être accusé de crime capital. » Contre-sens : le mot ἐξῃτεῖτο fait allusion aux orateurs qu'Alexandre irrité voulait qu'on lui livrât. De ce nombre était Lycurgue.
(9) Philippe vainqueur avait renvoyé plusieurs fois les prisonniers athéniens sans rançon

43.

(10) C'est principalement par ce passage que cet orateur est connu. Il avait eu avec Démosthène de vives altercations de tribune à Athènes et en Arcadie.

(11) Sacrifice annuel, en l'honneur d'Apollon-Patrôos.

(12) Un bon manuscrit de Reiske donne Εὔδικον, au lieu de Εὔδημον.

(13) Nous n'avons pas cette lettre.

(14) Si l'on en croit la dernière lettre attribuée à Eschine, Démosthène obtint la liberté des fils de Lycurgue.

(15) Contrées subjuguées et ravagées par les armes d'Alexandre.

(16) Littéralement, *est un bon écot*.

(17) Est-ce Dinarque l'orateur? S'était-il retiré à Corinthe, lieu de sa naissance, suivant quelques-uns, pour empêcher les Corinthiens d'entrer dans la ligue, et favoriser ainsi le parti d'Antipater?

(18) Petite bataille, qui avait précédé celle de Lamia.

(19) Les lettres d'Eschine ont été traduites sur le texte de l'édition de Reiske.

(20) Il est très-douteux que ce Philocrate soit celui dont il est souvent parlé dans les plaidoyers politiques d'Eschine et de Démosthène. — Céiens, habitants de Céos (auj. Zéa), île de la mer Égée.

(21) Cette défense est confirmée par l'histoire.

(22) Ville maritime de Laconie (auj. *Quaglio?*), près de la pointe du cap Tænare.

(23) Thucydide, Xénophon, Diodore et Pausanias parlent aussi des Diagoras, qui étaient Rhodiens. Pindare composa sa 7ᵉ olympique en l'honneur du Diagoras dont il est question ici.

(24) Phérénice, dit Élien (*Variét. histor.* X, 1) ayant accompagné son fils, qui allait disputer le prix à Olympie, se présenta pour voir les jeux. Les hellanodices lui refusèrent l'entrée. Alors s'avançant pour plaider sa cause, « Mon père, dit-elle, a remporté la victoire dans ces jeux; mes trois frères y ont été couronnés; et voilà mon fils qui vient suivre leurs traces. » Ces paroles gagnèrent la multitude; et Phérénice mérita qu'on dérogeât, en sa faveur, à la loi qui interdisait aux femmes l'entrée de cette enceinte; elle y fut admise.

Le scoliaste de Pindare appelle cette femme Aristopatire. Le récit de Pausanias (II, 7) diffère un peu de celui d'Élien.

(25) Parents ou amis qui avaient accompagné Eschine dans son exil.

(26) Port de Rhodes. Il y avait aussi deux villes grecques de ce nom.

(27) Voici la première source de cette *Nouvelle de la Fiancée du Fleuve*, qui semble un débris des Contes Milésiens, et dont plusieurs théâtres modernes se sont emparés. Voy. aussi le *Voy. d'Anach.*, c. LXI. — Je crois qu'Auger se trompe en traduisant κήδους par *amitié*. Ce mot exprime les égards que Cimon devait, d'une part, à son ami, de l'autre, au titre de fiancée, que portait Calirrhoé, et peut-être au droit *seigneurial* du Scamandre. J. Wolf, *necessitudinis*.

(28) Littéralement: *Quand même j'aurais dix langues*. Allusion à Homère, que Virgile a ainsi traduit:

Non, mihi si linguæ centum sint, oraque centum, Ferrea vox, etc. (*Én.* VI.)

(29) Eschine, si cette lettre est de lui, aurait donc précédé, dans ces explorations, les Hawkins et les Lechevalier.

(30) Auger ne rend pas αὐτοῖς ἐξωτέρω. Les mots τὰ λουτρὰ τῶν παρθένων lui inspirent des scrupules, avec lesquels j'ai composé au moyen d'un équivalent.

(31) *Non procreavi puerum.* — Le texte dit que Calirrhoé se baignait *avec une vieille femme*. Auger veut que ce soit sa nourrice: alors, comment expliquer la surprise de celle-ci? Peut-être était-ce sa mère, ou une parente.

(32) « Léosthène parloit toujours hautement et avantageusement devant le Peuple; au moyen de quoi Phocion lui dit un jour: Tes propos, jeune homme mon amy, ressemblent proprement aux cyprès: car ils sont grands et hauts; mais ils ne portent point de fruict. Adonc Hypéride, se dressant en pieds, luy demanda: Quand donc, Phocion, conseilleras-tu aux Athéniens de faire la guerre? Quand je verray, dit-il, les jeunes hommes bien délibérés de n'abandonner point leurs rangs, les riches contribuer argent volontairement, et les orateurs s'abstenir de dérober la chose publique. » Plutarq., *Vie de Phocion*.

(33) Halirrhotios, fils de Neptune et de la nymphe Euryte, fit violence à une fille de Mars, la belle Alcippe. Mars se plaignit aux dieux assemblés; et ceux-ci déférèrent la cause à un tribunal humain qui fut à l'instant constitué dans Athènes, sur une colline consacrée au dieu de la guerre, Ἄρεος πάγος. Halirrhotios fut absous.

(34) Allusion à Démosthène, accusé d'avoir composé, pour l'argent, avec Midias, qui lui avait donné un soufflet.

(35) Berrhœa, ou Bérée (*Véria* ou *Béria*), ville de Macédoine, au S. O. de la Piérie.

(36) Nouvelle allusion à Démosthène, qui s'était retiré, près de l'Attique, à Trézène, à Mégare, à Kalauria.

INDEX HISTORIQUE.

OLYMP.	AV. J.-C.	ÉVÉNEMENTS.	DISCOURS DE DÉMOSTHÈNE ET D'ESCHINE dont la date est connue.
XCVIII, 4 ;	385.	Naissance de Démosthène.	
XCIX, 2 ;	383.	Naissance de Philippe.	
XCIX, 3 ;	382.	Démosthène, à sept ans, perd son père.	
C, 2,	379.	Les Lacédémoniens sont chassés de la citadelle de Thèbes. Mort de l'orateur Lysias.	
C, 3 ;	378.	Réforme des Symmories ou du classement des Athéniens pour les charges navales.	
CI, 1 ;	376.	Chabrias bat les Lacédémoniens près de Naxos. Phocion, jeune encore, prend part à cette victoire.	
CI, 2 ;	375.	Timothée vainqueur des Lacédémoniens près de Leucade.	
CI, 3 ;	374.	Platée et Thespies sont détruites par les Thébains, et leurs habitants accueillis à Athènes.	
CII, 2 ;	371.	Bataille de Leuctres. Fondation de Mégalopolis, en Arcadie.	
CII, 3 ;	370.	Jason de Phères est assassiné.	
CII, 4 ;	369.	Les Thébains pénètrent dans la Laconie. Rétablissement de Messène. Athènes s'allie avec Lacédémone.	
CIII, 1 ;	368.	Nouvelle invasion des Thébains dans le Péloponèse. La Perse offre sa médiation.	
CIII, 2 ;	367.	Archidamos remporte sur les Arcadiens la victoire *sans larmes*, ἄδακρυν. Pélopidas ambassadeur en Perse. Denys l'Ancien meurt après un règne de 38 ans.	
CIII, 3 ;	366.	Troisième expédition thébaine dans le Péloponèse. La ville d'Oropos est enlevée aux Athéniens. Guerre entre l'Arcadie et l'Élide ; Athènes s'allie avec la première. Corinthe fait la paix avec Thèbes.	Démosthène, déclaré majeur, plaide contre ses tuteurs. (Selon A. G. Becker, Ol. CIV, 1 et 2.)
CIV, 1 ;	364.	Combat près d'Olympie. Timothée s'empare de Potidée.	
CIV, 2 ;	363.		Plaidoyer contre Timothée. (Selon d'autres, Ol. CVI, 2.)
CIV, 3 ;	362.	Quatrième invasion du Péloponèse par les Thébains. Bataille de Mantinée ; mort d'Épaminondas. Artaxerxès-Ochus monte sur le trône de Perse. Insurrection de quelques satrapes.	
CIV, 4 ;	361.	Paix générale, à l'exception de Sparte. L'indépendance de Messène est reconnue.	
CV, 1 ;	360.	Timothée échoue devant Amphipolis. Ambassade athénienne en Thrace.	Plaidoyer contre Polyclès.
CV, 2 ;	359.	Kotys est tué par Python, et la Thrace divisée en trois petites souverainetés. Philippe, monté sur le trône de Macédoine, triomphe de ses rivaux et des peuples voisins, délivre Amphipolis, et fait la paix avec Athènes. Alexandre, tyran de Phères, est assassiné.	
CV, 3 ;	358.	Philippe s'empare d'Amphipolis. Les Athéniens chassent les Thébains de l'Eubée. Kersobleptès cède la Chersonèse, Kardia exceptée, à la république athénienne.	
CV, 4 ;	357.	Commencement de la guerre Sociale ; mort de Chabrias. Les Phocidiens pillent le temple de Delphes. Philippe prend Pydna et Potidée. (Suivant d'autres, Ol. CV, 3.)	
CVI, 1 ;	356.	Naissance d'Alexandre. Denys le Jeune est chassé de Syracuse. Philippe fait alliance avec Olynthe.	Plaidoyer contre Aristocrate. (Selon d'autres, Ol. CVII, 1.) Démosthène attaque la loi de Leptine.
CVI, 2 ;	355.	Athènes conclut la paix avec les alliés.	
CVI, 3 ;	354.	Expédition des Athéniens en Eubée ; bataille de Tamynes ; trahison et punition de Plutarque. (D'autres placent cette guerre Ol. CVII, 3)	Harangue sur les Classes des Armateurs. Plaidoyer contre Zénothémis.
CVI, 4 ;	353.	Philippe s'empare de Pagases, assiège Méthone, pille la flotte athénienne près de Geræstos. Mégalopolis et Lacédémone recherchent l'alliance d'Athènes.	Harangues sur les Réformes publiques et sur les Mégalopolitains.
CVII, 1 ;	352.	Philippe soumet les tyrans de Phères, alliés des Phocidiens, et s'avance jusqu'aux Thermopyles, d'où il est repoussé. Athènes envoie des troupes en Phocide. Philippe fait des progrès en Thrace, assiège Heræum, tombe malade.	Première Philippique.
CVII, 2 ;	351.	Artaxerxès fait la guerre en Égypte.	Harangue sur la Liberté des Rhodiens.
CVII, 3 ;	350.		Plaidoyer contre Bœotos, *de nomine*.
CVII, 4 ;	349.	Philippe pénètre dans la Chalcidique, et assiège Olynthe. Les Olynthiens demandent du secours à Athènes.	Les trois Olynthiennes (2e, 3e, 4e Philippiques).
CVIII, 1 ;	348.	Prise d'Olynthe par Philippe. Ce prince célèbre des jeux olympiques à Dium.	Plaidoyer contre Pantænetos.
CVIII, 2 ;	347.	Mort de Platon. Sur la proposition de Philocrate, les Athéniens envoient à Philippe des députés pour traiter de la	

OLYMP.	AV. J.-C.	ÉVÉNEMENTS.	DISCOURS.
		paix. Une ambassade du prince vient la conclure. Philippe poursuit ses conquêtes en Thrace. Seconde députation athénienne, pour lui faire prêter le serment qu'il avait différé. La paix jurée bien tard, à Phères, Philippe pénètre dans la Phocide, et jusqu'aux Thermopyles.	
CVIII, 3;	346.	Philippe, reçu Amphictyon, termine la guerre Sacrée, et exécute le terrible décret de la Diète contre la Phocide. Il fait demander aux Athéniens la ratification de son titre nouveau, et préside sans leur consentement les jeux pythiques. Le général Diopithe conduit des colons dans la Chersonèse.	Harangue sur la Paix (5e Philippique)
CVIII, 4;	345.	Tandis que Philippe soutient Messène contre Sparte pour entretenir la discorde dans le Péloponèse, Athènes envoie une ambassade aux Messéniens et aux Argiens pour les avertir.	
CIX, 1;	344.	Une députation de ces peuples arrive à Athènes en même temps qu'une ambassade macédonienne, pour se plaindre de l'appui prêté aux Lacédémoniens. Vainqueur des Illyriens, Philippe entre en Thessalie, et y devient populaire par l'expulsion des tyrans. Athènes lui envoie une députation pour le maintien de la paix.	Sixième Philippique. Plaidoyer contre Théocrine (Selon d'autres, Ol. CIX, 2).
CIX, 2;	343.	Le conquérant menace Ambracie et Leucade. Athènes intervient, le repousse, et lui ferme le Péloponèse, où il a fomenté la discorde. Différends entre la république et Philippe au sujet de l'Halonèse. Ce prince se tourne vers la Thrace, et seconde les Kardiens contre Diopithe.	Harangue sur l'Halonèse (7e Philippique). Plaidoyer d'Eschine contre Timarque?
CIX, 3;	342.	Philippe maître d'Oréos. Il soumet l'intérieur de la Thrace, et menace la Propontide et l'Hellespont.	Harangue sur la Chersonèse (8e Phil.). Neuvième Philippique. Les deux plaidoyers de Démosthène et d'Eschine dans le procès sur les Prévarications de l'ambassade.
CIX, 4;	341.	Expédition d'Athènes dans l'Eubée; expulsion des tyrans d'Oréos et d'Érétrie. Démosthène reçoit une couronne pour cette entreprise. Philippe assiège Sélymbria, menace Périnthe et Byzance.	Dixième Philippique.
CX, 1;	340.	Lettre de Philippe aux Athéniens. Il se décide à leur faire une guerre ouverte. Athènes secourt les Byzantins assiégés; Philippe lève le siège, et s'enfonce dans la Scythie.	Discours sur la Réponse à faire à la lettre de Philippe.
		Eschine, représentant d'Athènes à la diète amphictyonique, accuse les Amphisséens de sacrilège. La guerre contre Amphissa est décidée dans une assemblée extraordinaire. Les Triballes attaquent Philippe à son retour de l'expédition de Scythie.	
CX, 2;	339.	Nommé général de l'armée amphictyonique, Philippe appelle les Péloponésiens à la nouvelle guerre Sacrée. Il entre en Locride. Athènes lui demande une trêve, qui est renouvelée le mois suivant. Il s'empare d'Élatée. Démosthène effectue une alliance avec Thèbes. Les troupes alliées remportent quelques avantages dans deux petits combats. Fêtes à Athènes. Démosthène est honoré d'une couronne.	
CX, 3;	338.	Bataille de Chéronée. Ctésiphon demande qu'une couronne d'or soit décernée à Démosthène. Philippe entre dans le Péloponèse. Eschine accuse Ctésiphon.	Éloge funèbre des guerriers morts à Chéronée.
CXI, 1;	336.	Philippe meurt assassiné.	
CXI, 2;	335.	Alexandre comprime les insurrections de la Thrace et de l'Illyrie, entre en Béotie, et détruit Thèbes.	
CXI, 3;	334.	Alexandre passe l'Hellespont. Bataille du Granique.	
CXI, 4;	333.	Bataille d'Issus.	
CXII, 2;	331.	Bataille d'Arbèles.	
CXII, 3;	330.	Eschine reprend l'accusation contre Ctésiphon; il est vaincu, et part pour l'exil. Darius est assassiné dans sa fuite.	Les deux Harangues sur la Couronne.
XIII, 3;	326.	Alexandre pénètre jusqu'à l'embouchure de l'Indus.	
CXIII, 4;	325.	Harpalus à Athènes. Démosthène, accusé de s'être laissé séduire, est condamné à une amende de 50 talents. Il part pour l'exil.	
CXIV, 1/2;	323.	Alexandre meurt à Babylone. (Selon quelques-uns, Ol. CXIII, 4; 30 mai). Rappel de Démosthène.	
CXIV, 3;	322.	Bataille de Kranon. Athènes assiégée par Antipater. Démosthène s'empoisonne; supplice d'Hypéride.	

TABLE.

	Pages.
PRÉAMBULE. 1re. Section : *Choix des textes ; interprétation ; introductions historiques ; classification.*	1
2e. Section : *Des traductions françaises de Démosthène.*	3
3e. Section : *Principaux événements de la Grèce, depuis la paix d'Antalcidas, jusqu'à la première tentative de Philippe contre les Thermopyles.*	5
4e. Section : *Des partis politiques à Athènes pendant la résistance à Philippe et à Alexandre.*	9
5e. Section : *Coup-d'œil sur l'influence de l'éloquence de Démosthène chez les anciens et chez les modernes.*	12
VIE DE DÉMOSTHÈNE, traduite de Plutarque.	15
NOTICE SUR ESCHINE.	31

PREMIÈRE PARTIE.

HARANGUES POLITIQUES, OU DISCOURS DÉLIBÉRATIFS.

1. Discours sur les Classes des Armateurs.	35
2. — Sur les Réformes publiques.	40
3. — Pour les Mégalopolitains.	46
4. Première Philippique.	51
5. Discours sur la Liberté des Rhodiens.	59
6. Deuxième Philippique, ou 1re. Olynthienne.	65
7. Troisième Philippique, ou 2e. Olynthienne.	71
8. Quatrième Philippique, ou 3e. Olynthienne.	77
9. Cinquième Philippique.	82
10. Sixième Philippique.	86
11. Septième Philippique, ou Harangue sur l'Halonèse.	93
12. Huitième Philippique, ou Harangue sur la Chersonèse.	99
13. Neuvième Philippique.	109
14. Dixième Philippique.	117
15. Onzième Philippique, ou Lettre de Philippe, et Discours sur cette Lettre.	125
16. Discours sur le Traité conclu avec Alexandre.	130

DEUXIÈME PARTIE.

PLAIDOYERS POLITIQUES.

1. Discours contre la Loi de Leptine.	134
2. Plaidoyer contre Androtion.	159
3. — contre Midias.	168
4. — contre Timocrate.	198
5. — contre Aristocrate.	219
6. — contre Théocrines.	242
7. Plaidoyer d'Eschine contre Timarque.	250
PROCÈS DE L'AMBASSADE. Introduction.	271
8. Accusation, par Démosthène.	273
9. Défense d'Eschine.	311
PROCÈS DE LA COURONNE. Introduction.	331
10. Accusation, par Eschine.	336
11. Défense, par Démosthène.	372
12. Premier Plaidoyer contre Aristogiton.	410
13. Deuxième Plaidoyer contre Aristogiton.	422
14. Plaidoyer contre Eubulide.	425
15. — contre Néæra.	434

TROISIÈME PARTIE.

PLAIDOYERS CIVILS.

1re Section : *Procès de Démosthène contre ses Tuteurs.*	449
1. Premier Plaidoyer contre Aphobos.	ib.
2. Deuxième Plaidoyer contre Aphobos.	459
3. Plaidoyer contre le même, pour faux témoignage.	462
4. Premier Plaidoyer contre Onétor.	469
5. Deuxième Plaidoyer contre Onétor.	474
2e Section : *Fins de non recevoir.*	476
6. Plaidoyer contre Zénothémis.	ib.
7. — contre Apaturios.	480
8. — contre Phormion.	485
9. — contre Lacritos.	491
10. — pour Phormion.	498
11. — contre Pantænetos.	506
12. — contre Nausimaque et Xénopithe.	513
3e. Section : *Affaires de Succession et de Dot.*	517
13. Plaidoyer contre Macartatos.	ib.
14. — contre Léocharès.	528
15. — contre Spudias.	536
16. — contre Bœotos, pour la dot maternelle.	540
4e. Section : *Affaires de Commerce et de Dettes.*	547
17. Plaidoyer contre Callippe.	ib.
18. — contre Nicostrate.	551
19. — contre Timothée.	555
5e. Section : *Actions en Indemnités.*	562
20. Plaidoyer contre Bœotos, pour usurpation de nom.	ib.
21. — contre Olympiodore.	568
22. — contre Conon.	574
23. — contre Dionysodore.	580
24. — contre Calliclès.	586
6e. Section : *Plaintes pour faux témoignage.*	590
25. Premier Plaidoyer contre Stéphanos.	ib.
26. Deuxième Plaidoyer contre Stéphanos.	600
27. Plaidoyer contre Evergos et Mnésibule.	604
7e. Section : *Réclamations au sujet de l'Échange de fortune, et des Charges maritimes.*	614
28. Plaidoyer contre Phænippos.	ib.
29. — contre Polyclès.	619
30. — Sur la couronne navale.	627

QUATRIÈME PARTIE.

1re. Section : *Discours d'Apparat.*	630
1. Éloge funèbre des guerriers Athéniens morts à Chéronée.	ib.
2. Éloge du jeune Épicrate.	638
2e. Section : *Recueil d'Exordes.*	644
3e. Section : *Lettres de Démosthène.*	660
Lettres d'Eschine.	668
Index Historique.	677

www.ingramcontent.com/pod-product-compliance
Lightning Source LLC
Chambersburg PA
CBHW062000300426
44117CB00010B/1409